D1734186

J. von Staudingers
Kommentar zum Bürgerlichen Gesetzbuch
mit Einführungsgesetz und Nebengesetzen
Wiener UN-Kaufrecht
(CISG)

auss.
mn

Kommentatorinnen und Kommentatoren

Dr. Thomas E. Abeltshauser, LL.M.
Professor an der Universität Hannover, Richter am Oberlandesgericht Celle

Dr. Karl-Dieter Albrecht
Vorsitzender Richter am Bayerischen Verwaltungsgerichtshof, München

Dr. Hermann Amann
Notar in Berchtesgaden

Dr. Georg Annuß
Rechtsanwalt in München

Dr. Christian Armbrüster
Professor an der Freien Universität Berlin

Dr. Martin Avenarius
Professor an der Universität zu Köln

Dr. Wolfgang Baumann
Notar in Wuppertal

Dr. Roland Michael Beckmann
Professor an der Universität des Saarlandes, Saarbrücken

Dr. Detlev W. Belling, M.C.L.
Professor an der Universität Potsdam

Dr. Andreas Bergmann
Wiss. Assistent an der Universität des Saarlandes, Saarbrücken

Dr. Werner Bienwald
Professor an der Evangelischen Fachhochschule Hannover

Dr. Claudia Bittner, LL.M.
Privatdozentin an der Universität Freiburg i. Br.

Dr. Dieter Blumenwitz
Professor an der Universität Würzburg

Dr. Reinhard Bork
Professor an der Universität Hamburg

Dr. Wolf-Rüdiger Bub
Rechtsanwalt in München, Professor an der Universität Potsdam

Dr. Elmar Bund
Professor an der Universität Freiburg i. Br.

Dr. Jan Busche
Professor an der Universität Düsseldorf

Dr. Michael Coester, LL.M.
Professor an der Universität München

Dr. Dagmar Coester-Waltjen, LL.M.
Professorin an der Universität München

Dr. Heinrich Dörner
Professor an der Universität Münster

Dr. Christina Eberl-Borges
Professorin an der Universität Siegen

Dr. Werner F. Ebke, LL.M.
Professor an der Universität Heidelberg

Dr. Jörn Eckert
Professor an der Universität zu Kiel, Richter am Schleswig-Holsteinischen Oberlandesgericht in Schleswig

Dr. Volker Emmerich
Professor an der Universität Bayreuth, Richter am Oberlandesgericht Nürnberg a. D.

Dipl.-Kfm. Dr. Norbert Engel
Ministerialdirigent im Thüringer Landtag, Erfurt

Dr. Helmut Engler
Professor an der Universität Freiburg i. Br., Minister in Baden-Württemberg a. D.

Dr. Karl-Heinz Fezer
Professor an der Universität Konstanz, Honorarprofessor an der Universität Leipzig, Richter am Oberlandesgericht Stuttgart

Dr. Johann Frank
Notar in Amberg

Dr. Rainer Frank
Professor an der Universität Freiburg i. Br.

Dr. Bernhard Großfeld, LL.M.
Professor an der Universität Münster

Dr. Beate Gsell
Professorin an der Universität Augsburg

Dr. Karl-Heinz Gursky
Professor an der Universität Osnabrück

Dr. Ulrich Haas
Professor an der Universität Mainz

Norbert Habermann
Richter am Amtsgericht Offenbach

Dr. Stefan Habermeier
Professor an der Universität Greifswald

Dr. Johannes Hager
Professor an der Universität München

Dr. Rainer Hausmann
Professor an der Universität Konstanz

Dr. Dr. h. c. mult. Dieter Henrich
Professor an der Universität Regensburg

Dr. Reinhard Hepting
Professor an der Universität Mainz

Dr. Elke Herrmann
Professorin an der Universität Siegen

Christian Hertel, LL.M.
Notar a. D., Geschäftsführer des Deutschen Notarinstituts, Würzburg

Joseph Hönle
Notar in Tittmoning

Dr. Bernd von Hoffmann
Professor an der Universität Trier

Dr. Heinrich Honsell
Professor an der Universität Zürich,
Honorarprofessor an der Universität
Salzburg

Dr. Dr. Dres. h. c. Klaus J.
Hopt, M.C.J.
Professor, Direktor des Max-Planck-
Instituts für Ausländisches und Inter-
nationales Privatrecht, Hamburg

Dr. Norbert Horn
Professor an der Universität zu Köln,
Direktor des Rechtszentrums für europä-
ische und internationale Zusammenarbeit,
Köln

Dr. Heinz Hübner
Professor an der Universität zu Köln

Dr. Peter Huber, L.L.M.
Professor an der Universität Mainz

Dr. Rainer Jagmann
Vorsitzender Richter am Landgericht
Freiburg i. Br.

Dr. Ulrich von Jeinsen
Rechtsanwalt und Notar in Hannover

Dr. Joachim Jickeli
Professor an der Universität zu Kiel

Dr. Dagmar Kaiser
Professorin an der Universität Mainz

Dr. Rainer Kanzleiter
Notar in Neu-Ulm, Professor an der
Universität Augsburg

Dr. Sibylle Kessal-Wulf
Richterin am Bundesgerichtshof,
Karlsruhe

Dr. Hans-Georg Knothe
Professor an der Universität Greifswald

Dr. Jürgen Kohler
Professor an der Universität Greifswald

Dr. Stefan Koos
Professor an der Universität der Bundes-
wehr München

Dr. Heinrich Kreuzer
Notar in München

Dr. Jan Kropholler
Professor an der Universität Hamburg,
Wiss. Referent am Max-Planck-Institut
für Ausländisches und Internationales
Privatrecht, Hamburg

Dr. Hans-Dieter Kutter
Notar in Schweinfurt

Dr. Gerd-Hinrich Langhein
Notar in Hamburg

Dr. Dr. h. c. Manfred Löwisch
Professor an der Universität Freiburg
i. Br., vorm. Richter am Oberlandesgericht Karlsruhe

Dr. Dirk Looschelders
Professor an der Universität Düsseldorf

Dr. Stephan Lorenz
Professor an der Universität München

Dr. Dr. h. c. Werner Lorenz
Professor an der Universität München

Dr. Peter Mader
Professor an der Universität
Salzburg

Dr. Ulrich Magnus
Professor an der Universität Hamburg,
Richter am Hanseatischen Oberlandes-
gericht zu Hamburg

Dr. Peter Mankowski
Professor an der Universität Hamburg

Dr. Heinz-Peter Mansel
Professor an der Universität zu Köln

Dr. Peter Marburger
Professor an der Universität Trier

Dr. Wolfgang Marotzke
Professor an der Universität Tübingen

Dr. Dr. Dr. h. c. Michael
Martinek, M.C.J.
Professor an der Universität des
Saarlandes, Saarbrücken

Dr. Annemarie Matusche-
Beckmann
Privatdozentin an der Universität zu Köln

Dr. Jörg Mayer
Notar in Pottenstein

Dr. Dr. Detlef Merten
Professor an der Deutschen Hochschule
für Verwaltungswissenschaften Speyer

Dr. Rudolf Meyer-Pritzl
Professor an der Universität zu Kiel

Dr. Peter O. Mülbert
Professor an der Universität Mainz

Dr. Dirk Neumann
Vizepräsident des Bundesarbeitsgerichts
a. D., Kassel, Präsident des Landesarbeitsgerichts Chemnitz a. D.

Dr. Ulrich Noack
Professor an der Universität Düsseldorf

Dr. Hans-Heinrich Nöll
Rechtsanwalt in Hamburg

Dr. Jürgen Oechsler
Professor an der Universität Mainz

Dr. Hartmut Oetker
Professor an der Universität Jena, Richter am Thüringer Oberlandesgericht Jena

Wolfgang Olshausen
Notar in Rain am Lech

Dr. Dirk Olzen
Professor an der Universität Düsseldorf

Dr. Gerhard Otte
Professor an der Universität Bielefeld

Dr. Hansjörg Otto
Professor an der Universität Göttingen

Dr. Lore Maria Peschel-Gutzeit
Rechtsanwältin in Berlin, Senatorin für
Justiz a. D. in Hamburg und Berlin, Vor-
sitzende Richterin am Hanseatischen
Oberlandesgericht zu Hamburg i. R.

Dr. Frank Peters
Professor an der Universität Hamburg,
Richter am Hanseatischen Oberlandes-
gericht zu Hamburg

Dr. Axel Pfeifer
Notar in Hamburg

Dr. Jörg Pirrung
Richter am Gericht erster Instanz der
Europäischen Gemeinschaften, Luxem-
burg, Professor an der Universität Trier

Dr. Ulrich Preis
Professor an der Universität zu Köln

Dr. Manfred Rapp
Notar in Landsberg a. L.

Dr. Thomas Rauscher
Professor an der Universität Leipzig,
Dipl. Math.

Dr. Peter Rawert, LL.M.
Notar in Hamburg, Professor an der
Universität zu Kiel

Eckhard Rehme
Vorsitzender Richter am Oberlandesgericht Oldenburg

Dr. Wolfgang Reimann
Notar in Passau, Professor an der
Universität Regensburg

Dr. Tilman Repgen
Professor an der Universität Hamburg

Dr. Dieter Reuter
Professor an der Universität zu Kiel,
Richter am Schleswig-Holsteinischen
Oberlandesgericht in Schleswig

Dr. Reinhard Richardi
Professor an der Universität Regensburg

Dr. Volker Rieble
Professor an der Universität München,
Direktor des Zentrums für Arbeitsbezie-
hungen und Arbeitsrecht

Dr. Anne Röthel
Professorin an der Bucerius Law School, Hamburg

Dr. Christian Rolfs
Professor an der Universität Bielefeld

Dr. Herbert Roth
Professor an der Universität Regensburg

Dr. Rolf Sack
Professor an der Universität Mannheim

Dr. Ludwig Salgo
Professor an der Fachhochschule Frankfurt a. M., Apl. Professor an der Universität Frankfurt a. M.

Dr. Gottfried Schiemann
Professor an der Universität Tübingen

Dr. Eberhard Schilken
Professor an der Universität Bonn

Dr. Peter Schlosser
Professor an der Universität München

Dr. Dres. h. c. Karsten Schmidt
Vizepräsident der Bucerius Law School, Hamburg

Dr. Martin Schmidt-Kessel
Professor an der Universität Osnabrück

Dr. Günther Schotten
Notar in Köln, Professor an der Universität Bielefeld

Dr. Hans Schulte-Nölke
Professor an der Universität Bielefeld

Dr. Hans Hermann Seiler
Professor an der Universität Hamburg

Dr. Reinhard Singer
Professor an der Humboldt-Universität Berlin, vorm. Richter am Oberlandesgericht Rostock

Dr. Ulrich Spellenberg
Professor an der Universität Bayreuth

Dr. Sebastian Spiegelberger
Notar in Rosenheim

Dr. Malte Stieper
Akademischer Rat an der Universität zu Kiel

Dr. Markus Stoffels
Professor an der Universität Passau

Dr. Hans-Wolfgang Strätz
Professor an der Universität Konstanz

Dr. Dr. h. c. Fritz Sturm
Professor an der Universität Lausanne

Dr. Gudrun Sturm
Assessorin, Wiss. Mitarbeiterin

Burkhard Thiele
Präsident des Landesarbeitsgerichts Mecklenburg-Vorpommern, Rostock

Dr. Gregor Thüsing, LL.M.
Professor an der Bucerius Law School, Hamburg

Dr. Barbara Veit
Professorin an der Universität Göttingen

Dr. Bea Verschraegen, LL.M.
Professorin an der Universität Wien

Dr. Klaus Vieweg
Professor an der Universität Erlangen-Nürnberg

Dr. Reinhard Voppel
Rechtsanwalt in Köln

Dr. Günter Weick
Professor an der Universität Gießen

Gerd Weinreich
Vorsitzender Richter am Landgericht Oldenburg

Dr. Birgit Weitemeyer
Privatdozentin an der Universität zu Kiel

Dr. Joachim Wenzel
Vizepräsident des Bundesgerichtshofs, Karlsruhe

Dr. Olaf Werner
Professor an der Universität Jena, Richter am Thüringer Oberlandesgericht Jena

Dr. Wolfgang Wiegand
Professor an der Universität Bern

Dr. Susanne Wimmer-Leonhardt
Privatdozentin an der Universität des Saarlandes, Saarbrücken

Dr. Peter Winkler von Mohrenfels
Professor an der Universität Rostock, Richter am Oberlandesgericht Rostock

Dr. Hans Wolfsteiner
Notar in München

Dr. Eduard Wufka
Notar in Starnberg

Dr. Michael Wurm
Richter am Bundesgerichtshof, Karlsruhe

Redaktorinnen und Redaktoren

Dr. Dr. h. c. Christian von Bar, FBA

Dr. Wolf-Rüdiger Bub

Dr. Heinrich Dörner

Dr. Helmut Engler

Dr. Karl-Heinz Gursky

Norbert Habermann

Dr. Dr. h. c. mult. Dieter Henrich

Dr. Norbert Horn

Dr. Heinz Hübner

Dr. Jan Kropholler

Dr. Dr. h. c. Manfred Löwisch

Dr. Ulrich Magnus

Dr. Dr. Dr. h. c. Michael Martinek, M.C.J.

Dr. Gerhard Otte

Dr. Lore Maria Peschel-Gutzeit

Dr. Peter Rawert, LL.M.

Dr. Dieter Reuter

Dr. Herbert Roth

Dr. Hans-Wolfgang Strätz

Dr. Wolfgang Wiegand

J. von Staudingers
Kommentar zum Bürgerlichen Gesetzbuch mit Einführungsgesetz und Nebengesetzen

Wiener UN-Kaufrecht
(CISG)

Neubearbeitung 2005
von
Ulrich Magnus

Redaktor
Michael Martinek

Sellier – de Gruyter · Berlin

Die Kommentatorinnen und Kommentatoren

Neubearbeitung 2005
ULRICH MAGNUS

Neubearbeitung 1999
ULRICH MAGNUS

Dreizehnte Bearbeitung 1994
ULRICH MAGNUS

12. Auflage
./.

11. Auflage
./.

Sachregister

Rechtsanwalt Dr. Dr. VOLKER KLUGE, Berlin

Zitierweise

STAUDINGER/MAGNUS (2005) Einl 1 zum CISG
STAUDINGER/MAGNUS (2005) Vorbem 1 zu Art 1 ff CISG
STAUDINGER/MAGNUS (2005) Art 1 CISG Rn 1
STAUDINGER/MAGNUS (2005) Anh I zum CISG Rn 1
STAUDINGER/MAGNUS (2005) Anh II zum CISG Rn 1

Zitiert wird nur nach Artikel und Randnummer.

Hinweise

Das Vorläufige Abkürzungsverzeichnis 1993 für das „Gesamtwerk STAUDINGER" befindet sich in einer Broschüre, die den Abonnenten zusammen mit dem Band §§ 985–1011 (1993) bzw seit 2000 gesondert mitgeliefert wird. Eine aktualisierte Neubearbeitung befindet sich in Vorbereitung und wird den Abonnenten wiederum kostenlos geliefert werden.

Der Stand der Bearbeitung ist jeweils mit Monat und Jahr auf den linken Seiten unten angegeben.

Am Ende eines jeden Bandes befindet sich eine Übersicht über den aktuellen Stand des „Gesamtwerk STAUDINGER".

Die Deutsche Bibliothek verzeichnet diese Publikation in der Deutschen Nationalbibliografie; detaillierte bibliografische Daten sind im Internet über http://dnb.ddb.de abrufbar.

ISBN 3-8059-1003-7

© Copyright 2005 by Dr. Arthur L. Sellier & Co. – Walter de Gruyter GmbH & Co. KG, Berlin. – Printed in Germany.

Dieses Werk einschließlich aller seiner Teile ist urheberrechtlich geschützt. Jede Verwertung außerhalb der engen Grenzen des Urheberrechtsgesetzes ist ohne Zustimmung des Verlages unzulässig und strafbar. Das gilt insbesondere für Vervielfältigungen, Übersetzungen, Mikroverfilmungen und die Einspeicherung und Verarbeitung in elektronischen Systemen.

Satz: Federer & Krauß, Augsburg.

Druck: H. Heenemann GmbH & Co., Berlin.

Bindearbeiten: Lüderitz und Bauer classic GmbH, Berlin.

Umschlaggestaltung: Bib Wies, München.

⊗ Gedruckt auf säurefreiem Papier, das die DIN ISO 9706 über Haltbarkeit erfüllt.

Inhalt

---

* Seite. Zitiert wird jedoch nicht nach Seiten,
sondern nach Artikel und Randnummer; siehe
dazu auch S VI.

Inhalt

VIII

Anhang I zum CISG

Gesetz zu dem Übereinkommen der Vereinten Nationen vom 11. April 1980 über Verträge über den internationalen Warenkauf sowie zur Änderung des Gesetzes zu dem Übereinkommen vom 19. Mai 1956 über den Beförderungsvertrag im internationalen Straßengüterverkehr (CMR) vom 5. Juli 1989 (BGBl 1989 II 586)

Erster Teil. Zustimmung zu dem Übereinkommen vom 11. April 1980 über Verträge

über den internationalen Warenkauf sowie Vorschriften zur Ausführung des Übereinkommens

Inhalt

Vorwort

Internationaler Warenhandel ist ein, wenn nicht das Herzstück der deutschen Wirtschaft. Daß das UN-Kaufrecht als die zentrale Rechtsquelle des internationalen Handelsrechts hierfür die Basis bildet, hat sich inzwischen herumgesprochen. Beredtes Zeugnis dafür ist die Tatsache, daß seit der Vorauflage (1999) sechs umfangreiche, deutschsprachige Neukommentierungen des CISG (ACHILLES, BAMBERGER/ ROTH/SAENGER, BRUNNER, MünchKommBGB und MünchKommHGB, WITZ/SALGER/LORENZ) erschienen sind – drei davon allein im Jahr 2004 – und die schon stattliche Reihe der etablierten und zum Teil neu aufgelegten Kommentare (SCHLECHTRIEM/SCHWENZER, SOERGEL) verstärkt haben. Nimmt man die zahlreichen Monographien, Aufsätze und vor allem den aus der Praxis gespeisten, unablässigen Strom in- und ausländischer CISG-Entscheidungen hinzu – eine eigene Zeitschrift (IHR) widmet sich jetzt primär dem CISG –, dann zeigt all dies die gestiegene Bedeutung des Gebietes deutlich an. Aber auch der nachhaltige strukturelle Einfluß des CISG auf die europäische Kaufrechtsrichtlinie und insbesondere auf die deutsche Schuldrechtsreform darf nicht vergessen werden.

Für die Neubearbeitung ergaben sich daraus die Schwerpunkte von selbst. An erster Stelle stand die Berücksichtigung der deutschen und der internationalen Rechtsprechung. Ihre Zugänglichkeit ist zwar durch zahlreiche internationale Datenbanken erhöht worden; damit ist die Lage aber auch unübersichtlicher geworden. Für die Kommentierung war daher das Wesentliche herauszufiltern und einzufügen. Aus der Literatur sind alle neuen Kommentierungen und Neuauflagen bereits eingearbeitet. Erfreulicherweise hat sich das Meinungsspektrum nicht entsprechend der Zahl der Neuerscheinungen vervielfältigt, sondern es ist deutlicher geworden, welche Ansichten zutreffend Unterstützung finden. Schließlich war der Schuldrechtsreform – nicht nur im Vergleich, sondern auch bei der veränderten Verjährungsregelung – Rechnung zu tragen. Sachlich lag der größte Ergänzungsbedarf bei den Abschnitten über den Vertragsschluß und über die Käuferrechte, insbesondere bei den Rechten auf Schadensersatz und Vertragsaufhebung, ferner bei der Rügeobliegenheit. Auch für die Neubearbeitung war es das Ziel, auf STAUDINGER-typische Weise wissenschaftliche Gründlichkeit mit ausgeprägter Tauglichkeit für die Praxis zu verbinden.

Im Januar 2005   ULRICH MAGNUS, Hamburg

Allgemeines Schrifttum

Das Sonderschrifttum ist zu Beginn der einzelnen Kommentierungen bzw in Fußnoten innerhalb der Kommentierung aufgeführt.

Vgl ferner WILL, Twenty Years of International Sales Law Under the CISG: International Bibliography and Case Law Digest (1980–2000) (2000).

I. Materialien

United Nations Conference on Contracts for the International Sale of Goods, Vienna 10 March – 11 April 1980, Official Records UN Doc.A/Conf 97/19 (1981; zitiert: Off Rec)
Commentary on the Draft Convention on Contracts for the International Sale of Goods, Prepared by the Secretariat, UN Doc.A/Conf 97/5, abgedruckt in: Off Rec 14 (zitiert: Sekretariatskommentar)
Denkschrift zum Übereinkommen, BT-Drucks 11/3076, 538 (zitiert: Denkschrift)
Botschaft betreffend das Wiener Übereinkommen über Verträge über den internationalen Warenkauf v 11.1.1989, (Schweizer) Bundesblatt 1989 I 745 (zitiert: Schweizer Botschaft).

S ferner die Zusammenstellungen bei HONNOLD, Documentary History of the Uniform Law for International Sales (1989) und SCHLECHTRIEM/SCHWENZER Anhang III.

II. Kommentierungen des CISG

(nur mit Verfasser- und ggfs Bearbeiternamen zitiert)
ACHILLES, Kommentar zum UN-Kaufrechtsübereinkommen (CISG) (2000)
BAMBERGER/ROTH/SAENGER, Kommentar zum Bürgerlichen Gesetzbuch, Übereinkommen der Vereinten Nationen über Verträge über den internationalen Warenkauf – CISG – Bd 3 (2001)
BERGEM/ROGNLIEN, Kjøpsloven 1988 og FN-Konvensjonen 1980 om Internasjonale Løsørekjøp (1991)

BIANCA (Hrsg), Convenzione di Vienna sui contratti di vendita internazionale di beni mobili (1992)
BIANCA/BONELL, Commentary on the International Sales Law. The 1980 Vienna Sales Convention (1987)
BRUNNER, UN-Kaufrecht – CISG. Kommentar zum Übereinkommen der Vereinten Nationen über Verträge über den internationalen Warenkauf von 1980. Unter Berücksichtigung der Schnittstellen zum internen Schweizer Recht (2004)
DÍEZ-PICAZO Y PONCE DE LÉON (Hrsg), La compraventa internacional de mercaderías (1998) (zitiert DÍEZ-PICAZO/Bearbeiter)
Draft Digest s FERRARI/FLECHTNER/BRAND
ENDERLEIN/MASKOW, International Sales Law. United Nations Convention on Contracts for the International Sale of Goods. Convention on the Limitation Period in the International Sale of Goods. Commentary (1992); im wesentlichen eine englische Übersetzung der entsprechenden Teile aus ENDERLEIN/MASKOW/STROHBACH
ENDERLEIN/MASKOW/STARGARDT, Kommentar. Konvention der Vereinten Nationen über Verträge über den internationalen Warenkauf. Konvention über die Verjährung beim internationalen Warenkauf. Protokoll zur Änderung der Konvention über die Verjährung beim internationalen Warenkauf (1985)
ENDERLEIN/MASKOW/STROHBACH, Internationales Kaufrecht. Kaufrechtskonvention, Verjährungskonvention, Vertretungskonvention, Rechtsanwendungskonvention (1991)
FERRARI, Vendita internazionale di beni mobili Bd 1 Art 1–13 (Commentario del Codice Civile Scialoja-Branca, 1994; zitiert: FERRARI)
FERRARI/FLECHTNER/BRAND (Hrsg), The Draft UNCITRAL Digest and Beyond: Cases, Analysis and Unresolved Issues in the U.N. Sales Convention (2004; zitiert: Draft Digest)

GABRIEL, Practioner's Guide to the Convention on Contracts for the International Sale of Goods and the Uniform Commercial Code (1994)

GOMARD/RECHNAGEL, International Købelov (1990)

HERBER/CZERWENKA, Internationales Kaufrecht. Kommentar zu dem Übereinkommen der Vereinten Nationen vom 11. April 1980 über Verträge über den internationalen Warenkauf (1991)

HONNOLD, Uniform Law for International Sales under the 1980 United Nations Convention (3. Aufl 1999)

HONSELL (Hrsg), Kommentar zum UN-Kaufrecht (1997)

LICHTSTEINER, Convention des Nations Unies sur les contrats de vente internationale de marchandises, Commentaire, in: DESSEMONTET (Hrsg), Les contrats de vente internationale de marchandises (1991) 181

LOEWE, Internationales Kaufrecht. Wiener UN-Kaufrechtsübereinkommen vom 11. April 1980 und New Yorker UN-Verjährungsübereinkommen vom 14. Juni 1974 samt Protokoll vom 11. April 1980 (1989)

MünchKommBGB/Bearbeiter Bd 3/1 CISG (2004)

MünchKommHGB/Bearbeiter Bd 6 CISG (2004)

NEUMAYER/MING, Convention de Vienne sur les contrats de vente internationale de marchandises. Commentaire (1993)

PAZDAN (Hrsg), Konwencja wiedenska. Komentarz (2001)

POSCH, Kommentierung des UN-Kaufrechts, in: SCHWIMANN (Hrsg), Praxiskommentar zum Allgemeinen Bürgerlichen Gesetzbuch samt Nebengesetzen Bd 5 (2. Aufl 1997; zitiert: SCHWIMANN/POSCH)

REINHART, UN-Kaufrecht. Kommentar zum Übereinkommen der Vereinten Nationen vom 11. April 1980 über Verträge über den internationalen Warenkauf (1991)

RUDOLPH, Kaufrecht der Export- und Importverträge (1996)

SCHLECHTRIEM/SCHWENZER, Kommentar zum Einheitlichen UN-Kaufrecht. Das Übereinkommen der Vereinten Nationen über Verträge über den internationalen Warenkauf-CISG-Kommentar (4. Aufl 2004)

SOERGEL/LÜDERITZ/Bearbeiter Bd III (13. Aufl 2000)

STAUB/KOLLER, Handelsgesetzbuch. Großkommentar (4. Aufl 1984) vor § 373

WITZ/SALGER/LORENZ, International Einheitliches Kaufrecht. Praktiker-Kommentar und Vertragsgestaltung zum CISG (2000).

III. Systematische Darstellungen des CISG
(nur mit Verfassernamen zitiert)

AUDIT, La vente internationale de marchandises. Convention des Nations Unies du 11 avril 1980 (1990)

CORVAGLIA, Das einheitliche UN-Kaufrecht – CISG (1998)

DAUN, Grundzüge des UN-Kaufrechts, JuS 1997, 811 u 998

FERRARI, La vendita internazionale. Applicabilità ed applicazioni della Convenzione di Vienna del 1980 (1997; zitiert: FERRARI, Applicabilità)

GARRO/ZUPPI, Compraventa internacional de mercaderías (1989)

GILLETTE/WALT, Sales Law. Domestic and International (1999)

HEUZÉ, La vente internationale de marchandises. Droit uniforme (2. Aufl 2000)

VAN HOUTTE/ERAUW/WAUTELET (Hrsg), Het Weens Koopverdrag (1997)

JANZEN/ALPMANN, UN-Kaufrecht (1996)

KAROLLUS, UN-Kaufrecht. Eine systematische Darstellung für Studium und Praxis (1991)

KRITZER, Guide to Practical Applications of the United Nations Convention on Contracts for the International Sale of Goods (1989)

LOOKOFSKY, Understanding the CISG in Scandinavia (2. Aufl 2002)

MAGNUS, Der UN-Kaufrechtsprozeß (CISG), in: SEITZ/BÜCHEL (Hrsg), Becksches Richterhandbuch (2. Aufl 1999) B XI

PILTZ, UN-Kaufrecht (3. Aufl 2001; zitiert: PILTZ, UN-Kaufrecht)

ders, Internationales Kaufrecht. Das UN-Kaufrecht (Wiener Übereinkommen von 1980) in praxisorientierter Darstellung (1993; zitiert: PILTZ, Internationales Kaufrecht)

ders, Export- und Importgeschäfte (UN-Kaufrecht und Incoterms), in: PFEIFFER (Hrsg), Handbuch der Handelsgeschäfte (1999) 475 ff (zitiert: PILTZ, Handbuch)

ders, in: HÄBERLE (Hrsg), Handbuch für Kaufrecht, Rechtsdurchsetzung und Zahlungssicherung im Außenhandel (2000) 5
SCHLECHTRIEM, Einheitliches UN-Kaufrecht (1981; zitiert: SCHLECHTRIEM, UN-Kaufrecht)
ders, Uniform Sales Law (1986; zitiert: SCHLECHTRIEM, Uniform Sales Law)
ders, Internationales UN-Kaufrecht (2. Aufl 2004; zitiert SCHLECHTRIEM)
VEKÁS, The Vienna Convention on the international sale of goods, in: MADL/VEKÁS, The law of conflicts and of international economic relations (2. Aufl 1998) 324
WILHELM, UN-Kaufrecht (1993).

IV. Sammelbände zum CISG

BUCHER (Hrsg), Wiener Kaufrecht. Der schweizerische Außenhandel unter dem UN-Übereinkommen über den internationalen Warenkauf (Berner Tage für die juristische Praxis 1990, 1991; zitiert: Berner Tage)
DERAINS/GHESTIN (Hrsg), La Convention de Vienne sur la vente internationale et les incoterms. Actes du Colloque des 1er et 2ieme décembre 1989 (1990; zitiert: DERAINS/GHESTIN)
DORALT (Hrsg), Das UNCITRAL-Kaufrecht im Vergleich zum österreichischen Recht (1985; zitiert: DORALT)
EMPTIO-VENDITIO, Inter Nationes, in: FG K H NEUMAYER (1997)
FERRARI (Hrsg), The 1980 Uniform Sales Law. Old Issues Revisited in the Light of Recent Experiences. Verona Conference 2003 (2003)
GALSTON/SMIT (Hrsg), International Sales. The United Nations Convention on Contracts for the International Sale of Goods (1984; zitiert: GALSTON/SMIT)
HOYER/POSCH (Hrsg), Das Einheitliche Wiener Kaufrecht. Neues Recht für den internationalen Warenkauf (1992; zitiert: HOYER/POSCH)
PERRET/LACASSE (Hrsg), Colloque sur la vente internationale. Ottawa 14. 10. 1987 (1989; zitiert: PERRET/LACASSE)
ŠARČEVIĆ/VOLKEN (Hrsg), International Sale of Goods. Dubrovnik Lectures (1986; zitiert: ŠARČEVIĆ/VOLKEN)
ŠARČEVIĆ/VOLKEN (Hrsg), The International Sale of Goods (2001; zitiert: ŠARČEVIĆ/VOLKEN 2001)

SCHLECHTRIEM (Hrsg), Einheitliches Kaufrecht und nationales Obligationenrecht, Referate und Diskussionen der Fachtagung Einheitliches Kaufrecht am 16./17. 2. 1987 (1987; zitiert: SCHLECHTRIEM, Fachtagung)
Schweizerisches Institut für Rechtsvergleichung, Wiener Übereinkommen von 1980 über den internationalen Warenkauf. Lausanner Kolloquium vom 19. und 20. November 1984 (1985; zitiert: Lausanner Kolloquium)
La Vendita Internazionale, Convegno di Studi, S. Margherita Ligure 26.–28. 9. 1980 (1981; zitiert: La Vendita Internazionale).

V. Weiteres allgemeines Schrifttum

(nur mit Verfassernamen zitiert; spezielles Schrifttum ist bei der jeweiligen Vorschrift angegeben)
BAUMGÄRTEL/LAUMEN, Handbuch der Beweislast im Privatrecht. Bd 2: BGB Sachen-, Familien- und Erbrecht, Recht der EG, UN-Kaufrecht (2. Aufl 1999)
BENJAMIN's Sale of Goods (6. Aufl 2001)
BREDOW/SEIFERT, Incoterms 2000 (2000)
BÜLOW/ARTZ, Verbraucherprivatrecht (2003)
CERUTTI, Das U. S. amerikanische Warenkaufrecht (1998)
CHITTY, On Contracts, 2 Bde (26. Aufl 1989)
CZERWENKA, Rechtsanwendungsprobleme im internationalen Kaufrecht. Das Kollisionsrecht bei grenzüberschreitenden Kaufverträgen und der Anwendungsbereich der internationalen Kaufrechtsübereinkommen (1988)
DÖLLE (Hrsg), Kommentar zum Einheitlichen Kaufrecht. Die Haager Kaufrechtsübereinkommen vom 1. Juli 1964 (1976)
FERRARI, Specific Topics of the CISG in the Light of Judicial Application and Scholarly Writing, in: Vereniging voor Burgerlijk Recht (Hrsg), Preadviezen (1995) 81 ff = JL & Com 1995, 1
FALLON/PHILIPPE, La Convention de Vienne sur les contrats de vente internationale de marchandises, JT 1998, 17
GRUNDMANN/BIANCA (Hrsg), EU-Kaufrechtsrichtlinie. Kommentar (2002)
GRAVESON/COHN/GRAVESON, The Uniform Laws on International Sales Act 1967 (1968)

HÄBERLE (Hrsg), Handbuch für Kaufrecht, Rechtsdurchsetzung und Zahlungssicherung im Außenhandel (2002)

HERRMANN, Einheitliches Kaufrecht für die Welt: UN-Übereinkommen über internationale Warenkaufverträge, IPRax 1981, 109

HUBER, Der UNCITRAL-Entwurf eines Übereinkommens über internationale Warenkaufverträge, RabelsZ 43 (1979) 413

KAHN, La Convention de Vienne du 11 avril 1980 sur les contrats de vente internationale de marchandises, Rev dr int dr comp 33 (1981) 951

KEGEL/SCHURIG, Internationales Privatrecht (9. Aufl 2004)

KROPHOLLER, Internationales Einheitsrecht. Allgemeine Lehren (1975; zitiert: Internationales Einheitsrecht)

ders, Internationales Privatrecht (5. Aufl 2004; zitiert: IPR)

ders, Europäisches Zivilprozeßrecht (7. Aufl 2002; zitiert: Europäisches Zivilprozeßrecht)

LEHR, Der Exportvertrag (1998)

LESER/vMARSCHALL (Hrsg), Das Haager Einheitliche Kaufrecht und das Deutsche Schuldrecht – Kolloquium zum 65. Geburtstag von Ernst vCaemmerer (1973)

MERTENS/REHBINDER, Internationales Kaufrecht. Kommentar zu den Einheitlichen Kaufgesetzen (1975)

MOECKE, Zur Aufstellung von Exportbedingungen nach UNCITRAL-Kaufrecht, Bundesstelle für Außenhandelsinformation (1991)

NDULO, The Vienna Sales Convention 1980 and the Hague Uniform Laws on International Sale of Goods 1964: A Comparative Analysis, IntCompLQ 38 (1989) 1

NEUMAYER, Offene Fragen zur Anwendung des Abkommens der Vereinten Nationen über den internationalen Warenkauf, RiW 1994, 99

NICHOLAS, The Vienna Convention on International Sales Law, LQRev 105 (1989) 201

NOUSSIAS, Zur Zugangsbedürftigkeit von Mitteilungen nach den Einheitlichen Kaufgesetzen und nach dem UN-Kaufgesetz (1982)

PLANTARD, Un nouveau droit uniforme de la vente internationale: La Convention des Nations Unies du 11 avril 1980, Clunet 1988, 311

RABEL, Recht des Warenkaufs, Bd 1 (1936, unveränderter Neudruck 1957), Bd 2 (1958)

REINICKE/TIEDTKE, Kaufrecht (6. Aufl 1997)

REITHMANN/MARTINY, Internationales Vertragsrecht (6. Aufl 2004)

RUMMEL (Hrsg), Kommentar zum Allgemeinen Bürgerlichen Gesetzbuch (2. Aufl 1992; zitiert: RUMMEL/Bearbeiter)

SCHLECHTRIEM, Einheitliches Kaufrecht – Erfahrungen mit den Haager Kaufgesetzen – Folgerungen für das Wiener UN-Kaufrecht, RdW 1989, 41

ders, Einheitliches UN-Kaufrecht, JZ 1988, 1037

ders, Das Wiener Kaufrechtsübereinkommen von 1980 (Convention on the International Sale of Goods), IPRax 1990, 277

SCHLECHTRIEM/MAGNUS, Internationale Rechtsprechung zu EKG und EAG. Eine Sammlung belgischer, deutscher, italienischer, israelischer und niederländischer Entscheidungen zu den Haager Einheitlichen Kaufgesetzen (1987)

SCHWENZER, Das UN-Übereinkommen zum internationalen Warenkauf, NJW 1990, 602

STERN, Erklärungen im UNCITRAL-Kaufrecht (1990)

STOFFEL, Ein neues Recht des internationalen Warenkaufs in der Schweiz, SJZ 1990, 169

ULMER/BRANDNER/HENSEN, AGB-Gesetz. Kommentar zum Gesetz zur Regelung des Rechts der Allgemeinen Geschäftsbedingungen (7. Aufl 1993)

VAN DER VELDEN, Het Weense Koopverdrag 1980 en zijn Rechtsmiddelen (1988)

VAN HOUTTE, Het Weens Koopverdrag in het Belgisch recht, RwB 1998, 344

WALTER, Kaufrecht, Handbuch des Schuldrechtes, Bd 6 (1987)

WAUTELET, Une nouvelle convention pour la vente internationale de marchandises, REV Gen Dr Civ Belge 1998, 389

vWESTPHALEN (Hrsg), Handbuch des Kaufvertragsrechts in den EG-Staaten einschl. Österreich, Schweiz und UN-Kaufrecht (1992)

WOLF/LINDACHER/HORN, AGB-Gesetz (2. Aufl 1989)

ZWEIGERT/KÖTZ, Einführung in die Rechtsvergleichung auf dem Gebiet des Privatrechts, (3. Aufl 1996).

VI. Rechtsprechungsübersichten

UNCITRAL (CLOUT = Case Law on UNCI-TRAL Texts) (Adresse: A-1400 Wien, Postfach 5000; http://www.un.or.at/uncitrad/)
UNILEX (Leitung BONELL) (Adresse: 28, via Panisperna, I-00184 Roma) (http://www.cnr.it/CRDCS/index.htm)
Sammlung der CISG-Entscheidungen (bisher Leitung SCHLECHTRIEM, jetzt SCHWENZER) (http://www.cisg-online.ch/cisg/)
Pace University, New York (Leitung KRITZER) (http://www.cisg.law.pace.edu)
Universität Saarbrücken (Leitung WITZ, nur französische Entscheidungen) (http.//www.jura.uni-sb.de/FB/LS/Witz/cisginh.htm).

Veröffentlichte Entscheidungsübersichten:
BONELL/LIGUORI, The U. N. Convention on the International Sale of Goods: A Critical Analysis of Current International Case Law, ULR 1996, 147 (Teil I); 359 (Teil II); ULR 1997, 385 (Teil I); 583 (Teil II)
Bundesamt der Justiz (Schweiz): SZIER 1993, 653; 1995, 269; 1996, 43; 1997, 129; 1998, 75; 1999, 177; 2000, 109; 2002, 139; 2003, 101
DEL DUCA/DEL DUCA, Practice under the Convention on the International Sale of Goods, UCC LJ 27 (1995) 331 (Teil I); 29 (1996) 99 (Teil II)
HUBER/KRÖLL, Deutsche Rechtsprechung zum UN-Kaufrecht in den Jahren 2001/2002, IPRax 2003, 309
KAROLLUS, Judicial Interpretation and Application of the CISG in Germany 1988-1994, in: Review of the Convention on Contracts for the International Sale of Goods (CISG) 1995, 51

ders, Rechtsprechung zum UN-Kaufrecht, öRdW 1991, 319 (Teil I); 1992, 168 (Teil II); 1994, 386 (Teil III)
LIGUORI, Il diritto uniforme della vendita internazionale: prassi e tendenze applicative della Convenzione di Vienna del 1980, Riv dir civ 1999, 143
MAGNUS, Aktuelle Fragen des UN-Kaufrechts, ZEuP1993, 79
ders, Stand und Entwicklung des UN-Kaufrechts, ZEuP 1995, 202
ders, Das UN-Kaufrecht: Fragen und Probleme seiner praktischen Bewährung, ZEuP 1997, 823
ders, Wesentliche Fragen des UN-Kaufrechts, ZEuP 1999, 642
ders, Das UN-Kaufrecht – aktuelle Entwicklungen und Rechtsprechungspraxis, ZEuP 2002, 523
PILTZ, Neue Entwicklungen im UN-Kaufrecht, NJW 1994, 1101; NJW 1996, 2768; 2000, 553; 2003, 2056
ders, Entscheidungen des BGH zum CISG, TranspR-IHR 1999, 13
TIMOTEO, Overview of Chinese Court Decisions on CISG, RDAI 1999, 471
WITZ, Les premières applications jurisprudentielles du droit uniforme de la vente internationale (1995)
ders, Droit uniforme de la vente internationale de marchandises, D. 1997 somm com 217; 1998 somm com 307.

S ferner die Sammlung der Fundstellen der CISG-Rechtsprechung von WILL (oben vor I.).

Übereinkommen der Vereinten Nationen über Verträge über den internationalen Warenkauf (CISG)

vom 11. April 1980 (BGBl 1989 II 588, berichtigt BGBl 1990 II 1699)

Deutsche Übersetzung*

[Präambel]

Die Vertragsstaaten dieses Übereinkommens –
im Hinblick auf die allgemeinen Ziele der Entschließungen, die von der Sechsten Außerordentlichen Tagung der Generalversammlung der Vereinten Nationen über die Errichtung einer neuen Weltwirtschaftsordnung angenommen worden sind,
in der Erwägung, daß die Entwicklung des internationalen Handels auf der Grundlage der Gleichberechtigung und des gegenseitigen Nutzens ein wichtiges Element zur Förderung freundschaftlicher Beziehungen zwischen den Staaten ist,
in der Meinung, daß die Annahme einheitlicher Bestimmungen, die auf Verträge über den internationalen Warenkauf Anwendung finden und die verschiedenen Gesellschafts-, Wirtschafts- und Rechtsordnungen berücksichtigen, dazu beitragen würde, die rechtlichen Hindernisse im internationalen Handel zu beseitigen und seine Entwicklung zu fördern –
haben folgendes vereinbart:

Teil I. Anwendungsbereich und allgemeine Bestimmungen

Kapitel I. Anwendungsbereich

Art 1 [Anwendungsbereich]**

(1) Dieses Übereinkommen ist auf Kaufverträge über Waren zwischen Parteien anzuwenden, die ihre Niederlassung in verschiedenen Staaten haben,
a) wenn diese Staaten Vertragsstaaten sind oder
b) wenn die Regeln des internationalen Privatrechts zur Anwendung des Rechts eines Vertragsstaats führen.
(2) Die Tatsache, daß die Parteien ihre Niederlassung in verschiedenen Staaten haben, wird nicht berücksichtigt, wenn sie sich nicht aus dem Vertrag, aus früheren Geschäftsbeziehungen oder aus Verhandlungen oder Auskünften ergibt, die vor

---

* Authentisch sind nur die Textfassungen in den UN-Sprachen Arabisch, Chinesisch, Englisch, Französisch, Russisch, Spanisch. Der deutsche Text ist eine Übersetzung, die die deutschsprachigen Länder Deutschland, Österreich, Schweiz und seinerzeit noch die DDR untereinander abgestimmt hatten. Er ist nicht verbindlich, sondern nur eine Interpretationshilfe. Im Rahmen der Erläuterungen (Seiten 53 ff) werden daher auch die amtliche englische und französische Textfassung abgedruckt. Zur Abkürzung CISG siehe unten Einl 1.
** Die Artikelüberschriften sind nichtamtlich, vgl dazu unten *Fußnote zu Art 1 (Seite 57).

oder bei Vertragsabschluß zwischen den Parteien geführt oder von ihnen erteilt worden sind.

(3) Bei Anwendung dieses Übereinkommens wird weder berücksichtigt, welche Staatsangehörigkeit die Parteien haben, noch ob sie Kaufleute oder Nichtkaufleute sind oder ob der Vertrag handelsrechtlicher oder bürgerlich-rechtlicher Art ist.

Art 2 [Anwendungsausschlüsse]

Dieses Übereinkommen findet keine Anwendung auf den Kauf
a) von Ware für den persönlichen Gebrauch oder den Gebrauch in der Familie oder im Haushalt, es sei denn, daß der Verkäufer vor oder bei Vertragsabschluß weder wußte noch wissen mußte, daß die Ware für einen solchen Gebrauch gekauft wurde,
b) bei Versteigerungen,
c) aufgrund von Zwangsvollstreckungs- oder anderen gerichtlichen Maßnahmen,
d) von Wertpapieren oder Zahlungsmitteln,
e) von Seeschiffen, Binnenschiffen, Luftkissenfahrzeugen oder Luftfahrzeugen,
f) von elektrischer Energie.

Art 3 [Verträge über herzustellende Waren oder Dienstleistungen]

(1) Den Kaufverträgen stehen Verträge über die Lieferung herzustellender oder zu erzeugender Ware gleich, es sei denn, daß der Besteller einen wesentlichen Teil der für die Herstellung oder Erzeugung notwendigen Stoffe selbst zur Verfügung zu stellen hat.

(2) Dieses Übereinkommen ist auf Verträge nicht anzuwenden, bei denen der überwiegende Teil der Pflichten der Partei, welche die Ware liefert, in der Ausführung von Arbeiten oder anderen Dienstleistungen besteht.

Art 4 [Sachlicher Geltungsbereich des Übereinkommens]

Dieses Übereinkommen regelt ausschließlich den Abschluß des Kaufvertrages und die aus ihm erwachsenden Rechte und Pflichten des Verkäufers und des Käufers. Soweit in diesem Übereinkommen nicht ausdrücklich etwas anderes bestimmt ist, betrifft es insbesondere nicht
a) die Gültigkeit des Vertrages oder einzelner Vertragsbestimmungen oder die Gültigkeit von Gebräuchen,
b) die Wirkungen, die der Vertrag auf das Eigentum an der verkauften Ware haben kann.

Art 5 [Ausschluß der Haftung für Tod oder Körperverletzung]

Dieses Übereinkommen findet keine Anwendung auf die Haftung des Verkäufers für den durch die Ware verursachten Tod oder die Körperverletzung einer Person.

Art 6 [Ausschluß, Abweichung oder Änderung durch Parteiabrede]

Die Parteien können die Anwendung dieses Übereinkommens ausschließen oder, vorbehaltlich des Artikels 12, von seinen Bestimmungen abweichen oder deren Wirkung ändern.

Kapitel II. Allgemeine Bestimmungen

Art 7 [Auslegung des Übereinkommens und Lückenfüllung]

(1) Bei der Auslegung dieses Übereinkommens sind sein internationaler Charakter und die Notwendigkeit zu berücksichtigen, seine einheitliche Anwendung und die Wahrung des guten Glaubens im internationalen Handel zu fördern.

(2) Fragen, die in diesem Übereinkommen geregelte Gegenstände betreffen, aber in diesem Übereinkommen nicht ausdrücklich entschieden werden, sind nach den allgemeinen Grundsätzen, die diesem Übereinkommen zugrunde liegen, oder mangels solcher Grundsätze nach dem Recht zu entscheiden, das nach den Regeln des internationalen Privatrechts anzuwenden ist.

Art 8 [Auslegung von Erklärungen und Verhalten]

(1) Für die Zwecke dieses Übereinkommens sind Erklärungen und das sonstige Verhalten einer Partei nach deren Willen auszulegen, wenn die andere Partei diesen Willen kannte oder darüber nicht in Unkenntnis sein konnte.
(2) Ist Absatz 1 nicht anwendbar, so sind Erklärungen und das sonstige Verhalten einer Partei so auszulegen, wie eine vernünftige Person der gleichen Art wie die andere Partei sie unter den gleichen Umständen aufgefaßt hätte.
(3) Um den Willen einer Partei oder die Auffassung festzustellen, die eine vernünftige Person gehabt hätte, sind alle erheblichen Umstände zu berücksichtigen, insbesondere die Verhandlungen zwischen den Parteien, die zwischen ihnen entstandenen Gepflogenheiten, die Gebräuche und das spätere Verhalten der Parteien.

Art 9 [Handelsbräuche und Gepflogenheiten]

(1) Die Parteien sind an die Gebräuche, mit denen sie sich einverstanden erklärt haben, und an die Gepflogenheiten gebunden, die zwischen ihnen entstanden sind.
(2) Haben die Parteien nichts anderes vereinbart, so wird angenommen, daß sie sich in ihrem Vertrag oder bei seinem Abschluß stillschweigend auf Gebräuche bezogen haben, die sie kannten oder kennen mußten und die im internationalen Handel den Parteien von Verträgen dieser Art in dem betreffenden Geschäftszweig weithin bekannt sind und von ihnen regelmäßig beachtet werden.

Art 10 [Niederlassung]

Für die Zwecke dieses Übereinkommens ist,

a) falls eine Partei mehr als eine Niederlassung hat, die Niederlassung maßgebend, die unter Berücksichtigung der vor oder bei Vertragsabschluß den Parteien bekannten oder von ihnen in Betracht gezogenen Umstände die engste Beziehung zu dem Vertrag und zu seiner Erfüllung hat;

b) falls eine Partei keine Niederlassung hat, ihr gewöhnlicher Aufenthalt maßgebend.

Art 11 [Form des Vertrages]

Der Kaufvertrag braucht nicht schriftlich geschlossen oder nachgewiesen zu werden und unterliegt auch sonst keinen Formvorschriften. Er kann auf jede Weise bewiesen werden, auch durch Zeugen.

Art 12 [Wirkungen eines Vorbehaltes hinsichtlich der Form]

Die Bestimmungen der Artikel 11 und 29 oder des Teils II dieses Übereinkommens, die für den Abschluß eines Kaufvertrages, seine Änderung oder Aufhebung durch Vereinbarung oder für ein Angebot, eine Annahme oder eine sonstige Willenserklärung eine andere als die schriftliche Form gestatten, gelten nicht, wenn eine Partei ihre Niederlassung in einem Vertragsstaat hat, der eine Erklärung nach Artikel 96 abgegeben hat. Die Parteien dürfen von dem vorliegenden Artikel weder abweichen noch seine Wirkung ändern.

Art 13 [Schriftlichkeit]

Für die Zwecke dieses Übereinkommens umfaßt der Ausdruck „schriftlich" auch Mitteilungen durch Telegramm oder Fernschreiben.

Teil II. Abschluß des Vertrages

Art 14 [Angebot]

(1) Der an eine oder mehrere bestimmte Personen gerichtete Vorschlag zum Abschluß eines Vertrages stellt ein Angebot dar, wenn er bestimmt genug ist und den Willen des Anbietenden zum Ausdruck bringt, im Falle der Annahme gebunden zu sein. Ein Vorschlag ist bestimmt genug, wenn er die Ware bezeichnet und ausdrücklich oder stillschweigend die Menge und den Preis festsetzt oder deren Festsetzung ermöglicht.

(2) Ein Vorschlag, der nicht an eine oder mehrere bestimmte Personen gerichtet ist, gilt nur als Aufforderung, ein Angebot abzugeben, wenn nicht die Person, die den Vorschlag macht, das Gegenteil deutlich zum Ausdruck bringt.

Art 15 [Wirksamwerden des Angebots; Rücknahme]

(1) Ein Angebot wird wirksam, sobald es dem Empfänger zugeht.

(2) Ein Angebot kann, selbst wenn es unwiderruflich ist, zurückgenommen werden, wenn die Rücknahmeerklärung dem Empfänger vor oder gleichzeitig mit dem Angebot zugeht.

Art 16 [Widerruflichkeit des Angebots]

(1) Bis zum Abschluß des Vertrages kann ein Angebot widerrufen werden, wenn der Widerruf dem Empfänger zugeht, bevor dieser eine Annahmeerklärung abgesandt hat.

(2) Ein Angebot kann jedoch nicht widerrufen werden,

a) wenn es durch Bestimmung einer festen Frist zur Annahme oder auf andere Weise zum Ausdruck bringt, daß es unwiderruflich ist, oder

b) wenn der Empfänger vernünftigerweise darauf vertrauen konnte, daß das Angebot unwiderruflich ist, und er im Vertrauen auf das Angebot gehandelt hat.

Art 17 [Erlöschen des Angebots durch Ablehnung]

Ein Angebot erlischt, selbst wenn es unwiderruflich ist, sobald dem Anbietenden eine Ablehnung zugeht.

Art 18 [Annahme; Wirksamwerden der Annahme]

(1) Eine Erklärung oder ein sonstiges Verhalten des Empfängers, das eine Zustimmung zum Angebot ausdrückt, stellt eine Annahme dar. Schweigen oder Untätigkeit allein stellen keine Annahme dar.

(2) Die Annahme eines Angebots wird wirksam, sobald die Äußerung der Zustimmung dem Anbietenden zugeht. Sie wird nicht wirksam, wenn die Äußerung der Zustimmung dem Anbietenden nicht innerhalb der von ihm gesetzten Frist oder, bei Fehlen einer solchen Frist, innerhalb einer angemessenen Frist zugeht; dabei sind die Umstände des Geschäfts einschließlich der Schnelligkeit der vom Anbietenden gewählten Übermittlungsart zu berücksichtigen. Ein mündliches Angebot muß sofort angenommen werden, wenn sich aus den Umständen nichts anderes ergibt.

(3) Äußert jedoch der Empfänger aufgrund des Angebots, der zwischen den Parteien entstandenen Gepflogenheiten oder der Gebräuche seine Zustimmung dadurch, daß er eine Handlung vornimmt, die sich zum Beispiel auf die Absendung der Ware oder die Zahlung des Preises bezieht, ohne den Anbietenden davon zu unterrichten, so ist die Annahme zum Zeitpunkt der Handlung wirksam, sofern diese innerhalb der in Absatz 2 vorgeschriebenen Frist vorgenommen wird.

Art 19 [Ergänzungen oder Änderungen zum Angebot]

(1) Eine Antwort auf ein Angebot, die eine Annahme darstellen soll, aber Ergänzungen, Einschränkungen oder sonstige Änderungen enthält, ist eine Ablehnung des Angebots und stellt ein Gegenangebot dar.

(2) Eine Antwort auf ein Angebot, die eine Annahme darstellen soll, aber Ergänzungen oder Abweichungen enthält, welche die Bedingungen des Angebots nicht wesentlich ändern, stellt jedoch eine Annahme dar, wenn der Anbietende das Fehlen der Übereinstimmung nicht unverzüglich mündlich beanstandet oder eine entsprechende Mitteilung absendet. Unterläßt er dies, so bilden die Bedingungen des Angebots mit den in der Annahme enthaltenen Änderungen den Vertragsinhalt.

(3) Ergänzungen oder Abweichungen, die sich insbesondere auf Preis, Bezahlung, Qualität und Menge der Ware, auf Ort und Zeit der Lieferung, auf den Umfang der Haftung der einen Partei gegenüber der anderen oder auf die Beilegung von

Streitigkeiten beziehen, werden so angesehen, als änderten sie die Bedingungen des Angebots wesentlich.

Art 20 [Annahmefrist]

(1) Eine vom Anbietenden in einem Telegramm oder einem Brief gesetzte Annahmefrist beginnt mit Aufgabe des Telegramms oder mit dem im Brief angegebenen Datum oder, wenn kein Datum angegeben ist, mit dem auf dem Umschlag angegebenen Datum zu laufen. Eine vom Anbietenden telefonisch, durch Fernschreiben oder eine andere sofortige Übermittlungsart gesetzte Annahmefrist beginnt zu laufen, sobald das Angebot dem Empfänger zugeht.
(2) Gesetzliche Feiertage oder arbeitsfreie Tage, die in die Laufzeit der Annahmefrist fallen, werden bei der Fristberechnung mitgezählt. Kann jedoch die Mitteilung der Annahme am letzten Tag der Frist nicht an die Anschrift des Anbietenden zugestellt werden, weil dieser Tag am Ort der Niederlassung des Anbietenden auf einen gesetzlichen Feiertag oder arbeitsfreien Tag fällt, so verlängert sich die Frist bis zum ersten darauf folgenden Arbeitstag.

Art 21 [Verspätete Annahme]

(1) Eine verspätete Annahme ist dennoch als Annahme wirksam, wenn der Anbietende unverzüglich den Annehmenden in diesem Sinne mündlich unterrichtet oder eine entsprechende schriftliche Mitteilung absendet.
(2) Ergibt sich aus dem eine verspätete Annahme enthaltenden Brief oder anderen Schriftstück, daß die Mitteilung nach den Umständen, unter denen sie abgesandt worden ist, bei normaler Beförderung dem Anbietenden rechtzeitig zugegangen wäre, so ist die verspätete Annahme als Annahme wirksam, wenn der Anbietende nicht unverzüglich den Annehmenden mündlich davon unterrichtet, daß er sein Angebot als erloschen betrachtet, oder eine entsprechende schriftliche Mitteilung absendet.

Art 22 [Rücknahme der Annahme]

Eine Annahme kann zurückgenommen werden, wenn die Rücknahmeerklärung dem Anbietenden vor oder in dem Zeitpunkt zugeht, in dem die Annahme wirksam geworden wäre.

Art 23 [Zeitpunkt des Vertragsschlusses]

Ein Vertrag ist in dem Zeitpunkt geschlossen, in dem die Annahme eines Angebots nach diesem Übereinkommen wirksam wird.

Art 24 [Begriff des Zugangs]

Für die Zwecke dieses Teils des Übereinkommens „geht" ein Angebot, eine Annahmeerklärung oder sonstige Willenserklärung dem Empfänger „zu", wenn sie ihm mündlich gemacht wird oder wenn sie auf anderem Weg ihm persönlich, an seiner Niederlassung oder Postanschrift oder, wenn diese fehlen, an seinem gewöhnlichen Aufenthaltsort zugestellt wird.

Teil III. Warenkauf

Kapitel I. Allgemeine Bestimmungen

Art 25 [Wesentliche Vertragsverletzung]

Eine von einer Partei begangene Vertragsverletzung ist wesentlich, wenn sie für die andere Partei solchen Nachteil zur Folge hat, daß ihr im wesentlichen entgeht, was sie nach dem Vertrag hätte erwarten dürfen, es sei denn, daß die vertragsbrüchige Partei diese Folge nicht vorausgesehen hat und eine vernünftige Person der gleichen Art diese Folge unter den gleichen Umständen auch nicht vorausgesehen hätte.

Art 26 [Aufhebungserklärung]

Eine Erklärung, daß der Vertrag aufgehoben wird, ist nur wirksam, wenn sie der anderen Partei mitgeteilt wird.

Art 27 [Verzögerung oder Irrtum bei der Übermittlung]

Soweit in diesem Teil des Übereinkommens nicht ausdrücklich etwas anderes bestimmt wird, nimmt bei einer Anzeige, Aufforderung oder sonstigen Mitteilung, die eine Partei gemäß diesem Teil mit den nach den Umständen geeigneten Mitteln macht, eine Verzögerung oder ein Irrtum bei der Übermittlung der Mitteilung oder deren Nichteintreffen dieser Partei nicht das Recht, sich auf die Mitteilung zu berufen.

Art 28 [Verurteilung zur Erfüllung]

Ist eine Partei nach diesem Übereinkommen berechtigt, von der anderen Partei die Erfüllung einer Verpflichtung zu verlangen, so braucht ein Gericht eine Entscheidung auf Erfüllung in Natur nur zu fällen, wenn es dies auch nach seinem eigenen Recht bei gleichartigen Kaufverträgen täte, die nicht unter dieses Übereinkommen fallen.

Art 29 [Vertragsänderung oder -aufhebung]

(1) Ein Vertrag kann durch bloße Vereinbarung der Parteien geändert oder aufgehoben werden.
(2) Enthält ein schriftlicher Vertrag eine Bestimmung, wonach jede Änderung oder Aufhebung durch Vereinbarung schriftlich zu erfolgen hat, so darf er nicht auf andere Weise geändert oder aufgehoben werden. Eine Partei kann jedoch aufgrund ihres Verhaltens davon ausgeschlossen sein, sich auf eine solche Bestimmung zu berufen, soweit die andere Partei sich auf dieses Verhalten verlassen hat.

　　　　　　　　　　　　　　　　　　　　　　　　　　　　　Ulrich Magnus

Kapitel II. Pflichten des Verkäufers

Art 30 [Grundsätzliche Pflichten des Verkäufers]

Der Verkäufer ist nach Maßgabe des Vertrages und dieses Übereinkommens verpflichtet, die Ware zu liefern, die sie betreffenden Dokumente zu übergeben und das Eigentum an der Ware zu übertragen.

Abschnitt I. Lieferung der Ware und Übergabe der Dokumente

Art 31 [Pflicht bei Fehlen eines vereinbarten Lieferortes]

Hat der Verkäufer die Ware nicht an einem anderen bestimmten Ort zu liefern, so besteht seine Lieferpflicht in folgendem:
a) Erfordert der Kaufvertrag eine Beförderung der Ware, so hat sie der Verkäufer dem ersten Beförderer zur Übermittlung an den Käufer zu übergeben;
b) bezieht sich der Vertrag in Fällen, die nicht unter Buchstabe a fallen, auf bestimmte Ware oder auf gattungsmäßig bezeichnete Ware, die aus einem bestimmten Bestand zu entnehmen ist, oder auf herzustellende oder zu erzeugende Ware und wußten die Parteien bei Vertragsabschluß, daß die Ware sich an einem bestimmten Ort befand oder dort herzustellen oder zu erzeugen war, so hat der Verkäufer die Ware dem Käufer an diesem Ort zur Verfügung zu stellen;
c) in den anderen Fällen hat der Verkäufer die Ware dem Käufer an dem Ort zur Verfügung zu stellen, an dem der Verkäufer bei Vertragsabschluß seine Niederlassung hatte.

Art 32 [Pflichten hinsichtlich der Beförderung der Ware]

(1) Übergibt der Verkäufer nach dem Vertrag oder diesem Übereinkommen die Ware einem Beförderer und ist die Ware nicht deutlich durch daran angebrachte Kennzeichen oder durch Beförderungsdokumente oder auf andere Weise dem Vertrag zugeordnet, so hat der Verkäufer dem Käufer die Versendung anzuzeigen und dabei die Ware im einzelnen zu bezeichnen.
(2) Hat der Verkäufer für die Beförderung der Ware zu sorgen, so hat er die Verträge zu schließen, die zur Beförderung an den festgesetzten Ort mit den nach den Umständen angemessenen Beförderungsmitteln und zu den für solche Beförderungen üblichen Bedingungen erforderlich sind.
(3) Ist der Verkäufer nicht zum Abschluß einer Transportversicherung verpflichtet, so hat er dem Käufer auf dessen Verlangen alle ihm verfügbaren, zum Abschluß einer solchen Versicherung erforderlichen Auskünfte zu erteilen.

Art 33 [Lieferzeit]

Der Verkäufer hat die Ware zu liefern.
a) wenn ein Zeitpunkt im Vertrag bestimmt ist oder aufgrund des Vertrages bestimmt werden kann, zu diesem Zeitpunkt,

b) wenn ein Zeitraum im Vertrag bestimmt ist oder aufgrund des Vertrages bestimmt werden kann, jederzeit innerhalb dieses Zeitraums, sofern sich nicht aus den Umständen ergibt, daß der Käufer den Zeitpunkt zu wählen hat, oder
c) in allen anderen Fällen innerhalb einer angemessenen Frist nach Vertragsabschluß.

Art 34 [Übergabe von Dokumenten]

Hat der Verkäufer Dokumente zu übergeben, die sich auf die Ware beziehen, so hat er sie zu dem Zeitpunkt, an dem Ort und in der Form übergeben, die im Vertrag vorgesehen sind. Hat der Verkäufer die Dokumente bereits vorher übergeben, so kann er bis zu dem für die Übergabe vorgesehenen Zeitpunkt jede Vertragswidrigkeit der Dokumente beheben, wenn die Ausübung dieses Rechts dem Käufer nicht unzumutbare Unannehmlichkeiten oder unverhältnismäßige Kosten verursacht. Der Käufer behält jedoch das Recht, Schadensersatz nach diesem Übereinkommen zu verlangen.

Abschnitt II. Vertragsmäßigkeit der Ware sowie Rechte oder Ansprüche Dritter

Art 35 [Vertragsmäßigkeit der Ware]

(1) Der Verkäufer hat Ware zu liefern, die in Menge, Qualität und Art sowie hinsichtlich Verpackung oder Behältnis den Anforderungen des Vertrages entspricht.
(2) Haben die Parteien nichts anderes vereinbart, so entspricht die Ware dem Vertrag nur,
a) wenn sie sich für die Zwecke eignet, für die Ware der gleichen Art gewöhnlich gebraucht wird;
b) wenn sie sich für einen bestimmten Zweck eignet, der dem Verkäufer bei Vertragsabschluß ausdrücklich oder auf andere Weise zur Kenntnis gebracht wurde, sofern sich nicht aus den Umständen ergibt, daß die Käufer auf die Sachkenntnis und das Urteilsvermögen des Verkäufers nicht vertraute oder vernünftigerweise nicht vertrauen konnte;
c) wenn sie die Eigenschaften einer Ware besitzt, die der Verkäufer dem Käufer als Probe oder Muster vorgelegt hat;
d) wenn sie in der für Ware dieser Art üblichen Weise oder, falls es eine solche Weise nicht gibt, in einer für die Erhaltung und den Schutz der Ware angemessenen Weise verpackt ist.
(3) Der Verkäufer haftet nach Absatz 2 Buchstaben a bis d nicht für eine Vertragswidrigkeit der Ware, wenn der Käufer bei Vertragsabschluß diese Vertragswidrigkeit kannte oder darüber nicht in Unkenntnis sein konnte.

Art 36 [Maßgeblicher Zeitpunkt für die Vertragsmäßigkeit]

(1) Der Verkäufer haftet nach dem Vertrag und diesem Übereinkommen für eine Vertragswidrigkeit, die im Zeitpunkt des Übergangs der Gefahr auf den Käufer besteht, auch wenn die Vertragswidrigkeit erst nach diesem Zeitpunkt offenbar wird.

Ulrich Magnus

(2) Der Verkäufer haftet auch für eine Vertragswidrigkeit, die nach dem in Absatz 1 angegebenen Zeitpunkt eintritt und auf die Verletzung einer seiner Pflichten zurückzuführen ist, einschließlich der Verletzung einer Garantie dafür, daß die Ware für eine bestimmte Zeit für den üblichen Zweck oder für einen bestimmten Zweck geeignet bleiben oder besondere Eigenschaften oder Merkmale behalten wird.

Art 37 [Nacherfüllung bei vorzeitiger Lieferung]

Bei vorzeitiger Lieferung der Ware behält der Verkäufer bis zu dem für die Lieferung festgesetzten Zeitpunkt das Recht, fehlende Teile nachzuliefern, eine fehlende Menge auszugleichen, für nicht vertragsgemäße Ware Ersatz zu liefern oder die Vertragswidrigkeit der gelieferten Ware zu beheben, wenn die Ausübung dieses Rechts dem Käufer nicht unzumutbare Unannehmlichkeiten oder unverhältnismäßige Kosten verursacht. Der Käufer behält jedoch das Recht, Schadensersatz nach diesem Übereinkommen zu verlangen.

Art 38 [Untersuchung der Ware]

(1) Der Käufer hat die Ware innerhalb einer so kurzen Frist zu untersuchen oder untersuchen zu lassen, wie es die Umstände erlauben.
(2) Erfordert der Vertrag eine Beförderung der Ware, so kann die Untersuchung bis nach dem Eintreffen der Ware am Bestimmungsort aufgeschoben werden.
(3) Wird die Ware vom Käufer umgeleitet oder von ihm weiterversandt, ohne daß er ausreichend Gelegenheit hatte, sie zu untersuchen, und kannte der Verkäufer bei Vertragsabschluß die Möglichkeit einer solchen Umleitung oder Weiterversendung oder mußte er sie kennen, so kann die Untersuchung bis nach dem Eintreffen der Ware an ihrem neuen Bestimmungsort aufgeschoben werden.

Art 39 [Rüge der Vertragswidrigkeit]

(1) Der Käufer verliert das Recht, sich auf eine Vertragswidrigkeit der Ware zu berufen, wenn er sie dem Verkäufer nicht innerhalb einer angemessenen Frist nach dem Zeitpunkt, in dem er sie festgestellt hat oder hätte feststellen müssen, anzeigt und dabei die Art der Vertragswidrigkeit genau bezeichnet.
(2) Der Käufer verliert in jedem Fall das Recht, sich auf die Vertragswidrigkeit der Ware zu berufen, wenn er sie nicht spätestens innerhalb von zwei Jahren, nachdem ihm die Ware tatsächlich übergeben worden ist, dem Verkäufer anzeigt, es sei denn, daß diese Frist mit einer vertraglichen Garantiefrist unvereinbar ist.

Art 40 [Bösgläubigkeit des Verkäufers]

Der Verkäufer kann sich auf die Artikel 38 und 39 nicht berufen, wenn die Vertragswidrigkeit auf Tatsachen beruht, die er kannte oder über die er nicht in Unkenntnis sein konnte und die er dem Käufer nicht offenbart hat.

Art 41 [Rechtsmängel]

Der Verkäufer hat Ware zu liefern, die frei von Rechten oder Ansprüchen Dritter ist, es sei denn, daß der Käufer eingewilligt hat, die mit einem solchen Recht oder Anspruch behaftete Ware zu nehmen. Beruhen jedoch solche Rechte oder Ansprüche auf gewerblichem oder anderem geistigen Eigentum, so regelt Artikel 42 die Verpflichtung des Verkäufers.

Art 42 [Belastung mit Schutzrechten Dritter]

(1) Der Verkäufer hat Ware zu liefern, die frei von Rechten oder Ansprüchen Dritter ist, die auf gewerblichem oder anderem geistigen Eigentum beruhen und die der Verkäufer bei Vertragsabschluß kannte oder über die er nicht in Unkenntnis sein konnte, vorausgesetzt, das Recht oder der Anspruch beruht auf gewerblichem oder anderem geistigen Eigentum

a) nach dem Recht des Staates, in dem die Ware weiterverkauft oder in dem sie in anderer Weise verwendet wird, wenn die Parteien bei Vertragsschluß in Betracht gezogen haben, daß die Ware dort weiterverkauft oder verwendet werden wird, oder

b) in jedem anderen Falle nach dem Recht des Staates, in dem der Käufer seine Niederlassung hat.

(2) Die Verpflichtung des Verkäufers nach Absatz 1 erstreckt sich nicht auf Fälle,

a) in denen der Käufer im Zeitpunkt des Vertragsabschlusses das Recht oder den Anspruch kannte oder darüber nicht in Unkenntnis sein konnte, oder

b) in denen das Recht oder der Anspruch sich daraus ergibt, daß der Verkäufer sich nach technischen Zeichnungen, Entwürfen, Formeln oder sonstigen Angaben gerichtet hat, die der Käufer zur Verfügung gestellt hat.

Art 43 [Rüge von Rechtsmängeln]

(1) Der Käufer kann sich auf Artikel 41 oder 42 berufen, wenn er dem Verkäufer das Recht oder den Anspruch des Dritten nicht innerhalb einer angemessenen Frist nach dem Zeitpunkt, in dem er davon Kenntnis erlangt hat oder hätte erlangen müssen, anzeigt und dabei genau bezeichnet, welcher Art das Recht oder der Anspruch des Dritten ist.

(2) Der Verkäufer kann sich nicht auf Ansatz 1 berufen, wenn er das Recht oder den Anspruch des Dritten und seine Art kannte.

Art 44 [Entschuldigung für unterlassene Rüge]

Ungeachtet des Artikels 39 Absatz 1 und des Artikels 43 Absatz 1 kann der Käufer den Preis nach Artikel 50 herabsetzen oder Schadensersatz, außer für entgangenen Gewinn, verlangen, wenn er eine vernünftige Entschuldigung dafür hat, daß er die erforderliche Anzeige unterlassen hat.

Abschnitt III. Rechtsbehelfe des Käufers wegen Vertragsverletzung durch den Verkäufer

Art 45 [Rechtsbehelfe des Käufers; keine zusätzliche Frist]

(1) Erfüllt der Verkäufer eine seiner Pflichten nach dem Vertrag oder diesem Übereinkommen nicht, so kann der Käufer
a) die in Artikel 46 bis 52 vorgesehenen Rechte ausüben;
b) Schadenersatz nach Artikel 74 bis 77 verlangen.
(2) Der Käufer verliert das Recht, Schadenersatz zu verlangen, nicht dadurch, daß er andere Rechtsbehelfe ausübt.
(3) Übt der Käufer einen Rechtsbehelf wegen Vertragsverletzung aus, so darf ein Gericht oder Schiedsgericht dem Verkäufer keine zusätzliche Frist gewähren.

Art 46 [Recht des Käufers auf Erfüllung, Ersatzlieferung oder Nachbesserung]

(1) Der Käufer kann vom Verkäufer Erfüllung seiner Pflichten verlangen, es sei denn, daß der Käufer einen Rechtsbehelf ausgeübt hat, der mit diesem Verlangen unvereinbar ist.
(2) Ist die Ware nicht vertragsgemäß, so kann der Käufer Ersatzlieferung nur verlangen, wenn die Vertragswidrigkeit eine wesentliche Vertragsverletzung darstellt und die Ersatzlieferung entweder zusammen mit einer Anzeige nach Artikel 39 oder innerhalb einer angemessenen Frist danach verlangt wird.
(3) Ist die Ware nicht vertragsgemäß, so kann der Käufer den Verkäufer auffordern, die Vertragswidrigkeit durch Nachbesserung zu beheben, es sei denn, daß dies unter Berücksichtigung aller Umstände unzumutbar ist. Nachbesserung muß entweder zusammen mit einer Anzeige nach Artikel 39 oder innerhalb einer angemessenen Frist danach verlangt werden.

Art 47 [Nachfrist für die Erfüllung]

(1) Der Käufer kann dem Verkäufer eine angemessene Nachfrist zur Erfüllung seiner Pflichten setzen.
(2) Der Käufer kann vor Ablauf dieser Frist keinen Rechtsbehelf wegen Vertragsverletzung ausüben, außer wenn er vom Verkäufer die Anzeige erhalten hat, daß dieser seine Pflichten nicht innerhalb der so gesetzten Frist erfüllen wird. Der Käufer behält jedoch das Recht, Schadenersatz wegen verspäteter Erfüllung zu verlangen.

Art 48 [Recht des Verkäufers zur Nacherfüllung]

(1) Vorbehaltlich des Artikels 49 kann der Verkäufer einen Mangel in der Erfüllung seiner Pflichten auch nach dem Liefertermin auf eigene Kosten beheben, wenn dies keine unzumutbare Verzögerung nach sich zieht und dem Käufer weder unzumutbare Unannehmlichkeiten noch Ungewißheit über die Erstattung seiner Auslagen durch den Verkäufer verursacht. Der Käufer behält jedoch das Recht, Schadenersatz nach diesem Übereinkommen zu verlangen.

(2) Fordert der Verkäufer den Käufer auf, ihm mitzuteilen, ob er die Erfüllung annehmen will, und entspricht der Käufer der Aufforderung nicht innerhalb einer angemessenen Frist, so kann der Verkäufer innerhalb der in seiner Aufforderung angegebenen Frist erfüllen. Der Käufer kann vor Ablauf dieser Frist keinen Rechtsbehelf ausüben, der mit der Erfüllung durch den Verkäufer unvereinbar ist.

(3) Zeigt der Verkäufer dem Käufer an, daß er innerhalb einer bestimmten Frist erfüllen wird, so wird vermutet, daß die Anzeige eine Aufforderung an den Käufer nach Absatz 2 enthält, seine Entscheidung mitzuteilen.

(4) Eine Aufforderung oder Anzeige des Verkäufers nach Absatz 2 oder 3 ist nur wirksam, wenn der Käufer sie erhalten hat.

Art 49 [Vertragsaufhebung]

(1) Der Käufer kann die Aufhebung des Vertrages erklären,
a) wenn die Nichterfüllung einer dem Verkäufer nach dem Vertrag oder diesem Übereinkommen obliegenden Pflicht eine wesentliche Vertragsverletzung darstellt oder
b) wenn im Falle der Nichtlieferung der Verkäufer die Ware nicht innerhalb der vom Käufer nach Artikel 47 Absatz 1 gesetzten Nachfrist liefert oder wenn er erklärt, daß er nicht innerhalb der so gesetzten Frist liefern wird.

(2) Hat der Verkäufer die Ware geliefert, so verliert jedoch der Käufer sein Recht, die Aufhebung des Vertrages zu erklären, wenn er
a) im Falle der verspäteten Lieferung die Aufhebung nicht innerhalb einer angemessenen Frist erklärt, nachdem er erfahren hat, daß die Lieferung erfolgt ist, oder
b) im Falle einer anderen Vertragsverletzung als verspäteter Lieferung die Aufhebung nicht innerhalb einer angemessenen Frist erklärt,
   i) nachdem er die Vertragsverletzung kannte oder kennen mußte,
   ii) nachdem eine vom Käufer nach Artikel 47 Absatz 1 gesetzte Nachfrist abgelaufen ist oder nachdem der Verkäufer erklärt hat, daß er seine Pflichten nicht innerhalb der Nachfrist erfüllen wird, oder
   iii) nachdem eine vom Verkäufer nach Artikel 48 Absatz 2 gesetzte Frist abgelaufen ist oder nachdem der Käufer erklärt hat, daß er die Erfüllung nicht annehmen wird.

Art 50 [Minderung]

Ist die Ware nicht vertragsgemäß, so kann der Käufer unabhängig davon, ob der Kaufpreis bereits gezahlt worden ist oder nicht, den Preis in dem Verhältnis herabsetzen, in dem der Wert, den die tatsächlich gelieferte Ware im Zeitpunkt der Lieferung hatte, zu dem Wert steht, den vertragsgemäße Ware zu diesem Zeitpunkt gehabt hätte. Behebt jedoch der Verkäufer nach Artikel 37 oder 48 einen Mangel in der Erfüllung seiner Pflichten oder weigert sich der Käufer, Erfüllung durch den Verkäufer nach den genannten Artikeln anzunehmen, so kann der Käufer den Preis nicht herabsetzen.

Ulrich Magnus

Art 51 [Teilweise Nichterfüllung]

(1) Liefert der Verkäufer nur einen Teil der Ware oder ist nur ein Teil der gelieferten Ware vertragsgemäß, so gelten für den Teil, der fehlt oder der nicht vertragsgemäß ist, die Artikel 46 bis 50.

(2) Der Käufer kann nur dann die Aufhebung des gesamten Vertrages erklären, wenn die unvollständige oder nicht vertragsgemäße Lieferung eine wesentliche Vertragsverletzung darstellt.

Art 52 [Vorzeitige Lieferung; Zuviellieferung]

(1) Liefert der Verkäufer die Ware vor dem festgesetzten Zeitpunkt, so steht es dem Käufer frei, sie abzunehmen oder die Abnahmezu verweigern.

(2) Liefert der Verkäufer eine größere als die vereinbarte Menge, so kann der Käufer die zuviel gelieferte Menge abnehmen oder ihre Abnahme verweigern. Nimmt der Käufer die zuviel gelieferte Menge ganz oder teilweise ab, so hat er sie entsprechend dem vertraglichen Preis zu bezahlen.

Kapitel III. Pflichten des Käufers

Art 53 [Grundsätzliche Pflichten des Käufers]

Der Käufer ist nach Maßgabe des Vertrages und dieses Übereinkommens verpflichtet, den Kaufpreis zu zahlen und die Ware abzunehmen.

Abschnitt I. Zahlung des Kaufpreises

Art 54 [Kaufpreiszahlung]

Zur Pflicht des Käufers, den Kaufpreis zu zahlen, gehört es auch, die Maßnahmen zu treffen und die Förmlichkeiten zu erfüllen, die der Vertrag oder Rechtsvorschriften erfordern, damit Zahlung geleistet werden kann.

Art 55 [Bestimmung des Preises]

Ist ein Vertrag gültig geschlossen worden, ohne daß er den Kaufpreis ausdrücklich oder stillschweigend festsetzt oder dessen Festsetzung ermöglicht, so wird mangels gegenteiliger Anhaltspunkte vermutet, daß die Parteien sich stillschweigend auf den Kaufpreis bezogen haben, der bei Vertragsabschluß allgemein für derartige Ware berechnet wurde, die in dem betreffenden Geschäftszweig unter vergleichbaren Umständen verkauft wurde.

Art 56 [Kaufpreis nach Gewicht]

Ist der Kaufpreis nach dem Gewicht der Ware festgesetzt, so bestimmt er sich im Zweifel nach dem Nettogewicht.

Art 57 [Zahlungsort]

(1) Ist der Käufer nicht verpflichtet, den Kaufpreis an einem anderen bestimmten Ort zu zahlen, so hat er ihn dem Verkäufer wie folgt zu zahlen:
a) am Ort der Niederlassung des Verkäufers oder,
b) wenn die Zahlung gegen Übergabe der Ware oder von Dokumenten zu leisten ist, an dem Ort, an dem die Übergabe stattfindet.
(2) Der Verkäufer hat alle mit der Zahlung zusammenhängenden Mehrkosten zu tragen, die durch einen Wechsel seiner Niederlassung nach Vertragsabschluß entstehen.

Art 58 [Zahlungszeit; Zahlung als Bedingung der Übergabe; Untersuchung vor Zahlung]

(1) Ist der Käufer nicht verpflichtet, den Kaufpreis zu einer bestimmten Zeit zu zahlen, so hat er den Preis zu zahlen, sobald ihm der Verkäufer entweder die Ware oder die Dokumente, die zur Verfügung darüber berechtigen, nach dem Vertrag und diesem Übereinkommen zur Verfügung gestellt hat. Der Verkäufer kann die Übergabe der Ware oder der Dokumente von der Zahlung abhängig machen.
(2) Erfordert der Vertrag eine Beförderung der Ware, so kann der Verkäufer sie mit der Maßgabe versenden, daß die Ware oder die Dokumente, die zur Verfügung darüber berechtigen, dem Käufer nur gegen Zahlung des Kaufpreises zu übergeben sind.
(3) Der Käufer ist nicht verpflichtet, den Kaufpreis zu zahlen, bevor er Gelegenheit gehabt hat, die Ware zu untersuchen, es sei denn, die von den Parteien vereinbarten Lieferungs- oder Zahlungsmodalitäten bieten hierzu keine Gelegenheit.

Art 59 [Fälligkeit ohne Aufforderung]

Der Käufer hat den Kaufpreis zu dem Zeitpunkt, der in dem Vertrag festgesetzt oder nach dem Vertrag und diesem Übereinkommen bestimmbar ist, zu zahlen, ohne daß es einer Aufforderung oder der Einhaltung von Förmlichkeiten seitens des Verkäufers bedarf.

Abschnitt II. Abnahme

Art 60 [Abnahmepflicht]

Die Pflicht des Käufers zur Abnahme besteht darin,
a) alle Handlungen vorzunehmen, die vernünftigerweise von ihm erwartet werden können, damit dem Verkäufer die Lieferung ermöglicht wird, und
b) die Ware zu übernehmen.

Ulrich Magnus

Abschnitt III. Rechtsbehelfe des Verkäufers wegen Vertragsverletzung durch den Käufer

Art 61 [Rechtsbehelfe des Verkäufers; keine zusätzliche Frist]

(1) Erfüllt der Käufer einer seiner Pflichten nach dem Vertrag oder diesem Übereinkommen nicht, so kann der Verkäufer
a) die in Artikel 62 bis 65 vorgesehenen Rechte ausüben;
b) Schadenersatz nach Artikel 74 bis 77 verlangen.
(2) Der Verkäufer verliert das Recht, Schadenersatz zu verlangen, nicht dadurch, daß er andere Rechtsbehelfe ausübt.
(3) Übt der Verkäufer einen Rechtsbehelf wegen Vertragsverletzung aus, so darf ein Gericht oder Schiedsgericht dem Käufer keine zusätzliche Frist gewähren.

Art 62 [Recht des Verkäufers auf Erfüllung]

Der Verkäufer kann vom Käufer verlangen, daß er den Kaufpreis zahlt, die Ware annimmt sowie seine sonstigen Pflichten erfüllt, es sei denn, daß der Verkäufer einen Rechtsbehelf ausgeübt hat, der mit diesem Verlangen unvereinbar ist.

Art 63 [Nachfrist für die Erfüllung]

(1) Der Verkäufer kann dem Käufer eine angemessene Nachfrist zur Erfüllung seiner Pflichten setzen.
(2) Der Verkäufer kann vor Ablauf dieser Frist keinen Rechtsbehelf wegen Vertragsverletzung ausüben, außer wenn er vom Käufer die Anzeige erhalten hat, daß dieser seine Pflichten nicht innerhalb der so gesetzten Frist erfüllen wird. Der Verkäufer verliert dadurch jedoch nicht das Recht, Schadensersatz wegen verspäteter Erfüllung zu verlangen.

Art 64 [Vertragsaufhebung]

(1) Der Verkäufer kann die Aufhebung des Vertrages erklären,
a) wenn die Nichterfüllung einer dem Käufer nach dem Vertrag oder diesem Übereinkommen obliegenden Pflicht eine wesentliche Vertragsverletzung darstellt oder
b) wenn der Käufer nicht innerhalb der vom Verkäufer nach Artikel 63 Absatz 1 gesetzten Nachfrist seine Pflicht zur Zahlung des Kaufpreises oder zur Abnahme der Ware erfüllt oder wenn er erklärt, daß er dies nicht innerhalb der so gesetzten Frist tun wird.
(2) Hat der Käufer den Kaufpreis gezahlt, so verliert jedoch der Verkäufer sein Recht, die Aufhebung des Vertrages zu erklären, wenn er
a) im Falle verspäteter Erfüllung durch den Käufer die Aufhebung nicht erklärt, bevor er erfahren hat, daß erfüllt worden ist, oder
b) im Falle einer anderen Vertragsverletzung als verspäteter Erfüllung durch den Käufer die Aufhebung nicht innerhalb einer angemessenen Zeit erklärt,
   i)   nachdem der Verkäufer die Vertragsverletzung kannte oder kennen mußte oder

ii) nachdem eine vom Verkäufer nach Artikel 63 Absatz 1 gesetzte Nachfrist abgelaufen ist oder nachdem der Käufer erklärt hat, daß er seine Pflichten nicht innerhalb der Nachfrist erfüllen wird.

Art 65 [Spezifizierung durch den Verkäufer]

(1) Hat der Käufer nach dem Vertrag die Form, die Maße oder andere Merkmale der Ware näher zu bestimmen und nimmt er diese Spezifizierung nicht zu dem vereinbarten Zeitpunkt oder innerhalb einer angemessenen Frist nach Eingang einer Aufforderung durch den Verkäufer vor, so kann der Verkäufer unbeschadet aller ihm zustehenden sonstigen Rechte die Spezifizierung nach den Bedürfnissen des Käufers, soweit ihm diese bekannt sind, selbst vornehmen.
(2) Nimmt der Verkäufer die Spezifizierung selbst vor, so hat er dem Käufer deren Einzelheiten mitzuteilen und ihm eine angemessene Frist zu setzen, innerhalb deren der Käufer eine abweichende Spezifizierung vornehmen kann. Macht der Käufer nach Eingang einer solchen Mitteilung von dieser Möglichkeit innerhalb der so gesetzten Frist keinen Gebrauch, so ist die vom Verkäufer vorgenommene Spezifizierung verbindlich.

Kapitel IV. Übergang der Gefahr

Art 66 [Wirkung des Gefahrübergangs]

Untergang oder Beschädigung der Ware nach Übergang der Gefahr auf den Käufer befreit diesen nicht von der Pflicht, den Kaufpreis zu zahlen, es sei denn, daß der Untergang oder die Beschädigung auf eine Handlung oder Unterlassung des Verkäufers zurückzuführen ist.

Art 67 [Gefahrübergang bei Beförderung der Ware]

(1) Erfordert der Kaufvertrag eine Beförderung der Ware und ist der Verkäufer nicht verpflichtet, sie an einem bestimmten Ort zu übergeben, so geht die Gefahr auf den Käufer über, sobald die Ware gemäß dem Kaufvertrag dem ersten Beförderer zur Übermittlung an den Käufer übergeben wird. Hat der Verkäufer dem Beförderer die Ware an einem bestimmten Ort zu übergeben, so geht die Gefahr erst auf den Käufer über, wenn die Ware dem Beförderer an diesem Ort übergeben wird. Ist der Verkäufer befugt, die Dokumente, die zur Verfügung über die Ware berechtigen, zurückzubehalten, so hat dies keinen Einfluß auf den Übergang der Gefahr.
(2) Die Gefahr geht jedoch erst auf den Käufer über, wenn die Ware eindeutig dem Vertrag zugeordnet ist, sei es durch an der Ware angebrachte Kennzeichen, durch Beförderungsdokumente, durch eine Anzeige an den Käufer oder auf andere Weise.

Art 68 [Gefahrübergang bei Verkauf von Ware auf dem Transport]

Wird Ware, die sich auf dem Transport befindet, verkauft, so geht die Gefahr im Zeitpunkt des Vertragsabschlusses auf den Käufer über. Die Gefahr wird jedoch bereits im Zeitpunkt der Übergabe der Ware an den Beförderer, der die Dokumente über den Beförderungsvertrag ausgestellt hat, von dem Käufer übernommen, falls die Umstände diesen Schluß nahelegen. Wenn dagegen der Verkäufer bei Abschluß des Kaufvertrages wußte oder wissen mußte, daß die Ware untergegangen oder beschädigt war, und er dies dem Käufer nicht offenbart hat, geht der Untergang oder die Beschädigung zu Lasten des Verkäufers.

Art 69 [Gefahrübergang in anderen Fällen]

(1) In den durch Artikel 67 und 68 nicht geregelten Fällen geht die Gefahr auf den Käufer über, sobald er die Ware übernimmt oder, wenn er sie nicht rechtzeitig übernimmt, in dem Zeitpunkt, in dem ihm die Ware zur Verfügung gestellt wird und er durch Nichtabnahme eine Vertragsverletzung begeht.
(2) Hat jedoch der Käufer die Ware an einem anderen Ort als einer Niederlassung des Verkäufers zu übernehmen, so geht die Gefahr über, sobald die Lieferung fällig ist und der Käufer Kenntnis davon hat, daß ihm die Ware an diesem Ort zur Verfügung steht.
(3) Betrifft der Vertrag Ware, die noch nicht individualisiert ist, so gilt sie erst dann als dem Käufer zur Verfügung gestellt, wenn sie eindeutig dem Vertrag zugeordnet worden ist.

Art 70 [Wesentliche Vertragsverletzung und Gefahrübergang]

Hat der Verkäufer eine wesentliche Vertragsverletzung begangen, so berühren die Artikel 67, 68 und 69 nicht die dem Käufer wegen einer solchen Verletzung zustehenden Rechtsbehelfe.

Kapitel V. Gemeinsame Bestimmungen über die Pflichten des Verkäufers und des Käufers

Abschnitt I. Vorweggenommene Vertragsverletzung und Verträge über aufeinander folgende Lieferungen

Art 71 [Recht, die Erfüllung auszusetzen]

(1) Eine Partei kann die Erfüllung ihrer Pflichten aussetzen, wenn sich nach Vertragsabschluß herausstellt, daß die andere Partei einen wesentlichen Teil ihrer Pflichten nicht erfüllen wird
a) wegen eines schwerwiegenden Mangels ihrer Fähigkeit, den Vertrag zu erfüllen, oder ihrer Kreditwürdigkeit oder
b) wegen ihres Verhaltens bei der Vorbereitung der Erfüllung oder bei der Erfüllung des Vertrages.
(2) Hat der Verkäufer die Ware bereits abgesandt, bevor sich die in Absatz 1 bezeichneten Gründe herausstellen, so kann er sich der Übergabe der Ware an den Käufer widersetzen, selbst wenn der Käufer ein Dokument hat, das ihn berechtigt, die Ware zu erlangen. Der vorliegende Absatz betrifft nur die Rechte auf die Ware im Verhältnis zwischen Käufer und Verkäufer.

(3) Setzt eine Partei vor oder nach der Absendung der Ware die Erfüllung aus, so hat sie dies der anderen Partei sofort anzuzeigen; sie hat die Erfüllung fortzusetzen, wenn die andere Partei für die Erfüllung ihrer Pflichten ausreichende Gewähr gibt.

Art 72 [Recht, den Vertrag vor der Erfüllung aufzuheben]

(1) Ist schon vor dem für die Vertragserfüllung festgesetzten Zeitpunkt offensichtlich, daß eine Partei eine wesentliche Vertragsverletzung begehen wird, so kann die andere Partei die Aufhebung des Vertrages erklären.

(2) Wenn es die Zeit erlaubt und es nach den Umständen vernünftig ist, hat die Partei, welche die Aufhebung des Vertrages erklären will, dies der anderen Partei anzuzeigen, um ihr zu ermöglichen, für die Erfüllung ihrer Pflichten ausreichende Gewähr zu geben.

(3) Absatz 2 ist nicht anzuwenden, wenn die andere Partei erklärt hat, daß sie ihre Pflichten nicht erfüllen wird.

Art 73 [Sukzessivlieferungsvertrag; Aufhebung]

(1) Sieht ein Vertrag aufeinander folgende Lieferungen von Ware vor und begeht eine Partei durch Nichterfüllung einer eine Teillieferung betreffenden Pflicht eine wesentliche Vertragsverletzung in bezug auf diese Teillieferung, so kann die andere Partei die Aufhebung des Vertrages in bezug auf diese Teillieferung erklären.

(2) Gibt die Nichterfüllung einer eine Teillieferung betreffenden Pflicht durch eine der Parteien der anderen Partei triftigen Grund zu der Annahme, daß eine wesentliche Vertragsverletzung in bezug auf künftige Teillieferungen zu erwarten ist, so kann die andere Partei innerhalb angemessener Frist die Aufhebung des Vertrages für die Zukunft erklären.

(3) Ein Käufer, der den Vertrag in bezug auf eine Lieferung als aufgehoben erklärt, kann gleichzeitig die Aufhebung des Vertrages in bezug auf bereits erhaltene Lieferungen oder in bezug auf künftige Lieferungen erklären, wenn diese Lieferungen wegen des zwischen ihnen bestehenden Zusammenhangs nicht mehr für den Zweck verwendet werden können, denn die Parteien im Zeitpunkt des Vertragsabschlusses in Betracht gezogen haben.

Abschnitt II. Schadenersatz

Art 74 [Grundsätzliche Berechnung des Schadenersatzes]

Als Schadenersatz für die durch eine Partei begangene Vertragsverletzung ist der der anderen Partei infolge der Vertragsverletzung entstandene Verlust, einschließlich des entgangenen Gewinns, zu ersetzen. Dieser Schadenersatz darf jedoch den Verlust nicht übersteigen, den die vertragsbrüchige Partei bei Vertragsabschluß als mögliche Folge der Vertragsverletzung vorausgesehen hat oder unter Berücksichtigung der Umstände, die sie kannte oder kennen mußte, hätte voraussehen müssen.

Art 75 [Schadensberechnung bei Vertragsaufhebung und Deckungsgeschäft]

Ist der Vertrag aufgehoben und hat der Käufer einen Deckungskauf oder der Verkäufer einen Deckungsverkauf in angemessener Weise und innerhalb eines angemessenen Zeitraums nach der Aufhebung vorgenommen, so kann die Partei, die Schadenersatz verlangt, den Unterschied zwischen dem im Vertrag vereinbarten Preis und dem Preis des Deckungskaufs oder des Deckungsverkaufs sowie jeden weiteren Schadenersatz nach Artikel 74 verlangen.

Art 76 [Schadensberechnung bei Vertragsaufhebung ohne Deckungsgeschäft]

(1) Ist der Vertrag aufgehoben und hat die Ware einen Marktpreis, so kann die Schadenersatz verlangende Partei, wenn sie keinen Deckungskauf oder Deckungsverkauf nach Artikel 75 vorgenommen hat, den Unterschied zwischen dem im Vertrag vereinbarten Preis und dem Marktpreis zur Zeit der Aufhebung sowie jeden weiteren Schadenersatz nach Artikel 74 verlangen. Hat jedoch die Partei, die Schadenersatz verlangt, den Vertrag aufgehoben, nachdem sie die Ware übernommen hat, so gilt der Marktpreis zur Zeit der Übernahme und nicht der Marktpreis zur Zeit der Aufhebung.

(2) Als Marktpreis im Sinne von Absatz 1 ist maßgebend der Marktpreis, der an dem Ort gilt, an dem die Lieferung der Ware hätte erfolgen sollen, oder, wenn dort ein Marktpreis nicht besteht, der an einem angemessenen Ersatzort geltende Marktpreis; dabei sind Unterschiede in den Kosten der Beförderung der Ware zu berücksichtigen.

Art 77 [Obliegenheit, den Schaden zu mindern]

Die Partei, die sich auf eine Vertragsverletzung beruft, hat alle den Umständen nach angemessenen Maßnahmen zur Verringerung des aus der Vertragsverletzung folgenden Verlusts, einschließlich des entgangenen Gewinns, zu treffen. Versäumt sie dies, so kann die vertragsbrüchige Partei Herabsetzung des Schadenersatzes in Höhe des Betrags verlangen, um den der Verlust hätte verringert werden sollen.

Abschnitt III. Zinsen

Art 78 [Zinsen]

Versäumt eine Partei, den Kaufpreis oder einen anderen fälligen Betrag zu zahlen, so hat die andere Partei für diese Beträge Anspruch auf Zinsen, unbeschadet eines Schadenersatzanspruchs nach Artikel 74.

Abschnitt IV. Befreiungen

Art 79 [Entlastungsgründe]

(1) Eine Partei hat für die Nichterfüllung einer ihrer Pflichten nicht einzustehen, wenn sie beweist, daß die Nichterfüllung auf einem außerhalb ihres Einflußbereichs liegenden Hinderungsgrund beruht und daß von ihr vernünftigerweise nicht erwartet werden konnte, den Hinderungsgrund bei Vertragsabschluß in Betracht zu ziehen oder den Hinderungsgrund oder seine Folgen zu vermeiden oder zu überwinden.

(2) Beruht die Nichterfüllung einer Partei auf der Nichterfüllung durch einen Dritten, dessen sie sich zur völligen oder teilweisen Vertragserfüllung bedient, so ist diese Partei von der Haftung nur befreit,

a) wenn sie nach Absatz 1 befreit ist und

b) wenn der Dritte selbst ebenfalls nach Absatz 1 befreit wäre, sofern Absatz 1 auf ihn Anwendung fände.

(3) Die in diesem Artikel vorgesehene Befreiung gilt für die Zeit, während der der Hinderungsgrund besteht.

(4) Die Partei, die nicht erfüllt, hat den Hinderungsgrund und seine Auswirkung auf ihre Fähigkeit zu erfüllen der anderen Partei mitzuteilen. Erhält die andere Partei die Mitteilung nicht innerhalb einer angemessenen Frist, nachdem die nicht erfüllende Partei den Hinderungsgrund kannte oder kennen mußte, so haftet diese für den aus dem Nichterhalt entstehenden Schaden.

(5) Dieser Artikel hindert die Parteien nicht, ein anderes als das Recht auszuüben, Schadensersatz nach diesem Übereinkommen zu verlangen.

Art 80 [Vom Gläubiger verursachte Nichterfüllung]

Eine Partei kann sich auf die Nichterfüllung von Pflichten durch die andere Partei nicht berufen, soweit diese Nichterfüllung durch ihre Handlung oder Unterlassung verursacht wurde.

Abschnitt V. Wirkungen der Aufhebung

Art 81 [Erlöschen der Leistungspflichten; fortgeltende Vertragsbestimmungen; Rückgabe des Geleisteten]

(1) Die Aufhebung des Vertrages befreit beide Parteien von ihren Vertragspflichten, mit Ausnahme etwaiger Schadenersatzpflichten. Die Aufhebung berührt nicht Bestimmungen des Vertrages über die Beilegung von Streitigkeiten oder sonstige Bestimmungen des Vertrages, welche die Rechte und Pflichten der Parteien nach Vertragsaufhebung regeln.

(2) Hat eine Partei den Vertrag ganz oder teilweise erfüllt, so kann sie Rückgabe des von ihr Geleisteten von der anderen Partei verlangen. Sind beide Parteien zur Rückgabe verpflichtet, so sind die Leistungen Zug um Zug zurückzugeben.

Ulrich Magnus

Art 82 [Verlust des Rechts auf Vertragsaufhebung oder Ersatzlieferung]

(1) Der Käufer verliert das Recht, die Aufhebung des Vertrages zu erklären oder vom Verkäufer Ersatzlieferung zu verlangen, wenn es ihm unmöglich ist, die Ware im wesentlichen in dem Zustand zurückzugeben, in dem er sie erhalten hat.

(2) Absatz 1 findet keine Anwendung,

a) wenn die Unmöglichkeit, die Ware zurückzugeben oder sie im wesentlichen in dem Zustand zurückzugeben, in dem der Käufer sie erhalten hat, nicht auf einer Handlung oder Unterlassung des Käufers beruht,

b) wenn die Ware ganz oder teilweise infolge der in Artikel 38 vorgesehenen Untersuchung untergegangen oder verschlechtert worden ist oder

c) wenn der Käufer die Ware ganz oder teilweise im normalen Geschäftsverkehr verkauft oder der normalen Verwendung entsprechend verbraucht oder verändert hat, bevor er die Vertragswidrigkeit entdeckt hat oder hätte entdecken müssen.

Art 83 [Fortbestand anderer Rechte des Käufers]

Der Käufer, der nach Artikel 82 das Recht verloren hat, die Aufhebung des Vertrages zu erklären, oder vom Verkäufer Ersatzlieferung zu verlangen, behält alle anderen Rechtsbehelfe, die ihm nach dem Vertrag und diesem Übereinkommen zustehen.

Art 84 [Ausgleich von Vorteilen im Falle der Rückabwicklung]

(1) Hat der Verkäufer den Kaufpreis zurückzuzahlen, so hat er außerdem vom Tag der Zahlung an auf den Betrag Zinsen zu zahlen.

(2) Der Käufer schuldet dem Verkäufer den Gegenwert aller Vorteile, die er aus der Ware oder einem Teil der Ware gezogen hat,

a) wenn er die Ware ganz oder teilweise zurückgeben muß oder

b) wenn es ihm unmöglich ist, die Ware ganz oder teilweise zurückzugeben oder sie ganz oder teilweise im wesentlichen in dem Zustand zurückzugeben, in dem er sie erhalten hat, er aber dennoch die Aufhebung des Vertrages erklärt oder vom Verkäufer Ersatzlieferung verlangt hat.

Abschnitt VI. Erhaltung der Ware

Art 85 [Pflicht des Verkäufers zur Erhaltung der Ware]

Nimmt der Käufer die Ware nicht rechtzeitig ab oder versäumt er, falls Zahlung des Kaufpreises und Lieferung der Ware Zug um Zug erfolgen sollen, den Kaufpreis zu zahlen, und hat der Verkäufer die Ware noch in Besitz oder ist er sonst in der Lage, über sie zu verfügen, so hat der Verkäufer die den Umständen angemessenen Maßnahmen zu ihrer Erhaltung zu treffen. Er ist berechtigt, die Ware zurückzubehalten, bis ihm der Käufer seine angemessenen Aufwendungen erstattet hat.

Art 86 [Pflicht des Käufers zur Inbesitznahme und Erhaltung der Ware]

(1) Hat der Käufer die Ware empfangen und beabsichtigt er, ein nach dem Vertrag oder diesem Übereinkommen bestehendes Zurückweisungsrecht auszuüben, so hat er die den Umständen angemessenen Maßnahmen zu ihrer Erhaltung zu treffen. Er ist berechtigt, die Ware zurückzubehalten, bis ihm der Verkäufer seine angemessenen Aufwendungen erstattet hat.

(2) Ist die dem Käufer zugesandte Ware ihm am Bestimmungsort zur Verfügung gestellt worden und übt er das Recht aus, sie zurückzuweisen, so hat er sie für Rechnung des Verkäufers in Besitz zu nehmen, sofern dies ohne Zahlung des Kaufpreises und ohne unzumutbare Unannehmlichkeiten oder unverhältnismäßige Kosten möglich ist. Dies gilt nicht, wenn der Verkäufer oder eine Person, die befugt ist, die Ware für Rechnung des Verkäufers in Obhut zu nehmen, am Bestimmungsort anwesend ist. Nimmt der Käufer die Ware nach diesem Absatz in Besitz, so werden seine Rechte und Pflichten durch Absatz 1 geregelt.

Art 87 [Einlagerung bei Dritten]

Eine Partei, die Maßnahmen zur Erhaltung der Ware zu treffen hat, kann die Ware auf Kosten der anderen Partei in den Lagerräumen eines Dritten einlagern, sofern daraus keine unverhältnismäßigen Kosten entstehen.

Art 88 [Selbsthilfeverkauf]

(1) Eine Partei, die nach Artikel 85 oder 86 zur Erhaltung der Ware verpflichtet ist, kann sie auf jede geeignete Weise verkaufen, wenn die andere Partei die Inbesitznahme oder die Rücknahme der Ware oder die Zahlung des Kaufpreises oder der Erhaltungskosten ungebührlich hinauszögert, vorausgesetzt, daß sie der anderen Partei ihre Verkaufsabsicht in vernünftiger Weise angezeigt hat.

(2) Ist die Ware einer raschen Verschlechterung ausgesetzt oder würde ihre Erhaltung unverhältnismäßige Kosten verursachen, so hat die Partei, der nach Artikel 85 oder 86 die Erhaltung der Ware obliegt, sich in angemessener Weise um ihren Verkauf zu bemühen. Soweit möglich hat sie der anderen Partei ihre Verkaufsabsicht anzuzeigen.

(3) Hat eine Partei die Ware verkauft, so kann sie aus dem Erlös des Verkaufs den Betrag behalten, der den angemessenen Kosten der Erhaltung und des Verkaufs der Ware entspricht. Den Überschuß schuldet sie der anderen Partei.

Teil IV. Schlußbestimmungen

Art 89 [Depositar]

Der Generalsekretär der Vereinten Nationen wird hiermit zum Verwahrer dieses Übereinkommens bestimmt.

Art 90 [Verhältnis zu anderen völkerrechtlichen Vereinbarungen]

Dieses Übereinkommen geht bereits geschlossenen oder in Zukunft zu schließenden völkerrechtlichen Übereinkünften, die Bestimmungen über in diesem Übereinkommen geregelte Gegenstände enthalten, nicht vor, sofern die Parteien ihre Niederlassung in Vertragsstaaten einer solchen Übereinkunft haben.

Art 91 [Unterzeichnung; Ratifikation; Annahme; Genehmigung; Beitritt]

(1) Dieses Übereinkommen liegt in der Schlußsitzung der Konferenz der Vereinten Nationen über Verträge über den internationalen Warenkauf zur Unterzeichnung auf und liegt dann bis 30. September 1981 am Sitz der Vereinten Nationen in New York für alle Staaten zur Unterzeichnung auf.
(2) Dieses Übereinkommen bedarf der Ratifikation, Annahme oder Genehmigung durch die Unterzeichnerstaaten.
(3) Dieses Übereinkommen steht allen Staaten, die nicht Unterzeichnerstaaten sind, von dem Tag an zum Beitritt offen, an dem es zur Unterzeichnung aufgelegt wird.
(4) Die Ratifikations-, Annahme-, Genehmigungs- und Beitrittsurkunden werden beim Generalsekretär der Vereinten Nationen hinterlegt.

Art 92 [Teilweise Ratifikation, Annahme, Genehmigung oder Beitritt]

(1) Ein Vertragsstaat kann bei der Unterzeichnung, der Ratifikation, der Annahme, der Genehmigung oder dem Beitritt erklären, daß Teil II dieses Übereinkommens für ihn nicht verbindlich ist oder daß Teil III dieses Übereinkommens für ihn nicht verbindlich ist.
(2) Ein Vertragsstaat, der eine Erklärung nach Absatz 1 zu Teil II oder Teil III dieses Übereinkommens abgegeben hat, ist hinsichtlich solcher Gegenstände, die durch den Teil geregelt werden, auf den sich die Erklärung bezieht, nicht als Vertragsstaat im Sinne des Artikels 1 Absatz 1 zu betrachten.

Art 93 [Föderative Staaten]

(1) Ein Vertragsstaat, der zwei oder mehr Gebietseinheiten umfaßt, in denen nach seiner Verfassung auf die in diesem Übereinkommen geregelten Gegenstände unterschiedliche Rechtsordnungen angewendet werden, kann bei der Unterzeichnung, der Ratifikation, der Annahme, der Genehmigung oder dem Beitritt erklären, daß dieses Übereinkommen sich auf alle seine Gebietseinheiten oder nur auf eine oder mehrere derselben erstreckt; er kann seine Erklärung jederzeit durch eine neue Erklärung ändern.
(2) Die Erklärungen sind dem Verwahrer zu notifizieren und haben ausdrücklich anzugeben, auf welche Gebietseinheiten das Übereinkommen sich erstreckt.
(3) Erstreckt sich das Übereinkommen aufgrund einer Erklärung nach diesem Artikel auf eine oder mehrere, jedoch nicht auf alle Gebietseinheiten eines Vertragsstaates und liegt die Niederlassung einer Partei in diesem Staat, so wird diese Niederlassung im Sinne dieses Übereinkommens nur dann als in einem Vertragsstaat gelegen betrachtet, wenn sie in einer Gebietseinheit liegt, auf die sich das Übereinkommen erstreckt.

(4) Gibt ein Vertragsstaat keine Erklärung nach Absatz 1 ab, so erstreckt sich das Übereinkommen auf alle Gebietseinheiten dieses Staates.

Art 94 [Erklärung über Nichtanwendung der Konvention]

(1) Zwei oder mehr Vertragsstaaten, welche gleiche oder einander sehr nahekommende Rechtsvorschriften für Gegenstände haben, die in diesem Übereinkommen geregelt werden, können jederzeit erklären, daß das Übereinkommen auf Kaufverträge und ihren Abschluß keine Anwendung findet, wenn die Parteien ihre Niederlassung in diesen Staaten haben. Solche Erklärungen können als gemeinsame oder als aufeinander bezogene einseitige Erklärungen abgegeben werden.

(2) Hat ein Vertragsstaat für Gegenstände, die in diesem Übereinkommen geregelt werden, Rechtsvorschriften, die denen eines oder mehrerer Nichtvertragsstaaten gleich sind oder sehr nahekommen, so kann er jederzeit erklären, daß das Übereinkommen auf Kaufverträge oder ihren Abschluß keine Anwendung findet, wenn die Parteien ihre Niederlassung in diesen Staaten haben.

(3) Wird ein Staat, auf den sich eine Erklärung nach Absatz 2 bezieht, Vertragsstaat, so hat die Erklärung von dem Tag an, an dem das Übereinkommen für den neuen Vertragsstaat in Kraft tritt, die Wirkung einer nach Absatz 1 abgegebenen Erklärung, vorausgesetzt, daß der neue Vertragsstaat sich einer solchen Erklärung anschließt oder eine darauf bezogene einseitige Erklärung abgibt.

Art 95 [Erklärung zum Ausschluß der Anwendung des Art 1 Abs 1 lit b]

Jeder Staat kann bei der Hinterlegung seiner Ratifikations-, Annahme-, Genehmigungs- oder Beitrittsurkunde erklären, daß Artikel 1 Absatz 1 Buchstabe b für ihn nicht verbindlich ist.

Art 96 [Erklärung zur Schriftform]

Ein Vertragsstaat, nach dessen Rechtsvorschriften Kaufverträge schriftlich zu schließen oder nachzuweisen sind, kann jederzeit eine Erklärung nach Artikel 12 abgeben, daß die Bestimmungen der Artikel 11 und 29 oder des Teils II dieses Übereinkommens, die für den Abschluß eines Kaufvertrages, seine Änderung oder Aufhebung durch Vereinbarung oder für ein Angebot, eine Annahme oder eine sonstige Willenserklärung eine andere als die schriftliche Form gestatten, nicht gelten, wenn eine Partei ihre Niederlassung in diesem Staat hat.

Art 97 [Wirksamkeitsvoraussetzungen einer Vorbehaltserklärung]

(1) Erklärungen, die nach diesem Übereinkommen bei der Unterzeichnung abgegeben werden, bedürfen der Bestätigung bei der Ratifikation, Annahme oder Genehmigung.

(2) Erklärungen und Bestätigungen von Erklärungen bedürfen der Schriftform und sind dem Verwahrer zu notifizieren.

(3) Eine Erklärung wird gleichzeitig mit dem Inkrafttreten dieses Übereinkommens für den betreffenden Staat wirksam. Eine Erklärung, die dem Verwahrer nach diesem Inkrafttreten notifiziert wird, tritt jedoch am ersten Tag des Monats in Kraft, der auf einen Zeitabschnitt von sechs Monaten nach ihrem Eingang beim Verwah-

rer folgt. Aufeinander bezogene einseitige Erklärungen nach Artikel 94 werden am ersten Tag des Monats wirksam, der auf einen Zeitabschnitt von sechs Monaten nach Eingang der letzten Erklärung beim Verwahrer folgt.

(4) Ein Staat, der eine Erklärung nach diesem Übereinkommen abgibt, kann sie jederzeit durch eine an den Verwahrer gerichtete schriftliche Notifikation zurücknehmen. Eine solche Rücknahme wird am ersten Tag des Monats wirksam, der auf einen Zeitabschnitt von sechs Monaten nach Eingang der Notifikation beim Verwahrer folgt.

(5) Die Rücknahme einer nach Artikel 94 abgegebenen Erklärung macht eine von einem anderen Staat nach Artikel 94 abgegebene, darauf bezogene Erklärung von dem Tag an unwirksam, an dem die Rücknahme wirksam wird.

Art 98 [Zulässigkeit von Vorbehalten]

Vorbehalte sind nur zulässig, soweit sie in diesem Übereinkommen ausdrücklich für zulässig erklärt werden.

Art 99 [Zeitpunkt des Inkrafttretens]

(1) Vorbehaltlich des Absatzes 6 tritt dieses Übereinkommen am ersten Tag des Monats in Kraft, der auf einen Zeitabschnitt von zwölf Monaten nach Hinterlegung der zehnten Ratifikations-, Annahme-, Genehmigungs- oder Beitrittsurkunde einschließlich einer Urkunde, die eine nach Artikel 92 abgegebene Erklärung enthält, folgt.

(2) Wenn ein Staat dieses Übereinkommen nach Hinterlegung der zehnten Ratifikations-, Annahme-, Genehmigungs- oder Beitrittsurkunde ratifiziert, annimmt, genehmigt oder ihm beitritt, tritt dieses Übereinkommen mit Ausnahme des ausgeschlossenen Teils für diesen Staat vorbehaltlich des Absatzes 6 am ersten Tag des Monats in Kraft, der auf einen Zeitabschnitt von zwölf Monaten nach Hinterlegung seiner Ratifikations-, Annahme-, Genehmigungs- oder Beitrittsurkunde folgt.

(3) Ein Staat, der dieses Übereinkommen ratifiziert, annimmt, genehmigt oder ihm beitritt und Vertragspartei des Haager Übereinkommens vom 1. Juli 1964 zur Einführung eines Einheitlichen Gesetzes über den Abschluß von internationalen Kaufverträgen über bewegliche Sachen (Haager Abschlußübereinkommen von 1964) oder des Haager Übereinkommens vom 1. Juli 1964 zur Einführung eines Einheitlichen Gesetzes über den internationalen Kauf beweglicher Sachen (Haager Kaufrechtsübereinkommen von 1964) ist, kündigt gleichzeitig das Haager Kaufrechtsübereinkommen von 1964 oder das Haager Abschlußübereinkommen von 1964 oder gegebenenfalls beide Übereinkommen, indem er der Regierung der Niederlande die Kündigung notifiziert.

(4) Eine Vertragspartei des Haager Kaufrechtsübereinkommens von 1964, die das vorliegende Übereinkommen ratifiziert, annimmt, genehmigt oder ihm beitritt und nach Artikel 92 erklärt oder erklärt hat, daß Teil II dieses Übereinkommens für sie nicht verbindlich ist, kündigt bei der Ratifikation, der Annahme, der Genehmigung oder dem Beitritt des Haager Kaufrechtsübereinkommen von 1964, indem sie der Regierung der Niederlande die Kündigung notifiziert.

(5) Eine Vertragspartei des Haager Abschlußübereinkommens von 1964, die das vorliegende Übereinkommen ratifiziert, annimmt, genehmigt oder ihm beitritt und nach Artikel 92 erklärt oder erklärt hat, daß Teil III dieses Übereinkommens für sie

nicht verbindlich ist, kündigt bei der Ratifikation, der Annahme, der Genehmigung oder dem Beitritt das Haager Abschlußübereinkommen von 1964, indem sie der Regierung der Niederlande die Kündigung notifiziert.

(6) Für die Zwecke dieses Artikels werden Ratifikationen, Annahmen, Genehmigungen und Beitritte bezüglich dieses Übereinkommens, die von Vertragsparteien des Haager Abschlußübereinkommens von 1964 oder des Haager Kaufrechtsübereinkommens von 1964 vorgenommen werden, erst wirksam, nachdem die erforderlichen Kündigungen durch diese Staaten bezüglich der gesamten Übereinkommen selbst wirksam geworden sind. Der Verwahrer dieses Übereinkommens setzt sich mit der Regierung der Niederlande als Verwahrer der Übereinkommen von 1964 in Verbindung, um die hierfür notwendige Koordinierung sicherzustellen.

Art 100 [Zeitlicher Geltungsbereich]

(1) Dieses Übereinkommen findet auf den Abschluß eines Vertrages nur Anwendung, wenn das Angebot zum Vertragsabschluß an oder nach dem Tag gemacht wird, an dem das Übereinkommen für die in Artikel 1 Absatz 1 Buchstabe a genannten Vertragsstaaten oder den in Artikel 1 Absatz 1 Buchstabe b genannten Vertragsstaat in Kraft tritt.

(2) Dieses Übereinkommen findet nur auf Verträge Anwendung, die an oder nach dem Tag geschlossen werden, an dem das Übereinkommen für die in Artikel 1 Absatz 1 Buchstabe a genannten Vertragsstaaten oder den in Artikel 1 Absatz 1 Buchstabe b genannten Vertragsstaat in Kraft tritt.

Art 101 [Kündigung des Übereinkommens]

(1) Ein Vertragsstaat kann dieses Übereinkommen oder dessen Teil II oder Teil III durch eine an den Verwahrer gerichtete schriftliche Notifikation kündigen.

(2) Eine Kündigung wird am ersten Tag des Monats wirksam, der auf einen Zeitabschnitt von zwölf Monaten nach Eingang der Notifikation beim Verwahrer folgt. Ist in der Notifikation eine längere Kündigungsfrist angegeben, so wird die Kündigung nach Ablauf dieser längeren Frist nach Eingang der Notifikation beim Verwahrer wirksam.

[Unterzeichnungsklausel]

Geschehen zu Wien am 11. April 1980 in einer Urschrift in arabischer, chinesischer, englischer, französischer, russischer und spanischer Sprache, wobei jeder Wortlaut gleichermaßen verbindlich ist.

Zu Urkund dessen haben die unterzeichneten, hierzu von ihren Regierungen gehörig befugten Bevollmächtigten dieses Übereinkommen unterschrieben.

Ulrich Magnus

Ratifikationsstand des CISG
(Stand: 31. 10. 2004)

Staat	Unter-zeichnung	Ratifikation/ Annahme/ Genehmigung/ Beitritt	Inkraft-treten	Vorbehalte
Ägypten	6. 12. 1982	1. 1. 1988		
Argentinien		19. 7. 1983	1. 1. 1988	Art 96
Australien		17. 3. 1988	1. 4. 1989	Art 93: Ausschluß der Weihnachts-, Kokos-, Ashmore und Cartierinseln
Belgien		31. 10. 1996	1. 11. 1997	
Bosnien-Herzego-wina		12. 1. 1994	6. 3. 1992	(in Nachfolge Jugoslawiens)
Bulgarien		9. 7. 1990	1. 8. 1991	
Burundi		4. 9. 1998	1. 10. 1999	
Chile	11. 4. 1980	7. 2. 1990	1. 3. 1991	Art 96
China	30. 9. 1981	11. 12. 1986	1. 1. 1988	Art 95, Art 96
Dänemark	26. 5. 1981	14. 2. 1989	1. 3. 1990	Art 92 Abs 1, Art 93: Ausschluß der Faröerinseln und Grönlands; Art 94 Abs 1 u 2
Deutschland	26. 5. 1981	21. 12. 1989	1. 1. 1991	Erklärung (vgl Einl Rn 10)
Ecuador		27. 1. 1992	1. 2. 1993	
Estland		20. 9. 1993	1. 10. 1994	Art 96: mit Erklä-rung vom 9. 3. 2004 Vorbe-halt zurückge-nommen
Finnland	26. 5. 1981	15. 12. 1987	1. 1. 1989	Art 92 Abs 1, Art 94 Abs 1 u 2
Frankreich	27. 8. 1981	6. 8. 1982	1. 1. 1988	
Georgien		16. 8. 1994	1. 9. 1995	
Ghana	11. 4. 1981			
Griechenland		12. 1. 1998	1. 2. 1999	
Guinea		23. 1. 1991	1. 2. 1992	
Honduras		10. 10. 2002	1. 11. 2002	
Irak		5. 3. 1990	1. 4. 1991	
Island		10. 5. 2001	1. 6. 2002	Art 94 Abs 1
Israel		22. 1. 2002	1. 2. 2003	
Italien	30. 9. 1981	11. 12. 1986	1. 1. 1988	

Wiener UN-Kaufrecht (CISG)

Staat	Unter-zeichnung	Ratifikation/ Annahme/ Genehmigung/ Beitritt	Inkraft-treten	Vorbehalte
Kanada		23.4.1991	1.5.1992	Art 93: nicht für Quebec, Yukon und Saskatche-wan, Art 95: Art 1 Abs 1 lit b nicht für British Co-lumbia; Vorbehal-te aber gekündigt mit Wirkung für Quebec und Sas-katchewan zum 1.5.1992, für Yukon zum 1.1.1993, für British Columbia zum 1.2.1993; mit Erklärung vom 18.6.2003 auf Gebiet von Nuna-vut erstreckt
Kirgistan		11.5.1999	1.6.2000	
Kolumbien		10.7.2001	1.8.2002	
Korea (Rep)		17.2.2004	1.3.2005	
Kroatien		8.6.1998	8.10.1991	(in Nachfolge Jugoslawiens)
Kuba		2.11.1994	1.12.1995	
Lettland		31.7.1997	1.8.1998	Art 96
Lesotho	18.6.1981	18.6.1981	1.1.1988	
Litauen		18.1.1995	1.2.1996	Art 96
Mauretanien				1.9.2000
Luxemburg		30.1.1997	1.2.1998	
Mexiko		29.12.1987	1.1.1989	
Moldawien		13.10.1994	1.11.1995	
Mongolei		31.12.1997	1.1.1999	
Niederlande	29.5.1981	13.12.1990	1.1.1992	(Geltung auch für Aruba)
Neuseeland		22.9.1994	1.10.1995	
Norwegen	26.5.1981	20.7.1988	1.8.1989	Art 92 Abs 1, Art 94 Abs 1 u 2
Österreich	11.4.1980	29.12.1987	1.1.1989	
Peru		25.3.1999	1.4.2000	
Polen	28.9.1981	19.5.1995	1.6.1996	
Rumänien		22.5.1991	1.6.1992	

Ulrich Magnus

Wiener UN-Kaufrecht (CISG)

Staat	Unter-zeichnung	Ratifikation/ Annahme/ Genehmigung/ Beitritt	Inkraft-treten	Vorbehalte
Russische Födera-tion		16. 8. 1990	1. 9. 1991	Art 96
Sambia		6. 6. 1986	1. 1. 1988	
Schweden	26. 5. 1981	15. 12. 1987	1. 1. 1989	Art 92 Abs 1, Art 94 Abs 1 u 2
Schweiz		21. 2. 1990	1. 3. 1991	
Serbien und Mon-tenegro		12. 3. 2001	27. 4. 1992	(in Nachfolge Jugoslawiens)
Singapur	11. 4. 1980	16. 2. 1995	1. 3. 1996	Art 95
Slowakische Re-publik		28. 5. 1993	1. 1. 1993	Art 95
Slowenien		7. 1. 1994	25. 6. 1991	(in Nachfolge Jugoslawiens)
Spanien		24. 7. 1990	1. 8. 1991	
St Vincent und Grenadinen		12. 9. 2000	1. 10. 2001	Art 95
Syrien		19. 10. 1982	1. 1. 1988	
Tschechische Re-publik		30. 9. 1993	1. 1. 1993	Art 95
Uganda		12. 2. 1992	1. 3. 1993	
Ukraine		3. 1. 1990	1. 2. 1991	Art 96
Ungarn	11. 4. 1980	16. 6. 1983	1. 1. 1988	Art 90, Art 96
Uruguay		25. 1. 1999	1. 2. 2000	
USA	31. 8. 1981	11. 12. 1986	1. 1. 1988	Art 95
Usbekistan		27. 11. 1996	1. 12. 1997	
Venezuela	28. 9. 1981			
Weißrußland		9. 10. 1989	1. 11. 1990	Art 96

Nachdem Hongkong (seit 1. 7. 1997) und Macau (seit 20. 12. 1999) Gebietsteile des CISG-Vertragsstaates China geworden sind, gilt das CISG auch dort, obwohl in diesen Gebietsteilen noch weiterhin vom Mutterland abweichendes Recht gilt. Denn China hat keine Erklärung nach Art 93 CISG abgegeben, daß das CISG in diesen Teilgebieten nicht gelten solle. Damit erstreckt sich nach Art 93 Abs 4 CISG die Geltung auf alle territorialen Einheiten, die zu China gehören (vgl eingehend SCHROETER IHR 2004, 7 ff; gegen Geltung des CISG in Hongkong OGH IHR 2004, 148 [155 f]; BUSCHBAUM IPRax 2004, 546 [unter Berufung auf eine Auskunft aus dem Justizministerium des Sonderverwaltungszone Hongkong]).

Einleitung zum CISG

Schrifttum

Vgl ferner Schrifttum zu Art 1.

BASEDOW, Uniform Law Conventions and the UNIDROIT Principles of International Commercial Contracts, Unif L Rev 2000, 129
BOELE-WOELKI, The CISG and the UNIDROIT Principles, in: ŠARČEVIĆ/VOLKEN (Hrsg), The International Sale of Goods Revisited (2001) 203
BONELL, The UNIDROIT Principles of International Commercial Contracts and the Vienna Sales Convention (CISG) – Alternatives or Complemtary Instruments?, Unif L Rev 1996, 34
BURKART, Interpretatives Zusammenwirken von CISG und UNIDROIT Principles (2000)
vCAEMMERER, Die Haager Konferenz über die internationale Vereinheitlichung des Kaufrechts vom 2.–25. April 1964: Die Ergebnisse der Konferenz hinsichtlich der Vereinheitlichung des Rechts des Abschlusses von Kaufverträgen, RabelsZ 29 (1965) 101
DANNEMANN, Das staatsvertragliche Kollisionsrecht der DDR nach der Vereinigung, DtZ 1991, 130
DROBNIG, Das Schicksal der Staatsverträge der DDR nach dem Einigungsvertrag, DtZ 1991, 76
ENDERLEIN/GRAEFRATH, Nochmals: Deutsche Einheit und internationales Kaufrecht, BB 1991 Beil 6 S 8
FERRARI, International Sales Law in the Light of the OHADA Uniform Act Relating to General Commercial Law and the 1980 Vienna Sales Convention, Rev dr aff int 2001, 600
HAGGE, Das Kaufrecht der OHADA im Vergleich mit dem CISG (2004)
HERBER, Deutsche Einheit und internationales Kaufrecht, BB 1990 Beil 37 S 1
ders, Deutsche Einheit und internationales Kaufrecht – Eine Replik, BB 1991 Beil 18 S 7
ders, Das VN-Übereinkommen über internationale Kaufverträge, RiW 1980, 601
ders, UN-Kaufrechtsübereinkommen: Produkthaftung – Verjährung, MDR 1993, 105
ders, Das Verhältnis des CISG zu anderen

Übereinkommen und Rechtsnormen, insbesondere zum Gemeinschaftsrecht der EU, IHR 2004, 89
vHOFFMANN, Internationales Privatrecht im Einigungsvertrag, IPRax 1991, 1
P HUBER, European Private International Law, Uniform Law and the Optional Instrument, ERA-Forum 2/2003, 85
JANSSEN, Kollision des einheitlichen UN-Kaufrechts mit dem Verbraucherschutzrecht am Beispiel der Richtlinie über den Verbrauchsgüterkauf und -garantien, VuR 1999, 324
LOEWE, Kaufrechtsübereinkommen – Lückenfüllung durch nichtamtliche Kodifikationen, in: FS Herber (hrsg. von THUME, 1999) 7
MAGNUS, Deutsche Rechtseinheit im Zivilrecht – die Übergangsregelungen, JuS 1992, 456
ders, Aktuelle Fragen des UN-Kaufrechts, ZEuP 1993, 79
ders, Wesentliche Fragen des UN-Kaufrechts, ZEuP 1999, 642
ders, Der Stand der internationalen Überlegungen: Die Verbrauchsgüterkauf-Richtlinie und das UN-Kaufrecht, in: GRUNDMANN/MEDICUS/ROLLAND (Hrsg), Europäisches Kaufgewährleistungsrecht. Reform und Internationalisierung des deutschen Schuldrechts (2000) 79
ders, The CISG's Impact on European Legislation, in: FERRARI (Hrsg), The 1980 Uniform Sales Law. Old Issues Revisited in the Light of Recent Experiences. Verona Conference 2003 (2003) 129
ders, Europäisches Vertragsrecht und materielles Einheitsrecht – künftige Symbiose oder störende Konkurrenz?, in: FS Jayme (2004) 1307
MANKOWSKI, Überlegungen zur sach- und interessengerechten Rechtswahl für Verträge des internationalen Wirtschaftsverkehrs, RiW 2003, 2
MANSEL, Innerdeutsche Rechtsanwendung: (Noch) geltendes Kollisionsrecht, DtZ 1990, 225
MINDACH, Vertragsabschluß nach dem neuen russischen Zivilrecht, ROW 1995, 159

OETER, German Unification and State Succession, ZaöRV 51 (1991) 349

OTTO, Produkthaftung nach dem UN-Kaufrecht, MDR 1992, 533

PERALES VISCASILLAS, UNIDROIT Principles of International Commercial Contracts: Sphere of Application and General Provisions, Arizona J Int Comp L 13 (1996) 382

PILTZ, Gestaltung von Exportverträgen nach der Schuldrechtsreform, IHR 2002, 2

RABEL, Der Entwurf eines einheitlichen Kaufgesetzes, RabelsZ 9 (1935) 1

ders, Die Haager Konferenz über die Vereinheitlichung des Kaufrechts, RabelsZ 17 (1952) 212

REGULA/KANNOWSKI, Nochmals: UN-Kaufrecht oder BGB? Erwägungen zur Rechtswahl aufgrund einer vergleichenden Betrachtung, IHR 2004, 45

REINHART, Probleme des intertemporalen Rechts im innerdeutschen und internationalen Handelsverkehr – Intertemporale Fragen zum UN-Kaufrecht –, in: JAYME/FURTAK (Hrsg), Der Weg zur deutschen Rechtseinheit (1991) 83

RIESE, Der Entwurf zur internationalen Vereinheitlichung des Kaufrechts, RabelsZ 22 (1957) 16

ŠARČEVIĆ, The CISG and Regional Unification, in: FERRARI (Hrsg), The 1980 Uniform Sales Law. Old Issues Revisited in the Light of Recent Experiences. Verona Conference 2003 (2003) 3

SCHAUER, Konkurrenzen zwischen dem UN-Kaufrecht und dem Europäischen Schuldvertragsrecht, in: FS Honsell (2002) 261

SCHILLO, UN-Kaufrecht oder BGB? – Die Qual der Wahl beim internationalen Warenkaufvertrag, IHR 2003, 257

SCHLECHTRIEM, Bemerkungen zur Geschichte des Einheitskaufrechts, in: SCHLECHTRIEM, Fachtagung 27

ders, 10 Jahre CISG – Der Einfluß des UN-Kaufrechts auf die Entwicklung des deutschen und des internationalen Schuldrechts, IHR 2001, 12

SCHROETER, Das einheitliche Kaufrecht der afrikanischen OHADA-Staaten im Vergleich zum UN-Kaufrecht, Recht in Afrika 2001, 163

TASCHNER, Datenbanken zum internationalen Handelsrecht, IHR 2001, 133.

Systematische Übersicht

Alphabetische Übersicht

Ulrich Magnus

I.   Bedeutung der Konvention

1 Das Übereinkommen der Vereinten Nationen über Verträge über den internationalen Warenkauf von 1980 (es wird hier die international verbreitetste Abkürzung
CISG – für Convention on Contracts for the International Sale of Goods – verwendet) regelt den Abschluß und die wesentlichen Rechtsfolgen internationaler Kaufverträge. Es erfaßt nur Kaufgeschäfte über bewegliche Sachen und schließt auch
Verbraucherkäufe aus, regelt also im Kern den internationalen professionellen
Warenlieferungsvertrag. Das CISG stellt die **bisher bedeutendste privatrechtsverein-
heitlichende Konvention** dar.

Das trifft zunächst auf den Gegenstand zu. Der Kaufvertrag ist der **zentrale Vertragstyp** 2
wohl jeder Rechtsordnung. Vor allem aus ihm hat sich das allgemeine Schuldrecht,
insbes das Leistungsstörungsrecht entwickelt. Das CISG hat damit für das Herzstück
der Zivilrechtsordnungen eine einheitliche Regelung entworfen. Dabei spielt es nur
eine untergeordnete Rolle, daß das CISG lediglich internationale Kaufgeschäfte erfaßt. Denn insbes der Abschlußteil der Konvention (Art 14–24) ist so allgemein
formuliert, daß er für jeden Vertragsschluß verwendet werden kann. Ebenso kann
das Sanktionssystem für Leistungsstörungen im materiellen Teil der Konvention (vor
allem die Art 45–52, 61–65 u 74–80) in seiner Grundstruktur für jeden Vertragstyp
genutzt werden. Auch die Reform des deutschen Schuldrechts hat sich in weitem
Umfang am Vorbild des CISG orientiert (vgl schon den Abschlußbericht der Schuldrechtskommission, insbes aber die Begründung zum Entwurf eines Gesetzes zur
Modernisierung des Schuldrechts, BT-Drucks 14/6040 S 86: „Das Konzept des UN-Kaufrechts
sollte deshalb bei der Reform des Leistungsstörungsrechts Beachtung finden und kann in vielen
Regelungsbereichen als Vorbild dienen."; s ferner SCHLECHTRIEM IHR 2001, 12 ff). Entsprechende
Überlegungen in anderen Ländern zeigen ebenfalls, daß das CISG durchaus als Modell eines allgemeinen Leistungsstörungsrechts geeignet ist. So hat insbes die OHA-
DA, ein Zusammenschluss 16 afrikanischer Staaten, ein gemeinsames Kaufrecht für
das zusammengeschlossene Gebiet angenommen, das dem CISG fast vollständig folgt
(s eingehend dazu FERRARI Rev dr aff int 2001, 600; HAGGE, Das Kaufrecht der OHADA im Vergleich
mit dem CISG [2004]; ŠARČEVIĆ, The CISG and Regional Unification, in: FERRARI (Hrsg), The 1980
Uniform Sales Law 13 ff; SCHROETER, Recht in Afrika 2001, 163 ff). Ferner hat Rußland in
seinem Zivilgesetzbuch von 1994 das Vertragsschlußrecht des CISG weitgehend übernommen (dazu MINDACH ROW 1995, 159 ff). Die Richtlinie der EU zum Verbrauchsgüterkauf und -garantien fußt ebenfalls in wesentlichen Teilen auf dem UN-Kaufrecht (Text
in NJW 1999, 2421; dazu REICH NJW 1999, 2397 und STAUDENMAYER NJW 1999, 2393; vgl ferner
GRUNDMANN/BIANCA-GRUNDMANN 16 ff; MAGNUS, in: GRUNDMANN/MEDICUS/ROLLAND 79 ff).

Das UN-Kaufrecht rechtfertigt aber auch im Hinblick auf seine **Verbreitung** und 3
seinen Geltungsanspruch – anders als das Haager Kaufrecht – seine Einordnung als
eine der wichtigsten privatrechtlichen Konventionen. Denn es gilt in nunmehr
(1. 9. 2004) 63 Staaten, die sich auf alle Kontinente verteilen und Länder jeder in
dieser Welt vertretenen Rechts-, Wirtschafts- und Sozialordnung einschließen.

Schließlich stellt das CISG für die Bundesrepublik die praktisch **wichtigste Rechts-** 4
grundlage des Außenhandels dar. Alle Exportgeschäfte und der Großteil der Importgeschäfte unterfallen automatisch dem Anwendungsbereich des Übereinkommens (vgl näher die Erl zu Art 1), sofern die Parteien keine – stets mögliche –
Ausschlußvereinbarung getroffen haben. Für viele der CISG-Staaten sieht diese
Lage ganz ähnlich aus.

II.   Vor- und Nachteile der Anwendbarkeit des CISG

Insbesondere für die Frage, ob das CISG ausgeschlossen werden sollte, ist ein Blick 5
auf die Vor- und Nachteile seiner Anwendbarkeit nützlich (s hierzu auch MANKOWSKI
RiW 2003, 8 ff und PILTZ IHR 2002, 6 ff; ferner SCHILLO IHR 2003, 257 ff; gegen ihn aber zu Recht
REGULA/KANNOWSKI IHR 2004, 45 ff). Die Verbände, die in der Bundesrepublik seiner-
zeit noch den Ausschluß des Haager Kaufrechts empfohlen hatten, haben für das
UN-Kaufrecht diese Empfehlung nicht mehr abgegeben.

6 Als **Vorteile** sind die folgenden Punkte anzusehen:

– Überall wo das Einheitsrecht gilt, wird derselbe Sachverhalt nach demselben Recht auf der Grundlage eines einheitlichen Gesetzestextes beurteilt, der in seinen Originalfassungen (darunter insbes Englisch) feststeht und daneben in der Landessprache jedes Vertragsstaates vorliegt.

– Die oft mühselige und mit erheblichen Unsicherheiten belastete IPR-Prüfung erübrigt sich ganz weitgehend.

– Es muß nicht ggf ausländisches Recht angewendet werden, dessen Feststellung meist schwierig, zeit- und kostenintensiv und nicht selten fehlerhaft ist.

– Soweit das Einheitsrecht anzuwenden ist, erübrigt sich die Suche nach dem materiellrechtlich günstigsten Gerichtsstand (forum shopping), da die Zuständigkeit für das Ergebnis keine Rolle spielt.

– Die Zugänglichkeit der gesetzlichen Grundlage in der jeweils eigenen Sprache, ebenso Erläuterungen und eventuelle Rechtsprechung im eigenen Land geben Rechtssicherheit über die – rechtliche – Risikoverteilung und zu erwartende Streitpunkte und erleichtern insoweit sowohl vertragliche Verhandlungen wie außergerichtliche Streitschlichtung.

– Das Einheitskaufrecht schafft für Außenhandelsunternehmen mit Kontakten in zahlreiche Länder die Möglichkeit, alle Verträge, die dem CISG unterliegen, und damit einen Großteil seiner Außenhandelskontakte einem einheitlichen Regelwerk zu unterstellen.

– Das Einheitsrecht schafft stärkere Wettbewerbsgleichheit, indem es international gleiche rechtliche Rahmenbedingungen setzt.

7 Als **Nachteile** sind mit dem Einheitskaufrecht verbunden:

– Die Rechtsquellen werden um eine weitere vermehrt und damit etwas unübersichtlicher.

– Das Einheitskaufrecht wirft im Hinblick auf seinen Geltungsbereich eine ganze Reihe von Abgrenzungsfragen auf.

– Häufiger muß gleichwohl das anwendbare Recht kollisionsrechtlich ermittelt werden, da das UN-Kaufrecht nicht alle kaufrechtlich relevanten Fragen regelt.

– Es besteht keine Sicherheit für eine überall einheitliche Auslegung.

– Für Binnen- und Außensachverhalte gilt unterschiedliches Recht.

– Das Einheitsrecht stellt in einigen – freilich wenigen – Punkten einen Kompromiß auf dem kleinsten gemeinsamen Nenner dar.

– Eine Reform des Einheitsrechts ist schwieriger als im nationalen Rahmen. Hier zeigt aber gerade das Einheitskaufrecht, daß eine im internationalen Rahmen zunächst nicht erfolgreiche Vereinheitlichung (Haager Kaufrecht) auch recht bald überarbeitet und verbessert werden kann.

Eine bewußt käufer- oder verkäuferfreundliche Regelung enthält das CISG dagegen **8** nicht. Vielmehr hat es eine **ausgewogene Verteilung der Rechte und Pflichten** der Parteien angestrebt und mE auch erreicht (zu Abweichungen vom deutschen Recht vgl unten Rn 32). Durch den gleichen Buchstaben des Gesetzes wird die einheitliche Anwendung seiner Vorschriften und damit sein hauptsächlicher Vorteil freilich noch nicht gesichert. In der Praxis der Vertragsstaaten muß eine möglichst übereinstimmende Handhabung auch tatsächlich erreicht werden. Dieses Ziel ist ständige Aufgabe und Herausforderung seiner Anwendung. Es verlangt nicht nur die von nationalen Vorprägungen gelöste autonome Interpretation des CISG (Art 7), sondern auch die – freilich gewichtete – Beachtung ausländischer Entscheidungspraxis und die grundsätzliche Offenheit des Anwenders für die Internationalität des Einheitskaufrechts (s ausführlich DE LUKOWICZ, Divergenzen in der Rechtsprechung zum CISG. Auf dem Weg zu einer einheitlichen Auslegung und Anwendung [2001]).

III. Ratifikation durch die Bundesrepublik

Am 12. 8. 1988 beschloß die Bundesregierung den Entwurf eines Zustimmungsge- **9** setzes (BR-Drucks 372/88, dazu IPRax 1989, 59), den der Bundesrat nach erster Lesung am 23. 9. 1988 und zweiter Lesung am 12. 5. 1989 verabschiedete (BR-Drucks 225/89, s ferner Beschluß des Bundestages v 21. 4. 1989). Am 14. 7. 1989 trat das Zustimmungsgesetz vom 5. 7. 1989 in Kraft (BGBl 1989 II 586 f). Die Hinterlegung der Ratifikationsurkunde, die gem Art 99 Abs 1 CISG Voraussetzung für das Inkrafttreten der Konvention im jeweiligen Vertragsstaat ist, erfolgte am 21. 12. 1989; zugleich wurden die Haager Kaufabkommen zum 31. 12. 1989 gekündigt (s Art 99 Abs 3 CISG). Damit konnte das UN-Kaufrecht nach der in Art 99 Abs 1 CISG vorgesehenen Jahresfrist **am 1. 1. 1991 in Kraft** treten.

Bei Hinterlegung der Ratifikationsurkunde hat die Bundesrepublik die folgende **10** Erklärung abgegeben (BGBl 1990 II 1477):

„Nach Auffassung der Regierung der Bundesrepublik Deutschland sind Vertragsparteien des Übereinkommens, die eine Erklärung nach Artikel 95 des Übereinkommens abgegeben haben, nicht als Vertragsstaaten im Sinne des Artikel 1 Absatz 1 Buchstabe b des Übereinkommens anzusehen. Deshalb besteht keine Verpflichtung und übernimmt die Bundesrepublik Deutschland keine Verpflichtung, diese Bestimmung anzuwenden, wenn die Regeln des Internationalen Privatrechts zur Anwendung des Rechts einer Vertragspartei führen, die erklärt hat, daß Artikel 1 Absatz 1 Buchstabe b des Übereinkommens für sie nicht verbindlich ist. Vorbehaltlich dieser Bemerkung gibt die Regierung der Bundesrepublik Deutschland keine Erklärung nach Artikel 95 des Übereinkommens ab.“

IV. UN-Kaufrecht und deutsche Einigung

11 Die deutsche Einigung warf für die zeitliche Geltung des UN-Kaufrechts im vereinten Deutschland Probleme auf, denn die DDR hatte das CISG bereits vor der Bundesrepublik ratifiziert. **Im Gebiet der ehemaligen DDR war es am 1. 3. 1990 in Kraft getreten** (GBl DDR 1989 II 65), als die DDR noch selbständiger Staat war. Hier galt es in der von der DDR ratifizierten Form, dh ohne jeden Vorbehalt, bis zum 2. 10. 1990.

12 Für Kaufverträge, die in dieser Zeit abgeschlossen wurden, galt damit die Konvention, wenn die Parteien in der DDR und einem anderen Vertragsstaat ihre Niederlassung hatten, oder wenn das IPR bzw das interlokale Recht zum Recht der DDR oder eines anderen Vertragsstaates führte (und die Parteien in verschiedenen Staaten niedergelassen waren, vgl Art 1 Abs 1 lit b CISG).

13 Für **Verträge**, die **in der Zeit vom 1. 3. 1990 bis 2. 10. 1990** zwischen west- und ostdeutschen Parteien geschlossen wurden, ist die Konvention anzuwenden, wenn die ostdeutsche Seite der Verkäufer war (und keine abweichende Rechtswahl getroffen wurde). Das folgt aus Art 28 Abs 2 EGBGB oder aus § 12 Abs 1 lit a RAG, soweit diese Vorschrift aus intertemporalen Gründen noch anzuwenden ist.

14 Seit dem 1. 1. 1991 gilt die Konvention einschl der zu ihr abgegebenen Erklärung der Bundesregierung (dazu oben Rn 10) **für das Gebiet des gesamtdeutschen Staates.** Verträge, die seit diesem Datum abgeschlossen wurden, unterliegen dem CISG, wenn dessen übrige Anwendungsvoraussetzungen erfüllt sind.

15 Theoretische Schwierigkeiten bereitet die kurze Zeit zwischen dem 3. 10. 1990 und dem 1. 1. 1991. Einschlägige Entscheidungen aus dieser Zeit sind bisher nicht bekannt geworden. Hier ist umstritten, ob die Konvention für diese Zeit im Gebiet der ehemaligen DDR fortgalt oder mit dem Beitritt der DDR zur Bundesrepublik am 3. 10. 1990 außer Kraft getreten war. Die Entscheidung hängt von der allgemeinen Frage ab, welches Schicksal die Staatsverträge der früheren DDR nach dem Beitritt genommen haben (dazu Dannemann DtZ 1991, 130; Drobnig DtZ 1991, 76 ff; vHoffmann IPRax 1991, 1 ff; Oeter ZaöRV 51 [1991] 349 ff; Siehr RabelsZ 55 [1991] 250). Nach hier vertretener Ansicht ist das **UN-Kaufrecht mit dem Ende der DDR** für das Gebiet dieses Staates **außer Kraft getreten** (ebenso Herber BB 1990 Beil 37 S 5; ders BB 1991 Beil 18 S 9; ders MDR 1993, 106 f; Kegel[7] § 4 II 3; Magnus JuS 1992, 458 ff; ders ZEuP 1993, 93; MünchKommHGB/Martiny[2] Art 28 EGBGB Anh II [Ergänzung] Rn 3 a; Piltz, Internationales Kaufrecht § 2 Rn 152; Reinhart, in: Jayme/Furtak 87 f; Soergel/Lüderitz Art 99 Rn 2 u Anh Vertragsgesetz Art 3 Rn 1; Staudinger/Dörner [1996] Art 236 EGBGB Rn 44; wohl auch Mansel DtZ 1990, 230). Davon geht auch die Bundesrepublik aus (Mitteilung des Bundesjustizministers v 10. 6. 1992 in DtZ 1992, 241). Soweit seine Anwendungsvoraussetzungen erfüllt waren, ist für den fraglichen Zeitraum das Haager Einheitskaufrecht anzuwenden, da der Einigungsvertrag (Art 8) im Gebiet der ehemaligen DDR in toto das bundesdeutsche Recht eingeführt hatte.

16 Nach **aA** galt das UN-Kaufrecht im Gebiet der alten DDR dagegen auch nach dem 2. 10. 1990 unverändert fort (so Asam JbItalR V [1992] 68; Dannemann DtZ 1991, 131;

ENDERLEIN/GRAEFRATH BB 1991 Beil 6 S 12 f; vHOFFMANN IPRax 1991, 1 ff; OTTO MDR 1992, 537 f; SIEHR RabelsZ 55 [1991] 250).

Die Streitfrage hat für das CISG kaum, für das UN-Verjährungsübereinkommen **17** dagegen erhebliche praktische Bedeutung (zum Verjährungsübereinkommen vgl Anh II u die Erl zu Art 3 Vertragsgesetz). Die hier vertretene Auffassung verwirklicht die mit dem Einigungsvertrag angestrebte Rechtseinheit am stärksten. Zwar führt sie dazu, daß im Beitrittsgebiet die Geltung des CISG unterbrochen war und für eine kurze Übergangszeit dort bisher ungewohntes Einheitsrecht – EKG u EAG – galt. Dieser Nachteil ist aber auch wegen der weitgehenden Übereinstimmung zwischen Haager und Wiener Kaufrecht hinzunehmen.

V. Ratifikationsstand

Siehe oben S 28 ff. **18**

VI. Entstehungsgeschichte

Das CISG dürfte diejenige internationale **Konvention sein, die am ausführlichsten 19 und gründlichsten vorbereitet worden ist**. Es hat nicht nur das Stadium zahlreicher, immer wieder verbesserter Entwürfe, sondern mit dem Haager Kaufrecht auch eine Phase praktischer Erprobung durchlaufen.

1. Beginn und Unidroit-Arbeiten

Den Beginn der Kaufrechtsvereinheitlichung markiert das Jahr 1928, als ERNST **20** RABEL dem Italiener VITTORIO SCIALOJA, dem Präsidenten des Römischen Instituts für Privatrechtsvereinheitlichung (Unidroit), die Anregung unterbreitete, die Vereinheitlichung des Kaufrechts in das Arbeitsprogramm des Instituts aufzunehmen. RABEL selbst und seine Mitarbeiter aus dem Berliner Kaiser-Wilhelm-Institut erarbeiteten in kurzer Zeit den sog „Blauen Bericht" von 1929 (abgedr in RABEL, Gesammelte Aufsätze Bd III 381 ff), der auf rechtsvergleichender Basis die allgemeinen Grundlinien des Vorhabens umschrieb. Das Römische Institut griff die Anregung auf und setzte am 29. 4. 1930 ein Komitee ein, dem neben RABEL als Generalreferent die Engländer HURST und GUTTERIDGE, die Franzosen CAPITANT und HAMEL, die Schweden BAGGE und FEHR sowie der Deutsche FICKER als Schriftführer angehörten (vgl ausführlich RABEL RabelsZ 9 [1935] 1 ff; SCHLECHTRIEM, in: SCHLECHTRIEM, Fachtagung 28). In diesem Gremium, aber unter Beiziehung weiterer Fachkenner, wurde 1935 ein erster Entwurf erarbeitet (abgedr in RabelsZ 9 [1935] 8 ff mit RABELS eigener Begründung 45 ff). In letzter Stunde spaltete man von diesem Entwurf aber die Regelung des Kaufabschlusses ab und legte hierfür 1936 einen eigenen Entwurf vor. Der Entwurf zum materiellen Kaufrecht von 1935 wurde im Römischen Institut unter Beteiligung vor allem von BAGGE, HAMEL und RABEL überarbeitet und 1939 in veränderter Form fertiggestellt (abgedr in RABEL, Recht des Warenkaufs Bd II 395 ff). Der Kriegsausbruch verhinderte die Fortführung dieser Arbeiten.

2. Übernahme durch die Haager Konferenz

Erst im Jahr 1950 trat das Kaufrechtskomitee von Unidroit wieder zu Beratungen **21** zusammen. Inzwischen hatte sich die Haager Konferenz (vgl zu ihr KROPHOLLER, Internationales Einheitsrecht 59 ff) der Kaufrechtsvereinheitlichung angenommen. Auf einer diplomatischen Konferenz, die die Niederlande 1951 im Haag einberufen hatten, wurde der unveränderte Entwurf von 1939 eingehend erörtert, aber noch nicht endgültig beschlossen (dazu RABEL RabelsZ 17 [1952] 212 ff). Die Konferenz setzte vielmehr eine eigene Kaufrechtskommission (der auch RABEL bis zu seinem Tod 1955 angehörte) ein, die in der Folge den Entwurf von 1956 erarbeitete (dazu RIESE RabelsZ 22 [1957] 16 ff). Für den Kaufabschluß legte das Römische Institut 1958 dagegen einen eigenen Entwurf vor. Beide Entwürfe wurden interessierten Regierungen zur Stellungnahme zugeleitet und für das materielle Kaufrecht ein verbesserter Entwurf von 1963 erstellt (vCAEMMERER RabelsZ 29 [1965] 101 ff).

3. Haager Kaufrecht von 1964

22 Auf der Haager Konferenz von 1964 kam es dann erstmals zu einem Abschluß der Kaufrechtsarbeiten. Nach eingehenden Beratungen wurden das Einheitliche Gesetz über den internationalen Kauf beweglicher Sachen (EKG) und das Einheitliche Gesetz über den Abschluß von internationalen Kaufverträgen über bewegliche Sachen (EAG) sowie zwei Einführungskonventionen von den vertretenen 28 Staaten angenommen. Unter den Teilnehmerstaaten waren die Entwicklungsländer überhaupt nicht und die sozialistischen Länder nur durch Ungarn und Jugoslawien vertreten. Dagegen hatten etwa San Marino und der Vatikanstaat volles Stimmrecht. In der Folge ratifizierten dann insgesamt nur neun Staaten das Haager Kaufrecht, das ab 1972 in Belgien, Gambia, Großbritannien, Israel, Italien, Luxemburg, Niederlande, San Marino und in der Bundesrepublik Deutschland (hier am 16. 4. 1974, BGBl 1974 I 358) in Kraft trat. Dabei machten die Vertragsstaaten auch noch von den unterschiedlichen Vorbehaltsmöglichkeiten, die in den Einführungskonventionen vorgesehen waren, reichlich Gebrauch.

23 An seiner internationalen Verbreitung gemessen, war das Haager Kaufrecht damit ein Fehlschlag. Es stellt sich aus heutiger Sicht als ein regionaler, vor allem auf Westeuropa begrenzter Vereinheitlichungsversuch dar. Wo es ernstlich galt, wie etwa in der Bundesrepublik, Belgien, Italien und den Niederlanden, hat es sich jedoch als praktikable Kaufrechtsordnung bewährt. Insoweit kann es in der Rückschau als gelungenes „Pilotprojekt" betrachtet werden (vgl SCHLECHTRIEM/MAGNUS, Rechtsprechungssammlung S 9).

4. Übernahme durch die Vereinten Nationen

24 Die Entwicklungsländer und die sozialistischen Länder versagten dem Haager Kaufrecht die Gefolgschaft vor allem aus politischen Gründen. Sie waren an der Ausarbeitung des Haager Rechts nicht oder nicht ausreichend beteiligt gewesen und wollten das Ergebnis, das ihnen allzusehr am Recht der westlichen Industrieländer und ehemaligen Kolonialmächte orientiert schien, nicht übernehmen (vgl auch SCHLECHTRIEM, in: SCHLECHTRIEM, Fachtagung 31). Die 1966 als Unterausschuß der UN geschaffene Kommission für internationales Handelsrecht (UNCITRAL; dazu KROPHOLLER, Internationales Einheitsrecht 44 ff) griff bereits 1968 – also noch vor dem Inkrafttreten des Haager Rechts – die Frage der Kaufrechtsvereinheitlichung auf (UNCITRAL YB I [1968–70] 76 ff). Eine Umfrage unter den UN-Mitgliedstaaten ergab das grundlegende Interesse an der Vereinheitlichung (vgl Off Rec 4). UNCITRAL setzte deshalb 1969 eine Arbeitsgruppe ein, in der 14, später 15 Staaten aus allen Regionen der Welt vertreten waren. Die Arbeitsgruppe erarbeitete von der Grundlage des EKG ausgehend einen neuen Entwurf des materiellen Kaufrechts, der 1976 als sog Genfer Entwurf fertiggestellt wurde (UNCITRAL YB VII [1976] 89 ff). Er wurde auf der 10. UNCITRAL-Sitzung 1977 in Wien überarbeitet und als Wiener Entwurf (UN-CITRAL YB VIII [1977] 15 ff) verabschiedet. Ebenfalls in Auseinandersetzung mit dem Haager EAG stellte die Arbeitsgruppe im Jahr 1977 den Entwurf eines Abschluß-gesetzes fertig (UNCITRAL YB IX [1978] 83 ff; zu der zwischenzeitlichen Absicht, den Vertragsschluß für alle Vertragstypen und auch die Vertragsgültigkeit zu regeln, vgl SCHLECHTRIEM/ SCHWENZER/SCHLECHTRIEM[1] Art 14 Rn 2). Auf der 11. UNCITRAL-Sitzung von 1978 wurden der Kauf- und der Kaufabschlußentwurf in nochmals überarbeiteter Form zum sog New Yorker Entwurf (UNCITRAL YB IX [1978] 14 ff; auch abgedr in RabelsZ 43 [1979] 528 ff) zusammengeführt und anschließend den Regierungen der Mitgliedstaaten zur Stellungnahme übersandt (die Stellungnahmen sind zusammengefaßt berichtet in Off Rec 71).

Ferner hatte das UNCITRAL-Sekretariat einen Kommentar zum New Yorker **25** Entwurf vorbereitet (Off Rec 14 ff).

5.   Wiener Konferenz von 1980

An der diplomatischen Konferenz vom 10. 3. – 11. 4. 1980 in Wien nahmen insge- **26** samt 62 Staaten teil. Grundlage der Beratungen war der New Yorker Entwurf, dessen materiellrechtliche Vorschriften zunächst im Ausschuß I (First Committee) der Konferenz im einzelnen erörtert und beschlossen wurden (Off Rec 236 ff), während sich der Ausschuß II (Second Committee) mit den diplomatischen Schluß-klauseln und dem Protokoll zur Verjährungskonvention befaßte (Off Rec 434 ff). Die Endabstimmung und Entscheidung offengebliebener Fragen fand dann im Plenum der Konferenz statt (Off Rec 195 ff). In der Schlußabstimmung wurde die Konvention mit 42 Stimmen ohne Gegenstimme bei neun Enthaltungen angenommen (Off Rec 230; bei der Schlußabstimmung waren nicht mehr alle Teilnehmerstaaten vertreten). Wie die Materialien ergeben und Teilnehmer berichten, fanden die Diskussionen durchge-hend in sachlicher Atmosphäre statt (HERBER RiW 1980, 602; SCHLECHTRIEM, UN-Kauf-recht 5).

6.   Inkrafttreten

Am 1. 1. 1988 trat das CISG in zunächst 11 Staaten in Kraft, nachdem die erforder- **27** liche Zahl von zehn Ratifikationen (Art 99 Abs 1 CISG) damit überschritten war. In der Bundesrepublik gilt es seit dem 1. 1. 1991. Zum 31. 10. 2004 haben es bislang 63 Staaten ratifiziert (vgl zum Ratifikationsstand oben S 28 ff).

7.   Betreuung des CISG durch UNCITRAL

Das CISG ist die erste der von UNCITRAL geschaffenen Konventionen, für die **27a** diese Organisation bedeutsame Schritte unternommen hat, um die Verbreitung und einheitliche Anwendung nachhaltig zu fördern. So sammelt UNCITRAL über ein Netz sog National Correspondents aus allen Vertragsstaaten (für Deutschland Prof

Dr Norbert Horn, Köln und Prof Dr Ulrich Magnus, Hamburg) die einschlägige Rechtsprechung, die in englischen Abstracts aufbereitet und weltweit verbreitet wird. Die Sammlung trägt den Namen CLOUT (Case Law on UNCITRAL Texts); sie ist über die Internetadresse: http://www.uncitral.org online zugänglich. Darüber hinaus bereitet UNCITRAL einen offiziellen Kommentar in Form eines Digest zum CISG vor. Zu jedem Artikel des CISG wird die maßgebende Rechtsprechung aus den Vertragsstaaten zusammengestellt und damit das vorwiegende Verständnis der jeweiligen Norm ermittelt und fixiert. Ein erster Entwurf dieses Digest, den FERRARI, FLECHTNER, MAGNUS, WINSHIP und WITZ erarbeitet haben, ist in FERRARI/FLECHTNER/BRAND (Hrsg), The Draft UNCITRAL Digest and Beyond. Cases, Analysis and Unresolved Issues in the U. N. Sales Convention (2004) 501 ff veröffentlicht. Für die möglichst einheitliche Auslegung und Anwendung des CISG dürfte der Digest, der auch in die offiziellen UN-Sprachen übersetzt wird, eine ganz erhebliche Hilfe bedeuten.

VII. Überblick über das CISG

1. Gliederung

28 Das CISG ist deutlich klarer und übersichtlicher als das Haager Kaufrecht gegliedert. Die Konvention wird durch eine Präambel eingeleitet, die zum verbindlichen Konventionstext gehört und die Ziele der Konventionsgeber wiedergibt. Teil I (Art 1–13) des CISG enthält die Vorschriften zum Anwendungsbereich sowie einige allgemeine Regeln (Auslegung, Geltung von Handelsbräuchen), die in der Art eines kleinen „Allgemeinen Teils" den Sachvorschriften vorangestellt sind. Teil II (Art 14–24) regelt den Abschluß von Kaufverträgen. Er entspricht dem Haager Kaufabschlußgesetz. Das Kernstück der Konvention stellt Teil III (Art 25–88) dar. Er behandelt die vertraglichen Rechte und Pflichten der Kaufvertragsparteien einschl der Rechtsfolgen aus Pflichtverletzungen. Teil IV (Art 89–101) umfaßt die diplomatischen Schlußklauseln, die ua Vorbehaltsmöglichkeiten für die Vertragsstaaten, das Verhältnis der Konvention zu anderen Staatsverträgen und das Inkrafttreten regeln.

2. Wichtige Grundentscheidungen

a) Anwendungsbereich
29 Für den Anwendungsbereich des Übereinkommens lassen sich folgende wichtige Grundentscheidungen erkennen:

– Das CISG erfaßt nur internationale Käufe. Das internationale Element prägt sich darin aus, daß die Parteien in verschiedenen Staaten Niederlassung oder gewöhnlichen Aufenthalt haben müssen. Zusätzlich muß eine Beziehung zu einem CISG-Vertragsstaat bestehen (vgl Art 1 Abs 1).

– Das CISG gilt grundsätzlich nicht für Käufe durch Verbraucher, die die Ware erkennbar zu persönlichen Zwecken erwerben (Art 2 lit a).

– Für die Anwendung der Konvention oder einzelner ihrer Vorschriften gilt nahezu uneingeschränkt der Primat des Parteiwillens.

– Auch Gepflogenheiten der Parteien und internationale Handelsbräuche haben Vorrang vor der Konvention.

– Das CISG erfaßt nicht alle Aspekte internationaler Kaufverträge, sondern nur den Abschluß solcher Verträge und die Rechte und Pflichten aus ihnen. Insbes zwingendes nationales Recht, das die Gültigkeit von Verträgen betrifft, bleibt daneben in Kraft.

– Für nichterfaßte Fragen ist in üblicher kollisionsrechtlicher Weise das anwendbare Recht zu bestimmen.

b)   Abschluß von Kaufverträgen
Der Abschlußteil geht vom herkömmlichen Vertragsschlußmodell aus, nach dem die **30** uneingeschränkte Annahme eines hinreichend bestimmten Angebots zum Vertragsschluß führt.

– Ohne bestimmbaren Preis liegt grundsätzlich kein wirksames Angebot vor (Art 14 Abs 1 Satz 2).

– Ein Angebot ist regelmäßig bis zu seiner Annahme widerruflich.

– Jede wesentliche Abweichung vom Angebot macht eine Annahmeerklärung zu einem neuen Angebot.

– Schweigen allein hat generell keine vertragsstiftende Wirkung (Art 18 Abs 1 S 1).

c)   Materielles Kaufrecht
Die Konvention geht von einem einheitlichen Begriff der Vertragsverletzung aus, **31** der jeden Verstoß gegen eine Vertragspflicht erfaßt. Die Ursache des Verstoßes (Unmöglichkeit, Verzug, Schlechtlieferung, positive Vertragsverletzung) ist unerheblich. Zwischen Haupt- und Nebenpflichten braucht nicht unterschieden zu werden.

– Jede Partei hat für ihre Vertragsverletzung grundsätzlich – ohne Rücksicht auf Verschulden – einzustehen. Nur ausnahmsweise kann sich der vertragsbrüchige Teil entlasten, wenn er Umstände außerhalb seiner Kontrolle und seines Einflusses als Ursache des Verstoßes nachweisen kann (Art 79).

– Jede Vertragsverletzung löst zumindest einen Anspruch auf Ersatz des Schadens aus, den sie verursacht hat, und der bei Vertragsschluß abgesehen werden konnte (Art 45 Abs 1 lit b; Art 61 Abs 1 lit b; Art 74).

– Kumulativ zum Schadensersatzanspruch kann grundsätzlich Erfüllung verlangt werden (Art 46, 61).

– Vertragsaufhebung kommt nur in Betracht, wenn die Vertragsverletzung wesentlich ist. In aller Regel ist die Aufhebung fristgebunden (Art 49, 64).

Ulrich Magnus

3.   Wichtige Abweichungen des CISG vom deutschen Recht

32   Das CISG weicht in den folgenden Punkten deutlich vom deutschen Recht ab:

– Entgegen § 145 BGB ist ein Angebot unter dem CISG auch nach Zugang widerruflich (Art 15, 16 CISG).

– Das CISG enthält keine Regelung, die den Grundsätzen der deutschen Rechtsprechung über Schweigen auf ein kaufmännischen Bestätigungsschreiben entspricht.

– Die Untersuchungs- und Rügeobliegenheit der Art 38, 39, 43 gilt auch für Nichtkaufleute, soweit ihre Geschäfte trotz Art 2 lit a unter die Konvention fallen.
   Ferner gilt sie für die aliud-Lieferung.

– Der Käufer kann sich nach Art 49 nur vom Vertrag lösen, wenn die mangelhafte
   Lieferung eine wesentliche Vertragsverletzung darstellt. § 437 iVm §§ 440, 323
   Abs 5 S 2 BGB schließt den Rücktritt dagegen nur bei unerheblichen Pflichtver-
   letzungen aus. Der Abstand zwischen beiden Lösungen ist freilich nicht groß.

– Der Erfüllungsort der Zahlungspflicht des Käufers liegt – anders als nach §§ 269,
   270 BGB – im Zweifel am Sitz des Verkäufers (Art 57 lit a).

– Das CISG begründet eine Schadensersatzhaftung für jede objektive Vertragsverletzung, auch bei lediglich mangelhafter Lieferung. Anders als im bisherigen
   deutschen Recht kann der Schadensersatzanspruch mit weiteren Ansprüchen
   (Erfüllung, Aufhebung) kumuliert werden. In diesem Punkt hat die Schuldrechtsreform das deutsche Recht nunmehr an das CISG angeglichen.

– Nach deutschem Vertragsrecht haftet eine Partei nur bei Verschulden auf Scha-
   densersatz, wobei ihr allerdings die Beweislastregel des § 280 Abs 1 S 2 BGB die
   Pflicht zur Entlastung auferlegt, während sich der vertragsbrüchige Teil nach
   Art 79 CISG nur sehr begrenzt entlasten kann.

– Der Umfang des Schadensersatzes beschränkt sich nach Art 74 CISG auf das bei
   Vertragsschluß vorhersehbare Maß. Eine gleiche Begrenzung auf das bei Vertragsschluß übernommene Risiko ist dem deutschen Schadensersatzrecht fremd.
   Mit der Figur des Zurechnungszusammenhangs werden allerdings in der Regel
   identische Ergebnisse erreicht.

4.   Übernahme deutscher Rechtsinstitute

33   Deutlich beeinflußt worden ist die Konvention vom deutschen Recht in den folgenden Punkten:

– Die Rügeobliegenheit (Art 38, 39, 43) ist an § 377 HGB orientiert. Allerdings hat
   man sich in Wien bemüht, die drastischen Folgen von Rügefehlern durch großzügigere Fristen und die Ausweichmöglichkeit des Art 44 abzumildern.

– Ferner geht die Möglichkeit der Nachfristsetzung in Art 47 und 63 und die durch sie weitgehend erreichbare Aufhebungsmöglichkeit auf die entsprechende Regelung im deutschen Recht (früher § 326 BGB aF, jetzt § 323 BGB) zurück.

– Schließlich ist die Regelung des Spezifikationskaufs in Art 65 deutlich an § 375 HGB angelehnt worden.

Auch soweit die Konvention sich an Instituten des deutschen Rechts orientiert hat, **34** darf dies den Rechtsanwender freilich nicht dazu verleiten, hier – gar unbesehen – auf die entsprechenden Grundsätze des deutschen Rechts zurückzugreifen. Das CISG kann seine vereinheitlichende Wirkung nur dann entfalten, wenn es autonom aus sich selbst heraus und losgelöst von spezifischen nationalen Rechtsvorstellungen interpretiert wird. Lediglich soweit der Zweck und die Funktion einer Regel der Konvention zweifelhaft sind, kann der Blick auf die Funktion im Herkunftsland hilfreich sein (vgl näher Art 7 Rn 13).

VIII. Vertragliche Gestaltungsmöglichkeiten

1. Gestaltungsfreiheit

Das UN-Kaufrecht räumt den Parteien in Fällen, die in seinen Anwendungsbereich **35** fallen, eine **sehr weitreichende Freiheit** ein, die Konvention im Ganzen oder in einzelnen Vorschriften auszuschließen oder sie abzuändern (Art 6). Die Konvention selbst stellt eine Schranke nur in Art 12 auf: Hat ein Vertragsstaat, in dem eine der Parteien ihre Niederlassung hat, den Vorbehalt nach Art 96 erklärt (und damit den Grundsatz der Formfreiheit [Art 11] für sich außer Kraft gesetzt) – diesen Vorbehalt haben Argentinien, Chile, China, Lettland, Litauen, Rußland, Ukraine, Ungarn und Weißrußland erklärt –, dann können die Parteien hiervon nicht durch Vereinbarung abweichen. Ob in einem solchen Fall der Formzwang des Vorbehaltsstaates ohne weiteres nur dann gilt, wenn das IPR zu einem Recht mit Formzwang führt, ist streitig (für IPR-Zwischenschaltung SCHLECHTRIEM/SCHWENZER/FERRARI Art 96 Rn 3; **anders** ENDERLEIN/MASKOW/STROHBACH Art 96 Bem 10; vgl näher die Erläuterungen zu Art 96).

Eine **weitere Grenze der Gestaltungsfreiheit** ergibt sich daraus, daß die Gültigkeit **36** abweichender Regelungen nach nationalem Recht zu überprüfen ist, da das UN-Kaufrecht Gültigkeitsfragen nicht erfaßt (Art 4 lit a). Insoweit ist das vom Kollisionsrecht berufene nationale Recht maßgebend. Bei deutschem Vertragsstatut sind formularmäßige Abweichungen damit am Maßstab der §§ 305 ff BGB zu überprüfen. Als gesetzliche Modellregelung iSd § 307 Abs 2 Nr 1 BGB, von deren wesentlichen Grundgedanken nicht abgewichen werden darf, ist dabei dann das UN-Kaufrecht anzusehen (vgl Art 4 Rn 20 ff). Seine wesentlichen Festlegungen können damit nicht verändert werden. Das gilt nicht nur bei deutschem Vertragsstatut, sondern auch, wenn ein ausländisches Recht anwendbar ist, das den deutschen AGB-Regeln ähnliche Vorschriften enthält. Ist das UN-Kaufrechtsübereinkommen nicht anwendbar, dann kommt für internationale Kaufverträge das gewählte oder objektiv anwendbare nationale Recht zum Zug. Vertragliche Vereinbarungen, insbesondere im Weg der AGB, unterliegen der Kontrolle des gewählten oder – mangels Rechtswahl – des objektiv anwendbaren Rechts. Bei Anwendbarkeit der §§ 305 ff BGB sollte auch hier die Leitbildfunktion des UN-Kaufrechts berücksichtigt werden.

Ulrich Magnus

2.   Anwendung oder Ausschluß des UN-Kaufrechts?

37 Soweit der Anwendungsbereich des **UN-Kaufrechts** eröffnet ist, **gilt** es **automatisch**. Soll dieses Ergebnis vermieden werden, muß eine entsprechende Ausschlußvereinbarung getroffen werden (Art 6). Kommt eine Einigung hierüber nicht zustande, so gilt das UN-Kaufrecht.

38 Eine **generelle Empfehlung**, das UN-Kaufrecht stets anzuwenden oder es stets auszuschließen, ist **wenig sinnvoll**. Das UN-Kaufrecht hat sich inzwischen als eine praktikable und gerade für internationale Kauffälle besonders geeignete Rechtsgrundlage erwiesen. Seine Verwendung schafft durchaus Rechtssicherheit und gerade die deutschen Gerichte haben eine gewisse führende Stellung bei seiner Auslegung erlangt. Doch sollte das jeweilige Unternehmen konkret prüfen, ob sich aus seiner Interessenlage ein Ausschluß, unter Umständen nur der Ausschluß bestimmter Vorschriften, empfiehlt. Dafür gilt es, die obengenannten (Rn 6 f) Vor- und Nachteile abzuwägen. Das sollte insbesondere auch noch im Rechtsstreit geschehen, bevor eine stillschweigende Rechtswahl dadurch getroffen wird, daß auf der Grundlage des internen Rechts argumentiert wird.

39 Sofern das UN-Kaufrecht ausgeschlossen werden soll, empfiehlt sich eine möglichst deutliche Fassung des Ausschlusses – und zugleich eine Vereinbarung des anzuwendenden Rechts. Die Klausel „Es gilt deutsches Recht" bedeutet keinen Ausschluß, da auch das UN-Kaufrecht deutsches Recht ist, das speziell für internationale Kaufverträge gilt (BGH NJW 1999, 1259). Zu empfehlen ist etwa die Klausel: „Es gilt das Recht des deutschen BGB/HGB unter Ausschluß des UN-Kaufrechts" (vgl näher die Erläuterungen zu Art 6).

40 Die Geltung des UN-Kaufrechts kann auch für internationale Verträge vereinbart werden, die nicht unter seinen Anwendungsbereich fallen. Insbesondere der Vertragsschlußteil eignet sich für wohl alle Vertragstypen.

3.   Weitere Punkte der Vertragsgestaltung

41 – Bei Zweifeln, ob die Konvention den konkreten Vertrag erfaßt (zB bei Anlagenverträgen), sollte die Geltung oder der Ausschluß klargestellt werden.

– Es sollte das ergänzend anwendbare nationale Recht festgelegt werden. Soll die Geltung der UN-Verjährungskonvention vermieden werden, ist sie entweder deutlich auszuschließen oder darauf zu achten, daß nicht das Recht eines Staates vereinbart wird oder objektiv gilt, der sie ratifiziert hat.

– Unbestimmte Rechtsbegriffe (zB wesentliche Vertragsverletzung, kurze/angemessene Frist in Art 38/39, vernünftige Entschuldigung in Art 44) sollten ggfs konkretisiert werden, etwa indem Abweichungen von bestimmten Vertragsspezifizierungen als wesentliche Vertragsverletzung vereinbart, die Fristen in Tagen festgelegt werden und für Art 44 zB höhere Gewalt als Entschuldigung zugelassen wird.

– Bei Vertragsschluß muß der Kaufpreis in bestimmbarer Weise vereinbart oder

Art 14 ausdrücklich abgeändert werden, um einen unwirksamen Vertragsschluß zu vermeiden.

– UU empfiehlt es sich, für den formellen Vertragsschluß eine bestimmte Form vorzusehen, auch um eine Bindung an frühere Korrespondenz zu vermeiden. Der Anbietende muß das Formerfordernis von Anfang an deutlich machen.

– Für die Qualitätsprüfung gelieferter Ware kann neben der Spezifizierung der Fristen in Art 38 und 39 eine Festlegung des Untersuchungsumfangs und -verfahrens nützlich sein.

– Da das UN-Kaufrecht insoweit keine genauere Festlegung trifft (Art 36), sollte die Haltbarkeits- oder Verwendungsdauer der Ware nach Möglichkeit konkret bestimmt werden.

– Aus Käufersicht empfiehlt es sich uU, Ersatzlieferung und Vertragsaufhebung auch für die Fälle zu vereinbaren, in denen die Sachmängel der Ware noch nicht als wesentliche Vertragsverletzung anzusehen sind. Dies kann durch Erstreckung der Rechtsbehelfe auf diese Fälle oder durch vertragliche Festlegung der Abweichungen geschehen, die als wesentliche Verletzung zu gelten haben.

– Aus Verkäufersicht empfiehlt sich uU eine Begrenzung der Rechte des Käufers, etwa indem Vertragsaufhebung, die nicht völlig ausgeschlossen werden darf, nur nach erfolgloser Nacherfüllung zugelassen wird.

– Für beide Vertragsparteien ist die Begrenzung ihrer Schadensersatzhaftung bedeutsam. Ein völliger Ausschluß dürfte idR unzulässig sein. Doch wird eine Beschränkung auf die Haftung für Vorsatz und grobe Fahrlässigkeit – auch von Hilfspersonen – mit nationalen Gültigkeitsvorschriften meist vereinbar sein. In Betracht kommt auch eine summenmäßige Begrenzung, die ihrerseits freilich angemessen sein muß.

– Die Entlastung von Vertrags- und insbesondere Schadensersatzpflichten nach Art 79 kann präzisiert werden, indem entlastende Umstände konkret festgelegt werden (etwa Selbstbelieferung vorbehalten etc).

– Soweit Unklarheit darüber bestehen kann, ist die Währung (zB US $) für Zahlungen festzulegen.

– Auch die Höhe des Zinses für fällige Zahlungen sollte vereinbart werden, da Art 78 sie offen läßt.

– Soweit nicht Art 57 als Erfüllungsort die Zuständigkeit beeinflussen soll, ist entweder der Erfüllungsort anders festzulegen oder eine Gerichtsstandsklausel aufzunehmen.

– Zusatzpflichten (Montage, Beratung, Einarbeitung, Versicherung etc) sollten hinreichend deutlich im Vertrag vereinbart werden, um Streit darüber auszuschließen, ob sie dem Vertrag stillschweigend zu entnehmen sind (ebenfalls zur Vertragsgestaltung: GAUS, Die praktische Bedeutung des UN-Kaufrechts für die Vertragsgestaltung und Abwicklung von internationalen Handelskäufen, WiB 1995, 274 ff; HERBER, Möglichkeiten der Vertragsgestaltung nach dem VN-Kaufübereinkommen, in: Berner Tage 215 ff; JONES, Impact of the Vienna Convention in Drafting International Sales Contracts, IntBusLawyer 1992, 421 ff; MOECKE, Exportbedingungen nach UNCITRAL-Kaufrecht [Bundesstelle für Außenhandelsinformation 1991]; PILTZ, UN-Kaufrecht, in: vWESTPHALEN 1 ff; ders RiW 1999, 897; ders IHR 2002, 2 ff; WINSHIP, Changing Contract Practices in the Light of the United Nations Sales Convention: A Guide for Practioners, Int Lawyer 29 [1995] 325 ff).

IX. Verhältnis des CISG zum IPR und zum nationalen Recht

42 Für das Verhältnis des CISG zu den Regeln des Internationalen Privatrechts und des nationalen Rechts gilt ein einfacher Generalgrundsatz: Soweit das CISG reicht, geht es ihnen vor. Ist das CISG anwendbar und läßt sich ihm die materielle Lösung für ein Kaufrechtsproblem entnehmen, dann bleibt es dabei. Ein **Rückgriff auf IPR-Regeln und nationales Recht** ist dann nicht nur überflüssig, sondern von Rechts wegen **ausgeschlossen**. Nur wenn dem CISG keine Lösung zu entnehmen ist, ist das Internationale Privatrecht – oder sonst einschlägiges Konventionsrecht – einzuschalten und das von ihm berufene nationale Recht anzuwenden (s näher die Erläuterungen zu Art 7).

X. Verhältnis des CISG zu anderen Konventionen

43 Das CISG regelt seinen Geltungsanspruch gegenüber anderen Konventionen, die den gleichen Gegenstand wie das CISG betreffen, sehr zurückhaltend: Nach Art 90 CISG gehen alle anderen internationalen Übereinkünfte vor, gleichgültig, ob sie bereits geschlossen wurden oder künftig noch geschlossen werden. Das CISG betrachtet sie stets als die spezielleren Regelungen. Allerdings gilt der Vorrang nur, wenn die Parteien des jeweiligen Vertrages ihre Niederlassung in Vertragsstaaten des konkurrierenden Übereinkommens haben (s näher die Erläuterungen zu Art 90). Bisher gibt es freilich keine, auf weltweite Geltung angelegten Konventionen, die das CISG einschränken oder ablösen wollen. Vielmehr versuchen die weiteren weltweiten Konventionen zu Kaufrechtsfragen, das CISG zu ergänzen – wie zB die UN-Verjährungskonvention (s unten Anh II) oder die Vertretungskonvention von 1983, die jedoch nirgends in Kraft ist. Lediglich auf regionaler Ebene – etwa in der OHADA (s oben Rn 2) – besteht bisher vorrangiges Konventionsrecht, das das CISG insoweit verdrängt. Art 94 CISG läßt derartige regionale Rechtsvereinheitlichung für CISG-Staaten ausdrücklich zu und zwar nicht nur durch Staatsverträge, sondern schon durch einfache nationale Gesetzgebung.

44 Nehmen andere Konventionen denselben generösen Standpunkt wie das CISG ein und lassen auch ihrerseits konkurrierenden Übereinkommen den Vortritt – ein Beispiel dafür ist das EVÜ (Art 21) –, dann bleiben nur die allgemeinen, international verbreiteten Rangregeln, um ihr Verhältnis zum CISG zu bestimmen. Danach geht grundsätzlich das speziellere dem generelleren und das jüngere dem älteren Übereinkommen vor (s Art 30 Abs 3 u 4 Wiener VertragsÜbk von 1963; zum EVÜ s unten Art 90 Rn 17). Im Bereich privatrechtlicher Konventionen wird allerdings auch der weitere Grundsatz aufgestellt, daß Konventionen, die das materielle Recht vereinheitlichen, im Konfliktsfall jenen zur Kollisionsrechtsvereinheitlichung vorgehen (s ZWEIGERT/DROBNIG RabelsZ 29 [1965] 161; ebenso SCHLECHTRIEM/SCHWENZER/FERRARI Vor Art 1–6 Rn 34). Im Verhältnis von CISG und EVÜ gebührt dem CISG jedenfalls nach hM der Vorrang (SCHLECHTRIEM/SCHWENZER/FERRARI Vor Art 1–6 Rn 34; REITHMANN/ MARTINY/MARTINY Rn 29; WITZ/SALGER/LORENZ Art 90 Rn 2).

XI. Verhältnis des CISG zum Europäischen Gemeinschaftsrecht

Schwieriger als das Verhältnis des CISG zu anderen Konventionen ist sein Verhält- **45** nis zum Europäischen Gemeinschaftsrecht. Dabei ergibt sich zunächst aus Art 90 CISG, daß das primäre Gemeinschaftsrecht – EGV und EUV – als multilaterales Übereinkommensrecht dem CISG vorgeht, soweit es internationale Kaufverträge ebenfalls regelt. Eine unmittelbare Regelung dieses Bereichs enthalten aber weder EGV noch EUV. Lediglich die Zuständigkeit der Gemeinschaft, das Recht der grenzüberschreitenden Handelsverträge in der EU zu regeln, wird sich dem Primärrecht entnehmen lassen. Solange die Gemeinschaft jedoch nicht erklärt hat, ihre Zuständigkeit ausüben zu wollen, oder sie tatsächlich ausgeübt hat, entsteht daraus aber keine Sperre für die Mitgliedstaaten, Staatsverträge in diesem Bereich abzuschließen oder aufrechtzuerhalten.

Problematisch ist jedoch das Verhältnis zwischen CISG und sekundärem Gemein- **46** schaftsrecht (ausführlich dazu HERBER IHR 2004, 89 ff). Verordnungen und Richtlinien der EU sind nach inzwischen ganz überwiegender Ansicht keine staatsvertraglichen Übereinkünfte (vgl ACHILLES Art 90 Rn 2; JANSSEN VuR 1999, 327; MAGNUS ZEuP 1999, 645 ff; PILTZ IHR 2002, 4; SCHLECHTRIEM Rn 345a; jetzt auch HERBER IHR 2004, 92 f). Sie sind gesetzgeberische Akte einer supranationalen Rechtsgemeinschaft eigener Art, die nicht mehr durch Übereinkunft souveräner Staaten ausgehandelt und vereinbart, sondern von den dafür zuständigen Gemeinschaftsorganen in einem Gesetzgebungsverfahren erlassen werden und als Verordnungen auch unmittelbare Geltung in den Mitgliedstaaten erlangen. Richtlinien stehen Staatsverträgen ferner auch deshalb nicht gleich, weil sie nur „hinsichtlich des zu erreichenden Ziels verbindlich" sind, im übrigen aber noch der Umsetzung in nationales Recht bedürfen und „die Wahl der Form und der Mittel" den Mitgliedstaaten freistellen (Art 249 EGV).

Daraus folgt, daß das Rangprinzip des Art 90 CISG nicht für das sekundäre Ge- **47** meinschaftsrecht gilt (ebenso SCHLECHTRIEM Rn 345a). Daraus folgt freilich noch nicht der Umkehrschluß, daß bereits deswegen das CISG als staatsvertraglich vereinbartes Recht grundsätzlichen Vorrang vor konkurrierendem sekundärem Gemeinschaftsrecht, insbesondere also Vorrang vor Richtlinien hat, soweit sie sich mit dem CISG überschneiden. Zu einer solchen Überschneidung kann es vor allem mit der Verbrauchsgüterkaufrichtlinie und – in begrenztem Maß – mit der Zahlungsverzugsrichtlinie, aber auch mit der Produkthaftungsrichtlinie kommen (s hierzu HERBER IHR 2004, 93 f; MAGNUS ZEuP 1999, 645 ff; SCHAUER, in: FS Honsell 264 ff). Zwar ist das umgesetzte Richtlinienrecht ‚nur' einfaches nationales Recht. In Deutschland rangiert einfaches Bundesrecht in der Normenhierarchie grundsätzlich hinter solchem Bundesrecht, das staatsvertraglich begründet ist (vgl auch Art 3 Abs 2 EGBGB). Die Begründung für diesen Vorrang liegt darin, daß der Bundesgesetzgeber seine völkervertraglichen Verpflichtungen aus Staatsverträgen im Allgemeinen nicht durch entgegenstehendes innerstaatliches Recht verletzen will. Hinter dem Richtlinienrecht steht nun freilich auch eine übernational gesetzte Verpflichtung, nämlich die gemeinschaftsrechtliche Verpflichtung, Richtlinien ordnungsgemäß umzusetzen (Art 249 EGV). Es konkurrieren hier damit die allgemeine völkerrechtliche und die gemeinschaftsrechtliche Verpflichtung, Verträge einzuhalten (s auch SCHAUER, in: FS Honsell 276 ff). Im Grundsatz gebührt dabei der gemeinschaftsrechtlichen Verpflichtung der Vorrang vor der Verpflichtung des Bundesgesetzgebers, völkerrechtliche Verträge einzuhalten. Denn im Bereich der Kompetenzen der EU ist bereits die Befugnis, Staatsverträge abzuschließen, auf die Gemeinschaft übergegangen; mit dem Gemeinschaftsrecht nicht vereinbare Staatsverträge der Mitgliedstaaten sind unzulässig (s EuGH Slg 1971, 263 – AETR). Allerdings muß die Gemeinschaft ihre Innenkompetenz auch in Anspruch genommen haben, um die entsprechende Außenkompetenz zu besitzen („1/94-Judikatur", Gutachten 1/94 des EuGH Slg 1994 I-5413; zum Ganzen näher BLECKMANN, Europarecht Rn 1381 ff; HOBE, Europarecht Rn 77; SCHWEITZER/HUMMER, Europarecht Rn 650 ff). Nun ließe sich argumentieren, daß die Gemeinschaft mit dem Erlaß der genannten Richtlinien ihre Kompetenz zumindest teilweise auch im Bereich internationaler Kaufverträge ausgeübt habe und daß daraus für die Mitgliedstaaten die Pflicht folge, jedenfalls für das Gebiet der EU das CISG als entgegenstehenden Staatsvertrag zu kündigen bzw seine Reichweite regional für die EU auszuschließen. Art 94 CISG würde eine solche regionale Einschränkung erlauben. Allerdings steht dafür auch nur der Weg des Art 94 offen; andere Möglichkeiten – außer einer vollständigen Kündigung – lassen die Vorbehalte des CISG ohne völkerrechtliche Verletzung der Pflichten aus dem Übereinkommen nicht zu. Da der Gemeinschaft aber die Verbreitung und Bedeutung des CISG in den Mitgliedstaaten und auch Art 94 CISG bekannt war, als sie die genannten Richtlinien erließ, da sie ferner die CISG-Staaten der EU nicht zu der Erklärung nach Art 94 CISG veranlaßt hat, da sie in der Verbrauchsgüterkaufrichtlinie selber sehr weitgehend dem Vorbild des CISG gefolgt ist, da sie schließlich in ihrer Mitteilung vom 12.2.2003 über ein kohärenteres Europäisches Vertragsrecht (KOM[2003] endg) das CISG quasi zum acquis communautaire rechnet, ergibt sich aber, daß die Gemeinschaft bislang – zwar nicht durch ausdrückliche Erklärung, aber jedenfalls hinreichend deutlich und damit wirksam – darauf verzichtet hat, das CISG innerhalb der EU zugunsten eigener Rechtssetzung zu verdrängen (ähnlich SCHLECHTRIEM Rn 345a). Die Mitgliedstaaten können es damit beibehalten. Daraus ist dann aber auch der Schluß zu ziehen, daß das **CISG derzeit Vorrang vor entgegenstehendem Richtlinienrecht** hat, da ein Vorrang nationalen Richtlinienrechts vor dem CISG eine Verletzung völkerrechtlicher Verpflichtungen der Mitgliedstaaten bedeuten würde, weil das CISG wie geschildert einen solchen Vorrang nur über den Weg des Art 94 CISG zuläßt. Daß die EU einen solchen Verstoß der Mitgliedstaaten in Kauf nehmen oder gar erzwingen wollte, ist angesichts der geschilderten Umstände auszuschließen.

48 Sollte die EU das CISG künftig durch ein eigenes Vertragsrecht ablösen wollen, dann wird sie dafür sorgen müssen, daß der Weg über den Vorbehalt nach Art 94 CISG eingehalten wird, also die Mitgliedstaaten dem Depositar des CISG notifizieren, daß innerhalb der EU für internationale Käufe „gleiche oder einander sehr nahe kommende Rechtsvorschriften" bestehen und das CISG deshalb zwischen Parteien aus verschiedenen CISG-Staaten der EU nicht mehr anzuwenden ist (ebenso ACHILLES Art 90 Rn 2; HERBER IHR 2004, 92 f; eingehend SCHAUER, in: FS Honsell inbes 276 ff).

Noch recht ungeklärt ist ferner das Verhältnis des CISG zu einem möglichen **49** künftigen Rechtsakt, in dem die EU sei es das allgemeine, sei es auch das besondere Vertragsrecht regelt. Das liegt vor allem daran, daß die Konturen eines solchen europäischen Vertragsinstruments derzeit noch vage sind. Die Mitteilung der Kommission vom 12. 2. 2003 zu einem kohärenteren Europäischen Vertragsrecht spricht bisher nur von einem Referenzrahmen. Andererseits sollten, wie immer ein künftiges europäisches Vertragsrecht aussehen mag, die Vorteile der mit dem CISG erreichten Vereinheitlichung, die ja weit über Europa hinausreicht, erhalten bleiben. Das spricht für die Beibehaltung des CISG auch im innereuropäischen Handelsverkehr, selbst wenn das besondere Vertragsrecht etwa in einer unmittelbar verbindlichen Verordnung geregelt würde (vgl näher P HUBER ERA-Forum 2/2003, 97; MAGNUS, in: FERRARI [Hrsg], The 1980 Uniform Sales Law 143 ff; ders, in: FS Jayme 1320 f).

XII. Verhältnis des CISG zu internationalen privaten Prinzipienwerken

Besondere Probleme stellen sich mit der Frage, ob und ggfs in welchem Umfang **50** Prinzipien- und Regelwerke zur Ergänzung des CISG herangezogen werden können, die private, nichtstaatliche Gruppen oder Organisationen international erarbeitet haben. In Betracht kommen hier vor allem die **UNIDROIT Principles of International Commercial Contracts** und die **Principles of European Contract Law** (sog Lando Principles). Doch ist auch an die Regelwerke der Internationalen Handelskammer mit den **INCOTERMS**, den **ERA** und **ERI** zu denken. Einigkeit besteht wohl darüber, daß diese Prinzipien- und Regelwerke in Fällen, in denen das CISG gilt, dann zum Zug kommen, wenn die Parteien ihre Geltung ausdrücklich oder konkludent vereinbart haben. Dann verdrängen sie das CISG, soweit sie abweichende Regelungen vorsehen (vgl näher die Erläuterungen zu Art 6). Auch wenn und sobald diese Regelwerke zu internationalen Handelsbräuchen erstarkt sind, gehen sie den sonstigen Bestimmungen des CISG vor (s Art 9 CISG).

Umstritten ist aber, ob die UNIDROIT- und Lando-Prinzipien auch darüber hinaus **51** – also ohne entsprechende Parteivereinbarung – zur Ergänzung des CISG dienen können (vgl näher die Erläuterungen zu Art 7). Strikte Ablehnung, reservierte Zurückhaltung, vorsichtige Zustimmung und einschränkungslose Bejahung sind die Positionen, die vertreten werden. So gelten die genannten Prinzipienwerke einigen nur als Ausdruck einer – mehr oder minder beliebigen – akademischen Lehrmeinung (MICHAELS RabelsZ 62 [1998] 606) oder als „gefährliche Irrlichter" für das internationale Kaufrecht (so HERBER IHR 2003, 1 ff; gegen Verwendbarkeit der UNIDROIT-Principles, sofern sie nicht vereinbart sind, auch SCHLECHTRIEM/SCHWENZER/FERRARI Art 7 Rn 62; zurückhaltend gegenüber der Verwendung der Principles auch SCHLECHTRIEM Rn 52 Fn 106, s ferner eingehend auch KÖHLER 52 ff). Andere treten nachdrücklich dafür ein, daß die Principles ohne weiteres das CISG dort ergänzen können, wo es der Auslegung bedarf oder Lücken läßt (s etwa BOELE-WOELKI, in: ŠARČEVIĆ/VOLKEN [2001] 203 ff; BONELL Unif L Rev 1996, 34 ff; zum Teil auch LOEWE, in: FS Herber 7 ff; ausführlich zum Ganzen BURKART, der den UNIDROIT-Principles gewisse normative Wirkung zubilligt und eine gründliche Analyse ihres Einsatzes als Interpretationshilfe für das CISG durchführt [99 f, 209 ff]). So wird etwa geltend gemacht, daß die UNIDROIT Principles (Art 2. 1. 22 [battle of forms]) zur Lösung des Problems kollidierender AGB herangezogen werden könnten (s PERALES VISCASILLAS Arizona J Int Comp L 13 [1996] 406 ff). In Art 19 CISG ist nicht geregelt, aber zu entscheiden, ob bei kollidierenden AGB der Theorie des letzten Wortes oder der

Ulrich Magnus

Restgültigkeitstheorie zu folgen ist (s näher die Erl zu Art 19). Zur Unterstützung der Entscheidung ist es sicherlich hilfreich, daß die UNIDROIT Principles – und ebenso die Lando Prinzipien (Art 2:209) – der Restgültigkeitstheorie folgen (s auch PERALES VISCASILLAS aaO). Dagegen kann etwa die Lücke des CISG in Art 78 (Offenlassen der Höhe der Zinsrate), die die Verfasser ganz bewußt gelassen haben, nicht durch die Principles und damit durch die Entscheidung eines anderen, nicht demokratisch legitimierten Gremiums ersetzt werden (wohl ebenso PERALES VISCASILLAS aaO 405 f). Im Ergebnis dürfte deshalb eine **Verwendung der Prinzipienwerke zur ergänzenden Auslegung des CISG unter bestimmten Kautelen** der wünschenswerte Weg sein: Läßt das CISG Auslegungszweifel oder Lücken, die auch nicht bewußt der Lückenfüllung durch das kollisionsrechtlich anwendbare nationale Recht vorbehalten bleiben sollten, dann stellen die UNIDROIT- und Lando-Principles „excellent evidence" einer international akzeptablen Lösung dar, der auch für das CISG gefolgt werden sollte, soweit nicht überzeugende Gründe gegen sie sprechen (im Ergebnis ähnlich BASEDOW Unif L Rev 2000, 139; BURKART 249 f). Das gilt in jedem Fall, wenn beide Prinzipienwerke übereinstimmende Regeln vorsehen. Bei Unterschieden zwischen ihnen sollten die auf internationale Verträge zugeschnittenen UNIDROIT-Principles den Vorrang haben, sofern nicht der Unterschied den Anschein der „excellent evidence" gerade erschüttert (s MAGNUS ZEuP 1999, 648 f).

XIII. Dokumentation der Rechtsprechung und Literatur zum CISG

52 Das CISG ist wohl diejenige Konvention, für die Rechtsprechung und Literatur international am besten dokumentiert und zugänglich sind (s auch schon oben Rn 27a). Eine ganze Reihe von Institutionen verfolgt die Sammlung und Aufbereitung dieses Materials (s die Übersicht mit Internetadressen bei TASCHNER IHR 2001, 133 f; vgl ferner HERBER RiW 1995, 502 ff). Wichtigste Einrichtung ist UNCITRAL (A-1400 Wien, Postfach 500). Mit der Sammlung CLOUT (Case Law on UNCITRAL Texts) werden die weltweit ergangenen Entscheidungen zum CISG zumindest in Form von abstracts auch weltweit zugänglich gemacht (vgl oben Rn 27a). Daneben sammelt UNCITRAL auch mit Vollständigkeitsanspruch die zum CISG veröffentlichte Literatur und unterrichtet darüber. Das Ziel der Entscheidungssammlung verfolgt in etwas anderer Form auch das Centre for Comparative and Foreign Law Studies (28, via Panisperna, Rom) mit der Sammlung „Unilex", die als Loseblattsammlung die Entscheidungen in gedruckter Form veröffentlicht. Ferner sind in zahlreichen CISG-Staaten nationale Datenbanken zum CISG eingerichtet worden, häufig unter der Internetadresse cisg. Länderkürzel. Für Deutschland sind die Datenbank der Universität Basel (http://www.cisg-online.ch/cisg/materials-history.html) und der Pace University New York (http://www.cisg.law.pace.edu) besonders hilfreich. Eine umfassende Übersicht über die Fundstellen bis 1999 publizierter Entscheidungen enthält WILL, International Sales Law und CISG. The First 555 or so Decisions (8. Aufl 1999).

Übereinkommen der Vereinten Nationen über Verträge über den internationalen Warenkauf (CISG)

United Nations Convention on Contracts for the International Sale of Goods (CISG)

Convention des Nations Unies sur les contrats de vente internationale de marchandises (CISG)

vom 11. April 1980 (BGBl 1989 II 588, berichtigt BGBl 1990 II 1699)

[Präambel]

**Die Vertragsstaaten dieses Übereinkommens –
im Hinblick auf die allgemeinen Ziele der Entschließungen, die von der Sechsten Außerordentlichen Tagung der Generalversammlung der Vereinten Nationen über die Errichtung einer neuen Weltwirtschaftsordnung angenommen worden sind,
in der Erwägung, daß die Entwicklung des internationalen Handels auf der Grundlage der Gleichberechtigung und des gegenseitigen Nutzens ein wichtiges Element zur Förderung freundschaftlicher Beziehungen zwischen den Staaten ist,
in der Meinung, daß die Annahme einheitlicher Bestimmungen, die auf Verträge über den internationalen Warenkauf Anwendung finden und die verschiedenen Gesellschafts-, Wirtschafts- und Rechtsordnungen berücksichtigen, dazu beitragen würde, die rechtlichen Hindernisse im internationalen Handel zu beseitigen und seine Entwicklung zu fördern –
haben folgendes vereinbart:**

The States parties to this Convention,
bearing in mind the broad objectives in the resolutions adopted by the sixth special session of the General Assembly of the United Nations on the establishment of a New International Economic Order,
considering that the development of international trade on the basis of equality and mutual benefit is an important element in promoting friendly relations among States,

being of the opinion that the adoption of uniform rules which govern contracts for the international sale of goods and take into account the different social, economic and legal systems would countribute to the removal of legal barriers in international trade and promote the

Les Etats parties à la présente Convention,
ayant présents à l'esprit les objectifs généraux inscrits dans les résolutions relatives à l'instauration d'un nouvel ordre économique international que l'Assemblée générale a adoptées à sa sixième session extraordinaire,
considérant que le développement du commerce international sur la base de l'égalité et des avantages mutuels est un élément important dans la promotion de relations amicales entre les Etats,
estimant que l'adoption de règles uniformes applicables aux contrats de vente internationale de marchandises et compatibles avec les différents systèmes sociaux, économiques et juridiques contribuera à l'élimination des obstacles juridiques aux échanges internationaux et favorisera

Ulrich Magnus

development of international trade,   le développement du commerce international,
have agreed as follows: sont convenus de ce qui suit:

Systematische Übersicht

I.   Regelungsgegenstand und Normzweck

1 In der Präambel haben die Konventionsverfasser die wesentlichen **Ziele sowie politische Grundauffassungen** niedergelegt, die der Vereinheitlichung des Rechts internationaler Kaufverträge zugrunde liegen und die Konvention tragen. Damit wird einerseits die Vereinheitlichung des materiellen Rechts dieses Gebiets legitimiert. Zum andern werden Zielvorstellungen formuliert, die mit der Vereinheitlichung erreicht werden sollen.

2 Die Präambel drückt die Grundüberzeugung der Konventionsgeber aus, daß die Gestaltung der internationalen Wirtschaftsbeziehungen, auch und gerade soweit sie zwischen Privaten bestehen, **für das Verhältnis der Völker eine wichtige Rolle** spielt. Einheitliches Recht kann nach der Meinung der Normgeber den Handel fördern und verbesserte Handelsbeziehungen wiederum können die Beziehungen der Völker verbessern, wenn das Einheitsrecht dem Grundsatz der Gleichberechtigung folgt und das Anliegen der UN-Entschließungen zur neuen Weltwirtschaftsordnung beachtet, also den wirtschaftlichen Entwicklungsrückstand der Entwicklungsländer abbauen hilft.

3 Obwohl es sich bei diesen Vorstellungen eher um rechtspolitische Zielvorgaben und Überlegungen handelt, sind sie **nicht etwa unverbindliche Erklärungen**, sondern bei der Auslegung der gesamten Konvention zu beachten.

II.   Entstehungsgeschichte

4 Der Praxis der UN entsprechend wurde die Präambel erst auf der diplomatischen Konferenz von 1980 vorbereitet. Nach geringfügigen redaktionellen Änderungen beschloß die Konferenz sie ohne weitere Sachdebatte (Off Rec 219 f).

5 Die Präambel zum CISG nimmt einige Passagen der Präambel der Verjährungskonvention von 1974 auf, ist aber wesentlich ausführlicher als jene. Die Präambel der Vertretungskonvention von 1983 wiederum orientiert sich an derjenigen des CISG.

III. Funktion der Präambel

Welche Bedeutung die Präambel hat, ist umstritten. Zum Teil wird sie als lediglich 6 rechtspolitische Äußerung angesehen, die für die Konvention keine weitere Bedeutung habe und insbes nicht deren Auslegungsvorschriften (Art 7) überspielen könne (HONNOLD Rn 475: „hortatory statement of reasons for accepting the uniform law"; LOEWE, Kaufrecht 19).

Nach wohl überwiegender und mE zutreffender Auffassung sind die in der **Präambel** 7 zum Ausdruck kommenden Ziele und Vorstellungen dagegen **bei der Auslegung, Anwendung und Lückenfüllung ergänzend zu beachten** (ebenso ACHILLES Präambel Rn 9; ENDERLEIN/MASKOW/STROHBACH Präambel Bem 1; HERBER/CZERWENKA Präambel Rn 2; REINHART Präambel Rn 1; zurückhaltender BIANCA/BONELL/EVANS Präambel Bem 3. 1; aA – in Bezug auf eine Lückenfüllungsfunktion – SCHLECHTRIEM/SCHWENZER/FERRARI Präambel Rn 3 Fn 10). Auch die Wiener Vertragsrechtskonvention von 1986 (BGBl 1990 II 1414 ff), die freilich nach überwiegender Ansicht nicht unmittelbar für die Teile I bis III des CISG gilt (vgl näher Art 7 Rn 16), schreibt vor, daß die Präambel bei der Auslegung internationaler Verträge zu berücksichtigen ist (Art 31 Abs 2).

Obwohl die Aussagen der Präambel recht allgemein gehalten sind, haben sie den- 8 noch inhaltliche Substanz und können für die Auslegung und Anwendung einzelner Vorschriften oder für die Lückenfüllung Hilfestellung geben.

IV. Die allgemeinen Grundsätze

1. Neue Weltwirtschaftsordnung (Abs 1)

Abs 1 enthält eine Verweisung auf die Ziele, die die sechste außerordentliche 9 Generalversammlung der UN im Jahre 1974 in Resolutionen zur Errichtung einer neuen Weltwirtschaftsordnung formuliert hatte (Resolution 3201 S – VI v 1. 5. 1974 u Aktionsprogramm 3202 S – VI v 1. 5. 1974). Im Kern bezwecken diese Entschließungen die Schaffung einer neuen Ordnung der Weltwirtschaft, in der **der wirtschaftliche Rückstand der Entwicklungsländer allmählich aufgeholt und beseitigt** werden soll (vgl auch SCHLECHTRIEM/SCHWENZER/FERRARI Präambel Rn 5; ENDERLEIN/MASKOW/STROHBACH Präambel Bem 2. 1). Das CISG kann zu diesem Ziel nur begrenzt beitragen (vgl die in der vorigen Rn zitierten), zumal wenn zugleich der Grundsatz der Gleichberechtigung (unten Rn 10) die Basis der Konvention darstellt. Gleichwohl erscheint wichtig, daß dem Anwender der Konvention diese entwicklungspolitische Motivation der Konventiongeber bewußt ist, die auch für eine Reihe von Kompromissen maßgebend war (insbes bei der Rügeobliegenheit des Käufers, vgl etwa Art 44 Rn 3 f). Für die Auslegung etwa der Art 38, 39, 44 kann Abs 1 der Präambel damit Hinweise geben. Allerdings haben die Konventionsgeber das Gewicht des Abs 1 selbst geringer veranschlagt als das der Abs 2 u 3, wie die einleitende Formel „im Hinblick auf" und deutlicher der englische und französische Text („bearing in mind", „ayant présents à l'esprit") zeigt.

2. Entwicklung des internationalen Handels (Abs 2)

Abs 2 hebt hervor, daß der internationale Handel auf der Basis der Gleichberechti- 10

gung und des gegenseitigen Nutzens zu entwickeln ist. Diese Grundsätze gelten
nicht nur für die Beziehungen der an der Vereinheitlichung beteiligten Staaten
zueinander und für die Phase der Erarbeitung der Konvention. Auch die **Rechte
und Pflichten der jeweiligen Vertragsparteien** haben **in einem ausgewogenen Verhältnis** zu stehen (ähnlich SCHLECHTRIEM/SCHWENZER/FERRARI Präambel Rn 6; ENDERLEIN/MAS-
KOW/STROHBACH Präambel Bem 3). Die Auslegung der Konvention hat diesem Postulat
Rechnung zu tragen.

3.   Einheitliche Bestimmungen (Abs 3)

11 Abs 3 weist darauf hin, daß einheitliche Regeln für internationale Käufe dazu
beitragen, rechtliche Hemmnisse für den internationalen Handel zu beseitigen,
und ihn damit fördern. Allerdings können nur **einheitliche und einheitlich gehand-
habte Regeln** diese Wirkung haben, die deshalb zwar die unterschiedlichen Rechts-,
Sozial- und Wirtschaftsordnungen dieser Welt in Rechnung stellen müssen, ihnen
aber gerade nicht verhaftet bleiben dürfen. Für die Auslegung der Konvention
ergibt sich damit eine Verstärkung des Postulats, daß die Konvention unabhängig
von nationalen Prägungen – autonom – auszulegen ist. Andererseits ist sie nach
Möglichkeit so zu interpretieren, daß ihre Lösungen auch in unterschiedlichen
Rechts-, Wirtschafts- und Sozialordnungen akzeptiert werden können.

Teil I
Anwendungsbereich und allgemeine Bestimmungen

Part I
Sphere of application and general provisions

Première partie
Champ d'application et dispositions générales

Kapitel I
Anwendungsbereich

Chapter I
Sphere of application

Chapitre I
Champ d'application

Vorbemerkungen zu Art 1 ff CISG

Die Art 1–6 regeln den räumlich-persönlichen und den sachlichen Anwendungsbereich der Konvention. Der zeitliche Geltungsbereich ergibt sich dagegen aus Art 100. Die Vorschriften zum Geltungsbereich sind vor jeder Anwendung des CISG zu prüfen und erübrigen den sonst üblichen Weg, das anwendbare Recht kollisionsrechtlich zu ermitteln. Liegen die Anwendungsvoraussetzungen der Art 1 ff vor, dann gilt die Konvention. Die Parteien können sie aber durch eine hinreichend klare Vereinbarung ausdrücklich oder stillschweigend abwählen (Art 6). **1**

Art 1 [Anwendungsbereich]*

(1) Dieses Übereinkommen ist auf Kaufverträge über Waren zwischen Parteien anzuwenden, die ihre Niederlassung in verschiedenen Staaten haben,
a) wenn diese Staaten Vertragsstaaten sind oder
b) wenn die Regeln des internationalen Privatrechts zur Anwendung des Rechts eines Vertragsstaats führen.

(2) Die Tatsache, daß die Parteien ihre Niederlassung in verschiedenen Staaten haben, wird nicht berücksichtigt, wenn sie sich nicht aus dem Vertrag, aus früheren Geschäftsbeziehungen oder aus Verhandlungen oder Auskünften ergibt, die vor oder bei Vertragsabschluß zwischen den Parteien geführt oder von ihnen erteilt worden sind.

---

* Die Überschriften in eckigen Klammern gehören nicht zum Originaltext der Konvention. Sie sind Übersetzungen der Überschriften des Kommentars des UN-Sekretariats zum New Yorker Entwurf (abgedruckt in Off Rec 14 ff).

Das Sekretariat hatte die Überschriften auf Veranlassung von UNCITRAL gebildet; sie waren von UNCITRAL aber nicht gebilligt worden (Off Rec 14 N 1). Sie werden hier verwendet, soweit sie noch passen.

Ulrich Magnus

(3) Bei Anwendung dieses Übereinkommens wird weder berücksichtigt, welche Staatsangehörigkeit die Parteien haben, noch ob sie Kaufleute oder Nichtkaufleute sind oder ob der Vertrag handelsrechtlicher oder bürgerlich-rechtlicher* Art ist.

Art 1

(1) This Convention applies to contracts of sale of goods between parties whose places of business are in different States:

(a) when the States are Contracting States; or

(b) when the rules of private international law lead to the application of the law of a Contracting State

(2) The fact that the parties have their places of business in different States is to be disregarded whenever this fact does not appear either from the contract or from any dealings between, or from information disclosed by the parties at any time before or at the conclusion of the contract.

(3) Neither the nationality of the parties nor the civil or commercial character of the parties or of the contract is to be taken into consideration in determining the application of this Convention.

Art 1

1) La présente Convention s'applique aux contrats de vente de marchandises entre des parties ayant leur établissement dans des Etats différents:

a) lorsque ces Etats sont des Etats contractants; ou

b) lorsque les règles du droit international privé mènent à l'application de la loi d'un Etat contractant.

2) Il n'est pas tenu compte du fait que les parties ont leur établissement dans des Etats différents lorsque ce fait ne ressort ni du contrat, ni de transactions antérieures entre les parties, ni de renseignements donnés par elles à un moment quelconque avant la conclusion ou lors de la conclusion du contrat.

3) Ni la nationalité des parties ni le caractère civil ou commercial des parties ou du contrat ne sont pris en considération pour l'application de la présente Convention.

Schrifttum

ASAM, Aktuelle Fragen zur Anwendung des Kaufrechtsübereinkommens der Vereinten Nationen vom 11. 4. 1980 im deutsch-italienischen Rechtsverkehr seit 1. 1. 1988, in: ASAM/PORTALE/THIETZ-BARTRAM/BIAMONTI, UN-Kaufrecht, Bankgarantie, Anwaltsniederlassung, JbItalR III (1990) 3
BASEDOW, Leistungsstörungen in internationalen Leasingverträgen. Der UNIDROIT-Entwurf aus der Sicht des deutschen Rechts, RiW 1988, 1
CALVO CARAVACA, Consideraciones en torno al Articulo 1 de la Convencion de Viena de 1980 sobre compraventa internacional de mercaderías, in: FS Díez de Velasco (1993) 1329
CARBONE, L'ambito di applicazione ed i criteri interpretative della Convenzione di Vienna sulla vendita internazionale, Riv dir int priv proc 16 (1980) 513
CONETTI, International-privatrechtliche Probleme, die sich aus dem Beitritt Italiens zur Wiener Konvention über Verträge über den internationalen Warenkauf ergeben, ZfRvgl 1987, 83
CZERWENKA, Rechtsanwendungsprobleme im internationalen Kaufrecht. Das Kollisionsrecht bei grenzüberschreitenden Kaufverträgen und der Anwendungsbereich der internationalen Kaufrechtsübereinkommen, Schriften zum Wirtschaftsrecht Bd 60 (1988)
DIEDRICH, Anwendbarkeit des Wiener Kaufrechts auf Softwareüberlassungsverträge. Zu-

---

* Österreich, Schweiz: zivilrechtlicher. Die deutschsprachigen Länder – Bundesrepublik Deutschland, DDR, Österreich und Schweiz – hatten eine abgestimmte deutsche Übersetzung des CISG erstellt. Die verbliebenen Unterschiede sind gekennzeichnet.

gleich ein Beitrag zur Methode autonomer Auslegung von Internationalem Einheitsrecht, RiW 1993, 441
ders, Autonome Auslegung von Internationalem Einheitsrecht. Computersoftware im Wiener Kaufrecht (1994)
ENDLER/DAUB, Internationale Softwareüberlassung und UN-Kaufrecht, CuR 1993, 601
FARNSWORTH, Review of Standard Forms or Terms under the Vienna Convention, Cornell-IntLJ 21 (1988) 540
FEHRENBACHER, Der Tausch, ZVglRWiss 101 (2002) 89
FERRARI, Vendita internazionale di beni mobili. Bd I, in: GALGANO, Commentario del Codice Civile Scialoja-Branca, Libro quarto: Obbligazioni (1994)
ders, Der Begriff des „internationalen Privatrechts" nach Art 1 Abs 1 lit b) des UN-Kaufrechts, ZEuP 1998, 162
ders, CISG Article 1 (1) (B) and Related Matters: Brief Remarks on the Occasion of a Recent Dutch Decision, NIPR 1995, 327
ders, Specific Topics of the CISG in the Light of Judicial Application and Scholarly Writing, JL & Com 1995, 1
ders, The Sphere of Application of the Vienna Sales Convention (1995, zit: FERRARI, Sphere)
ders, Der Vertriebsvertrag als vom UN-Kaufrechtsübereinkommen (nicht) erfaßter Vertragstyp, EurLF 2000/01, 7
ders, Einige kurze Anmerkungen zur Anwendbarkeit des UN-Kaufrechts beim Vertragsschluß über das Internet, EurLF 2000/01, 301
ders, The CISG's sphere of application: Articles 1–3 and 10, in: FERRARI/FLECHTNER/BRAND (Hrsg), The Draft UNCITRAL Digest and Beyond: Cases, Analysis and Unresolved Issues in the U. N. Sales Convention (2004) 21
FISHER/HAINS, Futures market law and practice and the Vienna Sales Convention, Lloyd's Marit ComLQ 1993, 531
FOGT, Einheitlicher Vertrag oder Aufspaltung gemäß Art. 3 Abs. 2 CISG bei einem Mietkauf, IPRax 2003, 364
FÜLBIER, Das Vertrags- und Wirtschaftsrecht des Gegenkaufs im internationalen Wirtschaftsverkehr, Recht des internationalen Wirtschaftsverkehrs Bd 12 (1992)

GAILLARD, L'entrée en vigueur de la Convention de Vienne du 11 avril 1980 sur les contrats de vente internationale de marchandises, GazPal 1988, doct 654. 1
GRIESER, Die Behandlung von atypischen Kaufverträgen im UN-Kaufrecht. Eine Untersuchung der Anwendbarkeit des UN-Kaufrechts auf den Leasing-, Mietkauf-, Vertriebsvertrag und andere Vertragsformen (2004)
HERBER, Möglichkeiten der Vertragsgestaltung nach dem VN-Kaufübereinkommen, in: Berner Tage 215
ders, Der Anwendungsbereich des UNCITRAL-Kaufrechtsübereinkommens, in: DORALT 28
ders, Anwendungsvoraussetzungen und Anwendungsbereich des Einheitlichen Kaufrechts, in: SCHLECHTRIEM, Fachtagung 97
HERRMANN, Anwendungsbereich des Wiener Kaufrechts – Kollisionsrechtliche Probleme, in: Berner Tage 83
HOEREN, Der Softwareüberlassungsvertrag als Sachkauf. Ansätze zu einer neuen Vertragstypologie im Bereich der Standardsoftware, CuR 1988, 916
HÖSS, Der gegenständliche Anwendungsbereich des UN-Kaufrechts (Diss Augsburg 1995)
HOYER, Der Anwendungsbereich des UNCITRAL-Einheitskaufrechts, WBl 1988, 70
ders, Der Anwendungsbereich des Einheitlichen Wiener Kaufrechts, in: HOYER/POSCH 31
KAHN, Convention de Vienne du 11 avril 1980. Caractères et domaine d'application, Dr prat comm int 15 (1989) 385
KAROLLUS, Der Anwendungsbereich des UN-Kaufrechts im Überblick, JuS 1993, 378
KINDLER, Die Anwendungsvoraussetzungen des Wiener Kaufrechtsübereinkommens der Vereinten Nationen im deutsch-italienischen Rechtsverkehr, RiW 1988, 776
KREN KOSTKIEWICZ/SCHWANDER, Zum Anwendungsbereich des UN-Kaufrechtsübereinkommens, in: FG Neumayer (1997) 33
LACASSE, Le champ d'application de la Convention des Nations Unies sur les Contrats de Vente Internationale de Marchandises, in: PERRET/LACASSE, Actes du Colloque sur la vente internationale (1989) 25
LANDO, The 1985 Hague Convention on the Law Applicable to Sales, RabelsZ 51 (1987) 60

LOEWE, Anwendungsgebiet, Auslegung, Lükken, Handelsgebräuche, in: Lausanner Kolloqium 11

LOOKOFSKY, In Dubio pro Conventione? Some Thoughts about Opt-Outs, Computer Programs and Preëmption under the 1980 Vienna Sales Convention (CISG), Duke J Comp Int L 13 (2003) 263

LURGER, Die Anwendung des Wiener UNCITRAL-Kaufrechtsübereinkommens 1980 auf den internationalen Tauschvertrag und sonstige Gegengeschäfte, ZfRvgl 32 (1991) 415

MAGNUS, Das UN-Kaufrecht tritt in Kraft!, RabelsZ 51 (1987) 123

ders, Zum räumlich-internationalen Anwendungsbereich des UN-Kaufrechts und zur Mängelrüge, IPRax 1993, 391

MERKT, Internationaler Unternehmenskauf und Einheitskaufrecht, ZVglRWiss 93 (1994) 353

NEUMAYER, Offene Fragen zur Anwendung des Abkommens der Vereinten Nationen über den internationalen Warenkauf, RiW 1994, 99

PADOVINI, Der internationale Kauf: Von der Haager Konvention zur Wiener Konvention – Erfahrungen und Aussichten, ZfRvgl 1987, 87

PELICHET, La vente internationale de marchandises et le conflit des lois, Rec des Cours 201 (1987) 9

PILTZ, Der Anwendungsbereich des UN-Kaufrechtes, AnwaltsBl 1991, 57

POCZOBUT, Internationales Finanzierungsleasing. Das UNIDROIT-Projekt – vom Entwurf (Rom 1987) zum Übereinkommen (Ottawa 1988) –, RabelsZ 51 (1987) 681

PÜNDER, Das Einheitliche UN-Kaufrecht – Anwendung kraft kollisionsrechtlicher Verweisung nach Art 1 Abs 1 lit b UN-Kaufrecht, RiW 1990, 869

RECZEI, The field of application and the rules of interpretation of ULIS and UNCITRAL conventions, Acta Juridica Academiae Scientiarium Hungaricae 24 (1982) 157

REHBINDER, Alleinvertriebsverträge im Einheitskauf- und Kartellrecht, IPRax 1982, 7

REIFNER, Stillschweigender Ausschluss des UN-Kaufrechts im Prozess? – zugleich Anmerkung zum Urteil der Cour de Cassation vom 26. Juni 2001, IHR 2002, 52

RICHARDS, Contracts for the International Sale of Goods: Applicability of the United Nations Convention, Iowa L Rev 69 (1983) 209

RYFFEL, Die Schadenersatzhaftung des Verkäufers nach dem Wiener Übereinkommen über internationale Warenkaufverträge vom 11. April 1980 (1992)

SCHMITT, „Intangible Goods" in Online-Kaufverträgen und der Anwendungsbereich des CISG, CR 2001, 145

ders, Intangible Goods als Leistungsgegenstand internationaler Online-Kaufverträge. Im UN-Kaufrecht und Internationalen Privatrecht sowie in deutschen Verbraucherschutzgesetzen (2003)

SIEHR, Der internationale Anwendungsbereich des UN-Kaufrechts, RabelsZ 52 (1988) 58

TEKLOTE, Die Einheitlichen Kaufgesetze und das deutsche AGB-Gesetz: Problem bei der Verwendung Allgemeiner Geschäftsbedingungen im CISG und im EKG/EAG (1994)

THIEFFRY, Arbitration and the New Rules Applicable to International Sales Contracts under the United Nations Convention, Int Arb 4 (1988) 52

ders, La convention de Vienne et les contrats de distribution, Dr prat comm int 1993, 62

ULLRICH/KÖRNER, Der internationale Softwarevertrag (1995)

VAZQUEZ LEPINETTE, Analisis critico de las disposiciones generales de la Convencíon de Viena sobre compraventa internacional de mercaderías, Rev der mer 1995, 1049

VÉKAS, Zum persönlichen und räumlichen Anwendungsbereich des UN-Einheitskaufrechts, IPRax 1987, 342

VOLKEN, Champ d'application, interprétation, lacunes, usages, in: Lausanner Kolloquium 21

ders, The Vienna Convention-Scope, Interpretation and Gap-Filling, in: ŠARČEVIĆ/VOLKEN 19

ders, Das Wiener Übereinkommen über den internationalen Warenkauf; Anwendungsvoraussetzungen und Anwendungsbereich, in: SCHLECHTRIEM, Fachtagung 81

WESTERMANN, Zum Anwendungsbereich des UN-Kaufrechts bei internationalen Kaufverträgen, DZWir 1995, 1

vWESTPHALEN, Grenzüberschreitendes Finanzierungsleasing. Einige Anmerkungen zu Schnittstellen zwischen Unidroit-Convention on

International Financial-Leasing (1988), UN-Kaufrecht, EG-Schuldvertragsübereinkommen und dem deutschen Recht, RiW 1992, 257 WINSHIP, The Scope of the Vienna Convention on International Sales Contracts, in: GALSTON/SMIT 1

ders, Private International Law and the U.N. Sales Convention, CornellIntLJ 21 (1988) 487 WULF, UN-Kaufrecht und eCommerce. Problembereiche bei der Anwendung des Wiener Übereinkommens auf Internet-Verträge (2003).

Systematische Übersicht

Alphabetische Übersicht

I. Regelungsgegenstand und Normzweck

1 Die Vorschrift legt die wichtigsten Voraussetzungen für die objektive Anwendbarkeit der Wiener Kaufrechtskonvention fest. Der Parteiwille, die Konvention zu berufen oder auszuschließen, hat jedoch stets Vorrang (Art 6). Ergänzend zu Art 1 enthalten die Art 2–5 Einschränkungen und Ausweitungen des Anwendungsbereichs. Der zeitliche Geltungsbereich folgt aus Art 100.

2 Art 1 regelt in erster Linie den **räumlichen oder internationalen Anwendungsbereich** (Abs 1 und 2), wobei einzelne Aspekte der verwendeten Tatbestandsmerkmale (Fragen zur Niederlassung, Art 10; der Begriff des Vertragsstaates, Art 92, 93) erst an späterer Stelle der Konvention definiert werden.

Als Mindestbedingung setzt Art 1 voraus, daß die Vertragsparteien ihre Niederlas- 3
sung in verschiedenen Staaten haben. Hierin liegt **das spezifisch internationale Ele-**
ment des Kaufgeschäfts, das die Anwendung des Einheitsrechts rechtfertigt. Den
notwendigen Bezug zum Recht eines Vertragsstaates stellt die Konvention durch
eine weitere, alternativ gefaßte Voraussetzung sicher. Entweder müssen die Niederlassungsstaaten beider Parteien Vertragsstaaten sein – insoweit bestimmt die Konvention ihre Anwendung in autonomer Weise selbst. Ist dagegen einer oder keiner
der Niederlassungsstaaten Vertragsstaat, so greift die Konvention andererseits nur
ein, wenn die Regeln des Internationalen Privatrechts zum Recht eines Vertragsstaates führen (sog Vorschaltlösung).

Auch für den **sachlichen Anwendungsbereich** stellt Art 1 einige Voraussetzungen auf, 4
ohne sie aber selbst näher zu bestimmen (Kaufverträge, Waren). Ihr Begriffsinhalt
ist grundsätzlich autonom aus dem Übereinkommen selbst zu erschließen (zur Aus-
legungsmethode vgl Art 7 Rn 12 ff). Weitere Abgrenzungen des sachlichen Anwendungsbereichs nehmen die Art 2–5 vor.

In Abs 3 stellt die Vorschrift klar, daß die Konvention im Grundsatz von **persönli-** 5
chen Anwendungsvoraussetzungen absieht. Eine begrenzte Ausnahme folgt nur aus
Art 2 lit a für Verbraucherkäufe. Zu beachten ist, daß die Regel des Art 1 Abs 3 nur
für die Festlegung des Anwendungsbereichs der Konvention Bedeutung hat und
hier die Differenzierung nach persönlichen Merkmalen ausschließt. Bei Anwendung
der einzelnen Sachvorschriften kann durchaus auf persönliche Merkmale Rücksicht
genommen und zum Beispiel für die Länge der Untersuchungs- und Rügefrist
(Art 38 und 39) danach unterschieden werden, ob der Pflichtige Kaufmann oder
Privater ist (so ausdrücklich Sekretariatskommentar Art 1 Bem 14).

II. Entstehungsgeschichte

Die Vorschrift hat die **Ansätze** der entsprechenden Regelung **im EKG und EAG** 6
(jeweils Art 1 idF der Modellgesetze) übernommen, unterscheidet sich aber in
einigen wichtigen Punkten von ihr.

Das Haager Recht kam für Kaufverträge über bewegliche Sachen zur Anwendung, 7
wenn die Parteien in verschiedenen Staaten niedergelassen waren (sog subjektives
Element) und darüber hinaus das Kaufgeschäft selbst einen internationalen Bezug
aufwies (Vertragsschluß oder Warenbeförderung über eine Grenze – sog objektives
Element; ganz ähnlich war auch schon Art 6 in Rabels Entwurf von 1935 gefaßt.
Eingehend zum Anwendungsbereich des EKG Dölle/Herber Art 1 Rn 2 ff). Ein Bezug zu
einem Vertragsstaat war nicht erforderlich. Er konnte aber über den Vorbehalt in
Art III der Einführungskonventionen zum EKG und EAG eingeführt werden.
Diese Vorschrift behielt den ratifizierenden Staaten vor, die Niederlassung der
Parteien in verschiedenen Vertragsstaaten zu verlangen. Hiervon hatten die Bun-
desrepublik, Luxemburg, die Niederlande und San Marino Gebrauch gemacht.

Ferner konnten sich die Vertragsstaaten die Vorschaltung von Kauf-IPR-Überein- 8
kommen vorbehalten (Art IV der Einführungskonventionen). Diesen Vorbehalt
hatten Belgien, Italien und die Niederlande – im Hinblick auf das Kauf-IPR-Übereinkommen von 1955 – eingelegt, die Niederlande mit zusätzlicher Einschaltung des

eigenen IPR (vgl dazu Rb Arnhem NedJur 1978, 191 = SCHLECHTRIEM/MAGNUS Art 2 EKG Nr 1).

9 An der Haager Regelung wurden ihr zu weiter, „aggressiver" Anwendungsbereich, ihre Kompliziertheit und ihre durch die Vorbehalte ermöglichte Uneinheitlichkeit kritisiert (so die UN-Mitgliedstaaten auf die UNCITRAL-Umfrage, was am Haager Recht zu ändern sei, vgl UNCITRAL YB I [1968–70] 164, 167, 178 f). In Reaktion auf diese Kritik schlug die UNCITRAL-Arbeitsgruppe vereinfachte Anwendungsvoraussetzungen und reduzierte Vorbehaltsmöglichkeiten vor (vgl UNCITRAL YB I [1968–70] 178, 180; UNCITRAL YB II [1971] 51 ff, 82; dazu CZERWENKA 155 ff). Dem folgte der Genfer Entwurf, der die jetzt geltende Fassung im wesentlichen festlegte. Der jetzige Abs 3 war allerdings noch als Art 6 lit c vorgesehen und wurde erst im Wiener Entwurf von 1977 umgestellt.

10 Auf der diplomatischen Konferenz von 1980 kam es lediglich zur Anfügung der Worte „in determining the application of this convention" im Abs 3 (Off Rec 422 f), um auszudrücken, daß in anderen als den Fragen des Anwendungsbereichs die Unterscheidung zwischen Kaufleuten und Privaten Bedeutung haben könne (etwa für Art 8; Off Rec 422 f).

11 Ein deutscher Antrag, Art 1 Abs 1 lit b, sowie ein ägyptischer Antrag, Abs 2 zu streichen, wurden abgelehnt (Off Rec 83, 236 ff). In der Diskussion zum deutschen Antrag wurde die Tendenz deutlich, den Anwendungsbereich der Konvention im Zweifel eher weit zu erstrecken (Off Rec 237 f). Als Kompromiß fügte die Konferenz jedoch Art 95 ein, der einen Vorbehalt gegen Art 1 Abs 1 lit b einzulegen erlaubt (vgl Off Rec 170, 229 f; dazu CZERWENKA 156 f).

III. Die sachlichen Anwendungsvoraussetzungen (Abs 1)

12 Die Konvention gilt für **Kaufverträge über Waren** (contracts of sale of goods; contrats de vente de marchandises; contratos de compraventa de mercaderías). Den Kauf von Rechten und Immobilien erfaßt sie nicht. Ferner nimmt Art 2 lit a – c bestimmte Sonderformen des Kaufes vom Anwendungsbereich aus. Andererseits erstreckt Art 3 den Geltungsbereich auf dem Kauf verwandte Verträge, solange bei ihnen das Kaufelement überwiegt.

1. „Kaufverträge": die erfaßten Geschäfte

a) Kauf und Unterformen

13 Die Konvention enthält – wie schon das Haager Kaufrecht – keine förmliche Definition des **Kaufvertrags**. Doch ergibt sich der Begriff deutlich aus den im Gesetz festgelegten Rechten und Pflichten beider Vertragsparteien. Danach ist der Kauf ein Austauschvertrag, bei dem der Verkäufer zur Lieferung und Übereignung der Ware und eventueller Dokumente, der Käufer zur Zahlung des Preises (in gängigen Zahlungsmitteln) und zur Abnahme der Ware verpflichtet ist (s Art 30 und Art 53). Das entspricht sachlich der Regelung in § 433 BGB.

14 Das den Kauf charakterisierende Merkmal ist damit die Pflicht zur entgeltlichen und endgültigen Übertragung eines Gegenstandes aus dem Zuständigkeitsbereich

einer Person in den einer anderen, gleichgültig ob der Eigentumsübergang schon
durch den Kauf selbst oder erst durch spätere Erfüllungsakte erreicht wird. Auch ob
die Transaktion sofort oder erst zu einem späteren Zeitpunkt angestrebt wird, ist für
die Kennzeichnung als Kauf unerheblich. Bedingte oder befristete Käufe werden
ebenfalls erfaßt. Dagegen gilt das UN-Kaufrecht nicht für mögliche Direktansprü-
che des (gewerblichen) Endabnehmers gegen den Hersteller (Cass, D Aff 1999, 334
unter Aufhebung der Vorinstanz Cour d'Appel Grenoble, D 1997. somm com 221 m abl Anm
Witz). Derartige Ansprüche sieht das CISG nicht vor. Vielmehr setzt es eine unmittelbare (kauf-)vertragliche Beziehung zwischen den beteiligten Parteien voraus.

Die Konvention erfaßt den Kauf in nahezu allen Unterformen. Für einige Kaufarten **15**
folgt das mittelbar oder unmittelbar aus dem Übereinkommen selbst: So ist der
Sukzessivlieferungsvertrag in Art 73 eigenen Regeln unterstellt (zum Sukzessivlieferungsvertrag etwa Schiedsgericht Hamburger freundschaftliche Arbitrage IHR 2001, 35; Handelsgericht des Kantons Zürich SZIER 1999, 185; Schiedsspruch Nr 7660/JK v 23.8. 1994 der IHK;
ebenso nach EKG: BGHZ 74, 193 = NJW 1979, 1779 m Anm Landfermann; aA Padovini ZfRvgl
28 [1987] 87 [91]).

Ebenso ist der **Spezifikationskauf**, bei dem der Käufer die Form, Maße etc der Ware **16**
näher zu bestimmen hat, ausdrücklich – und im wesentlichen übereinstimmend mit
§ 375 HGB – geregelt (Art 65).

Eigens erwähnt ist auch der **Kauf nach Muster oder Probe** (Art 35 Abs 2 lit c), der **17**
damit ebenfalls unter die Konvention fällt (ebenso Schweizer Botschaft 762 f).

Daß der **Versendungskauf** ebenso wie das **Streckengeschäft** erfaßt ist, läßt sich Art 31 **18**
entnehmen (vgl auch Schlechtriem/Schwenzer/Ferrari Art 1 Rn 18; zum EKG: BGHZ 74,
136; BGH IPRax 1981, 96 m Anm Weitnauer).

Schließlich zeigt Art 29, daß jede **Vereinbarung über die Veränderung oder Aufhe-** **19**
bung eines Kaufvertrages von der Konvention erfaßt werden soll (s OLG Karlsruhe
IHR 2004, 62 [Einigung über Gesamtsaldo aus Kaufverträgen aus laufender Geschäftsverbindung];
OLG Köln RiW 1994, 972; LG Hamburg IPRax 1991, 400; ebenso Schlechtriem/Schwenzer/
Ferrari Art 1 Rn 19; zum EKG: OLG Hamburg RiW 1982, 435).

Mittelbar ergibt sich aus dem Zusammenspiel von Art 33 und Art 49, daß auch der **20**
Fixkauf im Übereinkommen geregelt ist (s etwa AG Oldenburg IPRax 1991, 336; ebenso
Schlechtriem/Schwenzer/Ferrari Art 1 Rn 20).

Keinen besonderen Anhalt gibt das Übereinkommen für den **Kauf auf Probe oder** **21**
Besicht (vgl § 495 BGB; Art 223–225 OR; §§ 1080 ff ABGB). Er ist ein Kauf, der
unter der aufschiebenden Bedingung steht, daß der Käufer die Ware billigt. Da die
zu vereinbarende Bedingung als Parteivereinbarung Vorrang hat, steht nichts entgegen, das CISG auch auf diese Form des Kaufes anzuwenden (ebenso Schweizer
Botschaft 763).

Gleiches gilt, wenn die Parteien ein **Wiederkaufs-** oder ein **Vorkaufsrecht** (vgl **22**
§§ 497 ff, 504 ff BGB) vereinbart haben (Schlechtriem/Schwenzer/Schlechtriem vor
Art 14–24 Rn 7; Piltz AnwaltsBl 1991, 58; für Geltung des CISG bei Rückkäufen [buy back-sales]

ENDERLEIN/MASKOW/STROHBACH Art 1 Bem 1). Der Inhalt dieser Rechte richtet sich nach
dem auszulegenden Parteiwillen. Ergänzend ist die Konvention anwendbar.

23 Kaufgeschäfte mit der **Zusatzabrede**, daß der Käufer das Recht habe, **unverkaufte
Ware zurückzugeben**, stellen Kaufverträge dar, wenn der Käufer selbständig weiter-
verkauft und nicht lediglich Käufe seines Lieferanten auf Provisionsbasis vermittelt
(s BGH IHR 2003, 170 [Geschäftsbesorgungsvertrag, Gurken zu vermarkten, fällt nicht unter das
CISG]; OLG Köln IHR 2002, 21; ebenso zum EKG LG Münster, in: SCHLECHTRIEM/MAGNUS
Art 24 Nr 4). Ebenso ist für Kaufgeschäfte mit anderen Zusatzabreden zu entschei-
den, soweit diese Abreden nicht den Charakter als Kaufgeschäft verändern. Der
Kommissionsvertrag, bei dem der Kommissionär Ware des Kommittenten im eige-
nen Namen für dessen Rechnung weiterverkauft, fällt ebenfalls nicht in den An-
wendungsbereich des UN-Kaufrechts, weil hier kein Kaufgeschäft zwischen den
Parteien des Kommissionsvertrages beabsichtigt ist (s OLG Köln IHR 2002, 21; HUBER/
KRÖLL IPRax 2003, 310). Das gilt freilich nicht, wenn die Parteien in Wahrheit einen
Verkauf mit Rückgaberecht vereinbart haben (OLG Köln aaO). Ferner untersteht das
Ausführungsgeschäft des Kommissionärs – der Verkauf an einen Dritten – ggfs dem
CISG. Haben die Parteien eines Kommissionsgeschäfts allerdings vereinbart, daß
die in Kommission gegebene Ware zwei Jahre nach ihrer Übergabe Eigentum des
Kommissionärs werden soll, dann liegt von diesem Zeitpunkt an ein Kaufgeschäft
vor, für das die Konvention gilt (s Schiedsspruch Nr 53/1998 vom 5.10. 1998 des Tribunal of
International Commercial Arbitration at the Russian Federation Chamber of Commerce and
Industry, CLOUT Nr 468).

24 Nicht unter die Konvention fallen idR **Konsumentenkäufe** (Art 2 lit a), ferner ‚amtliche' Veräußerungen** (Art 2 lit b, c, vgl die Erläuterungen bei Art 2).

25 Insbesondere **Abzahlungskäufe** werden meist Verbrauchergeschäfte sein und deshalb nicht dem Anwendungsbereich der Konvention unterstehen. Soweit der Ausschluß nach Art 2 lit a aber nicht eingreift, gilt die Konvention auch für Raten- und
Abzahlungskäufe (schon Art 5 Abs 2 EKG hatte nicht Abzahlungsgeschäfte insgesamt, sondern nur sie betreffende Schutzvorschriften dem nationalen Recht zugewiesen; näher Art 2 Rn 29 ff).

26 **Werklieferungsverträge** sind in Art 3 Abs 1 geregelt. Sie stehen den Kaufverträgen
gleich, werden also erfaßt, es sei denn, der Besteller habe einen wesentlichen Teil
der nötigen Stoffe beizutragen (näher Art 3 Rn 13 ff). Für reine Werkverträge gilt die
Konvention aber nicht.

27 **Kaufverträge mit arbeits- oder dienstvertraglichen Zusatzpflichten** werden erfaßt,
wenn diese nicht überwiegen (Art 3 Abs 2; dazu Art 3 Rn 21 ff). Diese Regel ist für
Kaufverträge mit anderen Nebenpflichten zu verallgemeinern (vgl auch SCHLECHTRIEM/
SCHWENZER/FERRARI Art 1 Rn 24).

28 Zu beachten ist aber stets, daß einzelne Kaufarten besonderen Gültigkeitsvorschriften des nationalen Rechts (zB Widerrufsrecht) unterliegen können, deren Vorrang
die Konvention unberührt läßt (Art 4).

b)   Abgrenzung zu Tausch und Schenkung

Ob **Tauschverträge** (Ware gegen Ware; barter) unter das Übereinkommen fallen, ist **29** umstritten. Nach überwiegender Auffassung ist das zu verneinen (Schweizer Botschaft 763; SCHLECHTRIEM/SCHWENZER/FERRARI Art 1 Rn 30; FEHRENBACHER ZVglRWiss 101[2002] 111; HERBER/CZERWENKA Art 1 Rn 5; HONSELL/SIEHR Art 2 Rn 4; HOYER, in: HOYER/POSCH 37; HUBER 419; KAROLLUS 25; LOEWE 26; PILTZ, UN-Kaufrecht Rn 44; REINHART Art 1 Rn 2; WINSHIP, in: GALSTON/SMIT 1–24), nach anderer Ansicht zu bejahen (ENDERLEIN/MASKOW/STROHBACH Art 1 Bem 1 sowie mit eingehender Begründung LURGER ZfRvgl 32 [1991] 421 ff). Gegen die Einbeziehung des Tauschs sprechen Wortlaut und Entstehungsgeschichte der Konvention. Art 53 CISG statuiert die Pflicht des Käufers, den Kaufpreis zu zahlen, unter dem eine in gängigen Zahlungsmitteln ausgedrückte Geldsumme zu verstehen ist (vgl Art 53 Rn 7). Zahlung durch Warenlieferung sieht die Konvention nicht vor. Ferner war ein Antrag, Tauschgeschäfte mitzuregeln, schon auf der Haager Konferenz von 1964 ausdrücklich abgelehnt worden (Actes 48). Auf der Wiener Konferenz ist der Antrag nicht erneut gestellt worden. Vielmehr hat UNCITRAL ein eigenes Regelwerk für Tauschverträge und Gegengeschäfte in Angriff genommen (vgl UNCITRAL Yb IX [1978] 190 f; X [1979] 37 und die Nachweise bei LURGER ZfRvgl 32 [1991] 416 ff) und damit deutlich zu erkennen gegeben, daß das CISG für diese Geschäfte grundsätzlich nicht gilt (vgl UNCITRAL Yb IX [1978] 191). Barter transactions können deshalb nicht in den Anwendungsbereich des CISG einbezogen werden, gleichgültig, ob nationale Rechtsordnungen – wie etwa § 515 BGB – das Tauschgeschäft dem Kauf rechtlich gleichstellen.

Aus den gleichen Gründen wie Tauschverträge fallen auch **Gegengeschäfte** oder **30** **Kompensationsgeschäfte** nicht unter die Konvention (ebenso BAMBERGER/ROTH/SAENGER Art 1 Rn 4; SCHLECHTRIEM/SCHWENZER/FERRARI Art 1 Rn 18; CZERWENKA 141; HONSELL/SIEHR Art 2 Rn 4; HOYER, in: HOYER/POSCH 37; aA LURGER ZfRvgl 6 [1991] 415 ff, 431). Allerdings liegt es hier noch näher als bei Tauschverträgen, stets zu prüfen, ob ein **einheitliches Geschäft oder** aber **wechselseitige Kaufverträge** (Doppel- oder Gegenkauf, counterpurchase) abgeschlossen wurden, die lediglich in engem Zusammenhang miteinander stehen (PILTZ NJW 2003, 2058; zur Typologie des Gegenkaufs FÜLBIER 22 ff). Indiz für letztere Gestaltung kann etwa die rechnungsmäßige Festsetzung des Preises der jeweils gelieferten Ware sein. Liegen zwei gegenseitige Kaufverträge vor, untersteht jeder der beiden Verträge der Wiener Konvention (ebenso ACHILLES Art 1 Rn 3; BAMBERGER/ROTH/SAENGER Art 1 Rn 4; SCHLECHTRIEM/SCHWENZER/FERRARI Art 1 Rn 30; HERBER/CZERWENKA Art 1 Rn 5; PILTZ, UN-Kaufrecht Rn 44; ders NJW 2003, 2058; aA CZERWENKA 141). Das gilt auch, wenn bei einem Austauschgeschäft der Preis überwiegend in Geld zu zahlen, im übrigen aber in anderer Form, etwa durch Warenlieferung zu erbringen ist (Schweizer Botschaft 762; zum EKG ebenso DÖLLE/HERBER Art 1 Rn 7). Diese Lösung läßt sich jetzt auch auf den Gedanken stützen, den Art 3 Abs 2 CISG enthält.

Bei Tauschverträgen oder Kompensationsgeschäften, deren kollisionsrechtliche Zu- **31** ordnung regelmäßig erhebliche Schwierigkeiten bereitet, steht es den Parteien aber frei, das CISG zu wählen und anstelle nicht passender Vorschriften (zB Minderung, Art 50) konkrete Absprachen zu treffen.

Schenkungen erfaßt die Konvention, wie selbstverständlich ist, nicht (ebenso **32** SCHLECHTRIEM/SCHWENZER/FERRARI Art 1 Rn 33; LACASSE 27). Problematisch können jedoch Käufe sein, bei denen ein unangemessen niedriger („Freundschafts-")Preis oder nur ein symbolischer Preis („1 Dollar", „1 DM") berechnet wird. Auch bei derartigen Verträgen ist zunächst zu entscheiden, ob sie ein einheitliches Geschäft darstellen oder in einen entgeltlichen Kauf und eine unentgeltliche Schenkung zu trennen sind. Der entgeltliche Teil unterliegt dann der Konvention. Läßt sich eine solche Trennung nicht treffen, so wird grundsätzlich die Konvention anzuwenden sein, die auch sonst nicht nach der Ausgewogenheit der gegenseitigen Leistungen differenziert (ähnlich SCHLECHTRIEM/SCHWENZER/FERRARI Art 1 Rn 30). Freilich sollte eine unangemessen scharfe **Haftung des Käufers** vermieden werden, der gemäß Art 74 für den voraussehbaren Schaden aus jeder Vertragsverletzung einzustehen hat, auch wenn er fast unentgeltlich leistet. Insoweit bietet der flexible Maßstab der Voraussehbarkeit in Art 74 eine Möglichkeit, die Haftung auf das bei Vertragsschluß übernommene Risiko zu beschränken.

c) Mietkaufverträge, Leasing

33 Unter einem **Mietkaufvertrag** (hire-purchase contract) wird gewöhnlich ein mit einer Kaufoption gekoppelter Mietvertrag verstanden, der dem Mieter das Recht einräumt, die Mietsache zu einem bestimmten Preis zu erwerben. Gefahr, Gewährleistung und Instandhaltungspflicht verbleiben bis zur Ausübung des Rechts beim Verkäufer (vgl etwa PALANDT/WEIDENKAFF vor § 535 Rn 30; MünchKomm/VOELSKOW vor § 535 Rn 37). Derartige Mietkaufverträge fallen grundsätzlich in den Anwendungsbereich der Konvention (Schweizer Botschaft 763; CALVO CARAVACA, in: FS Díez de Velasco 1331; FOGT IPRax 2003, 368 f; WALTER, Kaufrecht [1987] 655, 628; vWESTPHALEN RiW 1992, 258; **aA** dän Amtsgericht Roskilde [4.4.2000], berichtet bei; FOGT IPRax 2003, 364 ff; CZERWENKA 146; PILTZ AnwaltsBl 1991, 59; SCHLECHTRIEM/FERRARI Art 1 Rn 27), da das Interesse (vor allem des Verkäufers) am Kauf meist im Vordergrund steht. Nur wenn Gewicht und Interesse an der Gebrauchsüberlassung überwiegen, ist das Übereinkommen unanwendbar (ebenso HERBER/CZERWENKA Art 1 Rn 4).

34 Ob **Leasingverträge** in ihren verschiedenen Spielarten von der Konvention erfaßt werden, wird nicht einheitlich beantwortet. Für das Finanzierungsleasing mit Kaufoption soll das CISG nach einer Auffassung gelten, weil letztlich der Kauferfolg (Übertragung des Gegenstandes gegen Geld) gewollt werde (so SOERGEL/LÜDERITZ/FENGE Art 3 Rn 6; ähnlich VOLKEN, in: SCHLECHTRIEM, Fachtagung 113 sowie KAROLLUS JuS 1993, 380 bei Überwiegen des Kaufanteils; wohl auch CALVO CARAVACA aaO). Nach **aA** erfaßt die Konvention im Grundsatz weder diese noch andere Leasingformen (so SCHLECHTRIEM/SCHWENZER/FERRARI Art 1 Rn 28; CZERWENKA 146; ENDERLEIN/MASKOW/STROHBACH Art 1 Bem 1; FERRARI Art 1 Bem 10; HONSELL/SIEHR Art 2 Rn 6; PILTZ AnwaltsBl 1991, 59; vWESTPHALEN RiW 1992, 258; ebenso für das operating leasing SOERGEL/LÜDERITZ/FENGE Art 3 Rn 6). Dieser Ansicht ist zu folgen. Für das Leasinggeschäft – sei es operating oder financial leasing (selbst mit Kaufoption) – steht idR das Gebrauchsüberlassungsinteresse im Vordergrund (vgl CZERWENKA aaO; vWESTPHALEN aaO). Entsprechend haben sich hier national wie international Regeln entwickelt, die sich mit den Kaufregeln nicht decken.

35 Das **internationale Finanzierungsleasing** ist ferner Gegenstand besonderer Rechtsvereinheitlichung durch die UNIDROIT Convention on International Financial Leasing vom 28.5.1988 (bisher erst in Frankreich, Italien, Lettland, Nigeria, Panama Rußland, Ungarn und Weißrussland in Kraft; Text in RabelsZ 51 [1987] 730 ff; dazu

DAGEFÖRDE, Internationales Finanzierungs-Leasing – Deutsches Kollisionsrecht und die Konvention von Ottawa [1992]; ders RiW 1995, 265 ff; POCZOBUT RabelsZ 51 [1987] 681 ff [713 ff]; zum Entwurf BASEDOW RiW 1988, 1 ff; allgemein GIRSBERGER, Grenzüberschreitendes Finanzierungsleasing: Internationales Vertrags- und Sachenrecht. Eine rechtsvergleichende Untersuchung [1997]). Nur sofern die konkrete Gestaltung des Leasingvertrages atypischerweise den Kauf in den Mittelpunkt stellt, kommt das CISG zum Zug (ebenso SCHLECHTRIEM Rn 25). Ferner gilt das Einheitskaufrecht für das Kaufgeschäft, aber nur für dieses, das der Leasinggeber mit dem Lieferanten (supplier) durchführt (ebenso ENDERLEIN/MASKOW/STROHBACH Art 1 Bem 1; vWESTPHALEN RiW 1992, 258; zum EKG ebenso: BGH NJW 1984, 2034; BGH NJW 1991, 639). Auch wenn der Leasinggeber dem Leasingnehmer eventuelle Gewährleistungsansprüche gegen den Lieferanten abtritt (vWESTPHALEN RiW 1992, 261: „leasingtypische Abtretungskonstruktion"), bleibt für diese Ansprüche das Übereinkommen maßgebend, sofern die sonstigen Anwendungsvoraussetzungen – Niederlassung von Leasinggeber und Supplier in verschiedenen Vertragsstaaten oder IPR-Verweis auf Vertragsstaat – erfüllt sind (HONSELL/SIEHR Art 2 Rn 6; vWESTPHALEN aaO; ebenso zum EKG BGH NJW 1991, 639). Schließlich gilt das CISG, wenn der Leasingnehmer eine eingeräumte Kaufoption ausübt und mit dem Leasinggeber einen Kaufvertrag abschließt (vgl HONSELL/SIEHR Art 2 Rn 6).

Ein **sale-and-lease-back-Geschäft**, bei dem der Leasinggeber zunächst das Leasing- **36** gut vom Leasingnehmer selbst kauft und ihm dann zurück-verleast (vgl dazu BGHZ 109, 250, 256), besteht idR aus zwei rechtlich selbständigen, jedoch verbundenen Verträgen (Kauf und Leasingvertrag). Für den Kauf gilt das CISG (s auch SCHLECHTRIEM/SCHWENZER/FERRARI Art 1 Rn 29).

d)   Vertriebsverträge und Einzelgeschäfte

Vertriebsverträge (Alleinvertriebs-/Vertragshändlerverträge, Eigenhändlerverträge) **37** stellen meist Rahmenvereinbarungen zur Organisation des Warenabsatzes dar, innerhalb derer konkrete Einzellieferungen abgewickelt werden. Grundsätzlich fallen sie nicht in den Anwendungsbereich des CISG (vgl BGH NJW 1997, 3304, 3309; OLG München 9. 7. 1997 CLOUT Nr 287; OLG Düsseldorf RiW 1996, 958; ebenso die US-Entscheidungen Viva Vino Import Corp V Varnese Vini Srl, IHR 2002, 28 und Helen Kaminski Pty Ltd v Marketing Australian Products Inc, 1997 US Dist Lexis 10630 = CLOUT No 187; Cour d'Appel Grenoble 26. 4. 1995 CLOUT Nr 151; ferner ACHILLES Art 1 Rn 3; SCHLECHTRIEM/SCHWENZER/FERRARI Art 1 Rn 31; FERRARI EurLF 2000/01, 7 ff; PILTZ AnwaltsBl 1991, 59; REHBINDER IPRax 1982, 7; SCHLECHTRIEM Rn 24a; aA ital Corte di Cassazione EurLF 2000/01, 11 f; OLG München RiW 1996, 1035 m abl Anm KLIMA). Für die Rahmenvereinbarung gilt das CISG nur, wenn sie unmittelbar kaufvertragliche Pflichten begründet und die kauffremden Elemente (Wettbewerbsverbote, Kooperationspflichten etc) nicht im Vordergrund stehen (PILTZ aaO; SCHLECHTRIEM/SCHWENZER/SCHLECHTRIEM Vor Art 14–24 Rn 7; weitergehend – Geltung der Konvention für den Rahmenvertrag, soweit passend – THIEFFRY Dr prat comm int 1993, 68; gegen Geltung des EKG für Alleinvertriebsverträge REHBINDER IPRax 1982, 7). Das einzelne Kaufgeschäft untersteht dagegen ohne Einschränkung der Konvention, selbst dann, wenn der Rahmenvertrag vor Inkrafttreten des Einheitsrechts abgeschlossen, das Einzelgeschäft aber danach durchgeführt wurde (BGH NJW 1997, 3309; OLG Koblenz RiW 1993, 936; HONNOLD Rn 56.2; KAHN Dr prat comm int 1989, 389; KRITZER 71; PILTZ, Internationales Kaufrecht § 2 Rn 41; THIEFFRY aaO; ebenso zum EKG: BGHZ 74, 136; BGH NJW 1981, 1156; ferner OLG Hamm NJW 1983, 523; REHBINDER aaO, der aber dafür plädiert, Rahmenvertrag und Einzelgeschäfte möglichst demselben Recht zu unterstellen).

38 Die gleichen Grundsätze gelten für **Zusammenarbeits-, Kooperations- oder ähnliche Verträge**. Sie selbst unterliegen idR nicht dem Übereinkommen, da kauffremde Elemente gewöhnlich überwiegen (PILTZ aaO; SCHLECHTRIEM/SCHWENZER/SCHLECHTRIEM aaO läßt auch hier die Begründung kaufvertraglicher Pflichten genügen). Doch erfaßt das CISG die in ihrem Rahmen durchgeführten Einzelkaufverträge (zum EKG: LG Marburg, in: SCHLECHTRIEM/MAGNUS Art 1 EKG Nr 26).

39 Ebenso ist für **Franchisingverträge** zu entscheiden. Für den Franchisingvertrag selbst gilt das Einheitskaufrecht regelmäßig nicht, da hier andere als Kaufpflichten im Vordergrund stehen, und es sich, soweit es um Kaufpflichten geht, gewöhnlich um die Übertragung von Rechten handelt (vgl BGH NJW 1997, 3304, 3309). Einzelne Lieferungsgeschäfte im Rahmen eines Franchisingvertrages fallen dagegen unter den sachlichen Anwendungsbereich des CISG (BGH NJW 1997, 3309)

40 Zur Bedeutung von Formvorschriften des anwendbaren Kartellrechts bei vertraglichen Kooperationen vgl Art 11 Rn 7.

e) Kaufoptionen

41 **Kaufoptionen**, die dem Käufer das einseitige Recht geben, einen aufschiebend bedingten Kauf unbedingt werden zu lassen, sind – wenn auch bedingte – Kaufgeschäfte und fallen unter die Konvention (SCHLECHTRIEM/SCHWENZER/SCHLECHTRIEM Art 14 Rn 7; PILTZ AnwaltsBl 1991, 58; zum Leasingvertrag mit Kaufoption vgl aber Rn 34 f). Ebenso sind **Vorverträge** zu beurteilen. Wenn der abzuschließende Hauptvertrag der Konvention untersteht, gilt sie auch für den vorangehenden Vorvertrag (SCHLECHTRIEM/SCHWENZER/SCHLECHTRIEM, PILTZ jeweils aaO; zurückhaltender PADOVINI ZfRvgl 1987, 92).

2. „Waren": die erfaßten Gegenstände

a) Waren

42 Die Konvention bezieht sich auf **Waren** (goods, marchandises). Gemeint sind **bewegliche Sachen** im Gegensatz einerseits zu Immobilien, andererseits zu Rechten (ACHILLES Art 1 Rn 4; BAMBERGER/ROTH/SAENGER Art 1 Rn 19; SCHLECHTRIEM/SCHWENZER/FERRARI Art 1 Rn 34; ENDERLEIN/MASKOW/STROHBACH Art 1 Bem 2; SOERGEL/LÜDERITZ/FENGE Art 1 Rn 21). Bestimmte Kategorien beweglicher Sachen nimmt Art 2 jedoch vom Anwendungsbereich der Konvention aus, nämlich solche, die aus unterschiedlichen Gründen idR besonderen nationalen Vorschriften unterliegen (näher Art 2 Rn 1 f).

43 Der autonom zu bestimmende **Begriff der Ware** bereitet keine grundsätzlichen Abgrenzungsschwierigkeiten. Vom Beginn der Vereinheitlichungsarbeiten an bestand Übereinstimmung, daß sich das Einheitskaufrecht jedenfalls auf **bewegliche, körperliche Gegenstände** erstrecken sollte (so schon RABEL, Rapport 387 f; Art 1 Entwurf 1939: „objets mobiliers corporels"). Demgemäß sprach das Haager Recht in der französischen Textfassung wie in der deutschen Übersetzung präziser von beweglichen Sachen (objets mobiliers corporels), während der englische Ausdruck „goods" während der Vereinheitlichungsarbeiten unverändert geblieben ist. Ein deutlicher sachlicher Unterschied ist mit der begrenzten Neuformulierung („marchandises") in einer der Vertragssprachen des CISG nicht verbunden (SCHLECHTRIEM/SCHWENZER/FERRARI Art 1 Rn 34). Es sollte lediglich ein unverbrauchterer Ausdruck eingeführt werden, der rechtstechnisch aber auch weniger eindeutig ist.

Er erlaubt es etwas leichter, auch bestimmte unkörperliche Gegenstände, insbeson- **44**
dere **Datenverarbeitungsprogramme**, die über einen körperlichen Träger nutzbar
sind, unter den Warenbegriff einzuordnen (s eingehend hierzu SCHMITT CR 2001, 145,
147 ff; WULF 28 ff). **Computer-Programme** (Software) sind deshalb jedenfalls Waren
im Sinne der Konvention, soweit sie standardisiert sind (OLG Koblenz RiW 1993, 936;
OLG Köln RiW 1994, 970; LG München I 8.2. 1995, http://www.jura.uni-freiburg.de/ipr1/cisg/; LG
Trier 17.2. 2000, CISG-Pace; SCHLECHTRIEM/SCHWENZER/FERRARI Art 1 Rn 38; CZERWENKA 128;
DIEDRICH RiW 1993, 451 f; ENDLER/DAUB CuR 1993, 605; FERRARI Art 1 Bem 11; ders EurLF
2000/01, 303; HERBER, in: Berner Tage 246; HERRMANN, in: Berner Tage 92; HOEREN CuR 1988, 916;
HONSELL/SIEHR Art 2 Rn 8; KAROLLUS 21; LOOKOFSKY 23 ff [mit eingehender Erörterung]; ders
Duke J Comp Int L 13 [2003] 273 ff; PILTZ AnwaltsBl 1991, 59; SCHMITT CR 2001, 151; SOERGEL/
LÜDERITZ/FENGE Art 1 Rn 21; ULLRICH/KÖRNER Rn 305 ff; WESTERMANN DZWir 1995, 3; zwei-
felnd HOYER, in: HOYER/POSCH 38). Auch im internen deutschen Recht unterstellt die
Rechtsprechung den Softwarekauf dem Sachmängelrecht des BGB (BGH NJW 1988,
406). Es ist nicht erforderlich, daß das Programm zugleich mit einem Datenträger
veräußert wird (ebenso ENDLER/DAUB, KAROLLUS, SCHMITT aaO; **aA** wohl CZERWENKA 148).
Werden Standardprogramme direkt über das Internet übermittelt und – gegen
Entgelt – auf die eigene Hardware heruntergeladen, so kann hier nichts anderes
als für auf sonstigen Wegen erworbene Software gelten (ebenso SCHLECHTRIEM/
SCHWENZER/FERRARI Art 1 Rn 38; DIEDRICH RiW 1993, 452; wohl auch FERRARI JL & Com
1995, 66; SCHMITT CR 2001, 151; WAUTELET Rev Gén Dr Civ Belge 1998, 411; **aA** SCHLECHTRIEM
Rn 32) Denn auch sonst unterscheidet das CISG für den Warenbegriff nicht danach,
auf welchem Weg die Ware den Käufer erreicht. Kein Kaufvertrag, sondern ein
(reiner) Werkvertrag liegt dagegen vor, wenn ein individuelles Softwareprogramm
erstellt wird, bei dem die Entwicklung des speziellen Programms ganz im Vordergrund steht (ebenso WULF 31 f). Hier besteht die wesentliche Vertragsleistung nicht in
der Übertragung, sondern in der Entwicklung (dem „Schreiben") des Programms
(**aA** – Geltung des CISG auch für diese Fälle – aber Hof 's-Hertogenbosch NIPR 1997 Nr 123;
BRUNNER Art 2 Rn 4; HÄBERLE/PILTZ Rn 1.1.2.2.1.2; SCHLECHTRIEM Rn 32 ff; SCHMITT CR 2001,
153).

Wegen der etwas ermäßigten Anforderungen an die Körperlichkeit der Ware fällt **45**
ebenso – abgefülltes oder sonst transportables – **Gas** unter den Warenbegriff der
Konvention (OGH östRdW 1996, 203 m Bespr KAROLLUS ibid 197 [Flüssiggas]; SCHLECHTRIEM/
SCHWENZER/FERRARI Art 2 Rn 37; HERRMANN, in: Berner Tage 92; HONNOLD Rn 56). **Sendezeit**
oder **Raum** (zB für Werbung) in einem Medium ist keine Sache, sondern gewährt
ein (Nutzungs-)Recht. Ein **Logo** ist dagegen als Ware betrachtet worden (OLG
Koblenz RiW 1993, 936).

Als Sachen dürften ferner auch **verkörperte wissenschaftlich-technische Ergebnisse** **46**
(Anleitungen für Produktionsverfahren, Konstruktionspläne, fixierte Forschungser-
gebnisse) anzusehen sein (ebenso BAMBERGER/ROTH/SAENGER Art 1 Rn 7; ENDERLEIN/MAS-
KOW/STROHBACH Art 1 Bem 2; WITZ/SALGER/LORENZ Art 1 Rn 6). Zum Teil wird das auch für
Know-How vertreten (PILTZ, UN-Kaufrecht Rn 48; **aA** FERRARI Art 1 Bem 11; SCHLECHTRIEM
östRdW 1989, 43). Verträge, die dem Vertragspartner nicht nur die Nutzung der
Ergebnisse gestatten – wie es Know-How-Verträge oder Verträge über Technolo-
gie-Transfer idR tun –, sondern eine endgültige Übertragung vorsehen, werden
deshalb von der Konvention erfaßt. Zur Abgrenzung zum Rechtskauf vgl unten
Rn 56 f. Nicht erfaßt werden auch Gutachten, bei denen bestimmte Erkenntnisse

erarbeitet und dann in verkörperter Form abgeliefert werden. Bei ihnen handelt es sich um reine Werkverträge (OLG Köln RiW 1994, 970 [971]).

47 Der **Dokumentenkauf**, insbesondere das sog **Abladegeschäft** fällt unter das CISG, weil hier nicht das verbriefte Recht erworben werden soll, sondern in Wirklichkeit die Ware, die durch das Dokument repräsentiert wird (Sekretariatskommentar Art 2 Bem 8; Schlechtriem/Schwenzer/Ferrari Art 1 Rn 37; Herber/Czerwenka Art 1 Rn 8; Lacasse 33; Piltz AnwaltsBl 1991, 59; Schlechtriem Rn 30).

48 Der Warenbegriff schließt ferner **lebende Tiere** ein (LG Flensburg IHR 2001, 67; Thüringer OLG TranspR-IHR 2000, 25 [Schlachtvieh]; Cour d'Appel Paris IHR 2001, 128 [Zirkuselefanten]; Hof Arnhem NIPR 1995 Nr 514; Rb van Koophandel te Hasselt [B] RkW 1998, 1294 [Springpferd für Profireiter]; Lacasse 33; Piltz, UN-Kaufrecht Rn 48; Soergel/Lüderitz Art 1 Rn 16), ebenso **Pflanzen** (Rb 's-Gravenhage NIPR 1995 Nr 524; OLG Innsbruck SZIER 1996, 51), aber etwa auch künstliche Gliedmaßen/Organe (LG Aachen RiW 1993, 761: Hörgerät-Implantate) sowie Arzneimittel (AG München 23. 6. 1995, 271 C 18968/94), Kunstgegenstände (Rb Amsterdam NIPR 1995 No 230 [Lithographien]) oder Flüssiggas (OHG östRdW 1996, 203 m Bespr Karollus ibid 197).

49 Soweit Waren **nicht verkehrsfähig** sind (extra commercium wie ungetrennte menschliche Organe) oder besonderen Verkehrsbeschränkungen unterliegen (Kulturgüterschutz, Tierschutz, Artenschutz etc), berührt das nicht ihre Eigenschaft als Ware, sondern idR die von der Konvention nicht erfaßte Gültigkeit des entsprechenden Kaufgeschäfts (dazu Art 4 Rn 23).

50 Die Ware muß **bei Lieferung** als **bewegliche Sache** zu qualifizieren sein. Es schadet nicht, daß sie – wie zB die Ernte auf dem Halm, Mineralien im Steinbruch – bei Vertragsschluß noch mit dem Grund und Boden fest verbunden war oder nach Lieferung mit einem Grundstück fest verbunden, etwa eingebaut werden soll (Bamberger/Roth/Saenger Art 1 Rn 6; vCaemmerer/Schlechtriem/Ferrari Art 1 Rn 34; Herber/Czerwenka Art 1 Rn 7; Witz/Salger/Lorenz Art 1 Rn 6). Auch wenn der Käufer die Trennung selbst vornimmt – Mineralien abbauen, Maschinen ausbauen, ein Wrack ausschlachten – soll, gilt für das Kaufgeschäft das CISG, es sei denn, die Arbeits- oder Dienstleistung überwiegt (Cour d'Appel Grenoble CLOUT No 152 – Verkauf eines vom Käufer zu demontierenden Silos; vgl näher Art 3 Abs 2).

51 Waren iS der Konvention können ferner **Sachgesamtheiten** (Warenlager etc) sein. Der **Unternehmenskauf** wird allerdings idR nicht unter das CISG fallen (so auch Schweizer Botschaft 761; Schlechtriem/Schwenzer/Ferrari Art 1 Rn 34; Herber/Czerwenka Art 1 Rn 7). In der Form des Anteilskaufs (**share deal)** stellt er einen Rechtskauf dar, den die Konvention von vornherein nicht erfaßt (Schiedsgericht der Ungarischen Handelskammer RiW 1994, 970; Reithmann/Martiny-Merkt Rn 852; Witz/Salger/Lorenz Art 1 Rn 8). Doch auch wenn der Unternehmenskauf im Weg der Übertragung aller Wirtschaftsgüter (**asset deal**) erfolgt, wird die Anwendung des CISG meist ausscheiden, da es sich gewöhnlich um die Übertragung einer aus beweglichen und unbeweglichen Sachen, immateriellen Gütern und Rechten zusammengesetzten Gesamtheit handelt, bei der der reine Warenanteil selten überwiegt. Sind bei einem asset deal aber wertmäßig mehr als 50% Waren iSd CISG, dann wird die sachliche Anwendbarkeit

der Konvention allerdings bejaht (MERKT ZVerglRWiss 93 [1994] 365 ff; eher ablehnend
SCHLECHTRIEM/SCHWENZER/FERRARI Art 1 Rn 36).

Schließlich sind auch **künftige**, erst herzustellende oder entstehende **Sachen** als **52**
Waren iSd Konvention anzusehen, wie Art 3 Abs 1 zeigt (vgl etwa Handelsgericht Zürich
TranspR-IHR 2000, 14 [Kaufvertrag über herzustellenden Ausstellungskatalog]).

b)   Abgrenzung zu Immobilien
Der Begriff „Ware" erfaßt **nicht unbewegliche Sachen**. Die gebotene autonome **53**
Interpretation schließt Grundstücke (vgl Schweizer Botschaft 760) wie auch Wohnungs-
eigentum vom Anwendungsbereich des CISG aus. Entscheidend ist, ob die Gegen-
stände oder Gebäudeteile zum Zeitpunkt der Lieferung fest mit dem Grund und
Boden verbunden sind und das auch bleiben sollen. Wohnmobile, Wohn- oder
Bauwagen etc bleiben deshalb Waren, auch wenn sie auf einem Grundstück abge-
stellt werden (HONNOLD Rn 56). Ebenso unterfällt der Verkauf von Material (zB
Maschinen, Heizkörper etc) aus einem Abbruchhaus dem CISG, auch wenn der
Käufer den Ausbau vornehmen soll (vgl oben Rn 50).

Doch kann zweifelhaft sein, wieweit bewegliche Sachen als Zubehör **Bestandteile** **54**
eines Grundstücks sind. Diese Vorfrage bestimmt sich nach dem maßgeblichen
Sachenrecht, grundsätzlich also der lex rei sitae. Dieses Recht entscheidet, ob
Zubehör selbständig verkehrsfähig ist oder dem anwendbaren Grundstückskauf-
recht unterliegt. Bei Selbständigkeit gilt das Einheitskaufrecht.

Handelt es sich um einen Vertrag zur Herstellung eines Bauwerkes (**Bau- oder** **55**
Anlagenliefervertrag), für das der Bauunternehmer die Materialien liefert, so hängt
es vom Wertverhältnis der Liefer- zur Bauleistung ab, ob das UN-Kaufrecht gilt
(s dazu Art 3 Abs 2 und die Nachweise dort; aA wohl HERBER/CZERWENKA Art 1 Rn 7 und
HONNOLD Rn 56).

c)   Abgrenzung zu Rechten
Kaufverträge, die ausschließlich den **Erwerb von Rechten** (zB Gesellschaftsanteilen, **56**
Urheberrechten, Patenten, Lizenzen, Forderungen etc) zum Gegenstand haben,
stehen außerhalb der Konvention (Schiedsgericht der Ungarischen Wirtschaftskammer
v 20.12. 1993; dazu VIDA IPRax 1995, 52 f; vgl auch FERRARI Art 1 Bem 11; PILTZ AnwaltsBl
1991, 59; SCHLECHTRIEM Rn 31). Die Abgrenzung zwischen Sachen und Rechten ist
autonom vorzunehmen, weicht aber nicht von der in nationalen Rechtsordnungen
geläufigen Trennung ab. Sachen unterscheiden sich von Rechten idR durch ihre
sinnlich wahrnehmbare Körperlichkeit. Entsprechend den etwas herabgesetzten
Anforderungen an die Körperlichkeit (vgl oben Rn 43 f) genügt für die Sachqualität
aber, daß ein unkörperlicher Gegenstand (insbes Software) gewöhnlich in einer
materialisierten Form (Datenträger) gebraucht wird. Werbezeit oder -raum in einem
Medium ist jedoch keine Sache, sondern gewährt das Recht, das Medium für diesen
Zweck zu nutzen. Ebensowenig fällt der Kauf von Zeitanteilen bei Hotel-, Ferien-
haus- oder sonstigen Time-sharing-Verträgen (zeitlichen Nutzungsrechten) unter die
Konvention. Kein Warenkauf ist auch der Kauf von Eintrittskarten; denn die Karten
verkörpern nur eine Berechtigung und fallen daher nicht unter den Warenbegriff
(OLG Köln IPRspr 1991, 85 [Karten für WM-Endspiel 1990 in Rom; CISG aus anderen Gründen
nicht angewendet]). Ebenso erfaßt das CISG nicht den **Erbschaftskauf**, da er den

Erwerb eines Erbteiles und damit eines Rechts zum Gegenstand hat (ebenso STAU-
DINGER/DÖRNER [2000] Art 25 EGBGB Rn 417).

57 Sachen, an denen gewerbliche Schutzrechte bestehen, fallen, wie Art 42 zeigt, ohne
weiteres in den Anwendungsbereich des CISG, wobei gleichgültig ist, ob das Schutzrecht mitveräußert wird oder einem Dritten zusteht. Auf die Übertragung des
Schutzrechts selbst bezieht sich die Konvention dagegen nicht.

IV. Die räumlichen Anwendungsvoraussetzungen

1. Internationalität des Kaufgeschäfts: Niederlassung in verschiedenen Staaten

a) Grundsatz

58 Das Übereinkommen beschränkt sich darauf, das Recht des **internationalen** Warenkaufs zu vereinheitlichen. Die erforderliche **Internationalität** stellt es wesentlich
einfacher als das EKG durch die Voraussetzung sicher, daß die Vertragsparteien –
füreinander erkennbar (Art 1 Abs 2) – in verschiedenen Staaten niedergelassen sein
müssen (BIANCA/BONELL/JAYME Art 1 Bem 2. 1; SCHLECHTRIEM/SCHWENZER/FERRARI Art 1 Rn 8;
SCHLECHTRIEM Rn 9 f; SIEHR RabelsZ 52 [1988] 590). Diese Grundvoraussetzung gilt für
Art 1 Abs 1 lit a ebenso wie für lit b.

59 Haben dagegen beide Parteien ihre Niederlassung im selben Staat (dazu unten
Rn 62 ff) oder ist die auswärtige Niederlassung einer Partei nicht erkennbar (dazu
unten Rn 72 ff), dann scheidet die Anwendung der Konvention aus (Sekretariatskommentar Art 1 Anm 3; HONSELL/SIEHR Art 1 Rn 6 ff; SCHLECHTRIEM Rn 10). Das Übereinkommen
wird dann auch nicht dadurch anwendbar, daß das Kaufgeschäft als solches ein
internationales Gepräge hat, etwa zwischen zwei oder mehr Staaten abzuwickeln ist.
Anforderungen dieser Art – grenzüberschreitender Charakter des Kaufgeschäfts
selbst – stellt das CISG im Gegensatz zum sog objektiven Element in Art 1 EKG
(dazu oben Rn 7) nicht mehr auf (ACHILLES Art 1 Rn 5 f; BIANCA/BONELL/JAYME Art 1 Bem
1. 3; SCHLECHTRIEM/SCHWENZER/FERRARI Art 1 Rn 8; **anders** aber HUONG WANG ZVerglRW 1988,
186).

60 Problematisch ist, ob die Niederlassungen der Parteien auch dann in verschiedenen
Staaten liegen müssen oder sonst ein **besonderes internationales Element** gegeben
sein muß, **wenn die Parteien das CISG als anwendbares Recht wählen.** Eine solche
Wahl wird grundsätzlich als zulässig betrachtet, wenn das anwendbare IPR Rechtswahl gestattet (HONSELL/SIEHR Art 6 Rn 14; PILTZ AnwaltsBl 1991, 61; SCHLECHTRIEM Rn 23;
SOERGEL/LÜDERITZ/FENGE Art 1 Rn 11; weitergehend SIEHR RabelsZ 52 [1988] 612: keine Einschaltung des IPR nötig; näher Art 6 Rn 62 ff). Bei Niederlassung der Parteien in verschiedenen Staaten ist die (materiellrechtliche) Wahl des CISG unbedenklich. Sie ist
aber auch dann anzuerkennen, wenn die Parteien im selben Staat niedergelassen
sind (ebenso SIEHR aaO; SOERGEL/LÜDERITZ/FENGE Art 1 Rn 11; SCHLECHTRIEM/SCHWENZER/
FERRARI Art 6 Rn 39 ff; auch der Sekretariatskommentar Art 1 Bem 8 scheint eher von der Notwendigkeit der Niederlassung in verschiedenen Staaten auszugehen). Der auf EG-Vereinheitlichung beruhende Art 27 Abs 3 EGBGB (= Art 3 Abs 3 EVÜ), der eine begrenzte
Wahl fremden Rechts bei reinen Inlandsfällen ausdrücklich zuläßt, spricht für die
hier vertretene Auffassung (ebenso SOERGEL/LÜDERITZ/FENGE aaO).

Insbesondere, wenn **beide Parteien in einem Vertragsstaat ansässig** sind, bestehen bei 61
Handelskäufen keine Bedenken gegen die Wahl des CISG als innerstaatliches
Sonderrecht. Für **Verbraucherkäufe** ist es dagegen nicht gedacht. Dennoch kann es
auch hierfür gewählt werden, vermag aber nicht zwingendes internes Verbraucherschutzrecht zu verdrängen, hat also nur materiellrechtliche Wirkung (näher Art 2
Rn 29 ff und Art 4 Rn 24 ff). Ist die Wahl des CISG danach auch bei Inlandsfällen
zulässig, so muß das Kaufgeschäft nicht selbst ersatzweise einen weiteren Auslandsbezug aufweisen (**aA** SIEHR aaO, der hier einen Art 1 Abs 1 lit a – c EKG entsprechenden Kauf
über die Grenze fordert).

b)   Niederlassung
Für die räumliche Anwendbarkeit der Konvention stellt die **Niederlassung der Par-** 62
teien das entscheidende Anknüpfungsmerkmal dar. Auch zahlreiche weitere Vorschriften (etwa Art 12, 20 Abs 2, 24, 31 lit c, 42 Abs 1, 57, 69 Abs 2, 90, 93 Abs 3, 94,
96) verwenden den Begriff. Das Übereinkommen definiert ihn jedoch nicht, sondern setzt ihn, wie schon das Haager Recht, voraus. Nur für den Fall mehrerer oder
keiner Niederlassung trifft die Konvention in Art 10 jetzt Vorsorge. Danach entscheidet bei mehreren Niederlassungen jene, zu der das Geschäft die engste Beziehung hat (Art 10 lit a). Fehlt eine Niederlassung, insbesondere bei Privatpersonen,
deren Käufe ausnahmsweise unter das CISG fallen, so tritt für sie der – ebenfalls
nicht definierte – gewöhnliche Aufenthalt (habitual residence) ein (Art 10 lit b;
hierzu näher die Erläuterungen zu Art 10).

Mit Niederlassung („place of business", „établissement") ist der Ort gemeint, von 63
dem aus die geschäftliche Tätigkeit tatsächlich und schwerpunktmäßig betrieben
wird (OLG Stuttgart IHR 2001, 65 [66]; BAMBERGER/ROTH/SAENGER Art 1 Rn 10; BIANCA/
BONELL/JAYME Art 1 Bem 2.3; SCHLECHTRIEM/SCHWENZER/FERRARI Art 1 Rn 46; HONSELL/SIEHR
Art 1 Rn 11; KAROLLUS 29; PILTZ, UN-Kaufrecht Rn 54; SIEHR RabelsZ 52 [1988] 590 Fn 10; vgl zum
EKG: BGH NJW 1982, 2730: „Mittelpunkt der geschäftlichen Tätigkeit der nach außen gerichteten
Teilnahme am Wirtschaftsverkehr"; ganz ähnlich die Definition des EuGH im Rahmen des GVÜ,
EuGH Slg 1978, 2183 [2193] Rs Somafer/Saar – Ferngas „Mittelpunkt geschäftlicher Tätigkeit").
Eine Niederlassung setzt deshalb eine gewisse **Dauer und Stabilität der Einrichtung**
sowie eine gewisse **selbständige Handlungskompetenz** der Organisationseinheit vor-
aus (BAMBERGER/ROTH/SAENGER aaO; BIANCA/BONELL/JAYME aaO; SCHLECHTRIEM/SCHWENZER/
FERRARI Art 1 Rn 46; DÌEZ-PICAZO/CALVO CARAVACA Art 1 Bem III.1.a; ENDERLEIN/MASKOW/
STROHBACH Art 10 Bem 2; FERRARI Art 1 Bem 6; ders NIPR 1995, 323 f; HERRMANN, in: Berner Tage
86; HONNOLD Rn 43; HONSELL/SIEHR Art 1 Rn 11; SIEHR aaO; VÉKAS IPRax 1987, 342).

Daran fehlt es etwa bei Messevertretungen oder Messeständen, bei mobilen Kauf- 64
oder Verkaufseinrichtungen oder Reisegruppen oder -vertretern, bei reinen Aus-
lieferungslagern oder Repräsentanzen, die Bestellungen nur einwerben und weiter-
geben (vgl BAMBERGER/ROTH/SAENGER Art 1 Rn 10; ENDERLEIN/MASKOW/STROHBACH Art 10
Bem 2; FERRARI aaO; HONSELL/SIEHR Art 1 Rn 11; PILTZ, UN-Kaufrecht Rn 54; ders, Internationales Kaufrecht § 2 Rn 79 f). Erst recht begründet der bloße Aufenthalt am Ort der
Vertragsverhandlungen oder des Vertragsabschlusses keine Niederlassung (BIANCA/
BONELL/JAYME Art 1 Bem 2.3; HONNOLD Rn 43; LACASSE 31).

Bei Gesellschaften ist die Niederlassung in erster Linie der **Sitz der tatsächlichen** 65
Hauptverwaltung (PILTZ, UN-Kaufrecht Rn 54; ebenso zum EKG: LG Hamburg RiW 1977,

425). Ist ein Unternehmen durch Außenstellen (etwa Zweigniederlassungen, dazu näher Art 10 Rn 4) in mehreren Ländern vertreten, dann kommt es nicht zwingend auf den Sitz der Hauptniederlassung an. Erfüllt die handelnde Außenstelle selbst die Kriterien für eine Niederlassung (gewisse Beständigkeit und selbständige Handlungsbefugnis) und hat sie den engsten Bezug zum konkreten Kaufgeschäft, dann ist der Ort ihres Sitzes dafür maßgebend, ob die Parteien in verschiedenen Staaten niedergelassen sind (vgl Art 10 und die Erläuterungen dort). Nicht erforderlich ist, daß diese Niederlassung auch die Unternehmensleitung innehat (SCHLECHTRIEM/ SCHWENZER/FERRARI Art 1 Rn 46). Hat allerdings die Hauptniederlassung das Geschäft ‚in der Hand', bleibt ihr Sitz entscheidend (vgl Asante Technologies, Inc v PMC-Sierra, Inc, 164 F Supp 2d 1142 [Hauptniederlassung der in den USA gegründeten Verkäuferin in Kanada, aber auch Niederlassung in Kalifornien, wo die Käuferin ihren Sitz hatte; CISG angewendet, da überwiegende Kontakte mit der Hauptniederlassung der Verkäuferin – Bestellung und Lieferung; Rechnung dagegen von kal Niederlassung – bestanden]).

66 **Tochtergesellschaften** sind gewöhnlich selbständige juristische Personen, auf deren eigene Niederlassung – und nicht jene der Muttergesellschaft – es ankommt (SCHLECHTRIEM/SCHWENZER/FERRARI Art 1 Rn 47; FERRARI Art 1 Bem 6; HERRMANN, in: Berner Tage 86). Die Abhängigkeit innerhalb eines Konzerns läßt die Selbständigkeit der Niederlassung jedes Konzernmitglieds unberührt (ebenso ACHILLES Art 1 Rn 5; SCHLECHTRIEM/SCHWENZER/FERRARI Art 1 Rn 47; HONNOLD Rn 42; STAUB/KOLLER vor § 373 HGB Rn 623). Liefergeschäfte zwischen Tochter- und Muttergesellschaften in verschiedenen Staaten unterstehen deshalb dem CISG, wenn die Niederlassungen in Vertragsstaaten liegen oder das IPR zum Recht eines Vertragsstaates führt.

67 Nach dem Wortlaut des Art 1 Abs 1 CISG kommt es auf die Niederlassung der Parteien des Kaufvertrags an (zur Erkennbarkeit dieses Umstands unten Rn 72 ff). Wo Drittbegünstigte oder an der Vertragsdurchführung Beteiligte ihre Niederlassung haben, ist gleichgültig (SOERGEL/LÜDERITZ/FENGE Art 1 Rn 3). Erst recht spielt es keine Rolle, wo etwa bei einem **Vertragsschluß über das Internet** der Server seinen Standort hat (ebenso SCHLECHTRIEM Rn 9; WULF 58).

68 Wird der **Vertrag über Vertreter** abgeschlossen, so entscheidet die **Niederlassung des Vertretenen**, wenn es sich um offene Stellvertretung handelt, denn der Vertretene wird unmittelbar Vertragspartei (SCHLECHTRIEM/SCHWENZER/FERRARI Art 1 Rn 50; HONSELL/SIEHR Art 1 Rn 13; PILTZ AnwaltsBl 1991, 60; WITZ/SALGER/LORENZ Art 1 Rn 10; ebenso zum EKG: KG RiW 1986, 905). Wo der Vertreter seine Niederlassung hat, ist gleichgültig (OLG Stuttgart IHR 2001, 65). Die Frage, ob eine wirksame Stellvertretung vorliegt, richtet sich allerdings nicht nach der Konvention, sondern nach dem dafür anwendbaren nationalen Recht (ebenso HONSELL/SIEHR Art 1 Rn 7 ff; SOERGEL/LÜDERITZ/ FENGE Art 1 Rn 6; vgl näher Art 4 Rn 37). Ist die Vertretung nach diesem Recht im Außenverhältnis ohne Wirkung (wie im deutschen Recht bei mittelbarer Stellvertretung, Kommissionsgeschäften nach §§ 383, 406 HGB) und der Vertreter selbst Vertragspartei geworden, dann entscheidet seine Niederlassung (so zu Recht SCHLECHTRIEM/SCHWENZER/FERRARI Art 1 Rn 50; WITZ/SALGER/LORENZ Art 1 Rn 10). Das gilt regelmäßig aber auch dann, wenn die verdeckte Stellvertretung den Vertretenen unmittelbar bindet (wie etwa im Common Law), da die Niederlassung des Vertretenen in diesem Fall für seinen Vertragspartner gewöhnlich nicht erkennbar ist (s auch BAMBERGER/ROTH/SAENGER Art 1 Rn 12).

In zeitlicher Hinsicht kommt es auf die **Niederlassung** der Parteien **bei Vertrags-** 69
schluß an (so auch SCHLECHTRIEM/SCHWENZER/FERRARI Art 1 Rn 40; HONSELL/SIEHR Art 1
Rn 10). Denn zu diesem Zeitpunkt müssen die Parteien beurteilen können, ob ihr
Kaufgeschäft dem CISG unterliegt. Eine spätere Sitzverlegung oder die Vertragsübernahme durch eine andere Partei, so daß die Niederlassungen beider Parteien
dann im selben Staat oder nunmehr erst in verschiedenen Staaten liegen, ist ohne
Bedeutung.

c)   **Verschiedene Staaten**
Die Konvention ist grundsätzlich nur anwendbar, wenn die **Niederlassungen** der 70
Parteien **nicht im selben Staat** liegen. Für den innerstaatlichen Rechtsverkehr ist sie
nicht gedacht (Sekretariatskommentar Art 1 Bem 3; zur Rechtswahl für Inlandsfälle aber oben
Rn 60 f). Kaufgeschäfte, bei denen die Parteien ihre Niederlassung in verschiedenen
Gebietseinheiten eines Mehrrechtsstaates (etwa in zwei Staaten der USA) haben,
fallen deshalb nicht unter das CISG (vgl BIANCA/BONELL/JAYME Art 1 Bem 2.2; CALVO
CARAVACA, in: FS Díez de Velasco 1336; ENDERLEIN/MASKOW/STROHBACH Art 1 Bem 5.2; SIEHR
RabelsZ 52 [1988] 597). Im Verhältnis zwischen ausländischen und Einzelstaaten der
USA ist das Übk aber anzuwenden (vgl Asante Technologies, Inc v PMC-Sierra, Inc, 164
F Supp 2d 1142 [2001; Hauptniederlassung der in den USA gegründeten Verkäuferin in Kanada,
aber auch Niederlassung in Kalifornien, wo die Käuferin ihren Sitz hatte; CISG angewendet, da
überwiegende Kontakte mit der Hauptniederlassung der Verkäuferin – Bestellung und Lieferung;
Rechnung dagegen von kal Niederlassung – bestanden]; Filanto v Chilewhich Intern Corp, 789 F
Supp 1229 [SDNY 1992]; gleiches gilt etwa für die australischen oder kanadischen Einzelstaaten).

Andererseits werden Staaten, die (wie die skandinavischen Länder) ihr Kaufrecht 71
regional vereinheitlicht und den **Vorbehalt nach Art 94** CISG eingelegt haben, wie
ein einziger Staat behandelt. Die Konvention ist deshalb nicht anzuwenden, wenn
die Parteien in verschiedenen dieser Staaten niedergelassen sind (SCHLECHTRIEM/
FERRARI[2] Art 94 Rn 9; HONSELL/SIEHR Art 1 Rn 25; aA CZERWENKA 139 f; wohl auch SIEHR RabelsZ 52 [1988] 597 f; näher Art 94 Rn 7). Ein dänisch-norwegischer Kauf ist in der
Bundesrepublik deshalb nicht nach dem CISG, sondern nach nordischem Kaufrecht
in der im Verkäuferland geltenden Fassung zu beurteilen.

d)   **Erkennbarkeit des internationalen Elements (Abs 2)**
Abs 2 schränkt den durch Abs 1 eröffneten räumlichen Anwendungsbereich der 72
Konvention etwas ein. Die Vorschrift gilt für beide Alternativen des Abs 1
(SCHLECHTRIEM/SCHWENZER/FERRARI Art 1 Rn 48; CZERWENKA 160; KAROLLUS 29; SIEHR Ra-
belsZ 52 [1988] 591; aA HOYER WBl 1988, 72: Abs 2 gelte nur für Abs 1 lit a). Nach Art 1
Abs 2 reicht der Umstand, daß die Parteien ihre Niederlassung in verschiedenen
Staaten haben, allein nicht stets aus, um das internationale Element des Kaufge-
schäftes zu bejahen. Denn nach Abs 2 ist dieser Umstand nicht zu berücksichtigen,
wenn er den Parteien bei Vertragsschluß nicht erkennbar war. Diese – zT als subjektiv bezeichnete (Denkschrift 40; SCHLECHTRIEM/SCHWENZER/FERRARI Art 1 Rn 48; KAROL-
LUS 29; REINHART Art 1 Rn 11; dagegen aber ENDERLEIN/MASKOW/STROHBACH Art 1 Bem 4) –
Voraussetzung soll sichern, daß ein Kauf, der äußerlich als **reines Inlandsgeschäft**
erscheint, nicht überraschenderweise gleichwohl dem Einheitsrecht untersteht
(CZERWENKA 135; HERBER/CZERWENKA Art 1 Rn 20; KAROLLUS 29; REINHART Art 1 Rn 11; ähnlich Sekretariatskommentar Art 1 Bem 9). Dann gilt das vom Kollisionsrecht berufene

interne Recht (Karollus aaO; Volken, in: Šarčević/Volken 24; Winship, in: Galston/Smit 1–21).

73 Die **Internationalität** des Geschäfts **muß sich** für die Parteien **aus bestimmten Umständen „ergeben".** Ob das der Fall ist, ist nach objektiven Kriterien zu entscheiden (Schlechtriem/Schwenzer/Ferrari Art 1 Rn 49; Czerwenka 136; Honsell/Siehr Art 1 Rn 28; Soergel/Lüderitz/Fenge Art 1 Rn 6). Eine auf die subjektive Kenntnis abstellende Textfassung hatte die UNCITRAL-Arbeitsgruppe zwar zunächst vorgeschlagen (UNCITRAL YB II [1971] 52), aber im Hinblick auf erwartete Anwendungsschwierigkeiten zugunsten der jetzigen Fassung geändert (UNCITRAL YB III [1972] 83; ferner eingehend Czerwenka 136). Entsprechend stellt der Sekretariatskommentar auf das Erscheinungsbild des Kaufes ab (Sekretariatskommentar Art 1 Bem 9: Bei der verdeckten Stellvertretung für einen ausländischen Auftraggeber gilt die Konvention nicht, wenn der Vertrag als ein Kauf erscheint, „which appears to be between parties whose places of business are in the same State …").

74 Trotz dieser Entstehungsgeschichte wird vielfach gefordert, daß die Konvention nur anwendbar ist, wenn die Parteien positiv wußten, daß die Niederlassungen in verschiedenen Staaten lagen (so Schweizer Botschaft 758; Audit 19; Bianca/Bonell/Jayme Art 1 Bem 2.4; Lacasse 32; Siehr RabelsZ 52 [1988] 591; Volken, in: Šarčević/Volken 24). Schon die Unkenntnis einer Partei soll die Anwendbarkeit des CISG ausschließen (Loewe, Kaufrecht 21). Diese Auffassung ist weder mit der geschilderten Entstehungsgeschichte noch mit dem Wortlaut der Vorschrift vereinbar, die gerade nicht auf die Kenntnis oder Unkenntnis der Parteien, sondern darauf abstellt, daß sich die Internationalität des Geschäfts aus bestimmten Umständen ‚ergibt', gleichgültig, ob auch die konkrete Partei diesen Schluß gezogen hat. Demnach entscheidet nicht die subjektive Kenntnis, sondern die **objektive Erkennbarkeit** (Denkschrift 40; Schlechtriem/Schwenzer/Ferrari Art 1 Rn 51; Czerwenka 136; ebenso Herber/Czerwenka Art 1 Rn 20; Honsell/Siehr Art 1 Rn 28; Hoyer, in: Hoyer/Posch 35; Karollus 29; Piltz NJW 1989, 618; Schlechtriem IPRax 1990, 278; Soergel/Lüderitz/Fenge Art 1 Rn 6; Westermann DZWir 1995, 3; Winship, in: Galston/Smit 1–21). Die Parteien müssen den Vertrag deshalb nicht in dem Bewußtsein geschlossen haben, es handle sich um ein internationales Geschäft im Sinne der Konvention (so aber insbesondere Audit 19; Volken, in: Šarčević/Volken 24). Auch Unkenntnis einer Partei hiervon schließt die Anwendung der Konvention noch nicht zwingend aus. Das CISG gilt nur dann nicht, wenn die Tatsache der Niederlassung in verschiedenen Staaten für vernünftige Personen gleicher Art (Art 8 Abs 2) nicht erkennbar war (ähnlich Schlechtriem/Schwenzer/Ferrari Art 1 Rn 51).

75 Allerdings muß der **Auslandsbezug für beide Parteien erkennbar** gewesen sein. Es genügt nicht, daß nur eine Partei ihn erkannt hatte oder ihn erkennen konnte. Eine entsprechende Situation kann sich etwa bei verdeckter Stellvertretung für einen ausländischen Auftraggeber ergeben, wenn der Vertreter im Inland niedergelassen ist, der Auftraggeber aber nach dem anwendbaren Recht Vertragspartei wird (so Sekretariatskommentar Art 1 Bem 9; dazu Schlechtriem/Schwenzer/Ferrari Art 1 Rn 50; Honsell/Siehr Art 1 Rn 29; Westermann DZWir 1995, 3). Dann scheidet die Anwendbarkeit der Konvention aus, es sei denn, der Auslandsbezug des Geschäfts war im übrigen ersichtlich.

Die Erkennbarkeit des internationalen Elements muß sich nach dem Wortlaut des **76**
Abs 2 aus dem Vertrag, aus früheren Geschäftsbeziehungen, aus Verhandlungen
oder aus Auskünften ergeben, die die Parteien geführt oder erteilt haben. Ob die
genannten Umstände eine abschließende Aufzählung darstellen, ist streitig (dafür
SCHLECHTRIEM/FERRARI[2] Art 1 Rn 53; dagegen SOERGEL/LÜDERITZ Art 1 Rn 7). Bedeutung hat
die Frage für den Fall, daß der internationale Bezug für eine Partei etwa durch
Auskünfte Dritter oder in sonstiger Weise erkennbar geworden ist. Hat die Partei
durch derartige Auskünfte positive Kenntnis von der Niederlassung in verschiedenen Staaten erhalten, so sollte das für die Anwendbarkeit der Konvention genügen.
Für die Frage, ob die Internationalität des Geschäfts auch objektiv erkennbar war,
sind solche, nicht mit dem konkreten Geschäftsverhältnis der Parteien verbundenen
Umstände dagegen außer Betracht zu lassen.

Gewöhnlich wird sich die **Internationalität aus dem Vertrag und den vorbereitenden** **77**
Verhandlungen selbst ergeben, sei es, daß ein ausländischer Firmensitz mitgeteilt
wird, die Lieferung ins Ausland erfolgen soll, eine fremde Sprache verwendet wird
oder sonstige Anzeichen gegen ein reines Inlandsgeschäft sprechen (vgl auch
SCHLECHTRIEM/SCHWENZER/FERRARI Art 1 Rn 54). Bei derartigen Anzeichen ist der Auslandsbezug hinreichend erkennbar; die Konvention gilt, sofern ihre weiteren Anwendungsvoraussetzungen erfüllt sind. In der Rechtsprechung noch nicht geklärt ist,
ob die Internationalität eines Kaufs auch schon dann erkennbar ist, wenn bei einem
elektronischen Vertragsschluß einziges Indiz hierfür eine **Internetadresse** mit einem
Länderkürzel (zB „.it" oder „.uk") ist, das nicht dem Land des Empfängers der
Erklärung entspricht. Im Ergebnis deutet dieser Umstand die Internationalität des
Geschäfts hinreichend an (ebenso FERRARI EurLF 2000/01, 301 f sowie die UNCITRAL
Working Group on Electronic Commerce, Dok: A/CN.9/WG.IV/WP.91, Ziff 11: „Thus, a sales
contract concluded between a party using an E-mail address that designates a specific country
and a party using an E-mail address that designates a different country would have to be considered
international."; wohl aA WULF 59). Bei Adressendungen wie „.com" oder „.net" muß
heute wohl bereits durchweg mit einem Absender der Erklärung gerechnet werden,
der nicht im Land des Erklärungsempfängers niedergelassen ist. Besteht in einem
solchen Fall tatsächlich die für das CISG erforderliche Internationalität, dann war
auch sie hinreichend erkennbar (etwas zurückhaltender FERRARI EurLF 2000/01, 301 f).

Auch aus **Auskünften** („information", „renseignements") der Parteien kann sich die **78**
Internationalität ergeben. Damit sind von konkreten Vertragsgesprächen unabhängige Mitteilungen (etwa auch **Werbeanzeigen)** gemeint, die der anderen Partei gegenüber abgegeben wurden. Die Auskunft muß nicht gezielt auf die Niederlassung
im Ausland hinweisen. Es genügt auch hier, daß sich dieser Umstand aus ihr ergibt
(ebenso SCHLECHTRIEM/SCHWENZER/FERRARI Art 1 Rn 56). Mitteilungen eines Dritten, die
auf eine ausländische Niederlassung des Vertragspartners lediglich schließen lassen,
sind dagegen nicht zu beachten (vgl oben Rn 75).

Schließlich ist der Auslandsbezug hinreichend erkennbar, wenn er bereits in **frühe-** **79**
ren Geschäftsbeziehungen der Parteien – gleich welcher Art (SCHLECHTRIEM/SCHWEN-
ZER/FERRARI Art 1 Rn 54) – hervorgetreten war.

Entscheidender Zeitpunkt für Abs 2 ist der Vertragsschluß. Spätestens zu diesem **80**
Zeitpunkt muß die Internationalität des Geschäfts erkennbar geworden sein. Wird

sie erst danach erkennbar, so kommt die Konvention nicht zum Zug (ebenso
SCHLECHTRIEM IPRax 1990, 278). Dagegen ist es gleichgültig, ob sich die Erkennbarkeit
unmittelbar vor Vertragsschluß, also dem Zeitpunkt des Wirksamwerdens der Annahmeerklärung oder bereits früher ergeben hat.

81 Soweit eine Niederlassung einer oder beider Parteien fehlt, tritt an ihre Stelle **der
gewöhnliche Aufenthalt**. Art 10 lit b gilt auch im Rahmen des Art 1 Abs 2 (vgl
SCHLECHTRIEM/SCHWENZER/FERRARI Art 1 Rn 57; LOEWE, Kaufrecht 21).

82 Die Partei, die sich darauf beruft, daß die Tatsache der Niederlassung in verschiedenen Staaten nicht zu berücksichtigen sei, muß die mangelnde Erkennbarkeit des
internationalen Elements **darlegen und beweisen** (ebenso BAUMGÄRTEL/LAUMEN/HEPTING
Art 1 Rn 2, 6; SCHLECHTRIEM/SCHWENZER/FERRARI Art 1 Rn 48; CZERWENKA 136; PÜNDER RiW
1990, 869 Fn 13; REIMERS-ZOCHER 173). Zum Teil wird darüber hinaus eine Vermutung
zugunsten der Geltung der Konvention angenommen, wenn die Niederlassungen
objektiv in verschiedenen Staaten liegen (so SOERGEL/LÜDERITZ/FENGE Art 1 Rn 6).

2.   Verbindung mit einem Vertragsstaat

83 Das CISG verlangt neben der Internationalität des Kaufgeschäfts dessen **weitere
Verknüpfung mit einem Vertragsstaat**. Damit hat es den universellen und als ag-
gressiv kritisierten Geltungsanspruch des Haager Rechts aufgegeben, der freilich
über den Vorbehalt in Art III seiner Einführungskonvention korrigiert werden
konnte (vgl dazu VÉKAS IPRax 1987, 342 f mit zahlreichen Nachweisen).

84 Die Verbindung zu einem Vertragsstaat stellt Art 1 Abs 1 lit a CISG mit der Voraussetzung her, daß die verschiedenen Staaten, in denen die Parteien ihre Niederlassungen haben, Vertragsstaaten sein müssen (**autonome Anwendung**, unten Rn 85 ff).
Lockerer und aus diesem Grund problematischer ist die in Art 1 Abs 1 lit b alternativ vorgesehene Verknüpfung, nach der es genügt, daß das IPR zum Recht eines
Vertragsstaates führt (**Vorschaltlösung**, unten Rn 93 ff). Der wesentliche Unterschied
beider Anwendungswege besteht darin, daß bei autonomer Anwendung ein Rückgriff auf das Kollisionsrecht ausscheidet. Soweit die Konvention eine Regelung
trifft, ist das IPR – wie Art 2 EKG noch ausdrücklich vorgesehen hatte – ausgeschlossen (SCHLECHTRIEM/SCHWENZER/FERRARI vor Art 1–6 Rn 35; SOERGEL/LÜDERITZ/FENGE
Art 1 Rn 18). Ferner ergaben sich, solange die Bundesrepublik nicht Vertragsstaat
war, verfahrensrechtliche Unterschiede. Kam und kommt die Konvention auf auto-
nomem Weg zur Anwendung, so ist sie als innerstaatliches Recht anzuwenden und
daher in vollem Umfang revisibel (SCHLECHTRIEM/SCHWENZER/FERRARI Art 1 Rn 76; PÜN-
DER RiW 1990, 873; VÉKAS IPRax 1987, 342). Ferner gilt für sie der Grundsatz „jura novit
curia". § 293 ZPO ist hier ohne Bedeutung. Kam sie dagegen auf kollisionsrechtlichem Weg ins Spiel, so war das CISG, bis die Bundesrepublik Vertragsstaat wurde,
ausländisches Recht und nur in dem von § 545 ZPO zugelassenen Umfang revisibel
(VÉKAS IPRax 1987, 344). Mit der Ratifikation ist die Konvention jetzt aber als deutsches Recht anzuwenden und verfahrensrechtlich als solches zu behandeln, auch
wenn sie im Rahmen ihres Anwendungsbereiches über Art 1 Abs 1 lit b die Vorschaltung des IPR verlangt (so zu Recht SCHLECHTRIEM/SCHWENZER/FERRARI Art 1 Rn 76;
HERBER/CZERWENKA Art 1 Rn 17).

3.   Autonome Anwendung (Abs 1 lit a)

Die Konvention ist unmittelbar, ohne weitere Zwischenschaltung des Kollisions- **85**
rechts und ohne sonstige räumlich-persönliche Voraussetzungen anwendbar, wenn
die **Niederlassungen** der Parteien **in verschiedenen Vertragsstaaten** liegen, die Parteien das Einheitsrecht nicht wirksam ausgeschlossen haben und Gerichte eines
Vertragsstaates entscheiden (Schweizer Botschaft 758; HERBER/CZERWENKA Art 1 Rn 16;
HONSELL/SIEHR Art 1 Rn 6; KREN KOSTKIEWICZ/SCHWANDER, in: FG Neumayer 39; PILTZ, UN-
Kaufrecht Rn 82; SCHLECHTRIEM Rn 11).

Vertragsstaaten sind alle Staaten, die das CISG bei sich in Kraft gesetzt haben, und **86**
sie sind es vom Augenblick des Inkrafttretens an (vgl die Übersicht über den Ratifikationsstand [S 28 ff]). Welcher Zeitpunkt für die Geltung der Konvention maßgeblich
ist, bestimmt sich nach Art 100 (vgl die Erläuterungen dort).

Einschränkungen ergeben sich jedoch aus einigen der erklärten Vorbehalte. Macht **87**
ein Staat vom **Vorbehalt des Art 92** Gebrauch und ratifiziert die Konvention ohne
Teil II (Vertragsschluß – so Dänemark, Finnland, Norwegen und Schweden) oder
Teil III (materielles Kaufrecht, bisher kein Staat), dann ist er auch nur hinsichtlich
des ratifizierten Teils Vertragsstaat (Art 92 Abs 2). Der Abschluß eines deutsch-
dänischen Kaufes unterliegt deshalb nicht unmittelbar über Art 1 Abs 1 lit a, sondern allenfalls über Art 1 Abs 1 lit b der Konvention (HONSELL/SIEHR Art 1 Rn 22 f;
MAGNUS ZEuP 1997, 827 f; mißverständlich dagegen OLG München VersR 1996, 1414 [kritisch
dazu PILTZ NJW 1996, 2769]; ohne Erörterung im Ergebnis zutreffend OLG Frankfurt/M OLGR
Frankfurt 1994, 85 = CLOUT No 121; zutreffend ungarisches Stadtgericht CLOUT Nr 143 für
schwedisch-ungarischen Kauf). Für die Wirkungen eines solchen Vertrags gilt dagegen
das Übereinkommen.

Auch der **Vorbehalt des Art 93**, von dem Australien, Dänemark, zeitweise Kanada **88**
und die Niederlande bisher Gebrauch gemacht haben (vgl BGBl 1990 II 1478; 1991 II 675;
1992 II 449), berührt die Eigenschaft als Vertragsstaat. Beschränkt ein Mehrrechts-
staat die Geltung des CISG auf Teile seines Staatsgebietes, dann ist er Vertragsstaat
im Sinne des Art 1 Abs 1 lit a nur, wenn die Niederlassung einer Partei in einem
Gebietsteil liegt, in dem er das CISG in Kraft gesetzt hat (Art 93 Abs 3).

Schließlich bedeutet der **Vorbehalt nach Art 94** (Rechtsgleichheit), den Dänemark, **89**
Finnland, Island, Norwegen und Schweden eingelegt haben, daß diese Staaten nicht
als Vertragsstaaten zu betrachten sind, wenn die Parteien ihre Niederlassungen in
zwei dieser Staaten haben (aA SCHLECHTRIEM/SCHWENZER/FERRARI Art 1 Rn 67; vgl auch
oben Rn 71 sowie die Erl zu Art 94).

Die weiteren Vorbehaltsmöglichkeiten (Art 95, 96) berühren die Eigenschaft als **90**
Vertragsstaat nicht (ebenso SCHLECHTRIEM/SCHWENZER/FERRARI Art 1 Rn 68; SCHLECHTRIEM
Rn 18). Auch ein Staat, der die Geltung des Art 1 Abs 1 lit b gemäß Art 95 für sich
ausgeschlossen hat, ist Vertragsstaat iS des Art 1 Abs 1 lit a (so auch die Rechtsprechung
etwa im Vorbehaltsstaat USA: Filanto SpA v Chilewich International Corp, 789 F Supp 1229 [1992]:
US-amerikanisch-italienischer Kauf nach CISG beurteilt; ebenso Delchi v Rotorex, 71 F 3d 1024
[1995]).

91 Der autonome Anwendungsweg ist auch eröffnet, wenn die Gerichte eines Vertragsstaates über ein Kaufgeschäft zwischen Parteien zu entscheiden haben, die in
zwei anderen Vertragsstaaten niedergelassen sind (Sekretariatskommentar Art 1 Bem 6;
Schweizer Botschaft 758; VÉKAS IPRax 1987, 342; WINSHIP, in: GALSTON/SMIT 1 ff). Es ist nicht
erforderlich, daß eine der Parteien im Forumstaat niedergelassen ist, auch wenn dies
aus Zuständigkeitsgründen häufig der Fall sein wird. Die Vorschaltung des Kollisionsrechts ist hier weder notwendig noch zulässig.

92 Unerheblich ist es, ob die Parteien wußten, daß die Niederlassungsstaaten zum
maßgeblichen Zeitpunkt Vertragsstaaten waren (so zu Recht SIEHR RabelsZ 52 [1988]
591 f; ferner PÜNDER RiW 1990, 869 Fn 14; ebenso zum EKG: OLG Frankfurt, in: SCHLECHTRIEM/
MAGNUS Art 1 EKG Nr 16). Art 1 Abs 2 gilt hier weder direkt noch analog (SIEHR aaO).

4. Vorschaltlösung (Abs 1 lit b)

a) Grundsatz

93 Das CISG ist nach Abs 1 lit b auch anzuwenden, wenn die Regeln des internationalen Privatrechts zur Anwendung des Rechts eines Vertragsstaates führen. **Dieser
kollisionsrechtliche Anwendungsweg** setzt voraus, daß das angerufene Gericht zunächst sein IPR vorzuschalten hat und die Konvention nur anwendet, wenn Vertragsstatut das Recht eines Vertragsstaates ist. Damit ist das CISG in entsprechenden Fällen sowohl in Nichtvertragsstaaten als auch gegenüber Nichtvertragsstaaten
zu beachten. Im Ergebnis führt dies dazu, daß ohne Rechtswahl alle Exportgeschäfte deutscher Verkäufer dem CISG unterliegen, da dann gem Art 28 Abs 2 EGBGB
das Verkäuferrecht maßgebend ist. Ferner ist die Konvention in zahlreichen Fällen
auch in Staaten anzuwenden, die das CISG nicht ratifiziert haben.

94 Wegen dieses Geltungsanspruchs und auch der gewissen Komplizierung, die Art 1
Abs 1 lit b mit sich bringt, war die Vorschaltlösung bis zuletzt umstritten (vor allem
die deutsche Delegation hatte Bedenken geltend gemacht und die Streichung ver-
langt, vgl Off Rec 236 ff; eingehend dazu CZERWENKA 155 ff; NEUMAYER RiW 1994, 101; PÜNDER
RiW 1990, 869 ff; SIEHR RabelsZ 52 [1988] 592 ff). Als Kompromiß wurde schließlich die
Vorbehaltsmöglichkeit nach Art 95 eingeräumt (Off Rec 229 f).

95 Indessen erscheint die Vorschaltlösung nicht als wirklich bedenklich (Bedenken hat
vor allem HERBER formuliert: Auf der Wiener Konferenz [Off Rec 236 ff] sowie HERBER, UNCI-
TRAL – Übereinkommen 8; ders, in: DORALT 36 f; ders, in: SCHLECHTRIEM, Fachtagung 99 ff; sehr
kritisch auch HOYER, in: HOYER/POSCH 36; NEUMAYER aaO). Denn Art 1 Abs 1 lit b stellt
keinen Anwendungsbefehl gegenüber Nichtvertragsstaaten auf (ebenso SIEHR RabelsZ
52 [1988] 610; VÉKAS IPRax 1987, 43 f). Die Vorschrift richtet sich nur an die Gerichte der
Vertragsstaaten und ist zwingend nur von ihnen zu beachten. Doch erklären die
Vertragsstaaten mit der Vorschrift auch, daß dann, wenn auf ihr Recht verwiesen
wird, die Konvention und nicht das unvereinheitlichte nationale Kaufrecht zu gelten
hat. Eine solche Erklärung ist auch von Nichtvertragsstaaten zu beachten (PÜNDER
RiW 1990, 870 f; wohl aA SIEHR RabelsZ 52 [1988] 607 f). Als Klarstellung ist sie zudem
nützlich, da die Ratifikation des CISG in den Vertragsstaaten zur Rechtsspaltung
zwischen Einheitsrecht und Binnenrecht führt, die aus der Sicht eines Rechtsan-
wenders, dessen Recht eine Verweisung auf die gespaltene Rechtsordnung ausspricht, in jedem Fall einer Lösung bedarf (vgl auch Sekretariatskommentar Art 1 Bem 7;

ferner PÜNDER RiW 1990, 870 f; SCHLECHTRIEM, Rn 17 [Art 1 Abs 1 lit b sei „Verteilungsnorm", die Kauffälle entweder dem CISG oder dem im Übrigen anwendbaren Recht zuweise]; s auch TEKLOTE 50).

Da die Bundesrepublik den Vorbehalt nach Art 95 nicht erklärt hat, ist Art 1 Abs 1   **96** lit b für sie verbindlich (zur Bedeutung des Vorbehalts und der Erklärung der Bundesrepublik hierzu unten Rn 111).

b)   Voraussetzungen
Auch Abs 1 lit b fordert ein erkennbar internationales Kaufgeschäft (dazu oben **97** Rn 72 ff) und setzt deshalb voraus, daß die **Parteien in verschiedenen Staaten niedergelassen** sind (BAMBERGER/ROTH/SAENGER Art 1 Rn 14; PILTZ, Internationales Kaufrecht § 2 Rn 89; SIEHR RabelsZ 52 [1988] 596; teilweise aA SOERGEL/LÜDERITZ/FENGE Art 1 Rn 17, die Art 1 Abs 2 nur auf Abs 1 lit a bezieht).

Entscheiden Gerichte eines Vertragsstaates, so ist Voraussetzung für die Anwen- **98** dung des Art 1 Abs 1 lit b, daß nur eine oder aber keine Partei in einem Vertragsstaat niedergelassen ist (Sekretariatskommentar Art 1 Bem 7; Denkschrift 39; SCHLECHTRIEM/ SCHWENZER/FERRARI Art 1 Rn 69; PLANTARD Clunet 115 [1988] 320; WITZ/SALGER/LORENZ Art 1 Rn 12; zum Vorbehalt nach Art 95 unten Rn 107). Denn wenn beide Parteien ihren Sitz in Vertragsstaaten haben, dann gilt das CISG schon ohne Vorschaltung des IPR unmittelbar über Art 1 Abs 1 lit a (vgl oben Rn 85 ff).

Entscheiden dagegen Gerichte eines Nichtvertragsstaates, so ist gleichgültig, ob die **99** Niederlassungsstaaten der Parteien Vertragsstaaten oder Nichtvertragsstaaten im oben (Rn 86 ff) gekennzeichneten Sinn sind. Entscheidend ist hier stets, ob das IPR des Forumstaates das Recht eines Vertragsstaates beruft.

Zur Lage, wenn die Gerichte eines Staates entscheiden, der den Vorbehalt nach **100** Art 95 eingelegt hat, vgl unten Rn 108 ff.

Weiter setzt Art 1 Abs 1 lit b voraus, daß die **Regeln des internationalen Privatrechts 101** zum Recht eines Vertragsstaates führen. Mit den IPR-Regeln sind die – autonomen oder vereinheitlichten, geschriebenen oder ungeschriebenen – Kollisionsnormen gemeint, die das angerufene Forum auf Kaufverträge mit Auslandsbezug anwendet (DÍEZ-PICAZO/CALVO CARAVACA Art 1 Bem IV 2; FERRARI ZEuP 1998, 167; PILTZ, Internationales Kaufrecht § 2 Rn 92; REITHMANN/MARTINY Rn 725; PLANTARD Clunet 115 [1988] 320; SCHLECHT-RIEM Rn 15). Für deutsche Gerichte sind damit die Art 27 ff EGBGB in das CISG integriert. Insbesondere ist der Grundsatz der Parteiautonomie zu beachten (BGH NJW 1997, 3310; NJW 1999, 1259; OGH JBl 1999, 55; Schweizer Botschaft 758; CZERWENKA 160 f; REITHMANN/MARTINY aaO; PILTZ AnwaltsBl 1991, 60; SIEHR RabelsZ 52 [1988] 596; SOERGEL/ LÜDERITZ/FENGE Art 1 Rn 9). Der objektiven Anknüpfung geht die Rechtswahl durch die Parteien, soweit zulässig, damit vor. Näher zur Rechtswahl unten Rn 104 und Art 6.

Staaten, die – wie etwa Frankreich oder Italien – das Haager Übereinkommen vom **102** 15. 6. 1955 betreffend das auf internationale Kaufverträge über bewegliche Sachen anzuwendende Recht (abgedruckt in JAYME/HAUSMANN Nr 47) ratifiziert haben, bestimmen das anwendbare Recht nach diesem vereinheitlichten IPR (vgl für Frankreich:

GAILLARD GazPal 1988 doct 654.1; für Italien: CONETTI ZfRvgl 1987, 83 ff; KINDLER RiW 1988, 778 ff). Ein deutscher Richter, der über Art 1 Abs 1 lit b auf französisches Recht verwiesen wird, hat das CISG jedoch unmittelbar, ohne Zwischenprüfung des Kauf-IPR-Übk anzuwenden, da das deutsche IPR (Art 27 ff EGBGB) eine Sachnorm-verweisung ausspricht (Art 35 EGBGB; so im Ergebnis auch OLG Frankfurt NJW 1991, 3102; LG Aachen RiW 1990, 491; LG Hamburg RiW 1990, 1015; anders noch BG für Handelssachen Wien östRdW 1992, 239, da Österreich die Verweisung auf fremdes Recht vor der Übernahme des EVÜ als Gesamtverweisung betrachtete; zur Renvoi-Frage noch unten Rn 105).

103 Entscheidet ein deutsches Forum, so kommt die Konvention zum Zug, wenn die Parteien das **Recht eines Vertragsstaates wirksam gewählt** haben (zur Rechtswahl unten Rn 104). Dabei ist gleichgültig, ob die Parteien in Vertragsstaaten oder Nichtver-tragsstaaten niedergelassen sind (s BGH NJW 1999, 1259).

c) Rechtswahl

104 Zu den Regeln des internationalen Privatrechts, auf die Art 1 Abs 1 lit b verweist, gehört auch der Grundsatz der Parteiautonomie, der für die Bundesrepublik in Art 27 EGBGB verankert ist. Die Konvention ist deshalb anzuwenden, wenn das Recht eines Vertragsstaates kraft zulässiger Rechtswahl der Parteien gilt (s insbes BGH NJW 1997, 3310; NJW 1999, 1259; OGH JBl 1999, 55). Mit einer solchen Rechtswahl ist die Geltung der Konvention vereinbart, auch wenn die Parteien sie nicht erwähnt haben, soweit nicht Anhaltspunkte für die Wahl lediglich des internen Rechts sprechen (BGH, OGH aaO; ferner ausdrücklich Sekretariatskommentar Art 1 Bem 8; SCHLECHT-RIEM/SCHWENZER/FERRARI Art 6 Rn 16; KAHN, Dr prat comm int 15 [1989] 394; PÜNDER RiW 1990, 873; SCHWIMANN/POSCH Art 1 Rn 19; WINSHIP, in: GALSTON/SMIT 1 ff; ICC-Schiedsspruch 6653/1992 Clunet 1993, 1041: deutsch-syrischer Kauf mit Wahl französischen Rechts, CISG angewendet; anders aber kürzlich Cass D 2001, 3607 m Anm WITZ = Rev crit dr int priv 2002, 93 m Anm MUIR WATT sowie REIFNER IHR 2002, 52; näher zur Rechtswahl vgl die Erl zu Art 6) **oder** wenn die **objektive Anknüpfung** (das Recht am Verkäufersitz, Art 28 Abs 2 oder eine engere Beziehung zu einem anderen Recht, Art 28 Abs 5 EGBGB) zum Recht eines Ver-tragsstaates führt. Ist hiernach das Recht des Forumstaates selbst maßgebend, dann gilt die Konvention, wenn der Forumstaat zugleich Vertragsstaat ist (BGH, OGH aaO; REITHMANN/MARTINY Rn 725). Bei deutschem Forum ist das CISG über Art 1 Abs 1 lit b also stets anzuwenden, wenn der Verkäufer in der Bundesrepublik niederge-lassen ist oder hier seinen gewöhnlichen Aufenthalt hat und eine Rechtswahl fehlt.

d) Renvoi

105 Verweist das deutsche IPR auf das Recht eines anderen Vertrags- oder Drittstaates, so ist dessen mögliche **Rück- oder Weiterverweisung nicht zu beachten** (ENDERLEIN/MASKOW/STROHBACH Art 1 Bem 6.1; REITHMANN/MARTINY Rn 725; VÉKAS IPRax 1987, 344). Das folgt aus Art 35 EGBGB, der als Regel des (deutschen) Internationalen Privat-rechts auch innerhalb des Art 1 Abs 1 lit b CISG zu beachten ist.

106 Darüberhinaus sollte die Formulierung „Recht eines Vertragsstaates" in Art 1 Abs 1 lit b dahin verstanden werden, daß damit das Sachrecht dieses Staates, nämlich die Konvention gemeint und ein Renvoi ausgeschlossen ist (davon geht offenbar der Sekre-tariatskommentar Art 1 Bem 7 aus; ferner auch HONNOLD Rn 46; aA aber CZERWENKA 161 f; NEUMAYER RiW 1994, 101; für Berücksichtigung eines Renvoi in Österreich vor Ratifikation des EVÜ: BG für Handelssachen östRdW 1992, 239; LOEWE, Kaufrecht 22; KAROLLUS 33; SCHWIMANN/

Posch Art 1 Rn 19). Jedenfalls für die Vertragsstaaten kann die Konvention diesen Eingriff in nationales Kollisionsrecht, soweit dieses einen Renvoi kennt, vorsehen. Nichtvertragsstaaten – sind ihre Gerichte befaßt – können dagegen nicht gebunden werden. Sie bestimmen selbständig, ob sie einen Renvoi beachten oder nicht (vgl Hoyer, in: Hoyer/Posch 36; Loewe, Kaufrecht 22 f). Verweist das IPR auf das Recht eines Vertragsstaates, so ist aber Art 1 Abs 1 lit b zu entnehmen, daß dieser Vertragsstaat insoweit keinen Renvoi ausspricht (ähnlich Honnold Rn 46; aA Czerwenka 161), es sei denn, der Vertragsstaat hat den Vorbehalt nach Art 95 eingelegt.

e)   Gespaltene Anknüpfung
Sieht das IPR eines Vertragsstaats keine einheitliche Anknüpfung des Vertrages **107**
vor, sondern unterstellt etwa Vertragsschluß und Vertragswirkungen unterschiedlichen Anknüpfungen (dépecage), dann ist nur der Teil der Konvention berufen, zu dem die konkrete Anknüpfung führt (ebenso Czerwenka 162; Enderlein/Maskow/ Strohbach Art 1 Bem 6.4; Schlechtriem, UN-Kaufrecht 11; aA Huber RabelsZ 43 [1979] 423; wohl auch Karollus 31).

f)   Der Vorbehalt nach Art 95
Art 95 gestattet den Vertragsstaaten, die Konvention ohne Art 1 Abs 1 lit b zu **108**
ratifizieren. Von dieser **Vorbehaltsmöglichkeit** haben bisher die USA, China, Singapur, die tschechische und slowakische Republik sowie St Vincent und die Grenadinen Gebrauch gemacht (vgl die Übersicht über den Ratifikationsstand [S 28 ff]). Die USA haben den Vorbehalt aus zwei Gründen eingelegt: Die IPR-Regeln seien unsicher und könnten zu „disharmony" führen. Ferner bevorzuge Art 1 Abs 1 lit b fremdes Recht. Führe das IPR nämlich zum Recht eines Nichtvertragsstaates, so sei dessen Recht anzuwenden; führe es zum Recht eines Vertragsstaates, gelte dagegen die Konvention (eingehend dazu Farnsworth CornellIntLJ 21 [1988] 540; Kritzer 76). Die genannten Vorbehaltsstaaten wenden die Konvention also nur an, wenn beide Parteien Niederlassung oder gewöhnlichen Aufenthalt in Vertragsstaaten haben. Führt das IPR aus der Sicht dieser Staaten zum Recht eines Vertragsstaates, dann bleibt das CISG unberücksichtigt.

Problematisch ist jedoch, wie der Vorbehalt aus der **Sicht anderer Staaten** als des **109**
Vorbehaltsstaates selbst zu beurteilen ist. Für Art 1 Abs 1 lit a bleibt ein Staat, der den Vorbehalt nach Art 95 eingelegt hat, in jedem Fall Vertragsstaat (oben Rn 90).

Für Art 1 Abs 1 lit b ist die Wirkung des Vorbehalts dagegen **umstritten.** Nach einer **110**
Auffassung wirkt der Vorbehalt nur für den Vorbehaltsstaat selbst (Schlechtriem/ Schwenzer/Ferrari Art 1 Rn 78 [allerdings nur als allgemeiner Grundsatz, der in Deutschland wegen Art 2 VertragsG nicht gilt]; Czerwenka 159; Ferrari Art 1 Bem 8; ders, Sphere 16; Honsell/Siehr Art 1 Rn 17; Plantard 322; Siehr RabelsZ 52 [1988] 601 ff; Stoffel SJZ 1990, 173). Die Konvention ist danach anzuwenden, auch wenn das IPR des Forums zum Recht eines Vorbehaltsstaates führt. Nach **überwiegender Auffassung** ist das CISG dagegen nicht zu beachten, wenn das IPR zum Recht eines Vertragsstaates führt, der den Vorbehalt nach Art 95 eingelegt hat, da dieser Staat das Übereinkommen selbst nicht anwenden würde (so ICC-Schiedsspruch 7197/1992 Clunet 1993, 1031; übersehen von OLG Düsseldorf RiW 1993, 845 = EWiR Art 1 CISG 1/93, 1075 m krit Anm Schlechtriem; Bamberger/Roth/Saenger Art 1 Rn 19; Calvo Caravaca, in: FS Díez de Velasco 1346; Piltz NJW 1989, 620; Kren Kostkiewicz/Schwander, in: FG Neumayer 43 ff; Reithmann/Martiny

Rn 726; SCHLECHTRIEM Rn 18; SCHWIMANN/POSCH Art 1 Rn 21; SOERGEL/LÜDERITZ Art 1 Rn 12; VÉKAS IPRax 1987, 345 f; WINSHIP, in: GALSTON/SMIT 1–27 f; WITZ/SALGER/LORENZ Art 1 Rn 13).

111 Für die Bundesrepublik ist letztere Auffassung in **Art 2 VertragsG** (siehe dazu unten Anh nach Art 101) zum Ausdruck gebracht worden. Danach bleibt Art 1 Abs 1 lit b außer Betracht, wenn das (deutsche) Kollisionsrecht zum Recht eines Vorbehalts-staates führt. Die Vorschrift will eine **Auslegungshilfe** für Art 1 CISG geben (so Begründung BT-Drucks 11/3076, 6). Sie soll sichern, daß gleichgelagerte Sachverhalte in Vertrags- und Vorbehaltsstaaten nach dem gleichen Recht entschieden werden. Eine „authentische Interpretation" des CISG durch den Bundesgesetzgeber (so SCHLECHTRIEM/FERRARI[2] Art 1 Rn 45) ist allerdings wegen des Gebots einheitlicher Aus-legung in Art 7 CISG problematisch. Eine nationale Auslegungsregel gerät mit diesem Gebot in Konflikt, sobald sich international einheitlich eine andere Inter-pretation herausbilden sollte (vgl auch Art 7 Rn 23). Die Kollision zwischen den gleich-rangigen Art 7 Abs 1 CISG und Art 2 VertragsG, die beide einfaches deutsches Gesetzesrecht darstellen, ist dann dahin zu lösen, daß der mit Art 2 VertragsG angestrebten Auslegung nur solange zu folgen ist, wie sie der international vorherr-schenden Auffassung nicht widerspricht. Hierfür spricht der überragende Zweck des CISG, nämlich einheitliche Rechtsgrundlagen für internationale Kaufgeschäfte zu schaffen. Dieser Zweck würde durch unterschiedliche nationale Interpretationsge-setze gefährdet (für einen Vorrang von Art 2 VertragsG aber SCHLECHTRIEM/FERRARI[2] vor Art 1–6 Rn 36).

112 An dem Ergebnis ändert auch die **völkerrechtliche Erklärung** nichts, die die Bun-desrepublik bei der Ratifikation abgegeben hat und die die Auslegungsregel in Art 2 VertragsG völkerrechtlich absichern soll (Text: BGBl 1990 II 1477 sowie oben Einl 10 zum CISG). Die Erklärung als einen – in seiner Wirksamkeit zweifelhaften – Teilvorbehalt nach Art 95 zu verstehen, wie manche meinen (HERBER/CZERWENKA Art 1 Rn 19; ohne Bedenken gegen die Wirksamkeit REINHART Art 1 Rn 8), ist abzulehnen. Der Text der Erklärung selbst und die Gesetzesbegründung zu Art 2 VertragsG zeigen, daß die Bundesrepublik nicht die Geltung des Art 1 Abs 1 lit b für sich einschränken, sondern ein bestimmtes Verständnis des Begriffs „Vertragsstaat" in dieser Vorschrift fixieren wollte (Begründung BT-Drucks 11/3076, 6). Die Erklärung ist daher als sog **Interpretationserklärung** aufzufassen (näher zu solchen Erklärungen HEINT-SCHEL VHEINEGG, Vorbehalte zu Verträgen, in: IPSEN, Völkerrecht [3. Aufl 1990] § 14; MCRAE, The Legal Effect of Interpretative Declarations, BritYbIntL 1978, 155 ff).

5. Anwendungsfälle

113 Wegen der mehreren Variablen, die für den räumlichen Anwendungsbereich des CISG zu beachten sind – staatliche Gerichtsbarkeit/Schiedsgerichtsbarkeit; Forum in einem Vertragsstaat, Vorbehaltsstaat oder Nichtvertragsstaat; Niederlassung der Parteien in Staaten dieser drei Typen; Rechtswahl, objektive Anknüpfung – können sich theoretisch **zahlreiche Kombinationsmöglichkeiten** ergeben (vgl VÉKAS IPRax 1987, 342; WINSHIP, in: GALSTON/SMIT 1–53), die alle die Frage nach der Anwendbarkeit der Konvention stellen. Im folgenden sind die Anwendungsfälle zusammengestellt, die sich aus der Sicht deutscher Gerichte bzw aus der Sicht von Schiedsgerichten ergeben. Größere praktische Schwierigkeiten haben sich hier bislang freilich nicht gezeigt, vor allem auch deshalb, weil die Zahl der Vertragsstaaten des CISG noch

ständig steigt und die Situationen immer seltener werden, in denen es eine Rolle
spielt, ob Vorbehalts- oder Nichtvertragsstaaten beteiligt sind.

a)   Verfahren vor deutschen Gerichten
aa) Anwendungsfälle nach der deutschen Ratifikation (1. 1. 1991)
Haben die Parteien ihre **Niederlassung oder** den gewöhnlichen **Aufenthalt in ver-** 114
schiedenen Vertragsstaaten – sei es in der Bundesrepublik, sei es in vorbehaltslosen
Vertragsstaaten, sei es in Staaten mit dem Vorbehalt nach Art 95 –, dann gilt die
Konvention unmittelbar über Art 1 Abs 1 lit a (ebenso REITHMANN/MARTINY Rn 725;
PLANTARD Clunet 1988, 322; WINSHIP, in: GALSTON/SMIT 1–29 f). Ausnahmen gelten bisher
nur für die skandinavischen Länder (vgl auch oben Rn 71, 87). Bei Niederlassung einer
Partei in Dänemark, Finnland, Norwegen oder Schweden und der anderen Partei in
einem nichtskandinavischen Vertragsstaat ist nur das materielle Kaufrecht, nicht das
Vertragsschlußrecht der Konvention anzuwenden; bei Niederlassung der Parteien in
zwei der skandinavischen Staaten einschließlich Islands scheidet die Konvention
ganz aus.

Kaum ins Gewicht fallen bisher die **Gebietseinschränkungen nach Art 93**: Australien 115
hat erklärt, daß die Konvention nicht für die Weihnachtsinseln, die Kokosinseln, die
Ashmore- und Cartierinseln gilt; in Kanada galt sie bis 1. 2. 1993 nicht für Quebec,
Saskatchewan und Yukon; in Dänemark gilt sie nicht für die Faröer und Grönland;
in den Niederlanden gilt sie auch für Aruba, nicht aber für die niederländischen
Antillen (BGBl 1990 II 1478; 1991 II 675; 1992 II 449).

Über Art 1 Abs 1 lit b ist die Konvention von bundesdeutschen Gerichten anzu- 116
wenden, **wenn keine oder nur eine Partei in einem Vertragsstaat Niederlassung oder**
gewöhnlichen Aufenthalt hat und nach deutschem IPR – kraft Rechtswahl der
Parteien oder über Art 28 Abs 2 oder 5 EGBGB – das Recht eines Vertragsstaates
gilt, der nicht den Vorbehalt nach Art 95 eingelegt hat. Ist dagegen Vertragsstatut
das Recht der USA, der tschechischen oder slowakischen Republik, Singapurs,
Chinas, von St Vincent und den Grenadinen (die den Vorbehalt nach Art 95 eingelegt haben), etwa weil der Verkäufer dort seinen Sitz hat, während der Käufer in
einem Nichtvertragsstaat niedergelassen ist, dann ist nicht die Konvention, sondern
das intern geltende Recht der USA, der tschechischen und slowakischen Republik,
Chinas oder St Vincents und der Grenadinen anzuwenden. Die skandinavischen
Länder sind auch für Art 1 Abs 1 lit b nur für das materielle Kaufrecht Vertragsstaaten der Konvention. Ferner ist der Vorbehalt dieser Länder nach Art 94
(Rechtsgleichheit) zu beachten, wenn die Parteien in Island sowie einem der anderen nordischen Staaten niedergelassen sind und bundesdeutsche Gerichte zu
entscheiden haben. Weiter gelten die Gebietseinschränkungen Australiens, Däne-
marks, der Niederlande und früher Kanadas nach Art 93 auch für Art 1 Abs 1 lit b.
Die Konvention ist mithin nicht anzuwenden, wenn das IPR zwar das Recht eines
Vertragsstaates beruft, eine der Parteien aber in einem nach Art 93 ausgenommenen Gebietsteil ihre Niederlassung hat. Andernfalls würde der Vorbehalt des Art 93
unterlaufen.

bb) Anwendungsfälle vor der bundesdeutschen Ratifikation
Seit **1988** war das CISG in einer Reihe von Staaten in Kraft (vgl die Übersicht über den 117
Ratifikationsstand [S 28 ff]), während die Bundesrepublik **bis 1991** nicht Vertragsstaat

war. Führt in Fällen aus diesem Zeitraum das deutsche IPR – kraft Rechtswahl oder objektiver Anknüpfung – zum Recht eines der frühen Vertragsstaaten, dann ist genauso zu entscheiden wie jetzt nach Art 1 Abs 1 lit b (oben Rn 93 ff), nämlich die Konvention grundsätzlich anzuwenden. Insbesondere für deutsch-französische und deutsch-italienische Käufe zwischen 1988 und 1991 hat die deutsche Rechtsprechung auch in diesem Sinn entschieden, wenn die Verkäufer in Italien oder Frankreich ihre Niederlassung hatten (vgl etwa LG Stuttgart IPRax 1990, 317; LG München IPRax 1990, 316; LG Aachen RiW 1990, 491; LG Hamburg RiW 1990, 1015; AG Oldenburg iH IPRax 1990, 336; OLG Frankfurt NJW 1991, 3102; LG Frankfurt RiW 1991, 952; OLG Frankfurt NJW 1992, 633; LG Baden-Baden RiW 1992, 62; zu deutsch-italienischen Käufen Asam JbItalR III [1990] 3 [6 ff]; Ferrari Art 1 Bem 8). Bei Geltung des Rechts der USA oder Chinas – ebenfalls Vertragsstaaten seit 1988 –, weil der Verkäufer dort seine Niederlassung hatte, ist wegen ihres Vorbehalts nach Art 95 CISG dagegen auch für diese Zeit das interne Recht dieser Staaten anzuwenden, es sei denn, der Käufer hatte seine Niederlassung ebenfalls in einem Vertragsstaat (übersehen von OLG Düsseldorf RiW 1993, 845).

cc) Anwendungsfälle aus der Zeit der Ratifikation in der ehemaligen DDR

118 In der DDR war das CISG bereits am 1. 3. 1990 in Kraft und am 3. 10. 1990 wieder außer Kraft getreten (vgl dazu Einl 15 ff zum CISG). Haben deutsche Gerichte noch über Fälle aus dieser Zeit zu entscheiden, an denen Parteien mit Sitz im ehemaligen DDR-Gebiet beteiligt waren, so ist das CISG unmittelbar anzuwenden, wenn auch die andere Vertragspartei ihre Niederlassung in einem Vertragsstaat (einschließlich der Staaten, die den Vorbehalt nach Art 95 eingelegt haben) hatte. War die andere Vertragspartei dagegen nicht in einem Vertragsstaat niedergelassen, dann ist die Konvention anzuwenden, wenn das Kollisionsrecht, das bis zum 3. 10. 1990 in der DDR galt, zum Recht eines Vertragsstaates führte. Nach dem Rechtsanwendungsgesetz (RAG) der DDR war in erster Linie das gewählte Recht, mangels Rechtswahl das Recht am Sitz der Partei maßgebend, die die vertragstypische Leistung erbrachte. Bei Kaufverträgen war dies das Recht am Sitz des Verkäufers (§ 12 Abs 1 lit a RAG).

119 Bei **interlokalen Fällen** – Niederlassung der Parteien im ehemaligen Bundes- und ehemaligen DDR-Gebiet – aus der Zeit zwischen dem 1. 3. 1990 und 3. 10. 1990 ist die Konvention gemäß Art 1 Abs 1 lit b anzuwenden, wenn DDR-Recht entweder gewähltes oder objektives Vertragsstatut war. Ob das Vertragsstatut nach bundesdeutschem oder altem DDR-Recht zu bestimmen ist, spielt in der Regel keine Rolle, da die Regelungen (Art 28 EGBGB und § 12 RAG) im wesentlichen übereinstimmten. Kommt es, etwa wegen Art 28 Abs 5 EGBGB, doch einmal zu Unterschieden, sollte das bundesdeutsche IPR angewendet werden (vgl dazu Magnus JuS 1992, 456 [461]).

b) Verfahren vor Schiedsgerichten

120 Liegen die Voraussetzungen des Art 1 Abs 1 lit a oder b vor und haben die Parteien keine abweichende Rechtswahl getroffen, dann haben auch **Schiedsgerichte das CISG** anzuwenden (vgl ICC-Schiedssprüche 7197/1992 Clunet 1993, 1028 ff und 6653/1993 Clunet 1993, 1040 ff; Schiedsspruch des Internationalen Schiedsgerichts öst Bundeskammer der gewerbl Wirtschaft RiW 1995, 590 ff m Anm Schlechtriem; Schiedsspruch Nr 155/1994 des Internationalen Schiedsgerichts der Industrie- und Handelskammer der Russischen Föderation, CLOUT No 140; Schiedsspruch des Schiedsgerichts der Handelskammer Hamburg NJW 1996, 3229; ebenso

AUDIT 22; THIEFFRY ArbInt 4 [1988] 54; zur Anwendung des EKG in der Schiedsgerichtspraxis vgl etwa Schiedsgericht gemäß dem Europäischen Übereinkommen über die internationale Handels- schiedsgerichtsbarkeit; Schiedsspruch v 11.11. 1975 RiW 1978, 336; Schiedsgericht der Hamburger Freundschaftlichen Arbitrage, Schiedsspruch v 11.11. 1975 RiW 1978, 337 m Anm MAGNUS; einge- hend FERRARI, in: FERRARI/FLECHTNER/BRAND 55 ff).

Problematisch ist im Schiedsgerichtsverfahren allerdings, welches Internationale **121** Privatrecht für Art 1 Abs 1 lit b CISG zugrundezulegen ist, wenn die Parteien hierzu nichts bestimmt haben. Findet das Schiedsverfahren in der Bundesrepublik statt, gilt nunmehr § 1051 ZPO. Danach ist das – auch über eine Schiedsordnung – gewählte und im übrigen das am engsten verbundene Recht maßgebend. Gleiches gilt in den Staaten, die ebenso wie die Bundesrepublik das UNCITRAL Model Law zur Schiedsgerichtsbarkeit bei sich eingeführt haben. Gelten diese Regeln nicht und haben die Parteien – oder die Schiedsordnung – zum anwendbaren Recht auch nichts bestimmt, dann ist im Grundsatz regelmäßig das am Schiedsort geltende IPR anzuwenden (vgl dazu SCHLOSSER, Das Recht der internationalen privaten Schiedsgerichtsbar- keit [2. Aufl 1989] Rn 726 ff; SCHWIMANN/POSCH Art 1 Rn 22; ebenso ICC Schiedsspruch 6281/1989 Clunet 1989, 1114). Doch kommt auch eine Wahl des Schiedsrichters zwischen meh- reren möglichen Kollisionsrechten in Betracht (so Art VII Abs 1 S 2 Europäisches Übereinkommen über die internationale Handelsschiedsgerichtsbarkeit; näher SCHLOSSER Rn 733; THIEFFRY ArbInt 4 [1988] 54). Verweist das maßgebende IPR auf das Recht eines CISG-Vertragsstaates, dann gilt das UN-Kaufrecht.

Ist im Schiedsverfahren allein nach Billigkeit zu entscheiden, dann kann das **CISG 122 als Modellösung dienen** und sollte deshalb, wenn ein internationaler Kauf vorliegt (die Parteien also in verschiedenen Staaten niedergelassen sind), beachtet werden (ebenso THIEFFRY aaO).

V. Die persönlichen Anwendungsvoraussetzungen (Abs 3)

1. Staatsangehörigkeit und Kaufmannseigenschaft unbeachtlich

Persönliche Eigenschaften der Vertragsparteien haben mit einer kleinen Einschrän- **123** kung (vgl unten Rn 125) keinen Einfluß darauf, ob die Konvention anzuwenden ist oder nicht. Weder die Staatsangehörigkeit der Parteien ist zu berücksichtigen noch ihre Kaufmannseigenschaft („civil or commercial character of the parties"). Das gilt für natürliche ebenso wie für juristische Personen (OGH 15.10. 1998 CLOUT No 240: Zurückverweisung an Unterinstanz, die zu Unrecht auf die Staatsangehörigkeit der Parteien abge- stellt hatte). Die Bestimmung, ob eine oder beide Parteien die Anforderungen des Kaufmannsbegriffs erfüllen, und die Festlegung, welches Recht diese Frage ent- scheidet, erübrigt sich damit. Für die Anwendung des CISG kommt es – wie schon im EKG (Art 1 Abs 3, Art 7) – nur auf die Niederlassung der Parteien an.

Die Vorschrift bezieht sich jedoch nur auf den Anwendungsbereich des Überein- **124** kommens. Sie schließt nicht aus, bei der Anwendung der materiellen Vorschriften (insbes bei Art 38, 39 oder auch 44) dem Umstand Rechnung zu tragen, daß eine oder beide Parteien Kaufleute oder Private sind (so ausdrücklich Sekretariatskommentar Art 1 Bem 14).

2.   Verbrauchereigenschaft

125 Die Konvention ist für den internationalen Handel gedacht, an dem Privatleute in aller Regel nicht teilnehmen. **Käufe zu privaten Zwecken** sind deshalb vom Anwendungsbereich ausgenommen (Art 2 lit a). Doch auch für diesen Ausschluß kommt es nicht auf die persönliche Eigenschaft des Käufers als Verbraucher an, sondern darauf, ob der Kaufgegenstand persönlichen Zwecken dienen soll (vgl Art 2 Rn 11 ff).

3.   Charakter des Kaufgeschäfts unerheblich

126 Von der Ausnahme für Verbraucherkäufe abgesehen, ist unerheblich, ob das Kaufgeschäft selbst als bürgerlich-rechtlicher oder Handelskauf zu qualifizieren ist. Damit erfaßt die Konvention auch die Kaufgeschäfte von Nichtkaufleuten (Privaten, Freiberuflern etc), soweit nicht der Ausschluß des Art 2 lit a eingreift.

VI.   Die zeitlichen Anwendungsvoraussetzungen

127 Die **zeitlichen Anwendungsvoraussetzungen** ergeben sich aus Art 100. Das CISG gilt danach im Grundsatz nur für Verträge, die abgeschlossen wurden, nachdem das ÜbK entweder in beiden Niederlassungsstaaten der Vertragsparteien oder in dem vom IPR berufenen Staat in Kraft getreten war (vgl näher die Erläuterungen zu Art 100). Im Forumstaat muß es dagegen nicht in Kraft sein.

VII.   Beweisfragen

128 Die Anwendungsvoraussetzungen des Art 1 sind von Amts wegen zu prüfen. Beruft sich eine Partei darauf, daß sie die Internationalität des Kaufgeschäfts nicht erkennen konnte, so ist sie hierfür beweispflichtig (s näher BAUMGÄRTEL/LAUMEN/HEPTING Art 1 Rn 1 ff; ferner oben Rn 82).

Art 2 [Anwendungsausschlüsse]

Dieses Übereinkommen findet keine Anwendung auf den Kauf
a)   **von Ware für den persönlichen Gebrauch oder den Gebrauch in der Familie oder im Haushalt, es sei denn, daß der Verkäufer vor oder bei Vertragsabschluß weder wußte noch wissen mußte, daß die Ware für einen solchen Gebrauch gekauft wurde,**
b)   **bei Versteigerungen,**
c)   **aufgrund von Zwangsvollstreckungs- oder anderen gerichtlichen Maßnahmen,**
d)   **von Wertpapieren oder Zahlungsmitteln,**
e)   **von Seeschiffen, Binnenschiffen, Luftkissenfahrzeugen oder Luftfahrzeugen,**
f)   **von elektrischer Energie.**

Art 2

This Convention does not apply to sales:

(a) of goods bought for personal, family or household use, unless the seller, at any time before or at the conclusion of the contract, neither knew nor ought to have known that the goods were bought for any such use;

(b) by auction;

(c) on execution or otherwise by authority of law;

(d) of stocks, shares, investment securities, negotiable instruments or money;

(e) of ships, vessels, hovercraft or aircraft;

(f) of electricity.

Art 2

La présente Convention ne régit pas les ventes:

a) de marchandises achetées pour un usage personnel, familial ou domestique, à moins que le vendeur, à un moment quelconque avant la conclusion ou lors de la conclusion du contrat, n'ait pas su et n'ait pas été censé savoir que ces marchandises étaient achetées pour un tel usage;

b) aux enchères;

c) sur saisie ou de quelque autre manière par autorité de justice;

d) de valeurs mobilières, effets de commerce et monnaies;

e) de navires, bateaux, aéroglisseurs et aéronefs:

f) d'électricité.

Schrifttum

Wie zu Art 1; ferner:
DECHOW, Die Anwendbarkeit des UN-Kaufrechts im Kunsthandel (2000)
HJERNER, The United Nations Convention on Contracts for the International Sale of Goods, in: International Sales of Works of Art (1985) 545
Höss, Der gegenständliche Anwendungsbereich des UN-Kaufrechts – „Contracts to which the CISG is applicable" (Diss Augsburg 1995)
JANSSEN, Kollision des einheitlichen UN-Kaufrechts mit dem Verbraucherschutzrecht am Beispiel der Richtlinie über den Verbrauchsgüterkauf und Garantien, VuR 1999, 325
SCHROETER, Die Anwendbarkeit des UN-Kaufrechts auf grenzüberschreitende Versteigerungen und Internet-Auktionen, ZEuP 2004, 20
SKELTON, Potential Effects of the International Sales Convention on U.S. Crude Oil Traders, HoustJIntL 9 (1986) 95
SPINDLER-WIEBE, Internet-Auktionen (2001)
TEKLOTE, Die Einheitlichen Kaufgesetze und das deutsche AGB-Gesetz: Probleme bei der Verwendung Allgemeiner Geschäftsbedingungen im CISG und im EKG/EAG (1994)
WARTENBERG, CISG und deutsches Verbraucherschutzrecht: Das Verhältnis der CISG insbesondere zum VerbrKrG, HaustürWG und ProdHafttG (1998)
WINSHIP, Aircraft and International Conventions, JAirL & Co 50 (1985) 1053.

Systematische Übersicht

Alphabetische Übersicht

I.   Regelungsgegenstand und Normzweck

Die Vorschrift nimmt **bestimmte Arten von Kaufgeschäften und Kaufgegenständen** 1
vom Geltungsbereich der Konvention aus. Sie grenzt den auf Warenkäufe beschränkten Anwendungsbereich des CISG damit nochmals ein. Gemeinsamer, wenn
auch nicht vollständig durchgeführter Grundgedanke des Ausschlusses ist es, solche
Kaufgeschäfte unvereinheitlicht zu lassen, für die sehr differierende nationale Sonderregeln bestehen. Eine Vereinheitlichung auch dieser Regeln erschien nicht erreichbar.

Im einzelnen sprechen noch weitere, ganz disparate Gründe für den jeweiligen 2
Ausschluß. Die ausgeschlossenen Typen von Kaufverträgen (Verbraucherkäufe,
Verkäufe aufgrund gerichtlicher Maßnahmen) haben überwiegend keinen internationalen Bezug. Ihre internationale Vereinheitlichung wurde deshalb für unnötig
gehalten (vgl jedoch noch unten Rn 10). Bei Auktionen würde erst mit dem Zuschlag an
den erfolgreichen Bieter feststehen, ob die Konvention eingreift oder nicht. Das ist
ein für den Verkäufer unzumutbar später Zeitpunkt (dazu BIANCA/BONELL/KHOO Art 2
Bem 2.3). Für einige Kaufgegenstände (Wertpapiere, Geld, Elektrizität), deren Charakter als Ware zweifelhaft sein kann, will Art 2 klarstellen, daß sie außerhalb der
Konvention stehen (Sekretariatskommentar Art 2 Bem 7).

II.   Entstehungsgeschichte

Die Vorschrift hat in lit c–f die Ausschlußtatbestände des Art 5 Abs 1 EKG mit 3
geringfügigen Änderungen übernommen. So erfaßt Art 2 lit d CISG alle, nicht nur
die eingetragenen Schiffe und Flugzeuge, wie noch Art 5 Abs 1 lit b EKG. Ferner
hat man Luftkissenfahrzeuge in den Ausnahmetatbestand neu aufgenommen. In
Art 2 lit c CISG ist nun nicht mehr, wie noch im englischen Text des EKG (Art 5
Abs 1 lit d), Veräußerung aufgrund von „distress" enthalten. Das neu aufgenommene „otherwise" macht aber deutlich, daß jede Veräußerung durch gerichtliche Maßnahmen gemeint ist.

Erhebliche Schwierigkeiten bereitete der neu aufgenommene Ausschluß des Ver- 4
braucherkaufes und die Festlegung dieses Begriffs (zur Diskussion hierüber Off Rec
235 ff; ferner BIANCA/BONELL/KHOO Art 2 Bem 1; CZERWENKA 148 ff). Man entschied sich
schließlich für die schon im Verjährungsübereinkommen verwendete Fassung (dort
Art 4 lit a), die auf den Verwendungszweck der Ware abstellt, ergänzte die Formu-

lierung aber um den „es sei denn"-Halbsatz. Diesem neuen Text wurde die Verjährungskonvention 1980 dann auf der Wiener Konferenz angepaßt (vgl Protokoll zur Änderung der Verjährungskonvention, A/Conf 97/18, Annex II, Off Rec 191 f). Mit dem „es sei denn"-Halbsatz sollte sichergestellt werden, daß die Konvention auch für internationale Verbraucherkäufe gilt, wenn der Verkäufer keinen Anlaß hat, von einem Verbraucherkauf auszugehen (Sekretariatskommentar Art 2 Bem 4).

5 Der ebenfalls neu aufgenommene Ausschluß von Käufen auf Versteigerungen war von Anfang an unumstritten (UNCITRAL YB II [1971] 55 f) und löste auf der Wiener Konferenz keine Diskussionen aus (BIANCA/BONELL/KHOO Art 2 Bem 1. 12).

III. Allgemeines

6 Wenn Art 2 von Kauf (sales, ventes) spricht, so sind damit auch die dem Kauf gleichgestellten Geschäfte wie Werklieferungsverträge etc gemeint, soweit die Konvention sie erfaßt (vgl Art 3).

7 Die **Aufzählung** in Art 2 **ist abschließend**. Sie kann nicht durch Analogie erweitert werden (ebenso ACHILLES Art 2 Rn 1; SCHWIMANN/POSCH Art 2 Rn 2). Auch wenn beispielsweise die Lieferung anderer Energieträger (Öl, Gas) häufig nationalen Sonderregeln untersteht, kann Art 2 lit f nicht auf sie erstreckt werden (OGH östRdW 1996, 203 m Anm KAROLLUS 197 [Kauf von Flüssiggas fällt unter CISG]; SCHLECHTRIEM/SCHWENZER/ FERRARI Art 2 Rn 5, 46; CZERWENKA 155; HERRMANN, in: Berner Tage 93; HONSELL/SIEHR Art 2 Rn 19).

8 Die bereits im Haager Recht vorgesehenen Ausnahmen (jetzt Art 2 lit c–f CISG) hatten in der Rechtsprechung zu keinerlei Schwierigkeiten geführt (die Rechtsprechungssammlung von SCHLECHTRIEM/MAGNUS enthält keine einzige Entscheidung zu Art 5 EKG). Für die Auslegung dieser Ausnahmetatbestände kann deshalb ggf noch auf die Auffassungen zum EKG zurückgegriffen werden.

9 Kritisch ist zum Ausnahmenkatalog des Art 2 zu sagen, daß er kein überzeugendes Konzept erkennen läßt. Alle Sachbereiche auszuschließen, für die nationale Sonderregeln bestehen, ließ sich ohnehin nicht verwirklichen, wenn noch hinreichend Substanz für die Konvention verbleiben sollte. So ist eine etwas willkürliche Sammlung von Ausnahmen zusammengekommen, deren Berechtigung zT fragwürdig ist (so der Ausschluß von Wasser- und Luftfahrzeugen, die nur im Hinblick auf die vom CISG ohnehin nicht geregelten Eigentumsverhältnisse besonders behandelt werden) oder erhebliche Auslegungsprobleme bereitet (ebenfalls Wasser- und Luftfahrzeuge, vgl unten Rn 44 ff). Ferner hätte zT der Ausschluß weiterer Bereiche nahegelegen (Ausschluß nicht nur von Stromlieferverträgen, sondern dann auch von Gas- oder Öllieferungen).

IV. Verbraucherkauf (lit a)

10 Der Kauf von **Waren, die der persönlichen Verwendung dienen**, fällt nicht unter die Konvention, da die Wirksamkeit nationaler Verbraucherschutzvorschriften nicht beeinträchtigt werden sollte und Verbraucherkäufe auch vorwiegend reine Inlandsgeschäfte sind (Sekretariatskommentar Art 2 Bem 3). Durch Internet, Versandhandel und

Teleshopping, Tourismus und Grenzverkehr sind Verbraucherkäufe zwischen Parteien aus verschiedenen Staaten indessen auch nicht mehr selten. Eine – gar globale – Vereinheitlichung des zwingenden Verbraucherschutzrechts steht freilich in weiter Ferne. In der EU war allerdings die Richtlinie 1999/44/EG über den Verbrauchsgüterkauf und -garantien bis zum 1. 1. 2002 umzusetzen, die ihrerseits erhebliche Anleihen aus dem UN-Kaufrecht entnommen und zur Modernisierung des deutschen Schuldrechts geführt hat (vgl Text der RL in NJW 1999, 2421, dazu die Kommentierung in AnwKom-BGB/PFEIFFER [Schuldrecht] Kauf-RL; ferner REICH NJW 1999, 2397 und STAUDENMAYER NJW 1999, 2393; noch zum Richtlinienentwurf etwa ANTENBRINK/SCHNEIDER VuR 1996, 367 ff; JUNKER DZWir 1997, 271 ff; MEDICUS ZIP 1996, 1925 ff; MICKLITZ EuZW 1997, 229 ff; SCHLECHTRIEM JZ 1997, 441 ff; SCHMIDT-RÄNSCH ZIP 1998, 849 ff). Die Richtlinie und das UN-Kaufrecht können sich in Grenzbereichen überschneiden, soweit das CISG nämlich ausnahmsweise Verbraucherkäufe erfaßt. Dann kommt nach ganz überwiegender Ansicht dem UN-Kaufrecht Vorrang vor dem Richtlinienrecht zu (JANNSEN VuR 1999, 326; MAGNUS ZEuP 1999, 646 f; WELSER/JUD 26 f; vgl auch unten Art 90 Rn 4).

1. Privater Verwendungszweck

Den Verbraucherkauf definiert die Konvention allein nach dem **Verwendungszweck** **11**
der gekauften Ware. Auf persönliche Eigenschaften des Käufers (etwa fehlende Kaufmannseigenschaft) oder Eigenarten der Ware kommt es nicht an. Entscheidend ist die Nutzung, die der Käufer im Zeitpunkt des Vertragsschlusses beabsichtigt (ACHILLES Art 2 Rn 2; AUDIT 28; SCHLECHTRIEM/SCHWENZER/FERRARI Art 2 Rn 8; HONNOLD Rn 50; KAROLLUS 25 f). Verwendet er die Ware später tatsächlich anders als geplant, bleibt das für Art 2 lit a ohne Einfluß (ACHILLES Art 2 Rn 2; ENDERLEIN/MASKOW/STROHBACH Art 2 Bem 3.1; HONNOLD Rn 50). Wegen der Unkontrollierbarkeit der inneren Willensrichtung des Käufers stellt Art 2 lit a mit dem „es sei denn"-Halbsatz jedoch eine Vermutungsregel auf (dazu unten Rn 20 ff).

Die Ausschlußvorschrift greift nur ein, wenn der Käufer, der wohl eine natürliche **12**
Person sein muß (so der EuGH NJW 2002, 205 – Idealservice srl [für die Auslegung des Verbraucherbegriffs in der Klauselrichtlinie]), die Ware für den **persönlichen Gebrauch oder den Gebrauch in Familie oder Haushalt** erworben hat. Der Gebrauch schließt auch den Verbrauch für die genannten Zwecke ein (ebenso SOERGEL/LÜDERITZ/FENGE Art 2 Rn 2). Obwohl Art 2 lit a die Formulierung „persönlicher Gebrauch" verwendet, kommt es nicht allein auf die persönliche Nutzung an. Denn diese kann auch zu beruflichen Zwecken erfolgen (zB bei Berufskleidung). Entscheidend ist vielmehr, ob der Kaufgegenstand in der Privatsphäre oder aber in der Berufs- und Geschäftssphäre des Käufers Verwendung finden soll (die Beispiele im Sekretariatskommentar Art 2 Bem 2 zeigen, daß mit persönlichem Gebrauch der Gegensatz zur beruflichen, geschäftlichen Sphäre bezeichnet werden sollte). Ähnlich grenzen auch Art 5 EVÜ und Art 15 EuGVO Verbraucherkäufe ab („zu einem Zweck, der nicht der beruflichen oder gewerblichen Tätigkeit des Verbrauchers zugerechnet werden kann").

Persönlicher Gebrauch liegt deshalb vor, wenn Dinge zur persönlichen **privaten** **13**
Verwendung angeschafft werden (Rb Arnhem NIPR 1994 Nr 261 [Kauf eines Wohnwagens]; OGH 11. 2. 1997 CLOUT No 190; Kantonsgericht Nidwalden SZIER 1998, 82 [jeweils Kauf eines PKW für Privatgebrauch]). Den Kauf zu beruflichen oder geschäftlichen Zwecken erfaßt die Konvention dagegen.

14 Nur der Deckung privater Bedürfnisse dient in der Regel der Kauf etwa von Kleidung, Lebensmitteln, Toilettenartikeln, Büchern etc. Auch Anschaffungen für Hobbies oder zu privaten Sammlerzwecken gehören hierher (BAMBERGER/ROTH/SAENGER Art 2 Rn 2; HUBER RabelsZ 43 [1979] 422). Mit der Formulierung „persönlicher Gebrauch" verlangt die Konvention allerdings, daß **der Käufer die Ware in der Regel selbst nutzt** – oder daß sie in Familie oder Haushalt genutzt wird. Ein Fall persönlicher Nutzung ist es aber auch noch, wenn der Käufer die Ware erwirbt, um sie privat (und nicht etwa als Firmenwerbung) weiterzuverschenken (ähnlich SCHLECHTRIEM, UN-Kaufrecht 15 in weiter Ausdehnung des Familienbegriffs). Daß der Beschenkte zur Familie oder zum Haushalt des Käufers gehören muß, ist nicht erforderlich.

15 Dagegen greift der Ausnahmetatbestand nicht ein – und die Konvention gilt – für den Kauf aller Gegenstände, die der Käufer **zu professionellen Zwecken in Gewerbe oder Beruf** verwenden will (Rb van Koophandel te Hasselt [B] RkW 1998, 1294 m Anm HERBOTS [Gesellschaft schafft Pferd für Sohn eines Gesellschafters an, der an professionellen Springreitturnieren teilnehmen will – CISG angewendet]; AUDIT 28; SCHLECHTRIEM/SCHWENZER/FERRARI Art 2 Rn 6; KAROLLUS 26). Deshalb fällt der Kauf von Berufskleidung oder -ausrüstung, auch wenn sie ausschließlich persönlich benutzt, etwa getragen wird, nicht unter den Ausschluß (Sekretariatskommentar Art 2 Bem 2: Kauf einer Kamera durch Berufsfotografen nicht ausgeschlossen; ferner SCHLECHTRIEM/SCHWENZER/FERRARI Art 2 Rn 9: Kauf von Wetterkleidung durch Lotsen, Lexikon durch Schriftsteller nicht ausgeschlossen). Geschäftsbezogene Anschaffungen wie Büroeinrichtung, Computerausstattung, Teeküche oder Seife für Mitarbeiter erfaßt die Konvention ebenfalls, mögen die Anschaffungen von Unternehmen, Gewerbetreibenden oder auch Freiberuflern getätigt sein (Sekretariatskommentar Art 2 Bem 2; AUDIT 28; SCHLECHTRIEM/SCHWENZER/FERRARI Art 2 Rn 9).

16 Dem persönlichen privaten Gebrauch steht der (private) Gebrauch in der eigenen Familie und dem eigenen Haushalt des Käufers gleich. Die Begriffe **Familie und Haushalt** sind weit zu fassen und schließen alle Personen ein, die mit dem Käufer verwandt sind oder – unabhängig von familienrechtlichen Verhältnissen – tatsächlich im Haushalt des Käufers leben (für eher soziologische Betrachtung auch SCHLECHTRIEM/SCHWENZER/FERRARI Art 2 Rn 13; SCHLECHTRIEM, UN-Kaufrecht 15).

17 Soll eine **Ware zugleich privat und geschäftlich genutzt** werden, so ist die Konvention anzuwenden. Der Ausschluß des Art 2 lit a gilt nur, wenn der Kaufgegenstand ausschließlich privat verwendet werden soll (ACHILLES Art 2 Rn 2; SCHLECHTRIEM/SCHWENZER/FERRARI Art 2 Rn 12; CZERWENKA 151 f, beide mit dem Hinweis, daß im Lauf der Vorarbeiten ein norwegischer Vorschlag abgelehnt wurde, nach dem Warenkäufe schon ausgeschlossen sein sollten, wenn sie **vorwiegend** privaten Zwecken dienen sollten; FERRARI, International Sale 129; HONSELL/SIEHR Art 2 Rn 12; KAROLLUS 26; WITZ/SALGER/LORENZ Art 2 Rn 4; aA SOERGEL/LÜDERITZ/FENGE Art 2 Rn 3). Ist von vornherein eine gemischt private/berufliche Nutzung vorgesehen (zB private Mitbenutzung des Firmenwagens, des Geschäftscomputers etc), dann wird der Kauf in der Regel schon aus dem Anwendungsbereich nationaler Käuferschutzgesetze herausfallen. Damit fehlt aber der Grund, das CISG auszuschließen.

18 Für Art 2 lit a kommt es entsprechend der Sichtweise der nationalen Vorschriften zum Schutz des Käufers nur auf die **Lage des Käufers** an. Ist er Händler, der Verkäufer aber Privater, dann gilt der Ausschluß nicht. Die Konvention ist deshalb anzuwenden, wenn etwa ein professioneller Käufer Gebrauchtwagen, antiquarische Gegenstände, Sammelobjekte etc von Privatleuten erwirbt (Sekretariatskommentar Art 2 Bem 2; SCHLECHTRIEM/SCHWENZER/FERRARI Art 2 Rn 11; KAROLLUS 26).

Speziell für **Kunstsammler** gilt, daß ihre Käufe als Verbrauchergeschäfte einzustufen **19** sind, wenn es sich um private Sammler handelt, mögen sie selbst den Kaufgegenstand auch als Anlageobjekt betrachten (HJERNER, in: International Sales of Works of Art 547). Kaufen dagegen professionelle Sammler, aber auch Museen, Galerien, Banken etc Kunstgegenstände, so liegt kein Verbrauchergeschäft vor. Die Konvention ist anwendbar, auch wenn ein Wiederverkauf nicht beabsichtigt wird (ebenso HJERNER aaO). Für den Erwerb bei internationalen Kunstauktionen gilt allerdings der Ausschluß durch lit b (vgl unten Rn 32 ff).

2.   Erkennbarkeit des privaten Zwecks

Der Ausschluß von Verbraucherkäufen, der vom privaten Verwendungszweck der **20** gekauften Ware abhängt, greift nicht ein, wenn der Verkäufer diesen Zweck weder kannte noch kennen mußte (Art 2 lit a HS 2). Die **interne Zweckbestimmung** durch den Käufer allein genügt für den Ausschlußtatbestand also nicht, sie muß **dem Verkäufer zumindest erkennbar** gewesen sein. Bei fehlender Kenntnis oder Erkennbarkeit des privaten Kaufzwecks erfaßt die Konvention damit auch Verbraucherkäufe.

Art 2 lit a fordert entweder positive Kenntnis oder vorwerfbare Unkenntnis des **21** Verkäufers. **Positive Kenntnis** hat der Verkäufer insbesondere bei entsprechender Mitteilung des Käufers, der es insoweit in der Hand hat, das Übereinkommen auszuschließen (LOEWE, Kaufrecht 27; REITHMANN/MARTINY Rn 720; SCHWIMANN/POSCH Art 2 Rn 5).

Hinsichtlich der vorwerfbaren Unkenntnis wird zT vertreten, daß die Formulierung **22** „wissen mußte" („ought to have known", „ait été censé savoir") grobe Fahrlässigkeit bezeichne (SCHLECHTRIEM/FERRARI[2] Art 2 Rn 12; HERBER/CZERWENKA Art 2 Rn 6; WITZ/ SALGER/LORENZ Art 2 Rn 5; ähnlich KAROLLUS 26). Nach dieser Auffassung scheidet die Konvention nur aus, wenn der Verkäufer den privaten Verwendungszweck grob fahrlässig übersehen hat. Doch überwiegt zu Recht die Ansicht, daß **jedwede vorwerfbare Unkenntnis** zu beachten ist (Sekretariatskommentar Art 2 Bem 4 läßt es genügen, daß „the seller might have no reason to know that the goods were purchased for such use"; ganz ähnlich BIANCA/BONELL/KHOO Art 2 Bem 2.2; ferner ACHILLES Art 2 Rn 3; SCHLECHTRIEM/ SCHWENZER/FERRARI Art 2 Rn 20; SCHLECHTRIEM, UN-Kaufrecht 13), da die Konvention den Maßstab der groben Fahrlässigkeit durchgehend mit der Formulierung „nicht in Unkenntnis sein konnte" bezeichnet (vgl etwa Art 35 Abs 3, 40, 42 Abs 2 lit a) und ferner auch der Schutzzweck verkürzt würde, den die Ausnahme des Art 2 lit a anstrebt. Der private Verwendungszweck ist jedenfalls erkennbar, wenn ihn ein durchschnittlicher Verkäufer in gleicher Lage erkannt hätte (ebenso SCHWIMANN/POSCH Art 2 Rn 6). Das ist etwa der Fall, wenn die Ware üblicherweise persönlichen Bedürfnissen dient und der Kauf den Zuschnitt eines Verbraucherkaufs hat (Kauf von Kleidung, Lebensmitteln, Haushaltsgeräten, Möbeln etc in begrenzten Mengen). Hier ist privater Gebrauch zu vermuten und die Konvention damit ausgeschlossen. Will der Käufer die Ware allerdings entgegen dem Anschein doch geschäftlich verwenden (Kaffee für die Büroküche), dann kommt auf die Erkennbarkeit des Verwendungszwecks nichts an (ENDERLEIN/MASKOW/STROHBACH Art 2 Bem 3. 1; KAROLLUS 26; LOEWE, Kaufrecht 27). Der Ausschluß des Art 2 lit a greift nicht, da objektiv kein Verbraucherkauf vorliegt.

23 Bei ‚neutralen' **Waren**, die ebensogut und ebenso häufig beruflichen wie privaten Zwecken dienen (Computer, Schreibmaschine, Handwerksgeräte, Pkw etc) wird wegen der Gesetzesfassung („es sei denn") als Regel ebenfalls private Verwendung zu unterstellen sein, es sei denn, die Umstände des Kaufs weisen auf eine geschäftliche oder berufliche Nutzung hin. Für letztere spricht etwa eine größere Stückzahl, ein für private Zwecke ungewöhnlicher Umfang oder Wert der Bestellung, die Lieferung an eine Firmenanschrift, Korrespondenz und Bestellung auf Firmenpapier, Verhandlungen und Vertragsschluß in Geschäftsräumen des Käufers (Sekretariatskommentar Art 2 Bem 4; SCHLECHTRIEM/SCHWENZER/FERRARI Art 2 Rn 17 ff; ENDERLEIN/MASKOW/STROHBACH Art 2 Bem 3. 1; ähnlich BRUNNER Art 2 Rn 10; vgl auch OGH 11. 2. 1997 CLOUT Nr 190; Kantonsgericht Nidwalden SZIER 1998, 82 [jeweils Kauf eines PKW für Privatgebrauch – CISG nicht angewendet]; dagegen CISG angewendet OLG Köln 21. 5. 1996 CLOUT Nr 168 [PKW-Kauf durch Händler zur Weiterveräußerung]; OLG München v 8. 2. 1995 CLOUT Nr 133 [Kauf von 11 PKW]). Dann ist ein gleichwohl vorliegender Verbraucherkauf für den Verkäufer nicht mehr erkennbar.

24 Bei **Waren, die üblicherweise geschäftlichen oder beruflichen Zwecken dienen** (typische Büromöbel, Lkw, größere Maschinen, Anlagen etc), oder bei Geschäften mit Kaufleuten oder Gewerbetreibenden ist dagegen geschäftliche Verwendung zu vermuten (ebenso BRUNNER Art 2 Rn 10; SCHWIMANN/POSCH Art 2 Rn 6; SOERGEL/LÜDERITZ/FENGE Art 2 Rn 3). Der Verkäufer braucht hier nicht mit einem Verbraucherkauf zu rechnen, auch wenn es sich um einen solchen handelt. Hier ist ein privater Verwendungszweck nur erkennbar, wenn besondere Anhaltspunkte auf ihn hinweisen (zB private Bestellung und Lieferung an Privatanschrift).

25 Eine **Erkundigungspflicht trifft den Verkäufer nicht** (für sie aber KAROLLUS 26, wenn Zweifel am kommerziellen Charakter des Geschäftes bestehen). Doch kann er sich Klarheit verschaffen, indem er – etwa auf dem Bestellformular – nach dem Nutzungszweck fragt. Das mag sich vor allem im internationalen Versandhandel empfehlen (vgl auch HONNOLD Rn 50; SOERGEL/LÜDERITZ/FENGE Art 2 Rn 3).

26 Der **Zeitpunkt**, auf den es für das Wissen oder Wissenmüssen des Verkäufers ankommt, ist der Vertragsschluß. Spätestens dann muß der Verkäufer den privaten Verwendungszweck gekannt haben oder haben erkennen können. Spätere Kenntnis oder Erkennbarkeit bleibt ohne Auswirkung (Sekretariatskommentar Art 2 Bem 4; BIANCA/BONELL/KHOO Art 2 Bem 2. 2; ENDERLEIN/MASKOW/STROHBACH Art 2 Bem 3. 1).

27 Handelt auf seiten des Verkäufers eine **Hilfsperson**, so muß sich der Verkäufer ihr Wissen und Wissenmüssen zurechnen lassen (zur Zurechnung von Verhalten und Wissen von Hilfspersonen näher Art 4 Rn 60). Tritt dagegen für den Verkäufer ein **Vertreter** auf, so ist es eine Frage des vom IPR berufenen materiellen Stellvertretungsrechts, wieweit dem Vertretenen Wissen oder Wissenmüssen des Vertreters (bei Geltung deutschen Rechts gem § 166 BGB) zuzurechnen ist (so auch SCHLECHTRIEM/SCHWENZER/FERRARI Art 2 Rn 21; ferner Art 4 Rn 60).

3.   Beweislast

Wer den **Nachweis für die Kenntnis oder vorwerfbare Unkenntnis des Verkäufers** zu **28** führen hat, ist umstritten. Die Auffassung, daß das Verfahrensrecht des Forums hierüber zu entscheiden habe (so BIANCA/BONELL/KHOO Art 2 Bem 3.2), wird zu Recht ganz überwiegend abgelehnt (so SCHLECHTRIEM/SCHWENZER/FERRARI Art 2 Rn 22; CZERWENKA 150; ENDERLEIN/MASKOW/STROHBACH Art 2 Bem 3.2; FERRARI Art 2 Bem 2; HONNOLD Rn 50; KAROLLUS 26; SCHLECHTRIEM, UN-Kaufrecht 13; allgemein zur Beweislast Art 4 Rn 63 ff). Herrschend ist die Ansicht, daß der Verkäufer die fehlende Kenntnis bzw Unerkennbarkeit des privaten Verwendungszwecks zu beweisen habe. Der Käufer habe dagegen die Absicht privater Nutzung der Ware nachzuweisen (so AUDIT 28 f; CZERWENKA; ENDERLEIN/MASKOW/STROHBACH; HONNOLD; KAROLLUS aaO). Nach **aA** obliegt die Beweislast jeweils demjenigen, der sich entweder auf das Vorliegen der Ausnahme oder auf die Anwendbarkeit der Konvention beruft (so SCHLECHTRIEM/SCHWENZER/FERRARI Art 2 Rn 23; FERRARI aaO; für die Erkennbarkeit auch SCHLECHTRIEM, UN-Kaufrecht 13). Im Ergebnis dürfte folgendes gelten: Will der Käufer im Prozeß die Geltung der Konvention vermeiden, dann muß er die eigene Absicht privater Verwendung der Ware nachweisen. Gelingt ihm das, so kann der Verkäufer dagegen die Anwendbarkeit der Konvention nur erreichen, wenn er nachweist, daß er den privaten Verwendungszweck weder kannte noch kennen mußte. Will auf der anderen Seite der Verkäufer erreichen, daß die Konvention nicht gilt, dann muß er nachweisen, daß der Käufer privaten Gebrauch beabsichtigte und dies ihm, dem Verkäufer, auch bekannt oder erkennbar war (so auch BAUMGÄRTEL/LAUMEN/HEPTING Art 2 Rn 13; SCHLECHTRIEM Rn 29; SCHWIMANN/POSCH Art 2 Rn 7; wohl auch DÍEZ-PICAZO/CAFFARENA LAPORTA [S 62 f]; **aA** zu letzterem Punkt SCHLECHTRIEM/SCHWENZER/FERRARI Art 2 Rn 23, der die Beweislast für Kenntnis und Kennenmüssen dann wieder dem Käufer auferlegt).

4.   Verhältnis zu nationalem Verbraucherschutzrecht

Obwohl Art 2 lit a vor allem den Zweck hat, den **Vorrang nationalen Verbraucher-** **29** **schutzrechts** zu respektieren, um Konflikte zwischen ihm und der Konvention auszuschließen (Sekretariatskommentar Art 2 Bem 3; BIANCA/BONELL/KHOO Art 2 Bem 2.2), erreicht die Vorschrift dieses Ziel nicht vollständig. Es bleiben Bereiche, in denen Kaufgeschäfte zwingendem nationalen Verbraucherschutzrecht und zugleich dem CISG unterstehen. Das ist insbesondere dann der Fall, wenn der Verkäufer nicht erkennen konnte, daß es sich um einen Verbraucherkauf handelt oder wenn das vom IPR berufene nationale Recht, das keineswegs das eines Vertragsstaates sein muß, den Verbraucherkauf anders festlegt als Art 2 lit a, wie zB § 507 BGB, der auch eine Reihe gewerblicher Käufe erfaßt. Soweit das anwendbare nationale Verbraucherschutzrecht Gültigkeitsvorschriften iS des Art 4 lit a CISG enthält, haben sie Vorrang vor der Konvention (hierzu näher Art 4 Rn 20 f).

Andere zwingende Vorschriften zum Verbraucherschutz, etwa zur Form, zur Infor- **30** mationspflicht etc, treten nach verbreiteter Ansicht dagegen hinter die Konvention als das speziellere und jüngere Recht zurück (so AUDIT 28; SCHLECHTRIEM/SCHWENZER/FERRARI Art 2 Rn 26; ENDERLEIN/MASKOW/STROHBACH Art 2 Bem 2; SCHLECHTRIEM, UN-Kaufrecht 14; maBegr SOERGEL/LÜDERITZ Art 2 Rn 4). Dieser Argumentation läßt sich entgegenhalten, daß es nicht ganz leicht fällt, das CISG als die speziellere Regelung für internationale Kaufgeschäfte gegenüber dem ‚allgemeinen' Verbraucherschutzrecht anzusehen (kritisch hierzu auch SCHLECHTRIEM/SCHWENZER/FERRARI[2] Art 2 Rn 18; WARTENBERG 22 f). Ferner würde jedes jüngere Verbraucherschutzgesetz theoretisch Vorrang vor dem CISG beanspruchen können (so zu Recht SOERGEL/LÜDERITZ/FENGE Art 2 Fn 5). Doch spricht für den **Vorrang der Konvention** zweierlei: Anders als Art 5 Abs 2 EKG läßt Art 2 lit a CISG nicht bestimmte Regelungen des nationalen Rechts unberührt, sondern schließt aus seinem Anwendungsbereich Verbraucherkäufe insgesamt aus, die er autonom qualifiziert. Fällt ein Verbraucherkauf bei dieser Qualifikation ausnahmsweise dennoch unter die Konvention, so will sie für ihn gelten. Der Rückgriff auf nationales IPR ist in diesem Umfang ausgeschlossen (vgl auch TEKLOTE 50; WARTENBERG aaO, die in den Anwendungsvorschriften des CISG zugleich internrechtliche Abgrenzungsnormen sehen; ein Vorrang des CISG vor kollidierendem nationalen Verbraucherschutzrecht läßt sich aus dieser Doppelfunktionalität allein aber nicht herleiten. Maßgebend ist, ob sich der Vorrang eines Regelungsbereiches nach seinem Sinn und Zweck rechtfertigt). Daß damit zwingendes Verbraucherschutzrecht verdrängt wird, ist hinnehmbar, da es sich nur um den Ausschluß solcher Regelungen handelt, die nicht die Vertragsgültigkeit betreffen. Ferner erscheinen die Regelungen der Konvention auch für solche Fälle angemessen, die dem Verkäufer als internationaler Geschäftskauf erscheinen müssen. Schließlich kann für die Bundesrepublik auf den Gedanken in Art 3 Abs 2 EGBGB verwiesen werden. Zwar bezieht sich der dort angeordnete Vorrang staatsvertraglich fundierten Rechts vor innerstaatlichem Recht nur auf das EGBGB (näher dazu PALANDT/HELDRICH Art 3 EGBGB Rn 6 ff). Bei zweifelhaftem Rangverhältnis kann dieser Gedanke aber als Auslegungshilfe analog herangezogen werden.

31 Vermieden werden muß allerdings, daß die im CISG vorgesehene Parteiautonomie zur Verkürzung des national vorgeschriebenen Verbraucherschutzes führt oder dazu gar gezielt genutzt wird. Vertraglich vereinbarte **Abweichungen von der Konvention sind** deshalb **nicht zuzulassen**, soweit sie mit dem anwendbaren nationalen Verbraucherschutzrecht in Widerspruch stehen (ebenso SOERGEL/LÜDERITZ/FENGE Art 2 Rn 5). Dogmatisch läßt sich das damit rechtfertigen, daß mit abweichenden Vereinbarungen der Geltungsbereich der Konvention verlassen und der Maßstab des nationalen Rechts wieder eingesetzt wird (ähnlich SOERGEL/LÜDERITZ/FENGE aaO). Ferner will Art 2 lit a nationales Verbraucherschutzrecht gerade respektieren und nicht für gleichwohl erfaßte Verbraucherkäufe Gestaltungsspielräume schaffen. Zum Umfang der Abdingbarkeit der Konventionsansprüche durch AGB vgl Art 45 Rn 45 ff, Art 61 Rn 39 ff.

V. Kauf bei Versteigerung (lit b)

32 Käufe bei Versteigerungen sind ausgenommen, weil sie häufig nationalen Sonderregeln sowie besonderen Regeln und Gebräuchen am Versteigerungsort unterliegen (Sekretariatskommentar Art 2 Bem 5). Ferner stünde erst mit dem Zuschlag an den Meistbietenden und damit für den Verkäufer unzumutbar spät fest, ob der Kauf der Konvention unterfällt oder nicht (BIANCA/BONELL/KHOO Art 2 Bem 2.3; HONNOLD Rn 51; kritisch zur Notwendigkeit der Ausnahme aber RECZEI Acta Juridica 171; ihm folgend ENDERLEIN/MASKOW/STROHBACH Art 2 Bem 4).

33 Mit **Versteigerung** (auction, vente aux enchères) ist nach der Entstehungsgeschichte vor allem die Versteigerung durch Private gemeint. Gerichtliche Versteigerungen fallen unter lit c. Damit erfaßt lit b auch öffentliche Versteigerungen, die nicht auf gerichtlichen Maßnahmen beruhen (s BGH IHR 2003, 28 [29]). Kennzeichnend für den autonom zu bestimmenden Begriff ist der öffentliche, publik gemachte Verkauf durch Zuschlag an den Meistbietenden (vgl etwa § 156, § 383 Abs 3 BGB; Art 229 Abs 2 OR). Dabei werden die Gebote offen abgegeben, um ein Überbieten zu ermöglichen. Auch **Internetauktionen** fallen unter die Ausschlußregel, sofern sie die Möglichkeit des Überbietens vorsehen und ein Auktionator den Zuschlag erteilt (SPINDLER/WIEBE/MANKOWSKI 187; aA SCHROETER ZEuP 2004, 31 f [mit der Begründung, daß der Ausschluß von Versteigerungen vor allem deshalb aufgenommen worden sei, weil Versteigerungen typische Platzgeschäfte seien. Das treffe für Internetauktionen aber regelmäßig nicht zu, so daß der gesetzgeberische Grund für ihren Ausschluß fehle. Indessen beruht der Ausschluß vorwiegend auf anderen Gründen, s oben Rn 32. Zuzugeben ist SCHROETER aber, daß sich die CISG-Regeln für Internetauktionen durchaus eignen würden]). Weiterverkäufe – sog freihändiger Nachverkauf – noch während oder kurz nach einer Auktion sind dagegen keine Versteigerungskäufe mehr und aus dem Anwendungsbereich des CISG nicht ausgeschlossen (DECHOW 20; SCHROETER ZEuP 2004, 27).

Keine Versteigerung und also vom CISG erfaßt ist auch das Einholen mehrerer **34** **Angebote**, etwa **bei internationalen Ausschreibungen**, um das günstigste anzunehmen. Gleiches gilt für sonstige Verkäufe gegen Höchstgebot (ebenso SPINDLER/WIEBE/ MANKOWSKI 188). Hier erfolgt zwar uU die Ausschreibung öffentlich, nicht aber der Zuschlag. Ein gegenseitiges Überbieten ist im Grundsatz ausgeschlossen.

Auch **Käufe an Warenbörsen** sind keine Käufe bei einer Versteigerung, sondern **35** schnell aufeinander folgende Einzelkäufe (AUDIT 29; SCHLECHTRIEM/SCHWENZER/FERRARI Art 2 Rn 29; HONNOLD Rn 51 Fn 3; SCHROETER ZEuP 2004, 25). Das CISG gilt damit für sie, hat aber wegen vorrangiger Börsenbedingungen und Gebräuche regelmäßig nur eine ergänzende Bedeutung.

VI. Kauf aufgrund gerichtlicher Maßnahme (lit c)

Die schon im EKG enthaltene Ausnahme nimmt alle Kaufgeschäfte vom Anwen- **36** dungsbereich des CISG aus, die aufgrund einer **Zwangsvollstreckungs- oder anderen gerichtlichen Maßnahme** erfolgen. Welche Käufe im einzelnen unter die Ausnahmevorschrift fallen, ergibt sich aus dem Recht des Staates, dessen Gerichte den Verkauf veranlaßt haben (ähnlich AUDIT 29). Entscheidend ist, daß der Kauf auf die Anordnung einer mit Rechtsprechungsaufgaben betrauten staatlichen Institution zurückgeht.

Aus Sicht des deutschen Rechts erfaßt Art 2 lit c insbesondere die **Zwangsverstei- 37 gerung**, sowohl in der Einzelvollstreckung wie im Konkursverfahren (SCHLECHTRIEM/ SCHWENZER/FERRARI Art 2 Rn 23; MünchKommHGB/MARTINY Art 28 EGBGB Anh II Rn 42; SCHLECHTRIEM, UN-Kaufrecht 15). Auch Verwertungsmaßnahmen des Insolvenzverwalters (§§ 165 ff InsO) gehören hierher, nicht aber normale Kaufgeschäfte, die ein gerichtlich eingesetzter Verwalter in Fortführung des Betriebs des Schuldners vornimmt. Ihnen fehlt der unmittelbare Zusammenhang mit einer gerichtlichen Maßnahme und damit der staatliche Zwangscharakter, der den Ausschlußtatbestand rechtfertigt.

Nicht nur die Zwangsversteigerung gepfändeter Sachen, auch deren freihändiger **38**

Verkauf fällt unter Art 2 lit c, soweit ein solcher Verkauf zulässig ist (§§ 817a Abs 3, 821, 825 ZPO). Die öffentliche Versteigerung verpfändeter Sachen (§§ 1235 ff BGB) wird bereits von Art 2 lit b erfaßt (aA aber SCHLECHTRIEM/SCHWENZER/FERRARI Art 2 Rn 33 [unter lit c]; ihm folgend KAROLLUS 27). Ihr freihändiger Verkauf (§§ 1221, 1235 Abs 2 BGB) fällt dagegen unter keinen der Ausschlußtatbestände. Soweit die übrigen Anwendungsvoraussetzungen vorliegen, gilt hierfür das CISG.

VII. Kauf von Wertpapieren und Zahlungsmitteln (lit d)

39 Wie schon im EKG, ist der Kauf von Wertpapieren und Zahlungsmitteln vom Anwendungsbereich des CISG ausgenommen, weil für ihn vielfach zwingende nationale Rechtsvorschriften bestehen und Wertpapiere zT auch nicht als „goods" betrachtet werden (Sekretariatskommentar Art 2 Bem 7). Auf den Wertpapier- und Devisenhandel ist das am Warenkauf orientierte Übereinkommen nicht zugeschnitten (Denkschrift 40; Schweizer Botschaft 161). In der Regel verbriefen Wertpapiere ferner Rechte, deren Kauf schon gemäß Art 1 nicht erfaßt wird (vgl Art 1 Rn 56 f). Es wäre widersprüchlich, wenn der Kauf des Papiers gleichwohl unter die Konvention fiele. Der Handel mit verbrieften Rechten wird bis auf Ausnahmen (unten Rn 41 f) damit aus dem Anwendungsbereich des CISG ausgeschlossen.

40 Zu den **Wertpapieren** im Sinn der Konvention (stocks, shares, investment securities, negotiable instruments; valeurs mobilières, effets de commerce) zählen grundsätzlich alle handelbaren verbrieften Forderungen, Anteile oder Rechte, die Gegenstand selbständiger Kaufgeschäfte sein können (ähnlich SCHLECHTRIEM/SCHWENZER/FERRARI Art 2 Rn 35). Insbesondere Aktien, Investmentzertifikate und Inhaberschuldverschreibungen sowie Wechsel und Scheck gehören hierher (vgl auch Cour de Justice Genf SZIER 1999, 195 [Aktien]; Schiedsgericht der Ungarischen Wirtschaftskammer v 20. 12. 1993, dazu VIDA IPRax 1995, 52 [GmbH-Anteil]).

41 Nicht unter die Ausnahme des Art 2 lit d fällt dagegen der **Kauf von Dokumenten**, die wie Konnossement, Ladeschein, Orderlagerschein **die Ware vertreten** (Sekretariatskommentar Art 2 Bem 8; Denkschrift 40; Schweizer Botschaft 761; BAMBERGER/ROTH/SAENGER Art 2 Rn 9; SCHLECHTRIEM/SCHWENZER/FERRARI Art 2 Rn 34; FERRARI Art 2 Bem 4; HONNOLD Rn 53; KAROLLUS 21 f; REITHMANN/MARTINY 721; SCHWIMANN/POSCH Art 2 Rn 12). Hier vermittelt der Erwerb des Dokuments nur denjenigen der Ware.

42 Für **Namens- oder Rektapapiere** (zB Sparkassenbuch, Anweisung) wird vertreten, daß sie nicht unter den Wertpapierbegriff des CISG fallen (ACHILLES Art 2 Rn 7; SCHLECHTRIEM/SCHWENZER/FERRARI Art 2 Rn 36). Bei ihnen kommt ein gesonderter Erwerb des Papiers nicht in Betracht. Vielmehr folgt das Recht am Papier dem Recht aus dem Papier (bei Geltung deutschen Rechts: § 952 Abs 2 BGB). Das verbriefte Recht betrifft aber in der Regel keinen Gegenstand, dessen Erwerb die Konvention erfaßt.

43 Unter **Zahlungsmitteln** (money, monnaies) versteht die Konvention alle in- und ausländischen Zahlungsmittel in geltender Währung (SCHLECHTRIEM/SCHWENZER/FERRARI Art 2 Rn 37; REITHMANN/MARTINY Rn 721). Der Ausschluß erstreckt sich auch auf Devisentermingeschäfte, Zins- oder Währungsswapgeschäfte, nicht aber auf Warentermingeschäfte (WITZ/SALGER/LORENZ Art 2 Rn 7). Der Kauf von Münzen durch professionelle Sammler kann ebenfalls dem CISG unterfallen.

VIII. Kauf von Wasser- und Luftfahrzeugen (lit e)

Luft- und Wasserfahrzeuge werden in manchen Rechtsordnungen als „immovables" **44** angesehen und unterliegen vielfach besonderen, von Land zu Land unterschiedlichen Registrierungspflichten. Art 5 lit b EKG hatte deshalb den Kauf registrierter oder registrierungspflichtiger Schiffe und Flugzeuge vom Anwendungsbereich ausgenommen. Art 2 lit e CISG erweitert diesen Ausschluß auf alle Luft- und Wasserfahrzeuge, um schwierige Fragen nach Anwendbarkeit und Inhalt des maßgebenden Registerrechts zu vermeiden (Sekretariatskommentar Art 2 Bem 9).

Schiffe (ships, vessels; navires, bateaux) sind **alle See- und Binnenschiffe**, gleichgültig, **45** ob sie durch Wind- oder Motorkraft betrieben oder nur gezogen werden. Auch Lastkähne, Baggerschiffe, Schwimmkräne sind Schiffe in diesem Sinn. Auf den Nutzungszweck des Schiffes kommt es nicht an. Art 2 lit e schließt den Kauf von Handelsschiffen ebenso wie von Kriegsschiffen aus (auch ausgemustertes und fahrunfähiges U-Boot ist ein Schiff: Maritime Commission at the Chamber of Commerce and Industry of the Russian Federation, Schiedsspruch vom 18.12.1998, Case no 1/1998, CISG-Pace).

Die Vorschrift stellt nicht auf die Größe des Schiffs ab, während im EKG mit der **46** Anknüpfung an den Registerzwang idR auch eine bestimmte Größe des Schiffs vorausgesetzt war (für fortgeltende Heranziehung der nationalen Sondervorschriften zur Abgrenzung der Schiffe von anderen Wasserfahrzeugen aber Schweizer Botschaft 760; SCHLECHTRIEM, UN-Kaufrecht 16). Deshalb erfaßt Art 2 lit e CISG grundsätzlich auch den Kauf von kleineren Schiffen wie Segel- oder Motorjachten (s inzident BGH IHR 2001, 86; ferner OLG Koblenz TranspR-IHR 1999, 24 [Yacht]; AUDIT 30; SCHLECHTRIEM/SCHWENZER/FERRARI Art 2 Rn 41; HONNOLD Rn 54), sofern nicht schon der Ausschluß nach Art 2 lit a eingreift. Dennoch fordert der Begriff „Schiff" eine **gewisse Größe** und ist nicht mit dem des Bootes gleichzusetzen (so zu Recht ebenso BRUNNER Art 2 Rn 14; CZERWENKA 154; DÍEZ-PICAZO/CAFFARENA LAPORTA Art 2 [S 66]; FERRARI Art 2 Bem 5; PILTZ, UN-Kaufrecht Rn 50; SCHWIMANN/POSCH Art 2 Rn 14; im Ergebnis ähnlich SCHLECHTRIEM/SCHWENZER/FERRARI aaO [allerdings nach dem Zweck – Forbewegungsmittel oder Sportgerät – differenzierend]; HOYER, in: HOYER/POSCH 39; aA aber AUDIT aaO; HONNOLD aaO; LACASSE, in: PERROT/LACASSE 33, die auch kleine Boote als Schiffe ansehen). Kleine Sportboote, Ruder-, Paddel- oder Schlauchboote oder Modellbauschiffe sind deshalb keine Schiffe. Werden diese Boote nicht von Verbrauchern, sondern von Händlern gekauft, kommt das CISG zum Zug. Wegen der unklaren Grenzziehung sollten die Parteien beim Kauf von Motor- und Segelbooten aber klarstellen, ob die Konvention gelten soll. Nach **aA** ist zur Abgrenzung der ausgeschlossenen Schiffe von anderen Wasserfahrzeugen dagegen weiterhin an die Registrierungspflicht anzuknüpfen (so Schweizer Botschaft 760; LOEWE, Kaufrecht 28; SCHLECHTRIEM, UN-Kaufrecht 16; SOERGEL/LÜDERITZ/FENGE Art 2 Rn 9).

Schwimmende Anlagen, die im wesentlichen ortsfest sind und nicht zur Fortbewe- **47** gung dienen (Schwimmdocks, Bohrinseln, Restaurantschiffe, Pontonbrücken, wohl auch Feuerschiffe), sind keine Schiffe im Sinne der Konvention (ACHILLES Art 2 Rn 8; SCHLECHTRIEM/SCHWENZER/FERRARI Art 2 Rn 39). Für sie gilt das CISG. Erst recht fallen Flöße, Surfbretter u dgl nicht unter den Begriff des Schiffs (so auch HOYER, in: HOYER/POSCH 39). Im Bau befindliche Schiffe sind wie Schiffe zu behandeln. Kaufgeschäfte über Einzelteile oder Materialien zum Schiffsbau (zB Motor, Schraube) werden dagegen von der Konvention erfaßt (BAMBERGER/ROTH/SAENGER Art 2 Rn 10; KAROLLUS 22; LOEWE, Kaufrecht 28; PILTZ, in: vWESTPHALEN Rn 10; REINHART Art 2 Rn 7).

48 Zu den **Luftfahrzeugen** rechnen Motor- sowie Segelflugzeuge, Hubschrauber, Zeppeline und Fesselballons. Dagegen dürften Satelliten, Raumfahrzeuge und -stationen, Raketen, Hängegleiter, Modellbauflugzeuge (s ebenso SCHLECHTRIEM/SCHWENZER/ FERRARI Art 2 Rn 42) und Drachen nicht unter den Begriff fallen. Sie dienen nicht dem üblichen Luftverkehr und haben zT auch nur unbedeutende Größe. Ihr Kauf untersteht dem CISG ebenso wie der Kauf von Bestandteilen oder Materialien zum Bau von Luftfahrzeugen (Ungarischer Oberster Gerichtshof v 25. 9. 1992 [dazu MAGNUS ZEuP 1993, 84 f]; PILTZ, Internationales Kaufrecht § 2 Rn 51; SCHLECHTRIEM/SCHWENZER/FERRARI Art 2 Rn 45; WINSHIP JAirL & Co 50 [1985] 1059), wenn die übrigen Anwendungsvoraussetzungen der Konvention vorliegen.

49 **Luftkissenfahrzeuge** sind zur Klarstellung ausdrücklich aufgenommen worden, weil ihre Einordnung als Schiff nicht zweifelsfrei war (Off Rec 241).

IX. Kauf elektrischer Energie (lit f)

50 **Kaufverträge über elektrische Energie** sind wie schon im EKG ausgeschlossen, weil Strom zT nicht als Sache betrachtet wird und internationale Stromlieferungsverträge im Vergleich zum gewöhnlichen internationalen Kauf Sonderprobleme aufwerfen (so Sekretariatskommentar Art 2 Bem 10). Der Ausschlußtatbestand kann nicht im Weg der Analogie auf andere Energieträger (Öl, Gas, Brennelemente für Kernkraftwerke) ausgedehnt werden (SCHLECHTRIEM/SCHWENZER/FERRARI Art 2 Rn 46; HONSELL/SIEHR Art 2 Rn 19; PILTZ, in: vWESTPHALEN Rn 10; SKELTON HoustJIntL 9 [1986] 101; SOERGEL/LÜDERITZ/FENGE Art 2 Rn 10). Für diese gilt die Konvention (OGH öst RdW 1996, 203 m Aufs KAROLLUS 197 ff – Kauf von Propangas).

Art 3 [Verträge über herzustellende Waren oder Dienstleistungen]

(1) Den Kaufverträgen stehen Verträge über die Lieferung herzustellender oder zu erzeugender Ware gleich, es sei denn, daß der Besteller einen wesentlichen Teil der für die Herstellung oder Erzeugung notwendigen Stoffe selbst zur Verfügung zu stellen* hat.

(2) Dieses Übereinkommen ist auf Verträge nicht anzuwenden, bei denen der überwiegende Teil der Pflichten der Partei, welche die Ware liefert, in der Ausführung von Arbeiten oder anderen Dienstleistungen besteht.

Art 3
(1) Contracts for the supply of goods to be manufactured or produced are to be considered sales unless the party who orders the goods undertakes to supply a substantial part of the ma-

Art 3
1) Sont réputés ventes les contrats de fourniture de marchandises à fabriquer ou à produire, à moins que la partie qui commande celles-ci n'ait à fournir une part essentielle des éléments ma-

---

* Schweiz: zu liefern.

terials necessary for such manufacture or pro-
duction.
(2) This Convention does not apply to contracts
in which the preponderant part of the obligations of the party who furnishes the goods consists in the supply of labour or other services.

tériels nécessaires à cette fabrication ou produc-
tion.
2) La présente Convention ne s'applique pas
aux contrats dans lesquels la part prépondéran-
te de l'obligation de la partie qui fournit les
marchandises consiste en une fourniture de
main-d'œuvre ou d'autres services.

Schrifttum

Wie zu Art 1; ferner:
DROSTE, Der Liefervertrag mit Montageverpflichtung (Abhandlungen zum Arbeits- und
Wirtschaftsrecht, Bd 63, 1991)
GRIESER, Die Behandlung von atypischen
Kaufverträgen im UN-Kaufrecht. Eine Untersuchung der Anwendbarkeit des UN-Kaufrechts auf den Leasing-, Mietkauf-, Vertriebsvertrag und andere Vertragsformen (2004)
F SCHÄFER, Zur Anwendbarkeit des UN-Kaufrechts auf Werklieferungsverträge, IHR 2003,
118.

Systematische Übersicht

Alphabetische Übersicht

I. Regelungsgegenstand und Normzweck

1 Die Vorschrift **erweitert den sachlichen Anwendungsbereich der Konvention**. Sie erstreckt ihn auch auf Verträge, die keine reinen Kaufverträge sind, sondern neben der kaufrechtlichen Komponente (zur Definition des Kaufs vgl Art 1 Rn 13 ff) zusätzliche Elemente anderer Vertragstypen aufweisen. Doch muß das kaufrechtliche Element in jedem Fall überwiegen, wenn die Konvention zum Zug kommen soll.

2 Für **Werklieferungsverträge**, die auch nach dem internen Recht vieler Länder weitgehend den Regeln des Kaufrechts unterstehen (vgl etwa § 651 BGB; teilweise im Schweizer Recht: Art 365 Abs 1 OR; zum österreichischen Recht KAROLLUS 23), gilt das Übereinkommen nach Art 3 Abs 1 grundsätzlich. Es greift nur dann nicht ein, wenn der Besteller einen wesentlichen Teil der Materialien selbst beisteuern muß.

3 Für **Kaufverträge mit weiteren arbeits- oder dienstvertraglichen Elementen**, die nicht – auch schon ohne Vereinbarung – immanenter Teil der Herstellung der Ware sind, gilt die Sonderregel des Abs 2, die allerdings nur eine negative, abweisende Aussage trifft. Diese Verträge stehen außerhalb der Konvention, sofern der kauffremde Anteil überwiegt. Hieraus darf und soll jedoch der Schluß gezogen werden, daß auch diese Verträge erfaßt sind, wenn der kaufrechtliche Anteil die anderen Elemente überwiegt (Off Rec 241 ff). Abs 1 und Abs 2 haben also getrennte, selbständige Anwendungsbereiche, die sich wechselseitig ausschließen (F SCHÄFER IHR 2003, 121). Der Ausschluß nach Abs 1 greift ein, wenn der Materialbeitrag des Käufers erheblich ist; für den Ausschluß nach Abs 2 müssen sonstige Leistungen des Verkäufers den Wert des Kaufteils überwiegen.

Der Grundgedanke des Abs 2 ist auf **Kaufverträge mit anderen** als arbeits- oder 4
dienstvertraglichen **Elementen** (zB gesellschaftsrechtlichen Elementen) zu übertragen (ebenso SCHLECHTRIEM/SCHWENZER/FERRARI Art 3 Rn 19; SCHLECHTRIEM Rn 28).

Die Vorschrift hat den Zweck, für einige wichtige gemischte Verträge klarzustellen, 5
ob und wann sie der Konvention unterfallen. Wegen der verwendeten unbestimmten Rechtsbegriffe bleiben jedoch erhebliche Unwägbarkeiten. Vielfach wird sich
eine ausdrückliche Wahl oder Abwahl des CISG im Vertrag empfehlen.

II.   Entstehungsgeschichte

Schon der Vorentwurf von 1935 (Art 2) enthielt eine Art 3 Abs 1 CISG entspre- 6
chende Vorschrift. Die Erstreckung der Konvention auf Werklieferungsverträge war
als Art 6 auch in das EKG aufgenommen worden. Sie blieb in allen Vorentwürfen
zum CISG erhalten und unterlag auch auf der Wiener Konferenz keinen substantiellen Einwänden (vgl Off Rec 84 f, 241 ff).

Eine dem Abs 2 entsprechende Regel war im EKG nicht enthalten. Die UNCI- 7
TRAL-Arbeitsgruppe hatte ursprünglich eine Regel formuliert, nach der solche
Verträge aus dem Anwendungsbereich des Übereinkommen ausscheiden sollten,
die die Vertragsparteien im wesentlichen zu anderen Leistungen als zur Lieferung
von Waren gegen Zahlung verpflichteten (UNCITRAL YB III [1972] 79; vgl auch CZER-
WENKA 142). Dieser Vorschlag wurde als zu allgemein verworfen (UNCITRAL YB VIII
[1977] 28). Sein Grundgedanke blieb jedoch maßgebend. Der Genfer Entwurf von
1976 (Art 3) sah deshalb im wesentlichen den jetzigen Abs 2 vor, der sein Vorbild in
Art 6 Abs 1 der Verjährungskonvention von 1974 hat. Damit sollte eine klarstellende Hilfe für die Behandlung solcher Verträge gegeben werden, die zur Lieferung
ganzer Anlagen verpflichten (vgl UNCITRAL YB VII [1976] 98; CZERWENKA aaO). In den
weiteren Entwürfen blieb Art 3 dann unverändert.

Auf der Wiener Konferenz erfolgten nur noch geringfügige redaktionelle Änderun- 8
gen (Umstellung der Absätze zur jetzigen Reihenfolge; Ersetzung des Wortes „seller" durch „party who furnishes the goods" im jetzigen Abs 2). In den Erörterungen
wurde der jetzige Abs 2 als nützliche Klarstellung im Hinblick auf Verträge angesehen, für die sonst unterschiedlich beurteilt werden könne, ob sie unter die Konvention fielen. Ein Streichungsvorschlag der Tschechoslowakei wurde deshalb –
trotz Bedenken gegen die unbestimmten Rechtsbegriffe der Vorschrift – abgelehnt
(Off Rec 241 ff). Andererseits fand ein englischer Antrag zur Präzisierung des Wortlauts (für „preponderant part" in Abs 2 „the major part in value" einzusetzen, Off
Rec 84) keine Unterstützung und wurde zurückgenommen (vgl Off Rec 241 ff). Auch
der englische Antrag, mit Know-how-Übertragung verbundene Lieferverträge vom
Geltungsbereich ganz auszunehmen, konnte sich nicht durchsetzen (Off Rec 84, 243 f).

III.   Allgemeines

1.   Einheitliches Geschäft oder selbständige Verträge

Für Art 3 ist zunächst die Vorfrage zu beantworten, ob ein Vertrag mit anderen als 9
nur kaufrechtlichen Elementen als ein **einheitlicher Vertrag oder als ein Geschäft**

anzusehen ist, das aus mehreren selbständigen Verträgen besteht, von denen dann nur der Kaufvertrag der Konvention unterliegt. Die Frage ist nach einer verbreiteten Auffassung vom anwendbaren nationalen Recht zu entscheiden, da die Konvention sich zur Teilbarkeit („severability") eines Geschäfts selbst nicht äußere (so Sekretariatskommentar Art 3 Bem 3; LACASSE 31; mit Vorbehalt SCHLECHTRIEM, UN-Kaufrecht 17 f; wohl auch BIANCA/BONELL/KHOO Art 3 Bem 3). Nach anderer Ansicht bestimmt die Konvention selbst, ob und wann ein einheitliches Geschäft anzunehmen ist. Denn sie müsse ihren Anwendungsbereich autonom festlegen (so SCHLECHTRIEM/SCHWENZER/ FERRARI Art 3 Rn 12; CZERWENKA 146 N 696; HERBER/CZERWENKA Art 3 Rn 4; SOERGEL/LÜDE-RITZ/FENGE Art 3 Rn 5).

10   Im Ergebnis entscheidet sowohl nach dem Einheitsrecht wie nach nationalem Recht zunächst der **ausdrückliche oder stillschweigende Parteiwille** über Einheit oder Trennung (so zu Recht BAMBERGER/ROTH/SAENGER Art 3 Rn 1; SCHLECHTRIEM/SCHWENZER/FERRARI Art 3 Rn 12; SCHLECHTRIEM aaO). Für die verbleibenden Zweifelsfälle ist die Regel wünschenswert, daß bei **wirtschaftlicher Einheitlichkeit** des Geschäfts **auch ein einheitliches Vertragsverhältnis** anzunehmen ist. Eine solche Regel ist der Konvention freilich nicht ausdrücklich zu entnehmen.

11   Unterliegt ein als Einheit zu betrachtender gemischter Vertrag nach Art 3 dem CISG, dann **gilt die Konvention grundsätzlich für den gesamten Vertrag** (LG Mainz TranspR-IHR 2001, 203 [Planungs- und Konzeptionsleistung bei Liefervertrag über Maschine ist Teil des Gesamtvertrages und unterliegt dem CISG]; HONNOLD Rn 60; KAROLLUS 24; SCHLECHT-RIEM Rn 28; anders noch ders JZ 1988, 1039: CISG gilt nur für kaufrechtlichen Teil). Eine Aufspaltung in Teile, die dem CISG, und solche, die dem anwendbaren nationalen Recht unterfallen, wird nur in Ausnahmefällen in Betracht kommen, etwa wenn die Behelfe der Konvention für die kauffremden Komponenten keinesfalls passen (so auch SCHLECHTRIEM/SCHWENZER/FERRARI Art 3 Rn 16; ENDERLEIN/MASKOW/STROHBACH Art 3 Bem 7 mit Beispielen; HONSELL/SIEHR Art 3 Rn 2; **aA** – gegen jede Aufspaltung – aber REINHART Art 3 Rn 4).

2.   Parteivereinbarungen

12   Wie auch sonst hat der Parteiwille Vorrang. Die Parteien können für ihr Geschäft die Geltung der Konvention vereinbaren oder ausschließen (Art 6). Wegen der erheblichen Beurteilungsspielräume in Art 3 ist eine **vertragliche Klarstellung dringend zu empfehlen**, ob das CISG – sei es für den gesamten Vertrag oder nur für den kaufrechtlichen Teil – gelten soll oder nicht (ebenso HERBER, in: DORALT 40; HERRMANN, in: Berner Tage 92; ENDERLEIN/MASKOW/STROHBACH Art 3 Bem 1; REINHART Art 3 Rn 5).

IV.   Werklieferungsverträge (Abs 1)

13   Verträge über die Lieferung herzustellender oder zu erzeugender Ware stellt Abs 1 den reinen Kaufverträgen im Grundsatz gleich. Erfaßt sind damit **Verträge**, bei denen sich der Käufer zur **Lieferung von (künftigen) Waren** verpflichtet hat, **die** er oder für ihn ein Dritter noch **herzustellen** (Maschinen, Fertigprodukte) **oder zu erzeugen** (Rohstoffe, landwirtschaftliche Produkte) hat (aus der Rechtsprechung etwa: BGH IHR 2002, 16 [Lieferung hergestellten Milchpulvers]; OLG Frankfurt NJW 1992, 633 [herzustellende Schuhe]; OLG Oldenburg v 1. 2. 1995 CLOUT Nr 165 [herzustellende Ledermöbel]; OLG

Frankfurt v 31. 3. 1995 CLOUT Nr 135 [herzustellende Glasröhrchen]; MCC-Marble Ceramic Center, Inc v Ceramica Nuova D'Agostino, SpA, 1998 US App LEXIS 14782 = CLOUT Nr 222
[herzustellende Keramikkacheln]). Das entspricht dem Begriff des Werklieferungsver-
trags in § 651 BGB. Die **Vertretbarkeit oder Unvertretbarkeit der Ware spielt** jedoch,
anders als noch bei § 651 BGB aF, **keine Rolle** (SCHLECHTRIEM/SCHWENZER/FERRARI Art 3
Rn 5; SCHLECHTRIEM IPRax 1990, 279; ebenso zum EKG: OLG Hamm NJW 1985, 567). Allerdings muß es sich stets um Waren handeln, für die das CISG gilt (ebenso REITHMANN/
MARTINY Rn 727). Der Grundsatz des Abs 1 gilt aber nicht, wenn der Auftraggeber
einen wesentlichen Teil des für die Produktion notwendigen Materials selbst beitragen muß. In diesem Fall ähnelt der Vertrag eher einem reinen Werk- oder
Dienstvertrag als einem Kaufvertrag und fällt deshalb aus dem Anwendungsbereich
des CISG heraus (Sekretariatskommentar Art 3 Bem 5). Kein Werklieferungsvertrag,
sondern ein bloßer Kaufvertrag liegt vor, wenn der Käufer Rohmaterial bestellt,
das er verarbeiten will (Bezirksgericht St Gallen SZIER 1998, 84). Sofern der Verkäufer
die Ware ausschließlich aus eigenen Materialien herzustellen oder zu erzeugen hat,
kommt es auf die Wertrelation zwischen Arbeits- und Materialleistung deshalb nicht
an (zutreffend Handelsgericht Zürich 8. 4. 1999, SZIER 2000, 113 f; BRUNNER Art 3 Rn 6;
F SCHÄFER IHR 2003, 120 f; **anders** zu Unrecht Kreisgericht Bern-Laupen 29. 1. 1999, CISG-online
701).

Der Begriff „wesentlicher Teil" (substantial part, part essentielle) des notwendigen **14**
Materials wirft eine Reihe von Problemen auf. Zunächst ist umstritten, woran sich die
Wesentlichkeit ausrichten soll. Überwiegend wird auf das **Wertverhältnis des von
beiden Vertragsparteien beizutragenden Materials** abgestellt, aus dem die Ware später
besteht (Schiedsgericht der Ungarischen Industrie- und Handelskammer NJW-RR 1996, 1145;
BAMBERGER/ROTH/SAENGER Art 3 Rn 3; SCHLECHTRIEM/SCHWENZER/FERRARI[2] Art 3 Rn 3; ENDER-
LEIN/MASKOW/STROHBACH Art 3 Bem 3; GARRO/ZUPPI 74; HONNOLD Rn 59; LACASSE 29 f; NEU-
MAYER/MING Art 3 Bem 3). Der Wert der Arbeit, des Know-how oder sonstiger Beiträge
(Management, Zeichnungen etc) des Käufers ist deshalb nicht miteinzurechnen (Off
Rec 243 f; LOEWE, Kaufrecht 29; WINSHIP, in: GALSTON/SMIT 1–24; etwas abweichend ACHILLES
Art 3 Rn 3 [besondere Berücksichtigung von Beiträgen des Bestellers, die der Verkäufer sonst nicht
besorgen und verwenden könnte]). Nach **anderer** Auffassung kommt es darauf an, ob der
Beitrag des Käufers insgesamt, also auch eine eventuelle Arbeits- oder andere Lei-
stung, den Vertrag entscheidend mitprägt (Cour d'appel Chambéry Rev jurispr com 1995, 242
[dazu WITZ/WOLTER RiW 1995, 811]; SCHLECHTRIEM/SCHWENZER/FERRARI Art 3 Rn 8; KAROLLUS
23; SCHWIMANN/POSCH Art 3 Rn 6; ähnlich CZERWENKA 143). Nach wieder **anderer** Ansicht
kommt es auf das Wertverhältnis an, in dem der Materialbeitrag des Bestellers zum
Gesamtkaufpreis steht (HONSELL/SIEHR Art 3 Rn 3; WITZ/SALGER/LORENZ Art 3 Rn 3). Der
Wortlaut der Vorschrift und die einfachere Anwendbarkeit sprechen jedoch für die
überwiegende Auffassung.

Reparaturverträge, Lohnveredelungsverträge, Bearbeitungsverträge, Verbesserungs- **15**
aufträge fallen damit nicht unter die Konvention (OGH ZfRV 1995, 159 [Herstellung von
Bürsten aus Material, das der Besteller geliefert hatte = Veredelungsvertrag; CISG nicht anwend-
bar]; ENDERLEIN/MASKOW/STROHBACH aaO; HOYER, in: HOYER/POSCH 37; HUBER RabelsZ 43
[1979] 418 f; KAROLLUS 23; REINHART Art 3 Rn 1; SCHWIMANN/POSCH Art 3 Rn 4).

Problematisch ist ferner, von welchem Grad an der Beitrag des Käufers wesentlich **16**
ist. Gemeint ist ein **erheblicher, ins Gewicht fallender Anteil.** Im Gegensatz zu Abs 2

muß er denjenigen des Lieferers nicht überwiegen (BIANCA/BONELL/KHOO Art 3 Bem 2. 2; HONNOLD Rn 59; LOEWE 29), kann also unter der wertmäßigen Hälfte liegen (ebenso ACHILLES Art 3 Rn 1; SCHLECHTRIEM/SCHWENZER/FERRARI Art 3 Rn 6; ENDERLEIN/MASKOW/STROHBACH Art 3 Bem 3; WITZ/SALGER/LORENZ Art 3 Rn 3). Ein Anteil von lediglich 15% (zweifelnd HONNOLD aaO; LACASSE 30) sollte freilich nicht genügen, während Anteile in der Nähe von 50% oder darüber als wesentlich anzusehen sind (der Satz von 50% wurde auch auf der diplomatischen Konferenz von 1980 mehrfach, allerdings ohne Festlegung, genannt: vgl Off Rec 243; ferner ENDERLEIN/MASKOW/STROHBACH aaO). Hat der Verkäufer beispielsweise bei einer größeren Stückzahl herzustellender Container insgesamt 80–90% des Wertes der Stoffe, der Käufer insgesamt 10–20%, bei einzelnen Containern zum Teil auch deutlich mehr beigesteuert, dann fällt der Vertrag jedoch unter das CISG (so zu Recht Schiedsgericht der Ungarischen Industrie- und Handelskammer NJW-RR 1996, 1145).

17 Der **Eigenanteil** des Käufers ist sodann nur zu beachten, wenn der Käufer zu ihm **vertraglich verpflichtet** ist („zur Verfügung zu stellen hat"). Allerdings genügt es auch, wenn der Käufer seinen Eigenanteil durch einen beauftragten Dritten dem Verkäufer/Hersteller zur Verfügung stellt.

18 Für die Berechnung sind die **Wertverhältnisse bei Vertragsschluß** zugrunde zu legen; denn zu diesem Zeitpunkt müssen die Parteien beurteilen können, ob die Konvention gilt (DÍEZ-PICAZO/CAFFARENA LAPORTA Art 3 [S 69]). Gleichgültig ist dagegen, ob der Besteller seinen Beitrag später geleistet hat oder nicht. Ändern die Parteien die Wertverhältnisse ihrer Leistungen später ab, so daß ein unwesentlicher Beitrag des Käufers wesentlich wird oder umgekehrt, dann sollte die ursprüngliche Geltung oder Nichtgeltung des CISG unberührt bleiben. Denn andernfalls müßte entweder rückwirkend ein anderes Recht angewendet werden, obwohl sich die Parteien uU bereits auf die Regeln des zunächst geltenden Rechts eingestellt hatten; oder das einheitliche Vertragsverhältnis müßte zeitlich teils nach CISG, teils nach nationalem Recht beurteilt werden. Beides ist mißlicher als das Beibehalten der einmal geltenden Rechtsordnung.

19 Die **beigetragenen Stoffe** sind ferner nur in Rechnung zu stellen, wenn sie **nicht Gegenstand eigenen Entgelts** sind, sondern kostenlos zur Verfügung gestellt werden, da sonst ein eigener Kaufvertrag hinsichtlich dieser Stoffe vorliegt (ENDERLEIN/MASKOW/STROHBACH aaO).

20 Schließlich müssen die Stoffe, die der Besteller beiträgt, **zur Herstellung oder Erzeugung der Ware notwendig** sein, nicht etwa nur der Verpackung, dem Transport oder ähnlichem dienen. Liefert etwa der Besteller die Flaschen für den abzufüllenden Wein, so gilt die Konvention für den Kauf der gefüllten Flaschen auch, wenn Gefäß und Inhalt gleich viel wert sind.

V. Lieferverträge mit arbeits- oder dienstvertraglichen Pflichten (Abs 2)

1. Allgemeines

21 Lieferverträge, bei denen Arbeits- oder sonstige Dienstleistungen den kaufrechtlichen Anteil überwiegen, gehören nicht zu den vom CISG erfaßten Geschäften.

Umgekehrt **erfaßt die Konvention solche Verträge, wenn die kauffremden Anteile nicht überwiegen** (BRUNNER Art 3 Rn 7; ENDERLEIN/MASKOW/STROHBACH Art 3 Bem 7; KAROLLUS 24; LACASSE 31; SCHLECHTRIEM Rn 28). Das stellt der im Haager Recht noch nicht enthaltene Abs 2 nunmehr klar. Entscheidend ist bei gemischten Verträgen dieser Art damit, ob der „überwiegende Teil" (preponderant part) der Pflichten anderer als kaufrechtlicher Natur ist. Die Feststellung des Überwiegens ist ähnlich problematisch wie jene der Wesentlichkeit in Abs 1. Maßstab ist auch in Abs 2 in erster Linie das Wertverhältnis der Kauf- zur sonstigen Leistung. Der auf die Warenlieferung entfallende Preisanteil ist mit jenem für die geschuldete Arbeits- oder Dienstleistung zu vergleichen (OLG München RiW 2000, 712 [713]; ACHILLES Art 3 Rn 5; BAMBERGER/ROTH/SAENGER Art 3 Rn 6; SCHLECHTRIEM/SCHWENZER/FERRARI Art 3 Rn 13; ENDERLEIN/MASKOW/STROHBACH Art 3 Bem 5; KAROLLUS 24; SCHLECHTRIEM, UN-Kaufrecht 17). Die Entstehungsgeschichte des Abs 2 belegt aber, daß das **Wertverhältnis nicht das ausschließliche Kriterium** sein sollte (die beantragte Formulierung „major part in value" fand deshalb keine Unterstützung: Off Rec 241 ff; ferner oben Rn 8). Als weiteres Kriterium kommt vor allem das **Interesse der Vertragspartner** am jeweiligen Leistungsbereich in Betracht (OLG München aaO; BAMBERGER/ROTH/SAENGER Art 3 Rn 6; SCHLECHTRIEM/SCHWENZER/FERRARI Art 3 Rn 14; CZERWENKA 144; KAROLLUS 24; SCHLECHTRIEM Rn 27; für Maßgeblichkeit anderer Kriterien [Zeitaufwand, Spezialwissen und -werkzeug]: DROSTE 164). Fälle, in denen trotz anderer Wertrelationen das Interesse am arbeits- oder dienstrechtlichen Teil überwiegt, dürften aber die Ausnahme sein (ebenso BAMBERGER/ROTH/SAENGER Art 3 Rn 6; SCHLECHTRIEM/SCHWENZER/FERRARI Art 3 Rn 5; das zeigt auch das auf der Wiener Konferenz gegebene Beispiel des amerikanischen Delegierten FARNSWORTH: Maler soll Decke mit echter Goldfarbe streichen, überwiegende Leistung sei das Streichen, nicht der Erwerb der wertvolleren Goldfarbe, Off Rec 242).

22 Einigkeit besteht, daß mit „Überwiegen" ein **Anteil von mehr als der Hälfte** gemeint ist (BIANCA/BONELL/KHOO Art 3 Bem 2.3; SCHLECHTRIEM/SCHWENZER/FERRARI Art 3 Rn 15; ENDERLEIN/MASKOW/STROHBACH Art 3 Bem 5; SCHLECHTRIEM, UN-Kaufrecht 17; vgl auch Cour d'Appel Grenoble 26.4.1995, CLOUT Nr 151 [2/3 Kaufpreis, 1/3 Demontagepreis]). **Bei ungefährer Gleichwertigkeit der Anteile gilt die Konvention also.** Eine verbreitete Ansicht fordert darüber hinaus für Abs 2 ein eindeutiges Überwiegen des kauffremden Anteils (deutlich mehr als 50%), auch um Prognoserisiken hinsichtlich einer Schätzung der Leistungen zu vermeiden (SCHLECHTRIEM/SCHWENZER/FERRARI[2] Art 3 Rn 4; SCHLECHTRIEM, UN-Kaufrecht 17; SOERGEL/LÜDERITZ/FENGE Art 3 Rn 4; auch Schweizer Botschaft 762: CISG gilt nicht, wenn Sachleistung „ganz untergeordnete Bedeutung hat").

23 Bei der **Berechnung des Wertes der kauffremden Leistungen** sind nach dem Wortlaut des Abs 2 nur die Arbeits- und Dienstleistungen („labour or other services", „main d'oeuvre ou autres services") zu berücksichtigen. Ob unter den Begriff auch Leistungen wie Patentlizenzen, Know-how etc fallen, ist fraglich, aber wohl zu verneinen (ebenso HERBER, in: DORALT 40), da es sich hierbei nicht um die Leistung zu erbringender Tätigkeiten, sondern um die Lieferung vorhandener Ergebnisse oder Erkenntnisse handelt. Auch mit dem Kaufvertrag vereinbarte Vertriebsbindungen, Ausschließlichkeitsvereinbarungen oder Wettbewerbsabreden sind, soweit nach dem anwendbaren Recht gültig (vgl Art 4 Rn 16), keine der hier gemeinten Arbeits- oder Dienstleistungen. Letztere setzen eine Verpflichtung zu positivem Tun, nicht zur Unterlassung bestimmter Aktivitäten voraus.

24 Bringt der Käufer **Sachwerte**, zB das Grundstück ein, auf dem die Anlage errichtet wird, dann hat dieser Beitrag weder für Abs 2 noch für Abs 1 Bedeutung (ebenso SCHLECHTRIEM IPRax 1990, 279).

25 Abs 2 legt den **Zeitpunkt**, zu dem das Überwiegen der Kauf- oder der sonstigen Pflichten festgestellt werden muß, nicht fest. Da die Vorschrift den Parteien Hilfe bei der Beurteilung geben soll, ob die Konvention für ihren Vertrag gilt oder nicht, ist der Zeitpunkt des Vertragsschlusses maßgebend (ebenso ACHILLES Art 3 Rn 8; BAMBERGER/ROTH/SAENGER Art 3 Rn 6; SCHLECHTRIEM Rn 27). Die Konvention ist anwendbar, wenn zu diesem Zeitpunkt der Anteil kauffremder Pflichten nicht überwiegt. Vorher schon erbrachte Arbeits- oder Dienstleistungen sind ebenso wenig zu berücksichtigen wie nachträgliche Wertänderungen oder spätere Zusatzleistungen.

2. Einzelfälle

a) Lieferverträge mit Montageverpflichtung

26 Lieferverträge mit Montageverpflichtung oder anderen Zusatzpflichten (Inbetriebnahme, Wartung, Kundendienst etc) werden **häufig unter die Konvention fallen** (vgl etwa LG München 16.11.2000, CISG-Pace; OLG Celle 25.5.1995 CISG Online Case 152; Cour d'appel Grenoble 26.4.1995 CLOUT Nr 152; Schiedsspruch Nr 76601 JK v 23.8.1994 der IHK Paris; zum EKG etwa BGH NJW 1991, 639; OLG Stuttgart NJW 1978, 545; OLG Celle RiW 1985, 571), weil die Nebenleistung meist auch wertmäßig hinter der Lieferleistung zurücksteht. Für **reine Montage- oder Assembling-Verträge** scheidet die Anwendung der Konvention dagegen aus.

b) Anlagenlieferverträge

27 Auch Verträge über die **Lieferung vollständiger, schlüsselfertiger Anlagen** (Anlagenverträge, turn-key-contracts, contrats clé en main, contrats produit en main etc) fallen nicht grundsätzlich aus dem Anwendungsbereich des CISG heraus, sondern unterstehen ihm, wenn der wertmäßige Anteil kauffremder Pflichten oder das Parteiinteresse an ihnen nicht deutlich überwiegt (OLG München RiW 2000, 712 [713]; ebenso ACHILLES Art 3 Rn 6; BAMBERGER/ROTH/SAENGER Art 3 Rn 8; BRUNNER Art 3 Rn 12; ENDERLEIN/MASKOW/STROHBACH Art 3 Bem 7; KAHN Dr prat comm int 15 [1989] 389; SCHLECHTRIEM JZ 1988, 1039; SOERGEL/LÜDERITZ/FENGE Art 3 Rn 4; WITZ/SALGER/LORENZ Art 3 Rn 6; zum EKG etwa BGH NJW 1990, 3077; OLG Celle RiW 1985, 571; OLG Hamm NJW 1985, 567; zurückhaltender jedoch SCHLECHTRIEM/SCHWENZER/FERRARI Art 3 Rn 18: „in der Regel Nichtanwendung"; ebenso CZERWENKA 145 für contrats produit en main, anders dagegen für turn-key-contracts). Für Großanlagen hat die Anwendbarkeit des CISG allerdings wenig praktische Bedeutung, da die Parteien die Lieferbedingungen meist so detailliert ausarbeiten, daß für das dispositive CISG daneben kaum Raum bleibt (vgl auch die Hinweise bei SCHLECHTRIEM JZ 1988, 1039 N 24; ders RdW 1989, 44; WITZ/SALGER/LORENZ Art 3 Rn 6).

c) Bauverträge

28 **Bauverträge werden meist** aus dem Anwendungsbereich der Konvention **ausscheiden**, weil für sie die Werkleistung entscheidend ist. Sie unterstehen dem CISG aber dann, wenn die Lieferung der Baumaterialien oder auch des gesamten Bauwerks (zB Wohncontainer, Mobilheim) im Vordergrund steht und der Wert der Bauleistung (Anschlüsse etc) nicht überwiegt (ähnlich ENDERLEIN/MASKOW/STROHBACH Art 3 Bem 7; HONNOLD Rn 56; HONSELL/SIEHR Art 3 Rn 6; aA HUBER RabelsZ 43 [1979] 419).

3. Rechtsfolgen

Ist die **Konvention** anwendbar, so **gilt** sie **für den gesamten Vertrag**, also auch für **29** seine arbeits- oder dienstvertraglichen Bestimmungen (BAMBERGER/ROTH/SAENGER Art 3 Rn 7; HONNOLD Rn 60; KAROLLUS 24; vgl auch oben Rn 11). Das ist unproblematisch bei den Vertragsschlußregeln und den allgemeinen Leistungsstörungsvorschriften der Konvention, insbesondere der Schadensersatzsanktion bei Vertragsverletzung. Sie passen für jeden Vertragstyp. Geht es dagegen um Sonderfragen des arbeits- oder dienstvertraglichen Teils, für die im CISG Regeln fehlen oder nicht passen (zB Kündigungsrecht), dann kommt zunächst eine Anpassung der nächstliegenden Regeln der Konvention in Betracht (bei Kündigung etwa Art 73). Im übrigen ist auf das anwendbare nationale Recht zurückzugreifen (ebenso ACHILLES Art 3 Rn 6; BAMBERGER/ROTH/SAENGER Art 3 Rn 7; CZERWENKA 146; ENDERLEIN/MASKOW/STROHBACH Art 3 Bem 7).

VI. Andere gemischte Verträge

Art 3 regelt – insoweit abschließend –, ob Kaufverträge mit zusätzlichen werkver- **30** traglichen, arbeits- oder dienstvertraglichen Elementen der Konvention unterfallen. Der Grundgedanke der Vorschrift, daß die Konvention alle Lieferverträge erfassen soll, soweit sie nicht überwiegend andere als Kaufpflichten enthalten (vgl oben Rn 1, 4), ist aber auf Kaufverträge mit anderen Zusatzelementen zu übertragen (ebenso SCHLECHTRIEM/SCHWENZER/FERRARI Art 3 Rn 19; CZERWENKA 146; HERBER/CZERWENKA Art 3 Rn 6; SCHLECHTRIEM Rn 28; WITZ/SALGER/LORENZ Art 3 Rn 7). Die **Konvention gilt** damit auch **für Kaufverträge**, die etwa miet- oder gesellschaftsrechtliche Zusatzpflichten oder Elemente sonstiger Vertragsverhältnisse enthalten, **sofern die kauffremden Anteile nicht überwiegen** (so auch SCHLECHTRIEM/SCHWENZER/FERRARI Art 3 Rn 19; zum Leasingvertrag vgl Art 1 Rn 34 ff).

VII. Beweisfragen

Für Abs 1 ist von der grundsätzlichen Anwendbarkeit der Konvention auszugehen. **31** Wer sich demgegenüber darauf beruft, daß ihre Anwendung ausscheide, weil der Besteller einen wesentlichen Stoffbeitrag zu leisten habe, hat die Leistungspflicht und die Wesentlichkeit des Beitrags nachzuweisen (BAUMGÄRTEL/LAUMEN/HEPTING Art 3 Rn 2; SCHLECHTRIEM/SCHWENZER/FERRARI Art 3 Rn 11; DROSTE 161; HERBER/CZERWENKA Art 3 Rn 7; REIMERS-ZOCHER 177; SCHLECHTRIEM, UN-Kaufrecht 17).

Auch für Abs 2 ist die Partei darlegungs- und beweispflichtig, die sich darauf beruft, **32** daß die Konvention wegen überwiegend verkaufsfremder Vertragspflichten nicht gelte (BAUMGÄRTEL/LAUMEN/HEPTING Art 3 Rn 3; SCHLECHTRIEM/SCHWENZER/FERRARI Art 3 Rn 20; HERBER/CZERWENKA aaO; aA aber CZERWENKA 144 wegen der gegenüber Abs 1 abweichenden Textformulierung). Zwar läßt sich der Formulierung des Abs 2 weniger leicht eine Beweislastverteilung entnehmen als Abs 1. Doch wie Art 2, 4 und 5 geht auch Art 3 CISG unausgesprochen von der grundsätzlichen Anwendbarkeit der Konvention aus und legt als Ausnahme Ausschlußtatbestände fest. Wer sich auf einen solchen Ausschluß beruft, muß deshalb dessen Voraussetzungen – für Abs 2 das Überwiegen kauffremder Pflichten – nachweisen (ebenso ACHILLES Art 3 Rn 9; BAMBERGER/ROTH/SAENGER Art 3 Rn 9).

Ulrich Magnus

Art 4 [Sachlicher Geltungsbereich des Übereinkommens]

Dieses Übereinkommen regelt ausschließlich den Abschluß des Kaufvertrages und die aus ihm erwachsenden Rechte und Pflichten des Verkäufers und des Käufers. Soweit in diesem Übereinkommen nicht ausdrücklich etwas anderes bestimmt ist, betrifft es insbesondere nicht

a) die Gültigkeit des Vertrages oder einzelner Vertragsbestimmungen oder die Gültigkeit von Gebräuchen,*

b) die Wirkungen, die der Vertrag auf das Eigentum an der verkauften Ware haben kann.

Art 4

This Convention governs only the formation of the contract of sale and the rights and obligations of the seller and the buyer arising from such a contract. In particular, except as otherwise expressly provided in this Convention, it is not concerned with:

(a) the validity of the contract or of any of its provisions or of any usage;

(b) the effect which the contract may have on the property in the goods sold.

Art 4

La présente Convention régit exclusivement la formation du contrat de vente et les droits et obligations qu'un tel contrat fait naître entre le vendeur et l'acheteur. En particulier, sauf disposition contraire expresse de la présente Convention, celle-ci ne concerne pas:

a) la validité du contrat ni celle d'aucune de ses clauses non plus que celle des usages;

b) les effets que le contrat peut avoir sur la propriété des marchandises vendues.

Schrifttum

Wie zu Art 1; ferner:

ANTWEILER, Beweislastverteilung im UN-Kaufrecht, insbesondere bei Vertragsverletzungen des Verkäufers (1995)

BACHER, Irrtumsanfechtung, vertragswidrige Leistung und Sachmängelgewährleistung beim Kauf (1996)

BONELL, Vertragsverhandlungen und culpa in contrahendo nach dem Wiener Kaufrechtsübereinkommen, RiW 1990, 693

ders, Die Bedeutung der Handelsbräuche im Wiener Kaufrechtsübereinkommen von 1980, JurBl 1985, 385

BUCHER, Überblick über die Neuerungen des Wiener Kaufrechts; dessen Verhältnis zur Kaufrechtstradition und zum nationalen Recht, in: Berner Tage 13

BYDLINSKI, Das allgemeine Vertragsrecht, in: DORALT 57

CAYTAS, Der unerfüllbare Vertrag. Anfängliche und nachträgliche Leistungshindernisse und Entlastungsgründe im Recht der Schweiz, Deutschlands, Österreichs, Frankreichs, Italiens, Englands, der Vereinigten Staaten, im Völkerrecht und im internationalen Handelsrecht (1984)

DAWWAS, Gültigkeit des Vertrages und UN-Kaufrecht (1998)

DRASCH, Einbeziehungs- und Inhaltskontrolle vorformulierter Geschäftsbedingungen im Anwendungsbereich des UN-Kaufrechts (1999)

DROBNIG, Substantive Validity, AmJCompL 40 (1992) 635

EBENROTH, Internationale Vertragsgestaltung im Spannungsverhältnis zwischen ABGB, IPR-Gesetz und UN-Kaufrecht, JurBl 1986, 681

FERRARI, Die Schuldübernahme als vom UN-Kaufrecht nicht geregelte Rechtsmaterie, For Int 1997, 89

---

* Schweiz: Handelsbräuchen. Österreich: Bräuchen.

FRIGGE, Externe Lücken und Internationales Privatrecht im UN-Kaufrecht (Art 7 Abs 2) (1994)

GSTOEHL, Das Verhältnis von Gewährleistung nach UN-Kaufrecht und Irrtumsanfechtung nach nationalem Recht, ZfRV 1998, 1

HARTNELL, Rousing the Sleeping Dog: The Validity Exception to the Convention on Contracts for the International Sale of Goods, YaleJIntL 18 (1993) 1

HEIZ, Validity of Contracts Under the United Nations Convention on Contracts for the International Sale of Goods, April 11, 1980, and Swiss Contract Law, VanderbJTransL 20 (1987) 639

HELLNER, The Vienna Convention and Standard Form Contracts, in: ŠARČEVIĆ/VOLKEN 335

HENNEMANN, AGB-Kontrolle im UN-Kaufrecht aus deutscher und französischer Sicht (Diss Tübingen 2001)

HENNINGER, Die Frage der Beweislast im Rahmen des UN-Kaufrechts. Zugleich eine rechtsvergleichende Grundlagenstudie zur Beweislast, Rechtswissenschaftliche Forschung und Entwicklung Bd 448 (1995)

P HUBER, UN-Kaufrecht und Irrtumsanfechtung. Die Anwendung nationalen Rechts bei einem Eigenschaftsirrtum des Käufers, ZEuP 1994, 585

ders, Irrtumsanfechtung und Sachmängelhaftung. Eine Studie zur Konkurrenzfrage vor dem Hintergrund der internationalen Vereinheitlichung des Vertragsrechts (2001)

IMBERG, Die Verteilung der Beweislast beim Gefahrübergang nach UN-Kaufrecht (1998)

JUNG, Die Beweislastverteilung im UN-Kaufrecht (1996)

KERN, Ein einheitliches Zurückbehaltungsrecht im UN-Kaufrecht? ZEuP 2000, 837

KINDLER, Sachmängelhaftung, Aufrechnung und Zinssatzbemessung: Typische Fragen des UN-Kaufrechts in der gerichtlichen Praxis, IPRax 1996, 16

R KOCH, Zu den Voraussetzungen der Vertragsaufhebung wegen einer wesentlichen Vertragsverletzung, RiW 1996, 687

KOCK, Nebenpflichten im UN-Kaufrecht (1995)

KÖHLER, Die Haftung nach UN-Kaufrecht im Spannungsverhältnis zwischen Vertrag und Delikt (2003)

TH KOLLER, AGB-Kontrolle und UN-Kaufrecht (CISG) – Probleme aus schweizerischer Sicht, in: FS Honsell (2002) 223

KÜHL/HINGST, Das UN-Kaufrecht und das Recht der AGB, in: FS Herber (hrsg von THUME, 1999) 50

LESSIAK, UNCITRAL-Kaufrechtsabkommen und Irrtumsanfechtung, JurBl 1989, 487

NAUMANN, Der Regelungsbereich des UN-Kaufrechts im Spannungsfeld zwischen Einheitsrecht und Kollisionsrecht (2000)

MAGNUS, UN-Kaufrecht und neues Verjährungsrecht des BGB – Wechselwirkungen und Praxisfolgen, RiW 2002, 577

ders, Internationale Aufrechnung, in: LEIBLE (Hrsg), Das Grünbuch zum Internationalen Vertragsrecht. Beiträge zur Fortentwicklung des Europäischen Kollisionsrechts der vertraglichen Schuldverhältnisse (2004) 209

NIGGEMANN, Erreur sur une qualité substantielle de la chose et application de la CVIM, Rev dr aff int 1994, 397

ders, Error About a Substantial Quality of the Goods and Application of the CISG, Int Bus LJ 1994, 397

SCHLECHTRIEM, Verjährung von Ansprüchen und Rechten aus einem Kaufvertrag nach CISG, in: FS Jayme Bd 2 (2004) 1353

SCHLUCHTER, Die Gültigkeit von Kaufverträgen unter dem UN-Kaufrecht (Diss Freiburg 1996)

SCHLÜTER, Der Eigentumsvorbehalt im europäischen und internationalen Recht. Zu den Grenzen besitzloser Mobiliarsicherheiten im grenzüberschreitenden Handel, IHR 2001, 141

SCHMID, Das Zusammenspiel von Einheitlichem UN-Kaufrecht und nationalem Recht: Lückenfüllung und Normenkonkurrenz (1996)

SCHÜTZ, UN-Kaufrecht und culpa in contrahendo, Studien zum vergleichenden und internationalen Recht Bd 33 (1996)

STOLL, Internationalprivatrechtliche Fragen bei der landesrechtlichen Ergänzung des Einheitlichen Kaufrechts, in: FS Ferid (1988) 495

TEKLOTE, Die Einheitlichen Kaufgesetze und das deutsche AGB-Gesetz (1994)

VIDA, Differenzierte Rechtsanwendung beim Internationalen Kaufvertrag, IPRax 2002, 146

WARTENBERG, CISG und deutsches Verbraucherschutzrecht: Das Verhältnis in der CISG

insbesondere zum VerbrKrG, HaustürWG und
ProduktHaftG (1998).

Systematische Übersicht

Alphabetische Übersicht

                                                           Ulrich Magnus

I. Regelungsgegenstand und Normzweck

1 Die Vorschrift grenzt die **Rechtsmaterien** ab, **auf die sich die Kaufrechtskonvention bezieht**, und regelt damit einen wichtigen Teil des sachlichen Anwendungsbereichs. Denn das CISG erfaßt nicht alle, sondern nur einige Rechtsfragen internationaler Kaufgeschäfte. Wie die Erfahrung mit dem Haager Recht jedoch gezeigt hat, das insoweit gleichgefaßt war (Art 8 EKG), sind aber die wichtigsten Punkte behandelt, die in der Gerichtspraxis vor allem zu Streit führen. Die Rechtsprechung zum EKG belegt, daß nur in etwa jedem zehnten Fall auch über Fragen zu entscheiden war, die das Einheitskaufrecht nicht regelt (vgl vor allem die Entscheidungen zu Art 8, 17 EKG, in: SCHLECHTRIEM/MAGNUS).

2 Mit dem **Kaufabschluß** und den **gegenseitigen Vertragsrechten und -pflichten** nennt Art 4 diejenigen Rechtsbereiche, auf die sich die Geltung der Konvention nach der Intention ihrer Verfasser zweifelsfrei erstreckt. Sie bilden den Kern der beabsichtigten Rechtsvereinheitlichung. Alle damit nicht erfaßten Rechtsmaterien stehen naturgemäß außerhalb der Konvention und es hätte an sich keiner weiteren Erwähnung bedurft, daß das CISG für sie nicht gilt (nach BIANCA/BONELL/KHOO Art 4 Bem 2.1 stellt Art 4 deshalb nur Selbstverständliches klar). Gleichwohl schreibt Art 4 S 2 vor, daß „insbesondere" Gültigkeits- und Eigentumsfragen nicht erfaßt werden, „soweit in diesem Übereinkommen nicht ausdrücklich etwas anderes bestimmt ist". Die Vorschrift schließt damit noch einmal ausdrücklich Gegenstände aus, deren Vereinheitlichung mit dieser Konvention nicht verfolgt wird. Zu Beginn der Kaufrechtsarbeiten war allerdings auch die Vereinheitlichung einiger Eigentumsfragen beabsichtigt worden (dazu unten Rn 9). Die Vereinheitlichung auch der Regeln über die materielle Gültigkeit von Kaufverträgen wird derzeit von UNIDROIT betrieben, das inzwischen einen Vorentwurf vorgelegt hat (abgedr in AmJCompL 40 [1992] 703 ff; dazu DROBNIG AmJCompL 40 [1992] 635 ff).

3 Der Vorbehalt, **„soweit in diesem Übereinkommen nicht ausdrücklich etwas anderes bestimmt ist"**, bedeutet, daß Teilaspekte der Gültigkeits- und Eigentumsproblematik doch in der Konvention behandelt werden (vgl auch Sekretariatskommentar Art 4 Bem 3 f). Damit bedarf es stets sorgfältiger Abgrenzung zwischen den erfaßten und den ausgeschlossenen Fragen. So äußert sich die Konvention etwa zur Gültigkeit, indem sie den Grundsatz der Formfreiheit (Art 11) festlegt; Eigentumsaspekte sind teilw in Art 41 und 42 angesprochen.

4 In ähnlicher Weise muß für **andere Materien**, vor allem des **allgemeinen Schuldrechts und der Rechtsgeschäftslehre**, – Art 4 zählt die Gültigkeits- und Eigentumsfragen nur beispielhaft („insbesondere") auf – geprüft werden, ob die Konvention nicht selbst Regelungen enthält.

5 Soweit die Konvention nicht eingreift, ist nach dem anwendbaren nationalen Recht zu entscheiden (vgl Art 7 Abs 2 u die Erl dort). Die Auffassung, Gültigkeitsfragen entspr ihrem Schutzzweck dem Recht des Geschützten zu unterstellen (so STOLL, in: FS Ferid 511 ff u zum EKG: LG Heidelberg, in: SCHLECHTRIEM/MAGNUS Art 22 Nr 2), läßt sich, auch wenn sie rechtspolitisch erwünscht sein mag, weder mit dem Wortlaut der Konvention (Art 7 Abs 2) noch mit den Intentionen ihrer Verfasser vereinbaren. Sie

wäre allenfalls aus dem anwendbaren IPR herzuleiten. Soweit ein deutsches Forum
zu entscheiden hat, gelten freilich die Art 27 ff EGBGB.

II. Entstehungsgeschichte

Die Vorschrift entspricht sachlich Art 8 EKG, der auch die Gültigkeit vertraglicher **6**
Bestimmungen und von Gebräuchen ebenso wie die Eigentumsfragen aus dem
Anwendungsbereich ausdrücklich ausschloß. Wegen der Teilung in EKG u EAG
bezog Art 8 EKG zwar nicht den Vertragsschluß ein, war insoweit aber durch Art 1
EAG zu ergänzen. Daß Art 4 CISG nunmehr von den Rechten und Pflichten des
Verkäufers und Käufers spricht, während Art 8 EKG nur die Pflichten genannt
hatte, ist – wie auch die sonstigen Umstellungen im Wortlaut – als lediglich redak-
tionelle Änderung zu betrachten (vgl auch SCHLECHTRIEM/SCHWENZER/FERRARI Art 4 Rn 1).

Während der Vorarbeiten zu Art 4 CISG war mehrfach seine Streichung verlangt **7**
worden (UNCITRAL YB III [1972] 74; YB VI [1975] 52, 92). Doch setzte sich die Ansicht
durch, daß Art 4 eine nützliche Klarstellung bedeute und beizubehalten sei (vgl
BIANCA/BONELL/KHOO Art 4 Bem 1.2).

Einen Ergänzungsvorschlag zu Art 4 enthielt der Genfer Entwurf v 1976 (dort Art 7 **8**
Abs 2). Er sah vor, auch auf geistigem Eigentum beruhende Ansprüche zwischen
Käufer und Verkäufer vom Regelungsbereich der Konvention ausdrücklich auszu-
nehmen (UNCITRAL YB VII [1976] 90). Schon der Wiener Entwurf v 1977 übernahm
diesen Vorschlag aber nicht mehr, sondern sah statt dessen die im jetzigen Art 42
Gesetz gewordene Regelung vor (UNCITRAL YB VIII [1977] 31).

In der Frühphase der Arbeiten an der Kaufrechtsvereinheitlichung war zeitweise **9**
auch die Unifizierung von Eigentumsfragen vorgeschlagen worden. Während der
„Blaue Bericht" v 1929 die Auffassung vertrat, die Eigentumsfragen könnten unberührt bleiben (RABEL Aufsätze III 383), war RABEL 1935 der Ansicht, daß „die Fragen
des Eigentumsübergangs doch insoweit einbezogen werden sollten, als sie für den
Handel von Wichtigkeit sind" (so RABEL RabelsZ 9 [1935] 1). Der Vorentwurf v 1935
enthielt deshalb eine Anl I, die in neun Artikeln eine einheitliche Regelung für den
Eigentumsvorbehalt aufstellte (RabelsZ 9 [1935] 41 f). Schon der E v 1939/1951 ver-
folgte diesen Ansatz aber nicht weiter, sondern schloß die Eigentumsfragen aus dem
Anwendungsbereich aus (Art 5).

Auf der diplomatischen Konferenz v 1980 gab es vor allem Anträge, die klarstellen **10**
wollten, daß die Delikts- und insbes die Produkthaftung für Personenschäden nicht
zu den geregelten Materien gehören sollten (vgl Off Rec 85, 245 ff). Diese Vorstöße
führten schließlich zur Aufnahme des jetzigen Art 5 CISG.

III. Auslegung und Qualifikationsfragen

Die Begriffe, die die Konvention verwendet, sind grundsätzlich **autonom zu inter-** **11**
pretieren (vgl Art 7 Rn 12 ff). Das muß auch und gerade für die Auslegung solcher
Vorschriften gelten, die Materien aus dem Anwendungsbereich des Einheitsrechts
ausschließen und dem nationalen Recht zuweisen. Denn würde diese negative
Abgrenzung des Anwendungsbereichs der unterschiedlichen Qualifikation in den

nationalen Rechten überlassen, so würde die angestrebte Vereinheitlichung in beträchtlichem Maß gefährdet. Gültigkeits- und Eigentumsfragen, die Art 4 nennt, sind daher in dem Sinn zu verstehen, der sich aus dem Zusammenspiel der Vorschriften der Konvention und den Zielen des CISG entnehmen läßt. Die Qualifikation in den einzelnen nationalen Rechten kann lediglich rechtsvergleichend dazu beitragen, eine bestimmte autonome Qualifikation für die Konvention festzulegen.

IV. Die ausdrücklich erfaßten Rechtsmaterien (Art 4 Satz 1)

12 Die Konvention erfaßt nur („regelt ausschließlich") den Abschluß internationaler Kauf- oder gleichgestellter Verträge (Art 3) und die aus derartigen Verträgen folgenden Rechte und Pflichten beider Vertragsparteien. Fragen, die bei autonomer Qualifikation den Vertragsschluß oder die Rechte und Pflichten aus dem Vertrag betreffen, sind als mitgeregelt anzusehen (s auch Art 7 Abs 2 u unten Rn 13 ff). Die **Konvention verdrängt das unvereinheitlichte nationale Recht** daher **in allen Fällen, in denen sie bei funktional-autonomer Betrachtung einen Sachverhalt erfaßt**. Ihre Regelung gilt dann insoweit abschließend.

1. Vertragsschluß

13 Was die Konvention mit „Abschluß des Kaufvertrages" meint, sagt sie selbst in ihrem Teil II (Art 14–24). Gemeint ist **das äußere Vertragsschlußgeschehen**, die Mechanik, nach der zwischen zwei oder mehr Parteien eine bindende, auf dem Parteiwillen beruhende Vereinbarung zustande kommt. Dazu gehört auch die Formfreiheit des Vertragsschlusses (Art 11), ferner die Frage, ob ein offener oder versteckter Dissens zu einem wirksamen Vertragsschluß führt (ebenso HONSELL/SCHNYDER/STRAUB Art 18 Rn 12; SCHLECHTRIEM Rn 69 [**anders** aber ders in Rn 34]; näher unten Art 18 Rn 7). Wie Art 4 S 2 lit a zeigt, ist dagegen nicht die materielle Gültigkeit des Vertragskonsenses (etwa die Fehlerfreiheit der Willensbildung, mit Ausnahme freilich einiger Irrtumsfälle, dazu unten Rn 48 ff) gemeint. Den Vertragsschlußkomplex regelt die Konvention in ihrem Teil II selbst abschließend (ebenso SCHLECHTRIEM/SCHWENZER/FERRARI Art 4 Rn 9; ENDERLEIN/MASKOW/STROHBACH Art 4 Bem 5. 1; HERBER/CZERWENKA Art 4 Rn 7; LOEWE, Kaufrecht 29; SCHLECHTRIEM JZ 1988, 1041; SOERGEL/LÜDERITZ/FENGE Art 4 Rn 1). Daneben kann nicht auf nationale Konzepte zurückgegriffen werden, die vertragliche Bindungen etwa aus faktischem, sozialtypischem Verhalten oder sozialem Kontakt ableiten. Eine Lösung dieser Fälle muß vielmehr innerhalb der Vertragsschlußregeln der Konvention gesucht werden. Andererseits regelt das CISG auch nur die Rechtsbeziehung zwischen Verkäufer und Käufer, dagegen nicht die Verhältnisse zu Dritten (vgl Industeel v Steel Products Inc, IHR 2003, 237 ff).

14 Auch die **Produkthaftung des Herstellers** kann, sofern sie nicht ohnehin gem Art 5 ausgeschlossen ist (vgl Art 5 Rn 4 ff), nur dann unter die Konvention fallen, wenn der Hersteller nach den Regeln des Übereinkommens selbst Vertragspartner des geschädigten Käufers geworden ist (insbes HONNOLD Rn 63). Das Konzept der Erstreckung der Vertragswirkungen auf Dritte, etwa über die Rechtsfigur des Vertrages mit Schutzwirkung zugunsten Dritter, über die beispielsweise in Österreich der Hersteller früher in die Vertragshaftung einbezogen wurde (OGH SZ 49/14, inzwischen überholt vgl OGH SZ 51/169 und POSCH, Produzentenhaftung in Österreich le lege lata und de lege ferenda, Verh 8. ÖJT I/3 [1982]), ist der Wiener Konvention fremd (eingehend SCHLECHT-

RIEM/SCHWENZER/STOLL Art 74 Rn 25 f; vgl ferner ACHILLES Art 4 Rn 2; HONNOLD aaO). Auf diesem Weg kann grundsätzlich keine Vertragshaftung des Herstellers begründet werden. Freilich kann die Einbeziehung Dritter in den Vertragsschutz – auch stillschweigend – vereinbart werden. Ohne entspr deutliche Anhaltspunkte darf sie aber nicht unterstellt werden (so auch SCHLECHTRIEM/SCHWENZER/STOLL, HONNOLD, jeweils aaO; vgl näher Art 74 Rn 14). Die Konvention stellt, da sie nicht anwendbar ist, für den geschädigten Käufer allerdings auch keine Sperre dar, den vertragsfremden Hersteller nach nationalem Recht vertragsrechtlich – etwa über die Figur des Vertrages mit Schutzwirkung – in Anspruch zu nehmen. Denn soweit ein nationales Recht die Produkthaftung auf diesem Wege regelt, kann und sollte die Konvention diesen Anspruch nicht abschneiden (näher Art 5 Rn 11 ff).

2.   Rechte und Pflichten der Parteien

Das CISG erfaßt nur **die vertraglichen Rechte und Pflichten der Kaufvertragsparteien** **15** und grundsätzlich keine anderen Rechtsfragen. Wegen des engen Zusammenhanges mit der Rechtsgeschäftslehre und dem allgemeinen Vertrags- und Schuldrecht bestehen freilich Ausnahmen von diesem Grundsatz. Rechte und Pflichten der Vertragsparteien, die auf anderen Rechtsgründen als auf dem Vertrag beruhen (zB auf Delikt, Bereicherung etc), erfaßt die Konvention jedoch nicht (zur Produkthaftung s oben Rn 14 und die Erl zu Art 5).

Mit den aus dem Vertrag erwachsenen Rechten und Pflichten sind **die primären** **16** **gegenseitigen Ansprüche sowie zusätzlich vereinbarte Pflichten** gemeint, die ein wirksamer Kaufvertrag begründet, ferner die Rechte, die bei Vertragsverletzungen gewährt werden. Die Konvention führt diese Rechte und Pflichten in ihrem Teil III selbst detailliert auf und erlaubt damit ohne weiteres eine autonome Qualifikation: Es sind vor allem die Lieferpflicht des Verkäufers (Art 31 ff) und die Zahlungs- und Abnahmepflicht des Käufers (Art 53 ff) sowie die Rechtsbehelfe bei Vertragsverletzungen durch die andere Seite (Anspruch auf Erfüllung, Aufhebung, Minderung, Schadensersatz). Daneben kennt die Konvention eine besondere Pflicht zur Erhaltung der Ware (Art 85 ff), eine allgemeine Schadensminderungobliegenheit des jeweils Ersatzberechtigten (Art 77), eine Verzinsungspflicht (Art 78). Auch für zusätzlich vereinbarte Pflichten wie Montage-, Einarbeitungs-, Instruktions-, Wettbewerbspflichten etc und deren Verletzung gilt das Rechtsbehelfssystem der Konvention, sofern der Vertrag als ganzer dem CISG unterliegt (vgl dazu Art 3 Rn 26 ff). Die Gültigkeit, insbes von wettbewerbsrelevanten Abreden, richtet sich aber nach dem insoweit geltenden nationalen Recht.

Ob das CISG darüber hinaus **weitere ungeschriebene Zusatzpflichten** kennt, etwa die **17** Pflicht, das Vertragsziel nicht zu gefährden, ist fraglich, im Ergebnis jedoch zu bejahen (vgl BGH NJW 1997, 3309: „Leistungstreuepflicht"; bejahend auch ACHILLES Art 4 Rn 3; LESER, in: SCHLECHTRIEM, Fachtagung 254 f; KOCK 30 ff; näher Art 7 Rn 47). In jedem Fall darf für die vertraglichen Rechte und Pflichten der Parteien nicht neben der Konvention zusätzlich auf nationale Regelungen, wie zB die bisherige positive Vertragsverletzung zurückgegriffen werden (so zu Recht BIANCA/BONELL/KHOO Art 4 Bem 3.3.3; LESER 255). Soweit sich in der praktischen Anwendung hier Lücken ergeben, müssen sie aus der Konvention heraus unter Rücksicht auf das Gebot von Treu und Glauben (Art 7) geschlossen werden. **Stillschweigende Vertragspflichten, die nach der**

Erfüllung des Vertrages noch fortwirken, dürften regelmäßig zu verneinen sein. Soweit es in diesem Stadium zu selbständigen Störungen oder Schäden kommt, ist auf das anwendbare Deliktsrecht zurückzugreifen (so zum EKG: DÖLLE/STUMPF Art 35 Rn 6).

V. Ausdrücklich ausgeschlossene Rechtsmaterien (Art 4 Satz 2)

1. Allgemeines

18 In Art 4 S 2 stellt die Konvention klar, daß sie bestimmte Rechtsmaterien nicht erfaßt, die an sich mit Kaufgeschäften stets oder doch häufig verbunden sind. So regelt sie „insbesondere" weder die Gültigkeit des Vertrages oder von Gebräuchen noch den Eigentumsübergang. Dieser Ausschluß gilt freilich nur, soweit die Konvention nicht ausdrückliche Bestimmungen über diese Punkte enthält.

19 Für die nicht erfaßten Materien ist **nach üblicher kollisionsrechtlicher Methode** zunächst das anwendbare Recht (etwa das Vertrags-, Vertretungs-, Geschäftsfähigkeitsstatut) zu bestimmen und ihm dann die Lösung zu entnehmen; soweit anderweites Einheitsrecht eingreift (zB zur Verjährung), gilt dieses (ACHILLES Art 4 Rn 2; SCHLECHTRIEM/SCHWENZER/FERRARI Art 4 Rn 6). Das folgt aus Art 7 Abs 2, der den Rückgriff auf das Kollisionsrecht zuläßt, wenn die Konvention keine einschlägigen Bestimmungen enthält und ihr auch keine allgemeinen Grundsätze zu entnehmen sind. Systembrüche durch das mögliche Nebeneinander von Konventionsrecht und nationalem Recht lassen sich damit nicht immer vermeiden.

2. Gültigkeitsfragen (Art 4 Satz 2 lit a)

a) Gültigkeit des Vertrages und von AGB

20 Fragen der Gültigkeit des Vertragsschlusses stehen außerhalb der Konvention. Auch der Begriff der Gültigkeit ist autonom zu interpretieren. Er meint die **materielle Gültigkeit des Vertragsschlusses** (insbes den „inneren Konsens") und betrifft zum einen die Voraussetzungen wirksamer rechtsgeschäftlicher Erklärungen wie Rechts- und Geschäftsfähigkeit oder die Verpflichtungsbefugnis (zB § 1365 BGB; vgl auch SCHLECHTRIEM, UN-Kaufrecht 18; WITZ/SALGER/LORENZ Art 4 Rn 8; eingehend HARTNELL Yale-JIntL 18 [1993] 19 ff). Zum andern erfaßt Art 4 S 2 lit a Unwirksamkeitsgründe für Rechtsgeschäfte wie Nichtigkeit wegen Sittenwidrigkeit oder Gesetzesverstoßes oder Anfechtbarkeit wegen Willensmängeln (vgl OGH ZfRV 1997, 204 [207]; OLG Hamburg TranspR-IHR 1999, 37 [39]; ACHILLES Art 4 Rn 4; SCHLECHTRIEM/SCHWENZER/FERRARI Art 4 Rn 15 ff; CZERWENKA 165 f; HERBER/CZERWENKA Art 4 Rn 10 ff; HONNOLD Rn 64 ff; HOYER, in: HOYER/POSCH 39 f; LOEWE, Kaufrecht 29; SCHLUCHTER 98 ff; Schweizer Botschaft 763 f; zur Unwirksamkeit wegen Unmöglichkeit jedoch noch unten Rn 44 f; zur Anfechtung wegen Übermittlungsirrtums oder Irrtums über Eigenschaften der Ware oder über die Bonität des Vertragspartners unten Rn 48 ff). Damit sind etwa grob einseitige Vertragsklauseln am Gültigkeitsmaßstab, insbes dem Maßstab der guten Sitten des anwendbaren nationalen Rechts zu überprüfen. Dabei ist aber dem internationalen Sachverhalt Rechnung zu tragen. Das CISG kann insoweit als eine Regelung des international Üblichen angesehen werden (vgl noch unten Rn 26).

21 Auch die gesetzliche Möglichkeit, einem Rechtsgeschäft wegen der besonderen

Umstände seines Abschlusses durch **Widerruf** die Wirksamkeit zu nehmen (wie nach § 355 iVm §§ 312, 312d, 485, 495, 499 ff, 505, 507 BGB), betrifft die materielle Gültigkeit (ebenso BÜLOW/ARTZ 148; SCHLECHTRIEM Rn 36b; SOERGEL/LÜDERITZ/FENGE Art 4 Rn 5). Räumt das nationale Recht ein Widerrufsrecht allerdings für eine Situation ein, die im CISG abschließend geregelt ist (Bsp: Widerrufsrecht des nationalen Rechts bei Sachmängeln), dann muß es bei der Lösung des CISG sein Bewenden haben (so zu Recht SCHLECHTRIEM Rn 36b). Die bislang eingeräumten Widerrufsrechte betreffen zwar auch eine im CISG geregelte Situation, nämlich den Vertragsschluß. Indessen gelten sie nur bei bestimmten faktischen Umständen des Vertragsschlusses und nur zum Schutz von Verbrauchern. Diese Lage will das CISG gerade nicht, jedenfalls nicht abschließend regeln. Sofern das CISG einen Verbraucherkauf ausnahmsweise erfaßt, bleiben die genannten Widerrufsrechte deshalb zu beachten (ebenso SCHLECHTRIEM Rn 36b). Zum Verhältnis zwischen der Konvention und zwingendem nationalen Verbraucherschutzrecht eingehend Art 2 Rn 29 ff.

Weiter finden **zwingende nationale Normen** etwa des Devisenrechts, die die Wirk- **22** samkeit von Rechtsgeschäften betreffen, hier ihr Einfallstor in die Konvention (ACHILLES Art 4 Rn 4; ENDERLEIN/MASKOW/STROHBACH Art 4 Bem 5.1; HERBER/CZERWENKA Art 4 Rn 11). So ist das Bretton-Woods-Abkommen (BGBl 1952 II 637) nach der in der Bundesrepublik vertretenen Interpretation auf Warenkäufe anwendbar (Münch-KommHGB/MARTINY nach Art 34 EGBGB Anh II Rn 14 mit Rechtsprechungsnachweis). Verstößt ein Kaufvertrag gegen Devisenkontrollbestimmungen des Landes, dessen Währung er berührt, dann ist er gem Art VIII Abschn 2 (b) des Bretton-Woods-Abkommens „unenforceable". Auch wenn nach herrschender Meinung daraus nicht die Unwirksamkeit des Vertrages, sondern nur seine Unklagbarkeit folgt, so ist dies Hindernis im Rahmen des Art 4 S 2 lit a CISG als Gültigkeitsvorschrift zu berücksichtigen.

Ferner sind über Art 4 S 2 lit a jene Übereinkommen und Rechtsvorschriften zu **23** berücksichtigen, die den **Handel mit bestimmten Gütern oder mit Tieren** (Kulturgütern, geschützten Tierarten, Kriegswaffen, Drogen etc) reglementieren und Unwirksamkeitsgründe aufstellen (dazu etwa HJERNER, in: International Sales of Works of Art [ICC Publication No 436] 545 ff; HONNOLD Rn 64). Gleiches gilt, wenn für bestimmte Geschäfte öffentlichrechtliche Genehmigungserfordernisse bestehen, von deren Einhaltung die Wirksamkeit des jeweiligen Geschäfts abhängt.

In den Rahmen des Art 4 S 2 lit a fällt auch die Frage, ob und wieweit **Vorschriften** **24** **über allgemeine Geschäftsbedingungen** (wie etwa das deutsche AGB-Recht, §§ 305 ff BGB, oder der englische Unfair Contract Terms Act) zu beachten sind. Hier gilt: Soweit die nationale AGB-Vorschrift international – kraft Schuldstatuts oder Sonderanknüpfung – anwendbar ist und auch sachlich das Geschäft erfaßt, entscheidet sie über die Wirksamkeit des Vertrages oder einzelner seiner Bestimmungen. Dabei überlappen sich CISG und §§ 305 ff BGB in ihrem Anwendungsbereich in erheblichem Umfang: Das UN-Kaufrecht schließt nur erkennbare Verbraucherkäufe aus (Art 2 lit a); das AGB-Recht erfaßt weitgehend auch Handelskäufe (§ 310 BGB) oder sonstige gewerbliche Käufe.

Allerdings **betrifft der Vorrang des nationalen Rechts nur die Kontrolle der inhaltli-** **25** **chen Angemessenheit.** Soweit es um die Frage der Abschlußtechnik, vor allem der korrekten Einbeziehung von AGB geht, hat die speziellere – auf internationale

Sachverhalte zugeschnittene – Regelung in Teil II der Wiener Konvention Vorrang
(OLG Zweibrücken 31. 3. 1998, CLOUT Nr 272; Schlechtriem/Schwenzer/Ferrari Art 4 Rn 20;
Hartnell YaleJIntL 18 [1992] 83 f; Hellner, in: Šarčević/Volken 355 ff; Honnold Rn 235 f; Th
Koller, in: FS Honsell 236 ff [ob eine AGB-Klausel überraschend ist, rechnet er auf der Grundlage
des Schweizer Rechts allein zur Einbeziehung von ABG; insoweit gelte nur das CISG]; Kühl/
Hingst, in: FS Herber 58 ff; MünchKomm/Basedow § 12 AGBG Rn 11; Schlechtriem, UN-
Kaufrecht 18; Ulmer/Brandner/Hensen Anh § 2 Rn 16a; ebenso die Rspr zum EKG/EAG: LG
Heidelberg, in: Schlechtriem/Magnus Art 22 EKG Nr 2; vWestphalen, in: Schlechtriem,
Fachtagung 56). Ob die nationale Vorschrift die formelle oder die materielle Gültigkeit betrifft, ist dabei aus dem Blickwinkel der Konvention zu beantworten, also
autonom zu qualifizieren. Zur Inhaltskontrolle ist deshalb auch die Prüfung zu
zählen, ob eine Klausel überraschend und deshalb unwirksam ist (so auch Schlechtriem RdW 1989, 44; aA aber etwa Drasch 6, 11 ff; auch Th Koller aaO [jedoch allein wegen der
besonderen Schweizer Lage]). Auch die Rechtsfolge – gänzliche oder teilweise Unwirksamkeit – richtet sich nach dem anwendbaren Landesrecht.

26 Bei der Inhaltskontrolle nach § 307 BGB oder ähnlichen Vorschriften ist **der Maß-
stab der Angemessenheit** dann allerdings am Einheitsrecht und dem international
Üblichen auszurichten (vgl OLG Zweibrücken 31. 3. 1998, CLOUT Nr 272; Herber/Czer-
wenka Art 6 Rn 17; Kühl/Hingst, in: FS Herber 58 f; MünchKomm/Basedow § 12 AGBG
Rn 11; Piltz, Internationales Kaufrecht § 2 Rn 140; Reithmann/Martiny Rn 758; Schlechtriem
Rn 34; ders IPRax 1990, 279; Ulmer/Brandner/Hensen Anh § 2 Rn 16a; Witz/Salger/Lorenz
Art 4 Rn 17). Vom Modell des CISG darf daher nicht grundlegend abgewichen
werden.

27 Vom anwendbaren Landesrecht berufene Gültigkeitsnormen sind andererseits nur
zu berücksichtigen, soweit „in diesem Übereinkommen nicht ausdrücklich etwas
anderes bestimmt ist" (Art 4 S 2). Bestimmungen, die den **Vorrang der Konvention
vor nationalem Recht** für an sich nicht erfaßte Materien wortwörtlich festlegen, gibt
es im UN-Kaufrecht freilich nicht. Selbst den Grundsatz der Formfreiheit, der die
Gültigkeit von Verträgen berührt, stellt Art 11 CISG nur schlicht fest, erklärt aber
nicht etwa ausdrücklich den Vorrang der Konvention vor nationalem Recht. Für die
Auslegung des Art 4 ist daraus zu folgern, daß das Übereinkommen immer dann
ausdrücklich („expressly", „disposition expresse") etwas anderes bestimmt, wenn es
einen Sachverhalt, der weder den Vertragsschluß noch die Rechte und Pflichten der
Parteien betrifft, gleichwohl ersichtlich abschließend regelt. Diese Regelung geht
dann dem nationalen Recht für den gleichen Sachkomplex vor. Für die Formfrage
ist der Vorrang der Konvention eindeutig (Sekretariatskommentar Art 4 Bem 3). Zu den
einzelnen zweifelhaften Bereichen vgl unten Rn 36 ff.

28 Welche Gültigkeitsprobleme die Konvention – außer der Formfrage – noch mitregelt, insoweit also „etwas anderes bestimmt", kann nur die **Auslegung der Konventionsregeln für den jeweiligen Sachbereich** ergeben. Aus Art 4 lit a selbst läßt sich
dazu nichts entnehmen. Auch der Sekretariatskommentar zu Art 4 weist lediglich
darauf hin, daß **einige Vorschriften** der Konvention nationalen Gültigkeitsregeln
widersprechen können (Sekretariatskommentar Art 4 Bem 2: „some provisions"). Im Kon-
fliktfall sei dann nur die Konvention anzuwenden. Im Interesse des größeren
Vereinheitlichungseffektes sollte der Auffassung gefolgt werden, daß der Rückgriff
auf nationales Recht ausscheidet, soweit der gleiche oder jedenfalls ein funktional

vergleichbarer Sachverhalt von der Konvention geregelt wird. Es dient nicht der Rechtssicherheit im internationalen Handelsverkehr, wenn ein Vertragspartner in Situationen, die das Einheitsrecht umfassend und ohne stoßende Lücken oder Härten regelt, unbekannte nationale Behelfe quasi „aus dem Hut zaubern" kann. Auch ein rechtspolitisch zwingendes Bedürfnis, Rechte oder Behelfe (beispielsweise die Anfechtung wegen Irrtums über Sacheigenschaften oder über die Bonität des Geschäftspartners) neben den Behelfen der Konvention zuzulassen, ist regelmäßig nicht erkennbar. Nationale Rechte, die wie etwa das österreichische oder das Schweizer Recht die Irrtumsanfechtung konkurrierend neben der Sachmängelgewährleistung gestatten, sehen sich vielmehr gezwungen, zum Schutz des Vertragspartners des Irrenden Vorkehrungen zu treffen, um unangemessene Ergebnisse zu vermeiden (vgl dazu noch unten Rn 50).

b) Gültigkeit von Gebräuchen

Art 4 S 2 lit a überläßt es dem anwendbaren nationalen Recht, auch die **Gültigkeit** 29 **von Gebräuchen** zu beurteilen. Mit „Gültigkeit" ist hier im wesentlichen gemeint, ob Gebräuche gegen zwingende Vorschriften des anwendbaren Rechts verstoßen (ebenso Bamberger/Roth/Saenger Art 4 Rn 5; Bonell JurBl 1985, 393 f; Schlechtriem/Schwenzer/ Ferrari Art 4 Rn 26; Enderlein/Maskow/Strohbach Art 4 Bem 7; Karollus 43; Piltz, Internationales Kaufrecht § 2 Rn 141). Ein Verstoß des internationalen Handelsbrauchs gegen nationale Formvorschriften ist jedoch wegen des Prinzips der Formfreiheit (Art 11 CISG) nicht zu beachten (Bamberger/Roth/Saenger Art 4 Rn 5; Czerwenka 180; Karollus aaO), es sei denn, daß sich der Formvorbehalt des Art 96 auswirkt, der auch internationale Bräuche verdrängt.

Nach den Vorschriften der Konvention (Art 9, Art 8 Abs 3) richtet sich dagegen, ob 30 Gebräuche – kraft internationaler Verbreitung oder konkreter Zustimmung – für die Parteien verbindlich sind, ob und wieweit sie Vorrang vor der Konvention haben und wieweit sie für die Auslegung von Parteiverhalten heranzuziehen sind (vgl Bamberger/Roth/Saenger Art 4 Rn 5; Schlechtriem/Schwenzer/Ferrari Art 4 Rn 26; Piltz aaO).

Das anwendbare nationale Recht dürfte jedoch für die (Gültigkeits-)Frage gelten, 31 ob eine Partei eine Willenserklärung anfechten kann, die durch einen Brauch, den die Partei nicht kannte, aber kennen mußte, einen nicht beabsichtigten Sinn erhalten hat (so auch Schlechtriem/Schwenzer/Ferrari Art 4 Rn 28).

3. Eigentumsfragen (Art 4 Satz 2 lit b)

Die Konvention verpflichtet den Verkäufer zwar, dem Käufer das Eigentum an der 32 Ware zu verschaffen (Art 30; s auch Art 30 Rn 10 ff). Die **Wirkung des Vertrages auf die Eigentumslage** richtet sich jedoch nicht nach dem CISG, sondern **nach dem** hierfür **anwendbaren Recht** (meist also der lex rei sitae). Der Hintergrund ist, daß sich das Konsensualprinzip (des romanischen Rechtskreises, aber auch des Common Law) und das Traditionsprinzip (des deutschen Rechtskreises) im Sachenrecht bislang unversöhnt gegenüberstehen. Die anfänglich mit dem Kaufrecht geplante Vereinheitlichung auch dieses Bereiches hatte schon Rabel aufgegeben (vgl oben Rn 9). Nicht nur den Eigentumsübergang, auch den Eigentumsvorbehalt als wichtiges Sicherungsmittel des Verkäufers erfaßt die Konvention deshalb nicht (BGH NJW

1995, 2101 m Anm SCHMIDT-KESSEL RiW 1996, 60; Roder Zelt- und Hallenkonstruktionen GmbH v Rosedown Park Pty Ltd, 57 Fed C Rep [1995] 216 ff [deutsch-australischer Kauf nach CISG; deutscher Eigentumsvorbehalt in Australien aber nach lex rei sitae] = CISG-online Nr 218; SCHLECHTRIEM Rn 37; ders RdW 1989, 44; zum EKG: Rb Alkmaar NedJ 1979, 579; zu Fragen des Eigentumsvorbehalts s ausführlich SCHLÜTER IHR 2001, 141 ff). Seine Wirksamkeit richtet sich ebenfalls nach dem kraft IPR anwendbaren Recht. Das gilt auch für die sonstigen, mit dem Eigentum verbundenen Sicherungsrechte, wie etwa Sicherungseigentum oder die „floating charge" des englischen Rechts. Doch erfüllt der Verkäufer, der vertragsgemäß unter Eigentumsvorbehalt oder einem sonstigen Sicherungsrecht liefern darf, damit durchaus seine Lieferpflicht, auch wenn Art 30 ihn an sich zur Eigentumsübertragung verpflichtet (Sekretariatskommentar Art 29 Bem 18), da die Vorschrift dispositiv ist. Auch die schuldrechtlichen Folgen, die sich aus Verletzungen der Sicherungsabrede ergeben, unterliegen mangels abweichender Parteivereinbarung dem CISG. Im Zweifel berechtigt Zahlungsverzug des Eigentumsvorbehaltskäufers daher nur unter den Voraussetzungen des Art 64 Abs 1 CISG und nicht jenen des unvereinheitlichten nationalen Rechts – etwa des § 449 BGB – zur Vertragsaufhebung (so im Ergebnis BGH aaO; näher SCHLECHTRIEM Rn 38; SCHMIDT-KESSEL RiW 1996, 60 ff).

33 Einen Sonderfall stellt das **Aussetzungs- und Anhalterecht** (Verschlechterungseinrede) dar, das in Art 71 geregelt ist. Es ist ein eigenständiges Sicherungsrecht, vor allem des Verkäufers (insbes Art 71 Abs 2), das zwar keine Drittwirkung hat, neben dem aber ein Rückgriff auf nationales Recht aufgrund einer funktional vergleichbaren Fallgestaltung (etwa nach § 321 BGB) jedenfalls im Verhältnis der Parteien zueinander ausgeschlossen ist (vgl näher die Erl zu Art 71).

34 Mittelbar ist die Eigentumslage ferner in Art 41 u 42 angesprochen. Der Verkäufer hat lastenfreies Eigentum zu liefern. Wiederum richten sich Existenz und Wirkungen der Rechte Dritter nach dem eigenen Sachenrechtsstatut. Die **Freiheit von Rechten aufgrund geistigen Eigentums** muß allerdings nur im Bestimmungsland der Ware bestehen (Art 42; vgl die Erl dort).

VI. Nicht ausdrücklich genannte Rechtsmaterien

35 Obwohl die Abgrenzung zwischen den erfaßten und den ausgeschlossenen Rechtsmaterien theoretisch klar ist, ergeben sich im einzelnen doch viele Zweifelsfragen. Sie werden zum einen durch den natürlichen Zusammenhang des Kaufvertragsrechts mit dem allgemeinen Schuldrecht und der Rechtsgeschäftslehre verursacht; zum andern auch durch die Anweisung in Art 7, Lücken durch die allgemeinen Grundsätze zu füllen, die der Konvention zugrunde liegen, und nur in letzter Linie auf das anwendbare nationale Recht auszuweichen. Denn über diese allgemeinen Grundsätze besteht keineswegs in allen Punkten Einigkeit. Für die Abgrenzung zwischen CISG und unvereinheitlichtem Recht ist die Überlegung maßgebend, daß das CISG alle Sachverhalte auch abschließend regelt, die es bei funktional-autonomer Betrachtung erfaßt (vgl oben Rn 12). Für die einzelnen Institute der Rechtsgeschäftslehre und des allgemeinen Schuldrechts gilt folgendes:

1. Geschäftsfähigkeit

Die Geschäftsfähigkeit steht nach wohl einhelliger Ansicht **außerhalb** der Konven- **36**
tion (vgl etwa BRUNNER Art 4 Rn 5; SCHLECHTRIEM/SCHWENZER/FERRARI Art 4 Rn 17; HARTNELL
YaleJIntL 18 [1993] 64; HONNOLD Rn 66; KAROLLUS 41; SCHWIMANN/POSCH Art 4 Rn 11).

2. Rechtsgeschäftliche Stellvertretung

Die Stellvertretung wird **vom CISG nicht erfaßt** (OGH ZfRV 1997, 204 [207]; Appella- **37**
tionsgericht des Kantons Tessin SZIER 1996, 135; AG Alsfeld NJW-RR 1996, 120 f; SCHLECHTRIEM/
SCHWENZER/FERRARI Art 4 Rn 34; HARTNELL, HONNOLD, KAROLLUS, alle aaO). Sie ist im
Genfer Übereinkommen über die Stellvertretung auf dem Gebiet des internationalen Warenkaufs v 17. 2. 1983 (abgedr u kommentiert bei ENDERLEIN/MASKOW/STROHBACH
S 347 ff) eigenständig geregelt. Das Übereinkommen ist jedoch noch nicht in Kraft
getreten. Stellvertretungsfragen sind damit nach dem materiellen Recht zu entscheiden, das vom IPR des Forums berufen wird (OGH, Appellationsgericht des Kantons Tessin,
AG Alsfeld alle aaO). In der Bundesrepublik gilt grundsätzlich das Recht des Landes,
in dem von der Vollmacht tatsächlich Gebrauch gemacht wird (BGHZ 64, 183; STAU-
DINGER/MAGNUS [2002] Einl zu Art 27–37 EGBGB Rn A 13 ff), bei kaufmännischen Bevollmächtigten, insbes Handelsvertretern mit fester Niederlassung das Recht des Niederlassungsortes (BGH JZ 1963, 168). Ob die **Kenntnis** oder vorwerfbare Unkenntnis
des Vertreters dem Vertretenen zuzurechnen ist, ist jedoch im Rahmen des CISG
nach den Grundsätzen zu entscheiden, die für die Zurechnung von Drittverhalten
gelten (vgl dazu unten Rn 60).

3. Verjährung

Die **Verjährung** von Ansprüchen des Käufers oder Verkäufers ist **im CISG nicht** **38**
geregelt (aus der Rspr etwa OLG Zweibrücken IHR 2002, 67 [69]; OLG Hamm NJW-RR 1996,
179[180]; ferner ACHILLES Art 4 Rn 14; BRUNNER Art 4 Rn 18; SCHLECHTRIEM/SCHWENZER/
FERRARI Art 4 Rn 35; ENDERLEIN/MASKOW/STROHBACH Art 4 Bem 4. 1; SOERGEL/LÜDERITZ/FENGE
Art 4 Rn 10; teilw **anders** STOLL, in: FS Ferid 507; für Verjährung der Kaufpreisforderung nach
Verkäuferrecht als allgemeiner Grundsatz des EKG: OLG Schleswig-Holstein RiW 1992, 582 ff).
UNCITRAL hatte für diesen Komplex bereits 1974 eine eigene Konvention ge-
schaffen (UN Convention on the Limitation Period in the International Sale of Goods, abgedr
unten Anh II; kommentiert bei SCHLECHTRIEM/SCHWENZER/MÜLLER-CHEN; ENDERLEIN/MASKOW/
STROHBACH S 303 ff; LOEWE, Kaufrecht 190 ff), die auf der Wiener Konferenz v 1980 dem
CISG durch ein Protokoll (Off Rec 191 ff) angepaßt wurde. Die Verjährungskonvention gilt gegenwärtig in 25 Staaten (vgl die Übersicht über den Ratifikationsstand unten Anh II
Rn 30) und schreibt zwingend eine vierjährige Verjährungsfrist vor. Die Bundesrepublik beabsichtigt derzeit nicht, sie zu ratifizieren. Von den bedeutenden Industriestaaten
haben bisher nur die USA die Verjährungskonvention zum 1. 12. 1994 bei sich in Kraft
gesetzt, (dazu MAGNUS ZEuP 1995, 214 f). Allerdings gilt das Verjährungsübereinkommen
in einigen der neuen EU-Staaten und damit jetzt auch im Gebiet der EU (Polen,
Slowakei, Slowenien, Tschechien, Ungarn).

In der Regel muß für Verjährungsfragen **auf üblichem kollisionsrechtlichem Weg das** **39**
anwendbare Recht bestimmt werden (s auch OLG Zweibrücken IHR 2002, 67 [69]; OLG
Hamm NJW-RR 1996, 179[180]; näher MAGNUS RiW 2002, 577 ff; SCHLECHTRIEM, in: FS Jayme

1353 ff). Bei deutschem Forum entscheidet gem Art 32 Abs 1 Nr 4 EGBGB das Vertragsstatut, das mangels Rechtswahl vom Recht am Niederlassungsort des Verkäufers gestellt wird (Art 28 Abs 2 EGBGB).

40 Untersteht die Verjährung danach deutschem Recht, so ist zusätzlich zu den deutschen Verjährungsvorschriften Art 3 Vertragsgesetz (in der Neufassung durch das Schuldrechtsmodernisierungsgesetz; vgl unten Anh I u die Kommentierung dort) zu beachten. Diese Vorschrift stellt bei Mängelansprüchen die grob fahrlässige Mangelunkenntnis des Verkäufers seiner Arglist gleich, so daß in beiden Fällen über § 438 Abs 3 BGB nF dann die allgemeine dreijährige **Verjährungsfrist** gilt (vgl näher unten die Erläuterungen zu Art 3 Vertragsgesetz).

4. Vertragliche Pflichtverletzung

41 Ansprüche aus vertraglichen Pflichtverletzungen (vor der Schuldrechtsmodernisierung **aus positiver Vertragsverletzung**, jetzt aus § 280 BGB) nach nationalem Recht können neben der Konvention nicht geltend gemacht werden. Das CISG regelt die Ansprüche aus jedweder Vertragsverletzung abschließend selbst (HONSELL/SIEHR Art 4 Rn 17; KAROLLUS 45; SCHLECHTRIEM, UN-Kaufrecht 45 sowie oben Rn 17; teilweise **abweichend** HERBER/CZERWENKA Art 4 Rn 21). Das gilt auch für Ansprüche aus der Verletzung vertraglicher Zusatzpflichten (vgl etwa OLG Köln 8.1.1997, CLOUT Nr 311 [Pflicht, Behältnisse zurückzugeben]; Handelsgericht Aargau SZIER 1998, 78 [wettbewerbliche Pflichten]; Cour d'appel de Grenoble JDI 1995, 632 [Verstoß gegen vereinbartes Reimportverbot]; übersehen in BGH NJW 1997, 1578 [Verletzung der Pflicht, Paletten zurückzugeben, auf denen Blumen angeliefert wurden, nicht dem für den Blumenkaufvertrag geltenden CISG, sondern dem im übrigen anwendbaren Recht unterstellt]).

5. Culpa in contrahendo

42 Grundsätzlich wird **das vorvertragliche Verhältnis der Parteien** nicht erfaßt (ACHILLES Art 4 Rn 8; HONSELL/SIEHR Art 4 Rn 8 f; KAROLLUS 45; SCHLECHTRIEM Rn 42; wohl auch KÖHLER 212; **aA** BONELL RiW 1990, 700 ff u teilw auch SCHLECHTRIEM/SCHWENZER/FERRARI Art 4 Rn 46; SOERGEL/LÜDERITZ/FENGE Art 4 Rn 12). In einigen Fällen stellt die Konvention allerdings auch für vorvertragliches Verhalten Regeln auf: So sind nach Art 8 Abs 3 für die Auslegung von Willenserklärungen die – auch vorvertraglichen – Verhandlungen der Parteien zu berücksichtigen. Art 15 Abs 2 erlaubt grundsätzlich die Rücknahme eines Angebots vor Zugang, insoweit also den Abbruch von Vertragsverhandlungen; allerdings gilt für das CISG hier auch der allgemeine Grundsatz, daß eine Partei die Folgen zu tragen hat, wenn sie eine besondere Vertrauenslage geschaffen und die andere Partei sich darauf tatsächlich verlassen hat (Art 16 Abs 2 lit b, Art 29 Abs 2 S 2, Art 35 Abs 2 lit b; vgl dazu Art 7 Rn 44). Schließlich greifen die allgemeinen Rechtsbehelfe der Art 45 ff u 61 ff auch, wenn eine Partei den Vertragsschluß unter Verletzung solcher Verhaltensregeln erreicht hat, die nach nationalem Recht zu Ansprüchen aus cic oder vergleichbaren Anspruchsgrundlagen führen würden.

43 Es sollte hier wie auch sonst nach dem Grundsatz entschieden werden, daß die **Konvention das nationale Recht so weit verdrängt, wie bei funktionaler Betrachtung der Sachverhalt von der Konvention erfaßt wird** (vgl oben Rn 12, 35). Für die cic bedeutet das, daß der Abbruch von Verhandlungen grundsätzlich zulässig ist und keine Ansprüche auslöst. Hat eine Partei aber eine Vertrauenssituation geschaffen, daß sie den Vertrag schließen werde, und hat die andere Partei hierauf tatsächlich vertraut, so dürfte ihr nach der Konvention der Vertrauensschaden zu ersetzen sein, auch wenn es nicht zu einem Vertragsschluß kommt (ebenso BONELL RiW 1990, 701; HONSELL/SIEHR Art 4 Rn 9; KÖHLER 222 f; wohl etwas zurückhaltender SCHLECHTRIEM/SCHWEN-ZER/FERRARI Art 4 Rn 46; SCHLECHTRIEM Rn 42; s aber auch Art 16 Rn 14 f). Diese Folgerung ist aus dem oben genannten allgemeinen Grundsatz des CISG zu ziehen. Hat ferner eine Partei vor Vertragsschluß vorvertragliche Mitteilungs-, Aufklärungs- oder Sorg-faltspflichten verletzt, so stehen dafür die üblichen Behelfe der Konvention zur Verfügung, wenn der Vertrag geschlossen wird (BONELL aaO; SCHMID 266 ff). Ein Rückgriff auf nationales Recht scheidet aus. Soweit eine Partei den Willen der anderen freilich durch Drohung oder Täuschung beeinflußt hat, steht dieser delikts-ähnliche Sachverhalt bei der gebotenen funktionalen Betrachtung außerhalb der Konvention. Das CISG erfaßt nicht das Regelungsproblem, daß der Vertragsschluß-wille einer Partei bewußt unlauter beeinflußt worden ist. Insoweit gilt das anwend-bare nationale Recht (vgl oben Rn 13).

6.   Anfängliche objektive Unmöglichkeit

Zahlreiche Rechtsordnungen erklären Verträge für nichtig, die auf eine **von Anfang** **44** **an objektiv unmögliche Leistung** gerichtet sind (etwa Art 20 OR, § 878 ABGB, sec 6 SGA 1979 früher § 306 BGB aF, ferner rechtsvergleichend eingehend dazu CAYTAS). Art 68 S 3 CISG zeigt, daß die Konvention jedoch von der Gültigkeit eines Vertrages ausgeht, der auf eine unmögliche Leistung – die Lieferung einer bereits unterge-gangenen Sache – gerichtet ist. Ferner enthält Art 79 Abs 1 eine Regelung, die sich auch auf eine anfänglich unmögliche Leistung bezieht. Ein Rückgriff auf nationales Gültigkeitsrecht scheidet hier daher aus (ebenso BAMBERGER/ROTH/SAENGER Art 4 Rn 14; BIANCA/BONELL/NICHOLAS Art 68 Bem 3. 1; BRUNNER Art 4 Rn 9; SCHLECHTRIEM/SCHWENZER/ STOLL/GRUBER Art 79 Rn 13; ENDERLEIN/MASKOW/STROHBACH Art 79 Bem 5. 2; HERBER/CZER-WENKA Art 79 Rn 11; HONSELL/SIEHR Art 4 Rn 5; KAROLLUS 43; RYFFEL 131; SCHLECHTRIEM Rn 36; aA BIANCA/BONELL/TALLON Art 79 Bem 2. 4. 3; VOLKEN, in: Lausanner Kolloquium 31; offen HARTNELL YaleJIntL 18 [1993] 78).

Nach Art 79 Abs 1 entlastet anfängliche objektive Unmöglichkeit den Schuldner, **45** wenn dieser sie weder kannte noch kennen mußte und sie auch nicht vermeiden konnte (vgl näher Art 79 Rn 33 f). Greift die Entlastung nicht, dann hat der Schuldner jedenfalls Schadensersatz für die nicht mögliche Erfüllung zu leisten.

7.   Aufrechnung; Zurückbehaltungsrechte

Grundsätzlich untersteht die Aufrechnung nicht dem CISG; vielmehr richten sich **46** ihre Zulässigkeit und Voraussetzungen nach dem vom IPR berufenen nationalen Recht (OLG Koblenz RiW 1993, 934; OLG Düsseldorf DB 1994, 2494; OLG Stuttgart RiW 1995, 943; OLG Hamm IPRax 1996, 269 m Aufs SCHLECHTRIEM IPRax 1996, 256 f; LG München I IPRax 1996, 31 m Aufs KINDLER IPRax 1996, 16; OLG Düsseldorf For Int 1997, 161 ff; OLG München 11. 3. 1998, CLOUT Nr 232 m Anm SCHLECHTRIEM EWiR 1998, 599; AG Duisburg IHR 2001, 114; LG Mönchengladbach IHR 2003, 229 m Anm FUCHS; generell auch Sekretariatskommentar Art 77 Bem 9; ENDERLEIN/MASKOW/STROHBACH Art 88 Bem 9; HONSELL/SIEHR Art 4 Rn 21; LOEWE, Kaufrecht 14; SCHLECHTRIEM Rn 42; SCHWIMANN/POSCH Art 4 Rn 11). Maßgebend ist das

Recht, dem die Hauptforderung untersteht (s näher STAUDINGER/MAGNUS Art 32 EGBGB Rn 61). In keinem Fall ist die Aufrechnung lediglich nach der lex fori zu beurteilen (so aber AG Frankfurt/M IPRax 1991, 345 m abl Anm JAYME).

47 Soweit sich allerdings Geldansprüche der Vertragsparteien gegenüberstehen, die jeweils aus dem der Konvention unterliegenden Vertragsverhältnis folgen (zB Zahlungsanspruch des Verkäufers, Schadensersatzanspruch des Käufers), ist **eine Aufrechnung** nach umstrittener, aber vorzuziehender Auffassung ohne weitere Voraussetzungen **zulässig**. Einen Ansatzpunkt hierfür bietet zum einen Art 84 Abs 2, der gegenüber dem zurückzuzahlenden Kaufpreis eine Aufrechnung mit dem Wert von Gebrauchsvorteilen ausdrücklich anordnet. Ganz ähnlich erlaubt Art 88 Abs 3 eine Verrechnung der Erhaltungskosten mit dem herauszugebenden Verkaufserlös. Hieraus läßt sich ein allgemeiner Grundsatz der Konvention entnehmen, daß gegenseitige, fällige Geldansprüche gegeneinander zu verrechnen sind, wenn diese Ansprüche jeweils dem CISG unterliegen und die aufrechnende Seite die Aufrechnung ausdrücklich oder konkludent erklärt, etwa indem sie – wie in Art 88 Abs 3 – ihre eigenen Kosten abzieht und den Restbetrag anbietet oder verlangt. Art 84 Abs und 88 Abs 3 zeigen auch, daß es nicht erforderlich ist, daß die Gegenforderung zwischen den Parteien bereits feststehen muß, es genügt, daß sie fixierbar und ggf. vom angerufenen Gericht festzulegen ist. Daß der Konvention diese Vorstellungen über die Voraussetzungen einer konventionsinternen Aufrechnung zugrundeliegen, wird auch durch die Tatsache gestützt, daß die Principles of European Contract Law die genannten Voraussetzungen als gemeinsamen Kern der Hauptrechtsordnungen ermittelt haben (s LANDO/CLIVE/PRÜM/ZIMMERMANN, Principles of European Contract Law Part III 139 ff mit zahlreichen Nachweisen). Ferner folgt ein Argument für die **Aufrechnung „konventionsinterner" Ansprüche** aus dem grundsätzlichen Zug-um-Zug-Verhältnis, das für die Lieferung (Art 58) ebenso wie für eine Rückabwicklung (Art 81 Abs 2) gilt. Häufig ergeben sich Aufrechnungsverbote auch aus dem konkreten Vertrag, etwa aus Zahlungsklauseln wie beispielsweise Cash Against Documents (CAD), für deren Vereinbarung ebenfalls das CISG gilt (vgl näher unten Art 53 Rn 11 ff). Es wäre mißlich, diese Klauseln im einen Zusammenhang dem nationalen Recht, im anderen dem CISG zu unterstellen. Schließlich streiten Gründe der Praktikabilität entschieden für die hier vertretene Ansicht, da die Einschaltung des Kollisionsrechts und die Ermittlung der Aufrechnungsvoraussetzungen nach nationalem Recht entfällt. Für die Möglichkeit konventionsinterner Aufrechnung sprechen sich daher auch beachtliche Stimmen aus (ACHILLES Art 4 Rn 10; BRUNNER Art 4 Rn 52; SCHLECHTRIEM/SCHWENZER/ HORNUNG Art 81 Rn 16; ENDERLEIN/MASKOW/STROHBACH Art 84 Bem 1; HONSELL/SIEHR Art 4 Rn 20; JANERT 69 ff; MAGNUS, in: LEIBLE 220 ff; PILTZ, Internationales Kaufrecht § 5 Rn 291; WEBER, in: Berner Tage 186; ebenso ausdrücklich OLG Hamburg IHR 2001, 19 [22: „Die Aufrechnung gilt als allgemeines Prinzip iS v. Art 7 Abs 2 CISG jedenfalls insoweit, als sich, wie hier, gegenseitige Ansprüche aus der Konvention gegenüberstehen."] sowie im Ergebnis wenn auch ohne Diskussion des Problems zahlreiche Entscheidungen: OLG Düsseldorf NJW-RR 1994, 506; OLG München RiW 1994, 595; LG Trier NJW-RR 1996, 564; Schiedsgericht der Handelskammer Hamburg NJW 1996, 3229; weitere unveröffentlichte Entscheidungen bei MAGNUS ZEuP 1997, 831 Fn 83). Nach **anderer** Auffassung ist dagegen auch bei der Aufrechnung konventionsinterner Geldansprüche das Kollisionsrecht einzuschalten (so OLG Koblenz RiW 1993, 934; OLG Hamm IPRax 1996, 269 m Aufs SCHLECHTRIEM IPRax 1996, 256 f; OLG Stuttgart RiW 1995, 943; BAMBERGER/ROTH/SAENGER Art 4 Rn 19 [jedoch mit Ausnahme im Bereich des Art 81]; BIANCA/BONELL/TALLON Art 81 Bem 2.1; FUCHS IHR 2003, 231; KINDLER IPRax 1996, 16 ff;

SCHLECHTRIEM Rn 42e [mit Ausnahme für vereinbarte Aufrechnungsverbote, deren Zustandekommen dem CISG untersteht]; WITZ/SALGER/LORENZ Art 4 Rn 29 [ohne Erörterung der Problematik]).

Ganz ähnlich wie für die Aufrechnung ist für **Zurückbehaltungsrechte** zu entschei- **47a** den. Soweit es um konventionsinterne Ansprüche geht, richtet sich das Recht, die eigene Leistung zurückhalten zu dürfen, nach der Konvention selbst, nämlich nach dem grundsätzlichen Prinzip der Zug-um-Zug-Leistung oder nach Vorschriften wie Art 71, 85 S 2, 86 Abs 1 S 2 (ebenso HONSELL/SIEHR Art 4 Rn 20 f; KERN ZEuP 2000, 859 [mit eingehender Begründung]; SCHLECHTRIEM Rn 42d). Ein Rückgriff auf nationales Recht ist daneben ausgeschlossen. Zurückbehaltungsrechte gegenüber Ansprüchen, die nicht der Konvention unterliegen, sind dagegen nach dem vom IPR berufenen Recht zu beurteilen.

8. Anfechtung

Das **Verhältnis zwischen der Konvention und nationalen Anfechtungsregeln** ist prob- **48** lematisch und umstritten. Grundsätzlich gilt das CISG nicht für die Anfechtung, die vielmehr nach dem vom IPR berufenen Recht zu beurteilen ist (vgl OGH ZfRV 1997, 204 [207] [Irrtum über den Inhalt einer Erklärung]; ebenso Ungarisches Hauptstadtgericht 1. 7. 1997, CLOUT Nr 172). Nach überwiegender Auffassung sind jedoch nationale Vorschriften, die eine Anfechtung wegen Irrtums über Eigenschaften der Sache oder über die Solvenz des Vertragspartners zulassen, durch die Konvention ausgeschlossen, da das CISG für diese Sachbereiche in Art 45 u Art 71 Abs 1 jeweils eine abschließende Regelung aufstellt (so LG Aachen RiW 1993, 761; AUDIT 115; BUCHER, in: Berner Tage 48; BRUNNER Art 4 Rn 10; SCHLECHTRIEM/SCHWENZER/FERRARI Art 4 Rn 24 f; DAWWAS 82; ENDERLEIN/MASKOW/STROHBACH Art 4 Bem 3. 1; HERBER/CZERWENKA Art 4 Rn 13; HONNOLD Rn 240; P HUBER 283 f; LOEWE, Kaufrecht 66; NIGGEMANN Rev dr aff int 1994, 412; REINHART Art 45 Rn 10; RYFFEL 129; SCHLECHTRIEM Rn 36; eingehend SCHMID 161 ff, 185). Einseitige Fehlvorstellungen über Sacheigenschaften oder über die Bonität des Geschäftspartners dürfen nach dieser Ansicht nicht an der Konvention vorbei auf nationalem Weg Rechtsfolgen auslösen (insbes LOEWE aaO; SCHLECHTRIEM aaO; ders RdW 1989, 45; eingehend P HUBER 274 ff [zur Konkurrenz von Irrtumsregeln und Sachmängelhaftung] sowie allgemein SCHMID 161 ff, 185).

Nach anderer Auffassung erfaßt die Konvention diese Gültigkeitsfragen, die zT **49** auch gesondert vereinheitlicht werden, gerade nicht (so BYDLINSKI, in: DORALT 86; EBENROTH JurBl 1986, 688; KAROLLUS 41 f; LESSIAK JurBl 1989, 487 ff; STOFFEL SJZ 1990, 175; offen FERRARI Art 4 Bem 4; HARTNELL YaleJIntL 18 [1993] 72 ff).

Die Entstehungsgeschichte der CISG-Vorschriften über Sachmängel u des Art 71 **50** ergibt kein eindeutiges Bild, ob die Irrtumsanfechtung daneben zulässig sein sollte (vgl auch BYDLINSKI, in: DORALT 85 f; HARTNELL aaO; LESSIAK JurBl 1989, 494; SCHLECHTRIEM, UN-Kaufrecht 66, 85). Entsprechend dem Vereinheitlichungszweck der Konvention sollte indessen der überwiegenden und auch oben Rn 27 f vertretenen Auffassung gefolgt werden, daß ein Rückgriff auf nationales Recht entfällt, soweit die Konvention materielle Regeln für einen bestimmten Sachverhalt aufstellt. Gerade für die Irrtumsanfechtung hinsichtlich der Bonität des Vertragspartners oder hinsichtlich der Eigenschaften der Vertragsware läßt sich auch kein zwingendes rechtspolitisches

Bedürfnis erkennen, daneben die Anfechtung nach nationalem Recht konkurrierend zuzulassen. Rechtsordnungen, die wie das österreichische oder Schweizer Recht die Irrtumsanfechtung neben der Gewährleistung gestatten, sehen vielmehr ihrerseits Regeln zum Schutz des Vertragspartners des Irrenden vor und schränken das Anfechtungsrecht des Irrenden entspr ein (vgl § 871 ABGB, Art 23 ff OR).

51 Die Konvention enthält auch eine **Sonderregelung für den Fall, daß Erklärungen falsch übermittelt werden** (Art 27). Auch diese Regelung verdrängt, soweit sie reicht (grundsätzlich nur für Teil III der Konvention), nationale Anfechtungsmöglichkeiten wegen Übermittlungsirrtums. Der Absender einer bei der Übermittlung verstümmelten, unter Art 27 fallenden Willenserklärung braucht diese nicht anzufechten, sondern kann sich ohne weiteres auf die ursprünglich abgegebene Erklärung berufen (ebenso SCHLECHTRIEM/SCHWENZER/SCHLECHTRIEM Art 27 Rn 12).

52 Dem jeweils anwendbaren nationalen Recht unterliegt dagegen die Anfechtung dann, wenn sie auf **schuldhafte Irreführung des Vertragsschlußwillens** (durch Drohung, Täuschung etc) gestützt wird. Diesen eher deliktsähnlichen Sachverhalt erfaßt die Konvention nicht (vgl insbes BUCHER aaO sowie oben Rn 13, 20). Nach anderer Ansicht ist auch diese Anfechtung ausgeschlossen, wenn sie sich auf Bereiche (Täuschung über Sacheigenschaften oder Bonität) bezieht, die die Konvention regelt (KOCH RiW 1996, 688; teilweise auch SCHLUCHTER 105 ff).

9. Verwirkung

53 Dem **Institut der Verwirkung** liegt der aus Treu und Glauben folgende Gedanke zugrunde, daß der Berechtigte sein Recht auch dadurch verlieren kann, daß er für den Verpflichteten den Eindruck erweckt hat, er werde es nicht mehr geltend machen. Gesetzliche Verjährungs- oder Ausschlußfristen können auf diese Weise verkürzt oder auch außer Kraft gesetzt werden (vgl etwa BGH NJW 1999, 1259 [keine Berufung des Verkäufers auf versäumte Rügefrist, wenn dieser zunächst 15 Monate über Ausgleich für Mängel verhandelt hat]). Wegen dieser Folge kann Verwirkung aber nur eintreten, wenn der Berechtigte ein Verhalten gezeigt hat, das eine nachträgliche Inanspruchnahme seines Rechts als treuwidrig erscheinen läßt. Im Kern ist dieses Rechtsinstitut vielen Rechtsordnungen bekannt. Für das Einheitskaufrecht ist die Verwirkung in der gekennzeichneten Form aus dem Grundsatz von Treu und Glauben (Art 7 Abs 1) zu entwickeln. Sie ist damit mitgeregelt (ebenso ACHILLES Art 4 Rn 14; BAMBERGER/ROTH/SAENGER Art 4 Rn 16; BRUNNER Art 4 Rn 55; HONSELL/SIEHR Art 4 Rn 26; aA FRIGGE 82 ff sowie SOERGEL/LÜDERITZ/FENGE Art 4 Rn 9; WITZ/SALGER/LORENZ Art 4 Rn 29). Insbes wenn der Käufer nach Ablauf der Lieferfrist längere Zeit verstreichen läßt, bevor er Lieferung verlangt, kann er seinen Erfüllungsanspruch verwirken (dazu auch Art 46 Rn 28 a, 30). Eines Rückgriffs auf das nationale, vom IPR berufene Verwirkungsrecht bedarf es nicht (aA Arrondissementsrechtbank Amsterdam NIPR 1995 Nr 231; ebenso zum EKG: LG Duisburg RiW 1986, 903).

54 Die Verwirkung ist **von Amts wegen zu beachten**. Für ihre tatsächlichen Voraussetzungen ist die Partei beweispflichtig, die sich auf sie beruft.

10. Erlaß

Soweit eine Partei durch Vertrag der anderen Partei Pflichten aus dem ursprüngli- **55** chen Vertrag erläßt, liegt darin eine **Vertragsänderung**. Es greift Art 29 ein (ebenso Brunner Art 4 Rn 50; Schlechtriem Rn 41; **aA** zum EKG aber: OLG Koblenz, in: Schlechtriem/Magnus Art 17 Nr 11).

11. Stundung

Auch die **Stundung**, sei es der Zahlung, sei es der Lieferung, sei es anderer Pflichten, **56** bedeutet eine **Änderung der vertraglichen Vereinbarung**, indem der Erfüllungszeitpunkt verschoben wird. Sie unterliegt deshalb der Konvention (ebenso LG Hamburg IPRax 1991, 400 [402]: Stundung durch nachträgliche Einigung auf Zahlung mit Wechsel; Brunner Art 4 Rn 50; Schlechtriem Rn 41; vgl auch die Erl zu Art 29).

12. Abtretung; Schuldübernahme; Schuldbeitritt

Die **Abtretung** ist **kein Gegenstand der Konvention**. Ihre Voraussetzungen, Wirksam- **57** keit und Folgen beurteilen sich allein nach dem anwendbaren nationalen Recht (BGH TranspR 1999, 125; Rechtbank Arnhem NIPR 1999 Nr 250; KG RiW 1994, 683; OLG Hamm IPRax 1996, 197 m Aufs Schlechtriem ibid 184 f; Brunner Art 4 Rn 34 ff; Schlechtriem/ Schwenzer/Ferrari Art 4 Rn 38; Karollus 45; Piltz, Internationales Kaufrecht § 2 Rn 147; Soergel/Lüderitz/Fenge Art 4 Rn 9; Stoll, in: FS Ferid 506; zum EKG ebenso OLG Hamm, in: Schlechtriem/Magnus Art 17 Nr 5; OLG Hamm NJW 1984, 1307). Gleiches gilt für die Legalzession (BGH aaO) und ebenso für die **Schuldübernahme** (OGH ZfRV 1997, 156 = For Int 1997, 93 m Aufs Ferrari ibid 89 ff; Hauptstadtgericht Budapest [12 G 75 546/1998] m Aufs Vida IPrax 2002, 146 f; Schlechtriem/Schwenzer/Ferrari Art 4 Rn 37; Karollus, Soergel/ Lüderitz/Fenge, jeweils aaO) und den **Schuldbeitritt** (zum EKG: OLG Koblenz RiW 1992, 491). Auch die Vertragsübernahme ist als solche nicht im CISG geregelt (BGH NJW 1995, 2101 [2102]; s auch Achilles Art 4 Rn 9).

Für die abgetretene oder (mit-)übernommene **kaufvertragliche Forderung**, ihre Exis- **58** tenz und ihren Inhalt bleibt allerdings das UN-Kaufrecht anwendbar (OLG Hamm aaO; ebenso zum Schuldbeitritt für das EKG: BGH NJW 1984, 2034 ff). Das hat auch zu gelten, wenn die Parteien nach dem Übertragungsakt ihre Niederlassung nunmehr im selben Staat haben und die Anwendungsvoraussetzungen nach Art 1 CISG damit nachträglich entfallen sind.

13. Wegfall der Geschäftsgrundlage

Nationale Behelfe zur Vertragsaufhebung, -änderung oder -anpassung, weil sich die **59** Umstände grundlegend geändert haben, etwa die Grundsätze über den **Wegfall der Geschäftsgrundlage**, kommen neben der Konvention nicht in Betracht. Sie regelt wiederum abschließend, wann veränderte Umstände die Parteipflichten ändern (vgl Art 79, Art 71–73; ebenso LG Aachen RiW 1993, 761; Trib Monza Foro it 1994 I 916; Achilles Art 4 Rn 8; Bamberger/Roth/Saenger Art 4 Rn 17; Schlechtriem/Schwenzer/Ferrari Art 4 Rn 44; Honsell/Siehr Art 4 Rn 16; Soergel/Lüderitz/Fenge Art 4 Rn 11; Stoll, in: FS Ferid 505; **aA** Vischer, in: Lausanner Kolloquium 177).

14. Haftung für Dritte

60 Die **Haftung für die eigenen Beschäftigten sowie für selbständige Dritte**, die der Schuldner zur Vertragserfüllung einsetzt, ist nach Art 79 Abs 1 u 2 zu beurteilen (vgl die Erl dort). Ein Rückgriff auf das vom IPR berufene Landesrecht scheidet aus (BRUNNER Art 4 Rn 51; ENDERLEIN/MASKOW/STROHBACH Art 79 Bem 7.2; SCHLECHTRIEM RdW 1989, 45; SOERGEL/LÜDERITZ/FENGE Art 4 Rn 11; STOLL, in: SCHLECHTRIEM, Fachtagung 278; **anders**, jedoch ohne Problemerörterung zum EKG, das diesen Punkt auch nicht regelte: BGH NJW 1984, 2034 ff; OLG Hamm, in: SCHLECHTRIEM/MAGNUS Art 40 Nr 7: Geltung des anwendbaren nationalen Rechts). Ebenfalls nach den in Art 79 enthaltenen Grundsätzen ist dem Schuldner das Wissen seiner Leute zuzurechnen (vgl auch Art 40 Rn 9). Tritt für eine Partei allerdings ein Vertreter auf, dann entscheidet das vom IPR berufene Stellvertretungsrecht, wieweit dem Vertretenen das rechtsgeschäftliche Verhalten des Vertreters zuzurechnen ist (OGH ZfRV 1997, 204; Appellationsgericht des Kantons Tessin SZIER 1996, 135; AG Alsfeld NJW-RR 1996, 120). Soweit es darum geht, ob dem Vertretenen die Kenntnis oder vorwerfbare Unkenntnis des Vertreters zuzurechnen ist, gelten wiederum die Grundsätze des Art 79. Denn insoweit steht der Vertreter sonstigen Dritten gleich.

15. Vertragsstrafen, Schadenspauschalen

61 Zur **Zulässigkeit von Vertragsstrafen oder Schadenspauschalen** äußert sich die Konvention nicht (OLG München 8.2.1995, CLOUT Nr 133; vgl auch Sekretariatskommentar Art 42 Bem 10; in Wien wurde ein Antrag der DDR, die Entlastung des Art 79 auch auf „penalties or liquidated damages" zu erstrecken, vielmehr abgelehnt, Off Rec 135, 385 f; vgl näher noch Art 79 Rn 52 f). Soweit sie als Nebenbestimmung eines Kaufvertrages vereinbart werden, richtet sich ihr Zustandekommen (äußerer Konsens) nach den Vertragsschlußbestimmungen der Konvention. Die inhaltliche Zulässigkeit (Angemessenheit, Herabsetzungsmöglichkeiten etc) ist dagegen als Gültigkeitsfrage nach dem anwendbaren nationalen Recht zu beurteilen (Rechtbank van Koophandel t'Hasselt 21.1.1997, UNILEX, D 1997–2.1; Hof Arnhem NIPR 1995 Nr 541; Sekretariatskommentar aaO; BRUNNER Art 4 Rn 37; FARNSWORTH AmJCompL 27 [1979] 244 ff; REINHART Art 79 Rn 12; SCHLECHTRIEM, UN-Kaufrecht 99 f; vgl auch den ICC-Schiedsspruch 7197/1992 Clunet 1993, 1032).

16. Vergleich; Schuldanerkenntnis

62 Auch **Vergleiche, mit denen der Konvention unterstehende Kaufverträge geändert oder aufgehoben werden**, unterliegen dem Geltungsbereich des CISG (Handelsgericht des Kantons Zürich 24.10.2003, SZIER 2004, 104; ebenso SCHLECHTRIEM/SCHWENZER/SCHLECHTRIEM Art 29 Rn 3; GELDSETZER 31; SCHLECHTRIEM Rn 41; ferner Art 29 Rn 8; unzutreffend LG Aachen RiW 1993, 760, das den Abschluß eines einen Kaufvertrag abändernden Vergleichs nach nationalem Recht beurteilt). Lediglich ihre materielle Gültigkeit ist nach nationalem Recht zu beurteilen. Für Prozeßvergleiche als Instrumente des Verfahrensrechts dürfte freilich uneingeschränkt das anwendbare Verfahrensrecht – insbes auch seine Formvorschriften – gelten. Ein abstraktes Schuldanerkenntnis steht außerhalb des Anwendungsbereichs des CISG (BGH IHR 2002, 16 [19]; OLG Hamm TranspR-IHR 2000, 7 [9]). Das hat auch dann zu gelten, wenn es um das Anerkenntnis einer dem CISG unterliegenden Forderung, zB der Kaufpreisforderung geht. Einigen oder vergleichen sich die Parteien aber über die Höhe ihrer gegenseitigen Forderungen aus einem dem CISG unterliegenden Kaufvertrag, dann gilt auch für diese Vereinbarung das CISG (vgl OLG Karlsruhe IHR 2004, 62).

17. Beweislast

Ob das CISG **Fragen der Beweislast** generell mitregelt, ist umstritten. Nach deutlich **63** überwiegender Auffassung ist das jedoch der Fall (s insbes BGH NJW 2004, 3181 = IHR 2004, 201; BGHZ 132, 290 [298 f]; BGHZ 129, 75 [81]; BGH NJW 1997, 3311, 3313; ferner etwa Kantonsgericht Appenzell Ausserrhoden 10. 3. 2003 SZIER 2004, 107; ebenso ACHILLES Art 4 Rn 15; ANTWEILER 74; BAMBERGER/ROTH/SAENGER Art 4 Rn 11; BAUMGÄRTEL/LAUMEN/HEPTING vor Art 1 Rn 15; BRUNNER Art 4 Rn 56; SCHLECHTRIEM/SCHWENZER/FERRARI Art 4 Rn 49; HENNINGER 153 ff; HERBER/CZERWENKA Art 4 Rn 8; HONSELL/SIEHR Art 4 Rn 10; IMBERG 20 ff; JUNG 10 ff, 40; REIMERS-ZOCHER 128 ff; SOERGEL/LÜDERITZ/FENGE Art 4 Rn 11 u Fn 28; zum EKG ebenso LG Düsseldorf, in: SCHLECHTRIEM/MAGNUS Art 8 Nr 3). Nach **aA** ist die Beweislast nicht Gegenstand der Konvention (s etwa Cour de justice Genf 15. 11. 2002, SZIER 2004, 106 f; Schmitz-Werke GmbH & Co v Rockland International FSC, Inc, IHR 2003, 292 [Beweislast für Sachmangel nach nationalem Recht]; BIANCA/BONELL/KHOO Art 2 Bem 3. 2; REINHART Art 36 Rn 2; ferner ICC-Schiedsspruch Nr 6653/1993, JDI 1993, 1040 [1044]).

Das CISG enthält in Art 79 Abs 1 selbst eine ausdrückliche Beweislastregel. Andere **64** Vorschriften sind so formuliert, daß sie nur eine bestimmte Beweislastverteilung zulassen (etwa Art 26: Die Beweislast für die Abgabe einer Erklärung kann nur der Erklärende selbst haben; bei Art 44 kann die Beweislast für vernünftige Entschuldigungsgründe nur den sich hierauf Berufenden treffen; bei Art 75, 76 erscheint es als zwangsläufig, daß der Geschädigte „jeden weiteren Schaden" nachweist). Weitere Vorschriften legen eine bestimmte Beweislastverteilung jedenfalls nahe (so zB Art 2 lit a [Verbrauchergeschäft]; Art 25 [wesentliche Vertragsverletzung]; Art 35 Abs 2 lit b [Vertrauen auf Sachkunde des Verkäufers]). Wegen dieser teilweisen Regelung und wegen des engen Zusammenhangs zwischen materiellem Recht und der Beweislastverteilung **verbietet sich ein Rückgriff auf das anwendbare nationale Recht**. Die Beweislastverteilung ist den Vorschriften der Konvention, soweit möglich, unmittelbar zu entnehmen; im übrigen sind aus ihr heraus die tragenden Grundsätze zur Beweislast zu entwickeln.

Eine andere Auffassung ist auch nicht den Erörterungen auf der Wiener Konferenz **65** zu entnehmen. Hier war teilweise die konkrete Beweislastregelung für einzelne Vorschriften umstritten (so etwa zu Art 25 vgl Off Rec 195 ff). Ferner lehnten mehrere Delegierte Beweislastregeln – indessen aus unterschiedlichen Gründen – ab (Off Rec 296 ff). Es ist jedoch nicht erkennbar, daß die Mehrheit diese Ansicht teilte (vgl Off Rec 296 ff). Das zeigt auch die Diskussion des jetzigen Art 79 Abs 1 in Wien, dessen ausdrücklicher Verweis auf die Beweislast nicht beanstandet wurde (Off Rec 378). Auch zum Haager Kaufrecht hatte sich in Rspr und Lit die Auffassung herausgebildet, daß die Beweislast jeweils mitgeregelt sei (zB ausdrücklich LG Düsseldorf, in: SCHLECHTRIEM/MAGNUS Art 8 EKG Nr 3; inzident OLG Oldenburg, in: SCHLECHTRIEM/MAGNUS Art 33 Nr 11; OLG Hamburg, in: SCHLECHTRIEM/MAGNUS Art 39 Nr 38; ferner DÖLLE/HERBER Art 8 Rn 10; MERTENS/REHBINDER Art 8 Rn 10).

Problematischer als die Frage, ob der Anwendungsbereich der Konvention die **66** Beweislast miterfaßt, ist, welche **konkrete Beweislastverteilung** den einzelnen Vorschriften zu entnehmen ist, da nur Art 79 Abs 1 eine eindeutige Regel enthält (ausführlich hierzu BAUMGÄRTEL/LAUMEN/HEPTING vor Art 1 Rn 16 ff sowie zu jeder einzelnen CISG-Vorschrift). Geht man die Vorschriften durch, denen im übrigen eine Regelung entnommen werden kann (oben Rn 64), so lassen sich aus ihnen die folgenden allgemeinen Grundsätze ableiten:

67 – Grundsätzlich ist **jede Partei für die tatsächlichen Voraussetzungen der ihr günstigen Norm beweispflichtig** (ebenso BRUNNER Art 4 Rn 56). Diese Beweislastverteilung liegt ersichtlich Art 79 Abs 1 als Modellvorstellung zugrunde.

68 – Diejenige Partei, die sich auf eine **Ausnahmeregel** beruft, muß grundsätzlich deren tatsächliche Voraussetzungen beweisen (BGH NJW 2004, 3181 [3182]; BGH NJW 2002, 1651). Auch dieser Grundsatz läßt sich Art 79 Abs 1, ferner etwa Art 2 lit a, Art 35 Abs 2 lit b entnehmen.

69 – **Tatsachen aus dem eigenen Zuständigkeitsbereich**, die ihr deutlich besser als der anderen Partei bekannt sein müssen, muß diejenige Partei nachweisen, die die Herrschaft über diesen Bereich hat. Ausprägungen dieses Grundsatzes finden sich in Art 26 u 44. Die größere Beweisnähe der anderen Partei, auch eine feststehende grobe Vertragsverletzung dieser Partei und unzumutbare Beweisschwierigkeiten der beweisbelasteten Partei können zu einer Umkehr der an sich bestehenden Beweislast führen (BGH NJW 2004, 3181 [3182]).

70 Zur Beweislast gehört allein die Frage, welche Partei die tatsächlichen Voraussetzungen einer Norm nachweisen muß (**objektive Beweislast**). Wann der Beweis konkret als geführt anzusehen ist, ob der Partei Beweiserleichterungen (Beweis des ersten Anscheins etc) zugute kommen, ist dagegen als **Frage des Beweismaßes der lex fori zu entnehmen** (vgl zum EKG: LG Düsseldorf, in: SCHLECHTRIEM/MAGNUS Art 8 Nr 3). Denn der notwendige Grad richterlicher Überzeugung ist so eng mit dem im übrigen anwendbaren Verfahrensrecht verknüpft, daß hierfür die lex fori zu gelten hat.

18. Währung

71 In welcher Währung eine Partei eine vertragliche Geldleistung – Preis, Schadensersatz, Rückzahlung, Zinsen, Aufwendungsersatz etc – einerseits schuldet (Schuldwährung) und andererseits zu zahlen hat (Zahlungswährung), ist im CISG nicht ausdrücklich geregelt. Teilweise wird die Entscheidung über die maßgebende Währung deshalb dem anwendbaren nationalen Recht überlassen (so Kantonsgericht des Kantons Wallis 30.6.1998, SZIER 1999, 192; ferner BIANCA/BONELL/MASKOW Art 54 Bem 3.1; vCAEMMERER/SCHLECHTRIEM/HAGER Art 54 Rn 9; HERBER/CZERWENKA Art 53 Rn 5; HONSELL/SCHNYDER/STRAUB Art 54 Rn 26; GARRO/ZUPPI 223; SEVON, in: ŠARČEVIĆ/VOLKEN 219 [alle zur Kaufpreiswährung]). Nach hier vertretener Auffassung ist die Währung für alle Zahlungsansprüche aus dem Einheitsrecht selbst zu erschließen (so – für die Kaufpreiswährung – KG RiW 1994, 683; AUDIT Rn 147; BRUNNER Art 4 Rn 54; VAN HOUTTE/ERAUW/WAUTELET Rn 5.7; KAROLLUS 167; MAGNUS RabelsZ 53 [1989] 130; PILTZ, Internationales Kaufrecht § 4 Rn 126; SOERGEL/LÜDERITZ/BUDZIKIEWICZ Art 53 Rn 3; WIEGAND, in: Berner Tage 152). Das CISG gibt genügend Anhalt, die interne Lücke, welche Währung gelten soll, jeweils zu füllen. Im Interesse einer einheitlichen Anwendung des CISG ist ferner eine aus dem Einheitsrecht selbst gewonnene Lösung dem zersplitterten nationalen Recht vorzuziehen.

Als allgemeiner Grundsatz läßt sich dem CISG zunächst entnehmen, daß für die **72** unterschiedlichen Zahlungsansprüche die Schuldwährung und die Zahlungswährung jeweils vereinbart werden können. Sie können mangels Vereinbarung ferner durch internationale Handelsbräuche, Gepflogenheiten der Parteien oder im Einzelfall durch Treu und Glauben festgelegt werden. Dies entspricht der allgemeinen Hierarchie der Regelfindung unter dem CISG.

Im übrigen sieht das CISG für die Währung der einzelnen Geldansprüche keine **73** Einheitslösung vor: Vielmehr ist die Währung jeweils spezifisch zu bestimmen: für die Kaufpreiszahlung im Zweifel etwa die Währung am Sitz des Verkäufers bzw am Zahlungsort (vgl näher Art 53 Rn 20 ff), für Schadensersatzansprüche die Währung, in der der Schaden entstanden ist (vgl Art 74 Rn 56), Gemeinsam ist diesen Regeln jedoch der Grundsatz, daß die Schuldwährung, nach der sich die Höhe des Anspruchs und damit sein Wert bestimmt, und die Zahlungswährung, in der der Anspruch erfüllt werden muß oder darf, im Zweifel identisch sind, da die Zahlungswährung regelmäßig der Schuldwährung folgt.

19. Kausalität

Teilweise ausdrücklich, teilweise implizit verwendet die Konvention an zahlreichen **74** Stellen den Begriff der Verursachung oder setzt ihn voraus, etwa in Art 34, 37, 48, 74, 77, 79, 80, 84 Abs 2. Damit ist freilich keine Verweisung auf das anwendbare nationale Recht verbunden, dessen jeweilige Kausallehre zu befolgen wäre (so aber etwa BIANCA/BONELL/TALLON Art 79 Bem 2.6.6; VAN DEN HOLE TvBHR 1998, 364). Vielmehr ist ein einheitlicher Kausalbegriff zu entwickeln und zu verwenden.

Übereinstimmend geht man für die Konvention von der Bedingungslehre aus. Die **75** verursachende Bedingung darf nicht hinweggedacht werden, ohne daß der Ursachenerfolg entfiele (Schweizer Botschaft 821; SCHLECHTRIEM/SCHWENZER/STOLL/GRUBER Art 74 Rn 23; SOERGEL/LÜDERITZ/DETTMEIER Vor Art 74 Rn 6; SCHWIMANN/POSCH Art 74 Rn 3; WEBER, in: Berner Tage 197).

Art 5 [Ausschluß der Haftung für Tod oder Körperverletzung]

Dieses Übereinkommen findet keine Anwendung auf die Haftung des Verkäufers für den durch die Ware verursachten Tod oder die Körperverletzung einer Person.

Art 5

This Convention does not apply to the liability of the seller for death or personal injury caused by the goods to any person.

Art 5

La présente Convention ne s'applique pas à la responsabilité du vendeur pour décès ou lésions corporelles causés à quiconque par les marchandises.

Schrifttum

Wie zu Art 1; ferner:
ERNST, Das Wiener Übereinkommen von 1980
über Verträge über den internationalen Warenkauf im Recht der Produkthaftung (Diss Bielefeld, 2001)
HANSEN, Produktsanvar og Internationalt Køb,
Tidsskrift for Rettsvitenskap 1984, 293
HERBER, UN-Kaufrechtsübereinkommen: Produkthaftung – Verjährung, MDR 1993, 105
ders, Mangelfolgeschäden nach dem CISG und
nationales Deliktsrecht, IHR 2001, 187
ders, Zum Verhältnis von UN-Kaufrechtsübereinkommen und deliktischer Haftung, in:
FS Schlechtriem (2003) 207
ders, Das Verhältnis des CISG zu anderen
Übereinkommen und Rechtsnormen, insbesondere zum Gemeinschaftsrecht der EU, IHR
2004, 89 ff
P HUBER, Internationales Deliktsrecht und
Einheitskaufrecht, IPRax 1996, 91
ders, Irrtumsanfechtung und Sachmängelhaftung (2001)
KÖHLER, Die Haftung nach UN-Kaufrecht im
Spannungsverhältnis zwischen Vertrag und Delikt. Ein rechtsvergleichender Blick aus Sicht
des deutschen und des französischen Rechts
(2003)
KUHLEN, Produkthaftung im internationalen
Kaufrecht. Entstehungsgeschichte, Anwendungsbereich und Sperrwirkung des Art 5 des
Wiener UN-Kaufrechts (CISG) (1997)
LANDFERMANN, Das UNCITRAL-Übereinkommen über die Verjährung beim internationalen Warenkauf, RabelsZ 39 (1975) 259

MISCHKE, Zur Haftung des Verkäufers für
Sachmängel und Produktfehler der verkauften
Ware nach deutschem, europäischem und internationalem Recht, BB 1997, 1494
NIGGEMANN, Die Bedeutung des Inkrafttretens
des UN-Kaufrechts für den deutsch-französi-
schen Wirtschaftsverkehr, RiW 1991, 377
OTTO, Produkthaftung nach dem UN-Kauf-
recht, MDR 1992, 533
ders, Nochmals: UN-Kaufrecht und EG-Pro-
dukthaftungsrichtlinie, MDR 1993, 306
RUMMEL, Schadensersatz, höhere Gewalt und
Fortfall der Geschäftsgrundlage, in: HOYER/
POSCH 177
RYFFEL, Die Schadensersatzhaftung des Ver-
käufers nach dem Wiener Übereinkommen
über internationale Warenkaufverträge
11. April 1980 (1992)
SCHLECHTRIEM, The Borderland of Tort and
Contract Opening a New Frontier?, Cornell-
IntLJ 21 (1988) 467
SCHMID, Das Verhältnis von Einheitlichem
Kaufrecht und nationalem Deliktsrecht am
Beispiel des Ersatzes von Mangelfolgeschäden,
RiW 1996, 904
SCHNEIDER, UN-Kaufrecht und Produkthaft-
pflicht. Zur Auslegung von Art 4 Satz 1 und
Art 5 CISG und zur Abgrenzung vertraglicher
und ausservertraglicher Haftung aus der Sicht
des CISG (1995)
WARTENBERG, CISG und deutsches Verbrau-
cherschutzrecht; Das Verhältnis der CISG ins-
besondere zum VerbrKrG, HaustürWG und
ProduktHaftG (1998).

Systematische Übersicht

I.   Regelungsgegenstand und Normzweck

Die Vorschrift **grenzt die Produkthaftung aus dem Anwendungsbereich der Konven-** **1** **tion aus, allerdings nicht in vollem Umfang**. Das Übereinkommen, das nur die vertraglichen Beziehungen zwischen Käufer und Verkäufer regelt, erfaßt ohnehin nicht die Deliktshaftung des Verkäufers für seine Ware (vgl Art 4 Rn 14). Art 5 nimmt aber auch die vertragliche Haftung des Verkäufers vom Anwendungsbereich der Konvention aus, soweit die Ware den Tod oder die Körperverletzung einer Person (nicht notwendig des Käufers) verursacht hat. Damit steht der wesentliche Teil derjenigen Rechtsfragen außerhalb des CISG, die unter dem – freilich unscharfen – Begriff Produkthaftung verstanden werden. Hat die – fehlerhafte – Ware dagegen Sach- oder Vermögensschäden ausgelöst, so richtet sich die vertragliche Haftung des Verkäufers nach der Konvention.

2 Zweck der Norm ist es, die rechtspolitisch besonders brisante Produkthaftung für Personenschäden unberührt zu lassen, um internationalen Vereinheitlichungsvorhaben in diesem Gebiet sowie weiterreichenden nationalen Regelungen nicht den Boden zu entziehen (Off Rec 245). Letzteres war insbesondere für jene Rechtsordnungen wichtig, die – wie das französische Recht – die Produkthaftung primär vertragsrechtlich einordnen und, soweit Vertragsbeziehungen bestehen, konkurrierende Deliktsansprüche darüber hinaus ganz ausschließen (Lehre vom non-cumul). Für diese Rechtsordnung hätte sich ohne die Ausschlußvorschrift des Art 5 die nicht akzeptable Lage ergeben, daß auch Personenschäden nur nach der Konvention und damit recht eingeschränkt zu entschädigen gewesen wären (Rechte nur bei ordnungsgemäßer Rüge, zweijährige Ausschlußfrist nach Art 39, kein Schmerzensgeld, vertragliche Ausschlußmöglichkeiten; vgl hierzu auch HONNOLD Rn 71; SCHLECHTRIEM, UN-Kaufrecht 20; NIGGEMANN RiW 1991, 377 f).

II. Entstehungsgeschichte

3 Art 5 ist erst auf der Wiener Konferenz von 1980 auf gemeinsamen Vorschlag der USA, Frankreichs und Finnlands in die Konvention eingefügt worden; es gab zunächst getrennte Anträge und dann einen gemeinsamen Antrag dieser Länder (vgl Off Rec 85). Im Haager Kaufrecht war keine entsprechende Vorschrift enthalten. Dagegen findet sich der Ausschluß der Ansprüche für Personenschäden auch in Art 5 lit a der Verjährungskonvention von 1974. Die Vorentwürfe der Wiener Konvention hatten einen besonderen Ausschluß der Produkthaftung dennoch nicht vorgesehen. Auf der Wiener Konferenz ist erwogen, aber letztlich verworfen worden, wie übrigens auch schon bei der Erörterung des Art 5 lit a der Verjährungskonvention (vgl LANDFERMANN RabelsZ 39 [1975] 259), die Produkthaftung insgesamt, also auch vertragliche Ansprüche auf Ersatz weiterer Sach- und Vermögensschäden auszuschließen. Der Begriff der Produkthaftung wurde jedoch als zu unscharf angesehen, um eine klare Abgrenzung zu ermöglichen (Off Rec 245 f). So blieb es bei dem Personenschäden beschränkten Ausschluß.

III. Keine Geltung des CISG für durch die Ware verursachte Personenschäden

4 Der Anwendungsbereich der Konvention erstreckt sich **nicht auf die – vertragliche – Haftung des Verkäufers für Tod oder Körperverletzung einer Person**. Ob ein Geschädigter für seinen Personenschaden auf vertraglicher Grundlage Schadensersatz beanspruchen kann, richtet sich nach dem vom Kollisionsrecht bestimmten Recht (ACHILLES Art 5 Rn 1; BAMBERGER/ROTH/SAENGER Art 5 Rn 2; BIANCA/BONELL/KHOO Art 5 Bem 2.3; SCHLECHTRIEM/SCHWENZER/FERRARI Art 5 Rn 3; KUHLEN 47 f; REINHART Art 5 Rn 5; SCHNEIDER 230 f).

5 Die Begriffe **Tod und Körperverletzung** unterscheiden sich nicht von der im nationalen Recht geläufigen Bedeutung. Mit der Haftung für Körperschäden fallen auch **Ansprüche auf Schmerzensgeld** aus dem Anwendungsbereich der Konvention heraus (Off Rec 201). Auch durch Schlechtlieferung verursachter Ärger oder andere immaterielle Beschwer ist als Personenschaden einzuordnen (Off Rec 201) und gegebenenfalls nach nationalem Recht außerhalb der Konvention zu ersetzen.

6 Der Schaden muß jedoch **durch die Ware**, also durch den Kaufgegenstand **selbst**

verursacht sein. Das ist der Fall, wenn die Ware durch ihre Mängel – Bsp: die gelieferte Maschine explodiert – oder einfach ihre Beschaffenheit zu Personenschäden führt (die gelieferte Maschine stürzt um). Das ist auch dann noch der Fall, wenn die Ware erst aufgrund falscher Instruktion Schaden stiftet oder wenn ein erster, durch zweite Andienung später korrigierter Erfüllungsversuch schadensursächlich war. Selbst wenn die Verpackung der Ware den Schaden auslöst, wird der Ausschlußtatbestand zu bejahen sein, da der Verkäufer die Lieferung der Ware in angemessener Verpackung schuldet (Art 35 Abs 2 lit d). Dagegen ist das Merkmal „durch die Ware verursacht" nicht mehr erfüllt, wenn der Personenschaden auf andere Weise, zum Beispiel beim Anliefern oder bei der Montage entstanden ist und der Verkäufer hierfür einzustehen hat (ACHILLES Art 5 Rn 3; AUDIT 36; BAMBERGER/ROTH/SAENGER Art 5 Rn 3; SCHLECHTRIEM/SCHWENZER/FERRARI Art 5 Rn 7: Beim Anliefern verursacht der Verkäufer mit dem Lkw einen Körperschaden; HERBER/CZERWENKA Art 5 Rn 2). In diesem Fall richtet sich die vertragliche Haftung des Verkäufers nach dem CISG (BAMBERGER/ROTH/SAENGER Art 5 Rn 3; SCHLECHTRIEM/SCHWENZER/FERRARI aaO; HERBER/CZERWENKA aaO; **aA** SCHLECHTRIEM, in: Lausanner Kolloquium 163; SOERGEL/LÜDERITZ/FENGE Art 5 Rn 3 f), da es sich nicht mehr um einen von Art 5 gemeinten Produkthaftungsfall für Personenschäden handelt.

Der Ausschluß des Art 5 greift ein, gleichgültig, ob der **Käufer selbst oder eine 7 andere Person** den **Körperschaden erlitten** hat. Art 5 spricht ausdrücklich von Tod oder Körperverletzung **einer Person**. Daraus wird zu Recht gefolgert, daß die Haftung des Verkäufers auch für solche Ansprüche außerhalb der Konvention steht, mit denen der Käufer (oder sein Rechtsnachfolger) Regreßansprüche eigener Abnehmer aus Personenschäden geltend macht (ACHILLES Art 5 Rn 2; BAMBERGER/ROTH/SAENGER Art 5 Rn 3; BIANCA/BONELL/KHOO Art 5 Bem 2.2; BRUNNER Art 5 Rn 1; SCHLECHTRIEM/SCHWENZER/FERRARI Art 5 Rn 6; HERBER/CZERWENKA Art 5 Rn 4; KRANZ 245; KUHLEN 61 f; MünchKommHGB/MARTINY Art 28 EGBGB Anh II Rn 53; SCHLECHTRIEM, UN-Kaufrecht 20; WITZ/SALGER/LORENZ Art 5 Rn 4; übersehen von OLG Düsseldorf RiW 1993, 845 [dazu SCHLECHTRIEM EWiR 1993, 1076]). Auch die vertraglichen Ansprüche, die innerhalb einer Regreßkette die Haftung für Personenschäden des Verletzten letztlich auf den Produzenten zurückleiten sollen, werden nicht erfaßt (ACHILLES, BAMBERGER/ROTH/SAENGER, BIANCA/BONELL/KHOO, BRUNNER, SCHLECHTRIEM/SCHWENZER/FERRARI, HERBER/CZERWENKA, KRANZ jeweils aaO; SCHLECHTRIEM Rn 39; WITZ/SALGER/LORENZ Art 5 Rn 5). Das gilt auch für Fälle, in denen der Verkäufer nur Teile (zum Beispiel für ein Flugzeug, Haus etc) liefert, deren Mängel das Endprodukt beeinträchtigen und schließlich zu Körperschäden Dritter führen (Off Rec 245 f). Macht der Käufer der Teile als seinen Schaden die Forderungen der Dritten geltend, dann fällt dieser Anspruch nicht unter die Konvention. Dagegen greift sie ein, wenn der Käufer Ersatz des Sach- oder Vermögensschadens (an seinem Flugzeug, Haus etc) fordert.

Der **Ausschluß gilt** ferner auch, wenn der Personenschaden **bei Arbeitnehmern des 8 Käufers**, in den Vertrag einbezogenen **Dritten oder gänzlich Unbeteiligten** eingetreten ist, der Käufer ihren Schaden auszugleichen hat und seinen Vermögensverlust vom Verkäufer einfordert (BAMBERGER/ROTH/SAENGER Art 5 Rn 3; ENDERLEIN/MASKOW/STROHBACH Art 5 Bem 1.1).

IV. Erfaßter Bereich der Produkthaftung

1. Vertragliche Haftung

9 Die **vertragliche Haftung des Verkäufers für alle Schäden, die keine von der Ware verursachten Personenschäden sind**, unterliegt den Regeln der Konvention. Das CISG erfaßt damit Sach- und Vermögensschäden, die durch Mängel der Ware ausgelöst werden; ferner alle Schäden, seien sie Personen- oder Sachschäden, die die Folge anderer Vertragsverletzungen als der Lieferung vertragswidriger Ware sind, sofern die Konvention auch hier Schadensersatz als Folge anordnet (ACHILLES Art 5 Rn 3; AUDIT 36; SCHLECHTRIEM/SCHWENZER/FERRARI Art 5 Rn 9 ff; RUMMEL, in: HOYER/ POSCH 180 f; SCHLECHTRIEM Rn 40; ders, in: Lausanner Kolloquium 163 N 30; SOERGEL/LÜDERITZ/ FENGE Art 5 Rn 5; STOFFEL SJZ 1990, 171). Auch Schäden an der Ware selbst sind nicht etwa über Art 5 ausgenommen (AUDIT 36; FERRARI, Vendita 106 f).

10 Soweit die Konvention anwendbar ist, ist der Rückgriff auf nationales, auf Vertrag gestütztes Produkthaftungsrecht ausgeschlossen (ACHILLES Art 5 Rn 3; HONNOLD Rn 73; SCHLECHTRIEM/SCHWENZER/FERRARI Art 5 Rn 10). Eine Haftung etwa nach §§ 437 Nr 3, 440, 280 BGB oder aus sonstiger Vertragspflichtverletzung kommt neben dem CISG nicht mehr in Betracht (SCHLECHTRIEM Rn 40; ders JZ 1988, 1040; **aA** aber HOYER WBl 1988, 71).

2. Verhältnis zum nationalen Deliktsrecht

a) Problemstand

11 Sehr umstritten ist, wie mit der vertraglichen Haftung **konkurrierende deliktsrechtliche Ansprüche** zu behandeln sind. Die Frage ist, ob die Anwendbarkeit der Konvention den Rückgriff auf ein nach IPR-Grundsätzen anwendbares nationales Deliktsrecht ausschließt. Die Frage hat durchaus praktische Bedeutung (vgl etwa BGH IPRax 1996, 124 [zum EKG] m Aufs P HUBER IPRax 1996, 91 ff; BGH NJW 1996, 2364 [Deliktsansprüche nach nationalem Recht neben CISG-Ansprüchen geprüft; Konkurrenzverhältnis nicht erörtert]; OLG München IPRax 1997, 38; **anders** HERBER/CZERWENKA Art 5 Rn 6); dann nämlich, wenn das CISG anwendbar ist, aber im konkreten Fall keinen Schadensersatzanspruch gewährt, während das nationale Produkthaftungsrecht ihn konkurrierend gerade vorsieht. Eine solche Konstellation ergibt sich, soweit es um Sachschäden oder um nicht durch die Ware ausgelöste Personenschäden geht und etwa die nach Art 39 CISG erforderliche Rüge versäumt wurde oder der Umfang des zu ersetzenden Schadens nach dem CISG geringer ist als nach nationalem Deliktsrecht. So ist nach Art 74 CISG nur der voraussehbare Schaden zu ersetzen. Ersatz eines immateriellen Schadens (Schmerzensgeld bei vom CISG erfaßten Personenschäden) oder eines Affektionsinteresses (Bsp: gelieferte Ware schädigt Haustier) ist nach dem CISG ebenso ausgeschlossen wie erhöhter Schadensersatz (punitive damages; vgl näher Art 74 Rn 17). Auch die zweijährige Ausschlußfrist in Art 39 Abs 2 kann mit Verjährungsregeln des nationalen Deliktsrechts kollidieren.

b) Auffassungen

12 Nach einer vor allem von HERBER und HONNOLD vertretenen Auffassung verdrängt die Konvention das nationale Deliktsrecht, soweit dieses ebenfalls eine Haftung für Schäden durch fehlerhafte Ware vorsieht (HERBER/CZERWENKA Art 5 Rn 5; HERBER MDR

1993, 105 f; ders IHR 2001, 189; HONNOLD Rn 73; P HUBER IPRax 1996, 94 f; ferner ebenso
ENDERLEIN/MASKOW/STROHBACH Art 5 Bem 1.2; HERRMANN, in: Berner Tage 98; KÖHLER 149 f;
KUHLEN 114 ff; PILTZ, Internationales Kaufrecht Rn 128; RYFFEL 136; offenbar auch SCHNEIDER
232 ff; WARTENBERG 93; für das Produkthaftungsgesetz macht HERBER jeweils aaO jedoch eine
Ausnahme, da es auf EG-Vereinheitlichung beruhe und deshalb nach Art 90 CISG Vorrang genie-
ße). Diese Auffassung wird damit begründet, daß das nationale Deliktsrecht densel-
ben Sachverhalt regeln wolle, den die Konvention erfasse. Im Interesse der Ein-
heitlichkeit müsse die Konvention Vorrang haben (HONNOLD aaO). Auch wird darauf
verwiesen, daß die Anwendbarkeit des CISG nicht von der Qualifikation eines
Sachverhalts als Delikt oder Vertragsverletzung abhängen dürfe (vgl ENDERLEIN/MAS-
KOW/STROHBACH Art 5 Bem 1.2; BIANCA/BONELL/KHOO Art 5 Bem 3.2., der hieraus aber nicht die
Folgerung zieht, daß Art 5, soweit er reicht, den Rückgriff auf nationales Deliktsrecht ausschließt;
WARTENBERG 93).

Nach **überwiegender Auffassung** bleibt die **deliktsrechtliche Produzentenhaftung un-** 13
berührt, soweit das vom Kollisionsrecht berufene Recht sie konkurrierend vorsieht
(BGH NJW 1996, 2364 [zumindest inzident]; OLG München IPRax 1997, 38; Viva Vino Import
Corp v Farnese Vini Srl, IHR 2002, 28; BAMBERGER/ROTH/SAENGER Art 5 Rn 3; BRUNNER Art 5
Rn 2; SCHLECHTRIEM/SCHWENZER/FERRARI Art 5 Rn 12 f; CZERWENKA 168; FERRARI Art 5 Bem 2;
HONSELL/SIEHR Art 5 Rn 4; MAGNUS ZEuP 1993, 95 f; PLANTARD Clunet 1988, 327; SCHLECHTRIEM
Rn 40 [soweit der Deliktsanspruch nicht nur das Erfüllungsinteresse decken will]; ders, UN-Kauf-
recht 21; SCHMID RiW 1996, 908 f; SCHWIMANN/POSCH Art 5 Rn 4; SOERGEL/LÜDERITZ/FENGE
Art 5 Rn 4; STAUB/KOLLER vor § 373 Bem 630; STOFFEL SJZ 1990, 171; STOLL, in: FS Ferid 510 f;
WITZ/SALGER/LORENZ Art 5 Rn 8; ebenso zum EKG: BGH IPRax 1996, 124; OLG München RiW
1996, 955 [956]).

c)   Stellungnahme

Die **Konvention regelt** von vornherein **nicht das außervertragliche Schuldverhältnis** 14
zwischen Schädiger und Geschädigtem. Hinsichtlich der vertraglichen Haftung für
schädliche Waren beschränkt sie sich bewußt darauf, nur einen weniger wichtigen
Teilaspekt – die Haftung für Sachschäden – zu behandeln. Die Entstehungsgeschichte gibt keinerlei Hinweis darauf, daß mit Art 5 der Rückgriff auf nationales Deliktsrecht und auf die nationalen Konkurrenzregeln in diesem Bereich ausgeschlossen
werden sollte (vgl Off Rec 245 f). Anders als beispielsweise bei der Irrtumsanfechtung
im Hinblick auf Sachmängel (s Art 4 Rn 48) läßt sich auch nicht sagen, die Konvention regele hier einen bestimmten Lebenssachverhalt abschließend. Die Beziehung
zwischen kaufvertraglich verbundenem Schädiger und Geschädigtem ist komplex
und sowohl unter dem vertraglichen (von der Konvention teilweise erfaßten) als
auch dem deliktsrechtlichen (von der Konvention zweifelsfrei nicht erfaßten) Blickwinkel zu würdigen. Die Wertungen in beiden Bereichen zeigen zu deutliche Unterschiede (s Rn 2, 11), als daß ein Vorrang des Vertragsrechts vor dem Deliktsrecht
angenommen werden könnte (ganz ähnlich SCHLECHTRIEM CornellIntLJ 21 [1988] 473 ff). Es
muß deshalb dem anwendbaren nationalen Recht überlassen bleiben, ob und wann
es neben einer Vertragsbeziehung ein deliktsrechtliches Haftungsverhältnis annehmen will. Das machen auch die Unterschiede zwischen der Schadenshaftung nach
CISG und nach nationalem Deliktsrecht (oben Rn 11) deutlich. Sie zwingen dazu,
neben der Konvention den Rückgriff auf nationales Deliktsrecht zuzulassen, sollen
nicht unangemessene Ergebnisse erzielt werden – etwa kein Schmerzensgeld bei
vom CISG erfaßten Personenschäden, wenn das anwendbare Deliktsrecht es dem-

gegenüber gewährt. Auch die grundsätzliche Abdingbarkeit der Haftung nach CISG (Art 6) begegnet Bedenken, wenn man sie auf zwingendes Deliktsrecht erstrecken wollte (so aber HERBER/CZERWENKA Art 5 Rn 8). Eine Einschränkung hat allerdings dann zu gelten, wenn das nationale Deliktsrecht nicht – wie regelmäßig – das Integritätsinteresse des Geschädigten, also etwa seine Rechtsgüter vor Schäden durch fehlerhafte Ware, schützen, sondern nur das Äquivalenzinteresse am Erhalt einer vollwertigen vertraglichen Gegenleistung sichern will. Diesen letzteren Fall regelt das CISG in abschließender Weise (ebenso BRUNNER Art 5 Rn 2; SCHLECHTRIEM Rn 40).

V. Folge des Ausschlusses

15 Sofern die Ausschlußvorschrift eingreift, ist das anwendbare Recht in herkömmlicher Weise zu bestimmen. Das angerufene Forum wendet vorbehaltlich vorrangigen staatsvertraglichen Rechts **das vom IPR berufene Recht** an. Die vertragliche Produkthaftung richtet sich nach dem gegebenenfalls über Art 27, 28 EGBGB zu bestimmenden Vertragsstatut, die Deliktshaftung nach Art 40–42 nF EGBGB, bzw nach früherem Recht nach dem Recht des Tatortes (näher zum internationalen Deliktsrecht STAUDINGER/vHOFFMANN [2001] Art 40 ff EGBGB).

16 Der Ausschlußtatbestand des Art 5 bedeutet dagegen nicht, daß eine Haftung für Personenschäden entfällt, wenn die Voraussetzungen der Vorschrift vorliegen (so versteht offenbar NIGGEMANN RiW 1991, 377, die Vorschrift). **Art 5 entfaltet keine Sperrwirkung.** Führt das IPR auf das Recht eines Landes, das, wie etwa Frankreich, die Produkthaftung bislang primär vertragsrechtlich einordnete, so richtet sich die Verkäuferhaftung für Personenschäden nach dem internen Vertragsrecht. Die Lehre vom non-cumul (Rn 2) wird durch Art 5 CISG weder berührt noch führt Art 5 hier im Ergebnis zu einem Haftungsausschluß (anders NIGGEMANN aaO).

VI. Verhältnis zu anderen Übereinkommen

17 Gegenwärtige und künftige **internationale Übereinkommen über die Produkthaftung gehen der Kaufrechtskonvention** gem Art 90 **vor**, soweit konkurrierende Anwendungsbereiche bestehen. Die bisherigen Rechtsvereinheitlichungsvorhaben im Bereich der Produkthaftung beschränken sich jedoch auf die deliktsrechtliche Haftung des Produzenten. Sie berühren nicht die vertragliche Haftung für Produktschäden. Das gilt für das Europaratsübereinkommen über die Produkthaftung für Personenschäden und Tötung vom 27.1.1977, das bislang jedoch nicht in Kraft getreten ist. Ob auch die Rechtsangleichung innerhalb der EU durch die Produkthaftungsrichtlinie vom 25.7.1985 (ABl EG vom 7.8.1985, Nr L 210 S 29) als vorrangiges internationales Übereinkommen anzusehen wäre (so im Ergebnis HERBER IHR 2001, 191; HERBER/CZERWENKA Art 90 Rn 4; RYFFEL 137; jetzt aber anders HERBER IHR 2004, 92 f), ist umstritten und mE abzulehnen (vgl näher oben Einl 46 zum CISG und Art 90 Rn 10). Da jedoch auch die EG-Produkthaftungsrichtlinie die vertragliche Haftung des Verkäufers nicht berührt, konkurriert sie in ihrem Anwendungsbereich nicht mit der Kaufrechtskonvention. Die nach der Richtlinie und dem deutschen Produkthaftungsgesetz (§ 4 Abs 3 ProdHaftG) mögliche Haftung des Lieferanten beruht nicht auf der vertraglichen Lieferverpflichtung, sondern dem tatsächlichen Inverkehrbringen der Ware (näher dazu TASCHNER/FRIETSCH, Produkthaftungsgesetz und EG-Produkthaftungsrichtlinie [2. Aufl 1990] § 4 Rn 63 ff).

Art 6 [Ausschluß, Abweichung oder Änderung durch Parteiabrede]

Die Parteien können die Anwendung dieses Übereinkommens ausschließen oder, vorbehaltlich des Artikels 12, von seinen Bestimmungen abweichen oder deren Wirkung ändern.

Art 6

The parties may exclude the application of this Convention or, subject to article 12, derogate from or vary the effect of any of its provisions.

Art 6

Les parties peuvent exclure l'application de la présente Convention ou, sous réserve des dispositions de l'article 12, déroger à l'une quelconque de ses dispositions ou en modifier les effets.

Schrifttum

CASTELLANOS RUIZ, Autonomía de la voluntad y derecho uniforme en la compraventa internacional (1998)
DOKTER, Interpretation of exclusion-clauses of the Vienna Sales Convention, RabelsZ 68 (2004) 430
DORE/DE FRANCO, A Comparison of the Non-Substantive Provisions of the UNCITRAL Convention on the International Sale of Goods and the Uniform Commercial Code, HarvIntLJ 23 (1982) 49
FELTHAM, C. I. F. and F. O. B. Contracts and the Vienna Convention on Contracts for the International Sale of Goods, JBusL 1991, 413
FERRARI, Exclusion et inclusion de la Convention de Vienne sur les contrats de vente internationale de merchandises de 1980, Rev gén dr (Ottawa) 32 (2002) 335
ders, Zum vertraglichen Ausschluss des UN-Kaufrechts, ZEuP 2002, 737
FRENSE, Grenzen der formularmäßigen Freizeichnung im Einheitlichen Kaufrecht (1992)
HAUSMANN, Stillschweigender Ausschluß der einheitlichen Kaufgesetze durch Allgemeine Geschäftsbedingungen, RiW 1977, 186
HOLTHAUSEN, Vertraglicher Ausschluß des UN-Übereinkommens über internationale Warenkaufverträge, RiW 1989, 513
R KOCH, Wider den formularmäßigen Ausschluß des UN-Kaufrechts, NJW 2000, 910
KREN KOSTKIEWICZ/SCHWANDER, Zum Anwendungsbereich des UN-Kaufrechtsübereinkommens, in: FS Neumayer (1997) 33

LANDO, The 1985 Hague Convention on the Law Applicable to Sales, RabelsZ 51 (1987) 60
LINDBACH, Rechtswahl im Einheitsrecht am Beispiel des Wiener UN-Kaufrechts (Diss Augsburg 1996)
MANKOWSKI, Überlegungen zur sach- und interssengerechten Rechtswahl für Verträge des internationalen Wirtschaftsverkehrs, RiW 2003, 2
MANN, Einheitliches Kaufgesetz und internationales Privatrecht, JZ 1975, 14
REIFNER, Stillschweigender Ausschluss des UN-Kaufrechts im Prozess? IHR 2002, 52
REHBINDER, Vertragsschluß nach UN-Kaufrecht im Vergleich zu EAG und BGB, in: SCHLECHTRIEM, Fachtagung 149
SANDROCK, Welches Kollisionsrecht hat ein Internationales Schiedsgericht anzuwenden?, RiW 1992, 785
STOFFEL, Ein neues Recht des internationalen Warenkaufes in der Schweiz, SJZ 1990, 169
TIEDEMANN, Kollidierende AGB-Rechtswahlklauseln im österreichischen und deutschen IPR, IPRax 1991, 424
THIELE, Das UN-Kaufrecht vor US-amerikanischen Gerichten, IHR 2002, 8
WASMER, Vertragsfreiheit im UN-Kaufrecht (2003)
WITZ, L'exclusion de la Convention des Nations unies sur les contrats de vente internationale de marchandises par la volonté des parties (Convention de Vienne du 11 avril 1980), DSChron 1990, 107.

Ulrich Magnus

Systematische Übersicht

Alphabetische Übersicht

I.   Regelungsgegenstand und Normzweck

Die Vorschrift kodifiziert **den** beherrschenden Grundsatz der Konvention: **das 1 Prinzip der Parteiautonomie.** Seine Anerkennung war von Beginn an unangefoch- tene Grundlage der Kaufrechtsvereinheitlichung (vgl schon RABEL RabelsZ 9 [1935] 2: „subsidiäre Geltung" des Einheitskaufrechts; ferner Off Rec 248 f; BIANCA/BONELL/BONELL Art 6 Bem 1.2). Den Parteien soll das Einheitsrecht nicht aufgezwungen, sondern ihr Wille, soweit wie nur möglich, respektiert werden. Art 6 erlaubt deshalb, das Einheitskaufrecht, obwohl seine Anwendungsvoraussetzungen erfüllt sind, insge- samt abzuwählen oder – mit Ausnahme des Art 12 – jede einzelne seiner Bestim- mungen auszuschließen oder an ihrer Stelle etwas anderes zu vereinbaren. Die Konvention hat damit im ganzen und – von Art 12 abgesehen – in allen Einzel- bestimmungen dispositiven Charakter (Sekretariatskommentar Art 5 Bem 1; BIANCA/ BONELL/BONELL Art 6 Bem 1.2; SCHLECHTRIEM/SCHWENZER/FERRARI Art 6 Rn 5; allgemein auch WASMER passim).

Gleichwohl ist das CISG aber **nicht nur Modellgesetz** oder Empfehlung, **sondern 2**

geltendes Recht, das stets anzuwenden ist, soweit die Parteien von ihm nicht – in zulässiger Weise (dazu Art 4 Rn 20 ff) – abgewichen sind.

3 Die weite Anerkennung des Parteiwillens bedeutet auf der anderen Seite **keinen vollständigen Verzicht auf die Geltung zwingender Normen**. Dieser Bereich ist bewußt nicht vereinheitlicht worden, sondern im wesentlichen über Art 4 (Gültigkeitsvorschriften), ferner über Art 2 lit a (Ausschluß von Verbraucherkäufen) und Art 5 (Produkthaftung) dem anwendbaren Nationalrecht vorbehalten worden (vgl die Diskussionen auf der Wiener Konferenz Off Rec 252 f). Nach nationalem Recht richtet sich deshalb insbesondere die materielle Gültigkeit von Vereinbarungen, die einseitig zugunsten einer Partei von der Regelung der Konvention abweichen (näher dazu Art 2 Rn 29 ff und Art 4 Rn 20 ff).

4 In Art 6 nicht angesprochen, jedoch grundsätzlich zulässig ist die **Wahl des Einheitskaufrechts** in Fällen, in denen eine seiner Anwendungsvoraussetzungen fehlt. Wieweit eine solche Prorogation Wirkung hat, entscheidet das anwendbare nationale Recht (ausführlich dazu unten Rn 62 ff).

II.   Entstehungsgeschichte

5 Die Vorschrift war sachlich im wesentlichen übereinstimmend auch im Haager Recht (Art 3 EKG) enthalten. Die Haager Formulierung ist im CISG jedoch sprachlich geändert worden, um den stillschweigenden Ausschluß des Einheitsrechts etwas zu erschweren (Sekretariatskommentar Art 5 Bem 2 sowie die Erörterungen zu der Vorschrift auf der Wiener Konferenz, Off Rec 249 f). Art 3 S 2 EKG sah vor: „Der Ausschluß kann ausdrücklich oder stillschweigend geschehen." Diesen Satz hat man im CISG gestrichen, um Gerichte nicht zu ermutigen, aus unzureichenden Umständen vorschnell einen stillschweigenden Ausschluß des Einheitskaufrechts zu folgern (Sekretariatskommentar aaO; BIANCA/BONELL/BONELL Art 6 Bem 1.2; FERRARI Art 6 Bem 2; SCHLECHTRIEM, UN-Kaufrecht 21 f). Aus dem gleichen Grund wurde ein Antrag, die stillschweigende Ausschlußmöglichkeit wieder in den Text des Art 6 aufzunehmen, auf der Wiener Konferenz abgelehnt (Off Rec 248 ff). Dagegen sollte die Änderung der Haager Formulierung nicht bedeuten, daß ein stillschweigender Ausschluß nicht mehr möglich sei. Den pakistanischen Vorschlag, nur noch einen ausdrücklichen Ausschluß anzuerkennen, lehnte die Wiener Konferenz vielmehr ausdrücklich ab (Off Rec 250). Schließlich verfiel auch ein Antrag Belgiens und Kanadas, in der Wahl des Rechts eines Vertragsstaates stets den Ausschluß des Einheitsrechts zu sehen, der Ablehnung (A/Conf 97/C1/L41, Off Rec 86).

6 Nicht mehr aufgenommen hat das CISG die Vorbehaltsmöglichkeit des Haager Rechts (Art V der Einführungskonvention zum EKG, BGBl 1973 II 886), das Einheitskaufrecht nur bei ausdrücklicher Wahl durch die Parteien gelten zu lassen (sog opting in-Lösung). Von diesem Vorbehalt hatten unter dem Haager Recht Großbritannien und Gambia Gebrauch gemacht und so den eigentlich fehlenden Ratifikationswillen bemäntelt. Als Ergebnis hatte das Haager Recht in diesen Ländern in der Praxis keine Rolle gespielt. In England hat sich unter der Geltung des Haager Rechts nur eine einzige veröffentlichte Gerichtsentscheidung – und auch sie nur obiter – mit dem EAG befaßt (Butler Machine Tool Co v Ex-Cell-o Corp [England] [1979] 1 All ER 965 [CA]).

Auf der anderen Seite ist auch Art 4 EKG nicht in das CISG übernommen worden. **7**
Die Vorschrift erlaubte den Parteien ausdrücklich die Wahl des Einheitskaufrechts,
wenn dessen räumliche Anwendungsvoraussetzungen fehlten, behielt aber die Geltung zwingenden nationalen Rechts vor. Weil die Zulässigkeit der Prorogation allein
bei fehlenden räumlichen Anwendungsvoraussetzungen als zu eng und der Begriff
des zwingenden Rechts als zu vage erschien, unterblieb eine vergleichbare Regelung
im CISG (eingehend dazu Honnold Rn 79; ferner auch die Diskussion in Wien: Off Rec 252 f).
Die Prorogation des CISG sollte in weitem Umfang zulässig, zwingendes Recht aber
zu respektieren sein (Off Rec aaO).

III. Grundsatz

Das CISG muß ausgeschlossen werden, wollen die Parteien seine Geltung in einem **8**
Fall vermeiden, in dem die Anwendungsvoraussetzungen der Konvention (Art 1–5,
100 CISG) vorliegen (sog opting out-Lösung). Art 6 beruht damit auf dem Grundsatz, daß das CISG in einem solchen Fall **zunächst ohne weiteres gilt** und es einer
gemeinsamen Willensentscheidung der Parteien bedarf, das zu ändern.

Für den gänzlichen, teilweisen oder nachträglichen Ausschluß oder für Modifika- **9**
tionen läßt die Konvention den Parteien größtmögliche Freiheit. Auch stillschweigend kann das Einheitsrecht ganz oder teilweise abbedungen werden. Der **Aus-
schluß- oder Änderungswille** muß jedoch stets **mit hinreichender Sicherheit** zum
Ausdruck kommen (Sekretariatskommentar Art 5 Bem 2). Er darf nicht auf Umstände
gestützt werden, die ihn nicht mit genügender Deutlichkeit erkennen lassen. Ein
Ausschluß kann kollisionsrechtlich – dann ist das stattdessen anwendbare Recht auf
dem IPR-Weg zu ermitteln – oder nur materiellrechtlich wirken – dann ist lediglich
die Wirkung einzelner Vorschriften des CISG abgeändert. Ob das eine oder andere
gewollt ist, bestimmen die Parteien. Ist ein konkreter Parteiwille nicht zu ermitteln,
so hat im Zweifel die Abbedingung der Konvention im ganzen kollisionsrechtliche,
ein Ausschluß einzelner Vorschriften dagegen nur materiellrechtliche Bedeutung.

1. Vereinbarung

Die Parteien können die Geltung der Konvention nur einvernehmlich **durch eine** **10**
Vereinbarung einschränken oder beseitigen (Bianca/Bonell/Bonell Art 6 Bem 2.4;
Herber/Czerwenka Art 6 Rn 4; Piltz NJW 2000, 555; Winship, in: Galston/Smit 1–33). Das
wird aus dem Plural „die Parteien können …" geschlossen. Ob eine entsprechende
Vereinbarung wirksam zustande gekommen ist, beurteilt sich nach den Grundsätzen
des Abschlußteils der Konvention (Art 14–24; vgl auch Bianca/Bonell/Bonell Art 6
Bem 2.2). Notwendig ist also – auch bei einem nachträglichen Ausschluß des Einheitsrechts im Prozeß – eine Einigung aufgrund übereinstimmender Willenserklärungen, die ausdrücklich, ebenso aber auch konkludent abgegeben werden können.
Dagegen genügen für einen Ausschluß weder eine einseitige Erklärung noch ein
lediglich hypothetischer Parteiwille (Rechtbank van Koophandel te Hasselt RkW 1995–1996,
1378; Bamberger/Roth/Saenger Art 6 Rn 2; Schlechtriem/Schwenzer/Ferrari Art 6 Rn 13;
Piltz NJW 2000, 555; ebenso zum EKG: BGHZ 96, 313 mit zustimmender Anm Herber EWiR
1986, 155). Bestimmten Abreden oder Umständen kann aber typischerweise ein bestimmter Parteiwille entnommen werden, wobei der Nachweis eines abweichenden
Willens den Parteien im konkreten Fall vorbehalten bleibt (vgl näher unten Rn 22 ff).

2. Ausschluß im Angebot oder durch kollidierende AGB?

11 Strittig ist die Frage, welches Recht über das Zustandekommen eines Vertrags entscheidet, wenn der Antragende in seinem Angebot, etwa in AGB, einseitig das CISG ausschließt. Nach überwiegender Ansicht beurteilt sich **das Zustandekommen einer Ausschlußvereinbarung** auch dann nach den Regeln des Übereinkommens (Schlechtriem/Schwenzer/Ferrari Art 6 Rn 13; Czerwenka 169; Herber/Czerwenka Art 6 Rn 8; Soergel/Lüderitz Art 6 Rn 1; wohl auch Honsell/Siehr Art 6 Rn 4). Nach anderer Ansicht soll dagegen das Recht entscheiden, das der Anbietende bestimmt hat oder das nach IPR berufen ist (Schlechtriem/Schwenzer/Ferrari Art 6 Rn 23; Rehbinder, in: Schlechtriem, Fachtagung 151). Zum Teil differenziert die Gegenmeinung noch zwischen teilweisem und vollständigem Ausschluß (Rehbinder, in: Schlechtriem, Fachtagung 151 f). Indessen bestimmt die Konvention ihren Anwendungsbereich autonom, legt also auch selbst die Voraussetzungen ihrer Abbedingung fest. Es ist damit nicht auf ein einseitig in Aussicht genommenes oder auf das vom IPR berufene Recht zurückzugreifen, sondern das Zustandekommen einer Ausschlußvereinbarung nach den Regeln der Konvention zu prüfen. Auch ob die Vereinbarung des Rechts eines bestimmten Landes als Ausschluß des CISG zu verstehen ist, richtet sich nach dem Maßstab des Art 6 CISG. Dagegen untersteht die Frage, ob eine Rechtswahlvereinbarung ihrerseits überhaupt wirksam zustande gekommen ist, dem insoweit maßgebenden Kollisionsrecht. Bei deutschem Forum – und überall im Geltungsbereich des Römischen SchuldvertragsIPR-Übk von 1980 – ist eine Rechtswahl damit zulässig; ihr Zustandekommen ist nach dem in Aussicht genommenen Recht zu beurteilen (vgl Art 27, 31, ferner Honsell/Siehr Art 6 Rn 4; Schlechtriem Rn 21 sowie die Erl bei Staudinger/Hausmann [2002] Art 31 EGBGB).

12 Nimmt der Annehmende den angebotenen Ausschluß der Konvention vorbehaltlos an, so liegt eine Vereinbarung vor (Art 23 CISG); das CISG ist wirksam ausgeschlossen. Lehnt er ihn ab, dann fehlt eine Einigung über den Ausschluß (Art 19 Abs 1); das CISG gilt für die Frage, ob ein Vertrag zustandegekommen ist oder nicht.

13 Nichts anderes gilt bei **kollidierenden Rechtswahlklauseln**, die **in AGB** der Parteien enthalten sind. Eine Einigung über den Ausschluß des CISG fehlt hier in der Regel, da eine vom Angebot abweichende Rechtswahlklausel als wesentliche Abweichung und damit als neues Angebot anzusehen ist (Rechtbank van Koophandel te Hasselt RkW 1995–1996, 1378; Achilles Art 6 Rn 2; Schlechtriem/Schwenzer/Schlechtriem Art 19 Rn 9; Piltz NJW 2000, 555; allgemein zu kollidierenden AGB s BGH IHR 2002, 16; vgl ferner unten Art 19 Rn 19). Selbst bei Durchführung des Vertrages ist dann keine Einigung über eine strittig gebliebene Rechtswahl zustandegekommen. Mangels einer Ausschlußvereinbarung ist das CISG anzuwenden.

14 Das ist auch dann anzunehmen, wenn sich beide Parteien auf das **Recht eines – jeweils anderen – Nichtvertragsstaates der Konvention** beziehen. Hieraus regelmäßig einen übereinstimmenden Willen zum Ausschluß des CISG zu folgern (so aber Tiedemann IPRax 1991, 427), ist mit dem Zweck des Art 6 nicht vereinbar. Denn es ist damit nicht hinreichend deutlich, ob die Parteien, die sich nicht auf ein bestimmtes Recht einigen können, jedenfalls das Übereinkommen ausschließen wollen.

Berufen die kollidierenden Rechtswahlklauseln das Recht eines – jeweils anderen – **15**
Vertragsstaates der Konvention oder einerseits das Recht eines Vertragsstaates,
andererseits das eines Nichtvertragsstaates, dann ist hieraus erst recht keine Ausschlußvereinbarung zu folgern (so auch TIEDEMANN aaO und zum EKG: OLG Hamm RiW
1980, 662; ferner noch unten Rn 29).

IV. Die Ausschlußmöglichkeiten

1. Ausdrücklicher Ausschluß

Ein ausdrücklicher Ausschluß liegt in der Vereinbarung, daß das CISG für das **16**
Kaufgeschäft der Parteien nicht gelten soll (BIANCA/BONELL/BONELL Art 6 Bem 2.2;
REITHMANN/MARTINY Rn 734), etwa durch die Formulierung: „Die Wiener Kaufrechtskonvention von 1980 gilt nicht für diesen Vertrag." oder „Dieser Vertrag untersteht
deutschem Recht unter Ausschluß des CISG". Wollen die Parteien die Geltung der
Konvention vermeiden, dann ist ihnen wegen der Unsicherheiten eines stillschweigenden Ausschlusses stets eine ausdrückliche und eindeutig formulierte Abbedingung zu empfehlen. Ebenfalls als Ausschluß des CISG dürfte es zu verstehen sein,
wenn Parteien – etwa noch unter Verwendung alter AGB – das EKG/EAG ausdrücklich ausgeschlossen haben. Ein ausdrücklicher Ausschluß des CISG ist auch
nicht etwa deshalb unwirksam, weil damit für eine Seite besonders günstige Regelungen abbedungen werden (vgl dazu Handelsgericht des Kantons Zürich SZIER 1999, 184).

Es ist **nicht erforderlich**, daß die Parteien mit dem Ausschluß zugleich **das stattdessen** **17**
anwendbare Recht bestimmen (ACHILLES Art 6 Rn 3; FERRARI ZEuP 2002, 740; HONNOLD
Rn 75; SCHLECHTRIEM/SCHWENZER/FERRARI Art 6 Rn 15; KREN KOSTKIEWICZ/SCHWANDER, in:
FS Neumayer 48). Der ausdrücklich erfolgte Ausschluß wirkt auch, wenn das vom
Kollisionsrecht berufene Recht dasjenige eines CISG-Vertragsstaates ist. Es ist dann
das unvereinheitlichte Kaufrecht dieses Staates anzuwenden (ebenso SCHLECHTRIEM/
SCHWENZER/FERRARI Art 6 Rn 15; KAROLLUS 38; KREN KOSTKIEWICZ/SCHWANDER, in:
FS Neumayer 48; SIEHR RabelsZ 52 [1988] 600).

Der **Ausschluß** muß **wirksam vereinbart** sein; ist eine Ausschlußklausel in allgemei- **18**
nen Geschäftsbedingungen enthalten, die nicht Vertragsbestandteil geworden sind,
so bleibt sie ohne Wirkung (so zum EKG: OLG Bamberg OLGZ 78, 341; OLG Bamberg RiW
1979, 566; LG Konstanz, in: SCHLECHTRIEM/MAGNUS Art 49 Nr 4).

Ist das CISG wirksam abbedungen, dann ist das stattdessen **anwendbare Recht auf** **19**
dem üblichen kollisionsrechtlichen Weg zu bestimmen. Auch die Zulässigkeit und
Wirksamkeit einer Rechtswahl richtet sich nach diesem Recht. Zum teilweisen und
zum nachträglichen Ausschluß vgl unten Rn 51.

2. Stillschweigender Ausschluß

a) Grundregel
Die Parteien können das Übereinkommen nicht nur ausdrücklich, sondern auch **20**
stillschweigend ausschließen (Denkschrift 41; Schweizer Botschaft 764; AUDIT 38; BIANCA/
BONELL/BONELL Art 6 Bem 2.3; CASTELLANOS RUIZ 60 ff; SCHLECHTRIEM/SCHWENZER/FERRARI
Art 6 Rn 18; FERRARI ZEuP 2002, 741; HONNOLD Rn 76; KAROLLUS 38; LACASSE, in: PERROT/

LACASSE 37; LINDBACH 253; gegen die Zulässigkeit eines stillschweigenden Ausschlusses aber DORE/DE FRANCO 23; RECZEI 176 sowie US-Rechtsprechung: s etwa Helen Kaminsky Pty Ltd v. Marketing Australian Products, Inc, 1997 WL 414137 [S. D. N. Y.]; Delchi Carrier SpA v Rotorex Corp, 71 F 3d 1024 [2d Cir 1995]). Ein **stillschweigender Ausschluß** darf **aber nur bei hinreichend deutlichem Parteiwillen** angenommen werden. Dies war der Sinn der Textänderung gegenüber dem EKG, das die stillschweigende Abbedingung noch ausdrücklich zugelassen hatte (vgl oben Rn 5). Wann die Konvention ausgeschlossen ist, ist nach ihrem autonomen Maßstab, nicht nach dem vom IPR berufenen unvereinheitlichten Recht zu entscheiden (BIANCA/BONELL/BONELL Art 6 Bem 2.3.1; WINSHIP, in: GALSTON/SMIT 1–35; ebenso zum EKG: BGHZ 74, 193). Deshalb ist der konkrete, hinreichend zum Ausdruck gekommene Parteiwille maßgebend dafür, ob ein Ausschluß anzunehmen ist. Ist ein solcher Ausschlußwille nicht erkennbar, bleibt die Konvention anwendbar. Auf einen lediglich hypothetischen, den Parteien – nach objektiver Interessenabwägung – unterstellten Willen darf der Ausschluß nicht gestützt werden (KG RiW 1994, 683; SCHLECHTRIEM/SCHWENZER/FERRARI Art 6 Rn 18; HERBER/ CZERWENKA Art 6 Rn 10; MAGNUS RabelsZ 51 [1987] 127; WITZ/SALGER/LORENZ Art 6 Rn 7; ebenso zum EKG: BGHZ 96, 313; **aA** aber MANN JZ 1986, 647). Für die Auslegung der Erklärungen und des Verhaltens der Parteien gelten die Maßstäbe des Art 8 CISG.

21 Da schon unter dem Haager Recht der stillschweigende Ausschluß des EKG ein **häufiger und schwieriger Streitpunkt** war (die Rechtsprechungssammlung von SCHLECHT-RIEM/MAGNUS enthält hierzu 41 Entscheidungen), ist den Parteien nachdrücklich zu empfehlen, eine eindeutige Ausschlußvereinbarung zu treffen, wenn sie das CISG abwählen wollen.

b) Typische Gestaltungen
22 Auch wenn der konkrete Parteiwille im Vordergrund steht, legen einzelne typische Gestaltungen eine bestimmte Willensrichtung der Parteien in der Regel nahe (ebenso zum EKG: BGHZ 96, 313). Hilfsweise kann deshalb auch noch die Praxis, die sich unter dem Haager Recht hierzu gebildet hatte, weiter herangezogen werden.

aa) Rechtswahl
23 Die **Wahl des Rechts eines Nichtvertragsstaates** bedeutet in aller Regel, daß das CISG im Ganzen abbedungen ist (OLG Düsseldorf RiW 1993, 845; ACHILLES Art 6 Rn 3; AUDIT 39; BAMBERGER/ROTH/SAENGER Art 6 Rn 3; BIANCA/BONELL/BONELL Art 6 Bem 2.3.2; HOLTHAUSEN RiW 1989, 515; REITHMANN/MARTINY Rn 734; WITZ/SALGER/LORENZ Art 6 Rn 8). Das ist nur dann anders, wenn die Parteien dieses Recht lediglich als ergänzende Rechtsordnung wählen wollten.

24 Haben die Parteien dagegen das **Recht eines Vertragsstaates gewählt**, so ist die Konvention damit regelmäßig nicht ausgeschlossen (vgl für Deutschland: BGH NJW 1997, 3309, 3310 [deutsch-italienischer Kauf: „„daß die Vereinbarung der Geltung des materiellen deutschen Rechts für sich genommen nicht als Ausschluß des CISG angesehen werden kann, weil von der Verweisung auf deutsches Recht auch das CISG als dessen Bestandteil erfaßt wird."]; BGH NJW 1999, 1259; OLG Frankfurt RiW 2001, 383; OLG Hamm IPRax 1996, 269; OLG Koblenz RiW 1993, 936; OLG Düsseldorf IPRax 1993, 412; für Frankreich: Cour d'appel de Grenoble 13. 9. 1995, CLOUT Nr 202; für die Niederlande: Hof Arnhem NIPR 1996 Nr 397; Hof Leeuwarden NIPR 1996 Nr 404; für Österreich: OGH JBl 1999, 55; OGH IHR 2002, 24 [26]; für die Schweiz: Kantonsgericht Nidwalden TranspR-IHR 1999, 10; Handelsgericht des Kantons Zürich IHR 2003, 188; für die USA:

Asante Technologies, Inc v PMC-Sierra, Inc, 164 F Supp 2d 1142 [N D Cal 2001]; BP Oil Int Ltd and
BP Exploration & Oil, Inc v Empresa Estatal Petroleas de Ecuador IHR 2003, 189; Sekretariats-
bericht Art 1 Bem 8; Denkschrift 41; ACHILLES Art 6 Rn 4; AUDIT 39; BIANCA/BONELL/BONELL
Art 6 Bem 2. 3. 3; BRUNNER Art 6 Rn 2; SCHLECHTRIEM/SCHWENZER/FERRARI Art 6 Rn 22; DOKTER
RabelsZ 68 [2004] 435 ff; ENDERLEIN/MASKOW/STROHBACH Art 6 Bem 1. 3; FERRARI Art 6 Bem 2;
ders, Rev gén dr 2002, 345 f; LANDO RabelsZ 51 [1987] 84; PILTZ, Handbuch 494 f; WINSHIP, in:
GALSTON/SMIT 1–35; WITZ DSChron 1990, 109; ferner oben Art 1 Rn 103). Die Klausel „für
den Vertrag gilt deutsches Recht" führt deshalb für sich allein nicht zum Ausschluß,
sondern zur Geltung des CISG, das als Sonderregelung für internationale Käufe
Bestandteil der nationalen Rechtsordnung ist (BGH aaO; Denkschrift 41; SCHLECHTRIEM/
SCHWENZER/FERRARI Art 6 Rn 22; MAGNUS, in: HOYER/POSCH 25; für Frankreich ebenso AUDIT 39;
WITZ aaO; ferner LANDO aaO; zum EKG ebenso BGHZ 96, 313; Rb Alkmaar [NL] in: SCHLECHT-
RIEM/MAGNUS Art 3 EKG Nr 30 und 32; **aA** aber TribComm Tongeren [B] in: SCHLECHTRIEM/
MAGNUS Art 3 EKG Nr 7 und 11). Das gilt selbst dann, wenn das CISG auch schon ohne
Rechtswahl gelten würde, etwa weil die Voraussetzungen des Art 1 Abs 1 lit a
erfüllt und beide Parteien in Vertragsstaaten niedergelassen sind (BGH, OGH aaO;
ferner Schiedsgericht der Börse für landwirtschaftliche Produkte in Wien ZfRV 1998, 211). Dann
ist der Rechtswahl nicht etwa, weil sie sonst scheinbar überflüssig wäre, eine Abwahl des CISG zu entnehmen. Vielmehr bestimmt sie das Vertragsstatut für die
Fragen, die das CISG nicht regelt – zB für die Höhe geschuldeter Zinsen. Auch die
Wahl cines „neutralen" Rechts – wie Schweizer oder schwedisches Recht – bedeutet,
daß für den Vertrag das CISG gilt, wenn der Staat des gewählten Rechts – wie die
Schweiz oder Schweden – Vertragsstaat des CISG ist. So bedeutet es keinen Ausschluß des CISG, wenn eine Rechnung den Vermerk enthält: „All transactions &
sales are subject to Swiss law". Denn unabhängig davon, daß Rechnungsvermerke in
der Regel keine wirksame Einigung bewirken können, umfasst der Hinweis auf
Schweizer Recht auch das CISG als Bestandteil dieser Rechtsordnung (OLG Frankfurt RiW 2001, 383; BRUNNER Art 6 Rn 1 sowie die oben zitierte Schweizer Rechtsprechung).

Auch wenn die Parteien sich im Prozeß nachträglich auf das Recht eines Vertragsstaates, etwa deutsches Recht, einigen, ist damit das CISG anzuwenden (OLG Köln
RiW 1995, 393).

Diese Regeln gelten sowohl, wenn eine als auch wenn keine der Parteien in dem   **25**
Staat der gewählten Rechtsordnung niedergelassen ist. Sind beide Parteien in Vertragsstaaten niedergelassen und wählen sie das Recht eines dritten CISG-Vertragsstaates, dann ist auch darin ohne weiteren Anhalt nicht die Wahl des unvereinheitlichten Rechts dieses Staates zu sehen. Vielmehr gilt das CISG als einschlägige
Sonderordnung des gewählten Rechts.

Nach **anderer Ansicht** muß bei Vereinbarung des Rechts eines Vertragsstaates der   **26**
Parteiwille im Einzelfall konkret ermittelt werden (so Schweizer Botschaft 765; LOEWE,
Kaufrecht 31). Zum Teil wird in diesem Fall auch ein regelmäßiger Ausschluß des
Einheitsrechts angenommen (so BYDLINSKI, in: DORALT 48 f; KAROLLUS 38 f; STOFFEL SJZ
1990, 173 f; ebenso zum EKG: HAUSMANN RiW 1977, 188; MERTENS/REHBINDER Art 3 EKG Rn 9)
oder eine „Derogationsvermutung" aufgestellt (VÉKAS IPRax 1987, 346). Mit der
Entstehungsgeschichte und dem Zweck der Vorschrift sind diese Auffassungen nicht
vereinbar. Eine Ergänzung des Art 6 dahin, daß die Wahl des Rechts eines Vertragsstaates das CISG ausschließe, wurde auf der Wiener Konferenz ausdrücklich

abgelehnt (Off Rec 86) und darf der Vorschrift deshalb nicht unterstellt werden. Der Zweck des Art 6 (dazu oben Rn 2) verlangt vielmehr, daß das CISG im Zweifel zum Zug kommt.

27 Haben die Parteien das **Recht eines Vertragsstaates gewählt, der den Vorbehalt nach Art 95 eingelegt hat**, so ist auch hier die Konvention im Zweifel anzuwenden (HERRMANN, in: Berner Tage 95; MAGNUS, in: HOYER/POSCH 25; zweifelnd aber Schweizer Botschaft 765; wohl **aA** SCHLECHTRIEM EWiR Art 1 EKG 1/92, 987).

28 Etwas zweifelhafter ist das Ergebnis, wenn die Parteien das **Recht eines Teilgebietes eines Vertragsstaates** (zB das Recht von New York) gewählt haben. Mangels anderer Anhaltspunkte gilt auch hier die Konvention, wenn sie – wie in den USA, Australien und Kanada – nicht nur Bestandteil des Bundesrechts, sondern auch von den Einzelstaaten unmittelbar anzuwenden ist (ähnlich WINSHIP, in: GALSTON/SMIT 1–35 f; s auch SCHLECHTRIEM/SCHWENZER/FERRARI Art 6 Fn 88; THIELE IHR 2002, 10; zweifelnd LANDO RabelsZ 51 [1987] 84; nunmehr anders HONNOLD Rn 77.1).

29 Bei der Geltung der Konvention bleibt es auch, wenn jede der in einem Vertragsstaat niedergelassenen Parteien ihr eigenes Recht durchsetzen wollte, zB die AGB der Verkäuferin deutsches Recht, die des Käufers niederländisches Recht vorsehen. Da die Konvention als nationales Recht in beiden Rechtsordnungen gilt, kann die Frage, ob deutsches oder niederländisches Recht gelten soll, insoweit offen bleiben (dazu schon oben Rn 15, 24 f; so zum EKG: OLG Hamm RiW 1980, 662).

30 Dagegen ist das CISG ausgeschlossen, wenn die Parteien zwar das Recht eines Vertragsstaates gewählt, dabei aber deutlich gemacht haben, daß **das unvereinheitlichte Recht** dieses Staates gelten soll, etwa durch ausdrückliche Bezugnahme auf die interne Regelung („Es gilt BGB/HGB", „Domestic law of New York to apply"; vgl BRUNNER Art 6 Rn 3; LANDO aaO; vgl auch OLG Hamm 6.5.1998, CLOUT Nr 278). Unklar ist allerdings eine Formulierung, nach der „die Anwendung vom schweizerischen materiellen Rechte erfolgt" (vgl den Fall OLG Hamburg RiW 1996, 510). Da auch das CISG materielles Schweizer Recht ist, dürfte es anzuwenden sein. Die Klausel „law governing as per EU" ist ebenfalls nicht als Abwahl des CISG angesehen worden (OLG Hamburg 5.10.1998, CLOUT Nr 279). Auch die Benennung von Normen des HGB im Prozeß ist in einem deutsch-französischen Kaufrechtsstreit für sich allein noch nicht als Ausschluß des CISG gewertet worden, da der damit gegebene Hinweis auf deutsches Recht auch das CISG einschließe (vgl OLG Rostock IHR 2003, 17 [18]).

31 Auch die Wahl „niederländischen Rechts, soweit es vom deutschen abweicht", ist wohl als Bezugnahme auf das unvereinheitlichte niederländische Recht anzusehen (LG Hamburg, in: SCHLECHTRIEM/MAGNUS Art 3, Nr 25 zum EKG).

32 Haben die Parteien das **Recht eines Vertragsstaates** ausdrücklich **als subsidiäres Recht gewählt**, so gilt zunächst die Konvention und nur für die von ihr nicht geregelten Fragen das ergänzend gewählte Recht (anders für das EKG [Ausschluß]: LG Kleve IPRax 1984, 41).

33 Ein stillschweigender Ausschluß ist auch anzunehmen, wenn die Parteien im nachhinein deutlich zu erkennen geben, daß mit der Wahl des Rechts eines Vertrags-

staates dessen unvereinheitlichtes Recht gemeint war (zur nachträglichen Rechtswahl
unten Rn 51).

Haben die Parteien für ihren Vertrag die Geltung „internationalen Einheitsrechts" **34**
vereinbart, dann ist damit nicht mehr das EKG, sondern nunmehr das CISG gemeint (ebenso SCHLECHTRIEM/SCHWENZER/FERRARI Art 6 Rn 28; näher zur Wahl des CISG unten
Rn 62 ff).

Ob eine **Rechtswahl**, soweit sie das Einheitsrecht stillschweigend auszuschließen **35**
vermag, **zulässig** ist, beurteilt sich als Gültigkeitsfrage nach dem vom IPR berufenen
Recht (SCHLECHTRIEM/SCHWENZER/FERRARI Art 6 Rn 16). Ist die Rechtswahl danach unzulässig oder inhaltlich unklar, dann bleibt sie für die Frage ohne Wirkung, ob das
CISG anzuwenden oder ausgeschlossen ist (vgl OLG Hamburg 5. 10. 1998, CLOUT Nr 279
[in deutsch-chinesischem Kaufvertrag Rechtswahlklausel „law governing as per EU" wegen Unbestimmtheit unwirksam; CISG anwendbar]).

bb) Gerichtsstandsvereinbarungen
Das Einheitskaufrecht ist in der Regel stillschweigend ausgeschlossen, wenn ein **36**
Gerichtsstand in einem Nichtvertragsstaat vereinbart wird und hieraus – wie üblich –
die Wahl des Rechts dieses Staates hergeleitet werden kann (ACHILLES Art 6 Rn 5;
BAMBERGER/ROTH/SAENGER Art 6 Rn 4; vCAEMMERER/SCHLECHTRIEM/FERRARI Art 6 Rn 31 [jedoch
nur, wenn auch das dortige Recht angewendet wird]; FERRARI Art 6 Bem 3; HOLTHAUSEN RiW
1989, 518; HONSELL/SIEHR Art 6 Rn 6; PILTZ, Internationales Kaufrecht § 2 Rn 111; REITHMANN/
MARTINY Rn 734; ebenso zum EKG: HAUSMANN RiW 1977, 190; **aA** BRUNNER Art 6 Rn 4). Liegt
der vereinbarte Gerichtsort umgekehrt in einem Vertragsstaat – einschließlich der
Vertragsstaaten, die vom Vorbehalt des Art 95 Gebrauch gemacht haben –, so folgt
daraus kein konkludenter Ausschluß des CISG (SCHLECHTRIEM/SCHWENZER/FERRARI
aaO; FERRARI aaO; HOLTHAUSEN aaO; ebenso zum EKG MAGNUS RiW 1978, 340). Vielmehr
ist das Einheitskaufrecht anzuwenden.

cc) Schiedsvereinbarungen
Folgt aus einer Schiedsvereinbarung ein bestimmter Schiedsort, dann gilt insoweit **37**
Gleiches wie bei einer Gerichtsstandsvereinbarung, da auch hier idR **aus dem**
Schiedsort auf das anwendbare Recht geschlossen wird (vgl HONSELL/SIEHR Art 6 Rn 6;
VAN HOUTTE/ERAUW/WAUTELET/ERAUW Rn 1. 62; REITHMANN/MARTINY Rn 734; **aA** SANDROCK
RiW 1992, 785 [787 ff]). Ist danach das Recht eines Nichtvertragsstaates anzuwenden,
so ist die Konvention stillschweigend abbedungen. Bei Maßgeblichkeit des Rechts
eines Vertragsstaates ist sie dagegen anzuwenden.

Analog ist zu entscheiden, wenn das vereinbarte Schiedsgericht kraft seiner Schieds- **38**
ordnung ein bestimmtes nationales Recht anzuwenden hat.

Hat das Schiedsgericht Bestimmungen anzuwenden, die sich ihrerseits nicht ohne **39**
Rückgriff auf das unvereinheitlichte Recht eines Vertragsstaates verstehen und
anwenden lassen, so ist auch darin ein Ausschluß des CISG zu sehen (zum EKG
Schiedsgericht der Hamburger Freundschaftlichen Arbitrage RiW 1978, 338 mit zust Anm MAG-
NUS).

Verweist die Schiedsordnung auf bestimmte **lokale Bräuche** (zB Platzusancen etc), **40**

dann liegt darin aber kein Hinweis auf eine stillschweigende Abbedingung des
CISG (so zum EKG: MAGNUS RiW 1978, 339; **aA** aber Schiedsgericht RiW 1978, 337). Die
Geltung von Bräuchen führt auch sonst nicht dazu, daß das Einheitskaufrecht
insgesamt ausgeschlossen wird (vgl OGH IHR 2002, 24 [INCOTERMS schließen nicht CISG
aus]; s ferner Art 9 u die Erl dort).

dd) Vereinbarung abweichender Regelungen

41 Treffen die Parteien in AGB oder durch Individualabrede **vertragliche Regelungen,
die von den Bestimmungen des CISG abweichen**, so liegt darin für sich kein still-
schweigender Ausschluß der Konvention im ganzen (BGH NJW-RR 1997, 690; OLG
Zweibrücken IHR 2002, 67; Trib com Namur 15. 1. 2002, Pace-online [deutsch-französischer Vertrag
in deutscher Sprache und mit Verweis auf VDMA-Standardbedingungen schließt CISG nicht aus];
SCHLECHTRIEM/SCHWENZER/FERRARI Art 6 Rn 30; DOKTER RabelsZ 68 [2004] 437; ENDERLEIN/
MASKOW/STROHBACH Art 6 Bem 1. 3; WITZ/SALGER/LORENZ Art 6 Rn 17; ebenso zum EKG: Hof
Amsterdam Schip en Schade 1979, 27 = SCHLECHTRIEM/MAGNUS Art 3 EKG Nr 15; OLG Hamm,
in: SCHLECHTRIEM/MAGNUS Art 3 EKG Nr 18). Das CISG wird lediglich materiell-rechtlich
soweit verdrängt, wie die Vereinbarung reicht. Denn es ist gerade der Zweck des
Art 6, solchen Parteivereinbarungen Vorrang vor der Konvention einzuräumen. Aus
ihnen folgt also nur ein teilweiser Ausschluß (dazu unten Rn 48 ff), dessen Gültigkeit
sich nach Art 4 richtet.

42 Das gilt auch, soweit die **Abweichungen von der Konvention in AGB vereinbart** sind
(FERRARI Art 6 Bem 3). Das CISG ist dagegen stillschweigend ausgeschlossen, wenn
Einzelbestimmungen oder AGB Vertragsinhalt geworden sind, die sich ohne Her-
anziehung des unvereinheitlichten nationalen Rechts (etwa BGB/HGB) nicht an-
wenden lassen (BIANCA/BONELL/BONELL Art 6 Bem 2. 3. 3; SCHLECHTRIEM/SCHWENZER/
FERRARI Art 6 Rn 30; MAGNUS RabelsZ 51 [1987] 126; REITHMANN/MARTINY Rn 734; ebenso
zum EKG: OLG Hamm RiW 1980, 662; OLG Hamm, in: SCHLECHTRIEM/MAGNUS Art 3 EKG
Nr 23).

43 Auch wenn Bestimmungen des Vertrages so weit auf Vorschriften des unvereinheitlichten Rechts verweisen oder der Vertrag im übrigen, etwa in seinen Begriffen so
eindeutig auf internem Recht aufbaut, daß der Vertrag ohne Rückgriff auf dieses
Recht nicht mehr sinnvoll ist, dann ist daraus ein stillschweigender Ausschluß der
Konvention zu folgern (BIANCA/BONELL/BONELL Art 6 Bem 2. 3; SCHLECHTRIEM/SCHWENZER/
FERRARI Art 6 Rn 30; ähnlich ENDERLEIN/MASKOW/STROHBACH Art 6 Bem 1. 3; zurückhaltender
gegenüber einem Ausschluß WITZ/SALGER/LORENZ Art 6 Rn 19; ebenso zum EKG OLG Hamm
aaO). Eine Verweisung auf lokale Bräuche hat diese Wirkung jedoch nicht (so zum
EKG: MAGNUS RiW 1978, 339; **aA** jedoch Schiedsgericht RiW 1978, 337).

44 Auch vertragliche **Vereinbarungen, die sowohl vom Einheitskaufrecht als auch vom
internen Recht deutlich abweichen**, schließen das CISG nicht aus (so zum EKG: BGHZ
76, 136; OLG Hamm RiW 1980, 662). Ebensowenig bedeuten Vereinbarungen über
Punkte, die das CISG nicht regelt, dessen Abwahl (ENDERLEIN/MASKOW/STROHBACH
Art 6 Bem 1. 3). Die Vereinbarung etwa eines Eigentumsvorbehalts bedingt das Einheitskaufrecht deshalb nicht ab (so zum EKG: OLG Hamm IPRax 1983, 231).

45 Auch wenn **AGB lange vor Inkrafttreten des Einheitskaufrechts abgefaßt** worden
sind, ist aus ihrer unveränderten Weiterverwendung nicht auf einen stillschweigen-

den Parteiwillen zur Abwahl des Einheitskaufrechts zu schließen (zum EKG zweifelnd aber OLG München NJW 1978, 499). Das gleiche gilt, wenn Einzellieferungen aufgrund eines Rahmenvertrages erfolgen, der vor dem Inkrafttreten des Einheitsrechts abgeschlossen wurde (so die Rechtsprechung unter dem EKG: BGHZ 74, 193; BGH NJW 1981, 1156).

ee) Vereinbarung internationaler Klauseln (INCOTERMS etc)

Vereinbaren die Parteien die **Geltung internationaler Klauseln in ihrem Vertrag**, **46** insbesondere der INCOTERMS, so ist damit idR kein stillschweigender Ausschluß der Konvention insgesamt verbunden (OGH IHR 2002, 24 [INCOTERMS schließen CISG nicht aus]; SCHLECHTRIEM/SCHWENZER/FERRARI Art 6 Rn 29; PILTZ, Handbuch 495; wohl auch FELTHAM JBL 1991, 413 [416]; ebenso zum EKG: Hof Amsterdam, Schip en Schade 1979, 27 = SCHLECHTRIEM/MAGNUS Art 3 EKG Nr 15). Denn die internationalen Handelsklauseln der INCOTERMS (cif, fob etc) beruhen ihrerseits nicht auf einer bestimmten nationalen Rechtsordnung und decken sich im Regelungsbereich auch nicht vollständig mit dem CISG. Soweit wirksam vereinbart, verdrängen sie eine abweichende Regelung im Einheitsrecht, das aber im übrigen anwendbar bleibt.

ff) Sonstige Umstände

Weder die Währung noch die Verwendung der Sprache eines Nichtvertragsstaates **47** (oder eines Vertragsstaates) stellen für sich hinreichende **Indizien dar, denen ein stillschweigender Ausschluß der Konvention zu entnehmen wäre** (OLG Celle 24.5.1995, CLOUT Nr 136; ebenso noch zum EKG: LG Marburg, in: SCHLECHTRIEM/MAGNUS Art 3 EKG Nr 38). Ferner ist das CISG nicht deshalb ausgeschlossen, weil die Parteien sich keine Gedanken über die Anwendbarkeit des Einheitsrechts gemacht, es übersehen oder von seiner Existenz keine Kenntnis gehabt haben (so zum EKG: BGHZ 74, 193; BGHZ 96, 313; LG Siegen RiW 1977, 427; OLG Hamburg RiW 1981, 262).

3. Teilweiser Ausschluß

Mit Ausnahme des Art 12 können die Parteien jede einzelne Vorschrift des CISG **48** abbedingen oder in ihrer Wirkung ändern (vgl aber noch unten Rn 53 ff). Sie können auch vereinbaren, daß nur der Abschlußteil oder nur der materiell-rechtliche Teil der Konvention für sie gilt.

Die **Abwahl einzelner Vorschriften wird**, soweit Anhaltspunkte für einen anders **49** lautenden Parteiwillen fehlen, als materiellrechtliche Abweichung anzusehen sein, die weder die Konvention als Ganzes ausschließt noch zu einer Ergänzung durch das anwendbare interne Recht führt. Was an Stelle der abbedungenen Regelung gelten soll, ist in erster Linie aus den Parteivereinbarungen zu erschließen (BIANCA/BONELL/BONELL Art 6 Bem 3.2.2; SCHLECHTRIEM/SCHWENZER/FERRARI Art 6 Rn 35; WITZ/SALGER/LORENZ Art 6 Rn 19). Nur soweit eine solche Ergänzung nicht möglich ist, verweist Art 7 Abs 2 CISG auf das vom IPR berufene Landesrecht.

Die **materielle Gültigkeit abändernder Parteivereinbarungen** richtet sich jedoch stets **50** nach dem anwendbaren internen Recht (vgl noch unten Rn 55).

4. Nachträglicher Ausschluß

51 Die Parteien können bei Vertragsschluß, aber ebenso auch noch später vereinbaren, daß die Konvention für ihren Vertrag nicht oder nur eingeschränkt gelten soll (s etwa BGH NJW-RR 2000. 1002 [1004]; OGH, IPRax 1991, 123; OLG Köln IPRax 1995, 393; Trib di Vigevano IHR 2001, 72 m Anm ROSATI [78] und Aufs FERRARI [56]; ACHILLES Art 6 Rn 7; BIANCA/ BONELL/BONELL Art 6 Bem 3.1; vCAEMMERER/SCHLECHTRIEM/FERRARI Art 6 Rn 25; HERBER/ CZERWENKA Art 6 Rn 4; HOLTHAUSEN RiW 1989, 505; WINSHIP, in: GALSTON/SMIT 1–33; ebenso zum EKG: BGH NJW 1981, 1156; BGH RiW 1984, 151). Der **nachträgliche Ausschluß** kann **insbesondere noch im Prozeß** bis zur letzten mündlichen Verhandlung – und zwar auch stillschweigend – erfolgen (vgl die zitierte Rspr; ferner SCHLECHTRIEM/SCHWENZER/ FERRARI aaO). Die Rechtsprechung zum EKG hatte einen stillschweigenden Ausschluß im Prozeß regelmäßig bereits dann angenommen, wenn die Parteien übereinstimmend auf der Basis des internen Rechts argumentierten (BGH aaO; **aA** aber OLG Köln ZIP 1992, 1482 m zust Anm SCHLECHTRIEM EWiR Art 1 EKG 1/92, 987). In einem solchen Fall liegt allerdings die Gefahr besonders nahe, vorschnell einen Ausschluß des Einheitsrechts anzunehmen, der sich nur aus fehlendem Problembewußtsein der Parteien erklärt. Die gegenüber Art 3 EKG geänderte Formulierung des Art 6 CISG sollte dieser Gefahr vorbeugen (vgl Sekretariatskommentar Art 5 Bem 2 und oben Rn 5). Eine stillschweigende Ausschlußvereinbarung im Prozeß ist deshalb nur anzunehmen, wenn die Parteien – gegebenenfalls nach richterlichem Hinweis auf das CISG – dessen Anwendbarkeit gesehen und dennoch das unvereinheitlichte Recht übereinstimmend zur Grundlage ihrer Argumentation genommen haben (so BGH NJW-RR 2000. 1002 [1004]; OGH, IPRax 1991, 123; OLG Rostock IHR 2003, 17 [Bezugnahme auf Normen des HGB im Prozeß ist keine eindeutige Wahl des unvereinheitlichten deutschen Rechts und schließt CISG daher nicht aus]; Trib di Vigevano IHR 2001, 72 m Anm ROSATI [78] und Aufs FERRARI [56]; ACHILLES Art 6 Rn 7; HUBER/KRÖLL IPRax 2003, 310; PILTZ NJW 2003, 2059; zum EKG ebenso: OLG Köln aaO m zust Anm SCHLECHTRIEM aaO; **aA** aber etwa Cass D 2001, 3607 m abl Anm WITZ u Aufs REIFNER IHR 2002, 52). Ist eine solche Willensentscheidung nicht erkennbar, bleibt das Einheitsrecht anwendbar.

V. Grenzen der Ausschlußmöglichkeit; Vorbehalt für Art 12

52 **Kollisionsrechtlich** haben die Parteien **volle Freiheit**, können die Anwendbarkeit des CISG also im ganzen ausschließen (Sekretariatskommentar Art 5 Bem 1; SCHLECHTRIEM Rn 21 u oben Rn 9). Auch Art 12 und ein evtl Formvorbehalt ist dann unbeachtlich. Soweit die Parteien Teile oder einzelne Vorschriften der Konvention kollisionsrechtlich oder materiellrechtlich ersetzen, bleibt Art 12 allerdings verbindlich. Die Möglichkeit, daß ein Vertragsstaat für internationale Kaufverträge Schriftform verlangt (Art 96), können die Vertragsparteien also nicht isoliert einschränken (eingehend dazu CZERWENKA 166, 172 f; näher Art 12 Rn 12 f).

53 Der Disposition der Parteien unterstehen ferner nicht die diplomatischen Schlußklauseln der Konvention (Art 89 ff), da sie sich nicht an die Parteien, sondern an die Vertragsstaaten richten (CZERWENKA 172). Einzelne Wirkungen dieser Klauseln können die Parteien aber zT abändern, etwa die zeitliche Geltung (Art 100) auf an sich nicht erfaßte Verträge erstrecken (dazu unten Rn 72).

54 Zum Teil wird auch die **Abdingbarkeit weiterer Vorschriften verneint**, etwa von Art 4

und 7 (Bianca/Bonell/Bonell Art 6 Bem 3. 4; im Ergebnis zustimmend Enderlein/Maskow/
Strohbach Art 6 Bem 2; zweifelnd Czerwenka 172). Ein isolierter Ausschluß dieser Vorschriften dürfte kaum praktisch werden. Für Art 4 würde er auch keineswegs zur
Anwendbarkeit der Konvention für die in Art 4 ausgegrenzten Materien führen,
sondern sie weiterhin dem anwendbaren internen Recht überlassen. Eine vertragliche Modifikation des Art 4, die etwa die Geltung der Konvention auch auf Gültigkeitsfragen erstrecken wollte, scheitert daran, daß Bestimmungen hierüber im CISG
fehlen.

Ähnlich ist die Lage für Art 7. Die Wirksamkeit einer Vereinbarung, die Art 7   **55**
ausschließt oder die Maßstäbe des guten Glaubens in bestimmter Weise festlegt,
müßte nach nationalem Recht beurteilt werden; grob einseitige Festlegungen dürften danach dem Ungültigkeitsverdikt dieses Rechts unterfallen (vgl näher Art 4 Rn 20).
Ohnehin ist die Gültigkeit inhaltlich abweichender Vereinbarungen am Maßstab des
anwendbaren nationalen Rechts zu prüfen, das jedoch seinerseits uU auf die Konvention als Modellregelung zurückgreift (vgl Art 4 Rn 20, 26). Zwingende Normen des
internen Rechts sind zwar innerhalb des originären Regelungsbereiches der Konvention nicht zu beachten (Enderlein/Maskow/Strohbach Art 6 Bem 3. 1). Soweit die
Parteien die Regeln des CISG aber modifizieren, ist die Zulässigkeit der Abweichung gemäß Art 4 lit a zu überprüfen.

Eine **Grenze für einen einseitigen Ausschluß** folgt allerdings aus Art 18 Abs 1 S 2.   **56**
Der Offerent, der sonst ‚Herr des Angebots‘ ist, kann darin nicht festlegen, daß
schon Schweigen oder Untätigkeit des Empfängers eine Annahme bedeutet (Bianca/
Bonell/Farnsworth Art 18 Bem 2. 3; Schlechtriem/Schwenzer/Schlechtriem Art 18 Rn 9).

Der Parteidisposition ist auch, obwohl in Art 6 nicht genannt, Art 28 entzogen.   **57**
Zwar können die Parteien das zuständige Gericht in aller Regel frei festlegen. Das
anwendbare Prozeßrecht und mit ihm die Frage, ob eine Verurteilung zur Naturalerfüllung möglich ist, können sie aber nicht durch Vereinbarung regeln (ebenso
Schlechtriem/Schwenzer/Müller-Chen Art 28 Rn 24; Herber/Czerwenka Art 28 Rn 4; **aA**
aber Bianca/Bonell/Lando Art 28 Bem 3).

VI. Wirkungen des Ausschlusses

Haben die Parteien das CISG insgesamt abbedungen, so untersteht ihr Vertrag dem   **58**
gewählten oder vom IPR berufenen Vertragsstatut. Ob eine Rechtswahl wirksam
bzw welches Recht aufgrund objektiver Anknüpfung anzuwenden ist, bestimmen
die Kollisionsregeln der lex fori; für deutsche Gerichte gelten also die Art 27 ff
EGBGB. Ist danach das (interne) Recht eines Vertragsstaates maßgebend, dann
bleibt die Konvention außer Betracht (Honsell/Siehr Art 6 Rn 13; Siehr RabelsZ 52
[1988] 600; **aA** Schweizer Botschaft 765).

Ebenso ist zu verfahren, wenn die Parteien die Konvention teilweise abbedungen   **59**
haben, und die Lücke nach dem Parteiwillen vom anwendbaren internen Recht
gefüllt werden soll.

Bei **wirksamer materiellrechtlicher Abweichung** gilt statt der Konvention die von den   **60**
Parteien vereinbarte Regelung. Ihre Interpretation richtet sich jedoch nach den

Vorschriften des CISG (insbesondere Art 8). Verbleibt aufgrund der Abwahl einzelner Vorschriften eine Regelungslücke, für die die Parteien auch keine sonstige Absprache getroffen haben, dann ist sie durch Rückgriff auf das anwendbare nationale Recht zu schließen (oben Rn 49 und näher Art 7 Rn 58 ff).

61 Ist die Ausschlußvereinbarung – gleichgültig aus welchem Grund – unwirksam, dann bleibt die Konvention anwendbar (HERBER/CZERWENKA Art 6 Rn 16; teilweise aA BIANCA/ BONELL/BONELL Art 6 Bem 3.3.2).

VII. Wahl des Einheitskaufrechts

62 Die Parteien können die Geltung des CISG auch **in Fällen vereinbaren, in denen seine Anwendungsvoraussetzungen nicht vorliegen** (Hoge Raad NJ 1992, 105; Hoge Raad NJ 2001, 391; BIANCA/BONELL/BONELL Art 6 Bem 3.5; BRUNNER Art 6 Rn 10; SCHLECHTRIEM/ SCHWENZER/FERRARI Art 6 Rn 39 ff; ENDERLEIN/MASKOW/STROHBACH Art 6 Bem 3.2; HERR-MANN, in: Berner Tage 95; HONNOLD RZ 78 ff; SCHLECHTRIEM, UN-Kaufrecht 22 sowie die Diskussion auf der Wiener Konferenz, Off Rec 252 f). Wieweit eine solche Wahl zulässig ist, entscheidet das Kollisionsrecht des angerufenen Gerichts (ebenso PILTZ, Handbuch Rn 43; SCHLECHTRIEM Rn 23). Weitgehende Einigkeit besteht ferner darüber, daß auf diese Weise nicht zwingende Vorschriften des objektiv anwendbaren internen Rechts umgangen werden dürfen (BIANCA/BONELL/BONELL Art 6 Bem 3.5.1; SCHLECHT-RIEM/SCHWENZER/FERRARI Art 6 Rn 31; ENDERLEIN/MASKOW/STROHBACH Art 6 Bem 3.2; HON-NOLD Rn 84; aA aber KAROLLUS 39 ff und wohl auch Hoge Raad NJ 1992, 105; Hoge Raad NJ 2001, 391). Den gleichen Gedanken enthielt Art 4 EKG, der in das CISG lediglich deshalb nicht mehr aufgenommen wurde, weil man seine Begrenzung auf den räumlichen Anwendungsbereich als zu eng und seinen Vorbehalt des „zwingenden Rechts" als zu unbestimmt ansah (vgl HONNOLD Rn 79 und oben Rn 7). Auf der Wiener Konferenz bestand aber Einigkeit über die unveränderte Gültigkeit seines Grundanliegens (Off Rec 252 f).

63 Zumal für Schiedsverfahren, aber auch dann, wenn die Anwendungsvoraussetzungen des CISG zweifelhaft sind (etwa bei Art 2 lit e oder Art 3), wird sich eine ausdrückliche Vereinbarung der Konvention häufig empfehlen.

64 Ob eine **kollisionsrechtliche Verweisung direkt auf das CISG** als internationale Konvention möglich ist, ist umstritten (für diese Möglichkeit LOEWE, Kaufrecht 31; KAROLLUS 39; wohl auch HONNOLD Rn 83). Zu Recht wird in einer unmittelbaren Wahl des CISG überwiegend eine materiellrechtliche Verweisung gesehen (BIANCA/BONELL/BONELL Art 6 Bem 3.5.2; SCHLECHTRIEM/SCHWENZER/FERRARI Art 6 Rn 40 ff; wohl auch AUDIT 40 f; für kollisionsrechtliche Wahl aber wohl Hoge Raad NJ 1992, 105; Hoge Raad NJ 2001, 391). Die Bestimmungen der Konvention sind dann wie AGB in den Vertrag inkorporiert.

65 Haben die Parteien, etwa auch durch AGB, die Geltung des Einheitskaufrechts vereinbart, dann richtet sich vor staatlichen Gerichten die Zulässigkeit dieser Vereinbarung daher nach dem vom IPR des Forums berufenen Recht (HERRMANN, in: Berner Tage 95). Dieses Recht und gegebenenfalls international zwingende Vorschriften (Art 34 EGBGB) sowie der ordre public des Forums gehen dem Übereinkommen vor. Denn das CISG **ist nicht als international selbständige Rechtsordnung in Geltung, sondern als Teil des nationalen Rechts** desjenigen Staates, der es ratifiziert hat. Soweit es – wie das Recht eines Landes – gewählt wird, muß es sich deshalb den Grenzen der an sich anwendbaren Rechtsordnung einfügen.

Eine parteiautonome **Ausdehnung des örtlichen Anwendungsbereichs** der Konven- **66** tion auf Käufe, in denen etwa beide Vertragsparteien in unterschiedlichen Nichtvertragsstaaten niedergelassen sind oder Art 1 Abs 1 lit b zum Recht eines Nichtvertragsstaates führt, ist idR und jedenfalls bei deutschem Vertragsstatut unproblematisch (vgl auch die Diskussion in Wien: Off Rec 252; ferner BIANCA/BONELL/ BONELL Art 6 Bem 3.5.2; HONNOLD Rn 83). Auch reine Inlands(handels)käufe können dem CISG unterstellt werden, unterliegen aber entsprechend Art 27 Abs 3 EGBGB allen inländischen zwingenden Vorschriften.

Problematischer ist dagegen eine **Erstreckung des sachlichen Anwendungsbereichs**, **67** insbesondere auf Verbraucherkäufe (Art 2 lit a). Hier sind die zwingenden Vorschriften des anwendbaren internen Rechts zu beachten (AUDIT 41; BIANCA/BONELL/ BONELL Art 6 Bem 3.5.1; HONNOLD Rn 81). Da die Bestimmungen der Konvention wie vertragliche AGB (oben Rn 64) wirken, unterliegen sie auch der entsprechenden Kontrolle, bei deutschem Vertragsstatut also §§ 305 ff BGB. Etwa die Untersuchungs- und Rügepflicht der Art 38, 39 CISG gilt dann nicht uneingeschränkt, sondern ist an § 309 Nr 8 b ee BGB zu messen.

Gleiches gilt, wenn die Parteien das CISG für **andere Verträge** wählen, **als die** **68** **Konvention erfaßt**. Für Art 3 wird eine klarstellende Wahl häufig nützlich sein und dürfte im kaufmännischen Bereich auch kaum mit zwingendem nationalen Recht kollidieren.

Eine **Vereinbarung, den Abschlußteil** der Konvention **auf andere als Kaufgeschäfte** **69** **anzuwenden**, wird vom anwendbaren Recht wohl idR zugelassen, vermag aber nicht dessen zwingende Formvorschriften zu überspielen.

Auch die vereinbarte **Geltung** der Konvention **für** (internationale) private **Verstei-** **70** **gerungen** erscheint als unproblematisch, während für gerichtliche Versteigerungen oder Veräußerungen eine Wahl des CISG nicht in Betracht kommt. Dieser Bereich ist der Parteidisposition entzogen.

Unbedenklich ist ferner die **Erstreckung** des sachlichen Geltungsbereichs **auf an sich** **71** **ausgeschlossene Gegenstände wie Schiffe oder Flugzeuge** (Art 2 lit e; vgl auch HERR-MANN, in: Berner Tage 95; SCHLECHTRIEM Rn 23). Eine Kollision der Übereinkommensvorschriften mit zwingendem nationalen Recht dürfte hier selten sein.

Keinen Bedenken begegnet eine **Erweiterung des zeitlichen Anwendungsbereichs**. **72** Auch für internationale Kaufgeschäfte, die vor dem Inkrafttreten des CISG abgeschlossen wurden, kann – deutsches Vertragsstatut vorausgesetzt – nachträglich die Anwendbarkeit des jetzt geltenden Rechts vereinbart werden (zur nachträglichen Rechtswahl auch oben Rn 51; zu Einschränkungen in Österreich KAROLLUS 39; LOEWE, Kaufrecht 31 f).

VIII. Empfehlung

73 Ein unbesehener Ausschluß des CISG ist regelmäßig nicht zu empfehlen, da damit sehr häufig Vorteile für die eigene Seite aus der Hand gegeben werden (vgl auch R Koch NJW 2000, 910, 915 sowie eingehend Mankowski RiW 2003, 8 ff; ferner OLG Koblenz IPRax 1991, 116). Das gilt erst recht für einen Ausschluß im Prozeß. Hier muß stets konkret geprüft werden, ob das statt des CISG anwendbare Sachrecht eine günstigere Lösung erwarten läßt, bevor einem Ausschluß des CISG zugestimmt wird.

74 Auch im übrigen empfiehlt es sich, das CISG – etwa in AGB – nicht als Ganzes auszuschließen, sondern von der Gestaltungsfreiheit Gebrauch zu machen, die es zuläßt, etwa als Verkäufer die Schadensersatzhaftung so zu begrenzen, wie das – voraussichtlich anwendbare – Landesrecht das gestattet.

Kapitel II
Allgemeine Bestimmungen

Chapter II
General provisions

Chapitre II
Dispositions générales

Vorbemerkungen zu Art 7 ff CISG

Die Art 7–13 enthalten **wichtige allgemeine Regeln**, die für die Konvention insge- **1** samt gelten. Von besonderer Bedeutung sind die Vorschriften über die **Auslegung des CISG** (Art 7), die **Auslegung von Parteierklärungen** (Art 8) und die **Geltung internationaler Handelsbräuche** (Art 9). Art 11 verankert den Grundsatz der Formfreiheit als zentrales Prinzip der Konvention, das allerdings durch die Vorbehaltsmöglichkeit des Art 96 iVm Art 12 und 29 eingeschränkt werden kann. Ebenfalls noch zu Formfragen (Begriff der Schriftlichkeit) äußert sich Art 13.

Mit dem im CISG häufig verwendeten **Anknüpfungsmerkmal der Niederlassung** **2** beschäftigt sich Art 10 und gibt hier, wenn auch keine Definition, so doch hilfreiche Festlegungen für die Situation mehrerer oder keiner Niederlassung.

Art 7 [Auslegung des Übereinkommens und Lückenfüllung]

(1) Bei der Auslegung dieses Übereinkommens sind sein internationaler Charakter und die Notwendigkeit zu berücksichtigen, seine einheitliche Anwendung und die Wahrung des guten Glaubens im internationalen Handel zu fördern.

(2) Fragen, die in diesem Übereinkommen geregelte Gegenstände betreffen, aber in diesem Übereinkommen nicht ausdrücklich entschieden werden, sind nach den allgemeinen Grundsätzen, die diesem Übereinkommen zugrunde liegen, oder mangels solcher Grundsätze nach dem Recht zu entscheiden, das nach den Regeln des internationalen Privatrechts anzuwenden ist.

Art 7

(1) In the interpretation of this Convention, regard is to be had to its international character and to the need to promote uniformity in its application and the observance of good faith in international trade.

(2) Questions concerning matters governed by this Convention which are not expressly settled in it are to be settled in conformity with the general principles on which it is based or, in the absence of such principles, in conformity with the law applicable by virtue of the rules of private international law.

Art 7

1) Pour l'interprétation de la présente Convention, il sera tenu compte de son caractère international et de la nécessité de promouvoir l'uniformité de son application ainsi que d'assurer le respect de la bonne foi dans le commerce international.

2) Les questions concernant les matières régies par la présente Convention et qui ne sont pas expressément tranchées par elle seront reglées selon les principes généraux dont elle s'inspire ou, à défaut de ces principes, conformément à la loi applicable en vertu des règles du droit international privé.

Ulrich Magnus

Schrifttum

Wie zu Art 1; ferner:
BASEDOW, Die UNIDROIT-Prinzipien der Internationalen Handelsverträge und die Übereinkommen des einheitlichen Privatrechts, in: FS Drobnig (1998) 19
BONELL, The UNIDROIT Principles of International Commercial Contracts and the Vienna Sales Convention (CISG) – Alternatives or Complementary Instruments?, ULR 1996, 34
BURKART, Interpretatives Zusammenwirken von CISG und UNIDROIT Principles (2002)
COOK, The Need for Uniform Interpretation of the 1980 United Nations Convention on Contracts for the International Sale of Goods, UPittsLRev 50 (1988) 197
DIEDRICH, Autonome Auslegung von Internationalem Einheitsrecht, Fundamenta Juridica Bd 26 (1994)
ders, Maintaining Uniformity in International Uniform Law via Autonomous Interpretation: Software Contracts and the CISG, Pace Int L Rev 1996, 303
DIESSE, La bonne foi, la coopération et le raisonnable dans la Convention des Nations Unies relative à la vente internationale de marchandises (CVIM), JDI 2002, 55
ENDERLEIN, Uniform Law and Its Application by Judges and Arbitrators, in: International Uniform Law in Practice, Acts and Proceedings of the 3rd Congress on Private Law held by the International Institute for the Unification of Private Law (1988) 329
EÖRSI, General Provisions, in: GALSTON/SMIT 2–1
FARNSWORTH, Duties of Good Faith and Fair Dealing under the UNIDROIT Principles, Relevant International Conventions, and National Laws, Tulane J Int Comp L 3 (1995) 47
FERRARI, Uniform Interpretation of the 1980 Uniform Sales Law, Georgia J Int Comp L 1994, 183
ders, CISG Case Law: A New Challenge for Interpreters?, RDAI 1998, 495
ders, I rapporti tra le convenzioni di diritto materiale uniforme in materia contrattuale e la necessità di un'interpretazione interconvenzionale, Riv dir int priv e proc 2000, 669

ders, Internationales Kaufrecht einheitlich ausgelegt, IHR 2001, 56
ders, Gap-Filling and Interpretation of the CISG: Overview of International Case Law, RDAI 2003, 221
FRIGGE, Externe Lücken und internationales Privatrecht im UN-Kaufrecht (Art 7 Abs 2) (Diss Heidelberg 1994)
HAPP, Anwendbarkeit völkerrechtlicher Auslegungsmethoden auf das UN-Kaufrecht, RiW 1997, 376
HARTWIEG, Prozessuale Aspekte einheitlicher Anwendung der Wiener UN-Konvention über den Internationalen Warenkauf (CISG), ZVerglRW 92 (1993) 282
HELLNER, Gap-filling by Analogy. Art 7 of the U. N. Sales Convention in its Historical Context, in: FS Hjerner (1990) 219
HERBER, CLOUT, UNILEX und andere Veröffentlichungen zum internationalen Kaufrecht, RiW 1995, 502
ders, Eine neue Institution: Der CISG Advisory Council, IHR 2003, 201
HONNOLD, Uniform Words and Uniform Application. The 1980 Sales Convention and International Juridical Practice, in: SCHLECHTRIEM, Fachtagung (1987) 115
HYLAND, Conformity of Goods to the Contract Under the United Nations Sales Convention and the Uniform Commercial Code, in: SCHLECHTRIEM, Fachtagung 305
LIGUORI, „UNILEX": A Means to Promote Uniformity in the Application of CISG, ZEuP 1996, 600
JUNKER, Die einheitliche europäische Auslegung nach dem EG-Schuldvertragsübereinkommen, RabelsZ 55 (1991) 674
KACZOROWSKA, Règles uniformes d'interprétation d'un contrat international, Rev dr int dr comp 1991, 294
KERN, Ein einheitliches Zurückbehaltungsrecht im UN-Kaufrecht?, ZEuP 2000, 837
KRAMER, Uniforme Interpretation von Einheitsprivatrecht – mit besonderer Berücksichtigung von Art 7 UNKR, JBl 1996, 137
KROPHOLLER, Internationales Einheitsrecht. Allgemeine Lehren (1975)

MAGNUS, Währungsfragen im Einheitlichen
Kaufrecht. Zugleich ein Beitrag zu seiner
Lückenfüllung und Auslegung, RabelsZ 53
(1989) 116
ders, Die allgemeinen Grundsätze im UN-
Kaufrecht, RabelsZ 59 (1995) 467
ders, General Principles of UN-Sales Law, Int
Trade Bus L Ann III (1997) 33
ders, Remarks on Good Faith: The United Nations Convention on Contracts for the International Sale of Goods and the International
Institute for the Unification of Private Law,
Principles of International Commercial Contracts, Pace Int L Rev 1998, 89
ders, Das Schadenskonzept des CISG und
transportrechtlicher Konventionen, in:
FS Herber (1999) 27
ders, Konventionsübergreifende Interpretation
internationaler Staatsverträge privatrechtlichen
Inhalts, in: FS 75 Jahre MPI (2001), 571
MARTINY, Autonome und einheitliche Ausle-
gung im Europäischen Internationalen Zivil-
prozeßrecht, RabelsZ 45 (1981) 427
MISTELIS, CISG-AC Publishes First Opinion,
IHR 2003, 243
NAJORK, Treu und Glauben im CISG United
Nations Convention on Contracts for the Inter-
national Sale of Goods (Diss Bonn 2000)
NAUMANN, Der Regelungsbereich des UN-
Kaufrechts im Spannungsfeld zwischen Ein-
heitsrecht und Kollisionsrecht (2000)
PHILIP, CISG and Gap Filling by National Law,
IPRax 2000, 209

ROSENBERG, The Vienna Convention: Uniformity in Interpretation for Gap-Filling – An
Analysis and Application, Austr Bus L Rev 20
(1992) 442
ROTH/HAPP, Interpretation of the CISG According to the Principles of International Law,
Int Tr Bus L Ann IV (1999) 1
SCHLECHTRIEM, Auslegung und Lückenfüllung
im Internationalen Einheitsrecht: „Erfüllungsort" für Rückabwicklungspflichten in EuGVÜ
und EKG, IPRax 1981, 113
SCHUNKE, Die Sachverhaltsarbeit im deutschen,
italienischen, französischen und US-amerikanischen Recht. Vereinheitlichungsmöglichkeiten
im Hinblick auf Art 7 CISG (1997)
SILVA-RUIZ, La buena fe en la Convencion de
las Naciones Unidas sobre los Contratos de
Compraventa Internacional de Mercaderias, in:
Libro centenario del Codigo civil, Bd 1 (1989)
111
STOLL, Internationalprivatrechtliche Fragen bei
der landesrechtlichen Ergänzung des Einheitlichen Kaufrechts, in: FS Ferid (1988) 495
ders, Regelungslücken im Einheitlichen Kaufrecht und IPR, IPRax 1993, 75
TROMPENAARS, Interpretatie-clausules in het
Eenvormig Recht, in: KOKKINI-IATRIDOU/VAN
DER VELDEN, Eenvormig en Vergelijkend Pri-
vaatrecht (1989) 25
VÁZQUEZ LEPINETTE, The Interpretation of the
1980 Vienna Convention on International Sales,
Dir com int 1995, 377.

Systematische Übersicht

Alphabetische Übersicht

I.   Regelungsgegenstand und Normzweck

Die Vorschrift stellt grundlegende **Regeln für die Auslegung und Anwendung des** 1
CISG auf. Abs 1 nennt die zentralen Ziele, an denen sich die Interpretation der
Konventionsvorschriften zu orientieren hat: zum einen den internationalen Charakter des CISG; zum anderen die internationale Einheitlichkeit seiner Anwendung;
schließlich die Wahrung des guten Glaubens im internationalen Handel.

Abs 2 regelt dagegen, wie **offene Fragen** aus dem Bereich der Konventionsmaterien 2
zu entscheiden sind, deren Lösung sich den Vorschriften des CISG nicht unmittelbar
oder nach Auslegung entnehmen läßt. Die Vorschrift stellt hierzu eine Rangfolge
auf: Zunächst gelten die allgemeinen Grundsätze, die der Konvention zugrunde
liegen. Gibt es solche Grundsätze nicht, dann ist auf das vom IPR berufene Landesrecht zurückzugreifen.

Art 7 hat theoretisch und praktisch erhebliche Bedeutung. Er bezweckt, durch eine 3
Vereinheitlichung der Auslegungsmethoden die Rechtseinheit zu sichern, die mit
dem CISG angestrebt wird. Da er für diese Vereinheitlichung kaum Vorgaben
aufstellt, formuliert er damit eine Aufgabe, die dem Anwender des CISG gestellt
ist (vgl FERRARI Georgia J Int Comp L 1994, 200; KRAMER JBl 1996, 141). Da eine über-
nationale Rechtsprechungsinstanz zum CISG fehlt, bietet dieser Weg derzeit die
einzige Möglichkeit, für Einheitlichkeit in der Anwendung der Konvention zu
sorgen. Das Sammeln und Zugänglichmachen möglichst aller oder zumindest aller
obergerichtlichen Entscheidungen zum CISG kann dabei eine wirksame Ergänzung
darstellen. Gegenwärtig verfolgt UNCITRAL diese Aufgabe mit der Datenbank
CLOUT (Case Law On UNCITRAL Texts; s dazu oben Einl zum CISG Rn 27a u 52).
Darüberhinaus bereitet UNCITRAL einen offiziellen Digest vor, der in Kommen-
tarform die Entscheidungspraxis zu jeder Vorschrift des CISG berichtet. Eine erste
Fassung haben für UNCITRAL FERRARI, FLECHTNER, MAGNUS, WINSHIP und
WITZ erarbeitet. Sie ist 2004 veröffentlicht worden (s FERRARI/FLECHTNER/BRAND [Hrsg],
The Draft UNCITRAL Digest and Beyond [2004] 501 ff).

Das **Gutglaubensgebot** des Art 7 Abs 1 gilt nicht nur für die Auslegung der Kon- 4
ventionsvorschriften, sondern **auch im Verhältnis der Parteien** zueinander.

II.   Entstehungsgeschichte

Das EKG enthielt in Art 17 nur eine Vorschrift, die bei Lücken im Gesetz allein auf 5
die „allgemeinen Grundsätze ..., die diesem Gesetz zugrunde liegen", verwies.
Schon zu dieser Vorschrift wurde teilweise angenommen, daß mangels feststellbarer
allgemeiner Grundsätze das IPR einzuschalten sei (eingehend dazu DÖLLE/WAHL Art 17
Rn 5, 50 ff, 77 f, der einen Rückgriff auf das IPR für Konventionsmaterien allerdings ganz ausschließen wollte; zurückhaltender MERTENS/REHBINDER Art 17 Rn 5 ff). Die Rechtsprechung
zum Haager Kaufrecht hat einige allgemeine Grundsätze zu Art 17 EKG entwickelt
(vgl die Entscheidungen, in: SCHLECHTRIEM/MAGNUS Art 17 Nr 1 ff). Fragen, für die sich keine
allgemeinen Grundsätze finden ließen, wurden in der Regel als außerhalb der
Konvention stehend angesehen und dem anwendbaren Landesrecht unterstellt (zB
Behandlung einer Rücknahmevereinbarung oder eines Erlasses: OLG Hamm, in: SCHLECHTRIEM/
MAGNUS Art 17 Nr 9; OLG Koblenz, in: SCHLECHTRIEM/MAGNUS Art 17 Nr 11).

6 Die jetzige Fassung des Art 7 Abs 1 CISG geht auf den New Yorker Entwurf (Art 6) zurück. Er ist entsprechenden Vorschriften in den früheren UNCITRAL-Übereinkommen (Art 7 Verjährungskonvention v 1974; Art 3 Hamburg Rules v 1978) nachgebildet worden, nahm allerdings zum ersten Mal die Beachtung des guten Glaubens auf, die die früheren Regelungen noch nicht enthielten. Der im jetzigen Abs 2 enthaltene, aus Art 17 EKG stammende Gedanke war bei den UNCITRAL-Vorarbeiten dagegen zunächst als zu vage verworfen worden (UNCITRAL YB I [1968–1970] 170 ff; YB II [1971] 49 ff).

7 Auf der diplomatischen Konferenz von 1980 war die Vorschrift in erheblichem Maße umstritten. Vor allem die Common-Law-Staaten hielten das Konzept des guten Glaubens für zu vage und der Rechtssicherheit abträglich, weil es in unterschiedlichen Staaten unterschiedlich interpretiert werde (vgl näher NICHOLAS LQRev 105 [1989] 209). Mehrere Anträge, in stärkerem Maß das IPR einzuschalten, scheiterten jedoch ebenso wie Vorschläge, die Beachtung des guten Glaubens wieder zu tilgen (vgl Off Rec 87). Für Abs 1 blieb es daher bei der im Wiener Entwurf entwickelten Formulierung. Abs 2 beruht auf einem Kompromißvorschlag der DDR (Off Rec 87), der mit knapper Mehrheit angenommen wurde (ausführlich zur Entstehungsgeschichte auch BIANCA/BONELL/BONELL Art 7 Bem 1.2 ff; EÖRSI, in: GALSTON/SMIT 2–6 ff).

8 Die jetzige Formulierung der Gesamtvorschrift findet sich nunmehr auch in den seit 1980 erarbeiteten Unidroit-Konventionen zum Handels- und Privatrecht (Art 6 Vertretungskonvention v 1983; Art 6 Leasingkonvention v 1988; Art 4 Factoringkonvention v 1988).

III. Allgemeines

9 Die Vorschrift behandelt in ihrem Abs 1 die **Auslegung**, in ihrem Abs 2 die **Lückenfüllung** des Übereinkommens. Allerdings ist die Grenze zwischen Auslegung und Lückenfüllung nicht immer scharf zu ziehen. Beide Abs der Vorschrift wirken daher wechselweise aufeinander ein. Es ist sowohl bei der Auslegung ein Rückgriff auf nationale Verständnisse grundsätzlich zu vermeiden, wie bei der Lückenfüllung die internationale Einheitlichkeit und das Gutglaubensgebot zu beachten sind.

10 Ferner gilt Art 7 trotz seines Wortlauts nicht nur für die Auslegung der Konventionsvorschriften als solcher. Das **Gutglaubensgebot** ist **auch im Verhältnis der Parteien zueinander** zu beachten (vgl etwa OLG Hamburg 5.10.1998, CLOUT Nr 279; ungarisches Schiedsgericht 17.11.1995 [UNILEX E. 1995–28.2.]; BAMBERGER/ROTH/SAENGER Art 7 Rn 1; BIANCA/BONELL/BONELL Art 7 Bem 2.4.1; SCHLECHTRIEM/SCHWENZER/FERRARI Art 7 Rn 7 [aber nur als allgemeiner Grundsatz iSd Art 7 Abs 2]; ENDERLEIN/MASKOW/STROHBACH Art 7 Bem 1; KAROLLUS 12; VÁZQUEZ LEPINETTE 390; iE ebenso HONNOLD Rn 94 u SCHLECHTRIEM Rn 44; AUDIT 49 leitet die Geltung des Gutglaubensgebots dagegen aus zahlreichen Einzelvorschriften der Konvention ab; zurückhaltend aber etwa LOEWE, Kaufrecht 33; unentschieden EÖRSI, in: GALSTON/SMIT 2–8).

IV. Auslegung (Abs 1)

1. Grundsatz

Abs 1 betrifft die Auslegung der CISG-Vorschriften, also die Ermittlung des Sinn- **11**
gehaltes der jeweiligen Bestimmung. Die Interpretation hat dem internationalen
Charakter des CISG Rechnung zu tragen, die Einheitlichkeit der Anwendung und
die Beachtung des guten Glaubens im internationalen Handelsverkehr zu fördern.
Damit sind Zielvorgaben formuliert, die durch bestimmte, freilich nicht genannte
Mittel zu erreichen sind.

2. Internationaler Charakter

a) Autonome Auslegung; autonome Qualifikation

Art 7 ist im ganzen zu entnehmen, daß die **Konvention**, soweit möglich, **autonom** **12**
auszulegen ist (ebenso Denkschrift 41; ACHILLES Art 7 Rn 3; BAMBERGER/ROTH/SAENGER Art 7
Rn 2; BIANCA/BONELL/BONELL Art 7 Bem 2.2.2; SCHLECHTRIEM/SCHWENZER/FERRARI Art 7 Rn 9
[jedoch auch mit Kritik gegenüber der autonomen Auslegung: Rn 11]; ENDERLEIN/MASKOW/
STROHBACH Art 7 Bem 3; FERRARI Art 7 Bem 2; HELLNER, in: FS Hjerner 220; HERBER/CZER-
WENKA Art 7 Rn 4; KAROLLUS 11; PILTZ, Internationales Kaufrecht § 2 Rn 169; REINHART Art 7
Rn 2). Vielfach wird die Pflicht zur autonomen Auslegung aus dem Gebot abgeleitet,
den internationalen Charakter der Konvention zu berücksichtigen (so vor allem BIAN-
CA/BONELL/BONELL, SCHLECHTRIEM/SCHWENZER/FERRARI, FERRARI, HERBER/CZERWENKA, alle
aaO; LOEWE, Kaufrecht 32; ebenso für die entspr Formulierung im EVÜ JUNKER RabelsZ 55
[1991] 677). Autonome Auslegung bedeutet, daß die Begriffe des CISG aus sich selbst
heraus zu interpretieren sind. Ein Rückgriff auf das nationale Recht des Anwenders
oder auf bestimmte nationale Begriffe oder Verständnisse verbietet sich (vgl die in
den beiden vorigen Rn Zitierten). Gleiches gilt für die Qualifikation. Soweit Figuren des
nationalen Rechts unter die Begriffe der Konvention zu qualifizieren sind – zB was
als Formvorschrift iSd Art 11 einzuordnen ist –, hat auch dies autonom aus der
Systemsicht und den Zwecken des CISG zu erfolgen.

Allerdings sind für die autonome Auslegung des CISG auch **Einschränkungen** zu **13**
machen: Soweit Rechtsinstitute gezielt aus einer Rechtsordnung übernommen wurden, darf für ihr Verständnis und die Auslegung der entsprechenden Vorschriften
berücksichtigt werden, welchem Zweck sie im Herkunftsrecht dienen. So hat etwa
das englische Recht mit dem Leitfall Hadley v Baxendale 9 Ex 341 (1854) für das
Voraussehbarkeitskonzept in Art 74 Pate gestanden (vgl näher Art 74 Rn 5). Für die
Auslegung des Art 74 kann und sollte die Funktion beachtet werden, die das Voraussehbarkeitskonzept im englischen Recht erfüllen soll. Dies bedeutet aber nicht,
daß etwa die in England ergangenen Einzelentscheidungen zu diesem Konzept auf
Art 74 zu übertragen sind.

Ferner verweist die Konvention in einigen Fällen selbst auf nationales Recht und
schließt insoweit eine autonome Interpretation bzw Qualifikation aus. Das gilt etwa
für Art 1 Abs 1 lit b, der das – nationale – IPR des befaßten Gerichts beruft; ferner
für Art 28, der für die Erfüllungsklage auf das Recht des angerufenen Gerichts
verweist. Doch handelt es sich auch hier nur um Ausnahmen von dem Grundsatz
der autonomen Interpretation bzw Qualifikation.

14 Weiter sollten Begriffe, die in gleicher Funktion in anderen einheitsprivatrechtlichen Konventionen verwendet werden (zB Schaden, Kausalität etc), für alle Konventionen möglichst übereinstimmend ausgelegt werden. Für die **grundlegenden allgemeinen Begriffe des Einheitsprivatrechts** ist damit nicht die jeweils autonome Interpretation der jeweiligen Konvention maßgebend, sondern die aus dem Gesamtbestand des Einheitsrechts zu gewinnende Bedeutung (vgl Ferrari Riv int dir priv e proc 2000, 669 ff; Magnus, in: FS Herber 27, 35; ders, in FS 75 Jahre MPI 571 ff). Insoweit ist eher von **anationaler** als von autonomer **Interpretation** zu sprechen.

Schließlich können für das CISG dort, wo es Auslegungszweifel oder Lücken läßt, die ihrerseits nicht bewußt der Füllung durch das kollisionsrechtlich berufene nationale Recht vorbehalten bleiben sollten, die **UNIDROIT-Principles** und die **Lando-Prinzipien** als Auslegungs- und Begründungshilfen herangezogen werden (Rb Zwolle NIPR 1997 Nr 230; Basedow, in: FS Drobnig 23 ff; Bonell ULR 1996, 34 ff; Brunner Art 7 Rn 9; Schlechtriem/Schwenzer/Ferrari Art 7 Rn 59 ff [mit umfassender Erörterung]; Garro Tul L Rev 69 [1995] 114 ff; Magnus RabelsZ 59 [1995] 469 ff; ders ZEuP 1999, 648; Schlechtriem Rn 52 Fn 80; skeptisch Ferrari Pace Int L Rev 10 [1998] 169 ff; wohl ablehnend Michaels RabelsZ 62 [1998] 606; s eingehend oben Einl zum CISG Rn 50 f). Sie beruhen auf intensiver Rechtsvergleichung und dokumentieren für die in ihnen behandelten Fragen einen breiten internationalen Konsens. Soweit beide Regelwerke ausnahmsweise nicht übereinstimmen, haben die für internationale Verträge gedachten UNIDROIT-Prinzipien den Vorrang.

b)   Authentische Textfassungen
15 Aus dem internationalen Charakter der Konvention ist weiter abzuleiten, daß die Auslegung sich am **Wortlaut der authentischen**, international erarbeiteten **Textfassungen** auszurichten hat. Die deutsche Übersetzung ist insoweit nur eine Anwendungshilfe (vgl dazu noch unten Rn 18 f u Unterzeichnungsklausel nach Art 101 Rn 1).

16 Die authentischen Textfassungen sind die arabische, chinesische, englische, französische, russische und spanische Fassung (vgl die Unterzeichnungsklausel). **Nur ihr Wortlaut** ist letztlich **maßgebend**. Bei Auslegungszweifeln sind die authentischen Fassungen deshalb stets zu berücksichtigen und untereinander zu vergleichen. Verbleiben auch dann noch Zweifel, ist diejenige Interpretation zu wählen, die unter Rücksicht auf den Gegenstand und Zweck der Vorschrift und des Übereinkommens die verschiedenen Textfassungen am ehesten in Einklang bringt. Die Grundsätze der Art 31–33 der – an Völkerrechtssubjekte gerichteten – Wiener Vertragsrechtskonvention von 1969 gelten unmittelbar wohl nur für Teil IV des CISG, können aber zumindest analog auch für Art 7 herangezogen werden (Schlechtriem/Schwenzer/Ferrari Art 7 Rn 33; Happ RiW 1997, 377; Herber/Czerwenka Art 7 Rn 4; Honnold Rn 90; zur eingeschränkten Anwendbarkeit der Wiener Vertragsrechtskonvention Enderlein, in: International Uniform Law in Practice 335 f).

17 Grundsätzlich haben die authentischen Fassungen alle gleiche Verbindlichkeit. Doch kommt für das CISG in Zweifelsfällen der **englischen Fassung** – und in geringerem Maß auch der französischen – **besonderes Gewicht** zu. Denn „English had been more or less the working language" (so der schwedische Delegierte Hjerner auf der Wiener Konferenz, Off Rec 272). Insbes die Vorentwürfe sowie die Formulierungsvorschläge in Wien waren in Englisch abgefaßt. Auch die mündlichen Erörterungen erfolgten weitgehend in Englisch. Schließlich war für den Vorläufer – das Haager Kaufrecht – die englische und französische Fassung der authentische Text. Der englische Text des CISG wird deshalb die intendierten Gesetzeszwecke gewöhnlich am deutlichsten wiedergeben (vgl auch ACHILLES Art 7 Rn 4; SCHLECHTRIEM/SCHWENZER/ FERRARI Art 7 Rn 35; HERBER/CZERWENKA Art 7 Rn 7; PILTZ, Internationales Kaufrecht § 2 Rn 167).

c) Deutsche Übersetzung

Die **deutsche Textfassung** ist lediglich eine **Übersetzung** und damit keine authenti- **18** sche Fassung, auch wenn sie ihrerseits international unter den deutschsprachigen Staaten (Bundesrepublik Deutschland, ehemalige DDR, Österreich, Schweiz) erarbeitet worden ist und textlich zwischen diesen Staaten ganz weitgehend übereinstimmt (die Abweichungen sind in der Textwiedergabe gekennzeichnet). Im Zweifel und zur Absicherung ist jedoch stets auf die englische, nachrangig die übrigen Originalfassungen zurückzugehen.

Fehler oder Ungenauigkeiten der deutschen Übersetzung finden sich bei folgenden **19** Artikeln:

– In Art 19 Abs 2 S 1 wird die Wendung „or dispatches a notice to that effect" („ou lui adresse un avis à cet effet") mit „oder eine entsprechende Mitteilung absendet", in Art 21 Abs 1 und Abs 2 die gleiche Wendung dagegen – mE richtiger – mit „oder eine entsprechende schriftliche Mitteilung absendet" übersetzt.

– In Art 36 Abs 2 ist die englische Fassung „for a period of time" mit „für eine bestimmte Zeit" übersetzt. Gemeint ist aber nur eine „gewisse Zeit" (vgl dazu Art 36 Rn 17).

– In Art 46 wird in den Abs 1 u 2 die Wendung „may require", „peut exiger" – mE zutreffend – mit „kann verlangen" übersetzt; die gleiche Formulierung in Art 46 Abs 3 dagegen mit „kann auffordern zu (beheben)".

– Nicht nur eine Ungenauigkeit stellt die Übersetzung der Formulierung „that may be known to him", „dont il peut avoir connaissance" in Art 65 Abs 1 am Ende mit „soweit ihm diese bekannt sind" dar. Es muß heißen: „soweit er diese kennen kann".

– Eine deutliche Abweichung, vor allem vom englischen Text enthält Art 72 Abs 2 mit der Wendung „und es nach den Umständen vernünftig ist". Damit soll das Wort „reasonable" in der englischen Fassung „must give reasonable notice" übersetzt werden. Auch im französischen und spanischen Text beziehen sich „dans des conditions raisonnables", „con antelacion razonable" aber allein auf die Anzeige.

– In Art 79 Abs 1 wird „beyond his control", „indépendant de sa volonté" zu schwach mit „außerhalb ihres Einflußbereichs" übersetzt.

3. Förderung einheitlicher Anwendung

Als weitere Auslegungsmaxime stellt Abs 1 das Gebot auf, im Rahmen der Ausle- **20** gung **die einheitliche Anwendung des CISG zu fördern**. Hieraus wird zum einen die Forderung abzuleiten sein, daß sich der Rechtsanwender von vornherein bei Auslegungsfragen stets um internationalisierungsfähige Lösungen zu bemühen hat, die auch in anderen Vertragsstaaten auf Befolgung rechnen können.

21 Zum andern ist bei der Auslegung nach Möglichkeit die **Rechtsprechung anderer Staaten** zum CISG und bei unentschiedenen Fragen auch das Schrifttum zu berücksichtigen, um auf diese Weise internationalen Entscheidungseinklang herzustellen (BIANCA/BONELL/BONELL Art 7 Bem 3.1.3; SCHLECHTRIEM/SCHWENZER/FERRARI Art 7 Rn 14; COOK UPittsLRev 50 [1988] 218 ff, 226; ENDERLEIN/MASKOW/STROHBACH Art 7 Bem 4; FERRARI Art 7 Bem 3; ders IHR 2001, 56 ff; HERBER/CZERWENKA Art 7 Rn 5; HONNOLD Rn 92; ders, in: SCHLECHTRIEM, Fachtagung 121 ff; KAROLLUS 12; KRAMER JBl 1996, 146; LOEWE, Kaufrecht 32; MAGNUS RabelsZ 53 [1989] 123; PILTZ, Internationales Kaufrecht § 2 Rn 169; allgemein KROPHOLLER, Internationales Einheitsrecht 241; zu prozessualen Aspekten HARTWIEG ZVerglRW 92 [1993] 282 ff; Bsp aus der Rspr s insbes Trib di Vigevano IHR 2001, 72 m Anm ROSATI; Trib di Pavia 29.12.1999, CLOUT Nr 380). Bindungswirkung im strikten Sinn kommt Entscheidungen anderer Staaten, wie selbstverständlich ist, nicht zu (vgl auch ENDERLEIN/MASKOW/STROHBACH, KAROLLUS, KRAMER, LOEWE, MAGNUS, alle aaO).

22 Inzwischen erleichtern es die über das Internet gut zugänglichen Datenbanken, insbes CLOUT von UNCITRAL, die Entscheidungen zum CISG sammeln, ganz erheblich, von einschlägigen Entscheidungen anderer Staaten Kenntnis zu nehmen (vgl oben Rn 3 u Einl zum CISG Rn 27a u 52; ferner Report of the United Nations Commission on International Trade Law on the Work of its Twenty-First Session UNCITRAL YB XIX [1988] 98; s auch HERBER RIW 1995, 502 ff; LIGUORI ZEuP 1996, 600 ff). Den Zugriff auf ausländische CISG-Rechtsprechung erleichtern in Deutschland ferner die Zeitschrift „Internationales Handelsrecht" (IHR) sowie die regelmäßigen Rechtsprechungsberichte zum CISG von PILTZ (in der NJW, zuletzt NJW 2003, 2056 ff) und MAGNUS (in der ZEuP, zuletzt ZEuP 2002, 523 ff) und nunmehr auch in der IPRax (s HUBER/KRÖLL IPRax 2003, 309 ff).

23 Für die Auslegung können auch **Interpretationserklärungen** einzelner Vertragsstaaten, wie sie etwa die Bundesrepublik bei der Ratifikation zur Bedeutung des Vorbehalts nach Art 95 abgegeben hat (Einl 10 zum CISG, vgl dazu Art 2 Vertragsgesetz u Art 1 Rn 111), oder nationale Vorschriften herangezogen werden, die eine bestimmte Auslegung festschreiben (vgl Art 2 Vertragsgesetz u Art 1 Rn 110). Solange derartige Interpretationsregeln ein international einheitliches Normtextverständnis belegen, ist das unproblematisch. Weichen sie dagegen von einer international einheitlichen Auslegung ab, dann ist der Konflikt zwischen ihnen und dem Gebot der einheitlichen Auslegung nach Art 7 zugunsten des letzteren zu lösen (vgl auch Art 1 Rn 110).

23a Schließlich ist auf eine neue Institution, den **CISG Advisory Council (CISG-AC)**, hinzuweisen, den ALBERT KRITZER von der Pace University, New York 2001 ins Leben gerufen hat und dem namhafte CISG-Experten aus mehreren Ländern angehören (s dazu HERBER IHR 2003, 201 f; MISTELIS IHR 2003, 243 f). Die selbst gestellte Aufgabe des CISG Advisory Council ist es, gutachtliche Stellungnahmen zu kontroversen Fragen des CISG abzugeben (eine erste Stellungnahme zu Fragen der elektronischen Kommunikation ist in IHR 2003, 244 veröffentlicht). Damit will auch diese Institution der einheitlichen Interpretation des CISG dienen.

4.   Beachtung des guten Glaubens im internationalen Handel

Die Aufnahme des Gutglaubensgrundsatzes in die Konvention war durchaus um- **24**
stritten (vgl oben Rn 7), da befürchtet wurde, er sei zu vage und es könnten damit in
starkem Maß nationale Vorstellungen die Auslegung beeinflussen. Abs 1 verlangt
deshalb, daß die **Gebote des guten Glaubens im internationalen Handel** geachtet
werden. Die Berücksichtigung rein nationaler Gutglaubensstandards ist ausgeschlossen (eingehend dazu BIANCA/BONELL/BONELL Art 7 Bem 2.4.2; ENDERLEIN/MASKOW/
STROHBACH Art 7 Bem 5; KAROLLUS 12 f; RECZEI Acta Juridica 24 [1982] 185).

Der Gutglaubensgrundsatz bedarf für den internationalen Handel näherer Ausfül- **25**
lung. Verbreitet wird angenommen, daß er jedenfalls das **Verbot mißbräuchlicher
Rechtsausübung** und das **Verbot widersprüchlichen Verhaltens** (venire contra factum
proprium) einschließt (s etwa OLG Karlsruhe BB 1998, 392 [395]; OLG Köln 21.5.1996,
CLOUT Nr 168; Internat Schiedsgericht der öst Bundeskammer der gewerblichen Wirtschaft RiW
1995, 590 [592]; HERBER/CZERWENKA Art 7 Rn 6; HONNOLD, in: SCHLECHTRIEM, Fachtagung 144
[Verbot des Rechtsmißbrauchs]; PILTZ, Internationales Kaufrecht § 2 Rn 170; WITZ/SALGER/
LORENZ Art 7 Rn 14). In der Rechtsprechung ist es etwa als Verstoß gegen das Gutglaubensgebot angesehen worden, wenn der Verkäufer, der eine Bankgarantie zur
Sicherung künftiger Lieferung beizubringen hatte, die Garantie nicht verlängert,
wenn sich die Lieferungen verzögern (ungarisches Schiedsgericht 17.11.1995 [UNILEX E.
1995–28.2.]; ferner OLG Hamburg 1998 [Rn 10]). Das Gutglaubensgebot unbedenklich mit
§ 242 BGB gleichzusetzen, geht jedoch nicht an (so aber BAMBERGER/ROTH/SAENGER
Art 7 Rn 6; ein näherer Vergleich zwischen § 242 BGB und der internationalen Auslegung des
Art 7 Abs 1 CISG zeigt, daß nur rudimentäre Übereinstimmung besteht: vgl NAJORK 165 f).

Andere Stimmen entnehmen dem Grundsatz die allgemeine Verpflichtung, die **26**
Standards ordentlicher Kaufleute im internationalen Handel zu beachten (REINHART
Art 7 Rn 5; VÁZQUEZ LEPINETTE 392; teilw auch ENDERLEIN, in: International Uniform Law in
Practice 342; ENDERLEIN/MASKOW/STROHBACH Art 7 Rn 5).

Schließlich wird vorgeschlagen, den Gutglaubensgrundsatz durch die unter Art 7 **27**
Abs 2 zu entwickelnden allgemeinen Grundsätze auszufüllen (ENDERLEIN/MASKOW/
STROHBACH Art 7 Bem 9.1; iE letztlich ebenso SCHLECHTRIEM/SCHWENZER/FERRARI Art 7 Rn 8;
HERBER/CZERWENKA Art 7 Rn 6).

Um nationale Auslegungsdifferenzen nach Möglichkeit zu vermeiden, wird man gut **28**
daran tun, **das internationale Gutglaubensgebot nicht zu überdehnen.** Allgemeine
Prinzipien des guten Glaubens im internationalen Handel, die weltweit anerkannt
sind, lassen sich wohl allenfalls in dem oben Rn 25 bezeichneten Umfang annehmen. Nähere Ausformungen des Prinzips ergeben sich aber aus der Konvention
selbst (vgl unten Rn 42 ff) und sollten für einzelne Auslegungsfragen jeweils beachtet
werden (iE übereinstimmend ACHILLES Art 7 Rn 6; ENDERLEIN/MASKOW/STROHBACH, HERBER/
CZERWENKA, jeweils aaO).

Über den Wortlaut des Art 7 Abs 1 hinaus ist das Gutglaubensgebot nicht nur für **29**
die Auslegung der Konvention, sondern für die Rechtsbeziehungen der Parteien
insgesamt zu beachten (vgl oben Rn 10).

5. Interpretationsmethode

30 Art 7 Abs 1 schreibt zwar zentrale Ziele und Maßgaben der Auslegung fest, läßt die konkrete Vorgehensweise und **Methode der Auslegung** aber weitgehend **offen** (SCHLECHTRIEM/SCHWENZER/FERRARI Art 7 Rn 8; KAROLLUS 13; MAGNUS RabelsZ 53 [1989] 122 f). Eine international gänzlich einheitliche Interpretationsmethode hat sich bisher auch noch nicht herausgebildet; doch haben sich die unterschiedlichen Ausgangspunkte, vor allem der Common-Law-Staaten einerseits und der Civil-Law-Staaten andererseits beträchtlich angenähert (vgl eingehend HONNOLD, in: SCHLECHTRIEM, Fachtagung 119 ff; auch ENDERLEIN, in: International Uniform Law in Practice 336 ff; KRAMER JBl 1996, 138 ff; generell zu den Besonderheiten der Auslegung von Einheitsrecht KROPHOLLER, Internationales Einheitsrecht 258 ff).

31 Recht weitgehende Übereinstimmung besteht hinsichtlich der folgenden Auslegungsmethodik:

32 – Maßgebend ist zunächst der Wortlaut der jeweiligen Bestimmung. **Vom gewöhnlichen Wortsinn ist auszugehen** (SCHLECHTRIEM/SCHWENZER/FERRARI Art 7 Rn 30 ff; ENDERLEIN, in: International Uniform Law in Practice 331; KAROLLUS 13; KRAMER JBl 1996, 142 f; MAGNUS RabelsZ 53 [1989] 123; NEUMAYER, in: FS Lorenz 762; PILTZ, Internationales Kaufrecht § 2 Rn 169; WITZ/SALGER/LORENZ Art 7 Rn 20; generell KROPHOLLER, Internationales Einheitsrecht 264 ff). Gerade im Interesse einheitlicher Anwendung kommt ihm besondere Bedeutung zu, die nicht vorschnell aufgegeben werden darf, indem jeder Anwender über den Weg einer teleologischen Interpretation eigene Wertungen einfließen läßt (vgl auch – zum EKG – BGH WM 1991, 2108: „Sieht das Gesetz in klarer Formulierung eine bestimmte Regelung vor, so müßten schwerwiegende, am Gerechtigkeitsdenken orientierte Gründe vorliegen, um eine vom Wortlaut abweichende Gesetzesauslegung zu rechtfertigen").

33 Der **Wortsinn** ist **unter Beachtung der authentischen Textfassungen zu ermitteln**; in Zweifelsfällen kann die englische Fassung den Ausschlag geben (vgl oben Rn 17). Ferner ist schon bei der Ermittlung des Wortsinns dem Verständnis Rechnung zu tragen, das in der Rechtsprechung oder dem Schrifttum anderer Staaten niedergelegt ist. Der Wortsinn gleicher Begriffe in verschiedenen privatrechtsvereinheitlichenden Konventionen sollte dabei möglichst identisch verstanden werden (s MAGNUS, in: 75 Jahre MPI 571 ff mit Beispielen).

34 – Für die Ermittlung des Bedeutungsgehalts spielt weiter die **systematische Stellung der jeweiligen Vorschrift** in der Konvention, die Behandlung des Problems in anderen Vorschriften und der Gesamtzusammenhang des CISG eine Rolle (systematische Interpretation; vgl SCHLECHTRIEM/SCHWENZER/FERRARI Art 7 Rn 37 ff; KAROLLUS 14; MAGNUS RabelsZ 53 [1989] 124; WITZ/SALGER/LORENZ Art 7 Rn 21; allgemeiner KROPHOLLER, Internationales Einheitsrecht 271 ff). So kann beispielsweise nicht aus Art 50, aber etwa aus Art 44 – wenn auch nicht zwingend – geschlossen werden, daß bei Rechtsmängeln die Minderung zulässig ist. Die Systematik des nationalen Rechts hat dagegen grundsätzlich außer Betracht zu bleiben (ebenso KAROLLUS aaO; KRAMER JBl 1996; 143; allgemein KROPHOLLER aaO). Doch kann und sollte für die Auslegung des CISG auch auf gleiche Systemzusammenhänge in anderen privatrechtsvereinheit-

lichenden Konventionen zurückgegriffen werden (ebenso SCHLECHTRIEM/SCHWENZER/
FERRARI Art 7 Rn 37 ff;).

– Für die Auslegung ist ferner die **Entstehungsgeschichte der jeweiligen Vorschrift** 35
heranzuziehen (historische Interpretation). Zu berücksichtigen sind: der Vorläufer im Haager Kaufrecht, die Vorentwürfe und die entsprechenden Beratungen,
insbes der Sekretariatskommentar zum New Yorker Entwurf (Off Rec 14 ff) und
die Anträge und Erörterungen auf der Wiener Konferenz von 1980 (Off Rec 82 ff,
195 ff). Auch die Rechtsprechung zum Haager Kaufrecht kann Auslegungshilfen
geben (AUDIT 49 N 3; HERBER/CZERWENKA Art 7 Rn 8; KAROLLUS 15; MAGNUS, in: HOYER/
POSCH 10 ff; sehr zurückhaltend dagegen LOEWE, Kaufrecht 32 f).

– Auch die **teleologische Auslegung** kommt für das CISG in Betracht. Der Zweck 36
der einzelnen Vorschrift wie auch jener der Gesamtkonvention und die in Art 7
Abs 1 formulierten Ziele sind bei der Auslegung zu berücksichtigen (KAROLLUS 15;
KRAMER JBl 1996, 144 f; MAGNUS RabelsZ 53 [1989] 125; wohl auch ENDERLEIN, in: International Uniform Law in Practice 332; allgemein KROPHOLLER, Internationales Einheitsrecht
276 ff; zur „purposive interpretation" auch HONNOLD, in: SCHLECHTRIEM, Fachtagung 138).
Allerdings liegt hier die Gefahr besonders nahe, daß der Anwender jeweils
eigene, von nationalen Vorverständnissen geprägte Zweckvorstellungen in die
Auslegung der Konvention überträgt.

– Die **Rechtsvergleichung als Auslegungshilfe** ist wünschenswert – auch um nationa- 37
len Vorprägungen entgegenzuwirken –, aber praktisch schwer zu verwirklichen
(SCHLECHTRIEM/SCHWENZER/FERRARI Art 7 Rn 40; FERRARI Art 7 Bem 4; KAROLLUS 14; MAG-
NUS RabelsZ 53 [1989] 125; optimistischer TROMPENAARS, in: KOKKINI-IATRIDOU/VAN DER VEL-
DEN 41 f; allgemein KROPHOLLER, Internationales Einheitsrecht 278 ff; skeptisch JUNKER Ra-
belsZ 55 [1991] 679). Das CISG beruht selbst auf fundierten rechtsvergleichenden
Vorarbeiten, insbes RABELS Recht des Warenkaufs. Es ist zu Normen geronnene
Rechtsvergleichung. Die Aufgabe, durch Vergleichung zur Auslegung, uU auch
zur Fortentwicklung des CISG beizutragen, ist jedoch nicht primär dem täglichen
Rechtsanwender, sondern der Wissenschaft zuzuweisen.

V.   Lückenfüllung (Abs 2)

1.   Grundsatz

Nach Abs 2 sind **offene Fragen** des CISG **nach den allgemeinen Grundsätzen** zu 38
entscheiden, die dem Übereinkommen zugrunde liegen. Nur sofern solche Grundsätze fehlen, kommt das vom IPR berufene Recht zum Zug. Die Lückenfüllung
durch allgemeine CISG-Grundsätze setzt allerdings voraus, daß es sich um Gegenstände handelt, für die das CISG grundsätzlich gilt. Diese Frage ist stets zunächst zu
entscheiden; ist sie zu verneinen, so gilt ebenfalls das anwendbare unvereinheitlichte
Recht (SCHLECHTRIEM/SCHWENZER/FERRARI Art 7 Rn 43; HERBER/CZERWENKA Art 7 Rn 10;
HONNOLD Rn 98; KAROLLUS 16).

Ferner gilt Abs 2 nur, wenn eine Frage „in diesem Übereinkommen nicht ausdrück- 39
lich entschieden" ist. Auf eine genaue Abgrenzung zwischen **Lückenfüllung und**

Auslegung kommt es freilich nicht an. Es genügt, daß der Text der Konvention eine klare Lösung der zu beantwortenden Frage nicht vorgibt.

2. Allgemeine Grundsätze des CISG

a) Ermittlung

40 Allgemeine Grundsätze des Übereinkommens lassen sich einerseits aus einzelnen Vorschriften entnehmen, die **Prinzipien für die gesamte Konvention** aufstellen wollen – wie etwa Art 6 den grundsätzlichen Vorrang der Parteiautonomie, Art 7 Abs 1 das Gebot von Treu und Glauben. Sie ergeben sich ferner aus einzelnen Bestimmungen, die Regelungsgedanken enthalten, die über den Anwendungsbereich der Einzelnorm hinaus in analogen Situationen Berücksichtigung beanspruchen können. Schließlich kann häufiger mehreren Vorschriften ein gemeinsamer, zu verallgemeinernder Grundsatz entnommen werden (BIANCA/BONELL/BONELL Art 7 Bem 2.3.2.2; ENDERLEIN/MASKOW/STROHBACH Art 7 Bem 9.1; HELLNER, in: FS Hjerner 230 ff; HERBER/CZERWENKA Art 7 Rn 11; HONNOLD Rn 99 ff; KAROLLUS 16 f; zu Beispielen unten Rn 42 ff). Auf allgemeine Grundsätze der im konkreten Fall beteiligten Rechtsordnungen, der CISG-Vertragsstaaten oder aller Rechtsordnungen verweist Art 7 Abs 2 dagegen nicht, während für Art 17 EKG noch vertreten wurde, daß auch rechtsvergleichend ermittelte allgemeine Prinzipien zu beachten seien (DÖLLE/WAHL Art 17 Rn 75 ff).

b) Wichtige allgemeine Grundsätze

41 In weitgehender Übereinstimmung werden dem CISG vor allem die folgenden allgemeinen Prinzipien entnommen, die sich zT mit den allgemeinen Grundsätzen decken, die man als Inhalt der in Schiedsverfahren angezogenen lex mercatoria ansieht (vgl die Zusammenstellung bei MAGNUS Rabels Z 59 [1995] 469 ff; zu den allgemeinen Grundsätzen der lex mercatoria MUSTILL ArbInt 4 [1988] 110 ff):

42 – der grundsätzliche **Vorrang der Parteiautonomie** (Art 6; ACHILLES Art 7 Rn 8; BAMBERGER/ROTH/SAENGER Art 7 Rn 7; BIANCA/BONELL/BONELL Art 7 Bem 2.3.2.2; SCHLECHTRIEM/SCHWENZER/FERRARI Art 7 Rn 48; HERBER/CZERWENKA Art 7 Rn 12; HYLAND, in: SCHLECHTRIEM, Fachtagung 329 ff; KAROLLUS 16 f; REINHART Art 7 Rn 7),

43 – das **Gebot von Treu und Glauben im internationalen Handel** (Art 7 Abs 1) mit seinen Ausprägungen des Verbots mißbräuchlicher Rechtsausübung und des Verbots des widersprüchlichen Handelns (venire contra factum proprium; vgl oben Rn 25 ff [dort auch zu Rspr]). Das Verbot, eine formale Rechtsposition mißbräuchlich auszunutzen, ist auch der – verallgemeinerungsfähige – Grundsatz des Art 29 Abs 2 S 2. Das Verbot widersprüchlichen Verhaltens klingt in Art 8 Abs 3 („späteres Verhalten") und deutlicher in Art 16 Abs 2 lit b an. Es zeigt sich auch in der Regel des Art 50 S 2, die den Minderungsanspruch ausschließt, wenn der an sich Berechtigte die zulässige Nacherfüllung abgelehnt hat. Generell wird dem Grundsatz von Treu und Glauben auch zu entnehmen sein, daß eine Partei ihre Rechte verliert, wenn sie mit der Geltendmachung unangemessen lange zuwartet. Zum Teil schreibt das CISG eine angemessene Frist zur Wahrnehmung von Rechten vor (Art 39 Abs 1, 43 Abs 1, 49 Abs 2 lit a und b). Zum Teil fehlt eine bestimmte Frist (zB für das Schadensersatzverlangen wegen Lieferverspätung). Hier wird ebenfalls eine angemessene Frist zu gelten haben, die freilich länger als die Rüge- oder Aufhebungsfrist sein sollte. Der Grundsatz von Treu und Glauben dürfte

ferner die Regel „dolo petit, qui petit, quod statium rediturus est" (es handelt
treuwidrig, wer eine Leistung verlangt, die er sofort wieder zurückerstatten muß)
einschließen. Aus einer Analogie zu mehreren Einzelvorschriften (Art 58, 71, 85,
86), letztlich aber aus dem Gutglaubensgebot ist auch ein allgemeines Zurückbehaltungsrecht abzuleiten (s eingehend Kern ZEuP 2000, 837 ff). Jede Vertragspartei
kann danach mangels anderweiter Vereinbarung ihre Leistung solange zurückhalten, bis auch die andere Partei ihre Leistung im wesentlichen vollständig
anbietet. Auch ein Recht, die schon auf den Weg gebrachte Leistung noch anzu-
halten, wenn eindeutig ist, daß die Gegenleistung gar nicht erfolgen oder in
erheblichem Maß unvollständig sein wird, wird nicht nur dem Verkäufer (s Art 71
Abs 2), sondern analog auch dem Käufer zuzubilligen sein (s auch Art 71 Rn 53).

– Sowohl in Art 16 Abs 2 lit b wie in Art 29 Abs 2 S 2, ferner in Art 35 Abs 2 lit b ist **44**
   der allgemeine Grundsatz enthalten, daß eine Partei verpflichtet ist, die Folgen zu
   tragen, wenn sie eine **besondere Vertrauenslage** geschaffen und die andere Partei
   sich darauf tatsächlich verlassen hat (vgl auch Honnold Rn 99).

– Soweit die Konvention den **Maßstab des „Vernünftigen"** (reasonable) verwendet, **45**
   ist der in Art 8 Abs 2 niedergelegte Standard maßgebend; internationale Gebräu-
   che (Art 9) sind dabei zu berücksichtigen (Audit 51; Bianca/Bonell/Bonell aaO;
   Diesse JDI 2002, 55 ff; Enderlein/Maskow/Strohbach Art 7 Bem 9.1; Honnold, in:
   Schlechtriem, Fachtagung 139; Karollus 16 f; eine Ausprägung von Treu und Glauben sehen
   Witz/Salger/Lorenz Art 7 Rn 31 im Prinzip der „reasonableness").

– Der nur durch Art 12 eingeschränkte **Grundsatz der Formfreiheit** (Art 11, 29; **46**
   Bianca/Bonell/Bonell Art 7 Bem 2.3.2.2; Schlechtriem/Schwenzer/Ferrari Art 7
   Rn 52; Herber/Czerwenka Art 7 Rn 12; Reinhart Art 7 Rn 7).

– Die Konvention sieht neben den primären Vertragspflichten einige **Zusatzpflich-** **47**
   ten vor: Pflicht zur Erhaltung der zurückzugebenden Ware (Art 85, 86); Pflicht des
   zur Beförderung verpflichteten Verkäufers, einen ordnungsgemäßen Transport-
   vertrag abzuschließen (Art 32 Abs 2); die weitgehende Pflicht, eine zumutbare
   Nacherfüllung zu dulden (Art 34, 37, 48); die Pflicht, eigene Schäden kleinzuhalten (Art 77). Aus diesen Zusatzpflichten wird zu Recht eine **allgemeine Koopera-**
   tionspflicht der Parteien abgeleitet (ausdrücklich BGHZ 149, 113 [118]; auch den Benetton-
   Entscheidungen des BGH [NJW 1999, 3304 und 3309] wird eine solche Kooperationspflicht in
   Gestalt einer „Leistungstreuepflicht" zu entnehmen sein; ebenso ferner Audit 51; Bianca/
   Bonell/Bonell Art 7 Bem 2.3.2.2; Diesse JDI 2002, 65 ff; Enderlein/Maskow/Strohbach
   Art 7 Bem 9.1; Honnold Rn 342; ders, in: Schlechtriem, Fachtagung 139; Karollus 16 N 88;
   Schlechtriem/Schwenzer/Ferrari Art 7 Rn 54; Soergel/Lüderitz/Fenge Art 7 Rn 9; allge-
   mein zu Zusatzpflichten im CISG Kock, Nebenpflichten im UN-Kaufrecht [1995]; aA – eine
   allgemeine Kooperationspflicht ablehnend – Witz/Salger/Lorenz Art 30 Rn 23). Beide Par-
   teien sind verpflichtet, das Interesse der jeweils anderen Partei zu wahren, ihr die
   Erfüllung zu ermöglichen und das Vertragsziel nicht zu gefährden.

– Vielfach wird auch eine **generelle Informationspflicht der Parteien** angenommen **48**
   (BGHZ 149, 113 [118]; Audit 51; Schlechtriem/Schwenzer/Ferrari Art 7 Rn 54; Honnold
   Rn 100; zum „discussion principle" Hyland, in: Schlechtriem, Fachtagung 331 ff). Zwar mag
   es bedenklich erscheinen, über die vorgesehenen Informationspflichten hinaus

weitere konkrete Pflichten zur Unterrichtung anzunehmen. Denn im Interesse der Rechtssicherheit sollte jede Partei der Konvention an sich unmittelbar entnehmen können, wann und zu welcher Art Information sie verpflichtet ist. Dennoch ist aus dem Gutglaubensgebot und der Pflicht zur Kooperation zu folgern, daß Vertragspartner einander im Rahmen des Zumutbaren ganz generell zu fairer, angemessener und zeitgerechter Unterrichtung verpflichtet sind, soweit die jeweils andere Seite erkennbar auf die Information angewiesen oder an ihr interessiert ist (anders noch STAUDINGER/MAGNUS [1999]).

49 – Die **Aufhebung** des Vertrages kommt, wie Art 25, 34, 37, 47, 48, 49, 63, 64 zeigen, **nur als äußerstes Mittel** in Betracht. Soweit möglich und zumutbar, ist an der Vertragsdurchführung festzuhalten (OLG Köln IHR 2003, 15; AUDIT 51; BIANCA/BONELL/BONELL aaO: „favor contractus"; vCAEMMERER, in: FS Coing Bd 2 50 f; vCAEMMERER/SCHLECHTRIEM/HUBER Art 45 Rn 19; FARNSWORTH, in: Lausanner Kolloquium 84 f; HONNOLD Rn 245.1; ders, in: SCHLECHTRIEM, Fachtagung 140). Haben die Parteien die Aufhebung des Vertrages vereinbart, ohne weitere Abreden über die Rückabwicklung zu treffen, dann sind die Regeln anzuwenden, die die Konvention für die Vertragsaufhebung aufstellt (Art 81 ff; vgl OGH ZfRV 2000, 33 unter Rückgriff auf Art 7 Abs 2).

50 – Die Regelung des **Art 20 Abs 2** (Feiertage in Fristen einzurechnen, bei Zustellungsunmöglichkeit die Frist aber zu verlängern) hat **für alle Fristen** innerhalb der Konvention zu gelten (ebenso HERBER/CZERWENKA Art 20 Rn 7).

51 – Als allgemeiner Grundsatz wird auch die Regel des Art 27 angesehen, daß für die Wirksamkeit von Erklärungen und Mitteilungen ihre **Absendung genügt** (BIANCA/BONELL/BONELL Art 7 Bem 2.3.2.2; ENDERLEIN/MASKOW/STROHBACH Art 7 Bem 9.1), soweit nicht die Konvention ausdrücklich Zugang verlangt.

52 – Nicht nur für den Anspruch auf Kaufpreiszahlung, sondern für alle Zahlungsansprüche, die die Konvention vorsieht (Rückzahlung, Schadensersatz, Aufwendungsersatz), ist Art 59 heranzuziehen. Die **Fälligkeit** dieser Zahlungsansprüche tritt daher ohne Mahnung ein (ebenso SCHLECHTRIEM/SCHWENZER/FERRARI Art 7 Rn 55).

53 – Ist die **Kaufpreiswährung** ausnahmsweise nicht näher bestimmt, dann gilt im Zweifel die Währung am Verkäufersitz (strittig, vgl näher Art 53 Rn 20 ff).

54 – Unter dem EKG hatte die Rechtsprechung einen einheitlichen **Erfüllungsort für Zahlungs- und** auch **Rückzahlungsansprüche** am Sitz des Verkäufers angenommen (BGHZ 78, 257; abl für Rückzahlungsansprüche SCHLECHTRIEM IPRax 1981, 113 [115]; vgl auch Art 57 Rn 23). Das ist abzulehnen. Art 57 ist der allgemeine Grundsatz zu entnehmen, daß der jeweils Zahlungspflichtige im Zweifel am Sitz des Gläubigers zu zahlen hat, dort also der Erfüllungsort liegt (näher Art 57 Rn 22 ff).

55 – Dem EKG hat die Rechtsprechung ferner den allgemeinen Grundsatz entnommen, daß Zahlungen im Zweifel die älteste offene Schuld, ferner zunächst geschuldete Verzugszinsen tilgen sollen (Rb Alkmaar, in: SCHLECHTRIEM/MAGNUS Art 17 Nr 4; Hof Amsterdam NIPR 1983, Nr 215 = SCHLECHTRIEM/MAGNUS Art 17 Nr 6). Ob dieser Grundsatz auch aus dem CISG folgt, ist zweifelhaft (ebenso SCHLECHTRIEM/SCHWENZER/FERRARI[2] Art 7 Rn 39).

– In den Art 67 Abs 2 und 69 Abs 3 ist der allgemeine Grundsatz verankert, daß der **56**
  Gefahrübergang stets eine **hinreichende Zuordnung** der Ware zu dem in Rede
  stehenden Vertrag voraussetzt. Ohne diese Zuordnung verbleibt die Gefahr beim
  Verkäufer (näher Vorbem 3 zu Art 66 ff).

– Für die **Beweislast** ist insbes Art 79 Abs 1 der verallgemeinerungsfähige Gedanke **57**
  zu entnehmen, daß eine Partei die ihr günstigen tatsächlichen Umstände für ihr
  Begehren oder ihre Entlastung darlegen und beweisen muß (vgl eingehend Art 4
  Rn 63 ff).

3.   Rückgriff auf das anwendbare nationale Recht

Fehlen allgemeine Grundsätze, dann ist – allerdings erst als ultima ratio – **das vom** **58**
IPR berufene Landesrecht einzuschalten (Bianca/Bonell/Bonell Art 7 Bem 2.3.3.2;
Ferrari Art 7 Bem 10; Honnold, in: Schlechtriem, Fachtagung 140; Honsell/Melis Art 7
Rn 14; Karollus 18; Magnus RabelsZ 53 [1989] 121; Schwimann/Posch Art 7 Rn 13; Witz/
Salger/Lorenz Art 7 Rn 32). Maßgebend ist das vereinheitlichte oder unvereinheitlichte Kollisionsrecht, das im Forumstaat gilt. In aller Regel wird das Vertragsstatut
zu bestimmen sein; doch kann uU auch ein anderes Statut, etwa das Aufrechungs-
statut in Betracht kommen. Soweit deutsche Gerichte zu entscheiden haben, bestimmt sich das Vertragsstatut nach den Art 27 ff EGBGB. Mangels Rechtswahl gilt
das Recht am Niederlassungsort des Verkäufers.

Eine teilweise abweichende Auffassung vertritt Stoll. Er möchte **Randfragen des** **59**
Einheitskaufrechts, für die sich keine Lösung aus allgemeinen Grundsätzen des
CISG ergibt, unmittelbar dem materiellen Recht des Forumstaates unterstellen
(Stoll, in: FS Ferid 498). Als Randfragen bezeichnet er solche, die „nach rechtsver-
gleichender Erfahrung grundsätzliche Wertungen nicht berühren und hauptsächlich
die Rechtstechnik betreffen" (aaO). Beispiele seien etwa Fragen der Frist- oder
Schadensberechnung (498 f). Doch ist diese Auffassung mit dem Wortlaut des Art 7
Abs 2, der auf den IPR-Weg verweist, nicht zu vereinbaren. Ferner erscheint eine
klare und international einheitliche Abgrenzung der Randfragen kaum erreichbar
(vgl auch Schlechtriem/Schwenzer/Ferrari Art 7 Rn 58; Herber/Czerwenka Art 7 Rn 15;
Magnus RabelsZ 53 [1989] 121 N 18; Reithmann/Martiny Rn 735).

Auch soweit die **Entwicklung besonderer Kollisionsregeln für das Einheitskaufrecht** **60**
vorgeschlagen wird (so OLG Schleswig-Holstein IPRax 1993, 93; Stoll IPRax 1993, 75 ff), ist
diesem Weg nicht zu folgen. Der Vorschlag, alle gewichtigeren „Restfragen" wie
etwa die Verjährung, Abtretung, Schuldübernahme einem einzigen Recht, dem
Recht am Sitz des Schuldners zu unterstellen (so Stoll 78; das OLG Schleswig-Holstein
unterstellt die Verjährung allerdings dem Recht des Gläubigers), hat zwar den Vorzug der
Einfachheit. Doch dürfte es unmöglich sein, durch Rechtsprechung und Lehre
international einheitliche Kollisionsregeln speziell für das Einheitskaufrecht zu entwickeln. Schon das OLG Schleswig-Holstein und Stoll knüpfen die Verjährung
unterschiedlich an. Ferner dürften Widersprüche unvermeidlich sein, wenn Verjährung, Abtretung, Schuldübernahme etc zwar im kaufrechtlichen Zusammenhang
einheitlich, in anderen Zusammenhängen aber anders angeknüpft würden.

61 Den genannten Vorschlägen liegt das Bemühen zugrunde, die **Reibungen zwischen der Konvention und der im übrigen anwendbaren nationalen Rechtsordnung nach Möglichkeit kleinzuhalten**. Diesem Anliegen vermag jedoch eine volle Ausschöpfung des Potentials der allgemeinen Grundsätze der Konvention am ehesten Rechnung zu tragen (vgl auch HERBER/CZERWENKA Art 7 Rn 15; KAROLLUS 17; MAGNUS RabelsZ 59 [1995] 475 ff; REITHMANN/MARTINY Rn 735).

Art 8 [Auslegung von Erklärungen und Verhalten]

(1) Für die Zwecke dieses Übereinkommens sind Erklärungen und das sonstige Verhalten einer Partei nach deren Willen auszulegen, wenn die andere Partei diesen Willen kannte oder darüber nicht in Unkenntnis sein konnte.

(2) Ist Absatz 1 nicht anwendbar, so sind Erklärungen und das sonstige Verhalten einer Partei so auszulegen, wie eine vernünftige Person der gleichen Art* wie die andere Partei sie unter den gleichen Umständen aufgefaßt hätte.

(3) Um den Willen einer Partei oder die Auffassung festzustellen, die eine vernünftige Person gehabt hätte, sind alle erheblichen Umstände zu berücksichtigen, insbesondere die Verhandlungen zwischen den Parteien, die zwischen ihnen entstandenen Gepflogenheiten, die Gebräuche** und das spätere Verhalten der Parteien.

Art 8

(1) For the purposes of this Convention statements made by and other conduct of a party are to be interpreted according to his intent where the other party knew or could not have been unaware what that intent was.

(2) If the preceding paragraph is not applicable, statements made by and other conduct of a party are to be interpreted according to the understanding that a reasonable person of the same kind as the other party would have had in the same circumstances.

(3) In determining the intent of a party or the understanding a reasonable person would have had, due consideration is to be given to all relevant circumstances of the case including the negotiations, any practices which the parties have established between themselves, usages and any subsequent conduct of the parties.

Art 8

1) Aux fins de la présente Convention, les indications et les autres comportements d'une partie doivent être interprétés selon l'intention de celle-ci lorsque l'autre partie connaissait ou ne pouvait ignorer cette intention.

2) Si le paragraphe précédent n'est pas applicable, les indications et autres comportements d'une partie doivent être interprétés selon le sens qu'une personne raisonnable de même qualité que l'autre partie, placée dans la même situation, leur aurait donné.

3) Pour déterminer l'intention d'une partie ou ce qu'aurait compris une personne raisonnable, il doit être tenu compte des circonstances pertinentes, notamment des négociations qui ont pu avoir lieu entre les parties, des habitudes qui se sont établies entre elles, des usages et de tout comportement ultérieur des parties.

---

* Schweiz: in gleicher Stellung.

** Schweiz: Handelsbräuche; Österreich: Bräuche.

Schrifttum

Wie zu Art 1; ferner:
FERRARI, Auslegung von Parteierklärungen und
-verhalten nach UN-Kaufrecht, IHR 2003, 10
ders, Interpretation of statements: Article 8, in:
Draft Digest (2004) 172
LÓPEZ Y LÓPEZ, La interpretacíon del contrato
en la Convencíon de Viena sobre compraventa

internacional de mercaderías, Rev der mer 1997,
1207
KAUFMANN, Parol Evidence Rule und Merger
Clauses im internationalen Einheitsrecht (2004)
KRAMER, Konsensprobleme im Rahmen des
UN-Kaufrechts, in: FS WELSER (2004) 539.

Systematische Übersicht

Alphabetische Übersicht

I. Regelungsgegenstand und Normzweck

1 Während Art 7 die Auslegung der Konvention betrifft, regelt Art 8 die **Auslegung von Parteierklärungen und Parteiverhalten**. Der in Art 7 Abs 1 genannte Grundsatz des guten Glaubens ist aber auch für das Verhältnis der Parteien zueinander zu beachten. Art 8 folgt der Grundhaltung der Konvention, dem Parteiwillen Vorrang einzuräumen, und läßt zunächst den Willen des Äußernden hinsichtlich des Inhalts seiner Erklärung entscheiden. Der Wille ist maßgebend, wenn er der anderen Partei bekannt oder erkennbar war (Abs 1). Ist diese Voraussetzung nicht erfüllt, dann gilt der Sinn, den die Äußerung oder das Verhalten bei objektivem Verständnis hat (Abs 2).

2 Schließlich befreit Abs 3 bei der Ermittlung des subjektiven Willens oder des objektiven Erklärungsinhalts von jeder denkbaren Beschränkung. Es sind vielmehr alle erheblichen Umstände zu berücksichtigen.

3 Mit der Vorschrift ist erstmals **eine übergreifende Auslegungsvorschrift** geschaffen worden, die die gerade zwischen Civil-Law- und Common-Law-Ländern unterschiedlichen Interpretationsmethoden angleicht und grundsätzlich für die Auslegung jedweder vertraglichen Erklärung und jedweden vertragserheblichen Verhaltens geeignet ist.

II. Entstehungsgeschichte

4 Die Vorschrift hatte im Haager Recht keinen unmittelbaren Vorläufer. Teile ihrer Gedanken waren allerdings in den Art 9 Abs 3 EKG und 4 Abs 2, 5 Abs 3, 6 Abs 2, 13 Abs 2 EAG enthalten.

5 Anstoß für die jetzige Regelung gaben Vorschriften des UNIDROIT-Entwurfs eines einheitlichen Gesetzes über die Gültigkeit internationaler Kaufverträge (UNCITRAL YB IX [1978] 105 ff; vgl auch Sekretariatskommentar Art 7 vor Bem 1; BIANCA/BONELL/FARNSWORTH Art 7 Bem 1.1 ff).

Auf der Wiener Konferenz war die Vorschrift nicht unumstritten. Doch fanden **6** weder ein schwedischer Streichungsantrag noch unterschiedliche Präzisierungsvorschläge die Zustimmung der Mehrheit (Off Rec 88 f, 259 ff). Lediglich eine von Ägypten beantragte Ergänzung (in Abs 2 hinter Person „der gleichen Art" einzufügen) wurde angenommen (Off Rec 88; offenbar irrig als „rejected" bezeichnet, in: Off Rec 261).

III. Allgemeines

Die Vorschrift spricht nur von der **Auslegung der einseitigen Erklärungen oder des** **7** **einseitigen Verhaltens** einer Partei. Sie gilt aber ebenso für die **Auslegung von Verträgen** (Sekretariatskommentar Art 7 Bem 2; Denkschrift 41; BIANCA/BONELL/FARNSWORTH Art 8 Bem 3. 1; ENDERLEIN/MASKOW/STROHBACH Art 8 Bem 2. 3; HONNOLD Rn 105; MünchKommHGB/ FERRARI Art 8 Rn 3; WITZ/SALGER/LORENZ Art 8 Rn 3). Ihre Regeln sind für die Vertragsauslegung entsprechend anzupassen. Damit ist auch für die Vertragsauslegung die in Art 8 Abs 1 und Abs 2 aufgestellte Rangordnung zu beachten. Zunächst entscheidet der Parteiwille. Nur soweit er nicht erkennbar ist, kommt es auf den objektiven Erklärungsinhalt an (FERRARI Art 8 Bem 5). Die Auslegungsregeln des Art 8 gelten für alle Bestimmungen eines dem CISG unterfallenden Vertrages, also auch für solche, die CISG-fremde Materien betreffen oder im CISG nicht vorgesehene Zusatzpflichten festlegen (vgl etwa OLG Hamburg 5. 10. 1998, CLOUT Nr 279 [für die Auslegung eines Aufrechnungsverbots in einem dem CISG unterliegenden Vertrag, obwohl das CISG die Aufrechnung selbst regelmäßig nicht erfaßt]). Wettbewerbsverbote, Exklusivlieferungsvereinbarungen etc sind deshalb nach dem Maßstab des Art 8 auszulegen; ihre Gültigkeit richtet sich dagegen nach dem jeweils anwendbaren nationalen oder supranationalen Wettbewerbs- oder sonst maßgebendem Gültigkeitsrecht (vgl dazu näher die Erl zu Art 4).

Die Vorschrift gilt ferner nicht nur für geäußerte Erklärungen, sondern ebenso **für** **8** **jedes rechtlich relevante Verhalten**, dessen Bedeutung nach denselben Auslegungsgrundsätzen zu ermitteln ist (vgl auch BIANCA/BONELL/FARNSWORTH Art 8 Bem 2. 1; SCHLECHTRIEM/SCHWENZER/SCHMIDT-KESSEL Art 8 Rn 2; ENDERLEIN/MASKOW/STROHBACH Art 8 Bem 2. 2; HERBER/CZERWENKA Art 8 Rn 4; MünchKommHGB/FERRARI Art 8 Rn 1; REINHART Art 8 Rn 2).

Auch Art 8 steht unter dem **Vorbehalt der Parteiautonomie** (Art 6). Die Parteien **9** können ihn, insbes seinen Abs 3 deshalb abbedingen, etwa durch eine sogenannte „merger clause", die den Vertragsinhalt ausschließlich auf das schriftlich Fixierte begrenzt (vgl dazu BIANCA/BONELL/FARNSWORTH Art 8 Bem 3. 3; KAUFMANN 292 ff). Die inhaltliche Gültigkeit einer solchen Klausel richtet sich freilich nach dem anwendbaren nationalen Recht (ebenso BIANCA/BONELL/FARNSWORTH aaO).

Auch wenn Art 8 dies nicht wiederholt, ist im Verhältnis der Parteien zueinander **10** der **Grundsatz von Treu und Glauben zu berücksichtigen**, auf den Art 7 Abs 1 die Interpretation des CISG im ganzen verpflichtet (BIANCA/BONELL/BONELL Art 7 Bem 2. 4. 1; ENDERLEIN/MASKOW/STROHBACH Art 7 Bem 1; auch HONNOLD Rn 94; SCHLECHTRIEM Rn 54; ders, UN-Kaufrecht 25 durch Rückgriff auf den „reasonable man"; WITZ/SALGER/LORENZ Art 8 Rn 7; zurückhaltend aber LOEWE, Kaufrecht 33; **aA** SCHLECHTRIEM/SCHWENZER/SCHMIDT-KESSEL Art 8 Rn 30). Die Auslegung zweifelhafter Partei- oder Vertragserklärungen muß mit dem Gebot des guten Glaubens vereinbar sein, sich also daran orientieren, was verständige Teilnehmer am internationalen Handelsverkehr in der konkreten Situation für akzeptabel erachten.

IV. Maßgeblichkeit des Willens des Äußernden (Abs 1)

11 Über die Bedeutung einer Erklärung oder eines entsprechenden Verhaltens **ent-scheidet** nach Abs 1 grundsätzlich der **wirkliche Wille** („intent", „intention") **des Erklärenden**, mag der Wille in der Erklärung auch nur unvollständig oder unvoll-kommen zum Ausdruck gekommen sein (FERRARI Art 8 Bem 5; HERBER/CZERWENKA Art 8 Rn 2; MünchKommHGB/FERRARI Art 8 Rn 5). Maßgebend ist im Ergebnis jedoch auch nach Abs 1 die Kenntnis und Verständnismöglichkeit des konkreten Empfängers („Empfängerhorizont"; s auch BGHZ 134, 201 [206 f]; ACHILLES Art 7 Rn 2; FERRARI IHR 2003, 12 ff; MünchKommHGB/FERRARI Art 8 Rn 9; SCHLECHTRIEM Rn 54). Dabei ist es aber zunächst Sache des Erklärenden zu bestimmen, an wen seine Erklärung gerichtet sein soll (OGH JBl 1998, 255 m Anm KAROLLUS; s auch SCHLECHTRIEM Rn 49). Grundsätzlich ist das der beabsichtigte Empfänger, es sei denn, dieser habe zuvor erkennbar klargestellt, daß er die Erklärung – etwa als Vermittler – weiterleiten werde (OGH aaO). Bei mehrdeutiger Währungsbezeichnung (zB Dollar oder Pound) in einem Angebot wird der Empfänger in der Regel damit rechnen müssen, daß die Währung im Land des Erklärenden gemeint ist (also zB Hongkong$ und nicht US$, wenn der Erklärende seinen Sitz in Hongkong hat).

12 Der wirkliche Wille ist aber nur dann zu beachten, wenn der Empfänger ihn **kannte oder über ihn nicht in Unkenntnis sein konnte**. Mit letzterer Formulierung bezeichnet die Konvention durchgehend **grobe Fahrlässigkeit** (vgl etwa Art 35 Abs 3; FERRARI IHR 2003, 12; HERBER/CZERWENKA Art 8 Rn 3; HONSELL/MELIS Art 8 Rn 6; KAROLLUS 47; MünchKommHGB/FERRARI Art 8 Rn 6; SCHLECHTRIEM/SCHWENZER/SCHMIDT-KESSEL Art 8 Rn 16; wohl auch BRUNNER Art 8 Rn 4; **aA** WITZ/SALGER/LORENZ Art 8 Rn 5 [Empfänger habe lediglich keine Erkundigungsobliegenheit]). Der Empfänger muß den tatsächlichen Willen des Erklärenden damit dann gegen sich gelten lassen, wenn er ihn verkannt hat, obwohl er leicht zu erkennen war (Beispiel: Bei einem Dauerlieferungsvertrag ruft der Käufer stets dieselbe Menge ab; ausnahmsweise – und irrtümlich – wird die doppelte Menge abgerufen. Der Verkäufer muß erkennen, daß aller Wahrschein-lichkeit nach die übliche Menge gemeint war). Auch wenn der Empfänger erkennen mußte, daß eine Erklärung offensichtlich nicht ernst gemeint war, kann er aus ihr keine Rechtswirkungen herleiten (WITZ/SALGER/LORENZ Art 8 Rn 6). Für die rechtliche Bedeutung von Scherzerklärungen ist nicht etwa auf das anwendbare nationale Recht zurückzugreifen.

13 Auch bei der Frage, **ob der Empfänger eine Erklärung in fremder Sprache verstehen muß**, kann der Maßstab der groben Fahrlässigkeit eine Rolle spielen. Verwenden die Parteien im Rahmen einer längeren Geschäftsbeziehung stets eine bestimmte Spra-che, so muß sich der Empfänger Erklärungen in dieser Sprache zurechnen lassen, wenn er nunmehr etwa einen sprachunkundigen Mitarbeiter einsetzt.

14 Auch für **Erklärungen durch Verhalten** kann die Frage der groben Fahrlässigkeit Bedeutung haben (BIANCA/BONELL/FARNSWORTH Art 8 Bem 2.3; HERBER/CZERWENKA Art 8 Rn 5 halten Abs 1 dagegen für fast bedeutungslos). Der Übergang zu Abs 2 ist hier aller-dings fließend.

Die Kenntnis oder grob fahrlässige Unkenntnis des Empfängers muß **im Zeitpunkt** **15** **der Erklärung** oder des Verhaltens vorliegen (ebenso ENDERLEIN/MASKOW/STROHBACH Art 8 Bem 3.1; teilw anders BIANCA/BONELL/FARNSWORTH Art 8 Bem 2.1: Wirksamwerden des Verhaltens; **aA** MünchKommHGB/FERRARI Art 8 Rn 8: Wirksamwerden der Erklärung).

Abs 1 hat auch die Konsequenz, daß das von den Parteien **übereinstimmend Ge- 16 wollte trotz falscher Bezeichnung gilt**: falsa demonstratio non nocet (Sekretariatskommentar Art 7 Bem 5; ACHILLES Art 7 Rn 2; BIANCA/BONELL/FARNSWORTH Art 8 Bem 2.3; MünchKommHGB/FERRARI Art 8 Rn 7; SCHLECHTRIEM/SCHWENZER/SCHMIDT-KESSEL Art 8 Rn 22; SCHWIMANN/POSCH Art 8 Rn 3; SOERGEL/LÜDERITZ/FENGE Art 8 Rn 4).

V. Objektiver Erklärungsinhalt (Abs 2)

1. Grundsatz

Abs 2 gilt nur, wenn Abs 1 nicht eingreift. Das ist der Fall, wenn entweder der **17** Erklärende eine Erklärung dieses Inhalts nicht abgeben wollte oder wenn der Empfänger die Intention des Erklärenden weder kannte noch grob fahrlässig – sondern nur fahrlässig oder schuldlos – verkannte (vgl Sekretariatskommentar Art 7 Bem 4). Dann ist die Bedeutung der abgegebenen Erklärung unabhängig vom Verständnis des konkreten Adressaten objektiv zu bestimmen. **Maßgebend ist die Sicht eines verständigen Empfängers in einer in allen äußeren Bedingungen gleichen Situation** (vgl BRUNNER Art 8 Rn 6; HERBER/CZERWENKA Art 8 Rn 6; MünchKommHGB/FERRARI Art 8 Rn 9; PILTZ, Internationales Kaufrecht § 2 Rn 173). Alle in Abs 3 genannten Umstände sind dabei mitzuberücksichtigen (dazu noch unten Rn 23 ff). Abs 2 stellt also bei einseitigen Erklärungen und Verhaltensweisen von vornherein auf den **Empfängerhorizont** ab (ebenso MünchKommHGB/FERRARI Art 8 Rn 9; SCHLECHTRIEM/SCHWENZER/SCHMIDT-KESSEL Art 8 Rn 10, 19; SCHLECHTRIEM Rn 54). Bei Vertragsschluß durch gemeinsamen Beschluß oder durch sonst nicht einer Partei zuzuordnende Erklärungen hat die Auslegung vom Wortlaut auszugehen und im übrigen das Verständnis vernünftiger Geschäftsteilnehmer bei Geschäften dieser Art zugrunde zu legen.

Diese Grundsätze sind **ebenso auf die Auslegung von allgemeinen Geschäftsbedin- 18 gungen anzuwenden** (BGHZ 149, 113 [117]). Auch für ihre Auslegung gilt bei Unklarheiten im Zweifel das Verständnis des vernünftigen Empfängers (SCHLECHTRIEM Rn 58; SCHWIMANN/POSCH Art 8 Rn 5). Damit hat die contra-proferentem-Regel innerhalb der Konvention Anerkennung gefunden (ebenso HONNOLD Rn 107.1; MünchKommHGB/ FERRARI Art 8 Rn 18; SCHLECHTRIEM/SCHWENZER/SCHMIDT-KESSEL Art 8 Rn 47, 59; zur Einbeziehung von AGB vgl Art 14 Rn 40; zu ihrer Inhaltskontrolle Art 4 Rn 24 ff).

2. Weiterreichende Geltung

Die **objektive Sichtweise**, die Abs 2 für die Auslegung des Parteiwillens und -ver- **19** haltens vorschreibt, ist darüber hinaus durchgehend **für die gesamte Konvention zugrunde zu legen**, soweit es auf die Bedeutung von Umständen oder auf Verhaltensmaßstäbe für die Parteipflichten ankommt und den Parteiabsprachen oder dem übereinstimmenden Parteiverhalten kein konkreter Anhalt zu entnehmen ist (vgl zB Art 71 Rn 19; aus der Rspr s etwa OGH IHR 2002, 76 [80, für die Voraussehbarkeit des Schadens nach Art 74]). Es ist stets auf den ordentlichen Durchschnittsteilnehmer abzustellen, der sich in derselben konkreten Situation befindet wie die betroffene Partei.

20 Auch für die Ermittlung des **Bedeutungsgehalts von Formularen, Mustern oder verwendeten Ausdrücken**, zumal wenn diese wie etwa fob, cif etc international gebräuchliche Bedeutungen haben, gilt vorbehaltlich eines abweichenden übereinstimmenden Parteiwillens die **objektive Auslegung**. Dabei ist ein international vereinheitlichtes Auslegungsverständnis wie etwa in den INCOTERMS zu beachten (ebenso BIANCA/BONELL/BONELL Art 9 Bem 3. 5; HONNOLD Rn 115; ähnlich HERBER/CZERWENKA Art 9 Rn 16; PILTZ, Internationales Kaufrecht § 2 Rn 181; vgl auch Art 9 Rn 32).

VI. Anfechtbarkeit von Erklärungen

21 Hat der Erklärende eine Erklärung des Inhalts, wie ihn die objektive Auslegung fixiert hat, nicht abgeben wollen oder der Empfänger diesem Inhalt nicht zustimmen wollen, dann bleibt die **Anfechtung nach dem anwendbaren nationalen Irrtumsrecht** zulässig. Als Gültigkeitsfrage steht die Anfechtbarkeit wegen Erklärungsirrtums außerhalb der Konvention und ist vom berufenen Vertragsstatut zu entscheiden (OHG ZfRV 1997, 204; Ungarisches Hauptstadtgericht 1. 7. 1997, CLOUT Nr 172; BIANCA/BONELL/FARNSWORTH Art 8 Bem 3. 4; ENDERLEIN/MASKOW/STROHBACH Art 8 Bem 3. 4; HERBER/CZERWENKA Art 8 Rn 7; MünchKommHGB/FERRARI Art 8 Rn 11; SCHLECHTRIEM/ SCHWENZER/SCHMIDT-KESSEL Art 8 Rn 6; vgl auch Art 4 Rn 48 ff). Im Rahmen des Art 27 – Irrtum bei der Übermittlung von Mitteilungen – bedarf es der Anfechtung freilich nicht (vgl näher Art 4 Rn 51, Art 27 Rn 25).

22 Dem nationalen Recht ist auch die Frage zu überlassen, ob **rechtsgeschäftlich relevantes Verhalten anfechtbar** ist.

VII. Für die Auslegung beachtliche Umstände (Abs 3)

23 Abs 3 will vor allem sicherstellen, daß bei der Auslegung der Willenserklärungen und des Parteiverhaltens **keine formellen Schranken der Auslegung** bestehen, wie sie manche nationale Rechte kennen (HONNOLD Rn 110; s auch Art 11). So ist etwa im Common-Law-Bereich die „parol evidence rule" verbreitet, die eine Auslegung gegen einen eindeutigen Erklärungswortlaut und den Rückgriff auf außerhalb einer schriftlichen Urkunde liegende Umstände verbietet (vgl für England: PHIPSON on Evidence [15. Aufl 2000] 1019 ff; für die USA: sec 2–202 UCC; näher HONNOLD aaO; eingehend KAUFMANN 23 ff; MünchKommHGB/FERRARI Art 8 Rn 14; SCHLECHTRIEM/SCHWENZER/SCHMIDT-KESSEL Art 8 Rn 32 ff). Im Anwendungsbereich des CISG ist diese rule nicht zu beachten (MCC-Marble Ceramic Center, Inc v Ceramica Nuova D'Agostino, SpA, 1998 US Court of Appeals Lexis 14782 = CLOUT Nr 222; Calzaturificio Claudis snc v Olivieri Footwear Ltd, 1998 WL 164824 [S. D. N. Y. 1998]; LÓPEZ Y LÓPEZ Rev der mer 1997, 1225; KAUFMANN 269, 291 f; MAGNUS ZEuP 1999, 653; SCHLECHTRIEM/SCHWENZER/SCHMIDT-KESSEL Art 8 Rn 32; SCHWIMANN/POSCH Art 8 Rn 7). Allerdings können die Parteien – vor allem durch eine sog **Integrationsklausel** oder **merger clause** – vereinbaren, daß ihr Vertragsdokument alleinige Quelle und Nachweismöglichkeit der gegenseitigen Vertragsrechte und -pflichten sein soll (s zu merger clauses eingehend KAUFMANN 144 ff; ferner BRUNNER Art 8 Rn 15; SCHLECHTRIEM/SCHWENZER/SCHMIDT-KESSEL Art 8 Rn 35). Eine solche Klausel hat im Ergebnis denselben Effekt wie die parol evidence rule. Da Art 6 jede

Abweichung vom Inhalt des CISG gestattet, sind diese Vollständigkeitsklauseln uneingeschränkt mit dem CISG vereinbar (s KAUFMANN 296 ff; SCHLECHTRIEM/SCHWEN- ZER/SCHMIDT-KESSEL aaO).

Die **Auslegung** insbes **schriftlicher Erklärungen** ist **nicht allein an den Wortlaut ge- 24 bunden**, auch wenn sie von ihm auszugehen hat (Sekretariatskommentar Art 7 Bem 5). Vielmehr sind alle für die Auslegung erheblichen Umstände zu berücksichtigen. Abs 3 nennt besonders, ohne damit eine abschließende Aufzählung zu beabsichtigen (vgl BIANCA/BONELL/FARNSWORTH Art 8 Bem 2. 6; ENDERLEIN/MASKOW/STROHBACH Art 8 Bem 7; SCHLECHTRIEM, UN-Kaufrecht 26), die Verhandlungen, Gepflogenheiten und das spätere Verhalten der Parteien sowie Gebräuche (vgl zu Gepflogenheiten und Gebräuchen näher Art 9). Es sind also die geschäftlichen Kontakte zwischen den Parteien vor Äußerung der Erklärung oder des Verhaltens wie auch die nachfolgende Ausfüllung zu beachten, um den Sinn der Äußerung zu ermitteln. Die Konvention erkennt hier – jedenfalls für Auslegungszwecke – die Beachtlichkeit auch eines vorvertraglichen Verhaltens an (vgl dazu auch Art 4 Rn 42 f). Ob nicht nur internationale, sondern auch lediglich nationale Gebräuche zur Auslegung von Erklärungen und Verhalten her- angezogen werden können (so SCHLECHTRIEM Rn 56; SCHLECHTRIEM/SCHWENZER/SCHMIDT- KESSEL Art 8 Rn 45), erscheint nicht zweifelsfrei. Uneingeschränkt wird das nur gelten können, wenn die Parteien sich mit der Geltung national begrenzter Gebräuche einverstanden erklärt haben (Art 9 Abs 1; s auch WITZ/SALGER/LORENZ Art 8 Rn 12).

Nachfolgendes Verhalten der Parteien kann in zweierlei Hinsicht bedeutsam sein. 25 Soweit die Parteien von früheren Erklärungen später übereinstimmend abweichen, liegt darin eine Vertragsänderung. Für sie gilt Art 29. Im übrigen kann späteres Verhalten einen Hinweis darauf geben, wie eine oder beide Parteien eine bestimmte Erklärung bei Abgabe verstanden hatten. Dagegen ist Abs 3 nicht zu entnehmen, daß eine Partei ihrer Erklärung durch späteres Verhalten einen anderen als den ursprünglichen Sinn beilegen darf (ähnlich HERBER/CZERWENKA Art 8 Rn 11; Münch- KommHGB/FERRARI Art 8 Rn 15; SCHLECHTRIEM/SCHWENZER/SCHMIDT-KESSEL Art 8 Rn 50).

Zum Teil wird in dem Hinweis auf späteres Verhalten ein – vorsichtiges – Verbot 26 des venire contra factum proprium gesehen (so ENDERLEIN/MASKOW/STROHBACH Art 8 Rn 11; LOEWE, Kaufrecht 34; REINHART Art 8 Rn 5; zurückhaltender HERBER/CZERWENKA aaO). Das ist in der Form richtig, daß Abs 3 bei einem Widerspruch zwischen Erklärung und Verhalten eine **Präferenz für das Verhalten** ausdrückt (ähnlich MünchKommHGB/ FERRARI Art 8 Rn 16; SCHLECHTRIEM/SCHWENZER/SCHMIDT-KESSEL Art 8 Rn 50).

VIII. Schweigen

Die Umstände – erst recht Gepflogenheiten und Gebräuche (zu ihnen eingehend Art 9 27 Rn 7 f) – können dazu führen, daß auch **Schweigen einer Partei als zustimmende Erklärung** zu werten ist (ebenso ACHILLES Art 8 Rn 4; BAMBERGER/ROTH/SAENGER Art 8 Rn 4; BRUNNER Art Vor Art 14–24 Rn 5 ff; KRAMER, in: FS WELSER 546 ff; MünchKommHGB/ FERRARI Art 8 Rn 17; SCHLECHTRIEM/SCHWENZER/SCHMIDT-KESSEL Art 8 Rn 36; SCHWIMANN/ POSCH Art 8 Rn 7). In der Rechtsprechung zum CISG ist etwa die Einbeziehung einer Schiedsklausel in einen Vertrag für wirksam gehalten worden, die erstmals in der Annahmeerklärung des Käufers enthalten war, auf die sich der Verkäufer dann nicht erneut geäußert hatte. Angesichts der ausführlichen Vorverhandlungen und des Umstandes, daß der Käufer ein Akkreditiv eröffnet hatte und der Verkäufer anschließend den Vertrag, wenn auch nicht die Schiedsklausel für wirksam gehalten hatte, sei im Schweigen eine wirksame Annahme des Gegenangebots zu sehen. Habe der Verkäufer der Schiedsklausel widersprechen wollen, so hätte er sich rechtzeitig ausdrücklich äußern müssen (vgl Filanto SpA v Chilewich International Corp, 789 F Suppl 1229 [SDNY 1992]; dazu Magnus ZEuP 1993, 87). Ebenso hat die Rechtsprechung den Inhalt eines Bestätigungsschreibens als konstitutiv anerkannt, wenn dem weiteren Verhalten des Empfängers (Erfragen der Versicherungsbedingungen, nachdem Versicherung im Bestätigungsschreiben zur Bedingung gemacht worden war) eine stillschweigende Zustimmung zum Vertrag entnommen werden kann, so daß gerade kein bloßes Schweigen vorliegt (OLG Graz IHR 2003, 71).

IX. Sprache

28 Soweit sich die Parteien auf **eine Sprache als Vertragssprache geeinigt** haben, etwa indem Angebot und Annahme in der gleichen Sprache abgegeben wurden, ist diese Sprache für die Kommunikation zwischen den Parteien maßgebend und sind Erklärungen grundsätzlich in ihr abzugeben. Doch kann der Erklärende auch die Heimatsprache des Empfängers oder eine Sprache benutzen, die dieser zweifelsfrei versteht.

29 **Ohne Einigung auf eine Sprache** muß der Empfänger nur solche Erklärungen gegen sich gelten lassen, die er auch versteht oder die in einer durch Gepflogenheiten oder Gebräuche festgelegten Sprache erfolgen (ganz ähnlich Schlechtriem/Schwenzer/ Schlechtriem Art 24 Rn 16; Schlechtriem/Schwenzer/Schmidt-Kessel Art 8 Rn 41; Münch-KommHGB/Ferrari Art 8 Rn 12; Piltz, Internationales Kaufrecht § 3 Rn 16 ff; Witz/Salger/ Lorenz Art 8 Rn 9; teilw **anders** Reinhart Art 11 Rn 5 ff, der die Sprachfrage grundsätzlich als Formproblem auffaßt; vgl auch Art 14 Rn 8 u Art 24 Rn 20). Die Rechtsprechung verlangt allerdings weitergehend, daß der Empfänger den Inhalt einer ihm unverständlichen Erklärung auf verständige Weise aufklärt (Rückfrage oder Übersetzung), wenn er erkennt, daß die Erklärung rechtliche Bedeutung haben könnte (OLG Hamm NJW-RR 1996, 1271; ähnlich Achilles Art 8 Rn 6).

30 Für die Auslegung ist zunächst der **Wortsinn in der zulässigerweise verwendeten Sprache** maßgebend.

X. Beweisfragen

31 Die Partei, die sich gemäß Abs 1 entgegen dem objektiv Erklärten auf ihren wirklichen Willen beruft, muß nachweisen, daß die andere Partei ihn kannte oder grob fahrlässig verkannte (Baumgärtel/Laumen/Hepting Art 8 Rn 15 ff; MünchKommHGB/ Ferrari Art 8 Rn 19). Die erheblichen Umstände des Abs 3, die für eine bestimmte Auslegung einer Erklärung oder eines Verhaltens sprechen, hat jene Partei nachzuweisen, die sich auf diese Auslegung stützt (Baumgärtel/Laumen/Hepting Art 8 Rn 11; Schlechtriem/Schwenzer/Schmidt-Kessel Art 8 Rn 61).

Art 9 [Handelsbräuche und Gepflogenheiten]

(1) Die Parteien sind an die Gebräuche,* mit denen sie sich einverstanden erklärt haben, und an die Gepflogenheiten gebunden, die zwischen ihnen entstanden sind.

(2) Haben die Parteien nichts anderes vereinbart, so wird angenommen, daß sie sich in ihrem Vertrag oder bei seinem Abschluß stillschweigend auf Gebräuche* bezogen haben, die sie kannten oder kennen mußten und die im internationalen Handel den Parteien von Verträgen dieser Art in dem betreffenden Geschäftszweig weithin bekannt sind und von ihnen regelmäßig beachtet werden.

Art 9

(1) The parties are bound by any usage to which they have agreed and by any practices which they have established between themselves.

(2) The parties are considered, unless otherwise agreed, to have impliedly made applicable to their contract or its formation a usage of which the parties knew or ought to have known and which in international trade is widely known to, and regularly observed by, parties to contracts of the type involved in the particular trade concerned.

Art 9

1) Les parties sont liées par les usages auxquels elles ont consenti et par les habitudes qui se sont établies entre elles.

2) Sauf convention contraire des parties, celles-ci sont réputées s'être tacitement référées dans le contrat et pour sa formation à tout usage dont elles avaient connaissance ou auraient dû avoir connaissance et qui, dans le commerce international, est largement connu et régulièrement observé par les parties à des contrats de même type dans la branche commerciale considérée.

Schrifttum

Wie zu Art 8; ferner:
BAINBRIDGE, Trade Usages in International Sales of Goods: An Analysis of the 1964 and 1980 Sales Conventions, VirgJIntL 24 (1984) 619
BONELL, Die Bedeutung der Handelsbräuche im Wiener Kaufrechtsübereinkommen von 1980, JurBl 1985, 385
BYDLINSKI, Das allgemeine Vertragsrecht, in: DORALT 57
ESSER, Die letzte Glocke zum Geleit? Kaufmännische Bestätigungsschreiben im Internationalen Handel: Deutsches, Französisches, Österreichisches und Schweizerisches Recht und Einheitliches Recht unter der Kaufrechtskonvention von 1980, ZfRvgl 29 (1988) 167
FELTHAM, C. I. F. and F. O. B. Contracts and the Vienna Convention on Contracts for the International Sale of Goods, JBL 1991, 413

FERRARI, La rilevanza degli usi nella Convenzione di Vienna sulla vendita internazionale di Geni mobili, Contratto e impresa 1994, 239
ders, Zur Bedeutung von Handelsbräuchen und Gepflogenheiten nach UN-Kaufrecht, EuLF 2002, 272
ders, Trade usage and practices established between the parties: Article 9, in: Draft Digest (2004) 191
FOGT, Gerichtsstand des Erfüllungsortes bei streitiger Existenz des Vertrages, IPRax 2001, 358
ders, Rechtzeitige Rüge und Vertragsaufhebung bei Waren mit raschem Wertverlust nach UN-Kaufrecht, ZEuP 2002, 580
ders, Die Vereinbarung und Auslegung von FRANCO-Lieferklauseln beim CISG-Kauf. Zugleich Vorüberlegungen zur Reform des

---

* Schweiz: Handelsbräuche, Österreich: Bräuche.

Teil II des CISG und zur begrenzten Rücknahme nordischer Vorbehalte zum CISG, EurLF 2003, 61
GARRO, Reconciliation of Legal Traditions in the UN Convention on Contracts for the International Sale of Goods, IntLawyer 1989, 443
GOLDSTAJN, Usages of Trade and Other Autonomous Rules of International Trade According to the UN (1980) Sales Convention, in: ŠARČEVIĆ/VOLKEN 55
HOLL/KESSLER, „Selbstgeschaffenes Recht der Wirtschaft" und Einheitsrecht – Die Stellung der Handelsbräuche und Gepflogenheiten im Wiener UN-Kaufrecht, RiW 1995, 457
P HUBER, Vertragswidrigkeit und Handelsbräuche im UN-Kaufrecht, IPRax 2004, 358
KOLTER, Zur rechtlichen Einordnung typischer Handelsklauseln unter besonderer Berücksichtigung des EAG, EKG und UN-Kaufrechts (Diss Marburg 1991)
KRAMER, Neues aus Gesetzgebung, Praxis und

Lehre zum Vertragsschluß, Basler Jur Mitt 1995, 1
KRÖLL/HENNECKE, Kaufmännische Bestätigungsschreiben beim Internationalen Warenkauf, RabelsZ 67 (2003) 448
PILTZ, INCOTERMS und UN-Kaufrecht, in: FS Herber (1999) 20
RENCK, Der Einfluß der INCOTERMS 1990 auf das UN-Kaufrecht. Eine Untersuchung zu den rechtlichen Wirkungen der INCOTERMS 1990 im Recht des internationalen Warenkaufs (1995)
K SCHMIDT, Die Praxis zum sog. kaufmännischen Bestätigungsschreiben: ein Zankapfel der Vertragsrechtsdogmatik – Eine Skizze zur „Sonderdogmatik" im „Sonderprivatrecht" und zu deren Integration in einen internationalen Konsens –, in: FS HONSELL (2002) 99
WEITNAUER, Zum Vorrang der „Gepflogenheiten" zwischen den Vertragsparteien vor den Bestimmungen des Einheitlichen Kaufrechts, IPRax 1984, 185.

Systematische Übersicht

Alphabetische Übersicht

I. Regelungsgegenstand und Normzweck

Die Vorschrift regelt, **wann Gepflogenheiten und Gebräuche für die Parteien maß-** 1
geblich sind und zu einer Ergänzung ihrer Vereinbarung führen. Abs 1 knüpft dabei
an den konkreten ausdrücklichen oder stillschweigenden Willen der Parteien an.
Gebräuche, mit denen sie einverstanden sind, und Gepflogenheiten, die sich zwischen ihnen entwickelt haben, sind für die Parteien verbindlich. Abs 2 unterstellt die
Parteien – auch ohne ihren Willen – solchen im internationalen Handel üblichen
Bräuchen, die sie kannten oder kennen mußten (sog normative Bräuche).

Die Vorschrift begründet, auch ohne dies ausdrücklich auszusprechen, einen **Vor-** 2
rang anzuerkennender Gebräuche vor den Regelungen der Konvention. Art 9 will
damit vor allem dem Umstand Rechnung tragen, daß sich in zahlreichen Branchen
und an vielen Handelsplätzen bestimmte rechtliche Sonderregeln herausgebildet
haben, die einen festen Bedeutungsgehalt haben, den einschlägigen Handelskreisen
bekannt sind und von ihnen ohne weiteres beachtet und für verbindlich gehalten
werden. Dieses üblich gewordene Regelwerk soll in seinem Geltungsanspruch respektiert werden, soweit das auch im konkreten Verhältnis der Parteien zueinander
als gerechtfertigt erscheint.

II. Entstehungsgeschichte

Art 9 Abs 1 CISG hat Art 9 Abs 1 EKG mit lediglich sprachlichen Korrekturen 3
übernommen. Art 9 Abs 2 CISG entspricht im Kern Art 9 Abs 2 EKG. Allerdings
war die Haager Vorschrift bei den UNCITRAL-Vorarbeiten als zu unpräzise emp-

funden worden (vgl UNCITRAL YB II [1971] 58). Sie knüpfte die Geltung von Handelsbräuchen nur an die Voraussetzung, daß vernünftige Personen in gleicher Lage von
deren Geltung ausgingen (ebenso auch Art 13 Abs 1 EAG). Das Haager Recht sah
ferner noch den ausdrücklichen Vorrang der Handelsbräuche vor (Art 9 Abs 2 S 2
EKG) und legte fest, daß handelsübliche Ausdrücke, Klauseln oder Formulare in
dem Sinn auszulegen seien, den ihnen die beteiligten Handelskreise üblicherweise
beilegten (Art 9 Abs 3 EKG, Art 13 Abs 2 EAG).

4 Seine jetzige Fassung erhielt Art 9 CISG ganz weitgehend bereits im Genfer Entwurf von 1976 (Art 8). Gegenüber dem Haager Recht ist die Geltung normativer
Bräuche bewußt auf Fälle beschränkt worden, in denen die Bräuche im internationalen Handel weithin bekannt und beachtet sind. Den Vorrang der Handelsbräuche
vor der Konvention ausdrücklich anzuerkennen, hielt man für unnötig (Sekretariatskommentar Art 8 Bem 5).

5 Auf der diplomatischen Konferenz von 1980 war Abs 2 der Vorschrift stark umstritten. Die zahlreichen Änderungsanträge (vgl Off Rec 89) hatten zT zum Ziel, die
Geltung der Bräuche einzuschränken; doch fanden sie, darunter auch der Antrag
der Tschechoslowakei, einen Vorrang der Konvention vor Handelsbräuchen anzuordnen (A/Conf97/C1/L40, Off Rec 89), keine Mehrheit (Off Rec 89 f, 262 ff). Angenommen wurde dagegen ein die Vorschrift erweiternder Antrag der USA, Abs 2 nicht
nur auf den Vertrag, sondern auch auf seinen Abschluß zu erstrecken (A/Conf 97/C1/
L6, Off Rec 89, 265). Auf Ablehnung stießen ferner Anträge Schwedens und Ägyptens,
eine Auslegungsvorschrift für handelsübliche Klauseln – wie in Art 9 Abs 3 EKG –
einzuführen (Off Rec 89 f, 269). Die Ablehnung wurde vor allem damit begründet, daß
einer Partei keine ihr unbekannte Auslegung aufgezwungen werden dürfe (Off Rec
268).

III. Kraft Parteiwillens verbindliche Gepflogenheiten und Gebräuche (Abs 1)

1. Grundsatz

6 Nach Abs 1 sind zum einen Bräuche für die Parteien verbindlich, mit denen sie sich
einverstanden erklärt haben. Zum andern sind die Parteien an Gepflogenheiten
gebunden, die zwischen ihnen entstanden sind. Beide Rechtsquellen erhalten **ihre
Geltung durch den tatsächlichen ausdrücklichen oder stillschweigenden Parteiwillen**
(BIANCA/BONELL/BONELL Art 9 Bem 2.1.2; KAROLLUS 51; MünchKommHGB/FERRARI Art 9
Rn 1; SCHLECHTRIEM/SCHWENZER/SCHMIDT-KESSEL Art 9 Rn 7).

2. Vereinbarte Bräuche

a) Handelsbräuche

7 Der Begriff der Gebräuche („usage", „usages") ist wie in Art 8 Abs 3 autonom zu
interpretieren (ACHILLES Art 9 Rn 2; BIANCA/BONELL/BONELL Art 8 Bem 3.2; BONELL JurBl
1985, 385 f; ENDERLEIN/MASKOW/STROHBACH Art 9 Bem 7; FERRARI Art 9 Bem 2; HERBER/CZER-
WENKA Art 8 Rn 4; MünchKommHGB/FERRARI Art 9 Rn 3). Er erfaßt alle – nicht durch
Rechtsakte vorgeschriebenen – **Regeln geschäftlichen Verhaltens, die von den beteiligten Handelskreisen in einer Branche oder an einem Marktort** üblicherweise eingehalten werden (vgl Schiedsgericht der Handelskammer Hamburg NJW 1997, 613 [614] sowie die

in der vorigen N Zitierten). Diese Definition entspricht weitgehend jener, die Art 13 Abs 1 EAG enthielt („any practice or method of dealing", „manière de faire"). Für Abs 1 kommt es allerdings auf die genaue Abgrenzung des Handelsbrauchs – anders als in Abs 2 – nicht an, da hier kraft Vereinbarung jede Regel gilt, auf die die Parteien Bezug nehmen oder verweisen (ebenso BONELL JurBl 1985, 386; HERBER/CZER-WENKA Art 9 Rn 4; SCHLECHTRIEM/SCHWENZER/SCHMIDT-KESSEL Art 9 Rn 6).

Für Abs 1 kommen **auch lediglich nationale oder lokale Handelsbräuche** in Betracht **8** (s OGH IHR 2001, 40 [Beachtlichkeit der „Tegernseer Gebräuche" im deutsch-österreichischen Holzhandel von den Parteien akzeptiert]). Die Voraussetzungen des Abs 2 („weithin bekannt") brauchen sie nicht zu erfüllen (OGH aaO; ACHILLES Art 9 Rn 4; BRUNNER Art 9 Rn 2; SCHLECHTRIEM/SCHWENZER/SCHMIDT-KESSEL Art 9 Rn 6; HONNOLD Rn 115; KAROL-LUS 51; MünchKommHGB/FERRARI Art 9 Rn 4). Die Geltung von Regelwerken wie den INCOTERMS, den einheitlichen Richtlinien und Gebräuchen für Dokumentenak-kreditive oder für Inkassi der IHK oder bestimmten Platzusancen, deren Qualifi-zierung als Handelsbrauch umstritten oder abzulehnen ist, kann deshalb nur durch ausdrückliche und präzise Vereinbarung (etwa „fob INCOTERMS 2000") zuver-lässig sichergestellt werden. Aus sich selbst heraus vermögen die INCOTERMS schon deshalb nicht zu gelten, weil sie den Parteien lediglich 13 verschiedene Regelungsvarianten für dieselben Vertragsfragen zur Auswahl stellen und ohne Wahl nicht entschieden werden könnte, welche der Klauseln anzuwenden ist. Ver-wenden die Parteien allerdings zB fob ohne jeden weiteren Hinweis, so ist damit offen, ob diese Klausel in der Auslegung zu verstehen ist, die die IHK in den INCOTERMS 2000 fixiert hat, ob eine frühere Fassung der INCOTERMS gelten soll oder ob jene Auslegung maßgebend ist, die im vom IPR berufenen Recht gilt. Nach der hier vertretenen Auffassung ist im Zweifel die von der IHK international vereinheitlichte Auslegung in ihrer aktuellen Fassung heranzuziehen (ebenso BP Oil International, Ltd and BP Exploration & Oil, Inc v Empresa Estatal Petroleos de Ecuador et al, IHR 2003, 189 [vereinbart war die Klausel CFR ohne Hinweis auf die INCOTERMS]; HONNOLD Rn 115; vgl Art 8 Rn 20; eingehend FERRARI EurLF 2002, 276 f und PILTZ, Handbuch Rn 86 ff; ders, in: FS Herber 20 ff; allgemein zu INCOTERMS und CISG s RENCK passim). Denn die IHK-Festlegung gibt ein international verbreitetes Verständnis bestimmter Handelsklau-seln wieder, von dem im Zweifel auch die Parteien ausgegangen sind.

b) Vereinbarung
Die Geltung der von Abs 1 erfassten Handelsbräuche muß ausdrücklich oder still- **9** schweigend vereinbart werden (Sekretariatskommentar Art 8 Bem 2; BIANCA/BONELL/BONELL Art 9 Bem 2.1.2; SCHLECHTRIEM/SCHWENZER/SCHMIDT-KESSEL Art 9 Rn 7; ENDERLEIN/MASKOW/STROHBACH Art 9 Bem 2; FERRARI EurLF 2002, 273 f; HERBER/CZERWENKA Art 9 Rn 6; HOLL/KESSLER RiW 1995, 458; MünchKommHGB/FERRARI Art 9 Rn 2; aA WITZ/SALGER/LORENZ Art 9 Rn 5). Die **Parteien müssen sich** hierüber **real geeinigt haben**; der deutsche Text „sich einverstanden erklärt haben" gibt die englische und französische Originalfas-sung („have agreed", „ont consenti") nur undeutlich wieder (vgl auch ENDERLEIN/MASKOW/STROHBACH, HERBER/CZERWENKA, jeweils aaO). Auch eine nachträgliche Einigung ist möglich.

Die **Gültigkeit von Gebräuchen**, auf die sich die Parteien geeinigt haben, richtet sich **10** gemäß Art 4 lit a nach dem anwendbaren nationalen Recht (MünchKommHGB/FERRARI Art 9 Rn 5).

11 Wirksam vereinbarte, gültige Bräuche gehen den Regeln der Konvention vor (BAMBERGER/ROTH/SAENGER Art 9 Rn 1; BIANCA/BONELL/BONELL Art 9 Bem 1.3.1; BYDLINSKI, in: DORALT 76; ENDERLEIN/MASKOW/STROHBACH Art 9 Bem 1.2; HERBER/CZERWENKA Art 9 Rn 2; LOEWE, Kaufrecht 34; MünchKommHGB/FERRARI Art 9 Rn 5; SCHWIMANN/POSCH Art 9 Rn 1).

3. Gepflogenheiten

12 Haben sich zwischen den Parteien bestimmte Verhaltensweisen als üblich entwickelt, so gehen auch sie abweichenden Regeln des CISG vor.

13 Gepflogenheiten sind **Verhaltensweisen, die** nicht allgemein, sondern nur **zwischen den Parteien regelmäßig beachtet werden** (s etwa AG Duisburg IHR 2001, 114 [zweimalige Übung bei Gutschrift für Mängelschäden genügt in der Regel noch nicht, eine Gepflogenheit zu begründen]; BONELL JurBl 1985, 387; BRUNNER Art 9 Rn 3; SCHLECHTRIEM/SCHWENZER/SCHMIDT-KESSEL Art 9 Rn 8; FERRARI EurLF 2002, 274; HERBER/CZERWENKA Art 9 Rn 3; KAROLLUS 51; MünchKommHGB/FERRARI Art 9 Rn 7; PILTZ, Internationales Kaufrecht § 2 Rn 177; zum EKG: ebenso OLG Düsseldorf IPRax 1984, 206 mit Anm WEITNAUER IPRax 1984, 185). Die Gepflogenheit setzt eine gewisse Häufigkeit und Dauer der Übung voraus, so daß es berechtigt erscheint, wenn eine Partei auf eine bestimmte Verhaltensweise als üblich vertraut (SCHLECHTRIEM/SCHWENZER/SCHMIDT-KESSEL, HERBER/CZERWENKA aaO; HONNOLD Rn 116; HONSELL/MELIS Art 9 Rn 4; zum EKG: LG Düsseldorf, in: SCHLECHTRIEM/MAGNUS Art 9 Nr 7; wohl anders OGH 6.2.1996, UNILEX [Gepflogenheit könne schon aus Vorstellungen entstehen, die eine Partei vor Vertragsschluß zum Ausdruck gebracht hat]). Beispiele für Gepflogenheiten sind etwa das bisherige Absehen von Rügefristen (vgl OLG Düsseldorf IPRax 1984, 205 f), das Praktizieren eines anderen Zahlungsortes als gesetzlich vorgesehen (vgl LG Bielefeld, IHR 2001, 199 [200, Zahlungsort am Sitz des Käufers]), besondere Rügemodalitäten, zB Schriftform, bestimmte Skonti bei sofortiger oder kurzfristiger Zahlung, bestimmte Zahlungsziele nach Lieferung, Liefertoleranzen etc (vgl auch AUDIT 45; SCHLECHTRIEM/SCHWENZER/SCHMIDT-KESSEL Art 9 Rn 7; FERRARI, Contratto e Impresa 1994, 245; KAROLLUS 51).

14 Veränderte Umstände oder rechtzeitige Aufkündigung durch eine Partei können eine **Gepflogenheit beenden** und ihre Wirkung beseitigen (HONNOLD Rn 116).

15 Besteht **zwischen** einer **Gepflogenheit und einem vereinbarten Handelsbrauch** ein **Widerspruch,** dann ist anhand der konkreten Fallumstände festzustellen, welche Regel nach dem Willen der Parteien Vorrang haben soll (ebenso HOLL/KESSLER RiW 1995, 458; SCHLECHTRIEM/SCHWENZER/SCHMIDT-KESSEL Art 9 Rn 10; SCHWIMANN/POSCH Art 9 Rn 4; für grundsätzlichen Vorrang ausdrücklich vereinbarter Gebräuche dagegen ACHILLES Art 9 Rn 8; DIEZ-PICAZO/CALVO CARAVACA Art 9 S 138; FERRARI EuLF 2002, 274; MünchKommHGB/FERRARI Art 9 Rn 9 [jedenfalls bei Widersprüchen zwischen Gebräuchen und Gepflogenheit]; PILTZ, Internationales Kaufrecht § 2 Rn 178; REINHART Art 9 Rn 2; für Vorrang der Gepflogenheit ENDERLEIN/MASKOW/STROHBACH Art 9 Bem 3; GOLDSTAJN, in: ŠARČEVIĆ/VOLKEN 99; für gleichen Rang LOEWE, in: Lausanner Kolloquium 19).

IV. Verbindliche Handelsbräuche (Abs 2)

1. Allgemeines

Nach Abs 2 sind die Parteien **an weithin bekannte und beachtete Gebräuche gebun-** 16
den, wenn sie diese Handelsbräuche kannten oder kennen mußten. Die Vorschrift
erreicht die Bindung durch die Fiktion, daß die Parteien stillschweigend die Geltung
derartiger Gebräuche für ihren Vertrag und dessen Abschluß gewollt hätten. Diese
Fiktion ist eine Kompromißlösung zwischen den gegensätzlichen Auffassungen zu
der Frage, ob Handelsbräuche unabhängig vom Parteiwillen gelten (vgl Schweizer
Botschaft 768; BIANCA/BONELL/BONELL Art 9 Bem 2.3; BRUNNER Art 9 Rn 4; ENDERLEIN/MAS-
KOW/STROHBACH Art 9 Bem 4; GARRO IntLawyer 1989, 476 ff; HONNOLD Rn 118; Münch-
KommHGB/FERRARI Art 9 Rn 10; aA – Vertragsergänzung aufgrund hypothetischen Parteiwillens
– SCHLECHTRIEM/SCHWENZER/SCHMIDT-KESSEL Art 9 Rn 12). Die Fassung der Vorschrift
trägt damit insbes Bedenken der Entwicklungsländer Rechnung, die die Geltung
von Handelsbräuchen befürchteten, die ihnen unbekannt seien und an deren Ent-
stehung sie nicht mitgewirkt hätten.

Nach Abs 2 anzuerkennende Gebräuche haben **Vorrang** vor den Regeln der Kon- 17
vention (Sekretariatskommentar Art 8 Bem 5; Schweizer Botschaft 768; BIANCA/BONELL/BONELL
Art 9 Bem 1.3.1; SCHLECHTRIEM/SCHWENZER/SCHMIDT-KESSEL Art 9 Rn 14; HERBER/CZERWENKA
Art 9 Rn 7; MünchKommHGB/FERRARI Art 9 Rn 10). Schreibt ein internationaler Handelsbrauch etwa eine bestimmte Warenqualität vor, dann hat die verpflichtete Partei
diese Qualität zu gewährleisten. Die Partei verletzt den Vertrag, wenn die Lieferung
hinter dieser Qualität zurückbleibt (s OGH IPRax 2004, 350 [möglicher Handelsbrauch im
internationalen Fischhandel, daß ohne nähere Bezeichnung nur Fänge des laufenden Jahres gemeint
sind]; vgl dazu P HUBER IPRax 2004, 358 ff). Doch können die Parteien, wie Abs 2 ausdrücklich hervorhebt, anderes vereinbaren und damit die Geltung von Handelsbräuchen im Verhältnis zueinander ausschließen. Eine solche Regelung ist auch
stillschweigend möglich, wenn ein entsprechender Parteiwille hinreichend deutlich
zum Ausdruck kommt (ebenso HERBER/CZERWENKA aaO; KAROLLUS 52).

Abs 2 betrifft nicht nur Handelsbräuche, die von der Konvention abweichende 18
Regeln vorsehen. Die Vorschrift erklärt – unter engen Voraussetzungen – auch
solche **Handelsbräuche** für verbindlich, **die in der Konvention nicht geregelte Mate-**
rien betreffen, wenn sie nur für der Konvention unterfallende Kaufverträge üblich
sind, zB Aufrechnungsausschluß, Abtretungsverbot etc. Bedeutung hat das vor
allem für international übliche Zahlungsklauseln (s näher Art 53 Rn 11 ff).

Konkurrenzen zwischen internationalen Gebräuchen dürften angesichts der Voraus- 19
setzungen, die Abs 2 für ihre Anerkennung aufstellt, ganz weitgehend ausgeschlossen sein (ebenso BIANCA/BONELL/BONELL Art 9 Bem 2.2.3). In verbleibenden Konflikts-
fällen sind statt der widerstreitenden Handelsbräuche die Regeln der Konvention
anzuwenden (BIANCA/BONELL/BONELL aaO; ähnlich SCHLECHTRIEM/SCHWENZER/SCHMIDT-
KESSEL Art 9 Rn 17; aA MünchKommHGB/FERRARI Art 9 Rn 10 [die mit dem Geschäft am
engsten verbundenen Gebräuche setzen sich durch]). Bei einer Kollision zwischen Gepflogenheiten und nach Abs 2 anzuerkennenden Gebräuchen haben erstere als Ausdruck des konkreten Parteiwillens in der Regel Vorrang.

2. Geltungsvoraussetzungen

20 Der Begriff der Gebräuche ist in der oben (Rn 7) gekennzeichneten Weise zu verstehen. Über die Gültigkeit der Handelsbräuche entscheidet das anwendbare nationale Recht (Art 4 lit a).

a) Verbreitung und Beachtung

21 Nach Abs 2 sind nur solche Gebräuche beachtlich, die **im internationalen Handel verwendet** werden, den an gleichartigen Verträgen beteiligten Parteien weithin bekannt sind und von ihnen in der Regel eingehalten werden (OGH IHR 2004, 25 [internationaler Handelsbrauch, daß nur Fisch aus Fangquoten des laufenden und nicht mehr des letzten Jahres vermarktet wird, muß bewiesen werden]; OGH JBl 1999, 318 [320] m Anm KAROLLUS zur Geltung der österreichischen Holzhandelsusancen im öst-ital Holzhandel). Gebräuche, die nur für Inlandsgeschäfte gelten, scheiden damit aus (BIANCA/BONELL/BONELL Art 9 Bem 2.2.2; ESSER ZfRvgl 29 [1988] 188; FERRARI EurLF 2002, 275; KAROLLUS 52; SCHLECHTRIEM Rn 61; SCHLECHTRIEM/SCHWENZER/SCHMIDT-KESSEL Art 9 Rn 18).

22 Der für den internationalen Handelsverkehr bestehende Brauch muß in den beteiligten Geschäftskreisen **weithin bekannt und respektiert** sein. Damit müssen ihn nicht alle Personen des betroffenen Zweiges, aber doch die Mehrheit kennen und beachten (OGH aaO). Durch Umfrage bei Handelskammern und entsprechende Kammerumfragen kann dies auch festgestellt werden. Um weltweit verbreitete Gebräuche muß es sich nicht handeln (FERRARI EurLF 2002, 275; HERBER/CZERWENKA Art 9 Rn 9; LOEWE, Kaufrecht 35; REHBINDER, in: SCHLECHTRIEM, Fachtagung 169; SCHLECHTRIEM/ SCHWENZER/SCHMIDT-KESSEL Art 9 Rn 18). Lokale Handelsbräuche an Plätzen (Börsen, Häfen, Messen etc), an denen internationaler Handel getrieben wird, sind verbindlich, wenn sie den Anforderungen an verbreitete Bekanntheit und Beachtung entsprechen (BIANCA/BONELL/BONELL Art 9 Bem 2.2.3; SCHLECHTRIEM/SCHWENZER/SCHMIDT-KESSEL aaO; FERRARI EurLF 2002, 275; HERBER/CZERWENKA Art 9 Rn 11; HONNOLD Rn 120.1; MünchKommHGB/FERRARI Art 9 Rn 12).

23 **Auf** eine **langdauernde Übung** des Handelsbrauchs **kommt es nicht an.** Auch ein kürzlich entstandener Handelsbrauch genügt, wenn er bereits hinreichend bekannt ist und gegenwärtig regelmäßig beachtet wird (HONNOLD aaO; MünchKommHGB/ FERRARI Art 9 Rn 14).

b) Bekanntheit des Handelsbrauchs für die Parteien

24 Abs 2 verlangt zusätzlich, daß auch die Parteien des konkreten Geschäfts **den Handelsbrauch kannten oder kennen mußten.** Diese subjektive Komponente soll ausschließen, daß Parteien Handelsbräuche gegen sich gelten lassen müssen, die sie nicht kennen können. So müssen Bräuche, die in einer Region – zB innerhalb der EU – unangefochten gelten, nicht Vertragsparteien aus anderen Teilen der Welt bekannt sein (so zu Recht FERRARI EurLF 2002, 275 f; HERBER/CZERWENKA Art 9 Rn 10; kaum praktische Bedeutung billigen dagegen ENDERLEIN/MASKOW/STROHBACH Art 9 Bem 8; SCHLECHTRIEM/SCHWENZER/SCHMIDT-KESSEL Art 9 Rn 19; SOERGEL/LÜDERITZ/FENGE Art 9 Rn 5 dem subjektiven Merkmal zu). Gerade um Fällen dieser Art Rechnung zu tragen, war die Haager Regelung eingeschränkt worden (vgl auch oben Rn 3 ff, 16).

25 Auch wenn Bräuche weithin bekannt und beachtet sind, müssen sie nur solchen

Parteien geläufig sein, die **im Verbreitungsgebiet dieser Gebräuche ansässig** sind oder
sich dort in dem betreffenden Geschäftszweig ständig betätigen (OGH JBl 1999, 318
[320] m Anm KAROLLUS; ebenso ACHILLES Art 9 Rn 7; FERRARI EurLF 2002, 276; ähnlich BAIN-
BRIDGE VirgJIntL 24 [1984] 658; BIANCA/BONELL/BONELL Art 9 Bem 2.2.3; MünchKommHGB/
FERRARI Art 9 Rn 16). Lediglich, wenn der internationale Handel allein an einem Ort
betrieben wird, muß sich derjenige, der sich daran beteiligen will, die dort geltenden
Bräuche aneignen.

Auch **mit weltweit geltenden Handelsbräuchen** muß derjenige vertraut sein, der sich   **26**
in einer Branche, in der derartige Gebräuche gelten, betätigen will; sie muß er
kennen (ähnlich SCHLECHTRIEM/JUNGE³ Art 9 Rn 11).

Nach diesen Grundsätzen ist auch zu entscheiden, ob die **Regeln zum Schweigen auf**   **27**
ein kaufmännisches Bestätigungsschreiben als Handelsbrauch beachtlich sein können
(so die deutlich überwiegende Rechtsprechung: s etwa OLG Saarbrücken IHR 2001, 64; OLG
Dresden IHR 2001, 18; OLG Köln IPRax 1995, 393, dazu Anm SCHLECHTRIEM EWiR 1994, 867;
Zivilgericht Basel Basler JurMitt 1993, 310; ferner eingehend hierzu KRAMER, in: FS WELSER 546 ff;
KRÖLL/HENNECKE RabelsZ 67 [2003] 448 ff; MünchKommHGB/FERRARI Art 9 Rn 17; aA [für
Einschaltung des IPR] dagegen FOGT IPRax 2001, 363; ders ZEuP 2002, 585; ders EurLF 2003,
65 f sowie wohl auch inzident dän Højesteret UfR 2001.1039 H = EurLF 2003, 70). Nach den
Regeln, die die Rechtsprechung in Deutschland für das interne Recht zu diesem
Komplex entwickelt hat, kommt ein Vertrag zu den Bedingungen eines den tatsächlichen oder beabsichtigten Vertragsschluß bestätigenden Schreibens zustande, soweit die Bedingungen vom vorher Besprochenen nicht treuwidrig abweichen und
der Empfänger ihnen nicht rechtzeitig widerspricht (vgl BGHZ 7, 187; BGHZ 40, 42;
BGHZ 61, 282; rechtsvergleichend dazu ESSER ZfRvgl 29 [1988] 167 ff; K SCHMIDT, in: FS HONSELL
99 ff). Auch wenn diese Grundsätze in der Bundesrepublik inzwischen gewohnheits-
rechtlich gelten, beziehen sie sich auf eine Übung, die unter den – autonom bestimmten – Begriff des Gebrauchs im Sinn der Konvention fällt (so zu Recht ESSER
ZfRvgl 29 [1988] 188 f; FERRARI EurLF 2002, 276; HERBER/CZERWENKA Art 9 Rn 12; KRÖLL/
HENNECKE RabelsZ 67 [2003] 465 ff; PILTZ, Internationales Kaufrecht § 2 Rn 178; im Ergebnis
ebenso SCHLECHTRIEM/SCHWENZER/SCHMIDT-KESSEL Art 9 Rn 23; Bedenken bei HUBER RabelsZ
43 [1979] 448 f; aA BYDLINSKI, in: DORALT 79). Soweit die Parteien im Verbreitungsgebiet
dieser Übung niedergelassen sind oder hier beständig Geschäfte durchführen und
diese Übung im konkreten Handelszweig gewöhnlich beachtet wird, bestehen gegen
die Anerkennung als Handelsbrauch keine Bedenken (vgl Zivilgericht Basel BaslerJur-
Mitt 1993, 310: für einen österreichisch-schweizerischen Kauf vertragsbegründende Wirkung des
Bestätigungsschreibens angenommen, aber übersehen, daß Österreich diese Wirkung des Bestätigungsschreibens gerade ablehnt [krit dazu KRAMER Basler Jur Mitt 1995, 7]; ebenso BRUNNER Vor
Art 14–24 Rn 6 ff; ESSER, HERBER/CZERWENKA, jeweils aaO; FERRARI Art 9 Bem 6; ders, EurLF
2002, 276; HOLL/KESSLER RiW 1995, 459; KRÖLL/HENNECKE RabelsZ 67 [2003] 469 ff; Münch-
KommHGB/FERRARI Art 9 Rn 17; REINHART Art 9 Rn 3; SCHLECHTRIEM, Int UN-Kaufrecht 62;
offenbar auch SCHLECHTRIEM/SCHWENZER/SCHMIDT-KESSEL Art 9 Rn 23 sowie die Auffassung zum
EKG: OLG Hamburg RiW 1981, 262 mit Anm KRONKE 264; OLG Köln RiW 1985, 404; OLG Köln
RiW 1988, 555; DÖLLE/SCHLECHTRIEM Art 6 EAG Rn 39; MERTENS/REHBINDER Art 6 EAG Rn 13;
abl dagegen BYDLINSKI, in: DORALT 78 ff; vgl auch Art 8 Rn 27 u Art 19 Rn 26).

Abzulehnen ist dagegen die Auffassung, daß schon die Geltung des Handelsbrauchs   **28** am Sitz des Schweigenden genügt (so aber EBENROTH JurBl 1986, 688; wohl auch HUBER RabelsZ 43 [1979] 449).

29 **Entscheidender Zeitpunkt** für die Kenntnis bzw das Kennenmüssen des Handelsbrauchs ist der Zeitpunkt des Vertragsschlusses (ebenso KAROLLUS 52).

30 Ein **besonderer Grad von Nachlässigkeit** ist für das Kennenmüssen **nicht gefordert**; denn grobe Fahrlässigkeit umschreibt die Konvention stets mit der Formulierung: nicht in Unkenntnis sein konnte (vgl Art 8 Rn 12).

V. Auslegungsfragen

31 Verbindliche Handelsbräuche sind in der Form und mit dem Inhalt zu beachten, **die die beteiligten Handelskreise ihnen beilegen**, es sei denn, in Fällen des Abs 1 verstünden die Parteien die vereinbarten Bräuche in einem bestimmten Sinn. Ggf ist die internationale Rechtsprechung zu berücksichtigen, die zur Auslegung des Handelsbrauchs bereits ergangen ist. Dabei muß es sich nicht nur um Entscheidungen aus Vertragsstaaten des CISG handeln (so aber HERBER/CZERWENKA Art 9 Rn 13).

32 Verwenden die Parteien international übliche Klauseln, Formulare etc (zB fob, cif) ohne aber etwa die INCOTERMS zu vereinbaren, dann sollte der **Inhalt der Klauseln** ebenfalls **nach dem international üblichen Verständnis bestimmt** werden (s oben Rn 8). Einheitliche Auslegungsregeln, wie etwa die INCOTERMS in ihrer jüngsten Fassung, sollten soweit möglich zur Auslegung herangezogen werden (ebenso St Paul Guardian Insurance Co et al v Neuromed Medical Systems & Support, US Dist Lexis Nr 5096 [SD NY 2002]; HERBER/CZERWENKA Art 9 Rn 16; PILTZ, Internationales Kaufrecht § 2 Rn 181; im Grundsatz auch FOGT EurLF 2003, 69; SCHLECHTRIEM/SCHWENZER/SCHMIDT-KESSEL Art 9 Rn 26; zweifelnd aber FELTHAM JBL 1991, 415 f, 425; MünchKommHGB/FERRARI Art 9 Rn 18; vgl auch Art 8 Rn 20; zur Auslegung von Lieferklauseln s Art 31 Rn 32; von Zahlungsklauseln Art 53 Rn 12 ff).

VI. Beweisfragen

33 Gepflogenheiten und Gebräuche hat diejenige Partei zu beweisen, die sich auf sie beruft (OLG Dresden IHR 2001, 18; BAUMGÄRTEL/LAUMEN/HEPTING Art 9 Rn 1, 4; HENNINGER 207; HERBER/CZERWENKA Art 9 Rn 19; MünchKommHGB/FERRARI Art 9 Rn 19). Wie der Nachweis zu führen ist, richtet sich nach dem anwendbaren Prozeßrecht (ebenso KRÖLL/HENNECKE RabelsZ 67 [2003] 477). Vor deutschen Gerichten sind Gebräuche Tatsachen, die etwa durch Sachverständigenbeweis – Gutachten der Industrie- und Handelskammern etc – nachgewiesen werden können.

Art 10 [Niederlassung]

Für die Zwecke dieses Übereinkommens ist,
a) **falls eine Partei mehr als eine Niederlassung hat, die Niederlassung maßgebend, die unter Berücksichtigung der vor oder bei Vertragsabschluß den Parteien bekannten oder von ihnen in Betracht gezogenen Umstände die engste Beziehung zu dem Vertrag und zu seiner Erfüllung hat;**

b) falls eine Partei keine Niederlassung hat, ihr gewöhnlicher Aufenthalt maßgebend.

Art 10

For the purposes of this Convention:

(a) if a party has more than one place of business, the place of business is that which has the closest relationship to the contract and its performance, having regard to the circum stances known to or contemplated by the parties at any time before or at the conclusion of the contract;

(b) if a party does not have a place of business, reference is to be made to his habitual residence.

Art 10

Aux fins de la présente Convention:

a) si une partie a plus d'un établissement, l'établissement à prendre en considération est celui qui a la relation la plus étroite avec le contrat et son exécution eu égard aux circonstances connues des parties ou envisagées par elles à un moment quelconque avant la conclusion ou lors de la conclusion du contrat;

b) si une partie n'a pas d'établissement, sa résidence habituelle en tient lieu.

Schrifttum

Wie zu Art 1; ferner:
HERRMANN, Anwendbarkeit des Einheitskauf-

rechts auf Kaufvertrag mit Zweigniederlassung, IPRax 1983, 212 ff.

Systematische Übersicht

I. Regelungsgegenstand und Normzweck

Die Konvention verweist in zahlreichen Zusammenhängen auf die Niederlassung **1** einer Partei – ua bei den Anwendungsvoraussetzungen (Art 1, 94, 96), im Rahmen des Vertragsschlusses (Art 20 Abs 2, 24), aber auch für die materiellen Vertragspflichten (zB Art 31 Abs 3, 42 Abs 1 lit b, 57, 69). Art 10 legt nun zwar nicht fest, was unter dem Begriff Niederlassung zu verstehen ist. Doch erklärt die Vorschrift in lit a bei mehreren Niederlassungen einer Partei jene für maßgebend, die den engsten Bezug zum Vertrag hat. Fehlt dagegen eine Niederlassung, dann kommt es gem lit b auf den gewöhnlichen Aufenthalt der Partei an.

II. Entstehungsgeschichte

Das Haager Recht enthielt in Art 1 Abs 2 EKG und Art 1 Abs 2 EAG die jetzt **2** in Art 10 lit b CISG niedergelegte Regelung. Art 10 lit a CISG wurde neu aufgenommen, um damit eine Frage zu klären, die unter dem Haager Recht zweifelhaft, vom BGH aber schon im jetzigen Sinn entschieden worden war (BGH NJW 1982, 2730).

3 Auf der Wiener Konferenz von 1980 war die Vorschrift unumstritten (vgl Off Rec 90, 269 f). Änderungsanträge, in der Bestimmung auch die Begriffe „Partei" und „Schriftform" näher zu definieren (vgl Off Rec 90), wurden teils als selbstverständlich und damit erübrigt angesehen, teils an anderer Stelle übernommen (vgl Art 13).

III. Begriff der Niederlassung

4 Der im CISG wie schon im EKG offengebliebene **Begriff der Niederlassung** („„place of business", „établissement") ist **autonom**, nicht etwa unter Rückgriff auf nationales Recht zu bestimmen (so auch ACHILLES Art 10 Rn 1; REITHMANN/MARTINY Rn 722; PILTZ, Internationales Kaufrecht § 2 Rn 75; teilw **aA** GARRO/ZUPPI 89 f). Gemeint ist der **Ort, von dem aus die geschäftliche Tätigkeit tatsächlich und schwerpunktmäßig betrieben wird** (OLG Stuttgart IHR 2001, 65 [66]; BIANCA/BONELL/JAYME Art 1 Bem 2.3; BRUNNER Art 10 Rn 1; SCHLECHTRIEM/SCHWENZER/FERRARI Art 1 Rn 26; KAROLLUS 29; SIEHR RabelsZ 52 [1988] 590 N 10; zum EKG: BGH NJW 1982, 2730: „Mittelpunkt der geschäftlichen Tätigkeit der nach außen gerichteten Teilnahme am Wirtschaftsverkehr"). Auch eine Zweigniederlassung kann daher eine Niederlassung im Sinn der Konvention sein. Für die Einzelheiten zum Niederlassungsbegriff ist auf Art 1 Rn 62 ff zu verweisen.

IV. Mehrere Niederlassungen (Art 10 lit a)

5 Hat eine Partei mehrere Niederlassungen, insbes eine Hauptniederlassung und eine oder mehrere „wirtschaftlich weitgehend unabhängige und selbständige Zweigniederlassung(en)" (vgl BGH aaO zum EKG), dann kommt es für die Zwecke der Konvention nicht ohne weiteres auf die Hauptniederlassung an (Sekretariatskommentar Art 9 Bem 6; SCHLECHTRIEM/SCHWENZER/FERRARI Art 10 Rn 4; REITHMANN/MARTINY Rn 634; LOEWE, Kaufrecht 35). Maßgebend ist vielmehr jene **Niederlassung, zu der der Vertrag den engsten Bezug hat**. Letzterer ist objektiv zu bestimmen (SCHLECHTRIEM/SCHWENZER/FERRARI Art 10 Rn 7; HERBER/CZERWENKA Art 10 Rn 3; PILTZ, Internationales Kaufrecht § 2 Rn 81; SOERGEL/LÜDERITZ Art 10 Rn 2). Den Parteien bei Vertragsschluß bekannte oder von ihnen berücksichtigte Umstände (zB Anschrift, Briefkopf, Fax-Adresse etc) sind dabei zu beachten; im übrigen kommt es für die engste Beziehung auf den konkreten Vertrag – vor allem seinen Abschluß und seine Erfüllung – an (vgl Asante Technologies, Inc v PMC-Sierra, Inc, 164 F Supp 2d 1142 [2001; Hauptniederlassung der in den USA gegründeten Verkäuferin in Kanada, aber auch Niederlassung in Kalifornien, wo die Käuferin ihren Sitz hatte; CISG angewendet, da überwiegende Kontakte mit der Hauptniederlassung der Verkäuferin – Bestellung und Lieferung; Rechnung dagegen von kal Niederlassung – bestanden]). Im Zweifel entscheidet die für den Vertragsschluß verantwortliche Niederlassung (BAMBERGER/ROTH/SAENGER Art 10 Fn 3; SCHLECHTRIEM/SCHWENZER/FERRARI Art 10 Rn 8; DÍEZ-PICAZO/CALVO CARAVACA Art 10 Bem II; HERBER/CZERWENKA Art 10 Rn 4; REITHMANN/MARTINY Rn 722; PILTZ, Internationales Kaufrecht § 2 Rn 81; WITZ/SALGER/LORENZ Art 10 Rn 3; wohl **aA** die den Vertrag durchführende Niederlassung entscheidet – HERRMANN IPRax 1983, 212 f; HONSELL/MELIS Art 10 Rn 4; noch **anders** ACHILLES Art 10 Rn 2 [im Zweifel entscheidet Hauptniederlassung]). So hat etwa der Verkäufer die Ware mangels besonderer Abrede und

Mitteilung an seiner den Vertrag schließenden Niederlassung zur Verfügung zu stellen (Art 31 lit c), auch wenn er sie in einer anderen Niederlassung herstellt.

Ob die mehreren Niederlassungen im selben oder in verschiedenen Ländern liegen, **6** ist für Art 10 lit a gleichgültig. Für die Anwendbarkeit des CISG ist es jedoch entscheidend, ob die maßgebliche Niederlassung in einem anderen Staat liegt als die Niederlassung der Gegenpartei (s näher Art 1 Rn 70 f).

Im Rahmen des Art 69 Abs 2 braucht ausnahmsweise nicht die maßgebende unter **7** mehreren Niederlassungen bestimmt zu werden. Für jene Vorschrift stehen alle Niederlassungen des Verkäufers gleich.

V.   Fehlende Niederlassung (Art 10 lit b)

Nur ausnahmsweise wird eine Vertragspartei keine geschäftliche Niederlassung **8** haben, zumal die Konvention Kaufgeschäfte Privater nur ausnahmsweise erfaßt (vgl Art 2 lit a). Fehlt gleichwohl eine Niederlassung, so **ist an den gewöhnlichen Aufenthalt der Partei anzuknüpfen.** Er setzt – wie auch in anderen Zusammenhängen, in denen er verwendet wird – einen tatsächlichen Aufenthalt von gewisser Dauer voraus (ebenso SCHLECHTRIEM/SCHWENZER/FERRARI Art 10 Rn 10; FERRARI Art 10 Bem 3; HERBER/CZERWENKA Art 10 Rn 5; PILTZ, Internationales Kaufrecht § 2 Rn 82; SCHWIMANN/POSCH Art 10 Rn 5 [„längere Dauer"]).

VI. Beweisfragen

Wer sich darauf beruft, daß eine bestimmte Niederlassung maßgebend sei, muß **9** dafür den Nachweis führen (ebenso ACHILLES Art 10 Rn 4). Beruft sich eine Partei darauf, daß die andere Partei Umstände gekannt oder in Betracht gezogen habe, die für eine bestimmte Niederlassung als maßgebend sprechen, dann ist sie hierfür beweispflichtig (ebenso BAUMGÄRTEL/LAUMEN/HEPTING Art 10 Rn 4).

Art 11 [Form des Vertrages]

Der Kaufvertrag braucht nicht schriftlich geschlossen oder nachgewiesen zu werden und unterliegt auch sonst keinen Formvorschriften. Er kann auf jede Weise bewiesen werden, auch durch Zeugen.

Art 11

A contract of sale need not be concluded in or evidenced by writing and is not subject to any other requirement as to form. It may be proved by any means, including witnesses.

Art 11

Le contrat de vente n'a pas à être conclu ni constaté par écrit et n'est soumis à aucune autre condition de forme. Il peut être prouvé par tous moyens, y compris par témoins.

Schrifttum

EÖRSI, General Provisions, in: GALSTON/SMIT
2–1
FERRARI, Einige kurze Anmerkungen zur Anwendbarkeit des UN-Kaufrechts beim Vertragsschluss über das Internet, EurLF 2000/01,
301
ders, Form und UN-Kaufrecht, IHR 2004, 1
JAMETTI-GREINER, Der Vertragsabschluß –

Zeitpunkt, Formvorschriften, rechtsgeschäftliche Erklärungen, in: HOYER/POSCH 43
KAUFMANN, Parol Evidence Rule und Merger
Clauses im internationalen Einheitsrecht (2004)
NICOLL, E. D. I. Evidence and the Vienna Convention, JBL 1995, 21
ZELLER, The parol evidence rule and the CISG
– a comparative analysis, CILSA XXXVI (2003)
308.

Systematische Übersicht

Alphabetische Übersicht

I.   Regelungsgegenstand und Normzweck

Die Vorschrift schreibt für die Konvention den **Grundsatz der Formfreiheit** fest und verleiht ihm Wirkung selbst im Verfahrensrecht der Vertragsstaaten. Für den Vertrag und seine Durchführung genügt der Konsens der Parteien. Wo er gegeben ist, sollen nicht – häufig unbekannte – Förmlichkeiten nationaler Rechte seine Wirksamkeit behindern. Allerdings gilt die Formfreiheit nicht, wenn der Vorbehalt des Art 96 mit den Wirkungen des Art 12 eingreift. **1**

II.   Entstehungsgeschichte

Das Haager Kaufrecht enthielt in Art 15 EKG und Art 3 EAG eine sachlich und wörtlich weitgehend identische Regelung. **2**

Auf der Wiener Konferenz von 1980 fand ein Antrag Kanadas, die Möglichkeit des Zeugenbeweises bei schriftlichen Verträgen nur begrenzt zuzulassen (A/Conf 97/C1/L54/ Rev1, Off Rec 90), keine Mehrheit, da man diese sog „parol evidence rule" des Common Law nicht in die Konvention übernehmen wollte (Off Rec 270). Einwänden gegen den Grundsatz der Formfreiheit wurde – schon im New Yorker Entwurf von 1978 – durch die Vorbehaltsmöglichkeit des Art 96 iVm Art 12 Rechnung getragen (vgl die Erl dort; zur Entstehungsgeschichte der Art 11 u 12 eingehend Eörsi, in: Galston/Smit 2–31 ff). **3**

III.   Grundsatz der Formfreiheit

1.   Allgemeines

Art 11, ergänzt durch Art 29, statuiert für die Konvention den Grundsatz der Formfreiheit. Weder der Vertrag noch seine Durchführung ist an die Beachtung bestimmter Förmlichkeiten wie Schriftform etc gebunden. **Entgegenstehendes nationales Recht wird** insoweit **verdrängt** (Sekretariatskommentar Art 4 Bem 3; vgl auch Art 4 Rn 13, 27). **4**

Art 11 sichert die materiellrechtliche **Formfreiheit auch prozeßrechtlich** ab. Die Wirksamkeit des Vertrages darf nicht dadurch in Frage gestellt werden, daß im Prozeß nur bestimmte Beweismittel oder Formen des Beweises zugelassen werden. Insoweit verdrängt Art 11 auch das anwendbare (Verfahrens-)Recht. **5**

Die **Vorschrift gilt**, wie ihre Stellung in Teil I des CISG zeigt, **für die gesamte Konvention** und sie gilt auch, wenn ein Vertragsstaat – wie bisher die skandinavischen Länder – Teil II nicht ratifiziert hat, der Vertragsabschluß selbst also nicht nach der Konvention zu beurteilen ist (ebenso Herber/Czerwenka Art 11 Rn 2; Piltz, Internationales Kaufrecht § 3 Rn 114). Parteivereinbarungen, Gepflogenheiten oder internationale Gebräuche gehen Art 11 jedoch, wie aus Art 6 folgt, stets vor. **6**

2. Erfaßte Vertragserklärungen

7 Art 11 bezieht sich wörtlich nur auf den Abschluß des Kaufvertrages und ordnet für die Erklärungen (Angebot, Annahme, Rücknahme, Widerruf) im Abschlußteil der Konvention damit Formfreiheit an. Art 29 erstreckt diesen Grundsatz aber auch auf Vertragsänderungen und die Vertragsaufhebung sowie die dafür nötigen Erklärungen. Beiden Vorschriften wird als allgemeiner Grundsatz entnommen, daß **alle Parteierklärungen**, die der Konvention unterstehen, grundsätzlich **in jeder Form** – mündlich, konkludent, schriftlich etc – **wirksam** abgegeben werden können (ACHILLES Art 11 Rn 1; BAMBERGER/ROTH/SAENGER Art 11 Rn 4; BIANCA/BONELL/RAJSKI Art 11 Bem 1. 1: „general principle of informality"; SCHLECHTRIEM/SCHWENZER/SCHLECHTRIEM Art 11 Rn 8 f; REINHART Art 11 Rn 4; **aA** aber JAMETTI GREINER, in: HOYER/POSCH 46 f). Auch über EDI (Electronic Data Interchange) abgegebene Erklärungen genügen (NICOLL JBL 1995, 25 ff). Ganz generell gilt der Grundsatz der **Formfreiheit für elektronische Kommunikation**, etwa für Erklärungen durch E-mail über das Internet (ebenso FERRARI EurLF 2001, 304; MünchKommHGB/FERRARI Art 11 Rn 3; SCHLECHTRIEM/SCHWENZER/ SCHLECHTRIEM Art 11 Rn 2; WULF 135).

Allerdings bezieht sich der Grundsatz der Formfreiheit nur auf solche vertraglichen Absprachen, die kaufrechtlichen Inhalt haben. Weder mit dem Kauf verbundene wettbewerbliche Abreden noch Gerichtstands- oder Schiedsvereinbarungen werden durch Art 11 von Formzwängen freigestellt, die auf nationalen, internationalen oder europäischen Regelungen – wie insbes §§ 38, 1031 ZPO, Art 23 EuGVO – beruhen (ACHILLES Art 11 Rn 1; BAMBERGER/ROTH/SAENGER Art 11 Rn 6; HERBER/CZERWENKA Art 11 Rn 5; MünchKommHGB/FERRARI Art 11 Rn 4; SCHLECHTRIEM/SCHWENZER/SCHLECHTRIEM Art 11 Rn 7; WITZ/SALGER/LORENZ Art 11 Rn 7; **aA** aber PILTZ, Internationales Kaufrecht § 3 Rn 119 und offenbar auch die US-Entscheidung Chateau des Charmes Wines Ltd v Sabate USA, Sabate SA, IHR 2003, 295 [Zustandekommen einer Gerichtsstandsklausel nach CISG beurteilt und abgelehnt]). Die Formnichtigkeit einer Rahmenvereinbarung (zB noch wegen § 34 GWB aF) erfaßt aber nicht ohne weiteres die einzelnen Durchführungsgeschäfte, sondern läßt sie, sofern insoweit deutsches Recht gilt, regelmäßig unberührt (BGH NJW 1997, 3304 und 3309).

IV. Verdrängte Form- und Beweisvorschriften

1. Qualifikation

8 Die Bestimmung definiert weder den Begriff der Formvorschrift („requirement as to form", „condition de forme") noch die gemeinten prozessualen Beweisvorschriften näher. Die **Qualifikation** ist, entsprechend der allgemein für die Konvention zu beachtenden Methode (vgl Art 7 Rn 12), **autonom** vorzunehmen.

9 Was materiellrechtliche Formvorschriften angeht, so zeigt Art 11 S 1, daß in jedem Fall **Schriftlichkeitsgebote** zur Form rechnen. Art 11 erfaßt ferner alle sonstigen Förmlichkeiten, von denen ein nationales Recht die Wirksamkeit eines Kaufvertrags oder einzelner kaufvertraglicher Erklärungen abhängig macht. Insoweit ist ein **weiter Begriff der Form** angezeigt, der etwa auch die „consideration" des Common Law als förmliche Gültigkeitsvoraussetzung eines Vertrages einbezieht (Sekretariatskommentar Art 27 Bem 3; BIANCA/BONELL/DATE-BAH Art 29 Bem 2. 1; SCHLECHTRIEM/SCHWENZER/SCHLECHTRIEM aaO; ENDERLEIN/MASKOW/STROHBACH Art 29 Bem 1. 1; FERRARI IHR 2004, 4; HERBER/CZER-

WENKA Art 29 Rn 2; JAMETTI GREINER, in: HOYER/POSCH 46; MünchKommHGB/FERRARI Art 11
Rn 7; PILTZ, Internationales Kaufrecht § 3 Rn 117; WEY Rn 411; näher noch Art 29 Rn 7).

Nicht mehr als Formvorschriften für den Kaufvertrag sind Vorschriften zu qualifi- **10**
zieren, die etwa eine bestimmte **Form des Vertretungsnachweises** der Kaufvertragspartei oder eine **Genehmigung** durch eine vorgesetzte Stelle verlangen (ebenso
SCHLECHTRIEM/SCHWENZER/SCHLECHTRIEM Art 11 Rn 15). Ob der Verhandlungspartner
Vertretungsmacht hatte und welche Form dafür gilt, ist nach dem insoweit anwendbaren Statut zu entscheiden (vgl auch Art 4 Rn 37).

Im Bereich des **Verfahrensrechts** erfaßt – und verdrängt – Art 11 alle Regeln, die die **11**
Durchsetzung des Kaufvertrages entweder davon abhängig machen, daß dieser in
bestimmter Form (schriftlich) nachgewiesen wird – wie zB nach sec 2–201 UCC
(dazu HONNOLD Rn 126; ferner FERRARI Art 11 Bem 2; ders IHR 2004, 4) – oder daß bestimmte
Beweismittel (Zeugenbeweis) grundsätzlich ausgeschlossen sind (wie etwa nach
Art 1341 franz Code Civil bei Verträgen, die eine jeweils durch Dekret festgesetzte
Summe übersteigen).

2. Durch Art 11 ausgeschlossene Formvorschriften

Art 11 **verdrängt alle Formgebote** wie etwa die einseitige oder beidseitige Schrift- **12**
lichkeit, das Erfordernis eigenhändiger Unterschrift, die Notwendigkeit der Unterzeichnung durch Zeugen, eine erforderliche Beurkundung, Beglaubigung, eine Sie-
gelung oder Stempelung (vgl auch SCHLECHTRIEM/SCHWENZER/SCHLECHTRIEM Art 11 Rn 11;
MünchKommHGB/FERRARI Art 11 Rn 6; REINHART Art 11 Rn 9; zum EAG: Landgericht Darmstadt, in: SCHLECHTRIEM/MAGNUS Art 3 EAG Nr 1; Landgericht Heidelberg, in: SCHLECHTRIEM/
MAGNUS Art 3 EAG Nr 2).

Art 11 verdrängt auch solche nationalen Vorschriften, die **aus außenwirtschaftlichen,** **13**
steuer- oder zollrechtlichen oder statistischen Gründen Schriftform des Vertrages
verlangen (Sekretariatskommentar Art 10 Bem 2; AUDIT 72; SCHLECHTRIEM/SCHWENZER/
SCHLECHTRIEM Art 11 Rn 11; ENDERLEIN/MASKOW/STROHBACH Art 11 Bem 1.2; HONNOLD
Rn 127; MünchKommHGB/FERRARI Art 11 Rn 7; PILTZ, Internationales Kaufrecht § 3 Rn 118;
REINHART Art 11 Rn 10). Sanktionen aufgrund derartiger Vorschriften bleiben freilich
unberührt (vgl die in der vorigen N Zitierten).

Nach überwiegender Auffassung überspielt Art 11 auch solche nationalen **Vorschrif-** **14**
ten, die aus **Gründen des Verbraucherschutzes** oder zum Schutz besonderer Gruppen
(zB Gehörloser) Schriftform oder sonstigen Formzwang vorsehen, soweit die Konvention in diesen Fällen überhaupt zum Zug kommt (so AUDIT 72; BÜLOW/ARTZ 148;
SCHLECHTRIEM/SCHWENZER/SCHLECHTRIEM Art 11 Rn 14; HERBER/CZERWENKA Art 14 Rn 4; LOE-
WE, Kaufrecht 36; aA aber SOERGEL/LÜDERITZ/FENGE Art 11 Rn 4, die im Rahmen des VerbrKrG
eine reduzierte Aufrechterhaltung des Vertrages mit Aufhebungsmöglichkeit durch den Verkäufer
vorschlägt).

Vorschriften, die nicht die Form, sondern die Gültigkeit betreffen wie zB das **Wider-** **15**
rufsrecht einer Partei, werden durch Art 11 nicht berührt (vgl Art 4 lit a; ferner
BÜLOW/ARTZ 148).

3. Verdrängte Beweisvorschriften

16 Art 11 verdrängt auch Vorschriften, die auf verfahrensrechtlichem Weg durch Beweisregeln faktisch einen Formzwang einführen, in dem etwa nur der Nachweis schriftlicher Vertragsvereinbarungen zur Durchsetzung vertraglicher Rechte verhilft. Regeln wie insbes die **„parol evidence rule"** des Common Law, die bei schriftlichen Urkunden den Nachweis anders lautender Vereinbarungen ganz weitgehend abschneidet, gelten nicht, soweit die Konvention eingreift (MCC-Marble Ceramic Center, Inc v Ceramica Nuova D'Agostino, SpA, 1998 US Court of Appeals [US App] Lexis 14782 = CLOUT Nr 222 unter ausdrücklicher Zurückweisung abweichender untergerichtlicher Entscheidungen; ebenso MitchellAircraft Spares, Inc v European Aircraft Service AB, 23 F Supp 2d 915 [ND Ill 1998]; **anders** noch – obiter – Beijing Metals & Minerals Import/Export Corporation v American Business Center, Inc, 993 Fed Rep 2 d 1178 [1993]; eingehend KAUFMANN 259 ff; ferner SCHLECHTRIEM/SCHWENZER/SCHLECHTRIEM Art 11 Rn 13; ZELLER CILSA XXXVI [2003] 308 ff; s auch Art 8 Rn 23). Ebenso setzt sich Art 11 gegenüber Bestimmungen durch, die den Zeugenbeweis ausschließen.

17 Die Möglichkeit nationaler Prozeßrechte oder Schiedsgerichtsordnungen, in bestimmten Verfahrensarten (zB **Urkundenprozeß)** oder Verfahrensstadien die Beweismittel zu beschränken oder abzuschneiden, läßt Art 11 jedoch unberührt (ebenso ACHILLES Art 11 Rn 2; SCHLECHTRIEM/SCHWENZER/SCHLECHTRIEM Art 11 Rn 12; HERBER/CZERWENKA Art 11 Rn 6). Aus Art 11 folgt keine bestimmte Rangordnung oder Wertigkeit der Beweismittel (ebenso HERBER/CZERWENKA Art 11 Rn 7). Die Beweiswürdigung erfolgt im Rahmen des vom anwendbaren Verfahrensrecht eingeräumten Ermessens.

V. Formvereinbarungen

18 **Formvereinbarungen** der Parteien sind gem Art 6 **ohne weiteres wirksam.** Anders als Art 12 ist Art 11 nicht zwingend. Ob eine bestimmte Form vereinbart wurde, richtet sich nach den Vertragsschlußregeln (Art 14 ff).

19 Haben sich die Parteien etwa **auf Schriftform geeinigt,** dann ist für die Auslegung der Abrede Art 13 heranzuziehen. Der Formzwang gilt grundsätzlich auch für jede Änderung oder Aufhebung des Vertrages (vgl Art 29 Abs 2 u die Erl dort). Ob die vereinbarte Form eingehalten wurde, richtet sich nach der Formklausel selbst, für deren Auslegung ebenfalls Art 13 und Art 29 Abs 2 heranzuziehen sind. Soweit nicht im Vertrag oder in Art 29 Abs 2 geregelt, sind freilich die Folgen fehlender Form gemäß Art 4 lit a dem anwendbaren unvereinheitlichten Recht zu entnehmen (MünchKommHGB/FERRARI Art 11 Rn 12; ebenso SCHLECHTRIEM/SCHWENZER/SCHLECHTRIEM Art 11 Rn 16 [für die Auslegung sei allerdings das Umweltrecht der Partei(en) heranzuziehen]).

VI. Beweislastfragen

20 Beweislastfragen wirft die Vorschrift nur mittelbar auf. So hat derjenige eine Formabrede nachzuweisen, der sich darauf beruft, daß entgegen Art 11 ein Formzwang vereinbart war (ebenso BAUMGÄRTEL/LAUMEN/HEPTING Art 11 Rn 1; JUNG 140 f; MünchKommHGB/FERRARI Art 11 Rn 14).

Art 12 [Wirkungen eines Vorbehaltes hinsichtlich der Form]

Die Bestimmungen der Artikel 11 und 29 oder des Teils II dieses Übereinkommens, die für den Abschluß eines Kaufvertrages, seine Änderung oder Aufhebung durch Vereinbarung oder für ein Angebot, eine Annahme oder eine sonstige Willenserklärung eine andere als die schriftliche Form gestatten, gelten nicht, wenn eine Partei ihre Niederlassung in einem Vertragsstaat hat, der eine Erklärung nach Artikel 96 abgegeben hat. Die Parteien dürfen von dem vorliegenden Artikel weder abweichen noch seine Wirkung ändern.

Art 12

Any provision of article 11, article 29 or Part II of this Convention that allows a contract of sale or its modification or termination by agreement or any offer, acceptance or other indication of intention to be made in any form other than in writing does not apply where any party has his place of business in a Contracting State which has made a declaration under article 96 of this Convention. The parties may not derogate from or vary the effect of this article.

Art 12

Toute disposition de l'article 11, de l'article 29 ou de la deuxième partie de la présente Convention autorisant une forme autre que la forme écrite, soit pour la conclusion ou pour la modification ou la résiliation amiable d'un contrat de vente, soit pour toute offre, acceptation ou autre manifestation d'intention, ne s'applique pas dès lors qu'une des parties a son établissement dans un Etat contractant qui a fait une déclaration conformément à l'article 96 de la présente Convention. Les parties ne peuvent déroger au présent article ni en modifier les effets.

Schrifttum

Wie zu Art 1; ferner:
MUSIN, The 1980 United Nations Convention on contracts for the international sale of goods and some questions of civil and international private law, J Int Priv L 1993, 11

REHBINDER, Vertragsschluß nach UN-Kaufrecht im Vergleich zu EAG und BGB, in: SCHLECHTRIEM, Fachtagung 149.

Systematische Übersicht

I.   Regelungsgegenstand und Normzweck

Art 12 legt die **Wirkungen** fest, die sich dann ergeben, **wenn** ein Vertragsstaat den **1** **Vorbehalt nach Art 96 eingelegt** hat und eine Kaufvertragspartei ihre Niederlassung in diesem Staat hat. Der in Art 11 und 29 niedergelegte Grundsatz der Formfreiheit gilt dann nicht. Art 12 stellt die Lage wieder her, die hinsichtlich der Form ohne die Konvention bestünde. Von dieser Wirkung des Vorbehalts können die Parteien nicht durch privatautonome Gestaltung abweichen (Satz 2).

II. Entstehungsgeschichte

2 Das Haager Kaufrecht, das ebenfalls vom Grundsatz der Formfreiheit ausging (vgl dazu Art 11 Rn 2), enthielt keine entsprechende Vorschrift.

3 Vor allem auf Wunsch der damaligen UdSSR wurde solchen Vertragsstaaten, die für Kaufverträge Schriftform verlangen, die Vorbehaltsmöglichkeit des Art 96 eingeräumt, deren Wirkungen Art 12 festlegt (vgl UNCITRAL YB IX [1978] 21 u Art 96 Rn 2).

4 In Wien gab es zwar eine ausgedehnte Diskussion um Art 12 und 96 (Off Rec 271 ff), jedoch keine grundsätzlichen Änderungen (vgl Off Rec 91, 271 ff). Der österreichische Antrag, Art 12 zu streichen, blieb ohne Erfolg (A/Conf 97/C1/L42, Off Rec 91, 272). Einigkeit bestand, daß sich Art 12 nicht auf einseitige Aufhebungserklärungen (Art 26) beziehen sollte (Off Rec 272 f).

III. Voraussetzungen

5 Art 12 setzt voraus, daß eine der Kaufvertragsparteien ihre **Niederlassung** – hierfür gilt Art 10 – **in einem Vertragsstaat** hat, der wirksam den Vorbehalt nach Art 96 erklärt hat. Bisher haben Argentinien, Chile, China, Lettland, Litauen, Rußland, Ukraine, Ungarn und Weißrußland den Vorbehalt erklärt (vgl die Übersicht über den Ratifikationsstand zum CISG [S 28 ff] u Art 96 Rn 6; Estland hatte den Vorbehalt zunächst auch eingelegt, ihn aber am 9.3.2004 zurückgenommen). Die Bundesrepublik hat den Vorbehalt nicht eingelegt.

IV. Wirkungen

1. Ausgeschlossene Vorschriften

6 Art 12 hebt die Geltung der Art 11 und 29 sowie derjenigen Vorschriften des Teils II des CISG auf, die eine formfreie Willenserklärung zulassen. Das **Prinzip der Formfreiheit** wird damit für den Vertragsschluß, die Vertragsänderung, die einverständliche Vertragsaufhebung sowie die einzelnen Vertragsschlußerklärungen (Annahme, Angebot, Ablehnung, Rücknahme, Widerruf) **außer Kraft gesetzt** (ENDERLEIN/MASKOW/STROHBACH Art 12 Bem 1; HERBER/CZERWENKA Art 12 Rn 2; JAMETTI GREINER, in: HOYER/POSCH 47; LOEWE, Kaufrecht 36; MünchKommHGB/FERRARI Art 12 Rn 3; WITZ/SALGER/LORENZ Art 12 Rn 11; teilw **anders** SCHLECHTRIEM/SCHWENZER/SCHLECHTRIEM Art 12 Rn 6: Art 12 gelte nicht für die Rücknahme eines Angebots).

7 Dagegen **gilt Art 12 nicht für Erklärungen, die** nach Teil III der Konvention **formfrei sind** wie die einseitige Aufhebungserklärung, die Mängelrüge, die Minderungserklärung, die Nachfristsetzung, die Spezifikation etc (Sekretariatskommentar Art 11 Bem 2; AUDIT 73; BIANCA/BONELL/RAJSKI Art 12 Bem 2.2; SCHLECHTRIEM/SCHWENZER/SCHLECHTRIEM, ENDERLEIN/MASKOW/STROHBACH, HERBER/CZERWENKA, MünchKommHGB/FERRARI jeweils aaO; LOEWE, Kaufrecht 37; REINHART Art 12 Rn 4).

2. Geltende Formvorschriften

Nach ganz überwiegender Ansicht bewirkt Art 12, daß anstelle der Formfreiheit der **8**
Konvention **die vom IPR berufenen Formvorschriften** gelten (so Denkschrift 42; Schweizer Botschaft 796; ACHILLES Art 12 Rn 2; AUDIT 73; BIANCA/BONELL/RAJSKI Art 12 Bem 2. 3;
BRUNNER Art 11 Rn 1; SCHLECHTRIEM/SCHWENZER/SCHLECHTRIEM Art 12 Rn 2; ENDERLEIN/MASKOW/STROHBACH Art 12 Bem 2. 2; FERRARI Art 12 Bem 3; HERBER/CZERWENKA Art 12 Rn 4;
HONSELL/MELIS Art 12 Rn 4; HONNOLD Rn 129; JAMETTI GREINER, in: HOYER/POSCH 47; KAROLLUS 80; LOEWE, Kaufrecht 37; MünchKommHGB/FERRARI Art 12 Rn 4; REITHMANN/MARTINY
Rn 739). Nach abweichender Ansicht gelten dagegen ohne Zwischenschaltung des
IPR unmittelbar die Formvorschriften des Vorbehaltsstaates (so REHBINDER, in:
SCHLECHTRIEM, Fachtagung 154 f; REINHART Art 12 Rn 3; STOFFEL, in: Lausanner Kolloquium 60;
offenbar auch MUSIN J Int Priv L 1993, 13). Ein derart weitreichender Eingriff in das IPR
der Vertragsstaaten ist dem CISG weder zu unterstellen noch der Entstehungsgeschichte der Art 12, 96 zu entnehmen (ebenso SCHLECHTRIEM/SCHWENZER/SCHLECHTRIEM
Art 12 Rn 2; ENDERLEIN/MASKOW/STROHBACH Art 12 Bem 2.2). Umstritten war in Wien
nicht, ob Formvorschriften der Vorbehaltsstaaten direkt gelten sollten (so aber REINHART aaO), sondern ob nur Staaten mit eigenem generellen Schriftformzwang das
Recht haben sollten, den Vorbehalt nach Art 96 einzulegen (vgl Off Rec 273 f).

Verweist das Kollisionsrecht auf das Recht eines Vorbehaltsstaates, dann gelten **9**
dessen **internrechtliche Formvorschriften**. Führt das IPR zum Recht eines vorbehaltlosen Vertragsstaates, dann sind nach überwiegender Ansicht dessen interne Formvorschriften maßgebend, mögen sie Formfreiheit oder Formzwang vorsehen
(HERBER/CZERWENKA Art 12 Rn 4; KAROLLUS 80; wohl ebenso ENDERLEIN/MASKOW/STROHBACH
Art 12 Bem 2.2; HONNOLD Rn 129; LOEWE, Kaufrecht 37; MünchKommHGB/MARTINY Art 28
EGBGB Anh II Rn 91; REITHMANN/MARTINY Rn 739). Nach **aA** ist wiederum die Konvention mit ihrem Grundsatz der Formfreiheit anzuwenden (so SCHLECHTRIEM/SCHWENZER/
SCHLECHTRIEM Art 12 Rn 3; HUBER RabelsZ 43 [1979] 434 f; MünchKommHGB/FERRARI Art 12
Rn 5; SCHLECHTRIEM, UN-Kaufrecht 32; WITZ/SALGER/LORENZ Art 12 Rn 12). Die Fassung des
Art 12 spricht allerdings dafür, daß die Formfrage insgesamt vom Anwendungsbereich der Konvention ausgenommen sein soll, sofern nur eine der Parteien in einem
Vorbehaltsstaat niedergelassen ist. Diese Entscheidung gilt auch für einen Vertragsstaat, der das CISG ohne den Vorbehalt nach Art 96 ratifiziert hat.

Haben die Parteien das **Recht eines Vorbehaltsstaates gewählt**, so greift Art 12 **10**
ebenfalls nur ein, wenn zugleich eine der Parteien in dem Vorbehaltsstaat niedergelassen ist. Es gelten die internen Formvorschriften des Vorbehaltsstaats. Analog
dürfte zu entscheiden sein, wenn Parteien, deren eine in einem Vorbehaltsstaat ihre
Niederlassung hat, das Recht eines vorbehaltlosen Vertragsstaates gewählt haben.
Auch hier sind die Voraussetzungen des Art 12 erfüllt und deshalb die internen
Formerfordernisse des gewählten Rechts zu beachten (ebenso SOERGEL/LÜDERITZ/FENGE
Art 12 Rn 3).

Soweit das Kollisionsrecht – über die lex causae oder das Recht des Vornahmeortes **11**
– **zum deutschen Recht** führt oder die Parteien deutsches Recht gewählt haben, gilt
damit im Ergebnis gleichwohl materiellrechtlich Formfreiheit, auch wenn eine Partei in einem Vorbehaltsstaat, etwa Rußland, niedergelassen ist.

Der Vorbehalt bezieht sich nur auf die „schriftliche Form", an deren Durchsetzung dem Vorbehaltsstaat gelegen ist. Andere Formvorschriften als die reine Schriftform – zB notarielle Beurkundung, Stempelung etc – deckt der Vorbehalt nicht. Sie sind daher nicht zu beachten und stehen der Formwirksamkeit eines Kaufgeschäftes nicht entgegen, wenn es zwar schriftlich, aber nicht in der darüber hinaus gehenden Weise formalisiert ist (ebenso SCHLECHTRIEM/SCHWENZER/SCHLECHTRIEM Art 12 Rn 5; aA ENDERLEIN/MASKOW/STARGARDT Anm zu Art 13).

V. Zwingende Regelung (Satz 2)

12 Art 12 ist nicht dispositiv (vgl auch Art 6). Die Parteien können von ihm weder abweichen noch seine Wirkung ändern. Die Einigung der Parteien auf Formfreiheit vermag nicht einen Formzwang zu beseitigen, der sich im Rahmen des Art 12 ergibt. Auch eine Rechtswahl allein für die Formfrage ist nach Art 12 S 2 ausgeschlossen (ebenso HERBER/CZERWENKA Art 12 Rn 6).

13 Haben die Parteien allerdings das CISG als Ganzes wirksam abgewählt, dann gilt auch Art 12 nicht (ebenso SCHLECHTRIEM/SCHWENZER/SCHLECHTRIEM Art 12 Rn 4; ENDER-LEIN/MASKOW/STROHBACH Art 12 Bem 4; HERBER/CZERWENKA Art 12 Rn 6; HONSELL/MELIS Art 12 Rn 6; MünchKommHGB/FERRARI Art 12 Rn 7).

Art 13 [Schriftlichkeit]

Für die Zwecke dieses Übereinkommens umfaßt der Ausdruck „schriftlich" auch Mitteilungen durch Telegramm oder Fernschreiben.

Art 13

For the purposes of this Convention „writing" includes telegram and telex.

Art 13

Aux fins de la présente Convention, le terme „écrit" doit s'entendre également des communications adressées par télégramme ou par télex.

Schrifttum

EISELEN, Electronic Commerce and the UN Convention on Contracts for the International Sale of Goods, EDI Law Rev 6 (1999) 21
FERRARI, Einige kurze Anmerkungen zur Anwendbarkeit des UN-Kaufrechts beim Vertragsschluss über das Internet, EurLF 2000/01, 301

NICOLL, E. D. I. Evidence and the Vienna Convention, JBL 1995, 21.
SCHROETER, Interpretation of Writing, Vindobona Journal 6 (2002) 267
WULF, UN-Kaufrecht und eCommerce. Problembereiche bei der Anwendung des Wiener Übereinkommens auf Internet-Verträge (2003).

Systematische Übersicht

I. Regelungsgegenstand und Normzweck

Die Vorschrift enthält die Klarstellung, daß auch Mitteilungen durch Telegramm **1**
oder Fernschreiben das **Erfordernis der „Schriftlichkeit"** erfüllen, soweit es im Rahmen der Konvention auf diese Form ankommt. Da für die Konvention das Prinzip
der Formfreiheit aller Erklärungen (Art 11) gilt, hat Art 13 nur begrenzte Bedeutung: Zum einen dann, wenn wegen des Vorbehalts nach Art 96 das Schriftformerfordernis des anwendbaren Rechts zu beachten ist (vgl auch Art 12); zum andern,
wenn die Parteien sich zur Einhaltung der Schriftform verpflichtet haben (vgl auch
Art 29 Abs 2).

II. Entstehungsgeschichte

Die Vorschrift hat keine Entsprechung im Haager Kaufrecht, wohl aber im UN- **2**
Verjährungsübereinkommen von 1974 (dort Art 1 Abs 3 lit g). Sie wurde in Wien
auf Antrag der deutschen Delegation (A/Conf 97/C1/L18, Off Rec 90, 269 f) ohne Widerspruch in das CISG aufgenommen.

III. Begriff der Schriftlichkeit

Art 13 definiert den **Ausdruck „schriftlich"** nicht, sondern ergänzt ihn lediglich, **3**
indem Telegramm und Fernschreiben auch zu den schriftlichen Erklärungen gerechnet werden.

Trotz der Unvollständigkeit der Definition ist der Begriff der Schriftlichkeit für die **4**
Konvention autonom festzulegen (MünchKommHGB/FERRARI Art 13 Rn 2; aA SOERGEL/
LÜDERITZ/FENGE Art 13 Rn 2). Er bedeutet, daß die **Mitteilung in einem Schriftstück
verkörpert** sein **und** ihren **Urheber erkennen lassen** muß. Wie die Gleichstellung mit
Telegramm und Telex zeigt, ist eine eigenhändige Unterschrift, anders als nach § 126
BGB nicht erforderlich (ebenso ENDERLEIN/MASKOW/STROHBACH Art 13 Bem 1; HONNOLD
Rn 130; KAROLLUS 81; MünchKommHGB/FERRARI Art 13 Rn 2; PILTZ, Internationales Kaufrecht
§ 5 Rn 115; **aA** aber HERBER/CZERWENKA Art 13 Rn 3).

Da Art 13, wie auch die englische und französische Originalfassung zeigen, keine **5**
abschließende Aufzählung enthält, kann er auf weitere schriftliche Kommunika-
tionsformen wie Telefax etc erstreckt werden (so auch SCHLECHTRIEM/SCHWENZER/
SCHLECHTRIEM Art 13 Rn 2; HERBER/CZERWENKA Art 13 Rn 4; HONNOLD, KAROLLUS, jeweils
aaO). Auch Verträge, die über Electronic Data Interchange (**EDI**) geschlossen
werden, dürften dem Schriftlichkeitserfordernis in der Regel genügen (EISELEN EDI
6 [1999] 21 ff; FERRARI Art 13 Bem 1; NICOLL JBL 1995, 31 Fn 52; ähnlich HONNOLD aaO).
Gleiches hat für den **Vertragsschluß durch E-mail** zu gelten, gleichgültig, ob die E-
mail-Nachricht ausgedruckt oder nur im Computer gespeichert wird (ebenso BRUNNER
Art 13 Rn 2; LOOKOFSKY § 3–11; FERRARI EurLF 2000/01, 305; SCHLECHTRIEM/SCHWENZER/
SCHLECHTRIEM Art 13 Rn 2a; SCHLECHTRIEM Rn 68; SCHWIMANN/POSCH Art 13 Rn 3; WULF

135 ff [142]; aA Witz/Salger/Lorenz Art 13 Rn 2; **anders** – keine Schriftlichkeit bei bloßer E-mail-Speicherung – auch Achilles Art 13 Rn 1). Das ist nicht nur anzunehmen, wenn die E-mail-Nachricht mit einer zertifizierten Signatur versehen ist, sondern auch wenn eine einfache Unterschrift verwendet wird. Denn auch die herkömmliche Schriftlichkeit hängt nicht davon ab, ob eine Urkunde und ihre Unterschrift fälschungssicher ist.

IV. Reichweite der Vorschrift

1. Schriftformvereinbarungen

6 Art 13 ist, wie auch Art 29 Abs 2 zeigt, jedenfalls zu beachten, wenn Vertragsparteien sich selbst den Zwang der Schriftform auferlegt, diese aber nicht näher bestimmt haben. Dann ist die Schriftform gewahrt, wenn die oben Rn 4 f genannten Mitteilungsformen verwendet werden.

7 Auch wo die Konvention von schriftlicher Mitteilung spricht wie in Art 21 Abs 1 und 2, genügt insbes für die Fristwahrung jede der nach Art 13 schriftlichen Mitteilungen.

2. Vorbehalt nach Art 96

8 Problematisch ist die Reichweite des Art 13, wenn ein Vertragsstaat den **Formvorbehalt des Art 96** mit den Wirkungen des Art 12 eingelegt hat. Nach deutlich überwiegender und vorzuziehender Ansicht schlägt Art 13 auf das anwendbare Formstatut durch, dessen Schriftformerfordernis auch dann gewahrt ist, wenn eine Mitteilung nur nach Art 13, nicht aber nach dem berufenen Recht als schriftlich anzusehen ist (so Denkschrift 43; Schweizer Botschaft 769; Bydlinski, in: Doralt 83; Schlechtriem/Schwenzer/Schlechtriem Art 13 Rn 4; Herber/Czerwenka Art 13 Rn 2; Jametti Greiner, in: Hoyer/Posch 47; Loewe, Kaufrecht 38; MünchKommHGB/Ferrari Art 13 Rn 6; Stoffel, in: Lausanner Kolloquium 60).

9 Nach **aA** gibt Art 13 nur eine Interpretationshilfe für das Formstatut. Die Vorschrift vermag nach dieser Ansicht aber nicht nach dem Formstatut nötige Formerfordernisse (zB Beglaubigung, Beurkundung etc) zu ersetzen (so Bianca/Bonell/Rajski Art 13 Bem 3.1; Enderlein/Maskow/Strohbach Art 13 Bem 1; Soergel/Lüderitz/Fenge Art 13 Rn 2).

Teil II
Abschluß des Vertrages

Part II
Formation of the Contract

Deuxième partie
Formation du contrat

Vorbemerkungen zu Art 14 ff CISG

Schrifttum

VAN ALSTINE, Fehlender Konsens beim Vertragsabschluß nach dem einheitlichen UN-Kaufrecht. Eine rechtsvergleichende Untersuchung auf der Grundlage des deutschen sowie des US-amerikanischen Rechts, in: Arbeiten zur Rechtsvergleichung Bd 174 (1996)
BONELL, La formazione del contratto di compravendita, in: La Vendita Internazionale – La Convenzione di Vienna dell'11 Aprile 1980 (Mailand 1981) 113
BYDLINSKI, Der Vertragsschluß nach der Wiener UN-Kaufrechtskonvention in komparativer Betrachtung, ArchIurCracoviense XVIII (1985) 121
ders, Das allgemeine Vertragsrecht, in: DORALT 57
CIGOJ, International Sales: Formation of Contracts, NTIR 23 (1976) 257
DILGER, Das Zustandekommen von Kaufverträgen im Außenhandel nach internationalem Einheitsrecht und nationalem Sonderrecht, RabelsZ 45 (1981) 169
EBENROTH, Das kaufmännische Bestätigungsschreiben im internationalen Handelsverkehr, ZVerglRW 77 (1978) 161
ders, Internationale Vertragsgestaltung im Spannungsverhältnis zwischen AGBG, IPR-Gesetz und UN-Kaufrecht, JurBl (1986) 681
EGELER, Konsensprobleme im internationalen Schuldvertragsrecht (1994)
ENDERLEIN, Zur Ausarbeitung einer Konvention über den Abschluß internationaler Kaufverträge durch die UNCITRAL, Recht im Außenhandel, 32. Beilage, AWID 52/77, 1
ders, Der Abschluß internationaler Kaufverträge nach dem UN-Kaufrecht im Vergleich mit den ALB/RGW, in: NEUMAYER (1997) 239

EÖRSI, Problems of Unifying Law on the Formation of Contracts for the International Sale of Goods, AmJCompL 29 (1979) 311
ders, Formation of Contract, in: Lausanner Kolloquium 43
FARNSWORTH, Formation of Contract, in: GALSTON/SMIT 3–1
FERRARI, Einige kurze Anmerkungen zur Anwendbarkeit des UN-Kaufrechts beim Vertragsschluß über das Internet, EurLF 2000/01, 301
GARRO, La formacion del contratto en la convencion de Vienna sobre compraventas internacionales y en el proyecto de unificacion, Revista Juridica de Buenos Aires 1987 III 13
GRÜTER, Die Auftragsbestätigung nach einheitlichem Kaufrecht, RiW 1975, 611
JAMETTI GREINER, Der Vertragsabschluß, in: HOYER/POSCH 43
JOSEPH, Contract Formation under the United Nations Convention on Contracts for the International Sale of Goods and the Uniform Commercial Code, DickJIntlL 3 (1984) 107
KAROLLUS, OGH: Vertragsschluß, Nichtlieferung und Schadenersatz nach dem UN-Kaufrecht, RdW 1996, 197
KHOO, Formation of International Sales Contracts, in: Problems of Unification 130
KOST, Konsensprobleme im internationalen Schuldvertragsrecht (1995)
KRAMER, Konsensprobleme im Rahmen des UN-Kaufrechts, in: FS WELSER (2004) 539
KÜHL/HINGST, Das UN-Kaufrecht und das Recht der AGB, in: FS Herber (1999) 50
LUDWIG, Der Vertragsschluß nach UN-Kaufrecht im Spannungsverhältnis von Common

Ulrich Magnus

Law und Civil Law dargestellt auf der Grundlage der Rechtsordnungen Englands und Deutschlands (1994)
LUIG, Der internationale Vertragsschluß. Ein Vergleich von UN-Kaufrecht, UNIDROIT Principles und Principles of European Contract Law (2002)
MANTILLA MOLINA, La formacion de los contratos de compraventa internacional de mercaderáas, Anuario Jurádico (Mexico) X (1983) 165
MOULY, La conclusion du contrat selon la convention de Vienne sur la vente internationale de marchandises, Dr prat comm int 15 (1989) 400
MÜLLER/OTTO, Allgemeine Geschäftsbedingungen im internationalen Wirtschaftsverkehr (1994)
NG'ONG'OLA, The Vienna Sales Convention of 1980 in the Southern African Legal Environment: Formation of a Contract of Sale, RADIC 4 (1992) 835
NOUSSIAS, Die Zugangsbedürftigkeit von Mitteilungen nach den einheitlichen Haager Kaufgesetzen und nach dem UN-Kaufgesetz (1982)
REHBINDER, Vertragsschluß nach UN-Kaufrecht im Vergleich zu EAG und BGB, in:

SCHLECHTRIEM, Fachtagung 149
SCHLESINGER (Hrsg), Formation of Contracts, 2 Bd (1968)
SONO, Formation of International Contracts under the Vienna Convention: A Shift above the Comparative Law, in: ŠARČEVIĆ/VOLKEN 111
STERN, Erklärungen im UNCITRAL-Kaufrecht, Wiener Rechtswissenschaftliche Studien Bd 20 (1990)
STOFFEL, Formation du contrat, in: Lausanner Kolloquium 55
VIDA, Unwirksamkeit der Offerte wegen Unbestimmtheit nach UN-Kaufrecht, IPRax 1995, 261
WEY, Der Vertragsschluß beim internationalen Warenkauf nach UNCITRAL- und schweizerischem Recht (Diss Basel 1984)
WINSHIP, Formation of International Sales Contracts under the 1980 Vienna Convention, IntlLaw 17 (1983) 1
WULF, UN-Kaufrecht und eCommerce. Problembereiche bei der Anwendung des Wiener Übereinkommens auf Internet-Verträge (2003).

I. Inhalt

1 Die Art 14–24 bilden Teil II der Konvention und regeln den Vertragsschluß. Die Vorschriften gehen auf das EAG zurück (zur Entstehungsgeschichte vgl Einl 19 ff zum CISG), dessen Selbständigkeit noch insoweit nachwirkt, als die Konvention ohne ihren Teil II ratifiziert werden kann (Art 92). Von dieser Möglichkeit haben die skandinavischen Staaten (Dänemark, Finnland, Norwegen, Schweden; nicht jedoch Island) Gebrauch gemacht. Für den Vertragsschluß sind sie nicht als Vertragsstaaten des CISG zu betrachten. Der Abschluß eines deutsch-dänischen Kaufes ist deshalb von deutschen Gerichten nur dann nach dem CISG zu beurteilen, wenn das IPR auf deutsches Recht verweist (so, wenn auch ohne Erörterung OLG Frankfurt OLG Report Frankfurt 1994, 85 = CLOUT Nr 121; unklar – CISG und internes finnisches Recht anwendend – OLG München VersR 1996, 1414 [krit dazu PILTZ NJW 1996, 2769]; zutreffend ungarisches Stadtgericht CLOUT Nr 143; ebenso aus dänischer Sicht in einem dänisch-italienischen Kaufrechtsfall Højesteret 15. 2. 2001, EurLF 2003, 70 [dazu FOGT EurLF 2003, 61 ff]; vgl näher MAGNUS ZEuP 1997, 827 f sowie oben Art 1 Rn 86 u die Erl zu Art 92).

2 Die Art 14 ff gehen vom **herkömmlichen Vertragsschlußmodell konsekutiver Willenserklärungen** aus, bei dem der Vertrag durch die uneingeschränkte Annahme eines vorausgegangenen Angebots zustandekommt. Nur dieser „äußere Konsens" wird geregelt. Auch ob allgemeine Geschäftsbedingungen Vertragsinhalt geworden sind, richtet sich nach der Konvention, die dafür allerdings keine besonderen Vorschriften vorsieht (vgl dazu eingehend Art 14 Rn 40 ff). Insbes muß die Frage kollidierender AGB innerhalb der Konvention gelöst werden (dazu Art 19 Rn 20 ff).

Die **materielle Gültigkeit** des Vertragsschlusses (Freiheit von Willensmängeln, be- 3
stehende Rechts- und Geschäftsfähigkeit, keine Unwirksamkeit wegen Gesetzesverstoßes etc) untersteht dagegen gemäß Art 4 lit a grundsätzlich dem anwendbaren
nationalen Recht (vgl aber zum Irrtum Art 4 Rn 48 ff; zum Dissens Art 18 Rn 7).

Formfragen des Vertragsschlusses richten sich nach Art 11 und 12. Für die Ände- 4
rung von Kaufverträgen gilt Art 29.

II.   Andere Vertragsschlußformen

Auch wenn Art 14 ff identifizierbare Angebots- und Annahmeerklärungen erfor- 5
dern, wird damit nach überwiegender Ansicht nicht ausgeschlossen, **auch andere
Formen vertraglicher Einigung** (zB durch gleichzeitigen Beschluß, identische Kreuz-
offerten, im Lauf längerer Verhandlungen gefundene Einigung ohne fixierbare
Offerte und Annahme etc) der Konvention zu unterstellen (vgl BONELL RiW 1990,
695 f; BYDLINSKI, in: DORALT 61; SCHLECHTRIEM/SCHWENZER/SCHLECHTRIEM vor Art 14–24 Rn 7;
ENDERLEIN/MASKOW/STROHBACH Art 18 Bem 1; HERBER/CZERWENKA vor Art 14 Rn 16; KAROL-
LUS 54 f; MünchKommHGB/FERRARI Vor Art 14 Rn 7; REHBINDER, in: SCHLECHTRIEM, Fachtagung
166; WEY Rn 239 ff; **aA** aber etwa HUBER RabelsZ 43 [1979] 447: Rückgriff auf das anwendbare
nationale Recht). Voraussetzung für einen Vertragsschluß ist nach den Grundsätzen,
die aus Art 14 ff folgen, lediglich, daß die Parteien sich über den in Art 14 Abs 1 S 2
genannten Mindestinhalt des Vertrages tatsächlich geeinigt haben (Konsensprinzip;
vgl SCHLECHTRIEM/SCHWENZER/SCHLECHTRIEM, KAROLLUS, MünchKommHGB/FERRARI, REHBIN-
DER jeweils aaO). Steht diese Einigung fest, dann ist gleichgültig, auf welchem Weg die
Parteien sie erreicht haben.

III.   Kaufmännisches Bestätigungsschreiben

Die Grundsätze, daß **Schweigen auf ein kaufmännisches Bestätigungsschreiben** den 6
Vertrag mit dem Inhalt dieses Schreibens zustande bringt oder fixiert, gelten innerhalb der Konvention nicht (vgl näher mit Nachweisen Art 19 Rn 26). Lediglich als Handelsbrauch iSd Art 9 können sie berücksichtigt werden, soweit sie auch international
verbreitet sind (Zivilgericht Basel BaslerJurMitt 1993, 310; vgl näher Art 9 Rn 27).

IV.   Internetgeschäfte; e-Commerce

Das CISG enthält keine Sonderregeln für den Vertragsschluß über Internet, der bei 7
Schaffung des CISG noch ungebräuchlich war. Gleichwohl gelten die Art 14 ff
uneingeschränkt auch für Vertragabschlüsse auf elektronischem Weg, etwa per E-
mail (FERRARI, EurLF 2000/01, 307; PILTZ, UN-Kaufrecht Rn 150; WULF 85 ff).

V.   Gerichtsstands- und Schiedsklauseln

Ob Gerichtsstands- und Schieds(gerichts)klauseln – etwa als Teil der AGB – wirk- 8
sam in einen internationalen Kaufvertrag einbezogen worden sind, richtet sich nach
den Regeln, die hierfür unter dem CISG gelten. Dagegen untersteht das formell und

materiell wirksame Zustandekommen solcher Klauseln ihrem eigenen, spezielleren Recht. Für den Abschluß von Gerichtsstandsklauseln gilt in erster Linie die EuG-VO (Art 23) oder sonstiges Einheitsrecht, im übrigen §§ 38, 40 ZPO; für Schiedsklauseln das New Yorker Übereinkommen über die Anerkennung und Vollstreckung ausländischer Schiedssprüche von 1958 (Art I) oder weiteres internationales Einheitsrecht und subsidiär §§ 1029, 1031 ZPO (vgl etwa OLG München VersR 1996, 1414; LG Duisburg RiW 1996, 774; nicht ganz deutlich die Trennung zwischen Einbeziehung einer vereinbarten Gerichtsstandsklausel und ihrer Vereinbarung in der US-Entscheidung Chateau des Charmes Wines Ltd v Sabate USA, Sabate SA, IHR 2003, 295; eingehend zum Ganzen STAU-DINGER/HAUSMANN [2002] Anh II zu Art 27–37 EGBGB).

Art 14 [Angebot]

(1) Der an eine oder mehrere bestimmte Personen gerichtete Vorschlag zum Abschluß eines Vertrages stellt ein Angebot dar, wenn er bestimmt genug ist und den Willen des Anbietenden zum Ausdruck bringt, im Falle der Annahme gebunden zu sein. Ein Vorschlag ist bestimmt genug, wenn er die Ware bezeichnet und ausdrücklich oder stillschweigend die Menge und den Preis festsetzt oder deren Festsetzung ermöglicht.

(2) Ein Vorschlag, der nicht an eine oder mehrere bestimmte Personen gerichtet ist, gilt nur als Aufforderung, ein Angebot abzugeben,* wenn nicht die Person, die den Vorschlag macht, das Gegenteil deutlich zum Ausdruck bringt.

Art 14

(1) A proposal for concluding a contract addressed to one or more specific persons constitutes an offer if it is sufficiently definite and indicates the intention of the offeror to be bound in case of acceptance. A proposal is sufficiently definite if it indicates the goods and expressly or implicitly fixes or makes provision for determining the quantity and the price.

(2) A proposal other than one addressed to one or more specific persons is to be considered merely as an invitation to make offers, unless the contrary is clearly indicated by the person making the proposal.

Art 14

1) Une proposition de conclure un contrat adressée à une ou plusieurs personnes déterminées constitue une offre si elle est suffisamment précise et si elle indique la volonté de son auteur d'être lié en cas d'acceptation. Une proposition est suffisamment précise lorsqu'elle désigne les marchandises et, expressément ou implicitement, fixe la quantité et la prix ou donne des indications permettant de les déterminer.

2) Une proposition adressée à des personnes indéterminées est considérée seulement comme une invitation à l'offre, à moins que la personne qui a fait la proposition n'ait clairement indiqué le contraire.

---

* Schweiz: gilt nur als Einladung zu einem Angebot.

Schrifttum

Wie zu Vorbem zu Art 14 ff; ferner:
ADAMI, Les contrats „open price" dans la Convention des Nations Unies sur les contrats de vente internationale de marchandises, Dr aff int 1989, 103
VON BERNSTORFF, Der Abschluss elektronischer Verträge, RiW 2002, 179
BONELL, Vertragsverhandlungen und culpa in contrahendo nach dem Wiener Kaufrechtsübereinkommen, RiW 1990, 693 ff
BRAND/FLECHTNER, Arbitration and Contract Formation in International Trade: First Interpretations of the U.N. Sales Conventions, JL & Com 12 (1993) 239 ff
CANZLER, Das rechtliche Schicksal von Einkaufsbedingungen im Geltungsbereich des CISG (1999)
FARNSWORTH, Precontractual Liability and Preliminary Agreements: Fair Dealing and Failed Negotiations, ColumLRev 87 (1987) 249 ff
FONTAINE, Les lettres d'intention dans la négociation des contrats internationaux, Dr prat comm int 3 (1977) 73 ff
FORTIER, Le prix dans la Convention de Vienne sur la vente internationale de marchandises: les articles 14 et 55, Clunet 1990, 381 ff
GARRO, Cases, analyses and unresolved issues in Articles 25–34, 45–52, in: Draft Digest (2004) 362
HENNEMANN, AGB-Kontrolle im UN-Kaufrecht aus deutscher und französischer Sicht (2001)
HONNOLD, International Sales Law and the Open-Price-Contract, in: Estudios en Homenaje a Jorge Barrera Graf (1989) 915 ff
LUTTER, Der Letter of Intent (1983)
MAGNUS, Unbestimmter Kaufpreis und UN-Kaufrecht, IPRax 1996, 145 ff
MURRAY, The „Open Price" Sale of Goods Contract in a Worldwide Setting, Com L J 89 (1984) 491 ff

NICHOLAS, Certainty of Price, in: Comparative and Private International Law. Essays in Honor of John Henry Merrymann on his Seventieth Birthday, hrsg von DAVID S CLARK (1990) 247 ff
PERALES VISCASILLAS, La formación del contrato en la compraventa internacional de mercaderias (1996)
dies, Contract Conclusion under CISG, J L & Com 16 (1997) 315
dies, Comments on the draft Digest relating to Articles 14–24 and 66–70, in: Draft Digest (2004) 259
PILTZ, AGB in UN-Kaufverträgen, IHR 2004, 133
POSCH, Die Pflichten des Käufers und die Rechtsbehelfe des Verkäufers, in: HOYER/POSCH 143 ff
ROTH/KUNZ, Zur Bestimmbarkeit des Preises im UN-Kaufrecht, RiW 1997, 17 ff
RUMMEL, Probleme des Dissenses beim Vertragsschluß, öst RZ 1996, 2 ff
STADLER, Allgemeine Geschäftsbedingungen im internationalen Handel (2003)
STIEGELE/HALTER, Nochmals: Einbeziehung von Allgemeinen Geschäftsbedingungen im Rahmen des UN-Kaufrechts – Zugänglichmachung im Internet, IHR 2003, 169
TEKLOTE, Die einheitlichen Kaufgesetze und das deutsche AGB-Gesetz (1994)
VENTSCH/KLUTH, Die Einbeziehung von Allgemeinen Geschäftsbedingungen im Rahmen des UN-Kaufrechts, IHR 2003, 61
dies, UN-Kaufrecht: Keine Einbeziehung von AGB durch Abrufmöglichkeit im Internet, IHR 2003, 124
WITZ, Der unbestimmte Kaufpreis. Ein rechtsvergleichender Beitrag zur Bedeutung des pretium certum, Bd 131 der Arbeiten zur Rechtsvergleichung (1989).

Systematische Übersicht

Alphabetische Übersicht

I. Regelungsgegenstand und Normzweck

Die Vorschrift leitet die Bestimmungen der Konvention über das Angebot **1** (Art 14–17) als ersten Teil der Vertragsschlußvorschriften ein und definiert, unter welchen Voraussetzungen eine Äußerung ein Angebot darstellt. Notwendig ist nach Art 14 Abs 1 dreierlei: eine zielgerichtete **Äußerung**, der **Verpflichtungswille** des Erklärenden sowie als **Mindestinhalt** der Erklärung die hinreichende Festlegung von **Warenmenge** und **Preis**. Eine Publikumsofferte gilt nach Abs 2 im Zweifel nur als invitatio ad offerendum.

Wann ein Angebot wirksam wird, zurückgenommen oder widerrufen werden kann, **2** wann es erlischt, ist in den Art 15–17 geregelt.

Mit den Mindestanforderungen, die Art 14 für das Angebot aufstellt, werden zu- **3** gleich die **essentialia** eines Vertrages festgelegt. Zu ihnen gehört grundsätzlich die Bestimmbarkeit des Preises. Keine der Kaufvertragsparteien soll durch gänzlich unvorhersehbare und damit unkalkulierbare Preisänderungsmöglichkeiten der anderen Seite überrascht werden (vgl die Ausführungen des französischen Delegierten GHESTIN auf der Wiener Konferenz, Off Rec 276). Jedoch stehen auch die Bestimmtheitsanforderungen des Art 14 unter dem Vorbehalt anderer vertraglicher Festlegung durch die Parteien.

II. Entstehungsgeschichte

Art 14 stellt eine Fortentwicklung und Präzisierung der Definition des Angebots **4** dar, die Art 4 Abs 1 EAG enthalten hatte. Art 4 Abs 1 EAG hatte eine mit Verpflichtungswillen abgegebene, hinreichend bestimmte Willenserklärung verlangt (vgl näher DÖLLE/SCHLECHTRIEM Art 4 EAG Rn 3 ff). Es fehlte aber eine nähere Festlegung der hinreichenden Bestimmtheit ebenso wie eine Sonderregel für die Publikumsofferte.

Bei den UNCITRAL-Vorarbeiten setzte sich die Meinung durch, daß ein wirksames **5** Angebot nur bei Bestimmbarkeit des Preises vorliege (UNCITRAL YB VIII [1977] 78 f, IX [1978] 89). Ferner wurde die Regelung der Publikumsofferte für notwendig gehalten (UNCITRAL YB IX [1978] 73 f).

Auf der Wiener Konferenz wurden zahlreiche Änderungsanträge gestellt (vgl Off Rec **6** 92 f). Die meisten hatten zum Ziel, daß Erfordernis eines bestimmbaren Preises, wie ihn vor allem das französische Recht verlangte (eingehend dazu WITZ 23 ff; **anders** inzwischen Cass JCP 1996.II.22565 m Anm GHESTIN, ferner WITZ, Premières applications Rn 44), abzuschwächen oder aufzugeben. Doch wurden alle Versuche in diese Richtung nach kontroverser Diskussion abgelehnt (vgl Off Rec 93, 275 ff, 292 ff; eingehend zur

Entstehung auch BIANCA/BONELL/EÖRSI Art 14 Bem 1.2 f). Das prekäre Verhältnis zwischen Art 14 und 55 wurde dabei zwar angesprochen (Off Rec 275, 292 ff), blieb aber letztlich offen.

III. Voraussetzungen einer wirksamen Offerte (Abs 1)

1. Allgemeines

7 Art 14 Abs 1 stellt drei Voraussetzungen für ein Angebot auf: eine – an eine oder mehrere Personen gerichtete – **Erklärung, Bindungswillen** des Erklärenden und **hinreichende Bestimmtheit** des Angebots. Gem Art 15 Abs 1 wird das Angebot allerdings erst mit Zugang wirksam. Für die Auslegung, ob ein Vorschlag als Angebot oder nur als Anfrage etc zu verstehen ist, gilt der Maßstab des Art 8. Damit ist der dem wissenden oder vernünftigen Empfänger erkennbare Wille entscheidend. Vorverhandlungen, Gepflogenheiten oder internationale Gebräuche (Art 9) sind hierbei zu berücksichtigen (HERBER/CZERWENKA Art 14 Rn 10).

8 Ganz ähnlich ist hinsichtlich der **Sprache** des Angebots zu entscheiden. Als Angebot ist ein Vorschlag nur zu werten, wenn er in einer dem Empfänger verständlichen oder durch Vorverhandlungen, Gepflogenheiten oder Gebräuche festgelegten Sprache erfolgt (vgl auch PILTZ, Internationales Kaufrecht § 3 Rn 17 f).

9 **Fragen der materiellen Gültigkeit** (Irrtumsfreiheit, Geschäftsfähigkeit etc) unterstehen jedoch dem anwendbaren nationalen Recht (Art 4 lit a).

2. Willenserklärung

10 Ein Angebot setzt eine **Willenserklärung** voraus, die grundsätzlich an eine oder mehrere bestimmte Personen gerichtet sein muß. An wen sich ein Angebot richten soll, bestimmt der Anbietende. Grundsätzlich ist das die Person, die angesprochen, im Angebot benannt oder sonst als Empfänger bestimmt ist, es sei denn, sie habe zuvor erkennbar erklärt, daß sie eine Offerte – etwa als Vermittler – lediglich weiterleiten werde (vgl auch BG IHR 2004, 28 [dem Empfänger muß erkennbar sein, daß der Erklärende ein eigenes Angebot und nicht nur eine Erklärung für einen anderen abgeben will]; OGH JBl 1998, 255 m Anm KAROLLUS; ferner MAGNUS ZEuP 1999, 654 f). Ein öffentlich angekündigtes Angebot (Publikumsofferte) ist nur unter den besonderen Voraussetzungen des Abs 2 eine annahmefähige Offerte (vgl unten 36 ff).

11 Die Angebotserklärung ist **nicht formgebunden**. Sie kann schriftlich, mündlich oder durch schlüssiges Verhalten geäußert werden (ENDERLEIN/MASKOW/STROHBACH Art 14 Bem 2; PILTZ, Internationales Kaufrecht § 3 Rn 15; REINHART Art 14 Rn 3). Das Angebot ist zugangsbedürftig. Es wird nur wirksam, wenn es dem Empfänger zugeht (Art 15 Abs 1) oder er – bei schlüssigem Verhalten – Kenntnis nehmen kann (vgl näher Art 24 Rn 21 f).

3. Bindungswille

12 Das Angebot muß erkennen lassen, daß der Anbietende im Falle der Annahme an den damit zustande kommenden Vertrag gebunden sein will. Nur hierauf, nicht auf

eine Bindung an das grundsätzlich widerrufliche Angebot (Art 16), bezieht sich der erforderliche Bindungswille (Sekretariatskommentar Art 12 Bem 7; SCHLECHTRIEM/SCHWENZER/SCHLECHTRIEM Art 14 Rn 12; ENDERLEIN/MASKOW/STROHBACH Art 14 Bem 6; HERBER/CZERWENKA Art 14 Rn 7; PILTZ, Internationales Kaufrecht § 3 Rn 29). Ob er gegeben ist oder fehlt, ist durch Auslegung der Erklärung (Art 8) zu ermitteln (s etwa BG IHR 2004, 28 [30 f]). Nationale Vorstellungen (wie zB in Art 7 Abs 3 OR: Auslage von Waren mit Preisangabe gilt als Angebot) sind dabei ohne Belang.

In der Regel bedeutet die Zusendung von Preislisten, Katalogen, Prospekten etc **13** kein Angebot, sondern nur eine **invitatio ad offerendum** (SCHLECHTRIEM/SCHWENZER/SCHLECHTRIEM Art 14 Rn 13; ENDERLEIN/MASKOW/STROHBACH Art 14 Bem 4; GARRO/ZUPPI 105; KRITZER 150; PILTZ, Internationales Kaufrecht § 3 Rn 30). Gleiches gilt – vorbehaltlich des Abs 2 – bei Zeitungsinseraten, Werbung in Rundfunk oder Fernsehen und generell bei Erklärungen gegenüber einem unbestimmten Personenkreis (SCHLECHTRIEM/SCHWENZER/SCHLECHTRIEM Art 14 Rn 13; PILTZ, Internationales Kaufrecht § 3 Rn 19 f, 31).

Der Bindungswille fehlt regelmäßig auch bei **freibleibenden Angeboten** (SCHLECHT- **14** RIEM/SCHWENZER/SCHLECHTRIEM Art 14 Rn 14; ENDERLEIN/MASKOW/STROHBACH Art 14 Bem 5; HERBER/CZERWENKA Art 14 Rn 9; REINHART Art 14 Rn 4). Bei Klauseln wie „solange Vorrat reicht" oder „eigene Verfügbarkeit vorbehalten" wird meist ein Bindungswille mit Widerrufsmöglichkeit anzunehmen sein (ebenso BRUNNER Art 14 Rn 2; MünchKommHGB/FERRARI Art 14 Rn 8; SCHLECHTRIEM/SCHWENZER/SCHLECHTRIEM Art 14 Rn 16; aA HERBER/CZERWENKA aaO und STAUDINGER/MAGNUS [1999]). Doch können die Umstände, Gepflogenheiten oder Gebräuche auch zu einer anderen Auslegung (kein Bindungswille) führen.

Für **Erklärungen, die den Vertragsschluß vorbereiten** („letters of intent", „agreements **15** in principle", „memoranda of understanding", „heads of agreement" etc, vgl dazu BONELL RiW 1990, 696 f; FARNSWORTH ColumLRev 87 [1987] 249 ff; FONTAINE Dr prat comm int 3 [1977] 73 ff; LUTTER, Der Letter of Intent [1983]), wird die Einordnung als Angebot oft zweifelhaft sein. Es kommt darauf an, ob Wortlaut und Umstände den Willen des Erklärenden erkennen lassen, im Fall der Annahme an den zustande kommenden Vertrag gebunden zu sein (vgl Hof van Beroep Gent 17.5. 2002, CISG-Pace; ACHILLES Art 14 Rn 3; BONELL aaO; im Regelfall verneinend HERBER/CZERWENKA Art 14 Rn 9; MünchKommHGB/FERRARI Art 14 Rn 14; SCHWIMANN/POSCH Art 14 Rn 5). Häufig wird keine Vertragsbindung, sondern nur eine Haftung für Schaden aus einem Abbruch der Verhandlungen gewollt sein. In einer sog **Pro-Forma-Rechnung**, mit der der Verkäufer in Rechnungsform mitteilt, zum angegebenen Preis und ggfs zu weiteren Bedingungen liefern zu können, wird bei erkennbarem Bindungswillen ein Angebot zu sehen sein (s OLG Frankfurt RiW 2001, 383; ACHILLES Art 14 Rn 3; PILTZ NJW 1996, 2270).

4.   Bestimmtheit des Angebots (Abs 1 Satz 2)

a)   Grundsatz

Ein Vorschlag zum Abschluß eines Vertrages stellt nur dann ein Angebot dar, wenn **16** er inhaltlich **„bestimmt genug"** („sufficiently definite", „suffisamment précise") ist. Welche Mindestanforderungen an die Bestimmtheit zu stellen sind, legt Art 14 Abs 1 Satz 2 fest. Die Vorschrift verlangt die **Bezeichnung der Ware** und die **Bestimmtheit oder Bestimmbarkeit der Menge und des Preises**. Das Angebot muß diese essentialia des vorgeschlagenen Vertrages so genau angeben, daß mit der einfachen Annahmeerklärung ein durchführbarer Vertrag entstehen kann (so schon die Regelung in Art 4 Abs 1 EAG; ferner Bianca/Bonell/Eörsi Art 14 Bem 2.2.2; Schlechtriem/ Schwenzer/Schlechtriem Art 14 Rn 3; Herber/Czerwenka Art 14 Rn 4; MünchKommHGB/ Ferrari Art 14 Rn 17; Witz/Salger/Lorenz Art 14 Rn 28). Punkte, die in der Konvention geregelt sind (Warenqualität, Verpackung, Liefer- und Zahlungszeit und -ort etc), braucht das Angebot nicht aufzunehmen, auch wenn sie zu den essentialia gehören. Die Erklärungsumstände, Gepflogenheiten und Gebräuche (Art 8, 9) sind auch bei der Ermittlung der Bestimmtheit zu berücksichtigen (Herber/Czerwenka aaO; Luig 46; Perales Viscasillas 348 f).

17 Fehlt die Bestimmtheit, dann ist die Erklärung kein Angebot. Ihre Annahme führt nicht zum Vertragsschluß. Auch in Fällen, in denen Angebot und Annahme nicht als selbständige Erklärungen identifizierbar sind, kommt ein Vertrag grundsätzlich nur zustande, wenn die essentialia, die Art 14 Abs 1 Satz 2 nennt, hinreichend bestimmt sind (vgl aber noch unten Rn 27 ff).

b)   Bezeichnung der Ware

18 Die Ware kann **individuell spezifiziert** oder **gattungsmäßig bezeichnet** werden (Schlechtriem/Schwenzer/Schlechtriem Art 14 Rn 3; Enderlein/Maskow/Strohbach Art 14 Bem 7; MünchKommHGB/Ferrari Art 14 Rn 22). Zu allgemeine Bezeichnungen („bestelle Ihre Triebwerke") genügen nicht, es sei denn, sie sind für den Empfänger hinreichend deutlich (zB „bestelle letzte Lieferung noch einmal"). Fehlt eine Einigung über die zu liefernde Qualität der Ware, dann scheitert der Vertragsschluß (OLG Frankfurt 31.3.1995 CLOUT Nr 135 – unterschiedliche Glasqualitäten). Andererseits ist ein Vertrag – der Kauf eines Computerprogramms – wirksam zustande gekommen, sofern die Parteien über Gegenstand und Preis einig sind, auch wenn möglicherweise noch eine weitere Vereinbarung über die Nutzung des Programms später abgeschlossen werden soll (LG München 8.2.1995 [8 HKO 24667/93, unveröff]).

19 Die **Spezifizierung** einzelner Wareneigenschaften (Farbe, Maße etc) kann sich der Anbietende **vorbehalten** oder sie auch dem Erklärungsempfänger oder einem **Dritten** (zB Abnehmer des Empfängers) überlassen. Ein entsprechendes Angebot ist nicht zu unbestimmt, wie auch Art 65 zum Spezifikationskauf zeigt (vgl auch Sekretariatskommentar Art 61 Bem 4; Brunner Art 14 Rn 4; Piltz, Internationales Kaufrecht § 3 Rn 22). Nationale Gültigkeitsschranken für Bestimmungsrechte anderer Personen als des Anbietenden sind freilich zu berücksichtigen (anders noch Staudinger/Magnus [1999]; s auch Schlechtriem/Schwenzer/Schlechtriem Art 14 Rn 7; wohl ebenso Achilles Art 14 Rn 5; generell zu Bestimmungsklauseln Honsell/Schnyder/Straub Art 14 Rn 31 ff: die Autoren differenzieren zwischen subjektiven und objektiven Bestimmungsklauseln; nur letztere führten zu hinreichender Bestimmbarkeit).

20 Der Wortlaut des Art 14 Abs 1 Satz 2 wirft Zweifel auf, ob die Ware **stillschweigend bezeichnet** werden kann, weil der Text diese Möglichkeit ausdrücklich nur für die Preis- und Mengenfestsetzung vorsieht. Doch besteht kein Grund, die Bezeichnung der Ware nicht in jeder – auch in stillschweigender – Form zuzulassen (im Ergebnis ebenso MünchKommHGB/Ferrari Art 14 Rn 21; Schlechtriem/Schwenzer/Schlechtriem Art 14 Rn 3).

c)   Bestimmbarkeit der Menge

Das Angebot muß die **Warenmenge** selbst – ausdrücklich oder implizit – **festsetzen** **21**
oder ihre Festsetzung ermöglichen. Dem Bestimmheitserfordernis ist in diesem
Punkt auch noch genügt, wenn etwa der gesamte Vorrat („all I have available")
angeboten oder die Deckung des gesamten Bedarfs („all my requirements") im
Angebot verlangt wird (Sekretariatskommentar Art 12 Bem 12; ENDERLEIN/MASKOW/STROH-
BACH Art 14 Bem 9). Ferner ist das Angebot einer Cirka-Menge jedenfalls dann hinreichend bestimmt, wenn dies – wie zB im Mineralölhandel – branchenüblich ist
(OGH östRdW 1996, 203 m Aufs KAROLLUS 197; MünchKommHGB/FERRARI Art 14 Rn 25).
Auch ‚drei Wagenladungen Eier' oder ‚20 Wagenladungen Tomatenmarkkonserven'
legen die Menge in ausreichender Weise fest, wenn die Parteien übereinstimmend
von bestimmten Fahrzeugen und davon ausgehen, daß die Fahrzeuge vollständig
beladen werden (s LG Oldenburg 28. 2. 1996, UNILEX; OLG Hamburg 4. 7. 1997, UNILEX).

Auch die **Mengenfestsetzung** kann einer Partei oder Dritten überlassen werden **22**
(Sekretariatskommentar Art 12 Bem 11; SCHLECHTRIEM/SCHWENZER/SCHLECHTRIEM Art 14 Rn 7;
ENDERLEIN/MASKOW/STROHBACH Art 14 Bem 12; HERBER/CZERWENKA Art 14 Rn 5). Nationale
Gültigkeitsvorschriften zur Begrenzung solcher Bestimmungsbefugnisse sind auch
hier gem Art 4 zu beachten (ebenso SCHLECHTRIEM/SCHWENZER/SCHLECHTRIEM Art 14
Rn 7). Art 65 gilt für diese Fälle allerdings nicht (vgl Art 65 Rn 7).

d)   Bestimmbarkeit des Preises

Art 14 Abs 1 Satz 2 verlangt auch **für den Preis hinreichende Bestimmtheit** oder **23**
zumindest Bestimmbarkeit. Sie ist gegeben, wenn der Preis als Gesamtpreis oder
pro Einheit genannt ist oder sich jedenfalls bestimmen läßt, weil er etwa aus einer
ausdrücklichen oder stillschweigenden Bezugnahme auf Preislisten, Katalogpreise,
Börsenpreise etc folgt (vgl etwa OLG Rostock IHR 2003, 17 [Preis entsprechend Preisliste des
Verkäufers, nach der schon bisherige Käufe abgewickelt wurden; zugleich Stützung dieses Ergeb-
nisses mit Art 55]; Sekretariatskommentar Art 12 Bem 15; BIANCA/BONELL/EÖRSI Art 14
Bem 2. 2. 4. 3; SCHLECHTRIEM/SCHWENZER/SCHLECHTRIEM Art 14 Rn 5; PILTZ, Internationales
Kaufrecht § 3 Rn 25). Ein Preisrahmen genügt (OGH JBl 1995, 253 m Anm KAROLLUS =
IPRax 1996, 137 m Aufs MAGNUS IPRax 1996, 145: 35–65 DM für Chinchilla-Felle unterschiedli-
cher Qualität; zust SCHWIMANN/POSCH Art 14 Rn 9). Das Angebot kann auch auf den
Marktpreis zu einem späteren Zeitpunkt oder an einem bestimmten Ort verweisen
(Sekretariatskommentar Art 12 Bem 14). Ohne Anhalt im Angebot, den Umständen,
Gepflogenheiten oder Gebräuchen kann jedoch nicht auf den marktüblichen Preis
zurückgegriffen werden (ähnlich PILTZ, Internationales Kaufrecht § 3 Rn 24, 27; vgl ferner
Art 55 Rn 4).

Tagespreisklauseln („Verkaufspreis ist der am Liefertag gültige Listenpreis") genü- **24**
gen für die Bestimmbarkeit des Preises. Ihre Gültigkeit richtet sich jedoch nach dem
anwendbaren nationalen Recht (BAMBERGER/ROTH/SAENGER Art 14 Rn 5; SCHLECHTRIEM/
SCHWENZER/SCHLECHTRIEM Art 14 Rn 7). Gleiches gilt für Preisanpassungsklauseln im
Angebot. Eine Preisrevisionsklausel führt nicht zur Unbestimmtheit des Preises
(Cass D. 1995.289 m Anm WITZ; ferner WITZ 69 ff, 140 ff). Haben sich Parteien dagegen
nur darauf geeinigt, daß der Preis für eine künftige Lieferung noch vereinbart
werden soll, ohne daß es zu dieser Vereinbarung kommt, dann fehlt eine wirksame
Preisfestsetzung und insoweit ein wirksamer Vertrag (Schiedsgericht der IHK der Russ
Föderation CLOUT Nr 139; ICC-Schiedsspruch 7844/1994, ICC Int Court of Arb Bull 6/2 [1995]

72). Der zunächst bedingt geschlossene Vertrag scheitert dann, wenn die Bedingung nicht eintritt (vgl auch Luig 47, 257 f).

25 Ein **Preisangebot ohne Währungsangabe** ist in der Regel hinreichend bestimmt, da – nach Annahme des Angebots – im Zweifel die Währung am Verkäufersitz maßgebend ist (vgl Art 53 Rn 20; aA aber Enderlein/Maskow/Strohbach Art 14 Bem 10; Honsell/ Schnyder/Straub Art 14 Rn 38; MünchKommHGB/Ferrari Art 14 Rn 31).

26 Läßt sich dem Angebot jedoch **keinerlei Anhalt** entnehmen, wie der Preis bestimmt werden soll, dann ist es als Angebot **unwirksam**. Bietet etwa ein Verkäufer mehrere Triebwerksmodelle alternativ an, ohne für jedes Modell den genauen Preis anzugeben oder auf eine Preisliste etc zu verweisen, dann fehlt ein wirksames Angebot (so Oberster Gerichtshof der Ungarischen Republik vom 25. 9. 1992, JL & Com 1993, 31 ff, dazu Vida IPRax 1995, 261 ff; ferner Schlechtriem/Schwenzer/Schlechtriem Art 14 Fn 26; Magnus ZEuP 1993, 86 f; Piltz, Internationales Kaufrecht § 3 Rn 25; vgl zum EKG ähnlich BGH NJW 1990, 3077).

e)   Verhältnis zwischen Art 14 und Art 55
aa)   Problem und Meinungsstand
27 Zwischen Art 14 und Art 55 besteht ein **Spannungsverhältnis**, das auf der Wiener Konferenz gesehen, aber nicht gelöst wurde (vgl oben Rn 6; eingehend dazu Posch, in: Hoyer/Posch 147 ff; Kramer, in: FS Welser 542 ff; Ludwig 359 ff; Luig 66 ff). Während Art 14 Abs 1 Satz 2 einen zumindest bestimmbaren Preis als Voraussetzung eines wirksamen Angebots fordert, geht Art 55 davon aus, daß es trotz offenen Preises gültige Verträge geben kann und daß dann der Marktpreis als vereinbart gilt. Wie beide Vorschriften miteinander zu vereinbaren sind, ist umstritten.

28 Zum Teil wird ein **Widerspruch** zwischen Art 14 Abs 1 Satz 2 und Art 55 **geleugnet**. Art 14 betreffe nur das Angebot, nicht aber den Vertragsschluß (so insbes Honnold Rn 137.5; ders, in: FS Barrera Graf 915 ff; Neumayer, in: FS Lorenz 749 ff; ähnlich MünchKommHGB/Ferrari Art 14 Rn 33). Allerdings sei der Hinweis auf einen gültigen Vertragsschluß in Art 55 als Verweis auf das anwendbare nationale Gültigkeitsrecht zu verstehen (Sekretariatskommentar Art 51 Bem 2; Honnold aaO; im Ergebnis ebenso Audit 60; Schlechtriem/Schwenzer/Hager Art 55 Rn 5; Neumayer/Ming Art 14 Rn 11; wohl auch Nicholas LQRev 105 [1989] 212 ff).

29 Im Gegensatz zu dem Ausgangspunkt der gerade genannten Auffassung sehen andere zwischen beiden Vorschriften eine **(bewußte) Regelungslücke** der Konvention. Gem Art 7 Abs 2 habe deshalb das anwendbare nationale Recht zu entscheiden, ob ein Vertrag mit offenem Preis zustande kommen könne (so etwa Bonell Dr prat comm int 1981, 24 f; Heuzé 134; Kahn Rev int dr comp 1981, 980 f; zT auch Kramer, in: FS Welser 545 f).

30 Zum Teil wird **Art 55 – als lex specialis** – ein grundsätzlicher Vorrang eingeräumt. Bei offen gebliebenem Preis fülle Art 55 diese Lücke (Bianca/Bonell/Eörsi Art 55 Bem 2.2.2, 2.3; Karollus 62; Sono, in: Šarčević/Volken 120). Das wird insbes für die Fälle bejaht, in denen Parteien aus solchen Vertragsstaaten beteiligt sind, die – wie die skandinavischen Länder – Teil II der Konvention nicht ratifiziert haben und für die Art 14 deshalb nicht gilt (vgl Witz 226).

Schließlich wird vielfach ein **grundsätzlicher Vorrang des Art 14** angenommen, wegen **31** der Abdingbarkeit der Vorschrift aber auch ein Vertragsschluß ohne Preisfestlegung zugelassen (so SCHLECHTRIEM/SCHWENZER/SCHLECHTRIEM Art 14 Rn 11; HERBER/CZERWENKA Art 14 Rn 6; LOEWE, Kaufrecht 76; LUIG 72 f; PILTZ, Internationales Kaufrecht § 3 Rn 24; POSCH, in: HOYER/POSCH 150; REHBINDER, in: SCHLECHTRIEM, Fachtagung 157 f; REINHART Art 14 Rn 5; SOERGEL/LÜDERITZ/BUDZIKIEWICZ Art 55 Rn 4; wohl auch MünchKommBGB/GRUBER Art 14 Rn 24 f). Unterschiede bestehen bei den Vertretern dieser Ansicht darüber, ob ein Vertrag mit offenem Preis stets (so insbes LOEWE, POSCH, REINHART aaO; wohl auch LÜDERITZ, in: SCHLECHTRIEM, Fachtagung 188) oder nur bei besonderen Anhaltspunkten durch die Marktpreisregel des Art 55 zu ergänzen sei (so insbes PILTZ aaO).

bb) Stellungnahme

In der Rechtsprechung hat sich das Spannungsverhältnis zwischen Art 14 und Art 55 **32** bisher weder eine besondere Rolle gespielt noch zu widersprüchlichen Entscheidungen geführt (s Draft Digest 586). Das reduziert die praktische Bedeutung des Streits darüber, wie das Spannungsverhältnis aufzulösen sei. Als Ausgangspunkt ist festzuhalten, daß Art 14 und 55 **keinen deckungsgleichen Anwendungsbereich** haben: Art 14 legt die Voraussetzungen eines wirksamen Angebots fest und regelt damit zwar einen häufigen Baustein des Vertragsschlusses, enthält aber keine – gar abschließende – Regelung für den Vertragsschluß selbst. Auf der anderen Seite setzt Art 55 einen wirksamen Vertragsschluß bereits voraus, um einen offengebliebenen Preis dann durch die Marktpreisregel zu ergänzen (BIANCA/BONELL/EÖRSI Art 55 Bem 2.2.2; BRUNNER Art 14 Rn 8; BUCHER, in: Berner Tage 78 f; MünchKommHGB/FERRARI Art 14 Rn 33).

Damit ergibt sich: **Immer wenn ein Vertrag** – ohne Preisfestsetzung – **zustande 33 gekommen ist, gilt die Zweifelsregel des Art 55.** Ob ein Vertrag zustande gekommen ist, richtet sich allerdings grundsätzlich ohne Einschaltung des IPR nach den Abschlußregeln der Konvention (BRUNNER Art 14 Rn 8; MünchKommHGB/FERRARI Art 14 Rn 33; SCHLECHTRIEM/SCHWENZER/SCHLECHTRIEM Art 14 Rn 11; BUCHER aaO will dagegen allein daraus einen Vertragsschluß ableiten, daß erfüllt wird. Erfüllungsakte bedeuten aber nicht per se einen Vertragsschluß). Danach stellt ein Vorschlag, der auch nach Auslegung keinen, selbst keinen stillschweigend bestimmbaren Preis erkennen läßt, kein annahmefähiges Angebot dar, kann also in der Regel keinen Vertrag zustande bringen. Jedoch kann der Anbietende als ‚Herr des Angebots‘ im Rahmen der von Art 6 gewährten Autonomie anderes vorsehen und bewußt einen Vertragsschluß mit offenem Preis anbieten (s auch KRAMER, in: FS WELSER 544 f). Hierfür muß sich freilich ein hinreichender Anhalt im Angebot selbst finden, der den Willen erkennen läßt, auch ohne Preisfestlegung gebunden sein zu wollen. Allein das Offenlassen des Preises genügt nicht (HERBER/CZERWENKA Art 14 Rn 6; HONSELL/SCHNYDER/STRAUB Art 14 Rn 54; PILTZ, Internationales Kaufrecht § 3 Rn 24; WITZ 225 f; **aA** aber LÜDERITZ, in: SCHLECHTRIEM, Fachtagung 188). Führen die Parteien den Vertrag dann aber einverständlich durch, so ist der Preis über Art 55 zu fixieren.

Ferner schließt Teil II der Konvention nicht aus, daß der **Vertrag in anderer Weise** als **34** durch Angebot und nachfolgende Annahme, sondern zB durch gleichzeitige Einigung, Unterzeichnung etc zustande kommt (vgl auch Vorbem 5 zu Art 14 ff). Ein Vertragsschluß in dieser Weise ist nach der Konvention auch ohne bestimmbaren Preis gültig und durch die Marktpreisregel des Art 55 zu ergänzen. Ein Rückgriff auf nationale Gültigkeitsvorschriften, die aus der fehlenden Preisbestimmung die Nichtigkeit des Vertrages herleiten, scheidet aus (Schlechtriem/Schwenzer/Schlechtriem Art 14 Rn 11; Herber/Czerwenka Art 14 Rn 6; Piltz, Internationales Kaufrecht § 3 Rn 28; aA aber Schweizer Botschaft 772). Zum einen gehören Vorschriften über die Bestimmbarkeit des Preises nicht zu den von Art 4 lit a CISG gemeinten Gültigkeitsregeln, da sich die Konvention hierzu in Art 14 und 55 selbst äußert. Zum anderen schließt Art 55 gerade die Lücke des unbestimmten Preises und sichert damit den von den nationalen Nichtigkeitsvorschriften angestrebten Zweck, Verträge mit letztlich offenem Preis zu verhindern.

35 Ein Vertrag mit offenem Preis kann ferner dann zustande kommen, wenn die **Konvention ohne ihren Teil II anzuwenden** ist (vgl näher Art 92 Rn 5). Hier muß das vom IPR berufene Vertragsschlußrecht ergeben, ob ein Vertrag ohne bestimmbaren Preis wirksam geschlossen ist. Ist das der Fall, dann ergänzt Art 55 den Vertrag durch die Marktpreisregel.

IV. Publikumsofferte (Abs 2)

36 Ein **Vertragsvorschlag an einen unbestimmten Personenkreis** (Publikumsofferte) stellt nach Art 14 Abs 2 regelmäßig kein Angebot, sondern nur eine invitatio ad offerendum dar. Soll dies anders sein, dann muß der Anbietende das deutlich („clearly", „clairement") zum Ausdruck bringen.

37 An einen unbestimmten Personenkreis ist eine Erklärung dann gerichtet, wenn der Erklärende den **Kreis der Empfänger nicht** mehr **genau überschauen** kann (ähnlich Honnold Rn 136; Luig 83; Nicholas LQRev 105 [1989] 214; Wey Rn 733 ff). ‚Angebote' in Zeitungsannoncen, Prospekten, Katalogen (selbst an benannte Kunden), über Rundfunk oder Fernsehen, öffentliche Ausschreibung etc sind daher im Grundsatz keine wirksamen Angebote, es sei denn der Bindungswille des Erklärenden deutlich erkennbar (Audit 57; Bianca/Bonell/Eörsi Art 14 Bem 2.2.5; Schlechtriem/Schwenzer/Schlechtriem Art 14 Rn 15; Honnold Rn 135; Nicholas aaO; teilweise aA Ludwig 300 f, die in massenhaft übersandten, namentlich adressierten Angeboten trotz des offensichtlichen Werbecharakters wirksame Offerten sieht). Auch **„Angebote" im Internet** stellen grundsätzlich nur invitationes ad offerendum dar, da der Kreis der Empfänger nicht überschaubar ist (Wulf 88 ff mit eingehender Begründung). Allerdings kann der Anbietende entsprechend Art 14 Abs 2 deutlich machen, daß seine Internetpräsentation ein Angebot darstellen soll.

38 Eine **hinreichend deutliche Kennzeichnung** wird etwa in folgenden Formulierungen gesehen: „This advertisement constitutes an offer"; „These goods will be sold to the first person who presents cash or an appropriate banker's account" (Sekretariatskommentar Art 12 Bem 5; Bianca/Bonell/Eörsi Art 14 Bem 2.2.5.2). Ebenso wird ein (Sonder-) angebot „solange der Vorrat reicht" qualifiziert (Audit 58; Schlechtriem/Schwenzer/Schlechtriem Art 14 Rn 16; Enderlein/Maskow/Strohbach Art 14 Bem 13; Piltz, Internationales Kaufrecht § 3 Rn 21).

39 Ist eine Publikumsofferte ausnahmsweise bindend, dann wirkt sie als Angebot jedoch nur, wenn sie auch den **Bestimmtheitsvoraussetzungen** im übrigen – hinsichtlich Ware, Menge und Preis – genügt (Bianca/Bonell/Eörsi aaO).

V.   Einbeziehung allgemeiner Geschäftsbedingungen

Nach Art 14 ist zu beurteilen, ob **allgemeine Geschäftsbedingungen Bestandteil eines** **40** **Angebots** sind und damit Vertragsinhalt werden können. Ein Rückgriff auf das vom IPR berufene nationale Recht (etwa § 305f BGB) wird für die Frage der Einbeziehung von AGB zu Recht ganz überwiegend abgelehnt (BGHZ 149, 113; OGH IHR 2002, 74; OGH RdW 1996, 203 m zust Aufsatz KAROLLUS RdW 1996, 197 ff; LG Trier IHR 2004, 115; ACHILLES Art 14 Rn 6; ASAM JbItalR III [1990] 17; BONELL Dr prat comm int 1982, 21; SCHLECHT-RIEM/SCHWENZER/SCHLECHTRIEM Art 14 Rn 16 Fn 82; DROBNIG, in: VOSKUIL/WADE 125 f; HERBER/CZERWENKA Art 14 Rn 11; HOLTHAUSEN RiW 1989, 517 f; HONSELL/SCHNYDER/STRAUB Art 14 Rn 55; KÜHL/HINGST, in: FS Herber 52 f; LUIG 218; MünchKommBGB/GRUBER Art 14 Rn 27; MünchKommHGB/FERRARI Art 14 Rn 38; PILTZ, Internationales Kaufrecht § 3 Rn 8; SONO, in: ŠARČEVIĆ/VOLKEN 126; vWESTPHALEN, in: Zehn Jahre AGB-Gesetz 194 ff; WITZ/SALGER/LORENZ Vor Artt 14–24 Rn 10; **aA** aber etwa Rechtbank Zutphen NIPR 1998 Nr 110; AG Langenfeld NJW-RR 1998, 1524; EBENROTH JBl 1986, 686 f und – zum EAG – OLG Koblenz IPRax 1994, 46 f).

Allerdings sieht das CISG keine besonderen Regeln über die **Einbeziehung von** **41** **AGB** vor. Die UNCITRAL-Arbeitsgruppe hielt die Gesetz gewordenen Vorschriften für ausreichend (UNCITRAL YB IX [1978] 81). Es ist deshalb durch Auslegung gem Art 8 zu ermitteln, ob AGB Bestandteil eines Angebots sind. Das kann sich zum einen aus internationalen Gebräuchen oder aus Gepflogenheiten oder vorangegangenen Verhandlungen der Parteien ergeben (Art 8 Abs 3; ebenso SCHLECHTRIEM/SCHWENZER/SCHLECHTRIEM Art 14 Rn 16; HERBER/CZERWENKA Art 14 Rn 11). Zum andern gehören AGB zum Inhalt des Angebots, wenn der verständige Durchschnittsempfänger (vgl Art 8 Abs 2: „vernünftige Person der gleichen Art wie die andere Partei") das Angebot in diesem Sinn auffassen würde. Für eine wirksame Einbeziehung ist es deshalb erforderlich, daß der Empfänger von den AGB in **zumutbarer Weise** **Kenntnis nehmen** kann, der Erklärende sie ihm deshalb übersandt oder anderweit zugänglich gemacht hat (BGHZ 149, 113 [117]; ACHILLES Art 24 Rn 7; ASAM JbItalR III [1990] 19; CANZLER 33 ff; SCHLECHTRIEM/SCHWENZER/SCHLECHTRIEM aaO; HENNEMANN 72 ff; HUBER/KRÖLL IPRax 2003, 310 f; MünchKommHGB/FERRARI Art 14 Rn 39; PILTZ, Internationales Kaufrecht § 3 Rn 77; ders NJW 2003, 2060; ders IHR 2004, 134 f; REITHMANN/MARTINY Rn 738; TEKLOTE 112 ff; HONSELL/SCHNYDER/STRAUB Art 14 Rn 57 verneinen bei unverständlichen AGB den Zugang des gesamten Angebots; zum EAG DROBNIG, in: VOSKUIL/WADE 123). Das ist der Fall, wenn die AGB in einer dem Empfänger verständlichen Sprache dem Angebot beigefügt sind und das Angebot deutlich auf ihre Geltung hinweist (BGH aaO; SCHLECHTRIEM/SCHWENZER/SCHLECHTRIEM aaO; STOFFEL, in: Lausanner Kolloquium 73; strenger Rechtbank Rotterdam NIPR 2000 Nr 29 [Hinweis auf der Vorderseite des Vertrages auf umseitige AGB genüge nicht]). Sind die AGB einem Angebot, das auf sie hinweist, dagegen nicht beigefügt, dann sind sie damit in aller Regel auch nicht Vertragsinhalt geworden (s BGH aaO. Anderes kann gelten, wenn AGB in einer laufenden Geschäftsbeziehung ständig Grundlage der Geschäfte waren, aber nicht mehr übersandt wurden; vgl auch HUBER/KRÖLL IPRax 2003, 311 und eingehend PILTZ IHR 2004, 133 ff). Der Empfänger eines solchen Angebots ist auch nicht verpflichtet, sich nach den fehlenden AGB zu erkundigen oder Nachforschungen über ihren Inhalt anzustellen (BGHZ 149, 113 [118]; OLG Düsseldorf NJW-RR 2001, 1562). Damit ist das CISG in diesem Punkt – wegen der unterschiedlichen nationalen Regelungen und Gewohnheiten hierzu – zu Recht etwas strenger als das unvereinheitlichte deutsche Recht, das uU genügen läßt, daß der Empfänger die AGB anfordern kann (BGHZ 117, 190 [198]). Auch die in den Niederlanden verbreitete Übung, die **AGB bei einer Handelskammer** zu **hinterlegen**, schafft für internationale Vertragspartner keine zumutbare Kenntnisnahmemöglichkeit (so auch Hof Arnhem NIPR 1999 Nr 245; Rechtbank van Koophandel te Hasselt 2. 12. 1998, CISG-Pace; **anders** Rechtbank Arnhem NIPR 1999 Nr 251; wie hier PILTZ NJW 2003, 2060; ders IHR 2004, 134).

41a Ob eine hinreichende Kenntnisnahmemöglichkeit auch dann anzuerkennen ist, wenn der Verwender auf seine **im Internet zugänglichen AGB** verweist, ist umstritten (verneinend VENTSCH/KLUTH IHR 2003, 224 f; PILTZ IHR 2004, 134; bejahend MünchKommBGB/ GRUBER Art 14 Rn 30; STADLER 97 Fn 176; STIEGELE/HALTER IHR 2003, 169; im Ergebnis auch KAROLLUS LM CISG Nr 9; wohl auch KRAMER, in: FS WELSER 550 f). Die besseren Gründe sprechen gegen eine solche Möglichkeit. Grundsätzlich ist es Sache des AGB-Verwenders, der anderen Seite die AGB so zugänglich zu machen, daß eine Kenntnisnahme ohne zusätzlichen Aufwand – außer dem des Lesens – möglich ist. Dagegen ist es im Grundsatz nicht Sache des Empfängers, sich selbst Zugang zu den AGB zu verschaffen, die der Verwender gegen den Empfänger verwenden will. Von diesem Ausgangspunkt aus ist eine hinreichende Kenntnisnahmemöglichkeit für den Empfänger etwa gewährleistet, wenn die AGB der elektronischen Erklärung als attachment angefügt sind. Dann läßt sich auch feststellen, ob die AGB in einer Sprache verfaßt sind, die der Empfänger verstehen mußte. Muß der Empfänger dagegen die Homepage des AGB-Verwenders und dort die AGB aufsuchen, die bei internationalen Anbietern uU in mehreren Sprachfassungen vorliegen, dann wird hier ein Risiko auf den Empfänger verschoben, das an sich der AGB-Verwender zu tragen hat. Das Risiko besteht darin, ob der Empfänger die AGB oder die richtige AGB-Version auf einer Homepage findet, die in der Regel eher für Benutzer aus dem Land des AGB-Verwenders gedacht und in dessen Sprache abgefasst ist. Zudem gestattet die Homepage nachträgliche Änderungen, auf die derjenige, gegen den die AGB gelten sollen, keinen Einfluß hat. Auch wenn es für den ABG-Verwender praktisch wäre, das Risiko einer Fehlinformation über die AGB auf den Empfänger überbürden zu können (dieses Praxisinteresse betonen insbes STIEGELE/HALTER IHR 2003, 169), ist für eine solche Risikoverlagerung kein rechtfertigender Grund erkennbar.

41b Bei einem **Vertragsschluß unter Anwesenden** dürfte es unter dem CISG aber genügen, wenn der Anbietende auf im Geschäftslokal ausliegende oder aushängende AGB hinweist und Gelegenheit besteht, sie zu lesen. AGB, die bei Vertragsverhandlungen nur vorgezeigt, aber nicht ausgehändigt werden, sind dagegen nicht wirksam einbezogen (OGH RdW 1996, 203 m Aufs KAROLLUS RdW 1996, 197 ff).

41c Ob in AGB enthaltene **Rechtswahlklauseln** wirksam einbezogen sind, ist ebenfalls nach den genannten CISG-Regeln zu beurteilen (dazu MAGNUS ZEuP 1997, 837 f; aA aber LG München I NJW 1996, 401; LG Duisburg RiW 1996, 774). Für **Gerichtsstands-** oder **Schiedsgerichtsklauseln** sind dagegen nicht die Einbeziehungsregeln des CISG, sondern die vereinheitlichten oder nationalen Sonderregeln in diesem Bereich maßgebend (vgl OLG München VersR 1996, 1414; LG Duisburg aaO; SCHLECHTRIEM Rn 58; aA aber etwa die US-Entscheidung Chateau des Charmes Wines, Ltd v Sabate USA, Sabate SA IHR 2003, 295).

42 Die **inhaltliche Kontrolle von AGB** richtet sich als Gültigkeitsfrage dagegen nach dem anwendbaren nationalen Recht (vgl Art 4 Rn 24 ff). Dazu gehört auch, ob eine Klausel wegen überraschenden Inhalts unwirksam ist (ebenso SCHLECHTRIEM/SCHWEN-

ZER/SCHLECHTRIEM Art 14 Rn 16). Nach dem wieder am Maßstab des CISG zu orientie-
renden – deutschen – AGB-Recht war eine Klausel wirksam, die eine Vertragsaufhebung wegen Lieferverzugs nur zuließ, wenn der Käufer zuvor die Aufhebung
schriftlich angedroht und der Verkäufer dann nicht binnen 15 Tagen geliefert hatte
(AG Nordhorn 14. 6. 1994 UNILEX). Unwirksam war dagegen das Verbot, mangelhafte
Ware dem Verkäufer zurückzuschicken (AG Nordhorn aaO) oder bei einem Ge-
brauchtwagenkauf die Haftung für Arglist formularmäßig auszuschließen (OLG Köln
21. 5. 1996, CLOUT Nr 168). Unbedenklich sind jedoch Festlegungen der Dauer der
Rügefrist (LG Gießen NJW-RR 1995, 438: acht Tage).

Zum Problem kollidierender AGB s Art 19 Rn 20 ff, zum kaufmännischen Bestätigungsschreiben s Art 19 Rn 26 ff.

VI. Angebot unter Ausschluß oder Änderung des CISG

Der Anbietende kann im Rahmen seiner Parteiautonomie in der Offerte **das CISG** **43**
ausschließen oder von einzelnen seiner Vorschriften abweichen. Zu den Rechtsfolgen vgl die Erläuterungen zu Art 6 Rn 11 ff.

VII. Form

Das Angebot bedarf keiner Form, es sei denn, Art 12 greift ein (vgl die Erläuterungen **44**
dort).

VIII. Beweislastfragen

Den Nachweis, daß ein wirksames Angebot vorlag, hat grundsätzlich derjenige zu **45**
führen, der sich auf die Wirksamkeit des Angebots beruft (BAUMGÄRTEL/LAUMEN/HEP-
TING Art 14 Rn 1, 8 [dort auch zu weiteren Beweisfragen]; ferner JUNG 58). Das gilt auch für die
Frage, welchen Umständen zu entnehmen war, ob eine Publikumsofferte ein Angebot darstellte.

Art 15 [Wirksamwerden des Angebots; Rücknahme]

(1) Ein Angebot wird wirksam, sobald es dem Empfänger zugeht.

**(2) Ein Angebot kann, selbst wenn es unwiderruflich ist, zurückgenommen werden,
wenn die Rücknahmeerklärung dem Empfänger vor oder gleichzeitig mit dem
Angebot zugeht.**

Art 15
(1) An offer becomes effective when it reaches
the offeree.
(2) An offer, even if it is irrevocable, may be
withdrawn if the withdrawal reaches the offeree
before or at the same time as the offer.

Art 15
1) Une offre prend effet lorsqu'elle parvient au
destinataire.
2) Une offre, même si elle est irrévocable, peut
être rétractée si la rétractation parvient au destinataire avant ou en même temps que l'offre.

Schrifttum

Wie zu Vorbem zu Art 14 ff; ferner:
SCHMIDT-KESSEL, CISG-Verträge in der Insol-

venz – eine Skizze –, in: FS Schlechtriem (2003)
255.

Systematische Übersicht

I. Regelungsgegenstand und Normzweck

1 Die Vorschrift regelt das **Wirksamwerden und** die **Rücknahme einer Angebotserklärung**. Sie bestimmt, daß ein Angebot erst mit Zugang beim Adressaten wirksam wird (Abs 1). Bis zu diesem Zeitpunkt kann der Offerent das Angebot ohne weiteres zurücknehmen; denn der Adressat hat noch keinen Anlaß und deshalb kein schutzwürdiges Interesse, auf den Inhalt des Angebots zu vertrauen. Selbst ein unwiderrufliches Angebot kann noch zurückgenommen werden, wenn die Rücknahme spätestens gleichzeitig mit dem Angebot zugeht (Abs 2).

2 Obwohl Art 15 diese Rechtsfolge nicht eigens ausspricht, ist ein Angebot, das nicht zugeht oder aber rechtzeitig zurückgenommen wird, ohne Wirkung. Den Widerruf und das Erlöschen eines wirksam gewordenen Angebots regeln dagegen Art 16 und 17.

3 **Praktische Bedeutung** hat Art 15 insbesondere **bei unwiderruflichen Angeboten**. Hier entscheidet der Zeitpunkt des Wirksamwerdens darüber, ob der Erklärende sein Angebot noch zurücknehmen kann oder gebunden ist.

II. Entstehungsgeschichte

4 Art 15 entspricht sachlich Art 5 Abs 1 EAG, der aber noch den Begriff „Widerruf" statt „Rücknahme" verwendete. Schon in den Vorentwürfen zum CISG hat man terminologisch deutlich zwischen der Rücknahme der noch nicht und dem Widerruf der schon wirksam gewordenen Willenserklärung unterschieden (vgl auch Art 16 und 22). Auf der Wiener Konferenz war die Vorschrift unstreitig (Off Rec 93, 277).

III. Wirksamwerden des Angebots (Abs 1)

5 Ein wirksames Angebot setzt den Zugang beim Adressaten voraus. Ob eine Erklärung zugegangen ist, richtet sich nach Art 24, der der Empfangstheorie folgt (vgl die Erl zu Art 24). **Ohne Zugang ist ein Angebot als Willenserklärung ohne Wirkung.** Es kann nicht angenommen werden, selbst wenn der Adressat es schon kennt oder bereits eine Annahme erklärt hat (Sekretariatskommentar Art 13 Bem 1; BIANCA/BONELL/ EÖRSI Art 15 Bem 2.1.2; SCHLECHTRIEM/SCHWENZER/SCHLECHTRIEM Art 15 Rn 2; ENDERLEIN/ MASKOW/STROHBACH Art 15 Bem 1; MünchKommHGB/FERRARI Art 15 Rn 1; SOERGEL/LÜDE-RITZ/FENGE Art 15 Rn 1). Ein Vertrag kommt allerdings auch dann zustande, wenn zunächst die Annahmeerklärung und erst dann der anderen Seite das Angebot zugeht (SCHLECHTRIEM/SCHWENZER/SCHLECHTRIEM Art 15 Rn 2). Auch die echte Publikum-sofferte wird in der Regel mit Zugang, bei Zeitungsinseraten aber mit Veröffentli-chung wirksam (vgl näher Art 24 Rn 8).

Die Annahme wird **in der zugegangenen**, nicht in der abgesandten **Form wirksam**. 6 Das Risiko unrichtiger Übermittlung trägt damit der Erklärende, der aber gegebe-nenfalls nach nationalem Irrtumsrecht anfechten kann (vgl Art 4 Rn 48 ff). Auch wenn der Offerent sein Angebot irrtümlich abgegeben hat und eine Rücknahme (Abs 2) oder ein Widerruf (Art 16) ausscheiden, so ergibt das vom IPR berufene Recht, ob eine Anfechtung möglich ist (SOERGEL/LÜDERITZ/FENGE Art 15 Rn 3). Gelangt ein An-gebot ohne Zutun des Offerenten unbefugt in Verkehr, dann ist es jedoch schon nach der Konvention unwirksam (MünchKommHGB/FERRARI Art 15 Rn 6; SCHLECHTRIEM/ SCHWENZER/SCHLECHTRIEM Art 15 Rn 2; SOERGEL/LÜDERITZ/FENGE Art 15 Rn 3 mit jeweils unter-schiedlicher Begründung; im Ergebnis ebenso WITZ/SALGER/LORENZ Art 15 Rn 1).

IV.   Rücknahme des Angebots (Abs 2)

Art 15 Abs 2 gestattet – wie § 130 Abs 1 Satz 2 BGB – die Rücknahme eines noch 7 nicht wirksam gewordenen Angebots. Selbst ein **unwiderrufliches Angebot** läßt **vor** seinem **Wirksamwerden keine Bindung** des Offerenten entstehen (Sekretariatskommen-tar Art 13 Bem 3; Denkschrift 43; BIANCA/BONELL/EÖRSI Art 15 Bem 2.1.2). Die damit stets zulässige Rücknahme ist eine empfangsbedürftige Willenserklärung, die dem Adres-saten spätestens gleichzeitig mit dem zurückzunehmenden Angebot zugehen muß; rechtzeitige Absendung genügt nicht. Dieselbe Möglichkeit, durch Rücknahme das Wirksamwerden zu verhindern, räumt Art 22 dem Annehmenden für die Annah-meerklärung ein.

Ob eine **Rücknahme** des Angebots **oder** nur eine **Klarstellung** oder Modifizierung 8 gewollt ist, die seine Wirksamkeit unberührt läßt, ist zunächst durch Auslegung (Art 8) zu klären. Auch eine nur teilweise Rücknahme kommt in Betracht.

Der Zugang der Rücknahmerklärung beurteilt sich ebenfalls nach Art 24. Gleich- 9 zeitig mit dem Angebot geht die Rücknahme zu, wenn sie **spätestens zeitgleich mit dem Angebot** (zB mit derselben Post) beim Adressaten eintrifft. Geht sie später zu, zB am selben Tag, aber erst Stunden nach dem Angebot, dann fehlt die Gleichzei-tigkeit, auch der Empfänger von beiden Mitteilungen gleichzeitig Kenntnis nimmt (HERBER/CZERWENKA Art 15 Rn 4; KAROLLUS 64; LUIG 114; STERN 22). Doch kann die zu spät zugegangene Rücknahme einen Widerruf gem Art 16 darstellen. Ein münd-liches Angebot unter Anwesenden kann nur bis zum Abschluß seiner Äußerung zurückgenommen werden (vgl auch Art 22 Rn 11).

Die Rücknahmeerklärung ist an **keine Form**, insbes nicht an die Form des Angebots 10 gebunden und muß auch nicht etwa dessen Übermittlungsweg einhalten (SCHLECHT-RIEM/SCHWENZER/SCHLECHTRIEM Art 15 Rn 4; ENDERLEIN/MASKOW/STROHBACH Art 15 Bem 6;

HERBER/CZERWENKA Art 15 Rn 5; LUIG 114; MünchKommHGB/FERRARI Art 15 Rn 13; RUDOLPH Art 15 Rn 3), es sei denn, der Formvorbehalt des Art 12 greift ein (anders aber PILTZ, Internationales Kaufrecht § 3 Rn 39; REINHART Art 15 Rn 3). Bei der Publikumsofferte kann die Rücknahme auf demselben Weg wie ihre Äußerung erklärt werden (ebenso SCHLECHTRIEM/SCHWENZER/SCHLECHTRIEM Art 15 Rn 5).

V. Andere Gründe für Unwirksamwerden einer Willenserklärung

11 Soweit es um **materielle Gültigkeitsvoraussetzungen** bei der Abgabe einer Willenserklärung geht (Willensmängel, Geschäftsfähigkeit etc), verweist Art 4 lit a auf das anwendbare nationale Recht.

12 Eine Reihe von **Gründen für das nachträgliche Erlöschen** einer wirksamen Willenserklärung regelt die Konvention dagegen selbst (Erlöschen durch Ablehnung, Art 17; durch Fristablauf, Art 18 Abs 2 Satz 2; durch Widerruf, Art 16 Abs 1).

13 Ob **andere Gründe, die die Wirksamkeit** einer Willenserklärung **nachträglich beeinflussen** können (Tod, Geschäftsunfähigkeit, bei Gesellschaften Auflösung, Konkurs etc), nach der Konvention oder nach dem anwendbaren nationalen Recht zu beurteilen sind, ist sehr umstritten. Die wohl überwiegende Ansicht läßt das vom IPR berufene Recht gelten (Schweizer Botschaft 773 f; ACHILLES Art 15 Rn 1; AUDIT 62; BAMBERGER/ROTH/SAENGER Art 17 Rn 1; BRUNNER Art 15 Rn 1; SCHLECHTRIEM/SCHWENZER/SCHLECHTRIEM Art 15 Rn 8; HONSELL/SCHNYDER/STRAUB Art 14 Rn 67; JAMETTI GREINER, in: HOYER/POSCH 51; KOLLER Rn 641; MünchKommBGB/GRUBER Art 15 Rn 17; MünchKommHGB/FERRARI Art 15 Rn 17; SCHLECHTRIEM Rn 78; SCHMIDT-KESSEL, in: FS Schlechtriem 256 f; WITZ/SALGER/LORENZ Vor Artt 14–24 Rn 8). Da das CISG die Frage im Gegensatz zum EKG nicht mehr regele, sei die daraus folgende Lücke gem Art 7 Abs 2 CISG durch das anwendbare nationale Recht zu schließen, zumal die Konvention Gültigkeitsfragen ohnehin nicht erfasse (Art 4 lit a). Nach anderer Ansicht regelt das CISG die Gründe für das Erlöschen einer Willenserklärung abschließend. Daß Art 11 EAG nicht übernommen wurde, habe nicht zu einer sachlichen Änderung führen sollen (BIANCA/ BONELL/EÖRSI Art 16 Bem 1.2.1; HERBER/CZERWENKA Art 15 Rn 7; HUBER RabelsZ 43 [1979] 441; LUIG 137; NEUMAYER/MING Art 15 Anm 3; SOERGEL/LÜDERITZ/FENGE Art 17 Rn 3; vorsichtig auch noch SCHLECHTRIEM, UN-Kaufrecht 40).

14 Letztere Ansicht ist vorzuziehen: Art 11 EAG wurde nicht sachlich abgelehnt, sondern vor allem deshalb nicht aufgenommen, weil man sich über den Katalog der weiteren Umstände, insbes die Einbeziehung des Konkurses nicht einigen konnte (UNCITRAL YB VIII [1977] 85; IX [1978] 81). Der Hinweis auf Art 4 lit a CISG verfängt dann nicht, wenn der Konvention eine ausdrückliche und abschließende Regelung entnommen werden kann, wann eine Willenserklärung durch nachträgliche Vorgänge unwirksam wird. Das ist aber der Fall, wenn man der Interpretation folgt, daß andere als die genannten Gründe (Art 16, Art 17, Art 18 Abs 2) eine Erklärung nicht automatisch erlöschen lassen. Hinzukommt, daß auch sonst die Wirksamkeit und das Erlöschen von Willenserklärungen nach dem für den Vertrag geltenden Recht und nicht etwa nach dem für die Geschäftsfähigkeit, Gesellschaftsauflösung oder den Konkurs geltenden Statut zu beurteilen ist (vgl KEGEL/SCHURIG, Internationales Privatrecht § 17 V 1a). Nach letzterem (Personalstatut, Sitzrecht etc) richtet sich lediglich die Vorfrage, ob die Geschäftsfähigkeit denn entfallen, eine

Gesellschaft aufgelöst, ein Konkurs eröffnet worden ist. Im Fall des Konkurses ist dem anwendbaren Konkursrecht ferner auch zu entnehmen, ob eine wirksame Willenserklärung noch beseitigt werden kann (ähnlich HERBER/CZERWENKA Art 15 Rn 6; MOULY Dr prat comm int 15 [1989] 418).

Im Ergebnis erlischt damit eine wirksam abgegebene Willenserklärung nicht durch **15** den Tod, die Geschäftsunfähigkeit, Verfügungsbeschränkung oder Auflösung des Erklärenden.

VI. Beweisfragen

Den Zugang des Angebots bzw der Rücknahme muß entsprechend dem allgemei- **16** nen Grundsatz (vgl Art 4 Rn 63 ff) derjenige beweisen, der sich hierauf beruft.

Art 16 [Widerruflichkeit des Angebots]

(1) Bis zum Abschluß des Vertrages kann ein Angebot widerrufen werden, wenn der Widerruf dem Empfänger zugeht, bevor dieser eine Annahmeerklärung abgesandt hat.

(2) Ein Angebot kann jedoch nicht widerrufen werden,
a) **wenn es durch Bestimmung einer festen Frist zur Annahme oder auf andere Weise zum Ausdruck bringt, daß es unwiderruflich ist, oder**
b) **wenn der Empfänger vernünftigerweise darauf vertrauen konnte, daß das Angebot unwiderruflich ist, und er im Vertrauen auf das Angebot gehandelt hat.**

Art 16

(1) Until a contract is concluded an offer may be revoked if the revocation reaches the offeree before he has dispatched an acceptance.

(2) However, an offer cannot be revoked:
(a) if it indicates, whether by stating a fixed time for acceptance or otherwise, that it is irrevocable; or
(b) if it was reasonable for the offeree to rely on the offer as being irrevocable and the offeree has acted in reliance on the offer.

Art 16

1) Jusqu'à ce qu'un contrat ait été conclu, une offre peut être révoquée si la révocation parvient au destinataire avant que celui-ci ait expédié une acceptation.

2) Cependant, une offre ne peut être révoquée:
a) si elle indique, en fixant un délai déterminé pour l'acceptation, ou autrement, qu'elle est irrévocable; ou
b) s'il était raisonnable pour le destinataire de considérer l'offre comme irrévocable et s'il a agi en conséquence.

Schrifttum

KÖHLER, Die Haftung nach UN-Kaufrecht im Spannungsverhältnis zwischen Vertrag und Delikt (2003)
MALIK, Offer: Revocable or Irrevocable. Will Art 16 of the Convention on Contracts for the

International Sale Ensure Uniformity?, Indian J Int L 25 (1985) 26
SCHILDER, Schadensersatz bei Durchbrechung der Bindung an obligatorische Vertragsofferten.

Eine vergleichende Untersuchung zum BGB und zum UN-Kaufrecht (CISG) (2003)

SCHÜTZ, UN-Kaufrecht und *culpa in contrahendo* (1996).

Systematische Übersicht

I.   Regelungsgegenstand und Normzweck

1 Die Vorschrift legt den **Grundsatz der Widerruflichkeit von Offerten** fest, schränkt ihn aber durch eine Reihe von Ausnahmen ein. Sie versucht damit, einen Ausgleich zwischen der vor allem im angloamerikanischen Rechtskreis geltenden freien Widerruflichkeit und der insbes im deutschen Rechtskreis vertretenen Unwiderruflichkeit eines Angebots zu finden (vgl dazu eingehend BIANCA/BONELL/EÖRSI Art 16 Bem 2.1.1; ferner DILGER RabelsZ 45 [1981] 175 ff; MALIK Indian J Int L 25 [1985] 26 ff; SONO CornellIntLJ 21 [1988] 478).

II.   Entstehungsgeschichte

2 Schon das EAG enthielt in Art 5 eine sachlich im wesentlichen übereinstimmende Grundentscheidung: Art 5 Abs 2 EAG ließ den Widerruf grundsätzlich zu, schloß ihn aber aus, wenn er nicht in gutem Glauben erfolgte oder nicht dem Verhalten eines redlichen Kaufmanns entsprach. Praktische Probleme oder Rechtsprechung zum Widerruf einer Offerte hat es unter dieser Regelung offenbar nicht gegeben (bei SCHLECHTRIEM/MAGNUS ist keine einzige Entscheidung zum Widerruf berichtet).

3 Die CISG-Vorentwürfe versuchten vor allem die Ausnahmen von der Widerruflichkeit zu präzisieren (vgl UNCITRAL YB IX [1978] 74). Auf der Wiener Konferenz gehörte Art 16 Abs 2 zu jenen Vorschriften, die am umstrittensten waren und am ausführlichsten diskutiert wurden (vgl Off Rec 277 ff; eingehend zur Entstehung BIANCA/ BONELL/EÖRSI Art 16 Bem 1.7.2; im Hinblick auf die geringe praktische Bedeutung spricht HONNOLD Rn 143.1 nicht zu Unrecht von einem „tempest in the teapot"; der Draft Digest [S 588] berichtet bis 2004 von keiner einzigen, wirklich einschlägigen Entscheidung). Letztlich blieb es bei dem von UNCITRAL vorgeschlagenen Text (vgl auch Off Rec 93 f).

III.   Widerruf des Angebots (Abs 1)

4 Grundsätzlich kann der Offerent sein dem Empfänger schon zugegangenes Angebot (auch eine Publikumsofferte) solange **frei widerrufen, bis der Empfänger eine Annahmeerklärung absendet**. Geht der Widerruf bis dahin zu, so beseitigt er die Wirksamkeit des Angebots. Hierin liegt eine markante Abweichung vom deutschen Recht (§ 145 BGB) und die Übernahme angloamerikanischer Rechtsvorstellungen (eingehend dazu HONNOLD Rn 140).

Der **Widerruf** selbst ist eine **empfangsbedürftige Willenserklärung** (SCHLECHTRIEM/ **5** SCHWENZER/SCHLECHTRIEM Art 16 Rn 3; ENDERLEIN/MASKOW/STROHBACH Art 16 Bem 3; LUIG 119; MünchKommHGB/FERRARI Art 16 Rn 6; WEY Rn 886). Der Zugang richtet sich nach Art 24. Eine bestimmte **Form** setzt der Widerruf nicht voraus. Auch bei Publikums-offerten, wenn sie denn ausnahmsweise wirksame Angebote darstellen, wird ein Widerruf zuzulassen sein und zwar in der Form, in der die Offerte erklärt wurde (SCHLECHTRIEM/SCHWENZER/SCHLECHTRIEM Art 16 Rn 3; HONSELL/SCHNYDER/STRAUB Art 16 Rn 7; LUIG 119).

Ob ein Widerruf, teilweiser Widerruf oder nur eine Ergänzung oder Klarstellung **6** gewollt ist, ist durch Auslegung zu ermitteln.

Die **Widerrufsmöglichkeit endet** nicht erst mit dem Zugang der Annahmeerklärung – **7** weil dann der Vertrag zustande kommt (Art 18 Abs 2 Satz 1 iVm Art 23) –, sondern bereits mit deren Absendung, sofern die Annahmeerklärung jedenfalls später noch zugeht (späteren Zugang verlangen nicht: HONSELL/SCHNYDER/STRAUB Art 16 Rn 14). In An-knüpfung an die mail box rule des Common Law führt schon die Absendung der Annahme dazu, daß der Offerent nunmehr an sein Angebot gebunden ist. Allerdings gilt die Bindung nur, soweit die Annahme rechtzeitig abgesandt wurde (siehe jedoch Art 21 Abs 2) und soweit sie keine wesentlichen Änderungen enthält und deshalb eine Gegenofferte darstellt (Art 19 Abs 1). Dagegen kann der Annehmende seiner-seits seine **Erklärung** noch **bis zu ihrem Zugang zurücknehmen** (Art 22; vgl auch HERBER/ CZERWENKA Art 16 Rn 5; zu Mißbrauchsmöglichkeiten vgl Art 22 Rn 12). Abgesandt ist die Annahmeerklärung, sobald sie auf den Transport (zur Post etc) gebracht ist. Daß sie schriftlich fixiert oder nur zur unternehmensinternen Postabfertigung gegeben wor-den ist, genügt nicht. Bei zugangsbedürftigem annahmeäquivalenten Verhalten (siehe dazu Art 18 Rn 10) führt die Absendung einer unterrichtenden Mitteilung zur Bindung des Offerenten.

Für die **Wirkung der Absendung** der Annahmeerklärung ist es unerheblich, ob und **8** wann der widerrufende Offerent von ihr erfährt (BIANCA/BONELL/EÖRSI Art 16 Bem 3.1).

IV.　Bindung an das Angebot (Abs 2)

1.　Allgemeines

Art 16 Abs 2 trägt dem Bedürfnis Rechnung, entgegen dem Grundsatz des Abs 1 **9** vielfach doch eine **Bindung an das Angebot** vorzusehen. Ein Widerruf ist deshalb ausgeschlossen, entweder wenn der Offerent sich binden will (lit a) oder wenn der Empfänger berechtigterweise auf eine Bindung vertrauen darf (lit b). Nur diese beiden Gesichtspunkte erlauben eine Einschränkung der freien Widerrufsmöglich-keit. Hieraus und aus dem Regel-Ausnahmeverhältnis der Abs 1 und 2 ist für Zwei-felsfälle eine Auslegungshilfe zu gewinnen und Unwiderruflichkeit eher zu vernei-nen.

10 Auch an ein **unwiderrufliches Angebot** ist der Offerent nicht auf Dauer gebunden. Sein Angebot erlischt entweder durch Ablehnung (Art 17) oder durch Ablauf der gesetzten oder einer angemessenen Frist (Art 18 Abs 2 Satz 2; zu sonstigen Erlöschensgründen vgl Art 15 Rn 11 ff).

2. Erklärte Unwiderruflichkeit (Abs 2 lit a)

11 Ein Widerruf scheidet, wie nicht in allen Rechtsordnungen selbstverständlich ist, aus, **wenn der Offerent sich selbst binden will und dies** im Angebot **ausdrücklich erklärt**, etwa durch Formulierungen wie „fest", „firm (irrevocable) offer", „unwiderruflich bis ...", „will hold this offer open until ..." (vgl Sekretariatskommentar Art 14 Bem 7; AUDIT 61; BRUNNER Art 16 Rn 2; SCHLECHTRIEM/SCHWENZER/SCHLECHTRIEM Art 16 Rn 8; ENDERLEIN/MASKOW/STROHBACH Art 16 Bem 6; HONNOLD Rn 142; MünchKommHGB/FERRARI Art 16 Rn 14; WITZ/SALGER/LORENZ Art 16 Rn 8; das englische Recht läßt eine Bindung auch an unwiderrufliche Erklärungen grundsätzlich nur eintreten, wenn die andere Seite eine consideration geleistet hat).

12 Abs 2 lit a verlangt jedoch keine ausdrücklich erklärte Unwiderruflichkeit, sondern läßt **jede Erklärungsform** („auf andere Weise") genügen, **die die Unwiderruflichkeit hinreichend zum Ausdruck bringt** (Sekretariatskommentar Art 14 Bem 7). Insbes bedeutet eine bestimmte Annahmefrist („fixed time for acceptance", „délai déterminé pour l'acceptation") trotz der umstrittenen Entstehung dieser Formulierung (dazu BIANCA/BONELL/EÖRSI Art 16 Bem 2.2.1; HONNOLD Rn 143.1) in der Regel Unwiderruflichkeit des Angebots; doch kann diese Vermutung widerlegt werden (insbes HONNOLD aaO; AUDIT 61; BRUNNER Art 16 Rn 2; MünchKommBGB/GRUBER Art 16 Rn 13; MünchKommHGB/FERRARI Art 16 Rn 17; PILTZ, Internationales Kaufrecht § 3 Rn 44; ähnlich, jedoch Auslegungsdifferenzen befürchtend SCHLECHTRIEM/SCHWENZER/SCHLECHTRIEM Art 16 Rn 9; ENDERLEIN/MASKOW/STROHBACH Art 16 Bem 7; HERBER/CZERWENKA Art 16 Rn 9; HONSELL/SCHNYDER/STRAUB Art 16 Rn 20; KAROLLUS 65; LOEWE, Kaufrecht 40; REHBINDER, in: SCHLECHTRIEM, Fachtagung 158 f; SOERGEL/LÜDERITZ Art 16 Rn 7; STERN 19 f). Nach **anderer Auffassung** ist ein zeitlich befristetes Angebot dagegen ohne Auslegungsspielraum stets unwiderruflich (BYDLINSKI, in: DORALT 67; GARRO/ZUPPI 126; NEUMAYER, in: FS Giger 754 f; REINHART Art 16 Rn 3). Eine möglichst klare Formulierung ist in jedem Fall dringend zu empfehlen. Eine Bindung ist etwa folgenden Klauseln zu entnehmen: „Wir halten uns bis 13.5. gebunden"; „Dieses Angebot kann nur bis zum 13.5. angenommen werden"; „Our offer is at any rate good until May 13"; „I stand by my offer until May 13" (vgl BIANCA/BONELL/EÖRSI Art 16 Bem 2.2.1; HERBER/CZERWENKA Art 16 Rn 9, jeweils auch mit Beispielen zweifelhafter Klauseln).

3. Vertrauen auf Bindung (Abs 2 lit b)

13 Die Widerrufsmöglichkeit entfällt ferner, wenn der Empfänger zu Recht („vernünftigerweise") **auf die Unwiderruflichkeit des Angebots vertrauen** durfte **und im Vertrauen hierauf bereits gehandelt** hat. Auf die Unwiderruflichkeit berechtigterweise vertrauen darf der Empfänger eines Angebots etwa, wenn vor einer Annahme – dem Offerenten erkennbar – kostenträchtige Preiskalkulationen, vorbereitende Beschaffungsgeschäfte oder sonst aufwendige Vorklärungen erforderlich sind (Sekretariatskommentar Art 14 Bem 8; BRUNNER Art 16 Rn 2; HERBER/CZERWENKA Art 16 Rn 10; KAROLLUS 65; LOEWE, Kaufrecht 40; MünchKommHGB/FERRARI Art 16 Rn 21; PILTZ, Internationales

Kaufrecht § 3 Rn 46). Der Empfänger muß ferner entsprechend gehandelt, etwa Dispositionen getroffen, die Produktion aufgenommen, Material besorgt, Leute eingestellt haben (vgl Audit 61; Bianca/Bonell/Eörsi Art 16 Bem 2.2.2; Schlechtriem/Schwenzer/Schlechtriem Art 16 Rn 11; Enderlein/Maskow/Strohbach Art 16 Bem 9; Honnold Rn 144; MünchKommHGB/Ferrari Art 16 Rn 22).

V. Keine Schadensersatzverpflichtung bei Widerruf

Der wirksame, nicht nach Abs 2 ausgeschlossene Widerruf läßt das Angebot erlö- **14** schen. Eine **Schadensersatzpflicht wegen enttäuschten Vertrauens aus dem Abbruch der Vertragsverhandlungen sieht die Konvention nicht vor.** Diese Regelung darf nicht durch den Rückgriff auf nationale Behelfe, wie etwa culpa in contrahendo, konterkariert werden (Schlechtriem/Schwenzer/Schlechtriem Art 16 Rn 13; Herber/Czerwenka Art 16 Rn 12; Honsell/Schnyder/Straub Art 16 Rn 31; Luig 130; Piltz, Internationales Kaufrecht § 3 Rn 42; MünchKommHGB/Ferrari Art 16 Rn 25; Schilder 211; **aA** aber Honnold Rn 150 f; allgemein zur cic im Rahmen des CISG: Bonell RiW 1990, 698 ff; Köhler 212 ff; Schütz, UN-Kaufrecht und *culpa in contrahendo*; vgl ferner zur cic Art 4 Rn 42 f).

Bei **unberechtigtem Widerruf** läßt die Konvention das Angebot dagegen in Kraft. **15** Der Empfänger kann es noch annehmen und aus dem zustande gekommenen Vertrag Rechte herleiten, wenn der Offerent die Erfüllung verweigert (ebenso Brunner Art 16 Rn 3; Schlechtriem/Schwenzer/Schlechtriem Art 16 Rn 13; Malik Indian J Int L 25 [1985] 42 ff, 45; Piltz, Internationales Kaufrecht § 3 Rn 47). Vertragsrechtliche oder vertragsähnliche Behelfe des nationalen Rechts wie cic kommen daneben wiederum nicht in Betracht (gegen die Maßgeblichkeit der Qualifikation als vertrags- oder deliktsrechtlich aber Honnold Rn 146). Es besteht aber kein Grund, deliktsrechtliche Ansprüche auszuschließen, die in diesem Bereich der reinen Vermögensschäden gewöhnlich erhöhte subjektive Tatbestandsvoraussetzungen aufstellen (im Ergebnis ebenso Schlechtriem/Schwenzer/Schlechtriem Art 16 Rn 13; Herber/Czerwenka Art 16 Rn 12; Honsell/Schnyder/Straub Art 16 Rn 31; **anders** Honnold Rn 150: für eigenständige Ersatzpflicht aus der Konvention).

VI. Beweisfragen

Den Zugang eines Widerrufs nach Abs 1 muß derjenige beweisen, der sich auf die **16** Wirksamkeit des Widerrufs stützt. Die Beweislast, daß die Annahmeerklärung vor dem Zugang des Widerrufs abgesandt wurde, trifft jedoch den Annehmenden (ebenso Schlechtriem/Schwenzer/Schlechtriem Art 16 Rn 7; ausführlich ferner Baumgärtel/Laumen/Hepting Art 16 Rn 1 ff; **aA** Achilles Art 16 Rn 3 [Beweislast auch für Absendezeitpunkt der Annahmeerklärung beim Widerrufenden bzw bei demjenigen, der Rechte aus dem Widerruf herleitet]).

Für Abs 2 hat der Empfänger des Widerrufs die tatsächlichen Umstände darzutun **17** und zu beweisen, die ein Angebot – insbes nach Abs 2 lit b – unwiderruflich machen.

Art 17 [Erlöschen des Angebots durch Ablehnung]

Ein Angebot erlischt, selbst wenn es unwiderruflich ist, sobald dem Anbietenden eine Ablehnung zugeht.

Art 17
An offer, even if it is irrevocable, is terminated when a rejection reaches the offeror.

Art 17
Une offre, même irrévocable, prend fin lorsque son rejet parvient à l'auteur de l'offre.

I. Regelungsgegenstand und Normzweck

1 Die Vorschrift regelt einen wichtigen **Fall des Erlöschens des Angebots**. Sie bestimmt, daß mit Zugang einer Ablehnung jedes, auch ein unwiderrufliches Angebot erlischt. Eine Ablehnung kann sich auch aus einer modifizierten Annahmeerklärung ergeben (Art 19 Abs 1). Der Sinn des Art 17 liegt in der Festlegung, daß der Anbietende frei über die Ware disponieren kann, sobald ihm die Ablehnungserklärung zugegangen ist, gleichgültig, ob er sich in seinem Angebot für einen weiterreichenden Zeitraum gebunden hatte. Der Ablehnende kann auf das abgelehnte Angebot später nicht mehr zurückkommen (vgl Sekretariatskommentar Art 15 Bem 1; BIANCA/BONELL/EÖRSI Art 17 Bem 2.2.1).

2 Ob auch **andere Ereignisse** wie Tod, Geschäftsunfähigkeit, Auflösung oder Konkurs ein wirksam abgegebenes Angebot berühren, ist – im Gegensatz zu Art 11 EAG – nicht mehr geregelt.

II. Entstehungsgeschichte

3 Das EAG enthielt keine Art 17 entsprechende Vorschrift. Doch ging man unter ihm von der gleichen Regel aus: Eine Ablehnung ließ ein Angebot ebenfalls erlöschen (DÖLLE/SCHLECHTRIEM Art 5 EAG Rn 44 f).

4 In die Vorentwürfe zum CISG wurde die jetzige Bestimmung aufgenommen, weil es als zweifelhaft erschien, ob auch unwiderrufliche Angebote mit Ablehnung ihre Wirksamkeit verlieren oder doch noch innerhalb der Bindungsfrist angenommen werden können (vgl UNCITRAL YB IX [1978] 77; vgl auch HONNOLD Rn 154). Auf der Wiener Konferenz wurde die Vorschrift unverändert angenommen (Off Rec 94). Dem israelischen Vorschlag, den Einfluß von Tod, Geschäftsfähigkeit etc auf abgegebene Willenserklärungen, wie in Art 11 EAG, zu regeln (vgl Off Rec 75), ist man schon bei der Ausarbeitung der Vorentwürfe nicht gefolgt (UNCITRAL YB VIII [1977] 85, IX [1978] 81; näher dazu Art 15 Rn 13).

III. Erlöschen des Angebots

5 Art 17 nennt den wichtigsten Fall, in dem ein Angebot erlischt: die **Ablehnung**. Das entspricht sachlich § 146 1. Alt BGB.

6 Das Angebot erlischt ferner, wenn es **nicht innerhalb einer ausdrücklichen oder**

angemessenen Annahmefrist angenommen (Art 18 Abs 2 Satz 2 mit den Ausnahmen des Art 21; vgl auch ACHILLES Art 17 Rn 1; SCHLECHTRIEM/SCHWENZER/SCHLECHTRIEM Art 17 Rn 5; REINHART Art 17 Rn 1) sowie wenn es vor Annahme widerrufen wird (Art 16 Abs 1). Ein bis zum Zugang zurückgenommenes Angebot erlangt erst gar keine Wirksamkeit (Art 15 Abs 2). Andere Gründe (Tod, Geschäftsunfähigkeit, Konkurs und insbes bei Gesellschaften deren Auflösung) lassen die Wirksamkeit abgegebener Erklärungen dagegen unberührt (vgl dazu ausführlich Art 15 Rn 11 ff).

IV. Ablehnung des Angebots

Ob eine Äußerung als Ablehnung des Angebots oder nur als Nachfrage, die das **7** Angebot bestehen läßt, zu bewerten ist, ist stets zunächst durch Auslegung zu klären (dazu auch Sekretariatskommentar Art 15 Bem 2; HERBER/CZERWENKA Art 17 Rn 5; HONSELL/SCHNYDER/STRAUB Art 17 Rn 6; PILTZ, Internationales Kaufrecht § 3 Rn 49). Eine **Ablehnung** liegt vor, wenn der Ablehnende **hinreichend deutlich** äußert, das Angebot nicht oder nur mit wesentlichen Änderungen (Art 19 Abs 1, 3) annehmen zu wollen.

Die Ablehnung wird in der Regel ausdrücklich, sie kann aber **auch stillschweigend 8** erfolgen (Sekretariatskommentar Art 15 Bem 2; BIANCA/BONELL/EÖRSI Art 17 Bem 2.2.1; SCHLECHTRIEM/SCHWENZER/SCHLECHTRIEM Art 17 Rn 3; HERBER/CZERWENKA Art 17 Rn 5; MünchKommHGB/FERRARI Art 17 Rn 9; PILTZ, Internationales Kaufrecht § 3 Rn 49).

Die Ablehnung läßt jedes Angebot, auch das unwiderrufliche erlöschen. Eine **spä- 9 tere Annahme** des ursprünglichen Angebots, dessen Befristung noch nicht abgelaufen ist, ist **ausgeschlossen**. Ein Vertrag kann nur durch neue Angebots- und Annahmeerklärung zustande kommen (Sekretariatskommentar Art 15 Bem 4). Allerdings kann die Ablehnung ihrerseits eine Gegenofferte darstellen (Art 19 Abs 1).

Art 17 setzt den **Zugang** (Art 24) **der Ablehnungserklärung** voraus. Das gilt auch bei **10** einer konkludenten Ablehnung, die der Ablehnende dem Offerenten deshalb zur Kenntnis bringen muß (ebenso HERBER/CZERWENKA Art 17 Rn 6). So ist allein der Verkauf der Ware an einen Dritten keine wirksame Ablehnung eines Angebots (SCHLECHTRIEM/SCHWENZER/SCHLECHTRIEM Art 17 Rn 3; HERBER/CZERWENKA Art 17 Rn 6; MünchKommHGB/FERRARI Art 17 Rn 9; **aA** aber KAROLLUS 59), wohl aber dann, wenn der Ablehnende dem Offerenten den Verkauf mitteilt. Eine Ablehnungserklärung kann der Ablehnende analog zu Art 15 Abs 2, Art 22 noch zurücknehmen, soweit die Rücknahme vor oder gleichzeitig mit der Ablehnung zugeht (ebenso SCHLECHTRIEM/SCHWENZER/SCHLECHTRIEM Art 17 Rn 4; HERBER/CZERWENKA aaO).

Wer sich auf eine wirksame Ablehnung beruft, muß die Tatsache und den Zugang **11** der Ablehnung beweisen (ebenso ACHILLES Art 17 Rn 3).

Art 18 [Annahme; Wirksamwerden der Annahme]

(1) Eine Erklärung oder ein sonstiges Verhalten des Empfängers, das eine Zustimmung zum Angebot ausdrückt, stellt eine Annahme dar. Schweigen oder Untätigkeit allein stellen keine Annahme dar.

                         Ulrich Magnus

(2) Die Annahme eines Angebots wird wirksam, sobald die Äußerung der Zustimmung dem Anbietenden zugeht. Sie wird nicht wirksam, wenn die Äußerung der Zustimmung dem Anbietenden nicht innerhalb der von ihm gesetzten Frist oder, bei Fehlen einer solchen Frist, innerhalb einer angemessenen Frist zugeht; dabei sind die Umstände des Geschäfts einschließlich der Schnelligkeit der vom Anbietenden gewählten Übermittlungsart zu berücksichtigen. Ein mündliches Angebot muß sofort angenommen werden, wenn sich aus den Umständen nichts anderes ergibt.

(3) Äußert jedoch der Empfänger aufgrund des Angebots, der zwischen den Parteien entstandenen Gepflogenheiten oder der Gebräuche* seine Zustimmung dadurch, daß er eine Handlung vornimmt,** die sich zum Beispiel auf die Absendung der Ware oder die Zahlung des Preises bezieht, ohne den Anbietenden davon zu unterrichten, so ist die Annahme zum Zeitpunkt der Handlung wirksam, sofern diese innerhalb der in Absatz 2 vorgeschriebenen Frist vorgenommen wird.

Art 18

(1) A statement made by or other conduct of the offeree indicating assent to an offer is an acceptance. Silence or inactivity does not in itself amount to acceptance.

(2) An acceptance of an offer becomes effective at the moment the indication of assent reaches the offeror. An acceptance is not effective if the indication of assent does not reach the offeror within the time he has fixed or, if no time is fixed, within a reasonable time, due account being taken of the circumstances of the transaction, including the rapidity of the means of communication employed by the offeror. An oral offer must be accepted immediately unless the circumstances indicate otherwise.

(3) However, if, by virtue of the offer or as a result of practices which the parties have established between themselves or of usage, the offeree may indicate assent by performing an act, such as one relating to the dispatch of the goods or payment of the price, without notice to the offeror, the acceptance is effective at the moment the act is performed, provided that the act is performed within the period of time laid down in the preceding paragraph.

Art 18

1) Une déclaration ou autre comportement du destinataire indiquant qu'il acquiesce à une offre constitue une acceptation. Le silence ou l'inaction à eux seuls ne peuvent valoir acceptation.

2) L'acceptation d'une offre prend effet au moment où l'indication d'acquiescement parvient à l'auteur de l'offre. L'acceptation ne prend pas effet si cette indication ne parvient pas à l'auteur de l'offre dans le délai qu'il a stipulé ou, à défaut d'une telle stipulation, dans un délai raisonnable, compte tenu des circonstances de la transaction et de la rapidité des moyens de communication utilisés par l'auteur de l'offre. Une offre verbale doit être acceptée immédiatement, à moins que les circonstances n'impliquent le contraire.

3) Cependant, si, en vertu de l'offre, des habitudes qui se sont établies entre les parties ou des usages, le destinataire de l'offre peut indiquer qu'il acquiesce en accomplissant un acte se rapportant, par exemple, à l'expédition des marchandises ou au paiement du prix, sans communication à l'auteur de l'offre, l'acceptation prend effet au moment où cet acte est accompli, pour autant qu'il le soit dans les délais prévus par le paragraphe précédent.

---

* Österreich: Bräuche.

** Österreich, Schweiz: Durch eine Handlung.

Systematische Übersicht

Alphabetische Übersicht

I. Regelungsgegenstand und Normzweck

1 Art 18 leitet die Vorschriften der Konvention über die Annahmeerklärung (Art 18–23) ein und bestimmt ihre grundlegenden Elemente. Abs 1 definiert den **Begriff der Annahme**. Er stellt klar, daß sie auch durch Verhalten erfolgen kann, daß bloßes Nichtreagieren aber grundsätzlich keine Annahmewirkung hat. Die Abs 2 und 3 bestimmen für unterschiedliche Situationen, wann die Annahme wirksam wird.

II. Entstehungsgeschichte

2 Im EAG verteilten sich die jetzt in Art 18 zusammengefaßten Regeln auf mehrere Vorschriften (Art 2 Abs 2, Art 6 und 8 EAG). Sachlich enthielten sie übereinstimmende Regelungen, die umformuliert in die Vorentwürfe zum CISG übernommen wurden (eingehend zum Entstehungsprozeß BIANCA/BONELL/FARNSWORTH Art 18 Bem 1.2 ff).

3 Auf der Wiener Konferenz wurde auf Antrag Großbritanniens (A/Conf 97/C1/L56) auch reine Untätigkeit dem Schweigen gleichgestellt (Off Rec 95, 280). Weitere Änderungsvorschläge wurden abgelehnt (vgl Off Rec 95, 280 ff), hatten aber bis auf den Vorschlag der USA, in Abs 3 eine Annahme durch annahmeäquivalentes Verhalten nur nach Mitteilung zuzulassen (A/Conf97/C 1/L57, Off Rec 95), keine substantiellen Änderungen zum Ziel.

III. Allgemeines

4 Die Vorschrift setzt grundsätzlich eine als Annahme **identifizierbare Willenserklärung oder** ein entsprechend zu deutendes **Verhalten** des Annehmenden voraus. Ferner geht sie von einem Vertragsschlußmodell aus, bei dem die Annahme zeitlich auf das Angebot folgt („Zustimmung zum Angebot"). Gleichwohl sind die Regeln der Konvention grundsätzlich auch für andere Vertragsschlußformen heranzuziehen (ebenso BONELL RiW 1990, 695 f; SCHLECHTRIEM/SCHWENZER/SCHLECHTRIEM Vor Art 14–24 Rn 2 ff, 5; ENDERLEIN/MASKOW/STROHBACH Art 18 Bem 1; HERBER/CZERWENKA Vor Art 14 Rn 16; REHBINDER, in: SCHLECHTRIEM, Fachtagung 166; WITZ/SALGER/LORENZ Vor Artt 14–24 Rn 5; ferner oben Vorbem 5 zu Art 14; **aA** aber etwa HUBER RabelsZ 43 [1979] 445 ff; differenzierend HONSELL/SCHNYDER/STRAUB Art 18 Rn 10). So kommt ein Vertrag etwa auch bei sich kreuzenden inhaltsgleichen Offerten zustande (näher zur Kreuzofferte vor allem SCHLECHTRIEM/SCHWENZER/SCHLECHTRIEM Art 18 Rn 10). Ebenso gilt Art 18 für die Annahme einer Gegenofferte (s OLG Frankfurt IPRspr 1995, 269) und für die Annahme des Angebots zu einer Vertragsänderung (OLG Dresden 9.7.1998, CLOUT Nr 347; s weitere Nachweise bei Draft Digest 589 Fn 2) oder zu einer Vertragsaufhebung (OLG Köln IPRax 1995, 393 m Aufs Reinhart ibid 365).

5 Art 18 definiert die Annahme als **Äußerung der Zustimmung zum Angebot**. Unter dem Oberbegriff „Äußerung" faßt er die ausdrückliche, mündliche oder verkörperte Erklärung und die stillschweigende, durch Verhalten ausgedrückte Willensäußerung zusammen. Für beide ist zwischen ihrer Abgabe und ihrem Wirksamwerden zu unterscheiden. Die Konvention folgt hier wie auch sonst in ihrem Abschlußteil der **Empfangstheorie**. Erst der Zugang verleiht der bis dahin grundsätzlich unwirksamen und rücknehmbaren Annahmeäußerung ihre Wirksamkeit. Lediglich in Fällen des Art 18 Abs 3 gilt eine Ausnahme.

IV. Äußerung der Annahme (Abs 1)

1. Willenserklärung

Nach Abs 1 ist die Annahme eine Zustimmung zum Angebot, die erklärt oder durch **6** sonstiges Verhalten ausgedrückt wird. Sie ist damit eine grundsätzlich **zugangsbedürftige Willenserklärung**, die für den Offerenten oder in objektiver Sicht (Art 8 Abs 1 und 2) erkennen lassen muß, daß der Annehmende an die Bedingungen des Angebots gebunden sein will.

Die Zustimmung muß **vorbehaltlos** erfolgen und sich mit dem Inhalt des Angebots – **7** von unwesentlichen Abweichungen (Art 19 Abs 2 und die Erläuterungen dort) abgesehen – vollständig decken. Ob eine **vertragliche Bindung gewollt** ist oder ob der Annehmende lediglich Nachfragen zum Angebot stellen, dessen Erhalt bestätigen oder Interesse bekunden will, ist zunächst durch Auslegung zu ermitteln (Bianca/Bonell/Farnsworth Art 18 Bem 2.1.; Schlechtriem/Schwenzer/Schlechtriem Art 18 Rn 4; Enderlein/Maskow/Strohbach Art 18 Bem 1; MünchKommHGB/Ferrari Art 18 Rn 2; Piltz, Internationales Kaufrecht § 3 Rn 52; Witz/Salger/Lorenz Art 18 Rn 5). Das gilt primär für die ausdrücklich erklärte Annahme, aber ebenso für den Bedeutungsgehalt konkludenter Äußerungen. Auf dieser Grundlage ist auch der versteckte und offene **Dissens** zu behandeln, der unter die Konvention fällt (Schlechtriem/Schwenzer/Schlechtriem Vor Art 14–24 Rn 1; Honsell/Schnyder/Straub Art 18 Rn 12; Schlechtriem Rn 69), in ihr aber nicht ausdrücklich geregelt ist. Den Vertragsschlußerklärungen der Parteien muß durch Auslegung entnommen werden, ob der Vertrag trotz ausdrücklich oder unerkannt offen gebliebener Punkte zustande kommen sollte oder nicht (vgl die in der vorigen N Zitierten). Dabei ist die Sicht einer verständigen Partei in gleicher Lage maßgebend (Art 8 Abs 2; s auch etwa Schleswig-Holsteinisches OLG IHR 2003, 67 [Käufer holt Pferd ab, ohne dabei die im Angebotsschreiben des Verkäufers genannte Abschlagszahlung zu leisten; Kaufvertrag damit geschlossen, auch wenn Käufer sich selbst vorbehalten haben sollte, das Pferd nur in Kommission zu nehmen]). Eine allgemeine Konsensvermutung besteht freilich nicht (vgl auch Art 2.13 f UNIDROIT Principles).

2. Annahme durch ausdrückliche Erklärung

Die Annahme durch ausdrückliche Erklärung kann **auf jedem Erklärungsweg** **8** (schriftlich, mündlich, über elektronische Medien) erfolgen. So genügt etwa ein Fax (Trib Supremo 28.1.2000, CLOUT Nr 395), aber auch die Annahme durch E-mail (Ferrari EurLF 2000/2001, 306; Luig 141). Eine Beschränkung auf das gleiche Kommunikationsmittel wie das Angebot oder – wie noch in Art 12 Abs 2 EAG – auf das nach den Umständen übliche Mittel sieht das CISG nicht vor (ebenso Bianca/Bonell/Farnsworth Art 18 Bem 2.2; MünchKommHGB/Ferrari Art 18 Rn 4; Schlechtriem/Schwenzer/Schlechtriem Art 18 Rn 5). Geringe Einschränkungen ergeben sich allerdings aus dem Zugangserfordernis (unten noch Rn 14 und Art 24 Rn 15 ff). Doch kann der Offerent als ‚Herr des Angebots' für die Annahme eine bestimmte Form (zB Einschreiben) vorschreiben. Hält die Annahmeerklärung diese Form nicht ein, dann beurteilt sich nach Art 19, ob eine wirksame Annahme oder eine Gegenofferte vorliegt (vgl näher Art 19 Rn 19). Ferner kann sich aus vorangehenden Vereinbarungen oder Gepflogenheiten zwischen den Parteien oder aus internationalen Gebräuchen ergeben, daß die Annahme in bestimmter Form zu erfolgen hat.

9 Verwendet der Annehmende eine **andere Sprache** als der Offerent, dann muß letzterer die Annahme nicht gegen sich gelten lassen, wenn ihm die Sprache schlechthin unverständlich ist und sie auch nicht in Vorverhandlungen gebraucht oder im Angebot zugelassen wurde (vgl MünchKommHGB/FERRARI Art 18 Rn 4; PILTZ, Internationales Kaufrecht § 3 Rn 53; ebenso zum EAG OLG Frankfurt DB 1981, 1612; den Zugang verneint SCHLECHTRIEM/SCHWENZER/SCHLECHTRIEM Art 24 Rn 16). Gegen Annahmeerklärungen in seiner Heimatsprache, in der Sprache des Angebots oder der zwischen den Parteien üblichen oder in Vorverhandlungen gebrauchten Sprache kann der Offerent jedoch nicht mangelnde Verständlichkeit einwenden (vgl die in der vorigen N genannten). Er hat aber stets die Möglichkeit, auch unverständliche Annahmeerklärungen gelten zu lassen (ebenso REINHART Art 11 Rn 8), da dann tatsächlich Konsens besteht. Es widerspräche auch Art 7 Abs 1, wenn sich der Annehmende auf die Unverständlichkeit seiner Erklärung berufen dürfte.

3. Annahme durch Verhalten

10 Der Annehmende kann die Zustimmung zum Angebot ferner **durch jedes sonstige Verhalten äußern**. Auch für die Wirksamkeit einer solchen Annahme ist grundsätzlich der Zugang der Äußerung erforderlich (vgl Art 18 Abs 2 Satz 1). Nur in den Fällen des Art 18 Abs 3 gilt eine Ausnahme (SCHLECHTRIEM/SCHWENZER/SCHLECHTRIEM Art 18 Rn 7; HERBER/CZERWENKA Art 18 Rn 5; KAROLLUS 67; PILTZ, Internationales Kaufrecht § 3 Rn 56; SOERGEL/LÜDERITZ/FENGE Art 18 Rn 11 und unten Rn 25 ff).

11 Worin zustimmendes Verhalten liegen kann, zeigt beispielhaft Art 18 Abs 3: Absendung der Ware oder Zahlung des Preises. Es genügt auch die Absendung mangelhafter Ware, obwohl sich Angebot und Annahme in diesem Fall nicht völlig decken (SCHLECHTRIEM/SCHWENZER/SCHLECHTRIEM Art 18 Rn 7; wird bewußt andere Ware übersandt, liegt darin allerdings eine Gegenofferte). Ferner kommt in Betracht: Entgegennahme, Verarbeitung der Ware, Eröffnung eines Akkreditivs, Produktionsbeginn etc (vgl Schleswig-Holsteinisches OLG IHR 2003, 67 [Käufer erhält Angebotsschreiben und holt daraufhin Hengst ab; Vertrag zu den Bedingungen des Angebotsschreibens zustandegekommen]; Magellan International Corp v Salzgitter Handel GmbH, 76 F Supp 2d 919 [1999, ND Ill.; Akkreditiveröffnung]; ferner noch zum EAG: LG Landshut NJW 1977, 2033; OLG Hamm RiW 1983, 56, 58 [jeweils Verarbeitung]; Sekretariatskommentar Art 16 Bem 12; AUDIT 63; BIANCA/BONELL/FARNSWORTH Art 18 Bem 2.2.; BRUNNER Art 18 Rn 5; SCHLECHTRIEM/SCHWENZER/SCHLECHTRIEM Art 18 Rn 7; MAGNUS, in: HOYER/POSCH 15; MünchKommHGB/FERRARI Art 18 Rn 7; PILTZ, Internationales Kaufrecht § 3 Rn 55). Doch muß der **Wille zu vertraglicher Bindung** in bezug auf das konkrete Angebot hinreichend deutlich sein. Die Vorbereitung einer noch nicht abgesandten Annahmeerklärung ist noch kein annahmeäquivalentes Verhalten, selbst wenn dem Offerenten eine Mitteilung hierüber zugeht, da der Bindungswille fehlt (zutreffend PILTZ, Internationales Kaufrecht § 3 Rn 56). Dagegen ist eine stillschweigende Annahme darin gesehen worden, daß der Käufer die vorweg übersandte Rechnung abgezeichnet hatte, um sie seinem Kreditinstitut einzureichen (Inta SA v MCS Officina Meccanica, SpA, [Cámara Nacional de Apelaciones en lo Commercial, Argentinien, 14.10.1993] El Derecho 25.4.1994, 3 m Anm MARTORELL = CISG-online Nr 87).

4.   Bedeutung von Schweigen oder Untätigkeit (Abs 1 Satz 2)

Schweigen oder Untätigkeit können **für sich allein keine Annahme** darstellen. Auch **12** eine einseitige Erklärung im Angebot kann rein passivem Verhalten diese Wirkung nicht beilegen (BIANCA/BONELL/FARNSWORTH Art 18 Bem 2.3; SCHLECHTRIEM/SCHWENZER/SCHLECHTRIEM Art 18 Rn 9; HERBER/CZERWENKA Art 18 Rn 6; MünchKommHGB/FERRARI Art 18 Rn 11; vgl aber noch unten Rn 17). Ebenso wenig kann die Übersendung unbestellter Ware, die der Empfänger unbenutzt beiseite stellt, einen Vertrag zustande bringen (vgl BG IHR 2004, 29; ferner MünchKommBGB/GRUBER Art 18 Rn 20; SCHLECHTRIEM/SCHWENZER/SCHLECHTRIEM aaO). Doch kann sich Schweigen oder Untätigkeit im Verein mit weiteren Umständen als beredt erweisen und als Annahme zu werten sein, so wenn die Parteien eine entsprechende Handhabung vereinbart haben oder wenn sie zwischen ihnen als Gepflogenheit oder aufgrund internationalen Brauchs gilt (Sekretariatskommentar Art 16 Bem 4; ACHILLES Art 18 Rn 3; BIANCA/BONELL/FARNSWORTH, SCHLECHTRIEM/SCHWENZER/SCHLECHTRIEM, HERBER/CZERWENKA, alle aaO; ENDERLEIN/MASKOW/STROHBACH Art 18 Bem 3). Hat etwa der Käufer dem Verkäufer bestimmte Vorgaben für die zu fertigende Ware gemacht und eine daraufhin erstellte Zeichnung des Verkäufers über die zu fertigende Ware kommentarlos hingenommen, dann ist die Zeichnung Vertragsbedingung geworden und das Schweigen des Käufers als Zustimmung zu der Änderung zu werten (Cass D 1998. som.312 m Anm WITZ).

Bloßes **Schweigen auf erstmals einseitig eingeführte Bedingungen** führt jedoch nicht, **13** und zwar auch nicht in einer ständigen Geschäftsverbindung, zur Geltung dieser Bedingungen (so zum EAG: Hoge Raad RvdW 1985, 188 = SCHLECHTRIEM/MAGNUS Art 6 EAG Nr 1). Etwas anderes gilt, wenn Geschäfte laufend auf der Basis einseitig übersandter AGB abgewickelt wurden. Ebenso ist das **Schweigen auf ein kaufmännisches Bestätigungsschreiben**, das im internen deutschen Recht Annahmewirkung haben kann, nach der Konvention grundsätzlich wirkungslos, es sei denn, ein internationaler Brauch, Gepflogenheiten oder Verhalten der Parteien legt dem Schweigen diese Wirkung bei (vgl näher zum Bestätigungsschreiben Art 8 Rn 27; Art 9 Rn 27 und Art 19 Rn 26)

V.   Wirksamwerden der Annahme (Abs 2)

1.   Zugangserfordernis (Abs 2 Satz 1)

Von den Ausnahmen in Art 18 Abs 3 abgesehen, wird eine **Annahmeäußerung** erst **14** dann **wirksam, wenn sie** dem Offerenten **zugeht** (Art 18 Abs 2 Satz 1). Das Zugangserfordernis – vgl dazu Art 24 – gilt für die ausdrückliche Annahmeerklärung ebenso wie für die durch Verhalten geäußerte Zustimmung (Sekretariatskommentar Art 16 Bem 5; BIANCA/BONELL/FARNSWORTH Art 18 Bem 2.4; SCHLECHTRIEM/SCHWENZER/SCHLECHTRIEM Art 18 Rn 13; HERBER/CZERWENKA Art 18 Rn 8; MünchKommHGB/FERRARI Art 18 Rn 12; PILTZ, Internationales Kaufrecht § 3 Rn 63). Verhalten hat damit grundsätzlich nur dann Annahmewirkung, wenn eine **Nachricht** hierüber derart **in den Zuständig-**

keitsbereich des Offerenten gelangt, daß dieser davon Kenntnis nehmen kann (vgl Sekretariatskommentar Art 16 Bem 5: „a notice of that acceptance must in some manner reach the offeror"; HERBER/CZERWENKA Art 18 Rn 9; **aA** [kein Mitteilungserfordernis] SCHLECHTRIEM/ SCHWENZER/SCHLECHTRIEM Art 18 Rn 13). Die Nachricht muß nicht vom Erklärenden, sie kann von Dritten – Spediteur, Bank etc – stammen (Sekretariatskommentar Art 16 Bem 7; BIANCA/BONELL/FARNSWORTH Art 18 Bem 2.7; ENDERLEIN/MASKOW/STROHBACH Art 18 Bem 14; HERBER/CZERWENKA, PILTZ jeweils aaO).

15 Mit dem **Zeitpunkt des Zugangs** der Mitteilung ist die Zustimmung wirksam erklärt (BIANCA/BONELL/FARNSWORTH Art 18 Bem 2.7). Ohne Mitteilung ist eine Annahme durch Verhalten nur unter den Voraussetzungen des Art 18 Abs 3 wirksam.

2. Rechtzeitigkeit (Abs 2 Satz 2 und 3)

16 Um den Vertragsschluß zu bewirken, muß die Annahmeäußerung rechtzeitig zugehen. Begrenzte Ausnahmen hiervon läßt Art 21 zu.

a) Festgesetzte Frist

17 Als Herr des Angebots kann der Offerent einseitig eine **bestimmte Annahmefrist** festsetzen. Die Annahme erfolgt dann nur rechtzeitig, wenn sie innerhalb der Frist zugeht (zu Fristbeginn und -berechnung vgl Art 20). Auch die mündliche Offerte kann befristet werden (SCHLECHTRIEM/SCHWENZER/SCHLECHTRIEM Art 18 Rn 16).

b) Angemessene Frist

18 Hat der Offerent keine Frist für die Annahme gesetzt, gilt eine **angemessene Frist**, die sich nach den Umständen des Geschäfts und dem Übermittlungsweg des Angebots richtet. Die Dauer der Frist ergibt sich damit einmal aus der Zeit, die für die Überlegung des konkreten Geschäfts zu veranschlagen ist und von dessen Bedeutung, Kompliziertheit und Umfang abhängt (SCHLECHTRIEM/SCHWENZER/SCHLECHTRIEM Art 18 Rn 15; ENDERLEIN/MASKOW/STROHBACH Art 18 Bem 9; HERBER/CZERWENKA Art 18 Rn 15; MünchKommHGB/FERRARI Art 18 Rn 28; SOERGEL/LÜDERITZ/FENGE Art 18 Rn 7). Ferner kommt die Übermittlungszeit hinzu, die regelmäßig mit der gleichen Dauer anzusetzen ist, die die Übermittlung des Angebots benötigt hat (vgl die in der vorigen N genannten). Bei **Vertragsschlüssen auf elektronischem Weg** entfällt freilich eine Übermittlungszeit. Hier ist allein die Überlegungszeit maßgebend, die ihrerseits von der Komplexität des jeweiligen Geschäfts abhängt (WULF 133 f).

19 Die Rechtsprechung zum Haager Recht hat eine Frist von sieben Wochen als nicht mehr angemessen angesehen (so LG Bielefeld IPRax 1988, 229 bei Jeansware), eine Annahme sechs Wochen nach Abgabe eines fernschriftlichen Angebots dagegen noch für wirksam gehalten (OLG Koblenz RiW 1989, 384 bei Feindraht).

c) Mündliche Offerte

20 Soweit eine Annahmefrist weder gesetzt ist, noch sich aus den Umständen ergibt, können **mündliche Offerten nur sofort angenommen** werden (Art 18 Abs 2 Satz 3). Fristeinräumende Umstände sind etwa die erkennbare Notwendigkeit, Genehmigungen, Informationen etc einzuholen (ebenso SCHLECHTRIEM/SCHWENZER/SCHLECHTRIEM Art 18 Rn 16; ENDERLEIN/MASKOW/STROHBACH Art 18 Bem 11; MünchKommHGB/FERRARI Art 18 Rn 32).

Eine Offerte ist **mündlich** abgegeben, wenn sie **unter Anwesenden**, auch ihren be- **21** vollmächtigten Vertretern, am Telefon oder über Sprechfunk dem Adressaten unmittelbar mitgeteilt wird (ebenso MünchKommBGB/GRUBER Art 18 Rn 15; SCHWIMANN/ POSCH Art 18 Rn 6). Andere Übermittlungsarten, wie Telefax, Bildschirmtext, E-mail etc gehören nicht hierher, auch wenn sie – allerdings über ein Zwischenmedium – eine sofortige Kommunikation erlauben (SCHLECHTRIEM/SCHWENZER/SCHLECHTRIEM aaO; HERBER/CZERWENKA Art 18 Rn 16; MünchKommHGB/FERRARI Art 18 Rn 32; WITZ/SALGER/ LORENZ Art 18 Rn 17; WULF 133 f). Auch bei Einschaltung von Boten ist die Offerte nicht mehr mündlich abgegeben (SCHLECHTRIEM/SCHWENZER/SCHLECHTRIEM, HERBER/ CZERWENKA jeweils aaO).

VI. Wirkungen der Annahme

Mit dem rechtzeitigen Zugang (zu den Ausnahmen des Abs 3 unten Rn 24 ff) wird die **22** Annahmeäußerung **wirksam**. Decken sich Annahme und Angebot oder enthält die Annahme nur unwidersprochene unwesentliche Abweichungen (Art 19 Abs 2), so kommt der Vertrag im Augenblick des Zugangs zustande (Art 23). Bei wesentlichen Abweichungen wird die Annahmeerklärung mit Zugang zu einer Gegenofferte (Art 19 Abs 1). Das gilt auch bei verspätetem Zugang, sofern der Offerent die Annahme nicht gem Art 21 gelten läßt (**anders** aber PILTZ, Internationales Kaufrecht § 3 Rn 102, der in der verspäteten Annahme keine Gegenofferte sieht).

Bis zu ihrem Zugang kann der Annehmende seine **Äußerung zurücknehmen**, zB **23** abgesandte Ware an einen anderen Käufer umdirigieren (Art 22). Ein Widerruf nach Zugang ist dagegen ausgeschlossen, da und soweit ein Vertrag zustande gekommen ist. Wirkt die Annahmeerklärung allerdings nur als Gegenofferte, dann bleibt sie grundsätzlich widerruflich (Art 16 Abs 1). Das ursprüngliche Angebot kann in diesem Fall nicht als Annahmeerklärung angesehen werden, deren Absendung schon einen Widerruf der Gegenofferte ausschließt. Grundsätzlich führt jedoch bereits die Absendung der Annahmeerklärung zu einer Bindung des Offerenten, sofern später noch rechtzeitiger Zugang erfolgt (Art 16 Abs 1 HS 2 und die Erläuterungen dort).

Die Annahmeerklärung **reist auf Risiko des Erklärenden**. Geht sie nicht, nicht **24** rechtzeitig oder in veränderter Form zu, kommt ein Vertrag in der Regel nicht zustande (BIANCA/BONELL/FARNSWORTH Art 18 Bem 2.5; ENDERLEIN/MASKOW/STROHBACH Art 18 Bem 6; HONNOLD Rn 162; vgl aber noch Art 21).

VII. Nicht zugangsbedürftige Annahmeäußerung (Abs 3)

Abs 3 schafft eine **Ausnahme** von der Regel, daß auch die Annahme durch zustim- **25** mendes Verhalten dem Offerenten zugehen muß (vgl oben Rn 14). Der Zugang ist dann, aber auch nur dann, entbehrlich, wenn sich das aus dem Angebot, aus Gepflogenheiten der Parteien oder internationalen Gebräuchen ergibt (BIANCA/ BONELL/FARNSWORTH Art 18 Bem 2.8; SCHLECHTRIEM/SCHWENZER/SCHLECHTRIEM Art 18 Rn 20 f; HERBER/CZERWENKA Art 18 Rn 10; KAROLLUS 67; dagegen erweckt der Sekretariatskommentar Art 16 Bem 11 f den Eindruck, als sei der Zugang bei jedem annahmeäquivalenten Verhalten entbehrlich; ebenso AUDIT 63).

26 Die Parteien können darüber hinaus vereinbaren, daß ein Zugang der Annahmeerklärung entbehrlich ist (näher dazu HONSELL/SCHNYDER/STRAUB Art 18 Rn 43 f; s auch MünchKommHGB/FERRARI Art 18 Rn 16). Ob Klauseln wie „erbitte unverzüglich Absendung", „ship immediately", „rush shipment" oder „procure for me without delay" einen **Verzicht auf den Zugang** der Zustimmungsäußerung bedeuten, wird unterschiedlich beurteilt (einen Zugangsverzicht sehen darin: Sekretariatskommentar Art 18 Bem 11; AUDIT 63; SCHLECHTRIEM/SCHWENZER/SCHLECHTRIEM Art 18 Rn 20; ENDERLEIN/MASKOW/STROHBACH Art 18 Bem 12; HONNOLD Rn 163; RUDOLPH Art 18 Rn 9; gegen Zugangsverzicht HERBER/CZERWENKA Art 18 Rn 12; zweifelnd BIANCA/BONELL/FARNSWORTH Art 18 Bem 3. 4). Entscheidend muß die auf Art 8 gestützte Auslegung im Einzelfall sei (ebenso MünchKommHGB/FERRARI Art 18 Rn 16). Um Unklarheiten zu vermeiden, sollte der Offerent entsprechend deutlich formulieren (zB „erbitte unverzüglich Absendung und Benachrichtigung").

27 Worin ein **annahmeäquivalentes Verhalten** liegen kann, regelt Abs 3 nicht etwa abschließend, sondern beispielhaft. Insoweit gilt das oben (Rn 11) Ausgeführte.

28 Die nicht zugangsbedürftige Annahmeäußerung wird **mit ihrer Vornahme wirksam** und bringt den Vertrag zustande (Art 23), sofern die gesetzte oder angemessene Annahmefrist noch nicht verstrichen ist. Nach Fristablauf bleibt sie – als Annahme – wirkungslos. Als Gegenofferte wird sie nur bei Zugang (zB der zu spät abgesandten Ware) wirksam. Auch eine Heilung über Art 21 kommt nur in Betracht, wenn der Offerent von der verspäteten Annahmehandlung erfährt.

29 In den Fällen des Abs 3 trifft den Annehmenden **keine Pflicht, den Offerenten** von seinem Verhalten **zu unterrichten** (BIANCA/BONELL/FARNSWORTH Art 18 Bem 2. 8, 2. 9; SCHLECHTRIEM/SCHWENZER/SCHLECHTRIEM Art 18 Rn 23; HERBER/CZERWENKA Art 18 Rn 13; MünchKommHGB/FERRARI Art 18 Rn 17; je nach den Umständen für eine solche Pflicht aber: ENDERLEIN/MASKOW/STROHBACH Art 18 Bem 16; HONNOLD Rn 164; REHBINDER, in: SCHLECHTRIEM, Fachtagung 161).

VIII. Beweisfragen

30 Daß eine Annahmeäußerung zugegangen ist, hat derjenige zu beweisen, der sich hierauf beruft. Für den Zeitpunkt des nicht zugangsbedürftigen Annahmeverhaltens (Art 18 Abs 3) trifft die Beweislast jedoch stets den Annehmenden, dessen Sphäre die Handlung zuzurechnen ist. Das gilt auch dann, wenn der Offerent einen wirksamen Vertragsschluß behauptet und damit zunächst insoweit darlegungspflichtig ist (eingehend BAUMGÄRTEL/LAUMEN/HEPTING Art 18 Rn 1 ff; teilweise abw ACHILLES Art 18 Rn 6; zur Beweislast s auch MünchKommBGB/GRUBER Art 18 Rn 27; MünchKommHGB/FERRARI Art 18 Rn 33).

Art 19 [Ergänzungen oder Änderungen zum Angebot]

(1) Eine Antwort auf ein Angebot, die eine Annahme darstellen soll, aber Ergänzungen, Einschränkungen oder sonstige Änderungen enthält, ist eine Ablehnung des Angebots und stellt ein Gegenangebot dar.

(2) **Eine Antwort auf ein Angebot, die eine Annahme darstellen soll, aber Ergänzungen oder Abweichungen enthält, welche die Bedingungen des Angebots nicht
wesentlich ändern, stellt jedoch eine Annahme dar, wenn der Anbietende das
Fehlen der Übereinstimmung nicht unverzüglich mündlich beanstandet oder eine
entsprechende Mitteilung absendet. Unterläßt er dies, so bilden die Bedingungen
des Angebots mit den in der Annahme enthaltenen Änderungen den Vertragsinhalt.**

**(3) Ergänzungen oder Abweichungen, die sich insbesondere auf Preis, Bezahlung,
Qualität und Menge der Ware, auf Ort und Zeit der Lieferung, auf den Umfang der
Haftung der einen Partei gegenüber der anderen oder auf die Beilegung von
Streitigkeiten beziehen, werden so angesehen, als änderten sie die Bedingungen
des Angebots wesentlich.**

Art 19

(1) A reply to an offer which purports to be an acceptance but contains additions, limitations or other modifications is a rejection of the offer and constitutes a counter-offer.

(2) However, a reply to an offer which purports to be an acceptance but contains additional or different terms which do not materially alter the terms of the offer constitutes an acceptance, unless the offeror, without undue delay, objects orally to the discrepancy or dispatches a notice to that effect. If he does not so object, the terms of the contract are the terms of the offer with the modifications contained in the acceptance.

(3) Additional or different terms relating, among other things, to the price, payment, quality and quantity of the goods, place and time of delivery, extent of one party's liabilty to the other or the settlement of disputes are considered to alter the terms of the offer materially.

Art 19

1) Une réponse qui tend à être l'acceptation d'une offre, mais qui contient des additions, des limitations ou autres modifications, est un rejet de l'offre et constitue une contre-offre.

2) Cependant, une réponse qui tend à être l'acceptation d'une offre, mais qui contient des éléments complémentaires ou différents n'altérant pas substantiellement les termes de l'offre, constitue une acceptation, à moins que l'auteur de l'offre, sans retard injustifié, n'en relève les différences verbalement ou n'adresse un avis à cet effet. S'il ne le fait pas, les termes du contrat sont ceux de l'offre, avec les modifications comprises dans l'acceptation.

3) Des éléments complémentaires ou différents relatifs notamment au prix, au paiement, à la qualité et à la quantité des marchandises, au lieu et au moment de la livraison, à l'étendue de la responsabilité d'une partie à l'égard de l'autre ou au règlement des différends, sont considérés comme altérant substantiellement les termes de l'offre.

Schrifttum

Vgl Vorbem zu Art 14 ff; ferner
FARNSWORTH, Review of Standard Forms or
Terms Under the Vienna Convention, Cornell-
IntLJ 21 (1988) 439
GABRIEL, The Battle of the Forms: A Comparison of the United Nations Convention for the
International Sale of Goods and the Uniform
Commercial Code, Bus Lawy 1994, 1054
KELSO, The United Nations Convention for the
International Formation and the Battle of
Forms, ColumJTransnatL 21 (1982/83) 529
KRAMER „Battle of the Forms", in: FS GAUCH
(2004) 493
KRÖLL/HENNECKE, Kollidierende Allgemeine
Geschäftsbedingungen in internationalen Kauf-
verträgen, RiW 2001, 737
KÜHL/HINGST, Das UN-Kaufrecht und das
Recht der AGB, in: FS Herber (1999) 50

MAGNUS, Erfahrungen mit dem Haager Waren-Kaufrecht, Erwartungen von der UNCITRAL-Konvention, in: HOYER/POSCH, Das Einheitliche Wiener Kaufrecht. Neues Recht für den internationalen Warenkauf (1992) 5

vMEHREN, The „Battle of the Forms": A Comparative View, AmJCompL 38 (1990) 265

NEUMAYER, Das Wiener Kaufrechts-Übereinkommen und die sogenannte „battle of forms", in: FS Giger (1989) 501

PERALES VISCASILLAS, Tratamiento juridico de las cartas de confirmacíon en la Convencíon de Viena de 1980 sobre Compraventa Internacional de Mercaderías, Rev Jur Peru 1997, Nr 13, 241

dies, „Battle of the Forms" under the 1980 United Nations Convention on Contracts for the International Sale of Goods: A Comparison with Section 2–207 UCC and the UNIDROIT Principles, Pace Int L Rev X (1998) 97

dies, Battle of Forms and the Burden of Proof: An Analysis of BGH 9 January 2002, Vindobona J Int Com L Arb 6 (2002) 217

SCHLECHTRIEM, Kollidierende Geschäftsbedingungen im internationalen Vertragsrecht, in: FS Herber (1999) 36

K SCHMIDT, Die Praxis zum sog. kaufmännischen Bestätigungsschreiben: ein Zankapfel der Vertragsrechtsdogmatik – Eine Skizze zur „Sonderdogmatik" im „Sonderprivatrecht" und zu deren Integration in einen internationalen Konsens –, in: FS HONSELL (2002) 99

VAN DER VELDEN, Uniform International Sales Law and the Battle of Forms, in: FS Sauveplanne (1984) 233

VENTSCH/KLUTH, Die Einbeziehung von Allgemeinen Geschäftsbedingungen im Rahmen des UN-Kaufrechts, IHR 2003, 61

VERGNE, The „Battle of the Forms" Under the 1980 United Nations Convention on Contracts for the International Sale of Goods, AmJCompL 1985, 233

WITTMANN, „Bedingungs-Ping-Pong" nach einheitlichem Kaufrecht, CuR 5 (1989) 1078.

Systematische Übersicht

Alphabetische Übersicht

I. Regelungsgegenstand und Normzweck

Art 19 behandelt den praktisch wichtigen Fall, daß die **Annahmeerklärung** dem **1**
Angebot **nicht deckungsgleich** entspricht, sondern Abweichungen enthält. Grundsätzlich liegt darin eine Ablehnung des Angebots verbunden mit einer Gegenofferte
(Abs 1). Bei unwesentlichen Abweichungen kommt ein Vertrag gleichwohl – zu den
geänderten Bedingungen – zustande, wenn der Offerent nicht unverzüglich widerspricht (Abs 2). Für die damit wichtige Trennungslinie zwischen wesentlichen und
unwesentlichen Abweichungen gibt Abs 3 einen ausführlichen, jedoch nicht ab-
schließenden Beispielskatalog.

Für die Problematik kollidierender Standardbedingungen („battle of forms") sieht **2**
die Konvention keine Sonderregeln vor. Sie ist im Rahmen des Art 19 zu lösen.

II. Entstehungsgeschichte

Art 19 Abs 1 und 2 entspricht weitgehend wörtlich Art 7 Abs 1 und 2 EAG. Art 19 **3**
Abs 3 CISG wurde neu aufgenommen und hatte im EAG keinen Vorläufer. In den
Vorentwürfen zum CISG sah Abs 3 vor, daß die aufgezählten Abweichungen vom
Angebot nur so weit als wesentlich anzusehen seien, soweit sie nicht in Anbetracht
der Umstände als akzeptabel erschienen. Diese Formulierung wurde auf der Wiener
Konferenz durch die jetzige Fassung ersetzt (Off Rec 96, 284 ff). Anträge Bulgariens
und Großbritanniens, die Abs 2 und 3 oder jedenfalls Abs 3 (so Ägypten) ganz zu
streichen, fanden ebensowenig eine Mehrheit wie eher redaktionelle Änderungsvorschläge Frankreichs und der USA (vgl Off Rec 96, 284 ff). Auch ein belgischer
Antrag, als Abs 4 das Problem kollidierender AGB zu regeln und den Vertrag unter
Ausschluß der widersprechenden Klauseln zustande kommen zu lassen (A/Conf 97/
C1/L87, Off Rec 96), wurde mit deutlicher Mehrheit abgelehnt (Off Rec 289). Zum Teil
wurde in dem Regelungsvorschlag eine Einschränkung des Prinzips der Vertragsfreiheit gesehen. Zum Teil wurde geltend gemacht, daß die Problematik nicht
hinreichend vorbereitet worden sei und auch durch die Grundregel in Abs 1 aufgefangen werde (Off Rec 288 f).

4 Angenommen wurde dagegen der deutsche Antrag (A/Conf 97/C1/L157, Off Rec 96, 329) in Abs 2 Satz 1 klarzustellen, daß schon die Absendung eines Widerspruchs genügt, den Vertragsschluß scheitern zu lassen

5 Die Wirkung eines Bestätigungsschreibens, das unwesentliche Abweichungen vom Vertragsinhalt enthält, kam in Wien nicht erneut zur Sprache. Hier hatte schon die UNCITRAL-Arbeitsgruppe eine zunächst geplante Regelung verworfen, nach der die Bedingungen des Bestätigungsschreibens zum Vertragsinhalt werden sollten (vgl UNCITRAL YB VIII [1977] 82, 111 f; IX [1978] 78, 92). Ausschlaggebend war die Überlegung, daß jede Vertragsänderung eine Einigung der Parteien voraussetze.

6 Unter dem EAG hatte die Abgrenzung zwischen wesentlichen und unwesentlichen Abweichungen vom Angebot häufiger Anlaß zu Rechtsstreit gegeben (vgl SCHLECHTRIEM/MAGNUS: 12 Entscheidungen zu Art 7 EAG).

III. Annahme unter Abweichungen (Abs 1)

7 Erklärt der Annehmende sich mit einem Angebot nicht vollständig, sondern nur unter abweichenden Bedingungen einverstanden, so liegt darin – ebenso wie nach § 150 Abs 2 BGB – grundsätzlich eine **Ablehnung des Angebots und** zugleich eine **Gegenofferte.** Doch läßt Art 19 Abs 2 Ausnahmen vom Gebot der vollständigen Deckungsgleichheit zwischen Annahme und Angebot („mirror-image rule") zu (dazu BIANCA/BONELL/FARNSWORTH Art 19 Bem 2.1 f; allgemein rechtsvergleichend vMEHREN AmJ CompL 38 [1990] 265 ff). Dennoch gilt Art 19 Abs 1 nicht etwa nur bei wesentlichen Abweichungen (so aber SCHLECHTRIEM/SCHWENZER/SCHLECHTRIEM Art 19 Rn 8). Auch eine Annahme mit unwesentlichen Abweichungen bedeutet Ablehnung des Angebots, wenn der Offerent die Abweichung beanstandet (Art 19 Abs 2 und unten Rn 12). Solange dem Annehmenden die Beanstandung nicht zugegangen ist, ist seine Erklärung auch eine Gegenofferte, die aber mit Zugang der Ablehnung erlischt (Art 17; für ein Weiterwirken der beanstandeten modifizierenden Annahmeerklärung als Gegenofferte dagegen HERBER/CZERWENKA Art 19 Rn 15; PILTZ, Internationales Kaufrecht § 3 Rn 99).

8 Ob eine Antwort eine Annahme oder nur eine **vorklärende Anfrage** bedeutet, ob sie jedenfalls das Angebot annehmen und über weitergehende Punkte ein eigenes Angebot oder insgesamt eine Gegenofferte darstellen will, ist zunächst durch Auslegung (Art 8) zu klären (vgl auch BIANCA/BONELL/FARNSWORTH Art 19 Bem 2.2; BRUNNER Art 19 Rn 2; SCHLECHTRIEM/SCHWENZER/SCHLECHTRIEM Art 19 Rn 5 ff; HERBER/CZERWENKA Art 19 Rn 8; MünchKommHGB/FERRARI Art 19 Rn 3).

9 Keine Ergänzung oder Abweichung vom Angebot bedeutet es, wenn die Annahme – im Gegensatz zur Offerte – explizit regelt, was **Inhalt des Gesetzes** ist (ACHILLES Art 19 Rn 1; MünchKommHGB/FERRARI Art 19 Rn 6; ähnlich SCHLECHTRIEM/SCHWENZER/SCHLECHTRIEM Art 19 Rn 6). Ebenso stellt es keine Abweichung dar, wenn der Annehmende seine Zustimmung in vom Angebot abweichenden Begriffen ausdrückt, solange materiell Konsens besteht (Sekretariatskommentar Art 17 Bem 3; SCHLECHTRIEM/SCHWENZER/SCHLECHTRIEM Art 19 Rn 5; PILTZ, Internationales Kaufrecht § 3 Rn 82; VAN DER VELDEN, in: FS Sauveplanne 237; WEY Rn 580 ff, 1209 ff; zum kaufmännischen Bestätigungsschreiben und zu kollidierenden AGB vgl unten Rn 20 ff, 26).

Liegt in der Annahmeerklärung eine Gegenofferte, dann läßt sie das **ursprüngliche** 10
Angebot erlöschen (Art 17), das auch nicht wieder auflebt, wenn der Annehmende
seine Gegenofferte zurücknimmt oder widerruft (vgl Art 17 Rn 9).

Die Gegenofferte kann – und wird oft – stillschweigend **durch Ausführung ange-** 11
nommen werden (s etwa OLG Koblenz IHR 2003, 66). Für den Vertrag gelten dann
grundsätzlich die Bedingungen der Gegenofferte (s aber noch unten 20 ff).

IV. Annahme unter unwesentlichen Abweichungen (Abs 2)

Weicht die Annahmeerklärung unwesentlich (zur Unterscheidung von wesentlichen Ab- 12
weichungen unten Rn 19 ff) vom Angebot ab, dann kommt nach Art 19 Abs 2 der
Vertrag mit diesen Abweichungen zustande, wenn der Offerent die fehlende Übereinstimmung nicht unverzüglich rügt. Daß unwidersprochene unwesentliche Abweichungen Vertragsinhalt werden, entspricht zwar nicht einem streng verstandenen
Grundsatz der Vertragsfreiheit, da Einigkeit über die Abweichungen fehlt (sehr
kritisch zu Art 19 Abs 2 [„Fehlentscheid"] deshalb etwa NEUMAYER, in: FS Giger 512 ff). Doch
rechtfertigt sich die Lösung des Art 19 Abs 2 aus dem Grundsatz von Treu und
Glauben und aus praktischen Gründen, da sonst ein Vertragsschluß an geringfügigen Abweichungen scheitern würde, deren Rüge dem Offerenten zuzumuten ist (vgl
schon FARNSWORTH auf der Wiener Konferenz, Off Rec 285; ähnlich HONNOLD Rn 167).

Der **Widerspruch des Offerenten** gegen Abweichungen muß sich auf den Dissens 13
(„discrepancy", „différences") beziehen. Eine Zurückweisung der Annahme etwa
wegen Verspätung genügt nicht. Der Widerspruch kann ferner auf jedem Übermittlungsweg – mündlich, schriftlich, über elektronische Medien – erfolgen. In jedem
Fall muß der Offerent unverzüglich („without undue delay", „sans retard injustifié")
reagieren. Deutlicher als die deutsche Fassung ergibt der englische und französische
Text, daß sich die Unverzüglichkeit nicht nur auf den mündlichen, sondern auf jeden
Widerspruch bezieht (ebenso SCHLECHTRIEM/SCHWENZER/SCHLECHTRIEM Art 19 Rn 16;
HERBER/CZERWENKA Art 19 Rn 14). Es genügt, daß der Offerent die Ablehnung ohne
jeden vermeidbaren Aufschub absendet. Es ist das Risiko des Annehmenden, der
die Abweichung erklärt hat, ob er von ihrer Ablehnung erfährt. Zugang des Wider-
spruchs ist nicht erforderlich (SCHLECHTRIEM/SCHWENZER/SCHLECHTRIEM Art 19 Rn 16;
HERBER/CZERWENKA Art 19 Rn 14; MünchKommHGB/FERRARI Art 19 Rn 21; NOUSSIAS 119 ff;
REINHART Art 19 Rn 6; wohl **aA** NEUMAYER, in: FS Giger 519).

Als Folge des rechtzeitigen Widerspruchs **kommt der Vertrag** insgesamt **nicht**, auch 14
nicht zu den Bedingungen des ursprünglichen Angebots **zustande** (SCHLECHTRIEM/
SCHWENZER/SCHLECHTRIEM Art 19 Rn 18; HERBER/CZERWENKA Art 19 Rn 15; KAROLLUS 69;
MünchKommHGB/FERRARI Art 19 Rn 24). Bis zum Ablauf der Widerspruchsfrist ist der
Vertrag damit auflösend bedingt geschlossen (NEUMAYER, in: FS GIGER 518 f; ebenso
KAROLLUS 69; MünchKommHGB/FERRARI aaO).

V. Wesentliche Abweichungen (Abs 3)

1. Allgemeines

Die zentrale Frage für Art 19 ist, wann eine Annahmeerklärung **wesentlich oder nur** 15

unwesentlich vom Angebot **abweicht**. Hiervon hängt in der Regel der Vertragsschluß ab, da der unverzügliche Widerspruch nach Art 19 Abs 2 praktisch kaum einmal erhoben wird (vgl die Entscheidungen zu Art 7 EAG bei SCHLECHTRIEM/MAGNUS). Art 19 Abs 3 gibt durch eine umfangreiche beispielhafte Aufzählung Anhalt für die Abgrenzung zwischen wesentlichen und unwesentlichen Abweichungen.

16 Umstritten ist, ob die in Abs 3 aufgeführten Abweichungen stets und unabhängig von ihrem konkreten Gewicht als wesentliche Änderungen anzusehen sind oder ob ein **Wertungsspielraum** besteht. Nach einer Mindermeinung stellt Art 19 Abs 3 eine unwiderlegliche Vermutung der Wesentlichkeit auf (so HERBER/CZERWENKA Art 19 Rn 11 f [mit Einschränkungen]; LUDWIG 334 ff; MünchKommBGB/GRUBER Art 19 Rn 7; REINHART Art 19 Rn 6; WITZ/SALGER/LORENZ Art 19 Rn 9; wohl auch LOEWE, Kaufrecht 43). Nach zutreffender überwiegender Auffassung bedeutet **Abs 3 eine Auslegungsregel**, von der im Einzelfall aufgrund der Umstände, Gepflogenheiten der Parteien etc abgewichen werden darf (OGH ZfRV 1997, 204 [207]; Cass D 1995, 289 dazu WITZ/WOLTER RiW 1995, 810; VAN ALSTINE 200 f; BYDLINSKI, in: DORALT 62; SCHLECHTRIEM/SCHWENZER/SCHLECHTRIEM Art 19 Rn 8; ENDERLEIN/MASKOW/STROHBACH Art 19 Bem 8; GARRO/ZUPPI 124; LUIG 207; Münch-KommHGB/FERRARI Art 19 Rn 10; NEUMAYER, in: FS GIGER 520 f; PILTZ, Internationales Kaufrecht § 3 Rn 87; REHBINDER, in: SCHLECHTRIEM, Fachtagung 165; SOERGEL/LÜDERITZ/FENGE Art 19 Rn 3; wohl auch KAROLLUS 70 und vorsichtig AUDIT 69). Es wäre auch ungereimt und mit der beispielhaften Aufzählung in Abs 3 schwer zu vereinbaren, wenn Abweichungen in den aufgezählten Punkten unterschiedslos als wesentliche Änderungen, bei den nicht genannten (zB Vertragsstrafen) dagegen je nach ihrer konkreten Bedeutung beurteilt würden.

2. Aufgezählte Abweichungen

17 Nach Abs 3 stellen Ergänzungen oder Modifikationen der **grundlegenden Vertragsbedingungen** (Warenspezifizierung, Preis, Zahlungs- und Lieferbedingungen, Haftungsumfang) sowie auch der **Streitbeilegungsregeln** in der Regel wesentliche Abweichungen dar. Enthält eine sonst vorbehaltlose Annahme etwa erstmals eine Gerichtsstands- oder Schiedsklausel oder weicht diese vom Angebot ab, so liegt darin eine wesentliche Modifikation (vgl Filanto SPA v Chilewich International Corp 789 F Supp 1229, 1237 [SDNY 1992]; Cass D Aff 1998, 1694; ebenso Sekretariatskommentar Art 17 Bem 13; BIANCA/BONELL/FARNSWORTH Art 19 Bem 2.8; BRUNNER Art 19 Rn 3; SCHLECHTRIEM/SCHWENZER/SCHLECHTRIEM Art 19 Rn 8; MAGNUS ZEuP 1993, 87; MünchKommHGB/FERRARI Art 19 Rn 11).

18 Als wesentliche Abweichung sind ferner etwa angesehen worden: eine Annahmeerklärung, die weitere Warenteile bestellt, die im Angebot nicht enthalten waren (OLG Frankfurt OLG Report 1994, 85 = CLOUT Nr 121); die die Lieferzeit für Fahrzeuge um Monate verändert (OLG München 8.2.1995, UNILEX E 1995–3); die den Kilopreis von 29 östSch auf 40 östSch festlegen wollte (OGH ZfRV 2000, 152 [LS]). Auch unter dem EAG waren etwa das Verlangen nach Vorauszahlung statt der angebotenen Nachnahme (OLG Hamm, in: SCHLECHTRIEM/MAGNUS Art 7 EAG Nr 4), ferner eine deutliche Änderung des Lieferzeitpunktes (OLG Hamm, in: SCHLECHTRIEM/MAGNUS Art 7 EAG Nr 2; OLG Hamm, in: SCHLECHTRIEM/MAGNUS Art 7 EAG Nr 8 [Ende September statt 10.9.]) oder des Lieferumfangs (OLG Hamm, in: SCHLECHTRIEM/MAGNUS Art 7 EAG Nr 3) als wesentliche Abweichung angesehen worden. Nur geringfügige Abweichungen wie zB eine Änderung der Lieferanschrift (am selben Ort) oder der Bankverbin-

dung sind dagegen als unwesentlich zu betrachten (vgl HERBER/CZERWENKA Art 19 Rn 12; s auch Rn 19).

3. Weitere Abweichungen

Abs 3 enthält **keine abschließende Regelung** (Sekretariatskommentar Art 17 Bem 11). Auch **19** Abweichungen in Punkten, die Abs 3 nicht nennt, sind als wesentlich oder unwesentlich einzustufen. Entscheidend dürfte letztlich sein, **ob ein redlicher Offerent unter den Umständen des konkreten Falles die Abweichung vom Angebot hinnehmen würde.** Auch wenn auf der Wiener Konferenz der dies ausdrückende Zusatz für Abs 3 gestrichen wurde (vgl oben Rn 3), bleibt kein anderer Maßstab für die Abgrenzung zwischen wesentlichen und unwesentlichen Abweichungen (ähnlich PILTZ, Internationales Kaufrecht § 3 Rn 89; LOEWE, Kaufrecht 43 f; LUIG 210; MünchKommHGB/FERRARI Art 19 Rn 13; für restriktive Auslegung ENDERLEIN/MASKOW/STROHBACH Art 19 Bem 11; SOERGEL/LÜDE-RITZ/FENGE Art 19 Rn 4). Damit sind zwar zB erstmals in der Annahmeerklärung auftauchende Vertragsstrafenklauseln, Bedingungen über Sicherheiten, über Vertragsauflösungsmöglichkeiten oder über die Vertragsform sowie Rechtswahlklauseln – auch der Ausschluß des CISG – in der Regel wesentliche Abweichungen (BIANCA/BONELL/FARNSWORTH Art 19 Bem 3.1; SCHLECHTRIEM/SCHWENZER/SCHLECHTRIEM Art 19 Rn 9; ENDERLEIN/MASKOW/STROHBACH Art 19 Bem 9; HERBER/CZERWENKA Art 19 Rn 13; MünchKommHGB/FERRARI Art 19 Rn 11). Eine unwesentliche Änderung ist es aber, wenn etwa der Annehmende nicht das dem Angebot beigefügte Formular unterschreibt, sondern einen eigenen Annahmetext formuliert (ebenso SCHLECHTRIEM/SCHWENZER/SCHLECHTRIEM Art 18 Rn 5). Auch Änderungen, die den Anbietenden nur **begünstigen**, dürften regelmäßig unwesentlich sein (OGH ZfRV 1997, 204 [207]; BRUNNER Art 19 Rn 3; MünchKommHGB/FERRARI Art 19 Rn 13; SCHLECHTRIEM/SCHWENZER/SCHLECHTRIEM Art 19 Rn 8). Gleiches gilt für Klauseln, die das Gesetz nur wiederholen oder die geltende Rechtslage fixieren (LG Baden-Baden RiW 1992, 62: 30 Tage für die Rügefrist: unwesentliche Modifikation). Keine wesentliche Abweichung stellt es auch dar, wenn die Annahmeerklärung erstmals die Bitte enthält, keine Presseerklärung über den Vertragsschluß herauszugeben (ungarisches Hauptstadtgericht 10. 1. 1992, CISG-online Nr 43). Auch das Verlangen, keine Transportkosten zu berechnen, die immerhin 1/6 des Gesamtpreises ausmachten, ist – allerdings nur inzident – als unwesentliche Abweichung vom Angebot eingestuft worden (OLG Koblenz IHR 2003, 66 [67]; sehr problematisch).

VI. Kollidierende AGB

Die Frage, ob und wann **kollidierende allgemeine Geschäftsbedingungen** („battle of **20** forms") **Vertragsinhalt** geworden sind, ist – da Sonderregeln hierfür bei der Ausarbeitung des CISG abgelehnt wurden (vgl oben Rn 5) – über Art 19 zu lösen. Lösungsversuche außerhalb der Konvention nach dem vom IPR berufenen, nationalen Recht (so EBENROTH JurBl 1986, 686) sind abzulehnen. Lediglich die inhaltliche Gültigkeit von AGB richtet sich nach nationalem Recht (näher Art 4 Rn 20 ff; zur Einbeziehung von AGB vgl Art 14 Rn 40 ff; rechtsvergleichend zur „Battle of forms" KRAMER, in: FS GAUCH 493 ff).

Soweit die AGB im Angebot und in der Annahmeerklärung **nur unwesentlich von- 21 einander abweichen**, kommt ein Vertrag gem Art 19 Abs 2 zustande, es sei denn, der Offerent beanstandet die Diskrepanz (HERBER/CZERWENKA Art 19 Rn 18; PILTZ, Internationales Kaufrecht § 3 Rn 91; SCHWENZER IPRax 1988, 212 f). Allein die Übersendung eigener AGB durch den Annehmenden ohne Rücksicht auf ihren Inhalt stellt jedenfalls per se noch keine wesentliche Abweichung vom Angebot dar (anders wohl SCHLECHTRIEM/ SCHWENZER/SCHLECHTRIEM Art 19 Rn 9 und zum EAG LG Bielefeld IPRax 1988, 229 f).

22 Regelmäßig werden sich die **AGB** allerdings **wesentlich voneinander unterscheiden**. Nach Art 19 Abs 1 kommt ein Vertrag dann an sich nicht zustande; die von eigenen AGB begleitete Annahme ist dann vielmehr eine **Gegenofferte**. Bei wörtlicher Anwendung des Art 19 scheitert in diesem Fall der Vertragsschluß an dem Dissens oder es gelten – bei Vertragsdurchführung – die zuletzt übersandten AGB („last shot rule": AUDIT 69 f; BIANCA/BONELL/FARNSWORTH Art 19 Bem 2.5; HERBER/CZERWENKA Art 19 Rn 18; KAROLLUS 70 f; KRAMER, in: FS WELSER 553 ff; KRITZER 182; LUDWIG 340; MünchKommHGB/ FERRARI Art 19 Rn 15; PILTZ, Internationales Kaufrecht § 3 Rn 95; REINHART Art 19 Rn 8).

23 Die **Rechtsprechung zur gleichlautenden Haager Regelung** hat überwiegend nach der Theorie des letzten Wortes entschieden (etwa LG Landshut RiW 1977, 424; OLG Hamm, in: SCHLECHTRIEM/MAGNUS Art 6 EAG Nr 4; Hof 's-Gravenhage, in: SCHLECHTRIEM/MAGNUS Art 7 EAG Nr 7; OLG Hamm NJW 1983, 523) oder den Vertragsschluß scheitern lassen (OLG Frankfurt IPRax 1982, 244; OLG Hamm, in: SCHLECHTRIEM/MAGNUS Art 7 EAG Nr 8). Einige Urteile sind aber auch der **Restgültigkeitslösung** („Knock out-rule") gefolgt, die in vielen nationalen Rechten, insbesondere auch den USA (sec 2–207[3] UCC) gilt, und bei der der Vertrag ohne die widersprechenden AGB zustande kommt (vgl für Deutschland ULMER/BRANDNER/HENSEN § 2 Rn 101 ff; für Österreich: RUMMEL/RUMMEL § 864a Rn 3; für Frankreich: Req 1934, S 1934.1.110; Cass Bull civ 1984 IV n 253; Cass JCP 1987. II.20832 note BLAISSE). Diese Entscheidungen haben einen wirksamen Vertragsschluß angenommen, bei dem sich die widerstreitenden Bedingungen neutralisieren (vgl Rb Doordrecht NIPR 1983 Nr 199 = SCHLECHTRIEM/MAGNUS Art 1 EAG Nr 3; wohl auch LG Marburg, in: SCHLECHTRIEM/MAGNUS Art 48 EKG Nr 1).

24 Auch unter dem CISG sind diese unterschiedlichen Lösungen zu befürchten (für „last shot rule" zB OLG Hamm OLGR Hamm 1993, 27; für Restgültigkeitstheorie etwa AG Kehl NJW-RR 1996, 565; im Ergebnis ebenso – durch entsprechend einschränkende Interpretation von Angebot und abweichender Annahme – Cour d'Appel Paris Sem Jur 1997. II.22772 m Anm de VAREILLES-SOMMIÈRES; unentschieden gelassen von OGH IHR 2002, 74). Der BGH hat sich jetzt aber recht deutlich für die Restgültigkeitstheorie ausgesprochen (BGH IHR 2002, 16 [18]; die Entscheidung läßt sich allerdings auch dahin verstehen, daß sie die Theorie des letzten Wortes durch Treu- und Glaubensgebote so anreichert, daß sich die Ergebnisse beider Theorien decken. Denn nach Treu und Glauben dürfe derjenige, der seine AGB zuletzt übersandt habe, nicht mit deren voller Geltung rechnen, wenn die andre Seite abweichende AGB verwendet habe). Wegen der Schwächen der Theorie des letzten Wortes, die zu zufälligen und manipulierbaren Ergebnissen führt, **sollte die Restgültigkeitslösung als einheitliche Lösung angestrebt werden**: bei Formularbedingungen, die sich in wesentlichen Punkten widersprechen, sollte die gesetzliche Regelung gelten, soweit der Vertragsschlußwille im übrigen nicht in Frage steht und insbes durch Durchführungsakte bestätigt ist (BGH IHR 2002, 16 = L/ M CISG Nr 10 m Anm MAGNUS; ferner MAGNUS, in: HOYER/POSCH 26; ähnlich ACHILLES Art 19 Rn 5; AUDIT 70; BRUNNER Art 4 Rn 44; SCHLECHTRIEM/SCHWENZER/SCHLECHTRIEM Art 19 Rn 20; HONSELL/SCHNYDER/STRAUB Art 19 Rn 38; HONNOLD Rn 170.4; KRAMER, in: FS Welser 556 ff; KRÖLL/HENNECKE RiW 2001, 742 f [unter Hinweis auf Art 2.22 UNIDROIT-Principles und Art 2:209 Lando-Prinzipien, die jeweils der Restgültigkeitslösung folgen]); MünchKommBGB/

GRUBER Art 19 Rn 24; WITZ/SALGER/LORENZ Art 19 Rn 17; ebenso im Ergebnis STOFFEL, in: Lausanner Kolloquium 75; wohl auch PERALES VISCASILLAS, Pace Int L Rev X [1998] 140 f; zurückhaltender BAMBERGER/ROTH/SAENGER Art 19 Rn 3; LOOKOFSKY § 3–8 [Art 19 schließe knock out-rule nicht aus]; LUIG 243 f; PILTZ, Internationales Kaufrecht § 3 Rn 96; aA aber HERBER/CZERWENKA Art 19 Rn 18; NEUMAYER, in: FS Giger 524; LUDWIG 340; REINHART Art 19 Rn 8; RUDOLPH Art 19 Rn 11). Widersprechende Gerichtsstandsklauseln etwa würden sich danach neutralisieren. Es hätte die Zuständigkeitsordnung des angerufenen Gerichts zu gelten.

Konstruktiv ist die **Restgültigkeitslösung** durch Art 19 **nicht ausgeschlossen**. Da die **25**
Vorschrift unter dem Vorbehalt anderer Parteidisposition steht (Art 6), können die
Parteien – auch durch ihr Verhalten – von ihr abweichen und einer modifizierten
Annahmeerklärung die Wirkung einer gültigen Vertragsannahme beilegen, soweit
die Einigkeit reicht, so daß lediglich keine Einigung über die Abweichungen zustande kommt (vgl SCHLECHTRIEM/SCHWENZER/SCHLECHTRIEM Art 19 Rn 20; HONSELL/SCHNYDER/STRAUB Art 19 Rn 38; MAGNUS aaO; im Ergebnis ebenso HONNOLD Rn 170.4; STOFFEL, in: Lausanner Kolloquium 75 [Verzicht auf Geltung der AGB]; SCHLECHTRIEM, in: FS Herber 44 ff; vorsichtig auch PILTZ aaO). Das ist meines Erachtens insbes dann anzunehmen, wenn die Parteien den Vertrag bereits durchführen, aber noch weiter – etwa mit Rechnungen etc – AGB austauschen.

VII. Kaufmännisches Bestätigungsschreiben

Auch für das Bestätigungsschreiben gelten keine besonderen, sondern **die allgemei-** **26**
nen Vertragsschlußregeln der Konvention (s auch Art 9 Rn 27, Vorbem 6 zu Art 14). Die
Wirkungen, die das kaufmännische Bestätigungsschreiben im internen deutschen
Recht hat (Fixierung des Vertragsinhalts, wenn der Empfänger schweigt und die
Abweichung vom verabredeten oder geplanten Vertrag nicht treuwidrig ist, vgl
PALANDT/HEINRICHS § 146 Rn 8; K SCHMIDT, in: FS HONSELL 99 ff [mit Vergleich des deutschen,
österreichischen und schweizerischen Rechts]), legt ihm das CISG jedoch nicht bei. Nach
der Konvention (Art 18 Abs 1 Satz 2) ist das bloße Schweigen auf ein Bestätigungs-
schreiben vielmehr grundsätzlich ohne Wirkung (vgl etwa OLG Graz IHR 2003, 71;
Handelsgericht des Kantons Zürich 10.7.1996, SZIER 1996, 131; Denkschrift 44; BYDLINSKI, in:
DORALT 78 ff; SCHLECHTRIEM/SCHWENZER/SCHLECHTRIEM Vor Art 14–24 Rn 6; HERBER/CZER-
WENKA Vor Art 14 Rn 17 f; KAROLLUS 72; KRAMER, in: FS WELSER 546 ff; MünchKommBGB/
GRUBER Art 18 Rn 24; RUDOLPH Art 19 Rn 15; eingehend mit Rechtsvergleich ESSER ZfRvgl 29
[1988] 167 ff; teilweise **anders** REHBINDER, in: SCHLECHTRIEM, Fachtagung 170; für Geltung des
unvereinheitlichten Rechts HUBER RabelsZ 43 [1979] 448 ff). Nur wo ein entsprechender, den
Beteiligten erkennbarer internationaler Handelsbrauch oder eine entsprechende
Gepflogenheit zwischen den Parteien (Art 9) besteht, kann Schweigen zur Annah-
me der Bedingungen des Bestätigungsschreibens führen (LG Hamburg RiW 1997, 873 f;
OLG Frankfurt 5.7.1995, CLOUT Nr 276; auch Østre Landsret 23.4.1998, UfR 1998, 8; Denk-
schrift, BYDLINSKI, vCAEMMERER/SCHLECHTRIEM, HERBER/CZERWENKA, KAROLLUS, Münch-
KommBGB/GRUBER, alle aaO; s auch Art 8 Rn 27 u Art 9 Rn 27). Ein solcher internationaler
Brauch wurde – freilich zu Unrecht – bei einem schweizerisch-österreichischen Kauf
vom Zivilgericht Basel angenommen (BaslerJurMitt 1993, 310).

VIII. Beweisfragen

Die Beweislast für den Inhalt und die rechtzeitige Absendung eines Widerspruchs **27** nach Art 19 Abs 2 trifft den Offerenten (vgl ferner BAUMGÄRTEL/LAUMEN/HEPTING Art 19 Rn 1 ff; MünchKommHGB/FERRARI Art 19 Rn 25 f).

Art 20 [Annahmefrist]

(1) Eine vom Anbietenden in einem Telegramm oder einem Brief gesetzte Annahmefrist beginnt mit Aufgabe des Telegramms oder mit dem im Brief angegebenen Datum oder, wenn kein Datum angegeben ist, mit dem auf dem Umschlag angegebenen Datum zu laufen. Eine vom Anbietenden telefonisch, durch Fernschreiben oder eine andere sofortige Übermittlungsart gesetzte Annahmefrist beginnt zu laufen, sobald das Angebot dem Empfänger zugeht.

(2) Gesetzliche Feiertage oder arbeitsfreie Tage, die in die Laufzeit der Annahmefrist fallen, werden bei der Fristberechnung mitgezählt. Kann jedoch die Mitteilung der Annahme am letzten Tag der Frist nicht an die Anschrift des Anbietenden zugestellt werden, weil dieser Tag am Ort der Niederlassung des Anbietenden auf einen gesetzlichen Feiertag oder arbeitsfreien Tag fällt, so verlängert sich die Frist bis zum ersten darauf folgenden Arbeitstag.

Art 20

(1) A period of time for acceptance fixed by the offeror in a telegram or a letter begins ro run from the moment the telegram is handed in for dispatch or from the date shown on the letter or, if noch such date is shown, from the date shown on the envelope. A period of time for acceptance fixed by the offeror by telephone, telex or other means of instantaneous communication, begins to run from the moment that the offer reaches the offeree.

(2) Official holidays or non-business days occurring during the period for acceptance are included in calculating the period. However, if a notice of acceptance cannot be delivered at the address of the offeror on the last day of the period because that day falls on an official holiday or a non-business day at the place of business of the offeror, the period is extended until the first business day which follows.

Art 20

1) Le délai d'acceptation fixé par l'auteur de l'offre dans un télégramme ou une lettre commence à courir au moment où le télégramme est remis pour expédition ou à la date qui apparaît sur la lettre ou, à défaut, à la date qui apparaît sur l'enveloppe. Le délai d'acceptation que l'auteur de l'offre fixe par téléphone, par télex ou par d'autres moyens de communication instantanés commence à courir au moment où l'offre parvient au destinataire.

2) Les jours fériés ou chômés qui tombent pendant que court le délai d'acceptation sont comptés dans le calcul de ce délai. Cependant, si la notifaction ne peut être remise à l'adresse de l'auteur de l'offre le dernier jour du délai, parce que celui-ci tombe un jour férié ou chômé au lieu d'établissement de l'auteur de l'offre, le délai est prorogé jusqu'au premier jour ouvrable suivant.

I.   Regelungsgegenstand und Normzweck

1 Die Vorschrift regelt zwei unterschiedliche Fragen, die die Annahmefrist betreffen. Abs 1 legt fest, wann eine ausdrücklich gesetzte **Annahmefrist beginnt**, sofern das im Angebot offen geblieben ist; Abs 2 behandelt dagegen die **Fristdauer** und zählt für sie allgemein arbeitsfreie Tage grundsätzlich mit. Die praktisch recht wichtige

Fristberechnung ist damit der Konvention und nicht etwa dem anwendbaren nationalen Recht zu entnehmen.

II. Entstehungsgeschichte

Art 20 Abs 1 Satz 1 hatte seinen Vorläufer in Art 8 Abs 2 EAG, der eine sachlich **2** übereinstimmende Regelung in etwas anderer Formulierung enthielt. Art 20 Abs 1 Satz 2 und Abs 2 CISG wurden vom UNCITRAL-Sekretariat vorgeschlagen und in die Vorentwürfe aufgenommen (vgl UNCITRAL YB VIII [1977] 83, 101). Für Art 20 Abs 2 hat man sich dabei an Art 2 Abs 2 der UNCITRAL-Schiedsordnung orientiert (vgl UNCITRAL YB VIII [1977] 101), während das EAG die Einrechnung von Feier- und arbeitsfreien Tagen noch nicht geregelt hatte (vgl dazu DÖLLE/SCHLECHTRIEM Art 12 EAG Rn 9).

Auf der Wiener Konferenz gab es keine ernstlichen Änderungswünsche. Ein eng- **3** lischer Antrag (A/Conf 97/C1/L62, Off Rec 97), ausdrücklich aufzunehmen, daß der Offerent einen anderen Fristbeginn bestimmen könne, wurde als selbstverständlich angesehen (Off Rec 290) und ebenso wie mehrere redaktionelle Anträge zurückgezogen (Off Rec 97).

III. Fristbeginn (Abs 1)

1. Grundsatz

Abs 1 enthält eine Hilfsregel, wenn unklar bleibt, **wann eine bestimmte Annahme-** **4** **frist zu laufen beginnt**, deren Ende nicht kalendermäßig fixiert ist (zB „binnen 10 Tagen"). Ist dagegen ein Endtermin für die Annahme bestimmt (zB „bis 31.3."), dann greift Art 20 Abs 1 nicht ein (BIANCA/BONELL/FARNSWORTH Art 20 Bem 2.1; SCHLECHTRIEM/SCHWENZER/SCHLECHTRIEM Art 20 Rn 3; HONSELL/SCHNYDER/STRAUB Art 20 Rn 7; MünchKommHGB/FERRARI Art 20 Rn 2), wohl aber Abs 2.

Auch ein vom Offerenten oder durch Gebräuche oder Gepflogenheiten festgelegter **5** Fristbeginn (zB „ab heute") geht der gesetzlichen Regelung vor (SCHLECHTRIEM/ SCHWENZER/SCHLECHTRIEM Art 20 Rn 3; HONNOLD Rn 171).

Grundsätzlich entscheidet nach Abs 1 **der Absendezeitpunkt** und nicht der Zeitpunkt **6** des Zugangs darüber, wann die Annahmefrist beginnt. Hierfür hat man sich, wie schon unter dem EAG aus Gründen des leichteren Nachweises (durch Poststempel, Telegrammaufnahme etc) entschieden (BIANCA/BONELL/FARNSWORTH Art 20 Bem 2.1). Bei den sofortigen Übermittlungsarten, bei denen Absendung und Ankunft der Nachricht fast zusammenfallen und bei denen die Absendung oft nicht dokumentiert wird (Abs 1 Satz 2), ist dagegen der Zugang maßgebend.

Art 20 Abs 1 **gilt für alle Formen von Angeboten**, also auch für das unwiderrufliche **7** oder nach Fristablauf erlöschende Angebot (BIANCA/BONELL/FARNSWORTH Art 20 Bem 3.1.; SCHLECHTRIEM/SCHWENZER/SCHLECHTRIEM Art 20 Rn 3).

2. Die einzelnen Übermittlungsarten

8 **Bei Briefen** beginnt die Annahmefrist mit dem **Datum des Briefes**; nur wo es fehlt, entscheidet das Datum (meist der Poststempel) auf dem Briefumschlag (SCHLECHT-RIEM/SCHWENZER/SCHLECHTRIEM Art 20 Rn 4; PILTZ, Internationales Kaufrecht § 3 Rn 69; **aA** GARRO/ZUPPI 121). Ist ein Datum nicht zu ermitteln, der Brief ohne Datum und der Poststempel etwa unleserlich, dann entscheidet der tatsächliche Zugang. Auf das Absendedatum kommt es dagegen nicht an (SCHLECHTRIEM/SCHWENZER/SCHLECHTRIEM Art 20 Rn 4; ENDERLEIN/MASKOW/STROHBRACH Art 20 Bem 2; MünchKommHGB/FERRARI Art 20 Rn 5; aA – Absendetag entscheidet – WITZ/SALGER/LORENZ Art 20 Rn 6).

9 **Bei Telegrammen** ist das – gewöhnlich genau dokumentierte – **Aufgabedatum** maßgebend.

10 Bei **„sofortigen Übermittlungsarten"**, zu denen das Übereinkommen Telefon und Fernschreiben (Telex) zählt, richtet sich der Fristbeginn nach dem **Zeitpunkt des Zugangs** (Abs 1 Satz 2; zum Zugang vgl Art 24). Weitere sofortige Übermittlungsarten sind etwa Telefax, Teletex, Funk, BTX, Minitel, **E-Mail** (ebenso SCHLECHTRIEM/SCHWENZER/SCHLECHTRIEM Art 20 Rn 5; HONSELL/SCHNYDER/STRAUB Art 20 Rn 12; MünchKommHGB/FERRARI Art 20 Rn 6; PILTZ, Internationales Kaufrecht § 3 Rn 68). Vorausgesetzt ist hier, daß Absendung und Zugang praktisch zusammenfallen, der Empfänger also in seinem Bereich ein entsprechendes Gerät hat, das den sofortigen Empfang ermöglicht (HERBER/CZERWENKA Art 20 Rn 5). Ist eine andere Empfangsstelle zwischengeschaltet, gelten die Regeln über Telegramme (HERBER/CZERWENKA aaO). Im E-mail-Verkehr beginnt die Frist mit dem Eingang der Nachricht an der Internetadresse des Empfängers.

11 Obwohl nicht ausdrücklich erwähnt, sind **Erklärungen unter Anwesenden** als sofortige Übermittlung zu behandeln (SCHLECHTRIEM/SCHWENZER/SCHLECHTRIEM Art 20 Rn 5; HERBER/CZERWENKA Art 20 Rn 5; MünchKommHGB/FERRARI Art 20 Rn 6). Das gilt auch, wenn die Erklärungen durch Boten abgegeben werden (ähnlich SCHLECHTRIEM/SCHWENZER/SCHLECHTRIEM aaO).

IV. Fristberechnung (Abs 2)

12 Nach Abs 2 Satz 1 **schließt eine Annahmefrist gesetzliche Feiertage und arbeitsfreie Tage im Zweifel ein**, verlängert sich also nicht um diese Tage. Von dieser – international verbreiteten – Grundregel schafft Abs 2 Satz 2 eine **Ausnahme**, wenn der letzte Tag der Annahmefrist am Niederlassungsort des Anbietenden allgemein arbeitsfrei ist und deshalb die Annahmeerklärung nicht zugestellt werden kann. Es entscheiden Recht und tatsächliche Übung allein am Niederlassungsort des Anbietenden darüber, ob ein Tag arbeitsfrei ist. Die Einschaltung des IPR zur Ermittlung des für die Frist maßgeblichen Rechts ist ausgeschlossen.

13 Für Abs 2 Satz 2 sind **nur gesetzliche Feiertage oder allgemein arbeitsfreie Tage**, nicht dagegen Betriebsferien, Streiktage etc zu berücksichtigen (ebenso BRUNNER Art 20 Rn 1; SCHLECHTRIEM/SCHWENZER/SCHLECHTRIEM Art 20 Rn 8; HONSELL/SCHNYDER/STRAUB Art 20 Rn 19; MünchKommHGB/FERRARI Art 20 Rn 9; **anders** NEUMAYER/MING Art 20 Bem 2 Fn 4). Wegen des Sonn- oder Feiertags muß ferner die (normale) Zustellung ausgeschlossen sein. Daß die Branche des Offerenten allgemein arbeitsfrei hat, während der Zusteller normal arbeitet (zB Post am Samstag), verlängert die Frist nicht (vgl auch Loewe, Kaufrecht 45; Piltz, Internationales Kaufrecht § 3 Rn 70). Daß der Offerent am Feiertag arbeitet, läßt die von Abs 2 Satz 2 gewährte Fristverlängerung unberührt (Bianca/Bonell/Farnsworth Art 20 Bem 3.3; MünchKommHGB/Ferrari Art 20 Rn 10; Schlechtriem/Schwenzer/Schlechtriem Art 20 Rn 8). Zur Zustellung außerhalb der normalen Geschäftszeiten vgl Art 24 Rn 18.

V. Generalisierung der Vorschrift

Die Vorschrift beschränkt sich nach ihrem Wortlaut darauf, Beginn, Dauer und Ende **14** einer vom Anbietenden gesetzten Annahmefrist festzulegen, soweit das offengeblieben ist. Ihre Regelungen lassen sich jedoch verallgemeinern und auf **alle Fristfragen** erstrecken, **für die der Vertrag oder die Konvention keine nähere Festlegung enthält** (ebenso Herber/Czerwenka Art 20 Rn 7; MünchKommBGB/Gruber Art 20 Rn 14; Münch-KommHGB/Ferrari Art 20 Rn 12). So sind bei der Berechnung der Lieferzeit im Zweifel auch die Sonn- und Feiertage mitzuzählen; ein generell arbeitsfreier Tag am Lieferort verlängert die Lieferfrist bis zum nächsten Werktag (vgl Art 33 Rn 24).

Art 21 [Verspätete Annahme]

(1) Eine verspätete Annahme ist dennoch als Annahme wirksam, wenn der Anbietende unverzüglich den Annehmenden in diesem Sinne mündlich unterrichtet oder eine entsprechende schriftliche Mitteilung absendet.

(2) Ergibt sich aus dem eine verspätete Annahme enthaltenden Brief oder anderen Schriftstück, daß die Mitteilung nach den Umständen, unter denen sie abgesandt worden ist, bei normaler Beförderung dem Anbietenden rechtzeitig zugegangen wäre, so ist die verspätete Annahme als Annahme wirksam, wenn der Anbietende nicht unverzüglich den Annehmenden mündlich davon unterrichtet, daß er sein Angebot als erloschen betrachtet, oder eine entsprechende schriftliche Mitteilung absendet.

Art 21
(1) A late acceptance is nevertheless effective as an acceptance if without delay the offeror orally so informs the offeree or dispatches a notice to that effect.
(2) If a letter or other writing containing a late acceptance shows that is has been sent in such circumstances that if its transmission had been normal it would have reached the offeror in due time, the late acceptance is effective as an acceptance unless, without delay, the offeror orally informs the offeree that he considers his offer as having lapsed or dispatches a notice to that effect.

Art 21
1) Une acceptation tardive produit néanmoins effet en tant qu'acceptation si, sans retard, l'auteur de l'offre en informe verbalement le destinataire ou lui adresse un avis à cet effet.
2) Si la lettre ou autre écrit contenant une acceptation tardive révèle qu'elle a été expédiée dans des conditions telles que, si sa transmission avait été régulière, elle serait parvenue à temps à l'auteur de l'offre, l'acceptation tardive produit effet en tant qu'acceptation à moins que, sans retard, l'auteur de l'offre n'informe verbalement le destinataire de l'offre qu'il considère que son offre avait pris fin ou qu'il ne lui adresse un avis à cet effet.

Ulrich Magnus

Systematische Übersicht

I.   Regelungsgegenstand und Normzweck

1 Die Vorschrift schafft **Ausnahmen** zu der Regel der Konvention, nach der nur die **rechtzeitige Annahme** als Annahme wirksam ist (Art 18 Abs 2 Satz 2). Unter den Voraussetzungen des Art 21 – ferner bei entsprechenden Parteivereinbarungen, Gepflogenheiten oder internationalen Gebräuchen – kann auch die verspätete Annahme einen Vertrag zustande bringen.

2 Nach Abs 1 kann der Offerent jede **verspätete Annahme** als wirksam ansehen, muß das dem Annehmenden aber unverzüglich mitteilen. In dem Sonderfall, daß die Annahmeerklärung erkennbar rechtzeitig abgesandt worden war und nur verspätet zugegangen ist, kommt dagegen ein Vertrag gem Abs 2 zustande, wenn der Offerent der Annahme nicht unverzüglich widerspricht. Für den immer üblicheren Weg des Vertragsschlusses über E-mail dürfte Abs 2 keine Bedeutung haben.

II.   Entstehungsgeschichte

3 Die Vorschrift hat ihren Vorgänger in Art 9 EAG, mit dem sie sachlich übereinstimmt, in der Formulierung aber etwas präziser gefaßt ist. Anders als Art 9 EAG spricht sie deutlich aus, daß für die Mitteilung des Offerenten nach Abs 1 und 2 jeweils die Absendung genügt. In Wien wurde Art 21 ohne Änderung und Diskussion akzeptiert (Off Rec 97).

4 In der Rechtsprechung zum Haager Recht hat Art 9 EAG offenbar keine Probleme verursacht (bei SCHLECHTRIEM/MAGNUS sind zu der Vorschrift keine Entscheidungen berichtet).

5 Eine Ungenauigkeit enthält die deutsche Übersetzung des Art 21. Die Formulierung „dispatches a notice to that effect", „adresse un avis à cet effet" in Abs 1 und 2, die wortgleich auch in Art 19 Abs 2 Satz 1 vorkommt, wird hier unzutreffend und anders als in Art 19 mit „schriftliche Mitteilung absendet" übersetzt (vgl auch KAROLLUS 74). Schriftform ist jedoch nicht notwendig. Eine Mitteilung etwa über Boten genügt (SCHLECHTRIEM/SCHWENZER/SCHLECHTRIEM Art 21 Rn 9; KAROLLUS aaO).

III. Verspätete Annahme (Abs 1)

1. Grundsatz

In vielen Rechtsordnungen gilt die verspätete Annahmeerklärung – wie in § 150 **6**
Abs 1 BGB – als Gegenofferte, die ihrerseits der Annahme bedarf, um einen
Vertragsschluß herbeizuführen. Art 21 Abs 1 sieht eine hiervon etwas abweichende
Regelung vor: Die verspätete Annahme ist „als Annahme" wirksam, sofern der
ursprüngliche Offerent den Annehmenden unverzüglich in diesem Sinn unterrich-
tet. **Der Vertrag kommt** danach früher als nach der herkömmlichen Regel, nämlich
bereits **mit dem Zugang der verspäteten Annahmeerklärung** und nicht erst mit dem
Zugang der Erklärung des ursprünglichen Offerenten **zustande** (vgl Sekretariats-
kommentar Art 19 Bem 3; SCHLECHTRIEM/SCHWENZER/SCHLECHTRIEM Art 21 Rn 10; ENDERLEIN/
MASKOW/STROHBACH Art 21 Bem 3; HERBER/CZERWENKA Art 21 Rn 4; LOEWE, Kaufrecht 45;
MünchKommHGB/FERRARI Art 21 Rn 9).

Fraglich und umstritten ist freilich, ob Art 21 Abs 1 die **verspätete Annahme ab-** **7**
schließend regelt **oder nur** ihre Wirkung **als Annahme** – nicht aber als Gegenangebot
– behandelt. Nach verbreiteter Auffassung kann die verspätete Annahme nur gem
Art 21 Wirkung erlangen; sie darf nicht als Gegenofferte betrachtet werden (PILTZ,
Internationales Kaufrecht § 3 Rn 102, 108 ff; ders, Handbuch Rn 68; REINHART Art 21 Rn 4; wohl
auch ACHILLES Art 21 Rn 1; SCHLECHTRIEM/SCHWENZER/SCHLECHTRIEM Art 21 Rn 3; KAROLLUS
75; MünchKommBGB/GRUBER Art 21 Rn 16).

Nach mE zutreffender Ansicht **regelt Art 21 die verspätete Annahme nur „als An-** **8**
nahme". Die allgemeine Regel, nach der eine – in zeitlicher Hinsicht – vom Angebot abweichende Annahme ein Gegenangebot darstellt (Art 19 Abs 1), bleibt neben
Art 21 in Kraft (so auch AUDIT 66; HONSELL/SCHNYDER/STRAUB Art 21 Rn 11; LOEWE, Kaufrecht 45). Dafür spricht schon der Wortlaut des Art 21 Abs 1 („als Annahme wirksam"). Wollte man in Art 21 eine abschließende Regelung der verspäteten Annahme sehen, so wäre ferner in jedem Einzelfall die schwierige Aufklärung und
Abgrenzung notwendig, ob die Annahme bewußt verspätet war und damit gleichwohl ein neues Angebot bedeuten sollte oder nicht. Denn die Abgabe einer neuen
Offerte kann und will Art 21 nicht einschränken. Es wäre auch widersprüchlich,
eine verspätete Annahme, die wesentliche Abweichungen vom Angebot enthält, als
Gegenofferte anzusehen, die eine zumindest angemessene Annahmefrist eröffnet
(so SCHLECHTRIEM/SCHWENZER/SCHLECHTRIEM Art 21 Rn 14; HERBER/CZERWENKA Art 21 Rn 4),
das aber bei ‚nur' verspäteter Annahme – ohne wesentliche Abweichungen – nicht
zuzulassen. Schließlich besteht auch sachlich kein Grund, einen Vertragsschluß
scheitern zu lassen, wenn beide Seiten den Vertrag wollen und dies lediglich jeweils
verspätet bzw nicht unverzüglich erklärt haben. Art 21 Abs 1 schafft damit für den
Offerenten zusätzlich die Möglichkeit, die verspätete Annahme als Annahme – und
nicht als neues Gegenangebot – zu behandeln.

2. Verspäteter Zugang der Annahme

Nach Art 21 Abs 1 ist die Annahme stets verspätet, wenn die im Angebot gesetzte **9**
oder die nach Art 18 Abs 2 Satz 2 angemessene **Frist bei Zugang** der Annahmeerklärung bzw Vornahme der Annahmehandlung (Art 18 Abs 3) **verstrichen** war. Die

Dauer und Gründe der Verspätung spielen – von der Ausnahme des Abs 2 abgesehen – keine Rolle (Schlechtriem/Schwenzer/Schlechtriem Art 21 Rn 4 f; Herber/Czerwenka Art 21 Rn 2 f). Auch eine Verspätung etwa wegen falscher Adressierung fällt unter Abs 1 (Schlechtriem/Schwenzer/Schlechtriem Art 21 Rn 5; Herber/Czerwenka Art 21 Rn 2).

3. Unverzügliche Mitteilung

10 Als Annahme wirkt die verspätete Annahme nur, wenn der Offerent sie **unverzüglich bestätigt**. Er muß umgehend reagieren, nachdem ihm die Annahmeerklärung zugegangen ist.

11 Die Mitteilung des Offerenten kann mündlich oder in jeder anderen Form, insbesondere also auch durch E-mail erfolgen. Schriftform ist entgegen der deutschen Textfassung nicht gefordert (vgl oben Rn 5). Die Absendung der Mitteilung genügt; ihr Zugang beim Annehmenden ist unerheblich (Bianca/Bonell/Farnsworth Art 21 Bem 2.2; Schlechtriem/Schwenzer/Schlechtriem Art 21 Rn 7; Enderlein/Maskow/Strohbach Art 21 Bem 3; Karollus 74 f [der allerdings Verwendung eines geeigneten Erklärungsmittels fordert]; MünchKommHGB/Ferrari Art 21 Rn 6).

4. Wirkung

12 Die unverzügliche Mitteilung, daß die verspätete Annahme als wirksame Annahme angesehen werde, läßt den **Vertrag rückwirkend** in dem Zeitpunkt **zustande kommen**, in dem die Annahme dem Offerenten zugegangen war (Sekretariatskommentar Art 19 Bem 3; Schlechtriem/Schwenzer/Schlechtriem Art 21 Rn 10; Herber/Czerwenka Art 21 Rn 4; Honsell/Schnyder/Straub Art 21 Rn 34; Karollus 75; MünchKommHGB/Ferrari Art 21 Rn 9; Rehbinder, in: Schlechtriem, Fachtagung 163; zweifelnd Bianca/Bonell/Farnsworth Art 21 Bem 2.2; Enderlein/Maskow/Strohbach Art 21 Bem 3). Billigt der Offerent die verspätete Annahme nicht sofort, aber noch binnen angemessener oder einer in der Annahmeerklärung gesetzten Frist, dann kommt der Vertrag mit dem Zugang der Billigung zustande (**aA** aber insbes Piltz, Internationales Kaufrecht § 3 Rn 108).

IV. Verspätete Übermittlung der Annahme (Abs 2)

13 Art 21 Abs 2 enthält eine Ausnahme zu Abs 1. Die verspätete Annahmeerklärung bringt den Vertrag ohne weitere Zustimmung des Offerenten zustande, wenn sie **erkennbar rechtzeitig abgesandt** und nur bei der Beförderung verzögert wurde. In diesem Fall darf der Annehmende auf die normale Wirkung seiner Erklärung (Art 23) vertrauen und ist dem Offerenten eine unverzügliche Mitteilung zuzumuten, wenn er die Annahmeerklärung nicht gelten lassen will.

14 Abs 2 setzt damit voraus, daß die Annahme so rechtzeitig abgesandt wurde, daß sie unter normalen Bedingungen vor Ablauf der Annahmefrist zugegangen wäre. Die Gründe für die **Verzögerung** müssen **der Beförderung zuzurechnen** sein (zB Poststreik, falsche Zustellung etc; vgl Bianca/Bonell/Farnsworth Art 21 Bem 2.3; Brunner Art 21 Rn 3; Schlechtriem/Schwenzer/Schlechtriem Art 21 Rn 17; MünchKommHGB/Ferrari Art 21 Rn 14; Piltz, Internationales Kaufrecht § 3 Rn 103 f). Sie dürfen nicht etwa vom Annehmenden zu verantworten sein wie zB Liegenlassen in der Poststelle des Annehmenden oder Übersendung an die falsche Adresse.

Abs 2 greift ferner nur ein, wenn dem Offerenten die Beförderungsverzögerung **15** erkennbar ist (zB aus dem Poststempel etc; vgl eingehend dazu SCHLECHTRIEM/SCHWEN-ZER/SCHLECHTRIEM Art 21 Rn 18). Sonst verbleibt es bei dem Grundsatz des Abs 1 (Sekretariatskommentar Art 19 Bem 5).

Will der Offerent einen Vertragsschluß verhindern, dann muß er unverzüglich **16** mündlich oder in sonstiger Weise mitteilen, daß er sein Angebot als erloschen betrachtet. Für die Mitteilung gilt das zu Abs 1 Ausgeführte (oben Rn 11). Wieder genügt ihre Absendung.

V.   Problempunkte

1.   Unsicherer Vertragsschluß

Art 21 enthält eine Regelung, die zu **Unsicherheiten über den Vertragsschluß** führen **17** kann. Vor allem zwei Punkte sind problematisch: Von der Mitteilung des Offerenten nach Abs 1 und 2 braucht der Annehmende nicht zu erfahren, da sie nicht zugangs-bedürftig ist. Der Annehmende, der auf seine Annahme hin nichts hört, kann deshalb weder sicher sein, daß im Fall des Abs 1 kein Vertrag noch daß im Fall des Abs 2 ein Vertrag zustande gekommen ist. Zum andern eröffnen die Voraus-setzungen des Abs 2 (normale Beförderung, Erkennbarkeit der rechtzeitigen Ab-sendung) Spielräume für ganz unterschiedliche und erst im nachhinein gerichtlich zu klärende Beurteilungen (kritisch dazu auch BIANCA/BONELL/FARNSWORTH Art 21 Bem 3.2; PILTZ, Internationales Kaufrecht § 3 Rn 105; NEUMAYER RiW 1994, 104 fordert deshalb Zugangs-bedürftigkeit der Erklärungen des Offerenten).

Ein Offerent sollte deshalb in jedem Fall einer verspäteten Annahme auf einem **18** sicheren Übermittlungsweg mitteilen, ob er die Annahme als wirksam und den Vertrag als geschlossen ansieht oder nicht. Der Annehmende, der mit einer Ver-spätung seiner Erklärung rechnet, kann sich seinerseits entweder durch **alsbaldige Nachfrage** Gewißheit verschaffen. Er kann in seiner Annahmeerklärung aber auch eine Rückbestätigung verlangen (REHBINDER, in: SCHLECHTRIEM, Fachtagung 163; HERBER/ CZERWENKA Art 21 Rn 10).

2.   Spekulationsmöglichkeit

Art 21 eröffnet dem Offerenten mit der freien Option zwischen Vertragsschluß und **19** -ablehnung eine gewisse **Spekulationsmöglichkeit zu Lasten des Akzeptanten**, wenn sich die Marktbedingungen zwischen Absendung der Annahme und ihrem Zugang beim Offerenten geändert haben (BIANCA/BONELL/FARNSWORTH Art 21 Bem 3.3.; BRUNNER Art 21 Rn 3; SCHLECHTRIEM/SCHWENZER/SCHLECHTRIEM Art 21 Rn 23; HERBER/CZERWENKA Art 21 Rn 8; MünchKommHGB/FERRARI Art 21 Rn 21; WEY Rn 1165). Grundsätzlich muß der Annehmende das als Folge seiner verspäteten Erklärung hinnehmen (vgl die in der vorigen N genannten). In krassen Fällen, insbes bei längerer Verspätung und/oder erheblicher zwischenzeitlicher Änderung der Marktbedingungen wird die Annah-meerklärung unter Rückgriff auf Treu und Glauben (Art 7 Abs 1) als erloschen zu

betrachten sein (AUDIT 67; BIANCA/BONELL/FARNSWORTH Art 21 Bem 3.3 f; HERBER/CZER-
WENKA Art 21 Rn 8; mit anderer Begründung ebenso BRUNNER Art 21 Rn 3; SCHLECHTRIEM/
SCHWENZER/SCHLECHTRIEM Art 21 Rn 23; im Erbgenis zustimmend MünchKommHGB/FERRARI
Art 21 Rn 21).

VI. Beweisfragen

20 Die Absendung der entsprechenden Mitteilung nach Abs 1 und Abs 2 hat der
Offerent nachzuweisen. Daß die Annahme bei normaler Beförderung rechtzeitig
zugegangen wäre und daß die rechtzeitige Absendung erkennbar war, hat derjenige
zu beweisen, der einen wirksamen Vertragsschluß nach Art 21 Abs 2 behauptet
(näher BAUMGÄRTEL/LAUMEN/HEPTING Art 21 Rn 1 ff; MünchKommHGB/FERRARI Art 21 Rn 22).

Art 22 [Rücknahme der Annahme]

**Eine Annahme kann zurückgenommen werden, wenn die Rücknahmeerklärung
dem Anbietenden vor oder in dem Zeitpunkt zugeht, in dem die Annahme wirksam
geworden wäre.**

Art 22

An acceptance may be withdrawn if the withdrawal reaches the offeror before or at the same time
as the acceptance would have become effectivè.

Art 22

L'acceptation peut ètre rétractée si la rétractation
parvient à l'auteur de l'offre avant le moment où
l'acceptation aurait pris effet ou à ce moment.

I. Regelungsgegenstand und Normzweck

1 Die Vorschrift bestimmt, daß eine **Annahmeerklärung zurückgenommen werden
kann** und daß dies bis zum Wirksamwerden der Annahme möglich ist. Nach diesem
Zeitpunkt ist ein Widerruf der Annahme ausgeschlossen, da der Vertrag gem Art 23
mit dem Wirksamwerden der Annahme zustande kommt, es sei denn, die Annahme
erfolgte unter Widerrufsvorbehalt. Art 22 stellt den Annehmenden damit hinsichtlich der Rücknahmemöglichkeit dem Anbietenden (Art 15 Abs 2) gleich. Auch
diese Vorschrift dürfte für den E-mail-Verkehr keine Bedeutung haben, da es aus
technischen Gründen an einem zeitlichen Abstand zwischen Absendung und Zugang fehlt.

II. Entstehungsgeschichte

2 Die Vorschrift entspricht inhaltlich Art 10 EAG, ersetzt aber dessen Ausdruck
„Widerruf" auch hier durch den Begriff „Rücknahme". Damit wird, wie in Art 15
und 16 CISG, auch terminologisch deutlich zwischen der Verhinderung des Wirksamwerdens einer Willenserklärung durch Rücknahme und der Beseitigung der
wirksamen Erklärung durch Widerruf unterschieden (vgl UNCITRAL YB VII [1978] 80).

3 Auf der Wiener Konferenz gab es zu der Vorschrift weder Änderungsanträge noch
Diskussionsbedarf (vgl Off Rec 97 f).

III. Rücknahme der Annahmeerklärung

1. Grundsatz

Grundsätzlich wird die Annahmeerklärung mit Zugang beim Anbietenden wirksam **4** (Art 18 Abs 2 Satz 1) und kommt der Vertrag in diesem Zeitpunkt zustande (Art 23). Bis zu diesem Zeitpunkt kann der Annehmende gem Art 22 (ebenso wie nach § 130 Abs 1 Satz 2 BGB) das Wirksamwerden der Annahme noch durch eine Rücknahmeerklärung verhindern. Sie muß dem Anbietenden **spätestens gleichzeitig mit der Annahmeerklärung zugehen**. Damit ist dem Annehmenden die gleiche Rücknahmemöglichkeit eingeräumt wie dem Anbietenden (Art 15 Abs 2; Loewe, Kaufrecht 46). Ob eine Rücknahme oder aber eine Ergänzung der Annahmeerklärung gewollt ist, ist stets zunächst durch Auslegung (Art 8) zu ermitteln.

Ein späterer **Widerruf** der wirksam gewordenen Annahmeerklärung ist **ausgeschlos-** **5** **sen** (Bianca/Bonell/Farnsworth Art 22 Bem 2.2), es sei denn, der Annehmende hat ihn sich ausdrücklich vorbehalten.

2. Rücknahmeerklärung

Die Rücknahmeerklärung ist eine **empfangsbedürftige Willenserklärung und setzt** **6** **Zugang voraus** (Denkschrift 45; MünchKommHGB/Ferrari Art 22 Rn 6; Reinhart Art 22 Rn 2). Ihre rechtzeitige Absendung genügt nicht, da Art 22 ausdrücklich den – in Art 24 definierten – Zugang verlangt. Dasselbe wäre auch Art 27 zu entnehmen, der die Absendung nur genügen läßt, soweit das Gesetz keinen Zugang anordnet. Doch gilt diese Vorschrift ohnehin nur für Teil III der Konvention.

Die **Gleichzeitigkeit des Zugangs** ist wie in Art 15 Abs 2 zu beurteilen (vgl die Er- **7** läuterungen dort).

Eine bestimmte Form oder einen bestimmten Übermittlungsweg muß die Rücknah- **8** meerklärung nicht einhalten; insbes muß sie nicht – und wird sie meist nicht – denselben Übermittlungsweg wie die zurückzunehmende Erklärung verwenden (Schlechtriem/Schwenzer/Schlechtriem Art 22 Rn 3).

3. Reichweite der Vorschrift

Art 22 ist in erster Linie für den Fall einer schriftlichen Annahmeerklärung mit **9** längerem Postweg gedacht. Die Vorschrift gilt aber auch in den Fällen des Art 21 Abs 1 und 2 (ebenso Herber/Czerwenka Art 22 Rn 2; wohl auch Enderlein/Maskow/Strohbach Art 22 Bem 2). Die verspätet abgesandte Annahmeerklärung (Art 21 Abs 1) kann der Erklärende deshalb nur bis zu ihrem Zugang beim Anbietenden zurücknehmen, auch wenn die Annahmeerklärung in diesem Fall erst durch eine unverzügliche Bestätigung des Anbietenden wirksam wird. Der tatsächliche Zugang entscheidet auch in Fällen des Art 21 Abs 2, also bei rechtzeitig abgesandter, aber verspätet zugegangener Annahmeerklärung.

Soweit die **Annahme durch nicht zugangsbedürftige, annahmeäquivalente Handlungen** **10** iSd Art 18 Abs 3 erfolgt, kommt deren Rücknahme nicht in Betracht (Honsell/

SCHNYDER/STRAUB Art 22 Rn 14; MünchKommHGB/FERRARI Art 22 Rn 7; SOERGEL/LÜDERITZ/ FENGE Art 22 Rn 2; vorsichtiger SCHLECHTRIEM/SCHWENZER/SCHLECHTRIEM Art 22 Rn 3). Hier kann der Annehmende nur noch gegebenenfalls sein Verhalten abbrechen und ihm dadurch die Annahmewirkung nehmen, etwa die vereinbarte Zustimmungswirkung von Schweigen durch eine rechtzeitige Gegenäußerung beseitigen. Bei zugangsbedürftigen annahmeäquivalenten Handlungen (Art 18 Abs 2 Satz 1) ist dagegen eine Rücknahmeerklärung solange zulässig, als sie dem Offerenten spätestens gleichzeitig mit der Mitteilung über das Zustimmungsverhalten zugeht.

11 Bei einer mündlichen **Annahmeerklärung unter Anwesenden oder am Telefon**, die mit Vernehmung wirksam wird, ist eine Rücknahme nur solange möglich, wie der vernehmende Teil noch Aufklärung über Inhalt oder Verständlichkeit verlangt, die Fixierung der Annahme bei ihm also nicht abgeschlossen ist. Im übrigen ist eine Rücknahme ausgeschlossen (ebenso SCHLECHTRIEM/SCHWENZER/SCHLECHTRIEM Art 22 Rn 4; HONSELL/SCHNYDER/STRAUB Art 22 Rn 13; etwas strenger [keinerlei Rücknahmemöglichkeit] REINHART Art 22 Rn 3).

4. Schranken

12 In seltenen Ausnahmefällen kann die **Rücknahme wegen Verstoßes gegen Treu und Glauben** (Art 7 Abs 1) **unwirksam** sein, wenn der Annehmende etwa die Annahmeerklärung in Spekulationsabsicht gezielt langsam übermittelt, um bei Marktänderungen noch kurzfristig die Rücknahme erklären zu können (BIANCA/BONELL/FARNSWORTH Art 22 Bem 3.1; BRUNNER Art 22 Rn 1; HERBER/CZERWENKA Art 22 Rn 2; zurückhaltend ENDERLEIN/MASKOW/STROHBACH Art 22 Bem 1; MünchKommHGB/FERRARI Art 22 Rn 9; SCHLECHTRIEM/SCHWENZER/SCHLECHTRIEM Art 22 Rn 7). Hinzukommen muß jedoch, daß der Annehmende die Bindung des Anbietenden, die gem Art 16 Abs 1 mit Absendung der Annahmeerklärung eintritt, unangemessen ausnutzt.

Art 23 [Zeitpunkt des Vertragsschlusses]

Ein Vertrag ist in dem Zeitpunkt geschlossen, in dem die Annahme eines Angebots nach diesem Übereinkommen wirksam wird.

Art 23

A contract is concluded at the moment when an acceptance of an offer becomes effective in accordance with the provisions of this Convention.

Art 23

Le contrat est conclu au moment où l'acceptation d'une offre prend effet conformément aux dispositions de la présente Convention.

I. Regelungsgegenstand und Normzweck

1 Die Vorschrift bestimmt den **Zeitpunkt, zu dem ein Vertrag zustandekommt**. Es ist der Augenblick, in dem die Annahme wirksam wird. Art 23 spricht damit ausdrücklich aus, was an sich bereits als Selbstverständlichkeit aus Art 18 Abs 2 S 1 folgt. Zusätzlichen materiellen Regelungsgehalt hat Art 23 nicht. Als Klarstellung ist er gleichwohl nützlich, zumal zahlreiche Bestimmungen der Konvention auf den Zeit-

punkt des Vertragsschlusses Bezug nehmen (etwa Art 1 Abs 2; Art 9 Abs 2; Art 10 lit a; Art 33 lit c; Art 35 Abs 2 lit b und Abs 3; Art 42 Abs 1 und Abs 2 lit a; Art 55; Art 57 Abs 2; Art 68 S 1 und 3; Art 71 Abs 1; Art 73 Abs 3; Art 74; Art 79 Abs 1; Art 100 Abs 2).

II.   Entstehungsgeschichte

Das EAG enthielt keine entsprechende Vorschrift. Art 23 wurde auf Vorschlag des **2** Sekretariats (UNCITRAL YB VIII [1977] 81, 98 f) aufgenommen, um den von der Konvention häufig verwendeten „Zeitpunkt des Vertragsschlusses" klarzustellen (Sekretariatskommentar Art 21 Bem 1; auch Denkschrift 45; HONNOLD Rn 178; vgl auch oben Rn 1).

III.   Zeitpunkt des Vertragsschlusses

Die Vorschrift geht vom hergebrachten Vertragsschlußmodell aus, dem die Konven- **3** tion auch sonst verpflichtet ist. **Der Vertrag kommt zustande, sobald die Annahmeerklärung zugeht** (Art 18 Abs 2) **oder eine äquivalente Handlung vorgenommen wird** (Art 18 Abs 3). Gilt für die Erklärungen der Parteien entweder über Art 12 oder kraft Vereinbarung Formzwang, dann muß die Erklärung in gehöriger Form zugegangen sein (BRUNNER Art 23 Rn 1). Bei stillschweigender Annahme, die ausnahmsweise möglich ist (vgl Art 18 Rn 10 f), kommt der Vertrag zustande, sobald die stillschweigende Zustimmung äußerlich erkennbar ist (ähnlich Schweizer Botschaft 778). Art 23 erfaßt auch den Fall der verspäteten Annahme (ebenso HERBER/CZERWENKA Art 35 Rn 2). Sie ist unter den Bedingungen des Art 21 wirksam und führt mit Zugang zum Vertragsschluß (SOERGEL/LÜDERITZ/FENGE Art 21 Rn 5). Wieweit Tod, Geschäftsunfähigkeit, Auflösung oder Konkurs einer Partei die Wirksamkeit ihrer Erklärung beeinflußt, richtet sich nach den Grundsätzen, die zu Art 15 und 18 gelten (vgl die Erläuterungen dort), die Art 23 lediglich übernimmt (vgl SOERGEL/LÜDERITZ/FENGE Art 23 Rn 3).

Für Art 23 gilt, wie auch sonst, der Vorrang der Parteiautonomie (Art 6). Die **4** Parteien können selbst, etwa durch Bedingungen, festlegen, wann der Vertrag wirksam zustandekommen soll (ausführlich dazu SCHLECHTRIEM/SCHWENZER/SCHLECHTRIEM Art 23 Rn 4 ff; KAROLLUS 76). Entsprechende Parteiabreden sind nach den Regeln der Konvention auszulegen. Nach anderer Ansicht unterstehen auflösende oder aufschiebende Bedingungen dem anwendbaren nationalen Recht (HONSELL/SCHNYDER/STRAUB Art 23 Rn 5).

Die Vorschrift bezieht sich nur auf den **Vertragsschluß durch Angebot und Annahme 5** nach dem herkömmlichen Vertragsschlußmuster (BIANCA/BONELL/FARNSWORTH Art 23 Bem 3.1; SCHLECHTRIEM/SCHWENZER/SCHLECHTRIEM Art 23 Rn 7; ENDERLEIN/MASKOW/STROHBACH Art 23 Bem 2; HERBER/CZERWENKA Art 23 Rn 2; KAROLLUS 76; MünchKommHGB/FERRARI Art 23 Rn 2). Sie ist jedoch nicht dahin zu verstehen, daß ein Vertragsschluß auf andere Weise, zB durch gleichzeitige Einigung, Unterschrift auf ein ausgehandeltes Vertragswerk etc ausgeschlossen sein soll. Einigen sich die Parteien anders als durch identifizierbare Angebots- und Annahmeerklärung, dann ist der Vertrag in dem **Zeitpunkt** geschlossen, **für den sich** diese **Einigkeit feststellen** läßt (BRUNNER Art 23 Rn 1; MünchKommHGB/FERRARI Art 23 Rn 2; SCHLECHTRIEM/SCHWENZER/SCHLECHTRIEM Art 23 Rn 7).

6 Art 23 bestimmt den **Zeitpunkt des Vertragsschlusses nur für die Zwecke der Konvention**. Das war mit seiner Aufnahme in das CISG bezweckt (vgl oben Rn 2). Vorschriften etwa des internen Steuer-, Bilanz-, Konkurs- oder Wirtschaftsrechts, die an den Zeitpunkt des Vertragsschlusses anknüpfen, können ihn anders festlegen (BIANCA/BONELL/FARNSWORTH Art 23 Bem 3. 4; MünchKommHGB/FERRARI Art 23 Rn 1; SCHLECHTRIEM/SCHWENZER/SCHLECHTRIEM Art 23 Rn 3; HONNOLD Rn 178; teilweise **anders** HERBER/CZERWENKA Art 23 Rn 2), werden aber häufig im Wege der Vorfrage auf die Regelung der Konvention zurückgreifen.

7 Ob die Wirksamkeit eines Vertrages von einer Genehmigung – zB eines gesetzlichen Vertreters oder einer staatlichen Stelle – abhängt, beurteilt sich als Gültigkeitsfrage nach dem dafür anwendbaren nationalen Recht (vgl Art 4 Rn 20 ff). Dieses Recht bestimmt auch, welche Wirkung (ex tunc oder ex nunc) die Genehmigung für den Zeitpunkt des Vertragsschlusses hat. Art 23 berührt diese Frage nicht (ähnlich SCHLECHTRIEM/SCHWENZER/SCHLECHTRIEM Art 23 Rn 5; teilweise **aA** SOERGEL/LÜDERITZ/FENGE Art 23 Rn 1).

IV. Abschlußort

8 Den **Ort des Vertragsschlusses** legt das CISG nicht fest (BIANCA/BONELL/FARNSWORTH Art 23 Bem 3. 3; SCHLECHTRIEM/SCHWENZER/SCHLECHTRIEM Art 23 Rn 8; MOULY Dr prat comm int 15 [1989] 416 f; MünchKommHGB/FERRARI Art 23 Rn 6; SOERGEL/LÜDERITZ/FENGE Art 23 Rn 2). Eine zunächst geplante Regelung wurde schon während der Vorarbeiten zum CISG verworfen (BIANCA/BONELL/FARNSWORTH Art 23 Bem 3. 3; ferner Sekretariatskommentar Art 21 Bem 2). Der Abschlußort kann für die internationale Zuständigkeit und das außerhalb der Konvention anwendbare Recht eine Rolle spielen und ist vom jeweiligen Kollisionsrecht zu bestimmen (ACHILLES Art 23 Rn 3; BIANCA/BONELL/FARNSWORTH aaO; MünchKommHGB/FERRARI aaO; SCHLECHTRIEM/SCHWENZER/SCHLECHTRIEM aaO). Die Regel über die Geltung der Ortsform (locus regit actum) wird von der Konvention dagegen weitgehend verdrängt (vgl Art 11 und 12 CISG).

Art 24 [Begriff des Zugangs]

Für die Zwecke dieses Teils des Übereinkommens „geht" ein Angebot, eine Annahmeerklärung oder sonstige Willenserklärung dem Empfänger „zu", wenn sie ihm mündlich gemacht wird oder wenn sie auf anderem Weg ihm persönlich, an seiner Niederlassung oder Postanschrift oder, wenn diese fehlen, an seinem gewöhnlichen Aufenthaltsort zugestellt wird.

Art 24

For the purposes of this Part of the Convention, an offer, declaration of acceptance or any other indication of intention „reaches" the addressee when it is made orally to him or delivered by any other means to him personally, to his place of business or mailing address or, if he does not have a place of business or mailing address, to his habitual residencè.

Art 24

Aux fins de la présente partie de la Convention, une offre, une déclaration d'acceptation ou toute autre manifestation d'intention „parvient" à son destinataire lorsqu'elle lui est faite verbalement ou est délivrée par tout autre moyen au destinataire lui-même, à son établissement, à son adresse postale ou, s'il n'a pas d'établissement ou d'adresse postale, à sa résidence habituelle.

Systematische Übersicht

Alphabetische Übersicht

I. Regelungsgegenstand und Normzweck

1 Die Vorschrift **definiert, wann eine Willenserklärung** dem Adressaten **zugeht.** Das ist der Fall, wenn sie ihm gegenüber mündlich abgegeben oder ihm auf anderem Weg entweder persönlich oder an seine Niederlassung oder Adresse, hilfsweise an seinem Aufenthaltsort zugestellt wird. Welche Willenserklärungen zugangsbedürftig sind, ergibt sich allerdings nicht aus Art 24, sondern aus den einzelnen Vertragsschlußvorschriften. Doch legt sich die Konvention mit Art 24 im Grundsatz auf die Empfangstheorie fest und erteilt anderen Auffassungen zum Wirksamwerden von Willenserklärungen (Äußerungs-, Absendungs-, Vernehmungstheorie) eine Absage (Sekretariatskommentar Art 22 Bem 1).

2 Für den Teil III der Konvention trifft allerdings Art 27 eine gegenteilige Grundsatzentscheidung (Absendeprinzip; siehe aber noch unten Rn 9).

3 Wie auch sonst können sich aus Parteiabsprachen, internationalen Gebräuchen oder Gepflogenheiten zwischen den Parteien und schließlich aus Treu und Glauben andere als die gesetzlichen Zugangsvoraussetzungen ergeben.

II. Entstehungsgeschichte

4 Das EAG (Art 12 Abs 1) enthielt eine rudimentäre Definition des Begriffs „zugehen" als „bei der Adresse des Empfängers der Mitteilung abgegeben werden". Art 12 Abs 2 EAG verlangte ferner, daß „Mitteilungen mit den nach den Umständen üblichen Mitteln zu bewirken" seien.

5 Die UNCITRAL-Arbeitsgruppe präzisierte den Begriff „Zugang" und verzichtete auf Art 12 Abs 2 EAG, dem uU ein Gegensatz zum Prinzip der Formfreiheit – Annahme auf jedem Weg – entnommen werden könnte (UNCITRAL YB VIII [1977] 103).

6 Auf der Wiener Konferenz passierte Art 24 ohne Änderungsantrag und Diskussion (Off Rec 98, 292).

III. Allgemeines

7 Die Vorschrift gilt ihrem Wortlaut nach **nur für Willenserklärungen des Teils II der Konvention.** Ausdrücklich zählen zu ihnen Angebot (Art 15 Abs 1) und Annahme (Art 18 Abs 2 Satz 1), auch soweit letztere durch ein „sonstiges Verhalten" (Art 18 Abs 1) erfolgt. Sonstige zugangsbedürftige Willenserklärungen sind: Rücknahme, Widerruf und Ablehnung des Angebots (Art 15 Abs 2, Art 16 Abs 1, Art 17), Rücknahme der Annahmeerklärung (Art 22), Setzen einer Annahmefrist auf sofortigem Übermittlungsweg (Art 20 Abs 1 Satz 2). Nicht der Zugang der Erklärung, sondern nur ihre Absendung ist erforderlich bei den Mitteilungen nach Art 19 Abs 2 (Rüge unwesentlicher Abweichungen) und Art 21 (Mitteilung über verspätete Annahme). Nur die Äußerung genügt für die in Art 18 Abs 3 genannten Ausnahmen (bestimmte annahmeäquivalente Handlungen).

8 Grundsätzlich **gilt** Art 24 **auch für die Publikumsofferte** (STERN 25; zum Begriff vgl Art 14

Rn 36 f). Sie muß dem einzelnen angesprochenen Interessenten in der Regel zugehen (ähnlich SCHLECHTRIEM/SCHWENZER/SCHLECHTRIEM Art 15 Rn 3). Erfolgt sie durch Zeitungsinserat, so sollte sie im Zweifel mit der Veröffentlichung wirksam werden und von diesem Zeitpunkt an angenommen werden können (ebenso SCHLECHTRIEM/SCHWENZER/ SCHLECHTRIEM aaO). Publikumsofferten über das Internet können von dem Zeitpunkt an angenommen werden, in dem die Offerte ‚ins Netz gestellt' wird.

Für Teil III der Konvention stellt **Art 27** zwar einen dem Zugangsprinzip entgegen- **9** gesetzten Grundsatz **(Absendeprinzip)** auf. Doch soweit auch Teil III verlangt, daß die andere Vertragspartei eine Mitteilung „erhalten" hat (vgl Art 47 Abs 2, 48 Abs 4, 63 Abs 2, 65 Abs 1 und 2, 79 Abs 4), ist dafür die Zugangsdefinition in Art 24 analog heranzuziehen (allgemeine Ansicht vgl BIANCA/BONELL/FARNSWORTH Art 24 Bem 3. 1; BRUNNER Art 24 Rn 1; SCHLECHTRIEM/SCHWENZER/SCHLECHTRIEM Art 24 Rn 2; ENDER-LEIN/MASKOW/STROHBACH Art 24 Bem 1; HERBER/CZERWENKA Art 24 Rn 8; HONNOLD Rn 179; HONSELL/SCHNYDER/STRAUB Art 24 Rn 7; MünchKommHGB/FERRARI Art 24 Rn 2; NOUSSIAS 26, 88).

Soweit nicht die Parteien, Gebräuche oder die Konvention etwas anderes vorsehen, **10** ist das **Zugangsprinzip** schließlich **auf alle weiteren Willenserklärungen zu erstrecken**, die den Bestand und Inhalt des Vertrages berühren, so auf Erklärungen zur Vertragsänderung oder -aufhebung, zur Ausübung eines Rücktritts- oder Widerrufsvorbehalts, eines eingeräumten Leistungs- oder Preisbestimmungsrechts (ebenso ACHIL-LES Art 24 Rn 1; SCHLECHTRIEM/SCHWENZER/SCHLECHTRIEM Art 24 Rn 2).

IV.   Zugang mündlicher Erklärungen

Art 24 unterscheidet zwischen Erklärungen, die „mündlich gemacht", und solchen, **11** die „auf anderem Weg ... zugestellt" werden. Mündlich sind zum einen **Erklärungen**, die **unter Anwesenden** abgegeben werden, zum anderen **telefonische oder** durch sonstige Gegensprechanlagen (Funk etc) übermittelte **gesprochene Mitteilungen**, die unmittelbar das Ohr des Empfängers erreichen (ähnlich SCHLECHTRIEM/SCHWEN-ZER/SCHLECHTRIEM Art 24 Rn 4; KAROLLUS 57; MünchKommHGB/FERRARI Art 24 Rn 3; PILTZ, Internationales Kaufrecht § 3 Rn 34; SOERGEL/LÜDERITZ/FENGE Art 24 Rn 3). Auch die Mitteilung über telefonischen Anrufbeantworter wird teilweise als mündliche Erklärung angesehen (so SCHLECHTRIEM/SCHWENZER/SCHLECHTRIEM Art 24 Rn 8; KAROLLUS 57). Nach wohl vorzuziehender Auffassung ist sie keine mündliche Erklärung, weil sie nicht unmittelbar vernommen wird und auch die Möglichkeit zur unmittelbaren Reaktion fehlt (HONSELL/SCHNYDER/STRAUB Art 24 Rn 10; MünchKommHGB/FERRARI Art 24 Rn 5; NEU-MAYER/MING Art 24 Bem 3; wohl auch SOERGEL/LÜDERITZ/FENGE Art 24 Rn 3; zu ihrem Zugang unten Rn 14). **Elektronische Kommunikation**, die durch direkte Übermittlung **(online)** auf das Gerät des Empfängers erfolgt und die Möglichkeit unmittelbarer Antwort eröffnet, wird teilweise ebenfalls als mündliche Erklärung („orally made") betrachtet (so etwa LUIG 92 f). Indessen besteht bei dieser Kommunikationsform kein prinzipieller Unterschied zu sehr schnell ausgetauschten Fax- oder sonstigen schriftlichen Mitteilungen. Dagegen fehlt die Anwesenheit bzw die unmittelbare Vernehmbarkeit des Empfängers mit der Möglichkeit zu sofortiger Nachfrage und Reaktion auch auf Gestik, Mimik, Tonfall oder andere non-verbale Äußerungen. Ferner fehlt die ‚Flüchtigkeit' des Wortes, das auch bei telefonischer Kommunikation gewöhnlich nicht gespeichert wird und dessen genaue Fassung später nicht mehr reproduziert werden kann. Bei elektronischer Übertragung ist die Reproduzierbarkeit jedenfalls theoretisch immer denkbar. Deshalb stellt die online-Kommunikation keine „mündlich gemachte" Mitteilung dar (ebenso WULF 108, 113; der CISG Advisory Council sieht „electronically transmitted sound in real time and electronic communications in real time" als mündliche Erklärungen an, s IHR 2003, 244 ff [Erl zu Art 18 und 19]). Gleiches hat – erst recht – für E-mail-Nachrichten über das Internet zu gelten. Dagegen können etwa Erklärungen bei **Videokonferenzen** als mündlich angesehen werden.

12 Mündlich abgegeben ist ferner eine **Erklärung gegenüber dem Vertreter oder Empfangsboten** des Empfängers (BIANCA/BONELL/FARNSWORTH Art 24 Bem 2.2; vCAEMMERER/SCHLECHTRIEM/SCHLECHTRIEM Art 24 Rn 5; ENDERLEIN/MASKOW/STROHBACH Art 24 Bem 3; SOERGEL/LÜDERITZ/FENGE Art 24 Rn 3; etwas **anders** MünchKommHGB/FERRARI Art 24 Rn 5 [mündlich, nur soweit Bote befugt]; zur Einschaltung Dritter aber noch unten Rn 23 f).

13 Mündliche Erklärungen gehen in dem Augenblick zu, in dem sie dem Empfänger mündlich „gemacht" („made", „faite") werden. Diese nicht eindeutige Formulierung ist dahin zu verstehen, daß die Erklärung zugeht, **wenn der Erklärende nach den Umständen davon ausgehen durfte, daß sie verbal aufgenommen und inhaltlich verstanden wurde** (so zu Recht SCHLECHTRIEM/SCHWENZER/SCHLECHTRIEM Art 24 Rn 7; ihm folgend KAROLLUS 57 f; ebenso BRUNNER Art 24 Rn 2; SOERGEL/LÜDERITZ/FENGE Art 24 Rn 3; s auch OGH ZfRV 1999, 63; ähnlich auch MünchKommHGB/FERRARI Art 24 Rn 6). Eine Erklärung gegenüber einem erkennbar sprachunkundigen Empfänger ist deshalb nicht zugegangen, es sei denn, der Adressat hat den Zugang durch Einsatz sprachunkundiger Personen gerade vereiteln wollen (dazu noch unten Rn 20, 25). Allerdings kann der Empfänger auch die unverständliche Erklärung (zB die Vertragsannahme) gegen sich gelten lassen. Der Äußernde kann sich nicht auf die Unverständlichkeit seiner Erklärung berufen.

14 Bei **Mitteilungen über telefonischen Anrufbeantworter** erscheint es aus praktischen Gründen angezeigt, den Zugang bereits mit dem Auf-Band-Sprechen und nicht mit dem kaum überprüfbaren Zeitpunkt des Abhörens anzunehmen (MünchKommHGB/FERRARI Art 24 Rn 5; SOERGEL/LÜDERITZ/FENGE Art 24 Rn 3; aA SCHLECHTRIEM/SCHWENZER/SCHLECHTRIEM Art 24 Rn 8: Zeitpunkt des Abhörens).

V. Zugang verkörperter Erklärungen

1. Begriff der Zustellung

15 Erklärungen, die nicht mündlich, sondern auf – gleich welchem – anderem Weg (Postweg, elektronische Medien, insbes als E-mail etc) erfolgen, gehen dem Empfänger zu, wenn sie zugestellt („delivered", „délivrée") werden. „Zustellen" meint keine Zustellung im prozeßrechtlichen Sinn – die aber selbstverständlich genügt (ebenso SCHLECHTRIEM/SCHWENZER/SCHLECHTRIEM Art 24 Rn 11). Vorausgesetzt ist vielmehr, daß die **Erklärung derart in den Machtbereich des Empfängers gelangt, daß er bei normalem Lauf der Dinge von ihr Kenntnis nehmen würde** (BIANCA/BONELL/FARNSWORTH Art 24 Bem 2.4; SCHLECHTRIEM/SCHWENZER/SCHLECHTRIEM Art 24 Rn 13; HERBER/CZERWENKA Art 24 Rn 2; KAROLLUS 58 f; MünchKommHGB/FERRARI Art 24 Rn 8; SOERGEL/LÜDERITZ/FENGE Art 24 Rn 4; zu einer gewissen Ausnahme s aber noch u Rn 18). Tatsächliche Kenntnisnahme ist nicht Zugangsvoraussetzung (BIANCA/BONELL/FARNSWORTH Art 24 Bem 2.4; SCHLECHT-

RIEM/SCHWENZER/SCHLECHTRIEM Art 24 Rn 12; ENDERLEIN/MASKOW/STROHBACH Art 24 Bem 4; KAROLLUS 58 f; MünchKommHGB/FERRARI aaO). Zum Sprachproblem gilt jedoch das oben (Rn 13) Ausgeführte auch hier.

2.   Zustellungsmöglichkeiten

Die Erklärung muß dem Adressaten entweder **persönlich übergeben** werden. Das **16** kann überall, zB im Hotel, durch unmittelbare Aushändigung an ihn geschehen (Sekretariatskommentar Art 22 Bem 5). Hinterlegung im Hotelfach genügt aber nicht (PILTZ, Internationales Kaufrecht § 3 Rn 38). **Alternativ** kann die Erklärung **an die Niederlassung oder Postanschrift** des Adressaten **zugestellt** werden. Fehlt eine Niederlassung oder Postadresse, dann, aber auch nur dann, genügt die Zustellung am gewöhnlichen Aufenthaltsort (Sekretariatskommentar Art 22 Bem 4; BIANCA/BONELL/FARNSWORTH Art 24 Rn 2.3; BYDLINSKI, in: DORALT 64; SCHLECHTRIEM/SCHWENZER/SCHLECHTRIEM Art 24 Rn 9; HERBER/CZERWENKA Art 24 Rn 3; MünchKommHGB/FERRARI Art 24 Rn 12; **anders** LOEWE, Kaufrecht 46; teilweise abweichend WEY Rn 796). Mit dem Eingang der verkörperten Erklärung in der ordnungsgemäßen Empfangseinrichtung des Adressaten ist der Zugang bewirkt: So mit dem Einwurf in den Briefkasten, der Einlagerung im Postfach, der Einhändigung des Telegramms oder Einschreibens, dem Eingang (Ausdruckmöglichkeit) im Faxgerät des Empfängers (BIANCA/BONELL/FARNSWORTH Art 24 Bem 2.4; SCHLECHTRIEM/SCHWENZER/SCHLECHTRIEM Art 24 Rn 12; ENDERLEIN/MASKOW/STROHBACH Art 24 Bem 4; HERBER/CZERWENKA Art 24 Rn 3; HONNOLD Rn 179; MünchKommHGB/FERRARI Art 24 Rn 11; PILTZ, Internationales Kaufrecht § 3 Rn 36; WITZ/SALGER/LORENZ Art 24 Rn 11). In letzterem Fall muß die Empfangseinrichtung allerdings empfangsbereit, eingeschaltet sein, da sonst allein die Absendung der Mitteilung ausreichen würde (BRUNNER Art 24 Rn 2; SCHLECHTRIEM/SCHWENZER/SCHLECHTRIEM aaO; SOERGEL/LÜDERITZ/FENGE Art 24 Rn 5). Im elektronischen **Geschäftsverkehr per E-mail** über das Internet ist die Mitteilung zugegangen, sobald sie im elektronischen Briefkasten des Empfängers – genauer im Speicher des Providers unter der Internetadresse des Empfängers – eingeht, so daß der Empfänger sie jederzeit abrufen kann (ebenso LUIG 98 f; MünchKommBGB/GRUBER Art 24 Rn 13 WITZ/SALGER/LORENZ Art 24 Rn 11; WULF 118). Bei online-Kommunikation (s auch oben Rn 11) wird der Zugang dann anzunehmen sein, wenn die Erklärung die Schnittstelle – gewöhnlich die Telefonbuchse im Gebäude des Empfängers – erreicht, an die er sein Empfangsgerät anschließt (ebenso WULF 114 f). Zum Zugang bei Übergabe an Mittelspersonen vgl unten Rn 23.

Erklärungen, die **an ungewöhnlicher Stelle hinterlassen** oder nicht empfangsbefugten **17** Personen übergeben werden, gehen nur und erst dann zu, wenn und sobald der Adressat tatsächlich Kenntnis von ihnen erhält (BIANCA/BONELL/FARNSWORTH Art 24 Bem 2.4; HONNOLD Rn 179).

3.   Zustellung außerhalb der Geschäftszeit

Geht eine Mitteilung beim Adressaten **außerhalb seiner Geschäftszeiten**, aber im **18** übrigen ordnungsgemäß ein, so ist sie zugegangen (ebenso BRUNNER Art 24 Rn 2; SCHLECHTRIEM/SCHWENZER/SCHLECHTRIEM Art 24 Rn 14; ENDERLEIN/MASKOW/STROHBACH Art 24 Bem 4; KAROLLUS 59; LUIG 101; PILTZ, Internationales Kaufrecht § 3 Rn 37; **abweichend** aber HERBER/CZERWENKA Art 24 Rn 6 [Zeitpunkt der voraussichtlichen Kenntnisnahme] sowie SOERGEL/LÜDERITZ/FENGE Art 24 Rn 5: kein Zugang). Das folgt auch aus Art 20 Abs 2

Satz 2, der eine Verlängerung von Zugangsfristen nur vorsieht, sofern eine Zustellung innerhalb der Frist nicht möglich ist (vgl näher Art 20 Rn 12 f). Läuft etwa die Annahmefrist bis Freitag, den 28. 5., dann ist eine Annahmeerklärung noch rechtzeitig zugegangen, wenn sie am Freitag um 20. 00 Uhr per Fax oder Eilzustellung beim Adressaten eintrifft, auch wenn der Empfänger um 18. 00 Uhr schließt. Andernfalls würde – wegen eventueller Zeitverschiebung und unterschiedlichster Geschäftszeiten – eine für den Erklärenden zu unsichere und unübersichtliche Lage geschaffen (ebenso ACHILLES Art 24 Rn 5; BRUNNER aaO; MünchKommHGB/FERRARI Art 24 Rn 13; ähnlich SCHLECHTRIEM/SCHWENZER/SCHLECHTRIEM Art 24 Rn 14; **ablehnend** aber SOERGEL/LÜDERITZ/FENGE Art 24 Rn 5).

4. Verständnisschwierigkeiten; Sprachenproblem

19 **Erklärungen, die unverständlich, etwa unleserlich sind** oder vom Empfänger mit zumutbarem Aufwand nicht entschlüsselt werden können – der Empfänger verfügt zB nicht über das passende Programm für die übersandte Diskette –, sind auch nicht als zugegangen anzusehen (SCHLECHTRIEM/SCHWENZER/SCHLECHTRIEM Art 24 Rn 15).

20 Ist die **Erklärung aus sprachlichen Gründen** für den Adressaten **unverständlich**, so ist sie ebenfalls nicht zugegangen, es sei denn, die verwendete Sprache war als Vertragssprache vereinbart oder zwischen den Parteien üblich (LG Heilbronn 15. 9. 1997 CLOUT Nr 345 [AGB des deutschen Verkäufers in Deutsch für italienischen Käufer unbeachtlich, da Vertragssprache Italienisch]; ebenso AG Kehl 6. 10. 1995, UNILEX; ACHILLES Art 24 Rn 8; BRUNNER Art 24 Rn 2; SCHLECHTRIEM/SCHWENZER/SCHLECHTRIEM Art 24 Rn 16; HONSELL/SCHNYDER/STRAUB Art 24 Rn 30; KAROLLUS 59). Doch kann der Empfänger die Erklärung gelten lassen (REINHART Art 11 Rn 8; vgl zum Sprachenproblem auch Art 8 Rn 28 ff).

VI. Zugang von durch Verhalten geäußerten Erklärungen

21 Die Konvention anerkennt auch **Willenserklärungen, die durch Verhalten geäußert werden**, und verlangt grundsätzlich auch für ihr Wirksamwerden Zugang – so insbes bei der Annahme durch sonstiges Verhalten (Art 18 Abs 1 und Abs 2 Satz 1). Nur ausnahmsweise wird bei diesen Erklärungen auf das Zugangserfordernis verzichtet (vgl Art 18 Abs 3). Eine Zustellung der Äußerungen selbst kommt bei Erklärungen durch Verhalten nicht in Betracht (KAROLLUS 59; STERN 25). Es genügt deshalb, ist aber auch erforderlich, daß der Adressat der Erklärung bei normalem Lauf der Dinge die **Möglichkeit der Kenntnisnahme** hatte (ebenso HERBER/CZERWENKA Art 18 Rn 9; ähnlich KAROLLUS, STERN, jeweils aaO). Damit wird in der Regel der Zugang einer Mitteilung über das Verhalten notwendig sein, um diesem Erklärungswirkung zu geben, es sei denn, der Erklärungsempfänger kann ohne Schwierigkeiten vom Verhalten des Erklärenden Kenntnis nehmen (so für die Annahmeerklärung Sekretariatskommentar Art 16 Bem 5: „a notice of that acceptance must in some manner reach the offeror"). Die Mitteilung kann auch über Dritte – den Spediteur, die Bank etc – erfolgen (BIANCA/BONELL/FARNSWORTH Art 18 Bem 2. 7; ENDERLEIN/MASKOW/STROHBACH Art 18 Bem 14; HERBER/CZERWENKA Art 18 Rn 9; **aA** [kein Mitteilungserfordernis] SCHLECHTRIEM/SCHWENZER/SCHLECHTRIEM Art 18 Rn 13). Unter Verallgemeinerung des in Art 18 Abs 3 enthaltenen Gedankens, der an sich nur für die Annahme gilt, ist eine Mitteilung des Erklärungsverhaltens dann entbehrlich, wenn sie aufgrund der Parteiabreden oder -gepflogenheiten oder aufgrund internationaler Gebräuche entfallen kann.

Soweit eine Mitteilung erforderlich ist, wird das Erklärungsverhalten mit Zugang 22
der Mitteilung wirksam; sonst mit der Äußerung des Verhaltens.

VII. Einschaltung von Mittelspersonen

Soweit **Vertreter für den Adressaten** auftreten – vor allem an seiner Niederlassung –, 23
richtet sich der Umfang ihrer Vertretungs- und Empfangsbefugnis nach dem für die
Vertretung geltenden Recht (Sekretariatskommentar Art 22 Bem 5; BIANCA/BONELL/FARNS-
WORTH Art 24 Bem 2. 3; BRUNNER Art 24 Rn 3; BYDLINSKI, in: DORALT 64 f; ENDERLEIN/MASKOW/
STROHBACH Art 24 Bem 3; HERBER/CZERWENKA Art 24 Rn 4; SOERGEL/LÜDERITZ Art 24 Rn 4).
Nach deutschem Kollisionsrecht ist das vom Vollmachtsstatut oder – bei gesell-
schaftsrechtlicher Vertretung – vom Gesellschaftsstatut berufene Recht anzuwenden. Fehlt danach die Empfangsbefugnis, dann ist die Mittelsperson, die eine Erklärung entgegennimmt, Bote des Erklärenden (Erklärungsbote). Es bleibt das
Risiko des Erklärenden, ob seine Mitteilung dem Adressaten noch zugeht, indem
der Bote sie ihm übergibt oder zustellt. Dasselbe gilt für Empfangsboten, die
außerhalb der Niederlassung des Adressaten tätig werden (vgl die in der vorigen N
genannten).

Als Frage des tatsächlichen Zugangs ist es dagegen ohne Einschaltung des IPR zu 24
beurteilen, ob die Mitteilung oder Übergabe einer Erklärung an **Hilfspersonen, die
in der Niederlassung** etc **des Adressaten tätig sind**, den Zugang bewirkt hat. Hier
kommt es nicht darauf an, ob diese Personen nach dem Vertretungsstatut bevoll-
mächtigt waren, sondern ob der Erklärende sie für empfangsbefugt halten durfte
(ebenso BRUNNER Art 24 Rn 3; ähnlich SOERGEL/LÜDERITZ/FENGE Art 24 Rn 4; **aA** – für Einschaltung des IPR – BIANCA/BONELL/FARNSWORTH Art 24 Bem 2. 2, 2. 3; ENDERLEIN/MASKOW/STROH-
BACH Art 24 Bem 3).

VIII. Zugangsvereitelung

Verhindert der Adressat absichtlich den Zugang von Erklärungen, indem er zB sein 25
Faxgerät am letzten Tag der Annahmefrist abschaltet oder gezielt sprachunkundiges
Personal einsetzt, so kann darin je nach den Umständen des Einzelfalles ein Verstoß
gegen den Grundsatz von Treu und Glauben (Art 7 Abs 1) liegen. Der **Zugang** ist
dann gegebenenfalls **zu fingieren** (ebenso BRUNNER Art 24 Rn 4; SCHLECHTRIEM/SCHWEN-
ZER/SCHLECHTRIEM Art 24 Rn 17; HERBER/CZERWENKA Art 24 Rn 5; HONSELL/SCHNYDER/STRAUB
Art 24 Rn 41; KAROLLUS 60; MünchKommHGB/FERRARI Art 24 Rn 15; WEY Rn 806). Die Absicht wird freilich schwer nachweisbar sein, eine reine Nachlässigkeit (zB Übersehen
fehlenden Papiers oder Toners im Empfangsgerät) genügt nicht. Ein Abschalten von
Empfangseinrichtungen außerhalb der Geschäftszeiten wird jedoch nicht als Zu-
gangsvereitelung zu betrachten sein und muß deshalb sanktionslos bleiben (s ACH-
ILLES Art 24 Rn 6).

IX. Beweisfragen

Den Zugang einer Erklärung muß grundsätzlich derjenige nachweisen, der sich auf 26
ihn beruft (ebenso BAUMGÄRTEL/LAUMEN/HEPTING Art 24 Rn 1; HERBER/CZERWENKA Art 24
Rn 7; MünchKommHGB/FERRARI Art 24 Rn 16; für Beweislastregeln des Forums aber offenbar
BIANCA/BONELL/FARNSWORTH Art 24 Bem 3. 2).

Teil III
Warenkauf

Part III
Sale of Goods

Troisième partie
Vente de marchandises

Vorbemerkungen zu Art 25 ff CISG

Mit Art 25 beginnt Teil III der Konvention, der das **materielle Kaufrecht**, nämlich **1**
die Rechte und Pflichten der Parteien aus internationalen Kaufverträgen regelt. Das
CISG kann ohne diesen Teil ratifiziert werden (Art 92). Doch hat bisher kein
Vertragsstaat von dieser Möglichkeit Gebrauch gemacht.

Teil III ist seinerseits in 5 Kapitel unterteilt, die allgemeine Bestimmungen **2**
(Kapitel I), die Pflichten des Verkäufers (Kapitel II) und des Käufers (Kapitel III),
Vorschriften über den Gefahrübergang (Kapitel IV) sowie für beide Parteien ge-
meinsame Bestimmungen (Kapitel V) enthalten.

Die Art 25–29 (Kapitel I) haben die Rolle eines knappen allgemeinen Teils für **3**
diesen Komplex der Konvention. Im Vordergrund steht die **Definition der wesentlichen Vertragsverletzung** (Art 25), die die Grenzlinie dafür festlegt, wann ein Vertragsverstoß zur Vertragsaufhebung berechtigt. Art 26 schreibt vor, daß eine Aufhebung nicht von selbst eintritt, sondern stets der Erklärung bedarf. Die Vorschrift
beseitigt damit die umstrittene automatische Vertragsaufhebung („ipso facto avoidance") des EKG. Art 27 fixiert für Teil III der Konvention das Absendeprinzip,
soweit nicht einzelne Vorschriften den Zugang von Erklärungen verlangen, während
für den Abschlußteil der Konvention das Zugangsprinzip gilt. Art 28 schließt Erfüllungsansprüche in jenen Staaten aus, die die Erfüllung in Natur gerichtlich nicht
durchsetzen. Vertragsänderungen und damit verbundene Formfragen behandelt
Art 29.

Diese allgemeinen Bestimmungen sind um jene des Teils I der Konvention **4**
(Art 7–13) zu ergänzen, die, wie selbstverständlich ist, auch für Teil III gelten. Auch
allgemeine Grundsätze, die aus dem Vertragsschlußteil der Konvention abzuleiten
sind (zB der Grundsatz, daß Erklärungen bis zu ihrem Zugang zurückgenommen
werden können, Art 15 Abs 2, 22), gelten für Teil III.

Ulrich Magnus

Kapitel I
Allgemeine Bestimmungen

Chapter I
General provisions

Chapitre I
Dispositions générales

Art 25 [Wesentliche Vertragsverletzung]

Eine von einer Partei begangene Vertragsverletzung ist wesentlich, wenn sie für die andere Partei solchen Nachteil zur Folge hat, daß ihr im wesentlichen entgeht, was sie nach dem Vertrag hätte erwarten dürfen, es sei denn, daß die vertragsbrüchige Partei diese Folge nicht vorausgesehen hat und eine vernünftige Person der gleichen Art* diese Folge unter den gleichen Umständen auch nicht vorausgesehen hätte.

Art 25

A breach of contract committed by one of the parties is fundamental if it results in such detriment to the other party as substantially to deprive him of what he is entitled to expect under the contract, unless the party in breach did not foresee and a reasonable person of the same kind in the same circumstances would not have foreseen such a result.

Art 25

Une contravention au contrat commise par l'une des parties est essentielle lorsqu'elle cause à l'autre partie un préjudice tel qu'elle la prive substantiellement de ce que celle-ci était en droit d'attendre du contrat, à moins que la partie en défaut n'ait pas prévu un tel résultat et qu'une personne raisonnable de même qualité placée dans la même situation ne l'aurait pas prévu non plus.

Schrifttum

AICHER, Leistungsstörungen aus der Verkäufersphäre, in: HOYER/POSCH 111

BABIAK, Defining „Fundamental Breach" under the United Nations Convention on Contracts for the International Sale of Goods, TempInt Comp LJ 6 (1992) 113

BEINERT, Wesentliche Vertragsverletzung und Rücktritt (1979)

BENICKE, Zur Vertragsaufhebung nach UN-Kaufrecht bei Lieferung mangelhafter Ware, IPRax 1997, 326

BIANCA, Wesentliche Vertragsverletzung im italienischen und internationalen Kaufrecht, Universität des Saarlandes: Vorträge, Reden und Berichte aus dem Europa-Institut, Nr 176 (1989)

BOTZENHARDT, Die Auslegung des Begriffs der wesentlichen Vertragsverletzung im UN-Kaufrecht (1998)

vCAEMMERER, Die wesentliche Vertragsverletzung im international Einheitlichen Kaufrecht, in: FS Coing Bd II (1982) 33

Freiburg, Das Recht auf Vertragsaufhebung im UN-Kaufrecht (2001)

GABRIEL, General Provisions, obligations of the seller, and remedies for breach of contract by the seller, in: FERRARI/FLECHTNER/BRAND (Hrsg), The Draft UNCITRAL Digest and Beyond: Cases, Analysis and Unresolved Issues in the U.N. Sales Convention (2004) 336 (zitiert GABRIEL, in: Draft Digest)

GÖRITZ, Zur wesentlichen Vertragsverletzung

---

* Schweiz: in gleicher Stellung.

beim Warenkauf – Wechselbeziehungen zwischen dem nordischen und dem international-einheitlichen Recht, Universität des Saarlandes: Vorträge, Reden und Berichte aus dem Europa-Institut, Nr 149 (1988)

HOLTHAUSEN, Die wesentliche Vertragsverletzung des Verkäufers nach Art 25 UN-Kaufrecht, RiW 1990, 101

KOCH, Zur Bestimmung des Begriffs der wesentlichen Vertragsverletzung im UN-Kaufrecht im Falle der Lieferung nicht vertragsgemäßer Ware, RiW 1995, 98

LURGER, Die wesentliche Vertragsverletzung nach Art 25 CISG, IHR 2001, 91

MAGNUS, Beyond the Digest: Part III (Articles 25–34, 45–52), in: FERRARI/FLECHTNER/BRAND (Hrsg), The Draft UNCITRAL Digest and Beyond: Cases, Analysis and Unresolved Issues in the U.N. Sales Convention (2004) 319 (zitiert MAGNUS, in: Draft Digest)

MUSGER, Die wesentliche Vertragsverletzung – Probleme des Art 25 WKR und Parallelen im österreichischen Recht, Universität des Saarlandes: Vorträge, Reden und Berichte aus dem Europa-Institut, Nr 168 (1989)

POSCH/KANDUT, Die allgemeinen Bestimmungen über den Warenkauf: Art 25–29, in: HOYER/POSCH 59

SCHLECHTRIEM, Wesentlicher Vertragsbruch durch Lieferung gezuckerten Weins, IPRax 1997, 132

STEINMETZLER, Recht und Ökonomie der Grundstrukturen des Leistungsstörungsrechts im UN-Kaufrecht (2001)

TROMMLER, Die Auslegung des Begriffs „wesentliche Vertragsverletzung" in Art 25 CISG (2002)

WESTERMANN, Zur Wesentlichkeit der Vertragsverletzung nach UN-Kaufrecht, DZWir 1997, 45.

Systematische Übersicht

Alphabetische Übersicht

I. Regelungsgegenstand und Normzweck

1 Art 25 definiert, **wann eine Vertragsverletzung als wesentlich anzusehen** ist. Auf die Unterscheidung zwischen wesentlichen und nichtwesentlichen oder einfachen (zu diesem Begriff ENDERLEIN/MASKOW/STROHBACH Art 25 Bem 2.1) Vertragsverletzungen kommt es in der Konvention in mehreren Zusammenhängen an. So hängt vor allem das Aufhebungsrecht einer Partei grundsätzlich davon ab, daß die andere eine wesentliche Vertragsverletzung begangen hat (Art 49 Abs 1 lit a, Art 64 Abs 1 lit a, ferner Art 51 Abs 2, Art 72 Abs 1, Art 73 Abs 1 u 2). Doch auch für den Ersatz-lieferungsanspruch (Art 46 Abs 2) und den Gefahrübergang (Art 70) kommt es auf die Unterscheidung an.

2 Damit hat der **Begriff für die Konvention zentrale Bedeutung.** Er hat den Zweck, sicherzustellen, daß besonders einschneidende Rechtsfolgen, wie vor allem die Vertragsaufhebung, nicht ohne weiteres, sondern nur bei solchen Vertragsverletzun-gen eingreifen, deren Gewicht das rechtfertigt (vgl auch POSCH/KANDUT, in: HOYER/POSCH 60). Erreicht die Vertragsverletzung jedoch ein solches Gewicht, dann muß sich die betroffene Vertragspartei andererseits auch vom Vertrag lösen können.

3 Art 25 sieht eine Vertragsverletzung dann als wesentlich an, wenn sie der verletzten Partei den vom Vertrag zu erwartenden Vorteil im wesentlichen entzieht und wenn diese Folge auch vorausgesehen werden konnte. Diese **Formel** ist **ebenso flexibel wie vage.** Wirkliche Kontur kann sie erst durch ihre Anwendung in der Praxis im Rahmen des jeweiligen Zusammenhangs gewinnen, in dem es auf die Unterschei-dung zwischen wesentlicher und einfacher Vertragsverletzung ankommt. Dabei kann auch die Rechtsprechung zur ähnlich gefaßten Bestimmung im Haager Recht Anhalt geben.

II. Entstehungsgeschichte

4 Im EKG (Art 10) hatte die entsprechende Vorschrift folgenden Wortlaut:

> *„Eine Vertragsverletzung wird im Sinne dieses Gesetzes immer dann als wesentlich angesehen, wenn die Partei, die sie begangen hat, im Zeitpunkt des Vertragsabschlusses gewußt hat oder hätte wissen müssen, daß eine vernünftige Person in der Lage der anderen Partei den Vertrag nicht geschlossen hätte, wenn sie die Vertragsverletzung und ihre Folgen vorausgesehen hätte."*

Diese Definition wurde bei den UNCITRAL-Vorarbeiten als zu subjektiv gefaßt **5**
angesehen (UNCITRAL YB II [1971] 47). Der Genfer, Wiener und New Yorker Entwurf definierten deshalb übereinstimmend eine Vertragsverletzung als wesentlich,
wenn sie der anderen Partei einen wesentlichen Nachteil („substantial detriment")
zufügt und voraussehbar war (Art 9 Genfer Entwurf, Art 8 Wiener Entwurf, Art 23
New Yorker Entwurf).

Auf der diplomatischen Konferenz von 1980 stieß dieser Vorschlag auf erhebliche **6**
Kritik. Zahlreiche Änderungsvorschläge versuchten, die doch recht substanzlose
Entwurfsfassung zu verbessern (Off Rec 89 f). Vor allem sollte der gemeinte Nachteil
verdeutlicht werden (vgl Off Rec 295 ff, 302 f). Dabei rückte man von dem Konzept ab,
allein an die Wesentlichkeit des voraussehbaren Schadens anzuknüpfen, der erst
eingetreten sein und dann nachgewiesen werden müsse. Eine zur Textverbesserung
eingesetzte Arbeitsgruppe, in der auch die Bundesrepublik vertreten war, entwik-
kelte das jetzige Konzept, auf die berechtigten Vertragserwartungen abzustellen und
an ihnen die Wesentlichkeit der Vertragsverletzung zu messen (vgl Off Rec 329 f). Mit
Mehrheit wurde dieses Konzept schließlich gebilligt (Off Rec aaO), blieb aber auch
noch in der Schlußabstimmung im Plenum umstritten (vgl Off Rec 206; eingehend zur
Entstehungsgeschichte BIANCA/BONELL/WILL Art 25 Bem 1 ff).

III.   Begriff der wesentlichen Vertragsverletzung

1.   Vertragsverletzung

Art 25 greift ein, wenn eine Vertragsverletzung vorliegt und es auf ihre Wesent- **7**
lichkeit ankommt. Ob das der Fall ist, ergibt sich nicht aus Art 25, sondern aus den
jeweiligen Sachvorschriften der Konvention. Art 25 stellt lediglich den **Beurteilungs-
maßstab für die Abgrenzung zwischen wesentlicher und einfacher Vertragsverletzung.**
Er gilt jedoch bei jeder Form von Verletzung der vereinbarten oder aus der Konvention folgenden Pflichten (für eine Differenzierung des Begriffs je nach seinem Zusammenhang aber HONSELL/KAROLLUS Art 25 Rn 12). Auch im Verstoß gegen untergeordnete
oder zusätzlich vereinbarte Pflichten – die im deutschen Recht geläufige Unterscheidung zwischen Haupt- und Nebenpflichten kennt das CISG nicht – kann eine
wesentliche Vertragsverletzung liegen (BRUNNER Art 25 Rn 4; SCHLECHTRIEM/SCHWENZER/
SCHLECHTRIEM Art 25 Rn 7; HERBER/CZERWENKA Art 25 Rn 5).

In der **Rechtsprechung** ist eine wesentliche Vertragsverletzung etwa darin gesehen **8**
worden, daß ein Verkäufer Schuhe mit „M"-Zeichen, die er ausschließlich für den
Käufer und Zeicheninhaber herstellte, auf einer Messe ausstellte und dort trotz
Abmahnung beließ (OLG Frankfurt NJW 1992, 633). Auch wenn der Verkäufer unter
Bruch eines Exklusivliefervertrages örtliche Konkurrenz des Käufers beliefert, liegt
darin eine wesentliche Vertragsverletzung (LG Frankfurt RiW 1991, 952). Auch in einer
unberechtigten Vertragsaufkündigung liegt in der Regel eine wesentliche Vertragsverletzung.

2.   Wesentlichkeit der Verletzung

Eine wesentliche Vertragsverletzung liegt nach Art 25 vor, „wenn sie für die andere **9**
Partei solchen Nachteil zur Folge hat, daß ihr im wesentlichen entgeht, was sie nach

dem Vertrag hätte erwarten dürfen". Es besteht im Kern Einigkeit, daß ein Pflichtenverstoß damit dann wesentlich ist, wenn durch ihn die **berechtigten Vertragserwartungen der anderen Partei erheblich beeinträchtigt** werden (vgl die Stellungnahmen auf der Wiener Konferenz Off Rec 329 f; ferner BRUNNER Art 25 Rn 8; SCHLECHTRIEM/SCHWENZER/SCHLECHTRIEM Art 25 Rn 2, 9; ENDERLEIN/MASKOW/STROHBACH Art 25 Bem 3. 1; HERBER/ CZERWENKA Art 25 Rn 6, 8; HONNOLD Rn 183; KAROLLUS 91; LOEWE, Kaufrecht 47; LURGER IHR 2001, 91; PILTZ, Internationales Kaufrecht § 5 Rn 157; REINHART Art 25 Rn 5; SCHLECHTRIEM, UN-Kaufrecht 48). In erster Linie liegt es in der Hand der Parteien, – wie etwa beim Fixkauf – festzulegen, welche Vertragspflichten unbedingt eingehalten werden sollen, so daß ein Verstoß eine wesentliche Vertragsverletzung darstellt. Fehlt eine solche Festlegung aber und ist sie auch nicht durch Vertragsauslegung zu gewinnen, dann ist nicht entscheidend, daß und ob der betroffene Vertragsteil die Vertragsverletzung als wesentlich einstuft (in diese Richtung aber SCHLECHTRIEM Rn 111), sondern ob eine solche Einschätzung bei objektiver Bewertung des verletzten Vertragsinteresses gerechtfertigt ist. Dabei sind insbesondere auch die Folgen des Verstoßes („Nachteil") zu berücksichtigen (s auch MünchKommHGB/BENICKE Art 25 Rn 8). Ferner gilt der Maßstab des Art 8 Abs 2 auch hier.

10   Einigkeit besteht auch darüber, daß trotz der Wortgleichheit in der englischen Textfassung der Begriff „fundamental breach" nicht diese – umstrittene – Rechtsfigur des englischen Rechts übernimmt, sondern einen gänzlich eigenständigen Gehalt hat (BIANCA/BONELL/WILL Art 25 Bem 2; SCHLECHTRIEM/SCHWENZER/SCHLECHTRIEM Art 25 N 3; HONNOLD Rn 181. 1; POSCH/KANDUT, in: HOYER/POSCH 61).

a) „Nachteil"

11   Art 25 fordert, daß die verletzte Partei einen Nachteil („detriment", „préjudice") erlitten haben muß. Damit ist, wie die Entstehungsgeschichte zeigt (oben Rn 6), kein konkreter Schaden im Sinn des Art 74 (Verlust, „loss", „perte") gemeint. Vielmehr setzt die Vorschrift den Nachteil mit dem **Wegfall der wesentlichen Vertragsvorteile** gleich (BAMBERGER/ROTH/SAENGER Art 25 Rn 2; BRUNNER Art 25 Rn 7; SCHLECHTRIEM/SCHWENZER/SCHLECHTRIEM Art 25 Rn 9). Die etwas redundante Fassung erklärt sich aus dem Zeitdruck, unter dem die Erarbeitung der Formulierung in Wien stand (vgl oben Rn 6 u BIANCA/BONELL/WILL Art 25 Bem 2.1.1.1 ff). Immerhin lenkt der Begriff „Nachteil" das Augenmerk darauf, daß der Umfang des verursachten Schadens eine wichtige Rolle bei der Bewertung einer Vertragsverletzung als wesentlich spielt (vgl auch Sekretariatskommentar Art 23 Bem 3 [allerdings zum New Yorker Entwurf]; ENDERLEIN/ MASKOW/STROHBACH Art 25 Bem 3.3; MünchKommHGB/BENICKE Art 25 Rn 8). Doch ist Art 25 nicht so zu verstehen, daß eine wesentliche Vertragsverletzung ausscheidet, wenn ein **erheblicher Nachteil** noch nicht eingetreten ist, sondern nur **droht**. Das zeigt auch Art 72 Abs 1 sowie der oben zitierte Fall des OLG Frankfurt (NJW 1992, 633, oben Rn 8). Dort hatte der Verkäufer den vereinbarten Exklusivvertrag noch nicht tatsächlich gebrochen, aber mit dem trotz Abmahnung fortgesetzten Angebot an andere Abnehmer den Willen zum Vertragsbruch bekräftigt. Für Art 72 Abs 1 kommt es darauf an, ob der drohende Vertragsbruch von erheblichem Gewicht ist.

12   Bleibt die **Verletzung** einer wichtigen Vertragspflicht andererseits **folgenlos** oder hat sie nur unbedeutende Folgen, dann liegt auch keine wesentliche Vertragsverletzung vor (BIANCA/BONELL/WILL Art 25 Bem 2.1.1.2; SCHLECHTRIEM, UN-Kaufrecht 48 N 210). Liefert der Verkäufer zB vertragswidrig unverpackte oder unversicherte Ware, die

unversehrt anlangt, dann ist die Pflichtverletzung in der Regel unwesentlich. Ausnahmsweise kann sie gleichwohl wesentlich sein, wenn etwa ein Weiterverkauf nur mit Verpackung möglich oder während des Transports ohne Versicherungspolice ausgeschlossen war und das dringliche Käuferinteresse daran hinreichend erkennbar war (vgl BIANCA/BONELL/WILL, SCHLECHTRIEM, UN-Kaufrecht, jeweils aaO). Die Lieferung mangelhafter Ware stellt nur dann eine wesentliche Vertragsverletzung dar, wenn es sich um gravierende Mängel handelt, die mit zumutbarem Aufwand in angemessener Zeit nicht zu beheben sind, und wenn der Käufer für die mangelhafte Ware keine Verwendung hat (eingehend dazu Art 49 Rn 14). So stellt es etwa eine wesentliche Vertragsverletzung dar, wenn der Verkäufer Mehl liefert, das krebserregenden Brotverbesserer enthält, auch wenn dieser Zusatz im Importland (noch) nicht verboten ist (Hof 's-Gravenhage NedJur 2003 Nr 713 = IHR 2004, 119 [Zusammenfassung]).

b)   Entzug dessen, was nach dem Vertrag erwartet werden durfte

Dem jeweiligen Vertrag ist – ggf nach Auslegung – zu entnehmen, was eine Partei **13** von ihm erwarten darf. Die Vertragsverletzung muß diese Erwartung im wesentlichen zunichte machen; das **Interesse der Partei an der Durchführung des Vertrages muß im wesentlichen entfallen** sein (BIANCA/BONELL/WILL Art 25 Bem 2. 1. 2. 1 f; BRUNNER Art 25 Rn 8; SCHLECHTRIEM/SCHWENZER/SCHLECHTRIEM Art 25 Rn 9; ENDERLEIN/MASKOW/ STROHBACH Art 25 Bem 3. 3.; HERBER/CZERWENKA Art 25 Rn 8; HOLTHAUSEN RiW 1990, 102; LOEWE, Kaufrecht 47; SCHWIMANN/POSCH Art 25 Rn 12). Damit steht es in erster Linie in der Macht der Parteien, festzulegen, welche Vertragsverletzungen oder von welchem Grad an sie als wesentlich zu gelten haben (zB Vereinbarung eines Fixtermins, Ausschuß von mehr als 20% etc). Fehlen nähere Festlegungen der Parteien, kommt es auf den Vertragszweck und darauf an, wieweit er in objektiver Sicht durch die Vertragsverletzung beeinträchtigt wird. Eine allgemeine Antwort verbietet sich. Vielmehr ist von Fall zu Fall zu entscheiden, wobei sich für die einzelnen Fallsituationen freilich Fallgruppen bilden lassen, die Anhalt geben und auf die hier zu verweisen ist (vgl unten Rn 20 ff; ferner Art 33 Rn 27, Art 46 Rn 38 ff, Art 48 Rn 25 ff, Art 49 Rn 8 ff, Art 51 Rn 18 f, Art 64 Rn 8 ff). So ist etwa die Lieferung von Muscheln, die den Richtwert des Bundesgesundheitsamtes für Kadmium signifikant überschritten, nicht als wesentliche Vertragsverletzung angesehen worden, da die Muscheln noch ohne Gesundheitsschaden verzehrt werden konnten (problematisch, BGH NJW 1995, 2099; Vorinstanz OLG Frankfurt RiW 1994, 593).

3.   Voraussehbarkeit

Eine Vertragsverletzung, die das Interesse der anderen Partei erheblich beeinträch- **14** tigt, ist dennoch nicht als wesentlich zu bewerten, wenn der vertragsbrüchige Teil diese Folge weder vorausgesehen hat noch voraussehen mußte. Dabei bezieht sich die Voraussetzbarkeit nicht auf die Vertragsverletzung selbst, sondern nur auf ihren Effekt. Der vertragsbrüchige Teil muß damit nicht die Vertragsverletzung selbst vorausgesehen haben, sondern nur mit der Wirkung haben rechnen müssen, die ein Vertragsbruch für die andere Seite hat. Die Formulierung des Art 25 stellt ferner klar, daß es zur Entlastung nicht genügt, wenn die vertragsbrüchige Partei die Folge persönlich nicht vorausgesehen hat. Besondere Kenntnisse und Fähigkeiten der Partei erhöhen allerdings diesen subjektiven Voraussichtsmaßstab (BIANCA/BONELL/ WILL Art 25 Bem 2. 2. 2. 2. 4; ENDERLEIN/MASKOW/STROHBACH Art 25 Bem 4. 2). Die **Wesentlichkeit der Vertragsverletzung** ist jedoch **nur zu verneinen, wenn auch ein verständiger**

Rechtsteilnehmer in gleicher Lage (vgl auch Art 8 Abs 2) **mit der eingetretenen Folge nicht gerechnet hätte.**

15 Ähnlich wie in Art 74 bedeutet die Voraussehbarkeit in Art 25 aber nicht eine reine Tatfrage, sondern erlaubt und fordert eine **Interessenbewertung auf objektiver Grundlage,** ob der vertragsbrüchige Teil mit den einschneidenden Folgen einer wesentlichen Vertragsverletzung zu belasten ist (ebenso SCHLECHTRIEM/SCHWENZER/ SCHLECHTRIEM Art 25 Rn 11; KAROLLUS 91; PILTZ, Internationales Kaufrecht § 5 Rn 160; wohl auch HERBER/CZERWENKA Art 25 Rn 9; SOERGEL/LÜDERITZ/BUDZIKIEWICZ Art 25 Rn 3; eher im Sinn einer Tatfrage Sekretariatskommentar Art 23 Bem 4; BIANCA/BONELL/WILL Art 25 Bem 2.2 ff; HOLTHAUSEN RiW 1990, 104 f).

16 Der Zeitpunkt, auf den es für die Voraussehbarkeit ankommt, ist im CISG – anders als noch in Art 10 EKG: Zeitpunkt des Vertragsschlusses – nicht mehr festgelegt, sondern sollte der Bestimmung durch die Gerichte überlassen bleiben (vgl Sekretariatskommentar Art 23 Bem 5). Nach überwiegender Ansicht ist der **Zeitpunkt des Vertragsschlusses** jedoch auch für Art 25 CISG maßgebend (so BRUNNER Art 25 Rn 10; vCAEMMERER, in: FS COING II 50; SCHLECHTRIEM/SCHWENZER/SCHLECHTRIEM Art 25 Rn 15; GABRIEL, in: Draft Digest 337; HERBER/CZERWENKA Art 25 Rn 9; HOLTHAUSEN RiW 1990, 105; KAROLLUS 91; LOEWE, Kaufrecht 48; LURGER IHR 2001, 92; MünchKommBGB/GRUBER Art 25 Rn 42; PILTZ, Internationales Kaufrecht § 5 Rn 159; ZIEGEL, in: GALSTON/SMIT 9–19 f).

17 Nach **aA** sind auch nach Vertragsschluß gegebene Informationen für die Voraussehbarkeit ausnahmsweise zu berücksichtigen (BIANCA/BONELL/WILL Art 25 Bem 2.2.2.2.5; HONSELL/KAROLLUS Art 25 Rn 26 ff [mit umfassender Erörterung]; MUSGER 19 ff; POSCH/KANDUT, in: HOYER/POSCH 66).

18 Eine weitere Meinung läßt die spätere Kenntnis oder Erkennbarkeit ganz grundsätzlich genügen, stellt also auf den Zeitpunkt der Vertragsverletzung ab (HONNOLD Rn 183; SOERGEL/LÜDERITZ/BUDZIKIEWICZ Art 25 Rn 4; ähnlich REINHART Art 25 Rn 9, jedenfalls für Informationen bis zum Beginn der Erfüllungsvorbereitung). Nach noch anderer Ansicht kommt es auf die Art der verletzten Pflicht an: Betreffe sie das Äquivalenzverhältnis, sei der Zeitpunkt des Vertragsschlusses für die Voraussehbarkeit maßgebend, sonst der Zeitpunkt, in dem der Vertragsverstoß begangen wurde (so MünchKommHGB/BENICKE Art 25 Rn 16 ff). Problematisch ist an dieser Ansicht jedoch die präzise Unterscheidung zwischen beiden Arten von Vertragsverstößen.

19 Nach dem Grundkonzept der Konvention – **unbedingtes Einstehen für das Leistungsversprechen auf der Basis des bei seiner Abgabe überschaubaren Risikos** – muß es auf den Zeitpunkt des Vertragsschlusses ankommen, ob die Wesentlichkeit möglicher Verletzungsfolgen vorausgesehen werden konnte. Nachträgliche, gar einseitige Mitteilungen einer Partei dürfen nicht zu einer Veränderung des ursprünglich übernommenen Risikos führen (vgl auch SCHLECHTRIEM/SCHWENZER/SCHLECHTRIEM aaO). Diese Regel verdrängt freilich nicht Art 7 Abs 1 (s auch LURGER IHR 2001, 92). Im Einzelfall kann es deshalb unter besonderen Umständen treuwidrig sein, daß eine Partei sich darauf beruft, die notwendige Information sei ihr zu spät gegeben worden. Das ist mE aber noch nicht der Fall, wenn der Verkäufer einen Aufdruck auf der Ware (zB über ihre Zusammensetzung oder in bestimmter Sprache) ablehnt, den der Käufer nach Vertragsschluß verlangt, weil er die Ware nunmehr nur noch

mit dem Aufdruck weiter absetzen kann (vgl das Beispiel bei Bianca/Bonell/Will, Enderlein/Maskow/Strohbach, jeweils aaO). Lediglich wenn der Verkäufer selbst noch leicht, der Käufer aber in keiner zumutbaren Weise mehr für den Aufdruck sorgen könnte, ist eine wesentliche Vertragsverletzung trotz der erst nachträglichen Information über das besondere Vertragsinteresse anzunehmen.

IV. Fallgruppen der Rechtsprechung

1. Endgültige Nichtleistung

Die **endgültige Nichtlieferung** stellt – ganz unabhängig von ihren Gründen – stets **20** eine wesentliche Vertragsverletzung dar, wie schon mittelbar aus Art 49 Abs 1 lit b folgt. Das gleiche gilt für die sonstige unberechtigte und endgültige Verweigerung der vertraglich geschuldeten Leistung (vgl OLG Celle 24. 5. 1995, CLOUT Nr 136 [Mitteilung, die vereinbarte Speziessache sei anderweit verkauft worden]; ferner OLG Düsseldorf 14. 1. 1994, CLOUT Nr 130 [gänzlich unterbliebene Zahlung]; Botzenhardt 260; Brunner Art 25 Rn 11; Schlechtriem/Schwenzer/Schlechtriem Art 25 Rn 17; Lurger IHR 2001, 95; ferner Art 49 Rn 13). Allerdings darf sich die Weigerung nicht nur auf einen untergeordneten, kleinen Teil der Vertragsleistung beziehen. Ist das der Fall, dann fehlt eine wesentliche Vertragsverletzung. Einer Nichtleistung steht es auch gleich, wenn der Verkäufer beim **Dokumentenkauf** dem Käufer endgültig nicht die geschuldeten Dokumente aushändigt, die zur Verfügung über die Ware erforderlich sind (s näher Art 49 Rn 17). Eine wesentliche Vertragsverletzung ist es ferner, wenn der **Käufer** die ordnungsgemäße Ware unberechtigterweise endgültig **nicht abnimmt**. Doch reicht es nicht aus, wenn sich die Abnahme um einige Tage verzögert (s Cour d'appel de Grenoble 4. 2. 1999, CLOUT Nr 243 = TranspR-IHR 1999, 43).

Die Nichtleistung stellt auch dann eine wesentliche Vertragsverletzung dar, wenn sie **21** auf Gründen außerhalb der Einfluß- und Kontrollmöglichkeit des Schuldners beruht. Art 79 Abs 5 unterbindet dann lediglich Schadensersatzansprüche der verletzten Partei. Ein etwaiges Aufhebungsrecht bleibt dagegen unberührt (vgl näher die Erl zu Art 79). Damit bedeutet auch die objektive wie subjektive **Unmöglichkeit der Leistung** einen Fall wesentlicher Vertragsverletzung, die zur Vertragsaufhebung berechtigt, gleichgültig auf welchem Grund die Unmöglichkeit beruht. Vom Grund der Unmöglichkeit – innerhalb oder außerhalb des Risikobereichs des Schuldners – hängt nur ab, ob der Gläubiger Schadensersatz erhalten kann.

2. Lieferverzug

Bei Fixgeschäften (ähnlich bei just-in-time-Geschäften), bei denen die unbedingte **22** Einhaltung des Liefertermins entweder nach der Vereinbarung der Parteien oder auf Grund der Umstände (zB Weihnachtswaren vor Weihnachten) für das Geschäft essentiell ist, bedeutet eine Fristüberschreitung eine wesentliche Vertragsverletzung (Corte die Appello di Milano 20. 3. 1998, UNILEX; ICC Schiedsspruch Nr 8786, ICC Int Court of Arb Bulletin 2000, 70 [jeweils Lieferverspätung bei Saisonware]; Botzenhardt 261; Brunner Art 25 Rn 12; Schlechtriem/Schwenzer/Schlechtriem Art 25 Rn 18; Herber/Czerwenka Art 25 Rn 8; Kappus NJW 1994, 984 f). Selbst bei einem CIF-Kauf hat die Rechtsprechung in einer bloßen Lieferverspätung eine wesentliche Vertragsverletzung gesehen (OLG Hamburg 28. 2. 1997, OLG-Rep 1997, 149 = CLOUT Nr 277).

23 Im übrigen erwächst aus einer Lieferverspätung erst durch Nachfristsetzung (Art 47 Abs 1 iVm Art 49 Abs 1 lit b) oder längeren Zeitablauf das Recht, den Vertrag wegen dann wesentlicher Vertragsverletzung aufzuheben (vgl etwa OLG München IHR 2003, 176 m Anm HERBER [keine wesentliche Vertragsverletzung, wenn Schuhlieferung zwar verspätet ist, aber noch keine Nachfrist erfolglos abgelaufen ist; allerdings bedarf es entgegen der Entscheidung nicht stets einer erfolglosen Nachfrist, um eine Lieferverspätung zu einer wesentlichen Vertragsverletzung werden zu lassen; eine unzumutbar lange Verspätung, die der Nichtlieferung gleichkommt, genügt, auch wenn kein Fixkauf oder fixähnliches Geschäft vereinbart ist]; Pretura circondiale di Parma 24. 11. 1989, CLOUT Nr 90 [wesentliche Vertragsverletzung, wenn zwei Monate nach Liefertermin erst ein Drittel der Ware geliefert]; ICC-Schiedsspruch 8128/1995, JDI 1996 1024 m Anm DH [„simple retard" genügt wegen Art 47 Abs 1 nicht]). Die bloße Verspätung der Lieferung um einige Tage ist keine wesentliche Vertragsverletzung (LG Oldenburg 27. 3. 1996 [12 O 2541/95, unveröff] Verzögerung von einem Tag).

3. Zahlungsverzug

24 Die bloße Verspätung der Zahlung stellt grundsätzlich ebenfalls keine wesentliche Vertragsverletzung dar (vgl etwa Kassel 21. 9. 1995 [11 O 4261/94, unveröff] dazu MAGNUS ZEuP 1997, 839 f; ICC-Schiedsspruch 8128/1995, JDI 1996, 1024; BRUNNER Art 25 Rn 20; SCHLECHTRIEM/SCHWENZER/SCHLECHTRIEM Art 25 Rn 22; HERBER/CZERWENKA Art 64 Rn 5; HONSELL/SCHNYDER/STRAUB Art 64 Rn 20; MünchKommHGB/BENICKE Art 25 Rn 20). Auch hier ist das aber anders, wenn insoweit ein Fixgeschäft vereinbart ist oder wenn die pünktliche Zahlung sonst von entscheidender Bedeutung ist und der Käufer das erkennen mußte (vgl näher Art 64 Rn 11).

4. Qualitätsmängel

25 Vor allem bei der Lieferung vertragswidriger Ware stellt sich die Frage, ob darin eine wesentliche Vertragsverletzung liegt. Nur dann besteht ein Aufhebungsrecht gemäß Art 49 Abs 1 lit a. Denn anders als bei der Nichtlieferung kann der Käufer bei der Lieferung mangelhafter Ware durch Nachfristsetzung kein Aufhebungsrecht erzwingen (vgl näher die Erl zu Art 49).

26 Zunächst haben es die Parteien auch hier selbst in der Hand, durch **vertragliche Absprachen** festzulegen, daß bestimmte Mängel oder Mängel von einem bestimmten Grad an (zB Verunreinigungen, Beimengungen über einem festgelegten Prozentsatz etc) als wesentliche Vertragsverletzung gelten und zur Vertragsaufhebung berechtigen. Fehlen solche Absprachen – wie regelmäßig –, dann erfüllen in der Regel nur Warenmängel von erheblichem Gewicht die Voraussetzungen des Art 25. Dazu zählen insbesondere solche Mängel, die mit zumutbarem Aufwand in angemessener Frist nicht behoben werden können, so daß die **Ware praktisch unbrauchbar** oder unverkäuflich oder ihr Weiterverkauf jedenfalls nicht zumutbar ist. Das ist zB bei Damenoberbekleidung der Fall, die völlig verschnitten und nicht tragbar ist (OLG Köln IHR 2003, 15), oder bei T-Shirts, die nach der ersten Wäsche um 10–15% oder ein bis zwei Größennummern einlaufen (LG Landshut 5. 4. 1995 [54 O 644/94, unveröff]), oder bei Schuhen mit Rissen (OLG Frankfurt NJW 1994, 1013 m Aufs KAPPUS NJW 1994, 984 f) oder bei Metallblechen, die für die vorgesehene Produktion beim Abkäufer ungeeignet sind (Cass 26. 5. 1999, CLOUT Nr 315). Auch die Lieferung verbotswidrig gezuckerten Weins ist im Weinhandel als wesentliche Vertragsverletzung betrachtet worden (Cass IPRax 1996, 126 mit Aufs SCHLECHTRIEM IPRax 1996, 132 = D 1996, 334 m Anm WITZ; ebenso LG Trier NJW-RR 1996, 564). Auch dann, wenn die Beseitigung gravierender Mängel erfolglos bleibt, ist eine wesentliche Vertragsverletzung gegeben (vgl Delchi Carrier SpA v Rotorex Corp, 71 F 3d 1024 [2nd Cir 1995] – Kompressoren für Klimaanlagen erreichen trotz Nachbesserungsversuchen nicht vertragliche Leistung und führen daher zu geringerer Kühlleistung und höherem Stromverbrauch der Anlagen).

Mangelhafte Ware, die – sei es auch mit Abschlag – noch **in zumutbarer Weise absetz-** 27 **bar** ist oder die der Käufer noch weiterverarbeiten kann, ist dagegen nicht in wesentlicher Weise vertragswidrig (BGHZ 132, 290 [298]). So stellten eine unbehebbare Qualitätsabweichung bei Kobaltsulfat, die das Produkt aber nicht unverkäuflich machte, und das Fehlen eines Ursprungszeugnisses noch keine wesentliche Vertragsverletzung dar, zumal der Käufer lediglich unspezifiziert behauptet hatte, er habe beim Weiterverkauf deshalb „ungeahnte Schwierigkeiten" gehabt (BGHZ 132, 290 ff – südafrikanische Herkunft, Absatz in Indien, vgl näher Art 49 Rn 14). Auch in der Lieferung von im übrigen gutem Fleisch, das aber statt des vereinbarten Fettanteils von 30% bis zu 53,5% Fett sowie 2% Blut und Nässe enthielt, ist keine wesentliche Vertragsverletzung gesehen worden (BG SZIER 1999, 179 ff). Ebensowenig bedeutet es eine wesentliche Vertragsverletzung, wenn Koks eine andere Zusammensetzung als vereinbart hat, sofern die Abweichung ihrerseits objektiv keine erhebliche Bedeutung hat (OLG München RiW 1994, 595) oder wenn der Kaufgegenstand zwar zunächst Mängel hat, die der Verkäufer aber inzwischen behoben hat (Cour d'Appel Grenoble 26. 4. 1995, CLOUT Nr 152, dazu SCHLECHTRIEM Rn 115). Der Käufer muß aber nicht mehr Ware abnehmen, bei deren Weiterverkauf er seinen guten Ruf aufs Spiel setzen würde (ebenso MünchKommHGB/BENICKE Art 25 Rn 25). Die geschilderten Grundsätze gelten auch bei der **aliud-Lieferung.** Eine krasse aliud-Lieferung, für die der Käufer keinerlei Verwendung hat, wird jedoch in der Regel den Vertrag wesentlich verletzen (s Art 49 Rn 15).

5.   Rechtsmängel

Für die Lieferung von Ware, die mit Rechtsmängeln behaftet ist (Art 41, 42), gilt 28 Ähnliches wie bei Qualitätsmängeln. Eine wesentliche Vertragsverletzung ist in unbehebbaren Rechtsmängeln zu sehen, die den Käufer an der Weiterverwendung hindern (ebenso SCHLECHTRIEM/SCHWENZER/SCHLECHTRIEM Art 25 Rn 20). Kann der Verkäufer etwa kein Eigentum verschaffen, weil es sich bei der gelieferten Ware um Diebesgut handelt, dann liegt darin eine wesentliche Vertragsverletzung (s LG Freiburg IHR 2003, 22).

6.   Verletzung vertraglicher Zusatzpflichten

Das CISG unterscheidet nicht nach Haupt- und Nebenpflichten; es behandelt alle 29 gesetzlichen und vertraglich vereinbarten Pflichten der Kaufvertragsparteien gleich. Deshalb können Verstöße gegen zusätzlich vereinbarte Pflichten wesentliche Vertragsverletzungen darstellen (SCHLECHTRIEM Rn 114). Das ist etwa für die Verletzung eines Reimportverbots (Cour d'Appel Grenoble JDI 1995, 632; dazu WITZ/WOLTER RiW 1995, 810) und eines exklusiven Markenrechts angenommen worden (OLG Frankfurt NJW 1992, 633). Das Reimportverbot und die Achtung des Markenrechts waren jeweils als Zusatzpflichten vereinbart worden. Soweit der Verkäufer vereinbarte oder nach Handelsbrauch **geschuldete Dokumente, Zertifikate, Anleitungen** etc nicht mitliefert,

kommt es zum einen darauf an, ob die Dokumente etc in angemessener Frist nachgeliefert werden oder ob der Käufer sie sich problemlos auch selbst besorgen kann
(s dazu BGHZ 132, 290 [301 ff] – Herkunftszertifikat, das sich auch der Verkäufer erst vom Hersteller
besorgen müsste). Dann fehlt es regelmäßig an einer wesentlichen Vertragsverletzung
(BGH aaO; vgl auch ACHILLES Art 25 Rn 6; MünchKommBGB/GRUBER Art 25 Rn 29). Kann der
Käufer die Ware zum andern jedoch ohne die Dokumente etc nicht zeitgerecht
verwenden, etwa in angemessener Frist weiterveräußern, dann wird darin in der
Regel eine wesentliche Vertragsverletzung liegen (vgl eingehend BRUNNER Art 25 Rn 18).

30 Zu weiteren Fällen wesentlicher/nicht wesentlicher Vertragsverletzung vgl Art 46
Rn 39 f; Art 48 Rn 25 ff; Art 49 Rn 8 ff; Art 51 Rn 18 f; Art 64 Rn 10 ff.

V. Beweisfragen

31 Grundsätzlich muß die verletzte Partei die Umstände beweisen, die die Wesentlichkeit der Vertragsverletzung ergeben (BGHZ 132, 290; ebenso SCHLECHTRIEM/SCHWEN-
ZER/SCHLECHTRIEM Art 25 Rn 16; HERBER/CZERWENKA Art 25 Rn 10). Sie ist damit darle-
gungs- und beweispflichtig dafür, daß ihr Interesse weggefallen ist. Dagegen muß sie
nicht nachweisen, daß die vertragsbrüchige Partei diese Folgen auch voraussehen
konnte. Das wird vermutet und es obliegt der verletzenden Partei, Umstände darzutun, die ergeben, daß die gravierenden Folgen der Vertragsverletzung objektiv nicht
vorausgesehen werden konnten (ebenso BGH aaO; HERBER/CZERWENKA aaO sowie iE
BIANCA/BONELL/WILL Art 25 Bem 2.2.1.; ähnlich SOERGEL/LÜDERITZ/BUDZIKIEWICZ Art 25
Rn 3; teilw **abw** SCHLECHTRIEM/SCHWENZER/SCHLECHTRIEM Art 25 Rn 16).

Art 26 [Aufhebungserklärung]

**Eine Erklärung, daß der Vertrag aufgehoben wird, ist nur wirksam, wenn sie der
anderen Partei mitgeteilt wird.**

Art 26
A declaration of avoidance of the contract is
effective only if made by notice to the other
party.

Art 26
Une déclaration de résolution du contrat n'a
d'effet que si elle est faite par notification à
l'autre partie.

I. Regelungsgegenstand und Normzweck

1 Die Vorschrift macht die **Vertragsaufhebung von** einer entsprechenden **Erklärung des
Aufhebenden abhängig**. Ohne eine solche Äußerung bleibt der Vertrag bestehen.
Zur Aufhebung ist andererseits auch nicht mehr als eine Erklärung der berechtigten
Partei erforderlich. Es bedarf keines zusätzlichen richterlichen oder sonstigen Aktes
(dazu LESER, in: SCHLECHTRIEM, Fachtagung 232 f).

2 Die Vorschrift beseitigt ausdrücklich die im EKG enthaltene Vertragsaufhebung
kraft Gesetzes („ipso facto avoidance"), bei der der Eintritt der Aufhebungswirkung
und ihr genauer Zeitpunkt vielfach nicht eindeutig waren.

II. Entstehungsgeschichte

Das EKG enthielt keine vergleichbare Vorschrift, sondern sah in einer Reihe von 3
Fällen im Gegenteil die vom Willen der Parteien unabhängige automatische Vertragsauflösung vor (vgl Art 25, 26, 30 Abs 1 u 2, 61 Abs 2, 62 Abs 1 EKG). Der Sinn
dieser Aufhebung kraft Gesetzes lag darin, Spekulationsmöglichkeiten durch ein
Abwarten mit der Aufhebungserklärung auszuschließen. Die Schwierigkeit dieser
Regelung lag in der Unklarheit, ob und wann der Vertrag sein Ende gefunden hatte
(vgl dazu Report of the Secretary General, UNCITRAL YB III [1972] 41 ff; HELLNER, in:
FS Weitnauer 85 ff; LESER, in: LESER/vMARSCHALL 7). Bei den UNCITRAL-Vorarbeiten
bestand frühzeitig Einigkeit, die automatische Vertragsaufhebung wegen der mit ihr
verbundenen Unsicherheiten zu beseitigen (vgl den zitierten Report; ferner UNCITRAL
YB III [1972] 85).

Art 26 CISG entspricht der Fassung im New Yorker Entwurf von 1978 (dort Art 24). 4
In Wien wurde lediglich eine unerhebliche Formulierungsänderung vorgeschlagen,
aber nicht übernommen (Off Rec 99 f, 303).

III. Aufhebungserklärung

1. Form

Die Vertragsaufhebung (Art 49, 51, 64, 72, 73) bedarf stets einer **Willenserklärung** 5
der aufhebenden Partei. Die Erklärung muß sich an die andere Vertragspartei
richten. Allgemeine Mitteilungen, etwa an die Öffentlichkeit, stellen keine Aufhebungserklärung dar, auch wenn sie der anderen Partei hinterbracht werden (vgl
BIANCA/BONELL/DATE-BAH Art 26 Bem 3.3 ff).

Die Erklärung ist **an keine Form gebunden**, es sei denn, daß der Formvorbehalt nach 6
Art 96 iVm Art 12 oder Art 29 Abs 2 eingreift. Sie kann daher schriftlich oder
mündlich erfolgen (OGH RdW 1996, 203; Sekretariatskommentar Art 24 Bem 4; BIANCA/
BONELL/DATE-BAH Art 26 Bem 3.1; SCHLECHTRIEM/SCHWENZER/HORNUNG Art 26 Rn 8; ENDER-
LEIN/MASKOW/STROHBACH Art 26 Bem 1.2; HERBER/CZERWENKA Art 26 Rn 3; REINHART Art 26
Rn 2). Eine Mitteilung durch E-mail reicht aus (s GARRO, in: Draft Digest 371). Auch eine
schlüssige Erklärung – zB durch Klageerhebung – ist wirksam (s OGH IHR 2002, 73).
Ob **schlüssiges Verhalten** ebenfalls für eine Aufhebungserklärung genügt, ist umstritten. Nach einer verbreiteten Ansicht genügt dies nicht (ACHILLES Art 26 Rn 2;
ENDERLEIN/MASKOW/STROHBACH, HERBER/CZERWENKA, REINHART, jeweils aaO). Nach inzwischen vorherrschender Auffassung reicht es dagegen aus, soweit das Verhalten
hinreichend eindeutig ist (so LURGER IHR 2001, 93; MünchKommHGB/BENICKE Art 26
Rn 5; PILTZ NJW 2003, 2063; SCHLECHTRIEM Rn 108; SCHLECHTRIEM/SCHWENZER/HORNUNG
Art 26 Rn 10; SOERGEL/LÜDERITZ/BUDZIKIEWICZ Art 26 Rn 3; anders noch STAUDINGER/MAGNUS
[1999]).

Die englische und französische Textfassung („made by notice", „faite par notification") spricht zwar gegen die Möglichkeit, die Vertragsaufhebung allein durch
schlüssiges Verhalten erklären zu können. Ist das Verhalten allerdings eindeutig
und der anderen Partei kundgetan worden, dann besteht – insbes im Hinblick auf
den Grundsatz der Formfreiheit in Art 11 – kein Grund, eine solche Erklärung nicht

zuzulassen. Wenn etwa zwischen den Parteien eine Gepflogenheit bestand, beispielsweise in zurückgesandter Ware eine Vertragsaufhebung der Einzellieferung zu sehen, dann genügt dieses Verhalten als Erklärung. Allein die Durchführung eines Deckungskaufs ersetzt die Aufhebungserklärung jedoch nicht (OLG Bamberg TranspR-IHR 2000, 17).

2. Inhalt

7 Inhaltlich muß die Aufhebungserklärung **hinreichend deutlich** zum Ausdruck bringen, **daß sich die Partei vom Vertrag lösen will** (vgl etwa OLG Köln IHR 2003, 15 [17]; LG Frankfurt RiW 1991, 952). Eine zu vorsichtige oder lediglich androhende Erklärung, das alternative Verlangen etwa nach Rücknahme oder Preisreduzierung etc genügt mangels Eindeutigkeit nicht (vgl OLG München RiW 1994, 515; PILTZ, Internationales Kaufrecht § 5 Rn 272 u LG Frankfurt aaO: Dort hatte der Käufer einen Restposten Schuhe zurückgeschickt und vom Verkäufer eine Gutschrift verlangt, in welchem Fall er die schon weiterverkauften Schuhe bezahlen wollte). Der Terminus „Vertragsaufhebung" muß freilich nicht explizit verwendet werden (ebenso OLG Frankfurt RiW 1991, 950; HONSELL/KAROLLUS Art 26 Rn 12).

3. Übermittlung

8 Die Erklärung der Vertragsaufhebung ist **nicht zugangsbedürftig**. Art 27 gilt für sie in vollem Umfang (Sekretariatskommentar Art 24 Bem 4; BIANCA/BONELL/DATE-BAH Art 26 Bem 3.3.1 f; ENDERLEIN/MASKOW/STROHBACH Art 64 Bem 3.1; HERBER/CZERWENKA Art 26 Rn 3; LOEWE, Kaufrecht 48; MünchKommHGB/BENICKE Art 26 Rn 7; zT **anders** LESER, in: SCHLECHTRIEM, Fachtagung 237 f). Die Erklärung reist also auf Risiko des Empfängers, sofern sie auf einem geeigneten Übermittlungsweg abgeschickt wurde (vgl die in vorigen N zitierten; **aA** – Zugang – aber wohl BIANCA/BONELL/KNAPP Art 64 Bem 2.6 f). Die **Unwiderruflichkeit** der Erklärung tritt jedoch **erst mit** ihrem **Zugang** ein (Art 15 Abs 2, 22 analog; ebenso BIANCA/BONELL/KNAPP Art 64 Bem 2.7; SCHLECHTRIEM/SCHWENZER/ HORNUNG Art 26 Rn 11; PILTZ, Internationales Kaufrecht § 5 Rn 273 u 386; für generelle Unwiderruflichkeit **dagegen** wohl REINHART Art 26 Rn 2; SOERGEL/LÜDERITZ/BUDZIKIEWICZ Art 26 Rn 4).

4. Wirksamkeit

9 Als rechtsgestaltende Erklärung, die das Vertragsverhältnis in ein Abwicklungsverhältnis umgestaltet (eingehend dazu LESER, in: SCHLECHTRIEM, Fachtagung 225 ff), ist die **Aufhebung bedingungsfeindlich** (BRUNNER Art 26 Rn 3; HERBER/CZERWENKA aaO; LESER, in: SCHLECHTRIEM, Fachtagung 233; PILTZ, REINHART, SOERGEL/LÜDERITZ, jeweils aaO). Mit der Fristsetzung nach Art 47 oder Art 63 kann sie aber verbunden werden (ACHILLES Art 26 Rn 2; SCHLECHTRIEM/SCHWENZER/MÜLLER-CHEN Art 49 Rn 23; HERBER/CZERWENKA Art 49 Rn 11; KAROLLUS 152; PILTZ aaO; zum EKG ebenso BGHZ 74, 193).

10 Wirksamkeit erlangt die Erklärung **mit** ihrer **Abgabe**. Das gilt uneingeschränkt, soweit es um die Wahrung von Fristen geht (vgl unten Rn 11 f). Soweit es um die Aufhebungswirkung geht, wird zT auf den Zugang abgestellt (so vor allem LESER, in: SCHLECHTRIEM, Fachtagung 237; auch BIANCA/BONELL/KNAPP Art 64 Bem 2.6 f; SCHLECHTRIEM/ SCHWENZER/HORNUNG Art 26 Rn 12; WITZ/SALGER/LORENZ Art 26 Rn 12 [Zeitpunkt des hypothetischen Zugangs bei ordnungsgemäßem Übermittlungsweg]). Doch ist diese Auffassung nur schlecht mit der in Teil III des CISG grundsätzlich geltenden Absendetheorie (vgl Art 27) und dem Wortlaut sowohl des Art 26 wie der Art 49, 63 zu vereinbaren, die übereinstimmend nur die Formulierung „die Aufhebung erklären" verwenden. Kommt es für die Wirksamkeit einer Erklärung auf ihren Zugang an, dann gebraucht die Konvention die Formulierung „die Anzeige erhalten hat" („has received notice", „a reçu une notification"; vgl Art 47 Abs 2, 63 Abs 2).

5. Frist

Die Aufhebungserklärung ist im Grundsatz **an keine Frist gebunden** (vgl zu Art 49: **11** ENDERLEIN/MASKOW/STROHBACH Art 49 Bem 2, 6; HERBER/CZERWENKA Art 49 Rn 14; zu Art 64: vCAEMMERER/SCHLECHTRIEM/HAGER Art 64 Rn 11; ENDERLEIN/MASKOW/STROHBACH Art 64 Bem 2.2; KAROLLUS 180; PILTZ, Internationales Kaufrecht § 5 Rn 390; MünchKommBGB/GRUBER Art 26 Rn 9; SCHWIMANN/POSCH Art 26 Rn 5; **aA** aber – angemessene Frist – SCHLECHTRIEM/ SCHWENZER/HORNUNG Art 26 Rn 14; LESER, in: SCHLECHTRIEM, Fachtagung 235 f). Es gilt lediglich die vom anwendbaren Recht bestimmte Verjährungsfrist.

Der Grundsatz trägt dem Umstand Rechnung, daß die andere Vertragspartei eine **12** wesentliche Vertragsverletzung begangen hat. Er wird aber dann **eingeschränkt, wenn die vertragsbrüchige Partei immerhin geliefert oder gezahlt hat**. Gemäß Art 49 Abs 2 und Art 64 Abs 2 läuft dann eine angemessene Erklärungsfrist (vgl auch OLG Hamburg IHR 2001, 19). Für die Einhaltung dieser Frist kommt es allein auf die Absendung der Erklärung an (ebenso SCHLECHTRIEM/SCHWENZER/HORNUNG Art 26 Rn 13; ENDERLEIN/MASKOW/STROHBACH Art 26 Bem 3.1).

Art 27 [Verzögerung oder Irrtum bei der Übermittlung]

Soweit in diesem Teil des Übereinkommens nicht ausdrücklich etwas anderes bestimmt wird, nimmt bei einer Anzeige, Aufforderung oder sonstigen Mitteilung, die eine Partei gemäß diesem Teil mit den nach den Umständen geeigneten Mitteln macht, eine Verzögerung oder ein Irrtum bei der Übermittlung der Mitteilung oder deren Nichteintreffen dieser Partei nicht das Recht, sich auf die Mitteilung zu berufen.

Art 27

Unless otherwise expressly provided in this Part of the Convention, if any notice, request or other communication is given or made by a party in accordance with this Part and by means appropriate in the circumstances, a delay or error in the transmission of the communication or its failure to arrive does not deprive that party of the right to rely on the communication.

Art 27

Sauf disposition contraire expresse de la présente partie de la Convention, si une notification, demande ou autre communication est faite par une partie au contrat conformément à la présente partie et par un moyen approprié aux circonstances, un retard ou une erreur dans la transmission de la communication ou le fait qu'elle n'est pas arrivée à destination ne prive pas cette partie au contrat du droit de s'en prévaloir.

Systematische Übersicht

Alphabetische Übersicht

I.   Regelungsgegenstand und Normzweck

1 Die Vorschrift sieht als generelle Regel für die nach Teil III des Übereinkommens

(Art 25–88) abgegebenen Erklärungen vor, **daß der Adressat der Erklärung das Risiko ihrer Verzögerung, ihres Verlustes oder eines Übermittlungsfehlers trägt.** Der Erklärende hat lediglich für die Übersendung auf einem geeigneten Weg zu sorgen.

Damit gilt – freilich nur soweit in der Konvention nicht ausdrücklich etwas anderes **2** bestimmt, von den Parteien vereinbart oder als Gepflogenheit oder Handelsbrauch vorrangig zu beachten ist – in diesem Teil der Konvention das **Absendeprinzip**, während für den Vertragsschlußteil (Art 14–24) grundsätzlich der Zugang der Erklärung maßgeblich ist (vgl Art 24 u die Erl dort).

Der rechtspolitische Grund des Art 27 wird darin gesehen, daß die erfaßten Erklä- **3** rungen, etwa die Aufhebungserklärung, durch Vertragsverletzungen der anderen Partei veranlaßt sind und deshalb auf deren Risiko reisen sollen (vgl SCHLECHTRIEM/ SCHWENZER/SCHLECHTRIEM Art 27 Rn 2 mit kritischer Stellungnahme; HONNOLD Rn 189 f).

II. Entstehungsgeschichte

Das Haager Recht ging unausgesprochen vom Zugangsprinzip aus und sah nur für **4** die Mängelrüge des Käufers die Absendung ausdrücklich als ausreichend an (Art 39 Abs 3 EKG). Ferner schrieb das Haager Recht vor, daß Mitteilungen „mit den nach den Umständen üblichen Mitteln" zu bewirken seien (Art 14 EKG, Art 12 Abs 2 EAG).

Art 27 CISG ist im wesentlichen eine generalisierte Fassung des Art 39 Abs 3 EKG, **5** die mit dem in Art 14 EKG, Art 12 Abs 2 EAG enthaltenen Gedanken verbunden wurde. Diese Lösung hatte sich während der UNCITRAL-Vorarbeiten durchgesetzt (UNCITRAL YB VI [1975] 53, 96; YB VIII [1977] 32 f, 132; IX [1978] 50). Die jetzige Fassung des Art 27 CISG geht auf Art 10 des Wiener Entwurfs von 1977 zurück.

Auf der diplomatischen Konferenz von 1980 hatte die Bundesrepublik eine Aus- **6** dehnung der Vorschrift auf die Gesamtkonvention beantragt, um für den jetzigen Art 19 Abs 2 CISG die Absendung der Erklärung genügen zu lassen (A/Conf 97/C1/ L65 Off Rec 100). Die DDR verlangte demgegenüber eine Beschränkung des Absendeprinzips auf die Mängelrüge (A/Conf97/C1/L123 Off Rec 100). Beide Anträge wurden mit deutlicher Mehrheit abgelehnt (Off Rec 100, 303 f; eingehend zur Entstehungsgeschichte STERN 144 ff).

III. Absendeprinzip

1. Grundsatz

Nach Art 27 genügt für die in Teil III des CISG vorgesehenen Anzeigen, Aufforde- **7** rungen oder Mitteilungen grundsätzlich, daß der Erklärende sie **ordnungsgemäß auf einem geeigneten Weg absendet.** Er kann sich auf eine solche Erklärung auch dann berufen, wenn die andere Partei sie überhaupt nicht oder nur verspätet oder verstümmelt erhalten hat. Welche der Parteien die Erklärung abzugeben hat, ist gleichgültig.

Die **Konvention schränkt den Grundsatz** jedoch in zahlreichen Vorschriften **wieder** **8**

ein (s u Rn 11). Seine rechtspolitische Berechtigung (dazu oben Rn 3) wird auch vielfach bezweifelt (vgl etwa SCHLECHTRIEM/SCHWENZER/SCHLECHTRIEM Art 27 Rn 2; ENDERLEIN/MASKOW/STROHBACH Art 27 Bem 1. 2; LOEWE, Kaufrecht 48 f). Es ist deshalb stets zu prüfen, ob der Grundsatz für die jeweils fragliche Erklärung gilt.

9 Die Vorschrift **bezieht sich ausschließlich auf Erklärungen**, nicht etwa auf Erfüllungsakte wie die Übersendung der Ware oder die Überweisung der Zahlung. Ferner ist Art 27 **dispositiv**. Die Parteien können – selbst in AGB – eine andere Regel für ihre Kommunikation oder einzelne Mitteilungen vertraglich vereinbaren (ACHILLES Art 27 Rn 1; MünchKommHGB/BENICKE Art 27 Rn 5, 7; WITZ/SALGER/LORENZ Art 27 Rn 14).

2. Absende- oder zugangsbedürftige Erklärungen in Teil III

10 **Lediglich absendebedürftig** sind die Rüge (Art 39 Abs 1, 43), alle Erklärungen, mit denen eine Partei ihre Ansprüche geltend macht (Aufhebung, Erfüllung, auch Ersatzlieferung oder Nachbesserung, Minderung, Schadensersatz, Zinsen nach Art 78, Rückgabe nach Art 81 Abs 2), ebenso Nachfristsetzungen (Art 47, 63), Anzeigen wie jene nach Art 32 Abs 1 oder Art 67 Abs 2 oder die Anzeige des Selbsthilfe- oder des Notverkaufs nach Art 88 Abs 1 oder 2 (vgl SCHLECHTRIEM/SCHWENZER/SCHLECHTRIEM Art 27 Rn 4; ENDERLEIN/MASKOW/STROHBACH Art 27 Bem 3; HERBER/CZERWENKA Art 27 Rn 4; SOERGEL/LÜDERITZ/BUDZIKIEWICZ Art 27 Rn 2). Soweit der Schuldner zur Information verpflichtet ist (etwa nach Art 32 Abs 3), hat er auch diese Pflicht mit der Absendung einer entsprechenden Mitteilung erfüllt (ebenso ENDERLEIN/MASKOW/STROHBACH Art 27 Bem 3; HERBER/CZERWENKA aaO; **aA** – Zugang – SCHLECHTRIEM/SCHWENZER/SCHLECHTRIEM Art 27 Rn 4). Die nach Art 32 Abs 3 notwendige Aufforderung zur Information muß dem Verkäufer allerdings zugegangen sein.

11 Für eine Reihe von Erklärungen verlangt Teil III der Konvention **ausdrücklich ihren Zugang**, gewöhnlich mit der Formulierung: „die Anzeige (etc) erhalten hat" (vgl Art 47 Abs 2, Art 48 Abs 4 iVm Abs 2 u 3, Art 63 Abs 2, Art 79 Abs 4). Auch Art 65 Abs 1 u 2 setzen den „Eingang" („receipt", „réception") der Spezifizierungsaufforderung und der Selbstspezifikation des Verkäufers und damit ihren Zugang voraus (Sekretariatskommentar Art 61 Bem 10 u N 3; Denkschrift 56; vCAEMMERER/SCHLECHTRIEM/HAGER Art 65 Rn 6; HERBER/CZERWENKA Art 65 Rn 5; LOEWE, Kaufrecht 84; NOUSSIAS 127 f). Für die Spezifikationserklärung des Käufers gilt dagegen das Absendeprinzip (ENDERLEIN/MASKOW/STROHBACH Art 65 Bem 4; HERBER/CZERWENKA Art 27 Rn 4; LOEWE, Kaufrecht 84; wohl auch SCHWIMANN/POSCH Art 27 Rn 9; **aA** aber HERBER/CZERWENKA Art 65 Rn 6; NOUSSIAS 129; STERN 158 f). Doch kann sich der Käufer auf seine Erklärung gem Art 7 Abs 1 nicht mehr berufen, wenn der Verkäufer von einer verbindlich gewordenen Spezifizierung ausgehen durfte und im Vertrauen hierauf bereits Vorbereitungen ins Werk gesetzt hat (vgl näher Art 65 Rn 10).

12 Das **Absendeprinzip gilt im Zweifel** auch für Mitteilungspflichten, die die Parteien zusätzlich vereinbart haben (OGH JBl 1999, 252; SCHLECHTRIEM/SCHWENZER/SCHLECHTRIEM Art 27 Rn 4; ENDERLEIN/MASKOW/STROHBACH Art 7 Bem 4; HERBER/CZERWENKA Art 27 Rn 6).

13 Ob auch **mündliche Erklärungen** Art 27 unterliegen, ist umstritten (dafür HERBER/CZERWENKA Art 27 Rn 5; dagegen SCHLECHTRIEM/SCHWENZER/SCHLECHTRIEM Art 27 Rn 5; KAROLLUS 100; wohl auch Schweizer Botschaft 783). Praktisch hat die Frage nur geringe

Bedeutung, da Verzögerung und Verlust der Erklärung bei unmittelbarer mündlicher Kommunikation nicht in Betracht kommen. Das Risiko inhaltlicher Verstümmelung durch schlechte Verbindung sollte allerdings der Erklärende tragen (so auch mit ausführlicher Begründung SCHLECHTRIEM/SCHWENZER/SCHLECHTRIEM aaO; ders, UN-Kaufrecht 50 f).

Wählt der Erklärende eine **Sprache, die der Empfänger nicht versteht**, dann liegt **14** darin kein eigentliches Problem des Art 27 (ebenso SCHLECHTRIEM/SCHWENZER/ SCHLECHTRIEM Art 27 Rn 8; HERBER/CZERWENKA Art 27 Rn 5; zweifelnd BIANCA/BONELL/DATE-BAH Art 27 Bem 3. 1). Vielmehr ist die Wirksamkeit der Erklärung berührt (SCHLECHTRIEM/SCHWENZER/SCHLECHTRIEM aaO; PILTZ, Internationales Kaufrecht § 3 Rn 16). Bei schriftlicher Kommunikation hat eine für den Empfänger **fremdsprachliche Erklärung nur Wirkung, wenn diese Sprache** als Vertragssprache **vereinbart oder** zwischen den Parteien bereits **üblich** war (OLG Hamm IPRax 1996, 197 m Aufs SCHLECHTRIEM ibid 184; AG Kehl 6. 10. 1995, UNILEX). Bei mündlicher Kommunikation ist eine Mitteilung in einer Sprache, die der Empfänger nicht versteht, ohne Wirkung (OGH ZfRV 1998, 249; ähnlich SCHLECHTRIEM/SCHWENZER/SCHLECHTRIEM aaO; ENDERLEIN/MASKOW/STROHBACH Art 8 Bem 3. 2; HERBER/CZERWENKA Art 8 Rn 8; PILTZ, Internationales Kaufrecht § 3 Rn 16, 18; vgl näher Art 8 Rn 28 ff).

Für Erklärungen nach Teil II der Konvention oder im Rahmen vertraglicher Änderungs- oder Aufhebungsvereinbarungen gilt das Zugangsprinzip als Grundsatz. **15**

IV.   Entlastung des Erklärenden von Übermittlungsrisiken

1.   Ordnungsgemäße Erklärung

Art 27 setzt implizit voraus, daß der Erklärende seine **Mitteilung ordnungsgemäß 16 abgegeben** hat. So muß der Käufer etwa die Mängelrüge nach Art 39 Abs 1 inhaltlich hinreichend substantiiert abgefaßt und innerhalb der vorgesehenen Frist abgeschickt haben, wenn er sich auf die Wirkung des Art 27 berufen will (BIANCA/BONELL/ DATE-BAH Art 27 Bem 2. 3; HERBER/CZERWENKA Art 27 Rn 7).

2.   Geeignete Mittel

Art 27 setzt weiter voraus, daß Erklärungen „mit den nach den Umständen geeig- **17** neten Mitteln" erfolgen. Der Erklärende muß nicht stets, wie noch in Art 14 EKG und Art 12 Abs 2 EAG vorgesehen, das übliche, sondern kann ein geeignetes Kommunikationsmittel nehmen, soweit mehrere zur Wahl stehen. **Geeignet** ist ein Mittel, **wenn ein verständiger Absender davon ausgehen kann, daß seine Botschaft den Adressaten auf diesem Weg mit der nach den Fallumständen gebotenen Schnelligkeit und Sicherheit voraussichtlich erreichen wird** (ähnlich SCHLECHTRIEM/SCHWENZER/ SCHLECHTRIEM Art 27 Rn 7; ENDERLEIN/MASKOW/STROHBACH Art 27 Bem 5). Hat sich aber ein Weg (zB Postzustellung) in der Vergangenheit als unzuverlässig erwiesen oder weiß der Absender, daß etwa ein längerer Poststreik herrscht etc, dann ist eine Übermittlung auf diesem Weg ungeeignet (BIANCA/BONELL/DATE-BAH Art 27 Bem 2. 4; ENDERLEIN/MASKOW/STROHBACH Art 27 Bem 5). Das Risiko der rechtzeitigen und ordnungsgemäßen Übermittlung trägt dann der Absender (KAROLLUS 100). Grundsätzlich wird es genügen, wenn der Absender denselben Kommunikationsweg wählt, den die Gegenseite benützt hat oder der zwischen den Parteien üblich war. Je nach den Umständen, etwa bei knappen Fristen hat der Erklärende auch einen besonders schnellen Kommunikationsweg, bei großer Übermittlungsunsicherheit mehrere Übermittlungswege zugleich zu wählen (Sekretariatskommentar Art 25 Bem 3; SCHLECHT-RIEM/SCHWENZER/SCHLECHTRIEM, ENDERLEIN/MASKOW/STROHBACH, jeweils aaO; HERBER/CZER-WENKA Art 27 Rn 7; SOERGEL/LÜDERITZ/BUDZIKIEWICZ Art 27 Rn 5). Unzumutbare Kosten (zB Einschaltung eines persönlichen Boten) muß der Erklärende aber nicht auf sich nehmen (ebenso SCHLECHTRIEM/SCHWENZER/SCHLECHTRIEM Art 27 Rn 7; HONSELL/KAROLLUS Art 27 Rn 8).

Verwendet der Erklärende den Weg der **elektronischen Benachrichtigung per E-mail** über das Internet, so wird das heute wohl generell als ein geeigneter Übermittlungsweg anzusehen sein, sofern der Empfänger über das Internet erreichbar ist (wohl ebenso FERRARI EurLF 2000/01, 307 und GABRIEL, in: Draft Digest 341 f). Das Risiko verstümmelter Übermittlung trägt der Empfänger aber nur, wenn der Absender ein allgemein übliches und lesbares Programm verwendet hat. Probleme bei E-mail-Nachrichten können ferner auftreten, wenn die Öffnung der Nachricht (eines Attachments) ein **Virenrisiko** mit sich bringt. Kann der Absender Virenfreiheit nicht sichern, dann dürfte der Empfänger zur Öffnung nicht verpflichtet und der Kommunikationsweg insoweit dann ungeeignet sein.

18 Schaltet der Erklärende eigene Leute als Boten ein, so muß er sich Übermittlungsfehler, die auf dem Verhalten dieser Leute beruhen, allerdings zurechnen lassen. Die Einstandspflicht für die eigenen Leute will Art 27 dem Erklärenden nicht abnehmen.

19 Die Übermittlung geschieht ferner nur dann mit geeigneten Mitteln, wenn die **Erklärung an den richtigen Adressaten und seine zutreffende Adresse** abgeschickt wurde. Eine Erklärung, die von vornherein an den falschen Empfänger gerichtet ist, vermag die Rechtsfolge des Art 27 nicht auszulösen. Hat sich der Adressat in der Vergangenheit durch eine bestimmte Empfangsperson tatsächlich vertreten lassen, so genügt es, daß die Erklärung an sie adressiert war (so zum EKG: OLG Hamm, in: SCHLECHTRIEM/MAGNUS Art 26 Nr 3).

V.   Rechtsfolgen

20 Art 27 schützt den Absender einer Erklärung vor den typischen Übermittlungsrisiken. Er kann sich darauf berufen, daß er seine Erklärung mit ihrem ursprünglichen Inhalt ordnungsgemäß und rechtzeitig abgeschickt hat, auch wenn sie den Adressaten verspätet, entstellt oder überhaupt nicht erreicht hat. Rechtzeitig und auf geeignetem Weg abgesandte Erklärungen haben damit trotz verspäteter oder ausgebliebener Ankunft **fristwahrende Wirkung**. Rechtzeitigkeit bedeutet für die Erklärungen nach Teil III des CISG in der Regel, daß die Erklärung so zeitig auf den Weg gebracht werden muß, daß sie den Adressaten bis zum Fristende erreichen kann (ebenso BRUNNER Art 27 Rn 2; SCHLECHTRIEM/SCHWENZER/SCHLECHTRIEM Art 27 Rn 11; HERBER/CZERWENKA Art 27 Rn 7; HONSELL/KAROLLUS Art 27 Rn 14).

21 Bis zu ihrem Zugang kann der Erklärende diejenigen Erklärungen, für die das Absendeprinzip gilt (vgl oben Rn 10, 12), **zurücknehmen** (Art 15 Abs 2, 22 analog;

vCAEMMERER/SCHLECHTRIEM/LESER Art 26 Rn 12; ebenso KAROLLUS 101; STERN 162, wohl auch
BAMBERGER/ROTH/SAENGER Art 27 Rn 10).

Ob die **Wirkung** der von Art 27 erfaßten Erklärung **mit Absendung oder mit Zugang** 22
eintritt, ist stark umstritten. Eine verbreitete Ansicht geht von einem Wirksamwerden mit der Absendung aus (Sekretariatskommentar Art 25 Bem 4; BIANCA/BONELL/WILL
Art 49 Bem 2.1.1 [für die Vertragsaufhebung]; MünchKommHGB/BENICKE Art 27 Rn 13; NOUS-
SIAS 164 f; SCHLECHTRIEM JZ 1988, 1043 f). Nach **aA** kommt es in Fällen des Art 27, in
denen der ordnungsgemäße Zugang gerade fehlt, auf denjenigen Zeitpunkt an, in
dem die Erklärung bei ungestörter Übermittlung zugegangen wäre (so ACHILLES
Art 27 Rn 5; vCAEMMERER/SCHLECHTRIEM/LESER Art 26 Rn 11; KAROLLUS 100 f). Statt auf
den hypothetischen Zugang wird auch auf den tatsächlichen Zugang abgestellt (so
etwa STERN 162).

Letztere Ansicht – tatsächlicher Zugang entscheidet – läßt sich mit Art 27 nicht 23
vereinbaren. Denn bei Verlust der Erklärung (etwa der Aufhebungserklärung)
könnte diese niemals wirksam werden und der Erklärende sich auf sie folglich nicht
berufen. Die Berufung auf eine nie zugegangene Erklärung gestattet Art 27 aber
gerade.

Auf den hypothetischen Zugang abzustellen, ist mit größeren Unsicherheiten und 24
Feststellungsschwierigkeiten verbunden als die Ermittlung des Absendezeitpunkts.
Es ist deshalb die Auffassung vorzuziehen, die die **Wirksamkeit mit Absendung**
eintreten läßt.

Ist die Erklärung durch einen **Irrtum bei der Übermittlung** entstellt worden, dann 25
kann sich der Erklärende auf den Inhalt seiner ursprünglichen Erklärung berufen;
er muß es aber nicht. Nationales Anfechtungsrecht wird insoweit verdrängt
(SCHLECHTRIEM/SCHWENZER/SCHLECHTRIEM Art 27 Rn 12; ENDERLEIN/MASKOW/STROHBACH
Art 27 Bem 6; HERBER/CZERWENKA Art 27 Rn 8). Der Adressat kann einen derartigen,
ihm etwa ungünstigen Übermittlungsfehler dagegen nicht geltend machen.

VI. Beweisfragen

Für die – rechtzeitige und ordnungsgemäße – Absendung und den Inhalt der ur- 26
sprünglichen Erklärung ist der Erklärende beweispflichtig (ebenso OGH ZfRV 1998,
249; BAUMGÄRTEL/LAUMEN/HEPTING Art 27 Rn 2; SCHLECHTRIEM/SCHWENZER/SCHLECHTRIEM
Art 27 Rn 9; SOERGEL/LÜDERITZ Art 27 Rn 10). Daß die Erklärung dem Adressaten zugegangen ist, braucht er gerade nicht zu beweisen (OLG Naumburg TranspR-IHR 2000, 22).

Art 28 [Verurteilung zur Erfüllung]

**Ist eine Partei nach diesem Übereinkommen berechtigt, von der anderen Partei die
Erfüllung einer Verpflichtung zu verlangen, so braucht ein Gericht eine Entscheidung auf Erfüllung in Natur nur zu fällen, wenn es dies auch nach seinem eigenen
Recht bei gleichartigen Kaufverträgen täte, die nicht unter dieses Übereinkommen
fallen.**

Art 28

If, in accordance with the provisions of this Convention, one party is entitled to require performance of any obligation by the other party, a court is not bound to enter a judgement for specific performance unless the court would do so under its own law in respect of similar contracts of sale not governed by this Convention.

Art 28

Si, conformément aux dispositions de la présente Convention, une partie a le droit d'exiger de l'autre l'exécution d'une obligation, un tribunal n'est tenu d'ordonner l'exécution en nature que s'il le ferait en vertu de son propre droit pour des contrats de vente semblables non régis par la présente Convention.

Schrifttum

ERAUW/FLECHTNER, Remedies under the CISG and Limits to their Uniform Character, in: ŠARČEVIĆ/VOLKEN (Hrsg), The International Sale of Goods Revisited (2001) 35
KASTELY, The Right to Require Performance in International Sales: Towards an International Interpretation of the Vienna Convention, WashLRev 63 (1988) 607
NEUFANG, Erfüllungszwang als „remedy" bei Nichterfüllung (1998)
POSCH, Pflichten des Käufers, Rechtsbehelfe des Verkäufers, Gefahrenübergang und Schadenersatz, in: DORALT 153

POSCH/KANDUT, Die allgemeinen Bestimmungen über den Warenkauf: Art 25–29, in: HOYER/POSCH 59
SCHLECHTRIEM, Die Pflichten des Verkäufers und die Folgen ihrer Verletzung, insbesondere bezüglich der Beschaffenheit der Ware, in: Berner Tage 103
WALT, For Specific Performance under the United Nations Sales Convention, Tex Int LJ 26 (1991) 211
ZIEGEL, The Remedial Provisions in the Vienna Sales Convention: Some Common Law Perspectives, in: GALSTON/SMIT 9–1.

Systematische Übersicht

Alphabetische Übersicht

I.   Regelungsgegenstand und Normzweck

Die Vorschrift trägt dem Umstand Rechnung, daß die Common-Law-Länder im 1
Grundsatz nur eine Verurteilung zu Geldleistungen und, außer in Ausnahmefällen,
keine Verurteilung zur Leistung in Natur (specific performance) kennen. Die konti-
nentaleuropäischen Rechtsordnungen und die von ihnen beeinflußten Rechte lassen
demgegenüber die Möglichkeit der Erfüllungsklage in der Regel ohne weiteres zu.
Art 28 stellt einen Kompromiß zwischen beiden Auffassungen her. Die Vorschrift
erläßt es den Gerichten der Vertragsstaaten, auf Erfüllung in Natur zu verurteilen,
wenn das zwar die Konvention (in Art 46, 62) vorsieht, das eigene Recht des
Gerichts dies in gleichartigen, nicht dem CISG unterliegenden Fällen aber nicht
gestattet. Im Ergebnis kann damit die prozessuale Durchsetzung der von der Konvention gewährten Erfüllungsansprüche in diesen Ländern nicht erzwungen werden.
Dem Gläubiger verbleiben nur die auf Geld gerichteten Ansprüche.

Praktisch hat die Bestimmung bisher **wenig Bedeutung**, da der Gläubiger an der 2
gerichtlichen Erzwingung der Erfüllung bei internationalen Geschäften selten Interesse hat (s aus der Rspr lediglich Magellan International Corp v Salzgitter Handel GmbH, 76 F
Supp 2d 919 [ND Ill, 1999]). Zur Vorgängervorschrift im EKG ist keinerlei Rechtsprechung bekannt geworden (die Sammlung von SCHLECHTRIEM/MAGNUS zum EKG verzeichnet
zu Art 16 EKG keine Entscheidung).

II.   Entstehungsgeschichte

Die Bestimmung war bereits im Entwurf von 1935 (Art 23 Abs 1) enthalten, für den 3
RABEL sie damit begründete, daß „eine für das anglo-amerikanische und die sonstigen Rechte zugleich annehmbare Lösung unauffindbar (sei)... Diese entgegen-
gesetzten Grundauffassungen lassen sich nicht ausrotten und nicht verschmelzen.
Um die englische und amerikanische Zustimmung zu erreichen, muß man die Klage
auf Erfüllung beschränken, sooft vor englischen oder amerikanischen Gerichten
geklagt wird, gleichviel wer die Prozeßparteien sein mögen" (RabelsZ 9 [1935] 69).

Das Haager Recht sah eine entsprechende Regel in Art VIII der Einführungskon- 4
vention zum EKG sowie in Art 16 EKG vor, der allerdings auch die Vollstreckung
ausdrücklich einbezog („enter or enforce a judgement"). Der Genfer Entwurf
(Art 12) strich den Hinweis auf die Vollstreckung und übernahm im übrigen die
Haager Formulierung weitgehend wörtlich.

In Wien wurde der Wortlaut nur noch geringfügig geändert. Die Formulierung 5

„could do so under its own law" wurde durch „would do ..." ersetzt, da es nicht nur auf die abstrakte Möglichkeit ankommen sollte, die Erfüllungsklage zu verweigern (Off Rec 100, 304 f).

III. Grundsatz

6 Art 28 erlaubt es generell den Gerichten der Vertragsstaaten, dort von der Verurteilung zur Erfüllung in Natur abzusehen, wo sie diese auch sonst nach internem Recht nicht aussprechen würden. Obwohl Schiedsgerichte nicht genannt werden, dürfte Art 28 auch für sie gelten (SCHLECHTRIEM/SCHWENZER/MÜLLER-CHEN Art 28 Rn 8; HONSELL/KAROLLUS Art 28 Rn 8). Der Wortlaut der Vorschrift läßt zwei ganz unterschiedliche Auslegungen zu. Zum einen kann Art 28 so verstanden werden, daß Gerichte nicht zur Naturalerfüllung zu verurteilen brauchen, wenn im gleichliegenden Fall nach internem materiellen Recht kein Erfüllungsanspruch bestünde. Entscheidend ist dann also, ob das interne Recht materiell Erfüllung gewährt. Man kann diese Auffassung als **materiellrechtliche Auslegung** bezeichnen (ihr folgt insbes SCHLECHTRIEM/HUBER[3] Art 28 Rn 17; anders jetzt SCHLECHTRIEM/SCHWENZER/MÜLLER-CHEN Art 28 Rn 10 f [Art 28 sei eine Vorbehaltsklausel, die eingreife, wenn das nationale Recht keinen Erfüllungszwang vorsehe; damit ist jedoch nur das Problem beschrieben]).

7 Zum andern läßt sich Art 28 so interpretieren, daß die Gerichte nur dann die Naturalerfüllung versagen können, wenn sie allein nach ihrem internen Prozeßrecht in gleichartigen Fällen keine Erfüllung in Natur zulassen würden – gleichgültig, ob nach ihrem materiellen Recht ein Erfüllungsanspruch gegeben wäre oder nicht (**prozessuale Auffassung**; vgl insbes KAROLLUS 140).

8 **Ganz überwiegend werden beide Ansichten** in der Weise **gekoppelt**, daß es zunächst auf die prozessuale Durchsetzbarkeit ankommt, dann aber – in unterschiedlich definierten Ausnahmefällen – das nationale materielle Recht durchschlägt (vgl BIANCA/BONELL/LANDO Art 28 Bem 2.2; ENDERLEIN/MASKOW/STROHBACH Art 28 Bem 1; ERAUW/ FLECHTNER, in: ŠARČEVIĆ/VOLKEN [2001] 54 f; HERBER/CZERWENKA Art 28 Rn 5; HONNOLD Rn 199; LOEWE, Kaufrecht 49 f; PILTZ, Internationales Kaufrecht § 2 Rn 144; POSCH/KANDUT, in: HOYER/POSCH 72; SCHLECHTRIEM, in: Berner Tage 105 [mit Hinweis auf die Gefahren dieser Lösung]; zweifelnd SOERGEL/LÜDERITZ/BUDZIKIEWICZ Art 28 Rn 2). Art 28 wird hier insbes herangezogen, **um eine Verurteilung zu einer objektiv unmöglichen Leistung ablehnen zu können** (so BIANCA/BONELL/LANDO, ENDERLEIN/MASKOW/STROHBACH, HERBER/CZERWENKA, LOEWE, SCHLECHTRIEM, SOERGEL/LÜDERITZ/BUDZIKIEWICZ, alle aaO).

9 Doch auch andere materiellrechtliche Instrumente des nationalen Rechts, die dem Erfüllungsbegehren den Boden entziehen, werden in Betracht gezogen: etwa der **Einwand des Rechtsmißbrauchs** oder der **Wegfall der Geschäftsgrundlage** (vgl dazu SCHLECHTRIEM, in: Berner Tage 105).

10 Für eine Lösung ist an den Ausgangspunkt der Regelung zu erinnern. Sie sollte allein der **eingeschränkten Erzwingbarkeit von Erfüllungsansprüchen in den Common-Law-Ländern** Rechnung tragen (vgl RABELS oben Rn 3 wiedergegebene Begründung; ferner die Diskussion in Wien, in der Einigkeit bestand, die Vorschrift sei „a compromise to prevent common law courts from being compelled to do something which they could not normally do under their law", so WAGNER [DDR] Off Rec 305, übereinstimmend DATE-BAH [Ghana] und FELTHAM

[Großbritannien] aaO). Auch wenn der Wortlaut diese Beschränkung nicht mehr deutlich erkennen läßt, ist sie der Auslegung zugrunde zu legen. Art 28 ist nach seinem Zweck und seiner Entstehungsgeschichte keine Vorschrift, die die materiellen Ansprüche abändert, die aus der Konvention folgen. Noch ist die Vorschrift dazu geschaffen worden, um materiellrechtliche Institute des nationalen Rechts wie Rechtsmißbrauch oder Geschäftsgrundlage zur Geltung zu bringen. **Der Zweck der Bestimmung liegt allein auf prozessualem Gebiet:** Gerichte, die zur Erfüllung in Natur nicht verurteilen, sollen dazu nicht gezwungen werden, sondern das in ihrem Prozeßrecht zulässige Äquivalent – in der Regel Schadensersatz – einsetzen können (ähnlich HONSELL/KAROLLUS Art 28 Rn 15; MünchKommBGB/GRUBER Art 28 Rn 10; SCHWIMANN/POSCH Art 28 Rn 5).

Damit scheidet es nach der hier vertretenen Ansicht aus, über Art 28 aus dem **11** nationalen Recht folgende materiellrechtliche Beschränkungen des Erfüllungsanspruchs zu berücksichtigen (ebenso MünchKommHGB/BENICKE Art 28 Rn 10; wohl auch SCHLECHTRIEM/SCHWENZER/MÜLLER-CHEN Art 28 Rn 11; **aA** aber insbes SCHLECHTRIEM/HUBER[3] Art 28 Rn 22 ff sowie, jedoch warnend, SCHLECHTRIEM, in: Berner Tage 105).

Ist die **Leistung objektiv unmöglich,** dann erlischt auch nach der Konvention ein **12** Erfüllungsanspruch (KAROLLUS 141; SCHLECHTRIEM/SCHWENZER/MÜLLER-CHEN Art 28 Rn 15; vgl näher Art 46 Rn 26 ff; Art 79 Rn 57 ff). Damit entfällt für diesen Fall die Anwendung des Art 28, der voraussetzt, daß ein Erfüllungsanspruch nach der Konvention besteht (jetzt wohl anders SCHLECHTRIEM Rn 118, der bei Unmöglichkeit der Leistung vor deutschen Gerichten die Berufung auf § 275 BGB zulassen will).

Der Wortlaut des Art 28 zeigt deutlich, daß die entscheidenden **Gerichte nicht** **13** **gezwungen** sein sollen, die **Naturalerfüllung zu versagen.** Einen Ermessensspielraum, den das Gericht nach seinem Prozeßrecht hat, schränkt die Konvention also nicht ein (vgl auch BIANCA/BONELL/LANDO Art 28 Bem 2. 1; ENDERLEIN/MASKOW/STROHBACH Art 28 Bem 3; HONNOLD Rn 195; KASTELY WashLRev 63 [1988] 639 f; SCHLECHTRIEM/HUBER[3] Art 28 Rn 22; s auch Magellan International Corp v Salzgitter Handel GmbH, 76 F Supp 2d 919 [N.D. Ill., 1999]: in diesem Fall hatte das US-Gericht entschieden, daß der UCC im konkreten Fall ebenfalls einen Anspruch auf „specific performance" gewähre und die Lösung damit nicht vom CISG abweiche).

IV.   Erfaßte Ansprüche

Art 28 gilt, wenn eine der Parteien einen **Erfüllungsanspruch nach den Vorschriften** **14** **der Konvention** hat. Erfaßt sind einmal die primären Leistungsansprüche des Käufers auf Lieferung einschließlich der Eigentumsverschaffung und Dokumentenübergabe (Art 46 Abs 1) sowie auf Ersatzlieferung oder Nachbesserung (Art 46 Abs 2 u 3; Sekretariatskommentar Art 26 Bem 2; ACHILLES Art 28 Rn 2; ENDERLEIN/MASKOW/STROHBACH Art 28 Bem 2. 1; HERBER/CZERWENKA Art 28 Rn 3; MünchKommHGB/BENICKE Art 28 Rn 5; SCHLECHTRIEM/SCHWENZER/MÜLLER-CHEN Art 28 Rn 6; **abw** SCHLECHTRIEM, Uniform Sales Law 63 für die Nachbesserung). Art 28 gilt ebenso für die Erfüllungsansprüche des Verkäufers auf Zahlung und Abnahme sowie die erforderlichen Mitwirkungshandlungen des Käufers (Art 62; vgl Sekretariatskommentar aaO; AUDIT 123; ENDERLEIN/MASKOW/STROHBACH Art 68 Bem 2. 1; HONNOLD Rn 192; SCHLECHTRIEM/SCHWENZER/MÜLLER-CHEN Art 28 Rn 6; WITZ/SALGER/LORENZ Art 28 Rn 10; ZIEGEL, in: GALSTON/SMIT 9–31).

15 Nach **aA** betrifft Art 28 dagegen nicht den Zahlungsanspruch, da dieser nicht auf Naturalleistung, sondern bereits auf Geldzahlung lautet (so HERBER/CZERWENKA Art 28 Rn 3; POSCH, in: DORALT 160; REINHART Art 28 Rn 4; SOERGEL/LÜDERITZ/BUDZIKIEWICZ Art 28 Rn 3). Im Ergebnis spielt der Meinungsunterschied keine Rolle; Naturalerfüllung ist bei der Zahlung nur gelegentlich im Hinblick auf die Währung von Interesse, wenn das entscheidende Gericht – wie früher die englischen Gerichte – nicht zur Zahlung in fremder Währung verurteilen darf. Dann dürfte Zahlung jedenfalls in zulässiger Währung zugesprochen werden (vgl für England jetzt Miliangos v George Frank [Textiles] Ltd [1976] AC 443; ferner HERBER/CZERWENKA, SOERGEL/LÜDERITZ/BUDZIKIEWICZ aaO).

16 Ferner bezieht sich Art 28 auch auf die **Erfüllung vereinbarter Zusatzpflichten** (SCHLECHTRIEM/SCHWENZER/MÜLLER-CHEN Art 28 Rn 6).

17 **Für Schadensersatzansprüche** gilt Art 28 dagegen **nicht** (so zutreffend SCHLECHTRIEM/SCHWENZER/MÜLLER-CHEN Art 28 Rn 6).

18 Bei der Anwendung des Art 28 ist zu beachten, daß sich **Einschränkungen der Erfüllungsansprüche** bereits **aus der Konvention selbst** ergeben können: etwa aus der Pflicht zum Notverkauf (Art 88 Abs 2), die den Anspruch auf Abnahme entfallen läßt, oder aus der Pflicht zum Deckungsgeschäft, die sich uU aus Art 77 ergeben kann (ebenso BIANCA/BONELL/LANDO Art 28 Bem 2.3; ENDERLEIN/MASKOW/STROHBACH Art 28 Bem 2.2). Die konventionsimmanenten Schranken möglicher Erfüllungsansprüche sind, wie selbstverständlich ist, von den Gerichten aller Vertragsstaaten zu berücksichtigen.

19 Nicht unter Art 28 fällt die Frage, ob vertraglichen Erfüllungsansprüchen außenwirtschafts-, währungs- oder devienrechtliche Gründe entgegenstehen. Die Vorschrift meint nicht solche Beschränkungen (Eingriffsnormen), die aus staatspolitischen Gründen die Durchsetzung vertraglicher Ansprüche hindern (BRUNNER Art 28 Rn 3; HONSELL/KAROLLUS Art 28 Rn 26; SCHLECHTRIEM/SCHWENZER/MÜLLER-CHEN Art 28 Rn 7; STAUDINGER/EBKE [2002] Anh zu Art 34 EGBGB Rn 10). Sie sind vielmehr selbständig nach dem für sie geltenden Recht, etwa nach Art VIII Abschn 2 (b) S 1 Bretton Woods Übk zu beurteilen.

V. Abdingbarkeit

20 Art 28 gehört zu jenen Vorschriften der Konvention, die **nicht der Parteidisposition unterliegen**, obwohl Art 6 ihn nicht ausdrücklich nennt (ebenso HERBER/CZERWENKA Art 28 Rn 4; PILTZ, Internationales Kaufrecht § 2 Rn 144; SCHLECHTRIEM/SCHWENZER/MÜLLER-CHEN Art 28 Rn 24; **aA** aber BIANCA/BONELL/LANDO Art 28 Bem 3.1; REINHART Art 28 Rn 3 hält eine Parteivereinbarung für unwirksam, doch könne sie Gerichte bewegen, Erfüllung entgegen dem nationalen Recht zuzusprechen). Denn über das interne Prozeßrecht der Vertragsstaaten können die Parteien nicht verfügen.

Art 29 [Vertragsänderung oder -aufhebung]

(1) Ein Vertrag kann durch bloße Vereinbarung der Parteien geändert oder aufgehoben werden.

(2) Enthält ein schriftlicher Vertrag eine Bestimmung, wonach jede Änderung oder Aufhebung durch Vereinbarung schriftlich zu erfolgen hat, so darf er nicht auf andere Weise geändert oder aufgehoben werden. Eine Partei kann jedoch aufgrund ihres Verhaltens davon ausgeschlossen sein, sich auf eine solche Bestimmung zu berufen, soweit die andere Partei sich auf dieses Verhalten verlassen hat.

Art 29
(1) A contract may be modified or terminated by the mere agreement of the parties.
(2) A contract in writing which contains a provision requiring any modification or termination by agreement to be in writing may not be otherwise modified or terminated by agreement. However, a party may be precluded by his conduct from asserting such a provision to the extent that the other party has relied on that conduct.

Art 29
1) Un contrat peut être modifié ou résilié par accord amiable entre les parties.
2) Un contrat écrit qui contient une disposition stipulant que toute modification ou résiliation amiable doit être faite par écrit ne peut être modifié ou résilié à l'amiable sous une autre forme. Toutefois, le comportement de l'une des parties peut l'empécher d'invoquer une telle disposition si l'autre partie s'est fondée sur ce comportement.

Schrifttum

FERRARI, Form und UN-Kaufrecht, IHR 2004, 1
FROMHOLZER, Consideration (1997)
GELDSETZER, Einvernehmliche Änderung und Aufhebung von Verträgen. Eine rechtsvergleichende Darstellung des deutschen, des amerikanischen Rechts und des Einheitskaufrechts, Arbeiten zur Rechtsvergleichung Bd 159 (1993)

HILLMAN, Article 29 (2) of the United Nations Convention on Contracts for the International Sale of Goods: A New Effort at Clarifying the Legal Effect of „No Oral Modification" Clauses, CornellIntLJ 21 (1988) 449.

Systematische Übersicht

Alphabetische Übersicht

I. Regelungsgegenstand und Normzweck

1 Die Vorschrift betrifft die **Änderung und Aufhebung von Verträgen**. Für beide genügt der Konsens der Parteien. Art 29 Abs 1 erstreckt den Grundsatz der Formfreiheit, den Art 11 für den Vertragsschluß und die mit ihm verbundenen Erklärungen vorsieht, ausdrücklich auf Vertragsänderungen und die einverständliche Vertragsaufhebung.

2 Haben die Parteien jedoch **Formzwang vereinbart**, dann gilt er nach Art 29 Abs 2 auch für die Änderung und Aufhebung dieses Vertrages, es sei denn, eine Partei beruft sich treuwidrig auf den Formzwang (Abs 2 S 2).

3 Art 29 gilt nicht, soweit Art 12 iVm Art 96 eingreift (vgl die Erl zu diesen Vorschriften).

II. Entstehungsgeschichte

4 Das Haager Kaufrecht enthielt keine vergleichbare Vorschrift. Als Modell dienten Art 1, 30 der UNCITRAL-Schiedsregeln.

5 Die jetzige Fassung entstammt weitgehend Art 18 E Abschluß Ü von 1977, der als Art 27 in den New Yorker Entwurf von 1978 einging (vgl UNCITRAL YB IX [1978] 16, 45, 85, 119 f, 137, 142 f, 146).

6 Auf der Wiener Konferenz gab es Vorstöße, die Vorschrift in Teil II der Konvention einzustellen, sowie ihre Geltung bei Formzwang aufgrund von AGB einzuschränken (vgl Off Rec 101). Beide Vorschläge fanden keine Mehrheit (Off Rec 305 f). Die systematische Stellung blieb mit dem Argument erhalten, daß die consideration-Lehre des Common Law für die gesamte Konvention beseitigt werden sollte. Für Einschränkungen eines durch AGB geschaffenen Formzwanges sah man im internationalen Handelsverkehr keine Notwendigkeit.

III.   Einverständliche Vertragsänderung und -aufhebung (Abs 1)

1.   Grundsatz

Nach Art 29 Abs 1 genügt für die Änderung oder Aufhebung eines Vertrages der **7** Konsens der Parteien. Diese für kontinentale Juristen selbstverständliche **Regel war erforderlich, um im Anwendungsbereich der Konvention die consideration-Lehre des Common Law auszuschließen** (Sekretariatskommentar Art 27 Bem 2; Denkschrift 46; Schweizer Botschaft 785; BIANCA/BONELL/DATE-BAH Art 29 Bem 1.3, 2.1; ENDERLEIN/MASKOW/STROHBACH Art 29 Bem 1.1; GELDSETZER 112; HERBER/CZERWENKA Art 29 Rn 2; HONNOLD Rn 201 ff). Nach dieser Lehre ist ein Vertrag nur dann gerichtlich durchsetzbar, wenn dem Leistungsversprechen der einen Seite eine irgendwie geartete, nicht notwendig gleichwertige Gegenleistung der anderen Seite gegenübersteht oder wenn das Leistungsversprechen in besonderer Form (als „deed") abgegeben wird (vgl CHITTY on Contracts I Rn 151 ff; eingehend auch FROMHOLZER). Ohne Art 29 wäre die consideration-Lehre als Gültigkeitsvoraussetzung von Verträgen über Art 4 lit a zu beachten.

Art 29 gilt **für jede Modifikation** eines dem CISG unterstehenden Vertrages, neben **8** Vertragsänderungen also auch für Vergleiche, Erlasse, Verzichte oder Stundungen (OLG Karlsruhe IHR 2004, 62 [Einigung über Höhe der Restschuld]; Handelsgericht des Kantons Zürich 24.10.2003, SZIER 2004, 104 [LS; Vergleich]; SCHLECHTRIEM/SCHWENZER/SCHLECHTRIEM Art 29 Rn 2; FERRARI IHR 2004, 2; SCHLECHTRIEM, UN-Kaufrecht Rn 41; GELDSETZER 31; unzutreffend LG Aachen RiW 1993, 760, das den Abschluß eines einen Kaufvertrag ändernden Vergleichs nach nationalem Recht beurteilt). Ferner ist die einverständliche Vertragsaufhebung oder -änderung jederzeit – auch nach Ablauf von Rüge- oder Aufhebungsfristen – zulässig (vgl auch OLG Köln IPRax 1995, 393 m Anm REINHART IPRax 1995, 365). Allerdings muß sich die Modifikation auf vom CISG erfaßte Gegenstände beziehen. Wettbewerbs-, Gerichtsstands- oder Schiedsabreden erfaßt Art 29 nicht (s Rn 9). Ebensowenig fallen einseitige Aufhebungs- oder sonstige Erklärungen unter die Vorschrift. Auch die Vertragsübernahme ist kein Fall einer bloßen Vertragsänderung; sie wird weder von Art 29 noch sonst vom CISG erfaßt, sondern untersteht dem für sie maßgebenden nationalen Recht (s Art 4 Rn 57).

2.   Formfreiheit

Art 29 Abs 1 statuiert – gemeinsam mit Art 11 – den **Grundsatz der Formfreiheit für** **9** **vertragliche Vereinbarungen und ihre einverständliche Änderung.** Auch ein schriftlicher Vertrag kann ohne weiteres mündlich ergänzt, verändert oder aufgehoben werden (SCHLECHTRIEM/SCHWENZER/SCHLECHTRIEM Art 29 Rn 4; HERBER/CZERWENKA Art 29 Rn 4; KAROLLUS 78). Ein Formzwang gilt nur dann, wenn ihn die Parteien sich selbst auferlegt haben (Abs 2 Satz 1) oder wenn Art 12 eingreift. Werden einem CISG-Vertrag aber kaufrechtsfremde Abreden hinzugefügt (zB wettbewerbsbeschränkende Vereinbarungen, Gerichtsstandsklauseln), dann beurteilt sich ihre Formwirksamkeit nach dem für sie geltenden speziellen internationalen Recht, hilfsweise dem vom IPR berufenen Recht (ebenso SCHLECHTRIEM/SCHWENZER/SCHLECHTRIEM Art 29 Rn 2; FERRARI IHR 2004, 2 f; vgl ferner oben Art 11 Rn 7; **aA** aber Charmes des Chateau Wines Ltd v Sabate USA, Sabate SA, IHR 2003, 295 [nach Vertragsschluß übersandte AGB sehen Gerichtsstandsklausel vor = Angebot zu Vertragsänderung nach Art 29]).

3. Abschluß und Rechtsfolgen modifizierender Vereinbarungen

10 Das **Zustandekommen** modifizierender Vereinbarungen richtet sich **nach den Abschlußregeln** der Konvention, soweit Teil II der Konvention wegen des Vorbehalts nach Art 92, den bisher nur die skandinavischen Staaten eingelegt haben, unanwendbar ist (ebenso SCHLECHTRIEM/SCHWENZER/SCHLECHTRIEM Art 29 Rn 2; ENDERLEIN/MASKOW/STROHBACH Art 29 Bem 1.2; GELDSETZER 122 f; HERBER/CZERWENKA Art 29 Rn 3; KAROLLUS 77; LOEWE, Kaufrecht 50; REHBINDER, in: SCHLECHTRIEM, Fachtagung 153 f; REINHART Art 29 Rn 3; s aus der Rspr etwa Obergericht des Kantons Basel-Landschaft 5.10.1999, SZIER 2000, 115 [LS] = CLOUT Nr 332). Die materielle Gültigkeit von Vertragsänderungen untersteht dagegen nicht mehr dem CISG, sondern dem insoweit anwendbaren nationalen Recht, das etwa auch für die Anfechtung der Änderungserklärung gilt (OLG Hamburg 5.10.1998, CLOUT Nr 279). Welche Rechtsfolgen modifizierende Vereinbarungen auslösen, bestimmt sich zunächst nach dem Willen der Parteien. Er ist ggf nach dem Maßstab des Art 8 zu ermitteln. Im übrigen gelten die Vorschriften der Konvention entsprechend. Eine Aufhebungsvereinbarung hat damit im Zweifel die Wirkungen, die Art 81 ff vorsieht (ACHILLES Art 29 Rn 2; SCHLECHTRIEM/SCHWENZER/SCHLECHTRIEM Art 29 Rn 4; MünchKommHGB/BENICKE Art 29 Rn 3); eine Minderungsvereinbarung reduziert den Preis auf den vereinbarten Minderbetrag.

4. Ausschluß der clausula rebus sic stantibus?

11 Zum Teil wird Art 29 entnommen, daß Verträge nur einverständlich abgeändert werden könnten und eine Vertragsmodifikation allein unter **Berufung auf veränderte Umstände** ausgeschlossen sei (so AUDIT 74). Grundsätzlich gilt der Vertrag so, wie er geschlossen wurde. Ob wegen veränderter Umstände eine Entlastung von Pflichten, uU auch eine Pflicht zur Neuverhandlung in Betracht kommt, ergibt sich aber nicht aus Art 29, sondern aus Art 79 u 80 (vgl die Erl dort).

IV. Vereinbarte Form (Abs 2 Satz 1)

12 Enthält ein schriftlicher Vertrag die Klausel, daß auch alle Vertragsänderungen schriftlich zu erfolgen haben (**„no oral modification"-Klausel**), dann kann der Vertrag nach Art 29 Abs 2 S 1 einverständlich auch nur in der vereinbarten Weise geändert, ergänzt oder aufgehoben werden. Auch die Schriftformklausel selbst kann – anders als im internen deutschen Recht (vgl BGH NJW 1968, 33; PALANDT/HEINRICHS § 125 Rn 14) – nur schriftlich außer Kraft gesetzt werden (Graves Import Co and Italian Trading Co v Chilewich Int Corp, 1994 US Dist Lexis 13393 = CLOUT Nr 86; BIANCA/BONELL/DATE-BAH Art 29 Bem 2.3; SCHLECHTRIEM/SCHWENZER/SCHLECHTRIEM Art 29 Rn 5; HERBER/CZERWENKA Art 29 Rn 6; KAROLLUS 79; LOEWE, Kaufrecht 50; MünchKommHGB/BENICKE Art 29 Rn 4).

Als **Schriftform** genügt gem Art 13, vorbehaltlich vereinbarter schärferer Form, auch **13** Telegramm oder Telex. Auch E-Mail dürfte das Schriftformerfordernis erfüllen (ebenso BRUNNER Art 29 Rn 2; FERRARI IHR 2004, 2; s auch die Erl zu Art 13).

Wann eine Klausel vorsieht, daß „jede Änderung oder Aufhebung durch Vereinba- **14** rung schriftlich zu erfolgen hat", ist eine Frage der Auslegung. Ist vereinbart, daß mündliche Nebenabreden unwirksam sind, so ist eine nur mündlich vereinbarte Vertragsänderung oder -ergänzung ohne Wirkung. Eine mündliche Aufhebungsvereinbarung dürfte dagegen wirksam sein (ebenso ACHILLES Art 29 Rn 4; MünchKommBGB/ GRUBER Art 29 Rn 9; **aA** MünchKommHGB/BENICKE Art 29 Rn 5).

Darin, daß beide Seiten ihre **Vertragserklärungen schriftlich** abgeben, liegt noch **15** keine Schriftformvereinbarung (ebenso SCHLECHTRIEM/SCHWENZER/SCHLECHTRIEM Art 29 Rn 8; WEY Rn 425, 427).

Greift **Art 12** ein, dann richtet sich die Wirkung eines vereinbarten Formzwanges **16** nach dem vom IPR berufenen nationalen Recht.

V. Mißbrauch der Form (Abs 2 Satz 2)

1. Grundsatz

Nach Abs 2 S 2 ist einer Partei die Berufung auf einen vereinbarten Formzwang **17** dann verschlossen, wenn sie **durch** ihr **Verhalten** die andere Partei **veranlaßt** hat, **auf Formfreiheit zu vertrauen**. Die Vorschrift enthält eine spezielle Ausprägung des Gutglaubensgebots des Art 7 Abs 1, indem sie einer Partei die Ausnutzung einer formalen Rechtsposition untersagt, wenn die Gegenpartei zu Recht auf eine bestimmte Lage vertrauen durfte und vertraut hat.

Damit stellt Satz 2 zwei Voraussetzungen auf: Eine Partei muß ein **Verhalten gezeigt** **18** haben, das den Schluß zuläßt, sie akzeptiere eine formlose Vertragsmodifikation. Die andere Partei muß andererseits im Vertrauen darauf etwas „**ins Werk gesetzt**", Aufwendungen gemacht oder Leistungen vorbereitet haben (vgl AUDIT 75; SCHLECHT-RIEM/SCHWENZER/SCHLECHTRIEM Art 29 Rn 10; ENDERLEIN/MASKOW/STROHBACH Art 29 Bem 6.1; GELDSETZER 160 ff; HERBER/CZERWENKA Art 29 Rn 7; LOEWE, Kaufrecht 50; POSCH, in: HOYER/ POSCH 75 f).

Eine entsprechende Konstellation ist etwa gegeben, wenn der Verkäufer auf **19** Wunsch des Käufers von schriftlich festgelegten Vertragsmodalitäten – uU schon mehrfach – abgewichen ist und sich hierauf etwa in der Fertigung oder Beschaffung inzwischen eingestellt hat (vgl Sekretariatskommentar Art 27 Beispiel 27 a; BIANCA/BONELL/ DATE-BAH Art 29 Bem 2.5; SCHLECHTRIEM/SCHWENZER/SCHLECHTRIEM Art 29 Rn 10; HONNOLD Rn 204; MünchKommHGB/BENICKE Art 29 Rn 12; POSCH, in: HOYER/POSCH 75).

2. Beachtung von Amts wegen

Art 29 Abs 2 S 2 ist **von Amts wegen zu berücksichtigen** (so auch SCHLECHTRIEM/ **20** SCHWENZER/SCHLECHTRIEM Art 29 Rn 12). Zwar mag die Formulierung „sich berufen" ("asserting", "invoquer") an eine Einrede denken lassen. Doch bezieht sich das „Berufen" auf den Gläubiger, nicht auf den Schuldner.

3. Abdingbarkeit; Konkurrenzen

21 Als Vorschrift, die eine Ausprägung des Art 7 Abs 1 darstellt, dürfte **Abs 2 S 2 nicht abdingbar** sein (ebenso HILLMAN CornellIntLJ 21 [1988] 462; HONNOLD Rn 204; wohl auch GELDSETZER 151). Nationale Rechtsbehelfe wie Verwirkung, Mißbrauchseinwand etc kommen neben Abs 2 S 2 nicht zum Zug, während nationales Deliktsrecht, wie auch sonst, nicht verdrängt wird (vgl SCHLECHTRIEM/SCHWENZER/SCHLECHTRIEM Art 29 Rn 13; GELDSETZER 170 f).

22 Soweit Art 12 – iVm dem **Vorbehalt nach Art 96** – eingreift, gilt auch Abs 2 S 2 nicht. Doch wird man dann zu analogen Ergebnissen unmittelbar über das Gutglaubensgebot des Art 7 Abs 1 gelangen.

VI. Beweisfragen

23 Wer sich auf eine einverständliche Vertragsänderung oder -aufhebung beruft, hat sie nachzuweisen. Ebenso muß einen vereinbarten Formzwang nachweisen, wer daraus Rechte herleitet (ACHILLES Art 29 Rn 8; BAUMGÄRTEL/LAUMEN/HEPTING Art 29 Rn 2; HONSELL/KAROLLUS Art 29 Rn 26).

24 Für Abs 2 S 2 gilt: Diejenige Partei, die auf das Verhalten der anderen vertraut hat, ist für das vertrauenbildende Verhalten und die eigenen, im Vertrauen ergriffenen Maßnahmen beweispflichtig (ACHILLES Art 29 Rn 8; BAUMGÄRTEL/LAUMEN/HEPTING Art 29 Rn 3).

Kapitel II
Pflichten des Verkäufers

Chapter II
Obligations of the seller

Chapitre II
Obligations du vendeur

Vorbemerkungen zu Art 30 ff CISG

Mit Art 30 beginnt die Regelung der Verkäuferpflichten. Kapitel II des Teils III der **1**
Konvention (Art 30–52) faßt die wesentlichen Pflichten des Verkäufers und die
Folgen ihrer Verletzung zusammen. Der Abschnitt ist das Herzstück der Konven-
tion und Vorbild auch für die spiegelbildliche Regelung der Käuferpflichten
(Art 53 ff).

Der Aufbau des Kapitels ist klar gegliedert. Art 30 legt die Grundpflichten des **2**
Verkäufers fest. Ein erster Abschnitt (Art 31–34) regelt Einzelheiten im Hinblick
auf Lieferzeit, Lieferort und Dokumente. Der zweite Abschnitt (Art 35–44) konkretisiert, welche Pflichten den Verkäufer hinsichtlich der sachlichen und rechtlichen Beschaffenheit der Ware treffen. Die Käuferansprüche aus Pflichtverletzungen
des Verkäufers sind im dritten Abschnitt (Art 45–52) zusammengestellt. Ergänzende Pflichten und Ansprüche folgen ferner aus den Art 71–73 und 85–88. Ein Rückgriff auf Rechtsbehelfe des anwendbaren nationalen Rechts ist dagegen ausgeschlossen. Die Konvention stellt, soweit sie reicht, eine abschließende Regelung dar.

Art 30 [Grundsätzliche Pflichten des Verkäufers]

**Der Verkäufer ist nach Maßgabe des Vertrages und dieses Übereinkommens ver-
pflichtet, die Ware zu liefern, die sie betreffenden Dokumente zu übergeben und
das Eigentum an der Ware zu übertragen.**

Art 30
The seller must deliver the goods, hand over any
documents relating to them and transfer the
property in the goods, as required by the contract and this Convention.

Art 30
Le vendeur s'oblige, dans le conditions prévues
au contrat et par la présente Convention, à livrer les marchandises, à en transférer la propriété
et, s'il y a lieu, à remettre les documents s'y
rapportant.

Schrifttum

ABDERRAHMANE, La conformité des marchandises dans la convention de Vienne du 11 avril
1980 sur les contrats de vente internationale de
marchandises, Dr prat comm int 15 (1989) 551

AUE, Mängelgewährleistung im UN-Kaufrecht
unter besonderer Berücksichtigung stillschweigender Zusicherungen (Diss Frankfurt 1989)
BESS, Die Haftung des Verkäufers für Sach-

Ulrich Magnus

mängel und Falschlieferungen im Einheitlichen
Kaufgesetz (1971)
ENDERLEIN, Rights and Obligations of the Sel-
ler under the UN Convention on Contracts for
the International Sale of Goods, in: ŠARČEVIĆ/
VOLKEN 133
ERDEM, La livraison des marchandises selon la
Convention de Vienne (1990)
FARNSWORTH, Rights and Obligations of the
Seller, in: Lausanner Kolloquium 83
GHESTIN, Les obligations du vendeur selon la
Convention de Vienne du 11 avril 1980 sur les
contrats de vente internationale de marchandi-
ses, RDAI 1988, 5
GONZALEZ, Remedies under the UN Conven-
tion for the International Sale of Goods, Int Tax
& Bus L 2 (1984) 79
HEILMANN, Mängelgewährleistung im UN-
Kaufrecht. Voraussetzungen und Rechtsfolgen
im Vergleich zum deutschen internen Kaufrecht
und zu den Haager Einheitlichen Kaufgesetzen
(1994)
HONSELL, Die Vertragsverletzung des Verkäufers nach dem Wiener Kaufrecht, SJZ 1992,
345 ff, 361
HUBER, Die Haftung des Verkäufers für Verzug
und Sachmängel nach dem Wiener Kaufrechtsübereinkommen, JurBl 1989, 273
HUTTER, Die Haftung des Verkäufers für
Nichtlieferung bzw Lieferung vertragswidriger
Ware nach dem Wiener UNCITRAL-Übereinkommen über internationale Warenkaufverträge vom 11. April 1980 (Diss Regensburg 1989)
HYLAND, Liability of the Seller for Conformity
of the Goods under the UN Convention (CISG)
and the Uniform Commercial Code, in:
SCHLECHTRIEM, Fachtagung 305

KOCK, Nebenpflichten im UN-Kaufrecht (1995)
KÖHLER, Die Haftung nach UN-Kaufrecht im
Spannungsverhältnis zwischen Vertrag und De-
likt (2003)
LÜDERITZ, Pflichten der Parteien nach UN-
Kaufrecht im Vergleich zu EKG und BGB, in:
SCHLECHTRIEM, Fachtagung 179
NIGGEMANN, Die Pflichten des Verkäufers und
die Rechtsbehelfe des Käufers, in: HOYER/
POSCH 77
SALGER, Beschaffung und Beschaffenheit. Zur
vertraglichen Haftung des Warenverkäufers für
seine Lieferquelle unter Betrachtung insbesondere des deutschen und amerikanischen Rechts
als Beitrag zum UN-Kaufrecht (1985)
SCHACHMAR, Die Lieferpflicht des Verkäufers
in internationalen Kaufverträgen (2001)
SCHLECHTRIEM, Die Pflichten des Verkäufers
und die Folgen ihrer Verletzung, insbes bezüglich der Beschaffenheit der Ware, in: Berner
Tage 103
ders, The Seller's Obligations under the United
Nations Convention on Contracts for the International Sale of Goods, in: GALSTON/SMIT
6–1 ff
SCHLÜTER, Der Eigentumsvorbehalt im europäischen und internationalen Recht. Zu den
Grenzen besitzloser Mobiliarsicherheiten im
grenzüberschreitenden Handel, IHR 2001, 141
WELSER, Die Vertragsverletzung des Verkäufers
und ihre Sanktion, in: DORALT 105 ff
WIDMER, Droits et obligations du vendeur, in:
Lausanner Kolloquium 91 ff
ZIEGLER, Leistungsstörungsrecht nach dem
UN-Kaufrecht (1995).

Systematische Übersicht

Alphabetische Übersicht

I.   Regelungsgegenstand und Normzweck

Die Vorschrift nennt die **wesentlichen Pflichten des Verkäufers** und leitet mit dieser **1** überblicksweisen Zusammenstellung das materiellrechtliche Kernstück der Konvention ein. Noch einmal wird auch der Vorrang der Parteieinbarungen (Art 6) betont und den Regeln der Konvention eine ergänzende Funktion zugewiesen. Nach Art 30 ist der Verkäufer zur Lieferung der Ware, Übergabe der Dokumente und zur Eigentumsverschaffung verpflichtet. Welchen Inhalt die aufgezählten Pflichten nach dem CISG konkret haben, ergibt sich im einzelnen erst aus den folgenden Vorschriften. Die Eigentumsübertragung selbst richtet sich dagegen nach dem anwendbaren Sachenrecht (vgl Art 4 lit b).

II.   Entstehungsgeschichte

Die Vorschrift entspricht nahezu wörtlich dem Art 18 EKG. Auf der Wiener Kon- **2** ferenz war Art 30 nicht umstritten (vgl Off Rec 101, 307, 426). Ein griechischer Vorschlag, die Worte „nach Maßgabe des Vertrages und dieses Übereinkommens" durch „nach Maßgabe des anwendbaren Rechts" zu ersetzen, wurde nach offenbar kurzer Diskussion zurückgezogen (Off Rec 307).

3 Anders als für das EKG (Art 19 Abs 1) hat man schon in den Vorentwürfen zum Wiener Übereinkommen auf eine selbständige Definition der Lieferung verzichtet (UNCITRAL YB III [1972] 84).

III. Lieferung der Ware

4 Die Lieferpflicht ist die primäre Pflicht des Verkäufers. Das CISG definiert sie – im Gegensatz zum EKG – nicht. Ihre nähere gesetzliche Ausgestaltung ergibt sich jedoch aus den Art 31–33, die den Inhalt der Pflicht, den Lieferort und die Lieferzeit festlegen, soweit nicht dem Vertrag, zu beachtenden Gebräuchen oder Gepflogenheiten zwischen den Parteien oder dem Gebot von Treu und Glauben (Art 7 Abs 1) etwas anderes zu entnehmen ist.

5 „Lieferung" bedeutet damit im Zweifel, daß der Verkäufer die Ware zur Verfügung zu stellen hat (Art 31 lit c). Eine Aushändigung an den Käufer – wie noch in Art 19 Abs 1 EKG vorgesehen – verlangt das Gesetz nicht (HERBER/CZERWENKA Art 30 Rn 2; HONNOLD Rn 210; HUBER RabelsZ 43 [1979] 472; SCHLECHTRIEM, UN-Kaufrecht 53). Art 30 verknüpft den Begriff der Lieferung auch nicht mehr, wie noch Art 19 Abs 1 EKG, mit der Vertragsmäßigkeit der Ware: Lieferung ist auch die Lieferung vertragswidriger Ware. Die Pflicht, vertragsgemäße Ware zu liefern, ergibt sich freilich aus Art 35. Ebenso ist die Lieferung eines – auch krassen – aliud als Lieferung anzusehen (ausf dazu Art 35 Rn 9). Daß die Ware auch nicht mit Rechtsmängeln behaftet sein darf, dem Käufer insbesondere Eigentum zu verschaffen ist, folgt im Einzelnen aus Art 41, 42 (s aus der Rspr etwa LG Freiburg IHR 2003, 22 [Verkauf gestohlenen Pkws]).

6 Die Lieferpflicht entfällt, sofern der Käufer schon im Besitz der Ware ist oder soweit ein Leistungshindernis nach Art 79 die Lieferung unmöglich macht (vCAEMMERER/SCHLECHTRIEM/HUBER Art 30 Rn 4; HERBER/CZERWENKA Art 30 Rn 5; näher Art 79 Rn 51 ff).

IV. Übergabe der Dokumente

7 Zu den Pflichten des Verkäufers gehört auch die **Übergabe der die Ware betreffenden Dokumente**. Welche Dokumente zu übergeben sind, folgt entweder aus dem Vertrag, aus verbindlichen Gebräuchen und Gepflogenheiten der Parteien (Art 9) oder ausnahmsweise aus dem Grundsatz von Treu und Glauben (SCHLECHTRIEM/ SCHWENZER/HUBER/WIDMER Art 30 Rn 6; ENDERLEIN/MASKOW/STROHBACH Art 34 Bem 1). Insbesondere bei Vereinbarung oder Geltung der INCOTERMS (vgl dazu Art 9 Rn 8, 32) ergibt sich aus der jeweiligen Klausel (fob, cif etc), welche Dokumente gefordert sind.

8 Eine weitergehende, selbständige Pflicht zur Übergabe etwaiger Dokumente schafft Art 30 nicht. Auf der anderen Seite zeigt die Vorschrift, daß die Konvention ohne Einschränkungen den Dokumentenkauf erfaßt (HONNOLD Rn 206).

9 Die Pflicht zur Dokumentenübergabe ist **originäre Vertragspflicht**. Sie als Haupt-

pflicht zu bezeichnen (so REINHART Art 30 Rn 4), ist mißverständlich. Das CISG unterscheidet nicht nach Haupt- und Nebenpflichten, deren Verletzung unterschiedliche Konsequenzen hätte (vgl dazu unten Rn 20).

V.   Übertragung des Eigentums

Die zentrale Pflicht des Verkäufers, die den Kaufvertrag charakterisiert, ist es, dem **10** Käufer oder der von ihm bestimmten Person (dazu LG Freiburg IHR 2003, 22; OLG München RiW 1994, 595 [596]) das **Eigentum an der Ware zu übertragen**. In Art 30 iVm Art 41 statuiert die Konvention diese Pflicht, soweit nicht die Parteien selbst Näheres hierzu bestimmt haben. Wie das Eigentum sachenrechtlich übertragen wird, ob dies allein durch den Vertrag oder davon getrennte Erwerbsvorgänge geschieht, regelt die Konvention jedoch nicht (Art 4 lit b). Eine Vereinheitlichung dieser international sehr unterschiedlich geregelten Frage ließ sich bei der Schaffung des Kaufrechts nicht erzielen (vgl näher Art 4 Rn 32). Ob der Verkäufer Eigentum übertragen hat, ist deshalb nach dem vom IPR berufenen Landesrecht zu beurteilen (Denkschrift 46; BIANCA/BONELL/LANDO Art 30 Bem 2.2; vCAEMMERER/SCHLECHTRIEM/HUBER Art 30 Rn 7 f; HERBER/CZERWENKA Art 30 Rn 7; WITZ/SALGER/LORENZ Art 30 Rn 13). Die Konvention verpflichtet ihn allerdings zur Vornahme aller nach diesem Recht erforderlichen Rechtsakte (näher dazu LÜDERITZ, in: SCHLECHTRIEM, Fachtagung 196; ferner KAROLLUS 106). Die vertragliche Übereignungspflicht ist aber nicht verletzt, wenn der Verkäufer die Ware abredegemäß unmittelbar dem Abnehmer des Käufers geliefert und übereignet hat, auch wenn der Abnehmer dann insolvent wird (OLG München aaO).

Nach deutschem internationalen Sachenrecht entscheidet über die Begründung und **11** Änderung dinglicher Rechte an beweglichen Sachen das **Recht des Belegenheitsortes** (lex rei sitae, Art 43 Abs 1 EGBGB). Wechselt der Belegenheitsort (Statutenwechsel), dann entfalten im Ausland wirksam begründete Sachenrechte bei Grenzübertritt der Ware in die Bundesrepublik diejenigen Wirkungen, die das funktional vergleichbare Institut des deutschen Rechts hat (vgl jetzt Art 43 Abs 2 und 3 EGBGB; zum bisherigen Recht BGHZ 45, 95; BGH NJW 1991, 1415). Eine Wahl des anwendbaren Sachenrechts ist ausgeschlossen.

Eine Parteivereinbarung, die die Übereignung von der vollständigen Zahlung des **12** Kaufpreises abhängig macht, ist nach Art 30 zulässig, da vertragliche Abreden den Vorrang vor der gesetzlichen Übereignungspflicht haben (ebenso SCHLECHTRIEM, in: GALSTON/SMIT 6–8). Die **Wirksamkeit eines Eigentumsvorbehalts** richtet sich jedoch wiederum nach dem anwendbaren Sachenrecht (näher Art 4 Rn 32; zum Eigentumsvorbehalt ausführlich SCHLÜTER IHR 2001, 141 ff). Ein einseitiger Eigentumsvorbehalt – der Verkäufer übereignet nicht vor vollständiger Zahlung – bedeutet nur dann eine Verletzung der Übereignungspflicht, wenn der Verkäufer zur Vorleistung und nicht – wie es die Konvention im Zweifel vorsieht – zur Zug-um-Zug-Leistung verpflichtet ist (vgl dazu ACHILLES Art 30 Rn 5; SCHLECHTRIEM/SCHWENZER/HUBER/WIDMER Art 30 Rn 8; KAROLLUS 113).

Die Rechtsfolgen, die eine Verletzung der Übereignungspflicht nach sich zieht, **13** ergeben sich aus den Art 45 ff. Als Voraussetzung möglicher Ansprüche des Käufers ist aber auch stets Art 43 zu beachten.

Ulrich Magnus

VI. Weitere Pflichten

1. Der Kreis weiterer Pflichten

14 Das CISG kennt neben den in Art 30 genannten eine Reihe **weiterer Pflichten des Verkäufers**. So nennt das Gesetz ausdrückliche Pflichten beim Versendungskauf (vgl Art 32: Anzeige der Versendung, uU Abschluß eines Beförderungs- und Versicherungsvertrages, Auskunfterteilung), Pflichten zur Erhaltung der Ware (Art 85), eine Pflicht zur Mitteilung der Erfüllungsaussetzung (Art 71 Abs 3) oder drohender Lieferhindernisse (Art 79 Abs 4) sowie eine allgemeine Obliegenheit zur Schadensminderung (Art 77; näher zum Ganzen Kock, Nebenpflichten im UN-Kaufrecht [1995]; s auch Brunner Art 30 Rn 7). Ferner werden sich häufig aus dem Vertrag ausdrücklich oder stillschweigend vereinbarte Zusatzpflichten ergeben: etwa die Pflicht zur Montage oder Aufstellung, zur Gebrauchsanleitung, Einarbeitung oder Wartung. Auch wettbewerbliche Abreden (Ausschließlichkeitsbindungen) sind nicht selten (vgl OLG Frankfurt NJW 1992, 633; LG Frankfurt/M RiW 1991, 952).

15 **Zusätzliche Pflichten** können **ferner aus verbindlichen Gebräuchen oder Gepflogenheiten** zwischen den Parteien **sowie aus dem Grundsatz von Treu und Glauben** folgen. So ist aus dem Vertragszweck und aus Treu und Glauben (Art 7) die Pflicht abzuleiten, alles zur Lieferung Erforderliche zu tun, insbes gegebenenfalls notwendige Ausfuhr-, Transport- oder sonstige Genehmigungen zu beschaffen oder Formalitäten (etwa Ausfuhrzoll) zu erledigen (Herber/Czerwenka Art 30 Rn 9; Soergel/Lüderitz/ Schüssler-Langeheine Art 30 Rn 3). Im Zweifel muß der Verkäufer auch für eine Importlizenz sorgen und weitere Einfuhrformalitäten erledigen, wenn er an einem bestimmten Ort im Käuferland oder einem Drittstaat zu liefern verpflichtet ist (ebenso Herber/Czerwenka Art 30 Rn 9). Bei Geltung der INCOTERMS ergeben sich die entsprechenden Pflichten des Verkäufers aus ihnen (s Cour d'appel de Paris 4. 3. 1998, CLOUT Nr 244 [zur Klausel EXW]; OLG Oldenburg 22. 9. 1998, CLOUT Nr 340 [zur Klausel DDP]). Ganz generell sind die Parteien einander zur gegenseitigen Information und Kooperation verpflichtet, soweit das für die Erreichung des Vertragszwecks notwendig und sachgerecht ist (s BGHZ 149, 113 [118]; Schlechtriem/Schwenzer/Ferrari Art 7 Rn 54 sowie oben Art 7 Rn 47).

16 Ferner hat der Verkäufer **Handlungen zu unterlassen, die den Vertragserfolg vereiteln oder gefährden** würden (Lüderitz, in: Schlechtriem, Fachtagung 193; Soergel/Lüderitz/ Schüssler-Langeheine Art 30 Rn 3). Er darf deshalb zB nicht durch eigene Werbemaßnahmen den Absatz des Käufers beeinträchtigen (vgl BGH NJW 1997, 3304 u 3309 – „Benetton I u II").

17 Darüber hinaus ist der Konvention die **Pflicht** zu entnehmen, die **Vertragsdurchführung so zu gestalten, daß Rechtsgüter des Vertragspartners** bei der Vertragserfüllung **nicht verletzt werden** (Magnus ZEuP 1993, 95; **aA** aber Soergel/Lüderitz/Schüssler-Langeheine Art 30 Rn 3). Mittelbar ist diese Pflicht in Art 45 Abs 1 lit b anerkannt, der dazu verpflichtet, allen Schaden aus einer Vertragsverletzung, also auch an weiteren Rechtsgütern des Käufers zu ersetzen. Generell vom Anwendungsbereich des CISG ausgenommen sind hier nur durch die Ware verursachte Personenschäden (Art 5). Richtet der Verkäufer sein vertragliches Verhalten pflichtwidrig nicht so ein, daß Schäden für den Käufer vermieden werden, dann liegt darin eine haftbarmachende Vertragsverletzung (zurückhaltender HONSELL/KAROLLUS Art 30 Rn 18).

2. Behandlung der weiteren Pflichten

Solange der Kaufvertrag durch das Gewicht der vertraglichen Zusatzpflichten nicht **18** sein Gepräge als Kaufvertrag verliert – hierüber entscheidet Art 3 –, gilt die Konvention grundsätzlich auch für die Zusatzpflichten (übersehen allerdings von BGH NJW 1997, 1578 [Pflicht zur Rückgabe mitgelieferter Paletten nicht dem CISG, sondern dem im übrigen anwendbaren Recht unterstellt]). Nur die Gültigkeit der Zusatzabreden entscheidet sich nach dem insoweit anwendbaren nationalen Recht (Art 4 lit a), die Wirksamkeit wettbewerblicher Abreden also etwa nach dem anwendbaren Wettbewerbsrecht.

Verletzt der Verkäufer eine Zusatzpflicht, dann stehen dem Käufer hierfür die **19** allgemeinen Rechtsbehelfe (Art 45 ff) zur Verfügung. Ist der Pflichtenverstoß als wesentliche Verletzung des gesamten Vertrages anzusehen, dann kann der Käufer den Vertrag auch im ganzen aufheben (Art 49; vgl etwa OLG Frankfurt NJW 1992, 633, zur Verletzung einer Ausschließlichkeitsabrede). In allen anderen Fällen kann der Käufer entweder – vorbehaltlich des Art 28 – Erfüllung (Art 46 Abs 1) oder alternativ Schadensersatz (Art 45 Abs 1 lit b) verlangen.

Eine Unterscheidung nach Haupt- und Nebenpflichten, wie sie aus dem deutschen **20** Recht bekannt ist, trifft das CISG nicht (SCHLECHTRIEM/SCHWENZER/HUBER/WIDMER Art 45 Rn 2; HERBER/CZERWENKA Art 30 Rn 9; SCHLECHTRIEM Rn 114; **anders** wohl REINHART Art 30 Rn 1 und 4). Als Hauptpflichten werden allerdings häufig die in Art 30 – und für den Käufer in Art 53 – geregelten typischen Vertragspflichten bezeichnet (so insbes REINHART aaO), während für alle übrigen Pflichten der Terminus Nebenpflichten verwendet wird (vgl etwa HERBER/CZERWENKA Art 30 Rn 9; KAROLLUS 132, 176; SOERGEL/ LÜDERITZ Art 30 Rn 2). Die Konvention behandelt die in diesem Sinn verstandenen Haupt- und Nebenpflichten gleich. Unterschiedliche Rechtsfolgen knüpft sie gerade nicht an die Art der verletzten Pflicht, sondern nur an die Schwere der Vertragsverletzung („wesentliche Vertragsverletzung", Art 25). Auch die Verletzung einer „Nebenpflicht" kann deshalb zur Vertragsaufhebung berechtigen. Um Mißverständnisse des im deutschen Recht anders gebrauchten Begriffspaares Haupt- und Nebenpflicht zu vermeiden, sollte statt von Nebenpflichten von Zusatzpflichten oder weiteren Pflichten gesprochen werden.

Abschnitt I
Lieferung der Ware und Übergabe der Dokumente

Section I
Delivery of the goods and handing over of documents

Section I
Livraison des marchandises et remise des documents

Art 31 [Pflicht bei Fehlen eines vereinbarten Lieferortes]

Hat der Verkäufer die Ware nicht an einem anderen bestimmten Ort zu liefern, so besteht seine Lieferpflicht in folgendem:
a) Erfordert der Kaufvertrag eine Beförderung der Ware, so hat sie der Verkäufer dem ersten Beförderer zur Übermittlung an den Käufer zu übergeben;
b) bezieht sich der Vertrag in Fällen, die nicht unter Buchstabe a fallen, auf bestimmte Ware oder auf gattungsmäßig bezeichnete Ware, die aus einem bestimmten Bestand zu entnehmen ist, oder auf herzustellende oder zu erzeugende Ware und wußten die Parteien bei Vertragsabschluß, daß die Ware sich an einem bestimmten Ort befand oder dort herzustellen oder zu erzeugen war, so hat der Verkäufer die Ware dem Käufer an diesem Ort zur Verfügung zu stellen;
c) in den anderen Fällen hat der Verkäufer die Ware dem Käufer an dem Ort zur Verfügung zu stellen, an dem der Verkäufer bei Vertragsabschluß seine Niederlassung hatte.

Art 31
If the seller is not bound to deliver the goods at any other particular place, his obligation to deliver consists:
(a) if the contract of sale involves carriage of the goods – in handing the goods over to the first carrier for transmission to the buyer;
(b) if, in cases not within the preceding subparagraph, the contract relates to specific goods, or unidentified goods to be drawn from a specific stock or to be manufactured or produced, and at the time of the conclusion of the contract the parties knew that the goods were at, or were to be manufactured or produced at, a particular place – in placing the goods at the buyer's disposal at that place;
(c) in other cases – in placing the goods at the buyer's disposal at the place where the seller had his place of business at the time of the conclusion of the contract.

Art 31
Si le vendeur n'est pas tenu de livrer les marchandises en un autre lieu particulier, son obligation de livraison consiste:
a) lorsque le contrat de vente implique un transport des marchandises, à remettre les marchandises au premier transporteur pour transmission à l'acheteur;
b) lorsque, dans les cas non visés au précédent alinéa, le contrat porte sur un corps certain ou sur une chose de genre qui doit être prélevée sur une masse déterminée ou qui doit être fabriquée ou produite et lorsque, au moment de la conclusion du contrat, les parties savaient que les marchandises se trouvaient ou devaient être fabriquées ou produites en un lieu particulier, à mettre les marchandises à la disposition de l'acheteur en ce lieu;
c) dans les autres cas, à mettre les marchandises à la disposition de l'acheteur au lieu où le vendeur avait son établissement au moment de la conclusion du contrat.

Systematische Übersicht

Schrifttum

Vgl vor Art 30; ferner:
Fogt, Die Vereinbarung und Auslegung von
FRANCO-Lieferklauseln beim CISG-Kauf.
Zugleich Vorüberlegungen zur Reform des
Teil II des CISG und zur begrenzten Rücknah-
me nordischer Vorbehalte zum CISG, EurLF
2003, 61

Magnus, Das UN-Kaufrecht und die Erfüllungsortzuständigkeit in der neuen EuGVO,
IHR 2002, 45
Schachmar, Die Lieferpflicht des Verkäufers
in internationalen Kaufverträgen. UN-Kaufrecht und INCOTERMS (2001).

Alphabetische Übersicht

I. Regelungsgegenstand und Normzweck

1 Die Vorschrift legt fest, **in welcher Weise und an welchem Ort** der Verkäufer zu liefern hat, soweit sich aus den Parteiabsprachen, Gepflogenheiten oder Gebräuchen dazu nichts Näheres ergibt. Dabei unterscheidet Art 31 in einem gestuften Aufbau drei Fälle:

– Beim **Versendungskauf** hat der Verkäufer die Ware dem ersten Beförderer zu übergeben (lit a); der Übergabeort ist gleichzeitig der Lieferort.

– Liegt kein Versendungskauf vor, ist aber die Ware – wie die Parteien bei Vertragsschluß wissen – **an einem bestimmten Ort** gelagert oder dort herzustellen, dann hat der Verkäufer sie an diesem Ort zur Verfügung zu stellen (lit b).

– In **allen anderen Fällen** hat er sie an seiner Niederlassung zur Verfügung zu stellen (lit c).

2 Bedeutung hat die Vorschrift nicht nur für die Lieferpflicht selbst, deren Inhalt sie in einigen Punkten konkretisiert. Sie legt im Zweifel ebenso den Ort für die Ersatzlieferung und die Rückgabepflicht nach Vertragsaufhebung fest. Auch der Ort des Gefahrübergangs ist weitgehend mit dem Lieferort identisch (vgl Art 67, 69). Ferner folgt aus Art 31 der für die internationale Zuständigkeit (Art 5 Abs 1 EuG-VO, § 29 ZPO) maßgebliche Erfüllungsort.

3 Praktisch wird die Regelung des Art 31 jedoch vielfach durch vorrangige Abreden, insbes durch die Vereinbarung der INCOTERMS oder durch Handelsbräuche verdrängt.

II. Entstehungsgeschichte

Das EKG enthielt in Art 19 Abs 2 u Art 23 sachlich übereinstimmende Regeln. Die **4** im EKG vorgesehene Koppelung von Lieferung und Vertragsmäßigkeit (Art 19 Abs 1 EKG) wurde bei den UNCITRAL-Vorarbeiten frühzeitig verworfen (UNCI-TRAL YB IV [1973] 62; vgl auch Art 30 Rn 5). Die jetzige Fassung des Art 31 geht auf den Wiener Entwurf von 1977 (dort Art 15) zurück.

Auf der diplomatischen Konferenz von 1980 war beantragt worden, in lit a hinzu- **5** zufügen, daß die Übergabe zur Beförderung an den vereinbarten Bestimmungsort, hilfsweise an den Sitz des Käufers zu erfolgen habe (vgl Off Rec 102). Der Antrag fand jedoch keine Mehrheit (Off Rec 307).

III. Allgemeines

Art 31 greift, wie die Vorschrift im Eingangssatz nochmals herausstellt, **nur hilfs- 6 weise** ein. Parteivereinbarungen, insbes die Vereinbarung der INCOTERMS, aber auch Gepflogenheiten der Parteien oder Gebräuche (Art 9) haben stets Vorrang und legen vielfach spezieller fest, wo zu liefern ist und was der Verkäufer für die Lieferung zu veranlassen hat.

Die Vorschrift gilt aber nicht nur für die Lieferpflicht selbst, sondern auch für den **7** Ort, an dem eine Ersatzlieferung (Art 46 Abs 2) zu leisten ist (s Trib com de Montargis IHR 2001, 205). Ferner bestimmt sich der Erfüllungsort für die Rückgabepflicht, wenn der Vertrag aufgehoben ist (Art 81 Abs 2), nach den Regeln des Art 31 (s OLG Karlsruhe IHR 2003, 125; LG Gießen IHR 2003, 276). Art 31 gilt aber **auch für weitere Zusatzpflichten**, für die er im Zweifel ebenfalls den Erfüllungsort bestimmt. Hat der Verkäufer beispielsweise eine Anlage an die Niederlassung des Käufers zu liefern, dort zu montieren und Leute des Käufers in die Bedienung einzuarbeiten, dann folgt bereits aus dem Vertrag selbst, daß der Erfüllungsort für die Montage- und Einarbeitungspflicht ebenfalls am Sitz des Käufers liegt (OLG München RiW 2000, 712 [713]; ebenso zum EKG: OLG Celle RiW 1985, 571).

Nach der Konvention ist der **Verkäufer nicht** dazu **verpflichtet, die Ware zum Käufer 8 zu transportieren.** Im Zweifel hat der Käufer vielmehr die Ware beim Verkäufer abzuholen, dieser sie an seiner Niederlassung zur Verfügung zu stellen (so die Grundregel in Art 31 lit c). Diese Regel hat als Zweifelsregel auch Bedeutung für die Frage, wer die Transportkosten zu tragen hat: im Zweifel der Käufer (zu den übrigen Kosten und Lasten unten Rn 30).

Soweit der Vertrag allerdings eine **Beförderung** der Ware **erfordert**, hat der Verkäu- **9** fer, wie auch Art 32 zeigt, etwas mehr zu leisten. Er hat die Ware dem ersten Beförderer zu übergeben, sie also ggf selbst bis zu diesem zu befördern oder – an der eigenen Niederlassung – aktiv darauf hinzuwirken, daß der Beförderer den Gewahrsam an der Ware übernimmt (s näher u Rn 21).

Zur Lieferpflicht des Verkäufers gehört es ferner stets, daß die Ware, soweit er- **10** forderlich, **transportfähig verpackt** oder abgepackt ist (vgl Art 35 Abs 2 lit d; ferner SCHLECHTRIEM/SCHWENZER/HUBER/WIDMER Art 31 Rn 35).

11 Liefert den Verkäufer nicht an dem Ort, der aus Art 31 oder vorgehenden Vereinbarungen, Gepflogenheiten oder Gebräuchen folgt, dann begeht er eine **Vertragsverletzung,** die die Behelfe nach Art 45 ff auslöst (SCHLECHTRIEM/SCHWENZER/HUBER/
WIDMER Art 31 Rn 39; PILTZ, Internationales Kaufrecht § 4 Rn 36; SOERGEL/LÜDERITZ/SCHÜSS-
LER-LANGEHEINE Art 31 Rn 20).

IV. Lieferung beim Versendungskauf (lit a)

12 Nach Art 31 lit a hat der Verkäufer, sofern der Kaufvertrag eine Beförderung voraussetzt, seine Pflicht erfüllt, sobald er die Ware dem ersten Beförderer – rechtzeitig –
übergeben hat. Der Lieferort liegt in diesem Fall am Übergabeort. Weitere Pflichten
beim Versendungskauf folgen aus Art 32 Abs 1 (Konkretisierung, Anzeige).

1. Vertraglich geforderte Beförderung der Ware

13 Art 31 lit a greift nur ein, wenn der Kaufvertrag eine **Beförderung der Ware erfordert**
(„involves carriage of the goods", „implique un transport des marchandises") und
kein bestimmter Lieferort vereinbart ist. Für Art 31 lit a genügt deshalb nicht schon
die bei internationalen Lieferverträgen so gut wie stets erforderliche Warenbewe-
gung. Erforderlich ist, daß beide Parteien darüber einig sind, daß die Ware auf dem
Weg vom Verkäufer zum Käufer für eine Strecke von einem zwischengeschalteten
selbständigen Dritten übernommen und auch weiterbefördert wird (vgl Sekretariatskommentar Art 29 Bem 5; Schweizer Botschaft 787; BIANCA/BONELL/LANDO Art 31 Bem 2.4;
BRUNNER Art 31 Rn 6; SCHLECHTRIEM/SCHWENZER/HUBER/WIDMER Art 31 Rn 13 ff; ENDERLEIN/
MASKOW/STROHBACH Art 31 Bem 3; HERBER/CZERWENKA Art 31 Rn 4; HONNOLD Rn 208; KAROL-
LUS 108 f; PILTZ, Internationales Kaufrecht § 4 Rn 16 ff). Art 31 lit a gilt daher weder, wenn
der Verkäufer die Ware beim Käufer abzuliefern hat (Bringschuld), noch, wenn
umgekehrt der Käufer sie beim Verkäufer abzuholen hat (Holschuld), noch, wenn
der Verkäufer oder Käufer den Transport mit eigenen Leuten durchführt (vgl die in
der vorigen N zitierten; zu letzterem Punkt aber **abweichend** KAROLLUS 108). Auch der Transport, den der Verkäufer zur Beschaffung der Ware oder der Käufer zu ihrem
weiterem Abtransport veranlaßt, bringt Art 31 lit a nicht zur Anwendung (SCHLECHT-
RIEM/SCHWENZER/HUBER/WIDMER Art 31 Rn 15; KAROLLUS aaO).

14 Umstritten ist allerdings, ob Art 31 lit a eingreift, wenn vertragsgemäß **der Käufer
die Beförderung zu veranlassen hat.** Eine verbreitete Ansicht wendet lit a nur an,
wenn es nach dem Vertrag Sache des Verkäufers ist, für den Transport zu sorgen (so
ACHILLES Art 31 Rn 3; SCHLECHTRIEM/SCHWENZER/HUBER/WIDMER Art 31 Rn 17 f; HERBER/
CZERWENKA Art 31 Rn 4; KAROLLUS 108; PILTZ, Internationales Kaufrecht § 4 Rn 19; wohl auch
MünchKommHGB/BENICKE Art 31 Rn 4). Zur Begründung wird auch auf den Wortlaut
des Art 32 Abs 2 hingewiesen („hat der Verkäufer für die Beförderung der Ware zu
sorgen …").

15 Nach **aA** ist es dagegen gleichgültig, ob der Käufer oder der Verkäufer für die
Beförderung zu sorgen, also die dafür nötigen Verträge zu schließen hat (so BRUNNER
Art 31 Rn 5; ENDERLEIN/MASKOW/STROHBACH Art 31 Bem 5; REINHART Art 31 Rn 5; der Sache
nach auch Sekretariatskommentar Art 29 Bem 5 ff; HEUZÉ Nr 242; HONNOLD Rn 208; Münch-
KommBGB/GRUBER Art 31 Rn 15; SCHLECHTRIEM Rn 124; SOERGEL/LÜDERITZ/SCHÜSSLER-LAN-
GEHEINE Art 31 Rn 2; wohl auch GABRIEL, in: Draft Digest 347 f).

In der Fallpraxis hat die Kontroverse bisher keine Rolle gespielt; ihre Bedeutung **16**
hält sich damit in Grenzen. Wortlaut und Zweck des Art 31 lit a sprechen allerdings
für die Auffassung, daß es gleichgültig ist, ob der Verkäufer oder der Käufer den
Transport durch einen unabhängigen Beförderer zu veranlassen hat. Der Text stellt
nicht darauf ab, welche Vertragspartei die Beförderung zu organisieren hat, sondern
verlangt nur, daß eine – selbständige – Beförderung (dazu unten Rn 18 f) nötig ist.
Auch Art 32 Abs 2 ergibt nichts Anderes. Zum andern wäre es ein widersprüchliches Ergebnis, wenn der Erfüllungsort an einem jeweils anderen Ort liegen sollte, je
nachdem, ob der Käufer oder der Verkäufer vertragsgemäß den – selbständigen –
Beförderer zu beauftragen hat. Nach dem Zweck des Art 31 lit a hat der Verkäufer
in beiden Fällen seine Pflicht erst erfüllt, wenn er die Ware dem Beförderer übergeben hat. Für Fehler des Beförderers, die etwa zu Beschädigung oder Verlust der
Ware führen, haftet der Verkäufer nicht (vgl Handelsgericht des Kantons Zürich 10. 2. 1999,
SZIER 2000, 111 [LS]; s auch ebenso OLG Karlsruhe IHR 2003, 125 für die parallele Problematik
der Transportschäden beim Rücktransport der Ware nach Vertragsaufhebung).

Darauf, welche Partei die **Kosten des Transports** trägt, kommt es – erst recht – nicht **17**
an (HERBER/CZERWENKA Art 31 Rn 4; MünchKommHGB/BENICKE Art 31 Rn 4; ebenso zum
EKG: LG Osnabrück, in: SCHLECHTRIEM/MAGNUS Art 19 Nr 10; auch OLG Koblenz, in:
SCHLECHTRIEM/MAGNUS Art 23 Nr 1). Ebenso ist unerheblich, wann das Eigentum an
der Ware auf den Käufer übergehen soll (Sekretariatskommentar Art 29 Bem 18).

2. Selbständiger Beförderer

Beförderer („carrier", „transporteur") ist nach der Konvention derjenige, der **den** **18**
Transport der Ware selbständig durchführt und sie während des Transports in seiner
tatsächlichen Obhut hat (SCHLECHTRIEM/SCHWENZER/HUBER/WIDMER Art 31 Rn 19; ENDER-
LEIN/MASKOW/STROHBACH Art 31 Bem 4; HERBER/CZERWENKA Art 31 Rn 6; PILTZ, Internationales
Kaufrecht § 4 Rn 23). Er ist damit auch derjenige, der für Transportschäden aufkommen
muß. So sind etwa Frachtführer, Eisenbahnunternehmen, Post, Paketdienste, Ver-
frachter im Übersee- oder Luftverkehr Beförderer (SCHLECHTRIEM/SCHWENZER/HUBER/
WIDMER, PILTZ, jeweils aaO). Spediteure sind Beförderer dann, wenn sie sich nicht nur
zur Organisation des Transports, sondern dazu verpflichten, ihn selbst durchzuführen,
und dazu die Ware übernehmen. Ob sie die Ware dann selbst transportieren oder
Dritte einschalten, wird als gleichgültig angesehen (vgl BAMBERGER/ROTH/SAENGER Art 31
Rn 6; BRUNNER Art 31 Rn 7; SCHLECHTRIEM/SCHWENZER/HUBER/WIDMER Art 31 Rn 25 ff; Münch-
KommHGB/BENICKE Art 31 Rn 12; PILTZ, Internationales Kaufrecht § 4 Rn 23; SCHLECHTRIEM, in:
Berner Tage 111 f; ähnlich ENDERLEIN/MASKOW/STROHBACH Art 31 Bem 4; HERBER/CZERWENKA
Art 31 Rn 6; LOEWE, Kaufrecht 52; aA BIANCA/BONELL/LANDO Art 31 Bem 2. 4: Das Recht seines
Niederlassungsortes bestimmt, ob jemand Beförderer ist, sowie Denkschrift 47: Spediteur werde wie
in § 447 Abs 1 BGB stets erfaßt; für letztere Ansicht auch HONSELL/KAROLLUS Art 31 Rn 18).

Nach wohl einhelliger Ansicht verlangt Art 31 lit a, daß ein **selbständiger** Beförderer **19**
eingeschaltet wird (Schweizer Botschaft 787; BIANCA/BONELL/LANDO Art 31 Bem 2. 4;
SCHLECHTRIEM/SCHWENZER/HUBER/WIDMER Art 31 Rn 22 f; ENDERLEIN/MASKOW/STROHBACH
Art 31 Bem 3; HONSELL/KAROLLUS Art 31 Rn 17; PILTZ, Internationales Kaufrecht § 4 Rn 23;
REINHART Art 31 Rn 5; zum EKG ebenso OLG Frankfurt, in: SCHLECHTRIEM/MAGNUS Art 19
Nr 8). Die Beförderung durch eigene Leute des Verkäufers genügt jedenfalls nicht,
weil die Ware den Machtbereich des Verkäufers damit nicht verläßt (vgl oben Rn 13).

3. Übergabe an den ersten Beförderer

20 Seine Lieferpflicht hat der Verkäufer in den Fällen des Art 31 lit a **erfüllt, sobald** er die Ware dem Beförderer – bei mehreren Beförderern dem ersten – **übergeben** hat und kein abweichender Lieferort vereinbart ist (SCHLECHTRIEM/SCHWENZER/HUBER/ WIDMER Art 31 Rn 30; PILTZ, Internationales Kaufrecht § 4 Rn 24). Bei Vereinbarung von FOB Verschiffungshafen hat der Verkäufer deshalb erst geleistet, wenn die Ware die Schiffsreling im Verschiffungshafen überschreitet, auch wenn vorher ein selbständiger Beförderer den Transport zum Hafen durchgeführt hat (vgl auch HERBER/ CZERWENKA Art 31 Rn 5).

21 „Übergabe" an den Beförderer bedeutet, daß der Verkäufer erst dann erfüllt hat, **wenn der Beförderer die Ware tatsächlich übernommen hat**. Das reine Bereitstellen wie in lit b u c genügt hier nicht. Welche Handlungen der Verkäufer im einzelnen vorzunehmen hat, wird sich vielfach aus speziellen Vereinbarungen oder Handelsbräuchen ergeben. Im Zweifel dürfte notwendig sein, daß der Verkäufer die Ware auf oder in das Transportmittel lädt (MünchKommHGB/BENICKE Art 31 Rn 8; wohl **aA** HONSELL/KAROLLUS Art 31 Rn 15). Hebezeug, zB Gabelstapler etc, muß deshalb in der Regel er, nicht der Käufer stellen.

22 Die Übergabe der Ware hat ferner „zur Übermittlung an den Käufer" zu erfolgen. Ohne diese **Zweckbestimmung** übergebene Ware und ohne ggf notwendige Konkretisierung oder Anzeige liegt, wie auch Art 32 Abs 1 zeigt, keine Lieferung vor.

23 **Ändert der Verkäufer nachträglich die Zuordnung der Ware**, indem er sie etwa für einen anderen Käufer bestimmt, dann entfällt gegenüber dem ersten Käufer rückwirkend die Erfüllungswirkung, die in der Übergabe an den Beförderer lag (ebenso SCHLECHTRIEM/SCHWENZER/HUBER/WIDMER Art 31 Rn 41; **aA** zum EKG offenbar Cass civ, in: SCHLECHTRIEM/MAGNUS Art 19 Nr 1).

4. Erfüllungsort

24 Der Übergabeort ist der **Erfüllungsort**, an dem auch der Gerichtsstand des Erfüllungsortes liegt (BRUNNER Art 31 Rn 15; HERBER/CZERWENKA Art 31 Rn 2; MAGNUS IHR 2002, 49; PILTZ NJW 2003, 2061; SCHÜTZE, in: FS Matscher 424 ff sowie die Rechtsprechung zum EKG: Cass civ, in: SCHLECHTRIEM/MAGNUS Art 19 Nr 1; Rb Alkmaar, in: SCHLECHTRIEM/MAGNUS Art 19 Nr 7; auch BGHZ 78, 257, 260 anerkennt das; **aA** SCHLECHTRIEM/SCHWENZER/HUBER/WIDMER Art 31 Rn 90 [Niederlassungsort des Verkäufers]). Der Bestimmungsort, an dem die Ware schließlich – vom Beförderer – abzuliefern ist, hat für Art 31 lit a keine Bedeutung. Vielfach wird auch in den Fällen des Art 31 lit a der Übergabeort an der Niederlassung des Verkäufers liegen.

V. Lieferung bei sonstigen Kaufverträgen (lit b, c)

25 Wenn der Kaufvertrag keine Beförderung der Ware im oben Rn 13 ff umschriebenen Sinn erfordert, dann hat der Verkäufer die Ware nur zur Abholung zur Verfügung zu stellen. Der Ort, wo dies zu geschehen hat, variiert jedoch für Art 31 lit b und c.

1. Die Fälle des Art 31 lit b

Bei **Speziesschulden** („bestimmte Ware"), **Vorratsschulden** und bei **herzustellender** 26
oder **zu erzeugender Ware** entscheidet gem lit b der Ort, an dem sich die Ware
befindet, wenn die Parteien bei Vertragsschluß wußten, daß sich die Ware dort
befand oder befinden würde. Der Käufer muß die Ware dann im Zweifel von
diesem Ort abholen, der Verkäufer sie hier zur Verfügung stellen (s hierzu OLG
Hamm RiW 1999, 786 [Käufer muß die Ware nach Abruf abholen; Verkäufer wird insolvent und
kann die Ware, die inzwischen verschwunden ist, nicht mehr bereitstellen; Lieferpflicht nicht erfüllt
und Kaufpreisklage daher abgewiesen]). Die Vorschrift verlangt positive Kenntnis beider
Parteien. Fahrlässige Unkenntnis genügt nicht (Sekretariatskommentar Art 29 Bem 13).
Fehlt einer Partei die Kenntnis, dann gelangt lit c zur Anwendung.

Art 31 lit b gilt ferner für den Verkauf von Ware, die **bei einem Dritten eingelagert** 27
ist (ebenso SCHLECHTRIEM/SCHWENZER/HUBER/WIDMER Art 31 Rn 58). Die Ware ist hier
durch Abtretung des Herausgabeanspruchs oder durch die Übergabe berechtigender Dokumente (Lagerscheine etc) zur Verfügung zu stellen (Sekretariatskommentar
Art 29 Bem 17; SCHLECHTRIEM/SCHWENZER/HUBER/WIDMER aaO; PILTZ, Internationales Kaufrecht § 4 Rn 27).

Nach lit b wird auch der Verkauf von **Ware** beurteilt, die sich bereits **auf dem** 28
Transport befindet (Sekretariatskommentar Art 29 Bem 12; HERBER/CZERWENKA Art 31 Rn 7;
KAROLLUS 110; MünchKommHGB/BENICKE Art 31 Rn 28; PILTZ, Internationales Kaufrecht § 4
Rn 44; SCHLECHTRIEM, UN-Kaufrecht 53; zweifelnd BIANCA/BONELL/LANDO Art 31 Bem 2. 6. 2; **aA**
SCHLECHTRIEM/SCHWENZER/HUBER/WIDMER Art 31 Rn 47). Es genügt hier freilich, daß der
Verkäufer die Dokumente übergibt oder die Ware am Bestimmungsort zur Verfü-
gung stellt (ebenso HERBER/CZERWENKA, KAROLLUS, jeweils aaO). Ferner ist nur die Kennt-
nis zu fordern, daß sich die Ware auf dem Transport befindet. Der Gefahrübergang
richtet sich bei rollender, schwimmender oder fliegender Ware nach Art 68.

2. Die übrigen Fälle (lit c)

In allen übrigen Fällen gilt lit c. Erfüllungsort ist damit im Zweifel der Ort, an dem 29
der Verkäufer bei Vertragsschluß seine Niederlassung – für sie gilt Art 10 – hatte.
Der Erfüllungsort nach lit b und lit c hat zuständigkeitsbegründende Wirkung (vgl
oben Rn 24; ferner SCHLECHTRIEM/SCHWENZER/HUBER/WIDMER Art 31 Rn 91; SOERGEL/LÜDE-
RITZ/SCHÜSSLER-LANGEHEINE Art 31 Rn 17). Das gilt sowohl für die EuGVO, das
EuGVÜ und das LugÜ als auch im Rahmen des autonomen Zuständigkeitsrechts
(vgl näher MAGNUS IHR 2002, 45 ff; MünchKommBGB/GRUBER Art 31 Rn 30 ff).

VI. Kosten und Abgaben

Die **Kosten bis zum Lieferort und der Lieferung** selbst hat, vorbehaltlich vorrangiger 30
Vereinbarungen, Gepflogenheiten oder Gebräuche, der Verkäufer, jene der Über-
oder Abnahme und danach entstehende Kosten der Käufer zu tragen (ACHILLES
Art 31 Rn 17; SCHLECHTRIEM/SCHWENZER/HUBER/WIDMER Art 31 Rn 83; MünchKommHGB/
BENICKE Art 31 Rn 32 f; PILTZ, Internationales Kaufrecht § 4 Rn 47). Diese Grundregel ist
im Zweifel auch auf sonstige Lasten wie Zölle, Steuern, Aus- oder Einfuhrabgaben
oder -genehmigungen zu übertragen. Der Verkäufer hat deshalb in der Regel die bis

zum Erreichen des Lieferortes erforderlichen Genehmigungen, Zölle etc, der Käufer dagegen die vom Lieferort an anfallenden Lasten zu tragen (HONNOLD Rn 211; MünchKommBGB/GRUBER Art 31 Rn 25; PILTZ, Internationales Kaufrecht § 4 Rn 48; STAUB/ KOLLER vor § 373 HGB Rn 661; teilw **abweichend** SCHLECHTRIEM/SCHWENZER/HUBER/WIDMER Art 31 Rn 84 f: Jede Seite trägt die Pflichten ihres Landes; zu Besonderheiten der Steuerlast vgl PILTZ, Internationales Kaufrecht § 4 Rn 50).

VII. Lieferortvereinbarungen

31 Die Parteien können den Lieferort, wie Art 31 ausdrücklich anerkennt, vom Gesetz abweichend festlegen, indem sie einen „bestimmten anderen Ort" vereinbaren, an dem zu liefern ist. Ob in einer Lieferklausel eine solche Vereinbarung zu sehen ist, ist jeweils durch Auslegung zu ermitteln. Dabei ist stets zu unterscheiden, ob die Klausel nur regeln soll, wer die Kosten des Transports zu tragen hat (sog reine Spesenklausel), ob sie auch oder nur den Ort des Gefahrübergangs festlegen will oder ob sie allein oder auch den Lieferort fixieren will. Bei Einigung auf eine der INCOTERMS-Klauseln (zB durch „CIF INCOTERMS 2000") gilt der damit festgelegte Lieferort – bei CIF also an Bord des benannten Schiffes im Verschiffungshafen (s CIF A 4; die Transportkosten hat der Verkäufer aber bis zum Bestimmungshafen zu tragen). Die INCOTERMS-Klausel „EXW" (ex works) ändert den Lieferort, der ohnehin aus Art 31 lit a und c folgt (Niederlassung des Verkäufers), dagegen nicht ab (s OGH TranspR-IHR 1999, 48; Cour d'appel de Paris 18.3.1998, CLOUT Nr 245; Cour d'appel de Paris 4.3.1998, CLOUT Nr 244; ebenso für „ab Werk" OLG Köln 8.1.1997, CLOUT Nr 311). Die INCOTERMS-Klausel „DDP" (deliverd, duty paid) verschiebt den Lieferort an den Niederlassungsort des Käufers (OLG Oldenburg OLGR 2000, 26 = CLOUT Nr 340). Verwenden die Parteien in den INCOTERMS definierte Klauseln ohne ausdrückliche Bezugnahme auf die INCOTERMS, sollte gleichwohl zur Auslegung der Klausel auf die INCOTERMS-Definition zurückgegriffen werden, sofern nicht deutliche Indizien für einen abweichenden Parteiwillen sprechen (s oben Art 9 Rn 8 und die Nachweise dort).

Schwieriger ist es, die Bedeutung anderer international verbreiteter Lieferklauseln wie zB von FRANCO-Klauseln zu ermitteln. Sie haben vielfach keine international einheitliche, sondern eine national variierende Bedeutung. Bei FRANCO- oder Frei-Klauseln kommt etwa in Betracht, daß sie als reine Spesenklauseln nur die Kosten des Transports regeln und dem Verkäufer bis zum benannten Ort auferlegen. Sie können aber auch als Fixierung des Ortes des Risikoübergangs oder/und als Vereinbarung verstanden werden, die den Lieferort an den Platz verlegt, bis zu dem der Verkäufer kostenfrei zu liefern hat (s eingehend FOGT EurLF 2003, 61 ff). In erster Linie muß auch hier die Auslegung derartiger Klauseln darüber entscheiden, was die Parteien aus objektiver Sicht und im Licht der gesamten Fallumstände mit der Klausel gemeint haben (Art 8; ebenso BRUNNER Art 31 Rn; FOGT EurLF 2003, 68). Bleibt das letztlich offen, dann sollte für die jeweilige Klausel – in analoger Anwendung des Art 9 Abs 2 – das Verständnis gelten, das „weithin bekannt" ist und „regelmäßig beachtet" wird. Gibt es ein solches Verständnis nicht, sollte ein einheitliches vernünftiges Verständnis unter dem CISG entwickelt werden. Dies ist die bessere und für den internationalen Handel sinnvollere Lösung, als die Auslegung nach dem jeweils anwendbaren nationalen Recht – im Zweifel dem Verkäuferrecht (Art 32 Abs 1 Nr 1 iVm Art 28 Abs 2 EGBGB) – vorzunehmen und das dort herrschende

Verständnis zugrundezulegen (so aber dän Højesteret EurLF 2003, 70 sowie Fogt EurLF 68 f). Für FRANCO-Klauseln überwiegt international wohl die Auffassung, daß damit allein die Transportkosten geregelt werden, sofern nicht hinreichende sonstige Anhaltspunkte für eine weitergehende Bedeutung sprechen (s u Rn 32).

Die Rechtsprechung hat FRANCO- oder Frei-Klauseln – zB „Lieferung frei Haus" **32** (des Käufers) – bei CISG-Käufen zwar zum Teil zugleich als Lieferortvereinbarungen angesehen (etwa OGH 10. 9. 1998 UNILEX; OLG Karlsruhe NJW-RR 1993, 1316; OLG Köln 8. 1. 1997 [27 u 58/96]; Cour d'appel Orleans 29. 3. 2001, CISG France; Cour d'appel de Versailles 28. 11. 2001, CISG France; s auch Achilles Art 31 Rn 16: im Zweifel Lieferortbezeichnung). Überwiegend sieht man ohne sonstige, anderslautende Indizien in ihnen jedoch reine Kostenabreden (so BGH ZIP 1997, 519 [„Lieferung frei Haus [des Käufers] unverzollt" gekoppelt mit „Preise gelten frei [Sitz des Käufers]"; dän Højesteret EurLF 2003, 70 [„F.CO DOMIC. NON SDOG." = franco Domizil, unverzollt] m Aufs Fogt EurLF 2003, 61 ff; Hoge Raad NIPR 1999 Nr 166; OLG Köln IHR 2002, 66 [„frei Hof"]; OLG Koblenz IHR 2003, 66 [„frei Baustelle"]; s auch Brunner Art 31 Rn 3 Fn 699; Piltz NJW 2003, 2061; Witz/Salger/Lorenz Art 31 Rn 8). Den gesetzlichen Lieferort ändern sie damit in der Regel nicht.

Die Vereinbarung, die zu liefernde Anlage am Sitz des Käufers zu montieren, be- **33** deutet, allerdings, daß dort insgesamt der Lieferort liegt (OLG München RiW 2000, 712 [713]). Dagegen legt die Klausel „Preisstellung ab Werk Rimini" bei Lieferung einer Anlage aus Italien, die in Deutschland beim Käufer vereinbarungsgemäß montiert werden soll, nicht etwa einen Lieferort in Rimini fest, sondern begründet nur die Zahlungspflicht des Käufers für den Transport (OLG München RiW 2000, 712 [713]). Erst recht bedeutet „ab Werk" keine Abweichung gegenüber Art 31 (OLG Köln aaO).

Für die Zuständigkeitsfrage ist allerdings zu beachten, daß sog **reine Erfüllungsortvereinbarungen**, die allein der Begründung einer Zuständigkeit dienen sollen, bei denen der Erfüllungs- oder Lieferort aber mit dem tatsächlichen Lieferort nichts zu tun hat, im Bereich der EuGVO nur dann die Zuständigkeit am vereinbarten Ort begründen, wenn sie die Form einer Gerichtsstandsvereinbarung einhalten (s EuGH Slg 1997 I 911 – MSG Mainschiffahrtsgenossenschaft ./. Les Gravières Rhenanes). Kritisch ist auch die zuständigkeitsbegründende Wirkung von Klauseln gesehen worden, die einen Lieferort bestimmen, der weder am Sitz des Verkäufers noch des Käufers liegt (so OGH 10. 9. 1998, ZfRV 1999, 23 f [LS; zwei Urteile]). Lieferklauseln, die den Verkäufer nur zur Versendung verpflichten, begründen jedenfalls keinen Gerichtsstand am Bestimmungsort (OGH aaO).

VIII. Beweisfragen

Die Partei, die einen von Art 31 abweichenden Erfüllungsort behauptet, hat dafür **34** den Nachweis zu erbringen (AG Duisburg IHR 2001, 114). Steht ein Versendungskauf (lit a) fest, dann spricht eine Vermutung dafür, daß der Übergabeort zugleich der Erfüllungsort ist (vgl Herber/Czerwenka Art 31 Rn 10; ebenso zum EKG: OLG Celle IPRax 1985, 284, 288).

Die nach Art 31 lit b erforderliche Kenntnis hat derjenige zu beweisen, der sich auf **35** den Erfüllungsort nach dieser Vorschrift beruft (eingehend zu den Beweislastfragen Baumgärtel/Laumen/Hepting Art 31 Rn 1 ff sowie Achilles Art 31 Rn 18).

Art 32 [Pflichten hinsichtlich der Beförderung der Ware]

(1) Übergibt der Verkäufer nach dem Vertrag oder diesem Übereinkommen die Ware einem Beförderer und ist die Ware nicht deutlich durch daran angebrachte Kennzeichen oder durch Beförderungsdokumente oder auf andere Weise dem Vertrag zugeordnet, so hat der Verkäufer dem Käufer die Versendung anzuzeigen und dabei die Ware im einzelnen zu bezeichnen.

(2) Hat der Verkäufer für die Beförderung der Ware zu sorgen, so hat er die Verträge zu schließen, die zur Beförderung an den festgesetzten Ort mit den nach den Umständen angemessenen Beförderungsmitteln und zu den für solche Beförderungen üblichen Bedingungen erforderlich sind.

(3) Ist der Verkäufer nicht zum Abschluß einer Transportversicherung verpflichtet, so hat er dem Käufer auf dessen Verlangen alle ihm verfügbaren, zum Abschluß einer solchen Versicherung erforderlichen Auskünfte zu erteilen.

Art 32

(1) If the seller, in accordance with the contract or this Convention, hands the goods over to a carrier and if the goods are not clearly identified to the contract by markings on the goods, by shipping documents or otherwise, the seller must give the buyer notice of the consignment specifying the goods.

(2) If the seller is bound to arrange for carriage of the goods, he must make such contracts as are necessary for carriage to the place fixed by means of transportation appropriate in the circumstances and according to the usual terms for such transportation.

(3) If the seller is not bound to effect insurance in respect of the carriage of the goods, he must, at the buyer's request, provide him with all available information necessary to enable him to effect such insurancè.

Art 32

1) Si, conformément au contrat ou à la présente Convention, le vendeur remet les marchandises à un transporteur et si les marchandises ne sont pas clairement identifiées aux fins du contrat par l'apposition d'un signe distinctif sur les marchandises, par des documents de transport ou par tout autre moyen, le vendeur doit donner à l'acheteur avis de l'expédition en désignant spécifiquement les marchandises.

2) Si le vendeur est tenu de prendre des dispositions pour le transport des marchandises, il doit conclure les contrats nécessaires pour que le transport soit effectué jusqu'au lieu prévu, par les moyens de transport appropriés aux circonstances et selon les conditions usuelles pour un tel transport.

3) Si le vendeur n'est pas tenu de souscrire luimème une assurance de transport, il doit fournir à l'acheteur, à la demande de celui-ci, tous renseignements dont il dispose qui sont nécessaires à la conclusion de cette assurance.

Systematische Übersicht

I. Regelungsgegenstand und Normzweck

Die Vorschrift legt eine Reihe **zusätzlicher Pflichten des Verkäufers** fest, wenn es sich **1** um einen Kauf handelt, bei dem ein selbständiger Dritter die Ware zur Beförderung übernimmt. So muß der Verkäufer nach Art 32 Abs 1 die dem Beförderer übergebene Ware hinreichend kennzeichnen oder aber den Käufer entsprechend unterrichten. Abs 1 korrespondiert mit Art 67 Abs 2 und Art 69 Abs 3, die den Gefahrübergang davon abhängig machen, daß die Ware dem Vertrag eindeutig zugeordnet ist. Die in allen drei Vorschriften angesprochene Konkretisierung ist nach einem einheitlichen Maßstab zu bestimmen (vgl auch die Erl zu Art 67 u 69).

Abs 2 legt die Pflichten des Verkäufers fest, der es übernommen hat, für den **2** Warentransport zu sorgen. Er hat mangels anderer Absprachen die **Pflicht**, einen oder ggf mehrere **Beförderungsverträge** zu üblichen Bedingungen und über angemessene Transportmittel (etwa in Kühlwagen etc) **abzuschließen**.

Abs 3 erlegt demjenigen Verkäufer, der nicht für eine Transportversicherung zu **3** sorgen hat, die **Pflicht** auf, dem Käufer jedenfalls **die für die Versicherung nötigen Auskünfte zu geben**.

Die in Abs 2 und 3 genannten Zusatzpflichten beziehen sich nicht auf originär **4** kaufrechtliche Fragen. Sie belegen, daß der Verkäufer nach der Konvention **verpflichtet** ist, auch über die eigentlichen Vertragspflichten hinaus **die Interessen des Käufers zu wahren und das Vertragsziel nicht zu gefährden**. Sie bieten damit einen Ansatz, eine entsprechende allgemeine Pflicht beider Vertragsparteien zu entwikkeln (s dazu Art 7 Rn 47).

II. Entstehungsgeschichte

Die Vorschrift entspricht weitgehend wörtlich Art 19 Abs 3 und Art 54 EKG, die sie **5** zusammenfaßt.

Auf der Wiener Konferenz wurde lediglich Abs 1 dahin ergänzt, daß sich die **6** Verpflichtung des Verkäufers, die Ware dem Beförderer zu übergeben, „nach dem Vertrag oder diesem Übereinkommen" ergeben müsse (Off Rec 102). Im übrigen wurde die Vorschrift ohne Änderung oder Einwände akzeptiert (Off Rec 307 f).

III. Konkretisierung und Versendungsanzeige (Abs 1)

Nach Abs 1 muß die dem – selbständigen – Beförderer übergebene Ware grund- **7** sätzlich in der Weise gekennzeichnet sein, daß sie **einem bestimmten Kaufvertrag zugeordnet werden kann**. Ist das nicht der Fall, dann hat der Verkäufer seine Lieferpflicht nur erfüllt, wenn er dem Käufer die Versendung unter genauer Bezeichnung der Ware anzeigt.

8 Die Vorschrift kommt in allen Fällen zum Zug, in denen die Parteien eine **Beförderung der Ware durch einen selbständigen Dritten vereinbart** haben, also auch in Fällen, in denen ein anderer Lieferort als der in Art 31 lit a vorgesehene bestimmt ist (ebenso SCHLECHTRIEM/SCHWENZER/HUBER/WIDMER Art 32 Rn 2; KAROLLUS 111; wohl aA SOERGEL/LÜDERITZ Art 32 Rn 2). Dagegen erfaßt sie nicht die Fälle des Art 31 lit b u c oder reine Bringschulden (SCHLECHTRIEM/SCHWENZER/HUBER/WIDMER aaO; HONSELL/KAROLLUS Art 32 Rn 3). Denn hier wird kein Dritter zwischengeschaltet, der mit dem Kaufgeschäft unvertraut ist.

1. Kennzeichnung

9 Die **Konkretisierung** kann der Verkäufer **in jeder Weise** vornehmen, die die Zuordnung der Ware zu einem bestimmten Vertrag hinreichend deutlich macht. Das Anbringen von Kennzeichen, Markierungen, Warenzeichen, Name und Adresse des Käufers etc an der Ware genügt; ebenso die Bezeichnung in den Beförderungsdokumenten, sofern die Ware dadurch identifiziert werden kann (vgl HERBER/CZERWENKA Art 67 Rn 10).

2. Anzeige

10 Für die Konkretisierung genügt auch die **Anzeige, daß die** – näher bezeichnete – **Ware dem Beförderer übergeben wurde.** Für die Anzeige gilt Art 27, so daß der Verkäufer seine Lieferpflicht erfüllt hat, sobald er die Anzeige auf geeignetem Weg abgesendet hat (BAMBERGER/ROTH/SAENGER Art 32 Rn 5; SCHLECHTRIEM/SCHWENZER/HUBER/WIDMER Art 32 Rn 7; vgl auch Art 67 Rn 27). Für die Anzeige gilt keine Frist. Der Verkäufer kann die Ware noch bis zu ihrer Ankunft am Bestimmungsort einem bestimmten Käufer durch Anzeige zuordnen (KOCK 102; aA BIANCA/BONELL/LANDO Art 32 Bem 2.2.2.; SCHLECHTRIEM/SCHWENZER/HUBER/WIDMER Art 32 Rn 6: angemessene Frist nach Warenabsendung; HONSELL/KAROLLUS Art 32 Rn 10; MünchKommBGB/GRUBER Art 32 Rn 6).

11 Ist die **Ware bereits untergegangen,** kann eine erst dann abgesandte Anzeige die Erfüllungswirkung grundsätzlich nicht mehr herbeiführen – ebensowenig den Gefahrübergang (vgl aber die Ausnahme in Art 68 S 3).

12 Der Verkäufer kann die **Anzeige** bis zu ihrem Zugang **zurücknehmen** und die Ware etwa noch einem anderen Käufer zuordnen (Art 15, 22 analog). Nach Zugang ist die angezeigte Konkretisierung bindend; der Verkäufer begeht durch anderweite Zuordnung der Ware eine Vertragsverletzung (ebenso ACHILLES Art 32 Rn 3; SCHLECHTRIEM/SCHWENZER/HUBER/WIDMER Art 32 Rn 9; HONSELL/KAROLLUS Art 32 Rn 11; aA MünchKommHGB/BENICKE Art 31 Rn 10; NEUMAYER/MING Art 32 Bem 5; SOERGEL/LÜDERITZ/SCHÜSSLER-LANGEHEINE Art 32 Rn 6).

13 Ob bei **Sammelladungen** die Anzeige für die Konkretisierung genügt, ist umstritten, richtigerweise aber zu bejahen (zu den Einzelheiten vgl Art 67 Rn 28 ff). Die Anzeige muß in diesem Fall inhaltlich nur das Beförderungsmittel und die Menge angeben

(SCHLECHTRIEM/SCHWENZER/HUBER/WIDMER Art 32 Rn 5; SOERGEL/LÜDERITZ/SCHÜSSLER-LAN-
GEHEINE Art 32 Rn 3; WITZ/SALGER/LORENZ Art 32 Rn 2).

3. Rechtsfolgen

Solange der Verkäufer die Ware nicht gemäß Art 32 Abs 1 gekennzeichnet oder **14**
ihre Versendung angezeigt hat, hat er seine **Lieferpflicht nicht erfüllt.** Dem Käufer
stehen die Rechtsbehelfe der Art 45 ff zu, sofern dadurch die Lieferfrist nicht
eingehalten wird (Sekretariatskommentar Art 30 Bem 3; BIANCA/BONELL/LANDO Art 32
Bem 2.2.2; SCHLECHTRIEM/SCHWENZER/HUBER/WIDMER Art 32 Rn 11; HERBER/CZERWENKA
Art 32 Rn 5; HONNOLD Rn 213; HONSELL/KAROLLUS Art 32 Rn 12 ff; SOERGEL/LÜDERITZ/SCHÜSS-
LER-LANGEHEINE Art 32 Rn 5). In der Regel wird Schadensersatz, ausnahmsweise – bei
wesentlicher Vertragsverletzung (Fixgeschäft) – auch die Vertragsaufhebung in Betracht kommen (vgl die in der vorigen N zitierten). Ferner geht ohne Kennzeichnung
oder Anzeige die Gefahr nicht über (vgl näher die Erl zu Art 67).

IV. Besorgung der Beförderung (Abs 2)

Grundsätzlich ist der **Verkäufer nicht verpflichtet, für die Beförderung der Ware zu** **15**
sorgen; er hat die Ware nur dem ersten Beförderer zu übergeben, wenn eine
Beförderung vereinbart ist (Art 31 lit a; DÍEZ-PICAZO/DE LA GANDARA Art 32 Bem III 1;
MünchKommBGB/GRUBER Art 32 Rn 9; aA aber SCHLECHTRIEM/SCHWENZER/HUBER/WIDMER
Art 32 Rn 1; HONSELL/KAROLLUS Art 32 Rn 16).

Art 32 Abs 2 geht demgegenüber davon aus, daß der Verkäufer vertraglich, zB bei **16**
Vereinbarung einer C- oder D-Klausel der INCOTERMS, oder aufgrund von Gepflogenheiten oder Gebräuchen für die Beförderung der Ware zu sorgen hat. Er hat
dann nicht etwa selbst zu befördern, sondern zu üblichen Bedingungen diejenigen
Verträge abzuschließen, die für die fristgerechte Beförderung der Ware mit angemessenen Transportmitteln nötig sind. Die Vorschrift verpflichtet den Verkäufer
damit, beim Abschluß dieser Verträge die Interessen des Käufers zu wahren, soweit
diese berührt sind.

Welche **Transportmittel und** auch welcher **Transportweg angemessen** ist, richtet sich **17**
nach den Umständen. Der Verkäufer muß den Eigenarten der Ware (zB Verderblichkeit, Lichtempfindlichkeit, hygroskopische Eigenschaften etc), ihrer Verpackung
und Menge, der Eilbedürftigkeit des Geschäfts, besonderen Transportgefahren (zB
nicht durch Kriegsgebiete) etc Rechnung tragen, auf den üblichen, möglichst nächsten Transportweg und auch auf die Zuverlässigkeit des Beförderers achten (vgl auch
BIANCA/BONELL/LANDO Art 32 Bem 2.3.1; BRUNNER Art 32 Rn 2; SCHLECHTRIEM/SCHWENZER/
HUBER/WIDMER Art 32 Rn 20; ENDERLEIN/MASKOW/STROHBACH Art 32 Bem 6 f; HERBER/CZER-
WENKA Art 32 Rn 7; MünchKommHGB/BENICKE Art 32 Rn 11). Im übrigen steht dem Verkäufer die Wahl der Transportart aber frei, es sei denn eine bestimmte Modalität –
zB Transport in Lkw – vereinbart (Bezirksgericht der Saane 20.2.1997, SZIER 1999, 195 [LS]
= CLOUT Nr 261 [Vereinbarung, Ware in Lkw nach Moskau zu befördern, nicht nachgewiesen]).

Im Hinblick auf die Bedingungen des bzw der Transportverträge genügt es, wenn **18**
der Verkäufer **übliche Bedingungen**, insbes übliche Beförderungsentgelte vereinbart
– vielfach sind hier ohnehin zwingende Tarife oder Haftungsregelungen vorgesehen.

Ungewöhnliche Haftungsfreizeichnungen darf der Verkäufer jedenfalls dann nicht akzeptieren, wenn kein Versicherungsschutz für die Ware besteht (vgl auch Schlecht-riem/Schwenzer/Huber/Widmer Art 32 Rn 20; Herber/Czerwenka Art 32 Rn 7).

19 Verstößt der Verkäufer gegen die Pflichten aus Abs 2, dann schuldet er in der Regel **Schadensersatz** (Art 45 Abs 1 lit b). Sofern der Pflichtenverstoß wesentlich ist, kann der Käufer den Vertrag aufheben (Art 49 Abs 1 lit a).

20 Auch wenn der Verkäufer für die Beförderung der Ware zu sorgen hat, folgt allein daraus oder aus Art 32 Abs 2 noch nicht die Pflicht, die **Transportkosten** zu tragen. Im Zweifel, soweit nicht Vertrag, Gepflogenheit oder Gebräuche anderes vorsehen, hat der Käufer die Kosten der Beförderung zu tragen (vgl zur Kostenlast Art 31 Rn 8, 30).

21 Der Gedanke des Abs 2 ist analog auf die Situation zu übertragen, daß der Verkäufer zum Abschluß einer Transportversicherung für die Ware verpflichtet ist (vgl noch unten Rn 22). Auch hier hat der Verkäufer im Zweifel geeigneten **Versicherungs-schutz zu üblichen Bedingungen** zu nehmen.

V. Auskunft für Versicherungszwecke (Abs 3)

22 Nach der Konvention ist der Verkäufer – vorbehaltlich vertraglicher Vereinbarungen, insbes der INCOTERMS, Gepflogenheiten oder Gebräuche – **nicht verpflichtet, die Ware für den Transport zu versichern** (Bianca/Bonell/Lando Art 32 Bem 2. 4.; Erdem 120; Kock 120 f; Reinhart Art 32 Rn 4; Schlechtriem, UN-Kaufrecht 54; Soergel/Lüderitz/Schüssler-Langeheine Art 32 Rn 10; **abw** Herber/Czerwenka Art 32 Rn 8: Der Käufer könne vom Verkäufer stets den Abschluß einer Transportversicherung auf Rechnung des Käufers verlangen; ferner auch Achilles Art 32 Rn 7 und Schlechtriem/Schwenzer/Huber/Widmer Art 32 Rn 26: Versicherungspflicht, wenn ordentlicher Kaufmann versichern würde). Das gilt auch dann, wenn er für die Beförderung zu sorgen hat (Karollus 112). Nach Abs 3 muß er dem Käufer auf dessen Verlangen aber die für eine Versicherung nötigen Informationen mitteilen. Ohne Aufforderung ist der Verkäufer nur bei besonderem Handelsbrauch oder im Einzelfall nach dem Grundsatz von Treu und Glauben von sich aus zur Information verpflichtet (Sekretariatskommentar Art 30 Bem 6; Enderlein/Maskow/Strohbach Art 32 Bem 10; ähnlich Brunner Art 32 Rn 4).

23 **Verletzt der Verkäufer die Pflicht aus Abs 3**, so hat der Käufer die allgemeinen Behelfe nach Art 45 ff (Bianca/Bonell/Lando aaO; Schlechtriem/Schwenzer/Huber/Widmer Art 32 Rn 30).

24 Abs 3 wird als Ausdruck einer allgemeinen Kooperationspflicht verstanden (so Enderlein/Maskow/Strohbach Art 32 Bem 10; Honnold Rn 215; Lüderitz, in: Schlecht-riem, Fachtagung 191 f; Soergel/Lüderitz/Schüssler-Langeheine Art 32 Rn 11), die zu den allgemeinen Grundsätzen im Sinn des Art 7 Abs 2 gehört.

VI. Beweisfragen

25 Daß die zusätzlichen Pflichten entstanden waren, die Art 32 nennt, hat der Käufer nachzuweisen. Den Verkäufer trifft dagegen die Beweislast für ihre ordnungsge-

mäße Erfüllung (vgl BAUMGÄRTEL/LAUMEN/HEPTING Art 32 Rn 1; ferner ACHILLES Art 32 Rn 9). Wer behauptet, eine bestimmte Transportart sei vereinbart worden, hat das zu beweisen (Bezirksgericht der Saane 20.2.1997, SZIER 1999, 195 [LS] = CLOUT Nr 261).

Art 33 [Lieferzeit]

Der Verkäufer hat die Ware zu liefern.
a) **wenn ein Zeitpunkt im Vertrag bestimmt ist oder aufgrund des Vertrages bestimmt werden kann, zu diesem Zeitpunkt,**
b) **wenn ein Zeitraum im Vertrag bestimmt ist oder aufgrund des Vertrages bestimmt werden kann, jederzeit innerhalb dieses Zeitraums, sofern sich nicht aus den Umständen ergibt, daß der Käufer den Zeitpunkt zu wählen hat, oder**
c) **in allen anderen Fällen innerhalb einer angemessenen Frist nach Vertragsabschluß.**

Art 33

The seller must deliver the goods:

(a) if a date is fixed by or determinable from the contract, on that date;

(b) if a period of time is fixed by or determinable from the contract, at any time within that period unless circumstances indicate that the buyer is to choose a date; or

(c) in any other case, within a reasonable time after the conclusion of the contract.

Art 33

Le vendeur doit livrer les marchandises:

a) si une date est fixée par le contrat ou déterminable par référence au contrat, à cette date;

b) si une période de temps est fixée par le contrat ou déterminable par référence au contrat, à un moment quelconque au cours de cette période, à moins qu'il ne résulte des circonstances que c'est à l'acheteur de choisir une date; ou

c) dans tous les autres cas, dans un délai raisonnable à partir de la conclusion du contrat.

Schrifttum

ENDERLEIN, Die Verpflichtung des Verkäufers zur Einhaltung des Lieferzeitraums und die Rechte des Käufers bei dessen Nichteinhaltung nach dem UN-Übereinkommen über den internationalen Warenkauf, IPRax 1991, 213

MEINING, Zur Fälligkeit der Akkreditivbestellungspflicht des Käufers im Rahmen eines CIF-, FOB- und FCA-Geschäfts, IHR 2004, 58.

Systematische Übersicht

Alphabetische Übersicht

I. Regelungsgegenstand und Normzweck

1 Die Vorschrift bestimmt, **wann der Verkäufer seine Leistung zu erbringen hat**. Sie gibt hierfür der Festlegung im Vertrag, wie an sich selbstverständlich ist (Art 6), den Vorrang (lit a). Gleichwohl ist der Hinweis auf den Parteiwillen an dieser Stelle besonders angezeigt, auch um die Notwendigkeit zu betonen, den genauen Inhalt von Lieferzeitvereinbarungen durch Auslegung zu ermitteln (HONNOLD Rn 216; kritisch dagegen BIANCA/BONELL/LANDO Art 33 Bem 2.2: „unnecessary"). Ferner enthält Art 33 die Klarstellung, daß im Zweifel der Verkäufer bestimmen kann, wann er innerhalb eines Lieferzeitraumes liefern will (lit b). Schließlich sieht die Bestimmung als gesetzliche Hilfsregel vor, daß der Verkäufer, soweit sich nichts anderes ergibt, binnen **angemessener Frist nach Vertragsschluß** zu leisten hat (lit c).

Mit der Lieferzeit konkretisiert Art 33 einen besonders wichtigen Aspekt der Lie- **2** ferpflicht des Verkäufers. Ob der richtige Lieferzeitpunkt eingehalten oder über- schritten worden ist, ist regelmäßig Vorfrage für Ansprüche des Käufers. Welche Handlungen der Käufer zur Lieferzeit im einzelnen vorzunehmen hat, ergibt sich jedoch nicht aus Art 33, sondern aus anderen Vorschriften, insbesondere den Art 31, 32, 34, 35.

Im Zweifel wird Art 33 auch auf andere – primäre – Leistungspflichten des Ver- **3** käufers zu übertragen sein, die deshalb mangels vertraglicher Absprachen ebenfalls in angemessener Frist zu erfüllen sind (Art 33 lit c). Dagegen hat der Käufer seine Rückgabepflichten – im Rahmen des Art 46 Abs 2 oder des Art 81 Abs 2 – regel- mäßig sofort, für Art 81 Abs 2 Zug um Zug zu erfüllen.

II.   Entstehungsgeschichte

Die Bestimmung entspricht in ihren Grundgedanken den Art 20–22 EKG, die **4** lediglich ausführlicher formuliert waren. So hatten Art 20 und Art 21 EKG noch den ausdrücklichen Hinweis enthalten, daß sich der Lieferzeitpunkt auch aus Ge- bräuchen ergeben könne. Wegen des allgemeinen Vorrangs internationaler Gebräu- che (Art 9 CISG) erschien dieser Hinweis nunmehr entbehrlich. Eine substantielle Änderung war mit der Straffung des Wortlautes nicht beabsichtigt (vgl UNCITRAL- YB VIII [1977] 36).

Auch daß Art 20 EKG den Verkäufer zur Lieferung im festgesetzten Zeitpunkt **5** verpflichtete, „ohne daß es irgendeiner Förmlichkeit bedarf", wurde als selbstver- ständlich angesehen und schon nicht mehr in den Genfer Entwurf von 1976 (Art 17) übernommen.

Auf der Wiener Konferenz passierte Art 33 ohne Änderungsantrag und Diskussion **6** (Off Rec 102 f, 207, 308).

III.   Vertraglicher Lieferzeitpunkt (lit a)

Art 33 lit a hebt noch einmal ausdrücklich den Grundsatz der Parteiautonomie **7** (Art 6) hervor und verpflichtet den Verkäufer, zu dem Zeitpunkt zu liefern, der im Vertrag fixiert ist oder aufgrund des Vertrages bestimmt werden kann.

Mit **„Zeitpunkt"** (date) ist ein **genau festzulegender Tag als Liefertermin** (zB „Liefe- **8** rung am 15. 3.") – im Gegensatz zu einem Lieferzeitraum (lit b) – gemeint. Ob „Lieferung Anfang April" als Termin (1. 4.) oder Zeitraum (in den ersten Aprilta- gen) zu verstehen ist, ist durch Auslegung zu ermitteln. Im Zweifel wird die groß- zügigere Auslegung – Lieferzeitraum – vorzuziehen sein; bei Auslegungszweifeln ist auch im Hinblick auf Art 7 Abs 1 eher die Auslegung zu wählen, die eine vertrags- gemäße Erfüllung ermöglicht.

9 Der Termin muß entweder selbst **konkret bestimmt oder** aber **bestimmbar** sein. Es genügt auch eine Bezugnahme auf einen anderen feststehenden oder sicher eintretenden Termin, der aber nicht unbedingt kalendermäßig im voraus feststehen muß ("zwei Monate vor Ostern", "am 1. Werktag jedes Monats", "one week after first open water"; vgl BIANCA/BONELL/LANDO Art 33 Bem 2.2; SCHLECHTRIEM/SCHWENZER/ HUBER/WIDMER Art 33 Rn 7; ENDERLEIN/MASKOW/STROHBACH Art 33 Bem 1; HERBER/CZERWENKA Art 33 Rn 3; PILTZ, Internationales Kaufrecht § 4 Rn 55; ebenso zum EKG: SOERGEL/ LÜDERITZ Art 20–22 EKG Rn 2). Zur Bezugnahme auf ein ungewisses Ereignis vgl u Rn 14.

10 Art 33 lit a gilt unabhängig davon, ob der Kauf als Fixgeschäft vereinbart, der Lieferzeitpunkt also unter allen Umständen pünktlich einzuhalten ist, wie zB bei just-in-time-Geschäften (LOEWE, Kaufrecht 54).

11 Für Art 33 lit a genügt es auch, daß sich ein Liefertermin aus internationalen Gebräuchen oder aus Gepflogenheiten zwischen den Parteien ergibt (Art 9). Es gilt dann dieser Termin. Zu den Lieferfristen, die aus der Verwendung bestimmter INCOTERMS folgen, s MEINING IHR 2004, 58.

IV. Lieferzeitraum (lit b)

12 Art 33 lit b stellt eine Auslegungsregel für den Fall auf, daß ein **Lieferzeitraum vereinbart** ist. Der Verkäufer hat dann im Zweifel das Recht, **jederzeit innerhalb dieser Frist** zu liefern (ICC Schiedsgericht Nr 9117, ICC Int Court of Arb Bull 2000, 83 [Lieferung „in 1993–1994" = Recht des Verkäufers jederzeit in dieser Periode zu liefern]). Ein Recht des Käufers, die Ware in diesem Zeitraum jederzeit abzurufen, muß dagegen eigens vereinbart werden (ICC Schiedsgericht aaO; OLG Hamm RiW 1999, 786). Bei einer Vereinbarung, Modewaren im „Juli, August, September" zu liefern, kann die Auslegung freilich ergeben, daß in jedem Monat je ein Drittel der Gesamtbestellung zu liefern ist, um einen kontinuierlichen Weiterverkauf zu gewährleisten. Eine Gesamtlieferung am 26. September ist dann eine – nicht wesentliche – Vertragsverletzung (vgl AG Oldenburg iH, IPRax 1991, 336 m Aufs ENDERLEIN IPRax 1991, 313 ff).

13 Unter Zeitraum (period, période) ist eine **Zeitspanne** zu verstehen, **deren Endtermin sich** jedenfalls **festlegen läßt** (zB „Lieferung im Juli", „bis Ende Juli", „ein Monat nach Vertragsschluß", „in der 15. Kalenderwoche" etc; vgl SCHLECHTRIEM/SCHWENZER/ HUBER/WIDMER Art 33 Rn 8; HERBER/CZERWENKA Art 33 Rn 5). Im übrigen gilt zur Bestimmbarkeit dasselbe wie für lit a (vgl oben Rn 9).

14 Nehmen die Parteien auf ein **Ereignis** Bezug, **dessen Eintritt zeitlich nicht feststeht** („Lieferung binnen zwei Wochen nach Streikende [Kriegsende, Boykottende etc]"), so ist auch damit ein Lieferzeitraum – oder gegebenenfalls ein Lieferzeitpunkt – vereinbart. Dem Verkäufer steht für die Lieferung die vereinbarte – und nicht etwa eine angemessene – Frist zur Verfügung; sie beginnt allerdings erst mit dem – zeitlich unsicheren – Ende des Ereignisses (anders HERBER/CZERWENKA Art 33 Rn 3, die hier nur lit c heranziehen; wohl ebenso SCHLECHTRIEM/SCHWENZER/HUBER/WIDMER Art 33 Rn 19). Ist nur „Lieferung nach Streikende" vereinbart, so muß die Vertragsauslegung ergeben, ob damit Lieferung sofort, also binnen ganz kurzer Frist oder aber binnen angemessener Frist nach Streikende gewollt war. **Im Zweifel** wird der **ange-**

messenen Frist der lit c Vorrang zu geben sein. Eine ganz andere Frage ist es, ob der Vertrag aufgehoben werden kann, wenn das hindernde Ereignis (Streik, Krieg, Boykott) bestehen bleibt oder sehr lange andauert. Die Antwort ist zunächst durch Vertragsauslegung, im übrigen gemäß Art 79, hilfsweise unter Rückgriff auf den Grundsatz von Treu und Glauben (Art 7) zu geben (im Ergebnis ähnlich SCHLECHTRIEM/ SCHWENZER/HUBER/WIDMER aaO).

Ebenfalls ein Lieferzeitraum, der durch Auslegung zu fixieren ist, ist mit Abreden **15** wie **„Lieferung sofort nach Vertragsschluß"** oder **„Lieferung schnellstmöglich"** vereinbart (**anders** aber ACHILLES Art 33 Rn 3; BIANCA/BONELL/LANDO Art 33 Bem 2. 4 und Münch-KommHGB/BENICKE Art 33 Rn 4, die darin einen Fall der lit c sehen;). Allerdings wird es sich regelmäßig um eine ganz kurze Frist handeln.

Vereinbarungen wie **„Lieferung nicht vor Mitte Oktober"** fallen unter lit c, da ein **16** Endtermin offen ist (so zum EKG: Hof Amsterdam Ned Jur 1978, 191 = SCHLECHTRIEM/ MAGNUS Art 22 Nr 1). Ebenso sind unverbindliche Liefertermine („freibleibend") zu bewerten. Soweit die Vertragsauslegung nicht ergibt, daß erst nach Eintritt bestimmter Bedingungen (zB Selbstbelieferung) zu liefern ist, schließt sich an den vorgesehenen Termin eine angemessene Lieferfrist an (ebenso zum EKG: Hof Amsterdam aaO).

Der Verkäufer hat das Recht, während des Lieferzeitraums den ihm **passenden** **17** **Termin frei zu bestimmen**, soweit nicht nach dem Vertrag, internationalen Gebräuchen, Gepflogenheiten zwischen den Parteien oder den Umständen des Falles dem Käufer dieses Recht zusteht (s ICC Schiedsgericht Nr 9117, ICC Int Court of Arb Bull 2000, 83; HONSELL/KAROLLUS Art 33 Rn 7; s auch oben Rn 12).

Ein **Recht des Käufers, den Liefertermin festzusetzen**, ist anzunehmen, wenn der **18** Käufer für den Transport der Ware sorgen muß, insbesondere bei Vereinbarung der FOB- oder FAS-Klausel der INCOTERMS (AUDIT 82; BIANCA/BONELL/LANDO Art 33 Bem 2.3; BRUNNER Art 33 Rn 3; SCHLECHTRIEM/SCHWENZER/HUBER/WIDMER Art 33 Rn 10; ENDERLEIN, in: ŠARČEVIĆ/VOLKEN 151; ENDERLEIN/MASKOW/STROHBACH Art 33 Bem 3; HERBER/ CZERWENKA Art 33 Rn 5; PILTZ, Internationales Kaufrecht § 4 Rn 57). Der Käufer muß dem Verkäufer den Liefertermin allerdings rechtzeitig mitteilen, etwa das Schiff angeben (FOB-Instruktionen). Unterläßt er die Mitteilung, ist der Verkäufer solange von der Lieferpflicht entlastet (Sekretariatskommentar Art 31 Bem 7; PILTZ aaO). Die Mitteilung ist zugangsbedürftig (HONSELL/KAROLLUS Art 33 Rn 10).

Ist **Lieferung** binnen bestimmter Frist, jedoch **„auf Abruf"** vereinbart, kann ebenfalls **19** der Käufer den Liefertermin – durch seinen Abruf – bestimmen (OLG Hamm RiW 1999, 786; SCHLECHTRIEM/SCHWENZER/HUBER/WIDMER Art 33 Rn 11; REINHART Art 33 Rn 4). Der Verkäufer hat dann unmittelbar nach Abruf zu leisten.

Bei **Holschulden** ebenso wie bei **Fernkäufen** verbleibt das Recht, den genauen **20** Liefertermin zu bestimmen, ohne besondere Abrede beim Verkäufer. Er muß dem Käufer aber mitteilen, wann die Ware zur Verfügung steht. Erfolgt die Mitteilung nicht so rechtzeitig, daß der Käufer die Ware noch innerhalb des vertraglich vorgesehenen Lieferzeitraums übernehmen kann, dann ist die Lieferfrist überschritten (ebenso SCHLECHTRIEM/SCHWENZER/HUBER/WIDMER Art 33 Rn 9).

V. Angemessene Lieferfrist (lit c)

21 Soweit sich die Lieferzeit weder über Art 33 lit a noch lit b ergibt, hat der Käufer nach Art 33 lit c **binnen angemessener Frist nach Vertragsschluß** zu liefern. Er kann damit sofort oder bis zum Ende der angemessenen Frist leisten (Reinhart Art 33 Rn 4; **aA** aber Piltz, Internationales Kaufrecht § 4 Rn 59: kein Recht zu sofortiger Lieferung). Eine vorzeitige Lieferung als Vertragsverletzung im Sinn des Art 52 Abs 1 scheidet bei lit c damit begrifflich aus. Vorzeitig iSd Art 37 ist die Lieferung dagegen solange, als sie vor Ablauf der angemessenen Frist erfolgt.

22 Die **Angemessenheit der Frist** richtet sich nach den Üblichkeiten der Branche und den Umständen des konkreten Falles (Sekretariatskommentar Art 31 Bem 8: „acceptable commercial conduct" ist maßgebend). So ist es rechtzeitig, wenn der Verkäufer einen Bulldozer 14 Tage nach Rechnungserhalt und erster Anzahlung liefert (Trib cant Valais 28.10.1997, SZIER 1998, 77 = CLOUT Nr 219). Die Rechtsprechung zum EKG hat in einem Fall angespannter Beschaffungslage im Chemikalienhandel eine Frist von einem Monat für angemessen erachtet (Hof Amsterdam Ned Jur 1978, 191 = Schlechtriem/Magnus Art 22 Nr 1).

23 Sind für die Abnahme **besondere Vorkehrungen** durch den Käufer **erforderlich**, wird man den Verkäufer für verpflichtet halten müssen, die Lieferung rechtzeitig anzukündigen. Tut er es nicht, hat er daraus folgende (Verspätungs-) Schäden zu ersetzen.

VI. Fristberechnung

24 Bei der **Berechnung der Fristdauer** werden gesetzliche Feiertage oder allgemein arbeitsfreie Tage grundsätzlich mitgezählt, wenn die Parteien nichts anderes vereinbart haben (vgl auch Art 20 Abs 2, der generalisiert werden kann; ebenso Honsell/Karollus Art 33 Rn 16; MünchKommBGB/Gruber Art 33 Rn 14). Fällt der Liefertermin oder das Ende der Lieferfrist auf einen gesetzlichen Feiertag im Land des Käufers oder Verkäufers, dann ist in erster Linie durch Vertragsauslegung zu klären, ob die Lieferung am nächstfolgenden Arbeitstag noch fristgerecht ist. Zeitlich genau festgelegte Termine oder Fristen sind im Zweifel auch dann einzuhalten, wenn der letzte Tag der Frist gesetzlicher Feiertag am Lieferort ist. Es ist dann entsprechend früher zu liefern (ähnlich Honsell/Karollus aaO; etwas **abw** MünchKommHGB/Benicke Art 33 Rn 8 [bei beweglichen Feiertagen verlängere sich die Frist]).

25 Ergibt sich weder aus dem Vertrag noch aus Handelsbrauch eine Antwort, entspricht es dem redlichen Handelsverkehr (Art 7) und dem in Art 20 Abs 2 S 2 ausgedrückten Gedanken, **allgemein arbeitsfreie Tage am Lieferort nicht mitzuzählen**, da die Lieferung dort dann nicht oder nur mit Zusatzkosten erfolgen kann (Schwimann/Posch Art 33 Rn 8). Ein Rückgriff auf die vom Vertragsstatut berufenen Fristenregeln (so vCaemmerer/Schlechtriem/Huber[1] Art 33 Rn 7) hilft dagegen nicht, weil sie meist nicht entscheiden, ob die Fristenregeln im Käufer- oder Verkäufer- oder Bestimmungsland gelten sollen.

VII. Rechtsfolgen

Innerhalb der Lieferzeit hat der Verkäufer die ihm obliegenden Pflichten zu erfüllen, 26
also die Ware etwa dem ersten Beförderer zu übergeben, wenn er nach dem Vertrag
hierzu verpflichtet ist. Die Lieferzeit hat, soweit nicht eine Bringschuld vereinbart
ist, dagegen nicht die Bedeutung, daß die Ware den Käufer innerhalb der Zeit
bereits erreicht haben muß (vgl zum EKG: OLG Hamm in SCHLECHTRIEM/MAGNUS Art 26
Nr 3).

Das Verstreichen der Lieferzeit setzt unmittelbar die Rechtsfolgen in Kraft, die die 27
Konvention an eine Vertragsverletzung des Verkäufers knüpft (Art 45). **Einer** besonderen **Mahnung oder Fristsetzung oder sonstigen Förmlichkeit bedarf es nicht**
(SCHLECHTRIEM/SCHWENZER/HUBER/WIDMER Art 33 Rn 2; HERBER/CZERWENKA Art 33 Rn 7;
LOEWE, Kaufrecht 54; WELSER, in: DORALT 108). Anders als bei Sach- und Rechtsmängeln
verliert der Käufer seinen Schadensersatzanspruch wegen einer Lieferverspätung
deshalb nicht, wenn er die Verspätung nicht alsbald rügt (für die Vertragsaufhebung
gilt dagegen nach Art 49 Abs 2 lit a eine angemessene Frist). Denn über die
Verzögerung kann der zu rechtzeitigen Lieferung verpflichtete Verkäufer kaum
einmal im Unklaren sein. Der Käufer muß ihn deshalb davon nicht noch eigens
unterrichten. Macht der Käufer seinen Schadensersatzanspruch aber erst nach unangemessen langer Frist geltend, so daß der Verkäufer nicht mehr mit einer Inanspruchnahme rechnen muß, dann kommt in Betracht, daß der Käufer seinen Anspruch gemäß dem allgemeinen Grundsatz von Treu und Glauben (Art 7 Abs 1)
verwirkt hat (vgl Art 7 Rn 43).

Vertragsaufhebung kann der Käufer allerdings nur erklären, wenn die Fristüberschreitung eine wesentliche Vertragsverletzung darstellt. Das ist etwa beim echten
Fixgeschäft, aber auch dann der Fall, wenn Saisonware verspätet geliefert wird
(modische Damenkleidung für die Herbstsaison wird erst Ende Oktober geliefert: OLG Hamm,
in: SCHLECHTRIEM/MAGNUS Art 26 Nr 3; vgl ferner Art 25 Rn 9 ff). In der Regel ist die Nichteinhaltung der Lieferzeit jedoch keine wesentliche Vertragsverletzung (s Art 25
Rn 22 ff). Die verspätete Lieferung braucht der Käufer nicht zu rügen, um aus ihr
Rechte herleiten zu können (näher Art 39 Rn 10).

Auch die **Lieferung vor der Zeit** – vor einem bestimmten Lieferzeitpunkt oder vor 28
einer erst später beginnenden Lieferfrist (zB „Lieferung in der 13. Kalenderwoche")
– ist eine Vertragsverletzung; der Käufer kann sie ablehnen (vgl Art 52 Abs 1 und die
Erläuterungen dort, aber auch oben Rn 21). Erfüllungsmängel darf der Verkäufer bei
vorzeitiger Lieferung gemäß Art 37, bei verspäteter Lieferung gemäß Art 48 beheben.

VIII. Abnahmefrist

Für die Abnahme, zu der der Käufer nach Art 60 verpflichtet ist, sieht die Konven- 29
tion keine Frist vor. Die Grundgedanken des Art 33 sind teilweise auch auf diese
Frist zu übertragen (Denkschrift 55; HERBER/CZERWENKA Art 33 Rn 8 unter Hinweis auf die
Entstehungsgeschichte des Genfer Entwurfs von 1976; vgl aber auch PILTZ, Internationales Kaufrecht § 4 Rn 164). Damit richtet sich die Abnahmefrist nach dem Vertrag, den Gebräuchen oder den Gepflogenheiten zwischen den Parteien. Im übrigen gilt jedoch

keine angemessene Frist, sondern ist dem Käufer **regelmäßig sofortige Abnahme** zuzumuten (vgl näher Art 60 Rn 7; **aA** – angemessene Frist – aber Denkschrift 55; HERBER/ CZERWENKA aaO). Das ist nur dann anders, wenn er den Zeitpunkt der Lieferung weder kannte noch kennen mußte. Dann steht ihm eine angemessene Frist für die Abnahme oder erforderliche Mitwirkungshandlungen zur Verfügung (SCHLECHTRIEM/ SCHWENZER/HAGER Art 60 Rn 2; KAROLLUS 172 f; PILTZ aaO).

IX. Beweisfragen

30 Die Vereinbarung eines bestimmten Liefertermins oder -zeitraums hat derjenige nachzuweisen, der sich darauf beruft (OLG Naumburg TranspR-IHR 2000, 22; ACHILLES Art 33 Rn 7; SCHLECHTRIEM/SCHWENZER/HUBER/WIDMER Art 33 Rn 15; HONSELL/KAROLLUS Art 33 Rn 19, wohl **anders** BAUMGÄRTEL/LAUMEN/HEPTING Art 33 Rn 1: Käufer stets beweispflichtig). Die Einhaltung der vereinbarten oder angemessenen Lieferzeit muß dagegen der Verkäufer als Schuldner dartun (so auch BAUMGÄRTEL/LAUMEN/HEPTING aaO). Sind die tatsächlichen Umstände umstritten, die ein Bestimmungsrecht des Käufers nach Art 33 lit b ergeben, dann trifft den Käufer hierfür die Beweislast. Beruft sich der Käufer darauf, daß er berechtigt sei, den genauen Liefertermin innerhalb eines Lieferzeitraums zu bestimmen, dann muß er eine entsprechende Vereinbarung nachweisen (ICC Schiedsspruch Nr 9117, ICC Int Court of Arb Bull 2000, 90).

Art 34 [Übergabe von Dokumenten]

Hat der Verkäufer Dokumente zu übergeben, die sich auf die Ware beziehen, so hat er sie zu dem Zeitpunkt, an dem Ort und in der Form übergeben, die im Vertrag vorgesehen sind. Hat der Verkäufer die Dokumente bereits vorher übergeben, so kann er bis zu dem für die Übergabe vorgesehenen Zeitpunkt jede Vertragswidrigkeit der Dokumente beheben, wenn die Ausübung dieses Rechts dem Käufer nicht unzumutbare Unannehmlichkeiten oder unverhältnismäßige Kosten verursacht. Der Käufer behält jedoch das Recht, Schadensersatz nach diesem Übereinkommen zu verlangen.

Art 34

If the seller is bound to hand over documents relating to the goods, he must hand them over at the time and place and in the form required by the contract. If the seller has handed over documents before that time, he may, up to that time, cure any lack of conformity in the documents, if the exercise of this right does not cause the buyer unreasonable inconvenience or unreasonable expense. However, the buyer retains any right to claim damages as provided for in this Convention.

Art 34

Si le vendeur est tenu de remettre les documents se rapportant aux marchandises, il doit s'acquitter de cette obligation au moment, au lieu et dans la forme prévus au contrat. En cas de remise anticipée, le vendeur conserve, jusqu'au moment prévu pour la remise, le droit de réparer tout défaut de conformité des documents, à condition que l'exercice de ce droit ne cause à l'acheteur ni inconvénients ni frais déraisonnables. Toutefois, l'acheteur conserve le droit de demander des dommages-intérèts conformément à la présente Convention.

Systematische Übersicht

I.   Regelungsgegenstand und Normzweck

Die Vorschrift enthält **nähere Regelungen für die** in Art 30 genannte **Pflicht** des 1
Verkäufers, **die Dokumente zu übergeben.** Art 34 S 1 legt fest, daß sich Zeit, Ort und
Form der Dokumentenübergabe – wie an sich selbstverständlich ist – nach den
vertraglichen Abmachungen, freilich auch nach Gepflogenheiten oder Gebräuchen
(Art 9) richten. Art 34 S 2 erlaubt dem Verkäufer, bei vorzeitig übergebenen Dokumenten Vertragswidrigkeiten noch bis zum vertraglichen Übergabezeitpunkt zu
korrigieren, soweit dem Käufer dadurch nicht unzumutbare Belastungen entstehen.
Diese Regelung entspricht Art 37, der sich nur auf die Lieferung der Ware bezieht
und dem Verkäufer unter gleichen Voraussetzungen die zweite Andienung vertrags-
mäßiger Ware gestattet. Unter welchen Voraussetzungen eine zweite Andienung
nach dem Liefertermin möglich ist, ergibt sich aus Art 48.

Ebenso wie nach Art 37 S 2 kann der Käufer **eventuellen Schaden,** der ihm durch die 2
zunächst fehlerhafte Andienung entstanden ist, ersetzt verlangen (Art 34 S 3).

Die Vorschrift dient, wie auch Art 37 und andere Vorschriften, dem Grundgedan- 3
ken der Konvention, nach Möglichkeit **auf die Vertragsdurchführung hinzuwirken**
und die gerade bei internationalen Liefergeschäften mißliche Rückabwicklung zu
vermeiden.

II.   Entstehungsgeschichte

Nur Satz 1 der jetzigen Vorschrift hatte einen Vorläufer im Haager Kaufrecht: Er 4
war weitgehend wörtlich – als Art 50 – im EKG enthalten.

Auch die UNCITRAL-Entwürfe sahen noch nicht die jetzigen Sätze 2 und 3 vor, die 5
erst in Wien auf kanadischen Vorschlag (A/Conf 97/C1/L116; Off Rec 106) aufgenommen
wurden, wobei lediglich die Frage der Plazierung umstritten war (Off Rec 309 f): Im
jetzigen Art 37 oder, wie schließlich beschlossen, im jetzigen Art 34 (vgl auch Art 37
Rn 5).

Ulrich Magnus

III. Übergabepflicht (Satz 1)

1. Voraussetzungen

6 Die grundsätzliche Pflicht zur Übergabe der Dokumente, die die Ware betreffen, ergibt sich aus Art 30. Art 34 S 1 verweist für die **Modalitäten der Dokumentenübergabe** auf den an sich selbstverständlichen Vorrang der vertraglichen Vereinbarungen. Daß auch Gepflogenheiten und Gebräuche zu beachten sind, folgt aus Art 9 (ebenso schon die Auffassung in Wien Off Rec 308).

7 Auch welche Dokumente zu übergeben sind, richtet sich nach den Vereinbarungen, Gepflogenheiten oder Gebräuchen. In Betracht kommen nicht nur die Traditionspapiere (Konnossement, Ladeschein), sondern **alle Dokumente, die sich auf die Ware beziehen und die nach den Parteivereinbarungen oder ergänzenden Regelungen in die Hand des Käufers gelangen sollen** (Sekretariatskommentar Art 32 Bem 2: Versicherungspolice, Handelsrechnung, Ursprungszeugnis [vgl dazu BGHZ 132, 390], Gewichts- oder Qualitätsnachweise; BIANCA/BONELL/LANDO Art 34 Bem 2.1; SCHLECHTRIEM/SCHWENZER/HUBER/WIDMER Art 34 Rn 1; ENDERLEIN/MASKOW/STROHBACH Art 34 Bem 2; HERBER/CZERWENKA Art 34 Rn 3; eingehend PILTZ, Internationales Kaufrecht § 4 Rn 80 ff mit Zusammenstellung der möglichen Dokumente; SCHWIMANN/POSCH Art 34 Rn 3). Gebrauchsanweisungen, Bauanleitungen, Beschreibungen etc dürften dagegen als Teil der Ware selbst anzusehen sein und nicht unter Art 34 fallen, so daß für sie die Art 38 ff unmittelbar gelten (ebenso HONSELL/KAROLLUS Art 54 Rn 3; MünchKommBGB/GRUBER Art 34 Rn 3; PILTZ, Internationales Kaufrecht § 4 Rn 77; wohl auch ACHILLES Art 34 Rn 1; aA aber ENDERLEIN/MASKOW/STROHBACH aaO; LOEWE, Kaufrecht 55; REINHART Art 34 Rn 2).

8 **Zeit, Ort und Form der Übergabe** richten sich ebenfalls nach den Parteiabsprachen, insbes den INCOTERMS, soweit sie vereinbart sind, im übrigen nach Gepflogenheiten oder Gebräuchen. Lassen sich keine vertraglichen oder ergänzenden Regelungen feststellen, dann hat der Verkäufer die Dokumente so frist- und formgemäß zu übergeben, daß der Käufer die Ware bei ihrer Ankunft am Bestimmungsort vom Beförderer übernehmen, die Zollabfertigung durchführen und auch eventuelle Ansprüche gegen den Beförderer oder die Transportversicherung geltend machen kann (Sekretariatskommentar Art 32 Bem 3; ACHILLES Art 34 Rn 2 f; BIANCA/BONELL/LANDO Art 34 Bem 2.2; PILTZ, Internationales Kaufrecht § 4 Rn 84).

Der **Lieferort für die Dokumente** wird vielfach aufgrund besonderer Absprachen am Ort der Niederlassung des Käufers liegen, der die Dokumente dort für die Übernahme, Zollabfertigung etc braucht. Soweit die Parteien Zahlung durch Dokumentenakkreditiv vereinbart haben, wird der Verkäufer die Dokumente allerdings meist der avisierenden oder bestätigenden Bank in seinem Land anzudienen haben. Fehlt jedoch jede nähere Regelung und ergeben auch die Umstände nicht, wo die Dokumente zu übergeben sind, dann ist der Lieferort der Ware im Zweifel zugleich der Lieferort für die Dokumente (ebenso PILTZ, Internationales Kaufrecht § 4 Rn 85; WITZ/SALGER/LORENZ Art 34 Rn 6; aA – für Zusendungspflicht des Verkäufers – BAMBERGER/ROTH/SAENGER Art 34 Rn 4; BRUNNER Art 34 Rn 4; SCHLECHTRIEM/SCHWENZER/HUBER/WIDMER Art 34 Rn 3; HONSELL/KAROLLUS Art 34 Rn 7; MünchKommHGB/BENICKE Art 34 Rn 4; SOERGEL/LÜDERITZ/SCHÜSSLER-LANGEHEINE Art 34 Rn 2).

Soweit vereinbart oder handelsüblich, kann der Verkäufer auch **elektronisch über-
tragene Dokumente** – regelmäßig über den Weg des electronic data interchange
(EDI) – wirksam andienen (dazu auch MAGNUS, in: Draft Digest 327 f). „Übergeben" iSd
Art 34 dürften solche Dokumente sein, sobald sie im elektronischen Speicher gespeichert werden, den der Empfänger selbst oder sein Server für ihn unterhält. Hier
wird es im Zweifel nicht genügen, daß der Verkäufer die elektronischen Dokumente
an seiner Niederlassung zur Übergabe anbietet.

2.   Rechtsfolgen

Verstößt der Verkäufer gegen seine Pflicht zur Übergabe ordnungsgemäßer Doku-   **9**
mente, dann liegt darin eine **haftbarmachende Vertragsverletzung,** für die die
Art 45 ff gelten (BGHZ 132, 290; SCHLECHTRIEM/SCHWENZER/HUBER/WIDMER Art 34 Rn 5;
HONSELL/KAROLLUS Art 34 Rn 12; SCHWIMANN/POSCH Art 34 Rn 5). Bei hinreichendem Gewicht des Verstoßes ist der Käufer auch zur Vertragsaufhebung nach Art 49 Abs 1
lit a berechtigt (vgl die in der vorigen N Zitierten). Kann der Käufer Mängel der
Dokumente unschwer selbst beheben, indem er sich zB ein Ursprungszeugnis selbst
beschafft, dann fehlt aber eine wesentliche Vertragsverletzung iSd Art 49 Abs 1 lit a
(vgl BGH aaO). Mängel der Dokumente muß der Käufer wie Warenmängel rügen;
Art 38, 39 gelten analog (SCHLECHTRIEM/SCHWENZER/HUBER/WIDMER Art 34 Rn 5;
SCHLECHTRIEM/SCHWENZER/SCHWENZER Art 38 Rn 7; HERBER/CZERWENKA Art 34 Rn 7; HON-
NOLD Rn 256; KOCK 74 ff; MünchKommHGB/BENICKE Art 34 Rn 9; SCHWIMANN/POSCH Art 34
Rn 5; **aA** – keine Rügepflicht – HONSELL/KAROLLUS Art 34 Rn 12; MünchKommBGB/GRUBER
Art 34 Rn 7). Eine verspätete Andienung der Dokumente ist ebenso wie die Verspä-
tung der Warenlieferung zu behandeln. Außer bei Fixgeschäften oder fixähnlichen
Geschäften stellt die bloße Verspätung keine wesentliche Vertragsverletzung dar
(s auch die Erl zu Art 25). Verhindert das Fehlen der Dokumente, daß der Käufer die
Verfügung über der Ware erlangen kann, dann liegt darin eine Nichtlieferung, die
jedenfalls nach erfolgloser Nachfristsetzung zur wesentlichen Vertragsverletzung
wird (ebenso MünchKommHGB/BENICKE Art 34 Rn 8).

IV.   Zweite Andienung der Dokumente (Satz 2, 3)

Der Verkäufer, der **vorzeitig, aber inkorrekt geleistet** hat, kann Vertragswidrigkeiten   **10**
der Dokumente nach Art 34 S 2 noch bis zum Übergabezeitpunkt beheben, soweit
das für den Käufer nicht unzumutbar ist.

1.   Vorzeitige Übergabe

Vertragswidrigkeiten der Dokumente kann der Verkäufer nach Satz 2 nur dann   **11**
beheben, wenn der **Zeitpunkt für die Übergabe noch nicht verstrichen** ist. Für den
Zeitpunkt, zu dem die Dokumente zu übergeben sind, gilt das oben Rn 8 Gesagte.
Wann eine Übergabe vorzeitig erfolgt, ist hier ebenso wie in Art 52 zu bestimmen
(vgl dort Rn 7 ff). Nach dem Übergabezeitpunkt kann der Verkäufer Mängel der
Dokumente nur unter den Voraussetzungen des Art 48 beseitigen.

2.   Vertragswidrige Dokumente

Art 34 S 2 erfaßt **jede Vertragswidrigkeit der Dokumente.** Dazu gehört etwa der Fall   **12**

eines „unreinen" Konnossements (mit Hinweis auf Mängel der Ware) ebenso wie
ein falsches Ursprungszeugnis (BGHZ 132, 290), eine vom Vereinbarten abweichende
Versicherungspolice oder die Unvollständigkeit oder das gänzliche Fehlen erforderlicher Dokumente (vgl SCHLECHTRIEM/SCHWENZER/HUBER/WIDMER Art 34 Rn 8; HERBER/
CZERWENKA Art 34 Rn 4; SOERGEL/LÜDERITZ/SCHÜSSLER-LANGEHEINE Art 34 Rn 6).

3.   Beseitigung der Vertragswidrigkeit

13 Anders als Art 37 S 1 zählt Art 34 S 2 keine einzelnen **Maßnahmen** auf, **mit denen
der Verkäufer die Vertragswidrigkeit der Dokumente beseitigen kann**. Je nach der Art
der Vertragswidrigkeit kommt die Nachlieferung fehlender Dokumente, die Berich-
tigung, Ergänzung oder Andienung neuer fehlerfreier Dokumente in Betracht (vgl
SCHLECHTRIEM/SCHWENZER/HUBER/WIDMER Art 34 Rn 10; ENDERLEIN/MASKOW/STROHBACH
Art 34 Rn 6). Vorausgesetzt ist dabei allerdings, daß der Verkäufer nicht nur die
formalen Dokumente in Ordnung bringt, sondern ggf auch den dokumentierten
Vorgang nachholt oder korrigiert. Entspricht etwa die Versicherungspolice nicht
den kaufvertraglich vereinbarten Bedingungen (deckt zB keine Kriegsrisiken), dann
muß der Verkäufer entsprechend erweiterten Versicherungsschutz besorgen und
dem Käufer die neue Police übergeben (so zutreffend SCHLECHTRIEM/SCHWENZER/
HUBER/WIDMER aaO).

14 Wie bei Art 37 (vgl dort Rn 6) kann der Verkäufer auch bei Art 34 S 2 Vertragswidrigkeiten **nur bis zum Ablauf der Übergabefrist** beseitigen (BIANCA/BONELL/LANDO
Art 34 Bem 2.3).

4.   Zumutbarkeit

15 Der Verkäufer darf nur nacherfüllen, soweit dem Käufer dadurch **nicht „unzumutbare Unannehmlichkeiten oder unverhältnismäßige Kosten"** entstehen. In aller Regel
wird die zweite Andienung von Dokumenten zumutbar sein (SCHLECHTRIEM/SCHWEN-
ZER/HUBER/WIDMER Art 34 Rn 11; wohl auch SOERGEL/LÜDERITZ/SCHÜSSLER-LANGEHEINE Art 34
Rn 6).

5.   Rechtsfolgen

a)   Zurückweisung, Vertragsaufhebung
16 Dient der Verkäufer vorzeitig vertragswidrige Dokumente an, so kann der Käufer
sie aufnehmen oder die Aufnahme ablehnen (WITZ/SALGER/LORENZ Art 34 Rn 10); der
Gedanke des **Art 52 Abs 1 gilt hier analog**. Auch wenn die Vertragswidrigkeit der
Dokumente wesentlich ist, hat der Käufer kein Aufhebungsrecht nach Art 49 Abs 1
lit a. Bei vorzeitiger Übergabe muß dem Verkäufer die Nacherfüllung noch bis zum
Erfüllungstermin ermöglicht werden (ebenso SCHLECHTRIEM/SCHWENZER/HUBER/WIDMER
Art 34 Rn 6). Lediglich unter den Voraussetzungen der Art 71, 72 kommt eine sofor-
tige Vertragsaufhebung in Betracht.

b)   Schadensersatz (Satz 3)
17 Behebt der Verkäufer rechtzeitig alle Vertragswidrigkeiten der Dokumente, dann
kann der Käufer lediglich Ersatz für einen, aus der ersten inkorrekten Andienung
entstandenen Schaden beanspruchen (Art 34 S 3). Anspruchsgrundlage ist Art 45

Abs 1 lit b, da auch die vorzeitige inkorrekte Andienung eine Vertragsverletzung darstellt (SCHLECHTRIEM/SCHWENZER/HUBER/WIDMER Art 34 Rn 12; HERBER/CZERWENKA Art 34 Rn 7; PILTZ, Internationales Kaufrecht § 4 Rn 87; REINHART Art 34 Rn 5).

c) Rügeobliegenheit

Grundsätzlich hat der Käufer **Mängel der Dokumente** in gleicher Weise wie Mängel **18** der Ware selbst zu **rügen.** Art 38, 39 sind analog zu beachten (vgl o Rn 9). Bei vorzeitig angedienten, vertragswidrigen Dokumenten setzt die Untersuchungs- und Rügefrist jedoch erst ein, wenn der Übergabezeitpunkt verstrichen ist (vgl dazu Art 38 Rn 37). Damit beeinträchtigen Rügefehler bei vorzeitiger vertragswidriger Andienung die Rechtsposition des Käufers noch nicht (aA HERBER/CZERWENKA aaO).

V.   Beweisfragen

Da Art 34 – wie Art 37 – ein Recht zugunsten des Verkäufers begründet, hat dieser **19** die tatsächlichen Voraussetzungen der Vorschrift darzulegen und zu beweisen. Für die Tatsachen, die die Unzumutbarkeit der Mängelbehebung begründen, ist dage- gen der Käufer beweispflichtig, da die entsprechenden Umstände seinem Risikobe- reich entstammen und es um eine ihm günstige Rechtsfolge geht (vgl auch BAUMGÄR- TEL/LAUMEN/HEPTING Art 34 Rn 1 f; HONSELL/KAROLLUS Art 34 Rn 18; SOERGEL/LÜDERITZ/ SCHÜSSLER-LANGEHEINE Art 34 Rn 8).

Abschnitt II
Vertragsmäßigkeit der Ware sowie Rechte oder Ansprüche Dritter

Section II
Conformity of the goods and third party claims

Section II
Conformité des marchandises et droits ou prétentions de tiers

Vorbemerkungen zu Art 35 ff CISG

1 Die Art 35–44 behandeln die **Mangelfreiheit der Ware**. In erster Linie definieren die Vorschriften die Pflichten des Verkäufers im Hinblick auf die sachliche und rechtliche Beschaffenheit der Ware. Der Verkäufer hat sachmangelfreie (Art 35) und rechtsmangelfreie (Art 41, 42) Ware zu liefern. Verletzt er diese Pflicht, so hat der Käufer – bei formgerechter Rüge – Ansprüche nach den Art 45 ff.

2 Auch wenn der Abschnitt Sach- und Rechtsmängel zusammenfaßt, ist zwischen ihnen zu unterscheiden. Fragen der **Sachbeschaffenheit** bezeichnet er durchgehend mit dem Stichwort „Vertragsmäßigkeit bzw Vertragswidrigkeit der Ware", das den hierfür im common-law-Bereich gebräuchlichen Ausdruck „conformity" bzw „non-conformity of goods" übernimmt. Die Art 35–40 und Art 44 beziehen sich auf diesen Komplex. Dabei ist die Sachbeschaffenheit, wie Art 35 zeigt, in einem weiten Sinn zu verstehen. Neben der Warenqualität gehören Menge, Art (aliud-Lieferung) und Verpackung zu ihr.

3 Fragen der **rechtlichen Beschaffenheit** werden dagegen mit dem Ausdruck „Rechte oder Ansprüche Dritter" (third party claims) gekennzeichnet. Hierauf nehmen die Art 41–43 und ebenfalls Art 44 Bezug.

4 Rechtlich verbleiben – freilich geringe – Unterschiede zwischen Sach- und Rechtsmängeln bei der Rüge und bei den Rechtsbehelfen.

5 Der Abschnitt legt aber nicht nur die Pflichten fest, die der Verkäufer im Hinblick auf die Sach- und Rechtsbeschaffenheit der Ware einzuhalten hat. Er stellt zum andern mit der aus dem deutschen Rechtskreis übernommenen Untersuchungs- und Rügeobliegenheit **auch Verhaltensanforderungen für den Käufer** auf, die dieser erfüllen muß, wenn er aus Sach- oder Rechtsmängeln Ansprüche herleiten will. Hiermit befassen sich die Art 38–40, 44 für Sachmängel und die Art 43, 44 für Rechtsmängel. Diese Vorschriften haben in der Gerichtspraxis außerordentlich große Bedeutung. An der Frage, ob die Rügeformalitäten erfüllt sind, entscheidet sich sehr häufig – und sehr häufig negativ für den Käufer – der gerichtlich ausgetragene Konflikt um die mangelhafte Lieferung (näher unten Art 38 Rn 50).

6 Schließlich bestimmt der Abschnitt, zu welchem Zeitpunkt die Ware vertragsgemäß sein muß (Zeitpunkt des Gefahrübergangs, Art 36) und gibt dem Verkäufer ein weitgehendes Recht, bis zum Lieferzeitpunkt einen mangelhaften Lieferversuch zu korrigieren (Art 37).

Soweit die Regelung der Art 35–44 reicht, ist sie abschließend. Für die hier behan- 7
delten Fragen scheidet der Rückgriff auf nationales Recht deshalb aus (hM; vgl etwa LG
Aachen RiW 1993, 761; Audit 115; vCaemmerer/Schlechtriem/Herber Art 4 Rn 13; Enderlein/
Maskow/Strohbach Art 4 Bem 3. 1; Herber/Czerwenka Art 4 Rn 13; Honnold Rn 240;
Honsell/Karollus Vor Art 35–44 Rn 5; Piltz TranspR-IHR 1999, 14 f; Schlechtriem Rn 40).

Art 35 [Vertragsmäßigkeit der Ware]

(1) Der Verkäufer hat Ware zu liefern, die in Menge, Qualität und Art sowie hinsichtlich Verpackung oder Behältnis den Anforderungen des Vertrages entspricht.

(2) Haben die Parteien nichts anderes vereinbart, so entspricht die Ware dem Vertrag nur,
a) wenn sie sich für die Zwecke eignet, für die Ware der gleichen Art gewöhnlich gebraucht wird;
b) wenn sie sich für einen bestimmten Zweck eignet, der dem Verkäufer bei Vertragsabschluß ausdrücklich oder auf andere Weise zur Kenntnis gebracht wurde, sofern sich nicht aus den Umständen ergibt, daß der Käufer auf die Sachkenntnis und das Urteilsvermögen des Verkäufers nicht vertraute oder vernünftigerweise nicht vertrauen konnte;
c) wenn sie die Eigenschaften einer Ware besitzt, die der Verkäufer dem Käufer als Probe oder Muster vorgelegt hat;
d) wenn sie in der für Ware dieser Art üblichen Weise oder, falls es eine solche Weise nicht gibt, in einer für die Erhaltung und den Schutz der Ware angemessenen Weise verpackt ist.

(3) Der Verkäufer haftet nach Absatz 2 Buchstaben a bis d nicht für eine Vertragswidrigkeit der Ware, wenn der Käufer bei Vertragsabschluß diese Vertragswidrigkeit kannte oder darüber nicht in Unkenntnis sein konnte.

Art 35

(1) The seller must deliver goods which are of the quantity, quality and description required by the contract and which are contained or packaged in the manner required by the contract.

(2) Except where the parties have agreed otherwise, the goods do not conform with the contract unless they:
(a) are fit for the purposes for which goods of the same description would ordinarily be used;
(b) are fit for any particular purpose expressly or impliedly made known to the seller at the time of the conclusion of the contract, except where the circumstances show that

Art 35

1) Le vendeur doit livrer des marchandises dont la quantité, la qualité et le type répondent à ceux qui sont prévus au contrat, et dont l'emballage ou le conditionnement correspond à celui qui est prévu au contrat.

2) A moins que les parties n'en soient convenues autrement, les marchandises ne sont conformes au contrat que si:
a) elles sont propres aux usages auxquels serviraient habituellement des marchandises du même type;
b) elles sont propres à tout usage spécial qui a été porté expressément ou tacitement à la connaissance du vendeur au moment de la conclusion du contrat, sauf s'il résulte des

the buyer did not rely, or that it was unreasonble for him to rely, on the seller's skill and judgement;

(c) possess the qualities of goods which the seller has held out to the buyer as a sample or model;

(d) are contained or packaged in the manner usual for such goods or, where there is no such manner, in a manner adequate to preserve and protect the goods.

(3) The seller is not liable under subparagraphs (a) to (d) of the preceding paragraph for any lack of conformity of the goods if at the time of the conclusion of the contract the buyer knew or could not have been unaware of such lack of conformity.

circonstances que l'acheteur ne s'en est pas remis à la compétence ou à l'appréciation du vendeur ou qu'il n'était pas raisonnable de sa part de le faire;

c) elles possèdent les qualités d'une marchandise que le vendeur a présentée à l'acheteur comme échantillon ou modèle;

d) elles sont emballées ou conditionnées selon le mode habituel pour les marchandises du me me type ou, à défaut de mode habituel, d'une manière propre à les conserver et à les protéger.

3) Le vendeur n'est pas responsable, au regard des alinéas a) à d) du paragraphe précédent, d'un défaut de conformité que l'acheteur connaissait ou ne pouvait ignorer au moment de la conclusion du contrat.

Schrifttum

Vgl zu Art 30; ferner:
Kircher, Die Voraussetzungen der Sachmängelhaftung beim Warenkauf (1998)
Longobardi, Disclaimers of Implied Warranties: The 1980 United Nations Convention on Contracts for the International Sale of Goods, Fordham L Rev 53 (1985) 863
Negri, I vizi della cosa nella vendita internazionale di beni mobili (Italia-Francia), Rivista di Diritto Civile 1987 II 149
Schlechtriem, Vertragsmäßigkeit der Ware als Frage der Beschaffenheitsvereinbarung, IPRax 1996, 12
ders, Vertragsmäßigkeit der Ware und öffentlich rechtliche Vorgaben, IPRax 1999, 388
ders, Noch einmal: Vertragsgemäße Beschaffenheit der Ware bei divergierenden öffentlich-rechtlichen Qualitätsvorgaben, IPRax 2001, 161
Su, Die vertragsgemäße Beschaffenheit der

Ware im UNCITRAL-Kaufrecht im Vergleich zum deutschen und chinesischen Recht (1996)
Tallon, La consécration de la notion de conformité après la Convention des Nations Unies sur les contrats de vente internationale de marchandises, in: Gedächtnisschrift Leontin-Jean Constantinesco (1983) 753
Valcarel-Schnüll, Die Haftung des Verkäufers für Fehler und zugesicherte Eigenschaften im europäischen Rechtsvergleich (Diss Bonn 1994)
Veneziano, Non Conformity of Goods in International Sales. A Survey of Current Case Law on CISG, RDAI 1997, 39
Wyler, Garantie, conformité et inspection des marchandises dans la vente internationale. Etude de la convention de Vienne, in: FS Gilliard (1987) 175.

Systematische Übersicht

Alphabetische Übersicht

I. Regelungsgegenstand und Normzweck

1 Art 35 legt die **Pflichten** fest, die den Verkäufer **im Hinblick auf die Sachbeschaffenheit der Ware** treffen. Der Verkäufer hat dafür einzustehen, daß die Ware in Qualität, Quantität, Art und Verpackung den vertraglichen Festlegungen und, wo sie fehlen, den in Art 35 Abs 2 niedergelegten Anforderungen der Konvention entspricht. Soweit nicht anders vereinbart, muß die Ware für den gewöhnlichen Gebrauchszweck oder für hinreichend zum Ausdruck gebrachte spezielle Zwecke geeignet sowie in üblicher Weise verpackt sein. Erfüllt der Verkäufer seine Pflichten im Hinblick auf die physische Beschaffenheit der Ware nicht, so hat der Käufer – bei korrekter Rüge (Art 38, 39) – Ansprüche nach den Art 45 ff (Denkschrift 48). Die Einstandspflicht des Verkäufers scheidet nur aus, wenn der Käufer den Warenmangel kannte oder erkennen mußte (Art 35 Abs 3).

2 Art 35 stellt damit die **Grundvorschrift der Sachmängelhaftung** in der Konvention dar, die den Begriff Sachmangel allerdings nicht verwendet, sondern von Vertragsmäßigkeit oder Vertragswidrigkeit spricht (vgl Vorbem 2 zu Art 35 ff). Die Bestimmung bezweckt die möglichst genaue Festlegung des Leistungsprogramms, zu dem der Verkäufer im Hinblick auf die Sachbeschaffenheit der Ware verpflichtet ist. Andererseits will sie die legitimen Erwartungen schützen, die der Käufer hinsichtlich der Ware haben darf.

II. Entstehungsgeschichte

Die Vorschrift war sachlich im wesentlichen übereinstimmend bereits in Art 33 **3**
EKG enthalten, dort allerdings negativ gefaßt („der Verkäufer hat seine Pflicht
zur Lieferung nicht erfüllt …"). Der jetzige Abs 3 war in etwas anderer Formulierung der selbständige Art 36 EKG. Die Pflicht zur Verpackung erwähnte das EKG
noch nicht; doch schon der Genfer Entwurf von 1976 hatte (in seinem Art 19) eine
entsprechende Formulierung in Abs 1 lit d aufgenommen.

Den Ausschluß der Haftung für unerhebliche Fehler, den Art 33 Abs 2 EKG enthal- **4**
ten hatte, übernahm man nicht in das CISG, weil das Recht zur Vertragsaufhebung
und Ersatzlieferung sich bei Sachmängeln auf wesentliche Vertragsverletzungen beschränkt. Die übrigen Behelfe (Nachbesserung, Minderung, Schadenersatz) für geringfügige Mängel auszuschließen, bestand dann kein Grund mehr (vgl UNCITRAL –
YB IV [1973] 44, 64).

Eine bedeutsamere Veränderung erfuhr die Regel über die Tauglichkeit der Ware **5**
für besondere Vertragszwecke. Im EKG (Art 33 Abs 1 lit e) mußte die Ware einem
besonderen Gebrauchszweck nur genügen, wenn er ausdrücklich oder stillschweigend im Vertrag vereinbart war. Nach 35 Abs 2 lit b CISG, der weitgehend sec 14
(3) des englischen Sale of Goods Act 1979 entlehnt ist, wird die Tauglichkeit für
besondere, nicht gewöhnliche Zwecke schon zum Vertragsinhalt, wenn der Käufer
den Zweck bei Vertragsschluß mitteilt und berechtigterweise auf die Sachkunde des
Verkäufers vertraut. Ein Antrag der Bundesrepublik (A/Conf 97/C1/l73, Off Rec 104),
die Haager Fassung wiederherzustellen, wurde abgelehnt, im wesentlichen mit dem
Argument, die neue Formulierung stelle deutlicher klar, unter welchen Umständen
ein besonderer Verwendungszweck Vertragsinhalt werde (Off Rec 316).

III. Allgemeines

Die grundsätzliche Lieferpflicht des Verkäufers folgt aus Art 30. Art 35 konkreti- **6**
siert ihren Inhalt, soweit es um die physische Beschaffenheit der Ware einschließlich
ihrer Verpackung geht. Die Verknüpfung zwischen Lieferung und Vertragsmäßigkeit der Ware, die noch Art 19 EKG vorgesehen hatte (nur die Lieferung vertragsgemäßer Ware war danach Lieferung; vgl dazu DÖLLE/HUBER Art 19 Rn 153 ff), hat das
CISG aufgegeben. Mit der Lieferung vertragswidriger Ware erfüllt der Verkäufer
nunmehr seine Lieferpflicht im Sinn des Art 30, verletzt aber die in Art 35 normierten Pflichten und setzt sich den Ansprüchen nach Art 45 ff aus (Sekretariatskommentar
Art 33 Bem 2; BIANCA/BONELL/BIANCA Art 35 Bem 2.4; HERBER/CZERWENKA Art 35 Rn 2).

Art 35 faßt alle **Anforderungen an die physische Beschaffenheit** der Ware zusammen. **7**
Die Ware muß nicht nur in ihrer Qualität den vertraglichen und gesetzlichen Festlegungen entsprechen. Art 35 Abs 1 stellt ausdrücklich klar, daß auch Mengenabweichungen, Artabweichungen (aliud) und Verpackungsfehler Vertragswidrigkeiten
sind.

Mit der **Qualität der Ware** sind alle der Ware selbst anhaftenden Eigenschaften **8**
gemeint; auch ihre Zusammensetzung oder der Umstand, ob die Ware Originalware

ist, gehört, sofern für den vereinbarten oder gewöhnlichen Vertragszweck erforderlich, hierher (vgl zum EKG: BGH NJW 1982, 2730).

9 Mengenabweichungen sind nicht nur **Zuwenig- oder Zuviellieferungen** bei Massenwaren. Auch wenn **aus einer Sachgesamtheit einzelne Teile** fehlen, ohne daß die Funktion der übrigen beeinträchtigt ist, liegt darin eine Vertragswidrigkeit (zum internen deutschen Recht vgl BGH NJW 1992, 3224). Ebenfalls vertragswidrig sind **Falschlieferungen**. Nach ganz überwiegender Ansicht bedeutet der Hinweis auf die „Art" (description) der Ware, daß auch die Lieferung einer anderen als der vereinbarten Ware (aliud) eine Vertragswidrigkeit ist, für die die Art 35–40 gelten (BAMBERGER/ROTH/SAENGER Art 35 Rn 2; BRUNNER Art 35 Rn 3; SCHLECHTRIEM/SCHWENZER/SCHWENZER Art 35 Rn 10; ENDERLEIN/MASKOW/STROHBACH Art 35 Bem 4; HEILMANN 170 f; HERBER/CZERWENKA Art 35 Rn 2; vHOFFMANN, in: SCHLECHTRIEM, Fachtagung 294; HONSELL SJZ 1992, 351; HUBER RabelsZ 43 [1979] 484; MünchKommBGB/GRUBER Art 35 Rn 4; MünchKommHGB/BENICKE Art 35 Rn 4; NIGGEMANN, in: HOYER/POSCH 86; PILTZ, in: vWESTPHALEN Rn 135; RUDOLPH Art 35 Rn 10; SCHLECHTRIEM, UN-Kaufrecht 56 f; WELSER, in: DORALT 111). Nach **aA** stellt aber jedenfalls die krasse Falschlieferung (zB Kartoffeln statt Mais) eine Nichtlieferung dar, die nicht gerügt werden muß (Sekretariatskommentar Art 29 Bem 3; LOEWE, Kaufrecht 51; NEUMAYER, in: DORALT 135 f; ders RiW 1994, 105; wohl auch BIANCA/BONELL/BIANCA Art 35 Bem 2.4). Doch würde diese Auffassung die Unsicherheiten in die Konvention hineintragen, die mit der Abgrenzung zwischen genehmigungsfähigem und nichtgenehmigungsfähigem aliud verbunden ist. Um seine Rechte zu wahren, muß der Käufer im Zweifel doch stets rügen. Es ist deshalb die Auffassung vorzuziehen, die mit der **Artabweichung auch jede aliud-Lieferung erfaßt**. Unzuträgliche Härten für den Käufer, der nicht rügt, werden durch Art 40 und 44 aufgefangen (ebenso Kirchner 50 f; PILTZ, in: vWESTPHALEN Rn 135; SOERGEL/LÜDERITZ/SCHÜSSLER-LANGEHEINE Art 35 Rn 5).

10 Art 35 räumt in Abs 1 den vertraglichen Vereinbarungen der Parteien den Vorrang ein. Nur soweit die Parteien nichts anderes bestimmt haben, gelten die in Abs 2 aufgestellten Regeln, die damit **lediglich ergänzenden Charakter** haben (BIANCA/BONELL/BIANCA Art 35 Bem 2.1; ENDERLEIN/MASKOW/STROHBACH Art 35 Bem 1). Die Konvention stellt ganz ähnlich wie das interne deutsche Recht, das mit der Schuldrechtsmodernisierung auch dem Wortlaut des CISG deutlich angenähert worden ist (§ 434 BGB), die subjektive Festlegung durch die Parteien in den Vordergrund und ergänzt sie durch objektive Standards, folgt also einem subjektiv/objektiven Fehlerbegriff. Die Alternativen in Abs 2 stehen kumulativ nebeneinander. Ware ist nur dann vertragsgemäß, wenn sie allen in Abs 2 aufgestellten Bedingungen genügt.

11 Art 35 sieht **keine Erheblichkeitsschranke** vor, wie sie noch Art 33 Abs 2 EKG enthalten hatte (vgl oben Rn 4). Auch geringfügige Mängel der Ware sind vertragswidrig und lösen die Rechtsbehelfe der Art 45 ff aus. Die Behelfe der Vertragsaufhebung und Ersatzlieferung scheiden allerdings durchweg aus, da sie bei Sachmängeln eine wesentliche Vertragsverletzung voraussetzen, die bei einem geringfügigen Mangel gewöhnlich fehlen wird. Doch ist bei geringfügigen Mengen- oder Qualitätsfehlern stets zunächst zu prüfen, ob sie nicht noch innerhalb der Toleranzen liegen, die nach Handelsbrauch oder Gepflogenheiten der Parteien zulässig sind. Dann fehlt es an jeder Vertragswidrigkeit.

Der **maßgebende Zeitpunkt**, zu dem die Ware vertragsgemäß sein muß, ist der **12**
Gefahrübergang. Für spätere Mängel muß der Verkäufer nur einstehen, wenn sie
auf einer Verletzung seiner Pflichten (zB zur ordnungsgemäßen Verpackung) beruhen (Art 36 Abs 1 und 2, vgl die Erläuterungen dort).

IV. Vertragliche Festlegung (Abs 1)

Ob Ware in Beschaffenheit, Menge, Art und Verpackung vertragsgemäß ist, richtet **13**
sich in erster Linie nach den Festlegungen, die die Parteien im Vertrag getroffen
haben (s zB Hovioikeus Turku IHR 2003, 277 [Verkäufer liefert Zusatzteile, die Käufer in Forst-
maschinen einbaut; Verkäufer garantiert für Brauchbarkeit der Teile]). Ein wirksamer Vertragsschluß setzt ohnehin in der Regel voraus, daß die Essentialia im Hinblick auf
die Ware zumindest bestimmbar sind (Art 14 Abs 1). Die **näheren Festlegungen der**
Sachbeschaffenheit können ausdrücklich erfolgen, etwa auch durch Bezugnahme auf
Normstandards, DIN etc. Doch genügt ebenso, wie auch Art 14 Abs 1 hervorhebt,
eine stillschweigende Vereinbarung (HERBER/CZERWENKA Art 35 Rn 3). Der Übergang
zwischen stillschweigender Vereinbarung und den objektiven Anforderungen, die
Art 35 Abs 2 aufstellt, ist fließend. Stillschweigend vereinbarte Sacheigenschaften
sind nur bei hinreichend deutlichem Parteiwillen anzunehmen. Doch muß der Verkäufer auch ohne Absprache etwa Gebrauchsanleitungen, Montageanweisungen etc
beifügen, die der Käufer benötigt, um die Ware für ihre üblichen Zwecke verwenden zu können (ebenso ACHILLES Art 35 Rn 5). In der Regel wird die Anleitung in der
Sprache desjenigen Landes gefasst sein müssen, in dem die Ware für den Verkäufer
erkennbar Verwendung finden soll. Wer allerdings zB Lagerware vom deutschen
Markt für den Absatz in der Schweiz bezieht, kann ohne weitere Absprache nicht
damit rechnen, daß andere als nur deutschsprachige Bedienungsanleitungen beigefügt sind (s LG Duisburg IHR 2001, 27 [Schweizer Käufer elektronischer Geräte kann in diesem
Fall nicht begleitende Bedienungsanleitungen auch in Französisch und Italienisch erwarten]).

Der Vertragsinhalt kann sich schließlich auch aus Gebräuchen, zB handelsüblichen **14**
Toleranzen oder Gepflogenheiten der Parteien ergeben (Art 9; vgl OGH IHR 2004, 25;
Denkschrift 48; SOERGEL/LÜDERITZ/SCHÜSSLER-LANGEHEINE Art 35 Rn 7; s ferner unten Rn 21).

Die **Aufzählung von Eigenschaften** der Ware in Abs 1 ist **nicht** als **abschließend** zu **15**
verstehen. Die Parteien können bestimmen, daß die Ware weiteren Anforderungen,
zB gesetzlichen Auszeichnungsvorschriften, Normfestsetzungen, Zusammenset-
zungsregelungen (zB kein FCKW) etc entsprechen muß. Eine stillschweigende
Vereinbarung, daß Importware den staatlichen Regelungen des Importlandes genügt, ist aber nicht zu unterstellen (BGH NJW 1995, 2099 = LM CISG Nr 2 m Anm MAGNUS
= IPRax 1996, 29 m Aufs SCHLECHTRIEM ibid 12; ebenso OGH IHR 2001, 117; Audiencia Provincial
de Granada IHR 2002, 82; ebenso zum EKG: OLG Hamm, in: SCHLECHTRIEM/MAGNUS Art 82
Nr 8; LG Siegen RiW 1977, 427; ferner unten Rn 22). Art 35 Abs 1 stellt ferner ausdrücklich
klar, daß Mengenabweichungen, auch Teillieferungen (SCHLECHTRIEM/SCHWENZER/
SCHWENZER Art 35 Rn 8; SOERGEL/LÜDERITZ/SCHÜSSLER-LANGEHEINE Art 35 Rn 9) oder Ver-
packungs- oder Behältnisfehler vertragswidrig und wie Gütemängel zu behandeln,
also zu rügen sind (ENDERLEIN/MASKOW/STROHBACH Art 35 Bem 3; zur aliud-Lieferung oben
Rn 9). Die Rechtsfolgen der Mengenabweichung und Teillieferung regeln die Art 51,
52 jedoch gesondert.

16 Art 35 unterscheidet nicht, wie vor der Schuldrechtsreform noch das BGB, zwischen vertragsgemäßen und zugesicherten Eigenschaften der Ware, auch wenn Garantien in Art 36 Abs angesprochen sind. **Der Verkäufer hat grundsätzlich für alle Eigenschaften einzustehen, die der Käufer** nach dem Vertrag von der Ware **erwarten darf.** Eine Entlastung des Verkäufers ist nur unter den strengen Voraussetzungen des Art 79 möglich und kann bei ausdrücklicher Garantieübernahme ganz ausgeschlossen sein (SCHLECHTRIEM Rn 134; SOERGEL/LÜDERITZ/SCHÜSSLER-LANGEHEINE Art 35 Rn 4). So stellt es etwa eine Vertragswidrigkeit gemäß Art 35 Abs 1 dar, wenn ein Fahrzeug zwei Jahre älter und 50 000 km mehr gelaufen ist, als die Fahrzeugpapiere und der Kilometerstand ausweisen, und insoweit vom zumindest stillschweigend Vereinbarten abweicht (OLG Köln 21.5.1996, CLOUT Nr 168).

V.   Objektive Vertragsmäßigkeit der Ware (Abs 2)

17 Haben die Parteien, wie häufig, außer der Festlegung der Art und Menge keine näheren Vereinbarungen über die Sacheigenschaften der Ware getroffen, dann bestimmt Art 35 Abs 2, welchen Anforderungen vertragsgemäße Ware genügen muß. Absatz 2 legt damit einen **objektiven Mindeststandard für die Beschaffenheit der Ware** fest.

1.   Tauglichkeit zum gewöhnlichen Gebrauchszweck (lit a)

18 Die Hauptvoraussetzung, der die Ware auch ohne Vereinbarung genügen muß, ist ihre **Tauglichkeit zu den Zwecken, für die Waren der gleichen Art gewöhnlich gebraucht werden.** Die Ware muß in ihrer Qualität den Erwartungen entsprechen, die ein durchschnittlicher Nutzer an sie stellt (Sekretariatskommentar Art 33 Bem 5). Es gilt ein objektiver Maßstab, der sich an der Verkehrsauffassung über die gewöhnlichen Gebrauchszwecke entsprechender Ware orientiert (Denkschrift 48; SCHLECHTRIEM/ SCHWENZER/SCHWENZER Art 35 Rn 14; HERBER/CZERWENKA Art 35 Rn 4; KAROLLUS 116; LOOKOFSKY § 4–7). Die Ware muß die Eigenschaften haben, die für den normalen Gebrauch notwendig sind. Sie darf andererseits keine Gefahren schaffen, mit denen der Nutzer nicht rechnet. In dieser Weise gefährliche Ware ist vertragswidrig und kann die Rechte nach Art 45 auslösen (vgl BGHZ 141, 129 [Rebwachs vernichtet die behandelten Rebstöcke]; SOERGEL/LÜDERITZ/SCHÜSSLER-LANGEHEINE Art 35 Rn 10). Lediglich von der Ware verursachte Personenschäden sind nach Art 5 CISG ausgenommen.

19 Die Gebrauchstauglichkeit bezieht sich **auf den schließlichen Zweck, dem die Ware** beim Nutzer, dem Käufer oder seinem Abnehmer sachlich **dienen soll.** Hierfür muß sie geeignet sein und insoweit der marktüblichen Qualität entsprechen. Damit schuldet der Verkäufer **Ware durchschnittlicher Qualität** (LG Berlin 15.9.1994, UNILEX; ACHILLES Art 35 Rn 6; BIANCA/BONELL/BIANCA Art 35 Bem 2.5.1; BRUNNER Art 35 Rn 8; ENDERLEIN/MASKOW/STROHBACH Art 35 Bem 8; HERBER/CZERWENKA Art 35 Rn 4; HEUZÉ Rn 293; WITZ/SALGER/LORENZ Art 35 Rn 9; zum EKG ebenso: OLG Koblenz, in: SCHLECHTRIEM/ MAGNUS Art 33 Nr 15; OLG Hamm IPRax 1983, 231; LG Marburg, in: SCHLECHTRIEM/MAGNUS Art 33 Nr 17; **aA** s mit ausführl Erörterung Schiedsspruch des Netherlands Arbitration Institute IHR 2003, 283 [Ware müsse weder „merchantable" noch „average", sondern „reasonable quality" haben: „Rijn Blend" Rohöl mit überhöhtem Quecksilberanteil sei mangels vertraglicher Festlegung vertragswidrig, da es weniger wert sei als ‚normales' „Rijn Blend"]; SOERGEL/LÜDERITZ/SCHÜSSLER-LANGEHEINE Art 35 Rn 10 – bloße Handelbarkeit genüge; unter Hinweis auf die Ablehnung eines kanadischen Vorschlags, der ua „fair average quality" ins Gesetz aufnehmen wollte. Indessen wurde der Vorschlag nicht abgelehnt, sondern nach im wesentlichen zustimmenden Äußerungen anderer Delegationen wohl als bereits geregelt zurückgezogen, Off Rec 104, 308, 315). Es genügt nicht, daß die Ware gerade noch handelbar (merchantable), vom Käufer also als Zwischenhändler absetzbar ist (Schiedsspruch des Netherlands Arbitration Institute aaO; Sekretariatskommentar aaO; BIANCA/BONELL/BIANCA Art 35 Bem 2. 5. 1; HERBER/CZERWENKA Art 35 Rn 4). Auf der anderen Seite muß Ware, die zur Weiterveräußerung gedacht ist, jedenfalls absetzbar („honestly resaleable") sein (so Sekretariatskommentar aaO; vgl auch HYLAND, in: SCHLECHTRIEM, Fachtagung 316 ff). Allerdings sind die Umstände des Einzelfalles stets angemessen zu berücksichtigen: Wer sich an einen Produzenten hochwertiger Markengeräte wendet, darf andere Qualität als beim Kauf vom Ramschhändler erwarten (ebenso ACHILLES Art 35 Rn 6; HEUZÉ Rn 293; zur Haltbarkeitsdauer s Rn 23).

Die Zweckeignung schließt mit ein, daß nicht nur die Ware selbst, sondern auch eventuelle Montage-, Bedienungs-, Gebrauchsanleitungen geeignet sind und nicht zu Fehlern, Störungen etc führen, wenn sie befolgt werden. Ist die Ware vom Verkäufer zu montieren, so läßt eine fehlerhafte Montage die Zweckeignung ebenfalls entfallen. Auch unübliche Verfärbungen etc, die die Eignung der Ware nicht berühren, aber ihren vorgesehenen Weiterverkauf beeinträchtigen oder zu Preisnachlässen nötigen, stellen Vertragwidrigkeiten dar (s BGH NJW 1999, 1259 [Schutzfolie, die zwar schützt, sich aber nicht ohne Rückstände abziehen läßt, ist vertragswidrig]).

Die Ware muß nicht nur einigen, sondern **allen Verwendungszwecken gerecht wer-** 20 **den**, denen Ware gleicher Art üblicherweise dient (Sekretariatskommentar Art 33 Bem 5). Ware, die sich nur für einzelne der üblichen Zwecke eignet, ist vertragswidrig.

Der **übliche Verwendungszweck ergibt sich aus der Verkehrsauffassung**, die im ge- 21 wöhnlichen Nutzerkreis herrscht. Die örtlichen Gegebenheiten sind dabei zu beachten (Denkschrift 48; BIANCA/BONELL/BIANCA Art 35 Bem 2. 5. 1; ENDERLEIN/MASKOW/ STROHBACH Art 35 Bem 8 wollen allein auf die Verhältnisse im Verkäuferland abstellen). Der mitteleuropäische Verkäufer, der Motoren in zahlreiche Länder verkauft, muß jedoch nicht bereits dann haften, wenn nach Mexiko verkaufte Motoren dort wegen der Höhenlage nicht oder nur bedingt ihren gewöhnlichen Zweck erfüllen. Anders ist zu entscheiden, wenn sich der übliche Nutzerkreis dieses Verkäufers auf Mexiko beschränkt (ähnlich SCHLECHTRIEM, in: GALSTON/SMIT 6–21). Die Verkehrsauffassung kann auch von öffentlichen Werbeaussagen des Verkäufers oder des Herstellers beeinflußt sein, die die Eignung der Ware für bestimmte Zwecke besonders herausstellen. Ebenso können Handelsbräuche die Vertragswidrigkeit der Ware ergeben (vgl OGH IHR 2004, 25). Besteht zB ein internationaler Handelsbrauch, daß verkaufter Fisch ohne sonstige Absprache nur aus Fängen des laufenden Jahres zu stammen hat, dann ist die Lieferung von Fisch aus vorangegangenen Jahren vertragswidrig (OGH aaO).

Zum üblichen Nutzungszweck gehört es aber im Grundsatz nicht, daß die Ware 22 **Regelungen** entspricht, **die im Importland für Waren** dieser Art zwingend **vorgeschrieben** sind (BGH NJW 1995, 2099 = LM CISG Nr 2 m Anm MAGNUS = IPRax 1996, 29 m Aufs SCHLECHTRIEM ibid 12 [neuseeländische Muscheln, die Schweizer nach Deutschland verkauft und die deutschen Richtwert für Kadmium übersteigen, aber verzehrbar sind, sind nicht vertragswidrig]; OGH IHR 2001, 117 [keine Vertragswidrigkeit, wenn für Maschinenlieferung aus Deutschland nach Österreich das in Österreich vorgeschriebene Sicherheitszertifikat – CE-Kennzeichnung – fehlt]; Audiencia Provincial de Granada IHR 2002, 82 [keine Vertragswidrigkeit, wenn tiefgefrorene spanische Hähnchen, die den spanischen Lebensmittelvorschriften entsprechen, im Importland Ukraine wegen dortiger Lebensmittelvorschriften nicht vermarktet werden dürfen]; ebenso BIANCA/BONELL/BIANCA Art 35 Bem 3.2; BRUNNER Art 35 Rn 10; SCHLECHTRIEM/SCHWENZER/ SCHWENZER Art 35 Rn 17; ENDERLEIN/MASKOW/STROHBACH Art 35 Bem 8; HERBER/CZERWENKA Art 35 Rn 4; HEUZÉ Rn 294; HONSELL SJZ 1992, 350 f; LURGER JBl 2002, 760 ff; Münch-KommBGB/GRUBER Art 35 Rn 22; s insbes SCHLECHTRIEM IPRax 1999, 388 ff; ders IPRax 2001, 161 ff; für den konkreten Fall zu Recht anders aber etwa Medical Marketing International, Inc v Internazionale Medico Scientifica, Srl 17. 5. 1999; CLOUT Nr 418 [italienische Mammographiegeräte für die USA müssen den US-Vorschriften entsprechen]; Cour d'appel de Grenoble JDI 1996, 948 m Anm WITZ [Käse nicht mit im Importland vorgeschriebenen Angaben versehen]). Die Verwendbarkeit der Ware im eigenen Land ist grundsätzlich das Risiko des Käufers. Soll die Ware zB den Sicherheits- und Unfallverhütungsvorschriften oder sonstigen öffentlichrechtlichen Vorgaben des Importlandes genügen, so muß das vereinbart oder dem Verkäufer gemäß Art 35 Abs 2 lit b bei Vertragsschluß zur Kenntnis gebracht werden (BGH aaO; OGH aaO [120]; BIANCA/BONELL/BIANCA Art 35 Bem 3.2; ENDERLEIN/MASKOW/STROHBACH Art 35 Bem 8; zum EKG LG Karlsruhe RiW 1982, 517; ähnlich LG Siegen RiW 1977, 427; OLG Düsseldorf, in: SCHLECHTRIEM/MAGNUS Art 33 Nr 12; LG Heidelberg, in: SCHLECHTRIEM/MAGNUS Art 33 Nr 14; OLG Hamm, in: SCHLECHTRIEM/MAGNUS Art 93 Nr 8). Wenn allerdings auch im Exportland entsprechende Bestimmungen bestehen, muß die Ware zumindet diese Vorgaben einhalten (s auch Hof 's-Gravenhage IHR 2004, 119 [Lieferung niederländischen Mehls mit krebserzeugendem, in der EU verbotenem Brotverbesserer an Belgier ist vertragswidrig, auch wenn die Lieferung für Mozambique bestimmt und der Zusatz dort nicht verboten ist]; ebenso auch MünchKommBGB/GRUBER Art 35 Rn 26). Im Einzelfall kann sich ferner aus dem Gesamtgeschehen ergeben, daß der Verkäufer die Vorgaben im Bestimmungsland der Ware zu beachten hat, so zB wenn er dort selbst eine Niederlassung hat und Werbung betreibt oder die Vermarktung in diesem Land auf seine Initiative zurückgeht (s auch ACHILLES Art 35 Rn 6; BRUNNER Art 35 Rn 13; MünchKommHGB/BENICKE Art 35 Rn 13; WITZ/SALGER/LORENZ Art 35 Rn 10).

23 Die Tauglichkeit zum gewöhnlichen Zweck schließt ein, daß die Ware **für eine normal zu erwartende Dauer** verwendbar bleibt (s etwa LG München I IHR 2003, 233 [hochwertige, repräsentative Ausstellungsstücke – schwenkbare Globen für Videovorführungen – müssen auch ohne ausdrückliche Vereinbarung mehrere Jahre funktionstüchtig bleiben]; ACHILLES Art 35 Rn 5; BIANCA/BONELL/BIANCA Art 36 Bem 3.2; SCHLECHTRIEM/SCHWENZER/SCHWENZER Art 36 Rn 9; ENDERLEIN/MASKOW/STROHBACH Art 35 Bem 8; aA RUDOLPH Art 35 Rn 14). Beim Kauf gebrauchter Ware kann der Käufer aber nur eingeschränkte Tauglichkeit und Haltbarkeit erwarten.

24 Die Parteien können **besondere Gebrauchszwecke** der Ware festlegen und damit die Geltung der lit a ausschließen (SOERGEL/LÜDERITZ/SCHÜSSLER-LANGEHEINE Art 35 Rn 10: zum Wandschmuck bestimmte Waffen brauchen nicht zum Schießen zu taugen). Doch wird eine derartige Abbedingung der lit a stets sorgsam zu prüfen sein.

25 Die Rechtsprechung zum CISG hat etwa Muschelfleisch, das die deutschen Kadmiumrichtwerte signifikant überschritt, als für den **gewöhnlichen Gebrauchszweck geeignet** gehalten, da der Verzehr üblicher Mengen nicht gesundheitsschädlich war

(BGH NJW 1995, 2099 = LM CISG Nr 2 m Anm Magnus; = IPRax 1996, 29 m Aufs Schlechtriem 12; ebenso Vorinstanz OLG Frankfurt RiW 1994, 593, problematisch). Der gewöhnliche Gebrauch ist auch nicht beeinträchtigt, wenn in einem Kunstkatalog, den der Verkäufer herzustellen und zu liefern hatte, eine einzelne Zeile verrutscht ist (Handelsgericht des Kantons Zürich, SZIER 1999, 188 f) oder wenn Kleiderstoff in etwas anderen als den vereinbarten Farbvarianten geliefert wird, sofern der Käufer den Stoff ohne Einschränkung verarbeiten oder weiterveräußern kann (OLG Düsseldorf NJW-RR 1994, 506). Kleiderstoff muß ferner ohne ausdrückliche Abrede nicht in solchen Abmessungen geliefert werden, die eine bestimmte, besonders wirtschaftliche Art des Zuschneidens erlauben (LG Regensburg For Int 1998, 109). Für den **gewöhnlichen Gebrauch ungeeignet** sind aber etwa:

- mit Wasser oder Zucker versetzter Wein, jedenfalls wenn das künstliche Zuckern im Export- und Importland verboten ist (Cass IPRax 1997, 126 m Aufsatz Schlechtriem IPRax 1997, 132 = D 1996, 334 m Anm Witz; LG Trier NJW-RR 1996, 564),

- Schuhe mit Rissen (OLG Köln RiW 1994, 972),

- selbstklebende Schutzfolie, die sich nicht ohne Rückstände von dem beklebten Gegenstand (Blech) abziehen läßt (BGH NJW 1999, 1259),

- grobe Stoffqualität bei Cashmere-Pullovern (OLG München For Int 1998, 106),

- Rebwachs zum Schutz von Rebstöcken, das zu Verbrennungen und Kümmerwuchs führt (BGHZ 141, 129; ebenso die Vorinstanz OLG Zweibrücken 31.3.1998 [8 U 46/97, unveröff]),

- Blutleitungen, die unsteril sind (Obergericht Luzern SJZ 1998, 515),

- Mehl mit krebserregendem, kaliumbromathaltigem Brotverbesserer (Hof 's-Gravenhage IHR 2004, 119),

- Dioxinverdacht bei Fleisch, wenn das Land des Verkäufers wegen dieses Verdachts weitreichende Sicherungsmaßnahmen durchgeführt hat (OLG Frankfurt IHR 2004, 113).

Auch die Praxis zum Haager Kaufrecht kann noch verwendet werden. Danach waren für den gewöhnlichen Gebrauch ungeeignet: Konfektionskleidung, deren Maße nicht den angegebenen Konfektionsgrößen entsprachen (OLG Karlsruhe RiW 1978, 544); Pullover mit erheblichen Paßformmängeln (OLG Hamm, in: Schlechtriem/Magnus Art 33 Nr 6; ganz ähnlich OLG Hamm, in: Schlechtriem/Magnus Art 33 Nr 13); Kleiderstoffe, die beim Bügeln erheblich (5%) über die Toleranzgrenze von 1% hinaus einliefen (OLG Hamm IPRax 1983, 231). Dagegen lag kein Tauglichkeitsfehler darin, daß Maschinenspulen zur Verarbeitung von Nylonfäden nicht geschmiedet, sondern gegossen, im übrigen aber für die Verarbeitung tauglich waren (OLG Hamm, in: Schlechtriem/Magnus Art 33 Nr 16).

Der **bloße Mangelverdacht** stellt für sich grundsätzlich noch keinen haftbarmachenden Sachmangel dar. Daß Ware etwa mit gesundheitsschädlichen Beimengungen verseucht sein könnte, macht sie noch nicht untauglich für den üblichen Verwendungszweck. Denn dann brauchte ein Käufer nur einen hinreichend schweren Verdacht zu äußern, um jede Ware als vertragswidrig ablehnen zu können. Grundsätzlich ist verdächtige Ware erst dann vertragswidrig, wenn sich der Verdacht erhärtet und die Verseuchung zur Tatsache wird. In Fällen, in denen ein sehr schwerwiegender Verdacht besteht und durch klare Anhaltspunkte belegt ist, die Ware ferner relativ schnell weiterveräußert werden muß, kann aber bereits ein Mangelverdacht die Vertragswidrigkeit begründen (s OLG Frankfurt IHR 2004, 113 [Verdacht auf Dioxinverseuchung bei belgischem Fleisch, nachdem Belgien – nach Vertragsschluß, aber vor Lieferung – selbst wegen dieses Verdachts gesetzliche Maßnahmen eingeleitet hatte = Vertragswidrigkeit]). Dem Käufer ist dann nach dem Gebot von Treu und Glauben die Abnahme nicht zuzumuten.

2. Tauglichkeit für besondere Zwecke (lit b)

a) Haftungsgrund

26 Der Käufer kann grundsätzlich nicht erwarten, daß die Ware auch für einen besonderen Zweck taugt, der über ihren gewöhnlichen Verwendungszweck hinausgeht. Eine solche **besondere Tauglichkeit muß entweder**, sei es auch stillschweigend, **vereinbart werden** – dann gilt Abs 1. Art 35 Abs 2 lit b läßt es aber auch genügen, daß der Käufer den besonderen Verwendungszweck („particular purpose") dem Verkäufer bei Vertragsschluß **hinreichend zur Kenntnis gebracht und dabei auf dessen Sachkunde vertraut hat** (s aus der Rspr Handelsgericht des Kantons Aargau IHR 2003, 178 [Verkäufer liefert aufblasbare Triumphbögen, die, wie er weiß, bei Autorennen zur Werbung aufgestellt werden sollen, dort aber nicht halten = Vertragswidrigkeit]; Schmitz-Werke GmbH & Co v Rockland Industries, Inc, IHR 2003, 292 [Käufer durfte zu Recht darauf vertrauen, daß gelieferter Trevira-Stoff bedruckt werden könne, nachdem er dem Verkäufer den Zweck beim Kauf mitgeteilt und der Verkäufer später trotz aufgetretener Probleme zum Weiterdruck geraten hatte]). Unter diesen Voraussetzungen werden die Erwartungen des Käufers an die Beschaffenheit der Ware auch ohne förmliche Vereinbarung als berechtigt geschützt. Damit ist in gewissem Umfang eine einseitige Festlegung des Vertragsinhalts möglich. Das darf indessen nur soweit zugelassen werden, als dafür nach den Grundsätzen redlichen Geschäftsverkehrs ein zureichender Grund besteht. Dem hat die Auslegung der Vorschrift Rechnung zu tragen. Die Tauglichkeitserwartungen des Käufers müssen damit so deutlich erkennbar ausgedrückt und der Informationsvorsprung des Verkäufers hinsichtlich seiner Ware so ausgeprägt sein, daß vom Verkäufer redlicherweise Widerspruch gegen die Verwendung der Ware für den bestimmten Zweck erwartet werden muß (vgl auch Sekretariatskommentar Art 33 Bem 9; ähnlich LÜDERITZ, in: SCHLECHTRIEM, Fachtagung 196). Unterläßt er die gebotene Aufklärung und Beratung, so muß er deshalb für die fehlende besondere Eignung der Ware einstehen. Problematisch ist, ob Ware, die entsprechend lit b einem besonderen Verwendungszweck dienen soll, dennoch auch für die üblichen Verwendungszwecke gemäß lit a geeignet sein muß oder ob sie fehlerhaft ist, wenn sie dafür nicht mehr genügt. Grundsätzlich schließen sich die Alternativen des Abs 2 nicht aus. Daher muß Ware, die einem besonderen Zweck dienen soll, trotzdem grundsätzlich noch für die üblichen Zwecke taugen. Doch mag aus dem besonderen Zweckanliegen des Käufers hervorgehen, daß es ihm nur auf die besondere Zwecktauglichkeit ankommt. Dann ist Ware nicht fehlerhaft, wenn sie die üblichen Zwecke nicht erfüllen kann.

b)　Mitteilung

Der Käufer muß den Verkäufer auf den besonderen Verwendungszweck **ausdrück-** **27**
lich oder in anderer Weise („impliedly") **hingewiesen** haben. Auch Hinweise in
anderer Weise müssen jedoch so deutlich sein, daß der Verkäufer ihnen den besonderen Verwendungszweck entnehmen konnte. Die Angabe des Verwendungs-
ortes der Ware (zB Pumpen in Sibirien) dürfte genügen (vgl SCHLECHTRIEM, in: Berner
Tage 117). Aus der Angabe einer Versandadresse (zB in Sibirien) muß der Verkäufer
dagegen noch nicht den Schluß ziehen – und auch nicht nachfragen –, daß die Ware
dort verwendet werden soll.

Dem Verkäufer muß der Verwendungszweck in der Weise zur Kenntnis gebracht **28**
werden, daß er **Kenntnis nehmen kann**. Ob er tatsächlich Kenntnis nimmt, ist unerheblich (SCHLECHTRIEM/SCHWENZER/SCHWENZER Art 35 Rn 21; ENDERLEIN/MASKOW/STROH-
BACH Art 35 Bem 11; KAROLLUS 117; eingehend und im Ergebnis zweifelnd HYLAND, in: SCHLECHT-
RIEM, Fachtagung 320; aA REINHART Art 35 Rn 6). Dem Käufer ist in jedem Fall eine
ausdrückliche und genaue Mitteilung des besonderen Verwendungszweckes anzu-
raten.

Der Wortlaut des Art 35 Abs 2 lit b verlangt nicht, daß der Käufer selbst dem **29**
Verkäufer den Zweck mitgeteilt hat oder daß die Mitteilung für die Kenntnis kausal
war. Es reicht aus, daß der Verkäufer überhaupt von diesem Zweck – etwa **über**
Dritte oder durch eigene Quellen – Kenntnis erhalten hat.

Der Hinweis auf den Verwendungszweck muß bei Vertragsschluß erfolgen, um dem **30**
Verkäufer die Entscheidung zu erlauben, ob er das Risiko der besonderen Verwend-
barkeit übernehmen will. Spätere Hinweise genügen nicht (SCHLECHTRIEM/SCHWENZER/
SCHWENZER Art 35 Rn 22; ENDERLEIN/MASKOW/STROHBACH Art 35 Bem 10).

c)　Vertrauen

Die einseitige Verwendungserwartung des Käufers wird nur dann geschützt, wenn **31**
nicht die Umstände ergeben, daß der Käufer weder auf die Sachkunde und Urteils-
kraft des Verkäufers vertraut hat, noch auf sie vertrauen durfte. Die doppelte
Verneinung der Formulierung soll andeuten, **daß der Käufer im Zweifel auf die**
Sachkunde des Verkäufers vertrauen darf, soweit nicht besondere Umstände das
Vertrauen als ungerechtfertigt erscheinen lassen (BIANCA/BONELL/BIANCA Art 35
Bem 2. 5. 3; HONNOLD Rn 226).

Streitig ist, ob gleiche Sachkunde beider Seiten ein das Vertrauen entkräftender **32**
Umstand ist oder ob lit b nur gilt, wenn ein „technologisches Gefälle" (HUBER)
zwischen den Parteien besteht, der Verkäufer also sachkundiger als der Käufer ist.
Die ganz überwiegende Auffassung läßt den Verkäufer nur bei größerer Sachkunde
haften (so HUBER RabelsZ 43 [1979] 480 f; ihm folgend SCHLECHTRIEM/SCHWENZER/SCHWENZER
Art 35 Rn 23; HONSELL SJZ 1992, 351; MünchKommBGB/GRUBER Art 35 Rn 13 [in der Regel];
wohl auch LÜDERITZ, in: SCHLECHTRIEM, Fachtagung 186; HYLAND ib 322; SCHLECHTRIEM, UN-
Kaufrecht 57). Nach **aA** (etwa KAROLLUS 117) soll bei gleicher Sachkunde der Verkäufer
das Risiko der Verwendbarkeit tragen. Indessen erscheint das Vertrauen des Käufers auf die Sachkunde des Verkäufers nicht mehr als schutzwürdig, wenn er die
Verwendbarkeit der Ware ebensogut wie dieser einschätzen kann. Bleibt jedoch
offen, wer von beiden Seiten sachkundiger ist, dann gilt die Zweifelsregel der lit b.

Im Zweifel darf der Käufer annehmen, der Verkäufer habe die größere Sachkunde (ähnlich Schlechtriem/Schwenzer/Schwenzer Art 35 Rn 23).

33 Weitere Umstände, aus denen sich ergibt, daß der Käufer auf die Kompetenz des Verkäufers nicht vertraut hat oder nicht vertrauen durfte, sind folgende: der Käufer hat die Ware trotz gegenteiligen Rats des Verkäufers gekauft (ebenso Enderlein/Maskow/Strohbach Art 35 Bem 13; Herber/Czerwenka Art 35 Rn 5); der Käufer hat selbst die Produktion der Ware, etwa durch bestimmte Vorgaben beeinflußt (Hyland, in: Schlechtriem, Fachtagung 321); der Käufer kauft von einem Verkäufer, der erkennbar für den intendierten Verwendungszweck keine dem Käufer überlegenen Fachkenntnisse hat (vgl Herber/Czerwenka Art 35 Rn 5; Schlechtriem, in: Berner Tage 117: Kauf von Pumpen für Sibirien bei örtlichem Hinterhoffabrikanten aus Lörrach). Ob es genügt, daß der Verkäufer lediglich Zwischenhändler ist, der keine besonderen Fachkenntnisse hat, sondern die Ware nur umschlägt (so Enderlein/Maskow/Strohbach Art 35 Bem 14), ist fraglich. Grundsätzlich darf der Käufer darauf vertrauen, daß auch der reine Händler über die Verwendungseigenschaften der Ware besser unterrichtet ist als der Käufer selbst. Mehr als die im Handel üblichen Fachkenntnisse sind aber nicht zu verlangen (Bianca/Bonell/Bianca Art 35 Bem 2.5.3; Enderlein/Maskow/Strohbach Art 35 Bem 14; ferner Loewe, Kaufrecht 56; zum Ganzen eingehend Schlechtriem/Schwenzer/Schwenzer Art 35 Rn 23).

d) Vereinbarkeit der Ware mit öffentlich-rechtlichen Vorschriften

34 Art 35 Abs 2 lit b spricht nicht ausdrücklich die Frage an, ob zum bestimmten Verwendungszweck auch gehört, daß die Ware öffentlich-rechtlichen Vorschriften (insbesondere Sicherheits- oder Normungsvorschriften) im Verwendungsland entspricht (eingehend dazu BGHZ 129, 75; OGH IHR 2001, 117; Audiencia Provincial de Granada IHR 2002, 82; Schlechtriem/Schwenzer/Schwenzer Art 35 Rn 17; ferner Bianca/Bonell/Bianca Art 35 Bem 3.2; s dazu schon oben Rn 22). Die Regelung kann hierfür nur bedingt herangezogen werden. Grundsätzlich ist es Sache des Käufers, sich über die Vereinbarkeit der Ware mit derartigen Vorschriften zu informieren, und sein Risiko, daß die Ware ihnen entspricht (BGH, OGH, Audiencia Provincial de Granada aaO, vgl auch oben Rn 22). Eine überlegene Sachkunde des Verkäufers hinsichtlich öffentlich-rechtlicher Normen im Bestimmungsland der Ware ist nicht zu vermuten (BGHZ 129, 75; ähnlich die Vorinstanz OLG Frankfurt RiW 1994, 594; ähnlich auch Schlechtriem/Schwenzer/Schwenzer Art 35 Rn 17). Art 35 Abs 2 lit b ist aber in Fällen dieser Art dann anzuwenden, wenn der Käufer Verwendungsland und -zweck mitgeteilt und zusätzlich besonderen Anlaß hat, auf die Sachkunde des Verkäufers in Hinsicht auf Normkenntnis zu vertrauen, etwa weil dieser auf Exporte in das Bestimmungsland besonders spezialisiert ist.

e) Warnpflicht

35 Erkennt der Verkäufer von sich aus, daß vertraglich näher festgelegte Ware sich für die beabsichtigte besondere Verwendung nicht eignet, dann wird eine **Warn- und Beratungspflicht des Verkäufers** angenommen, die aus dem Grundsatz von Treu und Glauben folgt (Sekretariatskommentar Art 33 Bem 9 und Fn 5; Schlechtriem/Schwenzer/Schwenzer Art 35 Rn 23; Enderlein/Maskow/Strohbach Art 35 Bem 13; Karollus 117 f; Schlechtriem, UN-Kaufrecht 57 Fn 253). Verletzt der Verkäufer diese Warnpflicht, so wird daraus eine Schadensersatzhaftung und die Vertragswidrigkeit der Ware hergeleitet (so Karollus aaO; die weiteren zitierten Stellungnahmen sprechen diese Konsequenz

nicht an). Eine solche Pflicht wird aber, auch wegen des Wertungsgleichklangs mit
lit b, nur zu begründen sein, wenn der Verkäufer sachkundiger als der Käufer ist.
Den fachlich ebenso oder kompetenteren Käufer braucht der Verkäufer nicht zu
warnen.

3.   Übereinstimmung mit Probe oder Muster (lit c)

Beim Kauf nach Probe oder Muster ist die gelieferte Ware nur vertragsgemäß, wenn **36**
sie der Probe oder dem Muster entspricht. Trotz der deutschen Textfassung sind
Probe oder Muster als Maßstab aber nicht schon dann verbindlich, wenn der Verkäufer sie dem Käufer vorgelegt hat. Die englische Textfassung („has held out")
macht deutlich, daß mehr als die reine Vorlage eines Probeexemplars gefordert wird
(vgl HONNOLD Rn 227). **Die Parteien müssen sich vielmehr einig sein, daß der Kauf auf
der Basis geschlossen wird, daß die Ware mit einer Probe oder einem Musterstück
übereinstimmt** (so Sekretariatskommentar Art 33 Bem 11; Denkschrift 48; BIANCA/BONELL/
BIANCA Art 35 Bem 2.6.1; ähnlich SCHLECHTRIEM/SCHWENZER/SCHWENZER Art 35 Rn 24; enger
aber HERBER/CZERWENKA Art 35 Rn 6 [volle Einigung nötig]; weiter HONNOLD aaO [„understanding" genügt]; noch **anders** MünchKommHGB/BENICKE Art 35 Rn 14 [reine Vorlage genügt]).
Dann bestimmt sich die Vertragsmäßigkeit der Ware nach den Eigenschaften, die
das tatsächlich vorgelegte Probe- oder Musterstück hat. Will der Verkäufer hieran
nicht gebunden sein, so muß er klarstellen, daß er das Stück nur unverbindlich zur
Ansicht überlassen hat (SCHLECHTRIEM, in: Berner Tage 117; SOERGEL/LÜDERITZ/SCHÜSSLER-
LANGEHEINE Art 35 Rn 13). Das EKG hatte diese Regel in Art 33 Abs 1 lit c ausdrücklich enthalten (dazu DÖLLE/STUMPF Art 33 Rn 11 ff).

Stimmt die Ware zwar mit der Probe oder dem Muster überein, besitzt sie aber nicht **37**
die zum gewöhnlichen Zweck erforderliche Tauglichkeit, dann ist sie gleichwohl
vertragsgemäß. **Die Maßgeblichkeit der Probe oder des Musters** ist als besondere
Form der Parteivereinbarung anzusehen, die Vorrang vor dem objektiv geltenden
Beschaffenheitsstandard (lit a) hat (ähnlich BIANCA/BONELL/BIANCA Art 35 Bem 2.6.1;
KAROLLUS 118; KIRCHER 53). Hat freilich das Muster oder die Probe unerkennbare
Mängel, zB eine unüblich kurze Haltbarkeit, dann sind auch mit dem Muster oder
der Probe übereinstimmende Lieferungen wegen Verstoßes gegen Art 35 Abs 2 lit a
vertragswidrig. Hat das Muster- oder Probestück erkennbare Mängel, so sind sie
frist- und formgerecht zu rügen. Unterläßt der Käufer die Rüge und weisen spätere
Lieferungen dieselben Mängel auf, hat der Käufer seine Mängelrechte verloren,
sofern nicht Art 40 oder 44 eingreifen.

Genügt die Ware der Probe oder dem Muster, nicht aber dem besonderen, nach lit b **38**
Vertragsinhalt gewordenen Zweck, dann ist sie nur vertragsgemäß, wenn der Käufer
keinen Anlaß hatte, auf die Sachkunde des Verkäufers zu vertrauen (SCHLECHTRIEM/
SCHWENZER/SCHWENZER Art 35 Rn 25; ebenso wohl KAROLLUS 118; **aA** [Vorrang von lit c] BIAN-
CA/BONELL/BIANCA aaO).

Weichen schließlich die vertraglich nach Abs 1 festgelegten und die Sacheigenschaf- **39**
ten der vorgelegten Probe oder des Musters voneinander ab, so **entscheidet der
Parteiwille**, welche von ihnen gelten soll. Stehen die unterschiedlichen Eigenschaften nicht in Widerspruch zueinander, sind sie im Zweifel kumulativ geschuldet
(HERBER/CZERWENKA Art 35 Rn 6).

40 Die Vorschrift bezieht sich nicht auf Proben oder Muster, die der **Käufer** vorgelegt hat. Der Verkäufer haftet für die Übereinstimmung der Ware mit Bestellproben oder -mustern nur, wenn er das ausdrücklich oder stillschweigend übernommen hat (SCHLECHTRIEM/SCHWENZER/SCHWENZER Art 35 Rn 27, HYLAND, in: SCHLECHTRIEM, Fachtagung 323 Fn 105). Dafür, daß die Eigenschaften der vom Käufer vorgelegten Probe darüberhinaus im Zweifel Vertragsinhalt werden (so MünchKommHGB/BENICKE Art 35 Rn 16; wohl auch KAROLLUS 118), fehlt ein hinreichender Grund.

4. Übliche oder angemessene Verpackung der Ware (lit d)

41 Soweit nichts anderes vereinbart ist, hat der Verkäufer die **Verpflichtung, die Ware ordnungsgemäß verpackt zu liefern**. Das gilt auch dann, wenn es die Pflicht des Käufers istz, die Ware beim Verkäufer abzuholen (ebenso MünchKommHGB/BENICKE Art 35 Rn 17). Eine Lieferung ohne die geschuldete Verpackung ist vertragswidrig; der Käufer hat die Rechte aus den Art 45 ff, wenn er den Verpackungsmangel frist- und formgerecht rügt (HERBER/CZERWENKA Art 35 Rn 7).

42 Die Ware muß **in der** für sie **üblichen Weise verpackt** bzw in Behältnisse abgefüllt oder in ihnen (Containern) untergebracht sein. Maßgebend ist die im internationalen Warenhandel herrschende Üblichkeit. Notwendig ist nicht nur, daß die Ware, etwa Textilien, hinreichend eingewickelt oder, bei Glasware, hinreichend weich oder stoßfest verpackt ist. Auch offene Halterungen wie zB Blumentöpfe, Setz- oder Flaschenkästen, Käfige bei Tierlieferungen etc gehören zur geschuldeten Verpackung, wenn nur so der sichere Transport gewährleistet ist. Gibt es keine übliche Verpackungsform, so muß die Ware gleichwohl derart verpackt sein, daß sie insbesondere auf dem Transport vor Beschädigung hinreichend geschützt ist (vgl auch SCHLECHTRIEM/SCHWENZER/SCHWENZER Art 35 Rn 29 ff). Hierzu ist der Verkäufer auch dann verpflichtet, wenn er die Ware dem Käufer gemäß Art 30 lit b und c nur zur Verfügung stellen muß (BIANCA/BONELL/BIANCA Art 35 Bem 2.7.1; ENDERLEIN/MASKOW/STROHBACH Art 35 Bem 17). Angemessen ist die Verpackung, wenn sie ausreicht, die Ware auf dem voraussehbaren Weg bis zu ihrem Verwendungsort vor Schäden zu bewahren.

43 Ist es **unüblich**, die Ware **in besonderer Verpackung** oder Behältnissen **zu liefern** (insbesondere bei unempfindlichen Rohstoffen), dann schuldet der Verkäufer keine Verpackung. Ware ohne sie ist nicht vertragswidrig (ACHILLES Art 35 Rn 14; HONNOLD Rn 238).

44 Die Verpackung muß nur dem **Zweck** dienen, die Ware zu erhalten und **vor Schäden auf dem Transport zu schützen**. Eine Lieferung mit beschädigter Verpackung, während die Ware unverletzt bleibt, ist deshalb vertragsgemäß (ebenso SCHLECHTRIEM/SCHWENZER/SCHWENZER Art 35 Rn 31). Wird Ware üblicherweise vom Käufer verpackt weiterveräußert (Konserven etc), so ist sie jedoch nur vertragsgemäß, wenn die Verpackung nicht beschädigt ist.

45 Soweit der **Verkäufer** Lieferung in Verpackung oder Behältnis schuldet, **hat** er **die Kosten** dafür **zu tragen**. Wenn die Verpackung nicht selbständig wiederverwendbar oder praktisch Teil der Ware ist, ist der Verkäufer verpflichtet, dem Käufer auch das Eigentum an ihr zu übertragen. Bei Verpackungen oder Behältnissen, die dagegen selbständig wiederverwendbar sind (Container, Fässer etc), wird der Verkäufer idR nicht zur Übereignung verpflichtet sein. Vielmehr trifft den Käufer die Pflicht, die Verpackung gemäß Art 86 zu erhalten. Soweit Übereignung geschuldet ist, bestimmt sich der Eigentumsübergang selbst aber nicht nach der Konvention, sondern nach dem vom IPR berufenen Recht (vgl auch Art 4 Rn 32 ff). Ist der Käufer nach dem Vertrag verpflichtet, die Verpackung zurückzugeben, dann haftet er bei Nichterfüllung gemäß Art 45 Abs 1 lit b (zutreffend OLG Köln 8. 1. 1997, CLOUT Nr 311; BGH NJW 1997, 1578 hält dagegen zu Unrecht das nationale Recht für anwendbar; vgl dazu MAGNUS ZEuP 1999, 653).

VI. Ausschluß der Haftung des Verkäufers (Abs 3)

Der Käufer hat nach Art 35 Abs 3 **keine Mängelansprüche**, wenn er bei Vertrags- **46** schluß **weiß oder wissen muß**, daß die Ware nicht dem objektiven Standard entspricht, den Abs 2 vorschreibt. Seine berechtigten Erwartungen werden nicht enttäuscht, wenn er „sehenden Auges" Ware kauft, die unverkennbare Mängel hat.

Dem Käufer schadet nur **positive Kenntnis oder grob fahrlässige Unkenntnis**. Kennt- **47** nis meint, daß der Käufer die Vertragswidrigkeit tatsächlich erkannt hat. Formularmäßige Kenntnisnahmeklauseln genügen nicht. Kauft der Käufer „wie besichtigt", so entlastet Abs 3 den Verkäufer von einer Haftung für solche Mängel der Ware, die bei Besichtigung ohne weiteres erkennbar waren.

Die Formulierung **„nicht in Unkenntnis sein konnte"** wird überwiegend als **Festle-** **48** **gung groben Verschuldens** verstanden (AUE 83 ff; BRUNNER Art 35 Rn 20; HERBER/CZER-WENKA Art 35 Rn 10; HONNOLD Rn 229; KAROLLUS 119; MünchKommBGB/GRUBER Art 35 Rn 36; WELSER, in: DORALT 110; zweifelnd aber EBENROTH JBl 1986, 689; HONSELL SJZ 1992, 351; SCHLECHTRIEM/SCHWENZER/SCHWENZER Art 35 Rn 35 [„mehr als grobe Fahrlässigkeit"]; HUBER RabelsZ 43 [1979] 479 verlangt dagegen mehr als grobes Verschulden; **aA** wohl HEUZÉ Rn 296 Fn 134). Die Konvention verwendet diese Formulierung gewöhnlich, wenn sie einen höheren Grad als normales Verschulden bezeichnen will (letzteres wird durchgehend mit „kennen/wissen/feststellen mußte" umschrieben; s etwa Art 2 lit a, 38 Abs 2, 39 Abs 1, 43). Die in Abs 2 genannten Vertragswidrigkeiten müssen damit so offensichtlich sein, daß jeder Käufer sie bei Vertragsschluß erkannt hätte (HONNOLD Rn 229: „before the eyes of one who can see"). Auch der Preis kann etwa nahelegen, daß Ware nur einer unteren Qualitätsstufe genügt. Der Käufer, der die Ware vor Vertragsschluß untersucht, handelt grob fahrlässig, wenn er dabei offenkundige Mängel nicht entdeckt. Da der Käufer zur vorherigen Untersuchung jedoch nicht verpflichtet ist (SCHLECHTRIEM/SCHWENZER/SCHWENZER Art 35 Rn 35; ENDERLEIN/MASKOW/STROHBACH Art 35 Bem 20; HYLAND, in: SCHLECHTRIEM, Fachtagung 325), braucht er sie vor Vertragsschluß auch nicht in der handelsüblichen, nach Art 38 erforderlichen Weise zu untersuchen (ebenso MünchKommBGB/GRUBER Art 35 Rn 36; **aA** offenbar BIANCA/BONELL/BIANCA Art 35 Bem 2.8.2). Der Käufer handelt deshalb nicht grob fahrlässig, wenn er eine Untersuchung vor Vertragsschluß unterläßt, zu der ihn der Verkäufer aufgefordert hat (zweifelnd dazu ENDERLEIN/MASKOW/STROHBACH Art 35 Bem 20; HYLAND, in: SCHLECHTRIEM, Fachtagung 325). Will der Verkäufer seine Haftung für Fehler sicher ausschließen, die bei einer solchen Untersuchung hätten auffallen müssen, so muß er sie selbst offenbaren. Dann hat der Käufer Kenntnis von ihnen und Abs 3 greift ein.

49 **Art 35 Abs 3 bezieht sich** nach seinem Wortlaut nicht auf Abs 1, sondern **nur auf Vertragswidrigkeiten nach Abs 2**. Zum Teil wird vorgeschlagen, Abs 3 bei vertraglichen Vereinbarungen nach Abs 1 analog anzuwenden (so ENDERLEIN/MASKOW/STROHBACH Art 35 Bem 19; HERBER/CZERWENKA Art 35 Rn 11; NIGGEMANN, in: HOYER/POSCH 85; REINHART Art 35 Rn 10; vermittelnd SCHLECHTRIEM, in: Berner Tage 118: bei Mangelkenntnis verzichtet der Käufer auf Ansprüche). Nach **aA** gilt Abs 3 nicht für Abs 1; die vertragliche Vereinbarung über Eigenschaften der Ware hat nach dieser Auffassung Vorrang (Sekretariatskommentar Art 33 Bem 14; SCHLECHTRIEM/SCHWENZER/SCHWENZER Art 35 Rn 38; BIANCA/BONELL/BIANCA Art 35 Bem 2. 9. 2; BRUNNER Art 35 Rn 20; KAROLLUS 119; LOEWE, Kaufrecht 56; MünchKommHGB/BENICKE Art 35 Rn 22; SCHLECHTRIEM Rn 144; wohl auch EBENROTH JBl 1986, 689).

50 Es dürfte zu differenzieren sein: Kenntnis oder grob fahrlässige Unkenntnis der Ware schadet dem Käufer nicht, wenn vereinbart war oder wenn der Käufer berechtigterweise annehmen durfte, **der Verkäufer werde die Ware den vertraglichen Festlegungen noch bis zur Lieferung anpassen**. Dann geht die vertragliche Vereinbarung vor (so auch Sekretariatskommentar Art 33 Bem 14). Die vertragliche Festlegung hat ferner Vorrang, wenn der Käufer die Vertragswidrigkeit zwar hätte erkennen müssen, er sie tatsächlich aber nicht erkannt hat (Sekretariatskommentar aaO; SCHLECHTRIEM, in: Berner Tage 118). Denn es ist grundsätzlich Sache und Pflicht des Verkäufers, vertragsgemäß zu liefern. Eine Ausnahme ist allenfalls entsprechend dem in Abs 2 lit b enthaltenen Gedanken dann zu machen, wenn der Käufer dem Verkäufer deutlich an Sachkunde überlegen ist und es deshalb unbillig erschiene, den Verkäufer haften zu lassen.

51 **Erkennt der Käufer dagegen die Vertragswidrigkeit**, ohne daß er auf ihre Beseitigung rechnen darf, dann widerspricht es dem durchgehend zu beachtenden Grundsatz von Treu und Glauben, wenn er gleichwohl auf der vertraglichen Festlegung besteht (ähnlich SCHLECHTRIEM, in: Berner Tage 118, der jedoch einen stillschweigenden Rechtsverzicht des Käufers unterstellt). Insbesondere wenn der Verkäufer auf (mögliche) Abweichungen vom vereinbarten Standard hinweist und sie offenbart, etwa weil er selbst nicht weiß, ob die – zB erst noch zu beschaffende – Ware dem Vertrag entsprechen wird, gilt Abs 3 auch für Abs 1. Ist die Ware dann tatsächlich vertragswidrig, erreicht sie zB den festgelegten Reinheitsgrad, Leistungsstand etc nicht vollständig, dann hat der Käufer Kenntnis hiervon und Ansprüche scheiden aus.

52 Fraglich ist, ob Abs 3 auch gilt, wenn der Verkäufer eine Vertragswidrigkeit **arglistig verschweigt**, sie also nicht offenbart, obwohl er dazu bei redlichem Geschäftsgebaren verpflichtet gewesen wäre. Nach richtiger Ansicht ist der Fall innerhalb der Konvention zu lösen (so auch SCHLECHTRIEM/SCHWENZER/SCHWENZER Art 35 Rn 37). Ein Rückgriff auf nationale Arglistvorschriften ist ausgeschlossen (dafür aber LOEWE, Kaufrecht 56). Kennt der Käufer die Vertragswidrigkeit, dann entfällt die Haftung des arglistigen Verkäufers, wie in Abs 3 vorgesehen, da der Käufer die Ware so erhält, wie sie ihm bekannt war, und das arglistige Verschweigen für den Kaufentschluß nicht ursächlich geworden ist (SCHLECHTRIEM/SCHWENZER/SCHWENZER Art 35 Rn 37; KAROLLUS 119; MünchKommHGB/BENICKE Art 35 Rn 23; SCHWIMANN/POSCH Art 35 Rn 16; WELSER, in: DORALT 110). Grob fahrlässige Unkenntnis schadet dem Käufer gegenüber einem arglistigen Verkäufer jedoch nicht. Hier ist der Käufer – wie auch in Art 40 – schutzwürdiger. Seine Rechte bleiben ihm erhalten (OLG Köln 21. 15. 1996, CLOUT

Nr 168; ACHILLES Art 35 Rn 16; BRUNNER Art 35 Rn 20; SCHLECHTRIEM/SCHWENZER/SCHWENZER
Art 35 Rn 37; KAROLLUS 119; MünchKommHGB/BENICKE Art 35 Rn 23). Grundlage für diese
Einschränkung der Vorschrift ist der Grundsatz von Treu und Glauben (Art 7
Abs 1).

VII. Abbedingung der Haftung für Vertragswidrigkeiten

Der Verkäufer kann seine Haftung für die Sachbeschaffenheit der Ware durch 53
Haftungsausschlußklauseln in dem Umfang beschränken, in dem das **nach dem anwendbaren nationalen Gültigkeitsrecht möglich** ist (eingehend zu „disclaimers" HONNOLD
Rn 230 ff; HYLAND, in: SCHLECHTRIEM, Fachtagung 312 ff; LONGOBARDI FordhamLRev 53 [1985]
863 ff; ferner die Erläuterung zu Art 4). Wohl weitgehend übereinstimmend erlauben die
nationalen Rechte keine Freizeichnung, die dem Vertrag praktisch seinen Sinn
nimmt oder den Verkäufer von der Einhaltung ausdrücklicher Zusagen entbindet
(rechtsvergleichend: HYLAND aaO). Soweit deutsches Vertragsstatut und damit § 307
BGB gilt, dürfen Freizeichnungen nicht zu weit vom gesetzlichen Leitbild, das hier
das CISG ist, abweichen (vgl näher Art 4 Rn 26). Ein völliger Ausschluß der Einstandspflicht für Vertragswidrigkeiten kommt daher nicht in Betracht (vgl auch BGHZ 141,
129 [135], wo in einem CISG-Fall der vollständige Ausschluß von Schadensersatzansprüchen als
unvereinbar mit dem damaligen § 9 AGBG [jetzt § 307 BGB] angesehen wurde; ferner SCHLECHT-
RIEM/SCHWENZER/SCHWENZER Art 35 Rn 42).

Der Verkäufer kann seine Haftung jedoch auch dadurch einschränken, daß er dem 54
Käufer bestimmte Mängel oder fehlende Eigenschaften der Ware **zur Kenntnis
bringt** (Abs 3). Die Zwischenschaltung nationalen Gültigkeitsrechts entfällt dann.

VIII. Beweisfragen

Der Käufer ist beweispflichtig dafür, daß die Ware vertragswidrig ist, wenn er sie 55
abgenommen und dabei nicht Mängel gerügt hat (BGH IHR 2002, 16 [19; im konkreten
Fall aber Umkehr der Beweislast, weil Verkäufer Vertragswidrigkeit in einem Schreiben zugegeben
hatte]; BGHZ 129, 75 [81]; BG IHR 2004, 252 [253]; Schiedsspruch des Netherlands Arbitration
Institute 15. 10. 2002, IHR 2003, 283; Obergericht des Kantons Luzern 12. 5. 2003, SZIER 2004, 104 f
[LS; Beweislast des Käufers, jedoch erst nach Ablauf der Rügefrist, es sei denn, er habe den Zustand
der Beweislosigkeit – durch Zerlegen der gelieferten Maschine – verursacht]; Trib Vigevano IHR
2001, 72 [77]; **aA** aber Rechtbank van Koophandel Kortrijk 6. 10. 1997, UNILEX [Beweislast des
Verkäufers]; für Beweislast nach nationalem Recht zB Trib d'appello des Kantons Ticino 15. 1. 1998,
CLOUT Nr 253). Der Verkäufer kann dann den Gegenbeweis führen, daß die Ware
bei Gefahrübergang fehlerfrei war (ACHILLES Art 35 Rn 19; BAMBERGER/ROTH/SAENGER
Art 35 Rn 14; BRUNNER Art 35 Rn 26; teilw abw BAUMGÄRTEL/LAUMEN/HEPTING Art 35 Rn 1 –
Ablauf der Rügefrist maßgebender Zeitpunkt; näher zum Ganzen noch Art 36 Rn 22 ff).

Für Art 35 Abs 2 lit b trifft den Käufer die Beweislast, daß der Verkäufer den 56
besonderen Verwendungszweck der Ware kannte. Es ist dann wiederum Sache des
Verkäufers nachzuweisen, daß der Käufer nicht auf die Sachkunde des Verkäufers
vertrauen durfte (ebenso BAUMGÄRTEL/LAUMEN/HEPTING Art 35 Rn 5 f; SCHLECHTRIEM/
SCHWENZER/SCHWENZER Art 35 Rn 50; HONNOLD Rn 226; wohl zustimmend ENDERLEIN/MAS-
KOW/STROHBACH Art 35 Bem 13; HYLAND, in: SCHLECHTRIEM, Fachtagung 322).

57 Kenntnis oder Kennenmüssen nach Abs 3 hat der Verkäufer zu beweisen (ebenso
AUDIT 99; BAUMGÄRTEL/LAUMEN/HEPTING Art 35 Rn 8; SCHLECHTRIEM/SCHWENZER/SCHWENZER
Art 35 Rn 52).

Art 36 [Maßgeblicher Zeitpunkt für die Vertragsmäßigkeit]

(1) Der Verkäufer haftet nach dem Vertrag und diesem Übereinkommen für eine Vertragswidrigkeit, die im Zeitpunkt des Übergangs der Gefahr auf den Käufer besteht, auch wenn die Vertragswidrigkeit erst nach diesem Zeitpunkt offenbar wird.

(2) Der Verkäufer haftet auch für eine Vertragswidrigkeit, die nach dem in Absatz 1 angegebenen Zeitpunkt eintritt und auf die Verletzung einer seiner Pflichten zurückzuführen ist, einschließlich der Verletzung einer Garantie dafür, daß die Ware für eine bestimmte Zeit für den üblichen Zweck oder für einen bestimmten Zweck geeignet bleiben oder besondere Eigenschaften oder Merkmale behalten wird.

Art 36

(1) The seller is liable in accordance with the contract and this Convention for any lack of conformity which exists at the time when the risk passes to the buyer, even though the lack of conformity becomes apparent only after that time.

(2) The seller is also liable for any lack of conformity which occurs after the time indicated in the preceding paragraph and which is due to a breach of any of his obligations, including a breach of any guarantee that for a period of time the goods will remain fit for their ordinary purpose or for some particular purpose or will retain specified qualities or characteristics.

Art 36

1) Le vendeur est reponsable, conformément au contrat et à la présente Convention, de tout défaut de conformité qui existe au moment du transfert des risques à l'acheteur, même si ce défaut n'apparaît qu'ultérieurement.

2) Le vendeur est également responsable de tout défaut de conformité qui survient après le moment indiqué au paragraphe précédent et qui est imputable à l'inexécution de l'une quelconque de ses obligations, y compris à un manquement à une garantie que, pendant une certaine période, les marchandises resteront propres à leur usage normal ou à un usage spécial ou conserveront des qualités ou caractéristiques spécifiées.

Systematische Übersicht

Alphabetische Übersicht

I. Regelungsgegenstand und Normzweck

Die Vorschrift bestimmt den **Zeitpunkt, zu dem die Vertragswidrigkeit der Ware 1 bestehen muß,** wenn der Verkäufer für sie haften soll. Für Vertragswidrigkeiten, die bei Gefahrübergang bestanden oder angelegt waren, hat der Verkäufer ohne weitere Voraussetzung einzustehen (Abs 1). Nach diesem Zeitpunkt eintretende Mängel gehen dagegen grundsätzlich zu Lasten des Käufers. Der Verkäufer haftet für sie nur aus besonderem Grund, dann nämlich, wenn sie auf einer Verletzung übernommener Pflichten oder Garantien beruhen (Abs 2).

Die Vorschrift hat damit eine wichtige klarstellende Funktion für die **Abgrenzung 2 der Risikobereiche beider Vertragsparteien,** stellt aber keine Anspruchsgrundlage dar.

II. Entstehungsgeschichte

Die Vorgängervorschrift, Art 35 EKG, ließ die Vertragsmäßigkeit der Ware eben- 3 falls grundsätzlich vom „Zustand der Sache im Zeitpunkt des Übergangs der Ge-fahr" abhängen. Nicht erwähnt war die Haftung für verborgene Vertragswidrig-

Ulrich Magnus

keiten. Ferner enthielt Art 35 Abs 2 EKG eine teils engere, teils weitere Regelung als der jetzige Art 36 Abs 2 CISG: Er sah eine Haftung für nach Gefahrübergang eintretende „Folgen von Vertragswidrigkeiten" vor, die der Verkäufer oder seine Leute verursacht hatten, und erwähnte Garantien überhaupt nicht.

4 Die jetzige Fassung erhielt Art 36 im wesentlichen bereits durch den Genfer Entwurf von 1976 (Art 20), die in den Folgeentwürfen unverändert blieb und auf der Wiener Konferenz nur noch geringfügig abgeändert wurde: In der Formulierung der Vorentwürfe „any express guaranty for a specific period" wurde auf Antrag Pakistans das Wort „express" gestrichen und ferner die Formulierung „specific period" durch „a period of time" ersetzt, um mit der Vorschrift auch stillschweigende Garantien zu erfassen (Off Rec 312 f; ferner SCHLECHTRIEM, UN-Kaufrecht 58). Ein weiterreichender Antrag Pakistans, den jetzigen Art 36 Abs 2 generell auf „implied warranties for reasonable time as the case may be" auszudehnen, fand freilich keine Mehrheit (A/Conf 97/C1/L147 Off Rec 105).

5 Wegen des anderen Konzeptes des Gefahrübergangs im EKG – kein Gefahrübergang bei Vertragsaufhebung und Ersatzlieferungsverlangen (Art 97 Abs 2 EKG) – enthielt Art 35 Abs 1 Satz 2 EKG schließlich eine Regel, die den Gefahrübergang für diese Fälle fingierte. Mit der konzeptionellen Änderung des Gefahrübergangs im CISG konnte hierauf verzichtet werden.

III. Gefahrübergang als maßgeblicher Zeitpunkt (Abs 1)

6 Für Vertragswidrigkeiten der Ware haftet der Verkäufer nach Abs 1 grundsätzlich nur dann, **wenn sie bei Gefahrübergang bestanden** – und die weiteren vertraglich vereinbarten und aus der Konvention folgenden Haftungsvoraussetzungen erfüllt sind (gleiches gilt im internen deutschen Recht, das dem CISG insoweit nachgebildet worden ist; vgl § 434 Abs 1 BGB).

7 Mit **Vertragswidrigkeit** (lack of conformity) ist jede Abweichung von den Anforderungen gemeint, die Art 35 für die Vertragsmäßigkeit (conformity) aufstellt (ACHILLES Art 36 Rn 1; HERBER/CZERWENKA Art 36 Rn 2). Der Verkäufer haftet, wenn die Menge, Qualität oder Verpackung der Ware bei Gefahrübergang nicht dem Vertrag oder den Regeln des CISG entspricht. Allerdings gilt auch Art 35 Abs 3. Kennt der Käufer die Vertragswidrigkeit oder kann er über sie nicht in Unkenntnis sein, so haftet der Verkäufer nicht und kommt es auf den Zeitpunkt des Gefahrübergangs nicht an.

8 Ob die **Gefahr übergegangen** ist, beurteilt sich in erster Linie nach den Parteivereinbarungen. Wird etwa bei einem Versendungskauf Ware auf dem Transport beschädigt, so haftet nicht der Verkäufer für die vertragswidrige Qualität, sondern der Käufer trägt das Risiko und muß sich ggfs mit dem Beförderer auseinandersetzen (vgl Sekretariatskommentar Art 35 Bem 3; aus der Rspr etwa LG Flensburg IHR 2001, 202; noch zum EKG: LG Darmstadt, in: SCHLECHTRIEM/MAGNUS Art 35 Nr 1; Rb Arnhem, in: SCHLECHTRIEM/MAGNUS Art 35 Nr 2). Mangels Parteivereinbarung richtet sich der Gefahrübergang nach den Art 67 bis 69 (HERBER/CZERWENKA Art 36 Rn 2; KAROLLUS 120; LOEWE 57; SOERGEL/LÜDERITZ/SCHÜSSLER-LANGEHEINE Art 36 Rn 1). Die Sonderregeln in Art 66 und 70, die bei vertragswidrigem Handeln des Verkäufers (Art 66 zweiter HS) oder bei

wesentlicher Vertragsverletzung (Art 70) Rechte des Käufers auch nach Gefahrübergang aufrechterhalten, berühren nicht den Zeitpunkt des Gefahrübergangs und
bleiben für Art 36 deshalb insoweit außer Betracht, behalten aber neben ihm ihre
Geltung (ebenso KAROLLUS 120; wohl auch ENDERLEIN/MASKOW/STROHBACH Art 36 Bem 5; auf
die Maßgeblichkeit der Art 66 bis 70 für Art 36 verweisen ohne weitere Differenzierung: Denkschrift 48; REINHART Art 36 Rn 1). Art 70 setzt seinerseits voraus, daß die wesentliche
Vertragsverletzung bei Gefahrübergang vorlag (KAROLLUS 120; vgl ferner die Erläuterungen zu Art 70 Rn 9 ff). Grundsätzlich geht die Gefahr beim Versendungskauf mit
Übergabe auf den ersten Verkäufer an den Käufer über (Art 67 Abs 1); beim
Verkauf auf dem Transport befindlicher Ware mit Vertragsschluß (Art 68); sonst
mit tatsächlicher oder fälliger Übernahme der Ware durch den Käufer (Art 69
Abs 1). Für Schäden an der Ware, die beim Versendungskauf auf dem Transport
eintreten, muß der Verkäufer deshalb nach der Konvention nicht einstehen (vgl
Sekretariatskommentar Art 34 Bem 3 und die dortigen Beispiele). Ob der Käufer Gelegenheit
zur Untersuchung der Ware hatte oder sie auch erst am Bestimmungsort zu untersuchen brauchte, ist gleichgültig (Sekretariatskommentar Art 34 Bem 3).

Die **Vertragswidrigkeit braucht** bei Gefahrübergang **nicht offenbar zu sein**. Es genügt, **9**
daß sie erst später offenbar wird, es sich also um einen verborgenen, trotz ordnungsgemäßer Untersuchung gem Art 38 nicht erkennbaren Mangel gehandelt hat
oder der Käufer die Ware überhaupt erst nach Gefahrübergang untersuchen konnte.
Freilich muß die Vertragswidrigkeit auch in diesem Fall bei Gefahrübergang schon,
zumindest im Keim, bestanden haben (vgl zB OLG Innsbruck 1.7.1994, CLOUT Nr 107
[Blumen, die den ganzen Sommer über blühen sollen, tun dies nur für kurze Zeit]; AUDIT 100;
BIANCA/BONELL/BIANCA Art 36 Bem 2.3; SCHLECHTRIEM/SCHWENZER/SCHWENZER Art 36 Rn 4;
SOERGEL/LÜDERITZ Art 36 Rn 7; zur Beweislast unten Rn 22 ff); so zB, wenn bei Lebensmitteln bereits vor Gefahrübergang ein äußerlich nicht erkennbarer Zersetzungsprozeß
eingesetzt hatte, der erst später zum Verderb der Ware führte (vgl BGH IHR 2002, 16
[geliefertes Milchpulver zeigt bei Verwendung ranzigen Geschmack]; AUDIT aaO; PILTZ, UN-Kaufrecht 51).

IV. Haftung für Vertragswidrigkeit nach Gefahrübergang (Abs 2)

1. Allgemeines

Im Grundsatz hat der Käufer nach Gefahrübergang das Risiko zu tragen, daß die **10**
Ware dann Mängel entwickelt, die nicht bereits vorher angelegt waren (Art 36
Abs 1). Abs 2 stellt **zwei Ausnahmen von diesem Grundsatz** des Abs 1 auf und erweitert die Einstandspflicht des Verkäufers: Vertragswidrigkeiten, die nach Gefahrübergang entstanden sind, muß sich der Verkäufer zurechnen lassen, wenn er sie
entweder durch die Verletzung einer seiner Pflichten verursacht hat oder wenn sie
einer übernommenen Garantie widersprechen.

2. Pflichtverletzung

Es genügt **jede objektive Verletzung einer Pflicht**, die dem Verkäufer nach dem **11**
Vertrag oder dem Übereinkommen obliegt. Insbesondere kommt auch die Verletzung von Zusatzpflichten in Betracht, soweit sie die Vertragswidrigkeit der Ware
verursachen, beispielsweise die Verletzung der Pflicht zur hinreichenden Ge-

brauchsinstruktion, zur Anleitung für sachgemäßes Entladen etc (ebenso SOERGEL/ LÜDERITZ/SCHÜSSLER-LANGEHEINE Art 36 Rn 4; enger – „nicht alle sonstigen Schutz- und Sorg-faltspflichten" – KAROLLUS 120). Weitere Beispiele für Pflichtverletzungen sind: die Versendung der Ware mit einem ungeeigneten Beförderer, Transportmittel oder Versandweg; mangelnde Instruktionen für Aufstellung, Handhabung und Gebrauch; fehlerhafte Montage oder Wartung, soweit sie mitübernommen wurden (vgl Denk-schrift 49; BIANCA/BONELL/BIANCA Art 36 Bem 2. 3; SCHLECHTRIEM/SCHWENZER/SCHWENZER Art 36 Rn 5; ENDERLEIN/MASKOW/STROHBACH Art 36 Bem 5; HERBER/CZERWENKA Art 36 Rn 3; HONNOLD Rn 243; MünchKommHGB/BENICKE Art 36 Rn 4). Fehlerhafte Verpackung ist bereits eine gesetzlich vorgesehene Vertragswidrigkeit (Art 35 Abs 2 lit d). Soweit sie nach Gefahrübergang zu Schäden an der eigentlichen Ware führt, haftet der Verkäufer auch für solche Schäden (Denkschrift, BIANCA/BONELL/BIANCA, SCHLECHTRIEM/ SCHWENZER/SCHWENZER alle aaO; WITZ/SALGER/LORENZ Art 36 Rn 7). Die **Pflichtverletzung** kann **vor oder nach Gefahrübergang** begangen werden (BRUNNER Art 36 Rn 3; SCHLECHTRIEM/SCHWENZER/SCHWENZER Art 36 Rn 5; ENDERLEIN/MASKOW/STROHBACH Art 36 Bem 5; **aA** – Pflichtverletzung offenbar nur vor Gefahrübergang – ENDERLEIN/MASKOW/STAR-GARDT Art 36 Bem 5; HERBER/CZERWENKA Art 36 Rn 3). Pflichtverletzungen nach endgül-tiger Vertragserfüllung kommen für Art 36 Abs 2 nicht mehr in Betracht. Hier muß ggf auf das anwendbare Deliktsrecht zurückgegriffen werden (ebenso ACHILLES Art 36 Rn 4; **aA** MünchKommBGB/GRUBER Art 36 Rn 12; zum EKG DÖLLE/STUMPF Art 35 Rn 6; zum Problem nachwirkender Vertragspflichten vgl Art 4 Rn 17).

12 Für die **Verursachung** ist auf den allgemeinen, in der Konvention vorausgesetzten Kausalbegriff zurückzugreifen (s dazu die Erl zu Art 74 Rn 28 ff). Bei Einhalten der Pflicht müßte der Mangel also mit Wahrscheinlichkeit vermieden worden sein. Ein Unterlassen steht bei entsprechender Handlungspflicht positivem Tun gleich (SCHLECHTRIEM/SCHWENZER/SCHWENZER Art 36 Rn 6). Verschulden des Verkäufers ist nicht Voraussetzung, doch kann er sich nach Art 79 entlasten (HERBER/CZERWENKA Art 36 Rn 3; SOERGEL/LÜDERITZ/SCHÜSSLER-LANGEHEINE Art 36 Rn 5).

13 Das **Verhalten von Hilfspersonen**, die in Art 35 Abs 2 EKG noch erwähnt waren, muß sich der Verkäufer nach den zu Art 79 geltenden Grundsätzen zurechnen lassen (SCHLECHTRIEM/SCHWENZER/SCHWENZER Art 36 Rn 6; KAROLLUS 120; SOERGEL/LÜDE-RITZ/SCHÜSSLER-LANGEHEINE Art 36 Rn 5).

14 Für die **nachträglich verursachte Vertragswidrigkeit** muß der Verkäufer **wie** für eine **ursprüngliche Vertragswidrigkeit** einstehen. Er haftet – bei ordnungsgemäßer Rüge – entsprechend den Art 45 ff, nicht etwa nur auf Schadensersatz (nur Schadensersatz scheint dagegen der Sekretariatskommentar Art 34 Bem 4 im Auge zu haben).

3. Garantie

15 Der Verkäufer hat für Vertragswidrigkeiten, die nach Gefahrübergang eintreten, auch einzustehen, wenn sie im **Widerspruch zu einer übernommenen Garantie** stehen. In diesem Sinn muß die Vertragswidrigkeit auf die Verletzung einer Garantie zu-rückzuführen sein. Verursachung im strengen Sinn wie bei der Pflichtverletzung im ersten HS ist nicht gemeint.

16 Die **vom Gefahrübergang unabhängige Haftung** für Garantieerklärungen bestätigt den Grundsatz, daß Parteivereinbarungen vor der gesetzlichen Regelung Vorrang haben (Honnold Rn 243). Eine Garantie setzt eine über die gesetzliche Einstandspflicht hinausgehende, verbindliche Verpflichtungserklärung voraus, die entweder im Vertrag, in einer selbständigen Zusatzvereinbarung oder auch einseitig abgegeben werden kann (vgl Enderlein/Maskow/Strohbach Art 36 Bem 6; Herber/Czerwenka Art 36 Rn 4; Karollus 121). Inhalt und Reichweite der Garantie sind stets durch Auslegung zu ermitteln, die sich gemäß Art 8 Abs 2 am Verständnis eines vernünftigen Vertragspartners in gleicher Lage zu orientieren hat. Der Verkäufer kann insbesondere eine bestimmte, über die übliche Dauer hinausreichende Haltbarkeit oder das Vorhandensein bestimmter Eigenschaften zusichern. Regelmäßig wird sich eine solche Garantie nur auf inhärente Warenmängel, nicht auf externe Ursachen wie höhere Gewalt oder unsachgemäßes Verhalten des Käufers erstrecken (vgl auch Schlechtriem/Schwenzer/Schwenzer Art 36 Rn 7; Schlechtriem Rn 146). Im Ergebnis werden Garantien deshalb häufig nur beweisrechtlich dazu führen, daß der Verkäufer von seiner Haftung nicht schon mit dem Nachweis frei wird, daß die Ware bei Gefahrübergang fehlerfrei war, sondern erst dann, wenn er eine externe Ursache als Grund der Vertragswidrigkeit dartun kann.

Ob sich die **„bestimmte Zeit"** einer Garantie (im englischen Text nur „a period of **17** time", im französischen „une certaine periode") aus dem Vertrag ergeben muß oder ob sie auch aus dem Gesetz folgen kann, ist umstritten (für Notwendigkeit vertraglicher Festlegung: vCaemmerer/Schlechtriem/Stumpf[1] Art 36 Rn 9; Karollus 121; Schlechtriem, UN-Kaufrecht 58; Welser, in: Doralt 111; aA aber Schlechtriem JZ 1988, 1044 Fn 65; offenlassend Schlechtriem/Schwenzer/Schwenzer Art 35 Rn 9). Da der Umfang der Garantie vom auszulegenden Parteiwillen abhängt, kommt im Einzelfall auch eine **Garantie für die vom Übereinkommen vorgesehene übliche Haltbarkeitsdauer** in Betracht, wenn ein entsprechender Einstandswille des Verkäufers feststeht. Hierfür spricht deutlich die Entstehungsgeschichte, nach der stillschweigende Garantien, gerade mit Blick auf die Haltbarkeitsdauer, anerkannt werden sollten (vgl Off Rec 312 ff [315] und oben Rn 4). Der französische Delegierte Ghestin machte auf der Konferenz klar, daß „une certaine periode" im Gegensatz zu „une periode certaine" nur eine gewisse und keine bestimmte Frist bedeute (Off Rec 315). Die deutsche Übersetzung „bestimmte Zeit" ist deshalb inkorrekt.

Die in Abs 2 aufgeführten **Beispiele** für Garantiezusagen sind **nicht abschließend 18** gemeint, sondern erfassen Zusicherungen im Hinblick auf alle Eigenschaften der Ware, für die der Zeitpunkt des Art 36 von Bedeutung ist (in diese Richtung sind auch die Bemerkungen im Sekretariatskommentar Art 34 Bem 4 und bei Honnold Rn 243 zu verstehen).

Regelmäßig wird die Garantieerklärung ausdrücklich, sei es auch einseitig, erfolgen **19** (s aus der Rspr etwa Hovioikeus Turku 12.4.2002, IHR 2003, 277). Doch werden, wie die erwähnte Entstehungsgeschichte zeigt, **ebenso stillschweigende Garantien erfaßt** (LG München I IHR 2003, 233 [234 f: konkludent vereinbarte Haltbarkeitsdauer von drei Jahren bei repräsentativen, hochwertigen Schaustücken]; Achilles Art 36 Rn 5; Brunner Art 36 Rn 4; Schlechtriem/Schwenzer/Schwenzer Art 36 Rn 8; Herber/Czerwenka Art 36 Rn 4; Münch-KommBGB/Gruber Art 36 Rn 20; MünchKommHGB/Benicke Art 36 Rn 7; aA dagegen Soergel/Lüderitz/Schüssler-Langeheine Art 36 Rn 7; zögernd Bianca/Bonell/Bianca Art 36 Bem 3.6; Enderlein/Maskow/Strohbach Art 36 Bem 6). Daß sich die Ware für eine übliche Dauer halten oder brauchbar bleiben muß, folgt allerdings schon aus Art 35 Abs 2 lit a (vgl dort Rn 23) und bedarf keiner Garantie (ebenso BIANCA/BONELL/BIANCA Art 36 Bem 3.2; ENDERLEIN/MASKOW/STROHBACH Art 36 Bem 9; HERBER/CZERWENKA Art 36 Rn 4). Andererseits ist die Voraussetzung üblicher Haltbarkeit ohne weitere Vertragserklärung nicht schon zugesichert und enthebt den Käufer nicht der Notwendigkeit, die Vertragswidrigkeit als solche nachzuweisen (zur Beweislast unten Rn 22 ff).

20 Wann die Garantie übernommen wird, ist gleichgültig. Auch **nach Vertragsschluß oder nach Gefahrübergang abgegebene Garantieerklärungen** lösen die Rechtsfolge des Abs 2 aus, denn der Rechtsgedanke der Vorschrift gilt hier ebenso wie für Garantiezusagen unmittelbar bei Vertragsschluß (ebenso ACHILLES Art 36 Rn 5; Münch-KommBGB/GRUBER Art 36 Rn 21).

21 Bei Verletzung einer Garantie stehen dem Käufer die ggf mit ihr vereinbarten Rechte, sonst die gesetzlichen Behelfe zu.

V. Beweisfragen

22 Bei verborgenen, später entdeckten Mängeln, aber auch versandter Ware ist der Nachweis häufig schwierig, ob der Mangel bereits bei Gefahrübergang bestand (vgl LG Flensburg IHR 2001, 202; noch zum EKG: LG Darmstadt, in: SCHLECHTRIEM/MAGNUS Art 35 Nr 1). Die Verteilung der Beweislast (allgemein zu ihr bei Art 4 Rn 63 ff) hat hier erhebliche Bedeutung. Sie richtet sich nicht nach nationalem Recht (ausdrücklich BGH IHR 2002, 16 [19]; inzident auch BGHZ 129, 75; BGH NJW 1997, 3311; ebenso BIANCA/BONELL/ BIANCA Art 36 Bem 3.2; HERBER/CZERWENKA Art 36 Rn 5; aA etwa Schmitz-Werke GmbH & Co v Rockland Industries, Inc, IHR 2003, 292; ICC-Schiedsspruch 6653/1993 Clunet 1993, 1044; HEUZÉ Rn 299), ist für Art 36 allerdings auch nicht ausdrücklich entschieden worden (HERBER/CZERWENKA aaO; SCHLECHTRIEM, UN-Kaufrecht 58 Fn 257).

23 Die **bisherige Rechtsprechung zum CISG** hat entschieden, daß der Käufer, der die Ware rügelos angenommen hat, deren Vertragswidrigkeit nachweisen muß (BGH IHR 2002, 16 [19]; BGHZ 129, 75; BGH NJW 1997, 3311; Schiedsspruch des Netherlands Arbitration Institute 15.10.2002, IHR 2003, 283; LG Flensburg IHR 2001, 202; OLG Frankfurt NJW 1991, 3102; im Ergebnis – aber unter Anwendung französischen Rechts – ebenso ICC-Schiedsspruch aaO). Die deutsche Rechtsprechung zum EKG hatte ebenfalls gefordert, daß der Käufer nachweisen müsse, daß die Ware bei Gefahrübergang vertragswidrig war (LG Stuttgart, in: SCHLECHTRIEM/MAGNUS Art 35 Nr 1: bei vereinbartem Gefahrübergang ab Werksgrenze müsse der Käufer darlegen und beweisen, daß die Ware beim Verlassen des Werkes vertragswidrig war). Die niederländische Rechtsprechung zum EKG hatte den Verkäufer mit dem Nachweis der Mangelfreiheit belastet, wenn der Käufer einen Mangel ordnungsgemäß angezeigt hatte (Rb Arnhem, in: SCHLECHTRIEM/MAGNUS Art 39 Nr 30).

24 Die Auffassungen in der Literatur sind nicht einheitlich. Zu Art 36 Abs 1 wird überwiegend vertreten, daß der Käufer, der die Ware angenommen hat, die Beweislast dafür habe, daß überhaupt eine Vertragswidrigkeit vorlag (ACHILLES Art 36 Rn 6; SCHLECHTRIEM/SCHWENZER/HUBER/WIDMER Art 45 Rn 13; HERBER/CZERWENKA Art 36 Rn 5; KAROLLUS 121; auch HUBER RabelsZ 43 [1979] 479 f). Der Verkäufer könne dann den Gegenbeweis führen, daß diese Vertragswidrigkeit bei Gefahrübergang nicht bestanden habe (SCHLECHTRIEM/SCHWENZER/HUBER/WIDMER, HERBER/CZERWENKA, HUBER, KAROLLUS alle aaO). Nach **anderer Auffassung** hat der Käufer dagegen die volle Beweislast dafür, daß die Ware bei Gefahrübergang vertragswidrig war (BIANCA/ BONELL/BIANCA Art 36 Bem 3. 1; ENDERLEIN/MASKOW/STROHBACH Art 36 Bem 2; WELSER, in: DORALT 110). Nach einer weiteren Auffassung ist nicht der Zeitpunkt des Gefahrübergangs, sondern der Ablauf der Rügefrist der maßgebende Termin, zu dem der Käufer eine bestehende Vertragswidrigkeit beweisen muß (BAUMGÄRTEL/LAUMEN/HEPTING Art 36 Rn 14).

Für die Beweislast nach Art 36 Abs 1 dürfte wie folgt zu differenzieren sein: Der **25** Käufer, der die Ware ohne Vorbehalt abgenommen hat, hat darzulegen und zu beweisen, daß überhaupt eine Vertragswidrigkeit vorliegt. Hat er diesen Nachweis geführt, dann streitet eine Vermutung dafür, daß die Vertragswidrigkeit bereits bei Gefahrübergang bestand. Es ist dann Sache des Verkäufers, die Vermutung durch den Nachweis zu widerlegen, daß die Ware bei Gefahrübergang fehlerfrei war, etwa indem er ihre Vertragsmäßigkeit dokumentiert hat oder indem er unsachgemäßen Gebrauch oder nachträgliche Drittursachen als Quelle des Warenmangels nachweist. Je nach der Art der Vertragswidrigkeit kann ihm hier auch der Anscheinsbeweis, der zB für Bedienungsfehler sprechen mag, zu Hilfe kommen.

Die genannte Vermutung zugunsten des Käufers ist damit zu rechtfertigen, daß die Rüge- und Gewährleistungsfristen (Art 38, 39) des CISG zeitlich recht eng begrenzt und Ausnahmen von ihnen (Art 40, 44) an strenge Voraussetzungen geknüpft sind. Im Zweifel ist es ferner das vertragliche Risiko des Verkäufers, daß die Ware für ihre vertraglich oder gesetzlich festgelegten Zwecke taugt. Die Auffassung, den Käufer vollständig nachweisen zu lassen, daß der Verkäufer bei Gefahrübergang inkorrekt erfüllt habe, verschiebt andererseits die Vertragsrisiken zu sehr zugunsten des Verkäufers und ist deshalb abzulehnen. Nicht tragfähig ist aber auch die Ansicht, die statt an den Zeitpunkt des Gefahrübergangs an den Zeitpunkt des Rügefristendes anknüpft (BAUMGÄRTEL/LAUMEN/HEPTING aaO). Sie geht ins Leere in Fällen der Art 40 und 44, in denen die Rügefrist keine Rolle spielt.

Hat der Käufer die Ware sogleich als vertragswidrig abgelehnt, dann muß der **26** Verkäufer die Vertragsmäßigkeit beweisen (SCHLECHTRIEM/SCHWENZER/SCHWENZER Art 35 Rn 49).

Für Art 36 Abs 2 hat der Käufer außer der Vertragswidrigkeit selbst die objektive **27** Pflichtverletzung des Verkäufers bzw eine wirksam vereinbarte Garantie nachzuweisen. Dem Verkäufer steht der Gegenbeweis offen, daß die Vertragswidrigkeit auf andere Ursachen, etwa das Verhalten des Käufers oder Dritter zurückzuführen ist (BIANCA/BONELL/BIANCA Art 36 Bem 2. 4; ENDERLEIN/MASKOW/STROHBACH Art 36 Bem 9; eingehend BAUMGÄRTEL/LAUMEN/HEPTING Art 36 Rn 16 ff).

Art 37 [Nacherfüllung bei vorzeitiger Lieferung]

Bei vorzeitiger Lieferung der Ware behält der Verkäufer bis zu dem für die Lieferung festgesetzten Zeitpunkt das Recht, fehlende Teile nachzuliefern, eine fehlende Menge auszugleichen, für nicht vertragsgemäße Ware Ersatz zu liefern oder die

Vertragswidrigkeit der gelieferten Ware zu beheben, wenn die Ausübung dieses Rechts dem Käufer nicht unzumutbare Unannehmlichkeiten oder unverhältnismäßige Kosten verursacht. Der Käufer behält jedoch das Recht, Schadensersatz nach diesem Übereinkommen zu verlangen.

Art 37

If the seller has delivered goods before the date for delivery, he may, up to that date, deliver any missing part or make up any deficiency in the quantity of the goods delivered, or deliver goods in replacement of any non-conforming goods delivered or remedy any lack of conformity in the goods delivered, provided that the exercise of this right does not cause the buyer unreasonable inconvenience or unreasonable expense. However, the buyer retains any right to claim damages as provided for in this Convention.

Art 37

En cas de livraison anticipée, le vendeur a le droit, jusqu'à la date prévue pour la livraison, soit de livrer une partie ou une quantité manquante, ou des marchandises nouvelles en remplacement des marchandises non conformes au contrat, soit de réparer tout défaut de conformité des marchandises, à condition que l'exercice de ce droit ne cause à l'acheteur ni inconvénients ni frais déraisonnables. Toutefois, l'acheteur conserve le droit de demander des dommages-intérêts conformément à la présente Convention.

Schrifttum

AHDAR, Seller Cure in the Sale of Goods, Lloyd's MaritComLQ (1990) 364
GONZALEZ, Remedies Under the UN Convention for the International Sale of Goods, Int TaxBusLawyer 2 (1984) 89
GUTKNECHT, Das Nacherfüllungsrecht des Verkäufers bei Kauf- und Werklieferungsverträgen. Rechtsvergleichende Untersuchung zum CISG, zum US-amerikanischen Uniform Commercial Code, zum deutschen Recht und zu dem Vorschlag der Kommission zur Überarbeitung des deutschen Schuldrechts (1997)
SCHNEIDER, The Seller's Right to Cure under the Uniform Commercial Code and the United Nations Convention on Contracts for the International Sale of Goods, ArizJIntCompL 7 (1989) 69.

Systematische Übersicht

Alphabetische Übersicht

I.   Regelungsgegenstand und Normzweck

Die Vorschrift regelt das **„Recht der zweiten Andienung"** (right to cure) **vor Ablauf** **1** **des Liefertermins**. Eine gleiche Regel enthält Art 34 S 2 für die Übergabe der Dokumente. Unter welchen Voraussetzungen eine zweite Andienung **nach** dem Liefertermin zulässig ist, ergibt sich aus Art 48.

Art 37 räumt dem Verkäufer, der vorzeitig, aber nicht korrekt erfüllt hat, das **Recht** **2** ein, **die Vertragswidrigkeit** noch bis zum Ablauf der Lieferfrist **zu beseitigen**. Allerdings darf der zweite Erfüllungsversuch den Käufer nicht unzumutbar belasten. Ferner greift Art 37 nur ein, wenn der Käufer die Ware nicht zurückgewiesen, sondern abgenommen hat (Art 52 Abs 1). Soweit der Verkäufer eine Vertragswidrigkeit noch rechtzeitig behebt, kann der Käufer aus ihr keine weiteren Ansprüche herleiten. Er kann lediglich den Schaden ersetzt verlangen, der trotz der inzwischen korrekten Erfüllung eingetreten ist. Eine Vertragsaufhebung wegen der Vertragswidrigkeit der vorzeitigen Lieferung kommt nur unter den Voraussetzungen des Art 72 in Betracht.

Die Vorschrift dient dem Grundgedanken der Konvention, nach Möglichkeit **auf die** **3**

Vertragsdurchführung hinzuwirken und die gerade bei internationalen Verträgen mißliche Rückabwicklung zu vermeiden (vgl auch HONNOLD Rn 245.1). In der Praxis hat die Vorschrift bisher so gut wie keine Rolle gespielt (bisher offenbar nur Schiedsspruch Nr 200/1994 des Tribunal of International Commercial Arbitration at the Russian Federation Chamber of Commerce and Industry 25.4.1995, CLOUT Nr 141 [Käufer will darin wesentlichen Vertragsbruch sehen, daß Verkäufer vor Akkreditiveröffnung geliefert hat, die Voraussetzung der Lieferung sein sollte – Käufer zu Recht zur Zahlung verurteilt]).

II.   Entstehungsgeschichte

4   Das Recht des Verkäufers, Mängel seiner Lieferung noch rechtzeitig zu beheben, ist etwa in sec 2–508 UCC, dagegen nicht in den kontinentalen Kodifikationen vorgesehen. Hier wird es aber häufig in AGB vereinbart (vgl auch noch § 476a BGB aF). Mittelbar ist es inzwischen durch den Vorrang des Nacherfüllungsanspruchs vor anderen kaufrechtlichen Rechtsbehelfen anerkannt worden, allerdings nur für die nachträgliche Nachbesserung (s etwa PALANDT/PUTZO § 439 Rn 1). In Ansätzen war ein „right to cure" bei vorzeitiger Lieferung bereits im Entwurf von 1935 enthalten (Art 49) und auch in Art 37 EKG übernommen worden.

5   Satz 1 der heutigen Bestimmung entspricht nahezu wortgleich Art 37 EKG. Auf Anregung der Vertreter der damaligen UdSSR (UNCITRAL-YB III [1972] 63, 87) wurde bereits im Genfer Entwurf von 1976 (dort Art 21) der jetzige S 2 angefügt. In Wien gab es keine Diskussion der Vorschrift im einzelnen. Doch fand ein Antrag Kanadas Zustimmung, das Mängelbeseitigungsrecht in Art 37 nicht nur auf „goods" zu erstrecken, sondern auch auf Dokumente auszudehnen (Off Rec 106, 309 f). Weil die Art 35 ff indessen nur Vertragswidrigkeiten und Rechte Dritter an der Ware behandeln, wurde diese Regelung anschließend umgestellt und in Art 34 als S 2 eingefügt (Off Rec 158).

III.   Voraussetzungen (Art 37 S 1)

1.   Vorzeitige Lieferung

6   Das Recht zur Mängelbeseitigung nach Art 37 setzt voraus, daß der Verkäufer **vor dem für die Lieferung festgesetzten Zeitpunkt geliefert** und der Käufer die vorzeitige Lieferung vorbehaltlos abgenommen hat. Zu vorzeitiger Abnahme ist der Käufer jedoch nicht verpflichtet (Art 52 Abs 1). **Nach** dem Liefertermin kann der Verkäufer nur unter den engeren Voraussetzungen des Art 48 nacherfüllen.

7   Erfordert der Vertrag eine Beförderung der Ware (Art 31 lit a), so ergibt sich mangels anderer vertraglicher Regelung als **Lieferzeitpunkt die Übergabe an den ersten Beförderer** (vgl Sekretariatskommentar Art 35 Bem 2; BIANCA/BONELL/BIANCA Art 37 Bem 2.3). Das Recht aus Art 37 steht dem Verkäufer nur bis zu diesem Zeitpunkt zu (**anders** aber SOERGEL/LÜDERITZ/SCHÜSSLER-LANGEHEINE Art 37 Rn 4: Aushändigung an den Käufer).

8   Ist im Vertrag ein **Lieferzeitpunkt bestimmt** (Art 33 lit a), dann ist jede Lieferung vor diesem Termin vorzeitig (SCHLECHTRIEM/SCHWENZER/SCHWENZER Art 37 Rn 5; ENDERLEIN/MASKOW/STROHBACH Art 37 Bem 1; HERBER/CZERWENKA Art 37 Rn 3; MünchKommHGB/BENICKE Art 37 Rn 3).

Steht für die Lieferung dagegen **ein Zeitraum** zur Verfügung (Art 33 lit b und c), so ist **9**
nach verbreiteter Auffassung eine Lieferung zum letztmöglichen Termin innerhalb
der Frist noch vorzeitig im Sinn des Art 37 (ACHILLES Art 37 Rn 2; BAMBERGER/ROTH/
SAENGER Art 37 Rn 2; BIANCA/BONELL/BIANCA Art 37 Bem 2. 3; SCHLECHTRIEM/SCHWENZER/
SCHWENZER Art 37 Rn 5; GUTKNECHT 45; HONNOLD Rn 245; KAROLLUS 122; MünchKommBGB/
GRUBER Art 37 Rn 5; MünchKommHGB/BENICKE Art 37 Rn 3). Der Verkäufer kann dann bis
zum Ablauf der Lieferfrist nacherfüllen, ohne daß der Käufer – wie nach Art 48 Abs 1
iVm Art 49 – bei wesentlicher Vertragsverletzung durch die erste Andienung den
Vertrag aufheben könnte. Nach **aA** ist die Lieferung dagegen nur vorzeitig, wenn sie
vor dem Beginn des Lieferzeitraums erfolgt (HERBER/CZERWENKA Art 37 Rn 3; wohl auch
ENDERLEIN/MASKOW/STROHBACH Art 37 Bem 1). Liefert der Verkäufer während des Zeitraums, so gewährt ihm diese Meinung ein Mängelbeseitigungsrecht nur in den Grenzen des Art 48. Da der Käufer eine Lieferung innerhalb der Frist nicht nach Art 52
Abs 1 zurückweisen könne, brauche er die Nachbesserung auch nur im Rahmen des
Art 48 zu dulden (HERBER/CZERWENKA aaO). Danach kann der Käufer den Vertrag also
aufheben, wenn eine während des Lieferzeitraums erfolgte Lieferung derart vertragswidrig ist, daß darin eine wesentliche Vertragsverletzung liegt.

Letztere Auffassung ist abzulehnen. Insgesamt verfolgt das Übereinkommen die **10**
Tendenz, soweit wie möglich die Aufrechterhaltung und Durchführung des Vertrages zu gewährleisten (vgl etwa Art 46, 48, 49; allgemein FARNSWORTH, in: Lausanner
Kolloquium 84 f). Ferner besteht der **Sinn einer Lieferfrist** darin, **dem Verkäufer bis
zum Fristablauf die Möglichkeit zu korrekter Erfüllung offenzuhalten.** Das Interesse
des Käufers, durch mehrfache (rechtzeitige) Erfüllungsversuche nicht belastet zu
werden, ist über die Schranke der Zumutbarkeit (unten Rn 15 ff) zu wahren.

Von der vorzeitigen Lieferung ist eine **einverständliche Vorverlegung der Lieferzeit** **11**
zu unterscheiden. Sie setzt eine – sei es auch stillschweigende – Vertragsänderung
voraus. Allein die vorbehaltlose Abnahme vorzeitig gelieferter Ware ist noch keine
Zustimmung zu einer derartigen Änderung.

2.   Maßnahmen der Mängelbeseitigung; Rechtsmängel

Art 37 CISG nennt, wie schon Art 37 EKG, vier Fälle der Mangelbeseitigung: Nach- **12**
lieferung fehlender Teile, Nachlieferung fehlender Menge, Ersatzlieferung für nicht
vertragsgemäße Ware und die Behebung der Vertragswidrigkeit gelieferter Ware.
Die Aufzählung soll **alle Formen von Vertragswidrigkeiten der Ware sowie alle Möglichkeiten der Mangelbeseitigung** erfassen und keinen bestimmten Weg ausschließen
(das ist mittelbar dem Sekretariatskommentar Art 35 Bem 1 zu entnehmen; generell zu Beseiti-
gungsmaßnahmen AHDAR Lloyd's MaritComLQ [1990] 374 ff). Der Verkäufer darf allerdings
nur einen erfolgversprechenden Weg zur Mangelbeseitigung wählen (BIANCA/BONELL/
BIANCA Art 37 Bem 2.6). Art 37 gibt kein Recht zu ungeeigneten Erfüllungsversuchen;
im übrigen hat der Verkäufer freies Ermessen, wie er die Vertragswidrigkeit beheben
will. Je nach der Art der Vertragswidrigkeit ist der Verkäufer berechtigt und ja
weiterhin verpflichtet, Teile oder Fehlmengen nachzuliefern, Ware zu reparieren,
eine Ersatzsache zu liefern oder sonstige Vertragswidrigkeiten zu beheben. Auch
verletzte Zusatzpflichten können nacherfüllt werden (zB Einweisung, Montage, Verpackung, Versicherung; vgl auch ACHILLES Art 37 Rn 3; HERBER/CZERWENKA Art 37 Rn 6).
Für vertragswidrige Dokumente gilt die identische Regelung in Art 34.

13 Fraglich ist, ob Art 37 **auch für Rechtsmängel** gilt (bejahend ACHILLES Art 37 Rn 3; BAMBERGER/ROTH/SAENGER Art 37 Rn 2; GUTKNECHT 47; HONNOLD Rn 245. 1; HERBER/CZER-WENKA Art 37 Rn 6; MünchKommHGB/BENICKE Art 37 Rn 5; wohl auch ENDERLEIN/MASKOW/ STROHBACH Art 37 Bem 4). Der Wortlaut der Vorschrift verwendet mit dem Terminus „Vertragswidrigkeit" (lack of conformity) einen für Sachmängel geprägten Aus-druck (vgl auch die Überschrift des Abschnitts: Vertragsmäßigkeit der Ware sowie Rechte oder Ansprüche Dritter). Auf der anderen Seite besteht kein sachlicher Grund, dem Verkäufer bei Rechtsmängeln das Recht aus Art 37 zu versagen. Die Art 34, 37, 48 legen vielmehr die Anerkennung eines allgemeinen „right to cure" nahe (ebenso SCHLECHTRIEM/SCHWENZER/SCHWENZER Art 37 Rn 6; GUTKNECHT 47; HONNOLD Rn 245. 1).

3. Rechtzeitige Mängelbeseitigung

14 Vorzeitige Lieferung allein genügt für Art 37 nicht. Der Verkäufer muß die **Mängel** auch **bis zum Ablauf der Lieferzeit beheben**. Überschreitet er diesen Termin, so kommt eine Nacherfüllung nur noch nach Art 48 in Betracht (BIANCA/BONELL/BIANCA Art 37 Bem 2. 2; HONNOLD Rn 245; SCHNEIDER ArizJIntCompL 7 [1989] 75, 78; zur Frist auch AHDAR Lloyd's MaritComLQ [1990] 376 ff). Ist jedoch vor Ende der Lieferzeit offensicht-lich, daß der Verkäufer die Vertragswidrigkeit nicht beheben wird, so kann der Käufer von der Möglichkeit des Art 72 Gebrauch machen und bei wesentlicher Vertragsverletzung den Vertrag aufheben (ENDERLEIN/MASKOW/STROHBACH Art 37 Bem 2; HONNOLD Rn 246).

4. Schranke der Zumutbarkeit

15 Das Mängelbeseitigungsrecht darf die Interessen des Käufers **nicht unzumutbar** beeinträchtigen. Der Verkäufer darf deshalb nur nacherfüllen, wenn er dem Käufer dadurch weder unzumutbare Unannehmlichkeiten noch unverhältnismäßige Kosten verursacht. Im Rahmen von Treu und Glauben ist der Käufer damit zur Koopera-tion bei der Mängelbeseitigung verpflichtet (vgl auch BIANCA/BONELL/BIANCA Art 37 Bem 2. 1).

16 Die Grenze des Zumutbaren muß sich am Einzelfall ausrichten. **Unzumutbare Un-annehmlichkeiten** können sich zB durch größere Umräum- oder Umbauarbeiten, Mitarbeiterfreistellung etc ergeben, die erforderlich sind, um eine Reparatur oder Ersatzlieferung zu ermöglichen. Art 37 meint aber nicht nur völlig unerträgliche Störungen (etwa längerer Produktionsstillstand für den Käufer). Es muß beachtet werden, daß sowohl der englische wie der französische Text nur von „unangemes-sen" („unreasonable", „déraisonnable") spricht. Gravierendere Beeinträchtigungen des reibungslosen Geschäftsablaufs aufgrund der Mängelbeseitigung sind nicht zu-mutbar. Sie können sich schon ergeben, wenn der Verkäufer ohne Vorankündigung sein „right to cure" beim Käufer wahrnehmen will (GONZALEZ IntTaxBusLawyer 2 [1984] 89 f; GUTKNECHT 47 f). Unzumutbar werden idR auch mehrere Mängelbeseitigungs-versuche sein, es sei denn, die erste Nacherfüllung ist ihrerseits nur noch in uner-heblicher Weise vertragswidrig (vgl noch unten Rn 21). Dagegen werden Teilliefe-rungen, auch wenn sie nicht vereinbart sind, selten als unzumutbare Unannehmlichkeit anzusehen sein (**anders** ACHILLES Art 37 Rn 4; allgemein zu Teillieferungen SOERGEL/LÜDERITZ-SCHÜSSLER-LANGEHEINE Art 37 Rn 4).

Soweit **unzumutbare Kosten** entstehen („unreasonable expense"), will Art 37 nicht **17**
eine Kostenlast des Käufers begründen. Der Verkäufer hat die Kosten der Nacherfüllung zu tragen (BIANCA/BONELL/BIANCA Art 37 Bem 2.5; HERBER/CZERWENKA Art 37
Rn 9). Unzumutbare Kosten hat der Käufer aber, wenn er mit einem im Verhältnis
zum Vertragsvolumen nicht unerheblichen Betrag in Vorlage treten oder sonst
Kostenrisiken übernehmen müßte (ähnlich ENDERLEIN/MASKOW/STROHBACH Art 37
Bem 6, Art 34 Bem 8; GUTKNECHT 49; HERBER/CZERWENKA Art 37 Rn 9; MünchKommHGB/
BENICKE Art 37 Rn 8). Unzumutbar wird es häufig sein, wenn der Käufer die schon
bezahlte Ware ohne Sicherheit zur Reparatur zurückgeben soll. Er ist dann nicht
verpflichtet, die Nachbesserung in dieser Form zu dulden (BIANCA/BONELL/BIANCA
Art 37 Bem 3.1; HERBER/CZERWENKA Art 37 Rn 7). Eines Zurückbehaltungsrechts des
Käufers (so SCHLECHTRIEM/SCHWENZER/SCHWENZER Art 37 Rn 10; HERBER/CZERWENKA aaO)
bedarf es hier nicht, noch würde es helfen, wenn die Reparatur nur beim Verkäufer
durchgeführt werden kann.

Eine unzumutbare Mängelbeseitigung kann der Käufer ablehnen und die allgemei- **18**
nen Mängelrechte geltend machen (SCHLECHTRIEM, UN-Kaufrecht 58), sobald die Lieferzeit abgelaufen ist oder ein Fall des Art 72 vorliegt.

IV. Rechtsfolgen

Solange das Recht zur Mängelbeseitigung nach Art 37 besteht, kann der Käufer **19**
keine Rechte nach Art 45 ff geltend machen (SCHLECHTRIEM/SCHWENZER/SCHWENZER
Art 37 Rn 15 ENDERLEIN/MASKOW/STROHBACH Art 37 Bem 2; HERBER/CZERWENKA Art 37 Rn 4;
KAROLLUS 122; **anders** GONZALEZ IntTax & BusLaw 2 [1984] 89: Nachbesserungsrecht nur bis zur
Aufhebungserklärung des Käufers).

Ist dagegen **vorzeitig offensichtlich, daß der Verkäufer nicht nacherfüllen wird**, dann **20**
kann der Käufer den Vertrag nach Art 72 aufheben, wenn die verbleibende Vertragswidrigkeit eine wesentliche Vertragsverletzung darstellt (vgl die Erläuterungen zu
Art 72). Bei Vertragswidrigkeiten, die nicht zur vorzeitigen Vertragsaufhebung berechtigen, stehen dem Käufer – jedoch erst nach Ablauf der Lieferfrist – die Behelfe
der Art 45 ff zu.

Gelingt dem Verkäufer die Mängelbeseitigung auch bei der zweiten Andienung **21**
nicht, so hat der Käufer die Rechte aus Art 45 ff. Ein **weiterer Nacherfüllungsversuch**
wird **idR unzumutbar** sein. Ist die zweite Andienung im wesentlichen vertragsgemäß,
dann kann dem Verkäufer ein weiteres „right to cure" zugebilligt werden, um
geringfügige verbliebene Vertragswidrigkeiten – bis zum letzten Liefertermin – zu
beheben (zur „slightly imperfect cure": HONNOLD Rn 247).

Verweigert der Käufer die berechtigte Mängelbeseitigung, so kann er keine Rechte **22**
aufgrund der ursprünglichen Vertragswidrigkeit der Ware geltend machen, weil er
dem Verkäufer die Möglichkeit zur korrekten Erfüllung genommen hat (ACHILLES
Art 37 Rn 5; BIANCA/BONELL/BIANCA Art 37 Bem 3.2; SCHLECHTRIEM/SCHWENZER/SCHWENZER
Art 37 Rn 17; ENDERLEIN/MASKOW/STROHBACH Art 37 Bem 2; HERBER/CZERWENKA Art 37 Rn 8;
SOERGEL/LÜDERITZ/SCHÜSSLER-LANGEHEINE Art 37 Rn 3). Ändert der Käufer jedoch seine
Meinung und räumt er dem Verkäufer vor Ablauf der Lieferzeit noch eine zumut-
bare Gelegenheit zur Mängelbehebung ein, dann verbleiben dem Käufer seine

Mängelrechte, wenn der Verkäufer vom Behebungsrecht des Art 37 nun nicht Gebrauch macht (ähnlich SCHLECHTRIEM/SCHWENZER/SCHWENZER aaO).

23 Art 37 begründet **kein Recht zu Teillieferungen.** Faktisch werden Teillieferungen, insbesondere die Nachlieferung einzelner Teile oder geringer Restmengen dem Käufer aber meist zumutbar und damit bis zum letzten Liefertermin zulässig sein.

24 Zur Untersuchungs- und Rügeobliegenheit bei vorzeitiger Lieferung vgl Art 38 Rn 37 und Art 39 Rn 33.

V.   Schadensersatz (Art 37 S 2)

25 S 2 der Vorschrift behält dem Käufer das **Recht auf Schadensersatz** ausdrücklich vor. Diese Ergänzung gegenüber dem EKG soll klarstellen, daß der Verkäufer trotz schließlich korrekter Erfüllung für allen Schaden einzustehen hat, der auf den ersten Erfüllungsversuch zurückzuführen ist (zur Entstehungsgeschichte s Rn 5). Der Verkäufer bleibt damit insbesondere für Schäden haftbar, die die erste vertragswidrige Lieferung an anderen Gegenständen des Käufers verursacht hat (SCHLECHTRIEM/SCHWENZER/SCHWENZER Art 37 Rn 16; HERBER/CZERWENKA Art 37 Rn 10; KAROLLUS 122; Personenschäden fallen allerdings unter den Ausschluß nach Art 5). Auch Mehrkosten oder Zusatzaufwendungen, die auf die Vertragswidrigkeit zurückzuführen sind, muß der Verkäufer erstatten (KAROLLUS 122; jetzt auch SCHLECHTRIEM/SCHWENZER/SCHWENZER aaO).

VI.   Beweisfragen

26 Wer aus Art 37 Rechte herleiten will, muß die tatsächlichen Voraussetzungen beweisen. Da Art 37 ein Recht zugunsten des Verkäufers begründet, hat gewöhnlich dieser die tatsächlichen Voraussetzungen der Vorschrift darzulegen und zu beweisen. Für die Tatsachen, die die Unzumutbarkeit der Mängelbeseitigung begründen, trifft die Darlegungs- und Beweislast aber den Käufer. Denn die entsprechenden Umstände entstammen seinem Risikobereich (vgl näher BAUMGÄRTEL/LAUMEN/HEPTING Art 37 Rn 1 ff; s auch ACHILLES Art 37 Rn 7; MünchKommHGB/BENICKE Art 37 Rn 12).

Art 38 [Untersuchung der Ware]

(1) Der Käufer hat die Ware innerhalb einer so kurzen Frist zu untersuchen oder untersuchen zu lassen, wie es die Umstände erlauben.

(2) Erfordert der Vertrag eine Beförderung der Ware, so kann die Untersuchung bis nach dem Eintreffen der Ware am Bestimmungsort aufgeschoben werden.

(3) Wird die Ware vom Käufer umgeleitet oder von ihm weiterversandt, ohne daß er ausreichend Gelegenheit hatte, sie zu untersuchen, und kannte der Verkäufer bei Vertragsabschluß die Möglichkeit einer solchen Umleitung oder Weiterversendung oder mußte er sie kennen, so kann die Untersuchung bis nach dem Eintreffen der Ware an ihrem neuen Bestimmungsort aufgeschoben werden.

Art 38

(1) The buyer must examine the goods, or cause them to be examined, within as short a period as is practicable in the circumstances.

(2) If the contract involves carriage of the goods, examination may be deferred until after the goods have arrived at their destination.

(3) If the goods are redirected in transit or redispatched by the buyer without a reasonable opportunity for examination by him and at the time of the conclusion of the contract the seller knew or ought to have known of the possibility of such redirection or redispatch, examination may be deferred until after the goods have arrived at the new destination.

Art 38

1) L'acheteur doit examiner les marchandises ou les faire examiner dans un délai aussi bref que possible eu égard aux circonstances.

2) Si le contrat implique un transport des marchandises, l'examen peut ètre différé jusqu'à leur arrivée à destination.

3) Si les marchandises sont déroutées ou réexpédiées par l'acheteur sans que celui-ci ait eu raisonnablement la possibilité de examiner et si, au moment de la conclusion du contrat, le vendeur connaissait ou aurait du connaâtre la possibilité de ce déroutage ou de cette réexpédition, l'examen peut etre différé jusqu'à l'arrivée des marchandises à leur nouvelle destination.

Schrifttum

Vgl zu Art 30 u 35; ferner:

ALLMENDINGER, Praxis des Außenhandels. Gestaltung von Liefer-(kauf-)verträgen im Auslandsgeschäft, Mitteilungen der Bundesstelle für Außenhandelsinformation (1984)

ASAM, Rechtsfragen der Verjährung kaufrechtlicher Ansprüche in deutsch-italienischem Rechtsverkehr, in: JbItalR V (1992) 59

DATE-BAH, Problems of the Unification of Sales Law from the Standpoint of Developing Countries, in: Problems of Unification of International Sales Law (1980) 26

EÖRSI, A Propos the 1980 Vienna Convention on Contracts for the International Sale of Goods, AmJCompL 33 (1983) 336

ESCHER, UN-Kaufrecht: Stillschweigender Verzicht auf Einwand einer verspäteten Mängelrüge?, RiW 1999, 495

FERRARI, Appliability and Aplications of the Vienna Sales Convention (CISG), For Int 1998, 137 (227)

FLECHTNER, Buyer's obligation to give notice of lack of conformity (Articles 38, 39, 40, 44), in: Draft Digest (2004) 377

GERNY, Untersuchungs- und Rügepflichten beim Kauf nach schweizerischem, französischem und US-amerikanischem Recht sowie nach CISG (Diss Basel 1999)

JANSSEN, Die Untersuchungs- und Rügepflichten im deutschen, niederländischen und Internationalen Kaufrecht (2001)

LINNERZ, Die Untersuchungs- und Rügefrist des Käufers nach dem UN-Kaufrecht (unter besonderer Berücksichtigung deutscher, österreichischer, schweizerischer, italienischer, niederländischer, belgischer, amerikanischer und schiedsgerichtlicher Rechtsprechung) (Diss Saarbrücken 2000)

MAGNUS, Zum räumlich-internationalen Anwendungsbereich des UN-Kaufrechts und zur Mängelrüge, IPRax 1993, 390

ders, Die Rügeobliegenheit des Käufers im UN-Kaufrecht, TranspR-IHR 1999, 29

MOECKE, Gewährleistungsbedingungen und Allgemeine Lieferbedingungen nach dem UN-CITRAL-Übereinkommen über den Warenkauf, RiW 1983, 885

PILTZ, Praktische Erfahrungen in Deutschland mit der Anwendung der Haager Einheitlichen Kaufgesetze, in: SCHLECHTRIEM, Fachtagung, 37

ders, Zur Mängelanzeige nach dem Einheitlichen Kaufgesetz, IPRax 1981, 198

RECKNAGEL, Die Trennung von Zivil- und Handelsrecht unter besonderer Berücksichtigung der Untersuchungs- und Rügepflicht nach § 377 HGB. Eine rechtsvergleichende Untersuchung unter Einbeziehung internationalen Einheitsrechts (1985)

RESCH, Zur Rüge bei Sachmängeln nach UN-
Kaufrecht, ÖJZ 1992, 470
SCHLECHTRIEM, Einheitliches Kaufrecht. Er-
fahrungen mit den Haager Kaufgesetzen – Fol-
gerungen für das Wiener UN-Kaufrecht,
ÖRdW 1989, 41
TANNO, Die Berechnung der Rügefrist im
schweizerischen, deutschen und UN-Kaufrecht,
St Galler Studien zum Internationalen Recht,
Bd 13 (1993)

VOGEL, Die Untersuchungs- und Rügepflicht im
UN-Kaufrecht (Diss Bonn 2000)
WALTER, Revisiting the north-south debate in
light of the draft Digest: Articles 38, 39 and 44,
in: Draft Digest (2004) 408
WESTPHAL, Der Ausschluß der §§ 377, 378
HGB durch Allgemeine Einkaufsbedingungen
(1996)
vWESTPHALEN, Allgemeine Geschäftsbedingungen und Einheitliches Kaufgesetz (EKG),
in: SCHLECHTRIEM, Fachtagung, 49.

Systematische Übersicht

Alphabetische Übersicht

Ulrich Magnus

I.   Regelungsgegenstand und Normzweck

1 Die Vorschrift regelt die **Untersuchung der Ware durch den Käufer.** Sie bildet mit den Art 39, 40 und 44 einen zusammenhängenden, praktisch außerordentlich wichtigen Normenkomplex, der die Förmlichkeiten festlegt, die der Käufer einhalten muß, wenn er aus einer Vertragswidrigkeit der Ware im Sinne des Art 35, also im wesentlichen aus Sachmängeln Rechte herleiten will. Nach Art 38 hat der Käufer eine den Umständen angepaßte, kurze Frist zur Verfügung, um die Ware zu untersuchen. Festgestellte Mängel muß er dem Verkäufer dann nach Art 39 Abs 1 in angemessener Frist anzeigen. Die gleichen Fristen gelten für Mängel, die der Käufer bei ordnungsgemäßer Untersuchung hätte feststellen müssen. Nach Ablauf der aus Untersuchungs- und Anzeigefrist zusammengesetzten gesamten Rügefrist verliert er das Recht, diese Mängel zu beanstanden. Die Ware gilt als genehmigt. Ausnahmen von dieser grundsätzlichen Regelung ergeben sich jedoch aus den Art 40 und 44.

2 Die Konvention gibt dem Käufer ferner grundsätzlich das **Recht, die Ware zu untersuchen**, bevor er sie bezahlt (Art 58 Abs 3).

3 Art 38 trifft im wesentlichen **Bestimmungen nur über Ort und Zeit der Untersuchung** (vgl auch Sekretariatskommentar Art 36 Bem 1), während er ihre Art und Weise nicht näher konkretisiert. Mit der Pflicht zu einer so raschen Untersuchung, wie es die Umstände erlauben, will die Vorschrift erreichen, daß alsbald festgestellt wird, ob die Lieferung vertragsgemäß ist. Versäumt der Käufer diese Möglichkeit, so gehen Mängel, die er hätte feststellen können, zu seinen Lasten. Die **kurze Untersuchungsfrist** und der mit ihrer Versäumung verbundene Rechtsverlust des Käufers dienen damit vor allem dem Interesse des Verkäufers, vor Ansprüchen sicher zu sein, die aus solchen Mängeln herrühren, die dem Risikobereich des Käufers entstammen. Dem Käufer ist eine den Umständen angepaßte rasche Untersuchung grundsätzlich zuzumuten. Sind die Mängel allerdings auch bei korrekter Untersuchung nicht erkennbar oder hat der Käufer wegen vertragsgemäßer Weiterbeförderung der Ware zur Untersuchung am Lieferort keine Gelegenheit, dann gilt die Grundregel nicht. **Nichterkennbare Mängel** sind gem Art 39 in angemessener Frist nach Entdeckung, aber nicht später als zwei Jahre nach Übergabe anzuzeigen; bei fehlender Untersuchungsmöglichkeit am Lieferort muß die Untersuchung am Bestimmungsort nachgeholt werden (Abs 2 und 3).

4 Wie bei der Anzeige entdeckter Mängel nach Art 39 ist auch bei Art 38 darauf zu achten, daß die Anforderungen an die Form und Rechtzeitigkeit der Untersuchung nicht überspannt werden. Wenn auch das Interesse des Verkäufers an schneller und endgültiger Abwicklung des Kaufgeschäftes anzuerkennen ist, darf auf der anderen Seite nicht mit Hilfe übertriebener Förmlichkeiten dem Käufer das Risiko von Warenmängeln zugeschoben werden.

II. Entstehungsgeschichte

Die Vorschriften zur Untersuchungs- und Rügeobliegenheit des Käufers gehörten 5
auf der Wiener Konferenz zu den Gegenständen, die am ausführlichsten und gegen-
sätzlichsten erörtert wurden (vgl Off Rec 318 ff, 345 ff). Erst nach mehrfach unterbro-
chenen Beratungen gelang ein insgesamt mehrheitsfähiger Kompromiß.

Der Sache nach enthielt das EKG in Art 38 eine mit dem jetzigen Art 38 weit- 6
gehend übereinstimmende Vorschrift, die ganz ähnlich auch schon im Vorentwurf
von 1935 (Art 47) und den späteren Entwürfen vorgesehen war. Art 38 EKG verlangte eine Untersuchung „innerhalb kurzer Frist" ohne jede weitere Einschränkung. Diese Frist war jedoch nach Art 11 EKG „unter Berücksichtigung der Umstände so kurz wie möglich" zu bemessen und begann nach dieser Vorschrift mit
dem Zeitpunkt, „in dem die Handlung vernünftigerweise vorgenommen werden
kann". Sachlich kommt den Unterschieden in der Formulierung kein allzu großes
Gewicht zu (HERBER/CZERWENKA Art 38 Rn 7; **aA** aber BIANCA/BONELL/BIANCA Art 38
Bem 1.1: „more flexible criterion"; SCHLECHTRIEM/SCHWENZER/SCHWENZER Art 38 Rn 1: „wesentliche Unterschiede"). Dennoch ist bei der Bemessung der Frist zu beachten, daß die
Frist nun nicht mehr so kurz wie möglich, sondern **so kurz** ist, **wie es die Umstände
erlauben**. Die Änderung im wichtigen englischen Text von „as short as possible" zu
„as short as practicable in the circumstances" macht die Akzentverschiebung deutlicher als die anderen Textfassungen (im französischen und spanischen Text ist es bei
„possible" bzw „posible" geblieben). Daß keine weitreichende Änderung gegenüber
dem Haager Recht beabsichtigt war, folgt daraus, daß ein Antrag Kanadas, die
Untersuchung nur innerhalb angemessener Frist zu fordern, auf der Wiener Konferenz abgelehnt wurde (vgl Off Rec 106, 310 ff). Auf der Konferenz wurde aber dem
Wunsch der Entwicklungsländer Rechnung getragen, die von ihnen als zu scharf
(„too draconian", Off Rec 320) empfundenen Rügemodalitäten abzumildern. Das
führte insbesondere zur Kompromißvorschrift des Art 44 (vgl Art 44 Rn 3 f).

Eine Erweiterung erfuhr Art 38 Abs 3. Im EKG konnte die Untersuchung nur bei 7
weiterer Versendung ohne Umladung später nachgeholt werden. Der jetzige Abs 3
erlaubt die spätere Untersuchung dagegen auch im Fall der Weiterversendung mit
Umladung. Damit wird den Bedürfnissen vor allem der Container-Beförderung
Rechnung getragen, bei der zwar der Container umgeladen, aber erst am Bestimmungsort geöffnet werden darf (vgl auch UNCITRAL-YB III [1972] 87).

Entfallen ist schließlich Art 38 Abs 4 EKG, der die Form der Untersuchung dem 8
Recht oder den Gebräuchen des Untersuchungsortes unterstellt hatte. An dieser
Regel war kritisiert worden, daß sie sich auch auf lediglich lokale Gebräuche
beziehen könne und nicht den Vorrang zwingenden Rechts deutlich mache (UNCI-
TRAL-YB IV [1973] 66).

III. Die Untersuchungsobliegenheit

1. Reichweite der Vorschrift

Die Untersuchungsobliegenheit bezieht sich, wie auch die Anzeigeobliegenheit 9
nach Art 39 (vgl Art 39 Rn 10 ff), auf die vertragsgemäße Sachbeschaffenheit der

Ware. Sie gilt aber analog auch für die die Ware repräsentierenden Dokumente (HERBER/CZERWENKA Art 34 Rn 7). Der Käufer muß die Ware daraufhin prüfen, ob sie dem Vertrag im Sinne des Art 35 entspricht. Damit trifft die **Untersuchungsobliegenheit** den Käufer auch bei Lieferung von Ware anderer als der vereinbarten Art **(aliud-Lieferung)** und bei **mengenmäßigen Abweichungen** (so für offene, in der Rechnung ausgewiesene Mehrlieferung OLG Rostock IHR 2003, 19; für aliud-Lieferung OGH IHR 2001, 40; zum Streit, ob Untersuchung und Anzeige bei krassen aliud-Lieferungen erforderlich sind, vgl Art 39 Rn 11). Auch wenn die Ware durch **Verpackungsfehler** schadhaft geworden oder allein die Verpackung nicht vertragsgemäß ist (vgl Art 35 Abs 1, Abs 2 lit a), muß der Käufer die Untersuchungs- und Rügeobliegenheit einhalten (so zum EKG: Hof 's-Gravenhage, NedJ 1979, 378 = SCHLECHTRIEM/MAGNUS Art 38 Nr 2). Auf andere Vertragswidrigkeiten erstreckt sich die Obliegenheit dagegen nicht.

Die Untersuchungs- und Rügeobliegenheit erstreckt sich auch auf **Ersatz-** oder **Nachlieferungen** sowie auf **Nachbesserungen** (ebenso SCHLECHTRIEM/SCHWENZER/ SCHWENZER Art 38 Rn 9).

10 Für **Rechtsmängel** enthält Art 43 eine eigene Rügevorschrift. Eine Untersuchungspflicht trifft den Käufer hier nicht, da Rechtsmängel gewöhnlich nicht äußerlich erkennbar sind, sondern vom Verhalten Dritter abhängen (vgl näher Art 43 Rn 8).

11 Die Untersuchungs- und Rügeobliegenheit gilt ferner – im Gegensatz zum deutschen Recht, das sie nur Kaufleuten auferlegt – **auch für Nichtkaufleute**, soweit deren Kaufgeschäfte ausnahmsweise dem CISG unterliegen (ebenso SCHLECHTRIEM/ SCHWENZER/SCHWENZER Art 38 Rn 8; HERBER/CZERWENKA Art 38 Rn 6). Bei der Bestimmung der Länge der Untersuchungsfrist kann aber die fehlende Kaufmannseigenschaft berücksichtigt werden (vgl Sekretariatskommentar Art 1 Bem 14 und unten Rn 45).

Auch wenn der **Käufer Zwischenhändler** ist, muß er die Ware untersuchen und kann sich nicht allein auf Reklamationen durch seine Kunden verlassen. Diese weitergegebenen Rügen werden in der Regel verspätet sein, es sei denn, daß sich der Mangel erst bei späterem längerem Gebrauch entdecken läßt (vgl Obergericht Zürich SJZ 1998, 515 [bei steril verpackten Blutleitungen, die er weiterverkauft, muß der Käufer rechtzeitig Stichproben nehmen, ob sie steril sind]; Locarno-Campagna, berichtet, in: SZIER 1993, 665 f). Läßt der Käufer die Ware direkt an seine Abnehmer liefern, dann muß er bei diesen für die zeitgerechte Untersuchung sorgen.

2.   Obliegenheit; Verhältnis zu Art 39

12 Die Untersuchung der Ware ist keine Rechtspflicht des Käufers, sondern nur **eine Obliegenheit** (BGH NJW 1997, 3311; BIANCA/BONELL/BIANCA Art 38 Bem 2. 1; BRUNNER Art 38 Rn 3; SCHLECHTRIEM/SCHWENZER/SCHWENZER Art 38 Rn 5; HERBER/CZERWENKA Art 38 Rn 2; KAROLLUS 124; SOERGEL/LÜDERITZ/SCHÜSSLER-LANGEHEINE Art 38 Rn 1; ebenso zum EKG: BGH NJW 1982, 2730; LG Aachen IPRax 1985, 45; LG Konstanz, in: SCHLECHTRIEM/MAGNUS Art 38 Nr 10). Ihre Versäumung führt zum Rechtsverlust hinsichtlich solcher Mängel, die eine korrekte Untersuchung offenbart hätte, die der Käufer aber erst später entdeckt und nach Ablauf der Gesamtrügefrist angezeigt hat. Es liegt deshalb im eigenen Interesse des Käufers, die Ware form- und fristgerecht zu untersuchen, und es ist sein Risiko, wenn er das unterläßt. Er macht sich aber gegenüber dem

Verkäufer nicht etwa schadensersatzpflichtig, wenn er die Untersuchung versäumt (zweifelnd allerdings SCHLECHTRIEM, UN-Kaufrecht 61).

Trotz des engen Zusammenhangs mit der Mängelanzeige nach Art 39 ist die **Unter- 13 suchung der Ware nicht Voraussetzung einer ordnungsgemäßen Mängelanzeige**, auch wenn sie dieser in der Regel vorausgeht und sie vorbereitet. Zeigt der Käufer Mängel ordnungsgemäß nach Art 39 an, so schadet es nicht, wenn er die Untersuchung nicht form- und fristgerecht durchgeführt hat (ebenso SCHLECHTRIEM/SCHWEN-ZER/SCHWENZER Art 38 Rn 5; HERBER/CZERWENKA Art 38 Rn 2; WITZ/SALGER/LORENZ Art 38 Rn 7). Eine Zeitversäumung bei der Untersuchung kann deswegen durch schnelleres Reagieren bei der Anzeige noch ausgeglichen werden (vgl Art 39 Rn 14).

Selbst wenn der Käufer von jeder Untersuchung abgesehen hat, kann er später 14 entdeckte Mängel dennoch geltend machen, sofern auch eine ordnungsgemäße Untersuchung die Mängel nicht aufgedeckt hätte (BGH TranspR-IHR 2000, 1 m Anm TASCHNER; zum EKG: BGH NJW 1982, 2730; vgl auch Art 39 Rn 31). Im Ergebnis ist damit – wie im deutschen Recht – zwischen offenen und verborgenen Mängeln zu unterscheiden. Nur für erstere kann die versäumte Untersuchung zum Rechtsverlust führen. Verborgen ist ein Mangel, wenn die vom Käufer zu fordernde Untersuchung ihn nicht offenbart hätte. Entscheidend ist damit, welche Intensität und Gründlichkeit von der Untersuchung zu verlangen sind (dazu unten Rn 28 ff).

3.   Untersuchung durch Dritte

Der Käufer hat die Ware selbst zu untersuchen oder sie untersuchen zu lassen. Er 15 kann die Wahrnehmung seiner Untersuchungsobliegenheit also **auch Dritten** (zB Sachverständigen) **übertragen** und muß das tun, soweit er selbst nicht über die hinreichende Sachkunde oder Prüfungstechnik verfügt. Übersehen eingeschaltete Dritte erkennbare Fehler und unterbleibt deshalb eine rechtzeitige Mängelanzeige, so geht das zu Lasten des Käufers.

4.   Abdingbarkeit

Da Art 38 **dispositives Recht** ist, können die Parteien die Modalitäten der Unter- 16 suchung, insbesondere ihre Form und Frist, näher festlegen, um so Streit vorzubeugen (vgl auch SCHLECHTRIEM/SCHWENZER/SCHWENZER Art 38 Rn 28 ff). Durch eine Vereinbarung, daß die Ware in geeigneter Weise für den Weitertransport zu verpacken sei, verzichtet der Verkäufer aber noch nicht darauf, daß der Käufer die übliche Untersuchung durchführt (so zum EKG Hof 's-Gravenhage NedJur 1979, 378 = SCHLECHTRIEM/ MAGNUS Art 38 Nr 2). **Verträge über just-in-time-Lieferungen**, bei denen die Ware zum genau bestimmten Zeitpunkt beim Käufer – etwa zum Einbau – angeliefert werden soll, werden häufig so zu verstehen sein, daß der Käufer seine Rechte auch bei solchen Mängeln behält, die bei einer Untersuchung erkennbar gewesen wären. Denn wegen des Zeitdrucks bei diesen Geschäften ist eine mehr als rein äußerliche Untersuchung der Ware nicht möglich. Im einzelnen entscheiden die vertraglichen Abreden.

Auch den **Untersuchungsort** können die Parteien abweichend vom Gesetz bestim- 17 men (vgl OLG Düsseldorf IPRax 1993, 412 m Anm MAGNUS 390; ferner unten Rn 34, 53).

18 Die **Angemessenheit** abändernder Vereinbarungen unterliegt als Gültigkeitsfrage dem anwendbaren nationalen Recht, wobei das Einheitsrecht bei Anwendbarkeit des deutschen AGB-Rechts den Prüfungsmaßstab vorgibt (vgl Art 4 Rn 24 ff).

5. Vorrang von Gebräuchen und Gepflogenheiten; ergänzend anwendbares Recht

19 **International geltende Gebräuche** haben ebenso wie Gepflogenheiten zwischen den Parteien (Art 9) Vorrang vor der Regelung in Art 38. Obwohl Art 38 nicht mehr – wie Art 38 Abs 4 EKG – ausdrücklich vorsieht, daß das Recht und die Gebräuche am vertragsgemäßen Untersuchungsort maßgebend sind, sind dort geltende Gebräuche und ergänzende Rechtsvorschriften zu beachten, soweit sie sich auf internationale Geschäfte beziehen und internationalen Vertragsparteien bekannt sein können (ähnlich ACHILLES Art 38 Rn 3; BIANCA/BONELL/BIANCA Art 38 Bem 2.3; HERBER/ CZERWENKA Art 38 Rn 3; auch der Sekretariatskommentar [Art 36 Bem 3] verweist auf „international usages"; vgl auch OGH JBl 1999, 318 [zur Geltung der öst Holzhandelsusancen]). Das folgt aus Art 9. Ein Rückgriff auf das vom IPR bestimmte Recht ist insoweit ausgeschlossen. Darüber hinaus können Recht und (lokale) Gebräuche am Untersuchungsort kraft stillschweigenden Parteiwillens oder Gepflogenheit maßgebend sein (SCHLECHTRIEM, UN-Kaufrecht 59; Schweizer Botschaft 791). Es verbleibt eine Lücke in den Fällen, in denen lediglich lokale Gebräuche am Untersuchungsort gelten und eine Einigung auf ihre Geltung fehlt. Dann ist weder auf sie noch auf den vom IPR berufenen Standard zurückzugreifen, sondern die Untersuchung nach den zu Art 38 entwickelten Maßstäben durchzuführen (vgl auch BIANCA/BONELL/BIANCA Art 38 Bem 2.3; wohl auch MünchKommHGB/BENICKE Art 38 Rn 2; **aA** – hilfsweise gelten die lokalen Gebräuche – Thüringer OLG TranspR-IHR 2000, 25 [28]).

20 Hat sich zwischen den Parteien etwa die Gepflogenheit gebildet, bei krassen Mängeln auch ohne rechtzeitige Rüge Gutschriften zu gewähren, so liegt darin auch ein **Verzicht auf eine ordnungsgemäße**, insbesondere rechtzeitige Untersuchung (so zum EKG: LG Wuppertal IPRax 1984, 205 m Anm WEITNAUER S 185). Eine langjährige Geschäftsverbindung allein führt aber noch nicht dazu, daß sich die Anforderungen an die Untersuchung ermäßigen (so zum EKG: LG Konstanz, in: SCHLECHTRIEM/MAGNUS Art 38 Nr 10). Zu just-in-time-Geschäften vgl oben Rn 16.

6. Vorzeitige, verspätete Lieferung; Lieferung am falschen Ort

21 Der Käufer hat die Ware auch dann zu untersuchen, wenn der Verkäufer zur falschen Zeit liefert. **Bei verfrühter Lieferung** beginnt die Frist für die Untersuchung jedoch erst mit dem vertragsgemäßen Liefertermin (dazu unten Rn 37). Bei verspäteter Lieferung erübrigt sich die Untersuchung ebenfalls nicht, wenn der Käufer aus Sachmängeln Rechte herleiten will; vielmehr ist die Ware wie auch sonst auf ihre Vertragsmäßigkeit zu überprüfen (so zum EKG: OLG Hamm, in: SCHLECHTRIEM/MAGNUS Art 39 Nr 24).

22 Bei **Lieferung an einen falschen Lieferort** muß der Käufer die Ware nicht dort untersuchen (vCAEMMERER/SCHLECHTRIEM/STUMPF[1] Art 38 Rn 3), sondern kann damit zuwarten, bis die Ware am vertraglich festgelegten Lieferort eingetroffen ist.

7. Teillieferungen, Sukzessivlieferungen

Hat der Verkäufer **abredegemäß Teillieferungen** zu erbringen, so muß der Käufer **23**
jede Teillieferung für sich in rechter Zeit und Form untersuchen und ggf Mängel
anzeigen. Denn Art 38 Abs 1 verlangt, daß die – jeweils gelieferte – Ware in so
kurzer Zeit zu untersuchen ist, wie es die Umstände erlauben. Damit wäre es nicht
vereinbar, wenn der Käufer die Untersuchung aller Teillieferungen auf die letzte
Lieferung verschieben könnte. Versäumt er für eine Teillieferung die rechtzeitige
Untersuchung, so verliert er aber auch nur für sie seine Mängelrechte.

Das **Recht, den Sukzessivlieferungsvertrag für die Zukunft aufzuheben** (Art 73 **24**
Abs 2), hängt aber nicht davon ab, daß der Käufer die Vertragswidrigkeit früherer
Lieferungen ordnungsgemäß gerügt hatte. Er kann sich auf sie als triftigen Grund
für zu besorgende künftige (wesentliche) Vertragsverletzungen auch dann berufen,
wenn er sie zunächst hingenommen hatte (vgl näher Art 73 Rn 24).

Bei **vertragswidrig erbrachten Teillieferungen**, die der Käufer dennoch annimmt, **25**
bleibt es bei der Untersuchungs- und Rügeobliegenheit für jede einzelne Lieferung.
Für die Bestimmung der Untersuchungsfrist ist aber dem Umstand Rechnung zu
tragen, daß der Käufer auf die Lieferung und ihre Untersuchung nicht eingestellt zu
sein brauchte.

8. Befreiung von der Untersuchungsobliegenheit

Der Käufer ist von seiner Untersuchungsobliegenheit befreit, wenn auch eine an- **26**
gemessene Untersuchung den Mangel der Ware nicht aufdecken würde. Denn zu
unnötigen Untersuchungen ist er nicht verpflichtet. Das ist etwa anzunehmen, wenn
sich ein Mangel nicht anders als durch längeren Gebrauch erkennen läßt. – Beispiel:
Blumen, die vertragsgemäß den ganzen Sommer über blühen sollen, verblühen
bereits zwei bis drei Monate nach der Auspflanzung im Frühjahr (OLG Innsbruck
1. 7. 1994, CLOUT Nr 107). Dann besteht insoweit keine Untersuchungsobliegenheit; es
genügt, wenn der Käufer den Mangel nach seinem Auftreten innerhalb der Frist des
Art 39 rügt (vgl auch OLG Innsbruck aaO).

In besonderen Fällen befreit ferner der Grundsatz von Treu und Glauben (Art 7
Abs 1) den Käufer ganz oder teilweise von seiner Obliegenheit, die Ware zu untersuchen. Das ist etwa dann der Fall, wenn der Verkäufer dem Käufer **besonderen
Anlaß** gegeben hat, **auf bestimmte Eigenschaften der Ware zu vertrauen** (ebenso
ACHILLES Art 38 Rn 4). Die Erklärung allein, daß die Ware bestimmte Eigenschaften
habe, genügt aber noch nicht (so auch im internen Recht etwa der Bundesrepublik
oder Österreichs; vgl MünchKommHGB/GRUNEWALD § 377 Rn 78; OGH ZfRVgl 1992, 74
m Anm BÖHLER). Auch wenn die Ware von Gesundheitszeugnissen, Reinheitszertifi-
katen etc begleitet wird, dann bleibt der Käufer hier gleichwohl zu einer angemessenen Untersuchung verpflichtet, aber auch berechtigt (Thüringer OLG TranspR-IHR
2000, 25 [beigefügtes Gesundheitszeugnis entbindet Käufer nicht, lebende Fische bei Lieferung auf
ihre Gesundheit zu untersuchen]). Denn derartige Dokumente bestätigen nur den Zustand der Ware zu dem Zeitpunkt, zu dem der Aussteller des Dokuments sie untersucht hat. Bis zur Ankunft beim Käufer kann sich die Ware aber verändert haben.
Von der Untersuchungsobliegenheit ist der Käufer jedoch dann und in dem Umfang

entbunden, in dem der Verkäufer für die Existenz bestimmter Eigenschaften eine **unbedingte Einstandspflicht** übernommen hat. Das kann etwa bei **Qualitätssicherungsvereinbarungen** der Fall sein. Gleiches gilt, wenn der Verkäufer Ware mit bestimmten Eigenschaften für den Käufer herstellt und der Käufer auf die Sachkunde des Verkäufers vertraut hat (einen ähnlichen Rechtsgedanken enthalten Art 35 Abs 2 lit b und Art 42 Abs 2 lit b). Im Hinblick auf diese Eigenschaften ist der Käufer nicht verpflichtet, sonst übliche aufwendige, zB chemische Untersuchungen der Ware vorzunehmen, um festzustellen, ob die Eigenschaften bestehen. Den äußeren Zustand der Ware (korrekte Stückzahl etc) hat er jedoch in jedem Fall zu überprüfen.

Schließlich schadet die Versäumung der Untersuchung oder ihrer Frist dann nicht, wenn der Verkäufer deutlich gemacht hat, daß er auf der korrekten Einhaltung der Untersuchungs- und Rügeförmlichkeiten nicht besteht, sondern für Mängel dennoch einstehen will (vgl etwa BGH NJW 1999, 1259 = L/M CISG Nr 5 m Anm MAGNUS [Verkäufer teilt mit, er werde bei berechtigten Reklamationen dafür geradestehen; spätere Berufung auf versäumte Rügefrist unzulässig]; eingehend zu der Entscheidung ESCHER RiW 1999, 495; BGH NJW 1997, 3311 = L/M CISG Nr 4 m Anm MAGNUS = Anm SCHLECHTRIEM/SCHMIDT-KESSEL in EWiR 1997, 1079 zu Art 39 CISG [Berufung auf verspätete Rüge ausgeschlossen, wenn Verkäufer 15 Monate über Mängelbehebung verhandelt, ohne sich den Verspätungseinwand vorzubehalten]).

9. Kosten der Untersuchung

27 Die **Kosten der Untersuchung hat** mangels vorrangiger Vereinbarungen, Bräuche oder Gepflogenheiten **der Käufer zu tragen** (s Schweizer Botschaft 791; ACHILLES Art 38 Rn 16; BAMBERGER/ROTH/SAENGER Art 38 Rn 12; SCHLECHTRIEM/SCHWENZER/SCHWENZER Art 38 Rn 27; SOERGEL/LÜDERITZ/SCHÜSSLER-LANGEHEINE Art 38 Rn 2). Erweist sich die Ware aber als mangelhaft und zeigt der Käufer dies dem Verkäufer gemäß Art 39 an, so kann er Ersatz der Untersuchungskosten verlangen (s die in der vorigen N Zitierten aaO; ferner Art 74 Rn 41).

IV. Art und Weise der Untersuchung

28 Der Käufer hat die Ware **in einer den Umständen angemessenen, handelsüblichen Weise zu untersuchen** (Sekretariatskommentar Art 36 Bem 3; BRUNNER Art 38 Rn 3; SCHLECHTRIEM/SCHWENZER/SCHWENZER Art 38 Rn 13; HEUZÉ Rn 307). Die Untersuchung soll ihm einen zuverlässigen Eindruck vom Zustand der Ware verschaffen und mit zumutbaren Mitteln feststellbare Vertragswidrigkeiten rasch aufdecken. An diesem Ziel sind ihre Art und Weise, ihr Umfang und ihre Intensität auszurichten, soweit nicht vorrangige Parteivereinbarungen, Gepflogenheiten oder Gebräuche konkretere Maßnahmen festlegen (dazu oben Rn 19 f). Die Untersuchung muß sich auf alle Punkte erstrecken, die als vertraglich geschuldete Eigenschaften der Ware in Betracht kommen: neben der Qualität der Ware auch ihre Menge und Verpackung. Der Käufer muß ferner prüfen, ob ein aliud geliefert ist oder besondere vertraglich vereinbarte Eigenschaften fehlen. Übersieht der Käufer Fehler, weil der Verkäufer sie kaschiert hat (zB verfärbte Autositze scheinbar zum Schutz mit Plastikfolie abgedeckt hat), dann wird regelmäßig Art 40 eingreifen.

Die Untersuchung muß sich an der Eigenart der Ware orientieren und **geeignet sein,** 29
ihre möglichen Fehler aufzuspüren. Bei leicht feststellbaren Mängeln (Glasbruch,
Auslaufen etc) genügt etwa Augenscheinnahme. Technologisch anspruchsvolle Ware
ist dagegen durch entsprechend geeignete technische Verfahren auf ihre Mangelfreiheit zu überprüfen. Ergibt freilich schon der äußere Zustand substantiierbare
Mängel, so muß keine aufwendige Untersuchung zur Feststellung der technisch
genauen Bezeichnung oder Ursache des Mangels durchgeführt werden (OLG München For Int 1998, 106 [Mangel bei Cashmere-Pullovern bereits „am gröberen Griff" erkennbar,
Untersuchung über Zusammensetzung daher unnötig]; zum EKG: LG Stade, in: SCHLECHTRIEM/
MAGNUS Art 38 Nr 13 [äußere Verfärbungen bei Fisch erübrigen die aufwendige Untersuchung, daß
sie auf zu hohem Histamingehalt beruhen]). Mängel, die sich erst bei späterem längerem
Gebrauch zeigen, kann und muß die Untersuchung nicht aufdecken (vgl oben Rn 26).
Zu stichprobenweiser Verarbeitung oder versuchsweiser Benutzung ist der Käufer
aber regelmäßig verpflichtet (s etwa LG Berlin IHR 2003, 228 [Stoffstichproben müssen
gefärbt werden, um Stoffverhalten bei dem vorgesehenen Färben zu ermitteln]; OLG Oldenburg
IHR 2001, 112 [Testlauf für gelieferte Maschine notwendig]). Für Mängel, die der Käufer
selbst feststellen kann, verliert er seine Ansprüche, wenn er sie erst nach Fristablauf
auf Kundenreklamationen hin geltend macht (LG Stuttgart IPRax 1990, 317 für Mängel an
Schuhen; OG Luzern SJZ 1998, 515 bei Blutleitungen für Krankenhäuser).

Bei Massenwaren hat der Käufer **Stichproben** in angemessener Zahl zu nehmen. 30
Zeigen die Stichproben keine Mängel, so kann der Käufer, wenn er innerhalb der
Zweijahresfrist des Art 39 Abs 2 an anderen Teilen der Lieferung Mängel entdeckt,
diese immer noch rügen (ebenso BIANCA/BONELL/BIANCA Art 38 Bem 2.4). Stichproben
sind auch dann notwendig, wenn die Ware originalverpackt weiterverkauft werden
soll. Der Käufer muß die Verpackung der Stichproben entfernen (OG Luzern SJZ
1998, 515 [sterile Blutleitungen]; ähnlich Rb Roermond NIPR 1992 Nr 324 [tiefgefrorener Käse –
einige Proben müssen aufgetaut werden]; HERBER/CZERWENKA Art 38 Rn 5; MünchKommBGB/
GRUBER Art 38 Rn 29; zum EKG: OLG Hamburg RiW 1982, 435; LG Konstanz, in: SCHLECHTRIEM/
MAGNUS Art 38 Nr 10). Zur Entnahme – entsprechend weniger – Stichproben ist er
selbst dann verpflichtet, wenn die Stichproben durch die Untersuchung unbrauchbar
werden (Lebensmittel, Konserven, Chemikalien etc; vgl OG Luzern aaO), es sei denn, der
Wert der einzelnen Probe ist im Verhältnis zur Gesamtlieferung zu hoch (Beispiel von
HONNOLD Rn 252: große Chlorgasflaschen, aus denen bei Öffnung das Gas entweicht). Geht es
um **Quantitätsmängel,** dann muß der Käufer die Ware auch bei **größeren Stückzahlen**
zählen. Die dafür nötige Zeit darf nicht zu knapp bemessen werden (LG Landshut
5. 4. 1995 [54 O 644/94, unveröff] – eine Woche zum Zählen von knapp 8000 Textil-Einzelteilen wohl
angemessen).

Trotz der kurzen Frist hat die **Untersuchung gründlich und fachmännisch** zu sein 31
(Schweizer Botschaft 791; ENDERLEIN/MASKOW/STARGARDT Art 38 Bem 1; HERBER/CZERWENKA
Art 38 Rn 5; LG Stuttgart IPRax 1990, 317). Bei Ware (etwa Chemikalien), auf deren
Reinheit oder Zusammensetzung es ankommt, sind deshalb entsprechende techni-
sche Prüfverfahren vorzusehen oder ggf von Sachverständigen (TÜV etc) durch-
führen zu lassen. Ware, die der Käufer weiterverarbeiten will, hat er uU einer
Probeverarbeitung zu unterziehen (LG Berlin IHR 2003, 228 [stichprobenweises Einfärben
von Stoff]; ebenso noch zum EKG: OLG Hamm NJW-RR 1988, 1460 [Probeverarbeitung von
Fußbetten]). Doch besteht hierzu keine Pflicht, wenn es bei längerer Geschäftsverbindung in der Vergangenheit keinen Grund für Beanstandungen gab (OLG Hamm

aaO). Ware, die benutzt werden soll, oder eine Stichprobe davon muß gewöhnlich einem entsprechenden Nutzungstest unterworfen werden (OLG Oldenburg IHR 2001, 112 [Maschine muß während Untersuchungs- und Rügefrist erprobt werden]).

32 Andererseits muß der Käufer die Ware **nur im Rahmen des Zumutbaren** untersuchen. Zu einer unüblichen oder unzumutbar aufwendigen Untersuchung ist er nicht verpflichtet, ebenso wenig zu einer komplizierten Untersuchung, bei der nicht feststeht, ob sie den Mangel aufdecken würde (so zum EKG: BGH NJW 1982, 2730). So braucht der Käufer etwa nach den Üblichkeiten im europäischen Weinhandel Wein nicht auf Wasserzusatz zu untersuchen, da ein solcher Zusatz gänzlich unüblich und in der EU regelmäßig strafbar ist (LG Trier NJW-RR 1996, 564). Technische Prüfverfahren, über die man in seinem Land nicht verfügt, braucht der Käufer nicht einzuschalten, auch wenn sie in anderen Ländern bereits üblich sein mögen (noch etwas weitergehend Sekretariatskommentar Art 36 Bem 3: keine Untersuchung nach Verfahren, über die der Käufer nicht verfügt). Der Käufer ist auch nicht zu einer derart eingehenden Untersuchung verpflichtet, daß jeder noch so geringe Mangel entdeckt wird. Eine Untersuchung, die das **Fehlen der wesentlichen Eigenschaften aufdecken** kann, genügt. Die Rechtsprechung, zT noch zum Haager Recht, hat vom Käufer etwa verlangt, daß er einige Schuhpaare nach Lieferung anprobiert, um ihre Paßform zu untersuchen (LG Stade, in: SCHLECHTRIEM/MAGNUS Art 38 Nr 8); daß er bei Stoffen Bügelproben von allen Sorten und Farben anfertigt, um ihr Einlaufverhalten festzustellen (OLG Hamm IPRax 1983, 231); daß er einige Stücke einer Pulloverlieferung einer Waschprobe unterzieht, um ihre Farbechtheit zu prüfen (AG Kehl RiW 1996, 957; LG Münster, in: SCHLECHTRIEM/MAGNUS Art 24 Nr 4).

Will der Käufer die Ware in Behältern (zB Silos) einlagern, in denen sich schon andere gleichartige Ware befindet, dann muß er die Ware **vor der Einlagerung untersuchen**, sofern eine eventuelle Rügefrist für die alte Ware schon abgelaufen war und sich nicht mehr feststellen läßt, ob die alte oder die neue Ware ggf Mängel enthielt (OLG Köln, OLGR Köln 1998, 2).

33 Nach der deutschen Rechtsprechung ist der Käufer **zu genauerer Untersuchung verpflichtet, wenn** er „**vorgewarnt**" war, etwa weil schon eine frühere Lieferung oder weil die Verpackung schadhaft oder der Zustand der Ware sonst auffällig war (LG Stuttgart IPRax 1990, 317; zum EKG: OLG Hamburg RiW 1982, 435: Auffälliger Zustand von Blumenknospen muß weitere Nachprüfung veranlassen; vgl auch SCHLECHTRIEM/SCHWENZER/SCHWENZER Art 38 Rn 13). Auch dann, wenn bei Stichproben geringfügige Mängel auftreten, die der Käufer hinnehmen würde, wenn es bei ihnen bliebe, soll er zu genauerer Untersuchung der Ware verpflichtet sein. Darin liege der Sinn von Stichproben (so LG Siegen, in: SCHLECHTRIEM/MAGNUS Art 39 Nr 50). Dieser „Vorwarn"-Rechtsprechung ist mit Vorsicht zu begegnen. Vom Verkäufer zu verantwortende Vertragswidrigkeiten dürfen nicht zu höherer Pflichtenanspannung auf der Seite des Käufers führen. Darin läge geradezu eine Prämierung von Vertragswidrigkeiten (so zu Recht auch JANSSEN 114 f; ebenso BRUNNER Art 38 Rn 13 Fn 913; MünchKommBGB/GRUBER Art 38 Rn 62).

V. Ort der Untersuchung

34 Die Ware ist, das folgt im Rückschluß aus den Ausnahmen in Art 38 Abs 2 und 3 (zu ihnen unten Rn 51 ff, 56 ff), grundsätzlich am Lieferort zu untersuchen. Er ist der

Untersuchungsort (ACHILLES Art 38 Rn 7; BRUNNER Art 38 Rn 14; SOERGEL/LÜDERITZ/
SCHÜSSLER-LANGEHEINE Art 38 Rn 8). Wo der Lieferort liegt, folgt regelmäßig aus der
Parteivereinbarung, uU aus Gebräuchen und Gepflogenheiten und im übrigen aus
Art 31. Nach Art 31 lit c ist die Ware, sofern der Vertrag nicht ihre Beförderung
erfordert oder Art 31 lit b eingreift, am Niederlassungsort des Verkäufers zu unter-
suchen. Die Festlegung des Untersuchungsortes bedeutet nicht, daß der Käufer eine
Vertragspflicht verletzt, wenn er die Ware nicht an diesem Ort untersucht. In dem
Zeitpunkt, in dem sie ihm dort zur Verfügung steht, beginnt jedoch die Untersuchungsfrist zu laufen (SOERGEL/LÜDERITZ/SCHÜSSLER-LANGEHEINE Art 38 Rn 8; zu den Folgen
bei Lieferung an einen falschen Ort vgl unten Rn 38).

VI. Frist für die Untersuchung (Abs 1)

1. Grundsatz

Der Käufer hat für die Untersuchung eine **Frist** zur Verfügung, die **so kurz** ist, **wie es** 35
die Umstände erlauben. Die Frist hat freilich nur die Bedeutung, die Gesamtrügefrist
– einschließlich der Anzeigefrist nach Art 39 – in Lauf zu setzen. Diese Regelung
entspricht sachlich dem Haager Recht nicht vollständig, aber doch weitgehend (zur
Entstehungsgeschichte vgl oben Rn 6). Dennoch kann die deutsche Rechtsprechung zu
Art 38 EKG nur bedingt herangezogen werden. Denn diese Rechtsprechung hat die
Untersuchungsfrist überwiegend als sehr kurze Frist (ohne Rücksicht auf die Umstände) interpretiert, die sofortiges Handeln ohne Überlegungsfrist verlange (etwa
OLG Hamburg RiW 1982, 435; OLG Köln RiW 1985, 404; LG Kiel, in: SCHLECHTRIEM/MAGNUS
Art 38 Nr 11; OLG Koblenz RiW 1989, 310). Der Begriff Frist („period", „delay") bedeu-
tet aber einen gewissen Zeitraum, nicht nur einen bestimmten Zeitpunkt, zu dem
die Untersuchung vorzunehmen ist. Dieser Zeitraum ist eine den Umständen angepaßte, flexible Frist, innerhalb derer eine Untersuchung der Ware von einem sorg-
fältigen Käufer erwartet werden darf (ähnlich BRUNNER Art 38 Rn 5; SCHLECHTRIEM/
SCHWENZER/SCHWENZER Art 38 Rn 15; HERBER/CZERWENKA Art 38 Rn 7; SCHWIMANN/POSCH
Art 38 Rn 5; SOERGEL/LÜDERITZ/SCHÜSSLER-LANGEHEINE Art 38 Rn 3). Dabei ist dem Käufer
zügiges Handeln grundsätzlich zuzumuten. Aus Art 38 und den Vorarbeiten zu ihm
ergibt sich aber nicht, daß hier ein besonders strenger Maßstab anzulegen ist (so auch
SCHLECHTRIEM/SCHWENZER/SCHWENZER Art 38 Rn 16; SOERGEL/LÜDERITZ/SCHÜSSLER-LANGE-
HEINE Art 38 Rn 3; ähnlich BIANCA/BONELL/BIANCA Art 38 Bem 2. 5: „reasonably fast"; **anders**
aber teilweise die frühe Rechtsprechung zum CISG und die Rechtsprechung zum EKG, die sich am
Maßstab des § 377 HGB [„unverzüglich"] ausgerichtet hatte: BGH NJW 1982, 2730; OLG Koblenz
aaO; LG Stade, in: SCHLECHTRIEM/MAGNUS Art 38 Nr 8). Maßstab ist vielmehr die Achtung
des guten Glaubens im internationalen Handelsverkehr (Art 7 Abs 1). Dieser **Maßstab erlaubt nicht, eine Vertragspartei mit besonderer Strenge zu behandeln, wenn sich
die andere vertragswidrig verhalten hat.**

2. Fristbeginn

Vorbehaltlich der Ausnahmen in Abs 2 und 3 **beginnt die Untersuchungsfrist unmit-** 36
telbar mit der Lieferung der Ware, also dann, wenn diese dem Käufer am vereinbarten oder aus Art 31 folgenden Lieferort zum vorgesehenen Liefertermin zur
Verfügung steht (BRUNNER Art 38 Rn 8; SCHLECHTRIEM/SCHWENZER/SCHWENZER Art 38 Rn 19;
HERBER/CZERWENKA Art 38 Rn 8; PILTZ, UN-Kaufrecht 52; TANNÒ 267). Ist ein Lieferzeitraum

vereinbart, innerhalb dessen der Verkäufer liefern darf (Art 33 lit b), so beginnt die Frist mit der tatsächlichen Lieferung und nicht erst mit dem Ende des Lieferzeitraums (ebenso BAMBERGER/ROTH/SAENGER Art 38 Rn 6; HERBER/CZERWENKA aaO; Münch-KommHGB/BENICKE Art 38 Rn 8; aA ENDERLEIN/MASKOW/STARGARDT Art 38 Bem 2: erst am Ende des Lieferzeitraums). Gleiches gilt bei der vorzeitigen Andienung von Dokumenten. Hat der Käufer die Ware beim Zoll auszulösen, dann beginnt die Untersuchungsfrist erst zu laufen, wenn der Käufer in den Besitz der Ware gelangt ist. Das kann freilich nicht gelten, wenn der Käufer zu Unrecht die von ihm zu tragenden Zollgebühren nicht zahlt und deshalb über die Ware nicht tatsächlich verfügt (s auch ungar Hauptstadtgericht [Az 12 G75546/98]).

37 Bei **verfrühter Lieferung** – vor einem vereinbarten Liefertermin oder -zeitraum – setzt die Untersuchungsobliegenheit erst mit dem Liefertermin bzw Beginn des Lieferzeitraums ein (ebenso SCHLECHTRIEM/SCHWENZER/SCHWENZER Art 38 Rn 20; ENDERLEIN/MASKOW/STARGARDT aaO; HERBER/CZERWENKA aaO; aA wohl Sekretariatskommentar Art 35 Fn 2; ACHILLES Art 38 Rn 8; MünchKommHGB/BENICKE Art 38 Rn 8). Denn der Käufer braucht mit einer vorzeitigen Lieferung nicht zu rechnen und muß auf eine Untersuchung der Ware deshalb nicht vorbereitet sein. Bei **verspäteter Lieferung**, die der Käufer abnimmt, beginnt die Untersuchungsfrist, wie auch sonst mit dem tatsächlichen Zurverfügungstellen der Ware. Für die Berechnung der Dauer der Untersuchungsfrist ist aber als Umstand zu berücksichtigen, ob sich der Käufer leicht auf die Verspätung einstellen konnte oder seine Kräfte und Zeit bereits anders eingeteilt hatte. Gleiches gilt bei der vorzeitigen oder verspäteten Andienung von Dokumenten.

38 Bei **Lieferung an einen anderen als den vereinbarten** oder von Art 31 vorgesehenen **Lieferort** beginnt die Untersuchungsfrist erst, wenn die Ware dem Käufer am richtigen Lieferort zur Verfügung steht (ebenso vCAEMMERER/SCHLECHTRIEM/STUMPF[1] Art 38 Rn 3), es sei denn, der Käufer nimmt die Ware am falschen Lieferort tatsächlich ab, nicht um sie weiterzuversenden (dann gilt Abs 3), sondern um sie dort zu verwerten.

39 **Bei Teillieferungen** beginnt die Frist für jede Teillieferung gesondert mit ihrer Anlieferung.

3. Fristdauer

40 Eine generell gültige Frist besteht nicht (gegen die Fixierung einer Frist etwa FERRARI For Int 1998, 233). Die Frist ist so kurz, wie es die Umstände erlauben. Als maßgebliche Umstände kommen **vor allem objektive Gegebenheiten** in Betracht (BIANCA/BONELL/BIANCA Art 38 Bem 2.5; BRUNNER Art 38 Rn 6; HERBER/CZERWENKA Art 38 Rn 7; Münch-KommBGB/GRUBER Art 38 Rn 57; für stärkere Berücksichtigung auch subjektiver Gegebenheiten SOERGEL/LÜDERITZ/SCHÜSSLER-LANGEHEINE Art 38 Rn 2; eingehend JANSSEN 108 ff). Dazu gehört insbesondere die Art der Ware (so auch Sekretariatskommentar Art 36 Bem 3). Für schnell verderbliche Ware (Blumen, Lebensmittel) ist deshalb eine kürzere Untersuchungsfrist einzuhalten als bei langlebigen Gütern (OLG Schleswig IHR 2002, 20 und LG Flensburg IHR 2001, 67 [Schlachtschafe – Untersuchung spätestens am Tag nach Lieferung notwendig]; OLG Saarbrücken NJW-RR 1999, 780 [Untersuchung und Mängelanzeige müssen bei Blumenlieferungen am Tag der Lieferung erfolgen, am Tag danach bereits verspätet]: ebenso OLG Hamburg RiW 1982, 435 [noch zum EKG]; s auch die Opinion Nr 2 des [privaten] CISG Advisory

Council, IHR 2004, 163: sofortige Untersuchung bei „perishables"). Ferner spielt der Umfang der Lieferung (zB zahlreiche unterschiedliche Einzelteile, größere Anlage etc) eine Rolle. Bei Massenartikeln in größerer Stückzahl verlängert sich die Untersuchungsfrist zwar, soweit es um die Feststellung von Quantitätsmängeln geht; nicht aber für die Feststellung von Qualitätsmängeln. Der Käufer muß hier Stichproben nehmen (OG Luzern SJZ 1998, 515; Herber/Czerwenka Art 38 Rn 7; zum EKG: OLG Köln RiW 1985, 404). Ferner ist zu beachten, ob die Ware direkt an Abnehmer des Käufers geliefert wird. Hier ist in Rechnung zu stellen, ob der Käufer die Ware bei seinen Abnehmern selbst untersucht oder sie, wie wohl regelmäßig, durch seine Abnehmer untersuchen läßt. Die Frist für die Unersuchung verlängert sich dann um die notwendige Dauer erforderlicher Nachrichtenübermittlung.

Auch die **Art des Mangels** kann für die Frist von Bedeutung sein. Macht der Käufer **41** als Vertragswidrigkeit eine vorsätzliche Fälschung der Ware geltend, so muß er die Ware wegen des Gewichts des Vorwurfs besonders sorgfältig prüfen und dafür eine hinreichende Frist zur Verfügung haben (vgl zum EKG: BGH NJW 1982, 2730).

Bei **Saisonware** wird dagegen schnelles Reagieren des Käufers zu verlangen sein, um **42** dem Verkäufer ggf die Verwertung der Ware für die Saison zu ermöglichen.

Ferner ist die **Art der sachgemäßen Untersuchung** zu berücksichtigen. Ist für sie ein **43** Probelauf, ein aufwendiges Prüfverfahren oder ein mehrfacher Test erforderlich, so muß die dafür notwendige Zeitdauer eingerechnet werden.

Weitere Umstände, die die Fristdauer beeinflussen, sind etwa **Streiks** im Unterneh **44** men des Käufers (Herber/Czerwenka Art 38 Rn 7).

Auch die **Unternehmensgröße** ist zu beachten. Vom gutorganisierten Großbetrieb ist **45** eine schnellere Untersuchung zu erwarten als von einem Ein-Mann-Geschäft (Magnus, in: Hoyer/Posch 26; **anders** zum EKG: LG Kiel, in: Schlechtriem/Magnus Art 38 Nr 11). Es ist weiter zu berücksichtigen, ob der Käufer **Kaufmann** ist und schneller reagieren muß als der Private, dessen Kaufgeschäft ausnahmsweise von der Konvention erfaßt wird (Sekretariatskommentar Art 1 Bem 14; Schlechtriem/Schwenzer/Schwenzer Art 38 Rn 18).

Ordentliche Feiertage, an denen nicht gearbeitet wird, sind in die Untersuchungsfrist **46** nicht einzurechnen, da der Käufer an ihnen keine zumutbare Gelegenheit zur Untersuchung hat (Achilles Art 38 Rn 11; **anders** aber zum EKG: OLG Köln RiW 1985, 404).

Bei **verspäteter Lieferung** oder **abredewidrigen Teillieferungen**, die der Käufer gleich- **47** wohl annimmt, wird eine etwas längere Untersuchungsfrist als bei korrekter Lieferung einzuräumen sein, da der Käufer mit der Lieferung nicht zu rechnen brauchte und sich auf sie erst einstellen muß.

Wenn **frühere Lieferungen bereits fehlerhaft** waren, soll der Käufer zu besonders **48** rascher Untersuchung verpflichtet sein (so zum EKG: OLG Hamm, in: Schlechtriem/ Magnus Art 11 EKG Nr 4; OLG Hamm, in: Schlechtriem/Magnus Art 39 Nr 19). Doch gilt auch hier, daß Vertragswidrigkeiten des Verkäufers nicht zu erhöhten Anforderungen auf Seiten des Käufers führen dürfen (vgl auch oben Rn 33, 35).

49 **Persönliche Hinderungsgründe** (Krankheit, interne Organisationsschwierigkeiten etc) sind für die Untersuchungsfrist nicht zu beachten, können aber bei Art 44 eine Rolle spielen (vgl Art 44 Rn 13 f). Auf ein Verschulden kommt es nicht an.

50 Die Rechtsprechung zum CISG setzt heute als **Daumenregel für die Untersuchung eine Frist von etwa einer Woche** an, wenn es sich um unverderbliche Ware handelt und Mängel ohne weiteres erkennbar sind (s etwa OLG Koblenz IHR 2001, 109 m Anm THIELE [eine Woche bei erkennbar ungleichmäßigem Fadenverlauf von Glasfasergewebe]; OLG Oldenburg IHR 2001, 112 [höchstens zwei Wochen, wenn Testlauf einer Maschine nötig ist]; LG Darmstadt IHR 2001, 160 m Anm PILTZ [zehn Tage für Untersuchung bei Lieferung zerlegter Holzmöbel]). So hat die Rechtsprechung es etwa als verspätete Untersuchung der Ware angesehen, wenn ein ‚Tiefenlockerer‘, eine Maschine zur Bearbeitung von Sportplätzen, sieben Wochen nach Lieferung erstmals ausprobiert wird, selbst wenn ein früherer voller Arbeitseinsatz des Geräts nicht möglich war; der Käufer hätte spätestens binnen zwei Wochen einen Testlauf unternehmen müssen (OLG Oldenburg aaO). Vielfach nehmen die Gerichte aber zur Dauer der Untersuchungsfrist nicht gesondert Stellung, sondern entscheiden einheitlich über die Gesamtrügefrist (vgl Art 39 Rn 35 ff). Die **Rechtsprechung zum EKG** hatte zT ebenfalls eine regelmäßige Untersuchungsfrist von einer Woche (LG Kiel, in: SCHLECHTRIEM/MAGNUS Art 38 Nr 11), überwiegend aber eine kürzere Frist gefordert (etwa OLG Köln RiW 1985, 404: vier Tage bei Teppichmatten; OLG Düsseldorf RiW 1989, 140: Untersuchung von Lautsprecherboxen am Liefertag erforderlich; OLG Koblenz RiW 1989, 310: Untersuchung von Marmorplatten spätestens am Tag nach der Lieferung erforderlich). **Zum Teil** hatte die Rechtsprechung die **Anforderungen** damit **überspannt**. Jedenfalls eine Woche oder fünf Arbeitstage werden dem Käufer im Regelfall unverderblicher, leicht überprüfbarer Waren einzuräumen sein (ebenso BRUNNER Art 38 Rn 7 [„mindestens“]; ESCHER RiW 1999, 498; HERBER/CZERWENKA Art 38 Rn 7; HONSELL/MAGNUS Art 38 Rn 24; MAGNUS TranspR-IHR 1999, 30; PILTZ Internationales Kaufrecht § 5 Rn 52; ähnlich KIRCHER 57; großzügiger JANSSEN 133 [10–12 Werktage – zumindest bei gutachterlichen Untersuchungen]; indessen hängt bei gutachterlichen Untersuchungen die Dauer allein von den dafür notwendigen und üblichen Fristen ab). Es bedeutet eine nicht zu begründende Bevorzugung der Verkäuferinteressen, wenn dem Käufer – regelmäßig handelte es sich übrigens um inländische, meist mittelständische Unternehmen – bei unverderblichen Waren nur eine sehr kurze Frist, gar von einem Tag, eingeräumt wird und an sich berechtigte Mängelansprüche wegen geringfügiger Fristüberschreitung vollständig abgeschnitten werden. Die deutsche Rechtsprechung war zwar auch durch das verständliche Bemühen motiviert, für die Untersuchungs- und Rügeanforderungen nach § 377 HGB und nach Art 38/39 EKG den gleichen Maßstab zu verwenden. Bei der notwendigen internationalen Auslegung des Einheitskaufrechts darf jedoch nicht unbesehen der Inlandsmaßstab auf das Einheitsrecht übertragen werden (vgl auch BGHZ 129, 75). Will man nicht – vornehmlich inländische – Käufer besonders scharfen Anforderungen unterwerfen, so muß entsprechend den Intentionen der Verfasser des Art 38 CISG ein etwas großzügigerer Zeitrahmen für die Untersuchung gewährt werden, als ihn § 377 HGB vorsieht. Das ist auch deshalb geboten, weil wichtige ausländische Rechtsordnungen schon bisher keine derartig kurzen Untersuchungs- und Rügefristen wie das deutsche Recht kennen (SCHLECHTRIEM/SCHWENZER/SCHWENZER Art 38 Rn 6; MAGNUS IPRax 1993, 392).

VII. Untersuchung beim Versendungskauf (Abs 2)

Art 38 Abs 2 ist als scheinbare Ausnahme zu Abs 1 formuliert, betrifft aber in **51**
Wirklichkeit den **Regelfall des internationalen Kaufs** und bestimmt sowohl, wo für
ihn der **Untersuchungsort** liegt, als auch wann für ihn die **Untersuchungsfrist** beginnt.
Soweit die Ware – wie bei internationalen Käufen die Regel – nach dem Kaufvertrag zu befördern ist, beginnt die Untersuchungsfrist erst, wenn die Ware am
Bestimmungsort eingetroffen ist und dem Käufer dort zur Verfügung steht. Die
Vorschrift trägt dem Umstand Rechnung, daß der Verkäufer beim Versendungskauf
seine Lieferpflicht bereits mit der Übergabe der Ware an den ersten Beförderer
erfüllt (Art 31 lit a). Der Käufer ist aber meist nicht in der Lage oder es ist ihm nicht
zuzumuten, die Ware an diesem Ort und zu diesem Zeitpunkt – mit entsprechendem
Zusatzaufwand für Ausladen, Umpacken etc – zu überprüfen (vgl auch Sekretariatskommentar Art 36 Bem 5). **Art 38 Abs 2 verschiebt** deshalb **den Fristbeginn auf einen**
späteren Zeitraum, als er nach Abs 1 gelten würde (vgl auch SCHLECHTRIEM/SCHWENZER/
SCHWENZER Art 38 Rn 21; HEUZÉ Rn 306; WITZ/SALGER/LORENZ Art 38 Rn 11).

Wann die Ware nach dem Kaufvertrag zu befördern ist, ist ebenso zu bestimmen wie **52**
in Art 31 lit a (vgl auch die Erl dort Rn 12 ff). Das ist dann der Fall, wenn eine Beförderung der Ware notwendig ist, damit der Käufer in ihren Besitz gelangt (LOEWE,
Kaufrecht 58). So erfordert der Vertrag eine Beförderung, wenn etwa INCOTERMS
der Gruppe E (EXW), F (FOB etc) und C (CIF etc) verwendet werden (s die Aufstellung bei HERBER/CZERWENKA Anh 4 S 497). Bei Klauseln der Gruppe D (DAF, DES
etc) wird der Bestimmungsort mit dem Lieferort oft übereinstimmen, so daß die
Untersuchung dann an diesem Ort stattzufinden hat und die **Untersuchungsfrist**
ohnehin **erst mit der Ankunft der Ware an diesem Ort beginnt**. Die Anweisung des
Käufers, der Verkäufer möge die Ware in geeigneter Weise für einen Weitertransport verpacken, den dann der Käufer besorgt, bedeutet aber noch keine Vereinbarung, aus der folgt, daß eine Beförderung erforderlich ist (so zum EKG: Hof 's-Gravenhage Ned Jur 1979, 378 = SCHLECHTRIEM/MAGNUS Art 38 Nr 2; s aber noch unten Rn 62).
Gleichgültig ist ferner, welche der Parteien für die Beförderung zu sorgen hat
(BIANCA/BONELL/BIANCA Art 38 Bem 2.6; HERBER/CZERWENKA Art 38 Rn 9). Ein Versendungskauf liegt, wie auch sonst, nur vor, wenn der **Transport von einem selbständigen**
Frachtunternehmen durchgeführt wird. Holt der Käufer die Ware mit eigenen Leuten beim Verkäufer ab, dann greift Abs 2 nicht ein. Die Ware ist dann am Lieferort
zu untersuchen (vgl WITZ/SALGER/LORENZ Art 38 Rn 11; zum EKG: OLG Karlsruhe RiW 1988,
398).

Den Bestimmungsort (destination) **können die Parteien festlegen** (vgl OLG Düsseldorf **53**
IPRax 1993, 412 m Anm MAGNUS 390). Ohne besondere Festlegung ist es der Ort, an den
die Ware nach dem Beförderungsvertrag gelangen soll (ähnlich SCHLECHTRIEM/SCHWEN-
ZER/SCHWENZER Art 38 Rn 22 SOERGEL/LÜDERITZ/SCHÜSSLER-LANGEHEINE Art 38 Rn 8). Bei
CIF- oder FOB-Käufen ist das der Bestimmungshafen (SCHLECHTRIEM/SCHWENZER/
SCHWENZER aaO; HUBER DB 1975, 1637). Im übrigen wird der Bestimmungsort meist
der Sitz des Käufers, bei Direkttransport zum Abnehmer des Käufers der Sitz des
Abnehmers sein (SCHLECHTRIEM/SCHWENZER/SCHWENZER aaO; zum EKG: LG Köln, in:
SCHLECHTRIEM/MAGNUS Art 39 Nr 8).

Vermerke auf den Ladedokumenten, etwa dem Konnossement, die Ware befinde sich **54**

oder befinde sich nicht „in apparent good order and condition", beziehen sich auf den äußerlich erkennbaren Zustand der Ware. Derjenige, der die Dokumente trotz eines einschränkenden Vermerks aufnimmt, muß sich den vermerkten Zustand als bekannt zurechnen lassen. **Den Beginn der Untersuchungsfrist berühren derartige Vermerke** im allgemeinen jedoch **nicht**, da auf ihrer Grundlage eine spezifizierte Mängelanzeige nicht möglich ist. Sie setzt in der Regel doch eine Untersuchung am Bestimmungsort voraus (ebenso Brunner Art 38 Rn 9; Herber/Czerwenka Art 38 Rn 9; **aA** – Rügefrist beginnt – Schlechtriem/Schwenzer/Schwenzer Art 38 Rn 21).

55 Nimmt der Käufer die Ware am Verladeort aber ausdrücklich als vertragsgemäß ab, muß er sich ihre erkennbaren Mängel zurechnen lassen (OLG Düsseldorf IPRax 1993, 412 m Anm Magnus 392).

VIII. Untersuchung bei Umleitung oder Weiterversendung (Abs 3)

56 Bei Umleitung oder Weiterversendung der Ware verschiebt Art 38 Abs 3 den **Beginn der Untersuchungsfrist auf den Zeitpunkt der Ankunft am neuen Bestimmungsort**, wenn der Käufer vorher keine hinreichende Gelegenheit zur Untersuchung hatte. Denn auch in diesen Fällen ist dem Käufer eine angemessene Untersuchung mit Ausladen, Umpacken etc oft nicht möglich oder zuzumuten, solange die Ware unterwegs ist (vgl Sekretariatskommentar Art 37 Bem 6). Zum Schutz der Verkäuferinteressen ist jedoch erforderlich, daß der Verkäufer die Möglichkeit der Umleitung oder Versendung kannte oder kennen mußte, also mit entsprechend späteren Mängelrügen noch zu rechnen hatte.

1. Umleitung und Weiterversendung

57 Mit **Umleitung**, ist wie die englische Fassung deutlicher ausdrückt („redirected in transit"), gemeint, daß die auf dem Transport befindliche Ware **an einen neuen Bestimmungsort geleitet wird, noch bevor sie ihren an sich vorgesehenen Bestimmungsort erreicht** hat (ebenso Bianca/Bonell/Bianca Art 38 Bem 2. 7; Schlechtriem/ Schwenzer/Schwenzer Art 38 Rn 23; Herber/Czerwenka Art 38 Rn 11). Eine Umleitung liegt deshalb vor, wenn der Käufer die schwimmende Ware veräußert und sie zum Abnehmer umdirigiert. Mußte der Verkäufer mit der Weiterveräußerung auch rechnen (dazu unten Rn 62), dann verschiebt sich die Untersuchung der Ware auf die Ankunft beim Abnehmer (Audit 103; Schlechtriem/Schwenzer/Schwenzer aaO; Schlechtriem, UN-Kaufrecht 59). Abs 3 greift auch ein, wenn die Umleitung aufgrund gerichtlicher Anordnung erfolgt (Herber/Czerwenka aaO).

58 Um **Weiterversendung** („redispatch") handelt es sich, wenn der Käufer die **Ware am Bestimmungsort erhalten hat und sie nun für eigene Zwecke oder für Abnehmer an einen neuen Bestimmungsort weiterversendet** (vgl Sekretariatskommentar Art 36 Bem 6; Bianca/Bonell/Bianca Art 38 Bem 2. 7; Schlechtriem/Schwenzer/Schwenzer Art 38 Rn 23). Auch in diesem Fall kann die Untersuchung auf die Zeit nach Ankunft der Ware am neuen Bestimmungsort verschoben werden, vorausgesetzt die weiteren Erfordernisse der Vorschrift sind erfüllt. Abs 3 fordert nicht mehr, wie noch Art 38 Abs 3 EKG, daß der Käufer die Ware ohne Umladung weiterversendet. Abs 3 scheidet deshalb nicht schon aus, weil der Käufer die Ware zwischenlagert (Herber/Czerwenka Art 38 Rn 12, die aber zurecht auf die dann meist bestehende Möglichkeit mindestens von Stichproben hinweisen; wohl strenger OG Luzern SJZ 1998, 515 [516 f]). Entscheidend ist, ob vor der Weiterversendung eine **zumutbare Gelegenheit zur Untersuchung** bestand (dazu unten Rn 60). Der Wortlaut der Vorschrift verlangt weiter, daß der Käufer – also er selbst oder eine von ihm autorisierte Person – die Ware weiterversendet (HERBER/CZER-WENKA aaO halten dagegen für unerheblich, wer die Ware weiterversendet). Daß der Käufer die Ware auf Lager nimmt, von wo sie weiterverkauft wird, genügt in keinem Fall (OG Luzern aaO; ACHILLES Art 38 Rn 14).

Zweifelhaft ist, ob Abs 3 auch den Fall erfaßt, daß der **Abnehmer des Käufers die**   **59**
Ware bei diesem **unmittelbar übernimmt** (dafür HERBER/CZERWENKA Art 38 Rn 12; dagegen für Geltung des Abs 1: BIANCA/BONELL/BIANCA Art 38 Bem 3.1). Liegen die übrigen Voraussetzungen des Abs 3 vor, dann sollte dieser Fall dem der Weiterversendung gleichgestellt werden, um die Beteiligten nicht zu wirtschaftlich unsinnigen Zeitverlusten oder kostspieligen Umpackvorgängen zu zwingen (so auch HERBER/CZERWENKA aaO).

2. Ausreichende Gelegenheit zur Untersuchung

Der Beginn der Untersuchungsfrist verschiebt sich nur, wenn der Käufer vor An-   **60**
kunft der Ware am endgültigen Bestimmungsort **keine ausreichende Gelegenheit** hatte, sie **zu untersuchen**. Bei Umleitung der Ware wird die Untersuchungsmöglichkeit regelmäßig fehlen. Bei Weiterversendung fehlt sie, wenn die Ware etwa sofort – mit oder ohne Umladung – weitertransportiert wird und eine ordnungsgemäße Untersuchung nicht möglich ist (BIANCA/BONELL/BIANCA Art 38 Bem 2.8). Soweit möglich, sind aber Stichproben zu nehmen und ist die Ware jedenfalls oberflächlich zu prüfen (HERBER/CZERWENKA Art 38 Rn 13). Besteht die Lieferung zB aus mehreren sterilverpackten Teilen, muß aber auch hier eine angemessene Stichprobe genommen werden (OG Luzern SJZ 1998, 517). Eine ausreichende Untersuchungsmöglichkeit hat der Käufer auch nicht, wenn die für den Transport **notwendige Verpackung** für eine zwischenzeitliche Untersuchung zerstört werden müßte (Sekretariatskommentar Art 36 Bem 6; BIANCA/BONELL/BIANCA Art 38 Bem 2.8; BRUNNER Art 38 Rn 10; SCHLECHTRIEM/SCHWENZER/SCHWENZER Art 38 Rn 25; HERBER/CZERWENKA Art 38 Rn 13; vgl Int Schiedsgericht der öst Bundeskammer der gewerblichen Wirtschaft RiW 1995, 590 [aufgerolltes Stahlblech kann erst beim Endabnehmer entrollt und untersucht werden]). Auch im **Containertransport** kann es geboten sein, die Untersuchung erst am endgültigen Bestimmungsort vorzunehmen, wenn andernfalls ein kostspieliges Umpacken des Containerinhalts vorgenommen werden müßte (vgl auch oben Rn 7). Ähnlich kann es liegen, wenn Einzelteile geliefert werden, die erst an einem neuen Bestimmungsort zusammengesetzt werden sollen und deshalb erst dort in ihrer Funktion geprüft werden können (BIANCA/BONELL/BIANCA Art 38 Bem 2.8). **Verzögert sich die Weiterversendung** derart, daß vorher eine ordnungsgemäße Untersuchung möglich ist, dann darf diese nicht auf später verschoben werden (ebenso vCAEMMERER/SCHLECHTRIEM/STUMPF[1] Art 38 Rn 9; HERBER/CZERWENKA Art 38 Rn 13).

3. Kenntnis des Verkäufers

Der Käufer kann die Untersuchung nur aufschieben, wenn der Verkäufer bereits **bei**   **61**
Vertragsschluß von der Möglichkeit der Umleitung oder Weiterversendung wußte oder aufgrund der Umstände mit ihr rechnen mußte. Denn der Verkäufer soll nicht

erst nachträglich und durch einseitiges Handeln des Verkäufers mit dem Umstand konfrontiert werden, daß sich die Frist, binnen derer er noch mit Mängelrügen rechnen muß, möglicherweise deutlich verlängert.

62 Für die Vorschrift ist entweder **positive Kenntnis oder fahrlässige Unkenntnis** des Verkäufers erforderlich. Hierfür genügt aber nicht, daß abstrakt immer die Möglichkeit der Weiterveräußerung besteht. Der Verkäufer muß vielmehr einen konkreten Anhalt hierfür haben, also entweder eine entsprechende Mitteilung, zu der dem Käufer aus Gründen der Rechtssicherheit stets zu raten ist, oder sonst einen hinreichend deutlichen Hinweis (ebenso BIANCA/BONELL/BIANCA Art 38 Bem 2.9.2). So muß der Verkäufer mit einer Weiterversendung immer rechnen, wenn er weiß, daß der **Käufer ein Handelsunternehmen** ist (vgl BIANCA/BONELL/BIANCA aaO; SCHLECHTRIEM/ SCHWENZER/SCHWENZER Art 38 Rn 24; ENDERLEIN/MASKOW/STARGARDT Art 38 Bem 6; HERBER/ CZERWENKA Art 38 Rn 14; WITZ/SALGER/LORENZ Art 38 Rn 13). Auch die bei Vertragsschluß gegebene **Anweisung**, der Verkäufer möge **die Ware für einen anschließenden Weitertransport verpacken**, ist ein Umstand, dem der Verkäufer die Möglichkeit der Weiterversendung entnehmen muß (HERBER/CZERWENKA Art 38 Rn 14).

63 Die **Zustimmung des Verkäufers** zur Umleitung oder Weiterversendung ist **nicht erforderlich**. Widerspricht er ihr, dann greift Abs 3 gleichwohl ein.

64 **Mitteilungen** über eine Weiterversendung, die erst **nach Vertragsschluß** erfolgen, vermögen die Rechtsfolge des Abs 3 nicht auszulösen.

IX. Beweisfragen

65 Da nicht die tatsächliche Durchführung der Untersuchung, sondern nur die Einhaltung der aus Untersuchungs- und Rügefrist zusammengesetzten Gesamtfrist Voraussetzung der Mängelansprüche ist, braucht der Käufer, der die Frist eingehalten hat, die Untersuchung nicht nachzuweisen. Beweisfragen können sich aber stellen, wenn die Untersuchung eine besondere Dauer erforderte oder es sich um verborgene Mängel handelte. Wenn der Käufer eine längere Frist als üblich für die Untersuchung in Anspruch nimmt, ist er für deren Erforderlichkeit beweispflichtig. Bei verborgenen Mängeln muß der Käufer darlegen und beweisen, wann die Fehler entdeckt wurden. Ihm darüber hinaus den Beweis aufzuerlegen, daß diese Mängel bei gehöriger Untersuchung nicht früher entdeckt werden konnten (so zum EKG: OLG Koblenz RiW 1992, 59 [61] im Anschluß an MERTENS/REHBINDER Art 38/39 Rn 32), verschiebt das Mangelrisiko aber zu stark zu Lasten des Käufers. Bleibt offen, ob eine ordnungsgemäße Untersuchung zur Entdeckung des Mangels geführt hätte, dann geht das nicht zu Lasten des Käufers, sondern des Verkäufers (eingehend zur Beweislast ACHILLES Art 38 Rn 18; BAUMGÄRTEL/LAUMEN/HEPTING Art 38 Rn 1 ff).

66 Im Rahmen des Abs 3 trifft den Käufer die Beweislast dafür, daß der Verkäufer die Möglichkeit der Umleitung oder Weiterversendung kannte oder kennen mußte.

Art 39 [Rüge der Vertragswidrigkeit]

(1) Der Käufer verliert das Recht, sich auf eine Vertragswidrigkeit der Ware zu berufen, wenn er sie dem Verkäufer nicht innerhalb einer angemessenen Frist nach dem Zeitpunkt, in dem er sie festgestellt hat oder hätte feststellen müssen, anzeigt und dabei die Art der Vertragswidrigkeit genau bezeichnet.

(2) Der Käufer verliert in jedem Fall das Recht, sich auf die Vertragswidrigkeit der Ware zu berufen, wenn er sie nicht spätestens innerhalb von zwei Jahren, nachdem ihm die Ware tatsächlich übergeben worden ist, dem Verkäufer anzeigt, es sei denn, daß diese Frist mit einer vertraglichen Garantiefrist unvereinbar ist.

Art 39

(1) The buyer loses the right to rely on a lack of conformity of the goods if he does not give notice to the seller specifying the nature of the lack of conformity within a reasonable time after he has discovered it or ought to have discovered it.

(2) In any event, the buyer loses the right to rely on a lack of conformity of the goods if he does not give the seller notice thereof at the latest within a period of two years from the date on which the goods were actually handed over to the buyer, unless this timelimit is inconsistent with a contractual period of guarantee.

Art 39

1) L'acheteur est déchu du droit de se prévaloir d'un défaut de conformité s'il ne le dénonce pas au vendeur, en précisant la nature de ce défaut, dans un délai raisonnable à partir du moment où il l'a constaté ou aurait du le constater.

2) Dans tous les cas, l'acheteur est déchu du droit de se prévaloir d'un défaut de conformité, s'il ne le dénonce pas au plus tard dans un délai de deux ans à compter de la date à laquelle les marchandises lui ont été effectivement remises, à moins que ce délai ne soit incompatible avec la durée d'une garantie contractuelle.

Schrifttum

Vgl zu Art 35 u 38; ferner:
ANDERSEN, Reasonable Time in Article 39(1) Truly a Uniform Provision?, Pace Int L Rev 1999, 63
FOGT, Rechtzeitige Rüge und Vertragsaufhebung bei Waren mit raschem Wertverlust nach UN-Kaufrecht. Anm Dänisches Vestre Landsret 10. 11. 1999, ZEuP 2002, 580
GÜNTHER, Rügeerfordernisse im internationalen Handelsverkehr gemäß Artikel 39 CISG, in: Liber Amicorum Richard Buxbaum (2000) 235
KLAEDTKE, Die Mängelrügefrist im UN-Kaufrecht (2003)
KRAMER, Rechtzeitige Untersuchung und Mängelanzeige nach Artt. 38 und 39 UN-Kaufrecht – Eine Zwischenbilanz, in: FS Koppensteiner (2001) 617

ders, Abschied von der aliud-Lieferung?, in: FS Honsell (2002) 247
MAGNUS, Erfahrungen mit dem Haager Warenkaufrecht, Erwartungen von der UNCITRAL-Konvention, in: HOYER/POSCH 5
REITZ, A History of Cutoff Rules as a Form of Caveat Emptor: Part I – The 1980 U.N. Convention on the International Sale of Goods, AmJCompL 36 (1988) 437.
TASCHNER, Die Darlegung von Mängeln und der richtige Mängeladressat, IHR 2001, 61
WITZ, A Raw Nerve in Disputes relating to the Vienna Sales Convention: The Reasonable Time for the Buyer to give Notice of a Lack of Conformity, ICC International Court of Arbitration Bulletin 2000, 15.

Systematische Übersicht

Alphabetische Übersicht

I.   Regelungsgegenstand und Normzweck

Die Vorschrift behandelt die **Rügeobliegenheit des Käufers vertragswidriger Ware.** **1**
Sie gehört zu den praktisch wichtigsten des gesamten Einheitskaufrechts. Unter dem
Haager Recht hatte sich etwa ein Viertel der veröffentlichten Entscheidungen
eingehend mit den Förmlichkeiten der Mängelrüge zu beschäftigen, während die
Frage der Vertragswidrigkeit selbst eher unproblematisch war (vgl MAGNUS, in: HOYER/

Posch 18). Auch unter dem CISG ist die Lage nicht viel anders, wie eine Durchsicht der in der IHR veröffentlichten Praxis zeigt. Will der Käufer aus der Vertragswidrigkeit der Ware Rechte herleiten, so muß er sie dem Verkäufer ordnungsgemäß, nämlich frist- und formgerecht anzeigen. Unterläßt er die erforderliche Anzeige, dann verliert er seine Mängelrechte. Art 39 Abs 1 bestimmt diese Rechtsfolge sowie die zeitlichen und inhaltlichen Voraussetzungen der Mängelrüge. Allerdings lassen Art 40 und 44 Ausnahmen von der ordnungsgemäßen Rüge zu.

2 Ferner schneidet Art 39 Abs 2 alle Mängelansprüche ab, wenn seit Übergabe der Ware zwei Jahre verstrichen sind.

3 Die Vorschrift trägt in erster Linie dem **Interesse des Verkäufers** Rechnung, nicht längere Zeit nach Lieferung mit Mängelansprüchen des Käufers überzogen zu werden. Hieran hat der Verkäufer vor allem aus Kalkulationsgründen ein Interesse, aber auch wegen später schwierigerer Beweislage (auch wenn ihn nicht die Beweislast trifft, vgl u Rn 71) oder wegen abgelaufener Gewährfristen der eigenen Lieferanten (vgl Sekretariatskommentar Art 37 Bem 5). Ferner soll der Käufer nicht erst bei ihm (etwa aus unsachgemäßem Betrieb) entstandene Mängel nachschieben können. Er muß deshalb bald und spezifiziert mitteilen, wenn die Ware einen Mangel hat.

4 Doch ist bei der Anwendung des Art 39 andererseits auch zu beachten, daß **berechtigte Ansprüche des Käufers nicht an übertriebenen Förmlichkeiten der Mängelrüge scheitern** dürfen (zu diesem Interessenkonflikt Sekretariatskommentar Art 37 Bem 5; BIANCA/BONELL/SONO Art 39 Bem 1.3 ff; zur gleichen Problematik beim EKG: BGH NJW 1982, 2730). Die Rügeanforderungen dürfen nicht zu einem Instrument werden, dem Käufer berechtigte Ansprüche nach kurzer Zeit abzuschneiden. Denn nicht er, sondern der Verkäufer hat mit einer mangelhaften Lieferung seine Vertragspflichten verletzt. Die Rügeförmlichkeiten sind kein Selbstzweck, sondern haben den genannten Interessen – vor allem des Verkäufers – zu dienen. Den Anforderungen an eine ordnungsgemäße Rüge ist deshalb Genüge getan, wenn sie die mit ihr verfolgten Funktionen erreicht. Die Konkretisierung der unbestimmten Rechtsbegriffe des Art 39 (angemessene Frist, genaue Bezeichnung des Mangels) hat dem Rechnung zu tragen und eine **angemessene Balance zwischen den berechtigten Interessen beider Seiten** zu halten. Diese Balance ist um so stärker als Ziel im Auge zu behalten, als der Mechanismus der Art 38, 39 Gerichten eine besonders praktische Grundlage bietet, Prozesse schnell und einfach zu entscheiden. Denn statt der oft schwierigen, zT nur mit sachverständiger Hilfe möglichen Klärung, ob und seit wann ein Fehler vorliegt und welche Rechte daraus folgen, genügt die Feststellung, daß zu spät oder zu ungenau gerügt wurde. Eine gewisse Eigendynamik und Anziehungskraft dieses Mechanismus ist nicht zu leugnen. Doch darf die Praktikabilität dieser Lösung nicht zu unangemessener Verkürzung berechtigter Käuferansprüche führen.

5 Die **deutsche Rechtsprechung** hatte die sehr scharfen Anforderungen an die Rügepflicht, die sie zu §§ 377, 378 HGB aufgestellt hat, praktisch unverändert auf Art 39 EKG übertragen. Sie dürfen aber nicht ohne weiteres für Art 39 CISG übernommen werden (ebenso SCHLECHTRIEM/SCHWENZER/SCHWENZER Art 39 Rn 6; MAGNUS IPRax 1993, 392; MünchKommBGB/GRUBER Art 39 Rn 8; RESCH ÖJZ 1992, 476; SOERGEL/LÜDERITZ/SCHÜSSLER-LANGEHEINE Art 39 Rn 3; wohl auch HONSELL SJZ 1992, 353; SCHWIMANN/POSCH Art 39 Nr 4; vgl auch OGH JBl 1999, 318 [320]; **anders** dagegen REINHART Art 39 Rn 5). Zum

einen ist der Wortlaut der Vorschrift nicht mit dem des § 377 HGB und auch nicht mehr mit Art 39 EKG identisch. Die Unterschiede sind zu beachten. Zum andern gilt die Rügepflicht des Art 39 CISG auch in Situationen, in denen nach internem deutschen Recht keine Rügepflicht besteht (so bei der Aliud-Lieferung und für von der Konvention erfaßte Privatkäufe). Es wäre unangemessen, hier die scharfen Rügemaßstäbe des internen Rechts anzulegen.

Schließlich ist das **Verhältnis von Art 39 zu Art 44** CISG zu berücksichtigen. Soll   **6** Art 44 nicht zu einem häufig benutzten Fluchtweg werden, um Härten einer zu scharfen Rügepflicht zu mildern, so muß Art 39 selbst mit hinreichender Flexibilität angewendet werden.

II.   Entstehungsgeschichte

Eine dem Art 39 entsprechende Vorschrift war bereits im Vorentwurf von 1935   **7** enthalten (Art 48 des Entwurfs sah eine unverzügliche Rüge vor). Auch das Haager Recht enthielt mit seinem Art 39 eine Vorschrift, die inhaltlich weitgehend der jetzigen Regelung entsprach, von ihr in der äußeren Fassung aber doch deutlich abwich:

Art 39 EKG: Anzeigepflicht des Käufers bei Vertragswidrigkeit

(1) Der Käufer verliert das Recht, sich auf eine Vertragswidrigkeit der Sache zu berufen, wenn er die Vertragswidrigkeit dem Verkäufer nicht innerhalb kurzer Frist nach dem Zeitpunkt anzeigt, in dem er sie festgestellt hat oder hätte feststellen müssen. Stellt sich jedoch eine Vertragswidrigkeit, die durch die in Artikel 38 vorgesehene Untersuchung nicht entdeckt werden konnte, später heraus, so kann sich der Käufer auf die Vertragswidrigkeit noch berufen, vorausgesetzt, daß er sie dem Verkäufer innerhalb kurzer Frist nach ihrer Entdeckung anzeigt. Der Käufer verliert stets das Recht, sich auf eine Vertragswidrigkeit zu berufen, wenn er sie nicht innerhalb von zwei Jahren nach der Aushändigung der Sache angezeigt hat, es sei denn, daß für diese Vertragswidrigkeit vereinbarungsgemäß für einen längeren Zeitraum Gewähr zu leisten ist.

(2) Bei der Anzeige der Vertragswidrigkeit hat der Käufer ihre Art genau zu bezeichnen und den Verkäufer aufzufordern, die Sache zu untersuchen oder durch einen Beauftragten untersuchen zu lassen.

(3) Wird eine Mitteilung nach Absatz 1 durch Brief oder Telegramm oder auf einem anderen geeigneten Übermittlungsweg übersendet, so nimmt der Umstand, daß sie verspätet oder gar nicht am Bestimmungsort angekommen ist, dem Käufer nicht das Recht, sich auf die Mitteilung zu berufen."

Auf der Wiener Konferenz gehörte Art 39 zu den ernsthaft umstrittenen Vorschrif- **8** ten, bei denen Grundvorstellungen über die gerechte Risikoverteilung zwischen Käufer und Verkäufer ebenso wie politische Gegensätze aufeinanderstießen. An den Meinungsunterschieden über die Ausgestaltung der Mängelrüge drohte die Konferenz fast zu scheitern (vgl SCHLECHTRIEM, UN-Kaufrecht 60: „eines der schwierigsten Probleme der Konferenz"; EÖRSI 350 f; NICHOLAS 222; eingehend auch REITZ AmJCompL 36 [1988] 457 ff; WALTER, in: Draft Digest 408 ff; ferner Art 38 Rn 6 f). Die Gruppe der Entwicklungsländer, die sich in der Rolle vor allem als Käufer von Fertigwaren und als Verkäufer von Rohstoffen durch die Regelung besonders betroffen sah, empfand die Rügelast und den Rechtsausschluß als zu drakonische Sanktion (so der ghanaische Delegierte DATE-BAH, Off Rec 320). Die Industrieländer verwiesen demgegenüber auf gute Erfahrungen mit einer zeitlich knappen und durch einen Endtermin begrenzten Rügemöglichkeit. Im Ergebnis blieb es bei der Rügenotwendigkeit als solcher und der zweijährigen Ausschlußfrist, wie sie im EKG bestanden hatte. Dagegen wurde die „kurze Frist" des Art 39 Abs 1 EKG – wie schon in allen Entwürfen zum UN-Kaufrecht vorgesehen – in eine „angemessene Frist" verändert und mit Art 44 ein weiterer Kompromiß geschaffen, der den Käufer vor völligem Rechtsverlust bewahrt, wenn er für die unterlassene Mängelanzeige eine hinreichende Entschuldigung hat.

9 Als überflüssig wurde ferner die in Art 39 Abs 2 EKG vorgesehene Voraussetzung beseitigt, daß der Käufer den Verkäufer zur Untersuchung aufzufordern habe (zu Art 39 Abs 2 EKG BGH WM 1991, 2108). Auch eine eigene Erwähnung später entdeckter verborgener Mängel erschien unnötig, da sie von der Formulierung („sie hätte feststellen müssen") mitgemeint werden und dann erst ab Entdeckung zu rügen sind (Sekretariatskommentar Art 37 Bem 3). Der ursprüngliche Art 39 Abs 3 EKG ist im UN-Recht als allgemeine Vorschrift (Art 27) beibehalten worden.

III.   Allgemeines zur Rügeobliegenheit

1.   Reichweite der Vorschrift

10 Die Rügeobliegenheit des Art 39 bezieht sich ausschließlich auf **Vertragswidrigkeiten der Ware selbst** („lack of conformity of goods") und die daraus folgenden Ansprüche, dagegen nicht auf andere Vertragsverletzungen wie verspätete Lieferung etc. Rechtsmängel sind gem Art 43 zu rügen, der keine Art 39 Abs 2 entsprechende Ausschlußfrist vorsieht, im übrigen aber übereinstimmende Anforderungen an die Förmlichkeiten der Anzeige stellt. Art 39 regelt damit die Rüge der in Art 35 genannten Vertragswidrigkeiten, insbesondere der Sachmängel. Doch bezieht sich die Vorschrift nicht nur auf Vertragswidrigkeiten hinsichtlich der Qualität, Quantität oder Verpackung (zur Zuviellieferung s Art 52). **Auch jede, nicht nur die genehmigungsfähige Falschlieferung und jeder Mengenfehler muß** – anders als früher nach § 378 HGB aF – **gerügt werden** (BG IHR 2004, 252; LG Tübingen IHR 2003, 236 [Zuweniglieferung]; OLG Rostock IHR 2003, 19 [Zuviellieferung in Rechnung offen ausgewiesen; Rüge erforderlich, andernfalls Zahlungspflicht nach Art 52 Abs 2 S 2]; Handelsgericht des Kantons Zürich SZIER 1999, 185 [Falschlieferung – falsche Artikelnr geliefert]; SCHLECHTRIEM/SCHWENZER/ SCHWENZER Art 39 Rn 8; HERBER/CZERWENKA Art 39 Rn 4; KRAMER, in: FS Honsell 251 f; SCHLECHTRIEM, UN-Kaufrecht 59; aA LOEWE 59). Ferner sind **Mängel der** die Ware vertretenden **Dokumente in gleicher Weise wie die Ware selbst zu rügen** (ENDERLEIN/ MASKOW/STROHBACH Art 39 Bem 2; HERBER/CZERWENKA Art 34 Rn 7; HONNOLD Rn 256; vgl näher Art 34 Rn 18, dort auch zu Ausnahmen).

11 Bei **Lieferung eines krassen aliud** (Bsp Kleider statt Rasenmäher) wird vertreten, daß die Rüge überflüssig sei (BYDLINSKI, in: DORALT 137; NEUMAYER ebda 136). Nach ganz überwiegender Auffassung gilt die Rügeobliegenheit jedoch auch in diesen Fällen. Eine angemessen zügige Reaktion ist dem Käufer zuzumuten. Ferner wird die vage

Abgrenzung zwischen Erfüllungsleistung und aliud vermieden (eingehend AICHER, in: HOYER/POSCH 114 ff, 120 ff mit zahlreichen Nachweisen; eine Ausnahme soll lediglich gelten, wenn der Käufer die Falschlieferung keinem bestimmten Vertragsverhältnis zuordnen kann). Häufig wird bei einer krassen Falschlieferung auch Art 40 eingreifen.

Keine Rüge ist erforderlich, soweit es um Ansprüche geht, die nicht mehr aus der **12** Vertragswidrigkeit der Ware selbst, sondern **aus anderen Vertragsverletzungen** (Verspätung, Lieferung am falschen Ort, Verletzung von Zusatzpflichten etc) folgen.

Die Rügeobliegenheit gilt **für alle Käufe**, die der Konvention unterfallen. Eine Rüge **13** ist also auch notwendig, wenn kein Handelskauf vorliegt, sondern etwa ein von der Konvention ausnahmsweise erfaßter **Privatkauf** (HERBER/CZERWENKA Art 39 Rn 2). Allerdings kann der Umstand eines Privatkaufes bei den Anforderungen an Form und Frist der Rüge berücksichtigt und insoweit ein etwas großzügigerer Maßstab als bei erfahrenen Kaufleuten verwendet werden (vgl auch Rn 47).

Im Ergebnis reicht die Rügeobliegenheit der Konvention damit **weiter als nach** **14** **internem deutschen Recht**, das sie auf beiderseitige Handelskäufe beschränkt. Die Sonderbehandlung des nicht genehmigungsfähigen aliud hat das deutsche Recht mit der Schuldrechtsreform, die § 378 HGB gestrichen hat, zu Recht aufgegeben.

2.   Vorrang von Parteivereinbarungen oder Gebräuchen

Die Rügeobliegenheit untersteht der Parteidisposition (LG Gießen NJW-RR 1995, 439; **15** SCHLECHTRIEM/SCHWENZER/SCHWENZER Art 39 Rn 34). Sie **kann abbedungen oder verschärft werden** (näher unten Rn 65 ff). Insbesondere die Zweijahresfrist des Art 39 Abs 2 kann verkürzt oder verlängert werden. Die materielle Wirksamkeit derartiger Änderungen richtet sich nach dem Standard, den das anwendbare Landesrecht (bei Anwendbarkeit deutschen Rechts insbes das AGB-Recht, in dessen Rahmen das CISG aber Modellcharakter hat) aufstellt (SCHLECHTRIEM/SCHWENZER/SCHWENZER Art 39 Rn 35; MünchKommHGB/BENICKE Art 39 Rn 13). Eine unangemessene Verkürzung der Rechte einer Seite, insbesondere des Käufers, ist gegebenenfalls auf diesem Weg zu revidieren.

Haben die Parteien ferner die **Geltung bestimmter Gebräuche** vereinbart oder haben **16** sich solche Gebräuche bezüglich der Rügefrist oder -form international herausgebildet oder als Gepflogenheit zwischen den Parteien ergeben, dann gehen auch sie den Festlegungen in Art 39 vor.

3.   Ausnahmen von der Rügeobliegenheit; Verzicht

Die Konvention erklärt die Rüge für verzichtbar, wenn der Verkäufer eine Ver- **17** tragswidrigkeit nicht offenbart hat, die er gekannt hat oder hätte kennen müssen **(Art 40)**. Ferner behält der Käufer trotz versäumter Rüge sein Recht auf Minderung oder (begrenzten) Schadensersatz, wenn er die Säumnis vernünftig entschuldigen kann **(Art 44)**. Die zweijährige Ausschlußfrist des Art 39 Abs 2 gilt jedoch auch für Art 44 (nicht aber für Art 40; vgl näher die Erläuterungen zu Art 40, 44).

Die nicht ordnungsgemäße Rüge führt ferner dann nicht zum Rechtsverlust, wenn **18**

der Verkäufer **auf die Einhaltung der Rügeförmlichkeiten verzichtet** hat (BGH NJW
1997, 3311 = L/M CISG Nr 4 m Anm MAGNUS [Erklärung des Verkäufers, für berechtigte Reklamationen „gerade stehen" zu wollen], dazu SCHLECHTRIEM/SCHMIDT-KESSEL EWiR 1997, 1079 zu
Art 39 CISG; BGH NJW 1999, 1259 = L/M CISG Nr 5 m Anm MAGNUS [Verkäufer verhandelt
15 Monate über Mängelbeseitigung, wobei er Schadensersatz anbietet, und beruft sich dann auf
Rügeverspätung = stillschweigender Verzicht auf Rügeförmlichkeiten]; zum Rügeverzicht in Garantien vgl unten Rn 69) oder wenn das Bestehen darauf mit Treu und Glauben unvereinbar ist (ähnlich HERBER/CZERWENKA Art 39 Rn 17). Ein **stillschweigender Verzicht** liegt
etwa darin, daß sich der Verkäufer auf die verspätete Mängelrüge sachlich einläßt
und Abhilfe anbietet (BGH NJW 1999, 1259; zu Unrecht **anders** die Vorinstanz OLG Karlsruhe
RiW 1998, 235 sowie zum EKG LG Heidelberg, in: SCHLECHTRIEM/MAGNUS Art 39 Nr 21, das in
der Erklärung, die vertragswidrige Ware austauschen zu wollen, keinen Verzicht auf die Einhaltung
des Art 39 EKG gesehen hat). Es wäre ein mit Treu und Glauben nicht zu vereinba-
rendes widersprüchliches Verhalten, wollte der Verkäufer dem Käufer dann noch
entgegenhalten, die Rüge sei verspätet oder unsubstantiiert. Andererseits stellt es
noch keinen Verzicht dar, wenn der Verkäufer lediglich die Ware überprüft oder
Gespräche mit dem Käufer führt, um die Berechtigung einer Mängelrüge festzustellen (so zum EKG OLG Oldenburg, in: SCHLECHTRIEM/MAGNUS Art 39 Nr 32; LG Kassel, in:
SCHLECHTRIEM/MAGNUS Art 39 Nr 48), oder wenn der Verkäufer eine Rüge nicht sogleich
als verspätet zurückweist (LG Siegen, in: SCHLECHTRIEM/MAGNUS Art 39 Nr 50).

19   Als **Rechtsmißbrauch** kann es im Einzelfall angesehen werden, wenn der Verkäufer
auf der Einhaltung des Art 39 besteht, obwohl ihn aus Gründen, die seinem Risikobereich zuzurechnen sind, auch eine fristgerechte Rüge nicht erreicht hätte oder
er sie nicht beachtet hätte (so zum EKG: OLG Karlsruhe RiW 1986, 818 = DB 1986, 2279:
Wegen Betriebsferien des Verkäufers war ein Kontakt zum Verkäufer ohnehin nicht fristgerecht
möglich).

4.   Ausdrückliche Abnahme der Ware

20   Hat der Käufer die Ware untersucht und nimmt er sie dem Verkäufer gegenüber
ausdrücklich als vertragsgemäß ab, dann kann er nicht mehr – auch nicht binnen
angemessener Frist – solche Fehler rügen, die bei der Untersuchung feststellbar
waren. Andernfalls setzte er sich mit dem eigenen Verhalten in Widerspruch und
verstieße gegen das Gutglaubensgebot des Art 7 Abs 1. Der Verkäufer darf sich bei
ausdrücklicher vorbehaltsloser Abnahme der Ware darauf verlassen, daß erkennbare
Fehler nicht nachgeschoben werden. Um eine ausdrückliche Abnahme handelt es
sich, wenn der Käufer die Ware etwa durch eigene Leute beim Verkäufer untersuchen läßt und sie nur nach ausdrücklichem Gutbefund abnimmt und zur Ver-
frachtung freigibt (vgl OLG Düsseldorf IPRax 1993, 412 m Anm MAGNUS 390 ff).

IV.   Die Mängelanzeige (Abs 1)

1.   Inhalt der Mängelanzeige

21   Der Käufer muß die **Vertragswidrigkeit genau bezeichnen**. Sinn dieses Erfordernisses
ist es, den Verkäufer derart zu unterrichten, daß er sich verläßlich darüber klar
werden kann, wie er reagieren, zB nachbessern, nachliefern oder eine eigene Untersuchung der Ware vornehmen soll (vgl Sekretariatskommentar Art 37 Bem 4; BG IHR 2003,

72 [74]; OGH IHR 2002, 76 [79]; Brunner Art 39 Rn 4; Schlechtriem/Schwenzer/Schwenzer Art 38 Rn 4; BGH NJW 1982, 2730 zu Art 39 EKG). Der Sachmangel ist deshalb in seiner Art und seinem Umfang so deutlich zu bezeichnen, daß dem Verkäufer eine solche Entscheidung möglich ist. **Pauschale Angaben** zur Vertragswidrigkeit **reichen** dafür im allgemeinen **nicht** aus (Brunner Art 39 Rn 6; Schlechtriem/Schwenzer/Schwenzer Art 39 Rn 7; Ferrari For Int 1998, 239; Piltz NJW 1994, 1104). Doch genügt dem Substantiierungsgebot etwa noch die Mitteilung, „Das Material hat Splitter" bzw „das Material ist gespalten und hat Splitter" bei Walzdraht (BGH NJW 1997, 3311). Auch die Rüge, die Lieferung von Holz liege „qualitativ weit unter früheren Lieferungen „ Viele Stämme weisen lediglich Emballage-Qualität auf und können auch von uns nicht mehr verarbeitet werden" ist noch zu akzeptieren, wenn Lieferung in gleicher Qualität wie bisher vereinbart war (BG IHR 2003, 72).

Zu unsubstantiert ist dagegen die Nachricht, die Verkäuferin sei „ihren Verpflichtungen nicht nachgekommen", habe „falsche Teile" zudem „full of breakages" geliefert (Kantonsgericht Nidwalden SZIER 1998, 81), die Ware sei „nicht oder schwer verwertbar" und „zweite Wahl" (OLG Oldenburg IHR 2001, 159) oder einfach nur die Rüge „mit verschiedenen Qualitätsmängeln" (LG Erfurt IHR 2001, 200) oder es gebe eine „Reklamation" (LG Saarbrücken IHR 2002, 27 [bei undichten Fliesen]). Auch die Rüge „schlechter Verarbeitung und Paßform" bei modischer Kleidung (LG München IPRax 1990, 316) bzw „Das Blatt ist oftmals zu lang. Die Schuhwaren sind teilweise sehr unsauber vernäht" (LG Stuttgart IPRax 1990, 317), „Schuhe sind in sämtlichen Ausführungen mangelhaft ... mal gesteppt, mal umgeschlagen" (OLG Frankfurt RiW 1994, 240 f) oder der „Miserabilität" von Blumenpflanzen (OLG Saarbrücken NJW-RR 1999, 780) läßt den genauen Mangel und das Ausmaß, in dem die Lieferung betroffen ist, nicht hinreichend erkennen und ist deshalb zu unsubstantiert (ebenso schon die Rechtsprechung zum Haager Recht: LG Lahn-Gießen, in: Schlechtriem/Magnus Art 39 Nr 6 [„mangelhafte Beschaffenheit bzw Falschlieferung" bei Modekleidung]; LG Heidelberg, in: Schlechtriem/Magnus Art 39 Nr 11 [„erhebliche Verarbeitungsfehler" bei Damenstiefeln]; LG Heidelberg, in: Schlechtriem/Magnus Art 39 Nr 21 [„nicht unseren Vorstellungen und Mustern entsprechend" bei Brillen]; problematisch aber, da übertrieben genau LG Münster, in: Schlechtriem/Magnus Art 24 Nr 4 [„mangelnde Waschmaschinenfestigkeit" bei Pullovern]; und OLG Hamm, in: Schlechtriem/Magnus Art 39 Nr 14 [„erhebliche Beschädigung des Gehäuses, unsaubere Verarbeitung und nicht ordnungsgemäß abgestimmte Klangfunktionen" bei Musikgeräten]).

22 Die ausdrückliche Rüge eines Mangels wahrt ferner nicht zugleich die Förmlichkeiten für einen anderen, ebenfalls oder allein vorliegenden Mangel (OLG Celle IHR 2004, 106; zum EKG OLG Oldenburg, in: Schlechtriem/Magnus Art 39 Nr 32). **Jeder Mangel**, aus dem der Käufer Rechte herleiten will, muß deutlich und rechtzeitig für sich **gerügt** werden (OLG Celle aaO). Das gilt auch für Teil- und Sukzessivlieferungen (ebenso Schlechtriem/Schwenzer/Schwenzer Art 39 Rn 10). Mißverständlichkeiten, auf welchen Mangel sich eine Rüge beziehen soll, gehen zu Lasten des Rügenden. Wer zB fehlende „Dokumentation des Druckers" moniert, kann sich nicht darauf berufen, er habe die fehlende Dokumentation für die Gesamtanlage aus Drucker, Monitor, Rechner und Software gemeint (BGH NJW-RR 1996, 690).

23 Ein **späteres Nachschieben** der nunmehr genau bezeichneten oder anderer Vertragswidrigkeiten ist nach Ablauf der angemessenen Rügefrist wirkungslos (BGH NJW 1982, 2730 zum EKG). Diese Regel steht in scharfem Gegensatz zum englischen Recht und allen ihm folgenden Rechtsordnungen. Hier ist ein Nachschieben von Gründen stets zugelassen worden (BENJAMIN Rn 19–138 ff mit Nachweisen). Auch wenn die **Nachbesserung** einer **zu unsubstantiierten Rüge** nach Ablauf der Frist des Art 39 ausscheidet, ist nach Art 44 eine vernünftige Entschuldigung für den Rügefehler denkbar, etwa wenn ein international unerfahrener Käufer aus dem eigenen Rechtssystem keinerlei Rügeförmlichkeiten kennt oder wenn er den Mangel wegen fehlender eigener Sachkunde zunächst falsch bezeichnet hat (vgl auch Art 44 Rn 13 f).

24 Auf der anderen Seite dürfen die **Anforderungen** an die Substantiierung der Rüge auch **nicht übertrieben** werden, da sonst dem Käufer das Risiko mangelhafter Vertragserfüllung zugeschoben wird (SCHLECHTRIEM/SCHWENZER/SCHWENZER Art 39 Rn 6; BGH aaO zum EKG). Es genügt, wenn der Käufer das wesentliche Ergebnis der ordnungsgemäßen Untersuchung der Ware (ggf also etwa von Stichproben) mitteilt. So reicht es aus, wenn der Käufer anzeigt, daß es sich bei der gelieferten Ware nicht um die bestellte Originalware, sondern um gefälschte Ware handelt (zum EKG BGH aaO). Dabei schadet es auch nicht, wenn der Käufer die gesamte Lieferung als gefälscht rügt, auch wenn seine Abnehmer ihm gegenüber später nur etwa die Hälfte der Ware reklamieren (BGH aaO). **Problematisch** ist es dagegen, wenn etwa die Rüge, daß fünf Rollen Acryldecken fehlten, für zu unspezifisch gehalten wird, weil der Käufer nicht auch das Design der fehlenden Rollen angegeben hatte (OLG Koblenz OLG Report Koblenz 1997, 37). Dem läßt sich nur folgen, wenn mit unterschiedlichem Design unterschiedliche Preise oder sonst im Verkehr wesentliche Folgen verbunden waren. Andernfalls hat der Käufer mit seiner Rüge gezeigt, daß ihm Nachlieferung jeglichen Designs recht ist.

Überzogen sind die Anforderungen an die Substantiierung der Rüge aber, wenn die Mitteilung nicht genügen soll, der Stoff blähe sich nach dem Waschen auf und falle nicht mehr ordnungsgemäß (LG Regensburg For Int 1998, 109). Die fehlende Waschfähigkeit des Stoffes ist damit hinreichend genau bezeichnet. Ebenfalls als überzogene Formalität erscheint es, wenn eine Rüge deshalb als zu unsubstantiiert zurückgewiesen wird, weil der Käufer in ihr die gekaufte Maschine nicht mit ihrem Typ und Lieferdatum bezeichnet hatte, obwohl er im Jahr der Rüge nur die gerügte Maschine vom Verkäufer bezogen hatte (LG Marburg RiW 1996, 328).

25 Handelt es sich um größere Liefermengen, von denen nur ein Teil mangelhaft ist (zB einige Ballen einer größeren, sonst fehlerfreien Stofflieferung), dann muß der Käufer aber auch den **ungefähren quantitativen Umfang** der bemängelten Ware angeben (LG Köln IHR 2001, 69 [s krit dazu TASCHNER IHR 2001, 61 ff]; OLG Koblenz RiW 1991, 592 zum EKG: Die Zahl der Ballen muß genannt werden. Eine Rüge, der Fehler sei sowohl bei der uni-Ware wie bei der bedruckten Ware festgestellt worden, soll nicht reichen; zweifelhaft). Auch hier muß aber eine ungefähre Angabe genügen; andernfalls würde dem Käufer eine nicht zumutbare Feststellungslast aufgebürdet (zu streng LG Köln aaO: Rüge, daß ein Großteil der Verklebungen – kein rostfreier Stahl, sondern Silikon und Draht – bei einer Lieferung von mehreren hundert Einzelteilen fehlerhaft sei, sei zu unsubstantiiert). Ist eine von mehreren gelieferten Maschinen mangelhaft, so muß der Käufer sie genau mit Typ oder Nr bezeichnen (LG Marburg RiW 1996, 328).

26 Die Mängelanzeige braucht **nichts anderes** zu enthalten **als den Hinweis auf die Vertragswidrigkeit** der Ware. Der Käufer muß in der Anzeige insbesondere noch nicht erklären, welche Ansprüche er geltend machen will. Auch der Käufer, der Erfüllung verlangen will, hat noch nach Mängelanzeige eine angemessene Frist, das zu erklären (Art 46 Abs 2 und 3). Aus praktischen Gründen wird es sich gleichwohl meist empfehlen, mit der Mängelanzeige die beabsichtigten Ansprüche mitzuteilen.

Anders als noch Art 39 Abs 2 EKG vorgesehen hatte, braucht der Käufer den **27** Verkäufer **nicht aufzufordern, die Ware zu untersuchen** (Art 39 Abs 2 EKG war als zwingend angesehen worden: BGH WM 1991, 2108).

2.   Anzeigefrist

Art 39 Abs 1 sieht für die Anzeige eine **angemessene Frist** vor – statt der kurzen **28** Frist im Haager Recht (Art 39 Abs 2 EKG; Zusammenstellung und Auswertung der Rechtsprechung zur Frist des Art 39 Abs 1 bei Klaedtke 16 ff).

a)   Fristbeginn
Die Frist beginnt, sobald der Käufer die Vertragswidrigkeit der Ware festgestellt hat **29** oder sie bei der nach Art 38 gebotenen Untersuchung hätte feststellen müssen. Aus dieser Regel folgen ein unterschiedlicher Beginn und eine unterschiedliche Dauer der Gesamtrügefrist bei erkennbaren und bei verborgenen Mängeln.

aa)   Erkennbare Mängel
Bei erkennbaren Mängeln beginnt die Anzeigefrist des Art 39 **unmittelbar im An- 30 schluß an die Frist, die gem Art 38 für die Untersuchung zur Verfügung steht**, gleichgültig, ob eine Untersuchung der Ware tatsächlich durchgeführt wurde oder nicht. Hat der Käufer die Ware nicht untersucht, so beginnt die Anzeigefrist nach der hypothetisch erforderlichen Untersuchungsfrist. Erst mit dem Ablauf der aus Untersuchungs- und Anzeigefrist zusammengesetzten Gesamtfrist verliert der Käufer, der die Mängelrüge unterläßt, seine Rechte. Es kommt demnach nicht darauf an, daß der Käufer die Untersuchung auch tatsächlich und rechtzeitig durchgeführt und dabei einen erkennbaren Mangel der Ware übersehen hat. Um seine Rechte zu wahren, genügt es, wenn er den Mangel noch innerhalb der Gesamtfrist anzeigt, auch wenn der Mangel nur durch Zufall, Kundenreklamation oder auf andere Weise entdeckt worden ist. Entsprechend kann der Käufer Verspätungen bei der Untersuchung durch schnellere Reaktion bei der Anzeige noch ausgleichen.

bb)   Verborgene Mängel
Verborgen sind solche Mängel, die auch bei ordnungsgemäßer Untersuchung nicht **31** entdeckt werden konnten (vgl Sekretariatskommentar Art 37 Bem 3; zu den Anforderungen an die Untersuchung s Art 38 Rn 28 ff). Bei ihnen beginnt die angemessene Anzeigefrist ohne jede weitere Untersuchungsfrist zu laufen, sobald der Käufer die Vertragswidrigkeit tatsächlich feststellt. Erfährt er etwa erst durch Kundenreklamationen von Mängeln, die vorher nicht zu entdecken waren, dann beginnt die Frist des Art 39 Abs 1, wenn ernstzunehmende, glaubhafte Reklamationen eingegangen sind.

cc)   Feststellung der Vertragswidrigkeit
Der Käufer stellt die Vertragswidrigkeit fest, wenn er sich ihrer **so sicher** sein kann, **32 daß ein verständiger Käufer daraufhin Schritte zur Anspruchsverfolgung einleiten würde** (ähnlich zum EKG: BGH NJW 1982, 2730; offen gelassen, ob Zeitpunkt der Erkennbarkeit

oder der tatsächlichen Kenntnisnahme entscheidet: BGH TranspR-IHR 2000, 1 [2] m Anm
TASCHNER). Die Anzeigefrist beginnt deshalb bei verborgenen Mängeln nicht schon
dann zu laufen, sobald sich erste Verdachtsmomente ergeben, zB Störungen in einer
Maschine etwa auf einen – erst festzustellenden – Material- oder aber Bedienungsfehler hindeuten. In einem solchen Fall stellt der Käufer die Vertragswidrigkeit fest,
wenn und sobald ihm etwa ein Sachverständigengutachten den Materialfehler bestätigt (ähnlich BGH aaO). Doch wird man einen Käufer aufgrund des Gebots von
Treu und Glauben für verpflichtet halten müssen, **einem ernsthaften Verdacht auf
Fehler** auch – durch entsprechende Untersuchung – **nachzugehen.** Läßt der Käufer
den Verdacht zunächst auf sich beruhen, hätte eine Untersuchung ihn dagegen
bestätigt, dann beginnt die angemessene Anzeigefrist auch hier in dem Zeitpunkt
zu laufen, zu dem der Käufer den Fehler hätte feststellen können (ähnlich Sekretariatskommentar Art 37 Bem 3). Zu fortlaufender Überprüfung der Ware ist der Käufer nach
Lieferung jedoch nicht verpflichtet (ebenso SCHLECHTRIEM/SCHWENZER/SCHWENZER Art 39
Rn 20; REINHART Art 39 Rn 4).

dd) Lieferung vor Fälligkeit

33 Soweit der Verkäufer vertragswidrige Ware **vor Fälligkeit geliefert** hat, beginnt die
Rügefrist erst mit dem Fälligkeitstag (so SCHLECHTRIEM/SCHWENZER/SCHWENZER Art 39
Rn 21; PILTZ, Internationales Kaufrecht § 5 Rn 61; SCHLECHTRIEM, UN-Kaufrecht 59; TANNO 277;
WELSER, in: DORALT 112; **aA** jedoch – Beginn mit Lieferung – REINHART Art 39 Rn 3; RESCH ÖJZ
1992, 477; zum EKG wohl auch BGH NJW-RR 1992, 886). Denn dem Käufer dürfen durch
vorzeitige Lieferung, auf die er nicht eingestellt sein muß, keine Rechte genommen
werden, zumal dem Verkäufer seinerseits das Recht eingeräumt ist, von sich aus
noch nacherfüllen zu dürfen (Art 37).

ee) Feststellung von Mängeln vor Erfüllung

34 Insbesondere bei Kaufverträgen mit Montageverpflichtung (zu ihnen Art 3 Rn 26)
kann es dazu kommen, daß der Käufer **schon vor dem Abschluß der Montage Fehler
der Ware feststellt** (vgl etwa den Fall BGH RiW 1992, 584 = WM 1992, 1189). Nach der
Rechtsprechung zum EKG soll die Rügefrist dann im Zeitpunkt dieser Feststellung
beginnen. Der Käufer dürfe nicht bis zum Abschluß der Montage – und der Vertragserfüllung – warten, da Art 39 – anders als § 377 HGB – nicht die Ablieferung
der Ware, sondern nur die Feststellung des Mangels voraussetze (BGH aaO). Dem
kann nicht gefolgt werden. Eine Haftung des Verkäufers für Sachmängel und die
korrespondierende Rügeobliegenheit des Käufers setzt erst mit Gefahrübergang ein
(Art 36). Bei Anlagen, die beim Käufer zu montieren sind, geht die Gefahr mit
Abnahme über (vgl Art 69 Rn 18, 22). Der Vertrag ist erst mit der fertigen Montage
erfüllt. Bis zu diesem Zeitpunkt kann der Verkäufer noch Fehler beheben und ist er
hierzu im übrigen verpflichtet. Es bedeutet eine einseitige Bevorzugung der Verkäuferinteressen, wenn der Käufer seine Mängelrechte bereits verliert, sofern er vor
der Erfüllung entdeckte Mängel nicht rechtzeitig oder formgerecht rügt (**aA** BGH
aaO). Dem Verkäufer wird damit in erheblichem Maß das Risiko abgenommen, sich
um ordnungsgemäße Erfüllung überhaupt bemühen zu müssen. Zwar hat der Käufer kein schutzwürdiges Interesse daran, die Anzeige vorzeitig entdeckter Mängel
zurückzuhalten (so BGH aaO). Daraus kann aber nicht im Umkehrschluß gefolgert
werden, daß er zur Anzeige schon vor Erfüllung – bei Drohung des Rechtsverlustes
– auch verpflichtet ist. Denn das Interesse des Käufers an ordnungsgemäßer Liefe-

rung darf nicht hinter das Verkäuferinteresse an schneller Unterrichtung über Mängel zurückgesetzt werden.

b) Dauer der Frist

Es besteht Einigkeit darüber, daß die **angemessene** (reasonable) **Anzeigefrist** keine **35** lange Frist ist (SCHLECHTRIEM/SCHWENZER/SCHWENZER Art 39 Rn 15; ENDERLEIN/MASKOW/ STROHBACH Art 39 Bem 2; HONNOLD Rn 257). Daraus ist aber nicht der Umkehrschluß zu ziehen, daß es sich stets um eine „kurze Frist" – wie in Art 38 – handelt, der Käufer also so rasch wie nur möglich reagieren muß (so aber REINHART Art 39 Rn 5; ähnlich HEUZÉ 230). Die Änderung gegenüber dem Haager Recht, das eine kurze Frist vorsah, ist zu beachten. Die vor allem deutsche Rechtsprechung zum Haager Recht, die Mängelansprüche häufig an Fristversäumung scheitern ließ (von 59 Entscheidungen, die in SCHLECHTRIEM/MAGNUS zu Art 38 und 39 EKG zusammengestellt sind, hielten 50 die Rügefrist für versäumt; näher ferner PILTZ, in: SCHLECHTRIEM, Fachtagung 40 f; SCHLECHTRIEM/ SCHWENZER/HUBER/WIDMER Art 44 Fn 30), kann in diesem Punkt deshalb **nur mit Vorbehalt** für die Auslegung des Art 39 herangezogen werden (so auch SCHLECHTRIEM östRdW 1989, 50; SCHLECHTRIEM/SCHWENZER/SCHWENZER Art 39 Rn 15; SOERGEL/LÜDERITZ/SCHÜSSLER-LANGEHEINE Art 39 Rn 3; für unveränderte Übernahme der Praxis zum Haager Recht dagegen etwa REINHART Art 39 Rn 5).

Unter dem Haager Recht hatte die **deutsche Rechtsprechung** praktisch ohne Ände- **36** rung die Grundsätze zu § 377 und § 378 aF HGB übernommen. Für ‚normale' Warenkäufe, die nicht durch Verderblichkeit der Ware oder andere Besonderheiten gekennzeichnet waren, wurde eine Gesamtfrist von etwa sieben Tagen als in der Regel noch zulässige Rügefrist – unter Einschluß der Untersuchungsfrist – betrachtet (BGH NJW 1982, 2730 [fünf bis sieben Tage]; LG Marburg, in: SCHLECHTRIEM/MAGNUS Art 48 Nr 1 [acht Tage]; LG Siegen, in: SCHLECHTRIEM/MAGNUS Art 39 Nr 50 [sieben bis acht Tage]; teilw jedoch auch strenger: OLG Düsseldorf RiW 1989, 140 [nur vier Tage, Rüge nach sechs Tagen schon verspätet]).

Rügen nach mehr als einem Monat wurden dagegen ausnahmslos als verspätet **37** angesehen (vgl ua LG Darmstadt, in: SCHLECHTRIEM/MAGNUS Art 35 Nr 1 [ein Monat]; LG Osnabrück, in: SCHLECHTRIEM/MAGNUS Art 39 Nr 13 [vier Wochen]; OLG Hamm, in: SCHLECHT-RIEM/MAGNUS Art 39 Nr 14 [vier bis fünf Monate]; OLG Hamm, in: SCHLECHTRIEM/MAGNUS Art 39 Nr 29 [zwei Monate]; LG Heidelberg, in: SCHLECHTRIEM/MAGNUS Art 60 Nr 2 [ein Jahr]; LG Heidelberg, in: SCHLECHTRIEM/MAGNUS Art 39 Nr 36 [zwei Monate]; OLG Koblenz, in: SCHLECHTRIEM/MAGNUS Art 44 Nr 6 [zwei Monate]).

Zwischen einer Woche und einem Monat liegende Rügefristen wurden gelegentlich **38** als zulässig (LG Heidelberg, in: SCHLECHTRIEM/MAGNUS Art 39 Nr 21 [elf Tage: nicht verspätet]), überwiegend jedoch als verspätet behandelt (OLG Hamm, in: SCHLECHTRIEM/MAGNUS Art 40 Nr 4 [13 Tage: verspätet]; OLG Hamm, in: SCHLECHTRIEM/MAGNUS Art 39 Nr 24 [15 Tage: verspätet]; OLG Hamm, in: SCHLECHTRIEM/MAGNUS Art 11 EKG Nr 4 [neun Tage: verspätet]; OLG Köln RiW 1985, 404 [elf Tage: verspätet].

Die ebenfalls umfangreiche **niederländische Rechtsprechung** zum EKG hatte dage- **39** gen zT großzügigere Fristen eingeräumt (Hoge Raad Ned Jur 1990, 3028: Rüge nach über sechs Monaten noch rechtzeitig).

40 Für **verderbliche Ware** (ähnlich bei zerbrechlicher Ware) wurden Fristen von nur einem bis höchstens drei Tage eingeräumt, Untersuchung der Ware darin eingeschlossen (OLG Hamburg RiW 1982, 435).

41 **Für das Wiener Kaufrecht müssen die genannten Fristen im Interesse internationaler Einheitlichkeit großzügiger bemessen werden** (BGH RiW 1995, 595 = LM CISG Nr 2 m Anm MAGNUS; OLG Stuttgart RiW 1995, 943; auch OLG München For Int 1998, 106; OLG Köln OLGR Köln 1998, 2; ebenso SCHLECHTRIEM/SCHWENZER/SCHWENZER Art 39 Rn 15 ff; PILTZ, UN-Kaufrecht Rn 145; SCHWIMANN/POSCH Art 39 Rn 4; **anders** noch die ersten Entscheidungen zum CISG, die die scharfe Praxis zum Haager Recht unverändert fortsetzten: LG Stuttgart IPRax 1990, 317 = RiW 1989, 984: Lieferung am 25.5., Rüge am 10.6. verspätet; LG Aachen RiW 1990, 491: Untersuchung am Tag der Lieferung, Rüge am Tag danach rechtzeitig; OLG Düsseldorf IPRax 1993, 412: bei verderblicher Ware Rüge nach sieben Tagen verspätet, dazu MAGNUS IPRax 1993, 390; zu streng auch noch LG Tübingen IHR 2003, 236 [Rüge 8 oder 12 Tage nach Computerlieferung verspätet]). Dem Käufer eine etwas großzügigere (angemessene) Frist einzuräumen, war der Sinn der Textänderung gegenüber dem Haager Recht, und die internationale Praxis beginnt sich hierauf einzustellen (vgl OGH JBl 1999, 318 [14 Tage Gesamtfrist für Untersuchung und Rüge in Regelfällen]; noch großzügiger OLG Luzern SJZ 1998, 515: grober Mittelwert „von etwa wenigstens einem Monat"; Cour d'Appel Grenoble JDI 1996, 948, 957 m Anm WITZ [„dans le mois suivant la livraison"]; zu großzügig Int Schiedsgericht der öst Bundeskammer der gewerblichen Wirtschaft RiW 1995, 590 m Anm SCHLECHTRIEM [Regelfrist von zwei Monaten]. Soweit für die Rügefristen allerdings bestimmte internationale Gebräuche oder soweit Gepflogenheiten zwischen den Parteien bestehen, gehen diese der Konventionsregelung vor (OGH aaO).

42 Die angemessene Frist des Art 39 ist **keine einheitliche Frist**. Sie muß den jeweiligen Umständen angepaßt festgelegt werden (BIANCA/BONELL/SONO Art 39 Bem 2.4; BRUNNER Art 39 Rn 13; HONNOLD Rn 257; s auch Opinion Nr 2 des [privaten] CISG Advisory Council IHR 2004, 164 [auf eine Daumenregel legt sich der Council nicht fest]; zu den zu berücksichtigenden Umständen: JANSSEN 167 ff). Um zu große Rechtsunsicherheit zu vermeiden, ist nicht allen Umständen des Einzelfalles, sondern bestimmten typischen Umständen Rechnung zu tragen. Als solche Umstände, die die Durchschnittsfrist verkürzen oder verlängern können, kommen in Betracht:

43 – **Eigenarten der Ware, insbesondere ihre Verderblichkeit/Dauerhaftigkeit**: Mängel an **leicht verderblicher Ware** muß der Käufer umgehend rügen, weil die Schadensursache hier schon nach kurzer Zeit nur noch schwer aufzuklären ist und die Wahrscheinlichkeit schnell wächst, daß die Ursache für den Mangel aus der Risikosphäre des Käufers stammt. Blumen, insbesondere Schnittblumen sind deshalb binnen Tagesfrist nach Wareneingang zu rügen (OLG Saarbrücken NJW-RR 1999, 780; ebenso zum EKG OLG Hamburg RiW 1982, 435). Denn bei ihnen ist es schon nach Tagesfrist nicht auszuschließen, daß Mängel (zB Vertrocknung) auf unsachgemäßer Behandlung beim Käufer beruhen. Bei frischem Obst oder Gemüse ist die Rügefrist etwas, freilich nicht wesentlich länger (OLG Düsseldorf IPRax 1993, 412 m Aufs MAGNUS IPRax 1993, 390: Rüge sieben Tage nach Warenabnahme bei frischen Einlegegurken verspätet). Eine kurze Frist muß auch bei Schlachtvieh gelten (LG Flensburg IHR 2001, 67: Rüge vier Tage nach Lieferung verspätet, wenn Schafe am Tag nach der Lieferung geschlachtet werden). Auch der **Umfang der Warenlieferung** spielt eine Rolle. Für Massenlieferungen ist selbst, wenn nur Stichproben zu nehmen sind, schon für die Untersuchung ein etwas längerer Zeitraum einzuräumen. Auch wenn die Ware schnell umgeschlagen oder weiterverarbeitet wird, spricht das für eine knappere Rügefrist, als wenn sie endgültig und unverändert beim Käufer verbleibt. Eine rasche Reaktion ist vom Käufer auch zu erwarten, wenn es sich um **Saisonware** handelt, die nach der Saison oder einem Festtermin erheblich oder gänzlich an Wert verliert (s Amtsgericht Randers und Vestre Landsret/Dänemark ZEuP 2002, 580 f m Aufsatz Fogt [Lieferung von Weihnachtsbäumen am 2.12.; Rüge der Größe und Fülligkeit binnen zwei Tagen angemessen, nach acht Tagen verspätet]). Ähnlich wird für Ware mit stark schwankenden Preisen zu entscheiden sein.

- **Betriebliche Umstände**: Dem kleinen Betrieb wird eine etwas längere Anzeige- **44** frist als dem gutorganisierten Großbetrieb zu gewähren sein (Magnus, in: Hoyer/ Posch 26; **anders** zum EKG: LG Kiel, in: Schlechtriem/Magnus Art 38 Nr 11).

- **Eigenarten des Mangels**: Offenbare Mängel sind binnen der aus Untersuchungs- **45** und Anzeigefrist zusammengesetzten Frist zu rügen (s o Rn 30). Ist der Fehler leicht erkennbar, wie zB Glasbruch, so verkürzt sich entsprechend der Untersuchungszeitraum und mit ihm die Gesamtfrist.

- **Weitere äußere Umstände**: Allgemeine Feiertage, an denen nicht gearbeitet wird, **46** sind entsprechend dem Rechtsgedanken des Art 20 Abs 2 S 2 auf die angemessene Frist nicht anzurechnen (ebenso Piltz, UN-Kaufrecht Rn 142, 145, der nur Arbeitstage berücksichtigt; **anders** für das Haager Recht aber LG Aachen, in: Schlechtriem/Magnus Art 39 Nr 41; OLG Köln, in: Schlechtriem/Magnus Art 11 EKG Nr 9). Wird im Geschäft des Käufers an diesen Tagen jedoch gearbeitet, dann sind sie auch für die Fristberechnung zu berücksichtigen (zum EKG: OLG Hamburg RiW 1982, 435).

- **Persönliche Umstände**: Für die Länge der Rügefrist darf berücksichtigt werden, **47** ob der Pflichtige Kaufmann ist, für den schärfere Maßstäbe gelten als für den Nichtkaufmann (Sekretariatskommentar Art 1 Bem 14; **anders** vCaemmerer/Schlechtriem/ Stumpf 1 Art 39 Rn 7). Eine langjährige Geschäftsverbindung zwischen den Parteien führt für sich allein jedoch noch nicht zu geringeren Anforderungen an die Rügeobliegenheit (so zum EKG: LG Konstanz, in: Schlechtriem/Magnus Art 38 Nr 10).

- **Art des gewählten Rechtsbehelfs**: Will der Käufer Nachlieferung, Nachbesserung **48** oder Vertragsaufhebung geltend machen, dann muß er schneller reagieren, als wenn er Minderung und/oder Schadensersatz verlangt (Bianca/Bonell/Sono Art 39 Bem 1.5; auch Art 44 spricht dafür).

Soweit nicht besondere Umstände für eine kürzere oder längere Frist sprechen, ist **49** die **Gesamtfrist** für Untersuchung und Mängelanzeige bei unverderblichen, ohne Aufwand zu untersuchenden Waren regelmäßig mit **etwa vierzehn Tagen** zu bemessen (mit eingehender Begründung OGH JBl 1999, 318 [320] m zust Anm Karollus; ebenso OLG Koblenz For Int 1998, 107; OLG Koblenz IHR 2001, 109; Thüringer OLG TranspR-IHR 2000, 25; ähnlich OLG Karlsruhe IHR 2003, 226 [Rüge 11 Tage nach Lieferung jedenfalls rechtzeitig]; Saarländisches OLG IHR 2001, 64 [zwischen zwei Wochen und einem Monat]; Handelsgericht des Kantons Zürich SZIER 1999, 185; Tribunale di Cuneo 31.1.1996, Unilex 1996/II E 1996–3 [Rüge zu großer Kleidungsgrößen nach 23 Tagen verspätet]; Escher RiW 1999, 499; Honsell/ Magnus Art 39 Rn 22; Klaedtke 144 f [nach umfassender Sichtung der Rechtsprechung aus den

Vertragsstaaten]; KRAMER, in: FS Koppensteiner 627 f [mit eingehender, auch rechtsvergleichender Begründung]; MünchKommHGB/BENICKE Art 39 Rn 7; PILTZ, UN-Kaufrecht Rn 142; SCHWI-MANN/POSCH Art 39 Rn 6; für Gesamtfrist von sechs Wochen aber etwa BRUNNER Art 39 Rn 13). Nach Ablauf eines Monats ist die Gesamtfrist im Regelfall jedenfalls verstrichen (BGHZ 129, 75 [85 f] = IPRax 1996, 29 m Aufs SCHLECHTRIEM IPRax 1996, 12 = JR 1996, 23 m Anm KAROLLUS = L/M CISG Nr 2 m Anm MAGNUS [„Selbst wenn man insoweit – nach Auffassung des erkennenden Senats sehr großzügig – wegen der unterschiedlichen nationalen Rechtstraditionen von einem ‚groben Mittelwert‘ von einem Monat ausgehen wollte ..., war die Rügefrist ... abgelaufen"]; ähnlich LG Darmstadt IHR 2001, 160 m Anm PILTZ; OLG München For Int 1998, 106 [„nach spätestens einem Monat abgelaufen"]; Cour d'Appel Grenoble JDI 1996, 948 m Anm WITZ [„dans le mois suivant la livraison"]).

Das gilt erst recht, wenn mehrere Monate seit Beginn der Untersuchungs- und Rügefrist vergangen sind (vgl etwa Tribunale Vigevano IHR 2001, 72 [vier Monate verspätet]; Hoge Raad Ned Jur 1998 Nr 480 [vier Monate verspätet] Rb van Koophandel t'Hasselt [Belgien] RkW 1997–98, 1294 [drei Monate verspätet]; Rb Rotterdam NIPR 1997 Nr 223 [vier Monate verspätet]; Kantongericht Valais SZIER 1999, 193 [sieben bis acht Monate bei weitem verspätet]). Teilweise wird freilich eine generelle Frist von einem Monat für angemessen gehalten (so etwa OLG Stuttgart RiW 1995, 943; OLG Köln OLGR Köln 1998, 2; OG Luzern SJZ 1998, 515 [„von etwa wenigstens einem Monat"]; MünchKommBGB/GRUBER Art 39 Rn 34; SCHLECHTRIEM/SCHWENZER/SCHWENZER Art 39 Rn 17). Wieder andere Entscheidungen schwanken zwischen kürzeren (OLG Köln RiW 1994, 972 [973]: acht Tage noch angemessen) und längeren Fristen (Internationales Schiedsgericht der Bundeskammer der gewerblichen Wirtschaft Österreichs RiW 1995, 591 m Anm SCHLECHTRIEM: zwei Monate noch angemessen). Im Interesse international einheitlicher Handhabung sollte es bei der oben genannten **Daumenregel** bleiben, daß **Ware binnen zwei Wochen zu untersuchen und zu rügen ist, sofern nicht Besonderheiten des konkreten Falles für eine Verkürzung oder Verlängerung der Frist sprechen.**

c) Fristende

50 Es genügt, daß der Käufer die **Anzeige innerhalb angemessener Frist abgeschickt** hat. Zeitliche Verzögerungen, Fehler oder Verlust der Nachricht, die sich bei der Übermittlung etwa durch die Post ergeben, gehen nicht mehr zu Lasten des Käufers (Art 27). Allerdings muß sich der Käufer eines geeigneten Übermittlungsweges bedient haben. Für eigene Leute (Boten) muß er deshalb das Risiko tragen (s dazu Art 27 Rn 18). Die Anzeige ist damit nicht empfangsbedürftig (ENDERLEIN/MASKOW/STARGARDT Art 39 Bem 9; HERBER/CZERWENKA Art 39 Rn 11; SCHWIMANN/POSCH Art 39 Rn 6; TANNO 280; zum EKG LG Braunschweig RiW 1983, 371; OLG Köln RiW 1985, 404). Ferner muß der Käufer die Anzeige so abgeschickt haben, daß sie binnen der angemessenen Rügefrist ankommen konnte (PILTZ NJW 2003, 2062).

3. Form der Anzeige

51 Der Käufer kann die Vertragswidrigkeit grundsätzlich **in jeder Form**, also mündlich oder schriftlich, zB durch E-mail **anzeigen.** Auch eine telefonische Rüge ist deshalb wirksam, wenn der Verkäufer sie verstehen konnte (OLG Koblenz IHR 2001, 109 m Anm THIELE [111; die telefonische Rüge genügt; der Käufer muß aber den Gesprächspartner angeben können]; LG Köln IHR 2001, 69 [71]; OGH ZfRV 1999, 63; LG Stuttgart RiW 1989, 984; SCHLECHTRIEM/SCHWENZER/SCHLECHTRIEM Art 27 Rn 5; ebenso schon für das EKG LG Köln, in:

SCHLECHTRIEM/MAGNUS Art 39 Nr 8; OLG Hamm, in: SCHLECHTRIEM/MAGNUS Art 40 Nr 4; KG, in: SCHLECHTRIEM/MAGNUS Art 39 Nr 37). Für die Mängelanzeige muß sich der Rügende grundsätzlich der Sprache bedienen, die die Parteien als Vertragssprache vereinbart haben. Doch genügt es auch, wenn der Käufer in der Sprache des Verkäufers oder in einer Sprache rügt, die der Verkäufer zweifelsfrei versteht. Das Beweisrisiko für ein Telefonat trägt der Rügende (OLG Koblenz, LG Köln, LG Stuttgart aaO).

Eine Einschränkung der Formfreiheit ergibt sich im Verhältnis zu den Staaten, die **52** den **Formvorbehalt nach Art 96** eingelegt haben (hiervon haben bisher Argentinien, China, Chile, Estland [jedoch zum 9. 3. 2004 zurückgenommen], Lettland, Litauen, Ungarn, Ukraine, Weißrußland Gebrauch gemacht; vgl Ratifikationsstand vor Einl zum CISG). Wenn eine der Vertragsparteien ihre ggf nach Art 10 maßgebliche Niederlassung in einem Vorbehaltsstaat hat, gilt nicht mehr ohne weiteres der in der Konvention verankerte Grundsatz der Formfreiheit. Es entscheiden vielmehr die vom IPR – etwa Art 11 EGBGB – berufenen Formvorschriften (vgl hierzu die Erläuterungen zu Art 12 und Art 96).

4.   Richtiger Adressat

Der Käufer muß die Vertragswidrigkeit dem Verkäufer anzeigen. Das sieht Art 39 **53** Abs 1 ausdrücklich vor; nationales Recht ist für diese Frage nicht einzuschalten (vgl hierzu TASCHNER IHR 2001, 61 ff; unzutreffend LG Köln IHR 2001, 69). Aus Art 27 folgt allerdings, **daß die Anzeige dem Verkäufer nicht zwingend zugehen muß.** Sie behält ihre Wirkung auch, wenn sie beim Verkäufer nicht eintrifft, vorausgesetzt der Käufer hat sich für ihre Übermittlung „der nach den Umständen geeigneten Mittel" bedient (vgl OGH JBl 1999, 252; näher Art 27 Rn 17 ff). Der Käufer muß seine Mängelrüge deshalb an den richtigen Adressaten, **den Verkäufer selbst oder dessen Personal** richten, das als empfangszuständig gelten kann. So genügt es nicht, daß der Käufer die Rüge einem Handelsvertreter oder Handelsmakler übermittelt, es sei denn, dieser sei in der Vergangenheit als empfangszuständige Person des Verkäufers aufgetreten oder er leite die Rüge fristgemäß an den Verkäufer weiter (AG Alsfeld NJW-RR 1996, 120; LG Kassel NJW-RR 1996, 1146; unter Rückgriff auf deutsches Recht ebenso LG Köln aaO; TASCHNER IHR 2001, 62 f). Der Dritte muß „im Lager des Verkäufers" stehen (LG Kassel aaO). Eine Mängelrüge, die etwa dem Fahrer der Transportfirma mitgeteilt oder dem Spediteur für den Rücktransport der Ware mitgegeben wird, den Verkäufer aber nicht oder nur verspätet erreicht, ist daher ohne Wirkung (so zum EKG: OLG Bamberg OLGZ 78, 341; OLG Bamberg RiW 1979, 566; LG Braunschweig RiW 1983, 371; OLG Karlsruhe, in: SCHLECHTRIEM/MAGNUS Art 39 Nr 40). Denn hier hat der Käufer nicht den geeigneten Weg gewählt, um den Verkäufer rechtzeitig zu benachrichtigen. Es genügt auch nicht, wenn die Mängelanzeige dem ehemaligen Vertreter des Verkäufers übergeben wird, der sie nicht weiterbefördert (OLG Karlsruhe aaO; ob Vertretungsmacht und damit Empfangszuständigkeit besteht, richtet sich nach Vertretungsstatut; **anders** jedoch OLG Hamm NJW-RR 1988, 1460, das die Rüge gegenüber einem Handelsvertreter des Verkäufers als verspätet, den Vertreter damit offenbar stets als Erklärungsboten ansieht).

Beim **Kauf mit Montageverpflichtung** genügt es auch nicht, wenn der Käufer die **54** Rüge lediglich einem Monteur mitgeteilt hat, den der Verkäufer nicht zur Entgegennahme von Rügen autorisiert hat (so zum EKG: BGH RiW 1992, 584 f).

5. Mängelanzeige durch Abnehmer des Käufers

55 Soweit Abnehmer des Käufers Mängel direkt beim (herstellenden) Verkäufer rügen, wirkt ihre Rüge auch frist- und formwahrend für den Erstkäufer, da der Verkäufer auf diese Weise über den Mangel unterrichtet wird und der Zweck der Mängelanzeige erreicht ist.

6. Erneute Mängel bei weiteren Erfüllungsversuchen

56 Tritt derselbe Mangel – etwa nach einer Nachbesserung oder Ersatzlieferung – erneut auf, so **ermäßigen sich die Anforderungen an die erneute Mängelrüge etwas**. Man wird eine etwas großzügigere Frist einzuräumen haben sowie eine allgemeine Rüge „des" Mangels genügen lassen, da dem Interesse des Verkäufers an schneller und präziser Unterrichtung mit der ersten Rüge Rechnung getragen worden ist. Es darf dem Käufer nicht zum Nachteil gereichen, daß er durch frühere mangelhafte Lieferungen bereits vorgewarnt war. Vom Käufer gar ein schnelleres Reagieren zu verlangen (so aber teilweise die Rechtsprechung: LG Stuttgart IPRax 1990, 317; zum EKG: OLG Hamburg RiW 1982, 435), hieße den Verkäufer wegen seiner erneut mangelhaften Lieferung noch zu bevorzugen. Treten dagegen Mängel ganz anderer Art auf als beim ersten Erfüllungsversuch, dann gelten die Rügeanforderungen uneingeschränkt.

7. Mängel bei Sukzessivlieferungen

57 Der Käufer muß bei Sukzessivlieferungsverträgen **für jede einzelne Lieferung gesondert Mängel form- und fristgerecht anzeigen** und insoweit auch eine zumindest stichprobenweise Untersuchung durchführen. Es genügt nicht, alle Lieferungen abzuwarten und bei der letzten Lieferung die Mängel auch früherer Sendungen gesammelt zu rügen. Eine Ausnahme ist nur dann zu machen, wenn die Einzellieferungen Teile einer Gesamtheit (etwa einer Anlage) sind und sich erst bei ihrem Zusammenbau ergibt, daß sie Fehler haben. Ferner gilt eine Ausnahme, wenn der Verkäufer auf frühere Rügen verzichtet hat oder die Berufung auf die Einhaltung der Rügeförmlichkeit rechtsmißbräuchlich wäre (zu einem derartigen Fall unter dem EKG: OLG Karlsruhe RiW 1986, 818 = DB 1986, 2279).

8. Rechtsfolgen von Rügefehlern

58 Ohne ordnungsgemäße Rüge **verliert der Käufer**, vorbehaltlich der Art 40 und 44, **das Recht**, sich auf die Vertragswidrigkeit der Ware zu berufen. Für diese Vertragswidrigkeit kann er dann keinen der in Art 45 genannten Ansprüche (Nachlieferung, Nachbesserung, Vertragsaufhebung, Minderung oder Schadensersatz) mehr geltend machen (Sekretariatskommentar Art 37 Bem 2; ACHILLES Art 39 Rn 12; BAMBERGER/ROTH/ SAENGER Art 39 Rn 13; SCHLECHTRIEM/SCHWENZER/SCHWENZER Art 39 Rn 30; HONNOLD Rn 259; WELSER, in: DORALT 112). Er muß sich damit abfinden, daß die Ware die Mängel besitzt, deren Rüge er versäumt hat, und seine eigenen Vertragspflichten erfüllen. Der Rechtsverlust bezieht sich jedoch nur auf Ansprüche aus derjenigen Vertragswidrigkeit, die der Käufer nicht ordnungsgemäß angezeigt hat (OLG Celle IHR 2004, 106). Er verliert nicht das Recht, sich auf andere, erst später entdeckte Vertragswidrigkeiten zu berufen, für die die Rügefrist noch läuft.

Der Käufer ist allerdings nicht gehindert, sich **bei Sukzessivlieferungsverträgen** auf 59
ungerügte Vertragswidrigkeiten früherer Einzellieferungen zu berufen, wenn er die
Vertragsaufhebung für die Zukunft geltend machen will (Art 73 Abs 2; vgl auch die
Erl dort). Doch muß er die früheren Mängel nachweisen können.

Nimmt der Käufer eine **Mehrlieferung rügelos entgegen**, so hat er den entsprechen- 60
den Mehrpreis zu zahlen (Art 52 Abs 2 S 2). Streitig ist, ob ein Mehrpreis auch zu
zahlen ist, wenn der Verkäufer **höherwertigere Ware als vereinbart** liefert und der
Käufer nicht rügt (für Zahlungspflicht: ACHILLES Art 39 Rn 13; SCHLECHTRIEM/SCHWENZER/
SCHWENZER Art 39 Rn 30 [Analogie zu Art 52 Abs 2]; HERBER/CZERWENKA Art 39 Rn 15; dagegen
SCHLECHTRIEM/SCHWENZER/HUBER/WIDMER Art 52 Rn 9). Wird dem Käufer eine hinreichende Rügemöglichkeit eingeräumt, insbesondere eine angemessene Frist, in der
er die Finanzierungsmöglichkeit und ggf Absatzmöglichkeiten prüfen kann, dann
dürfte die Zahlungspflicht zu bejahen sein, auch wenn die Rüge unterbleibt. Häufig
wird die Lieferung höherwertiger Ware jedoch noch vom Vertrag gedeckt sein (so
bei üblichen oder notwendigen technischen Verbesserungen der Ware).

Bei ungerügter **Zuweniglieferung** muß der Käufer den vereinbarten Preis für die 61
vollständige Lieferung leisten (SCHLECHTRIEM/SCHWENZER/SCHWENZER Art 39 Rn 30).

Deliktsrechtliche Ansprüche, die dem Käufer nach dem anwendbaren nationalen 62
Deliktsrecht ggf daneben zustehen, bleiben allerdings unberührt und gehen durch
Rügeversäumung nicht verloren (ebenso ACHILLES Art 39 Rn 12; **aA** Thüringer OLG
TranspR-IHR 2000, 25; HERBER/CZERWENKA Art 39 Rn 14; ausführlich zum Verhältnis von ver-
traglicher und deliktsrechtlicher Schadensersatzhaftung Art 5 Rn 11 ff). Anfechtung wegen
Irrtums über die Vertragsmäßigkeit der Ware kommt dagegen nicht in Betracht,
auch wenn sie nach dem anwendbaren nationalen Recht an sich vorgesehen ist (dazu
näher Art 4 Rn 48 ff).

V.   Ausschlußfrist (Abs 2)

Nach Art 39 Abs 2 verliert der Käufer das Recht, sich auf die Vertragswidrigkeit der 63
Ware zu berufen, in jedem Fall, wenn er sie **nicht binnen einer Frist von zwei Jahren
rügt**, nachdem ihm die Ware tatsächlich übergeben worden ist. Damit wird dem
Interesse des Verkäufers Rechnung getragen, nicht zu lange nach Aushändigung der
Ware noch mit Mängelansprüchen konfrontiert zu werden. Denn bei lange nach
diesem Zeitpunkt erhobenen Ansprüchen ist stets zweifelhaft, ob sie auf Mängeln
der Ware, auf normalem Verschleiß oder auf vom Käufer zu vertretenden Ursachen
beruhen (vgl Sekretariatskommentar Art 37 Bem 5 f). Die Frist des Art 39 Abs 2 ist keine
Verjährungs-, sondern eine **Ausschlußfrist** (BAMBERGER/ROTH/SAENGER Art 39 Rn 10;
BRUNNER Art 39 Rn 16; SCHLECHTRIEM/SCHWENZER/SCHWENZER Art 39 Rn 22; ENDERLEIN/MAS-
KOW/STARGARDT Art 39 Bem 6; WITZ/SALGER/LORENZ Art 39 Rn 14). Der Fristlauf kann deshalb weder gehemmt noch unterbrochen werden. Notwendig und genügend, um die
Ausschlußwirkung zu vermeiden, ist allein die rechtzeitige Rüge. Auch ein Be-
weissicherungsverfahren reicht für die Fristwahrung nicht aus (vCAEMMERER/
SCHLECHTRIEM/STUMPF[1] Art 39 Rn 15). Die Ausschlußwirkung ist von Amts wegen zu
beachten (ASAM JbItalR V [1992] 61; SCHLECHTRIEM/SCHWENZER/SCHWENZER Art 39 Rn 23).
Die Zweijahresfrist gilt für offene ebenso wie für verborgene Mängel, dürfte aber
nur für letztere eine Rolle spielen, da die angemessene Rügefrist für offene Mängel

Ulrich Magnus

selbst bei sehr langen Untersuchungsnotwendigkeiten wohl in keinem Fall zwei
Jahre erreichen wird. Treten verborgene Mängel erst später als zwei Jahre nach
Aushändigung der Ware auf, so stehen dem Käufer keine Mängelrechte mehr zu, es
sei denn vertraglich eine längere Gewährfrist vereinbart (dazu unten Rn 68 f).

64 Die Frist beginnt, sobald die Ware dem Käufer tatsächlich ausgehändigt worden ist.
Mit der Formulierung „actually handed over to the buyer", „effectivement remises"
ist gemeint, daß weder der Gefahrübergang noch die Übergabe an den ersten
Beförderer noch die Übergabe der Dokumente entscheidet. **Die Ware selbst muß
dem Käufer** oder einem von ihm benannten Dritten am vertraglichen Bestimmungs-
ort **tatsächlich übergeben worden** oder, sofern die Abnahme verweigert wird, zur
Verfügung gestellt worden sein (BIANCA/BONELL/SONO Art 39 Bem 2.7; ENDERLEIN/MAS-
KOW/STARGARDT Art 39 Bem 7; HONNOLD Rn 258). Die Zeit, während der die Ware zum
Käufer unterwegs ist und nicht untersucht werden kann, wird bei der Zweijahresfrist
daher nicht mitgerechnet (HONNOLD aaO).

65 Art 39 Abs 2 greift auch gegenüber Art 44 ein (HERBER/CZERWENKA Art 44 Rn 4). **Nach
Ablauf der Zweijahresfrist** ist die dort vorgesehene **Entschuldigungsmöglichkeit ausgeschlossen.** Dagegen gilt die Zweijahresfrist nicht in Fällen des Art 40. Hier ergibt
sich eine zeitliche Schranke für die Verkäuferhaftung allein aus dem anwendbaren
Verjährungsrecht (dazu unten Rn 71).

VI. Abweichende Parteivereinbarungen/Garantien

66 Art 39 ist **dispositiv.** Die Parteien können einerseits die Rügeobliegenheit in ihrer
Dauer oder Förmlichkeit näher festlegen oder sie auch ganz abbedingen (Zweifel an
der Zulässigkeit einer Abbedingung der Rügeobliegenheit in Einkaufs-AGB aber bei
vWESTPHALEN, in: SCHLECHTRIEM, Fachtagung 71). Eine (nachträgliche) Abbedingung der
Rügeförmlichkeiten liegt vor allem dann vor, wenn der Verkäufer sich trotz verspäteter oder formwidriger Rüge auf Mängelansprüche sachlich einläßt und etwa
Nachbesserung oder Ersatzlieferung zusagt (zum Rügeverzicht s oben Rn 18). Allerdings
muß eine solche Zusage deutlich sein. Die Erklärung, dem Problem nachzugehen,
genügt noch nicht (LG München I CLOUT Nr 131). Eine Konkretisierung der angemessenen Frist empfiehlt sich, um die Rechtsunsicherheit zu vermeiden, die sonst mit
diesem unbestimmten Rechtsbegriff verbunden ist (Beispiel „10 Tage nach Erhalt
der Ware" oder – bei Fliesen – „Reklamationen werden nur vor der Verlegung
anerkannt, jedenfalls darf die Ware nur innerhalb von 30 Tagen ab Rechnungsda-
tum reklamiert werden": LG Baden-Baden RiW 1992, 62; LG Gießen NJW-RR 1995, 439).
Sie kann auch durch die Vereinbarung von Verbands-AGB erfolgen (s OLG München
TranspR-IHR 1999, 20 [Vereinbarung der Einheitskonditionen der deutschen Textilwirtschaft – zwei
Wochen]).

67 Bei der Formulierung und Auslegung die Frist konkretisierender Klauseln ist zu
beachten, ob sie **nur für erkennbare oder auch für nichterkennbare Mängel** gelten
sollen. Sollen auch verborgene Mängel erfaßt werden, so muß das hinreichend klar
ausgedrückt sein. Dies kann entweder in der Weise geschehen, daß die Ausschlußfrist des Abs 2, soweit zulässig, verkürzt wird (dazu unten Rn 67) oder daß eine Frist
für die Anzeige nach Fehlerentdeckung festgesetzt wird. Auch die Festlegung der

Rügeform (zB eingeschriebener Brief) beugt Streitigkeiten über die ordnungsgemäße Form der Anzeige vor.

Die Parteien können **die Zweijahresfrist** in Abs 2 **verkürzen oder verlängern.** Wieweit **68**
eine Modifikation der gesetzlichen Regelung – insbesondere durch AGB – noch
angemessen und damit gültig ist, richtet sich nach dem Maßstab des anwendbaren
Landesrechts (Art 4), der freilich dem internationalen Charakter des Geschäfts
Rechnung tragen muß. Insoweit hat die Regelung in Art 39 Abs 2, die als internationaler Kompromiß zustande gekommen ist, gewisse Leitbildfunktion. Die Fristen des internen Rechts gelten jedenfalls nicht ohne weiteres (ALLMENDINGER 13;
HERBER/CZERWENKA Art 39 Rn 18; SCHLECHTRIEM/SCHWENZER/SCHWENZER Art 39 Rn 35).

Soweit die Parteien **besondere Garantien** vereinbart haben, ist es stets eine Frage der **69**
Auslegung, welche Bedeutung die Garantie für Art 39 haben soll, insbesondere ob
eine vertragliche Garantiefrist auch die Ausschlußfrist des Art 39 Abs 2 abändern
soll. Wird etwa garantiert, daß eine Maschine für drei Jahre 100 Einheiten/Tag
herstellen wird, so scheitern Ansprüche nicht an Art 39 Abs 2, wenn die Maschine
nach zweieinhalb Jahren nur noch 90 Einheiten herstellt und der Käufer nun rügt
(Beispiel nach Sekretariatskommentar Art 37 Bem 4; vgl ferner BIANCA/BONELL/SONO Art 39
Bem 3. 4; HONNOLD Rn 258). Ist umgekehrt eine kürzere als die Zweijahresfrist wirksam
vereinbart, so verdrängt die vereinbarte Frist die gesetzliche und schließt spätere
Rügen aus (Sekretariatskommentar aaO; zu Zweifelsfällen BIANCA/BONELL/SONO Art 39
Bem 3).

Sofern die Garantievereinbarung die Zweijahresfrist in Art 39 Abs 2 wirksam ab- **70**
ändert, bedeutet das in der Regel aber nicht, daß zugleich die Anforderungen an die
frist- und formgerechte Rüge herab- oder heraufgesetzt werden. **Auch bei einer
Garantiefrist über zwei Jahre** hinaus **hat der Käufer spätere Mängel regelmäßig in
angemessener Frist und Form** gem Art 39 Abs 1 **zu rügen** (ENDERLEIN/MASKOW/STAR-
GARDT Art 39 Bem 8; HERBER/CZERWENKA Art 39 Rn 19; SOERGEL/LÜDERITZ/SCHÜSSLER-LANGE-
HEINE Art 39 Rn 7). Es bedarf einer hinreichend eindeutigen Parteifestlegung, um
auch das zu ändern. Auch wenn der Verkäufer die Gewähr für bestimmte Eigenschaften oder sonstige Zusicherung übernimmt, hat der Käufer die Rügeformalitäten grundsätzlich einzuhalten.

VII. Verjährung

Art 39 enthält keine Verjährungsregel, sondern äußert sich nur zur rechtzeitigen **71**
Mängelanzeige. Wann die Ansprüche, die sich der Käufer durch ordnungsgemäße
Rüge gesichert hat, gerichtlich geltend zu machen sind, richtet sich nach dem
anwendbaren Verjährungsrecht (vgl dazu Art 3 VertragsG unten nach Art 101). Ist deut-
sches Verjährungsrecht maßgebend, so gilt regelmäßig die Zweijahresfrist des § 438
Abs 1 Nr 3 BGB nF (zu Besonderheiten s Art 3 VertragsG; ferner MAGNUS RiW 2002, 577 ff).
Soweit ausnahmsweise das UN-Verjährungsübereinkommen eingreift (dazu unter Anh
II zum CISG sowie die Erläuterungen zu Art 3 VertragsG Rn 3), gilt eine – nicht abdingbare –
Verjährungsfrist von vier Jahren (der Text des Übk ist unten als Anh II abgedruckt).

VIII. Beweislast

72 Den Käufer trifft die Beweislast dafür, daß er Mängel korrekt angezeigt hat (OGH ZfRV 1998, 249; ACHILLES Art 39 Rn 19; BRUNNER Art 39 Rn 27; HERBER/CZERWENKA Art 39 Rn 20; zum EKG ebenso: LG Braunschweig RiW 1983, 371; LG Hechingen RiW 1990, 492; RB Arnhem NIPR 1990, Nr 464; MERTENS/REHBINDER Art 38/39 Rn 32). Er muß deshalb die rechtzeitige Absendung der Anzeige nachweisen (OLG Stuttgart RiW 1995, 943; ebenso zum EKG: LG Osnabrück, in: SCHLECHTRIEM/MAGNUS Art 59 Nr 11; RB Arnhem aaO). Bei später entdeckten Fehlern ist der Zeitpunkt der Entdeckung darzulegen (OLG Stuttgart aaO; LG Marburg RiW 1996, 328). Das gilt auch, wenn der Mangel erst bei Abkäufern des Käufers auftritt (LG Marburg aaO). Bei telefonischen Rügen muß der Käufer das Datum des Anrufs, den Namen des Gesprächspartners und den Inhalt der Rüge angeben können, will er nicht beweisfällig bleiben (OLG Koblenz IHR 2001, 109; LG Stuttgart IPRax 1990, 317 = RiW 1989, 984; ebenso zum EKG: OLG Hamm, in: SCHLECHTRIEM/ MAGNUS Art 11 EKG Nr 4; BRUNNER Art 39 Rn 27; HERBER/CZERWENKA Art 39 Rn 20; vgl insgesamt zur Beweislast BAUMGÄRTEL/LAUMEN/HEPTING Art 39 Rn 1 ff).

Art 40 [Bösgläubigkeit des Verkäufers]

Der Verkäufer kann sich auf die Artikel 38 und 39 nicht berufen, wenn die Vertragswidrigkeit auf Tatsachen beruht, die er kannte oder über die er nicht in Unkenntnis sein konnte und die er dem Käufer nicht offenbart hat.

Art 40

The seller is not entitled to rely on the provisions of articles 38 and 39 if the lack of conformity relates to facts of which he knew or could not have been unaware and which he did not disclose to the buyer.

Art 40

Le vendeur ne peut pas se prévaloir des dispositions des articles 38 et 39 lorsque le défaut de conformité porte sur des faits qu'il connaissait ou ne pouvait ignorer et qu'il n'a pas révélés à l'acheteur.

Systematische Übersicht

I. Regelungsgegenstand und Normzweck

1 Die Vorschrift stellt eine **Ausnahme zu Art 38 und 39** dar. Nach Art 40 behält der Käufer seine Mängelrechte trotz der Verletzung der Untersuchungs- oder Rügeobliegenheit, wenn der Verkäufer die Vertragswidrigkeit der Ware kannte und nicht offenbarte oder sie kennen mußte. Über derartige Mängel braucht der Käufer den

Verkäufer nicht form- und fristgerecht zu unterrichten. Es wäre unbillig und mit den Grundsätzen redlichen Geschäftsverkehrs nicht vereinbar, den Käufer in dieser Situation an den Formalitäten der Mängelrüge festzuhalten.

Neben Art 40 bedeutet auch Art 44 eine Ausnahme von der Untersuchungs- und 2 Rügeobliegenheit. Ferner verwehrt es in Ausnahmefällen der Grundsatz von Treu und Glauben dem Verkäufer, sich auf die Art 38 und 39 zu berufen (vgl Art 38 Rn 26 u Art 39 Rn 18 f).

II. Entstehungsgeschichte

Die Vorschrift war in nahezu identischer Form als Art 40 im EKG enthalten. Die 3 minimalen Umformulierungen im Text sind ohne substantielle Bedeutung. Bei der Ausarbeitung des CISG war die Vorschrift zu keiner Zeit umstritten (vgl etwa UN-CITRAL-YB IV [1973] 49; auch BIANCA/BONELL/SONO Art 40 Bem 1. 1).

III. Voraussetzungen

Art 40 bezieht sich auf **alle Situationen, in denen** für den Käufer die Untersuchungs- 4 und Rügeobliegenheit nach **Art 38 und 39 gilt**. Für Rechtsmängel enthält Art 43 Abs 2 eine eigene Parallelvorschrift.

Der Käufer ist von seiner Rügeobliegenheit befreit, wenn der **Verkäufer die Ver-** 5 **tragswidrigkeit positiv kannte oder grob fahrlässig nicht kannte**. Es besteht weitgehende Einigkeit, daß die Formulierung „nicht in Unkenntnis sein konnte" mit grob fahrlässiger Unkenntnis gleichzusetzen ist (OLG Celle IHR 2004, 106; Schweizer Botschaft 793; ACHILLES Art 40 Rn 1; BAMBERGER/ROTH/SAENGER Art 40 Rn 2; BRUNNER Art 40 Rn 2; FERRARI For Int 1998, 243; HERBER/CZERWENKA Art 40 Rn 2; KIRCHER 57; LOEWE 61; Münch-KommBGB/GRUBER Art 40 Rn 3; REINHART Art 40 Rn 1; SCHLECHTRIEM Rn 156; SCHWIMANN/ POSCH Art 40 Rn 3; SOERGEL/LÜDERITZ/SCHÜSSLER-LANGEHEINE Art 40 Rn 2; zum EKG ebenso: BGH NJW 1989, 3097; **aA** – „mehr als grobe Fahrlässigkeit" – aber etwa SCHLECHTRIEM/SCHWEN-ZER/SCHWENZER Art 40 Rn 4). Die Konvention verwendet diese Formulierung nur, wenn sie einen höheren Verschuldensgrad als einfache Fahrlässigkeit, andererseits auch keine positive Kenntnis oder Vorsatz verlangt (s auch Art 8 Abs 1, 35 Abs 3, 42 Abs 1 u Abs 2 lit a). Die einfache Fahrlässigkeit bezeichnet sie dagegen durchgehend mit der Wendung „wissen/kennen mußte" (s Art 2 lit a, 9 Abs 2, 49 Abs 2 b i, 64 Abs 2 b i, 74, 79 Abs 4). Damit ist in Art 40 weniger gefordert als Arglist, wie sie § 377 Abs 5 HGB oder auch Art 203 OR voraussetzt. Andererseits reicht einfache Fahrlässigkeit nicht aus. So genügt es nicht schon für sich, daß der Verkäufer bei einer Art 38 entsprechenden Untersuchung (Ausgangskontrolle) die Mängel seiner Ware hätte erkennen können. Er ist auch noch nicht allein deshalb grob fahrlässig, weil er verpackte Ware als Zwischenverkäufer ohne eigene Untersuchung weiterliefert (OLG Oldenburg IHR 2001, 159). Wollte man das verlangen, dann liefe die Rügeobliegenheit des Käufers praktisch leer. Grob fahrlässige Unkenntnis liegt vielmehr erst dann vor, wenn der Verkäufer, zumal wenn er zugleich Hersteller ist, augenfällige und gravierende Mängel seiner Ware übersehen hat, die schon bei Anwendung einfachster Sorgfalt zu erkennen waren (ähnlich HONNOLD Rn 229; vgl auch Schiedsspruch v 5.6. 1998 des Schiedsgerichtsinstituts der Schwedischen Handelskammer CLOUT Nr 237: der Verkäufer einer Presse hatte den Käufer nicht darüber unterrichtet, daß er eine Platte ausgetauscht hatte, die beim Zusammenbau der Presse in bestimmter Weise montiert werden mußte. Wegen falscher Montage brach die Platte vier Jahre nach Lieferung. Art 40 angewendet; zum EKG: BGH aaO; OLG Hamm, in: SCHLECHTRIEM/MAGNUS Art 40 Nr 7; OLG Koblenz, in: SCHLECHTRIEM/MAGNUS Art 44 Nr 6). Insbesondere wenn die **Ware praktisch unbrauchbar oder unverkäuflich** ist, muß der Verkäufer das in der Regel erkennen (so zum EKG: OLG Hamm, in: SCHLECHTRIEM/MAGNUS Art 45 Nr 4). Das wird selbst bei Zwischenhändlern anzunehmen sein, die jedenfalls Stichproben – in der Regel auch bei original-verpackter Ware – zu nehmen haben. Auch wenn ein Handelsbrauch besteht, daß Ware eine bestimmte Beschaffenheit haben muß, und der Verkäufer diesen Handelsbrauch kennt, greift Art 40 ein (OGH IHR 2004, 25 [Handelsbrauch, daß Fisch aus laufendem Fang und nicht aus dem Vorjahr stammt]). Daß Ware wegen ihrer modischen Gestaltung am Sitz des Käufers nicht verkäuflich ist, braucht der Verkäufer aber nicht zu wissen (so zum EKG: LG Heidelberg, in: SCHLECHTRIEM/MAGNUS Art 39 Nr 21 – italienische Brillen ohne Nasenstege in Deutschland unverkäuflich). Als grob fahrlässige Unkenntnis hat die Rechtsprechung – noch zum EKG – etwa gewertet: den ständigen Einbau falscher Motoren in Elektrogeräte (ungeeignete ,Europa-Version' für US-Geräte: BGH aaO); das Übersehen zu kleiner Einschlupflöcher bei Schuhen, bei denen der Verkäufer keine Serienprobe durchgeführt hatte (OLG Hamm, in: SCHLECHTRIEM/MAGNUS Art 40 Nr 3); das Übersehen eines auffällig engen Taillenbundes bei Damenpullovern (OLG Hamm, in: SCHLECHTRIEM/MAGNUS Art 40 Nr 4). Positive Kenntnis ist insbesondere dann anzunehmen, wenn der Verkäufer Mängel seiner Ware absichtlich kaschiert hat zB verfärbte Autositze scheinbar zum Schutz mit sonst nicht üblicher Plastikfolie abgedeckt hat. Ferner muß der Verkäufer, der die Waren hergestellt hat, regelmäßig deren Konstruktionsfehler kennen. Auch die Lieferung nur halber Schuhpaare begründete keine grob fahrlässige Fehlerkenntnis, da der Verkäufer die zurückgehaltenen Exemplare als Herstellungsmuster benötigte und sie offenbar mit späteren Sendungen liefern wollte (LG München II IHR 2003, 24).

6 Auch bei **krassen aliud-Lieferungen** (Rasenmäher statt Kleidern) ist Art 40 anwendbar (OGH IHR 2001, 40 [41]). Doch wird dann häufig grob fahrlässige Unkenntnis des Verkäufers anzunehmen sein (BRUNNER Art 40 Rn 2 Fn 998; SOERGEL/LÜDERITZ/SCHÜSSLER-LANGEHEINE Art 35 Rn 5 f).

7 Die Kenntnis oder grob fahrlässige Unkenntnis des Verkäufers muß sich **auf diejenigen Tatsachen beziehen, auf denen die Vertragswidrigkeit beruht**. Grob fahrlässige Unkenntnis von falschen Typenschildern etwa schadet deshalb nicht, wenn der Mangel der falsch eingebaute Motor ist (so zum EKG: BGH aaO). Den Fehler in allen Einzelheiten (etwa Stückzahl etc) muß der Verkäufer nicht kennen; es genügt, daß ihm die Tatsachen, wie zB ungenügender Zuschnitt, bekannt oder grob fahrlässig entgangen sind, die zur Vertragswidrigkeit der konkreten Ware geführt haben (vgl auch BIANCA/BONELL/SONO Art 40 Bem 2.2). Auch wenn sich die Vertragswidrigkeit aus einem Handelsbrauch ergibt, den der Verkäufer kennt, genügt das für Art 40 (OGH Wien IHR 2004, 25).

8 Entscheidender Zeitpunkt für Kenntnis oder Kennenmüssen ist der **Zeitpunkt, zu dem die Ware dem Käufer zur Verfügung steht** (ebenso Schweizer Botschaft 793 f; ACHILLES Art 40 Rn 2; BAMBERGER/ROTH/SAENGER Art 40 Rn 3; ENDERLEIN/MASKOW/STROHBACH Art 40 Bem 2; HEILMANN 339 f; HERBER/CZERWENKA Art 40 Rn 4; LOEWE 61; REINHART Art 40 Rn 2; WITZ/SALGER/LORENZ Art 40 Rn 5). Denn das ist auch der Zeitpunkt, zu dem die Frist

für die Untersuchung beginnt, von der Art 40 gerade dispensiert. Nach **abweichender Ansicht** schadet dem Verkäufer auch noch später erlangte Kenntnis oder nachträgliche grob fahrlässige Unkenntnis (etwa SCHLECHTRIEM/SCHWENZER/SCHWENZER
Art 40 Rn 8 – Ende der Rügefrist maßgebend; ebenso MünchKommBGB/GRUBER Art 40 Rn 8;
MünchKommHGB/BENICKE Art 40 Rn 4; SOERGEL/LÜDERITZ/SCHÜSSLER-LANGEHEINE Art 40
Fn 1). Ist im Einzelfall späteres unredliches Verhalten des Verkäufers zu beurteilen,
dann ist insoweit – unabhängig vom Verstreichen der Rügefrist – auf Art 7 Abs 1
zurückzugreifen.

Die **Kenntnis oder grob fahrlässige Unkenntnis Dritter** muß sich der Käufer zurech- 9
nen lassen, wenn er die Dritten in seinem Risikobereich eingesetzt hat (ebenso
BRUNNER Art 40 Rn 2; SCHLECHTRIEM/SCHWENZER/SCHWENZER Art 40 Rn 6; HERBER/CZER-
WENKA Art 40 Rn 5; LOEWE 61; REINHART Art 40 Rn 2; SOERGEL/LÜDERITZ/SCHÜSSLER-LANGE-
HEINE Art 40 Rn 3; ebenso zum EKG: OLG Hamm, in: SCHLECHTRIEM/MAGNUS Art 40 Nr 7; OLG
Koblenz, in: SCHLECHTRIEM/MAGNUS Art 40 Nr 9). Ein Rückgriff auf nationales Recht ist
für die Zurechnung von Gehilfenverhalten und -kenntnis weder notwendig noch
zulässig (so im Ergebnis OLG Koblenz aaO; **anders** aber wohl OLG Hamm aaO). Vielmehr
sind die zu Art 79 Abs 2 entwickelten Grundsätze heranzuziehen (ebenso LOEWE 61;
SCHWIMANN/POSCH Art 40 Rn 5; WITZ/SALGER/LORENZ Art 40 Rn 4).

Aus der Schlußklausel des Art 40 „die er dem Käufer nicht offenbart hat" wird zT 10
eine eigene Offenbarungspflicht des Verkäufers gefolgert (ENDERLEIN/MASKOW/STROH-
BACH Art 40 Bem 1; REINHART Art 40 Rn 2; SCHWIMANN/POSCH Art 40 Rn 4; aus der EKG-Recht-
sprechung: OLG Hamm, in: SCHLECHTRIEM/MAGNUS Art 40 Nr 6). Indessen ist der Verkäufer
keineswegs verpflichtet, Mängel mitzuteilen. Die Schlußklausel ist dahin zu verste-
hen, daß **Art 40 nicht eingreift, wenn der Verkäufer ihm bekannte Mängel oder zu
Mängeln führende Tatsachen dem Käufer spätestens bei Übergabe der Ware mitteilt.**
Dann verbleibt es bei den üblichen Rügeformalitäten nach Art 38 und 39, die der
Käufer einhalten muß, wenn er seine Rechte wahren will (ebenso BAMBERGER/ROTH/
SAENGER Art 40 Rn 4; HERBER/CZERWENKA Art 40 Rn 3; ähnlich SCHLECHTRIEM/SCHWENZER/
SCHWENZER Art 40 Rn 7; s auch OLG Rostock IHR 2003, 19 [Art 40 scheidet aus, wenn Verkäufer
auf Mehrlieferung in Rechnung offen hinweist]). Hatte der Verkäufer die Mängel schon bei
Vertragsschluß offenbart, so entfällt seine Haftung (Art 35 Abs 3). Allerdings kann
den Verkäufer die Pflicht treffen, relevante Änderungen in der Konstruktion oder
Zusammensetzung solcher Waren mitzuteilen, die er seit längerem geliefert und auf
die sich der Käufer eingestellt hat. Diese Pflicht folgt jedoch nicht aus Art 40, sondern
aus der allgemeinen Kooperationspflicht, die sich aus Art 7 herleitet (s Art 7 Rn 47).

IV. Rechtsfolgen

Sind die Voraussetzungen des Art 40 erfüllt, dann kann der Käufer seine Mängel- 11
rechte geltend machen, auch wenn er die Untersuchung der Ware und eine Mängelanzeige verspätet vorgenommen oder ganz unterlassen hat. Er ist **weder an die
übliche Rügefrist noch an die Zweijahresfrist in Art 39 Abs 2 gebunden** (ACHILLES
Art 40 Rn 3; BIANCA/BONELL/SONO Art 40 Bem 2.2; HERBER/CZERWENKA Art 40 Rn 6). Es gilt
die nach dem anwendbaren Verjährungsrecht maßgebliche Frist. Ist deutsches
Recht berufen, dann kommt gem Art 3 VertragsG § 438 Abs 3 BGB mit der Maßgabe zum Zug, daß die Regelverjährung des § 195 nicht nur bei Arglist, sondern
auch schon gilt, wenn der Verkäufer die Vertragswidrigkeit kannte oder über sie

nicht in Unkenntnis sein konnte (s näher MAGNUS RiW 2002, 577 ff sowie unten Anh I zum CISG Art 3 VertragsG).

12 Auch wenn die Vertragsparteien eine **bestimmte Frist oder Form für die Mängelanzeige vereinbart** haben, greift Art 40 ein und erübrigt für den Käufer deren Einhaltung (BIANCA/BONELL/SONO Art 40 Bem 2.2).

V. Beweisfragen

13 Den Käufer, der noch verspätet Mängelrechte geltend machen will, trifft grundsätzlich die Beweislast (s BGH NJW 2004, 3181 = IHR 2004, 201). Er hat nachzuweisen, daß eine offenkundig nicht zu übersehende Vertragswidrigkeit vorlag; er hat ferner substantiiert Tatsachen darzulegen, warum der Verkäufer den Mangel kannte oder kennen mußte. Den Verkäufer trifft dann jedoch die Beweislast dafür, daß er die Tatsachen, auf denen die Vertragswidrigkeit beruht, weder kannte noch kennen mußte, denn die Vertragswidrigkeit stammt aus seinem Bereich (HERBER/CZERWENKA Art 40 Rn 7 unter Berufung auf BGH NJW 1989, 3097 [3098]; jedenfalls für Erleichterung der Beweislast des Käufers bei unzumutbaren Beweisschwierigkeiten oder größerer Beweisnähe des Verkäufers: BGH NJW 2004, 3181 = IHR 2004, 201). Nach **aA** hat der Käufer dem Verkäufer die Bösgläubigkeit in vollem Umfang nachzuweisen (BAUMGÄRTEL/LAUMEN/ HEPTING Art 40 Rn 1; HEUZÉ Rn 310; SCHLECHTRIEM/SCHWENZER/SCHWENZER Art 40 Rn 12; wohl auch La San Giuseppe v Forti Moulding Ltd, [31. 8. 1999, Ontario Superior Court of Justice] IHR 2001, 46; OLG Karlsruhe BB 1998, 393; OLG München TranspR-IHR 1999, 20; Arrondissements-rechtbank Roermond 19.12.1991, CISG-online Nr 29). Soweit sich der Verkäufer darauf beruft, daß er die Vertragswidrigkeit offenbart habe, ist er beweispflichtig (ebenso BAUMGÄRTEL/LAUMEN/HEPTING Art 40 Rn 4; SCHLECHTRIEM/SCHWENZER/SCHWENZER aaO).

Art 41 [Rechtsmängel]

Der Verkäufer hat Ware zu liefern, die frei von Rechten oder Ansprüchen Dritter ist, es sei denn, daß der Käufer eingewilligt hat, die mit einem solchen Recht oder Anspruch behaftete Ware zu nehmen*. Beruhen jedoch solche Rechte oder Ansprüche auf gewerblichem oder anderem geistigen Eigentum, so regelt Artikel 42 die Verpflichtung des Verkäufers.

Art 41

The seller must deliver goods which are free from any right or claim of a third party, unless the buyer agreed to take the goods subject to that right or claim. However, if such right or claim is based on industrial property or other intellectual property, the seller's obligation is governed by article 42.

Art 41

Le vendeur doit livrer les marchandises libres de tout droit ou prétention d'un tiers, à moins que l'acheteur n'accepte de prendre les marchandises dans ces conditions. Toutefois, si ce droit ou cette prétention est fondé sur la propriété industrielle ou autre propriété intellectuelle, l'obligation du vendeur est régie par l'article 42.

---

* Österreich, Schweiz: belastete Ware anzunehmen.

Schrifttum

PRAGER, Verkäuferhaftung und ausländische
gewerbliche Schutzrechte (1987)
SU YINGXIA, Die Rechtsmängelhaftung des
Verkäufers nach UN-Kaufrecht und im chinesischen Recht, IPRax 1997, 284
dies, Die Rechtsmängelhaftung des Verkäufers
nach UN-Kaufrecht im Vergleich mit dem chinesischen Vertragsgesetz, ZVglRWiss 102
(2003) 101

WOLFF, Die Rechtsmängelhaftung nach dem
Uniform Commercial Code und dem UN-
Kaufrecht (Diss Bonn 1990)
ZHANG, Die Rechtsmängelhaftung des Verkäufers nach UN-Kaufrecht. Im Vergleich mit
deutschem, englischem, US-amerikanischem
und Haager Einheitlichem Kaufrecht (Diss Tübingen 1994).

Systematische Übersicht

Alphabetische Übersicht

I.   Regelungsgegenstand und Normzweck

1 Die Vorschrift behandelt den **Komplex der Rechtsmängel**. Nach Art 30 hat der Verkäufer dem Käufer das Eigentum an der Ware zu übertragen, wobei die Form der Übertragung dem anwendbaren nationalen Recht überlassen bleibt (Art 4 lit b). Art 41 legt die weitere Pflicht des Verkäufers fest, auch von Rechtsmängeln freie Ware zu liefern. Soweit es allerdings um Drittrechte aus gewerblichem oder anderem geistigen Eigentum geht, greift die dem Verkäufer günstigere Regelung des Art 42 ein.

2 Die **Rechtsfolgen rechtsmangelhafter Lieferung** ergeben sich aus den Art 45 ff. Voraussetzung eines Anspruchs ist aber stets, daß der Käufer seine Rügeobliegenheit nach Art 43 eingehalten hat oder insoweit gem Art 44 entschuldigt ist.

II.   Entstehungsgeschichte

3 Das EKG enthielt einen eigenen Abschnitt unter dem mißverständlichen Titel „Übertragung des Eigentums", der die Rechte des Käufers rechtsmängelbehafteter Ware regelte (Art 52 u 53 EKG). Der Sache nach war der Verkäufer ebenfalls zur rechtsmängelfreien Lieferung verpflichtet (vgl DÖLLE/NEUMAYER Art 52 Rn 1, 5 ff). Allerdings setzte Art 52 Abs 1 EKG diese Pflicht implizit voraus und fixierte nur die Rügeobliegenheit des Käufers. Unter diese Regelung fielen auch Drittrechte aus Immaterialgüterrechten (OLG Düsseldorf, in: SCHLECHTRIEM/MAGNUS Art 52 Nr 1, Geschmacksmusterrecht).

4 Als Rechtsfolge räumte das EKG nur einen Schadensersatzanspruch und – bei wesentlicher Vertragsverletzung – die Vertragsaufhebung ein (Art 52 Abs 2 u 3, Art 53).

5 Die UNCITRAL-Vorarbeiten führten zunächst zur Klarstellung, daß der Verkäufer zur rechtsmangelfreien Lieferung verpflichtet ist (Art 25 Genfer Entwurf), während immaterialgüterrechtliche Ansprüche ganz ausgeklammert werden sollten (so Art 7

Abs 2 Genfer Entwurf). Der Wiener Entwurf von 1977 nahm dann jedoch sachlich den jetzigen Art 42 CISG auf und führte erstmals eine Differenzierung zwischen Rechtsmängeln und der Belastung mit gewerblichen Schutzrechten ein (Art 25 u 26 Wiener Entwurf). Für Drittrechte aufgrund immaterialgüterrechtlicher Positionen sollte der Verkäufer nicht so weitgehend haften wie für sonstige Rechtsmängel (vgl UNCITRAL YB VIII [1977] 40 f). Ferner war der jetzige Art 43 lediglich als Teil der jeweiligen Grundregelung (Art 25 Abs 2, Art 26 Abs 3) vorgesehen.

Auf der diplomatischen Konferenz von 1980 war die Vorschrift umstritten. Ein **6** Vorstoß Nigerias, Rechtsmängel und Schutzrechte wieder in einer gemeinsamen Vorschrift zu regeln und die Unterscheidung zwischen ihnen einzuebnen (vgl A/Conf 97/C1/L159 Off Rec 109, 324) fand keine Zustimmung und wurde zurückgezogen (Off Rec 324). Auf Ablehnung stieß auch der norwegische Antrag (A/Conf 97/C1/L77 Off Rec 109), ausdrücklich die Anwendbarkeit der – jetzigen – Art 45-51 anzuordnen (Off Rec 327). Ein kanadischer Antrag (A/Conf 97/C1/L128, Off Rec 109), ein Nacherfüllungsrecht vorzusehen, fand der Sache nach Zustimmung, wurde aber zurückgestellt (Off Rec 327) und bei der späteren Erörterung der Rechtsbehelfe als Sonderregelung für Rechtsmängel nicht mehr weiterverfolgt (Off Rec 341).

III. Grundsatz

Der Verkäufer begeht eine **Vertragsverletzung, wenn er Ware liefert, an der Rechte** **7** **Dritter bestehen oder geltend gemacht werden.** Auf ein Verschulden des Verkäufers oder gar vorherige Kenntnis der Rechtsmängel kommt es – anders als in Art 42 Abs 1 – nicht an. Der Verkäufer muß ohne weiteres dafür einstehen, daß die Ware frei von Rechten und Ansprüchen Dritter ist (s aus der Rspr etwa LG Freiburg IHR 2003, 22). Er schuldet also nicht nur die Verschaffung des Eigentums, sondern auch störungsfreien Besitz der Ware (SCHLECHTRIEM/SCHWENZER/SCHWENZER Art 41 Rn 9; HERBER/CZERWENKA Art 41 Rn 5; KAROLLUS 123; LOEWE, Kaufrecht 61).

Voraussetzung eines Anspruchs nach Art 41 und 42 ist aber stets, daß der Käufer die **8** Rügeobliegenheit nach Art 43 erfüllt hat – oder nach Art 44 entlastet ist. Eine Untersuchungsobliegenheit – wie für Sachmängel nach Art 38 – trifft ihn dagegen nicht, da Rechtsmängel gewöhnlich nicht äußerlich erkennbar sind, sondern vom Verhalten Dritter abhängen (vgl näher Art 43 Rn 8).

IV. Voraussetzungen der Haftung für Rechtsmängel

1. Rechte Dritter

Der Verkäufer hat seine Lieferpflicht nicht erfüllt, wenn an der Ware Rechte **9** Dritter bestehen. Mit „Recht" („right", „droit") meint Art 41 **tatsächlich bestehende** **Rechte** im Gegensatz zu lediglich behaupteten Ansprüchen („claim", „prétention"; vgl zu letzteren unten Rn 15 ff). Ob Drittrechte bestehen oder etwa durch gutgläubigen Erwerb des Käufers untergegangen sind, ist zuvor nach dem anwendbaren nationalen Sachenrecht des mit der Sache befassten Gerichts, in der Regel nach der lex rei sitae (Art 43 ff EGBGB) zu beantworten (aA – IPR des Belegenheitsortes entscheidet – MünchKommHGB/BENICKE Art 41 Rn 3).

10 Als „Rechte" erfaßt die Vorschrift **alle Eigentums-, Besitz-, Sicherungs- oder Nutzungsrechte, die einem Dritten mit Wirkung gegen den Käufer zustehen** (vgl aus der Rspr LG Freiburg IHR 2003, 22 [Verkauf eines gestohlenen Pkw berechtigt zur Vertragsaufhebung, da wesentliche Verletzung der Übereignungspflicht]; ferner ACHILLES Art 41 Rn 2; SCHLECHTRIEM/ SCHWENZER/SCHWENZER Art 41 Rn 4; ENDERLEIN/MASKOW/STROHBACH Art 41 Bem 2; HERBER/ CZERWENKA Art 41 Rn 3; LOEWE, Kaufrecht 62; MünchKommBGB/GRUBER Art 41 Rn 4; Münch-KommHGB/BENICKE Art 41 Rn 2; PILTZ, Internationales Kaufrecht § 5 Rn 95; SOERGEL/LÜDERITZ/ SCHÜSSLER-LANGEHEINE Art 41 Rn 3). Ausgenommen sind lediglich Rechte oder Ansprüche, die sich aus immaterial- güterrechtlichen Positionen Dritter ergeben. Insoweit gilt ausschließlich Art 42 (vgl die Erläuterungen dort).

11 In der Regel wird es sich für Art 41 um dingliche Rechte iS des deutschen Sachenrechts handeln, doch kommen **auch schuldrechtliche Ansprüche** in Betracht, **soweit sie gegenüber dem Käufer wirken** (ACHILLES Art 41 Rn 2 f; BAMBERGER/ROTH/SAENGER Art 41 Rn 3; SCHLECHTRIEM/SCHWENZER/SCHWENZER, ENDERLEIN/MASKOW/STROHBACH, HERBER/CZERWENKA, LOEWE, PILTZ, SOERGEL/LÜDERITZ/SCHÜSSLER-LANGEHEINE, alle aaO; **aA** offenbar Sekretariatskommentar Art 39 Bem 5: nur dingliche Rechte). „Rechte" Dritter können sich damit insbes aus Sicherungseigentum, (auch besitzlosen) Pfandrechten, Zurückbehaltungsrechten, Lösungsrechten, Verfolgungsrechten, aber auch aus Miete, Pacht, Leasing etc ergeben. Allerdings greift Art 41, wie eher selbstverständlich ist, nicht ein, wenn der Käufer schon vor Lieferung Dritten Rechte, etwa Sicherungsrechte an der zu erwerbenden Ware bestellt hat (so auch SCHLECHTRIEM/SCHWENZER/SCHWENZER Art 41 Rn 13).

12 Auch **Anfechtungsrechte** konkursrechtlicher oder sonstiger Art (zB nach dem Anfechtungsgesetz) sowie **Haftungserstreckungen** etwa wegen Vermögensübernahme gem § 1409 ABGB werden hierher gerechnet (SCHLECHTRIEM/SCHWENZER/SCHWENZER Art 41 Rn 4; KAROLLUS 123; SCHWIMANN/POSCH Art 41 Rn 3).

13 **Öffentlich-rechtliche Verfügungs- oder Nutzungsbeschränkungen, Beschlagnahmen etc** erfaßt Art 41 – vorbehaltlich abweichender Parteivereinbarung – **grundsätzlich nicht.** Die Vorschrift meint, wie der englische Wortlaut („right of a third party") am deutlichsten zeigt, nur Rechte und Ansprüche privater Dritter (ebenso Sekretariatskommentar Art 39 Bem 5; ACHILLES Art 41 Rn 2; BRUNNER Art 41 Rn 2; HERBER/CZERWENKA Art 41 Rn 4; MünchKommBGB/GRUBER Art 41 Rn 13 ff; PILTZ, Internationales Kaufrecht § 5 Rn 94; SCHLECHTRIEM, UN-Kaufrecht 63; **aA** ENDERLEIN/MASKOW/STROHBACH Art 41 Bem 2; HUBER RabelsZ 43 [1979] 501; WELSER, in: DORALT 114; teilw **anders** SCHLECHTRIEM/SCHWEN-ZER/SCHWENZER Art 41 Rn 6 f: Steuern und Zölle sowie Beschlagnahmen seien Rechtsmängel; ebenso WITZ/SALGER/LORENZ Art 41 Rn 9; ähnlich SU YINGXIA IPRax 1997, 286). Führt die Beschaffenheit der Ware (zB ihre Gesundheitsgefährlichkeit) zu einem öffentlich-rechtlichen Eingriff, dann kann die Ware uU als vertragswidrig iS des Art 35 anzusehen sein (vgl dazu BGHZ 129, 75 und OLG Frankfurt RiW 1994, 593 [im konkreten Fall keine Vertragswidrigkeit wegen Beschlagnahme der Ware im Importland auf Grund dort geltender Vorschriften]; ebenso Audiencia Provincial de Granada IHR 2002, 82 [ukrainisches Einfuhr- und Vermarktungsverbot für spanisches Hähnchenfleisch keine Vertragswidrigkeit]; s auch BAMBERGER/ ROTH/SAENGER Art 41 Rn 4). Der Verkäufer muß dann für die Vertragswidrigkeit haften, sofern der Käufer ordnungsgemäß rügt und nicht Art 79 eingreift.

14 Welche Partei **unerwartete Zölle oder Steuern** zu zahlen hat, ist keine Frage der

Rechtsmängelhaftung, sondern richtet sich nach den Regeln über die Lastentragung, die im Grundsatz den Regeln über den Gefahrübergang folgt (vgl Vorbem 10 zu Art 66 ff).

2.   Ansprüche Dritter

Art 41 greift nicht nur ein, wenn ein Dritter berechtigte Ansprüche gegen den **15** Käufer geltend macht, sondern auch dann, wenn es sich um **unberechtigte Forderungen** handelt, ein Dritter also Rechte oder Ansprüche behauptet, die in Wirklichkeit nicht bestehen (Sekretariatskommentar Art 39 Bem 3 f; ACHILLES Art 41 Rn 4; BAMBERGER/ROTH/SAENGER Art 41 Rn 5; BIANCA/BONELL/DATE-BAH Art 41 Bem 2. 1; SCHLECHTRIEM/SCHWENZER/SCHWENZER Art 41 Rn 9 f; ENDERLEIN/MASKOW/STROHBACH Art 41 Bem 4; HERBER/CZERWENKA Art 41 Rn 5; MünchKommHGB/BENICKE Art 41 Rn 6; PILTZ, Internationales Kaufrecht § 5 Rn 98; REINHART Art 41 Rn 2). Art 41 will den Käufer schon davor schützen, sich mit vermeintlichen Rechtsinhabern um die Ware streiten zu müssen, weil solche Auseinandersetzungen in aller Regel eine erhebliche Belastung bedeuten (Sekretariatskommentar Art 39 Bem 3; HONNOLD Rn 266: Der Käufer wolle gewöhnlich keinen Rechtsstreit kaufen; PILTZ, Internationales Kaufrecht § 5 Rn 97). § 435 BGB erfaßt diese Fälle dagegen nicht.

Nach verbreiteter Ansicht soll Art 41 allerdings ausscheiden, soweit der Dritte **16** einen **offensichtlich unbegründeten** („frivolous") **Anspruch** erhebt (Sekretariatskommentar Art 39 Bem 4; HERBER/CZERWENKA Art 41 Rn 6; PRAGER 72; SCHLECHTRIEM, UN-Kaufrecht 63; SCHWIMANN/POSCH Art 41 Rn 4; wohl auch ACHILLES Art 41 Rn 3; ENDERLEIN/MASKOW/STROHBACH Art 41 Bem 4).

Nach zutreffender Ansicht kommt es dagegen **nicht auf die** – schwer abzugrenzende **17** – **Leichtfertigkeit der Anspruchsverfolgung** an (BAMBERGER/ROTH/SAENGER Art 41 Rn 5; SCHLECHTRIEM/SCHWENZER/SCHWENZER Art 41 Rn 10; HONNOLD Rn 266; MünchKommBGB/GRUBER Art 41 Rn 8; MünchKommHGB/BENICKE Art 41 Rn 7 f). Maßgebend ist vielmehr allein, ob der Dritte behauptet, daß durch den Verkauf sein Recht verletzt worden sei. Es fällt dann in die Haftungs- und Risikosphäre des Verkäufers, sich mit dem Dritten auseinanderzusetzen. Bedeutung hat dieser Anspruch insbes auch für den Ersatz von Rechtsverfolgungskosten (ebenso MünchKommHGB/BENICKE aaO; WITZ/SALGER/LORENZ Art 41 Rn 7).

Allerdings kann es die nach Art 86 gebotene **Erhaltungspflicht** sowie die aus Treu **18** und Glauben folgende **Kooperationspflicht** der Parteien verlangen, daß der Käufer etwa eilige Verteidigungsmaßnahmen selbst ergreift, um das Interesse des Verkäufers zu wahren (vgl auch Art 86 Rn 13).

Der Verkäufer hat nicht nur Ware zu liefern, die frei von Rechten und Ansprüchen **18a** Dritter ist, sondern die auch nicht mit **eigenen vertragswidrigen Rechten und Ansprüchen des Verkäufers** belastet ist. Andernfalls liegt auch darin eine Vertragswidrigkeit und ein Rechtsmangel (s etwa OGH ZfRV 1996, 248 [Verkäufer macht nachträglich zur Bedingung, daß Ware nicht in die Benelux-Staaten weiterverkauft werden soll]; ferner BAMBERGER/ROTH/SAENGER Art 41 Rn 6; HONSELL/MAGNUS Art 41 Rn 5; SCHLECHTRIEM/SCHWENZER/SCHWENZER Art 41 Rn 14; WITZ/SALGER/LORENZ Art 41 Rn 8; ZHANG 79). Umgekehrt begeht der Käufer eine – uU sogar wesentliche – Vertragswidrigkeit, wenn er Rechte

Dritter oder des Verkäufers zu Unrecht bestreitet (vgl Roder Zelt- und Hallenkonstruktionen GmbH v Rosedown Park Pty Ltd and Reginald Eustace 28. 4. 1995, CLOUT Nr 308).

3. Maßgebender Zeitpunkt

19 Grundsätzlich darf die Ware **im Zeitpunkt ihrer Lieferung nicht** mit vertragswidrigen Rechten oder Ansprüchen Dritter **belastet** sein (ebenso ACHILLES Art 41 Rn 5; SCHLECHTRIEM/SCHWENZER/SCHWENZER Art 41 Rn 15; ENDERLEIN/MASKOW/STROHBACH Art 41 Bem 5; HERBER/CZERWENKA Art 41 Rn 8; PILTZ, Internationales Kaufrecht § 5 Rn 96). Doch greift Art 41 auch ein, wenn der Dritte nach diesem Zeitpunkt behauptet, der Verkauf habe sein Recht beeinträchtigt (ähnlich SCHLECHTRIEM/SCHWENZER/SCHWENZER aaO).

20 Auf den Zeitpunkt des Vertragsschlusses kommt es dagegen nicht an (SCHLECHTRIEM/SCHWENZER/SCHWENZER Art 41 Rn 16; SCHWIMANN/POSCH Art 41 Rn 5; **aA** Schweizer Botschaft 794).

V. Ausschluß der Haftung

1. Durch Vereinbarung

21 Die Parteien können durch ausdrückliche Vereinbarung **die Rechtsmängelhaftung** des Verkäufers **ausschließen oder begrenzen** (Art 6). Die Wirksamkeit einer solchen Abrede richtet sich nach dem anwendbaren nationalen Recht (Art 4 lit a), wobei der Prüfungsmaßstab uU wieder dem CISG zu entnehmen ist (vgl näher Art 4 Rn 20, 26). In diesem Fall widerspricht ein vollständiger Haftungsausschluß nicht den Grundwertungen des CISG, da nach Art 41 S 1 die Rechtsmängelhaftung bei Einwilligung des Käufers entfällt (vgl die folgende Rn).

2. Einwilligung

22 Die Haftung des Verkäufers entfällt auch, wenn der Käufer **eingewilligt** hat, **die Ware mit dem Rechtsmangel abzunehmen.** Die Einwilligung erfordert eine mit Bindungswillen abgegebene Erklärung (vgl auch Art 14 Abs 1 S 1), die in jeder Form, also auch stillschweigend, und zu jeder Zeit, also auch nach Vertragsschluß erfolgen kann (Sekretariatskommentar Art 39 Bem 2; SCHLECHTRIEM/SCHWENZER/SCHWENZER Art 41 Rn 17 f; HERBER/CZERWENKA Art 41 Rn 9; PILTZ, Internationales Kaufrecht § 5 Rn 99; WELSER, in: DORALT 114). Die Kenntnis oder grob fahrlässige Unkenntnis des Rechtsmangels schadet dem Käufer – anders als bei der Sachmängelhaftung (Art 35 Abs 2) – nicht (Sekretariatskommentar Art 39 Bem 2; BAMBERGER/ROTH/SAENGER Art 41 Rn 9; SCHLECHTRIEM/SCHWENZER/SCHWENZER Art 41 Rn 17; HERBER/CZERWENKA aaO; KAROLLUS 123; PILTZ aaO; REINHART Art 41 Rn 5). Nimmt der Käufer Ware etwa in Kenntnis des Rechtsmangels vorbehaltlos ab, dann liegt darin allein noch kein Grund, die Haftung des Verkäufers auszuschließen (BAMBERGER/ROTH/SAENGER Art 41 Rn 9; SCHLECHTRIEM/SCHWENZER/SCHWENZER Art 41 Rn 18; MünchKommHGB/BENICKE Art 41 Rn 12; **aA** aber ENDERLEIN/MASKOW/STROHBACH Art 41 Bem 3; LÜDERITZ, in: SCHLECHTRIEM, Fachtagung 187; REINHART Art 41 Rn 6). Es muß sich aus weiteren **Indizien** ergeben, **daß der Käufer damit einverstanden ist, daß die Ware einen Rechtsmangel aufweist,** für den der Verkäufer nicht haften soll (ebenso BAMBERGER/ROTH/SAENGER aaO; MünchKommBGB/GRUBER Art 41 Rn 20;

MünchKommHGB/Benicke aaO; ähnlich Schlechtriem/Schwenzer/Schwenzer aaO; wohl auch Loewe, Kaufrecht 62; Schlechtriem, UN-Kaufrecht 62 N 276: billigende Entgegennahme in Kenntnis des Mangels; aA aber Enderlein/Maskow/Strohbach aaO).

VI. Rechtsfolgen

Die Lieferung rechtsmangelhafter Ware ist eine Vertragsverletzung, für die dem **23** Käufer **die allgemeinen Behelfe der Art 45 ff** zustehen. In erster Linie hat der Käufer einen **Erfüllungsanspruch** nach Art 46. Für Rechtsmängel gilt nach überwiegender und mE zutreffender Ansicht nur Art 46 Abs 1. Der Käufer kann Befreiung von dem Drittrecht oder Lieferung einer rechtsmangelfreien Ersatzsache deshalb ohne die Einschränkungen des Art 46 Abs 2 oder 3 verlangen (vgl eingehend mit Nachweisen Art 46 Rn 15 ff). Nur wenn die Behebung des Rechtsmangels auf diesen Wegen objektiv unmöglich ist, scheidet auch ein Erfüllungsanspruch aus (dazu Art 46 Rn 17).

Die **Vertragsaufhebung** kann der Käufer erklären, wenn der **Rechtsmangel** der Ware **24** als **wesentliche Vertragsverletzung** anzusehen ist. Das ist etwa der Fall, wenn der Käufer die Ware sofort herausgeben oder ihre Nutzung unterlassen muß (ebenso Achilles Art 41 Rn 7; Schlechtriem/Schwenzer/Schlechtriem Art 25 Rn 20; Schlechtriem/ Schwenzer/Schwenzer Art 41 Rn 21). Ist es dem Käufer dagegen möglich und zuzumuten, das Drittrecht – etwa durch Zahlung – abzulösen, dann wird die Vertragsaufhebung in der Regel ausscheiden und nur ein Schadensersatzanspruch in Betracht kommen (vgl die in der vorigen N zitierten).

Schadensersatz kann der Käufer, wie bei sonstigen Vertragsverletzungen, stets be- **25** anspruchen (Art 45 Abs 1 lit b). Zum ersatzfähigen Schaden gehören insbes die Aufwendungen für die Ablösung des Drittrechts (Audit 112), aber auch die Kosten einer angemessenen Rechtsverteidigung (zur letzteren ebenso Schlechtriem/Schwenzer/ Schwenzer Art 41 Rn 21; vgl auch die Erläuterungen zu Art 74 Rn 51 f). Eine Entlastung des Verkäufers kommt nur unter den Voraussetzungen des Art 79 in Betracht (aA – Art 79 greife nicht ein, da die Rechtmängelhaftung Garantiehaftung sei – MünchKommHGB/ Benicke Art 41 Rn 9 f).

Schließlich ist der Käufer rechtsmangelhafter Ware auch zur **Minderung** berechtigt **26** (Herber/Czerwenka Art 41 Rn 10; Reinhart Art 50 Rn 2; aA Piltz, Internationales Kaufrecht § 5 Rn 126; offengelassen bei Schlechtriem/Schwenzer/Schwenzer Art 41 Rn 21; näher zum Ganzen Art 50 Rn 9 f).

Nationale Regeln, die bei Rechtsmängeln etwa die **Vertragsnichtigkeit** vorsehen, eine **27** **Anfechtung** zulassen **oder sonstige Rechte gewähren**, scheiden neben den Behelfen der Konvention aus (ebenso Achilles Art 41 Rn 8; Schlechtriem/Schwenzer/Schwenzer Art 41 Rn 22; Schlechtriem CornellIntLJ 21 [1988] 474; Witz/Salger/Lorenz Art 41 Rn 14). Dagegen bleiben Behelfe des nationalen Rechts vorbehalten, die an besonders vorwerfbares Verhalten (Arglist, Betrug etc) anknüpfen (vgl die in der vorigen N zitierten).

Die **Verjährung der Rechtsmängelansprüche** richtet sich nach dem anwendbaren **28** vereinheitlichten oder nationalen Verjährungsrecht (vgl näher Magnus RiW 2002, 581 f; Piltz, Internationales Kaufrecht § 5 Rn 129 u Art 3 Vertragsgesetz Rn 5). Die **Ausschlußfrist**

des Art 39 Abs 2 gilt weder direkt noch analog für die Rechtsmängelhaftung (ebenso
SCHLECHTRIEM Rn 167).

VII. Beweisfragen

29 Der Käufer ist dafür darlegungs- und beweispflichtig, daß ein Dritter Rechte oder
Ansprüche bezüglich der Ware geltend macht. Der Verkäufer hat dagegen die
Einwilligung des Käufers in den Rechtsmangel zu beweisen (ebenso ACHILLES Art 41
Rn 9; SCHLECHTRIEM/SCHWENZER/SCHWENZER Art 41 Rn 25; wohl auch BAUMGÄRTEL/LAUMEN/
HEPTING Art 41 Rn 7).

Art 42 [Belastung mit Schutzrechten Dritter]

**(1) Der Verkäufer hat Ware zu liefern, die frei von Rechten oder Ansprüchen
Dritter ist, die auf gewerblichem oder anderem geistigen Eigentum beruhen und
die der Verkäufer bei Vertragsabschluß kannte oder über die er nicht in Unkenntnis
sein konnte, vorausgesetzt, das Recht oder der Anspruch beruht auf gewerblichem
oder anderem geistigen Eigentum**

**a) nach dem Recht des Staates, in dem die Ware weiterverkauft oder in dem sie in
anderer Weise verwendet wird,* wenn die Parteien bei Vertragsschluß in Betracht gezogen haben, daß die Ware dort weiterverkauft oder verwendet werden
wird, oder**

**b) in jedem anderen Falle nach dem Recht des Staates, in dem der Käufer seine
Niederlassung hat.**

(2) Die Verpflichtung des Verkäufers nach Absatz 1 erstreckt sich nicht auf Fälle,

**a) in denen der Käufer im Zeitpunkt des Vertragsabschlusses das Recht oder den
Anspruch kannte oder darüber nicht in Unkenntnis sein konnte, oder**

**b) in denen das Recht oder der Anspruch sich daraus ergibt, daß der Verkäufer
sich nach technischen Zeichnungen, Entwürfen, Formeln oder sonstigen Angaben gerichtet hat, die der Käufer zur Verfügung gestellt hat.**

Art 42

(1) The seller must deliver goods which are free
from any right or claim of a third party based on
industrial property or other intellectual property, of which at the time of the conclusion of the
contract the seller knew or could not have been
unaware, provided that the right or claim is
based on industrial property or other intellectual property:

(a) under the law of the State where the goods
will be resold or otherwise used, if it was
contemplated by the parties at the time of
the conclusion of the contract that the

Art 42

1) Le vendeur doit livrer les marchandises libres
de tout droit ou prétention d'un tiers fondé sur
la propriété industrielle ou autre propriété intellectuelle, qu'il connaissait ou ne pouvait ignorer au moment de la conclusion du contrat, à
condition que ce droit ou cette prétention soit
fondé sur la propriété industrielle ou autre propriété intellectuelle:

a) en vertu de la loi de l'Etat où les marchandises doivent être revendues ou utilisées, si
les parties ont envisagé au moment de la
conclusion du contrat que les marchandises

---

* Schweiz: oder verwendet werden soll.

goods would be resold or otherwise used in that State; or

(b) in any other case, under the law of the State where the buyer has his place of business.

(2) The obligation of the seller under the preceding paragraph does not extend to cases where:

(a) at the time of the conclusion of the contract the buyer knew or could not have been unaware of the right or claim; or

(b) the right or claim results from the seller's compliance with technical drawings, designs, formulae or other such specifications furnished by the buyer.

seraient revendues ou utilisées dans cet Etat; ou

b) dans tous les autres cas, en vertu de la loi de l'Etat où l'acheteur a son établissement.

2) Dans les cas suivants, le vendeur n'est pas tenu de l'obligation prévue au paragraphe précédent:

a) au moment de la conclusion du contrat, l'acheteur connaissait ou ne pouvait ignorer l'existence du droit ou de la prétention; ou

b) le droit ou la prétention résulte de ce que le vendeur s'est conformé aux plans techniques, dessins, formules ou autres spécifications analogues fournis par l'acheteur.

Schrifttum

Wie zu Art 41; ferner:
LANGENECKER, UN-Einheitskaufrecht und Immaterialgüterrechte. Die Rechtsmängelhaftung bei internationalen Kaufverträgen nach dem UN-Kaufrechtsübereinkommen unter besonderer Berücksichtigung von Immaterialgüterrechten, Rechtswissenschaftliche Forschung und Entwicklung Bd 410 (1993)
RAUDA/ETIER, Garantie en cas d'éviction et propriété intellectuelle dans la vente internationale – Encore du fil à retordre dans la vente internationale –, ZEuP 2001, 66

SCHWERHA IV, Warranties Against Infringement in the Sale of Goods: A Comparison of U.C.C. § 2–312 (3) and Article 42 of the U.N. Convention on Contracts for the International Sale of Goods, MichJIntL 16 (1995) 441
SHINN, Liabilities under Article 42 of the U.N. Convention on the International Sale of Goods, MinnJGlobalTrade 2 (1993) 115
VIDA, Garantie du vendeur et propriété industrielle: les „vices juridiques" dans la vente internationale de marschandises (convention de Vienne), RTD com 47 (1994) 21.

Systematische Übersicht

Ulrich Magnus

Alphabetische Übersicht

I. Regelungsgegenstand und Normzweck

1 Art 42 ordnet Rechte und Ansprüche, die sich aus **immaterialgüterrechtlichen Positionen Dritter** ergeben, als einen **Fall der Rechtsmängelhaftung** ein, unterwirft sie aber einer Sonderregelung, die den Verkäufer günstiger stellt als die allgemeine Regel des Art 41. Der Verkäufer ist zwar grundsätzlich verpflichtet, Ware zu liefern, die von derartigen Schutzrechten frei ist. Da gewerbliche Schutzrechte jedoch in aller Regel nur einen territorial begrenzten Geltungsanspruch haben, läßt es Art 42 Abs 1 genügen, wenn die Schutzrechtsfreiheit in dem Staat besteht, in dem die Ware weiterverwendet werden soll oder – hilfsweise – in dem der Käufer niedergelassen ist. Ferner kommt eine Einstandspflicht nur in Betracht, wenn der Verkäufer das Schutzrecht kannte oder kennen mußte.

Anders als nach Art 41 **entfällt die Haftung** des Verkäufers auch nicht erst bei 2
Einwilligung des Käufers, sondern schon, wenn dieser das Schutzrecht seinerseits
kannte oder kennen mußte (Art 42 Abs 2 lit a) oder die Schutzrechtsverletzung
durch eigene Maßnahmen verursacht hat (Abs 2 lit b).

II.   Entstehungsgeschichte

Das EKG enthielt keine Sonderregelung für Rechte und Ansprüche aufgrund 3
immaterialgüterrechtlicher Positionen Dritter. Die Rechtsmängelvorschriften wurden ohne weiteres auch für diese Fälle herangezogen (OLG Düsseldorf, in: SCHLECHT-
RIEM/MAGNUS Art 52 Nr 1, Geschmacksmusterrecht).

Bei den UNICTRAL-Vorarbeiten setzte sich zunächst die Auffassung durch, daß 4
die Frage gewerblicher Schutzrechte Dritter aus der Konvention ganz ausgeklammert werden sollte (Art 7 Abs 2 Genfer Entwurf v 1976). Die Kritik zahlreicher
Staaten und der ICC (vgl UNCITRAL YB VIII [1977] 147) an dieser Ausklammerung
bewirkte dann jedoch, daß schon der Wiener Entwurf v 1977 (Art 26) sachlich die
jetzige Regelung aufnahm (vgl auch die Erläuterungen zu Art 41 Rn 5), die die allgemeine
Rechtsmängelhaftung für Fälle der Belastung mit Schutzrechten erheblich ein-
schränkt.

Auf der Wiener Konferenz von 1980 blieb ein Vorstoß ohne Erfolg, die getrennte 5
Regelung für Rechtsmängel und gewerbliche Schutzrechte wieder aufzugeben (Off
Rec 109, 324; vgl auch Art 41 Rn 6).

III.   Grundsatz

Der Verkäufer muß dafür einstehen, daß die Ware **frei von solchen Schutzrechten** ist, 6
**die die Nutzung der Ware am Ort ihrer vorgesehenen oder vermutlichen Verwendung
einschränken.** Anders als Art 41 und im Gegensatz zu allen übrigen Vertragspflichten, die die Konvention vorschreibt, sieht Art 42 keine objektive Einstandspflicht
des Verkäufers vor; vielmehr ist hier **grobes Verschulden Voraussetzung** der Haftung
des Verkäufers.

Art 42 regelt nur, jedoch auch abschließend die Frage, **welchen Einfluß Schutzrechte** 7
Dritter auf die Rechte und Pflichten der Kaufvertragsparteien haben. Ob und welche
Ansprüche Inhaber von Immaterialgüterrechten gegen den Käufer oder Verkäufer
haben, bleibt den für diese Rechte maßgeblichen Regelungen überlassen, die weit-
gehend international vereinheitlicht sind. Wenn der Käufer danach Ansprüchen des
Schutzrechtsinhabers ausgesetzt ist, kann der Käufer seinerseits nur unter den
Voraussetzungen des Art 42 Abs 1 Rechte gegen seinen Verkäufer geltend machen.
Fehlt eine der Voraussetzungen oder greift der Haftungsausschluß des Art 42 Abs 2
ein, dann scheidet ein Anspruch gegen den Verkäufer ganz aus. Es ist nicht etwa ein
Rückgriff auf die allgemeine Rechtsmängelhaftung des Art 41 möglich.

Schließlich hat der Käufer zur Wahrung seiner Rechte die **Mängelrüge nach Art 43** 8
zu beachten; nur ausnahmsweise greift Art 44 ein.

IV. Voraussetzungen der Verkäuferhaftung

1. Rechte Dritter

9 Wie in Art 41 ist für Art 42 zwischen **tatsächlich bestehenden Rechten Dritter und lediglich behaupteten, aber inexistenten „Ansprüchen"** zu unterscheiden (vgl zur Abgrenzung Art 41 Rn 9 ff, 15 ff). Art 42 erfaßt alle „Rechte, die auf gewerblichem oder anderem geistigen Eigentum beruhen" („industrial property or other intellectual property", „propriété industrielle ou outre propriété intellectuelle"). Dieser Begriff ist autonom auszulegen. Es kommt damit nicht darauf an, ob das Schutzrecht nach dem anwendbaren Recht als Immaterialgüterrecht im eigentlichen Sinn oder als sonstiges Recht – zB nach UWG oder Deliktsrecht – zu qualifizieren ist (im Ergebnis ebenso BRUNNER Art 42 Rn 4; MünchKommBGB/GRUBER Art 42 Rn 5; SCHLECHTRIEM/SCHWENZER/SCHWENZER Art 42 Rn 4; PILTZ, Internationales Kaufrecht § 5 Rn 101; aA aber ENDERLEIN, in: ŠARČEVIĆ/VOLKEN 182). Entscheidend ist allein, ob es sich um **Rechte** handelt, **die dem Schutz einer geistigen Leistung dienen und sich auf die Verwendung der Ware auswirken** (s aus der Rspr Cour de cassation JCP 2003 II 10016 m Anm RAYNARD [Lieferung spanischer Schuhe mit in Frankreich unzulässigen, nachgeahmten Streifen]; SCHLECHTRIEM/SCHWENZER/SCHWENZER, PILTZ, jeweils aaO; PRAGER 146 f; etwas anders LANGENECKER 71).

10 Ob Schutzrechte bestehen, ist nach dem dafür maßgebenden Recht zu beurteilen. Grundsätzlich stellt das **Recht des Schutzlandes** das maßgebliche Statut (STAUDINGER/VON HOFFMANN [2001] Art 40 EGBGB Rn 370); bei deliktsrechtlich zu qualifizierenden Rechten (zB dem Verbot sklavischer Nachahmung) gilt das Recht des Deliktsortes bzw des Absatzmarktes (STAUDINGER/VHOFFMANN [2001] Art 40 EGBGB Rn 303 ff). Art 42 Abs 1 lit a und b stellen jedoch klar, daß für die kaufrechtliche Haftung nur ein begrenzter Kreis von Rechtsordnungen, in denen Schutzrechte bestehen, zu berücksichtigen ist (vgl dazu unten Rn 15 ff).

11 Zu den **Rechten aufgrund geistigen Eigentums**, die gewerbliche Schutzrechte einschließen, zählen insbes Patente, auch Verfahrenspatente, Urheberrechte, Lizenzrechte, Marken-, Warenzeichen- und sonstige Kennzeichenrechte, Gebrauchs- und Geschmacksmusterrechte, aber auch geschützte Herkunfts- oder Ursprungsangaben (s aus der Rspr Cour de cassation JCP 2003 II 10016 m Anm RAYNARD; ACHILLES Art 42 Rn 2; BAMBERGER/ROTH/SAENGER Art 42 Rn 4; SCHLECHTRIEM/SCHWENZER/SCHWENZER Art 42 Rn 4 f; ENDERLEIN/MASKOW/STROHBACH Art 42 Bem 3; HERBER/CZERWENKA Art 42 Rn 2; LANGENECKER 72 ff; PILTZ, Internationales Kaufrecht § 5 Rn 101; PRAGER 146 f). Auch Rechte, die aus wettbewerbswidriger Ausnutzung fremder geistiger Leistung folgen (zB sklavische Nachahmung, Ausbeutung fremden Rufs) werden erfaßt (ebenso SCHLECHTRIEM/SCHWENZER/SCHWENZER Art 42 N 4; LANGENECKER 73 f).

12 Art 42 bezieht sich ferner auch auf **Persönlichkeits- oder Namensrechte**, soweit durch sie die Verwendung der Ware berührt wird (ebenso ACHILLES Art 42 Rn 2; BAMBERGER/ROTH/SAENGER Art 42 Rn 5; HONSELL SJZ 1992, 352; LANGENECKER 83 f; im Ergebnis auch SCHLECHTRIEM/SCHWENZER/SCHWENZER Art 42 Rn 5; WITZ/SALGER/LORENZ Art 42 Rn 4; **aA** RAUDA/ETIER ZEuP 2001, 69 f).

2.   Ansprüche Dritter

Die Vertragsverletzung des Verkäufers hängt nicht davon ab, daß das Schutzrecht 13
des Dritten tatsächlich besteht. Auch **wenn es unzutreffend behauptet wird**, hat der
Verkäufer zu haften, sofern die weiteren Voraussetzungen des Art 42 vorliegen
(ACHILLES Art 42 Rn 3; SCHLECHTRIEM/SCHWENZER/SCHWENZER Art 42 Rn 6; ENDERLEIN/MAS-
KOW/STROHBACH Art 42 Bem 2; HERBER/CZERWENKA Art 42 Rn 2; MünchKommHGB/BENICKE
Art 42 Rn 4; PILTZ, Internationales Kaufrecht § 5 Rn 104; PRAGER 226 ff; **aA** aber BUCHER, in:
Berner Tage 30 f). Insoweit gilt hier Gleiches wie bei Art 41 (vgl dort Rn 15 ff).

3.   Räumliche Reichweite des Schutzes (Abs 1 lit a und b)

Der Verkäufer muß nur die **Schutzrechtsfreiheit im voraussichtlichen Verwendungs-** 14
gebiet der Ware gewährleisten. Die Kenntnis oder Aufklärung, ob auch anderwärts
Schutzrechte bestehen, ist ihm nicht zuzumuten (Sekretariatskommentar Art 40 Bem 4).
Da Immaterialgüterrechte nur territorial begrenzt – etwa im Land der Patentan-
meldung – wirken, ist eine über das Verwendungsland hinausgehende Schutzfreiheit
für den Käufer auch vielfach ohne Interesse. Will er die Ware dann doch in weiteren
Ländern nutzen oder absetzen, in denen Schutzrechte Dritter bestehen, so ist es ihm
zuzumuten, daß er die notwendigen Rechte (etwa Lizenzen) erwirbt.

a)   Verwendungsland (lit a)
Nach Abs 1 lit a darf die Ware nicht in demjenigen **Staat** mit Schutzrechten Dritter 15
belastet sein, **in dem sie weiterverkauft oder sonstwie verwendet werden soll**. Für die
Frage, ob Schutzrechte bestehen, ist das materielle, ggf durch Konventionen ver-
einheitlichte Recht des Verwendungslandes maßgebend. Eine mögliche Rück- oder
Weiterverweisung dieses Rechts ist unbeachtlich (eingehend dazu LOEWE, Kaufrecht 63 f).

Art 42 Abs 1 lit a greift nur ein, wenn die Parteien **bei Vertragsschluß die Möglich-** 16
keit des Weiterverkaufs oder der sonstigen Verwendung in einem bestimmten Staat in
Betracht gezogen hatten. Damit wird weniger als eine vertragliche Abrede, jedoch
mehr als nur die abstrakte Möglichkeit einer solchen Verwendung gefordert. Es
muß sich für den Verkäufer aus den Vertragsverhandlungen oder aus dem Vertrags-
schluß selbst ein hinreichender Anhalt ergeben, daß die Ware in einem bestimmten
Staat, der nicht der Niederlassungsstaat des Käufers ist – dann gilt Abs 1 lit b –, dem
Käufer unbelastet zur Verfügung stehen soll (ähnlich SCHLECHTRIEM/SCHWENZER/
SCHWENZER Art 42 Rn 11; ENDERLEIN/MASKOW/STROHBACH Art 42 Bem 7; PILTZ, Internationales
Kaufrecht § 5 Rn 106; VIDA RTD com 47 [1994] 27; WITZ/SALGER/LORENZ Art 42 Rn 2).

Das **Verlangen** des Käufers, **die Ware an einen bestimmten Ort zu versenden**, wird als 17
Hinweis nur dann ausreichen, wenn sich im übrigen, etwa aus der Art der Ware (zu
errichtende Anlage etc), ergibt, daß die Ware dort auch verwendet werden soll
(großzügiger SCHLECHTRIEM/SCHWENZER/SCHWENZER aaO). Dem Käufer ist deshalb eine
deutliche Klarstellung des Verwendungslandes dringend zu empfehlen.

Auch der **Verkäuferstaat** kann **als Verwendungsland** vorgesehen werden. Der Ver- 18
käufer hat dann für Schutzrechtsfreiheit in seinem Land einzustehen (ebenso HON-
NOLD Rn 270; wohl auch SCHLECHTRIEM/SCHWENZER/SCHWENZER Art 42 Rn 13).

19 Haben die Parteien die **Verwendung der Ware in mehreren Staaten** ins Auge gefaßt, etwa einen Absatz in zahlreichen Ländern oder den Weiterverkauf zunächst in einem Staat und die weitere Verwendung in einem anderen, dann hat der Verkäufer die Schutzrechtsfreiheit in allen diesen Staaten zu gewährleisten (ACHILLES Art 42 Rn 5; SCHLECHTRIEM/SCHWENZER/SCHWENZER Art 42 Rn 10; HERBER/CZERWENKA Art 42 Rn 3; MünchKommBGB/GRUBER Art 42 Rn 14; PILTZ, Internationales Kaufrecht § 5 Rn 107; PRAGER 157; RUDOLPH Art 42 Rn 8; VIDA RTD com 47 [1994] 27; aA offenbar ENDERLEIN/MASKOW/ STROHBACH Art 42 Bem 6). Bestimmt der Käufer die Ware erst nach Vertragsschluß für andere Länder, so ist es seine Sache, dafür zu sorgen, daß dort keine Schutz- rechte Dritter entgegenstehen.

b) Land der Käuferniederlassung (lit b)
20 Soweit nicht Abs 1 lit a eingreift, hat der Verkäufer nur dafür einzustehen, daß die Ware **in dem Land frei von Schutzrechten Dritter** ist, **in dem die Niederlassung des Käufers liegt.** Die Vorschrift stellt gegenüber Abs 1 lit a die Grundregel dar: Der Niederlassungsstaat des Käufers wird im Zweifel als regelmäßiges Verwendungs- land der Ware vermutet. Abs 1 lit b steht alternativ neben lit a („oder"). Der Ver- käufer muß die Schutzrechtsfreiheit nur im Verwendungsland, wenn lit a eingreift, sonst nur im Käuferland gewährleisten.

21 Für den Begriff der Niederlassung gilt Art 10 (ebenso BAMBERGER/ROTH/SAENGER Art 42 Rn 9). Bei mehreren Niederlassungen des Käufers in verschiedenen Staaten kommt es also auf jene Niederlassung an, die den engsten Bezug zum Vertrag und seiner Erfüllung aufweist.

4. Bösgläubigkeit des Verkäufers

22 Anders als für Art 41 haftet der Verkäufer nach Art 42 nur, wenn er die – territorial relevanten – Schutzrechte Dritter kennt oder über sie nicht in Unkenntnis sein konnte. Mit letzterer Formulierung ist, wie auch sonst in der Konvention, **grobe Fahrlässigkeit** gemeint (so auch Denkschrift 50; Schweizer Botschaft 795; ACHILLES Art 42 Rn 8; HERBER/CZERWENKA Art 42 Rn 5; LOEWE, Kaufrecht 64; MünchKommBGB/GRUBER Art 42 Rn 22; SOERGEL/LÜDERITZ/SCHÜSSLER-LANGEHEINE Art 42 Rn 6; aA – Arglist – HUBER RabelsZ 43 [179] 503; zurückhaltender dagegen LANGENECKER 186 f; noch anders HEUZÉ Rn 323, der darauf abstellen will, von welcher Partei die Initiative zum Vertragsschluß ausgegangen ist; ähnlich auch MünchKommHGB/BENICKE Art 42 Rn 15 ff; s ferner Art 40 Rn 5). Sie liegt etwa vor, wenn sich der Verkäufer in zugänglichen Registern im vorgesehenen Verwendungsland oder im Käuferland nicht vergewissert hatte, in denen die Drittrechte eingetragen waren (ebenso BAMBERGER/ROTH/SAENGER Art 42 Rn 11; ENDERLEIN/MASKOW/STROHBACH Art 42 Bem 4; HERBER/CZERWENKA aaO; PILTZ, Internationales Kaufrecht § 5 Rn 109; SCHLECHT- RIEM, Uniform Sales Law 74; vorsichtig auch SCHLECHTRIEM/SCHWENZER/SCHWENZER Art 42 Rn 14; aA LANGENECKER 194 f; PRAGER 162 ff; zu einzelnen Fallgruppen s auch RAUDA/ETIER ZEuP 2001, 80 ff). Die Unkenntnis des Umstands, daß Schutzrechte im Verwendungs- oder Käuferland einmal veröffentlicht worden sind, begründet für sich allein noch keine grobe Fahrlässigkeit (aA Sekretariatskommentar Art 40 Bem 6; HERBER/CZERWENKA aaO). Fehlt ein Register, so kann vom Verkäufer nicht erwartet werden, daß er alle schutzrechtsrelevanten Veröffentlichungen in beliebigen Verwendungsländern er- mittelt. Bösgläubig ist er in diesen Fällen lediglich dann, wenn die Veröffentlichung leicht zugänglich oder feststellbar war oder das Verwendungsland zu jenen Ländern gehört, in die er ständig und gezielt liefert. Hier publizierte Schutzrechte muß er kennen.

Die Kenntnis oder grob fahrlässige Unkenntnis des Verkäufers muß im **Zeitpunkt** 23 **des Vertragsschlusses** vorliegen. Nachträglich erlangte Kenntnis schadet nicht (ACHILLES Art 42 Rn 10; ENDERLEIN/MASKOW/STROHBACH Art 42 Bem 5; HERBER/CZERWENKA Art 42 Rn 5; PRAGER 172 f). Mußte der Verkäufer allerdings mit Drittrechten schon bei Vertragsschluß rechnen, liegt regelmäßig grobe Fahrlässigkeit vor (vgl auch HERBER/ CZERWENKA aaO).

Zum Verhältnis der Bösgläubigkeit des Verkäufers zu jener des Käufers vgl unten 24 Rn 26 f.

5. Maßgeblicher Zeitpunkt der Schutzrechtsfreiheit

Der Verkäufer haftet nur, wenn **im Zeitpunkt der Lieferung Schutzrechte die Ware** 25 **belasten** oder Dritte Ansprüche erheben (ebenso SCHLECHTRIEM/SCHWENZER/SCHWENZER Art 42 Rn 8; HERBER/CZERWENKA Art 42 Rn 4; SCHWERHA IV MichJIntL 16 [1995] 450).

V. Ausschluß der Verkäuferhaftung (Abs 2)

1. Bösgläubigkeit des Käufers (Abs 2 lit a)

Die **Haftung des Verkäufers entfällt**, wenn der Käufer die Schutzrechte Dritter bei 26 Vertragsschluß kennt oder grob fahrlässig nicht kennt. Die Wendung „nicht in Unkenntnis sein konnte" meint hier wie in Abs 1 grobe Fahrlässigkeit (vgl oben Rn 22). Allerdings handelt der Käufer nicht schon grob fahrlässig, wenn er Erkundigungen über mögliche Schutzrechte (zB Patentrecherchen) im Verwendungsland oder seinem eigenen Land unterläßt (ebenso SCHLECHTRIEM/SCHWENZER/SCHWENZER Art 42 Rn 17; ENDERLEIN/MASKOW/STROHBACH Art 42 Bem 9; HERBER/CZERWENKA Art 42 Rn 6; PILTZ, Internationales Kaufrecht § 5 Rn 111; PRAGER 174; teilweise **abweichend** LANGENECKER 196 ff). Hierzu ist vielmehr der Verkäufer im oben (Rn 22) geschilderten Rahmen verpflichtet und wegen seiner Kenntnis des Produkts, dessen Herstellung und Zusammensetzung und möglicher Schutzrechte auch viel eher in der Lage. Höchstrichterliche – französische – Rechtsprechung hat dem professionellen Käufer allerdings unterstellt, daß er Schutzrechte in seinem Land kennen müsse, gegen die die bestellte Ware verstößt (Cour de cassation JCP 2003 II 10016 m Anm RAYNARD [Lieferung spanischer Schuhe mit in Frankreich unzulässigen, nachgeahmten Streifen]; dem ist zuzustimmen, wenn der Käufer vorher Muster dieser Schuhe gesehen hatte).

Auch für die Kenntnis oder grob fahrlässige Unkenntnis des Käufers kommt es auf 27 den **Zeitpunkt des Vertragsschlusses** an.

2. Beachtung der Vorgaben des Käufers (Abs 2 lit b)

Wenn die Schutzrechtsverletzung darauf beruht, daß der Verkäufer **technische oder** 28 **sonstige Vorgaben des Käufers befolgt** hat, dann hat nicht mehr der Verkäufer, sondern der Käufer selbst dafür einzustehen, daß die Ware nun mit Schutzrechten oder -ansprüchen Dritter belastet ist. Die Vorschrift stellt damit eine spezielle

Ausformung des in Art 80 enthaltenen, allgemeinen Gedankens dar. Die Haftung des Verkäufers ist ausgeschlossen.

29 Als Angaben kommen, wie die englische und französische Textfassung deutlicher ausdrücken, **nur technische Vorgaben** in Betracht, die **die Fertigung oder Gestaltung der Ware oder ihre Verpackung betreffen** (ACHILLES Art 42 Rn 12; BAMBERGER/ROTH/ SAENGER Art 42 Rn 13; ENDERLEIN/MASKOW/STROHBACH Art 42 Bem 10; HERBER/CZERWENKA Art 42 Rn 7). Hinweise auf Gebrauchsanforderungen, denen die Ware genügen soll, oder ähnliche Wünsche des Käufers sind nicht gemeint (ebenso ACHILLES aaO, SCHLECHTRIEM/SCHWENZER/SCHWENZER Art 42 Rn 20; HERBER/CZERWENKA aaO; LANGENECKER 235; PRAGER 177).

30 Ferner entfällt die Haftung des Verkäufers nur bei solchen **Vorgaben, die er ohne weiteres einhalten** und nicht etwa eigener Prüfung und Veränderung unterwerfen soll (ähnlich SCHLECHTRIEM/SCHWENZER/SCHWENZER aaO; PILTZ, Internationales Kaufrecht § 5 Rn 112).

31 Erkennt der Verkäufer, daß eine Beachtung der Vorgaben des Käufers Schutzrechte Dritter verletzen würde, dann ist er **zur Information des Käufers** verpflichtet (Sekretariatskommentar Art 40 Bem 10; ACHILLES Art 42 Rn 12; BAMBERGER/ROTH/SAENGER Art 42 Rn 13; SCHLECHTRIEM/SCHWENZER/SCHWENZER Art 42 Rn 21; ENDERLEIN/MASKOW/STROHBACH Art 42 Bem 10; MünchKommBGB/GRUBER Art 42 Rn 24; MünchKommHGB/BENICKE Art 42 Rn 24; PILTZ aaO; weitergehend PRAGER 179). Reagiert der Käufer darauf nicht, dann begeht der Verkäufer keine Vertragsverletzung, wenn er Ware liefert, die den Vorgaben des Käufers entspricht und deshalb Schutzrechte verletzt. Unterlassene Information läßt eine nach Abs 1 begründete Verkäuferhaftung dagegen nicht entfallen (ebenso SCHLECHTRIEM/SCHWENZER/SCHWENZER Art 42 Rn 21). Dagegen kommt es nicht darauf an, ob der Käufer erkennt, daß seine Vorgaben Schutzrechte Dritter verletzen (SCHLECHTRIEM/SCHWENZER/SCHWENZER Art 42 Rn 20; ENDERLEIN, in: ŠARČEVIĆ/ VOLKEN 183).

VI. Rechtsbehelfe des Käufers

32 Die Lieferung von Ware, an der – wie der Verkäufer weiß oder wissen muß – im Verwendungsland Schutzrechte Dritter bestehen, löst **die allgemeinen Behelfe der Art 45 ff** aus. Im einzelnen gilt hier Entsprechendes wie bei Art 41 (vgl dort Rn 23 ff).

VII. Beweisfragen

33 Der Käufer ist wie bei Art 41 dafür darlegungs- und beweispflichtig, daß ein Dritter Schutzrechte oder -ansprüche bezüglich der Ware geltend macht. Er muß ferner nachweisen, daß der Verkäufer das Schutzrecht bei Vertragsschluß kannte oder grob fahrlässig nicht kannte (ebenso Hof Arnhem 21. 5. 1996, UNILEX; Rechtbank Zwolle 1. 3. 1995, UNILEX; ACHILLES Art 42 Rn 15; MünchKommHGB/BENICKE Art 42 Rn 25; SCHLECHTRIEM/ SCHWENZER/SCHWENZER Art 42 Rn 29). Ferner obliegt derjenigen Partei (meist dem Käufer), die sich auf die Ausnahmeregel des Art 42 Abs 1 lit a beruft, der Beweis, daß bei Vertragsschluß ein bestimmtes Verwendungsland in Betracht gezogen wurde (MünchKommHGB/BENICKE Art 42 Rn 25; **aA** HERBER/CZERWENKA Art 42 Rn 3: Beweislast des Verkäufers).

Dagegen hat der Verkäufer die Voraussetzungen des Ausschlußtatbestandes (Abs 2) **34** zu beweisen. Er ist also dafür beweispflichtig, daß der Käufer die Belastung mit einem Schutzrecht kannte oder grob fahrlässig nicht kannte (Abs 2 lit a) bzw Vorgaben gemacht hat, die zur Schutzrechtsverletzung geführt haben (ebenso SCHLECHT-RIEM/SCHWENZER/SCHWENZER aaO; HERBER/CZERWENKA Art 42 Rn 7; **aA** PRAGER 179: Beweislast des Käufers für technische Vorgaben).

Art 43 [Rüge von Rechtsmängeln]

(1) Der Käufer kann sich auf Artikel 41 oder 42 berufen, wenn er dem Verkäufer das Recht oder den Anspruch des Dritten nicht innerhalb einer angemessenen Frist nach dem Zeitpunkt, in dem er davon Kenntnis erlangt hat oder hätte erlangen müssen,* anzeigt und dabei genau bezeichnet, welcher Art das Recht oder der Anspruch des Dritten ist.

(2) Der Verkäufer kann sich nicht auf Ansatz 1 berufen, wenn er das Recht oder den Anspruch des Dritten und seine Art kannte.

Art 43

(1) The buyer loses the right ro rely on the provisions of article 41 or article 42 if he does not give notice to the seller specifiying the nature of the right or claim of the third party within a reasonable time after he has become aware or ought to have become aware of the right or claim.

(2) The seller is not entitled to rely on the provisions of the preceding paragraph if he knew of the right or claim of the third party and the nature of it.

Art 43

1) L'acheteur perd le droit de se prévaloir des dispositions des articles 41 et 42 s'il ne dénonce pas au vendeur le droit ou la prétention du tiers, en précisant la nature de ce droit ou de cette prétention, dans un délai raisonnable à partir du moment où il en a eu connaissance ou aurait dû en avoir connaissance.

2) Le vendeur ne peut pas se prévaloir des dispositions du paragraphe précédent s'il connaissait le droit ou la prétention du tiers et sa nature.

Schrifttum

Wie zu Art 41 und 42.

Systematische Übersicht

---

* Schweiz: von dem an er davon Kenntnis hatte oder haben mußte.

Ulrich Magnus

I. Regelungsgegenstand und Normzweck

1 Nach Art 43 Abs 1 verliert der Käufer alle Ansprüche, wenn er Rechtsmängel nicht rechtzeitig und spezifiziert rügt. Die Vorschrift statuiert damit eine **eigene Rügeobliegenheit für Rechtsmängel**, die derjenigen der Sachmängel (Art 39) jedoch weitgehend entspricht. Eine wichtige Ausnahme zu Art 43 Abs 1 folgt aus Art 44, der dem Käufer bei vernünftig entschuldigten Rügefehlern einen Grundbestand an Rechtsbehelfen beläßt. Auch der Grundsatz von Treu und Glauben kann in Ausnahmefällen die Rüge erübrigen.

2 Nach Art 43 Abs 2 schadet dem Käufer eine Verletzung der Rügeobliegenheit nicht,

wenn der Verkäufer den Rechtsmangel kannte. Das entspricht mit einer Einschränkung dem für Sachmängel geltenden Art 40 – dort genügt Kennenmüssen.

Art 43 sieht – anders als Art 39 Abs 2 – **keine Ausschlußfrist** für die Rechtsmängel- **3**
rüge vor. Insoweit gelten die anwendbaren Verjährungsvorschriften.

Ebenso wie Art 39 trägt Art 43 vor allem dem Interesse des Verkäufers an schneller **4**
und endgültiger Abwicklung des Kaufgeschäfts Rechnung (vgl Art 39 Rn 3 f). Wie bei
Art 39 ist auch darauf zu achten, daß die Anforderungen an die Rüge nicht überspannt werden, so daß der Käufer nicht wegen unbedeutender Versäumnisse bei der
Rüge alle, an sich begründeten Ansprüche verliert.

Im internen deutschen Recht galt § 377 HGB nur für Sachmängel. Nach der **4a**
Schuldrechtsreform ist umstritten, ob § 377 HGB nach wie vor nur Sachmängel
erfassen soll (dafür etwa MünchKommHGB/GRUNEWALD § 377 Rn 47; aA BAUMBACH/HOPT
§ 377 Rn 12). Denn die Reform hat Sach- und Rechtsmängel weitgehend gleichgestellt. Deshalb und im Interesse einheitlicher Maßstäbe für interne und internationale Kaufgeschäfte sollte die Anzeigeobliegenheit des § 377 HGB auch auf Rechtsmängel erstreckt werden.

II.   Entstehungsgeschichte

Art 43 hatte keinen unmittelbaren Vorgänger im Haager Kaufrecht. Die Grundge- **5**
danken waren jedoch in Art 52 EKG enthalten. Art 52 Abs 4 EKG nahm dem
Käufer, der Rechtsmängel nicht binnen angemessener Frist rügte, allerdings nur das
Recht zur Vertragsaufhebung, nicht aber alle Ansprüche (zur umstrittenen Auslegung
des Art 52 Abs 4 EKG: DÖLLE/NEUMAYER Art 52 Rn 22; MERTENS/REHBINDER Art 52 Rn 12;
SOERGEL/LÜDERITZ Art 52 EKG Rn 7). Art 52 Abs 1 EKG erklärte eine Anzeige ferner
nur dann für erforderlich, „wenn der Verkäufer die Sachlage nicht bereits kennt".

Im Genfer Entwurf von 1976 war keinerlei Rügepflicht für Rechtsmängel vorge- **6**
sehen. Der Wiener Entwurf von 1977 enthielt dagegen in Art 25 Abs 2 und Art 26
Abs 3 ebenso wie der New Yorker Entwurf von 1978 (dort Art 39 Abs 2 und Art 40
Abs 3) die Regelung, die dann auf der Wiener Konferenz zu einer neuen Vorschrift,
dem jetzigen Art 43 Abs 1 zusammengefaßt wurde. Der jetzige Art 43 Abs 2 war in
den Entwürfen nicht vorgesehen. Er wurde erst auf der Wiener Konferenz auf
Antrag der Bundesrepublik aufgenommen (A/Conf 97/C1/L129 Off Rec 110).

Ein Antrag der DDR, eine zweijährige Ausschlußfrist, wie in Art 39 Abs 2, aufzu- **7**
nehmen, wurde in Wien ausdrücklich abgelehnt (A/Conf 97/C1/L134 Off Rec 110 und
327 f). Man sah in einer solchen Ausschlußfrist eine unangemessene Verkürzung der
Rechte des Käufers, der mit Ansprüchen Dritter aus gewerblichen Schutzrechten
längere Zeit nach Lieferung konfrontiert wird (Off Rec 327).

III.   Rügeobliegenheit (Abs 1)

1.   Allgemeines

Art 43 Abs 1 schafft eine **Obliegenheit des Käufers, Rechtsmängel rechtzeitig anzu-** **8**

zeigen. Der Käufer ist zur Anzeige nicht verpflichtet, verliert aber seine Rechte, wenn er die Anzeige unterläßt. Eine eigene Untersuchungspflicht, wie sie Art 38 für Sachmängel aufstellt, statuiert die Konvention bei Rechtsmängeln nicht (Achilles Art 43 Rn 1; Brunner Art 43 Rn 3; Enderlein/Maskow/Stargardt Art 43 Bem 3; Herber/ Czerwenka Art 43 Rn 3; Karollus 126; Langenecker 246 ff; Piltz, Internationales Kaufrecht § 5 Rn 119; Prager 180; Wolff 113 f). Nachforschungen über etwaige Rechtsmängel braucht der Käufer ohne Anlaß deshalb nicht anzustellen. Aus der Festlegung des Beginns der Rügefrist („Zeitpunkt, in dem er davon Kenntnis ... hätte erlangen müssen") ergibt sich aber, daß er sich über Anhaltspunkte für Rechtsmängel nicht hinwegsetzen darf, sondern ihnen nachgehen muß. Dabei muß er solche Anhaltspunkte zur Kenntnis nehmen oder sich zurechnen lassen, aus denen ein durchschnittlich sorgfältiger Käufer auf Rechte und Ansprüche Dritter schließen würde (Schlechtriem/Schwenzer/Schwenzer Art 43 Rn 4: „fahrlässige Unkenntnis"; ebenso Herber/ Czerwenka Art 43 Rn 3). Derartige Anhaltspunkte können Namens- oder Warenzeichen auf der Ware, Hinweise auf Drittrechte in Begleitpapieren, ferner konkrete Mitteilungen Dritter sein (vgl auch Karollus 127; Piltz, Internationales Kaufrecht § 5 Rn 119).

9   Die Rügeobliegenheit des Art 43 Abs 1 erstreckt sich auf **alle in Art 41 und 42 genannten Rechtsmängel**, aber auch nur auf sie. Soweit der Käufer allerdings eingewilligt hat, mit Drittrechten oder -ansprüchen behaftete Ware anzunehmen (Art 41 S 1), oder bestehende Schutzrechte oder -ansprüche gekannt oder grob fahrlässig nicht gekannt hat (Art 42 Abs 2 lit a), hat er keine Rechtsmängelansprüche und entfällt die Rüge (so auch Honnold Rn 271).

10   Hinsichtlich der Abdingbarkeit, des Vorrangs von Gebräuchen und Gepflogenheiten und der Ausnahmen von der Rügepflicht gilt Entsprechendes wie bei Art 39 (vgl die Erläuterungen dort Rn 15, 65 ff).

11   Im Schrifttum wird die Frage aufgeworfen, ob die Rügeobliegenheit auch **bei solchen Rechtsmängeln** einzuhalten ist, **die von Art 41 oder 42 nicht erfaßt werden** (so – mit bejahender Antwort – Bianca/Bonell/Sono Art 43 Bem 2.2). Insbesondere bei Art 42 sind Drittrechte denkbar, die keine Gewährleistung auslösen. Ohne besondere Vereinbarung haftet der Verkäufer in diesem Fall nicht. Eine Rüge erübrigt sich. Nur dann, wenn eine weiterreichende Einstandspflicht für Rechtsmängel als in Art 41/42 vorgesehen vereinbart ist, hat der Käufer überhaupt entsprechende Ansprüche und ist ihm dieselbe Rügeobliegenheit aufzuerlegen, die ihn sonst trifft, wenn er Rechtsmängel geltend machen will.

2. Inhalt

12   Die Mängelanzeige muß **genau bezeichnen, welcher Art** („nature") **das Recht oder der Anspruch** des Dritten ist. Dem Verkäufer soll damit ermöglicht werden, sich an den Dritten wenden und für die Klärung oder Behebung eines eventuellen Rechtsmangels sorgen zu können (Achilles Art 43 Rn 3; Schlechtriem/Schwenzer/Schwenzer Art 43 Rn 2; Herber/Czerwenka Art 43 Rn 2; Reinhart Art 43 Rn 3; Wolff 114). Deshalb muß der Käufer Namen und Anschrift des Dritten, die von ihm beanspruchte Rechtsposition und von ihm eingeleitete oder angedrohte Schritte mitteilen (Brunner Art 43 Rn 2; Schlechtriem/Schwenzer/Schwenzer aaO; Enderlein/Maskow/Stargardt

Art 43 Bem 4; KAROLLUS 127; LANGENECKER 244; SCHWERHA IV MichJIntL 16 (1995) 468; etwas
großzügiger – ungefähre Angaben genügen – MünchKommHGB/BENICKE Art 43 Rn 7). Bei
eingetragenen Rechten hat der Käufer die ihm bekannten Einzelheiten der Ein-
tragung (Aktenzeichen, Blatt- oder Buchnummer) mitzuteilen (WOLFF 114). Nur so
kann der Verkäufer gegenüber dem Rechtsprätendenten reagieren und ggf sofort
erforderliche Maßnahmen ergreifen. Wie bei der Spezifizierung der Sachmängelan-
zeige dürfen die Anforderungen andererseits nicht überspannt werden. Ist der
Verkäufer hinreichend ins Bild gesetzt, so daß er korrekt reagieren kann, dann ist
der Zweck der Anzeige erfüllt und es schadet nicht, wenn etwa das Drittrecht nicht
ganz zutreffend bezeichnet war (zB Besitzrecht aus dinglichem statt schuldrechtli-
chem Anspruch). Bei mehreren Rechtsmängeln ist jeder hinreichend substantiiert
zu rügen (PILTZ, Internationales Kaufrecht § 5 Rn 120).

Nicht erforderlich ist es, daß der Käufer – wie noch nach Art 52 Abs 1 EKG – in der **13**
Mängelanzeige auch den Rechtsbehelf bezeichnet, den er geltend machen will.

3.   Anzeigefrist

Der Käufer hat für die Mängelanzeige eine **angemessene Frist** zur Verfügung.   **14**

Die **Frist beginnt** mit dem Zeitpunkt, in dem der Käufer von Drittrechten tatsächlich **15**
Kenntnis erlangt hat oder sie hätte erlangen müssen. Vor Lieferung erkannte oder
erkennbare Rechtsmängel muß der Käufer jedoch erst angemessene Zeit nach
Lieferung rügen (ebenso wie bei Sachmängeln, vgl Art 39 Rn 34; **aA** MünchKommHGB/
BENICKE Art 43 Rn 5). Kenntnis des Rechtsmangels besteht, wenn der Dritte etwa sein
Recht oder seinen Anspruch mitteilt oder der Käufer sonst sicher hiervon erfährt.
Dabei ist gleichgültig, ob das fremde Recht oder der Anspruch in Wahrheit besteht
(ebenso HERBER/CZERWENKA Art 43 Rn 3). Der Käufer darf also mit der Anzeige nicht
zuwarten, bis sich geklärt hat, ob dem Dritten ein Recht oder Anspruch tatsächlich
zusteht (HERBER/CZERWENKA aaO; WITZ/SALGER/LORENZ Art 43 Rn 5; **aA** aber – Fristbeginn
erst nach genauer sachverständiger Prüfung – SOERGEL/LÜDERITZ/SCHÜSSLER-LANGEHEINE Art 43
Rn 2; für Fristbestimmung nach dem Recht des Schutzlandes SCHWERHA IV MichJIntL 16 (1995)
468 f).

Auch wenn der Käufer von der **Existenz eines Rechts** erfährt, **dessen Inhaber es aber** **16**
noch nicht geltend gemacht hat, ist die Rüge geboten.

Allerdings muß für den Käufer erkennbar sein, daß ein Recht oder Anspruch **17**
ernstlich in Betracht kommt bzw ernsthaft – nicht lediglich zum Schein oder Spaß
– verfolgt wird.

Die Formulierung „Kenntnis hätte erlangen müssen" bedeutet, daß die Rügefrist **18**
auch dann in Gang gesetzt wird, wenn hinreichende Anhaltspunkte vorliegen, aus
denen ein durchschnittlich sorgfältiger Käufer den Bestand von Drittrechten entnommen hätte (vgl oben Rn 15). Die Formulierung ist damit im Sinn **„fahrlässiger**
Unkenntnis" zu verstehen (vgl ACHILLES Art 43 Rn 4; SCHLECHTRIEM/SCHWENZER/SCHWEN-
ZER Art 43 Rn 4; HERBER/CZERWENKA Art 43 Rn 3; MünchKommBGB/GRUBER Art 43 Rn 9; allerdings geht es nur um Verstöße gegen das Gebot des eigenen Interesses; vgl zur Bedeutung der
Formulierung „kennen müssen" auch Art 40 Rn 5). Ein grober Sorgfaltsverstoß ist nicht

erforderlich (so aber wohl Enderlein/Maskow/Stargardt Art 43 Bem 3: „leichtfertig") wie
andererseits ganz leichte Verstöße nicht genügen dürften.

19   Kenntnis oder fahrlässige Unkenntnis **seiner Leute oder Erfüllungsgehilfen** muß sich
     der Käufer entsprechend Art 79 Abs 2 zurechnen lassen.

20   Was als **angemessene Dauer der Rügefrist** anzusehen ist, richtet sich wie in Art 39
     nach den Umständen des Falles. Dem Käufer muß eine hinreichende Zeit einge-
     räumt werden, abzuklären, welche Rechte oder Ansprüche geltend gemacht wer-
     den. Hierfür ist die Zeitspanne einzurechnen, die für Kontaktaufnahme, ggf erste
     Verhandlungen mit dem oder den Prätendenten, auch für die Einholung vorläufigen
     Rechtsrats nötig ist (ebenso Achilles Art 43 Rn 5; Schlechtriem/Schwenzer/Schwenzer
     Art 43 Rn 3; Enderlein/Maskow/Strohbach Art 43 Bem 2; Reinhart Art 43 Rn 2; Wolff 113;
     ähnlich Langenecker). Auch die Zeit für die erforderliche Einsichtnahme in eventu-
     elle Register ist zu berücksichtigen (Wolff aaO). Die Frist läuft jedoch nicht solange,
     bis der Käufer den Bestand der Rechtsposition des Dritten endgültig geklärt hat.
     Sobald die beanspruchte Position und die Ernsthaftigkeit ihrer Verfolgung feststehen, hat der Käufer den Verkäufer zu unterrichten (ebenso Bamberger/Roth/Saenger
     Art 43 Rn 5; Herber/Czerwenka Art 43 Rn 3). Es besteht kein Grund, dem Käufer dann
     noch eine weitere Bedenkzeit einzuräumen, während der die Nutzung der Ware –
     bei Aufhebung des Vertrages – zu Lasten des Verkäufers weiterliefe.

21   Die Anzeigefrist ist knapper zu bemessen, der Käufer hat uU sofort zu reagieren,
     wenn der Verkäufer durch entsprechenden **Zeitablauf seine Rechte hinsichtlich der
     Ware zu verlieren droht.** Auch wenn der Dritte sich den Besitz an der Ware ver-
     schafft oder verschaffen will, muß der Käufer rasch rügen, um dem Verkäufer
     eventuelle Transportkosten zu ersparen (so auch Bamberger/Roth/Saenger Art 43 Rn 5;
     Schlechtriem/Schwenzer/Schwenzer Art 43 Rn 3). Bei Ansprüchen aus gewerblichen
     Schutzrechten (auf Unterlassung der Verwendung, Schadensersatz) wird dagegen in
     der Regel kein Anlaß zu besonders schnellem Handeln bestehen (vgl auch Vida RTD
     com 1994, 32).

22   Der Käufer hat die **Anzeige** innerhalb der Frist **auf einem geeigneten Übermittlungs-
     weg** nur abzusenden. Das Risiko, daß die Mitteilung den Verkäufer verspätet,
     verändert oder gar nicht erreicht, geht nicht mehr zu Lasten des Käufers (Art 27;
     zur Beweislast für korrekte Absendung unten Rn 35).

23   Die Konvention hat **für Rechtsmängel** willentlich **keine Ausschlußfrist** wie in Art 39
     Abs 2 aufgenommen (vgl oben Rn 7). Damit können Rechtsmängel, sofern sie ord-
     nungsgemäß gerügt werden, noch solange nach Lieferung geltend gemacht werden,
     wie – vorbehaltlich vorrangiger Parteivereinbarungen, Gepflogenheiten oder Ge-
     bräuche – das anwendbare nationale Verjährungsrecht das zuläßt. Ist deutsches
     Recht maßgebend, gilt nunmehr § 438 BGB mit der Ergänzung durch Art 3 Ver-
     tragsG (vgl Magnus RiW 2002, 581 f; ferner unten Art 3 VertragsG Rn 5). Rechtsmängelan-
     sprüche verjähren daher grundsätzlich in zwei Jahren. Soweit sie daraus folgen, daß
     der Käufer die Ware einem Dritten wegen dessen dinglichen Herausgabeanspruchs
     auszufolgern hat, gilt aber eine 30jährige Verjährungsfrist (vgl Magnus aaO; Schlecht-
     riem Rn 170; zu Verjährungsfristen verschiedener Länder: Piltz, Internationales Kaufrecht § 5
     Rn 129).

4. Form

Wie die Sachmängelrüge kann die **Rechtsmängelrüge formlos**, insbesondere münd- **24** lich erhoben werden. Sie ist nicht empfangsbedürftig (Art 27).

Eine **Einschränkung der Formfreiheit** ergibt sich jedoch im Verhältnis zu den Staa- **25** ten, die den Formvorbehalt nach Art 96 eingelegt haben (vgl dazu die Erläuterungen zu Art 39 Rn 52).

5. Richtiger Adressat

Wie bei Art 39 muß der Käufer seine **Anzeige an den richtigen Adressaten**, also den **26** Verkäufer selbst oder eine für ihn empfangsberechtigte Person richten (vgl dazu die Erläuterungen zu Art 39 Rn 53 f).

6. Rechtsfolgen von Rügefehlern

Der **Käufer verliert alle Ansprüche hinsichtlich solcher Rechtsmängel, die er nicht** **27** **ordnungsgemäß gerügt hat.** Ebenso wie bei Fehlern der Sachmängelrüge kann er weder Schadensersatz (Art 45 Abs 1 lit b iVm Art 74) noch Ersatzlieferung (Art 46 Abs 2), Vertragsaufhebung (Art 49) oder Minderung (Art 50, soweit sie bei Rechtsmängeln zusteht) geltend machen. Mit dem Verlust aller Ansprüche hat das CISG die Rechtsstellung des Käufers gegenüber dem EKG verschlechtert, das nach dem Wortlaut des Art 52 Abs 4 bei fehlcrhafter Rüge nur das Aufhebungsrecht versagte (zur umstrittenen Auslegung des Art 52 Abs 4 EKG: DÖLLE/NEUMAYER Art 52 Rn 22; MERTENS/REHBINDER Art 52 Rn 12; SOERGEL/LÜDERITZ Art 52 EKG Rn 7). Zur eigenen Leistung bleibt der Käufer in voller Höhe verpflichtet.

Ausnahmen von Art 43 Abs 1 ergeben sich aus Abs 2 und aus Art 44 (zur Geltung des **28** Art 44 für Rechtsmängel s dort Rn 5) sowie in Einzelfällen aus dem Gebot von Treu und Glauben.

Aus Art 43 Abs 1 folgt im Verhältnis zum Verkäufer weder ein Recht noch eine **29** Pflicht des Käufers, den Ansprüchen des Dritten nachzugeben oder sie abzuwehren (**anders** wohl HERBER/CZERWENKA Art 43 Rn 3: keine Befugnis des Käufers, die Ware dem Dritten herauszugeben). Grundsätzlich ist es Sache des Verkäufers zu reagieren (SCHLECHTRIEM, UN-Kaufrecht 63). Aus der allgemeinen Schadensminderungspflicht (Art 77) und dem Gebot von Treu und Glauben (Art 7 Abs 1) wird aber zu folgern sein, **daß der** **Käufer im Rahmen des Zumutbaren Drittansprüchen** – soweit sie etwa offenbar unberechtigt sind – auch selbst **entgegentreten muß**. Auf eigene Prozeßrisiken muß er sich gegenüber einem Dritten aber nicht einlassen.

IV. Ausnahme von der Rügeobliegenheit (Abs 2)

Abs 2 statuiert – neben Art 44 – eine Ausnahme von der Rügeobliegenheit und **30** entspricht weitgehend Art 40, der für Sachmängel gilt. **Dem Käufer schaden Rügefehler nicht, wenn der Verkäufer das Recht oder den Anspruch des Dritten und seine Art kannte.** Eine Rüge ist dann überflüssig, weil der mit ihr erstrebte Erfolg schon erreicht ist: Der Verkäufer ist hinsichtlich des Rechtsmangels bereits hinreichend im Bilde.

31 Anders als bei Art 40 entfällt die Rügeobliegenheit **nur bei positiver Kenntnis der Existenz und Art des Drittrechts.** Der Verkäufer muß mithin über die Person des Rechtsprätendenten wie auch über den Inhalt der beanspruchten Position in der Weise unterrichtet sein, wie ihn sonst der Käufer unterrichten müßte (ähnlich ACHILLES Art 43 Rn 7; SCHLECHTRIEM/SCHWENZER/SCHWENZER Art 43 Rn 10). Darüber hinaus zu verlangen, daß der Verkäufer Kenntnis von den eingeleiteten Schritten des Dritten haben müsse (so SCHLECHTRIEM/SCHWENZER/SCHWENZER aaO mit unzutreffender Berufung auf Ausführungen des deutschen Delegierten KLINGSPORN auf der Wiener Konferenz), besteht kein Anlaß (ebenso BAMBERGER/ROTH/SAENGER Art 43 Rn 8; ENDERLEIN, in: ŠARČEVIĆ/VOLKEN 185). Allerdings hat der Verkäufer die erforderliche Kenntnis, wenn er von gerichtlichen oder außergerichtlichen Schritten eines Dritten erfahren hat (ebenso WITZ/SALGER/LORENZ Art 43 Rn 9). Unterläßt der Käufer die rechtzeitige Information über derartige Schritte Dritter, verliert er nicht alle Rechte, sondern muß über Art 77 ggf eine Minderung seiner Ansprüche hinnehmen (so zurecht KLINGSPORN Off Rec 350; ebenso MünchKommHGB/BENICKE Art 43 Rn 10). Freilich muß der Käufer in jedem Fall rechtzeitig gerügt haben.

32 Der Verkäufer muß **spätestens bei Ablauf der an sich angemessenen Rügezeit Kenntnis** vom Rechtsmangel haben, damit sich die Rüge erübrigt (ebenso ACHILLES Art 43 Rn 7; SCHLECHTRIEM/SCHWENZER/SCHWENZER Art 43 Rn 11; LANGENECKER 253; MünchKommHGB/BENICKE Art 43 Rn 9; VIDA RTD com 1994, 33; WITZ/SALGER/LORENZ Art 43 Rn 9). Spätere Kenntniserlangung nimmt ihm nicht mehr das Recht, sich auf Rügefehler des Käufers zu berufen.

Das **Wissen seiner Leute** und Erfüllungsgehilfen muß sich der Verkäufer – wie der Käufer unter Abs 1 – zurechnen lassen (KAROLLUS 128).

33 **Fahrlässige Unkenntnis von Drittrechten**, auch wenn sie grobfahrlässig ist, **genügt** für Abs 2 **nicht** (SCHLECHTRIEM/SCHWENZER/SCHWENZER Art 43 Rn 9; HERBER/CZERWENKA Art 43 Rn 4; LOEWE 65; REINHART Art 43 Rn 5). Der Kenntnis steht es aber, wenn der Verkäufer vor offensichtlichen Tatsachen bewusst die Augen verschlossen hat (ACHILLES Art 43 Rn 7).

34 Die Rügenotwendigkeit entfällt – wie bei Art 38, 39 – auch dann, wenn der Verkäufer auf die strikte Einhaltung der Rügeförmlichkeiten ausdrücklich oder stillschweigend **verzichtet** hat, etwa weil er sich auf die verspätete oder unsubstantiierte Rüge vorbehaltlos eingelassen hat (vgl BGH NJW 1997, 3311; BGH NJW 1999, 1259 – Verzicht auf Rüge bei Sachmängeln).

V. Beweisfragen

35 Für Abs 1 muß der Käufer nachweisen, daß er die ordnungsgemäße Mängelanzeige rechtzeitig abgesandt hat (ebenso ACHILLES Art 43 Rn 8; SCHLECHTRIEM/SCHWENZER/SCHWENZER Art 43 Rn 12; vgl auch Art 39 Rn 71). Der Käufer muß hierfür auch substantiiert darlegen, wann er Kenntnis vom Rechtsmangel erlangt hat, um dem Gericht die Beurteilung der Angemessenheit der Frist zu ermöglichen. Es ist dann allerdings

Sache des Verkäufers, nachzuweisen, daß der Käufer den Rechtsmangel schon
früher gekannt hat oder hätte kennen müssen (weitergehend Wolff 113: Verkäufer muß
generell Kenntnis nachweisen; wohl aA Baumgärtel/Laumen/Hepting Art 43 Rn 3 – volle Beweislast des Käufers).

Macht der Käufer geltend, daß sich die Rüge nach Abs 2 erübrige, dann trifft ihn **36**
zunächst die Darlegungslast, substantiiert Tatsachen darzutun, warum der Verkäufer den Rechtsmangel gekannt habe. Der Verkäufer trägt dann jedoch, wie bei
Art 40, die Beweislast dafür, daß er den Rechtsmangel nicht gekannt habe; denn die
Vertragswidrigkeit stammt aus seinem Bereich, und der Käufer hat kaum Möglichkeiten, die Kenntnis nachzuweisen (vgl auch Art 40 Rn 13 und die Nachweise dort; aA aber
Baumgärtel/Laumen/Hepting Art 43 Rn 6; Schlechtriem/Schwenzer/Schwenzer Art 43
Rn 12; MünchKommHGB/Benicke Art 43 Rn 11: Beweislast des Käufers). Für die Beweislast
des Verkäufers spricht auch der Wortlaut des Abs 2 („Der Verkäufer kann sich nicht
auf Abs 1 berufen …").

Art 44 [Entschuldigung für unterlassene Rüge]

**Ungeachtet des Artikels 39 Absatz 1 und des Artikels 43 Absatz 1 kann der Käufer
den Preis nach Artikel 50 herabsetzen oder Schadensersatz, außer für entgangenen
Gewinn, verlangen, wenn er eine vernünftige Entschuldigung dafür hat, daß er die
erforderliche Anzeige unterlassen hat.**

Art 44

Notwithstanding the provisions of paragraph
(1) of article 39 and paragraph (1) of article 43,
the buyer may reduce the price in accordance
with article 50 or claim damages, except for loss
of profit, if he has a reasonable excuse for his
failure to give the required notice.

Art 44

Nonobstant les dispositions du paragraphe 1 de
l'article 39 et du paragraphe 1 de l'article 43,
l'acheteur peut réduire le prix conformément à
l'article 50 ou demander des dommages-intérêts,
sauf pour le gain manqué, s'il a une excuse
raisonnable pour n'avoir pas procédé à la dénonciation requise.

Systematische Übersicht

Alphabetische Übersicht

I.   Regelungsgegenstand und Normzweck

1 Art 44 schafft neben Art 40 eine **weitere Ausnahme von der Rügenobliegenheit**, die der Käufer zur Wahrung seiner Rechte sonst einhalten muß. In den Fällen, in denen der Käufer eine vernünftige Entschuldigung für die Versäumung der Mängelanzeige hat, sollen ihm wenigstens begrenzte Mängelrechte verbleiben, die man als **Geldbehelfe** bezeichnen kann, nämlich das Recht auf Minderung und eingeschränkten Schadensersatz (kein Ersatz entgangenen Gewinns). Bei entschuldbaren Rügefehlern wird die scharfe Sanktion des vollständigen Anspruchsverlustes damit abgemildert. Die Vorschrift bezieht sich auf die Anzeige sowohl von Sachmängeln als auch von Rechtsmängeln. Anders als Art 40 hilft Art 44 aber nur über die unterlassene Mängelanzeige (Art 39 Abs 1 und 43 Abs 1), nicht auch über die zweijährige Ausschlußfrist in Art 39 Abs 2 hinweg.

II.   Entstehungsgeschichte

2 Die Vorschrift hatte keinen Vorgänger im Haager Recht. Auch die Entwürfe zum CISG enthielten keine entsprechende Bestimmung. Art 44 ist erst auf der Wiener Konferenz beschlossen worden und gehörte dort mit Art 39 zu den umstrittensten

Bestimmungen überhaupt, an denen die Konferenz fast gescheitert wäre (vgl dazu Off Rec 107 f, 321 ff, 345 ff; ferner eingehend BIANCA/BONELL/SONO Art 44 Bem 1. 2; SCHLECHTRIEM/ SCHWENZER/HUBER/WIDMER Art 44 Rn 2; SCHLECHTRIEM, UN-Kaufrecht 60 f).

Die Vorschrift wurde vor allem auf Betreiben der Gruppe der Entwicklungsländer 3 aufgenommen; der schließlich beschlossene Kompromißvorschlag stammte von Finnland, Ghana, Kenia, Nigeria, Pakistan und Schweden (A/Conf 97/C1/L 204 Off Rec 108). Motiv des Vorschlags war die Befürchtung der Entwicklungsländer, daß die scharfen Rügeanforderungen der Art 38, 39 und 43 sich zu Lasten unerfahrener Käufer aus ihren Ländern auswirken würden (vgl etwa DATE-BAH, Unification 47). Im Hintergrund stand aber auch, daß das Common Law und die vielen ihm folgenden Rechtsordnungen keine eigentliche Untersuchungs- und Anzeigeobliegenheit und vor allem keinen völligen Rechtsverlust bei ihrer Verletzung kennen (vgl BENJAMIN Rn 12–049).

Die Entwicklungsländer hatten deshalb mehrfach einen Verzicht auf die Rügeoblie- 4 genheit insgesamt oder zumindest auf die rechtsvernichtende Wirkung gefordert (so etwa der Antrag Ghanas, Off Rec 107). Das scheiterte jedoch am Widerstand der Industriestaaten, die als Abmilderung insoweit nur die Einführung einer „angemessenen" statt einer „kurzen" Frist in Art 39 Abs 1 akzeptierten (vgl die Erläuterungen zu Art 39 Rn 8). Um die Rügepflicht grundsätzlich beibehalten zu können, dem Interesse der Entwicklungsländer aber auch Rechnung zu tragen, wurde schließlich als Kompromiß Art 44 aufgenommen. In der kontroversen Diskussion wurde der Begriff „reasonable excuse" als unklar und unpräzise kritisiert (vgl insbesondere GHESTIN [Frankreich]: „fruitful source of litigation", Off Rec 346). Rückschlüsse auf seinen näheren Inhalt läßt die Diskussion jedoch nicht zu. Abgelehnt wurde auf der Wiener Konferenz ein ergänzender Satz 2 in Art 44, daß der Verkäufer eigenen, aus der verspäteten Rüge entstandenen Schaden gegenrechnen könne (Off Rec 347).

III. Voraussetzungen

1.   Reichweite der Vorschrift

Die Vorschrift entschuldigt die **unterlassene Anzeige**, greift also ein, wenn der 5 Käufer einen Sach- oder Rechtsmangel nicht in angemessener Frist und Form gem Art 39 Abs 1 bzw Art 43 Abs 1 angezeigt hat. Sie gilt aber auch, wenn der Käufer aus entschuldbaren Gründen die rechtzeitige **Untersuchung unterlassen** und deshalb einen Mangel verspätet mitgeteilt hat (ebenso ACHILLES Art 44 Rn 2; SCHLECHTRIEM/ SCHWENZER/HUBER/SCHWENZER Art 44 Rn 5a, 6; HONNOLD Rn 261; SCHLECHTRIEM, UN-Kaufrecht 61; aA OLG Karlsruhe BB 1998, 393 [395]).

Obwohl Art 44 von „Unterlassen der Anzeige" spricht, kann die Vorschrift erst 6 recht eingreifen, wenn der Käufer den Mangel zwar angezeigt, die **Anzeige** aber etwa **nicht hinreichend spezifiziert** oder sie **verspätet** oder **auf dem falschen Weg übermittelt** hat (Off Rec 347; FERRARI Fort Int 1998, 244; HERBER/CZERWENKA Art 44 Rn 2; HONNOLD aaO; SOERGEL/LÜDERITZ/SCHÜSSLER-LANGEHEINE Art 44 Rn 2).

Dagegen berührt Art 44 **nicht die Geltung der Zweijahresfrist in Art 39 Abs 2**, denn 7 Art 44 erlaubt ausdrücklich, nur von Art 39 Abs 1 abzusehen. Nach Ablauf der

Zweijahresfrist ist der Käufer mit allen Sachmängelansprüchen ausgeschlossen, auch wenn er eine vernünftige Entschuldigung für seine Verspätung hat (OGH JBl 1999, 318 [321] m Anm Karollus; Bianca/Bonnell/Sono Art 44 Bem 3. 3; Herber/Czerwenka Art 44 Rn 1; Honnold Rn 261; Loewe, Kaufrecht 65; Reinhart Art 44 Rn 6; **aA** aber Schweizer Botschaft 795). Gleiches gilt dann, wenn die Parteien eine andere Frist als die des Art 39 Abs 2 vereinbart haben und diese abgelaufen ist.

8　Für **Rechtsmängel** kennt die Konvention keine Art 39 Abs 2 entsprechende Frist. Hier kann der Käufer die vernünftige Entschuldigung seiner Säumnis bis zum Ablauf der – nach nationalem Recht bestimmten – Verjährung geltend machen (Loewe 65; zur Verjährung vgl Art 43 Rn 23).

9　Abweichende **Bräuche oder Gepflogenheiten** gehen, wie auch sonst, der Regelung des Art 44 vor (Art 9). Das gilt sowohl, wenn sie schärfere Maßstäbe vorsehen, wie etwa manche Handelsbräuche die strikte Einhaltung der Rügefrist verlangen und keinerlei Entschuldigung zulassen. Es gilt aber auch, wenn sie mildere Anforderungen aufstellen, zB dem Käufer bei krassen Mängeln ohne Einhaltung von Rügefristen Gutschriften gewährt werden. Haben die Parteien die Rügefrist näher festgelegt (zB „Mängelrüge nur binnen 30 Tage nach Erhalt der Ware"), dann ist es eine Frage der Auslegung, ob damit eine Berufung auf Art 44 nach Ablauf dieser Frist ausgeschlossen sein soll (ebenso Schlechtriem/Schwenzer/Huber/Schwenzer Art 44 Rn 18; für generellen Ausschluß des Art 44 in diesem Fall jedoch Achilles Art 44 Rn 5; Münch-KommHGB/Benicke Art 44 Rn 3). Im Zweifel wird eine Festlegung der Rügefrist nur die in Art 38 und 39 oder 43 vorgesehene Frist konkretisieren wollen und keine weiterreichende Wirkung haben. Soll Art 44 sicher ausgeschlossen werden, was Art 6 gestattet, dann empfiehlt sich eine entsprechend klare vertragliche Formulierung.

2.　Vernünftige Entschuldigung

10　Das wichtigste Tatbestandsmerkmal ist der unbestimmte Rechtsbegriff „vernünftige Entschuldigung" („reasonable excuse", „excuse raisonnable"). Eine vernünftige Entschuldigung hat der Käufer, wenn er die erforderliche **Anzeige aus Gründen unterlassen** hat, **die einem durchschnittlichen Käufer im redlichen Geschäftsverkehr nachgesehen werden können**. Dabei ist der Gesetzeszweck zu beachten, daß dem Käufer Restbehelfe erhalten bleiben sollen, weil angesichts der Geringfügigkeit seiner Obliegenheitsverletzung ein Ausschluß aller Ansprüche unangemessen hart wäre (auf den Billigkeitscharakter der Vorschrift weisen vor allem Schlechtriem/Schwenzer/Huber/Schwenzer Art 44 Rn 4 hin; ebenso Brunner Art 44 Rn 3; Karollus 128). Der Umstand, daß die Vorschrift auf Forderungen der Entwicklungsländer zurückgeht, um unerfahrene Käufer aus ihren Ländern vor ungerechtfertigtem Rechtsverlust zu schützen, bedeutet aber nicht etwa, daß die Bestimmung nur in derartigen Fällen zum Zug kommt. Sie greift ein, wenn ihre Voraussetzungen vorliegen, gleichgültig, wo der Käufer seinen Sitz hat (vgl etwa OGH JBl 1999, 318 m Anm Karollus).

11　Art 44 ist eine **Ausnahmevorschrift**, die nur in besonderen Fällen ein Absehen von den Rügeanforderungen erlaubt. Der Umstand allein, daß der Käufer diese Formalitäten, sei es auch nur geringfügig, verletzt hat, genügt deshalb für sich noch nicht, die Anwendung der Vorschrift zu rechtfertigen (OGH aaO; Schwimann/Posch Art 44

Rn 6; s auch DOCTER IHR 2003, 112 [unter Berufung auf Generalanwalt Strikwerda vor dem Hoge Raad Ned Jur 1998 Nr 480]; aA offenbar SOERGEL/LÜDERITZ/SCHÜSSLER-LANGEHEINE Art 44 Rn 3). Notwendig ist ein als Entschuldigung anzuerkennender Grund für die nicht ordnungsgemäße Mängelanzeige. Bei der Bewertung der Gründe spielen die Schwere der Obliegenheitsverletzung, ferner die Härte der Folgen eines Anspruchsausschlusses für den Käufer und das Interesse des Verkäufers an schneller und präziser Unterrichtung eine Rolle (ACHILLES Art 44 Rn 3; BAMBERGER/ROTH/SAENGER Art 44 Rn 2; SCHLECHTRIEM/SCHWENZER/HUBER/WIDMER Art 44 Rn 6 ff). Überschreitet der Käufer etwa geringfügig die Rügefrist, erleidet er aber durch die Vertragswidrigkeit der Ware schwerwiegende Einbußen, während der Zeitablauf die Position des Verkäufers nicht verschlechtert, dann wird man Entschuldigungsgründe (zB Übersehen der Frist, Arbeitsbelastung etc) großzügiger annehmen können.

Voraussetzung für eine vernünftige Entschuldigung ist ferner stets, daß der Käufer, **12** auch wenn er den objektiven Standard verfehlt hat, **mit der ihm nach den Umständen subjektiv zuzumutenden Sorgfalt gehandelt**, also im Rahmen seiner konkreten Möglichkeiten angemessen reagiert hat (ähnlich SCHLECHTRIEM/SCHWENZER/HUBER/SCHWENZER Art 44 Rn 4; HERBER/CZERWENKA Art 44 Rn 2; wie hier SCHWIMANN/POSCH Art 44 Rn 4; wohl schärfer ENDERLEIN/MASKOW/STARGARDT Art 44 Bem 1; dagegen großzügiger MünchKommBGB/GRUBER Art 44 Rn 11; MünchKommHGB/BENICKE Art 44 Rn 4).

Als **anzuerkennende Gründe für eine Verspätung** der Mängelanzeige kommen im **13** Einzelfall solche – vor allem subjektive – Umstände in Betracht, die bei Art 38, 39 und 43 nicht berücksichtigt werden (vgl Art 38 Rn 49): so etwa Krankheit, betriebliche Organisationsschwierigkeiten oder auch Übermittlung der Rüge an den falschen (bisherigen) Vertreter des Verkäufers (ebenso SCHLECHTRIEM/SCHWENZER/HUBER/SCHWENZER Art 44 Rn 7); Umstände also, die zwar in den Risikobereich des Käufers fallen, die ihm jedoch nicht vorzuwerfen sind oder bei denen eine leichte Lässigkeit (ähnlich der diligentia quam in suis) hinzunehmen ist. Auch der Käufer, der den Mangel innerhalb der vorgeschriebenen Frist nicht hinreichend spezifiziert hat, hat eine vernünftige Entschuldigung, wenn die Spezifizierung für ihn wegen seiner Unerfahrenheit oder fehlenden Sachkunde oder aus sonstigen Gründen (fehlende technische Möglichkeiten) besonders schwierig war. Gleiches gilt, wenn er den Mangel aus diesen Gründen unterschätzt hat (ebenso AUDIT 107 f; ähnlich HONNOLD Rn 261; HUTTER 92). Eine Entschuldigung wird insbesondere in Betracht kommen, wenn ausnahmsweise der Kauf durch eine Privatperson dem CISG unterliegt.

Die Rechtsprechung zum CISG hat die Berufung des Käufers auf Art 44 bisher fast stets zurückgewiesen (s die Zusammenstellung in: Draft Digest 694 f). So stellt es **keine vernünftige Entschuldigung** dar, wenn der Käufer den Verkäufer nach seiner Behauptung innerhalb der Rügefrist telefonisch nicht erreicht hat (LG Stuttgart 30. 11. 1995 [unveröff]). Eine Entschuldigung fehlt auch, wenn der Käufer eine gebotene einfache Untersuchung – Klebetest bei Klebefolie – unterlassen und dann nach Fristablauf die mangelhafte Klebewirkung gerügt hat (OLG Karlsruhe BB 1998, 393 m Anm SCHLECHTRIEM EWiR Art 39 CISG 2/97, 785 f) Gleiches gilt, wenn er von Kunden reklamierte Ware, bei der er die Mängel schon bei Lieferung hätte feststellen können, erst selbst noch auf Mängel untersuchen wollte und deshalb die Frist versäumt hat (Hoge Raad Ned Jur 1998 Nr 480). Ebensowenig ist der Käufer entschuldigt, wenn er Beschwerden seiner Abnehmer nicht zeitgerecht an den Verkäufer weitergibt (OLG München 8. 2. 1995, CLOUT Nr 167). Auch wenn der Käufer die Ware nur weiterveräußert, insbesondere durchhandelt und erst seine Abnehmer Mängel entdecken, ist eine verspätete Rüge nicht entschuldigt, sofern der Käufer – sei es auch durch einen Sachverständigen – Muster oder Stichproben hätte untersuchen können (und gemäß Art 38 untersuchen müssen; vgl Hof s'Hertogenbosch 15. 12. 1997, UNILEX). Läßt der Käufer eine Produktionsanlage, in der die gelieferte Ware verarbeitet werden soll, erst längere Zeit nach Warenlieferung aufbauen und zeigen sich erst dann bei der Verarbeitung Mängel der Ware, so liegt auch hierin keine vernünftige Entschuldigung für eine verspätete Rüge, wenn der Aufbau der Maschine nicht aus seinerseits entschuldbaren Gründen unterblieb (OLG Koblenz 11. 9. 1998, CLOUT Nr 285). Die verspätete Rüge ist ferner nicht entschuldigt, wenn der Käufer zunächst – und zu Unrecht – die Ware als Falschlieferung rügt und dann – verspätet – andere Mängel geltend macht (Sø og Handelsretten 31. 1. 2002, cisg.law.pace).

Bisher hat nur die **schiedsgerichtliche Praxis** die Entschuldigung nach Art 44 gelegentlich durchgreifen lassen: so in einem Fall, in dem ein von beiden Kaufvertragsparteien bestimmter Sachverständiger über die Ware ein unzutreffendes Qualitätszeugnis ausgestellt und der Käufer deshalb Mängel erst verspätet bemerkt und gerügt hatte (ICC Schiedsspruch Nr 9187, Juni 1999, UNILEX). In einem weiteren Fall war es eine vernünftige Entschuldigung für die Überschreitung einer vereinbarten Rügefrist von 50 Tagen, daß der Käufer die Ware im Verschiffungshafen nicht untersuchen konnte, die Ware aber erst später als 50 Tage am Bestimmungsort eintraf (Schiedsspruch Nr 54/99 des International Court of Commercial Arbitration der Industrie- und Handelskammer der Russischen Föderation vom 24. 1. 2000, UNILEX).

14 **Rechtsunkenntnis** des Käufers **kann in Ausnahmefällen** ebenfalls **entschuldigen** (HERBER/CZERWENKA Art 44 Rn 2), etwa wenn ein international unerfahrener Käufer auch aus dem eigenen Rechtssystem keinerlei Rügeformalitäten kennt. So ist in Rechnung zu stellen, daß im englischen Recht und den ihm folgenden Rechtsordnungen eine Rüge im eigentlichen Sinn nicht vorgesehen ist, der Käufer, der mangelhafte Ware akzeptiert hat, zwar nicht mehr den Vertrag aufheben, aber durchaus noch vollen Schadensersatz verlangen und auch Mängel nachschieben kann (BENJAMIN Rn 12–049). Zum Kauf durch eine Privatperson s Rn 13.

15 Der **Entschuldigungsgrund** kann **vorübergehender Natur** sein (zB Krankheit). Der Käufer hat dann die Mängelanzeige nach Wegfall des Grundes nachzuholen, wofür ihm eine angemessene Frist wie in Art 39 selbst einzuräumen ist (ebenso HERBER/ CZERWENKA Art 44 Rn 3; WITZ/SALGER/LORENZ Art 44 Rn 8).

16 Auf die von Art 44 gewährte Entschuldigung kann sich der Käufer formlos in jeder Lage, auch im gerichtlichen Verfahren berufen. Er muß **keine bestimmte Form oder Frist** einhalten, um die Entschuldigung geltend zu machen. Nach Ablauf der Zweijahresfrist des Art 39 Abs 2 oder einer entsprechenden vertraglichen Frist scheidet aber auch die Berufung auf Art 44 aus (OGH JBl 1999, 318 m Anm KAROLLUS).

IV. Rechtsfolgen

1. Aufrechterhaltene Rechte

Art 44 mildert den Rechtsverlust, den Art 39 Abs 1 und Art 43 Abs 1 bei Rügever- **17**
säumnissen **vorsehen**: Der Käufer behält weiterhin das Recht, den Kaufpreis zu
mindern und begrenzten Schadensersatz zu verlangen. Die sachlichen Voraussetzungen für diese Ansprüche müssen freilich nach den für sie geltenden Bestimmungen (Art 45 Abs 1 lit b iVm Art 74 ff, Art 50) vorliegen. **Das Recht zu mindern** hat
der Käufer damit bei Sach- und Rechtsmängeln der Ware in dem Umfang, in dem
Art 50 bei ihnen eine Minderung erlaubt (vgl die Erläuterungen bei Art 50 Rn 9 f; ebenso
BAMBERGER/ROTH/SAENGER Art 44 Rn 4; HERBER/CZERWENKA Art 44 Rn 4; WOLFF 116; **gegen**
Minderung bei Rechtsmängeln aber SCHLECHTRIEM/SCHWENZER/HUBER/SCHWENZER Art 44
Rn 14; MünchKommBGB/GRUBER Art 44 Rn 14; MünchKommHGB/BENICKE Art 44 Rn 7). Alternativ kann der Käufer, außer für entgangenen Gewinn Schadensersatz verlangen.
Schadensersatz und entgangener Gewinn sind hier genauso wie in Art 74 zu bestimmen (vgl die Erläuterungen dort Rn 40 ff). Im Ergebnis erhält der Käufer nach
Art 44 als Schadensersatz den Minderwert der Ware und etwaige Mangelfolgeschäden (Reparaturkosten, Rechtsverfolgungskosten), nicht aber einen Veräußerungsgewinn (ebenso SCHLECHTRIEM/SCHWENZER/HUBER/SCHWENZER Art 44 Rn 10; Münch-
KommHGB/BENICKE Art 44 Rn 10; SCHWIMANN/POSCH Art 44 Rn 7; SOERGEL/LÜDERITZ/
SCHÜSSLER-LANGEHEINE Art 44 Rn 7).

Der **Zeitpunkt für die Bewertung des Minderwerts** der Ware ist, anders als sonst bei **18**
Art 74 (vgl SCHLECHTRIEM/SCHWENZER/STOLL/GRUBER Art 74 Rn 33; ferner die Erl zu Art 74
Rn 55), der Zeitpunkt, zu dem eine ordnungsgemäße Rüge erfolgt wäre. Dieser
Zeitpunkt entspricht dem Grundgedanken des Art 44, den Käufer mit seinen Geldbehelfen so zu stellen, wie er bei ordnungsgemäßer Rüge gestanden hätte.

Problematisch ist, ob und inwieweit der Verkäufer ein **Mitverschulden** (Art 77) **des** **19**
Käufers geltend machen kann (eingehend dazu SCHLECHTRIEM, UN-Kaufrecht 61). Gegenüber dem Minderungsverlangen ist der Mitverschuldenseinwand abzulehnen (so auch
SCHLECHTRIEM/SCHWENZER/HUBER/SCHWENZER Art 44 Rn 14; **aA** aber BIANCA/BONELL/SONO
Art 44 Bem 2.5; LOEWE 65). Denn die Höhe des Minderungsbetrages wird vom Verhalten des Käufers nicht beeinflußt; sie richtet sich nach Art 50. Der Umfang des
Schadensersatzanspruchs hängt dagegen häufig vom – entschuldigten – Verhalten
des Käufers ab, so wenn der Verkäufer wegen der Verspätung der Anzeige Mängelansprüche gegen eigene Lieferanten verliert oder der Käufer den Schaden durch
Benutzung der mangelhaften Ware vergrößert. Überwiegend wird die Anwendbarkeit des Art 77 in diesen Fällen befürwortet (ACHILLES Art 44 Rn 4; AUDIT 108; BIANCA/
BONELL/SONO Art 44 Bem 2.5; ENDERLEIN/MASKOW/STARGARDT Art 44 Bem 2; HERBER/CZER-
WENKA Art 44 Rn 4; LOEWE 65; SCHLECHTRIEM, UN-Kaufrecht 61; differenzierend SCHLECHT-
RIEM/SCHWENZER/HUBER/SCHWENZER Art 44 Rn 11 ff; für nur ausnahmsweise Anwendung des
Art 77: REINHART Art 44 Rn 5). Dem ist zuzustimmen, soweit im Verhalten des Käufers
ein eigenständiges zusätzliches Mitverschulden liegt, wie etwa in der Weiterbenutzung der Ware trotz Kenntnis oder augenfälliger Erkennbarkeit ihrer Mangelhaftigkeit (vgl SCHLECHTRIEM/SCHWENZER/HUBER/SCHWENZER Art 44 Rn 12 f). Soweit Art 77
damit anwendbar ist, ist aber auch die Befreiungsvorschrift des Art 79 zu beachten
(HERBER/CZERWENKA Art 44 Rn 4).

20 Dagegen kann **das Verhalten, das über Art 44 entschuldigt ist, nicht zugleich** als **Mitverschulden** gewertet werden. Hierfür spricht vor allem die Entstehungsgeschichte der Vorschrift. Denn auf der Wiener Konferenz wurde der Zusatz ausdrücklich abgelehnt, daß der Verkäufer seinen Schaden, den er durch die verspätete Anzeige erleide, den Ansprüchen des Käufers entgegensetzen dürfe (vgl Off Rec 108 und oben Rn 4). Der damit abgelehnte Gedanke kann nicht über Art 77 wieder eingeführt werden. Doch auch Sachgründe sprechen für die hier vertretene Lösung. Art 44 reduziert die Ansprüche des Käufers auf seine Geldbehelfe, will ihn insoweit aber weder besser- noch schlechterstellen, als er bei ordnungsgemäßer, insbesondere fristgerechter Rüge gestanden hätte. Dann hätte der Käufer auch vollen Ersatz verlangen können, gleichgültig, ob der Verkäufer bei eigenen Lieferanten noch zum Rückgriff berechtigt war oder nicht. Diese Lösung ist auch interessengemäß, denn der Verkäufer hat mit der vertragswidrigen Lieferung den Grund für den Anspruch des Käufers gelegt. Ihm ist es eher als dem Käufer zuzumuten, den Schaden aus der Vertragswidrigkeit der Ware zu tragen. Eine Reduktion des Anspruchsumfangs kann sich deshalb nicht aus dem von Art 44 als entschuldbar bewerteten Verhalten des Käufers, sondern nur aus zusätzlichem, den Schadensumfang vergrößerndem Verhalten ergeben. Der Verkäufer kann gegenüber dem Anspruch des Käufers auch keinen selbständigen Schadensersatzanspruch zur Aufrechnung stellen, der auf eine (entschuldigte) Verletzung der Rügeobliegenheit gestützt wird. Das folgt aus der geschilderten Entstehungsgeschichte der Vorschrift.

21 Der Käufer macht sich aber auch **nicht schadensersatzpflichtig**, wenn er die Mängelanzeige unterläßt, sondern büßt dadurch allenfalls eigene Rechte ein (ebenso SCHLECHTRIEM/SCHWENZER/HUBER/SCHWENZER Art 44 Rn 16; MünchKommHGB/BENICKE Art 44 Rn 9; insoweit aber zweifelnd SCHLECHTRIEM, UN-Kaufrecht 61; vgl ferner die Erl zu Art 38 Rn 12).

22 Begeht der Käufer dagegen eine **selbständige Vertragsverletzung**, so kann der Verkäufer die aus ihr folgenden Rechte, ggf auf Schadensersatz, wie auch sonst geltend machen.

23 Eine Einschränkung des Schadensersatzanspruches ist auch nicht danach vorzunehmen, ob der Käufer die **Untersuchung oder nur** die **Anzeige** versäumt hat (so aber SOERGEL/LÜDERITZ/SCHÜSSLER-LANGEHEINE Art 44 Rn 6; dagegen zu Recht SCHLECHTRIEM/SCHWENZER/HUBER/SCHWENZER Art 44 Rn 13). Zum einen wird bei unterlassener Untersuchung in der Regel auch die Anzeige versäumt. Als ungeschriebenes Tatbestandsmerkmal aufzunehmen, daß Art 44 nur bei ordnungsgemäßer Untersuchung und dann versäumter Rüge gilt, erlaubt aber weder der Wortlaut der Vorschrift noch ihre Entstehungsgeschichte. Zum anderen hat der Käufer einen Ersatzanspruch, weil und wenn die Ware fehlerhaft ist. Art 44 erhält ihm diesen Anspruch, auch wenn der Schaden bei ordnungsgemäßer Untersuchung nicht eingetreten wäre (ebenso SCHLECHTRIEM/SCHWENZER/HUBER/SCHWENZER aaO). Lediglich wenn der Käufer über die unterlassene Untersuchung hinaus die Pflicht zur Schadensminderung verletzt hat, etwa bewußt oder bewußt fahrlässig die schädliche Ware weiterbenutzt hat, kommt eine Anspruchsminderung in Betracht.

24 Wenn der Käufer nur für eine **Teillieferung** oder nur für einen Teil einer Lieferung seine Rügeversäumnis vernünftig entschuldigen kann, dann gelten die Rechtsfolgen des Art 44 auch nur für diesen Teil.

2.   Ausgeschlossene Rechte

Der Käufer kann weder die Vertragsnacherfüllung (Ersatzlieferung, Nachbesserung, **25** Rechtsmängelbeseitigung nach Art 46) noch die Vertragsaufhebung (Art 49) noch entgangenen Gewinn geltend machen.

Der **Verkäufer bleibt** dagegen **zur Nacherfüllung** nach Art 48 **berechtigt** (ebenso **26** SCHLECHTRIEM/SCHWENZER/HUBER/SCHWENZER Art 44 Rn 15; WITZ/SALGER/LORENZ Art 44 Rn 10).

V.   Beweisfragen

Der Käufer, der sich auf die Ausnahmevorschrift des Art 44 beruft, hat die tatsäch- **27** lichen Voraussetzungen für ihre Anwendbarkeit, insbesondere die Voraussetzungen der vernünftigen Entschuldigung, nachzuweisen (vgl ANTWEILER 139, 184; BAUMGÄRTEL/ LAUMEN/HEPTING Art 44 Rn 1 f).

Abschnitt III
Rechtsbehelfe* des Käufers wegen Vertragsverletzung durch den Verkäufer

Section III
Remedies for breach of contract by the seller

Section III
Moyens dont dispose l'acheteur en cas de contravention au contrat par le vendeur

Vorbemerkungen zu Art 45 ff CISG

1 Der folgende Abschnitt (Art 45–52) beschließt das Kapitel über die Pflichten des Verkäufers und **faßt die wesentlichen Rechte** zusammen, die dem Käufer bei Pflichtverletzungen des Verkäufers zustehen. Eine spiegelbildliche Regelung der Rechte des Verkäufers, wenn der Käufer seine Pflichten nicht erfüllt, enthalten Art 61 ff.

2 Weitere Rechte des Käufers ergeben sich für bestimmte Ausnahmesituationen (drohende Vertragsverletzung etc) jedoch noch aus den Vorschriften der Konvention (Art 71 ff), die für beide Vertragsparteien gemeinsam gelten.

3 Die Art 45 ff gehen – wie schon das EKG – von einem **einheitlichen Begriff der Vertragsverletzung** aus. Die unterschiedlichen Arten von Vertragsverletzungen wie Nichterfüllung, Verzug, Schlechterfüllung und ihre Gründe (verschuldet, unverschuldet, unabwendbar), deren Unterscheidung vor der Schuldrechtsreform im internen deutschen Recht zentrale Bedeutung hatte, spielen unter dem CISG rechtlich kaum noch eine besondere Rolle, auch wenn sie natürlich nach wie vor als faktische Fallgruppen existieren und bestimmte Behelfe nur bei bestimmten Vertragsverletzungen Sinn machen – etwa ist Minderung nur bei Lieferung mängelbehafteter Ware sinnvoll. Unter dem CISG hat dagegen vor allem das Gewicht des Pflichtenverstoßes (wesentliche, nichtwesentliche Vertragsverletzung) Bedeutung für die Sanktionen.

4 Die Art 45 ff gewähren zum einen Erfüllungsansprüche (Art 46), zum andern – bei wesentlicher Vertragsverletzung oder Nichtlieferung trotz Nachfrist – Vertragsaufhebung (Art 49). Ferner räumen sie ein Minderungsrecht ein (Art 50). Die Konvention sieht ferner bei jeder Vertragsverletzung einen vom Verschulden unabhängigen Schadensersatzanspruch vor, der seine Anspruchsgrundlage in Art 45 Abs 1 lit b findet. Er kann mit anderen Behelfen, zB Vertragsaufhebung, kumuliert werden, um den daneben verbleibenden Schaden auszugleichen. Die gleiche Lösung sieht die Konvention für den Fall vor, daß der Käufer seine Pflichten verletzt (Art 61). Die deutsche Schuldrechtsreform hat dieses Grundmodell ganz weitgehend in das allgemeine Vertragsrecht übernommen (s insbes §§ 280, 325 BGB nF). Abweichend vom CISG setzt die Schadensersatzhaftung nach § 280 Abs 1 BGB allerdings nur bei Verschulden ein. Doch wird das Verschulden vermutet; der Schuldner muß sich also entlasten (§ 280 Abs 1 S 2 BGB). Damit ist der Unterschied zur verschuldensunab-

---

* Schweiz: Rechte.

hängigen Haftung des CISG, das in Art 79 ebenfalls eine – etwas begrenztere – Entlastungsmöglichkeit bereithält, relativ gering.

Eine weitere Abweichung gegenüber dem BGB bedeutet auch das ausdrückliche 5 Recht des Verkäufers, Erfüllungsmängel noch nachträglich beheben zu dürfen („right to cure", Art 48). Mit der weitreichenden Pflicht des Gläubigers zur Nachfristsetzung (§§ 281, 323, 440 BGB) kennt aber auch das interne deutsche Recht ein Instrument, das in ähnlicher Weise wie ein „right to cure" wirkt und dem Schuldner die zweite Andienung einer vertragskonformen Leistung gestattet. Soweit das Recht aus Art 48 reicht, begrenzt es die Ansprüche des Käufers. Der Abschnitt macht ferner deutlich, daß auch die teilweise Erfüllung und die Übererfüllung Vertragsverletzungen sind, und stellt dem Käufer besondere, auf sie zugeschnittene Behelfe zur Verfügung (Art 51, 52).

Die Rechtsbehelfe der Konvention enthalten für die faktischen Situationen, die sie 6 regeln, eine abschließende Normierung. Neben ihnen ist der **Rückgriff auf Behelfe des nationalen Rechts ausgeschlossen** (s aus der Rspr etwa Geneva Pharmaceuticals Tech Corp v Barr Labs, Inc 10. 2. 2002, cisg.law.pace; ferner MünchKommHGB/BENICKE Art 45 Rn 3; SCHLECHTRIEM/SCHWENZER/MÜLLER-CHEN Art 45 Rn 30 ff; vgl näher Art 4 Rn 7, 28; Art 45 Rn 43). Das gilt freilich nur, soweit die Regeln der Konvention reichen. So sind etwa außervertragliche Produkthaftungsansprüche neben der Konvention nicht versperrt (vgl näher die Erl zu Art 5; zum Verhältnis zur Irrtumsanfechtung s Art 4 Rn 48 ff).

Insgesamt ist dem System der Rechtsbehelfe eine **starke Tendenz zur Vertragsdurch-** 7 **führung** zu entnehmen (BGH NJW 1996, 2364 [2366: „Die Rückabwicklung soll" dem Käufer nur als letzte Möglichkeit zur Verfügung stehen, um auf eine Vertragsverletzung der anderen Partei zu reagieren, die so gewichtig ist, daß sie sein Erfüllungsinteresse im wesentlichen entfallen läßt."]; OLG Köln IHR 2003, 15; vCAEMMERER, in: FS Coing Bd 2, 50 f; FARNSWORTH, in: Lausanner Kolloquium 14 f; HONNOLD Rn 245. 1; HONSELL/SCHNYDER/STRAUB Art 45 Rn 32). Die gerade bei internationalen Distanzverträgen mißliche Rückabwicklung mit zusätzlichen Transportkosten und -risiken etc soll nach Möglichkeit vermieden werden. Dem dient die Beschränkung des Aufhebungsrechts auf wesentliche Vertragsverletzungen ebenso wie das Nacherfüllungsrecht des Verkäufers. Diesem Grundgedanken hat auch die Auslegung der einzelnen Vorschriften des Abschnitts Rechnung zu tragen.

Art 45 [Rechtsbehelfe des Käufers; keine zusätzliche Frist]

(1) Erfüllt der Verkäufer eine seiner Pflichten nach dem Vertrag oder diesem Übereinkommen nicht, so kann der Käufer
a) die in Artikel 46 bis 52 vorgesehenen Rechte ausüben;
b) Schadenersatz nach Artikel 74 bis 77 verlangen.

(2) Der Käufer verliert das Recht, Schadensersatz zu verlangen, nicht dadurch, daß er andere Rechtsbehelfe* ausübt.

---

* Schweiz: Rechte.

(3) Übt der Käufer einen Rechtsbehelf* wegen Vertragsverletzung aus, so darf ein Gericht oder Schiedsgericht dem Verkäufer keine zusätzliche Frist gewähren.

Art 45

(1) If the seller fails to perform any of his obligations under the contract or this Convention, the buyer may:

(a) exercise the rights provided in articles 46 to 52;

(b) claim damages as provided in articles 74 to 77.

(2) The buyer is not deprived of any right he may have to claim damages by exercising his right to other remedies.

(3) No period of grace may be granted to the seller by a court or arbitral tribunal when the buyer resorts to a remedy for breach of contract.

Art 45

1) Si le vendeur n'a pas exécuté l'une quelconque des obligations résultant pour lui du contrat de vente ou de la présente Convention, l'acheteur est fondé à:

a) exercer les droits prévus aux articles 46 à 52;

b) demander les dommages-intérêts prévus aux articles 74 à 77.

2) L'acheteur ne perd pas le droit de demander des dommages-intérêts lorsqu'il exerce son droit de recourir à un autre moyen.

3) Aucun délai de grâce ne peut être accordé au vendeur par un juge ou par un arbitre lorsque l'acheteur se prévaut d'un des moyens dont il dispose en cas de contravention au contrat.

Schrifttum

Wie zu Art 30 und 35; ferner:

ADAME, La responsabilidad del vendedor por la calidad de las mercancáas en la compraventa internacional. Una interpretacion romanástica, Bol Mex Der Comp XIX (1986) 15

ALPA/BESSONE, Inadempimento, rimedi, effetti della risoluzione nella vendita internazionale di cose mobili, in: La vendita internazionale 167

BENTO SOARES/MOURA RAMOS, Les moyens dont dispose l'acheteur en cas de contravention au contrat par le vendeur (autre que le défaut de conformité) dans la Convention de Vienne de 1980 sur les contrats de vente internationale de marchandises, Rev dr unif 1986, 67

CANARIS, Die von beiden Parteien zu vertretende Unmöglichkeit, in: FS E Lorenz (2004) 147

ERAUW/FLECHTNER, Remedies under the CISG and Limits to their Uniform Character, in: ŠARČEVIĆ/VOLKEN (Hrsg), The International Sale of Goods Revisited (2001) 35

GABRIEL, General provisions, obligations of the seller, and remedies for breach of contract by the seller, in: Draft Digest (2004) 336

GARRO, Cases, analyses and unresolved issues in Articles 25–34, 45–52, in: Draft Digest (2004) 362

HELLNER, Ipso facto avoidance, in: FS WEITNAUER (1980) 85

vHOFFMANN, Gewährleistungsansprüche im UN-Kaufrecht – verglichen mit dem EKG und BGB, in: SCHLECHTRIEM, Fachtagung 293

HUBER, Die Rechtsbehelfe der Parteien, insbesondere der Erfüllungsanspruch, die Vertragsaufhebung und ihre Folgen nach UN-Kaufrecht im Vergleich zu EKG und BGB, in: SCHLECHTRIEM, Fachtagung 199

KÜHL/HINGST, Das UN-Kaufrecht und das Recht der AGB, in: FS Herber (1999) 50

LOHS/NOLTING, Regelung der Vertragsverletzung im UN-Kaufrechtsübereinkommen, ZVglRWiss 97 (1998) 4

MAGNUS, Beyond the Digest: Part III (Articles 25–34, 45–52), in: Draft Digest (2004) 319

MISCHKE, Zur Haftung des Verkäufers für

---

* Schweiz: Recht.

Sachmängel und Produktfehler der verkauften
Waren nach deutschem, europäischem und
internationalem Recht, BB 1997, 1494
NAU, Das Gewährleistungsrecht in BGB, UN-
Kaufrecht und den Reformvorschlägen der
Schuldrechtskommission (2003)
SCHMID, Der Schuldnerverzug. Voraussetzun-
gen und Rechtsfolgen im BGB und UN-Kauf-
recht (1996)
SCHMIDT-KESSEL, CISG-Verträge in der Insol-
venz – eine Skizze –, in: FS Schlechtriem (2003)
255

WEBER, Vertragsverletzungsfolgen: Schadenser-
satz, Rückabwicklung, vertragliche Gestal-
tungsmöglichkeiten, in: Berner Tage 165
ZIEGEL, The Remedial Provisions in the Vienna
Sales Convention: Some Common Law Per-
spectives, in: GALSTON/SMIT 9–1
ZIMMERMANN, Liability for Non-Conformity.
The new system of remedies in German sales'
law and its historical context. John Maurice
Kelly Memorial Lecture (2004).

Systematische Übersicht

Alphabetische Übersicht

I. Regelungsgegenstand und Normzweck

1 Die Vorschrift nennt die wichtigsten Rechtsbehelfe, die dem Käufer bei Vertragsverletzungen zustehen, und legt als ihre gemeinsame Grundvoraussetzung fest, daß der Verkäufer eine seiner Pflichten aus dem Vertrag oder dem Übereinkommen verletzt haben muß und nicht gemäß Art 79, 80 entlastet sein darf. Dann kann der Käufer die Rechte aus den Art 46–52 (Erfüllung mit Nachlieferung und Nachbesserung, Aufhebung oder Minderung) sowie stets Schadensersatz geltend machen. Die objektive, vom Verschulden unabhängige Pflichtverletzung ist insoweit einzige Voraussetzung der Verkäuferhaftung, als dem Käufer als Sanktion für sie in jedem Fall ein Rechtsbehelf, und sei es zumindest Schadensersatz, zusteht.

Die Aufzählung von Rechten in Art 45 Abs 1 ist in dem Sinn abschließend, daß ein 2
Rückgriff auf weitere Behelfe des nationalen Rechts neben ihnen nicht in Betracht
kommt (vgl dazu unten Rn 43). Innerhalb der Konvention ist Art 45 jedoch um eine
Reihe möglicher Rechte zu ergänzen: Bei Sukzessivlieferungsverträgen ist gegebenenfalls Art 73 zu beachten; bei lediglich drohenden Vertragsverletzungen des Verkäufers hat der Käufer die Rechte aus Art 71, 72 unter den dort genannten Voraussetzungen; bei zurückzuzahlendem Kaufpreis besteht eine Verzinsungspflicht
nach Art 84 Abs 1; unter besonderen Voraussetzungen besteht ein Recht zum
Selbsthilfeverkauf (Art 88).

Soweit Art 45 Abs 1 auf die Rechte nach Art 46–52 hinweist, hat er nur deklarato- 3
rischen Charakter (Sekretariatskommentar Art 41 Bem 1: „index to the remedies available to
the buyer"). Konstitutiv ist dagegen Art 45 Abs 1 lit b, der einen Anspruch auf
Schadensersatz erst begründet (Sekretariatskommentar aaO; ACHILLES Art 45 Rn 1; BIAN-
CA/BONELL/WILL Art 45 Bem 2.3.1; SCHLECHTRIEM/SCHWENZER/MÜLLER-CHEN Art 45 Rn 1). In
der stets gegebenen Schadensersatzsanktion für jedwede Vertragsverletzung, ohne
daß es auf Verschulden ankommt (Art 79), lag bis zur Schuldrechtsreform die deutlichste Abweichung gegenüber dem BGB. Jetzt besteht der Unterschied nur noch in
der geringfügig unterschiedlichen Entlastungsmöglichkeit, die einerseits § 280 Abs 1
S 2 BGB und andererseits Art 79 vorsieht.

Die schon aus Art 45 Abs 1 folgende Kumulation von Ansprüchen nach lit a und 4
lit b hebt Abs 2 nochmals ausdrücklich hervor: die Rechte aus den Art 46–52 einerseits und das Recht auf Schadensersatz andererseits schließen sich nicht aus, sondern können nebeneinander bestehen.

Schließlich verbietet es Abs 3, eine in manchen Rechten vorgesehene Fristverlän- 5
gerung („délai de grâce") zu gewähren.

II. Entstehungsgeschichte

Der Sache nach enthielt das EKG eine ähnliche Regelung, die sich aber auf 6
mehrere Vorschriften verteilte, dadurch unübersichtlich war und sich auch weitgehend wiederholte (Art 24, 41, 51, 52, 55). Denn das EKG hatte die unterschiedlichen Vertragswidrigkeiten und ihre Rechtsfolgen (Nichterfüllung im Hinblick auf
Zeit, Ort, Qualität etc) noch jeweils getrennt behandelt. Ferner schloß das EKG den
Erfüllungsanspruch bei Vertragsverletzungen im Hinblick auf Lieferzeit und -ort
aus, wenn ein Deckungskauf üblich und angemessen war. In diesem Fall galt der
Vertrag in dem Zeitpunkt automatisch als aufgehoben, in dem der Deckungskauf
vorzunehmen war (Art 25 EKG). Die Übernahme dieser sog „ipso facto avoidance"
des EKG wurde bereits im Frühstadium der Revisionsarbeiten von UNCITRAL
grundsätzlich abgelehnt, vornehmlich wegen des für die Parteien unklaren Vertrags-
endes und wegen der Spekulationsmöglichkeiten, die ein Abwarten mit dem
Deckungsgeschäft eröffnete (Report des Secretary-General, UNCITRAL YB III [1972]
41 ff; eingehend dazu HELLNER, in: FS Weitnauer 85 ff).

Die jetzige Fassung des Art 45 CISG beruht auf einem Vorschlag der UNCITRAL- 7
Arbeitsgruppe und knüpft vor allem an das Vorbild des Art 41 EKG zur Sachmängelhaftung an (vgl dazu UNCITRAL-YB IV [1973] 49 f, 61, 68). Sie war im wesentlichen

bereits im Genfer Entwurf von 1976 (dort Art 26) enthalten und wurde in der Folge nur noch geringfügigen redaktionellen Änderungen unterzogen. Auf der Wiener Konferenz war die Vorschrift der Sache nach nicht mehr umstritten. Ein Antrag, Art 45 um einen Zinsanspruch des Käufers bei Zahlungspflichten des Verkäufers zu ergänzen, fand keine Zustimmung (Off Rec 209 f).

III. Gemeinsame Voraussetzungen der Rechtsbehelfe (Abs 1)

8 Art 45 Abs 1 legt als **einheitliche Voraussetzung** aller in der Vorschrift genannten Ansprüche des Käufers fest, daß der Verkäufer eine **Pflicht verletzt** haben muß, die ihm nach dem Vertrag oder Übereinkommen obliegt.

9 Der **Charakter der verletzten Pflicht spielt** für die grundsätzliche Haftung **keine Rolle**. Alle vereinbarten Pflichten, auch Zusatzpflichten wie Montage, Instruktion, Wartung etc kommen hier in Betracht (ACHILLES Art 45 Rn 2; ENDERLEIN/MASKOW/ STROHBACH Art 45 Bem 1; HERBER/CZERWENKA Art 45 Rn 2; SCHLECHTRIEM/SCHWENZER/MÜLLER-CHEN Art 45 Rn 3; WELSER, in: DORALT 116; WITZ/SALGER/LORENZ Art 45 Rn 7); ebenso Pflichten aus besonderen Vertragsklauseln (zB Versicherungspflicht bei Vereinbarung einer entsprechenden Incoterm-Klausel; vereinbarte Wettbewerbsverbote etc; s Schiedsspruch der CRCICA Arbitration Kairo 10. 5. 2002, UNILEX [Verletzung der vereinbarten Pflicht, eine Bankgarantie zu verlängern]); ferner die aus dem Übereinkommen folgenden Pflichten zur Lieferung vertragsgemäßer Ware (Art 30, 35 Abs 2) am rechten Ort (Art 31) binnen angemessener Frist nach Vertragsschluß (Art 33) mit Dokumenten (Art 34) und frei von Rechtsmängeln (Art 30, 42, 43). Auch die teilweise Nichterfüllung, die vorzeitige und die Übererfüllung sind Pflichtverletzungen, die Rechtsbehelfe (vgl Art 51 und 52) auslösen. Unter Umständen können Vertragspflichten schließlich aus dem Grundsatz von Treu und Glauben folgen (vgl etwa die allgemeine Kooperationspflicht der Parteien [BGHZ 149, 113, 118] oder die „Leistungstreuepflicht", den Vertragszweck gefährdende Maßnahmen zu unterlassen, von der der BGH in den Fällen schockierender Benetton-Werbung ausgegangen ist, BGH NJW 1997, 3304, 3309).

10 Ob die jeweilige Pflichtverletzung als Verzug, anfängliche oder nachträgliche Unmöglichkeit oder Schlechterfüllung einzustufen ist, ob die verletzte Pflicht als Haupt- oder Nebenpflicht iS des deutschen Rechts anzusehen wäre, ist als Voraussetzung für Ansprüche des Käufers gleichgültig (BAMBERGER/ROTH/SAENGER Art 45 Rn 2; SCHLECHTRIEM/SCHWENZER/MÜLLER-CHEN Art 45 Rn 3, 5; SCHLECHTRIEM, in: Berner Tage 104; WELSER, in: DORALT 116). **Die Behelfe der Art 46–52 differenzieren vor allem danach, ob die Vertragsverletzung wesentlich war oder nicht.** Ersatzlieferung (Art 46 Abs 2) und Vertragsaufhebung (Art 49) kann der Käufer nur bei wesentlicher Vertragsverletzung verlangen und nur bei Nichtlieferung kann der Käufer eine nicht wesentliche Vertragsverletzung durch Nachfristsetzung zu einer wesentlichen aufwerten (Art 49 Abs 1 lit b iVm Art 47).

11 Der Tatbestand der **Vertragsverletzung setzt kein Verschulden des Verkäufers voraus** (AUDIT 120; BAMBERGER/ROTH/SAENGER Art 45 Rn 8; BRUNNER Art 45 Rn 5; HERBER/CZERWENKA Art 45 Rn 3; HONSELL/SCHNYDER/STRAUB Art 45 Rn 23; MünchKommBGB/HUBER Art 45 Rn 3; SCHLECHTRIEM/SCHWENZER/MÜLLER-CHEN Art 45 Rn 8; WITZ/SALGER/LORENZ Art 45 Rn 8; BIANCA/BONELL/WILL Art 45 Bem 2. 1. 2 bezieht die objektive Haftung dagegen nur auf den Schadensersatzanspruch). Der Verkäufer unterliegt damit einer objektiven Haftung, die allein daran anknüpft, daß er einer Vertragspflicht nicht nachkommt. Selbst wenn er sie aus einem Grund nicht erfüllt, der ihn nach Art 79 von seiner Pflicht befreit, verbleiben dem Käufer die Behelfe der Art 46–52. Denn Art 79 Abs 5 läßt diese Behelfe ausdrücklich unberührt und entlastet den Verkäufer nur von seiner Schadensersatzpflicht (ebenso SCHLECHTRIEM/SCHWENZER/MÜLLER-CHEN Art 45 Rn 8; SCHLECHTRIEM/SCHWENZER/STOLL/GRUBER Art 79 Rn 43; SOERGEL/LÜDERITZ/SCHÜSSLER-LANGEHEINE Art 45 Rn 3; aA HERBER/CZERWENKA Art 45 Rn 3, die eine Befreiung nach Art 79 auf alle Rechtsbehelfe des Käufers beziehen). Besonderheiten ergeben sich aber beim Erfüllungsanspruch (vgl Art 46 Rn 26 ff).

Anders ist die Lage jedoch, wenn eine **Entlastung nach Art 80** in Betracht kommt. **12** Dem Käufer stehen weder die Rechtsbehelfe der Art 46–52 noch ein Anspruch auf Schadensersatz zu, wenn er selbst dem Verkäufer die Erfüllung seiner Pflichten unmöglich gemacht hat (vgl näher die Erl zu Art 80; zum Fall beiderseits zu vertretender Unmöglichkeit s CANARIS, in: FS E LORENZ 181 f).

Alle Ansprüche – Schadensersatz ebenso wie andere Behelfe –, die der Käufer auf **13** Vertragswidrigkeiten nach Art 35 oder Art 41, 42 stützt, setzen zusätzlich voraus, daß der Käufer seiner **Rügeobliegenheit genügt** hat (vgl die Erl zu Art 38, 39, 43).

IV. Rechtsbehelfe des Käufers nach Art 46–52 (Abs 1 lit a)

Unter der Voraussetzung, daß der Verkäufer eine seiner Pflichten verletzt hat, kann **14** der Käufer die Rechte geltend machen, die ihm die Art 46–52 einräumen. Diese Vorschriften nennen jeweils selbst weitere Erfordernisse, unter denen sie anwendbar sind (Sekretariatskommentar Art 41 Bem 2). Insoweit stellt Art 45 Abs 1 lit a keine Rechtsfolgenverweisung, sondern eine **Rechtsgrundverweisung** dar.

Ferner beruft Art 45 das Gesamtsystem der Art 46 ff. Damit ist auch das **Nacher-** **15** **füllungsrecht des Verkäufers** (Art 48) **als Schranke** der Käuferansprüche zu beachten.

Die in Art 46–52 vorgesehenen **Rechte** können **nicht kumuliert** werden. Sie stehen **16** dem Käufer alternativ zur Wahl. Wegen der unterschiedlichen Voraussetzungen der einzelnen Rechtsbehelfe ergibt sich für die verschiedenen Arten von Vertragsverletzungen damit ein unterschiedliches Arsenal an Rechtsbehelfen (vgl die Übersicht unten Rn 26 ff). Dagegen kann jedes der Rechte aus Art 46–52 mit Schadensersatz nach Art 45 Abs 1 lit b verbunden werden, sofern neben dem jeweiligen Behelf sonst noch ein weiterer Schaden verbleiben würde.

Hat der Käufer sein Wahlrecht ausgeübt, so hat seine Erklärung idR **Gestaltungs-** **17** **wirkung**, die ein späteres Überwechseln zu anderen Behelfen (ius variandi) im Grundsatz ausschließt (vgl aber noch näher die Erl zu Art 46 ff).

V. Schadensersatzanspruch des Käufers (Abs 1 lit b)

Art 45 Abs 1 lit b schafft die Grundlage für einen **verschuldensunabhängigen Scha-** **18** **densersatzanspruch** des Käufers, wenn der Verkäufer eine Vertragspflicht gleich welcher Art verletzt hat und dem Käufer dadurch ein Schaden entstanden ist. Den Verkäufer trifft insoweit eine Garantiehaftung (HONNOLD Rn 276; REINHART

Art 45 Rn 7; SCHLECHTRIEM/SCHWENZER/MÜLLER-CHEN Art 45 Rn 23). Anders als für Abs 1 lit a gilt aber die Entlastung des Art 79 in vollem Umfang für Schadensersatzansprüche (Art 79 Abs 5). Ebenso ist Art 80 anwendbar.

19 Der **Schadensersatzanspruch** steht dem Käufer **kumulativ** zu den Behelfen der Art 46–52 zu (näher unten Rn 21 ff). Er ist der immer verfügbare allgemeine Rechtsbehelf, der – insbesondere bei der Verletzung von zusätzlich vereinbarten Pflichten wie Montage etc – auch der einzige Anspruch des Käufers sein kann (s etwa Schiedsspruch Nr 155/1994 des Tribunal of International Commercial Arbitration der Industrie- und Handelskammer der Russischen Föderation vom 16. 3. 1995, CLOUT Nr 140 [Schadensersatz für höheres Deckungsgeschäft nach Nichtlieferung]).

20 **Inhalt und Umfang** des geschuldeten Schadensersatzes ergeben sich aus den Art 74–77. Als Inhalt kommt allein Geldersatz in Betracht (vgl Art 74 Rn 24). Der Ersatzumfang hängt von dem im übrigen ausgeübten Rechtsbehelf – Vertragsaufhebung (Art 75/76) oder Erfüllungsverlangen (Art 74) – ab (vgl auch SCHLECHTRIEM/SCHWENZER/MÜLLER-CHEN Art 45 Rn 26; SOERGEL/LÜDERITZ/SCHÜSSLER-LANGEHEINE Art 45 Rn 8).

VI.   Konkurrenzverhältnis von Schadensersatzanspruch und anderen Rechtsbehelfen (Abs 2)

21 Abs 2 hebt ausdrücklich hervor, daß der Käufer sein Schadensersatzverlangen mit anderen Rechtsbehelfen verbinden kann (vgl auch Sekretariatskommentar Art 41 Bem 5). Insbesondere kann er Schadensersatz auch dann geltend machen, wenn er die Vertragsaufhebung erklärt (Denkschrift 51; HONNOLD Rn 277; SCHLECHTRIEM/SCHWENZER/MÜLLER-CHEN Art 45 Rn 27). **Die Anspruchskumulation darf allerdings nicht zu einer Überentschädigung führen** (ACHILLES Art 45 Rn 8; BRUNNER Art 45 Rn 13; ENDERLEIN/MASKOW/STROHBACH Art 45 Bem 6; WELSER, in: DORALT 116: „Keine doppelte Liquidation"). Der Schadensersatzanspruch hat lediglich den Nachteil auszugleichen, der nach Ausübung des anderen Behelfs noch verbleibt (ebenso HERBER/CZERWENKA Art 45 Rn 6; PILTZ, Internationales Kaufrecht § 5 Rn 320). Der Ersatzumfang variiert deshalb je nachdem, welchen Rechtsbehelf der Käufer ausgeübt hat. Verlangt (und erhält) er Erfüllung in einer der in Art 46 genannten Formen, so ist als Schaden nur der zusätzliche, nicht behobene Nachteil zu ersetzen (STOLL, in: SCHLECHTRIEM, Fachtagung 264 f). Dazu gehört etwa ein inzwischen gefallener Preis für die Ware oder ein Folgeschaden, den die mangelhafte Ware verursacht hat (vgl etwa Schiedsspruch Nr 155/1994 des Tribunal of International Commercial Arbitration der Industrie- und Handelskammer der Russischen Föderation vom 16. 3. 1995, CLOUT Nr 140 [Schadensersatz für höheres Deckungsgeschäft nach Nichtlieferung]; Delchi Carrier SpA v Rotorex Corp 71 F 3rd 1024 [2nd Cir 1995] = CLOUT Nr 85 und 138 [Berufungsentscheidung; Schadensersatz für unnütze Lager-, Transport- und Zollkosten etc]; ebenso SCHLECHTRIEM/SCHWENZER/MÜLLER-CHEN Art 45 Rn 27; STOLL, in: SCHLECHTRIEM, Fachtagung 259).

22 Dagegen kann der Käufer **nicht** den sogenannten **„großen" Schadensersatz** – wie vor der deutschen Schuldrechtsreform nach §§ 463, 480 Abs 2 BGB aF – beanspruchen (zum „großen" Schadensersatz nach altem Recht: BGHZ 29, 148; BGHZ 115, 286; STAUDINGER/HONSELL [1995] § 463 Rn 57 ff; nach der Schuldrechtsreform kann der Gläubiger nach § 281 BGB Schadensersatz statt der Leistung verlangen, wenn eine Nachfrist erfolglos abgelaufen oder aus bestimmten Gründen nicht erforderlich ist; §§ 437 Nr 3, 440 BGB). Denn damit würde er faktisch im Weg des Schadensersatzes die Vertragsaufhebung ohne weiteres auch dann erreichen können, wenn ihre engen Voraussetzungen nicht vorlagen oder sie nicht mehr zulässig ist (so überzeugend STOLL, in: SCHLECHTRIEM, Fachtagung 265; wohl auch HUBER, in: SCHLECHTRIEM, Fachtagung 218 f). Ist die Vertragsaufhebung dem Käufer verschlossen, dann richtet sich sein Schadensersatzanspruch nur auf den Schaden, der aus der unzureichenden Erfüllung entstanden ist, dagegen nicht auf das volle Erfüllungsinteresse (s auch unten Rn 24).

Auch mit dem **Minderungsverlangen** (Art 50) kann ein Schadensersatzanspruch kon- **23** kurrieren (SCHLECHTRIEM/SCHWENZER/MÜLLER-CHEN Art 50 Rn 28). Der Käufer kann sich dann auf beide Anspruchsgrundlagen stützen. Häufig wird sich der Umfang des Schadensersatzanspruches mit dem Minderwert decken; er kann ihn aber auch übersteigen. Praktische Bedeutung hat die Konkurrenz beider Rechte auch bei gleichem Anspruchsumfang im Fall des Art 79, der den Verkäufer nur gegenüber dem Schadensersatzanspruch, nicht aber gegenüber dem Minderungsanspruch befreit (Art 79 Abs 5).

Erklärt der Käufer berechtigterweise die Vertragsaufhebung, dann umfaßt der zu- **24** sätzliche Schadensersatzanspruch **das volle Erfüllungsinteresse** (ebenso SCHLECHTRIEM/ SCHWENZER/MÜLLER-CHEN Art 45 Rn 27; LOEWE, Kaufrecht 66; STOLL, in: SCHLECHTRIEM, Fachtagung 264; WELSER, in: DORALT 116). Im Ergebnis steht er so wie im internen Recht beim Anspruch auf Schadensersatz statt der Leistung, dem früher sog „großen" Schadensersatz (s – noch zum alten Recht – HUBER, in: SCHLECHTRIEM, Fachtagung 219). Für die Schadensberechnung bei Vertragsaufhebung geben Art 75, 76 Anhalt (vgl die Erl dort).

VII. Überblick über die möglichen Käuferansprüche in den unterschiedlichen Fällen von Vertragsverletzungen

Das CISG faßt zwar – wie schon das EKG – alle Formen von Vertragsverletzungen **25** des Verkäufers **einheitlich als Tatbestand der Nichterfüllung** zusammen und regelt auch die Rechtsfolgen weitgehend einheitlich. Rechtstatsächlich bleiben die unterschiedlichen Arten von Leistungsstörungen freilich bestehen und führen auch innerhalb des CISG zu gewissen Differenzierungen. Daraus ergibt sich das folgende System von Käuferrechten:

1. Verspätete Lieferung

Liefert der Verkäufer verspätet, dann kann der Käufer nach Art 45 Abs 1 lit b Ersatz **26** seines Verspätungsschadens verlangen, es sei denn, daß der Verkäufer sich für die Verspätung nach Art 79 oder 80 entlasten kann. Ist der Lieferverzug wesentliche Vertragsverletzung (so beim Fixgeschäft) oder durch erfolglose Nachfristsetzung dazu geworden, dann ist der Käufer auch berechtigt, den Vertrag aufzuheben (Art 49 Abs 1 lit a und b), wenn er die Aufhebung in angemessener Frist erklärt (Art 49 Abs 2 lit a).

2. Nichtlieferung

27 Hat der Verkäufer den **Liefertermin nicht eingehalten und** auch noch **nicht nachgeliefert**, dann kann der Käufer entweder Erfüllung (Art 46 Abs 1) und Ersatz etwaigen Verzögerungsschadens verlangen. Er kann andererseits auch eine Nachfrist setzen (Art 47), um Klarheit zu gewinnen, ob der Verkäufer noch liefern wird, und ebenfalls Ersatz eventuellen Schadens begehren. Läuft die Nachfrist erfolglos ab oder ist die Verspätung ohnehin – wie beim Fixgeschäft – wesentliche Vertragsverletzung, dann kann der Käufer den Vertrag aufheben (Art 49 Abs 1 lit b) und seinen weitergehenden Schaden liquidieren.

28 **Liefert der Verkäufer überhaupt nicht**, gleichgültig, ob ihm die Lieferung möglich oder unmöglich und gleichgültig, aus welchen Gründen sie unmöglich (Art 79 Abs 5) ist, so ist der Käufer damit stets in der Lage, die Aufhebung des Vertrages herbeizuführen. Alle Fälle der Unmöglichkeit sind hier miterfaßt. Allein die vom Käufer verursachte Unmöglichkeit befreit den Verkäufer von seiner Lieferpflicht (Art 80).

3. Schlechterfüllung

29 Ist die gelieferte Ware nicht vertragsgemäß, dh mit **Sachmängeln iS des Art 35** behaftet, so kann der Käufer entweder – soweit möglich und zumutbar – Nachbesserung (Art 46 Abs 3) oder aber Minderung (Art 50) sowie zusätzlich den Ersatz weiteren Schadens verlangen.

30 Ist die Vertragswidrigkeit darüberhinaus als wesentliche Vertragsverletzung einzustufen, dann hat der Käufer auch die Möglichkeit, Ersatzlieferung zu verlangen (Art 46 Abs 2) oder den Vertrag aufzuheben (Art 49 Abs 1 lit a).

31 Bei **Rechtsmängeln** der gelieferten Ware kann der Käufer entweder Erfüllung (Beseitigung des Rechtsmangels oder Ersatzlieferung) oder – bei wesentlicher Vertragsverletzung – Vertragsaufhebung sowie jeweils Schadensersatz verlangen. Auch die Minderung kommt in Betracht (vgl dazu Art 50 Rn 9 f).

32 Alle Ansprüche wegen Schlechtlieferung stehen unter dem Vorbehalt, daß der Käufer den Sach- oder Rechtsmangel **ordnungsgemäß gerügt** hat.

4. Verletzung weiterer vertraglicher oder gesetzlicher Pflichten

33 Verletzt der Verkäufer eine **anderweitige Vertragspflicht** (zB die Pflicht zur Information, Einarbeitung, die Pflicht zur Übergabe der Dokumente, die Pflicht zur Erhaltung der Ware [Art 85] etc), dann kann der Käufer hinsichtlich dieser Pflicht wiederum seinen Erfüllungsanspruch (Art 46 Abs 1) sowie bei Pflichtverletzungen Schadensersatz geltend machen. Der Behelf der Vertragsaufhebung steht ihm nur bei wesentlicher Vertragsverletzung zur Verfügung. Eine Nachfristsetzung verhilft nicht zum Aufhebungsrecht, da Art 49 Abs 1 lit b die Nichtlieferung der Ware voraussetzt. Auch die Minderung scheidet aus, da sie sich nur auf Vertragswidrigkeiten iS der Art 35, 41, 42 bezieht. Dagegen gilt für die Verletzung zusätzlich vereinbarter Pflichten nicht das Sanktionssystem des im übrigen anwendbaren

Rechts (so aber BGH NJW 1997, 1578 für die Pflicht, bei einem deutsch-dänischen Blumenkauf die Paletten und Container für die Blumen zurückzugeben).

5. Teillieferung, Sukzessivlieferung

Soweit der Verkäufer nur einen **Teil der Ware liefert** oder soweit nur ein **abgrenz- 34 barer Teil** der Ware **vertragsgemäß** ist, hat der Käufer hinsichtlich dieses fehlenden oder vertragswidrigen Teils dieselben Rechte, die ihm sonst bei Vertragswidrigkeiten der Gesamtlieferung zustehen (Art 51 Abs 1). Zusätzlich kann er die Aufhebung des gesamten Vertrages erklären, wenn die Teilerfüllung als wesentliche Vertragsverletzung des gesamten Vertrages zu bewerten ist (Art 51 Abs 2). Da die Teillieferung als Mengenabweichung eine Vertragswidrigkeit iS des Art 35 darstellt, stehen dem Käufer die genannten Rechte nur bei ordnungsgemäßer Rüge zu.

Ganz ähnlich wie bei der unvollständigen Einzellieferung ist die Lage, wenn eine 35 **Teillieferung eines Sukzessivliefervertrages** vertragswidrig ist. Der Käufer hat hinsichtlich der Teillieferung alle Rechte, die er auch sonst bei vertragswidriger Lieferung hat. Zusätzlich kann er den Gesamtvertrag für die Zukunft oder die Vergangenheit aufheben, wenn der Gesamtzweck insoweit weggefallen ist (Art 73 Abs 3).

6. Übererfüllung

Leistet der Verkäufer eher oder mehr, als er zu leisten verpflichtet ist, so kann der 36 Käufer die Abnahme verweigern (Art 52). Wenn er die Ware abnimmt, muß er die Mehrlieferung bezahlen. Für Nachteile, die ihm die vertragswidrige Übererfüllung verursacht, kann er Schadensersatz verlangen, der bei Zuviellieferung aber wiederum die Rüge nach Art 39 voraussetzt.

7. Drohende Vertragswidrigkeiten

Zeigt sich schon vor dem Erfüllungszeitpunkt, daß der Verkäufer wichtige Pflichten 37 nicht erfüllen oder eine wesentliche Vertragsverletzung begehen wird, dann hat der Käufer unter den Voraussetzungen der Art 71 und 72 das Recht, die eigenen Pflichten auszusetzen oder den Vertrag aufzuheben. Daneben kann er Ersatz eventuellen Schadens verlangen.

8. Nacherfüllungsrecht des Verkäufers

Das geschilderte System an Käuferrechten modifiziert sich dann, wenn der Verkäu- 38 fer von seinem **Nacherfüllungsrecht** (Art 48) Gebrauch macht. Erfüllungsansprüchen und dem Minderungsrecht des Käufers ist dann der Boden entzogen. Vertragsaufhebung, soweit sie ihm zusteht, und Schadensersatz bleiben dem Käufer, wie Art 48 Abs 1 hervorhebt, als Behelfe jedoch erhalten. Durch eine Art Nachfristsetzung kann der Verkäufer aber auch das Aufhebungsrecht des Käufers ausschließen (Art 48 Abs 2).

VIII. Verbot von Fristverlängerungen (Abs 3)

Wenn der Käufer die Rechte ausübt, die ihm aufgrund einer Vertragsverletzung des 39

Verkäufers zustehen, dann hat es mit ihnen und den für sie vorgesehenen Fristen sein Bewenden. Weder nationale Gerichte noch Schiedsgerichte dürfen **zusätzliche Erfüllungsfristen** (periods of grace, délais de grâce) gewähren, wie sie etwa Art 1184 Abs 3 und 1244 des französischen Code civil und ihm folgende Rechte vorsehen (vgl AUDIT 121; ENDERLEIN/MASKOW/STROHBACH Art 45 Bem 7; LOEWE, Kaufrecht 67; SCHLECHTRIEM/ SCHWENZER/MÜLLER-CHEN Art 45 Rn 29; WITZ/SALGER/LORENZ Art 45 Rn 13; mißverständlich aber BENTO SOARES/MOURA RAMOS 82). Auch für Schiedsgerichte gilt diese Regel, wenn sie das CISG als im Schiedsverfahren anwendbares Recht zu beachten haben (AUDIT aaO). Haben sie nach dem anwendbaren Schiedsrecht dagegen eine Entscheidung nach billigem Ermessen zu treffen, für die das CISG lediglich als Modell eine gewisse Rolle spielt (vgl dazu Art 1 Rn 121), dann ist auch eine Fristverlängerung zulässig (ähnlich ACHILLES Art 45 Rn 9; AUDIT aaO; HERBER/CZERWENKA Art 45 Rn 10; LOEWE, Kaufrecht 67; MünchKommBGB/HUBER Art 45 Rn 17).

40 **Abs 3 gilt für alle Rechte**, die **aus Vertragsverletzungen** des Verkäufers folgen (**aA** BIANCA/BONELL/WILL Art 45 Bem 2.2; ENDERLEIN/MASKOW/STROHBACH Art 45 Bem 8). Schon im EKG bezog sich die entsprechende Vorschrift (Art 24 Abs 3) auf alle Rechtsbehelfe und nicht nur auf die Vertragsaufhebung (so aber BIANCA/BONELL/WILL aaO und ihm folgend ENDERLEIN/MASKOW/STROHBACH aaO). Auch wenn der Käufer etwa für die Erfüllung eine Nachfrist gesetzt hat, darf keine weitere Gnadenfrist eingeräumt, wohl aber die Angemessenheit der Nachfrist überprüft und gegebenenfalls neu festgelegt werden.

41 Art 45 Abs 3 ist keine zwingende Vorschrift. Die Parteien können im Rahmen ihrer Vertragsfreiheit (Art 6) von ihr abweichen und etwa in einem gerichtlichen Vergleich eine **Fristverlängerung vereinbaren** (so auch ACHILLES Art 45 Rn 9; HERBER/CZERWENKA Art 45 Rn 10) oder auch dem Gericht oder Schiedsgericht eine entsprechende Befugnis einräumen.

42 Vorschriften des anwendbaren nationalen Verfahrensrechts, die dem Schuldner in der **Zwangsvollstreckung** oder **Insolvenz** insbesondere Zahlungs- oder sonstigen Fristaufschub gewähren, werden durch Art 45 Abs 3 nicht berührt (ebenso ACHILLES Art 45 Rn 9; HERBER/CZERWENKA Art 45 Rn 10; wohl **aA** SCHMIDT-KESSEL, in: FS SCHLECHTRIEM 273 f). Allerdings dürften Fälle selten sein, in denen derartige Vorschriften dem Verkäufer für seine Pflichten Fristverlängerung einräumen.

IX. Verhältnis zu Rechtsbehelfen des anwendbaren nationalen Rechts

43 Der Katalog der Rechtsbehelfe in Art 45 sowie die ihn ergänzenden Vorschriften (Art 71–73) stellen eine abschließende Regelung derjenigen faktischen Situationen dar, auf die sie sich beziehen. Der **Rückgriff auf nationale Vorschriften** ist neben ihnen **ausgeschlossen** (OGH IHR 2001, 39 [neben Art 45 Abs 1 lit b keine weiteren Schadensersatzansprüche wegen Vertragsverletzung nach nationalem Recht]; BRUNNER Art 45 Rn 18; MünchKommBGB/HUBER Art 45 Rn 18 ff [mit eingehender Darstellung möglicher Konkurrenzen]; MünchKommHGB/BENICKE Art 45 Rn 3; SCHLECHTRIEM Rn 178; SCHWIMANN/POSCH Art 45 Rn 8; SOERGEL/LÜDERITZ/SCHÜSSLER-LANGEHEINE Art 45 Rn 11 f; ähnlich SCHLECHTRIEM/SCHWENZER/ MÜLLER-CHEN Art 45 Rn 30 ff; vgl näher die Erläuterungen zu Art 4). Das gilt auch für die Irrtumsanfechtung, soweit sie auf Fehlvorstellungen über die sachliche oder recht-

liche Beschaffenheit der Ware gestützt wird (dazu Art 4 Rn 48 ff). Zur Konkurrenz
deliktsrechtlicher Ansprüche vgl Art 5 Rn 11 ff.

X. Verjährung der Ansprüche

Anders als das EKG (Art 49) enthält das CISG keine Regelung mehr, binnen **44**
welcher Frist die Rechte des Käufers spätestens auszuüben sind. Lediglich Art 39
Abs 2 sieht eine Ausschlußfrist für Sachmängelansprüche vor. Es gelten daher die
Verjährungsregeln, die vom anwendbaren Verjährungsrecht oder, soweit es ausnahmsweise gilt, vom UN- Verjährungsübereinkommen von 1974 aufgestellt werden
(vgl aus der Rspr OLG Zweibrücken IHR 2002, 67; ferner näher Art 4 Rn 38 ff sowie die Erläuterungen zu Art 3 VertragsG).

XI. Abdingbarkeit der Käuferrechte

Die Parteien können die Käuferrechte grundsätzlich abändern (Art 6). Die Gültig- **45**
keit derartiger Vereinbarungen, insbesondere **formularmäßiger Freizeichnungen** unterliegt jedoch der Überprüfung durch das vom Vertragsstatut bestimmte nationale
Recht (vgl näher dazu Art 4 Rn 24 ff). Bei Maßgeblichkeit des deutschen AGB-Rechts
dürfen Freizeichnungen deshalb nicht von den Grundwertungen des als Leitbild
fungierenden CISG abweichen. Dem Anspruchsystem der Konvention sind die
folgenden Grundwertungen zu entnehmen:

Wie Art 49 zeigt, muß der Käufer bei endgültiger Nichtlieferung oder wesentlicher **46**
Vertragsverletzung des Verkäufers das **Recht** haben, **sich vom Vertrag trennen zu
können**. Bleibt der Vertrag aufrechterhalten, so muß der Käufer, wie Art 50 ergibt,
für Vertragswidrigkeiten der Ware **jedenfalls einen Ausgleich** erhalten. Wie Art 79
Abs 5 deutlich macht, sollen diese Ansprüche dem Käufer unter allen Umständen
zustehen, so daß ihre Abbedingung ausscheiden muß. Die Garantiehaftung des
Käufers auf Schadensersatz, insbesondere auf Ersatz des Schadens an anderen
Rechtsgütern des Käufers ist dagegen, wie ebenfalls Art 79 Abs 5 zeigt, Einschränkungen unterworfen. Weitergehende vertragliche Einschränkungen dürften deshalb
bis zur Grenze dessen zulässig sein, was Treu und Glauben (Art 7) gestatten. Mit
Treu und Glauben ist aber nicht mehr ein **Haftungsausschluß** für vorsätzliche oder
grob fahrlässige Schädigung vereinbar. An dieser Grenze des Kennens und Kennenmüssens finden in der Konvention auch sonst Rechte einer Partei ihre Schranke
(vgl etwa Art 39, 40, 43, 49 Abs 2 lit b i, 64 Abs 2 lit b i; ebenso ACHILLES Art 45 Rn 11;
HONSELL/SCHNYDER/STRAUB Art 45 Rn 65; KÜHL/HINGST, in: FS Herber 60; im Ergebnis auch
OLG Zweibrücken CLOUT Nr 272 [unter Rückgriff auf deutsches Recht], gebilligt von BGHZ 141,
129 [135]).

Das Gesamtsystem der Ansprüche, die dem Käufer im Rahmen vertraglicher Frei- **47**
zeichnungen verbleiben müssen, muß ihm ferner ein **Recht zur Vertragsaufhebung**
einräumen, **wenn** ihm die Ware **nicht**, auch nicht in angemessen verlängerter Frist,
geliefert wird. Ein Aufhebungsrecht muß dem Käufer auch zustehen, wenn Ware
trotz Nachbesserung oder Ersatzlieferung Mängel hat, die sie für den Käufer im
wesentlichen unbrauchbar machen und als wesentliche Vertragsverletzung anzusehen sind (OGH IHR 2001, 42 [43]; HONSELL/SCHNYDER/STRAUB aaO). Schließlich muß dem
Käufer ein **Ausgleich für den Minderwert** solcher Ware zugebilligt werden, die er

trotz ihrer Mängel (und trotz ordnungsgemäßer Rüge) behalten muß. Jedenfalls die Minderung oder ein gleichwertiger Schadensersatzanspruch muß ihm in diesen Fällen verbleiben (OGH aaO). Schadensersatzansprüche dürfen nur für andere Fälle als Vorsatz und grobe Fahrlässigkeit ausgeschlossen werden (BGHZ 141, 129 [135 obiter]; HONSELL/SCHNYDER/STRAUB aaO; KÜHL/HINGST, in: FS Herber 61). Darüber hinaus werden Freizeichnungen als unwirksam anzusehen sein, die die Haftung für den vertragstypischen Schaden auf ein geringeres Maß begrenzen oder ganz ausschließen wollen (vgl etwa BGH WM 1993, 24; BGHZ 141, 129 [135 – kein vollständiger Ausschluß von Schadensersatz durch AGB zulässig]).

XII. Beweisfragen

48 Beweislastfragen stellen sich nur hinsichtlich der Schadensersatzverpflichtung aus Art 45 Abs 1 lit b, da die übrigen Regelungen der Vorschrift nur definitorischen Charakter haben. Da die Schadensersatzpflicht die Verletzung einer Vertragspflicht voraussetzt, richtet sich die Beweislast hierfür nach der Beweislastregel für die jeweilige Vertragsverletzung. Grundsätzlich hat danach der Käufer zu beweisen, daß eine Vertragspflicht bestand. Ihre Verletzung hat er nur darzulegen. Es ist dann Sache des Verkäufers nachzuweisen, daß er seine Pflicht ordnungsgemäß erfüllt hat (ähnlich ACHILLES Art 45 Rn 13; BAUMGÄRTEL/LAUMEN/HEPTING Art 45 Rn 10 und Vorbem Art 30 Rn 8 ff; **aA** – Beweislast des Käufers für die Pflichtverletzung – HONSELL/SCHNYDER/STRAUB Art 45 Rn 86 f).

Art 46 [Recht des Käufers auf Erfüllung, Ersatzlieferung oder Nachbesserung]

(1) Der Käufer kann vom Verkäufer Erfüllung seiner Pflichten verlangen, es sei denn, daß der Käufer einen Rechtsbehelf* ausgeübt hat, der mit diesem Verlangen unvereinbar ist.

(2) Ist die Ware nicht vertragsgemäß, so kann der Käufer Ersatzlieferung nur verlangen, wenn die Vertragswidrigkeit eine wesentliche Vertragsverletzung darstellt und die Ersatzlieferung entweder zusammen mit einer Anzeige nach Artikel 39 oder innerhalb einer angemessenen Frist danach verlangt wird.

(3) Ist die Ware nicht vertragsgemäß, so kann der Käufer den Verkäufer auffordern, die Vertragswidrigkeit durch Nachbesserung** zu beheben, es sei denn, daß dies unter Berücksichtigung aller Umstände unzumutbar ist. Nachbesserung** muß entweder zusammen mit einer Anzeige nach Artikel 39 oder innerhalb einer angemessenen Frist danach verlangt werden.

Art 46	**Art 46**
(1) The buyer may require performance by the seller of his obligations unless the buyer has resorted to a remedy which is inconsistent with this requirement.	1) L'acheteur peur exiger du vendeur l'exécution de ses obligations, à moins qu'il ne se soit prévalu d'un moyen incompatible avec cette exigence.

---

* Schweiz: Recht. ** Österreich: Verbesserung.

(2) If the goods do not conform with the contract, the buyer may require delivery of substitute goods only if the lack of conformity constitutes a fundamental breach of contract and a request for substitute goods is made either in conjunction with notice given under article 39 or within a reasonable time thereafter.

2) Si les marchandises ne sont pas conformes au contrat, l'acheteur ne peut exiger du vendeur la livraison de marchandises de remplacement que si le défaut de conformité constitue une contravention essentielle au contrat et si cette livraison est demandée au moment de la dénonciation du défaut de conformité faite conformément à l'article 39 ou dans un délai raisonnable à compter de cette dénonciation.

(3) If the goods do not conform with the contract, the buyer may require the seller to remedy the lack of conformity by repair, unless this is unreasonable having regard to all the circumstances. A request for repair must be made either in conjunction with notice given unter article 39 vor within a reasonable time thereafter.

3) Si les marchandises ne sont pas conformes au contrat, l'acheteur peut exiger du vendeur qu'il répare le défaut de conformité, à moins que cela ne soit déraisonnable compte tenu de toutes les circonstances. La réparation doit être demandée au moment de la dénonciation du défaut de conformité faite conformément à l'article 39 ou dans un délai raisonnable à compter de cette dénonciation.

Schrifttum

Vgl zu Art 30 und 45; ferner:
GULDIMANN, Der Nachbesserungsanspruch von Käufer und Besteller im Schweizer Recht (unter besonderer Berücksichtigung der Allgemeinen Geschäftsbedingungen und der internationalen Kaufrechtsabkommen) (1986)
KASTELY, The Right to Require Performance in International Sales; Towards an International

Interpretation of the Vienna Convention, WashLRev 63 (1988) 607
SCHULZ, Der Ersatzlieferungs- und Nachbesserungsanspruch des Käufers im internen deutschen Recht, im UCC und im CISG (2002)
VAHLE, Der Erfüllungsanspruch des Käufers nach UN-Kaufrecht im Vergleich mit dem deutschen Kaufrecht, ZVglRWiss 98 (1999) 54.

Systematische Übersicht

Alphabetische Übersicht

I.   Regelungsgegenstand und Normzweck

Die Vorschrift räumt dem Käufer das grundsätzliche Recht ein, vom Verkäufer die **1**
Erfüllung aller geschuldeten Vertragspflichten, sowohl der Hauptpflichten wie weiterer Zusatzpflichten verlangen zu können. Der Erfüllungsanspruch steht dem Käufer
alternativ neben den anderen Behelfen (Vertragsaufhebung, Minderung) zu und
entfällt nur, wenn sich der Käufer für einen mit dem Erfüllungsverlangen inkompatiblen Anspruch (insbesondere für die Vertragsaufhebung) entschieden hat.

Ein **Erfüllungsanspruch** besteht **auch** dann, **wenn der Verkäufer schlecht erfüllt hat**, **2**
also zwar tatsächlich geliefert hat, die Ware aber nicht vertragsgemäß im Sinn der
Art 35 ff war. Die Erfüllung kann dann entweder als Ersatzlieferung oder als Nachbesserung verlangt werden, unterliegt aber Schranken, die für den allgemeinen
Erfüllungsanspruch nicht gelten. Ersatzlieferung kann der Käufer nur beanspruchen, wenn die Vertragswidrigkeit als wesentliche Vertragsverletzung anzusehen ist
(Abs 2). Ferner muß ihm die Rückgabe der vertragswidrigen Ware noch möglich
sein (Art 82). Erfüllung im Weg der Nachbesserung setzt voraus, daß sie dem
Verkäufer zuzumuten ist (Abs 3). In beiden Fällen muß der Käufer sein Recht mit
der Mängelanzeige oder innerhalb angemessener Frist danach geltend machen.

Auch wenn die Konvention einen Erfüllungsanspruch einräumt, ist er gerichtlich **3**
nur durchsetzbar, soweit das angerufene Gericht bei Kaufverträgen den Verkäufer
unter dem eigenen Recht zur Erfüllung in Natur verurteilen würde (**Art 28** sowie
unten Rn 18, 64).

Die Stellung der Vorschrift an der Spitze der Rechtsbehelfe des Käufers – für die **4**
Ansprüche des Verkäufers bei Vertragsverletzungen des Käufers gilt Gleiches (vgl
Art 62) – bringt zum Ausdruck, daß die Konvention die **Erfüllung und Durchführung
des Vertrages** als **primäres Ziel** ansieht, dem auch bei Vertragsstörungen Rechnung
zu tragen ist (BGH NJW 1996, 2364 [2366: „Die Rückabwicklung soll dem Käufer nur als letzte
Möglichkeit zur Verfügung stehen, um auf eine Vertragsverletzung der anderen Partei zu reagieren,
die so gewichtig ist, daß sie sein Erfüllungsinteresse im wesentlichen entfallen läßt."]; OLG Köln
IHR 2003, 15; OGH IHR 2001, 42 [43: „ultima ratio"]; ACHILLES Art 46 Rn 1; vCAEMMERER, in:
FS Coing Bd 2, 50 f; FARNSWORTH, in: Lausanner Kolloquium 84 f; HONNOLD Rn 245. 1; SCHLECHT-
RIEM/SCHWENZER/MÜLLER-CHEN Art 46 Rn 1; VAHLE ZVglRwiss 98 [1999] 55 f; **aA** Münch-
KommHGB/BENICKE Art 46 Rn 2; SOERGEL/LÜDERITZ/SCHÜSSLER-LANGEHEINE Art 46 Rn 1: kein
„Primat des Erfüllungsanspruchs").

5 Der praktische Wert der Vorschrift ist begrenzt (vgl Draft Digest 701; zu Art 46 bisher nur Cour d'appel de Versailles 29.1.1998, CLOUT Nr 225; OLG Hamm IPRax 1996, 269 = CLOUT Nr 125 [beide Entscheidungen nur zu unproblematischen Randfragen]; ferner LG Oldenburg NJW-RR 1995, 438 [erneute Rügepflicht nach mangelhafter Nachbesserung]; auch zum EKG sind bei SCHLECHTRIEM/MAGNUS Art 42 nur zwei einschlägige Entscheidungen berichtet; ähnlich HONNOLD Rn 286). Gleichwohl ist er aber nicht zu unterschätzen. Er liegt darin, daß der Käufer die reale Erfüllung vorbehaltlich des Art 28 erzwingen kann und sich nicht auf Schadensersatz verweisen lassen muß, wenn es ihm auf die Erfüllung ankommt. An ihr kann er insbesondere dann ein Interesse haben, wenn ein Deckungskauf in seinem Land oder in hinreichender Zeit nicht möglich ist oder wenn der Käufer Zeit, Kosten und Risiken eines Schadensersatzprozesses scheut (vgl Sekretariatskommentar Art 42 Bem 2). Der Käufer mag auch auf Erfüllung bestehen, um bei eigenen Abnehmern nicht langfristig good will einzubüßen, der in Geld schwer oder gar nicht meßbar und nachweisbar wäre (vgl auch KASTELY WashLRev 63 [1988] 615). Zum Teil wird der Zweck des Art 46 auch darin gesehen, klarzustellen, daß der Verkäufer zum Ersatz auch desjenigen größeren Schadens verpflichtet ist, der noch während der Dauer des Erfüllungsverlangens zusätzlich entsteht (so insbesondere vCAEMMERER/SCHLECHTRIEM/HUBER[1] Art 46 Rn 4: hauptsächlicher praktischer Zweck der Vorschrift).

II. Entstehungsgeschichte

6 Einen Erfüllungsanspruch kennen zwar idR die Staaten des Civil Law. Die Common-Law-Staaten gewähren Erfüllung in Natur („specific performance") jedoch nur ausnahmsweise (vgl HONNOLD Rn 281 f, 285 f; ferner die Erl zu Art 28). Schon der Entwurf von 1935 (Art 23) sah deshalb als Kompromiß zwischen beiden Systemen im wesentlichen die jetzige Lösung vor, die grundsätzlich einen Erfüllungsanspruch einräumt, seine Durchsetzbarkeit aber dort ausschließt, wo ihn das Recht des befaßten Gerichts nicht kennt. Die folgenden Entwürfe und auch das EKG enthielten die gleiche Grundsatzlösung. Im EKG war die Vorschrift des Art 46 CISG aber umständlicher gefaßt und unterschied in nicht ganz klar abgegrenzter Weise danach, ob es sich bei der Ware um Spezies-, Gattungs- oder zu produzierende Waren handelte (Art 42 EKG; zu seiner umstrittenen Auslegung DÖLLE/STUMPF Art 42 Rn 2). Ferner beschränkte das EKG die Ersatzlieferung nicht auf Fälle wesentlicher Vertragsverletzung und kannte auch kein Nachbesserungsrecht des Käufers. Bei Gattungssachen war ein Erfüllungsanspruch ausgeschlossen, soweit ein Deckungskauf üblich und in angemessener Weise möglich war (näher dazu DÖLLE/STUMPF Art 42 Rn 16).

7 Ein Versuch, letztere Regel als Grundsatz in das CISG aufzunehmen (vgl UNCITRAL-YB VIII [1977] 42 sowie der Antrag der USA auf der Wiener Konferenz A/Conf 97/C1/L180, Off Rec 111) fand in Wien keine Mehrheit (Off Rec 335). Die Begrenzung des Erfüllungsanspruchs, die der jetzige Art 28 im Ergebnis erlaubt, wurde als ausreichend angesehen.

8 Das Nachbesserungsrecht (Abs 3) wurde auf gemeinsamen Antrag der deutschen und der skandinavischen Delegationen (A/Conf 97/C1/L199, Off Rec 112) eingefügt und war in Wien nicht umstritten. Knapp – mit Stimmengleichheit – abgelehnt wurde dagegen ein deutscher Antrag (A/Conf 97/C1/L135 Off Rec 112, 337), auch den Anspruch auf Ersatzlieferung – wie im EKG – zuzulassen, wenn diese dem Verkäufer zumutbar ist, ohne eine wesentliche Vertragsverletzung zu verlangen. Es wurde geltend gemacht, daß eine Ersatzlieferung für den Verkäufer belastender als die Vertragsaufhebung sein könne, da der Verkäufer die Kosten und Risiken des Transports der Ersatzware und des eventuellen Rücktransports der mangelhaften Ware zu tragen habe (Off Rec 337).

III. Grundsätzlicher Erfüllungsanspruch (Abs 1)

1. Voraussetzungen des Anspruchs

Der Erfüllungsanspruch nach Abs 1 setzt voraus, daß der Verkäufer eine seiner 9 Pflichten nicht erfüllt hat, die ihm der Vertrag oder das Übereinkommen auferlegt. Auf die Gründe der Pflichtverletzung, insbesondere ein Verschulden des Verkäufers, kommt es nicht an. Zur Entlastungsmöglichkeit aber unten Rn 25. Ferner darf der Käufer seine Rechte nicht durch Rügefehler verloren haben.

In Betracht kommen **alle Pflichten mit Ausnahme der in Abs 2 und 3 behandelten** 10 **Pflicht zur vertragsgemäßen Lieferung**, für deren Nacherfüllung zusätzlich die dort genannten Voraussetzungen einzuhalten sind. Der Erfüllungsanspruch besteht also nicht nur, wenn der Käufer die Ware überhaupt nicht (Art 33), nicht am richtigen Ort (Art 31) oder nur teilweise (Art 51) liefert (Sekretariatskommentar Art 42 Bem 3; Audit 124; Bianca/Bonell/Will Art 46 Bem 2.1.1.1; Enderlein/Maskow/Strohbach Art 46 Bem 1; Honnold Rn 280; Honsell/Schnyder/Straub Art 46 Rn 14; Karollus 134; Münch-KommHGB/Benicke Art 46 Rn 3; Schlechtriem/Schwenzer/Müller-Chen Art 46 Rn 6). Quantitätsmängel fallen damit unter Abs 1, wenn es sich um eine Lieferung mehrerer selbständiger Teile (zB 100 Ballen, Fässer uä) handelt und nicht alle Teile geliefert worden sind (ebenso Brunner Art 46 Rn 2; Karollus 136; Piltz, Internationales Kaufrecht § 5 Rn 154; Schlechtriem/Schwenzer/Müller-Chen Art 46 Rn 21). Nachlieferung der fehlenden Teile kann der Käufer ohne Einschränkung verlangen (vgl auch Art 51 Abs 1). Ist dagegen Ware in Stücken von zu kleiner Größe oder zu geringem Gewicht geliefert worden, gilt nicht Art 46 Abs 1, sondern Abs 2 oder 3.

Der Anspruch nach Abs 1 ist **auch** gegeben, wenn der Verkäufer die **Pflicht zur** 11 **Lieferung der Dokumente** (Art 34) **oder sonstige Leistungspflichten** (zB Montage, Instruktion, Werbetätigkeit etc) nicht erfüllt (Herber/Czerwenka Art 46 Rn 2; Honnold aaO; Karollus aaO; Kastely WashLRev 63 [1988] 613; Schlechtriem/Schwenzer/Müller-Chen Art 46 Rn 6; Soergel/Lüderitz/Schüssler-Langeheine Art 46 Rn 2). Auch wenn der Verkäufer zB eine – nach dem anwendbaren Recht gültige – Ausschließlichkeitsbindung verletzt, kann der Käufer über Art 46 Abs 1 ihre Einhaltung beanspruchen (zum Aufhebungsrecht in diesem Fall OLG Frankfurt NJW 1992, 633).

Die Erfüllung der vertraglichen Zusatzpflichten kann der Käufer auch dann noch 12 verlangen, wenn der Verkäufer die Ware geliefert hat. Die Einschränkungen des Erfüllungsanspruchs, die Abs 2 und 3 im Fall der Lieferung vertragswidriger Ware aufstellen, gelten für sie nicht.

Grundsätzlich kann der Käufer auch Erfüllung fordern, soweit es um **vertragliche** 13 **Unterlassungs- oder Schutzpflichten** geht. Praktische Bedeutung hat ein solcher Anspruch für den vorbeugenden Rechtsschutz. Ist die Verletzung allerdings bereits eingetreten, zB gegen ein (wirksames) Wettbewerbsverbot verstoßen worden, dann kann der Käufer Erfüllung, wie selbstverständlich ist, nur für die Zukunft begehren.

14 Nicht unter Abs 1, sondern unter die Abs 2 und 3 fällt die **aliud-Lieferung**, die unter dem CISG ja als Vertragswidrigkeit iSd Art 35 zu betrachten ist (ebenso BAMBERGER/ ROTH/SAENGER Art 46 Rn 5; BIANCA/BONELL/WILL Art 46 Bem 2.1.1.1; BRUNNER Art 46 Rn 2; ENDERLEIN/MASKOW/STROHBACH Art 46 Bem 3; HERBER/CZERWENKA Art 46, Rn 2; HONSELL/ SCHNYDER/STRAUB Art 46 Rn 18; KAROLLUS 134 f; SCHLECHTRIEM/SCHWENZER/MÜLLER-CHEN Art 46 Rn 20; SCHWIMANN/POSCH Art 46 Rn 5 sowie unten Rn 34 f, 39).

15 Ob für die **Lieferung rechtsmängelbehafteter Ware** Abs 1 oder aber die Abs 2 oder 3 gelten, ist umstritten. Nach überwiegender Auffassung meinen Abs 2 und 3 nur Vertragswidrigkeiten im engen Sinn des Art 35. Bei Rechtsmängeln kann der Käufer nach dieser Auffassung daher ohne weitere Einschränkung verlangen, daß der Verkäufer den Mangel beseitigt, sei es durch Befreiung von dem Drittrecht, sei es durch Lieferung einer rechtsmangelfreien Sache (so ACHILLES Art 46 Rn 2; BAMBERGER/ ROTH/SAENGER Art 46 Rn 5; HONNOLD Rn 280; HONSELL/SCHNYDER/STRAUB Art 46 Rn 17; KA- ROLLUS 136; MünchKommBGB/HUBER Art 46 Rn 9; MünchKommHGB/BENICKE Art 46 Rn 27; PILTZ, Internationales Kaufrecht § 5 Rn 154; PRAGER, Verkäuferhaftung 203 ff; SCHLECHTRIEM Rn 185; ders, in: Berner Tage 133; SCHLECHTRIEM/SCHWENZER/MÜLLER-CHEN Art 46 Rn 22; SCHULZ 312 ff; SOERGEL/LÜDERITZ/SCHÜSSLER-LANGEHEINE Art 46 Rn 13; ZIEGLER 141).

16 Nach **aA** kann der Käufer bei Rechtsmängeln Nacherfüllung dagegen nur unter den in Abs 2 und 3 genannten Zusatzvoraussetzungen beanspruchen (so ENDERLEIN/MAS- KOW/STROHBACH Art 46 Bem 3; HERBER/CZERWENKA Art 46 Rn 6; vHOFFMANN, in: SCHLECHT- RIEM, Fachtagung 294; REINHART Art 46 Rn 3; VAHLE ZVglRWiss 98 [1999] 58; wohl auch BIANCA/ BONELL/WILL Art 46 Bem 3.1). Die Mangelbeseitigung im Weg der Ersatzlieferung kommt nach dieser Ansicht nur bei wesentlicher Vertragsverletzung, die Nachbesserung durch Behebung des Mangels nur bei Zumutbarkeit in Betracht.

17 Die überzeugenderen Gründe sprechen für die erste Auffassung. Zum einen zeigt die Erwähnung des Art 39 in den Abs 2 und 3, daß beide Absätze nur Sachmängel im Auge haben. Andernfalls hätte auch der für Rechtsmängel geltende Art 43 genannt werden müssen. Zum anderen erscheint es auch sachlich gerechtfertigt, hier **zwischen Rechts- und Sachmängeln zu unterscheiden**, da der Käufer Ware mit nicht wesentlichen Sachmängeln meist noch nutzen oder absetzen kann, während das bei Ware mit Rechtsmängeln idR nicht möglich sein dürfte. Das spricht dafür, den Erfüllungsanspruch bei Rechtsmängeln nicht weiteren Voraussetzungen zu unterwerfen. Allerdings scheidet ein Erfüllungsanspruch dann ganz aus, wenn die Behebung des Rechtsmangels unmöglich ist (vgl u Rn 37).

2. Grenzen des Erfüllungsanspruchs

a) Art 28

18 Der Erfüllungsanspruch ist nicht durchsetzbar, wenn das angerufene Gericht **nach** seinem **nationalen Recht** bei Kaufverträgen **keine Erfüllung in Natur** gewährt. Entscheidend ist dabei nicht, ob ein Erfüllungsanspruch materiellrechtlich besteht, sondern ob er verfahrensmäßig durchsetzbar ist (Art 28 und die Erl dort; sowie u Rn 64).

b)   Unvereinbare Rechtsbehelfe

Der Erfüllungsanspruch scheidet ferner aus, wenn der Käufer bereits einen Rechts- **19** behelf ausgeübt hat, der **mit dem Erfüllungsverlangen nicht vereinbar** ist. Eine stufen- oder hilfsweise Verknüpfung von Ansprüchen – zunächst Erfüllung, bei deren Unterbleiben ein anderer Behelf – ist dagegen zulässig. Mit dem Erfüllungsbegehren inkompatibel sind die Vertragsaufhebung, das Minderungsverlangen und der Anspruch auf Schadensersatz wegen Nichterfüllung (Sekretariatskommentar Art 42 Bem 7; Denkschrift 51; ACHILLES Art 46 Rn 3; BIANCA/BONELL/WILL Art 46 Bem 2.1.1.1; BRUNNER Art 46 Rn 5; ENDERLEIN/MASKOW/STROHBACH Art 46 Bem 2; HERBER/CZERWENKA Art 46 Rn 5; HONSELL/SCHNYDER/STRAUB Art 46 Rn 24; KAROLLUS 135; LOEWE, Kaufrecht 57; SCHLECHTRIEM/ SCHWENZER/MÜLLER-CHEN Art 46 Rn 7). Hat der Käufer einen dieser Behelfe erklärt, so ist er daran gebunden. Seine Erklärung, für die die Art 26, 27 zu beachten sind, hat Gestaltungswirkung (ebenso SCHLECHTRIEM/SCHWENZER/MÜLLER-CHEN Art 46 Rn 7; SOERGEL/LÜDERITZ/SCHÜSSLER-LANGEHEINE Art 46 Rn 14; VAHLE ZVglRWiss 98 [1999] 58; WELSER, in: DORALT 117). Der Erfüllungsanspruch erlischt; der Käufer kann nicht mehr zum Erfüllungsverlangen zurückkehren.

Allerdings tritt die **Gestaltungswirkung** ohne weiteres **nur ein, wenn der Käufer den** **20** **jeweiligen Behelf zu Recht geltend macht** (ebenso MünchKommBGB/HUBER Art 46 Rn 14). Verlangt er Vertragsaufhebung, Minderung oder Schadensersatz wegen Nichterfüllung dagegen zu Unrecht (zB Vertragsaufhebung, obwohl keine wesentliche Vertragsverletzung vorliegt), dann ist zu differenzieren:

Sofern der Verkäufer, etwa aus Kulanzgründen, dem Behelf trotzdem zustimmt, **21** gestalten die Parteien damit durch **einverständliche Regelung** das Vertragsverhältnis entsprechend um (ACHILLES Art 46 Rn 3; SCHLECHTRIEM/SCHWENZER/MÜLLER-CHEN Art 46 Rn 7). Eine einseitige Rückkehr zum Erfüllungsanspruch ist dem Käufer verschlossen.

Widerspricht der Verkäufer dem unberechtigten Verlangen des Käufers, dann blei- **22** ben beide Parteien zur unveränderten Durchführung des Vertrages verpflichtet und haben Anspruch auf Erfüllung (ebenso VAHLE aaO). Beharrt der Käufer in diesem Fall weiter auf einem Aufhebungsrecht, so liegt in einer solchen unberechtigten Vertragsaufkündigung in aller Regel eine wesentliche Vertragsverletzung (vgl Art 25 Rn 8), die ihrerseits den Verkäufer berechtigt, den Vertrag aufzuheben und Schadensersatz zu verlangen (Art 61, 64).

Unberechtigtes Schadensersatz- oder Minderungsverlangen sind dagegen lediglich **23** wirkungslos.

Soweit der Käufer ferner **Schadensersatz** verlangt, entfällt der Erfüllungsanspruch **24** nur, wenn sich aus dem Schadensersatzbegehren hinreichend deutlich ergibt, daß der Käufer Ersatz des Schadens wegen Nichterfüllung, sei es auch wegen Nichterfüllung von Zusatzpflichten, beansprucht (ebenso KAROLLUS 135; MünchKommHGB/ BENICKE Art 46 Rn 4). Soll dagegen nur für zusätzlichen Schaden (zB Folgeschaden, den die mangelhafte Ware verursacht hat) Ersatz geleistet werden, dann kann der Käufer daneben weiter Erfüllung der Haupt- oder Zusatzpflicht begehren (Sekretariatskommentar Art 42 Bem 4; BIANCA/BONELL/WILL Art 46 Bem 2.1.2; ENDERLEIN/MASKOW/ STROHBACH Art 46 Bem 2).

c)   Entlastung nach Art 79

25 Wie sich eine **Entlastung des Verkäufers nach Art 79** auf den Erfüllungsanspruch des
Käufers auswirkt, ist umstritten. Nach dem Wortlaut des Art 79 Abs 5 bleiben trotz
der Befreiung von der Leistungspflicht außer dem Schadensersatzanspruch alle
Behelfe des Käufers, also auch sein Erfüllungsanspruch bestehen (eingehend dazu
SCHLECHTRIEM/SCHLECHTRIEM/STOLL/GRUBER Art 79 Rn 46 ff). Doch wäre es widersprüch-
lich, dem Käufer einen Anspruch auf die Erfüllung derjenigen Pflichten zu geben,
von deren Erfüllung Art 79 den Verkäufer gerade entlastet. Zu Recht wird deshalb
überwiegend der **Erfüllungsanspruch ausgeschlossen**, soweit der Verkäufer von der
Erfüllung befreit ist (ACHILLES Art 46 Rn 3; BIANCA/BONELL/TALLON Art 79 Bem 2. 10; BRUN-
NER Art 46 Rn 7; HERBER/CZERWENKA Art 46 Rn 4; SCHLECHTRIEM/SCHWENZER/MÜLLER-CHEN
Art 46 Rn 12 f; SOERGEL/LÜDERITZ/SCHÜSSLER-LANGEHEINE Art 79 Rn 15 und wohl auch KAROL-
LUS 141; **anders** dagegen SCHLECHTRIEM/SCHWENZER/STOLL/GRUBER Art 79 Rn 46 ff [jedoch nicht
bei objektiver Unmöglichkeit]; HONSELL/SCHNYDER/STRAUB Art 46 Rn 28; MünchKommHGB/
BENICKE Art 46 Rn 8 [in Rn 6 jedoch für Erlöschen des Erfüllungsanspruchs bei objektiver Unmöglichkeit der Erfüllung]; SCHULZ 318). Der Ausschluß gilt jedoch nur in dem Umfang,
in dem die Befreiung eingreift. Ist sie vorübergehender Natur, so ist der Käufer
während ihrer Dauer mit dem Erfüllungsanspruch ausgeschlossen, kann aber danach durchaus weiterhin Erfüllung verlangen (HUBER, in: SCHLECHTRIEM, Fachtagung
204 ff; ähnlich ENDERLEIN/MASKOW/STROHBACH Art 79 Bem 13. 6). Der Erfüllungsanspruch
erlischt in diesem Fall nicht, sondern ist **zeitweise suspendiert**. Wirkt der Befreiungsgrund dagegen auf Dauer, so erlischt der Erfüllungsanspruch.

d)   Unmöglichkeit

26 Die **objektive oder subjektive Unmöglichkeit** der Erfüllung hat im UN-Kaufrecht
keine selbständige Regelung erfahren. Art 79 erfaßt nur einige ihrer Fallgruppen,
indem der Schuldner von der Leistungspflicht entlastet wird, soweit ihm aus nicht zu
beherrschenden Gründen die Erfüllung objektiv oder subjektiv unmöglich oder
unzumutbar ist (vgl näher die Erl zu Art 79). Der Erfüllungsanspruch nach Art 46
Abs 1 erlischt aber auch in allen übrigen Fällen objektiver Unmöglichkeit der Erfüllung (ebenso HONSELL/SCHNYDER/STRAUB Art 46 Rn 30; HUBER, in: SCHLECHTRIEM, Fachtagung 205 f; KAROLLUS 141; MünchKommHGB/BENICKE Art 46 Rn 6; PLANTARD Clunet 1988, 361;
SCHLECHTRIEM/SCHWENZER/MÜLLER-CHEN Art 46 Rn 12; SCHULZ 317 f; WITZ/SALGER/LORENZ
Art 46 Rn 3; **aA** aber etwa HERBER/CZERWENKA Art 79 Rn 23; VAHLE ZVglRWiss 98 [1999] 61).
Denn tatsächlich Unmögliches kann der Schuldner nicht leisten.

27 Bei lediglich **subjektiver Unmöglichkeit** (Unvermögen) des Verkäufers, etwa wenn
er die Ware an einen Dritten veräußert hat, sie sich aber von diesem oder einem
anderen Dritten unter zumutbaren Bedingungen noch besorgen könnte, bleibt der
Erfüllungsanspruch bestehen, soweit der Verkäufer nicht gemäß Art 79 entlastet ist
(ACHILLES Art 46 Rn 3; SCHLECHTRIEM/SCHWENZER/MÜLLER-CHEN Art 46 Rn 9 f; KAROLLUS 141,
dieser aber ohne die Einschränkung nach Art 79; ebenso MünchKommHGB/BENICKE Art 46 Rn 7;
ähnlich wie hier HONSELL/SCHNYDER/STRAUB Art 46 Rn 31; nur in der Begründung anders Münch-
KommBGB/HUBER Art 46 Rn 18). Der Anspruch erlischt auch in diesem Fall, wenn der
Verkäufer keine zumutbare Ausweichmöglichkeit hat.

28 Nach **aA** ist bei Unmöglichkeit der Erfüllung über Art 28 das nationale Recht
einzuschalten, soweit es die Klage auf eine unmögliche Leistung mangels Rechtsschutzinteresses, wie weitgehend im deutschen, österreichischen und Schweizer

Recht für unzulässig erklärt (HERBER/CZERWENKA Art 46 Rn 4; LOEWE, Kaufrecht 49 f; SCHLECHTRIEM, UN-Kaufrecht 51, 97; VISCHER, in: Lausanner Kolloquium 175 f). Dieser Ausweg führt allerdings in dem Umfang zu uneinheitlichen Ergebnissen, in dem die nationalen Rechte hier variieren.

e) Frist

Der Erfüllungsanspruch nach Abs 1 ist – im Gegensatz zu Abs 2 und 3 – an keine **28a** Frist gebunden (PILTZ, Handbuch Rn 192). Hat der Verkäufer zB nicht geliefert, so kann der Käufer – vorbehaltlich der anwendbaren Verjährungsvorschriften – den Erfüllungsanspruch weiterhin jederzeit geltend machen. Wenn er allerdings längere Zeit nach Ablauf der Lieferfrist verstreichen läßt, kommt eine Verwirkung seines Anspruchs in Betracht (vgl auch Art 4 Rn 53 f). Sie greift ein, wenn eine Lage entstanden ist, in der der Verkäufer darauf vertrauen darf, daß der Käufer die Erfüllung nicht mehr verlangen werde (vgl aber noch unter Rn 30).

3. Rechtsfolgen

Liegen die Voraussetzungen des Erfüllungsanspruchs vor und erlaubt das nationale **29** Recht eine Verurteilung in Natur (Art 28), dann kann der Käufer die reale Erfüllung derjenigen Pflicht erzwingen, der der Verkäufer bisher nicht nachgekommen ist. Der Vertrag wird ohne Veränderung durchgeführt. Zur Sperrwirkung des Erfüllungsanspruchs für andere Behelfe unten Rn 30.

Bei Rechtsmängeln steht es dem Verkäufer frei, die Art der Nacherfüllung zu wählen, **29a** also etwa ein vertragswidriges Drittrecht abzulösen oder – bei Gattungsware – rechtsmangelfreie Ware nachzuliefern (s hierzu SCHULZ 319 f). Anders als nach Art 46 Abs 2 und 3 kann der Käufer keine bestimmte Form der Nacherfüllung verlangen.

4. Keine Bindung an Erfüllungsverlangen (ius variandi)

Macht der Käufer den **Erfüllungsanspruch** geltend, so **führt** das **nicht zu einer Um- 30 gestaltung der Vertragslage**, sondern läßt die vertraglichen Rechte und Pflichten unverändert fortbestehen (vgl oben Rn 19 f). Das Verlangen hat lediglich die Wirkung, daß andere Behelfe – außer dem Anspruch auf Ersatz zusätzlichen Schadens – für den Käufer solange ausscheiden, als er auf der Erfüllung besteht. Doch kann der Käufer grundsätzlich jederzeit vom Erfüllungsverlangen abgehen und zu anderen Behelfen überwechseln (ACHILLES Art 46 Rn 3; BRUNNER Art 46 Rn 3; MünchKommHGB/ BENICKE Art 46 Rn 5; SCHULZ 320). Im Gegensatz zu Art 46 Abs 2 und 3 setzt Abs 1 hierfür keine Frist. Damit gilt grundsätzlich die vom anwendbaren Recht vorgesehene Verjährungsfrist, bei Geltung deutschen Rechts also Art 3 VertragsG iVm § 438 BGB. Der Verkäufer kann aber über Art 48 Abs 2 eine Bindung des Käufers an sein Erfüllungsverlangen oder die Klärung, welcher Behelf sonst geltend gemacht wird, herbeiführen. Ferner bindet sich der Käufer selbst, wenn er dem Verkäufer für die Erfüllung eine **Nachfrist** nach Art 47 setzt. Während dieser Frist ist grundsätzlich kein Überwechseln zur Vertragsaufhebung, zur Minderung oder zum Schadensersatz wegen Nichterfüllung möglich (Art 47 Abs 2 Satz 1 und die Erl dort). Schließlich kann aus dem Grundsatz von Treu und Glauben (Art 7) folgen, daß der Käufer an seinen Erfüllungsanspruch gebunden ist, etwa wenn der Verkäufer auf Veranlassung des Käufers schon Schritte zur Erfüllung eingeleitet hat.

IV. Anspruch auf Ersatzlieferung (Abs 2)

1. Grundsatz

31 Soweit der Verkäufer **tatsächlich geliefert** hat, die Ware **aber nicht vertragsgemäß** iSd Art 35 ist, kann der Käufer Ersatzlieferung nur verlangen, wenn die Vertragswidrigkeit der Ware als **wesentliche Vertragsverletzung** anzusehen ist. Wie für den Erfüllungsanspruch nach Abs 1 ist Art 28 und sind die sonstigen, oben Rn 19 ff genannten Grenzen zu beachten. So hat das Ersatzlieferungsverlangen selbst keine Gestaltungswirkung, ist aber ausgeschlossen, wenn mit ihm inkompatible Behelfe bereits geltend gemacht sind. Ferner muß der Käufer die Vertragswidrigkeit der Ware ordnungsgemäß gerügt haben und seinen Ersatzlieferungsanspruch mit der Mängelanzeige nach Art 39 oder in angemessener Frist danach geltend machen.

32 Der Käufer von Gattungsware kann damit, anders als nach § 439 BGB, nicht bei jedem Sachmangel Ersatzlieferung verlangen, sondern nur in Fällen, in denen der Mangel eine **gravierende Vertragsverletzung** bedeutet. Wann das der Fall ist, beurteilt sich nach dem Maßstab des Art 25 (vgl die Erl dort; zur aliud-Lieferung unten Rn 34 f). Ersatzlieferung und Vertragsaufhebung stehen dem Käufer damit unter gleichen Voraussetzungen zu. Ware, deren Mängel unterhalb der Schwelle der wesentlichen Vertragswidrigkeit bleiben, muß der Käufer akzeptieren. Er kann nur Minderung oder Schadensersatz oder unter Umständen noch Nachbesserung verlangen (OLG Frankfurt EuZW 1994, 255; HERBER/CZERWENKA Art 46 Rn 6).

2. Voraussetzungen

a) Gattungsware

33 Die **Ersatzlieferung** kommt grundsätzlich **nur beim Kauf von Gattungsware** in Betracht, bei dem eine andere Sache aus der Gattung die gelieferte ohne weiteres ersetzen kann (ACHILLES Art 46 Rn 4; BRUNNER Art 46 Rn 12; PILTZ, Internationales Kaufrecht § 5 Rn 155; REINHART Art 46 Rn 5; SCHLECHTRIEM, in: Berner Tage 128; SCHLECHTRIEM/SCHWENZER/MÜLLER-CHEN Art 46 Rn 18; SOERGEL/LÜDERITZ/SCHÜSSLER-LANGEHEINE Art 46 Rn 6; VAHLE ZVglRWiss 98 [1999] 64). Ist die Gattung untergegangen, entfällt ein Anspruch. Für den echten Spezieskauf gilt Art 46 Abs 2 nicht, da bei ihm keine Ersatzlieferung denkbar ist.

34 Ist allerdings ein **aliud** geliefert, so kann der Käufer auch beim Spezieskauf Ersatzlieferung verlangen (ACHILLES Art 46 Rn 4; BRUNNER Art 46 Rn 12; KAROLLUS 137; SCHLECHTRIEM/SCHWENZER/MÜLLER-CHEN Art 46 Rn 18; wohl auch MünchKommHGB/BENICKE Art 46 Rn 13).

b) Vertragswidrigkeit der Ware

35 Abs 2 setzt weiter voraus, daß der Verkäufer Ware geliefert hat, die **nicht vertragsgemäß iSd Art 35** ist, also in Menge, Qualität, Art oder Verpackung nicht dem Vertrag und den ergänzenden Bestimmungen der Konvention entspricht. Auch die **Lieferung einer ganz anderen als der vereinbarten Ware** (aliud) ist Lieferung nicht vertragsgemäßer Ware und nach Abs 2 zu behandeln (BGHZ 132, 290; BAMBERGER/ROTH/SAENGER Art 46 Rn 5; BIANCA/BONELL/WILL Art 46 Bem 2.1.1.1; KAROLLUS 137; SCHLECHTRIEM, UN-Kaufrecht 54; SCHLECHTRIEM/SCHWENZER/MÜLLER-CHEN Art 46 Rn 20).

Quantitätsmängel unterfallen Abs 2, soweit nicht selbständige Teile einer Lieferung **36**
fehlen (dann gilt über Art 51 Abs 1 Art 46 Abs 1), sondern die gelieferte Ware in
Größe oder Gewicht hinter dem Vertrag zurückbleibt, der gekaufte Stoff zB nur
650 g statt vereinbarter 700 g/qm wiegt (vgl oben Rn 10).

Für **Rechtsmängel** gilt Abs 1 (oben Rn 15 ff). Bei ihnen steht es dem Verkäufer frei, ob **37**
er dem Erfüllungsanspruch des Käufers durch Ersatzlieferung oder Ablösung des
Rechts nachkommt.

c)   Wesentliche Vertragsverletzung
Der Anspruch auf Ersatzlieferung besteht nur, wenn die Vertragswidrigkeit der **38**
Ware als **wesentliche Vertragsverletzung** iSd Art 25 anzusehen ist. Diese Einschränkung soll vermeiden, daß der Verkäufer unwirtschaftliche Zusatzkosten für Verwertung oder Rücktransport der Ware und Neulieferung in solchen Fällen aufzuwenden
hat, in denen der Mangel der Ware nicht so gravierend ist, daß der Käufer kein
Interesse an der Lieferung hat. Der Begriff der wesentlichen Vertragsverletzung ist
für Art 46 Abs 2 nicht anders als in anderen Zusammenhängen – insbesondere in
Art 49 – zu verstehen (allgemein zur wesentlichen Vertragsverletzung vgl die Erl zu Art 25).

Entscheidend ist in erster Linie das objektive Gewicht des Sachmangels. Ist die Ware **39**
unbrauchbar und auch nicht reparabel – zB Schuhe mit Rissen im Leder (OLG
Frankfurt NJW 1994, 1013 m Aufs KAPPUS NJW 1994, 984) oder verbotswidrig gezuckerter
Wein (Cour de Cassation 23.1.1996, CLOUT Nr 150; LG Trier NJW-RR 1996, 564) –, so liegt
eine wesentliche Vertragsverletzung vor (PILTZ, Internationales Kaufrecht § 5 Rn 165;
SCHLECHTRIEM Rn 186; SCHLECHTRIEM/SCHWENZER/MÜLLER-CHEN Art 46 Rn 24; nach SOERGEL/
LÜDERITZ/SCHÜSSLER-LANGEHEINE Art 46 Rn 5 spielt die Reparaturfähigkeit dagegen keine Rol-
le). Das wird regelmäßig auch anzunehmen sein, wenn die Ware nur mit erheblichem Zeit- und Kostenaufwand nachgebessert werden könnte (ähnlich SCHLECHTRIEM/
SCHWENZER/MÜLLER-CHEN und PILTZ aaO). Ist vertragswidrige Ware dagegen, wenn
auch mit Abschlag, für den Käufer ohne weiteres absetzbar, dann fehlt eine wesentliche Vertragsverletzung (vgl BGHZ 132, 290 [südafrikanisches Kobaltsulfat trotz falscher
Herkunftsangabe weiterverkäuflich]; BG SZIER 1999, 179 ff [Fleisch mit wesentlich höherem Fettgehalt als vereinbart ohne weiteres weiterverkäuflich]). Eine – auch **krasse** – **Falschlieferung**
stellt zwar nicht per se, aber wohl doch meistens eine wesentliche Vertragsverletzung dar, jedenfalls dann, wenn der Käufer das mangelfreie aliud weder selbst
brauchen noch mit angemessenen Bemühungen absetzen kann (ähnlich SCHLECHT-
RIEM/SCHWENZER/MÜLLER-CHEN Art 46 Rn 24; auch ENDERLEIN/MASKOW/STROHBACH Art 25
Bem 3.4 [anders aber bei Art 46 Bem 3]; für regelmäßig wesentliche Vertragsverletzung bei nicht
genehmigungsfähigem aliud BIANCA/BONELL/WILL Art 46 Bem 2.2.1.2).

Wenn die Ware nachgebessert werden kann, das dem Verkäufer zumutbar und er **40**
hierzu bereit ist, dann ist eine wesentliche Vertragsverletzung in der Regel zu
verneinen (Sekretariatskommentar Art 45 Bem 6; GARRO/ZUPPI 171; MünchKommBGB/HUBER
Art 46 Rn 33; PILTZ, Internationales Kaufrecht § 5 162; SCHLECHTRIEM/SCHWENZER/MÜLLER-
CHEN Art 46 Rn 24; **aA** HOLTHAUSEN RiW 1990, 106; Bedenken auch bei SOERGEL/LÜDERITZ/
SCHÜSSLER-LANGEHEINE Art 46 Rn 5). In diesem Fall ist nur ein Anspruch auf Nachbesserung nach Art 46 Abs 3 gegeben.

Schlägt die Nachbesserung freilich **fehl,** so lebt der Ersatzlieferungsanspruch wieder **41**

auf oder entsteht erstmals, da ein zweiter fehlgeschlagener Erfüllungsversuch häufig als wesentliche Vertragsverletzung zu betrachten ist (näher unten 51).

42 Durch vertragliche Vereinbarungen, insbesondere **Garantien** können die Parteien die Fälle näher präzisieren, in denen Mängel eine wesentliche Vertragsverletzung darstellen (zB, ob 5% Einlaufen beim Bügeln von Stoffen ein wesentlicher oder nur unwesentlicher Mangel ist). Auch aus Gepflogenheiten zwischen den Parteien oder aus internationalen Handelsbräuchen kann sich die Grenze der Wesentlichkeit ergeben (zB Grenze bei „10% Schwund").

d) Angemessene Frist

43 Der Hinweis auf Art 39 zeigt, daß das Gesetz die **ordnungsgemäße Rüge des Mangels** als Selbstverständlichkeit voraussetzt. Der Anspruch auf Ersatzlieferung ist fristge-bunden. Der Käufer muß ihn mit der Mängelanzeige oder binnen angemessener Frist danach geltend machen. Andernfalls verliert er den Anspruch. Angemessen ist eine Frist, wie sie auch Art 39 für die Mängelanzeige selbst einräumt. Es dürfte hier **der gleiche Maßstab** zu gelten haben (ebenso BRUNNER Art 46 Rn 14; KIRCHER 59; SCHWI-MANN/POSCH Art 46 Rn 8; SCHLECHTRIEM/SCHWENZER/MÜLLER-CHEN Art 46 Rn 33). Damit richtet sich die Angemessenheit der Frist zwar nach den Umständen des Einzelfalls. Typische Umstände führen aber – wie bei Art 39 – zu Durchschnittswerten, die als Faustregel benutzt werden können (vgl die Erl zu Art 39 Rn 43 ff). Soweit nicht be-sonders kurzlebige, etwa verderbliche Waren oder Waren mit stark schwankenden Marktpreisen betroffen oder sonst besondere Umstände zu berücksichtigen sind, die für eine kürzere oder längere Frist sprechen, kann eine Frist von etwa 10 (Arbeits-) Tagen oder zwei Wochen noch als angemessen betrachtet werden (ebenso BRUNNER aaO; MünchKommBGB/HUBER Art 46 Rn 34; MünchKommHGB/BENICKE Art 46 Rn 11; VAHLE ZVglRWiss 98 [1999] 68; ähnlich SCHULZ 260).

44 Die **Frist** des Abs 2 **beginnt** mit der – rechtzeitigen – **Absendung der Mängelanzeige**. Eine verspätet abgesandte Mängelanzeige kann die Frist für das Ersatzlieferungs-verlangen nicht mehr in Gang setzen, auch wenn für die Verspätung eine vernünf-tige Entschuldigung iSd Art 44 bestand.

45 **Erübrigte sich eine Mängelrüge** ausnahmsweise – wegen Art 40 oder weil der Ver-käufer auf sie verzichtet hatte –, so beginnt die angemessene Frist des Art 46 Abs 2 in dem Zeitpunkt, in dem der Käufer den Mangel entdeckt (ACHILLES Art 46 Rn 5; HONSELL/SCHNYDER/STRAUB Art 46 Rn 66; **aA** HERBER/CZERWENKA Art 46 Rn 8: Beginn in dem Zeitpunkt, zu dem die Mängelrüge hätte erhoben werden müssen; ebenso MünchKommHGB/BENICKE Art 46 Rn 11).

46 Die **zweijährige Ausschlußfrist des Art 39** Abs 2 gilt nur für die Mängelanzeige. Sie ist nicht auf die angemessene Frist in Art 46 Abs 2 oder 3 zu beziehen (so aber BIANCA/BONELL/WILL Art 46 Bem 2.2.1.1). Erfolgte die Mängelanzeige berechtigterwei-se kurz vor Ablauf der Ausschlußfrist, die Erklärung des Ersatzverlangens erst danach, aber binnen angemessener Frist nach der Mängelanzeige, dann scheitert der Ersatzlieferungsanspruch nicht etwa wegen Fristablaufs (ebenso HONSELL/SCHNY-DER/STRAUB Art 46 Rn 66).

e) Form

Die **Erklärung** des Ersatzlieferungsverlangens ist **an keine Form gebunden**. Es genügt 47
jede Art der Mitteilung, die das Begehren des Käufers erkennen läßt (Beispiele bei
HONNOLD Rn 283; vgl ferner Art 11 Rn 7). Damit reicht etwa auch eine Mitteilung per
E-mail aus. Notwendig ist nur die Absendung der Erklärung auf einem nach den
Umständen geeigneten Weg (Art 27).

f) Rückgabemöglichkeit

Der Anspruch auf Ersatzlieferung entfällt, wenn der Käufer die zunächst gelieferte 48
Ware **nicht im wesentlichen unverändert zurückgeben** kann (Art 82 Abs 1), es sei
denn, eine der Ausnahmen des Art 82 Abs 2 lit a – c greift ein. In letzterem Fall muß
der Käufer sich aber die gezogenen Vorteile anrechnen lassen und sie dem Verkäufer vergüten (Art 84 Abs 2).

Ein **Zurückbehaltungsrecht an der mangelhaften Ware** bis zur Lieferung einer Er- 49
satzware **steht dem Käufer nicht zu** (HONSELL/SCHNYDER/STRAUB Art 46 Rn 62; LESER, in:
SCHLECHTRIEM, Fachtagung 242 Fn 81; MünchKommBGB/HUBER Art 46 Rn 43; SCHLECHTRIEM,
UN-Kaufrecht 102; SCHLECHTRIEM/SCHWENZER/MÜLLER-CHEN Art 46 Rn 34; VISCHER, in: Lausanner Kolloquium 182; wohl auch MünchKommHGB/BENICKE Art 46 Rn 18; **aA** BERGEM/ROGN-
LIEN 680 f; BRUNNER Art 46 Rn 16; HERBER/CZERWENKA Art 46 Rn 7; KAROLLUS 137 f). Er muß
sie sofort zurückgeben, wenn er Ersatzlieferung verlangt. Ein norwegischer Antrag,
im jetzigen Art 81 die Zug-um-Zug-Leistung auch für die Ersatzlieferung vorzusehen, wurde auf der Wiener Konferenz aus Sachgründen ausdrücklich abgelehnt (Off
Rec 136 und die Erörterungen dazu auf S 387 f). Es ist kein zwingender Grund ersichtlich,
dies Ergebnis zu revidieren (so zu Recht SCHLECHTRIEM/SCHWENZER/MÜLLER-CHEN Art 46
Rn 34).

3. Rechtsfolgen

Der Anspruch auf Ersatzlieferung hat zum Inhalt, daß die vertragswidrige gegen 50
vertragsgemäße Ware **ausgetauscht** wird. Die Kosten hierfür hat der Verkäufer zu
tragen (HONSELL/SCHNYDER/STRAUB Art 46 Rn 42, 77; MünchKommHGB/BENICKE Art 46
Rn 17; SCHLECHTRIEM/SCHWENZER/MÜLLER-CHEN Art 46 Rn 34, 36). Ist Ware nur **teilweise
vertragswidrig**, so kommt ein Austausch der Gesamtlieferung lediglich dann in
Betracht, wenn die teilweise Vertragswidrigkeit derart schwer wiegt, daß an der
Gesamtlieferung kein Interesse besteht. Im übrigen ist der Käufer für sein Erfüllungsverlangen auf Nachbesserung verwiesen, die im Einzelfall auch den Austausch
eines oder mehrerer Einzelteile einschließen kann (vgl u Rn 54, 65). Da dem Käufer
aus Vertragswidrigkeiten des Verkäufers keine Zusatzlasten entstehen dürfen, hat
die Ersatzlieferung grundsätzlich an dem **Ort** zu erfolgen, an dem sich die vertragswidrige **Ware bestimmungsgemäß befindet** (ebenso HONSELL/SCHNYDER/STRAUB Art 46
Rn 71; vCAEMMERER/SCHLECHTRIEM/HUBER[3] Art 46 Rn 63; wohl **aA** WITZ/SALGER/LORENZ
Art 46 Rn 11 [Erfüllungsort der Ersatzlieferung bestimme sich nach Art 31]). Nach Entdeckung
der wesentlichen Vertragswidrigkeit wird der Käufer freilich gemäß Art 7 Abs 1
verpflichtet sein, eine Umleitung oder Weiterversendung der vertragswidrigen Ware
zu unterlassen, soweit dem Verkäufer für die Ersatzlieferung dadurch höhere Transportkosten entstehen.

Ist auch die Ersatzlieferung nicht vertragsgemäß, so kann der Käufer **erneut Ersatz-** 51

lieferung, aber auch Vertragsaufhebung verlangen. Zur Ersatzlieferung nach fehlgeschlagener Nachbesserung unten Rn 67.

52 **Ware**, die **mit wesentlichen Fehlern** behaftet ist, braucht der Käufer **nicht abzunehmen**; er kann sie zurückweisen und zugleich Lieferung vertragsgemäßer Ware nach Art 46 Abs 2 fordern.

53 Auch wenn die Voraussetzungen eines Ersatzlieferungsanspruchs gegeben sind, steht es dem Käufer frei, **Nachbesserung nach Abs 3** zu verlangen, sofern sie möglich und zumutbar ist (ENDERLEIN/MASKOW/STROHBACH Art 46 Bem 4). Wählt der Käufer zulässigerweise Nachbesserung, dann ist der Verkäufer zu ihr verpflichtet, auch wenn eine Ersatzlieferung für ihn bequemer wäre. Eine **Grenze des Wahlrechts** ergibt sich allein aus der – auch wirtschaftlichen – Unzumutbarkeit der Nachbesserung.

V.   Nachbesserungsanspruch (Abs 3)

1.   Grundsatz

54 Ist vertragswidrige Ware geliefert und ordnungsgemäß gerügt, dann gibt Art 46 Abs 3 dem Käufer ein **Recht auf Nachbesserung**. Nachbesserung schließt neben der eigentlichen Reparatur auch die Auswechslung von defekten Teilen der Ware oder die Lieferung von Ersatzteilen ein (Off Rec 336; ENDERLEIN/MASKOW/STROHBACH Art 46 Bem 7; REINHART Art 46 Rn 8; eingehend SCHLECHTRIEM Rn 187; SCHLECHTRIEM/SCHWEN-ZER/MÜLLER-CHEN Art 46 Rn 44; vgl auch den Fall OLG Hamm IPRax 1996, 269 = CLOUT Nr 125 [für Nachbesserung von Fenstern Ersatzscheiben notwendig]).

55 Trotz des etwas **mißverständlichen deutschen Wortlauts** („kann … den Verkäufer auffordern, die Vertragswidrigkeit … zu beheben") räumt Abs 3 einen **Anspruch** ein. Der englische und französische Originaltext verwenden in allen Absätzen des Art 46 eine identische Formulierung („may require", „peut exiger"), die in der deutschen Fassung lediglich nicht einheitlich übersetzt worden ist.

56 Der Käufer kann vom Verkäufer verlangen, daß er den Mangel behebt, es sei denn, daß die **Nachbesserung unzumutbar** ist. Wie die Ersatzlieferung muß die Nachbesserung innerhalb **angemessener Frist** nach der Mängelanzeige geltend gemacht werden (LG Oldenburg NJW-RR 1995, 328; Cour d'appel de Versailles 29. 1. 1998, CLOUT Nr 225 [zwei Wochen rechtzeitig]; vgl auch oben Rn 43 ff). Die Rügeformalitäten sind auch einzuhalten, wenn die erste Nachbesserung ihrerseits wieder fehlerhaft ist und der Käufer erneute Nachbesserung verlangt (LG Oldenburg aaO).

57 Anders als der Ersatzlieferungsanspruch besteht der **Nachbesserung**sanspruch nicht nur bei Sachmängeln, die eine wesentliche Vertragsverletzung darstellen, sondern kann bei Sachmängeln jeder Art verlangt werden (BAMBERGER/ROTH/SAENGER Art 46 Rn 10; SCHLECHTRIEM/SCHWENZER/MÜLLER-CHEN Art 46 Rn 39; SOERGEL/LÜDERITZ/SCHÜSSLER-LANGEHEINE Art 46 Rn 7).

2. Voraussetzungen

Wie in Abs 2 ist Voraussetzung, daß der Verkäufer geliefert hat und die Ware **58** vertragswidrig iSd Art 35 ist. Gleichgültig ist, ob es sich dabei um einen Gattungs- oder Spezieskauf handelt (ebenso vHOFFMANN, in: SCHLECHTRIEM, Fachtagung 295; SCHLECHTRIEM/SCHWENZER/MÜLLER-CHEN Art 46 Rn 5, 39). Bei **Rechtsmängeln und echten Quantitätsmängeln** gilt aber nicht Abs 3, sondern schon Abs 1 (vgl oben Rn 15 ff, 36 f).

Die Nachbesserung muß ferner möglich sein. Bei **irreparablen Mängeln** scheidet der **59** Nachbesserungsanspruch aus (PILTZ, Internationales Kaufrecht § 5 Rn 151).

Der Anspruch entfällt auch, wenn der Verkäufer dartun kann, daß eine Nachbesse- **60** rung unter Berücksichtigung aller Umstände unzumutbar ist. Es entscheidet in erster Linie die **Zumutbarkeit für den Verkäufer** (HERBER/CZERWENKA Art 46 Rn 10; vHOFFMANN, in: SCHLECHTRIEM, Fachtagung 297; SCHLECHTRIEM/SCHWENZER/MÜLLER-CHEN Art 46 Rn 40; SCHULZ 299). Doch sind auch die Interessen des Käufers zu berücksich- tigen. Die Zumutbarkeit ist **objektiv**, nicht etwa aus der subjektiven Sicht oder gar nach dem Willen des Verkäufers zu bestimmen (ähnlich BAMBERGER/ROTH/SAENGER Art 46 Rn 12; BRUNNER Art 46 Rn 19; ENDERLEIN/MASKOW/STROHBACH Art 46 Bem 8; REINHART Art 46 Rn 9; SCHLECHTRIEM, UN-Kaufrecht 67).

Unzumutbar ist die **Nachbesserung** insbesondere, wenn sie **unwirtschaftlich** ist (BIAN- **61** CA/BONNELL/WILL Art 46 Bem 2. 2. 2. 2; ENDERLEIN/MASKOW/STROHBACH Art 46 Bem 8; vHOFF- MANN, in: SCHLECHTRIEM, Fachtagung 297 f; SCHLECHTRIEM/SCHWENZER/MÜLLER-CHEN Art 46 Rn 40; SCHULZ 300). Der erforderliche Aufwand für die Nachbesserung darf nicht in einem objektiven Mißverhältnis zu dem Vorteil des Käufers stehen (Denkschrift 52). Soweit die Nachbesserungskosten diejenigen einer Ersatzbeschaffung übersteigen, ist der Anspruch in jedem Fall ausgeschlossen (ACHILLES Art 46 Rn 7; SCHLECHTRIEM/ SCHWENZER/MÜLLER-CHEN aaO; SCHULZ aaO; etwas **anders** MünchKommHGB/BENICKE Art 46 Rn 22 [Reparaturkosten müßten Kosten der Ersatzbeschaffung um 10–20% übersteigen, um unzu- mutbar zu sein]; vHOFFMANN aaO verneint die Zumutbarkeit erst, wenn die Reparaturkosten den Kaufpreis um ein Mehrfaches übersteigen). Ist es für den Verkäufer, sei es auch allein aus internen Gründen, kostengünstiger, Ersatz zu liefern als zu reparieren, wird der Nachbesserungsanspruch deshalb idR ausscheiden. Nur bei einem besonderen In- teresse (zB zu lange Wartezeit bei Ersatzlieferung) und geringen Kostenunterschie- den beider Erfüllungswege, kann der Käufer dann gleichwohl auf Nachbesserung bestehen (strenger noch SCHLECHTRIEM/HUBER[3] Art 46 Rn 97: Ersetzungsbefugnis des Verkäu- fers).

Unzumutbar ist die Nachbesserung auch, wenn der **Verkäufer zur Reparatur nicht in** **62** **der Lage** ist, weil er weder Hersteller ist noch leicht einzuschaltende Dritte (Ver- tragswerkstätten etc) mit einer Reparatur betrauen kann (SCHLECHTRIEM/SCHWENZER/ MÜLLER-CHEN Art 46 Rn 40; SOERGEL/LÜDERITZ/SCHÜSSLER-LANGEHEINE Art 46 Rn 9; ähnlich ENDERLEIN/MASKOW/STROHBACH Art 46 Bem 8; etwas strenger gegenüber dem Verkäufer HERBER/ CZERWENKA Art 46 Rn 10 sowie MünchKommHGB/BENICKE Art 46 Rn 22 Fn 41). Doch ent- lastet es ihn etwa nicht, wenn er einen sonst branchenüblichen Servicedienst nicht bereit hält (SCHULZ 300).

Auch wenn der **Käufer** Mängel selbst – etwa in der eigenen Werkstatt – leicht und **63** kostengünstig beheben kann, scheidet der Nachbesserungsanspruch aus (HERBER/ CZERWENKA Art 46 Rn 10; SCHLECHTRIEM/SCHWENZER/MÜLLER-CHEN Art 46 Rn 40). Die Kosten hat jedoch der Verkäufer zu tragen.

64 Auch für Abs 3 ist **Art 28 zu beachten** (HERBER/CZERWENKA Art 46 Rn 11; HONSELL/ SCHNYDER/STRAUB Art 46 Rn 92; SCHLECHTRIEM, UN-Kaufrecht 66; SCHULZ 307). Für die Anwendung des Art 28 ist entscheidend, ob das Recht des befaßten Gerichts für Ansprüche aus Kaufverträgen verfahrensrechtlich die Klage auf Erfüllung in Natur zuläßt (ähnlich HONNOLD Rn 285.1; KASTELY WashLRev 63 [1988] 635 f; ferner die Erl zu Art 28).

3. Rechtsfolgen

65 Der Verkäufer hat, soweit die lex fori dies gestattet, den **Mangel real zu beseitigen und die Kosten hierfür zu tragen**. Zusätzliche Kosten des Käufers (zB Produktionsausfall während der Reparaturzeit etc) oder Schäden durch die Reparatur muß der Verkäufer gem Art 45 Abs 1 lit b ersetzen (SCHLECHTRIEM/SCHWENZER/MÜLLER-CHEN Art 46 Rn 45). Im Einzelfall kann Nachbesserung auch bedeuten, daß ein defektes Einzelteil (zB an einer Maschine) auszutauschen ist (vgl Rn 54).

66 Die Nachbesserung ist ihrerseits binnen angemessener Frist dort vorzunehmen, **wo sich die Ware bestimmungsgemäß befindet** (so zu Recht HONSELL/SCHNYDER/STRAUB Art 46 Rn 104; MünchKommHGB/BENICKE Art 46 Rn 25; SCHLECHTRIEM/SCHWENZER/MÜLLER-CHEN Art 46 Rn 45). Das muß nicht mehr der vertragliche Erfüllungsort sein. Der Verkäufer hat die Transportkosten zu tragen und ggfs vorzustrecken oder sicherzustellen, wenn er die Zusendung der Ware zur Reparatur verlangt (MünchKommHGB/BENICKE Art 46 Rn 26). Solange die Frist für die Nachbesserung läuft, sind dem Käufer andere **inkompatible Rechtsbehelfe** (etwa bei wesentlicher Vertragsverletzung die Ersatzlieferung oder Vertragsaufhebung) **verschlossen** (SOERGEL/LÜDERITZ/SCHÜSSLER-LANGEHEINE Art 46 Rn 14).

67 **Mißlingt die Nachbesserung** oder nimmt der Verkäufer sie nicht rechtzeitig vor, dann kann der Käufer in angemessener Frist danach Ersatzlieferung oder Vertragsaufhebung verlangen, sofern der Mangel als wesentliche Vertragsverletzung einzustufen ist oder durch den zusätzlichen Zeitablauf oder den mißlungenen Erfüllungsversuch dazu geworden ist (SCHLECHTRIEM/SCHWENZER/MÜLLER-CHEN Art 46 Rn 46 f; SOERGEL/LÜDERITZ/SCHÜSSLER-LANGEHEINE Art 46 Rn 8). Nach verbreiteter Ansicht kann der Käufer die unterlassene oder fehlgeschlagene Nachbesserung auch selbst durchführen oder durchführen lassen und die Kosten einer angemessenen Nachbesserung dem Verkäufer als Schadensersatz gemäß Art 45 Abs 1 lit b, 74 ff in Rechnung stellen (OLG Hamm IPRax 1996, 269; BRUNNER Art 46 Rn 22; HONSELL/SCHNYDER/STRAUB Art 46 Rn 109; MünchKommBGB/HUBER Art 46 Rn 64; SCHLECHTRIEM/SCHWENZER/MÜLLER-CHEN Art 46 Rn 46).

VI. Beweisfragen

68 Es gilt die allgemeine Beweislastregel (vgl dazu Art 4 Rn 63 ff). Der **Käufer muß** die tatsächlichen **Voraussetzungen** seines Anspruchs **dartun**. Er muß also grundsätzlich nachweisen, daß der Verkäufer seine Vertragspflichten nicht erfüllt hat. Bei Lieferung vertragswidriger Ware gelten die hierfür maßgeblichen Beweislastregeln (vgl Art 35 Rn 55 ff und Art 36 Rn 22 ff; ähnlich HONSELL/SCHNYDER/STRAUB Art 46 Rn 49 f, 82 f, 114 f; zT **anders** BAUMGÄRTEL/LAUMEN/HEPTING Art 46 Rn 1 ff; s zur Beweislast auch ACHILLES Art 46 Rn 10; MünchKommHGB/BENICKE Art 46 Rn 29 f).

Für die rechtzeitige Absendung seiner Erklärung nach Abs 2 oder 3 ist der Käufer **69** beweispflichtig (ebenso BAUMGÄRTEL/LAUMEN/HEPTING Art 46 Rn 17, 21).

Die tatsächlichen Grundlagen, aus denen sich die **Unzumutbarkeit** einer Nachbesse- **70** rung (Abs 3) ergibt, muß jedoch der Verkäufer darlegen und beweisen, der sich auf Unzumutbarkeit berufen will (BAUMGÄRTEL/LAUMEN/HEPTING Art 46 Rn 20).

Art 47 [Nachfrist für die Erfüllung]

(1) Der Käufer kann dem Verkäufer eine angemessene Nachfrist zur Erfüllung seiner Pflichten setzen.

(2) Der Käufer kann vor Ablauf dieser Frist keinen Rechtsbehelf* wegen Vertragsverletzung ausüben, außer wenn er vom Verkäufer die Anzeige erhalten hat, daß dieser seine Pflichten nicht innerhalb der so gesetzten Frist erfüllen wird. Der Käufer behält jedoch das Recht, Schadenersatz wegen verspäteter Erfüllung zu verlangen.

Art 47
(1) The buyer may fix an additional period of time of reasonable length for performance by the seller of his obligations.
(2) Unless the buyer has received notice from the seller that he will not perform within the period so fixed, the buyer may not, during that period, resort to any remedy for breach of contract. However, the buyer is not deprived thereby of any right he may have to claim damages for delay in performance.

Art 47
1) L'acheteur peut impartir au vendeur un délai supplémentaire de durée raisonnable pour l'exécution de ses obligations.
2) A moins qu'il n'ait reçu du vendeur une notification l'informant que celui-ci n'exécuterait pas ses obligations dans le délai ainsi imparti, l'acheteur ne peut, avant l'expiration de ce délai, se prévaloir d'aucun des moyens dont il dispose en cas de contravention au contrat. Toutefois, l'acheteur ne perd pas, de ce fait, le droit de demander des dommages-intérêts pour retard dans l'exécution.

Schrifttum

Vgl zu Art 45; ferner:
KIMBEL, Nachfrist notice and avoidance under CISG, J L & Com 18 (1999), 301.

---

* Schweiz: Recht.

Systematische Übersicht

Alphabetische Übersicht

I. Regelungsgegenstand und Normzweck

1 Die Vorschrift **ergänzt die** in Art 46 vorgesehenen **Erfüllungsansprüche des Käufers**. Art 63 enthält die Parallelvorschrift für Erfüllungsansprüche des Verkäufers. Erlangt der Käufer nicht ordnungsgemäße Erfüllung innerhalb der Lieferzeit, dann kann er gem Art 47 Abs 1 dem Verkäufer eine angemessene weitere Frist zur Nachholung einräumen. Die Nachfrist bindet den Käufer und gibt dem Verkäufer eine verlängerte Erfüllungsmöglichkeit. Sie ändert aber nicht die vertragliche Lieferfrist. Während des Fristlaufs sind dem Käufer andere Behelfe grundsätzlich verschlossen (Art 47 Abs 2 S 1). Nur Schadensersatz wegen verzögerter Erfüllung kann er trotz der Nachfrist verlangen (Abs 2 S 2).

Die Nachfrist schafft aber die **Grundlage für weitere Rechte des Käufers** und hat hier 2 ihre eigentliche Bedeutung. Mit dem fruchtlosen Ablauf der Frist entsteht das Aufhebungsrecht nach Art 49 Abs 1 lit b: Liefert der Verkäufer trotz der Nachfrist überhaupt nicht, dann kann der Käufer den Vertrag aufheben, auch wenn die Nichterfüllung ursprünglich keine wesentliche Vertragsverletzung darstellte und nicht zur Aufhebung berechtigte. Die Nachfristsetzung bietet hier den einzigen Weg, trotz zunächst fehlender oder zweifelhafter Aufhebungsvoraussetzungen zur Vertragsaufhebung zu gelangen. Bei Lieferung vertragswidriger Ware wertet der Ablauf einer Nachfrist eine ursprünglich nicht wesentliche Vertragsverletzung dagegen nicht zu einer wesentlichen auf (vgl näher Art 49 Rn 14, 21). Jedoch können die Parteien vereinbaren, daß dem Käufer auch in diesen Fällen nach erfolgloser Nachfristsetzung ein Aufhebungsrecht zustehen soll.

II.   Entstehungsgeschichte

Die Vorschrift hat ihren Vorläufer in Art 44 Abs 2 EKG, der – wie schon die 3 vorangehenden Entwürfe – das Nachfristkonzept des deutschen Rechtskreises mit Modifikationen in das Einheitskaufrecht übernahm (vgl dazu RabelsZ 9 [1935] 68; Sekretariatskommentar Art 43 Bem 8; HUBER, in: SCHLECHTRIEM, Fachtagung 201 f).

Doch während im EKG die fruchtlose Nachfrist bei jeder Vertragsverletzung ein 4 Aufhebungsrecht begründete, hat die UNCITRAL-Arbeitsgruppe frühzeitig die Entscheidung getroffen, diesen Mechanismus nur im Fall der Nichtlieferung vorzusehen (UNCITRAL YB IV [1973] 69). Geringfügige Vertragsverletzungen sollten nicht durch Nachfristsetzung zu Aufhebungsgründen aufgewertet werden können.

Ferner sah Art 44 Abs 2 EKG noch nicht ausdrücklich vor, daß während der 5 Nachfrist andere Behelfe gesperrt waren. In der Praxis wurde die Vorschrift aber in diesem Sinn verstanden (vgl OLG Hamburg, in: SCHLECHTRIEM/MAGNUS Art 44 Nr 3; OLG Frankfurt, in: SCHLECHTRIEM/MAGNUS Art 44 Nr 4; OLG Koblenz, in: SCHLECHTRIEM/MAGNUS Art 44 Nr 6).

Seine jetzige Fassung erhielt Art 47 CISG im Wiener Entwurf von 1977 (dort 6 Art 29).

Auf der diplomatischen Konferenz von 1980 wurde neben Vorschlägen zu redaktionellen Änderungen beantragt, die Wirksamkeit der Nachfristsetzung von einer 7 entsprechenden Mitteilung an den Verkäufer bzw von deren Zugang abhängig zu machen (vgl Off Rec 113). Doch fanden diese Anträge keine Mehrheit, da die Vorschrift primär den Käufer binde und damit den Verkäufer begünstige (Off Rec 337 ff).

III.   Voraussetzungen (Abs 1)

1.   Anwendungsbereich

Art 47 Abs 1 erlaubt es, **für die Erfüllung jeder Vertragspflicht eine Nachfrist** zu 8 setzen. Die Vorschrift gilt damit nicht nur für die Lieferpflicht, sondern auch für die Pflicht zur Ersatzlieferung oder Nachbesserung (Art 46 Abs 2, 3) sowie für alle weiteren vereinbarten oder gesetzlichen Vertragspflichten des Verkäufers (Sekretariatskommentar Art 43 Bem 6; ACHILLES Art 47 Rn 2; ENDERLEIN/MASKOW/STROHBACH Art 47 Bem 3; HONSELL/SCHNYDER/STRAUB Art 47 Rn 8; KAROLLUS 139; MünchKommHGB/BENICKE Art 47 Rn 2; SCHLECHTRIEM/SCHWENZER/MÜLLER-CHEN Art 47 Rn 1; WITZ/SALGER/LORENZ Art 47 Rn 2; mit anderer Begründung – analoge Anwendung – ebenso HERBER/CZERWENKA Art 47 Rn 9; aA HONNOLD Rn 288: Art 47 gelte nur bei Nichtlieferung; zweifelnd AUDIT 128).

9 Ob ein **erfüllbarer Anspruch** besteht, richtet sich nach den Vorschriften, die für ihn gelten. Eine Nachfrist für die Ersatzlieferung hat deshalb grundsätzlich nur Wirkung, wenn der Ersatzlieferungsanspruch entspr Art 46 Abs 2 gegeben ist (ebenso HONSELL/SCHNYDER/STRAUB Art 47 Rn 12; SCHLECHTRIEM/SCHWENZER/MÜLLER-CHEN Art 47 Rn 1 Fn 2; SOERGEL/LÜDERITZ/SCHÜSSLER-LANGEHEINE Art 47 Rn 2). Insbes erübrigt die Nachfristsetzung hier nicht die ordnungsgemäße Rüge. Setzt der Käufer eine Nachfrist, ohne daß der Erfüllungsanspruch besteht (zB die Voraussetzungen des Ersatzlieferungsanspruchs fehlen), dann bindet die Nachfrist den Käufer gleichwohl, wenn der Verkäufer hierauf vertraut hat (so auch SOERGEL/LÜDERITZ/SCHÜSSLER-LANGEHEINE Art 47 Rn 6).

10 Dagegen ist es für die Nachfristsetzung **gleichgültig, ob** der Vertragsverstoß eine **wesentliche oder unwesentliche Vertragsverletzung** darstellt oder ob eine primäre Leistungspflicht oder nur eine Zusatzpflicht verletzt wurde (BIANCA/BONELL/WILL Art 47 Bem 2.1.1; SCHLECHTRIEM/SCHWENZER/MÜLLER-CHEN ART 47 Rn 1; SOERGEL/LÜDERITZ/ SCHÜSSLER-LANGEHEINE ART 47 Rn 2). Allerdings sind die Rechtsfolgen der Nachfrist nicht für alle Arten von Vertragsverletzungen identisch. Ein zunächst nicht gegebenes Aufhebungsrecht läßt sich durch Nachfristsetzung nur im Fall der Nichtlieferung, nicht aber bei anderen Vertragsverletzungen erreichen (Art 49 Abs 1 lit b; dazu noch unten Rn 27).

11 Eine Nachfrist kann der Käufer auch dann setzen, wenn ein **Erfüllungsanspruch** gemäß Art 28 gerichtlich **nicht durchsetzbar** wäre. Art 28 richtet sich nur an die zur Entscheidung berufenen Gerichte, nicht an die Vertragsparteien (ebenso HONSELL/ SCHNYDER/STRAUB Art 47 Rn 12; MünchKommHGB/BENICKE Art 47 Rn 3).

12 **Keine Funktion** hat Art 47 **bei den sekundären Ansprüchen**, die die Konvention als Behelfe gegenüber Vertragsverletzungen vorsieht, wie zB dem Schadensersatzanspruch nach Art 45 Abs 1 lit b (ebenso ACHILLES Art 47 Rn 2; aA aber HERBER/CZERWENKA Art 47 Rn 9). Der Käufer kann selbstverständlich auch für die Erfüllung dieses Anspruchs eine Frist setzen, um danach etwa Klage zu erheben. Die Rechtsfolgen des Art 47 (Selbstbindung des Käufers) treten aber nicht ein.

13 Art 47 Abs 1 begründet lediglich ein **Recht des Käufers**. Der Käufer ist zur Nachfristsetzung nicht etwa verpflichtet, insbes dann nicht, wenn der Verkäufer eine wesentliche Vertragsverletzung begangen hat. In diesem Fall ist die Nachfristsetzung auch nicht Vorbedingung für die Vertragsaufhebung (ACHILLES Art 47 Rn 1; ENDERLEIN, in: ŠARČEVIĆ/VOLKEN 192; aA aber offenbar AG Oldenburg/iH IPRax 1991, 336, mit abl Anm ENDERLEIN IPRax 1991, 313; unzutreffend auch OLG Düsseldorf NJW-RR 1994, 506; mißverständlich OLG München IHR 2003, 176 m krit Anm HERBER [Nachfristsetzung sei unab-

dingbare Voraussetzung für Vertragsaufhebung. Das trifft nur zu, wenn das Unterbleiben der Lieferung – wie in diesem konkreten Fall – für sich noch keine wesentliche Vertragsverletzung bedeutet]). Der Käufer muß dem Verkäufer die Nacherfüllung auch nicht gestatten, wenn dieser eine wesentliche Vertragsverletzung begangen hat (vgl Art 48 Abs 1: „vorbehaltlich des Art 49").

2.   Nichterfüllung

Implizit setzt Art 47 Abs 1 voraus, daß der Verkäufer seine Vertragspflicht nicht **14** erfüllt hat. Das **Recht zur Nachfristsetzung** entsteht **erst, wenn der Erfüllungstermin verstrichen** ist und der Verkäufer nicht vertragsgemäß geleistet hat (ebenso HONSELL/ SCHNYDER/STRAUB Art 47 Rn 9 ff; SCHWIMANN/POSCH Art 47 Rn 3). Eine vor Fälligkeit gesetzte Nachfrist – etwa weil sich die Nichterfüllung zum vereinbarten Liefertermin schon abzeichnet – wirkt erst ab Fälligkeit (ähnlich ACHILLES Art 47 Rn 3; Münch-KommHGB/BENICKE Art 47 Rn 5).

3.   Fristsetzung

a)   Mitteilung; Form

Art 47 Abs 1 erfordert eine **Erklärung des Käufers** (BIANCA/BONELL/WILL Art 47 **15** Bem 2.1.3.1; ENDERLEIN/MASKOW/STROHBACH Art 47 Bem 4; HERBER/CZERWENKA Art 47 Rn 3; MünchKommHGB/BENICKE Art 47 Rn 4). Sie ist an keine Form gebunden, kann also schriftlich oder mündlich erfolgen. Für die Erklärung gilt Art 27; ihr Zugang ist nicht Voraussetzung ihrer Wirksamkeit (BIANCA/BONELL/WILL Art 47 Bem 2.1.3.1; ENDERLEIN/MASKOW/STROHBACH Art 47 Bem 4; KAROLLUS 139; NIGGEMANN, in: HOYER/POSCH 100; SCHLECHTRIEM/SCHWENZER/MÜLLER-CHEN Art 47 Rn 12). Bis die Erklärung dem Verkäufer zugegangen ist, kann der Käufer sie allerdings – analog zu Art 15 Abs 2, 18 Abs 2 – zurücknehmen und damit die aus Art 47 Abs 2 S 1 folgende Bindung vermeiden (ebenso ACHILLES Art 47 Rn 5; SCHLECHTRIEM/SCHWENZER/MÜLLER-CHEN Art 47 Rn 12; teilw **anders** KAROLLUS 139: bei Übermittlungsstörungen Bindung im Zeitpunkt des hypothetischen Zugangs). Zweifelhaft ist, ob das Hinnehmen von Lieferverspätungen als ‚Erklärung' einer Nachfrist gewertet werden kann (so – bei einem Sukzessivlieferungsvertrag – offenbar Audiencia Provincial de Barcelona 3.11.1997, TranspR-IHR 2000, 15).

b)   Bestimmtheit

Die Nachfristsetzung hat nur Wirkung, wenn der Käufer eine **bestimmte Frist** (zB **16** „bis 30.9.", „bis Ende dieses Monats", „binnen zwei Wochen nach Erhalt dieses Schreibens") setzt und das Verlangen nach Erfüllung innerhalb der Frist deutlich ausdrückt (ebenso BRUNNER Art 47 Rn 4; HONSELL/SCHNYDER/STRAUB Art 47 Rn 20 f; SCHLECHTRIEM/SCHWENZER/MÜLLER-CHEN Art 47 Rn 4). Die Mitteilung, daß man mit der Versendung der Ware „bis spätestens zum 30. November" einverstanden sei, daß die Einhaltung dieses Termins (nach Ablauf des ursprünglichen Liefertermins zum 31.10.) „aber sehr wichtig" sei, ist indessen hinreichend bestimmt (OLG Hamburg ForInt 1997, 168).

Eine **unbestimmte Frist** oder eine – auch dringende – Mahnung ohne Frist (zB **17** „erwarten sofortige Lieferung") **genügt nicht** als Nachfristsetzung (Sekretariatskommentar Art 43 Bem 7; ACHILLES Art 47 Rn 3; BIANCA/BONELL/WILL Art 47 Bem 2.1.3.1; HERBER/CZERWENKA Art 47 Rn 3; KAROLLUS 139; MünchKommHGB/BENICKE Art 47 Rn 4; REIN-

HART Art 47 Rn 3; SCHLECHTRIEM/SCHWENZER/MÜLLER-CHEN Art 47 Rn 4; WITZ/SALGER/LORENZ Art 47 Rn 4).

18 Die Erklärung des Käufers braucht weder das Wort „Nachfrist" noch eine ausdrückliche Ablehnungsandrohung zu enthalten (AUDIT 127; HERBER/CZERWENKA Art 47 Rn 3; HONSELL SJZ 1992, 353; SCHLECHTRIEM/SCHWENZER/MÜLLER-CHEN Art 47 Rn 5; SOERGEL/ LÜDERITZ/SCHÜSSLER-LANGEHEINE Art 47 Rn 4). Sie muß aber **unzweifelhaft erkennen lassen**, daß der Käufer **auf der Erfüllung** innerhalb der Nachfrist **besteht** (BIANCA/ BONELL/WILL aaO; BRUNNER Art 47 Rn 4; HERBER/CZERWENKA aaO; HONNOLD Rn 289; NIGGE-MANN, in: HOYER/POSCH 100; SCHLECHTRIEM/SCHWENZER/MÜLLER-CHEN Art 47 Rn 5; SCHWI-MANN/POSCH Art 47 Rn 4). Zu vorsichtige Formulierungen (zB „hoffen, daß Ihre Lieferung bis 30. 6. eintrifft") genügen nicht (vgl die in der vorigen N zitierten). Der Käufer kann die Nachfrist schon vor dem Ablauf der Lieferfrist setzen, etwa wenn sich die drohende Lieferverzögerung schon abzeichnet; doch beginnt die Nachfrist dann erst zu laufen, wenn die Lieferfrist auch verstrichen ist (PILTZ, Internationales Kaufrecht § 5 Rn 234; **aA** KIMBEL J L & Com 18 [1999] 326 ff; SCHLECHTRIEM/SCHWENZER/MÜLLER-CHEN Art 47 Rn 11).

c) Angemessenheit der Frist

19 Die gesetzte Frist muß **angemessen** sein. Für die Angemessenheit sind die Umstände des Einzelfalls zu berücksichtigen, unter ihnen insbes Umfang und Schwierigkeit der Lieferung, Länge der ursprünglichen Lieferfrist, Grund der Nichterfüllung, Folgen der Verzögerung, auch Postlaufzeiten (vgl BIANCA/BONELL/WILL Art 47 Bem 2.1.3.2; ENDERLEIN/MASKOW/STROHBACH Art 47 Bem 2; HONSELL SJZ 1992, 352 f; SCHLECHTRIEM/ SCHWENZER/MÜLLER-CHEN Art 47 Rn 6). Im Zweifel haben die Interessen des Käufers Vorrang (SCHLECHTRIEM/SCHWENZER/MÜLLER-CHEN aaO; HERBER/CZERWENKA Art 47 Rn 4; KAROLLUS 139). Eine Frist von zwei Wochen dürfte in der Regel zu knapp sein (OLG Celle 24.5. 1995–20 U 76/94 = CLOUT Nr 136 [für Lieferung dreier gebrauchter Druckmaschinen von Deutschland nach Ägypten]). Sieben Wochen sind dagegen im allgemeinen eine angemessene Frist (OLG Celle aaO). Auch eine Nachfrist von drei bis vier Wochen bei einem deutsch-dänischen Kfz-Kauf ist noch angemessen (OLG Naumburg TranspR-IHR 2000, 22).

20 Eine **zu kurze Frist** setzt eine **angemessene in Gang**, während der der Käufer gebunden ist (OLG Celle aaO; OLG Naumburg aaO; LG Ellwangen 21.8. 1995, UNILEX; BAM-BERGER/ROTH/SAENGER Art 47 Rn 7; BRUNNER Art 47 Rn 5; HERBER/CZERWENKA, HONSELL, KA-ROLLUS jeweils aaO; MünchKommHGB/BENICKE Art 47 Rn 7; ähnlich auch MünchKommBGB/ HUBER Art 47 Rn 13; SCHLECHTRIEM/SCHWENZER/MÜLLER-CHEN Art 47 Rn 7 ff; SOERGEL/LÜDE-RITZ/SCHÜSSLER-LANGEHEINE Art 47 Rn 7; **anders** HONSELL/SCHNYDER/STRAUB Art 47 Rn 24: zu kurze Frist hat keinerlei Wirkung). Ist die gesetzte Nachfrist länger als angemessen, so bleibt der Käufer dennoch für ihre gesamte Dauer gebunden und kann nicht auf andere Behelfe umwechseln (SCHLECHTRIEM/SCHWENZER/MÜLLER-CHEN Art 47 Rn 10).

IV. Rechtsfolgen der Nachfristsetzung (Abs 2)

1. Bindung des Käufers (Abs 2 S 1)

21 Für die Dauer der Nachfrist ist der Käufer nach Art 47 Abs 2 S 1 grundsätzlich **gehindert, aus der Vertragsverletzung des Verkäufers Rechte herzuleiten** – Schadensersatz und den Erfüllungsanspruch selbst ausgenommen. Er kann weder Vertragsaufhebung noch Minderung noch etwaige vertragliche Behelfe (zB Kündigung) geltend machen. Die Nachfrist verlängert die Erfüllungsmöglichkeit und bindet den Käufer. Damit soll das Interesse des Verkäufers geschützt werden, der im Vertrauen auf die zusätzliche Frist uU kostspielige Erfüllungsmaßnahmen in die Wege geleitet hat (vgl Sekretariatskommentar Art 43 Bem 9). Auch soll sich der Käufer nicht mit seiner eigenen Erklärung in Widerspruch setzen (so zu Recht HONNOLD Rn 291).

Wie Art 47 Abs 2 S 2 zeigt, **beseitigt die Nachfrist** jedoch **nicht die Vertragsverlet-** **22** **zung**, die in dem Überschreiten des ursprünglichen Erfüllungstermins liegt. Vorbehaltlich der Auslegung der konkreten Erklärung führt die Nachfrist deshalb nicht zu einer Stundung, sondern stellt eine Art Gnadenfrist dar, die der Käufer gewähren kann (HONSELL/SCHNYDER/STRAUB Art 47 Rn 29; NIGGEMANN, in: HOYER/POSCH 100; SCHLECHTRIEM/SCHWENZER/MÜLLER-CHEN Art 47 Rn 19).

Auch alle übrigen **Ansprüche, die bereits unabänderlich entstanden sind** (zB auf **23** Aufwendungsersatz, Vertragsstrafen wegen Fristüberschreitung) kann der Käufer trotz der Nachfrist geltend machen (vgl auch zum selben Problem Art 63 Rn 17).

Der **Erfüllungsanspruch** selbst (Art 46) wird durch eine Nachfristsetzung nicht be- **24** rührt. Der Verkäufer ist weiter zur Erfüllung verpflichtet. Die klageweise Durchsetzung des Anspruchs ist aber bis zum erfolglosen Ablauf der Frist zu versagen, wohl regelmäßig im Rahmen des anwendbaren Prozeßrechts mangels Rechtsschutzbedürfnisses (SCHLECHTRIEM/SCHWENZER/MÜLLER-CHEN Art 47 Rn 14; vgl zum selben Problem Art 63 Rn 17).

Die Nachfrist verliert nach Abs 2 S 1 letzter HS ihre Bindungswirkung, wenn der **25** Verkäufer vor Fristablauf die **Erfüllung verweigert**. Das ist der Fall, wenn er unzweideutig und endgültig zu erkennen gibt, daß er nicht erfüllen wird, oder wenn er die Erfüllung von anderen, im Vertrag nicht vorgesehenen Bedingungen abhängig macht (s Schiedsgericht der Hamburger freundschaftlichen Arbitrage RiW 1999, 394). Der Käufer kann dann bei Nichtlieferung sofort den Vertrag aufheben (vgl Art 49 Abs 1 lit b). Die Verweigerungserklärung muß dem Käufer – abweichend von Art 27 – zugehen (HONSELL/SCHNYDER/STRAUB Art 47 Rn 31; KAROLLUS 140; MünchKommHGB/BENICKE Art 47 Rn 12; SCHLECHTRIEM/SCHWENZER/MÜLLER-CHEN Art 47 Rn 17).

Erfüllt der Verkäufer während des Fristlaufs, dann kann der Käufer den Verzöge- **26** rungsschaden ersetzt verlangen (Abs 2 S 2). Weitere Rechtsbehelfe stehen ihm nicht mehr zur Verfügung.

2.   Rechtsfolgen nach fruchtlosem Fristablauf

Mit dem **erfolglosen Ablauf der Nachfrist** stehen dem Käufer wieder alle Rechts- **27** behelfe zur Verfügung, die er vor der Fristsetzung hatte. Selbst Erfüllung kann er weiterhin verlangen (ACHILLES Art 47 Rn 8; ENDERLEIN, in: ŠARČEVIĆ/VOLKEN 192; PILTZ, Internationales Kaufrecht § 5 Rn 184). Die Bindungswirkung des Art 47 Abs 2 S 1 entfällt. Zusätzlich gewinnt der Käufer die Möglichkeit, den Vertrag aufzuheben, wenn die Lieferung insgesamt unterblieben ist. Art 49 Abs 1 lit b, der das vorsieht, beschränkt sich jedoch auf diesen Fall. Hat der Verkäufer mangelhafte Ware geliefert oder sonstige Vertragspflichten verletzt, dann besteht das Aufhebungsrecht – ganz unabhängig von einer Nachfrist – nur, wenn der Pflichtenverstoß eine wesentliche Vertragsverletzung darstellt (vgl näher die Erläuterungen zu Art 49). Ob das der Fall ist, ist für den Zeitpunkt des Nachfristendes zu beurteilen. Ein bereits bestehendes Aufhebungsrecht fällt jedoch nicht etwa dadurch weg, daß der Käufer noch eine Nachfrist einräumt.

3.   Schadensersatzanspruch (Abs 2 S 2)

28 Nach Abs 2 S 2 bleibt dem Käufer das Recht, **Schadensersatz wegen verspäteter Erfüllung** zu fordern (Art 45 Abs 1 lit b), stets erhalten. Er verliert es weder durch die Nachfristsetzung noch dadurch, daß der Verkäufer während der Nachfrist ordnungsgemäß erfüllt. Aus dieser Regelung und aus Art 48 Abs 1 S 2 ist abzuleiten, daß der Verkäufer auch sonstige Schäden zu ersetzen hat, die trotz Nacherfüllung verbleiben (ebenso BRUNNER Art 47 Rn 9; HERBER/CZERWENKA Art 47 Rn 8; HONSELL/SCHNYDER/STRAUB Art 47 Rn 29).

V.   Beweisfragen

29 Der Käufer muß beweisen, daß er eine Nachfrist gesetzt, also eine entsprechende Erklärung abgesandt hat. Auch für die tatsächlichen Voraussetzungen der Angemessenheit der Nachfrist ist er beweispflichtig (ACHILLES Art 47 Rn 9; BAUMGÄRTEL/LAUMEN/HEPTING Art 47 Rn 2; SCHLECHTRIEM/SCHWENZER/MÜLLER-CHEN Art 47 Rn 13; HONSELL/SCHNYDER/STRAUB Art 47 Rn 39). Beruft sich der Käufer auf eine Erfüllungsverweigerung des Verkäufers und damit auf den Wegfall der Bindung, die eine gesetzte Nachfrist schafft, dann muß er die Erfüllungsverweigerung nachweisen (ebenso BAUMGÄRTEL/LAUMEN/HEPTING Art 47 Rn 4).

Art 48 [Recht des Verkäufers zur Nacherfüllung]

(1) Vorbehaltlich des Artikels 49 kann der Verkäufer einen Mangel in der Erfüllung seiner Pflichten auch nach dem Liefertermin auf eigene Kosten beheben, wenn dies keine unzumutbare Verzögerung nach sich zieht und dem Käufer weder unzumutbare Unannehmlichkeiten noch Ungewißheit über die Erstattung seiner Auslagen durch den Verkäufer verursacht. Der Käufer behält jedoch das Recht, Schadensersatz nach diesem Übereinkommen zu verlangen.

(2) Fordert der Verkäufer den Käufer auf, ihm mitzuteilen, ob er die Erfüllung annehmen will, und entspricht der Käufer der Aufforderung nicht innerhalb einer angemessenen Frist, so kann der Verkäufer innerhalb der in seiner Aufforderung angegebenen Frist erfüllen. Der Käufer kann vor Ablauf dieser Frist keinen Rechtsbehelf* ausüben, der mit der Erfüllung durch den Verkäufer unvereinbar ist.

---

* Schweiz: Recht.

(3) Zeigt der Verkäufer dem Käufer an, daß er innerhalb einer bestimmten Frist erfüllen wird, so wird vermutet, daß die Anzeige eine Aufforderung an den Käufer nach Absatz 2 enthält, seine Entscheidung mitzuteilen.

(4) Eine Aufforderung oder Anzeige des Verkäufers nach Absatz 2 oder 3 ist nur wirksam, wenn der Käufer sie erhalten hat.

Art 48

(1) Subject to article 49, the seller may, even after the date for delivery, remedy at his own expense any failure to perform his obligations, if he can do so without unreasonable delay and without causing the buyer unreasonable inconvenience or uncertainty of reimbursement by the seller of expenses advanced by the buyer. However, the buyer retains any right to claim damages as provided for in this Convention.

(2) If the seller requests the buyer to make known whether he will accept performance and the buyer does not comply with the request within a reasonable time, the seller may perform within the time indicated in his request. The buyer may not, during that period of time, resort to any remedy which is inconsistent with performance by the seller.

(3) A notice by the seller hat he will perform within a specified period of time is assumed to include a request, under the preceding paragraph, that the buyer make known his decision.

(4) A request or notice by the seller under paragraph (2) or (3) of this article is not effective unless received by the buyer.

Art 48

1) Sous réserve de l'article 49, le vendeur peut, même après la date de la livraison, réparer à ses frais tout manquement à ses obligations, à condition que cela n'entraîne pas un retard déraisonnable et ne cause à l'acheteur ni inconvénients déraisonnables ni incertitude quant au remboursement par le vendeur des frais faits par l'acheteur. Toutefois, l'acheteur conserve le droit de demander des dommages-intérêts conformément à la présente Convention.

2) Si le vendeur demande à l'acheteur de lui faire savoir s'il accepte l'exécution et si l'acheteur ne lui répond pas dans un délai raisonnable, le vendeur peut exécuter ses obligations dans le délai qu'il a indiqué dans sa demande. L'acheteur ne peut, avant l'expiration de ce délai, se prévaloir d'un moyen incompatible avec l'exécution par le vendeur de ses obligations.

3) Lorsque le vendeur notifie à l'acheteur son intention d'exécuter ses obligations dans un délai déterminé, il est présumé demander à l'acheteur de lui faire connaître sa décision conformément au paragraphe précédent.

4) Une demande ou une notification faite par le vendeur en vertu des paragraphes 2 ou 3 du présent article n'a d'effet que si elle est recue par l'acheteur.

Schrifttum

Wie zu Art 45; ferner:
AHDAR, Seller Cure in the Sale of Goods, Lloyd's MaritComLQ (1990) 364
BITTER/BITTER, Wandelungsmöglichkeit des professionellen Käufers und Nachlieferungsrecht des Verkäufers bei aliud-Lieferung. Eine Untersuchung zum deutschen und UN-Kaufrecht, BB 1993, 2315

BRIDGE, The Vienna Sales Convention and English Law: Curing Defective Performance by the Seller, in: FS Ole Lando (1997) 83
FOUNTOULAKIS, Das Verhältnis von Nacherfüllungsrecht des Verkäufers und Vertragsaufhebungsrecht des Käufers im UN-Kaufrecht – Unter besonderer Berücksichtigung der Recht-

sprechung der Schweizer Gerichte, IHR 2003, 160

GUTKNECHT, Das Nacherfüllungsrecht des Verkäufers bei Kauf- und Werklieferungsverträgen. Rechtsvergleichende Untersuchung zum CISG, zum US-amerikanischen Uniform Commercial Code, zum deutschen Recht und zu dem Vorschlag der Kommission zur Überarbeitung des deutschen Schuldrechts (1996)

HOHOFF, Das Nacherfüllungsrecht des Verkäufers. Eine rechtsvergleichende Darstellung der Regelungen nach dem UN-Kaufrecht, dem BGB, den Vorschlägen zur Reform des Schuldrechts und der Europäischen Union (Diss Mainz 1998)

P HUBER, Irrtumsanfechtung und Sachmängelhaftung (2001)

LEHMKUHL, Das Nacherfüllungsrecht des Verkäufers im UN-Kaufrecht (2002)

ders, Das Nacherfüllungsrecht des Verkäufers im UN-Kaufrecht bei Lieferung fehlerhafter Ware, IHR 2003, 115

LURGER, Die wesentliche Vertragsverletzung nach Art. 25 CISG, IHR 2001, 91

MAGNUS, Aufhebungsrecht des Käufers und Nacherfüllungsrecht des Verkäufers im UN-Kaufrecht, in: FS SCHLECHTRIEM (2003) 599

PETRIKIC, Das Nacherfüllungsrecht im UN-Kaufrecht. Grundprobleme der Leistungsstörungen (1999).

PIER-EILING, Das Nacherfüllungsrecht des Verkäufers aus Art 48 CISG. Unter besonderer Berücksichtigung seines Verhältnisses zu den Rechtsbehelfen des Käufers (2003)

A SANDROCK, Vertragswidrigkeit der Sachleistung (2003).

Systematische Übersicht

Alphabetische Übersicht

I.   Regelungsgegenstand und Normzweck

Die Vorschrift behandelt das **Recht zur zweiten Andienung** („right to cure") **nach 1
Ablauf des Liefertermins**. Während die Art 34 und 37 ein Nacherfüllungsrecht bei
vorzeitiger Lieferung der Ware oder Dokumente vorsehen, räumt Art 48 dem Verkäufer, der seine Pflichten nicht fristgemäß erfüllt hat, ein Recht zur Nacherfüllung
auch noch nach Ablauf des Liefertermins ein. Allerdings steht es unter dem Vorbehalt, daß der Käufer nicht von seinem Aufhebungsrecht nach Art 49 Gebrauch
gemacht hat. Ferner darf die Nacherfüllung den Käufer – wie in Art 34 u 37 – nicht
unzumutbar belasten. Auch die zeitliche Verzögerung der Erfüllung muß zumutbar
sein.

Die Abs 2 u 3 sehen einen Mechanismus vor, der verhindern soll, daß der Käufer **2** eine begonnene Nacherfüllung mit seiner Aufhebungserklärung durchkreuzt. Der Verkäufer kann den Käufer zur Erklärung darüber auffordern, ob er die Erfüllung annehmen werde. Schweigt der Käufer hierauf oder auf eine Erfüllungsanzeige nach Abs 3, dann blockiert er selbst seine mit der Nacherfüllung inkompatiblen Behelfe. Wie nahezu selbstverständlich, kann für die Erklärungen nach Abs 2 u 3 nicht das Absendeprinzip des Art 27 gelten. Vielmehr müssen diese Erklärungen dem Käufer zugehen (Abs 4).

3 Wie die Art 34 und 37 dient Art 48 dem **Ziel**, die **Vertragsdurchführung**, soweit mit den Interessen des Käufers vereinbar, trotz anfänglicher Erfüllungsschwierigkeiten zu gewährleisten und die Vertragsaufhebung nach Möglichkeit zurückzudrängen. In der Praxis spielt das Nacherfüllungsrecht bisher allerdings keine sonderlich bedeutsame Rolle (aus der Rspr s etwa OLG Koblenz IHR 2003, 172; LG Regensburg TranspR-IHR 2000, 30; ICC-Schiedsspruch Nr 7754 [Jan 1995], ICC International Court of Arbitration Bulletin 2000, 46).

II. Entstehungsgeschichte

4 Die Vorschrift entspricht in ihren Kerngedanken Art 44 Abs 1 EKG. Danach konnte der Verkäufer nacherfüllen, wenn kein Recht zur Vertragsaufhebung bestand, wobei der Wortlaut des Art 44 Abs 1 EKG offenließ, ob der Käufer die Aufhebung erklärt haben oder nur zu ihr berechtigt sein mußte (vgl näher DÖLLE/STUMPF Art 44 Rn 1 f). Andererseits hatte das EKG das Aufhebungsrecht stärker beschränkt, als Art 49 CISG dies jetzt tut: Der Käufer konnte den Vertrag nur aufheben, wenn sowohl die Vertragswidrigkeit für sich als auch die Verspätung der ordnungsgemäßen Lieferung eine wesentliche Vertragsverletzung darstellten (Art 43 EKG). Zudem sah Art 44 Abs 2 EKG vor, daß der Käufer für die Nacherfüllung eine Nachfrist setzen konnte. Die Rechtsprechung entnahm dieser Regel eine Pflicht zur Nachfristsetzung (so OLG Karlsruhe RiW 1978, 544 f), so daß der Käufer nicht ohne Nachfrist aufheben konnte.

5 Im Genfer Entwurf von 1976 (Art 29) wurde dagegen klargestellt, daß der Verkäufer nur solange zur Nacherfüllung berechtigt sein sollte, als die verzögerte Erfüllung keine wesentliche Vertragsverletzung bedeutete, den Käufer nicht unzumutbar belastete und dieser weder Aufhebung noch Minderung erklärt hatte. Die Abs 2–4 der jetzigen Vorschrift waren in ähnlicher Form in Art 29 Abs 2 u 3 des Genfer Entwurfs enthalten.

6 Der Wiener Entwurf von 1977 (Art 30) beseitigte den Vorrang der Minderungserklärung vor der Nacherfüllung. Im übrigen brachten er und der New Yorker Entwurf von 1978 (Art 44) sprachliche, aber keine substantiellen Veränderungen.

7 Auf der diplomatischen Konferenz von 1980 war die Vorschrift umstritten (vgl auch SCHLECHTRIEM, UN-Kaufrecht 69). Es gab zahlreiche Änderungsanträge (Off Rec 114 f), ua auch der Bundesrepublik, vor allem mit dem Ziel, dem Nacherfüllungsrecht grundsätzlichen Vorrang vor dem Aufhebungsrecht des Käufers einzuräumen (vgl auch Off Rec 341 ff). Die meisten der Änderungsanträge wurden im Interesse eines Gemeinschaftsantrags (A/Conf 97/C1/L213 Off Rec 115) zurückgezogen, der mehrere Alternativen enthielt. Die Alternative 2 dieses Antrags wurde schließlich als jetziger Art 48 Abs 1 akzeptiert (vgl Off Rec 351 ff).

III. Recht des Verkäufers zur Nacherfüllung (Abs 1)

1. Voraussetzungen

a) Mangel in der Erfüllung
Die Vorschrift gilt für **jede Form von Vertragsverletzung**, gleichgültig, ob es um die **8**
eigentlichen oder um zusätzlich vereinbarte Vertragspflichten (zB Montage, Werbemaßnahmen, Wettbewerbspflichten) geht. Art 48 Abs 1 gibt deshalb, wenn seine
sonstigen Voraussetzungen vorliegen, auch dann ein Nacherfüllungsrecht, wenn der
Verkäufer vertragswidrige Dokumente übergeben oder rechtsmängelbehaftete Ware geliefert hat (ACHILLES Art 48 Rn 2; BRUNNER Art 48 Rn 2; ENDERLEIN/MASKOW/STROH-
BACH Art 48 Bem 2; GUTKNECHT 60 f; HERBER/CZERWENKA Art 48 Rn 2; HONNOLD Rn 295; eingehend PIER-EILING 67 ff [117 f: für die Pflicht zur Andienung ordnungsgemäßer Dokumente;
119 ff: für Rechtsmängel]; PILTZ, Internationales Kaufrecht § 4 Rn 63; SOERGEL/LÜDERITZ/SCHÜSS-
LER-LANGEHEINE Art 48 Rn 2). Bei nur teilweiser Lieferung verweist Art 51 Abs 1 ausdrücklich auch auf Art 48.

Art 48 gilt ferner unabhängig davon, ob die Pflicht schlecht oder überhaupt nicht **9**
erfüllt wurde. **In Fällen reinen Verzugs** ist die Vorschrift allerdings zT funktionslos.
Wenn der Käufer die verspätete Erfüllung annimmt bzw mangels wesentlicher
Vertragsverletzung annehmen muß, ist für eine weitere Nacherfüllung weder Raum
noch Bedarf (ähnlich GUTKNECHT 61; HONNOLD Rn 295; SCHLECHTRIEM/SCHWENZER/MÜLLER-
CHEN Art 48 Rn 1; **aA** offenbar ENDERLEIN/MASKOW/STROHBACH Art 48 Bem 2). Art 48 greift
jedoch nicht ein, wenn der Verkäufer taugliche, aber höherwertigere Ware als
vereinbart geliefert hat (zB erste statt zweiter Qualität). Hier kann er nicht selbst
etwa die erste durch zweite Qualität austauschen. Vielmehr gilt Art 52 Abs 2 analog: Der Käufer kann die Abnahme verweigern oder die Ware behalten und den
höheren Preis für sie zahlen (**aA** LEHMKUHL 118 ff [der Käufer müsse den Austausch höherwertiger Ware dulden]; vgl noch näher Art 52 Rn 27 ff).

Soweit der Verkäufer seine Leistungen noch nicht erbracht hat, aber nachholen **10**
kann und will, gilt dagegen Art 48 Abs 1 in vollem Umfang (vgl Sekretariatskommentar
Art 44 Bem 12; BIANCA/BONELL/WILL Art 48 Bem 2.1.1.1.2 u 2.1.1.2; PILTZ, Internationales
Kaufrecht § 4 Rn 63; ähnlich MünchKommHGB/BENICKE Art 48 Rn 2). Allerdings muß der
Verkäufer den Erfüllungsmangel auch tatsächlich beheben können. Ist ihm das
objektiv oder subjektiv nicht möglich, scheidet ein Nacherfüllungsrecht von vornherein aus (ACHILLES Art 48 Rn 2; HONSELL/SCHNYDER/STRAUB Art 48 Rn 8).

b) Behebung des Erfüllungsmangels
Abs 1 verlangt als weitere Voraussetzung, daß der Verkäufer **den Mangel in der** **11**
Erfüllung seiner Pflichten **vollständig behebt**. Welche Maßnahmen dafür notwendig
sind, richtet sich nach der Art der Vertragsverletzung. Unter mehreren, gleich
zumutbaren Maßnahmen (zB Ersatzlieferung oder Nachbesserung) kann der Ver-
käufer die ihm passendere wählen (ebenso ACHILLES Art 48 Rn 2; BAMBERGER/ROTH/SAEN-
GER Art 48 Rn 3; HERBER/CZERWENKA Art 48 Rn 2; HONSELL/SCHNYDER/STRAUB Art 48 Rn 10;
PILTZ, Internationales Kaufrecht § 4 Rn 71; SCHLECHTRIEM/SCHWENZER/MÜLLER-CHEN Art 48
Rn 6).

c) Erfüllung nach dem Liefertermin

12 Abs 1 läßt die Erfüllung nach dem Liefertermin zu, während für die Behebung der Vertragswidrigkeit einer vorzeitigen Lieferung die Art 34 und 37 gelten. Der Liefertermin richtet sich nach der vertraglichen Vereinbarung, nach Gepflogenheiten oder Gebräuchen, hilfsweise nach Art 33 lit c. Geht es um die Nachbesserung fehlerhafter Dokumente, dann ist deren Übergabetermin maßgebend (SCHLECHT-RIEM/SCHWENZER/MÜLLER-CHEN Art 48 Rn 4).

d) Zumutbarkeit

13 Die Nacherfüllung muß dem Käufer zum einen **zeitlich zumutbar** sein, sie darf ihm zum anderen **keine unzumutbaren Unannehmlichkeiten** zufügen und ihn auch **nicht im ungewissen über die Erstattung seiner Auslagen** lassen. Nur dann ist der Verkäufer zu ihr berechtigt.

14 Eine **unzumutbare Verzögerung** ist jedenfalls anzunehmen, wenn der Zeitverzug zu einer wesentlichen Vertragsverletzung führen würde (so Sekretariatskommentar Art 44 Bem 6 [zum insoweit abweichenden New Yorker Entwurf]; BRUNNER Art 48 Rn 4; ENDERLEIN/MASKOW/STROHBACH Art 48 Bem 5; GUTKNECHT 64 f; LEHMKUHL 22; PIER-EILING 145 f; SOERGEL/LÜDERITZ/SCHÜSSLER-LANGEHEINE Art 48 Rn 7; näher zur Vertragsverletzung durch Lieferverzögerung vgl Art 49 Rn 10 ff). Doch kann auch eine Verzögerung genügen, die diesen Schweregrad nicht erreicht. Gerade um solche Verzögerungen berücksichtigen zu können, war in Wien die Formulierung des New Yorker Entwurfs (Art 44), der insoweit eine wesentliche Vertragsverletzung verlangte, geändert worden (Off Rec 344). Was als noch angemessene Erfüllungsverzögerung angesehen werden kann, richtet sich nach den jeweiligen Fallumständen (BIANCA/BONELL/WILL Art 48 Bem 2.1.1.1.2; SCHLECHTRIEM/SCHWENZER/MÜLLER-CHEN Art 48 Rn 9), wobei in erster Linie die objektivierbaren Interessen des Käufers, nicht etwa die Einschätzung oder Zusagen des Verkäufers entscheiden (so zu Recht HERBER/CZERWENKA Art 48 Rn 3; HONSELL/SCHNYDER/STRAUB Art 48 Rn 20). Im Zweifel kann die angemessene Nachfrist iSd Art 47 Abs 1 als Maßstab dienen (ACHILLES Art 48 Rn 4; BAMBERGER/ROTH/SAENGER Art 48 Rn 6; MünchKommHGB/BENICKE Art 48 Rn 7).

15 Die Nacherfüllung darf dem Käufer auch durch die Modalitäten ihrer Durchführung **keine unzumutbaren Unannehmlichkeiten** verursachen. Insoweit gilt hier gleiches wie für Art 37 (vgl die Erl dort Rn 16). Unzumutbare Unannehmlichkeiten können sich zB durch größere Umräum- oder Umbauarbeiten, Mitarbeiterfreistellung etc ergeben, die erforderlich sind, um eine Reparatur oder Ersatzlieferung zu ermöglichen (vgl auch BRUNNER Art 48 Rn 5; SCHLECHTRIEM/SCHWENZER/MÜLLER-CHEN Art 48 Rn 11). Art 48 meint aber – wie Art 37 – nicht nur völlig unerträgliche Störungen (etwa längerer Produktionsstillstand für den Käufer). Es muß beachtet werden, daß sowohl der englische wie der französische Text nur von „unangemessen" („unreasonable", „déraisonnable") spricht. Gravierendere Beeinträchtigungen des reibungslosen Geschäftsablaufs aufgrund der Mängelbeseitigung sind nicht zumutbar. Sie können sich zB schon ergeben, wenn der Verkäufer ohne Vorankündigung sein „right to cure" beim Käufer wahrnehmen will (GONZALEZ IntTaxBus Lawyer 2 [1984] 89 f). Unzumutbar werden in der Regel auch mehrere Mängelbeseitigungsversuche sein, es sei denn, die erste Nacherfüllung ist ihrerseits nur noch in unerheblicher Weise vertragswidrig (BAMBERGER/ROTH/SAENGER Art 48 Rn 6; HERBER/CZERWENKA Art 48 Rn 3; HONNOLD Rn 247; wohl großzügiger HONSELL/SCHNYDER/STRAUB Art 48 Rn 12). Dagegen werden Teillieferungen, auch wenn sie nicht vereinbart sind, selten als unzumutbare Unannehmlichkeit anzusehen sein (zu ihnen SOERGEL/LÜDERITZ/SCHÜSSLER-LANGEHEINE Art 37 Rn 4).

Ferner muß der Käufer **Sicherheit über den Ersatz eventueller Auslagen** (insbes für **16** den Einsatz eigener Leute) haben. Wie der englische Text am deutlichsten zeigt („expenses advanced by the buyer") sind Kosten gemeint, die der Käufer für die Nacherfüllung sonst vorstrecken müßte (vgl auch Sekretariatskommentar Art 44 Bem 11; SCHLECHTRIEM/SCHWENZER/MÜLLER-CHEN Art 48 Rn 12 u HERBER/CZERWENKA Art 48 Rn 3 beziehen die „Auslagen" dagegen auch auf den Schaden, der dem Käufer zB durch eine Betriebsunterbrechung entstehen würde). Ggf muß der Verkäufer für Auslagen vorher Sicherheit leisten (BRUNNER Art 48 Rn 6; SCHLECHTRIEM/SCHWENZER/MÜLLER-CHEN, HERBER/CZERWENKA, jeweils aaO; LOEWE, Kaufrecht 70; PILTZ, Internationales Kaufrecht § 4 Rn 70), allerdings nur, wenn es sich um Kosten von einigem Gewicht handelt oder sonst begründete Zweifel an der Auslagenerstattung – zB drohende Insolvenz des Verkäufers – bestehen (s auch LEHMKUHL 23).

2. Vorrang des Aufhebungsrechts

Das **Nacherfüllungsrecht** steht dem Verkäufer nur „**vorbehaltlich des Art 49**" zu. **17** Nach ganz überwiegender Auffassung ist der Verkäufer daher nicht mehr zu weiteren Erfüllungsversuchen berechtigt, wenn der Käufer zu Recht die Vertragsaufhebung erklärt hat (Sekretariatskommentar Art 44 Bem 3; Denkschrift 52; AUDIT 129; BAMBERGER/ROTH/SAENGER Art 48 Rn 5; BRUNNER Art 48 Rn 7; HERBER/CZERWENKA Art 48 Rn 9; vHOFFMANN, in: SCHLECHTRIEM, Fachtagung 229; HONNOLD Rn 296; KAROLLUS 142; PILTZ, Internationales Kaufrecht § 4 Rn 65 f; REINHART Art 48 Rn 4; SCHLECHTRIEM/SCHWENZER/MÜLLER-CHEN Art 48 Rn 14; SOERGEL/LÜDERITZ/SCHÜSSLER-LANGEHEINE Art 48 Rn 3; WELSER, in: DORALT 125; **aA** aber BIANCA/BONELL/WILL Art 48 Rn 2.1.1.1.1: Aufhebung nur, wenn die Nacherfüllung unsicher ist; speziell zum Nacherfüllungsrecht des Verkäufers bei aliud-Lieferung BITTER/BITTER BB 1993, 2319 ff).

Zwei praktisch wichtige Fragen sind jedoch stark umstritten: **18**

Zum einen besteht Uneinigkeit, ob nur die **tatsächlich erklärte Aufhebung** das **19** Nacherfüllungsrecht des Verkäufers verdrängt oder ob schon die ,**Aufhebungslage**', also die bloße Existenz einer wesentlichen Vertragsverletzung, diese Wirkung hat.

Zum andern wird unterschiedlich beantwortet, ob eine **wesentliche Vertragsverlet-** **20** **zung**, die Art 49 Abs 1 lit a als Aufhebungsgrund voraussetzt, solange zu verneinen ist, als eine **Nacherfüllungsmöglichkeit** besteht.

Im Kern kreist die Diskussion bei beiden Fragen darum, ob das Aufhebungsrecht **21** eher großzügig gewährt oder umgekehrt eher die Nacherfüllungsmöglichkeit des Verkäufers gestärkt werden soll.

a) Vorrang nur bei erklärter Aufhebung?
Nach mE zutreffender Ansicht kann der Verkäufer sein Recht auf Nacherfüllung **22** bereits dann nicht mehr ohne weiteres durchsetzen, **wenn der Käufer zur Vertrags-** **aufhebung lediglich berechtigt ist** (ebenso BRUNNER Art 48 Rn 7; GUTKNECHT 67; Münch-

Teil III.
Warenkauf

KommBGB/HUBER Art 48 Rn 10; PIER-EILING 173 ff; PILTZ, Internationales Kaufrecht § 4 Rn 65; ähnlich SCHLECHTRIEM/SCHWENZER/MÜLLER-CHEN Art 48 Rn 17). Der Verkäufer kann die Nacherfüllung zwar anbieten, solange die Aufhebung nicht erklärt ist; er kann die **Nacherfüllung** aber **nicht gegen den Willen des Käufers** erzwingen, sondern ist, wie Abs 2 und 3 zeigen, auf dessen Zustimmung angewiesen, die bei Schweigen auf die Anfrage des Verkäufers vermutet wird (Abs 2 S 1). Die einzige Möglichkeit des Verkäufers, Klarheit über die Nacherfüllungsmöglichkeit zu schaffen, stellt deshalb die Aufforderung und Nachfristsetzung nach Abs 2 dar.

23 Nach **aA** erlischt das Nacherfüllungsrecht dagegen erst, wenn der Käufer die Aufhebung tatsächlich erklärt hat (so Denkschrift 52; wohl auch ENDERLEIN/MASKOW/STROHBACH Art 48 Bem 1 u HONNOLD Rn 296; HONSELL/SCHNYDER/STRAUB Art 48 Rn 35; wohl auch BAMBERGER/ROTH/SAENGER Art 48 Rn 5 Fn 5). In diesem Sinn war auch noch der New Yorker Entwurf gefaßt (Art 44: „unless the buyer has declared the contract avoided ... the seller may ... remedy ..."), der indessen auf der Konferenz von 1980 bewußt in die jetzige offenere Fassung abgeändert wurde. Ferner wäre es überflüssig, den Kommunikationsmechanismus nach Abs 2 im Gesetz vorzusehen, wenn das Nacherfüllungsrecht des Verkäufers das Aufhebungsrecht bis zur Erklärung durch den Käufer ohnehin stets verdrängen sollte. Im übrigen ist auch auf den Formulierungsunterschied zu Art 50 S 2 hinzuweisen. Dort ist ein Vorrang des Nacherfüllungsrechts ausdrücklich vorgesehen.

24 Hat der Verkäufer schon mit Nacherfüllungsmaßnahmen begonnen, ohne sie dem Käufer aber anzuzeigen, so kann der Käufer diese Anstrengungen durch seine Aufhebungserklärung noch zunichte machen. Allenfalls in Ausnahmefällen mag der Grundsatz von Treu und Glauben (Art 7) zu einem anderen Ergebnis führen.

b) Keine wesentliche Vertragsverletzung bei behebbaren Vertragswidrigkeiten?
25 Nach einer verbreiteten Auffassung ist der Begriff der wesentlichen Vertragsverletzung in Art 49 Abs 1 dahin einzuschränken, daß sie fehlt, wenn noch eine Behebungsmöglichkeit besteht (so etwa AICHER, in: HOYER/POSCH 138 ff; BIANCA/BONELL/WILL Art 48 Bem 2.1.1.1.1, 3.2; BRUNNER Art 48 Rn 8; GUTKNECHT 64 f; HERBER/CZERWENKA Art 48 Rn 9; SCHLECHTRIEM, UN-Kaufrecht 69; jetzt auch SCHLECHTRIEM/SCHWENZER/MÜLLER-CHEN Art 48 Rn 23). Zum Teil bezieht diese Ansicht die Verweisung in Art 48 Abs 1 nur auf Art 49 Abs 1 lit a (so AICHER 140). Teilweise soll die Behebungsmöglichkeit auch nur berücksichtigt werden, wenn der Verkäufer sie anbietet (so HONNOLD Rn 184, 296; SCHLECHTRIEM, in: Berner Tage 136 f).

26 Nach einer weiteren Ansicht ist die Wesentlichkeit der Vertragsverletzung je nach der angestrebten Rechtsfolge unterschiedlich festzulegen, so daß die wesentliche Vertragsverletzung zB für Art 46 Abs 2 (Ersatzlieferung) anders zu definieren sei als für Art 49 Abs 1 lit a (so KAROLLUS ZIP 1993, 496 f).

27 Wohl überwiegend wird die Wesentlichkeit einer Vertragsverletzung ohne Rücksicht darauf bestimmt, ob eine Behebung der Vertragswidrigkeit möglich ist (vgl ENDERLEIN/MASKOW/STROHBACH Art 48 Bem 10; vHOFFMANN, in: SCHLECHTRIEM, Fachtagung 299; HOLTHAUSEN RiW 1990, 103; PILTZ, Internationales Kaufrecht § 4 Rn 66; REINHART Art 48 Rn 2; SOERGEL/LÜDERITZ Art 48 Rn 3; WELSER, in: DORALT 125).

Die obergerichtliche Rechtsprechung zum CISG hat bislang lediglich entschieden, **28** daß Ware mit unbehebbaren Mängeln keineswegs zwingend und stets die Annahme einer wesentlichen Vertragsverletzung rechtfertige (BGHZ 132, 290; BG SZIER 1999, 179; vgl näher noch Art 49 Rn 14). Bei – zumindest durch Nachlieferung – behebbaren Mängeln schwankt die internationale Rechtsprechung. Schwere Mängel hat sie eher als Grund für eine unmittelbare Vertragsaufhebung angesehen (s etwa Cour de cassation JCP 1996. II. 22734 = CLOUT Nr 150 m Bespr SCHLECHTRIEM IPRax 1997, 132 [Lieferung gepanschten Weins]; ebenso LG Trier NJW-RR 1996, 564; OLG Innsbruck SZIER 1996, 51 = CLOUT Nr 107 [Lieferung von Blumen, die nur für den kleineren Teil der versprochenen Zeit blühen]; OLG Frankfurt NJW 1994, 1013 [Lieferung von Schuhen mit Rissen im Leder]; auch bei einer erheblichen Überschreitung der Lieferzeit: Pretura circondiale di Parma 24. 11. 1989, CLOUT Nr 90). Andererseits finden sich auch Entscheidungen, die eine wesentliche Vertragsverletzung verneinen, wenn ein schwerer Mangel relativ leicht und ohne unzumutbare Belastung für den Käufer behoben werden kann (s – freilich obiter – Handelsgericht des Kantons Zürich SZIER, 51 [Lieferung eines leckenden Wasserbeckens, dessen Mangel durch Reparatur eines Schlauchs oder einer Pumpe leicht behoben werden kann]; OLG Köln IHR 2003, 15 [im Ergebnis jedoch unmittelbare Vertragsaufhebung wegen grob verschnittener Modekleidung gebilligt]; Handelsgericht des Kantons Aargau IHR 2003, 178 [180: sofortige Vertragsaufhebung nur ausnahmsweise zulässig, wenn Fixgeschäft vorliegt oder Mängelbeseitigung unzumutbar ist oder endgültig verweigert wird]; s zum Ganzen näher LURGER IHR 2001, 91 ff; MAGNUS, in: FS SCHLECHTRIEM 604 f). Erst recht entfällt ein Aufhebungsrecht, wenn der Verkäufer den Liefermangel bereits korrigiert hat (Cour d'appel de Grenoble 26. 4. 1995, CLOUT Nr 152). Nach einer abzulehnenden Entscheidung des LG Regensburg kann ein Käufer sein Aufhebungsrecht schließlich nur ausüben, wenn er dem Verkäufer zuvor „die Möglichkeit zur Erfüllung des Vertrages eingeräumt" hat (LG Regensburg TranspR-IHR 2000, 30; ähnlich, wenn auch obiter OLG Koblenz IHR 2003, 172). Mit dieser Auffassung wird freilich das Verhältnis zwischen Art 48 und 49 ins Gegenteil verkehrt.

c)   Stellungnahme
Der Begriff der „wesentlichen Vertragsverletzung" sollte soweit wie möglich in der **29** Konvention **durchgehend in einheitlichem Sinn verstanden** werden (so zu Recht vHOFFMANN, in: SCHLECHTRIEM, Fachtagung 299; ebenso BITTER/BITTER BB 1993, 2322; GUTKNECHT 64; s zum Ganzen und eingehend MünchKommBGB/HUBER Art 49 Rn 25 ff). Auch Art 25 versucht ja eine im theoretischen Ausgangspunkt einheitliche Definition. Die Auffassung, den Begriff etwa für Art 46 Abs 2 und Art 49 Abs 1 lit a jeweils unterschiedlich festzulegen (so KAROLLUS ZIP 1993, 494 ff), ist deshalb abzulehnen.

Zunächst ist hervorzuheben, daß das Nacherfüllungsrecht des Verkäufers und die **30** Wesentlichkeit der Vertragsverletzung zwei zu trennende Sachgesichtspunkte sind (so zu Recht HONSELL/SCHNYDER/STRAUB Art 48 Rn 33). **Die Wesentlichkeit einer Vertragsverletzung hängt weder primär noch gar allein davon ab, ob der Verkäufer sie – wie auch immer – beheben kann.** Doch gehört zu den Gesichtspunkten für ihre Beurteilung auch, ob die Vertragsverletzung noch zumutbar schnell und vollständig behoben werden kann. Ist das bei objektiver Sicht möglich, dann wird eine wesentliche Vertragsverletzung nur ausnahmsweise in Betracht kommen. Ausgeschlossen ist sie aber auch bei Behebbarkeit nicht, so zB wenn fehlerfreie Ware wie etwa bei just-in-time-Geschäften zwingend zu einem bestimmten Zeitpunkt zur Verfügung stehen muß oder wenn sonst die fehlerfreie Lieferung zeitlich fix oder fixähnlich erfolgen soll (ähnlich FOUNTOULAKIS IHR 2003, 163; GUTKNECHT 64 f; HONSELL/SCHNYDER/STRAUB Art 48

Rn 32 f; P Huber 105 ff; Pier-Eiling 145 f; Schlechtriem/Schwenzer/Müller-Chen Art 48 Rn 15). Denkbar sind aber auch Fälle, in denen der Käufer zu Recht das Vertrauen in den Verkäufer verloren hat, wie zB bei der Lieferung ansteckend kranken Viehs, dessen sofortigen Austausch der Verkäufer anbietet (s auch Hof 's-Gravenhage IHR 2004, 119 [Lieferung krebserregenden Mehls berechtigt unmittelbar zur Vertragsaufhebung]). Trotz Behebbarkeit ist der Mangel hier so gravierend, daß seine Behebbarkeit nichts an der wesentlichen Vertragsverletzung ändert. Handelt es sich um gravierende Mängel, die auch mit zumutbarem Aufwand in angemessener Zeit nicht zu beheben sind (vgl auch Art 46 Rn 39 f u Art 49 Rn 14), dann steht der betroffenen Partei nach dem Rechtsbehelfsystem der Konvention erst recht ein sofortiges Aufhebungsrecht zu. Dieses rechtspolitisch mE zu akzeptierende System würde in Frage gestellt, wenn eine bestehende Behebungsmöglichkeit ganz generell die Wesentlichkeit der Vertragsverletzung und damit das sofortige Aufhebungsrecht ausschließen würde. Für den Fall des Fixgeschäftes leuchtet das unmittelbar ein. Bei einer gleichbelastenden Schlechtlieferung (etwa unbrauchbarer Ware, die aber mit erheblichem Aufwand ersetzt oder nachgebessert werden könnte) verdient der Verkäufer mE keinen stärkeren Schutz. Liegt die Aufhebungsschwelle bei der Schlechtlieferung vergleichbar hoch wie etwa beim Fixgeschäft, dann ist auch kein Wertungswiderspruch darin zu sehen, daß der Käufer den Vertrag bei Nichtlieferung – von Fixgeschäften und ähnlichem abgesehen – erst nach einer Nachfrist, bei wesentlicher Schlechtlieferung aber gem Art 49 Abs 1 lit a sofort aufheben kann (so aber Aicher, in: Hoyer/Posch 138 f; Bitter/Bitter BB 1993, 2323; Huber RabelsZ 43 [1979] 490 f; Karollus aaO; wie hier MünchKommBGB/Huber Art 48 Rn 10). Ungereimt wäre es vielmehr, wollte man bei gravierender Schlechtlieferung dem Verkäufer gleichwohl grundsätzlich eine Nacherfüllungsmöglichkeit einräumen, die der an sich aufhebungsberechtigte Käufer stets respektieren müßte.

30a Bei **gravierenden Mängeln** der Ware, die in angemessener Zeit relativ **leicht behoben** werden können und bei denen es dem Käufer nicht aus den in Rn 30 genannten, besonderen Gründen unzumutbar ist, die Behebung abzuwarten, ist eine sofortige Aufhebungserklärung zwar ebenfalls zulässig. Sie sollte jedoch dahin verstanden werden, daß der Käufer die Aufhebung für den Fall erklärt, daß der Verkäufer die Nacherfüllung nicht vornimmt. Der Verkäufer kann die Vertragsaufhebung dann noch vermeiden, wenn er unverzüglich Nacherfüllung anbietet. Tut er das nicht, bleibt es bei der Vertragsaufhebung. Denn dem Verkäufer muß in Fällen leichter und zumutbarer Mängelbeseitigung die Möglichkeit hierzu eingeräumt werden. Nutzt er sie allerdings nicht umgehend, dann muß sich das Interesse des Käufers durchsetzen. Diese Lösung läßt sich aus dem gegenseitigen Kooperations- und Kommunikationsverhältnis der Vertragsparteien ableiten, das seine Grundlage im Gutglaubensgebot des Art 7 hat, aber auch in den Abs 2–4 des Art 48 seinen Ausdruck findet (vgl näher Magnus, in: FS Schlechtriem 599 ff; im Ergebnis ebenso MünchKommHGB/Benicke Art 48 Rn 11; Schlechtriem/Schwenzer/Müller-Chen Art 48 Rn 15 f, der zu Recht darauf hinweist, daß Probleme im Hinblick auf das „Verhältnis zwischen dem Nacherfüllungsrecht des Verkäufers und dem Aufhebungsrecht des Käufers vor allem dann auftreten, wenn die Parteien nur ungenügend miteinander kommunizieren und kooperieren").

3. Rangverhältnis zu anderen Rechtsbehelfen

31 Das **Verhältnis zwischen Nacherfüllung und Minderung** ist in Art 50 S 2 geregelt.

Danach hat das Nacherfüllungsrecht des Verkäufers Vorrang (HERBER/CZERWENKA Art 48 Rn 10; KAROLLUS ZIP 1993, 491; vgl näher auch die Erl zu Art 50). Das gleiche Ergebnis wird für das Verhältnis zwischen Nacherfüllungsrecht und Schadensersatz anzunehmen sein (KAROLLUS aaO).

Die Frage nach dem **Rangverhältnis zwischen Nacherfüllung und Ersatzlieferung/** **32** **Nachbesserung** gem Art 46 Abs 2, 3 stellt sich, wenn der Käufer etwa Ersatzlieferung verlangt, der Verkäufer aber nachbessern will. Nach zutreffender Ansicht steht dem Käufer das Recht zu, den ihm passenden Behelf zu wählen, soweit nicht eine Bindung nach Art 48 Abs 2 eingetreten ist (HERBER/CZERWENKA Art 48 Rn 11; ähnlich LEHMKUHL 35 ff; PETRIKIC 97 f; **aA** aber BIANCA/BONELL/WILL Art 48 Bem 3. 1; BRUNNER Art 48 Rn 10; offen ENDERLEIN/MASKOW/STROHBACH Art 48 Bem 10).

4. Rechtsfolgen (insbes Abs 1 Satz 2)

Soweit der Verkäufer korrekt nacherfüllt, **erlöschen alle Rechte**, die der Käufer **33** aufgrund der ursprünglichen Vertragswidrigkeit hatte (ACHILLES Art 48 Rn 6; GUT-KNECHT 70). Lediglich Schaden, der trotz Nacherfüllung verbleibt, ist weiterhin zu ersetzen (Art 48 Abs 1 S 2). In Betracht kommt vor allem Verzögerungsschaden, zB aus verspäteter Produktionsaufnahme etc.

Heilt auch die Nacherfüllung die Vertragswidrigkeit nicht, dann kann der Käufer **34** unbeschränkt alle Rechtsbehelfe geltend machen, zu denen die Vertragsverletzung ihn berechtigt. Die **Kosten der Nacherfüllung** hat in jedem Fall der Verkäufer zu tragen (OLG Hamm NJW-RR 1996, 179 [180]).

Aus Art 48 folgt **kein Recht des Käufers, Vertragswidrigkeiten auf Kosten des Ver-** **35** **käufers** von Dritten **beheben zu lassen** (wohl ebenso ACHILLES Art 48 Rn 6; **aA** aber HONSELL SJZ 1992, 354; mit Einschränkungen auch SCHLECHTRIEM/SCHWENZER/MÜLLER-CHEN Art 48 Rn 23). Lediglich im Rahmen des Schadensersatzrechts können die Kosten einer Reparatur durch Dritte uU den zutreffenden Schadensumfang ergeben.

IV. Mitteilung der Erfüllungsbereitschaft (Abs 2–4)

1. Allgemeines

Häufig wird unklar sein, ob der Verkäufer zur Nacherfüllung berechtigt ist oder ob **36** der Käufer den Vertrag ohne weiteres aufheben kann (s aber auch schon oben Rn 30a). Abs 2 schafft deshalb für den Verkäufer die Möglichkeit, **durch eine Mitteilung** darüber **Klarheit** zu erhalten. Auf sie muß der Käufer reagieren, wenn er mit der Nacherfüllung nicht einverstanden ist.

2. Voraussetzungen

Die Aufforderung nach Abs 2 kann der Verkäufer sowohl dann erklären, wenn er **37** zur Nacherfüllung nach Abs 1 an sich berechtigt ist, sich aber absichern möchte, wie auch in Fällen, in denen er kein Recht zur Nacherfüllung hat, den Käufer jedoch um Zustimmung bitten möchte.

38 Die Aufforderung ist **nicht formgebunden**. Sie kann mündlich oder schriftlich erfolgen. Eine stillschweigende Erklärung (etwa durch Zusendung von Ersatzware) kommt nicht in Betracht.

39 Inhaltlich muß die Aufforderung nach Abs 2 den Käufer um **Mitteilung** bitten, **ob er die Erfüllung annehmen werde**. Ferner muß sie eine **Frist** für die Nacherfüllung angeben (Sekretariatskommentar Art 44 Bem 14; BAMBERGER/ROTH/SAENGER Art 48 Rn 8; BIANCA/BONELL/WILL Art 48 Bem 2.2.1; BRUNNER Art 48 Rn 12; ENDERLEIN/MASKOW/STROHBACH Art 48 Bem 12; LOEWE, Kaufrecht 70; MünchKommHGB/BENICKE Art 48 Rn 16; SCHLECHTRIEM/SCHWENZER/MÜLLER-CHEN Art 48 Rn 25). Ohne Fristangabe tritt die Wirkung des Abs 2 nicht ein, da der Käufer dann keine Grundlage für seine Entscheidung hat, ob er sich auf die Nacherfüllung einlassen soll. Als Frist kann der Verkäufer einen bestimmten Termin oder Zeitraum nennen; auf dessen Angemessenheit kommt es nicht an (SCHLECHTRIEM/SCHWENZER/MÜLLER-CHEN aaO; **aA** BIANCA/BONELL/WILL aaO).

40 **Abs 3 erleichtert die inhaltlichen Anforderungen** für die Mitteilung des Verkäufers. Es genügt auch, wenn er dem Käufer lediglich mitteilt, er werde nacherfüllen. Doch muß auch dann eine bestimmte Frist genannt werden. Die Mitteilung nach Abs 2 u 3 ist gem Abs 4 zugangsbedürftig (Sekretariatskommentar Art 44 Bem 15; BIANCA/BONELL/WILL Art 48 Bem 2.2.1.1; ENDERLEIN/MASKOW/STROHBACH Art 48 Bem 16; HERBER/CZERWENKA Art 48 Rn 5; SCHLECHTRIEM/SCHWENZER/MÜLLER-CHEN Art 48 Rn 29).

3. Rechtsfolgen

a) Nicht rechtzeitiger Widerspruch

41 Widerspricht der Käufer der Erfüllungsankündigung nicht in angemessener Frist oder schweigt er gänzlich, dann **erlangt der Verkäufer damit ein Nacherfüllungsrecht**, auch wenn es ihm nach Abs 1 an sich nicht zustand (ebenso BRUNNER Art 48 Rn 13; ENDERLEIN/MASKOW/STROHBACH Art 48 Bem 10; SCHLECHTRIEM/SCHWENZER/MÜLLER-CHEN Art 48 Rn 27). Der Käufer kann während der bestimmten Nacherfüllungsfrist keinen mit der Erfüllung inkompatiblen Rechtsbehelf ausüben, also weder den Vertrag aufheben noch den Preis mindern. Schadensersatz kann er nur für solchen verbleibenden Verzögerungsschaden verlangen, der durch die Nacherfüllung nicht ausgeglichen wird (HERBER/CZERWENKA Art 48 Rn 6).

42 Die **angemessene Frist** für den Widerspruch des Käufers wird in der Regel **recht knapp** sein (vgl auch ACHILLES Art 48 Rn 9; HONSELL/SCHNYDER/STRAUB Art 48 Rn 47; MünchKommBGB/HUBER Art 48 Rn 26; SCHLECHTRIEM/SCHWENZER/MÜLLER-CHEN Art 48 Rn 26; WITZ/SALGER/LORENZ Art 48 Rn 5; nach ENDERLEIN/MASKOW/STROHBACH Art 48 Bem 11 ist die Frist dagegen „sehr kurz"). Eine sofortige Reaktion des Käufers zu verlangen (so noch SCHLECHTRIEM/HUBER[3] Art 48 Rn 33: „unverzüglich"), läßt sich aber mit dem Wortlaut („innerhalb einer angemessenen Frist") nicht vereinbaren.

43 Für die Erklärung des Käufers gilt **Art 27** (Sekretariatskommentar Art 44 Bem 15; HONSELL/SCHNYDER/STRAUB Art 48 Rn 48; ENDERLEIN/MASKOW/STROHBACH Art 48 Bem 11; WITZ/SALGER/LORENZ Art 48 Rn 7). Der Widerspruch reist damit auf Risiko des Verkäufers.

44 Die ausdrückliche Zustimmung zur Nacherfüllung hat die gleiche Wirkung wie ein verspäteter Widerspruch oder Schweigen des Käufers.

b)   Rechtzeitiger Widerspruch

Widerspricht der Käufer rechtzeitig, dann **tritt lediglich die Wirkung des Abs 2 nicht   45
ein.** Ob der Verkäufer dennoch zur Nacherfüllung berechtigt ist, entscheidet sich in
diesem Fall allein nach Abs 1 (BRUNNER Art 48 Rn 14; HERBER/CZERWENKA Art 48 Rn 7;
SCHLECHTRIEM/SCHWENZER/MÜLLER-CHEN Art 48 Rn 27; WELSER, in: DORALT 125). Widerspricht der Käufer zwar rechtzeitig, aber zu Unrecht und/oder verhindert er eine
Nacherfüllung, dann begeht er selbst eine Vertragsverletzung. Er kann dann keine
eigenen Rechte aus der Vertragsverletzung des Verkäufers herleiten (ACHILLES Art 48
Rn 8; MünchKommHGB/BENICKE Art 48 Rn 21).

V.   Beweisfragen

Die tatsächlichen Voraussetzungen seines Nacherfüllungsrechts muß der Verkäufer   **46**
nachweisen, der sich auf ein Recht zur zweiten Andienung beruft. Für die Tatsachen, die die Unzumutbarkeit der Nacherfüllung begründen, ist jedoch der Käufer
darlegungs- und beweispflichtig, da sie seinem Risikobereich entstammen (Handelsgericht des Kantons Aargau IHR 2003, 178 [180]; ebenso ACHILLES Art 48 Rn 10; HONSELL/
SCHNYDER/STRAUB Art 48 Rn 64; MünchKommHGB/BENICKE Art 48 Rn 23; SCHLECHTRIEM/
SCHWENZER/MÜLLER-CHEN Art 48 Rn 13; zu Einzelheiten BAUMGÄRTEL/LAUMEN/HEPTING
Art 48 Rn 1 ff).

Art 49 [Vertragsaufhebung]

(1) Der Käufer kann die Aufhebung des Vertrages erklären,
a) wenn die Nichterfüllung einer dem Verkäufer nach dem Vertrag oder diesem
     Übereinkommen obliegenden Pflicht eine wesentliche Vertragsverletzung dar-
     stellt oder
b) wenn im Falle der Nichtlieferung der Verkäufer die Ware nicht innerhalb der
     vom Käufer nach Artikel 47 Absatz 1 gesetzten Nachfrist liefert oder wenn er
     erklärt, daß er nicht innerhalb der so gesetzten Frist liefern wird.

(2) Hat der Verkäufer die Ware geliefert, so verliert jedoch der Käufer sein Recht,
die Aufhebung des Vertrages zu erklären, wenn er
a) im Falle der verspäteten Lieferung die Aufhebung nicht innerhalb einer ange-
     messenen Frist erklärt, nachdem er erfahren hat, daß die Lieferung erfolgt ist,
     oder
b) im Falle einer anderen Vertragsverletzung als verspäteter Lieferung die Aufhe-
     bung nicht innerhalb einer angemessenen Frist erklärt,
     i)   nachdem er die Vertragsverletzung kannte oder kennen mußte,
     ii) nachdem eine vom Käufer nach Artikel 47 Absatz 1 gesetzte Nachfrist
          abgelaufen ist oder nachdem der Verkäufer erklärt hat, daß er seine Pflich-
          ten nicht innerhalb der Nachfrist erfüllen wird, oder
     iii) nachdem eine vom Verkäufer nach Artikel 48 Absatz 2 gesetzte Frist abge-
          laufen ist oder nachdem der Käufer erklärt hat, daß er die Erfüllung nicht
          annehmen wird.

Art 49

(1) The buyer may declare the contract avoided:

(a) if the failure by the seller to perform any of his obligations under the contract or this Convention amounts to a fundamental breach of contract; or

(b) in case of non-delivery, if the seller does not deliver the goods within the additional period of time fixed by the buyer in accordance with paragraph (1) of article 47 or declares that he will not deliver within the period so fixed.

(2) However, in cases where the seller has delivered the goods, the buyer loses the right to declare the contract avoided unless he does so:

(a) in respect of late delivery, within a reasonable time after he has become aware that delivery has been made;

(b) in respect of any breach other than late delivery, within a reasonable time:

(i) after he knew or ought to have known of the breach;

(ii) after the expiration of any additional period of time fixed by the buyer in accordance with paragraph (1) of article 47, or after the seller has declared that he will not perform his obligations within such an additional period; or

(iii) after the expiration of any additional period of time indicated by the seller in accordance with paragraph (2) of article 48, or after the buyer has declared that he will not accept performance.

Art 49

1) L'acheteur peut déclarer le contrat résolu:

a) si l'inexécution par le vendeur de l'une quelconque des obligations résultant pour lui du contrat ou de la présente Convention constitue une contravention essentielle au contrat; ou

b) en cas de défaut de livraison, si le vendeur ne livre pas les marchandises dans le délai supplémentaire imparti par l'acheteur conformément au paragraphe 1 de l'article 47 ou s'il déclare qu'il ne les livrera pas dans le délai ainsi imparti.

2) Cependant, lorsque le vendeur a livré les marchandises, l'acheteur est déchu du droit de déclarer le contrat résolu s'il ne l'a pas fait:

a) en cas de livraison tardive, dans un délai raisonnable à partir du moment où il a su que la livraison avait été effectuée;

b) en cas de contravention autre que la livraison tardive, dans un délai raisonnable:

i) à partir du moment où il a eu connaissance ou aurait dû avoir connaissance de cette contravention,

ii) après l'expiration de tout délai supplémentaire imparti par l'acheteur conformément au paragraphe 1 de l'article 47 ou après que le vendeur a déclaré qu'il n'exécuterait pas ses obligations dans ce délai supplémentaire; ou

iii) après l'expiration de tout délai supplémentaire indiqué par le vendeur conformément au paragraphe 2 de l'article 48 ou après que l'acheteur a déclaré qu'il n'accepterait pas l'exécution.

Schrifttum

Wie zu Art 30, 45 und 48; ferner:
BENICKE, Die Vertragsaufhebung nach UN-Kaufrecht bei Lieferung mangelhafter Ware, IPRax 1997, 326
BITTER/BITTER, Wandelungsmöglichkeit des professionellen Käufers und Nachlieferungsrecht des Verkäufers bei aliud-Lieferung – eine Untersuchung zum deutschen und UN-Kaufrecht, BB 1993, 2315

BUTLER, Caveat Emptor: Remedy-Oriented Approach Restricts Buyer's Right to Avoidance under Article 49(1)(a) of the United Nations Convention on Contracts for the International Sale of Goods, IHR 2003, 208
CONRAD, Die Lieferung mangelhafter Ware als Grund für eine Vertragsaufhebung im einheitlichen UN-Kaufrecht (CISG) (1999)
DIEDRICH, Voraussetzungen einer Vertragsauf-

hebung wegen Sachmängeln nach dem Wiener Kaufrecht, RiW 1995, 11

ENDERLEIN, Vertragsaufhebung und Pflicht zur Kaufpreiszahlung nach UN-Kaufrecht, IPRax 1996, 182

FREIBURG, Das Recht der Vertragsaufhebung im UN-Kaufrecht unter besonderer Berücksichtigung der Ausschlußgründe (2001)

HOLTHAUSEN, Die wesentliche Vertragsverletzung des Verkäufers nach Art 25 UN-Kaufrecht, RiW 1990, 101

HUBER, Einverständnis der Verkäufers mit der Wandelung im einheitlichen Kaufrecht, IPRax 1988, 147

KAPPUS, Rechtsvergleichende Aspekte zur Vertragsaufhebung wegen Sachmangels nach UN-Kaufrecht, RiW 1992, 528

ders, Vertragsaufhebung nach UN-Kaufrecht in der Praxis, NJW 1994, 984

KAROLLUS, UN-Kaufrecht: Vertragsaufhebung und Nacherfüllung bei Lieferung mangelhafter Ware, ZIP 1993, 490

KOCH, Zu den Voraussetzungen der Vertragsaufhebung wegen einer wesentlichen Vertragsverletzung, RiW 1996, 687

MICHIDA, Cancellation of Contract, AmJ-CompL 27 (1979) 279.

SCHLECHTRIEM, Vertragsmäßigkeit der Ware und öffentlich-rechtliche Vorgaben, IPRax 1999, 388

SCHMIDT-KESSEL, CISG-Verträge in der Insolvenz, in: FS Schlechtriem (2003) 255.

Systematische Übersicht

Alphabetische Übersicht

I. Regelungsgegenstand und Normzweck

1 Die Vorschrift regelt, wann der Käufer den Vertrag aufheben kann. Wegen der Bedeutung dieses Behelfs stellt sie **eine der zentralen Bestimmungen der Konvention** dar. Das Aufhebungsrecht des Verkäufers ist ganz parallel in Art 64 geregelt. Die Folgen der Vertragsaufhebung ergeben sich aus Art 81–84.

2 Das **Aufhebungsrecht** nach Art 49 Abs 1 lit a besteht **stets, wenn der Verkäufer eine wesentliche Vertragsverletzung begangen hat**. Es entsteht ferner, wenn der Verkäufer trotz Nachfrist nicht liefert oder Lieferung innerhalb der Nachfrist ausdrücklich ablehnt (Abs 1 lit b). In allen anderen Fällen, insbes bei Lieferung nicht wesentlich mangelhafter Ware, ist die Vertragsaufhebung vorbehaltlich abweichender vertraglicher Regelung ausgeschlossen.

Soweit der Verkäufer geliefert hat, verliert der Käufer ein entstandenes Aufhe- **3** bungsrecht jedoch wieder, wenn er es nicht **binnen angemessener Frist ausübt** (Art 49 Abs 2). Für den Beginn der Frist differenziert das Gesetz nach der Art der jeweiligen Vertragsverletzung (Abs 2 lit a und b).

Die Vorschrift bezweckt, die **Vertragsaufhebung auf gravierende Vertragsverstöße zu** **4** **beschränken** und selbst in diesen Fällen vertragserhaltende Behelfe, insbes Schadensersatz, vorzuziehen, wenn der Käufer nicht angemessen rasch reagiert. Der Grund dafür liegt darin, daß die häufig hohen Zusatzkosten internationaler Kaufgeschäfte (Beförderung, Versicherung etc) nicht durch eine zu leicht gewährte Vertragsaufhebung entwertet werden sollen. Die Vertragsaufhebung wird deshalb nur als ultima ratio gewährt (vgl insbes BGHZ 132, 290; OGH IHR 2001, 42; OLG Köln IHR 2003, 15; vCAEMMERER, in: FS Coing II 50; FARNSWORTH, in: Lausanner Kolloquium 84 f; HONNOLD Rn 304; HONSELL/SCHNYDER/STRAUB Art 49 Rn 1; MünchKommBGB/HUBER Art 49 Rn 3; SCHLECHTRIEM/SCHWENZER/SCHLECHTRIEM Art 25 Rn 21a; SCHLECHTRIEM/SCHWENZER/MÜLLER-CHEN Art 49 Rn 2). Damit verändert die Konvention grundlegend das römisch-rechtlich fundierte Konzept der Gewährleistung in den kontinentalen Rechtsordnungen, das dem Käufer bei jedem Sachmangel – gleichgültig, wie gewichtig – ein uneingeschränktes Wandlungsrecht einräumt. Diese Veränderung entspricht allerdings auch der Formularpraxis der Wirtschaft, die dem Käufer in AGB gewöhnlich vorrangig vertragserhaltende Behelfe gewährt (vgl auch vCAEMMERER aaO). Das unvereinheitlichte deutsche Recht hat sich dieser Lösung mit der Schuldrechtsmodernisierung ebenfalls angenähert (vgl §§ 437, 440, 323 BGB).

II.   Entstehungsgeschichte

Wie auch bei den übrigen Rechtsbehelfen faßt Art 49 das Aufhebungsrecht des **5** Käufers in einer einzigen Vorschrift zusammen, während es im EKG für die einzelnen Vertragsverletzungen jeweils getrennt geregelt war (Art 26, 30, 43 EKG). Ferner fiel bei den UNCITRAL-Vorarbeiten schon frühzeitig die Entscheidung gegen die Vertragsaufhebung kraft Gesetzes (vgl Report des Secretary General UNCITRAL YB III [1972] 41 ff; zur „ipso facto avoidance" auch HELLNER, in: FS Weitnauer 85 ff). Ebenso frühzeitig wurde beschlossen, die Möglichkeit, durch Nachfristsetzung ein Aufhebungsrecht zu erreichen, allein im Fall der Nichtlieferung zuzulassen (UNCITRAL YB IV [1973] 69).

Die jetzige Form erhielt Art 49 im wesentlichen durch den Genfer Entwurf (dort **6** Art 30).

In Wien war die Vorschrift stark umstritten. Mehrere Änderungsanträge hatten zum **7** Ziel, das Aufhebungsrecht als Konsequenz erfolgloser Nachfristsetzung nicht nur auf den Fall der Nichtlieferung, sondern auf alle Vertragsverletzungen zu erstrecken (vgl Off Rec 116). Doch wurden sie nach ausführlichen Diskussionen mit dem Argument abgelehnt, der Käufer solle nicht durch Nachfristsetzung bei unwesentlichen Vertragsverletzungen letztlich ein Aufhebungsrecht erhalten (Off Rec 354 ff).

III. Voraussetzungen des Aufhebungsrechts (Abs 1)

1. Aufhebung wegen wesentlicher Vertragsverletzung (Abs 1 lit a)

8 Das Aufhebungsrecht steht dem Käufer immer dann zu, wenn der Verkäufer **eine seiner Pflichten nicht erfüllt** hat **und darin eine wesentliche Vertragsverletzung im Sinn des Art 25 zu sehen** ist. Auf die Art der verletzten Pflicht – ob Haupt- oder Zusatzpflicht, ob im Vertrag besonders vereinbart oder dem CISG (Art 30 ff) entnommen –, auf die Ursache der Nichterfüllung oder ein **Verschulden** kommt es, wie allgemein für das Rechtsbehelfssystem der Konvention, **nicht** an. Selbst wenn der Verkäufer durch einen Grund an der Erfüllung gehindert ist, der nach Art 79 befreit, bleibt die Nichterfüllung Vertragsverletzung und kann der Käufer Vertragsaufhebung verlangen, soweit deren sonstige Voraussetzungen vorliegen (Art 79 Abs 5; vgl auch Honnold Rn 308. 2; Honsell/Schnyder/Straub Art 49 Rn 15; Schlechtriem/Schwenzer/Müller-Chen Art 49 Rn 4). Ein Aufhebungsrecht des Verkäufers wird auch nicht automatisch dadurch berührt, daß über den Käufer ein **Insolvenzverfahren** eröffnet wird; doch gehen Maßnahmen des anwendbaren nationalen oder vereinheitlichten Insolvenzrechts wegen des speziellen Schutzcharakters dieser Regeln vor – wie zB ein ausgeübtes Wahlrecht des Verwalters, den Vertrag fortzusetzen oder aufzuheben, ein Moratorium oder eine Aufhebungssperre (s Helen Kaminsky Pty Ltd v Marketing Australian Products, Inc doing business as Fiona Waterstreet Hats, US Dist Lexis 10630 [SDNY 1997] = CLOUT Nr 187 [Bankruptcy Court ordnet – entgegen Art 61 Abs 3 CISG – Verlängerung der vertraglichen Frist für den Käufer an, ein Akkreditiv zu eröffnen; Entscheidung in der nächsten Instanz aufrechterhalten; CISG allerdings nicht anwendbar]; Soergel/Lüderitz/Budzikiewicz Art 61 Rn 8; ebenso zu Art 45 Abs 3 Herber/Czerwenka Art 45 Rn 10; aA Schmidt-Kessel, in: FS Schlechtriem 273 f; nicht erörtert in der Entscheidung Kantonsgericht St Gallen IHR 2003, 181 [Aufhebungsrecht des Verkäufers im Ergebnis durch Insolvenz des Käufers nicht berührt]).

9 Entscheidende Voraussetzung des Aufhebungsrechts nach Abs 1 lit a ist allein, daß der **Pflichtenverstoß** sich **als wesentliche Vertragsverletzung** darstellt. Der Verstoß muß so schwerwiegend sein, daß dem Käufer im wesentlichen das entgeht, was er vom Vertragsschluß bei objektiver Sicht erwarten durfte (vgl näher Art 25). Diese Wertung ist auf der Grundlage der Umstände des konkreten Geschäfts zu treffen (ebenso Honsell/Schnyder/Straub Art 49 Rn 23 f; dort Rn 19 ff auch zu abweichenden Auffassungen). Eine abstrakte Entscheidung verbietet sich daher. Dennoch können die folgenden Grundsätze einen gewissen Anhalt bieten (vgl auch die Übersicht bei Piltz, Handbuch Rn 196).

10 – Regelmäßig stellt es eine wesentliche Vertragsverletzung dar, wenn der Verkäufer bei einem **Fixgeschäft** (auch bei just-in-time-Geschäften) den Liefertermin nicht einhält (Enderlein/Maskow/Strohbach Art 49 Bem 3; Herber/Czerwenka Art 47 Rn 4; Holthausen RiW 1990, 105; Schlechtriem/Schwenzer/Müller-Chen Art 47 Rn 5; Welser, in: Doralt 120). Gleiches wird häufig auch bei Geschäften über Waren mit sehr stark und schnell fluktuierenden Preisen auf volatilen Märkten (insbes bei sog „commodities") zu gelten haben, wenn die Waren erkennbar weitergehandelt werden sollen. Das Risiko eines Preissturzes und einer möglichen Insolvenz des Verkäufers, der dann auch keinen Schadensersatz mehr leisten kann, darf hier nicht dem Käufer aufgebürdet werden. In Fällen dieser Art werden Liefertermine deshalb vielfach stillschweigend als fix vereinbart anzusehen sein. Die Verwen-

dung der INCOTERMS, etwa CIF, FOB, bedeutet für sich allein noch nicht, daß die Lieferzeit strikt einzuhalten ist (mißverständlich, im Ergebnis allerdings richtig OLG Hamburg ForInt 1997, 168 = OLGR 1997, 149 [CIF-Kauf sei als solcher Fixgeschäft; im konkreten Fall hatte der Verkäufer drei Monate nach Liefertermin mitgeteilt, daß man weitere Zeit für Verhandlungen mit eigenem Zulieferer brauche = wesentliche Vertragsverletzung]; s auch BAUM-BACH/HOPT § 376 Rn 8 [**anders** aber BAUMBACH/HOPT, INCOTERMS FOB Rn 3]; Münch-KommHGB/GRUNEWALD § 376 Rn 10).

– Auch wenn – ohne ausdrückliche Vereinbarung – der **Liefertermin** für das Ge- **11** schäft ersichtlich **zentrale Bedeutung** hat, ist seine deutliche Überschreitung auch ohne Nachfristsetzung wesentliche Vertragsverletzung (Pretura circondiale di Parma 24.11.1989, CLOUT Nr 90 – zwei Monate nach dem Liefertermin erst ein Drittel der Ware geliefert = wesentliche Vertragsverletzung; s auch OLG Hamburg [oben Rn 10]; eingehend ferner HUBER JurBl 1989, 276; zum EKG: OLG Hamm, in: SCHLECHTRIEM/MAGNUS Art 26 Nr 3: Lieferung modischer Damenkleidung für die Herbstsaison am 23.10. statt wie vereinbart am 30.9. stellt wesentliche Vertragsverletzung dar).

– Liegt kein Fixgeschäft oder ähnliches Geschäft vor, dann bedeutet die **bloße** **12** **Verspätung** der tatsächlich erbrachten Leistung in aller Regel **keine wesentliche** **Vertragsverletzung** (LG Oldenburg 27.3.1996 [12 O 2541/95, unveröff] – Verspätung um einen Tag keine wesentliche Vertragsverletzung; vgl auch ENDERLEIN/MASKOW/STROHBACH, HERBER/ CZERWENKA, SCHLECHTRIEM/SCHWENZER/MÜLLER-CHEN, WELSER jeweils aaO). Hier entsteht nur mit fruchtloser Nachfrist ein Aufhebungsrecht gem Art 49 Abs 1 lit b.

– Wenn der Verkäufer vor Fälligkeit definitiv **erklärt, daß er weder jetzt noch später** **13** **liefern werde** (Erfüllungsverweigerung, vgl auch unten Rn 21), dann ist darin – auch ohne Nachfristsetzung – eine wesentliche Vertragsverletzung zu sehen (OLG Karlsruhe IHR 2003, 125 [Verkäufer verweigert endgültig Nachbesserung und Nachlieferung, nachdem mangelhafte Maschine auf dem Rücktransport vom Käufer erheblichen Schaden erlitten hat]; OLG Celle 24.5.1995, CLOUT Nr 136 [Mitteilung des Verkäufers, daß er die dem Käufer verkaufte Speziessache anderweit verkauft habe]; s auch Schiedsgericht der Handelskammer Hamburg NJW 1996, 3239; ACHILLES Art 49 Rn 2; BAMBERGER/ROTH/SAENGER Art 49 Rn 4; JAN 193; MünchKommHGB/BENICKE Art 49 Rn 11 ff; PILTZ, Internationales Kaufrecht § 5 Rn 222; ders NJW 2003, 2063; SCHLECHTRIEM/SCHWENZER/SCHLECHTRIEM Art 25 Rn 17; SCHLECHTRIEM/SCHWENZER/MÜLLER-CHEN Art 49 Rn 6). Gleiches gilt, wenn bei Fälligkeit feststeht, daß die **Leistung objektiv unmöglich** ist und nicht mehr erbracht werden kann, zB das verkaufte Einzelstück (Antiquität) untergegangen ist (vgl die in der vorigen N zitierten). Als wesentliche Vertragsverletzung ist es auch angesehen worden, wenn der Verkäufer bei vereinbarter und geleisteter Vorkassezahlung die Auslieferung der Ware davon abhängig macht, daß der Käufer erst noch weitere Forderungen begleicht (Schiedsgericht Hamburger freundschaftliche Arbitrage NJW-RR 1999, 780 – „torpedierte" Vorkasse). Ebenso begeht der Verkäufer eine wesentliche Vertragsverletzung, wenn er einseitig vereinbarte Rabatte aufkündigt (ICC-Schiedsspruch 20.12.1999, IHR 2004, 21 m Anm KÜHNER) oder die Rechte der anderen Vertragspartei zu Unrecht beharrlich bestreitet (s Roder Zelt- und Hallenkonstruktionen GmbH v Rosedown Park Pty Ltd and Reginald Eustace, Federal Court of Australia 28.4.1995, CLOUT Nr 308 [beharrliches, unberechtigtes Bestreiten des Eigentumsvorbehalts des Verkäufers]; ähnlich Cour d'appel de Grenoble 21.10.1999, CLOUT Nr 313).

14 – Ist die **Ware vertragswidrig im Sinn des Art 35**, dann liegt darin eine wesentliche
Vertragsverletzung regelmäßig nur, wenn es sich um gravierende Mängel handelt,
die mit zumutbarem Aufwand in angemessener Zeit nicht zu beheben sind, und
wenn der Käufer für die mangelhafte Ware keine Verwendung hat (vgl BGHZ 132,
290; BG SZIER 1999, 179; OLG Köln IHR 2003, 15; OLG Koblenz IHR 2003, 172; OLG
Frankfurt NJW 1994, 1013; HONNOLD Rn 184; KAPPUS NJW 1994, 984; LOOKOFSKY § 6–8;
MAGNUS, in: FS SCHLECHTRIEM 602; PILTZ, Internationales Kaufrecht § 5 Rn 220; ders NJW
2003, 2063; SCHLECHTRIEM/SCHWENZER/MÜLLER-CHEN Art 49 Rn 8; kritisch aber ENDERLEIN/
MASKOW/STROHBACH Art 49 Bem 4; vHOFFMANN, in: SCHLECHTRIEM, Fachtagung 299; WELSER,
in: DORALT 125; teilweise **abweichend** HOLTHAUSEN RiW 1990, 106). Deshalb stellt es etwa
eine wesentliche Vertragsverletzung dar, wenn verbotswidrig gezuckerter Wein
geliefert wird (Cour de cassation IPRax 1996, 126 m Aufs SCHLECHTRIEM IPRax 1996, 132 = D
1996, 334 m Anm WITZ [Grund ist auch das europaweite, strafrechtsrelevante Verbot; Wein
künstlich nachzuzuckern]), krebserregendes Mehl geliefert wird (Hof 's-Gravenhage IHR
2004, 119), saisongebundene Damenmode grob verschnitten und praktisch unverkäuflich ist (OLG Köln aaO), 40% einer Natursteinlieferung brüchig und daher
unbrauchbar sind (LG Stendal IHR 2001, 30 [irrig aber Nachfristsetzung verlangt]), T-Shirts
bei der ersten Wäsche 10–15% oder ein bis zwei Größennummern einlaufen (LG
Landshut 5. 4. 1995 [54 O 644/94, unveröff]) oder wenn die gelieferten Schuhe Risse im
Leder haben (OLG Frankfurt aaO). Handelsware mit unbehebbaren kleinen Fehlern
(zB Lackschäden) muß der Käufer dagegen abnehmen, wenn er sie – verbilligt –
weiterveräußern kann; seine Rechtsbehelfe beschränken sich dann auf Schadensersatz oder Minderung (BGH, BG, OLG Frankfurt jeweils aaO; OLG Frankfurt RiW 1994,
593; OLG München RiW 1994, 595; aA HERBER/CZERWENKA Art 49 Rn 5). Deshalb sind ein
Fettanteil von 43,6 bzw 53,5% statt vereinbarter 30% und vertragswidrige 2%
Blut und Nässe bei im übrigen gutem und verkäuflichem Fleisch nicht als wesentliche Vertragsverletzung angesehen worden (BG SZIER 1999, 179); ebensowenig das
Fehlen eines Ursprungszeugnisses, zumal wenn der Käufer lediglich unspezifiziert
behauptet, er habe beim Weiterverkauf deshalb „ungeahnte Schwierigkeiten"
gehabt (BGHZ 132, 290 ff; zu dieser Entscheidung ua BENICKE IPRax 1997, 326 ff; KAROLLUS
JZ 1997, 38 f; KOCH RiW 1996, 687 f; MAGNUS L/M CISG Nr 3; PILTZ EuZW 1996, 448;
SCHLECHTRIEM EWiR Art 25 CISG 1996, 597; WESTERMANN DZWiR 1997, 45 ff). Gleiches
gilt, wenn globusartige Videogeräte zur repräsentativen Werbung und Warenprä-
sentation sich anders als vereinbart nicht drehen, weil sie mit zu schwachen, nicht
austauschbaren Motoren ausgerüstet sind (LG München I IHR 2003, 233 [nur Anspruch
auf Minderung, da Geräte im übrigen voll funktionsfähig]). Wenn die Zusammensetzung
von Koks vom Vereinbarten abweicht, die Abweichung für die Verwendung des
Kokses objektiv aber keine erhebliche Bedeutung hat, fehlt es ebenfalls an einer
wesentlichen Vertragsverletzung (OLG München RiW 1994, 595). Das gleiche gilt,
wenn der Verkäufer Stoffe in anderen Farben als vereinbart liefert und der
Käufer die Stoffe ohne Einschränkung verarbeiten oder weiterveräußern kann
(so im Ergebnis OLG Düsseldorf NJW-RR 1994, 506). Der Käufer kann den Vertrag
mangels wesentlicher Vertragsverletzung auch nicht aufheben, wenn der Verkäufer die Fehler des Kaufgegenstands – eines abgebauten Hangars – inzwischen
behoben hat (so Cour d'appel Grenoble 26. 4. 1995, CLOUT Nr 152, dazu SCHLECHTRIEM
Rn 115). Auch wenn zB Kleiderstoff den vereinbarten oder üblichen Grenzwert
für Einlaufen um 2% überschreitet, ist das zwar ein Mangel, aber keine wesentliche Vertragsverletzung, die zur Aufhebung berechtigt (vgl LG Marburg, in:
SCHLECHTRIEM/MAGNUS Art 48 Nr 1).

Auch rasch und einfach behebbare Mängel können freilich eine wesentliche Vertragsverletzung darstellen, so wenn der Verkäufer etwa ansteckend krankes Vieh geliefert hat und dessen sofortigen Austausch anbietet. Dem Käufer ist das Risiko erneut mangelhafter und für ihn uU ruinöser Lieferung nicht zuzumuten (ähnlich Hof 's-Gravenhage IHR 2004, 119 [Lieferung krebserregenden Mehls berechtigt zur Vertragsaufhebung, obwohl eine ordnungsgemäße Ersatzlieferung wohl möglich gewesen wäre]).

Verstößt die Ware gegen öffentlich-rechtliche Norm- oder Richtwerte, die im Land des Käufers gelten, oder widerspricht sie sonstigen, nur dort geltenden öffentlich-rechtlichen Bestimmungen, dann liegt darin in der Regel keine und erst recht keine wesentliche Vertragsverletzung, weil die Einhaltung dieser Werte und Bestimmungen im Grundsatz dem Verwendungsrisiko des Käufers zuzuordnen ist (BGHZ 129, 75; dazu Anm SCHLECHTRIEM EWiR Art 35 CISG 1/95, 569 f; ders IPRax 1996, 12 ff; MAGNUS L/M CISG Nr 2; DAUN NJW 1996, 29 f; KAROLLUS JR 1996, 27 f; PILTZ EuZW 1995, 450 f; ZOBERBIER WiB 1995, 800; wie der BGH auch OGH IPRax 2001, 149; Audiencia Provincial de Granada IHR 2002, 82; im Grundsatz nicht anders die US-Entscheidung Medical Marketing International, Inc v Internazionale Medico Scientifica, Srl, 17.5.1999, CLOUT Nr 418 [italienische Mammographiegeräte müssen den US-Sicherheitsstandards genügen, weil der Verkäufer wegen schon lang laufenden Exklusivliefervertrages diese Standards kennen müsse]; käuferfreundlicher aber Cour d'appel de Grenoble TranspR-IHR 1999, 7 [italienischer Importeur von Parmesankäse muß französische Verpackungs- und Beschriftungsvorschriften kennen]; s ferner eingehend LURGER IHR 2001, 99 ff; SCHLECHTRIEM IPRax 1999, 388). Ausnahmen gelten aber, wenn die gleichen Werte oder Bestimmungen auch im Verkäuferland in Kraft sind oder wenn der Käufer den Verkäufer auf diese Vorgaben hingewiesen hatte und dabei auch auf die entsprechende Sachkunde des Verkäufers vertrauen durfte (Gedanke des Art 35 Abs 2 lit b) oder wenn der Verkäufer die Vorgaben auf Grund der besonderen Umstände des Falles kannte oder kennen mußte (BGH aaO; Medical Marketing International, Inc v Internazionale Medico Scientifica, Srl aaO [unter Auseinandersetzung mit der BGH-Entscheidung und Anwendung ihrer Ausnahme]; LURGER aaO 99). Umgekehrt entfällt die Wesentlichkeit einer Vertragsverletzung nicht allein deshalb, weil die Lieferung gefährlicher Produkte im Bestimmungsland (noch) zugelassen ist (Hof 's-Gravenhage IHR 2004, 119 [Lieferung von Mehl mit krebserregenden Zusätzen, die im Verkäuferland verboten, im Käuferland noch erlaubt sind, ist wegen der Gesundheitsgefahren wesentliche Vertragsverletzung]).

Will der Käufer sein Aufhebungsrecht auf Sachmängel der Ware stützen, dann muß er auch die Rügemodalitäten eingehalten haben, ohne die er nach Art 39 ja alle Rechte – auch das auf Aufhebung – verliert (vgl auch OGH IHR 2001, 40 [41]).

– Jedenfalls die **krasse aliud-Lieferung**, für die der Käufer keine Verwendung hat, **15** stellt wohl in der Regel eine **wesentliche Vertragsverletzung** dar (BITTER/BITTER BB 1993, 2320 f; HOLTHAUSEN RiW 1990, 106; teilweise abweichend ENDERLEIN/MASKOW/STROHBACH Art 25 Bem 3.4).

– Ist die **Ware mit Rechtsmängeln behaftet**, so ist – ähnlich wie bei Sachmängeln – **16** eine wesentliche Vertragsverletzung anzunehmen, wenn sich der Mangel nicht beheben läßt und den Käufer an der Verwendung der Ware hindert (SCHLECHTRIEM/SCHWENZER/MÜLLER-CHEN Art 49 Rn 10). Eine wesentliche Vertragsverletzung ist erst recht gegeben, wenn der Verkäufer ein gestohlenes Fahrzeug verkauft, das beim

Käufer beschlagnahmt und dem Eigentümer zurückgegeben wird (LG Freiburg IHR 2003, 22).

17 – Liefert der Verkäufer **geschuldete Dokumente** nicht, dann hängt es von der Art der Dokumente ab, ob darin eine wesentliche Vertragsverletzung liegt. Soweit erst die Dokumente dem Käufer die Verfügung über die Ware ermöglichen (Traditionspapiere: Konnossement, Ladeschein, Lagerschein), ist deren endgültig unmögliche oder verweigerte Lieferung stets wesentliche Vertragsverletzung (ENDERLEIN/MASKOW/STROHBACH Art 49 Bem 3; SCHLECHTRIEM, UN-Kaufrecht 69; SCHLECHTRIEM/SCHWENZER/MÜLLER-CHEN Art 49 Rn 11; wohl aA HERBER/CZERWENKA Art 49 Rn 9). Die reine Fristüberschreitung genügt dagegen nach dem CISG nicht, ermöglicht aber die Nachfristsetzung nach Art 47 mit der Wirkung des Art 49 Abs 1 lit b. Vielfach werden aber besondere Vertragsklauseln oder Handelsbräuche die Vertragsaufhebung auch bei bloßer Verspätung vorsehen (zur Bedeutung des Liefertermins in den INCOTERMS s oben Rn 10). Das gilt erst recht in den Fällen, in denen die die Ware repräsentierenden Dokumente unrein sind, also mit dem Vertrag nicht vollständig übereinstimmen (darauf weist schon der Sekretariatskommentar Art 45 Bem 7 hin). Diese Regelungen gehen dem Übereinkommen stets vor (Art 6). Liefert der Verkäufer **andere Urkunden** endgültig nicht (Versicherungspolice, Handelsrechnung, Zollbescheinigung etc), so ist darin dann eine wesentliche Vertragsverletzung zu sehen, wenn dem Käufer dadurch die Verwendung der Ware (Veräußerung, Benutzung) oder ihres Wertes verschlossen wird (BGHZ 1232, 290; vgl auch BIANCA/BONELL/WILL Art 25 Bem 2.1.1.2; SCHLECHTRIEM, UN-Kaufrecht 48). Kann sich der Käufer diese Dokumente (zB ein Ursprungszeugnis oder ein Analysenzertifikat) selbst leicht beschaffen, dann stellen fehlende oder falsche Dokumente jedoch keine wesentliche Vertragsverletzung dar (BGH aaO).

18 – Die **Verletzung vereinbarter Zusatzpflichten** stellt eine wesentliche Vertragsverletzung dar, wenn die Zusatzpflicht grundlegende Bedeutung für den Vertrag hatte (ebenso BAMBERGER/ROTH/SAENGER Art 49 Rn 6). Verletzt etwa der Verkäufer eine – wirksame – Ausschließlichkeitsbindung dadurch, daß er dieselbe Ware 30% billiger an unmittelbare örtliche Konkurrenten des Käufers liefert, dann ist der Käufer zur Vertragsaufhebung berechtigt (vgl LG Frankfurt RiW 1991, 952, das das Aufhebungsrecht aber mangels hinreichend deutlicher Erklärung abgelehnt hat). Auch ein Verkäufer, der vertragsgemäß Markenware ausschließlich für den Käufer und Inhaber des Markenrechts herstellt, diese Ware auf Messen aber trotz Abmahnung anderen Interessenten anbietet, begeht eine wesentliche Vertragsverletzung (OLG Frankfurt NJW 1992, 633; dazu LOOKOFSKY § 6–8; MAGNUS ZEuP 1993, 89; PILTZ NJW 1994, 1105; eingehend zu sonstigen Zusatzpflichten: SCHLECHTRIEM/SCHWENZER/MÜLLER-CHEN Art 49 Rn 12).

19 – Die **Verletzung der in Art 32 normierten Zusatzpflichten** (Kennzeichnung oder Anzeige, Wahl des richtigen Transportmittels und üblicher Bedingungen bei Übernahme der Transportbesorgung; Auskunft für Versicherungszwecke) wird selten eine wesentliche Vertragsverletzung darstellen; doch ist das keineswegs ausgeschlossen (vgl auch SCHLECHTRIEM/SCHWENZER/HUBER/WIDMER Art 32 Rn 12).

– **Vorsätzliches Unterschieben gefälschter Ware**, deren Weiterverwendung deshalb ausgeschlossen oder problematisch ist, dürfte regelmäßig als wesentliche Ver-

tragsverletzung anzusehen sein (offen gelassen in BGHZ 132, 290; implizit bejaht in BGH
NJW 1982, 2730 [zum EKG]; s auch Cour de cassation IPRax 1996, 126 m Aufs SCHLECHTRIEM
IPRax 1996, 132 = D 1996, 334 m Anm WITZ [Lieferung gepanschten Weins = wesentliche
Vertragsverletzung]).

Ob eine Vertragsverletzung wesentlich ist oder nicht, wird oft zweifelhaft sein. Nur in **20**
Fällen der Nichtlieferung kann der Käufer durch eine Nachfrist Klarheit schaffen.
Im übrigen läuft er ein **erhebliches Risiko**, selbst eine wesentliche Vertragsverletzung zu begehen, wenn er den Vertrag wegen einer Pflichtverletzung aufhebt, die
ein Gericht später möglicherweise nur als unwesentliche Vertragsverletzung betrachtet (vgl auch HERBER/CZERWENKA Art 49 Rn 6; vHOFFMANN, in: SCHLECHTRIEM, Fachtagung
300). Es ist dem Käufer daher dringend zu empfehlen, entweder die in Art 49 Abs 1
lit b vorgesehene Konsequenz der Nachfristsetzung auch für andere Fälle als die
Nichtlieferung zu vereinbaren oder im Vertrag deutlich zum Ausdruck zu bringen,
welche Pflichten so wesentlich sind, daß ihre Verletzung als wesentliche Vertragsverletzung anzusehen ist.

2.   Aufhebung nach Nachfrist oder Erfüllungsverweigerung (Abs 1 lit b)

Der Käufer kann den Vertrag nach Art 49 Abs 1 lit b stets aufheben, wenn der **21**
Verkäufer **trotz ordnungsgemäßer Nachfrist (Art 47 Abs 1) nicht liefert oder** eine
Lieferung innerhalb der Nachfrist oder die Lieferung überhaupt **ablehnt** (vgl oben
Rn 13). Die Nachfrist führt hier zur Klärung, ob eine Überschreitung des Lieferter-
mins zur Aufhebung berechtigt. Diese Möglichkeit besteht aber nur im Fall der
Nichtlieferung oder bei entsprechender vertraglicher Vereinbarung (BAMBERGER/
ROTH/SAENGER Art 49 Rn 8; BRUNNER Art 49 Rn 6; MünchKommHGB/BENICKE Art 49 Rn 7;
WITZ/SALGER/LORENZ Art 49 Rn 4; mindestens mißverständlich daher etwa OLG München IHR
2003, 176 m krit Anm HERBER, daß eine Nachfrist generell „unabdingbare Voraussetzung für die
Geltendmachung von Rechten für den Käufer wegen Vertragsverletzungen des Verkäufers" sei;
unzutreffend OLG Düsseldorf NJW-RR 1994, 506, das die Vertragsaufhebung allgemein nur nach
erfolgloser Nachfrist zulassen will). Weshalb der Verkäufer nicht liefert, ist gleichgültig.
Auf sein Verschulden kommt es auch für diese Alternative des Aufhebungsrechts
nicht an (OLG Hamburg OLGR 1997, 149; ACHILLES Art 49 Rn 3). Der Käufer ist zur
Aufhebung selbst dann berechtigt, wenn der Verkäufer aus Gründen außerhalb
seines Einflussbereichs an der Lieferung gehindert ist (s Art 79 Abs 5). Der fruchtlosen Nachfrist steht die ausdrückliche **Erfüllungsverweigerung** gleich. Verweigert
der Verkäufer die Erfüllung nicht generell, sondern nur innerhalb einer zu kurz
bemessenen Nachfrist, dann folgt daraus kein Aufhebungsrecht des Käufers. Auch
eine endgültige Erfüllungsverweigerung kann der Verkäufer bis zur Aufhebungserklärung des Käufers zurücknehmen. Für die Lieferung vertragswidriger Ware oder
für sonstige Vertragsverletzungen gilt Art 49 Abs 1 lit b nach einhelliger Auffassung
nicht (vgl ua Denkschrift 53; Schweizer Botschaft 800; AUDIT 132; BIANCA/BONELL/WILL Art 49
Bem 2.1.3; HONNOLD Rn 305; LOEWE, Kaufrecht 71; SCHLECHTRIEM/SCHWENZER/MÜLLER-CHEN
Art 49 Rn 15 f). Hier kommt die Aufhebung nur in Betracht, wenn die Vertragsverletzung für sich wesentlich ist.

Unter **Nichtlieferung** ist **das vollständige oder teilweise** (Art 51) **Ausbleiben der** **22**
Warenlieferung zu verstehen. Bei fehlenden Teillieferungen begrenzt sich das Aufhebungsrecht aber regelmäßig auf die Teillieferung (vgl Art 51 Abs 2 und die Erl

dort). Auch wenn der Verkäufer die Dokumente nicht andient, die der Käufer zur Verfügung über die Ware benötigt, ist das ein Fall der Nichtlieferung (so auch ACHILLES Art 49 Rn 4; BRUNNER Art 49 Rn 6; KAROLLUS 146; LOEWE, Kaufrecht 72; MünchKommBGB/ HUBER Art 49 Rn 52; MünchKommHGB/BENICKE Art 49 Rn 8; NIGGEMANN, in: HOYER/POSCH 104; SCHLECHTRIEM, UN-Kaufrecht 69; SCHLECHTRIEM/SCHWENZER/MÜLLER-CHEN Art 49 Rn 19; aA aber HERBER/CZERWENKA Art 49 Rn 9). Auf die Nichterfüllung anderer Pflichten bezieht sich die Vorschrift dagegen ebensowenig wie auf den Fall der bloßen Verspätung.

3.   Erklärung der Aufhebung

23 Der Käufer muß die Vertragsaufhebung erklären (Art 26); die automatische Vertragsaufhebung des EKG hat das CISG bewußt beseitigt (vgl oben Rn 5).

24 Die Erklärung des Käufers ist an **keine bestimmte Form** und auch nur in Fällen des Art 49 Abs 2 an eine Frist gebunden (OGH IHR 2002, 73; ENDERLEIN/MASKOW/STROHBACH Art 49 Bem 2.6; HERBER/CZERWENKA Art 49 Rn 14). Sie kann schriftlich oder mündlich erfolgen, muß dann aber die Vertragssprache oder eine dem Verkäufer vertraute Sprache verwenden. Auch eine schlüssige Erklärung ist wirksam, zB durch Klageerhebung (OGH aaO; zust PILTZ NJW 2002, 2063). Die bloße Durchführung eines Deckungskaufs genügt dafür aber nicht (s OLG Bamberg TranspR-IHR 2000, 17). Der **Zugang der Aufhebungserklärung** ist **nicht erforderlich**. Der Käufer muß sie lediglich – bei Befristung rechtzeitig – auf geeignetem Weg übermitteln (Art 27). Das Empfangsrisiko trägt der Verkäufer (Sekretariatskommentar Art 45 Bem 3; HERBER/CZERWENKA Art 49 Rn 11; LOEWE, Kaufrecht 71; PILTZ, Internationales Kaufrecht § 5 Rn 274; SCHLECHTRIEM/ SCHWENZER/MÜLLER-CHEN Art 49 Rn 25). Die Unwiderruflichkeit der Erklärung tritt jedoch erst mit ihrem Zugang ein (Art 15 Abs 2, 22 analog; vgl auch PILTZ, Internationales Kaufrecht § 5 Rn 273). Richtiger Adressat der Aufhebungserklärung ist der andere Vertragsteil oder eine für ihn empfangszuständige Person. Die Übermittlung an andere Dritte – etwa an Transportpersonal – hat nur Wirkung, wenn diese Personen die Erklärung ordnungsgemäß weiterleiten. Eine ausdrückliche Aufhebungserklärung des Käufers erübrigt sich dann, wenn der Verkäufer seinerseits endgültig die Vertragserfüllung verweigert hat und die Vertragsbeendigung zwischen den Parteien bereits eindeutig geklärt ist (s auch OLG Hamburg OLGR 1997, 149).

25 Inhaltlich muß die Erklärung **hinreichend deutlich** zum Ausdruck bringen, **daß der Käufer sich vom Vertrag lösen will** (OLG Köln IHR 2003, 15 [17]; OGH IHR 2001, 206; s auch Piltz NJW 2003, 2063 mit weiteren Nachweisen). Daß dabei der Begriff Aufhebung oder ein entsprechender Ausdruck Verwendung findet, ist freilich nicht entscheidend. Es kommt darauf an, daß ein vernünftiger Empfänger (Art 8 Abs 2) der Erklärung entnommen hätte, daß der Käufer den Vertrag als beendet betrachtete. So genügt es in der Regel nicht, wenn der Käufer die Ware lediglich kommentarlos zurückschickt (LG Frankfurt RiW 1991, 952; ENDERLEIN/MASKOW/STROHBACH Art 26 Bem 1.2; HONSELL/ SCHNYDER/STRAUB Art 49 Rn 34; PILTZ, Internationales Kaufrecht § 5 Rn 272; REINHART Art 26 Rn 2; aA vCAEMMERER/SCHLECHTRIEM/LESER Art 26 Rn 10 N 26). Ebensowenig reicht das alternative Verlangen nach Rücknahme oder Preisreduzierung (PILTZ aaO) oder die bloße Androhung „to stop shipment of the goods until" questions" settled" (s Schiedsspruch 196/1997 des Tribunal of International Commercial Arbitration at the Russian Federation Chamber of Commerce and Industry, cisg.pace = CLOUT Nr 470). Doch genügt zB

die Mitteilung des Käufers, er rüge die Ware, könne die Ausschussmenge nicht
gebrauchen und stelle sie dem Verkäufer zur Verfügung (BGH NJW 1997, 3311 [3312])
oder er stelle die Ware „sofort und total" zur Verfügung, erwarte die sofortige
Rücküberweisung der Anzahlung und werde die noch zu liefernde Ware nicht mehr
annehmen (OLG Köln IHR 2003, 15 [17]).

Die Vertragsaufhebung ist ein **Gestaltungsrecht** – sie gestaltet das Vertragsverhältnis **26**
in ein Rückabwicklungsverhältnis um (vgl Art 81 ff) – und kann deshalb nicht unter
Bedingungen erklärt werden (ebenso ENDERLEIN/MASKOW/STROHBACH Art 49 Bem 2;
HERBER/CZERWENKA Art 49 Rn 11; LESER, in: SCHLECHTRIEM, Fachtagung 233; PILTZ, Internationales Kaufrecht § 5 Rn 273). Allerdings kann der Käufer sie mit der Fristsetzung nach
Art 47 verbinden (HERBER/CZERWENKA aaO; HONSELL/SCHNYDER/STRAUB Art 49 Rn 37; KA-
ROLLUS 152; PILTZ aaO; SCHLECHTRIEM/SCHWENZER/MÜLLER-CHEN Art 49 Rn 23; zum EKG
ebenso BGHZ 74, 193). Er kann sie deshalb wirksam bereits im Voraus für den Fall
erklären, daß der Verkäufer eine Nachfrist nicht einhält oder eine – sich etwa
abzeichnende – wesentliche Vertragsverletzung begehen wird. Einer weiteren Aufhebungserklärung bedarf es dann nicht.

Ferner kann der Käufer bei teilbaren Lieferungen die **Aufhebung auf einen Teil** **27**
beschränken (Art 51 Abs 1).

Die **Rechtsfolgen** der Vertragsaufhebung sind in den Art 81–84 geregelt. Sie gelten **28**
einheitlich sowohl für die Vertragsaufhebung durch den Verkäufer wie für jene
durch den Käufer. Die ursprünglichen Vertragspflichten erlöschen und die Parteien
sind zur Rückgabe des bereits Geleisteten verpflichtet (s näher die Erl zu Art 81 ff).
Diese Rechtsfolgen treten allerdings nicht ein, wenn der Käufer die Aufhebung zu
Unrecht erklärt, es sei denn, der Verkäufer stimmt der – unberechtigten – Aufhebung zu. Tut er das nicht, dann bleibt die unberechtigte Erklärung der Vertragsaufhebung ihrerseits eine – meist wesentliche – Vertragsverletzung, aus der der Verkäufer dann Rechte herleiten und selbst zur Vertragsaufhebung berechtigt sein kann
(ebenso ACHILLES Art 49 Rn 14; LURGER IHR 2001, 95 f; MünchKommBGB/HUBER Art 49
Rn 84).

4. Ausschluß des Aufhebungsrechts

Das Aufhebungsrecht ist **ausgeschlossen, wenn** der Käufer – bei Sach- oder Rechts- **29**
mängeln – seine **Rügeobliegenheit** nach Art 38, 39 oder 43 **nicht erfüllt** hat, er sei
denn von ihr nach Art 40 oder 44 dispensiert (vgl OGH IHR 2001, 40 [41]; s auch BIANCA/
BONELL/WILL Art 49 Bem 2.2.2.1 f; BRUNNER Art 49 Rn 8; HONSELL/SCHNYDER/STRAUB Art 49
Rn 32). Es scheidet ferner im Grundsatz aus, wenn der Käufer die gelieferte Ware
nicht unversehrt zurückgeben kann (Art 82 und die dort genannten Ausnahmen).
Gleiches gilt, wenn der Käufer selbst die Vertragsverletzung des Verkäufers verursacht hat (Art 80) und auch, wenn er etwa eine notwendige Mitwirkungshandlung
nicht vornimmt. Eine Entlastung des Verkäufers nach Art 79 berührt das Aufhebungsrecht dagegen nicht (Art 79 Abs 5, vgl oben Rn 8).

IV. Fristen für die Aufhebungserklärung (Abs 2)

1. Grundsatz

30 **Grundsätzlich** ist die Erklärung der **Aufhebung an keine Frist gebunden** (s etwa OLG München 8.2.1995, CLOUT Nr 133 [Vertragsaufhebung und Schadensersatzansprüche wegen Nichtlieferung 2 1/2 Jahre nach Liefertermin aber wegen Verstoßes gegen Art 7 Abs 2 verneint]; ENDERLEIN IPRax 1996, 182; ENDERLEIN/MASKOW/STROHBACH Art 49 Bem 6; HERBER/CZERWENKA Art 49 Rn 14; KAROLLUS 146; SCHWIMANN/POSCH Art 49 Rn 7). Solange der Verkäufer nicht geliefert oder die Erfüllung sonstiger Vertragspflichten nicht begonnen hat, kann der Käufer ein bestehendes Aufhebungsrecht deshalb jederzeit ausüben (ACHILLES Art 49 Rn 7; HONNOLD Rn 307; MünchKommHGB/BENICKE Art 49 Rn 17; ferner die in der vorigen N Zitierten; aA aber LESER, in: SCHLECHTRIEM, Fachtagung 235, der eine Lücke der Konvention annimmt, die gem Art 7 durch Analogie zu Art 48 Abs 2 zu füllen sei; unzutreffend ferner OLG Düsseldorf NJW-RR 1994, 506, das die Vertragsaufhebung nur nach erfolgloser Nachfrist zulassen will). Allerdings kann der Verkäufer über Art 48 Abs 2 eine Klärung herbeiführen.

31 Den Grundsatz der unbefristeten Aufhebung schränkt Art 49 Abs 2 jedoch erheblich ein. **Sobald der Verkäufer geliefert hat**, setzt Abs 2 eine **angemessene Frist für die Aufhebungserklärung** in Lauf. Für die Fristwahrung genügt auch hier die rechtzeitige Absendung der Erklärung auf einem geeigneten Übermittlungsweg (Art 27; ACHILLES Art 49 Rn 7; ebenso HERBER/CZERWENKA Art 49 Rn 15; NOUSSIAS 156; SCHLECHTRIEM/SCHWENZER/MÜLLER-CHEN Art 49 Rn 28; wohl aA LESER, in: SCHLECHTRIEM, Fachtagung 237 f). Abs 2 greift nur ein, wenn die Lieferung durch den Verkäufer erfolgt oder ihm zuzurechnen ist (zweifelhaft im Fall des BGH IPRax 1996, 195 m krit Aufsatz ENDERLEIN IPRax 1996, 182 ff: Direktlieferung der bestellten Maschine vom Hersteller an den Käufer unter Ausschaltung des Verkäufers). Zur Geltung des Abs 2 für andere Vertragsverletzungen vgl u Rn 37.

32 Der **Beginn der Erklärungsfrist** richtet sich nach der Art der jeweiligen Vertragsverletzung, die der Verkäufer begangen hat. Damit, daß der Käufer sein Aufhebungsrecht verliert, wenn er zulange abwartet, soll vor allem die Möglichkeit beschnitten werden, durch Abwarten zu Lasten des Verkäufers auf eine Veränderung der Preise zu spekulieren. Im Hinblick auf mögliche Kosten (etwa für Einlagerung) und Risiken soll der Verkäufer, der geliefert hat, ferner alsbald Klarheit über das Schicksal des Vertrages haben (vgl HONNOLD Rn 306). Die **Dauer der angemessenen Frist** hängt auch hier jeweils von den Umständen des konkreten Falles ab.

33 Für die Fristvorgaben des Abs 2 ist es allerdings notwendig, daß die **Lieferung vollständig erfolgt** ist (Sekretariatskommentar Art 45 Bem 9; ACHILLES Art 49 Rn 7; HONSELL/SCHNYDER/STRAUB Art 49 Rn 41). Stehen noch Teile aus, dann setzt weder der Fristenlauf noch die Ausschlußwirkung des Abs 2 ein, da dem Käufer eine abschließende Entscheidung über den auszuübenden Rechtsbehelf häufig nicht möglich sein wird (ebenso im Fall der Sukzessivlieferung HERBER/CZERWENKA Art 49 Rn 13; SOERGEL/LÜDERITZ/SCHÜSSLER-LANGEHEINE Art 49 Rn 15). Will der Käufer wegen einer bestimmten Teillieferung den gesamten Vertrag aufheben, dann kommt es jedoch nur auf diese Teillieferung an (HERBER/CZERWENKA aaO).

2. Verspätete Lieferung (Abs 2 lit a)

Art 49 Abs 2 lit a setzt zweierlei voraus: Der Verkäufer liefert die Ware während **34** eines **Lieferverzugs, der den Käufer an sich zur Aufhebung berechtigt**; der Käufer hat sein Aufhebungsrecht jedoch noch nicht ausgeübt. Ob der Käufer zur Aufhebung berechtigt ist, weil schon der Verzug für sich eine wesentliche Vertragsverletzung darstellt oder weil der Käufer eine inzwischen abgelaufene Nachfrist gesetzt hatte, ist gleichgültig (ebenso ENDERLEIN/MASKOW/STROHBACH Art 49 Rn 8; KAROLLUS 147; PILTZ, Internationales Kaufrecht § 5 Rn 279; SCHLECHTRIEM/SCHWENZER/MÜLLER-CHEN Art 49 Rn 27; **aA** offenbar LOEWE, Kaufrecht 72: Abs 1 lit b werde nicht erfaßt).

Die **Frist beginnt** im Fall des Abs 2 lit a, **sobald** der Käufer von der Lieferung **35** erfahren hat, also weiß, daß **die Ware dem Beförderer übergeben** (Art 31 lit a) **oder dem Käufer zur Verfügung gestellt** worden ist (Art 31 lit b und c; vgl auch SCHLECHT-RIEM/SCHWENZER/MÜLLER-CHEN Art 49 Rn 28).

Die **„angemessene" Frist** ist für Abs 2 lit a nach verbreiteter Auffassung relativ **36** knapp zu bemessen (ENDERLEIN/MASKOW/STROHBACH Art 49 Bem 7; SCHLECHTRIEM/SCHWEN-ZER/MÜLLER-CHEN Art 49 Rn 29; WITZ/SALGER/LORENZ Art 49 Rn 6; sehr knapp BAMBERGER/ ROTH/SAENGER Art 49 Rn 13 [unverzüglich] und HONSELL/SCHNYDER/STRAUB Art 49 Rn 40 ff [zwei bis drei Tage]; zu großzügig KAPPUS RiW 1992, 532 [ein bis zwei Monate]; **anders** offenbar ACHILLES Art 49 Rn 8). Denn die Verspätung kann der Käufer ohne weiteres erkennen und sich, insbesondere wenn er eine Nachfrist gesetzt hatte, auch rasch darüber klar werden, ob sie eine wesentliche Vertragsverletzung darstellt. Zu beachten ist jedoch, daß Art 49 Abs 2 lit a nur die Aufhebung aufgrund der Verspätung betrifft. Die Vorschrift schließt nicht die Möglichkeit aus, daß der Käufer die Ware gem Art 38, 39 auf ihre Qualität untersucht, sie ggf rügt und wegen wesentlicher Qualitätsmän-gel die Aufhebung erklärt (wohl ebenso KAROLLUS 149). Gleiches gilt für Rechtsmängel. Wenn der Käufer auch die Verspätung hinnimmt, dürfen ihm deswegen nicht Rechte aufgrund anderer Mängel der nunmehr gelieferten Ware entzogen werden. Die Frist des Art 49 Abs 2 lit a gilt nicht für den Fall, daß der Käufer Schadensersatz wegen der Lieferverspätung verlangt. Hierfür schreibt das CISG keine bestimmte Frist vor. Aus dem Grundsatz von Treu und Glauben (Art 7 Abs 1) folgt aber, daß der Käufer den Schadensersatzanspruch nicht mehr geltend machen kann, wenn er damit unangemessen lange zuwartet (vgl OLG München 8. 2. 1995, CLOUT Nr 133; ferner auch Art 7 Rn 43, Art 33 Rn 27).

3. Andere Vertragsverletzungen (Abs 2 lit b)

Art 49 Abs 2 lit b bezieht sich auf andere wesentliche Vertragsverletzungen als die **37** verspätete Lieferung. Die Vorschrift erfaßt insbes die **Lieferung vertragswidriger Ware oder die Verletzung zusätzlicher Vertragspflichten** (Sekretariatskommentar Art 45 Bem 11). Sofern der Verkäufer – vollständig – geliefert hat, muß der Käufer auch in diesen Fällen binnen angemessener Frist die Aufhebung erklären. Die Frist beginnt grundsätzlich dann, wenn der Käufer die Vertragsverletzung kennt oder wenn er sie kennen muß (lit b i). Für das Kennenmüssen von Warenmängeln gilt der Maßstab des Art 38 (auf diese Vorschrift weist der Sekretariatskommentar Art 45 Bem 11 N 2 ausdrücklich hin; vgl auch AUDIT 133; ENDERLEIN/MASKOW/STROHBACH Art 49 Bem 7; im Ergebnis auch OLG Frankfurt RiW 1994, 593 [595]). Die **Frist beginnt** also, **wenn eine ordnungsgemäße**

Untersuchung Mängel zutage gefördert hätte, sonst, wenn der Käufer sie – vor Ablauf der Frist des Art 39 Abs 2 – tatsächlich entdeckt hat.

38 Die **angemessene Frist für Abs 2 lit b i** ist jedoch etwas **länger als die Rügefrist in Art 39** (so auch ACHILLES Art 49 Rn 11; BRUNNER Art 49 Rn 12 [in der Regel zusätzliche 2–3 Wochen zur gewöhnlichen Rügefrist]; MünchKommBGB/HUBER Art 49 Rn 64; MünchKommHGB/ BENICKE Art 49 Rn 24; PILTZ, Internationales Kaufrecht § 5 Rn 282; SCHLECHTRIEM/SCHWENZER/ MÜLLER-CHEN Art 49 Rn 32; SOERGEL/LÜDERITZ/SCHÜSSLER-LANGEHEINE Art 49 Rn 16; WITZ/ SALGER/LORENZ Art 49 Rn 7). Allerdings dauert auch sie in der Regel nicht mehrere Monate (BGH NJW 1995, 2101 [nach fünf Monaten jedenfalls verfristet]; OLG Hamburg IHR 2001, 19 [22 Tage noch angemessen]; OLG Frankfurt aaO [Aufhebung zwei Monate nach erkennbar vertragswidriger Lieferung verfristet]; ebenso OLG Koblenz OLGR Koblenz 1997, 37; ähnlich OLG München RiW 1994, 595 [596]: nach vier Monaten verfristet; s aber auch LG Freiburg IHR 2003, 22 [Aufhebungserklärung drei Monate nach Beschlagnahme eines Fahrzeugs noch als angemessen angesehen worden, das ein Italiener von einem Deutschen erworben hatte und das sich als gestohlen erwies, da die Klärung der Fakten einige Zeit beanspruchte]; Berufungsgericht Turku IHR 2003, 277 [282: drei Jahre jedenfalls verfristet; „at most a few months"]). Fristen bis zu fünf Wochen haben die Gerichte bisher als noch angemssen angesehen, Fristen über zwei Monate dagegen nicht mehr (s MAGNUS ZEuP 2002, 538 mit weiteren Nachweisen). Nach **aA** (BIANCA/BONELL/WILL Art 49 Bem 2.2.2.1) sind beide Fristen identisch, muß der Käufer also mit der Rüge die Aufhebung erklären. Damit würde ihm aber sein Wahlrecht zwischen dem Ersatzlieferungsanspruch, der binnen angemessener Frist nach der Rüge (Art 46 Abs 2) erklärt werden kann, und dem Aufhebungsrecht unangemessen verkürzt.

39 Auf der anderen Seite **erübrigt sich die Frist** des Art 49 Abs 2 lit b **nicht** deshalb, **weil der Verkäufer die Mängel seiner Ware kennt oder kennen muß** (so aber BIANCA/BONELL/ WILL Art 49 Bem 2.2.2.2). Art 40 und Art 43 Abs 2 verändern zwar die Rügefrist. Das Aufhebungsrecht und die für seine Ausübung geltenden Fristen bleiben jedoch unberührt (ebenso HONNOLD Rn 308.1). Allerdings spricht auch der Gedanke der Art 40, 43 dafür, die angemessene Frist in Art 49 lit b länger als die übliche Rügefrist anzusetzen.

40 Hat der Käufer nach Art 47 Abs 1 **eine Nachfrist gesetzt**, dann beginnt die angemessene Aufhebungsfrist erst mit dem fruchtlosen Ablauf der Nachfrist oder in dem früheren Zeitpunkt, in dem der Verkäufer die Erfüllung verweigert hat (Abs 2 lit b ii).

41 Eine parallele Regelung enthält Abs 2 lit b iii für den Fall, daß der **Verkäufer eine Erklärungsfrist nach Art 48 Abs 2 gesetzt** hat.

4. Folgen der Fristversäumung

42 Der Käufer verliert sein Aufhebungsrecht, wenn er die Fristen des Art 49 Abs 2 nicht einhält. Diese sind **Ausschlußfristen** (ACHILLES Art 49 Rn 15; ENDERLEIN/MASKOW/ STROHBACH Art 49 Bem 7; HERBER/CZERWENKA Art 49 Rn 13; LESER, in: SCHLECHTRIEM, Fachtagung 234). Macht der Käufer, obwohl er zur Vertragsaufhebung berechtigt ist, zunächst einen Anspruch auf Ersatzlieferung oder auf Nachbesserung geltend oder setzt er eine Nachfrist, etwa weil er sich über sein Recht zur Aufhebung nicht sicher

ist, dann die Ausschlussfristen des Art 49 Abs 2 erst ein, wenn die Nacherfüllung oder Nachfristsetzung erfolglos geblieben sind. Der Käufer verliert ein bestehendes Aufhebungsrecht nicht dadurch, daß er zunächst diese vertragserhaltenden, den Verkäufer schonenderen Behelfe ausgeübt hat (BAMBERGER/ROTH/SAENGER Art 49 Rn 19; KAROLLUS 149; PILTZ, Internationales Kaufrecht § 5 Rn 280; SCHLECHTRIEM/SCHWENZER/ MÜLLER-CHEN Art 49 Rn 35; etwas **anders** noch STAUDINGER/MAGNUS [1999]). War die Ausschlußfrist des Art 49 Abs 2 indessen bereits abgelaufen, bevor der Käufer Nacherfüllung verlangt oder – bei Nichtlieferung – eine Nachfrist gesetzt hatte, dann lebt sein ursprüngliches Aufhebungsrecht nach Erfolglosigkeit dieser Behelfe nicht wieder auf, es sei denn, daß neue Vertragswidrigkeiten hinzugekommen sind, die ihrerseits die Aufhebung rechtfertigen (vgl auch HONSELL/SCHNYDER/STRAUB Art 49 Rn 85; MünchKommHGB/BENICKE Art 49 Rn 27 f; WITZ/SALGER/LORENZ Art 49 Rn 8). Nach **aA** bleibt die Aufhebung dagegen auch dann möglich, wenn der Käufer die genannten Behelfe erst nach Ablauf der Ausschlussfrist des Art 49 Abs 2 geltend macht (BAMBERGER/ROTH/SAENGER Art 49 Rn 19; wohl auch SCHLECHTRIEM/SCHWENZER/MÜLLER-CHEN Art 49 Rn 35). Mit dem Wortlaut des Abs 2 („loses the right", „est déchu du droit") ist diese Auffassung indessen nicht vereinbar.

In den Fällen des Abs 2 lit a erstreckt sich die **Ausschlußwirkung** jedoch nur auf die **43** dort genannte Lieferverspätung, **nicht auf neue Vertragsverletzungen**, die mit der Lieferung erfolgt sind (vgl oben Rn 36).

Der Verlust des Aufhebungsrechts berührt nicht andere Behelfe des Käufers wie **44** Schadensersatz oder Minderung.

V.   Beweisfragen

Die tatsächlichen Voraussetzungen des Abs 1, insbesondere für die Wesentlichkeit **45** der Vertragsverletzung nach Abs 1 lit a sowie die Nachfristsetzung bzw Erfüllungsverweigerung des Verkäufers für Abs 1 lit b, muß der Käufer darlegen und beweisen (BGHZ 132, 290; ebenso BAUMGÄRTEL/LAUMEN/HEPTING Art 49 Rn 3 ff; HONSELL/SCHNYDER/ STRAUB Art 49 Rn 125; MünchKommHGB/BENICKE Art 49 Rn 32; SCHLECHTRIEM/SCHWENZER/ MÜLLER-CHEN Art 49 Rn 13; wohl auch ACHILLES Art 49 Rn 17). Kommt es auf den Beginn der Ausschlußfrist des Abs 2 an, dann ist der Verkäufer für den Zeitpunkt beweispflichtig, zu dem der Käufer entweder von der Lieferung erfahren hatte (Abs 2 lit a) oder die Vertragsverletzung kannte oder kennen mußte (Abs 2 lit b; im Ergebnis ebenso ACHILLES Art 49 Rn 18; BAUMGÄRTEL/LAUMEN/HEPTING Art 49 Rn 9 ff; HONSELL/SCHNYDER/STRAUB Art 49 Rn 126; MünchKommHGB/BENICKE Art 49 Rn 34; SCHLECHTRIEM/SCHWENZER/MÜLLER-CHEN Art 49 Rn 28).

Art 50 [Minderung]

Ist die Ware nicht vertragsgemäß, so kann der Käufer unabhängig davon, ob der Kaufpreis bereits gezahlt worden ist oder nicht, den Preis in dem Verhältnis herabsetzen, in dem der Wert, den die tatsächlich gelieferte Ware im Zeitpunkt der Lieferung hatte, zu dem Wert steht, den vertragsgemäße Ware zu diesem Zeitpunkt gehabt hätte. Behebt jedoch der Verkäufer nach Artikel 37 oder 48 einen Mangel in der Erfüllung seiner Pflichten oder weigert sich der Käufer, Erfüllung durch den

Verkäufer nach den genannten Artikeln anzunehmen, so kann der Käufer den Preis nicht herabsetzen.

Art 50

If the goods do not conform with the contract and whether or not the price has already been paid, the buyer may reduce the price in the same proportion as the value that the goods actually delivered had at the time of the delivery bears to the value that conforming goods would have had at that time. However, if the seller remedies any failure to perform his obligations in accordance with article 37 or article 48 or if the buyer refuses to accept performance by the seller in accordance with those articles, the buyer may not reduce the price.

Art 50

En cas de défaut de conformité des marchandises au contrat, que le prix ait été ou non déjà payé, l'acheteur peut réduire le prix proportionnellement à la différence entre la valeur que les marchandises effectivement livrées avaient au moment de la livraison et la valeur que des marchandises conformes auraient eue à ce moment. Cependant, si le vendeur répare tout manquement à ses obligations conformément à l'article 37 ou à l'article 48 ou si l'acheteur refuse d'accepter l'exécution par le vendeur conformément à ces articles, l'acheteur ne peut réduire le prix.

Schrifttum

BERGSTEN/MILLER, The Remedy of Reduction of Price, AmJCompL 27 (1979) 255
HIRNER, Der Rechtsbehelf der Minderung nach dem UN-Kaufrecht (CISG) (2000)
VENTURI, La réduction du prix de vente en cas de défaut ou de non-conformité de la chose. La Code suisse des obligations et la Convention des Nations Unies sur les contrats de vente internationale de marchandises (1994).

Systematische Übersicht

Alphabetische Übersicht

I. Regelungsgegenstand und Normzweck

Die Bestimmung gewährt dem Käufer vertragswidriger Ware **das Recht, den Kauf-** **1**
preis herabzusetzen, und legt die Voraussetzungen und Rechtsfolgen dieses Rechtsbehelfs fest. Ist der Käufer danach zur Preisreduktion berechtigt, so mindert sich
der Preis in dem Verhältnis, in dem sich der Wert der gelieferten Ware von dem der
versprochenen im Zeitpunkt der Lieferung unterscheidet. Durch eine einseitige
Erklärung des Käufers wird der Vertrag damit dem niedrigeren Niveau angepaßt,
das sich aus der geringerwertigen Lieferung ergibt. Auf dem niedrigeren Niveau
wird das ursprüngliche Äquivalenzverhältnis zwischen Ware und Preis neu justiert.

Ulrich Magnus

Im Ergebnis wird damit der Effekt einer teilweisen Vertragsaufhebung erreicht (vgl auch Sekretariatskommentar Art 46 Bem 4). Vor der Minderung hat allerdings das Nacherfüllungsrecht des Verkäufers nach den Art 34, 37, 48 stets Vorrang (S 2).

2 Die Vorschrift gibt dem Käufer einen **praktischen, einfachen und kostengünstigen Rechtsbehelf**, der ohne weiteres zur Einbehaltung oder Rückforderung eines Teiles, uU sogar des gesamten Kaufpreises berechtigt. Anders als bei einem Schadensersatzanspruch muß nicht die Möglichkeit der Aufrechnung geprüft werden (vgl HONNOLD Rn 313.2). Insbesondere bei fallenden Preisen kann der Minderungsanspruch günstiger sein als der neben ihm zulässige Schadensersatzanspruch.

3 Die **vertragserhaltende Wirkung** der Minderung wird häufig auch im Interesse des Verkäufers liegen. Eine gewisse Privilegierung der Minderung gegenüber schärferen Sanktionen zeigt sich in Art 44.

4 Von einem Schadensersatzanspruch unterscheidet sich die Minderung deutlich, da sie keinen Schaden des Käufers voraussetzt; eine **Entlastung** (Art 79 Abs 5) ist **ausgeschlossen** (Sekretariatskommentar Art 46 Bem 5; BERGSTEN/MILLER AmJCompL 27 [1979] 265; BIANCA/BONELL/WILL Art 50 Bem 2.2).

II.   Entstehungsgeschichte

5 Die römisch-rechtliche Minderung (actio quanti minoris) hat sich zwar in den Rechtsordnungen der Civil-Law-Familie erfolgreich durchgesetzt (vgl etwa § 441 BGB; Art 1644 Code civil; Art 205 OR). Das Common Law kennt dagegen keinen eigenständigen Behelf der Minderung, sondern nur einen – verschuldensunabhängigen – Schadensersatzanspruch, mit dem uU gegen den Kaufpreisanspruch aufgerechnet werden kann (BENJAMIN Rn 17–045 ff). Das Einheitskaufrecht hat von Beginn an sowohl die Minderung als auch den verschuldensunabhängigen Schadensersatzanspruch als Behelfe vorgesehen (vgl Art 51 Abs 1 Nr 2 und Abs 2 Entwurf 1935; zur Entstehungsgeschichte auch BERGSTEN/MILLER AmJCompL 27 [1979] 266 ff).

6 Der jetzige Art 50 CISG hatte seinen Vorgänger in Art 46 EKG, der sachlich ebenfalls die verhältnismäßige Preisherabsetzung vorsah, aber weniger präzise gefaßt war und auch noch nicht den jetzigen S 2 enthielt.

7 Der New Yorker Entwurf von 1978 (Art 46) entsprach bereits weitgehend dem jetzigen Text, schlug aber als maßgeblichen Zeitpunkt für die Wertermittlung den Vertragsschluß vor. Auf der Wiener Konferenz wurde der Zeitpunkt der Lieferung als maßgeblich festgelegt (Off Rec 357 ff). Weitere Änderungsanträge hatten entweder keinen Erfolg oder betrafen eher redaktionelle Fragen (vgl die einzelnen Anträge: Off Rec 118). Ein norwegischer Antrag, die Minderung ausdrücklich auf Rechtsmängel zu erstrecken (A/Conf 97/C1/L167, Off Rec 118), wurde auf der Grundlage zurückgenommen, daß die Frage von den Gerichten zu entscheiden sei (Off Rec 360 f).

III. Voraussetzungen

1. Vertragswidrigkeit der Ware

Art 50 setzt voraus, daß der Verkäufer **nicht vertragsgemäße Ware geliefert** hat. **8** Unzweifelhaft kann der Käufer deshalb mindern, wenn die Ware nicht denjenigen Anforderungen an die sachliche Beschaffenheit entspricht, die Art 35 aufstellt. Qualitätsmängel, Quantitätsmängel, Verpackungsmängel und Aliudlieferung stehen gleich (s aus der Rspr etwa SV Braun Inc v Alitalia Linee Aeree Italiane, SpA, Federal Southern District Court, New York 6.4.1994, UNILEX [einschließlich Gewichtsmängel]; LG Flensburg 24.3.1999, CLOUT Nr 377; HIRNER 132 ff; HONSELL/SCHNYDER/STRAUB Art 50 Rn 8 ff; NEUMAYER/MING Art 51 Bem 1; SCHLECHTRIEM Rn 202; nach SCHLECHTRIEM/SCHWENZER/MÜLLER-CHEN Art 50 Rn 2 haben bei Quantitätsmängeln Art 51 Abs 1 und 52 Vorrang vor Art 50). Auch bei fehlerhaften Dokumenten kommt die Minderung in Betracht. Denn Art 48, auf den Art 50 S 2 verweist, bezieht sich auch auf die Nacherfüllung bei fehlerhaften Dokumenten (s Draft Digest 719). Dagegen steht die Minderung nicht bei verspäteter Lieferung oder der Verletzung sonstiger Vertragspflichten zur Verfügung (s LG Düsseldorf 5.3.1996, UNILEX).

Umstritten ist aber, **ob Art 50** auch **für Rechtsmängel gilt** (bejahend: Schweizer Botschaft **9** 801 [jedenfalls analoge Anwendung]; ACHILLES Art 50 Rn 2; BRUNNER Art 50 Rn 3; GARRO/ZUPPI 171; HERBER/CZERWENKA Art 50 Rn 3; LOEWE, Kaufrecht 72; NIGGEMANN, in: HOYER/POSCH 106; REINHART Art 50 Rn 2; SOERGEL/LÜDERITZ/SCHÜSSLER-LANGEHEINE Art 50 Rn 2; WELSER, in: Doralt 122 f; **vorsichtig bejahend**: BIANCA/BONELL/WILL Art 50 Bem 3.4; ENDERLEIN/MASKOW/STROHBACH Art 50 Bem 1; **verneinend**: Sekretariatskommentar Art 39 Bem 8; AUDIT 133 f; BAMBERGER/ROTH/SAENGER Art 50 Rn 2; HIRNER 214 f; HONNOLD Rn 313.1; HONSELL/SCHNYDER/STRAUB Art 50 Rn 11; KAROLLUS 158; MünchKommBGB/HUBER Art 50 Rn 8; MünchKommHGB/BENICKE Art 50 Rn 2; PILTZ, Internationales Kaufrecht § 5 Rn 304; SCHLECHTRIEM, in: Berner Tage 132; ders Rn 202 [aber „rechtspolitisch wünschenswert"]; SCHLECHTRIEM/SCHWENZER/MÜLLER-CHEN Art 50 Rn 2). Wegen der Möglichkeit, statt der Minderung Schadensersatz zu verlangen (dazu unten Rn 30), hat der Meinungsstreit keine große praktische Bedeutung. In Einzelfällen kann ein Schadensersatzanspruch, etwa wegen Art 79 Abs 5, aber ausscheiden. Dann kommt es darauf an, ob die Minderung bei Rechtsmängeln gegeben ist. Die Entstehungsgeschichte des Art 50 (vgl oben Rn 7) zeigt, daß die Frage den Gerichten zur Entscheidung überlassen werden sollte (Off Rec 360 f; **aA** aber noch der Sekretariatskommentar Art 39 Bem 8 zum New Yorker Entwurf). Der Wortlaut des Art 44 spricht allerdings dafür, daß die Konventionsverfasser wohl eher an eine Erstreckung des Art 50 auf Rechtsmängel gedacht hatten.

Im Ergebnis ist die **Minderung auch bei Rechtsmängeln** zu gewähren. Ein grund- **10** legender sachlicher Unterschied zwischen Rechts- und Sachmängeln, der den Ausschluß der Minderung bei Rechtsmängeln fordert, ist nicht zu erkennen. Auch im übrigen stellt die Konvention Sach- und Rechtsmängel ganz weitgehend gleich. Ferner kann – wenn auch in seltenen Fällen – ein Bedürfnis für den Minderungsanspruch speziell bei Rechtsmängeln bestehen (Beispiel: Die Ware ist mit Zeichen- oder Markenrechten belastet, die dem Käufer den weiteren Absatz verschließen; er kann und will sie aber innerbetrieblich nutzen. Wenn ein Schadensersatzanspruch hier ausnahmsweise an Art 79 scheitert, ist der Käufer auf den Minderungsanspruch angewiesen).

11 Die Minderung nach Art 50 setzt weiter voraus, daß der Käufer den Sach- oder Rechtsmangel **ordnungsgemäß gerügt** hat oder von der Rüge gemäß Art 40 dispensiert ist (LG Stendal IHR 2001, 30). Auch vernünftig entschuldigte Rügefehler lassen das Minderungsrecht unberührt (Art 44).

12 Grundsätzlich erfordert Art 50, daß **die Ware geliefert** ist (SCHLECHTRIEM/SCHWENZER/ MÜLLER-CHEN Art 50 Rn 1; SOERGEL/LÜDERITZ/SCHÜSSLER-LANGEHEINE Art 50 Rn 3). Für Mängel, die einerseits nicht behoben werden können, die andererseits aber bereits vor Gefahrübergang feststehen, kann der Käufer auch schon vorzeitig den Preis herabsetzen (ebenso SCHLECHTRIEM/SCHWENZER/MÜLLER-CHEN Art 50 Rn 2; **aA** aber SOERGEL/ LÜDERITZ/SCHÜSSLER-LANGEHEINE Art 50 Rn 3).

13 Dagegen setzt das Minderungsrecht **weder** voraus, daß der Mangel eine **wesentliche Vertragsverletzung** darstellt (ebenso HERBER/CZERWENKA Art 50 Rn 3; SOERGEL/LÜDERITZ/ SCHÜSSLER-LANGEHEINE Art 50 Rn 2). **Noch** ist ein **Verschulden** des Verkäufers oder seine mögliche Entlastung von der Lieferpflicht nach Art 79 von Bedeutung (Art 79 Abs 5; vgl auch ACHILLES Art 50 Rn 2; ENDERLEIN/MASKOW/STROHBACH Art 50 Bem 2; HONSELL/SCHNYDER/STRAUB Art 50 Rn 17; SCHLECHTRIEM/SCHWENZER/MÜLLER-CHEN Art 50 Rn 2). Der Käufer kann also auch mindern, wenn der Verkäufer für die mangelhafte oder unvollständige Lieferung nicht einzustehen hat.

2. Unerheblichkeit der Zahlung

14 Das Minderungsrecht hat der Käufer **unabhängig davon**, ob er den **Kaufpreis bereits gezahlt** hat oder nicht. Art 50 S 1 stellt klar, daß das Minderungsrecht nicht etwa nur zur Zurückhaltung noch zu zahlender Summen berechtigt (Sekretariatskommentar Art 46 Bem 5). Die Vorschrift erlaubt dem Käufer vielmehr auch eine teilweise Rückforderung, wenn er den Kaufpreis bereits bezahlt hat (vgl u Rn 18, 25).

3. Erklärung der Minderung

15 Die Minderung ist ein **Gestaltungsrecht**, das der Käufer mit seiner Erklärung ausübt (AUDIT 134; BRUNNER Art 50 Rn 6; KAROLLUS 158; PILTZ, Internationales Kaufrecht § 5 Rn 307; SCHLECHTRIEM Rn 204; SOERGEL/LÜDERITZ/SCHÜSSLER-LANGEHEINE Art 50 Rn 6; **aA** Münch-KommHGB/BENICKE Art 50 Rn 14). Hiermit legt der Käufer sich auf diesen Rechtsbehelf fest. Die Minderungserklärung ist **an keine bestimmte Form gebunden**. Sie kann schriftlich, aber auch mündlich erfolgen und muß die Vertragssprache oder eine dem Verkäufer vertraute Sprache verwenden. Wird sie schriftlich abgegeben, so ist die Erklärung mit ihrer Absendung wirksam, sofern der Käufer einen geeigneten Übermittlungsweg gewählt hat (Art 27). Im Augenblick der Absendung tritt die Gestaltungswirkung ein (vgl näher die Erl zu Art 27). Ein Zugang der Erklärung beim Verkäufer ist nicht erforderlich (ebenso ACHILLES Art 50 Rn 5; ENDERLEIN/MASKOW/ STROHBACH Art 50 Bem 2; HERBER/CZERWENKA Art 50 Rn 4; HONNOLD Rn 190; PILTZ, Internationales Kaufrecht § 5 Rn 307 und 273 f; **aA** aber KAROLLUS 158, 100 f: Wirksamkeit mit Zugang bzw hypothetisch rechtzeitigem Zugang). Ein Widerruf der Minderung scheidet freilich erst nach dem tatsächlichen Zugang aus. Hier sollte der Gedanke des Art 22 analog gelten. Damit tritt auch die Bindung des Käufers an sein Minderungsverlangen erst mit Zugang seiner Erklärung ein (**aA** – Bindung erst bei Einverständnis des Verkäufers – MünchKommHGB/BENICKE Art 50 Rn 14; SCHLECHTRIEM/SCHWENZER/MÜLLER-CHEN Art 50

Rn 17 [Bindung, sobald Verkäufer sich auf Minderung eingestellt hat]). Eine konkludente Minderungserklärung wird nur in Ausnahmefällen in Betracht kommen, kann aber zB in der Überweisung eines reduzierten Preises liegen, wenn der Verkäufer Mängel eingeräumt hatte (s auch RUDOLPH Art 50 Rn 12).

Die Minderungserklärung muß zwar **unzweideutig das Minderungsverlangen ergeben**, **16** einen bestimmten Betrag braucht der Käufer aber nicht zu nennen (ACHILLES Art 50 Rn 5; HERBER/CZERWENKA Art 50 Rn 4; HONSELL/SCHNYDER/STRAUB Art 50 Rn 25 ff; SCHLECHT-RIEM/SCHWENZER/MÜLLER-CHEN Art 50 Rn 4; im Fall des OLG München RiW 1994, 595 m Anm PILTZ scheiterte die Minderung am Fehlen einer Minderungserklärung). IdR wird freilich eine Minderung in bestimmter Höhe geltend gemacht, die der Kontrolle durch die Gerichte oder Schiedsgerichte nach dem Maßstab des Art 50 untersteht (AUDIT 134).

Für die Erklärung der Minderung gilt **keine Frist** (ENDERLEIN/MASKOW/STROHBACH Art 50 **17** Bem 2; HONSELL/SCHNYDER/STRAUB Art 50 Rn 28; SOERGEL/LÜDERITZ/SCHÜSSLER-LANGEHEINE Art 50 Rn 7). Soweit der Käufer die Mängel fristgerecht gerügt hat, kann er dann während derjenigen Frist mindern, die das anwendbare nationale Verjährungsrecht zuläßt. Das Minderungsrecht steht dem Käufer insbesondere auch noch zu, wenn er ein Aufhebungsrecht wegen Fristablaufs nach Art 49 Abs 2 lit b bereits verloren hat.

Hat der Käufer schon gezahlt, so liegt darin **kein automatischer Verzicht** auf das **18** Minderungsrecht; der Käufer kann auch jetzt noch die Minderung erklären (HERBER/ CZERWENKA Art 50 Rn 4).

IV. Berechnung der Minderung

Der Minderungsbetrag ist nicht durch einfachen Abzug des Minderwertes vom **19** Kaufpreis, sondern – wie nach § 441 Abs 3 BGB – durch eine **Verhältnisrechnung** zu ermitteln (kritisch dazu HONSELL SJZ 1992, 354: unnötig kompliziert). Der Käufer kann den Preis in dem Verhältnis herabsetzen, in dem der Wert der gelieferten zum Wert der geschuldeten Ware steht. Nach diesem Verhältnis, in dem beide Werte zuein-ander stehen, wird der ursprünglich vereinbarte Preis verändert. Der geminderte Kaufpreis ergibt sich damit aus folgender Formel:

$$\text{Geminderter Preis} = \frac{\text{Vertragspreis x Wert der gelieferten Ware}}{\text{Wert der geschuldeten Ware}}$$

Diese Formel folgt aus dem Gesetz (AUDIT 134; BRUNNER Art 50 Rn 7; HERBER/CZER- **20** WENKA Art 50 Rn 5; MünchKommHGB/BENICKE Art 50 Rn 8; SCHLECHTRIEM/SCHWENZER/MÜL-LER-CHEN Art 50 Rn 8; SOERGEL/LÜDERITZ/SCHÜSSLER-LANGEHEINE Art 50 Rn 11; WELSER, in: DORALT 123; **aA** aber Schweizer Botschaft 801: Die Minderung richte sich nur nach der Differenz der Werte). Damit soll das ursprüngliche Wertverhältnis der Vertragsleistungen auf abgesenktem Niveau aufrechterhalten bleiben. **Andere Berechnungsmethoden** sind **nicht zulässig**. Doch kann der Wert – insbesondere der geschuldeten Ware – uU nur durch Schätzung festzulegen sein (LG München I IHR 2003, 233 [Schätzung einer Minderung von 30% bei hochwertigen globusartigen Videomonitoren, die sich wegen zu schwacher Motoren nicht drehen]; HERBER/CZERWENKA Art 50 Rn 6; offen BIANCA/BONELL/WILL Art 50 Bem 3.1; **aA** Pretore della giurisdizione di Locarno Campagna 27.4.1992, CLOUT Nr 56).

21 Eine Minderung ergibt sich nur, wenn die gelieferte Ware im maßgeblichen Zeitpunkt weniger wert ist als die geschuldete. Dabei ist gleichgültig, ob der Preis über oder unter dem Verkehrswert der Ware lag. Auch der Käufer, der sehr günstig gekauft hat, kann bei Mängeln der Ware noch mindern. **Maßgeblicher Zeitpunkt**, zu dem die ins Verhältnis zu setzenden Werte zu ermitteln sind, **ist derjenige der tatsächlichen Lieferung**, nicht – wie noch in Art 46 EKG und auch in § 441 Abs 3 BGB – der Zeitpunkt des Vertragsschlusses (Pretore della giurisdizione di Locarno Campagna 27. 4. 1992, CLOUT Nr 56; OLG Graz 9. 11. 1995, CLOUT Nr 175). Den Wert zur Lieferzeit festzustellen, ist meist einfacher und hat stärkeren Realitätsbezug als die Ermittlung hypothetischer Werte zur Zeit des Vertragsschlusses (vgl die Erörterungen auf der Wiener Konferenz Off Rec 358). Fallen die Lieferhandlung des Verkäufers – zB durch Bereitstellen – und die vertragsgemäße Übernahme durch den Käufer zeitlich auseinander, wird auf den Zeitpunkt der tatsächlichen Übernahme abzustellen sein (vgl HIRNER 385 ff; SCHLECHTRIEM/SCHWENZER/MÜLLER-CHEN Art 50 Rn 10 f). Deshalb stets den Zeitpunkt gelten zu lassen, zu dem der Käufer die Ware übernimmt bzw übernehmen mußte (so SCHLECHTRIEM/SCHWENZER/MÜLLER-CHEN Art 50 Rn 11), ist freilich mit dem Wortlaut des Art 50 („Zeitpunkt der Lieferung") und dem Sinn und Zweck der Regelung kaum vereinbar. Auf die Wertverhältnisse bei der tatsächlichen Übernahme durch den Käufer kann es etwa beim Versendungskauf auch nicht ankommen, denn sonst müsste der Verkäufer hier noch über den Zeitpunkt hinaus Risiken der Veränderung der Wertverhältnisse tragen, zu dem er seine Lieferpflicht – im Zweifel mit der Übergabe an den ersten Beförderer – längst erfüllt hat.

22 Für das Wertverhältnis hat auch der **Ort** Bedeutung, **an dem der Wert zu bestimmen ist**. Art 50 legt ihn nicht fest. Nach überwiegender Meinung ist **grundsätzlich der Lieferort maßgebend**, der sich aus Art 31 ergibt (Pretore della giurisdizione di Locarno Campagna 27. 4. 1992, CLOUT Nr 56; OLG Graz 9. 11. 1995, CLOUT Nr 175; ACHILLES Art 50 Rn 7; ENDERLEIN/MASKOW/STROHBACH Art 50 Bem 4; HERBER/CZERWENKA Art 50 Rn 7; vHOFFMANN, in: SCHLECHTRIEM, Fachtagung 301; KAROLLUS 117; LOEWE, Kaufrecht 73; PILTZ, Internationales Kaufrecht § 5 Rn 309; SCHLECHTRIEM, UN-Kaufrecht 70 Fn 311; SCHLECHTRIEM/SCHWENZER/MÜLLER-CHEN Art 50 Rn 12; **abweichend** – Maßgeblichkeit des Bestimmungsortes – aber BIANCA/BONELL/WILL Art 50 Bem 3. 3). Beim Versendungskauf und beim Verkauf auf dem Transport befindlicher Ware muß es aber auf die Wertverhältnisse am **Bestimmungsort** ankommen, an dem die Ware genutzt werden und für den Käufer ihren Wert haben soll (so auch BAMBERGER/ROTH/SAENGER Art 50 Rn 5; MünchKommHGB/BENICKE Art 50 Rn 11 f; ENDERLEIN/MASKOW/STROHBACH Art 50 Bem 4; HERBER/CZERWENKA Art 50 Rn 7; KAROLLUS 157; LOEWE, Kaufrecht 73; PILTZ, Internationales Kaufrecht § 5 Rn 309; REINHART Art 50 Rn 4; SCHLECHTRIEM/SCHWENZER/MÜLLER-CHEN Art 50 Rn 12; aA BIANCA/BONELL/WILL aaO; MünchKommBGB/HUBER Art 50 Rn 22). In den übrigen Fällen des Art 31 bleiben dagegen die Werte am Lieferort maßgeblich (ebenso ENDERLEIN/MASKOW/STROHBACH, HERBER/CZERWENKA, SCHLECHTRIEM/SCHWENZER/MÜLLER-CHEN aaO; **aA** – Bestimmungsort bzw Niederlassungsort des Käufers – AUDIT 135 Fn 1; LOEWE, Kaufrecht 73; REINHART Art 50 Rn 4; ähnlich BIANCA/BONELL aaO; wohl auch vHOFFMANN, in: SCHLECHTRIEM, Fachtagung 301; für Maßgeblichkeit des Transportendpunktes HONSELL/SCHNYDER/STRAUB Art 50 Rn 41).

23 Ausnahmsweise kann die Minderung auch zur Reduktion des Kaufpreises auf Null führen, wenn die **Ware gänzlich wertlos** ist (ebenso ACHILLES Art 50 Rn 7, BAMBERGER/ROTH/SAENGER Art 50 Rn 4; BRUNNER Art 50 Rn 11; MünchKommBGB/HUBER Art 50 Rn 24;

PILTZ, Internationales Kaufrecht § 5 Rn 311; SCHLECHTRIEM/SCHWENZER/MÜLLER-CHEN Art 50
Rn 13). Der Rechtsbehelf der Minderung bleibt in diesen Fällen auch zulässig und
hat gerade dann besondere Bedeutung, wenn der Käufer sein Vertragsaufhebungsrecht bereits verloren hat, sei es wegen Rügeversäumung (Art 39, sofern Art 44
eingreift), wegen Versäumung der Aufhebungsfrist (Art 49 Abs 2) oder wegen Unmöglichkeit der Warenrückgabe (Art 82). Nach aA sind dann dagegen die Förmlichkeiten der Vertragsaufhebung einzuhalten, weil eine Minderung auf Null die
gleiche Wirkung wie sie habe (HONSELL/SCHNYDER/STRAUB Art 50 Rn 46).

V. Rechtsfolgen der Minderung

Mit berechtigter Minderung **erlischt der Kaufpreisanspruch in Höhe des Minderungs-** **24**
betrages. Der Verkäufer kann diesen Teil nicht mehr verlangen, der Käufer muß ihn
nicht mehr bezahlen (OLG München NJW-RR 1994, 1075; HERBER/CZERWENKA Art 50 Rn 8;
SCHLECHTRIEM/SCHWENZER/MÜLLER-CHEN Art 50 Rn 16). Einer Aufrechnung oder Auf-
rechnungslage bedarf es nicht (vgl zur Aufrechnung HONNOLD Rn 313.2). Der Käufer
kann dem Zahlungsverlangen in Höhe der Minderung die Einrede der Minderung
entgegenhalten.

Hat der Käufer den vollen Preis bereits bezahlt, dann besteht ein **Rückzahlungsan-** **25**
spruch in Höhe des Minderungsbetrags. Der Anspruch kann aus Art 50 selbst entnommen werden (davon geht der Sekretariatskommentar Art 46 Bem 5 aus; ebenso ACHILLES
Art 50 Rn 8; wohl auch ENDERLEIN/MASKOW/STROHBACH Art 50 Bem 3; HIRNER 411 f; HONSELL/
SCHNYDER/STRAUB Art 50 Rn 50; PILTZ, Internationales Kaufrecht § 5 Rn 313; SCHLECHTRIEM/
SCHWENZER/MÜLLER-CHEN Art 50 Rn 16; aA BG IHR 2004, 252 [253]). Die Herabsetzung
eines schon gezahlten Kaufpreises, die Art 50 ausdrücklich gewährt, kann nur durch
ein entsprechendes Rückforderungsrecht geltend gemacht werden. Nach **aA**, die
jedoch zum gleichen Ergebnis führt, folgt ein Rückforderungsanspruch aus einer
Analogie zu Art 81 Abs 2 (so HERBER/CZERWENKA Art 50 Rn 8; KAROLLUS 157). Ein Rückgriff auf nationales Bereicherungsrecht ist jedenfalls ausgeschlossen (ebenso HERBER/
CZERWENKA aaO; aA aber BG IHR 2004, 252 [253]). Der Rückzahlungsanspruch ist in der
vereinbarten Währung, hilfsweise in der Währung zu erfüllen, in der die ursprüngliche Kaufpreiszahlung erfolgte. Erfüllungsort des Minderungsanspruchs ist der Niederlassungsort des Käufers (vgl Art 57 Rn 23; aA OLG Hamm 5. 11. 1997, CLOUT Nr 295;
ACHILLES Art 50 Rn 8). Die Rückzahlung ist fällig, sobald der Käufer sein berechtigtes
Minderungsverlangen beziffert hat. Einer Mahnung bedarf es in Analogie zu Art 59
nicht. Verzögert der Verkäufer die Rückzahlung, so liegt darin eine Pflichtverletzung,
die den Käufer zu Schadensersatz berechtigt (ebenso BAMBERGER/ROTH/SAENGER Art 50
Rn 6; SCHLECHTRIEM/SCHWENZER/MÜLLER-CHEN Art 50 Rn 16).

Für den ausstehenden Betrag kann der Käufer gem Art 84 Abs 1 **Zinsen** beanspru- **26**
chen, die ihm vom Zeitpunkt der Zahlung des Kaufpreises an zustehen. Denn von
diesem Zeitpunkt an hatte der Verkäufer die Möglichkeit, den zuviel bezahlten
Kaufpreis zu nutzen (ebenso KAROLLUS 157. BAMBERGER/ROTH/SAENGER Art 50 Rn 6,
SCHLECHTRIEM/SCHWENZER/MÜLLER-CHEN Art 50 Rn 16 und PILTZ, Internationales Kaufrecht
§ 5 Rn 313 sprechen Zinsen nach Art 78 zu; nach HONSELL/SCHNYDER/STRAUB Art 50 Rn 52 laufen
Zinsen erst ab beziffertem Minderungsverlangen).

VI. Ausschluß des Minderungsrechts (S 2)

27 Nach S 2 entfällt das Minderungsrecht des Käufers, wenn der Verkäufer einen
Erfüllungsmangel zulässigerweise behebt oder der Käufer eine zulässige Nacherfüllung ablehnt. Trotz des Wortlauts („behebt der Verkäufer … einen Mangel") räumt
die Vorschrift dem **Nacherfüllungsrecht** des Verkäufers ganz **grundsätzlich** den **Vorrang vor dem Minderungsverlangen** des Käufers ein. Die Vorschrift ist damit ebenfalls Ausdruck dafür, daß die Konvention die Durchführung des Vertrages als
vorrangiges Ziel ansieht. Der Verkäufer kann trotz eines Minderungsverlangens
des Käufers solange nacherfüllen, als ihn Art 37 (bis zum Liefertermin) und Art 48
(soweit zumutbar, auch nach dem Liefertermin) dazu berechtigen (Sekretariatskommentar Art 46 Bem 14; ferner BIANCA/BONELL/WILL Art 50 Bem 2.3; HERBER/CZERWENKA
Art 50 Rn 9; KAROLLUS 158; REINHART Art 50 Rn 6; SCHLECHTRIEM/SCHWENZER/MÜLLER-CHEN
Art 50 Rn 7). Mit ordnungsgemäßer Nacherfüllung entfällt das Minderungsrecht endgültig; ein eventueller Schaden – zB Gutachterkosten – bleibt freilich zu ersetzen
(Art 37 S 2; Art 48 Abs 1 S 2). Ist auch ein zweiter Erfüllungsversuch mangelhaft,
dann kann der Käufer nunmehr mindern (HERBER/CZERWENKA Art 50 Rn 9; KAROLLUS
158).

28 Wenn der Käufer eine **zulässige Nacherfüllung ablehnt**, verliert er den Minderungsanspruch. Der Käufer verhält sich in diesem Fall treuwidrig und setzt sich mit dem
eigenen Verhalten in Widerspruch, wenn er Ausgleich für Mängel – im Weg der
Minderung – verlangt, eine zulässige Mängelbehebung aber nicht gestattet (HON-
NOLD Rn 313 führt S 2 auf die Pflicht zur Schadensminderung zurück).

29 Der **Vorrang des Nacherfüllungsrechts** des Verkäufers **endet**, wenn der Verkäufer auf
dieses Recht von vornherein verzichtet oder die Zeit für die Nacherfüllung – der
Liefertermin (Art 37) oder die angemessene Frist des Art 48 Abs 2 – verstrichen ist.
Für den Käufer wird es sich empfehlen, dem Verkäufer eine angemessene Frist für
die Nacherfüllung zu setzen. Nach ihrem erfolglosen Ablauf braucht er keine
weiteren Erfüllungsversuche zu dulden und kann dann Preisminderung verlangen
(MünchKommHGB/BENICKE Art 50 Rn 6).

VII. Verhältnis zu den übrigen Rechtsbehelfen

1. Verhältnis zum Schadensersatzanspruch

30 Der **Schadensersatzanspruch** steht als **selbständige Anspruchsgrundlage neben dem
Minderungsrecht**. Soweit die Voraussetzungen beider Anspruchsgrundlagen gegeben
sind, kann der Käufer den Minderungsbetrag über Art 50 oder als Schadensersatz
über Art 45 Abs 1 lit b – insgesamt freilich nur einmal – geltend machen und sich
dafür auf beide Vorschriften stützen (ACHILLES Art 50 Rn 9; HONNOLD Rn 312; SCHLECHT-
RIEM/SCHWENZER/MÜLLER-CHEN Art 50 Rn 18; **aA** – wechselseitiger Ausschluß – HONSELL/
SCHNYDER/STRAUB Art 50 Rn 57). Ferner kann der Käufer nach Art 45 Abs 1 lit b Ersatz
des die Minderung übersteigenden oder eines sonstigen Schadens (zB Mangelfolgeschäden, Gewinneinbußen, aber etwa auch Gutachterkosten für die Mangelfeststel-
lung etc) verlangen. Sind die Marktpreise der Ware zwischen Vertragsschluß und
Lieferung gestiegen, dann wird ein Schadensersatzanspruch für den Käufer häufig
günstiger sein als die Minderung, die ja allein von dem Wertverhältnis zwischen

gelieferter und geschuldeter Ware abhängig ist und hierdurch begrenzt wird (vgl Honnold Rn 312; Nicholas LQRev 105 [1989] 225 f; Plantard Clunet 1988, 343).

2.   Verhältnis zur Erfüllung und Vertragsaufhebung

Erfüllung oder Vertragsaufhebung kann der Käufer **nicht mehr** verlangen, **wenn** er 31 wirksam die **Minderung erklärt** hat. Diese Behelfe sind mit der rechtsgestaltenden Wirkung der Minderung inkompatibel, die zu einer Vertragsanpassung auf beiderseits niedrigerem Leistungsniveau führt (Achilles Art 50 Rn 9; Herber/Czerwenka Art 50 Rn 9; Honsell/Schnyder/Straub Art 50 Rn 30, 56; MünchKommHGB/Benicke Art 50 Rn 15; Piltz, Internationales Kaufrecht § 5 Rn 317; Schlechtriem/Schwenzer/Müller-Chen Art 50 Rn 17). Umgekehrt entfällt der Minderungsanspruch, wenn der Käufer wirksam die Aufhebung erklärt hat (Achilles, Herber/Czerwenka aaO).

Begehrt der Käufer zunächst berechtigterweise Erfüllung, so ist er an dieses Ver- 32 langen **für eine angemessene Zeit gebunden** (vgl Art 46 Rn 43 ff, 56), kann aber dann mindern, wenn der Verkäufer nicht oder nicht korrekt (nach-)erfüllt.

Es ist selbstverständlich, daß sich die Rechte des Käufers **auf den jeweils geltend** 33 **gemachten Mangel** beziehen. Tauchen später andere Mängel der Ware auf, die noch geltend gemacht werden können, dann hat der Käufer wiederum die Wahl zwischen denjenigen Behelfen, deren jeweilige Voraussetzungen vorliegen.

VIII. Beweisfragen

Die Beweislast für die Wertverhältnisse im Zeitpunkt der Lieferung trifft den 34 Käufer, da er hieraus eine ihm günstige Rechtsfolge ableiten will (ebenso Achilles Art 50 Rn 10; Baumgärtel/Laumen/Hepting Art 50 Rn 1 ff; Schlechtriem/Schwenzer/Müller-Chen Art 50 Rn 15). Mangels anderer Anhaltspunkte wird der vereinbarte Kaufpreis prima facie den Wert repräsentieren, den die geschuldete Ware im Lieferzeitpunkt hat (Schlechtriem/Schwenzer/Müller-Chen aaO). Hilfsweise ist der Wert durch Sachverständigengutachten oder Schätzung zu bestimmen. Über diese Fragen des Beweismaßes und der Beweisführung entscheidet allerdings das Prozeßrecht des Forums (s auch § 441 Abs 3 S 2 BGB; vgl ferner näher Art 4 Rn 70). Der Verkäufer muß dagegen seine Nacherfüllung oder die Erfüllungsverweigerung des Käufers nach S 2 nachweisen (Achilles aaO; Baumgärtel/Laumen/Hepting Art 50 Rn 10 f; Honsell/Schnyder/Straub Art 50 Rn 59).

Art 51 [Teilweise Nichterfüllung]

(1) Liefert der Verkäufer nur einen Teil der Ware oder ist nur ein Teil der gelieferten Ware vertragsgemäß, so gelten für den Teil, der fehlt oder der nicht vertragsgemäß ist, die Artikel 46 bis 50.

(2) Der Käufer kann nur dann die Aufhebung des gesamten Vertrages erklären, wenn die unvollständige oder nicht vertragsgemäße Lieferung eine wesentliche Vertragsverletzung darstellt.

Art 51

(1) If the seller delivers only a part of the goods or if only a part of the goods delivered is in conformity with the contract, articles 46 to 50 apply in respect of the part which is missing or which does not conform.

(2) The buyer may declare the contract avoided in its entirety only if the failure to make delivery completely or in conformity with the contract amounts to a fundamental breach of the contract.

Art 51

1) Si le vendeur ne livre qu'une partie des marchandises ou si une partie seulement des marchandises livrées est conforme au contrat, les articles 46 à 50 s'appliquent en ce qui concerne la partie manquante ou non conforme.

2) L'acheteur ne peut déclarer le contrat résolu dans sa totalité que si l'inexécution partielle ou le défaut de conformité constitue une contravention essentielle au contrat.

Schrifttum

FLECHTNER, Remedies Under the New International Sales Convention: The Perspective From Article 2 of the UCC, JLawComm 8 (1988) 53

PILTZ, Verspätete Teillieferungen im EKG, IPRax 1986, 225.

Systematische Übersicht

Alphabetische Übersicht

I. Regelungsgegenstand und Normzweck

Die Vorschrift regelt den Fall, **daß der Verkäufer nur teilweise ordnungsgemäß erfüllt,** **1**
sei es, daß er nur einen Teil der Ware liefert, sei es, daß die gelieferte Ware nur in
Teilen vertragsgemäß ist. Der Käufer hat dann Rechte grundsätzlich allein im
Hinblick auf den fehlenden oder vertragswidrigen Teil. Den gesamten Vertrag
berührt die teilweise Erfüllung lediglich dann, wenn sie in Bezug auf ihn eine
wesentliche Vertragsverletzung darstellt. Unter dieser Voraussetzung kann der Käufer den Vertrag insgesamt aufheben. Kernvoraussetzung des Art 51 ist damit, daß
die Lieferung teilbar ist.

Die Bestimmung hat vor allem klarstellenden Charakter. Ohne sie wäre unklar, ob **2**
und wann bei teilweiser Nichterfüllung die allgemeinen Rechtsbehelfe für den
vertragswidrigen Teil oder für den Vertrag im Ganzen gelten. Insbesondere macht
Art 51 deutlich, daß auch eine Aufhebung nur eines Vertragsteils in Betracht
kommt, die in einigen Rechtsordnungen unzulässig ist (Sekretariatskommentar Art 47
Bem 2).

II. Entstehungsgeschichte

Die Vorschrift war bereits fast wortgleich in Art 45 EKG enthalten. Auf der Wiener **3**
Konferenz wurde sie ohne Debatte akzeptiert. Ein Antrag Singapurs, Abs 2 zu
streichen (A/Conf 97/C1/L171; vgl Off Rec 119), fand keine andere Unterstützung und
wurde abgelehnt (Off Rec 361). Einen Änderungsantrag zu Abs 2 zog Australien von
sich aus zurück (Off Rec 361).

III. Teillieferung

Die Bestimmung setzt als wichtigstes Merkmal eine **teilbare Lieferung** voraus. Die **4**
vertragliche Leistung des Verkäufers muß sich in physisch und wirtschaftlich selbständige Teile zerlegen lassen (BAMBERGER/ROTH/SAENGER Art 51 Rn 2; BIANCA/BONELL/
WILL Art 51 Bem 2.1.1; BRUNNER Art 51 Rn 1, 3; KAROLLUS 159; SCHLECHTRIEM/SCHWENZER/
MÜLLER-CHEN Art 51 Rn 2; inzident BGH NJW 1997, 3311; zum EKG ebenso BGH NJW 1982,
2730). Das ist etwa der Fall, wenn 125 t Walzdraht in Einzelmengen oder mehrere
Tonnen einer Chemikalie (so die Fälle des BGH aaO), einige Tonnen Gurken (OLG
Düsseldorf IPRax 1993, 412), Fliesen (LG Baden-Baden RiW 1992, 62), Textilien verschiedener Farben und Größen (OLG Düsseldorf RiW 1994, 1050; OLG Frankfurt, in: SCHLECHT-
RIEM/MAGNUS Art 45 Rn 2) oder eine Partie Schuhe (OLG Koblenz, in: SCHLECHTRIEM/
MAGNUS Art 45 Nr 3) zu liefern sind, deren aufgeteilte Lieferung auch ohne weiteres
an mehrere verschiedene Abnehmer möglich wäre. Für Art 51 genügt es auch noch,
wenn etwa eine Anlage geliefert wird und die zusätzlich vereinbarten Ersatzteile
fehlen (ICC-Schiedsspruch Nr 7660 [1994], CLOUT Nr 302). Dagegen liegt keine Teilliefe-

rung vor, wenn die Ware eine Sachgesamtheit – Maschine aus zahlreichen Einzelteilen, Werk mit mehreren Bänden etc – darstellt (ACHILLES Art 51 Rn 1; BIANCA/ BONELL/WILL Art 51 Bem 2.1.1; SCHLECHTRIEM/SCHWENZER/MÜLLER-CHEN Art 51 Rn 2; einer eigenen Terminologie folgen HONSELL/SCHNYDER/STRAUB Art 51 Rn 12 ff). Ist hier ein Teil defekt, gelten die Art 46 ff für die gesamte Sache. Das gilt auch, wenn eine Sachgesamtheit aus mehreren selbständigen Einzelteilen besteht (zB Bände einer Gesamtausgabe, Musterkollektion von Textilien in verschiedenen Größen und Farben vgl OLG Frankfurt, in: SCHLECHTRIEM/MAGNUS Art 45 Nr 2), die zusammengehören und als eine Sache zu behandeln sind. Es steht nichts entgegen, Art 51 auch bei Rechtsmängeln anzuwenden, wenn etwa nur Teile einer (teilbaren) Lieferung mit Rechten Dritter belastet sind.

5 Eine (mangelhafte) Teillieferung ist auch nicht darin zu sehen, daß entweder das verkaufte Einzelstück oder alle Stücke einer Lieferung in Menge oder Gewicht hinter dem vertraglich vereinbarten Standard zurückbleiben. Die Behelfe der Art 46 ff beziehen sich dann auf den gesamten Vertrag. Sind aber zB 20% einer Lieferung von Weihnachtsstollen untergewichtig, dann beschränken sich die Rechte des Käufers auf diesen Teil der Lieferung.

6 Nicht Art 51, sondern **Art 73** ist **bei Sukzessivlieferungsverträgen** anzuwenden. Ein derartiger Vertrag liegt vor, wenn es vertraglich vorgeschrieben oder erlaubt ist, die Leistung in mindestens zwei, zeitlich getrennten Lieferungen zu erbringen (vgl eingehend MünchKommBGB/HUBER Art 51 Rn 5; ferner Art 73 Rn 6).

IV.   Rechte bei Teilerfüllung (Abs 1)

1.   Allgemeines

7 Bei nur teilweiser Erfüllung **beschränkt Abs 1 die Rechte des Käufers** aus Art 46–50 **auf den fehlenden oder vertragswidrigen Teil.** Die Verweisung auf die Art 46–50 bedeutet, daß die Voraussetzungen, die diese Vorschriften aufstellen, in Bezug auf den nicht ordnungsgemäßen Teil der Lieferung vorliegen müssen (BAMBERGER/ROTH/ SAENGER Art 51 Rn 2; HERBER/CZERWENKA Art 51 Rn 3; KAROLLUS 159). Das gilt insbesondere für die Rüge eines Sach-, Quantitäts- oder Rechtsmangels, für die Frist, in der Ersatzlieferung, Nachbesserung oder Aufhebung geltend zu machen ist, oder für die Rückgabemöglichkeit gelieferter mangelhafter Ware (Art 82). Die Rüge eines Quantitätsmangels erübrigt sich auch nicht, wenn die Mindermenge offen auf der Rechnung oder dem Lieferschein ausgewiesen ist, da der Verkäufer seine Fehlerkenntnis dem Käufer dann offenbart hat (s Art 40; dazu OLG Rostock IHR 2003, 19 [Zuviellieferung in Rechnung offen ausgewiesen]; MünchKommHGB/BENICKE Art 51 Rn 15; s auch Art 39 Rn 10 u Art 40 Rn 10).

8 Art 51 Abs 1 verweist auch auf Art 48. Der Verkäufer hat also auch bei Teillieferungen **das Recht**, unter den Voraussetzungen des Art 48 **nachzuerfüllen**, und dadurch Ansprüchen des Käufers die Grundlage zu entziehen (HONNOLD Rn 316).

9 Unberührt läßt Art 51 das **Recht auf Schadensersatz** (Art 45 Abs 1 lit b). Entsteht dem Käufer durch die unvollständige Lieferung zusätzlicher Schaden, so kann er

dessen Ersatz verlangen (HONNOLD Rn 316, der aber offenbar Art 74 als Anspruchsgrundlage ansieht).

Art 51 ergibt auch, daß der **Verkäufer nicht** dazu **berechtigt** ist, **die Leistung in 10 mehreren Teillieferungen zu erbringen,** es sei denn, der Vertrag sieht das vor oder Umfang und Eigenart der Ware (zB mehrere Schiffsladungen) fordern das. Von diesen Ausnahmen abgesehen, hat der Verkäufer die gesamte Leistung zum vereinbarten Liefertermin in einem Zug zu erfüllen.

Eine **Teillieferung darf der Käufer jedoch nicht zurückweisen**, es sei denn, in der 11 Teillieferung liegt eine wesentliche Vertragsverletzung (ACHILLES Art 51 Rn 2; BRUNNER Art 51 Rn 7; SCHLECHTRIEM/SCHWENZER/MÜLLER-CHEN Art 51 Rn 4). Eventuellen Schaden wie zusätzliche Transport-, Lager-, Bearbeitungskosten, die durch eine oder mehrere vertragswidrige Teillieferungen verursacht werden, kann der Käufer aber in jedem Fall ersetzt verlangen (Art 45 Abs 1 lit b).

2.   Unvollständige Lieferung

Hat der Verkäufer zum Erfüllungstermin nicht vollständig, sondern nur einen Teil 12 geliefert, dann kann der Käufer gemäß Art 46 Abs 1 ohne weiteres **Nachlieferung des fehlenden Teils** verlangen (ebenso KAROLLUS 159; MünchKommHGB/BENICKE Art 51 Rn 5). Dieses Verlangen ist an keine Frist gebunden, setzt aber eine ordnungsgemäße Rüge des Quantitätsmangels voraus (vgl Art 46 Rn 9). Alternativ kann der Käufer eine Nachfrist (Art 47) setzen und nach ihrem erfolglosem Ablauf den Vertrag hinsichtlich des fehlenden Teils aufheben (Art 49 Abs 1 lit b iVm Art 51 Abs 1; vgl ICC-Schiedsspruch Nr 7660 [1994], CLOUT Nr 302 [Lieferung einer Anlage, bei der nur die mitbestellten Ersatzteile fehlen; Aufhebung für Ersatzteillieferung an sich zulässig, aber verspätet – 18 Monate nach Lieferung – erklärt und daher unwirksam]; KAROLLUS 159; Münch-KommHGB/BENICKE Art 51 Rn 5; SCHLECHTRIEM/SCHWENZER/MÜLLER-CHEN Art 51 Rn 6). Eine Lieferung ist allerdings dann nicht unvollständig, wenn der Verkäufer sich mit ihr noch innerhalb vereinbarter oder üblicher Mengentoleranzen gehalten hat (vgl etwa OGH ZfRV 1997, 204 [+/- 5% bzw +/- 10% nach Wahl des Schiffes]; zu ca-Klauseln SCHLECHTRIEM/SCHWENZER/HUBER[3] Art 51 Rn 8).

Auch ohne Nachfristsetzung ist die **Teilaufhebung des Vertrags** zulässig, wenn im 13 Fehlen eines Teils eine wesentliche Vertragsverletzung liegt. Das ist etwa der Fall, wenn der Verkäufer Saisonware („Herbstmode") zu liefern hat und nur einen Teil fristgemäß anliefert. Hier kann der Käufer den Kaufvertrag über den ausstehenden Rest ohne Nachfrist aufheben (zu diesem Fall AG Oldenburg iH IPRax 1991, 336, dazu ENDERLEIN IPRax 1991, 313).

Statt der Nachlieferung oder Aufhebung kann der Käufer auch den **Kaufpreis gem 14 Art 50 mindern,** wie die ausdrückliche Erwähnung des Art 50 in Abs 1 zeigt (ebenso BAMBERGER/ROTH/SAENGER Art 51 Rn 3; BRUNNER Art 51 Rn 6; KAROLLUS 159; Münch-KommHGB/BENICKE Art 51 Rn 6; SCHLECHTRIEM Rn 193; WITZ/SALGER/LORENZ Art 51 Rn 2; teilweise aA SCHLECHTRIEM/SCHWENZER/MÜLLER-CHEN Art 50 Rn 2 und Art 51 Rn 6, der in Art 51 Abs 1 eine spezielle Regelung für Quantitätsmängel sieht, die Art 50 verdrängt; unklar HONSELL/SCHNYDER/STRAUB Art 51 Rn 34 ff).

3. Teilweise mangelhafte Lieferung

15 Ist nur ein Teil der gelieferten Ware mangelhaft, dann hat der Käufer **bezüglich dieses Teils das Recht auf Ersatzlieferung** (Art 46 Abs 2), wenn der Mangel wesentlich ist, oder das Recht auf Nachbesserung, wenn eine Reparatur möglich und dem Verkäufer zuzumuten ist (Art 46 Abs 3). Eine Teilaufhebung kommt hier nur bei wesentlicher Vertragsverletzung in Betracht (Art 49 Abs 1 lit a); alternativ ist Minderung (Art 50) oder Schadensersatz (Art 45 Abs 1 lit b) möglich (vgl ACHILLES Art 51 Rn 3; BRUNNER Art 51 Rn 7; HONNOLD Rn 316; KAROLLUS 159; SCHLECHTRIEM/SCHWENZER/MÜLLER-CHEN Art 51 Rn 7).

16 Der Käufer kann seine Rechte hinsichtlich des mangelhaften Lieferungsteils auch schon dann geltend machen, **wenn noch nicht feststeht, ob der übrige Teil vertragsgemäß ist** (vgl BGH NJW 1982, 2730 [zum EKG]). Auch wenn eine teilbare Lieferung insgesamt mangelhaft ist, kann der Käufer einen Teil der Lieferung als vertragsgemäß annehmen und Rechte nur hinsichtlich des Restes geltend machen – etwa weil nur insoweit Mängel sicher nachgewiesen sind oder seine Abnehmer nur diesen Teil reklamiert haben (so zu Recht BGH aaO).

17 Die Rechte der Art 46 ff stehen dem Käufer ferner auch zu, wenn ein **Teil der Ware mit Rechtsmängeln behaftet** ist (vgl PILTZ, Internationales Kaufrecht § 5 Rn 237; zum EKG BGH NJW 1982, 2730: gefälschte statt Originalware). Hier kann er Erfüllung nach Art 46 Abs 1 ohne die Einschränkungen des Art 46 Abs 2 und 3 verlangen (vgl Art 46 Rn 15 ff).

V. Aufhebung des Vertrages im Ganzen (Abs 2)

18 Nach Art 51 Abs 2 ist der Käufer zur **Aufhebung** des Vertrages im Ganzen berechtigt, **wenn die unvollständige oder die teilweise mangelhafte Lieferung eine wesentliche Verletzung des gesamten Vertrages darstellt** (HERBER/CZERWENKA Art 51 Rn 4; HONNOLD Rn 317; KAROLLUS 159 f; SCHLECHTRIEM/SCHWENZER/MÜLLER-CHEN Art 51 Rn 9; SOERGEL/LÜDERITZ/SCHÜSSLER-LANGEHEINE Art 51 Rn 4). Eine wesentliche Vertragsverletzung – es gilt der Maßstab des Art 25 – im Hinblick auf den Vertrag als Ganzes liegt vor, wenn die korrekt erbrachte Teillieferung ohne den ausstehenden oder mangelhaften Teil für den Käufer ohne Interesse ist, er sie weder nutzen noch weiter veräußern kann (ENDERLEIN/MASKOW/STROHBACH Art 51 Bem 5; HONNOLD Rn 317; MünchKommBGB/HUBER Art 51 Rn 18). Das ist zB der Fall, wenn 80% der gelieferten Schuhe mangelhaft sind und dadurch weder eine ordnungsgemäße Präsentation noch ein geregelter Abverkauf der Schuhe möglich ist (so zum EKG: OLG Koblenz, in: SCHLECHTRIEM/MAGNUS Art 45 Nr 3). Auch wenn ein hoher Prozentsatz der Stichproben bei Massenwaren Mängel aufweist, ist eine wesentliche Vertragsverletzung des Gesamtvertrages anzunehmen, da dem Käufer ein Nachprüfen und Aussortieren mangelhafter Stücke nicht zuzumuten ist (ACHILLES Art 51 Rn 4; BRUNNER Art 51 Rn 8; ENDERLEIN/MASKOW/STROHBACH Art 51 Bem 5; SCHLECHTRIEM/SCHWENZER/MÜLLER-CHEN Art 51 Rn 11). In letzterem Fall kommt auch ein Recht des Käufers auf vollständige Ersatzlieferung in Betracht (ebenso HONSELL/SCHNYDER/STRAUB Art 51 Rn 45). Im übrigen kann der Käufer jedoch nicht Austausch des fehlerfreien Lieferungsteils verlangen (wohl **anders** HONSELL/SCHNYDER/STRAUB aaO)

Kein Aufhebungsrecht hinsichtlich des gesamten Vertrages folgt aber für sich dar- **19**
aus, daß der Verkäufer einen Teil nicht geliefert hat, da für diesen Fall nur Art 51
Abs 1 gilt (ICC-Schiedsspruch Nr 7660 [1994], CLOUT Nr 302). Ein Aufhebungsrecht für
den Gesamtvertrag entsteht auch nicht, wenn der Käufer **für eine fehlende Teillieferung eine Nachfrist** nach Art 49 Abs 1 lit b **gesetzt** hat. Läuft diese Nachfrist erfolglos ab, so kann der Vertrag grundsätzlich nur bezüglich der Teillieferung aufgehoben
werden (Sekretariatskommentar Art 47 Bem 4; BIANCA/BONELL/WILL Art 51 Bem 2.2; HERBER/
CZERWENKA Art 51 Rn 4; WITZ/SALGER/LORENZ Art 51 Rn 5). Ist allerdings die gelieferte
Ware wegen des ausbleibenden Teils für den Käufer insgesamt ohne Wert, muß
auch die Aufhebung des ganzen Vertrages möglich sein.

VI. Verletzung von Zusatzpflichten

Art 51 bezieht sich nach seinem Wortlaut nur auf Fälle, in denen die Ware über- **20**
haupt nur zum Teil oder aber zum Teil mangelhaft geliefert worden ist. Seine
Grundgedanken sind aber **auch auf Fälle** zu übertragen, **in denen andere Vertragspflichten verletzt sind.** Hat der Verkäufer beispielsweise ordnungsgemäß geliefert,
aber mit einem abtrennbaren Teil der Lieferung gegen eine – wirksame – Exklusiv-
verpflichtung verstoßen, dann beschränken sich die Rechte des Käufers grundsätzlich auf Behelfe gegenüber dieser Pflichtverletzung. Er kann die künftige Einhaltung der Exklusivlieferpflicht gem Art 46 Abs 1 oder Nacherfüllung nach Art 46
Abs 2 oder 3, eine Preisminderung (Art 50), Schadensersatz (Art 45 Abs 1 lit b)
oder ggfs eine Teilaufhebung (Art 49) verlangen. Eine Aufhebung des gesamten
Vertrages kommt dagegen nur in Betracht, wenn die Vertragsverletzung so gravierend ist, daß das Interesse am Vertrag als Ganzem entfallen ist (in einem ähnlichen Fall
bejaht von OLG Frankfurt NJW 1992, 633; ebenso MünchKommBGB/HUBER Art 51 Rn 21 f; aA –
kein Bedürfnis für entsprechende Anwendung des Art 51 auf die Verletzung anderer Vertragspflichten – SCHLECHTRIEM/SCHWENZER/MÜLLER-CHEN Art 51 Fn 1; SOERGEL/LÜDERITZ/SCHÜSSLER-
LANGHEINE Art 51 Rn 5).

VII. Beweisfragen

Der Käufer muß zunächst darlegen, daß der Verkäufer nur teilweise erfüllt hat. Im **21**
übrigen richtet sich die Beweislast nach dem Rechtsbehelf, den der Käufer geltend
macht (Art 46–50), und den dafür maßgebenden Beweislastregeln. Will der Käufer
den gesamten Vertrag aufheben (Abs 2), dann muß er die tatsächlichen Voraussetzungen nachweisen, die eine wesentliche Verletzung des Gesamtvertrages ergeben
(ebenso BAUMGÄRTEL/LAUMEN/HEPTING Art 51 Rn 1 f; teilw **abw** ACHILLES Art 51 Rn 5;
HONSELL/SCHNYDER/STRAUB Art 51 Rn 46 f).

Art 52 [Vorzeitige Lieferung; Zuviellieferung]

**(1) Liefert der Verkäufer die Ware vor dem festgesetzten Zeitpunkt, so steht es dem
Käufer frei, sie abzunehmen* oder die Abnahme* zu verweigern.**

---

* Österreich, Schweiz: anzunehmen; Annahme;
annehmen.

(2) Liefert der Verkäufer eine größere als die vereinbarte Menge, so kann der Käufer die zuviel gelieferte Menge abnehmen* oder ihre Abnahme* verweigern. Nimmt der Käufer die zuviel gelieferte Menge ganz oder teilweise ab,* so hat er sie entsprechend dem vertraglichen Preis zu bezahlen.

Art 52

(1) If the seller delivers the goods before the date fixed, the buyer may take delivery or refuse to take delivery.

(2) If the seller delivers a quantity of goods greater than that provided for in the contract, the buyer may take delivery or refuse to take delivery of the excess quantity. If the buyer takes delivery of all or part of the excess quantity, he must pay for it at the contract rate.

Art 52

1) Si le vendeur livre les marchandises avant la date fixée, l'acheteur a la faculté d'en prendre livraison ou de refuser d'en prendre livraison.

2) Si le vendeur livre une quantité supérieur à celle prévue au contrat, l'acheteur peut accepter ou refuser de prendre livraison de la quantité excédentaire. Si l'acheteur accepte d'en prendre livraison en tout ou en partie, il doit la payer au tarif du contrat.

Schrifttum

DAWWAS, Die Gültigkeit des Vertrages und das UN-Kaufrecht (1998).

Systematische Übersicht

Alphabetische Übersicht

I. Regelungsgegenstand und Normzweck

Art 52 regelt **zwei Situationen vertragswidriger Übererfüllung**. Der Verkäufer tut hier **1** mehr, als der Vertrag von ihm verlangt, indem er **vorzeitig oder zu viel** liefert. In beiden Fällen ist der Käufer berechtigt, die Übererfüllung zurückzuweisen oder sie anzunehmen. In beiden Fällen kann der Käufer ferner einen etwaigen Schaden ersetzt verlangen, da auch die Übererfüllung eine Vertragsverletzung darstellt (Sekretariatskommentar Art 48 Bem 6). Nimmt der Käufer die Zuvielleistung an, muß er sie entsprechend dem vertraglichen Preis bezahlen.

Der Zweck der Vorschrift liegt darin, dem Käufer auch dann Rechte zu geben, **2** wenn der Verkäufer übererfüllt. Denn durch vorzeitige oder Mehrlieferung können dem Käufer **zusätzliche Kosten oder Unannehmlichkeiten** (insbesondere für Lagerung oder sonstige Behandlung der Ware) entstehen, mit denen er nicht zu rechnen brauchte.

Die **praktische Bedeutung** der Vorschrift ist **begrenzt**. Während unter dem EKG **3** keinerlei Rechtsprechung zu der Bestimmung zu verzeichnen war (vgl SCHLECHTRIEM/ MAGNUS zu Art 29 und 47 EKG), haben sich unter dem CISG einige wenige Entscheidungen zu ihr geäußert (s OLG Rostock IHR 2003, 19; La San Giuseppe v Forti Moulding Ltd 31. 8. 1999, CLOUT Nr 341; Schiedsspruch Nr 200/1994, 25. 4. 1995 des Tribunal of International Commercial Arbitration at the Russian Federation Chamber of Commerce and Industry, CLOUT Nr 141).

II. Entstehungsgeschichte

Die Vorschrift hatte ihre Vorläufer in Art 29 und 47 EKG. Art 29 EKG, der dem **4** jetzigen Abs 1 entsprach, räumte dem Käufer bei der Abnahme vorzeitig gelieferter

Ware jedoch ausdrücklich die Möglichkeit ein, sich das Recht auf Schadensersatz vorzubehalten. Dasselbe sah Art 47 EKG, die Vorgängervorschrift des jetzigen Abs 2, im Fall zurückgewiesener Zuviellieferung vor. Beide EKG-Vorschriften wurden bereits im Genfer Entwurf zusammengefaßt (Art 33). Das Recht auf Schadensersatz wurde nicht mehr erwähnt, sollte damit aber nicht etwa ausgeschlossen werden (Sekretariatskommentar Art 48 Bem 6). Doch entfiel damit auch das Erfordernis eines ausdrücklichen Vorbehalts der Schadensersatzmöglichkeit, wie ihn Art 29 und 47 EKG vorgesehen hatten.

5 Schon während der Vorarbeiten hatte es einen Vorstoß gegeben, das jetzt in Abs 1 enthaltene Zurückweisungsrecht dem Käufer nur in Fällen von „unreasonable inconvenience or unreasonable expense" zu gewähren. Doch der Vorschlag war schon früh abgelehnt worden (UNCITRAL YB VI [1975] 81, 102). Die Geltung des Grundsatzes von Treu und Glauben sollte damit aber nicht eingeschränkt werden.

6 Auf der Wiener Konferenz wurden nur unwesentliche Änderungsanträge (Off Rec 119) gestellt und nach sehr knapper Diskussion abgelehnt (Off Rec 362).

III. Vorzeitige Lieferung (Abs 1)

1. Vorzeitigkeit der Lieferung

7 Abs 1 setzt voraus, daß der Verkäufer **vor dem festgesetzten Zeitpunkt** liefert. Der Lieferzeitpunkt muß sich als ein bestimmter Zeitpunkt oder Zeitraum aus dem Vertrag, eventuellen Gebräuchen oder Gepflogenheiten entnehmen lassen. Folgt der Lieferzeitpunkt mangels sonstiger Festlegung allein aus der Konvention, dann kommt eine vorzeitige Lieferung nicht in Betracht, da der Verkäufer gem Art 33 lit c innerhalb angemessener Frist nach Vertragsschluß zu liefern hat und damit auch sofort nach Vertragsschluß liefern darf (vgl ACHILLES Art 52 Rn 2; MünchKommHGB/ BENICKE Art 52 Rn 2; SCHLECHTRIEM/SCHWENZER/MÜLLER-CHEN Art 52 Rn 2). Kein Verstoß gegen die Lieferfrist ist es aber, wenn der Verkäufer liefert, bevor der Käufer die an sich vereinbarte Bankgarantie gestellt hat (Schiedsspruch Nr 200/1994, 25. 4. 1995 des Tribunal of International Commercial Arbitration at the Russian Federation Chamber of Commerce and Industry, CLOUT Nr 141).

8 Ist ein **Lieferzeitraum** bestimmt (zB „Lieferung: Juli, August, September"), dann ist jede Lieferung vorzeitig, die vor dem 1. 7. am Lieferort eintrifft. Ergibt die Auslegung der genannten Klausel allerdings, daß nach der Absicht der Parteien im Juli, August und September je ein Drittel der Ware geliefert werden soll (vgl etwa AG Oldenburg iH IPRax 1991, 336, dazu ENDERLEIN IPRax 1991, 313), so ist auch eine Gesamtlieferung im Juli vorzeitig. Der Käufer kann die Raten für August und September zurückweisen. Wenn nur ein Endtermin für die Lieferung bestimmt ist („Lieferung spätestens Ende Mai", „Lieferung nicht später als 31. 5."), ist die Lieferung zu jedem Zeitpunkt vorher vertragsgemäß und nicht vorzeitig (HONNOLD Rn 319; HONSELL/SCHNYDER/STRAUB Art 52 Rn 9; MünchKommHGB/BENICKE Art 52 Rn 1).

9 Die **Parteien können das Lieferdatum nach Vertragsschluß ohne weiteres ändern** (Art 6, 29). Wenn der Käufer vorzeitig gelieferte Ware vorbehaltlos entgegennimmt, ist darin aber nicht automatisch eine stillschweigende Zustimmung zu einem abge-

änderten Liefertermin zu sehen (ebenso Sekretariatskommentar Art 48 Bem 6; ACHILLES
Art 52 Rn 3; BAMBERGER/ROTH/SAENGER Art 52 Rn 4; BRUNNER Art 52 Rn 4; HERBER/CZER-
WENKA Art 52 Rn 4; KAROLLUS 173 f; MünchKommBGB/HUBER Art 52 Rn 10; Münch-
KommHGB/BENICKE Art 52 Rn 7 f; **aA** aber Schweizer Botschaft 802; REINHART Art 52 Rn 2;
ENDERLEIN/MASKOW/STROHBACH Art 52 Bem 2 verlangen einen Vorbehalt des Käufers. Das Er-
fordernis eines Vorbehalts des Schadensersatzanspruchs hat das CISG im Gegensatz zum EKG aber
gerade aufgegeben, vgl oben Rn 4). Entscheidend ist der reale Parteiwille (vgl auch
Art 18 Abs 1 S 2). Insbesondere wenn dem Käufer durch die vorzeitige Lieferung
Zusatzkosten (für Lagerung etc) entstehen, bedeutet die vorbehaltlose Annahme
für sich allein keine Zustimmung zu einer Vertragsänderung, da der Käufer mit
einer solchen Zustimmung seinen Schadensersatzanspruch auf die Zusatzkosten
verlieren würde.

2. Zurückweisungsrecht

Die **Lieferung vor der festgesetzten Zeit ist eine Vertragsverletzung** (BIANCA/BONELL/   **10**
WILL Art 52 Bem 2; SCHLECHTRIEM/SCHWENZER/MÜLLER-CHEN Art 52 Rn 1). Anders als nach
§ 271 Abs 2 BGB ist der Verkäufer zur vorzeitigen Lieferung nicht berechtigt, der
Käufer zur Abnahme nicht verpflichtet. Vielmehr räumt ihm Abs 1 ein – zeitwei-
liges – Zurückweisungsrecht ein; der Verkäufer muß dann zum korrekten Zeitpunkt
erneut liefern. Gründe für die Zurückweisung braucht der Käufer nicht anzugeben
(Sekretariatskommentar Art 48 Bem 3; ACHILLES Art 52 Rn 2; ENDERLEIN/MASKOW/STROHBACH
Art 52 Bem 2; HERBER/CZERWENKA Art 52 Rn 3; SCHLECHTRIEM/SCHWENZER/MÜLLER-CHEN
Art 52 Rn 3).

Doch findet das Zurückweisungsrecht seine **Schranke am Grundsatz von Treu und**   **11**
Glauben (Art 7; darauf weist schon der Sekretariatskommentar Art 48 Fn 1 hin); gegebenen-
falls auch an Gebräuchen und Gepflogenheiten. Da die Rücknahme und erneute
Andienung der Ware zum richtigen Zeitpunkt den Verkäufer stark belasten kann,
darf der Käufer das Zurückweisungsrecht nicht treuwidrig ausüben (AUDIT 83; BIAN-
CA/BONELL/WILL Art 52 Bem 2.1.3; BRUNNER Art 52 Rn 2; HERBER/CZERWENKA Art 52 Rn 3;
HONSELL/SCHNYDER/STRAUB Art 52 Rn 16; KAROLLUS 173; MünchKommHGB/BENICKE Art 52
Rn 4; SCHLECHTRIEM/SCHWENZER/MÜLLER-CHEN Art 52 Rn 3). Wenn die Lieferung nur ge-
ringfügig verfrüht ist (das Schiff mit der Ladung zB wenige Tage früher eintrifft)
oder wenn die Kosten des Käufers für Lagerung und erneute Andienung unver-
hältnismäßig höher sind als die Kosten, die der Käufer durch die Annahme hat,
scheidet das Zurückweisungsrecht aus (ähnlich HERBER/CZERWENKA Art 52 Rn 3; KAROL-
LUS 173 f; MünchKommHGB/BENICKE Art 52 Rn 4; zurückhaltender BIANCA/BONELL/WILL Art 52
Bem 2.1.3; HONSELL/SCHNYDER/STRAUB Art 52 Rn 16; für eine freie Option des Käufers REIN-
HART Art 52 Rn 2).

Auch wenn der Käufer die vorzeitige Lieferung berechtigterweise zurückweist, muß   **12**
er unter den Voraussetzungen des Art 86 Abs 2 für die **Erhaltung der Ware** sorgen
(Sekretariatskommentar Art 48 Bem 4; BIANCA/BONELL/WILL Art 52 Bem 2.1.4; HERBER/CZER-
WENKA Art 52 Rn 2; SCHLECHTRIEM/SCHWENZER/MÜLLER-CHEN Art 52 Rn 3). Die Kosten hierfür hat jedoch der Verkäufer zu tragen (Art 86 Abs 1 S 2).

Art 52 Abs 1 räumt dem Käufer bei vorzeitiger Lieferung **nur ein Zurückweisungs-**   **13**
recht ein. Zur Vertragsaufhebung ist der Käufer nach dieser Vorschrift nicht be-

rechtigt (Honnold Rn 319). Eine Aufhebung nach Art 49 Abs 1 lit a kommt nicht in Betracht. Doch ist nicht das Aufhebungsrecht nach Art 71, 72 ausgeschlossen, wenn die vorzeitige Lieferung besorgen läßt, daß der Verkäufer den Vertrag wesentlich verletzen und nicht mehr korrekt nacherfüllen (Art 37) wird. Derartige Fälle dürften selten, aber doch nicht ganz ausgeschlossen sein, zB bei – erst recht wiederholter – vorzeitiger Lieferung bei just-in-time Verträgen, bei denen es darauf ankommt, daß genau zum festgesetzten Zeitpunkt – weder früher noch später – geliefert wird.

3. Annahme

14 Nimmt der Käufer die vorzeitige Lieferung an, liegt darin **idR keine Zustimmung zu einer Abänderung des Lieferdatums** (oben Rn 9). Auch im übrigen vermag die Annahme nicht die Position des Käufers zu verschlechtern. Er ist weder zu vorzeitiger Untersuchung oder Rüge verpflichtet, da er auf die vorzeitige Lieferung nicht eingestellt sein muß (vgl Art 38 Rn 37, Art 39 Rn 33 f; ebenso Achilles Art 52 Rn 3; Münch-KommBGB/Huber Art 52 Rn 11; Schlechtriem/Schwenzer/Müller-Chen Art 52 Rn 3; Witz/Salger/Lorenz Art 52 Rn 3; **aA** aber Bamberger/Roth/Saenger Art 52 Rn 4; Münch-KommHGB/Benicke Art 52 Rn 12; Reinhart Art 52 Rn 2; auch Honsell/Schnyder/Straub Art 52 Rn 23 [aber offenbar längere Rügefrist]). Fraglich ist, ob eine vorzeitige Lieferung die Zahlungspflicht auslöst, wenn sie nach dem Vertrag an die Lieferung der Ware geknüpft ist (davon geht etwa Sekretariatskommentar Art 48 Bem 2 aus; ihm folgen Bianca/Bonell/Will Art 52 Bem 2.1.2; ebenso Bamberger/Roth/Saenger Art 52 Rn 4; Honsell/Schnyder/Straub Art 52 Rn 24; Reinhart Art 52 Rn 2). IdR wird die vertragliche Festlegung der Fälligkeit jedoch dahin auszulegen sein, daß sie eine in zeitlicher Hinsicht vertragsgemäße Lieferung voraussetzt. Ferner ist auch insoweit Art 7 zu beachten. Der Verkäufer kann nicht durch Vertragsverletzung ein Recht (auf frühere Zahlung) erwerben, das er bei vertragsgemäßem Verhalten nicht hätte. Erst recht erscheint es nicht hinnehmbar, daß der Käufer, der bei vorzeitiger Lieferung nicht zahlt und uU nicht zahlen kann, dann seinerseits wegen Vertragsverletzung haften soll (ebenso Achilles Art 52 Rn 3; MünchKommHGB/Benicke Art 52 Rn 11; Schlechtriem/Schwenzer/Müller-Chen Art 52 Rn 4; **aA** Brunner Art 52 Rn 4 [bei Zug-um-Zug-Leistung]). Auch die Gefahr zufälligen Untergangs kann der Verkäufer nicht durch vorzeitige Lieferung auf den Käufer übertragen, wenn dieser die Ware zwar abnimmt, aber nicht im billigenden Sinn als zeitgerechte Erfüllung annimmt (ebenso Münch-KommHGB/Benicke Art 52 Rn 12; wohl **aA** Bamberger/Roth/Saenger Art 52 Rn 4).

4. Schadensersatz

15 **Zusätzliche Kosten**, die dem Käufer durch die vorzeitige Lieferung entstehen, kann er gem Art 45 Abs 1 lit b ersetzt verlangen, da die vorzeitige Lieferung eine Vertragsverletzung ist (Sekretariatskommentar Art 48 Bem 6; Bamberger/Roth/Saenger Art 52 Rn 4; Bianca/Bonell/Will Art 52 Bem 2.1.5; Herber/Czerwenka Art 52 Rn 3; Karollus 173; Schlechtriem/Schwenzer/Müller-Chen Art 52 Rn 4), gleichgültig, ob der Käufer die Ware abnimmt oder zurückweist (aber gem Art 86 für ihre Erhaltung sorgen muß). Lediglich wenn der Käufer sich mit der Vorverlegung des Liefertermins einverstanden erklärt hat, begeht der Verkäufer keine Vertragsverletzung und entfällt ein Schadensersatzanspruch.

16 Einen ausdrücklichen **Vorbehalt seines Schadensersatzanspruches** braucht der Käufer

bei Abnahme nicht anzubringen (BIANCA/BONELL/WILL Art 52 Bem 2.1.5; SCHLECHTRIEM/
SCHWENZER/MÜLLER-CHEN Art 52 Rn 5; eher für einen Vorbehalt ENDERLEIN/MASKOW/STROH-
BACH Art 52 Bem 2).

IV. Zuviellieferung (Abs 2)

1. Mehrlieferung

Abs 2 setzt voraus, daß der Verkäufer eine **größere Menge** liefert, **als vertraglich** 17
vereinbart ist. Eine Mehrlieferung liegt vor, wenn eine größere Gesamtmenge (zB
5500 t statt 5000 t) oder eine höhere Stückzahl geliefert wird, als der Vertrag vorsieht (Sekretariatskommentar Art 48 Bem 7: „excess quantity"). Als Fall des Abs 2 ist auch
die Situation zu behandeln, daß jedes oder mehrere Einzelstücke einer Lieferung
größer oder schwerer sind als bestellt (die gelieferten Marzipanbrote wiegen zB
250 g statt vereinbarter 200 g). Zwar geht Art 52 Abs 2 davon aus, daß die zuviel
gelieferte Menge für sich zurückgewiesen werden kann. Doch sollte die Konvention
auch Fälle wie den genannten regeln, daß die Zuviellieferung nur im Ganzen zurückgewiesen oder angenommen werden kann, und hier nicht zum Rückgriff etwa
auf nationales Anfechtungsrecht (Irrtum) zwingen. Abs 2 ist dann dahin zu verstehen, daß in derartigen Fällen das Recht besteht, die Ware insgesamt zurückzuweisen, oder bei Abnahme die Pflicht, ihren höheren Wert entsprechend dem Vertragspreis zu bezahlen (s u Rn 22). Nach **aA** erfaßt Art 52 Abs 2 diesen Fall dagegen nicht,
weil keine Quantitätsabweichung vorliege (so HONSELL/SCHNYDER/STRAUB Art 52 Rn 41;
MünchKommHGB/BENICKE Art 52 Rn 13; für Anwendung des allgemeinen Mängelrechts: Münch-
KommBGB/HUBER Art 52 Rn 14).

Kein Fall des Abs 2 ist gegeben, wenn gelieferte Stoffe (insbes Chemikalien) ver- 18
traglich **nicht vorgesehene Beimengungen** enthalten. Der Käufer muß sie nicht zusätzlich bezahlen, wenn er die Ware behält.

Erst recht stellt es keine Zuviellieferung dar, wenn sich die **Mehrlieferung innerhalb** 19
der Toleranzen hält, die nach internationalen Gebräuchen üblich sind oder den
Vereinbarungen oder Gepflogenheiten zwischen den Parteien entsprechen (La San
Giuseppe v Forti Moulding Ltd 31.8.1999, CLOUT Nr 341 [„overshipment" bis zu 10% zwischen
den Parteien üblich und vereinbart]; zu Circa-Klauseln SCHLECHTRIEM/HUBER[3] Art 51 Rn 8).

Anders als bei der vorzeitigen Lieferung bedeutet die **vorbehaltlose Abnahme einer** 20
– erkannten – **Mehrlieferung ohne weiteres eine Vertragsänderung** (LOEWE, Kaufrecht
74; SCHLECHTRIEM/SCHWENZER/MÜLLER-CHEN Art 52 Rn 10; zurückhaltender MünchKommHGB/
BENICKE Art 52 Rn 16).

2. Zurückweisung

Abs 2 gibt dem Käufer das **Recht, die Mehrlieferung zurückzuweisen**, jedoch nur, 21
wenn er es nicht mangels ordnungsgemäßer Untersuchung und Rüge (Art 38, 39)
bereits eingebüßt hat (OLG Rostock IHR 2003, 19 [Rüge auch erforderlich, wenn Rechnung
Mehrlieferung offen ausweist, da Verkäufer dann Vertragswidrigkeit offenbart hat, Art 40]; ACHIL-
LES Art 52 Rn 5; BIANCA/BONELL/WILL Art 52 Bem 2.2.1; BRUNNER Art 52 Rn 6; HERBER/CZER-
WENKA Art 52 Rn 5; SCHLECHTRIEM/SCHWENZER/MÜLLER-CHEN Art 52 Rn 7; **aA** – Zurückweisung

nur bis zur Annahme der Ware – HONSELL/SCHNYDER/STRAUB Art 52 Rn 48 f, die aber übersehen, daß der Käufer bei Entgegennahme die Mehrlieferung keineswegs immer erkennen kann; s auch Art 39 Rn 10 und 40 Rn 10). Auf die Rüge kommt es nicht an, wenn der Verkäufer wußte oder wissen mußte, daß die Lieferung die vertraglich vereinbarte Menge überstieg, und diesen Umstand dem Käufer nicht offenbart hat (Art 40). Bei Mengenabweichungen größeren Ausmaßes wird Kenntnis oder Kennenmüssen idR anzunehmen sein. Sie ist dem Käufer aber offenbart und muß ordnungsgemäß gerügt werden, wenn sie aus den Begleitdokumenten deutlich hervorgeht.

22 Der Käufer kann nach Abs 2 grundsätzlich **nur den überschießenden Teil**, nicht etwa die gesamte Lieferung **zurückweisen** (BRUNNER Art 52 Rn 6; KAROLLUS 174; SCHLECHTRIEM/ SCHWENZER/MÜLLER-CHEN Art 52 Rn 7). Das ist lediglich dann anders, wenn eine Teilung nicht möglich ist, wie zB beim Dokumentengeschäft das Konnossement, das eine Zuviellieferung ausweist, nur im Ganzen aufgenommen oder zurückgewiesen werden kann (Sekretariatskommentar Art 48 Bem 9; BIANCA/BONELL/WILL Art 52 Bem 2.2.1; MünchKommHGB/BENICKE Art 52 Rn 17; SCHLECHTRIEM/SCHWENZER/MÜLLER-CHEN Art 52 Rn 8) oder bei zu großen oder zu schweren Einzelstücken (Beispiel: zu schwere Marzipanbrote) die Rückgabe nur der vollständigen Stücke erfolgen kann. Das Zurückweisungsrecht hängt in diesen Fällen nicht davon ab, daß die Mehrlieferung eine wesentliche Vertragsverletzung ist (ebenso KAROLLUS 174; SCHLECHTRIEM/SCHWEN-ZER/MÜLLER-CHEN Art 52 Rn 7; SOERGEL/LÜDERITZ/SCHÜSSLER-LANGEHEINE Art 52 Rn 5; **aA** aber HONSELL/SCHNYDER/STRAUB Art 52 Rn 41; MünchKommHGB/BENICKE Art 52 Rn 13). Die **Zurückweisung** – auch der gesamten Lieferung – **bedeutet aber nicht ohne weiteres eine Vertragsaufhebung.** Hierzu ist der Käufer nur berechtigt, wenn in der Mehrlieferung eine wesentliche Vertragsverletzung liegt (Sekretariatskommentar Art 48 Bem 9; ACHILLES Art 52 Rn 6; BIANCA/BONELL/WILL Art 52 Bem 2.2.1; ENDERLEIN/MASKOW/ STROHBACH Art 52 Bem 4; HERBER/CZERWENKA Art 52 Rn 7; MünchKommBGB/HUBER Art 52 Rn 20). Das mag etwa der Fall sein, wenn der Käufer nicht mehr in angemessener Frist vertragsgemäße Ware andienen kann.

23 Wie bei der vorzeitigen Lieferung wird das Zurückweisungsrecht vom **Grundsatz von Treu und Glauben** (Art 7), uU von internationalen Gebräuchen und Gepflogenheiten der Parteien begrenzt. Bei geringfügiger Zuviellieferung kann der Käufer deshalb zur Abnahme (aber nicht zur Zahlung) verpflichtet sein (ENDERLEIN/MASKOW/ STROHBACH Art 52 Bem 3; HONNOLD Rn 320; SCHLECHTRIEM/SCHWENZER/MÜLLER-CHEN Art 52 Rn 7 [aber Zahlungspflicht]).

24 Eine **Frist für die Zurückweisung** sieht das Gesetz nicht vor. Doch wird sie in angemessener Frist nach der ohnehin nötigen Rüge geltend zu machen sein (ebenso MünchKommHGB/BENICKE Art 52 Rn 13; WITZ/SALGER/LORENZ Art 52 Rn 7). Insoweit kann der in Art 46 Abs 2 u 3 enthaltene Gedanke herangezogen werden.

3. Abnahme

25 Nimmt der Käufer eine Mehrlieferung an und läßt die Rügefrist für sie verstreichen, wird die **Gesamtlieferung zum Vertragsgegenstand** (Sekretariatskommentar Art 48 Bem 8; BIANCA/BONELL/WILL Art 52 Bem 2.2.1; HERBER/CZERWENKA Art 52 Rn 5; LOEWE, Kaufrecht 74; SCHLECHTRIEM/SCHWENZER/MÜLLER-CHEN Art 52 Rn 10; SCHWIMANN/POSCH Art 52 Rn 7 [Novation]). Der Käufer muß für die zuviel gelieferte Ware entsprechend dem Vertragspreis zahlen, der sich entweder nach dem vereinbarten Stückpreis, Gewicht oder ähnlichem bemißt (Soergel/Lüderitz/Schüssler-Langeheine Art 52 Rn 8). Der Marktpreis der Ware spielt keine Rolle. Bei fallenden Marktpreisen ist es deshalb für den Käufer von besonderer Bedeutung, die Mehrlieferung ordnungsgemäß zu rügen und sie entweder zurückzuweisen oder einen günstigeren Preis für sie auszuhandeln.

4.   Schadensersatz

Weist der Käufer die Ware berechtigtermaßen zurück, dann hat er **Anspruch auf 26 Ersatz allen Schadens**, der ihm durch die Mehrlieferung entstanden ist, entweder als Ersatz notwendiger Erhaltungsmaßnahmen (Art 86) oder über Art 45 Abs 1 lit b (Sekretariatskommentar Art 48 Bem 8; Bianca/Bonell/Will Art 52 Bem 2.2.2; Enderlein/ Maskow/Strohbach Art 52 Bem 5; Schlechtriem/Schwenzer/Müller-Chen Art 52 Rn 9). Dagegen scheidet ein Ersatzanspruch aus, wenn der Käufer die Ware vorbehaltlos abnimmt oder die Rügefrist verstrichen ist (Enderlein/Maskow/Strohbach Art 52 Bem 5; Schlechtriem/Schwenzer/Müller-Chen Art 52 Rn 10).

V.   Analoge Geltung des Art 52?

Art 52 bezieht sich ausdrücklich nur auf die vorzeitige und die übermäßige Liefe- **27** rung. **Eine analoge Anwendung bei Lieferung sachmangelhafter Ware kommt nicht in Betracht**. Der Käufer kann Ware mit Beschaffenheitsmängeln deshalb nur dann von vornherein zurückweisen, wenn die Voraussetzungen solcher Rechtsbehelfe gegeben sind, die eine Rückgabe der Ware vorsehen (Aufhebungsrecht und Ersatzlieferungsanspruch; ebenso Herber/Czerwenka Art 53 Rn 11; Karollus 174 f; für ein großzügigeres Zurückweisungsrecht Schlechtriem/Schwenzer/Hager Art 60 Rn 3; ähnlich wohl auch Enderlein/Maskow/Strohbach Art 60 Bem 2.1).

Eine analoge Anwendung des Art 52 Abs 2 ist zu erwägen, wenn der Verkäufer **28** **höherwertige Ware geliefert** hat als im Vertrag vereinbart war. Huber (Schlechtriem-Huber[3] Art 52 Rn 11; anders jetzt aber Schlechtriem/Schwenzer/Müller-Chen Art 52 Rn 11) hatte sich dagegen ausgesprochen, Art 52 Abs 2 auf andere Fälle zu übertragen, da die Vorschrift als Ausnahme von den Vertragsschlußregeln der Konvention nicht analogiefähig sei; es seien außerkaufrechtliche Behelfe wie die Irrtumsanfechtung, Vindikation oder Bereicherungsansprüche heranzuziehen. Eine weitere Ansicht sieht jedenfalls in der offen ausgewiesenen höherwertigen Lieferung ein Angebot zur Vertragsänderung (Achilles Art 52 Rn 8; MünchKommHGB/Benicke Art 52 Rn 20 ff). Nach noch anderer Auffassung ist der Käufer bei höherwertiger Lieferung nur zur Zahlung des vereinbarten Vertragspreises verpflichtet (Karollus 78; Piltz, Internationales Kaufrecht § 5 Rn 74).

Nach Möglichkeit sollte der Rückgriff auf das anwendbare Landesrecht bei typi- **29** schen Kaufrechtsfragen vermieden werden. Wie die Mehrlieferung ist die **wertvollere Lieferung ein typisches Kaufrechtsproblem**. Ihre Lösung ist deshalb im Rahmen des CISG zu suchen. Bietet der Verkäufer offen höherwertige Ware zu einem höheren Preis an, weil er die vereinbarte Ware nicht liefern kann oder will, so liegt darin das Angebot zu einer Vertragsänderung. Der Käufer ist nicht verpflichtet, es anzunehmen. Lehnt er es ab und vermag der Verkäufer keine vertragskonforme Ware zu liefern, so stehen dem Käufer die Rechte zu, die bei Nichtlieferung gelten.

Liefert der Verkäufer dagegen entweder versehentlich oder absichtlich, aber nicht offen ausgewiesen höherwertige Ware, dann eignet sich der Grundgedanke des Art 52 Abs 2 ohne weiteres für eine Lösung (ebenso BRUNNER Art 52 Rn 9; SCHLECHT-RIEM/SCHWENZER/MÜLLER-CHEN Art 52 Rn 11; ähnlich MünchKommHGB/BENICKE Art 52 Rn 22; **aA** MünchKommBGB/HUBER Art 52 Rn 26). Der Käufer kann die Ware, wenn der Verkäufer nunmehr einen höheren Preis für den höheren Wert verlangt, zurückweisen oder sie – zum höheren Preis – behalten. Problematisch ist allein, wie ein Preis auf der Basis des bisherigen Vertragspreises für die höherwertige Ware ermittelt werden soll. Häufig wird allerdings ein Listenpreis oder ein zwischen den Parteien üblicher Preis (zB für erste statt zweite Qualität) zur Zeit des Vertragsschlusses feststellbar sein. Hilfsweise muß auf den **Marktpreis bei Vertragsschluß** zurückgegriffen werden (vgl auch Art 55). Dieser Weg ist mE praktikabler als der Ausweg über das – oft nicht einfach zu bestimmende – Anfechtungs-, Bereicherungs- oder Vindikationsrecht (ebenso BRUNNER Art 52 Rn 9; SCHLECHTRIEM/SCHWENZER/MÜLLER-CHEN Art 52 Rn 11 sowie im Ergebnis HERBER/CZERWENKA Art 39 Rn 15; ferner DAWWAS 83 f). Abzulehnen ist aber auch die Auffassung, die dem Verkäufer ein eigenes Recht einräumt, die höherwertige gegen die vereinbarte Ware auszutauschen (so LEHMKUHL 118 ff). Diese Auffassung gewichtet die Interessen des Käufers zu gering. In dem Konflikt, ob der Käufer die höherwertige Ware behalten darf – und den Mehrwert bezahlen muß – oder ob der Verkäufer sie zurückverlangen kann, gebührt dem Interesse des Käufers grundsätzlich der Vorrang. Denn nicht der Käufer, sondern der Verkäufer hat die nicht vertragsgemäße Lieferung zu verantworten. Der Verkäufer kann daher nicht darauf rechnen, daß zunächst und vorrangig sein Interesse befriedigt wird. Wollte man einen solchen Vorrang annehmen, dann müsste der Verkäufer an sich auch berechtigt sein, statt der Rückgabe Zahlung des Mehrwertes zu verlangen. Eine solche Form des Zwangskaufes ist aber erst recht abzulehnen.

30 Obwohl Art 52 nur von der Lieferung der Ware spricht, gelten die Grundgedanken der **Vorschrift auch für die Andienung der Dokumente** (vgl auch Art 45 Abs 1 lit a, der sich auf die Pflichten des Verkäufers bezieht). Der Käufer begeht deshalb keinen Vertragsverstoß, wenn er vorzeitig angediente Dokumente nicht aufnimmt.

VI. Beweisfragen

31 Die Voraussetzungen für sein Zurückweisungsrecht (Vorzeitigkeit der Lieferung, Zuviellieferung) muß der Käufer nachweisen (**aA** ACHILLES Art 52 Rn 9 [Verkäufer beweisbelastet]). Macht der Verkäufer einen Zahlungsanspruch nach Art 52 Abs 2 S 2 geltend, hat der Verkäufer die Tatsache der Mehrlieferung zu beweisen (ebenso ACHILLES aaO; ähnlich BAUMGÄRTEL/LAUMEN/HEPTING Art 52 Rn 2, 9 ff).

Kapitel III
Pflichten des Käufers

Chapter III
Obligations of the buyer

Chapitre III
Obligations de l'acheteur

Vorbemerkungen zu Art 53 ff CISG

Mit Art 53 beginnt die **Regelung der Käuferpflichten**. Kapitel III des Teils III der 1
Konvention (Art 53–65) faßt die wesentlichen Pflichten des Käufers und die Folgen
ihrer Verletzung zusammen. In Aufbau und Formulierung orientiert sich das Kapitel
am Vorbild des entsprechenden Abschnitts über die Verpflichtungen des Verkäufers
(Art 30 ff).

Art 53 nennt zunächst die zentralen Pflichten des Käufers: die Zahlungs- und die 2
Abnahmepflicht. Sie werden in den Art 54–59 (Zahlung) und Art 60 (Abnahme)
näher spezifiziert. Welche Ansprüche aus Verletzungen der aufgeführten oder zusätzlich vereinbarten Pflichten folgen, ergeben die Art 61–65. Zusätzlich kommen
Rechte und Pflichten aus den Art 71–73 und 85–88 in Betracht. Der Rückgriff auf
weitere Behelfe des anwendbaren nationalen Rechts ist ausgeschlossen.

Art 53 [Grundsätzliche Pflichten des Käufers]

**Der Käufer ist nach Maßgabe des Vertrages und dieses Übereinkommens verpflich-
tet, den Kaufpreis zu zahlen und die Ware abzunehmen.***

Art 53
The buyer must pay the price for the goods and
take delivery of them as required by the contract and this Convention.

Art 53
L'acheteur s'oblige, dans les conditions prévues
au contrat et par la présente Convention, à payer la prix et à prendre livraison des marchandises.

Schrifttum

DE LY, Obligations of the buyer and remedies
fort he buyer's breach of contract (Articles
53–65), in: Draft Digest (2004) 468
KOLLER, Bedeutung der Klausel „cash against
documents" (Kasse gegen Dokumente) im internationalen Handelsverkehr, IPRax 1990, 301

LEBUHN, Zur Auslegung der Zahlungsklausel
„cash against documents", IPRax 1989, 87
LIESECKE, Die typischen Klauseln des interna-
tionalen Handelsverkehrs in der neueren Praxis,
WM 1978 Beil 3
LÜDERITZ, Pflichten der Parteien nach UN-

---

* Schweiz, Österreich: anzunehmen.

Ulrich Magnus

Kaufrecht im Vergleich zu EKG und BGB, in: SCHLECHTRIEM, Fachtagung 179 (188 ff)
MAGNUS, Währungsfragen im Einheitlichen Kaufrecht. Zugleich ein Beitrag zu seiner Lückenfüllung und Auslegung, RabelsZ 53 (1989) 116
MURRAY, Buyer obligations under the CISG; in: Draft Digest (2004) 440
MOULY, Le prix de vente et son paiement selon la Convention de Vienne de 1980, Dr aff int 1990, 61
NIGGEMANN, Les obligations de l'acheteur sous la Convention des Nations Unies sur les contrats de vente internationale de marchandises, Dr aff int 1988, 27
PLANTARD, Droits et obligations de l'acheteur, in: Lausanner Kolloquium 111
POSCH, Pflichten des Käufers, Rechtsbehelfe des Verkäufers, Gefahrenübergang und Schadenersatz, in: DORALT 153
ders, Die Pflichten des Käufers und die

Rechtsbehelfe des Verkäufers, in: HOYER/ POSCH 143
ŠARČEVIĆ, Articles 53–65, in: Draft Digest (2004) 482
SEVON, Obligations of the Buyer under the UN Convention for the International Sale of Goods, in: ŠARČEVIĆ/VOLKEN 239
ders, Obligations of the Buyer under the Vienna Convention on the International Sale of Goods, Tidsskrift utgiven av Juridiska Föreningen i Finland (1990) 327
TALLON, The Buyer's Obligations under the Convention on Contracts for the International Sale of Goods, in: GALSTON/SMIT 7–1
TERCIER, Droits et obligations de l'acheteur, in: Lausanner Kolloquium 119
WIEGAND, Die Pflichten des Käufers und die Folgen ihrer Verletzung, in: Berner Tage 143
WITZ, Beyond the Digest: Articles 53–65, in: Draft Digest (2004) 424.

Systematische Übersicht

Alphabetische Übersicht

I.   Regelungsgegenstand und Normzweck

Die Vorschrift leitet den Abschnitt über die **Käuferpflichten** ein. Wie Art 30 für die **1** Verkäuferseite so legt Art 53 die wesentlichen Pflichten des Käufers fest, der die Ware zu bezahlen und abzunehmen hat. Art 53 schafft die Anspruchsgrundlage für diese Pflichten, deren näheren Inhalt für einzelne Punkte wie Zahlungszeit und -ort die folgenden Vorschriften (Art 54–60) ausfüllen. Doch gehen Vertragsabsprachen, Gepflogenheiten oder Gebräuche wie auch sonst gem Art 6 vor.

II.   Entstehungsgeschichte

Art 53 entspricht sachlich vollständig Art 56 EKG und ist lediglich im Wortlaut **2** minimal geändert worden (im englischen Text „must pay" statt „shall pay"; im französischen Text „dans les conditions prévues au contrat et par la présente Convention" nicht mehr am Satzende sowie „par" eingefügt).

In Wien wurde die Vorschrift ohne Änderungsantrag und Diskussion akzeptiert (Off **3** Rec 120, 362).

III. Käuferpflichten

1. Zahlungspflicht

a) Grundsätzliche Regelung

4 Die Verpflichtung, den Kaufpreis zu zahlen, stellt die **zentrale Pflicht des Käufers** dar. Art 53 ist die Anspruchsgrundlage für diese Pflicht. Die Ausgestaltung ihrer wichtigsten Einzelheiten ergibt sich mangels vorrangiger vertraglicher Festlegung aus den Art 54–59.

5 Der Käufer hat den **vereinbarten** Preis zu zahlen. Eine Anpassungs- oder Nachverhandlungsmöglichkeit sieht die Konvention nicht vor (dazu TERCIER, in: Lausanner Kolloquium 121). In Fällen grundlegender Marktänderungen kann Art 79 Abs 1, gelegentlich auch Art 71, 72 eingreifen (vgl die Erl zu diesen Vorschriften). Im übrigen ist es Sache der Parteien, sich gegen Preisverfall, Währungsschwankungen und ähnliche Risiken hinreichend zu sichern.

6 Im Zweifel **gilt der Preis alle Leistungen** des Verkäufers **ab**, der ohne entsprechende Vereinbarung insbes keine Steueranteile etc auf den Preis aufschlagen darf (ACHILLES Art 53 Rn 1; HONSELL/SCHNYDER/STRAUB Art 54 Rn 10; MünchKommBGB/HUBER Art 53 Rn 9; PILTZ, Internationales Kaufrecht § 4 Rn 129 f). Haben die Parteien eine „Franco"- oder „Frei"-Klausel vereinbart, dann schließt der Preis auch den Transport zum vereinbarten Ort ein (s BGH ZIP 1997, 519 [„Lieferung frei Haus ⟨des Käufers⟩ unverzollt" gekoppelt mit „Preise gelten frei ⟨Sitz des Käufers⟩]; dän Højesteret EurLF 2003, 70 [„FCO DOMIC NON SDOG" = franco Domizil, unverzollt] m Aufs FOGT EurLF 2003, 61 ff; Hoge Raad NIPR 1999 Nr 166; OLG Köln IHR 2002, 66 [„frei Hof"]; OLG Koblenz IHR 2003, 66 [„frei Baustelle"]; s auch PILTZ NJW 2003, 2061; WITZ/SALGER/LORENZ Art 31 Rn 8; zur Frage, ob Franco-Klauseln auch den Lieferort festlegen, s Art 31 Rn 32). Ist eine INCOTERMS-Klausel vereinbart, dann folgt aus ihr, welche Leistungen der Kaufpreis einschließt. So kann der Käufer bei einem CIF-Kauf nicht etwa Importzölle, die er gezahlt hat, gegen den Kaufpreis gegenrechnen; denn nach CIF B.6 hat er diese Kosten selbst zu tragen (ebenso Schiedsspruch Nr 255/1994 vom 11. 6. 1997 des Tribunal of International Commercial Arbitration at the Russian Federation Chamber of Commerce and Industry, CLOUT Nr 464).

b) Zahlungsmodalitäten

7 Der **Preis** ist als **einheitliche Summe** zu zahlen; **zu Ratenzahlungen** ist der Käufer **nicht berechtigt**. Der Kaufpreis muß ferner **in Geld**, also in gängigen Zahlungsmitteln, zu leisten sein (BIANCA/BONELL/MASKOW Art 53 Bem 2.5). Sind andere Gegenleistungen vereinbart (etwa Tausch), fehlt es am Typus Kauf und scheidet die Anwendung der Konvention aus (vgl auch Art 1 Rn 29).

8 Die Zahlung kann **bar** oder **durch Überweisung** erfolgen (ACHILLES Art 53 Rn 1; SCHLECHTRIEM/SCHWENZER/HAGER Art 57 Rn 9; HERBER/CZERWENKA Art 53 Rn 3; KAROLLUS 166; WITZ/SALGER/LORENZ Art 53 Rn 8). Andere Zahlungsmodalitäten kommen nur in Betracht, wenn die Parteien sie vereinbart haben oder wenn sie sich aus Gepflogenheiten oder Gebräuchen ergeben. Nur in diesem Fall muß der Verkäufer auch Zahlung mit **Scheck** oder **Wechsel** akzeptieren (SCHLECHTRIEM/SCHWENZER/HAGER aaO; ENDERLEIN/MASKOW/STROHBACH Art 57 Bem 6; HONSELL/SCHNYDER/STRAUB Art 54 Rn 13; KAROLLUS aaO; WITZ/SALGER/LORENZ aaO; aA HERBER/CZERWENKA aaO). Erfüllung tritt erst

mit Einlösung des Schecks oder Wechsels ein; für die Einhaltung der Zahlungsfrist ist die Annahme des – später eingelösten – Schecks oder Wechsels maßgebend (SCHLECHTRIEM/SCHWENZER/HAGER, ENDERLEIN/MASKOW/STROHBACH jeweils aaO; Münch-KommHGB/BENICKE Art 54 Rn 2; **aA** BAMBERGER/ROTH/SAENGER Art 54 Rn 4), wobei die Annahme eines Wechsels – mit Ausnahme eines Sichtwechsels – **in aller Regel eine Stundung** und damit eine Vertragsänderung bedeutet (LG Hamburg EuZW 1991, 188). Auch zur Eröffnung eines Akkreditivs ist der Käufer nur bei entsprechender Vereinbarung verpflichtet (OGH RdW 1996, 203 m Aufs KAROLLUS RdW 1996, 197; vgl ferner Art 54 Rn 4).

Der Typus Kauf wird nicht verändert, wenn der Käufer neben dem Kaufpreis **9** weitere, **nicht monetäre Leistungen** (zB Werbemaßnahmen etc) zu erbringen hat, sofern deren Gewicht nicht überwiegt (vgl Art 3 Abs 2). Gleiches gilt, wenn dem Käufer eine Ersetzungsbefugnis – zB Inzahlunggabe von Maschinen zur Verrechnung – eingeräumt wird (vgl zum EKG: DÖLLE/vCAEMMERER Art 56 Rn 6) oder wenn der Verkäufer den Kaufpreis auf unbestimmte Zeit stundet (s OLG München IHR 2001, 197).

Weitere, die Zahlungspflicht ergänzende Zusatzpflichten sieht Art 54 vor (vgl die Erl **10** dort).

c)   Übliche Zahlungsklauseln
Bei der Preisvereinbarung werden vielfach bestimmte **Zahlungsklauseln** verwendet. **11** Für sie gibt es bisher – mit Ausnahme der Einheitlichen Richtlinien und Gebräuche für Dokumentenakkreditive der IHK – keine international abgestimmte Festlegung wie für die INCOTERMS. Ihre Bedeutung ergibt sich weitgehend aufgrund internationaler Gebräuche. Im Einzelfall müssen diese freilich festgestellt werden (vgl näher Art 9).

Zu unterscheiden ist zwischen **einfachen und dokumentären Zahlungsklauseln.** Bei **12** letzteren wird die Zahlungspflicht mit dem Erhalt der die Ware repräsentierenden Dokumente verknüpft. Der Verkäufer kann sich der Auslieferung der Ware ohne Zahlung widersetzen (vgl näher LIESECKE WM 1978 Beil 3 S 7; zu Zahlungsproblemen im internationalen Handelsverkehr: EBERTH WM 1984 Beil 4; EISEMANN/EBERTH, Das Dokumentenakkreditiv im Internationalen Handelsverkehr [3. Aufl 1989]; HÄBERLE [Hrsg], Handbuch für Kaufrecht, Rechtsdurchsetzung und Zahlungssicherung im Außenhandel [2002]; REITHMANN/MARTINY Rn 772; vWESTPHALEN, Die Bankgarantie im internationalen Handelsverkehr [2. Aufl 1990]; ders, Rechtsprobleme der Exportfinanzierung [3. Aufl 1987]; ZAHN/EHRLICH/NEUMANN, Zahlung und Zahlungssicherung im Außenhandel [7. Aufl 2001]; zu Zahlungsklauseln s auch BAUMBACH/HOPT/ HOPT § 346 Rn 40; BRUNNER Art 54 Rn 5 ff). Als Zahlungsklauseln sind vor allem die folgenden Klauseln üblich:

aa)   Reine Zahlungsklauseln
COD: Cash on Delivery („Lieferung gegen Nachnahme"): Der Käufer hat bei **13** Ablieferung der Ware zu zahlen, ohne die Ware untersuchen zu können. Der Frachtführer (insb Bahn/Post) ist zur Einziehung ermächtigt (HÄBERLE/HÄBERLE 7.2). Eine etwaige Aufrechnung ist ausgeschlossen (vgl BGH NJW 1985, 550; LIESECKE WM 1978 Beil 3, S 8). Art 58 Abs 3 CISG ist mit der Klausel abbedungen (näher Art 58 Rn 28).

14 **„Netto Kasse"** („net cash"): Der Käufer hat die Ware binnen kurzer, ggfs branchen-
üblicher Frist nach Rechnungs- und Wareneingang ohne Abzug eines Skontos zu
bezahlen. Er darf die Ware vor Zahlung untersuchen und Zahlung verweigern,
soweit Mängel festgestellt werden (LIESECKE aaO mit weiteren Nachweisen). Eine Aufrechnung ist in der Regel ausgeschlossen (BGH DB 1972, 1719; BGHZ 23, 131 [136]; BGH
IPRax 1986, 32 [33]; OLG Düsseldorf NJW-RR 1996, 115 [116 f]; OLG Hamburg TranspR-IHR
1999, 37). Art 58 Abs 1 S 2 CISG ist mit der Klausel abbedungen; der Verkäufer ist
vorleistungspflichtig.

15 **„Kasse gegen Faktura":** Die Klausel ist wie die Klausel „Netto Kasse" zu verstehen.
Der Käufer ist, wenn die Rechnung vor der Ware eintrifft, erst nach Wareneingang
zur Zahlung verpflichtet (LIESECKE aaO).

16 **CBD**: Cash before Delivery (Vorauskasse, Vorkasse): Der Käufer ist zur Vorauszahlung verpflichtet; der Verkäufer muß erst nach Zahlungseingang liefern.

bb) Dokumentäre Zahlungsklauseln
17 **D/P**: Documents against Payment („Kasse gegen Dokumente"): Der Verkäufer hat
die Ware abzusenden und die Dokumente (jedenfalls Frachtdokument, Versicherungspolice und Handelsrechnung) anzudienen. Der Käufer muß bei Andienung
reiner Dokumente zahlen, ohne die Ware vorher untersuchen zu können (BGH RiW
1987, 386; dazu LEBUHN IPRax 1989, 87; LIESECKE WM 1978 Beil 3, S 11 ff; s auch HÄBERLE/
HÄBERLE 8.1 ff; REITHMANN/MARTINY/MARTINY Rn 772). Art 58 Abs 3 CISG ist mit der
Klausel abbedungen.

Die gleiche Bedeutung hat die Klausel „cash against documents" (CAD) (vgl BGH
NJW 1985, 555; OLG Dresden IHR 2001, 18).

18 **L/C**: Documents against Letter of Credit („Dokumente gegen Akkreditiv"): Diese
Form der Zahlungssicherung ist im internationalen Handel besonders häufig. Es
bestehen die Verpflichtungen wie bei der Klausel D/P. Der Käufer muß zusätzlich
die abstrakte Zahlungsverpflichtung (Akkreditiv) einer Bank in Höhe des Kaufpreises beibringen (vgl näher LIESECKE aaO; EISEMANN/SCHÜTZE, Das Dokumentenakkreditiv
im internationalen Handelsverkehr³ [1989] 62 ff; HÄBERLE/HÄBERLE 9.1 ff). Soweit die Parteien
die Geltung der Einheitlichen Richtlinien und Gebräuche für Dokumentenakkreditive (ERA) der IHK vereinbart haben, ergeben diese die Pflichten der eingeschalteten Banken.

19 **D/A**: Documents against Acceptance („Dokumente gegen Akzept"): Verpflichtungen wie bei der Klausel D/P, doch zahlt der Käufer bei Vorlage der Dokumente
nicht bar, sondern nur mit Wechsel (zB Zieltratte; die Zahlung ist dann entsprechend gestundet; zu der Klausel D/A LIESECKE WM 1978 Beil 3, S 17 f; HÄBERLE/HÄBERLE
8.5.3 ff).

d) Währung
aa) Grundsatz
20 Die Währung, in der der Kaufpreis geschuldet wird (Schuldwährung) und in der er
zu zahlen ist (Zahlungswährung), ist im CISG grundsätzlich einheitlich zu bestimmen. Der Kaufpreis ist in erster Linie in der **Währung** zu zahlen, die die Parteien

vereinbart haben. Fehlt eine Vereinbarung, gilt die aus Gepflogenheiten oder Ge-
bräuchen folgende Währung. Läßt sich die Währung auch dann noch nicht bestim-
men, so teilen sich die Meinungen. Eine einheitsrechtliche Auffassung löst diese
Frage konventionsimmanent und läßt entweder die **Währung am Sitz des Verkäufers**
(so Draft Digest 728; MAGNUS RabelsZ 53 [1989] 130; MURRAY, in: Draft Digest 443; Münch-
KommBGB/HUBER Art 53 Rn 19; REITHMANN/MARTINY/MARTINY Rn 743; SCHLECHTRIEM Rn 21;
SCHWIMANN/POSCH Art 54 Rn 4; SOERGEL/vHOFFMANN Art 34 EGBGB Rn 110 Fn 238; STAU-
DINGER/K SCHMIDT [1997] § 244 Rn 16) oder die **Währung am Zahlungsort** entscheiden
(so OLG Koblenz RiW 1993, 934; KG RiW 1994, 683; ACHILLES Art 53 Rn 1; AUDIT Rn 147;
BRUNNER Art 54 Rn 14; VAN HOUTTE/ERAUW/WAUTELET Rn 5.7; KAROLLUS 167; Münch-
KommHGB/BENICKE Art 54 Rn 7; PILTZ, Internationales Kaufrecht § 5 Rn 126; SOERGEL/LÜDE-
RITZ/BUDZIKIEWICZ Art 53 Rn 3; WIEGAND, in: Berner Tage 152; wohl auch SCHLECHTRIEM
Rn 211). Da Art 57 Abs 1 lit a den Zahlungsort im Zweifel am Sitz des Verkäufers
lokalisiert, gelangen beide Varianten der einheitsrechtlichen Auffassung regelmäßig
zum selben Ergebnis.

Nach **aA** gilt dagegen diejenige Währung, die vom anwendbaren Kollisionsrecht **21**
berufen wird (Kantonsgericht Wallis 30.6.1998, SZIER 1999, 192; Kantonsgericht Wallis
19.8.2003, SZIER 2004, 106; BAMBERGER/ROTH/SAENGER Art 54 Rn 3; BIANCA/BONELL/MASKOW
Art 54 Bem 3.1; SCHLECHTRIEM/SCHWENZER/HAGER Art 54 Rn 9 [der aber dann eine kollisionsrechtliche Sonderanknüpfung an das Recht des Zahlungsortes vorschlägt]; HERBER/CZERWENKA
Art 53 Rn 5; HONSELL/SCHNYDER/STRAUB Art 54 Rn 26; GARRO/ZUPPI 223; SEVON, in: ŠARČEVIĆ/
VOLKEN 219; zweifelnd ENDERLEIN/MASKOW/STROHBACH Art 55 Bem 1.2). Vorgeschlagen wird
auch, für eine offen gebliebene Währung im Zweifel diejenige Währung zu ver-
wenden, „in der im betreffenden Geschäftszweig Geschäfte unter vergleichbaren
Umständen abgewickelt werden" (WITZ/SALGER/LORENZ Art 53 Rn 5).

Für die seltenen Fälle, in denen die Währung nicht vereinbart ist oder aus der **22**
Vereinbarung (zB bei $) nicht entnommen werden kann, ist eine **einheitsrechtliche
Lösung** vorzuziehen. Andernfalls bliebe die bezweckte Vereinheitlichung für eine
zentrale Frage – den Inhalt der wesentlichen Leistungspflicht des Käufers – auf der
Strecke (MAGNUS RabelsZ 53 [1989] 127 ff; MünchKommBGB/HUBER Art 53 Rn 19; PILTZ,
Internationales Kaufrecht § 4 Rn 121). Maßgebend ist deshalb die Währung am Verkäu-
fersitz, wo der Verkäufer die Zahlung in aller Regel verwenden will und muß.

Die Parteien können die **Vertragswährung jederzeit**, also auch nachträglich, fest- **23**
setzen oder **ändern**, etwa wenn der Verkäufer Zahlung in anderer als der Vertragswährung verlangt und der Käufer dem widerspruchslos nachkommt (MAGNUS RabelsZ
53 [1989] 128).

bb) Ersetzungsbefugnis
Umstritten ist auch, ob der Käufer die **Befugnis** hat, **in anderer als der an sich** **24**
maßgeblichen Währung zu zahlen. Eine einheitsrechtliche und eine kollisionsrechtliche Lösung stehen sich gegenüber.

Eine **weite einheitsrechtliche Lösung**, die dem Käufer stets die Befugnis gewährt, in **25**
der Währung des Zahlungsortes zu zahlen, auch wenn anderes vereinbart ist, wurde
zum EKG vertreten (so SOERGEL/LÜDERITZ Art 56 EKG Rn 4; STAUB/KOLLER vor § 373 HGB
Rn 502). Zum Teil wird sie auch noch für das CISG für richtig gehalten (BRUNNER

Art 54 Rn 15 [unter Übernahme der entsprechenden Regelung in Art 6.1.9 UNIDROIT Principles]; SOERGEL/LÜDERITZ/BUDZIKIEWICZ Art 53 Rn 3).

26 Doch überwiegt für das CISG heute eine **engere einheitsrechtliche Lösung**. Sie entnimmt dem Einheitsrecht, daß der Käufer nur dann eine Ersetzungsbefugnis hat, wenn sie vereinbart ist, aus Gepflogenheiten oder Gebräuchen oder im Einzelfall aus dem Gebot von Treu und Glauben (Art 7 Abs 1) folgt (OGH IHR 2002, 24 [27 f]; ebenso SCHLECHTRIEM/SCHWENZER/HAGER Art 54 Rn 10; HONSELL/SCHNYDER/STRAUB Art 54 Rn 28; MAGNUS RabelsZ 53 [1989] 133 f; MünchKommBGB/HUBER Art 53 Rn 20; Münch-KommHGB/BENICKE Art 54 Rn 8; PILTZ, Internationales Kaufrecht § 4 Rn 125; WITZ/SALGER/LORENZ Art 53 Rn 6; im Ergebnis auch OLG Koblenz RiW 1993, 936; einen Vorrang des Vertrags und eventueller Gebräuche sowie des Art 7 erkennt auch BIANCA/BONELL/MASKOW Art 54 Bem 3.1 an, will danach aber auf das anwendbare Recht zurückgreifen). Darüber hinaus ist der Käufer nach dieser Auffassung nicht berechtigt, in anderer als der geschuldeten Währung zu zahlen.

27 Der **kollisionsrechtliche Lösungsansatz** läßt eine Ersetzungsbefugnis zu, soweit das anwendbare Recht sie vorsieht (so Kantonsgericht Wallis 30.6.1998, SZIER 1999, 192 und 19.8.2003, SZIER 2004, 106; HERBER/CZERWENKA Art 53 Rn 6).

28 Im Ergebnis verdient die **engere einheitsrechtliche Auffassung** den Vorzug. Der Rückgriff auf nationales Recht gefährdet hier in besonderem Maß die angestrebte Einheitlichkeit, wenn es auf die national sehr unterschiedlichen Voraussetzungen einer Ersetzungsbefugnis ankommen soll (vgl MAGNUS RabelsZ 53 [1989] 127 ff). Für die weite einheitsrechtliche Auffassung besteht auf der anderen Seite kein Bedürfnis (vgl auch PILTZ, Internationales Kaufrecht § 4 Rn 125, der auf die Praxis der Exportwirtschaft hinweist, Währungssicherungen vorzusehen). Vielmehr führt diese Ansicht wegen der Umrechnungsnotwendigkeit zu weiteren vermeidbaren Problemen. **§ 244 BGB gilt deshalb im Bereich des CISG nicht** (MAGNUS RabelsZ 53 [1989] 133; PILTZ aaO; offen OLG Koblenz RiW 1993, 936). Vertraglich kann eine Ersetzungsbefugnis jedoch jederzeit, also auch noch nachträglich vereinbart werden, etwa wenn der Käufer in anderer als der maßgebenden Währung zahlt und der Verkäufer diese Zahlung, womöglich in mehreren Raten widerspruchslos annimmt (MAGNUS aaO). Die ursprünglich geltende Vertragswährung wird damit im Zweifel aber nicht abgeändert; sie bleibt für eventuelle weitere Zahlungen maßgebend.

29 Ist die **Zahlung in der Vertragswährung** – insbes **aus devisenrechtlichen Gründen** – **ausgeschlossen**, dagegen in anderer Währung möglich, dann wird der Käufer in aller Regel gem Art 7 Abs 1 zur Leistung in der anderen Währung verpflichtet sein (SCHLECHTRIEM/SCHWENZER/HAGER Art 54 Rn 11; MAGNUS 133; PILTZ, Internationales Kaufrecht § 4 Rn 124; WITZ/SALGER/LORENZ Art 53 Rn 7; ähnlich ENDERLEIN/MASKOW/STROHBACH Art 55 Bem 1.2).

cc) Wahlrecht

30 Ein **Recht des Verkäufers**, die maßgebende **Währung zu wählen**, besteht nicht (ACHILLES Art 53 Rn 1; vCAMMERER/SCHLECHTRIEM/HAGER Art 54 Rn 11; MAGNUS RabelsZ 53 [1989] 132; MünchKommHGB/BENICKE Art 54 Rn 9; PILTZ, Internationales Kaufrecht § 4 Rn 124; **aA** MünchKommBGB/HUBER Art 53 Rn 21 [bei Unmöglichkeit der Zahlung in der maßgebenden Währung]). Auf der Wiener Konferenz war der Antrag, bei Unmöglichkeit der Zah-

lung in der Vertragswährung dem Verkäufer ein Recht auf Zahlung in der Heimatwährung des Käufers zu geben (A/Conf 97/C1/L201, Off Rec 120), ausdrücklich abgelehnt worden (Off Rec 362 f).

dd) Devisenregelungen

Devisenrechtliche Regelungen, die die Gültigkeit des Kaufvertrages oder der Zah- **31**
lungsvereinbarung betreffen (zB Art VIII Abschn 2 lit b Bretton Woods Abkommen über den internationalen Währungsfonds v 22. 7. 1944, aber ebenso nationale
Verbote von Fremdwährungsverbindlichkeiten), sind gem Art 4 lit a auch im Rahmen des CISG zu beachten (HERBER/CZERWENKA Art 53 Rn 8; PILTZ, Internationales Kaufrecht § 4 Rn 127; WITZ/SALGER/LORENZ Art 53 Rn 7). Freilich müssen diese Regelungen
nach dem für sie maßgeblichen Recht gelten.

2. Abnahmepflicht

Nach Art 53 ist der Verkäufer zur Abnahme der Ware verpflichtet. Der Inhalt **32**
dieser Pflicht ergibt sich ergänzend aus Art 60. Mit ihr ist die **faktische Entgegennahme der Ware**, nicht eine billigende Übernahme gemeint, wie sie etwa in § 640
BGB vorgesehen ist (s näher die Erl zu Art 60; ebenso zum EKG: DÖLLE/vCAEMMERER Art 56
Rn 13).

3. Weitere Pflichten

a) Umfang

Weitere Pflichten des Käufers können aus dem Vertrag, seinem Sinn und Zweck, aus **33**
Gepflogenheiten oder internationalen Gebräuchen folgen (s eingehend WITZ/SALGER/
LORENZ Art 53 Rn 11 ff). So hat der Käufer bei entsprechender Vereinbarung die
Pflicht, ein Akkreditiv zu eröffnen. Verletzt er sie, macht er sich haftbar (vgl ICC-
Schiedsspruch Nr 7197, JDI 1993, 1028; Volksgericht Xiamen, China 31. 12. 1992, UNILEX; MUR-
RAY, in: Draft Digest 441). Mit der Zahlungspflicht verbinden sich aber auch weitere
Pflichten, etwa zur Beschaffung einer Devisentransfergenehmigung etc. Sie sind in
Art 54 ausdrücklich angesprochen. Das CISG nimmt ferner allgemein in Art 62 auf
Zusatzpflichten Bezug und nennt neben Art 54 selbst noch die Pflicht zur Waren-
spezifikation nach Art 65 und die Erhaltungspflicht nach Art 86. Doch ist der
Konvention darüber hinaus aus Art 7 Abs 2 eine ungeschriebene, den Umständen
angepaßte Kooperationspflicht zu entnehmen (vgl BGH IHR 202, 14 [16]; HONNOLD
Rn 436. 4; SCHLECHTRIEM/SCHWENZER/FERRARI Art 7 Rn 54; ferner Art 7 Rn 47).

Keine Pflichten sind dagegen die **Obliegenheiten des Käufers**, vor allem die Unter- **34**
suchungs- und Rügeobliegenheit nach Art 38, 39 und die Schadensminderungsobliegenheit nach Art 77. Die Verletzung dieser Obliegenheiten führt zu Rechtsnacht-
eilen des Käufers, nicht aber zu Schadensersatzansprüchen des Vertragspartners.
Ähnliche Funktion haben die Informationspflichten bei Vertragsstörungen, etwa
gem Art 71 Abs 3 oder Art 79 Abs 4. Auch ihre Einhaltung kann der zu Informie-
rende nicht einklagen. Der Verpflichtete erleidet aber Rechtsnachteile, wenn er sie
versäumt.

b) Behandlung der weiteren Pflichten

Soweit die weiteren Pflichten aus der Konvention folgen, ist diese, wie selbstver- **35** ständlich ist, in vollem Umfang anzuwenden (dazu unten Rn 37). Gleiches gilt auch für **typische kaufvertragliche Zusatzpflichten**, die vereinbart sind oder sich aus Sinn und Zweck des Vertrages ergeben (Spezifizierung, Abruf, Mitteilungs-, Informations-pflichten etc).

36 Problematisch ist die Behandlung solcher vereinbarter **Zusatzpflichten, die nicht spezifisch kaufvertraglichen Charakter haben** wie Vertriebsbindungen, Wettbewerbs-abreden, Kooperationsabsprachen etc. Ihre materielle Gültigkeit richtet sich nach dem anwendbaren nationalen Recht (Art 4 lit a). Soweit sie wirksam und Teil des abgeschlossenen Kaufvertrages sind, ist das CISG und sein Rechtsbehelfssystem auf sie anzuwenden, soweit es paßt.

4. Gleichbehandlung aller Pflichten

37 Das CISG unterscheidet grundsätzlich nicht zwischen Haupt- und Nebenpflichten. Das gilt auch für die Käuferpflichten (vgl BIANCA/BONELL/MASKOW Art 53 Bem 2.2; SCHLECHTRIEM/SCHWENZER/HAGER Art 53 Rn 4; ENDERLEIN/MASKOW/STROHBACH Art 53 Bem 4.1; PILTZ, Internationales Kaufrecht § 4 Rn 170). Die Verletzung jeder Pflicht löst grundsätzlich die Rechtsbehelfe des Verkäufers aus (Art 61 Abs 1). Wie bei Ver-tragsverletzungen durch den Verkäufer hängt das Recht zur Vertragsaufhebung allerdings davon ab, ob die Verletzung wesentlich war (Art 64). Mindestens kann jedoch stets der Ersatz entstandenen Schadens verlangt werden (Art 61 Abs 1 lit b).

IV. Beweisfragen

38 Daß und in welcher Höhe der Käufer zur Zahlung verpflichtet ist, hat der Verkäufer zu beweisen, ebenso ggfs die Tatsache, daß der Käufer die Ware nicht abgenommen hat (vgl auch BAUMGÄRTEL/LAUMEN/HEPTING Art 53 Rn 2). Die Beweislast für die geleistete Zahlung trifft dagegen den Käufer (Gericht Tijuana, Baja California, Mexiko, IHR 2001, 38).

Abschnitt I
Zahlung des Kaufpreises

Section I
Payment of the price

Section I
Paiement du prix

Art 54 [Kaufpreiszahlung]

Zur Pflicht des Käufers, den Kaufpreis zu zahlen, gehört es auch, die Maßnahmen zu treffen und die Förmlichkeiten* zu erfüllen, die der Vertrag oder Rechtsvorschriften erfordern,** damit Zahlung geleistet werden kann.

Art 54
The buyer's obligation to pay the price includes taking such steps and complying with such formalities as may be required under the contract or any laws and regulations to enable payment to be made.

Art 54
L'obligation qu'a l'acheteur de payer le prix comprend celle de prendre les mesures et d'accomplir les formalités destinées à permettre le paiement du prix qui sont prévues par le contrat ou par les lois et les règlements.

Schrifttum

Vgl zu Art 53.

I.   Regelungsgegenstand und Normzweck

Die Vorschrift ergänzt die in Art 53 geregelte Zahlungspflicht des Käufers um die **1** weitere Verpflichtung, alles nach dem Vertrag oder nach Rechtsvorschriften Erforderliche zu tun, damit die Zahlung auch tatsächlich erfolgen kann. Grundsätzlich ist es damit Sache des Käufers, für die zur Zahlung notwendigen Maßnahmen und Formalitäten zu sorgen. Er muß etwa devisenrechtliche Genehmigungen, staatliche Erlaubnisse, Registrierungen etc ordnungsgemäß beantragen (Sekretariatskommentar Art 50 Bem 2) und die Kosten dafür tragen.

II.   Entstehungsgeschichte

Die Vorschrift entspricht im wesentlichen Art 69 EKG, der aber noch Beispiele **2** möglicher Maßnahmen (die Annahme eines Wechsels, die Eröffnung eines Akkreditivs oder die Stellung einer Banksicherheit) aufgeführt hatte. Um klarzustellen, daß diese Maßnahmen nicht stets, sondern nur bei entsprechender Vereinbarung geschuldet sein sollten, wurde der Beispielskatalog gestrichen (UNCITRAL YB VIII

---

* Schweiz: Formalitäten.

** Schweiz: die nach Vertrag oder Gesetz erforderlich sind.

Ulrich Magnus

[1977] 318 ff). Ihre jetzige Fassung erhielt die Vorschrift bereits im Wiener Entwurf von 1977 (dort Art 36).

3 Auf der Wiener Konferenz von 1980 wurde als Zusatz das Recht des Verkäufers beantragt, Zahlung in der Währung des Käuferlandes verlangen zu können, falls die Zahlung in der Vertragswährung unmöglich sein sollte (A/Conf 97/C1/L201, Off Rec 120). Der Vorschlag wurde jedoch abgelehnt (Off Rec 362; vgl auch Art 53 Rn 30). Im übrigen wurde Art 54 unverändert und ohne weitere Diskussion beschlossen.

III. Die Zahlung vorbereitende Pflichten

4 Der Käufer hat nach Art 54 alles in seiner Macht Stehende zu tun, um die Zahlung tatsächlich zu erbringen (zur Art und Weise der Zahlung s auch Art 53 Rn 7 ff). Er muß etwa Devisen eintauschen, seine Bank zur Überweisung oder Auszahlung anweisen etc. Doch genügt es nicht, daß er seine Bank zur Zahlung anweist, wenn er nicht über konvertible Währung verfügt. Er muß sich dann um transferierbare Währung kümmern (Schiedsspruch Nr 123/1992 v 17. 10. 1995 des Internationalen Schiedsgerichts der Industrie- und Handelskammer der Russischen Föderation CLOUT Nr 142). Soweit vertraglich vereinbart, hat der Käufer auch, wie in Art 69 EKG noch beispielhaft genannt war, einen Wechsel zu akzeptieren, ein Akkreditiv zu eröffnen, eine Bankbürgschaft oder -garantie zu stellen, eine Kaution zu hinterlegen etc. Ohne vertragliche Abrede, Gepflogenheit der Parteien oder internationalen Brauch ist er dazu jedoch nicht verpflichtet (ebenso OGH RdW 1996, 203; Achilles Art 54 Rn 1; Herber/Czerwenka Art 54 Rn 4; vgl auch ICC-Schiedsspruch Nr 7197, JDI 1993, 1028; aA Posch, in: Hoyer/Posch 146 f; Schwimann/Posch Art 54 Rn 6).

5 Der Käufer hat ferner die von Rechtsvorschriften geforderten Schritte einzuleiten, um die Zahlung zu ermöglichen. Gemeint sind alle Rechtsvorschriften, die für die Zahlung faktisch erheblich sind. Es kommt nicht allein auf die nach IPR maßgeblichen Vorschriften an (Schlechtriem/Schwenzer/Hager Art 54 Rn 5; Enderlein/Maskow/Strohbach Art 54 Bem 5; Herber/Czerwenka Art 54 Rn 3; Reinhart Art 54 Rn 4; Schlechtriem Rn 210; Witz/Salger/Lorenz Art 54 Rn 2). Zu beachten sind insbes devisenrechtliche Transfer- oder Clearingvorschriften, vornehmlich jene des Käuferlandes, jedoch auch anderer Länder, wenn sie den konkreten Zahlungsvorgang reglementieren. Der Verkäufer kann, zumal bei Maßnahmen oder Förmlichkeiten in seinem eigenen Land, zur Mitwirkung und Kooperation gem Art 7 Abs 1 verpflichtet sein (Schlechtriem/Schwenzer/Hager Art 54 Rn 5; Enderlein/Maskow/Strohbach Art 54 Bem 7; Karollus 171; Witz/Salger/Lorenz Art 54 Rn 6). Doch ist es grundsätzlich die Pflicht des Käufers, erforderliche Devisentransfergenehmigungen zu beantragen und, soweit erforderlich, auch Exportgenehmigungen etc vorzulegen oder zu beschaffen (Bianca/Bonell/Maskow Art 54 Rn 2.6).

6 Der Käufer ist auch verpflichtet, erfolgversprechende Rechtsmittel gegen versagte Genehmigungen einzulegen. Doch ist er weder zu illegalen Maßnahmen, mögen sie auch üblich sein (Bestechung etc), noch zu wenig aussichtsreichen Schritten verpflichtet.

IV. Rechtsfolgen

Die Verletzung einer nach Art 54 gebotenen Pflicht ist Verletzung der Zahlungs- **7** pflicht selbst und löst die Rechtsfolgen einer solchen Verletzung aus (OGH RdW 1996, 197; Sekretariatskommentar Art 50 Bem 5; SCHLECHTRIEM/SCHWENZER/HAGER Art 54 Rn 7; HELLNER, in: ŠARČEVIĆ/VOLKEN 352 f; HONNOLD Rn 323; HUBER RabelsZ 43 [1979] 511; KAROLLUS 172; MünchKommHGB/BENICKE Art 54 Rn 5 f; TERCIER, in: Lausanner Kolloquium 126; WITZ/SALGER/LORENZ Art 54 Rn 5). Es gelten damit die Art 61 ff, nicht die Art 71, 72.

Der Käufer hat für seine Pflichten im Vorfeld der Zahlung ohne Verschulden **8** einzustehen. Eine Entlastung kommt nur unter den Voraussetzungen des Art 79 in Betracht (Sekretariatskommentar Art 50 Bem 3; ACHILLES Art 54 Rn 3; SCHLECHTRIEM/SCHWENZER/HAGER Art 54 Rn 6; HONSELL/SCHNYDER/STRAUB Art 54 Rn 39; LOEWE, Kaufrecht 75; MünchKommBGB/HUBER Art 54 Rn 6; MünchKommHGB/BENICKE Art 54 Rn 6; REINHART Art 54 Rn 6). Allerdings haftet er nur, sofern der Verkäufer infolge der Pflichtverletzung nicht oder nicht rechtzeitig über den Kaufpreis verfügen kann oder wegen des Versäumnisses des Käufers eigene Aufwendungen hat, um den Kaufpreis zu erlangen. Hat die Pflichtverletzung keine Auswirkung auf die Zahlung, bleibt sie ohne Sanktion.

Zum Teil wird allerdings vorgeschlagen, zwischen Maßnahmen auf kommerzieller **9** Ebene und Förmlichkeiten auf administrativer Ebene zu unterscheiden. Für erstere gelte eine verschuldensunabhängige Erfolgshaftung, während der Käufer bei letzteren nur pflichtgemäße Bemühungen schulde (AUDIT 140; BIANCA/BONELL/MASKOW Art 54 Bem 2.3; ENDERLEIN/MASKOW/STROHBACH Art 54 Bem 6.1; NEUMAYER/MING Art 54 Anm 3; zu der Unterscheidung auch WIEGAND, in: Berner Tage 152 f). Indessen unterscheidet sich hier nicht der Pflichteninhalt, sondern nur die Entlastungsmöglichkeit. Art 79 kommt in Fällen administrativer Leistungshindernisse uU eher in Betracht (so auch SCHLECHTRIEM/SCHWENZER/HAGER Art 54 Rn 6; HONSELL/SCHNYDER/STRAUB Art 54 Rn 39; WITZ/SALGER/LORENZ Art 54 Rn 5).

Die Kosten der nach Art 54 gebotenen Maßnahmen hat der Käufer zu tragen (LG **10** Duisburg RiW 1996, 774; ACHILLES Art 54 Rn 2; WITZ/SALGER/LORENZ Art 54 Rn 2).

V. Beweisfragen

Der Verkäufer muß das Bestehen und den Inhalt der zusätzlichen Pflichten des **11** Käufers nachweisen (ebenso BAUMGÄRTEL/LAUMEN/HEPTING Art 54 Rn 2); der Käufer hat dann ihre ordnungsgemäße Erfüllung zu beweisen.

Art 55 [Bestimmung des Preises]

Ist ein Vertrag gültig geschlossen worden, ohne daß er den Kaufpreis ausdrücklich oder stillschweigend festsetzt oder dessen Festsetzung ermöglicht, so wird mangels gegenteiliger Anhaltspunkte vermutet, daß die Parteien sich stillschweigend auf den Kaufpreis bezogen haben, der bei Vertragsabschluß allgemein für derartige Ware berechnet wurde, die in dem betreffenden Geschäftszweig unter vergleichbaren Umständen verkauft wurde.

Art 55

Where a contract has been validly concluded but does not expressly our implicitly fix or make provision for determining the price, the parties are considered, in the absence of any indication to the contrary, to have impliedly made reference to the price generally charged at the time of the conclusion of the contract for such goods sold under comparable circumstances in the trade concerned.

Art 55

Si la vente est valablement conclue sans que le prix des marchandises vendues ait été fixé dans le contrat expressément ou implicitement ou par une disposition permettant de le déterminer, les parties sont réputées, sauf indications contraires, s'être tacitement référées au prix habituellement pratiqué au moment de la conclusion du contrat, dans la branche commerciale considérée, pour les mêmes marchandises vendues dans des circonstances comparables.

Schrifttum

Vgl zu Art 53; ferner:
ADAMI, Les contrats „open price" dans la convention des Nations Unies sur le contrats de vente internationale de marchandises, IntBus LJ 1989, 103
FORTIER, Le prix dans la Convention de Vienne sur la vente internationale de marchandises: les articles 14 et 55, Clunet 1990, 381
HONNOLD, International Sales Law and the Open-Price-Contract, in: Estudios en Homenaje a Jorge Barrera Graf (1989) 915
LECOSSOIS, La détermination du prix dans la Convention de Vienne, le U. C. C. et le droit français: critique de la première décision relative aux articles 14 et 55 de la Convention de Vienne, McGill LJ 1996, 513

MAGNUS, Unbestimmter Kaufpreis und UN-Kaufrecht, IPRax 1996, 145
MURRAY, The „Open Price" Sale of Goods Contract in a Worldwide Setting, Com L J 89 (1984) 491
NICHOLAS, Certainty of Price, in: Comparative and Private International Law. Essays in Honor of John Henry Merrymann on his Seventieth Birthday, hrsg von DAVID S CLARK (1990) 247
ROTH/KUNZ, Zur Bestimmbarkeit des Preises im UN-Kaufrecht, RiW 1997, 17
VIDA, Unwirksamkeit der Offerte wegen Unbestimmtheit nach UN-Kaufrecht, IPRax 1995, 261
W WITZ, Der unbestimmte Kaufpreis. Ein rechtsvergleichender Beitrag zur Bedeutung des pretium certum, Bd 131 der Arbeiten zur Rechtsvergleichung (1989).

Systematische Übersicht

I. Regelungsgegenstand und Normzweck

1 Art 55 bestimmt die Höhe des Kaufpreises, wenn der Vertrag ihn offengelassen hat. Die Vorschrift ist im Zusammenhang mit Art 14 zu sehen. Sie kommt nur zum Zug, wenn der Vertrag trotz offenen Preises wirksam zustandegekommen ist. Für diesen Fall gibt sie eine **Auslegungshilfe**.

II.   Entstehungsgeschichte

Die Vorschrift hat ihr Vorbild in Art 57 EKG, der im wesentlichen übernommen 2 wurde. Allerdings enthielt das EAG keine Regel, die – wie nunmehr Art 14 Abs 1 S 2 CISG – die Bestimmbarkeit des Preises als Voraussetzung eines wirksamen Angebots verlangte. An dieser Lösung des Haager Rechts wurde während der UNCITRAL-Vorarbeiten starke Kritik geübt (vgl UNCITRAL YB IV [1973] 32, 73 f) und schließlich die Bestimmbarkeit des Preises in den Abschlußteil der Konvention aufgenommen (Art 12 Abs 1 Abschluß E von 1978; vgl UNCITRAL YB IX [1978] 38). In den jetzigen Art 55 wurde die Voraussetzung eingefügt, daß der Vertrag „gültig" geschlossen sein müsse (UNCITRAL YB VIII [1977] 48).

Auf der Wiener Konferenz wurde der Antrag der UdSSR und Weißrußlands, den 3 jetzigen Art 55 zu streichen, abgelehnt (Off Rec 120 f, 363 f). Alle weiteren Anträge wurden im Interesse der Überarbeitung durch eine Ad-hoc-Arbeitsgruppe zurückgezogen (Off Rec 120 f) und deren Vorschlag in der jetzigen Fassung schließlich angenommen (Off Rec 392 f; vgl zur Entstehungsgeschichte auch Art 14 Rn 6). Die Länder, die in Wien gegen Verträge mit offenem Preis votiert hatten, weil ihr eigenes Recht derartige Verträge für unwirksam erklärt hatte, haben ihr internes Recht in jüngerer Zeit allerdings zum Teil revidiert, so insbesondere Frankreich und Rußland (für Frankreich: Cour de cassation JCP 1996, II, 22565 m Anm GHESTIN; für Rußland s Art 484 des neuen Zivilgesetzbuchs von 1994; s näher DE LY, in: Draft Digest 478 ff; ferner SOERGEL/LÜDERITZ/ BUDZIKIEWICZ Art 55 Fn 1; rechtsvergleichend s W WITZ, Der unbestimmte Kaufpreis).

III.   Voraussetzungen

1.   Gültigkeit des Kaufvertrages

Art 55 setzt voraus, daß ein **Kaufvertrag zustande gekommen** ist, obwohl der Vertrag 4 auch bei Ausschöpfung aller Auslegungsmöglichkeiten keinen Anhaltspunkt dafür gibt, wie der Kaufpreis festgesetzt werden soll. Die Vorschrift bestimmt dagegen nicht selbständig, ob und wann ein Vertrag bei offenem Preis wirksam abgeschlossen ist (AUDIT 141; BAMBERGER/ROTH/SAENGER Art 55 Rn 1 f; BIANCA/BONELL/EÖRSI Art 55 Bem 2.2.1; BRUNNER Art 55 Rn 1; SCHLECHTRIEM/SCHWENZER/HAGER Art 55 Rn 5; HERBER/ CZERWENKA Art 55 Rn 4; HONNOLD Rn 325.3; HONSELL/SCHNYDER/STRAUB Art 55 Rn 7; Münch-KommBGB/HUBER Art 55 Rn 4; MünchKommHGB/BENICKE Art 55 Rn 2; SCHLECHTRIEM Rn 212; SCHWIMANN/POSCH Art 55 Rn 2; **aA** etwa LOEWE, Kaufrecht 76, der Art 55 als Mittel zur Festlegung eines sonst nicht bestimmbaren Preises ansieht; vgl auch Art 14 Rn 23 ff).

Soweit sich der Vertragsschluß nach der Konvention richtet, verlangt Art 14 Abs 1 5 S 2 als Voraussetzung eines wirksamen Angebots und damit eines wirksamen Vertragsschlusses **grundsätzlich** die **Bestimmbarkeit des Preises** (vgl aus der Rechtsprechung hierzu insbes OGH JBl 1995, 253 m Anm KAROLLUS = IPRax 1996, 137 m Aufs MAGNUS IPRax 1996, 145; ferner die Entscheidung des Obersten Gerichtshofs der ungarischen Republik vom 25.9.1992, JL & Com 1993, 31 [Malev-Fall]; dazu VIDA IPRax 1995, 261; PILTZ, Internationales

Kaufrecht § 3 Rn 25; s auch Art 14 Rn 23 ff). Doch scheitert ein Vertragsschluß trotz offenen Preises in folgenden Fällen nicht an Art 14 Abs 1 S 2:

– Der Anbietende hat den **Preis** im Rahmen seiner Parteiautonomie (Art 6) **bewußt offengelassen** und der Annehmende dieses Angebot angenommen;

– der **Vertrag** ist nicht durch Angebot und nachfolgende Annahme, sondern **in anderer Form zustande gekommen**, zB durch gleichzeitige Einigung, gemeinschaftlichen Beschluß etc, und der Preis dabei offengeblieben;

– **Teil II** der Konvention **gilt** entweder wegen eines entsprechendes Ausschlusses durch die Parteien oder wegen des Vorbehalts des Art 92 (derzeit in den skandinavischen Ländern) **nicht**; nach dem anwendbaren Vertragsschlußrecht ist ein Vertrag mit offenem Preis aber zulässig (näher zum Ganzen Art 14 Rn 33 ff).

6 Ist in diesen Fällen der Vertragsschluß wirksam, dann ist ein offengebliebener Preis nach Art 55 zu bestimmen (ähnlich ACHILLES Art 55 Rn 1 f; SCHLECHTRIEM/SCHWENZER/HAGER Art 55 Rn 5; HERBER/CZERWENKA Art 55 Rn 5; MünchKommBGB/HUBER Art 55 Rn 9; MünchKommHGB/BENICKE Art 55 Rn 3; POSCH, in: HOYER/POSCH 150; noch weitergehend LOEWE, Kaufrecht 76; SCHLECHTRIEM, UN-Kaufrecht 72; s auch W WITZ 226 f; näher Art 14 Rn 27 ff).

7 Ist der Vertrag nach der Konvention ausnahmsweise ohne festen Preis zustande gekommen, so **scheidet** ein **Rückgriff auf nationale Gültigkeitsvorschriften aus** (vCAEMMERER/SCHLECHTRIEM/SCHLECHTRIEM Art 14 Rn 12; HERBER/CZERWENKA Art 14 Rn 6; PILTZ, Internationales Kaufrecht § 3 Rn 28; **aA** aber etwa Schweizer Botschaft 772; SCHLECHTRIEM/SCHWENZER/HAGER Art 55 Rn 7; näher Art 14 Rn 33).

2. Unbestimmtheit des Kaufpreises

8 Art 55 greift nur ein, wenn sich der Kaufpreis den Parteiabsprachen in keiner Weise entnehmen läßt (vgl auch Cour d'Appel Grenoble 26.4.1995 CLOUT Nr 151 – Einigung über Preis schließt Art 55 aus). Es gilt derselbe Maßstab wie für Art 14 Abs 1 S 2 (vgl Art 14 Rn 23 ff). Ein **unbestimmter Preis** ist etwa in einem Fall angenommen worden, in dem der Hersteller von Flugzeugmotoren mehrere Typen zur Auswahl anbot, ohne den Preis für jeden Einzeltyp anzugeben (so Oberster Gerichtshof der ungarischen Republik v 25.9.1992; JL & Com 1993, 31 [Malev-Fall], dazu VIDA IPRax 1955, 261; PILTZ, Internationales Kaufrecht § 3 Rn 25). Vielfach wird sich jedoch ein zumindest bestimmbarer Preis ergeben, sei es, daß stillschweigend oder ausdrücklich auf Preislisten verwiesen wird, die der Käufer kennt oder kennen muß (OLG Rostock IHR 2003, 17 [Preislisten des Verkäufers maßgebend, da frühere Verträge nach ihnen abgewickelt wurden]; ENDERLEIN/MASKOW/STROHBACH Art 55 Bem 3; HERBER/CZERWENKA Art 55 Rn 2), sei es, daß aufgrund früherer Geschäfte bestimmte Preise oder bestimmte Methoden der Preisfestsetzung zwischen den Parteien üblich waren oder daß sie sich aus internationalen Gebräuchen ergeben (BIANCA/BONELL/EÖRSI Art 55 Bem 2.3.2; ENDERLEIN/MASKOW/STROHBACH, HERBER/CZERWENKA aaO; näher Art 14 Rn 23 ff). Der Preis ist auch noch hinreichend bestimmbar, wenn die Parteien nur einen Preisrahmen festgelegt haben, ohne die Ware den einzelnen Stufen des Rahmens zuzuordnen. Im Zweifel gilt dann die untere Grenze des Rahmens für unterste, die obere für oberste Qualität, der Mittelwert für Durchschnittsqualität (OGH JBl 1995, 253 m Anm KAROLLUS = IPRax 1996, 137 m

Aufs MAGNUS IPRax 1996, 145 [Preisrahmen von 35–65 DM für Chinchillafelle unterschiedlicher Qualitäten]).

Art 55 greift aber nicht ein, wenn die Parteien eine Preisrevisionsklausel vereinbart haben, da der Preis dann nicht unbestimmt ist, sondern nur unter den vereinbarten Bedingungen verändert werden kann (Cour de cassation D 1995.289 m Anm WITZ). Ferner kann der Preis auch nicht über Art 55 bestimmt werden, wenn die Parteien eine spätere Einigung über den Preis verabredet haben, zu der es dann nicht kommt. Hier ist der Vertrag vom Eintritt der Bedingung der späteren Einigung abhängig und fällt dahin, wenn sie ausbleibt (Internationales Schiedsgericht der Industrie- und Handelskammer der Russischen Föderation v 13.3. 1995, CLOUT Nr 139). Art 55 greift auch nicht ein, wenn die Parteien vereinbart haben, daß **eine der Parteien** – oder ein **Dritter** – berechtigt sein soll, den **Preis festzusetzen** (s W WITZ 228 f). Allerdings wird eine solche Vereinbarung dahin auszulegen sein, daß die Preisbestimmung dem Gutglaubensgebot des Art 7 Abs 2 Rechnung zu tragen hat und der festgesetzte Preis sich daher nicht unangemessen weit vom Maßstab des Art 55 entfernen darf.

IV.   Maßgebender Preis

Sofern ein Vertrag mit offenem Preis gültig ist, schließt Art 55 die Lücke durch **9** denjenigen Preis, „der bei Vertragsabschluß allgemein für derartige Ware berechnet wurde, die in dem betreffenden Geschäftszweig unter vergleichbaren Umständen verkauft wurde" (s Bezirksgericht St Gallen 3.7. 1997, SZIER 1998, 84; ICC-Schiedsspruch Nr 7819, 1999, Bull Int Court of Arb 2001, 60). Es gilt eine objektiv-konkrete Sicht. **Maßgebend** ist der **allgemein übliche Preis** (etwa Börsen- oder Marktpreis), der bei Geschäften gleicher Art berechnet wird. Gibt es keine allgemein üblichen, sondern je nach Markt unterschiedliche Preise, sollte der Preis des Marktes gelten, auf dem sich Parteien von der Art des Käufers gewöhnlich eindecken (so BRUNNER Art 55 Rn 3; ENDERLEIN/MASKOW/STROHBACH Art 55 Bem 8; ähnlich PILTZ, Internationales Kaufrecht § 4 Rn 134; zum Teil **anders** ACHILLES Art 55 Rn 3 [Lieferort]; MünchKommHGB/BENICKE Art 55 Rn 8 [Käufersitz, wenn Verkäufer dort Absatztätigkeit entfaltet hat; Verkäufersitz, wenn Käufer dort nachgefragt hat]; WITZ/SALGER/LORENZ Art 55 Rn 3 [Verkäuferort]; offen AUDIT 141; für Geltung des anwendbaren nationalen Rechts aber HONSELL/SCHNYDER/STRAUB Art 55 Rn 23; für Unwirksamkeit des Vertrages SCHWIMANN/POSCH Art 55 Rn 8).

Entscheidender Zeitpunkt für die Preisberechnung ist der Zeitpunkt des Vertrags- **10** schlusses. Damit wird verhindert, daß sich unvorhersehbare Preisentwicklungen zu Lasten einer Seite auswirken (vgl auch Sekretariatskommentar Art 51 Bem 3; SCHLECHTRIEM/ SCHWENZER/HAGER Art 55 Rn 9; MünchKommHGB/BENICKE Art 55 Rn 10).

V.   Beweisfragen

Der allgemein übliche Preis dürfte **von Amts wegen zu ermitteln** und ggf festzusetzen **11** sein, wobei die jeweilige Partei eine Mitwirkungspflicht hinsichtlich der Ermittlung trifft (**anders** – Beweislast der im übrigen beweispflichtigen Partei – ACHILLES Art 55 Rn 4; BAUMGÄRTEL/LAUMEN/HEPTING Art 55 Rn 6; MünchKommHGB/BENICKE Art 55 Rn 12). Im übrigen muß diejenige Partei die tatsächlichen Voraussetzungen des Art 55 beweisen, die Rechte aus der Vorschrift herleitet.

Art 56 [Kaufpreis nach Gewicht]

Ist der Kaufpreis nach dem Gewicht der Ware festgesetzt, so bestimmt er sich im Zweifel nach dem Nettogewicht.

Art 56	Art 56
If the price is fixed according to the weight of the goods, in case of doubt it is to be determined by the net weight.	Si le prix est fixé d'après le poids des marchandises, c'est le poids net qui, en cas de doute, détermine ce prix.

I. Regelungsgegenstand und Normzweck

1 Die Vorschrift legt fest, daß im Zweifel das Nettogewicht der Ware ohne ihre Verpackung (Tara) entscheidet, sofern sich der Kaufpreis nach dem Gewicht richtet. Sie stellt eine Auslegungsregel für den Fall dar, daß der Vertrag, internationale Gebräuche oder Gepflogenheiten zwischen den Parteien in diesem Punkt nichts anderes bestimmen (Sekretariatskommentar Art 52 Bem 1).

II. Entstehungsgeschichte

2 Die Bestimmung ist nahezu wortgleich aus Art 58 EKG übernommen worden. Sachlich war sie zu keiner Zeit umstritten, da zahlreiche Rechtsordnungen eine gleiche Regel kennen (zB § 380 Abs 1 deutsches und österreichisches HGB; Art 212 Abs 2 Schweizer OR). Auf der Wiener Konferenz gab es Änderungsvorschläge eher redaktionellen Charakters (vgl Off Rec 121 f), die aber abgelehnt wurden (Off Rec 366).

III. Voraussetzungen

3 Art 56 greift ein, wenn der Kaufpreis nach dem **Gewicht der Ware** festgesetzt ist (zB pro Tonne etc). Sofern nicht der Vertrag oder die Konvention (Art 8 und 9) etwas anderes bestimmen, hat der Käufer dann nur für das Nettogewicht der Ware ohne das Gewicht der Verpackung zu zahlen (Sekretariatskommentar Art 52 Bem 1; BIANCA/BONELL/MASKOW Art 56 Bem 2.2; SCHLECHTRIEM/SCHWENZER/HAGER Art 56 Rn 2). Für die Berechnung maßgebend ist das Nettogewicht der Ware, das sie beim Eintreffen am Lieferort (Art 31) hat (ENDERLEIN/MASKOW/STROHBACH Art 56 Bem 4; HERBER/CZERWENKA Art 56 Rn 2; REINHART Art 56 Rn 2; WITZ/SALGER/LORENZ Art 56 Rn 2). Nach anderer Ansicht entscheidet das Gewicht, das die Ware bei Gefahrübergang hat (ACHILLES Art 56 Rn 1; BAMBERGER/ROTH/SAENGER Art 56 Rn 1; MünchKommHGB/BENICKE Art 56 Rn 3; SCHLECHTRIEM/SCHWENZER/HAGER Art 56 Rn 2). Vielfach werden der Lieferort und der Ort des Gefahrübergangs allerdings zusammenfallen. Späterer Gewichtsverlust (zB Schwund durch Austrocknen) geht zu Lasten des Käufers.

4 Art 56 gilt auch, wenn für ein **Gesamtgewicht** ein **Pauschalpreis** vereinbart ist (HONSELL/SCHNYDER/STRAUB Art 56 Rn 6; MünchKommHGB/BENICKE Art 56 Rn 1; zweifelnd aber BIANCA/BONELL/MASKOW Art 56 Bem 2.4). Der Verkäufer hat hier erst dann erfüllt, wenn das Nettogewicht der Lieferung – ohne Verpackung – das vereinbarte Gesamtgewicht erreicht. Auch wenn der Preis wegen nicht erreichten Mindestgewichts reduziert werden darf, gilt Art 56 und ist das Nettogewicht der Ware maßgebend (ebenso ENDERLEIN/MASKOW/STROHBACH Art 56 Bem 2).

Dagegen ist es kein Fall des Art 56, wenn der **Preis nach Stücken**, Einheiten etc 5 berechnet wird, für die lediglich zur Spezifizierung auch das Gewicht angegeben ist (ENDERLEIN/MASKOW/STROHBACH Art 56 Bem 2; MünchKommHGB/BENICKE Art 56 Rn 1).

Eine von Art 56 abweichende Festlegung folgt etwa aus der Klausel **„brutto für** 6 **netto"**, „gross for net". Bei ihr richtet sich der Preis nach dem Gewicht der Ware einschließlich ihrer Verpackung (BIANCA/BONELL/MASKOW Art 56 Bem 2. 6; SCHLECHTRIEM/ SCHWENZER/HAGER Art 56 Rn 2; ebenso schon zum EKG DÖLLE/vCAEMMERER Art 58 Rn 2). Auch die Klausel „Hamburger Neugewicht" kann eine Modifizierung des Art 56 bedeuten. Ist Hamburg nicht Liefer-, sondern allein Bestimmungsort, ist das Gewicht hier maßgebend und haftet der Verkäufer für Schwund auf dem Transport.

IV. Beweisfragen

Wer eine von Art 56 abweichende Vereinbarung behauptet, muß sie nachweisen 7 (BAUMGÄRTEL/LAUMEN/HEPTING Art 56 Rn 1).

Art 57 [Zahlungsort]

(1) Ist der Käufer nicht verpflichtet, den Kaufpreis an einem anderen bestimmten Ort zu zahlen, so hat er ihn dem Verkäufer wie folgt zu zahlen:
a) **am Ort der Niederlassung des Verkäufers oder,**
b) **wenn die Zahlung gegen Übergabe der Ware oder von Dokumenten zu leisten ist, an dem Ort, an dem die Übergabe stattfindet.**

(2) Der Verkäufer hat alle mit der Zahlung zusammenhängenden Mehrkosten zu tragen, die durch einen Wechsel seiner Niederlassung nach Vertragsabschluß entstehen.

Art 57

(1) If the buyer is not bound to pay the price at any other particular place, he must pay it to the seller:
(a) at the seller's place of business; or
(b) if the payment is to be made against the handing over of the goods or of documents, at the place where the handing over takes place.
(2) The seller must bear any increase in the expenses incidental to payment which is caused by a change in his place of business subsequent to the conclusion of the contract.

Art 57

1) Si l'acheteur n'est pas tenu de payer le prix en un autre lieu particulier, il doit payer le vendeur:
a) à l'établissement de celui-ci; ou
b) si le paiement doit être fait contre la remise des marchandises ou des documents, au lieu de cette remise.

2) Le vendeur doit supporter toute augmentation des frais accessoires au paiement qui résultent de son changement d'établissement après la conclusion du contrat.

Schrifttum

Wie zu Art 53; ferner:
vCaemmerer, Zahlungsort, in: FS Mann
(1977) 3
Jayme, IPRax 1995, 13
Koch, Der besondere Gerichtsstand des
Klägers/Verkäufers im Anwendungsbereich des
UN-Kaufrechts, RiW 1996, 379
Lehner, Erfüllungsort und Gerichtsstand für
Geldschulden im nationalen Recht und im internationalen Einheitsrecht (Diss Basel 1991)
Magnus, Das UN-Kaufrecht und die Erfüllungsortzuständigkeit in der neuen EuGVO,
IHR 2002, 45
Piltz, Vom EuGVÜ zur Brüssel-I-Verordnung,
NJW 2002, 789

Schack, Der internationale Klägergerichtsstand des Verkäufers, IPRax 1986, 82
ders, Der internationale Klägergerichtsstand
des Käufers, IPRax 1987, 215
ders, Stare decisis ohne Rücksicht auf die Zuständigkeitsgerechtigkeit, ZEuP 1995, 655
Schlechtriem, Auslegung und Lückenfüllung
im Internationalen Einheitsrecht: „Erfüllungsort" für Rückabwicklungspflichten in EuGVÜ
und EKG, IPRax 1981, 113
Schütze, Die Bedeutung des Wiener Kaufrechtsübereinkommens für das internationale
Zivilprozeßrecht, in: FS Matscher (1993) 423
Schwenzer, Internationaler Gerichtsstand für
die Kaufpreisklage, IPRax 1989, 274.

Systematische Übersicht

Alphabetische Übersicht

I. Regelungsgegenstand und Normzweck

Art 57 legt den **Zahlungsort** fest. Vorbehaltlich abweichender Vereinbarungen, Ge- **1** pflogenheiten oder Gebräuche hat der Käufer **am Sitz des Verkäufers** zu zahlen (Abs 1 lit a). Wenn der Preis allerdings bei Übergabe der Ware oder der Dokumente zu bezahlen ist, so ist der Übergabeort zugleich Zahlungsort (Abs 1 lit b). Verlegt der Verkäufer seine Niederlassung nach Vertragsschluß, dann hat er daraus folgende Mehrkosten des Zahlungsvorgangs zu tragen (Abs 2).

Die Vorschrift bestimmt damit materiellrechtlich den Erfüllungsort für die Zah- **2** lungspflicht des Käufers; prozessual bildet sie zwar nicht mehr im Geltungsbereich der EuGVO, jedoch außerhalb die Basis für den Gerichtsstand des Erfüllungsortes dieser Pflicht.

II. Entstehungsgeschichte

Die Bestimmung entspricht sachlich Art 59 EKG, der lediglich redaktionell verän- **3** dert und klarer gefaßt wurde. Auf der Wiener Konferenz beantragte die Bundesrepublik einen ergänzenden Abs 3, der eine zuständigkeitsbegründende Wirkung des Erfüllungsortes ausschließen sollte (A/Conf 97/C1/L182, Off Rec 122). Doch wurde der Antrag mit der Begründung abgelehnt, Zuständigkeitsfragen stünden außerhalb des Regelungsbereichs der Konvention (Off Rec 368 f; vgl dazu auch Denkschrift 54).

III. Grundsatz

4 Art 57 enthält eine **dreistufige Regelung für den Zahlungsort**, deren jeweils nachgeordnete Stufe nur zum Zug kommt, wenn die Voraussetzungen der vorangehenden fehlen. Vorrang haben in jedem Fall, wie auch sonst, die gerade in diesem Punkt sehr häufigen Parteivereinbarungen sowie Gepflogenheiten oder Gebräuche. Nur bei ihrem Fehlen greift die gesetzliche Regelung ein, nach der – bei Zug-um-Zug-Leistung – der Übergabeort maßgebend ist (Art 57 Abs 1 lit b). Erst in letzter Linie stellt Art 57 Abs 1 lit a die Hilfsregel auf, daß die Zahlungspflicht im Zweifel am Niederlassungsort des Verkäufers zu erfüllen, die Kaufpreisschuld also Bringschuld ist.

5 Für die Bestimmung der **Niederlassung** gilt Art 10. Soweit am Ort der Niederlassung zu zahlen ist, genügt die Überweisung auf ein Konto des Verkäufers bei einer ortsansässigen Bank (näher dazu ENDERLEIN/MASKOW/STROHBACH Art 57 Bem 6; PILTZ, Internationales Kaufrecht § 4 Rn 139).

IV. Vereinbarter Zahlungsort

6 Ein vereinbarter Zahlungsort wird sich häufig aus den **verwendeten Zahlungsklauseln** ergeben (zu ihnen Art 53 Rn 11 f). Aus den INCOTERMS ergibt sich dagegen kein Zahlungsort, sondern nur die Pflicht, „vertragsgemäß zu zahlen".

7 Von den üblichen Zahlungsvereinbarungen belassen die Klauseln **COD** („Cash on Delivery", Zahlung bei Erhalt der Ware, Nachnahme), **netto Kasse, Kasse gegen Faktura** und **Vorauszahlung** den Zahlungsort am Sitz des Verkäufers (Rechtbank 's-Hertogenbosch 6. 5. 1994, NIPR 1994 Nr 464 [offene Rechnung]; ACHILLES Art 57 Rn 3; BRUNNER Art 57 Rn 3; MünchKommBGB/HUBER Art 57 Rn 4; MünchKommHGB/BENICKE Art 57 Rn 3; SOERGEL/ LÜDERITZ/BUDZIKIEWICZ Art 57 Rn 3; WITZ/SALGER/LORENZ Art 57 Rn 7; ebenso bei Zahlung per Nachnahme zum EKG: OLG Hamm, in: SCHLECHTRIEM/MAGNUS Art 59 Nr 9; vgl näher auch Art 53 Rn 13 ff). Denn ihre Auslegung ergibt in der Regel, daß nicht Übergabe Zug um Zug, sondern zunächst die Vorleistungspflicht einer Partei vereinbart ist. Gleiches ergibt sich bei Zusendung der Ware mit offener Rechnung. Auch Franco-Klauseln, die die Zahlung betreffen („Zahlung franco" oder „Zahlung frei" bestimmter Ort), fixieren den Zahlungsort in der Regel an dem benannten Ort, an den die Zahlung kostenfrei zu übermitteln ist. Bezieht sich die Franco-Klausel jedoch auf die Lieferung („Lieferung franco" bestimmter Ort), dann berührt diese Abrede nicht den Zahlungsort (Rechtbank Arnhem NIPR 2001 Nr 49). Bei **D/P** („Documents against Payment", Zahlung gegen Dokumente) oder Zahlung Zug um Zug gegen Übergabe der Ware ist dagegen – wie in Art 57 Abs 1 lit b – der Übergabeort auch Zahlungsort (so für die Klausel „payment cash against delivery" LG Nürnberg-Fürth IHR 2004, 20; BRUNNER Art 57 Rn 4; HERBER/CZERWENKA Art 57 Rn 8; ferner Art 53 Rn 17). Auch eine Stundung der Zahlung verändert nicht den generellen Zahlungsort des Art 57 Abs 1 lit a (LG Freiburg IHR 2002, 72); ebenso wenig hat eine vergleichsweise Festlegung ausstehender Forderungen aus früheren Kaufverträgen für sich diese Wirkung (OLG Karlsruhe IHR 2004, 62).

8 Beim **Dokumentenakkreditiv** ist in der Regel der Sitz der eröffnenden oder der bestätigenden Bank, die die Dokumente aufnimmt, der Zahlungsort (BIANCA/BONELL/ MASKOW Art 57 Bem 2.8; BRUNNER Art 57 Rn 4; ENDERLEIN/MASKOW/STROHBACH Art 57 Bem 8.3; HERBER/CZERWENKA aaO; HONSELL/SCHNYDER/STRAUB Art 57 Rn 7; Münch-

KommHGB/BENICKE Art 57 Rn 4). Sofern die Bank nicht zahlt, bleibt aber der für den Käufer maßgebende Zahlungsort von der Akkreditivklausel unberührt (OLG München BB 1997, 2295; PILTZ NJW 2000, 557). Denn daß die Bank ihre Akkreditivverpflichtung nicht erfüllt, berührt nicht den Bestand der selbständigen Zahlungspflicht des Käufers. Keine vertragliche Änderung des Zahlungsortes folgt ferner daraus, daß die Parteien Zahlung mittels Wechselakzepts vereinbart haben (so zum EKG: Corte di cassazione civ [VerSen] Riv dir int priv proc 1983, 383 = SCHLECHTRIEM/MAGNUS Art 59 Nr 4). Auch der **Vereinbarung „Zahlung frei Zahlstelle des Lieferers"** hat die Rechtsprechung zum EKG keine vertragliche Abänderung des gesetzlichen Zahlungsortes entnommen (so OLG Stuttgart RiW 1978, 545). Erst recht stellt die Benennung einer Bankverbindung keine Festlegung des Zahlungsortes dar, sondern bedeutet nur die Angabe einer Zahlstelle, an der der Schuldner mit befreiender Wirkung leisten darf (Zivilgericht Basel-Stadt SZIER 1999, 190; Hof 's-Hertogenbosch NIPR 1997 Nr 245; Münch-KommHGB/BENICKE Art 57 Rn 4; PILTZ NJW 2000, 557). Dagegen hat die Rechtsprechung einen Zahlungsort am Sitz der Bank des Schuldners angenommen, wenn die Parteien sich auf ein Abbuchungsverfahren bei dieser Bank („Zahlung per Lastschrift einzuziehen" bzw „Zahlung per Bankabbuchung") geeinigt hatten (LG Trier IHR 2001, 35). Auch wenn der Verkäufer in einer längeren Geschäftsverbindung stets die Kosten der Überweisung getragen hat, spricht das dafür, den Zahlungsort am Sitz des Käufers zu lokalisieren (so LG Bielefeld IHR 2001, 199; PILTZ aaO).

V.   Zug-um-Zug-Leistung (Abs 1 lit b)

Nachrangig nach vertraglichen Vereinbarungen, Gepflogenheiten und Gebräuchen, **9** aber vor der Auffangregel des Abs 1 lit a gilt bei Zug-um-Zug-Leistung der Übergabeort als Zahlungsort (vgl auch BG 18. 1. 1996, BGE 122 III 43; BRUNNER Art 57 Rn 7). Grundsätzlich ist nach der Konvention **keine** der **Vertragsparteien zur Vorleistung verpflichtet** (näher dazu Art 58 Rn 7). Die Zug-um-Zug-Leistung ist damit die – dispositive – Regel. Im Rahmen der üblichen Zahlungsklauseln ist sie etwa mit der Klausel D/P (Kasse gegen Dokumente) vereinbart (so Sekretariatskommentar Art 53 Bem 5; SOERGEL/LÜDERITZ/BUDZIKIEWICZ Art 57 Rn 4; ferner für die Klausel „payment cash against delivery" LG Nürnberg-Fürth IHR 2004, 20; vgl schon oben Rn 7). Die Nachnahme-Klausel (etwa COD; s oben Rn 7) oder Vorleistungsklauseln belassen den Zahlungsort jedoch am Sitz des Verkäufers. Ebenfalls kein Zug-um-Zug-Geschäft ist vereinbart, wenn bei einem Kauf mit Montage ein Zahlungsplan nach Baufortschritt verabredet ist (BG aaO) oder wenn die Parteien lediglich vereinbart haben, daß die Ware nach Übergabe zu bezahlen ist (Zivilgericht Basel-Stadt TranspR-IHR 1999, 11; Hof Amsterdam NIPR 1998 Nr 220).

Aus den üblicherweise verwendeten Lieferklauseln, insbes den **INCOTERMS** ergibt **10** sich regelmäßig nicht die Pflicht zur Zug-um-Zug-Leistung, wohl aber der **Übergabeort**, an dem dann mangels anderer Vereinbarung nach der Konvention Zahlung gegen Übergabe der Ware oder Dokumente zu leisten ist. So ist etwa bei „ex work" Übergabeort der Herstellungsort der Ware; dort hat der Käufer im Zweifel zu zahlen (näher dazu SCHLECHTRIEM/SCHWENZER/HAGER Art 57 Rn 13).

Sind Lieferklauseln nicht vereinbart, dann folgt der Übergabeort aus Art 31, liegt **11** also im Zweifel ebenfalls am Sitz des Verkäufers.

12 Der **Versendungskauf** begründet in der Regel keine Pflicht zur Zug-um-Zug-Leistung und fällt deshalb nicht unter Art 57 Abs 1 lit b, sondern unter lit a (vgl unten Rn 15). Allerdings gilt lit b auch beim Versendungskauf, wenn entweder die Parteien vereinbart haben, daß die Ware am Bestimmungsort nur gegen Zahlung auszuhändigen ist, oder wenn der Verkäufer sein entsprechendes Recht nach Art 58 Abs 2 tatsächlich ausgeübt hat (so für die Klausel „payment cash against delivery" LG Nürnberg-Fürth IHR 2004, 20; ebenso Schlechtriem/Schwenzer/Hager Art 57 Rn 17 ff; Enderlein/Maskow/Strohbach Art 57 Bem 8. 2; Herber/Czerwenka Art 57 Rn 5; Huber RabelsZ 43 [1979] 512; Posch, in: Hoyer/Posch 152; Karollus 167; **anders** zum EKG: BGHZ 74, 136, 142 f mit dem Argument, daß der Verkäufer mit der Ausübung seines Rechts – entspr dem jetzigen Art 58 Abs 2 – seine Position [Zahlungsort am Verkäufersitz] nicht verschlechtern dürfe). Der Zahlungsort verschiebt sich dann vom Verkäufersitz zum Übergabeort, weil dort nach dem Willen der Parteien oder des Verkäufers (Art 58 Abs 2) der Zug-um-Zug-Austausch stattfinden soll.

13 Art 57 Abs 1 lit b stellt der Übergabe der Ware die **Übergabe der Dokumente** ausdrücklich gleich. Erforderlich ist die Übergabe der die Ware repräsentierenden Dokumente, die zur Verfügung über sie oder zu ihrer Herausgabe berechtigen und die auch in Art 58 gemeint sind. Dagegen kommt es nicht auf die Übergabe aller, die Ware betreffenden Dokumente an (Bianca/Bonell/Maskow Art 57 Bem 2. 6; Schlechtriem/Schwenzer/Hager Art 57 Rn 23; Enderlein/Maskow/Strohbach Art 57 Bem 8. 1; Honsell/Schnyder/Straub Art 57 Rn 14; MünchKommHGB/Benicke Art 57 Rn 6).

VI. Verkäuferniederlassung als Zahlungsort (Abs 1 lit a)

14 Als Auffangregel sieht Art 57 Abs 1 lit a vor, daß mangels vorgehender Regelungen der Niederlassungsort des Verkäufers der grundsätzliche Zahlungsort ist. Die **Zahlungspflicht** ist damit im Zweifel – anders als nach § 270 Abs 1, 4 BGB (qualifizierte Schickschuld) – eine **echte Bringschuld** (Brunner Art 57 Rn 9; Schlechtriem/Schwenzer/Hager Art 57 Rn 5; Herber/Czerwenka Art 57 Rn 3; Loewe, Kaufrecht 77; Posch, in: Hoyer/Posch 151; Schlechtriem Rn 214; Schwimann/Posch, Art 57 Rn 6; Wiegand, in: Berner Tage 153).

15 Art 57 Abs 1 lit a setzt voraus, daß keine Zug-um-Zug-Leistung vereinbart – dann gilt lit b –, sondern **eine Partei vorleistungspflichtig** ist (OGH JBl 1995, 253 m Anm Karollus; Achilles Art 57 Rn 3; vCaemmerer/Schlechtriem/Hager Art 57 Rn 3; Enderlein/Maskow/Strohbach Art 57 Bem 6; Piltz, Internationales Kaufrecht § 4 Rn 139). Die Vorschrift greift deshalb insbes bei Zusendung der Ware mit offener Rechnung oder bei Klauseln wie „netto Kasse" etc ein (Achilles; Schlechtriem/Schwenzer/Hager, Enderlein/Maskow/Strohbach, Piltz, alle aaO; vgl ferner oben Rn 7). Lit a gilt ferner grundsätzlich beim Versendungskauf (OGH aaO; Schlechtriem/Schwenzer/Hager Art 57 Rn 15; Herber/Czerwenka Art 57 Rn 5; Lüderitz, in: Schlechtriem, Fachtagung 189 f; MünchKommBGB/Huber Art 57 Rn 10 ff; Witz/Salger/Lorenz Art 57 Rn 9; **aA** wohl Enderlein/Maskow/Strohbach Art 57 Bem 7; zu Ausnahmen oben Rn 12). Die Verkäuferniederlassung ist freilich im Zweifel auch deshalb Zahlungsort, weil sich mangels anderweiter Bestimmung dort der Lieferort befindet (Art 31 lit c), an dem die Ware gegen Zahlung zu übergeben ist (Art 58 Abs 1).

VII. Verlegung der Niederlassung (Abs 2)

Nach Abs 2 hat der Verkäufer alle **Mehrkosten** der Zahlung zu tragen, die dadurch **16** entstehen, daß er seine als Zahlungsort maßgebliche **Niederlassung nach Vertragsschluß verlegt**. Mittelbar ergibt Abs 2 damit zunächst, daß sich der Zahlungsort nach dem neuen Niederlassungsort des Verkäufers richtet und der Käufer dort zu zahlen hat, sofern er davon rechtzeitig erfahren hat (BIANCA/BONELL/MASKOW Art 57 Bem 2.2; SCHLECHTRIEM/SCHWENZER/HAGER Art 57 Rn 6; HERBER/CZERWENKA Art 57 Rn 6; REINHART Art 57 Rn 7). Zu den vom Verkäufer zu tragenden Mehrkosten gehören etwa höhere Überweisungskosten, auch zusätzliche Aufwendungen aufgrund weiterer Devisenregelungen sowie Zinsverluste wegen nunmehr früher nötiger Zahlungen (BIANCA/BONELL/MASKOW Art 57 Bem 2.9; SCHLECHTRIEM/SCHWENZER/HAGER Art 57 Rn 7; MünchKommHGB/BENICKE Art 57 Rn 12).

Der Verkäufer hat auch, entspr dem Grundgedanken des Art 80, ein **besonderes 17 Übermittlungsrisiko** zu tragen, das sich durch die Sitzverlegung ergeben hat (ebenso HERBER/CZERWENKA Art 57 Rn 9; HONSELL/SCHNYDER/STRAUB Art 57 Rn 23; LOEWE, Kaufrecht 77; MünchKommBGB/HUBER Art 57 Rn 22; MünchKommHGB/BENICKE Art 57 Rn 12; aA aber BAMBERGER/ROTH/SAENGER Art 57 Rn 2; SCHLECHTRIEM/SCHWENZER/HAGER aaO; KAROLLUS 168; PILTZ, Internationales Kaufrecht § 4 Rn 140; REINHART Art 57 Rn 7).

Eine **Abtretung des Kaufpreisanspruchs** kann auch den Zahlungsort beeinflussen. Ist **18** der Käufer aufgrund der nach nationalem Recht zu beurteilenden Abtretung (vgl Art 4 Rn 57 f) verpflichtet, an den Neugläubiger zu zahlen, dann wird der Sitz des Neugläubigers auch als neuer Zahlungsort anzusehen sein, da und soweit Zahlung am Sitz des Altgläubigers nicht befreit (OLG Celle TranspR-IHR 2000, 18; BRUNNER Art 57 Rn 11; SCHLECHTRIEM/SCHWENZER/HAGER Art 57 Rn 8; LEHNER 75; MünchKommBGB/HUBER Art 57 Rn 23; WITZ/SALGER/LORENZ Art 57 Rn 15; aA aber BIANCA/BONELL/MASKOW Art 57 Bem 3.1; HERBER/CZERWENKA Art 57 Rn 10; HONSELL/SCHNYDER/STRAUB Art 57 Rn 24; PILTZ, Internationales Kaufrecht § 4 Rn 140; WITZ, in: Draft Digest 433 ff). Durch den Sitzwechsel bedingte Mehrkosten und Risiken muß der neue Gläubiger tragen. Gegebenenfalls ändert sich damit auch der für die internationale Zuständigkeit maßgebende Erfüllungsort (so OLG Celle aaO).

VIII. Materiellrechtliche Wirkung des Zahlungsortes

Der **Käufer** trägt das **Risiko** dafür, daß die Zahlung **rechtzeitig** am Zahlungsort **19** eintrifft. Verlust und Verspätung gehen zu seinen Lasten (BIANCA/BONELL/MASKOW Art 57 Bem 2.5; SCHLECHTRIEM/SCHWENZER/HAGER Art 57 Rn 4; ENDERLEIN/MASKOW/STROHBACH Art 57 Bem 1.2; HERBER/CZERWENKA Art 57 Rn 3; MünchKommHGB/BENICKE Art 57 Rn 9). Er muß die Zahlung deshalb rechtzeitig in die Wege leiten und insbes die notwendigen Maßnahmen und Förmlichkeiten veranlassen (Art 54), damit die Zahlung tatsächlich erfolgen kann. Schaltet er für die Zahlungsübermittlung unzuverlässige Dritte ein, so ist das sein Risiko (AG Alsfeld NJW-RR 1996, 120 f: angeblicher Vertreter des Verkäufers leitet Zahlung des Käufers nicht an Verkäufer, sondern auf eigenes Konto). Eine **Befreiung** von möglichen Schadensersatzpflichten kommt lediglich nach Art 79, 80 in Betracht. Das Risiko, daß eine zwischengeschaltete Bank wegen Zusammenbruchs nicht zahlt, entlastet den Käufer aber nicht (ebenso ENDERLEIN/MASKOW/STROHBACH Art 57 Bem 1.2). Die Kosten, die zur Zahlung am Erfüllungsort notwendig sind (Bankspesen etc), hat der Käufer zu tragen (ACHILLES Art 57 Rn 3; ENDERLEIN/MASKOW/STROHBACH aaO; PILTZ, Internationales Kaufrecht § 4 Rn 141). Das gilt auch für die Kosten eines fehlgeschlagenen Zahlungsversuchs, es sei denn, der Verkäufer hat den Fehlschlag verursacht (ebenso ACHILLES Art 57 Rn 3).

IX. Prozessuale Wirkung des Zahlungsortes

20 Der Zahlungsort hat als Erfüllungsort der Kaufpreisforderung die prozessuale Wirkung, die dem Erfüllungsort innerhalb der Zuständigkeitsvorschriften auch sonst eingeräumt ist: Nach Art 5 Nr 1 EuGVO, Art 5 Nr 1 EuGVÜ sowie Art 5 Nr 1 LugÜ ist ebenso wie nach § 29 ZPO eine **internationale Zuständigkeit am Erfüllungsort** gegeben. Soweit der Niederlassungsort des Verkäufers der Zahlungsort ist, konnte der Verkäufer deshalb bisher an seinem Sitz den Kaufpreis einklagen, da vor der Neuregelung durch Art 5 Nr EuGVO der Erfüllungsort für die jeweils streitige Verpflichtung nach dem anwendbaren Recht bestimmt wurde. Das führte bei Zahlungsklagen unter dem CISG gemäß Art 57 CISG in der Regel zu einem Gerichtsstand am Sitz des Klägers/Verkäufers (vgl ua EuGH RiW 1994, 676; BGH NJW 1997, 870; BG 18. 1. 1996, BGE 122 III 43; Cass Rev crit dr int priv 1999, 122 m Anm ANCEL u MUIR WATT: Hof Amsterdam NIPR 1998 Nr 220; ebenso schon die europäische Rechtsprechung zum EKG: vgl BGHZ 74, 136; BGH EuZW 1992, 518; Corte di Cassazione [VerSen] Riv dir int priv proc 1991, 441; Corte di Cassazione [VerSen] Giust civ 1980 I 798; Rb Haarlem NJ 1976, 326; Rb van Koophandel Brüssel JCB – BRH 1982, 546; ferner die Zusammenstellung in Draft Digest 532 f; aA allerdings BGH EuZW 1992, 514 als Vorlagefrage an den EuGH). Soweit das EuGVÜ (im Verhältnis zu Dänemark), das LugÜ oder § 29 ZPO für die Zuständigkeit maßgebend sind, gilt diese Regelung bislang auch weiterhin (näher MAGNUS IHR 2002, 45 ff).

21 Im Rahmen der **EuGVO** hat die **Neuregelung des Art 5 Nr 1** jedoch eine erhebliche Veränderung gebracht. Gegen die geschilderte zuständigkeitsbegründende Wirkung des einheitsrechtlich bestimmten Erfüllungsortes und den dadurch begründeten Klägergerichtsstand für Zahlungsklagen waren seit längerem **Bedenken** geltend gemacht worden, da diese Regelung den Verkäufer unangemessen begünstige (vCAEMMERER, in: FS Mann 19; DÖLLE/vCAEMMERER Art 59 Rn 20; HUBER RabelsZ 43 [1979] 513; SCHACK IPRax 1986, 82 ff; ders IPRax 1987, 215 ff; STOLL, in: FS Ferid 501; SCHWENZER IPRax 1989, 274 ff sowie der 7. Senat des BGH in dem Vorlagebeschluß EuZW 1992, 514 mit Anm GEIMER). Diesen Bedenken war sinnvoll nur im Rahmen des Prozeßrechts Rechnung zu tragen (HERBER/CZERWENKA Art 57 Rn 13; KAROLLUS 168; MAGNUS ZEuP 1993, 98 f; PILTZ, Internationales Kaufrecht § 4 Rn 142; eingehend ferner SCHÜTZE, in: FS Matscher 424 ff). Das hat die Neuregelung des Art 5 Nr 1 EuGVO durch eine weitgehend autonome Festlegung des Erfüllungsortes nunmehr zu erreichen versucht. Innerhalb des Anwendungsbereichs der EuGVO kommt es jetzt gemäß Art 5 Nr 1 lit b auf den vereinbarten oder aus den Umständen, Gepflogenheiten oder Handelsbräuchen zu entnehmenden Erfüllungsort an. Liegt dieser Ort in einem anderen Mitgliedstaat der EuGVO als dem Wohnsitzstaat des Beklagten, dann kann der Anspruchsteller auch dort klagen. In den seltenen Fällen, in denen sich ein Erfüllungsort nicht aus den Vereinbarungen, Umständen, Gepflogenheiten oder Gebräuchen ergibt und in denen die Ware auch noch nicht geliefert worden ist, ist der Erfüllungsort nach Art 5 Nr 1 lit a in der oben Rn 20 geschilderten kollisionsrechtlichen Weise zu bestimmen, mit der Einschränkung freilich, daß es nur auf den Erfüllungsort der charakteristischen Vertragsleistung ankommt. In CISG-Fällen ist damit Art 31

CISG heranzuziehen, der im Zweifel freilich wieder einen Klägergerichtsstand schafft (vgl zur Neuregelung BRUNNER Art 57 Rn 13 f; Draft Digest 731 ff; DE LY, in: Draft Digest 471 ff; GEIMER/SCHÜTZE/GEIMER A.1 Art 5 Rn 76 ff; KROPHOLLER, EuZPR Art 5 Rn 30 ff; MAGNUS IHR 2002, 45 ff; MünchKommBGB/HUBER Art 57 Rn 25 ff; RAUSCHER/LEIBLE Art 5 Brüssel I-VO Rn 31 ff). Ebenfalls über Art 5 Nr 1 lit a EuGVO ist der Erfüllungsort – nach Art 31 CISG – zu bestimmen, wenn der zunächst nach Art 5 Nr 1 lit b EuGVO ermittelte Erfüllungsort außerhalb des Geltungsbereichs der EuGVO liegt – und der Beklagte seinen Sitz in einem anderen EuGVO-Staat hat (ebenso BRUNNER Art 57 Rn 14).

X. Geltung des Art 57 für andere Zahlungsansprüche?

Art 57 gilt nach seinem Wortlaut nur für die Kaufpreiszahlung. **Für Schadensersatz-** 22 **ansprüche** wegen Vertragsverletzung sollte **Zahlungsort** der **Erfüllungsort der verletzten Verpflichtung** sein (OLG Braunschweig TranspR-IHR 2000, 4; ebenso BAMBERGER/ROTH/SAENGER Art 57 Rn 4; SCHWIMANN/POSCH Art 57 Rn 10; SOERGEL/LÜDERITZ/BUDZIKIEWICZ Art 57 Rn 8; wohl ebenso MünchKommBGB/HUBER Art57 Rn 32 und zum EKG BGHZ 78, 257 ff; **aA** aber ENDERLEIN/MASKOW/STROHBACH Art 57 Bem 2; HERBER/CZERWENKA Art 57 Rn 14; SCHLECHTRIEM IPRax 1981, 115 N 22: Art 57 gelte auch für Schadensersatzansprüche; WITZ, in: Draft Digest 433; WITZ/SALGER/LORENZ Art 57 Rn 4; HONSELL/SCHNYDER/STRAUB Art 57 Rn 30 – für Geltung des anwendbaren nationalen Erfüllungsortsrechts).

Sind die Parteien zur **Rückgewähr der Leistungen** verpflichtet, so gilt Art 57 spiegel- 23 bildlich; Zahlungsort für den zurückzugewährenden Kaufpreis ist die Niederlassung des Käufers (LG Gießen IHR 2003, 276; SCHLECHTRIEM IPRax 1981, 113 ff; **aA** HERBER/CZERWENKA aaO und zum EKG BGHZ 78, 257 ff; für Einschaltung des IPR dagegen Cour d'Appel Paris D 1998 som 288 m Anm WITZ). Der BGH hat sein abweichendes Ergebnis zum EKG damit begründet, daß der – Art 57 CISG entsprechende – Art 59 EKG keine generelle Regelung für den Zahlungsort von Geldschulden aufstelle und daß das Einheitskaufrecht dem Niederlassungsort des Verkäufers durchgängig den Vorrang einräume (BGH aaO). Beide Argumente verlieren aber ihr Gewicht, wenn die Parteien ihre Rollen tauschen und der bisherige Verkäufer den Preis zurückzuzahlen, der bisherige Käufer die Ware zu leisten hat. Auch soweit der Käufer den schon gezahlten Kaufpreis wegen berechtigter Minderung teilweise zurückverlangen kann (Art 50), liegt der Zahlungs- und Erfüllungsort am Käufersitz. Gleiches ist für den Fall angenommen worden, daß der Käufer zuviel gezahlt hat und nach dem anwendbaren Bereicherungsrecht zur Rückforderung berechtigt ist (Cour d'appel Grenoble 23. 10. 1996, CLOUT Nr 205; **aA** WITZ, in: Draft Digest 431).

Auch für **Vertragsstrafen** und **Aufwendungsersatzansprüche** ist der Zahlungsort nach 24 Art 57 zu bestimmen (ENDERLEIN/MASKOW/STROHBACH Art 57 Bem 2). **Zinsansprüche** richten sich nach der zu verzinsenden Forderung und ihrem Erfüllungsort (**aA** ENDERLEIN/MASKOW/STROHBACH aaO: auch für sie gelte generell Art 57).

XI. Beweisfragen

Die tatsächlichen Voraussetzungen für die Pflicht, an einem bestimmten verein- 25 barten Ort, am Niederlassungsort des Verkäufers oder am Übergabeort zu zahlen, hat derjenige zu beweisen, der sich auf die jeweilige Alternative beruft. Meist wird dies der Verkäufer sein. Für Mehrkosten durch eine Sitzverlegung (Abs 2) ist der Käufer beweispflichtig (ACHILLES Art 57 Rn 6; BAUMGÄRTEL/LAUMEN/HEPTING Art 57 Rn 7).

Art 58 [Zahlungszeit; Zahlung als Bedingung der Übergabe; Untersuchung vor Zahlung]

(1) Ist der Käufer nicht verpflichtet, den Kaufpreis zu einer bestimmten Zeit zu zahlen, so hat er den Preis zu zahlen, sobald ihm der Verkäufer entweder die Ware oder die Dokumente, die zur Verfügung darüber berechtigen, nach dem Vertrag und diesem Übereinkommen zur Verfügung gestellt hat. Der Verkäufer kann die Übergabe der Ware oder der Dokumente von der Zahlung abhängig machen.

(2) Erfordert der Vertrag eine Beförderung der Ware, so kann der Verkäufer sie mit der Maßgabe versenden, daß die Ware oder die Dokumente, die zur Verfügung darüber berechtigen, dem Käufer nur gegen Zahlung des Kaufpreises zu übergeben sind.

(3) Der Käufer ist nicht verpflichtet, den Kaufpreis zu zahlen, bevor er Gelegenheit gehabt hat, die Ware zu untersuchen, es sei denn, die von den Parteien vereinbarten Lieferungs- oder Zahlungsmodalitäten bieten hierzu keine Gelegenheit.

Art 58

(1) If the buyer is not bound to pay the price at any other specific time, he must pay it when the seller places either the goods or documents controlling their disposition at the buyer's disposal in accordance with the contract and this Convention. The seller may make such payment a condition for handing over the goods or documents.

(2) If the contract involves carriage of the goods, the seller may dispatch the goods on terms whereby the goods, or documents controlling their disposition, will not be handed over to the buyer except against payment of the price.

(3) The buyer is not bound to pay the price until he has had an opportunity to examine the goods, unless the procedures for delivery or payment agreed upon by the parties are inconsistent with his having such an opportunity.

Art 58

1) Si l'acheteur n'est pas tenu de payer le prix à un autre moment déterminé, il doit le payer lorsque, conformément au contrat et à la présente convention, le vendeur met à sa disposition soit les marchandises soit des documents représentatifs des marchandises. Le vendeur peut faire du paiement une condition de la remise des marchandises ou des documents.

2) Si le contrat implique un transport des marchandises, le vendeur peut en faire l'expédition sous condition que celles-ci ou les documents représentatifs ne seront remis à l'acheteur que contre paiement du prix.

3) L'acheteur n'est pas tenu de payer le prix avant d'avoir eu la possibilité d'examiner les marchandises, à moins que les modalités de livraison ou de paiement dont sont convenues les parties ne lui en laissent pas la possibilité.

Schrifttum

Vgl vor Art 53 u 57; ferner:
KERN, Ein einheitliches Zurückbehaltungsrecht im UN-Kaufrecht ?, ZEuP 2000, 837.

Systematische Übersicht

Alphabetische Übersicht

Ulrich Magnus

I. Regelungsgegenstand und Normzweck

1 Art 58 bestimmt, wann der Käufer im Zweifel den Kaufpreis zu zahlen hat.

2 Abs 1 enthält die Grundregel. Danach ist der Kaufpreis fällig, sobald der Verkäufer dem Käufer die Ware oder Dokumente zur Verfügung gestellt hat.

3 Die Möglichkeit, die Übergabe von der Zahlung abhängig zu machen (Abs 1 S 2 und Abs 2), zeigt, daß die Konvention **grundsätzlich Zug-um-Zug-Erfüllung** der Leistungen fordert. Vorbehaltlich anderer Regelung braucht der Käufer nach Abs 3 aber solange nicht zu zahlen, als er nicht Gelegenheit hatte, die Ware zu untersuchen.

4 Für die Fälligkeit der Zahlung knüpft die Vorschrift nicht an die tatsächliche Übergabe der Ware, sondern an ihr Zurverfügungstellen an. Damit will die Bestimmung unterbinden, daß der Käufer durch **Hinausschieben der Abnahme** die Fälligkeit der Zahlungspflicht verhindert oder aufschiebt.

II. Entstehungsgeschichte

5 Die Vorschrift entspricht im sachlichen Regelungsgehalt weitgehend den Art 71, 72 EKG, die allerdings innerhalb der für die Parteien gemeinsamen Bestimmungen in einem eigenen Unterabschnitt standen, der das Zug-um-Zug-Verhältnis zwischen Lieferung und Zahlung regelte. Die UNCITRAL-Arbeitsgruppe stellte diese Vorschriften in den Abschnitt über die Pflichten des Käufers ein (UNCITRAL YB V [1974] 31 f, 37). Im Genfer Entwurf von 1976 (Art 39) erhielt die Vorschrift dann bereits im wesentlichen die heutige Fassung.

6 Auf der diplomatischen Konferenz in Wien wurde auf gemeinsamen Antrag Argentiens, Portugals und Spaniens (A/Conf 97/C1/L189, Off Rec 122) in Abs 1 der einleitende HS angefügt, der – symmetrisch zur Fassung des Art 57 – den Vorrang der Parteivereinbarung klarstellt (Off Rec 369 f). Die ebenfalls beantragte Umformulierung des

Abs 1 S 2, um das mißverständliche Wort „condition" im englischen Text zu vermeiden, wurde abgelehnt, da sie verdunkle, daß Lieferung und Zahlung Zug um
Zug erfolgen sollten (Off Rec 377). Ebenfalls abgelehnt wurde der Antrag (A/Conf 97/
C1/L206, Off Rec 123), dem Verkäufer das ausdrückliche Recht zu geben, Teilzahlungen und eine vorzeitige Zahlung zurückweisen zu können. Eine ausdrückliche Regelung dieses Punktes wurde als unnötig angesehen, nicht aber in der Sache abgelehnt (Off Rec 370 f).

III. Grundsatz (Abs 1 S 1)

1. Zug-um-Zug-Leistung

Nach der dispositiven **Grundregel** in Abs 1 S 1 ist der Kaufpreis fällig, sobald die   7
Ware oder Dokumente dem Käufer zur Verfügung stehen. Die Konvention geht
damit von dem Prinzip aus, daß Lieferung und Zahlung, wie schon im EKG, im
Zweifel Zug um Zug erfolgen sollen (ebenso Denkschrift 54; Schweizer Botschaft 806;
ACHILLES Art 58 Rn 1; BIANCA/BONELL/MASKOW Art 58 Bem 2.1; BRUNNER Art 58 Rn 1;
SCHLECHTRIEM/SCHWENZER/HAGER Art 58 Rn 2; Draft Digest 736; ENDERLEIN/MASKOW/STROH-
BACH Art 58 Bem 1; HERBER/CZERWENKA Art 58 Rn 2; HONNOLD Rn 335 f; KAROLLUS 168; LOE-
WE, Kaufrecht 78; aA – Vorleistungspflicht des Verkäufers – PILTZ, Internationales Kaufrecht § 4
Rn 153). Allerdings muß der Verkäufer dem Käufer die Gelegenheit geben, die Ware
zumindest oberflächlich zu untersuchen (Abs 3, näher dazu unten Rn 24 ff).

2. Vorrang besonderer Vereinbarungen

Abweichende Parteivereinbarungen, Gepflogenheiten zwischen den Parteien oder   8
internationale Gebräuche haben jedoch, wie auch sonst, Vorrang und hier auch
besondere Bedeutung, weil der Zahlungstermin häufig näher bestimmt wird. Er
kann sich insbes aus der verwendeten Zahlungsklausel ergeben (vgl zu ihnen Art 53
Rn 13 ff, 57 Rn 7 f, 15; sowie HERBER/CZERWENKA Art 58 Rn 10). Die INCOTERMS legen
den Zahlungszeitpunkt selbst nicht näher fest. Doch ist er ihnen mittelbar zu
entnehmen, da sie bestimmen, wo die Ware zu liefern und damit zur Verfügung
zu stellen ist. Ein Zahlungstermin, der Art 58 vorgeht, ist ferner vereinbart, wenn
jedenfalls bestimmbar ist, wann die Zahlung fällig werden soll, zB bei „Zahlung
binnen zwei Monaten nach Rechnungserhalt" oder „Zahlung 30 Tage nach Lieferung" (s auch WITZ/SALGER/LORENZ Art 58 Rn 3). Das grundsätzliche Zug-um-Zug-Verhältnis der Leistungen ist auch abbedungen, wenn die Parteien bei einem Kauf mit
Montage einen Zahlungsplan nach Montagefortschritt vereinbart haben (BG
18.1.1996, BGE 122 III 43) oder wenn der Verkäufer einen Warenkredit gewährt und
die Kaufpreisschuld damit gestundet hat (OLG München IHR 2001, 197).

3. Fälligkeit im übrigen

Abs 1 S 1 fixiert die Fälligkeit des Kaufpreises mangels anderer Regelung auf den   9
Zeitpunkt, zu dem der Verkäufer dem Käufer die Ware oder die Dokumente
pflichtgemäß zur Verfügung stellt. Wie schon die sprachliche Fassung des Art 58
zeigt, ist damit ein anderer – früherer – Zeitpunkt als die tatsächliche Übergabe der
Ware bzw Dokumente gemeint. Die Übergabe kann der Verkäufer von der Zahlung
des Kaufpreises abhängig machen (Abs 1 S 2, Abs 2). Andererseits braucht der

Käufer trotz Zurverfügungstellung der Ware nicht zu zahlen, wenn er vor Übernahme keine Möglichkeit der Untersuchung hat (Abs 3). Der Fälligkeitszeitpunkt, der aus den Vereinbarungen der Parteien, Gepflogenheiten, Gebräuchen oder aus Art 58 folgt, gilt für die Kaufpreiszahlung, aber auch für die **Zinspflicht** (BGHZ 129, 75; LG Mönchengladbach IHR 2003, 229; OLG Rostock OLGR 1996, 50; OLG Frankfurt RiW 1994, 240; AG Kehl RiW 1996, 957; Draft Digest 738; s auch Art 59 Rn 7).

10 Um Art 58 Abs 1 S 1 zu genügen, muß der Verkäufer die Ware **am richtigen Ort zur richtigen Zeit** anbieten bzw die Dokumente vorlegen, also alles seinerseits Erforderliche (auch Verpackung, Bereitstellung etc) getan haben, damit der Käufer die Ware oder Dokumente ohne weiteres übernehmen kann (HERBER/CZERWENKA Art 58 Rn 3). Mit diesem Zeitpunkt ist die Kaufpreiszahlung fällig, gleichgültig, ob der Käufer die Ware oder die Dokumente entgegennimmt (HERBER/CZERWENKA aaO).

11 Allerdings ist dem Käufer eine **kurze**, für die Zahlung erforderliche **Frist** einzuräumen, wenn er weder wußte noch wissen mußte, wann die Ware oder Dokumente zur Verfügung stehen würden (ebenso BIANCA/BONELL/MASKOW Art 58 Bem 2.4; BRUNNER Art 58 Rn 1; ENDERLEIN/MASKOW/STROHBACH Art 58 Bem 5.2; HUBER RabelsZ 43 [1979] 515; PILTZ, Internationales Kaufrecht § 4 Rn 147). Die Zahlung ist dann erst mit Ende dieser Frist fällig (vgl die in der vorigen N zitierten; **anders** aber LÜDERITZ, in: SCHLECHTRIEM, Fachtagung 190; REINHART Art 58 Rn 3: Entlastung des Käufers nach Art 79; für grundsätzliche Trennung zwischen Zahlungs- und Fälligkeitszeitpunkt HONSELL/SCHNYDER/STRAUB Art 58 Rn 8 ff). Diese Regel gilt auch dann, wenn der Verkäufer die Ware oder Dokumente aushändigt, ohne auf unmittelbarer Zahlung zu bestehen (vgl BIANCA/BONELL/MASKOW, ENDERLEIN/MASKOW/STROHBACH, jeweils aaO; HERBER/CZERWENKA Art 58 Rn 4; PILTZ aaO).

12 Wo die Ware oder Dokumente zur Verfügung zu stellen sind, hängt von den Vereinbarungen der Parteien sowie den ergänzenden Regeln der Konvention (Art 31, 32) ab und unterscheidet sich damit nach dem jeweils verabredeten Kaufvertragstyp. Eine besondere Regelung enthält Art 58 Abs 2 nur für den Versendungskauf (dazu unten Rn 15 ff). Beim **Platzkauf** (Art 31 lit b und c) ist die Zahlung damit fällig, wenn der Verkäufer die Ware am vereinbarten Ort oder an seiner Niederlassung für den Käufer bereitgestellt und dieser Gelegenheit zur Untersuchung gehabt hat. Ist kein Abholungstermin vereinbart, dann muß der Käufer erst zahlen, wenn er von der Bereitstellung unterrichtet ist und dann ebenfalls noch Gelegenheit zur Untersuchung hatte (SCHLECHTRIEM/SCHWENZER/HAGER Art 58 Rn 4; MünchKommHGB/BENICKE Art 58 Rn 3; PILTZ, Internationales Kaufrecht § 4 Rn 149). **Eingelagerte Ware** ist zur Verfügung gestellt, sobald der Verkäufer dem Käufer den Lagerschein ausgehändigt oder den Lagerhalter entsprechend angewiesen hat (vgl auch Art 31 Rn 27; ebenso SCHLECHTRIEM/SCHWENZER/MÜLLER-CHEN Art 31 Rn 56 ff; KAROLLUS 169; MünchKommBGB/HUBER Art 58 Rn 19; MünchKommHGB/BENICKE Art 58 Rn 4. **Dagegen** verlangt SCHLECHTRIEM/SCHWENZER/HAGER Art 58 Rn 6, daß der Lagerhalter das neue Besitzrecht auch anerkenne; ebenso HONSELL/SCHNYDER/STRAUB Art 58 Rn 25). Fälligkeit tritt jedoch erst dann ein, wenn die Frist für die Untersuchungsgelegenheit verstrichen und der Lagerhalter auslieferungsbereit ist (so auch KAROLLUS 169).

13 Für den Verkauf von **Ware auf dem Transport** gelten die Regeln über den Versendungskauf (dazu unten Rn 15 ff).

Beim **dokumentären Kauf** löst vorbehaltlich anderer Vereinbarungen oder Gebräu- **14** che die Andienung der Dokumente die Fälligkeit der Zahlung aus. Regelmäßig wird die Untersuchungsmöglichkeit vor Zahlung hier abbedungen (näher unten Rn 18 ff u 28).

IV. Versendungskauf (Abs 2)

Beim **Versendungskauf** hat der Verkäufer seine Lieferpflicht erfüllt, sobald er die **15** Ware dem ersten Beförderer übergeben hat (Art 31 lit a). Damit steht die Ware dem Käufer aber noch nicht zur Verfügung. Das ist vielmehr erst der Fall, wenn der letzte Beförderer sie ihm anbietet bzw wenn dem Käufer die Dokumente angedient werden (ACHILLES Art 58 Rn 3; SCHLECHTRIEM/SCHWENZER/HAGER Art 58 Rn 7; Draft Digest 737; HONSELL/SCHNYDER/STRAUB Art 58 Rn 27; HUBER RabelsZ 43 [1979] 514; KAROLLUS 169; LOEWE, Kaufrecht 78; MünchKommHGB/BENICKE Art 58 Rn 5; PILTZ, Internationales Kaufrecht § 4 Rn 152; SOERGEL/LÜDERITZBudzikiewicz Art 58 Rn 3; WIEGAND, in: Berner Tage 155; wohl auch Denkschrift 54). Der Verkäufer kann ohne besondere Vereinbarung **nicht** mehr, wie noch nach Art 72 Abs 1 S 1 EKG, die **Versendung** der Ware bis zur Zahlung des Kaufpreises **aufschieben**. Er kann nach Art 58 Abs 2 CISG lediglich die Aushändigung der Ware oder Dokumente von der Zahlung abhängig machen, muß aber dem Käufer vorher Gelegenheit zur Untersuchung geben (Abs 3, vgl auch Sekretariatskommentar Art 54 Bem 8). Beide Punkte setzen besondere Anweisungen an den Beförderer voraus, was allerdings wenig üblich ist (vgl ENDERLEIN/MASKOW/STROHBACH Art 58 Bem 7.2; HERBER/CZERWENKA Art 58 Rn 5; s aber etwa LG Nürnberg-Fürth IHR 2004, 20). Sind sie nicht erteilt, wird der Kaufpreis erst fällig, wenn der Käufer die Ware erhalten hat und zumindest oberflächlich untersuchen konnte. Geht die Ware auf dem Transport unter, nachdem die Gefahr auf den Käufer übergegangen war, dann ist der Käufer zur Zahlung verpflichtet. Fällig ist seine Kaufpreisschuld jedoch erst von dem Zeitpunkt an, zu dem die Ware dem Käufer bei ordnungsgemäßem Gang der Dinge zur Verfügung gestanden hätte (KAROLLUS 169; MünchKommHGB/BENICKE Art 58 Rn 7).

Versendet der Verkäufer die Ware mit der Anweisung an den Beförderer (etwa Post **16** oder Bahn), den Kaufpreis per **Nachnahme** zu erheben, dann ist das nach Art 58 Abs 2 u 3 nur vertragsgemäß, wenn diese Zahlungsform entweder vereinbart ist oder der Beförderer vorher Gelegenheit zur Inspektion der Ware gibt, was häufig nicht der Fall ist (ebenso HERBER/CZERWENKA Art 58 Rn 5).

Die wenig praktische und für den Verkäufer **risikoreiche Regelung** des Art 58 Abs 2 **17** wird deshalb vielfach und zweckmäßigerweise durch Zahlungs- oder Lieferklauseln überlagert (s auch BRUNNER Art 58 Rn 4; sehr kritisch zu Art 58 insgesamt [„mißlungen"] HONSELL/SCHNYDER/STRAUB Art 58 Rn 5).

V. Dokumente, die die Ware repräsentieren

Nach Art 58 Abs 1 u Abs 2 stehen **Dokumente**, die zur Verfügung über die Ware **18** berechtigen, der Ware selbst gleich. Gemeint sind alle Dokumente, die die Ware selbst repräsentieren und ihrem Inhaber die Möglichkeit einräumen, über die Ware zu disponieren. Nur soweit das Dokument für die Ware genommen und gehandelt werden kann, ist die Gleichsetzung beider nach dem Zweck der Vorschrift gerechtfertigt. Allerdings steht es den Parteien frei, die Zahlung von der Vorlage weiterer Dokumente abhängig zu machen (MünchKommHGB/BENICKE Art 58 Rn 10). Ohne eine solche Vereinbarung genügt aber nur die Andienung der Dokumente, die zur Verfügung über die Ware berechtigen, um die Zahlung fällig werden zu lassen. Umgekehrt ist der Käufer nicht berechtigt, die Zahlung zu verweigern, weil sonstige Dokumente nicht vorliegen.

19 Wann ein Dokument zur Verfügung über die Ware berechtigt, sagt die Konvention nicht selbst. Allerdings meint Art 58, wie vor allem der englische Originaltext („documents controlling their disposition") zeigt, nicht etwa nur **sachenrechtliche Verfügungsrechte** im Sinn des internen deutschen Rechts, sondern ebenso **schuldrechtliche Kontroll- oder Einflußmöglichkeiten** (s auch BGHZ 132, 290 [304 f]; ACHILLES Art 58 Rn 2; BRUNNER Art 58 Rn 5; HERBER/CZERWENKA Art 58 Rn 9). Wieweit ein Dokument sie einräumt, kann nur das insoweit anwendbare Recht – sei es das Sachenrechtsstatut, sei es das Statut des Beförderungs-, Lager- oder sonstigen Vertrags – ergeben (HERBER/CZERWENKA aaO; SEVON, in: ŠARČEVIĆ/VOLKEN 215). Eine Kontrollmöglichkeit besteht bei den Papieren, die nach dem für sie geltenden Recht als echte Traditionspapiere ausgestaltet sind wie etwa das Konnossement (bill of lading, B/L) oder der Orderlagerschein (warehouse receipt) (s BGH aaO; BIANCA/BONELL/MASKOW Art 58 Bem 3.1; SCHLECHTRIEM/SCHWENZER/HAGER Art 58 Rn 9; HERBER/CZERWENKA Art 58 Rn 9; KAROLLUS 170; SEVON aaO; WIEGAND, in: Berner Tage 155).

20 Weiter genügen Frachtpapiere, die ihrem Inhaber erlauben, die Zurückhaltung oder Umleitung der Güter anzuordnen und damit den Zugriff auf die Ware unter Ausschluß des Verkäufers ermöglichen (sog **Sperrpapiere)** wie etwa Frachtbriefdoppel, CMR – Frachtbrief, Luftfrachtbriefdritt (waybills, vgl BGHZ 132, 290 [304 f]; ACHILLES Art 58 Rn 2; BAMBERGER/ROTH/SAENGER Art 58 Rn 5; HERBER/CZERWENKA, KAROLLUS, SEVON, jeweils aaO; nur auf Traditionspapiere will PADOVINI ZfRvgl 1987, 89 Art 58 beschränken).

21 Dokumente, die lediglich die **Übernahme der Ware** nachweisen (zB Kai-, Bordempfangsschein), berechtigen in der Regel ebensowenig zur Verfügung wie Versicherungspolicen, Handelsrechnungen, Ursprungszeugnisse oder Qualitätszertifikate. Ihre Andienung, soweit die Parteien sie nicht ausdrücklich zur Voraussetzung der Zahlung erhoben haben, ist für Art 58 weder notwendig noch ausreichend (s BGHZ 132, 290 [Ursprungszeugnis und Qualitätszertifikat]; Kantonsgericht St Gallen 12.8.1997 SZIER 1998, 80 [Zolldokumente]; HERBER/CZERWENKA Art 58 Rn 9; KAROLLUS 170; WITZ/SALGER/LORENZ Art 58–59 Rn 6; wohl auch SEVON aaO; **aA** dagegen SCHLECHTRIEM/SCHWENZER/HAGER Art 58 Rn 10; ENDERLEIN/MASKOW/STROHBACH Art 57 Bem 8.1; WIEGAND, in: Berner Tage 155 f; wohl auch SCHLECHTRIEM, UN-Kaufrecht 74 N 327). Art 58 verwendet damit einen engeren Dokumentenbegriff als Art 34. Wenn die Ware auf dem Transport beschädigt worden oder untergegangen ist und die Gefahr schon auf den Käufer übergegangen war, wird die Zahlungspflicht des Käufers aber erst fällig, wenn er auch über die Versicherungspolice verfügt, die für die Ware ggfs abgeschlossen war (ebenso WITZ/SALGER/LORENZ Art 58 Rn 7). Denn nur dann kann der Käufer Ersatzansprüche gegen den Versicherer geltend machen und damit das Äquivalent für seine Kaufpreiszahlung erhalten.

VI. Zurückbehaltungsrecht (Abs 1 S 2)

Soweit nicht eine Vorleistungspflicht des Verkäufers (etwa durch die Zahlungsklau- **22** sel COD, dazu Art 53 Rn 13) vereinbart ist, kann der Verkäufer nach Art 58 Abs 1 S 2 die Übergabe (handing over) der ordnungsgemäß angebotenen Ware oder Dokumente davon abhängig machen, daß der Käufer zahlt. Allerdings muß er dem Käufer vorbehaltlich anderweitiger Abrede die **Möglichkeit zumindest oberflächlicher Prüfung** einräumen (Abs 3). Art 58 Abs 1 S 2 u Abs 2, der die gleiche Regelung für den Versendungskauf vorsieht, sichert im Ergebnis das Prinzip der Zug-um-Zug-Leistung. Der Verkäufer braucht die Ware nicht ohne Zahlung aus der Hand zu geben, der Käufer muß sie nicht ungeprüft übernehmen. Das Zurückbehaltungsrecht des Verkäufers berührt nicht die Fälligkeit der Kaufpreiszahlung. Umgekehrt ist auch der **Käufer** mangels anderer Absprachen berechtigt, den **Kaufpreis** solange **zurückzubehalten**, bis der Verkäufer die Waren oder Dokumente zur Verfügung gestellt hat und der Käufer sie in der für Art 58 vorgesehenen Weise untersuchen konnte (LG Stendal IHR 2001, 30; ACHILLES Art 58 Rn 7; HEUZÉ Nr 358, 362; HONSELL/SCHNYDER/STRAUB Art 58 Rn 61; KERN ZEuP 2000, 839).

Ein Zurückbehaltungsrecht des Verkäufers besteht auch, wenn der Käufer **andere** **23** **Pflichten** als die Zahlungspflicht **nicht erfüllt**, sofern es sich nicht nur um unwesentliche Zusatzpflichten handelt (ebenso BIANCA/BONELL/MASKOW Art 58 Bem 3.3; SCHLECHTRIEM/SCHWENZER/HAGER Art 58 Rn 13; HERBER/CZERWENKA Art 58 Rn 7; MünchKommBGB/HUBER Art 58 Rn 24; SCHLECHTRIEM, UN-Kaufrecht 75; allgemein KERN ZEuP 200, 837 ff; **aA** WITZ/SALGER/LORENZ Art 58 Rn 11 [anwendbares nationales Recht maßgebend]). In Betracht kommt ein Zurückbehaltungsrecht etwa, wenn der Käufer zB eine vereinbarte Sicherheit nicht stellt oder vereinbarte Werbemaßnahmen nicht durchgeführt hat etc. Ebenso ist auch dem Käufer ein Zurückbehaltungsrecht im Hinblick auf den Kaufpreis zuzubilligen, wenn der Verkäufer sonstige Zusatzpflichten von einigem Gewicht nicht erfüllt hat. Ein solches Zurückbehaltungsrecht folgt aus den allgemeinen Grundsätzen des CISG, insbesondere aus den Gedanken, die Art 58, 71, 80, 85 und 86 zu entnehmen sind (s KERN ZEuP 2000, 859; ferner auch Art 4 Rn 47a, Art 7 Rn 43).

VII. Untersuchungsrecht des Käufers (Abs 3)

Soweit aus den getroffenen Vereinbarungen nichts Abweichendes folgt, braucht der **24** Käufer erst zu zahlen, wenn er **Gelegenheit** hatte, **die Ware zu prüfen**. Vorher ist die Zahlung nicht fällig (s etwa LG Stendal IHR 2001, 30). Der Käufer muß sein Untersuchungsrecht nicht ausdrücklich ausüben, um zu verhindern, daß die Fälligkeit schon im Zeitpunkt des Zurverfügungstellens (Abs 1 S 1) eintritt. Andererseits darf er auf die Untersuchung nicht – auch nicht stillschweigend – verzichtet haben. Der **Ort der Untersuchung** wird **in der Regel der Lieferort** sein (vgl HONNOLD Rn 338). Beim Versendungskauf kommt – wie in Art 38 Abs 2 – auch der Bestimmungsort in Betracht (so Sekretariatskommentar Art 54 Bem 6), wenn die für Art 58 erforderliche Untersuchung am Absendeort nicht praktikabel oder dem Käufer nicht zumutbar ist.

Der Verkäufer muß für die **Untersuchungsmöglichkeit** sorgen, etwa Zugang zur **25** Ware im eigenen Werk, im Lager, vor der Verschiffung einräumen oder den Lagerhalter oder Beförderer entspr anweisen (vgl Sekretariatskommentar Art 54 Bem 8; ENDER-

LEIN/MASKOW/STROHBACH Art 58 Bem 8; HONNOLD Rn 338; PILTZ, Internationales Kaufrecht § 4 Rn 155). Eine angemessene Untersuchungsmöglichkeit hat der Käufer wahrzunehmen, ggf über ein einzuschaltendes Inspektionsunternehmen (dazu HONNOLD u PILTZ aaO). Art 58 Abs 3 darf nicht zur Zahlungsverzögerung genutzt werden.

26 Die Untersuchungsmöglichkeit nach Abs 3 ist nicht identisch mit der von Art 38 geforderten Untersuchung. Für Art 58 Abs 3 genügt die Gelegenheit zu **kurzer, oberflächlicher Untersuchung**, bei der gravierende äußere Mängel oder Falschlieferungen erkannt werden können (ebenso ACHILLES Art 58 Rn 7; BAMBERGER/ROTH/SAENGER Art 58 Rn 7; BRUNNER Art 58 Rn 10; ENDERLEIN/MASKOW/STROHBACH Art 58 Bem 9. 2; HERBER/ CZERWENKA Art 58 Rn 8; MünchKommHGB/BENICKE Art 58 Rn 11; PILTZ, Internationales Kaufrecht § 4 Rn 155; **aA** NIGGEMANN Dr aff int 1988, 35). Die Möglichkeit, die Ware fristgerecht nach Lieferung zu untersuchen und Mängel zu rügen (Art 38, 39) bleibt vorbehalten (ENDERLEIN/MASKOW/STROHBACH, HERBER/CZERWENKA, jeweils aaO; HONNOLD Rn 339. 1; PILTZ, Internationales Kaufrecht § 4 Rn 156; REINHART Art 58 Rn 5). Das bedeutet, daß für die Gelegenheit zur Untersuchung nur eine kurze Frist einzuräumen ist, nach deren Ablauf die Zahlung – mangels anderer Festlegung – fällig ist (LG Stendal IHR 2001, 30 [Frist von zwei Monaten war in jedem Fall ausreichend]).

27 **Kosten der Untersuchung** nach Art 58 Abs 3 hat der Käufer zu tragen (ACHILLES Art 58 Rn 7; ENDERLEIN/MASKOW/STROHBACH Art 58 Bem 8; HERBER/CZERWENKA Art 58 Rn 8).

28 Das **Untersuchungsrecht entfällt**, wenn die vereinbarten Liefer- oder Zahlungsmodalitäten sich nicht mit vorheriger Untersuchung der Ware vertragen. Das ist etwa bei der Klausel „Kasse gegen Dokumente", „Kasse gegen Akkreditiv" oder „Dokumente gegen Akzept" der Fall (Sekretariatskommentar Art 54 Bem 7, 9; ACHILLES Art 58 Rn 8; AUDIT 145; BIANCA/BONELL/MASKOW Art 58 Bem 2. 9; BRUNNER Art 58 Rn 11; SCHLECHTRIEM/SCHWENZER/HAGER Art 58 Rn 12; ENDERLEIN/MASKOW/STROHBACH Art 58 Bem 10; HERBER/CZERWENKA Art 58 Rn 8, 10; KAROLLUS 170; WITZ/SALGER/LORENZ Art 58 Rn 15). Auch bei vereinbarter Nachnahme (cash on delivery, COD), bei „Kasse gegen Lieferschein" und jeder sonstigen Vorauszahlungsvereinbarung muß der Käufer ohne vorherige Untersuchung zahlen (AUDIT, SCHLECHTRIEM/SCHWENZER/HAGER, ENDERLEIN/ MASKOW/STROHBACH, HERBER/CZERWENKA, KAROLLUS, WITZ/SALGER/LORENZ alle aaO). Bei „Kasse gegen Rechnung" oder „Kasse nach Erhalt der Rechnung" ist der Käufer erst nach Erhalt der Ware zur Zahlung verpflichtet, auch wenn die Rechnung vor der Lieferung eingeht (ebenso ENDERLEIN/MASKOW/STROHBACH Art 58 Bem 10; LIESECKE WM 1978 Beil 3, S 8; **aA** HERBER/CZERWENKA Art 58 Rn 10).

29 Klauseln wie **„netto Kasse nach Erhalt der Ware (und Rechnung)"** schließen das Untersuchungsrecht dagegen nicht aus (ACHILLES Art 58 Rn 8; ENDERLEIN/MASKOW/ STROHBACH Art 58 Bem 10; PILTZ, Internationales Kaufrecht § 4 Rn 157; wohl auch SCHLECHTRIEM/SCHWENZER/HAGER Art 58 Rn 12). Ebensowenig entfällt es, wenn der Verkäufer von seinem Zurückbehaltungsrecht nach Abs 1 S 2 oder Abs 2 Gebrauch macht und Aushändigung gegen Zahlung verlangt (Sekretariatskommentar Art 54 Bem 9 Beispiel 54 B).

30 Ein Ausschluß des Untersuchungsrechts folgt ferner nicht generell daraus, daß die **Untersuchung vor Zahlung** wegen der Art des Kaufes (Verkauf von Ware auf dem Transport oder eingelagerter Ware) **schwierig** ist. Abs 3 gilt vielmehr auch in diesen

Fällen (Karollus 170), kann aber aufgrund besonderer Umstände im Einzelfall ausgeschlossen sein (Beispiel bei Enderlein/Maskow/Strohbach Art 58 Bem 11: Zahlung 30 Tage nach Rechnungserteilung vereinbart, Ware ist aber mit dreimonatiger Transportdauer an entfernten Ort zu liefern).

VIII. Vorzeitige oder teilweise Zahlung

Der Verkäufer kann – analog zu Art 52 Abs 1 – die **vorzeitige Zahlung** zurückweisen 31 oder sich bei ihrer Annahme einen Anspruch auf Ausgleich wegen eventuellen Währungsverlustes vorbehalten (Bianca/Bonell/Maskow Art 58 Bem 2. 4; Schlechtriem/ Schwenzer/Hager Art 59 Rn 3; Enderlein/Maskow/Strohbach Art 58 Bem 1. 2; Herber/ Czerwenka Art 58 Rn 12; Loewe, Kaufrecht 79; MünchKommBGB/Huber Art 58 Rn 28; Rein- hart Art 58 Rn 7; Witz/Salger/Lorenz Art 58 Rn 16; **anders** – regelmäßig kein vernünftiges Interesse an Zurückweisung und daher kein Recht dazu – Brunner Art 58 Rn 13). Akzeptiert er die vorzeitige Zahlung dagegen widerspruchslos, so sind Ansprüche wegen späte- rer Wechselkursverluste ausgeschlossen (ebenso die Erörterungen in Wien Off Rec 370 und Enderlein/Maskow/Strohbach aaO; **aA** aber Piltz, Internationales Kaufrecht § 4 Rn 144).

Auch **Teilzahlungen** kann der Verkäufer zurückweisen (Bianca/Bonell/Maskow Art 58 32 Bem 2. 3; Schlechtriem/Schwenzer/Hager Art 59 Rn 3; Herber/Czerwenka Art 58 Rn 11). Nimmt er sie – auch vorbehaltlos – an, verbleiben ihm hinsichtlich der ausstehenden Forderung alle Rechte aus dem CISG (ebenso Herber/Czerwenka aaO).

IX. Beweisfragen

Der Verkäufer hat den Zahlungstermin, der Käufer dagegen die rechtzeitige Zah- 33 lung nachzuweisen (Gericht Tijuana, Baja California, Mexiko IHR 2001, 38; Baumgärtel/ Laumen/Hepting Art 58 Rn 2). Die Tatsachen, die ein Zurückbehaltungsrecht begrün- den, hat derjenige zu beweisen, der es für sich in Anspruch nimmt (s auch Achilles Art 58 Rn 9).

Art 59 [Fälligkeit ohne Aufforderung]

Der Käufer hat den Kaufpreis zu dem Zeitpunkt, der in dem Vertrag festgesetzt oder nach dem Vertrag und diesem Übereinkommen bestimmbar ist, zu zahlen, ohne daß es einer Aufforderung oder der Einhaltung von Förmlichkeiten* seitens des Verkäufers bedarf.

Art 59
The buyer must pay the price on the date fixed by or determinable from the contract and this Convention without the need for any request or compliance with any formality on the part of the seller.

Art 59
L'acheteur doit payer le prix à la date fixée au contrat ou résultant du contrat et de la présente Convention, sans qu'il soit besoin d'aucune de- mande ou autre formalité de la part du vendeur.

---

* Schweiz: Formalitäten.

I. Regelungsgegenstand und Normzweck

1 Die Vorschrift bestimmt, daß die Kaufpreiszahlung ohne weiteres fällig ist, wenn der vertragliche oder aus dem Übereinkommen folgende Zahlungstermin erreicht ist. Jede Überschreitung des Termins stellt damit eine Vertragsverletzung dar.

II. Entstehungsgeschichte

2 Die Vorschrift war in anderer Formulierung, sachlich jedoch übereinstimmend in Art 60 EKG enthalten.

3 Auf der Wiener Konferenz war sie unumstritten (vgl Off Rec 123, 370). Ein Ergänzungsantrag (A/Conf 97/C1/L206, Off Rec 123), in zusätzlichen Bestimmungen dem Verkäufer – parallel zum Anspruch des Käufers gemäß Art 52 – das Recht zu geben, vorzeitige oder teilweise Zahlungen zurückweisen zu können, fand keine Mehrheit (Off Rec 370 f; vgl dazu auch Art 58 Rn 6).

III. Fälligkeit ohne Förmlichkeit

4 Der Kaufpreis wird unmittelbar in dem Zeitpunkt fällig, in dem er nach dem Vertrag oder dem Übereinkommen zu zahlen ist. Vereinbart ist ein Zahlungstermin auch, wenn das Datum nicht kalendermäßig festgelegt, jedoch bestimmbar ist, zB „45 Tage nach Rechnungserhalt" (s LG Berlin IHR 2003, 228). Soweit kein Termin vereinbart ist oder aus Gebräuchen folgt, greift die Hilfsregel des Art 58 Abs 1 ein. Es ist dann in dem Zeitpunkt zu zahlen, in dem der Verkäufer dem Käufer die Ware oder Dokumente ordnungsgemäß zur Verfügung gestellt und der Käufer Gelegenheit zur Untersuchung gehabt hat (Art 58 Abs 1 S 1, Abs 3; LG Stendal IHR 2001, 30; Kantonsgericht Valais 20. 12. 1994, Rev valjur 29 [1995] 164). Aus Gebräuchen kann sich etwa ergeben, daß die Zahlung in jedem Fall erst nach Erhalt der Rechnung fällig ist (ACHILLES Art 59 Rn 2; BIANCA/BONELL/MASKOW Art 59 Bem 3. 1; ENDERLEIN/MASKOW/STROH- BACH Art 59 Bem 4. 1; HERBER/CZERWENKA Art 59 Rn 3). Für das CISG ist **weder eine Mahnung** – wie grundsätzlich nach § 286 Abs 1 BGB – **noch eine sonstige förmliche Aufforderung notwendig**, um die Fälligkeit der Zahlungspflicht zu bewirken (vgl auch LG Berlin IHR 2003, 228; OLG Koblenz RiW 1993, 937).

5 Von dieser Grundregel sind jedoch **Ausnahmen** zuzulassen. Wenn der Käufer bei an sich eintretender Fälligkeit die präzise Höhe des Kaufpreises noch nicht kennt, dann verschiebt sich die Fälligkeit bis zum Erhalt der Rechnung und einer angemessenen Frist danach, um die Zahlung zu bewirken (ebenso ACHILLES Art 59 Rn 2; BIANCA/ BONELL/MASKOW Art 59 Bem 3. 1; BRUNNER Art 59 Rn 2; ENDERLEIN/MASKOW/STROHBACH Art 59 Bem 4. 1; HERBER/CZERWENKA Art 59 Rn 3; KAROLLUS 170; MünchKommHGB/BENICKE Art 59 Rn 1; PILTZ, Internationales Kaufrecht § 4 Rn 145; wohl **anders** OLG München 9. 7. 1997, CLOUT Nr 273 [Erhalt der Rechnung unerheblich]).

6 Auch bei einer Lieferung, deren Zeitpunkt der Käufer nicht vorsehen mußte, ist der Kaufpreis erst mit Ablauf derjenigen Frist fällig, die erforderlich und angemessen ist, damit die Zahlung den Verkäufer erreicht (BIANCA/BONELL/MASKOW Art 58 Bem 2. 4; SCHLECHTRIEM/SCHWENZER/HAGER Art 58 Rn 4 f, Art 59 Rn 2; ENDERLEIN/MASKOW/

STROHBACH Art 58 Bem 5.2; HERBER/CZERWENKA Art 58 Rn 4; HUBER RabelsZ 43 [1979] 515; KAROLLUS 170).

IV. Rechtsfolgen

Der Käufer hat dafür zu sorgen, daß die **Zahlung** dem Verkäufer zum Zahlungster- 7 min am Zahlungsort **zur Verfügung steht**. Es genügt nicht, daß der Käufer lediglich fristgerecht die erforderlichen Handlungen (Überweisung etc) vornimmt (zutreffend PILTZ, Internationales Kaufrecht § 4 Rn 143; teilw aA KAROLLUS 171). Trifft die Zahlung erst nach dem Fälligkeitstermin ein, dann stehen dem Verkäufer die Ansprüche aus den Art 61 ff zu. Ferner beginnt mit Fälligkeit die Zinspflicht (Art 78) zu laufen (s ua BGHZ 129, 75; LG Mönchengladbach IHR 2003, 229; OLG Rostock OLGR 1996, 50; OLG Frankfurt RiW 1994, 240; AG Kehl RiW 1996, 957; Draft Digest 738; s auch Art 58 Rn 9). Wegen dieser unmittelbar eintretenden Folgen sind die oben Rn 5 f genannten Ausnahmen von besonderer Bedeutung.

Soweit vereinbart oder international branchenüblich kann der Käufer für seine 8 Zahlung eine **Quittung** verlangen (ENDERLEIN/MASKOW/STROHBACH Art 59 Bem 4.2; HERBER/CZERWENKA Art 59 Rn 3).

Zur teilweisen und zur vorzeitigen Zahlung vgl Art 58 Rn 31 f.   9

V. Geltung für andere Zahlungsansprüche?

Art 59 gilt seinem Wortlaut nach nur für den Anspruch auf Kaufpreiszahlung. Im 10 Zweifel kann die Regel aber auch für andere Zahlungsansprüche (etwa den Rückzahlungsanspruch nach Art 81 Abs 2, 84 Abs 1, den Zinsanspruch nach Art 78, einen Rückzahlungsanspruch aus Minderung oder die Rückzahlung überzahlter Summen) herangezogen werden. Auch jene Ansprüche sind ohne Mahnung ab Fälligkeit zu erfüllen (so auch Draft Digest 739; MURRAY, in: Draft Digest 454). Grundsätzlich kann Art 59 auch für Schadensersatz- oder Aufwendungsersatzansprüche entsprechend herangezogen werden. Freilich setzt Fälligkeit auch hier voraus, daß der Schuldner die Höhe des geltend gemachten Anspruchs kennt.

Abschnitt II
Abnahme*

Section II
Taking delivery

Section II
Prise de livraison

Art 60 [Abnahmepflicht]

Die Pflicht des Käufers zur Abnahme* besteht darin,
a) alle Handlungen vorzunehmen, die vernünftigerweise von ihm erwartet werden
können, damit dem Verkäufer die Lieferung ermöglicht wird, und
b) die Ware zu übernehmen.

Art 60

The buyer's obligation to take delivery consists:

(a) in doing all the acts which could reasonably be expected of him in order to enable the seller to make delivery; and

(b) in taking over the goods.

Art 60

L'obligation de l'acheteur de prendre livraison consiste:

a) à accomplir tout acte qu'on peut raisonnablement attendre de lui pour permettre au vendeur d'effectuer la livraison; et

b) à retirer les marchandises.

Schrifttum

HAGER, Die Rechtsbehelfe des Verkäufers wegen Nichtabnahme der Ware nach amerikanischem, deutschem und Einheitlichem Kaufrecht (1975).

Systematische Übersicht

Alphabetische Übersicht

---

* Schweiz, Österreich: Annahme.

I.   Regelungsgegenstand und Normzweck

In Verbindung mit Art 53 verpflichtet die Vorschrift den Käufer dazu, die Ware **1**
abzunehmen und alle von ihm zu erwartenden Mitwirkungshandlungen vorzunehmen. Art 60 erhebt **die Abnahmepflicht** damit in den Rang einer **Vertragspflicht**,
deren Verletzung die allgemeinen Rechtsbehelfe nach Art 61 ff auslöst.

II.   Entstehungsgeschichte

Art 60 hat Art 65 EKG mit der – freilich geringen – Abweichung übernommen, daß **2**
der Käufer nicht mehr „all such acts as are necessary in order to enable the seller to
hand over the goods" (so im EKG) schuldet, sondern nur noch „all the acts which
could reasonably be expected of him".

In Wien passierte die Vorschrift ohne Änderungsantrag und Diskussion (Off Rec 123, **3**
371).

III. Die Abnahmepflicht

1. Allgemeines

4 Nach Art 53 ist der Käufer zur Abnahme verpflichtet; Art 60 legt den näheren Inhalt der Verpflichtung fest. Sie umfaßt einerseits die **körperliche Übernahme der Ware** (lit b), andererseits die zur Übergabe **notwendige Mitwirkung** des Käufers (lit a).

2. Übernahme (lit b)

5 Die Pflicht, die Ware zu übernehmen, bedeutet, daß der Käufer die Ware an dem Ort, an dem sie zu liefern ist, körperlich abzunehmen hat (LG Aachen RiW 1993, 760; HERBER/CZERWENKA Art 60 Rn 6). Dort hat er sie ggf (etwa im Werk des Verkäufers, im Bestimmungshafen) abzuholen (Sekretariatskommentar Art 56 Bem 4; ACHILLES Art 60 Rn 1; BIANCA/BONELL/MASKOW Art 60 Bem 2.6.1; SCHLECHTRIEM/SCHWENZER/HAGER Art 60 Rn 2; ENDERLEIN/MASKOW/STROHBACH Art 60 Bem 7.1). Mangels abweichender Vereinbarung ist der **Käufer verpflichtet**, die **angelieferte Ware zu entladen** und die Kosten dafür zu tragen (ENDERLEIN/MASKOW/STROHBACH aaO; SCHLECHTRIEM Rn 220), wie er auch die Erhaltungslasten zu übernehmen hat (HERBER/CZERWENKA Art 60 Rn 5). Beim Verkauf eingelagerter Ware kommt keine Abnahme der Ware, die gewöhnlich – nunmehr für den Käufer – im Lager verbleibt, sondern nur die Abnahme der Dokumente in Betracht (so auch SCHLECHTRIEM/SCHWENZER/HAGER Art 60 Rn 2; PILTZ, Internationales Kaufrecht § 4 Rn 163).

6 Obwohl Art 60 lit b nur von der „Ware" spricht, gilt die **Abnahmepflicht in gleicher Weise für ordnungsgemäß angediente Dokumente**, etwa den Lagerschein (BAMBERGER/ROTH/SAENGER Art 60 Rn 2; SCHLECHTRIEM/SCHWENZER/HAGER Art 60 Rn 2b; HERBER/CZERWENKA Art 60 Rn 7; PILTZ aaO; zum EKG ebenso: LG Hamburg RiW 1977, 425).

7 Der Käufer hat die Ware zum vereinbarten oder aus der Konvention folgenden Lieferzeitpunkt zu übernehmen. **In aller Regel** wird ihm die **sofortige Abnahme** zuzumuten sein (ACHILLES Art 60 Rn 1; SCHLECHTRIEM/SCHWENZER/HAGER Art 60 Rn 2; HONSELL/SCHNYDER/STRAUB Art 60 Rn 21 KAROLLUS 172 f; PILTZ, Internationales Kaufrecht § 4 Rn 164; REINHART Art 60 Rn 5; SCHLECHTRIEM Rn 220; aA – angemessene Frist – aber Denkschrift 55; HERBER/CZERWENKA Art 33 Rn 8). Nur soweit für die Abnahme besondere Vorkehrungen nötig sind und der Käufer mit dem Zeitpunkt der Anlieferung nicht rechnen mußte, ist eine angemessene Frist für die Abnahme einzuräumen (ACHILLES Art 60 Rn 1; SCHLECHTRIEM/SCHWENZER/HAGER Art 60 Rn 2; HERBER/CZERWENKA Art 60 Rn 6; HUBER RabelsZ 43 [1979] 515 f; KAROLLUS aaO; SCHLECHTRIEM, UN-Kaufrecht 75; aA offenbar REINHART aaO).

8 Eine **Billigung ist mit der Abnahme** der Ware **nicht verbunden**. Der Käufer kann Mängel innerhalb der in Art 39, 39, 43 vorgesehenen Fristen nach Abnahme rügen (ACHILLES Art 60 Rn 1; BAMBERGER/ROTH/SAENGER Art 60 Rn 2; ENDERLEIN/MASKOW/STROHBACH Art 60 Bem 1.2; HERBER/CZERWENKA Art 60 Rn 2; SCHLECHTRIEM Rn 220).

3. Mitwirkungshandlungen (lit a)

Art 60 lit a statuiert die **Pflicht des Käufers, bei der Abnahme**, soweit es nach dem 9
Vertrag erforderlich ist, **aktiv mitzuwirken**. Der Käufer hat alle Handlungen vorzunehmen, „die vernünftigerweise von ihm erwartet werden können", damit die
Lieferung erfolgen kann. Art 60 lit a schreibt damit eine Kooperationspflicht ausdrücklich vor, die sonst aus Art 7 Abs 1 entwickelt werden müßte.

Die Kooperationspflicht erstreckt sich auf **alle Handlungen, die** dem Käufer bei 10
objektiver Sicht **zuzumuten sind**. Doch ist er nicht zu jeder nur denkbaren Mitwir-
kung verpflichtet (BIANCA/BONELL/MASKOW Art 60 Bem 2.3; ENDERLEIN/MASKOW/STROH-
BACH Art 60 Bem 4; HERBER/CZERWENKA Art 60 Rn 4; MünchKommHGB/BENICKE Art 60 Rn 3;
SCHLECHTRIEM, UN-Kaufrecht 75). Zur Überlassung von Herstellungsplänen etc ist der
Käufer aber ohne Festlegung im Vertrag nicht verpflichtet (ebenso HONSELL/SCHNY-
DER/STRAUB Art 60 Rn 30; aA SCHLECHTRIEM/SCHWENZER/HAGER Art 60 Rn 2). Im einzelnen
entscheiden die Bestimmungen und der Zweck des konkreten Vertrages, ferner
Gepflogenheiten und Gebräuche. Dabei hat für den Pflichtenumfang in aller Regel
ausschlaggebende Bedeutung, wo zu liefern ist. Vielfach wird sich aus der Vereinbarung der INCOTERMS ergeben, zu welchen Handlungen der Käufer jeweils
verpflichtet ist. Auch wo die **INCOTERMS** nicht vereinbart sind, können sie mE
als Auslegungshilfe herangezogen werden, um den Kreis der Mitwirkungspflichten
des Käufers festzulegen. So ist der Käufer für verpflichtet gehalten worden, die
notwendigen Importdokumente zu besorgen (Geneva Pharms Tech Corp v Barr Labs, Inc,
201 F Supp 2d 236, 284 [Dist Ct of Southern Dist NY, 2002]; zust MURRAY, in: Draft Digest 454).

Ist **Lieferung am Sitz des Käufers** vereinbart, so hat der Käufer hier die für die 11
Lieferung nötigen Vorbereitungen zu treffen, zB bei Öllieferung Tankraum im
erforderlichen Umfang zur Verfügung zu stellen; bei Lieferung von zu montieren-
den Maschinen oder Anlagen den Aufstellungsort vorzubereiten etc (ähnlich ENDER-
LEIN/MASKOW/STROHBACH Art 60 Bem 6.1; HERBER/CZERWENKA Art 60 Rn 3; HONSELL/SCHNY-
DER/STRAUB Art 60 Rn 29; SCHLECHTRIEM Rn 220; WITZ/SALGER/LORENZ Art 60 Rn 4). Zur
Besorgung einer Importgenehmigung ist er in diesem Fall nur verpflichtet, wenn
sie nur auf seinen Antrag erteilt würde.

Bei **Lieferung am Sitz des Verkäufers** muß der Käufer entsprechend das Seine tun, 12
um die Ware dort zu übernehmen. Erforderliche Genehmigungen für den Import in
sein oder ein drittes Land muß er ebenso grundsätzlich selbst besorgen wie ggf
nötige Ausfuhrlizenzen (vgl auch Incoterm EXW B 2; aus der Rspr: Geneva Pharms Tech
Corp v Barr Labs, Inc, 201 F Supp 2d 236, 284 [Dist Ct of Southern Dist NY, 2002]).

Je nach den Parteiabreden ist der Käufer **uU zum Abschluß eines Frachtvertrages,** 13
zur Benennung eines Schiffes etc **verpflichtet**. Auch insoweit ist eine vorsichtige
Orientierung an den INCOTERMS möglich, selbst wenn sie nicht vereinbart sind.

Besondere Mitwirkungspflichten des Käufers bestehen ferner beim **Spezifikations-** 14
kauf (vgl dazu Art 65) und uU beim Sukzessivlieferungsvertrag (Abruf, Versandin-
struktion).

Der Käufer muß die geschuldeten Mitwirkungshandlungen so **rechtzeitig** vorneh- 15 men, daß dem Verkäufer die fristgemäße Lieferung möglich ist (ENDERLEIN/MASKOW/ STROHBACH Art 60 Bem 6.1; PILTZ, Internationales Kaufrecht § 4 Rn 164). Ist dem Käufer der **Liefertermin** – etwa im Fall des Art 33 lit c – **weder bekannt noch erkennbar**, dann ist ein **angemessener Zeitraum für die Mitwirkung** einzuräumen, sobald der Käufer von der Lieferung erfährt (SCHLECHTRIEM/SCHWENZER/HAGER Art 60 Rn 2; KAROLLUS 172 f; PILTZ aaO). Schäden aus einer Verspätung der Abnahme hat der Verkäufer zu tragen und zu ersetzen, soweit er seine Pflicht versäumt hat, dem Käufer die Lieferung rechtzeitig anzukündigen. Hierzu ist er verpflichtet, wenn ihm erkennbar ist, daß der Käufer für die Abnahme besondere Vorkehrungen treffen muß (vgl Art 33 Rn 23).

16 **Keine** eigenständige („mittelbare") **Verletzung der Abnahmepflicht** stellt es dar, **wenn der Käufer** bei Zug-um-Zug-Lieferung **nicht zahlt** (so aber KAROLLUS 172). Hat der Verkäufer in diesem Fall ein besonderes Interesse an der Abnahme der Ware (zB um sein Lager zu räumen) und stellt der Zahlungsverzug keine wesentliche Vertragsverletzung dar, dann fehlt ein Recht zu sofortiger Vertragsaufhebung. Doch kann der Verkäufer entweder eine Nachfrist setzen (Art 63) oder gem Art 88 unter den dort genannten Voraussetzungen die Ware verkaufen.

IV. Rechtsfolgen der Verletzung der Abnahmepflicht

17 Verletzt der Käufer seine Pflicht zur Abnahme, dann stehen dem Verkäufer die Behelfe nach Art 61 ff zu. Der Verkäufer kann grundsätzlich **auch Erfüllung der Abnahmepflicht** verlangen (vgl näher Art 62 Rn 7). Praktische Bedeutung hat jedoch vor allem die Möglichkeit, Schadensersatz wegen verweigerter Abnahme zu beanspruchen (vgl Art 61 Abs 1 lit b).

V. Berechtigte Abnahmeverweigerung

18 In einer Reihe von Fällen ist der Käufer berechtigt, die Abnahme zu verweigern. Der Verkäufer kann dann keine Rechte aus der Verletzung der Abnahmepflicht herleiten.

19 So hat der Käufer das **Recht**, eine **vorzeitige Lieferung zurückzuweisen** (Art 52 Abs 1). Ebenso kann er die **Abnahme zuviel gelieferter Ware verweigern** (Art 52 Abs 2).

20 Im übrigen ist er zur Ablehnung berechtigt, wenn der Verkäufer eine **wesentliche Vertragsverletzung** begangen hat und der Käufer den Vertrag deshalb aufhebt oder Ersatzlieferung verlangt (ACHILLES Art 60 Rn 3; BIANCA/BONELL/MASKOW Art 53 Bem 3.2.1 ff; BRUNNER Art 60 Rn 4; SCHLECHTRIEM/SCHWENZER/HAGER Art 60 Rn 3; ENDERLEIN/MASKOW/STROHBACH Art 60 Bem 2.1; HERBER/CZERWENKA Art 53 Rn 11; HONSELL/SCHNYDER/STRAUB Art 60 Rn 35; KAROLLUS 174 f; MünchKommBGB/HUBER Art 60 Rn 9; MünchKommHGB/BENICKE Art 60 Rn 14; MURRAY, in: Draft Digest 455; PILTZ, Internationales Kaufrecht § 4 Rn 168; SOERGEL/LÜDERITZ/BUDZIKIEWICZ Art 60 Rn 8; WIEGAND, in: Berner Tage 147 ff; **aA** REINHART Art 60 Rn 7: Zurückweisungsrecht nur bei Aufhebung vor Eintreffen der Ware). Allerdings kann der Käufer gem Art 86 Abs 2 zur vorläufigen Annahme verpflichtet sein.

21 Stellt die Vertragswidrigkeit der Ware **keine wesentliche Vertragsverletzung** dar, dann muß der Käufer die Ware abnehmen und seine sonstigen Ansprüche wie Nachbesserung, Minderung und Schadensersatz geltend machen (OLG Frankfurt NJW 1994, 1013 sowie ACHILLES Art 60 Rn 3; HERBER/CZERWENKA, KAROLLUS, PILTZ, alle aaO; SCHLECHTRIEM Rn 221). Über Art 7 Abs 1 ein Zurückweisungsrecht auch in diesen Fällen zu begründen (so SCHLECHTRIEM/SCHWENZER/HAGER und WIEGAND aaO), würde das Rechtsbehelfssystem der Konvention aufweichen und ist deshalb abzulehnen.

VI. Beweisfragen

Der Verkäufer muß den Bestand und konkreten Inhalt der Abnahme- und Mit- **22** wirkungspflicht des Käufers nachweisen, der Käufer dann ihre ordnungsgemäße Erfüllung (ebenso ACHILLES Art 60 Rn 4; BAUMGÄRTEL/LAUMEN/HEPTING Art 60 Rn 1 f; vgl auch JUNG 167).

Abschnitt III
Rechtsbehelfe* des Verkäufers wegen Vertragsverletzung durch den Käufer

Section III
Remedies for breach of contract by the buyer

Section III
Moyens dont dispose le vendeur en cas de contravention au contrat par l'acheteur

Vorbemerkungen zu Art 61 ff CISG

1 Die Art 61–65 regeln **die Rechte, die dem Verkäufer zustehen, wenn der Käufer den Vertrag verletzt hat**. Die Regelung entspricht in ihrer Struktur spiegelbildlich dem Abschnitt über die Käuferrechte (Art 45 ff), ist aber entsprechend der einfacheren Pflichtenlage des Käufers selbst etwas einfacher und knapper angelegt.

2 Die Rechtsbehelfe des Verkäufers sind in Art 61 überblicksweise zusammengefasst, während die Art 62–65 die einzelnen Behelfe näher regeln. Nur der Schadensersatzanspruch des Verkäufers findet seine Grundlage in Art 61 Abs 1 lit b. Ergänzend folgen weitere Rechte aus den Art 71–88. Behelfe des nationalen Rechts sind daneben grundsätzlich ausgeschlossen.

3 Wie die Art 45 ff stellen die Art 61 ff die Vertragsdurchführung in den Vordergrund. Die Aufhebung ist nur unter engen Voraussetzungen (Art 64) zulässig. Jede Vertragsverletzung begründet jedoch mindestens einen Anspruch auf Ersatz des entstandenen Schadens (Art 61 Abs 1 lit b).

Art 61 [Rechtsbehelfe* des Verkäufers; keine zusätzliche Frist]

(1) Erfüllt der Käufer einer seiner Pflichten nach dem Vertrag oder diesem Übereinkommen nicht, so kann der Verkäufer
a) die in Artikel 62 bis 65 vorgesehenen Rechte ausüben;
b) Schadenersatz nach Artikel 74 bis 77 verlangen.

(2) Der Verkäufer verliert das Recht, Schadenersatz zu verlangen, nicht dadurch, daß er andere Rechtsbehelfe* ausübt.

(3) Übt der Verkäufer einen Rechtsbehelf wegen Vertragsverletzung aus, so darf ein Gericht oder Schiedsgericht dem Käufer keine zusätzliche Frist gewähren.**

---

* Schweiz: Rechte.   ** Schweiz: Recht.

Art 61

(1) If the buyer fails to perform any of his obligations under the contract or this Convention, the seller may:

(a) exercise the rights provided in articles 62 to 65;
(b) claim damages as provided in articles 74 to 77.

(2) The seller is not deprived of any right he may have to claim damages by exercising his right to other remedies.

(3) No period of grace may be granted to the buyer by a court or arbitral tribunal when the seller resorts to a remedy for breach of contract.

Art 61

1) Si l'acheteur n'a pas exécuté l'une quelconque des obligations résultant pour lui du contrat de vente ou de la présente Convention, le vendeur est fondé à:

a) exercer les droits prévus aux articles 62 à 65;
b) demander les dommages-intérêts prévus aux articles 74 à 77.

2) Le vendeur ne perd pas le droit de demander des dommages-intérêts lorsqu'il exerce son droit de recourir à un autre moyen.

3) Aucun délai de grâce ne peut être accordé à l'acheteur par un juge ou par un arbitre lorsque le vendeur se prévaut d'un des moyens dont il dispose en cas de contravention au contrat.

Schrifttum

Wie zu Art 53; ferner:
HAGER, Die Rechtsbehelfe des Verkäufers wegen Nichtabnahme der Ware nach amerikanischem, deutschem und Einheitlichem Kaufrecht (1975)
LOHS/NOLTING, Regelung der Vertragsverlet-zung im UN-Kaufrechtsübereinkommen, ZVglRWiss 97 (1998) 4
SCHEIFELE, Die Rechtsbehelfe des Verkäufers nach deutschem und UN-Kaufrecht, Recht-Wirtschaft-Gesellschaft: Recht Bd 3 (1986)
SCHMIDT-KESSEL, CISG-Verträge in der Insolvenz, in: FS Schlechtriem (2003) 255.

Systematische Übersicht

Alphabetische Übersicht

I. Regelungsgegenstand und Normzweck

Die Vorschrift nennt **die wichtigsten Rechtsbehelfe, die dem Verkäufer bei Vertrags-** **1**
verletzungen des Käufers zustehen. Sie entspricht in Aufbau und Struktur spiegelbildlich Art 45, der die Rechte des Käufers bei Vertragsverletzungen des Verkäufers
zusammenfaßt. Die dort dargestellten allgemeinen Grundsätze sind weitgehend auf
Art 61 zu übertragen.

Als gemeinsame Grundvoraussetzung der Verkäuferansprüche legt Art 61 fest, daß **2**
der Käufer eine seiner Pflichten aus dem Vertrag oder dem Übereinkommen ver-
letzt haben muß und nicht gem Art 79, 80 entlastet sein darf. In diesem Fall kann
der Verkäufer die Rechte aus den Art 62–65 (Erfüllung, Aufhebung) sowie stets
Schadensersatz geltend machen. Die **objektive,** vom Verschulden unabhängige
Pflichtverletzung ist – parallel zu Art 45 – **einzige Voraussetzung der Käuferhaftung.**
Als Sanktion für Vertragsverletzungen steht dem Verkäufer damit in jedem Fall ein
Rechtsbehelf, zumindest in Form eines Schadensersatzanspruches, zu.

Die Aufzählung von Rechten in Art 61 Abs 1 ist in dem Sinn abschließend, daß ein **3**
Rückgriff auf weitere **Behelfe des nationalen Vertragsrechts** neben ihnen **nicht in**
Betracht kommt (vgl unten Rn 36). Innerhalb der Konvention ist Art 61 – wie Art 45 –
dagegen um eine Reihe möglicher weiterer Rechte zu ergänzen: Bei Sukzessivlieferungsverträgen ist gegebenenfalls Art 73 zu beachten; bei lediglich drohenden Vertragsverletzungen des Käufers hat der Verkäufer die Rechte aus Art 71, 72 unter
den dort genannten Voraussetzungen; bei verzögerter Zahlung besteht ein Zinsanspruch nach Art 78; unter besonderen Voraussetzungen kann der Verkäufer das
Recht zum Selbsthilfeverkauf ausüben (Art 88).

Soweit Art 61 Abs 1 lit a auf die Rechte nach Art 62–65 hinweist, hat er nur **4**
deklaratorischen Charakter (Sekretariatskommentar Art 57 Bem 1: „index to the remedies
available to the seller"). **Konstitutiv** ist dagegen **Art 61 Abs 1 lit b, der einen Anspruch**
auf Schadensersatz erst **begründet** (s etwa LG Berlin 21.3.2003, cisg.pace; OLG Düsseldorf
RiW 1996, 958; Schiedsgericht der Handelskammer Hamburg NJW 1996, 3229; Sekretariatskommentar aaO; BIANCA/BONELL/KNAPP Art 61 Bem 2.1; MünchKommBGB/HUBER Art 61
Rn 2; MünchKommHGB/BENICKE Art 61 Rn 1; SCHLECHTRIEM/SCHWENZER/HAGER Art 61 Rn 3;
WITZ/SALGER/LORENZ Art 61 Rn 7). In der stets gegebenen Schadensersatzsanktion für
jedwede Vertragsverletzung, ohne daß es auf Verschulden ankommt (Art 79), liegt
wie schon bei Art 45 die deutlichste Abweichung gegenüber dem BGB. Da nach
§ 280 Abs 1 S 2 BGB das Verschulden des Schuldners allerdings stets vermutet wird,
ist der Unterschied theoretisch weit bedeutsamer als praktisch wirksam.

5 Die schon aus Art 61 Abs 1 folgende **Kumulation** von Ansprüchen nach lit a und lit b hebt Abs 2 nochmals ausdrücklich hervor: die Rechte aus den Art 62–65 einerseits und das Recht auf Schadensersatz andererseits schließen sich nicht aus, sondern können nebeneinander bestehen. Allerdings kann Schadensersatz neben anderen Behelfen nur den dann noch verbleibenden Schaden ausgleichen.

6 Schließlich verbietet es Abs 3, eine in manchen Rechten vorgesehene Fristverlängerung („délai de grâce") zu gewähren.

II. Entstehungsgeschichte

7 Der Sache nach enthielt das EKG eine ähnliche Regelung, die sich aber auf mehrere Vorschriften verteilte, dadurch unübersichtlich war und sich auch weitgehend wiederholte (Art 61–64, 66–78, 70 EKG). Denn das EKG hatte die unterschiedlichen Vertragswidrigkeiten und ihre Rechtsfolgen (Nichterfüllung der Zahlungs-, Abnahme- und anderer Pflichten) noch jeweils getrennt behandelt. Ferner schloß das EKG den Erfüllungsanspruch für den Kaufpreis aus, wenn ein Deckungsverkauf üblich und angemessen war. In diesem Fall galt der Vertrag mit dem Deckungsverkauf automatisch als aufgehoben (Art 61 Abs 2 EKG). Die Übernahme dieser „ipso facto avoidance" des EKG wurde bereits im Frühstadium der Revisionsarbeiten von UNCITRAL grundsätzlich abgelehnt (vgl Report des Secretary-General, UNCITRAL YB III [1972] 41 ff; dazu HAGER 194, 205; HELLNER, in: FS Weitnauer 89 ff; ferner Art 45 Rn 6).

8 Die jetzige Fassung des Art 61 CISG beruht auf einem Vorschlag der UNCITRAL-Arbeitsgruppe und knüpft vor allem an das Vorbild des Art 70 EKG zur Haftung für die Nichterfüllung sonstiger Pflichten an (vgl dazu UNCITRAL YB V [1974] 83 ff). Sie war im wesentlichen bereits im Genfer Entwurf von 1976 (dort Art 42) enthalten und wurde in der Folge nur noch geringfügigen redaktionellen Änderungen unterzogen.

9 Auf der Wiener Konferenz war die Vorschrift unumstritten. Es gab weder Änderungsanträge noch eine Diskussion über die Bestimmung (vgl Off Rec 123, 371).

III. Gemeinsame Voraussetzungen der Rechtsbehelfe (Abs 1)

10 Art 61 Abs 1 legt als einheitliche Voraussetzung aller in der Vorschrift genannten Ansprüche des Verkäufers fest, daß der Käufer eine Pflicht verletzt haben muß, die ihm nach dem Vertrag oder dem Übereinkommen obliegt.

11 Wie in Art 45 **spielt der Charakter der verletzten Pflicht** für die grundsätzliche Haftung **keine Rolle.** Alle vereinbarten Pflichten, auch Zusatzpflichten – zB bestimmte Werbemaßnahmen durchzuführen etc – kommen hier in Betracht (ACHILLES Art 61 Rn 3; BRUNNER Art 61 Rn 6; SCHLECHTRIEM/SCHWENZER/HAGER Art 61 Rn 2; HONSELL/SCHNYDER/STRAUB Art 61 Rn 19; WIEGAND, in: Berner Tage 156 f; ICC-Schiedsspruch Nr 7197, JDI 1993, 1028 = CLOUT Nr 104: Pflicht, Akkreditiv zu eröffnen); ebenso Pflichten aus besonderen Vertragsklauseln – zB Versicherungspflicht bei Vereinbarung der INCOTERMS –, ferner die aus dem Übereinkommen folgende Pflicht zur Zahlung (Art 53, 54) am rechten Ort (Art 57) zur rechten Zeit (Art 59) und die Pflicht zur

Abnahme (Art 53, 60; vgl aus der Rspr etwa OLG Hamm 22.9.1992, CLOUT Nr 227; OLG München 8.2.1995, CLOUT Nr 133 [jeweils verweigerte Abnahme]). Verstößt der Käufer etwa gegen die vertraglich vereinbarte Pflicht, mitgelieferte Behältnisse, Transportpaletten etc zurückzugeben, so haftet er dem Verkäufer auf Ersatz des daraus resultierenden Schadens (OLG Köln 8.1.1997 [27 U 58/96, unveröff]; der BGH hat dagegen in einem gleichliegenden Fall für diese Vertragspflicht zu Unrecht das vom Vertragsstatut berufene Recht angewendet: BGH NJW 1997, 1578; dazu MAGNUS ZeuP 1999, 653).

Verweigert der Käufer Zahlung oder Abnahme, weil er sich zu Unrecht auf ein Recht **12**
zur Vertragsaufhebung beruft, dann liegt darin eine Vertragsverletzung, wenn der Verkäufer mit der Vertragsaufhebung nicht einverstanden ist (vgl auch PILTZ, Internationales Kaufrecht § 5 Rn 325).

Keine Pflichtverletzung stellt es dagegen dar, wenn der Käufer **Obliegenheiten** – zB **13**
nach Art 38, 39 – nicht einhält. Ihn treffen dann unmittelbar Rechtsnachteile; es folgen hieraus aber keine Ansprüche des Verkäufers (ebenso ENDERLEIN/MASKOW/STROHBACH Art 61 Bem 4; **aA** aber BIANCA/BONELL/KNAPP Art 61 Bem 2.2).

Ob die jeweilige Pflichtverletzung als Verzug oder Unmöglichkeit, als Haupt- oder **14**
Nebenpflichtverletzung im Sinn des deutschen Rechts anzusehen wäre, ist als Voraussetzung für Ansprüche des Verkäufers gleichgültig (vgl LOEWE, Kaufrecht 80; WIEGAND, in: Berner Tage 157). **Die Behelfe der Art 62–65 differenzieren ebenso wie die Art 46 ff nur noch danach, ob die Vertragsverletzung wesentlich war oder nicht.** Vertragsaufhebung (Art 64) kann der Verkäufer nur bei wesentlicher Vertragsverletzung verlangen. Doch kann der Verkäufer eine nicht wesentliche Verletzung der Zahlungs- oder Abnahmepflicht durch Nachfristsetzung zu einer wesentlichen aufwerten (Art 64 Abs 1 lit b iVm Art 63).

Der Tatbestand der **Vertragsverletzung setzt kein Verschulden des Käufers voraus** **15**
(OLG Koblenz RiW 1993, 934; BRUNNER Art 61 Rn 6; Draft Digest 741; HERBER/CZERWENKA Art 61 Rn 2; HONSELL/SCHNYDER/STRAUB Art 61 Rn 24; MünchKommBGB/HUBER Art 61 Rn 4; MünchKommHGB/BENICKE Art 61 Rn 4; SCHWIMANN/POSCH Art 61 Rn 3). Wie der Verkäufer nach Art 45 ff unterliegt der Käufer einer objektiven Haftung, die allein daran anknüpft, daß er einer Vertragspflicht nicht nachkommt. Selbst wenn er sie aus einem Grund nicht erfüllt, der ihn nach Art 79 von seiner Pflicht befreit, verbleiben dem Verkäufer die Rechte der Art 62–65. Denn Art 79 Abs 5 läßt diese Behelfe ausdrücklich unberührt und entlastet den Käufer nur von seiner Schadensersatzpflicht (ebenso SCHLECHTRIEM/SCHWENZER/STOLL/GRUBER Art 79 Rn 8; HONSELL/SCHNYDER/STRAUB Art 61 Rn 26; SOERGEL/LÜDERITZ/BUDZIKIEWICZ Art 61 Rn 3; **aA** HERBER/CZERWENKA Art 61 Rn 2, die eine Befreiung nach Art 79 auf alle Rechtsbehelfe des Käufers beziehen).

Anders ist die Lage jedoch, wenn eine **Entlastung nach Art 80** in Betracht kommt. **16**
Dem Verkäufer stehen weder die Rechtsbehelfe der Art 62–65 noch ein Anspruch auf Schadensersatz zu, wenn er selbst dem Käufer die Erfüllung seiner Pflichten unmöglich gemacht hat (HERBER/CZERWENKA, HONSELL/SCHNYDER/STRAUB, SOERGEL/LÜDERITZ jeweils aaO).

IV. Abs 1 lit a: Rechtsbehelfe nach Art 62–65

17 Unter der Voraussetzung, daß der Käufer eine seiner Pflichten verletzt hat, kann der Verkäufer die Rechte geltend machen, die ihm die Art 62–65 einräumen. Diese Vorschriften nennen jeweils selbst weitere Erfordernisse, unter denen sie anwendbar sind (Sekretariatskommentar Art 57 Bem 2). Insoweit stellt **Art 61 Abs 1 lit a** keine Rechtsfolgenverweisung, sondern eine **Rechtsgrundverweisung** dar. Insgesamt ist das Sanktionensystem der Art 62 ff einfacher als jenes der Art 46 ff, da auch der Pflichtenkreis des Käufers weniger Anforderungen aufstellt und den Verkäufer auch keinerlei Rügeobliegenheit trifft.

18 **Die in Art 62–65 vorgesehenen Rechte können nicht kumuliert werden.** Sie stehen dem Verkäufer alternativ zur Wahl (Achilles Art 61 Rn 3; Herber/Czerwenka Art 61 Rn 3). Wegen der unterschiedlichen Voraussetzungen der einzelnen Rechtsbehelfe ergibt sich für die verschiedenen Arten von Vertragsverletzungen damit ein unterschiedliches Arsenal an Rechtsbehelfen (vgl die Übersicht unten Rn 26 f).

19 Hat der Verkäufer sein **Wahlrecht ausgeübt**, so hat seine Erklärung in der Regel Gestaltungswirkung, die ein späteres Überwechseln zu anderen Behelfen (ius variandi) im Grundsatz ausschließt (vgl aber noch näher die Erl zu Art 62 ff).

V. Schadensersatzanspruch des Käufers (Abs 1 lit b)

20 **Art 61 Abs 1 lit b** schafft die **Anspruchsgrundlage für einen verschuldensunabhängigen Schadensersatzanspruch** des Verkäufers, wenn der Käufer eine Vertragspflicht, gleich welcher Art, verletzt hat und dem Verkäufer dadurch ein Schaden entstanden ist. Den Käufer trifft insoweit eine Garantiehaftung. Anders als für Abs 1 lit a gilt aber die Entlastung des Art 79 in vollem Umfang für Schadensersatzansprüche (Art 79 Abs 5). Ebenso ist Art 80 anwendbar.

21 **Der Schadensersatzanspruch steht** dem Verkäufer **kumulativ zu** den Behelfen der Art 62–65 zu (näher unten Rn 23 f). Er ist der immer verfügbare allgemeine Rechtsbehelf, der – insbes bei der Verletzung von zusätzlich vereinbarten Pflichten – auch der einzige Anspruch des Verkäufers sein kann.

22 **Inhalt und Umfang des geschuldeten Schadensersatzes** ergeben sich aus den Art 74–77. Als Inhalt kommt allein Geldersatz in Betracht (vgl Art 74 Rn 24). Der Ersatzumfang hängt von dem im übrigen ausgeübten Rechtsbehelf – Vertragsaufhebung (Art 64) oder Erfüllungsverlangen (Art 62) – ab (vgl auch Soergel/Lüderitz/Budzikiewicz Art 61 Rn 5).

VI. Konkurrenzverhältnis von Schadensersatzanspruch und anderen Rechtsbehelfen (Abs 2)

23 Abs 2 hebt – ebenso wie Art 45 Abs 2 für die Käuferseite – ausdrücklich hervor, daß der Verkäufer sein Schadensersatzverlangen mit anderen Rechtsbehelfen verbinden kann (vgl auch Sekretariatskommentar Art 57 Bem 5). Insbes kann er Schadensersatz auch dann geltend machen, wenn er die Vertragsaufhebung erklärt (Denkschrift 55; Achilles Art 61 Rn 4; Audit 146; Bamberger/Roth/Saenger Art 61 Rn 3; Brunner Art 61 Rn 13;

SCHLECHTRIEM/SCHWENZER/HAGER Art 61 Rn 4). **Die Anspruchskumulation darf allerdings nicht zu einer Überentschädigung führen** (vgl dazu Art 45 Rn 21). Der Schadensersatzanspruch hat lediglich den Nachteil auszugleichen, der nach Ausübung des anderen Behelfs noch verbleibt. Der Ersatzumfang variiert deshalb je nachdem, welchen Rechtsbehelf der Verkäufer ausgeübt hat. Verlangt (und erhält) er Erfüllung nach Art 62, so ist als Schaden nur der zusätzliche, nicht behobene Nachteil zu ersetzen (ACHILLES Art 61 Rn 4; STOLL, in: SCHLECHTRIEM, Fachtagung 264 f). Dazu kann uU ein Kursverlust der verspätet gezahlten Währung gehören (näher dazu Art 74 Rn 48 f).

Erklärt der Verkäufer berechtigterweise die **Vertragsaufhebung**, dann umfaßt der **24** zusätzliche Schadensersatzanspruch **das volle Erfüllungsinteresse** (ebenso STOLL, in: SCHLECHTRIEM, Fachtagung 264). Für die Schadensberechnung bei Vertragsaufhebung geben Art 75, 76 Anhalt (vgl die Erl dort). In der Regel kann der Verkäufer die Differenz als Schaden geltend machen, die sich aus dem Vertragspreis und einem ungünstigeren Deckungsverkauf für ihn ergibt (s etwa Kantonsgericht Zug IHR 2004, 65).

VII. Überblick über die möglichen Verkäuferansprüche in den unterschiedlichen Fällen von Vertragsverletzungen

Das CISG faßt zwar – wie schon das EKG – alle Formen von Vertragsverletzungen **25** des Käufers **einheitlich** als **Tatbestand der Nichterfüllung** zusammen und regelt auch die Rechtsfolgen weitgehend einheitlich. Rechtstatsächlich bleiben die unterschiedlichen Arten von Leistungsstörungen freilich bestehen und führen auch innerhalb des CISG zu gewissen Differenzierungen. Daraus ergibt sich das folgende System von Verkäuferrechten:

1. Verspätete Zahlung/Abnahme

Zahlt der Käufer verspätet oder nimmt er die Ware verspätet ab, dann kann der **26** Verkäufer nach Art 61 Abs 1 lit b Ersatz seines Verspätungsschadens verlangen, es sei denn, daß der Käufer nach Art 79 oder 80 entlastet ist (vgl aus der Rspr etwa OLG Hamm 22. 9. 1992, CLOUT Nr 227; OLG München 8. 2. 1995, CLOUT Nr 133; OLG Düsseldorf NJW-RR 1997, 822; ICC-Schiedsspruch Nr 7197; JDI 1993, 1028; Internationales Schiedsgericht der Bundeskammer der gewerblichen Wirtschaft Wien v 15. 6. 1994, RiW 1995, 590 m Anm SCHLECHTRIEM). Zum Verspätungsschaden gehören etwa auch Scheckprotestkosten (OLG München IHR 2001, 23). Ist die Verspätung wesentliche Vertragsverletzung (so beim Fixgeschäft) oder durch erfolglose Nachfristsetzung dazu geworden, dann ist der Verkäufer auch berechtigt, den Vertrag aufzuheben (Art 64 Abs 1 lit a und b), wenn er die Aufhebung in angemessener Frist erklärt (Art 64 Abs 2 lit a).

2. Nichterfüllung

Hat der Käufer den **Zahlungs- bzw Abnahmetermin nicht eingehalten und auch** **27** **inzwischen weder gezahlt noch abgenommen**, dann kann der Verkäufer entweder Erfüllung (Art 62) einschließlich Ersatz etwaigen Verzögerungsschadens verlangen (vgl LG Aachen RiW 1993, 760). Er kann andererseits auch eine Nachfrist setzen (Art 63), um Klarheit zu gewinnen, ob der Käufer noch erfüllen wird, und ebenfalls Ersatz eventuellen Schadens begehren. Läuft die Nachfrist erfolglos ab oder ist die Verspätung ohnehin wesentliche Vertragsverletzung, dann kann der Verkäufer den

Vertrag aufheben (Art 64 Abs 1 lit b) und seinen weitergehenden Schaden liquidieren (s etwa Handelsgericht St Gallen IHR 2003, 181).

28 Erfüllt der Käufer überhaupt nicht, gleichgültig ob ihm die Zahlung bzw Abnahme möglich oder unmöglich und gleichgültig, aus welchen Gründen sie unmöglich (Art 79 Abs 5) ist, so ist der Verkäufer damit stets in der Lage, die Aufhebung des Vertrages herbeizuführen. Alle Fälle der Unmöglichkeit sind hiermit erfaßt, grundsätzlich auch der Fall, daß der Käufer zahlungsunfähig ist und ein **Insolvenz**verfahren über ihn eröffnet wird (s Handelsgericht St Gallen IHR 2003, 181). Sonderregeln des anwendbaren nationalen Insolvenzrechts gehen jedoch vor (SOERGEL/LÜDERITZ/ BUDZIKIEWICZ Art 61 Rn 8; **aA** SCHMIDT-KESSEL, in: FS SCHLECHTRIEM 272 ff). Im übrigen befreit den Käufer von seiner Zahlungs- und Abnahmepflicht allein die vom Verkäufer verursachte Unmöglichkeit (Art 80).

3. Verletzung weiterer vertraglicher oder gesetzlicher Pflichten

29 Verletzt der Käufer eine anderweitige Vertragspflicht (zB die Pflicht zur Spezifikation; vereinbarte Kooperations-, Werbe-, Wettbewerbspflichten), dann kann der Verkäufer hinsichtlich dieser Pflicht wiederum seinen Erfüllungsanspruch (Art 62) sowie Schadensersatz geltend machen. Der Behelf der **Vertragsaufhebung** steht ihm **nur bei wesentlicher Vertragsverletzung** zur Verfügung (zB wenn der Käufer gegen ein vereinbartes Reimportverbot verstößt: Cour d'Appel Grenoble JDI 1995, 632, dazu WITZ/WOLTER RiW 1995, 810 [811]). Eine Nachfristsetzung verhilft hier nicht zum Aufhebungsrecht, da Art 64 Abs 1 lit b die Verletzung der Zahlungs- oder Abnahmepflicht voraussetzt (s die Erl zu Art 64).

4. Teilzahlung, Teilabnahme

30 Soweit der Käufer nur einen Teil der Lieferung bezahlt oder abnimmt, kann der Verkäufer hinsichtlich des ausstehenden Restes alle Rechte nach dem CISG ausüben (vgl auch Art 58 Rn 31 f). Zusätzlich kann er die Aufhebung des gesamten Vertrages erklären, wenn die Teilerfüllung als wesentliche Vertragsverletzung des gesamten Vertrages zu bewerten ist (Art 51 Abs 2 analog; zur vorzeitigen Zahlung Art 58 Rn 31).

5. Drohende Vertragswidrigkeiten

31 Zeigt sich schon vor dem Erfüllungszeitpunkt, daß der Käufer wichtige Pflichten nicht erfüllen oder eine wesentliche Vertragsverletzung begehen wird, dann hat der Verkäufer unter den Voraussetzungen der Art 71 und 72 das **Recht, die eigenen Pflichten auszusetzen oder den Vertrag aufzuheben**. Daneben kann er Ersatz eventuellen Schadens verlangen.

VIII. Verbot von Fristverlängerungen (Abs 3)

32 Wenn der Verkäufer die Rechte ausübt, die ihm aufgrund einer Vertragsverletzung des Käufers zustehen, dann hat es mit ihnen und den für sie vorgesehenen Fristen sein Bewenden. Weder nationale Gerichte noch Schiedsgerichte dürfen **zusätzliche Erfüllungsfristen** (periods of grace; délais de grâce) gewähren wie sie etwa Art 1244 des französichen Code civil und ihm folgende Rechte vorsehen (vgl AUDIT 146; SCHLECHTRIEM/SCHWENZER/HAGER Art 61 Rn 5). Für Schiedsgerichte gilt diese Regel, wenn sie das CISG als im Schiedsverfahren anwendbares Recht zu beachten haben (AUDIT 121). Haben sie nach dem anwendbaren Schiedsrecht dagegen eine **Entscheidung nach billigem Ermessen** zu treffen, für die das CISG lediglich als Modell eine gewisse Rolle spielt (vgl dazu Art 1 Rn 121), dann ist auch eine Fristverlängerung zulässig (ähnlich AUDIT aaO; HERBER/CZERWENKA Art 45 Rn 10; LOEWE, Kaufrecht 67).

Abs 3 gilt für alle Rechte, die aus Vertragsverletzungen des Käufers folgen. Auch **33** wenn der Verkäufer etwa für die Erfüllung eine Nachfrist gesetzt hat, darf keine weitere Gnadenfrist eingeräumt, wohl aber die **Angemessenheit der Nachfrist überprüft** und gegebenenfalls neu festgelegt werden.

Art 61 Abs 3 ist **keine zwingende Vorschrift**. Die Parteien können im Rahmen ihrer **34** Vertragsfreiheit (Art 6) von ihr abweichen und etwa in einem gerichtlichen Vergleich eine Fristverlängerung vereinbaren (so zu Art 45 Abs 3 HERBER/CZERWENKA Art 45 Rn 10) oder auch dem Gericht oder Schiedsgericht eine entsprechende Befugnis einräumen.

Vorschriften des anwendbaren nationalen Verfahrensrechts, die dem Schuldner **in 35** **der Zwangsvollstreckung oder Insolvenz** insbes Zahlungs- oder sonstigen Fristaufschub gewähren, werden durch Art 61 Abs 3 nicht berührt (vgl dazu Helen Kaminsky Pty Ltd v Marketing Australian Products, Inc doing business as Fiona Waterstreet Hats, US Dist LEXIS 10630 [1997] = CLOUT Nr 187 [im Ergebnis war das CISG allerdings nicht anwendbar]; MünchKommBGB/HUBER Art 61 Rn 9; SOERGEL/LÜDERITZ/BUDZIKIEWICZ Art 61 Rn 8; WITZ/ SALGER/LORENZ Art 61 Rn 8; ebenso zu Art 45 Abs 3 HERBER/CZERWENKA Art 45 Rn 10; **aA** SCHMIDT-KESSEL, in: FS Schlechtriem 273 f; nicht erörtert in der Entscheidung Kantonsgericht St Gallen IHR 2003, 181 [Aufhebungsrecht des Verkäufers durch Insolvenz des Käufers nicht beührt]). Allerdings dürften Fälle selten sein, in denen derartige Vorschriften dem Käufer für seine Pflichten Fristverlängerung einräumen (vgl aber den zitierten US-Fall).

IX. Verhältnis zu Rechtsbehelfen des anwendbaren nationalen Rechts

Der Katalog der Rechtsbehelfe in Art 61 sowie die ihn ergänzenden Vorschriften **36** (Art 71–73) stellen eine **abschließende Regelung** derjenigen faktischen Situationen dar, auf die sie sich beziehen. Der **Rückgriff auf nationale Vorschriften**, die den gleichen Sachverhalt regeln, ist neben ihnen **ausgeschlossen** (LG Aachen RiW 1993, 760; Schweizer Botschaft 808; BRUNNER Art 61 Rn 18; LOEWE, Kaufrecht 80; MünchKommHGB/ BENICKE Art 61 Rn 3; vgl näher auch die Erl zu Art 4).

Zur Konkurrenz deliktsrechtlicher Ansprüche vgl Art 5 Rn 11 ff.   **37**

X. Verjährung der Ansprüche

Ebenso wie das EKG enthält das CISG keine Regelung, binnen welcher Frist die **38** Rechte des Verkäufers auszuüben sind. Es gelten daher die **Verjährungsregeln, die vom anwendbaren Verjährungsrecht oder**, soweit es ausnahmsweise gilt, **vom UN-Verjährungsübereinkommen von 1974 aufgestellt werden** (BIANCA/BONELL/KNAPP Art 61 Bem 3. 6; SOERGEL/LÜDERITZ/BUDZIKIEWICZ Art 61 Rn 9; vgl auch Art 4 Rn 38 ff sowie die Erl zu Art 3 VertragsG; zum UN-Verjährungsübk vgl unten Anh II).

XI. Abdingbarkeit der Verkäuferrechte

39 Die Parteien können die Verkäuferrechte grundsätzlich abändern (Art 6). Die Gültigkeit derartiger Vereinbarungen, insbes **formularmäßiger Freizeichnungen** unterliegt jedoch der **Überprüfung durch das** vom **Vertragsstatut** bestimmte nationale Recht (vgl näher dazu Art 4 Rn 24 ff). Bei Maßgeblichkeit des deutschen AGBG dürfen Freizeichnungen deshalb nicht von den wesentlichen Grundwertungen des als Leitbild fungierenden CISG abweichen. Dem Anspruchsystem der Konvention sind die folgenden Grundwertungen zu entnehmen:

40 Wie Art 64 zeigt, muß der Verkäufer bei **endgültiger Zahlungs- oder Abnahmeverweigerung** oder sonstiger wesentlicher Vertragsverletzung des Käufers das Recht haben, sich vom Vertrag trennen zu können. Bleibt der Vertrag aufrechterhalten, so muß der Verkäufer, wie Art 61 Abs 1 lit b ergibt, für Vertragsverletzungen grundsätzlich einen **Ausgleich** erhalten. Art 79 Abs 5 macht allerdings deutlich, daß Schadensersatzansprüche beschränkt werden können. Vertragliche Einschränkungen der Garantiehaftung des Käufers dürften deshalb zum einen bis zur Grenze dessen zulässig sein, was Treu und Glauben (Art 7) gestatten. Mit Treu und Glauben ist nicht mehr ein Haftungsausschluß für vorsätzliche oder grob fahrlässige Schädigung vereinbar. An dieser Grenze des Kennens und Kennenmüssens finden in der Konvention auch sonst Rechte einer Partei ihre Schranke (vgl etwa Art 39, 40, 43, 49 Abs 2 lit b i, 64 Abs 2 lit b i).

41 Das Gesamtsystem der Ansprüche, die dem Käufer im Rahmen vertraglicher Freizeichnungen verbleiben müssen, muß ihm deshalb ein Recht zur **Vertragsaufhebung** einräumen, wenn die Ware nicht, auch nicht in angemessen verlängerter Frist bezahlt oder abgenommen wird. **Schadensersatzansprüche** dürfen nur für andere Fälle als Vorsatz und grobe Fahrlässigkeit ausgeschlossen werden.

XII. Beweisfragen

42 Die Beweislast für die tatsächlichen Voraussetzungen eines Schadensersatzanspruchs nach Art 61 Abs 1 lit b trägt der Verkäufer. Hinsichtlich der Pflichtverletzung des Käufers muß er aber nur den Bestand und Inhalt der Pflicht nachweisen. Ihre Verletzung hat er lediglich schlüssig darzulegen. Es ist dann Sache des Käufers, die ordnungsgemäße Erfüllung der Pflicht zu beweisen (vgl zur parallelen Regelung Art 45 Rn 48; wie hier auch ACHILLES Art 61 Rn 7).

Art 62 [Recht des Verkäufers auf Erfüllung]

Der Verkäufer kann vom Käufer verlangen, daß er den Kaufpreis zahlt, die Ware annimmt* sowie seine sonstigen Pflichten erfüllt, es sei denn, daß der Verkäufer einen Rechtsbehelf** ausgeübt hat, der mit diesem Verlangen unvereinbar ist.

---

* Schweiz, Österreich: annimmt.   ** Schweiz: Recht.

Art 62

The seller may require the buyer to pay the price, take delivery or perform his other obligations, unless the seller has resorted to a remedy which is inconsistent with this requirement.

Art 62

Le vendeur peut exiger de l'acheteur le paiement du prix, la prise de livraison des marchandises ou l'exécution des autres obligations de l'acheteur, à moins qu'il ne se soit prévalu d'un moyen incompatible avec ces exigences.

Schrifttum

Wie zu Art 53 und 61; ferner:
FARNSWORTH, Damages and Specific Relief, AmJCompL 27 (1979) 247 ff
KASTELY, The Right to Require Performance in
International Sales: Towards an International Interpretation of the Vienna Convention, WashLRev 63 (1988) 607 ff.

Systematische Übersicht

Alphabetische Übersicht

I. Regelungsgegenstand und Normzweck

1 Die Vorschrift ist das Gegenstück zu Art 46. Sie räumt dem Verkäufer das grundsätzliche Recht ein, vom Käufer die **Erfüllung aller geschuldeten Vertragspflichten**, sowohl der primären Pflichten auf Zahlung und Abnahme wie weiterer Zusatzpflichten verlangen zu können. Der Erfüllungsanspruch steht dem Verkäufer alternativ neben den übrigen Behelfen zu und entfällt nur, wenn sich der Verkäufer für einen mit dem Erfüllungsverlangen inkompatiblen Anspruch wie die Vertragsaufhebung entschieden hat.

2 Auch wenn die Konvention einen Erfüllungsanspruch gewährt, ist er gerichtlich nur durchsetzbar, soweit das angerufene Gericht bei Kaufverträgen den Verkäufer zur **Erfüllung in Natur** verurteilen würde (Art 28 sowie unten Rn 11 f). Die Stellung der Vorschrift an der Spitze der Rechtsbehelfe des Verkäufers – für die Ansprüche des Käufers bei Vertragsverletzungen des Verkäufers gilt gleiches (vgl Art 46) – bringt zum Ausdruck, daß die Konvention die Erfüllung und Durchführung des Vertrages als primäres Ziel ansieht, dem auch bei Vertragsstörungen Rechnung zu tragen ist (Sekretariatskommentar Art 28 Bem 2; ACHILLES Art 62 Rn 1; BIANCA/BONELL/KNAPP Art 62 Bem 1.3; FARNSWORTH, in: Lausanner Kolloquium 84 f; HONNOLD Rn 245.1; HONSELL/SCHNYDER/STRAUB Art 62 Rn 2; aA SOERGEL/LÜDERITZ/SCHÜSSLER-LANGEHEINE Art 46 Rn 1: kein „Primat des Erfüllungsanspruchs").

3 **Der praktische Wert der Vorschrift ist begrenzt** (zum CISG bisher etwa OLG München RiW 1996, 854; ICC-Schiedsspruch Nr 7197, JDI 1993, 1028; auch zum EKG sind bei SCHLECHTRIEM/MAGNUS Art 61 nur drei einschlägige Entscheidungen berichtet), gleichwohl aber nicht zu unterschätzen. Er liegt darin, daß der Verkäufer die reale Erfüllung vorbehaltlich des Art 28 erzwingen kann und sich nicht auf Schadensersatz verweisen lassen muß, wenn es ihm auf die Erfüllung ankommt. So kann er an der Abnahme der Ware oder an der Erfüllung weiterer vereinbarter Pflichten ein besonderes Interesse haben.

II. Entstehungsgeschichte

4 Die Bestimmung geht auf die Art 61 Abs 1, Art 62 Abs 1, Art 70 Abs 2 EKG zurück, die sie einheitlich zusammenfaßt. Abweichend vom EKG wurde der Erfüllungsanspruch auch auf die Abnahmepflicht erstreckt und – wie auch im übrigen – die automatische Vertragsaufhebung („ipso facto avoidance") beseitigt, die im EKG bei üblichem Deckungsverkauf oder wesentlicher Vertragsverletzung möglich war (Art 61 Abs 2; Art 62 Abs 1 EKG; vgl zur Beseitigung der Vertragsaufhebung kraft Gesetzes auch Art 45 Rn 6 und Art 61 Rn 7).

Ihre jetzige Fassung hatte die Vorschrift bereits durch den Genfer Entwurf (Art 43) 5 erhalten. In Wien wurde sie ohne Änderungsantrag und Diskussion angenommen (Off Rec 124, 371).

III. Voraussetzungen des Erfüllungsanspruchs

Der Erfüllungsanspruch setzt voraus, daß der Käufer eine seiner **Pflichten nicht** 6 **erfüllt** hat, die ihm der Vertrag oder das Übereinkommen auferlegt. Auf die Gründe oder die Schwere der Pflichtverletzung, insbes auf ein Verschulden des Käufers, kommt es nicht an. Zur Entlastungsmöglichkeit aber unten Rn 16 f.

Wie Art 62 ausdrücklich hervorhebt, kann der Verkäufer nicht nur die **Zahlung des** 7 **Kaufpreises**, sondern – anders als noch im EKG – auch die **Abnahme der Ware** sowie die **Erfüllung sonstiger Pflichten** (zB zur Spezifikation, zum Abruf etc) verlangen.

Der Erfüllungsanspruch besteht im Gegensatz zum EKG auch, wenn ein **Dek-** 8 **kungsverkauf** üblich und möglich ist (Sekretariatskommentar Art 58 Bem 3; HERBER/CZER-WENKA Art 62 Rn 3; MünchKommHGB/BENICKE Art 62 Rn 5; PILTZ, Internationales Kaufrecht § 5 Rn 335). Soweit der Käufer nicht vorleistungspflichtig ist, kann der Verkäufer aber nur Zahlung Zug um Zug gegen Lieferung der Ware beanspruchen (HERBER/CZER-WENKA aaO).

Grundsätzlich kann der Verkäufer auch Erfüllung fordern, soweit es um **vertragliche** 9 **Unterlassungs- oder Schutzpflichten** geht. Praktische Bedeutung hat ein solcher Anspruch für den vorbeugenden Rechtsschutz. Ist die Verletzung allerdings bereits eingetreten, zB gegen ein wirksames Wettbewerbsverbot verstoßen worden, dann kann der Verkäufer Erfüllung, wie selbstverständlich ist, nur für die Zukunft begehren.

IV. Geltendmachen des Erfüllungsanspruches

Das Gesetz macht den Erfüllungsanspruch, der ja lediglich die Fortdauer der ver- 10 traglichen Pflicht zum Gegenstand hat, **nicht von einer bestimmten Form abhängig**. Der Anspruch kann ausdrücklich oder schlüssig erhoben werden. Freilich muß das Erfüllungsverlangen hinreichend deutlich zum Ausdruck kommen. Das Risiko rechtzeitiger und korrekter Übermittlung einer entsprechenden Erklärung trifft den Käufer (Art 27; vgl auch PILTZ, Internationales Kaufrecht § 5 Rn 338).

V. Grenzen des Erfüllungsanspruchs

1. Art 28

Der Erfüllungsanspruch ist **nicht durchsetzbar**, wenn das angerufene Gericht nach 11 seinem nationalen Recht bei Kaufverträgen gleicher Art keine Erfüllung in Natur gewährt. Entscheidend ist dabei nicht, ob ein Erfüllungsanspruch materiellrechtlich besteht, sondern ob er verfahrensmäßig durchsetzbar ist (vgl Art 28 und die Erl dort).

12 Der Vorbehalt des **Art 28 gilt** ohne weiteres **für die Abnahmepflicht** und die mit ihr verbundenen Mitwirkungshandlungen (vgl Art 60) **sowie** für **sonstige Zusatzpflichten** (Sekretariatskommentar Art 58 Bem 6; BRUNNER Art 62 Rn 3; SCHLECHTRIEM/SCHWENZER/HAGER Art 62 Rn 13; ENDERLEIN/MASKOW/STROHBACH Art 62 Bem 2; HERBER/CZERWENKA Art 62 Rn 5, 7; HONSELL/SCHNYDER/STRAUB Art 62 Rn 13; KAROLLUS 178; PILTZ, Internationales Kaufrecht § 5 Rn 344; SCHLECHTRIEM Rn 238 f). **Umstritten** ist aber, **ob** sich **Art 28 auch** auf **den Zahlungsanspruch** des Verkäufers bezieht (**dafür** SCHLECHTRIEM/SCHWENZER/HAGER Art 62 Rn 12; ENDERLEIN/MASKOW/STROHBACH Art 62 Bem 2; HONNOLD Rn 345; HONSELL/SCHNYDER/ STRAUB Art 62 Rn 14; KASTELY WashLRev 63 [1988] 635; MünchKommBGB/HUBER Art 62 Rn 5; PILTZ, Internationales Kaufrecht § 5 Rn 344; SCHEIFELE 101 ff; SCHLECHTRIEM Rn 236; WITZ/SALGER/LORENZ Art 62 Rn 3; ZIEGEL, in: GALSTON/SMIT 9–30 f; offenbar auch MURRAY, in: Draft Digest 458; **dagegen** Schweizer Botschaft 808 f; HERBER/CZERWENKA Art 62 Rn 7; POSCH, in: DORALT 160; ders, in: HOYER/POSCH 156; REINHART Art 62 Rn 2; wohl auch AUDIT 147 und PLANTARD, in: Lausanner Kolloquium 116). Die praktisch wenig bedeutsame Frage dürfte mit der überwiegenden Meinung dahin zu entscheiden sein, daß es dem befaßten Gericht zu überlassen ist, ob es nach seinem nationalen Recht in der Kaufpreisklage ein nicht durchsetzbares Begehren auf „specific performance" sieht. Selbst im Common-Law-Bereich ist das bei der Kaufpreisklage aber überwiegend nicht der Fall (vgl näher FARNSWORTH AmJCompL 27 [1979] 251; HONNOLD Rn 346; SEVON, in: ŠARČEVIĆ/ VOLKEN 223 f; auch POSCH, in: HOYER/POSCH 156).

2. Unvereinbare Rechtsbehelfe

13 Der Erfüllungsanspruch scheidet ferner aus, wenn der Verkäufer bereits einen **Rechtsbehelf** ausgeübt hat, der **mit dem Erfüllungsverlangen nicht vereinbar** ist. Eine stufen- oder hilfsweise Verknüpfung von Ansprüchen – zunächst Erfüllung, bei deren Unterbleiben ein anderer Behelf – ist dagegen zulässig. Mit dem Erfüllungsbegehren inkompatibel ist vor allem die Vertragsaufhebung (Sekretariatskommentar Art 58 Bem 9; Denkschrift 55; ACHILLES Art 62 Rn 3; BIANCA/BONELL/KNAPP Art 62 Bem 3.5; BRUNNER Art 62 Rn 4; SCHLECHTRIEM/SCHWENZER/HAGER Art 62 Rn 5; ENDERLEIN/MASKOW/STROHBACH Art 62 Bem 3.1; HERBER/CZERWENKA Art 62 Rn 8; KAROLLUS 177; LOEWE, Kaufrecht 81; MünchKommHGB/BENICKE Art 62 Rn 4). Auch während einer gesetzten Nachfrist (Art 63) kann der Verkäufer nicht Erfüllung verlangen, sondern muß das Fristende abwarten, nach dem seine anderen Ansprüche wieder aufleben (ebenso BIANCA/BONELL/KNAPP Art 62 Bem 3.4; SCHLECHTRIEM/SCHWENZER/HAGER, HERBER/CZERWENKA, MünchKommHGB/ BENICKE jeweils aaO; **aA** LOEWE aaO). Ferner ist das Erfüllungsbegehren mit einem Schadensersatzanspruch wegen Nichterfüllung des gesamten Vertrages unvereinbar sowie gegebenenfalls mit besonderen vertraglichen Rechtsbehelfen (zB Kündigung, vgl ACHILLES Art 62 Rn 3; ENDERLEIN/MASKOW/STROHBACH aaO; HONSELL/SCHNYDER/STRAUB Art 62 Rn 16; **aA** SCHLECHTRIEM/SCHWENZER/HAGER Art 62 Rn 5).

14 Hat der **Verkäufer** einen dieser anderen Behelfe erklärt, so ist er daran – bei Nachfristsetzung für die Fristdauer – grundsätzlich **gebunden**. Seine Aufhebungserklärung, für die die Art 26, 27 zu beachten sind, hat Gestaltungswirkung (vgl auch Art 46 Rn 19 ff zum parallelen Problem auf der Käuferseite). Mit der berechtigten Aufhebung des Vertrages erlischt der Erfüllungsanspruch; der Verkäufer kann zu ihm nicht mehr zurückkehren (SEVON, in: ŠARČEVIĆ/VOLKEN 222). Im einzelnen ist auf die Grundsätze zu verweisen, die insoweit für Art 46 gelten (vgl dort Rn 19 ff).

Ein **Selbsthilfeverkauf nach Art 88** schließt den Erfüllungsanspruch auf Zahlung 15 nicht aus, mindert aber entsprechend Art 88 Abs 3 die Anspruchshöhe (ACHILLES Art 62 Rn 3; SCHLECHTRIEM/SCHWENZER/HAGER Art 62 Rn 15; KAROLLUS 177). Mit dem Verlangen, die Ware abzunehmen, ist der Selbsthilfeverkauf jedoch unvereinbar (so zu Recht KAROLLUS aaO).

3. Entlastung nach Art 79

Eine **Entlastung von der Zahlungspflicht** kommt **nach Art 79 nur** ganz **ausnahmsweise** 16 in Betracht (vgl Art 79 Rn 24, 28). Denn für seine finanzielle Leistungsfähigkeit muß der Käufer ganz grundsätzlich einstehen. Für die übrigen Leistungspflichten des Käufers (Abnahme, sonstige Pflichten) gilt Art 79 dagegen ohne Besonderheiten.

Auf den Erfüllungsanspruch des Verkäufers wirkt sich die Entlastung in der glei- 17 chen Weise aus wie auf Erfüllungsansprüche des Käufers. Solange und in dem Umfang, in dem der Entlastungsgrund besteht, ist nicht nur der **Schadensersatzanspruch** (Art 79 Abs 5), sondern **auch** ein **Erfüllungsanspruch ausgeschlossen** (vgl dazu Art 46 Rn 25). Hinsichtlich der Zahlungspflicht kommt eine Entlastung aber, wie erwähnt, kaum einmal in Betracht.

4. Unmöglichkeit

Für die Zahlungs- und die Abnahmepflicht ist die **objektive oder subjektive Erfül-** 18 **lungsunmöglichkeit** außerhalb des Art 79 **ohne Belang.** Zahlung und Abnahme sind objektiv immer möglich. Ist der Käufer nur subjektiv nicht zur Zahlung oder Abnahme in der Lage, dann kommt eine Entlastung allein nach Art 79 in Betracht. Wird die Erfüllung sonstiger Pflichten objektiv unmöglich, dann erlöschen diese Pflichten (vgl zum selben Problem bei Pflichten des Verkäufers Art 46 Rn 26 ff).

5. Schadensminderungspflicht

Der Erfüllungsanspruch auf Zahlung und Abnahme wird **durch die allgemeine Scha-** 19 **densminderungsobliegenheit** (Art 77) **grundsätzlich nicht berührt** (BRUNNER Art 62 Rn 6; SCHLECHTRIEM/SCHWENZER/HAGER Art 62 Rn 14; KASTELY WashLRev 63 [1988] 622 ff; SCHLECHT-RIEM Rn 236; SEVON, in: ŠARČEVIĆ/VOLKEN 228). Die Pflicht zum angemessenen Deckungsverkauf, die das Haager Recht noch vorsah, wurde bewußt beseitigt (vgl oben Rn 4, 8). Lediglich in krassen Fällen, in denen das Erfüllungsverlangen als Mißbrauch erscheint und gegen die Gebote redlichen Geschäftsverkehrs (Art 7 Abs 1) verstößt, ist der Erfüllungsanspruch zu versagen (ebenso SCHLECHTRIEM/SCHWENZER/HAGER, KASTE-LY, SCHLECHTRIEM jeweils aaO; SCHEIFELE 98 ff; WITZ/SALGER/LORENZ Art 62 Rn 8).

VI. Rechtsfolgen

Liegen die Voraussetzungen des Erfüllungsanspruchs vor und erlaubt das nationale 20 Recht eine Verurteilung in Natur (Art 28), dann kann der Verkäufer die **reale Erfüllung derjenigen Pflicht** erzwingen, **der der Käufer bisher nicht nachgekommen**

ist. Macht der Verkäufer den Anspruch geltend, so führt das nicht zu einer Umgestaltung der Vertragslage, sondern läßt die vertraglichen Rechte und Pflichten unverändert fortbestehen. Das Verlangen hat lediglich die Wirkung, daß andere Behelfe – außer dem Anspruch auf Ersatz zusätzlichen Schadens – für den Verkäufer solange ausscheiden, als er auf der Erfüllung besteht.

21 Doch kann der Verkäufer grundsätzlich **jederzeit vom Erfüllungsverlangen abgehen und zu anderen Behelfen überwechseln** (ACHILLES Art 62 Rn 3; BIANCA/BONELL/KNAPP Art 62 Bem 3.2; ENDERLEIN/MASKOW/STROHBACH Art 62 Bem 3.2; HERBER/CZERWENKA Art 62 Rn 8; MünchKommBGB/HUBER Art 62 Rn 11; MünchKommHGB/BENICKE Art 62 Rn 6). Die Vorschrift setzt hierfür keine Frist. Es gilt lediglich die vom anwendbaren Recht bestimmte Verjährungsfrist (PILTZ, Internationales Kaufrecht § 5 Rn 346). Der Verkäufer bindet sich aber selbst, wenn er dem Käufer für die Erfüllung eine Nachfrist nach Art 63 setzt. Schließlich kann aus dem Grundsatz von Treu und Glauben (Art 7 Abs 1) folgen, daß der Verkäufer an seinen Erfüllungsanspruch gebunden ist, etwa wenn der Käufer auf Veranlassung des Verkäufers schon Schritte zur Erfüllung eingeleitet hat.

VII. Zusätzliche Ansprüche

22 Zusätzlich zum Erfüllungsanspruch kann der Verkäufer bei Zahlungsverzug **Zinsen** (Art 78) und, sofern ihm **weiterer Schaden** entstanden ist, auch diesen ersetzt verlangen (Art 61 Abs 1 lit b). Diese Rechte stehen auch während einer Nachfrist zu (HERBER/CZERWENKA Art 63 Rn 5; PILTZ, Internationales Kaufrecht § 5 Rn 347).

VIII. Beweisfragen

23 Es gilt die allgemeine Beweislastregel (vgl dazu Art 4 Rn 63 ff). Der Verkäufer muß die tatsächlichen Voraussetzungen seines Anspruchs dartun. Er muß also den Bestand und Umfang seines Erfüllungsanspruchs nachweisen; ferner muß er die Nichterfüllung substantiiert behaupten. Dann trifft den Käufer die Beweislast, daß er seine Vertragspflichten erfüllt hat (vgl auch ACHILLES Art 62 Rn 4; BAMBERGER/ROTH/SAENGER Art 62 Rn 7; BAUMGÄRTEL/LAUMEN/HEPTING Art 62 Rn 5; MünchKommHGB/BENICKE Art 62 Rn 8; teilw **abw** HONSELL/SCHNYDER/STRAUB Art 62 Rn 37 f).

Art 63 [Nachfrist für die Erfüllung]

(1) Der Verkäufer kann dem Käufer eine angemessene Nachfrist zur Erfüllung seiner Pflichten setzen.

(2) Der Verkäufer kann vor Ablauf dieser Frist keinen Rechtsbehelf* wegen Vertragsverletzung ausüben, außer wenn er vom Käufer die Anzeige erhalten hat, daß dieser seine Pflichten nicht innerhalb der so gesetzten Frist erfüllen wird. Der Verkäufer verliert dadurch jedoch nicht das Recht, Schadensersatz wegen verspäteter Erfüllung zu verlangen.

---

* Schweiz: Recht.

Art 63

(1) The seller may fix an additional period of time of reasonable length for performance by the buyer of his obligations.

(2) Unless the seller has received notice from the buyer that he will not perform within the period so fixed, the seller may not, during that period, resort to any remedy for breach of contract. However, the seller is not deprived thereby of any right he may have to claim damages for delay in performance.

Art 63

1) Le vendeur peut impartir à l'acheteur un délai supplémentaire de durée raisonnable pour l'exécution de ses obligations.

2) A moins qu'il n'ait recu de l'acheteur une notification l'informant que celui-ci n'exécuterait pas ses obligations dans le délai ainsi imparti, le vendeur ne peut, avant l'expiration de ce délai, se prévaloir d'aucun des moyens dont il dispose en cas de contravention au contrat. Toutefois, le vendeur ne perd pas, de ce fait, le droit de demander des dommages-intérêts pour retard dans l'exécution.

Systematische Übersicht

Alphabetische Übersicht

I. Regelungsgegenstand und Normzweck

1 Die Vorschrift **ergänzt die Erfüllungsansprüche, die der Verkäufer nach Art 62 hat**. Sie entspricht der parallelen Bestimmung des Art 47. Erlangt der Verkäufer nicht ordnungsgemäße Erfüllung innerhalb der Zahlungs-, Abnahme- oder sonstigen Erfüllungsfrist, dann kann er gem Art 63 Abs 1 dem Käufer eine angemessene weitere Frist zur Nachholung einräumen. Die Nachfrist bindet den Verkäufer und gibt dem Käufer eine verlängerte Erfüllungsmöglichkeit. Sie ändert aber nicht die vertragliche Erfüllungsfrist. Während des Fristlaufs sind dem Verkäufer andere Behelfe grundsätzlich verschlossen (Art 63 Abs 2 S 1). Nur Schadensersatz wegen verzögerter Erfüllung kann er trotz der Nachfrist verlangen (Abs 2 S 2).

2 Die Nachfrist schafft aber uU die **Grundlage für weitere Rechte des Verkäufers** und hat hier, ganz ebenso wie bei Art 47, ihre eigentliche Bedeutung. Mit dem fruchtlosen Ablauf der Frist entsteht das Aufhebungsrecht nach Art 64 Abs 1 lit b: Zahlt der Käufer trotz der Nachfrist nicht oder nimmt er die Ware nicht ab, dann kann der Verkäufer den Vertrag aufheben, auch wenn die Nichterfüllung ursprünglich keine wesentliche Vertragsverletzung darstellte und nicht zur Aufhebung berechtigte. Die Nachfristsetzung bietet hier, ebenso wie bei Art 47, 49 den einzigen Weg, trotz zunächst fehlender oder zweifelhafter Aufhebungsvoraussetzungen zur Vertragsaufhebung zu gelangen. Erklärt der Verkäufer etwa wegen einer nur unwesentlichen Verzögerung der Zahlung oder Abnahme die Vertragsaufhebung, weil er darin zu Unrecht einen wesentlichen Vertragsbruch sieht, dann begeht er selbst eine wesentliche Vertragsverletzung, die den Käufer zu allen daraus folgenden Rechtsbehelfen berechtigt (s Cour d'appel de Grenoble 4. 2. 1999, CLOUT Nr 243 [Verkäufer hält Abnahmeverweigerung von wenigen Tagen für wesentliche Vertragsverletzung; seine Aufhebungserklärung ist selbst wesentliche Vertragsverletzung]). Für den Verkäufer ist es deshalb meist angeraten, für die Zahlung und/oder Abnahme eine Nachfrist zu setzen, um ein Recht zur Vertragsaufhebung oder jedenfalls Klarheit über den Bestand dieses Rechts zu erhalten (s Draft Digest 744; MURRAY, in: Draft Digest 460). Bei sonstigen, insbes Mitwirkungspflichten wertet der Ablauf einer Nachfrist eine ursprünglich nicht wesentliche Vertragsverletzung dagegen nicht zu einer wesentlichen auf (vgl näher Art 64 Rn 22). Jedoch können die Parteien vereinbaren, daß dem Verkäufer auch in diesen Fällen nach erfolgloser Nachfrist ein Aufhebungsrecht zustehen soll.

II. Entstehungsgeschichte

Das EKG sah in Art 66 Abs 2 eine sachlich entsprechende, aber unübersichtlicher **3** gefaßte Vorschrift vor. Seine jetzige Fassung erhielt Art 63 CISG bereits durch den Wiener Entwurf von 1977 (dort Art 45).

Sie wurde in Wien ohne Änderungsantrag und Diskussion angenommen (Off Rec 124, **4** 371).

III. Voraussetzungen (Abs 1)

1. Anwendungsbereich

Art 63 Abs 1 erlaubt es, für die Erfüllung jeder Vertragspflicht eine Nachfrist zu **5** setzen. Die **Vorschrift gilt** damit nicht nur für die in Art 64 Abs 1 lit b genannte Zahlungs- oder Abnahmepflicht, sondern auch **für alle** weiteren **vereinbarten oder gesetzlichen Vertragspflichten des Käufers** (ACHILLES Art 63 Rn 2; AUDIT 148; BIANCA/ BONELL/KNAPP Art 63 Bem 3. 1; HERBER/CZERWENKA Art 63 Rn 2; HONSELL/SCHNYDER/STRAUB Art 63 Rn 9; MünchKommHGB/BENICKE Art 63 Rn 2; PILTZ, Internationales Kaufrecht § 5 Rn 340; wohl auch SCHLECHTRIEM/SCHWENZER/HAGER Art 63 Rn 2; ENDERLEIN/MASKOW/STROHBACH Art 63 Bem 2. 1; **aA** Sekretariatskommentar Art 59 Bem 6). Wann der erfolglose Ablauf der Nachfrist ein Aufhebungsrecht begründet, ergibt sich jedoch allein aus Art 64 (vgl die Erl dort).

Ob ein erfüllbarer Anspruch besteht, richtet sich nach Art 62. Der Verkäufer darf **6** also nicht bereits einen Behelf ausgeübt haben, der mit dem Erfüllungsverlangen unvereinbar ist. Er kann aber **auch** dann eine **Nachfrist** setzen, **wenn ein Erfüllungsanspruch** gem Art 28 gerichtlich **nicht durchsetzbar wäre** (ebenso MünchKommHGB/ BENICKE Art 63 Rn 2). Jene Vorschrift richtet sich nur an das zur Entscheidung berufene Gericht, nicht an die Vertragsparteien.

Für die Nachfristsetzung ist es **gleichgültig, ob** der Vertragsverstoß eine **wesentliche** **7** **oder unwesentliche Vertragsverletzung** darstellt oder ob eine primäre Leistungspflicht oder nur eine Zusatzpflicht verletzt wurde (PILTZ, Internationales Kaufrecht § 5 Rn 339 f).

Art 63 Abs 1 begründet **lediglich** ein **Recht des Verkäufers.** Dieser ist zur Nachfrist- **8** setzung nicht etwa verpflichtet, insbes dann nicht, wenn der Käufer eine wesentliche Vertragsverletzung begangen hat. Die Nachfristsetzung ist in diesem Fall keine Vorbedingung der Vertragsaufhebung (BIANCA/BONELL/KNAPP Art 63 Bem 2.7). Der Verkäufer muß dem Käufer auch nicht eine Nacherfüllung gestatten, wenn dieser eine wesentliche Vertragsverletzung begangen hat.

Wie Art 47 hat auch Art 63 **keine Funktion bei** den **sekundären Ansprüchen,** die die **9**

Konvention als Behelfe gegenüber Vertragsverletzungen vorsieht wie zB dem Schadensersatzanspruch nach Art 61 Abs 1 lit b (**aA** aber HERBER/CZERWENKA zu Art 47 Rn 9). Der Verkäufer kann selbstverständlich auch für die Erfüllung dieses Anspruchs eine Frist setzen, um danach etwa Klage zu erheben. Die Rechtsfolgen des Art 63 (Selbstbindung des Verkäufers) treten aber nicht ohne weiteres ein.

2. Nichterfüllung

10 Implizit setzt Art 63 Abs 1 voraus, daß der Käufer seine Vertragspflicht nicht erfüllt hat. Das **Recht zur Nachfristsetzung** entsteht erst, **wenn der Erfüllungstermin verstrichen ist** und der Käufer seine Pflicht nicht erfüllt hat (ebenso ACHILLES Art 63 Rn 3; BIANCA/BONELL/KNAPP Art 63 Bem 2.4; HONSELL/SCHNYDER/STRAUB Art 63 Rn 10, 15; für vorzeitige Nachfristsetzung dagegen ENDERLEIN/MASKOW/STROHBACH Art 63 Bem 2.3).

3. Fristsetzung

a) Mitteilung; Form
11 Art 63 Abs 1 erfordert, wie Art 47, eine **Erklärung des Verkäufers** (BIANCA/BONELL/ KNAPP Art 63 Bem 2.8). Sie ist an keine Form gebunden, kann also schriftlich oder mündlich erfolgen. Für die Erklärung gilt Art 27. Ihr Zugang ist nicht Voraussetzung ihrer Wirksamkeit (ACHILLES Art 63 Rn 5; SCHLECHTRIEM/SCHWENZER/HAGER Art 63 Rn 3; ENDERLEIN/MASKOW/STROHBACH Art 63 Bem 2.2; HONSELL/SCHNYDER/STRAUB Art 63 Rn 17; SOERGEL/LÜDERITZBUDZIKIEWICZ Art 63 Rn 5; **aA** aber Schweizer Botschaft 809; BIANCA/BONELL/KNAPP Art 63 Bem 2.8). Bis die Erklärung dem Käufer zugegangen ist, kann der Verkäufer sie allerdings – analog zu Art 15 Abs 2, 18 Abs 2 – zurücknehmen und damit die aus Art 63 Abs 2 S 1 folgende Bindung vermeiden (ebenso zu Art 47 SCHLECHTRIEM/SCHWENZER/MÜLLER-CHEN Art 47 Rn 13; **teilw anders** KAROLLUS 139: bei Übermittlungsstörungen Bindung im Zeitpunkt des hypothetischen Zugangs).

b) Bestimmtheit
12 Auch für die Bestimmtheit der Nachfristsetzung gelten die gleichen Grundsätze wie für Art 47. Die Nachfristsetzung hat nur Wirkung, wenn der Verkäufer eine **bestimmte Frist** (zB „bis 30. 9.", „bis Ende dieses Monats", „binnen zwei Wochen nach Erhalt dieses Schreibens") setzt und das **Verlangen nach Erfüllung** innerhalb der Frist **deutlich ausdrückt**.

13 Eine **unbestimmte Frist oder** eine – auch dringende – **Mahnung ohne Frist** (zB „erwarten sofortige Zahlung") **genügt nicht** als Nachfristsetzung (Sekretariatskommentar Art 59 Bem 7; BAMBERGER/ROTH/SAENGER Art 63 Rn 4; BIANCA/BONELL/KNAPP Art 63 Bem 2.9 f; BRUNNER Art 63 Rn 3; SCHLECHTRIEM/SCHWENZER/HAGER Art 63 Rn 3; REINHART Art 63 Rn 3).

14 Die Erklärung des Verkäufers braucht weder das Wort „Nachfrist" noch eine ausdrückliche Ablehnungsandrohung zu enthalten, muß aber unzweifelhaft erkennen lassen, daß der Käufer auf der Erfüllung innerhalb der Nachfrist besteht (ACHILLES Art 63 Rn 3; BIANCA/BONELL/KNAPP Art 63 Bem 2.10; ENDERLEIN/MASKOW/STROHBACH Art 63 Bem 2.4; HONNOLD Rn 351; SEVON, in: ŠARČEVIĆ/VOLKEN 224; s auch MURRAY, in: Draft Digest 461; vgl ferner Art 47 Rn 18).

c) Angemessenheit

Die Angemessenheit der Nachfrist ist nach den gleichen Maßstäben wie bei Art 47 **15**
zu beurteilen (vgl dort Rn 19). Maßgebend sind die Umstände des Einzelfalls, unter
ihnen insbes **eventuelle Nachteile für den Verkäufer** durch Verderb, Preisverfall oder
Lagerkosten der Ware, ferner Umfang und Schwierigkeit der Zahlungs-, Abnahme-
oder sonstigen Käuferpflicht, die Länge der dafür ursprünglich gewährten Frist, der
Grund der Nichterfüllung, auch Postlaufzeiten (SCHLECHTRIEM/SCHWENZER/HAGER Art 63
Rn 3; SOERGEL/LÜDERITZ/BUDZIKIEWICZ Art 63 Rn 3; vgl auch Art 47 Rn 19). Die Nachfrist für
die Zahlung wird im allgemeinen knapper als die Nachfrist für die Abnahme – oder,
im Rahmen des Art 47, für die Lieferung – ausfallen können, da die Zahlung
gewöhnlich ohne bedeutsameren Aufwand möglich ist (s HERBER/CZERWENKA Art 63
Rn 3; MünchKommHGB/BENICKE Art 63 Rn 3). Eine Nachfrist, binnen 10 Tagen zu zahlen, nachdem der Zahlungstermin schon um mehrere Monate überschritten war, ist
als ausreichend angesehen worden (so implizit Handelsgericht St Gallen IHR 2003, 181;
s auch Corte di Appello di Milano 11. 12. 1998, cisg.pace [insgesamt 2 1/2 Monate Nachfrist in jedem
Fall angemessen]).

Eine zu kurze Frist setzt eine angemessene in Gang, während der der Verkäufer an **16**
das Erfüllungsverlangen gebunden ist (BAMBERGER/ROTH/SAENGER Art 63 Rn 4; BRUNNER
Art 63 Rn 4; SCHLECHTRIEM/SCHWENZER/HAGER Art 63 Rn 3; aA aber – Wirkungslosigkeit zu
kurzer Frist – HONSELL/SCHNYDER/STRAUB Art 63 Rn 20; MünchKommBGB/HUBER Art 63
Rn 10 – Bindung nur an kurze Frist).

IV. Rechtsfolgen der Nachfristsetzung (Abs 2)

1. Bindung des Verkäufers (Abs 2 Satz 1)

Für die Dauer der Nachfrist ist der Verkäufer nach Art 63 Abs 2 S 1 **grundsätzlich** **17**
gehindert, aus der Vertragsverletzung des Käufers **Rechte herzuleiten** – Schadensersatz ausgenommen. Der Verkäufer kann weder Vertragsaufhebung (Art 64) noch
die Selbstspezifikation (Art 65) noch etwaige vertragliche Behelfe (zB Kündigung)
geltend machen (ACHILLES Art 63 Rn 6; BAMBERGER/ROTH/SAENGER Art 63 Rn 5; BIANCA/
BONELL/KNAPP Art 63 Bem 2. 13; SCHLECHTRIEM/SCHWENZER/HAGER Art 63 Rn 4; HERBER/CZER-
WENKA Art 63 Rn 5; MünchKommHGB/BENICKE Art 63 Rn 4; REINHART Art 63 Rn 4). Auch der
Selbsthilfeverkauf nach Art 88 Abs 1 ist für die Nacherfüllungszeit ausgeschlossen
(SCHLECHTRIEM/SCHWENZER/HAGER aaO), nicht jedoch ein Notverkauf wegen rascher
Verschlechterung nach Art 88 Abs 2 (so auch ENDERLEIN/MASKOW/STROHBACH Art 63
Bem 5). Auch die Ansprüche auf bereits aufgelaufene Zinsen (Art 78) sowie auf
Ersatz entstandener Aufwendungen (Art 85 S 2) kann der Verkäufer trotz Nachfrist
geltend machen (ebenso SCHLECHTRIEM/SCHWENZER/HAGER Art 63 Rn 6; ENDERLEIN/MAS-
KOW/STROHBACH Art 63 Bem 5; HERBER/CZERWENKA Art 63 Rn 5; MünchKommHGB/BENICKE
Art 63 Rn 5). Gleiches gilt für Ansprüche auf Vertragsstrafen, die mit der Erfüllungs-
versäumung fällig geworden sind (vgl die in der vorigen N zitierten). Der Erfüllungsanspruch (Art 62) selbst wird durch eine Nachfristsetzung nicht berührt. Der Käufer
ist weiter zur Erfüllung verpflichtet. Die klageweise Durchsetzung des Anspruchs ist
aber bis zum erfolglosen Ablauf der Frist zu versagen, wohl regelmäßig im Rahmen
des anwendbaren Prozeßrechts mangels Rechtsschutzinteresses (im Ergebnis übereinstimmend SCHLECHTRIEM/SCHWENZER/HAGER aaO; ENDERLEIN/MASKOW/STROHBACH Art 63
Bem 5; HERBER/CZERWENKA Art 63 Rn 5; PLANTARD, in: Lausanner Kolloquium 116).

18 Die **Nachfrist verlängert** lediglich **die Erfüllungsmöglichkeit des Käufers und bindet den Verkäufer.** Damit soll das Interesse des Käufers geschützt werden, der im Vertrauen auf die zusätzliche Frist uU kostspielige Erfüllungsmaßnahmen – Umbau für die Abnahme etc – in die Wege geleitet hat (Sekretariatskommentar Art 59 Bem 9). Auch soll sich der Verkäufer nicht mit seiner eigenen Erklärung in Widerspruch setzen (so zu Recht zu Art 47 SCHLECHTRIEM/SCHWENZER/MÜLLER-CHEN Art 47 Rn 19; HON-NOLD Rn 291).

19 Wie Art 63 Abs 2 S 2 zeigt, beseitigt die Nachfrist nicht die Vertragsverletzung, die in dem Überschreiten des ursprünglichen Erfüllungstermins liegt. Vorbehaltlich der Auslegung der konkreten Erklärung führt die **Nachfrist** deshalb **nicht** zu einer **Stundung**, sondern stellt eine Art Gnadenfrist dar, die der Verkäufer gewähren kann (BIANCA/BONELL/KNAPP Art 63 Rn 2.5; BRUNNER Art 63 Rn 5; SCHLECHTRIEM/SCHWEN-ZER/HAGER Art 63 Rn 6; MünchKommHGB/BENICKE Art 63 Rn 5). Die Nachfrist schließt ihrerseits aber nicht aus, daß in einem inzwischen eröffneten **Insolvenzverfahren** dem Käufer noch eine zusätzlich verlängerte Frist zur Erfüllung gerichtlich einge-räumt wird (Helen Kaminski Pty Ltd v Marketing Australian Products, Inc doing business as Fiona Waterstreet Hats, US Dist LEXIS 10630 [1997]; wohl **aA** SCHMIDT-KESSEL, in: FS SCHLECHT-RIEM 273 f).

20 Die Nachfrist verliert nach Abs 2 S 1 letzter HS ihre Bindungswirkung, wenn der **Käufer** vor Fristablauf **die Erfüllung verweigert.** Der Verkäufer kann dann den Vertrag sofort aufheben (vgl Art 64 Abs 1 lit b). Die Verweigerungserklärung muß dem Verkäufer aber – abweichend von Art 27 – zugehen („die Anzeige erhalten hat", vgl auch SCHLECHTRIEM/SCHWENZER/HAGER Art 63 Rn 5; ENDERLEIN/MASKOW/STROHBACH Art 63 Bem 6; MünchKommHGB/BENICKE Art 63 Rn 6). Auch muß die Ernstlichkeit der Verweigerung hinreichend deutlich sein (s etwa Kantonsgericht St Gallen IHR 2003, 181; auch ACHILLES Art 63 Rn 7).

21 Erfüllt der Käufer während des Fristlaufs, dann kann der Verkäufer den Verzöge-rungsschaden ersetzt verlangen (Abs 2 S 2, dazu unten Rn 23). Weitere Rechtsbehelfe stehen ihm nicht mehr zur Verfügung.

2. Rechtsfolgen nach fruchtlosem Fristablauf

22 Mit dem **erfolglosen Ablauf der Nachfrist stehen dem Verkäufer** wieder **alle Rechts-behelfe zur Verfügung, die er vor der Fristsetzung hatte.** Selbst Erfüllung kann er weiterhin verlangen (PILTZ, Internationales Kaufrecht § 5 Rn 340; REINHART Art 63 Rn 2). Die Bindungswirkung des Art 63 Abs 2 S 1 entfällt. Zusätzlich gewinnt der Verkäu-fer die Möglichkeit, den Vertrag aufzuheben, auch wenn der Zahlungs- oder Ab-nahmeverzug des Käufers zunächst keine wesentliche Vertragsverletzung darstellte (Art 64 Abs 1 lit b). Hat der Käufer dagegen sonstige Vertragspflichten verletzt, dann besteht das Aufhebungsrecht – ganz unabhängig von einer Nachfrist – nur, wenn in dem Pflichtenverstoß eine wesentliche Vertragsverletzung liegt (SCHLECHT-RIEM Rn 244; vgl näher die Erl zu Art 64). Ob das der Fall ist, ist für den Zeitpunkt des Nachfristendes zu beurteilen. Ein bereits bestehendes Aufhebungsrecht fällt jedoch nicht etwa dadurch weg, daß der Verkäufer noch eine Nachfrist einräumt.

3. Schadensersatzanspruch (Abs 2 Satz 2)

Nach Abs 2 S 2 bleibt dem Verkäufer das Recht, Schadensersatz wegen verspäteter **23** Erfüllung zu fordern (Art 61 Abs 1 lit b), stets erhalten. Er verliert es weder durch die Nachfristsetzung noch dadurch, daß der Käufer während der Nachfrist ordnungsgemäß erfüllt. Aus dieser Regelung ist abzuleiten, daß der Verkäufer auch sonstige Schäden zu ersetzen hat, die trotz Nacherfüllung verbleiben (ebenso SCHLECHTRIEM/SCHWENZER/HAGER Art 63 Rn 6; HERBER/CZERWENKA Art 63 Rn 5).

V. Beweisfragen

Wer sich auf die Vorteile der Nachfrist beruft – für die Vertragsaufhebung der **24** Verkäufer, für die Sperrwirkung nach Art 63 Abs 2 S 1 der Käufer –, muß nachweisen, daß sie gesetzt wurde (s auch ACHILLES Art 63 Rn 9).

Eine Erfüllungsverweigerung des Käufers iSd Abs 2 S 1 muß der Verkäufer beweisen, da er dadurch seine Freiheit wieder gewinnt, andere Behelfe auszuüben (**aA** – Beweislast des Käufers – HONSELL/SCHNYDER/STRAUB Art 63 Rn 34).

Art 64 [Vertragsaufhebung]

(1) Der Verkäufer kann die Aufhebung des Vertrages erklären,
a) **wenn die Nichterfüllung einer dem Käufer nach dem Vertrag oder diesem Übereinkommen obliegenden Pflicht eine wesentliche Vertragsverletzung darstellt oder**
b) **wenn der Käufer nicht innerhalb der vom Verkäufer nach Artikel 63 Absatz 1 gesetzten Nachfrist seine Pflicht zur Zahlung des Kaufpreises oder zur Abnahme* der Ware erfüllt oder wenn er erklärt, daß er dies nicht innerhalb der so gesetzten Frist tun wird.**

(2) Hat der Käufer den Kaufpreis gezahlt, so verliert jedoch der Verkäufer sein Recht, die Aufhebung des Vertrages zu erklären, wenn er
a) **im Falle verspäteter Erfüllung durch den Käufer die Aufhebung nicht erklärt, bevor er erfahren hat, daß erfüllt worden ist, oder**
b) **im Falle einer anderen Vertragsverletzung als verspäteter Erfüllung durch den Käufer die Aufhebung nicht innerhalb einer angemessenen Zeit erklärt,**
   i) **nachdem der Verkäufer die Vertragsverletzung kannte oder kennen mußte oder**
   ii) **nachdem eine vom Verkäufer nach Artikel 63 Absatz 1 gesetzte Nachfrist abgelaufen ist oder nachdem der Käufer erklärt hat, daß er seine Pflichten nicht innerhalb der Nachfrist erfüllen wird.**

---

* Schweiz, Österreich: Annahme.

Ulrich Magnus

Art 64

(1) The seller may declare the contract avoided:

(a) if the failure by the buyer to perform any of his obligations under the contract or this Convention amounts to a fundemantal breach of contract; or

(b) if the buyer does not, within the additional period of time fixed by the seller in accordance with paragraph (1) of article 63, perform his obligation to pay the price or take delivery of the goods, or if he declares that he will not do so within the period so fixed.

(2) However, in cases where the buyer has paid the price, the seller loses he right to declare the contract avoided unless he does so:

(a) in respect of late performance by the buyer, before the seller has become aware that performance has been rendered; or

(b) in respect of any breach other than late performance by the buyer, within a reasonable time:

  (i) after the seller knew or ought to have known of the breach; or

  (ii) after the expiration of any additional period of time fixed by the seller in accordance with paragraph (1) of article 63, or after the buyer has declared that he will not perform his obligations within such an additional period.

Art 64

1) Le vendeur peut déclarer le contrat résolu:

a) si l'inexécution par l'acheteur de l'une quelconque des obligations résultant pour lui du contrat ou de la présente Convention constitue une contravention essentielle au contrat; ou

b) si l'acheteur n'exécute pas son obligation de payer le prix ou ne prend pas livraison des marchandises dans le délai supplémentaire imparti par le vendeur conformément au paragraphe 1 de l'article 63 ou s'il déclare qu'il ne le fera pas dans le délai ainsi imparti.

2) Cependant, lorsque l'acheteur a payé le prix, le vendeur est déchu du droit de déclarer le contrat résolu s'il ne l'a pas fait:

a) en cas d'exécution tardive par l'acheteur, avant d'avoir su qu'il y avait eu exécution; ou

b) en cas de contravention par l'acheteur autre que l'exécution tardive, dans un délai raisonnable:

  i) à partir du moment où le vendeur a eu connaissance ou aurait du avoir connaissance de cette contravention; ou

  ii) après l'expiration de tout délai supplémentaire imparti par le vendeur conformément au paragraphe 1 de l'article 63 ou après que l'acheteur a déclaré qu'il n'exécuterait pas ses obligations dans ce délai supplémentaire.

Schrifttum

Wie zu Art 53 und 61; ferner:
CLAUSSON, Avoidance in Nonpayment Situations and Fundamental Breach under the 1980 U. N. Convention on Contracts for the International Sale of Goods, NYLawSchJIntCompL 6 (1984) 93
SCHMIDT-KESSEL, CISG-Verträge in der Insolvenz – eine Skizze –, in: FS Schlechtriem (2003) 255.

Systematische Übersicht

Alphabetische Übersicht

Ulrich Magnus

I. Regelungsgegenstand und Normzweck

1 Die Vorschrift regelt, **wann der Verkäufer den Vertrag aufheben kann**. Sie entspricht Art 49, der für das Aufhebungsrecht des Käufers eine weitgehend parallele Regelung vorsieht. Die Folgen der Vertragsaufhebung ergeben sich aus Art 81–84.

2 Das Aufhebungsrecht nach Art 64 Abs 1 lit a besteht stets, wenn der Käufer eine **wesentliche Vertragsverletzung** begangen hat. Es entsteht ferner, wenn der Käufer trotz Nachfrist weder zahlt noch die Ware abnimmt oder dies in der Nachfrist zu tun ausdrücklich ablehnt (Abs 1 lit b). In allen anderen Fällen, also bei der Verletzung sonstiger Mitwirkungspflichten, ist die Vertragsaufhebung vorbehaltlich abweichender vertraglicher Regelung ausgeschlossen.

3 Soweit der Käufer gezahlt hat, verliert der Verkäufer ein entstandenes Aufhebungsrecht jedoch wieder, wenn er es nicht **rechtzeitig** ausübt (Art 64 Abs 2). Hier trifft die Vorschrift allerdings eine etwas andere Regelung als Art 49 Abs 2. Das Aufhebungsrecht entfällt, wenn der Verkäufer es nicht ausgeübt hat, **bevor** er von der verspäteten Erfüllung erfahren hatte (Art 64 Abs 2 lit a). Bei anderen Vertragsverletzungen als verspäteter Erfüllung ist dagegen die Aufhebung binnen angemessener Frist möglich, wobei der Fristbeginn je nach der Art dieser Vertragsverletzung variiert (Abs 2 lit b).

4 Die Vorschrift bezweckt, ebenso wie Art 49, die Vertragsaufhebung auf gravierende Vertragsverstöße zu beschränken und selbst in diesen Fällen **vertragserhaltende Behelfe**, insbes Schadensersatz **vorzuziehen**, wenn der Käufer nicht angemessen rasch reagiert. Der Grund dafür liegt darin, daß die häufig hohen Zusatzkosten internationaler Kaufgeschäfte (Transport, Versicherung etc) nicht durch eine zu leicht gewährte Vertragsaufhebung entwertet werden sollen. Die Vertragsaufhebung wird deshalb nur als ultima ratio gewährt (vgl BGHZ 132, 290 [298]; ferner etwa ACHILLES Art 64 Rn 1; BAMBERGER/ROTH/SAENGER Art 64 Rn 1; vCAEMMERER, in: FS Coing II 50; SCHLECHT-RIEM/SCHWENZER/MÜLLER-CHEN Art 45 Rn 19; FARNSWORTH, in: Lausanner Kolloquium 84 f; HONNOLD Rn 304; HONSELL/SCHNYDER/STRAUB Art 64 Rn 2).

II.   Entstehungsgeschichte

Wie auch bei den übrigen Rechtsbehelfen faßt Art 64 das Aufhebungsrecht des 5
Verkäufers in einer einzigen Vorschrift zusammen, während es im EKG für die
einzelnen Vertragsverletzungen jeweils getrennt geregelt war (Art 62, 66, 70 EKG).
Ferner fiel bei den UNCITRAL-Vorarbeiten schon frühzeitig die Entscheidung
gegen die Vertragsaufhebung kraft Gesetzes (vgl Report des Secretary General UNCI-
TRAL YB III [1972] 41 ff; vgl auch Sekretariatskommentar Art 60 Bem 2; zur „ipso facto avoidance" eingehend HELLNER, in: FS Weitnauer 85 ff).

Die jetzige Form erhielt Art 64 im wesentlichen durch den Genfer Entwurf (dort 6
Art 45).

In Wien war die Vorschrift weniger umstritten als der parallele Art 49. Änderungs- 7
anträge hatten zum Ziel, den Text klarer zu fassen bzw Spekulationsmöglichkeiten
des Verkäufers dadurch einzuschränken, daß eine Frist für seine Aufhebungserklärung auch in den Fällen gänzlich ausbleibender Erfüllung gelten sollte (vgl Off Rec
124 f, 371). Doch fanden diese Vorschläge keine Mehrheit (Off Rec 372, 412).

III.   Voraussetzungen des Aufhebungsrechts (Abs 1)

1.   Aufhebung wegen wesentlicher Vertragsverletzung (Abs 1 lit a)

Das Aufhebungsrecht steht dem Verkäufer stets zu, wenn der Käufer eine seiner 8
Pflichten nicht erfüllt hat und darin eine wesentliche Vertragsverletzung iS des
Art 25 zu sehen ist. Auf die Art der verletzten Pflicht – ob Haupt- oder Zusatz-
pflicht, ob im Vertrag bes vereinbart oder dem CISG (Art 53 ff) entnommen –, **auf
die Ursache der Nichterfüllung oder ein Verschulden kommt es**, wie allgemein für das
Rechtsbehelfssystem der Konvention, **nicht an** (SCHLECHTRIEM/SCHWENZER/HAGER Art 64
Rn 7; HONSELL/SCHNYDER/STRAUB Art 64 Rn 13 f). Selbst wenn der Käufer durch einen
Grund an der Erfüllung gehindert ist, der nach Art 79 befreit, bleibt die Nicht-
erfüllung Vertragsverletzung und kann der Verkäufer Vertragsaufhebung verlangen,
soweit deren sonstige Voraussetzungen vorliegen (Art 79 Abs 5; vgl auch SEVON, in:
ŠARČEVIĆ/VOLKEN 223). Für das Aufhebungsrecht ist es auch gleichgültig, ob der Ver-
käufer seinerseits bereits geliefert hat oder nicht (AUDIT 150; HERBER/CZERWENKA Art 64
Rn 2; SEVON, in: ŠARČEVIĆ/VOLKEN 227; WITZ/SALGER/LORENZ Art 64 Rn 2).

Entscheidende Voraussetzung des Aufhebungsrechts nach Abs 1 lit a ist ebenso wie 9
nach Art 49 Abs 1 lit a, daß der Pflichtenverstoß sich als wesentliche Vertragsverletzung darstellt. Der Verstoß muß **so schwerwiegend** sein, daß dem Verkäufer im
wesentlichen das entgeht, was er vom Vertragsschluß bei objektiver Sicht erwarten
durfte (vgl näher Art 25). Diese Wertung ist auf der Grundlage der Umstände des
konkreten Geschäfts zu treffen. Eine abstrakte Entscheidung verbietet sich daher.
Dennoch können die folgenden Grundsätze einen gewissen Anhalt bieten.

a)   Verletzung der Zahlungspflicht
Versäumt der Käufer den Zahlungstermin, dann liegt darin für sich in aller Regel 10
noch keine wesentliche Vertragsverletzung (vgl vCAEMMERER/SCHLECHTRIEM/SCHLECHT-
RIEM Art 25 Rn 22; SCHLECHTRIEM/SCHWENZER/HAGER Art 64 Rn 5; ENDERLEIN/MASKOW/STROH-

BACH Art 64 Bem 3; HERBER/CZERWENKA Art 64 Rn 3; MünchKommBGB/HUBER Art 64 Rn 6; MURRAY, in: Draft Digest 462; PILTZ, Internationales Kaufrecht § 5 Rn 375; SCHEIFELE 119; TERCIER, in: Lausanner Kolloquium 137; WIEGAND, in: Berner Tage 161 sowie die Rechtsprechung zum EKG: OLG München NJW 1979, 2480; OLG Düsseldorf, in: SCHLECHTRIEM/MAGNUS Art 10 EKG Nr 6; **aA** aber PLANTARD, in: Lausanner Kolloquium 116). Andernfalls wären eine Nachfrist und deren in Abs 1 lit b vorgesehene Folge überflüssig. Auch eine längere Überschreitung des Zahlungstermins begründet deshalb allein noch kein sofortiges Aufhebungsrecht (**aA** aber ENDERLEIN/MASKOW/STROHBACH aaO). Zahlt der Käufer aber überhaupt nicht, dann liegt darin eine wesentliche Vertragsverletzung (OLG Düsseldorf 14. 1. 1994, CLOUT Nr 130; vgl auch u Rn 13). Das daraus resultierende **Aufhebungsrecht** des Verkäufers wird nicht automatisch dadurch berührt, daß über den Käufer ein **Insolvenzverfahren** eröffnet wird; doch gehen Maßnahmen des anwendbaren nationalen oder vereinheitlichten Insolvenzrechts wegen des speziellen Schutzcharakters dieser Regeln vor – wie zB ein ausgeübtes Wahlrecht des Verwalters, den Vertrag fortzusetzen oder aufzuheben, ein Moratorium oder eine Aufhebungssperre (s Helen Kaminsky Pty Ltd v Marketing Australian Products, Inc doing business as Fiona Waterstreet Hats, US Dist LEXIS 10630 [1997] = CLOUT Nr 187 [Bankruptcy Court ordnet – entgegen Art 61 Abs 3 CISG – Verlängerung der vertraglichen Frist für den Käufer an, ein Akkreditiv zu eröffnen; Entscheidung in der nächsten Instanz aufrechterhalten; CISG allerdings im Ergebnis nicht anwendbar]; SOERGEL/LÜDERITZ/BUDZIKIEWICZ Art 61 Rn 8; ebenso zu Art 45 Abs 3 HERBER/CZERWENKA Art 45 Rn 10; **aA** SCHMIDT-KESSEL, in: FS Schlechtriem 273 f; nicht erörtert in der Entscheidung Kantonsgericht St Gallen IHR 2003, 181 [Aufhebungsrecht des Verkäufers durch Insolvenz des Käufers nicht berührt]).

11 Dagegen stellt Zahlungsverzug dann eine wesentliche Vertragsverletzung dar, wenn für die Zahlung ein **Fixtermin** vereinbart war (ebenso SCHLECHTRIEM/SCHWENZER/HAGER, ENDERLEIN/MASKOW/STROHBACH, HERBER/CZERWENKA, WIEGAND, alle aaO; POSCH, in: HOYER/POSCH 159). Auch ohne Fixtermin kann der Zahlungsverzug wesentliche Vertragsverletzung sein, wenn der Verkäufer wegen starker Schwankungen oder rasanter Inflation der Zahlungswährung erkennbar auf pünktliche Zahlung angewiesen ist, um den vereinbarten Gegenwert für seine Leistung noch zu erhalten (ähnlich SCHLECHTRIEM/SCHWENZER/HAGER aaO; ENDERLEIN/MASKOW/STROHBACH Art 64 Bem 3; SCHLECHTRIEM Rn 242).

12 **Zahlungsverzug bei Waren mit stark schwankenden Preisen** kann ein sofortiges Aufhebungsrecht begründen (Schweizer Botschaft 809; HERBER/CZERWENKA Art 64 Rn 3; SCHEIFELE 119; SOERGEL/LÜDERITZ/BUDZIKIEWICZ Art 64 Rn 4; wohl auch MURRAY, in Draft Digest 462; **aA** noch STAUDINGER/MAGNUS [1999]), sofern der Verkäufer sonst Gefahr läuft, die Ware anderweitig nicht mehr kostendeckend absetzen zu können.

13 Eine wesentliche Vertragsverletzung liegt ferner in der **endgültigen Verweigerung der Zahlung** (OLG Braunschweig TranspR-IHR 2000, 4; OLG Düsseldorf 14. 1. 1994, CLOUT Nr 130; s auch den Schiedsspruch Nr 53/1998 vom 5. 10. 1998 des Tribunal of International Commercial Arbitration at the Russian Federation Chamber of Commerce and Industry, CLOUT Nr 468 [Kommissionsgeschäft mit der Abrede, daß Kommissionsware zwei Jahre nach Übergabe Eigentum des Kommissionärs werden und von ihm bezahlt werden sollte; Weigerung des Kommissionärs/Käufers, Ware dann zu bezahlen, als wesentliche Vertragsverletzung nach Art 64 angesehen]; ACHILLES Art 64 Rn 3; SCHLECHTRIEM/SCHWENZER/HAGER Art 64 Rn 5; vCAEMMERER/SCHLECHTRIEM/SCHLECHTRIEM Art 25 Rn 22 N 49; PILTZ, Internationales Kaufrecht § 5 Rn 376; SEVON, in: SARCEVIC/VOLKEN 224; WIEGAND, in: Berner Tage 161; ebenso zum EKG: OLG Düsseldorf, in:

SCHLECHTRIEM/MAGNUS Art 62 Nr 4; **anders** aber HERBER/CZERWENKA Art 64 Rn 6). Umgekehrt begeht der Verkäufer aber seinerseits eine wesentliche Vertragsverletzung,
wenn er bei vereinbarter und gezahlter Vorkasse die Auslieferung der Ware davon
abhängig macht, daß der Käufer erst noch andere Forderungen begleicht (so Schiedsgericht Hamburger freundschaftliche Arbitrage NJW-RR 1999, 780 – „torpedierte" Vorkasse).

Bei **Zahlung durch Akkreditiv** ist die verspätete Akkreditiveröffnung nicht ohne   **14**
weiteres wesentliche Vertragsverletzung (LG Kassel 21.9.1995 [11 O 4261/94, unveröff];
SCHLECHTRIEM/SCHWENZER/HAGER Art 64 Rn 5; Draft Digest 746; ENDERLEIN/MASKOW/STROH-
BACH Art 64 Bem 3; Piltz NJW 2003, 2063; **aA** HELLNER, in: ŠARČEVIĆ/VOLKEN 353). Das gilt
auch, wenn die Klausel „Dokumente gegen Akkreditiv" (L/C) vereinbart ist (offenbar **aA** SCHLECHTRIEM/SCHWENZER/HAGER aaO und MünchKommBGB/HUBER Art 64 Rn 7). Ihre
Auslegung und die Fallumstände können freilich zu einem anderen Ergebnis führen
(zum deutschen Recht eingehend LIESECKE WM 1978 Beil 3, S 21).

Zur Zahlungspflicht des Käufers gehören auch die Pflicht, **notwendige vorbereitende**   **15**
Maßnahmen und Förmlichkeiten zu übernehmen (Art 54), sowie **weitere vereinbarte**
Zahlungsmodalitäten, etwa ein Akkreditiv oder eine Bankgarantie zu stellen (Sekre-
tariatskommentar Art 60 Bem 7; BIANCA/BONELL/KNAPP Art 64 Bem 3.4; HERBER/CZERWENKA
Art 64 Rn 4; HONNOLD Rn 356; MünchKommHGB/BENICKE Art 64 Rn 5). Auch durch ihre
Versäumung kann der Käufer den Vertrag wesentlich verletzen. Es gelten hier die
gleichen Grundsätze wie für die Zahlung selbst. Deshalb stellt es eine wesentliche
Vertragsverletzung dar, wenn der Käufer eine Nachfrist verstreichen läßt, ohne das
vereinbarte Akkreditiv zu eröffnen (Bezirksgericht Saane/Schweiz SZIER 1999, 195).

Ist die Zahlung dem Käufer aufgrund **hoheitlicher Maßnahmen** zum Zahlungstermin   **16**
oder in angemessener Frist danach nicht möglich, ein Devisentransfer in andere
Länder etwa gänzlich ausgeschlossen, dann wird dem Verkäufer ebenfalls das so-
fortige Recht zur Vertragsaufhebung zu gewähren sein (Sekretariatskommentar Art 63
Bem 2; **aA** PILTZ, Internationales Kaufrecht § 5 Rn 376). Der Fall steht der endgültigen
Zahlungsverweigerung gleich, auch wenn der Käufer gem Art 79 von der Pflicht zur
Zahlung entlastet ist (vgl auch Art 79 Abs 5).

b)   Verletzung der Abnahmepflicht

Wie die Sonderregelung in Art 64 Abs 1 lit b zeigt, sieht die Konvention nicht in   **17**
jeder Überziehung des Abnahmetermins – ebensowenig wie in der Überschreitung
des Zahlungstermins – sofort eine wesentliche Vertragsverletzung (Cour d'appel de
Grenoble 4.2.1999, CLOUT Nr 243 = TranspR-IHR 1999, 43 [Parteien verlegen vereinbarten
Liefertermin von September auf späten August vor; Käufer verweigert dann jedoch Abnahme im
August und verlangt Lieferung im September = keine wesentliche Vertragsverletzung des Käufers,
sondern des Verkäufers, der Lieferung im September ablehnt]; ferner Schiedsgericht der Börse für
landwirtschaftliche Produkte Wien, ZfRV 1998, 211; OKLG Hamm RiW 1994, 972; SCHLECHTRIEM/
SCHWENZER/HAGER Art 64 Rn 6; PILTZ, Internationales Kaufrecht § 5 Rn 377; POSCH, in: HOYER/
POSCH 159; WIEGAND, in: Berner Tage 161; vCAEMMERER/SCHLECHTRIEM/SCHLECHTRIEM Art 25
Rn 23; großzügiger HERBER/CZERWENKA Art 64 Rn 3; **aA** aber BIANCA/BONELL/KNAPP Art 64
Bem 3.1). Eine wesentliche Vertragsverletzung liegt aber vor, wenn entweder ein
strikt einzuhaltender Abnahmetermin (etwa im Rahmen von just-in-time-Geschäf-
ten) vereinbart ist oder sonst der Verkäufer an der fristgerechten Abnahme erkennbar ein zentrales Interesse hat (zB bei mangelnder Haltbarkeit der Ware,

fehlenden Lagerkapazitäten, auch bei stark fallenden Preisen der Ware, die sonst nicht mehr kostendeckend abzusetzen ist, etc; vgl SCHLECHTRIEM/SCHWENZER/HAGER Art 64 Rn 6; HERBER/CZERWENKA Art 64 Rn 3; POSCH, in: HOYER/POSCH 159; SOERGEL/LÜDERITZ-BUDZIKIEWICZ Art 64 Rn 4; SCHLECHTRIEM Rn 243; WIEGAND, in: Berner Tage 161). Gleiches gilt, wenn der Käufer die **Abnahme endgültig verweigert**, obwohl die Ware keine wesentlichen Mängel aufweist (vgl Kantonsgericht Zug IHR 2004, 65 [Verweigerung der Abnahme wegen behaupteter Gegenforderungen]; Handelsgericht des Kantons Aargau SZIER 1998, 78 [Abnahme angefertigter Bestecke verweigert]; OLG Köln RiW 1994, 972 [Zurückweisung weiterer fünf von zehn Teillieferungen]; OLG Hamm 22. 9. 1992, OLGR 1993, 27 = CLOUT Nr 227 [Weigerung, ausstehende Restlieferungen abzunehmen]; SCHLECHTRIEM Rn 243; etwas **anders** SCHLECHTRIEM/SCHWENZER/HAGER, WIEGAND, jeweils aaO, die jede Abnahmeverweigerung genügen lassen). Der Umstand, daß der Verkäufer zum Selbsthilfeverkauf berechtigt oder verpflichtet ist (Art 88), berührt nicht die Frage, ob die Vertragsverletzung des Käufers wesentlich ist oder nicht.

18 Nimmt der Käufer beim **Dokumentengeschäft** die ordnungsgemäß angedienten Dokumente nicht auf, so gelten die gleichen Grundsätze wie für die Abnahme der Ware selbst. Die endgültige Ablehnung berechtigt auch hier zur sofortigen Vertragsaufhebung.

19 Die Abnahmepflicht schließt auch die **Pflicht** des Käufers **zum Abruf oder zur Spezifikation** (Art 65) ein (so auch ACHILLES Art 64 Rn 4; BIANCA/BONELL/MASKOW Art 60 Bem 2.4.3; SCHLECHTRIEM/SCHWENZER/HAGER Art 60 Rn 2; HUBER RabelsZ 43 [1979] 515; MünchKommBGB/HUBER Art 65 Rn 11; SCHLECHTRIEM, UN-Kaufrecht 75; **aA** aber BIANCA/BONELL/KNAPP Art 65 Bem 2.6; HERBER/CZERWENKA Art 65 Rn 7; MünchKommHGB/BENICKE Art 64 Rn 7; vgl auch Art 65 Rn 6). Dies hat für die Möglichkeit der Nachfristsetzung praktische Bedeutung.

c) Verletzung anderer Pflichten

20 Als **weitere Pflichten** kommen vor allem zusätzlich vereinbarte Mitwirkungspflichten – zB Lieferung von Material oder Plänen –, ferner Abreden über die Vermarktung der Ware oder wettbewerbliche Pflichten wie Bezugs-, Vertriebs- oder Preisbindungen, Reimport-, Exportpflichten in Betracht (vgl ENDERLEIN/MASKOW/STROHBACH Art 64 Bem 3; HERBER/CZERWENKA Art 64 Rn 3; MünchKommHGB/BENICKE Art 64 Rn 9; POSCH, in: HOYER/POSCH 159). Ihre wesentliche Verletzung gewährt dem Verkäufer das Aufhebungsrecht nach Abs 1 lit a, während lit b für sie nicht gilt (unten Rn 22). So stellt es etwa eine wesentliche Vertragsverletzung dar, wenn ein Käufer in beträchtlichem Umfang gegen ein vertragliches Reimportverbot verstößt (Cour d'Appel Grenoble JDI 1995, 632, dazu WITZ/WOLTER RiW 1995, 811 – US-Käufer französischer Markenjeans führt diese trotz vertraglichen Verbots wieder in Europa ein).

21 Ob eine Vertragsverletzung des Käufers **wesentlich** ist oder nicht, wird **oft zweifelhaft** sein. In Fällen des Zahlungs- oder Abnahmeverzuges kann der Verkäufer durch eine Nachfrist Klarheit schaffen. Im übrigen läuft er ein erhebliches Risiko, selbst eine wesentliche Vertragsverletzung zu begehen, wenn er den Vertrag wegen einer Pflichtverletzung aufhebt, die ein Gericht später möglicherweise als nur unwesentliche Vertragsverletzung betrachtet (vgl den Fall Cour d'appel de Grenoble 4. 2. 1999, CLOUT Nr 243; ferner ENDERLEIN/MASKOW/STROHBACH Art 64 Bem 2.3; vHOFFMANN, in: SCHLECHTRIEM, Fachtagung 300; MünchKommHGB/BENICKE Art 64 Rn 3).

2. Aufhebung nach Nachfrist oder Erfüllungsverweigerung (Abs 1 lit b)

Der Verkäufer kann den Vertrag nach Art 64 Abs 1 lit b stets aufheben, wenn der **22** Käufer nicht innerhalb **ordnungsgemäß gesetzter Nachfrist** (Art 63 Abs 1) zahlt oder die Ware abnimmt oder wenn er es überhaupt ablehnt, diese Pflichten innerhalb der Nachfrist zu erfüllen. Die Nachfrist führt hier zur Klärung, ob eine Überschreitung des Zahlungs- oder Abnahmetermins zur Aufhebung berechtigt (aus der Rspr etwa Handelsgericht St Gallen IHR 2003, 181). **Diese Möglichkeit besteht jedoch nicht bei der Verletzung sonstiger Pflichten** (Sekretariatskommentar Art 60 Bem 6; ACHILLES Art 64 Rn 4; BAMBERGER/ROTH/SAENGER Art 64 Rn 4; SCHLECHTRIEM/SCHWENZER/HAGER Art 64 Rn 8; Münch-KommHGB/BENICKE Art 64 Rn 9; PILTZ, Internationales Kaufrecht § 5 Rn 368; POSCH, in: HOYER/ POSCH 160; REINHART Art 64 Rn 4; SCHEIFELE 121; WIEGAND, in: Berner Tage 162; **aA** HERBER/ CZERWENKA Art 64 Rn 4; wohl auch ENDERLEIN/MASKOW/STROHBACH Art 64 Bem 4.1). Sowohl nach dem Wortlaut wie nach dem Sinn der Vorschrift soll der Verkäufer den Vertrag bei nicht wesentlichen sonstigen Vertragsverletzungen nicht aufheben können und diesen Effekt auch nicht durch eine Nachfrist erzielen können (**aA** aber HERBER/ CZERWENKA aaO). Eine andere Frage ist es dagegen, ob zunächst unwesentliche Vertragsverletzungen durch **Zeitablauf**, ggf auch einer Nachfrist, zu wesentlichen werden können. Das kann im Einzelfall zu bejahen sein, zB wenn der Käufer die vereinbarten Absatzbemühungen schließlich ganz einstellt (vgl auch ACHILLES, BAM-BERGER/ROTH/SAENGER, ENDERLEIN/MASKOW/STROHBACH jeweils aaO; HONNOLD Rn 356; Münch-KommHGB/BENICKE, REINHART jeweils aaO).

Insbes für Abs 1 lit b ist zu beachten, daß die Zahlungspflicht auch **die erforder-** **23** **lichen vorbereitenden oder begleitenden Maßnahmen** (Art 54) einschließt (Sekre-tariatskommentar Art 60 Bem 7; vgl oben Rn 15). Unterläßt es der Käufer etwa, eine Devisentransfergenehmigung einzuholen oder – je nach den vereinbarten Zahlungs-modalitäten – ein Akkreditiv oder eine Bankgarantie zu stellen, dann führt die erfolglose Nachfristsetzung hier zu einem Aufhebungsrecht (Sekretariatskommentar aaO; ENDERLEIN/MASKOW/STROHBACH Art 64 Bem 4.2; HERBER/CZERWENKA Art 64 Rn 4; HON-NOLD Rn 354; MünchKommHGB/BENICKE Art 64 Rn 5). Gleiches gilt bei unterlassener Abnahme und ausbleibendem Abruf sowie der Weigerung, die Dokumente aufzu-nehmen (vgl oben Rn 18).

Bei **versäumter Spezifikation** ist strittig, ob eine Nachfrist zum Aufhebungsrecht **24** verhilft (vgl oben Rn 19 und Art 65 Rn 18). Die Frage ist zu bejahen, da die Spezifikation nach der hier vertretenen Ansicht Teil der Abnahmepflicht im weiteren Sinn ist und Art 65 dem Verkäufer die Wahl zwischen Selbstspezifikation und den im übrigen bestehenden Behelfen überläßt (vgl auch Art 65 Rn 18).

Grundsätzlich kann auch derjenige Verkäufer, der den Preis bereits erhalten hat, **25** dem Käufer eine Nachfrist für die Abnahme setzen (dazu HONNOLD Rn 354). Spekula-tionsmöglichkeiten, die in diesem Fall besonders naheliegen, lassen sich einerseits über eine entsprechende Bemessung der angemessenen Nachfrist, andererseits über Art 64 Abs 2 eindämmen.

Einer erfolglosen Nachfristsetzung steht die ausdrückliche Erfüllungsverweigerung **26** gleich.

3. Erklärung der Aufhebung

27 Der Verkäufer muß die **Vertragsaufhebung erklären** (Art 26); die automatische Vertragsaufhebung des EKG hat das CISG bewußt beseitigt (vgl oben Rn 5).

28 Die Erklärung des Verkäufers ist an **keine bestimmte Form** und nur in den Fällen des Art 64 Abs 2 an Fristen gebunden (OGH IHR 2001, 206 [Erklärung auch durch Klageerhebung]). Sie kann schriftlich oder mündlich erfolgen, muß allerdings in der Vertragssprache oder einer dem Käufer verständlichen Sprache erklärt werden. Ihr Zugang ist nicht erforderlich. Der Verkäufer muß sie lediglich – bei Befristung nach Art 64 Abs 2 rechtzeitig – auf geeignetem Weg übermitteln (Art 27). Das Empfangsrisiko trägt der Käufer (Sekretariatskommentar Art 64 Bem 3; ACHILLES Art 64 Rn 5 f; SCHLECHTRIEM/SCHWENZER/HAGER Art 64 Rn 9; PILTZ, Internationales Kaufrecht § 5 Rn 387; wohl **aA** BIANCA/BONELL/KNAPP Art 64 Bem 2.6 f). Die Unwiderruflichkeit der Erklärung tritt jedoch erst mit ihrem Zugang ein (Art 15 Abs 2, 22 analog; vgl auch ACHILLES Art 64 Rn 5; BIANCA/BONELL/KNAPP Art 64 Bem 2.7; vCAEMMERER/SCHLECHTRIEM/LESER Art 26 Rn 11 f; PILTZ, Internationales Kaufrecht § 5 Rn 386).

29 Inhaltlich muß die Erklärung hinreichend **deutlich zum Ausdruck bringen, daß der Verkäufer sich vom Vertrag lösen will.** Nach überwiegender Auffassung soll schlüssiges Verhalten nicht genügen (ENDERLEIN/MASKOW/STROHBACH Art 64 Bem 2.1; HERBER/CZERWENKA Art 64 Rn 7; PILTZ, Internationales Kaufrecht § 5 Rn 385; REINHART Art 26 Rn 2). Nach vorzuziehender Ansicht ist eine konkludente Erklärung der Vertragsaufhebung – zB durch Klageerhebung – indessen nicht ausgeschlossen, wenn sie die Aufhebungsabsicht hinreichend klar zum Ausdruck bringt (anders noch STAUDINGER/MAGNUS [1999]; vCAEMMERER/SCHLECHTRIEM/LESER Art 26 Rn 10). Das wird aber doch nur selten in Betracht kommen. So stellt etwa die Nichtverlängerung eines Akkreditivs keine Vertragsaufhebungserklärung dar (so zum EKG: Harlo & John's Ltd v Adras, Entscheidung des Obersten Gerichtshofs Israels, in: SCHLECHTRIEM/MAGNUS Art 84 Nr 1). Die Erklärung, nach Fristablauf auf die Erfüllung zu verzichten und Schadensersatz zu verlangen, genügt indessen (s Kantonsgericht St Gallen IHR 2003, 181).

30 Für die Aufhebung gilt **keine Frist, solange** der **Kaufpreis nicht bezahlt** ist (Abs 2; ACHILLES Art 64 Rn 7; BRUNNER Art 64 Rn 8; SCHLECHTRIEM/SCHWENZER/HAGER Art 64 Rn 11; Draft Digest 747; ENDERLEIN/MASKOW/STROHBACH Art 64 Bem 2.2; HONSELL/SCHNYDER/STRAUB Art 64 Rn 26; KAROLLUS 180; MünchKommBGB/HUBER Art 64 Rn 19; MünchKommHGB/BENICKE Art 64 Rn 15; PILTZ, Internationales Kaufrecht § 5 Rn 390; **aA** aber vCAEMMERER/SCHLECHTRIEM/LESER Art 26 Rn 14: angemessene Frist gilt; ders, in: SCHLECHTRIEM, Fachtagung 235 f). Das Aufhebungsrecht verjährt innerhalb der Grenzen, die das anwendbare nationale Verjährungsrecht setzt (ENDERLEIN/MASKOW/STROHBACH aaO). UU kann das Recht aber früher verwirkt sein (vgl Art 4 Rn 53 f; im Ergebnis ähnlich ENDERLEIN/MASKOW/STROHBACH aaO; LESER, in: SCHLECHTRIEM, Fachtagung 235 f: Pflicht des Verkäufers zur Antwort auf Nachfrage des Käufers).

31 Die Vertragsaufhebung ist ein **Gestaltungsrecht** – sie gestaltet das Vertragsverhältnis in ein Rückabwicklungsverhältnis um (vgl Art 81 ff) – und kann deshalb **nicht unter Bedingungen** erklärt werden (ebenso LESER, in: SCHLECHTRIEM, Fachtagung 233; PILTZ, Internationales Kaufrecht § 5 Rn 386). Allerdings kann der Verkäufer sie mit der Fristsetzung nach Art 63 verbinden und die Vertragsaufhebung für den Fall einer erfolglosen

Nachfrist bereits androhen (ACHILLES Art 64 Rn 5; PILTZ aaO; s auch Kantonsgericht St Gallen IHR 2003, 181).

Ferner kann der Verkäufer bei **teilbaren Lieferungen** die Aufhebung auf einen Teil 32 beschränken (Art 51 Abs 1 analog; vgl HERBER/CZERWENKA Art 64 Rn 8).

Die Rechtsfolgen der Vertragsaufhebung sind in den Art 81–84 geregelt. Sie gelten 33 einheitlich sowohl für die Vertragsaufhebung durch den Verkäufer als auch für jene durch den Käufer.

4.   Ausschluß des Aufhebungsrechts

Das Aufhebungsrecht ist ausgeschlossen, wenn der Verkäufer selbst die Vertrags- 34 verletzung des Käufers verursacht hat, ihm etwa die Abnahme oder Mitwirkung nicht ermöglicht oder ihn von ihr abgehalten hat (Art 80). Eine Entlastung des Käufers nach Art 79 berührt das Aufhebungsrecht dagegen nicht (Art 79 Abs 5; vgl oben Rn 8).

Der Verkäufer ist auch nicht gehindert, die Aufhebung zu verlangen, selbst wenn 35 dem Käufer dadurch – etwa wegen inzwischen erheblich gestiegener Preise – Nachteile entstehen. Da der Käufer solche Nachteile regelmäßig durch vertragsgemäßes Verhalten abwenden kann, verletzt der Verkäufer weder die **Schadensminderungsobliegenheit aus Art 77** noch – von extremen Fällen abgesehen – das Gebot von Treu und Glauben, wenn er zu dem ihm passenden Zeitpunkt den Vertrag aufhebt (im Ergebnis ebenso SCHLECHTRIEM/SCHWENZER/HAGER Art 64 Rn 27).

IV.   Fristen für die Aufhebungserklärung (Abs 2)

1.   Grundsatz

Grundsätzlich ist die Erklärung der Aufhebung an keine Frist gebunden (vgl oben 36 Rn 30). Diesen Grundsatz schränkt Art 64 Abs 2 jedoch erheblich ein. **Sobald der Käufer gezahlt hat, steht dem Verkäufer ein vorher entstandenes Aufhebungsrecht nur noch begrenzt zur Verfügung.** Zweck der Vorschrift ist es vor allem, die Möglichkeit des bereits bezahlten Verkäufers weitgehend auszuschließen, auf Kosten des Käufers dadurch zu spekulieren, daß er die Aufhebungserklärung hinauszögert, um eine günstige Marktentwicklung für sich zu nutzen (vgl SCHLECHTRIEM/SCHWENZER/HAGER Art 64 Rn 24 ff; HONNOLD Rn 354; MünchKommHGB/BENICKE Art 64 Rn 14; POSCH, in: HOYER/POSCH 161 f). Ferner soll der Käufer, der gezahlt hat, alsbald Klarheit darüber haben, ob noch mit einer Rückabwicklung des Vertrages zu rechnen ist (vgl auch POSCH aaO).

Das **Aufhebungsrecht entfällt** deshalb gem Abs 2 lit a ganz, sobald der Verkäufer 37 von der Zahlung erfahren hat und der Käufer den Vertrag lediglich dadurch verletzt hatte, daß er seine Pflichten verspätet erfüllt hat (zum Streit über die Auslegung des Begriffs „verspätete Erfüllung" unten Rn 41 ff). Bei anderen, fortbestehenden Vertragsverletzungen des Käufers kann der Verkäufer den Vertrag **binnen angemessener Frist aufheben**, nachdem er von ihnen Kenntnis hatte oder haben mußte (lit b i) oder nachdem eine gesetzte Nachfrist erfolglos abgelaufen ist oder nachdem der Käufer eine Erfüllung innerhalb der Nachfrist abgelehnt hat (lit b ii).

38 Voraussetzung dafür, daß Abs 2 eingreift, ist allerdings stets, daß ein Aufhebungs-recht des Verkäufers besteht, der Käufer den Vertrag also von vornherein wesent-lich verletzt hat oder für die Zahlung oder Abnahme – jeweils im weiteren Sinn verstanden (oben Rn 15, 18 f) – eine Nachfrist hat verstreichen lassen (ENDERLEIN/MASKOW/STROHBACH Art 64 Bem 6).

39 Abs 2 erfordert weiter, daß der Käufer gezahlt hat. Damit ist die **vollständige Zah-lung** gemeint. Teilzahlung, Zahlung am falschen Ort oder in der falschen Währung genügt nicht (Sekretariatskommentar Art 60 Bem 12; BIANCA/BONELL/KNAPP Art 64 Bem 3.7 f; SCHLECHTRIEM/SCHWENZER/HAGER Art 64 Rn 11; HONSELL/SCHNYDER/STRAUB Art 64 Rn 28; MünchKommHGB/BENICKE Art 64 Rn 19; PILTZ, Internationales Kaufrecht § 5 Rn 390). Ist die falsche Währung allerdings unproblematisch umzutauschen und deckt sie den vollen Kaufpreis, dann ist damit gezahlt.

40 Insgesamt ist die Regelung des Abs 2 unnötig kompliziert und wegen der unklaren Abgrenzung zwischen Fällen verspäteter Erfüllung und anderen Vertragsverletzun-gen mit Streitfragen belastet. Praktisch spielt sie bisher freilich keine Rolle (s auch Draft Digest 747 f).

2. Verspätete Erfüllung (Abs 2 lit a)

41 Mit der verspäteten Erfüllung verliert der Verkäufer gem Abs 2 lit a sein Aufhe-bungsrecht, sobald er von der Erfüllung erfährt. Die Vorschrift behandelt damit den Fall, in dem der Käufer seine Pflichten **tatsächlich erfüllt**, dies **aber verspätet** getan hat. Umstritten ist jedoch, welche Fälle verspäteter Erfüllung im Gegensatz zu den anderen Vertragsverletzungen des Abs 2 lit b gemeint sind. Nach überwiegender Auffassung schließt die verspätete Erfüllung alle Vertragsverletzungen des Käufers ein, deretwegen der Verkäufer die Aufhebung hätte erklären können (Sekretariats-kommentar Art 60 Bem 9; ACHILLES Art 64 Rn 8; BIANCA/BONELL/KNAPP Art 64 Bem 3.12 ff; ENDERLEIN/MASKOW/STROHBACH Art 64 Bem 7; MünchKommBGB/HUBER Art 64 Rn 25; SCHEIFE-LE 122 N 41, 156 N 7; wohl auch PILTZ, Internationales Kaufrecht § 5 Rn 353; REINHART Art 64 Rn 5; SCHLECHTRIEM Rn 247 SOERGEL/LÜDERITZ/BUDZIKIEWICZ Art 64 Rn 15; WITZ/SALGER/LORENZ Art 64 Rn 17; zur Abgrenzung von Erfüllung und fortbestehender Vertragsverletzung SCHLECHT-RIEM/SCHWENZER/HAGER Art 64 Rn 12 ff). Das gilt auch für die Zahlungspflicht selbst (NIGGEMANN Dr aff int 1988, 41). Art 64 Abs 2 lit a stellt in dieser Sicht **eine Art Pendant zu Art 48** dar. Der Käufer hat es in der Hand, durch Nacherfüllung und Mitteilung dem Verkäufer ein an sich gegebenes Aufhebungsrecht aus der Hand zu schlagen.

42 Nach **aA** bezieht sich Art 64 Abs 2 lit a nur auf die Zahlungs- und Abnahmepflicht (KAROLLUS 180 f; MünchKommHGB/BENICKE Art 64 Rn 16 f; POSCH, in: HOYER/POSCH 161 be-schränkt lit a auf die verspätete Zahlung). **Zum Teil wird auch nur auf den Umstand des Verzuges abgestellt** (so HERBER/CZERWENKA Art 64 Rn 10; dazu zutreffend SCHLECHTRIEM/SCHWENZER/HAGER aaO; unklar HONSELL/SCHNYDER/STRAUB Art 64 Rn 32, die eine Verspätung ausreichen lassen, gleichgültig, ob „Erfüllung nach Abgabe der Aufhebungserklärung noch erbracht wird oder nicht" – nach Art 64 Abs 2 lit a kommt es für das Aufhebungsrecht indessen primär auf die Kenntnis des Verkäufers von der Nacherfüllung, nicht auf den Aufhebungszeitpunkt an).

43 **Die erste dieser Auffassungen ist vorzuziehen.** Hat der Käufer alle Pflichten, wenn auch verspätet, erfüllt, dann besteht kein Grund mehr, ein Aufhebungsrecht zu gewähren. Das folgt aus der rechtspolitischen Grundeinstellung der Konvention, die Vertragsaufhebung nur als ultima ratio zu betrachten. Nachteile durch die verspätete Erfüllung sind im Weg des Schadensersatzes auszugleichen.

Allerdings entfällt das Aufhebungsrecht des Verkäufers erst, wenn und sobald **44** dieser von der Erfüllung erfahren hat. Insoweit wird dem Interesse des Verkäufers Rechnung getragen. Er kann den Vertrag **aufheben, solange** ihm **die Erfüllung** – sei es die Zahlung oder die Erfüllung einer sonstigen Pflicht – **noch nicht bekannt ist.** Die Formulierung „erfahren hat" in Abs 2 lit a setzt Kenntnis des Verkäufers voraus (ebenso Schlechtriem/Schwenzer/Hager Art 64 Rn 17; Enderlein/Maskow/Strohbach Art 64 Bem 9; vgl auch das Beispiel bei Schlechtriem Rn 247; aA Bianca/Bonell/Knapp Art 64 Bem 3.17: Kennenmüssen genügt). Ist dem Verkäufer eine entsprechende Mitteilung zugegangen, dann ist seine Kenntnis jedoch zu unterstellen.

3.   Fortbestehende Vertragsverletzungen (Abs 2 lit b)

Hat der Käufer zwar gezahlt, bestehen aber andere, zur Aufhebung berechtigende **45** Vertragsverletzungen noch fort (vgl etwa Cour d'Appel Grenoble JDI 1995, 632 [dazu Witz/Wolter RiW 1995, 811] – Verstoß gegen vertragliches Reimportverbot; Schlechtriem/Schwenzer/Hager Art 12 ff), dann hat der Verkäufer die Aufhebung gem Abs 2 lit b in angemessener Frist zu erklären.

Die Vorschrift gilt, wenn entweder die **Abnahmepflicht oder eine andere Pflicht** (zB **46** Montage, Beistellung von Materialien, Vertriebsbindung) **nicht eingehalten** ist und daraus ein Aufhebungsrecht folgt (vgl Achilles Art 64 Rn 8; Herber/Czerwenka Art 64 Rn 10; Huber RabelsZ 43 [1979] 517; MünchKommBGB/Huber Art 64 Rn 27; Piltz, Internationales Kaufrecht § 5 Rn 393; Witz/Salger/Lorenz Art 64 Rn 20; unzutreffend Honsell/Schnyder/Straub Art 64 Rn 66 ff, die Abs 2 lit b auf Zahlungs- und Abnahmemängel beziehen).

Die **Frist des Abs 2 lit b beginnt**, sobald der Verkäufer die Vertragsverletzung kannte **47** oder kennen mußte – sie also fahrlässig nicht gekannt hat (lit b i). Fahrlässige Unkenntnis setzt voraus, daß der Verkäufer zumindest konkrete Anhaltspunkte für die Vertragsverletzung hatte (Achilles Art 64 Rn 9; Witz/Salger/Lorenz Art 64 Rn 22). War eine Nachfrist gesetzt, dann kann der Verkäufer den Vertrag in angemessener Frist nach dem Ende der Nachfrist aufheben. Lehnt der Käufer die Erfüllung ausdrücklich ab (vgl dazu Art 63 Rn 20), dann beginnt die angemessene Aufhebungsfrist mit dem Zugang dieser Erklärung (lit b ii).

Als für den Fristbeginn erhebliche Nachfrist ist nach der Struktur der Vorschrift nur **48** eine Nachfrist für die Abnahme (Abruf, Spezifikation) oder eine Nachfrist für ohnehin wesentliche Vertragsverletzungen zu beachten (vgl auch Schlechtriem/Schwenzer/Hager Art 64 Rn 20; wohl auch Enderlein/Maskow/Strohbach Art 64 Bem 13).

Die „angemessene Frist" dürfte wie in Art 49 relativ knapp zu bemessen sein (vgl **49** Art 49 Rn 36).

4.   Folgen der Fristversäumung

Der Verkäufer verliert sein Aufhebungsrecht, wenn er die Fristen des Art 64 Abs 2 **50** nicht einhält. Diese sind wie in Art 49 **Ausschlußfristen** (ACHILLES Art 64 Rn 13; HONSELL/SCHNYDER/STRAUB Art 64 Rn 62; LESER, in: SCHLECHTRIEM, Fachtagung 234). Nach **aA** suspendiert die Fristversäumung das Aufhebungsrecht nur, das wieder auflebt, wenn der Verkäufer weiterhin Erfüllung verlangt und diese ausbleibt (KAROLLUS 181; PILTZ, Internationales Kaufrecht § 5 Rn 393). Mit dem Wortlaut des Abs 2 („loses the right", „est déchu du droit") ist diese Auffassung indessen nicht vereinbar.

51 Der Verlust des Aufhebungsrechts berührt nicht andere Behelfe des Verkäufers wie den Schadensersatz- oder Erfüllungsanspruch (vgl auch SCHWIMANN/POSCH Art 64 Rn 11).

V. Beweisfragen

52 Der Verkäufer hat den Bestand und Inhalt der Pflicht des Käufers zu beweisen und eine wesentliche Vertragsverletzung durch den Käufer schlüssig darzulegen. Der Käufer trägt dann die Beweislast dafür, daß er seine Pflicht ordnungsgemäß erfüllt hat. Der Verkäufer ist ferner beweispflichtig für eine erfolglos gesetzte Nachfrist oder eine Erfüllungsverweigerung des Käufers (wohl ebenso ACHILLES Art 64 Rn 15 f; BAMBERGER/ROTH/SAENGER Art 64 Rn 11; BAUMGÄRTEL/LAUMEN/HEPTING Art 64 Rn 1 [Verweisung auf Art 49]; für volle Beweislast des Verkäufers HONSELL/SCHNYDER/STRAUB Art 64 Rn 95).

53 Kommt es auf den Beginn der Ausschlußfrist des Abs 2 an, dann ist der Käufer für den Zeitpunkt beweispflichtig, zu dem der Verkäufer entweder von der Erfüllung erfahren hatte (Abs 2 lit a) oder die Vertragsverletzung kannte oder kennen mußte (Abs 2 lit b; ähnlich ACHILLES Art 64 Rn 16; HONSELL/SCHNYDER/STRAUB Art 64 Rn 96).

Art 65 [Spezifizierung durch den Verkäufer]

(1) Hat der Käufer nach dem Vertrag die Form, die Maße oder andere Merkmale der Ware näher zu bestimmen* und nimmt er diese Spezifizierung nicht zu dem vereinbarten Zeitpunkt oder innerhalb einer angemessenen Frist nach Eingang einer Aufforderung durch den Verkäufer vor, so kann der Verkäufer unbeschadet aller ihm zustehenden sonstigen Rechte die Spezifizierung nach den Bedürfnissen des Käufers, soweit ihm diese bekannt sind, selbst vornehmen.

(2) Nimmt der Verkäufer die Spezifizierung selbst vor, so hat er dem Käufer deren Einzelheiten mitzuteilen und ihm eine angemessene Frist zu setzen, innerhalb deren der Käufer eine abweichende Spezifizierung vornehmen kann. Macht der Käufer nach Eingang einer solchen Mitteilung von dieser Möglichkeit innerhalb der so gesetzten Frist keinen Gebrauch, so ist die vom Verkäufer vorgenommene Spezifizierung verbindlich.

Art 65
(1) If under the contract the buyer is to specify the form, measurement or other features of the goods and he fails to make such specification

Art 65
1) Si le contrat prévoit que l'acheteur doit spécifier la forme, la mesure ou d'autres caractéristiques des marchandises et si l'acheteur n'ef-

---

* Schweiz: zu spezifizieren.

either on the date agreed upon or within a reasonable time after receipt of a request from the seller, the seller may, without prejudice to any other rights he may have, make the specification himself in accordance with the requirements of the buyer that may be known to him.

(2) If the seller makes the specification himself, he must inform the buyer of the details thereof and must fix a reasonable time within which the buyer may make a different specification. If, after receipt of such a communication, the buyer fails to do so within the time so fixed, the specification made by the seller is binding.

fectue pas cette spécification à la date convenue ou dans un délai raisonnable à compter de la réception d'une demande du vendeur, celui-ci peut, sans préjudice de tous autres droits qu'il peut avoir, effectuer lui-même cette spécification d'après les besoins de l'acheteur dont il peut avoir connaissance.

2) Si le vendeur effectue lui-même la spécification, il doit en faire connaître les modalités à l'acheteur et lui impartir un délai raisonnable pour une spécification différente. Si, après réception de la communication du vendeur, l'acheteur n'utilise pas cette possibilité dans le délai ainsi imparti, la spécification effectuée par le vendeur est définitive.

Systematische Übersicht

Alphabetische Übersicht

I. Regelungsgegenstand und Normzweck

1 Die Vorschrift bestimmt die Rechte des Verkäufers, wenn der Käufer beim Spezifikationskauf die Spezifizierung der Ware nicht fristgemäß vornimmt. Der Verkäufer kann die Spezifizierung dann – unter Rücksicht auf ihm bekannte Belange des Käufers – selbst vornehmen (Abs 1), doch muß er den Käufer hiervon unterrichten und ihm eine angemessene Zeit zur Reaktion einräumen (Abs 2 S 1). Wenn der Käufer auch dann nicht reagiert, ist die Spezifizierung des Verkäufers verbindlich (Abs 2 S 2).

2 Insgesamt dient die Vorschrift dazu, offengebliebene Punkte eines Vertrages unter Wahrung der Interessen beider Parteien zu fixieren. Sie entspricht im Kern § 375 HGB, der ihr als Vorbild gedient hat (vgl schon RABEL, „Blauer Bericht", in: RABEL, Gesammelte Aufsätze Bd 3, 450 ff).

II. Entstehungsgeschichte

3 Die Bestimmung entspricht im wesentlichen Art 67 EKG, der allerdings bei unterlassener Spezifikation – wie § 375 Abs 2 HGB – ein selbständiges Aufhebungsrecht des Verkäufers vorgesehen hatte. Dieses Recht wurde von der UNCITRAL-Arbeitsgruppe mit der Begründung gestrichen, daß die allgemeinen Rechtsbehelfe gelten sollten (UNCITRAL YB V [1974] 36). Ferner wurde Art 67 Abs 1 EKG insoweit verändert, als der Verkäufer nun nicht nur die ihm bekannten, sondern auch erkennbare Belange des Käufers zu berücksichtigen hat (UNCITRAL YB VI [1975] 58). Die deutsche Übersetzung des jetzigen Art 65 Abs 1 („soweit ihm diese bekannt sind") ist in diesem Punkt unrichtig. Im englischen und französischen Originaltext heißt es: „that may be known to him" bzw „dont il peut avoir connaissance".

4 Auf der Wiener Konferenz wurde der pakistanische Antrag (A/Conf 97/C1/L197, Off Rec 125), die Vorschrift als unberechtigtes Verkäuferprivileg zu streichen, nach eingehender Diskussion ebenso abgelehnt (Off Rec 372 ff) wie der irakische Antrag (A/Conf 97/C1/L110, Off Rec 125), ein Aufhebungsrecht des Verkäufers wieder einzuführen.

III. Voraussetzungen des Spezifikationsrechts des Verkäufers

1. Spezifikationskauf

Art 65 greift ein, wenn der Käufer nach dem Vertrag **einzelne Merkmale der Ware** 5 **wie Form oder Maße** noch nachträglich zu bestimmen hat. Ein Vertragsschluß unter dieser Bedingung ist nicht etwa wegen fehlender Bestimmtheit unwirksam (vgl Art 14 Rn 19).

Räumt der Vertrag dem Käufer ein Recht zur Spezifikation ein, so ist damit 6 dennoch in aller Regel zugleich die **Verpflichtung zur Spezifizierung** – als Teil der notwendigen Mitwirkung bei der Abnahme – verbunden (ebenso Achilles Art 65 Rn 2; Bianca/Bonell/Knapp Art 65 Bem 3.2 ff; Enderlein/Maskow/Strohbach Art 65 Bem 2; Honsell/Schnyder/Straub Art 65 Rn 11; Karollus 182; MünchKommBGB/Huber Art 65 Rn 3; aA Herber/Czerwenka Art 65 Rn 3). Allerdings ist durch Auslegung der Parteierklärungen festzustellen, ob nicht lediglich eine Kaufoption vereinbart wurde (ebenso Achilles, Enderlein/Maskow/Strohbach, Karollus, jeweils aaO).

Auf andere Punkte als auf Eigenschaften (**Form, Farbe, Größe, Zusammensetzung** 7 etc) der Ware bezieht sich der in Art 65 gemeinte Spezifikationskauf nicht. Das gilt insbes für den Preis der Ware (vgl auch Art 14 und 55). Art 65 wird in der Regel auch nicht gelten, wenn dem Käufer die nachträgliche Festsetzung der Liefermenge überlassen ist. Darin liegt regelmäßig eine Option, von der der Käufer nicht Gebrauch machen muß; anders aber, wenn eine Gesamtmenge vereinbart ist, deren Untereinheiten der Käufer noch zu präzisieren hat (ebenso Sekretariatskommentar Art 61 Bem 2).

2. Fristversäumung

Art 65 Abs 1 setzt weiter voraus, daß der Käufer die **Spezifizierung nicht fristgerecht** 8 vorgenommen hat. War keine bestimmte Frist für die Vornahme vorgesehen, dann kommt er mit der Spezifizierung erst in Verzug, wenn ihm eine entsprechende Aufforderung des Verkäufers zugegangen und danach eine angemessene Frist abgelaufen ist. Entgegen Art 27 genügt nicht die Absendung der Aufforderung; sie muß dem Käufer vielmehr zugehen („nach Eingang"), um den Beginn der angemessenen Frist auszulösen (Achilles Art 65 Rn 3; Bianca/Bonell/Knapp Art 65 Bem 2.12; Brunner Art 65 Rn 5; Schlechtriem/Schwenzer/Hager Art 65 Rn 5; Enderlein/Maskow/Strohbach Art 65 Bem 4; Herber/Czerwenka Art 65 Rn 4; Karollus 182; Loewe, Kaufrecht 84; Noussias 128).

Setzt der Verkäufer keine oder eine unangemessen kurze Frist, so hat seine Auf- 9 forderung gleichwohl Wirkung. Mit ihrem Zugang beim Käufer beginnt dann eine **angemessene Frist** zu laufen (Achilles, Schlechtriem/Schwenzer/Hager, Herber/Czerwenka, jeweils aaO; MünchKommHGB/Benicke Art 65 Rn 75; aA wohl Bianca/Bonell/Knapp Art 65 Rn 2.13). Welche Frist angemessen ist, richtet sich nach den Umständen des

Einzelfalles. Die Frist muß dem Käufer ausreichend Zeit geben, sich darüber klar zu werden, in welcher Spezifizierung er die Ware benötigt. Grundsätzlich eine kurze Frist zu gewähren, wenn sich der Vertrag seinem Erfüllungsstadium nähert (so ENDERLEIN/MASKOW/STROHBACH Art 65 Bem 4), erscheint als zu schematisch. Im Einzelfall kann freilich auch eine kurze Frist angemessen sein. Bei der Ermittlung der angemessenen Frist ist auch die übliche Postlaufzeit der Erklärung des Verkäufers zu berücksichtigen (vgl auch ENDERLEIN/MASKOW/STROHBACH Art 65 Bem 10; HERBER/CZERWENKA Art 65 Rn 5; aA MünchKommHGB/BENICKE Art 65 Rn 6).

10 Für die Spezifikationserklärung des Käufers nach Abs 1 oder Abs 2 gilt grundsätzlich das **Absendeprinzip des Art 27** (ENDERLEIN/MASKOW/STROHBACH Art 65 Bem 4; LOEWE, Kaufrecht 84; MünchKommBGB/HUBER Art 65 Rn 4; wohl auch MünchKommHGB/BENICKE Art 65 Rn 12; aA aber – Zugang – HERBER/CZERWENKA Art 65 Rn 6; NOUSSIAS 129; WITZ/SALGER/LORENZ Art 65 Rn 8). Übermittlungsstörungen gehen also zu Lasten des Verkäufers. Doch kann sich der Käufer auf seine Spezifikation mE nicht mehr berufen, sobald der Verkäufer nach Abs 2 von einer verbindlichen Spezifizierung ausgehen durfte und daraufhin bereits Vorbereitungen (zB Produktionsbeginn, Abschluß von Zulieferverträgen etc) ins Werk gesetzt hat.

IV. Pflichten des Verkäufers bei der Selbstspezifikation

11 Läßt der Käufer die Frist zur Spezifikation verstreichen, dann kann der Verkäufer die Spezifikation selbst vornehmen. Dabei hat er jedoch im Interesse des Käufers bestimmte Pflichten einzuhalten; er hat **erkennbare Bedürfnisse des Käufers** zu beachten, diesen zu informieren und ihm eine – uU zweite – Spezifikationsfrist einzuräumen.

1. Bedürfnisse des Käufers

12 Der Verkäufer, der die Spezifikation selbst vornimmt, hat diejenigen Notwendigkeiten und Belange („requirements", „besoins") des Käufers zu berücksichtigen, die er kennt oder die er – wie die englische und französische Originalfassung ausdrücken – erkennen kann (vgl dazu oben Rn 3).

13 Erkennbar ist etwa, daß ein Einzelhändler, der 1000 Paar Damenschuhe mit nachträglicher Spezifizierung der Größen und Modelle bestellt hat, nicht nur Bedarf für eine Größe und ein Modell hat. Die Selbstspezifizierung durch den Verkäufer muß deshalb eine vernünftige Auswahl gängiger Größen und verschiedener Modelle vorsehen. Andernfalls ist sie wirkungslos (Sekretariatskommentar Art 61 Bem 9; BIANCA/BONELL/KNAPP Art 65 Bem 2.10; SCHLECHTRIEM/SCHWENZER/HAGER Art 65 Rn 6; HERBER/CZERWENKA Art 65 Rn 5; aA aber ENDERLEIN/MASKOW/STROHBACH Art 65 Bem 11.1). Eine auf sie gestützte Lieferung wäre vertragswidrig (ebenso BIANCA/BONELL/KNAPP aaO).

2. Mitteilung

14 Der Verkäufer hat dem Käufer nach Art 65 Abs 2 die vorgesehene **Spezifizierung** ferner **mitzuteilen**, um ihm Gelegenheit zu geben, sie noch nachzuholen. Diese Mitteilung ist entgegen der Regel des Art 27 zugangsbedürftig (Sekretariatskommentar Art 61 Bem 10 und N 3; Denkschrift 56; SCHLECHTRIEM/SCHWENZER/HAGER Art 65 Rn 6; HERBER/

CZERWENKA Art 65 Rn 5; LOEWE, Kaufrecht 84; NOUSSIAS 127 f). Sie muß die Einzelheiten der Spezifizierung angeben; eine pauschale Mitteilung genügt nicht.

3. Fristsetzung

Schließlich hat der Verkäufer dem Käufer eine angemessene Frist einzuräumen, die **15** bisher unterlassene Spezifizierung nachzuholen. Für die Frist gilt das oben Rn 8 f Gesagte. Hat der Verkäufer sie zu kurz bemessen, wird eine angemessene Frist in Lauf gesetzt (SCHLECHTRIEM/SCHWENZER/HAGER Art 65 Rn 6; MünchKommHGB/BENICKE Art 65 Rn 8; **aA** HONSELL/SCHNYDER/STRAUB Art 65 Rn 33). Setzt der Verkäufer mit der Selbstspezifikation keinerlei Frist, dann gilt ebenfalls eine angemessene Frist. Während ihres Laufs sind andere Rechtsbehelfe des Verkäufers ausgeschlossen (dazu unten Rn 16 ff). Mit der Fristsetzung braucht keine ausdrückliche Aufforderung zu abweichender Spezifizierung verbunden zu werden (ebenso ENDERLEIN/MASKOW/STROH-BACH Art 65 Bem 9; HERBER/CZERWENKA Art 65 Rn 5).

V. Rechtsfolgen

1. Folgen der verbindlichen Spezifikation

Reagiert der Käufer auf eine ordnungsgemäße Spezifikation des Verkäufers nicht **16** oder nicht fristgerecht, dann wird die **Selbstspezifikation des Verkäufers verbindlich**. Sie gibt den zutreffenden Vertragsinhalt vor. Das gilt auch, wenn der Käufer der Spezifikationserklärung des Verkäufers lediglich widerspricht, aber dabei keine eigene Spezifikation vornimmt (MünchKommHGB/BENICKE Art 65 Rn 9; NEUMAYER/MING Art 65 Anm 6). Auf andere Rechtsbehelfe, insbes die Vertragsaufhebung kann der Verkäufer wegen der unterlassenen Spezifizierung nun nicht mehr ausweichen; durch sie entstandenen Schaden, etwa Verzögerungsschaden kann er jedoch ersetzt verlangen (HERBER/CZERWENKA Art 65 Rn 7; MünchKommHGB/BENICKE Art 65 Rn 11, 17).

Die gleiche Lösung gilt, wenn der **Käufer** rechtzeitig eine abweichende Spezifikation **17** vornimmt, die dann ihrerseits – statt derjenigen des Verkäufers – verbindlich ist. Allerdings muß sie dem Verkäufer innerhalb angemessener Frist nach dessen Spezifikationsmitteilung zugehen (ebenso HERBER/CZERWENKA Art 65 Rn 6; HONSELL/SCHNY-DER/STRAUB Art 65 Rn 39; NOUSSIAS 129). Ließe man hier Art 27 gelten, wie die Gegenmeinung vorschlägt (so SCHLECHTRIEM/SCHWENZER/HAGER Art 65 Rn 7; ENDERLEIN/MASKOW/ STROHBACH Art 65 Bem 10; KAROLLUS 183; LOEWE, Kaufrecht 84; REINHART Art 65 Rn 4; wohl auch SOERGEL/LÜDERITZ/BUZIKIEWICZ Art 65 Rn 5), dann entstünde eine für den Verkäufer unzumutbare Unsicherheit über den Inhalt seiner Lieferpflicht, da entweder seine eigene oder die ihm erst verspätet oder überhaupt nicht zugehende Spezifizierung des Käufers verbindlich sein kann. Da der Käufer seine Pflicht zur Spezifizierung nicht eingehalten hat, besteht kein Grund, dem Verkäufer die daraus folgenden Risiken aufzubürden.

Wenn der Verkäufer bei der Selbstspezifikation die zu beachtenden Belange des Käufers oder die Förmlichkeiten des Art 65 Abs 2 nicht berücksichtigt, der Käufer selbst aber auch gegen seine Spezifikationspflicht verstoßen hatte, dann erlangt die Selbstspezifikation des Verkäufers keine Verbindlichkeit. Der Käufer bleibt noch berechtigt, die Spezifikation nachzuholen (LG Aachen 19. 4. 1996, cisg.pace; Draft Digest

749; MURRAY, in: Draft Digest 466). Das wird binnen angemessener Frist zu geschehen und die Belange des Verkäufers – zB aufwendige Vorbereitungsarbeiten – zu wahren haben.

2. Weitere Rechtsbehelfe

18 Unterläßt der Käufer die Spezifikation trotz fristgerechter Aufforderung, so hat der Verkäufer grundsätzlich die **Wahl zwischen dem Selbstspezifikationsrecht des Art 65 und den allgemeinen Behelfen**. Als allgemeiner Behelf kommt die Vertragsaufhebung nur in Betracht, wenn die unterlassene Spezifikation eine wesentliche Vertragsverletzung darstellt (Art 64 Abs 1 lit a) oder wenn eine Nachfrist nach Art 63 erfolglos bleibt (Sekretariatskommentar Art 61 Bem 6; SCHLECHTRIEM/SCHWENZER/HAGER Art 65 Rn 8; HUBER RabelsZ 43 [1979] 518; KAROLLUS 184; SCHLECHTRIEM, UN-Kaufrecht 78; vgl dazu auch Art 64 Rn 24). Nach **aA** vermag die Nachfristsetzung bei unterlassener Spezifikation dagegen nicht zu einem Aufhebungsrecht zu verhelfen (so BIANCA/BONELL/KNAPP Art 65 Bem 2.6; HERBER/CZERWENKA Art 65 Rn 7; HONSELL/SCHNYDER/STRAUB Art 65 Rn 55; MünchKommHGB/BENICKE Art 65 Rn 13; differenzierend ENDERLEIN/MASKOW/STROHBACH Art 65 Bem 5). Während der Fristen des Art 65 und nach verbindlicher Spezifikation, sei es des Verkäufers, sei es des Käufers, ist die Aufhebung ausgeschlossen.

19 Als allgemeiner Behelf steht dem Verkäufer ferner **stets** das **Recht auf Schadensersatz** zu, soweit und in der Höhe, in der aus der unterlassenen Spezifizierung ein Schaden entstanden ist.

20 Der **Anspruch auf Erfüllung** – der Spezifizierungspflicht – besteht zwar theoretisch, ist aber praktisch kaum sinnvoll und wird vielfach schon an Art 28 scheitern (vgl auch HERBER/CZERWENKA Art 65 Rn 7).

VI. Beweisfragen

21 Der Verkäufer, der selbst spezifiziert hat, muß als Voraussetzungen dieses Rechts nachweisen, daß ein Spezifikationskauf vorlag und der Käufer die Spezifizierung – ggfs nach Aufforderung und trotz Mitteilung (Abs 2) – nicht rechtzeitig vorgenommen hat. Der Käufer kann dann nachweisen, daß der Verkäufer die Belange des Käufers wissentlich oder fahrlässig unwissentlich mißachtet hat (vgl auch BAUMGÄRTEL/LAUMEN/HEPTING Art 65 Rn 5 ff; HONSELL/SCHNYDER/STRAUB Art 65 Rn 59 f).

Kapitel IV
Übergang der Gefahr

Chapter IV
Passing of risk

Chapitre IV
Transfert des risques

Vorbemerkungen zu Art 66 ff CISG

Systematische Übersicht

I. Grundsätze

Die Art 66–70 regeln den **Gefahrübergang**. Damit ist die **Preisgefahr** gemeint, also **1** das Risiko des Käufers, zahlen zu müssen, ohne den vereinbarten Gegenwert zu erhalten. Dabei gehen die Art 66–70 von dem zahlreichen Rechtsordnungen gemeinsamen Verständnis des Begriffs der Gefahrtragung aus: Er bezeichnet, wer das wirtschaftliche Risiko zu tragen hat, wenn die Ware nach Vertragsschluß und vor Vertragserfüllung untergeht oder beschädigt wird, ohne daß der Schaden von einer der Parteien zu verantworten ist (vgl rechtsvergleichend BUCHER, in: Lausanner Kolloquium 208 ff; HAGER, Die Gefahrtragung beim Kauf 38 ff; vHOFFMANN, in: ŠARČEVIĆ/VOLKEN 267 ff; HONSELL/SCHÖNLE Art 66 Rn 4; LINDACHER, in: HOYER/POSCH 166 f; MünchKommHGB/BENICKE Art 66 Rn 1; SCHWIMANN/POSCH vor Art 66 Rn 1; WITZ/SALGER/LORENZ Vorbem zu Art 66–70 Rn 1). Theoretisch haben die Regeln der Art 66–70 große Bedeutung. Praktisch sind sie vielfältig durch vertragliche Vereinbarungen, insbes durch die INCOTERMS modifiziert und konkretisiert und greifen daher nur recht selten unmittelbar ein (zum Verhältnis zwischen INCOTERMS und CISG s insbes Piltz, in: FS Herber 20 ff). Ferner sorgt der meist bestehende Versicherungsschutz für den Transport der Ware dafür, daß weniger die unmittelbaren Vertragsparteien, sondern ggfs die beteiligten Versicherer über die Frage des Gefahrübergangs streiten (s auch MünchKommHGB/BENICKE Art 66 Rn 2; WITZ/SALGER/LORENZ Vorbem zu Art 66–70 Rn 3 ff).

Die Art 66 ff knüpfen die **Gefahrtragung** grundsätzlich an die **tatsächliche Sachherr-** **2** **schaft**. Wechselt diese, so geht auch die Gefahr über. Auf den Eigentumsübergang kommt es dagegen nicht an (Schleswig-Holsteinisches OLG IHR 2003, 67 [69 f]; St Paul Guardian Ins Co v Neuromed Medical Systems & Support GmbH 26.3.2002 [SD NY], CLOUT Nr 447; CHOI 104; GEIST 350; HAGER, in: SCHLECHTRIEM, Fachtagung 393; LINDACHER, in: HOYER/POSCH 168; POSCH, in: DORALT 166). Gleichgültig ist auch, wer die Kosten und Versicherung des Transports trägt (Audiencia Provincial de Córdoba 31.10.1997, CLOUT Nr 247; Cámara Nacional de Apelaciones en lo Comercial [Argentinien] 31.10.1995, CLOUT Nr 191; Draft Digest 755).

Ulrich Magnus

3 Den genannten **Grundsatz** spricht Art 69 Abs 1 1. Alt als generelle Regel aus, die **für die unterschiedlichen Lieferungsarten** freilich **spezifiziert** wird: Beim **Versendungskauf** wechselt die Gefahr, sobald die Ware dem ersten Beförderer übergeben wird (Art 67); bei **Ware, die sich bereits auf dem Transport** befindet, ist der Vertragsschluß der grundsätzlich maßgebende Zeitpunkt (Art 68). Beim **Fernkauf**, bei dem der Käufer die Ware an einem anderen Ort als der Niederlassung des Verkäufers zu übernehmen hat, genügt die Bereitstellung der Ware an diesem Ort und die Kenntnis des Käufers davon (Art 69 Abs 2). In Art 67 Abs 2 u Art 69 Abs 3 ist ferner der allgemeine Grundsatz verankert, daß der Gefahrübergang stets eine hinreichende Zuordnung der Ware zu dem in Rede stehenden Vertrag erfordert. Ohne Konkretisierung trägt weiter der Verkäufer die Gefahr.

4 Einen gewissen Fremdkörper innerhalb der Gefahrtragungsregeln bildet Art 70 mit der Festlegung, daß der Käufer **trotz Gefahrübergangs** die Behelfe, insbes **Vertragsaufhebung und Ersatzlieferung**, geltend machen kann, die ihm wegen vorausgegangener wesentlicher Vertragsverletzungen des Verkäufers zustehen. Damit wird vor allem Art 82 ergänzt und bestätigt.

II. Änderungen gegenüber dem EKG

5 Das **EKG** hatte den **Gefahrübergang mit der ordnungsgemäßen Lieferung verknüpft**: Art 97 Abs 1 EKG verwies mit dem Begriff „Lieferung" auf Art 19 Abs 1 EKG, der die Lieferung als „Aushändigung einer vertragsgemäßen Sache" definierte. Nach Art 97 Abs 2 EKG ging die Gefahr bei Lieferung vertragswidriger Ware deshalb grundsätzlich nur „schwebend" über und fiel nach vorherrschender Ansicht bei berechtigter Erklärung der Vertragsaufhebung oder des Ersatzlieferungsverlangens auf den Verkäufer zurück (vgl eingehend DÖLLE/NEUMAYER Art 97 Rn 26 ff, 34).

6 Dieses Konzept wurde in den UNCITRAL-Vorarbeiten als **unnötig kompliziert** empfunden und der Gefahrübergang grundsätzlich nur noch an die tatsächliche Übergabe geknüpft (UNCITRAL YB I [1968–70] 175, III [1972] 31 ff [Bericht des Generalsekretärs], IV [1973] 37, V [1974] 48, 89 f).

III. Vertragliche Vereinbarungen

7 Die Gefahrtragung ist vielfach Gegenstand besonderer vertraglicher Vereinbarungen, die den Konventionsregeln – ebenso wie Gepflogenheiten der Parteien oder internationale Handelsbräuche – stets vorgehen (Art 6, 8, 9). Das gilt namentlich, soweit die INCOTERMS anzuwenden sind, die den Gefahrübergang detailliert festlegen (die Fassung von 2000 ist etwa abgedr bei HÄBERLE 985 ff). Die **Konvention folgt den Grundlösungen der INCOTERMS** ganz weitgehend (vgl auch POSCH, in: DORALT 166; STOCKS NorthwesternUniLR 87 [1993] 1426 f; WIESBAUER ZIEV 1987, 100), ohne freilich ihren Detaillierungsgrad erreichen zu können oder zu wollen. Die INCOTERMS gelten jedoch nur, wenn die Parteien sie vereinbart haben. Für sonstige Vertragsklauseln ist durch Auslegung nach den Maßstäben des Art 8 zu ermitteln, ob sie die Gefahrtragung regeln wollen (so zB „frei Haus": OLG Karlsruhe NJW-RR 1993, 1316) oder nur sog Spesenklauseln sind, die allein die Kostentragung betreffen (so zB Preise „frei Haus": BGH NJW 1997, 870).

Die Kritik daran, daß sich die INCOTERMS und das CISG nicht in allen Punkten **8** decken (insbes DE VRIES EurTranspL 1982, 528; BERMAN/LADD CornellIntLJ 21 [1988] 431; teilw auch FELTHAM JBL 1991, 413 ff, 425; aus ganz anderen Gründen kritisch STOCKS Northwestern-UniLR 87 [1993] 1450), übersieht den grundsätzlichen Vorrang der vereinbarten oder kraft Handelsbrauchs geltenden Trade Terms (so zutreffend auch HERBER/CZERWENKA vor Art 66 Rn 3). Wegen dieses Vorrangs haben die Gefahrtragungsregeln der Konvention denn auch stärker theoretische als praktische Bedeutung (s auch oben Rn 1). Dennoch gibt es eine beachtliche Zahl an einschlägigen Entscheidungen (zum CISG s etwa Schleswig-Holsteinisches OLG IHR 2003, 67; OLG Oldenburg NJW-RR 2000, 1364; OLG Hamm TranspR-IHR 2000, 7; AG Duisburg 13. 4. 2000, CLOUT Nr 360; Audiencia Provincial de Córdoba 31. 10. 1997, CLOUT Nr 247; OLG Köln 9. 7. 1997, CLOUT Nr 283; ein ungarischer Schiedsspruch v 10. 12. 1996, CLOUT Nr 163; eine argentinische Entscheidung v 31. 10. 1995, CLOUT Nr 191; OLG Karlsruhe NJW-RR 1993, 1316; zum Haager Recht ergingen nur wenige Entscheidungen zu diesem Komplex: vgl SCHLECHTRIEM/MAGNUS: Rb Amsterdam Art 97 Nr 1; LG Osnabrück Art 97 Nr 2; LG Marburg Art 98 Nr 1).

IV. Leistungsgefahr

Ausführliche Regeln über die **Leistungsgefahr** – ob der Verkäufer trotz zufälligen **9** Untergangs der Ware nochmals leisten muß – enthält die Konvention nicht. Mittelbar ergibt sich aber, daß der Verkäufer das Risiko trägt, daß die Ware zwischen Vertragsschluß und Gefahrübergang beschädigt wird oder untergeht (s auch HONSELL/SCHÖNLE Art 66 Rn 1). Art 79 befreit ihn grundsätzlich nur von Schadensersatzansprüchen, wenn er deshalb nicht korrekt liefern kann. Bei gänzlicher Unmöglichkeit der Lieferung wird er freilich auch von der Lieferpflicht frei. Die Leistungspflicht des Verkäufers endet gewöhnlich in demselben Zeitpunkt, in dem die Gefahr auf den Käufer übergeht, so daß dieser Zeitpunkt über die Leistungs- und die Preisgefahr entscheidet (SCHLECHTRIEM/SCHWENZER/HAGER Art 69 Rn 10; teilw abweichend KAROLLUS 192 f). Denn die Konvention regelt die **Lieferpflicht** (Art 31, 33) und den **Gefahrübergang** (Art 67–69) ganz weitgehend **parallel**. Fallen die Erfüllung der Lieferpflicht und der Übergang der Preisgefahr jedoch auseinander (Beispiel nach SCHLECHTRIEM/SCHWENZER/HAGER aaO: Der Verkäufer stellt im September abzuholende Ware am 1. 9. bereit, am 15. 9. geht die Ware durch Zufall unter), dann ist der Verkäufer von seiner Leistungspflicht befreit, erhält mangels (Preis-)Gefahrübergangs aber auch keine Zahlung (so auch SCHLECHTRIEM/SCHWENZER/HAGER aaO; wohl im Ergebnis ebenso KAROLLUS 192 ff; **aA** WITZ/SALGER/LORENZ Vorbem zu Art 66–70 Rn 2).

V. Verteilung von Nutzungen und Lasten

Eine eigene Regel, von wann an dem Käufer die Nutzungen der Ware gebühren und **10** wann er die Lasten zu übernehmen hat, enthält das CISG nicht. Auch das EKG (Art 101) hatte lediglich vorgesehen, daß sich der Gefahrübergang nicht notwendig nach vertraglichen Kostentragungsregeln richte. Es liegt jedoch nahe, demjenigen die Vorteile und Lasten der Ware zuzuweisen, der die (Preis-)Gefahr trägt (so LINDACHER, in: HOYER/POSCH 176). Im Zweifel entscheidet deshalb der **Zeitpunkt des Gefahrübergangs** auch über die **Verteilung der Nutzungen und Lasten** (BIANCA/BONELL/NICHOLAS Art 66 Bem 3. 2; HONSELL/SCHÖNLE Art 66 Rn 25; LINDACHER aaO; MünchKommBGB/HUBER Art 66 Rn 15).

Art 66 [Wirkung des Gefahrübergangs]

Untergang oder Beschädigung der Ware nach Übergang der Gefahr auf den Käufer befreit diesen nicht von der Pflicht, den Kaufpreis zu zahlen, es sei denn, daß der Untergang oder die Beschädigung auf eine Handlung oder Unterlassung des Verkäufers zurückzuführen ist.

Art 66

Loss of or damage to the goods after the risk has passed to the buyer does not discharge him from his obligation to pay the price, unless the loss or damage is due to an act or omission of the seller.

Art 66

La perte ou la détérioration des marchandises survenue après les transfert des risques à l'acheteur ne libère pas celui-ci de son obligation de payer le prix, à moins que ces événements ne soient dus à un fait du vendeur.

Schrifttum

ALCOVER GARAU, La transmission del riesgo en la compraventa mercantil. Derecho espanol e internacional (Madrid 1991)
BERMAN/LADD, Risk of Loss or Damage in Documentary Transactions Under the Convention on the International Sale of Goods, Cornell IntLJ 21 (1988) 423
BUCHER, Gefahrenübergang, in: Lausanner Kolloquium 207
ders, Überblick über die Neuerungen des Wiener Kaufrechts; dessen Verhältnis zur Kaufrechtstradition und zum nationalen Recht, in: Berner Tage 13
CHOI, Rechtsvergleichende Untersuchung der Gefahrtragungsregeln im anglo-amerikanischen und im UN-Kaufrecht (Diss Marburg 1991)
DERAINS, Transfert des risques de livraison, in: DERAINS/GHESTIN 127
ERAUW, Observations on passing of risk, in: Draft Digest (2004) 292
FELTHAM, C. I. F. and F. O. B. Contracts and the Vienna Convention on Contracts for the International Sale of Goods, JBL 1991, 413
FURTAK, UN-Kaufrecht und EKG: Gefahrtragung beim Versendungskauf, JbItalR 3 (1990) 127
GEIST, Die Gefahrtragung nach dem UN-Übereinkommen über den internationalen Warenkauf, WBl 1988, 349
GOODFRIEND, After the Damage is Done: Risk of Loss under the United Nations Convention on Contracts for the International Sale of Goods, ColumJTransL 22 (1983) 575
GREWAL, Risk of Loss in Goods Sold During Transit: A Comparative Study of the U. N. Convention on Contracts for the International Sale of Goods, the UCC and the British Sale of Goods Act, LoyLAInt & CompLJ 14 (1991) 93
HAGER, Gefahrtragung nach UN-Kaufrecht im Vergleich zu EKG und BGB, in: SCHLECHTRIEM, Fachtagung 387
ders, Die Gefahrtragung beim Kauf. Eine rechtsvergleichende Untersuchung (1982)
vHOFFMANN, Passing of Risk in International Sales of Goods, in: ŠARČEVIĆ/VOLKEN 265
HONNOLD, Risk of Loss, in: GALSTON/SMIT 8–1
IMBERG, Die Verteilung der Beweislast beim Gefahrübergang nach UN-Kaufrecht (1998)
LINDACHER, Gefahrtragung und Gefahrübergang, in: HOYER/POSCH 165
NEUMAYER, Zur Revision des Haager Einheitlichen Kaufrechts: Gefahrtragung, Gehilfenhaftung, Fait du veudeur und Lückenproblem, in: FS vCaemmerer 955
PERALES VISCASILLAS, Comments on the draft Digest relating to Articles 14–24 and 66–70, in: Draft Digest (2004) 259
PILTZ, INCOTERMS und UN-Kaufrecht, in: FS Herber (1999) 20
POSCH, Pflichten des Käufers, Rechtsbehelfe des Verkäufers, Gefahrenübergang und Schadensersatz, in: DORALT 153

ROTH, The Passing of Risk, AmJCompL 27 (1979) 291
SCHMUTZ, Die Gefahrentragung beim Kaufvertrag nach schweizerischem und UNCITRAL-Kaufrecht (1984)
SEVON, Passing of Risk, in: Lausanner Kolloquium 191
STOCKS, Risk of Loss Under the Uniform Commercial Code and the United Nations Convention on Contracts for the International Sale of Goods: A Comparative Analysis and Proposed Revision of UCC Section 2–509 and 2–510, NorthwesternUniLR 87 (1993) 1415
DE VRIES, The Passing of Risk in International Sales under the Vienna Sales Convention 1980 as compared with Trade Terms, EurTranspL 17 (1982) 495.

Systematische Übersicht

Alphabetische Übersicht

Ulrich Magnus

I. Regelungsgegenstand und Normzweck

1 Die Vorschrift leitet den Abschnitt über die Gefahrtragung ein und definiert den **Gefahrübergang**, indem sie seine wichtigste Wirkung beschreibt: Der Käufer hat den Preis trotz Untergangs oder Beschädigung der Ware zu zahlen, wenn die Gefahr auf ihn übergegangen war. Zu welchem Zeitpunkt diese Preisgefahr übergeht, folgt vielfach aus besonderer Parteivereinbarung. Insbes wenn die INCOTERMS anwendbar sind, ergibt sich aus ihnen der genaue Punkt, an dem das Risiko auf dem Weg der Ware vom Verkäufer zum Käufer wechselt. Nur soweit nicht besondere Vereinbarungen, Gepflogenheiten oder Gebräuche vorgehen, legen die Art 67–69 den Zeitpunkt des Gefahrübergangs fest. Bereits begründete Rechte des Käufers werden durch den Gefahrübergang nur teilw berührt (vgl näher Art 70). Keine Wirkung hat der Gefahrübergang, wenn der Verkäufer für den Untergang oder die Beschädigung der Ware einzustehen hat (Art 66 letzter HS).

II. Entstehungsgeschichte

2 Die Vorschrift war sachlich weitgehend übereinstimmend im EKG (Art 96) enthalten. Allerdings war in Art 96 noch ausdrücklich die Verantwortlichkeit des Verkäufers für „das Verhalten einer Person, für die er einzustehen hat", genannt. In den UNCITRAL-Vorarbeiten hielt man diesen Zusatz für selbstverständlich und daher überflüssig (vgl UNCITRAL YB VI [1975] 109).

3 Seine geltende Fassung erhielt der jetzige Art 66 durch den Wiener Entwurf von 1977 (dort Art 64).

4 Auf der Wiener Konferenz von 1980 wurde die Vorschrift ohne Änderungsantrag und Diskussion angenommen (Off Rec 126, 401). Lediglich die systematische Stellung der Gefahrtragungsregeln wurde verändert, indem sie vom Ende der Konvention – wie noch im EKG – vor die für beide Parteien gemeinsamen Vorschriften (Art 71 ff) vorgezogen wurden.

III. Begriff der Gefahr

5 Art 66 geht von dem international weithin üblichen **Begriff der Gefahrtragung** aus (vgl dazu Vorbem 1 zu Art 66 ff). Dieser umschreibt die Frage, wem das wirtschaftliche Risiko zuzuweisen ist, wenn die Ware nach Vertragsschluß und vor Erfüllung durch von niemandem zu vertretende Gründe untergeht oder beschädigt wird.

6 Art 66 verwendet den Begriff der Gefahr („risk", „risque"), definiert ihn aber nicht näher. Gemeint ist das **Risiko zufälligen Untergangs oder zufälliger Beschädigung**, das weder auf das Verhalten des Verkäufers noch des Käufers zurückzuführen ist (Achilles Art 66 Rn 2; Bianca/Bonell/Nicholas Art 66 Bem 2.1; Brunner Art 66 Rn 11; Enderlein/Maskow/Strohbach Art 66 Bem 2; Honsell/Schönle Art 66 Rn 17; Münch-KommHGB/Benicke Art 66 Rn 3; Neumayer, in: FS vCaemmerer 957; Piltz, Internationales Kaufrecht § 4 Rn 186; Posch, in: Doralt 166; Witz/Salger/Lorenz Art 66 Rn 1). Dem zufälligen Schadensereignis, insbes durch Natureinflüsse oder Unfälle, sind der Verlust durch Diebstahl, Schäden durch Vandalismus, aber auch Schäden und Verwechslungen durch den Transporteur gleichzustellen (OLG Oldenburg NJW-RR 2000, 1364; Schlechtriem/Schwenzer/Hager Art 66 Rn 3; Enderlein/Maskow/Strohbach Art 66 Bem 2; Geist WBl 1988, 350; Piltz aaO; aA für Verlust durch Diebstahl Honsell/Schönle Art 66 Rn 18). Zu den Gefahren im Sinn der Art 66 ff gehören ferner **außergewöhnliche Transportkosten**, die demjenigen zur Last fallen, der das Transportrisiko trägt (Schlechtriem/Schwenzer/Hager aaO; Lindacher, in: Hoyer/Posch 175; Neumayer, in: FS vCaemmerer 963 f). Auch hoheitliche Akte, die die Verwendung der Ware unmöglich machen, gehören zu den Risiken, deren Verteilung sich grundsätzlich nach den Gefahrtragungsregeln richtet (ebenso Achilles Art 6 Rn 2; Enderlein/Maskow/Strohbach, Geist, jeweils aaO; Huber RabelsZ 43 [1979] 501 N 164; Witz/Salger/Lorenz Art 66 Rn 4; aA aber Schlechtriem/Schwenzer/Hager Art 66 Rn 4; MünchKommHGB/Benicke Art 66 Rn 4; Piltz aaO; wohl auch Erauw, in: Draft Digest 296 f). Beschlagnahmen, Verwendungsverbote, Normzwänge, Import-/Exportverbote, die nach Gefahrübergang erfolgen und dem Käufer die Verwendung der Ware unmöglich machen, entlasten ihn daher nicht von seiner Zahlungspflicht (Schiedsgericht der Ungarischen IHK v 10.12.1996, CLOUT Nr 163 [UN-Embargo gegen Jugoslawien]).

IV. Zeitpunkt des Gefahrübergangs

Art 66 regelt den Zeitpunkt des Gefahrübergangs nicht selbst. Insoweit gelten die   **7** Art 67–69, sofern nicht aus den Parteivereinbarungen, insbes den einbezogenen INCOTERMS, aus Gepflogenheiten oder Gebräuchen etwas anderes folgt.

V. Folgen des Gefahrübergangs

1. Preisgefahr

Gem Art 66 lassen Untergang und Beschädigung der Ware nach Gefahrübergang   **8** die Zahlungspflicht des Käufers nicht entfallen, es sei denn, dem Verkäufer sei der Untergang oder die Beschädigung zuzurechnen. **Mit dem Gefahrübergang geht** deshalb jedenfalls **die Preisgefahr** auf den Käufer **über** (Cámara Nacional de Apelaciones en lo Comercial 31.10.1995, CLOUT Nr 191; Enderlein/Maskow/Strohbach Art 66 Bem 1.2; Herber/Czerwenka Art 66 Rn 2; Honsell/Schönle Art 66 Rn 4; Lindacher, in: Hoyer/Posch 168; Loewe, Kaufrecht 84; Reinhart Art 66 Rn 1; Sevon, in: Lausanner Kolloquium 195; Soergel/Lüderitz/Budzikiewicz Art 66 Rn 1). Er muß, von wenigen Ausnahmen (unten Rn 11 ff) abgesehen, zahlen, obwohl er keinen oder keinen vollen Gegenwert erhält. Dies ist die regelmäßige und wichtigste Folge des Gefahrübergangs.

2. Leistungsgefahr

Die **Leistungsgefahr** – das Risiko, nochmals liefern zu müssen – ist in den Art 66 ff   **9** nur teilweise und zwar in Art 70 angesprochen (vgl auch Vorbem 9 zu Art 66 ff). Die Behelfe wegen vertragswidriger Lieferung gehen den Gefahrtragungsregeln danach im wesentlichen vor (vgl die Erl zu Art 70). Aus Art 66 wird aber mittelbar entnommen, daß die Leistungsgefahr grundsätzlich mit der Preisgefahr übergeht (ebenso auch BIANCA/BONELL/NICHOLAS Art 66 Bem 2.1; BUCHER, in: Berner Tage 39 f; SCHLECHTRIEM/ SCHWENZER/MÜLLER-CHEN Art 31 Rn 78; ENDERLEIN/MASKOW/STROHBACH Art 66 Bem 1.3; MünchKommBGB/HUBER Art 66 Rn 15; PILTZ, Internationales Kaufrecht § 4 Rn 167; SCHLECHTRIEM, in: Berner Tage 113; SOERGEL/LÜDERITZ Art 66 Rn 1; **aA** aber KAROLLUS 192 f mit eingehender Begründung; differenzierend SCHLECHTRIEM/SCHWENZER/HAGER Art 69 Rn 10). Der Verkäufer, der ordnungsgemäß geliefert hat, muß nicht nochmals liefern, wenn die Ware nach Gefahrübergang ohne sein Zutun untergeht oder beschädigt wird (BIANCA/BONELL/NICHOLAS Art 66 Bem 2.1). Zu Einschränkungen unten Rn 11 ff.

3. Weitere Folgen des Gefahrübergangs

10 Der Käufer ist zur Abnahme der nach Gefahrübergang beschädigten Ware auch dann verpflichtet, wenn die **Ware** derart **mangelhaft** ist, daß er den Vertrag aufheben könnte, wenn eine Vertragsverletzung vorläge (HERBER/CZERWENKA Art 66 Rn 1; LOEWE, Kaufrecht 84; s aber auch noch Rn 11).

4. Ausnahmen vom Übergang der Preisgefahr

a) Einschränkung durch Art 70

11 Eine wesentliche Einschränkung der Wirkung des Art 66 ergibt sich aus Art 70: Hat der Verkäufer vor Gefahrübergang eine **wesentliche Vertragsverletzung** begangen, so verliert der Käufer seine daraus folgenden Rechte nicht, wenn die Ware nunmehr nach Gefahrübergang durch Zufall Schaden nimmt (vgl die Erl zu Art 70).

b) Einschränkung durch Art 66 letzter HS

12 Wenn der Untergang oder die Beschädigung der Ware nach Gefahrübergang auf das **Verhalten des Verkäufers** zurückzuführen ist, wird der Käufer gem Art 66 letzter HS ebenfalls von seiner Zahlungspflicht befreit. Der einleuchtende Grundgedanke dieser Regel ist: Der Verkäufer soll für Schäden an der Ware, die er selbst zu verantworten hat, trotz Gefahrübergangs nicht den – vollen – Kaufpreis erhalten (vgl auch KAROLLUS 186).

13 Was Art 66 letzter HS mit **„Handlung oder Unterlassung des Verkäufers"** meint, ist allerdings sehr **umstritten**. Praktisch dürfte die viel erörterte Frage jedoch keine große Bedeutung haben. Einigkeit besteht, daß die Vorschrift den Käufer jedenfalls von der Zahlungspflicht befreit, wenn der Untergang oder die Beschädigung der Ware auf Vertragsverletzungen des Verkäufers beruht (so Sekretariatskommentar Art 78 Bem 6; ACHILLES Art 66 Rn 4; BIANCA/BONELL/NICHOLAS Art 78 Bem 2.2; SCHLECHTRIEM/ SCHWENZER/HAGER Art 66 Rn 5; ENDERLEIN/MASKOW/STROHBACH Art 66 Bem 3; HERBER/CZERWENKA Art 66 Rn 6; KAROLLUS 187; MünchKommHGB/BENICKE Art 66 Rn 9; SEVON, in: Lausanner Kolloquium 196; WITZ/SALGER/LORENZ Art 66 Rn 8). Insoweit korrespondiert Art 66 mit Art 36. **Art 66 beschränkt nicht** die **Rechtsbehelfe**, sondern erkennt sie gerade an, die aus solchen Vertragsverletzungen folgen, die vor Gefahrübergang begangen worden sind, sich aber erst danach auswirken oder einer übernommenen Garantie widersprechen (vgl Sekretariatskommentar Art 78 Bem 4; SCHLECHTRIEM/SCHWENZER/HAGER,

KAROLLUS, jeweils aaO). Wie weit sich die Rechtsbehelfe auf die Zahlungspflicht des Käufers auswirken, hängt dann, wie auch sonst, davon ab, welchen Behelf (etwa Aufhebung, Ersatzlieferung, Minderung) der Käufer – berechtigterweise – wählt (vgl GEIST WBl 1988, 355 N 51).

Auch **nach Gefahrübergang vom Verkäufer begangene Vertragsverletzungen** befreien **14** den Käufer in dem Umfang von seiner Zahlungspflicht, in dem die allgemeinen Rechtsbehelfe (Aufhebung, Ersatzlieferung, Minderung, Schadensersatz) das zulassen. Vielfach wird schadensstiftendes Verhalten nach Gefahrübergang aber nicht zweifelsfrei als Vertragsverletzung anzusehen sein. Vertragspflichten, die nach Durchführung aller Erfüllungshandlungen fortbestehen, sieht die Konvention sonst nirgends vor. Für diese Fälle soll, wie der Sekretariatskommentar deutlich macht (dort Art 78 Bem 6), Art 66 letzter HS gelten. Freilich ist sehr streitig, ob eine „Handlung oder Unterlassung des Verkäufers" außer Vertragsverletzungen auch weitere Verhaltensweisen erfaßt. Zum Teil wird das verneint (so HERBER/CZERWENKA Art 66 Rn 6; HUBER RabelsZ 43 [1979] 457; offenbar auch ENDERLEIN/MASKOW/STROHBACH Art 66 Bem 3).

Nach überwiegender Ansicht ist der Begriff der „Handlung oder Unterlassung" **15** dagegen auf **weitere Verhaltensweisen** auszudehnen (so Sekretariatskommentar Art 78 Bem 6; Schweizer Botschaft 811; BIANCA/BONELL/NICHOLAS Art 66 Bem 2.2; SCHLECHTRIEM/ SCHWENZER/HAGER Art 66 Rn 7; GEIST WBl 1988, 355 f; HONNOLD Rn 362; KAROLLUS 187 f; PILTZ, Internationales Kaufrecht § 4 Rn 206; POSCH, in: DORALT 167; SCHLECHTRIEM, UN-Kaufrecht 78 f; SEVON, in: Lausanner Kolloquium 196 f). Nach Wortlaut, Intention der Verfasser und Entstehungsgeschichte – ein früher Versuch, Art 66 letzter HS auf Vertragsverletzungen zu beschränken, wurde ausdrücklich abgelehnt (UNCITRAL YB VIII [1977] 63) – ist dieser Auffassung zuzustimmen. Allerdings befreien nur solche Verhaltensweisen des Verkäufers den Käufer von der Zahlungspflicht, die gegen **objektiv gebotene Sorgfaltspflichten** verstoßen (so ACHILLES Art 66 Rn 4; SCHLECHTRIEM/SCHWEN-ZER/HAGER, GEIST, HONNOLD, KAROLLUS, jeweils aaO; wohl auch BRUNNER Art 66 Rn 15). Die reine Verursachung (so aber Denkschrift 56; REINHART Art 66 Rn 6; wohl auch Münch-KommHGB/BENICKE Art 66 Rn 9) kann nicht ausreichen, da dem Verkäufer dann eine schärfere Haftung als vor Gefahrübergang aufgebürdet würde. Im Ergebnis statuiert Art 66 letzter HS damit in gewissem Umfang eine **nachvertragliche Pflicht, das Vertragsziel nicht zu gefährden** (so zutreffend SCHLECHTRIEM/SCHWENZER/HAGER Art 66 Rn 7; MünchKommBGB/HUBER Art 66 Rn 13; ähnlich ACHILLES Art 66 Rn 4; GEIST WBl 1988, 355 f; KAROLLUS 187; WITZ/SALGER/LORENZ Art 66 Rn 8). Diese Pflicht besteht in zeitlicher Hinsicht bis zur endgültigen Durchführung des Vertrages (eine unbegrenzte Zeitdauer befürchten dagegen ENDERLEIN/MASKOW/STROHBACH Art 66 Bem 3).

Rechtmäßiges Verhalten des Verkäufers – etwa berechtigte Umleitung der Ware, **16** berechtigte Ausübung des Anhalterechts (Art 71 Abs 2) nach Gefahrübergang – und zufälliger Untergang oder Beschädigung der Ware auf dem neuen Transportweg oder am Anhalteort läßt die Zahlungspflicht deshalb nicht entfallen (ebenso BRUNNER Art 66 Rn 15; SCHLECHTRIEM/SCHWENZER/HAGER, GEIST, jeweils aaO; HAGER, in: SCHLECHTRIEM, Fachtagung 403 f; KAROLLUS aaO; LINDACHER, in: HOYER/POSCH 174; PILTZ, Internationales Kaufrecht § 4 Rn 206; SCHLECHTRIEM Rn 223; ders, UN-Kaufrecht 79; SEVON aaO; sowie ENDERLEIN/ MASKOW/STROHBACH Art 66 Bem 3).

17 Als Folge einer Verletzung der nachwirkenden Vertragspflicht mindert sich oder entfällt die Zahlungspflicht des Käufers in dem **Umfang**, in dem die allgemeinen Behelfe gegen Vertragsverletzungen das zulassen. Den Käufer nur auf ein Zahlungsverweigerungsrecht oder Minderungsrecht analog zu Art 50 zu beschränken (so aber GEIST WBl 1988, 356; KAROLLUS 187 f; MünchKommHGB/BENICKE Art 66 Rn 9), besteht mE kein Grund.

18 Ein Rückgriff auf nationales Deliktsrecht, dessen Ergebnis über Art 66 letzter HS hinsichtlich des Kaufpreises zu berücksichtigen sei (so SEVON, in: Lausanner Kolloquium 197), ist für die Anwendung des Art 66 nicht erforderlich. Daß andererseits Deliktsansprüche nach dem anwendbaren nationalen Deliktsrecht gegeben sein können, bleibt neben Art 66 unberührt (MünchKommHGB/BENICKE Art 66 Rn 9; SCHLECHTRIEM Rn 223).

19 Der Verkäufer muß sich, wie auch sonst innerhalb der Konvention (vgl Art 79 Abs 1 u 2), das **Verhalten eigener Leute** und zur Vertragsdurchführung eingesetzter **Dritter** zurechnen lassen (GEIST WBl 1988, 356; KAROLLUS 187).

VI. Beweisfragen

20 Wer aus dem Gefahrübergang Rechte für sich herleitet, trägt für ihn die Beweislast. Der Verkäufer, der Zahlung verlangt, muß deshalb die tatsächlichen Voraussetzungen des Gefahrübergangs beweisen (OLG Hamm TranspR-IHR 2000, 7; BAUMGÄRTEL/LAUMEN/HEPTING Art 66 Rn 2; MünchKommHGB/BENICKE Art 66 Rn 11; **aA** – Beweislast des Käufers – HONSELL/SCHÖNLE Art 66 Rn 33). Für die Einwendung, der Verkäufer sei für die Beschädigung oder den Untergang der Sache verantwortlich, ist der Käufer beweispflichtig (Schiedsgericht der Ungarischen IHK v 10.12.1996, CLOUT Nr 163; Cámara Nacional de Apelaciones en lo Comercial [Argeninien] 31.10.1995, CLOUT Nr 191; ACHILLES Art 66 Rn 5; BAUMGÄRTEL/LAUMEN/HEPTING Art 66 Rn 5; MünchKommHGB/BENICKE Art 66 Rn 11).

Art 67 [Gefahrübergang bei Beförderung der Ware]

(1) Erfordert der Kaufvertrag eine Beförderung der Ware und ist der Verkäufer nicht verpflichtet, sie an einem bestimmten Ort zu übergeben, so geht die Gefahr auf den Käufer über, sobald die Ware gemäß dem Kaufvertrag dem ersten Beförderer zur Übermittlung an den Käufer übergeben wird. Hat der Verkäufer dem Beförderer die Ware an einem bestimmten Ort zu übergeben, so geht die Gefahr erst auf den Käufer über, wenn die Ware dem Beförderer an diesem Ort übergeben wird. Ist der Verkäufer befugt, die Dokumente, die zur Verfügung über die Ware berechtigen, zurückzuhalten, so hat dies keinen Einfluß auf den Übergang der Gefahr.

(2) Die Gefahr geht jedoch erst auf den Käufer über, wenn die Ware eindeutig dem Vertrag zugeordnet ist, sei es durch an der Ware angebrachte Kennzeichen, durch Beförderungsdokumente, durch eine Anzeige an den Käufer oder auf andere Weise.

Art 67

(1) If the contract of sale involves carriage of the goods and the seller is not bound to hand them over at a particular place, the risk passes to the buyer when the goods are handed over to the first carrier for transmission to the buyer in accordance with the contract of sale. If the seller is bound to hand the goods over to a carrier at a particular place, the risk does not pass to the buyer until the goods are handed over to the carrier at that place. The fact that the seller is authorized to retain documents controlling the disposition of the goods does not affect the passage of the risk.

(2) Nevertheless, the risk does not pass to the buyer until the goods are clearly identified to the contract, whether by markings on the goods, by shipping documents, by notice given to the buyer or otherwise.

Art 67

1) Lorsque le contrat de vente implique un transport des marchandises et que le vendeur n'est pas tenu de les remettre en un lieu déterminé, les risques sont transférés à l'acheteur à partir de la remise des marchandises au premier transporteur pour transmission à l'acheteur conformément au contrat de vente. Lorsque le vendeur est tenu de remettre les marchandises à un transporteur en un lieu déterminé, les risques ne sont pas transférés à l'acheteur tant que les marchandises n'ont pas été remises au transporteur en ce lieu. Le fait que le vendeur soit autorisé à conserver les documents représentatifs des marchandises n'affecte pas le transfert des risques.

2) Cependant, les risques ne sont pas transférés à l'acheteur tant que les marchandises n'ont pas été clairement identifiées aux fins du contrat, que ce soit par l'apposition d'un signe distinctif sur les marchandises, par des documents de transport, par un avis donné à l'acheteur ou par tout autre moyen.

Systematische Übersicht

Alphabetische Übersicht

I. Regelungsgegenstand und Normzweck

1 Art 67 bestimmt, **wann die Gefahr beim Versendungskauf übergeht**. Grundsätzlich ist das der Zeitpunkt, in dem der Verkäufer die Ware dem ersten Beförderer übergibt (Abs 1 S 1). Ist die Übergabe an einem bestimmten Ort vereinbart, wie namentlich bei Geltung einzelner Klauseln der INCOTERMS (etwa CIF, selbst ohne benannten Hafen), dann geht die Gefahr erst über, wenn die Ware dem Beförderer an diesem Ort übergeben wird (Abs 1 S 2). Ein Zurückhalten der Dokumente berührt den Gefahrübergang nicht (Abs 1 S 3).

2 Stets setzt der Gefahrübergang voraus, daß die **Ware konkretisiert** ist (Abs 2).

Die **Bedeutung** der Vorschrift ist **begrenzt**, da Art 67 durch vereinbarte oder gele- 3
gentlich kraft Handelsbrauchs geltende Klauseln (CIF, FOB etc) in vielen Fällen
verdrängt wird (dazu eingehend HONSELL/SCHÖNLE Art 67 Rn 30 ff). Hier gilt in besonderem Maße, daß die Konvention nur ergänzenden Charakter hat (Art 6, 9).

Die Schranken des Art 70 und des Art 66 letzter HS sind auch bei Art 67 zu 4
beachten.

II.   Entstehungsgeschichte

Art 67 Abs 1 CISG hatte im EKG keinen unmittelbaren Vorgänger. Der Sache nach 5
sah das EKG (Art 97 Abs 1 iVm Art 19 Abs 2) beim Versendungskauf aber ebenfalls vor, daß die **Gefahr mit der Aushändigung an den ersten Beförderer** auf den
Käufer **überging**. Art 67 Abs 2 CISG war dagegen in ähnlicher Form in Art 19 Abs 3
EKG enthalten, der entweder eine deutliche Adressierung oder Kennzeichnung der
Ware oder statt dessen eine Versandanzeige forderte. Ferner machten Art 98 Abs 2
u 3 EKG bei Gattungssachen den Gefahrübergang von der Aussonderung oder
Vornahme aller erforderlichen Handlungen abhängig. Doch verknüpfte das EKG
den Gefahrübergang noch mit der – ordnungsgemäßen – Lieferung (Art 19 Abs 2
verwies auf Art 19 Abs 1 EKG). Dieses Konzept wurde wegen seiner unnötigen
Kompliziertheit bei mangelhafter Lieferung aufgegeben (vgl Vorbem 5 f zu Art 66 ff).
Das CISG macht den Gefahrübergang nur noch von der tatsächlichen Übergabe der
Ware abhängig.

Die Fassung des jetzigen Art 67 geht im wesentlichen auf den Wiener Entwurf von 6
1977 (dort Art 65) zurück.

Auf der Wiener Konferenz von 1980 kam es nur noch zu geringfügigen Änderungen 7
des Wortlauts. Zwar hatte Australien beantragt, die Gefahr erst dann übergehen zu
lassen, wenn der Verkäufer dem Käufer alle für die Versicherung der Ware nötigen
Informationen zur Verfügung gestellt habe (A/Conf 97/C1/L241, Off Rec 127). Doch fand
dieser Vorschlag keine Mehrheit (Off Rec 402 f). Dagegen wurde der Antrag der
USA (A/Conf97/C1/L233, Off Rec 127) gebilligt, für die Identifizierung nicht mehr strikt
die Adressierung der Ware oder eine Versandanzeige zu verlangen, sondern flexib-
ler alle Formen der Identifizierung genügen zu lassen (Off Rec 402).

III.   Allgemeines zum Gefahrübergang beim Versendungskauf

1.   Grundsatz

Beim Versendungskauf geht die Gefahr nicht schon gem der Grundregel des Art 69 8
Abs 1 u 2 dann über, wenn der Verkäufer die Ware an seinem Niederlassungsort
dem Käufer zur Verfügung stellt. Vielmehr erfolgt der **Gefahrübergang** erst **mit
Übergabe an den ersten Beförderer** (s aus der Rspr etwa AG Duisburg 13.4.2000, CLOUT
Nr 360; Audiencia Provincial de Córdoba 31.10.1997, CLOUT Nr 247; Cámara Nacional de Apelaciones en lo Comercial [Argentinien] 31.10.1995, CLOUT Nr 191; zur rechtspolitischen Kritik an
dieser Regel: HAGER, in: SCHLECHTRIEM, Fachtagung 390 f). Doch kommt Art 67 nur unter
drei Voraussetzungen zum Zug: die Beförderung der Ware muß aufgrund des Kaufvertrages erforderlich sein (unten Rn 9 f); es muß ein selbständiger Beförderer einge-

setzt werden (Rn 11 ff); die Ware muß ihm übergeben werden (Rn 15 f). Sind diese Voraussetzungen erfüllt, dann ist danach zu differenzieren, ob ein bestimmter Übergabeort vereinbart ist oder nicht (dazu unten Rn 17 ff). Wie für Art 66, 68 und 69 hängt der Gefahrübergang dagegen weder vom Eigentumsübergang (St Paul Guardian Ins Co v Neuromed Medical Systems & Support GmbH, 26.3.2002 [SD NY], CLOUT Nr 447) noch von der Frage ab, wer den Transport zu versichern und zu bezahlen hat (Audiencia Provincial de Córdoba 31.10.1997, CLOUT Nr 247; Cámara Nacional de Apelaciones en lo Comercial [Argentinien] 31.10.1995, CLOUT Nr 191; s auch Vorbem zu Art 66–70 Rn 2).

2. Vertraglich geforderte Beförderung der Ware

9 Art 67 greift nur ein, wenn der Kaufvertrag eine **Beförderung der Ware erfordert** und der Verkäufer seine Lieferpflicht mit der Übergabe an den Beförderer erfüllt, also ein Fall des Art 31 lit a vorliegt (ebenso ACHILLES Art 67 Rn 2; BIANCA/BONELL/NICHOLAS Art 67 Bem 2.2; BRUNNER Art 67 Rn 2; HERBER/CZERWENKA Art 67 Rn 3; HONNOLD Rn 364). Wann der Vertrag eine Beförderung erfordert, ist hier in gleicher Weise wie in Art 31 lit a zu entscheiden (vgl die Erl dort). Welche Partei den Transport zu organisieren bzw die Kosten des Transportvertrags zu tragen hat, ist gleichgültig (Cámara Nacional de Apelaciones en lo Comercial [Argentinien] 31.10.1995, CLOUT Nr 191; ebenso HONSELL/SCHÖNLE Art 67 Rn 4; MünchKommHGB/BENICKE Art 67 Rn 2). Für die Auslegung, wann die Gefahr nach dem Vertrag übergeht, ist die Verteilung der Kostenlast freilich mit heranzuziehen (MünchKommHGB/BENICKE Art 67 Rn 2).

10 Dagegen ist kein Fall des Art 67, sondern des Art 69 gegeben, wenn der Verkäufer direkt (etwa **mit eigenen Fahrzeugen)** an den Käufer zu liefern oder wenn der Käufer die Ware abzuholen hat (Sekretariatskommentar Art 79 Bem 8; HERBER/CZERWENKA, HONNOLD, jeweils aaO; PILTZ, Internationales Kaufrecht § 4 Rn 199; SOERGEL/LÜDERITZ/BUDZIKIEWICZ Art 67 Rn 1).

3. Begriff des Beförderers

11 Es gilt der gleiche Begriff des Beförderers wie in Art 31 lit a (AG Duisburg IHR 2001, 114; ACHILLES Art 67 Rn 2; BRUNNER Art 67 Rn 3; MünchKommHGB/BENICKE Art 67 Rn 4; vgl ferner die Erl zu Art 31). Gemeint ist **der erste selbständige Beförderer** („carrier", „transporteur"). Damit genügt weder die Übergabe an eigene Leute des Verkäufers noch an einen Spediteur, es sei denn, dieser habe die Stellung eines Frachtführers (Schweizer Botschaft 813; BUCHER, in: Berner Tage 41 f; SCHLECHTRIEM/SCHWENZER/HAGER Art 67 Rn 5; CHOI 111 f; ENDERLEIN/MASKOW/STROHBACH Art 67 Bem 3.1, 3.3; HERBER/CZERWENKA Art 67 Rn 4; HONNOLD Rn 369.1; HONSELL/SCHÖNLE Art 67 Rn 17; MünchKommHGB/BENICKE Art 67 Rn 8; PILTZ, Internationales Kaufrecht § 4 Rn 200; REINHART Art 67 Rn 4; WITZ/SALGER/LORENZ Art 67 Rn 8; teilw aA vHOFFMANN, in: ŠARČEVIĆ/VOLKEN 287: Gefahrübergang auch bei Übergabe an eigene Leute; zweifelnd SCHLECHTRIEM, UN-Kaufrecht 80 f; aA auch FURTAK JbItalR III [1990] 132: Spediteur sei stets Beförderer, ebenso MünchKommBGB/HUBER Art 67 Rn 10).

12 Auch **lokale Transportunternehmen**, die etwa den Transport vom Werk zur nächsten Bahnstation besorgen, sind selbständige Beförderer, sofern sie nicht Teil des Unternehmens des Verkäufers sind (ENDERLEIN/MASKOW/STROHBACH Art 67 Bem 3.2; MünchKommHGB/BENICKE Art 67 Rn 7; aA vHOFFMANN, in: ŠARČEVIĆ/VOLKEN 286; zweifelnd SEVON, in: Lausanner Kolloquium 200).

Ob ein Beförderer als **selbständig** oder lediglich als unselbständige Tochter eines 13
Mutterkonzerns zu betrachten ist, beurteilt sich nach dem anwendbaren Gesell-
schaftsrecht. Verbleiben dennoch Zweifel, sollte entscheiden, ob eigenständige Ansprüche aus dem Beförderungsvertrag gegen den Beförderer bestehen.

Werden in einer **Kette mehrerer Beförderer** zunächst ein selbständiger Beförderer, 14
an späterer Stelle aber eigene Leute des Verkäufers eingeschaltet, dann ist die
Gefahr gleichwohl mit der Übergabe an den ersten Beförderer übergegangen (so
offenbar auch Sekretariatskommentar Art 79 Bem 11). Art 67 Abs 1 greift deshalb auch ein,
wenn der Verkäufer die Ware einem selbständigen Beförderer mit der Maßgabe
übergibt, sie an einen Agenten des Verkäufers zu liefern, der für den weiteren
Transport der Ware zum Käufer sorgen soll.

4. Übergabe

Art 67 Abs 1 setzt für den Gefahrübergang die **Übergabe der Ware** voraus. Auch 15
hierfür gilt gleiches wie in Art 31 lit a (vgl dort Rn 20 ff). Gemeint ist die **tatsächliche
Aushändigung** der Ware an den Beförderer. Mangels besonderer Vereinbarung oder
Bräuche ist die Übergabe im Zweifel erst dann erfolgt, wenn die Ware auf das
Transportmittel auf- oder eingeladen ist (ebenso ENDERLEIN/MASKOW/STROHBACH Art 67
Bem 5; WITZ/SALGER/LORENZ Art 67 Rn 13). Die Übergabe erfordert jedenfalls ein Mehr
gegenüber dem reinen Zurverfügungstellen nach Art 69. Im Seeverkehr erfolgt die
Übergabe – und der Gefahrübergang – häufig mit der Übernahme an Bord des
befördernden Schiffs (s die INCOTERMS CIF, CFR oder FOB [Gefahrübergang mit erstma-
ligem Überschreiten der Schiffsreling]; aus der Rspr Audiencia Provincial de Córdoba 31.10.1997,
CLOUT Nr 247; Cámara Nacional de Apelaciones en lo Comercial [Argentinien] 31.10.1995,
CLOUT Nr 191 [C & F]).

Der Verkäufer muß die Ware ferner **zur Übermittlung an den Käufer** übergeben. 16
Anders als noch nach Art 19 Abs 3 EKG kommt es nicht auf Förmlichkeiten der
Adressierung oder Benachrichtigung des Käufers an. Wird die Ware aber mit
anderer Zweckbestimmung übergeben, so geht die Gefahr nicht auf den Käufer
über.

IV. Gefahrübergang bei Versendungskauf ohne bestimmten Übergabeort (Abs 1 Satz 1)

Ist der Verkäufer nicht zur Warenübergabe an einem bestimmten Ort verpflichtet, 17
dann geht nach Abs 1 S 1 die Gefahr mit Übergabe an den ersten selbständigen
Beförderer (vgl oben Rn 11 ff) auf den Käufer über, der damit das Risiko des weiteren
Transports trägt. Der **Ort der Übergabe** wird **häufig** am **Sitz des Verkäufers** liegen.
Insbes im **Containerverkehr** wie auch im multimodalen Verkehr mit mehreren Beförderern oder Beförderungsarten erscheint es auch als bessere Lösung, wenn das
Risiko des gesamten Transportweges nur bei einer Partei liegt, die es entspr versichern kann. Streitigkeiten zwischen Käufer und Verkäufer, wo sich das Risiko
verwirklicht hat (insbes im Containerverkehr oft nicht feststellbar), erübrigen sich
dann.

Die Formulierung, daß die Gefahr übergeht, sobald die **Ware „gemäß dem Kauf-** 18 vertrag" **übergeben** wird, hat nicht etwa die Bedeutung, daß nur die Übergabe vertragsgemäßer Ware als Übergabe zählt. Sie soll lediglich klarstellen, daß eine Übergabe zur Beförderung vertraglich geschuldet sein muß (vgl Off Rec 402; ebenso SCHLECHTRIEM/SCHWENZER/HAGER Art 67 Rn 5 a; HONNOLD Rn 369. 3; MünchKommHGB/ BENICKE Art 67 Rn 6). Die Vereinbarung „list price ex work" bzw „Listenpreis ex Werk" bedeutet keine von Art 67 abweichende Festlegung des Ortes des Gefahrübergangs, sondern stimmt mit der Regelung des Art 67 überein (OLG Köln 9. 7. 1997, CLOUT Nr 283). Keine abweichende Regelung des Gefahrübergangs enthält ferner die Klausel C & F (cost and freight). Sie gehört nicht zu den INCOTERMS mit ihren von der IntHK kodifizierten Regeln über den Risikoübergang, den sie nicht anders als Art 67 festlegt (Cámara Nacional de Apelaciones en lo Comercial 31. 10. 1995, CLOUT Nr 191).

V. Gefahrübergang bei Versendungskauf mit bestimmtem Übergabeort (Abs 1 Satz 2)

19 Wenn der Verkäufer die Ware dem Beförderer **an einem bestimmten Ort** (etwa einem See- oder Flughafen des Verkäuferlandes) zu übergeben hat, dann geht nach Abs 1 S 2 die Gefahr mit Übergabe an diesem Ort über. Ein bestimmter Übergabeort ist auch dann vereinbart, wenn der Verkäufer zwischen mehreren Orten wählen kann (zB „Amsterdam/Hamburg"; ebenso ENDERLEIN/MASKOW/STROHBACH Art 67 Bem 6; SOERGEL/LÜDERITZ/BUDZIKIEWICZ Art 67 Rn 4; DE VRIES EurTranspL 27 [1982] 506). Der bestimmte Ort darf jedoch weder mit dem Absendeort noch mit dem endgültigen Bestimmungsort identisch sein (Sekretariatskommentar Art 79 Bem 7; vgl auch LINDACHER, in: HOYER/POSCH 171), da dann eine Hol- oder Bringschuld vereinbart ist, für die Art 69 gilt. Steht ein bestimmter Übergabeort in dem gekennzeichneten Sinn fest, dann hat der Verkäufer die Gefahr für den Transportweg bis zu diesem Ort zu tragen. Dabei ist gleichgültig, ob er die Ware bis zum Übergabeort durch eigene Leute oder selbständige Transporteure befördern läßt (Sekretariatskommentar Art 79 Bem 6; BIANCA/BONELL/NICHOLAS Art 67 Bem 2. 3; SCHLECHTRIEM/SCHWENZER/HAGER Art 67 Rn 7; ENDERLEIN/MASKOW/STROHBACH Art 67 Bem 7. 2; HONNOLD Rn 369. 2 unter Aufgabe der abweichenden Ansicht in der 1. Aufl; MünchKommHGB/BENICKE Art 67 Rn 11; STOCKS NorthwesternUniLR 87 [1993] 1426).

20 Insbes soweit die **Ware in versiegelten Containern befördert** wird, liegt hier ein beträchtliches Risiko für den Verkäufer, der im Rahmen des Art 36 dafür beweispflichtig ist, daß die Ware bei Gefahrübergang vertragsgemäß war (vgl Art 36 Rn 22 ff; ebenso SCHLECHTRIEM/SCHWENZER/HAGER Art 67 Rn 11; Draft Digest 752) und kaum nachweisen kann, daß erst der spätere Transport den Schaden verursacht hat.

21 Vielfach ergibt sich aus den **INCOTERMS**, zB CIF ein bestimmter Übergabeort (die Gefahr geht gemäß CIF A.5 über, sobald die Ware erstmals die Schiffsreling im Verschiffungshafen überschritten hat). Doch richtet sich dann der Gefahrübergang insgesamt nach der entspr Klausel; ein Rückgriff auf Art 67 Abs 1 S 2 ist unnötig.

22 Art 67 Abs 1 S 2 scheidet aus, wenn die Ware **dem Käufer** an einem bestimmten Ort zu übergeben ist. Dann gilt Art 69 (Sekretariatskommentar Art 79 Bem 8).

VI. Zurückhaltung der Dokumente (Abs 1 Satz 3)

Art 67 Abs 1 S 3 stellt klar, daß der **Gefahrübergang nicht** dadurch **aufgeschoben** wird, **23**
daß der Verkäufer die Dokumente zurückhält, die zur Verfügung über die Ware
berechtigen (Sekretariatskommentar Art 79 Bem 10; Denkschrift 56). Diese verbreitete Form
der Sicherung des unbezahlten Verkäufers berührt den Gefahrübergang ebensowenig wie die Zurückbehaltung des Eigentums an der Ware (Sekretariatskommentar Art 79
Bem 9 f; Bianca/Bonell/Nicholas Art 67 Bem 2.7; Herber/Czerwenka Art 67 Rn 8; Münch-
KommBGB/Huber Art 67 Rn 16; MünchKommHGB/Benicke Art 67 Rn 14). Abs 1 S 3 stellt
damit nochmals deutlich heraus, daß es für den Gefahrübergang auf den **Wechsel der
tatsächlichen Sachherrschaft**, nicht auf jenen der rechtlichen Verfügungsbefugnis oder
Eigentumslage ankommt.

Deshalb ist es für den Gefahrübergang auch unerheblich, ob der Verkäufer die **24**
Dokumente zu Recht oder Unrecht zurückhält (so auch Karollus 194). Wenn der
Verkäufer von seinem Dispositionsrecht Gebrauch macht, fällt die Gefahr jedoch
auf ihn zurück, sofern die Ware nun nicht mehr dem Käufer übermittelt werden soll
(ebenso MünchKommHGB/Benicke Art 67 Rn 18; Soergel/LüderitzBudzikiewicz Art 67
Rn 5; ähnlich Sevon, in: Lausanner Kolloquium 201).

VII. Konkretisierung der Ware (Abs 2)

Art 67 Abs 2 schränkt Abs 1 ein: Die Gefahr geht nur über, wenn die **Ware dem** **25**
konkreten Kaufvertrag eindeutig zugeordnet werden kann. Die Vorschrift will verhindern, daß der Verkäufer dem Käufer nachträglich das Risiko für Ware zuschiebt,
die nicht speziell für ihn gedacht war (ähnlich Enderlein/Maskow/Strohbach Art 67
Rn 9; Karollus 195). Eine entspr Vorschrift enthält Art 69 Abs 3. Beiden Vorschriften
ist **der allgemeine Grundsatz** zu entnehmen, daß die Gefahr nicht ohne eindeutige
Zuordnung der Ware übergeht (ebenso Bucher, in: Berner Tage 43; Geist WBl 1988, 352;
Piltz, Internationales Kaufrecht § 4 Rn 192; Schlechtriem, Uniform Sales Law 90). Für die
Zuordnung nennt Abs 2 lediglich beispielhaft („oder auf andere Weise") mehrere
Möglichkeiten.

Abs 2 gilt für Fälle, in denen bei Übergabe der Ware an den Beförderer noch nicht **26**
eindeutig erkennbar ist, welcher Käufer sie erhalten soll, wie etwa bei **Sammel-**
ladungen für mehrere Abnehmer.

Die **Konkretisierung** kann der Verkäufer **in jeder Weise** vornehmen, die die Zuord- **27**
nung der Ware zu einem bestimmten Vertrag hinreichend deutlich macht. Das
Anbringen von Kennzeichen, Markierungen, Warenzeichen, Namen, Adresse des
Käufers etc an der Ware genügt; ebenso die Bezeichnung in den Beförderungsdokumenten, sofern die Ware dadurch identifiziert werden kann (AG Duisburg IHR 2001,
114 [116: Bezeichnung in Transportdokumenten genügt]; Achilles Art 67 Rn 6; Herber/Czer-
wenka Art 67 Rn 10). Schließlich genügt auch die **Anzeige**, daß die – näher bezeichnete – Ware dem Beförderer übergeben wurde. Für diese Anzeige gilt Art 27, so
daß die Gefahr trotz Warenübergabe an den Beförderer erst übergeht, wenn der
Verkäufer die Anzeige auf geeignetem Weg absendet (Bianca/Bonell/Nicholas Art 67
Bem 2.7; Schlechtriem/Schwenzer/Hager Art 67 Rn 10; Herber/Czerwenka Art 67 Rn 10;
Karollus 195; Piltz, Internationales Kaufrecht § 4 Rn 194). Rückwirkung hat die Anzeige

nicht (SCHLECHTRIEM/SCHWENZER/HAGER, HERBER/CZERWENKA, KAROLLUS, jeweils aaO). Zur Anzeigefrist, Bindungswirkung und Rücknahme der Anzeige vgl Art 32 Rn 10 ff.

28 Streitig ist, ob **bei Sammelladungen** die **Anzeige** zur Konkretisierung überhaupt erforderlich ist, genügt oder nicht ausreicht. Eine verbreitete Ansicht hält in diesen Fällen eine Anzeige für erforderlich, aber auch ausreichend (HERBER/CZERWENKA Art 67 Rn 10; SCHLECHTRIEM Rn 228; ähnlich KAROLLUS 195; wohl auch SCHLECHTRIEM/SCHWEN-ZER/HAGER Art 67 Rn 10).

29 Nach **aA** bedarf es bei **Füll- und Schüttgut**, von dem der Käufer einen Teil erhalten soll, weder näherer Konkretisierung noch einer Anzeige (so ENDERLEIN/MASKOW/ STROHBACH Art 67 Bem 13. 2; PILTZ, Internationales Kaufrecht § 4 Rn 193).

30 Schließlich wird vertreten, daß die **Anzeige bei Sammelladungen** zur Konkretisierung der Ware grundsätzlich **nicht ausreicht** (so Schweizer Botschaft 813; HONSELL/SCHÖNLE Art 67 Rn 24; SEVON, in: Lausanner Kolloquium 202; wohl auch GEIST WBl 1988, 351 und BAM-BERGER/ROTH/SAENGER Art 67 Rn 5). Allerdings sei ein stillschweigender Verzicht des Käufers auf die Konkretisierung der Ware anzunehmen, wenn er der Sammelladung zugestimmt habe (Schweizer Botschaft aaO).

31 Im Ergebnis dürfte die **Anzeige bei Sammelladungen notwendige, aber auch ausrei-chende Bedingung der Konkretisierung** sein. Geht die Ladung insgesamt unter oder wird sie insgesamt beschädigt, dann trifft der Verlust jeden der beteiligten Käufer; eine nachträgliche Manipulation des Gefahrübergangs ist ausgeschlossen (so zutref-fend GEIST WBl 1988, 351; SCHLECHTRIEM/SCHWENZER/HAGER Art 67 Rn 10a; KAROLLUS, SEVON, jeweils aaO; im Ergebnis auch ENDERLEIN/MASKOW/STROHBACH aaO; MünchKommHGB/BENICKE Art 67 Rn 19; **aA** BAMBERGER/ROTH/SAENGER Art 67 Rn 5). **Bei teilweisem Untergang oder teilweiser Beschädigung** sollte der Verlust auf die beteiligten Käufer entspr ihren Anteilen umgelegt werden (ebenso SCHLECHTRIEM/SCHWENZER/HAGER u ENDERLEIN/MAS-KOW/STROHBACH aaO und vorsichtig SOERGEL/LÜDERITZ/BUDZIKIEWICZ Art 67 Rn 6; wohl auch MünchKommBGB/HUBER Art 67 Rn 18; teilw **aA** HONNOLD Rn 371; abl AUDIT 88; BAMBERGER/ ROTH/SAENGER aaO). Auch insoweit besteht nicht die Gefahr nachträglicher Risiko-verschiebung durch den Verkäufer. Voraussetzung ist mE allerdings jeweils, daß der Verkäufer die Anteile vor dem Gefahrereignis zugeordnet, also etwa 1000 Tonnen Weizen für Käufer A, 1000 Tonnen für Käufer B etc vorgesehen und dies durch die Versandanzeige oder die Versandpapiere dokumentiert hatte. Denn andernfalls würde der Verkäufer die Gefahr dafür tragen müssen, daß mehrere Käufer die mit der Übergabe an den ersten Beförderer gelieferte Ware gemeinsam transpor-tieren lassen.

VIII. Abnahmeverzug des Käufers

32 Im Gegensatz zu Art 69 Abs 1 enthält Art 67 keine Regelung des **Abnahmeverzugs**, der jedoch auch hier in Betracht kommen kann, etwa wenn der Käufer das ver-tragsgemäß von ihm zu benennende Schiff nicht angibt. Eine klarstellende Rege-lung, die die Bundesrepublik in Wien zum jetzigen Art 69 beantragt hatte (vgl Art 69 Rn 6), wurde auf der diplomatischen Konferenz von 1980 abgelehnt (Off Rec 406 f). Überwiegend wird gleichwohl angenommen, daß die Gefahr bei Annahmeverzug des Käufers zu jenem Zeitpunkt übergeht, in dem der Leistungsverzug beginnt (vgl

ENDERLEIN/MASKOW/STROHBACH Art 67 Bem 7. 3; HAGER, in: SCHLECHTRIEM, Fachtagung 401; HERBER/CZERWENKA Art 67 Rn 11; HONSELL/SCHÖNLE Art 67 Rn 29; SCHLECHTRIEM, UN-Kaufrecht 83). Nach **abweichender Ansicht** berührt der Annahmeverzug in Fällen des Art 67 dagegen nicht den Gefahrübergang, sondern löst allenfalls Schadensersatzansprüche aus (BIANCA/BONELL/NICHOLAS Art 67 Bem 3. 3; ROTH AmJCompL 27 [1979] 308 f; gegen Gefahrübergang auch SEVON, in: Lausanner Kolloquium 200 f).

IX. Beweisfragen

Für die tatsächlichen Voraussetzungen des Gefahrübergangs, etwa den Zeitpunkt **33** der Übergabe oder die rechtzeitige Konkretisierung ist nach den allgemeinen Beweislastregeln (vgl auch Art 4 Rn 63 ff, Art 7 Rn 57) diejenige Partei beweispflichtig, die sich auf den Gefahrübergang zu ihren Gunsten beruft. Das wird in aller Regel der Verkäufer sein (vgl zur Beweislast auch ACHILLES Art 67 Rn 7; BAUMGÄRTEL/LAUMEN/HEPTING Art 67 Rn 1 ff; SCHLECHTRIEM/SCHWENZER/HAGER Art 67 Rn 11; HERBER/CZERWENKA Art 67 Rn 10; HONSELL/SCHÖNLE Art 67 Rn 39 f sowie oben Rn 20).

Art 68 [Gefahrübergang bei Verkauf von Ware auf dem Transport]

Wird Ware, die sich auf dem Transport befindet, verkauft, so geht die Gefahr im Zeitpunkt des Vertragsabschlusses auf den Käufer über. Die Gefahr wird jedoch bereits im Zeitpunkt der Übergabe der Ware an den Beförderer, der die Dokumente über den Beförderungsvertrag ausgestellt hat, von dem Käufer übernommen, falls die Umstände diesen Schluß nahelegen. Wenn dagegen der Verkäufer bei Abschluß des Kaufvertrages wußte oder wissen mußte, daß die Ware untergegangen oder beschädigt war, und er dies dem Käufer nicht offenbart hat, geht der Untergang oder die Beschädigung zu Lasten des Verkäufers.

Art 68

The risk in respect of goods sold in transit passes to the buyer from the time of the conclusion of the contract. However, if the circumstances so indicate, the risk is assumed by the buyer from the time the goods were handed over to the carrier who issued the documents embodying the contract of carriage. Nevertheless, if at the time of the conclusion of the contract of sale the seller knew or ought to have known that the goods had been lost or damaged and did not disclose this to the buyer, the loss or damage is at the risk of the seller.

Art 68

En ce qui concerne les marchandises vendues en cours de transport, les risques sont transférés à l'acheteur à partir du moment où le contrat est conclu. Toutefois, si les circonstances l'impliquent, les risques sont à la charge de l'acheteur à compter du moment où les marchandises on été remises au transporteur qui a émis les documents constatant le contrat de transport. Néanmoins, si, au moment de la conclusion du contrat de vente, le vendeur avait connaissance ou aurait du avoir connaissance du fait que les marchandises avaient péri ou avaient été détériorées et qu'il n'en a pas informé l'acheteur, la perte ou la détérioration est à la charge du vendeur.

Systematische Übersicht

Alphabetische Übersicht

I. Regelungsgegenstand und Normzweck

Die Vorschrift regelt, wann die Gefahr beim **Verkauf reisender** Ware übergeht. **1**
Wenn die Ware schon auf dem Transport ist, kann nicht ohne weiteres an die
Übergabe an den ersten Beförderer angeknüpft werden. Art 68 S 1 sieht deshalb
als Grundsatz vor, daß die Gefahr dann mit dem Zeitpunkt übergeht, in dem die
Parteien den Kaufvertrag abschließen. Wegen der Schwierigkeit, festzustellen, ob
die Ware auf dem Transport vor oder nach diesem Zeitpunkt beschädigt worden
oder untergegangen ist, kehrt S 2 freilich zum Grundsatz des Art 67 zurück und
verlegt den Gefahrübergang auf den Zeitpunkt der Übergabe an den Beförderer
zurück, sofern die Umstände das nahelegen. Um Mißbräuche dieser Regel auszuschließen, bleibt der Verkäufer nach S 3 aber mit denjenigen Risiken belastet, die
er bei Vertragsschluß – ohne sie zu offenbaren – kannte oder kennen mußte.

II. Entstehungsgeschichte

Das EKG enthielt in Art 99 u 100 vergleichbare Vorschriften. Art 99 EKG be- **2**
schränkte sich aber auf eine Regelung allein für schwimmende Ware und enthielt
nur den jetzt in Art 68 S 2 CISG niedergelegten Gedanken als Grundsatz. Art 100
EKG entsprach weitgehend dem jetzigen Art 68 S 3.

Die UNCITRAL-Entwürfe erstreckten den Gedanken des Art 99 EKG generell auf **3**
alle Transportarten, nicht nur auf schwimmende Ware, ließen die Gefahr aber nach
wie vor rückwirkend im Zeitpunkt der Übergabe an den Beförderer auf den Käufer
übergehen (Art 65 Abs 2 Genfer Entwurf; Art 66 Wiener Entwurf; Art 80 New
Yorker Entwurf). Allerdings sollte es nicht auf die Übergabe an den ersten Beförderer ankommen, sondern an jenen, der die Dokumente ausgestellt hatte.

Gegen diese Regelung meldeten vor allem die Entwicklungsländer Widerstand an **4**
(vgl UNCITRAL YB VIII [1977] 63), der sich auf der Wiener Konferenz fortsetzte und
schließlich kurz vor Abschluß der Beratungen zur jetzigen Kompromißlösung führte. Bedenken wurden gegen den rückwirkenden Gefahrübergang geltend gemacht,
der für den Käufer uU nicht versicherbar sei (Off Rec 213 f, 403 f). Die jetzige Fassung
des Art 68 S 1 u 2 geht im wesentlichen auf einen pakistanischen Vorschlag zurück,
der zwei Tage vor Abschluß der Konferenz während der Beratungen gemacht (Off
Rec 215) und lediglich noch redaktionell überarbeitet wurde (Off Rec 175).

III. Grundsatz (Satz 1)

Wird auf dem Transport befindliche Ware verkauft, dann geht die **Gefahr mit dem** **5**
Abschluß des Kaufvertrages auf den Käufer über. Für den genauen Zeitpunkt gilt
Art 23, also grundsätzlich der Zugang der Annahmeerklärung (Art 18 Abs 2 S 1).
Zur Konkretisierung der Ware vgl unten Rn 23.

Auf dem Transport befindet sich die Ware, **sobald** sie **einem selbständigen Beförderer** **6**
übergeben worden ist. Von diesem Zeitpunkt an ist sie Gefahren ausgesetzt, die der
Verkäufer nicht mehr überblicken und beherrschen kann; auch systematisch setzt
Art 68 S 2 dieses Verständnis voraus (Honsell/Schönle Art 68 Rn 3). Nicht notwendig
ist, daß die Ware bereits in oder auf ein Transportmittel verladen und unterwegs ist.

7 Art 68 gilt **für rollende, schwimmende oder fliegende Ware** (ACHILLES Art 68 Rn 2; ENDERLEIN/MASKOW/STROHBACH Art 68 Bem 1.3; HERBER/CZERWENKA Art 68 Rn 2; LOEWE, Kaufrecht 86; PILTZ, Internationales Kaufrecht § 4 Rn 195). Für letztere dürfte sie allerdings nur im Rahmen des multimodalen Verkehrs praktische Bedeutung haben.

8 Für die Anwendung des Art 68 genügt es, wenn die Parteien davon ausgehen, daß sich die Ware auf dem Transport befindet (ebenso SEVON, in: Lausanner Kolloquium 202). Wie S 3 zeigt, schadet es grundsätzlich nicht, wenn die Ware bereits untergegangen ist. Glauben die Parteien allerdings irrig, die Ware sei unterwegs, während sie dem Beförderer **in Wirklichkeit noch nicht übergeben** wurde, dann dürfte die Gefahr erst mit der späteren Übergabe an den Beförderer übergehen (dann für Einschaltung nationalen Rechts aber HONSELL/SCHÖNLE Art 68 Rn 2).

9 Zur Beweislast, wenn die Ware auf dem Transport Schaden erleidet, vgl unten Rn 24 ff.

IV. Rückwirkender Gefahrübergang (Satz 2)

10 Art 68 S 2 stellt eine im Ergebnis weitreichende Ausnahme zu S 1 dar, die den dort normierten Grundsatz vielfach umkehrt. Denn „falls die Umstände das nahelegen", geht die Gefahr gem S 2 rückwirkend zu dem Zeitpunkt über, zu dem die **Übergabe an** denjenigen **Beförderer** erfolgt ist, der die Frachtdokumente, insbes das Konnossement (Bill of lading) ausgestellt hat. Diese Regel vermeidet die bei reisender Ware besonders große Schwierigkeit, den genauen Zeitpunkt feststellen zu müssen, zu dem sich die Gefahr verwirklicht hat (vgl Sekretariatskommentar Art 80 Bem 1). Freilich führt sie zu der dogmatisch schwierigen Figur eines vorvertraglichen Gefahrübergangs.

11 Allerdings hängt die Anwendung des S 2 von einer besonders **vage formulierten Voraussetzung** („if the circumstances so indicate", „si les circonstances l'impliquent") ab. Einigkeit besteht jedoch – und bestand schon auf der Wiener Konferenz (Off Rec 214 f, 217) –, daß es für S 2 genügt, wenn eine **Transportversicherung** für die Zeit seit Übergabe an den Beförderer besteht, die dem Käufer – sei es auch erst nach Abtretung – zugute kommt (vgl Denkschrift 57; Schweizer Botschaft 814; ACHILLES Art 68 Rn 3; BIANCA/BONELL/NICHOLAS Art 68 Bem 2.2; SCHLECHTRIEM/SCHWENZER/HAGER Art 68 Rn 4; ENDERLEIN/MASKOW/STROHBACH Art 68 Bem 3; GEIST WBl 1988, 352; HERBER/ CZERWENKA Art 68 Rn 3; HONNOLD Rn 372.2; KAROLLUS 199; LOEWE, Kaufrecht 86; Münch-KommBGB/HUBER Art 68 Rn 8; MünchKommHGB/BENICKE Art 68 Rn 5; PILTZ, Internationales Kaufrecht § 5 Rn 196; SCHLECHTRIEM Rn 230; WITZ/SALGER/LORENZ Art 68 Rn 7; **aA** HONSELL/ SCHÖNLE Art 68 Rn 12). Ein rückwirkender Gefahrübergang kann auch aus anderen, ähnlich deutlichen Indizien erschlossen werden. Doch hat ein abweichender, erkennbarer Parteiwille stets Vorrang (Art 6; vgl auch ACHILLES, BIANCA/BONELL/NICHOLAS, HERBER/CZERWENKA, jeweils aaO).

12 Art 68 S 2 verlegt den Gefahrübergang auf den **Zeitpunkt der Aushändigung an** denjenigen **Beförderer** zurück, der die Dokumente über den Beförderungsvertrag ausgestellt hat. Gemeint sind alle **Dokumente**, die den Abschluß des Frachtvertrages beweisen, nicht nur jene, die zur Verfügung über die Ware berechtigen (ebenso BIANCA/BONELL/NICHOLAS aaO; SCHLECHTRIEM/SCHWENZER/HAGER Art 68 Rn 4a; ENDERLEIN/

Maskow/Strohbach Art 68 Bem 4; Herber/Czerwenka Art 68 Rn 4; Honsell/Schönle Art 68 Rn 8; Loewe, Kaufrecht 86; MünchKommHGB/Benicke Art 68 Rn 7). Sind **mehrere Beförderer** beteiligt, die jeder entsprechende Dokumente ausstellen, dürfte es auf die Übergabe an den ersten Beförderer ankommen (ebenso MünchKommHGB/Benicke Art 68 Rn 7).

Ist die **Beförderung ohne Ausstellung von Dokumenten** erfolgt, insbes weil der **13** Frachtvertrag im Weg elektronischer Kommunikation (EDI) geschlossen wurde, dann greift nach verbreiteter Ansicht Art 68 S 2 nicht ein (so Achilles Art 68 Rn 4; Schlechtriem/Schwenzer/Hager Art 68 Rn 4a; Herber/Czerwenka Art 68 Rn 6; Loewe aaO; Piltz, Internationales Kaufrecht § 4 Rn 196; offen Sevon, in: Lausanner Kolloquium 202). Im Ergebnis sollte S 2 jedoch auch in diesen Fällen gelten und die Gefahr auf den Zeitpunkt der Übergabe an den ersten selbständigen Beförderer zurückbeziehen (ebenso Honsell/Schönle Art 68 Rn 8). Denn der Grundgedanke der Vorschrift, dies nur bei Versicherungsdeckung für den gesamten Transportweg oder bei ähnlich klaren Umständen anzunehmen, hat hier ebenso seine Berechtigung wie in den Fällen, in denen Transportdokumente ausgestellt worden sind (ebenso Münch-KommBGB/Huber Art 68 Rn 9; MünchKommHGB/Benicke Art 68 Rn 8; Witz/Salger/Lorenz Art 68 Rn 9).

V.   Bösgläubigkeit des Verkäufers (Satz 3)

Nach Art 68 S 3 trägt der Verkäufer die Gefahr für solche Schäden, die bei Ver- **14** tragsschluß bereits eingetreten waren, wenn er sie **kannte oder kennen mußte** und nicht offenbarte (Sekretariatskommentar Art 80 Bem 2). Der Sache nach stellt die Regel eine spezielle Ausformung des Gutglaubens-Gebotes des Art 7 Abs 1 dar.

In der Sache sind fast alle Punkte der Vorschrift umstritten.   **15**

1.   Geltung nur für Satz 2?

Nach überwiegend vertretener Ansicht **bezieht sich Art 68 S 3 nur auf S 2**. Für S 1 **16** soll er nicht gelten (so Bianca/Bonell/Nicholas Art 68 Bem 2.4; Enderlein/Maskow/Strohbach Art 68 Bem 5.1; Herber/Czerwenka Art 68 Rn 7; Honnold Rn 372.2; Lookofsky § 5–4 Fn 29; Witz/Salger/Lorenz Art 68 Rn 11; wohl auch Achilles Art 68 Rn 5 und Münch-KommHGB/Benicke Art 68 Rn 9). Daß die Ware bei Vertragsschluß vertragsgemäß sein müsse, folge aus Art 36 und sei keine Frage der Gefahrtragung. Nach aA gilt S 3 auch für S 1 und läßt die Gefahr für solche bereits eingetretenen Schäden nicht übergehen, die der Verkäufer kennt oder kennen muß (Denkschrift 57; Honsell/Schönle Art 68 Rn 19; Karollus 199 f; Piltz, Internationales Kaufrecht § 4 Rn 197; Reinhart Art 68 Rn 4).

Da die Haager Regelung, die den Gefahrübergang an die Lieferung vertragsgemä- **17** ßer Ware knüpfte, im CISG gerade beseitigt werden sollte (vgl Vorbem 5 f zu Art 66 ff), ist der ersten Ansicht zu folgen, soweit die Ware beschädigt wurde. Für die Vertragsmäßigkeit bei Vertragsschluß – der Zeitpunkt, auf den Art 68 S 1 abstellt – haftet der Verkäufer nach den Art 35 ff. Seine Bösgläubigkeit ist im Rahmen der Art 40, 43 zu berücksichtigen. Mit Vertragsschluß geht die Gefahr trotz der Vertragswidrigkeit der Ware auf den Käufer über.

18 War die Ware dagegen bei Vertragsschluß, gleichgültig, ob der Verkäufer das wußte, wissen mußte oder nicht wußte, bereits vollständig untergegangen, so scheidet ein Gefahrübergang aus (ebenso ACHILLES Art 68 Rn 5). Zur Beweislast für den Zeitpunkt des Untergangs unten Rn 24.

2. Umfang der Belastung des Verkäufers

19 Strittig ist auch, in welchem Umfang der Verkäufer bei Bösgläubigkeit belastet bleibt, wenn im übrigen die Gefahr gem S 2 rückwirkend auf den Käufer überginge. Nach wohl überwiegender Ansicht trägt der Verkäufer **nur jene Risiken** weiter, **die er kannte oder kennen mußte**, und auch nur in dem Umfang, in dem er bösgläubig war (Sekretariatskommentar Art 80 Bem 2; ACHILLES Art 68 Rn 5; SCHLECHTRIEM/SCHWENZER/ HAGER Art 68 Rn 5; CHOI 116; ENDERLEIN/MASKOW/STROHBACH Art 68 Bem 5. 2; KAROLLUS 199 f; MünchKommBGB/HUBER Art 68 Rn 11; SCHLECHTRIEM Rn 231; wohl auch HERBER/CZERWENKA Art 68 Rn 7). Nach **anderer Auffassung** ist für diesen Fall der Gefahrübergang dagegen insgesamt zu verneinen (so BAMBERGER/ROTH/SAENGER Art 68 Rn 4; HONNOLD Rn 372. 2; LOEWE, Kaufrecht 86; PILTZ, Internationales Kaufrecht § 4 Rn 197; REINHART Art 68 Rn 4). Eine weitere Ansicht will schließlich jeden bis zum Vertragsschluß eingetretenen Schaden und den mit ihm kausal verknüpften Folgeschaden der Risikosphäre des Verkäufers zurechnen (BIANCA/BONELL/NICHOLAS Art 68 Bem 2. 3).

20 Mit dem Zweck der Vorschrift, ihrem Wortlaut und ihrer Entstehungsgeschichte (dazu eingehend SCHLECHTRIEM/SCHWENZER/HAGER aaO) ist die erste Auffassung am ehesten zu vereinbaren. Der Verkäufer hat **nur diejenigen Risiken** – und die aus ihnen folgenden Schäden – zu übernehmen, **die er bei Vertragsschluß kennt oder kennen muß**.

3. Fahrlässigkeit oder grobe Fahrlässigkeit?

21 Nach einer verbreiteten Auffassung verlangt S 3 Kenntnis oder grob fahrlässige Unkenntnis (KAROLLUS 199; LOEWE, Kaufrecht 86; MünchKommHGB/BENICKE Art 68 Rn 9; REINHART Art 68 Rn 4; SCHWIMANN/POSCH Art 68 Rn 7). Nach mE zutreffender Ansicht **genügt einfache Fahrlässigkeit** (ebenso ACHILLES Art 68 Rn 5; CHOI 116; GEIST WBl 1988, 352; HONSELL/SCHÖNLE Art 68 Rn 17; MünchKommBGB/HUBER Art 68 Rn 10). Die Formulierung „wissen mußte" wird in der Konvention auch sonst in diesem Sinn gebraucht (vgl zB Art 38 Abs 3, Art 39 Abs 1), während für grobe Fahrlässigkeit der Ausdruck „nicht in Unkenntnis sein konnte" verwendet wird (zB Art 35 Abs 3, 40, 42; vgl auch vCAEMMERER/SCHLECHTRIEM/SCHWENZER Art 35 Rn 34). Maßgebend ist damit der Verhaltensstandard, der von einer vernünftigen Person in gleicher Lage (Art 8 Abs 2) zu erwarten ist.

VI. Vertragsgültigkeit

22 Art 68 S 3 zeigt mittelbar, daß die Konvention von der **Gültigkeit eines Vertrages** ausgeht, **der auf eine unmögliche Leistung** – die Lieferung der bereits untergegangenen Sache – **gerichtet ist**. Nationale Ungültigkeitsbestimmungen werden insoweit verdrängt (BIANCA/BONELL/NICHOLAS Art 68 Bem 3. 1; SCHLECHTRIEM/SCHWENZER/HAGER Art 68 Rn 2; ENDERLEIN/MASKOW/STROHBACH Art 68 Bem 5. 4; HERBER/CZERWENKA Art 68 Rn 8; KAROLLUS 199; MünchKommHGB/BENICKE Art 68 Rn 12; SCHLECHTRIEM Rn 231 mit Fn 211).

VII. Konkretisierung

Auch nach Art 68 geht die Gefahr nur über, wenn die **Ware hinreichend konkretisiert** 23
ist. Der in Art 67 Abs 2 u Art 69 Abs 3 enthaltene Grundsatz ist auch auf Art 68 zu
erstrecken (ebenso SCHLECHTRIEM/SCHWENZER/HAGER Art 68 Rn 6; GEIST WBl 1988, 352;
KAROLLUS 200; MünchKommHGB/BENICKE Art 68 Rn 13; SCHLECHTRIEM, UN-Kaufrecht 83).
Für Sammelladungen gelten die Ausführungen zu Art 67 (Rn 28 ff) entsprechend.

VIII. Beweisfragen

Den **Gefahrübergang hat** gewöhnlich **der Verkäufer nachzuweisen**, der daraus Rechte 24
herleitet. Er hat die Umstände darzutun, die nahelegen, daß die Gefahr nicht erst mit
Vertragsschluß, sondern gem S 2 bereits früher auf den Käufer übergegangen ist.

Dafür, daß die **Ware bei Gefahrübergang vertragsgemäß** und noch nicht untergegan- 25
gen war, ist ebenfalls der Verkäufer beweispflichtig (vgl Art 36 Rn 24 f; ebenso BAUM-
GÄRTEL/LAUMEN/HEPTING Art 68 Rn 3; HERBER/CZERWENKA Art 68 Rn 2; **aA** dagegen ENDER-
LEIN/MASKOW/STROHBACH Art 68 Bem 1. 2; HONSELL/SCHÖNLE Art 68 Rn 29).

Der **Nachweis der Bösgläubigkeit** des Verkäufers (S 3) obliegt dagegen dem Käufer 26
(ebenso Schweizer Botschaft 814; BAUMGÄRTEL/LAUMEN/HEPTING Art 68 Rn 8; BUCHER, in: Berner
Tage 44; wohl auch ACHILLES Art 68 Rn 6).

Art 69 [Gefahrübergang in anderen Fällen]

**(1) In den durch Artikel 67 und 68 nicht geregelten Fällen geht die Gefahr auf den
Käufer über, sobald er die Ware übernimmt oder, wenn er sie nicht rechtzeitig
übernimmt, in dem Zeitpunkt, in dem ihm die Ware zur Verfügung gestellt wird und
er durch Nichtabnahme* eine Vertragsverletzung begeht.**

**(2) Hat jedoch der Käufer die Ware an einem anderen Ort als einer Niederlassung
des Verkäufers zu übernehmen, so geht die Gefahr über, sobald die Lieferung fällig
ist und der Käufer Kenntnis davon hat, daß ihm die Ware an diesem Ort zur
Verfügung steht.**

(3) Betrifft der Vertrag Ware, die noch nicht individualisiert ist, so gilt sie erst
dann als dem Käufer zur Verfügung gestellt, wenn sie eindeutig dem Vertrag zugeordnet worden ist.**

Art 69

(1) In cases not within articles 67 and 68, the
risk passes to the buyer when he takes over the
goods or, if he does not do so in due time, from
the time when the goods are placed at his dis-

Art 69

1) Dans les cas non visés par les articles 67 et 68,
les risques sont transférés à l'acheteur lorsqu'il
retire les marchandises ou, s'il ne le fait pas en
temps voulu, à partir du moment où les mar-

---

* Schweiz, Österreich: Nichtannahme.

** Österreich: die ihm noch nicht zugeordnet
ist.

posal and he commits a breach of contract by failing to take delivery.

(2) However, if the buyer is bound to take over the goods at a place other than a place of business of the seller, the risk passes when delivery is due and the buyer is aware of the fact that the goods are placed at his disposal at that place.

(3) If the contract relates to goods not then identified, the goods are considered not to be placed at the disposal of the buyer until they are clearly identified to the contract.

chandises sont mises à sa disposition et où il commet une contravention au contrat en n'en prenant pas livraison.

2) Cependant, si l'acheteur est tenu de retirer les marchandises en un lieu autre qu'un établissement du vendeur, les risques sont transférés lorsque la livraison est due et que l'acheteur sait que les marchandises sont mises à sa disposition en ce lieu.

3) Si la vente porte sur des marchandises non encore individualisées, les marchandises ne sont réputées avoir été mises à la disposition de l'acheteur que lorsqu'elles ont été clairement identifiées aux fins du contrat.

Systematische Übersicht

Alphabetische Übersicht

I.   Regelungsgegenstand und Normzweck

Die Vorschrift enthält die **grundsätzliche Regel für den Gefahrübergang**, wenn weder **1**
die Sondervorschriften der Art 67 (Versendungskauf) und 68 (reisende Ware) noch
besondere Abreden der Parteien, Gepflogenheiten oder internationale Gebräuche
eingreifen. Nach Art 69 Abs 1 geht die Gefahr über, sobald der Käufer die Ware
übernimmt oder sie trotz Bereitstellung vertragswidrig nicht abnimmt.

Eine **Sonderregelung** trifft Abs 2 für Fälle, in denen die **Übernahme** nicht am Nie- **2**
derlassungsort des Verkäufers, sondern vereinbarungsgemäß **an einem anderen Ort**
zu erfolgen hat. Hier geht die Gefahr mit der Fälligkeit der Lieferung über, sobald
der Käufer weiß, daß die Ware für ihn bereitsteht.

Wie schon Art 67 Abs 2 ordnet Art 69 Abs 3 an, daß die Gefahr in keinem Fall **3**
übergeht, bevor die **Ware hinreichend konkretisiert** ist.

II.   Entstehungsgeschichte

Die Grundgedanken der Regelung entstammen den Art 97 Abs 1 u 98 EKG. Die **4**
Verknüpfung des Gefahrübergangs mit der ordnungsgemäßen Lieferung, die das
EKG vorsah, wurde jedoch auch hier aufgegeben (vgl oben Vorbem 5 f zu Art 66 ff).

Keine Entsprechung im EKG hat Art 69 Abs 2 CISG. Er ist während der UNCI- **5**
TRAL-Vorarbeiten auf norwegischen Vorschlag aufgenommen worden, um vor
allem den Gefahrübergang beim Kauf eingelagerter Ware zu regeln (vgl UNCITRAL
YB VIII [1977] 64).

Die jetzige Fassung des Art 69 geht auf Art 67 des Wiener Entwurfs von 1977 **6**
zurück. Auf der diplomatischen Konferenz von 1980 beantragte die Bundesrepublik,
eine neue Vorschrift aufzunehmen, nach der die Gefahr generell auf den Käufer
übergehen sollte, soweit Lieferverzögerungen auf sein Verhalten zurückzuführen
seien (A/Conf97/C1/L212, Off Rec 128). Doch wurde diese Ergänzung als überflüssig
abgelehnt (Off Rec 407).

III. Lieferung am Sitz des Verkäufers (Abs 1)

1. Grundsatz

7 Art 69 Abs 1 enthält das für den Gefahrübergang grundlegende Prinzip: **Die Gefahr folgt der tatsächlichen Sachherrschaft, geht aber auch über, wenn der Käufer die Sachherrschaft pflichtwidrig nicht übernimmt.** Allerdings gilt Art 69 Abs 1 nur subsidiär. Die Vorschrift kommt lediglich zum Zug, wenn keine spezielleren Regeln – Art 67, 68 oder 69 Abs 2, Parteivereinbarungen oder Gebräuche – eingreifen. Als Anwendungsbereich bleiben für Art 69 Abs 1 die Fälle, in denen der Käufer die Ware an einer Niederlassung des Verkäufers zu übernehmen hat (**Platzkauf**; vgl Sekretariatskommentar Art 81 Bem 2 u 3; Draft Digest 757; Achilles Art 69 Rn 1; Schlechtriem/Schwenzer/Hager Art 69 Rn 3; Choi 117; Herber/Czerwenka Art 69 Rn 2; Honnold Rn 373; MünchKommHGB/Benicke Art 69 Rn 2; Witz/Salger/Lorenz Art 69 Rn 5). Nach **abweichender Auffassung** gilt Abs 1 auch, wenn der Verkäufer die Ware beim Käufer abzuliefern hat (so Enderlein/Maskow/Strohbach Art 69 Bem 1; wohl auch Lindacher, in: Hoyer/Posch 169 f). Doch ist dies ein Fall des Art 69 Abs 2 (vgl auch Schlechtriem/Schwenzer/Hager Art 69 Rn 6; Herber/Czerwenka Art 69 Rn 6; Honnold aaO; Honsell/Schönle Art 69 Rn 17).

8 Abs 1 wird ferner die Generalregel zu entnehmen sein, daß die Gefahr auch in Fällen der Art 67, 68 oder 69 Abs 2 im Zweifel jedenfalls dann übergeht, wenn der Käufer die Ware tatsächlich übernimmt (ebenso Geist WBl 1988, 353; Karollus 203 f; ähnlich Bucher, in: Lausanner Kolloquium 213; Lindacher, in: Hoyer/Posch 169).

2. Gefahrübergang mit Übernahme (Abs 1 1. Alt)

9 Mit der **körperlichen Übernahme** der Ware geht die Gefahr auf den Käufer über (s etwa Rechtbank Arnhem 17.7.1997; UNILEX [Übergabe eines Bildes bei einer Versteigerung; CISG allerdings fälschlich angewendet]). Die Regel entspricht § 446 Abs 1 BGB. Die Übernahme durch eigene Leute oder Beauftragte (Frachtführer etc) des Käufers steht gleich (Bucher, in: Berner Tage 41; Herber/Czerwenka Art 69 Rn 2).

10 Der Käufer muß die Ware allerdings **als Erfüllungsleistung übernehmen**. Ist er berechtigt und willens, sie zurückzuweisen, und nur gem Art 86 zu ihrer Erhaltung verpflichtet, dann geht die Gefahr nicht auf ihn über. Übernimmt der Käufer die Ware dagegen vorzeitig, dann geht – entsprechend dem allgemeinen Grundsatz (oben Rn 8) – damit auch die Gefahr auf ihn über (Schlechtriem/Schwenzer/Hager Art 70 Rn 9; Hager, in: Schlechtriem, Fachtagung 407; Reinhart Art 69 Rn 2; Sevon, in: Lausanner Kolloquium 204).

11 Bei **Rücksendung** der Ware **zur Nachbesserung** dürfte der Verkäufer wieder die Gefahr tragen, sobald er die Ware in Gewahrsam hat (offen Sevon aaO).

3. Gefahrübergang bei Abnahmeverzug (Abs 1 2. Alt)

12 Durch **Abnahmeverzug** soll der Käufer den Verkäufer nicht mit der fortdauernden Gefahrtragung belasten können. Nach Abs 1 2. Alt geht die Gefahr deshalb in

jenem Zeitpunkt über, in dem dem Käufer die Ware zur Verfügung gestellt wird und
die Nichtabnahme eine Vertragsverletzung darstellt.

„Zur Verfügung stellen" setzt voraus, daß die **Ware abholbereit, insbes** gem Abs 3   13
konkretisiert ist (Sekretariatskommentar Art 81 Bem 3 mit Beispielen; BAMBERGER/ROTH/SAEN-
GER Art 69 Rn 4; BIANCA/BONELL/NICHOLAS Art 69 Bem 2. 2; SCHLECHTRIEM/SCHWENZER/HAGER
Art 69 Rn 4; ENDERLEIN/MASKOW/STROHBACH Art 69 Bem 4. 1; HERBER/CZERWENKA Art 69
Rn 3). Ist eine Aussonderung wegen der Art der Ware ausgeschlossen (10 000 l Öl
aus dem Tank, 50 t Weizen aus dem Silo etc), dann genügt es, wenn die geschuldete
Menge vorhanden und eine Übernahme möglich ist (ähnlich BIANCA/BONELL/NICHOLAS
Art 69 Bem 3. 1; ENDERLEIN/MASKOW/STROHBACH Art 69 Bem 11; offenbar **anders** SOERGEL/LÜDE-
RITZ/BUDZIKIEWICZ Art 69 Rn 7; vgl auch Art 67 Rn 25 ff).

Der Verkäufer ist **grundsätzlich nicht verpflichtet, den Käufer** von der Bereitstellung   14
zu unterrichten (ENDERLEIN/MASKOW/STROHBACH Art 69 Bem 4. 3; HONNOLD Rn 374; **aA** aber
SCHLECHTRIEM/SCHWENZER/HAGER Art 69 Rn 4). Nur soweit eine Benachrichtigung erforderlich ist, um den Käufer überhaupt in die Lage zu versetzen, die Ware übernehmen zu können (etwa weil eine Frist für die Abholung nicht vereinbart ist), ist
der Verkäufer zur Information verpflichtet (Sekretariatskommentar Art 81 Bem 7; ACHIL-
LES Art 69 Rn 2; ENDERLEIN/MASKOW/STROHBACH aaO; HONNOLD Rn 374). Für eine danach
erforderliche Benachrichtigung gilt nicht Art 27; sie muß dem Käufer, der auf sie
hin reagieren soll, zugehen (ebenso SCHLECHTRIEM/SCHWENZER/HAGER Art 69 Rn 4; ENDER-
LEIN/MASKOW/STROHBACH Art 69 Bem 4. 3; MünchKommBGB/HUBER Art 69 Rn 5).

Für den **Abnahmeverzug** gilt Art 60. Der Käufer verletzt seine Pflicht zur Abnahme,   15
wenn er die dafür erforderlichen Handlungen nicht innerhalb der vereinbarten, hilfsweise einer angemessenen Frist vornimmt (SCHLECHTRIEM/SCHWENZER/HAGER Münch-
KommHGB/BENICKE Art 69 Rn 4 Art 69 Rn 4; LOEWE, Kaufrecht 87; SOERGEL/LÜDERITZ/
BUDZIKIEWICZ Art 69 Rn 3 verlangt dagegen eine Aufforderung, wenn keine Frist vereinbart ist).
Ob sich der Käufer für seine Vertragsverletzung nach Art 79 entlasten könnte, bleibt
für den Gefahrübergang ohne Bedeutung, da ein Entlastungsgrund nur von Schadensersatzansprüchen befreit (Art 79 Abs 5; vgl ACHILLES Art 69 Rn 2; vCAEMMERER/
SCHLECHTRIEM aaO; GEIST WBl 1988, 353; KAROLLUS 201; **aA** SOERGEL/LÜDERITZ Art 69 Rn 3, 5).

Umstritten ist, ob Art 69 Abs 1 **auch bei anderen Vertragsverletzungen** des Käufers   16
als dem Abnahmeverzug, zB bei fehlender Akkreditiveröffnung, gilt. Nach vorzugs-
würdiger Ansicht ist die Vorschrift analog heranzuziehen, wenn die Übergabe
wegen dieser Vertragsverletzung nicht erfolgt (so Schweizer Botschaft 814 f; ACHILLES
Art 69 Rn 3; SCHLECHTRIEM/SCHWENZER/HAGER Art 69 Rn 9; ENDERLEIN/MASKOW/STROHBACH
Art 69 Bem 5. 1; GEIST WBl 1988, 354; HAGER, in: SCHLECHTRIEM, Fachtagung 401; HERBER/CZER-
WENKA Art 69 Rn 4; SCHLECHTRIEM, UN-Kaufrecht 83; WITZ/SALGER/LORENZ Art 69 Rn 8; Münch-
KommHGB/BENICKE Art 69 Rn 4). Unterbleibt die Übergabe, weil der Käufer vertrags-
widrig kein Akkreditiv stellt, dann geht dennoch die Gefahr auf ihn über.

Nach **aA** lassen sonstige Vertragsverletzungen, wie insbes Zahlungsverzug, die Ge-   17
fahr dagegen nicht übergehen (so BIANCA/BONELL/NICHOLAS Art 69 Bem 3. 3; Münch-
KommHGB/BENICKE Art 69 Rn 4).

IV. Lieferung an sonstigem Ort (Abs 2)

1. Anwendungsbereich

18 Art 69 Abs 2 greift ein, wenn der Käufer die Ware nicht an einer Niederlassung des Verkäufers, sondern **an einem sonstigen Ort zu übernehmen** hat. Der Käufer muß hierzu vertraglich verpflichtet sein. Anzuwenden ist Abs 2 damit einmal beim **Verkauf eingelagerter Ware** (Sekretariatskommentar Art 81 Bem 5; ACHILLES Art 69 Rn 4; CHOI 120; HONSELL/SCHÖNLE Art 69 Rn 17; MünchKommHGB/BENICKE Art 69 Rn 5; für diesen Fall war die Vorschrift aufgenommen worden, vgl oben Rn 5). Es muß sich dabei um einen vom Verkäufer unabhängigen Lagerhalter handeln, mag er auch am selben Ort niedergelassen sein wie der Verkäufer. Zum anderen gilt Abs 2, wenn die Ware an einem sonstigen Ort – zB dem Sitz des Herstellers, dessen Produkte der Verkäufer vertreibt – zu liefern ist (s OLG Hamm TranspR-IHR 2000, 7 [öst Verkäufer verkauft Möbel, die deutscher Käufer vom Lager des ungarischen Herstellers abholen soll]). Ferner ist Abs 2 anzuwenden, wenn die Ware an den Sitz des Käufers (**Bringschuld**) oder an einen dritten Ort (**Fernkauf**) zu liefern ist, ohne daß Fälle der Art 67 oder 68 vorliegen (ACHILLES Art 69 Rn 4; BIANCA/BONELL/NICHOLAS Art 69 Bem 2.4; SCHLECHTRIEM/SCHWENZER/HAGER Art 69 Rn 6; GEIST WBl 1988, 353; HERBER/CZERWENKA Art 69 Rn 6, 7; HONNOLD Rn 373; HONSELL/SCHÖNLE aaO; KAROLLUS 202; MünchKommHGB/BENICKE Art 69 Rn 5; **gegen** Geltung für Fälle der Bringschuld aber etwa SCHLECHTRIEM/SCHWENZER/MÜLLER-CHEN Art 31 Rn 92; STAUB/KOLLER Rn 721). Ist Lieferung „frei Haus (des Käufers)" vereinbart, dann liegt nach der Rechtsprechung dort auch der Ort des Gefahrübergangs (OLG Karlsruhe NJW-RR 1993, 1316). In der Klausel „Preise frei Haus" hat der BGH aber zu Recht nur eine Kostentragungsregel gesehen, die den Lieferort – und damit die Gefahrtragung – unberührt läßt (BGH NJW 1997, 870). Die Vorschrift gilt ferner auch in Fällen, in denen der Verkäufer zur Lieferung und Montage an einem bestimmten Ort verpflichtet ist.

19 Hat der Verkäufer **mehrere Niederlassungen**, dann kommt Abs 2 nur zum Zug, wenn die Ware an keiner von ihnen abzunehmen ist. Abweichend von Art 10 lit a kommt es nicht auf die mit dem Vertrag befaßte Niederlassung an, da sich die Ware an allen Niederlassungen des Verkäufers in seinem Herrschaftsbereich befindet.

2. Voraussetzungen des Gefahrübergangs

20 In den Fällen des Abs 2 befindet sich die **Ware nicht mehr im eigentlichen Herrschaftsbereich des Verkäufers**. Die Gefahr geht hier deshalb bereits über, sobald die Lieferung fällig ist, die Ware bereit steht und der Käufer davon Kenntnis hat (OLG Hamm TranspR-IHR 2000, 7 [9 f]).

21 Wann die Lieferung fällig ist, folgt aus dem Vertrag oder den Regeln der Konvention (Art 33).

22 Auch auf welche Weise der Verkäufer die Ware bereitzustellen hat, können die Parteien vereinbaren (s etwa OLG Hamm TranspR-IHR 2000, 7 [„Möbel auf Bahnwaggons oder Kundenlastkraftwagen verladen"]). Ohne Vereinbarung, Gepflogenheit oder Handelsbrauch steht die Ware beim **Kauf eingelagerter Ware** zur Verfügung, sobald der Käufer sie vom Lagerhalter herausverlangen kann, sei es aufgrund berechtigender

Dokumente, sei es, weil dieser entsprechend angewiesen ist und den Anspruch anerkennt (ebenso SCHLECHTRIEM/SCHWENZER/HAGER Art 69 Rn 7; HERBER/CZERWENKA Art 69 Rn 7; MünchKommBGB/HUBER Art 69 Rn 12; MünchKommHGB/BENICKE Art 69 Rn 8; PILTZ, Internationales Kaufrecht § 5 Rn 203; SOERGEL/LÜDERITZ/BUDZIKIEWICZ Art 69 Rn 6; **aA** – Anweisung an Lagerhalter genügt – Sekretariatskommentar Art 81 Bem 8; SCHLECHTRIEM/SCHWENZER/MÜLLER-CHEN Art 31 Rn 57 ff; KAROLLUS 203; WITZ/SALGER/LORENZ Art 69 Rn 12). Bei **Holschulden** muß der Verkäufer die Ware so bereitstellen, daß der Käufer sie ohne weiteres übernehmen kann (OLG Hamm TranspR-IHR 2000, 7 [10]). Beim **Fernkauf** steht die Ware dem Käufer zur Verfügung, sobald der Verkäufer sie an dem vorgesehenen Ort – Sitz des Käufers oder dritter Ort – andient. Ist der Verkäufer zur **Montage** verpflichtet, dann steht die Ware (Anlage etc) dem Käufer zur Verfügung, wenn die Montage abgeschlossen ist. Im übrigen gelten für das Zurverfügungstellen die Ausführungen oben Rn 13 ff entsprechend.

Der Gefahrübergang tritt ein, sobald der Käufer – nach Fälligkeit – **Kenntnis vom** **23** **Bereitstehen der Ware** hat. Wie er Kenntnis erlangt – ob durch den Verkäufer oder Dritte –, ist gleichgültig (ENDERLEIN/MASKOW/STROHBACH Art 69 Bem 8; MünchKommHGB/BENICKE Art 69 Rn 10; SEVON, in: Lausanner Kolloquium 205). Für eine Mitteilung des Verkäufers ist keine Form vorgesehen. Eine schriftliche Mitteilung hat aber nur Wirkung, wenn sie dem Käufer – abweichend von Art 27 – zugegangen ist, da Art 69 Abs 2 Kenntnis verlangt (ebenso ACHILLES Art 69 Rn 5; SCHLECHTRIEM/SCHWENZER/HAGER Art 69 Rn 6; ENDERLEIN/MASKOW/STROHBACH aaO; HERBER/CZERWENKA Art 69 Rn 5; HONSELL/SCHÖNLE Art 69 Rn 22; MünchKommHGB/BENICKE Art 69 Rn 10; DE VRIES EurTranspL 17 [1982] 510 f). Allerdings wird die Möglichkeit der Kenntnisnahme bei einer zugegangenen Erklärung genügen (ebenso ENDERLEIN/MASKOW/STROHBACH aaO; GEIST WBl 1988, 353). Im übrigen reicht – auch grob – fahrlässige Unkenntnis nicht aus (SEVON, in: Lausanner Kolloquium 205 „actual knowledge"). Spätestens geht die Gefahr jedoch mit der tatsächlichen Übergabe auf den Käufer über (KAROLLUS 203).

V.   Konkretisierung der Ware (Abs 3)

Art 69 Abs 3 verlangt für den Gefahrübergang die **Individualisierung** der Ware. Die **24** Vorschrift entspricht damit Art 67 Abs 2. Zu den Einzelheiten der Konkretisierung vgl die Erläuterungen zu Art 67 Rn 25 ff.

VI.   Beweisfragen

Für den Gefahrübergang ist derjenige beweispflichtig, der aus ihm Rechte herleitet. **25** Daß der Verkäufer die Ware zur Verfügung gestellt hat, muß er beweisen; ebenso, daß der Käufer sie nicht rechtzeitig abgenommen hat. Auch für die Kenntnis des Käufers trifft den Verkäufer die Beweislast (ebenso HERBER/CZERWENKA Art 69 Rn 5; DE VRIES EurTranspL 17 [1982] 511; ausführlich BAUMGÄRTEL/LAUMEN/HEPTING Art 69 Rn 1 ff; ferner ACHILLES Art 69 Rn 7).

Art 70 [Wesentliche Vertragsverletzung und Gefahrübergang]

Hat der Verkäufer eine wesentliche Vertragsverletzung begangen, so berühren die Artikel 67, 68 und 69 nicht die dem Käufer wegen einer solchen Verletzung zustehenden Rechtsbehelfe.*

Art 70

If the seller has committed a fundamental breach of contract, articles 67, 68 and 69 do not impair the remedies available to the buyer on account of the breach.

Art 70

Si le vendeur a commis une contravention essentielle au contrat, les dispositions des articles 67, 68 et 69 ne portent pas atteinte aux moyens dont l'acheteur dispose en raison de cette contravention.

Systematische Übersicht

Alphabetische Übersicht

* Schweiz: Rechte.

I. Regelungsgegenstand und Normzweck

Art 70 regelt einen Teil der Fragen, die sich aus dem **Verhältnis von Gefahrtragung** 1
und Vertragswidrigkeit ergeben. Er bestimmt, daß die Gefahrtragungsregeln der
Art 67–69 keinen Einfluß auf diejenigen Rechtsbehelfe haben, die dem Käufer
zustehen, wenn der Verkäufer eine wesentliche Vertragsverletzung begangen hat.
Zufälliger Untergang der Ware nach dem Zeitpunkt, den die Art 67–69 vorsehen,
soll nicht die Rechte des Käufers verändern, die er ohne dieses Ereignis aufgrund
wesentlicher Vertragsverletzung hätte. Praktische Bedeutung und ihren Haupt-
zweck hat diese Regel als Ausnahme zu Art 82 Abs 1 und ausdrückliche Bestätigung
des Art 82 Abs 2 lit a. Art 70 gewährt dem Käufer das Recht auf Vertragsaufhebung
und Ersatzlieferung, obwohl ihm die unversehrte Rückgabe nicht mehr möglich ist
(Sekretariatskommentar Art 82 Bem 2; näher die Erl zu Art 82).

Offen läßt der Wortlaut des Art 70 dagegen, welche Bedeutung die Art 67–69 bei 2
nicht wesentlichen Vertragsverletzungen haben.

II. Entstehungsgeschichte

Im Haager Recht war der Grundgedanke der jetzigen Vorschrift in Art 97 Abs 2 3
EKG enthalten, der jedoch den Gefahrübergang in schwieriger Weise mit der
Vertragsmäßigkeit der Lieferung verknüpfte (zur Aufgabe dieses Ansatzes Vorbem 5 f zu
Art 66 ff). Bei berechtigter Vertragsaufhebung oder berechtigtem Ersatzlieferungs-
verlangen wegen Mängel der Ware ging die Gefahr aber auch nach Art 97 Abs 2
EKG nicht über (eingehend dazu DÖLLE/NEUMAYER Art 97 Rn 26 ff). Art 70 CISG erhielt
seine geltende Fassung im wesentlichen durch den Genfer Entwurf (dort Art 67).

Auf der Wiener Konferenz schlugen die USA eine Fassung der Vorschrift vor, die 4
deutlich aussprach, daß die Gefahr nicht übergehen sollte, solange der Käufer zur
Aufhebung berechtigt sei (A/Conf97/C1/L229/Rev 1, Off Rec 128). Der Antrag fand
jedoch keine Mehrheit, da ein Aufschub des Gefahrübergangs bis zur eventuellen
Ausübung des Aufhebungsrechts unangemessen sei (Off Rec 408). Die (jetzt geltende) Vorschrift sei so zu verstehen, daß die Gefahr stets übergehe, bei Aufhebung
oder Ersatzlieferung aber rückwirkend auf den Verkäufer zurückfalle (so der schwedische Delegierte HJERNER Off Rec aaO).

III. Grundsatz

Die Vorschrift ist nicht sehr klar gefaßt und gibt zu Auslegungsschwierigkeiten 5
Anlaß (vgl auch BIANCA/BONELL/NICHOLAS Art 70 Bem 2.1; GEIST WBl 1988, 354; HERBER/
CZERWENKA Art 70 Rn 2; ROTH AmJCompL 27 [1979] 303; GOODFRIEND ColumJTransnatL 22
[1984] 600). In den Ergebnissen besteht jedoch recht weitgehende Übereinstimmung.

Der **Käufer soll durch den Gefahrübergang nicht vorher begründete Rechte verlieren**. Denn der Gefahrübergang überträgt die Risiken erst von diesem Zeitpunkt an. Diese mehr oder minder selbstverständliche Regel auszusprechen, erschien für die bei wesentlicher Vertragsverletzung gegebenen Behelfe der Vertragsaufhebung oder Ersatzlieferung geboten, da sie gem Art 82 Abs 1 – wegen der Unmöglichkeit, die Ware unversehrt zurückgeben zu können – sonst trotz Art 82 Abs 2 lit a möglicherweise als ausgeschlossen anzusehen gewesen wären (vgl Sekretariatskommentar Art 82 Bem 2; BIANCA/BONELL/NICHOLAS Art 70 Bem 2.3; GEIST WBl 1988, 354; HONNOLD Rn 381).

IV. Die unterschiedlichen Vertragsverletzungen

1. Nicht wesentliche Vertragsverletzung

6 Art 70 erwähnt nur den Fall, daß der Verkäufer den Vertrag wesentlich verletzt hat. Ob die Vorschrift auch **bei nicht wesentlichen Vertragsverletzungen** gilt, ist umstritten. Nach mE zutreffender Ansicht berührt Art 70 diesen Fall nicht (so auch ACHILLES Art 70 Rn 3; BIANCA/BONELL/NICHOLAS Art 70 Bem 2.2; HONNOLD Rn 380; HONSELL/SCHÖNLE Art 70 Rn 15; MünchKommBGB/HUBER Art 70 Rn 11; MünchKommHGB/BENICKE Art 70 Rn 8). Ob und welche Rechte hier wegen vertragswidriger Lieferung bei Gefahrübergang bestehen, richtet sich nicht nach den Vorschriften zum Gefahrübergang, sondern nach den Regeln über Vertragsverletzungen einschl der einzuhaltenden Rügemodalitäten (Art 38 ff, 45 ff; vgl auch die Erläuterungen zu Art 36). Hat der Verkäufer etwa vertragswidrige Ware geliefert, ohne damit schon eine wesentliche Vertragsverletzung zu begehen, dann kann der Käufer hinsichtlich der bei Gefahrübergang vorhandenen Mängel Nachbesserung gem Art 46 Abs 3, Minderung (Art 50) oder Schadensersatz (Art 45 Abs 1 lit b) verlangen, auch wenn die Ware nach Gefahrübergang untergeht – dann entfällt allerdings die Nachbesserung – oder weiter verschlechtert wird (BIANCA/BONELL/NICHOLAS, HONNOLD, HONSELL/SCHÖNLE, MünchKommHGB/BENICKE jeweils aaO; zur Leistungsverzögerung noch unten Rn 14).

7 Nach **aA** gilt **Art 70 bei nicht wesentlichen Vertragsverletzungen** jedenfalls **entsprechend** (so SCHLECHTRIEM/SCHWENZER/HAGER Art 70 Rn 3; ROTH AmJCompL 27 [1979] 305 f; wohl auch SEVON, in: Lausanner Kolloquium 197). Diese Ansicht führt zum selben Ergebnis wie die hier vertretene Auffassung.

8 Eine auch **im Ergebnis abweichende Lösung** vertreten HERBER/CZERWENKA (Art 70 Rn 4). Sie lassen einen Schadensersatzanspruch des Käufers wegen mangelhafter Ware erlöschen, wenn die Ware nach Gefahrübergang untergeht oder beschädigt wird, da die Ware den Schaden auch bei korrekter Erfüllung erlitten hätte. Darin liegt indessen kein Grund, der den Verkäufer von früheren Vertragswidrigkeiten – etwa nach Art 79 – entlastet. Zum einen können Schäden aus früheren Vertragswidrigkeiten gegenüber Schäden nach Gefahrübergang ohne weiteres abgrenzbar sein oder auch selbständig fortwirken (vgl Art 36 Abs 2); zum anderen verliert der Käufer auch sonst nicht seine einmal entstandenen Rechte aus Vertragswidrigkeiten dadurch, daß die Ware in seinem Herrschaftsbereich – aus welchen Gründen immer – Schaden nimmt. Dieselbe Wertung enthält Art 83.

2.   Wesentliche Vertragsverletzung

Hat der Verkäufer vor dem Zeitpunkt, den die Art 67–69 für den Gefahrübergang **9**
festlegen, eine **wesentliche Vertragsverletzung** begangen, dann bleiben dem Käufer
nach Art 70 die daraus folgenden Behelfe erhalten, auch wenn die Ware nach
Gefahrübergang durch Zufall untergeht oder beschädigt wird. Gleiches gilt, wenn
der Verkäufer für den Schaden verantwortlich ist (Art 66 2. HS). Ergänzend folgt
aus Art 82 Abs 2 lit a die Wertung, daß der Käufer jedenfalls nicht mehr den
Vertrag aufheben oder Ersatzlieferung verlangen kann, wenn er den Schaden der
Ware zu verantworten hat (vgl näher Art 82 Rn 18 ff).

Für Art 70 ist deutlich zwischen der Frage zu unterscheiden, welche Behelfe der **10**
Käufer nach Gefahrübergang noch hat, und jener, ob und wann die Gefahr auf den
Verkäufer zurückfällt.

a)   Fortbestehende Behelfe
Nach dem deutlichen Wortlaut der Vorschrift behält der Käufer auch nach Gefahr- **11**
übergang **alle („die")** Behelfe, die er aus einer wesentlichen Vertragsverletzung des
Verkäufers hat. Er kann – die sonstigen Voraussetzungen wie vor allem rechtzeitige
Rüge und Erklärung unterstellt – Vertragsaufhebung und Ersatzlieferung verlangen
(Sekretariatskommentar Art 82 Bem 2; BIANCA/BONELL/NICHOLAS Art 70 Bem 2. 3; SCHLECHT-
RIEM/SCHWENZER/HAGER Art 70 Rn 6; ENDERLEIN/MASKOW/STROHBACH Art 70 Bem 1; KAROLLUS
191; MünchKommHGB/BENICKE Art 70 Rn 3; PILTZ, Internationales Kaufrecht § 4 Rn 207; REIN-
HART Art 70 Rn 1; SCHLECHTRIEM Rn 224). Daß die unversehrte Rückgabe unmöglich ist,
spielt keine Rolle, wie Art 70 damit klarstellt. Auch der Anspruch auf Nachbesse-
rung (soweit möglich und zumutbar), Minderung oder Schadensersatz bleibt dem
Käufer in dem Umfang erhalten, in dem er bei Gefahrübergang begründet oder
wegen Art 36 Abs 2 auch noch für die Zeit danach vom Verkäufer zu tragen war
(ebenso HERBER/CZERWENKA Art 70 Rn 3; KAROLLUS aaO; MünchKommHGB/BENICKE Art 70
Rn 3). Das entspricht der Lage bei nichtwesentlichen Vertragsverletzungen und dem
Gedanken des Art 83.

b)   Gefahrrückfall
In welcher Weise Art 70 auf den Gefahrübergang einwirkt, ist umstritten. Nach **12**
vereinzelt gebliebenen Ansichten berührt Art 70 den Gefahrübergang überhaupt
nicht (ENDERLEIN/MASKOW/STROHBACH Art 70 Bem 1) oder beläßt im Gegenteil die Gefahr bei wesentlicher Vertragsverletzung von vornherein weiter beim Verkäufer (so
LOEWE, Kaufrecht 87).

Nach zutreffender, ganz überwiegender Ansicht ist Art 70 dagegen die Regel zu **13**
entnehmen, daß die **Gefahr mit ex tunc-Wirkung** auf den Verkäufer **zurückfällt**, wenn
der Käufer die Behelfe der Vertragsaufhebung oder Ersatzlieferung geltend macht
(so ACHILLES Art 70 Rn 2; BIANCA/BONELL/NICHOLAS Art 70 Bem 2. 3; SCHLECHTRIEM/SCHWEN-
ZER/HAGER Art 70 Rn 2; CHOI 128 u 132; GEIST WBl 1988, 355; HAGER, in: SCHLECHTRIEM, Fachtagung 404 f; HONSELL/SCHÖNLE Art 70 Rn 8; KAROLLUS 191; LINDACHER, in: HOYER/POSCH 168;
MünchKommBGB/HUBER Art 70 Rn 8; PILTZ, Internationales Kaufrecht § 4 Rn 207; REINHART
Art 70 Rn 3; SCHLECHTRIEM, Rn 224; WITZ/SALGER/LORENZ Art 70 Rn 6; vgl auch die Entstehungsgeschichte oben Rn 4). Nach dem Sinn des Art 70 soll der Verkäufer dann wieder die

(Preis-)Gefahr tragen, wenn er die Ware zurücknehmen muß. Behält der Käufer die Ware, so ist dagegen kein Grund für den Gefahrrückfall gegeben.

14 Aus welcher Grundlage sich das Aufhebungsrecht herleitet, ist für den Gefahrrückfall gleichgültig. Es kann auch aus versäumter Nachfrist (Art 49 Abs 1 lit b), Teillieferung (Art 51) oder aus anderen Gründen folgen (BAMBERGER/ROTH/SAENGER Art 70 Rn 3; SCHLECHTRIEM/SCHWENZER/HAGER Art 70 Rn 8; HERBER/CZERWENKA Art 70 Rn 7).

15 Das **Minderungs- oder Schadensersatzverlangen** des Käufers **läßt** den **Gefahrübergang** deshalb **unberührt** (vgl auch HERBER/CZERWENKA Art 70 Rn 6; MünchKommBGB/HUBER Art 70 Rn 9; MünchKommHGB/BENICKE Art 70 Rn 3). Für die Nachbesserung wird allerdings vertreten, daß der Verkäufer die Gefahr trägt, wenn die Ware nach Gefahrübergang, aber vor Behebung des Mangels untergeht (so SCHLECHTRIEM/SCHWENZER/HAGER Art 70 Rn 7; ENDERLEIN/MASKOW/STROHBACH Art 70 Bem 2; MünchKommHGB/BENICKE Art 70 Rn 6; SOERGEL/LÜDERITZ/BUDZIKIEWIZC Art 70 Rn 3; aA ACHILLES Art 70 Rn 3; HERBER/ CZERWENKA aaO). Dem ist jedenfalls dann zu folgen, wenn der Käufer statt zur Nachbesserung auch zur Aufhebung oder Ersatzlieferung berechtigt war.

16 Bei **vorzeitiger Lieferung** oder **Zuviellieferung** geht die Gefahr grundsätzlich nicht über, wenn der Käufer die Ware oder die Übermenge nicht abnimmt, wozu ihn Art 52 nicht verpflichtet (SCHLECHTRIEM/SCHWENZER/HAGER Art 70 Rn 9; HERBER/CZERWENKA Art 70 Rn 7). Ist die Gefahr, etwa beim Versendungskauf, vor dem Liefertermin durch Übergabe an den Beförderer schon auf den Käufer übergegangen, dann fällt sie auf den Verkäufer zurück, wenn der Käufer die vorzeitige Lieferung ablehnt (so SCHLECHTRIEM/SCHWENZER/HAGER aaO).

17 Bei einer Zuviellieferung bleibt der Käufer zur Ablehnung des Mehrbetrages berechtigt, auch wenn die Gefahr übergegangen war und die Ware inzwischen untergegangen ist.

V. Beweisfragen

18 Ist zwischen den Parteien streitig, ob die Ware bei Gefahrübergang wesentlich mangelhaft war oder ob ihr Untergang oder ihre Mängel auf Zufällen nach Gefahrübergang beruhen, dann trägt der Verkäufer wie bei Art 36 hierfür die Beweislast (ebenso SCHLECHTRIEM/SCHWENZER/HAGER Art 70 Rn 6; HERBER/CZERWENKA Art 70 Rn 8; ausführlich auch ACHILLES Art 70 Rn 4; für eine Norm mit kollisionsrechtlichem Charakter ohne Beweislastprobleme halten Art 70: BAUMGÄRTEL/LAUMEN/HEPTING Art 70 Rn 1).

Kapitel V
Gemeinsame Bestimmungen über die Pflichten des Verkäufers und des Käufers

Chapter V
Provisions common to the obligations of the seller and of the buyer

Chapitre V
Dispositions communes aux obligations du vendeur et de l'acheteur

Vorbemerkungen zu Art 71 ff

Die Art 71–88 enthalten Bestimmungen, die von der jeweiligen vertraglichen Rolle **1** der Partei unabhängig sind, vielmehr für beide Parteien in gleicher Weise gelten. Das Kapitel ist in sechs Abschnitte geteilt. Die Möglichkeit, wegen drohender Vertragsverletzung oder wegen einer Pflichtverletzung im Hinblick auf Teillieferungen eines Sukzessivlieferungsvertrags Rechte geltend zu machen, behandeln die Art 71–73. Zu den wichtigsten Vorschriften der gesamten Konvention gehören jene über den Schadensersatz (Art 74–77). Mit ihnen stehen die Entlastungsregeln (Art 79, 80) in engem, die Zinsregelung (Art 78) in gewissem Zusammenhang.

Ergänzt wird das Kapitel durch Bestimmungen über die Rechtsfolgen, die sich aus **2** der Vertragsaufhebung ergeben (Art 81–84), und die Pflichten zur Erhaltung der Ware (Art 85–88).

Ulrich Magnus

Abschnitt I
Vorweggenommene Vertragsverletzung und Verträge über aufeinander folgende Lieferungen

Section I	Section I
Anticipatory breach and instalment contracts	Contravention anticipée et contrats à livraisons successives

Art 71 [Recht, die Erfüllung auszusetzen]

(1) Eine Partei kann die Erfüllung ihrer Pflichten aussetzen, wenn sich nach Vertragsabschluß herausstellt, daß die andere Partei einen wesentlichen Teil ihrer Pflichten nicht erfüllen wird

a) wegen eines schwerwiegenden Mangels ihrer Fähigkeit, den Vertrag zu erfüllen, oder ihrer Kreditwürdigkeit* oder

b) wegen ihres Verhaltens bei der Vorbereitung der Erfüllung oder bei der Erfüllung des Vertrages.

(2) Hat der Verkäufer die Ware bereits abgesandt, bevor sich die in Absatz 1 bezeichneten Gründe herausstellen, so kann er sich der Übergabe der Ware an den Käufer widersetzen, selbst wenn der Käufer ein Dokument hat, das ihn berechtigt, die Ware zu erlangen. Der vorliegende Absatz betrifft nur die Rechte auf die Ware im Verhältnis zwischen Käufer und Verkäufer.

(3) Setzt eine Partei vor oder nach der Absendung der Ware die Erfüllung aus, so hat sie dies der anderen Partei sofort anzuzeigen; sie hat die Erfüllung fortzusetzen, wenn die andere Partei für die Erfüllung ihrer Pflichten ausreichende Gewähr gibt.**

Art 71

(1) A party may suspend the performance of his obligations if, after the conclusion of the contract, it becomes apparent that the other party will not perform a substantial part of his obligations as a result of:

(a) a serious deficiency in his ability to perform or in his creditworthiness; or

(b) his conduct in preparing to perform or in performing the contract.

(2) If the seller has already dispatched the goods before the grounds described in the preceding paragraph become evident, he may prevent the handing over of the goods to the buyer

Art 71

1) Une partie peut différer l'exécution de ses obligations lorsqu'il apparaît, après la conclusion du contrat, que l'autre partie n'exécutera pas une partie essentielle de ses obligations du fait:

a) d'une grave insuffisance dans la capacité d'exécution de cette partie ou sa solvabilité; ou

b) de la manière dont elle s'apprête à exécuter ou exécute le contrat.

2) Si le vendeur a déjà expédié les marchandises lorsque se révèlent les raisons prévues au paragraphe précédent, il peut s'opposer à ce que les marchandises soient remises à l'acheteur, même

---

* Schweiz: Zahlungsfähigkeit.

** Schweiz: Sicherheit bietet.

even though the buyer holds a document which entitles him to obtain them. The present paragraph relates only to the rights in the goods as between the buyer and the seller.

(3) A party suspending performance, whether before or after dispatch of the goods, must immediately give notice of the suspension to the other party and must continue with performance if the other party provides adequate assurance of his performance.

si celui-ci détient un document lui permettant de les obtenir. Le présent paragraphe ne concerne que les droits respectifs du vendeur et de l'acheteur sur les marchandises.

3) La partie qui diffère l'exécution, avant ou après l'expédition des marchandises, doit adresser immédiatement une notification à cet effet à l'autre partie, et alle doit procéder à l'exécution si l'autre partie donne des assurances suffisantes de la bonne exécution de ses obligations.

Schrifttum

COHN, The Defence of Uncertainty: A Study in the Interpretation of the Uniform Law on International Sales Act 1967, IntCompLQ 23 (1974) 520

FISCHER, Die Unsicherheitseinrede. Eine rechtsvergleichende Untersuchung über die Rechte eines Vertragspartners bei Vermögensverschlechterung der anderen Partei zum deutschen und us-amerikanischen Recht sowie zu den Einheitlichen Kaufrechten (1988)

FLESCH, Der Irrtum über die Kreditwürdigkeit des Vertragspartners und die Verschlechterungseinrede, BB 1994, 783

HAMMER, Das Zurückhaltungsrecht gemäß Art 71 CISG im Vergleich zu den Kaufgesetzen der nordischen Staaten unter Einbeziehung transportrechtlicher Aspekte (1999)

JAN, Die Erfüllungsverweigerung im deutschen und UN-Kaufrecht (1992)

KERN, Ein einheitliches Zurückhaltungsrecht im UN-Kaufrecht? ZEuP 2002, 837

REINHART, Zurückbehaltungsrecht und Unsicherheitseinrede nach UN-Kaufrecht im Vergleich zu EKG und BGB, in: SCHLECHTRIEM, Fachtagung 361 ff

SCHOTT, Antizipierter Vertragsbruch und Leistungsgefährdung. Eine Rechtsvergleichung des amerikanischen Rechts mit dem international vereinheitlichten Kaufrecht (Diss Bonn 1992)

STOLL, Zur Haftung bei Erfüllungsverweigerung im Einheitlichen Kaufrecht, RabelsZ 52 (1988) 617

STRUB, The Convention on the International Sale of Goods: Anticipatory Repudiation Provisions and Developing Countries, IntCompLQ 38 (1989) 475

ders, The Codification of the Doctrine of Anticipatory Repudiation in the 1980 Convention on the International Sale of Goods, Dr prat comm int 15 (1989) 581 (identisch mit dem vorgenannten Aufsatz).

Systematische Übersicht

Ulrich Magnus

Alphabetische Übersicht

I.   Regelungsgegenstand und Normzweck

Die Vorschrift regelt – zusammen mit Art 72 – die **Rechte des Gläubigers bei einem** 1
bevorstehenden Vertragsbruch durch die andere Partei. Die Konvention bezeichnet
diese Situation als „vorweggenommene Vertragsverletzung" („anticipatory breach",
„contravention anticipée", vgl die Überschrift des Abschnitts). Art 71 legt fest, daß
eine Partei bei bevorstehender Vertragsverletzung der anderen Seite nicht zu weiterer Erfüllung verpflichtet ist, und formuliert die Voraussetzungen, unter denen
dieses Recht entsteht. Bei drohender **wesentlicher** Vertragsverletzung gewährt
Art 72 unter etwas engeren Voraussetzungen zusätzlich ein Aufhebungsrecht.

Art 71 Abs 1 erlaubt es nur, **die eigene Erfüllung auszusetzen**. Dieses Recht entsteht, 2
wenn nach Vertragsschluß Mängel der Erfüllungsfähigkeit oder das Verhalten der
anderen Partei berechtigten Anlaß zu der Annahme geben, diese Partei werde
einen erheblichen Teil ihrer Pflichten nicht erfüllen.

Das nach Abs 1 gegebene Recht billigt Abs 2 speziell dem Verkäufer zu und spezifi- 3
ziert es als **Zurückhalte- oder Anhalterecht**, wenn er die Ware bereits abgesandt hat,
selbst wenn der Käufer schon im Besitz von Dokumenten ist, die ihn zur Verfügung
über die Ware berechtigen.

Art 71 Abs 3 statuiert die Pflicht, die Aussetzung **sofort anzuzeigen** und sie zu 4
beenden, wenn die andere Partei ausreichende Sicherheit leistet.

Art 71 hat insgesamt den Zweck, die vertragstreue Partei von der Pflicht zur 5
eigenen Leistung zu entbinden, wenn deutlich ist, daß die andere Partei im wesentlichen nicht erfüllen wird. Damit wird einerseits der synallagmatischen Verknüpfung
der Leistungen Rechnung getragen: **Niemand soll leisten müssen, sofern hinreichend**
erkennbar ist, daß die versprochene Gegenleistung ganz oder zu einem erheblichen
Teil ausbleiben wird (Draft Digest 760; MünchKommHGB/Mankowski Art 71 Rn 2). Ande-

rerseits will Art 71 auch vermeiden, daß Leistungen erst erbracht werden, deren spätere Rückabwicklung absehbar ist und nur unnötigen Aufwand erfordert.

6 Das Kernproblem der Vorschrift besteht darin festzulegen, **wann** eine **künftige Leistungsstörung hinreichend erkennbar** ist. Einerseits kann nicht jeder Zweifel an der Erfüllungsfähigkeit und -bereitschaft genügen, um der vertragstreuen Partei ihrerseits ein Leistungsverweigerungsrecht zu geben. Andererseits soll die vertragstreue Partei einen Vertragsbruch der anderen Seite nicht erst abwarten müssen. Die Auslegung der Vorschrift hat zwischen diesen beiden Polen eine angemessene Balance zu finden.

7 Zusammen mit Art 79 stellt die Vorschrift schließlich diejenigen Instrumente der Konvention zur Verfügung, die bei **gravierenden Änderungen der Umstände** eine Abhilfe erlauben.

II. Entstehungsgeschichte

8 Die Vorschrift war im Kern bereits in Art 73 EKG enthalten, beschränkte sich aber auf ein Zurückhalterecht wegen Verschlechterung der wirtschaftlichen Lage nach Vertragsschluß und sah auch noch nicht die Pflichten des jetzigen Art 71 Abs 3 CISG vor (eingehend zu Art 73 EKG: Cohn IntCompLQ 23 [1974] 520 ff).

9 Der Genfer Entwurf (Art 47) erstreckte die Gründe für eine Erfüllungsverweigerung auch auf Verhalten der anderen Partei, das zu Zweifeln an der Erfüllung Anlaß gibt, beließ es aber dabei, daß es auf Änderungen nach Vertragsschluß ankommen sollte. Dem folgten der Wiener (Art 48) und der New Yorker Entwurf (Art 62).

10 Auf der diplomatischen Konferenz von 1980 entzündeten sich an der Vorschrift umfangreiche, kontroverse Diskussionen (Off Rec 374 ff, 419 ff, 431 ff). Zunächst hatte sich ein Antrag der Bundesrepublik mit knapper Mehrheit durchgesetzt, daß auch solche Änderungen der Lage zu berücksichtigen seien, die erst nach Vertragsschluß offenbar würden, aber vorher schon bestanden hatten (A/Conf 97/C1/C187, Off Rec 129, 376). Dabei blieb es im Ergebnis auch, doch wurde der schon beschlossene Text in späteren Sitzungen erneut aufgegriffen (Off Rec 419 ff, 431 ff) und schließlich in der letzten Sitzung in die jetzige Form gebracht. Anliegen der Diskussion war es im wesentlichen, dem Wunsch der Entwicklungsländer nach einer objektiveren Textfassung Rechnung zu tragen (vgl zur Entstehungsgeschichte auch Bianca/Bonell/Bennett Art 71 Bem 1.2 ff; Schlechtriem, UN-Kaufrecht 84 ff).

III. Recht auf Erfüllungsverweigerung (Abs 1)

1. Allgemeines

11 Das Recht, das Art 71 gewährt, wird uneinheitlich bezeichnet: Zurückhaltungsrecht, Zurückhalterecht, Anhalterecht (dies vor allem für das Recht nach Art 71 Abs 2), Retentionsrecht, Aussetzungsrecht, Stoppungsrecht, Unsicherheitseinrede, Verschlechterungseinrede. Der Sache nach handelt es sich um ein Recht zur Leistungsverweigerung. Im folgenden wird es als **Aussetzungsrecht, das Recht nach Abs 2 als Anhalterecht** bezeichnet.

In Teilen entspricht Art 71 dem § 321 BGB, doch greift sein Anwendungsbereich **12** erheblich weiter als jene Vorschrift. Art 71 erfaßt nicht nur die **Vermögensverschlechterung** nach Vertragsschluß, sondern auch erst nach dem Vertragsschluß erkennbar gewordene Veränderungen sowie Fälle, für die im internen deutschen Recht das Institut des **Wegfalls der Geschäftsgrundlage** (§ 313 BGB) herangezogen wird.

Das Recht aus Art 71 setzt **kein Verschulden der verpflichteten Partei** voraus (ACHIL- **13** LES Art 71 Rn 2; ENDERLEIN/MASKOW/STROHBACH Art 71 Bem 4; MünchKommBGB/HUBER Art 71 Rn 5; REINHART, in: SCHLECHTRIEM, Fachtagung 377; SCHLECHTRIEM, in: Lausanner Kolloquium 150; SCHLECHTRIEM/SCHWENZER/HORNUNG Art 71 Rn 9). Eine Entlastung des Schuldners nach Art 79 kommt nicht in Betracht (ebenso SCHLECHTRIEM/SCHWENZER/HORNUNG aaO). Vielmehr erlaubt es Art 71 dem Gläubiger gerade auch in Fällen, in denen der Schuldner an der Leistung durch Gründe außerhalb seines Einflusses gehindert ist, die eigene Leistung auszusetzen (unten Rn 24).

2. Voraussetzungen

Das Recht, die eigenen Erfüllungshandlungen suspendieren zu dürfen, ist gegeben, **14** wenn nach Vertragsschluß offenbar wird, daß die andere Partei einen wesentlichen Teil der geschuldeten Leistung nicht erbringen wird. Damit muß diese Leistung noch ganz oder zu einem wesentlichen Teil ausstehen; der Schuldner darf seine Leistung noch nicht – sei es auch mangelhaft – erbracht haben (s Draft Digest 760; ferner auch PILTZ IHR 2001, 162). Ist das der Fall, dann gelten die Behelfe, die die Konvention für eingetretene Vertragsverletzungen zur Verfügung stellt und die – etwa mit der Mängeleinrede – erst recht ein Leistungsverweigerungsrecht begründen können. Abgesehen von seinem Abs 2 hat Art 71 auch keine Funktion, wenn der berechtigte Teil seine Leistung bereits erbracht hat; Art 71 gewährt hier nicht etwa ein implizites Rückforderungsrecht. Das Aussetzungsrecht besteht ferner nur, wenn die zu erwartende Leistungsstörung auf die in Abs 1 lit a und b genannten Gründe zurückzuführen ist.

a) Drohende Pflichtverletzung
aa) Besonderes Gewicht
Art 71 setzt eine zu erwartende **Verletzung eines wesentlichen Teils der Vertrags- 15 pflichten** voraus. Die Formulierung bedeutet nicht, daß eine wesentliche Vertragsverletzung drohen muß (ebenso ACHILLES Art 71 Rn 2; BIANCA/BONELL/BENNETT Art 71 Bem 2.4; BRUNNER Art 71 Rn 6; ENDERLEIN/MASKOW/STROHBACH Art 71 Bem 3; HERBER/CZERWENKA Art 71 Rn 5; HONSELL/SCHNYDER/STRAUB Art 71 Rn 14; MünchKommHGB/MANKOWSKI Art 71 Rn 6; PILTZ, Internationales Kaufrecht § 4 Rn 250; SCHLECHTRIEM/SCHWENZER/HORNUNG Art 71 Rn 8; zurückhaltender LOEWE, Kaufrecht 89; wohl **aA** SOERGEL/LÜDERITZ/DETTMEIER Art 71 Rn 9). Andernfalls wäre Art 72 überflüssig. Doch muß die Nichterfüllung eines objektiv erheblichen Teils der geschuldeten Leistung bevorstehen (vgl insbes OGH JBl 1999, 54 m Anm KAROLLUS). Die voraussichtliche Verletzung einer einzelnen Zusatzpflicht oder eines kleineren Teils einer zentralen Pflicht genügt nicht (ACHILLES, ENDERLEIN/MASKOW/STROHBACH, HERBER/CZERWENKA, HONSELL/SCHNYDER/STRAUB, MünchKommHGB/MANKOWSKI, SCHLECHTRIEM/SCHWENZER/HORNUNG jeweils aaO). Im übrigen spielt die Art der Pflicht keine Rolle. Art 71 gilt für alle drohenden Pflichtverletzungen (ebenso MünchKommHGB/MANKOWSKI Art 71 Rn 6; PILTZ, Internationales Kaufrecht § 4 Rn 249).

16 Auch sofern der **Gläubiger vorleistungspflichtig** ist, greift Art 71 ein, wenn hinreichend sicher ist, daß der Schuldner seine Pflicht nicht erfüllen wird (Sekretariatskommentar Art 62 Bem 10; BRUNNER Art 71 Rn 3; HAMMER 75; KAROLLUS 87; MünchKommHGB/ MANKOWSKI Art 71 Rn 7; PILTZ, Internationales Kaufrecht § 4 Rn 254; REINHART, in: SCHLECHTRIEM, Fachtagung 379; aA WELSER, in: DORALT 123). Deshalb ist der Behelf des Art 71 bei einer Vorleistungspflicht des Gläubigers von besonderem Interesse (unten Rn 30).

17 **Besondere vertragliche Abreden**, Gepflogenheiten oder Gebräuche gehen Art 71 vor. So ist etwa der Käufer beim unwiderruflichen Dokumentenakkreditiv oder bei der Klausel „Kasse gegen Dokumente" in aller Regel nicht berechtigt, sich der Auszahlung zu widersetzen, wenn zwar die Dokumente in Ordnung sind, die Ware voraussichtlich aber fehlerhaft sein wird (vgl die Einheitlichen Richtlinien über Dokumentenakkreditive der IHK; ferner Sekretariatskommentar Art 62 Bem 7). Art 71 darf hier nicht als Instrument mißbraucht werden, um eine vereinbarte strikte Vorleistungspflicht nachträglich abzuändern (vgl Sekretariatskommentar aaO; ferner MünchKommHGB/MANKOWSKI Art 71 Rn 20). Doch ist die Vorleistungspflicht nicht stets derart unabhängig von nachfolgenden Leistungshindernissen der anderen Seite ausgestaltet wie etwa beim Dokumentenakkreditiv. In anderen Fällen kann deshalb Art 71 eingreifen.

bb) Hohe Wahrscheinlichkeit

18 Der Eintritt der künftigen Vertragsverletzung braucht nicht mit letzter Sicherheit, muß aber **mit hoher Wahrscheinlichkeit** zu erwarten sein (OGH JBl 1999, 54 [54]; ENDERLEIN/MASKOW/STROHBACH Art 71 Bem 2; HONNOLD Rn 388; HONSELL/SCHNYDER/STRAUB Art 71 Rn 25; KAROLLUS 87; MünchKommHGB/MANKOWSKI Art 71 Rn 8; PILTZ, Internationales Kaufrecht § 4 Rn 250; SCHLECHTRIEM/SCHWENZER/HORNUNG Art 71 Rn 17; ähnlich BIANCA/ BONELL/BENNETT Art 71 Bem 3.3; HERBER/CZERWENKA Art 71 Rn 4; SCHLECHTRIEM Rn 262; STRUB IntCompLQ 38 [1989] 494).

19 Für die Einschätzung der Wahrscheinlichkeit gilt ein **objektiver Maßstab**. Entscheidend ist, ob aufgrund der erkennbaren Umstände ein verständiger Gläubiger in gleicher Lage (Art 8 Abs 2) die Gefahr der Nichterfüllung für entschieden wahrscheinlich halten dürfte (vgl ACHILLES Art 71 Rn 3; BIANCA/BONELL/BENNETT Art 71 Bem 3.3; ENDERLEIN/MASKOW/STROHBACH, MünchKommHGB/MANKOWSKI, SCHLECHTRIEM/ SCHWENZER/HORNUNG jeweils aaO; REINHART, in: SCHLECHTRIEM, Fachtagung 381; SCHLECHTRIEM Rn 262; STRUB IntCompLQ 38 [1989] 494; WITZ/SALGER/LORENZ Art 71 Rn 6). Bloße subjektive Befürchtungen, Übervorsicht oder Ängstlichkeit des Gläubigers sind unbeachtlich (vgl HONNOLD Rn 388; MünchKommHGB/MANKOWSKI Art 71 Rn 9; REINHART, in: SCHLECHTRIEM, Fachtagung 380 f; SOERGEL/LÜDERITZ/DETTMEIER Art 71 Rn 3). In Fällen, in denen der Schuldner schließlich dennoch ordnungsgemäß erfüllt hat, wird das Aussetzungsrecht des Gläubigers deshalb nur ausnahmsweise zu rechtfertigen sein.

20 In der **Rechtsprechung** ist es für eine drohende Vertragsverletzung etwa als hinreichend angesehen worden, daß ein Schuhhersteller Markenware, die er exklusiv für den Käufer und Markeninhaber anfertigen sollte, auf einer Messe ausgestellt und dort trotz Abmahnung belassen hatte. Zu vertragswidrigen Verkäufen an Dritte war es noch nicht gekommen (OLG Frankfurt NJW 1992, 633). Ferner droht ersichtlich eine Vertragsverletzung, wenn die Ware beim Verkäufer nach Vertragsschluß und vor Lieferung abhanden gekommen ist und deshalb nicht mehr geliefert werden kann

(OLG Hamm TranspR-IHR 2000, 7). Schiedsrichterliche Rechtsprechung hat ein Aussetzungsrecht in einem Fall angenommen, in dem die Sukzessivlieferung von Erdgaskondensat vereinbart war und sich nach einigen Lieferungen ein überhöhter Quecksilbergehalt herausgestellt hatte; da die Quelle des Verkäufers kein anderes als das mangelhafte Kondensat liefern konnte, war der Käufer berechtigt, „to refuse and/or suspend further deliveries" (Schiedsspruch Nr 2319 des Netherlands Arbitration Institute vom 15.10. 2002, IHR 2003, 283 [290 f]). Wenn ferner eine zu erwartende Lieferung voraussichtlich zu 40% mangelhaft sein wird, kann das ein Aussetzungsrecht begründen (LG Stendal IHR 2001, 30 [34, inzident]). Auch wenn die Käuferin einer Firmengruppe angehört, in der ein Schwesterunternehmen gleichen Namens wie die Käuferin in Konkurs geht, so daß die Zahlungsfähigkeit der gesamten Firmengruppe in Zweifel gerät, ist – freilich noch unter der entsprechenden EKG-Vorschrift – ein Aussetzungsrecht gewährt worden (OLG Hamm NJW 1984, 1307; problematisch). Dagegen reichten einzelne verspätete Zahlungen und eine widerrufene Überweisung noch nicht, ein Aussetzungsrecht zu begründen (OGH JBl 1999, 54 m Anm KAROLLUS; wohl aA BRUNNER Art 71 Rn 9).

cc) Zeitlicher Aspekt

Die Vorschrift gilt **für Störungen im Vorfeld der Vertragserfüllung**, wenn noch keine **21** Vertragsverletzung eingetreten ist (zur Geltung bei eingetretener Vertragsverletzung unten Rn 36). Je weiter der Erfüllungstermin noch zeitlich entfernt ist, desto strengere Anforderungen sind an die Wahrscheinlichkeit der künftigen Vertragsverletzung zu stellen. Zur Erkennbarkeit der Hinderungsgründe unten Rn 28. Ist die Erfüllung dagegen abgeschlossen, scheidet Art 71 aus.

b) Gründe für die drohende Pflichtverletzung

Nach Art 71 Abs 1 lit a und b sind es bestimmte Gründe, die die künftige Vertrags- **22** verletzung besorgen lassen müssen. Allerdings sind diese Gründe sehr weit gefaßt.

aa) Mangel der Erfüllungsfähigkeit oder Kreditwürdigkeit (Abs 1 lit a)

Als Grund für das Aussetzungsrecht genügt nur ein **schwerwiegender, ernster Mangel** **23** („serious deficiency", „grave insuffisance") der Erfüllungsfähigkeit. Schwerwiegend ist der Mangel, wenn er die Erfüllungsmöglichkeit ganz oder im wesentlichen herabsetzt. Verbleiben dem Schuldner Erfüllungsalternativen, so fehlt ein Aussetzungsgrund (vgl auch OGH JBl 1999, 54 [55]; MünchKommHGB/MANKOWSKI Art 71 Rn 11; aA HONSELL/SCHNYDER/STRAUB Art 71 Rn 17, die die Schwere nur auf den Grad der Wahrscheinlichkeit künftiger Vertragsverletzung beziehen).

Auf welche Ursache der Mangel seinerseits zurückzuführen ist, legt die Vorschrift **24** nicht fest. Es kommt insoweit **jeder Grund** in Betracht. In erster Linie spielen technische oder wirtschaftliche Hinderungsgründe eine Rolle, die im Einflußbereich des Schuldners liegen wie etwa Beschaffungsschwierigkeiten etc. Doch sind für Art 71 auch Gründe anzuerkennen, die zu einer Entlastung nach Art 79 führen wie Krieg, Streik, Boykott, Naturkatastrophen etc, sofern dadurch die Fähigkeit zur Erfüllung ganz oder im wesentlichen beseitigt ist (vgl ACHILLES Art 71 Rn 4; BAMBERGER/ ROTH/SAENGER Art 71 Rn 3; BIANCA/BONELL/BENNETT Art 71 Bem 2.6; ENDERLEIN/MASKOW/ STROHBACH Art 71 Bem 4; HAMMER 76; HERBER/CZERWENKA Art 71 Rn 7; MünchKommBGB/ HUBER Art 71 Rn 8; MünchKommHGB/MANKOWSKI Art 71 Rn 13; PILTZ, Internationales Kaufrecht § 4 Rn 251 f; RUDOLPH Art 71 Rn 3; SCHLECHTRIEM/SCHWENZER/HORNUNG Art 71 Rn 10 u N

24; SCHWIMANN/POSCH Art 71 Rn 7; STRUB IntCompLQ 38 [1989] 495). Erst recht genügt es, wenn der Verkäufer nicht liefern kann, weil die Ware bei ihm abhanden gekommen ist (s OLG Hamm TranspR-IHR 2000, 7).

25 Ein **schwerwiegender Mangel der Kreditwürdigkeit** ist etwa gegeben, wenn über das Vermögen des Schuldners ein Insolvenz- oder sonstiges Liquidationsverfahren eröffnet worden ist oder der Schuldner seine Zahlungen oder Lieferungen eingestellt hat (OGH JBl 1999, 54 m Anm KAROLLUS; Rechtbank van Koophandel te Hasselt 1.3. 1995, CISG-online Nr 373 [Erstbestellung seit sieben Monaten nicht bezahlt; Zurückhaltungsrecht des Verkäufers für Zweitbestellung]; BRUNNER Art 71 Rn 16; ENDERLEIN/MASKOW/STROHBACH Art 71 Bem 4; HAMMER 76 f; MünchKommBGB/HUBER Art 71 Rn 8; SCHLECHTRIEM/SCHWENZER/HORNUNG Art 71 Rn 11). Einzelne verspätete Zahlungen oder eine schleppende Zahlungsweise bei anderen Verträgen genügen für sich in der Regel nicht, einen schweren Mangel der Kreditwürdigkeit anzuzeigen (OGH aaO; ebenso PILTZ, SCHLECHTRIEM/SCHWENZER/HORNUNG jeweils aaO; **aA** aber Sekretariatskommentar Art 62 Bem 6). Gleiches gilt für einzelne Wechselproteste, für einzelne erfolglose Pfändungen oder die Stornierung eines Überweisungsauftrags (OGH aaO). Gewicht, Summierung, zahlreiche Häufung der genannten Anzeichen oder sonstige Umstände – zB Kündigung bestehender und Verweigerung neuer Kredite für den angeschlagenen Schuldner – können aber einen schwerwiegenden Solvenzmangel ergeben.

26 Die mangelnde **Kreditwürdigkeit der Bürgen, Garanten** etc des Schuldners begründet noch nicht ohne weiteres die fehlende Solvenz des Schuldners selbst (ebenso HONSELL/SCHNYDER/STRAUB Art 71 Rn 21; MünchKommHGB/MANKOWSKI Art 71 Rn 12, 16; **aA** ENDERLEIN/MASKOW/STROHBACH Art 71 Bem 4). Doch genügt sie, wenn eine Inanspruchnahme des Bürgen, Garanten etc unmittelbar erfolgen soll, weil der Hauptschuldner nicht leisten kann (vgl BRUNNER Art 71 Rn 16; HAMMER 77; MünchKommBGB/HUBER Art 71 Rn 8; MünchKommHGB/MANKOWSKI aaO).

bb) Mangelndes Erfüllungsverhalten (Abs 1 lit b)

27 Grundsätzlich ist es dem Schuldner überlassen, wie er die Vertragserfüllung vorbereitet und durchführt. Zeichnet sich aber ab, daß er auf die vorgesehene Weise einen wesentlichen Teil seiner Pflichten nicht erfüllen wird, dann muß der Gläubiger die Nichterfüllung nicht abwarten. Mangelndes Erfüllungsverhalten zeigt der Schuldner etwa, wenn er **die notwendigen Vorbereitungsmaßnahmen** (Beschaffung von erforderlichem Material, Lizenzen, Genehmigungen) **nicht rechtzeitig** einleitet, wenn er **erkennbar ungeeignete Materialien, Produktionsweisen, Transportmittel etc** einsetzt, die zwangsläufig zu Schäden an der Ware führen müssen (Sekretariatskommentar Art 62 Bem 6; ACHILLES Art 71 Rn 6; BIANCA/BONELL/BENNETT Art 71 Bem 2.6; BRUNNER Art 71 Rn 17; MünchKommBGB/HUBER Art 71 Rn 9; MünchKommHGB/MANKOWSKI Art 71 Rn 17; SCHLECHTRIEM/SCHWENZER/HORNUNG Art 71 Rn 12; SCHLECHTRIEM Rn 259; WITZ/SALGER/LORENZ Art 71 Rn 14). So ist das Aussetzungsrecht etwa zu gewähren, wenn der Verkäufer die Schadensquelle für künftige Lieferungen nicht abstellen kann oder will (Schiedsspruch Nr 2319 des Netherlands Arbitration Institute vom 15.10. 2002, IHR 2003, 283 [290 f: Verkäufer kann Erdgaskondensat nur weiter aus der Quelle liefern, die zu hohen Quecksilbergehalt hat]). Mangelndes Erfüllungsverhalten liegt ferner darin, daß der Schuldner die Erfüllung kategorisch ablehnt oder nur zu anderen, nicht vereinbarten Bedingungen erfüllen will (s Schiedsgericht der Hamburger freundschaftlichen Arbitrage IHR 2001, 35 [Verkäufer macht weitere Lieferungen von Vorkasse abhängig]; MünchKommHGB/MANKOWSKI Art 71 Rn 18).

Auch wenn der Schuldner mitteilt, daß er nicht fristgerecht liefern könne, gestattet das dem vorleistungspflichtigen Gläubiger nicht, ggf seine Leistung zurückzuhalten (Kantonsgericht Appenzell-Ausserrhoden IHR 2004, 254).

cc) Maßgebender Zeitpunkt

Die Gründe für die drohende Pflichtverletzung müssen sich nach Vertragsschluß **28** „herausgestellt" haben. Diese Formulierung („becomes apparent", „il apparait") bedeutet nicht, daß die in lit a oder b genannten Gründe nach Vertragsschluß entstanden sein müssen. Es genügt, daß sie bereits bei Vertragsschluß **bestanden, dem Gläubiger aber nicht bekannt** waren (BIANCA/BONELL/BENNETT Art 71 Bem 1. 9; ENDERLEIN/MASKOW/STROHBACH Art 71 Bem 2; HERBER/CZERWENKA Art 71 Rn 3; FISCHER 210; LOEWE, Kaufrecht 88 f; MünchKommHGB/MANKOWSKI Art 71 Rn 19; REINHART, in: SCHLECHTRIEM, Fachtagung 380; SCHLECHTRIEM/SCHWENZER/HORNUNG Art 71 Rn 14). Waren sie bei Vertragsschluß objektiv erkennbar, so entfällt das Aussetzungsrecht ebenfalls (so auch BIANCA/BONELL/BENNETT Art 71 Bem 3. 2 f; HERBER/CZERWENKA aaO; HONSELL/SCHNYDER/STRAUB Art 71 Rn 32; MünchKommHGB/MANKOWSKI Art 71 Rn 19; SCHLECHTRIEM/SCHWENZER/HORNUNG Art 71 Rn 15). Klaren Tatsachen darf sich der Gläubiger nicht verschließen.

c) Ausübung des Aussetzungsrechts

Der Gläubiger kann das Aussetzungsrecht **jederzeit ausüben**. Er verliert es nicht **29** etwa, wenn er nicht sofort reagiert, sobald er von einem Aussetzungsgrund erfährt. Die Ausübung hängt ferner von keiner Form ab. Das faktische Zurückhalten der eigenen Leistung genügt (MünchKommHGB/MANKOWSKI Art 71 Rn 21). Allerdings ist der Gläubiger zu sofortiger Information des Schuldners verpflichtet (dazu unten Rn 45). Doch ist die Informationspflicht nicht Voraussetzung, sondern Folge des Aussetzungsrechts (ebenso BERGEM/ROGNLIEN 334; HAMMER 67; HONSELL/SCHNYDER/STRAUB Art 71 Rn 38; MünchKommHGB/MANKOWSKI Art 71 Rn 28; NEUMAYER/MING Art 71 Bem 10; STERN 128; **aA** etwa LG Darmstadt IHR 2001, 160 [ohne Diskussion der Frage] m krit Anm PILTZ; AG Frankfurt IPRax 1991, 345; REINHART Art 71 Rn 12; offen gelassen von OLG Karlsruhe IHR 2004, 246 [249]).

Entsteht zwischenzeitlich ein Aufhebungsrecht, kann der Gläubiger jederzeit zu ihm überwechseln (OLG Karlsruhe aaO).

IV. Rechtsfolgen

1. Grundsatz

Der Gläubiger kann die eigene Leistung aussetzen, wenn die Voraussetzungen des **30** Art 71 Abs 1 vorliegen. Er braucht also **zum Leistungstermin selbst nicht** zu **erfüllen**. Auch von Leistungsvorbereitungen (Herstellung, Beschaffung etc) kann er Abstand nehmen. Praktische Bedeutung hat das Aussetzungsrecht damit vor allem für den Gläubiger, der sonst selbst vorleistungspflichtig wäre (HERBER/CZERWENKA Art 71 Rn 10; JAN 151). Denn in allen anderen Fällen kann er gem Art 58 ohnehin auf Zug-um-Zug-Leistung bestehen. Der Bestand des Aussetzungsrechts hängt jedoch nicht von einer Vorleistungspflicht des Gläubigers ab (vgl oben Rn 16). Art 71 gewährt nur das Recht, die eigene Leistung zurückzuhalten. Die Konvention sieht nicht vor, daß der Gläubiger darüber hinaus eine teilweise Vorleistung oder sonstige Sicherstellung verlangen kann. Der Schuldner kann sie freilich leisten und dem Gläubiger das Aussetzungsrecht damit aus der Hand schlagen (Abs 3, vgl dazu u Rn 48 ff). Sind zugleich auch die Voraussetzungen des Art 72 oder 73 gegeben, so kann die vertragstreue Partei zwischen den möglichen Behelfen nach diesen Vorschriften oder Art 71 wählen (OGH JBl 1999, 55).

31 Mit seiner berechtigten **Erfüllungsverweigerung** begeht der Gläubiger **keine Vertragsverletzung** (LG Stendal IHR 2001, 30 [34]; ACHILLES Art 71 Rn 8; MünchKommHGB/ MANKOWSKI Art 71 Rn 21; SCHLECHTRIEM/SCHWENZER/HORNUNG Art 71 Rn 22; WITZ/SALGER/ LORENZ Art 71 Rn 16). Für den Schuldner bleiben dagegen alle Leistungspflichten unverändert bestehen (zur unberechtigten Erfüllungsverweigerung s u Rn 39).

2. Unterschiedliche Situationen

32 Für das weitere Vertragsschicksal kommen folgende Situationen in Betracht:

33 – **Der Schuldner leistet vertragsgemäß**, insbes fristgerecht. In diesem Fall hat der Gläubiger, der die eigene (Vor-)Leistung bisher berechtigterweise ausgesetzt hatte, so zu leisten, wie der Vertrag das vorsieht, und mangels vertraglicher Regelung nach dem allgemeinen Grundsatz des Art 58 Zug um Zug zu erfüllen (ähnlich HERBER/CZERWENKA Art 71 Rn 11: alsbald).

34 – Erfüllt der Schuldner **fristgerecht, aber mangelhaft**, dann ist der Gläubiger grundsätzlich zur Gegenleistung verpflichtet, hat aber die Behelfe, die ihm bei Vertragsverletzungen zustehen (Art 45 ff, 61 ff; MünchKommHGB/MANKOWSKI Art 71 Rn 22). Aus dem synallagmatischen Verhältnis der Leistungen folgt, daß er seine Leistung dann soweit zurückhalten kann, als er aufgrund der allgemeinen Behelfe ein Gegenrecht geltend machen kann. Hat etwa der Verkäufer Ware mit nicht wesentlichen Mängeln geliefert, so kann der Käufer – nach ordnungsgemäßer Rüge – nur mindern oder Schadensersatz verlangen. In Höhe dieses Anspruchs kann er aber einen noch nicht gezahlten Kaufpreis zurückbehalten bzw gegen konventionsinterne Ansprüche aufrechnen (vgl Art 4 Rn 46 f).

35 – Erfüllt der Schuldner **nicht fristgerecht, sondern verspätet**, dann hat der Gläubiger alle Rechte, die aus verspäteter Erfüllung folgen, insbes also Schadensersatzansprüche (MünchKommHGB/MANKOWSKI Art 71 Rn 22; wohl **aA** SCHLECHTRIEM/SCHWENZER/ HORNUNG Art 71 Rn 22, der eine Vertragsänderung und Anpassung an neue Termine annimmt; ähnlich JAN 173). Die eigene Leistung muß der Gläubiger nun ebenfalls – grundsätzlich Zug um Zug – erbringen. Für die Verspätung seiner Leistung haftet er aber nicht.

36 – **Unterbleibt die Leistung**, dann kann der Gläubiger die Erfüllung der eigenen Pflichten weiterhin verweigern, auch wenn aus der nur drohenden nun eine tatsächliche Vertragsverletzung geworden ist (so auch MünchKommHGB/MANKOWSKI Art 71 Rn 23; PILTZ, Internationales Kaufrecht § 4 Rn 254; zT **aA** KAROLLUS 83 ff, für Wegfall des Aussetzungsrechts HONSELL/SCHNYDER/STRAUB Art 71 Rn 67). Im Ergebnis können die Parteien auf diese Weise vom Vertrag Abstand nehmen, indem sie ihn auf sich beruhen lassen. Der Schuldner kann den Vertrag aber – Verwirkung vorbehalten – durch Erfüllung ohne weiteres wiederbeleben. In aller Regel wird die endgültig ganz oder in erheblichen Teilen ausbleibende Leistung den Gläubiger zur Ver-

tragsaufhebung berechtigen (s etwa OLG Karlsruhe IHR 2004, 246). Allerdings folgt
ein Aufhebungsrecht nicht aus Art 71, sondern muß sich aus anderen Vorschriften
(Art 49, 64, 72) ergeben (ebenso MünchKommBGB/HUBER Art 71 Rn 17; SCHLECHTRIEM/
SCHWENZER/HORNUNG Art 71 Rn 23).

– **Fällt der Aussetzungsgrund** nach dem Termin, zu dem der Gläubiger, und vor dem   **37**
   Termin **weg**, zu dem der Schuldner zu erfüllen hatte, dann erlischt das Aussetzungsrecht mit ex-nunc-Wirkung, sobald der Gläubiger von dem Wegfall (zB Kriegs- oder
   Streikende etc) erfährt. Er hat dann ohne weitere Verzögerung seine vertragsgemäßen Leistungen zu erbringen. Die gleiche Rechtsfolge tritt ein, wenn der Schuldner
   ausreichende Gewähr leistet (vgl KAROLLUS 88; MünchKommHGB/MANKOWSKI Art 71
   Rn 22; SCHLECHTRIEM/SCHWENZER/HORNUNG Art 71 Rn 36 sowie unten Rn 51). Ist auch der
   vom Schuldner einzuhaltende Erfüllungstermin verstrichen, so richtet sich die Lage
   danach, welche Behelfe der Gläubiger geltend gemacht hatte. Wird der Vertrag
   fortgesetzt, ist der Gläubiger auch seinerseits wieder zur Leistung verpflichtet.

– Zu dem Fall, daß der Schuldner **angemessene Sicherheiten** stellt, vgl unten   **38**
   Rn 48 ff.

3.   Unberechtigte Erfüllungsverweigerung

Die **unberechtigte Aussetzung der eigenen Pflichten** ist ihrerseits eine Vertragsver-   **39**
letzung, für die der Gläubiger einzustehen hat. Er kann deshalb zu Schadensersatz
verpflichtet sein, kann aber auch die Voraussetzungen für sonstige Behelfe der
anderen Partei geschaffen haben. Mit der Ausübung des Aussetzungsrechts läuft
der Gläubiger deshalb ein erhebliches Risiko. Denn die Unsicherheit, ob die Voraussetzungen des Art 71 vorliegen, gehen zu seinen Lasten (ebenso ENDERLEIN/MAS-
KOW/STROHBACH Art 71 Bem 4; SCHLECHTRIEM/SCHWENZER/HORNUNG Art 71 Rn 25). Die hinreichende Wahrscheinlichkeit und das besondere Gewicht der Vertragsverletzung
können im Streitfall stets erst ex post festgelegt werden. Auch die Kommunikation
mit dem Schuldner gem Abs 3 ist im Streitfall in der Regel nicht geeignet, Klarheit
zu schaffen. Dem Gläubiger ist deshalb zur Vorsicht bei der Nutzung des Aussetzungsrechts aus Art 71 zu raten.

4.   Ausschluß nationaler Rechtsbehelfe

Art 71 schließt alle jene Rechtsbehelfe des anwendbaren nationalen Rechts aus, die   **40**
für die Situation vorgesehen sind, daß nach Vertragsschluß Tatsachen offenbar wer-
den, die erhebliche Zweifel an der Erfüllungsfähigkeit der verpflichteten Partei
begründen. Ein Rückgriff auf umfassendere Zurückbehaltungsrechte des nationalen
Rechts kommt deshalb nicht in Betracht (OGH JBl 1999, 54 m Anm KAROLLUS; ACHILLES
Art 71 Rn 1; BRUNNER Art 71 Rn 5; HERBER/CZERWENKA Art 71 Rn 16; KERN ZEuP 2002, 859;
MünchKommBGB/HUBER Art 71 Rn 25; MünchKommHGB/MANKOWSKI Art 71 Rn 24; SCHLECHT-
RIEM/SCHWENZER/HORNUNG Art 71 Rn 25a und Fn 57 [allerdings kritisch wegen der hohen Voraus-
setzungen des Art 71]).

Ausgeschlossen ist aber auch die **Anfechtung wegen Irrtums** über die Solvenz- oder   **41**
Leistungsbereitschaft und -fähigkeit des anderen Vertragspartners (Schweizer Botschaft 817; ENDERLEIN/MASKOW/STROHBACH Art 71 Bem 2; FISCHER 210 N 46; FLESCH BB 1994,

873 ff [eingehend]; HERBER/CZERWENKA Art 71 Rn 16; MünchKommBGB/HUBER Art 71 Rn 26; MünchKommHGB/MANKOWSKI Art 71 Rn 25; REINHART, in: SCHLECHTRIEM, Fachtagung 378; SCHLECHTRIEM Rn 261; ders, in: Berner Tage 124; SCHWIMANN/POSCH Art 71 Rn 14; SOERGEL/ LÜDERITZ/DETTMEIER Art 71 Rn 23; WITZ/SALGER/LORENZ Art 71 Rn 5; wohl auch OGH JBl 1999, 55; **aA** aber KAROLLUS 42; LESSIAK JurBl 1989, 493; näher dazu Art 4 Rn 48 ff).

42 Ebensowenig ist ein Rückgriff auf das Institut des **Wegfalls der Geschäftsgrundlage** oder ähnliche Regeln des nationalen Rechts zulässig.

43 Obwohl es sich bei den genannten Regeln vielfach um solche zur **Vertragsgültigkeit** handelt, die Art 4 lit a grundsätzlich vom Anwendungsbereich der Konvention ausnimmt, trifft das CISG hier selbst eine abschließende Regelung und verdrängt das nationale Recht (ebenso insbes SCHLECHTRIEM aaO; vgl näher Art 4 Rn 27).

44 Nicht ausgeschlossen ist jedoch die **Anfechtung wegen arglistiger Täuschung**, da die Konvention für diese – deliktsähnliche – Situation keine Regelung vorsieht (Schweizer Botschaft 817; ENDERLEIN/MASKOW/STROHBACH Art 71 Bem 2; HERBER/CZERWENKA aaO; SCHLECHTRIEM Rn 261; ders, in: Lausanner Kolloquium 153).

5. Informationspflicht (Abs 3 HS 1)

45 Abs 3 verpflichtet den Gläubiger, der seine Leistung aussetzt, zur **sofortigen Information der anderen Vertragspartei.** Die Anzeige ist nicht zugangsbedürftig; es gilt Art 27 (ACHILLES Art 71 Rn 11; ENDERLEIN/MASKOW/STROHBACH Art 71 Bem 9; HERBER/CZERWENKA Art 71 Rn 12; MünchKommHGB/MANKOWSKI Art 71 Rn 27; PILTZ, Internationales Kaufrecht § 4 Rn 261; REINHART, in: SCHLECHTRIEM, Fachtagung 381; SCHLECHTRIEM/SCHWENZER/HORNUNG Art 71 Rn 20). Der Gläubiger hat die Anzeige ohne Verzögerung dann abzuschicken, sobald er seine Pflicht nicht fristgemäß erfüllt, sondern aussetzt. Zur vorherigen Anzeige ist er nicht verpflichtet (BIANCA/BONELL/BENNETT Art 71 Bem 2.4; ENDERLEIN/MASKOW/STROHBACH aaO). Eine bestimmte Form der Anzeige ist nicht vorgeschrieben. Mündliche oder schriftliche Unterrichtung – etwa auch durch E-mail – genügt. Eine genaue Darlegung der Gründe für die Aussetzung muß die Anzeige nicht enthalten (OLG Hamm TranspR-IHR 2000, 7 [Mitteilung des Käufers genügt, daß er nur Zug um Zug zur Zahlung verpflichtet sei, aber wisse, daß die Ware nicht mehr beim Verkäufer sei]; BIANCA/BONELL/BENNETT Art 71 Bem 2.10; ENDERLEIN/MASKOW/STROHBACH aaO). Sie muß dem Schuldner aber immerhin kenntlich machen, daß und auf Grund welchen Sachverhalts die Aussetzung erfolg; denn sonst kann der Schuldner nicht mit einer Sicherstellung nach Abs 3 reagieren (so mit Recht MünchKommHGB/MANKOWSKI Art 71 Rn 27; **anders** noch STAUDINGER/MAGNUS [1999]). Keine hinreichende Anzeige nach Abs 3 ist es deshalb, wenn der Käufer lediglich nicht zahlt und das erst später im Prozeß mit seinem Aussetzungsrecht begründet (LG Stendal IHR 2001, 30 [34]).

46 Umstritten sind die Folgen, wenn der Gläubiger seiner Informationspflicht nicht nachkommt. Insbesondere in der bisherigen Gerichtspraxis wird die Anzeige als Voraussetzung des Aussetzungsrechts angesehen; ohne sofortige Anzeige stehe dem Gläubiger das Aussetzungsrecht nicht zu (so Netherlands Arbitration Institute, Schiedsspruch Nr 2319 vom 15.10.2002, IHR 2003, 283 [290 f]; LG Darmstadt IHR 2001, 160 [ohne Diskussion der Frage] m krit Anm PILTZ; Schiedsspruch Nr 302/1996 vom 27.7.1999, Tribunal of International Commercial Arbitration at the Russian Federation Chamber of Commerce and

Industry [berichtet in Draft Digest 764]; AG Frankfurt IPRax 1991, 345; ferner ebenso Achilles Art 71 Rn 11; Bamberger/Roth/Saenger Art 71 Rn 6; Reinhart Art 71 Rn 12; aber offen gelassen von OLG Karlsruhe IHR 2004, 246 [249]).

Nach im Schrifttum überwiegender und mE zutreffender Ansicht **berührt die unter-** **47** **lassene Anzeige** dagegen **nicht das Aussetzungsrecht**, sondern gibt dem Schuldner nur das Recht, vom Gläubiger den Schaden ersetzt zu verlangen, der auf die unterlassene Anzeige zurückzuführen ist (ebenso Enderlein/Maskow/Strohbach Art 71 Bem 9; Hammer 87 ff [mit eingehender Erörterung des Streitstandes]; Herber/Czerwenka Art 71 Rn 12; MünchKommBGB/Huber Art 71 Rn 19; Piltz, Internationales Kaufrecht § 4 Rn 262; ders IHR 2001, 162; Schlechtriem, in: Lausanner Kolloquium 156; Schlechtriem/ Schwenzer/Hornung Art 71 Rn 21; Soergel/Lüderitz/Dettmeier Art 71 Rn 18; Witz/Salger/Lorenz Art 71 Rn 22; im Ergebnis ebenso Honsell/Schnyder/Straub Art 71 Rn 76). Die Anzeige soll dem Schuldner lediglich die Gelegenheit geben, den Verdacht einer drohenden Vertragsverletzung durch angemessene Sicherheitenstellung auszuräumen (ähnlich Schlechtriem aaO). Weder der Text des Abs 3 noch die Entstehungsgeschichte geben einen Hinweis darauf, daß Abs 3 die in Art 71 Abs 1 geregelten Voraussetzungen des Aussetzungsrechts erweitern sollte. Ferner ergäbe sich ein gewisser Wertungswiderspruch zu Art 73 Abs 2, wenn das Recht zur vorübergehenden Suspendierung der eigenen Vertragspflicht bereits ohne sofortige Anzeige erlischt, während das – stärkere – Recht zur Vertragsaufhebung nach Art 73 Abs 2 (iVm Art 73 Abs 3 auch für den ganzen Vertrag) erst nach angemessener Frist nicht mehr geltend gemacht werden kann (Netherlands Arbitration Institute, Schiedsspruch Nr 2319 vom 15. 10. 2002, IHR 2003, 283 [290 f] hat dagegen Art 71 Abs 3 ohne weiteres neben Art 73 Abs 2 angewendet). Ebenso spricht die Regelung in Art 72 Abs 2 für die hier vertretene Ansicht: der Verkäufer muß den Käufer danach von der Absicht zur – belastenderen – Vertragsaufhebung nur unterrichten, „(w)enn es die Zeit erlaubt und es nach den Umständen vernünftig ist," um ihm eine Sicherheitenstellung zu ermöglichen. Das Aufhebungsrecht entfällt nicht etwa mangels Unterrichtung. Für die ‚sanftere' Aussetzung sollte diese Lösung erst recht gelten.

6.   Sicherheitenstellung (Abs 3 HS 2)

Der Schuldner kann das Aussetzungsrecht des Gläubigers durch Sicherheitenstel-   **48** lung abwenden. Er muß dazu **„ausreichende Gewähr"** („adequate assurance", „assurances suffisantes") leisten. Als Sicherheit kommen insbes Garantien, Bürgschaften, Patronatserklärungen, Kautionen, Hinterlegung etc in Betracht. Doch hängt es jeweils vom Grund des Aussetzungsrechts ab, wodurch die Erfüllung zusätzlich abgesichert werden kann. Bloße Zusagen, Zusicherungen, Absichtserklärungen der anderen Partei werden regelmäßig nicht genügen (vgl auch Bianca/Bonell/Bennett Art 71 Bem 3. 4; Brunner Art 71 Rn 23; MünchKommHGB/Mankowski Art 71 Rn 30; Schlechtriem, in: Lausanner Kolloquium 156; Schlechtriem/Schwenzer/Hornung Art 71 Rn 38; Witz/Salger/Lorenz Art 71 Rn 23; ähnlich Honsell/Schnyder/Straub Art 71 Rn 48). Doch kann es etwa ausreichen, wenn der Verkäufer nachweist, daß er die mangelhafte Qualität der bisher gelieferten Ware nun dauerhaft verbessert hat (so implizit Netherlands Arbitration Institute, Schiedsspruch Nr 2319 vom 15. 10. 2002, IHR 2003, 283; Schlechtriem/Schwenzer/Hornung Art 71 Rn 38 Fn 86). Die Konvention gewährt dem Gläubiger – in der Situation des Art 71 – **keinen Anspruch auf Sicherheitenstellung** oder etwa auf eine vorgezogene, noch mögliche Teilerfüllung. Ein solches Recht

würde zu leicht mißbräuchlich verwendet werden können, um die eigene Leistungs-
unwilligkeit zu verdecken.

49 Sicherheiten sind dann **ausreichend**, wenn der Gläubiger bei objektiver Betrachtung
sicher sein kann, die versprochene Leistung oder ihren Gegenwert zu erhalten. Bürgschaften, Garantien etc müssen deshalb den Wert der ausstehenden Leistungen oder
den Schaden abdecken, der voraussichtlich aus der Nichterfüllung der Schuldner-
pflicht entstehen würde (Sekretariatskommentar Art 62 Bem 13; HERBER/CZERWENKA Art 71
Rn 14; PILTZ, Internationales Kaufrecht § 4 Rn 263; **aA** HONSELL/SCHNYDER/STRAUB Art 71 Rn 49;
auch SCHLECHTRIEM/SCHWENZER/HORNUNG Art 71 Rn 39 [keine Absicherung des möglichen Nicht-
erfüllungsschadens]). Dagegen richtet sich die Höhe der Sicherheitsleistung nicht nach
dem Wert der Leistung, die der Gläubiger aussetzt (ebenso MünchKommHGB/
MANKOWSKI Art 71 Rn 31; SCHLECHTRIEM/SCHWENZER/HORNUNG Art 71 Rn 39 Fn 87).

50 Die **Sicherheit** muß in der Weise **bereitgestellt** werden, daß der Gläubiger im Ernst-
fall über sie verfügen könnte. Ein bloßes Angebot läßt das Aussetzungsrecht nicht
erlöschen (ACHILLES Art 71 Rn 12; BIANCA/BONELL/BENNETT Art 71 Anm 3.4; Münch-
KommHGB/MANKOWSKI Art 71 Rn 32; mißverständlich HERBER/CZERWENKA Art 71 Rn 14 [An-
gebot genügt]), da damit noch keine Sicherung erfolgt. Eine Frist für die Sicherstellung sieht das Gesetz nicht vor. Der Schuldner muß auch nicht in bestimmter Frist
auf die Aussetzungsanzeige reagieren. Solange der Vertrag nicht aufgehoben ist,
kann der Schuldner jederzeit Sicherheiten stellen und ein bis dahin bestehendes
Aussetzungsrecht damit beenden.

51 Mit der Stellung der Sicherheit treten die ausgesetzten **Pflichten des Gläubigers**
wieder in Kraft (ACHILLES Art 71 Rn 13; ENDERLEIN/MASKOW/STROHBACH Art 71 Bem 10;
MünchKommHGB/MANKOWSKI Art 71 Rn 33; PILTZ, Internationales Kaufrecht § 4 Rn 263;
SCHLECHTRIEM/SCHWENZER/HORNUNG Art 71 Rn 36 f). Er hat seine Leistungen grundsätzlich fristgemäß – und soweit die Fristen bereits überschritten sind – nunmehr ohne
weitere Verzögerung zu erbringen. Soweit Vorbereitungen für seine Leistungen
notwendig sind, die während der Aussetzung unterblieben, verlängert sich der Erfüllungstermin aber um eine angemessene Frist (ebenso BIANCA/BONELL/BENNETT Art 71
Bem 3.6; ENDERLEIN/MASKOW/STROHBACH aaO). Nach **aA** verlängert sich der Fälligkeitstermin für die Gläubigerleistung dagegen stets automatisch um die Zeit der Aussetzung (Schweizer Botschaft 818; MünchKommHGB/MANKOWSKI Art 71 Rn 33; SCHLECHTRIEM,
in: Lausanner Kolloquium 156 f).

52 **Unterläßt es der Schuldner, Sicherheiten zu stellen**, oder gibt er keine ausreichende
Sicherheit, dann ist darin nach verbreiteter Ansicht ein starkes Indiz für eine
drohende wesentliche Vertragsverletzung zu sehen, die nach Art 72 zur Vertragsaufhebung berechtigt (so Schweizer Botschaft 818; BIANCA/BONELL/BENNETT Art 71 Bem 3.7;
ENDERLEIN/MASKOW/STROHBACH aaO; HONNOLD Rn 394; REINHART, in: SCHLECHTRIEM, Fachtagung 382; SCHLECHTRIEM, in: Lausanner Kolloquium 156). Nach hier vertretener Ansicht
genügt die unterlassene Stellung von Sicherheiten für sich allein noch nicht, eine
drohende Vertragsverletzung, die zwar gewichtig, aber nicht wesentlich ist, nunmehr
als wesentlich zu betrachten (ebenso Sekretariatskommentar Art 63 Bem 2; ACHILLES Art 71
Rn 14; HONSELL/SCHNYDER/STRAUB Art 71 Rn 51; MünchKommHGB/MANKOWSKI Art 71 Rn 34;
SCHLECHTRIEM/SCHWENZER/HORNUNG Art 71 Rn 40; WITZ/SALGER/LORENZ Art 71 Rn 24). Ein
Aufhebungsrecht ist nur unter den Voraussetzungen des Art 72 begründet; bei der

Bewertung einer künftigen Pflichtverletzung als wesentlich kann die Weigerung, angemessene Sicherheiten zu stellen, jedoch mitberücksichtigt werden.

V. Anhalterecht (Abs 2)

1. Voraussetzungen

Art 71 Abs 2 gibt dem Verkäufer ein **besonderes Anhalterecht** (right of stoppage in **53** transitu), wenn sich die drohende Pflichtverletzung des Käufers erst herausstellt, nachdem der Verkäufer die Ware bereits abgesandt hat. Es setzt voraus, daß die in Abs 1 genannten Gründe vorliegen und nach Absendung der Ware offenbar geworden sind (zur Bedeutung der Formulierung „sich herausstellen" vgl oben Rn 28). Auch hinsichtlich der Informationspflicht, der Möglichkeit, Sicherheiten zu stellen und den Vertrag fortzusetzen, gilt Gleiches wie für das Aussetzungsrecht nach Abs 1. Dem Käufer räumt Art 71 kein vergleichbares Recht ein, einen Zahlungsauftrag noch nachträglich zu stoppen, etwa einen Scheck zu sperren etc (BIANCA/BONELL/ BENNETT Art 71 Anm 1.12; WITZ/SALGER/LORENZ Art 71 Rn 17). Doch wird der Konvention ein allgemeines, auf Art 7 gestütztes Anhalterecht auch des Käufers zu entnehmen sein, wenn ganz eindeutig ist, daß der Verkäufer keine auch nur annähernd adäquate Gegenleistung erbringen wird (zu einem allgemeinen Zurückbehaltungsrecht s KERN ZEuP 2000, 837; zust BRUNNER Art 71 Rn 5; s auch Art 7 Rn 43).

2. Rechtsfolgen

Das Anhalterecht steht dem **Verkäufer nur gegenüber seinem Käufer** zu. Dritten **54** (Frachtführer, Lagerhalter, Erwerber vom Käufer) kann er es nicht entgegensetzen (BIANCA/BONELL/BENNETT Art 71 Bem 2.9; ENDERLEIN/MASKOW/STROHBACH Art 71 Bem 8; HAMMER 81; HERBER/CZERWENKA Art 71 Rn 13; MünchKommBGB/HUBER Art 71 Rn 33; Münch- KommHGB/MANKOWSKI Art 71 Rn 37; SCHLECHTRIEM/SCHWENZER/HORNUNG Art 71 Rn 33). Der Käufer muß dagegen dulden, daß ihm die Ware vorenthalten wird, auch wenn er bereits Eigentümer ist oder über die Dokumente verfügt, die ihn zum Besitz der Ware berechtigen. Unterläuft der Käufer das Anhalterecht, indem er sich die Ware ausfolgern läßt, dann begeht er seinerseits eine Vertragsverletzung, die ihn zu Schadensersatz verpflichtet (ebenso HONSELL/SCHNYDER/STRAUB Art 71 Rn 73 [in analoger Anwendung des Art 61 Abs 1 lit b]; MünchKommHGB/MANKOWSKI Art 71 Rn 39; SCHLECHTRIEM/ SCHWENZER/HORNUNG Art 71 Rn 31).

Erteilt der Verkäufer dem **Dritten** (Frachtführer, Lagerhalter etc) die **Weisung**, die **54a** Ware dem Käufer nicht auszuhändigen, so hat der Dritte diese Weisung nur zu befolgen, wenn dasjenige Recht dies vorsieht, das das Rechtsverhältnis zwischen Verkäufer und Drittem beherrscht. Ist der Verkäufer der Vertragspartner des Dritten, dann entscheidet das insoweit anwendbare Vertragsrecht, das – wie etwa § 418 HGB – ein Weisungsrecht und die (begrenzte) Pflicht des Dritten vorsehen kann, die Weisung zu befolgen. Vielfach ist der Dritte an die Weisung des Verkäufers aber nicht gebunden; im Gegenteil wird er sich häufig nach dem für die Herausgabe maßgebenden Recht seinerseits Ersatzansprüchen aussetzen, wenn er dem Inhaber des Transportdokuments oder Lagerscheins die Ware nicht aushändigt (s hierzu auch BAMBERGER/ROTH/SAENGER Art 71 Rn 9; MünchKommHGB/MANKOWSKI Art 71 Rn 38; SCHLECHTRIEM/SCHWENZER/HORNUNG Art 71 Rn 34; SOERGEL/LÜDERITZ/DETTMEIER

Art 71 Rn 12). Der Verkäufer kann sein Anhalterecht dann nur dadurch effektiver gegenüber seinem Käufer sichern, daß er den Dritten ausdrücklich zur Ausübung des Aussetzungsrechts ermächtigt (ebenso MünchKommHGB/MANKOWSKI Art 71 Rn 38; SOERGEL/LÜDERITZ/DETTMEIER Art 71 Rn 12). Freilich hängt der Verkäufer auch dann von der Bereitschaft des Dritten ab, der Weisung zu folgen und ihre Berechtigung anzuerkennen. Wirklich durchsetzen kann der Verkäufer sein Anhalterecht daher nur, wenn er dem Käufer durch einstweilige Verfügung untersagen läßt, die Ware in Besitz zu nehmen, und wenn er die Dokumente sequestriert, die zur Herausgabe der Ware berechtigen (s auch HERBER/CZERWENKA Art 71 Rn 13; SCHLECHTRIEM/SCHWENZER/ HORNUNG Art 71 Rn 32; WITZ/SALGER/LORENZ Art 71 Rn 19).

55 Abgesehen von den für das Aussetzungsrecht geltenden **Erlöschensgründen** (oben Rn 33, 35, 37, 51) erlischt das Anhalterecht auch, sobald die Ware dem Käufer oder einem für ihn Berechtigten ausgehändigt worden ist (HERBER/CZERWENKA Art 71 Rn 13; MünchKommHGB/MANKOWSKI Art 71 Rn 40; SCHLECHTRIEM/SCHWENZER/HORNUNG Art 71 Rn 35). Die Übergabe an den Beförderer bedeutet in aller Regel keine Übergabe an den Käufer (SCHLECHTRIEM/SCHWENZER/HORNUNG aaO). Haben bereits vor der Übergabe an den Käufer Dritte Eigentum an der Ware erworben, so soll der – gutgläubige – Erwerb nach einer problematischen Auffassung der Übergabe an den Käufer gleichstehen und das Anhalterecht erlöschen lassen (so Hammer 99). ME läßt auch hier erst die Übergabe an den Erwerber das Anhalterecht entfallen. Denn die Konvention stellt auch sonst nicht auf die dingliche Lage ab (vgl auch Art 4 b).

VI. Beweisfragen

56 Diejenige Partei, die sich auf ein Aussetzungs- oder Anhalterecht nach Abs 1 oder 2 beruft, ist beweispflichtig dafür, daß nach Vertragsschluß bzw nach Absenden der Ware Tatsachen erkennbar geworden sind, die die Aussetzung oder das Anhalten rechtfertigen (ebenso ACHILLES Art 71 Rn 16; BAUMGÄRTEL/LAUMEN/HEPTING Art 71 Rn 1; MünchKommHGB/MANKOWSKI Art 71 Rn 4).

57 Die Tatsachen, die eine ausreichende Sicherheitenstellung belegen sollen, hat derjenige zu beweisen, der sich darauf beruft, daß das Aussetzungs- oder Anhalterecht durch Sicherheitenstellung abgewendet worden sei (ACHILLES Art 71 Rn 16; BAUMGÄR- TEL/LAUMEN/HEPTING Art 71 Rn 9).

Art 72 [Recht, den Vertrag vor der Erfüllung aufzuheben]

(1) Ist schon vor dem für die Vertragserfüllung festgesetzten Zeitpunkt offensichtlich, daß eine Partei eine wesentliche Vertragsverletzung begehen wird, so kann die andere Partei die Aufhebung des Vertrages erklären.

(2) Wenn es die Zeit erlaubt und es nach den Umständen vernünftig ist, hat die Partei, welche die Aufhebung des Vertrages erklären will, dies der anderen Partei anzuzeigen, um ihr zu ermöglichen, für die Erfüllung ihrer Pflichten ausreichende Gewähr zu geben.*

---

* Schweiz: Sicherheit zu bieten.

(3) Absatz 2 ist nicht anzuwenden, wenn die andere Partei erklärt hat, daß sie ihre Pflichten nicht erfüllen wird.

Art 72

(1) If prior to the date for performance of the contract it is clear that one of the parties will commit a fundamental breach of contract, the other party may declare the contract avoided.

(2) If time allows, the party intending to declare the contract avoided must give reasonable notice to the other party in order to permit him to provide adequate assurance of his performance.

(3) The requirements of the preceding paragraph do not apply if the other party has declared that he will not perform his obligations.

Art 72

1) Si, avant la date de l'exécution du contrat, il est manifeste qu'une partie commettra une contravention essentielle au contrat, l'autre partie peut déclarer celui-ci résolu.

2) Si elle dispose du temps nécessaire, la partie qui a l'intention de déclarer le contrat résolu doit le notifier à l'autre partie dans des conditions raisonnables pour lui permettre de donner des assurances suffisantes de la bonne exécution de ses obligations.

3) Les dispositions du paragraphe précédent ne s'appliquent pas si l'autre partie a déclaré qu'elle n'exécuterait pas ses obligations.

Systematische Übersicht

Alphabetische Übersicht

I.   Regelungsgegenstand und Normzweck

1 Die Vorschrift steht in Zusammenhang mit Art 71 und regelt das **Recht zur Vertragsaufhebung bei drohender Vertragsverletzung.** Abs 1 gewährt dieses Recht, wenn offensichtlich ist, daß die andere Partei eine wesentliche Vertragsverletzung begehen wird. Art 72 gilt für alle vom CISG erfaßten Kaufverträge, und damit grundsätzlich auch für Sukzessivlieferungsverträge. Für letztere enthält allerdings Art 73 Abs 2 eine speziellere Regel, die vorgeht, soweit sie reicht (vgl näher Art 73 Rn 28).

2 Soweit möglich, hat der Gläubiger den Schuldner von seiner Aufhebungsabsicht zu **unterrichten** (Abs 2). Der Schuldner kann dann durch Sicherheitenstellung die Aufhebung abwenden. Bei ausdrücklicher Erfüllungsverweigerung des Schuldners entfällt die Informationspflicht (Abs 3).

3 Art 72 folgt der Grundentscheidung der Konvention, die Vertragsaufhebung nur bei wesentlichen Vertragsverletzungen zuzulassen, und erstreckt diese Regel auch auf das Vorfeld der Vertragsdurchführung. Die berechtigte Partei soll einen mit hoher Wahrscheinlichkeit drohenden wesentlichen Vertragsbruch nicht erst abwarten müssen, bevor sie den Vertrag aufheben kann (vgl auch Denkschrift 58).

II.   Entstehungsgeschichte

4 Die Bestimmung hat in ihrem Abs 1 Art 76 EKG nahezu wörtlich übernommen, während die Abs 2 u 3 keine Parallele im EKG hatten.

5 Die Abs 2 u 3 des jetzigen Art 72 waren auch in den UNCITRAL-Vorentwürfen nicht enthalten. Sie wurden erst in einem späten Stadium der Wiener Konferenz von 1980 von einer ad-hoc-Arbeitsgruppe erarbeitet (Off Rec 130 f), nachdem ein ägyptischer Antrag (A/Conf97/C1/L250, Off Rec 130) die Debatte über die Vorschrift (Art 63 des New Yorker Entwurfs) wieder eröffnet hatte. Das sachliche Ziel des Antrags, das Aufhebungsrecht einzuschränken und mit dem Aussetzungsrecht in einer Vorschrift zusammenzufassen (vgl Off Rec 419 f), fand zwar keine Mehrheit (Off Rec 422), doch wurde die Anzeigepflicht des aufhebungsberechtigten Gläubigers in der Vorschrift verankert (Off Rec 433). Sie entspricht Wünschen aus dem Kreis der Entwicklungsländer, die ein sofortiges vorzeitiges Aufhebungsrecht als zu scharfe Sanktion ansahen (eingehend dazu Strub IntCompLQ 38 [1989] 476 ff, 489 ff).

III. Voraussetzungen (Abs 1)

1. Wesentliche Vertragsverletzung

Das Aufhebungsrecht nach Art 72 setzt voraus, daß eine **wesentliche Vertragsverlet-** **6** **zung zu erwarten** ist. Es gilt der Maßstab des Art 25. Die künftige Vertragsverletzung muß derart gewichtig sein, daß für den Gläubiger kein Interesse an der Erfüllung besteht und der Schuldner dies auch erkennen kann. Es muß damit eine Vertragsverletzung drohen, die bei ihrem Eintritt gem Art 49 oder 64 zur Vertragsaufhebung berechtigen würde. Die zu diesen Vorschriften entwickelten Fallgruppen (vgl Art 49 Rn 7 ff, Art 64 Rn 10 ff) sind auch für Art 72 heranzuziehen (vgl zu den Fallgruppen auch Lurger IHR 2001, 91 ff; Piltz, Internationales Kaufrecht § 5 Rn 220 ff). In der Rechtsprechung ist es etwa als zu erwartende wesentliche Vertragsverletzung angesehen worden, daß dem Verkäufer von seinem Lieferanten die Vertriebsbefugnis entzogen worden war (offengelassen in BGH NJW 1995, 2101, dazu Schlechtriem EwiR Art 49 CISG 1/95 451 f und Schmidt-Kessel RiW 1996, 60 ff) oder daß der Käufer schon einen früheren Vertrag seit Monaten nicht bezahlt und das Verlangen nach Sicherheiten für den neuen Vertrag nicht beantwortet hatte (OLG Düsseldorf 14.1. 1994, CLOUT Nr 130). Eine wesentliche künftige Vertragsverletzung kann auch daraus folgen, daß bisherige Vertragsverletzungen (zB ständige Lieferfristüberschreitungen) auch für die Zukunft drohen und in ihrer Summierung als nicht mehr hinnehmbar erscheinen (s OGH JBl 1999, 54 m Anm Karollus). Auf frühere Mängel, für die die Rügefristen abgelaufen waren, kann sich ein Käufer dabei aber nicht berufen, da er sonst die Regeln des Art 39 unterlaufen könnte.

Art 72 greift aber nicht mehr gegenüber Vertragsverletzungen, die bei Fälligkeit vorliegen. Für sie gelten die sie regelnden Vorschriften, also Art 45 ff und 61 ff, insbes 49 und 64 (BGHZ 132, 290 [296]; BGH NJW 1995, 2101; Achilles Art 72 Rn 1; Draft Digest 765; MünchKommHGB/Mankowski Art 72 Rn 3; vgl Rn 14).

2. Offensichtlichkeit

Art 72 Abs 1 verlangt weiter, daß es **offensichtlich** („clear", „manifeste") ist, daß der **7** Schuldner eine wesentliche Vertragsverletzung begehen wird. Welcher Grad an Wahrscheinlichkeit damit gefordert wird, ist umstritten.

Zum Teil wird trotz der unterschiedlichen Formulierung in Art 71 („sich heraus- **8** stellen") und Art 72 angenommen, für beide Vorschriften gelte der gleiche Wahrscheinlichkeitsgrad (so Herber/Czerwenka Art 72 Rn 2; wohl auch Schweizer Botschaft 819).

Nach vorzuziehender Ansicht setzt Art 72 dagegen eine höhere Sicherheit über die **9** voraussichtlich eintretende Vertragsstörung voraus als Art 71 (so auch Achilles Art 72

Rn 2; BAMBERGER/ROTH/SAENGER Art 72 Rn 4; BIANCA/BONELL/BENNETT Art 72 Bem 2. 2; BRUN-
NER Art 72 Rn 3; Draft Digest 765 f; ENDERLEIN/MASKOW/STROHBACH Art 72 Bem 1; HONSELL/
SCHNYDER/STRAUB Art 72 Rn 25; KAROLLUS 163; LOEWE, Kaufrecht 90; MünchKommBGB/HUBER
Art 72 Rn 7; MünchKommHGB/MANKOWSKI Art 72 Rn 5; PILTZ, Internationales Kaufrecht § 5
Rn 225; SCHLECHTRIEM/SCHWENZER/HORNUNG Art 72 Rn 12; SCHWIMANN/POSCH Art 72 Rn 2;
SOERGEL/LÜDERITZ/DETTMEIER Art 72 Rn Rn 6; wohl auch SCHLECHTRIEM Rn 270 Fn 236). Auch
die Rechtsprechung verlangt eine sehr hohe Wahrscheinlichkeit (s OLG Düsseldorf
24. 4. 1997, CISG-online 385 [„sicherer Schluss"]; LG Berlin 20. 9. 1992, UNILEX). Das ist mit
der einschneidenden Rechtsfolge des Art 72 zu rechtfertigen. Zur vorzeitigen Vertragsaufhebung ist der Gläubiger nur berechtigt, wenn im vorhinein – von Unwägbarkeiten abgesehen – **nahezu sicher ist, daß der Schuldner nicht oder nicht ohne
wesentlichen Vertragsverstoß erfüllen wird.** Nur wenn sehr hohe Anforderungen an
die Wahrscheinlichkeit gestellt werden, wird auch vermieden, über Art 72 praktisch
das Nacherfüllungsrecht des Verkäufers aus Art 34 Abs 2 und Art 37 auszuhöhlen.

10 Wie in Art 71 ist auch in Art 72 die Wahrscheinlichkeit einer künftigen Vertragsverletzung objektiv aus der Sicht eines vernünftigen Gläubigers in gleicher Lage zu
beurteilen (vgl Art 71 Rn 19 f).

11 Anders als Art 71 setzt Art 72 dagegen **nicht** voraus, daß **bestimmte Gründe** die
Erwartung eines Vertragsverstoßes nahelegen. Sachlich besteht wegen der Weite
der in Art 71 Abs 1 lit a und b genannten Gründe allerdings kein Unterschied. Es
genügt jede Tatsache, die die drohende Nichterfüllung offensichtlich macht: So etwa
ein gegen den Verkäufer von seinem Lieferanten ausgesprochenes Vertriebsverbot,
das die Lieferung unmöglich macht (BGH NJW 1995, 2101 [allerdings offengelassen, vgl
Rn 6]), Nichterfüllung früherer Zahlungsansprüche und Nichtbeachtung eines Ver-
langens nach nunmehrigen Sicherheiten (OLG Düsseldorf 14. 1. 1994, CLOUT Nr 130); die
eindeutige Erfüllungsverweigerung des Schuldners (Abs 3, vgl auch unten Rn 27; Draft
Digest 766; MünchKommHGB/MANKOWSKI Art 72 Rn 7; PILTZ, Internationales Kaufrecht § 5
Rn 225; SCHLECHTRIEM/SCHWENZER/HORNUNG Art 72 Rn 27; zum EKG: BGH NJW 1984, 2034),
auch durch unberechtigtes Ableugnen des bestehenden Vertrages (Trib Mailand, in:
SCHLECHTRIEM/MAGNUS Art 76 Nr 2); das Abhängigmachen der Erfüllung von unberech-
tigten Zusatzleistungen, Nachforderungen, Garantien etc (Magellan International Corp v
Salzgitter Handel GmbH, 76 F Supp 2d 919 [ND Ill 1999; Verlangen günstigerer Akkreditivbe-
dingungen]; BRUNNER Art 72 Rn 4; HERBER/CZERWENKA Art 72 Rn 3; PILTZ aaO; WITZ/SALGER/
LORENZ Art 72 Rn 8; zum EKG ebenso OLG Düsseldorf, in: SCHLECHTRIEM/MAGNUS Art 76 Nr 4);
Zahlungsunfähigkeit des Käufers (Rb van Koophandel Turnhout, in: SCHLECHTRIEM/MAG-
NUS Art 76 Nr 3); äußere Umstände – Abbrennen der Produktionsstätte, Ausfuhrver-
bot etc –, die eine Erfüllung unmöglich machen (Sekretariatskommentar Art 63 Bem 2;
ACHILLES Art 72 Rn 2; MünchKommHGB/MANKOWSKI Art 72 Rn 8; SCHLECHTRIEM/SCHWENZER/
HORNUNG Art 72 Rn 10); die Veräußerung des Kaufgegenstandes bei Speziesschuld an
einen Dritten (HONNOLD Rn 396; STRUB IntCompLQ 38 [1989] 497). Keine wesentliche
Vertragsverletzung droht aber, wenn der Verkäufer Spiritus nicht, wie der Käufer
für richtiger hält, mit dem Lkw, sondern mit der Bahn nach Moskau transportiert
(Bezirksgesicht Saane/Schweiz SZIER 1999, 195).

12 Die **Ablehnung des Schuldners**, bezüglich einer drohenden Vertragsverletzung **Sicherheit zu leisten**, ist für sich keine wesentliche Vertragsverletzung (ACHILLES Art 72
Rn 2; MünchKommHGB/MANKOWSKI Art 72 Rn 7; vgl Art 71 Rn 52, dort auch zur Gegenansicht).

Die Weigerung ist aber bei der Wertung mitzuberücksichtigen, ob eine künftige wesentliche Vertragsverletzung offensichtlich ist (so auch Sekretariatskommentar Art 63 Bem 2).

Eine **Entlastung** des Schuldners **nach Art 79** kommt – wie bei Art 71 – nicht in **13** Betracht. Art 79 Abs 5 befreit nur von Schadensersatzpflichten (Sekretariatskommentar Art 63 Bem 2 N 1; HERBER/CZERWENKA Art 72 Rn 3). Auch auf ein Verschulden des Schuldners kommt es nicht an (SCHLECHTRIEM/SCHWENZER/HORNUNG Art 72 Rn 10).

3. Maßgebender Zeitpunkt

Die künftige Vertragsverletzung muß nach Art 72 Abs 1 „vor dem für die Vertrags- **14** erfüllung festgesetzten Zeitpunkt" offensichtlich geworden sein. Vertragsverletzungen, die mit oder nach Fälligkeit tatsächlich eingetreten sind, werden nicht erfaßt. Für sie gelten die allgemeinen Vorschriften, insbes Art 49 (vgl BGH NJW 1995, 2101). Anders als Art 71 Abs 1 schreibt Art 72 aber nicht ausdrücklich vor, daß die Gefahr einer Vertragsstörung erst nach Vertragsschluß ersichtlich geworden sein muß. Dennoch dürfte insoweit Gleiches wie bei Art 71 (vgl dort Rn 28) gelten. Wer einen riskanten Vertrag eingeht, dessen Erfüllung schon bei Vertragsschluß höchst unwahrscheinlich ist – zB Kauf sehr schwer zu beschaffender oder herzustellender Ware –, kann nicht vorzeitig aufheben (wie hier ACHILLES Art 72 Rn 2; HONSELL/SCHNYDER/STRAUB Art 71 Rn 32; MünchKommBGB/HUBER Art 72 Rn 4; MünchKommHGB/MANKOWSKI Art 72 Rn 6).

IV. Ausübung des Aufhebungsrechts

Der Gläubiger muß die **Vertragsaufhebung erklären**; die Erklärung reist aber auf **15** Risiko des Schuldners. Es gelten die Art 26 u 27 (ACHILLES Art 72 Rn 3; ENDERLEIN/ MASKOW/STROHBACH Art 72 Bem 4; HERBER/CZERWENKA Art 72 Rn 4; MünchKommHGB/ MANKOWSKI Art 72 Rn 9). Die Wirksamkeit der Vertragsaufhebung hängt nicht von der nach Abs 2 erforderlichen Anzeige ab. Auch hier gilt Gleiches wie für Art 71 (vgl dort Rn 46 f und unten Rn 28).

Anders als bei der Vertragsaufhebung nach Art 49 und 64 ist die Erklärung der **16** vorzeitigen Aufhebung an **keine Frist** gebunden. Der Gläubiger kann die Erklärung jederzeit bis zum Erfüllungstermin abgeben (ACHILLES Art 72 Rn 3; ENDERLEIN/MASKOW/ STROHBACH Art 72 Bem 4; MünchKommHGB/MANKOWSKI Art 72 Rn 10; SOERGEL/LÜDERITZ/ DETTMEIER Art 72 Rn 9; inzident ebenso BGH NJW 1995, 2101). ME erfordert auch Art 77 keine sofortige Reaktion des Gläubigers, der von einem Grund zur vorzeitigen Aufhebung erfährt (so aber BIANCA/BONELL/BENNETT Art 72 Bem 2.4; ENDERLEIN/MASKOW/ STROHBACH Art 72 Bem 3). Der Gläubiger verstößt nicht schon dann gegen seine Schadensminderungspflicht, wenn er dem Schuldner die Chance der korrekten Erfüllung bis zum Erfüllungstermin beläßt. Allerdings muß der Gläubiger bei einer absehbaren Vertragsverletzung eigenen Schaden klein halten, sich also etwa rechtzeitig um eventuelle Ersatzbeschaffung etc kümmern (vgl auch Sekretariatskommentar Art 63 Bem 4; ACHILLES, MünchKommHGB/MANKOWSKI, SOERGEL/LÜDERITZ/DETTMEIER jeweils aaO). Doch ist der Gläubiger nach Art 72 Abs 2 grundsätzlich zunächst zur Anzeige seiner Aufhebungsabsicht verpflichtet (dazu unten Rn 20 ff).

V. Rechtsfolgen der vorzeitigen Aufhebung

17 Die berechtigte vorzeitige Aufhebung beseitigt die vertraglichen Pflichten und **wandelt den Vertrag**, soweit ein Leistungsaustausch bereits stattgefunden hatte, **in ein Rückabwicklungsverhältnis um** (vgl Art 81 ff). Ferner ist der Schuldner zu Schadensersatz wegen Nichterfüllung verpflichtet (SCHLECHTRIEM/SCHWENZER/HORNUNG Art 72 Rn 25; SOERGEL/LÜDERITZ/DETTMEIER Art 72 Rn 17; STOLL RabelsZ 52 [1988] 632 für die Aufhebung wegen Erfüllungsverweigerung). Die Schadensersatzpflicht entfällt aber, soweit der Schuldner sich für die drohende Vertragsverletzung nach Art 79 entlasten kann (vgl Art 79 Abs 5).

18 **Ändern sich** nach der vorzeitigen Aufhebung **unvorhergesehen die Umstände**, so daß der Schuldner nunmehr korrekt erfüllen könnte, dann ist das unerheblich. Die Aufhebungserklärung gestaltet den Vertrag um und bleibt wirksam (ACHILLES Art 72 Rn 3; MünchKommHGB/MANKOWSKI Art 72 Rn 12).

19 Erklärt der Gläubiger die **Aufhebung, ohne** daß **die Voraussetzungen des Art 72** vorliegen, dann begeht er selbst eine – in aller Regel – wesentliche Vertragsverletzung, die den Schuldner zu allen daraus folgenden Behelfen berechtigt (ACHILLES Art 72 Rn 3; BIANCA/BONELL/BENNETT Art 72 Bem 2.3; ENDERLEIN/MASKOW/STROHBACH Art 72 Bem 1; HONNOLD Rn 396). Noch stärker als für das Aussetzungsrecht nach Art 71 ist dem Gläubiger deshalb bei der vorzeitigen Vertragsaufhebung zur Vorsicht zu raten.

VI. Anzeigepflicht und Sicherheitenstellung (Abs 2 und 3)

1. Anzeigepflicht

a) Abs 2

20 Abs 2 verpflichtet den Gläubiger, seine **Aufhebungsabsicht** zunächst **anzuzeigen**. Damit soll der anderen Partei Gelegenheit gegeben werden, die Aufhebung durch Sicherheitenstellung abzuwenden. Allerdings besteht die Anzeigepflicht nach dem Wortlaut des Abs 2 nur, soweit sie zeitlich möglich und nach den Umständen vernünftig ist.

21 Die **deutsche Übersetzung weicht** hier indessen **vom** englischen und französischen **Originaltext** deutlich **ab** und gibt ihn nicht korrekt wieder (s auch MünchKommBGB/HUBER Art 72 Rn 13; MünchKommHGB/MANKOWSKI Art 72 Rn 15; WITZ/SALGER/LORENZ Art 72 Rn 13; ähnlich ENDERLEIN/MASKOW/STROHBACH Art 72 Bem 6; aA SCHLECHTRIEM/SCHWENZER/HORNUNG Art 72 Rn 15 f). Die verbindlichen Originalfassungen verlangen, wenn es die Zeit erlaubt, eine angemessene Anzeige, um der anderen Partei die Stellung von Sicherheiten zu ermöglichen („if time allows … give reasonable notice in order to permit him to provide … assurance", „si elle dispose du temps nécessaire … notifier … dans des conditions raisonnables pour lui permettre de donner des assurances"; ebenso die spanische Originalfassung). Sie machen deutlich, daß sich das „angemessen" auf die Anzeige bezieht, dagegen nicht ein eigenständiges Merkmal der vernünftigen Umstände einführen will; die Originalfassungen verweisen mit keinem Wort auf die Umstände, die die deutsche Übersetzung erwähnt (in diesem Sinn verstehen auch AUDIT 159; BIANCA/BONELL/BENNETT Art 72 Bem 3.3; BRUNNER Art 72 Rn 9; HONNOLD Rn 398 u STRUB IntCompLQ 38 [1989] 498 f die Vorschrift). Damit entfällt die Anzeige

nach Abs 2, wenn sie zeitlich nicht möglich ist (so AUDIT, BIANCA/BONELL/BENNETT,
HONNOLD, MünchKommHGB/MANKOWSKI aaO; ähnlich ACHILLES Art 72 Rn 4; nur sehr vorsichtig über das Zeitmoment hinausgehend SCHLECHTRIEM, UN-Kaufrecht 88).

Zeitliche Schranken werden die Anzeige der Aufhebungsabsicht indessen selten **22**
entbehrlich machen (vgl auch BIANCA/BONELL/BENNETT aaO; ENDERLEIN/MASKOW/STROH-
BACH Art 72 Bem 5; HONNOLD Rn 398; MünchKommHGB/MANKOWSKI Art 72 Rn 15 f). Allerdings mag der Zeitabstand zwischen Aufhebung und Erfüllungstermin so kurz sein,
daß eine Ankündigung der Aufhebung sich erübrigt (vgl ENDERLEIN/MASKOW/STROH-
BACH aaO; HERBER/CZERWENKA Art 72 Rn 6; REINHART Art 72 Rn 3; SCHLECHTRIEM/SCHWENZER/
HORNUNG Art 72 Rn 16).

Das Tatbestandsmerkmal „nach den Umständen vernünftig" im deutschen Text **23**
muß dagegen angesichts der Originalfassungen sehr einschränkend interpretiert
werden. So kann die Anzeige trotz zeitlicher Möglichkeit lediglich dann entfallen,
wenn sie als sinnlose Formalität erscheint, weil auch eine Sicherheitenstellung an
der Lage nichts ändern könnte (ACHILLES Art 72 Rn 4; BRUNNER Art 72 Rn 9; Münch-
KommHGB/MANKOWSKI Art 72 Rn 15; SCHLECHTRIEM, UN-Kaufrecht 88; ähnlich HERBER/CZER-
WENKA, SCHLECHTRIEM/SCHWENZER/HORNUNG jeweils aaO; LOEWE, Kaufrecht 90; WITZ/SALGER/
LORENZ Art 72 Rn 15).

Inhaltlich unterscheidet sich die Anzeige nach Art 72 Abs 2 deutlich von jener nach **24**
Art 71 Abs 3. Mit der Anzeige nach Art 71 Abs 3 übt der Gläubiger sein Aussetzungsrecht unmittelbar aus; mit der Anzeige nach Art 72 Abs 2 kündigt er seine
Absicht der Vertragsaufhebung dagegen erst an. Der Wortlaut des Art 71 Abs 3
zeigt, daß die Aussetzungsanzeige nichts weiter als die Erklärung der Aussetzung
enthalten muß. Die Originalfassungen des Art 72 Abs 2 machen demgegenüber
deutlich, daß der Anzeige nach Art 72 Abs 2 mehr als die Ankündigung der Vertragsaufhebung zu entnehmen sein muß. Die Erklärung muß es dem Schuldner
möglich machen, eine Entscheidung über Sicherheitenstellung zu treffen. Sie muß
also jedenfalls den Anlaß der Aufhebung und den Grund der befürchteten wesentlichen Vertragsverletzung angeben (ebenso BAMBERGER/ROTH/SAENGER Art 72 Rn 5;
HONSELL/SCHNYDER/STRAUB Art 72 Rn 37; MünchKommBGB/HUBER Art 72 Rn 15; SCHLECHT-
RIEM/SCHWENZER/HORNUNG Art 72 Rn 13).

Für die **Form** der Anzeige gilt Gleiches wie in Art 71 (vgl dort Rn 45).   **25**

Eine **Frist** ist für die Anzeige nach Abs 2 – anders als für jene nach Art 71 Abs 3 – **26**
nicht einzuhalten.

b)   Abs 3
Die **Anzeigepflicht entfällt** ferner **bei Erfüllungsverweigerung des Schuldners** (Abs 3). **27**
Erklärt der Schuldner, er werde nicht erfüllen, dann erübrigt sich die Anzeige nach
Abs 2. Konkludentes Verhalten genügt hier nicht (HERBER/CZERWENKA Art 72 Rn 6;
MünchKommHGB/MANKOWSKI Art 72 Rn 18; SCHLECHTRIEM/SCHWENZER/HORNUNG Art 72
Rn 27). Der Schuldner muß die Leistung ausdrücklich, ernstlich und endgültig verwei-
gern. Allerdings reicht es auch aus, wenn er die Erfüllung von nicht vereinbarten
Zusatzbedingungen oder Nachforderungen abhängig macht (HONNOLD Rn 396; Münch-
KommHGB/MANKOWSKI Art 72 Rn 19; SCHLECHTRIEM, UN-Kaufrecht 88; SCHLECHTRIEM/SCHWEN-

ZER/HORNUNG Art 72 Rn 28; STRUB IntCompLQ 38 [1989] 499), während der bloße Wunsch nach Neu- oder Nachverhandlung nicht schadet. Die einmal erklärte Erfüllungsverweigerung ist unwiderruflich (ENDERLEIN/MASKOW/STROHBACH Art 72 Bem 9). Reagiert der Gläubiger auf sie allerdings nicht mit der Vertragsaufhebung, so bleibt die Erfüllung weiter möglich; der Gläubiger muß die Leistung abnehmen. Verursacht ihm die überraschende Lieferung Zusatzaufwendungen, soll diese der Schuldner tragen (Münch-KommHGB/MANKOWSKI Art 72 Rn 12; SOERGEL/LÜDERITZ/DETTMEIER Art 72 Rn 16).

c)   Unterlassene Anzeige

28 **Unterläßt der Gläubiger die gebotene Anzeige**, so verliert er weder sein Aufhebungsrecht noch entfällt die Wirksamkeit einer sofort erklärten Aufhebung (ebenso HERBER/CZERWENKA Art 72 Rn 4; MünchKommHGB/MANKOWSKI Art 72 Rn 22; PILTZ, Internationales Kaufrecht § 5 Rn 275; ders, Handbuch Rn 143; SCHWIMANN/POSCH Art 72 Rn 7; WITZ/SALGER/LORENZ Art 72 Rn 18; **aA** aber ACHILLES Art 72 Rn 6; BAMBERGER/ROTH/SAENGER Art 72 Rn 6; HONSELL/SCHNYDER/STRAUB Art 72 Rn 36; SCHLECHTRIEM/SCHWENZER/HORNUNG Art 72 Rn 21; vgl zum selben Problem bei Art 71 Rn 46 f). Der Gläubiger macht sich aber schadensersatzpflichtig. Er hat den Schaden zu tragen, der durch Sicherheitenstellung vermieden worden wäre. Ersparte Aufwendungen für Sicherheiten sind im Weg des Vorteilsausgleichs anzurechnen. Es gilt für diesen Komplex gleiches wie für Art 71 (vgl dort Rn 47).

2.   Sicherheitenstellung

29 Durch die Stellung „ausreichender Gewähr" kann der Schuldner die Vertragsaufhebung abwenden. Das Aufhebungsrecht des Gläubigers entfällt. Zur Stellung ausreichender Sicherheiten kann auf die zu Art 71 geltenden Grundsätze verwiesen werden (vgl Art 71 Rn 48 ff).

VII. Beweisfragen

30 Der Gläubiger muß die tatsächlichen Voraussetzungen seines Aufhebungsrechts nach Art 72 Abs 1 beweisen (Magellan International Corp v Salzgitter Handel GmbH, 76 F Supp 2d 919 [ND Ill 1999]). Er ist ferner für die Umstände beweispflichtig, die einen Wegfall seiner Anzeigepflicht begründen sollen. Macht der Schuldner geltend, er habe ausreichende Gewähr geleistet, so ist er hierfür beweispflichtig (weitgehend ebenso ACHILLES Art 72 Rn 7; BAUMGÄRTEL/LAUMEN/HEPTING Art 72 Rn 5, 7, 12).

Art 73 [Sukzessivlieferungsvertrag; Aufhebung]

(1) Sieht ein Vertrag aufeinander folgende Lieferungen von Ware vor und begeht eine Partei durch Nichterfüllung einer eine Teillieferung betreffenden Pflicht eine wesentliche Vertragsverletzung in bezug auf diese Teillieferung, so kann die andere Partei die Aufhebung des Vertrages in bezug auf diese Teillieferung erklären.

(2) Gibt die Nichterfüllung einer eine Teillieferung betreffenden Pflicht durch eine der Parteien der anderen Partei triftigen Grund zu der Annahme, daß eine wesentliche Vertragsverletzung in bezug auf künftige Teillieferungen zu erwarten ist, so kann die andere Partei innerhalb angemessener Frist die Aufhebung des Vertrages für die Zukunft erklären.

(3) Ein Käufer, der den Vertrag in bezug auf eine Lieferung als aufgehoben erklärt, kann gleichzeitig die Aufhebung des Vertrages in bezug auf bereits erhaltene Lieferungen oder in bezug auf künftige Lieferungen erklären, wenn diese Lieferungen wegen des zwischen ihnen bestehenden Zusammenhangs nicht mehr für den Zweck verwendet werden können, den die Parteien im Zeitpunkt des Vertragsabschlusses in Betracht gezogen haben.

Art 73

(1) In the case of a contract for delivery of goods by instalments, if the failure of one party to perform any of his obligations in respect of any instalment constitutes a fundamental breach of contract with respect to that instalment, the other party may declare the contract avoided with respect to that instalment.

(2) If one party's failure to perform any of his obligations in respect of any instalment gives the other party good grounds to conclude that a fundamental breach of contract will occur with respect to future instalments, he may declare the contract avoided for the future, provided that he does so within a reasonable time.

(3) A buyer who declares the contract avoided in respect of any delivery may, at the same time, declare it avoided in respect of deliveries already made or of future deliveries if, by reason of their interdependence, those deliveries could not be used for the purpose contemplated by the parties at the time of the conclusion of the contract.

Art 73

1) Dans les contrats à livraisons successives, si l'inexécution par l'une des parties d'une obligation relative à une livraison constitue une contravention essentielle au contrat en ce qui concerne cette livraison, l'autre partie peut déclarer le contrat résolu pour ladite livraison.

2) Si l'inexécution par l'une des parties d'une obligation relative à une livraison donne à l'autre partie de sérieuses raisons de penser qu'il y aura contravention essentielle au contrat en ce qui concerne des obligations futures, elle peut déclarer le contrat résolu pour l'avenir, à condition de le faire dans un délai raisonnable.

3) L'acheteur qui déclare le contrat résolu pour une livraison peut, en même temps, le déclarer résolu pour les livraisons déjà recues ou pour les livraisons futures si, en raison de leur connexité, ces livraisons ne peuvent être utilisées aux fins envisagées par les parties au moment de la conclusion du contrat.

Schrifttum

vSCHEVEN, Der Sukzessivlieferungsvertrag: Eine rechtsvergleichende Untersuchung zum deutschen Recht, zum Haager Einheitlichen Kaufrecht und zum UN-Kaufrecht (1984).

Systematische Übersicht

Alphabetische Übersicht

I. Regelungsgegenstand und Normzweck

Art 73 enthält eine **Sonderregelung für die Vertragsaufhebung wenn bei Sukzessivlie-** **1**
ferungsverträgen eine Teillieferung vertragswidrig ist. Abs 1 sieht als Grundsatz die
eher selbstverständliche Regel vor, daß sich ein Aufhebungsrecht hinsichtlich einer
Teillieferung auf diese beschränkt. Die Vorschrift entspricht Art 51. Die Abs 2 u 3
enthalten Ausnahmen von diesem Prinzip und erlauben in engen Grenzen die
Aufhebung des Gesamtvertrages mit ex-nunc- oder ex-tunc-Wirkung, wenn eine
Teillieferung nicht ordnungsgemäß erfüllt worden ist. Insoweit verdrängt Art 73 als
speziellere Vorschrift Art 49. Sind allerdings mehrere oder alle Teillieferungen
vertragswidrig, dann muß es bei Art 49 bleiben: Stellen sich die Pflichtverletzungen
– auf den gesamten Vertrag bezogen – als wesentliche Vertragsverletzung dar,
besteht damit ein Aufhebungsrecht. Ein ordentliches Kündigungsrecht für Sukzessivlieferungsverträge sieht das CISG dagegen nicht vor.

Abs 2 gestattet die **Aufhebung für die Zukunft** (ex-nunc-Wirkung), wenn Erfüllungs- **2**
mängel bei einer Teillieferung die Annahme künftiger wesentlicher Vertragsverletzungen begründen.

Abs 3 gibt dem Käufer das Recht, die für eine Teillieferung erklärte **Aufhebung** auf **3**
den Gesamtvertrag, auf seinen schon erfüllten oder nur seinen noch ausstehenden
Teil **zu erstrecken** (ex-tunc-Wirkung), wenn wegen des Zusammenhangs der Lieferungen der Zweck des Gesamtvertrages nicht mehr erreicht werden kann.

II. Entstehungsgeschichte

Die Abs 2 u 3 des Art 73 waren sachlich übereinstimmend bereits im EKG (Art 75 **4**
Abs 1 u 2 EKG) enthalten. Abs 1 der jetzigen Vorschrift wurde erstmals in den
Wiener Entwurf von 1977 (dort Art 50 Abs 1) aufgenommen.

Auf der diplomatischen Konferenz von 1980 passierte die Vorschrift ohne Ände- **5**
rungsantrag oder Diskussion (Off Rec 131, 378).

III. Sukzessivlieferungsvertrag

Art 73 greift nur bei Sukzessivlieferungsverträgen ein. Abs 1 definiert diesen Ver- **6**
tragstyp als Geschäft, das eine **Lieferung der Ware in mehreren Teillieferungen**
vorsieht. Erforderlich sind damit mindestens zwei, zeitlich aufeinander folgende
Lieferungen (Schiedsgericht der Hamburger freundschaftlichen Arbitrage IHR 2001, 35 [300 t
Käse, der in einzelnen Fuhren von 15–20 t geliefert werden sollte]; Handelsgericht des Kantons
Zürich 30.11.1998, SZIER 1999, 185 [Lammfellmäntel in mehreren Lieferungen]; HONSELL/
SCHNYDER/STRAUB Art 73 Rn 10; PILTZ, Internationales Kaufrecht § 5 Rn 260; SCHLECHTRIEM/
SCHWENZER/HORNUNG Art 73 Rn 6). Die Teillieferungen müssen nicht gleichartige Wa-
ren (zB 1000 t Mais in 10 Lieferungen) betreffen. Auch die Ratenlieferung unter-
schiedlicher Teile einer Gesamtheit (zB Teile einer zu errichtenden Maschine oder
Anlage) fällt unter Art 73 (BIANCA/BONELL/BENNETT Art 73 Bem 2.5; ENDERLEIN/MASKOW/
STROHBACH Art 73 Bem 1; HONSELL/SCHNYDER/STRAUB Art 73 Rn 12; MünchKommHGB/
MANKOWSKI Art 73 Rn 3), wie mittelbar Abs 3 zeigt, der auf den Zusammenhang der
einzelnen Lieferungen abstellt. Ebensowenig kommt es für Art 73 darauf an, ob die

Ulrich Magnus

Lieferungen in gleichgewichtigen Raten, regelmäßigen Abständen, in vorherbestimmten Mengen und zu vorherbestimmten Terminen oder auf Abruf zu erbringen
sind oder nicht (Schweizer Botschaft 820; ENDERLEIN/MASKOW/STROHBACH aaO; KAROLLUS
160; SCHLECHTRIEM, in: Lausanner Kolloquium 159; SCHWIMANN/POSCH Art 73 Rn 3). Auch ein
Dauerliefervertrag mit unbegrenzter Laufzeit ist deshalb nach Art 73 zu beurteilen.

7 Art 73 erfordert aber, daß ein **einheitlicher Vertrag** vorliegt, der eine **Lieferung in
Raten vorschreibt oder erlaubt** (ACHILLES Art 73 Rn 2; MünchKommHGB/MANKOWSKI
Art 73 Rn 4; PILTZ, Internationales Kaufrecht § 5 Rn 260; SCHLECHTRIEM/SCHWENZER/HORNUNG
Art 73 Rn 9). Mehrere Bestellungen gleicher Ware am selben Tag können als wirtschaftlich einheitlicher Sukzessivliefervertrag anzusehen sein (Schiedsgericht der Börse
für landwirtschaftliche Produkte Wien v 10. 12. 1997, ZfRV 1998, 211 [214]). Bezugsverträge (zB
Bierlieferungs-, Gas- oder Fernwärmelieferverträge), bei denen die Einzellieferung
nach Bedarf angefordert wird, fallen unter Art 73 (zB zwei bis fünf Mio Liter Sonnen-
blumenöl pro Monat: Handelsgericht Zürich SZIER 1998, 75; vgl ferner SCHLECHTRIEM, in: Lausanner Kolloquium 159), ebenso Verträge, die eine ratenweise zu liefernde Gesamtmenge vorsehen (s Netherlands Arbitration Institute, Schiedsspruch Nr 2319 vom 15. 10. 2002,
IHR 2003, 283 [290, ratenweise Lieferung von Erdgaskondensat]), sowie (Allein-)Vertriebs-
verträge oder sonstige Rahmenverträge, soweit sie selbst bereits eine Pflicht, mehrere Lieferungen zu erbringen, unmittelbar und in den Einzelheiten hinreichend
bestimmt festlegen (vgl OLG München RiW 1996, 1035 m abl Anm KLIMA; SCHLECHTRIEM/
SCHWENZER/HORNUNG Art 73 Rn 9; HONSELL/SCHNYDER/STRAUB Art 73 Rn 16 f; MAGNUS ZEuP
1997, 829). In diesem Punkt der vertraglich von vornherein vorgesehenen ratenweisen
Belieferung sind Art 73 und Art 51 voneinander abzugrenzen (vgl auch BGH NJW
1997, 3311: Lieferung von 125 t Walzdraht als einheitliche Lieferung nach Art 51 behandelt, da
vertraglich offenbar keine Teillieferungen in zeitlichen Abständen vereinbart und nur Teile der
Lieferung mangelhaft waren). Letztere Vorschrift greift nur ein, wenn der Verkäufer
vertraglich eine einheitliche Lieferung schuldet und zu Unrecht in Raten liefert
(BIANCA/BONELL/BENNETT Art 73 Bem 2.1; SCHLECHTRIEM/SCHWENZER/HORNUNG Art 73
Rn 13). Soweit ein Sukzessivlieferungsvertrag vorliegt, gilt für ihn allein Art 73 als
die spezielle Vorschrift. Eine Anwendung des Art 51 kommt daneben nicht in
Betracht (ebenso MünchKommBGB/HUBER Art 73 Rn 3; **aA** aber BIANCA/BONELL/BENNETT
Art 73 Bem 3.2; HERBER/CZERWENKA Art 73 Rn 9; wohl auch ENDERLEIN/MASKOW/STROHBACH
Art 73 Bem 3; vorsichtig für Anwendung beider Vorschriften in Grenzfällen SCHLECHTRIEM/
SCHWENZER/HORNUNG Art 73 Rn 13).

8 Eine Vereinbarung, daß der **Kaufpreis in Raten** zu zahlen ist, begründet die An-
wendbarkeit des Art 73 nicht (Schweizer Botschaft 820; BRUNNER Art 73 Rn 2; ENDERLEIN/
MASKOW/STROHBACH Art 73 Bem 2; HONSELL/SCHNYDER/STRAUB Art 73 Rn 14; Münch-
KommHGB/MANKOWSKI Art 73 Rn 5; SCHLECHTRIEM, in: Lausanner Kolloquium 159; SCHLECHT-
RIEM/SCHWENZER/HORNUNG Art 73 Rn 8; **aA** – analoge Geltung des Art 73 – BIANCA/BONELL/
KNAPP Art 61 Bem 2.12). Es kommt für die Vorschrift allein auf die vereinbarte raten-
weise Lieferung der Ware an.

9 Die Behelfe des Art 73 Abs 1 u 2 stehen jedoch sowohl dem Käufer wie dem
Verkäufer zu, wenn die jeweils andere Partei ihre Pflichten verletzt.

IV. Aufhebung der Einzellieferung (Abs 1)

1. Grundsatz

Begeht eine Partei hinsichtlich einer Teillieferung eine wesentliche Vertragsverlet- **10** zung (Art 25), dann kann der andere Vertragspartner den Vertrag hinsichtlich dieser Teillieferung aufheben. **Die Teillieferung wird wie ein selbständiger Vertrag behandelt,** für den die allgemeinen Regeln gelten (HONNOLD Rn 400; KAROLLUS 161; MünchKommHGB/MANKOWSKI Art 73 Rn 6; PILTZ, Internationales Kaufrecht § 5 Rn 161; vSCHEVEN 241 f; SCHLECHTRIEM/SCHWENZER/HORNUNG Art 73 Rn 14, 16). Das ist auch deshalb angezeigt, um zwischen Art 51 und Art 73 keine unnötigen und stoßenden Diskrepanzen entstehen zu lassen. Beide Vorschriften regeln sehr nah verwandte Fälle und sind daher im gleichen Sinn auszulegen. Die Geltung der allgemeinen Regeln bedeutet ferner, daß eine zunächst nicht wesentliche Vertragsverletzung durch Nachfristsetzung zur wesentlichen wird, wenn die Voraussetzungen des Art 49 Abs 1 lit b oder des Art 64 Abs 1 lit b erfüllt sind (vgl KAROLLUS, MünchKommHGB/MANKOWSKI, PILTZ, vSCHEVEN, SCHLECHTRIEM/SCHWENZER/HORNUNG, alle aaO; SCHLECHTRIEM Rn 284; etwas vorsichtiger HONNOLD Rn 400 N 3; SCHWIMANN/POSCH Art 73 Rn 5).

Nach **aA** setzt Art 73 Abs 1 dagegen eine von vornherein wesentliche Vertragsver- **11** letzung (nach Art 49 Abs 1 lit a, 64 Abs 1 lit a) voraus, die nicht erst durch Nachfristsetzung dazu wird (so – jedoch ohne Begründung – HERBER/CZERWENKA Art 73 Rn 2; wohl auch ENDERLEIN/MASKOW/STROHBACH Art 73 Bem 3).

2. Voraussetzungen

Für die Aufhebung der Einzellieferung bedarf es nur einer **wesentlichen Vertrags-** **12** **verletzung hinsichtlich dieser Lieferung.** Maßgebend ist der Maßstab des Art 25. Soweit es sich um selbständige Einzellieferungen handelt, gelten für die Beurteilung keine Besonderheiten. So kann etwa der Käufer die Aufhebung für eine Einzellieferung – und auch für den gesamten Vertrag – erklären, wenn der Verkäufer diese und weitere Lieferungen davon abhängig macht, daß der Käufer, der für die Einzellieferung schon Vorkasse geleistet hatte, entgegen dem Vertrag zunächst andere Forderungen tilgt (Schiedsgericht der Hamburger freundschaftlichen Arbitrage, Schiedsspruch vom 29. 12. 1998, IHR 2001, 35 [„torpedierte" Vorkasse]).

Betrifft die Einzellieferung dagegen Gegenstände, die zu einer Gesamtheit, etwa zu **13** einer in mehreren Segmenten zu liefernden Anlage gehören, dann hängt eine wesentliche Vertragsverletzung auch davon ab, **wie die Vertragsstörung** der Einzellieferung **auf die Gesamtheit wirkt** (Sekretariatskommentar Art 64 Bem 4). Soweit die Aufhebung des Gesamtvertrages nach Art 73 Abs 3 zulässig wäre, kann jedenfalls auch die veranlassende Einzellieferung allein aufgehoben werden.

Weitere Voraussetzungen des Aufhebungsrechts wie die ordnungsgemäße Rüge nach **14** Art 38, 39, 43 und die Rückgabemöglichkeit nach Art 81, sind ebenfalls nur hinsichtlich der Teillieferung zu beachten, aber auch einzuhalten.

Ulrich Magnus

3. Ausübung des Aufhebungsrechts

15 Für die Aufhebungserklärung gelten – wie auch sonst – Art 26 u 27. Die Aufhebung muß also hinreichend deutlich erklärt werden, reist jedoch bei ordnungsgemäßem Erklärungsweg auf Risiko der vertragsbrüchigen Partei. An eine Frist ist die Aufhebungserklärung nach Art 73 Abs 1 nicht gebunden (ENDERLEIN/MASKOW/STROHBACH Art 73 Bem 6; MünchKommHGB/MANKOWSKI Art 73 Rn 8; mit Einschränkungen SCHLECHTRIEM/SCHWENZER/HORNUNG Art 73 Rn 17). Doch dürfte der allgemeine Gedanke der Art 49 Abs 2 u 64 Abs 2 auch hier gelten, daß der Gläubiger die Aufhebung jedenfalls dann **in angemessener Frist** zu erklären hat, **wenn** der Schuldner seine **Leistung** – wenn auch unter Verletzung wesentlicher Vertragspflichten – **erbracht**, also geliefert oder gezahlt hat (BRUNNER Art 73 Rn 9; MünchKommBGB/HUBER Art 73 Rn 8; MünchKommHGB/MANKOWSKI Art 73 Rn 8; ähnlich SCHLECHTRIEM/SCHWENZER/HORNUNG aaO; SCHLECHTRIEM, in: Lausanner Kolloquium 161; **abl** BAMBERGER/ROTH/SAENGER Art 73 Rn 5; HONSELL/SCHNYDER/STRAUB Art 73 Rn 41).

4. Rechtsfolgen

16 Die Aufhebung nach Abs 1 wirkt allein für die Teillieferung. Daneben stehen der verletzten Partei – Käufer oder Verkäufer – hinsichtlich der Einzellieferung **auch die übrigen Behelfe** wie Erfüllung, Nachlieferung, Nachbesserung, Minderung oder Schadensersatz zu, soweit deren jeweilige besondere Voraussetzungen gegeben sind (ACHILLES Art 73 Rn 3; KAROLLUS 161; MünchKommHGB/MANKOWSKI Art 73 Rn 9; SCHLECHTRIEM/SCHWENZER/HORNUNG Art 73 Rn 16).

V. Aufhebung mit ex-nunc-Wirkung (Abs 2)

1. Grundsatz

17 Abs 2 gibt einer Partei das Recht, den Sukzessivlieferungsvertrag insgesamt mit Wirkung für die Zukunft aufzuheben, wenn eine gegenwärtige Vertragsverletzung der anderen Partei künftige wesentliche Vertragsverletzungen besorgen läßt. Die Aufhebung ist binnen angemessener Frist zu erklären.

2. Voraussetzungen

18 Die Vorschrift setzt zunächst voraus, daß der Käufer oder Verkäufer bei mindestens einer Einzellieferung **eine seiner Pflichten bereits verletzt hat.** Fehlende Kreditwürdigkeit oder Leistungsfähigkeit, wie in Art 71 u 72, allein genügt dagegen nicht (BIANCA/BONELL/BENNETT Art 73 Bem 3.3; ENDERLEIN/MASKOW/STROHBACH Art 73 Bem 7; MünchKommHGB/MANKOWSKI Art 73 Rn 11; WITZ/SALGER/LORENZ Art 73 Rn 13). So stellt es eine wesentliche Vertragsverletzung dar, wenn eine Partei die noch ausstehenden Teillieferungen ernsthaft und endgültig verweigert oder sie von der Erfüllung nicht vereinbarter Bedingungen abhängig macht (Schiedsgericht der Hamburger freundschaftlichen Arbitrage, Schiedsspruch vom 29.12.1998, IHR 2001, 35). Erforderlich ist freilich, daß noch Teillieferungen von nennenswerter Bedeutung ausstehen. Eine wesentliche Vertragsverletzung, die zur Aufhebung bezüglich der einzelnen Teillieferung berechtigt, muß die Pflichtverletzung jedoch nicht notwendigerweise darstellen (Sekretariatskommentar Art 64 Bem 6; BIANCA/BONELL/BENNETT Art 73 Bem 2.7; BRUNNER Art 73

Rn 11; ENDERLEIN/MASKOW/STROHBACH Art 73 Bem 7; HONSELL/SCHNYDER/STRAUB Art 73
Rn 45; KAROLLUS 161; MünchKommHGB/MANKOWSKI Art 73 Rn 11; REINHART Art 73 Rn 3;
SCHLECHTRIEM/SCHWENZER/HORNUNG Art 73 Rn 20 f). Die Vorschrift greift gerade auch
dann ein, wenn bei mehreren Teillieferungen bereits Störungen vorgekommen
waren, die jede für sich aber noch unter der Wesentlichkeitsschwelle lag (Sekretariatskommentar, BIANCA/BONELL/BENNETT, jeweils aaO; SOERGEL/LÜDERITZ/DETTMEIER
Art 73 Rn 8). Nicht erforderlich ist, daß aus der früheren Vertragsverletzung noch
Rechte hergeleitet werden könnten. Wenn etwa der Käufer Mängel früherer Lieferungen nicht gerügt hat und wegen Fristablaufs auch nicht mehr rügen kann, so
verschließt das nicht den Weg, die Vertragswidrigkeiten, sofern der Käufer sie
nachweisen kann, für die Prognose künftiger wesentlicher Vertragsverletzung zu
berücksichtigen (ebenso Schiedsgericht der Börse für landwirtschaftliche Produkte Wien v
10. 12. 1997 ZfRV 1998, 211 [215]; HONSELL/SCHNYDER/STRAUB Art 73 Rn 61).

Die bereits geschehene Vertragsverletzung muß ferner „triftigen Grund zu der **19**
Annahme geben, daß eine wesentliche Vertragsverletzung in bezug auf künftige
Teillieferungen zu erwarten ist". Ein **„triftiger Grund"** („good grounds", „de sérieuses raisons") liegt demnach vor, wenn die begangene Vertragsverletzung bei objektiver Bewertung (Art 8 Abs 2) die Prognose nahelegt, daß bei künftigen Teillieferungen ebenfalls eine gravierende Störung – wohl regelmäßig, aber nicht notwendig
derselben Art – auftreten wird (s etwa Schiedsgericht der Hamburger freundschaftlichen
Arbitrage, Schiedsspruch vom 29. 12. 1998, IHR 2001, 35 [Verkäufer, der Vorkasse für die anste-
hende Einzellieferung erhalten hatte, verweigert diese und weitere Lieferungen, bevor andere
Forderungen bezahlt sind]).

Ob damit gleiche **Anforderungen an die Wahrscheinlichkeit der künftigen Vertrags-** **20**
verletzung zu stellen sind wie in Art 72 (vgl dort Rn 7 ff), ist umstritten. Nach über-
wiegender Ansicht genügt ein geringerer Wahrscheinlichkeitsgrad als in Art 72 (so
Schiedsgericht der Börse für landwirtschaftliche Produkte Wien v 10. 12. 1997, ZfRV 1998, 211;
Sekretariatskommentar Art 64 Bem 5; BIANCA/BONELL/BENNETT Art 73 Bem 2.7; BRUNNER
Art 73 Rn 12; HERBER/CZERWENKA Art 73 Rn 4; HONNOLD Rn 401; HONSELL/SCHNYDER/STRAUB
Art 73 Rn 51 [überwiegende Wahrscheinlichkeit]; MünchKommHGB/MANKOWSKI Art 73 Rn 12;
PILTZ, Internationales Kaufrecht § 5 Rn 263; SCHLECHTRIEM/SCHWENZER/HORNUNG Art 73 Rn 23;
SOERGEL/LÜDERITZ/DETTMEIER Art 73 Rn 10; WITZ/SALGER/LORENZ Art 73 Rn 13).

Nach **aA** gilt dagegen für beide Vorschriften der gleiche Maßstab (Schweizer Botschaft **21**
820; SCHLECHTRIEM, in: Lausanner Kolloquium 160).

Da Art 73 Abs 2 voraussetzt, daß bereits eine oder mehrere Vertragsverletzungen **22**
eingetreten sind, das Vertrauen auf die konkrete Erfüllung des fraglichen Vertrages
also schon erschüttert ist, ist das Aufhebungsrecht gegeben, wenn plausible Gründe
auch künftige Störungen erwarten lassen. Eine **fast sichere Wahrscheinlichkeit**, wie in
Art 72, **ist nicht zu fordern**. So genügt es etwa, wenn der Käufer nicht zusichert, ein
wirksames Reimportverbot künftig einzuhalten (Cour d'Appel Grenoble JDI 1995, 632
m Anm KAHN, dazu WITZ/WOLTER RiW 1995, 811) oder wenn bisherige Lieferungen
Mängel aufwiesen und der Verkäufer keine Zusicherungen abgibt, wie er die Mängel künftig abstellen will (Schiedsgericht der Börse für landwirtschaftliche Produkte Wien
v 10. 12. 1997, ZfRV 1998, 215; s auch MünchKommHGB/MANKOWSKI Art 73 Rn 13). Gleiches gilt
für den Fall, daß der Verkäufer eine Teillieferung trotz Nachfristsetzung nicht

geliefert hat und nicht erkennen läßt, daß er künftig liefern werde (Handelsgericht Zürich SZIER 1998, 75). Eine künftige Vertragsverletzung ist auch zu besorgen, wenn eine Vertragspartei die Erfüllung ihrer Pflichten von neuen, nicht vereinbarten Bedingungen abhägig macht (ICC-Schiedsspruch vom 20. 12. 1999, IHR 2004, 21 [Verkäufer verlangt vor weiteren Lieferungen zusätzliche Garantie und kürzt die vereinbarten Rabatte, da sein Hersteller sie ihm gekürzt hatte = wesentliche Vertragsverletzung]; Schiedsgericht der Hamburger freundschaftlichen Arbitrage, Schiedsspruch vom 29. 12. 1998, IHR 2001, 35). Ebenso ist zu entscheiden, wenn der Verkäufer weiter die Bezugsquelle oder die Materialien benutzt, die schon zu gravierenden Mängeln bei früheren Lieferungen geführt haben (vgl Netherlands Arbitration Institute, Schiedsspruch Nr 2319 vom 15. 19. 2002, IHR 2003, 283 [Lieferung von Erdgaskondensat aus der Quelle des Verkäufers enthält zu hohen Quecksilberanteil, der nicht beseitigt werden kann]; ferner HERBER/CZERWENKA Art 73 Rn 4). Bei just-in-time-Verträgen läßt die mehrfache Verzögerung auch künftige Unpünktlichkeit besorgen (HERBER/CZERWENKA aaO).

23 Allerdings muß **für die Zukunft eine wesentliche Vertragsverletzung zu erwarten** sein (vgl hierzu die in der vorigen Rn angegebene Rechtsprechung). Sie muß mindestens eine künftige Teillieferung, kann aber auch alle oder den gesamten Vertrag betreffen. Doch ist – trotz des offenen Wortlauts – nicht erforderlich, daß alle künftigen Teilleistungen in wesentlicher Weise vertragswidrig erscheinen müssen. Maßgebend ist, daß die künftige ordnungsgemäße Erfüllung des Vertrages in gravierendem Maß in Frage gestellt ist, sei es, daß etwa für einen zur Gesamtvertragsdauer beachtlichen Zeitraum gar nicht geliefert werden kann, sei es, daß wichtige Teile einer Gesamtlieferung nicht oder nicht mangelfrei geliefert werden können. Gleiches gilt für Verletzungen der Zahlungspflicht, wobei die fehlende oder verspätete Zahlung einer Einzellieferung für sich allein kaum einmal die Aufhebung des Gesamtvertrages für die Zukunft rechtfertigen wird. Das Gewicht der zu erwartenden Vertragsverletzung muß dabei im Verhältnis zum noch ausstehenden Gesamtvertrag erheblich sein (MünchKommHGB/MANKOWSKI Art 73 Rn 14).

3. Ausübung des Aufhebungsrechts

24 Das **Aufhebungsrecht** nach Abs 2 ist **binnen angemessener Frist** auszuüben. Die Frist beginnt in dem Zeitpunkt, in dem der Gläubiger von der Pflichtwidrigkeit bezüglich der jeweils letzten, nicht ordnungsgemäßen Teillieferung erfährt (ebenso BAMBERGER/ROTH/SAENGER Art 73 Rn 11; HERBER/CZERWENKA Art 73 Rn 5; MünchKommHGB/MANKOWSKI Art 73 Rn 16; SCHLECHTRIEM/SCHWENZER/HORNUNG Art 73 Rn 26; **aA** – mögliche Kenntnis der künftigen Vertragsverletzung – HONSELL/SCHNYDER/STRAUB Art 73 Rn 60). Das gilt auch, wenn der Gläubiger im Hinblick auf diese Einzellieferung bereits alle Rechte – etwa durch Versäumung der gebotenen Untersuchung und Rüge – verloren hat, da nach Art 73 Abs 2 Rechte nur für die Zukunft geltend gemacht werden.

25 Die **Angemessenheit der Frist** hängt von den Fallumständen ab. Zu berücksichtigen ist ua der Abstand zur nächsten Teillieferung (ENDERLEIN/MASKOW/STROHBACH Art 73 Bem 9; MünchKommHGB/MANKOWSKI Art 73 Rn 17). Unverzügliches Handeln wird nicht verlangt. Ein Käufer, der die Aufhebung 48 Stunden nach der dritten verspäteten Lieferung erklärt, handelt freilich in jedem Fall fristgerecht (Audiencia Provincial de Barcelona 3. 11. 1997, CLOUT Nr 246).

Im übrigen gilt für die Aufhebungserklärung das unter Rn 15 Ausgeführte.   **26**

4. Rechtsfolgen

Abs 2 erlaubt die **Aufhebung für alle künftigen Teillieferungen**. Dagegen gilt die   **27**
Vorschrift weder für die Aufhebung der Teillieferung, die die Prognosegrundlage für
künftige Störungen abgibt (ENDERLEIN/MASKOW/STROHBACH Art 73 Bem 8; HONSELL/
SCHNYDER/STRAUB Art 73 Rn 62; MünchKommHGB/MANKOWSKI Art 73 Rn 18; SCHLECHTRIEM/
SCHWENZER/HORNUNG Art 73 Rn 25), noch für die Aufhebung früherer, noch nicht er-
füllter oder auch schon erbrachter Teillieferungen (HERBER/CZERWENKA Art 73 Rn 3).
Doch kommen für die vergangenen Lieferungen Abs 1 und 3 in Betracht (ACHILLES
Art 73 Rn 6; WITZ/SALGER/LORENZ Art 73 Rn 15). Hat eine Partei den Vertrag für die
Zukunft wirksam aufgehoben, dann kann sie ihre Leistungen, insbesondere Zah-
lungen, die sie schon im Voraus für die ausstehenden künftigen Leistungen der
Gegenseite erbracht hatte, gem Art 81 Abs 2 zurückfordern (Schiedsgericht der Ham-
burger freundschaftlichen Arbitrage, Schiedsspruch vom 29.12.1998, IHR 2001, 35; s auch
SCHLECHTRIEM/SCHWENZER/HORNUNG Art 73 Rn 25).

5. Verhältnis zwischen Art 73 Abs 2 u Art 72 bzw Art 71

Das **Verhältnis zwischen Art 73 Abs 2 u Art 72** ist umstritten. Zum Teil wird eine   **28**
konkurrierende Geltung beider Vorschriften (so BIANCA/BONELL/BENNETT Art 73
Bem 3.3; HERBER/CZERWENKA Art 73 Rn 10; wohl auch HONSELL/SCHNYDER/STRAUB Art 73
Rn 106), zT ein Vorrang des Art 73 Abs 2 angenommen (so SCHLECHTRIEM/SCHWENZER/
HORNUNG Art 73 Rn 28). Eine Überschneidung beider Vorschriften, die unterschiedliche Voraussetzungen und Rechtsfolgen vorsehen, dürfte jedoch bei richtigem
Verständnis kaum eintreten (aA BIANCA/BONELL/BENNETT aaO). Denn Art 73 Abs 2
setzt voraus, daß mindestens eine Teillieferung eines Sukzessivlieferungsvertrages
fällig war und daß in bezug auf sie eine Vertragsverletzung eingetreten ist. Art 72
setzt demgegenüber im Stadium vor der Vertragserfüllung, also vor Fälligkeit (einer
einheitlichen Leistung) ein (vgl auch BGH NJW 1995, 2101). Für schon teilweise durch-
geführte Sukzessivlieferungsverträge gilt die Vorschrift nicht (anders HONSELL/SCHNY-
DER/STRAUB aaO: Wahlrecht des Gläubigers zwischen Aufhebung nach Art 72 oder 73 Abs 2).
Wollte man sie dagegen auf die Einzellieferung eines Sukzessivlieferungsvertrages
beziehen, so wäre nicht zu erklären, weshalb Art 73 Abs 1 dafür eine spezielle
Regelung vorsieht. Droht die vollständige Nichterfüllung eines Sukzessivlieferungs-
vertrages bereits vor dem Erfüllungstermin der ersten Teillieferung, kommt freilich
Art 72 zum Zug (wie hier auch ACHILLES Art 73 Rn 6; BRUNNER Art 73 Rn 11; Münch-
KommBGB/HUBER Art 73 Rn 18; MünchKommHGB/MANKOWSKI Art 73 Rn 19; WITZ/SALGER/
LORENZ Art 73 Rn 17; wohl auch BAMBERGER/ROTH/SAENGER Art 73 Rn 12).

Zwischen **Art 73 und Art 71** besteht kein echtes Konkurrenzverhältnis, da es um   **28a**
zwei unterschiedliche Rechtsbehelfe geht: Art 71 regelt, wann eine Vertragspartei
die Erfüllung ihrer Pflichten vorläufig zurückhalten kann; Art 73 behandelt das
Recht zur Vertragsaufhebung bei Sukzessivlieferungsverträgen. Je nach angestreb-
ter Rechtsfolge ist jede der beiden Vorschriften für sich eigenständig anzuwenden
(so im Ergebnis auch Netherlands Arbitration Institute, Schiedsspruch Nr 2319 vom 15.10.2002,
IHR 2003, 283 [290 f]; ebenso ACHILLES Art 73 Rn 6). Dennoch ist auf Wertungsgleichklang
zu achten. Es überzeugt nicht, den einschneidenden Behelf der Aufhebung binnen

angemessener Frist, den schwächeren und vorläufigen Behelf der Aussetzung aber nur bei sofortiger Anzeige zu gewähren. Die Versäumung der sofortigen Anzeige sollte daher das Aussetzungsrecht nicht erlöschen, sondern es bestehen lassen, aber den nicht informierten Vertragsteil zum Ersatz des Schadens berechtigen, der ihm aus der unterlassenen oder verspäteten Anzeige entstanden ist (s näher hierzu Art 71 Rn 46 f).

VI. Aufhebung wegen Zweckzusammenhanges (Abs 3)

1. Grundsatz

29 Art 73 Abs 3 gilt nur für den Käufer und erlaubt ihm auch eine ex-tunc-Vertragsaufhebung. Die Vorschrift erweitert ein **Aufhebungsrecht des Käufers** hinsichtlich einer Teillieferung auf den schon durchgeführten, den noch ausstehenden oder den gesamten Vertrag, wenn ein entsprechender Zusammenhang der Teillieferung mit diesen übrigen Vertragsteilen besteht. Die Aufhebung des übrigen Vertrages muß gleichzeitig mit jener der Teillieferung erklärt werden. Sind **mehrere Teillieferungen** in wesentlicher Weise vertragswidrig, so kommt eine Aufhebung des Gesamtvertrages aber nicht nur in Betracht, wenn die sonstigen Lieferungen ihren Zweck nicht mehr erfüllen können. Vielmehr bleibt dann die Aufhebung nach Art 49 Abs 1 lit a zulässig, wenn sich die mehreren Teilverstöße zu einer wesentlichen Verletzung des Gesamtvertrages akkumulieren. Denn die Grundregel des Art 49 will Art 73 Abs 3 nicht ausschließen, sondern nur ergänzen.

2. Voraussetzungen

30 Abs 3 verlangt zunächst, daß der Käufer wegen einer wesentlichen Pflichtverletzung **hinsichtlich einer Teillieferung zur Aufhebung berechtigt** ist und sein Aufhebungsrecht auch ausübt. Soweit es um die Aufhebung hinsichtlich erhaltener Leistungen geht, kann das Aufhebungsrecht des Käufers aus Art 73 Abs 1 oder Abs 2 folgen (ebenso ACHILLES Art 73 Rn 7; BAMBERGER/ROTH/SAENGER Art 73 Rn 14; HERBER/CZERWENKA Art 73 Rn 6; KAROLLUS 161 N 114; wohl **aA** SCHLECHTRIEM/SCHWENZER/HORNUNG Art 73 Rn 29; SOERGEL/LÜDERITZ/DETTMEIER Art 73 Rn 12).

31 Hinsichtlich der Aufhebung künftiger Teillieferungen stehen das Aufhebungsrecht nach Abs 3 und dasjenige nach Abs 2 dagegen selbständig nebeneinander (so zu Recht HERBER/CZERWENKA Art 73 Rn 7; MünchKommHGB/MANKOWSKI Art 73 Rn 20).

32 Ferner müssen die schon erhaltenen und/oder künftigen Teillieferungen **wegen ihres Gesamtzusammenhanges** („their interdependence", „leur connexité") für den ursprünglichen Vertragszweck nun **nicht mehr nutzbar** sein (**aA** HONSELL/SCHNYDER/ STRAUB Art 73 Rn 72: Vertragszweck unerheblich). Das ist etwa der Fall, wenn die aufzuhebende Teillieferung einen wichtigen Bestandteil (zB Aggregat) einer in mehreren Segmenten zu liefernden Anlage betrifft, die dadurch nicht betriebsfähig ist (vgl Sekretariatskommentar Art 64 Bem 7; BIANCA/BONELL/BENNETT Art 73 Bem 2. 9; HERBER/CZER-WENKA Art 73 Rn 6; MünchKommHGB/MANKOWSKI Art 73 Rn 23; SCHLECHTRIEM/SCHWENZER/ HORNUNG Art 73 Rn 32; WITZ/SALGER/LORENZ Art 73 Rn 18 [speziell zur Lieferung von Hardware und Software]). Eine hinreichende gegenseitige Abhängigkeit der einzelnen Lieferungen besteht aber auch, wenn zB für alle oder eine Reihe von Lieferungen ein

bestimmtes gleichbleibendes Mischungs- oder Zusammensetzungsverhältnis der Ware (etwa bei Farben, Chemikalien etc) erforderlich ist (vgl Sekretariatskommentar Art 64 Bem 8; ACHILLES Art 73 Rn 7; BRUNNER Art 73 Rn 15; MünchKommHGB/MANKOWSKI Art 73 Rn 23; SCHLECHTRIEM, in: Lausanner Kolloquium 161; ferner SCHLECHTRIEM/SCHWENZER/ HORNUNG Art 73 Rn 32).

Dagegen müssen die übrigen, schon erbrachten Teillieferungen weder in wesent- **33** licher Weise vertragswidrig noch überhaupt zu beanstanden, noch müssen künftige Vertragswidrigkeiten zu befürchten sein (ACHILLES Art 73 Rn 7; BIANCA/BONELL/BENNETT Art 73 Bem 2.8; ENDERLEIN/MASKOW/STROHBACH Art 73 Bem 12; HERBER/CZERWENKA Art 73 Rn 7; MünchKommHGB/MANKOWSKI Art 73 Rn 24). Es genügt, **wenn ihr Nutzen für den Käufer** wegen einer wesentlich vertragswidrigen Teillieferung **wegfällt**.

Ob die im Zusammenhang stehenden Lieferungen ihren Zweck noch erfüllen kön- **34** nen oder nicht, ist nach objektiven Kriterien zu beurteilen (MünchKommHGB/ MANKOWSKI Art 73 Rn 25; PILTZ, Internationales Kaufrecht § 5 Rn 265; SCHLECHTRIEM/SCHWENZER/HORNUNG Art 73 Rn 34). Der **Verwendungszweck** selbst ist **nach** den – **gemeinsamen** – **Vorstellungen** zu beurteilen, die die Parteien bei Vertragsschluß hatten. Einseitige Verwendungsabsichten des Käufers, die dem Verkäufer nicht bekannt waren noch bekannt sein konnten, bleiben außer Betracht (BIANCA/BONELL/BENNETT Art 73 Bem 3.5; ENDERLEIN/MASKOW/STROHBACH Art 73 Bem 14 f; HERBER/CZERWENKA Art 73 Rn 6; MünchKommBGB/HUBER Art 73 Rn 22; MünchKommHGB/MANKOWSKI Art 73 Rn 25; SCHLECHTRIEM/ SCHWENZER/HORNUNG Art 73 Rn 35; zT **anders** BAMBERGER/ROTH/SAENGER Art 73 Rn 15 [Sachzusammenhang muß dem Verkäufer subjektiv erkennbar sei; dieser muß das dem Käufer gegenüber objektiv zum Ausdruck bringen]; KAROLLUS 162; PILTZ, Internationales Kaufrecht aaO: Erkennbarkeit genügt; unklar HONSELL/SCHNYDER/STRAUB Art 73 Rn 80: Erkennbarkeit für den Verkäufer, der den Käufer darüber informiert haben soll). Es empfiehlt sich deshalb häufig, bei Sukzessivlieferungsverträgen den Verwendungszweck in den Vertrag aufzunehmen (s auch WITZ/SALGER/LORENZ Art 73 Rn 19, 24).

3. Ausübung des Aufhebungsrechts

Die Aufhebung nach Abs 3 muß der Käufer **zugleich** („gleichzeitig") mit der Auf- **35** hebung der auslösenden Teillieferung erklären. Eine spätere Erweiterung der Teilaufhebung ist ausgeschlossen (ACHILLES Art 73 Rn 8; BAMBERGER/ROTH/SAENGER Art 73 Rn 14; MünchKommHGB/MANKOWSKI Art 73 Rn 27; SCHLECHTRIEM/SCHWENZER/HORNUNG Art 73 Rn 40; wohl auch ENDERLEIN/MASKOW/STROHBACH Art 73 Bem 11).

Im übrigen gelten für die Aufhebungserklärungen nach Abs 3 die gleichen Grund- **36** sätze wie für die Aufhebung nach Abs 1 (vgl oben Rn 15).

4. Rechtsfolgen

Der Käufer ist nach Abs 3 berechtigt, die Aufhebung für all jene schon erbrachten **37** oder künftigen Teillieferungen zu erklären, die mit der auslösenden Teillieferung in hinreichendem Zweckzusammenhang stehen (KAROLLUS 162; MünchKommHGB/ MANKOWSKI Art 73 Rn 28; PILTZ, Internationales Kaufrecht § 5 Rn 266; SCHLECHTRIEM/SCHWENZER/HORNUNG Art 73 Rn 36 f). Auch wenn dem Käufer das Aufhebungsrecht für alle Teillieferungen zusteht, kann er es auf einzelne beschränken.

VII. Vertragliche Vereinbarungen

38 Auch Art 73 ist dipositives Recht. Die Parteien können ihn abbedingen oder modifizieren. Haben sie etwa eine bestimmte Kündigungsfrist vereinbart, so liegt darin aber noch kein Ausschluß der Regeln des Art 73. Denn auch bei einer festen Vertragslaufzeit muß eine vorzeitige Beendigung möglich sein, wenn schwerwiegende Vertragsverletzungen die Vertragsfestsetzung als unzumutbar erscheinen lassen. Allerdings wird dann ein besonderes Gewicht der Vertragsverletzung zu fordern sein.

VIII. Beweisfragen

39 Für das Aufhebungsrecht nach Abs 1 gelten die Beweislastregeln, die für die Aufhebung nach Art 49 oder 64 maßgebend sind (vgl die Erl dort; ebenso BAUMGÄRTEL/ LAUMEN/HEPTING Art 73 Rn 2). Die Partei, die ein Aufhebungsrecht nach Abs 2 oder 3 für sich beansprucht, hat dessen tatsächliche Voraussetzungen nachzuweisen (ebenso ACHILLES Art 73 Rn 9). Sie muß insbes den nach Abs 2 erforderlichen Nachweis führen, weshalb eine künftige wesentliche Vertragsverletzung zu erwarten ist. Für ein Aufhebungsrecht nach Abs 3 muß der Käufer beweisen, daß dem Verkäufer der Zweckzusammenhang bei Vertragsschluß bekannt war (ACHILLES aaO; BAUMGÄRTEL/ LAUMEN/HEPTING Art 73 Rn 3, 5).

Abschnitt II
Schadenersatz

Section II	Section II
Damages	**Dommages-intérêts**

Art 74 [Grundsätzliche Berechnung des Schadenersatzes]

Als Schadenersatz für die durch eine Partei begangene Vertragsverletzung ist der der anderen Partei infolge der Vertragsverletzung entstandene Verlust, einschließlich des entgangenen Gewinns, zu ersetzen. Dieser Schadenersatz darf jedoch den Verlust nicht übersteigen, den die vertragsbrüchige Partei bei Vertragsabschluß als mögliche Folge der Vertragsverletzung vorausgesehen hat oder unter Berücksichtigung der Umstände, die sie kannte oder kennen mußte, hätte voraussehen müssen.

Art 74

Damages for breach of contract by one party consist of a sum equal to the loss, including loss of profit, suffered by the other party as a consequence of the breach. Such damages may not exceed the loss which the party in breach foresaw or ought to have foreseen at the time of the conclusion of the contract, in the light of the facts and matters of which he then knew or ought to have known, as a possible consequence of the breach of contract.

Art 74

Les dommages-intérêts pour une contravention au contrat commise par une partie sont égaux à la perte subie et au gain manqué par l'autre partie par suite de la contravention. Ces dommages-intérêts ne peuvent être supérieurs à la perte subie et au gain manqué que la partie en défaut avait prévus ou aurait dû prévoir au moment de la conclusion du contrat, en considérant les faits dont elle avait connaissance ou aurait dû avoir connaissance, comme étant des conséquences possibles de la contravention au contrat.

Schrifttum

ASAM, Aktuelle Fragen zur Anwendung des Kaufrechtsübereinkommens der Vereinten Nationen vom 11. 4. 1980 im deutsch-italienischen Rechtsverkehr seit 1. 1. 1988, JbItalR III (1990) 3

ASAM/KINDLER, Ersatz des Zins- und Geldentwertungsschadens nach dem Wiener Kaufrechtsübereinkommen vom 11. 4. 1980 bei deutsch-italienischen Kaufverträgen, RiW 1989, 841

FARNSWORTH, Damages and Specific Relief, AmJCompL 27 (1979) 247

FAUST, Die Vorhersehbarkeit des Schadens gemäß Art 74 Satz 2 UN-Kaufrecht (CISG) (1996)

FERRARI, Comparative Ruminations on the Foreseeability of Damages in Contract Law, Louisiana L Rev 53 (1993) 1257

HONSELL, Die Vertragsverletzung des Verkäufers nach dem Wiener Kaufrecht, SJZ 1992, 345, 361 ff

KÖNIG, Voraussehbarkeit des Schadens als Grenze vertraglicher Haftung – zu Art 82, 86, 87 EKG, in: LESER/vMARSCHALL, Das Haager Einheitliche Kaufgesetz und das deutsche Schuldrecht. Kolloquium zum 65. Geburtstag von Ernst von Caemmerer (1973) 75

LOOKOFSKY, Consequential Damages in Comparative Context – From Breach of Promise to

Ulrich Magnus

Monetary Remedy in the American, Scandinavian and International Law of Contracts and Sales (1989)

KRANZ, Die Schadensersatzpflicht nach den Haager Einheitlichen Kaufgesetzen und dem Wiener Kaufrecht (1989)

MAGNUS, Aktuelle Fragen des UN-Kaufrechts, ZEuP 1993, 79

ders, Das Schadenskonzept des CISG und transportrechtlicher Konventionen, in: FS HERBER (1999) 27

ders, Währungsfragen im Einheitlichen Kaufrecht. Zugleich ein Beitrag zu seiner Lückenfüllung und Auslegung, RabelsZ 53 (1989) 116

ders, Schaden und Ersatz. Eine rechtsvergleichende Untersuchung zur Ersatzfähigkeit von Einbußen, Beiträge zum internationalen und ausländischen Privatrecht Bd 51 (1987)

MAIER-REIMER, Fremdwährungsverbindlichkeiten, NJW 1985, 2049

MURPHEY, Consequential Damages in Contracts for the International Sale of Goods and the Legacy of Hadley Geo Wash JintL & Econ 23 (1989) 415

NICHOLAS, Prerequisites and Extent of Liability for Breach of Contract under the U.N. Convention, in: SCHLECHTRIEM, Fachtagung, 283

PETER, Ersatz von Inkassokosten im grenzüberschreitenden Rechtsverkehr nach UN-Kaufrecht?, IPRax 1999, 159

POSCH, Pflichten des Käufers, Rechtsbehelfe des Verkäufers, Gefahrübergang und Schadenersatz, in: DORALT 153

REMIEN, Die Währung von Schaden und Schadensersatz, Grundlagen und vertragsrechtliche Besonderheiten, RabelsZ 53 (1989) 245

ROSSMEIER, Schadensersatz und Zinsen nach UN-Kaufrecht – Art 74 bis 78 CISG, RiW 2000, 407

RUMMEL, Schadensersatz, höhere Gewalt und Fortfall der Geschäftsgrundlage, in: HOYER/POSCH 177

RYFFEL, Die Schadenersatzhaftung des Verkäufers nach dem Wiener Übereinkommen über internationale Warenkaufverträge vom 11. April 1980 (1992)

SANILEVICI, Die Rechtsprechung des israelischen Obersten Gerichts betreffend das Gesetz über den internationalen Kaufvertrag, RiW 1988, 346

SCHLECHTRIEM, Gemeinsame Bestimmungen über Verpflichtungen des Verkäufers und Käufers, in: Lausanner Kolloquium 147

ders, Anwaltskosten als Teil des ersatzfähigen Schadens, IPRax 2002, 226

SCHNEIDER, Consequential Damages in the International Sale of Goods: Analysis of Two Decisions, J Int Bus L 16 (1995) 615

STOLL, Inhalt und Grenzen der Schadensersatzpflicht sowie Befreiungen von der Haftung im UN-Kaufrecht, im Vergleich zu EKG und BGB, in: SCHLECHTRIEM, Fachtagung 257

ders, Ersatz des Vertrauensschadens nach dem Einheitlichen Kaufrecht, in: FS Neumeyer 313

SUTTON, Measuring Damages Under the United Nations Convention on the International Sale of Goods, Ohio St LJ 50 (1989) 757

VILUS, Provisions Common to the Obligations of the Seller and the Buyer, in: SARCEVIC/VOLKEN 239

WEBER, Vertragsverletzungsfolgen: Schadenersatz, Rückabwicklung, vertragliche Gestaltungsmöglichkeiten, in: Berner Tage 165

WEITNAUER, Nichtvoraussehbarkeit eines Schadens nach Art 82 S 2 EKG, IPRax 1981, 83

ZIEGEL, The Remedial Provisions in the Vienna Sales Convention: Some Common Law Perspectives, in: GALSTON/SMIT 9–1.

Systematische Übersicht

Alphabetische Übersicht

Ulrich Magnus

I.   Regelungsgegenstand und Normzweck

Art 74 stellt **die zentrale Vorschrift zum Schadensersatzrecht** des Übereinkommens **1**
dar. Vorbehaltlich der in Art 75 und 76 normierten Sondersituationen legt sie allgemein den Umfang des Schadensersatzes für alle Fälle fest, in denen nach dem Vertrag oder dem CISG eine Pflicht zum Schadensersatz besteht. Auf ergänzendes Landesrecht ist daneben nicht zurückzugreifen.

Zu ersetzen ist **der gesamte Verlust** einschl entgangenen Gewinns. Art 74 verlangt **2**
aber, daß die vertragsbrüchige Partei den möglichen Umfang des Verlustes bei Vertragsschluß voraussehen konnte. Der Schadensersatz ist damit grundsätzlich auf das bei Vertragsschluß abschätzbare Haftungsrisiko begrenzt (s dazu SCHLECHTRIEM/SCHWENZER/STOLL/GRUBER Art 74 Rn 3; ferner eingehend FAUST [rechtsvergleichend und unter Verwendung der ökonomischen Analyse des Rechts]).

Die sehr allgemeine Fassung der Vorschrift bedeutet freilich, daß ihr die inzwischen **3**
umfangreiche Rechtsprechung zum CISG nähere Konturen geben muß. Auch die zahlreichen Entscheidungen zur fast gleichlautenden Haager Bestimmung (36 Entscheidungen zu Art 82 EKG bei SCHLECHTRIEM/MAGNUS) können noch Anhalt für konkrete Fragen geben.

Art 75 und 76, die Sonderregeln für die Schadensberechnung aufstellen, gehen **4**
Art 74 grundsätzlich vor, werden aber durch die Grundnorm des Art 74 ergänzt.

II.   Entstehungsgeschichte

Die Schadensersatzregeln des Einheitskaufrechts sind stark vom anglo-amerikani- **5**
schen Recht beeinflußt worden (vgl schon RABELS „Blauen Bericht" RabelsZ 1929, 435 f; eingehend KÖNIG, in: LESER/vMARSCHALL 75 ff und DÖLLE/WEITNAUER vor Art 82 insbes Rn 15 ff; ferner VILUS, in: ŠARČEVIĆ/VOLKEN 247). Vor allem die Begrenzung des Schadens auf das bei Vertragsschluß voraussehbare Maß (sog contemplation rule) und die Marktpreisregel des Art 76 CISG haben in ihrer Ausprägung durch den berühmten englischen Fall Hadley v Baxendale, 9 Ex 341 (1854) Eingang in das Einheitskaufrecht gefunden (vgl RABEL, KÖNIG, DÖLLE/WEITNAUER, VILUS, jeweils aaO). Der Grundgedanke des Voraussehbarkeitskonzepts stammt freilich aus Art 1150 franz Code civil, war von dort nach Louisiana und in das Schadensrechtslehrbuch des Amerikaners Sedgwick gelangt, auf das sich Baron Alderson in Hadley v Baxendale bezog

(eingehend dazu KÖNIG aaO). Schon der Kaufrechtsentwurf von 1939 (Art 85) sah dieses Konzept in ähnlicher Form wie das Haager Kaufrecht (Art 82 EKG) vor.

6 Der jetzige Art 74 entspricht weitgehend wörtlich Art 82 EKG, beschränkt sich allerdings nicht, wie jene Vorschrift, auf Fälle, in denen der Vertrag nicht aufgehoben ist. Das EKG hatte diese Konstellation und die Schadensberechnung für Fälle, in denen der Vertrag aufgehoben ist, noch formell deutlich in zwei Unterabschnitte des schadensersatzrechtlichen Abschnitts getrennt (Abschn A: Art 82, 83 EKG – nicht aufgehobener Vertrag; Abschn B: Art 84–87 EKG – aufgehobener Vertrag). Sachlich bestand in den Grundlagen jedoch kein Unterschied, da Art 86 und 87 EKG ergänzend auf Art 82 verwiesen. Die äußere Zweiteilung des schadensersatzrechtlichen Abschnitts wurde bereits im Genfer Entwurf (Art 55) aufgegeben und in die jetzige Textfassung überführt (UNCITRAL YB VI [1975] 62, 107). Nur noch eine geringe sprachliche Änderung brachte der Wiener Entwurf (Art 70: „may not exceed" für „cannot exceed"; vgl auch UNCITRAL YB VII [1976] 95; VIII [1977] 20, 59).

7 Auf der Wiener Konferenz von 1980 hatte nur Pakistan einen substantiellen Änderungsantrag gestellt (A/Conf97/C1/L235, Off Rec 131). Das Wort „loss" sollte durch „the reasonable expectation of loss" ersetzt werden. Der Antrag fand jedoch keine Mehrheit, da die Vorschrift bereits in hinreichender Weise objektiv gefaßt sei (Off Rec 132, 394).

III. Voraussetzungen des Schadensersatzanspruchs

1. Vertragsverletzung

8 Der Schadensersatzanspruch nach Art 74 setzt eine Vertragsverletzung durch die andere Partei, gleichgültig ob Käufer oder Verkäufer, voraus. **Schadensersatz ist** damit **der Mindestbehelf, der bei jeder Vertragsverletzung** – auch neben anderen Behelfen – **gegeben ist** (vgl Art 45 Abs 2; 61 Abs 2; ferner HERBER/CZERWENKA Art 74 Rn 2; MünchKommHGB/MANKOWSKI Art 74 Rn 4; PILTZ, Internationales Kaufrecht § 5 Rn 423; SCHLECHTRIEM/SCHWENZER/STOLL/GRUBER Art 74 Rn 5). Selbst Nacherfüllungsrechte oder Nachfristen zugunsten des Schuldners lassen den Schadensersatzanspruch unberührt (Art 37 S 2, 47 Abs 2 S 2, 48 Abs 1 S 2, 63 Abs 2 S 2). Art 74 betont diese Voraussetzung, regelt sie aber nicht selbst. Vielmehr muß sich ein Ersatzanspruch aus dem Vertrag oder den Vorschriften der Konvention ergeben. Anspruchsgrundlagen innerhalb des CISG sind die Art 45 Abs 1 lit b und 61 Abs 1 lit b, die jede Pflichtverletzung des Verkäufers und des Käufers bei der Durchführung des Vertrages erfassen. Eine ausdrückliche Begrenzung des ersatzfähigen Schadens folgt aber aus Art 44, der den Ersatz entgangenen Gewinns ausschließt. Zu beachten ist ferner Art 5, der den Ersatz für Personenschäden dann aus dem Geltungsbereich der Konvention ausnimmt, wenn die Ware selbst den Personenschaden verursacht hat (vgl näher die Erl zu Art 5).

9 Da eine Vertragsaufhebung das Vertragsverhältnis nicht beendet, sondern nur umgestaltet (vgl Art 81 Rn 2), fallen auch **Pflichtverletzungen bei der Rückabwicklung** (insbes die Verletzung der Erhaltungspflicht) unter den Begriff „Vertragsverletzung". Ebenso werden die weiteren Fälle der Erhaltungspflicht (Art 85, 86), aber auch alle Nebenpflichtverletzungen erfaßt (ACHILLES Art 74 Rn 2; HONSELL/SCHÖNLE

Art 74 Rn 19; MünchKommHGB/Mankowski Art 74 Rn 6; Schlechtriem/Schwenzer/Stoll/
Gruber Art 74 Rn 5). Jedoch genügt nicht die Verletzung einer nur allgemein bestehenden Verhaltens- oder Verkehrssicherungspflicht, etwa des nationalen Deliktsrechts (s auch Schlechtriem, in: Lausanner Kolloquium 163).

Grundsätzlich muß die **Vertragsverletzung bereits begangen** worden sein, wenn sie zu **10**
Schadensersatz verpflichten soll. Ausnahmsweise genügt eine drohende Vertrags-
verletzung, wenn die Voraussetzungen des Art 72 vorliegen und die verantwortliche
Partei sich nicht nach Art 79 entlasten kann (Enderlein/Maskow/Strohbach Art 74
Bem 1; Herber/Czerwenka Art 74 Rn 2; MünchKommHGB/Mankowski Art 74 Rn 6;
Schlechtriem, in: Lausanner Kolloquium 158 f; Stoll, in: Schlechtriem, Fachtagung 258 f;
Weber, in: Berner Tage 194; vgl ferner Art 72 Rn 6).

Die **Schadensersatzpflicht hängt** nach dem Übereinkommen **nicht vom Verschulden 11
oder** gar von **dessen Schwere ab** (Achilles Art 74 Rn 2; Piltz, Internationales Kaufrecht § 5
Rn 423; Schlechtriem/Schwenzer/Stoll/Gruber Art 74 Rn 2 f; Stoll, in: Schlechtriem, Fachtagung 257; Weber, in: Berner Tage 191). Allerdings eröffnet Art 79 dem Schuldner eine
Entlastungsmöglichkeit.

Der Schadensersatzanspruch besteht zwar stets **kumulativ neben anderen Rechtsbe- 12
helfen**; sein Umfang kann aber, wie Art 75, 76 zeigen, davon abhängen, welchen
weiteren Behelf der Gläubiger ausübt (Schlechtriem/Schwenzer/Stoll/Gruber Art 74
Rn 5). Verbleibt auf Grund anderer Behelfe keinerlei Schaden, zB weil die Minderung den Verlust des Käufers vollständig ausgeglichen hat, dann entfällt der Schadensersatzanspruch insgesamt (s etwa OLG Schleswig IHR 2003, 20; MünchKommHGB/
Mankowski Art 74 Rn 4; Schlechtriem/Schwenzer/Stoll/Gruber aaO).

Die Art 74 ff gelten **nicht für Obliegenheiten** (wie in Art 38 Abs 1, 39 Abs 1, 43 **13**
Abs 1). Ihre Verletzung begründet keine Schadensersatzpflicht (Herber/Czerwenka
Art 74 Rn 2; Karollus 207; Piltz, Internationales Kaufrecht § 5 Rn 424; Schlechtriem/Schwen-
zer/Stoll/Gruber Art 74 Rn 9). Gleiches gilt für die in Art 78 und 84 geregelten
Zinsansprüche (vgl die Erl dort).

2.   Kein Drittschadensersatz

Ersatzberechtigt ist nur der von der Vertragsverletzung betroffene Vertragspartner. **14**
Das CISG kennt keine Einbeziehung Dritter in die Wirkungen des Vertrages, wie
sie im deutschen Recht etwa die Figur des Vertrages mit Schutzwirkung zugunsten
Dritter zuläßt (BGH TranspR 1999, 125; Bianca/Bonell/Knapp Art 74 Bem 2.1; Münch-
KommHGB/Mankowski Art 74 Rn 7; Schlechtriem/Schwenzer/Stoll/Gruber Art 74
Rn 26 f; Weber, in: Berner Tage 194 f; Witz/Salger/Lorenz Art 74 Rn 10; **anders** – für Zulassung
des Vertrags mit Schutzwirkung in ganz engen Grenzen – Brunner Art 74 Rn 4). Allerdings
steht den Parteien die ausdrückliche oder stillschweigende Vereinbarung frei, Dritte
in den Vertragsschutz einzubeziehen (MünchKommHGB/Mankowski, Schlechtriem/
Schwenzer/Stoll/Gruber, Weber, jeweils aaO). Vertreten wird freilich, daß etwa bei
Kaufgeschäften im Rahmen von Kommission oder Leasing die ersatzberechtigte
Partei den Schaden des beteiligten Dritten als eigenen Schaden geltend machen
kann (Schlechtriem/Schwenzer/Stoll/Gruber Art 74 Rn 26; Soergel/Lüderitz/Dettmeier
Vor Art 74 Rn 7). Im Rahmen des CISG ist derartiger Schaden nur zu ersetzen, wenn

er – unter Auslegung der vertraglichen Vereinbarungen – noch unter den Schutzbereich des Vertrages fällt und im übrigen für den Schuldner bei Vertragsschluß voraussehbar war.

IV. Allgemeine Grundsätze der Schadensberechnung

15 Obwohl Art 74 knapp und generell gefaßt ist (HONNOLD Rn 403 „brief but powerful"), ist ihm eine Reihe leitender Prinzipien zu entnehmen.

1. Ausgleichsfunktion des Schadensersatzes

16 Nach der Konvention hat der Schadensersatz **Ausgleichsfunktion**. Der Gläubiger soll durch den Schadensersatz wirtschaftlich soweit wie möglich in diejenige Lage versetzt werden, in der er sich bei ordnungsgemäßer Pflichterfüllung befände (Sekretariatskommentar Art 70 Bem 3: „… the basic philosophy of the action for damages is to place the injured party in the same economic position he would have been in if the contract had been performed"; BIANCA/BONELL/KNAPP Art 74 Bem 3.1; HONNOLD Rn 403; MAGNUS, in: FS Herber 28; MünchKommBGB/HUBER Art 74 Rn 16; MünchKommHGB/MANKOWSKI Art 74 Rn 8; SCHLECHTRIEM/SCHWENZER/STOLL/GRUBER Art 74 Rn 3; VILUS, in: ŠARČEVIĆ/VOLKEN 247; ähnlich BRUNNER Art 74 Rn 5).

17 **Pönale oder präventive Zwecke**, wie sie etwa „punitive" oder „exemplary damages" verfolgen, oder die Möglichkeit, mehrfach Ersatz zuzusprechen, **kennt das Schadensersatzrecht** des CISG **nicht** (vgl auch AUDIT 163; BIANCA/BONELL/KNAPP Art 74 Bem 3.7; BRUNNER Art 74 Rn 18; ENDERLEIN/MASKOW/STROHBACH Art 74 Bem 4; FARNSWORTH AmJCompL 27 [1979] 248; HONSELL SJZ 1992, 361; MünchKommHGB/MANKOWSKI Art 74 Rn 9; SCHLECHTRIEM/SCHWENZER/STOLL/GRUBER Art 74 Rn 31; WEBER, in: Berner Tage 197). Ein Rückgriff auf internes Landesrecht, das derartige Möglichkeiten vorsieht, ist im Geltungsbereich der Konvention ausgeschlossen. Nicht ausgeschlossen ist es jedoch, im Rahmen der Spielräume bei der konkreten Schadensbemessung diejenige Alternative zu wählen, die den Schuldner eher zur Erfüllung seiner Pflichten anhält.

18 Ferner kann der Gläubiger **weder einen Gewinn des Schuldners** – zB des Verkäufers, der die Ware statt zu liefern deutlich günstiger anderweitig verkauft hat – **herausverlangen noch seiner Schadensberechnung zugrunde legen** (HONSELL SJZ 1992, 361; MünchKommHGB/MANKOWSKI Art 74 Rn 9; SCHLECHTRIEM/SCHWENZER/STOLL/GRUBER Art 74 Rn 31; ebenso zum EKG: Harlo & Johns' Ltd v Adras, Oberster israelischer Gerichtshof, in: SCHLECHTRIEM/MAGNUS Art 84 Nr 1; dazu SANILEVICI RiW 1988, 346). Nur in den Fällen des Art 84 Abs 2 sieht das CISG auch die Herausgabe des Gewinns vor.

2. Grundsatz der Totalreparation

19 Eng verbunden mit dem Ausgleichsgedanken ist der von der Konvention befolgte Grundsatz, daß **der gesamte Verlust einschl eines entgangenen Gewinns** zu ersetzen ist (**Totalreparation**; Internationales Schiedsgericht der Bundeskammer der gewerblichen Wirtschaft Wien, 15.6.1994, CLOUT Nr 93; ICC Schiedsspruch Nr 7197/19992, JDI 1993, 1028 m Anm HASCHER; ACHILLES Art 74 Rn 4; BAMBERGER/ROTH/SAENGER Art 74 Rn 2; BRUNNER Art 74 Rn 8; ENDERLEIN/MASKOW/STROHBACH Art 74 Bem 4; HERBER/CZERWENKA Art 74 Rn 4; KAROLLUS 213; KRANZ 210 f; MünchKommBGB/HUBER Art 74 Rn 17; MünchKommHGB/MANKOWSKI

Art 74 Rn 10; Schlechtriem/Schwenzer/Stoll/Gruber Art 74 Rn 2; Schwimann/Posch Art 74 Rn 4; Soergel/Lüderitz/Dettmeier Art 74 Rn 2; Witz/Salger/Lorenz Art 74 Rn 12; kritisch aber Honsell SJZ 1992, 362). Die Unterscheidung zwischen entstandenem Verlust und entgangenem Gewinn hat für die Schadensberechnung keine rechtliche Konsequenz. Sie will nur mögliche Fehlinterpretationen in solchen Ländern ausschließen, die im internen Recht entgangenen Gewinn nicht zum ersatzfähigen Schaden rechnen (Sekretariatskommentar Art 70 Bem 3). Beachtlich ist sie allerdings im Rahmen des Art 44, der bei entschuldigter Rügeversäumung Schadensersatzansprüche nur unter Ausschluß entgangenen Gewinns bestehen läßt.

Art 74 schützt damit nicht nur das Interesse des Gläubigers, aufgrund der Vertrags- **20** verletzung keine Einbuße an seinen vorhandenen Gütern zu erleiden (**Integritäts- interesse**, indemnity interest). Auch und vor allem ist das Interesse geschützt, die bei ordnungsgemäßer Vertragserfüllung zufließenden Vorteile zu erhalten (**Erfüllungs- interesse**, expectation interest; eingehend Schlechtriem/Schwenzer/Stoll/Gruber Art 74 Rn 2 sowie Achilles Art 74 Rn 4; Karollus 214 f; MünchKommHGB/Mankowski Art 74 Rn 11; Rummel, in: Hoyer/Posch 179 f).

Schließlich schützt Art 74 auch das Interesse des Gläubigers daran, daß durch den **21** Vertrag veranlaßte Aufwendungen nicht durch Vertragsverletzungen entwertet werden (**Vertrauensinteresse**, reliance interest; s OGH IHR 2002, 76 [80]; dazu Brunner Art 74 Rn 6; Karollus, MünchKommHGB/Mankowski, Schlechtriem/Schwenzer/Stoll/Gruber jeweils aaO; ferner Rossmeier RiW 2000, 407 f; gegen Ersatz des Vertrauensschadens aber Schweizer Botschaft 822; Rummel aaO; zurückhaltend auch Witz/Salger/Lorenz Art 74 Rn 12; näher unten Rn 53).

Aus dem Grundsatz der Totalreparation sowie dem Wortlaut des Art 74 ergibt sich **22** zugleich, daß **nur der** dem Gläubiger **tatsächlich entstandene Verlust zu ersetzen** ist. Durch das Schadensereignis zufließende Vorteile oder eingesparte Aufwendungen sind deshalb ggf auszugleichen (ebenso Honsell SJZ 1992, 361; Honsell/Schönle Art 74 Rn 11; MünchKommHGB/Mankowski Art 74 Rn 12; Schlechtriem/Schwenzer/Stoll/Gruber Art 74 Rn 32; Soergel/Lüderitz/Dettmeier Vor Art 74 Rn 10; Weber, in: Berner Tage 197, der zu Recht darauf verweist, daß das CISG in Art 84 die Vorteilsausgleichung vorschreibt; zum EKG: OLG Düsseldorf, in: Schlechtriem/Magnus Art 76 Nr 4). Bei Ausgleichsleistungen, insbes Versicherungsleistungen, die der Geschädigte von Dritten erhält, entscheidet jedoch ihr Zweck darüber, ob sie den haftpflichtigen Schuldner entlasten sollen. Zumal wenn der Geschädigte den Anspruch auf diese Leistungen – wie etwa Versicherungsschutz – mit eigenen Aufwendungen ‚erkauft' hat, kommt ein Vorteilsausgleich nicht in Betracht (s auch MünchKommHGB/Mankowski Art 74 Rn 12). Freilich wird der Ersatzanspruch des Geschädigten gegen den Schädiger nach dem insoweit anwendbaren Recht in der Regel auf den Versicherungsträger übergehen, wenn dieser geleistet hat. Das hindert indessen für das CISG nicht, einen entsprechenden Schaden des Geschädigten festzustellen.

Begrenzt wird der Schadensumfang aber **durch die Voraussehbarkeitsregel** in Art 74 **23** S 2 (dazu unten 31 ff).

3. Geldersatz

24 Deutlicher als der deutsche Text ergibt die englische Originalfassung („sum equal to the loss"), daß **Ersatz** nicht in Natur, sondern **nur in Geld geschuldet** wird (ACHILLES Art 74 Rn 6; ENDERLEIN/MASKOW/STROHBACH Art 74 Bem 4; MünchKommBGB/HUBER Art 74 Rn 19; MünchKommHGB/MANKOWSKI Art 74 Rn 13; RUMMEL, in: HOYER/POSCH 179; RYFFEL 52; SCHLECHTRIEM/SCHWENZER/STOLL/GRUBER Art 74 Rn 24; SOERGEL/LÜDERITZ/DETTMEIER Vor Art 7 Rn 9; WITZ/SALGER/LORENZ Art 74 Rn 11).

4. Schadensberechnung

a) Konkrete Schadensberechnung

25 Art 74 verlangt **grundsätzlich** eine **konkrete Schadensberechnung**. Der Gläubiger muß seinen Schaden konkret dartun (OLG Celle IHR 2001, 107; OLG Hamburg IHR 2001, 19 [21]; Schiedsgericht der Handelskammer Hamburg NJW 1996, 3229). Das gilt auch für erwarteten Gewinn. Eine abstrakte Berechnung ist nur unter den besonderen Voraussetzungen des Art 76 zulässig (OLG Hamburg aaO; BRUNNER Art 74 Rn 8; HERBER/CZERWENKA Art 74 Rn 9; MünchKommHGB/MANKOWSKI Art 74 Rn 16; PILTZ, Internationales Kaufrecht § 5 Rn 427, 433 f; REINHART Art 74 Rn 3; SCHLECHTRIEM/SCHWENZER/STOLL/GRUBER Art 74 Rn 29 ff).

b) Methode der Schadensberechnung

26 Aus der Grundphilosophie des Schadensersatzkonzepts der Konvention, den Gläubiger soweit durch Geld möglich in jene Lage zu versetzen, in der er sich ohne die Vertragsverletzung befände (vgl oben Rn 16), ergeben sich auch **Ansätze für die Schadensberechnung** (ebenso HONSELL/SCHÖNLE Art 74 Rn 11; **aA** etwa AUDIT 164, der jede Bemessungsregel vermißt). Für die Ermittlung des Verlustes ist stets, wie auch Art 75 und 76 zeigen, ein Vergleich zwischen zwei Vermögenslagen, damit eine Differenzrechnung ganz ähnlich der Differenzhypothese im deutschen Recht erforderlich (**aA** HONSELL SJZ 1992, 362). Für Art 74 ist die Differenz zwischen jener Lage festzustellen, in der sich der Gläubiger real befindet, und jener, in der er sich ohne die Vertragsverletzung befunden hätte (vgl die Beispiele im Sekretariatskommentar Art 70 Bem 5 ff; Schweizer Botschaft 821; ACHILLES Art 74 Rn 6; KRANZ 210 f; MünchKommHGB/MANKOWSKI Art 74 Rn 16; WEBER, in: Berner Tage 195; **ablehnend** dagegen HONSELL aaO; vorsichtig RYFFEL 45 f).

27 Wie bei jeder Differenzrechnung hängt das Ergebnis von den einzusetzenden Werten ab. Als **zu berücksichtigende Posten** kommen wohl **alle Positionen** in Betracht, **die im Handels- und Geschäftsverkehr wirtschaftlichen Wert haben** (ganz ähnlich MünchKommHGB/MANKOWSKI Art 74 Rn 17; SCHLECHTRIEM/SCHWENZER/STOLL/GRUBER Art 74 Rn 12 ff; allgemein rechtsvergleichend zur Ersatzfähigkeit von Einbußen MAGNUS, Schaden und Ersatz passim; näher zu Einzelfragen noch unten Rn 39 ff). Dazu können ausnahmsweise auch immaterielle Werte gehören (zB good will, Echtheit einer Marke, vertragsgemäß zu erwartende immaterielle Vorteile etc). Eine § 253 Abs 1 BGB vergleichbare Beschränkung der Geldentschädigung für immaterielle Schäden ist der Konvention nicht zu entnehmen (**aA** HONSELL SJZ 1992, 362). Soweit durch eine Vertragsverletzung ein immaterieller Verlust (zB von good will) eingetreten und in Geld zu beziffern, ggf zu schätzen ist, hat der Gläubiger Anspruch auf Ersatz (ACHILLES Art 74 Rn 6; HERBER/CZERWENKA Art 74 Rn 5; KRANZ 214 f; MünchKommBGB/HUBER Art 74 Rn 22; Münch-

KommHGB/MANKOWSKI Art 74 Rn 17; RYFFEL 49 f; WEBER, in: Berner Tage 195; ebenso auch SCHLECHTRIEM/SCHWENZER/STOLL/GRUBER Art 74 Rn 12; **aA** HONSELL aaO; zurückhaltend SCHLECHTRIEM Rn 299; WITZ/SALGER/LORENZ Art 74 Rn 14). Freilich wird ein Ersatz immaterieller Schäden nur selten in Betracht kommen (darauf weisen MünchKommHGB/ MANKOWSKI und SCHLECHTRIEM/SCHWENZER/STOLL/GRUBER jeweils aaO zu Recht hin; ebenso RYFFEL aaO).

5. Kausalität

Art 74 S 1 verpflichtet zum Ersatz des infolge der Vertragsverletzung entstandenen **28** Verlustes, setzt also eine **Kausalverknüpfung zwischen der Vertragsverletzung und dem Schaden** voraus. Es genügt hier die Kausalität im Sinn der Bedingungslehre (Schweizer Botschaft 821; BRUNNER Art 74 Rn 10; FAUST 8 f; HONSELL/SCHÖNLE Art 74 Rn 21; MünchKommHGB/MANKOWSKI Art 74 Rn 18; SCHLECHTRIEM/SCHWENZER/STOLL/GRUBER Art 74 Rn 23; SCHWIMANN/POSCH Art 74 Rn 3; SOERGEL/LÜDERITZ/DETTMEIER Vor Art 74 Rn 6; WEBER, in: Berner Tage 197). Sie ist aber auch als Mindestvoraussetzung der Zurechnung erforderlich. Kausalität ist deshalb nur gegeben, wenn die Vertragsverletzung nicht hinweggedacht werden darf, ohne daß der Erfolg entfiele. Ist der Schaden die Folge einer Unterlassung (zB Unterlassung angemessener Erhaltungsmaßnahmen nach Art 85, 86), dann muß mit hoher Wahrscheinlichkeit feststehen, daß pflichtgemäßes Verhalten ihn vermieden hätte. Insbes für den Ersatz frustrierter Aufwendungen (dazu noch unten Rn 53) muß feststehen, daß die Aufwendungen durch die Vertragsverletzung ihren Wert für den Gläubiger verloren haben (vgl auch SCHLECHTRIEM/ SCHWENZER/STOLL/GRUBER Art 74 Rn 23; ZIEGEL, in: GALSTON/SMIT 9–37).

Für weitergehende Lehren zur Kausalität (Adäquanztheorie, Lehre von der proxi- **29** ma causa etc) läßt das CISG keinen Raum (FAUST 8 f; HONSELL/SCHÖNLE Art 74 Rn 21; SCHLECHTRIEM, in: Lausanner Kolloquium 163; SCHLECHTRIEM/SCHWENZER/STOLL/GRUBER Art 74 Rn 23; WEBER, in: Berner Tage 197). Ebensowenig ist die Ersatzpflicht etwa auf den unmittelbaren Schaden begrenzt. Auch mittelbare Schäden, insbes Mangelfolgeschäden sind grundsätzlich zu erstatten, soweit nicht der Ausschluß der Produkthaftung nach Art 5 oder die Grenze der Voraussehbarkeit eingreift (Denkschrift 58; BERGEM/ROGNLIEN 646; LOEWE, Kaufrecht 92; SCHLECHTRIEM/SCHWENZER/STOLL/GRUBER Art 74 Rn 23; ausführlich auch KRANZ 216 ff; ferner noch unten Rn 31 ff).

Die zwingend **notwendige Begrenzung der Ersatzpflicht** erfolgt im CISG wie schon **30** im EKG über das Kriterium der Voraussehbarkeit (Art 74 S 2, dazu unten Rn 31 ff). Die mit ihm gewonnenen Ergebnisse weichen jedoch von jenen kaum ab, die über die unterschiedlichen Eingrenzungen der Kausalität erreicht werden (das belegt die bei SCHLECHTRIEM/MAGNUS wiedergegebene Fallpraxis; ebenso BIANCA/BONELL/KNAPP Art 74 Bem 2. 8; ENDERLEIN/MASKOW/STROHBACH Art 74 Bem 8; HONSELL/SCHÖNLE Art 74 Rn 21; **aA** SCHLECHTRIEM/SCHWENZER/STOLL/GRUBER Art 74 Rn 35 und zum EKG DÖLLE/WEITNAUER vor Art 82 Rn 69: Die Voraussehbarkeitsregel führe zu restriktiveren Ergebnissen).

6. Voraussehbarkeit

a) Zweck der Regel

Art 74 S 2 **begrenzt die Ersatzpflicht auf den bei Vertragsschluß voraussehbaren Scha-** **31** **den**. Damit und mit den ergänzenden Regeln in Art 75 und 76 hat das Einheitskaufrecht im Kern die Schadensberechnungsregeln übernommen, die im englischen Leitfall Hadley v Baxendale 9 Ex 341 (1854) festgelegt wurden und bis heute praktisch im gesamten Common-law-Bereich anerkannt sind (vgl dazu auch oben Rn 5; eingehend FAUST 75 ff). Der Sinn der Regelung ist einfach: Der vertragsbrüchige Teil soll nicht mehr an Ersatz leisten, als er bei Vertragsschluß vernünftigerweise als Haftungsrisiko erkennen und damit seiner vertraglichen Kalkulation zugrunde legen und ggf durch Versicherung abdecken konnte (HERBER/CZERWENKA Art 74 Rn 10; MünchKommBGB/HUBER Art 74 Rn 25; MünchKommHGB/MANKOWSKI Art 74 Rn 21; PILTZ, Internationales Kaufrecht § 5 Rn 450; POSCH, in: DORALT 176 f; SCHLECHTRIEM/SCHWENZER/ STOLL/GRUBER Art 74 Rn 4, 36; SCHWIMANN/POSCH Art 74 Rn 5; SOERGEL/LÜDERITZ/DETTMEIER Art 74 Rn 12). Bestimmte, übliche Abläufe hat der Schuldner dabei stets in Rechnung zu stellen (vgl Art 75, 76) und den resultierenden Schaden ohne weiteres zu ersetzen. Im übrigen kommt es darauf an, was ihm bei Vertragsschluß an Umständen bekannt war oder sein mußte.

b) Voraussehbarkeit des Schadens

32 Art 74 S 2 nennt deutlich, **worauf sich die Voraussehbarkeit beziehen muß**: auf den Verlust, der mögliche Folge einer Vertragsverletzung sein kann. Auf die Voraussehbarkeit oder ein Verschulden an der Vertragsverletzung kommt es dagegen nicht an (OGH IHR 2002, 76 [80]; BIANCA/BONELL/KNAPP Art 74 Bem 2.9; ENDERLEIN/MASKOW/STROHBACH Art 74 Bem 8; HERBER/CZERWENKA Art 74 Rn 10; KAROLLUS 217; MünchKommHGB/ MANKOWSKI Art 74 Rn 22; PILTZ, Internationales Kaufrecht § 5 Rn 451; SCHLECHTRIEM/SCHWENZER/STOLL/GRUBER Art 74 Rn 39). Der Schuldner muß auch nicht vorausgesehen haben, ob die Vertragsverletzung vermeidbar war, ja er kann sie sogar absichtlich begangen haben (Sekretariatskommentar Art 70 Bem 9). Die Voraussehbarkeit des Art 74 bezieht sich allein auf die Schadensfolge als eine bei Vertragsschluß abschätzbare Konsequenz einer möglichen Pflichtverletzung, für die der Schuldner sich nicht gem Art 79 entlasten kann.

c) Maßstab für die Voraussehbarkeit

33 Art 74 S 2 läßt einen erheblichen Spielraum in der Frage offen, wie konkret der Schuldner den Schaden vorhersehen mußte und ob dabei ein eher objektiver oder subjektiver Maßstab anzulegen ist.

34 Einigkeit besteht, daß Art 74 S 2 **nicht die präzise Voraussehbarkeit des Schadens** in allen Einzelheiten, gar die ziffernmäßige Höhe des Schadensumfangs fordert (BIANCA/BONELL/KNAPP Art 74 Bem 2.9; BRUNNER Art 74 Rn 12; ENDERLEIN/MASKOW/STROHBACH Art 74 Bem 8; HERBER/CZERWENKA Art 74 Rn 10; KRANZ 213; MünchKommHGB/MANKOWSKI Art 74 Rn 23; SCHLECHTRIEM/SCHWENZER/STOLL/GRUBER Art 74 Rn 39; SOERGEL/LÜDERITZ/ DETTMEIER Art 74 Rn 12). Andererseits genügt nicht die ja stets voraussehbare Möglichkeit, daß eine Vertragsverletzung irgendeinen Schaden auslösen werde. Notwendig ist, daß der Schuldner erkennen konnte, daß eine Vertragsverletzung einen Schaden im wesentlichen der Art und des Umfangs auslösen würde, wie er tatsächlich eingetreten ist (OGH IHR 2002, 76 [80]; BIANCA/BONELL/KNAPP, ENDERLEIN/MASKOW/ STROHBACH, HERBER/CZERWENKA, MünchKommHGB/MANKOWSKI, SCHLECHTRIEM/SCHWENZER/ STOLL/GRUBER, SOERGEL/LÜDERITZ/DETTMEIER jeweils aaO).

35 Grundsätzlich gilt für die Voraussehbarkeit damit ein **objektiver Maßstab**. Der Schuldner muß mit den Folgen rechnen, die eine verständige Person in seiner Lage

(Art 8 Abs 2) angesichts der konkreten Fallumstände vorausgesehen hätte. Ob er selbst diese Voraussicht tatsächlich hatte, ist ebenso unerheblich wie ein mögliches Verschulden (ENDERLEIN/MASKOW/STROHBACH Art 74 Bem 10; HERBER/CZERWENKA Art 74 Rn 11; HEUZÉ 329; MünchKommBGB/HUBER Art 74 Rn 31; MünchKommHGB/MANKOWSKI Art 74 Rn 24; PILTZ, Internationales Kaufrecht § 5 Rn 451; SCHLECHTRIEM/SCHWENZER/STOLL/ GRUBER Art 74 Rn 38; WEBER, in: Berner Tage 198). Insoweit hat das Voraussehbarkeitskonzept normativen Charakter, legt also fest, was angesichts der Umstände als angemessene Verteilung der Vertragsrisiken zu gelten hat (SCHLECHTRIEM/SCHWENZER/STOLL/GRUBER Art 74 Rn 38). Schadensfolgen, die sich aus den im redlichen Handelsverkehr üblichen Abläufen ergeben, muß der Schuldner deshalb stets ersetzen (zu einzelnen typischen Risiken unten Rn 39 ff).

Für **ungewöhnliche Risiken** (zB aus einer ungewöhnlichen Verwendung der Ware) **36** muß er dagegen **nur bei Kenntnis des Risikos** einstehen (OLG Bamberg TranspR-IHR 2000, 17 [türk Verkäufer braucht nicht zu wissen, daß verspätete Lieferung an deutschen Käufer zu Weiterverarbeitung in Deutschland – statt in der Türkei – mit erheblichen Mehrkosten führt]). Das Voraussehbarkeitskonzept hat damit auch eine zusätzliche subjektive Komponente. Weiß der Schuldner, daß eine Vertragsverletzung ungewöhnliche oder ungewöhnlich hohe Schäden auslösen würde, dann sind ihm auch diese Folgen zuzurechnen (ENDERLEIN/MASKOW/STROHBACH Art 74 Bem 8; MünchKommHGB/MANKOWSKI Art 74 Rn 25). Das Gesetz geht davon aus, daß er diese – erkannten – Risiken bei seiner Entscheidung, den Vertrag zu schließen, berücksichtigt hat.

Nach seinem Zweck und normativen Gehalt ist das Voraussehbarkeitskonzept **nicht 37** als **rein empirische Wahrscheinlichkeitsfeststellung** zu bewerten (KAROLLUS 217; MAGNUS RabelsZ 45 [1981] 154 f; MünchKommHGB/MANKOWSKI Art 74 Rn 24; SCHLECHTRIEM, in: Lausanner Kolloquium 169 Fn 46; SCHLECHTRIEM/SCHWENZER/STOLL/GRUBER Art 74 Rn 38; STOLL, in: SCHLECHTRIEM, Fachtagung 264; WEITNAUER IPRax 1981, 83; **aA** aber FAUST 34 ff, 273 ff sowie zum EKG: BGH RiW 1980, 143, der die Voraussehbarkeit des Abspringens von Kunden durch Umfragen bei der Handelskammer klären wollte). Es enthält vielmehr auch eine dem Beweis nicht zugängliche Bewertung, was eine Vertragspartei normalerweise voraussehen und damit als Vertragsrisiko tragen sollte.

d)   Maßgebender Zeitpunkt
Art 74 S 2 bestimmt den **Vertragsschluß als maßgebenden Zeitpunkt**, zu dem das **38** mögliche Haftungsrisiko erkennbar sein muß. Auch wenn die Voraussehbarkeit im Streitfall erst im Nachhinein beurteilt wird, ist entsprechend dem Zweck dieses Instruments der Risikoverteilung auf die Lage abzustellen, die bei Risikoübernahme erkennbar war. Später gewonnene Voraussicht schadet dem Schuldner nicht (BIANCA/BONELL/KNAPP Art 74 Bem 2.13; ENDERLEIN/MASKOW/STROHBACH Art 74 Bem 7; MünchKommHGB/MANKOWSKI Art 74 Rn 21; RYFFEL 59).

V.   Fallgruppen

Bestimmte typische Schadensfolgen sind in den Art 75, 76 behandelt. Für Art 74 **39** lassen sich, vor allem aufgrund der Rechtsprechungspraxis, die folgenden weiteren Fallgruppen bilden:

1. Unmittelbarer Nichterfüllungsschaden

40 Der **unmittelbar aus der Nichterfüllung folgende Schaden** ist als mögliche Konsequenz einer Vertragsverletzung in der Regel voraussehbar (ebenso OGH IHR 2002, 76 [80]; HONSELL/SCHÖNLE Art 74 Rn 29; KRANZ 214; MünchKommHGB/MANKOWSKI Art 74 Rn 27 f; SCHLECHTRIEM/SCHWENZER/STOLL/GRUBER Art 74 Rn 41). Auch der Schadensumfang ist hier regelmäßig voraussehbar, soweit er sich im Rahmen des Üblichen hält. Liefert der Verkäufer nicht oder verspätet, dann ist deshalb dadurch entstehender Produktionsausfall oder ein entgangener (üblicher) Gewinn aus einem Weiterverkauf voraussehbar, wenn die Ware zur Produktion eingesetzt oder weiterverkauft werden sollte (ICC-Schiedsspruch vom 20.12.1999, IHR 2004, 21 m Anm KÜHNER [22: Schaden ist ersatzfähig, den Abnehmer aus Deckungskäufen dem Käufer in Rechnung stellen, weil der Verkäufer dem Käufer und dieser seinen Abnehmern nicht rechtzeitig liefern konnte]; OLG Hamburg IHR 2001, 19 [21: Differenz zwischen Interesse an der Vertragserfüllung und den ersparten Aufwendungen ist ersatzfähig; Generalunkosten des Geschädigten müssen seinen ersparten Aufwendungen regelmäßig nicht hinzugerechnet werden]; Internationales Schiedsgericht der IHK der Russischen Föderation v 16.3.1995, CLOUT Nr 140; ACHILLES Art 74 Rn 4; eingehend Draft Digest 782 ff; ENDERLEIN/MASKOW/STROHBACH Art 74 Bem 10; HERBER/CZERWENKA Art 74 Rn 12; KAROLLUS 215; MünchKommHGB/MANKOWSKI Art 74 Rn 27 f; PILTZ, Internationales Kaufrecht § 5 Rn 444; SCHLECHTRIEM/SCHWENZER/STOLL/GRUBER Art 74 Rn 41; WEBER, in: Berner Tage 199; speziell zum Betriebsgewinn des Käufers KRANZ 215 f).

41 Liefert der Verkäufer mangelhafte Ware, so kann der Käufer den **Minderwert sowohl** im Weg der **Minderung als auch** als **Schadensersatz** geltend machen (vgl auch Art 50 Rn 30; für analoge Anwendung des Art 50 S 2 im Rahmen des Art 74: MünchKommBGB/HUBER Art 74 Rn 13, 35). Voraussehbar und damit ersatzfähig sind auch die Kosten für die Untersuchung mangelhafter Ware (auch durch Sachverständige), ferner Reparatur- oder Rücktransportkosten (BGH NJW 1997, 3311; Delchi Carrier, SpA v Rotorex Corp 71 F 3d 1024 [2nd Cir 1995]; OLG Hamm IPRax 1996, 269 m Aufs SCHLECHTRIEM IPRax 1996, 256 f; Sekretariatskommentar Art 70 Bem 6, 7; ACHILLES Art 74 Rn 4; BRUNNER Art 74 Rn 23; ENDERLEIN/MASKOW/STROHBACH Art 74 Bem 10; HERBER/CZERWENKA Art 74 Rn 12; KRANZ 214; MünchKommHGB/MANKOWSKI Art 74 Rn 28; SCHLECHTRIEM/SCHWENZER/STOLL/GRUBER Art 74 Rn 41). Allerdings müssen solche Kosten noch im Verhältnis zum Preis und Warenwert stehen. Unverhältnismäßige Aufwendungen sind nicht voraussehbar und daher nicht ersatzfähig (BGH aaO [3313: Reparaturkosten von 78 000 DM für Ware im Wert von 63 000 nicht mehr vernünftig und daher nicht ersatzfähig]). Ein angemessener Preisnachlaß, den der Käufer seinem Kunden gewährt hat, ist aber ersatzfähig (OLG Köln 21.5.1996, CLOUT Nr 168).

42 **Kosten für die Erhaltung der Ware** (Lagerung, auch Versicherung etc) sind nur in dem Rahmen ersatzfähig, den die Art 85 ff vorsehen (angemessene Maßnahme, verhältnismäßige Kosten; ICC-Schiedsspruch 7197/1992 Clunet 1993, 1035; ebenso MünchKommHGB/MANKOWSKI Art 74 Rn 30; aA offenbar ENDERLEIN/MASKOW/STROHBACH, HERBER/CZERWENKA, jeweils aaO; KRANZ 218, die diese Grenze nicht aufstellen; vgl auch Vorbem 3 zu Art 85 ff). Liefert etwa der Verkäufer ein gestohlenes Fahrzeug, das der Käufer dem Eigentümer herausgeben muss, dann hat der Verkäufer auch die Transport- und Zulassungskosten sowie Kosten für die Instandsetzung des Fahrzeugs zu ersetzen, die der Käufer aufgewendet hat (LG Freiburg IHR 2003, 22). Zu den Mangelfolgeschäden unten Rn 45.

Nimmt der Käufer die Ware nicht ab, dann ist entgangener Gewinn – die übliche **43** Handelsspanne des Verkäufers –, aber auch ein nicht völlig außergewöhnlicher Preisverfall der Ware als Schaden des Verkäufers voraussehbar (Kantonsgericht Zug IHR 2004, 65 [erheblicher Preisverfall der Ware ersetzt]; Delchi Carrier, SpA v Rotorex Corp 71 F 3d 1024 [2nd Cir 1995]; Handelsgericht Zürich SZIER 1998, 75; Sekretariatskommentar Art 70 Bem 5; BIANCA/BONELL/KNAPP Art 74 Bem 3.10; BRUNNER Art 74 Rn 19; KRANZ 220; Münch-KommHGB/MANKOWSKI Art 74 Rn 29; SCHEIFELE 140 N 112; SOERGEL/LÜDERITZ/DETTMEIER Art 74 Rn 14; zum EKG: OLG Hamm, in: SCHLECHTRIEM/MAGNUS Art 82 Nr 8). Vorauszusehen sind ferner die Kosten, die der Verkäufer den eigenen Zulieferern schuldet (LG Aachen RiW 1993, 760 f), ebenso Transportkosten oder Kosten für die Bereitstellung der Ware (HERBER/CZERWENKA Art 74 Rn 5; KRANZ 218; zum EKG: OLG Düsseldorf, in: SCHLECHTRIEM/MAGNUS Art 76 Nr 4). Teilweise wird entgangener Gewinn freilich nur für ersatzfähig gehalten, wenn der Verkäufer mit einer Weiterveräußerung rechnen mußte (s etwa KAROLLUS 217; NEUMAYER/MING Art 74 Anm 5; ZIEGLER 212). Hiermit muß der Verkäufer indessen bei handelbarer Ware ohne weiteres rechnen, sofern nicht ausnahmsweise besondere Anhaltspunkte wie etwa die Eigenart der Ware etc dagegen sprechen (BAMBERGER/ROTH/SAENGER Art 74 Rn 9; SCHLECHTRIEM/SCHWENZER/ STOLL/GRUBER Art 74 Rn 44).

Zahlt der Käufer nicht, dann kann der Verkäufer über den Zinsanspruch nach Art 78 **44** hinaus weiteren Schaden aufgrund der vorenthaltenen Zahlung geltend machen, wenn er **höhere**, marktübliche **Kreditkosten** hatte (LG Saarbrücken IHR 2003, 70; Handelsgericht Zürich SZIER 1997, 131; LG Aachen RiW 1990, 492; LG Frankfurt RiW 1991, 952; LG Hamburg IPRax 1991, 403; OLG Koblenz RiW 1993, 937; ICC-Schiedsspruch 7197/1992 Clunet 1993, 1032 ff; HERBER/CZERWENKA Art 74 Rn 6; MAGNUS ZEuP 1993, 90; MünchKommHGB/ MANKOWSKI Art 74 Rn 29; PILTZ NJW 1994, 1106; SOERGEL/LÜDERITZ/DETTMEIER Art 74 Rn 7; zum EKG ebenso: OLG Hamm, in: SCHLECHTRIEM/MAGNUS Art 8 EKG Nr 8). Auch Scheck-protestkosten gehören zum ersatzfähigen Schaden (OLG München IHR 2001, 23 [24]).

2. Mangelfolgeschäden

Schäden, die die Vertragsverletzung an anderen Rechtsgütern des Gläubigers aus- **45** löst, erfaßt die Konvention nicht in vollem Umfang. **Personenschäden**, die die – vertragswidrige – Ware verursacht, sind nach dem anwendbaren nationalen Recht zu beurteilen (Art 5). Soweit erfaßt, sind Mangelfolgeschäden jedoch ersatzfähig, wenn der eingetretene Schaden bei Vertragsschluß als hinreichend wahrscheinliche Folge erkannt werden konnte. Voraussehbar sind deshalb zB **Schadensersatzpflich-ten**, die den Käufer schlechter Ware eigenen Abnehmern gegenüber treffen, soweit die Ersatzpflicht nicht den üblichen Umfang übersteigt (BGH NJW 1999, 1259; OGH IHR 2002, 76 [80]; ACHILLES Art 74 Rn 4; BRUNNER Art 74 Rn 42; ENDERLEIN/MASKOW/STROH-BACH Art 74 Bem 10; HERBER/CZERWENKA Art 74 Rn 12; KAROLLUS 215; KRANZ 215; Münch-KommBGB/HUBER Art 74 Rn 37 f; MünchKommHGB/MANKOWSKI Art 74 Rn 28; PILTZ, Inter-nationales Kaufrecht § 5 Rn 444; SCHLECHTRIEM/SCHWENZER/STOLL/GRUBER Art 74 Rn 45; allgemein auch RYFFEL 64 ff). Gleiches gilt für sonstige – berechtigte – Regreßansprüche Dritter, denen der Käufer seinerseits wegen der Mängel der Ware haftet. Nicht vorhersehbar ist ein Schaden jedoch, wenn der Käufer aus einer zugunsten seiner Abnehmer eingegangenen Bürgschaft oder sonstigen zusätzlichen Verpflichtung haftet, es sei denn, er hat das dem Verkäufer vor Vertragsschluß offengelegt oder derartige Zusatzpflichten – eventuell Garantien – sind in der betreffenden Branche

üblich (ebenso MünchKommHGB/Mankowski Art 74 Rn 31; Schlechtriem/Schwenzer/
Stoll/Gruber aaO; zum EKG: OLG Hamm, in: Schlechtriem/Magnus Art 55 Nr 1; LG Bonn
IPRax 1983, 243).

46 Auch **Schäden an anderen Gegenständen** des Käufers (explodierende Maschine
zerstört Fabrikhalle) sind voraussehbar, wenn kein ganz ungewöhnlicher Kausalver-
lauf zugrunde liegt und sich ein Risiko verwirklicht, das nach der vertraglichen
Risikoverteilung der Verkäufer zu tragen hatte (vgl Handelsgericht Zürich SZIER 1996, 51
[„floating centre", mit Salzwasser gefüllter Behälter zum schwerelosen Schweben, leckt und beschädigt Haus des Käufers]). Nur letztere Überlegung halten Stoll/Gruber für entscheidend (Schlechtriem/Schwenzer/Stoll/Gruber Art 74 Rn 47). Doch sollte für die
Voraussehbarkeit auch die Wahrscheinlichkeit des Schadens beachtet werden. Hat
ein Sachmangel der Ware den Schaden verursacht, dann kann ihn der Käufer aber
nur ersetzt verlangen, wenn er den Mangel ordnungsgemäß gerügt hatte oder gemäß
Art 40 oder 44 von der Rüge befreit war (Handelsgericht Zürich aaO; OLG München
8.2.1995, clout Nr 167). Bei anderen (Sach-)Schäden, zB Beschädigung des Hauses
beim Einbauen der gelieferten Ware, oder bei Schäden durch die Verletzung anderer als der Pflicht zur Lieferung vertragsgemäßer Ware besteht jedoch kein
Rügeerfordernis (Handelsgericht Zürich aaO).

47 Nicht vorhersehbar sind Mangelfolgeschäden, die sich aus einem unzulässigen, **be-
stimmungswidrigen Gebrauch** ergeben (MünchKommHGB/Mankowski Art 74 Rn 32;
Schlechtriem/Schwenzer/Stoll/Gruber aaO; Kranz 218).

3. Sonderfälle

a) Kursverlust als Schaden
48 Umstritten ist, ob ein voraussehbarer Schaden darin liegt, daß sich **die Währung** der
geschuldeten Summe in der Zeit zwischen Fälligkeit und Zahlung **verschlechtert** hat
(näher dazu Asam/Kindler RiW 1989, 845 ff; Magnus RabelsZ 53 [1989] 135 ff; Weber, in:
Berner Tage 201). Zum Teil wird ein Schaden durch Geldentwertung generell für
voraussehbar und ersatzfähig gehalten (Herber/Czerwenka Art 74 Rn 6; jedenfalls bei
inflationistischen Währungen Soergel/Lüderitz/Dettmeier Art 74 Rn 19). Zum Teil hat man
die Ersatzfähigkeit generell abgelehnt (so offenbar Enderlein/Maskow/Strohbach Art 74
Bem 10; zum Haager Recht: LG Konstanz, in: Schlechtriem/Magnus Art 2 EAG Nr 1; LG
Heidelberg RiW 1982, 285; LG Heidelberg, in: Schlechtriem/Magnus Art 39 Nr 21).

49 Nach überwiegender und mE zutreffender Ansicht ist zu differenzieren: Erhält der
Gläubiger **Zahlung in** seiner **Heimatwährung** (der Währung an seinem Sitz), dann ist
ein **Kursverlust** gegenüber anderen Währungen **regelmäßig nicht zu ersetzen.** Denn
ohne besonderen Anhalt oder Hinweis muß der Schuldner nicht davon ausgehen,
daß der Gläubiger das Geld in andere (feste) Währung getauscht hätte (Magnus
RabelsZ 53 [1989] 138; ebenso Achilles Art 74 Rn 11; Asam JbItalR III [1989] 41; Asam/Kindler
RiW 1989, 846; Brunner Art 74 Rn 45; Kranz 150 f; MünchKommBGB/Huber Art 74 Rn 50;
MünchKommHGB/Mankowski Art 74 Rn 40; Piltz, Internationales Kaufrecht § 5 Rn 453; ders,
NJW 1994, 1106; Scheifele 111; Schlechtriem/Schwenzer/Stoll/Gruber Art 74 Rn 41;
Weber, in: Berner Tage 200 f; Witz/Salger/Lorenz Art 74 Rn 21; ebenso zum EKG etwa OLG
Hamm, in: Schlechtriem/Magnus Art 82 Nr 17; OLG Düsseldorf, in: Schlechtriem/Magnus
Art 82 Nr 21 sowie für Fremdwährungsschulden im deutschen Recht Maier-Reimer NJW 1985,

2052; offenbar **abw** SCHLECHTRIEM/SCHWENZER/STOLL/GRUBER Art 74 Rn 41). Anders ist dagegen zu entscheiden, wenn der Gläubiger **Zahlung in anderer als der eigenen Währung zu erhalten hat.** Hier kann unterstellt werden und ist damit voraussehbar, daß er die fremde Währung nach dem gewöhnlichen Gang der Dinge bei rechtzeitiger Zahlung sogleich konvertiert hätte, wenn dadurch ein drohender Kursverlust vermieden werden konnte (vgl die in der vorigen N Zitierten; auch BRUNNER Art 74 Rn 45; SCHLECHTRIEM/SCHWENZER/STOLL/GRUBER Art 74 Rn 41). Ein interner inflationsbedingter Währungsverfall gehört dagegen in der Regel zu den Schadenspositionen, deren Ersatz der Verkäufer bei verspäteter Zahlung verlangen kann (Rechtbank Roermond 6. 5. 1993; UNILEX; ACHILLES Art 74 Rn 11; MünchKommHGB/MANKOWSKI Art 74 Rn 40; WITZ/SALGER/LORENZ Art 74 Rn 22; **aA** MünchKommBGB/HUBER Art 74 Rn 52; SCHLECHTRIEM/SCHWENZER/STOLL/GRUBER Art 74 Rn 41). Allerdings darf der Geldentwertungsschaden nicht schon durch das Niveau der zuzusprechenden Verzugszinsen ausgeglichen werden; denn in der Regel reflektiert das Zinsniveau eines Landes seine Inflationsrate (vgl OLG Düsseldorf 14. 1. 1994, CLOUT Nr 130; näher MAGNUS aaO; ebenso WITZ/SALGER/LORENZ Art 74 Rn 22). Nach der bislang vereinzelten Rechtsprechung zum CISG ist ein Kurs- oder Inflationsschaden regelmäßig konkret nachzuweisen (Hof Arnhem NIPR 1998 Nr 101; Handelsgericht Zürich SZIER 1998, 75 [Ersatz abgelehnt, da die künftige Kursentwicklung bis zur Vollstreckung oder Zahlung nicht voraussehbar und die Existenz eines Schadens daher unsicher sei]).

b) Verlust von good will

Nur unter besonderen Umständen ist eine **Einbuße an Geschäftsansehen** (good will) **50** zu ersetzen, die durch mangelhafte Lieferung oder andere Vertragsverletzungen entstanden ist (BG SZIER 1999, 179 f; ebenso BRUNNER Art 74 Rn 21; HUBER RabelsZ 43 [1979] 499; KAROLLUS 218; KRANZ 179 ff; MünchKommBGB/HUBER Art 74 Rn 39; MünchKommHGB/MANKOWSKI Art 74 Rn 41 ff [mit eingehender Erörterung]; SCHLECHTRIEM Rn 299; SCHLECHTRIEM/SCHWENZER/STOLL/GRUBER Art 74 Rn 43; WEBER, in: Berner Tage 200; zum EKG: BGH IPRax 1981, 96 f: Ersatz für Abspringen von Kunden, an die der Käufer Käse weitergeliefert hatte, der zu 3% mangelhaft war; ablehnend RYFFEL 69). So kommt Ersatz etwa in Betracht, wenn der Käufer den Verkäufer auf besondere Anforderungen der eigenen Abnehmer hingewiesen hat. Nach einer Entscheidung des Schweizer Bundesgerichts muß der Verkäufer für das Abspringen von Kunden aber dann haften, wenn „der Käufer erkennbar Zwischenhändler in einem empfindlichen Markt ist und zudem keine Möglichkeit hat, durch eigene Vorkehren seine Abnehmer anderweitig fristgerecht mit mangelfreier Ware zu versehen" (BG SZIER 1999, 179 [181]). Wenn der Verkäufer eine große Sendung Fleisch mit zu hohem Fettgehalt (ca 50% statt vereinbarter 30%) an einen Großhändler liefert, muß er deshalb voraussehen, daß der Großhändler Probleme beim Absatz hat und uU Kunden verliert (BG aaO; ähnlich BGH IPRax 1981, 96 m Anm WEITNAUER [83 ff] – noch zum EKG: bei gesättigtem Markt können auch Käselieferungen mit lediglich 3% mangelhaften Teilen voraussehbar dazu führen, daß dem Käufer Großabnehmer abspringen).

c) Ersatz von Rechtsverfolgungskosten

Grundsätzlich sind auch diejenigen Kosten voraussehbare und ersatzfähige Scha- **51** densposten, die der Gläubiger **zur angemessenen und berechtigten Rechtsverfolgung** aufwenden mußte (BRUNNER Art 74 Rn 31; HERBER/CZERWENKA Art 74 Rn 7; MAGNUS ZEuP 1993, 89; MünchKommHGB/MANKOWSKI Art 74 Rn 33; SCHLECHTRIEM/SCHWENZER/STOLL/GRUBER Art 74 Rn 20; SOERGEL/LÜDERITZ/DETTMEIER Art 74 Rn 6; WITZ/SALGER/LORENZ

Art 74 Rn 39; teilw **anders** noch STOLL, in: SCHLECHTRIEM, Fachtagung 267 f). Dazu gehören etwa Mahnkosten (LG Berlin IHR 2003, 228 [anwaltliche Mahnkosten]; OLG Düsseldorf RiW 1996, 958 [Kosten für anwaltliches Mahnschreiben]; LG Frankfurt RiW 1991, 952; SCHLECHTRIEM/ SCHWENZER/STOLL/GRUBER, HERBER/CZERWENKA, MAGNUS, jeweils aaO) und Scheckprotestkosten (OLG München IHR 2001, 23). Ob Kosten für die Einschaltung eines ausländischen **Inkassobüros** zu ersetzen sind, ist umstritten. Zum Teil wird die Einschaltung als unüblich und kostenerhöhend angesehen; deshalb seien Inkassokosten nicht voraussehbar (so LG Frankfurt aaO; SCHLECHTRIEM/SCHWENZER/STOLL/GRUBER Art 74 Rn 20; PETER IPRax 1999, 159 [unüblich, da international keine einheitliche Auffassung über ihren Ersatz bestehe]). Nach **aA** sind solche Kosten ersatzfähig, da und soweit sie zur angemessenen Rechtsverfolgung dienen (Kantonsgericht Zug SZIER 2000, 114; Hof s'Hertogenbosch NIPR 1998 Nr 103; BRUNNER Art 74 Rn 31; HERBER/CZERWENKA Art 74 Rn 7; MünchKommHGB/ MANKOWSKI Art 74 Rn 34). Dann sind sie als voraussehbarer Schaden zu ersetzen. Letzterer Auffassung ist zu folgen. Aus Sprachgründen, Ortsansässigkeit, Kenntnis der Mentalitäten etc wird ein ausländisches Inkassobüro etwas bessere Durchsetzungs- und Rechtsverfolgungsmöglichkeiten als der Gläubiger selbst haben. Die Einschaltung eines Inkassobüros ist deshalb weder unangemessen noch unvorhersehbar. Allerdings verstößt der Gläubiger gegen seine Schadensminderungspflicht (Art 77), wenn er weiß oder wissen muß, daß die Einschaltung eines Inkassounternehmens nicht zur Anspruchsdurchsetzung führen kann, etwa weil für eine gerichtliche Durchsetzung Anwaltszwang besteht.

Die – **außergerichtlichen** – **Kosten** für die **Einschaltung von Anwälten** im eigenen wie im Land der anderen Partei sind ersatzfähig, soweit Art und Umfang der Vertragsverletzung und das Verhalten der anderen Partei für die Betrauung von Anwälten hinreichenden Anlaß gegeben haben (OLG Düsseldorf RiW 1996, 958; Handelsgericht Aargau SZIER 1999, 192; ebenso AG Berlin-Tiergarten IPRax 1999, 172; für den konkreten Fall [verdoppelte Anwaltstätigkeit] zutreffend anders AG Alsfeld NJW-RR 1996, 120). Auch die Kosten für die anwaltliche Vertretung in einem Schiedsverfahren sind ersatzfähig (Schiedsgericht der Handelskammer Hamburg NJW 1996, 3229).

52 Für den **Ersatz von Prozeßkosten** gilt grundsätzlich das anwendbare Prozeßrecht (s insbes Zapata Hermanos Sucesores v Hearthside Baking Co [7th Cir 2002; unter Aufhebung der gegenteiligen Entscheidung der Vorinstanz] IHR 2003, 128 – die sog ‚American rule', daß jede Prozesspartei ihre eigenen Anwaltskosten trägt, geht dem CISG vor; Draft Digest 787 f; LOOKOFSKY § 6–15; MünchKommHGB/MANKOWSKI Art 74 Rn 35). Verbleibende Kostenlasten können jedoch, soweit sie zur angemessenen und berechtigten Rechtsverfolgung notwendig waren, noch als Schadensposten im Rahmen des Art 74 geltend gemacht werden (LG Flensburg IHR 2001, 202 [Kosten der teilweisen Klagerücknahme ersatzfähig, nachdem Beklagter nach Anhängigkeit, aber vor Zustellung – freilich erst nach mehreren Mahnungen – teilweise gezahlt hatte]; OLG Düsseldorf 14. 1. 1994, CLOUT Nr 130 [kein nochmaliger Ersatz von Anwaltskosten, die schon in der gerichtlichen Kostenfestsetzung berücksichtigt wurden]; HERBER/ CZERWENKA Art 74 Rn 7; MünchKommHGB/MANKOWSKI Art 74 Rn 35; SCHLECHTRIEM IPRax 2002, 226 f; **aA** Zapata Hermanos Sucesores v Hearthside Baking Co aaO [mit dem Argument, das CISG habe die ‚American rule' nicht aufheben wollen. Das läßt aber die Frage unbeantwortet, ob das CISG vom Prozeßrecht nicht gedeckte Kostenlasten vom Ersatz habe ausschließen wollen; das ist zu verneinen]; MünchKommBGB/HUBER Art 74 Rn 43; SCHLECHTRIEM/SCHWENZER/STOLL/ GRUBER Art 74 Rn 20; STOLL, in: SCHLECHTRIEM, Fachtagung 267 f). Das gilt insbesondere,

wenn sich der Käufer gegen Dritte verteidigt, die – begründet oder unbegründet –
Rechte an der Ware geltend machen.

d) Frustrierte Aufwendungen

Auch **Aufwendungen**, die der Gläubiger im Hinblick auf den Vertrag gemacht hat 53
und **die durch die Vertragsverletzung ihren Sinn verloren haben**, können zu ersetzen
sein (OGH IHR 2000, 77 [80] – Umbauaufwendungen; Delchi Carrier, SpA v Rotorex Corp 71 F
3d 1024 [2nd Cir 1995] – Ersatz für nutzlos gewordene Transport-, Zoll- und Lagerkosten; BRUNNER
Art 74 Rn 27; HONSELL/SCHÖNLE Art 74 Rn 16; KAROLLUS 215 f; MünchKommBGB/HUBER Art 74
Rn 47 f; MünchKommHGB/MANKOWSKI Art 74 Rn 36; SCHLECHTRIEM Rn 308; SCHLECHTRIEM/
SCHWENZER/STOLL/GRUBER Art 74 Rn 5; WEBER, in: Berner Tage 192; ZIEGEL, in: GALSTON/SMIT
9–37; **gegen** Ersatz des Vertrauensschadens RUMMEL, in: HOYER/POSCH 179). Voraussetzung ist
allerdings zum einen, daß sie durch den Vertrag veranlaßt wurden. Es muß feststehen, daß die Aufwendungen ohne das Vertrauen auf die Erfüllung des Vertrages
nicht gemacht worden wären. Ferner muß es sich um solche Aufwendungen handeln, die aus der Sicht einer verständigen Person in gleicher Lage (Art 8 Abs 2) zur
Vertragsdurchführung geeignet und angemessen waren. Schließlich müssen die Aufwendungen durch die Vertragsverletzung entwertet sein. Wenn der Gläubiger etwa
eine Maschinenhalle eigens für die bestellte Maschine umbaut, die der Schuldner
dann nicht liefert, sind die Umbaukosten zu ersetzen, sofern der Gläubiger nun auf
die Anschaffung ganz verzichtet oder für andere Fabrikate ein Umbau nicht erforderlich gewesen wäre. Ein Anspruch auf Ersatz der Umbaukosten entfällt jedoch, wenn der Gläubiger am Vertrag festhält und die Maschine etwa nur verspätet
geliefert wird oder die Halle nun für die Maschine eines anderen Lieferanten
nutzbar ist.

e) Schadensminderungs- und Schadensbeseitigungskosten

Soweit der Gläubiger besondere Kosten hat, um Schaden abzuwenden oder klein zu 54
halten, und soweit diese Kosten angemessen sind, sind auch sie ersatzfähiger Schaden (vgl auch Art 77 Rn 20). Zu den ersatzfähigen Schäden gehören auch Kosten, die
durch behördliche Maßnahmen zur Schadensbeseitigung entstehen und dem Gläubiger auferlegt werden (LG Trier NJW-RR 1996, 564 – dem Käufer auferlegte Kosten für die
Beseitigung von gepanschtem Wein, den der Verkäufer geliefert hatte; ebenso MünchKommHGB/
MANKOWSKI Art 74 Rn 38).

VI. Zeitpunkt für die Schadensbemessung

Für die Schadensbemessung ist – anders als für die Beurteilung der Voraussehbar- 55
keit – in der Regel der **Zeitpunkt** maßgebend, **zu dem der Schaden abschließend
festgesetzt wird**, im Prozeß also in der letzten mündlichen Verhandlung (ebenso
MünchKommHGB/MANKOWSKI Art 74 Rn 20; ähnlich ACHILLES Art 74 Rn 7; SCHLECHTRIEM/
SCHWENZER/STOLL/GRUBER Art 74 Rn 33; **aA** BIANCA/BONELL/KNAPP Art 74 Bem 3. 16: „appropriate time").

VII. Währung des Ersatzanspruchs

Das CISG gibt nicht an, in welcher Währung der Schuldner den ja in Geld zu 56
leistenden Ersatz zu zahlen hat. Maßgebend ist die Währung, in der der Verlust
entstanden ist. Das wird **in der Regel die Währung am Sitz des Gläubigers sein**, da

sein Schaden auszugleichen ist und er ihn gewöhnlich im Wert seiner Währung erlitten hat (OLG Hamburg ForInt 1997, 168; BRUNNER Art 74 Rn 49; MAGNUS RabelsZ 53 [1989] 134 f; MünchKommBGB/HUBER Art 74 Rn 53; MünchKommHGB/MANKOWSKI Art 74 Rn 14; PILTZ, Internationales Kaufrecht § 5 Rn 467; SCHLECHTRIEM/SCHWENZER/STOLL/GRUBER Art 74 Rn 30; SOERGEL/LÜDERITZ/DETTMEIER Vor Art 74 Rn 9; allgemein zur Währung von Schadensersatzansprüchen REMIEN RabelsZ 53 [1989] 264 f; teilw abweichend ENDERLEIN/MASKOW/STROHBACH Art 55 Bem 1.2). Im Einzelfall kann der Schaden jedoch in anderer Währung eingetreten sein (zB Inkassokosten in anderer Währung) und ist dann in dieser zu ersetzen (MAGNUS aaO; MünchKommHGB/MANKOWSKI Art 74 Rn 14; ähnlich REMIEN 269 ff). Als Sitz des Gläubigers ist bei mehrfacher oder bei fehlender Niederlassung Art 10 entsprechend anzuwenden (s auch MünchKommHGB/MANKOWSKI Art 74 Rn 14).

VIII. Erfüllungsort

57 Der Erfüllungsort der Schadensersatzverpflichtung richtet sich nach dem **Ort, an dem die verletzte Vertragspflicht zu erfüllen war** (MünchKommHGB/MANKOWSKI Art 74 Rn 15 [mit eingehender Begründung]; ROSSMEIER RiW 2000, 409; SCHLECHTRIEM/SCHWENZER/STOLL/GRUBER Art 74 Rn 27; SOERGEL/LÜDERITZ/DETTMEIER Vor Art 74 Rn 11). Nach **anderer Ansicht** gilt indessen Art 57 analog für Schadensersatzansprüche (OLG Düsseldorf RiW 1993, 845; BRUNNER Art 74 Rn 49; HERBER/CZERWENKA Art 57 Rn 14; MünchKommBGB/HUBER Art 74 Rn 54; PILTZ, Internationales Kaufrecht § 5 Rn 467; WITZ/SALGER/LORENZ Art 74 Rn 41). Die analoge Anwendung des Art 57 würde den ohnehin viel kritisierten Klägergerichtsstand aber noch ausdehnen.

IX. Verjährung

58 Die Verjährung richtet sich in der Regel nach dem anwendbaren unvereinheitlichten Recht (ebenso ACHILLES Art 74 Rn 9; PILTZ, Internationales Kaufrecht § 5 Rn 468; SCHLECHTRIEM/SCHWENZER/STOLL/GRUBER Art 74 Rn 27). Im Rahmen seines Anwendungsbereichs ist freilich auch das UN-Verjährungsübereinkommen zu beachten (s dazu unten Anh II zum CISG).

X.   Abdingbarkeit; Vertragsstrafen

59 Art 74 ist dispositiv und kann grundsätzlich abbedungen werden (Art 6). Doch richtet sich die Gültigkeit (vgl Art 4 lit a) einer solcher Freizeichnung nach dem berufenen Vertragsstatut. Gilt deutsches Recht und handelt es sich um eine formularmäßige Freizeichnung, dann ist der auch im kaufmännischen Verkehr geltende § 307 BGB zu beachten. Für § 307 Abs 2 Nr 1 BGB ist das CISG **als gesetzliches Modell** heranzuziehen, von dessen wesentlichen Grundgedanken nicht abgewichen werden darf. Ein vollständiger Ausschluß der Schadensersatzpflicht ist mit den Grundgedanken des CISG nicht vereinbar, das von einer Garantiehaftung mit Entlastungsmöglichkeit ausgeht. Eine Beschränkung der Haftung auf vorsätzlich oder grob fahrlässig verursachte Schäden dürfte aber noch zulässig sein (ebenso HINGST/KÜHL, in: FS Herber 60; SCHLECHTRIEM/SCHWENZER/STOLL/GRUBER Art 74 Rn 50; WITZ/SALGER/LORENZ Art 74 Rn 42).

60 Offen steht es den Parteien auch, ergänzend Vertragsstrafen oder Schadenspauschalen zu vereinbaren. Deren Gültigkeit hängt wiederum vom anwendbaren Ver-

tragsstatut ab (MünchKommHGB/Mankowski Art 74 Rn 44 f; Reinhart Art 74 Rn 9;
Schlechtriem/Schwenzer/Stoll/Gruber Art 74 Rn 46). Ob – wirksam vereinbarte – Vertragsstrafen oder Schadenspauschalen Schadensersatzansprüche nach der Konvention ausschließen oder ob sie nur eine alternative Möglichkeit der Schadensberechnung eröffnen sollen, ist durch Auslegung zu ermitteln. Im Zweifel dürfte letzteres
gemeint sein (so auch ICC-Schiedsspruch 7197/1992 Clunet 1993, 1032 f).

XI. Beweisfragen

1. Beweismaß

Aus Art 74 folgt außer dem Grundsatz der konkreten Schadensberechnung **kein** 61
weiterer **Anhalt für das Beweismaß**. Der Vorschrift ist auch keine § 252 BGB entsprechende Beweiserleichterung zu entnehmen (ebenso MünchKommHGB/Mankowski
Art 74 Rn 47; Schlechtriem/Schwenzer/Stoll/Gruber Art 74 Rn 24). Mit welchem Über-
zeugungsgrad die beweisbelastete Partei ihren Schaden nachweisen muß, richtet
sich deshalb allein nach dem Verfahrensrecht des angerufenen Gerichts (Herber/
Czerwenka Art 74 Rn 13; MünchKommHGB/Mankowski aaO). Deutsche Gerichte können
ggf auf § 287 ZPO zurückgreifen, etwa zur Ermittlung eines über Art 78 hinaus-
gehenden Zinsschadens (vgl LG Hamburg IPRax 1991, 400, 403; Asam JbItalR III [1990] 37;
aA aber – strikter Nachweis – LG Frankfurt RiW 1991, 952; für die USA – Beweismaß nach
internem Recht – Delchi Carrier SpA v Rotorex Corp, 10 F Rep 3rd, 1024 [2nd Cir, 1995]).

2. Beweislast

Grundsätzlich hat der **Gläubiger** die tatsächlichen Voraussetzungen seines Scha- 62
densersatzanspruchs (Vertragsverletzung, Kausalität und Schadensumfang) nachzuweisen (s Kantonsgericht Appenzell Ausserrhoden 10.3.2003, SZIER 2004, 107; Trib Vigevano
IHR 2001, 72 [76 f; mit eingehender rechtsvergleichender Begründung]; OLG Bamberg TranspR-
IHR 2000, 17; Enderlein/Maskow/Strohbach Art 74 Bem 10; Herber/Czerwenka Art 74
Rn 13; **aA** Cour de justice de Genève 15.11.2002, SZIER 2004, 106 f [Beweislast ist dem anwendbaren nationalen Recht, nicht dem CISG zu entnehmen]). Daß der Schaden nicht voraussehbar war, muß dagegen der Schuldner beweisen (Enderlein/Maskow/Strohbach,
Herber/Czerwenka, jeweils aaO; MünchKommHGB/Mankowski Art 74 Rn 46; **anders** OLG
Bamberg TranspR-IHR 2000, 17 [18]; Schlechtriem/Schwenzer/Stoll/Gruber Art 74 Rn 51:
volle Beweislast des Gläubigers; ebenso Baumgärtel/Laumen/Hepting Art 74 Rn 6). Behauptet der Gläubiger allerdings, daß der Schuldner Kenntnis besonderer risikoerhöhen-
der Umstände (etwa einer besonderen Verwendung der Ware) gehabt habe, so muß
er das nachweisen.

Art 75 [Schadensberechnung bei Vertragsaufhebung und Deckungsgeschäft]

**Ist der Vertrag aufgehoben und hat der Käufer einen Deckungskauf oder der
Verkäufer einen Deckungsverkauf in angemessener Weise und innerhalb eines
angemessenen Zeitraums nach der Aufhebung vorgenommen, so kann die Partei,
die Schadenersatz verlangt, den Unterschied zwischen dem im Vertrag vereinbarten
Preis und dem Preis des Deckungskaufs oder des Deckungsverkaufs sowie jeden
weiteren Schadenersatz nach Artikel 74 verlangen.**

Art 75

If the contract is avoided and if, in a reasonable manner and within a reasonable time after avoidance, the buyer has bought goods in replacement or the seller has resold the goods, the party claiming damages may recover the difference between the contract price and the price in the substitute transaction as well as any further damages recoverable under article 74.

Art 75

Lorsque le contrat est résolu et que, d'une manière raisonnable et dans un délai raisonnable après la résolution, l'acheteur a procédé à un achat de remplacement ou le vendeur à une vente compensatoire, la partie qui demande des dommages-intérêts peut obtenir la différence entre le prix du contrat et le prix de l'achat de remplacement ou de la vente compensatoire ainsi que tous autres dommages-intérêts qui peuvent être dus en vertu de l'article 74.

Systematische Übersicht

Alphabetische Übersicht

I. Regelungsgegenstand und Normzweck

Die Vorschrift räumt eine **einfache Möglichkeit der Schadensberechnung** ein, wenn **1** der Vertrag aufgehoben ist und der Ersatzberechtigte ein angemessenes Deckungsgeschäft vorgenommen hat: Ersatzfähig ist dann ohne weiteres die Preisdifferenz zwischen Kaufvertrag und Deckungsgeschäft sowie aller sonstiger Schaden. In der Preisdifferenz wird der ‚natürliche‘ Schaden des Gläubigers gesehen. Art 75 erleichtert damit die Berechnung und den Nachweis des Schadens. Allerdings kann diese Regel nur gelten, wenn das Deckungsgeschäft angemessen ist, die Ware im Deckungsgeschäft also weder zu Lasten des anderen Teils verschleudert noch überteuert eingekauft wird.

II. Entstehungsgeschichte

Die Bestimmung entspricht sachlich Art 85 EKG und ist lediglich sprachlich stärker **2** überarbeitet worden. In Wien war die Vorschrift unumstritten. Ein Antrag Norwegens (A/Conf97/C1/L193, Off Rec 132) führte im Redaktionskomitee zu einer geringfügigen Formulierungsänderung, die deutlicher macht, daß weitergehender Schaden nach Art 74 neben Art 75 verlangt werden kann (vgl Off Rec 132, 394). Überlegungen, wegen der Problematik des bestimmbaren Preises (Art 14 CISG) im jetzigen Art 75 „contract price" durch „price fixed by the contract" zu ersetzen, wurden nicht für durchschlagend gehalten (Off Rec 429).

III. Allgemeines

Die **Schadensberechnung** nach Art 75 hat **konkret** – auf der Grundlage eines konkret **3** vorgenommenen Deckungsgeschäfts – zu erfolgen. Der Rückgriff auf die abstrakte Berechnung nach Art 76 scheidet solange aus, als der Berechtigte ein angemessenes Deckungsgeschäft tatsächlich vorgenommen hat (ICC Schiedsspruch Nr 8574, Sept 1996, UNILEX; Draft Digest 794 f; HONNOLD Rn 414; KAROLLUS 222; MünchKommHGB/MANKOWSKI Art 75 Rn 17; REINHART Art 76 Rn 3; SCHLECHTRIEM, in: Lausanner Kolloquium 164; SCHLECHTRIEM/SCHWENZER/STOLL/GRUBER Art 75 Rn 2; aA OGH IHR 2001, 206 [208: Wahlrecht des Geschädigten zwischen konkreter Berechnung nach Art 75 und abstrakter Berechnung nach Art 76, es sei denn, der Geschädigte ‚fixiert‘ ein Geschäft als konkretes Deckungsgeschäft]; vgl noch unten Rn 22). Das soll verhindern, daß der Berechtigte über die Marktpreisregel des Art 76 einen höheren Schaden errechnen kann, als er ihm konkret entstanden ist. Nimmt die berechtigte Partei jedoch nur ein teilweises oder ein unangemessenes Deckungsgeschäft vor, dann bleibt die Schadensberechnung insoweit nach Art 76 möglich (OLG Düsseldorf 14. 1. 1994, CLOUT Nr 130; OLG Hamm 22. 9. 1992, CLOUT Nr 227; Draft Digest 795). Im Verhältnis zu Art 74 erleichtert Art 75 die Schadensberechnung. Die Voraussehbarkeit spielt für Art 75 in aller Regel keine Rolle (RUMMEL, in: HOYER/POSCH 183; SCHLECHTRIEM/SCHWENZER/STOLL/GRUBER Art 75 Rn 9). Damit, daß ein Deckungsgeschäft für den Gläubiger ungünstiger ist, muß der Schuldner grundsätzlich rechnen. Lediglich ganz ungewöhnliche Änderungen des Preisgefüges seit Vertragsschluß braucht er nicht vorauszusehen und zu ersetzen (BRUNNER Art 75 Rn 1; RUMMEL, SCHLECHTRIEM/SCHWENZER/STOLL/GRUBER, jeweils aaO).

4 Der Ersatzberechtigte ist in der Regel **nicht verpflichtet, ein Deckungsgeschäft vorzunehmen**, es sei denn, dadurch ließe sich weitergehender Schaden vermeiden (OLG München 8. 2. 1995, CLOUT Nr 133; ACHILLES art 75 Rn 1; BIANCA/BONELL/KNAPP Art 75 Bem 3. 1; ENDERLEIN/MASKOW/STROHBACH Art 75 Bem 4; HERBER/CZERWENKA Art 75 Rn 7; KAROLLUS 222; LOEWE 93; MünchKommHGB/MANKOWSKI Art 75 Rn 8; SCHLECHTRIEM/SCHWENZER/STOLL/GRUBER Art 75 Rn 9). Das wird nur in Betracht kommen, wenn leicht erkennbar ist, daß ein konkretes Deckungsgeschäft merklich günstiger ist, als dies nach der Marktsituation zu erwarten war. Eine solche Möglichkeit muß der Ersatzberechtigte wegen des Gebots der Schadensminderung (Art 77) wahrnehmen (ACHILLES aaO; BIANCA/BONELL/KNAPP Art 75 Bem 3. 1; HERBER/CZERWENKA Art 75 Rn 7; LOEWE, Kaufrecht 93; MünchKommHGB/MANKOWSKI Art 75 Rn 8; wohl strenger OLG München aaO). Zu eingehenderer Prüfung der Möglichkeiten ist er aber nicht verpflichtet.

5 Art 75 erfaßt nur den **unmittelbaren Nichterfüllungsschaden**, der durch ein Deckungsgeschäft beseitigt würde. Die Regulierung weiterer Schäden, insbes von Mangelfolgeschäden überläßt die Vorschrift der Grundnorm des Art 74. Kein Fall des Art 75, sondern des Art 74 ist es, wenn **Abnehmer des Käufers Deckungsgeschäfte** vornehmen (ICC-Schiedsspruch vom 20. 12. 1999, IHR 2004, 21 [22: Schaden nach Art 74 ersatzfähig, den Abnehmer aus Deckungskäufen dem Käufer in Rechnung stellen, weil der Verkäufer dem Käufer und dieser seinen Abnehmern nicht rechtzeitig liefern konnte]). Für die Frage, ob die Deckungsgeschäfte der Abnehmer angemessen waren und der daraus folgende Schaden iSd Art 74 vorhersehbar und ersatzfähig war, kann aber auf die Maßstäbe des Art 75 zurückgegriffen werden.

IV. Voraussetzungen

6 Die Schadensberechnung nach Art 75 ist **nur zulässig, wenn der Vertrag aufgehoben und dann ein Deckungsgeschäft tatsächlich abgeschlossen** worden ist.

1. Vertragsaufhebung

7 Die Vertragsaufhebung muß wirksam und zu Recht erklärt worden sein (OLG Bamberg TranspR-IHR 2000, 17; BIANCA/BONELL/KNAPP Art 75 Bem 2. 1; ENDERLEIN/MASKOW/STROHBACH Art 75 Bem 1; HERBER/CZERWENKA Art 75 Rn 3; SCHLECHTRIEM/SCHWENZER/STOLL/GRUBER Art 75 Rn 5). Nur dann gewinnt die ersatzberechtigte Partei ihre **Dispositionsfreiheit zu anderweitiger Eindeckung** oder Veräußerung zurück und besteht ggf die Notwendigkeit dazu. Bei fortbestehendem Vertrag gilt Art 75 dagegen nicht (s Kan-

tonsgericht Zug IHR 2004, 65 [66]; OLG Bamberg aaO; MünchKommHGB/Mankowski Art 75
Rn 3). Dann ist der Schaden insgesamt nach Art 74 zu berechnen.

Ebensowenig genügt die bloße **Möglichkeit, den Vertrag aufzuheben** (OLG Bamberg **8**
TranspR-IHR 2000, 17; Achilles Art 75 Rn 2; Brunner Art 75 Rn 3; Herber/Czerwenka aaO;
MünchKommBGB/Huber Art 75 Rn 3; MünchKommHGB/Mankowski Art 75 Rn 4). Steht allerdings fest, daß der Schuldner nicht erfüllen wird, insbes bei endgültiger Erfüllungsverweigerung, ist die Schadensberechnung nach Art 75 auch ohne erklärte
Vertragsaufhebung zulässig, wenn der verletzte Vertragsteil ein Deckungsgeschäft
durchführt (OLG Bamberg TranspR-IHR 2000, 17 [18]; OLG Hamburg ForInt 1997, 168; Achilles Art 75 Rn 2; Schlechtriem/Schwenzer/Stoll/Gruber Art 75 Rn 5; Weber, in: Berner Tage
201; Witz/Salger/Lorenz Art 75 Rn 6; aA etwa Bamberger/Roth/Saenger Art 75 Rn 3; Münch-
KommHGB/Mankowski Art 75 Rn 4; Soergel/Lüderitz/Dettmeier Art 75 Rn 3). In diesem
Fall wäre es eine bloße Formalität, vom Berechtigten zu verlangen, den ohnehin
erfüllungsunwilligen Vertragsteil noch über das Vertragsende zu unterrichten. Im
Deckungsgeschäft ist dan die konkludente, nicht zugangsbedürftige Zustimmung
zur Vertragsaufsage der anderen Vertragspartei zu sehen.

Der **Grund für die Vertragsaufhebung** spielt keine Rolle, wie für Art 75 auch gleich- **9**
gültig ist, welche Partei die Aufhebung erklärt (ebenso MünchKommHGB/Mankowski
Art 75 Rn 3; aA Honsell/Schönle Art 75 Rn 9).

2. Angemessenes Deckungsgeschäft

a) Deckungsgeschäft

Ein Deckungsgeschäft liegt vor, wenn der Ersatzberechtigte in **hinreichendem zeit-** **10**
lichen und sachlichen Zusammenhang mit dem ursprünglichen Vertrag ein Ersatzgeschäft vornimmt, das die Folgen der Nichterfüllung beseitigen soll (Kantonsgericht Zug
IHR 2004, 65; OLG München 8. 2. 1995 CLOUT Nr 133; OLG Hamburg ForInt 1997, 168). Gibt
der Verkäufer die nicht abgenommene und inzwischen verdorbene Ware dagegen
etwa zur Verwertung, Entsorgung etc ab, so liegt darin kein Deckungsverkauf (vgl
auch Piltz, Internationales Kaufrecht § 5 Rn 429 unter Hinweis auf OLG Hamm 19 U 97/91
unveröff; MünchKommHGB/Mankowski Art 75 Rn 6; aA aber Honsell/Schönle Art 75
Rn 11). Die Schadensberechnung kann hier nicht nach Art 75, sondern muß nach
Art 76 oder – wenn ein Marktpreis fehlt – nach Art 74 erfolgen.

Kein eigentliches Deckungsgeschäft ist auch der Fall, daß der Käufer die nicht **11**
gelieferte **Ware** nun **im eigenen Betrieb herstellt** (MünchKommHGB/Mankowski Art 75
Rn 6; offenbar aA Schlechtriem/Schwenzer/Stoll/Gruber Art 75 Rn 3). Für die Schadensberechnung gilt hier ebenso wie etwa bei einer Reparatur der gelieferten vertragswidrigen Ware Art 74. Doch ist der Grundgedanke des Art 75 heranzuziehen. Die
Differenz zwischen Vertragspreis und angemessenen Herstellungs- oder Reparaturkosten wird in der Regel den voraussehbaren Schaden ausmachen.

An einem Deckungsgeschäft fehlt es auch, wenn dieses sich **nicht einem bestimmten** **12**
aufgehobenen Geschäft zuordnen läßt, weil die Partei derartige Geschäfte ständig
abschließt (Sekretariatskommentar Art 72 Bem 3; Achilles Art 75 Rn 3; Bianca/Bonell/
Knapp Art 76 Bem 2. 4; Brunner Art 75 Rn 4; MünchKommHGB/Mankowski Art 75 Rn 7;
Piltz, Internationales Kaufrecht § 5 Rn 429; Reinhart Art 76 Rn 3; Schlechtriem/Schwenzer/

STOLL/GRUBER Art 75 Rn 3; aA HERBER/CZERWENKA Art 75 Rn 4; HONNOLD Rn 410. 1; HONSELL/
SCHÖNLE Art 75 Rn 21). Will sich die Partei in diesem Fall die Berechnungsmöglichkeit
nach Art 75 erhalten, empfiehlt sich eine Anzeige der Kauf- oder Verkaufsabsicht
entspr Art 88 Abs 1. Im übrigen braucht das Deckungsgeschäft – anders als der
Selbsthilfeverkauf – nicht angezeigt zu werden (PILTZ, Internationales Kaufrecht § 5
Rn 430; SCHLECHTRIEM/SCHWENZER/STOLL/GRUBER Art 75 Rn 3).

13 Der Deckungskauf oder -verkauf muß **konkret abgeschlossen**, braucht aber noch
nicht erfüllt zu sein (MünchKommHGB/MANKOWSKI Art 75 Rn 5; SCHLECHTRIEM/SCHWENZER/
STOLL/GRUBER Art 75 Rn 3). Das bloße Angebot zu einem Deckungsgeschäft löst die
Berechnungsmöglichkeit nach Art 75 noch nicht aus (ENDERLEIN/MASKOW/STROHBACH
Art 75 Bem 4; HONSELL/SCHÖNLE Art 75 Rn 13; zum EKG ebenso LG Düsseldorf LS, in:
SCHLECHTRIEM/MAGNUS Art 85 Nr 4).

14 Auch schon **vor der Aufhebung angeschaffte Ware** kann als Deckungsgeschäft gelten,
wenn der zeitliche Abstand zur Vertragsaufhebung gering und der Anschaffungs-
preis im Verhältnis zum Marktpreis angemessen ist (großzügiger SCHLECHTRIEM/
SCHWENZER/STOLL/GRUBER Art 75 Rn 3; aA – Deckungsgeschäft nur nach Vertragsaufhebung –
SOERGEL/LÜDERITZ/DETTMEIER Art 75 Rn 4).

15 Anders als der Selbsthilfeverkauf erfolgt ein **Deckungsgeschäft im eigenen Namen**
und für eigene Rechnung der Partei, die es durchführt. Ein eventuell erzielter
Gewinn ist – ebenfalls anders als beim Selbsthilfeverkauf – weder herauszugeben
noch zu verrechnen (ebenso SCHLECHTRIEM/SCHWENZER/STOLL/GRUBER Art 75 Rn 4).

b) Angemessenheit

16 Das Deckungsgeschäft darf nicht einseitig zu Lasten der anderen Partei gehen und
muß deshalb angemessen sein. Das ist der Fall, wenn eine verständige Person in
gleicher Lage (Art 8 Abs 2) es vorgenommen hätte. **Maßstab ist das Verhalten eines
vorsichtigen und umsichtigen Kaufmannes**, der sich um einen möglichst günstigen
Kauf oder Verkauf bemüht (Kantonsgericht Zug IHR 2004, 65; ICC-Schiedsspruch Nr 8128/
1995, UNILEX; BAMBERGER/ROTH/SAENGER Art 75 Rn 5; BRUNNER Art 75 Rn 5; ENDERLEIN/
MASKOW/STROHBACH Art 75 Bem 2; HERBER/CZERWENKA Art 75 Rn 4; MünchKommHGB/
MANKOWSKI Art 75 Rn 9; SCHLECHTRIEM/SCHWENZER/STOLL/GRUBER Art 75 Rn 6; ebenso zum
EKG: OLG Koblenz, in: SCHLECHTRIEM/MAGNUS Art 85 Nr 3; OLG Düsseldorf, in: SCHLECHTRIEM/
MAGNUS Art 85 Nr 5). Zumindest müssen übliche Einkaufs- oder Verkaufspreise ein-
gehalten werden (SOERGEL/LÜDERITZ/DETTMEIER Art 75 Rn 5 f). Weder Schleuderpreise
beim Deckungsverkauf noch überteuerte Preise beim Deckungskauf sind angemes-
sen (AUDIT 168; MünchKommHGB/MANKOWSKI Art 75 Rn 9).

17 Das Deckungsgeschäft muß ferner im wesentlichen **dem aufgehobenen Vertrag entsprechen**, braucht mit seinen Bedingungen aber nicht identisch zu sein (OLG Hamburg ForInt 1997, 168; Sekretariatskommentar Art 71 Bem 4; BIANCA/BONELL/KNAPP Art 75
Bem 2. 4; MünchKommBGB/HUBER Art 75 Rn 14; MünchKommHGB/MANKOWSKI Art 75 Rn 10;
SCHLECHTRIEM/SCHWENZER/STOLL/GRUBER Art 75 Rn 7; WEBER, in: Berner Tage 202). Insbes
kann der Gläubiger das Deckungsgeschäft an einem anderen Ort vornehmen, also
in einem anderen Land oder auch im Inland Ersatz einkaufen oder die Ware
verkaufen (s LG Braunschweig IHR 2002, 71). Dadurch bedingte – angemessene – Zusatzkosten oder ersparte Aufwendungen sind bei der Schadensbemessung zu be-

rücksichtigen (Sekretariatskommentar Art 71 Bem 3; AUDIT 168 f; BIANCA/BONELL/KNAPP
Art 75 Bem 2. 3; MünchKommHGB/MANKOWSKI Art 75 Rn 10; enger SCHLECHTRIEM/SCHWEN-
ZER/STOLL/GRUBER Art 75 Rn 6).

Art 75 verlangt ein **Deckungsgeschäft innerhalb angemessener Zeit** nach der wirksam **18**
erklärten Vertragsaufhebung. Die ersatzberechtigte Partei muß nicht – wie nach
§ 376 Abs 2 HGB – sofort reagieren, sondern hat eine den Umständen angepaßte
angemessene Frist zur Verfügung (Kantonsgericht Zug IHR 2004, 65 [Berechtigter muß –
auch bei sich rasch ändernden Preisen – nicht reagieren, bevor er tatsächliche Klarheit über die
endgültige Absicht der anderen Partei hat, den Vertrag nicht zu erfüllen]; OLG Hamburg ForInt
1997, 168; Sekretariatskommentar Art 71 Bem 5; HERBER/CZERWENKA Art 75 Rn 4; PILTZ, Internationales Kaufrecht § 5 Rn 430; SCHLECHTRIEM/SCHWENZER/STOLL/GRUBER Art 75 Rn 8). Allerdings darf die berechtigte Partei das Deckungsgeschäft auch sofort durchführen (BG
15. 9. 2000, www.bger.ch [inzident]; Draft Digest 798; irrig dagegen ICC-Schiedsspruch Nr 8574, Sept
1996, UNILEX [Deckungsgeschäft sei überhaupt erst angemessene Zeit nach Vertragsaufhebung
zulässig]). Der Zweck der angemessenen Frist, der auch für ihre Bemessung zu
beachten ist, ist es vor allem, Spekulationsmöglichkeiten auszuschließen (ENDER-
LEIN/MASKOW/STROHBACH Art 75 Bem 3; LOEWE, Kaufrecht 93; WEBER, in: Berner Tage 202;
WITZ/SALGER/LORENZ Art 75 Rn 9). Andererseits muß der Gläubiger die Möglichkeit
haben, sich über den Markt zu informieren und zumindest mehrere Angebote
einzuholen. Die Frist beginnt erst, wenn der berechtigte Teil Klarheit darüber hat,
daß die andere Vertragspartei ihre Pflichten nicht einhält und die Vertragsaufhebung oder die endgültige Erfüllungsverweigerung erklärt ist (Kantonsgericht Zug IHR
2004, 65 [Käufer verweigert Abnahme zunächst bis zur Klärung strittiger Forderungen und erst zwei
Wochen später endgültig; Deckungsverkauf des Verkäufers zwei Tage nach endgültiger Abnahmeverweigerung ist auch bei stark fallenden Preisen in angemessener Zeit vorgenommen]). Eine
Frist von zwei Wochen ist bei Waren ohne große Preisschwankungen regelmäßig
angemessen (OLG Hamburg aaO). Auch eine Frist von zwei Monaten ist noch angemessen, wenn der Markt aus saisonalen Gründen (Winterkollektion) für einen Dek-
kungsverkauf gesättigt ist (OLG Düsseldorf 14.1. 1994 – CLOUT Nr 130). Selbst sechs
Monate beim Deckungsverkauf einer Druckmaschine sind noch hingenommen worden (Corte di Appello di Milano 11.12. 1998, UNILEX). Bei stark schwankenden Preisen
muß der Gläubiger jedoch rasch und zwar um so rascher reagieren, je volatiler der
jeweilige Markt ist (Kantonsgericht Zug IHR 2004, 65 [zwei Tage bei Deckungsverkauf von
Metanol: noch rechtzeitig]; ferner ROSSMEIER RiW 2000, 409). Vor der erklärten Vertragsaufhebung besteht keine Verpflichtung, ein Deckungsgeschäft vorzunehmen (Kantonsgericht Zug, OLG Düsseldorf jeweils aaO).

V.   Schadensbemessung

1.   Differenz zwischen Vertrag und Deckungsgeschäft

Bei einem angemessenen Deckungsgeschäft hat der Gläubiger ohne weiteres An- **19**
spruch auf die **Differenz zwischen dem Vertragspreis und dem Preis des Deckungskaufs oder -verkaufs** (OLG Düsseldorf 14.1. 1994, CLOUT Nr 130; ICC Schiedsspruch Nr 6281,
Yb ComArb XV [1990] 96; Internationales Schiedsgericht der Bundeskammer der gewerblichen
Wirtschaft Wien RiW 1995, 590 m Anm SCHLECHTRIEM, OLG Hamburg ForInt 1997, 168; Sekretariatskommentar Art 71 Bem 2; Denkschrift 58; ACHILLES Art 75 Rn 5; AUDIT 168; ENDERLEIN/
MASKOW/STROHBACH Art 75 Bem 5; HERBER/CZERWENKA Art 75 Rn 5; MünchKommHGB/

MANKOWSKI Art 75 Rn 14; PILTZ, Internationales Kaufrecht § 5 Rn 431; SCHLECHTRIEM/SCHWENZER/STOLL/GRUBER Art 75 Rn 9). Art 75 meint nur die dem Gläubiger nachteilige Differenz, nicht etwa, wie der Wortlaut zuließe, auch eine dem Gläubiger günstige Differenz (vgl auch AUDIT aaO). Ersatz der Differenz kann in der Währung verlangt werden, in der der Verlust entstanden, das Deckungsgeschäft durchgeführt worden ist (OLG Hamburg ForInt 1997, 168).

20 Ist das **Deckungsgeschäft nicht angemessen**, dann gilt nach überwiegender Ansicht Art 76, soweit die Ware einen Marktpreis hat und der Vertrag aufgehoben ist, im übrigen Art 74 (Sekretariatskommentar Art 71 Bem 6; ACHILLES Art 75 Rn 5; BAMBERGER/ ROTH/SAENGER Art 75 Rn 6; BIANCA/BONELL/KNAPP Art 76 Bem 2.3; ENDERLEIN/MASKOW/ STROHBACH Art 76 Bem 3; HERBER/CZERWENKA Art 75 Rn 6; MünchKommBGB/HUBER Art 75 Rn 15; MünchKommHGB/MANKOWSKI Art 75 Rn 15; PILTZ, Internationales Kaufrecht § 5 Rn 432; REINHART Art 75 Rn 3; SCHEIFELE 135; SOERGEL/LÜDERITZ/DETTMEIER Art 75 Rn 10). Nach **aA** bleibt Art 75 auch bei einem unangemessenen Deckungsgeschäft anwendbar, doch ist dann ein angemessener Preis des Deckungsgeschäfts festzusetzen (HONNOLD Rn 414; HONSELL/SCHÖNLE Art 75 Rn 15; SCHLECHTRIEM/SCHWENZER/STOLL/GRUBER Art 75 Rn 9). Denn der Gläubiger sei gem Art 77 verpflichtet, den Schaden gering zu halten; deshalb sei der Preis des Deckungsgeschäfts demjenigen eines – hypothetischen – angemessenen Deckungsgeschäfts zu entnehmen (so SCHLECHTRIEM/SCHWENZER/STOLL/GRUBER aaO). Doch ist der Gläubiger zu einem Deckungsgeschäft nicht verpflichtet. Es fällt daher nicht leicht, in einem unangemessenen Deckungsgeschäft ein Mitverschulden iSd Art 77 zu sehen. Ferner kommt als angemessener Preis eines hypothetischen Deckungsgeschäfts ohnehin nur der Marktpreis in Frage. Damit gelangt auch diese Auffassung letztlich zur abstrakten Berechnung nach Art 76. Ferner ist zu beachten, daß sich die Angemessenheit des Deckungsgeschäfts nicht nur auf den Preis, sondern auch auf die Zeit bezieht. Hier fällt es der abweichenden Ansicht noch schwerer, rational festzulegen, ob und wie es sich auf den Preis auswirken soll, daß der Gläubiger das Deckungsgeschäft verspätet vorgenommen hat.

2.   Ersatz weiterer Schäden

21 Neben dem Differenzschaden ist **jeder weitere Schaden gem Art 74 zu ersetzen**. Typische Zusatzschäden, die bei üblichem Umfang in der Regel voraussehbar sind, sind etwa Untersuchungs-, Aufbewahrungs-, Rücksendungskosten für die gelieferte vertragswidrige oder nicht abgenommene Ware; ferner zusätzliche Makler-, Lager-, Frachtkosten aufgrund des Deckungsgeschäfts (vgl HERBER/CZERWENKA Art 75 Rn 5; KRANZ 221; MünchKommHGB/MANKOWSKI Art 75 Rn 16; SCHLECHTRIEM/SCHWENZER/STOLL/ GRUBER Art 75 Rn 10). Entgangenen Gewinn aus dem Geschäft, an dessen Stelle das Deckungsgeschäft tritt, kann der Gläubiger in der Regel nicht mehr zusätzlich fordern; diese Schadensposition ist mit dem Ersatz nach Art 75 abgegolten (ACHILLES Art 75 Rn 5; SCHLECHTRIEM/SCHWENZER/STOLL/GRUBER Art 75 Rn 11). Der Nachweis, daß ihm mit dem Deckungsgeschäft aber ein konkretes zusätzliches Geschäft und der Gewinn daraus (sog „lost volume") entgangen sei, wird ihm dennoch überwiegend zugebilligt (so BAMBERGER/ROTH/SAENGER Art 75 Rn 7; HONNOLD Rn 415; KAROLLUS 220; MünchKommBGB/HUBER Art 75 Rn 20; MünchKommHGB/MANKOWSKI Art 75 Rn 16; WITZ/ SALGER/LORENZ Art 75 Rn 13; **aA** SCHLECHTRIEM/SCHWENZER/STOLL/GRUBER Art 75 Rn 11; SOERGEL/LÜDERITZ/DETTMEIER Art 75 Rn 9 und Fn 35). Doch wird man diesen Ersatz jedenfalls an den strikten Nachweis binden müssen, daß das Deckungsgeschäft mit Sicherheit neben dem ursprünglichen Geschäft durchgeführt worden wäre. Seine bloße Möglichkeit kann nicht ausreichen, da sie stets gegeben ist.

3. Andere Formen der Schadensberechnung; Verhältnis zu Art 74 und 76

Hat der Gläubiger ein **angemessenes Deckungsgeschäft vorgenommen**, dann scheidet **22** eine abstrakte Schadensberechnung nach Art 76 aus. Insoweit besteht **kein freies Wahlrecht** zwischen abstrakter und konkreter Berechnung (ENDERLEIN/MASKOW/ STROHBACH Art 76 Bem 3; HERBER/CZERWENKA Art 76 Rn 4; KAROLLUS 221 f; KRANZ 222; Münch-KommHGB/MANKOWSKI Art 75 Rn 17; PILTZ, Internationales Kaufrecht § 5 Rn 432; REINHART Art 76 Rn 3; SCHLECHTRIEM, in: Lausanner Kolloquium 164; SCHLECHTRIEM/SCHWENZER/STOLL/ GRUBER Art 75 Rn 2; wohl auch HONNOLD Rn 414; **aA** aber OGH IHR 2001, 206 [208]; HUBER RabelsZ 43 [1979] 470 f). Ein Gläubiger hat lediglich die durch seine Schadensminderungspflicht oder eventuelle Gebräuche eingeschränkte Möglichkeit, auf ein Deckungsgeschäft zu verzichten.

Ferner wird vertreten, daß der Gläubiger in einem Fall des Art 75 seinen Schaden **23** auch **in anderer Weise konkret berechnen** darf als durch die Ermittlung der Differenz zwischen Vertrags- und Ersatzpreis (s SCHLECHTRIEM/SCHWENZER/STOLL³ Art 75 Rn 12). Ein Bedürfnis dafür wird freilich nur ausnahmsweise bestehen.

VI. Beweisfragen

Die tatsächlichen Voraussetzungen der Schadensberechnung nach Art 75, insbes ein **24** Deckungsgeschäft in angemessener Form und Zeit, hat der Ersatzberechtigte nachzuweisen (LG Braunschweig IHR 2002, 71 [Nachweis des zur Deckung vorgenommenen Vertrages und der Ankunft der Ware genügt]; BG 15.9.2000, www.bger.ch; vgl ferner ACHILLES Art 75 Rn 6; BAMBERGER/ROTH/SAENGER Art 75 Rn 8; BAUMGÄRTEL/LAUMEN/HEPTING Art 75 Rn 1 ff; HONSELL/SCHÖNLE Art 75 Rn 26; SCHLECHTRIEM/SCHWENZER/STOLL/GRUBER Art 75 Rn 8).

Art 76 [Schadensberechnung bei Vertragsaufhebung ohne Deckungsgeschäft]

(1) Ist der Vertrag aufgehoben und hat die Ware einen Marktpreis, so kann die Schadenersatz verlangende Partei, wenn sie keinen Deckungskauf oder Deckungsverkauf nach Artikel 75 vorgenommen hat, den Unterschied zwischen dem im Vertrag vereinbarten Preis und dem Marktpreis zur Zeit der Aufhebung sowie jeden weiteren Schadenersatz nach Artikel 74 verlangen. Hat jedoch die Partei, die Schadenersatz verlangt, den Vertrag aufgehoben, nachdem sie die Ware übernommen hat, so gilt der Marktpreis zur Zeit der Übernahme und nicht der Marktpreis zur Zeit der Aufhebung.

(2) Als Marktpreis im Sinne von Absatz 1 ist maßgebend der Marktpreis, der an dem Ort gilt, an dem die Lieferung der Ware hätte erfolgen sollen, oder, wenn dort ein Marktpreis nicht besteht, der an einem angemessenen Ersatzort geltende Marktpreis; dabei sind Unterschiede in den Kosten der Beförderung der Ware zu berücksichtigen.

Art 76

(1) If the contract is avoided and there is a current price for the goods, the party claiming damages may, if he has not made a purchase or resale under article 75, recover the difference between the price fixed by the contract and the current price at the time of avoidance as well as any further damages recoverable under article 74. If, however, the party claiming damages has avoided the contract after taking over the goods, the current price at the time of such taking over shall be applied instead of the current price at the time of avoidance.

(2) For the purposes of the preceding paragraph, the current price is the price prevailing at the place where delivery of the goods should have been made or, if there is no current price at that place, the price at such other place as serves as a reasonable substitute, making due allowance for differences in the cost of transporting the goods.

Art 76

1) Lorsque le contrat est résolu et que les marchandises ont un prix courant, la partie qui demande des dommages-intérêts peut, si elle n'a pas procédé à un achat de remplacement ou à une vente compensatoire au titre de l'article 75, obtenir la différence entre le prix fixé dans le contrat et le prix courant au moment de la résolution ainsi que tous autres dommages-intérêts qui peuvent être dus au titre de l'article 74. Néanmoins, si la partie qui demande des dommages-intérêts a déclaré le contrat résolu après avoir pris possession des marchandises, c'est le prix courant au moment de la prise de possession qui est applicable et non pas le prix courant au moment de la résolution.

2) Aux fins du paragraphe précédent, le prix courant est celui du lieu où la livraison des marchandises aurait dû être effectuée ou, à défaut de prix courant en ce lieu, le prix courant pratiqué en un autre lieu qu'il apparaît raisonnable de prendre comme lieu de référence, en tenant compte des différences dans les frais de transport des marchandises.

Systematische Übersicht

Alphabetische Übersicht

I. Regelungsgegenstand und Normzweck

Die Vorschrift regelt – wie Art 75 – einen **Sonderfall der Schadensberechnung**. Ist der **1**
Vertrag aufgehoben, kein Deckungsgeschäft nach Art 75 durchgeführt und hat die
Ware einen Marktpreis, dann läßt die Konvention ausnahmsweise eine **abstrakte
Schadensberechnung** zu. Sie unterstellt ein hypothetisches Deckungsgeschäft zu
üblichen Marktbedingungen. Der Ersatzberechtigte kann dann nach Art 76 ohne
weiteres die Differenz zwischen dem Vertragspreis und dem Marktpreis verlangen.
Hierin wird der gewöhnliche Schaden gesehen, gleichgültig, ob der Gläubiger ihn
tatsächlich erlitten hat oder nicht.

Ferner regelt die Bestimmung, welcher **Ort und welche Zeit für** die Festlegung des **2**
Marktpreises gilt.

II. Entstehungsgeschichte

Art 76 entspricht sachlich weitgehend Art 84 EKG. Lediglich der jetzige Art 76 **3**
Abs 1 S 2 war im EKG nicht enthalten. Ferner hatte das EKG dem Gläubiger die
Wahl zwischen abstrakter und konkreter Schadensberechnung überlassen, während
schon der Genfer Entwurf die abstrakte Schadensberechnung nur unter den engen
Voraussetzungen des jetzigen Art 76 (im Genfer Entwurf Art 57) zuließ und sonst
ausschloß (vgl dazu auch UNCITRAL Y VIII [1977] 25, 65). Maßgebender Berechnungs-
zeitpunkt war der Termin der Vertragsaufhebung, den der Wiener Entwurf von 1977

(Art 58) und ihm folgend der New Yorker Entwurf von 1978 (Art 72) auf den Zeitpunkt verschob, zu dem das Aufhebungsrecht erstmals entstanden war.

4 Auf der Wiener Konferenz war der maßgebliche Zeitpunkt der abstrakten Schadensberechnung ebenfalls umstritten (vgl Off Rec 222 f, 394 ff, 415). Mehrere Änderungsanträge (Off Rec 132) zielten vor allem darauf ab, den Zeitpunkt zu ändern, um die Gefahr möglicher Spekulation zu Lasten des Ersatzpflichtigen zu vermindern. Ein gemeinsamer Antrag Australiens, Griechenlands, Mexikos, Norwegens und der Türkei (A/Conf97/L11, Off Rec 172) in der Plenarsitzung am vorletzten Tag der Konferenz führte schließlich dazu, daß Art 76 Abs 1 um den jetzigen S 2 ergänzt wurde.

III. Allgemeines

5 Art 76 stellt eine **Ausnahmevorschrift** dar, **die** im Gegensatz zu Art 74 und 75 eine **abstrakte Schadensberechnung** – unter engen Voraussetzungen – **zuläßt**. Fehlt eine Voraussetzung, dann ist zur im übrigen herrschenden konkreten Schadensberechnung zurückzukehren (s OLG Celle IHR 2001, 107 [108: konkrete Schadensberechnung nach Art 74, da kein Marktpreis für „no-name-Staubsauger" feststellbar]).

6 **Auf die Voraussehbarkeit** der Schadensfolge **kommt es** hier – außer bei ganz ungewöhnlichen Marktentwicklungen – **nicht an**. Ebensowenig wird der Schuldner mit der Behauptung gehört, der Gläubiger habe konkret keinen Schaden erlitten (MünchKommHGB/MANKOWSKI Art 76 Rn 1; SCHLECHTRIEM/SCHWENZER/STOLL/GRUBER Art 75 Rn 1; 6). Die Zulassung der abstrakten Schadensberechnung beruht gerade auf dem Gedanken, daß die ersatzberechtigte Partei an sich berechtigt wäre, ein Deckungsgeschäft vorzunehmen und den Schuldner mit den zusätzlichen Kosten daraus zu belasten. Der Gläubiger soll nicht deshalb Nachteile tragen, weil er ein solches Geschäft unterläßt (FARNSWORTH AmJCompL 27 [1979] 251 f; SCHLECHTRIEM/SCHWENZER/STOLL/GRUBER aaO).

7 Art 76 sichert dem Gläubiger im Ergebnis einen **Mindestschadensersatz** (HERBER/CZERWENKA Art 76 Rn 10; LOEWE, Kaufrecht 93; MünchKommHGB/MANKOWSKI Art 76 Rn 12). Auch ohne Nachweis eines konkreten Nachteils erhält ihm die Vorschrift den Vorteil eines gegenüber den Marktbedingungen günstigeren Geschäfts. Zum Verhältnis der Vorschrift zu Art 74 u 75 noch unten Rn 24.

8 Auch **Art 76 erfaßt**, wie Art 75, nicht alle Schäden, sondern nur **die unmittelbaren Nichterfüllungsschäden**, die durch ein hypothetisches Deckungsgeschäft beseitigt werden würden. Die Regulierung aller weiteren Schäden überläßt die Vorschrift Art 74.

IV. Voraussetzungen

9 Die Vorschrift erlaubt eine abstrakte Schadensberechnung nur unter **drei Voraussetzungen**: Der Vertrag muß aufgehoben sein; der Ersatzberechtigte darf kein Deckungsgeschäft vorgenommen haben; die Ware muß einen feststellbaren Marktpreis haben (s auch Draft Digest 802).

1.   Vertragsaufhebung

Zur Vertragsaufhebung gilt das bei Art 75 (Rn 7 ff) Ausgeführte.   **10**

2.   Fehlendes Deckungsgeschäft

Art 76 verlangt das **Fehlen eines Deckungsgeschäfts**. Hat der Gläubiger einen ange- **11**
messenen Deckungskauf oder -verkauf durchgeführt, dann scheidet die Anwendung
des Art 76 aus; es gilt nur Art 75 (Schiedsspruch Nr 54/99 des Tribunal of International
Commercial Arbitration at the Russian Federation Chamber of Commerce and Industry vom
24. 1. 2000 [berichtet in Dragft Digest 802]; vgl ferner Sekretariatskommentar Art 72 Bem 3; ACHIL-
LES Art 76 Rn 2; BAMBERGER/ROTH/SAENGER Art 76 Rn 3; BIANCA/BONELL/KNAPP Art 76
Bem 2. 3; HERBER/CZERWENKA Art 76 Rn 4; HONSELL/SCHÖNLE Art 76 Rn 5; KRANZ 222; Münch-
KommBGB/HUBER Art 76 Rn 3; MünchKommHGB/MANKOWSKI Art 76 Rn 3; SCHLECHTRIEM
Rn 312; SCHLECHTRIEM/SCHWENZER/STOLL/GRUBER Art 76 Rn 2; SCHWIMANN/POSCH Art 76
Rn 2; SOERGEL/LÜDERITZ/DETTMEIER Art 76 Rn 3; WEBER, in: Berner Tage 202 f; WITZ/SALGER/
LORENZ Art 76 Rn 5; **aA** aber HUBER RabelsZ 43 [1979] 470 f).

Fehlt ein Deckungsgeschäft oder war es unangemessen (dazu Art 75 Rn 16 ff), dann **12**
bleibt die abstrakte Berechnung nach Art 76 zulässig (Sekretariatskommentar, BIANCA/
BONELL/KNAPP, HERBER/CZERWENKA, alle aaO; MünchKommHGB/MANKOWSKI Art 76 Rn 3;
PILTZ, Internationales Kaufrecht § 5 Rn 434; REINHART Art 76 Rn 3; teilw **aA** SCHLECHTRIEM/
SCHWENZER/STOLL/GRUBER Art 75 Rn 9: bei unangemessenem Deckungsgeschäft Ermittlung des
Preises eines angemessenen Deckungsgeschäfts; ähnlich HONNOLD Rn 414; vgl auch Art 75 Rn 20).
Gleiches gilt, wenn sich dem aufgehobenen Vertrag kein bestimmtes Ersatzgeschäft
zuordnen läßt, weil der Käufer oder Verkäufer ständig mit Ware gleicher Art
handelt (vgl Art 75 Rn 12 und die Nachweise dort).

3.   Marktpreis

a)   Begriff

Art 76 definiert den Begriff des Marktpreises („current price", „prix courant") **13**
nicht, sondern legt nur seinen zeitlichen und örtlichen Bezug fest. Doch läßt sich
Art 55 ergänzend heranziehen: **Marktpreis ist der Preis, der allgemein für Waren
gleicher Art berechnet wird, die in dem betreffenden Geschäftszweig unter vergleich-
baren Umständen gehandelt werden** (ACHILLES Art 76 Rn 3; BAMBERGER/ROTHSAENGER
Art 76 Rn 2; BRUNNER Art 76 Rn 3; HERBER/CZERWENKA Art 76 Rn 6; MünchKommBGB/HUBER
Art 76 Rn 4; MünchKommHGB/MANKOWSKI Art 76 Rn 4; ähnlich SCHLECHTRIEM/SCHWENZER/
STOLL/GRUBER Art 76 Rn 4; SCHWIMANN/POSCH Art 76 Rn 3; WITZ/SALGER/LORENZ Art 76 Rn 9;
BIANCA/BONELL/KNAPP Art 76 Bem 3. 1 läßt dagegen den Preis für „comparable goods" genügen).
Er kann sich aus amtlichen oder nichtamtlichen Preisnotierungen ergeben, setzt
diese aber nicht etwa zwingend voraus (Sekretariatskommentar Art 72 Bem 6; BIANCA/
BONELL/KNAPP Art 76 Bem 3. 3; ENDERLEIN/MASKOW/STROHBACH Art 76 Bem 2; Münch-
KommHGB/MANKOWSKI Art 76 Rn 4; PILTZ, Internationales Kaufrecht § 5 Rn 436; SCHLECHT-
RIEM/SCHWENZER/STOLL/GRUBER Art 76 Rn 4; zweifelnd aber HERBER/CZERWENKA Art 76 Rn 6).
Ein korrekter Marktpreis ergibt sich aber noch nicht, indem ein Gericht ihn für
eingefrorenen und entschwarteten Speck dadurch errechnet, daß es den Preis für
frischen Speck mit Schwarte um die Kosten des Entschwartens und Einfrierens

erhöht (so OLG Hamm OLGR Hamm 1993, 27; abl dazu PILTZ, Internationales Kaufrecht § 5 Rn 436 und SCHLECHTRIEM/SCHWENZER/STOLL/GRUBER Art 76 Rn 4 Fn 17).

14 Läßt sich ein **Marktpreis nicht feststellen**, dann ist der **Schaden nach Art 74 zu berechnen** (OLG Celle IHR 2001, 107 [108: konkrete Schadensberechnung nach Art 74, da kein Marktpreis für „no-name-Staubsauger" feststellbar]; BIANCA/BONELL/KNAPP Art 76 Bem 3.7; HERBER/CZERWENKA Art 76 Rn 6; MünchKommHGB/MANKOWSKI Art 76 Rn 4; PILTZ, Internationales Kaufrecht § 5 Rn 436; SOERGEL/LÜDERITZ/DETTMEIER Art 76 Rn 2).

b) Maßgeblicher Zeitpunkt
15 Grundsätzlich ist der Marktpreis im **Zeitpunkt der Vertragsaufhebung maßgebend** (Art 76 Abs 1 S 1). Das ist gem Art 27 der Zeitpunkt, in dem die Aufhebungserklärung auf geeignetem Weg abgeschickt wird (ACHILLES Art 76 Rn 3; BRUNNER Art 76 Rn 4; KRANZ 223 N 5; MünchKommHGB/MANKOWSKI Art 76 Rn 5; NOUSSIAS 158; POSCH, in: DORALT 181; WITZ/SALGER/LORENZ Art 76 Rn 10; **aA** WELSER, in: DORALT 127: Zugang). Bei diesem Zeitpunkt bleibt es auch dann, wenn der Gläubiger den Vertrag gem Art 72 berechtigterweise vorzeitig aufhebt (ebenso HONSELL/SCHÖNLE Art 76 Rn 13; SCHLECHTRIEM/SCHWENZER/STOLL/GRUBER Art 76 Rn 11; ausführlicher STOLL RabelsZ 52 [1988] 636 f).

16 Hat der Ersatzberechtigte – in aller Regel der Käufer – die Ware allerdings schon übernommen und erst danach wirksam die Aufhebung erklärt, dann gilt der **Marktpreis zZ der Übernahme** (Art 76 Abs 1 S 2). Mit Übernahme ist in Art 76 Abs 1 – wie in Art 60 lit b oder Art 69 Abs 1 u 2 – die Besitzerlangung durch den Gläubiger oder eine von ihm autorisierte Person gemeint.

17 Im Ergebnis gilt **der jeweils frühere Zeitpunkt** der Vertragsaufhebung oder der Übernahme (KRANZ 223 N 6; SCHEIFELE 138; SCHLECHTRIEM Rn 313; **aA** MünchKommHGB/MANKOWSKI Art 76 Rn 6). Damit wird ein spekulatives Hinauszögern der Aufhebungserklärung nicht völlig unterbunden, aber doch eingeschränkt. Ferner verpflichtet Art 77 den Gläubiger, den Schaden möglichst klein zu halten und deshalb ggfs nicht zuzuwarten (s auch MünchKommHGB/MANKOWSKI Art 76 Rn 5; SCHLECHTRIEM/SCHWENZER/STOLL/GRUBER Art 76 Rn 12; SOERGEL/LÜDERITZ/DETTMEIER Art 76 Rn 5; WITZ/SALGER/LORENZ Art 76 Rn 10).

c) Maßgeblicher Ort (Abs 2)
18 Da der Marktpreis entscheidend vom Marktort abhängt, bestimmt Art 76 Abs 2 den **Ort als maßgebend, an den die Ware hätte geliefert werden sollen oder vertragsgemäß geliefert worden ist**. Der Lieferort richtet sich damit nach Art 31 (Sekretariatskommentar Art 72 Bem 5; BIANCA/BONELL/KNAPP Art 76 Bem 3.2; HERBER/CZERWENKA Art 76 Rn 8; HONSELL/SCHÖNLE Art 76 Rn 17; KAROLLUS 220; MünchKommHGB/MANKOWSKI Art 76 Rn 7; SCHLECHTRIEM/SCHWENZER/STOLL/GRUBER Art 76 Rn 9).

19 Ist für den Lieferort kein Marktpreis festzustellen, dann gilt der **Marktpreis an einem angemessenen Ersatzort**. Als Ersatzort kommen Orte in Betracht, an denen vergleichbare Marktbedingungen herrschen und die gleichen Waren gehandelt werden (HERBER/CZERWENKA Art 76 Rn 8). Existieren mehrere Ersatzorte, wird der räumlich nächste zu berücksichtigen sein (MünchKommHGB/MANKOWSKI Art 76 Rn 8; ähnlich SOERGEL/LÜDERITZ/DETTMEIER Art 76 Rn 4).

Bei der Schadensberechnung insgesamt ist zu berücksichtigen, ob sich bei einem **20**
hypothetischen Deckungsgeschäft an dem Ersatzort höhere oder niedrigere (fiktive)
Transportkosten als bei Deckung am Lieferort ergeben würden (ebenso Münch-
KommBGB/Huber Art 76 Rn 9; MünchKommHGB/Mankowski Art 76 Rn 8; Schlechtriem/
Schwenzer/Stoll/Gruber Art 76 Rn 10).

V.   Schadensbemessung

1.   Nach Art 76

Der Ersatzberechtigte kann die **Differenz zwischen dem im Vertrag festgelegten Preis** **21**
und dem Marktpreis verlangen. Wie in Art 75 ist nur die dem Ersatzberechtigten
ungünstige Differenz gemeint. Der Käufer hat also einen Anspruch, wenn der
Marktpreis über dem Vertragspreis liegt; der Verkäufer hat einen Anspruch, wenn
der Marktpreis darunter liegt (Herber/Czerwenka Art 76 Rn 9; Karollus 221; Münch-
KommHGB/Mankowski Art 76 Rn 8). Zum Vertragspreis noch unten Rn 25.

2.   Ersatz weiterer Schäden

Art 76 Abs 1 S 1 läßt – wie Art 75 – den **Ersatz aller weiteren Schäden gem Art 74** zu. **22**
Erforderlich ist dann eine konkrete Berechnung. Ferner müssen diese Schäden bei
Vertragsschluß voraussehbar gewesen sein. In Betracht kommen die gleichen Posten
wie bei Art 75 (vgl dort Rn 21).

Strittig ist, ob der Gläubiger außer der Differenz zwischen Vertrags- und Marktpreis **23**
als weiteren Schaden **Verluste, insbes Gewinnentgang** aufgrund der weiteren Marktentwicklung geltend machen kann (dafür Bamberger/Roth/Saenger Art 76 Rn 3; Ender-
lein/Maskow/Strohbach Art 76 Bem 3; Herber/Czerwenka Art 76 Rn 10; Schlechtriem/
Schwenzer/Stoll/Gruber Art 76 Rn 12; **dagegen** MünchKommHGB/Mankowski Art 76 Rn 15;
Soergel/Lüderitz/Dettmeier Art 76 Rn 6; wohl auch Witz/Salger/Lorenz Art 76 Rn 12). Ein
Wechsel von der abstrakten zur konkreten Berechnung ist zwar zulässig und geboten, sofern ein Deckungsgeschäft noch „in angemessener Zeit" durchgeführt wird
(so auch Herber/Czerwenka aaO). Eine weitere Verschlechterung der Marktsituation –
aus der Sicht der Gläubigers – nach dem für Art 76 maßgeblichen Zeitpunkt beeinflußt die Schadensbemessung aber nicht mehr (MünchKommHGB/Mankowski aaO).
Die Differenz zwischen Vertrags- und Marktpreis kann deshalb nicht durch Rückgriff auf Art 74 anders berechnet werden. Insoweit stellt Art 76 eine nicht ergän-
zungsfähige Regelung dar (zum Verhältnis von Art 74 u 76 ferner noch unten Rn 24).

3.   Andere Formen der Schadensberechnung; Verhältnis zu Art 74 u 75

Die Art 75 u 76 schließen sich wechselseitig aus (vgl auch Art 75 Rn 22). Wird der **24**
Differenzschaden nach Art 76 berechnet, dann kann er nicht über Art 74 erhöht
werden (vgl oben Rn 23). Jedoch kann der Gläubiger den unmittelbaren Nichterfül-
lungsschaden entweder abstrakt nach Art 76 oder insgesamt konkret nach Art 74
berechnen (OGH IHR 2001, 206 [208]; Achilles Art 76 Rn 5; Karollus 222; Münch-
KommHGB/Mankowski Art 76 Rn 12; Schlechtriem, in: Lausanner Kolloquium 165; wohl auch
Schlechtriem/Schwenzer/Stoll/Gruber Art 75 Rn 13). Lediglich die **Koppelung beider**
Berechnungsmethoden hinsichtlich desselben Schadenspostens scheidet aus.

VI. Schranken der abstrakten Schadensberechnung

1. Vertragspreis

25 Art 76 kommt nur zum Zug, wenn der **Vertragspreis** im Vertrag **hinreichend bestimmt** ist. Ist der Preis dagegen ausnahmsweise gem Art 55 nach dem Marktpreis festzulegen, dann läuft Art 76 leer (SCHLECHTRIEM/SCHWENZER/STOLL/GRUBER Art 76 Rn 4; WEBER, in: Berner Tage 203; **aA** MünchKommHGB/MANKOWSKI Art 76 Rn 10, mit dem gewichtigen Argument, daß Art 55 und Art 76 unterschiedliche Zeitpunkte für die Bestimmung des Marktpreises vorsehen). Ein Schadensersatzanspruch kann sich dann nur konkret gem Art 74 ergeben.

2. Schadensminderungspflicht

26 Die abstrakte Berechnung nach Art 76 scheidet auch dann aus, wenn der Gläubiger ein angemessenes und zumutbares Deckungsgeschäft unterlassen und dadurch seine Schadensminderungspflicht (Art 77) verletzt hat (ebenso HERBER/CZERWENKA Art 76 Rn 10; MünchKommHGB/MANKOWSKI Art 76 Rn 11; SCHLECHTRIEM/SCHWENZER/STOLL/GRUBER Art 76 Rn 13). Dann hat eine konkrete Schadensberechnung zu erfolgen.

VII. Beweisfragen

27 Der Ersatzberechtigte hat die Voraussetzungen des Art 76, insbes den Marktpreis zu beweisen (OLG Celle IHR 2001, 107 [108]; ebenso ACHILLES Art 76 Rn 6; BAUMGÄRTEL/LAUMEN/HEPTING Art 76 Rn 1; HONSELL/SCHÖNLE Art 76 Rn 21; SCHLECHTRIEM/SCHWENZER/STOLL/GRUBER Art 76 Rn 7; SOERGEL/LÜDERITZ/DETTMEIER Art 76 Rn 7). Besteht Streit darüber, ob ein Deckungsgeschäft vorgenommen wurde oder ob es angemessen war, dann trägt hierfür der Schuldner die Beweislast (vgl die in der vorigen N Zitierten; **abw** aber insoweit ACHILLES aaO).

Art 77 [Obliegenheit, den Schaden zu mindern]

Die Partei, die sich auf eine Vertragsverletzung beruft, hat alle den Umständen nach angemessenen Maßnahmen zur Verringerung des aus der Vertragsverletzung folgenden Verlusts, einschließlich des entgangenen Gewinns, zu treffen. Versäumt sie dies, so kann die vertragsbrüchige Partei Herabsetzung des Schadenersatzes in Höhe des Betrags verlangen, um den der Verlust hätte verringert werden sollen.

Art 77

A party who relies on a breach of contract must take such measures as are reasonable in the circumstances to mitigate the loss, including loss of profit, resulting from the breach. If he fails to take such measures, the party in breach may claim a reduction in the damages in the amount by which the loss should have been mitigated.

Art 77

La partie qui invoque la contravention au contrat doit prendre les mesures raisonnables, eu égard aux circonstances, pour limiter la perte, y compris le gain manqué, résultant de la contravention. Si elle néglige de le faire, la partie en défaut peut demander une réduction des dommages-intérêts égale au montant de la perte qui aurait duêtre évitée.

Schrifttum

KOZIOL, Rechtsfolgen der Verletzung einer Schadensminderungspflicht – Rückkehr der archaischen Kulpakompensation?, ZEuP 1998, 593.

Systematische Übersicht

Alphabetische Übersicht

I.   Regelungsgegenstand und Normzweck

1 Art 77 verpflichtet den Schadensersatzgläubiger, **den Schaden klein zu halten**. Verletzt der Gläubiger diese Obliegenheit, dann reduziert sich sein Ersatzanspruch um den vermeidbaren Teil.

2 Die Vorschrift **konkretisiert das allgemeine Gebot des Art 7 Abs 1**, den guten Glauben im internationalen Handel zu wahren. Diesem Grundsatz widerspräche es, wenn eine Vertragspartei ihren Schaden auch in demjenigen Umfang der anderen Partei anlasten könnte, in dem sie ihn selbst mit zumutbarem Aufwand verhindern konnte.

II.   Entstehungsgeschichte

3 Die Vorschrift stimmt sachlich und auch weitgehend wörtlich mit Art 88 EKG überein. Zwei recht geringfügige Präzisierungen gegenüber der Haager Fassung wurden bereits durch den Genfer Entwurf (Art 59) eingefügt. Der Gläubiger wurde nicht nur zu „all reasonable measures" wie in Art 88 EKG, sondern zu „such measures as are reasonable in the circumstances" verpflichtet. Ferner wurde der Umfang der Minderungsmöglichkeit näher definiert, nämlich „in Höhe des Betrages ..., um den der Verlust hätte verringert werden sollen."

4 Auf der Wiener Konferenz beantragten die USA (A/Conf 97/C1/L228, Off Rec 133), die Vorschrift auf alle Rechtsbehelfe, nicht nur auf Schadensersatzansprüche zu erstrecken. Zur Begründung wurde vor allem auf den Fall hingewiesen, daß der Hersteller eines von der Konvention erfaßten Werklieferungsvertrages die Maschine oder Anlage weiter herstelle und schließlich den vollen Preis verlange, obwohl ihm der Besteller frühzeitig mitgeteilt habe, daß er die Maschine nicht abnehmen werde. Hier müsse eine Reduktion des Zahlungsanspruchs möglich sein (so HONNOLD auf der Konferenz Off Rec 396; vgl auch schon FARNSWORTH AmJCompL 27 [1979] 252 zum Wiener Entwurf). Doch wurde der Antrag nach eingehender Diskussion als insgesamt zu weitreichend abgelehnt (Off Rec 396 ff; dazu eingehend HONNOLD Rn 419.3).

III.   Allgemeines

1.   Obliegenheit

5 Art 77 schafft eine **Obliegenheit**, deren Erfüllung nicht erzwungen werden kann, deren Versäumung auch keine selbständigen Schadensersatzansprüche der anderen Partei, sondern **nur Rechtsnachteile des Pflichtigen** selbst auslöst (ACHILLES Art 77

Rn 1; BIANCA/BONELL/KNAPP Art 77 Bem 2. 10, zT anders aber in Bem 2. 6; BRUNNER Art 77 Rn 1; HERBER/CZERWENKA Art 77 Rn 2; KRANZ 227; MünchKommBGB/HUBER Art 77 Rn 1; Münch-KommHGB/MANKOWSKI Art 77 Rn 3; SCHLECHTRIEM/SCHWENZER/STOLL/GRUBER Art 77 Rn 2; **aA** aber – Schadensersatzpflichten – HELLNER, in: FS Riesenfeld 99; SCHLECHTRIEM, in: Lausanner Kolloquium 170; zweifelnd ENDERLEIN/MASKOW/STROHBACH Art 77 Bem 4).

2.   Geltung für Schadensersatzansprüche

Umstritten ist, ob sich die Vorschrift **nur auf Schadensersatzansprüche oder auch auf**   **6**
andere Rechtsbehelfe bezieht. Nach Wortlaut, systematischer Stellung und Entste-hungsgeschichte (oben Rn 3 f) gilt sie unmittelbar nur für Schadensersatzansprüche (Sekretariatskommentar Art 73 Bem 3; HERBER/CZERWENKA Art 77 Rn 3; KRANZ 226 f; Münch-KommHGB/MANKOWSKI Art 77 Rn 4; PILTZ, Internationales Kaufrecht § 5 Rn 456; SCHLECHT-RIEM/SCHWENZER/STOLL/GRUBER Art 77 Rn 4; WITZ/SALGER/LORENZ Art 77 Rn 3; **aA** aber HON-NOLD Rn 419. 3; vgl zum Problem auch FARNSWORTH AmJCompL 27 [1979] 252). Insbes **Erfüllungsansprüche oder Aufhebungsansprüche** können nicht unter Berufung auf Art 77 als solche abgewehrt oder erzwungen werden (vgl Sekretariatskommentar, HERBER/CZERWENKA, MünchKommHGB/MANKOWSKI, PILTZ, SCHLECHTRIEM/SCHWENZER/ STOLL/GRUBER alle aaO; **aA** aber HONNOLD aaO). Mittelbar wirkt Art 77 aber auch auf diese Rechtsbehelfe ein, wenn und soweit sie mit begleitenden Schadensersatzan-sprüchen verbunden sind, für die Art 77 uneingeschränkt gilt. So darf der Gläubiger etwa die Vertragsaufhebung nicht spekulativ verzögern, um auf diese Weise seinen Schadensersatzanspruch zu vergrößern (ebenso ACHILLES Art 77 Rn 2; BRUNNER Art 77 Rn 2; JAN 164; KAROLLUS 225; MünchKommHGB/MANKOWSKI Art 77 Rn 4 f; SCHLECHTRIEM, UN-Kaufrecht 92; SCHLECHTRIEM/SCHWENZER/STOLL/GRUBER Art 77 Rn 5; WELSER, in: DORALT 128; WITZ/SALGER/LORENZ Art 77 Rn 3; krit aber REINHART Art 77 Rn 4). Ebenso kann die Scha-densminderungspflicht gebieten, ein günstiges Deckungsgeschäft wahrzunehmen und damit den möglichen Ersatzumfang zu verringern, statt weiter auf nicht mehr zu erwartender Erfüllung zu beharren (dazu noch unten Rn 11).

Auch **der Zahlungsanspruch des Verkäufers oder der Minderungsanspruch des Käufers**   **7**
(Art 50) darf nicht aufgrund des Art 77 **reduziert** werden (so auch ausdrücklich Sekre-tariatskommentar Art 73 Bem 3 sowie die Entstehungsgeschichte; ferner AUDIT 167; BIANCA/ BONELL/KNAPP Art 77 Bem 3. 2). Das hindert aber nicht, Ansprüche ganz oder teilweise auszuschließen, soweit ihre Durchsetzung gegen den allgemeinen Grundsatz von Treu und Glauben (Art 7 Abs 1) verstößt (ebenso MünchKommBGB/HUBER Art 77 Rn 3; MünchKommHGB/MANKOWSKI Art 77 Rn 5; PILTZ, Internationales Kaufrecht § 5 Rn 456; JAN 160 f; ähnlich SCHLECHTRIEM/SCHWENZER/STOLL/GRUBER Art 77 Rn 9; HERBER/CZERWENKA Art 77 Rn 7). Denn Art 77 stellt lediglich eine spezielle Ausprägung des Gut-Glau-bens-Prinzips für Schadensersatzansprüche dar. Der Rückgriff auf Art 7 ist in Fäl-len, in denen etwa der Hersteller die Ware weiter fertigt, obwohl ihn der Abnehmer zur Einstellung der Arbeiten, wenn auch vertragswidrig, aufgefordert hat (vgl oben Rn 4), durch Art 77 nicht ausgeschlossen. Art 7 paßt hier auch eher, um die Inter-essen beider Parteien zu berücksichtigen. Eine durch das anwendbare Landesrecht zu füllende Lücke der Konvention besteht jedenfalls nicht (so aber WEBER, in: Berner Tage 206).

3. Geltung auch bei Schadensentstehung

8 Art 77 gilt nicht nur in Fällen bereits entstandenen Schadens. Den Gläubiger trifft auch die **Obliegenheit, die Entstehung des Schadens zu vermeiden** (ENDERLEIN/MAS-KOW/STROHBACH Art 77 Bem 2; HERBER/CZERWENKA Art 77 Rn 4; KRANZ 228; MünchKommHGB/MANKOWSKI Art 77 Rn 6; SCHLECHTRIEM/SCHWENZER/STOLL/GRUBER Art 77 Rn 3 SCHWIMANN/POSCH Art 77 Rn 3; SOERGEL/LÜDERITZ/DETTMEIER Art 77 Rn 2; ebenso zum EKG: BGH NJW 1987, 290). Diese Obliegenheit kann uU schon bei einer ernsthaft drohenden Vertragsverletzung, etwa bei Erfüllungsverweigerung, eingreifen (Sekretariatskommentar Art 73 Bem 4; HERBER/CZERWENKA Art 77 Rn 4; LOEWE, Kaufrecht 94; MünchKommHGB/MANKOWSKI Art 77 Rn 6; PILTZ, Internationales Kaufrecht § 5 Rn 461; SCHLECHTRIEM/SCHWEN-ZER/STOLL/GRUBER Art 77 Rn 3).

4. Zurechnung des Verhaltens Dritter

9 Ob und wann es sich der Ersatzberechtigte zurechnen lassen muß, wenn Dritte die Schadensminderungsobliegenheit verletzt haben, ist in Art 77 nicht geregelt. Einem Rückgriff auf nationales Recht ist die **allgemeine Regelung der Zurechnung des Verhaltens Dritter in Art 79 Abs 1 u 2** vorzuziehen (ebenso MünchKommHGB/MANKOWSKI Art 77 Rn 7; offengelassen von RUMMEL, in: HOYER/POSCH 184). Soweit allerdings ein Sachverhalt von Art 85 f erfaßt wird, gehen diese Vorschriften vor. Der Erhaltungspflichtige muß hier für das Verhalten Dritter nicht einstehen, hat aber die vertragliche Pflicht, zuverlässige Dritte (Lagerhaus etc) auszuwählen und haftet für Schaden, wenn er diese Pflicht verletzt.

IV. Angemessene Maßnahmen zur Schadensabwehr (S 1)

1. Verhaltensmaßstab

10 Der Gläubiger hat **alle den Umständen nach angemessenen Maßnahmen** zu treffen, die den Schaden verhüten oder verringern können. Maßstab ist, wie durchgehend in der Konvention, das Verhalten einer verständigen Person in gleicher Lage (Art 8 Abs 2; vgl OGH ZfRVgl 1996, 248 [254]; BAMBERGER/ROTH/SAENGER Art 77 Rn 3; HERBER/CZERWENKA Art 77 Rn 10; KRANZ 229; MünchKommHGB/MANKOWSKI Art 77 Rn 10; SCHLECHT-RIEM/SCHWENZER/STOLL/GRUBER Art 77 Rn 7; SOERGEL/LÜDERITZ/DETTMEIER Art 77 Rn 4; krit WITZ/SALGER/LORENZ Art 77 Rn 9). Gepflogenheiten zwischen den Parteien oder internationale Gebräuche sind freilich vorrangig zu beachten.

2. Angemessene Maßnahmen

11 Eine umfassende Zusammenstellung der denkbaren Maßnahmen zur Schadensabwehr ist nicht möglich. Die flexible Formulierung des Art 77 erlaubt und nötigt, **den jeweiligen Umständen des Einzelfalls Rechnung zu tragen**. In Betracht kommen etwa folgende Maßnahmen: Hat der Käufer erkannt, daß die gelieferte Ware Schaden stiftet, dann muß er ihre Verwendung einstellen, wenn er nicht gegen Art 77 verstoßen will (BGH WM 1999, 1466 [Schutzwachs für Rebstöcke führt zu Verbrennungen und Wuchsschäden; die Weiterverwendung des Wachses nach Kenntnis seiner schädlichen Wirkung verstößt gegen Art 77]). Den aus der Weiterverwendung entstandenen Schaden hat der Käufer wohl regelmäßig insgesamt selbst zu tragen, es sei denn, der Verkäufer hat durch Erklärungen, Zusicherungen, Beschwichtigungen Anlaß zur Weiterverwendung gegeben. Vielfach wird sich der **Schaden aus Nichterfüllung** durch ein **Deckungsgeschäft** – jedenfalls bei marktgängiger Ware – vermeiden oder verringern lassen. Doch hängt es stets von den Umständen ab, wann der Ersatzberechtigte zur rechtzeitigen Vornahme eines Deckungsgeschäfts verpflichtet ist (OLG Celle IHR 2001, 107 [Käufer von mangelhaften „no name"-Staubsaugern hätte sich um Deckungskauf bemühen müssen, notfalls auch im Ausland, da er dort auch die mangelhafte Ware eingekauft hatte]; OLG Braunschweig TranspR-IHR 2000, 4 [konkret aber keine Obliegenheit des Verkäufers, das vor Weihnachten vom Käufer nicht abgenommene Wildfleisch noch vor den Feiertagen an Dritte zu verkaufen; Einfrieren genügte]; OLG Hamburg OLGR 1997, 149 [Deckungsverkauf von Ware mit stark schwankendem Preis zwei Wochen nach endgültiger Erfüllungsverweigerung des Käufers: kein Verstoß gegen Art 77]; OLG Düsseldorf 14.1. 1994, CLOUT Nr 130 [Deckungsverkauf der nicht abgenommenen Ware zwei Monate nach Vertragsaufhebung angemessen]; OLG München 8.2. 1995, CLOUT Nr 133; Sekretariatskommentar Art 73 Bem 4; BIANCA/BONELL/KNAPP Art 77 Bem 2.2; BRUNNER Art 77 Rn 7 ff; SCHLECHTRIEM/SCHWENZER/STOLL/GRUBER Art 77 Rn 11; HERBER/CZERWENKA Art 77 Rn 6; KRANZ 229 f; LOEWE, Kaufrecht 94; PILTZ, Internationales Kaufrecht § 5 Rn 462; eingehend auch MünchKommBGB/HUBER Art 77 Rn 8 ff). Der Fall des angemessenen Deckungsgeschäfts spielte auch in der Praxis zum Haager Recht die größte Rolle für Art 77 (vgl LG Heidelberg, in: SCHLECHTRIEM/MAGNUS Art 22 Nr 2; OLG Düsseldorf, in: SCHLECHTRIEM/MAGNUS Art 85 Nr 5; Rb Amsterdam NIPR 1985 Nr 408 = SCHLECHTRIEM/MAGNUS Art 88 Nr 6; **aA** aber OLG Hamm, in: SCHLECHTRIEM/MAGNUS Art 60 Nr 1: Pflicht zum Deckungsverkauf nur bei entsprechendem Handelsbrauch). Allerdings sah das EKG – anders als nunmehr das CISG – eine automatische Vertragsaufhebung bei möglichem und üblichem Deckungsgeschäft vor (Art 25 S 2, 61 Abs 2 S 2 EKG). Vor der erklärten Vertragsaufhebung oder der einseitigen Vertragsaufsage durch den Verpflichteten ist der berechtigte Vertragsteil in der Regel nicht gehalten, ein Deckungsgeschäft durchzuführen, da er sich sonst unter Umständen selbst die Erfüllung unmöglich macht (OLG Braunschweig aaO). Nach Vertragsaufhebung besteht im Grundsatz die Obliegenheit, ein Deckungsgeschäft vorzunehmen, wenn sich dadurch eine Vergößerung des Schadens vermeiden läßt. Diese Obliegenheit ist umso stärker und auch zeitlich dringender, je größerer Schaden sonst droht. Das gilt insbesondere für Kaufgeschäfte auf volatilen Märkten. Ein Verstoß gegen Art 77 kann auch darin liegen, daß der Käufer ein mangelhaftes Unikat – etwa eine speziell angefertigte Maschine –, das weder verwendbar noch weiterverkäuflich ist, nicht in seine brauchbaren Einzelteile zerlegt und diese veräußert. Jedenfalls bei erheblichen Werten dieser Teile und vertretbarem Aufwand ist die Demontage dem geschädigten Vertragsteil zuzumuten (Handelsgericht St Gallen IHR 2003, 181 [185 f]).

Auf Erfüllung kann jede Partei damit grundsätzlich **bestehen** (vgl auch oben Rn 6); nur **12** bei treuwidrigem Beharren auf dieser Position oder dem spekulativen Hinauszögern der Vertragsaufhebung greift Art 77 ein. Nach Vertragsaufhebung erhält die berechtigte Partei ausgleichenden Schadensersatz wegen Nichterfüllung aber nur in dem Umfang, in dem ein mögliches und zumutbares Deckungsgeschäft den Schaden reduziert hätte.

Zu **Erhaltungsmaßnahmen** ist die ersatzberechtigte Partei bereits nach Art 85–88 **13** verpflichtet. Unterläßt sie die Maßnahmen, die sie nach diesen Vorschriften oder in vergleichbaren Situationen (vgl Art 85 Rn 19) schuldet, dann ist auch hier ihr Schadensersatzanspruch zu reduzieren (ebenso HERBER/CZERWENKA Art 77 Rn 6; Münch-KommHGB/MANKOWSKI Art 77 Rn 10).

14 Der Käufer ist ferner gehalten, **Mangelfolgeschäden angemessen zu verhindern**, etwa eine Ausbreitung des Mangels einzudämmen (MünchKommHGB/MANKOWSKI Art 77 Rn 12; PILTZ, Internationales Kaufrecht § 5 Rn 462; SCHLECHTRIEM/SCHWENZER/STOLL/GRUBER Art 77 Rn 7). Schädliche oder gefährliche Ware darf der Käufer, nachdem er die Gefahr erkannt hat, nicht weiterverwenden (vgl BGH WM 1999, 1466 [oben Rn 11]). Auf ordnungsgemäße Lieferung darf er aber grundsätzlich vertrauen. Kein Verstoß gegen Art 77 liegt deshalb darin, daß der Käufer eine Tierlieferung nicht zunächst in Quarantäne hält, sondern sogleich mit dem eigenen Bestand zusammenbringt. Zum Abschluß einer **Betriebsausfallversicherung** wird er nur dann verpflichtet sein, wenn sie in der Branche üblich oder wegen besonderer Risiken angezeigt ist (BAM-BERGER/ROTH/SAENGER Art 77 Rn 4; HERBER/CZERWENKA aaO; HUBER RabelsZ 43 [1979] 471; MünchKommBGB/HUBER Art 77 Rn 6; MünchKommHGB/MANKOWSKI Art 77 Rn 12; WITZ/SAL-GER/LORENZ Art 77 Rn 10; zurückhaltender SCHLECHTRIEM/SCHWENZER/STOLL/GRUBER Art 77 Rn 8 und Fn 30; STAUB/KOLLER vor § 373 Rn 731).

15 **Geringfügige Mängel** an der gelieferten Ware hat der Käufer selbst zu beseitigen oder beseitigen zu lassen, wenn dadurch weiterreichender Schaden vermieden werden kann und der Verkäufer zur schnellen Abhilfe nicht in der Lage ist (BIANCA/BONELL/KNAPP Art 77 Bem 2.2; HERBER/CZERWENKA Art 77 Rn 6; MünchKommHGB/MANKOWSKI Art 77 Rn 12; WITZ/SALGER/LORENZ Art 77 Rn 10). Die Kosten vernünftiger Reparaturmaßnahmen hat der Verkäufer – gem Art 45 Abs 1 lit b als Folge seiner Vertragsverletzung – zu übernehmen (BGH NJW 1997, 3311; vgl unten Rn 20). Veranlaßt der Käufer aber Reparaturkosten, die außer Verhältnis zum Wert der Ware stehen, dann verletzt der Käufer seine Obliegenheit aus Art 77 (s BGH aaO [78 000 DM Män-gelbeseitigungskosten im Verhältnis zu 63 000 DM als Kaufpreis „nicht mehr vernünftig"]).

16 Zur Schadensminderungspflicht gehört es, generell **unnötige Aufwendungen** etwa bei der Einziehung des Kaufpreises oder anderer Geldforderungen **zu vermeiden**. Ein **Inkassobüro** darf nur dann beauftragt werden, wenn es bessere Eintreibungsmög-lichkeiten als der Gläubiger selbst hat (LG Frankfurt RiW 1991, 952 ff; HERBER/CZER-WENKA Art 77 Rn 6; MünchKommHGB/MANKOWSKI Art 77 Rn 12; PILTZ, Internationales Kauf-recht § 5 Rn 463; ebenso zum EKG LG Konstanz, in: SCHLECHTRIEM/MAGNUS Art 88 Nr 5; LG Essen MDR 1981, 148).

17 Auf die **Gefahr besonderer oder besonders hoher Schäden** einer Vertragsverletzung muß jede Partei die andere hinweisen (HERBER/CZERWENKA Art 77 Rn 6; Münch-KommHGB/MANKOWSKI Art 77 Rn 13; PILTZ, Internationales Kaufrecht § 5 Rn 462; REINHART Art 77 Rn 5; WITZ/SALGER/LORENZ Art 77 Rn 11; KRITZER 333 speziell für drohende Ansprüche von Schutzrechtsinhabern). Tut sie es nicht, wird oft schon die Vorausforderbarkeit des Schadens fehlen und seine Ersatzfähigkeit hieran scheitern (ebenso HERBER/CZER-WENKA aaO).

18 Schließlich kann es geboten sein, **Rechtsmittel** – zB gegen ungerechtfertigte Be-schlagnahme etc – **einzulegen**, wenn dies der eigentlich betroffenen Partei nicht möglich ist (HERBER/CZERWENKA aaO; KRANZ 188; MünchKommHGB/MANKOWSKI Art 77 Rn 12).

V. Rechtsfolgen der Obliegenheitsverletzung (S 2)

Der **Schadensersatzanspruch mindert sich** nach Art 77 S 2 in dem Umfang, in dem **19**
der Ersatzberechtigte den Schaden – entstandenen Verlust und entgangenen Gewinn – vermeiden konnte. Eine Schadensteilung unter Berücksichtigung der beiderseitigen Verschuldens- und Ursachenbeiträge – wie in § 254 BGB oder § 1304
ABGB – sieht Art 77 seinem Wortlaut nach nicht vor (BAMBERGER/ROTH/SAENGER
Art 77 Rn 6; KAROLLUS 225; KOZIOL ZEuP 1998, 594; LOEWE, Kaufrecht 94; REINHART Art 77
Rn 6; SCHLECHTRIEM/SCHWENZER/STOLL/GRUBER Art 77 Rn 12). Die Ergebnisse dürften sich
dennoch kaum unterscheiden, da nach Art 77 lediglich der durch **angemessene**
Maßnahmen vermeidbare Schadensanteil abzuziehen ist (s auch Schiedsspruch Nr Vb/
97142 des Schiedsgerichts der Ungarischen Industrie- und Handelskammer vom 25. 5. 1999, CLOUT
Nr 265 [Schadensteilung]; ebenso MünchKommHGB/MANKOWSKI Art 77 Rn 15; SCHLECHTRIEM
Rn 315; SOERGEL/LÜDERITZ/DETTMEIER Art 77 Rn 9; WITZ/SALGER/LORENZ Art 77 Rn 12; aA aber
BAMBERGER/ROTH/SAENGER aaO). Je nach den Umständen des konkreten Falles kann
Art 77 freilich auch dazu führen, daß ein Schadensersatzanspruch ganz entfällt (vgl
BGH WM 1999, 1466 [1468]).

Die **Kosten für angemessene Schadensabwehrmaßnahmen**, auch wenn sie keinen **20**
Erfolg haben, hat der Schuldner des Schadensersatzanspruchs zu tragen, da sie
voraussehbare Folgen seiner Vertragsverletzung sind (ACHILLES Art 77 Rn 5; AUDIT
166; BIANCA/BONELL/KNAPP Art 77 Bem 2. 6; ENDERLEIN/MASKOW/STROHBACH Art 77 Bem 2).
Einen übertriebenen oder erkennbar unnützen Aufwand zur Schadensvermeidung
muß er allerdings nicht übernehmen (vgl BGH NJW 1997, 3311 [Reparaturkosten übersteigen den vom Verkäufer noch verlangten Restpreis; s oben Rn 15]).

Art 77 ist von Amts wegen zu berücksichtigen, stellt also eine **Einwendung**, nicht nur **21**
eine Einrede dar (BGH WM 1999, 1466; ebenso ACHILLES Art 77 Rn 6; BRUNNER Art 77 Rn 16;
HERBER/CZERWENKA Art 77 Rn 8; HUBER RabelsZ 43 [1979] 471; MünchKommHGB/MANKOWSKI
Art 77 Rn 8; SCHLECHTRIEM/SCHWENZER/STOLL/GRUBER Art 77 Rn 12; SOERGEL/LÜDERITZ/DETT-
MEIER Art 77 Rn 11; WEBER, in: Berner Tage 206; WITZ/SALGER/LORENZ Art 77 Rn 13; ebenso zum
EKG: BGH NJW 1987, 290 f; aA – Einrede – jedoch KAROLLUS 225; SCHLECHTRIEM Rn 316).

VI. Beweisfragen

Die Beweislast, daß die andere Vertragspartei ihre Schadensminderungsobliegen- **22**
heit verletzt habe, trifft die Partei, die daraus ihr günstige Rechtsfolgen herleitet.
Das ist in aller Regel der Schuldner der Schadensersatzforderung, der ein Mitver-
schulden des Gläubigers einwendet (ACHILLES Art 77 Rn 6; BAUMGÄRTEL/LAUMEN/HEP-
TING Art 77 Rn 10; BRUNNER Art 77 Rn 16; HERBER/CZERWENKA Art 77 Rn 8; SCHLECHTRIEM/
SCHWENZER/STOLL/GRUBER Art 77 Rn 12; ebenso zum EKG: LG Heidelberg, in: SCHLECHTRIEM/
MAGNUS Art 88 Nr 2; teilw **abw** OLG Celle IHR 2001, 107 [Gläubiger müsse zunächst Tatsache des
Deckungsgeschäfts und Bemühungen darum darlegen; sehr zweifelhaft, da Verletzung des Art 77
durch unterlassenes Deckungsgeschäft Einwendung des Schuldners ist]). Soweit es um interne
Vorgänge in der Sphäre des Gläubigers geht, wird dem Schuldner aber der Nach-
weis dadurch zu erleichtern sein, daß dem Gläubiger insoweit Offenlegungspflichten
auferlegt werden (so Handelsgericht St Gallen IHR 2003, 181 [185: allerdings unter Rückgriff
auf internes Prozeßrecht]; ähnlich OLG Celle aaO; s auch BRUNNER Art 77 Rn 16; Münch-
KommHGB/MANKOWSKI Art 77 Rn 14).

23 Der Einwand, daß eine Partei gegen ihre Schadensminderungsobliegenheit verstoßen habe, ist von Amts wegen zu berücksichtigen (s oben Rn 21). Die andere Partei muß sich auf ihn nicht ausdrücklich berufen. Dennoch ist sie gehalten, den Verstoß gegen Art 77 jedenfalls substantiiert darzulegen (etwas **abw** OLG Celle aaO).

24 Die Frage der Mitverantwortung des Gläubigers darf ein Grundurteil jedenfalls dann nicht dem Betragsverfahren überlassen, wenn ein gänzlicher Anspruchsausschluß in Betracht kommt und ein Betragsverfahren damit an sich überflüssig ist (BGH aaO).

Abschnitt III
Zinsen

Section III
Interest

Section III
Intérêts

Art 78 [Zinsen]

Versäumt eine Partei, den Kaufpreis oder einen anderen fälligen Betrag zu zahlen, so hat die andere Partei für diese Beträge Anspruch auf Zinsen, unbeschadet eines Schadenersatzanspruchs nach Artikel 74.

Art 78

If a party fails to pay the price or any other sum that is in arrears, the other party is entitled to interest on it, without prejudice to any claim for damages recoverable under article 74.

Art 78

Si une partie ne paie pas le prix ou toute autre somme due, l'autre partie a droit à des intérêts sur cette somme, sans préjudice des dommages-intérêts qu'elle serait fondée à demander en vertu de l'article 74.

Schrifttum

ASAM/KINDLER, Ersatz des Zins- und Geldentwertungsschadens nach dem Wiener Kaufrechtsübereinkommen vom 11.4. 1980 bei deutsch-italienischen Kaufverträgen, RiW 1989, 841
BEHR, The Sales Convention in Europe: From Problems in Drafting to Problems in Practice, JL & Comm 1998, 263
BONSAU/FEUERRIEGEL, Die Probleme der Bestimmung von Fälligkeitszinsen im UN-Kaufrecht, IPRax 2003, 421
FERRARI, Applicability and Applications of the Vienna Sales Convention (CISG), ForInt 1998, 139 (245 ff)
ders, Verzugszinsen nach Art. 78 UN-Kaufrecht, IHR 2003, 153
GRUBE, Verzugszinsen in Spanien, RiW 1992, 634
KINDLER, Zur Aufhebung des gesetzlichen Zinssatzes in Italien, RiW 1991, 304
ders, Einige Hauptfragen des CISG im Spiegel der neueren deutschen Kommentarliteratur, JbItalR V (1992) 201

ders, Gesetzliche Zinsansprüche im Zivil- und Handelsrecht (1996)
KIZER, Minding the Gap: Determining Interest Rates Under the U. N. Convention for the International Sale of Goods, U Chi L Rev 65 (1998) 1279
KÖNIGER, Die Bestimmung der gesetzlichen Zinshöhe nach dem deutschen Internationalen Privatrecht. Eine Untersuchung unter besonderer Berücksichtigung der Art 78 und 84 I UN-Kaufrecht (CISG) (1997)
MAGNUS, Währungsfragen im einheitlichen Kaufrecht. Zugleich ein Beitrag zu seiner Lückenfüllung und Auslegung, RabelsZ 53 (1989) 116
REINHART, Fälligkeitszinsen und UN-Kaufrecht, IPRax 1991, 376
ROSSMEIER, Schadensersatz und Zinsen nach UN-Kaufrecht – Art 74 bis 78 CISG, RiW 2000, 407
ders, Verzugszinsen nach Art 78 UN-Kaufrecht, IHR 2003, 153
SIMONS, Zinsen und Zinshöhe, ForInt 1996, 203
THIELE, Interest on Damages and Rate of In-

Ulrich Magnus

terest under Article 78 of the U. N. Convention on Contracts for the International Sale of Goods, Vindobono J 1998, 3
VIDA, Zur Anwendung des UN-Kaufübereinkommens in Ungarn, IPRax 1993, 263

WEBER, Verletzungsfolgen: Schadensersatz, Rückabwicklung, vertragliche Gestaltungsmöglichkeiten, in: Berner Tage 165.

Systematische Übersicht

Alphabetische Übersicht

I. Regelungsgegenstand und Normzweck

Art 78 schreibt vor, daß der Kaufpreis und andere Geldansprüche ab Fälligkeit zu **1** verzinsen sind. Die Zinshöhe läßt die Vorschrift jedoch offen. Die **Regelung der Zinspflicht** in einem eigenen Abschnitt innerhalb der für Käufer und Verkäufer gemeinsamen Bestimmungen soll verdeutlichen, daß Zinsanspruch und Schadensersatz getrennt nebeneinander stehen und unterschiedlich zu behandeln sind (vgl unten Rn 19). Der Anspruch aus Art 78 bezweckt, den Gläubiger einer vorenthaltenen fälligen Geldsumme in jedem Fall für die entgangene Kapitalnutzung in pauschalierter Weise zu entschädigen.

Die Vorschrift gilt für alle Zahlungsansprüche, die dem CISG unterfallen und nicht der Sonderregel des Art 84 Abs 1 unterliegen.

II. Entstehungsgeschichte

Vorgängervorschrift des auf der Wiener Konferenz außerordentlich umstrittenen **2** Art 78 war Art 83 EKG. Diese Vorschrift war eine von mehreren Bestimmungen zum Schadensersatzrecht, regelte nur den Zinsanspruch für den fälligen Kaufpreis und sah als Zinshöhe einen Satz von 1% über dem amtlichen Diskontsatz des Niederlassungslandes des Gläubigers vor. In der Praxis hatte sie beträchtliche Bedeutung, hatte aber auch zu einer Reihe von Streitfragen geführt, insbesondere, ob neben dem unter Umständen hohen Zinsanspruch weiterer Geldentwertungsschaden zu ersetzen sei (vgl dazu MAGNUS RabelsZ 53 [1989] 138 ff).

Im Genfer Entwurf von 1976 war noch eine mit Art 83 EKG weitgehend überein- **3** stimmende Vorschrift (Art 58) enthalten. Bedenken gegen sie führten dazu, daß der Wiener (Art 55) und der New Yorker Entwurf (Art 69) nur noch einen unbezifferten Zinsanspruch für den Fall vorsahen, daß der Kaufpreis nach Vertragsaufhebung zurückzuzahlen sei.

Auf der diplomatischen Konferenz von 1980 war allein ein Kompromiß über die **4** grundsätzliche Verzinsungspflicht für alle fälligen Geldleistungen möglich; dagegen blieben alle Versuche vergeblich, die Höhe des Zinssatzes oder auch nur die Geltung des Zinssatzes im Schuldner- oder im Gläubigerland festzulegen. Die unterschiedlichen wirtschaftlichen, politischen, auch religiösen Auffassungen (etwa der islamischen Staaten mit Zinsverbot) stießen in dieser Frage unüberbrückbar aufeinander (eingehend zur Entstehungsgeschichte BIANCA/BONELL/NICHOLAS Art 78 Bem 1; HONNOLD Rn 420; REINHART IPRax 1991, 377 f; SCHLECHTRIEM, UN-Kaufrecht 93 f). Doch kam es auch nicht zu einem klaren Beschluß, die Einzelheiten der grundsätzlich akzeptierten Verzinsungspflicht dem anwendbaren nationalen Recht zu überlassen. Ein Antrag Großbritanniens, die Zinsfrage – freilich insgesamt – aus der Konvention auszuschließen, wurde jedenfalls abgelehnt (Off Rec 137 f). Im Ergebnis war die Mehrheit der Delegierten aber wohl der Auffassung, daß sich die Zinshöhe nach dem vom IPR berufenen Recht richte (vgl Schlechtriem, UN-Kaufrecht 94).

III. Anspruch auf Zinsen

5 Die Vorschrift gibt einer Kaufvertragspartei Anspruch auf Zinsen, wenn die andere Partei fällige Zahlungen nicht erbringt. Ein **Anspruch auf Zinseszinsen besteht nicht**. Diese Regeln gelten im Anwendungsbereich des CISG uneingeschränkt und unterliegen nur abweichender Parteivereinbarung oder abweichenden Gebräuchen oder Gepflogenheiten. Sie gelten auch unabhängig davon, ob das ergänzend anwendbare nationale Recht weitere Voraussetzungen für den Zinsanspruch (zum Beispiel Mahnung) oder ein Zinsverbot vorsieht oder entgangene Kapitalnutzung als Schadensersatzproblem behandelt (LG Frankfurt RiW 1991, 952 [954]; ICC-Schiedsspruch Nr 7153/ 1992, Clunet 1992, 1005; Ferrari IHR 2003, 154; Herber/Czerwenka Art 78 Rn 5; Honnold Rn 421; MünchKommHGB/Ferrari Art 78 Rn 3; **aA** jedoch Scheifele 109). Art 78 legt allerdings nur die Voraussetzungen des Zinsanspruchs – diese aber abschließend – fest, die Höhe des Zinssatzes läßt er offen (dazu unten Rn 12 ff).

6 Die Vorschrift regelt ferner **nur** die **Verzugszinsen**. Unberührt bleibt, ob nationale Rechte an Prozeßakte (Rechtshängigkeit) eine Verzinsungspflicht knüpfen (zum Beispiel Prozeßzinsen wie § 291 BGB).

7 Die Verzinsungspflicht gilt für die versäumte Kaufpreiszahlung sowie den Fall des Art 52 Abs 2 Satz 2 (zuviel gelieferte Ware; im EKG beschränkte sich die Zinspflicht auf den fälligen Kaufpreis). Sie gilt aber auch **für alle** weiteren, aus dem Vertrag oder CISG folgenden **Zahlungspflichten**, die nicht fristgerecht erfüllt werden. So sind insbesondere zu verzinsen: die Summe, die nach Vertragsaufhebung als schon geleisteter Kaufpreis zurückzuerstatten ist (die Zahlungspflicht für sie ist in Art 84 Abs 1 mit besonderem Fälligkeitszeitpunkt geregelt); zu erstattende Auslagen des Käufers bei Nachbesserung durch den Verkäufer (Art 48 Abs 1); zu erstattende (Geld-)Aufwendungen im Zusammenhang mit der Erhaltung der Ware (Art 85 Satz 2), ihrer Zurückweisung (Art 86 Abs 1 Satz 2 und Abs 2) oder Einlagerung (Art 87); ein herauszugebender Überschuß aus einem Selbsthilfeverkauf (Art 88 Abs 3).

8 Art 78 verpflichtet auch zur **Verzinsung von Schadensersatzforderungen** (vgl Kantonsgericht Zug IHR 2004, 65; LG Flensburg IHR 2001, 202 [für Verzugsschaden; allerdings bestimmt das Gericht die Voraussetzungen des Verzugs zu Unrecht nach nationalem Recht]; Kantonsgericht Zug 21. 10. 1999, UNILEX; Brunner Art 78 Rn 1; Herber/Czerwenka Art 78 Rn 2; MünchKommBGB/Huber Art 78 Rn 4; MünchKommHGB/Ferrari Art 78 Rn 3; weitgehend **verneinend** aber Honnold Rn 422; **anders** auch noch Staudinger/Magnus [1999]). Die Vorschrift setzt zwar voraus, daß ein fälliger Betrag („sum that is in arrears", „somme due") geschuldet wird. Bei Schadensersatzforderungen steht der genaue summenmäßige Betrag häufig bei Fälligkeit noch nicht fest, sondern wird erst später – etwa im Weg richterlicher Schadensschätzung – festgesetzt. Eine Verzinsungspflicht vom Zeitpunkt der Fälligkeit an ist dennoch zu bejahen; denn ab Fälligkeit der Forderung ist dem Gläubiger ein Schaden in der später festgestellten Höhe entstanden (s die in der vorigen N zitierte Rspr; ferner Bonsau/Feuerriegel IPRax 2003, 423; Brunner Art 78 Rn 13; Ferrari IHR 2003, 154; Honsell/Magnus Art 78 Rn 5; MünchKommHGB/Ferrari Art 78 Rn 3;

SCHLECHTRIEM/SCHWENZER/BACHER Art 78 Rn 10; WITZ/SALGER/LORENZ Art 78 Rn 5; wohl auch SCHLECHTRIEM Rn 319; SOERGEL/LÜDERITZ/DETTMEIER Art 78 Rn 3; **anders** HONNOLD Rn 422 mit dem Hinweis, daß Zinsen traditionell nur für „liquidated sums" zu entrichten seien; **anders** auch die Voraufl; ihr folgend ACHILLES Art 78 Rn 3). Fällig werden Schadensersatzansprüche mit Schadenseintritt.

Art 78 legt ferner den **Zeitpunkt** fest, zu dem der Zinsanspruch entsteht. Der **9** geschuldete Grundbetrag muß fällig sein. Das gilt auch für den Kaufpreis, der ebenfalls erst ab Fälligkeit zu verzinsen ist (ACHILLES Art 78 Rn 3; HERBER/CZERWENKA Art 78 Rn 3; MünchKommHGB/FERRARI Art 78 Rn 8 ff; SCHLECHTRIEM/SCHWENZER/BACHER Art 78 Rn 8 f; die Vorgängervorschrift [Art 83 EKG] hatte das auch unmißverständlich formuliert). Die Fälligkeit bestimmt sich nach den vertraglichen Vereinbarungen, hilfsweise nach dem CISG. Fehlen besondere Vereinbarungen, so wird der Kaufpreis grundsätzlich fällig, wenn die Ware oder Dokumente dem Käufer zur Verfügung stehen (Art 58); einer besonderen Aufforderung (Mahnung) oder Förmlichkeit bedarf es nicht (Art 59; LG Flensburg IHR 2001, 202 [203]; Cour d'Appel Grenoble 26.4.1995, CLOUT Nr 152).

Ein vom Verkäufer zurückzuzahlender Kaufpreis ist von dem Tag an zu verzinsen, **10** an dem der Käufer gezahlt hatte (für diesen Fall gilt die Sondervorschrift des Art 84 Abs 1; vgl Art 84 Rn 8). Aufwendungsersatzansprüche werden in dem Zeitpunkt fällig, in dem sie entstehen, der Ersatzberechtigte die Aufwendungen getätigt hat (HERBER/CZERWENKA Art 78 Rn 3). Soweit Schadensersatzansprüche für Art 78 in Betracht kommen, sind sie fällig und zu verzinsen, sobald sie entstanden sind (MünchKommHGB/FERRARI Art 78 Rn 10; SCHLECHTRIEM/SCHWENZER/BACHER Art 78 Rn 14 [bei späteren Wertschwankungen jeweilige Anpassung der Verzinsung]).

Der Zinsanspruch unterliegt – außer dem Fälligkeitserfordernis – **keinen weiteren** **11** **Voraussetzungen noch Einschränkungen.** Seine Stellung in einem eigenen Abschnitt soll kenntlich machen, daß insbesondere die Beschränkungen (Voraussehbarkeit, Schaden) und Entlastungsmöglichkeiten (Art 79), die für Schadensersatzansprüche bestehen, nicht für Art 78 gelten. Auf den Grund für die Zahlungssäumnis, auf eine vorangegangene Vertragsverletzung, auf Verschulden, auf tatsächlichen Zinsschaden etc kommt es nicht an (BIANCA/BONELL/NICHOLAS Art 78 Bem 3.1; HERBER/CZERWENKA Art 78 Rn 4; REINHART Art 78 Rn 2; SCHLECHTRIEM, UN-Kaufrecht 94). Der Zahlungsschuldner hat daher selbst dann Zinsen zu leisten, wenn er nach Art 79 von der Zahlung vorübergehend (zum Beispiel wegen einer unvorhersehbaren zeitweisen Devisensperre) befreit ist (ENDERLEIN/MASKOW/STARGARDT Art 78 Bem 1; SCHLECHTRIEM/SCHWENZER/STOLL/GRUBER Art 74 Rn 57; HERBER/CZERWENKA Art 78 Rn 4; SCHLECHTRIEM, UN-Kaufrecht 94). Erst recht hängt die Zinspflicht nicht von weiteren Voraussetzungen ab, die das nationale Recht aufstellt. Außer für die Zinshöhe spielt das nach IPR anwendbare Landesrecht für die Zinspflicht keine Rolle (s unten Rn 14).

IV. Höhe des Zinssatzes

Über die Höhe des Zinssatzes konnte auf der Wiener Konferenz keine Einigung **12** erzielt werden (vgl oben Rn 4). Nach ganz überwiegender Auffassung ist der Zinssatz, wenn die Parteien ihn nicht selbst im Vertrag festgelegt haben, dem **anwendbaren** **nationalen Recht** – in der Regel dem Vertragsstatut – zu entnehmen, das deshalb für diese Frage stets nach den Regeln des Kollisionsrechts zu bestimmen ist (OLG Frankfurt NJW 1991, 3102; LG Hamburg RiW 1990, 1015 = IPRax 1991, 400 mit Anm REINHART 376; AG Oldenburg IPRax 1991, 336; Schiedsspruch Nr 7153/1992 Clunet 1992, 1005; Hauptstadtgericht Budapest v 24.3.1992, vgl den Bericht von VIDA IPRax 1993, 263 f; OLG Koblenz RiW 1993, 938; OLG Frankfurt NJW 1994, 1013; RG Arnhem NIPR 1994 Nr 268; BG SZIER 1999, 179; Handelsgericht St Gallen SZIER 1996, 53; Handelsgericht Zürich SZIER 1996, 53 u 1997, 131; Appellationsgericht Tessin SZIER 1997, 135; Kantonsgericht Wallis SZIER 1998, 77; OLG München RiW 1994, 595; OLG Rostock OLGR Rostock 1996, 50; LG Stendal IHR 2001, 30; LG Saarbrücken IHR 2003, 70; Kantonsgericht Zug IHR 2004, 65; ferner ACHILLES Art 78 Rn 5; ASAM RiW 1989, 945; ASAM/KINDLER RiW 1989, 841; BIANCA/BONELL/NICHOLAS Art 78 Bem 2.1; BONSAU/FEUERRIEGEL IPRax 2003, 424; Draft Digest 815 f mit umfassenden Nachweisen; ENDERLEIN/MASKOW/STROHBACH Art 78 Bem 2.2; FERRARI ForInt 1998, 254; ders, IHR 2003, 158; HERBER/CZERWENKA Art 78 Rn 6; KAROLLUS 227; KINDLER 101 f, 112; ders, Jahrbuch 216; KRANZ 235; LOEWE 95; MAGNUS RabelsZ 53 [1989] 140 f; MünchKommBGB/HUBER Art 78 Rn 15; MünchKommHGB/FERRARI Art 78 Rn 18; PLANTARD Clunet 1988, 359; PILTZ NJW 1994, 1105; REINHART IPRax 1991, 379; ROSSMEIER RiW 2000, 44 f; RUMMEL, in: HOYER/POSCH 185; SCHLECHTRIEM/SCHWENZER/BACHER Art 78 Rn 26; SOERGEL/LÜDERITZ/DETTMEIER Art 78 Rn 8; WITZ/SALGER/LORENZ Art 78 Rn 6).

13 Nach **abweichender Ansicht** ist dagegen die Zinshöhe entweder am Niederlassungsort des Gläubigers maßgebend (so LG Stuttgart RiW 1989, 984 f [„das nationale Recht des Gläubigers"]; LG Frankfurt RiW 1991, 952 [954] unter unzutreffender Berufung auf ASAM/KINDLER; Kantonsgericht Zug SZIER 1997, 134; Handelsgericht Zürich SZIER 1998, 75; Internationales Schiedsgericht der Bundeskammer der gewerblichen Wirtschaft Wien, RiW 1995, 590 n Anm SCHLECHTRIEM; ferner STOLL, in: SCHLECHTRIEM, Fachtagung 279 f; WEBER 187 f sowie offenbar HONNOLD Rn 421). Nach wieder anderer Auffassung kommt es auf den Aufenthaltsort des Schuldners an (so Kantonsgericht Waadt SZIER 1998, 82; BAMBERGER/ROTH/SAENGER Art 78 Rn 5; STOLL, in: FS FERID 510; auch SCHLECHTRIEM/SCHWENZER/HORNUNG Art 84 Rn 13 für den speziellen Fall des Art 84; ein richterliches Wahlrecht zwischen dem Zinssatz am Gläubiger- oder Schuldnersitz, am Marktort oder nach internationalen Zinstabellen schlägt AUDIT 171 vor). Vorgeschlagen wird freilich auch, den Zinssatz der lex fori zu verwenden (so Chicago Prime Packers, Inc v Northam Food Trading Co IHR 2004, 156 [161 f]; Delchi Carrier, SpA v Rotorex Corp, 1994 WL 495787 [ND DY 1994] und die Appeal-Entscheidungen, 71 F 3d 1024 [2nd Cir 1995]; eingehend dazu SCHNEIDER U Pa JintBusL 16 [1995] 615 ff). Bei großen Unterschieden zwischen dem Zinsniveau der in Betracht kommenden Länder hat eine schiedsgerichtliche Entscheidung das – niedrigere – Niveau des Hartwährungslandes angewendet (Schiedsgericht der ungarischen IHK SZIER 1997, 141). Ein Schiedsspruch der ICC hat ferner den LIBOR (one year London Inter-Bank Offered Rate) als international verbreiteten Zinssatz herangezogen (ICC-Schiedsspruch Nr 7197, JDI 1993, 1028). In eine ähnliche Richtung geht der Vorschlag, die aktuelle „borrowing rate", hilfsweise die „lending rate" zu verwenden (KIZER U Chi L Rev 65 [1998] 1302 ff) oder die Regel in Art 7.4.9(2) der UNIDROIT Principles zu übernehmen, die auf die „average bank short-term lending rate to prime borrowers prevailing for the currency of payment at the place for payment, or where no such rate exists at that place, then the same rate in the State of the currency of payment" abstellen (so der Vorschlag von BRUNNER Art 78 Rn 12). Schließlich wird auch vorgeschlagen, an die Währung der Hauptforderung anzuknüpfen (SCHLECHTRIEM/SCHWENZER/BACHER Art 78 Rn 33). Doch weder mit dem Text des Übereinkommens (vgl zur Bedeutung des Wortlauts Art 7 Rn 32 ff) noch mit den Intentionen seiner Verfasser sind diese abweichenden Auffassungen zu vereinbaren. Die Vielzahl der Vorschläge läßt auch kaum eine einheitliche Verwendung erwarten.

Das kollisionsrechtlich berufene Recht ist **nur** für die **Zinshöhe** heranzuziehen. **14** Weder die Voraussetzungen, unter denen das nationale Recht Zinsen gewährt, noch nach nationalem Recht mögliche Zinseszinsen sind für Art 78 zu berücksichtigen (Kantonsgericht Zug IHR 2004, 65; ebenso SCHLECHTRIEM/SCHWENZER/BACHER Art 78 Rn 9, 35; etwas abweichend LOEWE 95, der auch weiteren Schadensersatz nach nationalem Recht beurteilen will. Wegen des in Art 78 vorbehaltenen Art 74 besteht hierfür jedoch kein Raum; irrig LG Flensburg IHR 2001, 202 das die Verzugsvoraussetzungen dem anwendbaren nationalen Recht unterstellt; auch Hovioikeus Turku IHR 2003, 277 [283: Frist für Fälligkeit der Zinsforderung nationalem Recht entnommen]).

Das anwendbare Recht bestimmt sich in üblicher Weise. Internationale Überein- **15** kommen zur Zinshöhe sind bisher nicht in Kraft. Nach deutschem IPR unterfallen Zinsen dem Vertragsstatut (Art 32 Abs 1 Nr 3 EGBGB; näher MünchKommHGB/MARTINY Art 32 Rn 28). Sie ergeben sich damit aus dem gewählten oder objektiv anwendbaren Recht, das für den Kaufvertrag der Parteien gilt (zur Bestimmung des Vertragsstatuts Art 6 Rn 58).

Ist deutsches Recht **Vertragsstatut**, so gilt jetzt folgende Regelung: der Zinssatz für **16** Verzugszinsen beträgt 8%, bei Beteiligung von Verbrauchern 5% über dem Basiszinssatz der Europäischen Zentralbank (§ 288 Abs 1 Satz 2, Abs 2 iVm § 247 BGB). Zu den Zinssätzen in einer ganzen Reihe von Ländern vgl BONSAU/FEUERRIEGEL IPRax 2003, 425.

Kennt das anwendbare Recht keine Verzinsungspflicht, sondern – wie die Staaten **17** mit islamischer Rechtsordnung – ein **Zinsverbot**, dann sind die funktional entsprechenden Kreditkosten im Bereich dieser Rechtsordnung heranzuziehen, die es auch in diesen Ländern durchaus gibt (ACHILLES Art 78 Rn 5; ENDERLEIN/MASKOW/STROHBACH Art 78 Bem 2. 2; HERBER/CZERWENKA Art 78 Rn 7; KAROLLUS 227; LOEWE 95; MAGNUS RabelsZ 53 [1989] 141 Fn 118; MünchKommHGB/FERRARI Art 78 Rn 20; SCHLECHTRIEM, Lausanner Kolloquium 171; WITZ/SALGER/LORENZ Art 78 Rn 10; **dagegen** für Verwendung der Kreditkosten im Verkäuferland: BIANCA/BONELL/NICHOLAS Art 78 Bem 2. 1). Lassen sich auch keine vergleichbaren Kreditkosten ermitteln, dann können über Art 78 keine Zinsen verlangt werden (ebenso ACHILLES Art 78 Rn 5; HERBER/CZERWENKA Art 78 Rn 7; MünchKommHGB/ FERRARI Art 78 Rn 20). Es bleibt die Möglichkeit, im Rahmen des Schadensersatzes auch die entzogene Kapitalnutzung geltend zu machen.

Die Parteien können die Zinshöhe selbst vereinbaren oder das dafür maßgebende **18** Recht festlegen. Insbesondere bei Kaufgeschäften mit Parteien aus Ländern mit Zinsverbot sollte vorher bedacht werden, ob sich eine solche Festlegung empfiehlt.

Ob der **Zinsanspruch** auch **kapitalisiert** und in eine Kapitalforderung umgerechnet werden kann, ist dem CISG nicht zu entnehmen. Doch dürfte dies als Frage des Verfahrensrechts nach der lex fori zu beantworten sein (so offenbar auch Cour d'Appel Grenoble 29. 3. 1995, CLOUT Nr 153; Cour d'Appel Grenoble 26. 4. 1995, CLOUT Nr 152).

V. Zinsen und Schadensersatzanspruch

19 Der Zinsanspruch des Art 78 schließt nicht aus, daß ein weitergehender konkreter Zinsschaden im Weg des Schadensersatzes geltend gemacht wird (vgl auch Kantonsgericht Zug IHR 2004, 65; LG Saarbrücken IHR 2003, 70; LG Flensburg IHR 2001, 202 [203]; LG Aachen RiW 1990, 491; OLG Frankfurt NJW 1994, 1013; MünchKommHGB/FERRARI Art 78 Rn 24; PILTZ NJW 1994, 1105). Für einen Anspruch auf höhere Kreditkosten, als dem gesetzlichen Zinsfuß entspricht, müssen dann jedoch alle weiteren Voraussetzungen eines Schadensersatzanspruchs gegeben sein und darf insbesondere nicht die Entlastung nach Art 79 eingreifen (vgl ENDERLEIN/MASKOW/STROHBACH Art 78 Bem 2.1; HERBER/CZERWENKA Art 78 Rn 8; MünchKommHGB/FERRARI Art 78 Rn 25; REINHART IPRax 1991, 376 f). Für den Schadensnachweis genügt es aber in der Regel, wenn der Gläubiger nachweist, daß er in der maßgeblichen Zeit tatsächlich Kredit zu höherem Zins in Anspruch genommen hat. Es bedarf nicht des weiteren Nachweises, daß die Kreditaufnahme gerade wegen des Zahlungsverzugs erfolgte (LG Saarbrücken IHR 2003, 70 [71]). Nach Art 78 gewährte Zinsen sind auf den Schadensersatzanspruch anzurechnen (MünchKommHGB/FERRARI Art 78 Rn 25; RUDOLPH Art 78 Rn 5). Stehen nach Art 78 etwa 5% Zinsen zu, so können – wenn die realen Kreditkosten 15% betrugen – weitere 10% über Art 74 ff geltend gemacht werden. Doch kann der Gläubiger seinen Zinsanspruch auch ausschließlich über Art 74 verfolgen (vgl LG Aachen aaO). Art 78 ist daher vor allem dann von Interesse, wenn Voraussetzungen des Schadensersatzanspruches fehlen oder schwer nachweisbar sind.

VI. Beweisfragen

20 Der Zinsgläubiger muß die Zinshöhe darlegen, hat also eine Behauptungslast. Doch trifft ihn jedenfalls vor deutschen Gerichten nicht die Beweislast für die Höhe des gesetzlichen Zinssatzes. Soweit sich der Zinssatz nach ausländischem Recht richtet, hat ihn das Gericht von Amts wegen, nötigenfalls durch Sachverständigengutachten zu ermitteln (§ 293 ZPO; ebenso ACHILLES Art 78 Rn 6; BAMBERGER/ROTH/SAENGER Art 78 Rn 7; MünchKommHGB/FERRARI Art 78 Rn 26; die Rechtsprechung zu Art 83 EKG hatte dem Zinsgläubiger jedoch überwiegend die Beweislast für die Höhe des amtlichen Diskontsatzes auferlegt: OLG Hamm, in: SCHLECHTRIEM/MAGNUS Art 6 EAG Nr 4; OLG Hamm, in: SCHLECHTRIEM/MAGNUS Art 82 Nr 12; LG Bielefeld IPRax 1981, 212; **anders** aber OLG Hamburg RiW 1982, 435).

21 Für die übrigen tatsächlichen Voraussetzungen des Zinsanspruches (Geldschuld, Fälligkeit) ist der Zinsgläubiger beweispflichtig (ACHILLES, BAMBERGER/ROTH/SAENGER jeweils aaO; BAUMGÄRTEL/LAUMEN/HEPTING Art 78 Rn 1; MünchKommHGB/FERRARI aaO). Zinsvereinbarungen muß derjenige beweisen, der sie behauptet (MünchKommHGB/FERRARI Art 78 Rn 27).

Abschnitt IV
Befreiungen

Section IV
Exemptions

Section IV
Exonération

Art 79 [Entlastungsgründe]

(1) Eine Partei hat für die Nichterfüllung einer ihrer Pflichten nicht einzustehen, wenn sie beweist, daß die Nichterfüllung auf einem außerhalb ihres Einflußbereichs liegenden Hinderungsgrund beruht und daß von ihr vernünftigerweise nicht erwartet werden konnte, den Hinderungsgrund bei Vertragsabschluß in Betracht zu ziehen oder den Hinderungsgrund oder seine Folgen zu vermeiden oder zu überwinden.

(2) Beruht die Nichterfüllung einer Partei auf der Nichterfüllung durch einen Dritten, dessen sie sich zur völligen oder teilweisen Vertragserfüllung bedient, so ist diese Partei von der Haftung nur befreit,
a) wenn sie nach Absatz 1 befreit ist und
b) wenn der Dritte selbst ebenfalls nach Absatz 1 befreit wäre, sofern Absatz 1 auf ihn Anwendung fände.

(3) Die in diesem Artikel vorgesehene Befreiung gilt für die Zeit, während der der Hinderungsgrund besteht.

(4) Die Partei, die nicht erfüllt, hat den Hinderungsgrund und seine Auswirkung auf ihre Fähigkeit zu erfüllen der anderen Partei mitzuteilen. Erhält die andere Partei die Mitteilung nicht innerhalb einer angemessenen Frist, nachdem die nicht erfüllende Partei den Hinderungsgrund kannte oder kennen mußte, so haftet diese für den aus dem Nichterhalt entstehenden Schaden.

(5) Dieser Artikel hindert die Parteien nicht, ein anderes als das Recht auszuüben, Schadensersatz nach diesem Übereinkommen zu verlangen.

Art 79

(1) A party is not liable for a failure to perform any of his obligations if he proves that the failure was due to an impediment beyond his control and that he could not reasonably be expected to have taken the impediment into account at the time of the conclusion of the contract or to have avoided or overcome it or its consequences.

(2) If the party's failure is due to the failure by a third person whom he has engaged to perform

Art 79

1) Une partie n'est pas responsable de l'inexécution de l'une quelconque de ses obligations si elle prouve que cette inexécution est due à un empêchement indépendant de sa volonté et que l'on ne pouvait raisonnablement attendre d'elle qu'elle le prenne en considération au moment de la conclusion du contrat, qu'elle le prévienne ou le surmonte ou qu'elle en prévienne ou surmonte les conséquences.

2) Si l'inexécution par une partie est due à l'inexécution par un tiers qu'elle a chargé d'exécu-

Ulrich Magnus

the whole or a part of the contract, that party is exempt from liability only if:

(a) he is exempt under the preceding paragraph; and

(b) the person whom he has so engaged would be so exempt if the provisions of that paragraph were applied to him.

(3) The exemption provided by this article has effect for the period during which the impediment exists.

(4) The party who fails to perform must give notice to the other party of the impediment and its effect on his ability to perform. If the notice is not received by the other party within a reasonable time after the party who fails to perform knew or ought to have known of the impediment, he is liable for damages resulting from such non-receipt.

(5) Nothing in this article prevents either party from exercising any right other than to claim damages under this Convention.

ter tout ou partie du contrat, cette partie n'est exonérée de sa responsabilité que dans le cas:

a) où elle l'est en vertu des dispositions du paragraphe précédent; et

b) où le tiers serait lui aussi exonéré si les dispositions de ce paragraphe lui étaient appliquées.

3) L'exonération prévue par le présent article produit effet pendant la durée de l'empêchement.

4) La partie qui n'a pas exécuté doit avertir l'autre partie de l'empêchement et de ses effets sur sa capacité d'exécuter. Si l'avertissement n'arrive pas à destination dans un délai raisonnable à partir du moment où la partie qui n'a pas exécuté a connu ou aurait du connaître l'empêchement, celle-ci est tenue à des dommages-intérêts du fait de ce défaut de réception.

5) Les dispositions du présent article n'interdisent pas à une partie d'exercer tous ses droits autres que celui d'obtenir des dommages-intérêts en vertu de la présente Convention.

Schrifttum

Wie zu Art 74; ferner:

BARTELS/MOTOMURA, Haftungsprinzip, Haftungsbefreiung und Vertragsbeendigung beim internationalen Kauf, RabelsZ 43 (1979) 649

BRAND, Article 79 and a transactions test analysis of the CISG, in: Draft Digest (2004) 392

BUND, *Force Majeure* Clauses: Drafting Advice for the CISG Practioner, JL & Com 17 (1998) 381

CAYTAS, Der unerfüllbare Vertrag. Anfängliche und nachträgliche Leistungshindernisse und Entlastungsgründe im Recht der Schweiz, Deutschlands, Österreichs, Frankreichs, Italiens, Englands, der Vereinigten Staaten, im Völkerrecht und im internationalen Handelsrecht (1984)

ECKARDT, Die Entlastung des Verkäufers nach Art 74 EKG (Diss Konstanz 1982)

ENDERLEIN, Zur rechtlichen Selbständigkeit sozialistischer staatlicher Unternehmen in den internationalen Wirtschaftsbeziehungen, RiW 1988, 333

FISCHER, Die Unmöglichkeit der Leistung im internationalen Kauf- und Vertragsrecht; die Haftungsbefreiung des Schuldners nach Art 79 CISG, den Vorschriften der UNIDROIT-Principles of international commercial contracts und der Principles of European Contract Law im Vergleich zum deutschen Unmöglichkeitsrecht (2001)

FLAMBOURAS, The Doctrines of Impossibility of Performance and Clausula rebus sic stantibus in the 1980 Convention on Contracts fort he International Sale of Goods and the Principles of European Contract Law – A Comparative Analysis, Pace Int L Rev 13 (2001) 261

HERBOTS/PAUWELS, La responsabilité du fait d'auxiliaires dans la Concention de Vienne d'un Point de vue de droit comparé, in: FS NEUMAYER (1997) 335

vHOFFMANN, Staatsunternehmen im internationalen Privatrecht, BerDtGesVölkR Heft 25 (1984) 35

HUBER, Die Haftung des Verkäufers nach dem Kaufrechtsübereinkommen der Vereinten Nationen und nach deutschem Recht, Schriften-

reihe der Juristischen Gesellschaft zu Berlin
Heft 122 (1991)

KEIL, Die Haftungsbefreiung des Schuldners im
UN-Kaufrecht im Vergleich mit dem deutschen
und US-amerikanischen Recht (1993)

KRANZ, Die Schadensersatzpflicht nach den
Haager Einheitlichen Kaufgesetzen und dem
Wiener Kaufrecht (1989)

KRÜGER, Modifizierte Erfolgshaftung im UN-
Kaufrecht (1999)

LAUTENBACH, Die Haftungsbefreiung im internationalen Warenkauf nach dem UN-Kaufrecht
und dem schweizerischen Kaufrecht (Diss Zürich 1990)

LOOKOFSKY, Fault and No-Fault in Danish,
American and International Sales Law. The
Reception of the 1980 United Nations Sales
Convention, ScandStudL 29 (1983) 107

MAGNUS, *Force majeure* and the CISG, in ŠAR-
ČEVIĆ/VOLKEN (eds), The International Sale of
Good, Revisited (2001) 1

MARCANTONIO, Unifying the Law of Impossibility, HastIntCompLR 1984, 41

MAZZONI, Cause di esonero nella Convenzione
di Vienna sulla vendita internazionale di cose
mobili e „force majeure" nei contratti interna-
zionali, Riv dir comm 1991, 539

MORSCHER, Staatliche Rechtsetzungsakte als
Leistungshindernisse im internationalen Warenkauf. Ihre kollisionsrechtliche Behandlung
im schweizerischen IPR-Gesetz und im UN-
Kaufrecht, Schriftenreihe des Instituts für
internationales Recht und internationale Beziehungen Bd 52 (1992)

NICHOLAS, Force Majeure and Frustration,
AmJCompL 27 (1979) 231

ders, Impracticability and Impossibility in the
UN Convention on Contracts for the International Sale of Goods, in: GALSTON/SMIT 5–1

NIGGEMANN, Les obligations de l'acheteur sous
la Convention des Nations Unies sur les contrats de vente internationale de marchandises,
Dr aff int 1988, 27

PICHONNAZ, Impossibilité et exorbitance (1997)

PUELINCKX, Frustration, Hardship, Force Majeure, Imprévision, Wegfall der Geschäftsgrundlage, Unmöglichkeit, Changed Circumstances (A Comparative Study in English,

French, German and Japanese Law), JIntArb 3
(1986) 47

RATHJEN, Haftungsentlastung des Verkäufers
oder Käufers nach Art 77, 80 CISG, RiW 1999,
561

RUMMEL, Schadenersatz, höhere Gewalt und
Fortfall der Geschäftsgrundlage, in: HOYER/
POSCH 177

SALGER, Beschaffung und Beschaffenheit. Zur
vertraglichen Haftung des Warenverkäufers für
seine Lieferquelle unter Betrachtung insbesondere des deutschen und amerikanischen Rechts
als Beitrag zum UN-Kaufrecht (1985)

SCHLECHTRIEM, Das Wiener Kaufrechtsübereinkommen von 1980 (Convention on the
International Sale of Goods), IPRax 1990, 279

ders, Einheitliches Kaufrecht. Erfahrungen mit
dem Haager Kaufgesetzen, Folgerungen für das
Wiener Kaufrecht, RdW 1989, 41

SCHLIEFFEN, Besondere Fragen: Verspätungs-
haftung, Gefahrübergang, Vertragsstrafe, Höhere Gewalt, in: MOECKE (Hrsg), Zur Vertragsgestaltung im Auslandsgeschäft nach UN-
CITRAL-Kaufrecht (bfai, 1984) 21

SCHOOP, Die Haftungsbefreiung für arbeits-
kampfbedingte Vertragsverletzungen im UN-
Kaufrecht (CISG) (2000)

SLATER, Overcome by Hardship: The Inappli-
cability of the Unidroit Principles' Hardship
Provisions to CISG, 12 FlaJ IntL 231 (1998)

STOLL, Inhalt und Grenzen der Schadensersatzpflicht sowie Befreiung von der Haftung im
UN-Kaufrecht im Vergleich zu EKG und BGB,
in: SCHLECHTRIEM, Fachtagung 257

TRACHSEL, Die vollständige und teilweise Haf-
tungsbefreiung sowie Haftungsreduktion nach
UN-Kaufrecht (Art. 79, 80 und 77 CISG), in:
BAUDENBACHER (Hrsg), Aktuelle Probleme des
Europäischen und Internationalen Wirtschafts-
rechts (2003) 345

VAN DEN HOLE, L'exonération de responsabilité
dans l'article 79 CISG en comparaison avec le
droit allemand, français, belge et la *common
law*, TvBH 1998, 356

WEITZMANN, Recent Developments Relating to
CISG: Validity and Excuse in the U. N. Sales
Convention, JL & Com 16 (1997) 265.

Systematische Übersicht

Alphabetische Übersicht

I.   Regelungsgegenstand und Normzweck

1 Die Vorschrift bildet mit Art 80 unter dem Titel „Befreiungen" einen eigenen
Abschnitt des 5. Kapitels der Konvention. Sie stellt die notwendige **Ergänzung
zum Grundprinzip der Konvention** dar, daß für Vertragsverletzungen ohne Verschulden gehaftet wird. Soll diese Haftung nicht zu unangemessenen Ergebnissen führen,
indem sie dem Schuldner unüberschaubare Haftungsrisiken aufbürdet, so muß sie
ihm in den Fällen abgenommen werden, in denen die Vertragsverletzung auf Ursachen außerhalb seines Verantwortungs- und Einflußbereichs zurückgeht.

2 Art 79 Abs 1 definiert abstrakt, **welche Hinderungsgründe den Schuldner entlasten**.
Vielfach wird allerdings im Vertrag selbst, in AGB oder vereinbarten internationa-
len Standardbedingungen näher festgelegt sein, wann der Schuldner frei wird
(Hardship-, Force majeure-Klauseln). Sie gehen der Konvention vor (Art 6).

3 Art 79 Abs 2 enthält ferner die Regelung, **wieweit der Schuldner für das Verhalten
selbständiger Dritter einzustehen hat**. Abs 3 begrenzt die Wirkung der Entlastung auf
die Dauer des Hinderungsgrundes. Abs 4 sieht eine Pflicht vor, den Hinderungsgrund der anderen Partei mitzuteilen. Schließlich beschränkt Abs 5 die Befreiungswirkung auf Schadensersatzansprüche.

4 Auch wenn Art 79 für die dogmatische Struktur des Einheitskaufrechts – als Ein-
grenzung der grundsätzlichen Garantiehaftung – theoretisch zentrale Bedeutung
hat, spielt die Vorschrift in der Praxis keine vergleichbar herausgehobene Rolle (aus
der Rechtsprechung etwa BGHZ 141, 129; Trib Monza Giurisp It 1994 I 145 m Anm BONELL, OGH
RdW 1996, 203 m Aufs KAROLLUS; AG Alsfeld NJW-RR 1996, 120; OLG Hamburg ForInt 1997,
168 m Anm MANKOWSKI EwiR Art 21 EuGVÜ 2/97, 791 sowie eine ganze Reihe von Schieds-
sprüchen, s die Zusammenstellung in Draft Digest 821 f schon in der Rechtsprechungssammlung
von SCHLECHTRIEM/MAGNUS zum EKG finden sich unter knapp zweihundert Urteilen lediglich
sieben Entscheidungen zu Art 74 EKG). Eine Entlastung hat die Rechtsprechung bisher
nur in seltenen Ausnahmefällen gewährt (s Tribunal de Commerce de Besançon 19.1.1998,
UNILEX; Handelsgericht des Kantons Zürich 10.2.1999, SZIER 2000, 111 = CLOUT Nr 331;
Tribunal of International Commercial Arbitration at the Russian Federation Chamber of Commerce
and Industry 22.1.1297, UNILEX; Amtsgericht Charlottenburg 4.5.1994, CISG-online Nr 386

[irrige Anwendung des Art 79, um Käufer mangelhafter Ware von Zinspflicht für zurückgehaltenen Kaufpreis zu entlasten; Art 79 gilt nicht für Art 78]). Sowohl die Gerichtspraxis wie die Fassung des Art 79 und die Struktur der Konvention machen deutlich, daß eine **Entlastung des Schuldners nur sehr selten** in Betracht kommt. Es müssen der Erfüllung außergewöhnliche Umstände entgegenstehen, mit denen auch eine vorausschauende umsichtige Vertragspartei nicht zu rechnen brauchte.

II. Entstehungsgeschichte

Die Vorschrift war in recht ähnlicher Form bereits im Entwurf von 1939 (dort 5 Art 77) enthalten. Das EKG übernahm sie in Art 74 EKG, dessen Wortlaut und Einzellösungen jedoch im Lauf der UNCITRAL-Arbeiten erheblich verändert wurden. Das Ergebnis der Überarbeitung, die sich in mehreren Schritten vollzog, war eine Objektivierung der Entlastungsmöglichkeit, eine Regelung der Haftung für Dritte und die Klarstellung des Verhältnisses zu anderen Rechtsbehelfen. So sah der Genfer Entwurf von 1976 (Art 50) noch eine Entlastung bei fehlendem Verschulden des Schuldners vor, der hierfür allerdings beweispflichtig sein sollte. Ferner sollte er für Verschulden von „subcontractors" wie für eigenes Verschulden einstehen. Der Wiener Entwurf von 1977 (Art 51) gab der Entlastungsklausel weitgehend die jetzige Gestalt und trennte sich insbes von der Berücksichtigung des Verschuldens.

Auf der diplomatischen Konferenz von 1980 gehörte Art 77 zu den stark umstritte- 6 nen Vorschriften, was angesichts seiner zentralen Bedeutung und der unterschiedlichen Konzepte einer möglichen Haftungsbefreiung (vgl rechtsvergleichend zur Haftungsbefreiung BARTELS/MOTOMURA RabelsZ 43 [1979] 649 ff; CAYTAS passim; MAGNUS, in: ŠARČEVIĆ/VOLKEN 2 ff; PUELINCKX JIntArb 3 [1986] 47 ff) nicht verwundern kann. Die zahlreichen Änderungsanträge (vgl Off Rec 134 f) zielten vor allem auf Änderungen der Haftung für Dritte – hier sollten Zulieferer den zur Vertragserfüllung eingesetzten Dritten gleichgestellt werden –; ferner auf eine Erweiterung der Entlastungsmöglichkeit – sie sollte auch für andere als nur Schadensersatzansprüche gelten und auch bei vorübergehenden Hinderungsgründen eine Aufhebungsmöglichkeit geben. Doch blieben nahezu alle Anträge ohne Erfolg (vgl Off Rec 135 f), ohne daß aber die ausführlichen Erörterungen zu einheitlichen Auffassungen in den strittigen Punkten führten. So blieb letztlich offen, ob Zulieferer als Dritte im Sinn des Abs 2 zu betrachten seien (Off Rec 378 ff). Auch die Frage, in welcher Weise sich zeitweilige oder dauernde Hinderungsgründe auf andere als Schadensersatzansprüche auswirken könnten, wurde kontrovers beurteilt (vgl Off Rec 381 f, 383 ff; zur Entstehungsgeschichte auch LAUTENBACH 15 ff; SCHLECHTRIEM, UN-Kaufrecht 95 ff).

III. Entlastungsmöglichkeit (Abs 1)

1. Grundsatz

Die Entlastungsmöglichkeit greift ein, wenn **Gründe** die Vertragserfüllung verhin- 7 dern, **die dem Schuldner weder objektiv anzulasten noch als vertragliches Risiko zugewiesen sind**. Nach dem Wortlaut des Art 79 Abs 1 ist eine Partei dann von der Einstandspflicht für ihre Vertragspflichten befreit, wenn der Erfüllung ein Hinderungsgrund entgegensteht, der außerhalb ihres Einflußbereichs liegt, mit dem sie bei Vertragsschluß nicht rechnen mußte und zu dessen Vermeidung oder Überwindung sie nicht verpflichtet ist. Diese drei Voraussetzungen müssen kumulativ zusammen-treffen (Enderlein/Maskow/Strohbach Art 79 Bem 3.1; MünchKommHGB/Mankowski Art 79 Rn 17; Rathjen RiW 1999, 561; für Trennung in „objektiv-faktisches" und „objektiv-nor-matives" Element Krüger 104 ff). Der Schuldner ist noch nicht entlastet, wenn zwar ein objektiver Hinderungsgrund gegeben ist, aber eine Möglichkeit besteht, seine Kon-sequenzen zu überwinden. Eine Entlastung kommt damit nur sehr selten in Betracht (vgl auch Rn 4).

8 Ebensowenig, wie es im CISG für die Haftung des Schuldners auf sein Verschulden ankommt, spielt das persönliche Verschulden für seine Entlastung eine Rolle. Abs 1 geht von einem **objektiven Maßstab** aus, der auf die Erkenntnis- und Handlungs-möglichkeiten einer vernünftigen Person in gleicher Lage abstellt (Karollus 207; Krüger 141 ff; MünchKommHGB/Mankowski Art 79 Rn 18; Schlechtriem/Schwenzer/Stoll/ Gruber Art 79 Rn 11; unzutreffend Handelsgericht St. Gallen IHR 2003, 181 [184: Verschulden sei erforderlich]).

9 Wann eine Partei entlastet ist, läßt sich freilich kaum aufgrund des allgemeinen Konzepts des Art 79 beantworten, sondern im wesentlichen nur anhand zu bilden-der Fallgruppen (dazu unten Rn 18 ff).

10 Trotz des Wortlauts des Abs 1, der an sich die Einstandspflicht für jede Vertrags-verletzung aufhebt, **entlastet Art 79** den Schuldner letztlich **nur von Schadensersatz-ansprüchen** (Abs 5). Andere Ansprüche, insbes auf Erfüllung, Vertragsaufhebung, Minderung etc läßt die Vorschrift grundsätzlich unberührt (dazu unten Rn 55 ff).

Art 79 regelt abschließend, wann der Schuldner von seinen Pflichten entlastet ist. Ein Rückgriff auf nationale Regelungen, die weitere oder andere Rechtsfolgen vorsehen – zB die Vertragsunwirksamkeit bei anfänglicher Unmöglichkeit der Lei-stung (wie noch nach § 306 BGB aF) –, ist daneben ausgeschlossen (s u Rn 17, 33).

2. Voraussetzungen

11 Die **Entlastung** kann **hinsichtlich aller Vertragspflichten** eingreifen, die gegenüber der anderen Vertragspartei bestehen. Art 79 gilt damit sowohl für unterbliebene wie verzögerte Lieferung oder Zahlung, für die Verletzung vertraglicher Zusatzpflichten und für verletzte Pflichten aus dem Rückgewährschuldverhältnis (Achilles Art 79 Rn 2; Bamberger/Roth/Saenger Art 79 Rn 2; Bianca/Bonell/Tallon Art 79 Bem 2.4.1, 2.4.2; Brunner Art 79 Rn 3; Karollus 207; MünchKommBGB/Huber Art 79 Rn 3; MünchKommHGB/ Mankowski Art 79 Rn 19; Piltz, Internationales Kaufrecht § 5 Rn 217; Schlechtriem/Schwen-zer/Stoll/Gruber Art 79 Rn 5; Soergel/Lüderitz/Dettmeier Vor Art 79 Rn 3), ferner für die teilweise oder vollständige, die vorübergehende oder endgültige, die anfängliche oder später nachfolgende Verhinderung.

12 Auch die **Lieferung vertragswidriger Ware fällt unter Art 79** (BGH IHR 2002, 16 [21; allerdings nur im Rahmen eines Hinweises an die Parteien]; angedeutet, aber offengelassen in BGHZ 141, 129 [132]; Tribunal de Commerce de Besançon 19.1.1998, UNILEX; Bamberger/ Roth/Saenger Art 79 Rn 2; Bergem/Rognlien 663; Bianca/Bonell/Tallon Art 79 Bem 2.4.1; Kranz 194; Krüger 97 f, 166 ff; Lookofsky ScandStudL 27 [1983] 107 ff, 135–137; Magnus, in: Šarčević/Volken 12 ff; MünchKommHGB/Mankowski Art 79 Rn 19; Rathjen RiW 1999, 562;

SALGER 127; SCHLECHTRIEM/SCHWENZER/STOLL/GRUBER Art 79 Rn 6, 39 f; SOERGEL/LÜDERITZ/
DETTMEIER Art 79 Rn 15 ff; STOLL, in: SCHLECHTRIEM, Fachtagung 275 f). Die Gegenansicht
(vor allem HONNOLD Rn 427; NICHOLAS, in: GALSTON/SMIT § 5.10 ff) beruft sich darauf, daß
der Ausdruck „impediment" ein Hindernis meine, daß einer Lieferung als solcher
entgegenstehe, bei gelieferter mangelhafter Ware also nicht eingreifen könne. Doch
ist der Ausdruck nicht eindeutig. Der Sekretariatskommentar (Art 65 Bem 9 Beispiel 65 d:
Entlastung von Schadensersatz für fehlerhafte Verpackung [kein Plastik], die staatlich vorgeschrieben war) zeigt, daß auch die vertragswidrige Lieferung erfaßt werden sollte. Der
abweichenden Auffassung ist aber zuzugeben, daß die **Entlastungsmöglichkeit nicht
zu einer Veränderung der grundsätzlichen vertraglichen Risikoverteilung führen darf**.
Der Verkäufer haftet deshalb in der Regel ohne Entlastungsmöglichkeit dafür, daß
die Ware vertragsgemäß ist. Ob der Verkäufer Fehler seiner Lieferanten erkennen
konnte, spielt insoweit keine Rolle (BGHZ 141, 129 [134]). Für Warendefekte, die
jedoch durch außergewöhnliche und unbeherrschbare Ereignisse verursacht wurden
(zB Qualitätsminderung von Spezieswaren wegen Liegenbleibens aufgrund eines
unvorhersehbaren Streiks, gesperrten Transportwegs etc), muß der Verkäufer nicht
einstehen. Ist die **Gefahr** auf den Käufer **übergegangen**, dann ist er aber nicht von
der Zahlungspflicht entlastet, weil die Ware nunmehr durch unbeherrschbare Ereignisse untergeht. Diese Risikoverteilung ändert Art 79 nicht (vgl auch BGH aaO;
Schiedsgericht der ungarischen IHK 10.12.1996, CLOUT Nr 163; MünchKommHGB/MANKOWSKI
Art 79 Rn 22).

Soweit für einzelne Pflichten der **Pflichtenmaßstab besonders festgelegt** ist (zB bei **13**
der Erhaltungspflicht, Art 85 ff oder im Vertrag selbst), ist der Pflichtige schon
entlastet, wenn er diesen Maßstab einhält. Wo er ihn nicht eingehalten hat, kommt
aber zusätzlich auch eine Entlastung nach Art 79 in Betracht (**aA** MünchKommHGB/
MANKOWSKI Art 79 Rn 23; SOERGEL/LÜDERITZ/DETTMEIER Vor Art 79 Rn 3: auf Art 79 komme es
nicht mehr an; insoweit offen SCHLECHTRIEM/SCHWENZER/STOLL/GRUBER Art 79 Rn 7).

Keine Vertragspflichten sind die **Obliegenheiten** des an sich Berechtigten (zB **14**
Art 38, 39, 77). **Art 79** ist aber **analog** auf ihre Versäumung **anzuwenden** (Münch-
KommHGB/MANKOWSKI Art 79 Rn 20; SCHLECHTRIEM/SCHWENZER/STOLL/GRUBER Art 79 Rn 8;
SOERGEL/LÜDERITZ/DETTMEIER Art 79 Rn 3).

3. Befreiungsgründe

Der Schuldner muß dreierlei nachweisen, wenn er sich entlasten will: **15**

– Ein Hinderungsgrund außerhalb seiner Einflußsphäre muß Ursache der Nichterfüllung sein;

– der Hinderungsgrund mußte bei Vertragsschluß nicht in Rechnung gestellt werden;

– der Hinderungsgrund oder seine Folgen konnten von einem vernünftigen Schuldner weder vermieden noch überwunden werden.

Der Nachweis nur eines dieser Tatbestandmerkmale entlastet noch nicht.

a) Unbeherrschbarer Hinderungsgrund
aa) Grundsatz

16 Wichtigstes Tatbestandsmerkmal des Abs 1 ist ein **Hinderungsgrund**, der **außerhalb des Einflußbereichs des Schuldners** liegt („impediment beyond his control", „un empêchement indépendant de sa volonté"). Das Erfüllungshindernis darf nicht dem Verantwortungsbereich des Schuldners entstammen, sondern muß seiner Einflußnahme entzogen sein. Damit ist die Risikosphäre des Schuldners von den von außen kommenden Erfüllungsrisiken abzugrenzen (KAROLLUS 207; MünchKommHGB/ MANKOWSKI Art 79 Rn 24; PILTZ, Internationales Kaufrecht § 4 Rn 228; SCHLECHTRIEM/SCHWEN-ZER/STOLL/GRUBER Art 79 Rn 11; SCHWIMANN/POSCH Art 79 Rn 6; WEBER, in: Berner Tage 171). Es muß sich um **exogene, nicht** um **endogene Leistungshindernisse** handeln. Maßgebend hierfür sind zunächst die vertragliche Risikoverteilung, Gebräuche und Gepflogenheiten; im übrigen ist der typische Verantwortungsbereich eines verständigen Schuldners durch Fallgruppenbildung zu konkretisieren.

17 Unterscheidungen nach anfänglicher/nachträglicher, objektiver/subjektiver, verschuldeter/unverschuldeter, zeitweiser/dauernder Erfüllungsunmöglichkeit spielen für die grundsätzliche Anwendbarkeit des Art 79 keine Rolle (BAMBERGER/ROTH/ SAENGER Art 79 Rn 3; MünchKommBGB/HUBER Art 79 Rn 7; MünchKommHGB/MANKOWSKI Art 79 Rn 18; PILTZ, Internationales Kaufrecht § 4 Rn 226; SCHLECHTRIEM/SCHWENZER/STOLL/ GRUBER Art 79 Rn 12). Auch bei Hinderungsgründen, die bereits vor Vertragsschluß eingetreten waren (zB Untergang des Schiffes, auf dem die zu verkaufende Ware transportiert wird), kommt deshalb eine Entlastung nach Art 79 in Betracht. Der Rückgriff auf nationale Regelungen, die bei anfänglicher Unmöglichkeit – wie früher § 306 BGB aF – die Vertragsnichtigkeit anordnen, ist ausgeschlossen (s u Rn 33). Es ist aber stets zu prüfen, ob der Schuldner nicht eine unbegrenzte Einstandspflicht übernehmen wollte, die eine Entlastung ausschließt.

bb) Verantwortungsbereich des Schuldners
α) Typischer Einstandsbereich

18 Zum originären Verantwortungsbereich des Schuldners gehört zunächst die **ordnungsgemäße Organisation seines Betriebs** und der für die Vertragsdurchführung notwendigen Abläufe (ACHILLES Art 79 Rn 5; BAMBERGER/ROTH/SAENGER Art 79 Rn 4; BRUNNER Art 79 Rn 7; MAGNUS, in: ŠARČEVIĆ/VOLKEN 15; MünchKommHGB/MANKOWSKI Art 79 Rn 25; PILTZ, Internationales Kaufrecht § 4 Rn 230; RATHJEN RiW 1999, 561; SCHLECHT-RIEM/SCHWENZER/STOLL/GRUBER Art 79 Rn 15 ff). Störungen innerhalb dieses Bereichs, seien sie verschuldet oder unverschuldet (Urlaub, Krankheit, Tod etc) entlasten im allgemeinen nicht von der Pflicht zur ordnungsgemäßen Erfüllung (Schweizer Botschaft 828; KAROLLUS 208; KEIL 106; MAGNUS, MünchKommHGB/MANKOWSKI jeweils aaO; REINHART Art 79 Rn 5; SCHLECHTRIEM/SCHWENZER/STOLL/GRUBER Art 79 Rn 15). Jedenfalls im kaufmännischen Verkehr ist der Betrieb so zu organisieren, daß solche Ereignisse ihn nicht zum Erliegen bringen (weniger streng bei vom CISG erfaßten Privatleuten: Schweizer Botschaft aaO). Vorausgesetzt ist freilich, daß die Störung ihrerseits nicht auf einem ungewöhnlichen, von außen kommenden Hinderungsgrund (Seuche, Naturkatastrophe etc) beruht. Zum Einstandsbereich des Schuldners gehört grundsätzlich auch seine **finanzielle Leistungsfähigkeit** (Sekretariatskommentar Art 65 Bem 10; ACHILLES Art 79 Rn 5; BAMBERGER/ROTH/SAENGER Art 79 Rn 4; BIANCA/BONELL/TALLON Art 79 Bem 2.6.5; BRUNNER Art 79 Rn 10; KEIL 107; MünchKommHGB/MANKOWSKI Art 79 Rn 27; PILTZ, Internationales Kaufrecht § 4 Rn 230; SCHLECHTRIEM/SCHWENZER/STOLL/GRUBER Art 79 Rn 16; SOER-

GEL/LÜDERITZ/DETTMEIER Art 79 Rn 7; vgl auch Int Schiedsgericht der IHK der russischen Föderation 17.10.1995, CLOUT Nr 142 [Käufer und seine Hausbank verfügen nicht über Devisen, um Zahlung zu leisten = keine Entlastung]; ICC-Schiedsspruch Nr 7197, JDI 1993, 1028 [bulgarisches Zahlungsmoratorium für Auslandsschulden entlastet Käufer nicht, wenn er keine Schritte zu anderweiter Leistung unternimmt]; zu Ausnahmen unten Rn 24). Ebenso trägt er grundsätzlich das Risiko, daß Zahlungen fristgerecht am Zahlungsort eintreffen (vgl auch Art 57 Rn 19). Setzt er hierfür unzuverlässige Dritte ein, dann trägt er das Risiko ihrer Fehler (AG Alsfeld NJW-RR 1996, 120 f: angeblicher Vertreter des Verkäufers leitet Zahlung des Käufers nicht an Verkäufer, sondern auf eigenes Konto). Leistet der Schuldner nicht, weil er fälschlich glaubt, er sei zur Leistungsverweigerung berechtigt, so entlastet ihn ein solcher – auch entschuldbarer – **Rechtsirrtum** nicht (ebenso ACHILLES Art 79 Rn 4; SCHLECHTRIEM/STOLL³ Art 79 Rn 17). Denn die rechtlich richtige Einschätzung seiner Pflichten gehört zum Einstandsbereich des Schuldners.

β) Haftung für eigene Leute

Der Verantwortungsbereich des Schuldners schließt nicht nur die **Einstandspflicht** **19** für eigenes Verhalten, sondern **auch für das Verhalten der eigenen Leute** ein, das eine ordnungsgemäße Erfüllung verhindert (BRUNNER Art 79 Rn 8; MünchKommHGB/MANKOWSKI Art 79 Rn 28; SCHLECHTRIEM/SCHWENZER/STOLL/GRUBER Art 79 Rn 21; SOERGEL/LÜDERITZ/DETTMEIER Art 79 Rn 5). Die Leutehaftung richtet sich dagegen nicht nach dem anwendbaren nationalen Recht (MünchKommHGB/MANKOWSKI aaO; SCHLECHTRIEM JurBl 1989, 45; STOLL, in: SCHLECHTRIEM, Fachtagung 278; **anders** noch die Rspr zum EKG, das jedoch noch keine Art 79 Abs 2 CISG entsprechende Regelung enthielt: BGH NJW 1984, 2034 ff; OLG Hamm, in: SCHLECHTRIEM/MAGNUS Art 40 Nr 7).

Auf ein **Verschulden** der Partei oder ihrer Leute **kommt es** auch hier **nicht an** **20** (ENDERLEIN/MASKOW/STROHBACH Art 79 Bem 7.2; HERBER/CZERWENKA Art 79 Rn 15; KAROLLUS 213; KEIL 146; LOEWE, Kaufrecht 97; PILTZ, Internationales Kaufrecht § 4 Rn 230; SCHLECHTRIEM/SCHWENZER/STOLL/GRUBER Art 79 Rn 21; zur Haftung für selbständige Dritte s unten Rn 35 ff). **Der Schuldner trägt ganz grundsätzlich das Personalrisiko.** Weisungswidriges Verhalten (zB Diebstähle etc) seiner Beschäftigten entlastet ihn ebensowenig wie eigene Organisations- oder Überwachungsfehler (HERBER/CZERWENKA aaO; MünchKommBGB/HUBER Art 79 Rn 14; STOLL, in: SCHLECHTRIEM, Fachtagung 276). Für vorsätzliche Sabotageakte wie Brandstifung etc, die zu Erfüllungshindernissen führen, muß er jedoch nicht mehr einstehen; denn dann verhält sich der Beschäftigte wie ein von außen kommender Dritter (ENDERLEIN/MASKOW/STROHBACH Art 79 Bem 7.2; MünchKommHGB/MANKOWSKI Art 79 Rn 28; **aA** SOERGEL/LÜDERITZ/DETTMEIER Art 79 Rn 5; wohl auch SCHLECHTRIEM/SCHWENZER/STOLL/GRUBER Art 79 Rn 21).

Auch **Arbeitsniederlegungen** aufgrund eines Arbeitskampfes gehören nicht mehr **21** zum Personalrisiko. Der Schuldner muß einen – auch lediglich innerbetrieblichen – Streik und seine Folgen nicht verantworten, soweit der Streik nicht bei Vertragsschluß konkret vorauszusehen war (HERBER/CZERWENKA Art 79 Rn 13; HUBER RabelsZ 43 [1979] 476 f; eingehend MünchKommHGB/MANKOWSKI Art 79 Rn 29 f; PILTZ, Internationales Kaufrecht § 4 Rn 230; ebenso aufgrund rechtstatsächlichen Materials ECKHARDT 80 f; zT **aA** SCHLECHTRIEM/SCHWENZER/STOLL/GRUBER Art 79 Rn 34: keine Entlastung bei innerbetrieblichem Arbeitskampf; ebenso BRUNNER Art 79 Rn 9; KEIL 168; VISCHER, in: Lausanner Kolloquium 179; ähnlich Schweizer Botschaft 828; noch **anders** – Streik generell kein Entlastungsgrund – BAMBERGER/ROTH/SAENGER Art 79 Rn 6 [Ausnahme aber: politische Streiks]; NEUMAYER/MING Art 79

Anm 3). Auch ein unvorhersehbarer Streik der eingeschalteten Bank befreit den Zahlungsschuldner (BERGEM/ROGNLIEN 665).

γ)   **Beschaffungsrisiko**

22 Der Verkäufer, der sich nicht die „**Selbstbelieferung vorbehalten**" oder ähnlich gesichert hat, muß grundsätzlich dafür einstehen, daß er die Ware beschaffen kann (BGHZ 141, 129 [133]; OGH RdW 1996, 203 m Aufs KAROLLUS RdW 1996, 197; OLG Hamburg ForInt 1997, 168; Int Schiedsgericht der IHK der Russischen Föderation 15.3. 1995, Clout Nr 181 [Verkäufer vom eigenen Lieferanten nicht beliefert – keine Entlastung]; ebenso Schiedsgericht der Handelskammer Hamburg NJW 1996, 3229; ACHILLES Art 79 Rn 5; BRUNNER Art 79 Rn 11; HERBER/CZERWENKA Art 79 Rn 8; KRANZ 198 ff; MünchKommHGB/MANKOWSKI Art 79 Rn 32; PILTZ, Internationales Kaufrecht § 4 Rn 230; SCHLECHTRIEM/SCHWENZER/STOLL/GRUBER Art 79 Rn 18 f; WITZ/SALGER/LORENZ Art 79 Rn 6; zum EKG ebenso: OLG Hamburg, in: SCHLECHTRIEM/ MAGNUS Art 40 Nr 7). **Bei Gattungsware** findet die Haftung ihre Grenze dann, wenn die Ware durch unvorhersehbare Ereignisse (Krieg, Import-/Exportverbote etc) am Markt nicht mehr oder nur zu ganz unverhältnismäßigen Kosten zu erhalten ist (OLG Hamburg 4.7. 1997, UNILEX; KEIL 125; KRANZ aaO; MünchKommHGB/MANKOWSKI Art 79 Rn 33; SCHLECHTRIEM/SCHWENZER/STOLL/GRUBER Art 79 Rn 19; ähnlich BIANCA/BONELL/ TALLON Art 79 Bem 2.6.5; ebenso zum EKG: LG Heidelberg, in: SCHLECHTRIEM/MAGNUS Art 24 Nr 4; OLG Hamm, in: SCHLECHTRIEM/MAGNUS Art 74 Nr 7).

23 Bei einer **Vorratsschuld** befreit der Untergang des Vorrats den Schuldner, wenn dafür wiederum unbeherrschbare Ursachen (Krieg, Naturkatastrophen etc) verantwortlich sind (MünchKommHGB/MANKOWSKI, SCHLECHTRIEM/SCHWENZER/STOLL/GRUBER jeweils aaO; KEIL 126).

δ)   **Wirtschaftliche Unmöglichkeit**

24 Auch wirtschaftliche Unmöglichkeit kommt als Hinderungsgrund im Sinn des Art 79 Abs 1 in Betracht, etwa wenn der Verkäufer sich wegen einer **Änderung der Marktverhältnisse** die zu beschaffende Ware nur zu ganz ungewöhnlichen Kosten beschaffen kann oder wenn die Kaufpreiswährung extrem verfällt (HERBER/CZER-WENKA Art 79 Rn 8; HONNOLD Rn 432.2; KRANZ 195; KRÜGER 125; MünchKommBGB/HUBER Art 79 Rn 21; MünchKommHGB/MANKOWSKI Art 79 Rn 38; RATHJEN RiW 562; SCHLECHTRIEM, UN-Kaufrecht 96; ähnlich Schweizer Botschaft 828; ACHILLES Art 79 Rn 6; BAMBERGER/ROTH/ SAENGER Art 79 Rn 6; ENDERLEIN/MASKOW/STROHBACH Art 79 Bem 6.3.; MAGNUS, in: ŠARČEVIĆ/ VOLKEN 16; PICHONNAZ Anm 1771 ff; WEBER, in: Berner Tage 173 f; Trib Monza Giuris It 1994 I 145 m Anm BONELL: Preissteigerungen von 30% entlasten noch nicht; OLG Hamburg ForInt 1997, 168 [Verdreifachung des Marktpreises genügt nicht, wenn der Handel mit diesen Waren stark spekulative Züge trägt]). Die Gegenansicht lehnt Unerschwinglichkeit als Entlastungsgrund ab, will aber in äußersten Extremfällen von Existenzgefährdung über Art 7 Abs 1 helfen (SCHLECHTRIEM/SCHWENZER/STOLL/GRUBER Art 79 Rn 30 ff, 32; STOLL, in: SCHLECHT-RIEM, Fachtagung 274; auch KEIL 185 ff; für Einschaltung des anwendbaren Landesrechts VISCHER, in: Lausanner Kolloquium 176 f). Die Gleichbehandlung mit Beschaffungsrisiko-Fällen (oben Rn 22 f) spricht dafür, die wirtschaftliche Unmöglichkeit als Hinderungsgrund zu berücksichtigen und jedenfalls Schadensersatzansprüche auszuschließen. Darüber hinaus kann bei starken Änderungen der wirtschaftlichen Verhältnisse über Art 7 Abs 1 eine **Pflicht zur Neuverhandlung** oder eine **Vertragsanpassung** in Betracht kommen.

ε)   Lieferung vertragswidriger Ware

Art 79 kommt auch bei Lieferung vertragswidriger Ware in Betracht (vgl oben Rn 12), **25** jedoch nur dann, wenn der **Sach- oder Rechtsmangel durch unbeherrschbare Ereignisse** verursacht ist. Die ‚normale' Vertragsgemäßheit garantiert der Verkäufer durch sein Leistungsversprechen. Sofern er zugleich Hersteller ist, muß er für Warenmängel durch Konstruktions-, Fabrikations- oder Instruktionsfehler ohne Entlastung einstehen (BRUNNER Art 79 Rn 21; HUBER RabelsZ 43 [1979] 496 f; Münch-KommBGB/HUBER Art 79 Rn 19 f; MünchKommHGB/MANKOWSKI Art 79 Rn 26; SCHLECHT-RIEM/SCHWENZER/STOLL/GRUBER Art 79 Rn 39). Bei sog **Entwicklungsfehlern** wird dagegen teilweise eine Entlastung zugelassen (so HUBER, SCHLECHTRIEM/SCHWENZER/STOLL/ GRUBER, jeweils aaO sowie WEBER, in: Berner Tage 171). Nach mE vorzuziehender Auffassung entlasten Entwicklungsfehler grundsätzlich nicht (in diese Richtung auch BGH IHR 2002, 15 [Milchpulver entwickelt unter besonderen klimatischen Bedingungen Mängel]; BGHZ 141, 129 [Fehler durch Verwendung neuer Zutaten]; BRUNNER Art 79 Rn 21; MünchKommHGB/ MANKOWSKI Art 79 Rn 26; SCHLECHTRIEM Rn 292). Die grundsätzliche Haftung des Verkäufers für Entwicklungsfehler ist hinnehmbar, da das CISG Personenschäden durch die Ware nicht erfaßt (Art 5) und es zudem oft kaum genau feststellbar und abgrenzbar ist, ob ein inhärentes Risiko der Ware schon oder – zB trotz erster Anzeichen – noch nicht erkannt werden konnte (vgl hierzu auch KRÜGER 167 ff). Beruht die Vertragswidrigkeit aber auf ungewöhnlichen und unbeherrschbaren, von außen kommenden Ereignissen (Beispiel von STOLL, in: SCHLECHTRIEM, Fachtagung 276: Terroristen ‚impfen' Apfelsinenlieferung mit Gift), dann ist der Verkäufer entlastet.

Auch wenn der Verkäufer nur **Zwischenhändler** ist, **muß** er seinem Abnehmer **für** **26** **Warenmängel einstehen** (BGHZ 141, 129 [134: „So wie der Verkäufer bei Gattungsschulden dafür haftet, daß sein Vorlieferant ihn pünktlich beliefert („), haftet er auch dafür, daß ihn sein Vorlieferant fehlerfrei beliefert."]). Eine Entlastung wird zT allerdings – ähnlich wie für den Hersteller bei Entwicklungsfehlern – befürwortet, wenn die Mängel trotz sorgfältiger Untersuchung für niemanden zu erkennen waren (SCHLECHTRIEM/SCHWENZER/ STOLL/GRUBER Art 79 Rn 39; gegen eine Entlastung HUBER JurBl 1989, 284). Indessen verträgt sich diese Auffassung nicht mit der grundsätzlichen Garantiehaftung des Verkäufers für die ordnungsgemäße Beschaffenheit seiner Ware (s BGH aaO). So ist der Verkäufer, der gutgläubig ein gestohlenes Kfz weiterverkauft, nicht etwa von seiner Haftung entlastet, wenn das Kfz später beim Käufer beschlagnahmt und dem Eigentümer zuzückgegeben wird (LG Freiburg IHR 2003, 22 [das Gericht schließt Art 79 allerdings auch schon deshalb aus, weil der Verkäufer hätte erkennen können, daß das Fahrzeug gestohlen war]).

cc)   Hinderungsgründe außerhalb des Einstandsbereichs
α)   Naturbedingte Ereignisse

Naturereignisse und -katastrophen (Überschwemmung, Erdbeben, Sturm, Blitz- **27** schlag, Feuer, Dürre, Frost etc) entlasten, soweit sie dazu führen, daß der Schuldner nicht erfüllen kann, weil entweder sein Betrieb oder der aller in Betracht kommenden Zulieferer oder weil die insgesamt in Betracht kommende Ware betroffen ist (ACHILLES Art 79 Rn 6; ENDERLEIN/MASKOW/STROHBACH Art 79 Bem 3. 6; HERBER/CZERWENKA Art 79 Rn 8; MAGNUS, in: ŠARČEVIĆ/VOLKEN 17; MünchKommHGB/MANKOWSKI Art 79 Rn 34; PILTZ, Internationales Kaufrecht § 4 Rn 229; REINHART Art 79 Rn 4; SCHLECHTRIEM/SCHWENZER/ STOLL/GRUBER Art 79 Rn 14). Ebenso kommen Epidemien als Hinderungsgrund in Betracht (vgl die in der vorigen N zitierten).

β) Staatlich oder politisch bedingte Ereignisse

28 **Krieg und Aufruhr** gehören zu den herkömmlichen Entlastungsgründen, die auch für Art 79 zu berücksichtigen sind (Sekretariatskommentar Art 65 Bem 5; ACHILLES, HERBER/CZERWENKA, MAGNUS, MünchKommHGB/MANKOWSKI, PILTZ, REINHART, SCHLECHT-RIEM/SCHWENZER/STOLL/GRUBER, alle aaO). Der Schuldner ist ferner entlastet, wenn ihm **staatliche Eingriffe** (Ausfuhr-/Einfuhrverbot, Boykott, Embargo, Devisenbe-schränkungen etc) die Erfüllung unmöglich machen (Sekretariatskommentar aaO; BRUN-NER Art 79 Rn 19; MAGNUS, in: ŠARČEVIĆ/VOLKEN 17; MünchKommHGB/MANKOWSKI Art 79 Rn 35; SCHLECHTRIEM/SCHWENZER/STOLL/GRUBER Art 79 Rn 23; ferner KEIL 111 f; KRANZ 199; MORSCHER 135; PILTZ, REINHART, jeweils aaO; VISCHER, in: Lausanner Kolloquium 178; vgl auch ICC-Schiedsspruch Nr 7197/1992, JDI 1993, 1036: angebliches staatliches Zahlungsmoratorium). Eine Entlastung kommt auch dann in Betracht, wenn die Vertragserfüllung dazu führen würde, daß **existenzgefährdende Sanktionen gegen die Muttergesellschaft** des Schuldners verhängt würden (BASEDOW RabelsZ 47 [1983] 169; MünchKommHGB/MANKOWSKI Art 79 Rn 36; SCHLECHTRIEM/SCHWENZER/STOLL/GRUBER Art 79 Rn 27; in Ergebnis und Begründung **anders** aber Rb Den Haag RvdW 1982 Nr 167 = SCHLECHTRIEM/MAGNUS Art 74 Nr 6 = RabelsZ 47 [1983] 141 ff). Dagegen wird ein Käufer nicht dadurch entlastet, daß er wegen eines inzwischen eingeführten Normzwanges in seinem Land keine Ver-wendung mehr für die Ware hat (LG Siegen RiW 1977, 427). Eine Entlastung scheidet auch aus, wenn Ware beschlagnahmt wird, weil sie gestohlen war (LG Freiburg IHR 2003, 22 [Verkauf gestohlenen Pkws, der beim Käufer beschlagnahmt und dem Eigentümer zurück-gegeben wird]). Denn dafür, daß die Ware frei von Rechten Dritter ist, hat der Verkäufer grundsätzlich von vornherein einzustehen, ohne daß es darauf ankommt, ob er das fehlende Eigentum erkennen konnte (Art 41; LG Freiburg aaO prüft freilich, ob der Verkäufer seinerseits erkennen konnte und musste, daß sein Lieferer keine Verfügungsbe-rechtigung hatte).

29 Auch **Staatsunternehmen** können sich auf staatlich verordnete Erfüllungshindernisse berufen, sofern diese nicht darauf abzielen, das Unternehmen von seiner vertrag-lichen Verantwortlichkeit gerade zu befreien (vgl dazu vHOFFMANN BerDtGesVölkR Heft 25 [1984] 35 ff; ENDERLEIN RiW 1988, 336; SCHLECHTRIEM/SCHWENZER/STOLL/GRUBER Art 79 Rn 24; KEIL 112 ff).

γ) Sonstige befreiende Ereignisse

30 Ferner können sich Sabotageakte, Überfälle, Schließung internationaler Transport-wege (wie zB des Suezkanals) etc als Hinderungsgründe darstellen, wenn sie die Erfüllung hindern und weder vorauszusehen noch zu überwinden waren (zu weiteren Fällen LAUTENBACH 105 ff). Auch durch menschliches oder maschinelles Versagen ver-ursachte Großunfälle (Reaktorunfälle, Giftgaswolke etc) gehören hierher, soweit sie den Betrieb des Schuldners in Mitleidenschaft ziehen.

dd) Kausalität

31 Der Hinderungsgrund muß für die Nichterfüllung **kausal** sein (dazu BIANCA/BONELL/TALLON Art 79 Bem 2.6.6; HEUZÉ u 457; VAN DEN HOLE TvBH 1998, 364). Es gilt der all-gemeine Kausalitätsbegriff (vgl dazu Art 74 Rn 28 ff). So ist der Schuldner nicht für Warenmängel entlastet, wenn der Hinderungsgrund lediglich zu einer Lieferverzö-gerung geführt, jedoch nicht die Warenqualität beeinflußt hatte (AUDIT 177 N 2; BIAN-CA/BONELL/TALLON Art 79 Bem 2.10.1).

b)   Unvorhersehbarkeit
Art 79 Abs 1 setzt ferner voraus, daß eine verständige Partei **den Hinderungsgrund** 32
bei Vertragsschluß nicht in Rechnung gestellt hätte. Kennt der Schuldner das Erfüllungshindernis oder hätte er es bei zumutbarer Anspannung erkennen können, dann
entfällt die Entlastungsmöglichkeit. Steht beispielsweise der Termin für einen Streik
bereits bei Vertragsschluß fest, so kann der Schuldner eine Lieferverzögerung nicht
unter Berufung auf den Streik rechtfertigen. War der Hinderungsgrund dagegen bei
objektiver Betrachtung nicht abzusehen, dann ist der Schuldner entlastet, es sei
denn, er konnte die Störung noch nachträglich vermeiden oder überwinden.

Nach dieser Regel sind auch **Fälle anfänglicher, objektiver Unmöglichkeit** zu behan- 33
deln, für die deshalb nicht etwa das anwendbare Landesrecht gilt (Sekretariats-
kommentar Art 65 Bem 4; Herber/Czerwenka Art 79 Rn 11; Keil 120 ff; MünchKommHGB/
Mankowski Art 79 Rn 39; Schlechtriem IPRax 1990, 279; Schlechtriem/Schwenzer/Stoll/
Gruber Art 79 Rn 13; **aA** aber Bianca/Bonell/Tallon Art 79 Bem 2.4.3; s ferner auch oben
Rn 17).

c)   Unvermeidbarkeit
Selbst bei Vertragsschluß unvorhersehbare Hinderungsgründe entlasten nach Art 79 34
Abs 1 nicht, wenn der Schuldner **sie oder ihre Folgen noch vermeiden oder überwinden** konnte (vgl auch ICC-Schiedsspruch Nr 7197/1992, JDI 1993, 1028; Sekretariatskommentar Art 65 Bem 7; Achilles Art 79 Rn 8; Herber/Czerwenka Art 79 Rn 12 f; MünchKommHGB/
Mankowski Art 79 Rn 39; Piltz, Internationales Kaufrecht § 4 Rn 233 f; Schlechtriem/Schwen-
zer/Stoll/Gruber Art 79 Rn 23; wohl aA Garro/Zuppi 279). Der Schuldner darf also bei
der Vertragsdurchführung nicht die Hände in den Schoß legen und spätere oder
später erkannte Erfüllungshindernisse hinnehmen. Er muß alle zumutbaren Anstrengungen unternehmen, den Vertrag dennoch vollständig oder zumindest in
annähernder Weise zu erfüllen (Sekretariatskommentar aaO). Wird zB der Transportweg unvorhergesehen geschlossen, muß der Schuldner die Ware, soweit mit zumutbaren Kosten möglich, umleiten und die Zusatzkosten dafür tragen (Schlechtriem/
Schwenzer/Stoll/Gruber aaO [Fn 66 unter Hinweis auf die Suezkanal-Fälle]; dazu auch Lautenbach 112 ff; ferner Karollus 209). Erläßt der Staat des Käufers ein Zahlungsmoratorium, so muß der Käufer versuchen, seiner Zahlungspflicht über vorhandene
Auslandskonten nachzukommen (ICC-Schiedsspruch Nr 7197/1992, JDI 1993, 1028, dazu
Witz No 86). Ebenso ist ein Verkäufer nicht schon entlastet, wenn zB wegen eines
gesetzlichen Verbots von Plastikverpackung die vereinbarte Verpackungsform nicht
mehr möglich ist (Sekretariatskommentar Art 65 Bem 9 Beispiel 65 d). Vielmehr muß er
dem Käufer im Rahmen der Mitteilungspflicht nach Abs 4 eine andere zumutbare
Verpackungsform anbieten und ggf liefern. Liegt in der Änderung eine wesentliche
Vertragsverletzung, dann kann der Käufer den Vertrag aufheben, jedoch keinen
Schadensersatz verlangen. Unabwendbarkeit fehlt auch, wenn der Verkäufer von
Tomaten zwar erhebliche Lieferschwierigkeiten hat, weil die Tomatenernte durch
Unwetter beeinträchtigt, aber nicht ganz vernichtet und der Tomatenpreis deshalb
gestiegen war; denn der Verkäufer konnte sich seinerseits noch Tomaten am Markt
beschaffen (OLG Hamburg 4.7.1997, UNILEX).

IV. Haftung für Dritte (Abs 2)

1. Grundsatz

35 Abs 2 behandelt die Entlastung des Schuldners, wenn dieser **Dritte in die Vertrags-erfüllung einschaltet**. Wichtiger als die nicht ganz klare und im EKG noch nicht enthaltene Entlastungsmöglichkeit ist der Grundsatz, von dem sie unausgesprochen, aber denknotwendig ausgeht: Der Schuldner hat sich grundsätzlich das Verhalten Dritter – und erst recht das eigener Leute –, die er zur Erfüllung einsetzt, zurechnen zu lassen. Damit darf für diese Frage nicht mehr auf das anwendbare Landesrecht zurückgegriffen werden (ebenso ENDERLEIN/MASKOW/STROHBACH Art 79 Bem 7.2.; Münch-KommHGB/MANKOWSKI Art 79 Rn 44; SCHLECHTRIEM öst RdW 1989, 45; STOLL, in: SCHLECHT-RIEM, Fachtagung 278). Die gegenteilige Ansicht der deutschen Rechtsprechung zum EKG (BGH NJW 1984, 2034; OLG Hamm, in: SCHLECHTRIEM/MAGNUS Art 40 Nr 7) ist wegen der Textänderung aufzugeben (so in der Sache auch BGHZ 141, 129 [132 ff]; vgl auch Art 4 Rn 60).

36 Art 79 Abs 2 verlangt, daß der Schuldner sowohl sich selbst wie auch für einen Dritten, dessen er sich zur Vertragserfüllung bedient, gem Abs 1 entlasten kann, wenn die Befreiungswirkung des Art 79 eintreten soll.

2. Kreis der Dritten

37 Weitgehende Einigkeit besteht, **daß Abs 2 nicht die eigenen Beschäftigten des Schuld-ners meint**. Da sie zum Verantwortungsbereich des Schuldners gehören, gilt insoweit bereits Art 79 Abs 1 (vgl oben Rn 19 ff). Art 79 Abs 2 erfaßt dagegen **selbständige Dritte** (ACHILLES Art 79 Rn 9; BAMBERGER/ROTH/SAENGER Art 79 Rn 7; BIANCA/BONELL/TAL-LON Art 79 Bem 2.7.1; HERBER/CZERWENKA Art 79 Rn 16; HERBOTS/PAUWELS, in: FS Neumayer 343; KAROLLUS 211; KRANZ 202; LOEWE, Kaufrecht 97; MAGNUS, in: ŠARČEVIĆ/VOLKEN 19 f; MünchKommHGB/MANKOWSKI Art 79 Rn 45; PILTZ, Internationales Kaufrecht § 4 Rn 231; REIN-HART Art 79 Rn 8; RUMMEL, in: HOYER/POSCH 190; SCHLECHTRIEM Rn 293; SCHLECHTRIEM/SCHWENZER/STOLL/GRUBER Art 79 Rn 25; SCHWIMANN/POSCH Art 79 Rn 10; SOERGEL/LÜDERITZ/DETTMEIER Art 79 Rn 22).

38 Problematisch und umstritten ist jedoch, welche Personen als **selbständig zur Er-füllung herangezogene Dritte** anzusehen sind. Zum Teil wird vertreten, daß damit alle Dritten gemeint seien, die der Schuldner bei der Vertragsdurchführung einge-schaltet hat (so insbes HERBER/CZERWENKA Art 79 Rn 16 f; wohl auch HONNOLD Rn 433; PILTZ, Internationales Kaufrecht § 4 Rn 231; REINHART Art 79 Rn 8). Nach anderer Auffassung erfaßt Abs 2 nur sog Erfüllungsübernehmer, denen der Schuldner die eigenverant-wortliche Wahrnehmung einzelner oder aller Vertragspflichten übertragen hat, während sonstige – selbständige – Erfüllungsgehilfen im Rahmen des Abs 1 zu beurteilen seien (so insbes SCHLECHTRIEM/SCHWENZER/STOLL/GRUBER Art 79 Rn 25 ff, die aber zugleich auf die Irrelevanz der Unterscheidung hinweisen; ebenso KAROLLUS 211 f; KEIL 148; ähnlich KRANZ 203; RUMMEL, in: HOYER/POSCH 190 f; zögernd auch ENDERLEIN/MASKOW/STROH-BACH Art 79 Bem 7.2; wohl auch BRUNNER Art 79 Rn 14).

39 Für eine Entscheidung zwischen beiden Auffassungen ist zunächst festzuhalten, daß Art 79 Abs 2 eine **Verschärfung der Schuldnerhaftung** bedeutet (so auch BAMBERGER/

ROTH/SAENGER Art 79 Rn 7; Draft Digest 833; RUMMEL 190; SCHLECHTRIEM Rn 294; SCHLECHT-
RIEM/SCHWENZER/STOLL/GRUBER Art 79 Rn 27; aA SOERGEL/LÜDERITZ/DETTMEIER Art 79 Rn 23).
Der Schuldner kann sich nur entlasten, wenn er für sich selbst **und** für den eingeschalteten Dritten Hinderungsgründe im Sinn des Abs 1 nachweisen kann. Eine
solche Einschränkung der Entlastungsmöglichkeit ist nur dann berechtigt, wenn der
Schuldner die eigene Verantwortlichkeit für die Vertragserfüllung in stärkerem Maß
abgibt, als dies bei einem Einsatz eigener Leute der Fall ist. Meines Erachtens ist
deshalb der Originalwortlaut des Abs 2 („third person ... engaged to perform the
whole or a part of the contract", „tiers ... chargé d'exécuter tout ou partie du
contrat") ernster zu nehmen, als dies die an § 278 BGB angelehnte, deutsche Übersetzung tut. Abs 2 soll und will nur solche Dritten erfassen, die der Schuldner damit
betraut hat, für ihn in eigener Verantwortung den Vertrag zu erfüllen, und die er
lediglich aussucht, aber gewöhnlich nicht weiter überwacht. **Die Abgabe der Verant-**
wortung soll nicht zu einer erleichterten Entlastung führen (ähnlich MünchKommHGB/
MANKOWSKI Art 79 Rn 47; SCHLECHTRIEM/SCHWENZER/STOLL/GRUBER Art 79 Rn 27; s auch
MünchKommBGB/HUBER Art 79 Rn 23). Für diese Auffassung spricht auch die Entstehungsgeschichte. So enthielt der Genfer Entwurf (Art 50 Abs 2) noch den Begriff
„subcontractor". Man ersetzte ihn durch die neutrale Formulierung „third person",
weil er in einigen Rechtsordnungen nicht gebräuchlich ist, in anderen dagegen
spezifisch verwendet wird (dazu BIANCA/BONELL/TALLON Art 79 Bem 2.7). Eine sachliche
Änderung war aber nicht beabsichtigt. Umgekehrt wurden Anträge abgelehnt,
Zulieferer (supplier) ausdrücklich in Abs 2 aufzunehmen (vgl oben Rn 5 f).

Art 79 Abs 2 erfaßt damit **Subunternehmer**, die zB selbständig Teile der vom Ver-   **40**
käufer zu liefernden Anlage produzieren, oder ähnlich eingeschaltete Dritte (zB
Banken, Transporteure etc), soweit der Verkäufer zusätzlich Bank- oder Frachtlei-
stungen vertraglich geschuldet. Als Dritte iSd Abs 2 kommen auch Leute des
Gläubigers in Betracht, etwa wenn der Schuldner ihnen Geld oder Ware zur Überbringung an den Erfüllungsort übergibt, ohne daß der Gläubiger sie hierzu autorisiert hat (vgl etwa AG Alsfeld NJW-RR 1996, 120 f). Hier ist der Schuldner nicht schon
dann entlastet, wenn der Dritte Geld oder Ware unvorhergesehen veruntreut, sondern nur, wenn der Dritte durch unbeherrschbare Ursachen an der Überbringung
gehindert wird (ebenso AG Alsfeld aaO). Abs 2 erfaßt aber nicht alle – selbständigen –
Erfüllungsgehilfen. Für letztere – zB Handelsvertreter – kann sich der Schuldner
nach Abs 1 entlasten. Das gilt auch für **Zulieferer** (ebenso Sekretariatskommentar Art 65
Bem 12; ACHILLES Art 79 Rn 9; HERBER/CZERWENKA Art 79 Rn 17; HERBOTS/PAUWELS 345 f;
KAROLLUS 212; KEIL 153 f; KRANZ 203 f; MAGNUS, in: ŠARČEVIĆ/VOLKEN 20 f; Münch-
KommHGB/MANKOWSKI Art 79 Rn 50; PILTZ, Internationales Kaufrecht § 4 Rn 232; RATHJEN
RiW 1999, 564; SCHLECHTRIEM Rn 294; SCHLECHTRIEM/SCHWENZER/STOLL/GRUBER Art 79 Rn 29;
aA aber BRUNNER Art 79 Rn 14; HUBER JurBl 1989, 277; LOEWE, Kaufrecht 97; REINHART Art 79
Rn 8; wohl auch BGHZ 141, 129 [134 f]). Da der Verkäufer das Beschaffungsrisiko trägt
(vgl oben Rn 22 f), kommt eine Entlastung wegen eigener Belieferungsschwierigkeiten
aber nur in Betracht, wenn alle denkbaren Lieferquellen unvorhersehbar ausfallen.
In den eigenen Risiko- und Kontrollbereich des Verkäufers fällt auch, daß die
zugelieferte Ware vertragsgemäß ist. Der Verkäufer kann sich daher nicht damit
entlasten, daß der Zulieferer unvorhergesehen schlecht produziert oder nicht geliefert habe (so auch BGHZ 141, 129 [134]; ACHILLES Art 79 Rn 9; HERBOTS/PAUWELS, in: FS
NEUMAYER 346; MünchKommBGB/HUBER Art 79 Rn 23; MünchKommHGB/MANKOWSKI Art 79

Rn 47; Rathjen RiW 1999, 564; Schlechtriem/Schwenzer/Stoll/Gruber Art 79 Rn 29; Soergel/Lüderitz/Dettmeier Art 79 Rn 22; Witz/Salger/Lorenz Art 79 Rn 8 f).

41 Werden selbständige **Dritte** (zB Banken, Transporteure) zwar **bei der Vertragsdurchführung tätig**, erfüllen sie aber keine Vertragspflicht des Schuldners (zB Transport der Ware, wenn der Verkäufer nur Übergabe an den Beförderer schuldet), dann haftet der Schuldner nicht für ihr Verhalten und muß sich auch nicht entlasten (vgl auch Handelsgericht Zürich SZIER 2000, 111 = CLOUT Nr 331; Achilles Art 79 Rn 9 [allerdings hafte der Verkäufer für ordnungsgemäße Auswahl; das kann indessen nur gelten, wenn der Verkäufer zur Auswahl verpflichtet ist oder sie übernommen hat]; Brunner Art 79 Rn 16; Karollus 212; MünchKommHGB/Mankowski Art 79 Rn 45; Piltz, Internationales Kaufrecht § 4 Rn 231).

3. Entlastung

42 In Fällen des Abs 2 hat der Schuldner für sich, aber auch für den Dritten den Nachweis zu führen, daß der Erfüllung ein unvorhersehbarer und unvermeidbarer Hinderungsgrund entgegenstand, der weder dem normalen Verantwortungsbereich des Schuldners noch jenem des Dritten zuzurechnen war (eingehend dazu MünchKommHGB/Mankowski Art 79 Rn 51 ff; Rummel, in: Hoyer/Posch 190). Konnte der Dritte das Erfüllungshindernis etwa überwinden, dann haftet der Schuldner. Der Schuldner ist auch nicht entlastet, wenn er selbst das Erfüllungshindernis des Dritten überwinden, etwa noch rechtzeitig einen anderen Subunternehmer einschalten konnte. Der Wortlaut des Abs 2 „zur völligen oder teilweisen Vertragserfüllung" spricht ferner dafür, daß die Entlastung nur in dem Umfang wirkt, in dem das Hindernis der Vertragserfüllung entgegensteht.

4. Verhaltens- und Wissenszurechnung

43 Art 79 Abs 1 und 2 liegt die Vorstellung zugrunde, daß der Schuldner sich grundsätzlich das Verhalten aller Personen zurechnen lassen muß, die er in die Vertragserfüllung einschaltet (vgl oben Rn 35). Dieser Grundgedanke ist auch auf Situationen zu erstrecken, in denen es auf **das Wissen des Schuldners** ankommt (zB im Rahmen des Art 40; ebenso MünchKommBGB/Huber Art 79 Rn 5; MünchKommHGB/Mankowski Art 79 Rn 54; vgl zum EKG: OLG Hamm, in: Schlechtriem/Magnus Art 40 Nr 7, das allerdings insoweit vom deutschen Recht ausging).

V. Dauer der Entlastung (Abs 3)

44 **Vorübergehende Hinderungsgründe** entlasten nach Art 79 Abs 3 nur so lange, wie sie bestehen. Entfällt das Erfüllungshindernis, wird zB das Ausfuhrverbot aufgehoben, so hat der Schuldner nunmehr zu erfüllen (Achilles Art 79 Rn 11; Herber/Czerwenka Art 79 Rn 20; MünchKommHGB/Mankowski Art 79 Rn 55 f; Schlechtriem/Schwenzer/Stoll/Gruber Art 79 Rn 41 f). Schadensersatzansprüche für die bisherige Leistungsverzögerung bestehen nicht (vgl Sekretariatskommentar Art 65 Bem 13 mit Beispiel). Hatte die andere Partei den Vertrag wegen der Verzögerung zu Recht aufgehoben, so bleibt die Aufhebung aber wirksam und auch aus der Aufhebung folgender Schadensersatz ausgeschlossen (MünchKommHGB/Mankowski, Schlechtriem/Schwenzer/Stoll/Gruber aaO).

VI. Benachrichtigungspflicht (Abs 4)

Nach Abs 4 hat die an der Erfüllung gehinderte Partei die Pflicht, der anderen **45**
Partei den **Hinderungsgrund binnen angemessener Frist mitzuteilen**. Die Benachrichtigung soll der anderen Vertragspartei die Möglichkeit geben, selbst rasche Abhilfe-
maßnahmen einzuleiten. Die Pflicht ist auch Ausdruck des Kooperationsverhältnis-
ses zwischen den Parteien. Ihre Versäumung macht schadensersatzpflichtig. Die
Pflicht besteht allerdings nicht, wenn der Gläubiger den Hinderungsgrund bereits
kennt (MünchKommHGB/Mankowski Art 79 Rn 60; Schlechtriem/Schwenzer/Stoll/
Gruber Art 79 Rn 50). Droht ein Erfüllungshindernis erst, so greift die Benachrichtigungspflicht ebenfalls noch nicht ein (Bianca/Bonell/Tallon Art 79 Bem 2.8; Münch-
KommBGB/Huber Art 79 Rn 30; MünchKommHGB/Mankowski aaO).

Inhaltlich muß die entlastete Partei der anderen mitteilen, welcher Hinderungs- **46**
grund besteht und in welcher Weise er – vorübergehend oder auf Dauer, teilweise
oder vollständig – die Erfüllungsmöglichkeit berührt.

Die Benachrichtigungspflicht besteht auch und gerade dann, wenn der Schuldner **47**
seine **Verpflichtung wegen des Hinderungsgrundes nur in annähernder Weise erfüllen**
kann und will (Sekretariatskommentar Art 65 Bem 16; Bianca/Bonell/Tallon Art 79 Bem 2.8;
MünchKommHGB/Mankowski Art 79 Rn 59; Schlechtriem/Schwenzer/Stoll/Gruber Art 79
Rn 58; vgl auch oben Rn 34). Sie eröffnet hier einen gewissen Mechanismus zur Vertragsanpassung. Bietet der Schuldner eine vom Vertragsprogramm wesentlich abweichende Erfüllung an, dann kann die andere Seite den Vertrag aufheben, wird
dies aber wohl in jedem Fall in angemessener Frist erklären müssen. Andernfalls
muß sie die geänderte Leistung annehmen, wie sie auch jede nichtwesentliche
Änderung akzeptieren muß. Wenn Tallon (Bianca/Bonell Art 79 Bem 2.8) und
Stoll/Gruber (Schlechtriem/Schwenzer/Stoll/Gruber Art 79 Rn 23) demgegenüber
den Widerspruch gegen jede Änderung des Vertragsprogramms für beachtlich erklären, verstößt das gegen die Grundwertung des CISG, daß ein Aufhebungs- oder
Erfüllungsanspruch nur bei wesentlicher Vertragsverletzung zusteht (so auch ausdrücklich Sekretariatskommentar Art 65 Bem 8; im Ergebnis ebenso MünchKommHGB/
Mankowski Art 79 Rn 59).

An eine **Form** ist die Mitteilung nach Abs 3 nicht gebunden, sofern nicht Art 12 **48**
eingreift. Erforderlich ist aber – abweichend von Art 27 – ihr **Zugang**, und zwar
innerhalb angemessener Frist, wenn die Schadensersatzfolge vermieden werden soll
(Sekretariatskommentar Art 65 Bem 15; Achilles Art 79 Rn 12; MünchKommBGB/Huber Art 79
Rn 30; MünchKommHGB/Mankowski Art 79 Rn 61; Schlechtriem Rn 296). Die Frist beginnt, sobald der Schuldner den Hinderungsgrund kennt oder kennen muß, also
fahrlässig übersieht.

Die fehlende, ungenügende oder verspätete Benachrichtigung schließt nicht die **49**
Entlastung des Schuldners aus, verpflichtet ihn aber zum **Ersatz desjenigen Scha-**
dens, der bei ordnungsgemäßer Mitteilung vermieden worden wäre. Zu diesem
Vertrauensschaden gehören etwa Regreßforderungen und entgangener Gewinn,
wenn der Käufer die Ware bei rechtzeitiger Benachrichtigung nicht seinerseits an
Abnehmer weiterverkauft hätte (Bamberger/Roth/Saenger Art 79 Rn 9; Herber/Czer-
wenka Art 79 Rn 21; MünchKommHGB/Mankowski Art 79 Rn 62; Soergel/Lüderitz/Dett-

MEIER Art 79 Rn 28). Wie auch sonst in der Konvention setzt die Schadensersatzpflicht kein Verschulden voraus.

50 **Von** dieser **Schadensersatzpflicht** kann der Mitteilungspflichtige wiederum **entlastet** sein, öfters, freilich nicht automatisch durch dasselbe Ereignis, das ihn hindert, seine Hauptpflicht zu erfüllen (BIANCA/BONELL/TALLON, MünchKommHGB/MANKOWSKI, jeweils aaO; SCHLECHTRIEM/SCHWENZER/STOLL/GRUBER Art 79 Bem 59; zweifelnd KAROLLUS 211). So entlastet eine Flutkatastrophe etwa nicht nur von der pünktlichen Lieferung, sondern auch von der Mitteilung zumindest solange, bis wieder geordnete Kommunikation möglich ist.

VII. Wirkungen der Entlastung (Abs 5)

1. Grundsatz

51 Abs 5 stellt zweierlei klar: Die Entlastung nach Art 79 schließt nur die Schadensersatzhaftung aus, die nach diesem Übereinkommen besteht. Die Entlastung kann sich zwar auf jede wie auch geartete Vertragsverletzung beziehen; ihre Rechtsfolge führt aber nur zum Ausschluß von Schadensersatzansprüchen. **Andere Ansprüche des Gläubigers bleiben** dagegen **unberührt**, da Art 79 die vereinbarten Vertragspflichten grundsätzlich bestehen läßt und ihre Nichterfüllung trotz Entlastung eine Vertragsverletzung darstellt (Sekretariatskommentar Art 65 Bem 8; Denkschrift 60; Schweizer Botschaft 829; ACHILLES Art 79 Rn 14; MünchKommHGB/MANKOWSKI Art 79 Rn 5; PILTZ, Internationales Kaufrecht § 4 Rn 242; SCHLECHTRIEM/SCHWENZER/STOLL/GRUBER Art 79 Rn 43). Allerdings wirkt die Entlastung nur soweit, wie der Hinderungsgrund der Erfüllung tatsächlich entgegensteht. Hindert er nur einen Teil der Erfüllung – eine Exportlizenz wird zB wegen neu eingeführter Kontingentierung nur für einen Teil der Warenlieferung erteilt –, dann ist der Schuldner auch nur in diesem Umfang von der Erfüllung befreit (ebenso HONNOLD Rn 435. 2; SCHLECHTRIEM/SCHWENZER/STOLL/GRUBER Art 79 Rn 52).

2. Ausschluß der Schadensersatzhaftung

52 Art 79 schließt zunächst nur solche **Schadensersatzansprüche** aus, die **aufgrund der Konvention** gegeben sind. Vertragliche Vereinbarungen, insbes Vertragsstrafen, Schadenspauschalen, besondere Vertragsgarantien werden nicht unmittelbar berührt. Der Antrag der DDR auf der Wiener Konferenz, Art 79 Abs 5 auch auf „penalties or liquidated damages" zu erstrecken (A/Conf97/C1/L217), wurde ausdrücklich abgelehnt, um den Vorrang vertraglicher Abreden zu diesem Punkt nicht einzuschränken (Off Rec 135, 385 f).

53 Ob ein Erfüllungshindernis auch **Vertragsstrafen, Schadenspauschalen, Garantien** etc berührt, ist daher durch Auslegung der Vereinbarung nach den Maßstäben des Art 8 zu ermitteln. Dabei kann die Grundentscheidung des Art 79 als Auslegungshilfe dienen (ebenso MünchKommBGB/HUBER Art 79 Rn 27; MünchKommHGB/MANKOWSKI Art 79 Rn 15; RATHJEN RiW 1999, 565; für analoge Anwendung dagegen ENDERLEIN/MASKOW/STROHBACH Art 79 Bem 13. 1; für Anwendung des vom IPR berufenen Rechts Sekretariatskommentar Art 65 Bem 9; BIANCA/BONELL/TALLON Art 79 Bem 2. 10. 1; SCHLECHTRIEM/SCHWENZER/STOLL/GRUBER Art 79 Rn 9). Bei Schadenspauschalen, die an die Stelle des gesetzlichen

Schadensersatzes treten sollen, wird teilweise auch eine direkte Anwendung des Art 79 vertreten (HERBER/CZERWENKA Art 79 Rn 23; LOEWE, Kaufrecht 96; **aA** aber SCHLECHT-RIEM/SCHWENZER/STOLL/GRUBER Art 79 Rn 15). Zu beachten ist allerdings stets, daß sich die Gültigkeit von Vertragsstrafen, Schadenspauschalierungen, Garantien etc gem Art 4 lit a nach dem anwendbaren nationalen Recht beurteilt (vgl auch Art 4 Rn 61).

Erlangt der Schuldner durch den Hinderungsgrund einen Ersatzanspruch oder - **54** vorteil, zB die Versicherungssumme für die untergegangene Ware, dann wird ein **Herausgabeanspruch** in Analogie zu dem Gedanken des Art 84 Abs 2 lit b **zu bejahen** sein (ebenso ACHILLES Art 79 Rn 14; MünchKommHGB/MANKOWSKI Art 79 Rn 11; PILTZ, Internationales Kaufrecht § 4 Rn 243; SCHLECHTRIEM/SCHWENZER/STOLL/GRUBER Art 79 Rn 44, die aber in Sinn und Zweck des Vertrages die Begründung sehen;). Ein solcher Anspruch kommt aber nur in Betracht, wenn der Schuldner ein **stellvertretendes commodum** gerade für die geschuldete Ware erlangt. Brennt etwa sein Betrieb ab, in dem die Ware hergestellt werden sollte, so steht dem Gläubiger kein Anteil an der Feuer- oder Betriebsausfallversicherungssumme zu.

3.   Fortbestehen anderer Ansprüche

a)   Aufhebungsrecht
Einigkeit besteht, daß der Gläubiger ungeachtet eines den Schuldner entlastenden **55** Hinderungsgrundes **den Vertrag aufheben kann**, wenn die Aufhebungsvoraussetzungen im übrigen bestehen (Sekretariatskommentar Art 65 Bem 8; Denkschrift 60; ACHILLES Art 79 Rn 14; BAMBERGER/ROTH/SAENGER Art 79 Rn 10; BIANCA/BONELL/TALLON Art 79 Bem 2. 10; ENDERLEIN/MASKOW/STROHBACH Art 79 Bem 13. 2; HERBER/CZERWENKA Art 79 Rn 22; HONNOLD Rn 435. 4; MünchKommBGB/HUBER Art 79 Rn 28; MünchKommHGB/MANKOWSKI Art 79 Rn 12; PILTZ, Internationales Kaufrecht § 4 Rn 245; SCHLECHTRIEM/SCHWENZER/STOLL/ GRUBER Art 79 Rn 45; SOERGEL/LÜDERITZ/DETTMEIER Art 79 Rn 25). Art 72 räumt dieses Recht selbst dann ein, wenn eine wesentliche Vertragsverletzung lediglich bevorsteht.

b)   Minderung
Ebenso wird der Minderungsanspruch von möglichen Entlastungsgründen nicht **56** berührt (vgl die in der vorigen Rn zitierten).

c)   Erfüllungsanspruch
Art 79 Abs 5 läßt auch **Erfüllungsansprüche** (auf Lieferung, Ersatzlieferung oder **57** Nachbesserung, Zahlung oder Abnahme) **grundsätzlich unberührt**. Ein Antrag der Bundesrepublik, die Entlastungswirkung auch generell auf Erfüllungsansprüche zu erstrecken, fand in Wien keine Mehrheit (Off Rec 135). Sofern eine Erfüllung noch – etwa künftig, durch Reparatur, Ersatzlieferung etc – möglich bleibt, ist die auf Schadensersatz beschränkte Entlastungswirkung des Art 79 angemessen (ENDERLEIN/MASKOW/STROHBACH Art 79 Bem 13. 6; MünchKommHGB/MANKOWSKI Art 79 Rn 7; PILTZ, Internationales Kaufrecht § 4 Rn 243; SCHLECHTRIEM/SCHWENZER/STOLL/GRUBER Art 79 Rn 46). Der Hinderungsgrund darf den Schuldner nicht über das Maß hinaus entlasten, in dem er die Erfüllung tatsächlich hindert.

Der jeweilige **Erfüllungsanspruch entfällt** jedoch, **sofern** seine **Erfüllung objektiv 58 unmöglich** geworden ist. Zum Teil wird dies Ergebnis mit einem schlichten Dahinfallen des Vertrages begründet (so BIANCA/BONELL/TALLON Art 79 Bem 2. 10. 2). Zum Teil wird darauf verwiesen, daß in diesen Fällen Art 28 eingreife und nationale Gerichte gewöhnlich keine Erfüllung zusprächen (Sekretariatskommentar Art 65 Bem 9; HERBER/ CZERWENKA Art 79 Rn 23; KRANZ 204 ff; LAUTENBACH 71; RUMMEL, in: HOYER/POSCH 185, der aber darauf hinweist, daß in Österreich eine Erfüllungsklage trotz Erfüllungsunmöglichkeit zulässig ist; SCHLECHTRIEM, UN-Kaufrecht 51, 97; VISCHER, in: Lausanner Kolloquium 175 f; WEBER, in: Berner Tage 176). Zum Teil wird Art 79 und den Regeln zum Gefahrübergang entnommen, daß ein Erfüllungsanspruch erlischt, wenn seine Erfüllung objektiv unmöglich geworden ist (ENDERLEIN/MASKOW/STROHBACH Art 79 Bem 13. 6; HUBER, in: SCHLECHTRIEM, Fachtagung 206; KAROLLUS 141; MünchKommBGB/HUBER Art 79 Rn 29 [interner Grundsatz des CISG]; MünchKommHGB/MANKOWSKI Art 79 Rn 8 f; SCHLECHTRIEMSCHWENZER/ MÜLLER-CHEN Art 46 Rn 12; SCHLECHTRIEM/SCHWENZER/STOLL/GRUBER Art 79 Rn 48; ähnlich BRUNNER Art 79 Rn 42 [unter Heranziehung der UNIDROIT Principles, Art 7. 2. 2]; SOERGEL/ LÜDERITZ Art 79 Rn 11; offen PILTZ, Internationales Kaufrecht § 4 Rn 244; für schlichtes Entfallen des Erfüllungsanspruchs: WITZ/SALGER/LORENZ Art 79 Rn 12).

59 Letztere Ansicht ist vorzuziehen. Eine automatische Vertragsaufhebung bei Unmöglichkeit der Erfüllung kommt nicht in Betracht, da das CISG die „ipso facto avoidance" gerade beseitigt hat. Sie würde uU auch zu Unrecht die vertragliche Basis für Nebenansprüche (zB auf Zinsen, unten Rn 61) oder Sicherheiten entziehen. Der Weg über Art 28 schafft die Gefahr, daß nach nationalem Verfahrensrecht trotz der Entlastung Ersatz des Nichterfüllungsschadens verlangt werden kann (so zB im österreichischen Recht, vgl WELSER, in: DORALT 129 f; RUMMEL, in: HOYER/POSCH 185). Ferner läßt diese Auffassung die auch von ihren Vertretern als problematisch betrachtete Regel bestehen, daß ein unerfüllbarer Anspruch erfüllt werden soll. **ME erlischt deshalb ein Erfüllungsanspruch, soweit er objektiv nicht mehr erfüllt werden kann.** Allein diese Auslegung ebnet auch den gewissen Widerspruch zwischen Abs 1 und Abs 5 in Art 79 ein.

60 Lediglich **subjektive Unmöglichkeit** berührt die Existenz des Erfüllungsanspruchs dagegen im Grundsatz nicht (ebenso ACHILLES Art 79 Rn 14; BAMBERGER/ROTH/SAENGER Art 79 Rn 10; KAROLLUS 141; PILTZ, Internationales Kaufrecht § 4 Rn 244; SCHLECHTRIEM/ SCHWENZER/MÜLLER-CHEN Art 46 Rn 12; SCHLECHTRIEM/SCHWENZER/STOLL/GRUBER Art 79 Rn 48; für Gleichstellung von subjektiver und objektiver Unmöglichkeit mit gewichtigen Argumenten aber MünchKommHGB/MANKOWSKI Art 79 Rn 10). **Existenzgefährdende Erfüllungsanstrengungen** muß der Schuldner aber nicht unternehmen. Sind sie nötig, erlischt der Erfüllungsanspruch ebenfalls (ebenso ACHILLES, KAROLLUS, SCHLECHTRIEM/SCHWENZER/ STOLL/GRUBER aaO; ähnlich SCHLECHTRIEM, UN-Kaufrecht 96).

d) Zinsansprüche

61 Auf den **Zinsanspruch** des Art 78 erstreckt sich die **Entlastungswirkung des Art 79** ebenfalls **nicht**, da er kein Schadensersatzanspruch ist (ACHILLES Art 79 Rn 14; BAMBERGER/ROTH/SAENGER Art 79 Rn 10; ENDERLEIN/MASKOW/STROHBACH Art 79 Bem 13. 1; HERBER/CZERWENKA Art 79 Rn 22; MünchKommHGB/MANKOWSKI Art 79 Rn 13; PILTZ, Internationales Kaufrecht § 4 Rn 245; SCHLECHTRIEM/SCHWENZER/STOLL/GRUBER Art 79 Rn 45; SOERGEL/LÜDERITZ/DETTMEIER Art 79 Rn 25). Zinsen fallen deshalb auch dann weiter an, wenn die Zahlung der fälligen Summe etwa wegen eines Devisentransferverbots nicht möglich und der Schuldner entlastet ist.

e) Aufwendungsersatzansprüche

Von Aufwendungsersatzansprüchen nach Art 85, 86 entlastet Art 79 gleichfalls nicht **62**
(MünchKommHGB/Mankowski Art 79 Rn 13; Piltz, Internationales Kaufrecht § 4 Rn 245).

f) Gegenansprüche des Schuldners

Solange der Schuldner von seiner Erfüllungspflicht nach Abs 1 oder 2 befreit ist, **63**
braucht der Gläubiger auch seinerseits nicht zu leisten, ist also etwa von der Zahlungspflicht befreit. Das folgt nicht aus Art 79, sondern aus dem grundsätzlichen
Gegenseitigkeitsverhältnis, in dem die beiderseitigen Leistungspflichten stehen (vgl
Art 58, 71 ff; ebenso MünchKommHGB/Mankowski Art 79 Rn 16).

g) Verhältnis zu Art 80

Soweit Art 80 anwendbar ist, hat er Vorrang (vgl Art 80 Rn 7).   **64**

VIII. Vertragliche Abänderungsmöglichkeiten

Art 79 steht zur Disposition der Parteien (Art 6). Eine nähere Festlegung der **65**
entlastenden Umstände wird sich vielfach empfehlen (vgl auch Bund JL & Com 17
[1998] 381 ff mit einigen *drafting advices* für force majeure-Klauseln). Die materielle Gültigkeit
derartiger Vereinbarungen ist nach dem anwendbaren Landesrecht zu beurteilen
(Art 4 lit a). Ist deutsches Recht Vertragsstatut und § 307 BGB anzuwenden, dann
darf vom Maßstab des CISG nicht zu weit abgewichen werden (vgl dazu Art 4 Rn 20,
26). Ein formularmäßiger Ausschluß jeder Entlastung ist mE nicht zulässig.

IX. Beweislast

Die Partei, die sich entlasten will, muß schon nach dem Wortlaut der Vorschrift die **66**
tatsächlichen Voraussetzungen des Art 79 Abs 1 oder 2 nachweisen (Achilles Art 79
Rn 15; Bamberger/Roth/Saenger Art 79 Rn 11; Baumgärtel/Laumen/Hepting Art 79 Rn 6 ff;
Bianca/Bonell/Tallon Art 79 Bem 2.7.3; Herber/Czerwenka Art 79 Rn 26; Münch-
KommHGB/Mankowski Art 79 Rn 43; Schlechtriem/Schwenzer/Stoll/Gruber Art 79
Rn 54). Wer aus der Verletzung der Mitteilungspflicht einen Schadensersatzanspruch
nach Abs 4 für sich herleitet, trägt jedoch dafür die Darlegungs- und Beweislast.

Art 80 [Vom Gläubiger verursachte Nichterfüllung]

**Eine Partei kann sich auf die Nichterfüllung von Pflichten durch die andere Partei
nicht berufen, soweit diese Nichterfüllung durch ihre Handlung oder Unterlassung
verursacht wurde.**

Art 80
A party may not rely on a failure of the other
party to perform, to the extent that such failure
was caused by the first party's act or omission.

Art 80
Une partie ne peut pas se prévaloir d'une inexécution par l'autre partie dans la mesure où
cette inexécution est due à un acte ou à une
omission de sa part.

Schrifttum

Wie zu Art 79; ferner:
CANARIS, Die von beiden Seiten zu vertretende
Unmöglichkeit, in: FS E Lorenz (2004) 147
RATHJEN, Haftungsentlastung des Verkäufers

oder Käufers nach Art 79, 80 CISG, RiW 1999,
561
REINHARD, Die beiderseits zu vertretende Unmöglichkeit im Synallagma (1998).

Systematische Übersicht

I. Regelungsgegenstand und Normzweck

1 Die Bestimmung sieht vor, daß eine Vertragspartei dann keine Rechte aus Vertragsverstößen der anderen Partei herleiten kann, wenn sie selbst diese Verstöße
verursacht hat.

2 Damit ist eine **wichtige Fallgruppe des allgemeinen Gutglaubensgrundsatzes** (Art 7
Abs 1) kodifiziert worden, nämlich das Verbot, sich mit eigenem Verhalten in
Widerspruch zu setzen und aus dem eigenen schadensbegründenden Verhalten
Vorteil zu ziehen (vgl auch Denkschrift 60). Art 80 stellt neben Art 79 einen weiteren
eigenen Befreiungsgrund dar.

II. Entstehungsgeschichte

3 Die Vorschrift wurde auf der Wiener Konferenz auf Antrag der DDR (A/Conf97/C1/
L234, Off Rec 135) aufgenommen. In den Erörterungen wurde sie als nützliche Kon-
kretisierung des allgemeinen Grundsatzes von Treu und Glauben für bestimmte
Fälle angesehen (Off Rec 386 ff).

4 Das EKG enthielt keine entsprechende Bestimmung, sah in Art 74 Abs 3 letzter HS
allerdings in begrenztem Umfang einen ähnlichen Gedanken vor. Danach schloß die
Entlastung alle Ansprüche des Gläubigers aus, wenn er die entlastenden Umstände
selbst verursacht hatte.

III. Allgemeines

5 Art 80 formuliert den allgemeinen Gedanken, daß die **Folgen selbstverursachter
Vertragsstörungen nicht der anderen Vertragspartei angelastet werden können** (s etwa
OLG Karlsruhe RiW 1998, 235; ebenso Draft Digest 835; MünchKommHGB/MANKOWSKI Art 80
Rn 1; SCHLECHTRIEM/SCHWENZER/STOLL/GRUBER Art 80 Rn 1). Die Vorschrift ist ihrerseits
Teil des generellen Gebots, die Grenzen von Treu und Glauben einzuhalten. Ihrem

Grundgedanken nach schafft die Vorschrift eine Obliegenheit des Gläubigers, dem Schuldner die Erfüllung nicht teilweise oder vollständig unmöglich zu machen (vgl auch HONNOLD Rn 436.3). Tut er es, erleidet er Rechtsnachteile. Der andere Vertragspartner hat seinerseits nur Ansprüche, wenn die Verhinderung der Erfüllung zugleich eine Vertragsverletzung ist.

Einzelne Vorschriften der Konvention enthalten **weitere spezielle Ausprägungen des** 6 **Art 80**: so Art 42 Abs 2 lit b (keine Ansprüche des Käufers wegen selbstverursachter immaterieller Rechte Dritter); Art 65 (unterlassene Spezifizierung).

Im Verhältnis **zu Art 79 hat Art 80 Vorrang**. Der Gläubiger verliert deshalb auch 7 dann nach Art 80 seine Ansprüche gegen den Schuldner, wenn er sich für sein Verhalten nach Art 79 entlasten kann (ebenso BRUNNER Art 80 Rn 2; HERBER/CZERWENKA Art 79 Rn 4; HONNOLD Rn 436.2; MünchKommBGB/HUBER Art 80 Rn 3; SCHLECHTRIEM, UN-Kaufrecht 100; SCHLECHTRIEM/SCHWENZER/STOLL/GRUBER Art 80 Rn 2 f; wohl auch Münch-KommHGB/MANKOWSKI Art 80 Rn 13 und SOERGEL/LÜDERITZ/DETTMEIER Art 80 Rn 3). Kann der Käufer beispielsweise die erforderlichen Zeichnungen nicht zur Verfügung stellen, weil sie bei einem Brand seines Unternehmens vernichtet wurden, dann ist der Verkäufer gleichwohl nach Art 80 von seinen Pflichten befreit. Der befreite Schuldner – der Verkäufer – hat in diesem Fall aber auch keine Schadensersatzansprüche gegen den Gläubiger – den Käufer –, weil insoweit die Entlastung nach Art 79 greift.

IV. Voraussetzungen

Art 80 setzt voraus, daß das **Verhalten des Gläubigers** die **Ursache** dafür ist, daß der 8 Schuldner seine Vertragsverpflichtung nicht erfüllt und eine Vertragsverletzung – gleich welcher Art – begangen hat.

1.   Verhalten des Gläubigers

Als Verhalten genügt im Grundsatz jede **aktive Handlung sowie Unterlassung** des 9 Gläubigers. Das Verhalten kann, muß aber nicht zugleich Vertragsverletzung sein (ACHILLES Art 80 Rn 2; BAMBERGER/ROTH/SAENGER Art 80 Rn 2; BIANCA/BONELL/TALLON Art 80 Bem 2.3; BRUNNER Art 80 Rn 3; HERBER/CZERWENKA Art 80 Rn 3; HONSELL/MAGNUS Art 80 Rn 9; MünchKommHGB/MANKOWSKI Art 80 Rn 5; SCHLECHTRIEM/SCHWENZER/STOLL/GRUBER Art 80 Rn 7;). Benennt der Verkäufer zB entgegen seiner vertraglichen Verpflichtung nicht den Ort, wo der Käufer die Ware übernehmen soll, dann verursacht es der Verkäufer iSd Art 80, wenn der Käufer die Eröffnung des vereinbarten Akkreditivs unterläßt (so OGH RdW 1996, 203 m Aufs KAROLLUS RdW 1996, 197). Der Verkäufer kann dann nicht den Käufer für eine Verletzung der Zahlungspflicht haftbar machen. Art 80 greift auch ein, wenn der Käufer eine berechtigte Ersatzlieferung des Verkäufers nicht zuläßt (OLG Koblenz OLGR Koblenz 1997, 37 = IHR 2003, 172; zust ACHILLES Art 80 Rn 2; MünchKommHGB/MANKOWSKI Art 80 Rn 3; WITZ/SALGER/LORENZ Art 80 Rn 2) oder Rechte aus der Nichterfüllung herleiten will, nachdem er sie selbst – zudem vor längerer Zeit – verursacht hatte (OLG München 8.2.1995, CLOUT Nr 133). Fertigt der Verkäufer etwa eine Maschine nach den Plänen des fachkundigen Käufers, dann kann dieser nicht Ansprüche wegen der Konstruktionsmängel der Maschine geltend machen (ebenso MünchKommHGB/MANKOWSKI Art 80 Rn 3). Art 80 ist auch angewendet

worden, wenn der Verkäufer weitere Lieferungen einstellt, weil der Käufer, der
wegen dieses Lieferstops jetzt Schadensersatz verlangt, die bisherigen Lieferungen
nicht bezahlt hat (LG München II IHR 2003, 24).

10 **Unterlassene Mitwirkungshandlungen** werden in der Regel Vertragswidrigkeiten
sein; jedenfalls muß den Gläubiger eine vertragliche, gesetzliche, aus Gepflogenheiten, Gebräuchen oder Treu und Glauben folgende **Handlungspflicht** treffen (etwa
gem Art 60 lit a). So ist der Verkäufer etwa von allen Ansprüchen wegen unterlassener oder verspäteter Lieferung befreit, wenn der Käufer erforderliche Pläne
nicht oder nicht rechtzeitig vorlegt, Genehmigungen nicht beschafft etc.

11 Auf ein **Verschulden des Gläubigers** kommt es **nicht** an (ACHILLES Art 80 Rn 2; BAMBER-
GER/ROTH/SAENGER Art 80 Rn 2; HERBER/CZERWENKA Art 80 Rn 4; MünchKommHGB/
MANKOWSKI Art 80 Rn 9; PILTZ, Internationales Kaufrecht § 4 Rn 214; REINHART Art 80 Rn 2;
SCHLECHTRIEM/SCHWENZER/STOLL/GRUBER Art 80 Rn 3; WEBER, in: Berner Tage 172). Das
Verhalten seiner Leute und zur Vertragserfüllung eingesetzter Dritter muß sich
auch der Gläubiger zurechnen lassen (BAMBERGER/ROTH/SAENGER Art 80 Rn 2; HERBER/
CZERWENKA Art 80 Rn 5; PILTZ aaO; SCHLECHTRIEM/SCHWENZER/STOLL/GRUBER Art 80 Rn 3;
SOERGEL/LÜDERITZ/DETTMEIER Art 80 Rn 2).

2. Kausalität

12 **Das Verhalten** des Gläubigers muß **für die Nichterfüllung durch den Schuldner kausal**
gewesen sein. Es gilt grundsätzlich der allgemeine, auch sonst für die Konvention
maßgebende Kausalitätsbegriff (vgl Art 74 Rn 28 ff). Unterlassungen sind damit kausal, wenn die gebotene Handlung mit an Sicherheit grenzender Wahrscheinlichkeit
die Erfüllung ermöglicht hätte.

13 Umstritten ist jedoch, ob Art 80 auch gilt, wenn **beide Parteien die Nichterfüllung**
verursacht haben. Nach verbreiteter Ansicht setzt Art 80 voraus, daß der Gläubiger
die Nichterfüllung allein verursacht haben muß (PILTZ, Internationales Kaufrecht § 4
Rn 214; SCHLECHTRIEM/STOLL[3] Art 80 Rn 5, 10; SOERGEL/LÜDERITZ/DETTMEIER Art 80 Rn 4
[Art 77 sei stattdessen einschlägig]; wohl auch KOZIOL ZEuP 1998, 594 Fn 7). Nach **anderer**
Auffassung ist in Fällen kumulativer Verursachung Art 80 anzuwenden, jedoch nach
Möglichkeit in den Rechtsfolgen anzupassen (so BIANCA/BONELL/TALLON Art 80 Bem 2.5;
ENDERLEIN/MASKOW/STROHBACH Art 80 Bem 6; HERBER/CZERWENKA Art 80 Rn 7 f; in diese Rich-
tung auch CANARIS; in: FS E LORENZ 181 f). Vertreten wird auch, daß der Gläubiger bei
jeder Form von Mitverursachung bis auf Schadensersatz alle Behelfe verliert und
bei Schadensersatzansprüchen nach Verursachunganteilen abzuwägen ist (WITZ/SAL-
GER/LORENZ Art 80 Rn 3).

14 Im Ergebnis wird Art 80 dahin zu verstehen sein, daß der Gläubiger einen derartigen Ursachenbeitrag zur Nichterfüllung geleistet haben muß, daß eine Berufung
auf seine formalen Rechte als treuwidrig erscheint. Es sind also **die beiderseitigen**
Ursachenbeiträge zu gewichten und abzuwägen (ebenso ACHILLES Art 80 Rn 4; BAMBER-
GER/ROTH/SAENGER Art 80 Rn 2; MünchKommHGB/MANKOWSKI Art 80 Rn 8; RATHJEN RiW
1999, 565; ähnlich HERBER/CZERWENKA aaO). Da Art 80 im Grundsatz eine „Alles-oder-
Nichts-Lösung" vorsieht und bei der Zuerkennung oder Ablehnung von Erfüllungs-
oder Aufhebungsansprüchen auch keine vermittelnde Lösung (Schadensteilung)

möglich ist, muß für eine Anwendung des Art 80 der Ursachenbeitrag des Gläubigers deutlich jenen des Schuldners überwiegen (ebenso BRUNNER Art 80 Rn 6; Münch-
KommBGB/HUBER Art 80 Rn 6; REINHARD 257 f; **anders** HERBER/CZERWENKA aaO, die jede Mitverursachung genügen lassen). Liegt im mitursächlichen Verhalten des Gläubigers
zugleich eine Vertragsverletzung, so kann der Schuldner den daraus für ihn resultierenden Schaden unter Beachtung des Art 77 ersetzt verlangen, was im Ergebnis
zu einer entsprechenden Kürzung des Zahlungsanspruches führt (s auch CANARIS, in:
FS E Lorenz 182).

Soweit es allerdings um **Schadensersatzansprüche**, um den **Minderungsanspruch** oder **15**
um einen **Zinsanspruch** (Art 78) des Gläubigers geht, ist aus Art 77 und 80 der
allgemeine Grundsatz abzuleiten, daß der Schaden unter **Abwägung** der beiderseitigen Verantwortungsbeiträge zu verteilen und die jeweilige Summe daran auszurichten ist (so auch CANARIS, in: FS E Lorenz 181; HERBER/CZERWENKA Art 80 Rn 8; Münch-
KommBGB/HUBER Art 80 Rn 6; NEUMAYER/MING Art 80 Anm 3; RATHJEN RiW 1999, 565;
SCHLECHTRIEM Rn 298; SCHLECHTRIEM/SCHWENZER/STOLL/GRUBER Art 80 Rn 10 sowie BIANCA/
BONELL/TALLON Art 80 Bem 2.5, der allerdings weitergehend auch bei Erfüllungs- und Aufhebungsansprüchen dem Richter die freie Möglichkeit einräumen will, statt dessen Schadensersatz
entsprechend den Verantwortungsbeiträgen zuzusprechen; zT ähnlich ENDERLEIN/MASKOW/STROH-
BACH Art 80 Bem 6).

Für Art 80 kann auch eine **mittelbare Verursachung** genügen (MünchKommHGB/ **16**
MANKOWSKI Art 80 Rn 6; RUMMEL, in: HOYER/POSCH 192; VISCHER, in: Lausanner Kolloquium
180, jeweils mit Beispielen).

V. Rechtsfolgen

Soweit der Gläubiger die Nichterfüllung durch den Schuldner allein verursacht hat **17**
(vgl oben Rn 12 ff), entfallen alle Ansprüche, die ihm sonst wegen der Nichterfüllung
zustünden. Anders als Art 79 **befreit Art 80** den Schuldner nicht nur **von Schadens-**
ersatzpflichten, sondern auch **von Erfüllungspflichten**. Ebenso entfällt ein Aufhe-
bungs-, Minderungs- oder Zinsanspruch des Gläubigers. Hat der Gläubiger die
Nichterfüllung überwiegend verursacht, dann entfallen alle Rechtsbehelfe – Erfüllung und Vertragsaufhebung –, wenn und soweit sie sich einer anteilsmäßigen Herabsetzung entziehen (ebenso ACHILLES art 80 Rn 5; wohl auch SCHLECHTRIEM/SCHWENZER/
STOLL/GRUBER Art 80 Rn 10). Der Umfang der übrigen Behelfe – Schadensersatz,
Minderung, Zinsen – ist nach den Verursachungsbeiträgen beider Seiten herabzusetzen (BRUNNER Art 80 Rn 8; SCHLECHTRIEM/SCHWENZER/STOLL/GRUBER Art 80 Rn 10). Hat
der Gläubiger ebenso oder in geringerem Maß als der Schuldner die Nichterfüllung
des Vertrages mitverursacht, dann bleiben dem Gläubiger die ‚unteilbaren‘ Behelfe
erhalten, soweit nicht doch aus tatsächlichen Gründen eine Teilaufhebung oder
Teilerfüllung in Betracht kommt. Ein Ausgleich ist bei ihnen über Art 77 zu suchen.
Für die übrigen Behelfe ist wieder nach den jeweiligen Anteilen abzuwägen. Die
Befreiung nach Art 80 tritt allerdings generell nur soweit ein, wie der Verursa-
chungsbeitrag des Gläubigers reicht. Beschafft zB der Käufer eine notwendige
Genehmigung erst verspätet, dann sind lediglich seine Ansprüche wegen verspäteter
Belieferung ausgeschlossen, nicht aber Ansprüche aufgrund der Vertragswidrigkeit
der Ware.

18 Die **eigene Leistungspflicht des Gläubigers** wird durch Art 80 nicht berührt (ACHILLES Art 80 Rn 6; MünchKommHGB/MANKOWSKI Art 80 Rn 12; PILTZ, Internationales Kaufrecht § 4 Rn 216; SCHLECHTRIEM/SCHWENZER/STOLL/GRUBER Art 80 Rn 9; SOERGEL/LÜDERITZ/DETTMEIER Art 80 Rn 6). So bleibt etwa der Käufer zur Zahlung verpflichtet, auch wenn er dem Verkäufer die notwendigen Unterlagen nicht übermittel und dieser deshalb nicht fertigen und liefern kann. Der Verkäufer wird sich auf seinen Kaufpreisanspruch aber ersparte Aufwendungen anrechnen lassen müssen (so zu Recht ACHILLES, Münch-KommHGB/MANKOWSKI, SCHLECHTRIEM/SCHWENZER/STOLL/GRUBER, jeweils aaO).

VI. Beweislast

19 Die Beweislast, daß der Gläubiger die Nichterfüllung verursacht oder mitverursacht hat, trägt der Schuldner, der dies gegen Ansprüche des Gläubigers einwendet (ACHILLES Art 80 Rn 7; BAMBERGER/ROTH/SAENGER Art 80 Rn 4; BAUMGÄRTEL/LAUMEN/HEPTING Art 80 Rn 1; SCHLECHTRIEM/SCHWENZER/STOLL/GRUBER Art 80 Rn 8).

Abschnitt V
Wirkungen der Aufhebung

Section V   Section V
Effects of avoidance   **Effets de la résolution**

Vorbemerkungen zu Art 81 ff CISG

Die Art 81–84 regeln die wichtigsten allgemeinen Fragen, die sich aus der Aufhe- **1**
bung des Vertrages, aber auch im Zusammenhang mit dem Ersatzlieferungsverlangen nach Art 46 Abs 2 stellen. Die Voraussetzungen dieser Rechte ergeben sich
jedoch aus anderen Vorschriften (Art 49, 51, 64, 72, 73 und 46 Abs 2) und müssen
zunächst erfüllt sein.

Art 81 und Art 84 enthalten Bestimmungen über die grundsätzlichen Pflichten, die **2**
bei Rückabwicklung beider oder einer der Leistungen bestehen. Sehr deutlich
kommt hier zum Ausdruck, daß die Vertragsaufhebung nicht zu einer Auflösung
des Vertragsverhältnisses, sondern zu seiner inhaltlichen Umgestaltung („Umsteuerung") führt.

Art 82 schafft eine Begrenzung des Aufhebungs- und Ersatzlieferungsrechts, sofern **3**
die unversehrte Rückgabe der Ware nicht mehr möglich ist.

Art 83 enthält die – nach der Struktur des Übereinkommens fast selbstverständliche **4**
– Klarstellung, daß der Ausschluß des Aufhebungs- oder Ersatzlieferungsrechts die
im übrigen bestehenden Rechtsbehelfe nicht berührt.

Der Abschnitt regelt nicht alle Fragen, die sich aus der Rückabwicklung vertrag- **5**
licher Leistungen ergeben. Zum Teil lassen die Formulierungen der einzelnen
Vorschriften wichtige Fragen gerade offen, zB ob Art 82 auch für das Aufhebungsrecht des Verkäufers oder bei einer Verschlechterung der Ware gilt, die erst nach
der Aufhebungserklärung eintritt (vgl dazu Art 82 Rn 14 f, 29 f). Diese Lücken sind aus
dem CISG selbst, nicht etwa durch Rückgriff auf nationales Recht zu schließen.

Keinen Einfluß haben die Art 81–84 auf die Eigentumslage. Wer sachenrechtlich **6**
Berechtigter ist, richtet sich nach dem Sachenrechtsstatut (Art 4 lit b). Unberührt
bleibt auch, ob und welche Auswirkungen eine Insolvenz auf den Kaufvertrag hat.
Hierfür ist allein das anwendbare Insolvenzrecht maßgebend.

Art 81 [Erlöschen der Leistungspflichten; fortgeltende Vertragsbestimmungen; Rückgabe des Geleisteten]

**(1) Die Aufhebung des Vertrages befreit beide Parteien von ihren Vertragspflich-
ten, mit Ausnahme etwaiger Schadenersatzpflichten. Die Aufhebung berührt nicht
Bestimmungen des Vertrages über die Beilegung von Streitigkeiten oder sonstige**

Bestimmungen des Vertrages, welche die Rechte und Pflichten der Parteien nach Vertragsaufhebung regeln.

(2) Hat eine Partei den Vertrag ganz oder teilweise erfüllt, so kann sie Rückgabe des von ihr Geleisteten von der anderen Partei verlangen.* Sind beide Parteien zur Rückgabe verpflichtet, so sind die Leistungen Zug um Zug zurückzugeben.

Art 81

(1) Avoidance of the contract releases both parties from their obligations under it, subject to any damages which may be due. Avoidance does not affect any provision of the contract for the settlement of disputes or any other provision of the contract governing the rights and obligations of the parties consequent upon the avoidance of the contract.

(2) A party who has performed the contract either wholly or in part may claim restitution from the other party of whatever the first party has supplied or paid under the contract. If both parties are bound to make restitution, they must do so concurrently.

Art 81

1) La résolution du contrat libère les deux parties de leurs obligations, sous réserve des dommages-intérêts qui peuvent être dus. Elle n'a pas d'effet sur les stipulations du contrat relatives au règlement des différends ou aux droits et obligations des parties en cas de résolution.

2) La partie qui a ececuté le contrat totalement ou partiellement peut réclamer restitution à l'autre partie de ce qu'elle a fourni ou payé en exécution du contrat. Si les deux parties sont tenues d'effectuer des restitutions, elles doivent y procéder simultanément.

Schrifttum

HENNECKE, Gefahrtragung beim Rücktransport mangelhafter Ware, IHR 2003, 268
HONSELL, Die Vertragsverletzung des Verkäufers nach dem Wiener Kaufrecht, SJZ 1992, 345
HORNUNG, Die Rückabwicklung gescheiterter Verträge nach französischem, deutschem und nach Einheitsrecht. Gemeinsamkeiten, Unterschiede, Wechselwirkungen (1998)
KREBS, Die Rückabwicklung im UN-Kaufrecht (2000)
LESER, Vertragsaufhebung und Rückabwicklung unter dem UN-Kaufrecht, in: SCHLECHTRIEM, Fachtagung 225 ff
ders, Der Rücktritt vom Vertrag (1975)
ders, Vertragsaufhebung im Einheitlichen Kaufgesetz, in: LESER/vMARSCHALL, Das Haager Einheitliche Kaufgesetz und das Deutsche Schuldrecht. Kolloquium zum 65. Geburtstag von E von Caemmerer (1973) 1

SONG, Vertragsaufhebung und Rückabwicklung nach deutschem und koreanischem Recht und internationalem Einheitskaufrecht: eine Analyse der Folgen des Untergangs oder einer Beeinträchtigung der Kaufsache vor oder nach Erklärung der Aufhebung (1999)
THIELE, Erfüllungsort bei der Rückabwicklung von Vertragspflichten nach Art. 81 UN-Kaufrecht – ein Plädoyer gegen die herrschende Meinung, RiW 2000, 892
VILUS, Provisions Common to the Obligations of the Seller and the Buyer, in: ŠARČEVIĆ/VOLKEN 239
VISCHER, Gemeinsame Bestimmungen über Verpflichtungen des Verkäufers und des Käufers, in: Lausanner Kolloquium 173
WEBER, Vertragsverletzungsfolgen: Schadensersatz, Rückabwicklung, vertragliche Gestaltungsmöglichkeiten, in: Berner Tage 165.

* Österreich, Schweiz: ihre Leistung von der anderen Partei zurückfordern.

Systematische Übersicht

Alphabetische Übersicht

I. Regelungsgegenstand und Normzweck

1 Art 81 legt die **Rechtsfolgen** fest, die sich **aus der wirksamen Aufhebung des Vertrages** ergeben: die primären Vertragspflichten – die gegenseitigen Leistungspflichten auf Lieferung und Zahlung – erlöschen, während andere, aus dem Vertrag folgende Pflichten wie etwa die Schadensersatzpflicht oder vertragliche Abreden wie Gerichtsstands- oder Schiedsvereinbarungen wirksam bleiben (Abs 1). Bereits erbrachte Leistungen sind – grundsätzlich Zug um Zug – zurückzugeben (Abs 2).

2 Die Vertragsaufhebung führt damit nicht zu einem Wegfall des gesamten Vertragsverhältnisses, sondern nur zu einer Veränderung der wesentlichen Vertragspflichten. Statt auf Austausch der versprochenen Leistungen ist das **Vertragsverhältnis nunmehr auf Rückabwicklung gerichtet** (vgl eingehend LESER, in: SCHLECHTRIEM, Fachtagung 228 [„Umsteuerung" des Vertragsverhältnisses]; ferner BRUNNER Art 81 Rn 2; MünchKommHGB/ BENICKE Art 81 Rn 10; PILTZ, Internationales Kaufrecht § 5 Rn 285; REINHART Art 81 Rn 2; SCHLECHTRIEM, UN-Kaufrecht 102; SCHLECHTRIEM/SCHWENZER/HORNUNG Vor Art 81 Rn 8; VILUS, in: ŠARČEVIĆ/VOLKEN 256 f; krit zur These von der ‚Umsteuerung' des Vertrages aber KREBS 50 ff).

II. Entstehungsgeschichte

3 Die Vorschrift entspricht weitgehend Art 78 EKG, der aber noch nicht den jetzigen S 2 des Abs 1 enthielt. Ihn hatte bereits der Genfer Entwurf (Art 51) in ähnlicher Form aufgenommen. Die jetzige Fassung geht auf Art 52 des Wiener Entwurfs zurück, die auf der Wiener Konferenz nur noch sprachlich, aber nicht mehr in der Substanz verändert wurde.

III. Erlöschen der gegenseitigen Leistungspflichten (Abs 1)

1. Allgemeines

4 Art 81 setzt **eine wirksame, auch wirksam erklärte Vertragsaufhebung** voraus (OLG Frankfurt RiW 1994, 240). Das Aufhebungsrecht selbst muß aufgrund des Vertrages oder der Konvention (Art 49, 64, 72) gegeben sein. In Fällen der endgültigen Leistungsbefreiung nach Art 79 kann Art 81 analog angewendet werden (ebenso BIANCA/ BONELL/TALLON Art 81 Bem 2.1). Bezieht sich die Vertragsaufhebung nur auf einen Teil der versprochenen Leistung (Art 51, 73), so gilt Art 81 nur für diesen Teil (BIANCA/ BONELL/TALLON Art 81 Bem 2.2).

2. Entfallende Pflichten

5 Art 81 Abs 1 S 1 **befreit von den „Vertragspflichten", jedoch nicht von allen.** Gemeint sind nur die gegenseitigen primären Leistungspflichten, soweit sie noch nicht erfüllt sind (BIANCA/BONELL/TALLON Art 81 Bem 2.2; HONNOLD Rn 440; KAROLLUS 152; MünchKommBGB/HUBER Art 81 Rn 3; PILTZ, Internationales Kaufrecht § 5 Rn 284; SCHLECHTRIEM/

SCHWENZER/HORNUNG Art 81 Rn 8). Es entfallen also die Pflicht zur Lieferung und zur Zahlung sowie die für ihre Erfüllung vereinbarten oder notwendigen Zusatzpflichten (vgl aus der Rspr etwa BGH NJW 1997, 3311; Handelsgericht Zürich SZIER 1998, 75; Bezirksgericht Saane SZIER 1999, 195; Schiedsgericht der Hamburger freundschaftlichen Arbitrage IHR 2001, 35 [bei Aufhebung eines Sukzessivlieferungsvertrages für die Zukunft entfallen auch nur die Liefer- und die Zahlungspflicht für die Zukunft; deshalb Pflicht zur Rückzahlung bereits geleisteter Vorkasse]; SCHLECHTRIEM/SCHWENZER/HORNUNG aaO: „die sie direkt unterstützenden Nebenpflichten"), zB die Pflicht, die Dokumente zu übergeben (Art 34), für den Transport der Ware zu sorgen (Art 32 Abs 2) etc. Eine Verletzung dieser Pflichten und daraus folgende Schadensersatzansprüche sind nicht mehr möglich. Zu den fortbestehenden Pflichten vgl unten Rn 6 ff.

3.   Fortbestehende Vertragspflichten

Nach Art 81 Abs 1 S 1 und 2 bestehen trotz der Vertragsaufhebung **Schadensersatz-** **6** **pflichten, auf die Streitbeilegung bezogene Vertragsvereinbarungen** sowie **sonstige, für den Fall der Vertragsaufhebung getroffene Bestimmungen** fort. Darin bestätigt sich der Ausgangspunkt des Einheitskaufrechts, das Vertragsverhältnis mit der Aufhebung nicht vollständig zu beenden, sondern nur umzugestalten (vgl oben Rn 2). Es wäre auch widersprüchlich, wenn jene Parteiabreden, die für den Fall der Aufhebung Vorsorge treffen sollten, durch die Aufhebung beseitigt würden (ebenso BIANCA/ BONELL/TALLON Art 81 Bem 2.3).

Die Aufzählung in Abs 1 ist **nicht abschließend** (Sekretariatskommentar Art 66 Bem 5 f; **7** BIANCA/BONELL/TALLON Art 81 Bem 2.4; HONNOLD Rn 443; HONSELL/WEBER Art 81 Rn 8; MünchKommHGB/BENICKE Art 81 Rn 10; SCHLECHTRIEM/SCHWENZER/HORNUNG Art 81 Rn 10). Die Schadensersatzpflichten, die Abs 1 S 1 erwähnt, erfassen die bereits vor Aufhebung begründeten Pflichten (HERBER/CZERWENKA Art 81 Rn 13; MünchKommHGB/BENICKE Art 81 Rn 10). Die Konvention anerkennt hier nochmals – wie in Art 45 und 61 – ausdrücklich das kumulative Nebeneinander von Aufhebung und Schadensersatz. Nach der Vertragsaufhebung können neue Schadensersatzansprüche nur noch aus der Verletzung solcher Pflichten folgen, die bestehen geblieben sind.

Vertragliche Bestimmungen über die Beilegung von Streitigkeiten bzw über die **8** Rechte und Pflichten nach Aufhebung (Abs 1 S 2), die ebenfalls fortgelten, schließen sowohl **Gerichtsstands- und Schiedsklauseln** wie auch **Abreden über Vertragsstrafen, Schadenspauschalierungen oder Neuverhandlungspflichten** ein (ACHILLES Art 81 Rn 2; BAMBERGER/ROTH/SAENGER Art 81 Rn 3; BIANCA/BONELL/TALLON Art 81 Bem 2.3; HERBER/CZERWENKA Art 81 Rn 5; HONNOLD Rn 453; LOEWE, Kaufrecht 98; MünchKommBGB/ HUBER Art 81 Rn 5; MünchKommHGB/BENICKE Art 81 Rn 10; PILTZ, Internationales Kaufrecht § 5 Rn 285; SCHLECHTRIEM/SCHWENZER/HORNUNG Art 81 Rn 10; WITZ/SALGER/LORENZ Art 81 Rn 3; zu Schiedsklauseln SOERGEL/LÜDERITZ/DETTMEIER Art 81 Rn 4). Ob die vertraglichen Bestimmungen inhaltlich wirksam vereinbart worden sind, richtet sich jedoch nach dem anwendbaren nationalen Recht (Art 4 lit a).

Als weitere Pflicht, die Art 81 Abs 1 nicht ausdrücklich nennt, wird etwa die – auch **9** aus Art 86 folgende – **Pflicht zur Erhaltung der zurückzugebenden Ware** angesehen (Sekretariatskommentar Art 66 Bem 6; ACHILLES Art 81 Rn 2; BAMBERGER/ROTH/SAENGER Art 81 Rn 3; BIANCA/BONELL/TALLON Art 81 Bem 2.4; HERBER/CZERWENKA Art 81 Rn 6; Münch-

KommBGB/Huber Art 81 Rn 5; Schlechtriem/Schwenzer/Hornung Art 81 Rn 10). Sie entsteht freilich erst neu mit der Umgestaltung des Vertragsverhältnisses in ein Rückabwicklungsverhältnis und ist diesem immanent (das gilt auch für die bei Schlechtriem/ Schwenzer/Hornung aaO aufgeführte Pflicht zur Rückgabe von Sicherheiten, Plänen, Unterlagen etc). Ihre Verletzung begründet eine Schadensersatzpflicht (Honsell/Weber Art 81 Rn 10).

IV.   Rückgewährpflichten (Abs 2)

1.   Inhalt der Pflicht

10   Nach Abs 2 sind die Parteien zur **Rückgewähr der erbrachten Leistungen** verpflichtet. Zurückzugewähren ist alles, was in Erfüllung des Vertrages geleistet wurde. Deutlicher als die deutsche Fassung („Rückgabe") spricht das der englische Text aus („restitution ... of whatever the ... party has supplied or paid under the contract"). Damit sind nicht nur die Ware und Dokumente sowie der Kaufpreis, sondern auch Nebenleistungen wie zB zur Verfügung gestellte Pläne, Unterlagen, Bankgarantien, Muster etc zurückzuerstatten (vgl etwa BGH NJW 1997, 3311; OLG Celle 24. 5. 1995, CLOUT Nr 136; Handelsgericht Zürich SZIER 1998, 75; Bezirksgericht Saane SZIER 1999, 195 [jeweils Rückzahlung geleisteter Kaufpreis-(an-)zahlung]; Schiedsgericht der Hamburger freundschaftlichen Arbitrage IHR 2001, 35 [bei Aufhebung eines Sukzessivlieferungsvertrages für die Zukunft deshalb Pflicht zur Rückzahlung bereits geleisteter Vorkasse]). Etwa mitübertragene Rechte (zB Lizenzen etc) sind zurückzuübertragen (Schlechtriem/Schwenzer/Hornung Art 81 Rn 10 sieht hierin eine fortbestehende Vertragspflicht). Sind Montageleistungen erbracht worden, so sind diese zu vergüten. Maßgebend ist der vertraglich festgesetzte Wert. Die Kosten der Demontage dürfte der Lieferer zu tragen haben. Dagegen bezieht sich Abs 2 nicht auf die Rückgewähr von Leistungen, die – sei es auch im Zusammenhang mit dem Vertrag – rechtsgrundlos erbracht wurden (zB versehentliche Zuvielzahlung; zur Zuviellieferung s dagegen Art 52 Abs 2). Ihre Rückabwicklung richtet sich nach dem anwendbaren Bereicherungsrecht (OLG München RiW 1998, 559 [Rückforderung eines irrig nach Art 81 Abs 2 zurückgezahlten Kaufpreises nach nationalem Bereicherungsrecht beurteilt]; ebenso Achilles Art 81 Rn 1; Brunner Art 81 Rn 5; **aA** Krebs 9 f mit dem gewichtigen Argument, daß alle Fälle der Übererfüllung einheitlich nach dem CISG abgewickelt werden sollten).

10a   Zur Rückgabe gehört mangels abweichender Absprachen nicht mehr der **Rücktransport** der Ware. Hier genügt es, wenn der Käufer die Ware transportfertig – ggfs entsprechend verpackt, abgefüllt etc – bereitstellt (zum Erfüllungsort der Rückgabeverpflichtung s unten Rn 19). Für Schäden auf dem Rücktransport hat der Käufer deshalb nicht einzustehen (OLG Karlsruhe IHR 2003, 125; OGH TranspR-IHR 1999, 48; Hennecke IHR 2003, 268 ff). Eine Schadensersatzhaftung aus Art 61 Abs 1 lit b kommt nur in Betracht, wenn der Käufer seine Pflicht zu ordnungsgemäßer Verpackung verletzt hat und der Transportschaden darauf zurückzuführen ist (Hennecke IHR 2003, 270).

11   Ein **Rückgriff auf nationales Bereicherungsrecht** zur Rückabwicklung der Leistungen nach Vertragsaufhebung ist **weder möglich noch nötig** (Achilles Art 81 Rn 3; Soergel/ Lüderitz/Dettmeier Art 81 Rn 7). Grundsätzlich ist die Leistung in Natur zurückzugewähren. Soweit Gerichte jedoch nach nationalem Recht keine Erfüllung in Natur gewähren würden, sind sie hierzu entspr Art 28 auch für Rückgewähransprüche im

Hinblick auf Sachen nicht verpflichtet (ebenso BAMBERGER/ROTH/SAENGER Art 81 Rn 4; BIANCA/BONELL/TALLON Art 81 Bem 2. 5; HERBER/CZERWENKA Art 81 Rn 8; HEUZÉ n 441 Fn 290; eingehend KREBS 55 ff; MünchKommHGB/BENICKE Art 81 Rn 4; SCHLECHTRIEM/SCHWENZER/ HORNUNG Art 81 Rn 12; SOERGEL/LÜDERITZ/DETTMEIER Art 81 Rn 7; aA aber HEILMANN 515; HONSELL/WEBER Art 81 Rn 16; MünchKommBGB/HUBER Art 81 Rn 8; NEUMAYER/MING Art 81 Rn 3; PILTZ, Internationales Kaufrecht § 5 Rn 286; SCHLECHTRIEM/SCHWENZER/MÜLLER-CHEN Art 28 Rn 6). Ist der Kaufvertrag aber entweder nicht wirksam zustandegekommen oder zB durch Anfechtung beseitigt worden, dann kann die Rückabwicklung bereits ausgetauschter Leistungen nur über das anwendbare nationale Bereicherungsrecht erfolgen (ACHILLES Art 81 Rn 1; SOERGEL/LÜDERITZ/DETTMEIER Art 81 Rn 1).

Der zurückzuzahlende Kaufpreis ist zu **verzinsen**; vorbehaltlich anderweiter Ab- **12** sprachen oder Gebräuche ist seine Währung regelmäßig diejenige, in der die zurückzahlende Summe tatsächlich geleistet worden war (ICC-Schiedsspruch Nr 7660/1994, ICC Court of International Arbitration Bulletin 1995, Nr 2, S 69 [70]; MAGNUS RabelsZ 53 [1989] 141; SOERGEL/LÜDERITZ/DETTMEIER Art 81 Rn 6; wohl auch KREBS 58 f; teilw **abw** Münch-KommHGB/BENICKE Art 81 Rn 9 [Rückzahlung in der Vertragswährung oder der Währung, die für die Berechnung zugrundegelegt wurde]; aA HEUZÉ n 431 [Währung am Sitz der Partei, die die zur Rückabwicklung führende Vertragsverletzung zu verantworten hat; bei nicht zu vertretender Pflichtverletzung soll die Vertragswährung gelten]). Für eine Umrechnung in andere Währung ist vorbehaltlich anderer Absprachen, Gepflogenheiten oder Gebräuche in Anlehnung an Art 84 Abs 1 der Wechselkurs am Tag der Kaufpreiszahlung maßgebend (ebenso MünchKommBGB/HUBER Art 81 Rn 9; SOERGEL/LÜDERITZ/DETTMEIER Art 81 Rn 6). **Nutzungsvorteile** zurückzugebender Sachen sind zu erstatten (vgl Art 84 und die Erläuterungen dort).

Kann die erbrachte Leistung nicht mehr unverändert zurückgewährt werden, so **13** ergeben sich Abweichungen vom Grundsatz des Art 81 aus den Art 82–84.

## 2.	Rückabwicklung Zug um Zug (Abs 2 S 2)

Art 81 Abs 2 S 2 ordnet ausdrücklich an, daß wechselseitige **Rückgewähransprüche** **14** nur **Zug um Zug zu erfüllen** sind. Das ursprüngliche synallagmatische Leistungsverhältnis wird – vorbehaltlich anderer Abreden der Parteien – für die Rückabwicklung beibehalten. Die Partei, die den Anlaß zur Vertragsaufhebung gegeben hat, ist nicht etwa zur Vorleistung verpflichtet (WITZ/SALGER/LORENZ Art 81 Rn 4). Jeder Rückgabeverpflichtete hat daher ein Zurückbehaltungsrecht, bis auch die andere Seite leistet (BIANCA/BONELL/TALLON Art 81 Bem 2. 6; HERBER/CZERWENKA Art 81 Rn 9; MünchKommHGB/BENICKE Art 81 Rn 6). Ferner kann er sich auf das Leistungsverweigerungsrecht des Art 71 – in entspr Anwendung – stützen (ebenso BIANCA/BONELL/ TALLON aaO; HERBER/CZERWENKA aaO, halten die analoge Anwendung des Art 71, der jedoch weiter reicht als ein Zurückbehaltungsrecht, dagegen für überflüssig). Der Anspruch auf Rückgewähr ist im Zweifel binnen angemessener Frist zu erfüllen (HONSELL/WEBER Art 81 Rn 18; SOERGEL/LÜDERITZ/DETTMEIER Art 81 Rn 10). Freilich läuft die Zug-um-Zug-Leistungspflicht leer, wenn nur eine Seite geleistet hatte. Verzögert der Pflichtige dann die Rückgabe oder Rückzahlung, kommt ein Schadensersatzanspruch des Berechtigten in Betracht (s unten Rn 16 ff).

Eine **Aufrechnung gegenseitiger Zahlungsanprüche** sieht das CISG zwar nicht all- **15** gemein vor, enthält aber immerhin in Art 84 Abs 2 einen Ansatzpunkt für eine Verrechnung. Es erscheint deshalb nicht nur als wünschenswert, sondern als zulässig und möglich, die Aufrechnung als allgemeines Prinzip (Art 7 Abs 2) aus dem allgemeinen Synallagma der Leistungen und dem sonst verankerten Grundsatz der Zug-um-Zug-Verpflichtung herzuleiten, soweit sich gegenseitige Geldansprüche aus der Konvention gegenüberstehen, zumindest wenn sie aus demselben Vertrag folgen (ebenso ACHILLES Art 81 Rn 4; BRUNNER Art 81 Rn 6; ENDERLEIN/MASKOW/STROHBACH Art 84 Bem 1; PILTZ, Internationales Kaufrecht § 5 Rn 291; SCHLECHTRIEM/SCHWENZER/HORNUNG Art 81 Rn 16; WEBER, in: Berner Tage 186; für Rückgriff auf das anwendbare nationale Recht dagegen Handelsgericht St. Gallen IHR 2003, 181; BIANCA/BONELL/TALLON Art 81 Bem 2. 6; München-KommBGB/HUBER Art 81 Rn 13; differenzierend: KREBS 80 ff; vgl eingehend dazu Art 4 Rn 46 f).

3.   Rückabwicklung und Schadensersatz

16 **Vor der Vertragsaufhebung entstandene Schadensersatzansprüche** werden durch die Aufhebung nicht berührt (Art 81 Abs 1 S 1, dazu oben Rn 6). Nach der Vertragsaufhebung können sich neue Schadensersatzansprüche nur aus der Verletzung solcher Pflichten ergeben, die bestehen geblieben sind (oben Rn 5, 7). Ferner können Schadensersatzansprüche aus der Verletzung der Rückgewährpflichten folgen (HONSELL/WEBER Art 81 Rn 23). Doch ist etwa der Käufer, der die Ware zurückgibt, mangels anderer Vereinbarung nicht verpflichtet, Schäden zu tragen, die die Ware auf dem Rücktransport erleidet (OLG Karlsruhe IHR 2003, 125 [Transportschäden während des Rücktransports auf Grund ungenügender Transportsicherung]; OGH TranspR-IHR 1999, 48; s dazu oben Rn 10).

17 Der zur Aufhebung berechtigte Vertragsteil kann ferner die **Kosten der Rückabwicklung** auf der Grundlage des Art 45 Abs 1 lit b oder 61 Abs 1 lit b als Schaden im Rahmen des Art 74 verlangen (Sekretariatskommentar Art 66 Bem 11; BIANCA/BONELL/TALLON Art 81 Bem 2. 6; ENDERLEIN/MASKOW/STROHBACH Art 81 Bem 1; HERBER/CZERWENKA Art 81 Rn 14; LOEWE, Kaufrecht 98; MünchKommBGB/HUBER Art 81 Rn 14; MünchKommHGB/BENICKE Art 81 Rn 7; SCHLECHTRIEM/SCHWENZER/HORNUNG Art 81 Rn 19). Die vertragsbrüchige Partei hat die eigenen Aufwendungen der Rückabwicklung dagegen selbst zu tragen (BIANCA/BONELL/TALLON, SCHLECHTRIEM/SCHWENZER/HORNUNG jeweils aaO). Sind die Leistungspflichten des ursprünglichen Vertrages wegen eines Ereignisses nicht mehr zu erfüllen, das nach Art 79 befreit, so fallen jeder Vertragspartei die eigenen Rückabwicklungskosten selbst zur Last (BIANCA/BONELL/TALLON Art 81 Bem 2. 6; München-KommHGB/BENICKE Art 81 Rn 7; SCHLECHTRIEM/SCHWENZER/HORNUNG aaO), da Art 79 Abs 5 zwar weiterhin die Aufhebung, aber nicht Schadensersatz zuläßt.

17a Lehnt der Verkäufer die **Rücknahme** der Ware ab, dann verletzt er seine (Abnahme-) Pflicht aus dem Rückgewährschuldverhältnis und macht sich gem Art 45 Abs 1 lit b schadensersatzpflichtig. Ein Rückgriff auf das anwendbare nationale Recht ist dafür weder notwendig noch zulässig (aA aber LG Landshut 5. 4. 1995, CISG-online Nr 193; BAMBERGER/ROTH/SAENGER Art 81 Rn 6; SCHLECHTRIEM/SCHWENZER/HORNUNG Art 81 Rn 19a). Verzögert eine Partei im übrigen ihre Rückgewährpflicht, erwächst der anderen daraus ggfs ebenfalls ein Schadensersatzanspruch.

18 Zur Lage bei Verschlechterung der Ware vgl die Erläuterungen zu Art 82.

4.   Erfüllungsort der Rückgewährpflichten

Beim Rückgewährschuldverhältnis vertauschen sich die Parteirollen: der Käufer hat **19**
die Ware, der Verkäufer den Preis zurückzuerstatten. Die gesetzlichen **Erfüllungs-**
ortregeln für die ursprünglichen Leistungspflichten können deshalb, vorbehaltlich
abweichender Parteiabrede, **spiegelbildlich** herangezogen werden (LG Gießen IHR
2003, 268; OLG Karlsruhe IHR 2003, 125; OGH TranspR-IHR 1999, 48 m Anm THIELE; OLG
Düsseldorf RiW 1993, 845; ACHILLES Art 81 Rn 3; BAMBERGER/ROTH/SAENGER Art 81 Rn 5;
HONSELL/WEBER Art 81 Rn 21; MünchKommBGB/HUBER Art 81 Rn 15; PILTZ, Internationales
Kaufrecht § 5 Rn 92; SCHLECHTRIEM Rn 331; ders, IPRax 1981, 113 f; SCHLECHTRIEM/SCHWENZER/
HORNUNG Art 81 Rn 17 ff; SCHWIMANN/POSCH Art 81 Rn 8; WEBER, in: Berner Tage 186; teilweise
abweichend HERBER/CZERWENKA Art 81 Rn 12; **aA** KREBS 86 [nur bei Vertragsaufhebung durch
vertragstreue Partei spiegelbildliche Anwendung des Art 31 oder 57; im übrigen Bringschuld der
aufhebenden Partei und deshalb Erfüllungsort am Sitz der anderen Partei]; ähnlich BRUNNER Art 81
Rn 8; ferner MünchKommHGB/BENICKE Art 81 Rn 8 [Pflicht des vertragsbrüchigen Teils, die Ware
beim vertragstreuen Teil abzuholen oder sie ihm zu bringen]; THIELE RiW 2000, 894 f [Sitz der
vertragstreuen Partei]). Der Erfüllungsort für die **Rückzahlungspflicht** liegt daher im
Zweifel am Niederlassungsort des Käufers (analog zu Art 57 Abs 1 lit a; vgl LG
Gießen IHR 2003, 276; OLG Düsseldorf RiW 1993, 845; PILTZ, SCHLECHTRIEM, jeweils aaO; **aA**
HERBER/CZERWENKA aaO und zum EKG: BGHZ 78, 257). Dort liegt auch – analog zu
Art 31 lit c – der Erfüllungsort für die **Warenrückgabe** (OLG Karlsruhe IHR 2003, 125
[Transportschäden während des Rücktransports hat der Käufer deshalb nicht zu tragen]; LG Gießen
IHR 2003, 276; OGH TranspR-IHR 1999, 48 [49]; HERBER/CZERWENKA, PILTZ, SCHLECHTRIEM, alle
aaO sowie SCHACK IPRax 1987, 215, 217; SCHWENZER IPRax 1988, 212, 214; ebenso zum EKG:
OLG München RiW 1980, 728 f). Nach abweichender Ansicht ist dagegen das IPR zur
Lückenfüllung einzuschalten (Cour d'appel Paris Rec Dalloz 1998, somm 288).

5.   Rückabwicklung bei Ersatzlieferung

Die Pflicht zur Rückgabe der Ware, für die der Verkäufer gem Art 46 Abs 2 Ersatz **20**
leistet, ist im CISG nicht eigens geregelt. Für sie läßt sich **Art 81 Abs 2 S 1 analog**
heranziehen (MünchKommBGB/HUBER Art 81 Rn 17; MünchKommHGB/BENICKE Art 81 Rn 5;
SCHLECHTRIEM Rn 325; SCHLECHTRIEM/SCHWENZER/HORNUNG Vor Art 81–84 Rn 4; SOERGEL/
LÜDERITZ/DETTMEIER Art 81 Rn 9). Der Käufer ist also zur Rückgabe verpflichtet; der
Verkäufer hat jedoch – als zur Ersatzlieferung Verpflichteter – die Kosten der Rück-
führung zu tragen. Die Rückgabe hat ebenfalls binnen angemessener Frist zu erfolgen,
die hier freilich meist auf wenige Tage begrenzt sein dürfte, um die Rückgabe vorzubereiten. Ein Zurückbehaltungsrecht, bis der Verkäufer die Ersatzware angedient hat,
steht dem Käufer nicht zu (s Art 46 Rn 49). Der Leistungsort für die Rückgabe der Ware
ist in Analogie zu Art 31 lit c der Niederlassungsort des Käufers (ebenso KREBS 86).

6.   Verjährung der Rückabwicklungsansprüche

Die Verjährung der Rückabwicklungsansprüche richtet sich **nach dem vom IPR** **21**
berufenen nationalen Recht (PILTZ, Internationales Kaufrecht § 5 Rn 286; SOERGEL/LÜDE-
RITZ/DETTMEIER Art 81 Rn 9). Die Sonderregelung für Ansprüche wegen vertragswidriger Beschaffenheit in Art 3 VertragsG gilt hier nicht (HERBER/CZERWENKA Art 3 VertragsG Rn 9; PILTZ aaO; wohl auch SCHLECHTRIEM/SCHWENZER/SCHLECHTRIEM Art 3 VertragsG
Rn 4, 5; näher unten Anhang Art 3 VertragsG Rn 7).

V.   Beweisfragen

22 Diejenige Partei, die sich auf die Befreiung von ihren Vertragspflichten beruft (Abs 1) oder Rückgewähr ihrer Leistung fordert (Abs 2), ist für die tatsächlichen Voraussetzungen ihres Rechts beweispflichtig (ebenso ACHILLES Art 81 Rn 5; BAUMGÄRTEL/LAUMEN/HEPTING Art 81 Rn 1, 3).

Art 82 [Verlust des Rechts auf Vertragsaufhebung oder Ersatzlieferung]

(1) Der Käufer verliert das Recht, die Aufhebung des Vertrages zu erklären oder vom Verkäufer Ersatzlieferung zu verlangen, wenn es ihm unmöglich ist, die Ware im wesentlichen in dem Zustand zurückzugeben, in dem er sie erhalten hat.

(2) Absatz 1 findet keine Anwendung,
a) wenn die Unmöglichkeit, die Ware zurückzugeben oder sie im wesentlichen in dem Zustand zurückzugeben, in dem der Käufer sie erhalten hat, nicht auf einer Handlung oder Unterlassung des Käufers beruht,
b) wenn die Ware ganz oder teilweise infolge der in Artikel 38 vorgesehenen Untersuchung untergegangen oder verschlechtert worden ist oder
c) wenn der Käufer die Ware ganz oder teilweise im normalen Geschäftsverkehr verkauft oder der normalen Verwendung entsprechend verbraucht oder verändert hat, bevor er die Vertragswidrigkeit entdeckt hat oder hätte entdecken müssen.

Art 82

(1) The buyer loses the right to declare the contract avoided or to require the seller to deliver substitute goods if it is impossible for him to make restitution of the goods substantially in the condition in which he received them.

(2) The preceding paragraph does not apply:
(a) if the impossibility of making restitution of the goods or of making restitution of the goods substantially in the condition in which the buyer received them is not due to his act or omission;
(b) if the goods or part of the goods have perished or deteriorated as a result of the examination provided for in article 38; or
(c) if the goods or part of the goods have been sold in the normal course of business or have been consumed or transformed by the buyer in the course of normal use before he discovered or ought to have discovered the lack of conformity.

Art 82

1) L'acheteur perd le droit de déclarer le contrat résolu ou d'exiger du vendeur la livraison de marchandises de remplacement s'il lui est impossible de restituer les marchandises dans un état sensiblement identique à celui dans lequel il les a recues.

2) Le paragraphe précédent ne s'applique pas:
a) si l'impossibilité de restituer les marchandises ou de les restituer dans un état sensiblement identique à celui dans lequel l'acheteur les a recues n'est pas due à un acte ou à une omission de sa part;
b) si les marchandises ont péri ou sont détériorées, en totalité ou en partie, en conséquence de l'examen prescrit à l'article 38; ou
c) si l'acheteur, avant le moment où il a constaté ou aurait dû constater le défaut de conformité, a vendu tout ou partie des marchandises dans le cadre d'une opération commerciale normale ou a consommé ou transformé tout ou partie des marchandises conformément à l'usage normal.

Schrifttum

Wie zu Art 81; ferner:
FREIBURG, Verlust des Rechts auf Vertragsaufhebung nach UN-Kaufrecht (Diss Münster
2000)

MOHS, Die Vertragswidrigkeit im Rahmen des
Art. 82 Abs. 2 lit. c CISG, IHR 2002, 59.

Systematische Übersicht

Alphabetische Übersicht

I.   Regelungsgegenstand und Normzweck

1 Die Vorschrift bestimmt die Rechtsfolgen für den Fall, daß der **Käufer** zwar zur Vertragsaufhebung oder Ersatzlieferung berechtigt, aber **nicht mehr zur Rückgabe der unversehrten Ware in der Lage** ist. Abs 1 legt hierfür als Grundregel fest, daß der Käufer sein Recht auf Vertragsaufhebung oder Ersatzlieferung verliert, wenn er die Ware nicht mehr – im wesentlichen unverändert – zurückgeben kann. Abs 2 schafft jedoch drei Ausnahmen von dieser Regel: Wenn die unversehrte Rückgabe nicht durch das Verhalten des Käufers unmöglich geworden ist (lit a); wenn die Ware durch eine ordnungsgemäße Untersuchung verschlechtert worden ist (lit b); wenn die Ware im üblichen Geschäftsgang verkauft, ge- oder verbraucht oder verändert wurde und der Käufer ihre Vertragswidrigkeit weder entdeckt hatte noch entdecken mußte (lit c).

II.   Entstehungsgeschichte

2 Art 82 stimmt sachlich weitgehend mit Art 79 EKG überein. Sprachlich ist die Haager Vorschrift überarbeitet und schon vom Genfer Entwurf (Art 52) im wesentlichen in die jetzige Fassung gebracht worden. Als sachliche Ergänzung gegenüber dem Haager Recht wurde Abs 1 auf den Ersatzlieferungsanpruch erstreckt und in Abs 2 lit c der Fall des Weiterverkaufs aufgenommen (vgl hierzu UNCITRAL YB V [1974] 43, 70, 76).

3 Auf der Wiener Konferenz wurde die von UNCITRAL vorbereitete Textfassung ohne Änderungsanträge und ohne Diskussionen beschlossen (vgl Off Rec 136 f, 388).

III.   Verlust des Aufhebungs- oder Ersatzlieferungsanspruchs (Abs 1)

1.   Grundsatz

4 Kann der Käufer die erhaltene Ware nicht unversehrt zurückgeben, dann verliert er gem Art 82 Abs 1 einen sonst gegebenen Aufhebungs- oder Ersatzlieferungsan-spruch. Eine Rückabwicklung des Vertragsverhältnisses – oder eine Ersatzlieferung – kommt außer in den Ausnahmefällen des Abs 2 nicht mehr in Betracht (Sekretariatskommentar Art 67 Bem 2; Denkschrift 60; Schlechtriem/Schwenzer/Hornung Art 82 Rn 6). Dieser aus dem römischen Recht stammende Gedanke (vgl dazu Leser, Der Rücktritt vom Vertrag 210 ff; s aber auch Krebs 92 f) lag auch der Regelung des § 351 BGB aF zugrunde, die allerdings auf das Verschulden des Rücktrittsberechtigten abstell-te. Inzwischen hat die Schuldrechtsreform die Tendenz moderner internationaler Regelungen übernommen, den Vertragsrücktritt nicht mehr daran scheitern zu lassen, daß die Rückgabe des bereits Geleisteten unmöglich ist; vielmehr hat der Rückgabepflichtige dann Wertersatz zu leisten (s § 346 Abs 2 Nr 1 BGB nF; ferner Art 9:309 Principles of European Contract Law; Art 7.3.6 UNIDROIT Principles of International Commercial Contracts). Art 82 Abs 1 enthält keine allgemeine, für beide Vertragsparteien geltende Regel wie noch § 351 BGB aF, sondern begrenzt sich auf den Fall, daß **dem Käufer die Rückgabe der Ware unmöglich** wird, bevor er die Vertragsaufhebung oder Ersatzlieferung geltend gemacht hat („der Käufer ver-liert das Recht, … zu erklären oder … zu verlangen …"). Damit läßt die Vorschrift eine Reihe von Fragen offen – Anwendbarkeit auch auf das Aufhebungsrecht des Verkäufers? Rechtsverlust auch bei späterer Rückgabeunmöglichkeit? Lage bei Rückzahlungsunmöglichkeit? –, die im Weg der Lückenfüllung zu beantworten sind (dazu unten Rn 14 f, 29 f).

2. Voraussetzungen

Der Rechtsverlust nach Abs 1 tritt ein, wenn der Käufer **„die Ware nicht im wesent-** **5** **lichen in dem Zustand zurückgeben kann, in dem er sie erhalten hat".** Das ist etwa der Fall, wenn der Käufer die Ware weiterveräußert oder verarbeitet hat – und nicht Abs 2 lit c eingreift (BGH NJW 1997, 3311 [Probeverarbeitung]; OLG Düsseldorf RiW 1994, 1050 [Weiterverkauf]; noch zum EKG: LG Bochum, in: Schlechtriem/Magnus Art 79 Nr 1; OLG Hamm IPRax 1983, 231 f); wenn er sie als minderwertig oder wertlos vernichtet hat (vgl zum EKG: LG Hamburg, in: Schlechtriem/Magnus Art 79 Nr 5); wenn ihm sonst die Rück-gabe der Ware in unversehrtem Zustand (zB wegen Diebstahls, Beschädigung, Verderbs etc) nicht mehr möglich ist und er sich auf keine der Ausnahmen des Abs 2 stützen kann (Achilles Art 82 Rn 3; Brunner Art 82 Rn 3; MünchKommHGB/ Benicke Art 82 Rn 3; Schlechtriem/Schwenzer/Hornung Art 82 Rn 9; Soergel/Lüderitz/ Dettmeier Art 82 Rn 3; Witz/Salger/Lorenz Art 82 Rn 2). Die Rückgabe ist dem Käufer auch dann unmöglich, wenn er sich – etwa bei Gattungssachen – Ersatz beschaffen und diesen zurückgeben könnte (so zutreffend MünchKommBGB/Huber Art 82 Rn 3; Schlechtriem/Schwenzer/Hornung, Soergel/Lüderitz/Dettmeier aaO; aA Bianca/ Bonell/Tallon Art 82 Bem 2.1). Bei fallenden Preisen würden dem Käufer sonst Spekulationsmöglichkeiten eröffnet. Dagegen ist die Rückgabemöglichkeit nicht allein deshalb ausgeschlossen, weil die Ware, die der Verkäufer mit Montagelei-stungen geliefert hatte, nun wieder demontiert werden muß, es sei denn, die De-montage führt zu beachtlichen Schäden an der Ware. Zur Wirkung von Verfügungs-beschränkungen, Beschlagnahmen etc s u Rn 21.

Das Aufhebungs- oder Ersatzlieferungsrecht entfällt allerdings nur, **wenn sich die** **6** **Ware von ihrem ursprünglichen Zustand**, in dem sie dem Käufer übergeben wurde, **nunmehr wesentlich unterscheidet.** Weder Veränderungen des Warenzustandes vor diesem Zeitpunkt (hierzu KAROLLUS 150) noch unwesentliche Veränderungen genügen. Der Maßstab der Wesentlichkeit ist, wie auch sonst, objektiv zu bestimmen. Es entscheidet die Sicht einer vernünftigen Person in gleicher Lage (Art 8 Abs 2; vgl auch ACHILLES Art 82 Rn 4; SCHLECHTRIEM/SCHWENZER/HORNUNG Art 82 Rn 11; REINHART Art 82 Rn 2). Die Rücknahme der Ware muß dem Verkäufer nicht zumutbar sein, weil die Ware wertmäßig nicht mehr dem entspricht, was er geleistet hat (Sekretariatskommentar Art 67 Bem 3; ähnlich HERBER/CZERWENKA Art 82 Rn 3). Fehlen allerdings nur Begleitpapiere der Ware, ohne daß die Verwendung der Ware dadurch behindert wird, dann berührt das nicht das Aufhebungsrecht der berechtigten Partei (ähnlich WITZ/SALGER/LORENZ Art 82 Rn 2).

7 Ist die **Ware** zwar **beschädigt, aber inzwischen repariert** worden, so hängt die Rückgabemöglichkeit davon ab, ob der Marktwert trotz Reparatur nur unerheblich vermindert ist. Ist er durch einen von Abs 2 lit c nicht gedeckten Gebrauch (zB bei Kraftfahrzeugen) deutlich vermindert, so liegt darin eine wesentliche Verschlechterung (ebenso BRUNNER Art 82 Rn 5; ähnlich SOERGEL/LÜDERITZ/DETTMEIER Art 82 Rn 3; **aA** HERBER/CZERWENKA aaO; ähnlich REINHART Art 82 Rn 2: normale Abnutzung sei stets unwesentlich). Bei langlebigen Gütern (Maschinen etc) werden wenige Gebrauchsvorgänge in der Regel nur eine unwesentliche Verschlechterung bedeuten (OLG Oldenburg 1. 2. 1995, CLOUT Nr 165 [kurzfristige Benutzung einer Ledermöbelgarnitur unwesentlich]; ferner BIANCA/BONELL/TALLON Art 82 Bem 2. 1; SOERGEL/LÜDERITZ/DETTMEIER aaO).

8 **Veränderungen, die den Wert der Ware nicht beeinträchtigen** oder ihn sogar verbessern (zB neuer Anstrich etc), schließen die Rückgabemöglichkeit nicht aus, da sie für den zur Aufhebung Berechtigten keinen Nachteil bedeuten (BGH RiW 1997, 1037 [Verbesserung von Walzdraht durch Bearbeitung und Nachschleifen]; MünchKommHGB/BENICKE Art 82 Rn 3; ebenso auch KREBS 97).

9 Für Abs 1 kommt es auf ein Verschulden des Käufers nicht an (ACHILLES Art 82 Rn 3; BAMBERGER/ROTH/SAENGER Art 82 Rn 2; SCHLECHTRIEM/SCHWENZER/HORNUNG Art 82 Rn 9). Kann der Käufer zwar die Ware unversehrt zurückgeben, aber **zurückzuerstattende Zahlungen** (zB eine vom Verkäufer gestellte Kaution) nicht leisten, dann wird Art 82 analog zu gelten haben und ein Aufhebungsrecht, freilich nicht ein Ersatzlieferungsanspruch, ebenfalls entfallen.

3. Maßgebender Zeitpunkt

10 Will der Käufer den Vertrag erfolgreich aufheben, so muß ihm die Rückgabe in dem **Zeitpunkt** möglich sein, **in dem er seine Aufhebungserklärung absendet** (vgl ENDERLEIN/MASKOW/STROHBACH Art 82 Bem 2; KAROLLUS 149; LESER, in: SCHLECHTRIEM, Fachtagung 239; REINHART Art 82 Rn 3; WITZ/SALGER/LORENZ Art 82 Rn 3; teilw **abw** KREBS 100 ff; wohl auch MünchKommHGB/BENICKE Art 82 Rn 6). Ist die Rückgabe dann nicht möglich, so erlischt das Aufhebungsrecht. Auf den Zugang der Aufhebungserklärung kommt es nicht an (KAROLLUS, LESER, REINHART, alle aaO). Ob die Rückgabe erst später unmöglich oder etwa wieder möglich wird, ist gleichgültig (dazu näher unten Rn 14 f; dort auch zu Schadensersatzpflichten).

11 Für die **Ersatzlieferung**, deren Durchführung zwar anders als die Vertragsaufhebung das Vertragsverhältnis nicht umgestaltet (vgl Art 46 Rn 29), dürfte dennoch insoweit in allen diesen Punkten gleiches wie für die Aufhebungserklärung gelten.

4.   Rechtsfolgen

Ist die Rückgabe der Ware nur in wesentlich verändertem Zustand möglich und **12** greift nicht Abs 2 ein, dann **erlischt der Anspruch auf Vertragsaufhebung oder Ersatzlieferung**, und zwar in dem Zeitpunkt, in dem der Käufer seine Erklärung der Aufhebung oder Ersatzlieferung absendet (vgl oben Rn 10). Ein einmal erloschener Anspruch lebt auch nicht dadurch wieder auf, daß die Rückgabe, etwa durch Rückerwerb der Ware, später noch möglich wird (ebenso ACHILLES Art 82 Rn 5; HONSELL/ WEBER Art 82 Rn 9; SCHLECHTRIEM/SCHWENZER/HORNUNG Art 82 Rn 10). Bis zu seiner Erklärung, deren Frist sich nach dem Vertrag oder Art 49 Abs 2 bzw 46 Abs 2 richtet (SCHLECHTRIEM/SCHWENZER/HORNUNG Art 82 Rn 10 bemängelt dagegen das Fehlen einer Frist), kann sich der Käufer also um Reparatur oder Rückerwerb der Ware bemühen. Ist die Rückgabe bei teilbaren Lieferungen nur teilweise unmöglich, dann entfällt das Aufhebungsrecht – analog zu Art 51 – in diesem Umfang (ebenso HONSELL/WEBER Vor Art 81–84 Rn 13; KREBS 99 f; SOERGEL/LÜDERITZ/DETTMEIER Art 82 Rn 3).

Alle **übrigen Rechtsbehelfe** (Nachbesserung, Minderung, Schadensersatz) bleiben **13** dem Käufer jedoch erhalten (Art 83).

Da die Aufhebungserklärung das Vertragsverhältnis umgestaltet, erlischt das Auf- **14** hebungsrecht auch nicht nachträglich, wenn die unversehrte **Rückgabe erst nach der Erklärung der Aufhebung unmöglich** wird (BGH NJW 1997, 3311; HERBER/CZERWENKA Art 81 Rn 15; HONSELL/WEBER Art 82 Rn 12; KAROLLUS 149; LESER, in: SCHLECHTRIEM, Fachtagung 253; PILTZ, Internationales Kaufrecht § 5 Rn 169; SCHLECHTRIEM/SCHWENZER/HORNUNG Art 82 Rn 13; WITZ/SALGER/LORENZ Art 82 Rn 3; zum EKG ebenso: OLG Hamm, in: SCHLECHT-RIEM/MAGNUS Art 33 Nr 13; **aA** aber ENDERLEIN/MASKOW/STROHBACH Art 82 Bem 1.3; HUBER RabelsZ 43 [1979] 494 f; KREBS 100 ff). Gleiches gilt für das Ersatzlieferungsverlangen, obwohl es keine Gestaltungswirkung hat (SCHLECHTRIEM Rn 325).

Geht die Ware unter oder wird sie verschlechtert, nachdem der Käufer Aufhebung 15 oder Ersatzlieferung geltend gemacht hat, so haftet er auf Schadensersatz, da er für die Ware gem Art 86 erhaltungspflichtig ist, es sei denn, daß er nach Art 82 Abs 2 analog oder Art 79 befreit ist (HERBER/CZERWENKA Art 81 Rn 15; HONSELL/WEBER Art 82 Rn 13; KAROLLUS 149; im Ergebnis ebenso SCHLECHTRIEM/SCHWENZER/HORNUNG Art 82 Rn 13: besondere Ersatzpflicht, die dem Schadensersatzanspruch entspricht. Wie hier zum EKG: OLG Hamm, in: SCHLECHTRIEM/MAGNUS Art 79 Nr 4).

IV.   Ausnahmen vom Grundsatz der unversehrten Rückgabe (Abs 2)

1.   Allgemeines

Abs 2 statuiert eine Reihe von Ausnahmen, die den Grundsatz des Abs 1 in er- **16** heblichem Umfang relativieren. **Im Ergebnis verliert der Käufer nur dann sein Aufhebungs- oder Ersatzlieferungsrecht, wenn er die Ware aus eigenverantworteten Gründen nicht zurückgeben kann.** Der Katalog der Ausnahmen, die ihrerseits auslegungsfähig sind, ist insgesamt abschließend. Er kann nicht durch Analogie ergänzt werden. Auch die Regelung in Art 70 schafft keine weitere Ausnahme (anders aber Sekretariatskommentar Art 67 Bem 5), sondern bestätigt den Grundsatz des Art 82 Abs 2 lit a: Die nicht vom Käufer verursachte Rückgabeunmöglichkeit nimmt ihm sein Aufhebungs- oder Ersatzlieferungsrecht nicht (vgl auch HERBER/CZERWENKA Art 70 Rn 3; näher noch unten Rn 18 ff). Auch wenn der Verkäufer die Rücknahme der unversehrten Ware verweigert, bleibt das Aufhebungsrecht des Käufers entsprechend Art 80 davon unberührt.

17 Ein Rückgriff auf nationales Recht zur Ergänzung der Regelung des Art 82 (so aber BIANCA/BONELL/TALLON Art 82 Bem 2. 2) ist ausgeschlossen.

2.   Nicht vom Käufer verursachte Unmöglichkeit der Rückgabe (lit a)

18 Dem Käufer bleibt der Aufhebungs- oder Ersatzlieferungsanpruch nach Abs 2 lit a erhalten, wenn ihm die **Rückgabe der unversehrten Ware nicht durch eine eigene Handlung oder Unterlassung unmöglich geworden** ist (sehr kritisch zum Umfang dieser Ausnahme HONSELL SJZ 1992, 354). Entscheidend ist, ob der Käufer den Untergang oder die Verschlechterung in einer seinem Risikobereich zurechenbaren Weise verursacht hat. Auf Verschulden kommt es auch hier – anders als noch in § 351 BGB aF, im wesentlichen aber in Einklang mit § 346 Abs 3 Nr 3 BGB nF (s Rn 19 ff) – nicht an (ACHILLES Art 82 Rn 7; BRUNNER Art 82 Rn 9; HERBER/CZERWENKA Art 82 Rn 6; HONSELL/WEBER Art 82 Rn 16; MünchKommBGB/HUBER Art 82 Rn 13; SCHLECHTRIEM/SCHWENZER/HORNUNG Art 82 Rn 20; SCHWIMANN/POSCH Art 82 Rn 6).

19 Die **Ware beeinträchtigende, aktive Handlungen des Käufers oder seiner Leute,** für die er entsprechend Art 79 Abs 1 einzustehen hat, oder Dritter, denen er die Sachobhut übertragen hat (ACHILLES Art 82 Rn 7; HERBER/CZERWENKA Art 82 Rn 7; KAROLLUS 150; LESER, in: SCHLECHTRIEM, Fachtagung 246; SCHLECHTRIEM/SCHWENZER/HORNUNG aaO; SOERGEL/LÜDERITZ/DETTMEIER Art 82 Rn 5), schließen das Recht auf Vertragsaufhebung oder Ersatzlieferung aus, es sei denn, Art 82 Abs 2 lit b oder c greifen ein oder eine Entlastung nach Art 79 ist möglich (so zu Recht ACHILLES aaO; HERBER/CZERWENKA Art 82 Rn 6; HONSELL/WEBER Art 82 Rn 18; im Ergebnis auch BIANCA/BONELL/TALLON Art 82 Bem 2. 2; ferner HONNOLD Rn 448. 1 und KAROLLUS 150, die allerdings sorgfaltswidriges Verhalten verlangen; risikoerhöhendes Verhalten des Käufers verlangt SCHLECHTRIEM Rn 327; KREBS 111 will allein die Risikoverteilung im Vertrag entscheiden lassen).

20 Für **Unterlassungen, die zu Beeinträchtigungen der Ware geführt haben**, hat der Käufer nur einzustehen, wenn er – insbes aufgrund der Erhaltungspflicht gem Art 86 – zur Schadensabwendung verpflichtet war (ACHILLES, HERBER/CZERWENKA, HONNOLD, KAROLLUS, alle aaO; im Ergebnis ähnlich SCHLECHTRIEM/SCHWENZER/HORNUNG Art 82 Rn 20).

21 **Zufällige Beeinträchtigungen der Ware** – durch Naturkatastrophen, staatliche Akte, unvorhersehbares Verhalten Dritter etc – oder Schäden durch den Mangel der Ware selbst – Verderb, Vernichtung oder Beschädigung der Ware durch ihren Mangel, weiterfressende Mängel, auch falsche Gebrauchsanweisung – lassen das Aufhebungs- oder Ersatzlieferungsrecht des Käufers deshalb bestehen (Hof 's-Gravenhage IHR 2004, 119 [deutsche Zusammenfassung] = NJ 2003 Nr 713 [geliefertes Mehl, das im Käuferland wegen krebserregender Zusätze längere Zeit beschlagnahmt war, hat durch die Lagerung weiter an Qualität

verloren; kein Verlust des Aufhebungsrechts des Käufers]; ACHILLES Art 82 Rn 7; AUDIT 184; BAM-
BERGER/ROTH/LORENZ Art 82 Rn 5; BIANCA/BONELL/TALLON Art 82 Bem 2.2; BRUNNER Art 82
Rn 11; HERBER/CZERWENKA Art 82 Rn 7; MünchKommHGB/BENICKE Art 82 Rn 7 f; SCHLECHT-
RIEM Rn 327; SCHLECHTRIEM/SCHWENZER/HORNUNG Art 82 Rn 19; SOERGEL/LÜDERITZ/DETTMEIER
Art 82 Rn 6; WEBER, in: Berner Tage 181). Vorausgesetzt ist aber, daß der Käufer gebotene
Sorgfaltsmaßnahmen (Unterbringung, Bewachung, Kontrolle der Ware) nicht unter-
lassen hat, die den zufälligen oder warenimmanenten Schaden abgewendet hätten
(ACHILLES aaO; ENDERLEIN/MASKOW/STROHBACH Art 82 Bem 4.1; SOERGEL/LÜDERITZ/DETTMEI-
ER aaO). Hat etwa der Verkäufer – auch unwissentlich – ein gestohlenes Fahrzeug
verkauft, das anschließend beim Käufer beschlagnahmt und dem Eigentümer zurückgegeben wird, dann entfällt dadurch nicht das Recht des Käufers auf Vertragsaufhebung und Rückzahlung des Kaufpreises (LG Freiburg IHR 2003, 22). Insolvenz-
rechtliche Verfügungsbeschränkungen, die die Rückgabe ausschließen, gehen jedoch
zu Lasten des Käufers (wohl **aA** MünchKommBGB/HUBER Art 82 Rn 3).

Die gleichen Grundsätze gelten, wenn die **Verschlechterung der Ware auf das Ver-** 22
halten des Verkäufers zurückzuführen ist (vgl auch Art 66 2. HS). Der Käufer verliert
sein Aufhebungs- oder Ersatzlieferungsrecht auch in diesem Fall nicht, es sei denn,
er habe mögliche und zumutbare Maßnahmen zur Schadensabwehr unterlassen und
damit, sei es die Erhaltungspflicht nach Art 86, sei es die Schadensminderungspflicht aus Art 77, verletzt (s OLG Karlsruhe IHR 2003, 125 [127: Käufer haftet nicht für
Schäden bei Rücktransport der Ware, wenn er ordnungsgemäßen Transporteur ausgesucht hat];
ebenso BRUNNER Art 82 Rn 10; MünchKommBGB/HUBER Art 82 Rn 15; SCHLECHTRIEM/SCHWEN-
ZER/HORNUNG Art 82 Rn 19; **aA** KAROLLUS 150: Käufer verliert Aufhebungsrecht nur, wenn Gewicht seiner Pflichtwidrigkeit jene des Verkäufers überwiegt).

Insgesamt lassen **spätere Schadensquellen**, die **außerhalb seines Verantwortungsbe-** 23
reiches liegen und die Ware beeinträchtigen, die bis zum Gefahrübergang entstandene Rechtsposition des Käufers unberührt (vgl auch SCHLECHTRIEM/SCHWENZER/HOR-
NUNG Art 82 Rn 20; WEBER, in: Berner Tage 181; WITZ/SALGER/LORENZ Art 82 Rn 5
[„Zurückspringen der Gefahr"]). Das Verlust- oder Verschlechterungsrisiko trifft insoweit den Verkäufer.

3. Durch Untersuchung verursachte Unmöglichkeit der Rückgabe (lit b)

Abs 2 lit b stellt klar, daß der Käufer sein Aufhebungs- oder Ersatzlieferungsrecht 24
nicht dadurch verliert, daß er die **Ware bei der Untersuchung** nach Art 38 selbst
verschlechtert oder zerstört. Die Ausnahme setzt voraus, daß der Käufer eine ordnungsgemäße Untersuchung vornimmt (HERBER/CZERWENKA Art 82 Rn 8; KAROLLUS 151;
LOEWE, Kaufrecht 99; MünchKommHGB/BENICKE Art 82 Rn 11 f). Abs 2 lit b deckt damit
einmal den Fall, daß die Ware ohne Eingriffe in ihre Substanz nicht geprüft werden
kann, zB bei Konserven, bestimmten chemischen Zusammensetzungen etc (vgl
SCHWIMANN/POSCH Art 82 Rn 8). Hier darf – und muß – der Käufer aber nur Stichproben in angemessenem Umfang nehmen. Zum anderen wird der Fall erfaßt, daß die
Ware durch ihre Mängel bei der sachgerechten Untersuchung – zB einem Probelauf
– zerstört oder beschädigt wird (ENDERLEIN/MASKOW/STROHBACH Art 82 Bem 5; HERBER/
CZERWENKA Art 82 Rn 8; MünchKommHGB/BENICKE Art 82 Rn 11). Wird die Ware durch
die Untersuchung, zB Probeverarbeitung, verbessert, bleibt das Aufhebungsrecht
erst recht unberührt (BGH NJW 1997, 3311; SOERGEL/LÜDERITZ/DETTMEIER Art 82 Rn 7).

4. Durch Verkauf, Ge- oder Verbrauch oder Verarbeitung verursachte Unmöglichkeit der Rückgabe (lit c)

25 Auch wenn der Käufer die Ware nicht mehr oder nicht unverändert zurückgeben kann, weil er sie vollständig oder teilweise weiterverkauft, (auf-)gebraucht oder weiterverarbeitet hat, behält er ein entstandenes **Aufhebungs- oder Ersatzlieferungsrecht unter zwei Voraussetzungen**: Der Käufer muß **im normalen Geschäftsgang gehandelt** haben. Maßstab hierfür ist das Verhalten einer vernünftigen Person in gleicher Lage (Art 8 Abs 2; vgl auch ACHILLES Art 82 Rn 8; MünchKommBGB/HUBER Art 82 Rn 18; MünchKommHGB/BENICKE Art 82 Rn 17; SCHLECHTRIEM/SCHWENZER/HORNUNG Art 82 Rn 28). Der Käufer darf ferner die **Vertragswidrigkeit der Ware weder gekannt noch fahrlässig nicht gekannt** haben (vgl zu dieser im englischen und französischen Text mit Art 39 Abs 1 gleichlautenden Voraussetzung Art 39 Rn 30 f). Bei offenen Fehlern, die durch eine angemessene Untersuchung entdeckt werden konnten, läßt die Weiterveräußerung, der Ge- oder Verbrauch oder die Verarbeitung der Ware das Aufhebungs- oder Ersatzlieferungsrecht in aller Regel entfallen. Bei verborgenen Fehlern entfällt das Recht des Käufers erst, wenn er die Vertragswidrigkeit tatsächlich entdeckt hat und die Ware dann weiter veräußert, ge- oder verbraucht oder verarbeitet. Ob auch die **Kenntnis von Rechtsmängeln** schadet, ist fraglich, aber zu bejahen, wenn der Rechtsmangel die zur Aufhebung berechtigende Vertragswidrigkeit darstellt. Denn auch dann gilt der Grundgedanke der lit c, daß der Käufer den Vertrag nicht mehr soll aufheben können, wenn er in Kenntnis der Vertragswidrigkeit vollen Nutzen aus dem Vertrag gezogen hat (teilw **abw** MOHS IHR 2002, 62 f [nur Kenntnis von Schutzrechtsmängeln, nicht aber von allgemeinen Rechtsmängeln schade]; noch **anders** BRUNNER Art 82 Rn 13 [Kenntnis des Rechtsmangels schade nie]).

26 Damit läßt auch der normale Weiterverkauf – anders als noch in Art 79 EKG – das Aufhebungs- oder Ersatzlieferungsrecht bei verborgenen Fehlern selbst dann bestehen, **wenn der Abkäufer keine Mängelrechte geltend macht** (kritisch dazu BIANCA/BONELL/TALLON Art 82 Bem 2.4; ENDERLEIN/MASKOW/STROHBACH Art 82 Bem 6; HONNOLD Rn 448.2; VISCHER, in: Lausanner Kolloquium 183 f; zutreffend dagegen MünchKommHGB/BENICKE Art 82 Rn 15). Der Sinn dieser Regel wird vor allem in einer Beweiserleichterung für den Käufer gesehen, der nicht im Rahmen eines Schadensersatzanspruches einen konkreten Schaden nachweisen muß, sondern ohne weiteres den Kaufpreis zurückverlangen oder verweigern kann (vgl die in der vorigen N zitierten). Seinerseits ist der Käufer nach Art 84 zur Herausgabe der Vorteile – also auch des Preises aus dem Weiterverkauf – verpflichtet (vgl AUDIT 185; BIANCA/BONELL/TALLON Art 82 Bem 2.4; SCHLECHTRIEM/SCHWENZER/HORNUNG Art 82 Rn 23). **Spekulationsmöglichkeiten des Käufers** – insbes bei fallenden Preisen – ist durch die Bemessung der Frist in Art 46 Abs 2 und Art 49 Abs 2 und eine ggf zurückhaltende Gewährung des Aufhebungs- oder Ersatzlieferungsrechts vorzubeugen (ebenso AUDIT aaO; ENDERLEIN/MASKOW/STROHBACH Art 82 Bem 6; HONNOLD Rn 448.2; VISCHER aaO).

27 Abs 2 lit c erfaßt auch **Veränderungen der Ware durch normalen Gebrauch** (ebenso BRUNNER Art 82 Rn 14; KAROLLUS 151; KREBS 117; MünchKommHGB/BENICKE Art 82 Rn 14; PILTZ, Internationales Kaufrecht § 5 Rn 173; REINHART Art 82 Rn 6; SCHLECHTRIEM/SCHWENZER/HORNUNG Art 82 Rn 26; VISCHER, in: Lausanner Kolloquium 183; **aA** wohl HERBER/CZERWENKA Art 82 Rn 9; HONSELL/WEBER Art 82 Rn 25; WEBER, in: Berner Tage 181 f: Gebrauch werde nicht erfaßt). Abnutzung durch normale Verwendung nimmt dem Käufer sein Aufhe-

bungs- oder Ersatzlieferungsrecht nicht, wenn er die Vertragswidrigkeit der Ware weder kannte noch kennen mußte. Hat er sie erkannt oder fahrlässig übersehen oder die Ware unüblich verwendet, dann bleiben seine Rechte nach Abs 1 nur im Fall unwesentlicher Veränderung bestehen (vgl oben Rn 6).

5.   Wertlose Ware

War die gelieferte Ware nachweisbar völlig wertlos, kann der Käufer sie nicht oder **27a** nicht unverändert zurückgeben und sich auf keine der Ausnahmen in lit a-c stützen, weil er die Ware zB entsorgt oder nicht ordentlich gelagert hat, dann ist dieser Fall auf der Grundlage des Gutglaubensgebots des Art 7 Abs 1 den in Art 82 Abs 2 geregelten Fällen dennoch gleichzustellen (ebenso BAMBERGER/ROTH/SAENGER Art 82 Rn 8; SCHLECHTRIEM/HUBER³ Art 46 Rn 53). Der Verkäufer kann nicht auf der Fortexistenz des Vertrages bestehen, wenn er selbst seine Pflicht in keiner Weise erfüllt hat. Die Entsorgung mag sogar als ‚normale‘ Verwendung angesehen werden können. Das Recht des Käufers, den Vertrag aufzuheben, bleibt daher erhalten. Die Pflicht, die völlige Wertlosigkeit nachzuweisen, trifft freilich den Käufer.

6.   Rechtsfolgen

Greift eine der Ausnahmen des Abs 2 ein, dann bleibt das Recht des Käufers auf **28** Vertragsaufhebung oder Ersatzlieferung bestehen, obwohl er die Ware nicht unversehrt zurückgeben kann. Noch vorhandene Ware hat er dem Verkäufer zurückzugeben. Der Käufer ist aber nicht zum Ersatz des Schadens an der Ware verpflichtet (HERBER/CZERWENKA Art 82 Rn 11; LESER, in: SCHLECHTRIEM, Fachtagung 247). Er kann den Kaufpreis – soweit die Ware noch vorhanden ist, Zug um Zug gegen ihre Herausgabe (Art 81 Abs 2 S 2) – zurückverlangen, muß sich aber nach Art 84 Abs 2 Vorteile anrechnen lassen (ACHILLES Art 82 Rn 9; MünchKommHGB/BENICKE Art 82 Rn 14). Liegen die Gründe des Abs 2 nur bei einem **Teil der Ware** vor, so hindert das den Käufer nicht, den gesamten Vertrag aufzuheben, wenn er den übrigen Teil der Ware noch unversehrt zurückgeben kann (MünchKommHGB/BENICKE Art 82 Rn 20). Kann der Käufer Teile der Lieferung aus Gründen des Abs 2, Teile aus selbstverantworteten Gründen nicht zurückgeben, dann begrenzt sich die Wirkung des Abs 2 auf den von ihm erfaßten Teil; nur für ihn kann der Käufer weiter Aufhebung oder Ersatzlieferung verlangen (ebenso WITZ/SALGER/LORENZ Art 82 Rn 8).

V.   Aufhebungsrecht des Verkäufers

Soweit der **Verkäufer zur Vertragsaufhebung berechtigt** ist und dem Käufer etwa von **29** diesem beigestellte Stoffe (Art 3 Abs 1) zurückzugeben hat, ist Art 82 analog anzuwenden (zutreffend HERBER/CZERWENKA Art 82 Rn 4; SCHWIMANN/POSCH Art 82 Rn 10). Für die Rückgewähr des Kaufpreises bedarf es keiner Heranziehung des Art 82, da die Rückzahlung des Kaufpreises immer als möglich anzusehen ist. Aus dem Grundsatz der Zug-um-Zug-Leistung (Art 81 Abs 2 S 2) folgt, daß der Käufer die Ware solange zurückhalten kann, bis der Verkäufer den Preis zurückzahlt. Darüber hinaus einen Ausschluß des Aufhebungsrechts anzunehmen, wenn der Käufer zur Rückzahlung außer Stande ist, ist nicht geboten (ebenso WEBER, in: Berner Tage 186 f).

Ein Aufhebungsrecht des Verkäufers wird nicht dadurch berührt, daß dem Käufer **30** die Rückgabe der Ware in unversehrtem Zustand unmöglich geworden und er auch nicht nach Art 82 Abs 2 entlastet ist.

VI.   Beweisfragen

31 Will der Verkäufer die Rechtsfolge des Art 82 Abs 1 geltend machen, so muß er beweisen, daß sich die Ware nicht mehr in dem Zustand befindet, in dem der Käufer sie erhalten hat. Nach **aA** muß der Käufer beweisen, daß die zurückgegebene Ware noch unversehrt war (BAMBERGER/ROTH/SAENGER Art 82 Rn 9; BAUMGÄRTEL/LAUMEN/HEPTING Art 82 Rn 1, wohl auch ACHILLES Art 82 Rn 10).

32 Will sich demgegenüber der Käufer auf eine der Ausnahmen des Abs 2 stützen, so ist er für deren tatsächliche Voraussetzung beweispflichtig (ACHILLES Art 82 Rn 10; BAMBERGER/ROTH/SAENGER Art 82 Rn 9; BAUMGÄRTEL/LAUMEN/HEPTING Art 82 Rn 6 ff; Schweizer Botschaft 831).

Art 83 [Fortbestand anderer Rechte des Käufers]

Der Käufer, der nach Artikel 82 das Recht verloren hat, die Aufhebung des Vertrages zu erklären, oder vom Verkäufer Ersatzlieferung zu verlangen, behält alle anderen Rechtsbehelfe,* die ihm nach dem Vertrag und diesem Übereinkommen zustehen.

Art 83	Art 83
A buyer who has lost the right so declare the contract avoided or to require the seller to deliver substitute goods in accordance with article 82 retains all other remedies under the contract and this Convention.	L'acheteur qui a perdu le droit de déclarer le contrat résolu ou d'exiger du vendeur la livraison de marchandises de remplacement en vertu de l'article 82 conserve le droit de se prévaloir de tous les autres moyens qu'il tient du contrat et de la présente Convention.

I.   Regelungsgegenstand und Normzweck

1 Die Vorschrift stellt einen Grundsatz klar, der an sich schon aus Art 82 folgt: Der Verlust des Aufhebungs- oder Ersatzlieferungsrechts beraubt den Käufer nicht seiner anderen Rechtsbehelfe. Sie bestehen unabhängig vom Schicksal des Aufhebungs- und Ersatzlieferungsanspruchs.

II.   Entstehungsgeschichte

2 Die Vorschrift entspricht sachlich Art 80 EKG. In Anpassung an Art 82 CISG wurde lediglich das Ersatzlieferungsrecht mit aufgenommen (vgl UNCITRAL YB V [1974] 43).

---

* Schweiz: Rechte.

In Wien wurde die jetzige Textfassung ohne Änderungsantrag und Diskussion be- **3**
schlossen (Off Rec 137, 388).

III. Fortbestehende Rechtsbehelfe

Die Vorschrift hebt hervor, daß alle Behelfe außer der in Art 82 genannten Vertrags- **4**
aufhebung (nach Art 49, 51, 72, 73) und der Ersatzlieferung (nach Art 46 Abs 2)
fortbestehen. Der Käufer kann also Minderung nach Art 50 oder Schadensersatz
nach Art 45 Abs 1 lit b verlangen (Sekretariatskommentar Art 68; Denkschrift 60; ACHILLES
Art 83 Rn 1; BAMBERGER/ROTH/SAENGER Art 83 Rn 1; HERBER/CZERWENKA Art 83 Rn 2; HONNOLD
Rn 449; HONSELL/WEBER Art 83 Rn 2; LOEWE, Kaufrecht 99 f; REINHART Art 83 Rn 4; SCHLECHT-
RIEM/SCHWENZER/HORNUNG Art 83 Rn 3; SOERGEL/LÜDERITZ/DETTMEIER Art 83 Rn 1; WITZ/SAL-
GER/LORENZ Art 83). Auch ein gegebener Nachbesserungsanspruch (Art 46 Abs 3) ver-
bleibt dem Käufer (Sekretariatskommentar, ACHILLES, HONNOLD, HONSELL/WEBER, LOEWE,
REINHART, SCHLECHTRIEM/SCHWENZER/HORNUNG, SOERGEL/LÜDERITZ/DETTMEIER, WITZ/SAL-
GER/LORENZ alle aaO; MünchKommHGB/BENICKE Art 83 Rn 3), soweit die Nachbesserung
durch die Weiterveräußerung, Verarbeitung etc der Ware nicht unmöglich oder
unzumutbar geworden ist (HONNOLD aaO; MünchKommBGB/HUBER Art 83 Rn 2).

Auch der Erfüllungsanspruch nach Art 46 Abs 1 kann fortbestehen, etwa im Hin- **5**
blick auf die Erfüllung von Nebenpflichten oder im Hinblick auf Vertragswidrigkeiten, die – wie zB Rechtsmängel – durch Beseitigung behoben werden können
(ebenso HONNOLD aaO; SCHLECHTRIEM/SCHWENZER/HORNUNG Art 83 Rn 3; wohl auch BIANCA/
BONELL/TALLON Art 83 Bem 1.1).

Art 84 [Ausgleich von Vorteilen im Fall der Rückabwicklung]

**(1) Hat der Verkäufer den Kaufpreis zurückzuzahlen, so hat er außerdem vom Tag
der Zahlung an auf den Betrag Zinsen zu zahlen.**

**(2) Der Käufer schuldet dem Verkäufer den Gegenwert aller Vorteile, die er aus
der Ware oder einem Teil der Ware gezogen hat,
a) wenn er die Ware ganz oder teilweise zurückgeben muß oder
b) wenn es ihm unmöglich ist, die Ware ganz oder teilweise zurückzugeben oder sie
ganz oder teilweise im wesentlichen in dem Zustand zurückzugeben, in dem er
sie erhalten hat, er aber dennoch die Aufhebung des Vertrages erklärt oder vom
Verkäufer Ersatzlieferung verlangt hat.**

Art 84
(1) If the seller is bound to refund the price, he
must also pay interest on it, from the date on
which the price was paid.
(2) The buyer must account to the seller for all
benefits which he has derived from the goods or
part of them:
(a) if he must make restitution of the goods or
part of 25them; or

Art 84
1) Si le vendeur est tenu de restituer le prix, il
doit aussi payer des intérêts sur le montant de
ce prix à compter du jour du paiement.
2) L'acheteur doit au vendeur l'équivalent de
tout profit qu'il a retiré des marchandises ou
d'une partie de celles-ci:
a) lorsqu'il doit les restituer en tout ou en
partie; ou

(b) if it is impossible for him to make restitution of 25 all or part of the goods or to make restitution of 25 all or part of the goods substantially in the 25 condition in which he received them, but he has 25 nevertheless declared the contract avoided or 25 required the seller to deliver substitute goods.

b) lorsqu'il est dans l'impossibilité de restituer tout 25 ou partie des marchandises ou de les restituer 25 en tout ou en partie dans un état sensiblement 25 identique à celui dans lequel il les a recues et 25 que néanmoins il a déclaré le contrat résolu ou 25a exigé du vendeur la livraison de marchandises 25 de remplacement.

Systematische Übersicht

Alphabetische Übersicht

I. Regelungsgegenstand und Normzweck

Die Vorschrift vervollständigt die Pflichten, die aus dem Rückabwicklungsverhältnis **1** folgen. Die Parteien sollen auch diejenigen **Vorteile erstatten, die sie durch die zeitweilige Überlassung der Vertragsleistung hatten** (Sekretariatskommentar Art 69 Bem 1). Der Verkäufer hat deshalb den Kaufpreis vom Tag des Erhalts an zu verzinsen (Abs 1). Die Zinshöhe legt die Vorschrift – wie schon Art 78 – aber nicht fest. Der Käufer hat ferner den Gegenwert aller Vorteile zu vergüten, die er bis zur Rückgabe der Ware oder bis zur nach Art 82 Abs 2 zulässigen unvollständigen Rückgabe hatte (Abs 2).

Art 84 ist dem – eher bereicherungsrechtlichen – Gedanken des Ausgleichs der – **2** wie erst nachträglich feststeht – unberechtigt zugeflossenen Vorteile verpflichtet (vgl ACHILLES Art 84 Rn 1; BIANCA/BONELL/TALLON Art 84 Bem 1.1; HONSELL/WEBER Art 84 Rn 3; MünchKommHGB/BENICKE Art 84 Rn 1; SOERGEL/LÜDERITZ/DETTMEIER Art 84 Rn 1). Die Vorschrift statuiert dagegen keinen Schadensersatzanspruch, mit dem Verhaltenspflichten durchgesetzt werden sollen (vgl auch SCHLECHTRIEM/SCHWENZER/HORNUNG Art 84 Rn 6, der aber vielfach einem Ausweichen in das seines Erachtens flexiblere Schadensersatzrecht den Vorzug gibt, insbes Rn 23, 27).

II. Entstehungsgeschichte

Die Bestimmung stimmt sachlich weitgehend mit Art 81 EKG überein, hat aber, wie **3** auch Art 78 CISG, nicht mehr eine bestimmte Zinshöhe fixiert. Hiervon hatte schon der Wiener Entwurf von 1977 (Art 55) abgesehen, da man sich über die Zinsberechnung nicht einigen konnte (vgl UNCITRAL YB VIII [1977] 58, 60).

Auf der Wiener Konferenz war die Zinshöhe erneut heftig umstritten (vgl auch zu **4** Art 78 Rn 4). Zum jetzigen Art 84 gab es fünf Änderungsanträge, die sich auf die Zinsfrage bezogen, aber alle wieder zurückgenommen wurden (Off Rec 137 f), nachdem zur allgemeinen Zinsvorschrift schließlich ein Kompromiß gefunden worden war (vgl näher Art 78 Rn 4).

Die Regelung des Abs 2, die gegenüber dem EKG nur sprachlich und durch Auf- **5** nahme der Ersatzlieferung in lit b ergänzt worden war (vgl UNCITRAL YB V [1974] 44; YB VII [1976] 133), war in Wien nicht umstritten.

III. Allgemeines

Die Vorschrift enthält **eine Bereicherungsansprüchen ähnliche Regelung**. Die Vor- **6** teile der empfangenen Geld- und Sachleistungen hat jede Partei zugleich mit der Rückgabe der Hauptleistung zurückzuerstatten. Für die Verzinsungspflicht nach Abs 1 und die Vergütungspflicht nach Abs 2 ist gleichgültig, welche Partei zur Vertragsaufhebung oder Ersatzlieferung berechtigt war. Verzinsung kommt allerdings nur bei Vertragsaufhebung in Frage. Auch der Verkäufer, der selbst die Vertragsaufhebung verlangen kann, hat den Kaufpreis zu verzinsen, ebenso wie der ersatzlieferungsberechtigte Käufer Vorteile aus dem Besitz der vertragswidrigen Ware vergüten muß (Bezirksgericht der Saane/Schweiz 20. 2. 1997, CLOUT Nr 261 [aufhebungsberechtigter Verkäufer ist zinspflichtig]; Sekretariatskommentar Art 69 Bem 1; ENDERLEIN/ MASKOW/STROHBACH Art 84 Bem 1; SCHLECHTRIEM/SCHWENZER/HORNUNG Art 84 Rn 5, 15).

7 Die aus Art 84 folgenden **Ansprüche** sind **durch Geldzahlung zu erfüllen** (ENDERLEIN/ MASKOW/STROHBACH Art 84 Bem 4.2; KAROLLUS 153; SCHLECHTRIEM/SCHWENZER/HORNUNG Art 84 Rn 9, 16; zu einer Ausnahme unten Rn 23). Sich gegenüberstehende Ansprüche können miteinander verrechnet werden (unten Rn 14 ff).

IV. Verzinsung des Kaufpreises (Abs 1)

8 Abs 1 bestimmt – wie auch aus Art 78 folgen würde –, daß der Verkäufer den zurückzuzahlenden Kaufpreis zu verzinsen hat (zur Währung des Rückzahlungsanspruchs s Art 81 Rn 12). Abs 1 legt den **Beginn der Zinspflicht** jedoch anders als Art 78 fest: Sie beginnt nach dem ausdrücklichen Wortlaut der Vorschrift rückwirkend mit dem Tag, an dem die Zahlung des Kaufpreises erfolgt war (s etwa Schiedsgericht der Hamburger freundschaftlichen Arbitrage IHR 2001, 35 [38]; ferner Draft Digest 859 mit weiteren Nachweisen). Der **Tag der Zahlung** ist der Tag, an dem der Verkäufer über den Kaufpreis verfügt, auch wenn etwa die Überweisung früher erfolgt ist; denn erst dann hat der Verkäufer den Nutzen aus der Zahlung, den er zurückerstatten soll (ACHILLES Art 84 Rn 2; MünchKommBGB/HUBER Art 84 Rn 5; SCHLECHTRIEM/SCHWENZER/HORNUNG Art 84 Rn 14; **aA** – nicht Empfangstag, sondern Zahlungstag entscheidet – ENDERLEIN/MASKOW/STROHBACH Art 84 Bem 2; MünchKommHGB/BENICKE Art 84 Rn 6; PILTZ, Internationales Kaufrecht § 5 Rn 288; noch **anders** Pretura circondariale Parma 24.11.1989, CLOUT Nr 90 [Tag der Vertragsaufhebung maßgebend]; anders auch noch STAUDINGER/MAGNUS [1999]). Bei Zahlung mit Wechsel ist dies der Verfallstag, bei Zahlung mit Scheck der Tag der Übergabe (MünchKommHGB/BENICKE Art 84 Rn 6; SOERGEL/LÜDERITZ/DETTMEIER Art 84 Rn 2). Der Anspruch auf Zinsen hängt nicht davon ab, welche Partei die Vertragsaufhebung berechtigterweise erklärt hat (HONSELL/WEBER Art 84 Rn 7; SCHLECHTRIEM/SCHWENZER/HORNUNG Art 84 Rn 15). Die Zinspflicht läuft bis zur Rückzahlung der geschuldeten Summe (Tribunal of International Commercial Arbitration at the Russian Federation Chamber of Commerce and Industry 15.4.1994, UNILEX).

9 Die **Zinshöhe** ist – wie in Art 78 – durch Rückgriff auf **das anwendbare nationale Recht** zu ermitteln, das für die Vertragsbeziehung der Parteien im übrigen maßgebend ist. Dieser Ansicht folgt die ganz überwiegende Rechtsprechung der staatlichen Gerichte und der Schiedsgerichte (ICC-Schiedsspruch Nr 9978, März1999, UNILEX; Schiedsgericht der Hamburger freundschaftlichen Arbitrage IHR 2001, 35 [38]; Tribunale d'appello del Ticino/Schweiz 15.1.1998, CLOUT Nr 253; Bezirksgericht der Saane/Schweiz, 20.2.1997, CLOUT Nr 261; OLG Celle 24.5.1995, CLOUT Nr 136; OLG München 8.2.1995, CLOUT Nr 133; LG Landshut 4.5.1995, UNILEX; ICC-Schiedsspruch Nr 7660/1994, CLOUT Nr 302). Sie überwiegt auch im Schrifttum (Denkschrift 60; ACHILLES Art 84 Rn 2; BIANCA/ BONELL/TALLON Art 84 Bem 2.1; ENDERLEIN/MASKOW/STROHBACH Art 84 Bem 3; HERBER/CZERWENKA Art 84 Rn 3; HUBER RabelsZ 43 [1979] 494; KAROLLUS 153; LESER, in: SCHLECHTRIEM, Fachtagung 249; MAGNUS RabelsZ 53 [1989] 140 f; MünchKommBGB/HUBER Art 84 Rn 6; SOERGEL/LÜDERITZ/DETTMEIER Art 84 Rn 2; WITZ/SALGER/LORENZ Art 84 Rn 2). Nach **aA** gilt unmittelbar das Zinsrecht am Sitz des Verkäufers (so Handelsgericht des Kantons Zürich 5.2.1997; CLOUT Nr 214; Sekretariatskommentar Art 69 Bem 2; AUDIT 186; BAMBERGER/ROTH/ SAENGER Art 84 Rn 3; HONNOLD Rn 421; KREBS 67; PILTZ, Internationales Kaufrecht § 5 Rn 288; SCHLECHTRIEM/SCHWENZER/HORNUNG Art 84 Rn 13; WEBER, in: Berner Tage 187 f). Nach wie-

der **anderer** Ansicht gilt ein international üblicher Zinssatz wie der LIBOR (ICC-Schiedsspruch Nr 6653, JDI 1993, 1041; ähnlich Brunner Art 84 Rn 3 [Art 7.4.9 <2> UNIDROIT Principles solle gelten]) oder der Zinssatz der Währung, in der der Kaufpreis gezahlt worden war (MünchKommHGB/Benicke Art 84 Rn 5).

Der Zinssatz ist den im nationalen Recht vorgesehenen **Verzugszinsen** oder ihnen **10** vergleichbaren Geldkosten zu entnehmen. Das Verfahrensrecht des angerufenen Forums entscheidet, ob Zinsen nur auf Antrag oder von Amts wegen zuzusprechen sind (ICC-Schiedsspruch Nr 6653, JDI 1993, 1041; MünchKommHGB/Benicke Art 84 Rn 8).

Der Zinsanspruch nach Art 84 Abs 1 ist ebenso wie jener nach Art 78 kein Scha- **11** densersatzanspruch, sondern ein **eigenständiger Anspruch** zum Ausgleich der jeden-falls abstrakt ermöglichten Geldnutzung (Karollus 153; Piltz, Internationales Kaufrecht § 5 Rn 287; Schlechtriem/Schwenzer/Hornung Art 84 Rn 12; Weber, in: Berner Tage 187). Art 79 gilt deshalb für den Zinsanspruch nicht (vgl Bamberger/Roth/Saenger Art 84 Rn 1; Honsell/Weber Art 84 Rn 3; MünchKommHGB/Benicke Art 84 Rn 1; Neumayer/Ming Art 84 Anm 1; Piltz aaO; Schlechtriem/Schwenzer/Hornung aaO; Witz/Salger/Lorenz Art 84 Rn 1; ferner Art 78 Rn 19). Einen weitergehenden Schaden – zB eigene höhere Kreditkosten – kann der Käufer nur dann verlangen, wenn die Voraussetzungen eines Schadensersatzanspruchs (Art 45 Abs 1 lit b) erfüllt sind (Achilles Art 84 Rn 2; Piltz, Schlechtriem/Schwenzer/Hornung, Weber, jeweils aaO).

Kommt der Verkäufer mit der Rückzahlung des Kaufpreises in Verzug, so folgt eine **12** Verzinsungspflicht auch aus Art 78. Ausstehende fällige Zinsen nach Art 84 Abs 1 sind aber nicht nochmals zu verzinsen (vgl Art 78 Rn 5, 14; **aA** Karollus 153).

Hat der **Verkäufer** irgendwelche Zahlungen an den Käufer geleistet (zB Kautionen **13** bei Anlagenbau), dann wird **Art 84 Abs 1 analog** anzuwenden sein (ebenso Honsell/Weber Art 84 Rn 9; MünchKommHGB/Benicke Art 84 Rn 9).

V.   Vergütung von Vorteilen (Abs 2)

1.   Allgemeines

Dem Käufer, der die Ware zurückgeben muß (Abs 2 lit a) oder der von der Pflicht **14** zur unversehrten Rückgabe gem Art 82 Abs 2 entlastet ist (Abs 2 lit b), gebühren auch **nicht die Nutzungsvorteile der Ware**. Er muß ihren Wert dem Verkäufer grund-sätzlich in Geld erstatten (zu einer Ausnahme von diesem Grundsatz unten Rn 23). Maßge-bend für den Wert der Vorteile sind die Verhältnisse zur Zeit und am Ort der tatsächlichen Nutzung der Ware. In der Währung dieses Ortes ist der geldwerte Vorteil zu bemessen und im Zweifel auch zu zahlen, sofern nicht lediglich eine Verrechnung mit einem eigenen Rückzahlungsanspruch des Käufers in Betracht kommt. In diesem Fall ist der Nutzungsvorteil in die Währung des Rückzahlungs-anspruchs zum Rückzahlungsdatum umzurechnen und von der zurückzuzahlenden Summe abzuziehen.

Die Vergütungspflicht des Abs 2 besteht sowohl, wenn der Käufer den Vertrag aufheben, als auch wenn er Ersatzlieferung verlangen kann.

2. Vorteilsausgleich bei unversehrter Rückgabe der Ware (Abs 2 lit a)

15 Abs 2 lit a setzt voraus, daß der Käufer die Ware unversehrt in dem Zustand zurückgibt, in dem er sie erhalten hat.

16 Der **Anwendungsbereich** des Abs 2 lit a dürfte **eher begrenzt** sein, da wirtschaftlich relevanter Gebrauch das Aufhebungs- oder Ersatzlieferungsrecht des Käufers häufig entfallen lassen wird (so auch BIANCA/BONELL/TALLON Art 84 Bem 2.2).

17 Als Vorteile kommen hier **vor allem Nutzungen** (Früchte, Mietzins etc) **und Gebrauchsvorteile** in Betracht (HERBER/CZERWENKA Art 84 Rn 5; SCHLECHTRIEM/SCHWENZER/HORNUNG Art 84 Rn 17 ff; WEBER, in: Berner Tage 188). Für Gebrauchsvorteile sind die marktüblichen Nutzungsentgelte anzusetzen (ACHILLES Art 84 Rn 3; ENDERLEIN/MASKOW/STROHBACH Art 84 Bem 5.1; KAROLLUS 153 f; MünchKommBGB/HUBER Art 84 Rn 12; SCHLECHTRIEM/SCHWENZER/HORNUNG Art 84 Rn 19; WITZ/SALGER/LORENZ Art 84 Rn 3; wohl auch BAMBERGER/ROTH/SAENGER Art 84 Rn 4 [„objektiver Gebrauchswert"]; aA MünchKommHGB/BENICKE Art 84 Rn 10 [zu ersetzen „der Teil des Verkehrswertes, der dem Verhältnis von tatsächlicher zu möglicher Benutzungsdauer entspricht"]; nach noch aA sind Früchte in Natur herauszugeben: so KREBS 69 f). Ob die Benutzung einer vertragswidrigen Ware zu einem Vorteil führt, ist freilich zunächst zu prüfen. So ist etwa bei einem rückabgewickelten Kauf defekter Ledermöbel ein zu entschädigender Nutzungsvorteil des Käufers verneint worden (OLG Oldenburg 1.2.1995, CLOUT Nr 165). Aufwendungen und Kosten für die Ware kann der Käufer von seinen Vorteilen absetzen. Art 84 Abs 2 meint mit „Vorteilen" („benefits", „profit") nur den **Nettovorteil des Käufers** (ebenso ACHILLES Art 84 Rn 3; BAMBERGER/ROTH/SAENGER Art 84 Rn 4; BRUNNER Art 84 Rn 6; HERBER/CZERWENKA Art 84 Rn 5; MünchKommBGB/HUBER Art 84 Rn 14; MünchKommHGB/BENICKE Art 84 Rn 11; REINHART Art 84 Rn 7; SCHLECHTRIEM/SCHWENZER/HORNUNG Art 84 Rn 20; WEBER, in: Berner Tage 188; wohl auch ENDERLEIN/MASKOW/STROHBACH Art 84 Bem 5.1; HONNOLD Rn 451.3).

18 Auf einen späteren **Wegfall seines einmal entstandenen Vermögensvorteils** kann sich der Käufer nicht berufen (HERBER/CZERWENKA aaO; MünchKommHGB/BENICKE Art 84 Rn 11). Der Gedanke des § 818 Abs 3 BGB ist der Konvention nicht immanent.

19 Der Verkäufer hat nur dann einen Vergütungsanspruch nach Abs 2, wenn der Käufer **reale Vorteile** hatte. Eine Vergütung für fiktive Nutzungen, die der Käufer tatsächlich nicht gezogen hat, aber hätte ziehen können, scheidet aus; denn der Käufer ist zur Nutzung nicht verpflichtet (ACHILLES Art 84 Rn 3; BAMBERGER/ROTH/SAENGER Art 84 Rn 4; BRUNNER Art 84 Rn 5; ENDERLEIN/MASKOW/STROHBACH Art 84 Rn 4.1; HERBER/CZERWENKA Art 84 Rn 5; KAROLLUS 154; MünchKommHGB/BENICKE Art 84 Rn 11; PILTZ, Internationales Kaufrecht § 5 Rn 290; REINHART Art 84 Rn 5; SCHLECHTRIEM, UN-Kaufrecht 102; SCHWIMANN/POSCH Art 84 Rn 8; VISCHER, in: Lausanner Kolloquium 182; aA aber Schweizer Botschaft 831 f; SCHLECHTRIEM/SCHWENZER/HORNUNG Art 84 Rn 22; WEBER, in: Berner Tage 188 f; WITZ/SALGER/LORENZ Art 84 Rn 3 [unter Berufung auf die Schadensminderungsobliegenheit aus Art 77]). Zu Schadensersatz wegen Wertminderung der Ware kann der Käufer jedoch verpflichtet sein, wenn er den Vertrag verletzt hat und daraus die Aufhebung resultiert (vgl auch ENDERLEIN/MASKOW/STROHBACH Art 84 Bem 4.1).

20 Macht der Käufer **Ersatzlieferung** geltend, so hat er die üblichen Gebrauchsvorteile nicht zu erstatten, denn der Verkäufer war zur Lieferung einer gebrauchsfähigen

Ware verpflichtet (ebenso A<small>CHILLES</small> Art 84 Rn 3; E<small>NDERLEIN</small>/M<small>ASKOW</small>/S<small>TROHBACH</small> Art 84
Bem 5. 2; MünchKommHGB/B<small>ENICKE</small> Art 84 Rn 13; S<small>OERGEL</small>/L<small>ÜDERITZ</small>/D<small>ETTMEIER</small> Art 84 Rn 3).

3.   Vorteilsausgleich ohne unversehrte Rückgabe der Ware (Abs 2 lit b)

Abs 2 lit b setzt voraus, daß der Käufer die Ware überhaupt nicht oder nicht mehr **21**
im annähernd selben Zustand zurückgeben kann, in dem er sie erhalten hat, daß er
aber dennoch aufgrund der Ausnahmen in Art 82 Abs 2 **zur Vertragsaufhebung oder
Ersatzlieferung berechtigt** ist (Denkschrift 60; A<small>CHILLES</small> Art 84 Rn 4; B<small>IANCA</small>/B<small>ONELL</small>/T<small>AL-</small>
<small>LON</small> Art 84 Bem 2. 2; B<small>RUNNER</small> Art 84 Rn 8; E<small>NDERLEIN</small>/M<small>ASKOW</small>/S<small>TROHBACH</small> Art 84 Bem 6, 7;
H<small>ERBER</small>/C<small>ZERWENKA</small> Art 84 Rn 4; K<small>AROLLUS</small> 154; R<small>EINHART</small> Art 84 Rn 6; S<small>OERGEL</small>/L<small>ÜDERITZ</small>/
D<small>ETTMEIER</small> Art 84 Rn 6; dagegen geht S<small>CHLECHTRIEM</small>/S<small>CHWENZER</small>/H<small>ORNUNG</small> Art 84 Rn 24 davon
aus, daß die Vorschrift nur eingreift, wenn keinerlei Rückgabe erfolgt; ebenso wohl auch B<small>AMBER-</small>
<small>GER</small>/R<small>OTH</small>/S<small>AENGER</small> Art 84 Rn 5; MünchKommHGB/B<small>ENICKE</small> Art 84 Rn 14).

Wie nach Abs 2 lit a muß der Käufer grundsätzlich alle Nutzungs- und eigenen **22**
Gebrauchsvorteile – unter Abrechnung seiner Aufwendungen – dem Verkäufer
vergüten (vgl insoweit oben Rn 15 ff; dort auch zu Ausnahmen für die Ersatzlieferung).

Der Käufer muß darüber hinaus sowohl bei Aufhebung wie Ersatzlieferung die **23**
Leistungen, die er wegen der Beschädigung oder des Verlustes der Ware von
Dritten erhalten hat (**Schadensersatz, Versicherungsleistungen**; commodum ex re),
an den Verkäufer auskehren (A<small>CHILLES</small> Art 84 Rn 4; B<small>AMBERGER</small>/R<small>OTH</small>/S<small>AENGER</small> Art 84
Rn 6; B<small>RUNNER</small> Art 84 Rn 8; E<small>NDERLEIN</small>/M<small>ASKOW</small>/S<small>TROHBACH</small> Art 84 Bem 6; H<small>ERBER</small>/C<small>ZER-</small>
<small>WENKA</small> Art 84 Rn 7; L<small>ESER</small>, in: S<small>CHLECHTRIEM</small>, Fachtagung 250; MünchKommHGB/B<small>ENICKE</small>
Art 84 Rn 14; S<small>CHLECHTRIEM</small>/S<small>CHWENZER</small>/H<small>ORNUNG</small> Art 84 Rn 26). Ggfs sind die Ansprüche
auf diese Leistungen abzutreten (ebenso E<small>NDERLEIN</small>/M<small>ASKOW</small>/S<small>TROHBACH</small> aaO; Münch-
KommHGB/B<small>ENICKE</small> Art 84 Rn 15 Fn 38). Insoweit wandelt sich der Geldanspruch in
einen **Anspruch auf Abtretung** der Ersatzansprüche um. Eigene Aufwendungen,
etwa die Versicherungsprämien, kann der Käufer wiederum absetzen (A<small>CHILLES</small>
Art 84 Rn 4; H<small>ERBER</small>/C<small>ZERWENKA</small> Art 84 Rn 7; K<small>AROLLUS</small> 154; MünchKommBGB/H<small>UBER</small> Art 84
Rn 17; S<small>CHLECHTRIEM</small>/S<small>CHWENZER</small>/H<small>ORNUNG</small> Art 84 Rn 28).

Hat der Käufer die Ware weiterveräußert, bleibt er aber zur Aufhebung oder Er- **24**
satzlieferung berechtigt (Art 82 Abs 2 lit c), dann stellt auch der **Verkaufserlös**
einschl des Gewinns (commodum ex negotiatione) einen Vorteil dar, den der
Käufer dem Verkäufer schuldet (A<small>CHILLES</small> Art 84 Rn 4; B<small>AMBERGER</small>/R<small>OTH</small>/S<small>AENGER</small>
Art 84 Rn 5; B<small>IANCA</small>/B<small>ONELL</small>/T<small>ALLON</small> Art 84 Bem 2. 2, der aber im übrigen nationales Bereiche-
rungsrecht einschalten will; E<small>NDERLEIN</small>/M<small>ASKOW</small>/S<small>TROHBACH</small> Art 84 Bem 6; H<small>ERBER</small>/C<small>ZERWENKA</small>
Art 84 Rn 6; H<small>ONNOLD</small> Rn 451. 3; K<small>AROLLUS</small> 154; MünchKommBGB/H<small>UBER</small> Art 84 Rn 19; P<small>ILTZ</small>,
Internationales Kaufrecht § 5 Rn 289; W<small>ITZ</small>/S<small>ALGER</small>/L<small>ORENZ</small> Art 84 Rn 5; offen hinsichtlich des
Gewinns S<small>CHLECHTRIEM</small>/S<small>CHWENZER</small>/H<small>ORNUNG</small> Art 84 Rn 27, 27a; L<small>ESER</small>, in: S<small>CHLECHTRIEM</small>,
Fachtagung 250; **aA** W<small>EBER</small>, in: Berner Tage 189: ohne Käufergewinn; MünchKommHGB/B<small>ENICKE</small>
Art 84 Rn 16: ohne besonders günstigen Käufergewinn). Forderungen, denen der Käufer
durch seinen Abkäufer ausgesetzt ist, insbes wegen der Mangelhaftigkeit der Ware,
kann der Käufer wiederum absetzen (ebenso A<small>CHILLES</small>, E<small>NDERLEIN</small>/M<small>ASKOW</small>/S<small>TROHBACH</small>
aaO). Auch hier kommt es auf den **„Nettovorteil" des Käufers** an, nur ihn schuldet er.
ZT wird dieser Anspruch aber auf den Fall beschränkt, daß der Käufer die Vertragsaufhebung verursacht hat (so H<small>ONSELL</small>/W<small>EBER</small> Art 84 Rn 21).

4. Vorteilsausgleich bei Vertragsaufhebung durch den Verkäufer

25 Abs 2 lit b gilt seinem Wortlaut nach nur, wenn der Käufer zur Aufhebung oder Ersatzlieferung berechtigt ist. Kann der Verkäufer die Vertragsaufhebung verlangen, dann ist **Abs 2** aber **insgesamt analog anzuwenden** (so zu Recht BRUNNER Art 84 Rn 10; KAROLLUS 154; MünchKommBGB/HUBER Art 84 Rn 20). Beschränkte man den Verkäufer auf einen Schadensersatzanspruch, der nur aus der Vertragsverletzung selbst oder aus der Verletzung der Erhaltungspflicht nach Art 86 folgen könnte, dann würde das berechtigte Interesse des Verkäufers nicht angemessen abgedeckt; die Herausgabe der Versicherungsleistung für zufällig untergegangene Ware etwa wäre nicht möglich.

VI. Ersatz zusätzlicher Aufwendungen

26 Hat der Käufer keine vergütungspflichtigen Vorteile erlangt, jedoch **Aufwendungen** auf die Ware **geleistet**, die über die angemessenen Erhaltungsaufwendungen nach Art 86 hinausgehen, dann begründet Art 84 **keinen Anspruch auf deren Erstattung oder Anrechnung** (ebenso HERBER/CZERWENKA Art 84 Rn 8). Ist der Käufer wegen einer Vertragsverletzung des Verkäufers zur Aufhebung berechtigt, so wird er aber häufig Schadensersatz auch für seine frustrierten Aufwendungen verlangen können (vgl näher Art 74 Rn 53).

VII. Beweisfragen

27 Die Partei, die Zinsen verlangt, muß die tatsächlichen Voraussetzungen des Zinsanspruchs darlegen und beweisen. Wer Vergütung der Vorteile verlangt, die der Besitz der Ware gewährt hat, ist zwar grundsätzlich insoweit beweispflichtig (ebenso ACHILLES Art 84 Rn 5; BAMBERGER/ROTH/SAENGER Art 84 Rn 9; BAUMGÄRTEL/LAUMEN/HEPTING Art 84 Rn 5 ff). Indessen hat derjenige, in dessen Risiko- und Wahrnehmungssphäre sich die Ware befunden hat, eine gesteigerte Aufklärungs- und Darlegungslast. Er muß substantiert dartun, wie er die Ware genutzt hat (vgl die in der vorigen N Zitierten). Will er Abzugsposten geltend machen, ist er hierfür beweispflichtig (ACHILLES aaO; BAUMGÄRTEL/LAUMEN/HEPTING Art 84 Rn 10).

Abschnitt VI
Erhaltung der Ware

Section VI	Section VI
Preservation of the goods	**Conservation des marchandises**

Schrifttum

BARRERA GRAF, Convencion de Viena sobre la compraventa internacional de mercaderáas. Comentarios de los articulos 85 a 88, Annuario Juridica Mexico XI (1984) 271 JENTSCH, Die Erhaltungspflichten des Verkäufers und des Käufers im UN-Kaufrecht im Ver- gleich zum US-amerikanischen Uniform Com- mercial Code und zum deutschen Recht (2002) VÁZQUEZ LEPINETTE, La obligación de conser- vación en la Convención de Viena de 11 de abril de 1980 sobre compravento internacional de mercaderías (1995).

Vorbemerkungen zu Art 85 ff CISG

Die Art 85–88 regeln eine **wichtige vertragliche Zusatzpflicht**. Sie verpflichten die- **1** jenige Partei zu Fürsorge- und Erhaltungsmaßnahmen, die die Ware für die andere Partei in Besitz hat oder – wie Art 86 Abs 2 als Ausnahme vorsieht – in Besitz nehmen soll, sie selbst aber (berechtigterweise) nicht behalten will. Von der Eigen- tumslage oder vom Gefahrübergang hängt die Zusatzpflicht nicht ab. Vielmehr folgt sie aus dem Gebot des guten Glaubens und redlichen Geschäftsverkehrs (Art 7 Abs 1). Über die reine Austauschbeziehung hinaus ist eine Partei zur Wahrung der Interessen der anderen Partei auch insoweit verpflichtet, als sich die Vertragsgegen- stände in ihrem tatsächlichen Verantwortungsbereich befinden.

Art 85 bestimmt, wann der Verkäufer zur Erhaltung der Ware verpflichtet ist; Art 86 **2** enthält die Regelung für die entsprechende Pflicht des Käufers. Art 87 (Einlagerung der Ware bei Dritten) und Art 88 (Selbsthilfeverkauf und Notverkauf) behandeln zwei wichtige und häufige **Formen von Erhaltungsmaßnahmen** näher, stellen aber keineswegs eine abschließende Regelung möglicher Maßnahmen dar. Vielmehr kom- men darüber hinaus die Bewachung, Absicherung, Unterbringung, Selbsteinlagerung, Versicherung gegen verbleibende Risiken oder sonstige, den Umständen nach ange- messene Maßnahmen zur Erhaltung der Ware (Art 85, 86 Abs 1) in Betracht. Auch aus Gebräuchen (Art 9) können sie sich ergeben (HERBER/CZERWENKA Vor Art 85 Rn 3).

Die **Kosten für angemessene Erhaltungsmaßnahmen** hat diejenige Partei zu tragen, in **3** deren Interesse sie erfolgen (Art 85 S 2; Art 86 Abs 1 S 2 und Abs 2 S 3, Art 87, Art 88 Abs 3 S 1). Der Anspruch wird durch ein entsprechendes Zurückbehaltungs- recht der obhutspflichtigen Partei gesichert. Der Aufwendungsersatzanspruch ist kein Schadensersatzanspruch, sondern ein eigener Ausgleichsanspruch, um die Ko- stenlast demjenigen aufzuerlegen, in dessen Interesse die Ware erhalten wird. Je- doch werden die nach den Art 85 ff ersatzfähigen Aufwendungen auch als Grenze möglicher Schadensersatzansprüche zu sehen sein (ebenso MünchKommHGB/

Ulrich Magnus

MANKOWSKI Vor Art 85 Rn 3). Andernfalls würde das Schadensersatzrecht die gesonderte Regelung des Aufwendungsersatzes erübrigen.

4 Der Gedanke einer vertraglichen Zusatzpflicht, die zur Obhut für die Vertragsgegenstände verpflichtet, ist auch auf weitere ähnliche Situationen zu erstrecken (vgl Art 85 Rn 19).

Art 85 [Pflicht des Verkäufers zur Erhaltung der Ware]

Nimmt der Käufer die Ware nicht rechtzeitig ab* oder versäumt er, falls Zahlung des Kaufpreises und Lieferung der Ware Zug um Zug erfolgen sollen, den Kaufpreis zu zahlen, und hat der Verkäufer die Ware noch in Besitz oder ist er sonst in der Lage, über sie zu verfügen, so hat der Verkäufer die den Umständen angemessenen Maßnahmen zu ihrer Erhaltung zu treffen. Er ist berechtigt, die Ware zurückzubehalten, bis ihm der Käufer seine angemessenen Aufwendungen erstattet hat.

Art 85

If the buyer is in delay in taking delivery of the goods or, where payment of the price and delivery of the goods are to be made concurrently, if he fails to pay the price, and the seller is either in possession of the goods or otherwise able to control their disposition, the seller must take such steps as are reasonable in the circumstances to preserve them. He is entitled to retain them until he has been reimbursed his reasonable expenses by the buyer.

Art 85

Lorsque l'acheteur tarde à prendre livraison des marchandises ou qu'il n'en paie pas le prix, alors que le paiement du prix et la livraison doivent se faire simultanément, le vendeur, s'il a les marchandises en sa possession ou sous son contrôle, doit prendre les mesures raisonnables, eu égard aux circonstances, pour en assurer la conservation. Il est fondé à les retenir jusqu'à ce qu'il ait obtenu de l'acheteur le remboursement de ses dépenses raisonnables.

Systematische Übersicht

---

* Schweiz, Österreich: an.

Alphabetische Übersicht

I. Regelungsgegenstand und Normzweck

Die Vorschrift erlegt dem Verkäufer die **Pflicht** auf, **für die Erhaltung der Ware zu** **1**
sorgen, wenn der Käufer sie einerseits nicht fristgemäß abnimmt oder bezahlt, der
Verkäufer sie andererseits noch im Besitz hat oder über sie – etwa durch die
Dokumente – verfügen kann (S 1). Entstehen durch Erhaltungsmaßnahmen Auf-
wendungen, so darf der Verkäufer die Ware bis zu deren Erstattung zurückbehalten
(S 2).

Die Bestimmung folgt dem auch in Art 86 verankerten **Grundgedanken, daß derje-** **2**
nige Vertragspartner für die Ware sorgen soll, in dessen tatsächlichem Verantwortungs-
bereich sie sich noch befindet, gleichgültig, ob Gefahr und Eigentum schon auf den
anderen Vertragspartner übergegangen sind. Diese Fürsorgepflicht erweitert den
Kreis vertraglicher Pflichten. Sie folgt aus dem Gebot von Treu und Glauben
(BIANCA/BONELL/BARRERA GRAF Art 85 Bem 3. 1; ENDERLEIN/MASKOW/STROHBACH Vor Art 85
Bem 1; SOERGEL/LÜDERITZ/DETTMEIER Art 85 Rn 1; WITZ/SALGER/LORENZ Vor Art 85–88 Rn 2)
und stellt zusammen mit Art 77 den Grundsatz auf, daß jede Vertragspartei im
Rahmen ihrer Möglichkeiten verpflichtet ist, der anderen Partei entstehenden
Schaden zu vermeiden oder gering zu halten (vgl insbes HONNOLD Rn 453; BIANCA/
BONELL/BARRERA GRAF Art 85 Bem 2. 5; MünchKommHGB/MANKOWSKI Art 85 Rn 1).

Ulrich Magnus

3 Art 85 erkennt damit – ebenso wie Art 86 – eine vertragliche Zusatzpflicht zur Fürsorge und Obhut hinsichtlich der Vertragsgegenstände an. Die Verletzung verpflichtet – wie jede sonstige Vertragsverletzung – jedenfalls zu Schadensersatz (vgl unten Rn 13).

II. Entstehungsgeschichte

4 Die Vorschrift hat ihren Vorgänger in Art 91 EKG, mit dem sie nicht wörtlich, aber sachlich übereinstimmt. Die Haager Regelung war lediglich etwas allgemeiner und damit unpräziser gefaßt. Die UNCITRAL-Entwürfe präzisierten, daß der Verkäufer noch Besitz oder Verfügungsgewalt über die Ware haben müsse (vgl schon Art 60 Genfer Entwurf). Auf der Wiener Konferenz wurde auf deutschen Antrag (A/Conf97/C1/L211, Off Rec 139) die Formulierung hinzugefügt: „oder versäumt er, falls Zahlung des Kaufpreises und Lieferung der Ware Zug um Zug erfolgen sollen, den Kaufpreis zu zahlen". Damit sollte klargestellt werden, daß die Vorschrift auch bei Zahlungsverweigerung gilt, wenn Zug um Zug zu leisten ist (vgl Off Rec 398).

III. Voraussetzungen der Erhaltungspflicht

1. Voraussetzungen auf Seiten des Käufers

5 Art 85 setzt voraus, daß der **Käufer mit der Abnahme der Ware** – insoweit gilt Art 60 – **oder ihrer Bezahlung** – insoweit gelten Art 53, 58 – **in Verzug** ist. Der Zahlungsverzug löst die Erhaltungspflicht allerdings nur aus, wenn die Ware deshalb weiterhin im Verantwortungsbereich des Verkäufers verbleibt, weil der Käufer bei Zug-um-Zug-Leistung oder eigener Vorleistungspflicht nicht zahlt (ebenso ACHILLES Art 85 Rn 2; BAMBERGER/ROTH/SAENGER Art 85 Rn 4; HERBER/CZERWENKA Art 85 Rn 2; Münch-KommHGB/MANKOWSKI Art 85 Rn 3; PILTZ, Internationales Kaufrecht § 4 Rn 267; SOERGEL/LÜDERITZ/DETTMEIER Art 85 Rn 4; offenbar ebenso Denkschrift 61).

6 Art 85 gilt auch bei versäumter **Vorauszahlung** (BIANCA/BONELL/BARRERA GRAF Art 85 Bem 2.3; MünchKommBGB/HUBER Art 85 Rn 4; MünchKommHGB/MANKOWSKI Art 85 Rn 3; SCHLECHTRIEM/SCHWENZER/BACHER Art 85 Rn 6 [analoge Anwendung des Art 85]). Der Verkäufer ist auch in diesem Fall – bis zur Ausübung anderer Rechtsbehelfe – zur Lieferung und damit zur Erhaltung bereitgestellter Ware verpflichtet. Aus welchem Grund der Käufer seine Pflicht zur Abnahme oder Zahlung verletzt hat, ist für Art 85 gleichgültig (PILTZ aaO). Ferner ist nicht vorausgesetzt, daß die Gefahr oder das Eigentum schon auf den Käufer übergegangen ist. Gerade in diesen Fällen hat die Vorschrift ihre eigentliche Bedeutung.

7 **Bevor der Käufer in Verzug ist**, besteht **keine selbständige Erhaltungspflicht** des Verkäufers. Kosten, die der Verkäufer in diesem Zeitraum aufwendet, um die Ware zu erhalten (zB für Rostschutz), kann er nicht dem Käufer anlasten, auch wenn dieser anschließend in Abnahme- oder Zahlungsverzug gerät (BRUNNER Art 85 Rn 5; SCHLECHTRIEM/SCHWENZER/BACHER Art 85 Rn 5).

2. Voraussetzungen auf Seiten des Verkäufers

8 Der Verkäufer ist zur Erhaltung der Ware nur verpflichtet, **wenn er faktisch oder**

rechtlich noch über sie disponieren kann. Das ist der Fall, wenn er selbst noch die Sachherrschaft über sie hat oder ihm die rechtliche Verfügungsbefugnis zusteht, er etwa im Rahmen abgeschlossener Transport- oder Lagerverträge Weisungen im Hinblick auf die Ware erteilen kann (vgl Sekretariatskommentar Art 74 mit Beispielen; ACHILLES Art 85 Rn 2; BIANCA/BONELL/BARRERA GRAF Art 85 Bem 2. 4; HERBER/CZERWENKA Art 85 Rn 4; HONSELL/WEBER Art 85 Rn 4; MünchKommHGB/MANKOWSKI Art 85 Rn 3; PILTZ, Internationales Kaufrecht § 4 Rn 268). So muß der Verkäufer für die Ware sorgen, sofern er sie etwa bei einem Dritten eingelagert hat oder soweit er noch im Besitz der Dokumente ist, die der Käufer nicht rechtzeitig aufgenommen hat (vgl die Beispiele im Sekretariatskommentar aaO sowie bei BIANCA/BONELL/BARRERA GRAF aaO; eingehend zu den Verfügungsmöglichkeiten JENTSCH 52 ff; ferner ACHILLES Art 85 Rn 2; MünchKommHGB/ MANKOWSKI Art 85 Rn 4; SCHLECHTRIEM/SCHWENZER/BACHER Art 85 Rn 10).

IV. Inhalt der Erhaltungspflicht

Der Verkäufer hat die **Maßnahmen** zu treffen, **die nach den Umständen zur Erhaltung** **9** **der Ware angemessen sind**. Er hat sich im Rahmen des Zumutbaren darum zu bemühen, Schaden von der Ware abzuwenden, um ihre Substanz, wo das nicht möglich ist, ihren Wert zu bewahren (BRUNNER Art 85 Rn 7; HERBER/CZERWENKA Vor Art 85 Rn 3; MünchKommHGB/MANKOWSKI Art 85 Rn 5). Zu jeder nur möglichen und denkbaren Vorsorge ist er aber nicht verpflichtet (ebenso ENDERLEIN/MASKOW/STROH-BACH Art 85 Bem 1; MünchKommHGB/MANKOWSKI aaO; PILTZ, Internationales Kaufrecht § 4 Rn 277; SCHLECHTRIEM Rn 338; SCHLECHTRIEM/SCHWENZER/BACHER Art 85 Rn 12). Der Maßstab der Angemessenheit ist, wie auch sonst, objektiv zu bestimmen (vgl auch Art 8 Abs 3). Er begrenzt sich nicht etwa nur auf die in eigenen Angelegenheiten erforderliche Sorgfalt (BAMBERGER/ROTH/SAENGER Art 85 Rn 7; SCHLECHTRIEM/SCHWENZER/ BACHER aaO; SOERGEL/LÜDERITZ/DETTMEIER Art 85 Rn 9; wohl auch WITZ/SALGER/LORENZ Art 85 Rn 9).

Welche Maßnahmen angemessen sind, hängt vom Einzelfall, insbes von der Art der **10** Ware (verderblich, haltbar, witterungsanfällig, zerbrechlich etc), der Wahrscheinlichkeit und Größe eines Schadens etc ab. Als Erhaltungsmaßnahmen kommen sowohl die in Art 87 und 88 vorgesehenen **Möglichkeiten der Einlagerung bei Dritten** **und des Selbsthilfeverkaufs** in Betracht wie auch sachgemäße Lagerung (etwa Kühlung), Unterbringung, Schutz gegen Witterungseinflüsse oder Diebstähle, eine der Warenart entsprechende regelmäßige Kontrolle etc (vgl OLG Braunschweig TranspR-IHR 2000, 4 [Einfrieren von Fleisch]; ACHILLES Art 85 Rn 3; BAMBERGER/ROTH/SAENGER Art 84 Rn 5; BRUNNER Art 85 Rn 7; HERBER/CZERWENKA Art 85 Rn 5; HONSELL/WEBER Art 85 Rn 8 ff; JENTSCH 85; MünchKommHGB/MANKOWSKI Art 85 Rn 6; SCHLECHTRIEM Rn 338 f [s dort auch zu Ausnahmesituationen, in denen höhere Erhaltungskosten vertretbar sein können]; SOERGEL/LÜDE-RITZ/DETTMEIER Art 85 Rn 7). Auch zur Versicherung der Ware gegen anders nicht zu vermeidende Risiken kann der Verkäufer verpflichtet sein (HERBER/CZERWENKA aaO). Je nach der Art der Verpackung (Container, Fässer, Holzkisten, Paletten) kann der Verkäufer auch zu deren besonderer Erhaltung oder Sicherung gengen ihren Verlust verpflichtet sein (JENTSCH 78 f).

Zwischen **mehreren möglichen Maßnahmen** darf der Verkäufer wählen, wenn ihre **11** Kosten etwa gleich liegen. Im übrigen hat er sich im Interesse des Käufers für die kostengünstigere zu entscheiden. Droht rasche Verschlechterung der Ware, ist der Verkäufer nach Art 88 Abs 2 zum Selbsthilfeverkauf verpflichtet.

12 Die Erhaltungsmaßnahmen sind auch dann zu treffen, wenn der Verkäufer besorgen muß, daß ihm der Käufer die Kosten dafür nicht ersetzen kann, weil und soweit der Verkäufer seine Kosten aus dem nach Art 88 Abs 1 möglichen Selbsthilfeverkauf voraussichtlich decken kann (ACHILLES Art 85 Rn 3; HERBER/CZERWENKA Art 85 Rn 8; SCHLECHTRIEM/SCHWENZER/BACHER Art 85 Rn 15).

V. Rechtsfolgen der Verletzung der Erhaltungspflicht

13 Verletzt der Verkäufer die Erhaltungspflicht, so ist er dem Käufer **zum Ersatz des dadurch entstandenen Schadens** entspr Art 45 lit b **verpflichtet** (Sekretariatskommentar Art 74; ACHILLES Art 85 Rn 5; BAMBERGER/ROTH/SAENGER Art 84 Rn 8; BRUNNER Art 85 Rn 8; ENDERLEIN/MASKOW/STROHBACH Vor Art 85 Bem 3; HERBER/CZERWENKA Vor Art 85 Rn 4; MünchKommHGB/MANKOWSKI Art 85 Rn 9; PILTZ, Internationales Kaufrecht § 4 Rn 279; REINHART Art 85 Rn 5; SOERGEL/LÜDERITZ/DETTMEIER Art 85 Rn 6). Seine eigenen Rechtsbehelfe wegen des Zahlungs- oder Abnahmeverzugs des Käufers behält der Verkäufer aber in vollem Umfang (BIANCA/BONELL/BARRERA GRAF Art 85 Bem 2.5).

14 **Verschlechtert sich die Ware trotz angemessener Erhaltungsmaßnahmen**, so liegt keine vertragswidrige Lieferung vor, wenn der Verkäufer sie nunmehr dennoch liefert (ebenso SCHWIMANN/POSCH Art 85 Rn 4).

15 Ein eigenständiges Recht zur Vertragsaufhebung wird sich aus der Verletzung der Erhaltungspflicht in keinem Fall ableiten lassen.

VI. Ende der Erhaltungspflicht

16 Sobald der Verkäufer – berechtigterweise – die Aufhebung des Vertrages erklärt, die Ware eingelagert, sie nach Art 88 Abs 1 oder 2 verkauft oder der Käufer sie abgenommen hat, **endet die Erhaltungspflicht** (ACHILLES Art 85 Rn 4; LOEWE, Kaufrecht 101; REINHART Art 85 Rn 6; SCHLECHTRIEM/SCHWENZER/BACHER Art 85 Rn 14). Erhaltungsaufwendungen, die er bis dahin allein im Interesse des Käufers gemacht hat, im eigenen Interesse sonst aber nicht gemacht hätte, kann er ersetzt verlangen (etwas **anders** MünchKommHGB/MANKOWSKI Art 85 Rn 8 [unerheblich, ob Verkäufer die Aufwendungen auch sonst gemacht hätte]).

VII. Aufwendungsersatzanspruch und Zurückbehaltungsrecht

1. Aufwendungsersatz

17 Die **Kosten angemessener Erhaltungsmaßnahmen** hat im Ergebnis der Käufer zu tragen, in dessen Interesse sie erfolgen. Der Anspruch folgt aus Art 85 S 2, wird sich aber häufig auch als Folge der Vertragsverletzung des Käufers aus Art 61 Abs 1 lit b ergeben. Der Verkäufer, der die Kosten für die Erhaltung vorstreckt, hat deshalb einen Anspruch auf Erstattung der angemessenen Aufwendungen (OLG Braunschweig TranspR-IHR 2000, 4 [Kosten für Einfrieren von Fleisch, die unter 10% des Warenwertes liegen, sind jedenfalls angemessen]; ACHILLES Art 85 Rn 6; BRUNNER Art 85 Rn 9; HERBER/CZERWENKA

Art 85 Rn 7; Jentsch 87 ff; MünchKommHGB/Mankowski Art 85 Rn 8; Schlechtriem Rn 339; Schlechtriem/Schwenzer/Bacher Art 85 Rn 15; Soergel/Lüderitz/Dettmeier Art 85 Rn 8). Er kann auch die eigenen Aufwendungen (zB Einlagerung im eigenen Lager durch eigene Leute etc) zu marktüblichen Kosten ansetzen (ebenso Enderlein/Maskow/ Strohbach Art 85 Bem 2; Herber/Czerwenka aaO; Piltz, Internationales Kaufrecht § 4 Rn 278; Schlechtriem/Schwenzer/Bacher Art 85 Rn 16). Übersteigen die tatsächlichen Aufwendungen die Kosten, die zur Erhaltung angemessen gewesen wären, dann kann der Verkäufer nur die angemessenen Kosten ersetzt verlangen (ebenso Jentsch 87 ff; MünchKommHGB/Mankowski Art 85 Rn 11; Schlechtriem Rn 339). In Ausnahmefällen können freilich auch erhebliche Sicherungs- oder Lagerungskosten ersatzfähig sein (Jentsch 87 ff; Schlechtriem Rn 339). Provisionen für Fremdleistungen gehören jedoch nicht mehr zu den angemessenen Aufwendungen und sind dem Verkäufer nicht zuzubilligen (ebenso Achilles Art 85 Rn 6; aA Honsell/Weber Art 85 Rn 17; Münch-KommHGB/Mankowski Art 85 Rn 11; Witz/Salger/Lorenz Art 85 Rn 10). Die Aufwendungen sind für diejenige Dauer zu ersetzen, während der der Verkäufer die Ware in Besitz oder zur Verfügung hatte. Der Erstattungsbetrag ist fällig, sobald der Verkäufer mit ihm in Vorlage getreten ist. Von diesem Zeitpunkt an ist er auch zu verzinsen (vgl Art 78). Er ist im Zweifel in der Währung zu zahlen, in der die Aufwendungen entstanden sind (s auch MünchKommHGB/Mankowski Art 85 Rn 12; Soergel/Lüderitz/Dettmeier Art 85 Rn 8).

2.   Zurückbehaltungsrecht

Der Verkäufer darf **die Ware zurückbehalten, solange** ihm seine **Aufwendungen nicht**   **18** **erstattet sind**. Er braucht die Ware – oder die Dokumente – dem Käufer nur Zug um Zug gegen Zahlung des Betrags der angemessenen Aufwendungen herauszugeben (MünchKommHGB/Mankowski Art 85 Rn 15; Schlechtriem/Schwenzer/Bacher Art 85 Rn 17). In Analogie zu Art 71 Abs 3 kann der Käufer das Zurückbehaltungsrecht durch Sicherheitsleistung abwenden (Achilles Art 85 Rn 7; Bamberger/Roth/Saenger Art 85 Rn 10; Brunner Art 85 Rn 10; Herber/Czerwenka Art 85 Rn 6; MünchKommBGB/ Huber Art 85 Rn 15; MünchKommHGB/Mankowski Art 85 Rn 16; Schlechtriem/Schwenzer/ Bacher aaO; für Anwendung des nationalen Rechts dagegen Loewe, Kaufrecht 101, da analogiefähige Regeln fehlten). Verzögert sich die Erstattung der Aufwendungen ungebührlich lange, so ist der Verkäufer zum Selbsthilfeverkauf berechtigt, um daraus seinen Anspruch zu befriedigen (Art 88 Abs 1).

VIII. Erweiterung der Erhaltungspflicht?

Der in Art 85, 86 enthaltene Grundgedanke ist analogiefähig und auf weitere ähnliche   **19** Situationen zu übertragen (Enderlein/Maskow/Strohbach Vor Art 85 Bem 1; Herber/ Czerwenka Vor Art 85 Rn 3; Honsell/Weber Art 85 Rn 3; MünchKommHGB/Mankowski Vor Art 85 Rn 5). So ist die Erhaltungspflicht grundsätzlich auch für die Situation zu bejahen, daß der Vertrag aufgehoben und die Ware gem Art 81 Abs 2 S 1 zurückzugeben ist (Sekretariatskommentar Art 66 Bem 6; Schlechtriem/Schwenzer/Hornung Art 81 Rn 3). Gleiches gilt für den Fall der Rückgabe der Ware, für die der Verkäufer gem Art 46 Abs 2 Ersatz liefert. Der Gedanke der Art 85, 86 ist mE ferner auf solche Fälle zu erstrecken, in denen der eine Vertragspartner für weitere Rechtsgüter des anderen zu sorgen hat, weil er „näher daran" ist und aufgrund des Vertragsverhältnisses die Wahrnehmung der Fürsorge von ihm erwartet werden darf (ähnlich ACHILLES Art 85 Rn 1; ENDERLEIN/MASKOW/STROHBACH Vor Art 85 Bem 1; HERBER/CZERWENKA, MünchKommHGB/MANKOWSKI jeweils aaO). Das ist etwa der Fall, wenn der Verkäufer eine Anlage für den Käufer liefert und errichtet, der Käufer am Errichtungsort nicht vertreten ist, dort aber eigenes Material für den Bau der Anlage zur Verfügung stellt. Hier sollte der Verkäufer wie nach Art 85 für die Lagerung und Aufbewahrung des Materials verpflichtet sein (näher zu vertraglichen Zusatzpflichten Art 4 Rn 17 und Art 7 Rn 47).

IX. Beweisfragen

20 Die tatsächlichen Voraussetzungen für den Kostenerstattungsanspruch hat der Verkäufer zu beweisen; Macht der Käufer einen Schadensersatzanspruch wegen der Verletzung der Erhaltungspflicht geltend, dann muß er den Bestand und Inhalt der Erhaltungspflicht nachweisen, der Verkäufer als Erhaltungspflichtiger jedoch deren Erfüllung (ACHILLES Art 85 Rn 8; BAUMGÄRTEL/LAUMEN/HEPTING Art 85 Rn 1 ff).

Art 86 [Pflicht des Käufers zur Inbesitznahme und Erhaltung der Ware]

(1) Hat der Käufer die Ware empfangen und beabsichtigt er, ein nach dem Vertrag oder diesem Übereinkommen bestehendes Zurückweisungsrecht auszuüben, so hat er die den Umständen angemessenen Maßnahmen zu ihrer Erhaltung zu treffen. Er ist berechtigt, die Ware zurückzubehalten, bis ihm der Verkäufer seine angemessenen Aufwendungen erstattet hat.

(2) Ist die dem Käufer zugesandte Ware ihm am Bestimmungsort zur Verfügung gestellt worden und übt er das Recht aus, sie zurückzuweisen, so hat er sie für Rechnung des Verkäufers in Besitz zu nehmen, sofern dies ohne Zahlung des Kaufpreises und ohne unzumutbare Unannehmlichkeiten oder unverhältnismäßige Kosten möglich ist. Dies gilt nicht,* wenn der Verkäufer oder eine Person, die befugt ist, die Ware für Rechnung des Verkäufers in Obhut zu nehmen, am Bestimmungsort anwesend ist. Nimmt der Käufer die Ware nach diesem Absatz in Besitz, so werden seine Rechte und Pflichten durch Absatz 1 geregelt.

Art 86

(1) If the buyer has received the goods and intends to exercise any right under the contract or this Convention to reject them, he must take such steps to preserve them as are reasonable in the circumstances. He is entitled to retain them until he has been reimbursed his reasonable expenses by the seller.

(2) If goods dispatched to the buyer have been placed at his disposal at their destination and he exercises the right to reject them, he must take

Art 86

1) Si l'acheteur a recu les marchandises et entend exercer tout droit de les refuser en vertu du contrat ou de la présente Convention, il doit prendre les mesures raisonnables, eu égard aux circonstances, pour en assurer la conservation. Il est fondé à les retenir jusque'à ce qu'il ait obtenu du vendeur le remboursement de ses dépenses raisonnables.

2) Si les marchandises expédiées à l'acheteur ont été mises à sa disposition à leur lieu de destination et si l'acheteur exerce le droit de

---

* Schweiz: Dieser Absatz ist nicht anzuwenden.

posession of them on behalf of the seller, provided that this can be done without payment of the price and without unreasonable inconvenience or unreasonable expense. This provision does not apply if the seller or a person authorized to take charge of the goods on his behalf is present at the destination. If the buyer takes possession of the goods under this paragraph, his rights and obligations are governed by the preceding paragraph.

les refuser, il doit en prendre possession pour le compte du vendeur à condition de pouvoir le faire sans paiement du prix et sans inconvénients ou frais déraisonnables. Cette disposition ne s'applique pas si le vendeur est présent au lieu de destination ou s'il y a en ce lieu une personne ayant qualité pour prendre les marchandises en charge pour son compte. Les droits et obligations de l'acheteur qui prend possession des marchandises en vertu du présent paragraphe sont régis par le paragraphe précédent.

Systematische Übersicht

Alphabetische Übersicht

Ulrich Magnus

I.   Regelungsgegenstand und Normzweck

1 Die Vorschrift **verpflichtet** in ihrem Abs 1 **den Käufer** ebenso **zur Erhaltung der Ware**, wie Art 85 das für den Verkäufer vorschreibt. Voraussetzung ist, daß der Käufer die Ware erhalten hat, aber nicht behalten will und zu ihrer Zurückweisung berechtigt ist. Wie der Verkäufer nach Art 85 S 2, so hat auch der Käufer einen Anspruch auf Ersatz angemessener Aufwendungen und ein entsprechendes Zurückbehaltungsrecht (Abs 1 S 2).

2 Nach Abs 2 ist der Käufer beim Distanzkauf darüber hinaus **verpflichtet, Ware vorläufig für den Verkäufer in Besitz zu nehmen**, wenn ihm das zuzumuten ist.

3 Insgesamt folgt die Bestimmung den gleichen Grundgedanken wie Art 85 (vgl dort Rn 2).

II.   Entstehungsgeschichte

4 Die Bestimmung entspricht sachlich und auch weitgehend wörtlich Art 92 EKG.

5 Die Vorentwürfe zum CISG hatten kleinere Präzisierungen vorgenommen, indem sie „ein nach dem Vertrag oder diesem Übereinkommen bestehendes" Zurückweisungsrecht und die nach „den Umständen" angemessenen Maßnahmen verlangten (vgl Art 61 Genfer Entwurf sowie Art 61 Wiener Entwurf, Art 75 New Yorker Entwurf).

6 Auf der Wiener Konferenz wurde aus Gründen größerer Klarheit S 3 in Abs 2 angefügt (Off Rec 399 f).

III.   Erhaltungspflicht des Käufers (Abs 1)

1.   Voraussetzungen

7 Die Obhutspflicht des Käufers entsteht nur, wenn dieser einerseits **die Ware empfangen** hat, andererseits **willens und berechtigt** ist, **sie zurückzuweisen** (Art 86 Abs 1 S 1). Beide Voraussetzungen müssen kumulativ vorliegen.

8 Die Ware empfangen hat der Käufer, sobald er den **tatsächlichen Besitz** (possession) an ihr **erlangt** hat (ACHILLES Art 86 Rn 2; BAMBERGER/ROTH/SAENGER Art 86 Rn 2; BIANCA/BONELL/BARRERA GRAF Art 86 Bem 2. 1; BRUNNER Art 86 Rn 2; HERBER/CZERWENKA Art 86 Rn 2; HONSELL/WEBER Art 86 Rn 3; MünchKommBGB/HUBER Art 86 Rn 2; MünchKommHGB/MANKOWSKI Art 86 Rn 3; SCHLECHTRIEM/SCHWENZER/BACHER Art 86 Rn 3). Zur Abnahme von Ware, deren Mängel wesentlich im Sinn des Art 25 sind, ist er aber, vorbehaltlich des Abs 2, nicht verpflichtet.

9 Ferner muß der Käufer beabsichtigen, die Ware zurückzuweisen, und dazu nach dem Vertrag oder Übereinkommen berechtigt sein. Nach dem CISG steht ihm ein **Zurückweisungsrecht** zu, wenn er Vertragsaufhebung (Art 49, 51, 72, 73) oder Ersatzlieferung (Art 46 Abs 2) verlangen oder die Abnahme einer vorzeitigen oder Zuviellieferung (Art 52) verweigern kann, sofern die Voraussetzungen dieser Vorschriften erfüllt sind. Bei Nacherfüllungs-, Schadensersatz- oder Minderungsansprüchen kommt dagegen naturgemäß weder ein Zurückweisungsrecht noch eine der anderen Partei geschuldete Erhaltungspflicht in Frage (JENTSCH 57; MünchKommHGB/MANKOWSKI Art 86 Rn 4). Das Zurückweisungsrecht, das Art 86 nennt, ist **kein eigenständiger Rechtsbehelf**, sondern hängt ausschließlich von einem nach dem Vertrag oder dem Übereinkommen gegebenen Recht ab, die Ware ablehnen zu dürfen (ebenso BRUNNER Art 86 Rn 3; HONSELL/WEBER Art 86 Rn 5; JENTSCH 58; MünchKommBGB/HUBER Art 86 Rn 3; MünchKommHGB/MANKOWSKI Art 86 Rn 4; SCHLECHTRIEM/SCHWENZER/BACHER Art 86 Rn 5 f; **aA** aber BIANCA/BONELL/BARRERA GRAF Art 86 Bem 2.4.4). Es erlischt deshalb, wenn der Anspruch, der es begründet, nicht mehr gegeben ist, etwa die Frist für die Erklärung der Vertragsaufhebung (Art 49 Abs 2) verstrichen ist. Den Käufer, der die Ware behalten muß, trifft keine Pflicht mehr, die Ware für den Verkäufer zu erhalten. Er handelt allein im eigenen Interesse und hat – auch rückwirkend – allein im eigenen Interesse gehandelt.

Die **Zurückweisungsabsicht** muß nicht schon bei Entgegennahme der Ware bestehen **10** oder geäußert werden (vgl ACHILLES Art 86 Rn 2; BAMBERGER/ROTH/SAENGER Art 86 Rn 2; MünchKommHGB/MANKOWSKI Art 86 Rn 5; SCHLECHTRIEM/SCHWENZER/BACHER Art 86 Rn 7; SOERGEL/LÜDERITZ/DETTMEIER Art 86 Rn 2; **aA** jedoch BIANCA/BONELL/BARRERA GRAF Art 86 Bem 2.3, 2.4.4; wohl auch WITZ/SALGER/LORENZ Art 86 Rn 5). Gewöhnlich kann der Käufer die Ware erst nach Inbesitznahme gründlich auf ihre Vertragsgemäßheit überprüfen und sich über sein Vorgehen klar werden.

2.   Inhalt der Erhaltungspflicht

Für die Erhaltungspflicht des Käufers gilt grundsätzlich Entsprechendes wie für jene **11** des Verkäufers nach Art 85; der Käufer ist verpflichtet, die in der Situation angemessenen Maßnahmen zur Sicherung der Ware zu treffen (vgl hierzu näher Art 85 Rn 9 ff). Besonderer Betrachtung bedarf der **Fall rechtsmangelhafter Ware**. Zu den Erhaltungsmaßnahmen kann es hier gehören, daß der Käufer im Interesse des Verkäufers etwa eilige gerichtliche Verteidigungsschritte einleitet, wenn ein Dritter möglicherweise unbegründete Rechte an der Ware geltend macht (ebenso MünchKommHGB/MANKOWSKI Art 86 Rn 7).

3.   Rechtsfolgen der Verletzung der Erhaltungspflicht

Der Käufer, der seine Obhutspflicht verletzt, wird meist sein **Recht zur Vertragsauf- 12 hebung oder Ersatzlieferung** gem Art 82 Abs 1 **verlieren**, weil er die Ware nicht mehr im ursprünglichen Zustand zurückgeben kann (BRUNNER Art 86 Rn 11; MünchKommHGB/MANKOWSKI Art 86 Rn 8; SCHLECHTRIEM, UN-Kaufrecht 104; SOERGEL/LÜDERITZ/DETTMEIER Art 86 Rn 8). Ein Schadensersatzanspruch des Verkäufers scheidet dann aus, weil das Rückgaberecht erloschen ist. Ein solcher Anspruch kommt nur in Betracht, wenn der Käufer die Ware weiterhin zurückweisen kann, weil die Verschlechterung der Ware unwesentlich (Art 82 Abs 1) oder trotz angemessener Erhaltungsmaßnahmen eingetreten ist (Art 82 Abs 2 lit a).

4. Aufwendungsersatzanspruch und Zurückbehaltungsrecht

13 Parallel zu Art 85 S 2 sieht auch Art 86 Abs 1 S 2 mittelbar einen Anspruch auf Aufwendungsersatz und ein ihn sicherndes Zurückbehaltungsrecht vor (vgl dazu die Erl zu Art 85 Rn 17 f). Der Anspruch auf **Aufwendungsersatz** ist nur gegeben, wenn der Käufer das Zurückweisungsrecht erfolgreich ausgeübt hat. Ist der Käufer nur berechtigt, einen Teil der Ware zurückzuweisen, dann muß er belegen können, daß seine Aufwendungen gerade der Erhaltung dieses Teiles dienten (Cour de cassation D 1995 jur 289 m Anm WITZ; MünchKommHGB/MANKOWSKI Art 86 Rn 9; SOERGEL/LÜDERITZ/ DETTMEIER Art 86 Rn 7). Muß der Käufer die Ware behalten, hat er alle Erhaltungskosten selbst zu tragen (MünchKommHGB/MANKOWSKI, SOERGEL/LÜDERITZ/DETTMEIER aaO; aA wohl HERBER/CZERWENKA Art 86 Rn 3, die Kostenersatz für die Zeit zusprechen, in der das Zurückweisungsrecht besteht). Bis zum Ersatz der angemessenen Erhaltungskosten steht dem Käufer ein **Zurückbehaltungsrecht** an der Ware zu. Hat der Käufer freilich keine Kosten für die Erhaltung der Ware tragen müssen, entfällt diese Sicherung (Cour de cassation aaO). Es bleibt jedoch erhalten, wenn der Käufer seinen – tatsächlich bestehenden – Aufwendungsersatzanspruch nur noch nicht geltend gemacht hatte (MünchKommHGB/MANKOWSKI Art 86 Rn 10; aA Cour de cassation aaO).

IV. Pflicht zur vorläufigen Abnahme (Abs 2)

14 Unter den Voraussetzungen des Abs 2 ist der Käufer **verpflichtet, die Ware vorläufig für den Verkäufer in Besitz zu nehmen.** Der Grund für diese Erweiterung der Erhaltungspflicht des Käufers liegt darin, daß er gewöhnlich eher und besser als der Verkäufer in der Lage ist, die am Bestimmungsort angemessenen Erhaltungsmaßnahmen zu treffen; er ist „näher daran" (JENTSCH 63 f; MünchKommHGB/MANKOWSKI Art 86 Rn 11; PILTZ, Internationales Kaufrecht § 4 Rn 270; SCHLECHTRIEM/SCHWENZER/BACHER Art 86 Rn 8). Ist der Verkäufer selbst am Bestimmungsort vertreten, so entfällt die vorläufige Abnahmepflicht (vgl Art 86 Abs 2 S 2). Auch im übrigen ist sie an enge Grenzen gebunden.

1. Voraussetzungen

15 Die Pflicht, die Ware in Besitz zu nehmen und für sie zu sorgen, setzt voraus, daß **die Ware dem Käufer vertragsgemäß zuzusenden war und ihm an ihrem Bestimmungsort zur Verfügung gestellt wurde** (s speziell zum Streckengeschäft JENTSCH 69 f). Letzteres ist insbes der Fall, wenn ihm die Dokumente angedient wurden. Hat der Käufer die Ware bereits in Besitz genommen, dann gilt Abs 1 (BIANCA/BONELL/BARRERA GRAF Art 86 Bem 2. 4).

16 Ferner muß der Käufer wie nach Abs 1 **zur Zurückweisung berechtigt** sein (vgl dazu oben Rn 9) und dieses Recht ausgeübt, also die Übernahme der Ware als vertragsgemäße Erfüllung abgelehnt haben.

2. Grenzen der vorläufigen Abnahmepflicht

17 Auch wenn die genannten Voraussetzungen vorliegen, ist der Käufer **zur vorläufigen Abnahme nicht verpflichtet, wenn dies nur gegen Zahlung des Kaufpreises oder unter unzumutbaren Unannehmlichkeiten oder mit unverhältnismäßigen Kosten möglich** ist.

Bei allen Vereinbarungen, bei denen die Ware nur gegen Zahlung ausgehändigt wird (Art 58 Abs 2, zB beim Akkreditivgeschäft, bei der Klausel „Kasse gegen Dokumente", bei Nachnahme), braucht der Käufer die Ware deshalb nicht in Besitz zu nehmen (HERBER/CZERWENKA Art 86 Rn 6; JENTSCH 67 ff; KAROLLUS 96; MünchKommHGB/MANKOWSKI Art 86 Rn 14; PILTZ, Internationales Kaufrecht § 4 Rn 272; SCHWIMANN/POSCH Art 86 Rn 6).

Unzumutbar ist dem Käufer **die vorläufige Abnahme** etwa, wenn die Ware wegen **18** ihrer Mängel ihm oder Dritten, denen er haften müßte, Schaden zufügen könnte (zB unzureichend verpackte giftige Chemikalien; vgl auch ACHILLES Art 86 Rn 6; BRUNNER Art 86 Rn 8; HONSELL/WEBER Art 86 Rn 13; JENTSCH 67; MünchKommBGB/HUBER Art 86 Rn 14; MünchKommHGB/MANKOWSKI Art 86 Rn 15; SOERGEL/LÜDERITZ/DETTMEIER Art 86 Rn 4; WITZ/SALGER/LORENZ Art 86 Rn 11). Mängel der Ware allein lassen die Pflicht zur vorläufigen Abnahme dagegen nicht entfallen (SOERGEL/LÜDERITZ/DETTMEIER aaO).

Die vorläufige Abnahmepflicht entfällt ferner, wenn der Käufer die **Ware schon 19 berechtigterweise zurückgewiesen** hat, **bevor sie am Bestimmungsort eingetroffen war** (Sekretariatskommentar Art 75 Bem 4; ACHILLES Art 86 Rn 6; ENDERLEIN/MASKOW/STROHBACH Art 86 Bem 3; HERBER/CZERWENKA Art 86 Rn 6; REINHART Art 86 Rn 6; SOERGEL/LÜDERITZ/DETTMEIER Art 86 Rn 5). Allerdings muß das so rechtzeitig erfolgt sein, daß dem Verkäufer ausreichende Zeit für eigene Erhaltungsmaßnahmen blieb (Sekretariatskommentar, ENDERLEIN/MASKOW/STROHBACH, SOERGEL/LÜDERITZ/DETTMEIER, alle aaO; REINHART aaO verlangt nur Kenntnis des Verkäufers von der Zurückweisung).

Schließlich besteht keine Pflicht zur Inbesitznahme, wenn der **Verkäufer oder eine 20 von ihm autorisierte Person am Bestimmungsort anwesend** ist (Abs 2 S 2). Als autorisierte Personen kommen vor allem vertretungsberechtige Angestellte des Verkäufers, sein Handelsvertreter oder Handelsmakler in Betracht (HONSELL/WEBER Art 86 Rn 15; MünchKommBGB/HUBER Art 86 Rn 16; MünchKommHGB/MANKOWSKI Art 86 Rn 11; REINHART Art 86 Rn 5; SCHLECHTRIEM/SCHWENZER/BACHER Art 86 Rn 17).

3. Rechtsfolgen

Ist der Käufer zur Inbesitznahme der Ware verpflichtet, dann hat er **für ihre Auf- 21 bewahrung und Erhaltung** wie nach Art 86 Abs 1 **zu sorgen** (Abs 2 S 3). Angemessene Aufwendungen hat ihm der Verkäufer zu erstatten, für dessen Rechnung auch die Kosten der Inbesitznahme erfolgen. Auch ein Zurückbehaltungsrecht steht dem Käufer zu (vgl oben Rn 13).

Verletzt der Käufer die Pflicht zur Inbesitznahme, so macht er sich schadensersatz- **22** pflichtig, wenn die Ware dadurch in einer Weise verschlechtert wird, die bei angemessener Obhut vermieden worden wäre (KAROLLUS 97; MünchKommHGB/MANKOWSKI Art 86 Rn 16). Sofern die Ware wegen unterlassener Inbesitznahme und Fürsorge untergeht, erlischt – analog zu Art 82 Abs 1 – ein an sich gegebenes Zurückweisungsrecht (so zu Recht KAROLLUS, MünchKommHGB/MANKOWSKI aaO).

Der Käufer ist nicht verpflichtet, dem Verkäufer die Zurückweisung der Ware **22a** anzuzeigen. Um sich aber dagegen zu sichern, daß die Inbesitznahme als Abnahme der Ware missverstanden werden kann, sollte der Käufer die Zurückweisung und die Bereitschaft, für die vorläufige Sicherung der Ware zu sorgen, im eigenen Interesse alsbald anzeigen (MünchKommHGB/Mankowski Art 86 Rn 17; Witz/Salger/Lorenz Art 86 Rn 16).

V. Analoge Anwendung?

23 Art 86 dürfte analog anzuwenden sein, soweit der Käufer etwa Verpackungsmaterial erhält, das er aufheben oder zurücksenden soll (s auch Jentsch 78 f; nach BGH NJW 1997, 1578 gilt dagegen das anwendbare nationale Recht; vgl näher Art 35 Rn 45).

VI. Beweisfragen

24 Die tatsächlichen Voraussetzungen für einen Kostenerstattungsanspruch und für ein Zurückbehaltungsrecht nach Abs 1 oder Abs 2 hat der Käufer nachzuweisen. Für die tatsächlichen Voraussetzungen eines Schadensersatzanspruchs wegen Verletzung der Pflicht zur Inbesitznahme und/oder Fürsorge ist dagegen der Verkäufer beweispflichtig (zu Einzelheiten Baumgärtel/Laumen/Hepting Art 86 Rn 1 ff; ferner Achilles Art 86 Rn 8; Bamberger/Roth/Saenger Art 86 Rn 10).

Art 87 [Einlagerung bei Dritten]

Eine Partei, die Maßnahmen zur Erhaltung der Ware zu treffen hat, kann die Ware auf Kosten der anderen Partei in den Lagerräumen eines Dritten einlagern, sofern daraus keine unverhältnismäßigen Kosten entstehen.

Art 87

A party who is bound to take steps to preserve the goods may deposit them in a warehouse of a third person at the expense of the other party provided that the expense incurred is not unreasonable.

Art 87

La partie qui est tenue de prendre des mesures pour assurer la conservation des marchandises peut les déposer dans les magasins d'un tiers aux frais de l'autre partie, à condition que les frais qui en résultent ne soient pas déraisonnables.

I. Regelungsgegenstand und Normzweck

1 Die Vorschrift erlaubt es einer nach Art 85 oder 86 obhutpflichtigen Partei ausdrücklich, die Ware auf Kosten der anderen Partei bei einem Dritten einzulagern. Allerdings dürfen dadurch keine unverhältnismäßigen Kosten entstehen.

II. Entstehungsgeschichte

2 Von geringfügigen Formulierungsänderungen abgesehen, entspricht Art 87 vollständig Art 93 EKG.

III. Voraussetzungen

Die erhaltungspflichtige Partei kann ihrer Pflicht nach Art 85 oder 86 stets dadurch **3** nachkommen, daß sie die **Ware bei einem Dritten einlagert**. Das gilt auch dann, wenn die Einlagerung unverhältnismäßige Kosten verursacht (ACHILLES Art 87 Rn 1; BAMBERGER/ROTH/SAENGER Art 87 Rn 2; BRUNNER Art 87 Rn 2; JENTSCH 87 ff; KAROLLUS 97; MünchKommBGB/HUBER Art 87 Rn 3; MünchKommHGB/MANKOWSKI Art 87 Rn 3; SCHLECHTRIEM Rn 339; SCHLECHTRIEM/SCHWENZER/BACHER Art 87 Rn 9; wohl auch WITZ/SALGER/LORENZ Art 87 Rn 5; aA PILTZ, Internationales Kaufrecht § 4 Rn 276; REINHART Art 87 Rn 2 und wohl auch BIANCA/BONELL/BARRERA GRAF Art 87 Bem 2.3; HERBER/CZERWENKA Art 87 Rn 2; SOERGEL/LÜDERITZ/DETTMEIER Art 87 Rn 2, 5). In diesem Fall entsteht lediglich kein Anspruch auf vollen Kostenersatz (vgl unten Rn 4). Die Einlagerung braucht dem anderen Vertragspartner nicht vorher angezeigt zu werden (HERBER/CZERWENKA Art 87 Rn 3; LOEWE, Kaufrecht 102; PILTZ aaO).

IV. Rechtsfolgen

1. Kostentragung

Die **Kosten der Einlagerung hat** im Ergebnis nicht der Erhaltungspflichtige, sondern **4** **die andere Vertragspartei zu tragen**, in deren Interesse die Einlagerung erfolgt (unzutreffend Kantonsgericht Vaud SZIER 1995, 278 [CISG wegen summarischer Prüfung im Eilverfahren nicht angewendet; Einlagerung auf Kosten des Einlagernden angeordnet]). Für den Kostenerstattungsanspruch und ein Zurückbehaltungsrecht gelten die Art 85, 86 entsprechend. Allerdings sind nur verhältnismäßige Kosten zu erstatten; nur in ihrer Höhe hat der Erhaltungspflichtige einen Anspruch (ACHILLES Art 87 Rn 1; BAMBERGER/ROTH/SAENGER Art 87 Rn 2; BRUNNER Art 87 Rn 2; JENTSCH 87 ff; KAROLLUS 97; MünchKommBGB/HUBER Art 87 Rn 6; MünchKommHGB/MANKOWSKI Art 87 Rn 3, 5; SCHLECHTRIEM Rn 339; SCHLECHTRIEM/SCHWENZER/BACHER Art 87 Rn 9; wohl auch WITZ/SALGER/LORENZ Art 87 Rn 5). Unverhältnismäßig sind Lagerkosten jedenfalls dann, wenn sie den Wert der Ware übersteigen. Dies kann sich insbes bei langfristiger Lagerung ergeben. Hier hat der Obhutpflichtige die Ware deshalb rechtzeitig gem Art 88 zu verkaufen, wenn er nicht Gefahr laufen will, einen Teil der Lagerkosten selbst tragen zu müssen.

2. Auswahl eines geeigneten Verwahrers

Den Einlagernden trifft ferner die **Pflicht, einen geeigneten Verwahrer auszusuchen 5** (KAROLLUS 97; SOERGEL/LÜDERITZ/DETTMEIER Art 87 Rn 4). Mit der Auswahl eines erkennbar ungeeigneten Lagerhalters verletzt der Pflichtige seine Erhaltungspflicht und macht sich ersatzpflichtig, wenn die Ware durch die Lagerung Schaden nimmt (ebenso KAROLLUS aaO). Im übrigen ist der Erhaltungspflichtige aber nicht für Schäden aus der Einlagerung verantwortlich (SOERGEL/LÜDERITZ/DETTMEIER aaO). Der Lagerhalter ist keine Person, deren Verhalten er sich nach Art 79 Abs 2 zurechnen lassen muß (ebenso HONSELL/WEBER Art 87 Rn 4).

Soweit der Verwahrungsvertrag, der seinem eigenen Recht untersteht, eine Haftung **6** des Verwahrers ausschließt, wird jedoch eine **Pflicht** des Einlagernden anzunehmen sein, die **Ware gegen Lagerungsschäden zu versichern** (ebenso HERBER/CZERWENKA Art 87

Rn 2, 6; MünchKommHGB/MANKOWSKI Art 87 Rn 6). Auch die Verletzung dieser Pflicht macht schadensersatzpflichtig (HERBER/CZERWENKA, MünchKommHGB/MANKOWSKI aaO).

3. Keine Erfüllungswirkung

7 Die Einlagerung hat keine Erfüllungswirkung (ACHILLES Art 87 Rn 2; BAMBERGER/ROTH/ SAENGER Art 87 Rn 3; HERBER/CZERWENKA Art 87 Rn 5; JENTSCH 89 ff; MünchKommBGB/HUBER Art 87 Rn 7; MünchKommHGB/MANKOWSKI Art 87 Rn 7; PILTZ, Internationales Kaufrecht § 4 Rn 276; SCHLECHTRIEM/SCHWENZER/BACHER Art 87 Rn 7; aA jedoch ENDERLEIN/MASKOW/STROH- BACH Art 87 Bem 1; NEUMAYER/MING Art 87 Anm 2).

4. Ansprüche gegen den Lagerhalter

8 Ansprüche sowohl des Einlagernden wie der anderen Kaufvertragspartei gegen den Verwahrer richten sich nach dem insoweit maßgebenden nationalen Recht (BRUNNER Art 87 Rn 3; HERBER/CZERWENKA Art 87 Rn 6; MünchKommHGB/MANKOWSKI Art 87 Rn 6; REINHART Art 87 Rn 4; SCHLECHTRIEM/SCHWENZER/BACHER Art 87 Rn 8; SCHWIMANN/POSCH Art 87 Rn 4). Maßgebend ist mangels Rechtswahl das Recht am Niederlassungsort des Lagerhalters (s näher STAUDINGER/MAGNUS [2002] Art 28 EGBGB Rn 357 ff). Das wird vielfach zugleich der Einlagerungsort sein.

V. Beweislast

9 Wer Ersatz von Einlagerungskosten verlangt, muß die tatsächlichen Voraussetzun- gen dieses Anspruchs beweisen: dazu gehört der Nachweis, daß eine Pflicht zur Erhaltung der Ware bestand und daß die Einlagerung Kosten in bestimmter Höhe verursachte (ACHILLES Art 87 Rn 3; BAMBERGER/ROTH/SAENGER Art 87 Rn 4). Wer die An- gemessenheit der Lagerkosten bestreitet, trägt dafür die Beweislast (BAMBERGER/ ROTH/SAENGER aaO; aA ACHILLES aaO)

Art 88 [Selbsthilfeverkauf]

(1) Eine Partei, die nach Artikel 85 oder 86 zur Erhaltung der Ware verpflichtet ist, kann sie auf jede geeignete Weise verkaufen, wenn die andere Partei die Inbesitz- nahme oder die Rücknahme der Ware oder die Zahlung des Kaufpreises oder der Erhaltungskosten ungebührlich hinauszögert, vorausgesetzt, daß sie der anderen Partei ihre Verkaufsabsicht in vernünftiger Weise* angezeigt hat.

(2) Ist die Ware einer raschen Verschlechterung ausgesetzt oder würde ihre Erhal- tung unverhältnismäßige Kosten verursachen, so hat die Partei, der nach Artikel 85 oder 86 die Erhaltung der Ware obliegt, sich in angemessener Weise um ihren Verkauf zu bemühen. Soweit möglich hat sie der anderen Partei ihre Verkaufsab- sicht anzuzeigen.

---

* Schweiz: rechtzeitig.

(3) Hat eine Partei die Ware verkauft, so kann sie aus dem Erlös des Verkaufs den Betrag behalten, der den angemessenen Kosten der Erhaltung und des Verkaufs der Ware entspricht. Den Überschuß schuldet sie der anderen Partei.

Art 88

(1) A party who is bound to preserve the goods in accordance with article 85 or 86 may sell them by any appropriate means if there has been an unreasonable delay by the other party in taking possession of the goods or in taking them back or in paying the price or the cost of preservation, provided that reasonable notice of the intention to sell has been given to the other party.

(2) If the goods are subject to rapid deterioration or their preservation would involve unreasonable expense, a party who is bound to preserve the goods in accordance with article 85 or 86 must take reasonable measures to sell them. To the extent possible he must give notice to the other party of his intention to sell.

(3) A party selling the goods has the right to retain out of the proceeds of sale an amount equal to the reasonable expenses of preserving the goods and of selling them. He must account to the other party for the balance.

Art 88

1) La partie qui doit assurer la conservation des marchandises conformément aux articles 85 ou 86 peut les vendre par tous moyens appropriés si l'autre partie a apporté un retard déraisonnable à prendre possession des marchandises ou à les reprendre ou à payer le prix ou les frais de leur conservation, sous réserve de notifier à cette autre partie, dans des conditions raisonnables, son intention de vendre.

2) Lorsque les marchandises sont sujettes à une détérioration rapide ou lorsque leur conservation entraînerait des frais déraisonnables, la partie qui est tenue d'assurer la conservation des marchandises conformément aux article 85 ou 86 doit raisonnablement s'employer à les vendre. Dans la mesure du possible, elle doit notifier à l'autre partie son intention de vendre.

3) La partie qui vend les marchandises a le droit de retenir sur le produit de la vente un montant égal aux frais raisonnables de conservation et de vente des marchandises. Elle doit le surplus à l'autre partie.

Systematische Übersicht

Alphabetische Übersicht

I. Regelungsgegenstand und Normzweck

1 Die Vorschrift regelt in Abs 1 **das Recht einer Partei, Ware zu verkaufen**, deren Obhut ihr nach Art 85 oder 86 obliegt. Das Recht steht ihr zu, wenn die andere Vertragspartei ihre Pflichten ungebührlich verzögert und ihr die Verkaufsabsicht angemessen angezeigt worden ist.

2 Abs 2 verpflichtet den Obhutspflichtigen zum Verkauf in Fällen, in denen Ware schnell verdirbt oder unverhältnismäßige Erhaltungskosten verursacht (**Notverkauf**).

3 Die **Rechtsfolgen** des Selbsthilfe- und des Notverkaufs regelt Abs 3.

4 Die Vorschrift beruht zum einen auf dem Gedanken, daß der Obhutspflichtige nur begrenzt zur Aufbewahrung und Erhaltung der Ware verpflichtet ist und sie deshalb losschlagen kann, wenn die andere Partei zu lange zögert, ihre Pflicht zur Abnahme, Rücknahme oder Zahlung – auch der Erhaltungskosten – zu erfüllen. Zum anderen kann das Interesse der anderen Vertragspartei einen Verkauf fordern, um größeren Schaden oder höhere Kosten zu vermeiden.

II. Entstehungsgeschichte

5 Die Bestimmung entspricht Art 94 und 95 EKG, die sie zu einer Vorschrift zusammenfaßt. Der Haager Wortlaut ist nur wenig verändert worden. So wurde auf der Wiener Konferenz im jetzigen Abs 1 der Fall ungebührlicher Verzögerung der Zahlung auch des Kaufpreises ausdrücklich aufgenommen (Off Rec 140). Ferner wurde „due notice" durch „reasonable notice" ersetzt (vgl Off Rec 140, 400 f, 413 f). Die Formulierung „subject to loss or rapid deterioration", die noch in Art 95 EKG, dem jetzigen Art 88 Abs 2, enthalten war, wurde in Wien in „subject to rapid deterioration" abgeändert (Off Rec 174, 227 f). Damit sollte die Anwendbarkeit der

Vorschrift bei drohendem wirtschaftlichen Verlust (etwa wegen Preisverfalls) ausgeschlossen werden (Off Rec 227 f).

III. Selbsthilfeverkauf (Abs 1)

1. Voraussetzungen

Die nach Art 85 oder 86 erhaltungspflichtige Partei hat **das Recht, die Ware zu** 6
verkaufen, wenn die andere Partei ihre Pflicht zur Inbesitznahme oder Rücknahme
der Ware oder ihre Pflicht zur Zahlung des Kaufpreises oder der geschuldeten
Erhaltungskosten „ungebührlich hinauszögert" („unreasonable delay", „retard déraisonnable"). Ohne die Pflichtverletzung der Gegenpartei besteht kein Recht zum
Selbsthilfeverkauf (s Schiedsgericht der Hamburger freundschaftlichen Arbitrage IHR 2001,
35). Wer ihn gleichwohl durchführt, macht sich ggfs selbst schadensersatzpflichtig
(s unten Rn 9).

Wann eine **Verzögerung ungebührlich** ist, hängt von den Umständen des Einzelfalles 7
ab und ist nach objektivem Maßstab (vgl auch Art 8 Abs 3) zu beurteilen (BRUNNER
Art 88 Rn 2; HERBER/CZERWENKA Art 88 Rn 3; JENTSCH 95; MünchKommBGB/HUBER Art 88
Rn 3; MünchKommHGB/MANKOWSKI Art 88 Rn 4). Für eine vernünftige Person in der
Lage des Obhutspflichtigen muß längeres Zuwarten nicht mehr zumutbar sein.
Der Verzögerung steht die endgültige Verweigerung der Abnahme, Rücknahme
oder Zahlung gleich (ACHILLES Art 88 Rn 2; BAMBERGER/ROTH/SAENGER Art 88 Rn 3; ENDER-
LEIN/MASKOW/STROHBACH Art 88 Bem 3; MünchKommBGB/HUBER aaO; MünchKommHGB/
MANKOWSKI aaO; PILTZ, Internationales Kaufrecht § 4 Rn 275; SCHLECHTRIEM/SCHWENZER/BA-
CHER Art 88 Rn 5; WITZ/SALGER/LORENZ Art 88 Rn 6; zum EKG: OLG Düsseldorf, in: SCHLECHT-
RIEM/MAGNUS Art 94 Nr 1), selbst wenn die Weigerung schon vor Fälligkeit der Über-
nahme- oder Zahlungspflicht erklärt wird (vgl ACHILLES, BAMBERGER/ROTH/SAENGER,
MünchKommBGB/HUBER, MünchKommHGB/MANKOWSKI aaO; ferner STOLL RabelsZ 52 [1988]
630 f; ihm folgend KAROLLUS 98). Eine Partei verzögert ihre Leistung aber nicht ungebührlich, wenn sie berechtigt ist, die eigene Leistung zu verweigern, weil die andere
Partei vertragsbrüchig ist (s Schiedsgericht der Hamburger freundschaftlichen Arbitrage IHR
2001, 35).

Ferner setzt das Recht zum Selbsthilfeverkauf nach Abs 1 eine **angemessene Anzeige** 8
der Verkaufsabsicht voraus. Die andere Vertragspartei soll damit Gelegenheit erhalten, den Verkauf dadurch abzuwenden, daß sie ihre Pflicht zur Übernahme der Ware
oder zur Zahlung noch erfüllt (Denkschrift 61; ACHILLES Art 88 Rn 3; BIANCA/BONELL/
BARRERA GRAF Art 88 Bem 2. 7; ENDERLEIN/MASKOW/STROHBACH Art 88 Bem 2; HERBER/CZER-
WENKA Art 88 Rn 6; LOEWE, Kaufrecht 102; MünchKommHGB/MANKOWSKI Art 88 Rn 5;
SCHLECHTRIEM/SCHWENZER/BACHER Art 88 Rn 6). Die Anzeige muß deshalb entsprechend
rechtzeitig vor dem Verkauf und auf einem geeigneten Übermittlungsweg erfolgen.
Zugangsbedürftig ist sie nicht (Art 27; vgl auch ACHILLES, BIANCA/BONELL/BARRERA GRAF,
HERBER/CZERWENKA, LOEWE, MünchKommHGB/MANKOWSKI, SCHLECHTRIEM/SCHWENZER/BA-
CHER, alle aaO). Die Anzeige hat auch Wirkung, wenn sie bereits erfolgt, bevor das
Recht zum Selbsthilfeverkauf entstanden ist (vgl Off Rec 400 f; ENDERLEIN/MASKOW/
STROHBACH, HERBER/CZERWENKA, MünchKommHGB/MANKOWSKI, jeweils aaO; JENTSCH 97 f).
Sie muß deutlich machen, daß und im wesentlichen wie der Selbsthilfeverkauf
erfolgen soll. Lässt der Ankündigende nach der Anzeige so lange Zeit verstreichen,

daß objektiv der Eindruck entstehen muss, er habe seine Absicht des Selbsthilfever-
kaufs aufgegeben, oder will er den Selbsthilfeverkauf unter wesentlich geänderten
Modalitäten vornehmen, so bedarf es einer erneuten Anzeige (so zutreffend ACHILLES
Art 88 Rn 3).

9 Liegt keine ungebührliche Verzögerung vor oder fehlt die ordnungsgemäße Anzei-
ge, dann ist ein trotzdem vorgenommener **Selbsthilfeverkauf nicht rechtmäßig**. Der
dennoch Verkaufende hat dem anderen Teil denjenigen Schaden zu ersetzen, der
durch den Verkauf entsteht (ACHILLES Art 88 Rn 4; BAMBERGER/ROTH/SAENGER Art 88 Rn 4;
BRUNNER Art 88 Rn 4; ENDERLEIN/MASKOW/STROHBACH Art 88 Bem 4; HERBER/CZERWENKA
Art 88 Rn 7; MünchKommBGB/HUBER Art 89 Rn 4; MünchKommHGB/MANKOWSKI Art 88
Rn 8; SCHLECHTRIEM/SCHWENZER/BACHER Art 88 Rn 8; SOERGEL/LÜDERITZ/DETTMEIER Art 88
Rn 10). Als Schaden kommt insbes die Differenz zwischen dem erzielten Erlös und
dem erzielbaren Marktpreis in Betracht.

10 **Widerspricht der andere Teil der Verkaufsabsicht** des Obhutspflichtigen, so hat das
keine Wirkung (ACHILLES Art 88 Rn 4; HONSELL/WEBER Art 88 Rn 11; JENTSCH 100; KAROL-
LUS 98; MünchKommHGB/MANKOWSKI Art 88 Rn 6; SCHLECHTRIEM/SCHWENZER/BACHER Art 88
Rn 6). Je nach den Umständen ist der Selbsthilfeverkauf nur durch Übernahme der
Ware oder Zahlung abzuwenden.

11 Das Recht des Verkäufers zum Selbsthilfeverkauf entfällt auch nicht dadurch, daß
der Käufer vertraglich **zum Alleinvertrieb berechtigt** ist (ACHILLES Art 88 Rn 4; Münch-
KommHGB/MANKOWSKI Art 88 Rn 6; zum EKG: OLG Düsseldorf, in: SCHLECHTRIEM/MAGNUS
Art 76 Nr 4). Der Käufer muß den Selbsthilfeverkauf als Folge der eigenen Vertragsverletzung dulden. Der Obhutspflichtige bleibt ferner auch dann zum Selbsthilfeverkauf berechtigt, wenn über die andere Partei ein Insolvenzverfahren eröffnet
wird.

12 Ein Selbsthilfeverkauf ist aber dann nicht zulässig, wenn der Verkäufer dem Käufer
eine **Nachfrist gem Art 63 Abs 1** gesetzt und sich damit für die Dauer der Nachfrist
selbst gebunden hat (vgl Art 63 Abs 2; ferner MünchKommHGB/MANKOWSKI Art 88 Rn 6;
PILTZ, Internationales Kaufrecht § 4 Rn 275; SCHLECHTRIEM/SCHWENZER/HAGER Art 63 Rn 4).
Auch hier führt ein Verstoß freilich nur zu Schadensersatzansprüchen.

2. Durchführung des Selbsthilfeverkaufs

13 Art 88 Abs 1 erlaubt den **Verkauf auf „jede geeignete Weise"**. Es ist weder eine
öffentliche Versteigerung der Ware noch sonst eine besondere Form des Verkaufs
(etwa durch Handelsmakler wie nach § 373 Abs 2 HGB) erforderlich. Allerdings
muß die gewählte Verkaufsform einen angemessenen Preis erwarten lassen. Der
Erhaltungspflichtige kann die Ware auch selbst verkaufen oder sie zum marktüblichen Preis selbst übernehmen (ACHILLES Art 88 Rn 5; BAMBERGER/ROTH/SAENGER Art 88
Rn 5; HERBER/CZERWENKA Art 88 Rn 5; JENTSCH 98; MünchKommHGB/MANKOWSKI Art 88 Rn 7;
REINHART Art 88 Rn 4; SCHLECHTRIEM/SCHWENZER/BACHER Art 88 Rn 9). Auf Vorschriften
des anwendbaren nationalen Rechts kommt es für die Durchführung des Verkaufs
nicht an (MünchKommHGB/MANKOWSKI Art 88 Rn 7; SCHLECHTRIEM/SCHWENZER/BACHER
Art 88 Rn 9). Die Wirkungen des Verkaufs, etwa auch ein gutgläubiger Erwerb,
richten sich jedoch nach dem dafür jeweils maßgebenden Recht.

IV. Notverkauf (Abs 2)

Nach Art 88 Abs 2 hat der Obhutpflichtige in bestimmten Fällen nicht nur das **14** Recht, sondern die **Pflicht, sich** in angemessener Weise **um den Verkauf der Ware zu bemühen.** Vorausgesetzt ist, daß die Ware ohne schnellen Absatz rasch verdirbt oder unverhältnismäßige Erhaltungskosten verursacht.

„Verschlechterung" der Ware bedeutet **nur ihren physischen Verderb,** nicht einen **15** wirtschaftlichen Wertverlust durch Preisverfall (s aus der Rspr OLG Braunschweig TranspR-IHR 2000, 4 [6: Fleisch durch Einfrieren vor Verderb geschützt; zu erwartender Preisrückgang für Hirschfleisch nach den Weihnachtstagen dagegen nicht entscheidend]; vgl auch die Entstehungsgeschichte der Vorschrift oben Rn 5; ferner Denkschrift 61; ACHILLES Art 88 Rn 6; BAMBERGER/ROTH/SAENGER Art 88 Rn 6; BRUNNER Art 88 Rn 8; HERBER/CZERWENKA Art 88 Rn 4; JENTSCH 101 ff [mit eingehender Erörterung]; KAROLLUS 98; MünchKommBGB/HUBER Art 88 Rn 10; MünchKommHGB/MANKOWSKI Art 88 Rn 9; REINHART Art 88 Rn 6; RUDOLPH Art 88 Rn 9; SCHLECHTRIEM Rn 340; SCHLECHTRIEM/SCHWENZER/BACHER Art 88 Rn 11; SCHWIMANN/POSCH Art 88 Rn 6; **aA** aber – auch wirtschaftlicher Verlust – BIANCA/BONELL/BARRERA GRAF Art 88 Bem 2. 8; ENDERLEIN/MASKOW/STROHBACH Art 88 Bem 5; LOEWE, Kaufrecht 102 f).

Unverhältnismäßige Kosten verursacht die Erhaltung, wenn die Aufwendungen für **16** sie den Wert der Ware, aber auch schon den Verlust bei einem Notverkauf deutlich übersteigen (OLG Braunschweig aaO [Erhaltungskosten unter 10% des Warenwertes verhältnismäßig]; MünchKommBGB/HUBER Art 88 Rn 11; SOERGEL/LÜDERITZ/DETTMEIER Art 88 Rn 5).

Abs 2 verpflichtet den Obhutpflichtigen zu **angemessenen Verkaufsbemühungen;** er **17** ist jedoch nicht unter allen Umständen zum Verkauf oder gar zu einem bestimmtne Verkaufserfolg verpflichtet (ACHILLES Art 88 Rn 7; MünchKommHGB/MANKOWSKI Art 88 Rn 11; SOERGEL/LÜDERITZ/DETTMEIER Art 88 Rn 5; WITZ/SALGER/LORENZ Art 88 Rn 12). So muß sich etwa der Verkäufer einer umfangreichen Partie Hirschfleisch, die sein Käufer kurz vor Weihnachten nicht abnimmt, nicht sofort um Deckungs- oder Notverkäufe bemühen; es genügt, wenn er die Ware durch Tiefgefrieren vor dem Verderb schützt, selbst wenn der Preis nach den Festtagen voraussehbar fällt (OLG Braunschweig aaO). Wo sich sehr rasch verderbliche Ware (Blumen, Obst) trotz Bemühens weder konservieren noch absetzen läßt, ist die Pflicht zum Notverkauf nicht verletzt. Unterläßt der Pflichtige allerdings zumutbare und angemessene Bemühungen, die gefährdete oder kostenträchtige Ware loszuschlagen, dann macht er sich schadensersatzpflichtig (ACHILLES Art 88 Rn 8; BRUNNER Art 88 Rn 11; MünchKommHGB/MANKOWSKI, SOERGEL/LÜDERITZ/DETTMEIER, WITZ/SALGER/LORENZ, jeweils aaO; s unten Rn 19).

Eine **Anzeige der Verkaufsabsicht** hat nur „soweit möglich" zu erfolgen (Abs 2 S 2). **18** Zu ihr ist der Verkaufende deshalb nur verpflichtet, wenn die Anzeige so rechtzeitig vor dem Notverkauf möglich ist, daß die andere Vertragspartei noch reagieren könnte (ENDERLEIN/MASKOW/STROHBACH Art 88 Bem 6; MünchKommHGB/MANKOWSKI Art 88 Rn 12; REINHART Art 88 Rn 7; SCHLECHTRIEM/SCHWENZER/BACHER Art 88 Rn 13).

Unterläßt der Obhutpflichtige einen gebotenen Notverkauf oder führt er ihn nicht **19** in angemessener Weise durch, so macht er sich **schadensersatzpflichtig** (ACHILLES Art 88 Rn 8; KAROLLUS 99; MünchKommBGB/HUBER Art 88 Rn 13; MünchKommHGB/MANKOWSKI Art 88 Rn 11; SOERGEL/LÜDERITZ/DETTMEIER Art 88 Rn 5; WITZ/SALGER/LORENZ

Art 88 Rn 12). Der Ersatzberechtigte ist grundsätzlich so zu stellen, wie er bei ordnungsgemäßem Notverkauf gestanden hätte. Ist der Käufer nach Art 86 erhaltungspflichtig, dann dürfte jedoch wieder in analoger Anwendung des Art 82 sein Zurückweisungsrecht erlöschen, wenn die Ware wegen des unterlassenen Notverkaufs verdirbt (ebenso MünchKommHGB/Mankowski Art 88 Rn 11; vgl auch Art 86 Rn 22).

20 Hat der Verkaufende eine mögliche **Anzeige unterlassen**, so ist er nur dann zum Schadensersatz verpflichtet, wenn durch die Anzeige der Verkauf und dadurch ein Verlust vermieden worden wäre (Herber/Czerwenka Art 88 Rn 7; Honsell/Weber Art 88 Rn 18).

V. Aufteilung des Verkaufserlöses (Abs 3)

21 Abs 3 berechtigt diejenige Partei, die die Ware nach Abs 1 oder 2 verkauft hat, vom Verkaufserlös ihre – angemessenen – Aufwendungen einzubehalten; den Rest muß sie der anderen Partei herausgeben. Der Überschuß ist im Zweifel in der Währung zu zahlen, in der er erzielt wurde (ebenso MünchKommHGB/Mankowski Art 88 Rn 15).

22 Zu den **Aufwendungen** gehören sowohl die Kosten angemessener Erhaltungsmaßnahmen (vgl dazu Art 85 Rn 9 ff, 17) wie die Kosten des Verkaufs (zB Provision für einen Versteigerer oder Handelsmakler, Kosten des Transports zum Verkaufsort oder zum Abkäufer der Ware etc; vgl OLG Hamburg IHR 2001, 19 m Anm Piltz [21: Maklerlohn und Transportkosten für Selbsthilfeverkauf von Jeans von Hamburg nach Tschechien]; OLG Braunschweig TranspR-IHR 2000, 4 [6: an Dritten zu zahlende Verkaufsprovision]; auch Bianca/Bonell/Barrera Graf Art 88 Bem 2.10; MünchKommHGB/Mankowski Art 88 Rn 13).

23 Den **Rest des Verkaufserlöses** kann die andere Vertragspartei beanspruchen. Der Anspruch ist fällig, sobald die obhutspflichtige Partei den Erlös vereinnahmt hat. Von diesem Zeitpunkt an ist er zu verzinsen (Art 78).

24 Der **Erfüllungsort** für die Restzahlungspflicht liegt am Erfüllungsort der Primärpflicht, also an dem Ort, an dem die jeweilige Partei zur Erhaltung der Ware verpflichtet war und tätig geworden ist (ebenso Achilles Art 88 Rn 9; MünchKommHGB/Mankowski Art 88 Rn 15; wohl aA – Ort der primären Lieferpflicht – Schlechtriem/Schwenzer/Bacher Art 88 Rn 20 [bei Selbsthilfeverkauf aber der Ort, an dem die zurückgewiesene Sache zurückzugeben war]; Soergel/Lüderitz/Dettmeier Art 88 Rn 7; differenzierend Jentsch 109 ff).

25 Der obhutspflichtige Teil kann den Verkaufserlös ganz oder teilweise **auch wegen weiterer unter der Konvention begründeter Forderungen** gegen die andere Vertragspartei (zB den Kaufpreis oder Schadensersatz) einbehalten bzw hiermit aufrechnen (OLG Hamburg IHR 2001, 19 [22] m Anm Piltz; ebenso Brunner Art 88 Rn 13; Herber/Czerwenka Art 88 Rn 8 und wohl auch Enderlein/Maskow/Strohbach Art 88 Bem 9; zu Zurückbehaltungsrechten Kern ZEuP 2000, 837 ff; vgl auch Art 4 Rn 46 f). Nach **anderer, im Schrifttum wohl überwiegender Ansicht** richten sich Aufrechnung und Zurückbehaltungsrechte mangels Regelung im CISG stets nach dem anwendbaren nationalen Recht (so Bamberger/Roth/Saenger Art 88 Rn 9; Karollus 99; MünchKommBGB/Huber Art 88 Rn 16; MünchKommHGB/Mankowski Art 88 Rn 16; Schlechtriem Rn 344; Schlecht-

RIEM/SCHWENZER/BACHER Art 88 Rn 18; SOERGEL/LÜDERITZ/DETTMEIER Art 88 Rn 7; WITZ/SAL-
GER/LORENZ Art 88 Rn 15; wohl auch BIANCA/BONELL/BARRERA GRAF Art 88 Bem 2.10).

Die obhutspflichtige Partei ist auch zur **Rechnungslegung** verpflichtet (Sekretariats- **26**
kommentar Art 77 Bem 9; HERBER/CZERWENKA aaO).

VI. Beweisfragen

Die Partei, die Schadensersatz wegen Verletzung der aus Art 88 folgenden Pflichten **27**
verlangt, hat die tatsächlichen Voraussetzungen ihres Anspruchs zu beweisen (BAM-
BERGER/ROTH/SAENGER Art 88 Rn 10). Wer sich darauf stützt, daß er zum Selbsthilfe-
oder Notverkauf berechtigt war, trägt dafür die Beweislast (BAUMGÄRTEL/LAUMEN/
HEPTING Art 88 Rn 4 ff; wohl ebenso ACHILLES Art 88 Rn 10; BAMBERGER/ROTH/SAENGER Art 88
Rn 10). Steht die Berechtigung fest, hat nachzuweisen, daß die Art und Weise des
Verkaufs unangemessen war oder daß sich der auszukehrende Erlös um Aufwen-
dungen vermindert, wer sich darauf stützt (s zu weiteren Einzelheiten die in der vorigen N
Zitierten).

Teil IV
Schlußbestimmungen

Part IV
Final provisions

Quatrième partie
Dispositions finales

Vorbemerkungen zu Art 89 ff CISG

Schrifttum

Winship, Final Provisions of UNCITRAL'S
International Commercial Law Conventions, Int
Law 24 (1990) 711.

Die Art 89–101 enthalten die **diplomatischen Schlußklauseln des Übereinkommens.** **1**
Sie wurden zunächst vom UN-Generalsekretariat vorbereitet, das damit der Ent-
schließung Nr 33/93 v 16.12. 1978 der UN-Generalversammlung nachkam, und sodann UNCITRAL vorgelegt, das der Wiener Konferenz eine revidierte Fassung
unterbreitete (vgl Off Rec 66 ff; Text des UN-Generalsekretariats: Off Rec 141 ff). Die Schlußklauseln entsprechen weitgehend jenen anderer UNCITRAL-Übereinkommen
(dem Verjährungsübereinkommen und den Hamburg-Regeln), tragen aber auch
den Bestimmungen des Wiener Vertragsrechtsübereinkommens v 1969 (BGBl 1985
II 926) Rechnung, das die Bundesrepublik inzwischen ratifiziert hat.

Die Art 89–101 richten sich an die Staaten, die das Überkommen übernehmen **2**
wollen. **Für internationale Kaufgeschäfte privater Parteien** haben sie jedoch insoweit
erhebliche Bedeutung, als sich aus ihnen der zeitliche und teilweise der räumliche
Anwendungsbereich des CISG ergibt.

Sachlich bestimmen die Art 89 ff: **3**

– die **Förmlichkeiten** für die Übernahme des CISG (Art 89, 91);

– abschließend die Möglichkeiten, **Vorbehalte** zu erklären (Art 92–96, 98);

– das zeitliche **Wirksamwerden** (Art 97, 99, 100);

– die Möglichkeit, das CISG zu kündigen (Art 101);

– das **Verhältnis** zu anderen Konventionen (Art 90), insbes **zum Haager Kaufrecht**
  (Art 99 Abs 3–6).

Ulrich Magnus

Art 89 [Depositar]

Der Generalsekretär der Vereinten Nationen wird hiermit zum Verwahrer* dieses Übereinkommens bestimmt.

Art 89
The Secretary-General of the United Nations is hereby designated as the depositary for this Convention.

Art 89
Le Secrétaire général de l'Organisation des Nations Unies est désigné comme dépositaire de la présente Convention.

I.   Regelungsgegenstand und Normzweck

1 Die Vorschrift bestimmt, daß der **Generalsekretär der Vereinten Nationen** die Aufgaben eines **Depositars** für das CISG wahrzunehmen hat. Das CISG folgt insoweit der Übung anderer, von UNCITRAL erarbeiteter Übereinkommen (vgl Art 27 Hamburg-Regeln; ähnlich Art 41 ff UN-Verjährungsübereinkommen). Zur Entstehungsgeschichte der Vorschrift (vgl Vorbem 1 zu Art 89 ff).

II.   Aufgaben des Depositars

2 Einige **Aufgaben des Depositars** ergeben sich aus der Konvention selbst: unmittelbar die Pflicht zur Kontaktaufnahme mit dem Depositar der Haager Kaufrechtsübereinkommen bei deren Kündigung (Art 99 Abs 2 Satz 2), mittelbar die Pflicht, Ratifikationen (Art 91 Abs 4), weitere Erklärungen (Art 93 Abs 2, Art 97 Abs 2–4) oder Kündigungen (Art 101 Abs 1, 2) entgegenzunehmen und aufzubewahren. Im übrigen folgen die Pflichten des Verwahrers aus Art 77 Abs 1 des Wiener Vertragsrechtsübereinkommens (BIANCA/BONELL/EVANS Art 89 Bem 2.2.; ENDERLEIN/MASKOW/STROHBACH Art 89 Bem 1; HERBER/CZERWENKA Art 89 Rn 2; HONNOLD Rn 461; SCHLECHTRIEM/SCHWENZER/FERRARI Art 89 Rn 2 [= MünchKommHGB/FERRARI Art 89 Rn 2]; WITZ/SALGER/LORENZ Art 89 Rn 2). Dort ist insbes auch die Pflicht niedergelegt, die Vertragsstaaten über alle Akte und Erklärungen zu unterrichten, die das Übereinkommen betreffen.

3 Die Aufgaben des Depositars nimmt folgende **UN-Stelle** wahr: Depositary Functions of the Treaty Section, Office of Legal Affairs, United Nations, New York, 10017 (Tel: [212] 963–3918 oder 7958 oder 5467).

Art 90 [Verhältnis zu anderen völkerrechtlichen Vereinbarungen]

Dieses Übereinkommen geht bereits geschlossenen oder in Zukunft zu schließenden völkerrechtlichen Übereinkünften,** die Bestimmungen über in diesem Übereinkommen geregelte Gegenstände enthalten, nicht vor, sofern die Parteien ihre Niederlassung in Vertragsstaaten einer solchen Übereinkunft** haben.

---

* Schweiz, Österreich: Depositar.

** Schweiz, Österreich: internationalen Vereinbarungen, Vereinbarungen.

Art 90

This Convention does not prevail over any international agreement which has already been or may be entered into and which contains provisions concerning the matters governed by this Convention, provided that the parties have their places of business in States parties to such agreement.

Art 90

La présente Convention ne prévaut pas sur un accord international déjà conclu ou à conclure qui contient des dispositions concernant les matières régies par la présente Convention, à condition que les parties au contrat aient leur établissement dans des Etats parties à cet accord.

Schrifttum

FERRARI, International Sales Law in the Light of the OHADA Uniform Act Relating to General Commercial Law and the 1980 Vienna Sales Convention, RDAI 2001, 599
HAGGE, Das Kaufrecht der OHADA (2004)
HERBER, UN-Kaufrechtsübereinkommen: Produkthaftung – Verjährung, MDR 1993, 105
ders, Mangelfolgeschäden nach dem CISG und nationales Deliktsrecht, IHR 2001, 187
ders, Zum Verhältnis von UN-Kaufrechtsübereinkommen und deliktischer Haftung, in: FS Schlechtriem (2003) 207
ders, Das Verhältnis des CISG zu anderen

Übereinkommen und Rechtsnormen, insbesondere zum Gemeinschaftsrecht der EU, IHR 2004, 89
MAGNUS, Wesentliche Fragen des UN-Kaufrechts, ZEuP 1999, 642
OTTO, Nochmals: UN-Kaufrecht und EG-Produkthaftungsrichtlinie, MDR 1993, 306
ders, Produkthaftung nach dem UN-Kaufrecht, MDR 1992, 553
WARTENBERG, CISG und deutsches Verbraucherschutzrecht: Das Verhältnis der CISG insbesondere zum VerbrKrG, HaustürWG und ProdhaftG (1998).

Systematische Übersicht

I.   Regelungsgegenstand und Normzweck

Die Vorschrift regelt die wichtige Frage, in welchem Verhältnis das CISG zu an- **1** deren internationalen Vereinbarungen steht, die die gleichen Rechtsmaterien betreffen. Gem Art 90 tritt es **grundsätzlich** hinter sie zurück. Der **Nachrang** ist allerdings an die Voraussetzung geknüpft, daß die Parteien des konkreten Kaufvertrages in Vertragsstaaten dieser anderen Übereinkommen niedergelassen sind. Weitergehenden Vereinheitlichungsvorhaben verbaut das CISG damit nicht den Weg. Auch

für eine Revision des CISG gilt nach wohl überwiegender Ansicht Art 90 (so BIANCA/
BONELL/EVANS Art 90 Bem 2. 1; HONNOLD Rn 463; aA ENDERLEIN/MASKOW/STROHBACH Art 90
Bem 3). Eine Neufassung oder Anpassung des CISG könnte deshalb ebenso erfolgen
wie bei der Verjährungskonvention, die eine mit Art 90 CISG identische Vorschrift
(Art 37 Verjährungsübk) enthält. Auf der Wiener Konferenz wurde das Verjäh-
rungsübereinkommen durch ein Protokoll dem CISG angepaßt (vgl näher ENDERLEIN/
MASKOW/STROHBACH, HONNOLD aaO).

II.　Entstehungsgeschichte

2 Der vom UN-Generalsekretariat vorbereitete Entwurf (Off Rec 68) wurde in Wien
nur in einem Punkt abgeändert: Auf Antrag der UdSSR wurde die Formulierung
„over conventions" durch „over any international agreement" ersetzt (Off Rec 142).
Damit sollten Zweifel ausgeräumt werden, daß auch zwischenstaatliche Übereinkünfte wie die seinerzeitigen ALB/RGW vom CISG nicht verdrängt würden
(ENDERLEIN/MASKOW/STROHBACH Art 90 Bem 2).

III.　Vorrang anderer Übereinkommen

3 Sowohl frühere wie spätere konkurrierende völkerrechtliche Vereinbarungen kön-
nen das CISG verdrängen. „Internationale Vereinbarungen" sind dabei **alle** zwi-
schen Staaten geschlossenen, **bi- oder multilateralen Übereinkünfte** (ACHILLES Art 90
Rn 1; HERBER/CZERWENKA Art 90 Rn 2; KAROLLUS 34; PILTZ, Internationales Kaufrecht § 2
Rn 157; SCHLECHTRIEM/SCHWENZER/FERRARI Art 90 Rn 2; aA ENDERLEIN/MASKOW/STROHBACH
Art 90 Bem 5: nur multilaterale Übereinkommen).

4 ZT wird vertreten, daß unter Art 90 auch **EU-Richtlinien** fallen (dafür früher HERBER
MDR 1993, 106 f [anders jetzt HERBER IHR 2004, 92 f]; HERBER/CZERWENKA Art 90 Rn 4;
HONSELL/SIEHR Art 90 Rn 7; WITZ/SALGER/LORENZ Art 90 Rn 3). Nach der hier vertretenen
Auffassung ist das abzulehnen. Zwar sind die EU-Staaten zur Umsetzung der
Richtlinien völkerrechtlich verpflichtet. Die Rechtsangleichung durch Richtlinien,
die den Einzelstaaten ein mehr oder minder weites Umsetzungsermessen einräumt
und damit häufig auch Rechtsunterschiede bestehen läßt, ist jedoch ein anderer
Vorgang als die von Art 90 gemeinte Rechtsvereinheitlichung durch „international
agreement". Formal haben die EU-Richtlinien in der Regel keine unmittelbare
Wirkung für den Privatrechtsverkehr; die umgesetzten Richtlinien sind ferner nationales Recht. Für die europäische Rechtsangleichung durch Richtlinien paßt
daher eher Art 94 (vgl ACHILLES Art 90 Rn 2; BAMBERGER/ROTH/SAENGER Art 90 Rn 1; BRUN-
NER Art 90 Rn 3; HERBER IHR 2004, 92 f; MAGNUS ZEuP 1999, 645 ff; MünchKommBGB/HUBER
Art 90 Rn 2; SCHLECHTRIEM Rn 345a; SCHLECHTRIEM/SCHWENZER/FERRARI Art 90 Rn 3; SCHWI-
MANN/POSCH Art 90 Rn 3; SOERGEL/LÜDERITZ/DETTMEIER Art 90 Rn 5; WARTENBERG 44 ff mit
eingehender Begründung). Wenn Richtlinien das CISG ganz oder in Teilbereichen
verdrängen sollen, müssen – und sollten – die EU-Staaten das der Klarheit halber
erklären. EU-Verordnungen haben kraft Gemeinschaftsrechts Vorrang vor dem
CISG, wenn sie den gleichen Gegenstand betreffen.

5 **Vorrang** vor dem CISG dürfen internationale Übereinkünfte zum einen beanspruchen, wenn sie Materien betreffen, die im CISG geregelt sind. Das ist der Fall,
sofern **materiellrechtliche**, aber auch **kollisionsrechtliche Fragen** internationaler Wa-

renkaufverträge berührt sind (ACHILLES Art 90 Rn 1; ENDERLEIN/MASKOW/STROHBACH Art 90 Bem 4; VÉKAS IPRax 1987, 342 ff; WINSHIP, in: GALSTON/SMIT 1–41; WITZ/SALGER/LORENZ Art 90 Rn 2; **aA** [nur materiellrechtliche Fragen] KINDLER RiW 1988, 780; SCHLECHTRIEM/ SCHWENZER/FERRARI Art 90 Rn 4).

Der grundsätzliche **Vorrang** anderer Übereinkünfte besteht auch dann, wenn diese **6** nur **Teile** der im CISG behandelten Materien regeln (ebenso ACHILLES Art 90 Rn 1; ENDERLEIN/MASKOW/STROHBACH Art 90 Bem 2; PILTZ, Internationales Kaufrecht § 2 Rn 160). Doch gilt der Vorrang nur für solche Bestimmungen, die mit dem CISG nicht vereinbar sind.

Zum andern anerkennt Art 90 den Vorrang anderer Konventionen nur, wenn die **7** Parteien des konkreten Kaufvertrags ihre **Niederlassungen** (vgl dazu Art 10) **in** Staaten haben, die **Vertragsstaaten der vorgehenden Konvention** sind, selbst wenn diese Konvention das nicht als Anwendungsvoraussetzung verlangt (CZERWENKA 163 f; HERBER/CZERWENKA Art 90 Bem 5; HERRMANN, in: Berner Tage 90; SCHLECHTRIEM/SCHWENZER/ FERRARI Art 90 Rn 1). Die Niederlassung nur einer Partei in einem Vertragsstaat der anderen Konvention genügt nicht (so aber PILTZ, Internationales Kaufrecht § 2 Rn 157 entgegen dem englischen Wortlaut: „their places of business").

IV. Verhältnis zu einzelnen Konventionen

1. Materiellrechtlich vereinheitlichende Übereinkünfte

a) Haager Kaufrecht v 1964
Das Verhältnis zwischen dem CISG und dem **Haager Einheitskaufrecht** von 1964 ist **8** in Art 99 Abs 3–6 besonders geregelt. Kollisionen beider Regelungen werden dadurch ausgeschlossen.

b) ALB/RGW
Ursprünglich sollte Art 90 vor allem **Sonderregelungen innerhalb des Rates für ge- 9 genseitige Wirtschaftshilfe (RGW)** unberührt lassen (vgl oben Rn 2). Entsprechend hatte Ungarn bei Ratifikation des CISG ausdrücklich erklärt, daß es die ALB/RGW für vorrangig halte (vgl auch Denkschrift 62). Grundsätzlich waren die ALB/RGW vorrangige Übereinkommen, die das CISG verdrängten, soweit sie abweichende Regelungen enthielten (ebenso ENDERLEIN/MASKOW/STROHBACH Art 90 Bem 2; SCHLECHT-RIEM/SCHWENZER/FERRARI Art 90 Rn 5) und beide Parteien in RGW-Staaten niedergelassen waren. Inzwischen haben die ALB/RGW nur noch Bedeutung, soweit ihre Geltung erneuert worden ist.

c) EG-Produkthaftungsrichtlinie
EU-Richtlinien stellen nach deutlich überwiegender Auffassung **keine internationa- 10 len Übereinkünfte** im Sinn des Art 90 dar (vgl oben Rn 4). Speziell die EG-Produkthaftungsrichtlinie v 25. 7. 1985 (ABl EG v 7.8. 1985 Nr L 210, S 29) betrifft mit der deliktsrechtlichen Haftung für Produkte ferner nicht im CISG geregelte Gegenstände, das nur die Vertragshaftung erfaßt (HONSELL/SIEHR Art 5 Rn 4; MAGNUS ZEuP 1993, 94 ff; SCHLECHTRIEM/SCHWENZER/FERRARI Art 5 Rn 4; **aA** HERBER MDR 1993, 106 f; auch ders IHR 2001, 187 ff; ders, in: FS SCHLECHTRIEM 207 ff; ders IHR 2004, 93 f [Vorrang des CISG

auch gegenüber nationalen Produkthaftungsregeln des Deliktsrechts]; HERBER/CZERWENKA Art 90
Rn 4; OTTO MDR 1992, 553; ders MDR 1993, 306 ff; vgl näher die Erl zu Art 5 Rn 14).

d) Weitere Übereinkünfte

11 Zutreffend wird ein Vorrang der **Formvorschriften für Gerichtsstandsvereinbarungen**
in Art 23 EuGVO/Art 17 EuGVÜ/Art 17 LugÜ sowie für **Schieds- und Schiedsge-
richtsvereinbarungen** in Art II und VII New Yorker UN-Schiedsgerichtsüberein-
kommen vom 10.6.1958 (BGBl 1961 II 122) oder Art 1 Abs 2 lit a Europäisches
Handelsschiedsgerichtsübereinkommen vom 21.4.1961 (BGBl 1964 II 426) vor dem
CISG angenommen (ACHILLES Art 90 Rn 2; PILTZ, Internationales Kaufrecht § 2 Rn 161;
MünchKommBGB/HUBER Art 90 Rn 5). Eine eigentliche Kollision ergibt sich hier nicht,
weil das CISG zwar grundsätzlich die Formfreiheit des Vertragsabschlusses vorsieht,
aber insoweit weder für Gerichtsstands- noch für Schiedsgerichtsklauseln Regeln
aufstellen will. Für die Vereinbarung solcher Klauseln kann das Abschlußrecht der
Konvention, sofern es um Kaufverträge geht, jedoch im übrigen herangezogen
werden (vgl Filanto SpA v Chilewich International Corp 789 F Suppl 1229 [SDNY 1992]).
Ebensowenig berührt das CISG die Geltung währungsrechtlicher Übereinkommen
wie etwa des Bretton-Woods-Abkommens über den internationalen Währungsfonds
(BGBl 1952 II 637).

12 Keinen Vorrang nach Art 90 kann – bei Beteiligung deutscher Kaufparteien – ferner
das einheitliche Kaufrecht beanspruchen, das die sechzehn afrikanischen **OHADA-
Staaten** vereinbart haben (vgl hierzu FERRARI RDAI 2001, 599; HAGGE 10 ff). Nur wenn
beide Kaufparteien in OHADA-Staaten niedergelassen sind, hat die dortige regionale Rechtsvereinheitlichung Vorrang vor dem CISG (FERRARI RDAI 2001, 599; HAGGE
aaO).

2. Kollisionsrechtliche Übereinkünfte

a) Haager Kauf-IPR-Übereinkommen v 1955

13 Die Bundesrepublik hat das **Haager Übereinkommen betr das auf internationale
Kaufverträge über bewegliche Sachen anzuwendende Recht** v 15.6.1955 (abgedr bei
JAYME/HAUSMANN Nr 47; Vertragsstaaten sind: Belgien, Dänemark, Finnland, Frankreich, Italien,
Niger, Norwegen, Schweden, Schweiz) bisher nicht ratifiziert. Bei der Anwendung des
CISG als deutsches Recht (über Art 1 Abs 1 lit a CISG) ist es deshalb nicht zu
berücksichtigen (ACHILLES Art 90 Rn 2; PILTZ, Internationales Kaufrecht § 2 Rn 159). Kommt
das CISG vor deutschen Gerichten über Art 1 Abs 1 lit b CISG zum Zug, so ist das
Haager Kauf-IPR-Übereinkommen wegen des Renvoiverbots in Art 35 EGBGB
ebenfalls nicht vorzuschalten.

14 Staaten, die – wie **Österreich** bis zum 1.12.1998 (§ 35 IPRG aF) – einen Renvoi im
internationalen Vertragsrecht beachten, müssen ggfs das Haager Übereinkommen v
1955 anwenden, wenn sie über Art 1 Abs 1 lit b CISG zum Recht eines der Haager
Vertragsstaaten gelangen (vgl – noch zum Recht vor der öst IPR-Reform und Übernahme des
EVÜ – BG Wien RdW 1992, 239; dazu KAROLLUS JurBl 1993, 23 ff; MAGNUS ZEuP 1993, 83).

15 Staaten, die das **Haager Kauf-IPR-Übereinkommen und** das **Wiener Kaufüberein-
kommen ratifiziert** haben, haben dem IPR-Übereinkommen Vorrang einzuräumen,
wenn beide Parteien in verschiedenen Vertragsstaaten des Haager Übereinkom-

mens niedergelassen sind; sonst beansprucht das CISG gem seinem Art 90 Vorrang (ebenso Honnold Rn 464; vgl ferner Witz/Salger/Lorenz Art 90 Rn 2).

b)   Haager Kauf-IPR-Übk v 1986
Eine bisher noch nirgends in Kraft getretene Fortentwicklung des Kauf-IPR-Übk v **16**
1955 enthält das Haager Übereinkommen betr das auf internationale Kaufverträge über bewegliche Sachen anzuwendende Recht v 22.6. 1986 (Text in RabelsZ 51 [1987] 196 ff). Für sie gilt das gleiche wie für die Konvention v 1955 (vgl vorige Rn).

c)   Schuldrechts-IPR-Übk v 1980
Das Römische Übereinkommen über das auf vertragliche Schuldverhältnisse anzu- **17**
wendende Recht v 19.6. 1980 (BGBl 1986 II 810) gilt in der Bundesrepublik nicht unmittelbar (vgl Art 1 Abs 2 Zustimmungsgesetz, BGBl 1986 II 809), sondern nur mittelbar in der in das EGBGB inkorporierten Form. Gem Art 3 Abs 2 EGBGB gehen unmittelbar geltende Staatsverträge, wie das CISG, den Bestimmungen des EGBGB aber vor, selbst soweit letztere staatsvertraglich fundiert sind. Im übrigen beläßt das Römische Übk (Art 21), ebenso wie Art 90 CISG, konkurrierenden Konventionen den Vorrang. Wo sich eine Kollision ergibt, sollte das CISG damit als das speziellere Gesetz vorgehen (ebenso Witz/Salger/Lorenz Art 90 Rn 2; wohl auch Honsell/Siehr Art 90 Rn 6).

Art 91 [Unterzeichnung; Ratifikation; Annahme; Genehmigung; Beitritt]

(1) Dieses Übereinkommen liegt in der Schlußsitzung der Konferenz der Vereinten Nationen über Verträge über den internationalen Warenkauf zur Unterzeichnung auf und liegt dann bis 30. September 1981 am Sitz der Vereinten Nationen in New York für alle Staaten zur Unterzeichnung auf.

(2) Dieses Übereinkommen bedarf der Ratifikation, Annahme oder Genehmigung durch die Unterzeichnerstaaten.

(3) Dieses Übereinkommen steht allen Staaten, die nicht Unterzeichnerstaaten sind, von dem Tag an zum Beitritt offen, an dem es zur Unterzeichnung aufgelegt wird.

(4) Die Ratifikations-, Annahme-, Genehmigungs- und Beitrittsurkunden werden beim Generalsekretär der Vereinten Nationen hinterlegt.

Art 91
(1) This Convention is open for signature at the concluding meeting of the Nations Conference on Contracts for the International Sale of Goods and will remain open for signature by all States at the Headquarters of the United Nations, New York until 30 September 1981.

Art 91
1) La présente Convention sera ouverte à la signature à la séance de clôture de la Conférence des Nations Unies sur les contrats de vente internationale de marchandises et restera ouverte à la signature de tous les Etats au Siège de l'Organisation des Nations Unies, à New York, jusqu'au au 30 septembre 1981.

(2) This Convention is subject to ratification, acceptance or approval by the signatory States.

(3) This Convention is open for accession by all States which are not signatory States as from the date it is open for signature.

(4) Instruments of ratification, acceptance, approval and accession are to be deposited with the Secretary-General of the United Nations.

2) La présente Convention est sujette à ratification, acceptation ou approbation par les Etats signataires.

3) La présente Convention sera ouverte à l'adhésion de tous les Etats qui ne sont pas signataires, à partir de la date à laquelle elle sera ouverte à la signature.

4) Les instruments de ratification, d'acceptation, d'approbation ou d'adhésion seront déposés auprès du Secrétaire général de l'Organisation des Nations Unies.

1 Die Vorschrift behandelt einerseits der **Zeichnung der Konvention**, andererseits die Möglichkeiten der Staaten, das Kaufrechtsübereinkommen zu übernehmen. Sie steht im Einklang mit den Bestimmungen der Wiener Vertragsrechtskonvention und neueren UNCITRAL-Übereinkommen wie etwa den Hamburg-Regeln.

2 Alle völkerrechtlich anerkannten Staaten, nicht etwa nur UN-Mitglieder konnten die Konvention bis zum 30. 9. 1981 unterzeichnen und damit ihre – freilich unverbindliche – Absicht bekunden, das CISG gem innerstaatlichem Verfassungsrecht bei sich in Kraft zu setzen. Auf diese Weise ließ sich überblicken, ob die Konvention die nötige Zahl von Ratifikationen erreichen würde, um in Kraft zu treten. Die **Zeichnung** allein hat allerdings **keine völkerrechtliche Wirkung**. Sie bedarf – je nach internem Verfassungsrecht – der Ratifikation, Annahme oder Genehmigung durch den Unterzeichnerstaat (Abs 2). Erst mit Abgabe dieser Erklärung erlangt die Konvention für ihn Verbindlichkeit.

3 Von der Zeichnungsmöglichkeit hatten 21 Staaten, unter ihnen auch die Bundesrepublik, Gebrauch gemacht. Nur zwei der Signatarstaaten (Ghana, Venezuela) haben bisher (31. 10. 2004) noch nicht ratifiziert.

4 Schon während der Signatarfrist und nach ihrem Ablauf war und ist allen Staaten auch ein **Beitritt zur Konvention** möglich (Abs 3). In seinen Wirkungen steht er der Unterzeichnung mit anschließender Ratifikation gleich (ENDERLEIN/MASKOW/STROH-BACH Art 91 Bem 5; SCHLECHTRIEM/SCHWENZER/FERRARI Art 91 Rn 2). Zum Stand der Ratifikationen und Beitritte vgl oben Ratifikationsstand des CISG.

Art 92 [Teilweise Ratifikation, Annahme, Genehmigung oder Beitritt]

(1) Ein Vertragsstaat kann bei der Unterzeichnung, der Ratifikation, der Annahme, der Genehmigung oder dem Beitritt erklären, daß Teil II dieses Übereinkommens für ihn nicht verbindlich ist oder daß Teil III dieses Übereinkommens für ihn nicht verbindlich ist.

(2) Ein Vertragsstaat, der eine Erklärung nach Absatz 1 zu Teil II oder Teil III dieses Übereinkommens abgegeben hat, ist hinsichtlich solcher Gegenstände, die

durch den Teil geregelt werden, auf den sich die Erklärung bezieht, nicht als Vertragsstaat im Sinne des Artikels 1 Absatz 1 zu betrachten.

Art 92

(1) A Contracting State may declare at the time of signature, ratification, acceptance, approval or accession that it will not be bound by Part II of this Convention or that it will not be bound by Part III of this Convention.

(2) A Contracting State which makes a declaration in accordance with the preceding paragraph in respect of Part II or Part III of this Convention is not to be considered a Contracting State within paragraph (1) of article 1 of this Convention in respect of matters governed by the Part to which the declaration applies.

Art 92

1) Tout Etat contractant pourra, au moment de la signature, de la ratification, de l'acceptation, de l'approbation ou de l'adhésion, déclarer qu'il ne sera pas lié par la deuxième partie de la présente Convention ou qu'il ne sera pas lié par la troisième partie de la présente Convention.

2) Un Etat contractant qui fait, en vertu du paragraphe précédent, une déclaration à l'égard de la deuxième partie ou de la troisième partie de la présente Convention ne sera pas considéré comme étant un Etat contractant, au sens du paragraphe 1 de l'article premier de la Convention, pour les matières régies par la partie de la Convention à laquelle cette déclaration s'applique.

Schrifttum

Fogt, Die Vereinbarung und Auslegung von Franco-Lieferklauseln beim CISG-Kauf. Zugleich Vorüberlegungen zur Reform des Teil II des CISG und zur begrenzten Rücknahme nordischer Vorbehalte zum CISG, EurLF 2003, 61.

I.   Regelungsgegenstand und Normzweck

Die Vorschrift erlaubt den Vertragsstaaten eine **Teilratifikation** des CISG, nämlich **1** eine Ratifikation ohne die Abschlußregeln (Teil II) oder ohne das materielle Kaufrecht (Teil III). Die beschränkte Ratifikation muß bei Übernahme der Konvention als Vorbehalt erklärt werden.

II.   Entstehungsgeschichte

Die Vorschrift geht auf den Wunsch vor allem der skandinavischen Staaten zurück, **2** das Einheitskaufrecht auch ohne seinen Abschlußteil übernehmen zu können. Schon das Haager Recht war deshalb in zwei Konventionen – EAG und EKG – aufgespalten gewesen (vgl näher Dölle/Dölle Einl XXXVI). Mit der Zusammenführung in eine Konvention hatte UNCITRAL zugleich die jetzige Vorbehaltsmöglichkeit beschlossen (UNCITRAL YB IX [1978] 13). Auf der Wiener Konferenz wurde die Vorschrift ohne Änderungsantrag akzeptiert (Off Rec 142 f).

III. Vorbehalt (Abs 1)

3 Der Vorbehalt nach Art 92 muß bei Übernahme der Konvention erklärt werden. Eine Erklärung, Teil II nicht anzuwenden, haben **Dänemark, Finnland, Norwegen** und **Schweden**, nicht dagegen **Island** abgegeben (vgl Ratifikationsstand des CISG; zum nordischen Vorbehalt nach Art 92 s etwa FOGT EurLF 2003, 64 f). Die anderen bisherigen Vertragsstaaten haben von der Möglichkeit des Art 92 keinen Gebrauch gemacht.

4 Nach einer **vorbehaltlosen Ratifikation** kann die Vorbehaltswirkung des Art 92 nur noch durch eine teilweise Kündigung (Art 101 Abs 1) des Übereinkommens herbeigeführt werden (ENDERLEIN/MASKOW/STROHBACH Art 92 Bem 3; SCHLECHTRIEM/SCHWENZER/FERRARI Art 92 Rn 2). Der Vorbehalt nach Art 92 kann jedoch jederzeit zurückgenommen werden (Art 97 Abs 4).

IV. Wirkung des Vorbehalts (Abs 2)

5 Ein Staat, der Teil II oder III der Konvention für sich ausgeschlossen hat, ist nach Abs 2 **hinsichtlich des ausgeschlossenen Teils nicht** als **Vertragsstaat** anzusehen. Für die Anwendung des CISG in der Bundesrepublik hat der Vorbehalt damit bislang nur im Verhältnis zu den nordischen Staaten Dänemark, Finnland, Norwegen und Schweden Bedeutung. Der Vertragsschluß zwischen deutschen und nordischen Vertragsparteien aus diesen Staaten unterliegt dem CISG nicht nach dessen Art 1 Abs 1 lit a, weil die skandinavischen Länder insoweit keine Vertragsstaaten sind (OLG Rostock TranspR-IHR 1999, 23 = OLGR 1996, 50; Ungarisches Stadtgericht CLOUT Nr 143; mißverständlich OLG München VersR 1996, 1414 – Vertragsschluß nach finnischem Recht und CISG geprüft). Doch kommt das CISG auch für den Vertragsschluß über Art 1 Abs 1 lit b zum Zug, wenn deutsches Recht – oder das Recht eines vorbehaltlosen CISG-Vertragsstaats – gewählt ist oder kraft objektiver Anknüpfung gilt (s Mitchell Aircraft Spares Inc v European Aircraft Service AB, 28. 10. 1998 [ND Ill], 1998 US Dist Lexis 17030 = CLOUT Nr 419 [US-amerikanischer-schwedischer Kaufvertragsabschluss unterlag wegen des schedischen Vorbehalts nach Art 92 und wegen des US-Vorbehalts nach Art 95 dem nach IPR berufenen Recht von Illinois; im übrigen galt das CISG, auch sein Art 8]; ACHILLES Art 92 Rn 1; ENDERLEIN/MASKOW/STROHBACH Art 92 Bem 6; FOGT EurLF 2003, 63; MAGNUS ZEuP 1997, 827 f; MünchKommBGB/HUBER Art 92 Rn 2; SCHLECHTRIEM/SCHWENZER/FERRARI Art 92 Rn 3; WITZ/SALGER/LORENZ Art 92 Rn 2; im Ergebnis ebenso, jedoch ohne Erörterung des Problems OLG Frankfurt 4. 3. 1994, CLOUT Nr 121; vgl auch Art 1 Rn 86). Im übrigen muß das anwendbare Vertragsschlußrecht auf üblichem kollisionsrechtlichem Weg ermittelt werden. Bedeutung kann die Frage für das Problem haben, ob ein Vertrag ohne bestimmbaren Preis wirksam zustandegekommen ist (vgl dazu Art 14 Rn 23 ff; Art 55 Rn 4 ff).

6 In bezug auf das materielle Kaufrecht (Teil III der Konvention) sind die nordischen Länder dagegen uneingeschränkte Vertragsstaaten. Damit gilt für sie auch Art 29, daß die Parteien ihren Vertrag jederzeit durch bloße Vereinbarung ändern können. Ob eine Änderungsvereinbarung wirksam zustande gekommen ist, beurteilt sich jedoch nach dem Vertragsschlußrecht, daß in der in Rn 5 geschilderten Weise zu ermitteln ist.

Art 93 [Föderative Staaten]

(1) Ein Vertragsstaat, der zwei oder mehr Gebietseinheiten umfaßt, in denen nach seiner Verfassung auf die in diesem Übereinkommen geregelten Gegenstände unterschiedliche Rechtsordnungen angewendet werden, kann bei der Unterzeichnung, der Ratifikation, der Annahme, der Genehmigung oder dem Beitritt erklären, daß dieses Übereinkommen sich auf alle seine Gebietseinheiten oder nur auf eine oder mehrere derselben erstreckt; er kann seine Erklärung jederzeit durch eine neue Erklärung ändern.

(2) Die Erklärungen sind dem Verwahrer* zu notifizieren und haben ausdrücklich anzugeben, auf welche Gebietseinheiten das Übereinkommen sich erstreckt.

(3) Erstreckt sich das Übereinkommen aufgrund einer Erklärung nach diesem Artikel auf eine oder mehrere, jedoch nicht auf alle Gebietseinheiten eines Vertragsstaates und liegt die Niederlassung einer Partei in diesem Staat, so wird diese Niederlassung im Sinne dieses Übereinkommens nur dann als in einem Vertragsstaat gelegen betrachtet, wenn sie in einer Gebietseinheit liegt, auf die sich das Übereinkommen erstreckt.

(4) Gibt ein Vertragsstaat keine Erklärung nach Absatz 1 ab, so erstreckt sich das Übereinkommen auf alle Gebietseinheiten dieses Staates.

Art 93

(1) If a Contracting State has two or more territorial units in which, according to its constitution, different systems of law are applicable in relation to the matters dealt with in this Convention, it may, at the time of signature, ratification, acceptance, approval or accession, declare that this Convention is to extend to all its territorial units or only to one or more of them, and may amend its declaration by submitting another declaration at any time.

(2) These declarations are to be notified to the depositary and are to state expressly the territorial units to which the Convention extends.

(3) If, by virtue of a declaration under this article, this Convention extends to one or more but not all of the territorial units of a Contracting State, and if the place of business of a party is located in that State, this place of business, for the purposes of this Convention, is considered not to be in a Contracting State, unless it is in a

Art 93

1) Tout Etat contractant qui comprend deux ou plusieurs unités territoriales dans lesquelles, selon sa constitution, des systèmes de droit différents s'appliquent dans les matières régies par la présente Convention pourra, au moment de la signature, de la ratification, de l'acceptation, de l'approbation ou de l'adhésion, déclarer que la présente Convention s'appliquera à toutes ses unités territoriales ou seulement à l'une ou plusieurs d'entre elles et pourra à tout moment modifier cette déclaration en faisant une nouvelle déclaration.

2) Ces déclarations seront notifiées au dépositaire et désigneront expressément les unités territoriales auxquelles la Convention s'applique.

3) Si, en vertu d'une déclaration faite conformément au présent article, la présente Convention s'applique à l'une ou plusieurs des unités territoriales d'un Etat contractant, mais non pas a toutes, et si l'établissement d'une partie au contrat est situé dans cet Etat, cet établissement sera considéré, aux fins de la présente Conven-

---

* Schweiz, Österreich: Depositar.

Ulrich Magnus

territorial unit to which the Convention extends.

tion, comme n'étant pas situé dans un Etat contractant, à moins qu'il ne soit situé dans une unité territoriale à laquelle la Convention s'applique.

(4) If a Contracting State makes no delcaration under paragraph (1) of this article, the Convention is to extend to all territorial units of that State.

4) Si un Etat contractant ne fait pas de déclaration en vertu du paragraphe 1 du présent article, la Convention s'appliquera à l'ensemble du territoire de cet Etat.

I. Regelungsgegenstand und Normzweck

1 Die Vorschrift, die sog **Bundesstaaten-Klausel**, gibt Staaten ohne bundeseinheitliche Rechtsordnung die Möglichkeit, die Konvention wenigstens für Teile des Staatsgebietes (Einzelstaaten, Provinzen etc) zu übernehmen. Sie trägt dem Umstand Rechnung, daß einige Bundesstaaten, wie etwa Australien und Kanada, auf deren Wunsch sie beruht, keine zentrale Gesetzgebungskompetenz für alle in der Konvention berührten Rechtsfragen haben.

2 Im Verhältnis der **Gebietseinheiten eines Staates zueinander** (zB im Verhältnis der einzelnen US-Staaten zueinander) kann die Konvention aber nicht für anwendbar erklärt werden (Sekretariatskommentar Art 1 Bem 3; Bianca/Bonell/Jayme Art 1 Bem 2.2).

II. Entstehungsgeschichte

3 Das UN-Generalsekretariat hatte im Entwurf der Schlußklauseln zwei Alternativen vorgeschlagen (Off Rec 67; eingehend dazu Bianca/Bonell/Evans Art 93 Bem 1.1 ff): Die erste Alternative erlaubte, die Anwendung solcher Vorschriften auszusetzen, für die die Bundeskompetenz fehlt. Diese Alternative wurde auf der Wiener Konferenz wegen zu großer Rechtsunklarheit abgelehnt (Off Rec 434 ff, 445 ff). Deshalb wurde die zweite Alternative mit einigen Umformulierungen als jetziger Art 93 übernommen.

III. Vorbehalt (Abs 1, 2, 4)

4 Ein **Staat mit territorial gespaltener Rechtsordnung** kann die Geltung des CISG bei dessen Übernahme auf Teile des Staatsgebiets – zB Bundesstaaten, Provinzen, Kantone, Unionsrepubliken etc – begrenzen (Enderlein/Maskow/Strohbach Art 93 Bem 2; Schlechtriem/Schwenzer/Ferrari Art 93 Rn 3). Von dieser Möglicheit haben bisher Australien (Ausschluß der Weihnachts-, Kokos-, Ashmore- und Cartierinseln) und Dänemark (Ausschluß der Färörinseln und Grönlands) Gebrauch gemacht (vgl Ratifikationsstand des CISG S 28 ff). Kanada hatte die Geltung des CISG zunächst nicht auf die Provinzen Quebec, Saskatchewan und Yukon erstreckt, hat diesen Vorbehalt aber mit Wirkung v 1. 2. 1993 zurückgenommen (vgl Ratifikationsstand des CISG S 28 ff). Die USA haben das CISG dagegen mit Wirkung für alle Einzelstaaten ratifiziert (vgl Filanto SpA v Chilewich International Corp, 789 F Suppl 1229 [SDNY 1992]; Honnold Rn 468).

5 Hat ein Staat eine Erklärung nach Art 93 bei der Ratifikation, Annahme oder dem

Beitritt abgegeben – auch die Erklärung, daß sich das Übereinkommen auf alle Gebietseinheiten erstrecke –, dann kann er diese Erklärung später jederzeit ändern (Abs 1 HS 2), also die **territoriale Geltung des CISG** auch wieder **einschränken** (ebenso Bianca/Bonell/Evans Art 93 Bem 2. 6; Schlechtriem/Schwenzer/Ferrari Art 93 Rn 3; zweifelnd Enderlein/Maskow/Strohbach Art 93 Bem 6).

Ohne eine Erklärung nach Art 93 gilt das CISG dagegen ohne weiteres **im gesamten** **6** **Gebiet des Vertragsstaates** (Abs 4). Eine Gebietseinschränkung kann dann nur über eine – auch teilweise – Kündigung des CISG erfolgen.

IV. Wirkung des Vorbehalts (Abs 3)

Nach Abs 3 hat der Vorbehalt die Wirkung, daß nur jene **Gebietseinheiten als Teil** **7** **eines Vertragsstaates** des CISG anzusehen sind, auf die sich die Geltung des CISG erstreckt. Liegt die Niederlassung einer Kaufvertragspartei in einem ausgenommenen Gebietsteil, so ist diese Partei nicht in einem Vertragsstaat niedergelassen. Die Konvention kann dann nicht über Art 1 Abs 1 lit a angewendet werden. Auch für Art 1 Abs 1 lit b ist diese Gebietseinheit nicht als Vertragsstaat zu betrachten (vgl Denkschrift 62; Achilles Art 93 Rn 2; Herber/Czerwenka Art 93 Rn 4; Schlechtriem/ Schwenzer/Ferrari Art 93 Rn 3).

Praktisch spielt der Vorbehalt wegen der bisher nur geringfügigen territorialen **8** Ausnahmen (vgl oben Rn 4) für die Bundesrepublik so gut wie keine Rolle.

Art 94 [Erklärung über Nichtanwendung der Konvention]

(1) Zwei oder mehr Vertragsstaaten, welche gleiche oder einander sehr nahekommende Rechtsvorschriften für Gegenstände haben, die in diesem Übereinkommen geregelt werden, können jederzeit erklären, daß das Übereinkommen auf Kaufverträge und ihren Abschluß keine Anwendung findet, wenn die Parteien ihre Niederlassung in diesen Staaten haben. Solche Erklärungen können als gemeinsame oder als aufeinander bezogene einseitige Erklärungen abgegeben werden.

(2) Hat ein Vertragsstaat für Gegenstände, die in diesem Übereinkommen geregelt werden, Rechtsvorschriften, die denen eines oder mehrerer Nichtvertragsstaaten gleich sind oder sehr nahekommen, so kann er jederzeit erklären, daß das Übereinkommen auf Kaufverträge oder ihren Abschluß keine Anwendung findet, wenn die Parteien ihre Niederlassung in diesen Staaten haben.

(3) Wird ein Staat, auf den sich eine Erklärung nach Absatz 2 bezieht, Vertragsstaat, so hat die Erklärung von dem Tag an, an dem das Übereinkommen für den neuen Vertragsstaat in Kraft tritt, die Wirkung einer nach Absatz 1 abgegebenen Erklärung, vorausgesetzt, daß der neue Vertragsstaat sich einer solchen Erklärung anschließt oder eine darauf bezogene einseitige Erklärung abgibt.

Art 94
(1) Two or more Contracting States which have

Art 94
1) Deux ou plusieurs Etats contractants qui,

Ulrich Magnus

the same or closely related legal rules on matters governed by this Convention may at any time declare that the Convention is not to apply to contracts of sale or to their formation where the parties have their places of business in those States. Such declarations may be made jointly or by reciprocal unilateral declarations.

(2) A Contracting State which has the same or closely related legal rules on matters governed by this Convention as one or more non-Contracting States may at any time declare that the Convention is not to apply to contracts of sale or to their formation where the parties have their places of business in those States.

(3) If a State which is the object of a declaration under the preceding paragraph subsequently becomes a Contracting State, the declaration made will, as from the date on which the Convention enters into force in respect of the new Contracting State, have the effect of a declaration made under paragraph (1), provided that the new Contracting State joins in such declaration or makes a reciprocal unilateral declaration.

dans des matières par la présente Convention, appliquent des règles juridiques identiques ou voisines peuvent, à tout moment, déclarer que la Convention ne s'appliquera pas aux contrats de vente ou à leur formation lorsque les parties ont leur établissement dans ces Etats. De telles déclarations peuvent être faites conjointement ou être unilatérales et réciproques.

2) Un Etat contractant qui dans des matières régies par la présente Convention, applique des règles juridiques identiques ou voisines de celles d'un ou de plusieurs Etats non contractants peut, à tout moment, déclarer que la Convention ne s'appliquera pas aux contrats de vente ou à leur formation lorsque les parties ont leur établissement dans ces Etats.

3) Lorsqu'un Etat à l'égard duquel une déclaration a été faite en vertu du paragraphe précédent devient par la suite un Etat contractant, la déclaration mentionnée aura, à partir de la date à laquelle la présente Convention entrera en vigueur à l'égard de ce nouvel Etat contractant, les effets d'une déclaration faite en vertu due paragraphe 1, à condition que le nouvel Etat contractant s'y associe ou fasse une déclaration unilatérale à titre réciproque.

I. Regelungsgegenstand und Normzweck

1 Art 94 schafft eine Vorbehaltsmöglichkeit zugunsten **engerer regionaler Rechtsvereinheitlichung oder gewachsener Rechtseinheit**. Staaten mit gleicher oder nah verwandter Rechtsordnung können im Verhältnis zueinander die Anwendung der Kaufrechtskonvention ausschließen. Bisher haben nur die skandinavischen Staaten (Dänemark, Finnland, Island, Norwegen, Schweden) Erklärungen nach Art 94 abgegeben. Sollte die EU im Bereich des internationalen Kaufrechts Sonderregeln schaffen, käme auch für die EU-Staaten Art 94 in Betracht (vgl auch Art 90 Rn 4).

II. Entstehungsgeschichte

2 Eine ähnlich gefaßte Vorschrift enthielten bereits die Einführungskonventionen zum Haager Kaufrecht (jeweils Art II). Doch hatte keiner der Haager Vertragsstaaten von dem Vorbehalt Gebrauch gemacht (vgl die Übersicht bei DÖLLE/HERBER vor Art 1–8 Rn 4).

3 Für das Wiener Kaufrecht hatten namentlich die skandinavischen Staaten auf der Vorbehaltsmöglichkeit bestanden (Off Rec 436).

III. Vorbehalt im Verhältnis zu Vertragsstaaten (Abs 1)

Vertragsstaaten des CISG, die wie etwa die skandinavischen Staaten „**gleiche oder** 4
einander sehr nahekommende Rechtsvorschriften" auf dem Gebiet des Kaufrechts
haben, können jederzeit – also auch nach der Ratifikation – durch eine gemeinsame
oder durch abgestimmte Erklärungen gegenüber dem Depositar das CISG für Fälle
ausschließen, in denen Kaufvertragsparteien in den rechtsverwandten Staaten niedergelassen sind. Auch ein teilweiser Ausschluß des CISG – zB nur Teil II oder
Teil III oder anderer kleinerer Teilkomplexe wie der Produkthaftung, nicht aber
einzelner Vorschriften – ist zulässig (ACHILLES Art 94 Rn 2; SCHLECHTRIEM/SCHWENZER/
FERRARI Art 94 Rn 2; WITZ/SALGER/LORENZ Art 94 Rn 1). Nimmt ein Vorbehaltsstaat seinen
Vorbehalt zurück, verliert auch die entsprechende Erklärung des rechtsverwandten
Vorbehaltsstaates ihre Wirkung (vgl Art 97 Abs 5).

Wann die Rechtsvorschriften zweier und mehrerer Staaten vollständig oder weit- 5
gehend übereinstimmen, entscheiden diese Staaten selbst (ENDERLEIN/MASKOW/STROH-
BACH Art 94 Bem 1; REINHART Art 94 Rn 4).

Beruht die Rechtsvereinheitlichung auf Staatsverträgen, so gilt allerdings Art 90 6
(ebenso HERBER/CZERWENKA Art 94 Rn 6; SCHLECHTRIEM/SCHWENZER/FERRARI Art 94 Rn 2).

Der Vorbehalt nach Art 94 **wirkt** in der Weise, daß das CISG weder von den 7
Vorbehaltsstaaten selbst noch von den Gerichten anderer Vertragsstaaten anzuwen-
den ist, wenn beide Vertragsparteien in unterschiedlichen Vorbehaltsstaaten niedergelassen (Art 10) sind (ACHILLES Art 94 Rn 3; BRUNNER Art 94 Rn 4; ENDERLEIN/MASKOW/
STROHBACH Art 94 Bem 2; WITZ/SALGER/LORENZ Art 94 Rn 2; **aA** CZERWENKA 139 f; HERBER/
CZERWENKA Art 94 Rn 8; SCHLECHTRIEM/SCHWENZER/FERRARI Art 94 Rn 9: Keine Bindung von
Nichtvorbehaltstaaten). Ist etwa in der Bundesrepublik ein dänisch-norwegischer Kauf
zu entscheiden, dann gilt nicht das CISG, sondern das vom IPR berufene, interne
(weitgehend übereinstimmende) dänische oder norwegische Recht. Haben die Parteien freilich deutsches Recht – oder das Recht eines anderen CISG-Staates, der
nicht den Vorbehalt nach Art 94 eingelegt hat – gewählt, dann ist das CISG anzuwenden (ACHILLES Art 94 Rn 3; BIANCA/BONELL/EVANS Art 94 Bem 3. 1.; ENDERLEIN/MASKOW/
STROHBACH Art 94 Bem 2; MünchKommBGB/HUBER Art 94 Rn 1; SCHLECHTRIEM/SCHWENZER/
FERRARI Art 94 Rn 14; WITZ/SALGER/LORENZ Art 94 Rn 4).

IV. Vorbehalt im Verhältnis zu Nichtvertragsstaaten (Abs 2, 3)

Abs 2 erlaubt den Vorbehalt wegen Rechtsgleichheit auch im **Verhältnis zu Nicht-** 8
vertragsstaaten. Dafür genügt eine einseitige Erklärung des Vertragsstaates. Damit
ist ausgeschlossen, daß das CISG über Art 1 Abs 1 lit b zum Zug kommt, wenn
Parteien in rechtsverwandten Vorbehalts- und Nichtvertragsstaaten niedergelassen
sind. Die skandinavischen Länder hatten den Vorbehalt nach Art 94 Abs 2 für ihr
Verhältnis zu Island erklärt. Nachdem Island mit Wirkung vom 1. 6. 2002 dem CISG
beigetreten ist, ist diese Besonderheit derzeit bedeutungslos.

Wird der Nichtvertragsstaat später jedoch – wie im Fall Islands – selbst Vertrags- 9
staat des CISG, **verliert der einseitige Vorbehalt seine Wirkung**, es sei denn, der neue

Vertragsstaat schließt sich durch Erklärung dem Vorbehalt an (Abs 3). Diese Erklärung hat Island abgegeben.

Art 95 [Erklärung zum Ausschluß der Anwendung des Art 1 Abs 1 lit b]

Jeder Staat kann bei der Hinterlegung seiner Ratifikations-, Annahme-, Genehmigungs- oder Beitrittsurkunde erklären, daß Artikel 1 Absatz 1 Buchstabe b für ihn nicht verbindlich ist.

Art 95

Any State may declare at the time of the deposit of its instrument of ratification, acceptance, approval or accession that it will not be bound by subparagraph (1) (b) of article 1 of this Convention.

Art 95

Tout Etat peut déclarer, au moment du dépôt de son instrument de ratification, d'acceptation, d'approbation ou d'adhesion, qu'il ne sera par lié par l'alinéa b) du paragraphe 1 de l'article premier de la présente Convention.

I. Regelungsgegenstand und Normzweck

1 Die Vorschrift gestattet es den Vertragsstaaten, die **Konvention ohne Art 1 Abs 1 lit b** zu übernehmen. Die Gerichte der Staaten, die den Vorbehalt erklärt haben, wenden das CISG nur dann an, wenn beide Kaufvertragsparteien in Vertragsstaaten des CISG Niederlassung bzw Aufenthalt haben. In Fällen, in denen lediglich das IPR zum Recht eines CISG-Vertragsstaates führt, ist der Vorbehaltsstaat völkerrechtlich nicht verpflichtet, das CISG zu berücksichtigen, könnte es aber beachten (vgl Denkschrift 63; näher zu dem Vorbehalt s Art 1 Rn 108 ff). Praktisch kommt dem Vorbehalt mit einer wachsenden Zahl von Vertragsstaaten immer geringere Bedeutung zu (vgl auch BIANCA/BONELL/EVANS Art 95 Bem 2.5).

II. Entstehungsgeschichte

2 Eine **ähnliche**, jedoch nicht identische **Vorbehaltsmöglichkeit** sahen schon die Einführungskonventionen zu den Haager Kaufgesetzen vor (jeweils Art III), um den allerdings viel weiterreichenden Geltungsanspruch des Haager Rechts auf internationale Käufe zwischen Parteien aus Vertragsstaaten zu begrenzen (dazu auch DÖLLE/HERBER vor Art 1–8 Rn 7 ff). Die Mehrzahl der Haager Kaufrechtsstaaten (fünf von neun) hatte diesen Vorbehalt erklärt.

3 Der Entwurf des UN-Generalsekretariats für die Schlußklauseln enthielt keine vergleichbare Vorbehaltsmöglichkeit. Erst auf der Wiener Konferenz führte ein zunächst abgelehnter und im Plenum wiederholter Antrag der Tschechoslowakei (A/Conf97/C2/L7; A/Conf97/L4, Off Rec 145, 170) zur schließlichen Einfügung des Art 95. Damit sollte die Geltung interner Regelungen über internationale Wirtschaftsverträge sichergestellt werden, sofern das IPR zum Recht eines Vertragsstaates mit solchen Spezialregelungen (wie in der damaligen CSSR oder DDR) führte.

III. Wirkung des Vorbehalts

Den Vorbehalt, der nur mit der Ratifikation erklärt werden kann, haben bisher **4**
China, Singapur, St Vincent und die Grenadinen, die **ehemalige Tschechoslowakei,** die
USA und mit Wirkung bis zum 31.1.1993 Kanada für die Provinz **British Columbia**
eingelegt. Für die **tschechische** und **slowakische Republik** wirkt er fort.

Die Bundesrepublik hat den Vorbehalt nicht erklärt, in **Art 2 des Vertragsgesetzes 5**
aber bestimmt, daß Art 1 Abs 1 lit b außer Betracht zu bleiben hat, wenn das
Kollisionsrecht zum Recht eines Staates führt, der den Vorbehalt nach Art 95
erklärt hat (vgl dazu Art 1 Rn 107 ff sowie Anh Art 2 VertragsG). Darin und in der begleitenden diplomatischen Erklärung ist eine **Interpretationserklärung** zu sehen (ebenso
ACHILLES Art 95 Rn 2; **aA** – Teilvorbehalt – REINHART Art 95 Rn 5; SOERGEL/LÜDERITZ/FENGE
Art 1 Rn 16; einen Teilvorbehalt dieser Art sieht das CISG indessen nicht vor; s auch Art 98 und
Art 2 VertragsG Rn 3 ff). Für bundesdeutsche Gerichte hat der Vorbehalt des Art 95
deshalb keinerlei Bedeutung, sofern die Kaufvertragsparteien in Vertragsstaaten,
seien diese auch Vorbehaltsstaaten, niedergelassen sind (vgl näher Art 1 Rn 115). Das
hat auch dann zu gelten, wenn Parteien aus Vertragsstaaten (zB aus Deutschland
und den USA) das Recht eines Vorbehaltsstaates (zB der USA, bzw eines Einzel-
staates) gewählt haben und keine Anhaltspunkte zu erkennen sind, daß damit ein
Ausschluß des CISG gem Art 6 gewollt war.

Dagegen ist der **Vorbehalt zu beachten,** wenn deutsche Gerichte vom IPR (auch **6**
durch Rechtswahl) auf das Recht eines Vorbehaltsstaates (etwa das Recht der USA
bzw eines ihrer Einzelstaaten) verwiesen werden, weil nur eine der Parteien in
einem Vertragsstaat niedergelassen ist (ebenso SOERGEL/LÜDERITZ/FENGE Art 1 Rn 16;
übersehen von OLG Düsseldorf RiW 1993, 845). Dieser Fall war vor allem in der Zeit
zwischen dem Inkrafttreten des CISG in den USA und China (am 1.1.1988) und
dem Inkrafttreten in der Bundesrepublik (1.1.1991) möglich, hat in der deutschen
und internationalen Gerichtspraxis aber ersichtlich kaum eine Rolle gespielt (vgl
OLG Düsseldorf aaO; ferner zur Entscheidungspraxis KAROLLUS ÖRdW 1991, 319 f; 1992, 168 f;
MAGNUS ZEuP 1993, 81 ff; REINHART IPRax 1990, 289 ff). Nunmehr hat der Vorbehalt für
deutsche Gerichte nur noch Bedeutung, wenn über die – voraussichtlich **sehr selte-**
nen – **Fälle** zu entscheiden ist, in denen eine Partei in einem Vorbehaltsstaat, die
andere in einem Nichtvertragsstaat niedergelassen ist (zB bei einem US-britischen
Kauf, vgl ACHILLES Art 95 Rn 2; ENDERLEIN/MASKOW/STROHBACH Art 95 Rn 1; HERBER/CZER-
WENKA Art 95 Rn 3; SCHLECHTRIEM/SCHWENZER/FERRARI Art 1 Rn 77 ff; wohl auch PILTZ, Internationales Kaufrecht § 2 Rn 101, der aber generell für Unbeachtlichkeit des Vorbehalts durch
andere Vertragsstaaten eintritt [Rn 100]; ebenso CZERWENKA 158 ff; KAROLLUS 31, 34; s auch oben
Art 1 Rn 108 ff).

Art 96 [Erklärung zur Schriftform]

**Ein Vertragsstaat, nach dessen Rechtsvorschriften Kaufverträge schriftlich zu schlie-
ßen oder nachzuweisen sind, kann jederzeit eine Erklärung nach Artikel 12 abgeben, daß die Bestimmungen der Artikel 11 und 29 oder des Teils II dieses Übereinkommens, die für den Abschluß eines Kaufvertrages, seine Änderung oder
Aufhebung durch Vereinbarung oder für ein Angebot, eine Annahme oder eine**

sonstige Willenserklärung eine andere als die schriftliche Form gestatten, nicht gelten, wenn eine Partei ihre Niederlassung in diesem Staat hat.

Art 96

A Contracting State whose legislation requires contracts of sale to be concluded in or evidenced by writing may at any time make a declaration in accordance with article 12 that any provision of article 11, article 29, or Part II of this Convention, that allows a contract of sales or its modification or termination by agreement or any offer, acceptance, or other indication of intention to be made in any form other than in writing, does not apply where any party has his place of business in that State.

Art 96

Tout Etat contractant dont la législation exige que les contrats de vente soient conclus ou constatés par écrit peut à tout moment déclarer, conformément à l'article 12, que toute disposition de l'article 11, de l'article 29 ou de la deuxième partie de la présente Convention autorisant une forme autre que la forme écrite pour la conclusion, la modification ou la résiliation amiable d'un contrat de vente, ou pour toute offre, acceptation ou autre manifestation d'intention, ne s'applique pas dès lors que l'une des parties a son établissement dans cet Etat.

I.　Regelungsgegenstand und Normzweck

1 Die Vorschrift schafft eine **Vorbehaltsmöglichkeit gegenüber dem Prinzip der Formfreiheit** für solche Staaten, die intern Schriftform für Kaufverträge fordern.

II.　Entstehungsgeschichte

2 Das Haager Kaufrecht ging vom Grundsatz der Formfreiheit aus. Der New Yorker Entwurf von 1978 nahm dann aber im wesentlichen den jetzigen Art 96 auf, um im Kompromißweg dem Wunsch sowohl der Staatshandelsländer nach Formbindung wie jenem der westlichen Industrieländer nach Formfreiheit Rechnung zu tragen (vgl UNCITRAL YB IX [1978] 21). Ein Formulierungsvorschlag, daß bei Vorbehalt ohne weiteres die Formvorschriften des Vorbehaltsstaates gelten sollten, wurde in den UNCITRAL-Beratungen als zu weitgehend abgelehnt (vgl UNCITRAL YB IX [1978] 45; BIANCA/BONELL/RAJSKI Art 96 Bem 1.2).

3 Auf der Wiener Konferenz gab es nur noch geringfügige Textänderungen (Off Rec 145 f). So wurde auf einen Antrag der Bundesrepublik hin die Möglichkeit aufgenommen, den Vorbehalt jederzeit erklären zu können.

III.　Erklärung des Vorbehalts

4 Die **Vorbehalts**möglichkeit besteht nur **für** solchen **Staaten, die intern Schriftform** generell für Kaufverträge oder zumindest für internationale Kaufverträge **vorschreiben** (ACHILLES Art 96 Rn 1; BIANCA/BONELL/RAJSKI Art 96 Bem 3.1; HERBER/CZERWENKA Art 96 Rn 2; SCHLECHTRIEM/SCHWENZER/FERRARI Art 96 Rn 2; WITZ/SALGER/LORENZ Art 96 Rn 1).

5 Der Vorbehalt kann für die Konvention im Ganzen oder auch nur für ihren Teil II erklärt werden.

Bisher haben **Argentinien, Chile, Estland** (Estland jedoch nur mit Wirkung bis **6**
9. 3. 2004), **Lettland, Litauen, Rußland, Ukraine, Ungarn** und **Weißrußland** den Gesamtvorbehalt (für Art 11 und 29 sowie Teil II) erklärt (vgl Ratifikationsstand des CISG
S 28 ff). **China** hat erklärt, daß es sich nicht an Art 11 und die Bestimmungen des
Übereinkommens, die sich auf Inhalte des Art 11 beziehen, gebunden betrachtet
(vgl Ratifikationsstand des CISG). Diese Erklärung ist gleichfalls als Gesamtvorbehalt
anzusehen. Die Bundesrepublik hat den Vorbehalt nicht erklärt. Für sie besteht
auch kein Bedürfnis, ihn zu erklären (vgl Denkschrift 3).

IV. Wirkung des Vorbehalts

Der Vorbehalt hat die **Wirkung**, daß die Vorschriften der Konvention, die die **7**
Formfreiheit bestimmen, nicht gelten, vorausgesetzt eine der Parteien hat ihre
Niederlassung oder ihren Aufenthalt (es gilt insoweit Art 10) in dem Vorbehalts-
staat (vgl Art 12). Doch gelten nicht stattdessen ohne weiteres die Formvorschriften
des Vorbehaltsstaates. Vielmehr bestimmt dann **das Kollisionsrecht** des angerufenen
Gerichts, welches Recht über die Form **entscheidet** (Denkschrift 42; ACHILLES Art 96
Rn 1; BAMBERGER/ROTH/SAENGER Art 96 Rn 1; BIANCA/BONELL/RAJSKI Art 96 Bem 2. 2; BRUN-
NER Art 96 Rn 3; HERBER/CZERWENKA Art 96 Rn 3; HONSELL/SIEHR Art 96 Rn 2; LOEWE, Kaufrecht 37; SCHLECHTRIEM/SCHWENZER/SCHLECHTRIEM Art 12 Rn 2 f; SCHLECHTRIEM/SCHWENZER/
FERRARI Art 96 Rn 3; **aA** aber etwa REHBINDER, in: SCHLECHTRIEM, Fachtagung 154 f; STOFFEL, in:
Lausanner Kolloquium 60). Haben deutsche Gerichte etwa über deutsch-russische Kaufverträge zu entscheiden, so sind russische Formvorschriften nur dann zu beachten,
wenn Art 11 EGBGB zur ausschließlichen Geltung russischer Formvorschriften
führt, die sowohl als lex loci actus wie als lex causae berufen sein müssen. Ist
dagegen deutsches Recht als Recht des Vornahmeortes oder als gewähltes oder
objektiv geltendes Vertragsstatut maßgebend, bleibt es bei dem Grundsatz der
Formfreiheit (HONSELL/SIEHR aaO; für Österreich ebenso LOEWE, Kaufrecht 37; vgl näher
Art 12 Rn 11).

Art 97 [Wirksamkeitsvoraussetzungen einer Vorbehaltserklärung]

**(1) Erklärungen, die nach diesem Übereinkommen bei der Unterzeichnung abge-
geben werden, bedürfen der Bestätigung bei der Ratifikation, Annahme oder Genehmigung.**

**(2) Erklärungen und Bestätigungen von Erklärungen bedürfen der Schriftform und
sind dem Verwahrer* zu notifizieren.**

**(3) Eine Erklärung wird gleichzeitig mit dem Inkrafttreten dieses Übereinkommens
für den betreffenden Staat wirksam. Eine Erklärung, die dem Verwahrer* nach
diesem Inkrafttreten notifiziert wird, tritt jedoch am ersten Tag des Monats in Kraft,
der auf einen Zeitabschnitt von sechs Monaten nach ihrem Eingang beim Verwah-
rer* folgt. Aufeinander bezogene einseitige Erklärungen nach Artikel 94 werden am
ersten Tag des Monats wirksam, der auf einen Zeitabschnitt von sechs Monaten
nach Eingang der letzten Erklärung beim Verwahrer* folgt.**

---

* Schweiz, Österreich: Depositar.

(4) Ein Staat, der eine Erklärung nach diesem Übereinkommen abgibt, kann sie jederzeit durch eine an den Verwahrer* gerichtete schriftliche Notifikation zurücknehmen. Eine solche Rücknahme wird am ersten Tag des Monats wirksam, der auf einen Zeitabschnitt von sechs Monaten nach Eingang der Notifikation beim Verwahrer* folgt.

(5) Die Rücknahme einer nach Artikel 94 abgegebenen Erklärung macht eine von einem anderen Staat nach Artikel 94 abgegebene, darauf bezogene Erklärung von dem Tag an unwirksam, an dem die Rücknahme wirksam wird.

Art 97

(1) Declarations made under this Convention at the time of signature are subject to confirmation upon ratification, acceptance or approval.

(2) Declarations and confirmations of declarations are to be in writing and be formally notified to the depositary.

(3) A declaration takes effect simultaneously with the entry into force of this Convention in respect of the State concerned. However, a declaration of which the depositary receives formal notification after such entry into force takes effect on the first day of the month following the expiration of six months after the date of its receipt by the depositary. Reciprocal unilateral declarations under article 94 take effect on the first day of the month following the expiration of six months after the receipt of the latest declaration by the depositary.

(4) Any State which makes a declaration under this Convention may withdraw it at any time by a formal notification in writing addressed to the depositary. Such withdrawal is to take effect on the first day of the month following the expiration of six months after the date of the receipt of the notification by the depositary.

(5) A withdrawal of a declaration made under article 94 renders inoperative, as from the date on which the withdrawal takes effect, any reciprocal declaration made by another State under that article.

Art 97

1) Les déclarations faites en vertu de la présente Convention lors de la signature sont sujettes à confirmation lors de la ratification, de l'acceptation ou de l'approbation.

2) Les déclarations, et la confirmation des déclarations, seront faites par écrit et formellement notifiées au dépositaire.

3) Les déclarations prendront effet à la date de l'entrée en vigueur de la présente Convention à l'égard de l'Etat déclarant. Cependant, les déclarations dont le dépositaire aura recu notification formelle après cette date prendront effet le premier jour du mois suivant l'expiration d'un délai de six mois à compter de la date de leur réception par le dépositaire. Les déclarations unilatérales et réciproques faites en vertu de l'article 94 prendront effet le premier jour du mois suivant l'expiration d'une période de six mois après la date de la réception de la dernière déclaration par le dépositaire.

4) Tout Etat qui fait une déclaration en vertu de la présente Convention peut à tout moment la retirer par une notification formelle adressée par écrit au dépositaire. Ce retrait prendra effet le premier jour du mois suivant l'expiration d'une période de six mois après la date de réception de la notification par le dépositaire.

5) Le retrait d'une déclaration faite en vertu de l'article 94 rendra caduque, à partir de la date de sa prise d'effet, toute déclaration réciproque faite par un autre Etat en vertu de ce même article.

1 Die Vorschrift betrifft die Förmlichkeiten und das **Wirksamwerden von Erklärungen**, die die Vertragsstaaten abgeben.

Grundsätzlich werden Erklärungen, die bei Ratifikation abgegeben werden, zu dem **2** **Zeitpunkt** wirksam, in dem das CISG im ratifizierenden Staat in Kraft tritt (Abs 3 S 1). Später abgegebene Erklärungen wie auch ihre jederzeit mögliche Rücknahme erlangen am ersten Tag des Monats Wirksamkeit, der nach nach Ablauf einer Sechsmonatsfrist seit Eingang der Erklärung beim Depositar folgt (Abs 3 S 2, Abs 4 S 2).

Art 98 [Zulässigkeit von Vorbehalten]

Vorbehalte sind nur zulässig, soweit sie in diesem Übereinkommen ausdrücklich für zulässig erklärt werden.

Art 98
No reservations are permitted except those expressly authorized in this Convention.

Art 98
Aucune réserve n'est autorisée autre que celles qui sont expressément autorisées par la présente Convention.

Die Vorschrift bestimmt, daß keine anderen als die in den Art 92–96 vorgesehenen **1** Vorbehalte erklärt werden können. **Weitere Vorbehalte**, wie sie nach Art 19 Wiener Vertragsrechtskonvention in Grenzen möglich wären, sind damit **nicht zulässig**. Ob die vorgesehenen Vorbehalte nicht in vollem Umfang, sondern nur in eingeschränktem Umfang erklärt werden können, erscheint fraglich, dürfte aber zulässig sein (dafür ACHILLES Art 98 Rn 1; LOEWE, Kaufrecht 108; REINHART Art 98 Rn 3). Begleitende Erklärungen, zB **Interpretationserklärungen** wie sie die Bundesrepublik zu Art 95 abgegeben hat (vgl Art 95 Rn 5), bleiben **zulässig**. In ihrer Wirkung richten sie sich nach allgemeinem Völkerrecht (ebenso ACHILLES Art 98 Rn 1; BIANCA/BONELL/EVANS Art 98 Bem 2.3; HERBER/CZERWENKA Art 98 Rn 2; SCHLECHTRIEM/SCHWENZER/FERRARI Art 98 Rn 2). Allerdings dürfen sie nicht im Ergebnis zu Vorbehalten führen, die die Konvention weder vorsieht noch zuläßt.

Art 99 [Zeitpunkt des Inkrafttretens]

(1) Vorbehaltlich des Absatzes 6 tritt dieses Übereinkommen am ersten Tag des Monats in Kraft, der auf einen Zeitabschnitt von zwölf Monaten nach Hinterlegung der zehnten Ratifikations-, Annahme-, Genehmigungs- oder Beitrittsurkunde einschließlich einer Urkunde, die eine nach Artikel 92 abgegebene Erklärung enthält, folgt.

(2) Wenn ein Staat dieses Übereinkommen nach Hinterlegung der zehnten Ratifikations-, Annahme-, Genehmigungs- oder Beitrittsurkunde ratifiziert, annimmt, genehmigt oder ihm beitritt, tritt dieses Übereinkommen mit Ausnahme des ausgeschlossenen Teils für diesen Staat vorbehaltlich des Absatzes 6 am ersten Tag des Monats in Kraft, der auf einen Zeitabschnitt von zwölf Monaten nach Hinterlegung seiner Ratifikations-, Annahme-, Genehmigungs- oder Beitrittsurkunde folgt.

(3) Ein Staat, der dieses Übereinkommen ratifiziert, annimmt, genehmigt oder ihm beitritt und Vertragspartei* des Haager Übereinkommens vom 1. Juli 1964 zur Einführung eines Einheitlichen Gesetzes über den Abschluß von internationalen Kaufverträgen über bewegliche Sachen (Haager Abschlußübereinkommen von 1964) oder des Haager Übereinkommens vom 1. Juli 1964 zur Einführung eines Einheitlichen Gesetzes über den internationalen Kauf beweglicher Sachen (Haager Kaufrechtsübereinkommen von 1964) ist, kündigt gleichzeitig das Haager Kaufrechtsübereinkommen von 1964 oder das Haager Abschlußübereinkommen von 1964 oder gegebenenfalls beide Übereinkommen, indem er der Regierung der Niederlande die Kündigung notifiziert.

(4) Eine Vertragspartei* des Haager Kaufrechtsübereinkommens von 1964, die das vorliegende Übereinkommen ratifiziert, annimmt, genehmigt oder ihm beitritt und nach Artikel 92 erklärt oder erklärt hat, daß Teil II dieses Übereinkommens für sie nicht verbindlich ist, kündigt bei der Ratifikation, der Annahme, der Genehmigung oder dem Beitritt des Haager Kaufrechtsübereinkommen von 1964, indem sie der Regierung der Niederlande die Kündigung notifiziert.

(5) Eine Vertragspartei* des Haager Abschlußübereinkommens von 1964, die das vorliegende Übereinkommen ratifiziert, annimmt, genehmigt oder ihm beitritt und nach Artikel 92 erklärt oder erklärt hat, daß Teil III dieses Übereinkommens für sie nicht verbindlich ist, kündigt bei der Ratifikation, der Annahme, der Genehmigung oder dem Beitritt das Haager Abschlußübereinkommen von 1964, indem sie der Regierung der Niederlande die Kündigung notifiziert.

(6) Für die Zwecke dieses Artikels werden Ratifikationen, Annahmen, Genehmigungen und Beitritte bezüglich dieses Übereinkommens, die von Vertragsparteien* des Haager Abschlußübereinkommens von 1964 oder des Haager Kaufrechtsübereinkommens von 1964 vorgenommen werden, erst wirksam, nachdem die erforderlichen Kündigungen durch diese Staaten bezüglich der gesamten Übereinkommen selbst wirksam geworden sind. Der Verwahrer** dieses Übereinkommens setzt sich mit der Regierung der Niederlande als Verwahrer** der Übereinkommen von 1964 in Verbindung, um die hierfür notwendige Koordinierung sicherzustellen.

Art 99

(1) This Convention enters into force, subject to the provision of paragraph (6) of this article, on the first day of the month following the expiration of twelve months after the date of deposit of the tenth instrument of ratification, acceptance, approval or accession, including an instrument which contains a declaration made under article 92.

(2) When a State ratifies, accepts, approves or accedes to this Convention after the deposit of

Art 99

1) La présente Convention entrera en vigueur, sous réserve des dispositions du paragraphe 6 du présente article, le premier jour du mois suivant l'expiration d'une période de douze mois après la date du dépôt du dixième instrument de ratification, d'acceptation, d'approbation ou d'adhésion, y compris tout instrument contenant une déclaration faite en vertu de l'article 92.

2) Lorsqu'un Etat ratifiera, acceptera ou approuvera la présente Convention ou y adhérera

---

* Österreich, Schweiz: Vertragsstaat.

** Österreich, Schweiz: Depositar.

the tenth instrument of ratification, acceptance, approval or accession, this Convention, with the exception of the Part excluded, enters into force in respect of that State, subject to the provisions of paragraph (6) of this article, on the first day of the month following the expiration of twelve months after the date of the deposit of its instrument of ratification, acceptance, approval or accession.

(3) A State which ratifies, accepts, approves or accedes to this Convention and is a party to either or both the Convention relating to a Uniform Law on the Formation of Contracts for the International Sale of Goods done at The Hague on 1 July 1964 (1964 Hague Formation Convention) and the Convention relating to a Uniform Law on the International Sale of Goods done at The Hague on 1 July 1964 (1964 Hague Sales Convention) shall at the same time denounce, as the case may be, either or both the 1964 Hague Sales Convention and the 1964 Hague Formation Convention by notifying the Government of the Netherlands to that effect.

(4) A State party to the 1964 Hague Sales Convention which ratifies, accepts, approves or accedes to the present Convention and declares or has declared under article 92 that it will not be bound by Part II of this Convention shall at the time of ratification, acceptance, approval or accession denounce the 1964 Hague Sales Convention by notifying the Government of the Netherlands to that effect.

(5) A State party to the 1964 Hague Formation Convention which ratifies, accepts, approves or accedes to the present Convention and declares or has declared under article 92 that it will not be bound by Part III of this Convention shall at the time of ratification, acceptance, approval or accession denounce the 1964 Hague Formation Convention by notifying the Government of the Netherlands to that effect.

après le dépôt du dixième instrument de ratification, d'acceptation, d'approbation ou d'adhésion, la Convention, a' l'exception de la partie exclue, entrera en vigueur à l'égard de cet Etat, sous réserve des dispositions du paragraphe 6 du présent article, le premier jour du mois suivant l'expiration d'une période de douze mois après la date du dépôt de l'instrument de ratification, d'acceptation, d'approbation ou d'adhésion.

3) Tout Etat qui ratifiera, acceptera ou approuvera la présente Convention ou y adhérera et qui est partie à la Convention portant loi uniforme sur la formation des contrats de vente internationale des objets mobiliers corporels faite à La Haye le 1er juillet 1964 (Convention de La Haye de 1964 sur la formation) ou à la Convention portant loi uniforme sur la vente internationale des objets mobiliers corporels faite à La Haye le 1er juillet 1964 (Convention de La Haye de 1964 sur la vente), ou à ces deux conventions, dénoncera en même temps, selon le cas, la Convention de La Haye de 1964 sur la vente ou la Convention de La Haye sur la formation, ou ces deux conventions, en adressant une notification à cet effet au Gouvernement néerlandais.

4) Tout Etat partie à la Convention de La Haye de 1964 sur la vente qui ratifiera, acceptera ou approuvera la présente Convention ou y adhérera et qui déclarera ou aura déclaré en vertu de l'article 92 qu'il n'est pas lié par la deuxième partie de la Convention, dénoncera, au moment de la ratification, de l'acceptation, de l'approbation ou de l'adhésion, la Convention de La Haye de 1964 sur la vente en adressant une notification à cet effect au Gouvernement neérlandais.

5) Tout Etat partie à la Convention de La Haye de 1964 sur la vente qui ratifiera, acceptera ou approuvera la présente Convention ou y adhérera et qui déclarera ou aura déclaré en vertu de l'article 92 qu'il n'est pas lié par la troisième partie de la Convention, dénoncera, au moment de la ratification, de l'acceptation, de l'approbation ou de l'adhésion, la Convention de La Haye de 1964 sur la formation en adressant une notification à cet effet au Gouvernement néerlandais.

Ulrich Magnus

(6) For the purpose of this article ratifications, acceptances, approvals and accessions in respect of this Convention by States parties to the 1964 Hague Formation Convention or to the 1964 Hague Sales Convention shall not be effective until such denunciations as may be required on the part of those States in respect of the latter two Conventions have themselves become effective. The depositary of this Convention shall consult with the Government of the Netherlands, as the depositary of the 1964 Conventions, so as to ensure necessary coordination in this respect.

6) Aux fins du présent article, les ratifications, acceptations, approbations et adhésion effectuées à l'égard de la présente Convention par des Etats parties à la Convention de La Haye de 1964 sur la formation ou à la Convention de La Haye de 1964 sur la vente ne prendront effet qu'à la date à laquelle les dénonciations éventuellement requises de la part desdits Etats à l'égard de ces deux conventions auront elles-mêmes pris effet. Le dépositaire de la présente Convention s'entendra avec le Gouvernement néerlandais, dépositaire des conventions de 1964, pour assurer la coordination nécessaire à cet égard.

1 Die Vorschrift enthält Bestimmungen zum internationalen und einzelstaatlichen Inkrafttreten der Konvention sowie zum **Verhältnis gegenüber dem Haager Kaufrecht**.

2 International ist das CISG am 1.1.1988 in Kraft getreten, nachdem die notwendigen zehn Ratifikationen erklärt worden waren. **Im** gesamten **Bundesgebiet** gilt die Konvention **seit dem 1.1.1991**, nachdem sie **im Gebiet der ehemaligen DDR** bereits **vom 1.3.1990–2.10.1990** in Kraft gewesen war (vgl näher Einl 11 ff zum CISG).

3 Die Abs 3–6 stellen sicher, daß ein Staat **nicht gleichzeitig Vertragsstaat des Haager und des Wiener Kaufrechts** sein kann. Die Bundesrepublik hat die Haager Übereinkommen rechtzeitig vor Inkrafttreten des Wiener Übereinkommens gekündigt und sie durch Art 5 VertragsG aufgehoben.

4 Abs 5 des franz Textes enthält einen redaktionellen Fehler. Zu Beginn ist irrtümlich die Konvention zum EKG – statt zum EAG – genannt.

Art 100 [Zeitlicher Geltungsbereich]

(1) Dieses Übereinkommen findet auf den Abschluß eines Vertrages nur Anwendung, wenn das Angebot zum Vertragsabschluß an oder nach dem Tag gemacht wird, an dem das Übereinkommen für die in Artikel 1 Absatz 1 Buchstabe a genannten Vertragsstaaten oder den in Artikel 1 Absatz 1 Buchstabe b genannten Vertragsstaat in Kraft tritt.

(2) Dieses Übereinkommen findet nur auf Verträge Anwendung, die an oder nach dem Tag geschlossen werden, an dem das Übereinkommen für die in Artikel 1 Absatz 1 Buchstabe a genannten Vertragsstaaten oder den in Artikel 1 Absatz 1 Buchstabe b genannten Vertragsstaat in Kraft tritt.

Art 100

(1) This convention applies to the formation of

Art 100

1) La présente Convention s'applique à la for-

a contract only when the proposal for concluding the contract is made on or after the date when the Convention enters into force in respect of the Contracting States referred to in subparagraph (1) (a) or the Contracting State referred to in subparagraph (1) (b) of article 1. (2) This Convention applies only to contracts concluded on or after the date when the Convention enters into force in respect of the Contracting States referred to in subparagraph (1) (a) or the Contracting State to in subparagraph (1) (b) of article 1.

mation des contrats conclus à la suite d'une proposition intervenue après l'entrée en vigueur de la Convention à l'égard des Etats contractants visés à l'alinéa a) du paragraphe 1 de l'article premier ou de l'Etat contractant visé à l'alinéa b) du paragraphe 1 de l'article premier. 2) La présente Convention s'applique uniquement aux contrats conclus après son entrée en vigueur à l'égard des Etats contractants visés à l'alinéa a) du paragraphe 1 de l'article premier ou de l'Etat contractant visé à l'alinéa b) du paragraphe 1 de l'article premier.

I.   Regelungsgegenstand und Normzweck

Die Vorschrift regelt den zeitlichen Geltungsbereich des Übereinkommens. Abs 1 **1** betrifft den **Vertragsschluß** und verlangt, daß bereits das Vertragsangebot zu einem Zeitpunkt erfolgt sein muß, zu dem das CISG in dem für Art 1 Abs 1 lit b maßgebenden Vertragsstaat oder den für Art 1 Abs 1 lit a entscheidenden Vertragsstaaten in Kraft war.

Art 100 Abs 2 gilt für die **Pflichten und Rechte aus Kaufverträgen**. Sie sind nach dem **2** CISG zu beurteilen, wenn dieses beim Zustandekommen des Vertrages, also bei Annahme, in den nach Art 1 Abs 1 lit a und b jeweils relevanten Vertragsstaaten galt.

Schon **vor dem Inkrafttreten** des CISG in der Bundesrepublik hatte Art 100 iVm **3** Art 1 Abs 1 lit b die Konsequenz, daß deutsche Gerichte das Übereinkommen anzuwenden hatten, wenn das IPR zum Recht eines Staates führte, der das CISG bereits ratifiziert hatte (vgl etwa LG Stuttgart RiW 1989, 984; LG Aachen RiW 1990, 491; OLG Koblenz RiW 1990, 316; OLG Frankfurt RiW 1991, 591).

II.   Entstehungsgeschichte

Die Einführungskonventionen zum Haager Kaufrecht enthielten ähnliche Vor- **4** schriften zum zeitlichen Anwendungsbereich (Art XI der Einführungskonvention zum EKG und Art IX der Einführungskonvention zum EAG), die ebenfalls zwischen Abschlußfragen und übrigen Fragen unterschieden, jedoch für den Vertragsschluß auch Annahmeerklärungen dem Einheitsrecht unterstellten, wenn nur sie, nicht aber das Angebot nach dessen Inkrafttreten abgegeben worden waren (vgl DÖLLE/SCHLECHTRIEM Art 14–16 EAG Rn 9). Der jetzige Art 100 beruht auf dem Entwurf (Art E) des UN-Generalsekretariats (Off Rec 148), der in Wien lediglich redaktionellen Änderungen unterworfen wurde (Off Rec 148 f).

III.   Zeitliche Geltung für den Vertragsschluß (Abs 1)

Die Bestimmungen der Konvention über den **Vertragsabschluß** sind gem Art 100 **5** Abs 1 nur anwendbar, wenn das **Angebot** iS des Art 14 vom Offerenten abgegeben

Ulrich Magnus

wurde, nachdem das UN-Kaufrecht in den für Art 1 Abs 1 lit a maßgeblichen Vertragsstaaten bzw dem für Art 1 Abs 1 lit b maßgeblichen Staat in Kraft getreten war. Daß der Vertrag nach dem Inkrafttreten des Übereinkommens zustandegekommen ist, genügt für Art 100 Abs 1 nicht (vgl Bianca/Bonell/Evans Art 100 Bem 2. 2; Honnold Rn 473; Piltz, Internationales Kaufrecht § 2 Rn 104). **Entscheidend** ist der **Zeitpunkt der Abgabe des Angebots**, nicht der des Zugangs (Achilles Art 100 Rn 1; Czerwenka 155; Herber/Czerwenka Art 100 Rn 1; Karollus 36; Piltz aaO; Schlechtriem/Schwenzer/ Ferrari Art 100 Rn 2; Soergel/Lüderitz Art 100 Rn 1; **aA** aber – Zugang entscheidet – Asam JbItalR III [1990] 7). Denn der Offerent muß schon bei Abgabe wissen können, ob das CISG für einen eventuellen Vertrag gilt.

6   Bei **mehreren Angebotserklärungen**, die etwa zunächst abgelehnt worden waren, genügt es, wenn die letzte nach dem Stichtag abgegeben wurde (ebenso Achilles Art 100 Rn 1; Soergel/Lüderitz Art 100 Rn 1).

7   Erfolgen **Einzelbestellungen innerhalb eines Rahmenvertrages**, etwa eines Vertriebshändlervertrages, dann entscheidet für den Vertragsschluß nicht der Zeitpunkt, zu dem das Angebot für den Rahmenvertrag, sondern der Zeitpunkt, zu dem das Angebot für das einzelne Kaufgeschäft abgegeben wurde (Piltz, Internationales Kaufrecht § 2 Rn 107; ebenso zum EKG: BGHZ 74, 136).

8   Art 100 Abs 1 gilt zunächst unabhängig davon, ob der oder die Vertragsstaaten die Konvention mit oder **ohne Teil II ratifiziert** haben (Piltz aaO; **aA** aber Reinhart Art 100 Rn 2). Das Vertragsschlußrecht der Konvention ist allerdings nicht anzuwenden, wenn der oder die für Art 1 Abs 1 maßgebenden Vertragsstaaten die Konvention ohne Teil II übernommen haben.

9   Ob das CISG noch im **Zeitpunkt** der gerichtlichen Entscheidung in dem oder den maßgeblichen Vertragsstaaten gilt oder etwa bereits gekündigt ist, ist gleichgültig. Maßgebend ist „der Rechtszustand im Zeitpunkt des die Rechtsbeziehung begründenden Kaufvertrages" (so BGH WM 1991, 2108 [2109] zum Haager Kaufrecht; zur Kündigung des CISG vgl Art 101).

IV.   Zeitliche Geltung für die übrigen Vertragsfragen (Abs 2)

10   Für die Beurteilung derjenigen **Vertragsfragen, die nicht den Vertragsschluß betreffen**, genügt nach Art 100 Abs 2, daß der Vertrag nach Inkrafttreten der Konvention in den für Art 1 Abs 1 lit a oder b maßgeblichen Vertragsstaaten abgeschlossen wurde (**aA** Soergel/Lüderitz Art 100 Rn 2: Geltung auch für vor dem Stichtag abgeschlossene Verträge). Hier reicht es also aus, wenn die Annahmeerklärung dem Offerenten nach dem Stichtag zugegangen ist; das Angebot kann vorher ergangen sein (Achilles Art 100 Rn 2; Bianca/Bonell/Evans Art 100 Bem 2; Enderlein/Maskow/Strohbach Art 100 Bem 2; Piltz, Internationales Kaufrecht § 2 Rn 104; Schlechtriem/Schwenzer/Ferrari Art 100 Rn 3; Soergel/Lüderitz Art 100 Rn 2; nach Reinhart Art 100 Rn 3 gilt Abs 2 nicht für Staaten, die die Konvention ohne Teil III ratifizieren). Für Kaufgeschäfte in Durchführung von Rahmenvereinbarungen gilt wie für Abs 1, daß es auf das Einzelgeschäft, nicht auf den Rahmenvertrag ankommt (vgl oben Rn 7). Für den Fall der Kündigung des CISG vgl Art 101.

Hat ein für Art 1 Abs 1 maßgebender Vertragsstaat die Konvention ohne ihren **11** Teil II ratifiziert, dann ist der Zeitpunkt des Vertragsschlusses nach dem vom IPR berufenen Recht zu bestimmen (PLANTARD Clunet 115 [1988] 365).

Art 101 [Kündigung des Übereinkommens]

(1) Ein Vertragsstaat kann dieses Übereinkommen oder dessen Teil II oder Teil III durch eine an den Verwahrer* gerichtete schriftliche Notifikation kündigen.

(2) Eine Kündigung wird am ersten Tag des Monats wirksam, der auf einen Zeitabschnitt von zwölf Monaten nach Eingang der Notifikation beim Verwahrer* folgt. Ist in der Notifikation eine längere Kündigungsfrist angegeben, so wird die Kündigung nach Ablauf dieser längeren Frist nach Eingang der Notifikation beim Verwahrer* wirksam.

Art 101

(1) A Contracting State may denounce this Convention, or Part II or Part III of the Convention, by a formal notification in writing addressed to the depositary.
(2) The denunciation takes effect on the first day of the month following the expiration of twelve months after the notification is received by the depositary. Where a longer period for the denunciation to take effect is specified in the notification, the denunciation takes effect upon the expiration of such longer period after the notification is received by the depositary.

Art 101

1) Tout Etat contractant pourra dénoncer la présente Convention, ou la deuxième ou la troisième partie de la Convention, par une notification formelle adressée par écrit au dépositaire.
2) La dénonciation prendra effet le premier jour du mois suivant l'expiration d'une période de douze mois après la date de réception de la notification par le dépositaire. Lorsqu'une période plus longue pour la prise d'effet de la dénonciation est spécifiée dans la notification, la dénonciation prendra effet à l'expiration de la période en question après la date de réception de la notification.

Die Vorschrift regelt die **Kündigung** des CISG und ihr Wirksamwerden.   **1**

Die Kündigung kann für das Übereinkommen insgesamt oder nur für seinen Teil II **2** oder seinen Teil III ausgesprochen werden. Sie wird **frühestens nach einem Jahr wirksam** (Abs 2 S 1). Mit ihrem Wirksamwerden ist der kündigende Staat im Umfang der Kündigung nicht mehr Vertragsstaat (BIANCA/BONELL/EVANS Art 101 Bem 3.1; HERBER/CZERWENKA Art 101). Vor dem Wirksamwerden der Kündigung abgeschlossene Verträge unterliegen jedoch weiterhin der Konvention (HERBER/CZERWENKA Art 101; LOEWE, Kaufrecht 111; ebenso zum EKG: BGH WM 1991, 2108 [2109]). Dagegen gilt das CISG nicht mehr, auch nicht sein Teil II, wenn nur das Angebot noch vor dem Kündigungszeitpunkt, die Annahmeerklärung aber danach abgegeben wurde (aA aber HERBER/CZERWENKA aaO sowie LOEWE aaO, der sich auf eine analoge Anwendung des Art 100 beruft. Die Analogie führt jedoch gerade zur Unanwendbarkeit der Konvention).

---

* Österreich, Schweiz: Depositar.

3 Eine **Revisionsklausel**, wie sie die Einführungskonventionen zum Haager Recht enthielten, sieht die Wiener Konvention nicht vor.

[Unterzeichnungsklausel]

Geschehen zu Wien am 11. April 1980 in einer Urschrift in arabischer, chinesischer, englischer, französischer, russischer und spanischer Sprache, wobei jeder Wortlaut gleichermaßen verbindlich ist.

Zu Urkund dessen haben die unterzeichneten, hierzu von ihren Regierungen gehörig befugten Bevollmächtigten dieses Übereinkommen unterschrieben.

Done at Vienna, this day of eleventh day of April, one thousand nine hundred and eighty, in a single original, of which the Arabic, Chinese, English, French, Russian and Spanish texts are equally authentic.
In witness whereof the undersigned plenipotentiaries, being duly authorized by their respective Governments, have signed this Convention.

Fait à Vienne, le onze avril mil neuf cent quatrevingt, en un seul original, dont les textes anglais, arabe, chinois, espagnol, francais et russe sont également authentiques.
En foi de quoi les plénipotentiaires sous-signés, dû ment autorisés par leurs gouvernements respectifs, ont signé la présente Convention.

1 Die Unterzeichnungsklausel legt fest, daß die **Fassungen** des Übereinkommens **in arabisch, chinesisch, englisch, französisch, russisch** und **spanisch** in gleicher Weise **verbindlich** sind. Die **deutsche Übersetzung**, die Vertreter der Bundesrepublik, der DDR, Österreichs und der Schweiz erstellt haben, ist **nicht verbindlich**, sondern nur eine Anwendungshilfe (SCHLECHTRIEM/SCHWENZER/FERRARI Unterzeichnungsklausel Rn 1; ferner Art 7 Rn 15 f, 18). Bei Auslegungsfragen sind die authentischen Textfassungen zu berücksichtigen und untereinander zu vergleichen. Helfen die üblichen Auslegungsregeln (vgl Art 31 und 32 Wiener Vertragsrechtskonvention) nicht weiter, ist diejenige Interpretation zu wählen, die unter Rücksicht auf Gegenstand und Zweck der Vorschrift und des Übereinkommens die verschiedenen Textfassungen am ehesten in Einklang bringt (Art 33 Abs 4 Wiener Vertragsrechtskonvention). Der englischen Textfassung des CISG kommt dabei ein besonderes Gewicht zu, weil die Diskussionen und Formulierungsvorschläge auf der Wiener Konferenz im wesentlichen in Englisch erfolgten und vielfach die im englischen Sprachraum übliche Rechtsterminologie verwendeten (ebenso ACHILLES, Unterzeichnungsklausel Rn 1; SCHLECHTRIEM/SCHWENZER/FERRARI, Unterzeichnungserklärung Rn 2). Auch die Vorentwürfe zum CISG waren in Englisch formuliert.

Gesetz zu dem Übereinkommen der Vereinten Nationen vom 11. April 1980 über Verträge über den internationalen Warenkauf sowie zur Änderung des Gesetzes zu dem Übereinkommen vom 19. Mai 1956 über den Beförderungsvertrag im internationalen Straßengüterverkehr (CMR)

vom 5. Juli 1989 (BGBl 1989 II 586)

Schrifttum

Wie bei Einl zum CISG; ferner:
JAGERT/DERICHSWEILER, Internationales Einheitskaufrecht, JuS 1989, 972
LANDFERMANN, Das UNCITRAL-Übereinkommen über die Verjährung beim internationalen Warenkauf, RabelsZ 39 (1975) 259
MAGNUS, UN-Kaufrecht und neues Verjährungsrecht des BGB – Wechselwirkungen und Praxisfolgen, RiW 2002, 577
VON SACHSEN GESSAPHE, Der Rückgriff des Letztverkäufers – neues deutsches und europäisches Kaufrecht, RiW 2001, 721
SMIT, The Convention on the Limitation Period in the International Sale of Goods: UNCITRAL's First-Born, AmJCompL 23 (1975) 377
STOLL, Regelungslücken im Einheitlichen Kaufrecht und IPR, IPRax 1993, 75
THORN, Die UN-Verjährungskonvention und ihre Geltung in Deutschland, IPRax 1993, 215.

Vorbemerkungen zum VertragsG zum CISG

Das VertragsG vom 5. 7. 1989 setzt das Wiener UN-Kaufrechtsübereinkommen in **1** nationales Recht um, indem es die Zustimmung der gesetzgebenden Körperschaft zu diesem Übereinkommen erklärt. Ferner enthält das Gesetz einige Ausführungsvorschriften: so in Art 2 eine interpretierende Erklärung zur Vorbehaltsmöglichkeit des Art 95 CISG; eine eigenständige Regelung des Verjährungsbeginns (Art 3 VertragsG) und die Aufhebung des Haager Kaufrechts (Art 5). Art 6 – die heute obsolete Berlinklausel – und Art 7 (Inkrafttreten) regeln Fragen des Geltungsbereichs des VertragsG. Eine kaufrechtsfremde Materie (Gerichtsstand für Klagen nach der CMR) behandelt Art 4.

Die deutsche Schuldrechtsreform von 2002 (Gesetz zur Modernisierung des Schuldrechts **2** vom 26. 11. 2001, BGBl 2001 I 3138) hat auch das Verjährungsrecht geändert und damit die Notwendigkeit mit sich gebracht, die entsprechende Vorschrift des VertragsG (Art 3) an die neue Lage anzupassen (s dazu MAGNUS RiW 2002, 577 ff).

Ulrich Magnus

Erster Teil
Zustimmung zu dem Übereinkommen vom 11. April 1980 über Verträge über den internationalen Warenkauf sowie Vorschriften zur Ausführung des Übereinkommens

Art 1 [Zustimmung]

Dem in New York am 26. Mai 1982 von der Bundesrepublik Deutschland unterzeichneten Übereinkommen der Vereinten Nationen vom 11. April 1980 über Verträge über den internationalen Warenkauf wird zugestimmt. Das Übereinkommen wird nachstehend mit einer amtlichen deutschen Übersetzung veröffentlicht.

1 Da sich das Wiener Kaufrechtsübereinkommen auf Gegenstände der konkurrierenden Bundesgesetzgebung bezieht (Art 74 Nr 1 u Nr 11 Grundgesetz: Bürgerliches Recht und Recht der Wirtschaft – Handel) bedurfte seine Ratifizierung der Zustimmung der gesetzgebenden Körperschaften der Bundesrepublik (Art 59 Abs 2 Satz 1 Grundgesetz). Mit Art 1 VertragsG erklärte der Bundestag diese Zustimmung, nachdem der Bundesrat bereits am 23. 9. 1988 gemäß Art 76 Abs 2 GG beschlossen hatte, gegen den Gesetzentwurf keine Einwendungen zu erheben (vgl BT-Drucks 11/3076, 3). Daraufhin hinterlegte die Bundesrepublik die Ratifikationsurkunde am 21. 12. 1989 bei dem Generalsekretär der Vereinten Nationen. Am 1. 1. 1991 trat das CISG im gesamten Gebiet der Bundesrepublik einschl der neuen Bundesländer in Kraft (BGBl 1990 II 1477).

2 Für das Gebiet der ehemaligen DDR war das CISG bereits am 1. 3. 1990 in Kraft, am 3. 10. 1990 jedoch im Zug der deutschen Einigung wieder außer Kraft getreten (vgl dazu mit Nachweisen Einl 11 ff zum CISG). In der Zeit vom 3. 10. bis zum 31. 12. 1990 galt im Gebiet der alten DDR – ebenso wie in den alten Bundesländern – das Haager Kaufrecht (vgl Einl 15 zum CISG).

3 Das Wiener Kaufrecht ist im Bundesgesetzblatt als Anhang zum VertragsG in englischer und französischer Sprache und in der amtlichen deutschen Übersetzung veröffentlicht. Verbindlich ist nur der Originaltext in den sechs amtlichen Sprachen der Vereinten Nationen (arabisch, chinesisch, englisch, französisch, russisch, spanisch; abgedr etwa in Bianca/Bonell 683 ff; ohne die arabische und chinesische Fassung auch bei Herber, Wiener UNCITRAL-Übereinkommen 138 ff). Die deutsche – mit der DDR, Österreich und Schweiz abgestimmte – Fassung ist nicht verbindlich, sondern nur eine Interpretationshilfe (vgl Art 7 CISG Rn 15 und Unterzeichnungsklausel nach Art 101 CISG Rn 1).

Art 2 [Vorbehalt hinsichtlich Art 1 Abs 1 lit b des Übereinkommens]

Führen die Regeln des internationalen Privatrechts zur Anwendung des Rechts eines Staates, der eine Erklärung nach Artikel 95 des Übereinkommens von 1980 abgegeben hat, so bleibt Artikel 1 Abs. 1 Buchstabe b des Übereinkommens außer Betracht.

I. Regelungsgegenstand und Normzweck

Die Vorschrift enthält eine **Auslegungsregel für** Fälle, in denen das Recht eines **1**
Staates zum Zuge kommt, der **den Vorbehalt nach Art 95 CISG** erklärt hat und damit
Art 1 Abs 1 lit b CISG durch seine Gerichte nicht anwendet. In diesen Fällen sollen
auch deutsche, zur Entscheidung zuständige Gerichte das CISG nicht anwenden,
wenn Art 1 Abs 1 lit b CISG zum Recht eines solchen Vorbehaltsstaates führt. Art 2
VertragsG will erreichen, daß diese Fälle in der Bundesrepublik nach dem gleichen
Recht entschieden werden wie in dem Vorbehaltsstaat selbst (BT-Drucks 11/3076, 6).

Anlaß für die Regelung war eine Entscheidung des BGH zum EKG (BGHZ 96, 313), **2**
die Vorbehalte anderer Vertragsstaaten zum EKG für unbeachtlich erklärt hatte.
Diese Auffassung wollte der Gesetzgeber im **Interesse des internationalen Entschei-
dungseinklangs** korrigieren (BT-Drucks aaO).

II. Bedeutung des Art 2

Art 2 wird überwiegend als sogenannte **Interpretationserklärung** betrachtet, die **3**
einer Vorschrift des ratifizierten Übereinkommens eine bestimmte Auslegung bei-
legt (ACHILLES Art 2 VertragsG Rn 1; HERBER/CZERWENKA Art 2 VertragsG Rn 2; Münch-
KommBGB/HUBER Art 2 VertragsG Rn 3). Diese Auffassung ist auch der Begründung
zum Gesetzentwurf (BT-Drucks 11/3076, 6: „Auslegungsregel") sowie der Erklärung zu
entnehmen, die die Bundesrepublik bei der Hinterlegung der Ratifikationsurkunde
abgegeben hat (vgl BGBl 1990 II 1477; der Wortlaut der Erklärung ist oben Einl 10 zum CISG
abgedruckt).

Nach **aA** ist Art 2 VertragsG dagegen als Teilvorbehalt iS des Art 95 CISG anzu- **4**
sehen (vgl REINHART Art 2 VertragsG Rn 1; SOERGEL/LÜDERITZ/FENGE Art 1 Rn 16; noch weitergehend JAGERT/DERICHSWEILER JuS 1989, 975: mit Art 2 VertragsG sei der Vorbehalt nach Art 95
erklärt worden).

Letztere Auffassung ist abzulehnen, da andere als die im CISG genannten Vorbe- **5**
halte nicht zulässig sind (Art 98 CISG). Ferner hat die Bundesrepublik die Geltung
des Art 1 Abs 1 lit b für ihr Staatsgebiet nicht eingeschränkt, sondern lediglich ein
bestimmtes Verständnis seiner Anwendung niedergelegt.

Auch wenn Art 2 als **„authentische Interpretationsnorm"** (PÜNDER RiW 1990, 872) **6**
verstanden wird, ist das im Hinblick auf das Gebot der einheitlichen Auslegung
(Art 7 Abs 1 CISG) **nicht unproblematisch.** Wollte jeder Vertragsstaat Vorschriften
des CISG selbständig „authentisch" interpretieren, dann würde die angestrebte
Einheitlichkeit alsbald wieder aufgegeben. Die **Interpretation des Art 95** CISG
durch Art 2 VertragsG ist deshalb **nur solange** für den deutschen Rechtsanwender
verbindlich, als sie der international vorherrschenden Auffassung entspricht. Bei einer
Kollision zwischen der einheitlichen Auslegung gemäß Art 7 CISG und der Inter-
pretationsregel des Art 2 VertragsG hat Art 7 CISG Vorrang (vgl dazu Art 1 Rn 110 f;
aA aber HERBER/CZERWENKA Art 2 VertragsG Rn 2).

III. Anwendungsfälle

7 Art 2 VertragsG greift nur ein, wenn einerseits nicht beide Parteien in Vertragsstaaten des CISG niedergelassen sind – dann gilt das CISG unabhängig von dem Vorbehalt des Art 95 bereits über seinen Art 1 Abs 1 lit a – und wenn andererseits das deutsche IPR zum Recht eines Vorbehaltsstaates führt (s HONSELL/SIEHR Art 2 VertragsG Rn 2 f; SCHLECHTRIEM/SCHWENZER/SCHLECHTRIEM Art 2 VertragsG Rn 2). Vorbehaltsstaaten sind gegenwärtig China, Singapur, die sklowakische und die tschechische Republik, St Vincent und die Grenadinen sowie die USA. Hier ist dann das unvereinheitlichte interne Recht dieser Staaten anzuwenden. Wegen Art 35 EGBGB ist ein Renvoi dieser Rechte nicht zu prüfen (vgl auch Art 1 CISG Rn 104 f; Art 95 Rn 4 ff).

Art 3 [Verjährung von Ansprüchen wegen Vertragswidrigkeit der Ware]

Auf die Verjährung der dem Käufer nach Artikel 45 des Übereinkommens von 1980 zustehenden Ansprüche wegen Vertragswidrigkeit der Ware ist § 438 Abs. 3 des Bürgerlichen Gesetzbuchs auch anzuwenden, wenn die Vertragswidrigkeit auf Tatsachen beruht, die der Verkäufer kannte oder über die er nicht in Unkenntnis sein konnte und die er dem Käufer nicht offenbart hat.

Bis zum 31. 12. 2001 geltende Fassung (geändert durch Art 5 Nr 30 SchModG):

> Auf die Verjährung der dem Käufer nach Artikel 45 des Übereinkommens von 1980 zustehenden Ansprüche wegen Vertragswidrigkeit der Ware sind, sofern nicht die Vertragswidrigkeit auf Tatsachen beruht, die der Verkäufer kannte oder über die er nicht in Unkenntnis sein konnte und die er dem Käufer nicht offenbart hat, die §§ 477 und 478 des Bürgerlichen Gesetzbuchs entsprechend anzuwenden mit der Maßgabe, daß die in § 477 Abs. 1 Satz 1 des Bürgerlichen Gesetzbuchs bestimmte Frist mit dem Tage beginnt, an dem der Käufer gemäß Artikel 39 des Übereinkommens die Vertragswidrigkeit dem Verkäufer anzeigt. Das Recht des Käufers, die Aufhebung des Vertrages zu erklären oder den Preis herabzusetzen, gilt im Sinne des Satzes 1 als Anspruch auf Wandelung oder Minderung.

I. Regelungsgegenstand

1 Da das CISG die Verjährung selbst nicht regelt und da die Bundesrepublik das UN-Verjährungsübereinkommen von 1974 (s unten Anh II zum CISG) nicht ratifiziert hat, ist das maßgebende Verjährungsrecht auf kollisionsrechtlichem Weg zu bestimmen. Art 3 VertragsG dient dazu, das deutsche Verjährungsrecht, wenn es kraft IPR gilt, nahtlos an das CISG anzupassen. Die Vorschrift stellt sozusagen den notwendigen ‚Steckkontakt' zwischen CISG und deutschem Verjährungsrecht her. Aus diesem Grund enthielt Art 3 VertragsG in seiner bis 2002 geltenden Fassung eine **Sonderregel für den Beginn der Verjährung der Sachmängelansprüche** des Käufers, sofern die Verjährung sich nach deutschem Recht richtete (BT-Drucks 11/3076, 7). Ferner wurde klargestellt, daß die Vertragsaufhebung und Preisherabsetzung, die nach dem CISG Gestaltungsrechte sind, dem Anspruch auf Wandlung und Minderung des deutschen Rechts gleichstanden und damit der Verjährung unterlagen. Die Neuregelung, die mit der Schuldrechtsreform zum 1.1.2002 in Kraft trat, hatte weniger Anpassungsbedarf. Daß die Gestaltungsrechte des Rücktritts und der Minderung mittelbar doch der Verjährung unterliegen, regelt das BGB jetzt selbst, indem ihre Wirksamkeit daran geknüpft wird, daß die zugrundeliegenden Leistungsansprüche nicht verjährt sind (§ 438 Abs 4 und 5 iVm § 218 BGB). Deshalb brauchte die Neufassung nur noch klarzustellen, welchem Tatbestand die in § 438 Abs 3 BGB geforderte Arglist in CISG-Fällen gleichsteht, da das CISG den Ausdruck Arglist nirgends verwendet. Allerdings läßt auch das CISG die Folgen von Rügefehlern und die Ausschlussfrist des Art 39 Abs 2 nicht eintreten, wenn die Vertragswidrigkeit auf Tatsachen beruht, die der Verkäufer „kannte oder über die er nicht in Unkenntnis sein konnte und die er dem Käufer nicht offenbart hat" (Art 40). Die Tatbestandsmerkmale „Kennen oder nicht in Unkenntnis sein können und nicht Offenbaren" werden als positive Kenntnis oder grob fahrlässige Unkenntnis verstanden (s Art 40 Rn 5). Art 3 VertragsG verweist auf diesen Wortlaut und läßt damit in CISG-Fällen die allgemeine – und nicht die kürzere kaufrechtliche (§ 438 Abs 1 Nr 3 BGB nF) – Verjährungszeit schon bei grob fahrlässiger Fehlerunkenntnis des Verkäufers und nicht erst bei Arglist eintreten. Der Unterschied zwischen Arglist und grob fahrlässiger Fehlerunkenntnis ist nicht sehr erheblich; er kann im Einzelfall aber durchaus einmal eine Rolle spielen (s näher MAGNUS RiW 2002, 580 f; ferner MünchKommBGB/ HUBER Art 3 VertragsG Rn 1).

Den **Übergang** vom alten zum neuen Verjährungsrecht regelt Art 229 § 6 EGBGB: Für am 1.1.2002 unverjährte Ansprüche gilt das neue Recht einschließlich Art 3 VertragsG nF, für vorher verjährte Ansprüche dagegen das frühere Verjährungsrecht mit Art 3 VertragsG aF (s aus der Rspr OLG Zweibrücken, IHR 2002, 67 [69]; zum bisherigen Recht auch LG Mainz IHR 2001, 203). Für Überleitungsprobleme bereits begonnener Verjährung, Hemmung, Unterbrechung s Art 229 § 6 Abs 2 ff EGBGB (s auch OLG Zweibrücken aaO [Hemmung und behauptete Arglist]).

II.   Anwendbares Verjährungsrecht

Das CISG enthält im Gegensatz zum EKG (Art 49) keine Verjährungsregeln. Für **2** die Verjährung der aus der Konvention folgenden Ansprüche gilt deshalb **grundsätzlich das vom IPR berufene Landesrecht**, nach deutschem Kollisionsrecht also das gewählte oder objektive Vertragsstatut (OLG Zweibrücken, IHR 2002, 67 [69]; zum bisherigen Recht auch LG Mainz IHR 2001, 203; BT-Drucks aaO; ACHILLES Art 3 VertragsG Rn 1; HERBER/CZERWENKA Art 3 VertragsG Rn 2, 4; HONSELL/SIEHR Art 3 VertragsG Rn 4; MünchKommBGB/HUBER Art 3 VertragsG Rn 2; SCHLECHTRIEM/SCHWENZER/SCHLECHTRIEM Art 3 VertragsG Rn 2; aA STOLL, in: FS Ferid 507; ders IPRax 1993, 75 f: Recht am Sitz des Schuldners gilt; ähnlich für das EKG: OLG Schleswig-Holstein IPRax 1993, 93; noch **anders** offenbar REINHART Art 3 VertragsG Rn 3, der hier keine Vorschaltung des IPR verlangt; vgl zum Ganzen auch Art 4 CISG Rn 38 ff). Deutsches Verjährungsrecht kommt damit nur zum Zug, wenn nach Art 27 f EGBGB deutsches Recht Vertragsstatut ist (vgl auch Art 32 Abs 1 Nr 4 EGBGB).

Ausnahmsweise kann auch das **UN-Verjährungsübereinkommen** von 1974 eingreifen, **3** das in Ägypten, Argentinien, Bosnien-Herzegowina, Burundi, Dominikanische Republik, Ghana, Guinea, Kuba, Mexiko, Moldawien, Norwegen, Paraguay, Polen, Rumänien, Rußland, Sambia, Serbien und Montenegroslowakische und tschechische Republik, Slowenien, Uganda, Ukraine, Ungarn, Uruguay und seit 1. 12. 1994 **auch in den USA** gilt (Stand 31. 10. 2004; vgl näher zum Verjährungsübereinkommen LANDFERMANN RabelsZ 39 [1975] 263 ff; MAGNUS ZEuP 1993, 90 ff; SMIT AmJCompL 23 [1975] 337 ff sowie unten Anh II). Auf der Wiener Konferenz von 1980 wurde das Verjährungsübereinkommen durch ein Protokoll dem CISG angepaßt (vgl die Kommentierung bei SCHLECHTRIEM/SCHWENZER/MÜLLER-CHEN; ferner ENDERLEIN/MASKOW/STROHBACH und LOEWE, Kaufrecht 190 ff).

4   Auch **in der ehemaligen DDR** war das **Verjährungsübereinkommen** am 1. 3. 1990 in Kraft getreten. Wie für das CISG ist seine Geltungskraft am 3. 10. 1990 im alten DDR-Gebiet erloschen (vgl dazu HERBER BB 1990 Beil 37 S 5; ders BB 1991 Beil 18 S 9; Kegel[7] § 4 II 3; MAGNUS ZEuP 1993, 92 ff; PILTZ, Internationales Kaufrecht § 2 Rn 152; SOERGEL/ LÜDERITZ Art 3 VertragsG Rn 3; **aA** – Fortgeltung – ASAM JbItalR V [1992] 68; DANNEMANN DtZ 1991, 130; ENDERLEIN/GRAEFRATH BB 1991 Beil 6 S 12 f; vHOFFMANN IPRax 1991, 1 ff; OTTO MDR 1992, 537 f; REINHART Art 3 VertragsG Rn 6; SIEHR RabelsZ 55 [1991] 250; THORN IPRax 1993, 215 f).

III.   Erfaßte Fälle

1.   Erfaßte Vertragswidrigkeiten

5   Die Altfassung des Art 3 galt **nur für** solche Vertragswidrigkeiten, die unter Art 35 CISG fielen, also für **Sachmängel, Mengen- oder Verpackungsfehler und Falschliefe- rungen.** Auf Rechtsmängel bezog sich die Vorschrift nicht, wie noch die alleinige Erwähnung des Art 39 in der Altfassung deutlich zeigte (ebenso ACHILLES Art 3 Ver- tragsG Rn 2; HERBER/CZERWENKA Art 3 VertragsG Rn 6; SCHLECHTRIEM/SCHLECHTRIEM[3] Art 3 VertragsG Rn 5; WITZ/SALGER/LORENZ Art 3 VertragsG Rn 6; auch BT-Drucks 11/3076, 6 sprach nur von „Verjährung von Sachmängelrechten"). Rechtsmängel unterstanden damit – bei Geltung deutschen Rechts – den allgemeinen Verjährungsregeln der §§ 194 ff BGB aF (grundsätzlich 30 Jahre). Die Neufassung des Art 3 bezieht sich wohl ebenfalls nur auf Sachmängel („Vertragswidrigkeit der Ware"), da der Wortlaut insoweit unverändert geblieben ist (s dazu MAGNUS RiW 2002, 581 f; ebenso MünchKommBGB/HUBER Art 3 VertragsG Rn 4; **aA** SCHLECHTRIEM/SCHWENZER/SCHLECHTRIEM Art 3 VertragsG Rn 6; SCHLECHTRIEM Rn 348). Allerdings behandelt das reformierte deutsche Verjährungs- recht Sach- und Rechtsmängel jetzt in § 438 BGB nF ganz weitgehend gleich. Bei Geltung deutschen Rechts verjähren deshalb kaufrechtliche Rechtsmängel – wie Sachmängel – generell in zwei Jahren (§ 438 Abs 1 Nr 3 BGB nF). Bei Arglist gilt auch bei Rechtsmängeln die allgemeine – dreijährige – Frist (§ 438 Abs 3 BGB nF). Hinsichtlich der Arglist bleibt es bei CISG-Fällen aber bei der Regelung in Art 43 Abs 2 CISG, der für eine schärfere Haftung des Verkäufers nur dessen positive Kenntnis des Rechtsmangels genügen läßt. Da Art 3 VertragsG nicht für Rechts- mängel gilt, ist dessen Regelung deshalb dahin zu verstehen, daß bei Rechtsmängeln Arglist in der Form nicht sicherer Kenntnis, aber billigender Inkaufnahme für die längere Regelverjährungsfrist nicht genügt (s MAGNUS RiW 2002, 581 f; **aA** offenbar SCHLECHTRIEM/SCHWENZER/SCHLECHTRIEM Art 3 VertragsG Rn 6; wohl auch MünchKommBGB/ HUBER Art 3 VertragsG Rn 5).

2. Erfaßte Ansprüche

Für die Altfassung des Art 3 VertragsG war bedeutsam, welche Ansprüche die **6**
Vorschrift erfasste, da sie den Verjährungsbeginn abweichend vom sonst anwendbaren allgemeinen Verjährungsrecht regelte. Sie galt nur für **Ansprüche auf Ersatzlieferung oder Nachbesserung** (Art 46 Abs 2 u 3 CISG) und auf **Schadensersatz**
(Art 45 Abs 1 lit b CISG); ferner ebenso für die **Vertragsaufhebung** (Art 49 CISG)
und die **Preisherabsetzung** (Art 50 CISG), die nach der Konvention Gestaltungsrechte sind und damit nach der damaligen Regelung des BGB (§ 194) an sich nicht
verjährten, von Art 3 Satz 2 VertragsG aber dem Anspruch auf Wandlung und
Minderung ausdrücklich gleichgestellt wurden (BT-Drucks 11/3076, 7; ACHILLES Art 3
VertragsG Rn 2; HERBER/CZERWENKA Art 3 VertragsG Rn 8; SCHLECHTRIEM/SCHLECHTRIEM[3]
Art 3 VertragsG Rn 4; WITZ/SALGER/LORENZ Art 3 VertragsG Rn 5). Dagegen galt die Son-
derregel des Art 3 **nicht für den originären Erfüllungsanspruch** und die Rechte aus
Nichterfüllung und Verzug (ACHILLES Art 3 VertragsG Rn 2; HERBER/CZERWENKA Art 3
VertragsG Rn 9; SCHLECHTRIEM/SCHLECHTRIEM[3] Art 3 VertragsG Rn 5; WITZ/SALGER/LORENZ
Art 3 VertragsG Rn 7) und ebensowenig für solche Ansprüche, die zusätzlich aus der
Aufhebung oder Preisherabsetzung folgten wie etwa die Pflicht zur Rückgabe des
Geleisteten (Art 81 Abs 2 CISG) und zuviel Gezahlten (HERBER/CZERWENKA Art 3
VertragsG Rn 9). Für diese Ansprüche verblieb es bei den unveränderten Verjäh-
rungsregeln des deutschen Rechts, soweit dieses anwendbar war. Das gilt auch
weiterhin, soweit das bisherige Verjährungrecht auf Grund der Übergangsregel in
Art 229 § 6 EGBGB noch weiter anzuwenden ist.

Da die Neuregelung den Verjährungsbeginn nunmehr unberührt läßt, spielt es keine **7**
Rolle mehr, für welche Ansprüche Art 3 VertragsG nF gilt. Der Verjährungsbeginn
richtet sich bei deutschem Verjährungsstatut jetzt allein nach den §§ 199 ff BGB,
sofern nicht nach der Übergangsregelung noch früheres Recht anzuwenden ist (aus
der Rspr s OLG Zweibrücken, IHR 2002, 67 [69]; s zur Altregelung Rn 8 ff).

IV. Altregelung: Beginn der Verjährungsfrist

Die wesentliche Bedeutung des Art 3 VertragsG aF bestand darin, den Verjährungs- **8**
beginn abzuändern, den das BGB für Sachmängelansprüche bis zum 31. 1. 2001
vorsah. Die **Verjährung begann** nicht mit der Ablieferung der Ware, wie § 477
Abs 1 Satz 1 BGB aF anordnete, sondern **mit dem Tag der Anzeige der Vertragswid-
rigkeit** (OLG Zweibrücken, IHR 2002, 67 [69]; LG Mainz IHR 2001, 203). Die Absendung der
Mängelrüge – nicht erst ihr Zugang – setzte den Fristlauf in Gang (ACHILLES Art 3
VertragsG Rn 3; HERBER/CZERWENKA Art 3 VertragsG Rn 10; SCHLECHTRIEM/SCHLECHTRIEM[3]
Art 3 VertragsG Rn 6; WITZ/SALGER/LORENZ Art 3 VertragsG Rn 8).

Dabei setzte die Vorschrift allerdings unausgesprochen voraus, daß die **Rügemodali- 9
täten des CISG beachtet** waren. Der Käufer mußte seiner Rügeobliegenheit ordnungsgemäß nachgekommen sein (Art 38, 39 CISG). Hatte er seine Rechte schon
durch Rügeversäumung oder durch Ablauf der Zweijahresfrist des Art 39 Abs 2
verloren, dann erübrigte sich die Verjährungsprüfung (ACHILLES Art 3 VertragsG Rn 3;
HERBER/CZERWENKA Art 3 VertragsG Rn 11). Hatte der Käufer für eine verspätete oder
unterlassene Rüge eine vernünftige Entschuldigung und war die Frist des Art 39
Abs 2 noch nicht überschritten, dann setzte die in angemessener Frist nachgeholte

Ulrich Magnus

Rüge die Verjährungsfrist des § 477 BGB für die verbliebenen Ansprüche in Gang (BT-Drucks 11/3076, 7; SCHLECHTRIEM/SCHLECHTRIEM[3] Art 3 VertragsG Rn 8).

10 Für die **Fälle des Art 40 CISG** – der Käufer kennt die Vertragswidrigkeit oder kennt sie grob fahrlässig nicht; eine Rüge ist dann zur Rechtswahrung nicht erforderlich – galt Art 3 VertragsG aF nicht. Vielmehr war hier, wie im deutschen Recht nur bei arglistig verschwiegenen Fehlern vorgesehen, das allgemeine Verjährungsrecht (§ 195 BGB aF) anzuwenden (s OLG Zweibrücken IHR 2002, 67 [69 f]; BT-Drucks 11/3076, 7; HERBER/CZERWENKA Art 3 VertragsG Rn 12; HONSELL/SIEHR Art 3 VertragsG Rn 5; SCHLECHTRIEM/SCHLECHTRIEM[3] Art 3 VertragsG Rn 9).

V. Wirkungen

11 Ist deutsches Recht auf die Verjährung anzuwenden, dann gelten die Fristen der §§ 438 Abs 1 bzw 479 BGB nF. Auch die Hemmung und Unterbrechung der Verjährung ist nach BGB (§§ 203 ff nF) zu beurteilen (SCHLECHTRIEM/SCHWENZER/SCHLECHTRIEM Art 3 VertragsG Rn 9). Ebenso sind § 438 Abs 4 S 2, Abs 5 BGB nF anzuwenden. Sie entsprechen in der Funktion der früher in § 478 BGB aF geregelten Mängeleinrede bei verjährten Mängelansprüchen. Danach kann der Käufer auch nach Eintritt der Verjährung die Zahlung des – noch nicht geleisteten – Kaufpreises in dem Umfang verweigern, in dem er zur Vertragsaufhebung oder Minderung berechtigt wäre. Eine Mängelanzeige ist zwar – anders als nach altem Recht (§ 478 BGB aF) – nicht mehr erforderlich (s STAUDINGER/MATUSCHE-BECKMANN [2004] § 438 Rn 122). Das bedeutet aber nicht, daß sich die – nach dem CISG zu beurteilende – Mängelrüge erübrigt (s auch STAUDINGER/MATUSCHE-BECKMANN [2004] aaO). Nur der Käufer, der rechtzeitig gerügt hatte, kann also auch noch trotz Verjährung seiner Mängelansprüche den Kaufpreis ganz oder teilweise zurückhalten. Macht er von diesem Recht Gebrauch, dann räumt § 438 Abs 4 S 3 BGB nF dem Verkäufer das Recht ein, seinerseits vom Vertrag zurücktreten. Ob auch diese Regelung noch als Bestandteil des Verjährungsrechts zu betrachten und neben dem Aufhebungsrecht des CISG (Art 64) anzuwenden ist, erscheint zweifelhaft (so dazu SCHLECHTRIEM/SCHWENZER/SCHLECHTRIEM Art 3 VertragsG Rn 8). Im Ergebnis muß der Verkäufer freilich ein Aufhebungsrecht haben, wenn der Käufer die Ware erlangt hat, den Preis aber insgesamt nicht bezahlt, gleichgültig, ob die Mängelansprüche des Käufers verjährt waren oder nicht (so auch SCHLECHTRIEM/SCHWENZER/SCHLECHTRIEM aaO). Ist der Käufer nur zur Minderung berechtigt, dann kann er den noch nicht bezahlten Kaufpreis im Umfang der berechtigten Minderung zurückbehalten. Der Verkäufer muß sich mit der Durchführung des Vertrages auf abgesenktem Niveau abfinden.

12 Ist deutsches Recht als Verjährungsrecht anzuwenden, dann sind auch die Sonderregeln in § 479 Abs 2 und 3 BGB nF zu beachten, die die **Verjährung in der Regresskette** hemmen und für die Regressansprüche zu einer Fristverlängerung bis zu fünf Jahren führen können (ebenso SCHLECHTRIEM/SCHWENZER/SCHLECHTRIEM Art 3 VertragsG Rn 5, näher s MAGNUS RiW 2002, 583). Die Verjährung in der Regresskette setzt danach erst zwei Monate nach Erfüllung der – berechtigten – Abnehmeransprüche ein. Von der Obliegenheit, Mängel innerhalb der zweijährigen Ausschlussfrist des Art 39 Abs 2 CISG zu rügen, ist der Käufer allerdings nicht dispensiert. Ist die Zweijahresfrist ohne Rüge abgelaufen, dann sind auch alle Regressrechte ausgeschlossen, sofern nicht ein Fall des Art 40 CISG vorlag.

VI. Beweislast

Die Partei, die sich zu ihren Gunsten auf eine längere als die allgemeine Verjäh-   **13**
rungsfrist beruft, hat deren tatsächliche Voraussetzungen nachzuweisen. Den Nachweis, daß der Verkäufer die Mängel der Ware gekannt habe oder über sie nicht in
Unkenntnis sein konnte, hat deshalb grundsätzlich der Käufer zu führen (OLG
Zweibrücken, IHR 2002, 67 [69 f]; vgl auch BGH IHR 2004, 201 [202] zu Art 40). Im Einzelfall
kann ihm der Nachweis wegen unzumutbarer Beweisschwierigkeiten oder aus
Gründen der größeren Beweisnähe der anderen Partei indessen zu erleichtern sein
(vgl BGH aaO).

Zweiter Teil
Änderung des Gesetzes zu dem Übereinkommen vom 19. Mai 1956 über den Beförderungsvertrag im internationalen Straßengüterverkehr (CMR)

Art 4 *(hier nicht abgedruckt)*

Die Vorschrift behandelt die Zuständigkeit bei Klagen nach der CMR und ist hier   **1**
ohne Belang (ausführlich zu ihr BT-Drucks 11/3076 S 7 f).

Dritter Teil

Schlußbestimmungen

Art 5 [Aufhebung von EAG und EKG]

**(1) Das einheitliche Gesetz über den internationalen Kauf beweglicher Sachen vom
17. Juli 1973 (BGBl. I S. 856) und das Einheitliche Gesetz über den Abschluß von
internationalen Kaufverträgen über bewegliche Sachen vom 17. Juli 1973 (BGBl. I
S. 868) werden aufgehoben.**

**(2) Für Verträge, die Gegenstand des Einheitlichen Gesetzes über den internatio-
nalen Kauf beweglicher Sachen sind, bleibt dieses Einheitliche Gesetz maßgebend,
sofern der Vertrag vor dem Tage geschlossen wird, an dem das Übereinkommen von
1980 für die Bundesrepublik Deutschland in Kraft tritt. Für den Abschluß solcher
Verträge bleibt das Einheitliche Gesetz über den Abschluß von internationalen
Kaufverträgen über bewegliche Sachen maßgebend, sofern das Angebot zum Abschluß des Vertrages vor dem Tage gemacht wird, an dem das Übereinkommen von
1980 für die Bundesrepublik Deutschland in Kraft tritt.**

I. Abs 1

1 Art 5 Abs 1 VertragsG ordnet die **Aufhebung der Haager Einheitlichen Kaufgesetze**
– EKG und EAG – an, die am 1.1.1991 außer Kraft getreten sind. Der nahtlose
Übergang vom Haager zum Wiener Kaufrecht wurde durch Art 99 CISG und Art 7
VertragsG gesichert. Eine ausdrückliche Aufhebung des Haager Kaufrechts war
notwendig, weil EKG und EAG als innerstaatliche Gesetze erlassen worden waren,
deren Geltung durch die Kündigung der – staatsvertraglichen – Einführungskonventionen nicht berührt worden wäre.

II. Abs 2

2 Art 5 Abs 2 VertragsG regelt den zeitlichen Übergang, wie ihn Art 100 CISG für
das Inkrafttreten des CISG vorgibt. Soweit es um die Rechtsfolgen aus Verträgen
geht, gilt für sie das Haager Recht, wenn der Vertrag vor dem 1.1.1991 abgeschlossen wurde – und die sonstigen Anwendungsvoraussetzungen vorliegen. Soweit
es um die Frage geht, ob ein Vertrag zustande gekommen ist, bleibt das Haager
Recht maßgebend, wenn das Vertragsangebot vor dem 1.1.1991 abgegeben wurde.

Art 6 [Berlinklausel]

**Dieses Gesetz gilt auch im Land Berlin, sofern das Land Berlin die Anwendung
dieses Gesetzes feststellt.**

1 Die Berlinklausel ist durch die deutsche Einigung obsolet geworden. Allerdings
hatte das Berliner Abgeordnetenhaus das VertragsG noch übernommen (Gesetz
vom 14.9. 1989, GVBl 1989, 1699).

Art 7 [Inkrafttreten des Gesetzes]

**(1) Mit Ausnahme der Artikel 2, 3 und 5 tritt dieses Gesetz am Tage nach seiner
Verkündung in Kraft. Die Artikel 2, 3 und 5 treten an dem Tage in Kraft, an dem
das Übereinkommen von 1980 für die Bundesrepublik Deutschland in Kraft tritt.**

**(2) Der Tag, an dem das Übereinkommen von 1980 nach seinem Artikel 99 für die
Bundesrepublik Deutschland in Kraft tritt, ist im Bundesgesetzblatt bekanntzuge-
ben.**

1 Das VertragsG trat am 14.7. 1989 in Kraft (BGBl 1989 II 586), allerdings mit Ausnahme seiner Art 2, 3 und 5, deren Wirkung an das Inkrafttreten des CISG gekoppelt wurde. Die Kaufrechtskonvention selbst trat am 1.1. 1991 in der Bundesrepublik einschl der neuen Bundesländer in Kraft (Bekanntmachung vom 23.10.1990,
BGBl 1990 II 1477).

Übereinkommen über die Verjährung beim internationalen Warenkauf

Systematische Übersicht

Schrifttum

BOELE-WOELKI, The limitation of rights and actions in the international sale of goods, Unif L Rev 1999, 621

ENDERLEIN/MASKOW/STROHBACH, Internationales Kaufrecht. Kaufrechtskonvention, Verjährungskonvention, Vertretungskonvention (1991) 303 ff [Kommentierung des Verjährungsübk]

HILL, A Comparative Study of the United Nations Convention on the Limitation Period in the International Sale of Goods and Section 2–725 of the Uniform Commercial Code, TexIntLJ 25 (1990) 22

HONNOLD, Uniform Statute of Limitations for International Sales Claims, Rev Int BusL 3 (1989) 227

KRAPP, Die Verjährung von Käuferansprüchen bei vertragswidrigen Leistungen: Analyse der kurzen Frist des § 477 BGB und Änderungsvorschläge unter Mitberücksichtigung des schweizerischen und französischen Rechts sowie des Einheitlichen Kaufgesetzes und der UN-Abkommen (1983)

dies, Die Abkommen der Vereinten Nationen über den Kauf und die Verjährung beim internationalen Warenkauf, ZschwR 103 (1984) I 289

dies, The Limitation Convention for International Sale of Goods, J of World Trade Law 19 (1985) 343

LANDFERMANN, Das Uncitral-Übereinkommen über die Verjährung beim internationalen Warenkauf, RabelsZ 39 (1975) 253

SMIT, The Convention on the Limitation Period in the International Sale of Goods: UNCITRAL's First-Born, AmJCompL 23 (1975) 377

SONO, Unification of Limitation Period in the International Sale of Goods, LaLRev 35 (1975) 1127

WINSHIP, The Convention on the Limitation Period in the International Sale of Goods: The United States Adopts UNCITRAL's Firstborn, Int Lawyer 28 (1994) 1071.

WILL, „Meine Großmutter in der Schweiz ...“: Zum Konflikt von Verjährung und Rügefrist nach UN-Kaufrecht, in: FS W Lorenz (2001) 623.

I. Einführung

1. Überblick

Das UN-Kaufrecht regelt nicht, wann nach ihm begründete Ansprüche verjähren. **1**

Lediglich für Mängelansprüche des Käufers sieht die Konvention in Art 39 Abs 2 eine zweijährige Ausschlußfrist vor, binnen deren Mängel gerügt sein müssen. Die Verjährungsfrage muß deshalb außerhalb des CISG beantwortet werden. Um hierfür eine einheitliche Regelung zu ermöglichen, ist 1974 das UN-Übereinkommen über die Verjährung beim internationalen Warenkauf geschaffen worden.

2 Allerdings setzt das VerjährungsÜbk nicht etwa voraus, daß der Vertragsanspruch, dessen Verjährung in Rede steht, dem CISG unterliegt. Das VerjährungsÜbk hat zwar im wesentlichen den identischen Anwendungsbereich wie das CISG, ist aber in seiner Anwendung unabhängig davon, ob auch das CISG den zu beurteilenden Vertrag erfaßt.

3 Das VerjährungsÜbk erwies sich zunächst als wenig erfolgreich, da es ohne die Vereinheitlichung des materiellen Kauf- und Kaufabschlußrechts, die erst 1980 im CISG erfolgte, eine zu partielle Regelung darstellte, die in der Luft hing. Zahlreiche Staaten, die das CISG übernahmen, entschlossen sich dann aber auch dazu, zugleich das VerjährungsÜbk zu ratifizieren und damit die Gesamtregelung in Kraft zu setzen, die die UN für den internationalen Warenkauf geschaffen haben.

4 Die **Bundesrepublik** hat das VerjährungsÜbk **bisher nicht ratifiziert**. Dennoch kann das Übk bei Importgeschäften auch in Deutschland anzuwenden sein (vgl unten Rn 13). Soweit anwendbar, geht es als Einheitsrecht dem sonst anwendbaren Landesrecht und auch der Verjährungsregelung in Art 3 VertragsG (oben Anhang I) vor.

5 In der ehemaligen DDR war das VerjährungsÜbk noch am 1. 3. 1990 in Kraft gesetzt worden. Nach ganz überwiegender Ansicht ist es aber mit dem 3. 10. 1990 wieder außer Kraft getreten (vgl dazu Einl 15 ff zum CISG).

6 Wichtigster Vertragsstaat des VerjährungsÜbk sind die USA. In der EU haben es nur vier der neuen Mitgliedstaaten, nämlich Polen, Ungarn sowie die tschechische und die slowakische Republik, übernommen; doch gilt es in Europa auch in Bosnien und Herzegowina, Moldavien, Norwegen, Rumänien, Serbien und Montenegro, Slowenien, der Ukraine und Weißrußland (vgl den Ratifikationsstand unten II).

2. Entstehungsgeschichte

7 Das VerjährungsÜbk war das erste Vereinheitlichungsvorhaben des 1966 gegründeten Handelsrechtsausschusses der Vereinten Nationen (United Nations Commission on International Trade Law – UNCITRAL). Bereits auf der ersten Arbeitssitzung von UNCITRAL im Jahr 1968 tauchte die Überlegung auf, das Verjährungsrecht für internationale Warenkäufe zu vereinheitlichen. Mit dem Haager Einheitskaufrecht von 1964, an dessen Ausarbeitung auch einige der UNCITRAL-Mitgliedstaaten beteiligt gewesen waren, hatte man das materielle Kaufrecht ja gerade vereinheitlicht. Der Erfolg oder Mißerfolg des Haager Rechts war zu dieser Zeit noch nicht ganz absehbar.

8 Auf der folgenden Sitzung im Jahr 1969 setzte UNCITRAL eine entsprechende Arbeitsgruppe unter dem Vorsitz des Norwegers ROGNLIEN ein. 1972 konnte diese Gruppe einen Entwurf vorlegen, der die Grundlage der Beratungen der Diplomati-

schen Konferenz in New York im Jahr 1974 bildete. Auf dieser Konferenz wurde das VerjährungsÜbk am 14. 6. 1974 beschlossen.

Die Schaffung des CISG als eigentliche Basiskonvention machte 1980 eine Anpas- **9** sung des VerjährungsÜbk erforderlich, insbesondere um möglichste Deckungs- gleichheit des Anwendungsbereichs der beiden Konventionen herzustellen.

Hierzu wurde auf der Wiener Kaufrechtskonferenz ein Protokoll verabschiedet, das **10** diese Anpassung enthält (abgedruckt in: Official Records of the United Nations Conference on Contract for the International Sale of Goods [1981] 191 f; die deutsche Übersetzung des Änderungs- protokolls ist in die unten abgedruckte Fassung des VerjährungsÜbk eingearbeitet und die ursprüng- liche Fassung jeweils dazugesetzt; im Zusammenhang ist die deutsche Übersetzung des Änderungs- protokolls etwa abgedruckt bei HERBER/CZERWENKA). Nicht alle Staaten, die das VerjährungsÜbk in seiner ursprünglichen Fassung ratifiziert haben, haben aber auch das Änderungsprotokoll übernommen (vgl die Angaben beim Ratifikationsstand des Verjäh- rungsÜbk). Für den Anwendungsbereich spielt das eine gewisse Rolle (vgl unten Rn 13).

Erst 1988 trat das VerjährungsÜbk – ebenso wie das CISG – international in Kraft, **11** nachdem die notwendige Zahl von zehn Ratifikationen erreicht war (Art 44 Ver- jährungsÜbk). Derzeit (31. 10. 2004) haben 25 Staaten das VerjährungsÜbk und 18 von ihnen auch das Änderungsprotokoll ratifiziert. Von den 25 Vertragsstaaten des VerjährungsÜbk sind lediglich drei (die Dominikanische Republik, Ghana und Paraguay) nicht zugleich CISG-Vertragsstaaten.

3. Wesentlicher Inhalt

a) Anwendungsbereich
Der räumliche Anwendungsbereich des ursprünglichen VerjährungsÜbk ist nur **12** eröffnet, wenn „die Parteien des internationalen Kaufvertrags über Waren zur Zeit des Vertragsschlusses ihre Niederlassungen in Vertragsstaaten haben" (Art 3 Abs 1). In dieser Variante spielt es für die Bundesrepublik keine Rolle, da Deutsch- land nicht Vertragsstaat ist.

Doch kommt das VerjährungsÜbk in den Staaten, die das Änderungsprotokoll **13** ratifiziert haben, zusätzlich auch dann zum Zug, wenn „nach den Regeln des Internationalen Privatrechts das Recht eines Vertragsstaates anzuwenden ist" (Art 3 Abs 1 lit b VerjährungsÜbk idF des Änderungsprotokolls). Diese Formulie- rung entspricht Art 1 Abs 1 lit b CISG und ist ebenso auszulegen (ebenso SCHLECHT- RIEM/SCHWENZER/MÜLLER-CHEN Art 3 VerjÜbk Rn 2). Sie bedeutet, daß vor deutschen Gerichten das anwendbare Vertragsrecht gemäß Art 27, 28 EGBGB zu bestimmen ist – sog Vorschaltlösung, bei der der Anwendung des Einheitsrechts das Kollisions- recht vorgeschaltet wird (vgl Art 1 CISG Rn 93 ff). Die Wahl des Rechts eines Ver- tragsstaates des VerjährungsÜbk hat dann die Anwendbarkeit des VerjährungsÜbk zur Folge (MAGNUS ZEuP 1993, 91; PILTZ, Internationales Kaufrecht § 2 Rn 153 f; vgl zur parallelen Problematik auch Art 1 CISG Rn 101 ff). Mangels Rechtswahl ist nach Art 28 Abs 2 EGBGB das Recht anzuwenden, das am Sitz des Verkäufers als des charak- teristisch Leistenden gilt. Bei Importgeschäften aus Vertragsstaaten des Änderungs- protokolls, zB aus Polen oder Ungarn, gilt dann das VerjährungsÜbk, das damit auch gegenüber deutschen Käufern anzuwenden ist.

14 Allerdings erlaubt Art XII des Änderungsprotokolls einen Vorbehalt gegenüber der Vorschaltlösung. Für Staaten, die den Vorbehalt eingelegt haben, verbleibt es bei der Voraussetzung, daß beide Kaufvertragsparteien in verschiedenen Vertragsstaaten des VerjährungsÜbk niedergelassen sein müssen, wenn das Übk gelten soll (der Vorbehalt entspricht jenem des Art 95 CISG; vgl MAGNUS ZEuP 1995, 214 f; zum Vorbehalt des Art 95 CISG vgl die Erl zu Art 1 CISG Rn 108 ff). Von dieser Vorbehaltsmöglichkeit haben die USA, die slowakische und die tschechische Republik Gebrauch gemacht.

15 Wie das CISG (Art 6 CISG) können die Parteien auch das VerjährungsÜbk ausschließen (Art 3 Abs 2 VerjährungsÜbk). Anders als nach Art 6 CISG kann der Ausschluß aber nicht stillschweigend, sondern nur ausdrücklich („expressly") erfolgen (ENDERLEIN/MASKOW/STROHBACH Art 3 VerjährungsÜbk Bem 6; LANDFERMANN RabelsZ 39 [1975] 264 f; SMIT AmJCompL 23 [1975] 341; SCHLECHTRIEM/SCHWENZER/MÜLLER-CHEN Art 3 VerjÜbk Rn 4; WINSHIP Int Lawyer 28 [1994] 1078). Die ausdrückliche – mündliche oder schriftliche – Wahl des Rechts eines Nichtvertragsstaates wird als ausdrücklicher Ausschluß anzuerkennen sein (vgl hierzu LANDFERMANN aaO, der darauf hinweist, daß auf der Diplomatischen Konferenz von 1974 ein entsprechender Antrag abgelehnt, diese Frage damit aber offen gelassen wurde).

16 Die Parteien können ferner einzelne Bestimmungen des VerjährungsÜbk abändern oder ausschließen; allerdings können sie nicht die Dauer der Verjährungsfrist verkürzen, die das Übk vorschreibt (Art 22 Abs 1 VerjährungsÜbk).

17 In **sachlicher** und **persönlicher** Hinsicht entspricht der **Anwendungsbereich** des VerjährungsÜbk idF des Änderungsprotokolls fast vollständig jenem des CISG (vgl Art 2, 4–6 VerjährungsÜbk). Insoweit kann auf die Erläuterungen zur jeweils parallelen CISG-Vorschrift verwiesen werden.

18 Zum **zeitlichen Anwendungsbereich** vgl Art 33 sowie die Übersicht über den Ratifikationsstand (unten II.).

b) Regelung der Verjährung

19 Das VerjährungsÜbk erfaßt im Grundsatz **alle Vertragsansprüche**, die zwischen Parteien eines internationalen Warenkaufvertrages bestehen können, und schließt sowohl die primären Leistungsansprüche wie auch die sekundären Ansprüche aus der Verletzung eines solchen Vertrages ein, ferner die Rückabwicklungsansprüche wegen Aufhebung oder Unwirksamkeit des Vertrags (Art 1 Abs 1 VerjährungsÜbk). Der Sache nach sind jedenfalls alle Ansprüche gemeint, die sich bei Anwendung des CISG ergeben können. Die Ansprüche müssen allerdings zwischen dem Käufer und Verkäufer bestehen; Ansprüche gegen Dritte fallen nicht unter das VerjährungsÜbk (SCHLECHTRIEM/SCHWENZER/MÜLLER-CHEN Art 1 VerjÜbk Rn 4).

20 Zu beachten ist allerdings Art 5 lit a VerjährungsÜbk, der – ebenso wie Art 5 CISG – vertragliche Ansprüche auf Schadensersatz für **Personenschäden** ausnimmt (vgl dazu ENDERLEIN/MASKOW/STROHBACH Art 1 Bem 4, Art 5 Bem 1, 2; LANDFERMANN RabelsZ 39 [1975] 259). Nach seinem Wortlaut kommt es für Art 5 lit a VerjährungsÜbk nicht darauf an, ob der Personenschaden durch die verkaufte Ware verursacht wurde. Im Interesse der Abstimmung und Parallelität zwischen CISG und VerjährungsÜbk sollte die Vorschrift jedoch im gleichen Sinn wie Art 5 CISG verstanden werden, der ausdrücklich auf die Verursachung durch die Ware abstellt (zur Auslegung der Vorschrift vgl die Erl zu Art 5 CISG).

Anders als das CISG, das sich auf die Regelung wirksam abgeschlossener Kauf- **21** verträge beschränkt, schließt das VerjährungsÜbk auch **Rückgewähransprüche aus unwirksamen Verträgen** ein (dazu LANDFERMANN RabelsZ 39 [1975] 259). Ansprüche, die etwa nach dem anwendbaren nationalen Bereicherungsrecht zu beurteilen sind, verjähren deshalb in der Frist des Übk.

Deliktsansprüche oder sonstige außervertragliche Ansprüche, auch soweit sie mit **22** Vertragsansprüchen konkurrieren, sind dagegen nicht erfaßt (ENDERLEIN/MASKOW/ STROHBACH Art 1 VerjährungsÜbk Bem 4; LANDFERMANN RabelsZ 39 [1975] 259; SCHLECHTRIEM/ SCHWENZER/MÜLLER-CHEN Art 1 VerjÜbk Rn 5).

Das VerjährungsÜbk kennt für alle erfaßten Ansprüche nur eine einheitliche Ver- **23** jährungsfrist: sie beträgt vier Jahre (Art 8 VerjährungsÜbk). Diese Frist unterscheidet sich deutlich von den Regelfristen, die jetzt mit zwei bzw drei Jahren im deutschen Recht gelten (§ 438 Abs 1 Nr 3 und § 195 BGB nF). Zwar entsprach die Vierjahresfrist jener des früheren deutschen Rechts für Zahlungsansprüche (§ 196 Abs 1 Nr 1, Abs 2 BGB aF). Sie unterschied sich aber auch schon vor der Schuldrechtsreform markant von der 6-Monatsfrist für Sachmängelansprüche (§§ 477, 638 BGB aF) und von der 30-Jahresfrist für Ansprüche bei Rechtsmängeln oder anderen nicht auf Sachmängel bezogenen Rechtsverletzungen (§ 195 BGB aF).

Die Verjährungsfrist der Verjährungskonvention ist eine **zwingende Mindestfrist**. Sie **24** kann nicht verkürzt werden (Art 22 Abs 1 VerjährungsÜbk). Eine Verlängerung ist dagegen während des Fristlaufs in schriftlicher Form möglich (Art 22 Abs 2 VerjährungsÜbk). Zulässig ist auch die vertragliche Abrede, daß ein Schiedsverfahren in einer kürzeren als der Vierjahresfrist eingeleitet werden muß (Art 22 Abs 3 VerjährungsÜbk).

Die **Verjährungsfrist beginnt** grundsätzlich **mit der Fälligkeit** des jeweiligen Anspruchs **25** zu laufen (Art 9 VerjährungsÜbk). Die Fälligkeit richtet sich nach den Parteivereinbarungen oder, bei Geltung des CISG, ergänzend nach dessen Regeln, sonst nach den Bestimmungen des vom IPR berufenen Rechts (SCHLECHTRIEM/SCHWENZER/MÜLLER-CHEN Art 9 VerjÜbk Rn 1). Für die Fälligkeit in bestimmten Fällen legt das VerjährungsÜbk jedoch selbst Regeln fest: So berührt es die Fälligkeit in der Regel nicht, wenn das anwendbare Recht für ihren Eintritt eine Mitteilung fordert (Art 9 Abs 2 lit a; s aber auch noch Art 11 und 12 VerjährungsÜbk) oder wenn eine Schiedsvereinbarung die Fälligkeit bis zum Ergehen eines Schiedsspruchs aufschiebt (s Art 9 Abs 2 lit b VerjährungsÜbk für diese sog Scott-Avery-Klausel). Im übrigen sind Ansprüche, die aus Vertragsverletzungen folgen, nach Art 10 Abs 1 VerjährungsÜbk mit dem Tag fällig, an dem die Vertragsverletzung begangen wurde. Für den Fall, daß die Vertragsverletzung in der Lieferung vertragswidriger Ware besteht, läßt Art 10 Abs 2 VerjährungsÜbk die Frist jedoch mit dem Tag der tatsächlichen Warenübergabe bzw der Abnahmeverweigerung beginnen (eingehend hierzu LANDFERMANN RabelsZ 39 [1975] 266 ff; ferner SCHLECHTRIEM/SCHWENZER/MÜLLER-CHEN Art 10 VerjÜbk Rn 2 ff). Ob sich diese Regel nur auf Sachmängel (so LANDFERMANN aaO) oder auch auf Rechtsmängel bezieht (so ENDERLEIN/MASKOW/STROHBACH Art 10 VerjährungsÜbk Bem 3; wohl auch SMIT AmJCompL

23 [1975] 341), ist umstritten, aber wohl im letzteren Sinn zu bejahen, da damit nur der allgemeine Grundsatz des Art 10 Abs 1 auch für Rechtsmängel konkretisiert wird (ebenso SCHLECHTRIEM/SCHWENZER/MÜLLER-CHEN Art 10 VerjÜbk Rn 4).

26 Die **Unterbrechung und Hemmung** der Verjährung ist in den Art 13–21 näher geregelt. Klageverfahren lassen die Verjährung nicht weiterlaufen (Art 13 ff); ein Anerkenntnis läßt sie neu beginnen (Art 20). Art 30 legt dabei fest, daß verjährungsunterbrechende Handlungen oder Umstände (etwa Klageerhebung) in einem Vertragsstaat grundsätzlich auch in den anderen Vertragsstaaten wirksam sind.

27 Die Wirkungen des Fristablaufs folgen aus Art 24–27; die Fristberechnung ergibt sich aus Art 28 und 29.

4. Auslegung

28 In Art 7 enthält das VerjährungsÜbk eine Vorschrift, die dann auch wörtlich als Art 7 Abs 1 in das CISG übernommen wurde. Die Auslegung hat danach dem Ziel zu dienen, eine einheitliche Anwendung des Übk zu sichern. Für die methodischen Überlegungen zur Auslegung kann deshalb auf die Erläuterungen zu Art 7 CISG verwiesen werden.

29 Wie für das CISG ist auch darauf zu achten, daß der deutsche Text keine authentische Fassung, sondern die – freilich abgestimmte – amtliche Übersetzung darstellt, die 1975 von der Bundesrepublik, der DDR und Österreich erarbeitet wurde. Die authentischen Textfassungen sind die chinesische, englische, französische, russische und spanische Fassung (Art 46 VerjährungsÜbk); eine authentische arabische Fassung wurde nachträglich erstellt. Für die Auslegung des VerjährungsÜbk sind deshalb wie für das CISG im Zweifel allein die authentischen Fassungen maßgebend.

30 **II. Ratifikationsstand des Übereinkommens über die Verjährung beim internationalen Warenkauf**

Staat	Unterzeich-nung	Ratifikation/ Annahme/ Genehmigung/ Beitritt	Inkraft-treten	Änderungs-protokoll Inkrafttreten
Ägypten		6. 12. 1982	1. 8. 1988	1. 8. 1988
Argentinien		9. 10. 1981	1. 8. 1988	1. 8. 1988
Bosnien-Herzego-wina		12. 1. 1994	6. 3. 1992	
Brasilien	14. 6. 1974			
Bulgarien	24. 2. 1975			
Burundi		4. 9. 88	1. 4. 2000	
Costa Rica	30. 8. 1974			
Dominikanische Republik		23. 12. 1977	1. 8. 1988	
Ghana	5. 12. 1974	7. 10. 1975	1. 8. 1988	
Guinea		23. 1. 1991	1. 8. 1991	1. 8. 1991

Staat	Unterzeich-nung	Ratifikation/ Annahme/ Genehmigung/ Beitritt	Inkraft-treten	Änderungs-protokoll Inkrafttreten
Jugoslawien		27.11.1978	1.8.1988	
Kuba		2.11.1994	1.6.1995	1.6.1995
Mexiko		21.1.1988	1.8.1988	1.8.1988
Moldawien		28.8.1997	1.3.1998	1.3.1998
Mongolei	14.6.1974			
Nicaragua	13.5.1975			
Norwegen	11.12.1975	20.3.1980	1.8.1988	
Paraguay		18.8.2003	1.3.2004	1.3.2004
Polen	14.6.1974	19.5.1995	1.12.1995	1.12.1995
Rumänien		23.4.1992	1.11.1992	1.11.1992
Russische Föderation	14.6.1974			
Sambia		6.6.1986	1.8.1988	1.8.1988
Slowakische Republik		28.5.1993	1.1.1993	1.1.1993 (Art XII Prot)
Slowenien		2.8.1995	1.3.1996	1.3.1996
Tschechische Republik		30.9.1993	1.1.1993	1.1.1993 (Art XII Prot)
Uganda		12.2.1992	1.9.1992	1.9.1992
Ukraine	14.6.1974	13.9.1993	1.4.1994	
Ungarn	14.6.1974	16.6.1983	1.8.1988	1.8.1988
Uruguay		1.4.1997	1.11.1997	1.11.1997
USA		5.5.1994	1.12.1994	1.12.1994 (Art XII Prot)
Weißrußland	14.6.1974	23.1.1997	1.8.1997	1.8.1997

III. Text des Übereinkommens über die Verjährung beim internationalen Warenkauf

31

Vom 14. Juni 1974

– in der Fassung des Protokolls vom 11. April 1980 –

(deutsche Übersetzung)

Präambel

Die Vertragsstaaten dieses Übereinkommens –
in Anbetracht dessen, daß der internationale Handel einen wichtigen Beitrag zur Förderung freund-schaftlicher Beziehungen zwischen den Staaten leistet,
in der Überzeugung, daß die Annahme einheitlicher Regeln über die Verjährung beim internatio-

nalen Warenkauf die Entwicklung des Welthandels erleichtern würde –
haben folgendes *vereinbart*:

Teil I. Allgemeine Bestimmungen

Anwendungsbereich

Artikel 1

(1) Dieses Übereinkommen bestimmt die Voraussetzungen, unter denen die gegenseitigen Ansprüche zwischen einem Käufer und einem Verkäufer, die sich aus einem internationalen Kaufvertrag über bewegliche Sachen (Waren) ergeben oder auf die Verletzung, Aufhebung oder Unwirksamkeit eines solchen Vertrages beziehen, wegen Ablaufs einer bestimmten Zeit nicht mehr ausgeübt werden können. Diese Zeitspanne wird im folgenden als „Verjährungsfrist" bezeichnet.

(2) Dieses Übereinkommen berührt nicht eine besondere Frist, innerhalb derer eine Partei als Voraussetzung für den Erwerb oder die Ausübung ihres Anspruchs der anderen Partei eine Mitteilung zu machen oder eine andere Handlung als die Einleitung eines Rechtsverfahrens vorzunehmen hat.

(3) In diesem Übereinkommen

    a) bezeichnen die Ausdrücke „Käufer", „Verkäufer" und „Partei" Personen, die Waren kaufen oder verkaufen oder die vereinbaren, Waren zu kaufen oder zu verkaufen, sowie deren Nachfolger in die Rechte und Pflichten aus dem Kaufvertrag;

    b) bezeichnet der Ausdruck „Gläubiger" eine Partei, die einen Anspruch geltend macht, unabhängig davon, ob der Anspruch auf die Zahlung einer Geldsumme gerichtet ist oder nicht;

    c) bezeichnet der Ausdruck „Schuldner" eine Partei, gegen die ein Gläubiger einen Anspruch geltend macht;

    d) bezeichnet der Ausdruck „Vertragsverletzung" die Nichterfüllung des Vertrages durch eine Partei oder jede nicht vertragsgemäße Erfüllung;

    e) umfaßt der Ausdruck „Rechtsverfahren" jedes gerichtliche, schiedsrichterliche oder Verwaltungsverfahren;

    f) umfaßt der Ausdruck „Person" auch Gesellschaften, Vereinigungen oder andere Rechtsträger, die klagen oder verklagt werden können, unabhängig davon, ob sie dem privaten oder dem öffentlichen Recht angehören;

    g) umfaßt der Ausdruck „schriftlich" auch Mitteilungen durch Telegramm oder Fernschreiben;

    h) bezeichnet der Ausdruck „Jahr" ein Jahr nach dem Gregorianischen Kalender.

Artikel 2

Für die Zwecke dieses Übereinkommens

    a) wird ein Kaufvertrag über Waren als international angesehen, wenn der Käufer und der Verkäufer zur Zeit des Vertragsabschlusses ihre Niederlassungen in verschiedenen Staaten haben;

    b) wird die Tatsache, daß die Parteien ihre Niederlassungen in verschiedenen Staaten haben, nicht berücksichtigt, wenn sie sich nicht aus dem Vertrag oder aus Verhandlungen oder Auskünften ergibt, die vor oder bei Vertragsabschluß zwischen den Parteien geführt oder von ihnen erteilt worden sind;

    c) gilt, wenn eine Partei eines Kaufvertrages über Waren Niederlassungen in mehr als einem Staat hat, als ihre Niederlassung diejenige, die unter Berücksichtigung der zur Zeit des

Vertragsabschlusses den Parteien bekannten oder von ihnen in Betracht gezogenen Umstände die engste Beziehung zu dem Vertrag und zu seiner Erfüllung hat;

d) ist, wenn eine Partei keine Niederlassung hat, ihr gewöhnlicher Aufenthalt maßgebend,

e) wird weder berücksichtigt, welche Staatsangehörigkeit die Parteien haben, noch ob sie Kaufleute oder Nichtkaufleute sind oder ob der Vertrag bürgerlich-rechtlicher Art ist.

Artikel 3

[neue Fassung]

(1) Dieses Übereinkommen ist nur anzuwenden

a) wenn die Parteien eines Vertrages über den internationalen Warenkauf zur Zeit des Vertragsabschlusses ihre Niederlassung in Vertragsstaaten haben; oder

b) wenn nach den Regeln des internationalen Privatrechts das Recht eines Vertragsstaates auf den Kaufvertrag anzuwenden ist.

(2) Dieses Übereinkommen ist nicht anzuwenden, wenn die Parteien seine Anwendung ausdrücklich ausgeschlossen haben.

[alte Fassung]

(1) Dieses Übereinkommen ist nur anzuwenden, wenn die Parteien des internationalen Kaufvertrages über Waren zur Zeit des Vertragsabschlusses ihre Niederlassungen in Vertragsstaaten haben.

(2) Soweit dieses Übereinkommen nichts anderes bestimmt, ist es unabhängig von dem Recht anzuwenden, das sonst auf Grund der Regeln des internationalen Privatrechts anzuwenden wäre.

(3) Dieses Übereinkommen ist nicht anzuwenden, wenn die Parteien seine Anwendung ausdrücklich ausgeschlossen haben.

Artikel 4

[neue Fassung]

Dieses Übereinkommen findet keine Anwendung auf den Kauf

a) von Waren für den persönlichen Gebrauch oder den Gebrauch in der Familie oder im Haushalt, es sei denn, daß der Verkäufer vor oder bei Vertragsschluß weder wußte noch wissen mußte, daß die Ware für einen solchen Gebrauch gekauft wurde;

b) bei Versteigerungen;

c) auf Grund von Zwangsvollstreckungs- oder anderen gerichtlichen Maßnahmen;

d) von Wertpapieren oder Zahlungsmitteln;

e) von Seeschiffen, Binnenschiffen, Luftkissenfahrzeugen oder Luftfahrzeugen;

f) von elektrischer Energie.

[alte Fassung]

Dieses Übereinkommen gilt nicht für den Kauf

a) von Waren für den persönlichen Gebrauch, den Gebrauch in der Familie oder im Haushalt;

b) bei Versteigerungen;

c) auf Grund einer Beschlagnahme oder einer anderen gerichtlichen Maßnahme;

d) von Wertpapieren und Zahlungsmitteln;

e) von Seeschiffen, Binnenschiffen und Luftfahrzeugen;

f) von elektrischer Energie.

Ulrich Magnus

Artikel 5

Dieses Übereinkommen gilt nicht für Ansprüche, die gegründet sind auf
  a) Tod oder Körperverletzung einer Person;
  b) nukleare Schäden, die durch die verkaufte Ware verursacht wurden;
  c) ein Recht auf vorzugsweise Befriedigung, ein Pfandrecht oder eine andere dingliche Sicherung;
  d) eine in einem Rechtsverfahren ergangene richterliche oder schiedsrichterliche Entscheidung;
  e) einen nach dem Recht des Ortes, an dem die Vollstreckung begehrt wird, vollstreckbaren Titel;
  f) einen Wechsel oder einen Scheck.

Artikel 6

(1) Dieses Übereinkommen ist auf Verträge nicht anzuwenden, bei denen der überwiegende Teil der Pflichten des Verkäufers in der Ausführung von Arbeiten oder anderen Dienstleistungen besteht.
(2) Den Kaufverträgen stehen die Verträge über die Lieferung herzustellender oder zu erzeugender Waren gleich, es sei denn, daß der Besteller einen wesentlichen Teil der für die Herstellung oder Erzeugung notwendigen Stoffe selbst zur Verfügung zu stellen hat.

Artikel 7

Bei der Auslegung und Anwendung dieses Übereinkommens sind sein internationaler Charakter und die Notwendigkeit, die Einheitlichkeit des Rechtes zu fördern, zu berücksichtigen.

Dauer und Beginn der Verjährungsfrist

Artikel 8

Die Verjährungsfrist beträgt vier Jahre.

Artikel 9

(1) Vorbehaltlich der Artikel 10, 11 und 12 beginnt die Verjährungsfrist an dem Tag zu laufen, an dem der Anspruch fällig wird.
(2) Der Beginn der Verjährungsfrist wird nicht hinausgeschoben
  a) durch das Erfordernis einer Mitteilung an eine Partei im Sinn des Artikels 1 Absatz 2 oder
  b) durch die Bestimmung in einer Schiedsvereinbarung, daß kein Recht entsteht, bevor ein Schiedsspruch ergangen ist.

Artikel 10

(1) Ein Anspruch aus einer Vertragsverletzung wird an dem Tag fällig, an dem die Vertragsverletzung begangen wird.
(2) Ein Anspruch aus einer Vertragswidrigkeit der Ware wird an dem Tag fällig, an dem die Ware dem Käufer tatsächlich übergeben oder ihre Annahme vom Käufer abgelehnt wird.
(3) Ein Anspruch auf Grund einer Täuschung, die vor oder bei Abschluß des Vertrages oder

während seiner Erfüllung begangen wurde, wird an dem Tag fällig, an dem die Täuschung erkannt wurde oder vernünftigerweise hätte erkannt werden können.

Artikel 11

Hat der Verkäufer hinsichtlich der verkauften Ware eine ausdrückliche Garantie für einen gewissen Zeitraum gegeben, der kalendermäßig oder anderweitig bestimmt sein kann, so beginnt die Verjährungsfrist für einen Anspruch aus der Garantie an dem Tag zu laufen, an dem der Käufer dem Verkäufer den Umstand anzeigt, auf den er seinen Anspruch gründet, spätestens jedoch am Tag des Ablaufs der Garantiefrist.

Artikel 12

(1) Erklärt eine Partei in einem Fall, der in dem auf den Vertrag anzuwendenden Recht vorgesehen ist, vor dem für die Erfüllung festgesetzten Tag die Aufhebung des Vertrages, so beginnt die Verjährungsfrist an dem Tag zu laufen, an dem die Erklärung an die andere Partei gerichtet wird. Wird die Aufhebung des Vertrages nicht vor dem für die Erfüllung festgesetzten Tag erklärt, so beginnt die Verjährungsfrist erst an diesem Tag zu laufen.
(2) Die Verjährungsfrist für einen Anspruch aus der Verletzung eines Vertrages, der mehrere aufeinanderfolgende Lieferungen oder Ratenzahlungen vorsieht, beginnt für jede einzelne Lieferung oder Rate an dem Tag zu laufen, an dem die betreffende Vertragsverletzung eingetreten ist. Erklärt eine Partei nach dem auf den Vertrag anzuwendenden Recht wegen dieser Vertragsverletzung die Aufhebung des Vertrages, so beginnt die Verjährungsfrist für alle Lieferungen oder Raten an dem Tag zu laufen, an dem die Erklärung an die andere Partei gerichtet wird.

Unterbrechung und Verlängerung der Verjährungsfrist

Artikel 13

Die Verjährungsfrist wird unterbrochen, wenn der Gläubiger eine Handlung vornimmt, die nach dem Recht des angerufenen Gerichts als Einleitung eines gerichtlichen Verfahrens gegen den Schuldner oder als Geltendmachung des Anspruchs in einem bereits gegen den Schuldner eingeleiteten solchen Verfahren zu dem Zweck, Befriedigung oder Anerkennung des Anspruchs zu erlangen, angesehen wird.

Artikel 14

(1) Haben die Parteien vereinbart, ihre Streitigkeit einem Schiedsgericht zu unterbreiten, so wird die Verjährungsfrist unterbrochen, sobald eine der Parteien das schiedsrichterliche Verfahren auf die Schiedsvereinbarung oder in dem auf das Verfahren anzuwendenden Recht vorgesehene Weise einleitet.
(2) Sind hierüber keinerlei Bestimmungen vorhanden, so gilt das schiedsrichterliche Verfahren als an dem Tag eingeleitet, an dem der Antrag, den strittigen Anspruch dem Schiedsgericht zu unterbreiten, am Ort des gewöhnlichen Aufenthalts oder der Niederlassung der anderen Partei oder bei Fehlen eines solchen Ortes am Ort ihres letzten bekannten Aufenthalts oder ihrer letzten bekannten Niederlassung zugestellt wird.

Artikel 15

In allen anderen als den in den Artikeln 13 und 14 bezeichneten Rechtsverfahren einschließlich solcher, die eingeleitet werden wegen

a) des Todes oder der Geschäftsunfähigkeit des Schuldners,

b) des Konkurses oder einer Zahlungsunfähigkeit des Schuldners, die dessen gesamtes Vermögen betrifft, oder

c) der Auflösung oder der Liquidation einer Gesellschaft, einer Vereinigung oder eines anderen Rechtsträgers, wenn es sich dabei um den Schuldner handelt, wird die Verjährungsfrist unterbrochen, wenn der Gläubiger seinen Anspruch in einem solchen Verfahren geltend macht, um Befriedigung oder Anerkennung des Anspruchs zu erlangen, es sei denn, daß das für das Verfahren geltende Recht etwas anderes bestimmt.

Artikel 16

Für die Zwecke der Artikel 13, 14 und 15 gilt eine Handlung, durch die ein Gegenanpruch geltend gemacht wird, als an demselben Tag vorgenommen wie die Handlung, durch die der Anspruch geltend gemacht wurde, gegen den der Gegenanspruch erhoben wird, sofern sich Anspruch und Gegenanspruch auf denselben Vertrag oder auf mehrere im Rahmen desselben Geschäfts abgeschlossene Verträge beziehen.

Artikel 17

(1) Ist innerhalb der Verjährungsfrist ein Anspruch in einem Rechtsverfahren nach Artikel 13, 14, 15 oder 16 geltend gemacht, dieses Verfahren jedoch ohne eine Entscheidung in der Sache selbst beendet worden, so gilt die Verjährungsfrist als nicht unterbrochen.

(2) Wenn bei Beendigung dieses Verfahrens die Verjährungsfrist abgelaufen ist oder nur noch weniger als ein Jahr zu laufen hat, steht dem Gläubiger eine Frist von einem Jahr, gerechnet vom Tag der Beendigung des Verfahrens, zu.

Artikel 18

(1) Ist ein Rechtsverfahren gegen einen Schuldner eingeleitet worden, so wird die in diesem Übereinkommen vorgesehene Verjährungsfrist gegenüber einer anderen Person, die mit dem Schuldner gesamtschuldnerisch haftet, unterbrochen, wenn der Gläubiger den Gesamtschuldner innerhalb dieser Frist schriftlich von der Einleitung des Verfahrens verständigt.

(2) Ist ein Rechtsverfahren gegen einen Käufer von dessen Abnehmer eingeleitet worden, so wird die in diesem Übereinkommen vorgesehene Verjährungsfrist in bezug auf den Anspruch des Käufers gegen den Verkäufer unterbrochen, wenn der Käufer den Verkäufer innerhalb dieser Frist schriftlich von der Einleitung des Verfahrens verständigt.

(3) Ist ein in den Absätzen 1 und 2 bezeichnetes Verfahren beendet, so gilt die Verjährungsfrist in bezug auf den Anspruch des Gläubigers oder des Käufers gegen den Gesamtschuldner oder den Verkäufer nicht als auf Grund der Absätze 1 und 2 unterbrochen; dem Gläubiger oder dem Käufer steht jedoch eine weitere Frist von einem Jahr, gerechnet vom Tag der Beendigung des Verfahrens, zu, wenn an diesem Tag die Verjährungsfrist bereits abgelaufen war oder nur noch weniger als ein Jahr zu laufen hatte.

Artikel 19

Nimmt der Gläubiger in dem Staat, in dem der Schuldner seine Niederlassung hat, vor Ablauf der Verjährungsfrist eine andere Handlung als die in den Artikeln 13, 14, 15 und 16 bezeichneten Handlungen vor, die nach dem Recht dieses Staates den Wiederbeginn einer Verjährungsfrist bewirkt, so beginnt an dem von diesem Recht bestimmten Tag eine neue Frist von vier Jahren zu laufen.

Artikel 20

(1) Erkennt der Schuldner vor Ablauf der Verjährungsfrist seine Schuld gegenüber dem Gläubiger schriftlich an, so beginnt an dem Tag dieses Anerkenntnisses eine neue Verjährungsfrist von vier Jahren zu laufen.
(2) Die Zahlung von Zinsen oder die teilweise Erfüllung einer Schuld durch den Schuldner hat dieselbe Wirkung wie ein Anerkenntnis nach Absatz 1, sofern aus der Zahlung oder der Erfüllung vernünftigerweise geschlossen werden kann, daß der Schuldner seine Schuld anerkennt.

Artikel 21

Wurde der Gläubiger durch einen Umstand, auf den er keinen Einfluß hatte und den er weder vermeiden noch überwinden konnte, daran gehindert, die Verjährungsfrist zu unterbrechen, so wird die Verjährungsfrist so verlängert, daß sie nicht früher als ein Jahr nach dem Tag abläuft, an dem der Umstand zu bestehen aufgehört hat.

Änderung der Verjährungsfrist durch die Parteien

Artikel 22

(1) Außer in den Fällen des Absatzes 2 kann die Verjährungsfrist durch eine Erklärung oder Vereinbarung der Parteien nicht geändert werden.
(2) Während des Laufes der Verjährungsfrist kann der Schuldner diese jederzeit durch eine an den Gläubiger gerichtete schriftliche Erklärung verlängern. Diese Erklärung kann wiederholt werden.
(3) Dieser Artikel berührt nicht die Gültigkeit einer Bestimmung des Kaufvertrages, wonach ein schiedsrichterliches Verfahren innerhalb einer kürzeren als der in diesem Übereinkommen vorgesehenen Verjährungsfrist eingeleitet werden muß, vorausgesetzt, daß diese Bestimmung nach dem auf den Kaufvertrag anzuwendenden Recht gültig ist.

Allgemeine Begrenzung der Verjährungsfrist

Artikel 23

Ungeachtet der Bestimmungen dieses Übereinkommens läuft jede Verjährungsfrist spätestens zehn Jahre nach dem Tag ab, an dem sie nach den Artikeln 9, 10, 11 und 12 zu laufen begonnen hat.

Ulrich Magnus

Wirkungen des Ablaufs der Verjährungsfrist

Artikel 24

Der Ablauf der Verjährungsfrist wird in einem Rechtsverfahren nur berücksichtigt, wenn eine am Verfahren beteiligte Partei ihn geltend macht.

Artikel 25

(1) Vorbehaltlich des Absatzes 2 sowie des Artikels 24 wird kein Anspruch in einem nach Ablauf der Verjährungsfrist eingeleiteten Rechtsverfahren anerkannt oder durchgesetzt.
(2) Ungeachtet des Ablaufs der Verjährungsfrist kann sich eine Partei auf ihren Anspruch als Verteidigungsmittel oder zum Zweck der Aufrechnung gegen einen von der anderen Partei geltend gemachten Anspruch berufen, in dem zuletzt genannten Fall jedoch nur, wenn
    a) die beiden Ansprüche sich auf denselben Vertrag oder auf mehrere im Rahmen desselben Geschäftes abgeschlossene Verträge beziehen oder
    b) die Ansprüche zu irgendeinem Zeitpunkt vor Ablauf der Verjährungsfrist gegeneinander hätten aufgerechnet werden können.

Artikel 26

Erfüllt der Schuldner seine Schuld nach Ablauf der Verjährungsfrist, so hat er kein Recht auf Rückforderung, selbst wenn er zum Zeitpunkt der Erfüllung nicht wußte, daß die Verjährungsfrist abgelaufen war.

Artikel 27

Der Ablauf der Verjährungsfrist hinsichtlich der Hauptschuld hat die gleiche Wirkung hinsichtlich der Pflicht, Zinsen für diese Schuld zu zahlen.

Berechnung der Verjährungsfrist

Artikel 28

(1) Die Verjährungsfrist wird so berechnet, daß sie am Ende des Tages abläuft, dessen Datum dem des Tages entspricht, an dem die Frist zu laufen begonnen hat. Bei Fehlen des entsprechenden Datums läuft die Verjährungsfrist am Ende des letzten Tages des letzten Monats der Frist ab.
(2) Die Verjährungsfrist wird nach dem Datum des Ortes berechnet, an dem das Rechtsverfahren eingeleitet wird.

Artikel 29

Fällt der letzte Tag der Verjährungsfrist auf einen gesetzlichen Feiertag oder auf einen anderen gerichtsfreien Tag, so daß die erforderliche Rechtshandlung an dem Ort, an dem der Gläubiger nach Artikel 13, 14 oder 15 ein Rechtsverfahren einleitet oder einen Anspruch geltend macht, nicht vorgenommen werden kann, so wird die Verjährungsfrist bis zum Ende des ersten Tages nach dem gesetzlichen Feiertag oder gerichtsfreien Tag verlängert, an dem an diesem Ort ein solches Verfahren eingeleitet oder ein solcher Anspruch geltend gemacht werden kann.

Internationale Wirkung

Artikel 30

Für die Zwecke dieses Übereinkommens sind die in den Artikeln 13 bis 19 bezeichneten Handlungen oder Umstände, die in einem Vertragsstaat vorgenommen worden oder eingetreten sind, in einem anderen Vertragsstaat wirksam, vorausgesetzt, daß der Gläubiger alle angemessenen Schritte unternommen hat, um sicherzustellen, daß der Schuldner so bald wie möglich von den betreffenden Handlungen oder Umständen verständigt wird.

Teil II. Anwendungsbestimmungen

Artikel 31

[neue Fassung]
(1) Ein Vertragsstaat, der zwei oder mehr Gebietseinheiten umfaßt, in denen nach seiner Verfassung auf die in diesem Übereinkommen geregelten Fragen unterschiedliche Rechtsordnungen angewendet werden, kann bei der Unterzeichnung, bei der Ratifikation oder beim Beitritt erklären, daß dieses Übereinkommen auf alle seine Gebietseinheiten oder nur auf eine oder mehrere derselben angewendet wird; er kann diese Erklärung jederzeit durch eine neue Erklärung ändern.
(2) Die Erklärungen sind dem Generalsekretär der Vereinten Nationen zu übermitteln und haben ausdrücklich die Gebietseinheiten anzuführen, in denen das Übereinkommen angewendet wird.
(3) Gibt ein in Absatz 1 bezeichneter Vertragsstaat bei der Unterzeichnung, bei der Ratifikation oder beim Beitritt keine Erklärung ab, so ist das Übereinkommen in allen Gebietseinheiten dieses Staates anzuwenden.
(4) Erstreckt sich das Übereinkommen auf Grund seiner Erklärung nach diesem Artikel auf eine oder mehrere, jedoch nicht auf alle Gebietseinheiten eines Vertragsstaates und liegt die Niederlassung einer Partei in diesem Staat, so wird diese Niederlassung im Sinne dieses Übereinkommens nur dann als in einem Vertragsstaat gelegen betrachtet, wenn sie in einer Gebietseinheit liegt, auf die sich das Übereinkommen erstreckt.

[alte Fassung]
(1) Ein Vertragsstaat, der zwei oder mehr Gebietseinheiten umfaßt, in denen nach seiner Verfassung auf die in diesem Übereinkommen geregelten Fragen unterschiedliche Rechtsordnungen angewendet werden, kann bei der Unterzeichnung, bei der Ratifikation oder beim Beitritt erklären, daß dieses Übereinkommen auf alle seine Gebietseinheiten oder nur auf eine oder mehrere derselben angewendet werden wird; er kann diese Erklärung jederzeit durch eine neue Erklärung ändern.
(2) Die Erklärungen sind dem Generalsekretär der Vereinten Nationen zu übermitteln und haben ausdrücklich die Gebietseinheiten anzuführen, in denen das Übereinkommen angewendet wird.
(3) Gibt ein in Absatz 1 bezeichneter Vertragsstaat bei der Unterzeichnung, bei der Ratifikation oder beim Beitritt keine Erklärung ab, so ist das Übereinkommen in allen Gebietseinheiten dieses Staates anzuwenden.

Artikel 32

Wird in diesem Übereinkommen auf das Recht eines Staates verwiesen, in dem unterschiedliche Rechtsordnungen angewendet werden, so ist diese Verweisung dahin auszulegen, daß sie sich auf die Vorschriften derjenigen Rechtsordnung bezieht, die betroffen ist.

Artikel 33

Jeder Vertragsstaat wendet dieses Übereinkommen auf die Verträge an, die an oder nach dem Tag des Inkrafttretens des Übereinkommens abgeschlossen werden.

Teil III. Erklärungen und Vorbehalte

Artikel 34

[neue Fassung]

(1) Zwei oder mehr Vertragsstaaten, welche gleiche oder einander sehr nahekommende Rechtsvorschriften für Gegenstände haben, die in diesem Übereinkommen geregelt werden, können jederzeit erklären, daß das Übereinkommen auf Verträge über den internationalen Warenkauf keine Anwendung findet, wenn die Parteien ihre Niederlassung in diesen Staaten haben. Solche Erklärungen können als gemeinsame oder als aufeinander bezogene einseitige Erklärungen abgegeben werden.
(2) Hat ein Vertragsstaat, der für Gegenstände, die in diesem Übereinkommen geregelt werden, Rechtsvorschriften, die denen eines oder mehrer Nichtvertragsstaaten gleich sind oder sehr nahekommen, so kann er jederzeit erklären, daß das Übereinkommen auf Verträge über den internationalen Warenkauf keine Anwendung findet, wenn die Parteien ihre Niederlassung in diesen Staaten haben.
(3) Wird ein Staat, auf den sich eine Erklärung nach Absatz 2 bezieht, Vertragsstaat, so hat die Erklärung von dem Tag an, an dem das Übereinkommen für den neuen Vertragsstaat in Kraft tritt, die Wirkung einer nach Absatz 1 abgegebenen Erklärung, vorausgesetzt, daß der neue Vertragsstaat sich einer solchen Erklärung anschließt oder eine darauf bezogene einseitige Erklärung abgibt.

[alte Fassung]

Zwei oder mehr Vertragsstaaten können jederzeit erklären, daß Kaufverträge zwischen einem Verkäufer mit Niederlassung in einem dieser Staaten und einem Käufer mit Niederlassung in einem anderen dieser Staaten diesem Übereinkommen nicht unterliegen, weil die betreffenden Staaten auf die in diesem Übereinkommen geregelten Fragen die gleichen oder einander sehr nahe kommende Rechtsvorschriften anwenden.

Artikel 35

Ein Vertragsstaat kann bei der Hinterlegung seiner Ratifikations- oder Beitrittsurkunde erklären, daß er dieses Übereinkommen auf Klagen, die die Nichtigkeit eines Vertrages zum Gegenstand haben, nicht anwenden wird.

Artikel 36

Ein Staat kann bei der Hinterlegung seiner Ratifikations- oder Beitrittsurkunde erklären, daß er sich nicht verpflichtet, Artikel 24 anzuwenden.

Artikel 36 a

[Eingefügt durch Änderungsprotokoll vom 11. April 1980]
Jeder Staat kann bei Hinterlegung seiner Beitrittsurkunde oder seiner Notifikation nach Art 43a erklären, daß Artikel 3 in der Fassung des Artikels 1 des Protokolls von 1980 für ihn nicht

verbindlich ist. Eine Erklärung nach dem vorliegenden Artikel bedarf der Schriftform und ist dem Verwahrer zu notifizieren.

Artikel 37

[neue Fassung]
Dieses Übereinkommen geht bereits geschlossenen oder in Zukunft zu schließenden internationalen Vereinbarungen, die Bestimmungen über in diesem Übereinkommen geregelte Gegenstände enthalten, nicht vor, sofern Verkäufer und Käufer ihre Niederlassung in Vertragsstaaten einer solchen Vereinbarung haben.

[alte Fassung]
Dieses Übereinkommen geht bereits geschlossenen oder in Zukunft zu schließenden Übereinkommen, die Bestimmungen über in diesem Übereinkommen geregelte Fragen enthalten, nicht vor, sofern Verkäufer und Käufer ihre Niederlassung in Vertragsstaaten eines dieser Übereinkommen haben.

Artikel 38

(1) Ein Vertragsstaat, der einem bestehenden Übereinkommen über den internationalen Warenkauf angehört, kann bei der Hinterlegung seiner Ratifikations- oder Beitrittsurkunde erklären, daß er dieses Übereinkommen ausschließlich auf die in dem bestehenden Übereinkommen definierten internationalen Kaufverträge über Waren anwenden wird.
(2) Diese Erklärung verliert ihre Wirkung am ersten Tag des Monats, der auf den Ablauf einer Frist von zwölf Monaten nach Inkrafttreten eines im Rahmen der Vereinten Nationen geschlossenen neuen Übereinkommens über den internationalen Warenkauf folgt.

Artikel 39

Andere als die in den Artikeln 34, 35, 36 und 38 vorgesehenen Vorbehalte sind nicht zulässig.

Artikel 40

[neue Fassung]
(1) Die auf Grund dieses Übereinkommens abgegebenen Erklärungen sind an den Generalsekretär der Vereinten Nationen zu richten und werden gleichzeitig mit dem Inkrafttreten dieses Übereinkommens für den die Erklärung abgebenden Staat wirksam. Nach diesem Inkrafttreten abgegebene Erklärungen werden am ersten Tag des Monats wirksam, der auf den Ablauf einer Frist von sechs Monaten nach dem Tag ihres Eingangs beim Generalsekretär der Vereinten Nationen folgt.
Aufeinander bezogene einseitige Erklärungen nach Artikel 34 werden am ersten Tag des Monats wirksam, der auf einen Zeitabschnitt von sechs Monaten nach Eingang der lezten Erklärung beim Generalsekretär der Vereinten Nationen folgt.
(2) Ein Staat, der eine Erklärung auf Grund dieses Übereinkommens abgegeben hat, kann sie jederzeit durch eine an den Generalsekretär der Vereinten Nationen gerichtete Notifikation zurücknehmen. Diese Zurücknahme wird am ersten Tag des Monats wirksam, der auf den Ablauf einer Frist von sechs Monaten nach dem Tag ihres Eingangs beim Generalsekretär der Vereinten Nationen folgt. Im Fall einer Erklärung nach Artikel 34 macht die Zurücknahme vom Zeitpunkt ihres Wirksamwerdens an auch jede damit übereinstimmende Erklärung unwirksam, die ein anderer Staat nach dem Übereinkommen abgegeben hat.

[alte Fassung]

(1) Die auf Grund dieses Übereinkommens abgegebenen Erklärungen sind an den Generalsekretär der Vereinten Nationen zu richten und werden gleichzeitig mit dem Inkrafttreten dieses Übereinkommens für den die Erklärung abgebenden Staat wirksam. Nach diesem Inkrafttreten abgegebene Erklärungen werden am ersten Tag des Monats wirksam, der auf den Ablauf einer Frist von sechs Monaten nach dem Tag ihres Eingangs beim Generalsekretär der Vereinten Nationen folgt.

(2) Ein Staat, der eine Erklärung auf Grund dieses Übereinkommens abgegeben hat, kann sie jederzeit durch eine an den Generalsekretär der Vereinten Nationen gerichtete Notifikation zurücknehmen. Diese Zurücknahme wird am ersten Tag des Monats wirksam, der auf den Ablauf einer Frist von sechs Monaten nach dem Tag ihres Eingangs beim Generalsekretär der Vereinten Nationen folgt. Im Fall einer Erklärung nach Artikel 34 macht die Zurücknahme vom Zeitpunkt ihres Wirksamwerdens an auch jede damit übereinstimmende Erklärung unwirksam, die ein anderer Staat nach dem genannten Artikel abgegeben hat.

Teil IV. Schlußbestimmungen

Artikel 41

Dieses Übereinkommen liegt bis zum 31. Dezember 1975 am Sitz der Vereinten Nationen für alle Staaten zur Unterzeichnung aus.

Artikel 42

Dieses Übereinkommen bedarf der Ratifikation. Die Ratifikationsurkunden sind beim Generalsekretär der Vereinten Nationen zu hinterlegen.

Artikel 43

Dieses Übereinkommen steht allen Staaten zum Beitritt offen. Die Beitrittsurkunden sind beim Generalsekretär der Vereinten Nationen zu hinterlegen.

Artikel 43 a

[Eingefügt durch Änderungsprotokoll vom 11. April 1980]
Ratifiziert ein Staat nach Inkrafttreten des Protokolls von 1980 das Verjährungsübereinkommen von 1974 oder tritt er ihm bei, so stellt die Ratifikation oder der Beitritt auch einen Beitritt zum Übereinkommen in der Fassung des Protokolls dar, sofern der Staat dies dem Verwahrer notifiziert.

Artikel 43 b

[Eingefügt durch Änderungsprotokoll vom 11. April 1980]
Der Beitritt eines Staates, der nicht Vertragsstaat des Verjährungsübereinkommens von 1974 ist, zum Protokoll von 1980 hat vorbehaltlich des Artikels 44a die Wirkung eines Beitritts zu jenem Übereinkommen in der durch dieses Protokoll geänderten Fassung.

Artikel 44

(1) Dieses Übereinkommen tritt am ersten Tag des Monats in Kraft, der auf den Ablauf einer Frist

von sechs Monaten nach der Hinterlegung der zehnten Ratifikations- oder Beitrittsurkunde folgt.
(2) Für jeden Staat, der nach Hinterlegung der zehnten Ratifikations- oder Beitrittsurkunde dieses Übereinkommens ratifiziert oder ihm beitritt, tritt das Übereinkommen am ersten Tag des Monats in Kraft, der auf den Ablauf einer Frist von sechs Monaten nach der Hinterlegung seiner Ratifikations- oder Beitrittsurkunde folgt.

Artikel 44 a

[Eingefügt durch Änderungsprotokoll vom 11. April 1980]
Jeder Staat, der Vertragsstaat des Verjährungsübereinkommens von 1974 in der durch das Protokoll von 1980 geänderten Fassung wird, ist, falls er dem Verwahrer nichts Gegenteiliges notifiziert, auch als Vertragsstaat des nicht geänderten Übereinkommens in bezug auf jeden Vertragsstaat der Konvention zu betrachten, der noch nicht Vertragsstaat des Protokolls von 1980 ist.

Artikel 45

(1) Jeder Vertragsstaat kann dieses Übereinkommen durch eine an den Generalsekretär der Vereinten Nationen gerichtete Notifikation kündigen.
(2) Die Kündigung wird am ersten Tag des Monats wirksam, der auf den Ablauf einer Frist von zwölf Monaten nach dem Eingang der Notifikation beim Generalsekretär der Vereinten Nationen folgt.

Artikel 45 a

[Eingefügt durch Änderungsprotokoll vom 11. April 1980]
Ein Vertragsstaat, für den das Protokoll von 1980 in Anwendung der Absätze 1 und 2 des Artikels XIII des Protokolls von 1980 außer Kraft tritt, bleibt Vertragsstaat des nicht geänderten Verjährungsübereinkommens von 1974, es sei denn, daß er das nicht geänderte Übereinkommen nach dessen Artikel 45 kündigt.

Artikel 46

Die Urschrift dieses Übereinkommens, dessen chinesischer, englischer, französischer, russischer und spanischer Wortlaut gleichermaßen verbindlich ist, wird beim Generalsekretär der Vereinten Nationen hinterlegt.

Sachregister

Die fetten Zahlen beziehen sich auf die
Artikel, die mageren Zahlen auf die
Randnummern.

Internationale Zuständigkeit
am Erfüllungsort streitiger Verpflichtung
Art 57 20
Internationaler Anwendungsbereich
s. Anwendungsbereich
Internationaler Handel
Entwicklung **Präambel 10**
Gebote des guten Glaubens **Art 7** 24 ff
Internationaler Kauf
Auslandsbezug/für die Parteien erkennbarer **Art 1** 75
und autonome CISG-Auslegung **Art 7** 12
CISG-Anwendungsbereich **Einl** 29;
Art 1 58 ff
CISG-nichterfaßte Fragen/Bestimmung
des anwendbaren Rechts **Einl** 29
Elektronischer Rechtsverkehr **Art 1** 77
Internationales Element/Prägung **Einl** 29
Warenlieferungsvertrag/CISG-Regelung
des internationalen professionalen
Kaufs **Einl** 1; **Art 7** 1
Internationaler Kaufvertrag
und Verjährungsübereinkommen **Verjäh-
rungsÜbk Anh II zum CISG** 12 ff
Internationales Finanzierungsleasing
UNIDROIT Convention **Art 1** 35
Internationales Privatrecht
Anknüpfung, objektive und Rechtswahl/
Verhältnis **Art 1** 101
Anknüpfung/gespaltene und CISG-
Anwendung **Art 1** 107
Anknüpfung/zum Recht eines Vertrags-
staates führende **Art 1** 101
Aufrechnung **Art 4** 47
CISG-Ausschluß/stillschweigender
Art 6 20
CISG-Ausschlußwirkung **Art 6** 58 ff
CISG-Grundsätze, fehlende/Rückgriff auf
anwendbares nationales Recht **Art 7** 59
CISG-Kollisionsregeln/Vorschlag der
Entwicklung besonderer **Art 7** 60
CISG-Randfragen/Vorschlag anwendba-
ren Rechts des Forums **Art 7** 58
CISG-Rechtswahl **Art 6** 65
CISG-Verhältnis zum IPR **Einl** 42
CISG/nicht erfaßte Fragen **Einl** 7, 29
Deliktsrecht als anwendbares Recht/
CISG-Verhältnis **Art 5** 11 ff
EGBGB-Integration in das CISG **Art 1** 101
Eigentumsübertragung **Art 4** 32; **Art 30** 10
Einheitsrecht/Vorteil gegenüber der
IPR-Verweisung **Einl** 6
Einschaltung von Mittelspersonen
Art 24 23
Formvorschriften **Einl** 35; **Art 12** 8;
Art 29 16; **Art 39** 52; **Art 96** 7
Gesellschaftsstatut **Art 24** 23
Gültigkeitsfragen **Einl** 36

Internationales Privatrecht (Forts.)
Haager IPR-Übereinkommen 1955
Art 90 13 ff
Incoterms-Vereinbarung/Auslegungsfrage
Art 9 8
Kauf-IPR-Übereinkommen 1958/EKG
und EAG Vorschaltungsvorbehalt
Art 1 8
Parteiensitz/beiderseitiger in Vertragsstaa-
ten **Art 1** 98
Personenschäden/Ersatz auf vertraglicher
Grundlage **Art 5** 5
Rückabwicklungsansprüche/Verjährung
Art 81 21
und Schiedsgerichtsverfahren **Art 1** 121
Schuldrechts-IPR-Übereinkommen 1980
(Römisches Übereinkommen) **Art 90** 17
Stellvertretungsfragen **Art 4** 37
Tauschgeschäfte, Kompensationsgeschäfte
Art 1 31
Untersuchungsort/Rechte und Gebräuche
Art 38 19
Verfahren vor deutschen Gerichten nach
der Ratifikation **Art 1** 116
Verjährungsübereinkommen **Verjährungs-
Übk Anh II zum CISG** 13
Vertragsstaatenverweisung/Nichtbeach-
tung eines Renvoi **Art 1** 105
Vertragsstatut
s. dort
Verweisung auf einen CISG-Vertragsstaat
Art 100 3
Vollmachtsstatut **Art 24** 23
Vorbehalt **Art 95/IPR-Verweisung auf einen
Vorbehaltsstaat Art 1** 110
Vorschaltlösung/IPR-Regeln zu Vertrags-
staat führend **Art 1** 93 ff
Vorschaltlösung/Verjährungsübereinkom-
men **Anh II VerjährungsÜbk** 13
Währungsbestimmung **Art 53** 20, 27
Willenserklärung/Beeinflussung nach
Abgabe **Art 15** 13
Zinsanspruch **Art 78** 15
Zurückbehaltungsrechte/der Konvention
nicht unterliegende **Art 4** 47a
Internes deutsches Recht
s. Deutsches Recht
Internes Recht
als ausländisches Recht
s. dort
Internet
s. a. Elektronischer Rechtsverkehr
Angebot als invitationes ad offerendum
Art 14 37
Auktionen/CISG-Ausschluß **Art 2** 33
CISG-Anwendung/unbeachtlicher Server-
standort **Art 1** 67

Nationales Recht (Forts.)
 Arglistvorschriften **Art 35** 52
 Aufhebung des Vertrags **Art 82** 17
 Autonome CISG-Auslegung, Qualifikation
  und – **Art 7** 12 ff
 Bereicherungsrecht **Art 81** 11
 Bezugnahme auf das – eines Vertragsstaates
  Art 6 30
 CISG und anwendbares –, Vermeidung
  von Reibungsverlusten **Art 7** 61
 CISG als Bestandteil des – **Art 6** 24, 65
 CISG-Abweichungen, Gültigkeit nach –
  Einl 36
 CISG-Anwendung aufgrund einer Rechts-
  wahl **Art 6** 62
 CISG-Ausschluß und Anwendung des –
  Art 4 5
 CISG-Verdrängung **Art 4** 43
 CISG-Vorrang **Art 4** 27; **Einl** 42
 Culpa in contrahendo **Art 4** 43
 Deliktsrecht **Art 5** 11 ff
 Erfüllung von Kaufverträgen nicht in
  Natur **Art 46** 18, 29, 64
 Erfüllung von Kaufverträgen in Natur
  Art 62 11; **Art 63** 6
 Erfüllungsfähigkeit, Zweifel **Art 71** 40 ff
 Erfüllungsfristen, Ausschluß zusätzlicher
  nach – **Art 5** 39 f
 Ersetzung vereinbarter Währung **Art 53** 28
 Garantien **Art 79** 53
 Geltung von Handelsbräuchen, Gepflogen-
  heiten **Art 9** 21
 Genehmigung eines Vertrages **Art 23** 7
 Grundsatz der Formfreiheit **Art 11** 4
 Gültigkeit von CISG-Abweichungen
  Art 6 55
 Gültigkeitsfragen **Art 38** 18
 Gültigkeitsvorschriften **Art 55** 7
 Haftungsausschlußklauseln und anwend-
  bares – **Art 35** 53 f
 Handelsbräuche **Art 9** 8
 Insolvenz/Aufschubfristen **Art 61** 35
 Irrtumsanfechtung **Art 4** 48 ff; **Art 8** 21
 Mißbrauch der Form **Art 29** 21
 Rechtsbehelfe des Verkäufers und –
  Art 61 36
 Rechtsbehelfskatalog des CISG **Art 45** 43
 Rechtsmängel der Ware, Folgen des –
  Art 41 27
 Rechtsmängelhaftung, Abreden **Art 41** 21
 Rückgriff auf das – bei CISG-Anwendung
  Art 7 12 f
 Rügeobliegenheit, Vereinbarungen
  Art 37 67
 Schadensersatz, Zweck **Art 74** 17
 Schadenspauschalierung **Art 79** 53
 Schuldübernahme.Schuldbeitritt **Art 4** 57
 Schutzland, Statut des – **Art 42** 10

Nationales Recht (Forts.)
 Sonderfragen des arbeitsrechtlichen Teiles
  Art 3 29
 Stellvertretung, wirksame **Art 1** 68
 Teilbarkeit eines Geschäfts **Art 3** 9
 Verbraucherschutzrecht **Art 2** 29 ff
 eines Vertragsstaates (Rechtswahl) **Art 6** 58
 vom Vertragsstatut bestimmtes – **Art 61** 39
 Vertragsstrafe **Art 79** 53
 Vertragsstrafe, Schadenspauschale **Art 4** 61
 Vertragsübernahme **Art 29** 8
 Vorrang gegenüber CISG **Art 4** 25
 Zinsanspruch **Art 78** 5, 12, 14
 Zinshöhe **Art 84** 9
 Zwangsvollstreckung, Konkurs **Art 45** 42
Naturalerfüllung
 Eingeschränkte Erzwingbarkeit **Art 28** 6 ff
Naturkatastrophen
 Schuldnerentlastung **Art 79** 27
 Vorratsschuld/Untergang des Vorrats
  Art 79 23
 und Warenbeeinträchtigungen **Art 82** 21
Nebenpflichten
 Hauptpflichten und –, keine CISG-Unter-
  scheidung **Art 30** 9, 20
Negotiable instruments
 CISG-Ausschluß **Art 2** 40
Netto-Kasse
 Untersuchungsrecht **Art 58** 29
 Zahlungsklausel **Art 53** 14
Nettogewicht der Ware
 Kaufpreis nach Gewicht **Art 56** 1
Nettovorteil des Käufers
 Vorteilsausgleich bei unversehrter Waren-
  rückgabe **Art 84** 17, 24
Neuseeland
 CISG-Ratifikation **Einl** 18
 CISG-Ratifikation, Deutsche
  Übersetzung/Ratifikationsstand
Neuverhandlung
 Änderung wirtschaftlicher Verhältnisse/
  Pflicht zur – **Art 79** 24
New Yorker Entwurf
 UNCITRAL-Arbeiten **Einl** 25
Nicaragua
 Verjährungsübereinkommen **Verjährungs-
  Übk Anh II zum CISG** 30
Nicht-in-Unkenntnis-sein-können
 als grobe Fahrlässigkeit **Art 40** 5
Nichterfüllung
 Befreiungsgründe für – **Art 79** 15 ff
 Dokumente/Nichtlieferung wegen fehlen-
  der **Art 34** 8
 Drohende – **Art 72** 11
 Einheitlicher Tatbestand der Vertragsver-
  letzung **Art 61** 25
 vom Gläubiger verursachte **Art 80** 1 ff
 durch den Käufer **Art 63** 10; **Art 64** 8

Period
als Zeitspanne mit Endtermin-Festlegung
Art 33 13
Periods of grace
Verbot von Fristverlängerungen **Art 61** 32
Persönliche Anwendungsvoraussetzungen
s. Anwendungsvoraussetzungen
Persönlicher Warengebrauch
CISG-Ausschluß **Art 2** 10 ff
Personal
s. Beschäftigte
Personenschäden
Produkthaftung und – **Art 5** 1 ff
Vertragsansprüche und VerjährungsÜbk
VerjährungsÜbk Anh II zum CISG 20
Vertragsverletzung und – **Art 74** 45
Ware als Verursacher **Art 5** 9 f; **Art 74** 8
Peru
CISG-Ratifikation, Deutsche
Übersetzung/Ratifikationsstand
Pfandrecht
als Rechte Dritter **Art 41** 11
Pflichtverletzung der Parteien
Käuferpflichten; Käuferrechte
s. Verkäuferpflichten; Verkäuferrechte
Place of business
Niederlassung **Art 1** 63
Platzkauf
Fälligkeit der Zahlung **Art 58** 12
Platzusancen
Handelsbrauchproblematik **Art 9** 8
Pönale Zwecke
Schandensersatzregelung CISG/
Ausschluß von – **Art 74** 17
Polen
CISG-Ratifikation, Deutsche
Übersetzung/Ratifikationsstand
Verjährungsübereinkommen **Verjährungs-**
Übk Anh II zum CISG 6, 30
Politische Ereignisse
und Schuldnerentlastung **Art 79** 28
Positive Vertragsverletzung
keine Geltendmachung neben CISG-
Ansprüchen **Art 4** 41
Post
als Beförderer **Art 31** 18
als Frachtführer **Art 53** 13
Postfach
Zugang **Art 24** 16
Prävention
Schadensersatzrecht des CISG/fehlender
Zweck der – **Art 74** 17
Preis
Marktpreis
s. dort
Preis (Kaufpreis)
und Angebot **Art 14** 23 ff

Preis (Kaufpreis) (Forts.)
Auslegungshilfe bei offen gebliebenem –
Art 55 1 ff
FCO DOMIC NON SDOG **Art 53** 6
Festsetzungsvereinbarung (Partei/Dritter)
Art 55 8
Franco-/Frei-Klausel **Art 53** 6
Gefahrübergang **Art 66** 1 ff
nach Gewicht **Art 56** 1 ff
Incoterms **Art 53** 6
und Kaufvertrag **Art 1** 32
Leistungsabgeltung/Umfang **Art 53** 6
und Mengenabweichung, rügelose
Art 39 59 f
und Minderung **Art 50** 24
Minderung, Rechtsfolge **Art 50** 24
Minderungsberechnung **Art 50** 19 ff
ohne Währungsangabe **Art 14** 25
Preise gelten frei (Sitz des Käufers) – Klau-
sel **Art 31** 32
stark schwankender – **Art 64** 12
nach Stücken, Einheiten **Art 56** 5
Üblicher Preis **Art 55** 9
Unbestimmtheit **Art 55** 8
Verhältnis der Artt 14, 55 **Art 14** 27 ff
Vertragsabschluß und – **Art 55** 5 ff
Zahlung des Kaufpreises
s. dort
Préjudice
verletzter Partei **Art 25** 11
Preponderant part
Überwiegender Vertragsteil kaufrechtlicher
Natur **Art 3** 21
Primäre Leistungspflicht
Nachfristsetzung **Art 47** 10
Rechtsfolge der Vertragsaufhebung
Art 81 5
Privatautonomie
und CISG-Anwendung **Art 1** 104 ff
Privatrechtsvereinheitlichung
CISG als – **Einl** 1
Privatsphäre
oder Berufssphäre, Warenkauf für –
Art 2 12
Prix courant
Marktpreis **Art 76** 13
Probe
s. Kauf nach Probe
Produkthaftung
Ausschluß **Art 74** 29
CISG-Anwendung **Art 4** 14
CISG-Regelung **Art 5** 1 ff
Internationale Übereinkommen zur –
Art 5 17
Profit
Nettovorteil des Käufers **Art 84** 17
Propriété industrielle
ou outre propriété intellectuelle **Art 42** 9

J. von Staudingers
Kommentar zum Bürgerlichen Gesetzbuch
mit Einführungsgesetz und Nebengesetzen

Übersicht vom 21. März 2005

Die Übersicht informiert über die Erscheinungsjahre der Kommentierungen in der 13. Bearbeitung und deren Neubearbeitungen (= Gesamtwerk STAUDINGER). *Kursiv* geschrieben sind die geplanten Erscheinungsjahre.

Die Übersicht ist für die 13. Bearbeitung und für deren Neubearbeitungen zugleich ein Vorschlag für das Aufstellen des „Gesamtwerk STAUDINGER" (insbesondere für solche Bände, die nur eine Sachbezeichnung haben). Es wird empfohlen, die Austauschbände chronologisch neben den überholten Bänden einzusortieren, um bei Querverweisungen auf diese schnell Zugriff zu haben. Bei Platzmangel sollten die ausgetauschten Bände an anderem Ort in gleicher Reihenfolge verwahrt werden.

	13. Bearb.	Neubearbeitungen	
Buch 1. Allgemeiner Teil			
Einl BGB; §§ 1–12; VerschG	1995		
Einl BGB; §§ 1–14; VerschG		2004	
§§ 21–89; 90–103 (1995)	1995		
§§ 90–103 (2004); 104–133; BeurkG	2004	2004	
§§ 134–163	1996	2003	
§§ 164–240	1995	2001	2004
Buch 2. Recht der Schuldverhältnisse			
§§ 241–243	1995		
AGBG	1998		
§§ 244–248	1997		
§§ 249–254	1998	2005	
§§ 255–292	1995		
§§ 293–327	1995		
§§ 255–314		2001	
§§ 255–304			2004
§§ 315–327		2001	
§§ 315–326			2004
§§ 328–361	1995		
§§ 328–361b		2001	
§§ 328–359			2004
§§ 362–396	1995	2000	
§§ 397–432	1999		
§§ 433–534	1995		
§§ 433–487; Leasing		2004	
Wiener UN-Kaufrecht (CISG)	1994	1999	2005
VerbrKrG; HWiG; § 13a UWG	1998		
VerbrKrG; HWiG; § 13a UWG; TzWrG		2001	
§§ 491–507			2004
§§ 535–563 (Mietrecht 1)	1995		
§§ 564–580a (Mietrecht 2)	1997		
2. WKSchG; MÜG (Mietrecht 3)	1997		
§§ 535–562d (Mietrecht 1)		2003	
§§ 563–580a (Mietrecht 2)		2003	
§§ 581–606	1996		
§§ 607–610	./.		
§§ 611–615	1999		
§§ 616–619	1997		
§§ 620–630	1995		
§§ 616–630		2002	
§§ 631–651	1994	2000	2003
§§ 651a–651l	2001		
§§ 651a–651m		2003	
§§ 652–704	1995		
§§ 652–656		2003	
§§ 705–740	2003		
§§ 741–764	1996	2002	
§§ 765–778	1997		
§§ 779–811	1997	2002	
§§ 812–822	1994	1999	
§§ 823–825	1999		
§§ 826–829; ProdHaftG	1998	2003	
§§ 830–838	1997	2002	
§§ 839, 839a	2002		
§§ 840–853	2002		
Buch 3. Sachenrecht			
§§ 854–882	1995	2000	
§§ 883–902	1996	2002	

	13. Bearb.	Neubearbeitungen	
§§ 903–924; UmweltHaftR	1996		
§§ 903–924		2002	
UmweltHaftR		2002	
§§ 925–984; Anh §§ 929 ff	1995	2004	
§§ 985–1011	1993	1999	
ErbbVO; §§ 1018–1112	1994	2002	
§§ 1113–1203	1996	2002	
§§ 1204–1296; §§ 1–84 SchiffsRG	1997	2002	
§§ 1–64 WEG	*2005*		

Buch 4. Familienrecht

	13. Bearb.	Neubearbeitungen	
§§ 1297–1320; NeLebGem (Anh §§ 1297 ff); §§ 1353–1362	2000		
§§ 1363–1563	1994	2000	
§§ 1564–1568; §§ 1–27 HausratsVO	1999	2004	
§§ 1569–1586b	*2005*		
§§ 1587–1588; VAHRG	1998	2004	
§§ 1589–1600o	1997		
§§ 1589–1600e		2000	2004
§§ 1601–1615o	1997	2000	
§§ 1616–1625	2000		
§§ 1626–1633; §§ 1–11 RKEG	2002		
§§ 1638–1683	2000	2004	
§§ 1684–1717; Anh § 1717	2000		
§§ 1741–1772	2001		
§§ 1773–1895; Anh §§ 1773–1895 (KJHG)	1999	2004	
§§ 1896–1921	1999		

Buch 5. Erbrecht

	13. Bearb.	Neubearbeitungen
§§ 1922–1966	1994	2000
§§ 1967–2086	1996	
§§ 1967–2063		2002
§§ 2064–2196		2003
§§ 2087–2196	1996	
§§ 2197–2264	1996	2003
§§ 2265–2338a	1998	
§§ 2339–2385	1997	2004

EGBGB

	13. Bearb.	Neubearbeitungen
Einl EGBGB; Art 1–2, 50–218	1998	
Art 219–222, 230–236	1996	
Art 219–245		2003

EGBGB/Internationales Privatrecht

	13. Bearb.	Neubearbeitungen
Einl IPR; Art 3–6	1996	2003
Art 7, 9–12	2000	
IntGesR	1993	1998
Art 13–18	1996	
Art 13–17b		2003
Art 18; Vorbem A + B zu Art 19		2003
IntVerfREhe	1997	
Kindschaftsrechtl Ü; Art 19	1994	
Art 19–24		2002
Art 20–24	1996	
Art 25, 26	1995	2000
Art 27–37	2002	
Art 38	1998	
Art 38–42		2001
IntWirtschR	2000	
IntSachenR	1996	

	13. Bearb.	Neubearbeitungen
Gesamtregister	*2005*	
Vorläufiges Abkürzungsverzeichnis	1993	
Das Schuldrechtsmodernisierungsgesetz	2002	2002
BGB-Synopse 1896–1998	1998	
BGB-Synopse 1896–2000		2000
100 Jahre BGB – 100 Jahre Staudinger (Tagungsband 1998)	1999	

Demnächst erscheinen

		Neubearbeitungen
§§ 581–606		2005
IntVerfREhe		2005

Dr. Arthur L. Sellier & Co. KG – Walter de Gruyter GmbH & Co. KG oHG, Berlin
Postfach 30 34 21, D-10728 Berlin, Telefon (030) 2 60 05-0, Fax (030) 2 60 05-222